U0920777

# 繁

# 全国投资环境最具潜力

1

2

3

繁昌古称“春谷”，西汉建县，距今已有2100多年历史，拥有全国重点文物保护单位3处，国家一、二级文物140余件，“人字洞”是迄今亚欧大陆发现最早的古人类活动遗址。境内资源丰富，拥有矿产资源7大类34个品种。交通十分便捷，沪铜铁路、沿江高速公路、长江黄金水道和纵横交错的农村公路构成了大交通格局，建设中的宁安城际铁路和规划中的芜湖长江二桥将进一步提升繁昌沟通南北、承东启西的区位优势。

改革开放以来，全县国民经济和社会发展取得辉煌的成就，呈现出经济快速发展、各项事业全面进步、社会和谐稳定、人民安居乐业的良好局面。在全省县域经济考核中多年位居前列，并先后获得“全国科技进步先进县”、“全国社会治安综合治理先进集体”、“全国文明县域”、“全国金融生态县”、“全国中小城市投资环境最具潜力百强县”、“首届安徽省投资环境最具潜力县”等荣誉称号。

百强县　全国文明县城

1、县城一隅
2、海螺水泥公司
3、安定公园
4、长江货运码头
5、国家4A级景区——马仁奇峰

# 百强

## 综合实力最强 发展速度最快

要发展，更要又好又快的发展；要创全省第一，更要进全国百强！带着这样的理念和信心，肥西县走过了波澜壮阔的“十一五”。五年来，肥西县委、县政府凝心聚力谋发展，尽心竭力惠民生，以“快抓项目、抢抓招商、狠抓落实、急抓发展”的工作思路，兼顾速度和效益、当前和长远，经济发展和民生改善并重，县域经济综合实力快速攀升，产业结构全面优化升级，可持续发展能力不断提高，经济发展的民生效益更加凸显，圆满完成了“十一五”规划确定的各项目标任务 ，全面实现创争大业。

# 肥　　西

## 产业结构最优　人民生活最好

1、桃花工业园一角
2、县医院新住院楼工程
3、官亭丰祥新农村一角
4、用世生活城
5、喜领农保养老金

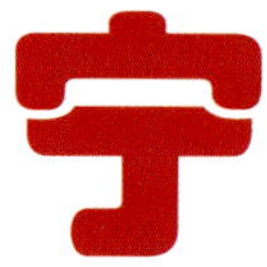


# 中国十佳“两

宁国是江南古邑，东汉建安13年置县，1997年撤县设市。全市辖13个乡镇6个街道，总面积2487平方公里，总人口38万，综合经济实力自2000年以来一直位居安徽省领先位次，1995年首次进入综合实力全国“百强县”行列，2008年被评为“全国中小城市综合实力百强”，2009年被评为“中国中小城市科学发展百强”、“中国最具区域带动力中小城市百强”。2010年跻身中国十佳“两型”中小城市，名列第8位，成为我省唯一获得此殊荣的县市。

# 型” 中小城市

1、世纪广场夜色
2、新兴的居民小区
3、高山茶园
4、国家4A级景区恩龙世界木屋村
5、省级示范高中宁国中学

安徽省统计局
ANHUI STATISTICAL BUREAU
国家统计局安徽调查总队
NBS SURVEY OFFICE IN ANHUI
编
COMPILED

# 2011
# 安徽统计年鉴
# ANHUI STATISTICAL YEARBOOK

(总第23期 NO.23)

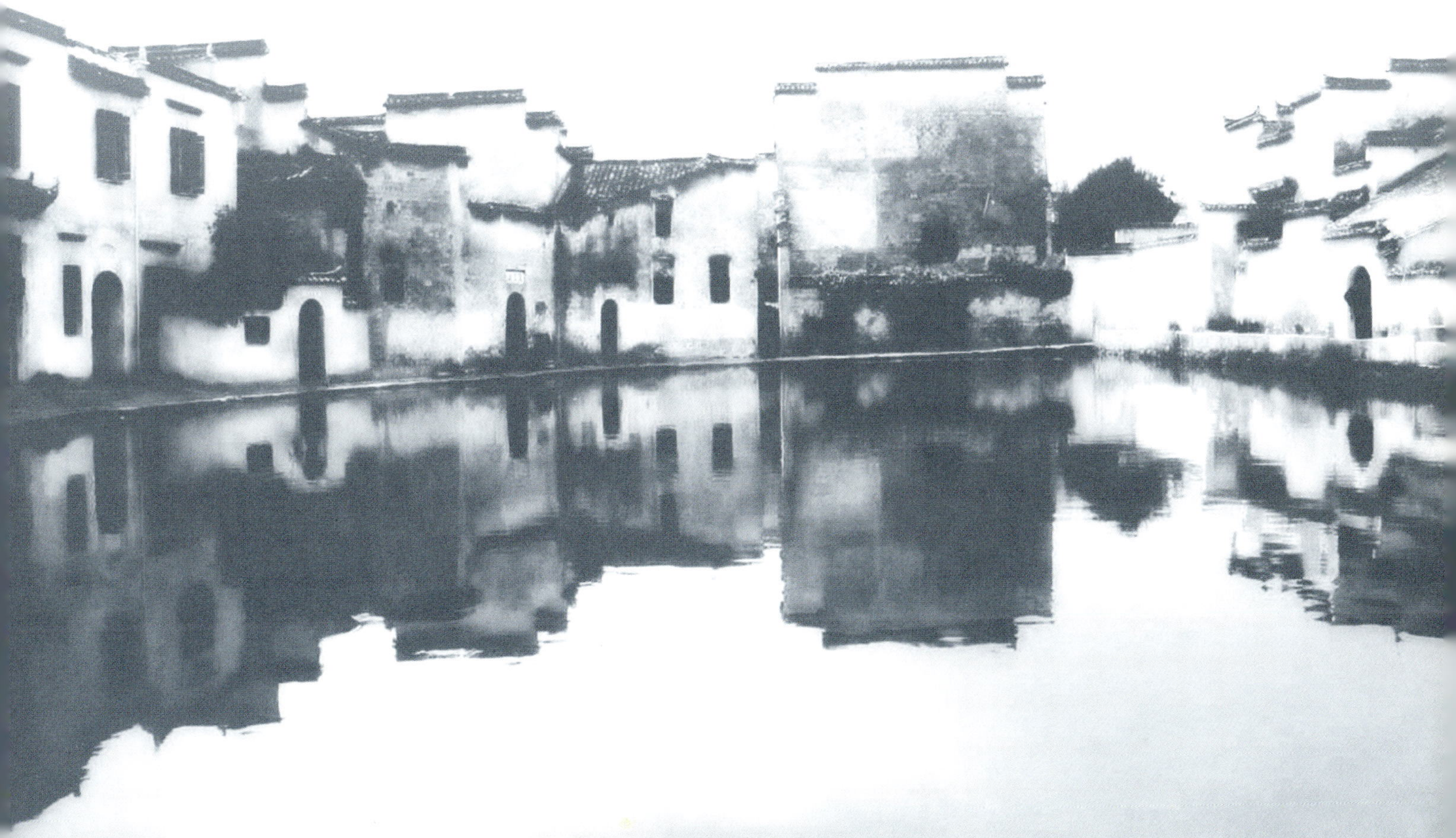

# 2011《安徽统计年鉴》

## ANHUI STATISTICAL YEARBOOK-2011

(京)新登字041号



**图书在版编目(CIP)数据**

安徽统计年鉴. 2011：汉英对照/ 安徽省统计局•国家统计局安徽调查总队 编
-- 北京：中国统计出版社，2011.8
ISBN 978-7-5037-6290-1

Ⅰ. 安…
Ⅱ. ①安… ②国…
Ⅲ. 统计资料 - 安徽省 - 2011 - 年鉴
Ⅳ. ①C832.54-54

中国版本图书馆CIP数据核字(2011)第149180号

安 徽 统 计 年 鉴
作　　者/ 安徽省统计局•国家统计局安徽调查总队
责任编辑/ 佘竞雄　刘金成　翟晓琴　田 野
责任校对/ 吴 敏　翟晓琴
封面设计/ 安徽众艺广告有限公司
出版发行/ 中国统计出版社
通信地址/ 北京市西城区三里河月坛南街57号
邮　　编/ 100826
办公地址/ 北京市丰台区西三环南路甲6号
电　　话/ (010)63376907
E-mail/ yearbook@stats.gov.cn
印　　刷/ 安徽新华印刷股份有限公司
经　　销/ 新华书店
开　　本/ 880×1230 毫米　1/16
字　　数/ 1400 千字
印　　张/ 46　彩页 9. 75
印　　数/ 1-3000册
版　　别/ 2011年8月第 1 版
版　　次/ 2011年8月第 1 次印刷
书　　号/ ISBN 978-7-5037-6290-1/C·2514
定　　价/ 450.00 元

# 2011《安徽统计年鉴》编辑委员会

## AnHui Statistical Yearbook-2011 Editorial Board

**Specially Invited Editorial Members:(Not in order of priority)**

# 2011《安徽统计年鉴》编辑部

# AnHui Statistical Yearbook-2011 Editorial Department

**Editor-in-Chief:** Ni Shengru

**Associate Editor-in-Chief:** Wu Min Liu Weihua

**Coordinators:** Zhai Xiaoqin Tian Ye

**Editorial Staff:** (in order of strokes of Chinese surname)

| | | | |
|---|---|---|---|
| Wang Sanlong | Wang Wenfu | Wang Wei | Wang Xuesong |
| Wang Feng | Deng Hong | Deng Weiwei | Feng Hui |
| Shi Shibin | Sun Dongjian | Ji Xiaojun | Yan Xieping |
| Li Fangqi | Li Zhiying | Li Xin | Li Shengnan |
| Li Zhenzhong | He Wenquan | He Shenming | Wu Jiguang |
| Chen Zhiqing | Chen Zhengbao | Zhang Wei | Zhang Zhiyong |
| Zhang Wei | Zheng Xinhua | Luo Wei | Zhou Chaohui |
| Hu Yongjin | Yao Xinglu | Gao Wendong | Qian Ankun |
| Geng Yajun | Guo Lingling | Xu Xiaopeng | Tao Zonghua |
| Huang Donglian | Huang Wei | Zeng Ren | Cheng Lihua |
| Xie Hongbao | Dai Wei | Wei Bo | |

**English Translator:** Sun Naijing Guo Jinsong
**CD-ROM Designer:** Sun Daozhi
**Distribution Staff:** Wang Jian

# 编辑说明

一、2011《安徽统计年鉴》是一部全面反映安徽省国民经济和社会发展情况的资料性年刊。系统收录了全省及各市、县经济和社会各方面的2010年统计数据，重点反映了“十一五”时期全省主要统计数据，展现了安徽人民在经济建设及社会发展方面取得的新成就。

二、为了服务于省“十二五”规划的建设发展要求，2011《安徽统计年鉴》新增了皖江示范区和合芜蚌试验区主要经济指标、全省2010年33项民生工程完成情况，第六次全国人口普查、人力资源服务机构和业务、职业技能鉴定、农村投资和保障房建设、能源消耗、科技研究与试验发展、城市建设等内容。同时设置了“‘十一五’辉煌成就展示、庆祝建党90周年”图片宣传专栏，展示和弘扬省辖市、县区、开发区的经济建设发展新貌，以及省直各部门、各单位取得的新成绩。

三、全书内容共分22个篇章和附录，即：综合；国民经济核算；人口；就业人员和职工工资；固定资产投资；能源生产和消费；财政、金融、保险；物价指数；城乡人民生活；城市概况；自然资源和环境保护；农业；工业；建筑业；运输和邮电；国内贸易；对外经济贸易；旅游；教育、科技；文化、体育、卫生、社会福利和其他；企业景气调查；省级和县级主要经济指标及位次。附录部分有：贫困县监测和全省建制镇基本情况。为了进一步帮助读者理解和使用有关数据，各篇章附有简要说明和主要指标解释，介绍了统计范围和统计方法。

四、本年鉴中使用的度量衡单位均采用国际统一标准计量单位。

五、本年鉴符号使用说明：“…”表示该数据不足本表最小计量单位数；“空格”表示该项无统计数据；“#”表示其中的主要项。

六、本年鉴中部分合计数或相对数由于单位取舍不同产生的计算误差，均未作机械调整。全书中英文对照，配套出版磁质光盘。

# Preface

Ⅰ. Anhui Statistical Yearbook 2011 is an annual statistics publication, which covers mainly statistics in 2010 at provincial level and local levels of city and county, mainly systematic reflecting statistics during the period of "eleventh-five-year-plan" at provincial level, therefore, mainly shows various aspects of the new achievements that the people in Anhui made in economic construction and social development in the period of "eleventh five-year-plan".

Ⅱ. In coordination with the strategic demands of the construction and development of the "twelfth-year-plan" in Anhui Province, we newly added the contents of that main indictors of Wanjiang demonstration areas and Hewubeng experiment areas, completion status of 33 livelihood projects in entire province, the sixth national population census, personnel resource service organization and business, professional manager and skill appraisal, countryside investment and safeguard room construction, energy consumption, S&T Research and experiment development, urban construction and so on. Simultaneously it has demonstrated glorious achievements of the period of "eleventh-five-year-plan" and the picture propaganda celebration column of the Party 90th anniversary, has demonstrated and highlighted economic development new view of the municipality, the county area, the development zone, as well as obtained new result by the various departments, various units, under directly the entire provincial administration.

Ⅲ. The book contains the following 22 parts and appendix. Division of Administrative Areas and Natural Resources; General Survey; National Accounts; Population; Employment and Wages; Investment in Fixed Assets; Production and Consumption of Energy; Finance, Banking and Insurance; Price Indices; People's Livelihood; General Survey of Cities, Environment Protection; Agriculture; Industry; Construction; Transportation, Postal and Telecommunication Services; Wholesale, Retail Sale and Catering Trade; Foreign Trade and Tourism; Education, Science and Culture; Sports, Public Health, Social Welfare and Others; Key Enterprise, Group and Business Survey; Main Economic Indicators and Their Orders of Precedence of Provinces and Counties. The appendix includes: observation and survey of poor counties and environmental protection in 2008 and so on. To help readers further understand and make use of the data, each part is supplemented by brief introduction and explanatory note on main statistical indicators, introducing statistical coverage and statistical methods.

Ⅳ.The units of measurement used in this book are internationally standard measurement units.

Ⅴ.Notations used in this book: "…" indicates that figure is not large enough to be measured with the smallest unit in the table; "(blank)" indicates that data not available; "#" indicates the major items of the total.

Ⅵ. Statistical discrepancies due to rounding are not adjusted in this book. Anhui Statistical Yearbook 2011 year is compiled in Chinese-English bilingual way and magnetic CD-ROM is published to form a complete set.

庆祝中国共产

# 安徽形象

# 风采展示

# 皖江明珠

县委书记　汤春和

县长　贺东

繁昌县以科学发展、和谐发展、率先发展为要求，坚持强工业、优农业、兴三产，大力推进新型工业化、城乡一体化和“三农”现代化，全面落实“发展要大招商、城市要大建设、项目要大推进”的工作要求，全县经济社会实现了又好又快发展。

2010年，实现生产总值108.3亿元，比上年增长22.5%，“十一五”年均增长19.6%，比“十五”时期快6.6个百分点。人均GDP达到38743元，是2005年的3.4倍。工业化进程明显加快，工业完成增加值67.7亿元，工业化率达62.5%，比2005年提高14.8个百分点。五年来，工业增加值年均增长26.9%，高于GDP增幅7.3个百分点，比“十五”高6.2个百分点，已形成新型建材、轻纺服装、冶金机械、医药食品等支柱产业，正在着力培育新材料、高端装备制造、新能源及现代物流业等战略新兴产业。财政收入17.2亿元，比上年增长36.4%，“十一五”年均增长28%，比“十五”时期提高0.6个百分点。固定资产投资146.9亿元，比上年增长46.6%，五年累计投资近400亿元，年均增长51.9%，比“十五”时期快27.8个百分点。

“十二五”，繁昌将以科学发展为主题，以全面转型、加快发展、富民强县为主线，着力推动转型发展、创新发展、统筹发展、和谐发展，奋力争当全省县域经济发展排头兵和城乡一体化发展先行区，着力建设“绿色繁昌、创新繁昌、文明繁昌、幸福繁昌”，不断开创更加繁荣昌盛的美好未来！

开发区一角

招商项目集中签约

富鑫特钢

同福食品

污水处理厂

县体育场夜景

# 肥西县 科学发展

县委书记、县人大主任 陈晓波

县委副书记、县长 李海鹰

发展速度最快 2010年，实现地区生产总值276亿元、规上工业产值562亿元、固定资产投资260亿元、财政收入29亿元、地方财政收入13.8亿元、社会消费品零售额36.95亿元、农民人均纯收入7097元、在岗职工年平均工资33000元（预计），分别是2005年的3.9倍、7.3倍、10.4倍、4.0倍、4.2倍、2.8倍、2.2倍和2.2倍，创造了精彩的“肥西速度”。

综合实力最强 肥西县综合实力从2005年的全省第7位一举跃升到2008、2009年的连续第一位，提前2年顺利实现“全省创第一”目标；全国县域经济基本竞争力评价结果显示，肥西县自2005年的全国第513位，以年进百位以上的速度快速飙升到2009年的全国第94位，成功跻身全国百强，提前1年实现“全国进百强”目标，成为安徽省唯一的全国百强县。

产业结构最优 “十一五”时期全县三次产业结构呈现第一产业比重持续下降，第二、三产业比重持续加快上升的格局。2010年二三产业增加值占GDP比重达86%，比2005年上升8个百分点。经济总量继续向第二产业集聚，工业化水平进一步提高。2010年全县工业化水平达52.8%，比“十五”末提高18.2个百分点。按照国际上衡量工业化程度标准，工业化率达40%-60%，从工业化初期跨入半工业化阶段。信息传输、商务服务、金融、科技和计算机服务等现代服务业加快发展，房地产开发市场异军突起，旅游业等商贸服务业市场蓬勃发展。

工业产能最高 “十一五”以来，肥西县举全县之力发展工业经济，逐步建成了“1219”县域工业平台，形成了主导产业突出、配套产业集聚、骨干企业众多、创新能力较强的县域工业体系。工业园区由2005年不足15平方公里增加到58平方公里，规上工业企业数从2005年的58家发展到2010年的383家，规上工业产值从2005年的77.5亿元快速提升到2010年的562亿元，五年越过了5个百亿元台阶。2010年，肥系县工业对经济增长的贡献率达75%以上。

投资规模最大 紧抓合肥“三大”推进战略机遇，按照强基础、优环境、提品位、聚人气的要求，强力推进副中心城市建设，城市道路交通、污水管网、住宅小区、学校医院、商贸市场、景观绿化等基础设施建设日新月异，一座四水环绕、六桥飞架、宜商宜居的现代化滨河园林城市初显英姿。牢固树立“发展为上、投资为本”理念，紧抓招商引资第一要事不放松，多家国内500强企业相继入驻。投资总量在07以来连续三年位居全省第一。

安居苑

生活水平最好 各项社会事业长足发展，就业服务和社会保障体系不断完善，安居房、廉租房建设稳步推进，成功创建省级平安县，社会大局和谐稳定。2010年末城乡居民储蓄存款余额75.9亿元，是2005年末的2.8倍。全年实现社会消费品零售总额36.95亿元，同比增长21.5%。

充满期待的“十二五”，县委、县政府提出了紧紧围绕“科学发展当先锋、全国百强争先进、率先建成全省城乡一体化小康示范区”的更高奋斗目标，进一步解放思想，锐意进取，大力实施“工业强县、生态立县、特色富民、城镇带动”战略，全力打造“实力、富裕、开放、生态、和谐”新肥西。

# 当先锋 全国百强争先进

省委书记张宝顺来肥西考察调研

省长王三运来肥西县考察指导

服务外包产业园

大洋机械制造有限公司

市民广场夜景

天长地处皖东，高邮湖西岸。东北、东、东南、南面与江苏省扬州市的高邮市、仪征市相依，西南与江苏省南京市六合区接壤，北、西北与江苏省淮安市的金湖、盱眙县毗邻，被江苏环抱，素有“安徽东大门”之称。2010年末总人口63.2万人，辖14个镇、1个街道办事处，总面积1751平方公里。

**天长交通便捷，区位独特**　深入江苏腹地，东临经济发达的“长三角”经济圈，是皖江城市带承接产业转移示范区“一轴双核两翼”产业格局中的两翼之一，是承接长三角产业转移的前沿地带。市区距长三角重点城市上海375公里，南京75公里，扬州51公里，镇江129公里，常州192公里，无锡270公里，宁连、宁淮高速公路贯穿境内。水路由白塔河入高邮湖直达沿江、沿海各大港口。

**天长历史悠久，人杰地灵**　天长自唐天宝元年设县，迄今已有1200多年的历史，1993年撤县设市。自古以来，天长人才辈出，宋代朱寿昌以弃官寻母成为“二十四孝”之一，明代有抗倭名将沃田，清代有被誉为晚清小说压卷之作《夜雨秋灯录》作者的宣鼎，在天文、数学、地理、书画诗赋方面成就斐然的女学者王贞仪，有科举状元戴兰芬，民国时期有著名导演卜万苍……。悠久的历史造就灿烂的文明，留下了丰富的文化遗产和名胜古迹。汉涧的马家墩新石器时期的文化遗址，石梁的商周古城址至今犹存。天长博物馆收藏的西周青铜器、战国玉璧、汉代铜弩机、博山炉、清代巨笔均为国家级重点文物。1992年在三角圩发掘的汉墓群被列为当年“全国考古新发现”，出土文物749件。

**天长经济繁荣，社会进步**　近年来，天长以科学发展观为统领，紧紧围绕“三年倍增、五年翻两番”的奋斗目标，抢抓机遇，锐意进取，攻坚破难，经济社会发展取得了巨大成就。初步形成了食品加工、机械制造、电缆仪表、光伏等九大特色产业，拥有两个省级经济开发区，五个省级农民工创业园。2010年，全市实现生产总值147.01亿元，财政收入15.5亿元，“十一五”期间年均分别增长13.7%和29.7%。天长连续多年获全省“十强县”，先后获得全国初级卫生保健先进县，全国计划生育先进县，全国体育先进县，全国科技进步先进县，全国基础教育先进县等荣誉称号。

回首“十一五”，成就辉煌，展望“十二五”，信心百倍，天长人民将在市委、市政府领导下，以建设“幸福天长”为主题，以构建“创新天长”为主线，以打造“千亿天长”为主调，大力实施“开放承接、全民创业、工业强市、城镇带动、科教兴市”五大战略，继续纵深推进“三大工程”建设，着力保障和改善民生，努力把天长打造成“皖江城市带”承接合作的示范区、新兴产业的崛起区、城乡统筹的先行区，实现在中部地区率先崛起，让“皖东明珠”更加璀璨夺目。

农民安置小区

省级天长经济开发区

天大集团钢管加工制造冷床

龙岗抗大八分校

城市一角

红草湖湿地公园

# 当涂 千年古县 投资热土

省长王三运考察桂龙药业发展情况

克难攻坚，全力冲刺，2010年全县经济社会发展取得新成就，实现“十一五”圆满收官。

**一、加快转型发展，经济回升基础进一步巩固。**全县生产总值预计189.4亿元，增长18.4%；三次产业结构调整优化为13：66：21。规模工业增加值85.8亿元，增长34.3%。固定资产投资231.8亿元，增长33.2%。财政一般预算收入22.1亿元，增长22.9%。社会消费品零售总额34.6亿元，增长19.6%。

**二、加快项目推进，经济发展后劲进一步增强。**全县征地2.35万亩，拆迁96.37万平方米，是过去三年的总和；城乡拆违8.32万平方米，违法建设得到有效控制；建成安置房面积24万平方米。全年申报土地置换项目23批次6060亩，预计新增建设用地指标6028亩。176个重点项目完成投资119.2亿元。

**三、加快对外开放，经济发展活力进一步释放。**全县实际利用县外资金167.9亿元，增长80.3%；实际利用外资7012万美元，增长15%；外贸进出口总额1.09亿美元，增长47.4%。当涂经济开发区实现工业产值127亿元、财政收入4.9亿元。

**四、加快城乡建设，经济发展空间进一步拓展。**县城建设完成投资36亿元，11条市政道路竣工通车，全面启动护城河综合治理工程，完成投资1.6亿元。小城镇建设完成投资22亿元，中心镇建设框架进一步拉开。开工建设青山路、314省道改建工程，城乡基础设施建设步伐不断加快。

**五、加快改善民生，经济发展成果进一步惠及全县人民。**全县50项民生工程累计投入6.2亿元。社会保障继续提标扩面，城镇职工“五大保险”、居民养老、医疗、生育和新农保参保人数扩大到56万人次。城镇居民人均可支配收入达到15519元，增长13.3%；农民人均纯收入达到9213元，增长18%。

“十一五”时期，是我县经济实力提升最快、改革开放成果最多、城乡面貌变化最大、社会民生发展最好的五年。2010年，全县生产总值、规模工业增加值、固定资产投资和财政一般预算收入分别是“十五末”的3.3倍、6.5倍、7倍和4.2倍，县乡工业园区面积是2005年的3.3倍，城镇化率比2005年提高12个百分点，农民人均纯收入是2005年的2.1倍，连续八年位居全省县级第一。放眼未来，当涂又站在了新的起点上，我们迎来了“十二五”又一个大有可为的“黄金五年”。

江苏江阴农村商业银行当涂支行开业

安徽国星年产2万吨百草枯项目开工

县委书记、县人大常委会主任　操隆山

县委副书记、县长　杨善斌

"蟹王、蟹后"评比大赛

中国安徽·当涂石臼湖螃蟹节

2010'当涂龙舟赛

当涂首届太白荷花节

2010'当涂护河园艺桃花节

当涂县著名青年民歌手张红燕献歌人民大会堂

# 中国中小城市科学发展百强

# 宁国市

省长王三运（右三）来我市调研

宁国地处皖东南，东临苏杭，西依黄山，连接皖浙两省七县市。宁宣杭、扬绩高速公路、皖赣铁路、省道215和104线纵贯全市。宁宣杭高速与申嘉湖高速对接后，宁国将距上海浦东、南京禄口、杭州萧山三大机场仅1.5至2小时车程，构筑起连接苏浙沪发达地区的快速通道。

宁国物华天宝、农特名产荟萃，是驰名神州的“中国山核桃之乡”和“中国元竹之乡”。铸造业发达，2007年被中国铸造协会授予“中国耐磨铸件之都”荣誉称号。近年来，宁国坚持工业立市，建设皖江城市带承接产业转移示范区的先行区，初步构建了面向苏浙沪、以产业链为粘合的“企业簇群”和“块状特色”经济，汽车橡胶零部件、耐磨材料、电子元件三大产业集群初具规模，节能建材与新能源、生物医药、电子信息等高新技术产业快速发展。2010年，全市规模以上工业企业314家，产值超亿元企业32家，中鼎公司、江南化工为上市公司，太阳禽业成功在境外上市，司尔特公司顺利通过上市首发申请。宁国经济技术开发区规划面积35.6平方公里，入驻企业710家，2010年规模以上工业产值186.2亿元，占全市的70.1%。港口生态工业园区自4月份经省政府批准以来，以大会战的方式推进了“一纵四横”主干道路和自来水厂、污水处理厂等重点工程建设。

2010年，全市实现生产总值130.7亿元，比上年增长16.4%；财政收入20.1亿元，增长32.3%；农民人均纯收入8475元，增长16.2%。与此同时，各项社会事业全面进步，45项民生工程圆满完成，投入资金达2.7亿元；新型农村合作医疗参合率达到98.6%；并荣获全国文化先进市、全国计划生育优质服务先进市、全国平安县市、全国艺术教育先进单位、全省义务教育均衡发展先进市和全省新型农村合作医疗工作先进市等多项殊荣。

省级宁国（港口）生态工业园启动仪式

司尔特搬迁扩建项目开工仪式

山核桃加工流水线

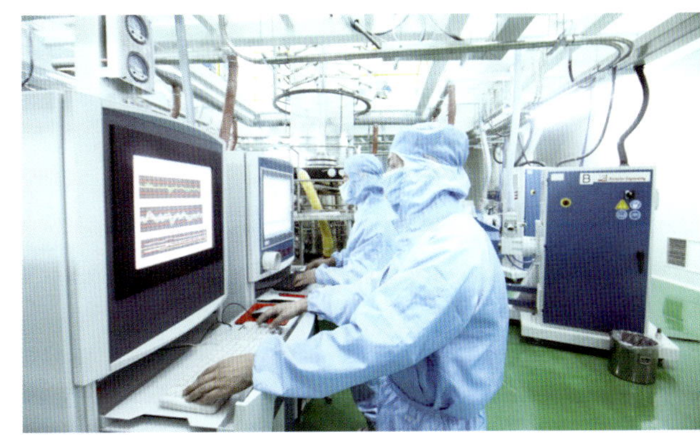
双津集团多层共挤输液用膜生产线

省级经济技术开发区

华普新型建材

国家3A级景区夏霖风景区

市区夜景

# 广德县 奋力打造皖江

县委书记 吴爱国

县长 葛建荣

广德县位于安徽省东南部，苏浙皖三省八县（市）交界处，区域面积 2165 平方公里，东临杭嘉湖，北倚苏锡常，“两个半小时经济圈”内有上海、杭州、南京、合肥等 4 个省会城市和 16 个大中发达城市，是安徽省唯一与苏浙两个发达省份毗邻接壤的县份，是东进西出的桥头堡、南北经济的结合点，是华东沿海经济挺进安徽等中西部地区的第一站。

2004-2010连续6年进入全省综合“十强”，2006-2010年连续5年位居全国“中部百强县”。先后荣获“长三角最具投资价值县市”、“浙商最佳投资服务县”、“全国区域带动力中小城市百强”、“中国金融生态县”、“2009中国十大改革年度县”等称号。

“十一五”以来，广德县充分依托自身的区位优势、资源优势和体制优势，勇当宣城经济融入苏浙沪经济圈的排头兵，积极实施“工业强县、竹业富民”发展战略，进一步推动了经济社会的持续快速健康发展。2010年，实现生产总值100亿元、年均增长15%；实现财政收入12.38亿元、年均增长32.3%，累计固定资产投资474.5亿元、年均增长42.7%；农民人均纯收入7814元、年均增长15.8%；实现规模工业增加值67.6亿元，年均增长36.1%；万元生产总值综合能耗下降20.7%。

广德竹海

# 城市带承接产业转移示范县

上海通用研发中心奠基

广德新杭经济开发区揭牌暨项集中开工仪式

太极洞

企业生产车间

市民广场

广德夜色

# 跨越崛起中的淮

县委书记　权俊良

县长　刘胜

近年来，在省、市的坚强领导下，在省、市直部门的大力帮带支持下，霍邱县委、县政府奏响创先争优主旋律，打好赶超跨越攻坚战，全面掀起建设农业强县、工业强县、财政强县、民生强县四个强县新热潮，全县经济社会实现又好又快发展。2010年实现地区生产总值142.9亿元，增长15%，社会消费品零售总额52.4亿元，增长19.1%，农民人均纯收入4773元，增长17.5%，均较“十五”末翻一番；实现规模工业增加值53.5亿元，增长33%，境内引资58.7亿元，增长132.3%，均较“十五”末翻三番；实现财政收入12.16亿元，增长35.1%，固定资产投资78.9亿元，增长50.1%，利用外资3070万美元，增长70.6%，均较“十五”末实现六倍增长。

2005——2010年连续六年荣获全国粮食生产先进县标兵；2008、2009年连续两年荣获全省科学发展先进县，2010年全省科学发展先进县初评结果霍邱名列二类县第3名，前进了3个位次；2010年荣获全省治淮工作先进县、全省机械化育插秧示范县、全省集体林权制度改革先进县、全省利用外资工作先进县、全省新农合工作先进县、全省双拥模范县、全省扶贫开发工作一等奖；2010年，在市委、市政府表彰的6项重点工作中，获现代农业、招商引资、民营经济3项第一，工业第二，城建第三；连续三年荣获全市减轻农民负担工作先进县第一名；荣获全市民生工程二等奖第一名、全市减轻农民负担工作先进县第一名、全市信访工作目标管理考评优秀单位、全市民族宗教工作先进县。

人民广场

# 淮畔明珠 霍邱

西湖渔暮

城西湖水稻种植区

淮河临淮岗洪水控制工程鸟瞰

披着霞光崛起

卧阳新区一角

经济开发区

# 郎溪 縣域經

皖垦茶叶集团与郎溪县人民政府举行战略合作协议签约仪式

承办长三角县市区工商联联谊会

郎溪地处皖东南，邻苏近浙，是国家级皖江城市带承接产业转移示范区“两翼”宣城一翼的桥头堡和先行区。2010年，在省委、省政府和市委、市政府的坚强领导下，该县抢抓示范区战略机遇，致力大招商、大建设、大提升，县域经济社会呈现加速发展的强劲态势。全年实现地区生产总值57.5亿元，增长16.5%，居全市第一；财政一般预算收入8亿元，增长53.7%，居全省第四；其中地方一般预算收入4.18亿元，增长63.8%，居全省第一。

**承接产业转移亮点纷呈** 集群式、组团式项目落户成效明显，被省委、省政府誉为“郎溪现象”。全年新引进项目678个，其中超亿元项目82个；实际到位内资122亿元，增长123%。无锡工业园累计签约项目563个，开工274个。新增规模以上企业44户，规模以上工业增加值增长34.6%；金属压延业成为首个“百亿产业”。

**园区建设如火如荼** 省级郎溪经济开发区一期23 $km^2$项目基本布满，二期35 $km^2$规划编制完成，主体在建项目106个；荣膺“2010年安徽省投资环境十佳开发区”、首批“安徽省新型工业化产业示范基地”称号。省级十字经济开发区加快扩容修编，成功引进总投资273亿元的郎溪（中国）经都产业园。新城区框架全面拉开，建成主次干道25km，开展“省级文明县城”创建，城市形象明显改善。

**农业农村稳步提升** 全力推进“一村一品”发展和新农村建设；农田水利基本建设荣获市“水阳江杯”金奖、省“江淮杯”银奖。

**社会事业协调共进** 33项民生工程全面实施；人口计生工作考核位列全省第八，被评为“全省人口和计划生育先进县”，全县社会保持和谐稳定。

新城区

# 崛起的新星

郎川人文大讲坛——安徽省第一家县级人文讲坛

非物质文化遗产——云舞

新农村风貌

国家级箱包产业出口基地——锦富箱包公司

城市污水处理厂

省级郎溪经济开发区一角

# 加速崛起的

县委书记 孙军

县长 季传舜

自然概况 含山位于安徽中东部，巢湖之滨，临近合肥、南京、芜湖、马鞍山四市，距4市均不到100公里。土地面积1040平方公里，辖8个乡镇，2010年末总人口44.5万人。

人文历史 含山历史悠久，唐武德六年（公元623年）置县，因"群山列峙，势若吞含"而得名。境内人文和自然景观众多，有因楚国名将伍子胥过昭关的历史故事而闻名遐尔的古昭关、北宋宰相王安石传世名篇《游褒禅山记》而胜名远扬的褒禅山华阳洞、新石器时代商周时期的仙踪大城墩遗址、江淮之间现存唯一一座大三孔明代石桥仙踪江淮桥、与半汤温泉一脉水系的昭关温泉、号称"江北小九华"的普明禅寺、道家36洞天中之21洞天的白石洞、国家森林公园太湖山以及凌家滩古文化遗址等。

经济发展 农业上已形成优质米油、特种动物规模养殖、经果林、出口蔬菜五大主导产业，拥有昭关翠须茶叶、褒禅山麻油、大平纯正葵花籽油、太鹿牌鹿血酒等名优产品和特色农产品。"东关老鹅汤"等地方风味小吃让人流连忘返。2010年，地区生产总值实现64.4亿元，年均增长12.6%，在2005年基础上翻一番；财政收入6.3亿元，超规划目标1.3亿元，年均增长26.7%；全县固定资产投资五年累计投入210亿元，是"十五"时期的3倍；五年累计争取国家项目资金12亿元。2008、2009、2010年度连续三年荣获省"科学发展先进县"。

"十一五"末，三次产业比例为21.4：45：33.6。粮食产量呈现稳中有升的态势，2010年全县一产增加值达到13.8亿元，五年年均增长6.2%。农业产业化龙头企业达27家，其中国家级1家、省级5家，认定无公害农产品17个、绿色食品3个。工业强县战略取得成效。2010年工业增加值24.5亿元，年均增长19.9%，全县规模以上工业企业增加值17.7亿元，年均增长24.2%。全县建材与新材料、机械铸造、农副产品加工、酿造、棉纺等支柱行业规模以上工业总产值占全部规模以上工业总产值约80%，集聚效应初步显现。工业对经济增长的贡献率达64.1%，成为经济的重要支撑力量。商业服务设施不断改善，建成了含山商贸城、鼓楼商业街等30多处规模较大、档次较高、功能较全的市场和商业网点，2010年社会消费品零售总额17.8亿元，同比增长19.2%。

含城建设和发展加快，建成区面积8.5平方公里。新政务区、城区水上景观、新含中、玉龙广场建成使用，城防体系基本形成，职教中心、博物馆、县医院、体育馆正在加紧建设。城乡文明创建水平显著提升，获安徽省文明创建工作先进县城。

近年来，含山奋力打造皖江城市带承接产业转移集聚区、统筹城乡发展先行区、泛巢湖文化旅游板块核心区、和谐社会建设示范区，初步形成了建材及新材料、机械铸造、农副产品加工三大基地和酿造、日用陶瓷、针织服装、金属制品、医药化工等特色产业，林头铸造已被列入全省重点扶持的30个产业集群之一。

# 含山县

政务中心

县城水景公园

陶厂镇的大鱼滩湿地

全民健身运动

重庆啤酒含山县有限公司

顺天纺织品有限公司

安徽省润基水泥有限公司

县委书记滕祁源陪同上级领导到歙县考察

省委书记张宝顺在歙县调研

歙县位于安徽省南部，北倚世界著名风景区黄山，东邻浙江杭州，南连千岛湖，辖28个乡（镇），183个行政村，10个居委会。总面积2236平方公里，总人口50万。

歙县历史悠久，文风昌盛　秦始置县（公元前221年），古称新安，自隋唐以来，一直为州治、府治所在地，北宋宣和三年（1121年）起称“徽州府”，是古徽州政治、经济、文化中心，素有“东南邹鲁”、“文化之邦”的美誉，徽学博大精深，独树一帜，与敦煌学、藏学并称中国三大地方显学；是国家历史文化名城和“中国徽墨之都”、“中国歙砚之乡”；是徽文化的主要发祥地和徽商故里。经济学家王茂荫、新安画派奠基人渐江、黄宾虹、经学大师吴承仕、教育家陶行知、音乐家张曙等历代名人在中国文化史上都产生过重要影响。

歙县经济增强、质量提高　经过多年的发展，歙县经济实力明显增强，经济运行质量不断提高。已初步形成了机械电子、电源制造、服装纺织、精细化工、农副产品加工等五大支柱产业，产业集群效应初步显现。目前县内拥有徽州古城、棠樾牌坊群•鲍家花园、新安江山水画廊、雄村等 4个国家4A 级景区。从2006起，歙县实施了以徽州府衙修复为中心的古城保护开发“百亿工程”，加快把歙县古城建设成为与平遥、凤凰、阆中相呼应的更具影响力的四大县级古城之一。

2010年，全县实现生产总值79.3亿元，同比增长13%；财政一般预算收入5.49亿元，增长37%；全社会固定资产投资83.1亿元，增长29%；全社会消费品零售总额31.4亿元，增长19.2%；城镇居民可支配收入15122元，增长25%；农民人均纯收入6524元，增长18.3%。

歙县社会进步，文明和谐　近三年来，先后荣获“全国文明县城”、“国家园林县城”、“全国科技进步先进县”、“全国文化先进县”、“全国平安畅通县”、“中国最佳旅游品牌目的地”、“安徽省人居环境奖”、“安徽省教育强县”、“安徽省科学发展先进县”等称号。

江南都江堰——渔梁坝

黄山市市委书记王福宏在歙县调研

黄山市市长宋国权在歙县调研

# 发展先进县

老外惊叹古牌坊

徽州童鼓

新茶开采忙

黄山贡菊香云端

徽州古城

# 合肥 向着区域

省委书记张宝顺到合肥调研

合肥，居皖之中，襟带巢湖，享有“包公故里、科教基地、滨湖新城”之美誉。全市土地面积7055平方公里，常住人口570.2万人。现辖3个县，4个区，2个国家级开发区和7个省级开发区。

“十一五”时期，在全国26个省会城市中，合肥GDP、规模以上工业增加值、地方财政收入和全社会固定资产投资等四项指标年均增速位居第1；GDP总量居第15位，前进3位；地方财政收入居第10位，前进8位；规模以上工业增加值列13位，前进4位；全社会固定资产投资居第8位，前进9位；社会消费品零售总额列17位，前进1位；城镇居民人均可支配收入和农民人均纯收入分列13位和17位，均前进5位。中国社会科学院《2011年中国城市竞争力蓝皮书：中国城市竞争力报告》中，合肥在全国最具竞争力城市中居25位，在“商业文化竞争力”排名第9位。

城市建设日新月异，成为全国区域性综合交通枢纽城市　“十一五”以来，合肥按照“新区开发，老城提升、组团展开、整体推进”的思路，开展了轰轰烈烈的城市建设。固定资产投资累计完成9509.3亿元，是“十五”投资总量的6.7倍，年均增长44%，比“十五”时期加快13.5个百分点。其中，路桥等基础设施投资1122亿元，是“十五”时期的5倍以上，城镇化率由55.8%提升至68.2%。老城区功能形象不断完善提升；滨湖新区高水准规划、高起点建设，初步形成可容纳30万人口的生态新城区。新桥国际机场建设进展顺利；宁西铁路、沪汉蓉高铁相继建成，合蚌客运专线、合福高铁、铁路枢纽南环线及南客站加速建设，推动合肥迈向高铁时代；新建扩建4条高速公路，绕城高速全线贯通；合肥港综合码头一期工程投入运营。合肥，日益成为一座“动起来”的城市。

创新能力不断增强，成为全国首批科技创新型试点市　“十一五”时期，合肥科技研发投入占GDP比重由“十五”末的1.5%上升至2.3%，专利授权量年均增长45%。高新技术企业和创新型企业发展到710户，是“十五”末的2.3倍，高新技术产业产值达到1900亿元，增长3.9倍。合肥以全省9.6%的人口，拥有全省45%的科研机构、99%的博士学位人才、63%的科技人员、58%的科技经费和70%以上的专利。形成光机电、电子信息、新材料、环保节能和公共安全等产业集群，在语音合成、汽车与工程机械、雷达制造等诸多领域达到国内乃至国际领先水平。

工业经济迅速崛起，成为全国颇具影响的现代产业基地　“十一五”时期，合肥累计工业投资2826.43亿元，是“十五”时期的9.5倍，年均增长62.4%，比“十五”时期加快42.6个百分点。规模以上工业增加值年均增长25.3%，快于同期GDP增幅7.4个

滨湖雄姿

# 性特大城市昂首迈进

市委书记孙金龙、市长吴存荣调研合肥绿化大会战

百分点；规模以上工业企业达到2091户，比2005年增加了1423户，是“十五”时期新增企业总数的4.7倍，其中产值超亿元工业企业达到480户，比2005年翻了两番多。现已成为全国重要的家电产业基地、装备制造业基地、轮胎制造基地和太阳能光伏产业基地等。目前，率先在中国打造具有国际竞争力和国际影响力的平板显示产业基地。

投资环境日益优越，成为跨国公司眼中最具投资价值城市　“十一五”时期，合肥以“商鞅变法”的精神推行效能革命，着力打造中部地区乃至全国审批环节最少、办事效率最高、投资环境最优的城市，推出缺席默认制、超时默认制、限时办结制、并联审批制等一系列效能建设新举措；整合全市85个政务和公用企事业服务热线，形成“12345，一个号码找政府”的服务格局，政府行政能力和办事效率大幅提升，投资发展环境持续改善，被评为“浙商投资最佳城市”。出台了促进新型工业化、自主创新、现代服务业、现代农业四大产业政策支持体系。累计招商引资4000多亿元，是“十五”时期的7倍；其中累计利用外资56.6亿美元，是“十五”时期的4.24倍，50余家世界500强企业落户合肥。

经济发展民生为本，成为人民群众眼中和谐幸福的城市　“十一五”时期，合肥民生工程累计投入超过90亿元，政策覆盖面超过500万人次。不断完善积极的创业就业政策，实现由劳务输出向劳务输入的历史性转变，新增城镇就业岗位46.3万个，基本消除城市“零就业家庭”。在重大民生工程项目建设中，累计完成廉租房建设39.58万平方米，新建各类保障性住房264万平方米，完成城中村、棚户区改造538万平方米，发放廉租房补贴7055万元，外来务工子女定点学校由32所增加到115所，高标准建成全省一流敬老院117所，率先完成农村公路村村通，广播电视村村通工程，新建和改建乡镇卫生院、农村卫生室779个，有效解决农村55.28万人饮水安全。五项基本社会保险参保人数较“十五”末翻一番，实现城乡低保应保尽保和全面并轨。

未来五年，是合肥经济社会加快发展、转型提升的重要时期。随着国家促进中部崛起战略和皖江城市带承接产业转移示范区建设的深入实施、工业化、城市化的加速推进，以及持续投入效应的不断释放，合肥发展的比较优势和内生动力显著增强。“十二五”时期，主要经济指标的奋斗目标是：GDP年均增长16%，财政收入年均增长18%，固定资产累计投入2.5万亿，城乡居民收入在“十一五”基础上翻一番，实现经济总量争先进位，努力把合肥建设成为辐射全省，面向全国的现代化滨湖大城市、现代产业基地和在全国有较大影响力的区域性特大城市。

# 包公故里　科教

日新月异的合肥政务文化新区

中国科技大学

快速公交

徽州大道

购物中心夜景

金寨路高架打造合肥不夜城

# 基地　滨湖新城

世界最先进的核聚变实验装置

滨湖国际会展中心

滨湖世纪城鸟瞰

董城生态农庄

合肥京东方

合肥江淮汽车

# 芜湖　皖江明珠

芜湖市位于安徽省东南部，地处长江下游南岸，是皖江城市带承接产业转移示范区核心城市、合芜蚌自主创新综合试验区中心城市。现辖芜湖、繁昌、南陵3县和镜湖、弋江、鸠江、三山4区，建有国家级经济技术开发区、出口加工区和高新技术产业开发区。全市总面积3317平方公里，户籍人口229.5万人；市区面积826平方公里，其中建成区135平方公里，市区户籍人口111.5万人。

芜湖历史悠久，文化开放　芜湖春秋时为吴国边陲要塞鸠兹邑，公元前109年（汉武帝元封二年）易名芜湖。南唐时便“楼台森列，烟火万家”，经济比较繁荣，宋代冶炼走向鼎盛，明代成为印染中心。清代成为长江中下游地区的重要商埠，徽商大部分由青弋江顺势而下，行商全国各地。近代芜湖为长江中下游地区工商业的发祥地之一。1876年芜湖被辟为中国五大通商口岸之一，是全国四大米市之首，鼎盛时期出口货物占全国外贸总额的3.5%，素有“长江巨埠、皖之中坚”的美誉。

现代芜湖发展迅速，成绩斐然　改革开放以来，芜湖经济抓住扩大开放这条主线，经济建设和社会发展取得了辉煌的成就。特别是“十一五”以来，紧紧围绕把芜湖建设成为先进制造业基地、综合交通枢纽、滨江山水园林城市、区域经济文化中心的总体要求和“2215”发展目标，全力实施自主创新、工业强市、三产兴市、创业富民、统筹城乡发展和东向发展六大战略。2010年，全市实现地区生产总值1108.6亿元，比上年增长18.2%，GDP首超千亿，增长速度位居全省第一；规模以上工业实现增加值641.24亿元，增长25.1%；完成固定资产投资1220.10亿元，增长35.5%。

近年来，芜湖将自主创新作为打造城市核心竞争力，着力构造以企业为主体、市场为导向、产学研相结合的区域自主创新体系。高新技术开发区升级为国家级高新区；荣获全国科技进步先进市、国家知识产权工作示范城市，被国家外国专家局评为外籍人才眼中最具魅力的十大城市之一；在中国社科院2010年中国城市竞争力排名中，芜湖位列第57位，居中部六省非省会城市首位；在全球商业杂志《福布斯》中文版“2010中国大陆创新城市”综合排名中，芜湖跻身榜单第21位。

近年来，芜湖始终把发展工业作为经济工作的主抓手，强力推进工业强市战略。在发展壮大汽车及零部件、材料、电子电器三大支柱产业的同时，全面打造高端装备制造、节能环保、电子信息和生物医药四大新兴产业。2010年，总投资240亿元的三安光电项目、德豪润达项目落户芜湖，同年两个项目一期均建成投产，为在“十二五”期间将芜湖打造成为世界上装备最先进、规模最大的LED芯片及外延片研发制造基地奠定了坚实的基础。

近年来，芜湖把发展第三产业放在极端重要的位置，大力推进三产兴市战略。2010年，芜湖成功组建皖江股权交易所，获批设立首期募集资金达50亿元的皖江物流产业投资基金，以总投资80亿元的南翔万商物流园区项目为代表的一批第三产业大项目成功落户；芜湖长江船舶交易市场交易量位居全国第一，芜湖被评为中国十佳会展城市、全国流通领域现代物流示范城市。

近年来，芜湖将创业富民作为增强经济内生增长机制和城市持久发展动力的重要战略来抓。“十一五”时期，城乡居民收入均保持了两位数的增长，2010年，全市城市居民人均可支配收入达18727元，年均增长14.2%；农民人均纯收入达7834元，年均增长14.4%；居民人均储蓄存款21052元，年均增长18.5%。精诚铜业、鑫龙电器、长信科技、神剑股份等一批本土民营企业成功上市。在民营经济高速发展带动下，非公有制经济占全市经济的比重由2005年的56.9%提高到2010年的62.0%。

展望未来，芜湖将着力推进皖江城市带承接产业转移示范区、合芜蚌自主创新综合试验区建设，为建设创新芜湖、优美芜湖、和谐芜湖、幸福芜湖，立足全省次中心城市定位，把芜湖建设成为全国重要的先进制造业基地、综合交通枢纽、现代物流中心、创新型城市和长江流域具有重要影响的现代化大城市而努力。

芜湖全景

# 创新之城

国际会展中心

科技馆

鸠兹广场

中山路商业步行街全景

镜湖春色

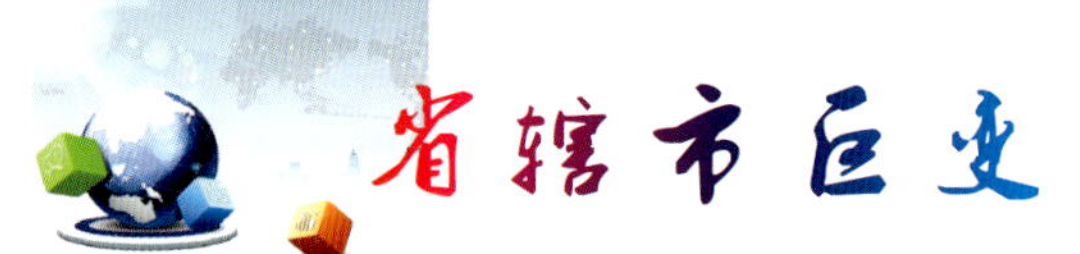


# 科学发展 全面转型

芜湖临江桥

芜湖宝塔根

芜湖滨江公园全景

芜湖奥林匹克公园

芜湖大浦农业科技园全景

丫山花海石林风景区

方特欢乐世界一隅

# 率先崛起 富民强市

奇瑞汽车股份有限公司总装线

芜湖海螺水泥有限公司

新芜经济开发区

朱家桥外贸码头

广东美的集团芜湖工业园

安徽三安光电有限公司LED芯片检测车间

芜湖德豪润达光电科技有限公司无尘车间

芜湖杉杉新明达制衣有限公司绣花车间

芜湖欧宝机电有限公司宽敞的车间

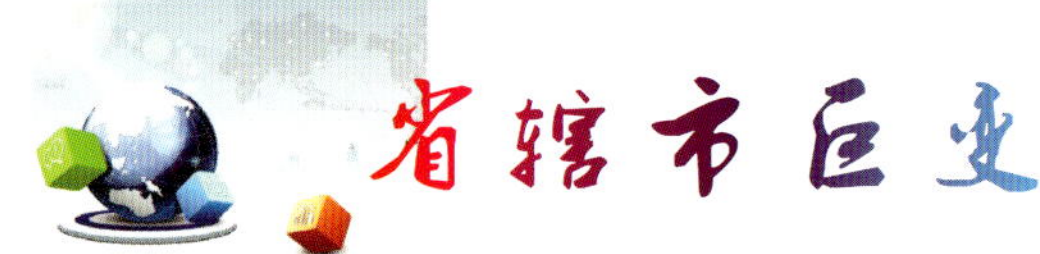


# 开创科学发展新局面

市委书记、市人大常委会主任　郑为文

市长　张晓麟

马鞍山位于安徽东部，长江下游南岸，1956年建市，现辖1县3区、总面积1686平方公里，人口129.1万人。“十一五”时期，面对复杂多变的国内外大环境，市委、市政府紧紧围绕“坚持科学发展、走在全省前列“的奋斗目标，坚持以加快转变经济发展方式为主线，以推进皖江示范区建设为抓手，着力构建“6653”现代产业体系，大力实施“1255”城市发展战略，经济社会发展取得显著成绩。

经济实力显著增强　全市生产总值由349.5亿元增加到811亿元，年均增长15.7%，人均生产总值超过9300美元；全社会固定资产投资累计2270亿元，是“十五”时期的4.2倍，年均增长31.1%；财政收入由64亿元增加到140亿元，年均增长18%；城市居民人均可支配收入由11935元提高到23159元，年均增长14.2%；农民人均纯收入由4511元提高到9332元，年均增长15.6%。

结构调整取得突破　工业结构持续优化，马钢新区等一批重大项目相继建成投产，五年新增规模以上工业企业464户，规模以上工业增加值年均增长20%，高新技术产业增加值占规模以上工业增加值的比重达32.5%。服务业总量不断扩大，层次快速提升。传统农业加速向现代农业转变。

马鞍山市全景

# 建设和谐幸福马鞍山

对外开放持续扩大　累计实际利用外资25亿美元，利用内资超过1100亿元。全市形成1个国家级经济技术开发区、4个省级开发区和一批特色工业园区梯度跟进、错位发展的格局，示范园区建设开局良好。马鞍山口岸实现对外籍轮开放，马鞍山港跻身长江港口十强行列。对外贸易总额累计超过120亿美元。对外友好交往不断扩大。

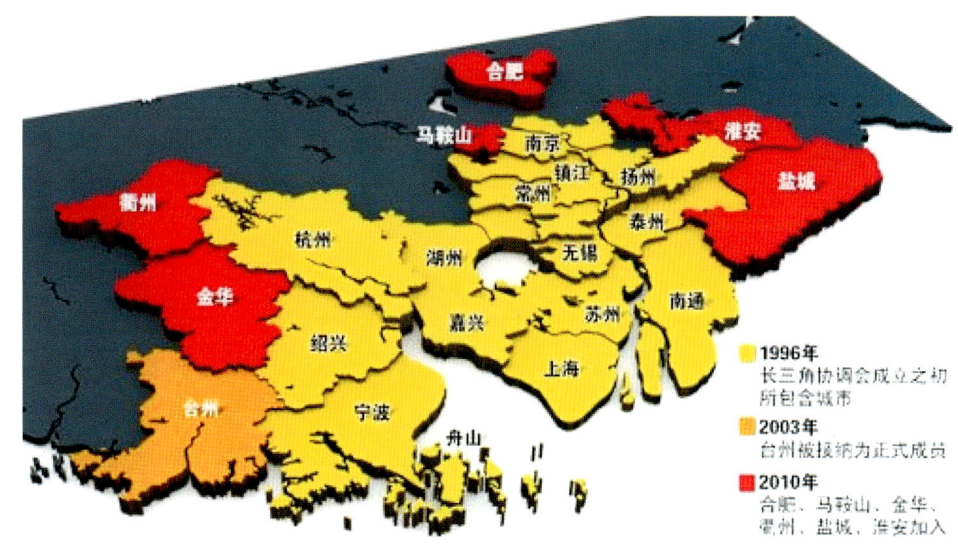


各项改革不断深化　政府机构、行政管理、财税体制、教育体制改革深入推进。马钢、十七冶、矿院、中冶华天等企业改革顺利实施。深化医药卫生体制改革，公立医院改革试点、基层医药卫生体制综合改革快速推进。金融创新迈出重要步伐，一批金融机构相继落户。5家企业成功上市，上市公司增至8家，股票9支，市值接近3000亿元。

城乡面貌大为改观　城市建成区面积由66平方公里扩大到78.5平方公里，城镇化率年均提升2个百分点，达到68%。长江公路大桥等重大交通设施项目相继开工建设，新建、改扩建及在建公路总里程720公里。主城区向两翼拓展迈出坚实步伐，副城区集聚辐射功能明显增强，中心镇发展活力进一步激发，城乡一体化发展格局逐步形成。

社会建设全面加强　连续4年实施民生工程，累计投入资金超过36亿元。统筹城乡就业、创建创业型城市、城镇居民医疗保险、新型农村养老保险、居民生育保险、“金保工程”建设6项工作被列为全国试点。2010年，马鞍山全面小康社会实现程度达97.6%。荣获全国文明城市、国家环保模范城市、全国绿化模范城市、全国双拥模范城市等荣誉，城市知名度和影响力大幅提升。

步入“十二五”时期，马鞍山将紧紧把握黄金发展机遇期，深入贯彻落实科学发展观，以科学发展为主题，以加快转变经济发展方式为主线，坚持转型发展、加快发展、和谐发展，实施工业主导、城乡一体、创新推动、开放带动、民生优先、可持续发展战略，推动经济社会更高更大更快发展，勇做皖江城市带的“箭头”，敢在融入长三角中带头，确保“十二五”持续走在全省前列，在全省率先建成全面小康社会，为率先基本实现现代化奠定基础，努力建设和谐幸福马鞍山。

# 全国文明城市 国家卫生城市 国家

慈湖国际物流港区

马鞍山承接产业转移示范区物流园

秀山湖

国家级开发区--马鞍山经济技术开发区

# 环保模范城市 全国双拥模范城市

马钢新区

雨山湖

诗仙圣境

马鞍山长江大桥(建设中)

# 宣城 承接产业

市委书记高登榜、市长虞爱华陪同上级领导在宣城考察

宣城市位于安徽省东南部，是中国文房四宝之乡，全国优秀旅游城市，皖江城市带承接产业转移示范区，大皖南国际旅游文化示范区的重要组成部分，面积12340平方公里，人口278万，下辖五县一市一区。

宣城是一座历史悠久的文化名城，拥有绩溪龙川胡氏宗祠、泾县云岭新四军军部旧址纪念馆等8处国保文物，涌现出梅尧臣、梅文鼎、胡宗宪、胡雪岩、胡开文、胡适等历史名人，谢朓、李白、白居易、韩愈、杜牧、杨万里、文天祥等，在宣城留下大量诗篇，宣纸、宣笔、徽墨制作技艺全部入选国家非物质文化遗产名录。

宣城山川秀丽，生态环境优越、旅游资源十分丰富。全市森林覆盖率58%，境内有国家级清凉峰自然保护区、扬子鳄自然保护区和亚热带最北一片原始森林省级板桥自然保护区。宣城现有AAAA级景区8处，已经形成以泾县云岭新四军边部旧址纪念馆和皖南事变烈士陵园为核心的红色经典游，以中国鳄鱼湖、广德太极洞、板桥原始森林、障山大峡谷、恩龙世界木屋村等为代表的生态休闲游，以宣纸宣笔与徽墨制作技艺、胡适胡雪岩等名人故居、查济江村黄田等徽派古村落为代表的历史文化游，以宣州宣木瓜之乡、水东蜜枣之乡、郎溪中国绿茶之乡、广德中国板栗之乡、宁国中国山核桃之乡、泾县琴鱼之乡、绩溪中国徽菜之乡、旌德中国灵芝之乡等构成的山珍美味品尝游。

宣城区位优势明显，是安徽17个省辖市中唯一与江苏、浙江两省接壤的城市，交通十分便捷，宣杭铁路、皖赣铁路在这里交汇，318、205国道，宣杭、芜（湖）宣（城）高速公路穿境而过，宣城-黄山、铜陵，南京-宣城-杭州、扬州-绩溪、广德-溧阳等高速公路和北京-福州、商丘-杭州、皖赣铁路宣城段、黄山-杭州城际铁路绩溪段等多条高速铁路正积极推进，宣城的交通枢纽地位日益凸现。

过去的五年，全市社会经济呈现速度加快、效益趋好、结构优化、活力增强、和谐发展的大好局面，全面完成了“十一五”规划确定的主要发展目标。五年间，生产总值连续跨越三个百亿关口，2010年达到525.7亿元，人均生产总值突破3000美元；财政总收入在短短的一个五年计划中突破7个10亿元台阶，2010年达到84.7亿元；规模以上工业企业数超千家，形成了特色明显、具有较强竞争优势的汽车零部件、机械制造、建材原材料、医药化工、农产品加工等支柱产业，安徽中鼎、江南化工、司尔特肥业、泰科铁塔为上市公司；五年间投资总量累计突破2000亿元；2010年国内旅游人数突破600万人次，国内旅游收入突破40亿元；2010年，城乡居民收入分别达到15141元和6651元；社会保障体系进一步完善，科技事业发展进一步加快，教育、文化、卫生事业进一步推进。

“十二五”时期，是宣城“充分发挥后发优势、力争实现后来居上”的关键时期。按照市委二届八次会议的要求，未来五年，将坚持以科学发展为主题，以加快转变经济发展方式为主线，坚持工业化与城镇化、提升传统产业与发展新兴产业、扩大总量与提高质量、强市与富民、跨越发展与和谐发展“五个并重”，坚持市区目标、利益、工作、责任四个“一体化”，把宣城逐步建设成为皖苏浙交汇区域宜业宜游宜居的中心城市，新兴制造业基地、优质农产品供应基地、旅游休闲基地。

# 转移　实现经济跨越

市委书记高登榜陪同省委书记张宝顺考察宣城

中国文房四宝及中国书画交易中心开工典礼

宁宣杭高速公路宁国至千秋段开工典礼

城市建设全貌日

# 文房四宝之乡 山水园

查济古村落

青龙湾生态旅游区

万亩茶园

十大重点工业项目——华明飞彩低速汽车项目开工

城市建设日新月异

宣城夜色

# 林城市 历史文化名城

宛溪河改造已见成效

国家级箱包产业出口基地——锦富箱包公司

中鼎集团产业园奠基

安徽徽铝

汽车零部件产业已成为宣城工业的主导产业

生信

# 天下道源 华佗故里

省委书记张宝顺调研亳州企业生产情况

省长王三运到亳州敬老院问慰

亳州是中药、白酒、道家思想中国三大文化的发祥地，老子、庄子、曹操、华佗的故乡，国家级历史文化名城和中国首批优秀旅游城市。2000年5月组建地级亳州市，辖涡阳、蒙城、利辛三县和谯城区，总面积8374平方公里，人口600万。

亳州地处苏鲁豫皖结合部，南襟江淮，北望黄河，历史文化厚重，资源禀赋丰饶，产业特色鲜明。

近年来，市委、市政府坚持发展第一要务、招商第一要事不动摇，全力打造园区、融资、环境三大发展平台，加快培育现代中药、能源化工、白酒及农产品加工、汽车及零部件制造、文化旅游等五大产业，全市工业化水平快速提高，城乡面貌明显改善，综合实力显著增强。

2010年，全市实现生产总值513亿元，工业增加值、固定资产投资、财政收入在2007年基础上翻一番，分别达到155亿元、271亿元、42亿元，社会消费品零 总额223亿元，进出口总额2.4亿美元，实际利用外资1.6亿美元，城镇居民人均可支配收入15538元，农村居民人均纯收入突破4700元，金融机构存款余额545亿元，贷款余额245亿元。

“十二五”期间，亳州坚持“发展为上、民生为先、稳定为重，少说多做、真抓实干”，以科学发展为主题，以优化经济结构、转变发展方式为主线，以确保快速发展、力求争先进位为主调，牢牢抓住产业转移、加快皖北发展的重大战略机遇，坚持工业化城镇化双轮驱动，继续深入开展“招商引资年”、“项目建设年”、“环境优化年”活动，围绕五大主导产业、劳动密集型产业、现代服务业和新兴产业加大招商力度，推动产业聚集，深化社会领域招商，加强招商平台建设，完善招商工作机制，优化投资环境，力争实现“科学发展、加速崛起、兴亳富民”的宏伟目标。

魏武广场

# 中华药都 养生亳州

市委书记方春明调研民生工程建设情况

市长沈强深入企业调研

药市隆重开市

地级亳州组建10周年庆祝大会

中国（亳州）老庄及老庄思想学术研讨会召开

中医药展开展仪式

# 科学发展　加速

康美（亳州）华佗国际中药城开工奠基

投资12亿元的修正药业产业基地奠基

安徽.亳州制药企业生产设备采购洽谈会

中国（亳州）白酒文化节酒类产品展开展仪式

改造后的魏武大道

涡河公园一角

# 崛起　兴亳富民

古井产业园项目开工

第二届中国（亳州）华佗五禽戏养生健身节成功举办

南部新区五校建设竣工暨开学典礼仪式

亳州师专新校落成

城市建设

亳州体育场

# 滁州　安徽东向发展桥

市委书记　韩先聪

市长　江山

滁州，安徽省省辖市，属泛长三角合作核心区，为“南京一小时经济都市圈”核心城市之一，是国家建设的皖江城市带承接产业转移示范区重要一翼。全市土地面积1.35万平方公里，人口450万。滁州现辖天长、明光两市，来安、全椒、定远、凤阳四县和琅琊、南谯两区。

**历史文化底蕴厚重**　滁州是一座历史文化古城，这里是《醉翁亭记》、《儒林外史》的诞生地；这里曾是兵家必争的古战场，历史人文赋予了这座城市浓郁的历史气息；这里是大包干的发源地，解放思想，敢为人先，掀开了中国当代改革的辉煌篇章。

**区位优越，交通便捷**　滁州是安徽省的东大门，地理位置承东启西，东南与江苏省南京市、扬州市、淮安市接壤，西北与安徽省淮南市、合肥市相连。

滁州的交通四通八达，使得滁州拥有了相对低廉的物流成本。境内多条高速公路和铁路交织成网，正在建设的滁宁快速通道建成后滁城距南京过江隧道不到40公里，半小时即可进入南京市区。2011年7月京沪高铁滁州站建成通车，滁州到上海只需1小时，到北京仅需3个半小时。距南京禄口国际机场、合肥骆岗机场均在1.5小时车程内。

**山水秀美，资源丰富**　滁州拥有琅琊山国家级风景名胜区、醉翁亭、明皇陵等著名自然与人文景观。境内岩盐、石膏、芒硝等非金属矿产资源储量居华东之冠，品质优良。滁州是国家大型商品粮生产基地，粮食总产量占全省1/8，粮食商品量占全省1/4。滁州拥有5万多名各类专业技术人才和80多万名较高素质的技术工人。全市拥有14个开发区和工业园区，其中国家级开发区1个。目前园区已开发建成140多平方公里，土地资源储备量大。水、电、气等要素资源丰富，价格低廉。

**产业基础优势明显，发展环境好**　滁州现已形成了家电、机械（汽车）、纺织、化工、农副产品深加工、非金属矿深加工等六大支柱产业，产业集群初步显现。信息家电、硅能材料两大千亿元产业基地正在形成。德国博世、西门子、法国乐斯福、美国麦当劳、肯德基等和国内康佳，万翔、华龙、盼盼等一大批知名品牌纷纷落户。

# 头堡　承接产业转移第一站

近年来，滁州市不断优化投资环境，先后被评为浙商（中国）最佳投资城市、浙商（安徽）最佳服务城市、深港企业投资潜力城市和苏商（中国）最佳投资环境城市。

积极打造皖江城市带承接产业转移“第一站”　滁州市紧紧抓住所辖8个县市区均在皖江城市带承接产业转移示范区规划范围的机遇，快速启动相关工作，高点定位，高位推动，高效对接，积极主动承接，抢占先机，努力将滁州打造成“安徽东向发展桥头堡、承接产业转移第一站”。

滁州，“十一五”为起飞助跑　“十一五”滁州在实现“双超”“追宿迁，超千亿，进前列”的征途上迈出了坚实的步伐。主要经济指标年均增速全面超过“十五”年均水平，其中2010年绝大多数指标增速超过宿迁和全省平均增幅，增幅在省内跃居前列。2010年实现生产总值695.65亿元，按可比价格计算，比上年增长15.6%，比"十五"时期年平均增幅高10.5个百分点，比全省平均增幅高1.1个百分点，居全省17市第5位。三次产业比为21.3:49.2:29.5。全年粮食总产量为430.8万吨，连续7年刷新记录。全年工业实现增加值298亿元，比上年增长25.5%，规模以上工业企业经济效益综合指数为216.9%，比上年提高23.8个百分点，创近6年最好水平。全社会固定资产投资完成723.5亿元，比上年增长37.8%。全年实现社会消费品零售总额215亿元，比上年增长19.1%。全年商品进出口总额9.13亿美元，比上年增长32.7%。其中，出口总额7.08亿美元，增长32.0%。年末公路通车里程14540公里。全年接待旅游人数619.76万人次，比上年增长22.3%。全年旅游总收入39.45亿元，比上年增长25.0%。年末，全市共有星级旅游饭店21个，名胜风景区和文化保护区23个。全年实现财政总收入90.46亿元，比上年增长32.5%。其中，地方财政收入50.53亿元，增长36.3%。全年在岗职工年平均工资28758元，比上年增长17.7%；城镇居民人均可支配收入15104元，比上年增长13.0%；农民人均纯收入5915元，比上年增长17.6%。年末，城乡居民储蓄存款418.21亿元，比上年末增加65.5亿元；城市居民人均住房使用建筑面积29.61平方米；农村居民人均住房使用面积为31.8平方米。

省长王三运出席全省皖江城市带承接产业转移现场会

市委书记韩先聪会见德国专家

# 全国双拥模范城

第三届中国农民歌会在滁成功举办

南湖新貌

尾砂安全处理工程

滁州中学新校区

政务中心办公大楼

# 浙商最佳投资地

街景一瞥

建设中的政务新区

全柴集团生产线

现代化的养鸡场

天大集团生产线

滁州承接产业转移新型工业园鸟瞰图

# 黄山市 最佳国际休闲

市委书记　王福宏

市长　宋国权

城市风光

城市　中国人居环境奖城市

2011年，在省委、省政府和市委的坚强领导下，按照省委八届十三次全会和省经济工作会议的总体部署，深入贯彻落实科学发展观，紧紧围绕建设现代国际旅游城市的战略目标，以科学发展为主题，以全面转型、加速崛起、富民强市为主线，坚持转型发展、开放发展、绿色发展、和谐发展，继续推进“十大工程”和“四区”建设，着力扩大有效投入，着力推进改革开放，着力优化经济结构，着力促进城乡统筹，着力保障和改善民生，着力维护社会和谐稳定，着力加强党的建设，努力保持经济社会又好又快发展。

一、经济保持较快增长　初步核算，全市生产总值309.3亿元，同比增长13.1%，增速创1998年以来新高；财政收入44.3亿元，增长41.8%，增速居全省第一位；社会消费品零售总额126亿元，增长19%；固定资产投资454.3亿元，增长34.3%；完成“十大工程”项目投资312.8亿元，增长39.7%；完成省“861”计划项目投资242.8亿元，增长58.8%；争取国债项目378个，到位资金5.6亿元。

二、结构调整步伐加快　三次产业结构为12.7∶44.1∶43.2，其中二产同比上升3.5个百分点。农村经济平稳发展，全年实现农业增加值39.3亿元，增长4.7%；规模以上农产品加工企业181家，实现营销收入71.1亿元，增长40.6%，其中超亿元企业达10家；茶叶产量、产值继续保持全省第一，综合产值达46亿元，增长29.6%，8家企业跻身全国茶业百强。

三、改革开放成效显著　成功举办第十四届中国黄山国际旅游节暨徽文化节，成功举办国际山地车节、国际登山大会、中国黄山（国际）风光摄影大展、中国黟县国际摄影节和第六届中国黄山茶叶暨名优农产品博览会等系列重大活动，在日本、韩国、法国和香港、深圳等地举办了系列旅游推介和招商等经贸活动，与法国尼斯市、南非开普敦市签订友好合作协议，成为安徽唯一的长三角世博体验之旅示范点城市。

四、城乡建设快速推进　《黄山市城市总体规划（2008-2030）》修编获省政府批准实施。新安江延伸段综合开发工程即将竣工，徽州文化艺术长廊和高铁新区正式动工，齐云大道、屯光大道拓宽改造工程全面完成，花山大桥和梅林大桥开工建设，全年新建、改建道路45条，新增道路总长32.2公里、道路面积42.7万平方米，新增供水管道40.3公里、供气管道21公里，新建绿化面积35万平方米，建成区绿化覆盖率达49.8%。

五、民计民生持续改善　城镇居民人均可支配收入15834元，超过全省平均水平，同比增长12.6%；农民人均纯收入6710元，高于全省1425元，增长17.7%。扎实开展“七保”工作，精心组织实施35项民生工程，共投入资金13.2亿元，惠及130万城乡居民，并在全省民生工程考核中名列前茅。

六、社会事业繁荣发展　“百村千幢”古民居保护利用工程完成投资10.3亿元，对449幢古民居实施了保护利用；百佳摄影点建设快速推进；新增中国历史文化名村2处，徽州传统木结构营造技艺入选联合国人类非物质文化遗产名录，“徽州文化生态保护实验区建设工程”项目入选文化部全国十大国家文化创新工程，“徽韵”入选国家旅游文化重点项目名录。

# 中部最佳投资城市

画中村——村如棋布

百村千幢——休宁古城岩

百村千幢——祁门坑口古村落

百村千幢——重建歙县徽州府衙

新安江延伸工程——照壁

# 国家园林城市黄山

黟县古村落——秀里影视村

城市新面貌

城市中的--湿地公园

黄山经济开发区

工业园区建设

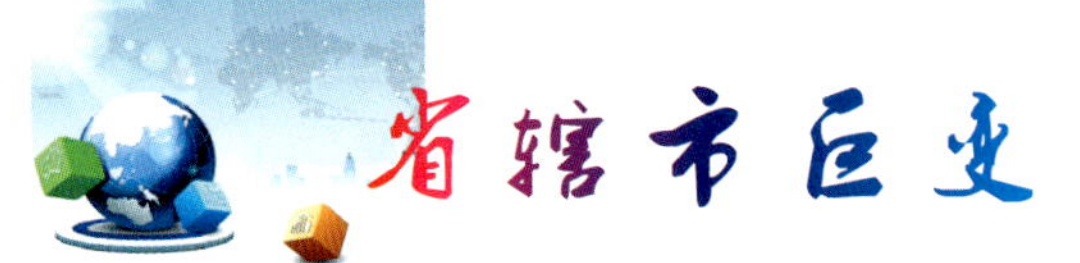


# 发展的宿州在崛起

市委书记李宏鸣（前排左二）调研园区和城市建设工作

市长张曙光、副市长张卫东深入新汴河大桥、世贸广场、东城康居苑等重点工程实地调研

宿州新貌

宿州地处苏、鲁、豫、皖四省交界，是淮海经济区核心城市之一，襟临沿海，背依中原，北连古城徐州。1998年撤地建市，辖砀山、萧县、灵璧、泗县和埇桥区，2010年末总人口642万人，土地面积9787平方公里。交通发达，连霍、京福高速公路纵横贯穿，煤炭资源丰富，是国家规划的13个大型煤炭基地之一，白云岩、大理石储量居全省之首，灵璧石为中国“四大奇石”之一。

省委书记张宝顺为宿州市承接产业转移重大项目集中开工按下启动球

宿州历史悠久，人文荟萃，唐始置宿州。自古钟灵毓秀，人才辈出，古有闵子骞、嵇康等历史名人，今有艺术大师刘开渠、萧龙士，著名哲学家孙叔平，模范师表孟二冬，社会学家邓伟志，表演艺术家李炳淑等。这里曾经发生过三次影响中国历史进程的重大战争：秦末中国历史上第一次农民大起义在埇桥区大泽乡暴发，楚汉相争的垓下之战发生在灵璧县境内，淮海战役在这里打响。老一辈无产阶级革命家邓小平、刘伯承、陈毅、粟裕、张爱萍都曾在这里战斗过。今天的宿州被誉为“书画艺术之乡”和“马戏之乡”。

宿州盛产小麦、玉米、棉花、油料、水果等，素有“果海粮仓”之称，是全国著名的粮棉生产基地、水果主产区和畜牧业发达地区。“十一五”时期，全市人民以科学发展观为指导，紧紧围绕“双千亿、双翻番”的奋斗目标，积极抢抓国家推进中部崛起、省加快皖北发展的重大机遇，努力巩固应对金融危机成果，全面实施“工业扩张、农业提升、城镇扩容”三大战略，不断加快工业化、城镇化和农业产业化进程，促进了全市经济持续、快速、健康发展。五年间，生产总值年均增长11.8%；财政收入年均增长26.3%；三次产业结构比由2006年的39.4:25.2:35.4调整到2010年的27.9:37.9:34.2，固定资产投资五年累计突破千亿元，达到1128.6亿，年均增长36.7%；社会消费品零售总额年均增长17.8%；城镇居民人均可支配收入年均增长13.2%；农民人均纯收入年均增长17.2%。华电宿州、万润肉类、皖北药业、安徽生化、中元化肥等一批企业不断发展壮大。2010年，全市有规模以上工业企业893家，其中大中型企业55家。

2010年，全市生产总值650.3亿元，财政收入43.2亿元，城镇居民人均可支配收入14669元，农民人均纯收入4766元。

未来五年，是宿州转型发展、跨越追赶的关键时期。我们坚信，在市委、市政府的坚强领导下，全市上下将继续深入贯彻落实科学发展观，牢牢抓住转型发展、加速崛起、兴宿富民的主线，坚持工业化、城镇化双轮驱动，强力实施工业扩张、农业提升、城镇扩容战略，大力推动开放发展、创新发展、持续发展、和谐发展，就一定能够实现国内生产总值、财政收入、固定资产投资、城乡居民收入翻番的奋斗目标，为全面建设小康社会奠定坚实基础。

沱河公园一瞥

# 书画艺术之乡

市委、市政府在市经济开发区隆重举行安徽宿州鞋业基地建设启动暨重大项目开工仪式

第四届中国宿州灵璧石国际文化节开幕式

农民在第六届中国宿州黄淮海地区农资博览会上选购农机

泗许高速

高速动车组在京沪高铁宿州段刷新世界铁路最高时速

# 戏之乡　奇石之乡

开发区集中开工典礼

徽香源·第六届中国宿州黄淮海地区农资博览会隆重开幕

天下第一奇石——灵璧石

年产皮鞋1500万双的百丽鞋业公司

天鹅湾小区

建设中的北关新城

# 巢湖市　中国温泉

省委书记张宝顺来巢调研

省长王三运来巢调研

市委书记陈强调研活水靓城工程

市长张飞飞调研“路桥大会战”工程

合肥经济圈党政领导第一次会商会议

安徽巢湖承接产业转移示范园区揭牌仪式

# 之乡　皖江投资热土

巢湖市地处皖中，襟江环湖，毗邻长三角。辖庐江、无为、含山、和县和居巢区，土地面积9394平方公里，2010年末总人口460.5万人。

巢湖历史悠久，因湖得名，长江流域的人类祖先“和县猿人”、“银山智人”曾繁衍生息于此，是“商汤放桀于南巢”、“伍子胥过昭关”、“楚霸王自刎乌江”发生之地。古往今来，涌现出范增、周瑜、丁汝昌、冯玉祥、张治中、李克农、戴安澜、林散之、许海峰等一代风流人物。

第六届徽商大会上，国家、省市领导参观巢湖集中区二坝起步区沙盘模型

巢湖资源丰富，是国家级风景名胜区、“中国温泉之乡”和省级园林城市，拥有四个国家级森林公园。境内有自然人文景观130多处，集江、湖、山、泉，以水见长，湖光、温泉、山色是“巢湖风景三绝”。近年来凌家滩古文化遗址及巢湖水下古城的发现令国内外瞩目。境内已发现的矿藏有42种，其中磁铁矿10亿吨、石膏矿58亿吨、石灰石远景储量170亿吨，含山石膏矿单体矿储量为亚洲第一。拥有182公里的长江岸线，其中可开发利用岸线90公里，适宜建设万吨级港口的岸线30公里。

巢湖物产富饶，是“鱼米之乡”，所辖的五个县（区）均为全国粮、油百强县，长江中下游重要的蔬菜生产基地，盛产大米、油料、棉花、蔬菜、家禽，“巢湖三珍”（银鱼、白米虾、螃蟹）享有盛誉。

“十一五”期间，巢湖经济社会发展取得重大成就，经济快速发展、综合实力显著提升，生产总值年均增长12.4%，财政收入年均增长27%，规模以上工业年均增长25.8%，固定资产投资年均增长34.5%，城镇居民人均可支配收入年均增长15.2%，农民人均纯收入年均增长16.3%。电工器材、化工、建材等传统产业不断做强，采掘、食品加工、旅游等新兴产业快速崛起，已有皖维高新、巢东股份等4家上市公司。2010年，全市生产总值625亿元，财政收入63.6亿元，城镇居民人均可支配收入16167元，农民人均纯收入6198元。年末全市共有规模以上工业企业812家，其中大中型企业55家。有10个省级经济技术开发区，占地面积282平方公里，已建成面积59平方公里，聚集了1313家企业，其中高新企业35家，2010年工业产值328.23亿元，占全市的39.7%。

“十二五”期间，巢湖将围绕全面转型、加速崛起、兴巢富民的主线，抢抓皖江示范区和合肥经济圈建设的历史机遇，着力实施“四大建设”重点战略，努力实现“六个翻番”发展目标，努力建设经济繁荣、人民富足、生态优良、社会和谐的新巢湖。

市区鸟瞰

# 实施"四大建设"战略

农村一角

金孔雀度假村

洗耳池公园

环城河

中庙

人民路商业步行街

# 实现"六个翻番"目标

巢湖姥山

巢湖湿地

高沟电缆

富煌钢构车间

建设中的华谊化工基地

合巢芜高速公路

省辖市巨变

# 科学发展全面转型

池州地处安徽西南部，是皖江城市带承接产业转移示范区的重要组成部分。全市面积8272平方公里，人口159.7万。

**池州历史悠久，是安徽省历史文化名城** 池州文化底蕴深厚，诗仙李白“三上九华，五游秋浦”，留下四十余首诗作。杜牧任池州刺史，一首《清明》诗，让杏花村芳名远扬。池州傩、青阳腔已被收入第一批国家非物质文化遗产名录。池州当代名人辈出，中央政治局原常委、国务院原副总理姚依林，全国政协原副主席陈锦华都是池州人。

**池州生态环境优美，是中国优秀旅游城市** 池州是中国第一个生态经济示范区，境内有四大佛教名山之一的九华山、国家级中亚热带常绿阔叶林群落及野生动物自然保护区牯牛降和国家级飞禽鸟类湿地自然保护区升金湖。池州主城区直接北临长江，内抱 11平方公里的平天湖，是一个滨江环湖城市。2010年温家宝总理视察池州时赞美道“池州非常美，有河有湖、有山有水，生态环境很好，人也很热情”。

安徽省江南产业集中区揭牌仪式

**池州潜力巨大，是一个蓄势待发的城市** 池州通江达海、承东启西，区位优势明显。长江黄金水道流经池州162公里，318国道、206国道和沪渝高速、京台高速、铜九铁路、安景高速纵横穿越，九华山机场、宁宜城际客运铁路和池州长江公路大桥等相继开工建设。池州矿产资源十分丰富，有金、银、铜、铅、锌、白云石、方解石、石灰石等40余种富矿，非金属矿居华东之首，开发潜力巨大。池州市现已建成了六个省级开发区和一批工业集中区。安徽江南产业集中区2010年5月落户池州梅龙，池州承接产业转移将达到一个新的层次。

“十一五”的五年，是池州发展历程中极不平凡的五年，全市人民以科学发展观为统领，以“加快追赶、奋力崛起、实现跨越”为主题，大力弘扬“艰苦创业、负重拼搏、开明开放、务实创新”的池州精神，全面实施“生态立市、工业强市、旅游兴市、商贸活市”战略，深入推进“583”工程，经受了百年罕见的国际金融危机严重冲击和特大自然灾害的严峻考验，超额完成“十一五”规划目标任务，经济社会发展取得辉煌成就。2010年，全市生产总值300.8亿元，“十一五”年均增长15.4%；财政收入43.4亿元，年均增长29.9%；城镇居民人均可支配收入15997元，年均增长15.2%；农民人均纯收入5827元，年均增长14.7%。

“十二五”时期，池州将以科学发展为主题，以全面转型、加速崛起、兴市富民为主线，以实施“433”工程（培育四个千亿产业集群，累计完成投资3000亿元，地区生产总值、财政收入、居民收入实现翻番），初步实现在全省“总量居中、人均居前、速度居先、环境居优、民生居上”为奋斗目标，大力实施“生态立市、工业强市、旅游兴市、商贸活市、文化名市”战略，着力推动绿色发展、开放发展、创新发展、和谐发展，加快推进产业低碳化、城市人文化、农村社区化、民生幸福化进程，努力建设经济繁荣、环境优美、社会和谐、生活富裕的国家级生态经济示范区和世界级旅游目的地，为全面建设小康社会奠定坚实基础。

# 加速池州崛起皖江

省长王三运在池州考察

市委书记童怀伟陪同省长王三运在池州开发区考察

代市长赵馨群在东至大渡口开发区考察

常务副市长张夏林陪同代市长赵馨群考察城市建设

# 淮南　五年奋斗促

市委书记杨振超（左二）、市长曹勇（右一）陪同省委书记张宝顺（右二）在淮南考察

城市鸟瞰

# 發展 與時俱進譜新篇

“十一五”时期，是淮南发展进程中极不平凡的五年，也是经济社会发展最好、城乡面貌变化最大、人民群众受益最多的五年。全市人民在市委、市政府的坚强领导下，全面贯彻落实科学发展观，不断丰富“五彩淮南”的形象定位、“两型城市”的目标定位、“一主两翼”的战略定位、“四煤”发展的转型定位、“四宜”城市的功能定位，闯出资源型城市可持续发展新路，圆满完成“十一五”目标任务，开创了淮南现代化建设新局面。

**综合实力大幅提升**　“十一五”期间淮南市经济社会发展实现“五个倍增、五个超额”。五个倍增：即全市生产总值从263.6亿元增加到603.5亿元，现价增长1.3倍；财政收入从36.5亿元增加到106.1亿元，增长1.9倍；规模以上工业增加值从116.1亿元增加到388.6亿元，现价增长2.3倍；固定资产投资从“十五”时期的338亿元增加到“十一五”时期的1315亿元，增长2.9倍；社会消费品零售总额从81.2亿元增加到187.2亿元，增长1.3倍。五个超额：即工业化率达57.3%，超既定目标2.3个百分点；城镇化率2009年底已达到64.1%，超既定目标4.1个百分点；城镇居民人均可支配收入达15377元，年均增长12.3%，超既定目标3.6个百分点；农民人均纯收入5746元，年均增长15.6%，超既定目标7.7个百分点；节能减排超额完成省下达的目标任务。

**产业结构持续优化**　围绕立足煤、延伸煤、不唯煤、超越煤，实施“T”型空间布局和产业布局。煤电产业加速提升，原煤年产量从4018万吨提高到8110万吨，年发电量从230亿千瓦时提高到474亿千瓦时，分别增长101.8%、106.1%，率先在全国建成“亿吨级”煤电基地。煤化工、煤机产业加快培育，一批重大项目相继落地。纺织服装、轻工食品等传统产业加快振兴。现代农业加快发展，农业产业化“712”提升行动计划扎实推进。现代服务业统筹发展，商贸物流、文化旅游、现代金融、房地产等产业蓬勃兴起。

**城市形象日益彰显**　围绕打造山水园林城市、滨河滨湖城市、宜居宜游宜学宜业城市，统筹推进新区开发、老区提升、矿区改造、景区完善和综合交通。城乡规划体系不断完善，基本实现全覆盖。城市建设蓬勃展开，完成投资492.3亿元，是“十五”时期的7.5倍。高速公路、高速铁路、淮南港和航站楼加快规划建设，综合交通运输能力进一步提高。城市创建深入推进，先后荣获国家园林城市、中国优秀旅游城市、节能减排二十佳城市、资源型城市可持续发展示范市等称号。新农村建设扎实推进，跻身省级城乡一体化试点市。

**改革开放深入推进**　实施合淮同城化战略，成为合肥经济圈重要成员，创造性融入皖江城市带承接产业转移示范区，加快融入长三角，加速国际化进程。累计利用外资7.4亿美元，引进内资722.7亿元，实现进出口5.6亿美元，分别比“十五”时期增长83%、675%、210%。加快规划建设11个开发区，省级开发区从1个增加到6个，搭建163平方公里工业园区开发平台。

**人民生活明显改善**　城镇居民人均可支配收入和农民人均纯收入分别从8599元、2786元增加到15377元、5746元。城乡居民人均住房面积分别从20.9平方米、25.1平方米增加到24.5平方米、37平方米。金融机构存贷款余额分别从333.5亿元、221.9亿元增加到863.5亿元、644.6亿元。投入民生工程资金25.5亿元，惠及240万人。文化、教育、卫生、体育事业全面发展。人民群众生活质量和幸福指数明显提高，社会保持和谐安宁。

灯火辉煌的淮南市体育文化中心

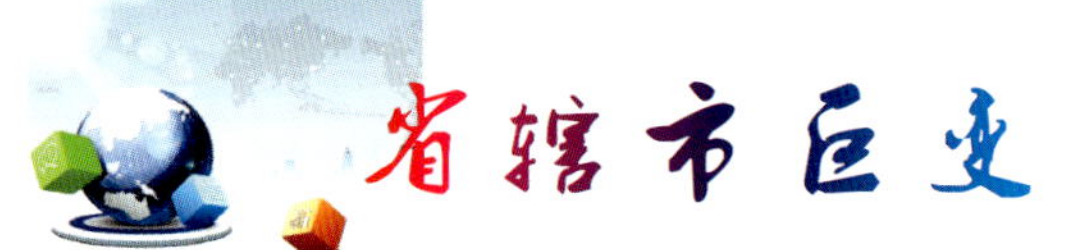


# 淮南“十一五”经济

安徽省第十二届运动会隆重开幕

建设中的山南新区

如火如荼的山南新区建设工地

淮南洞山隧道通车

合蚌高铁淮南高塘湖大桥

# 社会发展成就辉煌

第十七届中国豆腐文化节开幕

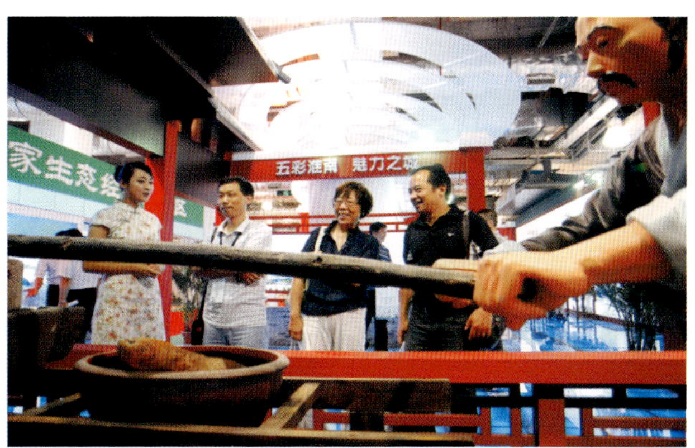

淮南八公山古法磨豆腐技艺惊艳上海世博会

安徽最大地下商业街淮南市龙湖路地下商业街盛大开业

洛河电厂

夜色中的国投新集能源股份有限公司分外夺目

顾桥煤矿

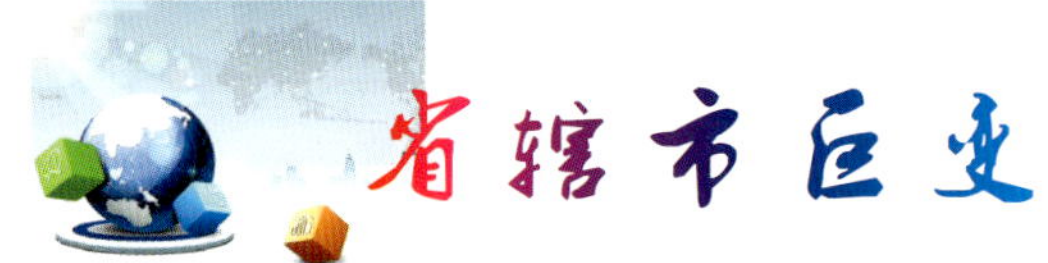


# 蚌埠市　淮畔明珠

市委书记　陈启涛

市长　周春雨

蚌埠市因地处淮河岸边，水网纵横，且盛产河蚌，故得名蚌埠，因蚌能孕沙成珠，蚌埠又叫珠城。是安徽省第一个设市的城市，位于安徽省东北部，淮河中游，京沪、淮南铁路交点，历经数十年建设发展，已经成为华东地区重要的交通枢纽和区域性加工、商贸、科技、文化中心城市。总面积5952平方公里，城市城区面积447平方公里。辖3个县（怀远县、五河县、固镇县），4个市辖区（龙子湖区、蚌山区、禹会区、淮上区），1个国家级高新技术开发区，6个省级开发区（蚌埠经济开发区、蚌埠工业园、固镇县经济开发区、怀远县经济开发区、怀远县马城经济开发区、五河县经济开发区）。

经济社会迅速发展　2010年，蚌埠市实现生产总值636.9亿元，增长14.5%，人均生产总值达到17621元；财政收入101.5亿元，增长32.2%；全社会消费品零售总额达到269.9亿元，增长19.0%；城镇居民人均可支配收入15376元，农民人均纯收入5565元，分别增长14.0%和17.7%。

历史文化渊远流长　作为淮河流域历史文明的中心，蚌埠是华夏发源地之一。从大禹治水、夏启建国，到楚汉相争、淮海战役，从双墩文化遗址到津浦铁路开通，都是这座城市令人骄傲的历史和文化符号。这里，还有被誉为“东方芭蕾”的花鼓灯艺术代代传承，已列入首批国家非物质文化遗产保护名录。

工业基地加速振兴　蚌埠是一座值得骄傲的城市，在第一个五年计划时期即完成了由商贸型城市向工业型城市的转变，并曾创造了一个又一个安徽第一乃至全国第一，成为安徽工业的象征。目前蚌埠已拥有机械、化工、电子、医药等34个行业400多个门类的工业体系，上市公司5 家，国家高新技术企业71家，柠檬酸、燃料乙醇、起重机、滤清器、太阳能电池及设备、导电膜玻璃等30多个龙头产品在全国乃至国际具有技术和规模竞争优势，涌现出丰原集团、黄山卷烟厂、中国凯盛等众多知名企业。

清新自然宜居宜游的城区

# 再奏华章

建成中国特色的以生物能源、生物材料为重点的国家级生物产业基地

自主创新激发活力　蚌埠是安徽科教资源最为丰富的城市之一，拥有中央、省属科研机构7家，国家和省级技术研发平台73个、高等院校10所。2008年，蚌埠被纳入安徽省合芜蚌自主创新综合配套改革试验区，跻身全省自主创新“第一方阵”。蚌埠按照“突出特色、重点突破”的原则，坚持高端化、集群化发展，实施创新型产业升级工程，正加快培育壮大光伏、生物、新材料“三大新兴产业”，重点改造提升装备制造及零部件、精细化工、电子信息“三大优势产业”，力争六大产业总体完成投资400亿元，形成年产值千亿元的规模。

交通提升枢纽地位　日历回翻百年，津浦铁路在这里跨越淮河天堑，从此记录下一座城市开埠百年的沧桑变迁。蚌埠作为京沪高速铁路上的重要大站成为瞩目焦点。高铁建成后蚌埠3个小时通达北京、1个半小时到达上海，半小时便能抵达南京……不仅如此，蚌埠水路、陆路、铁路、航空日益完善，成为全国性的公铁交汇的重要枢纽。背靠中西部、面向长三角，蚌埠便捷的区位交通优势，吸引着越来越多携带技术、资本、信息的精英们，把蚌埠视为旅程的终点，在此驻足停留、创业打拼。

现代都市祥和安康　自新中国成立后，蚌埠就不断进行旧城改造和新区建设。历经大面积旧城改造、设立高新区、搬迁军用机场，特别是2002年实行区划调整，大手笔实施“东进、西联、南拓、北跨、中优”的现代化大城市空间布局，蚌埠开始展现现代都市的无穷魅力。朝阳路淮河公路桥、龙子湖公园、淮河文化广场、龙湖体育馆等一批重点项目相继建成，提升了城市品位，优化人居环境，进一步增强埠对发展要素的吸引和承载能力。当前蚌埠正在掀起“大建设”的热潮，向着宜业宜居宜游、特色鲜明大城市的目标奋力迈进。

开放之城商机无限　进入新世纪，蚌埠迎来了国家加快中部崛起、享受老工业基地城市政策、建设合芜蚌自主创新综合配套改革试验区等重大历史机遇。蚌埠全力实施大开放战略，积极参与“泛长三角”区域分工合作，努力打造中部地区投资环境最优越的地区之一，为海内外客商创造无限商机。蚌埠已与100多个国家和地区建立经济联系。美国联合能源公司、华润集团、新奥集团、中国华源集团、中粮集团、中建材集团等一批实力超强企业相继来蚌合资合作。

商贸重镇辐射周边　蚌埠主动适应快速发展的市场经济，推进各类市场建设，尤其1996年前后在淮河路建成一批商场商厦，使之成为繁华商业街。近年来，借助强大辐射能力，蚌埠积极打造老城区、新城区、淮上新区三大商圈，商贸物流业快速发展，皖北地区商品集散地和贸易中心城市地位得到进一步巩固。家乐福、沃尔玛、北京物美、世纪联华等知名商业连锁纷纷抢滩登陆。光彩大市场、路桥日用品商城、通城国贸、奇石玉器城等大型专业市场陆续建成。

山水园林绿色城市　蚌埠群山环抱，淮水穿城而过，依山傍水，山静水动，拥有皖北难得一见的秀丽景致，人文景观、名胜古迹众多。汤和墓、栖霞寺等古迹保存完好，大禹治水会诸侯之地留有涂山庙、启母石、圣泉、灵泉等胜迹，楚汉相争的垓下古战场留存着霸王城、韩信点将台、虞姬墓等遗迹。经济的快速发展更加促使蚌埠对绿色的追求。围绕建设淮畔山水名城为目标，蚌埠实施生态建设工程，加强环境保护治理，提升城市管理水平，已跻身全省文明城市行列。绿色，成为这座城市最高的审美。

城东美丽的龙子湖风景区

# 禹风后德 孕沙成珠

珠园一角

淮河文化广场周边加快建设蚌埠新的商业中心

流传于乡间的花鼓灯艺术，跳进了北京的奥运“鸟巢”

双墩1号墓的发掘在我国考古史上具有重要意义

和谐号动车组列车驶过蚌埠淮河铁路大桥

蚌埠是京沪高铁线上的重要城市，也是京福高铁的重要节点

# 务实开放 创业争先

完备的产业基础和研发实力为电子信息产业发展提供了坚实基础

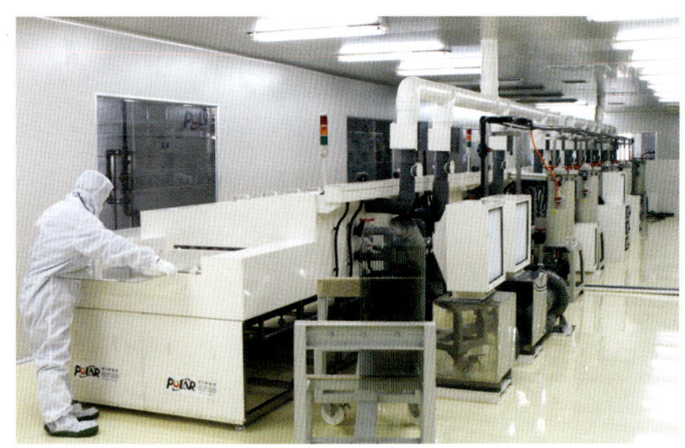

以自主创新为动力，光伏、生物、新材料三大产业异军突起

龙子湖公园内中国南北地理分界标志

整洁优美的蚌埠高新区一角

蚌埠港是淮河上唯一的枢纽港

安徽柳工被确定为“国家火炬计划重点高新技术企业”

# 省经济和信息化委员会

省委书记张宝顺和全国政协及中央统战部有关领导共同启动民企对接签约仪式

2010年是“十一五”完美收官的关键一年。面对严峻复杂的国际国内形势，在省委、省政府的坚强领导下，按照省委书记张宝顺在省经信委调研时提出的“做大总量，调优结构，转变方式，创新发展”的要求，以“八个必须”等重点目标任务为抓手，克难奋进，锐意进取，谋划实施一系列调控措施，办妥了节能攻坚等难事，办好了第四届全国体育大会无线电安全保障、上海世博会网上安徽馆建设等要事，办成了民企对接等大事，实现了调整与发展、节能与发展、创新与发展的多赢，全面完成2010年及“十一五”各项目标任务，全省工业经济和信息化建设呈现持续较快健康的发展势头。

2010年全省规模以上工业实现工业增加值5601.9亿元，同比增长23.6%，增速居全国第二、中部第一。工业对全省经济增长的贡献率达到63.5%，工业化率达到43.7%，工业经济效益综合指数达260.1，再创历史新高；全省规模以上工业企业数达到1.65万户，其中11家进入中国企业500强。装备制造、汽车、家电等7个行业主营业务收入超千亿元；新注册登记个体工商户30万户以上，非公经济增加值占全省GDP的比重达58%左右；全省拥有国家级企业技术中心23户，“十一五”期间全省企业的研发机构、研发人员、研发费用、研发项目和研发成果均占全社会总数的70%以上。全省规模以上高新技术产业实现增加值1623亿元，同比增长27.4%，占全省工业增加值的比重29%；技术改造投资完成2472.3亿元，增长37.1%。京东方六代线等一批项目先后建成投产，成为全省战略性新兴产业中的骨干力量；全年万元GDP能耗下降4.36%以上，“十一五”万元GDP能耗下降20%以上，万元工业增加值能耗下降10%以上，节能攻坚任务全面完成。

全省经信委系统工作座谈会

省长王三运在我省与全国知名民营企业合作发展会议上致辞

省人大副主任郭万清参加“节能攻坚江淮行”主题宣传活动

副省长黄海嵩、省政协副主席王鹤龄巡视广州中博会安徽展厅

省经信委主任赵炳云巡视上海工博会安徽展馆

党组书记贺凌出席合肥彩虹蓝光LED项目投资合作协议签字仪式

全省节能工作会议

# 安徽司法行政工作实

全国司法行政系统三个重要会议在皖召开

全省司法行政工作基本步入良性循环发展轨道

全省司法所开展“双百日维稳攻坚行动”

“五五”普法依法治理工作任务全面完成

全省监狱新型管理体制正式确立

全省监狱劳教系统开展执法大培训、岗位大练兵活动

# 现良性循环发展目标

2010年，全省司法行政系统认真贯彻落实省委、省政府各项决策部署，全面完成了各项目标任务，实现了“十一五”圆满收官，全省司法行政工作基本迈入了良性循环发展轨道。

在服务加速崛起中坚持主动作为。出台法律服务“示范区”建设的实施意见和企业法律体检标准，开展专项法律服务和法律援助便民服务活动。律师办案10.7万件，办理公证事项37.5万件，司法鉴定业务3.8万件，办理法律援助案件2.5万件，累计为农民工讨薪1.16亿元。在建设法治安徽中充分发挥职能。开展“法律六进”、“江淮普法行”等普法宣传活动，完成“五五”普法依法治理任务。全省11个县（市、区）评为首批全国民主法治示范县（市、区），44个行政村授予“全国民主法治示范村”称号。在创建平安安徽中全力维护稳定。监狱系统实现连续6年无罪犯脱逃，劳教系统实现连续3年“四无”，社区服刑人员无一例脱管漏管，刑释解教人员安置率和帮教率分别为92.2%、99.1%。建立行业性专业性人民调解组织611个。实施“双百日维稳攻坚”专项行动，调解纠纷32.9万件。开展“千名律师解千难”活动，律师办理信访事项1.3万件。在强化职能建设中夯实基层基础。信息化建设走在全国前列，监狱体制和工作机制改革形成“安徽特色”，监狱布局调整取得重大进展，司法所规范化建设迈入全国第一方阵。

2010年，省司法厅获得全省政风评议满意等次、省政府目标管理考核先进单位、全省社会治安综合治理先进单位、全省信访工作责任目标考核优秀单位和政务公开工作先进单位等称号。

省劳教局新增戒毒管理职能

全省司法行政系统文体书画协会成立

积极服务皖江城市带承接产业转移示范区建设

深入开展法律援助便民服务活动

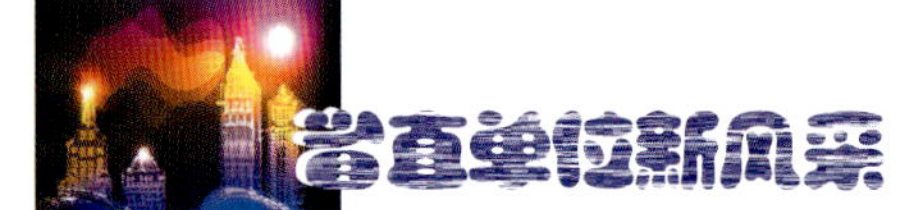


# 安徽省

## 依法履行审计职责

省审计厅厅长刘战平在全国审计工作会议上领受全国优秀审计项目奖牌

“十一五”期间，在省委、省政府和审计署的正确领导下，全省审计机关牢固树立科学的审计理念，始终坚持“依法审计、服务大局、围绕中心、突出重点、求真务实”的审计工作方针，切实履行审计监督职责。大力实施“抓建设、练内功、提效能”五年行动计划，不断提高审计水平，在加强宏观管理、维护财经秩序、保障群众利益、促进廉政建设等方面发挥了重要作用，为促进安徽加速崛起、推动经济社会又好又快发展作出了积极贡献。

五年来，全省审计机关共审计和审计调查35762个单位，查出违规问题金额236.86亿元，损失浪费问题金额12.03亿元，管理不规范金额1293.74亿元，侵害人民群众利益问题金额3.07亿元。为国家增收节支58.87亿元，为被审计单位挽回或避免损失30.44亿元。向纪检监察等部门移送案件线索260起。共出具审计报告和报送审计调查报告28733份，向社会发布审计结果公告816篇。提交审计专题报告、综合性报告和信息简报39527份，其中被党政领导和有关部门批示采用28174篇。提出审计建议62319条，被有关单位采纳43091条，被审计单位根据审计建议制定整改措施4041项，建立健全规章制度1287份。由于工作成绩突出，安徽省审计厅多次获得省委、省政府和审计署及有关部门的表彰，其中2010年安徽省审计厅共获得有关表彰19项。在最近几年的省政府目标管理考核中一直位居前10位，在省直机关效能建设考核中被确定为先进单位，在省政府机关政风评议中被评为满意等次。

“五年行动计划”的收官之年——“审计提升年”活动动员大会

全省审计机关审计创新成果汇报展示暨理论研讨会

# 审计厅
# 服务安徽科学发展

省长王三运在全省审计工作会议期间与厅长刘战平亲切交谈

省长王三运出席全省地方政府性债务审计进点见面会

时任省委常委、常务副省长任海深出席全省审计工作会议

省人大常委会副主任郭万清出席安徽审计学会会员代表大会

时任省委常委、常务副省长孙志刚与厅长刘战平亲切交谈

# 安徽省国

## 依法诚信纳税

时任安徽省委书记王金山会见来皖出席“十二五”税务干部队伍座谈会的总局副局长钱冠林

全省国税系统坚持为国聚财、为民收税的神圣使命，在收入规模加速扩大的同时，实现收入结构优化、区域全面增长和税收服务发展的协调统一。坚持服务科学发展、共建和谐税收，2010年，实现全口径国税收入（含海关代征税收)超过千亿，达到1030.2亿元，是“十五”末年2005年收入的2.9倍，实现计划口径税收收入955.1亿元，收入增幅达29.4%，收入规模和增速均创历史新高；根据全省经济发展战略，及时出台了促进皖江示范区发展的税收优惠规定、支持加快皖北发展和国家技术创新工程安徽省试点工作的意见，得到党委、政府和纳税人的充分肯定。坚持抓好纳税服务、税收征管的核心业务，不断改进和优化纳税服务，努力让纳税人缴“明白税、便捷税、放心税、公平税”；积极探索税源专业化管理，实施“建模找点”，推进集约稽查，加强大企业税收管理和反避税工作，把省局做“实”、市局做“精”、县局做“专”。坚持实施人才强税、廉洁从税，全年举办各类培训班575期，培训31070人次，选拔200名 “优秀岗位能手”；开展全系统作风纪律整顿，推进内控机制建设，结合执法检查、督察内审和巡视工作开展综合巡视检查，不断完善惩治和预防腐败体系。

2010年，全系统共有46个集体和61名个人受到省级以上表彰。省局机关被评为全省文明单位、全国精神文明创建先进单位、中央驻皖单位效能建设第一名、“861行动计划”突出贡献单位。

税务系统反腐倡廉培训教材大纲审定会在皖召开

在全系统开展作风纪律整顿活动

# 家 税 务 局

## 共 建 和 谐 国 税

局长胡道新深入芜湖调研税源专业化管理试点工作

总局副局长宋兰来皖开展税源专业化管理试点工作调研

召开全省国税局长会议

召开定点联系企业座谈会 不断优化纳税服务

举办全省国税系统优秀岗位能手竞赛活动

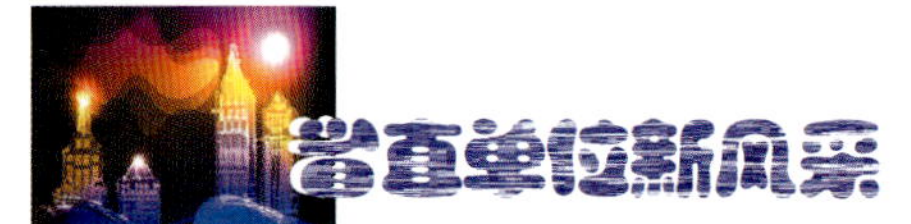


# 安徽省

# 共建和谐 税收

党组书记、局长汪建国出席地方税收服务文化产业发展座谈会

“十一五”时期，全省地税系统在省委、省政府和国家税务总局的领导下，以科学发展观为统领，坚持“一个确保、两个提高”，统筹做好组织收入和服务发展“两篇文章”，砥砺奋进，扎实工作，地税事业发展取得了重大成就，为全省经济社会发展作出了突出贡献。

五年来，税费收入成效显著。坚持依法科学组织收入，连续突破400亿元到1000亿元的整数关口，2010年，税费收入达到1047.1亿元。其中，地方税收入651.4亿元，增长34.2％，规模分列全国第12位、中部六省第2位，增幅高出全国平均水平8.9个百分点、中部第一；社保费等基金费收入395.5亿元。累计组织税费收入3556亿元，是“十五”时期的3.1倍，提前一年完成“十一五”目标。积极扩面征缴，实行“一票多费”，开征城镇居民医疗保险费，基金费收入累计完成1471亿元。

五年来，服务发展效力凸显。围绕服务皖江示范区建设、国家技术创新工程试点省建设、合芜蚌自主创新综合试验区建设、加快皖北地区发展、工业强省和“861”行动计划等重点战略，制定落实一系列政策服务措施，营造了良好的税收发展环境。特别是通过落实结构性减税和社保费“五缓四降”等政策措施，有效应对了国际金融危机影响。五年来，累计减免抵和缓缴税费360多亿元。

五年来，纳税服务持续优化。坚持纳税人至上，积极维护纳税人权益。不断强化纳税服务职责，推进涉税审批制度改革，开展个性化服务，深化网上申报和推广财税库银横向联网系统，方便纳税人快捷办税，纳税服务水平不断提升。

五年来，地税形象全面提升。省局机关是第二批全国文明单位，全系统被评为第二届省级文明行业，100个单位被评为第八届安徽省文明单位，8个单位被评为全国文明单位，7个单位被评为全国精神文明建设工作先进单位。

展望未来，任重道远。“十二五”时期，全省地税系统将深入贯彻落实科学发展观，牢记为国聚财、为民收税的神圣使命，以服务科学发展、共建和谐税收为主题，以推进管理转型升级为主线，继续坚持“一个确保、两个提高”，全面推进依法行政，深入实施科技兴税和人才强税战略，努力建设法治、服务、责任、和谐、效能、廉洁地税机关，为“全面转型、加速崛起、兴皖富民”做出应有贡献。

省人大副主任胡连松、宣传部副部长车敦安出席税收宣传月启动仪式并为徽州古村落印花税票揭幕

# 地税局

# 服务安徽崛起

省地税局举行地方税收服务皖江示范区建设座谈会

省地税局召开地方税收促进皖北经济加快发展研讨会

省地税局举办地方税收服务文化产业发展座谈会

省地税局举办安徽省个人所得税全员全额扣缴申报工作表彰大会

省税务学会与台湾中华工商税务协会税务交流座谈会在肥召开

学习贯彻十七届五中全会精神，研讨地税系统“十二五”发展规划

# ——安徽省工商

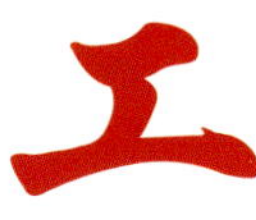

局长金启建巡查节日市场

“十一五”时期，全省工商系统在省委、省政府和国家工商总局的领导下，突出科学发展和优质服务，全力服务经济结构调整，促进经济发展方式转变，着力加强市场监管，维护市场经济秩序，为全省经济社会又好又快发展做出了积极的贡献。

服务发展积极主动　积极争取国家工商总局出台支持皖江城市带承接产业转移示范区建设24条措施，并及时配套贯彻实施意见；积极服务经济结构调整，主动参与招商引资，2010年，全系统共引进项目230个，实际到位资金66.7亿元、美元1.9亿元；不断完善市场准入制度，着力推动各类市场主体蓬勃发展，2010年新增各类市场主体32.2万户，其中私营企业总数首次突破20万户，达22.4万户；大力实施商标战略，全省共有注册商标6.5万余件，驰名商标47件，分别比2005年增长了1倍多和3倍多。全省著名商标由2005年的492件增加到目前的981件，并且实现了全省县级行政区划的全覆盖。奇瑞汽车公司、合肥市分别荣获国家商标战略示范企业和示范城市称号。

市场监管措施得力　全省工商系统坚持以“责任工商”建设为载体，以包保责任制为抓手，狠抓市场整顿，创新监管机制，拓宽监管领域，全面完成市场办管脱钩工作，切实维护了良好的市场经济发展环境。深入开展打击侵犯知识产权、制售假冒伪劣商品、非法传销等专项执法行动，扎实推进“红盾护农”，广泛推行网格化监管，全面推广食品安全监管“票证通”系统，扎实开展无照经营整治工作，不断强化广告、合同监管。2010年共查处各类违法案件5.2万件，案值5.7亿元，为维护公平公正的市场经济秩序、和谐稳定的社会环境做出了积极贡献。

消费维权深入推进　进一步完善12315信息化网络系统，有力提升了消费维权工作信息化水平，消费者申诉办结率达93.21%。积极开展“所村挂钩”、“所区挂钩”活动，深入推进“一会两站”规范化建设，基层维权工作网络逐步完善，打击消费侵权力度不断加大。

队伍建设成效明显　市、县工商行政管理部门机构改革顺利完成，基层规范化建设和党风廉政建设得到加强。深入开展创先争优和“业务大练兵”活动，有效提高了干部队伍依法行政能力和综合素质。

“十二五”时期，安徽省工商局将继续深入贯彻落实科学发展观，以国家工商总局“五个更加”为主线，以“责任工商”建设为动力，优质高效服务科学发展，标本兼治推进科学监管，为推进全省经济发展方式转变，促进全面转型、加速崛起、兴皖富

召开局党组民主生活会，加强领导班子自身建设和队伍建设

统一规划，统筹财力，加强工商所规范化建设

# 行 政 管 理 局

省政府召开全省实施商标战略促进经济发展电视电话会议

《支持皖江城市带承接产业转移示范区建设的意见》新闻发布会

执法人员进村为孩子们讲解食品安全常识

加大“红盾护农”力度，为农民服务、帮农民致富

采取措施加强节日市场监管，维护节日期间食品市场秩序

工商执法人员为学生们讲解传销的违法性质和危害

# 安徽旅游 奋发进取 浓墨重彩

省委书记张宝顺考察天柱山

省长王三运出席首届中国（安徽）国际酒店用品设备博览会

刚刚过去的2010年是“十一五”的收官之年，在省委、省政府的正确领导下，省旅游业又写下了浓墨重彩的一笔。

**全面超越目标任务，旅游发展基础更加扎实** 2010年全省接待入境游客198万人次，超出“十一五”规划目标任务32%，同比增长27.1%；接待国内游客1.5亿人次，超出规划目标任务50%，同比增长25.1%;实现旅游总收入1150.6亿元，超出规划目标任务43%，同比增长26.7%,旅游总收入相当于全省GDP的9.38%，超出规划目标任务1.38个百分点。

**大力开展宣传推广活动，旅游客源市场更为广阔** 全省旅游系统坚决贯彻落实省委、省政府作出的支持上海世博、参与上海世博、利用上海世博的战略决策，以上海世博会为契机，先后策划组织开展了“八大”国内活动、“三大”境外活动；据不完全统计，在上海世博会期间，我省接待海外游客人次和接待海内外游客总人次分别比预定目标增长了20.2和8.8个百分点。

**有力推动重点项目建设，旅游业转型升级步伐加快** 积极将我省旅游项目库信息录入中国旅游投资系统，在该系统录入项目数中，我省名列全国第一。加大旅游重点项目招商引资力度，在去年徽商大会中，有6个重点旅游项目参加了省政府组织的集中签约，有40个旅游重点项目参加了各市及省直有关部门组织的专场签约，签约项目协议总投资200亿元。2010年全省旅游在建项目993个，其中5亿元以上投资项目137个，全年旅游项目建设实现投资超过294亿元，同比增长80.4%，比年初计划超额完成96%。

**着力推进“创先争优”活动，旅游服务质量快速提升** 按照中央和省委的部署，结合国家旅游局推出的“旅游服务质量提升年”活动，将“创先争优”活动向全省延伸，向全系统覆盖，开展“练技能、强素质、树形像、促发展”的比学赶帮超活动，取得显著成绩。2010年我省组队参加全国旅游系统各项竞赛频频获奖。

**发力加强区域统筹协调，旅游综合实力不断增强** 省委、省政府在部署振兴皖北的重点工作中，对皖北旅游业发展提出了加快破题的要求。省旅游局认真领会贯彻，狠抓工作落实。连续开展了“百团万人游皖北”等“皖北风”系列活动，力促皖北旅游市场升温。2010年，省旅游发展专项资金增加了对皖北旅游项目建设的扶持，占全省比重超过40%。皖南、皖中、皖北旅游发展形成了你追我赶的生动局面，全省区域旅游发展更加协调。

**致力行业合作多赢，旅游联动发展氛围日趋浓厚** 2010年在大力推进旅游与文化、农业、林业、水利、体育等行业部门所签合作协议落实的同时，又与省社科院、省邮电公司、安徽大学三个新单位签订了合作协议，旅游业与第一、二、三产业融合发展的一些重要项目正在形成旅游新产品、新业态。

黄山：白云铺万里 群山现峥嵘

副省长花建慧考察齐云山

局长胡学凡一行到颍上县调研旅游工作

天柱山主峰

九华山天台禅寺

芜湖方特欢乐世界公园南门

黄山：雾凇争奇峰斗艳

# 徽商银行

HUISHANG BANK

省长王三运一行莅临徽商银行考察指导

董事长王晓昕荣膺2010年度安徽“十大新闻人物”

2010年度股东大会

第一届职工代表大会暨第二届工会会员代表大会

五周年行庆答谢酒会

省政协副主席王鹤龄莅临徽商银行南京分行考察指导

2010年，面对复杂多变的经济金融形势，徽商银行坚持以科学发展观为指导，积极应对宏观形势变化，认真贯彻落实国家宏观调控政策，在支持安徽地方经济发展的同时，自身取得了良好的经营业绩。截至年末，全行资产总额突破2000亿元，达到2075亿元，较年初增长29 %；各项存、贷款余额为1634亿元、1175亿元，分别较年初增长20%和22%，在全省银行业机构中，对公存款市场份额仍居第一位。不良贷款率0.59%，资产质量远高于国内银行业平均水平。主要业务指标符合监管要求，达到国内商业银行先进水平。累计实现经营利润41亿元，同比增长48%。

进一步加大信贷投放　认真贯彻国家宏观调控政策，立足我省经济发展大局，突出重点，不断加大信贷投放，努力为全省经济发展提供信贷支持。一是积极落实银企对接月签约项目。全年陆续参加银企对接会43场，总对接金额56.7亿元，已落实贷款项目175个，发放贷款共计24.44亿元。二是积极支持皖江城市带承接产业转移示范区、合芜蚌自助创新综合配套改革试验区建设和“861”项目建设。全年信贷支持的“861”项目共计81个，累计发放贷款64亿元，参与了多个省内重点项目。三是积极支持县域经济发展，当年全行20家县域支行共发放贷款90.53亿元，较上年增长43%。四是积极支持基础设施建设，全年信贷支持基础设施建设项目40个，累计发放贷款76.97亿元。五是持续加大中小企业支持力度，累计投放小企业贷款107.29亿元。

积极推进机构网点建设　总行统一制订全行机构发展规划，规范机构管理和建设，2010年全年共完成设立、迁址、改造工程并开业的共23项，优化了网点布局，改善了网点形象。宁国、霍邱两家县域支行如期开业。南京江宁支行正式对外营运，成为我行首家省外支行。无为徽银村镇银行正式开业，促进了综合化经营。

加快电子银行产品渠道建设　包括网上银行功能不断优化，电子商务工作取得突破，电话银行业务功能得到完善。截至年末，全行电子渠道交易占比67%，电子银行渠道交易金额占比20%，分别较上年末增加20个百分点和10个百分点。在省内同业中，离行式自助银行省内占比居第2位，企业网银、个人网银新增交易额、电话银行新增交易笔数均居第3位，企业网银、个人网银交易笔数均居第4位。

加强全面风险管理　提前谋划出台全行风险管理政策，制定全行信用风险、市场风险、操作风险等工作重点和管理措施，及时传导各项风险管理政策，进一步提高全行风险管理水平；修订完善各项风险管理制度规范，对多项风险管理的制度和办法进行了梳理；有序推进声誉风险管理。

积极推进企业文化建设　认真开展企业文化宣传教育，编印下发《徽商银行企业文化学习读本》，明确了徽商银行企业文化要素及表述语，确立“创一流品质，建百年徽银”的企业愿景；积极组织企业文化巡回宣讲、“文化上墙”和征文活动，增进员工对企业文化的了解和情感认同。同时，全面实施企业文化形象工程，通过制定《徽商银行视觉识别形象标准化手册》等，规范全行视觉牌形象的使用和管理；全面梳理和明晰各类品牌定位，加强品牌形象塑造；开展整体形象广告设计，明确整体形象传播内涵，推动品牌形象传播，进一步扩大品牌知名度。

根据《徽商银行2010-2012发展规划》，未来三年，全行业务规模将迈上新的台阶，综合实力将大大增强；发展战略将稳步实施，多元化、区域化、资本化进程将不断加快，徽商银行将逐步成为具有国内同业领先水平的、在泛长三角地区具有较强影响力的区域性银行。

与交通银行签署全面合作协议

与国元证券签署全面战略合作协议

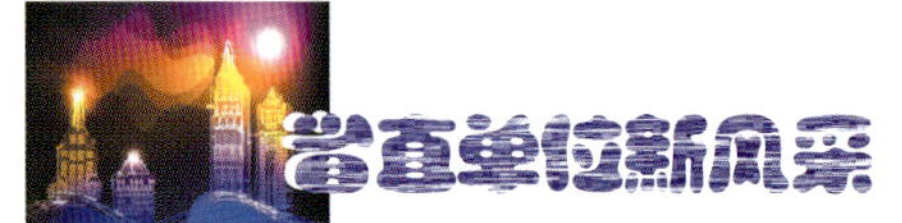


# ICBC 中国工商银行

举行二级分行行长座谈会暨读书班集中培训

与省江北产业集中区签署《战略合作协议》

# 安徽省分行

中国工商银行安徽省分行是安徽省内规模最大的商业银行。近年来，面对复杂多变的经济金融环境，该行坚持以科学发展观为指导，加快推进金融创新，大力改善服务质量，在积极支持我省经济平稳较快发展过程中，取得了较好的经营业绩，主要业务市场占比始终居省内同业首位。2010年，该行被省政府授予“全省金融工作最佳贡献奖”、“金融创新工作先进单位”、“银企对接活动先进单位”等荣誉称号。

工作中，该行积极加大有效信贷投放，优化信贷投向，努力满足各类客户的融资需求，充分发挥了大型商业银行的融资主渠道作用。根据全省重大发展战略，重点加大对皖江示范区、重大项目建设的支持力度，2010年累计投放项目贷款180亿元，较好地满足了我省铁路、高速公路、电力、城市基础设施、现代服务业及先进制造业等项目资金需求。大力推进国内贸易融资业务发展，切实降低贷款办理门槛，更好地满足了企业短期融资需求。继续把支持小企业发展作为工作重点，加快融资产品、担保方式等创新，重点加大小企业贷款投放，2010年累计投放小企业贷款199亿元。在加大传统信贷产品投放的同时，加快推进金融服务创新，重点发展资产管理业务，并提供多种形式的融资安排，进一步提升了融资服务功能。

在加快业务发展的同时，该行持续加强服务工作管理，实施接力式服务改进计划，促进了服务质量和能力不断提升，目前是全省金融系统唯一一家省级文明行业。2010年，该行共有8个营业网点被评为“中国银行业千佳文明规范服务示范单位”、16个网点被评为“安徽省银行业百家文明规范服务示范单位”。该行还积极履行社会责任，2010年重点开展了“工行●希望世博行”等公益活动，受到了社会各界的好评。

与安徽医科大学签署《战略合作协议》

举行全球现金管理业务签约上线仪式

组织开展“工行·希望世博行”活动

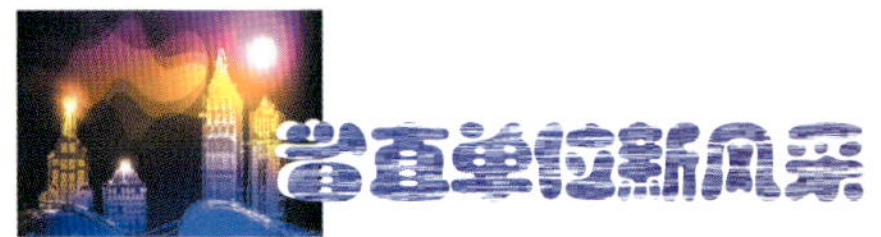


# 中国黄山 享誉世界

黄山荣获世界旅游业理事会（WTTC）明日旅业“旅游目的地管理奖”。（左二为黄山市委常委、黄山管委会党委书记、副主任许继伟领奖）

## 奇松 怪石 云海 温泉 冬雪“五绝”

黄山日出

黄山轩辕国际大酒店五星挂牌仪式

与美国约塞米蒂国家公园建立友好合作关系

黄山风景区位于安徽南部黄山市境内，总面积160.6平方公里，是世界文化与自然遗产、世界地质公园、国家5A级旅游景区、国家级风景名胜区，与长江、长城、黄河同为中华壮丽山河和灿烂文化的杰出代表。黄山素以奇松、怪石、云海、温泉、冬雪“五绝”享誉世界，又以遗存、书画、文学、传说、名人“五胜”著称于世。明代大旅行家徐霞客曾两次登临黄山，赞叹道：“薄海内外无如徽之黄山，登黄山天下无山，观止矣！”

“十一五”期间，黄山风景区坚持转型发展、开放发展、绿色发展、和谐发展，以“系统化、数字化、精细化、人性化”建设为抓手，积极打造国际精品旅游景区、建设世界一流旅游目的地，实现了经济社会又好又快发展。

旅游经济蓬勃发展 “十一五”期间，景区累计接待境内外游客1096.6万人，实现经营收入64.9亿元、税前利润13.7亿元，分别比“十五”期间增长55.6%、131.8%和407.4%。2010年，接待游客251.83万人，实现经营收入16.52亿元，税前利润3.21亿元，上缴税收2.02亿元。集团公司跻身全国旅游集团20强，总资产达到47亿元，比2005年翻一番。股份公司入选中国服务业500强和安徽省百强企业。

保护管理成效显著 完成新一轮《总体规划》修编，在全国景区中首创古树名木“一树一策”保护制度，率先建设雷电预警防范系统，实行“全年、全山、全员”防火机制，建成首家高山防火水网，实现连续31年无森林火灾。通过ISO14000环境管理体系认证。建成保护管理指挥中心，成立安徽省旅游信息化工程研究中心，数字化建设在全国景区保持先进水平。加强景区综合治理、应急救援、高峰日旅游管理，旅游秩序不断优化。联合国教科文组织和世界旅游组织在黄山联合设立全球首家“世界遗产地旅游可持续发展观测站”。

发展后劲不断增强 “十一五”期间，景区完成固定资产投资38.2亿元，是“十五”期间的4.4倍。建成了云谷新索道、南北大门立体停车场、西大门旅游公路、医疗急救中心、地质博物馆等一批重大基础设施。完成黄山国际大酒店、北海宾馆、白云宾馆、排云楼宾馆等酒店改造及升星工作，建成轩辕国际大酒店，接待设施进一步完善。西海饭店改造、西海大峡谷地轨缆车、南大门综合整治、艺术展示中心、黄山旅游广场、昱城皇冠假日酒店等重点项目开工建设，发展后劲进一步增强。

品牌形象大幅提升 先后荣获全国文明风景旅游区、国家5A级旅游景区、ISO14000国家示范区、全国社会治安综合治理先进集体、全国精神文明建设先进单位、全国建设系统先进集体、全国旅游系统先进集体等荣誉称号。与美国约塞米蒂国家公园等境内外著名景区建立友好合作关系。2010年，黄山风景区荣获世界旅游业理事会（WTTC）颁发的“全球旅游目的地管理奖”，成为迄今为止中国唯一获奖单位，作为亚洲唯一景区成功加入全球可持续旅游委员会（GSTC），黄山旅游集团正式加入WTTC组织。被评为“全国风景名胜区数字化示范基地”，入选首批“全国低碳旅游实验区”，荣获首届“中国休闲创新奖”、“长三角世博主题体验之旅最受欢迎奖”。“黄山旅游”被评为“中国驰名商标”。

黄山霞光

# 薄海内外无如徽之黄山

仙境奇观

西峰秋日

五彩世界

# 登黄山天下无山

气吞山河

神光普照

始信峰佛光

北海云雾

高山防火水网喷水作业

雾凇映秀 飞来奇观

雨后大峡谷

全国政协和中央统战部一行考察九华山

省委书记张宝顺到九华山调研

省长王三运来九华山调研

省委常委、省总工会主席王秀芳到九华山调研

市委书记、市人大常委会主任童怀伟到九华山调研

市委常委、管委会主任王贵杰在旅游推介会上

梦幻花台

# 妙有分二气

九华山位于皖江南岸池州市境内，是中国佛教四大名山之一，是以佛教文化和自然与人文圣境为特色的国家级重点风景名胜区。2006年，九华山首批列入《国家自然与文化双遗产预备名录》，被批准为“数字景区”试点单位之一；2007年被评为首批国家5A级旅游景区；2009年被评为全国文明风景旅游区，入选国家地质公园名录。

九华山是佛教名山　以地藏菩萨道场驰名天下，享誉海内外。公元719年，新罗国（韩国）王子金乔觉渡海来唐，卓锡九华，苦心修行75载，99岁圆寂，因其生前逝后各种瑞相酷似佛经中记载的地藏菩萨，僧众尊他为地藏菩萨应世，九华山遂辟为地藏菩萨道场。受地藏菩萨“众生度尽，方证菩提，地狱未空，誓不成佛”的宏愿感召，自唐以来，寺院日增，僧众云集，香火之盛甲于天下。九华山现存寺庙99座，僧尼近千人，佛像万余樽。长期以来，各大寺庙佛事频繁，晨钟暮鼓，梵音袅袅，朝山礼佛的教徒信众络绎不绝。九华山历代高僧辈出，从唐至今自然形成了15樽肉身，现有5樽可供观瞻，其中明代无瑕和尚肉身被崇祯皇帝敕封为“应身菩萨”，1999年1月发现的仁义师太肉身是世界上唯一的比丘尼肉身。在气候常年湿润的自然条件下，肉身不腐已成为生命科学之谜，引起了社会广泛关注，更为九华山增添了一分庄严神秘的色彩。

九华山是风景名山　九华山天开神奇，清丽脱俗，是大自然造化的精品，有“莲花佛国”之称。境内群峰竞秀，怪石林立，九大主峰如九朵莲花，千姿百态，各具神韵。连绵山峰形成的天然睡佛，成为自然景观与佛教文化有机融合的典范。景区内处处清溪幽潭、飞瀑流泉，构成了一幅幅清新自然的山水画卷。还有云海、日出、雾凇、佛光等自然奇观，气象万千，美不胜收，素有“秀甲江南”之誉。

九华山是自然名山　九华山气候温和，土地湿润，生态环境佳美，森林覆盖率达90%以上，有1460多种植物和216种珍稀野生动物。基于生态的多样性和完整性，九华山季节分明，四时之景不同。春天，满山吐芳，百鸟和鸣；夏天，佳木繁阴，谷风清凉；秋天，层林尽染，别富情趣；冬天，琼楼玉宇，超然空灵。四时美景不同，让人叹为观止。

九华山是文化名山　九华山文化底蕴深厚，晋唐以来，陶渊明、李白、费冠卿、杜牧、苏东坡、王安石等文坛大儒游历于此，吟诵出一首首千古绝唱，黄宾虹、张大千、刘海粟、李可染等丹青巨匠挥毫泼墨，留下了一幅幅传世佳作。唐代大诗人李白三上九华，写下了数十首赞美九华山的不朽诗篇，尤其是“妙有分二气，灵山开九华”的诗句，成了九华山的“定名篇”。九华山现存文物2000多件，历代名人雅士的诗词歌赋500多篇，书院、书堂遗址20多处，其中唐代贝叶经、明代大藏经、血经，明万历皇帝圣旨和清康熙、乾隆墨迹等堪称稀世珍宝。

“十一五”期间，九华山党工委、管委会在省委、省政府和市委、市政府的坚强领导下，紧紧围绕打造世界级旅游胜地和国际性佛教道场目标，抢抓皖南国际旅游文化示范区和皖江城市带承接产业转移示范区建设历史性机遇，认真贯彻落实科学发展观，全力实施“二次开发、二次创业”战略，突出开发建平台、突出整治树形象、突出营销拓市场、突出民生强保障，旅游经济快速发展，旅游设施不断完善，服务质量不断提高，市场秩序不断规范，品牌形象大幅提升，旅游事业取得了长足发展，景区面貌发生了历史性变化。五年间，景区游客量年均增长31%以上，2010年达到400.1万人次，接近于“十五”末的4倍。旅游收入年均增长56%以上，2010年达到39亿元，是“十五”末的13倍。财政收入年均增长43%以上，2010年达到3.5亿元，是“十五”末的6倍。招商引资年均增长33%以上，2010年达到12.2亿元，是“十五”末的4.2倍。全社会固定资产投资年均增长67%以上，2010年达到17.8亿元，接近于“十五”末的11倍。农民人均纯收入年均增长16%，2010年达到6425元，是“十五”末的2倍。元旦、春节、清明、五一、端午、十一等假日经济火爆，游客量、车流量、旅游收入等指标不断刷新纪录。6倍。招商引资年均增长33%以上，2010年达到12.2亿元，是“十五”末的4.2倍。全社会固定资产投资年均增长67%以上，2010年达到17.8亿元，接近于“十五”末的11倍。农民人均纯收入年均增长16%，2010年达到6425元，是“十五”末的2倍。元旦、春节、清明、五一、端午、十一等假日经济火爆，游客量、车流量、旅游收入等指标不断刷新纪录。

“十二五”规划专家座谈会暨旅游发展论坛

# 开九华

建设中的九华风情河

九华山99米地藏菩萨露天铜像圆顶仪式

九华老街

# 淮北矿业(集团)有限责任公司

2008年12月21日安徽大型盐化工项目开工奠基

董事长王明井下慰问一线职工

淮北矿区铁路南环线开通仪式

淮北矿业始建于1958年，1998年改制为淮北矿业(集团)有限责任公司，是以煤炭采选、综合利用发电和煤化工为主的国有特大型煤炭企业。矿区横跨淮北、宿州、亳州、滁州四市，总面积9600平方公里，其中煤田面积6900平方公里，是全国13个亿吨级煤炭生产基地之一。保有煤炭储量50多亿吨，煤种优势突出，肥煤、焦煤、瘦煤等稀缺煤种占总储量的85%以上，年产冶炼精煤1000万吨，位列全国第三、华东第一。有自营铁路近500公里，位列全国煤炭企业第二。公司现拥有资产610亿元，员工8万多人，生产和在建矿井22对，核定生产能力3400万吨。50多年来，淮北矿业累计生产原煤6.5亿多吨，上缴利税近300亿元。在2010中国企业500强排名第246位，全国煤炭企业产量50强排名第19位，销售收入100强排名第20位。

与奇瑞集团签署战略合作协议，共同开发内蒙古鄂尔多斯煤炭资源

“十一五”以来，淮北矿业坚持“精干主业、以精搏大”的发展战略，坚持“内外兼修、上下联动、左右逢源、危中寻机”的工作方针，推进产业结构调整，转变经济发展方式，实现了又好又快发展。2010年原煤产量3200万吨，是05年的1.5倍；销售收入320亿元，是05年的2.7倍；利税总额42亿元，是05年的3倍，五年累计实现利税160多亿元，相当于前几十年总和的2倍；资产总额达到610亿元，是05年的3.3倍。企业主要经济指标全部翻番，五年再造了一个新淮矿。

坚持做强主业，发展基础更加坚实。大力发展采掘机械化，采煤、综掘机械化程度分别达到88%和28%，均比“十五”末提高21%。杜绝了较大及以上事故，2010年原煤生产百万吨死亡率0.19，比“十五”末下降70%以上，安全生产正在由量变向质变转化。坚持项目带动，发展引擎强劲有力。“十一五”开工16个大项目，累计完成固定资产投资330亿元，“7年建成8对矿井”目标基本实现，新增产能1500万吨；焦化一期、电厂一期全部投产；盐化一期预计今年8月试生产。坚持调整结构，发展质量显著提升。充分发挥炼焦煤资源的禀赋优势，大力发展循环经济，开展资源综合利用、精深加工。目前，随着“煤化盐化一体化”工程的顺利实施，煤焦化电产业链、循环经济框架初步形成，产业结构调整和升级取得重要进展，淮北矿业50多年来以煤炭采选为主的生产经营格局发生了深刻变化，迈出了转型的历史性步伐。坚持深化改革，发展活力日益彰显。主辅分离、辅业改制全面完成，淮海公司正式分立，3万多人顺利划转。完成5对资源枯竭矿井政策性关闭破产。“走出去”战略成效显著，在陕西、内蒙古两地成功控股近60亿吨优质煤炭资源。煤炭主业改制进展顺利，有望年底上市。经过近年来的改革调整，淮北矿业实现了三大历史性转变：一是实现了由产业分散、广种薄收，向突出主业、调整结构、提升经济发展质量的历史性转变；二是实现了由计划经济体制下“工厂制”的企业体制机制，向适应市场经济的“公司制”、“股份制”的现代企业制度的历史性转变；三是实现了由自我封闭、按部就班、小富即满的发展模式，向强强联合、优势互补、合作共赢，在大开放中实现大发展的历史性转变。企业进一步焕发了青春、增强了发展后劲。

“十二五”期间，淮北矿业将坚持以科学发展为主题，以加快转变经济发展方式为主线，加快实施煤化盐化一体化工程，努力向销售收入、资产规模双千亿元企业迈进，把淮北矿业建设成为更具生机活力的大型能源化工集团。

生机盎然的临涣工业园

# 实施煤化盐化一体化

亚洲最大炼焦精煤选煤厂——淮北矿业临涣选煤厂

世界上一次吊重功率最大的井下单轨吊落户集团袁店一井

手指口述促进了安全生产

大力提高机械化开采程度

矿山湿地引来了众多白鹭

# 迈向收入资产双千亿

棚户区改造工程濉河花园入住仪式

濉河小区——矿区民生工程之一

井下茶吧惠及职工

职工文化丰富多彩

蓬勃发展的淮北矿业孙疃矿

# 铜陵县

县领导检查节日市场

## 古铜都 新风采

铜陵县位于安徽省南部、长江下游南岸，是皖江城市带承接产业转移示范区建设的重点区域之一。全县辖4镇4乡，面积823平方公里，人口29.19万人。铜陵因铜得名，是铜文化的发祥地之一，被誉为“中国古铜都，当代铜基地”。

近年来，铜陵县紧紧抓住皖江城市带承接产业转移示范区建设的契机，始终坚持“工业强县、东向发展、市县联动和可持续发展”四大战略，不断深化改革，扩大开放，全县经济社会呈现强劲发展势头，城乡面貌日新月异。

**县域经济快速发展** 2010年，全年实现地区生产总值74.61亿元，同比增长17.4%，“十一五”时期年均递增18.8%，比“十五”时期提高4.1个百分点；人均GDP达25628元，按当年汇率折算突破3000美元，达到3786美元。全县规模以上工业企业实现增加值39.75亿元，可比增长39.5%；规模工业实现产值139.31亿元，同比增长71.9%，比“十五”末增长7.7倍，年递增53.9%；工业企业经济效益综合指数为284.1%，比上年提高89.3个百分点。全社会固定资产投资132亿元，增长21.1%，比“十五”末增长9倍；五年累计投资近400亿元，是“十五期末的10倍”；财政收入12.52亿元，增长41.6%，比“十五”末增长5.6倍，年递增45.7%；城镇居民人均可支配收入和农民人均纯收入分别为14285元和7114元，比上年分别增长14.3%和17.6%。

**城乡环境宜商宜居** 铜陵县区位优越，市县交融，城镇化水平较高，内外交通便捷，合铜黄高速和沿江高速在此交汇，铁路东接上海、西通武汉，与京九线相连，长江黄金水道流经境内50多公里，是国家一类开放口岸，京福高铁、宁安沿江城际铁路、铜宣高速等国家重大建设工程穿境而过，未来几年铜陵将融入长三角两小时经济圈。全县拥有1个省级经济技术开发区--金桥工业园，1个省级循环经济试点园区--铜陵农业循环经济试验园，平台建设完备，投资环境优良，发展潜力巨大，荣获“安徽省投资环境十佳县”、“长三角最具投资价值县市”等称号。在提升经济竞争力的同时，铜陵县十分注重城乡社会事业建设，全县社会大局和谐稳定，人民生活安居乐业，先后被评为“全国科技进步先进县”、“全国文明县城”、“全国文化工作先进单位”、“全国群众体育工作先进县”、“全省平安县”、“全省教育强县”，社会保障、计划生育、民生工程等在全省保持先进地位。

铜陵县将进一步抓住皖江城市带承接产业转移示范区建设的重大发展机遇，在强化科技创新和人才支撑的基础上，主动作为，奋力拼搏，努力在全省率先全面建成小康社会和城乡一体化示范区。

县城新貌

全国文明县城称号

落户于金桥工业园内的安徽润坤实业有限公司

第四届中国(铜陵)凤丹文化旅游节开幕式文艺演出

游客在凤凰山景区观赏凤丹

远眺江南文化园

# 包公

省委书记张宝顺（右二）在肥东县长临河镇考察

肥东是省会合肥的市辖县，全县总面积 2206平方公里，人口107.7万，辖18个乡镇、1个省级经济开发区、1个省级商贸物流开发区、1个合肥循环经济示范园，共有331个村居。肥东区位优越，交通便捷。地处江淮之间，居皖中腹地，东望南京，南滨巢湖，地理位置优越，史称“吴楚要冲、包公故里”，是安徽“东向发展”的桥头堡，“长三角”西向延伸的“必经地”，是省委、省政府打造合芜蚌自主创新综合配套改革试验区的纵深腹地，推进皖江城市带承接产业转移示范区建设的核心地带。肥东资源丰富，产业协调。电力供应充足，拥有与新加坡合资联营的合肥二电厂一座。水资源充沛，拥有4座大中型水库，库容1.1亿立方，濒临全国第五大淡水湖巢湖，拥有湖岸线19.4公里。矿产资源多样，境内白云石、磷矿石、铁矿石等主要矿藏储量较大。劳动力资源丰富，年外出务工人员近30万人，是全国闻名的“建筑之乡”，先后被命名为全国劳务输出基地县和外派劳务基地县。三次产业协调发展，农副产品量大质优，并创造了农产品加工业集聚集约发展的“肥东模式”；新型工业稳步推进，现拥有30多个工业行业，主要工业产品400余种，20多个产品曾获省优、部优称号，18个商标被评为安徽省著名商标，初步形成了工业门类齐全、大中小企业并存的工业体系；以现代商贸、现代物流和现代制造业为主的安徽合肥商贸物流开发区，作为全省唯一的省级商贸物流开发区已经省政府批准设立。

肥东钟灵毓秀，人文荟萃。自然景观有我国五大淡水湖之一的巢湖，奇石密布的浮槎山，江淮分水岭上的璀璨明珠岱山湖，庐阳八景之一的四顶朝霞及振湖塔、龙泉古寺等。人文景观有包氏宗祠、李鸿章家族遗存、曹植墓、六家畈古民居和瑶岗渡江战役总前委旧址纪念馆、新四军四支队东进抗日纪念馆等，其中瑶岗渡江战役纪念馆是合肥市唯一的国家级文物保护单位。肥东孕育了许多杰出人物，宋代有刚直不阿、执法严峻，被誉为清官典范的包拯；元代有治军严明、善诗能文的余阙；明代有辅助朱元璋建立明王朝的吴复；清代有洋务运动的代表人物李鸿章；当代有原国务委员、中顾委常委张劲夫，现任中央政治局常委、全国人大常务委员会委员长吴邦国等，他们都是其中的杰出代表。

2010年全县实现地区生产总值220.4亿元，同比增长18.6%；完成财政收入15亿元，增长41.5%；农民人均纯收入7027元，增长17.9%。自2002年以来，连续七年跻身全省县域经济“综合十强县”，蝉联“安徽省投资环境十佳县”、“全省科学发展先进县”和“中国最具区域带动力中小城市百强”、荣膺“中国最具投资潜力特色示范县200强”和“中部百强县20强”。站在新的历史起点上，肥东县将坚持以邓小平理论、“三个代表”重要思想和科学发展观为指导，顺应全县人民的新期待，以富民强县为主题，以改革创新为动力，以经济发展方式转变和经济结构升级为主线，围绕“中部领先，全国百强”总体目标，加快工业化、城市化、农业产业化“三化联动”，大力实施“工业立县、产城一体、开放合作、绿色发展”四大战略，奋力推进跨越式发展，努力建设经济繁荣、城乡和谐、环境优美、宜居宜业的幸福肥东。

肥东县政府广场夜景

# 故里　魅力肥东

省委常委、合肥市委书记孙金龙(左二)来肥东调研

省委常委、副省长余欣荣（中）来我县调研农业产业化发展

县委书记、县人大常委会主任杨宏星(左一)参加义务植树

县委副书记、县长路军（右一）来元疃工业聚集区调研

包公出生地——肥东县包公镇第六次全国人口普查登记现场

肥东60周岁以上的农民按月领取养老金

# 工业立县 产城一体

包公铜像

肥东县店撮路游园

高速铁路肥东车站

双向八车道的包公大道

巢湖归帆

# 开放合作　绿色发展

风景秀丽的岱山湖

肥东县白龙镇长王新农村建设项目

肥东县城小区

新落成的肥东县文广大厦

陇西立交桥

# 无为 中部百强

县党政代表团在合肥滨湖新区考察学习城建工作

无为地处皖中，南濒长江，北依巢湖，全县总面积 2433平方公里，总人口142万，下辖23个乡镇、2个省级经济开发区。无为区位优越，是皖江城市带承接产业转移示范区“一轴、两核、两翼”中心区域，为东部沿海发达地区产业梯度转移的前沿地带。无为资源丰富，拥有113公里的长江“黄金水道”，煤、铜、石油、石灰石等矿产资源十分富饶，粮、油、棉及水产品总量均曾跨入全国百强县行列，是全国闻名的“电缆之乡”、“劳务之乡”。

无为是一座有着1400余年历史的古城，县名取自“思天下安于无事，无为而治”之意，宋朝时期就曾与临安、扬州、寿春齐名，并称为“全国四大名城”。这里人才辈出，名士荟萃，古代有政治家王之道、书画家米芾、哲学家吴庭翰等，现代有党外布尔什维克胡竺冰、抗日民族英雄戴安澜、诗人田间等，当代有位列胡润百富排行榜的王传福、吕向阳等。

改革开放三十多年的发展，使无为这片古老的土地重新焕发出勃勃生机。特别是“十一五”以来，全县上下抢抓机遇，开拓奋进，经济建设和社会事业发展取得了显著成效。县域经济综合实力已连续7年进入“中部百强县”行列；从2000年起9年进入“安徽省十强县”行列。2010年，全县实现地区生产总值219.2亿元，增长14.8%；规模以上工业增加值102.7亿元，增长24.1%；财政收入17.76亿元，增长16%；固定资产投资213亿元，增长39.8%。继续位列巢湖市“县区经济社会发展综合奖”第一名，经济总量位居全省前列。

无为县第七届文化艺术节

双钱轮胎1500万条轮胎项目开工典礼

# 县　中国电缆之乡

省委书记张宝顺（中）在安徽华菱电缆集团有限公司考察

省长王三运一行来无为调研示范集中区建设情况

建设中的二坝煤化工项目

中国电缆之乡高沟镇

无为城区鸟瞰

# 奋力崛起的

省委书记张宝顺、省委副书记、合肥市委书记孙金龙在县委书记李军陪同下调研民生工程建设情况

市委副书记、市长吴存荣在县长汤传信陪同下调研农村工作

长丰县是省会合肥市辖县，总面积1928平方公里，人口77万人，辖15个乡镇、1个省级开发区。长丰，区位优越、交通便捷。南与省会合肥相融，北与能源大市淮南紧依，东与交通枢纽蚌埠呼应。县域南部一区三镇为合肥北部组团，486平方公里处于合肥北二环、北三环之间，蒙城北路、阜阳北路、新蚌埠路等八条城市快速通道直通市中心。淮南铁路纵贯县境，京福高铁合蚌客专在县域设有两个客运站，全国唯一。高速公路四通八达，空港近在身边，距4E级新桥国际机场仅10分钟车程。长丰，资源丰富、经济繁荣。长丰是全国商品粮生产基地县、全国油料生产百强县、全国生猪调出大县、全国设施草莓生产第一大县。已培育形成汽车配件、新型建材、食品加工、服装制造、电子电器五大主导产业，是全省汽配生产基地、全省建材生产大县、全省农产品加工大县。长丰，生态优美、宜居宜游，享有“五湖连珠”的美誉。境内拥有华东地区最大的农业生态观光园--合肥丰乐生态园和安徽元一双凤湖国际旅游度假区两个国家4A级旅游景区。

“十一五”期间，是长丰综合实力大幅跃升，对外形象明显改善的五年。全县地区生产总值突破百亿元大关，五年翻两番；财政收入跨越10亿元台阶，是“十五”末的5.6倍，既定的“百十”目标超额完成。五年累计完成固定资产投资554亿元，是“十五”时期的10倍，年均增长54.6%。在岗职工年平均工资、农民人均纯收入翻一番。产业结构进一步优化，工业主导地位更加凸显。工业总产值翻三番，工业对经济增长贡献率达60%以上。汽车零部件、现代建材、食品加工、电子电器等主导产业支撑作用明显，双凤开发区成为百亿园区，岗集、双墩、吴山等工业聚集区成为全县经济发展最具活力的增长极。农业加速向产业化、规模化方向发展。实施现代农业“418”工程，养殖业、果蔬业、林木业、优质粮油业等主导产业区域化布局加快形成。第三产业较快发展。现代物流、旅游、房地产、金融保险业彰显活力，城乡消费日趋活跃。随着综合实力的大幅跃升，长丰对外的知名度、美誉度全面提高，成为全省跨越发展、加速崛起的新典型。

“十二五”期间，我县将全面贯彻落实科学发展观，以跨越赶超、强县富民为主题，紧紧围绕“工业化、城镇化、农业现代化、城乡一体化”的四化联动发展思路，以转变发展方式、实现更好更快发展为主线，以改革创新为动力，以改善民生为根本，以项目工作为总抓手，深入实施工业强县、产业富民、双城带动、城乡统筹、生态文明、民生优先六大战略，把长丰建设成为经济繁荣、社会进步、生态优美、人民幸福的全国百强县，向建县50周年献礼。

长丰县城夜景

水湖公园

合蚌铁路客运专线铺轨仪式

安徽鸿路钢构生产车间

外国游客在长丰摘草莓

合肥伊利乳业有限公司

合肥江淮铸造有限公司

杜集五七干校会所

合肥丰乐生态园

鸟岛白鹭嬉戏

合肥元一高尔夫球场

# 南陵县　中国最具

县委书记凤剑峰（右一）深入基层调研

代县长徐晓明（左二）在企业调研

南陵县位于安徽省东南部，是皖江城市带承接产业转移示范区双核中的一核（芜湖）的一员，是合芜蚌自主创新综合配套改革试验区的一员，总面积1263.7平方公里，现辖8镇、55.44万人。国道205、318线和省道320、216线交汇于县城。

南陵历史悠久，人文炳蔚。是中国青铜文化的发祥地，大工山古铜矿冶遗址与千峰山土墩墓群同被列为国家级文物保护单位。三国名将周瑜曾任县令。李白两度携家寓居于此，留有《南陵别儿童入京》等千古名诗。南陵钟灵毓秀，物华天宝。现为国家级生态示范区。境内有国家4A级旅游景区和省级地质公园的丫山花海石林旅游区，省级森林公园小格里，省级重点保护寺庙乌霞寺。境内特有的丫山"凤丹"为国家地理标志产品。南陵盛产优质大米、木材、丹皮、蘑菇、莲藕等，被誉为"江南鱼米之乡"。矿产资源有铜、铁、锑、煤、金、白云石、石灰石、氟石等。

2010年，全县上下深入贯彻落实科学发展观，以"实施项目建设，服务企业发展，深化招商引资，促进城乡统筹"为主线，坚定信心，顽强拼搏，开拓创新，保持了经济较快发展和社会事业全面进步。

2010年全县预计实现地区生产总值101.4亿元、财政收入10.05亿元、社会消费品零售总额34.3亿元、全社会固定资产投资134.6亿元、在岗职工平均工资35186元，农民人均纯收入7861元。全县规模工业企业已达265户，实现增加值39.5亿元，其中17户企业年产值超亿元。省级南陵经济开发区入区企业207户，实现工业产值65.2亿元。全县实现工业总产值180.71亿元。三次产业比例为17.6：59.0：23.4。2007、2008、2009、2010年连续四届获得全国最具投资潜力中小城市百强称号。

# 投资潜力中小城市百强

南陵广场晨练的人们

建设中的安置房

中国米市——芜湖江南国际综合市场奠基仪式

省级南陵经济开发区

中国驰名商标——“奔牛”变压器

芜湖首家上市的县域企业——顺荣股份

县委书记　束学龙

县长　陈俊

霍山地处安徽省西部，大别山腹地，地貌特征为“七山一水一分田，一分道路和庄园”，县域面积2043平方公里，人口36.5万，辖16个乡镇、1个经济开发区、125个行政村、19个社区，大别山主峰白马尖雄居境内，远东第一坝佛子岭水库镶嵌其中。霍山环境优美、景色可餐，是中西部第一个生态县。

2010年，全县生产总值达81.6亿元，增长15.1%；财政收入12.1亿元，增长38.5%；规模工业达到170家，24家企业产值超亿元，冶金铸造、食品酿造、电光源、竹制品加工等优势产业做大做强，光伏、新能源、汽摩配等新兴产业发展壮大，实现规模工业总产值和增加值150亿元和48亿元，分别增长53%和29.8%；完成50万元以上项目固定资产投资71亿元，增长31.1%，到位内资46亿元，增长88.4%，到位外资5524万美元，增长28.6%，大城关建设、经济开发区、衡山工业园区和乡镇工业集中区投资加大，保持了经济增长的持续性；农村经济稳步发展，粮食丰产，茶叶、药材、油料、毛竹等农产品增产增效，农民人均纯收入达到5047元，增长17.1%；教育、卫生、文化、水利等社会事业协调发展，县域经济综合竞争力有了新的提高。

霍山民风纯朴，社会安定，连续三届获全国社会治安综合治理先进县并荣获最高奖长安杯，同时，霍山是全国创建文明村镇工作先进县、全国最具投资潜力中小城市百强、全国绿色小康县、全国科技进步先进县、全国计划生育优质服务先进县、国家卫生县城、浙商最佳投资城市。

美丽的县城

霍山经济开发区

茶乡夜景

美丽的山城

淠阳湖公园夜景

光伏产业

# 枞阳县

# 坚持科学发展 加速争先崛起

四季枞阳美如画

枞阳县地处安徽省中南部，长江中下游北岸，总面积1808平方公里，辖22个乡镇，2010年末人口96.9万人。

历史悠久，人文荟萃 枞阳西周时为宗子国，汉武帝元封五年（公元前106年）置县，名曰“枞阳”，距今已有2100多年。自古人文荟萃，名士辈出。先后涌现出明朝忠烈左光斗，思想家、文学家、科学家方以智，“桐城文派”三祖方苞、刘大櫆、姚鼐，中国农工党创始人章伯钧，将军、外交家、艺术家黄镇，美学大师朱光潜，哲学家方东美，中国计算机之父慈云桂等一批杰出人物，被誉为“诗人之窟、文章之府、气节之乡”。

山青水秀，地阜物华 枞阳县位于长江中下游，地形多样，丘陵、平原、河湖相间其中。主要景观有：国家级森林公园、国家地质公园浮山，有“小黄山”之称的白云岩，风光旖旎的白荡湖，峰奇谷秀的周潭大山等。境内富含石灰石、玄武岩、铜金矿、铁矿、明矾等矿产资源，盛产大闸蟹、淡水鱼、珍珠、黑猪、土鸡、粮棉等农特产品。境内拥有84公里长江岸线资源，优势水域岸线达22公里，可利用滩涂较多，适宜造船和建设深水码头，被专家称为长江北岸开发条件最好的县份。

经济繁荣，社会进步 枞阳是全国商品粮基地县、全国淡水养殖重点县、全国经果林基地县、全国生态示范县和全国科普示范县，拥有“缘”牌黄酒、“云泉”牌荞麦糊和“绿油油”牌禽蛋等一批安徽省名牌产品。近年来，全县围绕“争先安庆、崛起皖江、争创全省科学发展先进县”的奋斗目标，积极实施“工业强县、城镇兴县、文化育县、生态立县”战略，努力推动经济又好又快发展。千仞岗制衣、五洲特种电缆、海螺水泥（枞阳）、东方造船、锦庭家纺、金誉铝箔、恒泰钢构、盛仁建材等一批知名企业纷纷落户境内，工业结构进一步优化，县域经济核心竞争力明显增强，基本形成了以建材、造船、纺织服装、矿产采掘、汽车零部件、机械制造、农产品深加工为主的产业布局。“十一五”时期，全县经济连续五年保持快速增长，地区生产总值、固定资产投资双双跃上百亿元台阶，分别达120亿元、114亿元，年均增长15%、47%；财政运行质量大幅提升，一般预算收入7.67亿元，年均增长15.8%；经济结构明显优化，二次产业比重上升18.7个百分点；农民人均纯收入是“十五”末的2.45倍；城乡居民储蓄存款净增55亿元；社会消费品零售总额达到32亿元。

蓝凌凌的天，清莹莹的水——姚鼐之乡 黄镇故里

枞阳汽车工业园

横埠集镇一角

安徽枞阳海螺水泥股份有限公司

安庆恒祥纺织有限公司车间

安徽汇泰车轮有限公司生产车间

东方造船股份有限公司厂区一角

正在开发的城东银塘新区

# 奋力崛起的颍上县

第六届管子文化节

颍上县地处淮河与颍河交汇处、黄淮平原最南端。全县国土面积1859平方公里，耕地10.33万公顷，人口169万，辖30个乡镇、346个村（居）委会，是全国生态示范区、平原旅游县、煤电能源城。先后荣获全国粮食生产先进县、全国劳务输出示范县、全国造林绿化百佳县、全国水利建设先进县、全国政务公开先进县、首批安徽省旅游强县、全省畜牧生产十强县、全省水产十强县。

颍上历史悠久，人杰地灵　这里曾孕育出“相桓公，霸诸侯，一匡天下”的春秋时期杰出政治家管仲，当代学界大师常任侠、文坛大家戴厚英、两院院士郑守仁、陈国良等一代名流。有“东方芭蕾”之称的颍上花鼓灯被国务院批准为首批国家级非物质文化遗产。颍上人民创造的小张庄和八里河两个生态环保“全球500佳”名扬四海。小张庄首开我国生态环保与旅游农业先河。八里河风景区和迪沟风景区双双被评为国家AAAA级旅游风景区。

颍上区位优越，交通畅达　阜淮、阜六铁路横贯全境，合淮阜、阜六高速公路和规划建设中的淮北至安庆高速公路纵横全境，105国道与102、224、328省道在境内交汇，淮河、颍河流经颍上200多公里，通江达海。全县境内形成了铁路、公路、水路三位一体、四通八达的交通网络。

十一五时期，颍上县大力实施工业化、城镇化和社会主义新农村建设“三位一体”发展战略，调整优化产业结构，总体经济保持较快增长，运行质量明显改善，居民生活水平显著提高，社会事业全面发展。2010年完成地区生产总值125.6亿元，年均增长14.4%，经济结构调整为25.6:52.8:21.6；全县粮食总产105.6万吨，比2005年增长34.3%；规模以上工业企业发展到116家，规模工业增加值66.3亿元,年均增长25.7%，工业化率达47.7%,成为支撑全县经济快速增长的主导力量；固定资产投资达到57.2亿元，年均增长30.3%，累计引进项目490个，引进资金101亿元，年均增长20.5%；社会消费品零售总额达到36.1亿元,年均增长17.6%；财政收入18.5亿元，年均增长20%；全县城镇非私营单位在岗职工平均工资达33679元，年均增长14.1%。农民人均纯收入4108元，居民储蓄存款余额达92.9亿元,年均增长16.3%。城镇建设累计投资25亿元，县城建成区面积达到17平方公里，全县城镇化水平达36.5%，较“十五”末提高6.7个百分点。

“十二五”期间是颍上厚积薄发、加快发展的关键时期，继续坚持以工业为主导，以农业为基础，以商贸、旅游为两翼，以项目和招商为动力，加快推进工业化、城镇化和农村现代化，实现经济社会又好又快发展。

城北新区夜色

国家AAAA级风景区八里河世界风光

工业园区华美纸业

蓬勃发展的畜牧业

粮食喜获丰收

青少年活动中心

工业园区富颍纺织生产车间

# 奋进中的宿松

县委书记、县人大主任　张小青

县委副书记、县长　王华

宿松地处大别山南麓、皖江之首，是皖鄂赣三省八县结合部，为皖西南门户，属皖江城市带承接产业转移示范区。辖9镇13乡，国土面积2394平方公里，2010年末总人口82.98万人。105国道、沪蓉高速公路、合九铁路以及63公里长江黄金水道穿境而过。境内有安徽省华阳河农场、九成监狱管理分局、县工业园管委会和临江产业园管委会（筹）四个县级单位。2011年被省委、省政府确定为省直管县体制试点县。

**人文历史**　公元前184年，汉高祖设松兹侯国，隋文帝开皇十八年（公元598年）改称宿松县并沿用至今，距今2200多年历史。宿松处于吴楚文化交汇地带，钟灵毓秀，是我国五大剧种之一黄梅戏发祥地，民间戏曲文南词被列入国家级非物质文化遗产名录，鼓书、根雕、灯会、剪纸等民间工艺、艺术方兴未艾；是“中国诗歌之乡”，诗书文脉源远流长，宿松籍文人墨客著作颇丰。境内湖光山色，旅游资源丰富，有“江上蓬莱”之誉的“长江绝岛”小孤山、誉为“南国小长城”的全国重点文物保护单位白崖寨、“美比九寨”的九井沟、国家森林公园石莲洞等。

**经济发展**　宿松是“中国新兴纺织产业基地县”，全国棉花生产百强县之一。全县宜渔淡水面积（可养水面84万亩）居全国第二、全省第一，是安徽省水产重点县。矿藏丰富，已探明具有开采价值矿种有煤、磷矿、大理石、兰晶石、金矿等28种。其中磷矿石储量2700万吨，占到全省的50%。初步形成了纺织、新型建材、食品加工、服装制造等四大主导产业。2010年，全县生产总值92.45亿元，比上年增长15%，年平均增长14.1%；财政收入3.78亿元，比上年增长25.1%，年平均增长25.9%；农民人均纯收入4489元，比上年增长19.1%，年平均增长20.1%。全县共有规模以上工业企业110家，规上工业增加值19.55亿，比上年增长44.1%。宿松工业园区和临江产业园规划面积61.2平方公里，2010年已入园企业111家，规上工业增加值9.83亿元。

**发展规划**　到2015年，全县生产总值确保超过190亿元，财政一般预算收入确保超过9亿元，五年累计完成固定资产投资600亿元以上，规模工业增加值超过70亿元。双核城市（县城、滨江新城）框架初步形成，中部县城建成区面积达到18平方公里以上，南部滨江新城建成区面积突破5平方公里，全县城镇化水平超过50%。

山水公园

省委常委、常务副省长詹夏来到宿松调研

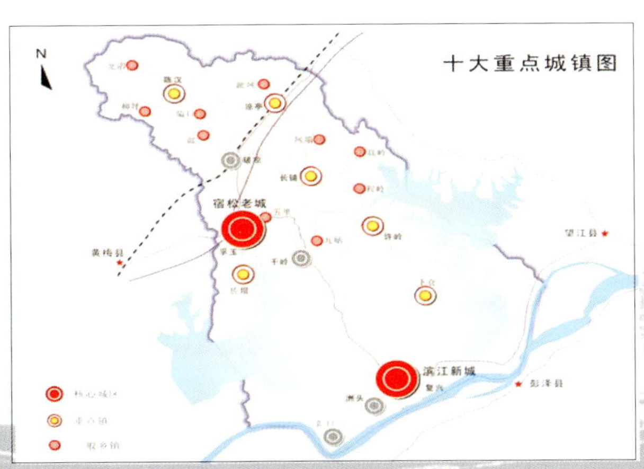


“两城八镇”城镇体系

国家非物质文化遗产——文南词

省“861”重点项目香港互益纺织有限公司精纺车间

保护湿地--泊湖候鸟

# 坚持科学发展不懈怠 建设更好更快新定远

省领导为定远盐化项目奠基

“十一五”期间，定远县委、县政府以科学发展观为统揽，紧紧围绕“追赶跨越、争先进位”的奋斗目标，深入推进工业化、城镇化和东向发展三大战略，解放思想，改革创新，经济社会实现了又好又快发展。这五年，是改革开放以来我县经济增长速度最快、发展质量最好、人民群众得到实惠最多的一个时期。

经济总量明显扩大，综合实力显著提升　“十一五”末，地区生产总值较“十五”末增长1.2倍，年均增长12.1%；财政收入增长3.6倍，年均增长27%以上。地区生产总值、财政收入、社会消费品零售总额等主要经济指标提前1－2年完成“十一五”规划目标。

结构调整稳步推进，工业化进程明显加快　三次产业比由2005年的45：21.1：33.9调整到39.8：28.4：31.8。工业经济加速发展。规模工业企业较“十五”末增加75家；规模工业总产值增长4.8倍，年均增长37.1%；规模工业增加值增长3.8倍，年均增长30.3%。

城乡统筹协调发展，城镇面貌变化显著　定城建成区面积由“十五”末6.9平方公里扩张到18.2平方公里，城镇化率提高到39%，较“十五”末增加11个百分点。农业生产连年丰收，为全国粮食生产先进县、全国生猪调出大县和全省生猪调出第一大县。基础设施日趋完善，公路通车总里程达到2661.2公里，是“十五”末的1.9倍，行路难问题得到初步解决。新增植树造林面积近20万亩，森林覆盖率提高到19.9%，较“十五”末提高4.4个百分点。

改革创新取得突破，动力活力不断增强　全面完成乡镇、村行政区划调整，形成县、乡、村三级便民服务网络。文化体制综合改革全面完成，基层医药卫生体制综合改革得到国家医改办高度评价。创立人口和计划生育“一体两翼”工作机制，社会抚养费征管机制受到国家计生委充分肯定。农村人饮安全工程实现“村村通”，央视新闻联播予以头条报道。

人民生活明显改善，社会建设全面加强　城镇在岗职工年均工资较“十五”末增长2.7倍，达27099元;农民人均纯收入增长1.3倍，达5345元。县博物馆、文化馆、图书馆、曲阳生态公园、少年儿童体育训练中心和青少年活动中心等一大批民生工程相继建成。全面完成节能减排目标，生态建设得到加强。农村五保集中供养率由“十五”末的10%提高到40%。民主法制建设不断加强，获“省平安县”称号。

发展中的政务新区

省示范中学——定远中学

花园湖公园

居民花园小区

建设中的京沪高铁定远站站房

光电企业车间

规模化养鸡场

安徽盐化项目厂区

# 世界梨都

县委书记　张祥根

县长　朱学亮

# 全力打造中国水

砀山县总面积1193平方公里，人口98.3万，辖13个镇和1个经济开发区。砀山位于安徽省最北部，与皖苏鲁豫四省六县市接壤，东临徐州，西接商丘，地处黄淮海经济区中心地带。陇海铁路、310国道和即将开工建设的郑徐高铁、济祁高速贯穿全境。砀山是全国著名的水果之乡、“酥梨之都”，全县水果面积100万亩，年产各类水果30亿斤。砀山是国家级生态示范区、全国100个无公害农产品（水果）生产示范基地县达标单位、首批安徽省扩权试点县、安徽省农产业化示范县。2010年，全县实现地区生产总值78亿元，增长14%，人均GDP达到1200美元；财政收入3.2亿元，增长38.5%，其中地方财政收入2.2亿元，增长43.8%；固定资产投资50亿元，增长46%；社会消费品零售总额25亿元，增长20%；城镇居民人均可支配收入12000元，农民人均纯收入4920元，分别增长17.6 %、15%。规模企业快速扩张。工业固定资产投资完成27亿元，增长30%。新增规模以上工业企业51家，规模企业总数达到194家，超亿元企业达19户。实现工业总产值101亿元，同比增长34%，规模以上工业增加值完成27亿元，增长34%。全县粮食总产量28.68万吨，水果总产量150万吨，水果加工能力突破100万吨，农产品加工产值突破30亿元。城市建设快速推进,房地产开发总面积12万平方米。园区建设步伐加快，“两区四园”总面积达58平方公里，园区经济占全县工业经济总量的80%。大力实施33项民生工程，投入各类资金4.43亿元。砀山唢呐、四平调、年画分别入选第三届国家级和安徽省非物质文化遗产保护名录。

砀山独特的区位、便利的交通、优良的环境、丰富的资源、巨大的潜力，正在被越来越多的国内外客商认识和青睐。我们热烈欢迎海内外朋友到砀山观光旅游，投资兴业！

黄河故道

# 魅力砀山

第三届果蔬加工论坛隆重开幕

在人民大会堂举办梨花节新闻发布会

# 果加工第一大县

宿州科技食品黄桃加工车间

酥梨丰收

先进的蔬菜大棚

汇源工厂

# 古城萧县 中国

县委书记、县人大主任　毋保良

县委副书记、县长　韩维礼

萧县位于安徽省北部，苏鲁豫皖四省交界处。县域面积1885平方公里，总人口142.5万人。萧县交通四通八达，陇海铁路横贯东西，徐阜铁路纵穿南北，连霍高速、合徐高速和G311、G310等7条国、省道贯穿县境，与县乡道交织成网，境内公路密度为每平方公里130公里。县城距徐州市区仅25公里，距徐州观音机场40公里，距淮北市区仅35公里，区位交通条件十分优越。该县是著名的汉文化发源地，自古有“文献之邦”的美誉，是文化部命名的“中国书画艺术之乡”，全县擅长丹青者3万余人。县城书画一条街集书画创作、装裱、展览、交易于一体，成为一道独特的人文景观。萧县饮食文化名扬大江南北，“萧县羊肉汤”、“皇藏峪蘑菇鸡”、”圣泉寺烧全羊“等各种风味小吃成为黄淮地区城乡人民的美食佳肴。

萧县旅游业特色独具　全县古迹遍布，千年古刹天门寺、天一角地下溶洞、永固水库、汉墓群、宋朝的古窑群遗迹、闵之鞭打芦花处、南宋开国皇帝刘裕故里等自然和人文景观众多，交相辉映。皇藏峪自然保护区被国家命名为AAAA级旅游景区，同时被国家文物保护委员会授予“中国历史文化遗产”称号。县域内的蔡洼村淮海战役总前委指挥部遗址被国家确定为全国100个红色旅游精品点之一。

萧县资源本色具有较大的开发潜力　该县是皖北地区小麦种植大县，种植面积120万亩，年产小麦4.5亿。拥有胡萝卜、大棚西瓜等30多个各具特色的大型农业种植基地；矿产资源一枝独秀，已查明的矿产资源主要有：煤、铁、石灰岩、大理石、瓷石、瓷土、高岭土、石油等10余种。

近年来，该县以科学发展观为指导，依托厚重的文化积淀和资源优势，充分利用区位优势，强力推进对外开放和招商引资，大力发展煤炭开采、农副产品加工、新型建材、医药化工等四大产业支柱，努力打造陶瓷产业基地、合成革产业基地，全力推进化工生产园区、电子机械等5个工业园区建设和现代化农业建设，积极实施城市扩容战略。近年来，萧县在一系列促进发展新战略的推动下厚积薄发，县域经济呈现出了强劲发展的良好态势。各项事业快速发展，被国家命名为“中国防腐蚀业第一县”、“中国面粉加工强县”、“中国葡萄之乡”、“中国辣椒之乡”、“全国科技工作先进县”、“全国科普示范县”和“全国体育先进县”等国家级荣誉称号。

国家AAAA级风景区——皇藏峪

萧国圣桃基地

# 书画艺术之乡

县领导参加虎山公园落成仪式

大型书画笔会

安徽皖王面粉集团

华龙耐材有限公司

安徽虹光投资集团

萧县华特混凝土制品有限公司

# 泗县 投资

省委书记张宝顺在泗县江上青纪念馆观看图片展

省委副书记王明方调研农业生产

泗县位于安徽省东北部，黄淮海平原南端，地处苏皖两省五县交界处。土地面积1787平方公里，辖15个乡镇和一个省级经济开发区，2010年末总人口92.2万人。境内公路四通八达，104国道和303、329省道贯穿全境，泗许高速泗县段已建成通车，宿淮铁路即将建成投入运营。“十一五”期间，泗县地区生产总值年均增长12.5%，财政收入年均增长33.3%，固定资产投资年均增长37.6%，社会消费品零售总额年均增长17.8%，城镇在岗职工平均工资年均增长14.5%，农民人均纯收入年均增长16.8%。三次产业结构由“十五”末的54∶21∶25优化为38∶36∶26。

2010年，全县人民围绕“工业增量、城镇化水平提升、新农村建设推进和城乡居民增收”，精心打造“创业泗州、特产泗州、靓丽泗州、水韵泗州、湿地泗州、戏曲泗州”六张名片，强力推进大开放、大建设、大发展，较好地完成了年初确定的目标任务。地区生产总值完成87.7亿元，同比增长12.8%，财政收入完成3.32亿元，同比增长39.4%，固定资产投资完成46.6亿元，同比增长31.3%，社会消费品零售总额19.3亿元，同比增长18.2%，城镇在岗职工平均工资19770元，同比增长4.6%，农民人均纯收入4715元，同比增长13.8%。

2010年，全县经济社会发展取得新成绩：被省住建局授予“安徽省园林县城”称号，被国家农业部和国家安全监管总局授予全国“平安农机”示范县称号，连续第四次被省委、省政府、省军区授予“双拥模范县”称号，荣获全省“2010年民生工程组织实施工作先进县”称号。

# 兴业　共谋发展

市委书记李宏鸣调研泗县石龙湖湿地建设

市长张曙光在泗县新型乡村工业园调研

县委书记晏金星在江上青纪念园落成典礼上致辞

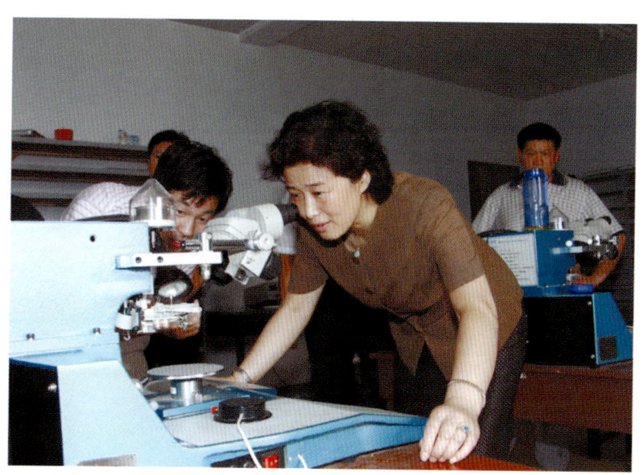
县长王娟在企业调研

第三届泗州戏文化艺术节

泗城夜景

# 泾县

## 生态立县 工业强县 两翼富民 统筹发展

县委书记肖善武、县长王华陪同省长王三运一行视察云岭纪念馆

泾县位于安徽省南部，隶属宣城市，处于长江南岸平原和皖南山区交接地带，属皖南丘陵地区。南依黄山，西临九华山，襟抱太平湖。全县总面积2059平方公里，辖9镇2乡，人口35.5万,自汉初置县,迄今已有2100多年,自古有”汉江旧县,江左名区”之称。

泾县是一片红色的土地，是当年新四军的主要活动地区，中共中央东南局和新四军军部曾驻扎云岭三年，茂林是震惊中外的“皖南事变”发生地，厚岸是无产阶级革命家王稼祥的出生地和成长地。

泾县是绿色生态之乡，具有良好的生态环境，是全国生态示范区建设试点县。太平湖、桃花潭、月亮湾、水西风光、查济古村落等令人流连忘返，其中，桃花潭更是以李白的一首千古绝唱而闻名中外。

泾县是宣纸之乡，又是正宗宣纸原产地，不朽的宣纸文化是泾县的金色名片。2008中国奥运，以泾县宣纸为代表的中国传统文化穿越时空，通过奥运开幕式再现世人面前，成就一段美丽传奇。“十一五”期间，泾县大力实施“生态立县，工业强县，两翼富民，统筹发展”战略，坚持以发展为主题，以改革为动力，以结构调整为主线，认真落实科学发展观，抢抓机遇，开拓创新，全力推进“大投入、大建设、大招商、大发展”，全县经济呈现增长速度快、经济效益好的发展态势，整体实力不断增强，城乡人民生活水平逐步提高。

2010年，全县实现地区生产总值46.9亿元，增长14.6%，财政收入6亿元，增长34.9%，在岗职工平均工资31641元，农民人均纯收入5313元，分别增长11.3%和17.5%，其他社会各项事业全面发展。

泾县城建日新月异

县长王华等领导为蔡村镇5000万元以上项目开工奠基

千年寿纸——“国宝”红星

安徽省名牌——汀溪兰香

著名旅游景点——桃花潭

南华电机集团高压电机生产车间

# 潜山 皖国古都 黄梅之乡

县城夜景

**潜山县**地处安徽省西南部，县域总面积1688平方公里，辖16个乡镇、1个国家级风景区、2个省级开发区、1个省级旅游度假区，总人口58万。素有“皖国古都、二乔故里、安徽之源、京剧之祖、禅宗之地、黄梅之乡”的美誉。

**潜山是安徽省历史文化名城，历史悠久，人文荟萃** 安徽省简称“皖”即源于潜山，孕育了“京剧鼻祖”程长庚、通俗文学大师张恨水、“杂技皇后”夏菊花和黄梅戏表演艺术家韩再芬等一大批文化名流，潜山是“长诗之圣”《孔雀东南飞》故事的发生地、三国佳丽大小乔的生长地，有薛家岗文化遗址、山谷流泉摩崖石刻两处国家级重点文物保护单位和中国禅宗文化发祥地之一三祖禅寺。

**潜山是国家重点风景名胜区天柱山所在地，风光秀丽，物产丰富** 境内的天柱山是国务院首批公布的全国44家重点风景名胜区之一，集国家森林公园、“AAAAA”级旅游区、国家地质公园、中国自然和文化遗产地于一身,吴邦国、回良玉、李建国、白立忱、黄孟复、吴仪、李铁映等党和国家领导人先后亲临天柱山视察。潜山县还是国家商品粮基地县和安徽省十大中药材基地县，舒席、雪湖贡藕、石耳、茶叶、瓜蒌籽等名优特产闻名遐迩。

**潜山地处皖西南区域中心，区位优越，潜力巨大** 沪渝、济广两条高速和合九铁路贯穿县境，105、318两条国道在境内交错，县城濒临长江黄金水道，距周边合肥、南京、武汉、南昌四大省会城市均在3小时车程以内，对外交通十分便捷。近年来，潜山毫不动摇地推进工业强县、旅游兴县、生态立县和城镇化四大主战略，着力促进茶叶、瓜蒌、油茶、食用菌、畜禽、蚕桑等六大农业特色产业，医药化工、机械机电制造、轻工制刷、纺织服装、农产品和旅游工艺品加工等五大优势工业产业和以天柱山旅游为龙头的第三产业加快发展。

潜山悠久的历史文化、丰富的物产资源、优越的地理位置、坚实的发展平台，在皖江城市带承接产业转移示范区中占有重要地位。真诚欢迎四海宾朋前来潜山观光旅游、投资兴业、发展商贸，互惠互利、共同发展，携手创造美好灿烂的明天。

城区

地质景观

游人如织的天柱山

瓜蒌基地

茶叶基地

纺织企业车间

机械制造企业车间

省级经济开发区

# 水乡五河

县委书记　胡启望

县长　周学保

五河县地处皖东北淮河中下游，因境内淮、浍、漴、潼、沱五水汇聚而得名。全县总面积1595平方公里，人口73万，辖15个乡镇和1个省级经济开发区（城南工业区和沫河口工业区）、1个省级自然保护区（沱湖省级自然保护区）、1个省级森林公园（大巩山森林公园）、237个行政村（居）。

五河历史悠久　唐代名为古虹，宋朝始称五河，至今九百余载。境内曾出土全国最完整的十万年前淮河古菱齿象化石，有多处石器时代遗址，霸王城、皇墩庙、汉王台、严小姐墓、清盐卡古韵犹存。五河民歌、钱杆舞、旱船舞、狮子舞列入省级非物质文化遗产。顺河街为安徽省历史文化名街。

五河风光秀美　大巩山省级森林公园群山环绕，绿树成荫，森林覆盖率达80%，是名副其实的天然氧吧。着力打造“两山三湖一水库”（即大巩山、浮山，沱湖、香涧湖、天井湖，樵子涧水库）旅游风景区。以沱湖省级自然保护区为核心的湿地，鱼蟹竞游，鸟类翩飞。县城四面环水，城中河水潺绕，水在城中，城在水间，素有“淮北水乡”之称，是“全省园林县城”。

五河发展较快　2010年，五河县生产总值和财政收入达89.3亿元和4.8亿元，分别增长14.8%和49.6%，综合经济实力进一步增强。五河发展活力充足，人民生活日臻殷实，50万元以上固定资产投资64亿元，增长52%；在岗职工平均工资收入和农民人均纯收入达到25392元和5548元，分别增长16.0%和17.9%。人均生产总值近两千美元。

五河工业经济主导地位突出　2010年规模以上工业企业达133家，产值超亿元企业19家，当年新增规上企业33家，实现产值64.6亿元，增长60.8%。精细化工、纺织服装、食品精加工等主导产业初具规模，海化化工、环球纺织、天麒面粉、凯迪绿色能源等骨干企业做大做强。

五河潜力巨大　融资平台广阔，是全省六个、皖北唯一加入省担保集团的县，纳入全省第一批利用国家开发银行政策性贷款发展县域经济行列。企业评级、信用担保、财政贴息、银行贷款四位一体的“五河模式”在全省推广。省级经济开发区下辖城南工业区、沫河口工业区，城南园区产业定位以纺织服装、粮食食品精加工为主；沫河口园区产业定位以机械加工、精细化工、精特钢深加工为主。两个园区规划面积共61平方公里。获“安徽省投资环境十佳县”、“招商投资最佳诚信县”、“全国最具投资潜力百强县市”称号。

沱湖风光

青年圩广场

行政办公中心

沱湖省级自然保护区

大巩山森林公园

环球纺织车间

五河凯迪绿色能源有限公司

# 屯溪区

## 程朱阙里 新安胜境 徽商故里 诗画屯溪

区委书记李高峰（前排中）、区长胡黎明（前排右二）赴一线调研

屯溪地处安徽省最南端，皖、浙、赣三省交界处，北靠黄山、太平湖，西邻齐云山，东临千岛湖。全区总面积249平方公里，人口22万，辖5个镇、4个街道办事处。先后获“全国科技进步先进区”、“全国卫生城市”、“全国计划生育优质服务先进区”“双拥模范城市”和“省卫生城市”称号。

**综合经济实力快速提升** 全年实现地区生产总值40.8亿元，增长13.5%;规模以上工业增加值6.57亿元，增长33.6%；财政收入4.64亿元，增长38.6%；地方财政收入3.36亿元，增长37.8%；社会消费品零售总额41.4亿元，增长19.5%。社会消费品零售总额连续5年保持全市第一位；地区生产总、规模以上工业增加值和财政收入增幅跃居全市第二位。

**围绕“做精一产”，稳步推进效益农业** 大力推进农业结构调整，新增蔬菜基地1000亩，发展花卉苗木基地900亩，引进蔬菜等新品种15个，推广水稻高产栽培等新技术10项。蓝莓生态园获“省级农业标准化示范基地”称号。

**围绕做强二产，全力发展工业经济** 全年新引进“低碳、绿色、环保、高端”工业项目20个，其中亿元项目5个；新开工工业项目30个；净增规上工业企业11家，总数达55家；完成工业总产值22.2亿元，增长60.3%。第二产业对经济的贡献率由上年的34.8%上升到39.7%，拉动经济增长5.3个百分点。其中，工业对经济增长的贡献率达32.9%，拉动经济增长4.4个百分点。

**围绕做优三产，快速发展现代服务业** 全年接待游客599万人次，实现旅游总收入26.4亿元，其中国际旅游外汇收入2202万美元。

**人居环境明显改善** 建城区面积31.5平方公里，增长4.3%，建成区绿化覆盖面积15.48平方公里，增长3.2%。“四纵七横”路网全面形成；城市“净化、硬化、绿化、亮化、美化、香化”水平显著提升。27个村达到新农村建设“十有”标准，“村村通”实现全覆盖，交付安置房6307套，安置面积105万平方米，农民人均住房面积达67.1平方米，增长6%。

**社会民生显著改善，城乡居民生活水平不断提高** 新建11个村级就业和社会保障服务站。全年城镇居民人均可支配收入达15834元和农民人均纯收入7756元，分别增长12.6%和10.9%。

屯溪老街

黄山日普电动车项目在九龙低碳经济园开工

龙恒项目开工建设

新安江延伸工程

企业新貌

黄山九龙低碳经济园区入口

屯溪全景

# 打造经济强区

区委书记张黎勇(前右二)考察民生工程

区长郭金友(中)深入基层调研

宣州，2000年撤市设区，更名为宣州区，地处皖苏浙三省交界处，居皖江东南岸，东向苏浙沪、北依长江、南望黄山、西眺九华，是《皖江城市带承接产业转移示范区规划》“两翼”之一的重要组成部分，是承接长三角地区产业向中西部地区转移的“第一站”。

宣州，发展禀赋良好，拥有丰富的生态、矿产、劳动力资源，比较优势明显，干群思想解放，发展氛围浓厚，投资环境优越，已连续两届被评为安徽省投资环境“十佳县（市）区”，入选“2010年苏商投资中国首选城市●最佳投资环境市”。

“十一五”以来，宣州区委、区政府深入推进“东向发展”、“强工富区”、“强镇发展”等重大战略，经济社会取得又好又快发展。2010年实现区属生产总值117.1亿元，比2005年增长1.1倍，年均增长13.1%；城乡居民收入实现同步增长，2010年城镇人均可支配收入15141元，农民人均纯收入7581元，比2005年分别增长90.1%和120.5%，年均增长13.7%和17.1%；2010年实现财政收入16.2亿元，比2005年增长4.4倍，年均增长39.1%，总量跻身全省“十强”，在全省产业转移示范区59个县（市、区）中居第四，全省15个县改区中居第一。

“十二五”是宣州加快发展的关键期、黄金期，宣州人下定决心、鼓足干劲，开拓创新、勇往直前，以“皖江争一流”为总体目标，力争在未来五年内大有作为，“十二五”末实现财政收入40亿元，争取50亿元，社会全面进步，人民安康幸福。

江南诗山——敬亭山

# 共创美好宣州

区人力招聘会现场

宣州夜景

宣酒集团

中国鳄鱼湖——七子之歌

# 宁国经济技术开发区

宁国市副市长、管委会主任　刘发明

开发区领导班子

开发区管委会综合楼

项目签约仪式

六家企业开工庆典

宁国经济技术开发区2000年12月经省政府批准成立。园区现有企业553家，其中规模以上企业137家，亿元企业22家，上市企业4家。2007年以来，先后被评为安徽省“投资环境十佳园区”、“浙商最具投资价值开发区”、“粤商最适宜投资地区”、“全国十大诚信开发区”、“江浙企业家投资中国首选开发区”、“全国百佳科学发展示范园区”等荣誉称号

经过十年奋斗，开发区现已形成“一区三园一拓展”发展格局，规划面积达55.2平方公里，其中南山园区15.6平方公里，建成区10平方公里，河沥园区19.7平方公里，汪溪园区15.2平方公里，梅林园区4. 7平方公里。

职工娱乐活动

自开发区成立以来，不断加快产业结构调整，优化产业布局和资源配置，在提升壮大汽车零部件、电子元器件、耐磨铸件等传统优势产业的基础上，大力发展节能建材与新能源应用、生物医药、电子信息等高新技术产业，积极发展总部经济和现代物流业，大力推进合作办园力度。同时鼓励和支持园区现有企业转型升级，延伸产业链条，加大与央企、大集团的嫁接、重组步伐，先后有飞达、瑞泰科技、新马耐磨、华普建材、安徽源光等企业与央企、大集团的合资合作和强强联手。2010年，开发区实现工业总产值186.2亿元，完成财政收入7.1亿元，完成固定资产投资91.3亿元。

宁国经济技术开发区将进一步抢抓发展机遇，以争创安徽省级高新技术园区和国家级开发区为目标，加快扩区升级步伐，推进园区又好又快发展，在跨越崛起中争当排头兵！

开发区全貌

# 目　　录
# CONTENTS

## 一、综　　合
## Chapter 1 General Survey



## 二、国民经济核算
## Chapter 2 National Accounts

## 三、人　　口
## Chapter 3 Population

## 四、就业人员和职工工资
## Chapter 4 Employment and Wages

## 五、固定资产投资
## Chapter 5 Investment in Fixed Assets

## 六、能源生产和消费
## Chapter 6 Production and Consumption of Energy



## 七、财政、金融、保险
## Chapter 7 Finance, Banking and Insurance

## 八、物价指数
## Chapter 8 Price Indices

九、城乡人民生活
**Chapter 9 Livelihood of Urban and Rural People**

## 十、城市概况
## Chapter 10 General Survey of Cities

## 十一、自然资源和环境保护
## Chapter 11 Natural Resources and Environment Protection

## 十二、农　　业
## Chapter 12 Agriculture

## 十三、工　　业
## Chapter 13 Industry

## 十四、建 筑 业
## Chapter 14 Construction



## 十五、运输和邮电
## Chapter 15 Transport, Post and Telecommunication Services

## 十六、国内贸易
## Chapter 16 Domestic Trade

## 十七、对外经济贸易
## Chapter 17 Foreign Trade and Economic Cooperation

## 十八、旅　　游
## Chapter 18 Tourism



## 十九、教育、科技
## Chapter 19 Education, Science

## 二十、文化、体育、卫生、社会福利和其他
## Chapter 20 Culture Sports, Public Health, Social Welfare and Others

## 二十一、企业景气调查
## Chapter 21 Business Survey of Enterprises



## 二十二、省级和县级主要经济指标及位次
## Chapter 22 Main Economic Indicators and Their Orders of Precedence of Province and County



## 附　录
## Appendix

# 第 一 篇

Chapter 1

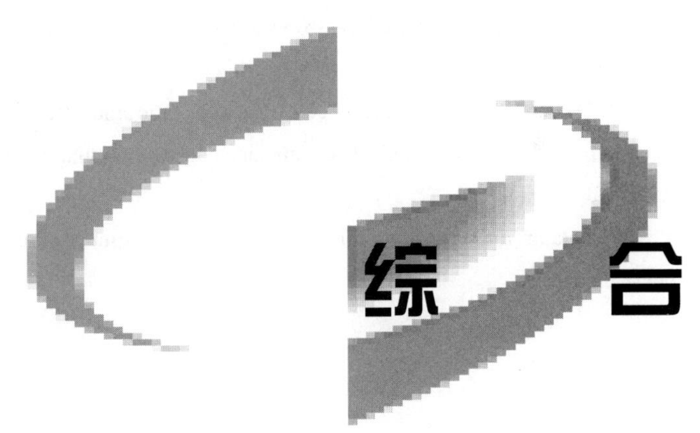

# 综 合

GENERAL SURVEY

## 简要说明

一、本篇包括我省行政区划、国民经济综合资料等内容。

二、国民经济综合资料中的“各部门机构数”统计口径为第二次基本单位普查后部分行业企业资料更新维护数据。

三、国民经济总量、速度、结构、比例和效益指标均取自本年鉴各篇；国民经济综合资料由省统计局综合处整理。

四、我省境内国家级旅游景点黄山、九华山风景区旅游基本情况，由所在统计部门提供。

## Brief Introduction

I. This chapter covers the summary data on national economy.

II. Data on “the number of grassroots units in various sectors” are the renewed data of some trade enterprises after the second basic unit census.

III. Data on the total value, speed, structure, ratio and effects on the national economy are extracted from the concerned data in other chapters in this yearbook. The summary data on national economy are prepared by the Division of Integrated Statistics of Anhui Statistical Bureau.

IV. Data on the basic conditions of national scenic spot-Mount Huang and Mount Jiuhua are provided by the statistical department where they are.

# 1—1 全省行政区划（2010年末）
Administrative Divisions in Anhui (End of 2010)

单位：个 (unit)

| 市名称 Name of City | | 市级区划数 Number of Regions at Cities Level | 县级区划数 Number of Regions at County Level | 县级市 Cities at County Level | 县 Counties | 市辖区 Districts under the Jurisdiction of Cities | 乡镇级区划数 Number of Regions at Townships Level | 镇 Towns | 乡 Townships | 街道办事处 Street Communities |
|---|---|---|---|---|---|---|---|---|---|---|
| **总　　计** | **Toatl** | **17** | **105** | **5** | **56** | **44** | **1523** | **912** | **349** | **262** |
| 合肥市 | Hefei | 1 | 7 | | 3 | 4 | 94 | 36 | 19 | 39 |
| 淮北市 | Huaibei | 1 | 4 | | 1 | 3 | 35 | 17 | 1 | 17 |
| 亳州市 | Bozhou | 1 | 4 | | 3 | 1 | 89 | 71 | 8 | 10 |
| 宿州市 | Suzhou | 1 | 5 | | 4 | 1 | 106 | 71 | 23 | 12 |
| 蚌埠市 | Bengbu | 1 | 7 | | 3 | 4 | 74 | 36 | 19 | 19 |
| 阜阳市 | Fuyang | 1 | 8 | 1 | 4 | 3 | 170 | 119 | 38 | 13 |
| 淮南市 | Huainan | 1 | 6 | | 1 | 5 | 65 | 27 | 19 | 19 |
| 滁州市 | Chuzhou | 1 | 8 | 2 | 4 | 2 | 109 | 82 | 12 | 15 |
| 六安市 | Luan | 1 | 7 | | 5 | 2 | 167 | 104 | 55 | 8 |
| 马鞍山市 | Maanshan | 1 | 4 | | 1 | 3 | 31 | 13 | 5 | 13 |
| 巢湖市 | Chaohu | 1 | 5 | | 4 | 1 | 76 | 65 | 5 | 6 |
| 芜湖市 | Wuhu | 1 | 7 | | 3 | 4 | 50 | 21 | | 29 |
| 宣城市 | Xuancheng | 1 | 7 | 1 | 5 | 1 | 98 | 58 | 26 | 14 |
| 铜陵市 | Tongling | 1 | 4 | | 1 | 3 | 25 | 7 | 5 | 13 |
| 池州市 | Chizhou | 1 | 4 | | 3 | 1 | 56 | 36 | 9 | 11 |
| 安庆市 | Anqing | 1 | 11 | 1 | 7 | 3 | 171 | 97 | 56 | 18 |
| 黄山市 | Huangshan | 1 | 7 | | 4 | 3 | 107 | 52 | 49 | 6 |

## 1—2 全省县以上行政区划（2010年末）
Administrative Divisions of Counties and Above in Anhui (End of 2010)

| 省 辖 市<br>City Under Province Administration | 县（市、区）<br>Name of County (City) , District Under Administative |
|---|---|
| 合 肥 市 Hefei | 瑶海区、庐阳区、蜀山区、包河区、长丰县、肥东县、肥西县<br>Yaohai District, Luyang District, Shushan District, Baohe District, Changfeng, Feidong, Feixi |
| 淮 北 市 Huaibei | 杜集区、相山区、烈山区、濉溪县<br>Duji District, Xiangshan District, Lieshan District, Suixi |
| 亳 州 市 Bozhou | 谯城区、涡阳县、蒙城县、利辛县<br>Qiaocheng District, Guoyang, Mengcheng, Lixin |
| 宿 州 市 Suzhou | 埇桥区、萧 县、砀山县、灵璧县、泗 县<br>Yongqiao District, Xiaoxian, Dangshan, Lingbi, Sixian |
| 蚌 埠 市 Bengbu | 龙子湖区、蚌山区、禹会区、淮上区、怀远县、五河县、固镇县<br>Longzihu District, Bengshang District, Yuhui District, Huaishang District, Huaiyuan, Wuhe, Guzhen |
| 阜 阳 市 Fuyang | 颍州区、颍东区、颍泉区、界首市、临泉县、太和县、颍上县、阜南县<br>Yingzhou District, Yingdong District, Yingquan District, Jieshou, Linquan, Taihe, Yingshang, Funan |
| 淮 南 市 Huainan | 大通区、田家庵区、谢家集区、八公山区、潘集区、凤台县<br>Datong District, Tianjaan District, Xiejiaji District, Bagongshan District, Panji District, Fengtai |
| 滁 州 市 Chuzhou | 琅琊区、南谯区、天长市、明光市、来安县、全椒县、定远县、凤阳县<br>Langya District, Nanqiao District, Tianchang, Mingguang, Laian, Quanjiao, Dingyuan, Fengyang |
| 六 安 市 Luan | 金安区、裕安区、寿 县、霍邱县、舒城县、金寨县、霍山县<br>Jinan District, Yuan District, Shouxian, Huoqiu, Shucheng, Jinzhai, Huoshan |
| 马鞍山市 Maanshan | 金家庄区、花山区、雨山区、当涂县<br>Jinjiazhuang District, Huashan District, Yushan District, Dangtu |
| 巢 湖 市 Chaohu | 居巢区、庐江县、无为县、含山县、和 县<br>Juchao District, Lujiang, Wuwei, Hanshan, Hexian |
| 芜 湖 市 Wuhu | 镜湖区、弋江区、鸠江区、三山区、芜湖县、繁昌县、南陵县<br>Jinghu District, Yijiang District, Jiujiang District, Sanshang District, Wuhu, Fanchang, Nanling |
| 宣 城 市 Xuancheng | 宣州区、宁国市、郎溪县、广德县、泾 县、旌德县、绩溪县<br>Xuanzhou District, Ningguo, Langxi, Guangde, Jingxian, Jingde, Jixi |
| 铜 陵 市 Tongling | 铜官山区、狮子山区、郊 区、铜陵县<br>Tongguanshan District, Shizishan District, Suburban District, Tongling |
| 池 州 市 Chizhou | 贵池区、东至县、石台县、青阳县<br>Guichi District, Dongzhi, Shitai, Qingyang |
| 安 庆 市 Anqing | 迎江区、大观区、宜秀区、桐城市、枞阳县、怀宁县、潜山县、太湖县、宿松县、望江县、岳西县<br>Yingjiang District, Daguan District, Yixiu District, Tongcheng, Zongyang, Huaining, Qianshan, Taihu, Susong, Wangjiang, Yuexi |
| 黄 山 市 Huangshan | 屯溪区、黄山区、徽州区、歙 县、休宁县、黟 县、祁门县<br>Tunxi District, Huangshan District, Huizhou District, Shexian, Xiuning, Yixian, Qimen |

# 1—3 各行业机构单位数（2010年）
Number of Grass Root Units in Various Sectors (2010)

单位：个 (unit)

| 行业类别 | Industrial Category | 单位数 Numbe of Units | #法人单位 Legal Units |
|---|---|---|---|
| **合　计** | **Total** | **310333** | **242459** |
| **农、林、牧、渔业** | **Farming, Forestry, Animal Husbandry and Fishery** | **6508** | **5423** |
| 农　业 | Farming | 1952 | 1930 |
| 林　业 | Forestry | 991 | 497 |
| 畜牧业 | Animal Husbandry | 1777 | 1753 |
| 渔　业 | Fishery | 576 | 530 |
| 农、林、牧、渔服务业 | Agicultural Services | 1212 | 713 |
| **采掘业** | **Mining and Quarrying** | **3301** | **3134** |
| 煤炭开采和洗选业 | Coal Mining and Dressing | 306 | 246 |
| 石油和天然气开采业 | Extraction of Petroleum and Natural Gas | 6 | 5 |
| 黑色金属矿采选业 | Mining and Dressing of Ferrous Metals | 535 | 524 |
| 有色金属矿采选业 | Mining and Dressing of Nonferrous Metals | 314 | 311 |
| 非金属矿采选业 | Mining and Dressing of Nonmetal Minerals | 2108 | 2021 |
| 其他采矿业 | Mining and Dressing of Other Minerals | 32 | 27 |
| **制造业** | **Manufacturing** | **60277** | **59107** |
| 农副食品加工业 | Agricultural and Non-staple Food Processing Industry | 5489 | 5172 |
| 食品制造业 | Food Production | 1449 | 1409 |
| 饮料制造业 | Beverages | 1847 | 1778 |
| 烟草制品业 | Tabacco | 13 | 8 |
| 纺织业 | Textiles | 2329 | 2265 |
| 纺织服装、鞋、帽制造业 | Textile Dress, Footwear and Headgear | 3353 | 3324 |
| 皮革、毛皮、羽毛（绒）及其制品业 | Leather, Furs, Feather (Down) and Related Products | 756 | 749 |
| 木材加工及竹、藤、棕、草制品业 | Timber Processing, Bamboo, Cane, Palm Fiber and Straw Products | 2856 | 2806 |
| 家具制造业 | Furniture Manufacturing | 1193 | 1188 |
| 造纸及纸制品业 | Papermaking and Paper Products | 1174 | 1168 |
| 印刷业和记录媒介的复制 | Printing and Record Medium Reproduction | 1448 | 1409 |
| 文教体育用品制造业 | Cultural, Educational and Sports Goods | 790 | 770 |
| 石油加工、炼焦及核燃料加工业 | Petroleum Processing, Coking and Nuclear Fuel Processing | 90 | 89 |
| 化学原料及化学制品制造业 | Raw Chemical Materials and Chemical Products | 3102 | 3076 |
| 医药制造业 | Medical and Pharmaceutical Products | 668 | 667 |
| 化学纤维制造业 | Chemical Fiber | 115 | 115 |
| 橡胶制品业 | Rubber Products | 585 | 578 |
| 塑料制品业 | Plastic Products | 3069 | 3047 |
| 非金属矿物制品业 | Nonmetal Mineral Products | 8916 | 8774 |
| 黑色金属冶炼及压延加工业 | Smelting and Pressing of Ferrous Metals | 441 | 425 |
| 有色金属冶炼及压延加工业 | Smelting and Pressing of Nonferrous Metals | 532 | 528 |
| 金属制品业 | Metal Products | 3533 | 3476 |
| 通用设备制造业 | Equipments in Current Use | 4522 | 4475 |
| 专用设备制造业 | Equipments in Special Use | 2695 | 2657 |
| 交通运输设备制造业 | Transport Equipments | 2868 | 2795 |
| 电气机械及器材制造业 | Electric Equipments and Machinery | 3031 | 2992 |
| 通信设备、计算机及其电子设备制造业 | Telecommunication Equipments, Computer and Related Electronic Equipments | 1160 | 1150 |
| 仪器仪表及文化、办公用机械制造业 | Instruments, Meters, Cultural and Office Machinery | 543 | 535 |
| 工艺品及其他制造业 | Handiwork and Other Manufacturing | 1208 | 1185 |
| 废弃资源和废旧材料回收加工业 | Recovery and Processing of Discarded Resources and Waste Materials | 502 | 497 |

## 1—3 续表1 continued

单位：个 (unit)

| 行业类别 | Industrial Category | 单位数 Numbe of Units | #法人单位 Legal Units |
|---|---|---|---|
| **电力、燃气及水的生产和供应业** | **Production and Supply of Electric Power, Gas and Water** | **3260** | **2057** |
| 电力、热力的生产和供应业 | Production and Supply of Electric Power and Heating Power | 1933 | 873 |
| 燃气生产和供应业 | Production and Supply of Gas | 164 | 147 |
| 水的生产和供应业 | Production and Supply of Tap Water | 1163 | 1037 |
| **建筑业** | **Construction** | **10788** | **9964** |
| 房屋和土木工程建筑业 | Civil Engineering Construction | 4210 | 3690 |
| 建筑安装业 | Installation | 1575 | 1444 |
| 建筑装饰业 | Fitting and Decoration | 3256 | 3147 |
| 其他建筑业 | Other Construction | 1747 | 1683 |
| **交通运输、仓储和邮政业** | **Transportation, Storage and Postal Services** | **7870** | **6142** |
| 铁路运输业 | Railway Transport | 38 | 28 |
| 道路运输业 | Highway Transport | 4327 | 3424 |
| 城市公共交通业 | Civic Public Transit | 320 | 265 |
| 水上运输业 | Waterway Transport | 751 | 683 |
| 航空运输业 | Air Transport | 46 | 16 |
| 管道运输业 | Transport Via Pipelines | 1 | |
| 装卸搬运和其他运输服务业 | Loading, Unloading, Transporting and Other Services | 985 | 883 |
| 仓储业 | Storage | 943 | 618 |
| 邮政业 | Postal Services | 459 | 225 |
| **信息传输、计算机服务和软件业** | **Information Circulation, Computer Service and Software** | **6230** | **5499** |
| 电信和其他信息传输服务业 | Telecommunication and Other Information Circulation Services | 1636 | 982 |
| 计算机服务业 | Computer Services | 3704 | 3665 |
| 软件业 | Software | 890 | 852 |
| **批发和零售业** | **Wholesale & Retail Trade** | **57249** | **46949** |
| 批发业 | Wholesale Trade | 32464 | 28241 |
| 零售业 | Retail Trade | 24785 | 18708 |
| **住宿和餐饮业** | **Accommodation and Catering Trade** | **5321** | **4452** |
| 住宿业 | Accomodation Trade | 1799 | 1634 |
| 餐饮业 | Catering Trade | 3522 | 2818 |
| **金融业** | **Banking** | **6961** | **1981** |
| 银行业 | Banking | 4462 | 437 |
| 中央银行 | Central Bank | 97 | 29 |
| 商业银行 | Commercial Bank | 4159 | 359 |
| 其他银行 | Other Banks | 206 | 49 |
| 证券业 | Securities | 154 | 81 |
| 保险业 | Insurance | 1083 | 411 |
| 其他金融活动 | Other Financial Activities | 1262 | 1052 |
| **房地产业** | **Real Estate** | **10348** | **9393** |
| 房地产开发经营 | Real Estate Development and Operation | 4738 | 4626 |
| 物业管理 | Estate Management | 2713 | 2292 |
| 房地产中介服务 | Intermediary Services of Real Estate | 1492 | 1217 |
| 其他房地产活动 | Other Real Estate Activities | 1405 | 1258 |
| **租赁和商务服务业** | **Leasing and Commercial Services** | **13810** | **12285** |
| 租赁业 | Leasing | 992 | 959 |
| 商务服务业 | Commercial Services | 12818 | 11326 |

## 1—3　续表2　continued

单位：个 (unit)

| 行业类别 | Industrial Category | 单位数 Numbe of Units | #法人单位 Legal Units |
|---|---|---|---|
| **科学研究、技术服务和地质勘查业** | **Scientific Research, Technical Services and Geological Prospecting** | **6792** | **5456** |
| 研究与试验发展 | Research and Experimental Development | 593 | 551 |
| 专业技术服务业 | Professional and Technical Services | 3383 | 2878 |
| 科技交流和推广服务业 | Exchange and Extending Services of Science and Technology | 2676 | 1904 |
| 地质勘查业 | Geological Prospecting | 140 | 123 |
| **水利、环境和公共设施管理业** | **Water Conservancy, Environmental and Public Facilities Management** | **3256** | **1895** |
| 水利管理业 | Water Conservancy Management | 1662 | 589 |
| 环境管理业 | Environmental Management | 493 | 347 |
| 公共设施管理业 | Public Facilities Management | 1101 | 959 |
| **居民服务和其他服务业** | **Resident Services and Other Services** | **3706** | **3273** |
| 居民服务业 | Resident Services | 1909 | 1612 |
| 其他服务业 | Other Services | 1797 | 1661 |
| **教　育** | **Education** | **26719** | **13065** |
| 学前教育 | Education Before School | 2458 | 2055 |
| 初等教育 | Primary Education | 17683 | 5265 |
| 中等教育 | Secondary Education | 4368 | 3718 |
| 高等教育 | High Education | 218 | 191 |
| 其他教育 | Other Education | 1992 | 1836 |
| **卫生、社会保障和社会福利业** | **Health Care, Social Protection and Social Welfare** | **15502** | **6077** |
| 卫　生 | Health Care | 13704 | 5102 |
| 医　院 | Hospitals | 952 | 794 |
| 卫生院及社区医疗活动 | Medical Activities in Commune Hospicals and Communities | 4950 | 2515 |
| 门诊部医疗活动 | Medical Activities in Outpatient Departments | 6214 | 1020 |
| 计划生育技术服务活动 | Technical Service Activities for Family Planning | 916 | 318 |
| 妇幼保健活动 | Activities for Maternity and Child Care | 123 | 117 |
| 专科疾病防治活动 | Activities for Specialized Disease Prevention and Treatment | 141 | 67 |
| 疾病预防控制及防疫活动 | Activities for Disease Prevention and Controlling | 271 | 162 |
| 其他卫生活动 | Other Health Activities | 137 | 109 |
| 社会保障业 | Social Protection | 364 | 226 |
| 社会福利业 | Social Welfare | 364 | 226 |
| 提供住宿的社会福利 | Social Welfare Services With Accomodations | 1312 | 651 |
| 不提供住宿的社会福利 | Social Welfare Services Without Accomodations | 122 | 98 |
| **文化、体育和娱乐业** | **Culture, Sports and Entertainment** | **2804** | **2282** |
| 新闻出版业 | Press and Publication | 199 | 171 |
| 广播、电视、电影和音像业 | Broadcasting, TV, Film, Audio-video and Recorders | 658 | 400 |
| 文化艺术业 | Culture and Art | 1061 | 892 |
| 体　育 | Sports | 257 | 235 |
| 娱乐业 | Entertainment | 629 | 584 |
| **公共管理和社会组织** | **Public Management and Social Organizations** | **59631** | **44025** |
| 中国共产党机关 | Organs of Chinese Communist Party | 1650 | 1562 |
| 国家机构 | State Organs | 28280 | 13443 |
| 人民政协和民主党派 | CPPCC and Domocratic Parties | 266 | 264 |
| 群众团体、社会团体和宗教组织 | Mass Organizations, Social Organizations and Religious Organizations | 10904 | 10247 |
| 基层群众自治组织 | Local Mass Autonomy Organs | 18531 | 18509 |

# 1—4 国民经济和社会发展总量与速度指标

| 指　标 | | Item | | 总量指标 1995 |
|---|---|---|---|---|
| **人口与就业** | | **Population and Employment** | | |
| **人　口** | | **Population** | | |
| 年底总人口 | （万人） | Population at the Year-end | (10000 persons) | 6000 |
| #市镇人口 | | Urban | | 1145 |
| 乡村人口 | | Rural | | 4855 |
| #男性人口 | | Male | | 3116 |
| 女性人口 | | Female | | 2884 |
| 出生人口 | （万人） | Births | (10000 persons) | 96.2 |
| 死亡人口 | （万人） | Deaths | (10000 persons) | 38.4 |
| 人口密度 | （人/平方公里） | Density of Population (person/sq.km) | | 428 |
| 年末总户数 | （万户） | Total Number of Households at the Year-end | (10000 households) | 1551.0 |
| #乡村户数 | | Numbers of Rural Households | | 1244.3 |
| **就　业** | **（万人）** | **Employment** | **(10000 persons)** | |
| 经济活动人口 | | Economically Active Population | | |
| 从业人员 | | Employment | | 3206.9 |
| #国有经济 | | State-owned Units | | 380.1 |
| 城镇集体经济 | | Urban of Other Types of Ownership | | 126.3 |
| 港澳台投资经济 | | Economic Units Funded by Entreneurs from Hong Kong Macao and Taiwan | | 2.8 |
| 外商投资经济 | | Foreign Funded Units | | 3.8 |
| 城镇私营经济 | | Urban Private Enteprises | | 10.1 |
| 城镇个体 | | Urban Self-employed Individuals | | 81.9 |
| 职工人数 | | Staff and Workers | | 502.8 |
| 国有经济 | | State-owned Units | | 363.7 |
| 城镇集体经济 | | Urban of Other Types of Ownership | | 123.1 |
| 其他经济合计 | | Units of Other Types of Ownership | | 16.0 |
| 城镇登记失业人数 | | Registered Unemployed in Urban Areas | | 29.9 |
| **宏观经济** | | **Macroeconomic Indicator** | | |
| **国民经济核算** | **（亿元）** | **National Accounting** | **(100 million yuan)** | |
| 生产总值 | | Gross Domestic Product | | 1810.7 |
| 第一产业 | | Primary Industry | | 584.1 |
| 第二产业 | | Secondary Industry | | 660.1 |
| #工　业 | | Industry | | 562.4 |
| 第三产业 | | Tertiary Industry | | 566.4 |
| 支出法生产总值 | | Gross Domestic Expenditures | | 2003.6 |
| #最终消费 | | Total Consumption | | 1174.7 |
| 居民消费 | | Resident Consumption | | 996.1 |
| 政府消费 | | Public Consumption | | 178.6 |
| 资本形成总额 | | Total Investment | | 824.6 |
| 固定资本形成 | | Fixed Assets | | 619.1 |
| 存货增加 | | Stock | | 205.5 |
| **固定资产投资** | **（亿元）** | **Investment in Fixed Assets** | **(100 million yuan)** | |
| 全社会固定资产投资额 | | Total Investment in Fixed Assets | | 532.5 |
| #国有单位 | | State-owned Units | | 266.2 |
| 集体单位 | | Collective-owned Units | | 96.5 |
| 固定资产投资按产业分 | | Investment in Fixed Assets Grouped by Type of Industry | | |
| #第一产业 | | Primary Industry | | 1.8 |
| 第二产业 | | Secondary Industry | | 188.4 |
| 第三产业 | | Tertiary Industry | | 342.3 |
| #城　镇 | | Urban | | |
| #房地产开发 | | Real Estate Development | | 36.1 |

## Principal Aggregate Indicators On National Economic and Social Development and Their Related Indices and Growth Rates

| Aggregate Date | | | | 速度指标 (%) Indices and Growth Rates | | | | | | |
|---|---|---|---|---|---|---|---|---|---|---|
| | | | | 指　数 (2010年为以下各年) Index (2010 as Percentage of the Following Years) | | | | 平均增长速度 Average Annual Growth Rate | | |
| 2000 | 2005 | 2009 | 2010 | 1995 | 2000 | 2005 | 2009 | 1996—2000 | 2001—2005 | 2006—2010 |
| 6278 | 6516 | 6795 | 6827 | 113.8 | 108.7 | 104.8 | 100.5 | 0.9 | 0.7 | 0.9 |
| 1758 | 2313 | 2861 | 2949 | 257.6 | 167.8 | 127.5 | 103.1 | 9.0 | 5.6 | 5.0 |
| 4520 | 4203 | 3934 | 3878 | 79.9 | 85.8 | 92.3 | 98.6 | -1.4 | -1.4 | -1.6 |
| 3258 | 3388 | 3528 | 3543 | 113.7 | 108.8 | 104.6 | 100.4 | 0.9 | 0.8 | 0.9 |
| 3020 | 3127 | 3266 | 3283 | 113.8 | 108.7 | 105.0 | 100.5 | 0.9 | 0.7 | 1.0 |
| 81.5 | 75.9 | 80.1 | 75.2 | 78.2 | 92.3 | 99.1 | 93.8 | -3.3 | -1.4 | -0.2 |
| 34.5 | 37.9 | 40.5 | 35.2 | 91.7 | 102.0 | 92.9 | 87.0 | -2.1 | 1.9 | -1.5 |
| 448 | 465 | 487 | 490 | 114.4 | 109.3 | 105.3 | 100.5 | 0.9 | 0.7 | 1.0 |
| 1656.1 | 1849.4 | 2040.5 | 2093.4 | 135.0 | 126.4 | 113.2 | 102.6 | 1.3 | 2.2 | 2.5 |
| 1294.6 | 1346.1 | 1392.6 | 1424.3 | 114.5 | 110.0 | 105.8 | 102.3 | 0.8 | 0.8 | 1.1 |
| 3530.9 | 3712.8 | 4052.2 | 4096.8 | | 116.0 | 110.3 | 101.1 | | 1.0 | 2.0 |
| 3450.7 | 3669.7 | 3988.0 | 4050.0 | 126.3 | 117.4 | 110.4 | 101.6 | 1.5 | 1.2 | 2.0 |
| 314.8 | 208.7 | 202.1 | 206.0 | 54.2 | 65.4 | 98.7 | 101.9 | -3.7 | -7.9 | -0.3 |
| 91.2 | 30.8 | 18.8 | 17.9 | 14.2 | 19.6 | 58.0 | 95.1 | -6.3 | -19.5 | -10.3 |
| 2.3 | 3.7 | 5.4 | 7.0 | 249.6 | 303.9 | 188.9 | 129.4 | -3.9 | 10.0 | 13.6 |
| 3.8 | 6.7 | 12.6 | 14.7 | 385.8 | 385.8 | 218.8 | 116.5 | 平 | 12.0 | 17.0 |
| 37.6 | 86.5 | 92.5 | 133.3 | 1319.8 | 354.5 | 154.1 | 144.1 | 30.1 | 18.1 | 9.0 |
| 134.8 | 123.6 | 184.8 | 264.1 | 322.5 | 195.9 | 213.7 | 142.9 | 10.5 | -1.7 | 16.4 |
| 470.0 | 317.4 | 359.9 | 372.9 | 74.2 | 79.3 | 117.5 | 103.6 | -1.3 | -7.6 | 3.3 |
| 307.8 | 199.2 | 202.1 | 206.0 | 56.6 | 66.9 | 103.4 | 101.9 | -3.3 | -8.3 | 0.7 |
| 89.1 | 28.2 | 18.8 | 17.9 | 14.5 | 20.1 | 63.4 | 95.1 | -6.3 | -20.6 | -8.7 |
| 73.1 | 90.1 | 139.0 | 149.1 | 931.9 | 204.0 | 165.5 | 107.3 | 35.5 | 4.3 | 10.6 |
| 31.6 | 27.8 | 30.1 | 28.5 | 95.3 | 90.1 | 102.4 | 94.6 | 1.1 | -2.5 | 0.5 |
| 2902.1 | 5350.2 | 10062.8 | 12359.3 | 495.5 | 307.4 | 187.3 | 114.6 | 10.0 | 10.4 | 13.4 |
| 741.8 | 966.5 | 1495.5 | 1729.0 | 179.4 | 135.9 | 126.4 | 104.6 | 5.7 | 1.5 | 4.8 |
| 1056.8 | 2245.9 | 4905.2 | 6436.6 | 727.7 | 437.5 | 232.6 | 120.7 | 10.7 | 13.5 | 18.4 |
| 885.1 | 1837.4 | 4064.7 | 5407.4 | 752.1 | 453.5 | 244.6 | 121.9 | 10.6 | 13.1 | 19.6 |
| 1103.5 | 2137.8 | 3662.2 | 4193.7 | 535.6 | 300.2 | 167.4 | 110.1 | 12.3 | 12.4 | 10.8 |
| 3041.2 | 5350.2 | 10062.8 | 12359.3 | | | | | | | |
| 1947.8 | 3006.7 | 5179.1 | 6213.1 | | | | | | | |
| 1615.4 | 2399.4 | 4188.3 | 4873.4 | 391.8 | 254.4 | 177.3 | 114.5 | 9.0 | 7.5 | 12.1 |
| 332.3 | 607.3 | 990.8 | 1339.8 | | | | | | | |
| 1095.0 | 2354.1 | 4914.2 | 6171.5 | | | | | | | |
| 928.1 | 2214.0 | 4820.5 | 6061.1 | | | | | | | |
| 166.9 | 140.0 | 93.7 | 110.5 | | | | | | | |
| 866.7 | 2521.0 | 9263.2 | 11849.4 | 2322.9 | 1427.4 | 490.7 | 133.6 | 10.2 | 23.8 | 37.5 |
| 431.1 | 880.6 | 2533.1 | 3061.3 | 1149.5 | 709.8 | 347.5 | 120.8 | 10.1 | 15.4 | 28.3 |
| 124.7 | 48.4 | 183.9 | 323.9 | 335.9 | 259.8 | 668.7 | 176.1 | 5.3 | -17.2 | 46.2 |
| 9.1 | 75.4 | 236.7 | 221.6 | 12309.1 | 2434.8 | 293.9 | 93.6 | 38.3 | 52.6 | 24.1 |
| 232.9 | 995.1 | 3999.9 | 5617.4 | 2981.6 | 2411.9 | 564.5 | 140.4 | 4.3 | 33.7 | 41.4 |
| 624.7 | 1450.4 | 5026.6 | 6010.5 | 1755.9 | 962.1 | 414.4 | 119.6 | 12.8 | 18.3 | 32.9 |
| 639.5 | 2139.1 | 8154.6 | 10928.4 | | 1708.8 | 510.9 | 134.0 | | 27.3 | 38.6 |
| 87.9 | 459.4 | 1669.8 | 2251.8 | 6237.7 | 2561.0 | 490.1 | 134.9 | 19.5 | 39.2 | 37.4 |

## 1—4 续表1 continued

| 指　　标 | | Item | | 总量指标 1995 |
|---|---|---|---|---|
| **财　　政** | **(亿元)** | **Public Finance** | **(100 million yuan)** | |
| 财政收入 | | Total Revenue | | 147.0 |
| 中　央 | | Central Covernment | | 63.2 |
| 地　方 | | Local Governments | | 83.8 |
| #增值税 | | Value-added Tax | | 14.7 |
| 营业税 | | Operation Tax | | 16.1 |
| 企业所得税 | | Enterprises' Income Tax | | 11.3 |
| 财政支出 | | Total Expenditures | | 135.9 |
| 中　央 | | Central Covernment | | |
| 地　方 | | Local Governments | | 135.9 |
| #基建支出 | | Expenditure for Capital Construction | | 8.3 |
| 科技三项费用 | | Expenditure for Scientific and Technological Promotion | | 0.7 |
| 文教科卫支出 | | Operating Expenses for Culture, Education Science & Health Care | | 40.6 |
| **物价总指数** | **(上年=100)** | **Price Indices** | **(preceding year=100)** | |
| 商品零售价格指数 | | Retail Price Index | | 112.7 |
| 居民消费价格指数 | | Consumer Price Index | | 114.8 |
| 农业生产资料价格指数 | | Price Indices of Agricultural Means of Production | | 128.0 |
| 农产品生产价格指数 | | Production Price Indices of Agricultural Products | | |
| 工业品出厂价格指数 | | Ex-Factory Price Indices of Industrial Products | | 117.1 |
| 原材料、燃料、动力购进价格指数 | | Purchasing Price Indices of Raw Material, Fuel and Power | | 117.9 |
| 固定资产投资价格指数 | | Price Indices of Investment in Fixed Assets | | 106.5 |
| **利用外资** | **(万美元)** | **Utilization of Foreign Capital** | **(USD 10000)** | |
| 签订利用外资协议额 | | Amount of Foreign Capital for Utilization Through Signed Contracts or Agreements | | 133856 |
| 实际利用外资额 | | Amount of Foreign Capital Actually Utilized | | 76749 |
| #外商直接投资 | | Foreign Direct Investments | | 48256 |
| **能源生产与消费** | **(万吨标准煤)** | **Production and Consumption of Energy** | **(10000 tons of SCE)** | |
| 能源生产总量 | | Total Energy Production | | 3219 |
| 能源消费总量 | | Total Energy Consumption | | 4194 |
| **产　　业** | | **Industry** | | |
| **农　业** | | **Agriculture** | | |
| 耕地面积 | (千公顷) | Cultivated Areas | (1000 hectares) | 4291.1 |
| 总播种面积 | (千公顷) | Total Sown Area | (1000 hectares) | 8354.2 |
| #粮食播种面积 | | Sown Area of Grain Crops | | 5852.5 |
| 农林牧渔业总产值 | (亿元) | Gross Output Value of Farming, Forestry, Animal Husbandry and Fishery | (100 million yuan) | 980.3 |
| 农林牧渔业总产值指数 | (上年=100) | Indices of Gross Output of Farming, Forestry, Animal Husbandry and Fishery | (preceding year=100) | 114.2 |
| 主要农产品产量 | | Output of Major Farm Products | | |
| 粮　食 | (万吨) | Grain | (10000 tons) | 2652.7 |
| 棉　花 | (万吨) | Cotton | (10000 tons) | 30.1 |
| 油　料 | (万吨) | Oil-bearing Crops | (10000 tons) | 191.8 |
| 黄红麻 | (万吨) | Jute and Ambary Hemp | (10000 tons) | 8.1 |
| 烤　烟 | (万吨) | Flue-cured Tobacco | (10000 tons) | 4.3 |
| 茶　叶 | (万吨) | Tea | (10000 tons) | 4.6 |
| 猪　肉 | (万吨) | Pork | (10000 tons) | 136.7 |
| 牛　肉 | (万吨) | Beef | (10000 tons) | 23.8 |
| 羊　肉 | (万吨) | Mutton | (10000 tons) | 5.3 |
| 肉猪出栏 | (万头) | Number of Slaughtered Fattened Hogs | (10000 heads) | 1674.6 |
| 奶　类 | (万吨) | milk | (10000 tons) | 2.5 |
| 水产品 | (万吨) | Aquatic Products | (10000 tons) | 75.2 |
| 农业机械总动力 | (万千瓦) | Total Agricultural Machinery Power | (10000 kw) | 1836.0 |
| 有效灌溉面积 | (千公顷) | Irrigated Area | (1000 hectares) | 2933.7 |
| 化肥使用量 | (万吨) | Consumption of Chemical Fertilizers | (10000 tons) | 203.3 |
| 农村用电量 | (亿千瓦时) | Electricity Consumed in Rural Areas | (100 million kwh) | 37.4 |

| Aggregate Date | | | | 速度指标　(%)　Indices and Growth Rates | | | | | | |
|---|---|---|---|---|---|---|---|---|---|---|
| | | | | 指　数　(2010年为以下各年) Index (2010 as Percentage of the Following Years) | | | | 平均增长速度 Average Annual Growth Rate | | |
| 2000 | 2005 | 2009 | 2010 | 1995 | 2000 | 2005 | 2009 | 1996—2000 | 2001—2005 | 2006—2010 |
| 290.4 | 656.6 | 1551.3 | 2063.8 | 1404.0 | 710.7 | 314.3 | 133.0 | 14.6 | 17.7 | 25.7 |
| 111.7 | 277.0 | 618.1 | 831.8 | 1316.2 | 744.7 | 300.3 | 134.6 | 12.1 | 19.9 | 24.6 |
| 178.7 | 334.0 | 863.9 | 1149.4 | 1371.6 | 643.2 | 344.1 | 133.0 | 16.4 | 13.3 | 28.0 |
| 26.3 | 57.7 | 106.2 | 129.5 | 880.8 | 492.3 | 224.4 | 121.9 | 12.3 | 17.0 | 17.5 |
| 32.0 | 78.1 | 219.8 | 291.9 | 1813.2 | 912.3 | 373.8 | 132.8 | 14.7 | 19.5 | 30.2 |
| 23.4 | 30.1 | 79.9 | 106.6 | 943.3 | 455.5 | 354.1 | 133.4 | 15.7 | 5.2 | 28.8 |
| 323.5 | 713.1 | 2141.9 | 2587.6 | 1904.1 | 799.9 | 362.9 | 120.8 | 18.9 | 17.1 | 29.4 |
| 323.5 | 713.1 | 2141.9 | 2587.6 | 1904.1 | 799.9 | 362.9 | 120.8 | 18.9 | 17.1 | 29.4 |
| 40.1 | 64.1 | | | | | | | 37.0 | 9.8 | |
| 2.1 | 3.8 | | | | | | | 24.6 | 12.6 | |
| 75.0 | 161.7 | 568.1 | 680.2 | 1675.4 | 906.9 | 420.7 | 119.7 | 13.1 | 16.6 | 33.3 |
| 98.0 | 100.6 | 99.0 | 103.2 | 117.0 | 118.3 | 114.4 | 103.2 | -0.2 | 0.7 | 2.7 |
| 100.7 | 101.4 | 99.1 | 103.1 | 135.9 | 124.0 | 115.6 | 103.1 | 1.9 | 1.4 | 2.9 |
| 98.2 | 108.3 | 95.8 | 102.0 | 144.6 | 153.7 | 129.3 | 102.0 | -1.2 | 3.5 | 5.3 |
| | 98.7 | 99.1 | 110.8 | 183.5 | 183.5 | 142.7 | 110.8 | | 5.1 | 7.4 |
| 98.9 | 103.3 | 92.8 | 109.0 | 122.7 | 133.3 | 117.1 | 109.0 | -1.6 | 2.6 | 3.2 |
| 102.6 | 107.1 | 95.3 | 111.8 | 175.9 | 169.1 | 130.8 | 111.8 | 0.8 | 5.3 | 5.5 |
| 101.6 | 101.0 | 96.0 | 105.4 | 140.2 | 132.6 | 118.9 | 105.4 | 1.1 | 2.2 | 3.5 |
| 75154 | 155358 | 208883 | 216462 | 161.7 | 288.0 | 139.3 | 103.6 | -10.9 | 15.6 | 6.9 |
| 41521 | 68845 | 388416 | 501446 | 653.4 | 1207.7 | 728.4 | 129.1 | -11.6 | 10.6 | 48.8 |
| 31847 | 68845 | 388416 | 501446 | 1039.1 | 1574.5 | 728.4 | 129.1 | -8.0 | 16.7 | 48.8 |
| 3436 | 6215 | 9288 | 9696 | 301.3 | 282.2 | 156.0 | 104.4 | 1.3 | 12.6 | 9.3 |
| 4879 | 6506 | 8896 | 9702 | 231.3 | 198.9 | 149.1 | 109.1 | 3.1 | 5.9 | 8.3 |
| 4229.6 | 4092.5 | 4171.2 | 4181.3 | 97.4 | 98.9 | 102.2 | 100.2 | -0.3 | -0.7 | 0.4 |
| 8418.0 | 8755.2 | 9012.1 | 9054.9 | 108.4 | 107.6 | 103.4 | 100.5 | 0.2 | 0.8 | 0.7 |
| 5565.6 | 5988.1 | 6605.6 | 6616.4 | 113.1 | 118.9 | 110.5 | 100.2 | -1.0 | 1.5 | 2.0 |
| 1220.0 | 1666.2 | 2569.5 | 2955.4 | 196.6 | 144.3 | 129.5 | 104.5 | 6.4 | 2.2 | 5.3 |
| 101.7 | 101.4 | 105.5 | 104.5 | 196.6 | 144.3 | 129.5 | 104.5 | 6.4 | 2.2 | 5.3 |
| 2472.0 | 2605.3 | 3069.9 | 3080.5 | 116.1 | 124.6 | 118.2 | 100.3 | -1.4 | 1.1 | 3.4 |
| 28.5 | 31.1 | 34.6 | 31.6 | 105.0 | 110.9 | 101.6 | 91.4 | -1.1 | 1.8 | 0.3 |
| 285.1 | 270.7 | 240.4 | 227.6 | 118.7 | 79.8 | 84.1 | 94.7 | 8.3 | -1.0 | -3.4 |
| 2.2 | 1.9 | 1.2 | 1.2 | 15.3 | 56.4 | 65.3 | 105.1 | -22.9 | -2.9 | -8.2 |
| 3.1 | 2.5 | 2.9 | 2.9 | 67.8 | 94.0 | 116.6 | 100.8 | -6.3 | -4.2 | 3.1 |
| 4.5 | 6.0 | 8.2 | 8.3 | 180.4 | 184.4 | 138.3 | 101.2 | -0.4 | 5.9 | 6.7 |
| 198.5 | 231.7 | 229.9 | 238.8 | 174.7 | 120.3 | 103.1 | 103.9 | 7.7 | 3.1 | 0.6 |
| 31.9 | 31.5 | 17.5 | 18.3 | 76.9 | 57.4 | 58.1 | 104.3 | 6.0 | -0.3 | -10.3 |
| 11.2 | 17.6 | 13.8 | 14.2 | 267.9 | 126.8 | 80.7 | 102.7 | 16.1 | 9.5 | -4.2 |
| 2393.2 | 2812.1 | 2680.2 | 2782.1 | 166.1 | 116.3 | 98.9 | 103.8 | 7.4 | 3.3 | -0.2 |
| 4.1 | 11.0 | 20.1 | 20.5 | 823.2 | 497.5 | 185.5 | 102.0 | 10.6 | 21.8 | 13.2 |
| 159.8 | 177.6 | 183.2 | 193.3 | 257.1 | 121.0 | 108.8 | 105.5 | 16.3 | 2.1 | 1.7 |
| 2975.9 | 3983.8 | 5108.9 | 5409.8 | 294.7 | 181.8 | 135.8 | 105.9 | 10.1 | 6.0 | 6.3 |
| 3197.4 | 3330.8 | 3484.0 | 3519.8 | 120.0 | 110.1 | 105.7 | 101.0 | 1.7 | 0.8 | 1.1 |
| 253.2 | 285.7 | 312.8 | 319.8 | 157.3 | 126.3 | 111.9 | 102.2 | 4.5 | 2.4 | 2.3 |
| 45.8 | 64.2 | 98.0 | 107.4 | 287.2 | 234.5 | 167.3 | 109.6 | 4.1 | 7.0 | 10.8 |

## 1—4 续表2 continued

| 指　　标 | | Item | | 总量指标 1995 |
|---|---|---|---|---|
| **工　业（规模以上）** | | **Industry** | | |
| 主要工业产品产量 | | Output of Major Industrial Products | | |
| 布 | (亿米) | Cloth | (100 million m) | 8.8 |
| 家用电冰箱 | (万台) | Household Refrigerators | (10000 units) | 150.4 |
| 房间空气调节器 | (万台) | Air Conditioners | (10000 units) | 12.2 |
| 家用洗衣机 | (万台) | Household Washing Machines | (10000 units) | 127.7 |
| 彩色电视机 | (万台) | Colour Television Sets | (10000 units) | 20.3 |
| 原　煤 | (亿吨) | Coal | (100 million tons) | 0.4 |
| 发电量 | (亿千瓦时) | Electricity | (100 million kwh) | 310.3 |
| 粗　钢 | (万吨) | Crude Steel | (10000 tons) | 325.5 |
| 钢　材 | (万吨) | Rolled Steel | (10000 tons) | 267.6 |
| 水　泥 | (万吨) | Cement | (10000 tons) | 1983 |
| 企业单位数 | (个) | Number of Industrial Enterprises | (unit) | |
| #大型企业 | | Large | | 138 |
| 工业总产值 | (亿元) | Gross Industrial Output Value | (100 million yuan) | |
| 工业增加值 | (亿元) | Value Added of Industry | (100 million yuan) | |
| 资产总计 | (亿元) | Total Assets | (100 million yuan) | |
| 负债合计 | (亿元) | Total Liabilities | (100 million yuan) | |
| 主营业务收入 | (亿元) | Revenue from principal Business | (100 million yuan) | |
| 利润总额 | (亿元) | Total Profits | (100 million yuan) | |
| **建 筑 业** | | **Construction** | | |
| 企业单位数 | (个) | Number of Enterprises | (unit) | 75321 |
| 企业从业人员 | (万人) | Number of Persons Engaged | (10000 persons) | 177.3 |
| 建筑业总产值 | (亿元) | Gross Output Value | (100 million yuan) | 582.1 |
| 房屋建筑施工面积 | (万平方米) | Floor Space of Buildings Under Construction | (10000 sq.m) | 1985.4 |
| 房屋建筑竣工面积 | (万平方米) | Floor Space of Buildings Completed | (10000 sq.m) | 853.3 |
| #住宅面积 | | Residential Buildings | | 389.6 |
| **交通运输** | | **Transportation** | | |
| 货 运 量 | (万吨) | Freight Traffic | (10000 tons) | 40462 |
| 铁　路 | | Railways | | 5103 |
| 公　路 | | Highways | | 30236 |
| 水　运 | | Waterways | | 5122 |
| 民　航 | | Total Civil Aviation Routes | | 1.0 |
| 客 运 量 | (万人) | Passenger Traffic | (10000 persons) | 57881 |
| 铁　路 | | Railways | | 2537 |
| 公　路 | | Highways | | 54153 |
| 水　运 | | Waterways | | 1098 |
| 民　航 | | Total Civil Aviation Routes | | 93 |
| 主要港口货物吞吐量 | (万吨) | Volume of Freight Handled in Major Ports | (10000 tons) | 4765 |
| 公路里程 | (公里) | Total Length of Highways | (km) | 35178 |
| 等级路里数 | (公里) | Length of Expressway and Class Ⅰ to Ⅳ Highway | (km) | 32102 |
| **邮电通信业** | | **Postal and Telecommunication Services** | | |
| 邮电业务总量(1990年不变价) | (亿元) | Total Business Revenue (1990 constant prices) | (100 million yuan) | 22.6 |
| 函　件 | (亿件) | Number of Letters Delivered | (100 million pieces) | 2.4 |
| 报刊期发数 | (万份) | Number of Newspapers and Magazines Distributed | (10000 copies) | 708.0 |
| 交换机容量 | (万门) | Capacity of Office Telephone Exchanges | (10000 lines) | 249.0 |
| 移动电话年末用户 | (万户) | Number of Mobile Telephone Subscribers at Year-end | (10000 subscribers) | 6.0 |
| 固定电话年末用户 | (万户) | Number of Fixed Telephone Subscribers at Year-end | (10000 subscribers) | 124.1 |
| 城　市 | | Urban | | 103.0 |
| 农　村 | | Rural | | 21.1 |
| 公用电话 | (万户) | Public Telephone | (10000 subscribers) | |

注：2010年电信业务总量是按照2000年不变价格计算。

a) The business volume of telecommunication services in 2010 is calculated at 2000 constant prices.

| Aggregate Date | | | | 速度指标　(%)　Indices and Growth Rates | | | | | | |
|---|---|---|---|---|---|---|---|---|---|---|
| | | | | 指　数　(2010年为以下各年) Index (2010 as Percentage of the Following Years) | | | | 平均增长速度 Average Annual Growth Rate | | |
| 2000 | 2005 | 2009 | 2010 | 1995 | 2000 | 2005 | 2009 | 1996—2000 | 2001—2005 | 2006—2010 |
| 7.4 | 5.6 | 5.6 | 10.9 | 124.2 | 146.7 | 193.0 | 193.2 | -3.3 | -5.3 | 14.1 |
| 169.9 | 530.4 | 1565.8 | 2078.9 | 1382.3 | 1223.6 | 392.0 | 132.8 | 2.5 | 25.6 | 31.4 |
| 115.8 | 515.0 | 1022.8 | 1666.1 | 13656.4 | 1438.8 | 323.5 | 162.9 | 56.8 | 34.8 | 26.5 |
| 131.7 | 441.8 | 1002.3 | 1267.0 | 992.2 | 962.0 | 286.8 | 126.4 | 0.6 | 27.4 | 23.5 |
| 156.1 | 374.4 | 389.9 | 395.3 | 1947.4 | 253.3 | 105.6 | 101.4 | 50.4 | 19.1 | 1.1 |
| 0.5 | 0.8 | 1.3 | 1.3 | 293.2 | 272.0 | 154.5 | 101.4 | 1.5 | 12.0 | 9.1 |
| 368.1 | 645.7 | 1320.2 | 1443.9 | 465.3 | 392.2 | 223.6 | 109.4 | 3.5 | 11.9 | 17.5 |
| 460.6 | 1105.6 | 1759.7 | 1853.8 | 569.5 | 402.5 | 167.7 | 105.3 | 7.2 | 19.1 | 10.9 |
| 431.7 | 1141.6 | 2112.0 | 2446.4 | 914.2 | 566.7 | 214.3 | 115.8 | 10.0 | 21.5 | 16.5 |
| 2136 | 3218 | 7056 | 7874 | 397.1 | 368.6 | 244.7 | 111.6 | 1.5 | 8.5 | 19.6 |
| 3680 | 5277 | 14122 | 16277 | | 442.3 | 308.5 | 115.3 | | 7.5 | 25.3 |
| 193 | 61 | 82 | 100 | 72.5 | 51.8 | 163.9 | 122.0 | 6.9 | -20.6 | 10.4 |
| 1661.4 | 4567.2 | 13312.6 | 18732 | | | | | | | |
| 507.4 | 1483.8 | 3980.6 | 5290.6 | | | | | | | |
| 2977.9 | 5067.1 | 12171.7 | 15930.3 | | 535.0 | 314.4 | 130.9 | | 11.2 | 25.7 |
| 1855.1 | 3029.0 | 7453.5 | 9565.9 | | 515.7 | 315.8 | 128.3 | | 10.3 | 25.9 |
| 1688.1 | 4523.3 | 12787.2 | 18164.6 | | 1076.0 | 401.6 | 142.1 | | 21.8 | 32.1 |
| 38.2 | 218.2 | 819.0 | 1445.6 | | 3784.2 | 662.5 | 176.5 | | 41.7 | 46.0 |
| 40785 | 1946 | 2408 | 2469 | 3.3 | 6.1 | 126.9 | 102.5 | -11.5 | -45.6 | 4.9 |
| 125.6 | 98.6 | 143.5 | 158.0 | 89.1 | 125.8 | 160.2 | 110.1 | -6.7 | -4.7 | 9.9 |
| 532.0 | 923.1 | 2239.9 | 2865.0 | 492.2 | 538.5 | 310.4 | 127.9 | -1.8 | 11.7 | 25.4 |
| 4631.3 | 9869.5 | 18693.9 | 23295.7 | 1173.3 | 503.0 | 236.0 | 124.6 | 18.5 | 16.3 | 18.7 |
| 2595.3 | 5081.3 | 8815.4 | 10512.4 | 1232.0 | 405.1 | 206.9 | 119.2 | 24.9 | 14.4 | 15.6 |
| 1448.0 | 3073.9 | 5481.8 | 6461.5 | 1658.5 | 446.2 | 210.2 | 117.9 | 30.0 | 16.2 | 16.0 |
| 44536 | 67128 | 196676 | 228106 | 563.8 | 512.2 | 339.8 | 116.0 | 1.9 | 8.6 | 27.7 |
| 6473 | 10386 | 11328 | 12091 | 236.9 | 186.8 | 116.4 | 106.7 | 4.9 | 9.9 | 3.1 |
| 32740 | 49614 | 157991 | 183658 | 607.4 | 561.0 | 370.2 | 116.2 | 1.6 | 8.7 | 29.9 |
| 5320 | 7125 | 27355 | 32355 | 631.7 | 608.2 | 454.1 | 118.3 | 0.8 | 6.0 | 35.3 |
| 1.5 | 3.0 | 2.6 | 2.2 | 218.1 | 145.4 | 72.7 | 83.9 | 8.4 | 14.9 | -6.2 |
| 62033 | 72871 | 141494 | 159597 | 275.7 | 257.3 | 219.0 | 112.8 | 1.4 | 3.3 | 17.0 |
| 2994 | 3486 | 5131 | 5552 | 218.9 | 185.5 | 159.3 | 108.2 | 3.4 | 3.1 | 9.8 |
| 58026 | 68927 | 135984 | 153697 | 283.8 | 264.9 | 223.0 | 113.0 | 1.4 | 3.5 | 17.4 |
| 860 | 244 | 114 | 139 | 12.7 | 16.2 | 57.0 | 121.9 | -4.8 | -22.3 | -10.6 |
| 153 | 214 | 265 | 208 | 223.8 | 136.1 | 97.3 | 78.6 | 10.5 | 6.9 | -0.6 |
| 7114 | 17157 | 26449 | 32502 | 682.1 | 456.9 | 189.4 | 122.9 | 8.3 | 19.3 | 13.6 |
| 44493 | 72807 | 149184 | 149382 | 424.6 | 335.7 | 205.2 | 100.1 | 4.8 | 10.4 | 15.5 |
| 42579 | 67083 | 139424 | 142340 | 443.4 | 334.3 | 212.2 | 102.1 | 5.8 | 9.5 | 16.2 |
| 120.1 | 284.0 | 662.5 | 300.3 | | | | | 39.6 | 18.8 | |
| 1.9 | 2.1 | 2.4 | 2.1 | 86.9 | 109.4 | 100.1 | 86.6 | -4.5 | 1.8 | 平 |
| 929.8 | 738.0 | 518.2 | 602.2 | 85.1 | 64.8 | 81.6 | 116.2 | 5.6 | -4.5 | -4.0 |
| 717.1 | 1611.7 | 1279.1 | 1214.9 | 487.9 | 169.4 | 75.4 | 95.0 | 23.6 | 17.6 | -5.5 |
| 209.1 | 1046.9 | 2154.3 | 2798.7 | 46801.0 | 1338.6 | 267.3 | 129.9 | 103.6 | 38.0 | 21.7 |
| 483.8 | 1349.5 | 1267.3 | 1231.0 | 992.3 | 254.4 | 91.2 | 97.1 | 31.3 | 22.8 | -1.8 |
| 273.0 | 680.0 | 625.8 | 612.9 | 595.3 | 224.5 | 90.1 | 97.9 | 21.5 | 20.0 | -2.1 |
| 210.8 | 669.5 | 641.5 | 618.1 | 2932.1 | 293.2 | 92.3 | 96.4 | 58.5 | 26.0 | -1.6 |
| 10.9 | 65.5 | 93.2 | 87.9 | | 803.9 | 134.2 | 94.3 | | 43.1 | 6.1 |

## 1—4 续表3 continued

| 指标 | | Item | | 总量指标 1995 |
|---|---|---|---|---|
| **国内商业** | | **Domestic Trade** | | |
| 社会消费品零售总额 | (亿元) | Total Retail Sales of Consumer Goods | (100 million yuan) | 599.6 |
| #批发零售业 | | Engaged in Wholesale and Retail Trade | | 395.2 |
| 住宿和餐饮业 | | Accommodation and Catering Trade | | 37.3 |
| 其　他 | | Others | | 106.1 |
| 批发零售业购进总额 | (亿元) | Total Goods Purchases of Enterprises in Wholesale and Retail Sale Trade | (100 million yuan) | 1026.3 |
| 批发零售业销售总额 | (亿元) | Total Sales of Enterprises in Wholesale and Retail Sale Trade | (100 million yuan) | 1078.4 |
| 批发零售业库存总额 | (亿元) | Total Inventory of Enterprises in Wholesale and Retail Sale Trade | (100 nillion yuan) | 226.6 |
| **对外经济贸易** | | **Foreign Trade** | | |
| 进出口总额 | (万美元) | Total Exports and Tourists | (USD 10000) | 200739 |
| 进口额 | | Imports | | 61381 |
| 出口额 | | Exports | | 139358 |
| **国际旅游** | | **International Tourism** | | |
| 旅游人数 | (万人次) | Total Number of Tourists | (10000 persons) | 14.3 |
| #外国人 | | Foreigners | | 7.5 |
| 旅游外汇收入 | (万美元) | Foreign Exchange Earnings from Tourism | (USD 10000) | 4436 |
| 旅游星级宾馆个数 | (个) | Number of Tourist Hotel of Star Class | (unit) | 60 |
| **金融保险** | | **Finance and Insurance** | | |
| 金融机构存款余额 | (亿元) | Deposits of National Banking System | (100 million yuan) | 1111.7 |
| #企业存款 | | Deposits of Enterprises | | 308.2 |
| 居民储蓄存款 | | Saving Deposits of Residents | | 683.9 |
| 定　期 | | Fixed Deposits | | |
| 活　期 | | Current Deposits | | |
| 金融机构贷款余额 | (亿元) | Loans of National Banking System | (100 million yuan) | 1279.3 |
| #工业贷款 | | Industrial Loans | | 273.3 |
| 商业贷款 | | Commercial Loans | | 416.0 |
| 农业贷款 | | Agricultural Loans | | 22.9 |
| 保险公司保费收入 | (亿元) | Income From Premium of Insurance Companies | (100 million yuan) | |
| 保险公司赔款及给付 | (亿元) | Amount Reparations of Insurance Companies | (100 million yuan) | |
| **教育、科技、文化** | | **Education, Science and Technology and Culture** | | |
| **教　育** | | **Education** | | |
| 幼儿园数 | (个) | Number of Kindergartens | (unit) | 2243 |
| 入园儿童数 | (万人) | Student Enrollment in Kingdergartens | (10000 persons) | 103.48 |
| 学龄儿童入学率 | (%) | Percentage of School-age Children Enrolled | (%) | 99.70 |
| 专任教师数 | (万人) | Full-time Teachers | (10000 persons) | |
| 普通高等学校 | | Regular Institutions of Higher Education | | 1.16 |
| 中等专业学校 | | Specialized Secondary Schools | | 0.85 |
| 普通中学 | | Regular Secondary Schools | | 14.03 |
| #高　中 | | Senior Secondary Schools | | 2.04 |
| 职业中学 | | Vocational Secondary Schools | | 1.65 |
| 小　学 | | Primary Schools | | 26.73 |

| Aggregate Date | | | | 速度指标　(%)　Indices and Growth Rates | | | | | | |
|---|---|---|---|---|---|---|---|---|---|---|
| | | | | 指　数　(2010年为以下各年) Index (2010 as Percentage of the Following Years) | | | | 平均增长速度 Average Annual Growth Rate | | |
| 2000 | 2005 | 2009 | 2010 | 1995 | 2000 | 2005 | 2009 | 1996—2000 | 2001—2005 | 2006—2010 |
| 1077.8 | 1776.7 | 3481.6 | 4151.5 | 692.4 | 385.2 | 233.7 | 119.2 | 12.4 | 10.5 | 18.5 |
| 681.1 | 1509.6 | 3055.1 | 3635.6 | 919.9 | 533.8 | 240.8 | 119.0 | 11.5 | 17.3 | 19.2 |
| 119.6 | 242.3 | 426.5 | 515.9 | 1383.1 | 431.4 | 212.9 | 121.0 | 26.2 | 15.2 | 16.3 |
| 22.4 | 24.8 | | | | | | | -26.7 | 2.0 | |
| 1901.1 | 1513.1 | 3516.4 | 4653.0 | 453.4 | 244.8 | 307.5 | 132.3 | 13.1 | -4.5 | 25.2 |
| 1764.0 | 3835.3 | 7758.3 | 10044.5 | 931.4 | 569.4 | 261.9 | 129.5 | 10.3 | 16.8 | 21.2 |
| 393.8 | 116.2 | 270.3 | 397.5 | 175.4 | 100.9 | 342.1 | 147.1 | 11.7 | -21.7 | 27.9 |
| 334689 | 911971 | 1563520 | 2427677 | 1209.4 | 725.4 | 266.2 | 155.3 | 10.8 | 22.2 | 21.6 |
| 117483 | 392933 | 674791 | 1186388 | 1932.8 | 1009.8 | 301.9 | 175.8 | 13.9 | 27.3 | 24.7 |
| 217206 | 519038 | 888729 | 1241288 | 890.7 | 571.5 | 239.2 | 139.7 | 9.3 | 19.0 | 19.1 |
| 31.8 | 63.3 | 156.2 | 198.4 | 1387.5 | 624.0 | 313.5 | 127.1 | 17.3 | 14.8 | 25.7 |
| 16.8 | 41.1 | 97.7 | 117.4 | 1565.3 | 699.2 | 285.6 | 120.1 | 17.5 | 19.6 | 23.4 |
| 8621 | 18559 | 56584 | 82025 | 1849.1 | 951.5 | 442.0 | 145.0 | 14.2 | 16.6 | 34.6 |
| 163 | 373 | 456 | 453 | 755.0 | 277.9 | 121.4 | 99.3 | 22.1 | 18.0 | 4.0 |
| 2485.5 | 5993.8 | 13306.5 | 16366.1 | 1472.2 | 658.5 | 273.1 | 123.0 | 17.5 | 19.2 | 22.2 |
| 761.9 | 1661.4 | 4318.2 | 5208.5 | 1690.0 | 683.6 | 313.5 | 120.6 | 19.8 | 16.9 | 25.7 |
| 1447.2 | 3508.7 | 6619.5 | 7788.5 | 1138.8 | 538.2 | 222.0 | 117.7 | 16.2 | 19.4 | 17.3 |
| 1091.4 | 2445.5 | 4277.0 | 4852.9 | | 444.7 | 198.4 | 113.5 | | 17.5 | 14.7 |
| 355.7 | 1063.1 | 2342.5 | 2935.6 | | 825.3 | 276.1 | 125.3 | | 24.5 | 22.5 |
| 2385.0 | 4313.6 | 9289.4 | 11452.3 | 895.2 | 480.2 | 265.5 | 123.3 | 13.3 | 12.6 | 21.6 |
| 398.6 | 491.0 | 757.8 | | | | | | 7.8 | 4.3 | |
| 679.8 | 626.5 | 788.6 | | | | | | 10.3 | -1.6 | |
| 181.1 | 430.6 | 630.2 | | | | | | 51.2 | 18.9 | |
| 38.2 | 133.2 | 357.2 | 438.2 | | 1147.2 | 329.0 | 122.7 | | 28.4 | 26.9 |
| 12.3 | 30.4 | 91.7 | 104.6 | | 850.6 | 344.2 | 114.1 | | 19.8 | 28.0 |
| 3932 | 2715 | 3611 | 4018 | 179.1 | 102.2 | 148.0 | 111.3 | 11.9 | -7.1 | 8.2 |
| 116.19 | 72.38 | 93.82 | 100.82 | 97.4 | 86.8 | 139.3 | 107.5 | 2.3 | -9.0 | 6.9 |
| 99.67 | 99.54 | 99.88 | 99.93 | | | | | | | |
| 1.51 | 3.24 | 4.64 | 4.93 | 425.0 | 326.5 | 152.2 | 106.3 | 5.4 | 16.5 | 8.8 |
| 0.88 | 0.61 | 0.78 | 0.77 | 91.1 | 88.0 | 127.0 | 98.8 | 0.7 | -7.1 | 4.9 |
| 15.81 | 19.70 | 22.46 | 23.01 | 164.0 | 145.5 | 116.8 | 102.4 | 2.4 | 4.5 | 3.2 |
| 2.92 | 5.11 | 6.39 | 6.69 | 327.8 | 229.0 | 130.9 | 104.7 | 7.4 | 11.8 | 5.5 |
| 1.94 | 1.73 | 1.39 | 1.40 | 84.7 | 72.1 | 80.8 | 100.4 | 3.3 | -2.3 | -4.2 |
| 27.37 | 25.95 | 24.86 | 24.57 | 91.9 | 89.8 | 94.7 | 98.8 | 0.5 | -1.1 | -1.1 |

## 1—4 续表4 continued

| 指 标 | | Item | | 总量指标 1995 |
|---|---|---|---|---|
| 在校学生数 | (万人) | Student Enrollment | (10000 persons) | |
| 普通高等学校 | | Regular Institutions of Higher Education | | 8.80 |
| 中等专业学校 | | Specialized Secondary Schools | | 12.08 |
| 普通中学 | | Regular Secondary Schools | | 281.53 |
| #高 中 | | Senior Secondary Schools | | 28.94 |
| 职业中学 | | Vocational Secondary Schools | | 35.14 |
| 小 学 | | Primary Schools | | 606.88 |
| 在校学生毕业生数 | (万人) | Graduates of Student Enrollment | (10000 persons) | |
| 普通高等学校 | | Regular Institutions of Higher Education | | 2.90 |
| 中等专业学校 | | Specialized Secondary Schools | | 3.20 |
| 普通中学 | | Regular Secondary Schools | | 71.26 |
| #高 中 | | Senior Secondary Schools | | 7.37 |
| 职业中学 | | Vocational Secondary Schools | | 7.02 |
| 小 学 | | Primary Schools | | 103.24 |
| 教育经费支出 | (亿元) | Government Expenditures on Education | (100 million yuan) | 27.03 |
| **科 技** | | **Science and Technology** | | |
| 科学家、工程师数 | (万人) | Number of Scientists and Engineers | (10000 persons) | 3.84 |
| 研究与试验发展经费支出 | (亿元) | Expenditures on Research and Development | (100 million yuan) | 2.74 |
| 技术市场成交额 | (万元) | Volume of Transaction in Technical Markets | (10000 yuan) | |
| **文 化** | | **Culture** | | |
| 出版数量 | | Publicatons | | |
| 图 书 | (万册) | Number of Books Published | (10000 copies) | 27555 |
| 杂 志 | (万册) | Number of Magazines Issued | (10000 copies) | 3197 |
| 报 纸 | (万份) | Number of Newspapers Issued | (10000 copies) | 47569 |
| 公共图书馆 | (个) | Number of Public Libraries | (unit) | 83 |
| 公共图书馆藏书量 | (万册) | Total Collections of Public Libraries | (10000 volumes) | 752.4 |
| 电视节目制作时间 | (小时) | Production Hours of TV Programs | (hours) | 13719 |
| 广播覆盖率 | (%) | Broadcast Covering Rate | (%) | 82.5 |
| 电视覆盖率 | (%) | TV Covering Rate | (%) | 79.0 |
| **家庭、生活、环境** | | **Family, Peole's Livelihood and Environment** | | |
| **家 庭** | | **Family** | | |
| 城镇居民平均每户人口 | (人) | Average Household Size in Urban Areas | (person) | 3.18 |
| 农村居民平均每户人口 | (人) | Average Household Size in Rural Areas | (person) | 4.44 |
| **婚 姻** | **(万对)** | **Marriages and Divorces** | **(10000 couple)** | |
| 结婚数 | | Number of Marriages | | 60.96 |
| 离婚数 | | Number of Divorces | | 2.99 |
| **居 住** | **(平方米)** | **Housing** | **(sq.m)** | |
| 城市居民人均居住面积 | | Per Capita Gross Floor Space of Urban Residents | | 11.61 |
| 农村居民人均居住面积 | | Per Capita Net Floor Space of Rural Residents | | 17.82 |
| **生 活** | | **People's Livelihood** | | |
| 城镇居民人均可支配收入 | (元) | Per Capita Annual Disposable Income of Urban Households | (yuan) | 3779 |
| 城镇居民人均消费性支出 | (元) | Per Capita Annual Living Expenditures of Urban Residents | (yuan) | 3161 |
| #食品支出 | | Food | | 1698 |
| 农村居民人均纯收入 | (元) | Per Capita Net Income of Rural Residents | (yuan) | 1302.8 |
| 农村居民人均生活费支出 | (元) | Per Capita Annual Living Expenditures of Rural Residents | (yuan) | 1070.6 |
| #食品支出 | | Food | | 625.4 |

| Aggregate Date | | | | 速度指标 (%) Indices and Growth Rates | | | | | | |
|---|---|---|---|---|---|---|---|---|---|---|
| | | | | 指 数 (2010年为以下各年) Index (2010 as Percentage of the Following Years) | | | | 平均增长速度 Average Annual Growth Rate | | |
| 2000 | 2005 | 2009 | 2010 | 1995 | 2000 | 2005 | 2009 | 1996—2000 | 2001—2005 | 2006—2010 |
| 18.24 | 58.91 | 87.78 | 93.90 | 1067.0 | 514.8 | 159.4 | 107.0 | 15.7 | 26.4 | 9.8 |
| 19.19 | 18.55 | 27.99 | 28.93 | 239.5 | 150.8 | 156.0 | 103.3 | 9.7 | -0.7 | 9.3 |
| 358.32 | 460.86 | 428.00 | 406.58 | 144.4 | 113.5 | 88.2 | 95.0 | 4.9 | 5.2 | -2.5 |
| 54.14 | 116.90 | 130.57 | 127.60 | 440.9 | 235.7 | 109.2 | 97.7 | 13.3 | 16.6 | 1.8 |
| 45.28 | 54.78 | 53.49 | 48.68 | 138.5 | 107.5 | 88.9 | 91.0 | 5.2 | 3.9 | -2.3 |
| 644.24 | 584.11 | 486.88 | 460.44 | 75.9 | 71.5 | 78.8 | 94.6 | 1.2 | -1.9 | -4.6 |
| 2.59 | 11.70 | 20.57 | 23.22 | 800.8 | 896.6 | 198.5 | 112.9 | -2.2 | 35.2 | 14.7 |
| 6.04 | 3.78 | 8.48 | 9.61 | 300.4 | 159.2 | 254.3 | 113.4 | 13.5 | -8.9 | 20.5 |
| 102.31 | 142.61 | 146.50 | 136.57 | 191.6 | 133.5 | 95.8 | 93.2 | 7.5 | 6.9 | -0.9 |
| 13.15 | 30.10 | 44.92 | 44.38 | 602.2 | 337.5 | 147.4 | 98.8 | 12.3 | 18.0 | 8.1 |
| 14.83 | 14.51 | 17.83 | 17.76 | 253.0 | 119.8 | 122.4 | 99.6 | 16.1 | -0.4 | 4.1 |
| 121.20 | 116.25 | 98.37 | 87.41 | 84.7 | 72.1 | 75.2 | 88.9 | 3.26 | -0.8 | -5.5 |
| 53.99 | 117.40 | 355.45 | 436.06 | 1613.2 | 807.7 | 371.4 | 122.7 | 14.8 | 16.8 | 30.0 |
| 5.57 | 5.81 | | | | | | | 7.7 | 0.8 | |
| 20.02 | 45.61 | 138.50 | 163.72 | 5975.2 | 817.8 | 359.0 | 118.2 | 48.8 | 17.9 | 29.1 |
| 61011 | 142553 | 356174 | 461470 | | 756.4 | 323.7 | 129.6 | | 18.5 | 26.5 |
| 30992 | 25220 | 27204 | 23891 | 86.7 | 77.1 | 94.7 | 87.8 | 2.4 | -4.0 | -1.1 |
| 7736 | 5804 | 5977 | 5842 | 182.7 | 75.5 | 100.7 | 97.7 | 19.3 | -5.6 | 0.1 |
| 76083 | 98134 | 105905 | 116988 | 245.9 | 153.8 | 119.2 | 110.5 | 9.8 | 5.2 | 3.6 |
| 84 | 88 | 89 | 88 | 106.0 | 104.8 | 100.0 | 98.9 | 0.2 | 0.9 | 平 |
| 787.4 | 847.4 | 1136.2 | 1235.8 | 164.2 | 156.9 | 145.8 | 108.8 | 0.9 | 1.5 | 7.8 |
| 24833 | 58725 | 75181 | 82427 | 600.8 | 331.9 | 140.4 | 109.6 | 12.6 | 18.8 | 7.0 |
| 94.8 | 95.6 | 97.0 | 97.3 | 118.0 | 102.6 | 101.8 | 100.3 | 2.8 | 0.2 | 0.4 |
| 93.8 | 95.0 | 97.2 | 97.5 | 123.4 | 103.9 | 102.6 | 100.3 | 3.5 | 0.3 | 0.5 |
| 3.08 | 2.95 | 2.84 | 2.84 | 89.3 | 92.2 | 96.3 | 100.0 | -0.6 | -0.9 | -0.8 |
| 4.18 | 4.08 | 4.05 | 4.03 | 90.8 | 96.4 | 98.8 | 99.5 | -1.2 | -0.5 | -0.2 |
| 49.20 | 43.94 | 60.92 | 65.09 | 106.8 | 132.3 | 148.1 | 106.8 | -4.2 | -2.2 | 8.2 |
| 4.27 | 5.75 | 11.68 | 13.24 | 442.7 | 310.0 | 230.2 | 113.3 | 7.4 | 6.1 | 18.1 |
| 14.76 | 19.90 | 30.89 | 31.55 | 271.7 | 213.8 | 158.5 | 102.1 | 4.9 | 6.2 | 9.7 |
| 22.16 | 27.00 | 31.01 | 32.05 | 179.9 | 144.6 | 118.7 | 103.4 | 4.5 | 4.0 | 3.5 |
| 5294 | 8471 | 14086 | 15788 | 417.8 | 298.2 | 186.4 | 112.1 | 7.0 | 9.9 | 13.3 |
| 4233 | 6368 | 10234 | 11513 | 364.2 | 272.0 | 180.8 | 112.5 | 6.0 | 8.5 | 12.6 |
| 1935 | 2782 | 4051 | 4370 | 257.3 | 225.8 | 157.1 | 107.9 | 2.6 | 7.5 | 9.5 |
| 1934.6 | 2641.0 | 4504.3 | 5285.2 | 405.7 | 273.2 | 200.1 | 117.3 | 8.2 | 6.4 | 14.9 |
| 1321.5 | 2196.2 | 3655.0 | 4013.3 | 374.9 | 303.7 | 182.7 | 109.8 | 4.3 | 10.7 | 12.8 |
| 693.2 | 999.8 | 1494.2 | 1633.0 | 261.1 | 235.6 | 163.3 | 109.3 | 2.1 | 7.6 | 10.3 |

## 1—4 续表5 continued

| 指 标 | | Item | | 总量指标 1995 |
|---|---|---|---|---|
| **工资、福利和保障** | | **Wages and Welfare** | | |
| 职工工资总额 | (亿元) | Total Wages | (100 million yuan) | 228.13 |
| 国有单位 | | State-owned Units | | 179.28 |
| 城镇集体单位 | | Urban Collective-ownad Units | | 37.44 |
| 其他单位 | | Units of Other Types of Ownership | | 11.41 |
| 职工平均工资 | (元) | Average Wage of Staff and Workers | (yuan) | 4609 |
| 城镇居民最低生活保障 | (人) | Receiving Lowest Cost-of-living in Urban Area | (person) | |
| 农村居民最低生活保障 | (人) | Receiving Lowest Cost-of-living in Rural Area | (person) | |
| **卫 生** | | **Health Care** | | |
| 卫生机构数 | (个) | Number of Health Institutions | (unit) | 6593 |
| 医院、卫生院 | | Hospitals | | 3243 |
| 疾病防治中心 | | Disease Prevention and Controlling | | 132 |
| 妇幼保健站 | | Maternity and Child Care Centers | | 109 |
| 卫生机构床位数 | (张) | Number of Beds in Health Institutions | (unit) | 119846 |
| #医院、卫生院 | | Hospitals | | 109516 |
| 卫生机构人员数 | (人) | Number of Persons Engaged in Health Institutions | (person) | 184884 |
| 专业卫生技术人员 | (人) | Number of Technical Personnel in Hospitals | (person) | 150619 |
| #执业(助理)医师 | | Licensed (Assistant) Doctors | | 66714 |
| 注册护士 | | Registered Nurse | | 36308 |
| **市政建设** | | **City Construction** | | |
| 供水管道长度 | (公里) | Length of Water Supply Pipelines | (km) | 3164 |
| 供水总量 | (万吨) | Total Annual Volume of Water Supply | (10000 tons) | 192887 |
| #生活用水 | | For Residential Use | | 46778 |
| 用水人口 | (万人) | Number of Residents With Access to Tap Water | (10000 persons) | 660 |
| 天然气供气量 | (万立方米) | Supply of Natural Gas | (10000 cu.m) | |
| #家庭用量 | | Consumption of Coal Gas for Residential Use | | |
| 液化石油气供气量 | (吨) | Liquefied Petroleum Gas | (ton) | 194213 |
| #家庭用量 | | Consumption of Liquefied Gas for Residential Use | | 80750 |
| 污水排放量 | (万吨) | Volume of Sewage Discharged | (10000 tons) | 99382 |
| 污水处理量 | (万吨) | Volume of Sewage Treated | (10000 tons) | 26849 |
| 排水管长度 | (公里) | Length of Drainage | (km) | 3008 |
| 生活垃圾清运量 | (万吨) | Volume of Garbage Swept Away | (10000 tons) | 193 |
| 生活垃圾无公害处理量 | (万吨) | Volume of Garbage Treated | (10000 tons) | |
| 公共汽(电)车总数 | (辆) | Total Number of Public Buses and Trolley Buses | (unit) | 3027 |
| 出租汽车数 | (辆) | Number of Taxis | (unit) | 12565 |
| 铺装道路长度 | (公里) | Length of Paved Roads | (km) | 4799 |
| 公园面积 | (公顷) | Area of Parks | (hectare) | 3004 |
| 绿地面积 | (公顷) | Areas of Green Land | (hectare) | 26556 |
| 建成区绿化覆盖率 | (%) | Afforestation Covering Rate in the Constructed Area | (%) | 26.8 |
| **环境、灾害** | | **Environment and Disaster** | | |
| 污染治理项目 本年完成投资额 | (万元) | Actual Investment in Implemrnyation of the Project for Pollution Treatment in the Project | (10000 yuan) | 44948 |
| 化学需氧量排放量 | (万吨) | Amount of CoD Discharged | (10000 tons) | |
| 二氧化硫排放量 | (万吨) | Volume of Sulphur Dioxide Emission | (10000 tons) | |
| 突发环境事件次数 | (次) | Number of Environmental Accidents | (time) | |
| 环境污染直接经济损失 | (万元) | Losses Converted Into Cash | (10000 yuan) | |
| 火灾事故发生数 | (起) | Number of Fire Disasters | (cases) | 2012 |
| 火灾伤亡人数 | (人) | Number of Casualties in Fire Disasters | (person) | |
| 火灾损失金额 | (万元) | Fire Loss | (10000 yuan) | 2946 |
| 交通事故发生数 | (起) | Number of Traffic Accidents | (cases) | 4137 |
| 交通受伤人数 | (人) | Number of Injured in Traffic Accidents | (person) | |
| 交通死亡人数 | (人) | Number of Death in Traffic Accidents | (person) | |
| 交通事故损失金额 | (万元) | Loss of Traffic Accidents | (10000 yuan) | 1698 |

| Aggregate Date | | | | 速度指标 (%) Indices and Growth Rates | | | | | | |
|---|---|---|---|---|---|---|---|---|---|---|
| | | | | 指　数 （2010年为以下各年） Index (2010 as Percentage of the Following Years) | | | | 平均增长速度 Average Annual Growth Rate | | |
| 2000 | 2005 | 2009 | 2010 | 1995 | 2000 | 2005 | 2009 | 1996—2000 | 2001—2005 | 2006—2010 |
| 275.53 | 484.13 | 974.29 | 1162.53 | 509.6 | 421.9 | 240.1 | 119.3 | 3.8 | 11.9 | 19.1 |
| 201.58 | 307.16 | 563.50 | 659.72 | 368.0 | 327.3 | 214.8 | 117.1 | 2.4 | 8.8 | 16.5 |
| 31.74 | 27.69 | 33.92 | 39.97 | 106.8 | 125.9 | 144.3 | 117.8 | -3.2 | -2.7 | 7.6 |
| 42.20 | 149.28 | 376.87 | 462.84 | 4056.4 | 1096.8 | 310.0 | 122.8 | 29.9 | 28.7 | 25.4 |
| 6989 | 15334 | 29658 | 34341 | 745.1 | 491.4 | 224.0 | 115.8 | 8.7 | 17.0 | 17.5 |
| 126460 | 977182 | 949802 | 883944 | | 699.0 | 90.5 | 93.1 | | 50.5 | -2.0 |
| 102973 | 251183 | 2129320 | 2146238 | | 2084.3 | 854.5 | 100.8 | | 19.5 | 53.6 |
| | | | | | | | | | | |
| 6705 | 9197 | 7010 | 7383 | 112.0 | 110.1 | 80.3 | 105.3 | 0.3 | 6.5 | -4.3 |
| 2953 | 2684 | 2426 | 2175 | 67.1 | 73.7 | 81.0 | 89.7 | -1.9 | -1.9 | -4.1 |
| 166 | 132 | 124 | 124 | 93.9 | 74.7 | 93.9 | 100.0 | 4.7 | -4.5 | -1.2 |
| 110 | 117 | 118 | 119 | 109.2 | 108.2 | 101.7 | 100.8 | 0.2 | 1.2 | 0.3 |
| 123873 | 127179 | 176724 | 186116 | 155.3 | 150.2 | 146.3 | 105.3 | 0.7 | 0.5 | 7.9 |
| 114921 | 119625 | 165435 | 171389 | 156.5 | 149.1 | 143.3 | 103.6 | 1.0 | 0.8 | 7.5 |
| 188278 | 193973 | 244477 | 247493 | 133.9 | 131.5 | 127.6 | 101.2 | 0.4 | 0.6 | 5.0 |
| 153808 | 159788 | 202382 | 205403 | 136.4 | 133.5 | 128.5 | 101.5 | 0.4 | 0.8 | 5.2 |
| 69943 | 66102 | 79230 | 81097 | 121.6 | 115.9 | 122.7 | 102.4 | 0.9 | -1.1 | 4.2 |
| 41226 | 47329 | 69291 | 76550 | 210.8 | 185.7 | 161.7 | 110.5 | 2.6 | 2.8 | 10.1 |
| | | | | | | | | | | |
| 6236 | 8745 | 13314 | 14730 | 465.5 | 236.2 | 168.4 | 110.6 | 14.5 | 7.0 | 11.0 |
| 200918 | 206386 | 162243 | 160816 | 83.4 | 80.0 | 77.9 | 99.1 | 0.8 | 0.5 | -4.9 |
| 61398 | 49728 | 49072 | 50889 | 108.8 | 82.9 | 102.3 | 103.7 | 5.6 | -4.1 | 0.5 |
| 794.1 | 1053 | 1699 | 1799 | 272.6 | 226.6 | 170.9 | 105.9 | 3.8 | 5.8 | 11.3 |
| 600 | 11564 | 89259 | 112190 | | 18698.3 | 970.2 | 125.7 | | 80.7 | 57.5 |
| 560 | 5123 | 20812 | 25154 | | 4491.8 | 491.0 | 120.9 | | 55.7 | 37.5 |
| 458621 | 613614 | 594994 | 615770 | 317.1 | 134.3 | 100.4 | 103.5 | 18.8 | 6.0 | 0.1 |
| 167146 | 195508 | 164939 | 166335 | 206.0 | 99.5 | 85.1 | 100.8 | 15.7 | 3.2 | -3.2 |
| 104871 | 126761 | 117004 | 124449 | 125.2 | 118.7 | 98.2 | 106.4 | 1.1 | 3.9 | -0.4 |
| 40660 | 66347 | 73006 | 89086 | 331.8 | 219.1 | 134.3 | 122.0 | 8.7 | 10.3 | 6.1 |
| 4120 | 7606 | 11333 | 13136 | 436.7 | 318.8 | 172.7 | 115.9 | 6.5 | 13.0 | 11.5 |
| 327 | 477 | 433 | 435 | 225.5 | 133.1 | 91.2 | 100.6 | 11.1 | 7.8 | -1.8 |
| 165 | 83.9 | 263.6 | 281.0 | | 170.3 | 334.9 | 106.6 | | -12.7 | 27.3 |
| 6359 | 8450 | 11687 | 11875 | 392.3 | 186.7 | 140.5 | 101.6 | 16.0 | 5.9 | 7.0 |
| 31998 | 34287 | 50483 | 50068 | 398.5 | 156.5 | 146.0 | 99.2 | 20.6 | 1.4 | 7.9 |
| 5954 | 7985 | 9718.2 | 10157.3 | 211.7 | 170.6 | 127.2 | 104.5 | 4.4 | 6.0 | 4.9 |
| 3472 | 3970 | 7664 | 8685 | 289.1 | 250.1 | 218.8 | 113.3 | 2.9 | 2.7 | 16.9 |
| 32852 | 41896 | 67269 | 71463 | 269.1 | 217.5 | 170.6 | 106.2 | 4.3 | 5.0 | 11.3 |
| 27.1 | 27.5 | 37.2 | 37.5 | 139.9 | 138.4 | 136.4 | 100.9 | 0.2 | 0.3 | 6.4 |
| | | | | | | | | | | |
| 56470 | 45443 | 108282 | 58895 | 131.0 | 104.3 | 129.6 | 54.4 | 4.7 | -4.3 | 5.3 |
| | | | | | | | | | | |
| | 44 | 42 | 41 | | 92.6 | 92.6 | 96.9 | | 平 | -1.5 |
| | 67 | 54 | 53 | | 93.3 | 79.3 | 99.0 | | 3.3 | -4.5 |
| 66 | 28 | 22 | 30 | | 45.5 | 107.1 | 136.4 | | -15.8 | 1.4 |
| 802.0 | 275.4 | 625.4 | 231.6 | | 28.9 | 84.1 | 37.0 | | -19.2 | -3.4 |
| 6099 | 9182 | 5479 | 5174 | 257.2 | 84.8 | 56.3 | 94.4 | 24.8 | 8.5 | -10.8 |
| 227 | 191 | 69 | 56 | | 24.7 | 29.3 | 81.2 | | -3.4 | -21.8 |
| 5704 | 3393 | 8280 | 8474.3 | 287.7 | 148.6 | 249.8 | 102.3 | 14.1 | -9.9 | 20.1 |
| 25809 | 17474 | 8191 | 7714 | 186.5 | 29.9 | 44.1 | 94.2 | 44.2 | -7.5 | -15.1 |
| 20096 | 19771 | 10302 | 9364 | | 46.6 | 47.4 | 90.9 | | -0.3 | -13.9 |
| 3782 | 4355 | 2930 | 2808 | | 74.2 | 64.5 | 95.8 | | 2.9 | -8.4 |
| 7970 | 6118 | 2427.8 | 2349.6 | 138.4 | 29.5 | 38.4 | 96.8 | 36.2 | -5.2 | -17.4 |

# 1—5 国民经济和社会发展结构指标
Structural Indicators on National Economic and Social Development

单位：%

| 指　　标 | Item | 1995 | 2000 | 2005 | 2009 | 2010 |
|---|---|---|---|---|---|---|
| **人口与就业** | **Population and Employment** | | | | | |
| **人　口** | **Population** | | | | | |
| 城乡结构 | Urban and Rural Structure | | | | | |
| 城　镇 | Urban | 19.1 | 28.0 | 35.5 | 42.1 | 43.2 |
| 乡　村 | Rural | 80.9 | 72.0 | 64.5 | 57.9 | 56.8 |
| 性别结构 | Sexual Structure | | | | | |
| 男 | Male | 51.9 | 51.9 | 52.0 | 51.9 | 51.9 |
| 女 | Female | 48.1 | 48.1 | 48.0 | 48.1 | 48.1 |
| **就　业** | **Employment** | | | | | |
| 产业结构 | Industrial Structure | | | | | |
| 第一产业 | Primary Industry | 60.7 | 58.5 | 48.6 | 39.3 | 39.1 |
| 第二产业 | Secondary Industry | 17.9 | 16.9 | 21.4 | 25.0 | 25.1 |
| 第三产业 | Tertiary Industry | 21.4 | 24.6 | 30.0 | 35.7 | 35.8 |
| **宏观经济** | **Macro Economy** | | | | | |
| **国民核算** | **National Accounting** | | | | | |
| 生产总值产业结构 | Structure of Total Investment in Fixed Assets | | | | | |
| 第一产业 | Primary Industry | 32.3 | 25.6 | 18.1 | 14.9 | 14.0 |
| 第二产业 | Secondary Industry | 36.5 | 36.4 | 42.0 | 48.7 | 52.1 |
| 第三产业 | Tertiary Industry | 31.3 | 38.0 | 39.9 | 36.4 | 33.9 |
| **投　资** | **Investment** | | | | | |
| 全社会固定资产产业结构 | Structure of Total Investment in Fixed Assets | | | | | |
| 第一产业 | Primary Industry | 0.3 | 1.0 | 3.0 | 2.5 | 1.9 |
| 第二产业 | Secondary Industry | 35.4 | 26.9 | 39.5 | 43.2 | 47.4 |
| 第三产业 | Tertiary Industry | 64.3 | 72.1 | 57.5 | 54.3 | 50.7 |
| 资金来源结构 | Structure of Funded Sources | | | | | |
| 国家预算内资金 | State Budgetary Appropriation | 3.4 | 6.4 | 4.6 | 5.9 | 7.3 |
| 国内贷款 | Domestic Loans | 27.7 | 18.7 | 17.4 | 10.9 | 9.4 |
| 利用外资 | Foreign Investment | 5.7 | 2.5 | 1.8 | 1.0 | 0.9 |
| 自筹和其他投资 | Fundraising | 63.2 | 72.4 | 76.2 | 82.2 | 82.4 |
| **财　政** | **Government Finance** | | | | | |
| 财政收入结构 | Structure of Government Revenue | | | | | |
| 中　央 | Central Government | 43.0 | 38.5 | 42.2 | 39.8 | 40.3 |
| 地　方 | Local Government | 57.0 | 61.5 | 50.9 | 55.7 | 55.7 |
| 财政支出结构 | Structure of Government Expenditures | | | | | |
| 地　方 | Local Government | | 100.0 | 100.0 | 100.0 | 100.0 |
| **利用外资** | **Utilization of Foreign Capital** | | | | | |
| 实际利用外资结构 | Structure of Foreign Capital Actually Utilized | | | | | |
| 外商直接投资 | Direct Investment by Foreign Entrepreneurs | 62.9 | 76.7 | 100.0 | 100.0 | 100.0 |
| **能源生产与消费** | **Energy Production and Consumption** | | | | | |
| 能源生产总量结构 | Composition of Total Energy Production | | | | | |
| 原　煤 | Coal | 99.5 | 99.8 | 99.8 | 98.9 | 98.4 |
| 水　电 | Hydro-power | 0.5 | 0.2 | 0.2 | 1.1 | 1.2 |
| 能源消费总量结构 | Composition of Total Energy Consumption | | | | | |
| 煤　品 | Coal | | | 88.6 | 87.0 | 86.2 |
| 油　品 | Petroleum | | | 10.5 | 10.1 | 10.3 |
| 天然气 | Natural Gas | | | 0.2 | 1.5 | 1.8 |
| 水　电 | Hydro-power | | | 0.7 | 1.0 | 1.2 |
| 其　他 | Other | | | | 0.4 | 0.5 |
| **产　业** | **Industrial** | | | | | |
| **农　业** | **Agriculture** | | | | | |
| 农林牧渔业产值结构 | Structure of Gross Output Value | | | | | |
| 农　业 | Farming | 65.1 | 55.4 | 49.1 | 50.7 | 52.3 |
| 林　业 | Forestry | 4.0 | 5.2 | 4.7 | 4.3 | 4.6 |

## 1—5　续表1　continued

单位：%

| 指　标 | Item | 1995 | 2000 | 2005 | 2009 | 2010 |
|---|---|---|---|---|---|---|
| 牧　业 | Animal Husbandry | 25.1 | 28.6 | 33.2 | 31.0 | 29.3 |
| 渔　业 | Fishery | 5.8 | 10.8 | 9.9 | 10.0 | 10.0 |
| **工　业** | **Industry** | | | | | |
| 工业总产值规模结构 | Structure of Gross Output Value of Industry | | | | | |
| 大型企业 | Large Enterprises | | 49.3 | 41.2 | 34.6 | 34.3 |
| 中型企业 | Medium-sized Enterprises | | 14.9 | 32.2 | 26.7 | 25.9 |
| 小型企业 | Small Enterprises | | 35.8 | 26.6 | 38.7 | 39.9 |
| **建 筑 业** | **Construction** | | | | | |
| 建筑业总产值结构 | Structure of Gross Output Value of Construction Enterprises | | | | | |
| 建筑工程 | Construction Projects | 85.2 | 86.6 | 85.1 | 87.1 | 87.5 |
| 安装工程 | Installation Projects | 13.3 | 11.0 | 10.8 | 9.1 | 8.6 |
| 其　他 | Others | 1.5 | 2.4 | 4.1 | 3.8 | 3.9 |
| **运 输 业** | **Transportation** | | | | | |
| 货运量结构 | Structure of Freight Traffic | | | | | |
| 铁　路 | Railways | 12.6 | 14.5 | 15.5 | 5.8 | 5.3 |
| 公　路 | Highways | 74.7 | 73.5 | 73.9 | 80.3 | 80.5 |
| 水　运 | Waterways | 12.7 | 12.0 | 10.6 | 13.9 | 14.2 |
| 民　航 | Total Civil Aviation Routes | | | | | |
| **国内商业** | **Domestic Trade** | | | | | |
| 社会消费品零售总额构成 | Composition of Retail Sales of Consumer Goods | | | | | |
| 市 | Cities | 48.4 | 47.3 | 53.3 | 54.9 | |
| 县 | Counties | 22.4 | 22.2 | 20.2 | 20.3 | |
| 县以下 | Below Counties | 29.2 | 30.5 | 26.5 | 24.8 | |
| **对外经济贸易** | **Foreign Trade** | | | | | |
| 出口商品结构 | Structure of Exports | | | | | |
| 初级产品 | Primary Goods | | 13.3 | 7.1 | 9.5 | 6.3 |
| 工业制成品 | Manufactured Goods | | 86.7 | 92.9 | 90.5 | 93.7 |
| 进口商品结构 | Structure of Imports | | | | | |
| 初级产品 | Primary Goods | | 38.9 | 53.0 | 56.4 | 53.1 |
| 工业制成品 | Manufactured Goods | | 61.1 | 47.0 | 43.6 | 46.9 |
| **国际旅游** | **International Tourism** | | | | | |
| 来华旅游人数结构 | Structure of Tourists | | | | | |
| 外国人及华侨 | Foreigners and Overseas Chinese | 52.2 | 52.7 | 64.9 | 62.6 | 59.2 |
| 港澳台同胞 | Compatriots form Hong Kong, Macao and Taiwan | 47.8 | 47.3 | 35.1 | 37.4 | 40.8 |
| **金融保险业** | **Finance and Insurance** | | | | | |
| 金融机构资金来源结构 | Structure of Sources of Funds in State Banks | | | | | |
| #各项存款 | Deposits | | 99.1 | 96.3 | 107.1 | 103.4 |
| 其　他 | Others | | 0.9 | 3.7 | -7.1 | -3.4 |
| 金融机构资金运用结构 | Structure of Fund Uses in State Banks | | | | | |
| #各项贷款 | Loans | | 95.1 | 69.3 | 74.8 | 72.4 |
| 有价证券及投资 | Securities and Investment | | 2.7 | 3.1 | 4.8 | 4.7 |
| **教育、科技、文化** | **Education, Science and Culture** | | | | | |
| **教　育** | **Education** | | | | | |
| 在校学生结构 | Structure of Student Enrollment | | | | | |
| 大 学 生 | College and University Students | 0.9 | 1.7 | 4.7 | 7.4 | 8.2 |
| 中 学 生 | Secondary School Students | 29.5 | 32.8 | 41.2 | 40.8 | 39.8 |
| 小 学 生 | Primary School Students | 63.5 | 59.0 | 46.7 | 41.3 | 40.2 |
| 专任教师结构 | Full-time Teachers by Type | | | | | |
| 大　学 | College and University Students | 2.6 | 3.2 | 6.3 | 8.2 | 8.5 |
| 中　学 | Secondary School Students | 37.2 | 39.2 | 42.9 | 43.4 | 43.6 |
| 小　学 | Primary School Students | 60.2 | 57.6 | 50.6 | 43.8 | 42.5 |
| **科　技** | **Science and Technology** | | | | | |
| 科技经费筹集额结构 | Structure of Funding for Scientific and Technological Outlat | | | | | |
| #政府资金 | Government Fund | 19.2 | 28.3 | 23.6 | | |
| 企业资金 | Enternment Fund | 53.0 | 51.9 | 57.6 | | |
| 银行贷款 | Loans from Banks | | | | | |

## 1—5 续表2 continued

单位：%

| 指　　标 | Item | 1995 | 2000 | 2005 | 2009 | 2010 |
|---|---|---|---|---|---|---|
| 研究与试验发展经费支出 | Research and Development Expenses | | | | | |
| #基础研究 | Basic Research | | | 9.0 | 6.5 | 7.5 |
| 应用研究 | Applied research | | | 20.1 | 11.0 | 9.6 |
| 试验发展 | Experimental development | | | 61.4 | 82.5 | 82.9 |
| **生活、环境** | **Family, People's Livelihood and Environment** | | | | | |
| **生　活** | **People's Livelihood** | | | | | |
| 城镇居民消费结构 | Consumption Structure of Urban Residents | | | | | |
| 食 品 类 | Food | 53.7 | 45.7 | 43.7 | 39.6 | 38.0 |
| 衣 着 类 | Clothing | 13.4 | 10.3 | 12.0 | 10.6 | 10.6 |
| 居　住 | Residence | 6.7 | 8.8 | 9.3 | 11.9 | 10.7 |
| 家庭设备用品及服务 | Household Facilities, Articles and Services | 7.5 | 7.1 | 4.6 | 5.8 | 5.9 |
| 医疗保健 | Health Care and medical Services | 1.6 | 4.3 | 6.3 | 7.0 | 6.4 |
| 交通通信 | Transport and Communications | 5.3 | 7.3 | 10.6 | 9.9 | 11.8 |
| 教育文化娱乐服务 | Education, Cultural and Recreation Services | 8.3 | 12.0 | 10.5 | 12.0 | 12.9 |
| 杂项商品与服务 | Miscellaneous Goods and Services | 3.5 | 4.5 | 3.1 | 3.3 | 3.8 |
| 农村居民消费结构 | Consumption Structure of Rural Residents | | | | | |
| 食 品 类 | Food | 58.4 | 52.5 | 45.5 | 40.9 | 40.7 |
| 衣 着 类 | Clothing | 6.6 | 5.4 | 5.4 | 5.6 | 5.8 |
| 居　住 | Residence | 15.5 | 14.9 | 15.7 | 22.3 | 21.6 |
| 家庭设备用品及服务 | Household Facilities, Articles and Services | 5.4 | 4.4 | 4.8 | 6.3 | 5.8 |
| 交通通讯 | Transport and Telecommunications | 2.0 | 4.4 | 9.0 | 8.3 | 8.5 |
| 文教娱乐用品及服务 | Education, Cultural and Recreation and Services | 7.4 | 11.0 | 11.7 | 8.5 | 9.1 |
| 医疗保健 | Health Care and medical Services | 3.2 | 4.4 | 6.1 | 6.2 | 6.6 |
| 其他商品及服务 | Other Goods and Services | 1.6 | 3.1 | 1.8 | 2.0 | 2.0 |
| **福　利** | **Social Welfare** | | | | | |
| 离退休人员结构 | Structure of Retired Staff and Workers | | | | | |
| 国有单位 | State-owned Units | 75.4 | 66.4 | 68.5 | | |
| 城镇集体单位 | Urban Collective Owned Units | 19.9 | 24.2 | 21.7 | | |
| 其他单位 | Others | 4.7 | 9.4 | 9.8 | | |
| **卫　生** | **Health Care** | | | | | |
| 卫生技术人员结构 | Composition of medical Technical personnel | | | | | |
| #执业（助理）医师 | Licensed (Assistant) Doctors | 44.3 | 45.5 | 41.4 | 39.1 | 39.5 |
| 注册护士 | Registered Nurses | 24.1 | 26.8 | 29.6 | 34.2 | 37.3 |
| 医院床位结构 | Hospital Beds by Area | | | | | |
| 市 医 院 | Hospitals at City Level | 49.4 | 53.8 | 69.5 | | |
| 县 医 院 | Hospitals at County Level | 50.6 | 46.2 | 30.5 | | |
| **环境、灾害** | **Environment and Disasters** | | | | | |
| 治理污染资金使用结构 | Uses of Funds in Pollution Treatment | | | | | |
| 治理废水 | Waste Water Treatment | 57.2 | 46.7 | 53.1 | 18.1 | 24.2 |
| 治理废气 | Waste Gas Treatment | 25.8 | 45.4 | 36.9 | 60.8 | 52.5 |
| 治理固体废物 | Solid Wastes Treatment | 7.9 | 3.8 | 6.4 | 0.1 | |
| 治理噪声 | Noise Abatement | 1.6 | 0.7 | 0.5 | 0.4 | 0.2 |
| 其　他 | Others | 7.5 | 3.4 | 3.1 | 20.6 | 23.1 |
| 火灾事故损失额结构 | Structure of Fire Losses Converted into Cash | | | | | |
| 特　大 | Extraordinarily Serious Fires | 10.6 | 41.6 | 10.7 | | 29.4 |
| 重　大 | Serious Fires | 39.6 | 6.3 | 10.9 | | 29.5 |
| 一　般 | Ordinary Fires | 49.8 | 52.1 | 78.4 | 100.0 | 41.0 |
| 交通事故损失额结构 | Structure of Losses of Traffic Accidents Converted into Cash | | | | | |
| 特　大 | Extraordinarily Serious Fires | 11.6 | 3.8 | 5.0 | 11.0 | 5.0 |
| 重　大 | Serious Fires | 40.2 | 19.9 | 31.6 | 43.5 | 48.7 |
| 一　般 | Ordinary Fires | 48.2 | 76.3 | 63.4 | 45.5 | 46.4 |

# 1—6 国民经济和社会发展比例和效益指标
Indicators on Proportions and Efficiency in National Economic and Social Development

| 指　标 | Item | 1995 | 2000 | 2005 | 2009 | 2010 |
|---|---|---|---|---|---|---|
| **人　口** | **Population** | | | | | |
| 出生率 (‰) | Birth Rate (‰) | 16.07 | 13.40 | 12.43 | 13.07 | 12.70 |
| 死亡率 (‰) | Death Rate (‰) | 6.41 | 5.76 | 6.23 | 6.60 | 5.95 |
| 自然增长率 (‰) | Natural Growth Rate (‰) | 9.66 | 7.64 | 6.20 | 6.47 | 6.75 |
| **就　业** | **Employment** | | | | | |
| 三次产业从业者比例 | Employment Ratio by Type of Industry | | | | | |
| (以第一产业为100) | (Employment in primary industry=100) | | | | | |
| 第一产业 | Primary Industry | 100.0 | 100.0 | 100.0 | 100.0 | 100.0 |
| 第二产业 | Secondary Industry | 29.5 | 29.0 | 44.0 | 63.6 | 64.2 |
| 第三产业 | Tertiary Industry | 35.3 | 42.0 | 61.8 | 91.0 | 91.6 |
| 城镇登记失业率 (%) | Registered Unemployment Rate in Urban Areas | 3.1 | 3.3 | 4.4 | 3.9 | 3.7 |
| **国民核算** | **National Accounting** | | | | | |
| 全社会劳动生产率 (元/人) | Overall Labor Productivity (yuan/person) | 5722 | 8410 | 14709 | 25463 | 30752 |
| 第一产业 | Primary Industry | 3033 | 3674 | 5345 | 9468 | 10979 |
| 第二产业 | Secondary Industry | 11488 | 18071 | 29590 | 49934 | 63966 |
| 第三产业 | Tertiary Industry | 8245 | 13029 | 19975 | 26343 | 29165 |
| 人均生产总值 (元) | Per Capita GDP (yuan) | 3070 | 4779 | 8631 | 16408 | 20888 |
| **固定资产投资** | **Investment in Fixed Assets** | | | | | |
| 全社会固定资产投资相当于生产总值比例 (%) | Proportion of Investment in Fixed Assets to GDP (%) | 29.4 | 29.9 | 46.9 | 92.1 | 95.9 |
| 全社会房屋建筑面积竣工率 (%) | Rate of Total Floor Space of Buildings Completed in Construction (%) | 43.0 | 56.0 | 51.5 | 47.2 | 45.1 |
| **财　政** | **Finance** | | | | | |
| 财政收入相当于生产总值比例 (%) | Proportion of Government Revenue to GDP (%) | 8.1 | 10.0 | 12.2 | 15.4 | 16.7 |
| 财政支出相当于生产总值比例 (%) | Proportion of Government Expenditure of GDP (%) | 7.5 | 11.1 | 13.3 | 21.3 | 20.9 |
| 地方收入相当于中央财政收入比例 (%) | Proportion of Local Government Revenue to Central Government Revenue (%) | 132.7 | 160.0 | 120.6 | 139.8 | 138.2 |
| **利用外资** | **Utilization of Foreign Capital** | | | | | |
| 实际利用外资额相当于签订利用外资额比例 (%) | Proportion of Foreign Capital Actually Used to Total Amount of Foreign Capital for Utilization by Signed Contracts or Agreements (%) | 57.3 | 55.2 | 44.3 | 185.9 | 231.7 |
| **能源生产与消费** | **Production and Consumption of Energy** | | | | | |
| 能源生产弹性系数 | Elasticity Ratio of Energy Production | 0.67 | 0.26 | 0.54 | 0.81 | 0.30 |
| 电力生产弹性系数 | Elasticity Ratio of Electricity Production | 0.26 | 1.84 | 0.51 | 1.59 | 0.70 |
| 能源消费弹性系数 | Elasticity Ratio of Energy Consumption | 0.90 | 0.66 | 0.71 | 0.53 | 0.62 |
| 电力消费弹性系数 | Elasticity Ratio of Electricity Consumption | 0.74 | 1.00 | 1.08 | 0.84 | 0.91 |
| 每万元生产总值消耗的能源 (吨标准煤) | Energy Consumption per 10000 yuan GDP (ton of SCE) | 2.10 | 1.68 | 1.22 | 1.02 | 0.97 |

**1—6 续表1 continued**

| 指 标 | Item | 1995 | 2000 | 2005 | 2009 | 2010 |
|---|---|---|---|---|---|---|
| **农 业** | **Agriculture** | | | | | |
| 每公顷耕地农业机械总动力（千瓦） | Total Power of Agricultural Machinery per Hectare of Cultivated Land (kw) | 4.28 | 7.04 | 9.73 | 12.25 | 12.94 |
| 每公顷耕地用电量 （千瓦时） | Electare Power Consumption per Hectare of Cultivated Land (kwh) | 871 | 1083 | 1569 | 2350 | 2569 |
| 每公顷耕地化肥施用量 （公斤） | Chemical Fertilizer Consumption per Hectare of Cultivated Land (kg) | 474 | 599 | 698 | 750 | 765 |
| 农业从业者人均农产品产量（公斤） | Output of Farm Products per Agricultural (kg) | | | | | |
| 粮 食 | Grain | 1383 | 1235 | 1474 | 1943 | 1956 |
| 棉 花 | Cotton | 16 | 14 | 18 | 22 | 20 |
| 油 料 | Oil-bearing Crops | 100 | 142 | 153 | 152 | 145 |
| 肉 类 | Meat | 103 | 156 | 217 | 230 | 239 |
| 水 产 品 | Aquatic Products | 39 | 80 | 100 | 116 | 123 |
| 每公顷播种面积农产品产量（公斤） | Output of Farm Crops per Hectare of Sown Area (kg) | | | | | |
| 粮 食 | Grain | 4533 | 4442 | 4351 | 4647 | 4656 |
| 棉 花 | Cotton | 624 | 867 | 816 | 1055 | 918 |
| 油 料 | Oil-bearing Crops | 1518 | 1956 | 2077 | 2481 | 2410 |
| **工 业** | **Industry** | | | | | |
| 总资产贡献率 （%） | Ratio of Total Assets to Industrial Output Value (%) | | 7.09 | 38.90 | 14.12 | 16.22 |
| 资产负债率 （%） | Assets-liability Ratio (%) | | 63.19 | 61.63 | 61.24 | 60.05 |
| 成本费用利润率 （%） | Ratio of Profits to Industrial Cost (%) | | 2.40 | 5.14 | 6.90 | 8.63 |
| 流动资产周转次数 （次/年） | Number of Times of Annual of Turnover Circulating Funds (times/year) | | 1.43 | 2.25 | 2.55 | 2.63 |
| 产品销售率 （%） | Proportion of products Sold (%) | | | 98.24 | 97.12 | 97.57 |
| **建 筑 业** | **Construction** | | | | | |
| 技术装备率 （元/人） | Value of Machinery per Laborer (yuan/peron) | 4252 | 4570 | 9020 | 8129 | 9287 |
| 产值利税率 （%） | Ratio of Per-tax Profits to Gross Output Value (%) | 2.97 | 4.16 | 5.4 | 7.29 | 7.33 |
| 全员劳动生产率 （元/人） | Overall Labor Productivity (yuan/person) | 36080 | 42406 | 95803 | 156258 | 177486 |
| **交通运输业** | **Transportation** | | | | | |
| 客运量弹性系数 | Elasticity of Passenger Traffic | 2.20 | 0.20 | 0.47 | 0.72 | 0.88 |
| 货运量弹性系数 | Elasticity of Freight Traffic | -0.49 | 0.99 | 1.04 | 0.71 | 1.09 |
| 铁路网密度 （公里/万平方公里） | Railway Density (km/10000 sq.km) | 126 | 155 | 169 | 204 | 204 |
| 公路网密度 （公里/万平方公里） | Highway Density (km/10000 sq.km) | 2524 | 3191 | 5222 | 10700 | 10714 |
| 铁路货运密度 （吨/公里） | Railway Freight Traffic Density (ton/km) | 29060 | 29912 | 44139 | 39746 | 42424 |
| 公路货运密度 （吨/公里） | Highway Freight Traffic Density (ton/km) | 8595 | 7358 | 6814 | 10590 | 12295 |
| **邮电通信业** | **Postal and Telecommunications Services** | | | | | |
| 邮电业务总量弹性系数 | Elasticity of Postal and Telecommunications Services | 3.20 | 3.19 | 2.30 | 1.57 | |
| 全省电话普及率 （部/百人） | Access to Telephones, National (set/100 persons) | 1.73 | 11.38 | 36.78 | 55.80 | 59.03 |
| #移动电话普及率 | Access to Mobile Phones | | 3.43 | 16.07 | 35.14 | 40.10 |
| **国内商业** | **Domestic Trade** | | | | | |
| 批零和住宿餐饮业人均消费品零售额 （元） | Per Capita Retail Sales And Accommodation of Consumer Good (yuan) | 724 | 1281 | 2700 | 5144 | 6096 |
| **对外经济贸易** | **Foreign Trade** | | | | | |
| 进出口总额相当于生产总值比例 （%） | Proportion of Total Imports & Exports to GDP (%) | 8.3 | 9.1 | 13.9 | 10.6 | 13.3 |
| **国际旅游** | **International Tourism** | | | | | |
| 每一来华游客花费 （美元） | Expenditure per International Tourist in China(USD) | 311 | 271 | 293 | 362 | 413 |
| 国内旅游人均花费 （元） | Expenditure per Domestic Tourist (yuan) | | | 662 | 755 | 838 |

1—6 续表2 continued

| 指　　标 | Item | 1995 | 2000 | 2005 | 2009 | 2010 |
|---|---|---|---|---|---|---|
| **金融保险** | **Finance and Insurance** | | | | | |
| 金融机构存款相当于生产总值比例 (%) | Bank Deposits as Percentage of GDP (%) | 55.50 | 81.80 | 111.50 | 132.23 | 132.42 |
| 金融机构贷款相当于生产总值比例 (%) | Bank Loans as Percentage of GDP (%) | 63.80 | 78.50 | 80.24 | 92.31 | 92.66 |
| 金融机构现金支出相当于收入比例 (%) | Bank of Cash Outlay to Cash Receipt in State Banking System (%) | 99.30 | 98.90 | 97.95 | 98.02 | 98.01 |
| **教　育** | **Education** | | | | | |
| 学龄儿童入学率 (%) | Net Enrollment Ratio of Primary Schools (%) | 99.70 | 99.67 | 99.54 | 99.88 | 99.93 |
| 小学升学率 (%) | Promotion Rate from Primary Schools to Junior Secondary Schools (%) | 98.76 | 97.55 | 99.56 | 100.81 | 99.92 |
| 初中升学率 (%) | Promotion Rate from Junior Secondary Schools to Senior Secondary Schools (%) | 31.56 | 33.46 | 60.51 | 73.47 | 83.86 |
| 高中升学率 | Poomotion Rate from Senior Secondary Schools to Higher Education (%) | | | | | |
| 学校教师负担系数 (%) | Student-teacher Ratio (in percentage) (%) | | | | | |
| 高等学校 | Colleges and Universities | 7.61 | 12.11 | 18.16 | 18.93 | 19.05 |
| 中等学校 | Secondary Schools | 19.89 | 22.69 | 24.24 | 20.68 | 19.23 |
| 小学学校 | Primary Schppls | 22.71 | 23.53 | 22.51 | 19.59 | 18.74 |
| **科　技** | **Science and Technology** | | | | | |
| 研究与开发经费支出相当于生产总值比例 (%) | R&D Expenditures as Percentage of GDP (%) | 0.14 | 0.66 | 0.85 | 1.37 | 1.32 |
| **卫　生** | **Health Care** | | | | | |
| 每万人执业(助理)医师数 (人) | Number of Doctors per 10000 Persons (person) | 11.10 | 11.20 | 10.19 | 11.71 | 11.91 |
| 每万人医院床位数 (张) | Number of Hospital Beds per 10000 Persons (unit) | 18.30 | 11.80 | 12.60 | 16.70 | 17.90 |
| 医院病床使用率 (%) | Utilization Rate of Hospital Beds (%) | 66.20 | 58.19 | 68.64 | 85.26 | 85.88 |
| **文　化** | **Culture** | | | | | |
| 每百万人有艺术表演团体 (个) | Number of Troupes per Million Persons (unit) | 1.50 | 1.50 | 1.42 | 1.27 | 0.81 |
| 每百万人有公共图书馆 (个) | Number of Public Libraries per Million Persons (unit) | 1.40 | 1.30 | 1.36 | 1.32 | 1.29 |
| 每百万人有博物馆 (个) | Number of Museums per Million Persons (unit) | 0.50 | 0.60 | 0.66 | 1.00 | 1.76 |
| **家　庭** | **Family** | | | | | |
| 负担少儿系数 (%) | Dependency Ratio of Children (%) | 41.45 | 38.10 | 34.51 | 28.05 | 24.68 |
| 负担老年系数 (%) | Dependency Ratio of the Aged (%) | 10.20 | 11.35 | 15.08 | 16.52 | 14.21 |
| **婚　姻** | **Marriages and Divorces** | | | | | |
| 离 婚 率 (‰) | Divorce Rate (‰) | 1.00 | 1.37 | 1.76 | 3.45 | 3.89 |
| **生　活** | **People's Livelihood** | | | | | |
| 城镇与农村居民收入增长率比例 (1990=100) | Proportion of Growth Rate of Annual Income of Urban Residents to the Growth Rate of Annual Net Income of Rural Residents (1990=100) | 1.15 | 1.09 | 1.28 | 1.24 | 1.19 |
| **离、退休** | **Retired Persons** | | | | | |
| 退职人员相当于在职人数比例 (%) | Proportion of the Number of Workers Who Have Retired or Resigned to the Number of Employed Ones (%) | 18.90 | 29.90 | 48.64 | | |
| **市政建设** | **City Construction** | | | | | |
| 城市自来水普及率 (%) | Percentage of Households with Access to Tap Water (%) | 93.30 | 95.78 | 90.52 | 95.25 | 96.06 |
| 城市用气普及率 (%) | Percentage of Households with Access to Tap Gas (%) | 55.60 | 76.95 | 72.29 | 88.62 | 90.52 |
| 人均公园绿地面积 (平方米) | Public Green Areas per Person (sq.m) | | | | 10.00 | 11.00 |

# 1—7 平均每天主要社会经济活动
Selected Indicators on Average Daily Social and Economic Activities

| 指　标 | Item | 1995 | 2000 | 2005 | 2009 | 2010 |
|---|---|---|---|---|---|---|
| **每天创造的财富** | **Daily Production** | | | | | |
| 安徽生产总值（万元） | Gross Domestic Product (10000 yuan) | 49608 | 79509 | 146580 | 275694 | 338612 |
| 第一产业 | Primary Industry | 16003 | 20323 | 26479 | 40971 | 47371 |
| 第二产业 | Secondary Industry | 18085 | 28953 | 61532 | 134390 | 176346 |
| 工　业 | Industry | 15408 | 24249 | 50339 | 111362 | 148148 |
| 建筑业 | Construction | 2677 | 4704 | 11193 | 23027 | 28198 |
| 第三产业 | Tertiary Industry | 15520 | 30233 | 58569 | 100333 | 114895 |
| 财政收入（万元） | Government Revenue (10000 yuan) | 4027 | 7957 | 17988 | 42500 | 56543 |
| #地　方 | Local | 2297 | 4896 | 9151 | 23669 | 31490 |
| 粮　食（吨） | Grain (ton) | 72678 | 67726 | 71378 | 84106 | 84397 |
| 棉　花（吨） | Cotton (ton) | 825 | 781 | 852 | 947 | 866 |
| 油　料（吨） | Oil-bearing Crops (ton) | 5254 | 7811 | 7416 | 6585 | 6236 |
| 布（万米） | Cloth (10000 m) | 240 | 203 | 154 | 154 | 298 |
| 原　煤（万吨） | Coal (10000 tons) | 12.18 | 13.12 | 23.11 | 35.20 | 35.70 |
| 发电量（亿千瓦时） | Electricity (100 million kwh) | 0.85 | 1.01 | 1.77 | 3.62 | 3.96 |
| 钢（万吨） | Steel (10000 tons) | 0.89 | 1.26 | 3.03 | 4.82 | 5.08 |
| 成品钢材（万吨） | Rolls Steel (final products) (10000 tons) | 0.73 | 1.18 | 3.13 | 5.79 | 6.70 |
| 水　泥（万吨） | Cement (10000 tons) | 5.43 | 5.85 | 8.82 | 19.33 | 21.57 |
| 家用电冰箱（台） | Household Refrigerator (unit) | 4121 | 4655 | 14532 | 42899 | 56956 |
| 家用洗衣机（台） | Household Washing Machines (unit) | 3499 | 3608 | 12104 | 27459 | 34712 |
| **每天消费量** | **Daily National Consumption** | | | | | |
| 居民消费总额（万元） | Resident Consumption (10000 yuan) | 27290 | 44258 | 65737 | 114748 | 133516 |
| 农村居民 | Rural Residents | 17598 | 26424 | 24115 | 36321 | 41078 |
| 城镇居民 | Urban Residents | 9692 | 17834 | 41622 | 78426 | 92438 |
| 政府消费总额（万元） | Governmert Consumption Expenditure (10000 yuan) | 4892 | 9105 | 16638 | 27145 | 36707 |
| 能源消费量（万吨标准煤） | Energy Consumption (10000 tons of SCE) | 11.5 | 13.4 | 17.8 | 24.4 | 26.6 |
| **每天其他经济活动** | **Other Daily Economic Activities** | | | | | |
| 货物运输量（万吨） | Volume of Freight Traffic (10000 tons) | 110.9 | 122.0 | 183.9 | 538.8 | 624.9 |
| 旅客运输量（万人） | Volume of Passenger Traffic (10000 persons) | 158.6 | 170.0 | 199.6 | 387.7 | 437.3 |
| 邮电业务总量（万元） | Business Volume of Postal and Telecommunications Services (10000 yuan) | 621 | 2735 | 7781 | 18150 | 8228 |
| 出版图书（万册） | Books Published (10000 copies) | 75 | 85 | 69 | 75 | 65 |
| 出版杂志（万册） | Magzines Published (10000 copies) | 9.0 | 21.0 | 15.9 | 16.4 | 16.0 |
| 出版报纸（万份） | Newspaper Published (10000 copies) | 130 | 208 | 269 | 290 | 321 |
| 固定资产投资（万元） | Investment in Fixed Assets (10000 yuan) | 14590 | 23744 | 69068 | 253786 | 324642 |
| 城　镇 | Urban | | 17522 | 58607 | 223414 | 299409 |
| 农　村 | Rural | | 6223 | 10461 | 30372 | 25233 |
| 社会消费品零售总额（万元） | Total Retail Sales of Consumer Goods (10000 yuan) | 16427 | 29529 | 48677 | 95386 | 113740 |
| 进出口总额（万美元） | Total Value of Imports and exports (USD 10000) | 550 | 917 | 2499 | 4284 | 6651 |
| 出口额 | Exports | 382 | 595 | 1422 | 2435 | 3401 |
| 进口额 | Imports | 168 | 322 | 1077 | 1849 | 3250 |
| 实际利用外资额（万美元） | Foreign Capital Actually Used (USD 10000) | 210.3 | 113.8 | 188.6 | 1064.2 | 1373.8 |
| 国际旅游外汇收入(万美元) | Foreign Exchange Earnings from International Tourism (USD 10000) | 12.2 | 23.6 | 50.8 | 155.0 | 224.7 |
| **每天人口变动和婚姻** | **Daily Population Changes and Marriages** | | | | | |
| 出　生（人） | Births (person) | 2622 | 2234 | 2079 | 2195 | 2060 |
| 死　亡（人） | Deaths (person) | 1047 | 946 | 1038 | 1108 | 964 |
| 结　婚（对） | Marriages (couple) | 1670 | 1348 | 1204 | 1669 | 1783 |
| 离　婚（对） | Divorces (couple) | 82 | 117 | 157 | 320 | 363 |

## 1—8 皖江城市带承接产业转移示范区主要规划目标完成情况（2010年）

The situation of the main Goal completion of the Wanjiang City Zone Contracting Industrial shifting Model District (2010)

| 指　　标 | Item | 全　省 the Whole Province | 皖　江 the Area of Wanjiang River | 占全省比重（%） Percentage to the Whole Province | 2015年规划目标 2015 Plan Goal |
|---|---|---|---|---|---|
| **经济发展** | **Economical Development** | | | | |
| 地区生产总值（亿元） | Gross Domestic Product (100 million yuan) | 12359.3 | 8406.8 | 68.0 | 15000 |
| 财政收入（亿元） | Government Revenue (100 million yuan) | 2063.8 | 1319.6 | 63.9 | 2300 |
| 城镇化率（%） | Rate of Urbanization (%) | 43.2 | | | ≥55 |
| R&D经费相当于GDP比例（%） | Proportion of R&D fund to GDP (%) | 1.3 | | | 2.2 |
| **产业结构** | **Industrial Structure** | | | | |
| 非农产业增加值比重（%） | Proportion of Non-agricultural Industries Added Value (%) | 86.0 | 90.3 | | 93 |
| 规模以上工业企业（个） | Industrial Enterprises Above Designated Size (unit) | 16277 | 10960 | 67.3 | |
| 规模以上工业增加值中开发区所占比重（%） | Proportion of Development Zones of Add-value of Industrial Enterprises Above Designated Size （%） | 43.5 | 52.3 | | 65 |
| 开发区单位土地实现经济收入（万元/亩） | Economic Income of Unit Land Development Zones (10000 yuan per mu) | | | | |
| **开放合作** | **Opening-up and Cooperation** | | | | |
| 实际利用外商直接投资（亿美元） | Actual Use of Foreign Direct Investment (USD 100 million) | 50.1 | | | 75 |
| 实际利用省外资金（亿元） | Actual Use of Fund Outside Anhui Province(100 million yuan) | 6863.7 | 4902.8 | 71.4 | 8500 |
| 外贸进出口相当于GDP比例（%） | Proportion of Foreign Trade Import and Export to GDP (%) | 13.3 | | | |
| **公共服务** | **Public Service** | | | | |
| 城镇居民人均可支配收入（元） | Unban Dweller Per Capita Disposable Income (yuan) | 15788 | | | 28500 |
| 农民人均纯收入（元） | Farmer Per Capita Net Income (yuan) | 5285 | | | 9900 |
| 新增城镇就业岗位（万个） | New Increasing Cities Employment Post Every Year (10 thousand) | | | | 40 |
| 职业中学在校学生数（万人） | Number of Students in Vocational Schools (10000 persons) | 48.7 | | | 80 |
| **环境保护** | **Environmental Protection** | | | | |
| 城市污水厂集中处理率（%） | Central Processing Rate of Sewage Treatment Plant (%) | 71.6 | | | 75 |
| 工业企业污染物稳定达标排放率（%） | Central Processing Rate of Sewage Treatment Plant (%) | | | | |

注：皖江城市带承接产业转移示范区是指合肥、芜湖、马鞍山、铜陵、安庆、池州、巢湖、滁州和宣城市，以及六安市的金安区和舒城县。

a) The Wanjiang City Zone Contracting Industrial shifting Model District Refers to Hefei, Wuhu, Maanshan, Tongling, Anqing, Chizhou, Chaohu, Chuzhou and Xuancheng, and Liuan's Jinan District and Shucheng County.

# 1—9 皖江城市带承接产业转移示范区主要指标

The main Indices the Wanjiang City Zone Contracting Industrial shifting Model District

| 指　　标 | | Item | |
|---|---|---|---|
| **土　地** | | **Land** | |
| 土地面积 | (万平方公里) | Land Area | (10000 kilometer Square ) |
| #开发区面积 | | Development Zone Area | |
| **人　口** | | **Population** | |
| 年末总人口 | (万人) | Year-end Population | (10000 perons) |
| **劳动就业** | | **Labour Employment** | |
| 从业人员* | (万人) | Jobholders | (10000 perons) |
| 第一产业 | | Primary Industry | |
| 第二产业 | | Secondary Industry | |
| 第三产业 | | Tertiary Industry | |
| #城　镇 | | Town | |
| 城镇登记失业率 | (%) | Cities and Towns Register Unemployment Rate | |
| **国民经济核算** | | **National Economic Accounting** | |
| 地区生产总值 | (亿元) | Gross Domestic Product | (100 million yuan) |
| 第一产业 | | Primary Industry | |
| 第二产业 | | Secondary Industry | |
| #工　业 | | Industry | |
| 第三产业 | | Tertiary Industry | |
| 人均生产总值 | (元) | Per Capita gross Domestic Product | (yuan) |
| **固定资产投资** | | **Fixed Asset Investment** | |
| 固定资产投资额* | (亿元) | Entire Social Fixed Assets Investment | (100 million yuan) |
| #开发区 | | Development Area | |
| #房地产 | | Rreal Estate | |
| **国内贸易** | | **Domestic Trade** | |
| 社会消费品零售总额 | (亿元) | Social Retailgoods | (100 million yuan) |
| **利用外资** | | **Use of Foreign Investment** | |
| 实际利用外商直接投资* | (亿美元) | Actual Use of Foreign Direct Investment | (USD 100 million) |
| #开发区 | | Development Area | |
| 开发区利用内资 | (亿元) | Domestic Capital Using by Development Zone | (100 million yuan) |
| 实际利用省外资金 | (亿元) | Actual Use of Fund Outside Anhui Province | (100 million yuan) |
| 实际利用省内资金 | (亿元) | Actual Use of Fund Inside Anhui Province | (100 million yuan) |
| 进出口总额* | (亿美元) | Total Export-Import Volume | (USD 100 million) |
| #开发区 | | Development Area | |
| #出　口 | | Export | |
| #开发区 | | Development Area | |
| **财政金融** | | **Financial Work** | |
| 财政收入 | (亿元) | Finance Income | (100 million yuan) |
| #地方财政收入 | | Local Financial Revenue | |
| #开发区土地收入 | | Development Area Land Income | |
| 地方财政支出 | (亿元) | Local Financial Expenditures | (100 million yuan) |
| 金融机构各项贷款* | (亿元) | Loans in Finance Institutions | (100 million yuan) |
| 金融机构各项存款* | (亿元) | Savings in Finance Institutions | (100 million yuan) |
| **农　业** | | **Agriculture** | |
| 主要农产品产量 | (万吨) | Output of Major Farm Products | (10000 ton) |
| 粮　食 | | Ggrain | |
| 棉　花 | | Cotton | |
| 油　料 | | Oil Crops | |
| **规模以上工业** | | **Industrial Enterprises Above Designated Size** | |
| 企业数 | (个) | Number of Enterprises | (unit) |
| #开发区 | | Development Area | |
| 主营业务收入* | (万元) | Main Business Income | (10000 yuan) |
| #开发区 | | Development Area | |
| 工业增加值 | (万元) | Industry Value Added | (10000 yuan) |
| #开发区 | | Development Area | |
| 资产总计* | (万元) | Total Assets | (10000 yuan) |
| #开发区 | | Development Area | |
| #流动资产 | | Current Assets | |

注：带“*”号指标为不包含六安市的金安区、舒城县数据。

a) Not including Jinan Area and shucheng County of Luan City.

| 全　　省 Whole Province | | 皖江示范区 The Wanjiang City Zone Contracting Industrial Shifting Model District | | 占全省比重（%） Proportion of Whole Province | | 比上年增长（%） Growth Compared with Last Year (%) |
|---|---|---|---|---|---|---|
| 2009 | 2010 | 2009 | 2010 | 2009 | 2010 | |
| 13.94 | 13.94 | 7.60 | 7.60 | 54.5 | 54.5 | 平 |
| 0.16 | 0.21 | 0.11 | 0.16 | 69.3 | 73.5 | 36.9 |
| | | | | | | |
| 6795 | 6827 | 3071 | 3079 | 45.2 | 45.1 | 0.3 |
| | | | | | | |
| 3988.0 | 4050.0 | 1815.9 | 1878.2 | 45.5 | 46.4 | 3.4 |
| 1566.1 | 1583.6 | 711.4 | 721.1 | 45.4 | 45.5 | 1.4 |
| 996.0 | 1016.5 | 533.3 | 544.3 | 53.5 | 53.5 | 2.1 |
| 1425.9 | 1449.9 | 571.2 | 612.7 | 40.1 | 42.3 | 7.3 |
| 936.2 | 973.5 | 480.0 | 710.2 | 51.3 | 73.0 | 48.0 |
| 3.9 | 3.7 | | | | | |
| | | | | | | |
| 10062.8 | 12359.3 | 6730.8 | 8406.8 | 66.9 | 68.0 | |
| 1495.5 | 1729.0 | 721.9 | 816.1 | 48.3 | 47.2 | |
| 4905.2 | 6436.6 | 3580.8 | 4717.3 | 73.0 | 73.3 | |
| 4064.7 | 5407.4 | 2985.0 | 3977.7 | 73.4 | 73.6 | |
| 3662.2 | 4193.7 | 2428.1 | 2873.4 | 66.3 | 68.5 | |
| 16408 | 20888 | | | | | |
| | | | | | | |
| 8872.4 | 11849.4 | 6381.6 | 8580.5 | 71.9 | 72.4 | 34.5 |
| 2553.8 | 3626.9 | 1928.8 | 2877.0 | 75.5 | 79.3 | 49.2 |
| 1669.8 | 2251.8 | 1305.0 | 1728.2 | 78.2 | 76.7 | 32.4 |
| | | | | | | |
| 3481.6 | 4151.5 | 2122.1 | 2502.2 | 61.0 | 60.3 | 17.9 |
| | | | | | | |
| 38.8 | 50.1 | 29.5 | 37.9 | 76.0 | 75.6 | 28.3 |
| 25.2 | 34.1 | 22.3 | 27.4 | 88.6 | 80.2 | 22.8 |
| | | | | | | |
| 1443.0 | 2113.8 | 1062.7 | 1680.6 | 73.6 | 79.5 | 58.1 |
| 536.9 | 732.1 | 438.4 | 560.3 | 81.7 | 76.5 | 27.8 |
| 156.4 | 242.8 | 140.4 | 218.8 | 89.8 | 90.1 | 55.8 |
| 69.6 | 111.9 | 55.1 | 100.1 | 79.2 | 89.4 | 81.6 |
| 88.9 | 124.1 | 76.0 | 104.3 | 85.5 | 84.0 | 37.1 |
| 47.1 | 62.7 | 34.1 | 52.7 | 72.4 | 84.0 | 54.3 |
| | | | | | | |
| 1551.3 | 2063.8 | 1001.5 | 1319.6 | 64.6 | 63.9 | 31.8 |
| 863.9 | 1149.4 | 522.2 | 687.8 | 60.5 | 59.8 | 31.7 |
| 83.4 | 157.8 | 64.9 | 98.7 | 77.9 | 62.5 | 52.1 |
| 2141.9 | 2587.6 | 994.7 | 1204.8 | 46.4 | 46.6 | 21.1 |
| 9232.7 | 11543.3 | 6711.8 | 8436.3 | 72.7 | 73.1 | 25.7 |
| 13343.4 | 16370.5 | 8652.4 | 10619.1 | 64.8 | 64.9 | 22.7 |
| | | | | | | |
| 3069.9 | 3080.5 | 1550.0 | 1557.4 | 50.5 | 50.6 | 0.5 |
| 34.6 | 31.6 | 25.9 | 25.5 | 74.9 | 80.8 | -1.4 |
| 240.4 | 227.6 | 153.3 | 136.5 | 63.8 | 60.0 | -11.0 |
| | | | | | | |
| 14122 | 16277 | 9761 | 10960 | 69.1 | 67.3 | 12.3 |
| 10647 | 13312 | 7792 | 9795 | 73.2 | 73.6 | 25.7 |
| 127871700 | 181646000 | 87596000 | 129130160 | 68.5 | 71.1 | 47.4 |
| 54864094 | 76160676 | 45515760 | 62340602 | 83.0 | 81.9 | 37.0 |
| 39805500 | 52906200 | 26911800 | 35908667 | 67.6 | 67.9 | 33.4 |
| 16192703 | 23036230 | 13352108 | 18777677 | 82.5 | 81.5 | 40.6 |
| 121717200 | 159302800 | 79018900 | 105972006 | 64.9 | 66.5 | 34.1 |
| | | | | | | |
| 50116700 | 68991000 | 36529000 | 50553000 | 72.9 | 73.3 | 38.4 |

## 1—9 续表 continued

| 指 标 | | Item | |
|---|---|---|---|
| 固定资产净值年平均余额 | (万元) | Annual Mean Remaining Sum of Fixed Asset Net Worth | (10000 yuan) |
| 所有者权益 | (万元) | Owner's Equity | (10000 yuan) |
| 年平均从业人数 | (万人) | Annual Mean Employed Population | (10000 perons) |
| **建筑业** | | **Construction Business** | |
| 总产值* | (亿元) | Total Value of Out-put | (100 million yuan) |
| #建筑工程产值 | | Value of Out-put of Architectural Engineering | |
| 工程结算收入 | (亿元) | Income From Settlement of Projects | (100 million yuan) |
| **运输邮电通信业** | | **Transportation ,Posts and Telecommunications Industry** | |
| 铁路营业里程 | (公里) | Railroad Revenue Kilometres | (km) |
| 公路里程* | (公里) | Road Mileage | (km) |
| #高速公路 | | Freeway | |
| 旅客量 | (亿人) | Passenger Volume | (100 million perons) |
| 旅客周转量 | (亿人公里) | Turnover of Passenger Traffic | (100 million passenger-km) |
| 货物量 | (亿吨) | Cargo Quantity | (100 million ton) |
| 货物周转量 | (亿吨公里) | Cargo Turnover | (100 million tons-km) |
| 邮电业务总量* | (亿元) | Post and Telecommunication Service Total | (100 million yuan) |
| **教 育** | | **Education** | |
| 普通高等学校* | | Regular Institutions of Higher Education | |
| 学校数 | (个) | Number of Schools | (unit) |
| 招生数 | (万人) | Entrants | (10000 perons) |
| 在校学生数 | (万人) | Enrolment | (10000 perons) |
| 毕业生数 | (万人) | Graduates | (10000 perons) |
| **科技活动** | | **S&T Activities** | |
| 科技活动人员 | (人) | Personnel Engaged in S&T Activities | (peron) |
| #研究与试验发展（R&D） | | （R&D） | |
| R&D经费内部支出 | (万元) | The R&D funds Interior Disburses | (10000 yuan) |
| #大中型工业企业 | | Large and Middle Scale of Industry Enterprise | |
| 科技机构数 | (个) | Number of S&T Organizations | (unit) |
| 科技项目数 | (个) | Number of S&T Projects | (unit) |
| 科技人员数 | (万人) | Number of S&T People | (10000 perons) |
| #高中级技术职称人员 | | High and Middle Technical Title People | |
| 科技项目经费内部支出 | (万元) | The S&T Funds Interior Disburses | (10000 yuan) |
| 新产品销售收入 | (万元) | Sales Revenue of New Product | (10000 yuan) |
| #出 口 | | Export | |
| 国内外三种专利申请* | | Three Kinds of Patent Applied of Domestic and Foreign | |
| 受理数 | (个) | Number of Cases | (unit) |
| 发 明 | | Invention | |
| 实用新型 | | Utility Model | |
| 外观设计 | | Layout-Design | |
| 授权数 | (个) | Number of Authorization | (unit) |
| 发 明 | | Invention | |
| 实用新型 | | Utility Model | |
| 外观设计 | | Layout-Design | |
| **卫 生** | | **Hygiene** | |
| 卫生机构数* | (个) | Number of Health Institutions | (unit) |
| #医院、卫生院 | | Hospital. Heaith Center | |
| 卫生技术人员* | (万人) | Health technical People | (10000 perons) |
| #执业（助理）医师 | | Licenses of (Assistant) Dr. | |
| 医疗机构床位* | (万张) | Medical Establishment bed | (10000 unit) |
| #医院、卫生院 | | Hospital. Herlth Center | |
| **人民生活** | | **National Lives** | |
| 在岗职工平均工资* | (元) | Average Wage of Staff and Workers | (yuan) |
| 城镇居民人均可支配收入* | (元) | Urban Per Capita Disposable Income | (yuan) |
| 农村居民人均纯收入 | (元) | Farmer Per Capita Net Income | (yuan) |

| 全　　省 Whole Province | | 皖江示范区 The Wanjiang City Zone Contracting Industrial Shifting Model District | | 占全省比重（%） Proportion of Whole Province | | 比上年增长（%） Growth Compared with Last Year (%) |
|---|---|---|---|---|---|---|
| 2009 | 2010 | 2009 | 2010 | 2009 | 2010 | |
| 49704600 | 58143500 | 29680000 | 36666463 | 59.7 | 63.1 | 23.5 |
| 46814700 | 63080900 | 31641700 | 42873475 | 67.6 | 68.0 | 35.5 |
| 232.06 | 264.87 | | | | | |
| 2239.9 | 2865.0 | 1742.0 | 2222.7 | 77.8 | 77.6 | 27.6 |
| 1951.1 | 2505.8 | 1526.9 | 1953.2 | 78.3 | 77.9 | 27.9 |
| 2397.7 | 2717.1 | 1918.7 | 2083.0 | 80.0 | 76.7 | 8.6 |
| 2850 | 2850 | | | | | |
| 149184 | 149382 | 81513 | 78643 | 54.6 | 52.6 | -3.5 |
| 2810 | 2929 | 1681 | 1597 | 59.8 | 54.5 | -5.0 |
| 14.1 | 16.0 | | | | | |
| 1332.2 | 1502.8 | | | | | |
| 19.7 | 22.8 | | | | | |
| 6322.0 | 7153.7 | | | | | |
| 662.5 | 300.3 | 367.2 | 164.7 | 55.4 | 54.8 | -55.2 |
| 95 | 100 | 69 | 72 | 72.6 | 72.0 | 4.3 |
| 27.9 | 29.7 | 20.2 | 21.4 | 72.2 | 71.9 | 5.8 |
| 87.8 | 93.9 | 63.5 | 67.5 | 72.3 | 71.9 | 6.4 |
| 20.6 | 23.2 | 14.9 | 17.0 | 72.4 | 73.3 | 14.2 |
| 233991 | 236524 | | 170857 | | 72.2 | |
| | 94610 | | 68631 | | 72.5 | |
| 1385400 | 1637219 | | | | | |
| 782000 | 1040238 | | | | | |
| 2682 | 2221 | | | | | |
| 16386 | 37780 | | 30043 | | 79.5 | |
| 4465 | 6396 | | 4764 | | 74.5 | |
| 7065 | 14417 | | 11117 | | 77.1 | |
| 4856 | 16967 | | 14162 | | 83.5 | |
| 8594 | 16012 | | 12390 | | 77.4 | |
| 795 | 1111 | | 941 | | 84.7 | |
| 4226 | 8839 | | 6776 | | 76.7 | |
| 3573 | 6062 | | 4673 | | 77.1 | |
| 7010 | 7383 | 3951 | 3884 | 56.4 | 52.6 | -1.7 |
| 2426 | 2175 | 1289 | 1068 | 53.1 | 49.1 | -17.1 |
| 20.2 | 20.5 | 10.7 | 11.0 | 52.9 | 53.3 | 2.3 |
| 7.9 | 8.1 | 4.2 | 4.3 | 52.6 | 52.9 | 2.9 |
| 17.7 | 18.6 | 9.2 | 9.4 | 51.8 | 50.8 | 3.1 |
| 16.5 | 17.1 | 8.5 | 8.7 | 51.6 | 50.8 | 1.9 |
| 29658 | 34341 | 31104 | 35502 | 104.9 | 103.4 | 14.1 |
| 14086 | 15788 | 15457 | 17424 | 109.7 | 110.4 | 12.7 |
| 4504 | 5285 | 5154 | 6053 | 114.4 | 114.5 | 17.5 |

# 1—10 合芜蚌自主创新综合试验区主要指标
Main Indices of HeWuBeng Independent Innovation Comprehensive Area

| 指　　标 | | Item | |
|---|---|---|---|
| **土　地** | | **Land** | |
| 土地面积 | （万平方公里） | Land Area | (10000 kilometer Square ) |
| #开发区面积 | | Development Zone Area | |
| **人　口** | | **Population** | |
| 年末总人口 | （万人） | Year-end Population | (10000 perons) |
| **劳动就业** | | **Labour Employment** | |
| 从业人员 | （万人） | Jobholders | (10000 perons) |
| 第一产业 | | Primary Industry | |
| 第二产业 | | Secondary Industry | |
| 第三产业 | | Tertiary Industry | |
| #城　镇 | | Town | |
| 城镇登记失业率 | （%） | Cities and Towns Register Unemployment Rate | |
| **国民经济核算** | | **National Economic Accounting** | |
| 地区生产总值 | （亿元） | Gross Domestic Product | (100 million yuan) |
| 第一产业 | | Primary Industry | |
| 第二产业 | | Secondary Industry | |
| #工　业 | | Industry | |
| 第三产业 | | Tertiary Industry | |
| 人均生产总值 | （元） | Per Capita gross Domestic Product | (yuan) |
| **固定资产投资** | | **Fixed Asset Investment** | |
| 固定资产投资额 | （亿元） | Entire Social Fixed Assets Investment | (100 million yuan) |
| #开发区 | | Development Area | |
| #房地产 | | Rreal Estate | |
| **国内贸易** | | **Domestic Trade** | |
| 社会消费品零售总额 | （亿元） | Social Retailgoods | (100 million yuan) |
| **利用外资** | | **Use of Foreign Investment** | |
| 实际利用外商直接投资 | （亿美元） | Actual Use of Foreign Direct Investment | (USD 100 million) |
| #开发区 | | Development Area | |
| 开发区利用内资 | （亿元） | Domestic Capital Using by Development Zone | (100 million yuan) |
| 实际利用省外资金 | （亿元） | Actual Use of Fund Outside Anhui Province | (100 million yuan) |
| 实际利用省内资金 | （亿元） | Actual Use of Fund Inside Anhui Province | (100 million yuan) |
| 进出口总额 | （亿美元） | Total Export-Import Volume | (USD 100 million) |
| #开发区 | | Development Area | |
| #出　口 | | Export | |
| #开发区 | | Development Area | |
| **财政金融** | | **Financial Work** | |
| 财政收入 | （亿元） | Finance Income | (100 million yuan) |
| #地方财政收入 | | Local Financial Revenue | |
| #开发区土地收入 | | Development Area Land Income | |
| 地方财政支出 | （亿元） | Local Financial Expenditures | (100 million yuan) |
| 金融机构各项贷款 | （亿元） | Loans in Finance Institutions | (100 million yuan) |
| 金融机构各项存款 | （亿元） | Savings in Finance Institutions | (100 million yuan) |
| **农　业** | | **Agriculture** | |
| 主要农产品产量 | （万吨） | Output of Major Farm Products | (10000 ton) |
| 粮　食 | | Ggrain | |
| 棉　花 | | Cotton | |
| 油　料 | | Oil Crops | |
| **规模以上工业** | | **Industrial Enterprises Above Designated Size** | |
| 企业数 | （个） | Number of Enterprises | (unit) |
| #开发区 | | Development Area | |
| 主营业务收入 | （万元） | Main Business Income | (10000 yuan) |
| #开发区 | | Development Area | |
| 工业增加值 | （万元） | Industry Value Added | (10000 yuan) |
| #开发区 | | Development Area | |
| 资产总计 | （万元） | Total Assets | (10000 yuan) |
| #开发区 | | Development Area | |
| #流动资产 | | Current Assets | |

| 全　　省<br>Whole Province | | 合芜蚌主要指标<br>Main Indices of HeWuBeng | | 占全省比重（%）<br>Proportion of Whole Province | | 比上年增长<br>（%）<br>Growth Compared With Last Year |
|---|---|---|---|---|---|---|
| 2009 | 2010 | 2009 | 2010 | 2009 | 2010 | |
| 13.94 | 13.94 | 1.63 | 1.63 | 11.7 | 11.7 | 平 |
| 0.16 | 0.21 | 0.06 | 0.09 | 34.9 | 40.3 | 48.7 |
| 6795 | 6827 | 1082 | 1087 | 15.9 | 15.9 | 0.4 |
| 3988.0 | 4050.0 | 637.0 | 692.4 | 16.0 | 17.1 | 8.7 |
| 1566.1 | 1583.6 | 196.9 | 205.2 | 12.6 | 13.0 | 4.2 |
| 996.0 | 1016.5 | 199.7 | 205.6 | 20.1 | 20.2 | 3.0 |
| 1425.9 | 1449.9 | 240.4 | 281.6 | 16.9 | 19.4 | 17.1 |
| 936.2 | 973.5 | 234.0 | 350.2 | 25.0 | 36.0 | 49.7 |
| 3.9 | 3.7 | | | | | |
| 10062.8 | 12359.3 | 3522.6 | 4448.3 | 35.0 | 36.0 | |
| 1495.5 | 1729.0 | 254.9 | 302.9 | 17.0 | 17.5 | |
| 4905.2 | 6436.6 | 1896.5 | 2480.4 | 38.7 | 38.5 | |
| 4064.7 | 5407.4 | 1538.9 | 2027.9 | 37.9 | 37.5 | |
| 3662.2 | 4193.7 | 1371.3 | 1665.0 | 37.4 | 39.7 | |
| 16408 | 20888 | | | | | |
| 8872.4 | 11849.4 | 3614.0 | 4803.1 | 40.7 | 40.5 | 32.9 |
| 2553.8 | 3626.9 | 1374.9 | 1985.4 | 53.8 | 54.7 | 44.4 |
| 1669.8 | 2251.8 | 914.6 | 1184.0 | 54.8 | 52.6 | 29.5 |
| 3481.6 | 4151.5 | 1171.9 | 1396.3 | 33.7 | 33.6 | 19.2 |
| 38.8 | 50.1 | 16.9 | 20.9 | 43.5 | 41.6 | 23.5 |
| 25.2 | 34.1 | 13.8 | 16.5 | 54.9 | 48.2 | 19.0 |
| 1443.0 | 2113.8 | 769.3 | 1102.3 | 53.3 | 52.1 | 43.3 |
| 536.9 | 732.1 | 256.1 | 343.8 | 47.7 | 47.0 | 34.2 |
| 156.4 | 242.8 | 82.4 | 131.1 | 52.7 | 54.0 | 59.1 |
| 69.6 | 111.9 | 39.3 | 79.9 | 56.5 | 71.5 | 103.3 |
| 88.9 | 124.1 | 56.8 | 77.6 | 63.9 | 62.5 | 36.8 |
| 47.1 | 62.7 | 24.9 | 40.4 | 52.8 | 64.4 | 62.3 |
| 1551.3 | 2063.8 | 566.5 | 778.4 | 36.5 | 37.7 | 37.4 |
| 863.9 | 1149.4 | 282.0 | 397.2 | 32.6 | 34.6 | 40.8 |
| 83.4 | 157.8 | 48.2 | 96.5 | 57.8 | 61.2 | 100.4 |
| 2141.9 | 2587.6 | 442.1 | 569.1 | 20.6 | 22.0 | 28.7 |
| 9232.7 | 11543.3 | 4676.2 | 5794.5 | 50.6 | 50.2 | 23.9 |
| 13343.4 | 16370.5 | 5312.7 | 6540.5 | 39.8 | 40.0 | 23.1 |
| 3069.9 | 3080.5 | 539.7 | 548.1 | 17.6 | 17.8 | 1.6 |
| 34.6 | 31.6 | 5.6 | 5.6 | 16.2 | 17.6 | -0.8 |
| 240.4 | 227.6 | 69.8 | 66.8 | 29.0 | 29.3 | -4.3 |
| 14122 | 16277 | 4103 | 4877 | 29.1 | 30.0 | 18.9 |
| 10647 | 13312 | 4477 | 5730 | 42.0 | 43.0 | 28.0 |
| 127871700 | 181646000 | 43243600 | 65971568 | 33.8 | 36.3 | 52.6 |
| 54864094 | 76160676 | 31869836 | 42253514 | 58.1 | 55.5 | 32.6 |
| 39805500 | 52906200 | 14219200 | 19373740 | 35.7 | 36.6 | 36.3 |
| 16192703 | 23036230 | 9686464 | 13556406 | 59.8 | 58.8 | 40.0 |
| 121717200 | 159302800 | 38444200 | 57491938 | 31.6 | 36.1 | 49.5 |
| 50116700 | 68991000 | 19739800 | 28377202 | 39.4 | 41.1 | 43.8 |

## 1—10 续表 continued

| 指 标 | | Item | |
|---|---|---|---|
| 固定资产净值年平均余额 | （万元） | Annual Mean Remaining Sum of Fixed Asset Net Worth | (10000 yuan) |
| 所有者权益 | （万元） | Owner's Equity | (10000 yuan) |
| 年平均从业人数 | （万人） | Annual Mean Employed Population | (10000 perons) |
| **建筑业** | | **Construction Business** | |
| 总产值 | （亿元） | Total Value of Out-put | (100 million yuan) |
| #建筑工程产值 | | Value of Out-put of Architectural Engineering | |
| 工程结算收入 | （亿元） | Income From Settlement of Projects | (100 million yuan) |
| **运输邮电通信业** | | **Transportation ,Posts and Telecommunications Industry** | |
| 铁路营业里程 | （公里） | Railroad Revenue Kilometres | (km) |
| 公路里程 | （公里） | Road Mileage | (km) |
| #高速公路 | | Freeway | |
| 旅客量 | （亿人） | Passenger Volume | (100 million perons) |
| 旅客周转量 | （亿人公里） | Turnover of Passenger Traffic | (100 million passenger-km) |
| 货物量 | （亿吨） | Cargo Quantity | (100 million ton) |
| 货物周转量 | （亿吨公里） | Cargo Turnover | (100 million tons-km) |
| 邮电业务总量 | （亿元） | Post and Telecommunication Service Total | (100 million yuan) |
| **教 育** | | **Education** | |
| 普通高等学校 | | Regular Institutions of Higher Education | |
| 学校数 | （个） | Number of Schools | (unit) |
| 招生数 | （万人） | Entrants | (10000 perons) |
| 在校学生数 | （万人） | Enrolment | (10000 perons) |
| 毕业生数 | （万人） | Graduates | (10000 perons) |
| **科技活动** | | **S&T Activities** | |
| 科技活动人员 | （人） | Personnel Engaged in S&T Activities | (peron) |
| #研究与试验发展（R&D） | | （R&D） | |
| R&D经费内部支出 | （万元） | The R&D funds Interior Disburses | (10000 yuan) |
| #大中型工业企业 | | Large and Middle Scale of Industry Enterprise | |
| 科技机构数 | （个） | Number of S&T Organizations | (unit) |
| 科技项目数 | （个） | Number of S&T Projects | (unit) |
| 科技人员数 | （万人） | Number of S&T People | (10000 perons) |
| #高中级技术职称人员 | | High and Middle Technical Title People | |
| 科技项目经费内部支出 | （万元） | The S&T Funds Interior Disburses | (10000 yuan) |
| 新产品销售收入 | （万元） | Sales Revenue of New Product | (10000 yuan) |
| #出 口 | | Export | |
| 国内外三种专利申请 | | Three Kinds of Patent Applied of Domestic and Foreign | |
| 受理数 | （个） | Number of Cases | (unit) |
| 发 明 | | Invention | |
| 实用新型 | | Utility Model | |
| 外观设计 | | Layout-Design | |
| 授权数 | （个） | Number of Authorization | (unit) |
| 发 明 | | Invention | |
| 实用新型 | | Utility Model | |
| 外观设计 | | Layout-Design | |
| **卫 生** | | **Hygiene** | |
| 卫生机构数 | （个） | Number of Health Institutions | (unit) |
| #医院、卫生院 | | Hospital. Heaith Center | |
| 卫生技术人员 | （万人） | Health technical People | (10000 perons) |
| #执业（助理）医师 | | Licenses of (Assistant) Dr. | |
| 医疗机构床位 | （万张） | Medical Establishment bed | (10000 unit) |
| #医院、卫生院 | | Hospital. Herlth Center | |
| **人民生活** | | **National Lives** | |
| 在岗职工平均工资 | （元） | Average Wage of Staff and Workers | (yuan) |
| 城镇居民人均可支配收入 | （元） | Urban Per Capita Disposable Income | (yuan) |
| 农村居民人均纯收入 | （元） | Farmer Per Capita Net Income | (yuan) |

| 全 省 Whole Province | | 合芜蚌主要指标 Main Indices of HeWuBeng | | 占全省比重（%） Proportion of Whole Province | | 比上年增长（%） Growth Compared With Last Year |
|---|---|---|---|---|---|---|
| 2009 | 2010 | 2009 | 2010 | 2009 | 2010 | |
| 49704600 | 58143500 | 12506100 | 19550603 | 25.2 | 33.6 | 56.3 |
| 46814700 | 63080900 | 14956900 | 22553575 | 31.9 | 35.8 | 50.8 |
| 232.06 | 264.87 | | | | | |
| 2239.9 | 2865.0 | 1353.9 | 1728.5 | 60.4 | 60.3 | 27.7 |
| 1951.1 | 2505.8 | 1195.3 | 1531.0 | 61.3 | 61.1 | 28.1 |
| 2397.7 | 2717.1 | 1564.2 | 1618.4 | 65.2 | 59.6 | 3.5 |
| 2850 | 2850 | | | | | |
| 149184 | 149382 | 17234 | 19814 | 11.6 | 13.3 | 15.0 |
| 2810 | 2929 | 498 | 570 | 17.7 | 19.5 | 14.5 |
| 14.1 | 16.0 | | | | | |
| 1332.2 | 1502.8 | | | | | |
| 19.7 | 22.8 | | | | | |
| 6322.0 | 7153.7 | | | | | |
| 662.5 | 300.3 | 195.8 | 87.1 | 29.5 | 29.0 | -55.5 |
| 95 | 100 | 56 | 57 | 58.9 | 57.0 | 1.8 |
| 27.9 | 29.7 | 16.4 | 17.1 | 58.5 | 57.5 | 4.4 |
| 87.8 | 93.9 | 51.5 | 54.5 | 58.7 | 58.1 | 5.8 |
| 20.6 | 23.2 | 12.5 | 13.9 | 60.5 | 59.8 | 11.5 |
| 233991.0 | 236524.0 | | 123281.0 | | 52.1 | |
| | 94610.0 | | 54458.0 | | 57.6 | |
| 1385400 | 1637219.2 | | | | | |
| 782000 | 1040238.3 | | | | | |
| 2682 | 2221 | | | | | |
| 16386 | 37780 | | 24470 | | 64.8 | |
| 4465 | 6396 | | 3986 | | 62.3 | |
| 7065 | 14417 | | 7984 | | 55.4 | |
| 4856 | 16967 | | 12500 | | 73.7 | |
| 8594 | 16012 | | 8820 | | 55.1 | |
| 795 | 1111 | | 814 | | 73.3 | |
| 4226 | 8839 | | 4564 | | 51.6 | |
| 3573 | 6062 | | 3442 | | 56.8 | |
| 7010 | 7383 | 1686 | 1663 | 24.1 | 22.5 | -1.4 |
| 2426 | 2175 | 484 | 439 | 20.0 | 20.2 | -9.3 |
| 20.2 | 20.5 | 5.4 | 5.5 | 26.7 | 26.7 | 1.4 |
| 7.9 | 8.1 | 2.0 | 2.1 | 25.7 | 25.7 | 2.3 |
| 17.7 | 18.6 | 4.7 | 4.9 | 26.8 | 26.5 | 4.0 |
| 16.5 | 17.1 | 4.5 | 4.6 | 27.1 | 27.0 | 3.4 |
| 29658 | 34341 | 33276 | 37654 | 112.2 | 109.6 | 13.2 |
| 14086 | 15788 | 16179 | 18183 | 114.9 | 115.2 | 12.4 |
| 4504 | 5285 | 5654 | 6608 | 125.5 | 125.0 | 16.9 |

## 1—11 分地区皖江城市带承接产业转移示范区主要规划目 标完成情况（2010年）

The Situation of the Main Goal Completion of the Wanjiang City Zone Contracting Industrial Shifting Model District By Regions (2010)

| 地 区 | Region | 经 济 发 展 Economical Development | | | | 产 业 结 构 Industrial Structure | | | |
|---|---|---|---|---|---|---|---|---|---|
| | | 地区生产总值（亿元）Gross Domestic Product (100 million yuan) | 财政收入（亿元）Government Revenue (100 million yuan) | 城镇化率（%）Rate of Urbanization (%) | R&D经费相当于GDP比例（%）Proportion of R&D fund to GDP (%) | 非农产业比重（%）Non-agricultural Industries (%) | 规模以上工业企业（个）Industrial Enterprises Above Designated Size (unit) | 规模以上工业增加值中开发区所占比重（%）Proportion of Development Zones of Add-value of Industrial Enterprises Above Designated Size (%) | 开发区单位土地实现经济收入（万元/亩）Economic Income of Unit Land Development Zones (10000 yuan per mu) |
| 合 肥 市 | Hefei | 2701.6 | 476.2 | 68.5 | | 95.1 | 2229 | | |
| 滁 州 市 | Chuzhou | 695.7 | 90.5 | 41.6 | | 78.7 | 1237 | | |
| 马鞍山市 | Maanshan | 810.7 | 140.0 | 69.1 | | 96.5 | 791 | | |
| 巢 湖 市 | Chaohu | 629.7 | 63.6 | 40.8 | | 81.4 | 798 | | |
| 芜 湖 市 | Wuhu | 1108.6 | 200.7 | 65.6 | | 95.6 | 1785 | | |
| 宣 城 市 | Xuancheng | 526.0 | 84.7 | 43.3 | | 83.2 | 1381 | | |
| 铜 陵 市 | Tongling | 466.7 | 88.6 | 73.5 | | 97.9 | 281 | | |
| 池 州 市 | Chizhou | 300.8 | 43.4 | 44.5 | | 84.8 | 614 | | |
| 安 庆 市 | Anqing | 989.0 | 121.1 | 36.8 | | 84.2 | 1527 | | |
| 金 安 区 | Jinan District | 83.0 | 5.0 | | | 78.3 | 190 | | |
| 舒 城 县 | Shucheng | 95.0 | 5.8 | | | 76.9 | 127 | | |

| 地 区 | Region | 开放合作 Opening-up and Cooperation | | | 公 共 服 务 Public Service | | | | 城市污水厂集中处理率（%）Central Processing Rate of Sewage Treatment Plant (%) |
|---|---|---|---|---|---|---|---|---|---|
| | | 实际利用外商直接投资（亿美元）Actual Use of Foreign Direct Investment (USD 100 million) | 实际利用省外资金（亿元）Actual Use of Fund Outside Anhui Province (100 million yuan) | 进出口额相当于GDP比例（%）Proportion of Foreign Trade Import and Export to GDP (%) | 城镇居民人均可支配收入（元）Unban Dweller Per Capita Disposable Income (yuan) | 农民人均纯收入（元）Farmer Per Capita Net Income (yuan) | 新增城镇就业岗位（万个）New Increasing Cities Employment Post (10 thousand) | 职业中学在校学生数（万人）Number of Students in Vocational Schools (10000 person) | |
| 合 肥 市 | Hefei | 11.0 | 1155.3 | 25.0 | 19051 | 7117 | 11.3 | 4.3 | |
| 滁 州 市 | Chuzhou | 1.2 | 520.4 | 8.9 | 15104 | 5915 | 5.5 | 4.4 | |
| 马鞍山市 | Maanshan | 7.1 | 310.8 | 24.0 | 23159 | 9331 | 4.9 | 1.0 | |
| 巢 湖 市 | Chaohu | 3.3 | 373.2 | 5.7 | 16167 | 6198 | 4.0 | 4.7 | |
| 芜 湖 市 | Wuhu | 7.2 | 917.9 | 15.9 | 18727 | 7834 | 9.6 | 1.3 | |
| 宣 城 市 | Xuancheng | 2.0 | 661.8 | 8.9 | 15141 | 6651 | 6.8 | 2.6 | |
| 铜 陵 市 | Tongling | 2.6 | 260.7 | 49.5 | 18690 | 7266 | 2.1 | 1.0 | |
| 池 州 市 | Chizhou | 1.5 | 197.9 | 4.8 | 15997 | 5827 | 2.0 | 1.9 | |
| 安 庆 市 | Anqing | 2.2 | 465.0 | 4.7 | 15147 | 4985 | 6.4 | 5.8 | |
| 金 安 区 | Jinan District | | 23.6 | | | 4714 | | | |
| 舒 城 县 | Shucheng | 0.2 | 16.0 | 3.1 | | 4819 | | | |

# 1—12　黄山旅游区域主要经济指标（2010年）
Main Economic Indicators of Tourist Region of Mount Huang (2010)

| 指　标 | Item | 黄山市市区 HuangShan Reigon Of City | 歙　县 SheXian | 休宁县 XiuNing | 黟　县 YiXian | 祁门县 QiMen |
|---|---|---|---|---|---|---|
| 土地面积　（平方公里） | Total Land Area (sq.km) | 2342 | 2236 | 2125 | 847 | 2257 |
| 年末总人口　（万人） | Population at the Year-end (10000 persons) | 43.7 | 48.6 | 27.4 | 9.6 | 18.8 |
| #非农业人口 | Non-agricultural Population | 20.2 | 6.4 | 3.8 | 2.0 | 4.0 |
| 年末城镇从业人员数　（万人） | Employment at the Year-ent (10000 persons) | 10.6 | 3.2 | 2.3 | 1.0 | 1.5 |
| 生产总值　（亿元） | Gross Domestic Product (100 milliog yuan) | 140.74 | 79.34 | 41.40 | 15.82 | 32.03 |
| 第一产业 | Primary Industry | 10.93 | 12.23 | 9.02 | 2.86 | 4.30 |
| 第二产业 | Secondary Industry | 62.10 | 37.57 | 16.52 | 7.22 | 12.96 |
| 第三产业 | Tertiary Industry | 67.71 | 29.54 | 15.86 | 5.73 | 14.78 |
| 农业总产值（可比价）（亿元） | Gross Agricultural Output Value (Constant Price) (100 million yuan) | 18.22 | 18.63 | 14.89 | 4.82 | 6.61 |
| 农业增加值　（亿元） | Value-added of Agriculture (100 million yuan) | 10.93 | 12.23 | 9.02 | 2.86 | 4.30 |
| 工业增加值　（亿元） | e-added of Industry (100 million yuan) | 43.37 | 31.30 | 11.63 | 5.21 | 9.81 |
| 公路通车里程　（公里） | Length of Highways (km) | 1428.0 | 1397.0 | 1200.0 | 533.0 | 954.0 |
| 邮电业务总量（现行价）（万元） | Business Volume of Post and Telecommunications (Current Price) (10000 yuan) | 99743 | 35322 | 18612 | 10450 | 17172 |
| 全社会固定资产投资额　（万元） | Total Investment in Fixed Assets (10000 yuan) | 2520800 | 831362 | 618604 | 218526 | 353844 |
| #50万元以上项目投资额 | Accomplished Investment Below 5 million Yuan | 1591869 | 690277 | 496897 | 169233 | 337304 |
| 房地产投资额 | Investment in Real Estate Development | 928931 | 141085 | 121707 | 49293 | 16540 |
| 社会消费品零售总额（万元） | Total Retail Sales of Consumer Goods (10000 yuan) | 653294 | 315044 | 148200 | 45831 | 100764 |
| 年末职工人数（在岗）（人） | Number of Staff and Workers at the Year-end (Fully Employed) (person) | 53172 | 12043 | 9048 | 4197 | 7291 |
| 职工工资总额（在岗）（万元） | Total Wages of Staff and Workers (Fully Employed) (10000 yuan) | 163794 | 36581 | 27943 | 11662 | 22312 |
| 财政收入（不含基金）（万元） | Government Revenue (Excluding Fund) (10000 yuan) | 302376 | 54889 | 40200 | 16898 | 28407 |
| 财政支出（不含基金）（万元） | Government Expenditure (Excluding Fund) (10000 yuan) | 381283 | 134169 | 91137 | 45673 | 77538 |
| 城乡居民储蓄存款年末余额（万元） | Outstanding Amount of Saving Deposits in Urban and Rural Areas at the Year-end (10000 yuan) | 1195187 | 627757 | 338925 | 141968 | 276468 |
| 农民人均纯收入　（元） | Per Capita Net Income of Rural Residents (yuan) | 6762 | 6524 | 6756 | 6498 | 6537 |
| 接待旅游人数　（万人） | Tourists Received (10000 persons) | 1140.16 | 498.41 | 260.93 | 535.97 | 109.25 |
| #国际游客 | International Tourists | 55.53 | 21.28 | 4.94 | 22.97 | 0.31 |
| 国内游客 | Domestic Tourists | 1084.63 | 477.13 | 255.99 | 513.00 | 108.94 |
| 旅游外汇收入　（万美元） | Foreign Exchange Earnings from Tourism (USD 10000) | 21438.0 | 3593.0 | 2189.0 | 2865.0 | 15.0 |

# 1—13 九华山旅游区域主要经济指标（2010年）
Main Economic Indicators of Tourist Region of Mount Jiu Hua (2010)

| 指标 | Item | 池州市市区 ChiZhou Reigon Of City | 青阳县 QingYang | 石台县 ShiTai | 东至县 DongZhi |
|---|---|---|---|---|---|
| 土地面积（平方公里） | Total Land Area (sq.km) | 2432 | 1181 | 1403 | 3256 |
| 年末总人口（万人） | Population at the Year-end (10000 persons) | 66.2 | 27.2 | 10.9 | 54.5 |
| #非农业人口 | Non-agricultural Population | 14.3 | 4.4 | 2.1 | 7.2 |
| 年末城镇从业人员数（万人） | Employment at the Year-ent (10000 persons) | 14.3 | 5.2 | 1.1 | 4.8 |
| 生产总值（万元） | Gross Domestic Product (10000 yuan) | 1558536 | 435202 | 125543 | 702051 |
| 第一产业 | Primary Industry | 190147 | 63970 | 24478 | 176190 |
| 第二产业 | Secondary Industry | 770883 | 219983 | 51827 | 293568 |
| 第三产业 | Tertiary Industry | 597506 | 151250 | 49238 | 232293 |
| 农业总产值（现行价）（万元） | Gross Agricultural Output Value (Current Price) (10000 yuan) | 311054 | 100838 | 37989 | 312717 |
| 农业增加值（万元） | Value-added of Agriculture (10000 yuan) | 190147 | 63970 | 24478 | 176190 |
| 工业增加值（万元） | Value-added of Industry (10000 yuan) | 437912 | 161084 | 38936 | 163421 |
| 公路通车里程（公里） | Length of Highways (km) | 2348 | 1145 | 842 | 2407 |
| 邮电业务总量（现行价）（万元） | Business Volume of Post and Telecommunications (Current Price) (10000 yuan) | 33387 | 12658 | 4487 | 17829 |
| 全社会固定资产投资额（万元） | Total Investment in Fixed Assets (10000 yuan) | 2091374 | 480214 | 141613 | 665780 |
| 社会消费品零售总额（万元） | Total Retail Sales of Consumer Goods (10000 yuan) | 498232 | 147966 | 57004 | 190695 |
| 年末职工人数（在岗）（万人） | Number of Staff and Workers at the Year-end (Fully Employed) (10000 yuan) | 3.57 | 1.12 | 0.56 | 1.63 |
| 职工工资总额（在岗）（万元） | Total Wages of Staff and Workers (Fully Employed) (10000 yuan) | 102438 | 32607 | 13802 | 46953 |
| 财政收入（不含基金）（万元） | Government Revenue (Excluding Fund) (10000 yuan) | 231296 | 65096 | 12079 | 60225 |
| 财政支出（不含基金）（万元） | Government Expenditure (Excluding Fund) (10000 yuan) | 329328 | 96569 | 55867 | 141418 |
| 城乡居民储蓄存款年末余额（万元） | Outstanding Amount of Saving Deposits in Urban and Rural Areas at the Year-end (10000 yuan) | 965612 | 376763 | 127257 | 527862 |
| 农民人均纯收入（元） | Per Capita Net Income of Rural Residents (yuan) | 6214 | 5950 | 3281 | 5838 |
| 接待旅游人数（人） | Tourists Received (person) | 3673294 | 3091005 | 2002907 | 2684700 |
| #国际游客 | International Tourists | 90723 | 45377 | 15017 | 29010 |
| 国内游客 | Domestic Tourists | 3582571 | 3045628 | 1987890 | 2655690 |
| 旅游营业收入（万元） | Income of Tourism (10000 yuan) | 346524 | 317360 | 130391 | 196600 |
| 旅游外汇收入（万美元） | Foreign Exchange Earnings from Tourism (USD 10000) | 2876 | 1439 | 476 | 920 |

# 主要统计指标解释

**可比价格**

指计算各种总量指标所采用的扣除了价格变动因素的价格，可进行不同时期总量指标的对比。按可比价格计算总量指标有两种方法：一种是直接用产品产量乘某一年的不变价格计算；另一种是用价格指数进行缩减。

**平均增长速度**

我国计算平均增长速度有两种方法：一种是习惯上经常使用的“水平法”，又称几何平均法，是以间隔期最后一年的水平同基期水平对比来计算平均每年增长（或下降）速度；另一种是“累计法”，又称代数平均法或方程法，是以间隔期内各年水平的总和同基期水平对比来计算平均每年增长（或下降）速度。在一般正常情况下，两种方法计算的平均每年增长速度比较接近；但在经济发展不平衡、出现大起大落时，两种方法计算的结果差别较大。

本《年鉴》内所列的平均增长速度，均用“水平法”计算。从某年到某年平均增长速度的年份，均不包括基期年在内。如建国四十三年的平均增长速度是以1949年为基期计算的，则写为1950-1992年平均增长速度，其余类推。

**企业（单位）登记注册类型**

是以在工商行政管理机关登记注册的各类企业为划分对象，以工商行政管理部门对企业登记注册的类型为依据，将企业登记注册类型分为内资企业、港澳台商投资企业和外商投资企业三大类。内资企业包括国有企业、集体企业、股份合作企业、联营企业、有限责任公司、股份有限公司、私营公司和其他企业；港澳台商投资企业和外商投资企业分别包括合资经营企业、合作经营企业、独资经营企业和股份有限公司。对不在工商行政管理部门进行登记注册的行政机关、事业单位和社会团体，主要按其经费来源和管理方式进行划分。

**法人单位**

指具备以下条件的单位：（一）依法成立，有自己的名称、组织机构和场所，能够独立承担民事责任；（二）独立拥有和使用（或授权使用）资产，承担负债，有权与其他单位签订合同；（三）会计上独立核算，能够编制资产负债表。法人单位包括企业法人、事业单位法人、机关法人、社会团体法人和其他法人。按照下属是否有产业活动单位，又分为单产业法人和多产业法人。

**产业活动单位**

法人单位所属的产业活动单位，指具备以下条件的单位：（一）在一个场所从事一种或主要从事一种社会经济活动；（二）相对独立组织生产经营或业务活动；（三）能够掌握收入和支出等业务核算资料。

**单位数**

表中的单位数为单产业法人数和多产业法人所属的产业活动单位数之和。

**国有企业**

指企业全部资产归国家所有，并按《中华人民共和国企业法人登记管理条例》规定登记注册的非公司制的经济组织。不包括有限责任公司中的国有独资公司。

**集体企业**

指企业资产归集体所有，并按《中华人民共和国企业法人登记管理条例》规定登记注册的经济组织。

**股份合作企业**

指以合作制为基础，由企业职工共同出资入股，吸收一定比例的社会资产投资组建，实行自主经营，自负盈亏，共同劳动，民主管理，按劳分配与按股分红相结合的一种集体经济组织。

**联营企业**

指两个及两个以上相同或不同所有制性质的企业法人或事业单位法人，按自愿、平等、互利的原则，共同投资组成的经济组织。联营企业包括国有联营企业、集体联营企业、国有与集体联营企业和其他联营企业。

**有限责任公司**

指根据《中华人民共和国公司登记管理条例》规定登记注册，由两个以上、五十个以下的股东共同出资，每个股东以其所认缴的出资额对公司承担有限责任，公司以其全部资产对其债务承担责任的经济组织。有限责任公司包括国有独资公司以及其他有限责任公司。

**股份有限公司**

指根据《中华人民共和国公司登记管理条例》规定登记

注册，其全部注册资本由等额股份构成并通过发行股票筹集资本，股东以其认购的股份对公司承担有限责任，公司以其全部资产对其债务承担责任的经济组织。

**私营企业**

指由自然人投资设立或由自然人控股，以雇佣劳动为基础的营利性经济组织。包括按照《公司法》、《合伙企业法》、《私营企业暂行条例》规定登记注册的私营有限责任公司、私营股份有限公司、私营合伙企业和私营独资企业。

**其他内资企业**

指上述企业之外的其他内资经济组织。

**与港澳台商合资经营企业**

指港澳台地区投资者与内地企业依照《中华人民共和国中外合资经营企业法》及有关法律的规定，按合同规定的比例投资设立、分享利润和分担风险的企业。

**与港澳台商合作经营企业**

指港澳台地区投资者与内地企业依照《中华人民共和国中外合作经营企业法》及有关法律的规定，依照合作合同的约定进行投资或提供条件设立、分配利润和分担风险的企业。

**港澳台商独资经营企业**

指依照《中华人民共和国外资企业法》及有关法律的规定，在内地由港澳台地区投资者全额投资设立的企业。

**港澳台商投资股份有限公司**

指根据国家有关规定，经外经贸部依法批准设立，其中港、澳、台商的股本占公司注册资本的比例达 25% 以上的股份有限公司。凡其中港、澳、台商的股本占公司注册资本的比例小于 25%的，属于内资企业中的股份有限公司。

**中外合资经营企业**

指外国企业或外国人与中国内地企业依照《中华人民共和国中外合资经营企业法》及有关法律的规定，按合同规定的比例投资设立、分享利润和分担风险的企业。

**中外合作经营企业**

指外国企业或外国人与中国内地企业依照《中华人民共和国中外合作经营企业法》及有关法律的规定，依照合作合同的约定进行投资或提供条件设立、分配利润和分担风险的企业。

**外资企业**

指依照《中华人民共和国外资企业法》及有关法律的规定，在中国内地由外国投资者全额投资设立的企业。

**外商投资股份有限公司**

指根据国家有关规定，经外经贸部依法批准设立，其中外资的股本占公司注册资本的比例达 25% 以上的股份有限公司。凡其中外资股本占公司注册资本的比例小于 25%的，属于内资企业中的股份有限公司。

**行政机关、事业单位和社会团体**

参照企业登记注册类型，主要按其经费来源和管理方式划分。具体规定如下：

⑴行政机关：包括国家机关和政党机关，原则上均列为“国有”。但有特殊规定的，如供销社等，则列为“集体”。

⑵事业单位：包括经国家机构编制部门和有关业务主管部门批准成立的各类事业单位，不包括实行企业化管理的事业单位。事业单位的划分办法如下：

①由国家财政预算拨款或列入财政预算外资金管理以及经费主要来源于国有主管部门或国有上级单位的事业单位，列为“国有”。

②经费主要来源于集体单位的事业单位，列为“集体”。

③公民个人（或个人合伙）开办的事业单位，列为“私营”。

④上述以外的其他事业单位，如果其经费来源不明确，按管理方式进行归类。

⑶社会团体：包括经民政部门批准成立以及未纳入社会团体管理条例范围的工会、妇联等各类社会团体。社会团体的划分办法如下：

①未纳入民政部社会团体管理条例范围的工会、妇联、共青团、青联、工商联、科协、侨联等社会团体，国家拨款设立的基金会或基金管理组织以及经费主要来源于国有业务主管部门或国有上级单位的社会团体，列为“国有”。

②经费主要来源于集体单位的社会团体，列为“集体”。

③公民个人（或个人合伙）开办的社会团体，划为“私营”。

④上述以外的其他社会团体，如果其经费来源不明确，改按管理方式进行归类。

# Explanatory Notes for Major Statistical Indicators

**Comparable Prices**

Refer to prices that are used to remove the factors of price change in calculating economic aggregates, so as to facilitate comparison of aggregates over time. Two methods are used for calculating economic aggregates at comparable prices: 1.Multiplying the output of products by their constant prices of certain year; 2.Deflation of data at current prices by relevant price index.

**Average Annual Growth Rate**

Two methods for calculating average annual growth rate are applied in China, one is often called "level approach" or the method of calculating geometric average, which is derived by comparing the level of the last year of the interval with that of the beginning year; the other is called "accumulative approach" or algebraic average or equation method, which is derived by the summation of the actual figure of each year in the interval divided by the figure in the base year.

Usually the results calculated by the two methods are fairly close, but they differed sharply when uneven economic development occurred with striking fluctuations in growth.

The average annual growth rates listed in this statistical yearbook are calculated by level approach except for the growth rate of investment in fixed assets. The base years are not listed when the years are listed for average annual growth rates. For instance, the average annual growth rate of 43 years since 1949 is listed as average annual growth rate of 1950-1992 without listing the base year 1949. And the analogy of this is also the same for the rest of the years.

**Registration Status of Enterprises**

Enterprises are classified into 3 categories, namely domestic-funded enterprises, enterprises with investment from Hong Kong, Macao and Taiwan, and enterprises with foreign investment, in the light of the registration status of an enterprise in industrial and commercial administration agencies. Domestic-funded enterprises include state-owned enterprises, collective-owned enterprises, cooperative enterprises, joint ownership enterprises, limited liability corporations, share-holding corporations Ltd., private enterprises and other enterprises. Included in the enterprises with investment from Hong Kong, Macao and Taiwan and enterprises with foreign investment are joint-venture enterprises, cooperative enterprises, sole investment enterprises and share-holding corporations Ltd. For government agencies, institutions and social organizations which are not requested to be registered in industrial and commercial administration agencies, they are classified mainly by their sources of funds and way of management.

**State-owned Enterprises**

Refer to non-corporation economic units where the entire assets are owned by the state and which have registered in accordance with the Regulation of the People's Republic of China on the Management of Registration of Corporate Enterprises. Excluded from this category are sole state-funded corporations in the limited liability corporations.

**Collective-owned Enterprises**

Refer to economic units where the assets are owned collectively and which have registered in accordance with the Regulation of the People's Republic of China on the Management of Registration of Corporate Enterprises.

**Cooperative Enterprises**

refer to a form of collective economic units (enterprises) where capitals come mainly from employees as their shares, with certain proportion of capital from the outside, where production is organized on the basis of independent operation, independent accounting for profits and losses, joint work, democratic management, and a distribution system that integrates remuneration according to work with dividend according to capital share.

**Joint Ownership Enterprises**

Refer to economic units established by two or more corporate enterprises or corporate institutions of the same or different ownership, through joint investment on the basis of equality, voluntary participation and mutual benefits. They include state joint ownership enterprises, collective joint ownership enterprises, joint state-collective enterprises, other joint ownership enterprises.

**Limited Liability Corporations**

Refer to economic units established with investment from 2-50 investors and registered in accordance with the Regulation of the People's Republic of China on the Management of Registration of Corporations, each investor bearing limited liability to the corporation depending on its share of investment, and the corporation bearing liability to its debt to the maximum of its total assets. Limited liability corporations include exclusive state-funded limited liability corporations and other limited liability corporations.

**Share-holding Corporations Ltd**

Refer to economic units registered in accordance with the Regulation of the People's Republic of China on the Management of Registration of Corporations, with total registered capitals divided into equal shares and raised through issuing stocks. Each investor bears limited liability to the corporation depending on the holding of shares, and the corporation bears liability to its debt to the maximum of its total assets.

**Private Enterprises**

Refer to profit-making economic units invested and established by natural persons, or controlled by natural persons using employed labour. Included in this category are private limited liability corporations, private share-holding corporations Ltd., private partnership enterprises and private-funded enterprises registered in accordance with the Corporation Law, Partnership Enterprises Law and Interim Regulations on Private Enterprises.

**Other Domestic-funded Enterprises**

Refer to domestic-funded economic units other than those mentioned above.

**Joint-venture Enterprises with Funds from Hong Kong, Macao and Taiwan**

Refer to enterprises jointly established by investors from Hong Kong, Macao and Taiwan with enterprises in the mainland of China in accordance with the Law of the People's Republic of China on Sino-foreign Joint Venture Enterprises and other relevant laws, where the share of investment, profits and risks is stipulated in the contract.

**Cooperative Enterprises with Funds from Hong Kong Macao and Taiwan**

Established by investors from Hong Kong, Macao and Taiwan with enterprises in the mainland of China in accordance with the Law of the People's Republic of China on Sino-foreign Cooperative Enterprises and other relevant laws, where the investment or provision of facilities, and the share of profits and risks is stipulated in the cooperative contract.

**Enterprises with Sole (exclusive) Investment from Hong Kong, Macao and Taiwan**

Refer to enterprises established in the mainland of China with exclusive investment from investors from Hong Kong, Macao and Taiwan in accordance with the Law of the Peoples Republic of China on Foreign-Funded Enterprises and other relevant laws.

**Share-holding Corporations Ltd. with Investment from Hong Kong, Macao and Taiwan**

refer to share-holding corporations Ltd. established with the approval from the Ministry of Foreign Trade and Economic Relations in line with relevant state regulations, where the share of investment from Hong Kong, Macao or Taiwan businessmen exceeds 25% of the total registered capital of the corporation. In case the share of investment from Hong Kong, Macao or Taiwan is less than 25% of the total registered capital, the enterprise is to be classified as domestic-funded share-holding corporation Ltd.

**Joint-venture Enterprises with Foreign Investment**

Refer to enterprises jointly established by foreign enterprises or foreigners with enterprises in the mainland of China in accordance with the Law of the People's Republic of China on Sino-foreign Joint Venture Enterprises and other relevant laws, where the share of investment, profits and risks is stipulated in the contract.

**Cooperation Enterprises with Foreign Investment**

Refer to enterprises jointly established by foreign enterprises or foreigners with enterprises in the mainland of China in accordance with the Law of the People's Republic of China on Sino-foreign Cooperative Enterprises and other relevant laws, where the investment or provision of facilities, and the share of profits and risks is stipulated in the cooperative contract.

**Enterprises with Sole (exclusive) Foreign Investment**

Refer to enterprises established in the mainland of China with exclusive investment from foreign investors in accordance with the Law of the People's Republic of China on Foreign-Funded Enterprises and other relevant laws.

**Share-holding Corporations Ltd. with Foreign Investment**

refer to share-holding corporations Ltd. established with the approval from the Ministry of Foreign Trade and Economic Relations in line with relevant state regulations, where the share of investment from foreign investors exceeds 25% of the total registered capital of the corporation. In case the share of foreign investment is less than 25% of the total registered capital, the enterprise is to be classified as domestic-funded share-holding corporation Ltd.

**Government Agencies, Institutions and Social Organizations** are classified into following categories by source of funds and way of management taking reference of the registration status of enterprises:

(1) Government agencies: include state and party agencies, classified in principle as "state-owned". There are exceptions, such as supply and marketing cooperatives which are classified as "collective".

(2) Institutions: include institutions of various types established with the approval by organization and staffing departments of the government, but exclude institutions where enterprise management system is introduced. Institutions are further classified as follows:

a) Institutions whose main budget is listed in the government budget appropriations or extra-budget funds, or allocated from the budget of their competent government agencies. Such institutions are classified as "state-owned".

b) Institutions whose budget mainly comes from collective units. Such institutions are classified as "collective".

c) Institutions other than those mentioned above whose source of budget are not clear. Such institutions are classified by way of management.

(3) Social organizations: include social organizations established with the approval from the Ministry of Civil Affairs, and organizations that are not covered by social organization management regulations such as trade unions, women's federations etc. Social organizations are further classified as follows:

a) Social organizations that are not covered by social organization management regulations of the Ministry of Civil Affairs such as trade unions, women's federations, communist youth leagues, youth associations, industrial and commerce associations, scientists associations, overseas Chinese associations, etc., foundations and fund management organizations established with funds from the state, and social organizations whose funds mainly come from the budget of their competent government agencies. Such institutions are classified as "state-owned".

b) Social organizations whose budget mainly comes from collective units. Such institutions are classified as "collective".

c) Social organizations established by individual or a group of citizens, which are classified as "private".

d) Social organizations other than those mentioned above whose source of budget are not clear. Such organizations are classified by way of management.

# 第 二 篇

Chapter 2

NATIONAL ACCOUNTS

## 简要说明

一、本篇包括国民经济核算资料等内容。

二、居民消费水平是按人口平均计算的居民消费额，它综合反映一个国家(或地区)人民物质文化生活水平。

三、国民经济核算资料主要包括国内生产总值表、资金流量表、资产负债综合表。

四、有关“指数”部分分为“以上年为 100 的指数”和“以 1978 年为 100 的指数”两个方面，“以上年为 100 的指数”表中 2000 年以前(含 2000 年)的数据是按 1990 年价格计算的，2000-2005 年的数据是按 2000 年价格计算的，2005 年以后的数据是按 2005 年价格计算的；“以 1978 年为 100 的指数”是以 1978 年为基数，每年指数相乘得到的。

五、市级人均 GDP 为按年平均常住人口测算，县（市）人均 GDP 为按年均户籍人口测算。

## Brief Introduction

I. This chapter covers Data on national accounts.

II. Consumption level of residents is average consumption value by population, and reflects people's standard of material and culture life in a country (region).

III. Statistics on national accounts include mainly gross domestic product table, flow of fund table, assets and liability table and input-output table.

IV. Indices include two parts: one is “the preceding year=100” and the other is “Year 1978=100”. Data in the tables that “the preceding year=100” are calculated at the fixed prices of 1990 before 2000 (including 2000) data in the years from 2000 to 2005 are calculated at the fixed price of 2000 and data are calculated at the fixed price of 2005 after 2005. Data in the tables that “Year 1978=100” are all obtained by the multiplied index each year based on 1978.

Ⅴ. Municipal GDP per capital is calculated by the annual average resident population. Country (Municipal) GDP per capital is calculated by the annual household populations.

## 2—1 安徽生产总值
Gross Domestic Product

本表按当年价格计算。 Data in value terms in this table are calculated at current price.

| 年份 Year | 生产总值 (亿元) Gross Domestic Product (100 million yuan) | 第一产业 Primary Industry | 第二产业 Secondary Industry | 工业 Industry | 建筑业 Construction | 第三产业 Tertiary Industry | #交通运输仓储邮电通信业 Transportation, Storage, Post and Telecommunications | #批发和零售贸易餐饮业 Wholesale, Retail Trade and Catering Trade | 人均生产总值(按常住人口计算)(元/人) Per Capita GDP by Permanent Residents (yuan/person) |
|---|---|---|---|---|---|---|---|---|---|
| 1995 | 1810.66 | 584.12 | 660.09 | 562.44 | 97.65 | 566.45 | 108.44 | 162.29 | 3069.7 |
| 2000 | 2902.09 | 741.77 | 1056.78 | 885.10 | 171.68 | 1103.54 | 215.61 | 300.75 | 4779.5 |
| 2001 | 3246.71 | 760.77 | 1254.88 | 1062.00 | 192.88 | 1231.06 | 239.50 | 323.51 | 5313.3 |
| 2002 | 3519.72 | 783.66 | 1337.04 | 1115.09 | 221.95 | 1399.02 | 275.27 | 343.87 | 5736.2 |
| 2003 | 3923.11 | 749.40 | 1535.29 | 1255.80 | 279.49 | 1638.42 | 326.34 | 380.49 | 6375.4 |
| 2004 | 4759.30 | 950.50 | 1844.90 | 1488.90 | 356.00 | 1963.90 | 411.60 | 427.10 | 7681.2 |
| 2005 | 5350.17 | 966.50 | 2245.90 | 1837.36 | 408.54 | 2137.77 | 336.39 | 393.75 | 8630.7 |
| 2006 | 6112.50 | 1011.03 | 2711.18 | 2240.37 | 470.81 | 2390.29 | 363.12 | 442.41 | 9995.9 |
| 2007 | 7360.92 | 1200.18 | 3370.96 | 2810.00 | 560.96 | 2789.78 | 408.33 | 511.66 | 12039.5 |
| 2008 | 8851.66 | 1418.09 | 4198.93 | 3505.67 | 693.26 | 3234.64 | 443.81 | 611.15 | 14448.2 |
| 2009 | 10062.82 | 1495.45 | 4905.22 | 4064.72 | 840.50 | 3662.15 | 467.92 | 733.19 | 16407.7 |
| 2010 | 12359.33 | 1729.02 | 6436.62 | 5407.40 | 1029.22 | 4193.68 | 527.02 | 887.66 | 20887.8 |

注：1. 1993—2003年的数据按2004年经济普查数据进行历史调整。

2. 2005年以后数据，交通运输仓储邮电通信业不包括电信业，批发零售贸易餐饮业不包括餐饮业。(后同)

3. 2005—2008年的数据按2008年经济普查结果进行修订。(后同)

a) Data in the table from 1993 to 2003 were adjusted according to the result of 2004 economic census.

b) In the table since 2005,Telecommunications were not included in Transportation Storage Post and Telecommunications, and Catering Trade was not included in Wholesale Retail Trade and Catering Trade.

c) In 2005-2008, data carries on the revision according to the economical general survey result in 2008 (Similarly in the following tables)

## 2—2 安徽生产总值构成
Composition of Gross Domestic Product

本表按当年价格计算。(单位：%) Data in value terms in this table are calculated at current price. (%)

| 年份 Year | 生产总值 Gross Domestic Product | 第一产业 Primary Industry | 第二产业 Secondary Industry | 工业 Industry | 建筑业 Construction | 第三产业 Tertiary Industry | #交通运输仓储邮电通信业 Transportation, Storage, Post and Telecommunications | #批发和零售贸易餐饮业 Wholesale, Retail Trade and Catering Trade |
|---|---|---|---|---|---|---|---|---|
| 1995 | 100.00 | 32.26 | 36.46 | 31.07 | 5.39 | 31.28 | 5.99 | 8.96 |
| 2000 | 100.00 | 25.56 | 36.41 | 30.50 | 5.91 | 38.03 | 7.43 | 10.36 |
| 2001 | 100.00 | 23.43 | 38.65 | 32.71 | 5.94 | 37.92 | 7.38 | 9.96 |
| 2002 | 100.00 | 22.26 | 37.99 | 31.68 | 6.31 | 39.75 | 7.82 | 9.77 |
| 2003 | 100.00 | 19.11 | 39.13 | 32.01 | 7.12 | 41.76 | 8.32 | 9.70 |
| 2004 | 100.00 | 19.98 | 38.76 | 31.28 | 7.48 | 41.26 | 8.65 | 8.97 |
| 2005 | 100.00 | 18.06 | 41.98 | 34.34 | 7.64 | 39.96 | 6.29 | 7.36 |
| 2006 | 100.00 | 16.55 | 44.35 | 36.65 | 7.70 | 39.10 | 5.94 | 7.24 |
| 2007 | 100.00 | 16.30 | 45.80 | 38.17 | 7.63 | 37.90 | 5.55 | 6.95 |
| 2008 | 100.00 | 16.02 | 47.44 | 39.61 | 7.83 | 36.54 | 5.01 | 6.90 |
| 2009 | 100.00 | 14.86 | 48.75 | 40.40 | 8.35 | 36.39 | 4.65 | 7.29 |
| 2010 | 100.00 | 13.99 | 52.08 | 43.75 | 8.33 | 33.93 | 4.26 | 7.18 |

## 2—3 安 徽 生 产 总 值 指 数
Indices of Gross Domestic Product

本表按不变价格计算。（上年为100） The indices in this table are calculated at constant price.（preceding year=100）

| 年 份 Year | 生产总值 Gross Domestic Product | 第一产业 Primary Industry | 第二产业 Secondary Industry | 工 业 Industry | 建 筑 业 Construction | 第三产业 Tertiary Industry | #交通运输仓储邮电通信业 Transportation, Storage, Post and Telecommunications | #批发和零售贸易餐饮业 Wholesale, Retail Trade and Catering Trade | 人均生产总值 Per Capita GDP |
|---|---|---|---|---|---|---|---|---|---|
| 1995 | 114.32 | 117.42 | 111.17 | 111.02 | 112.20 | 116.71 | 124.11 | 116.88 | 113.40 |
| 2000 | 108.27 | 101.20 | 109.49 | 108.88 | 113.66 | 111.46 | 112.65 | 109.37 | 107.57 |
| 2001 | 108.89 | 102.86 | 109.53 | 109.02 | 112.15 | 112.33 | 112.07 | 108.99 | 108.19 |
| 2002 | 109.61 | 101.02 | 111.60 | 111.69 | 111.15 | 113.03 | 113.76 | 107.44 | 109.16 |
| 2003 | 109.36 | 93.65 | 113.38 | 111.79 | 121.39 | 114.30 | 115.01 | 108.88 | 109.04 |
| 2004 | 113.31 | 108.60 | 114.67 | 114.00 | 117.74 | 114.18 | 118.34 | 109.60 | 112.54 |
| 2005 | 110.97 | 101.73 | 118.39 | 119.46 | 113.61 | 108.24 | 105.21 | 112.15 | 110.91 |
| 2006 | 112.53 | 104.54 | 118.72 | 119.72 | 114.21 | 109.65 | 104.13 | 111.47 | 114.08 |
| 2007 | 114.17 | 103.60 | 119.70 | 121.57 | 110.90 | 112.43 | 107.35 | 110.71 | 114.19 |
| 2008 | 112.67 | 106.20 | 116.08 | 117.51 | 108.70 | 111.10 | 106.69 | 112.37 | 112.44 |
| 2009 | 112.94 | 105.02 | 116.83 | 117.38 | 113.78 | 111.04 | 105.44 | 118.92 | 112.83 |
| 2010 | 114.59 | 104.61 | 120.68 | 121.86 | 113.91 | 110.05 | 110.96 | 113.58 | 118.77 |

## 2—4 安 徽 生 产 总 值 指 数
Indices of Gross Domestic Product

本表按不变价格计算。（1978=100） The indices in this table are calculated at constant price.（1978=100）

| 年 份 Year | 生产总值 Gross Domestic Product | 第一产业 Primary Industry | 第二产业 Secondary Industry | 工 业 Industry | 建 筑 业 Construction | 第三产业 Tertiary Industry | #交通运输仓储邮电通信业 Transportation, Storage, Post and Telecommunications | #批发和零售贸易餐饮业 Wholesale, Retail Trade and Catering Trade | 人均生产总值 Per Capita GDP |
|---|---|---|---|---|---|---|---|---|---|
| 1995 | 520.91 | 229.99 | 867.81 | 866.68 | 875.40 | 1002.86 | 1721.84 | 675.06 | 410.75 |
| 2000 | 839.59 | 303.73 | 1443.27 | 1437.49 | 1482.42 | 1789.25 | 3813.76 | 1179.58 | 642.84 |
| 2001 | 914.21 | 312.40 | 1580.75 | 1567.12 | 1662.50 | 2009.88 | 4274.10 | 1285.58 | 695.51 |
| 2002 | 1002.03 | 315.60 | 1764.15 | 1750.36 | 1847.79 | 2271.68 | 4862.15 | 1381.24 | 759.21 |
| 2003 | 1095.83 | 295.56 | 2000.14 | 1956.65 | 2243.07 | 2596.57 | 5591.75 | 1503.94 | 827.86 |
| 2004 | 1241.65 | 320.98 | 2293.52 | 2230.68 | 2641.02 | 2964.84 | 6617.20 | 1648.32 | 931.66 |
| 2005 | 1377.89 | 326.55 | 2715.18 | 2664.87 | 3000.53 | 3209.22 | 6961.69 | 1848.52 | 1033.31 |
| 2006 | 1550.56 | 341.37 | 3223.34 | 3190.29 | 3427.02 | 3518.80 | 7249.15 | 2060.53 | 1178.76 |
| 2007 | 1770.25 | 353.66 | 3858.50 | 3878.51 | 3800.64 | 3956.09 | 7781.64 | 2281.17 | 1346.00 |
| 2008 | 1994.46 | 375.59 | 4478.86 | 4557.47 | 4131.23 | 4395.21 | 8302.05 | 2563.30 | 1513.38 |
| 2009 | 2252.63 | 394.44 | 5232.61 | 5349.35 | 4700.42 | 4880.36 | 8754.06 | 3048.19 | 1707.48 |
| 2010 | 2581.20 | 412.64 | 6314.85 | 6518.59 | 5354.28 | 5370.83 | 9713.37 | 3462.13 | 2027.97 |

## 2—5 三次产业贡献率
Contribution Rate of the Three Industries

本表按不变价格计算。 (单位：%) The indices in this table are calculated at constant price. (%)

| 年份<br>Year | 生产总值<br>Gross Domestic Product | 第一产业<br>Primary Industry | 第二产业<br>Secondary Industry | 工业<br>Industry | 第三产业<br>Tertiary Industry |
|---|---|---|---|---|---|
| 1995 | 100.00 | 30.13 | 36.06 | 31.01 | 33.81 |
| 2000 | 100.00 | 3.24 | 52.63 | 43.02 | 44.13 |
| 2005 | 100.00 | 2.89 | 64.72 | 55.89 | 32.39 |
| 2006 | 100.00 | 6.54 | 62.70 | 54.03 | 30.76 |
| 2007 | 100.00 | 4.26 | 61.59 | 55.62 | 34.15 |
| 2008 | 100.00 | 7.46 | 58.94 | 53.77 | 33.60 |
| 2009 | 100.00 | 5.57 | 62.19 | 54.46 | 32.24 |
| 2010 | 100.00 | 4.22 | 70.17 | 63.19 | 25.61 |

注：产业贡献率指各产业增加值增量与GDP增量之比，按可比价格计算。
a) Industrial Contributing refers to the proportion of increment of every industrial value-added to increment of GDP, according to comparable price computation.

## 2—6 三次产业拉动率
Pulling Rate of the Three Industries

本表按不变价格计算。 (单位：百分点) The indices in this table are calculated at constant price. (percentage points)

| 年份<br>Year | 生产总值<br>Gross Domestic Product | 第一产业<br>Primary Industry | 第二产业<br>Secondary Industry | 工业<br>Industry | 第三产业<br>Tertiary Industry |
|---|---|---|---|---|---|
| 1995 | 14.32 | 4.32 | 5.16 | 4.44 | 4.84 |
| 2000 | 8.27 | 0.27 | 4.35 | 3.56 | 3.65 |
| 2005 | 10.97 | 0.32 | 7.10 | 6.13 | 3.55 |
| 2006 | 12.53 | 0.82 | 7.86 | 6.77 | 3.85 |
| 2007 | 14.17 | 0.60 | 8.73 | 7.88 | 4.84 |
| 2008 | 12.67 | 0.94 | 7.47 | 6.81 | 4.26 |
| 2009 | 12.94 | 0.72 | 8.05 | 7.05 | 4.17 |
| 2010 | 14.59 | 0.62 | 10.23 | 9.22 | 3.74 |

注：产业拉动率指GDP增长速度与各产业贡献率之乘积，按可比价格计算。
a) The industrial pulling rate to GDP growth refers to the growth rate of GDP multiplying the industrial contributing rate, according to comparable price computation.

## 2—7 安徽生产总值收入法构成项目（2010年）
Income Method Structure of Anhui Gross Domestic Product (2010)

本表按当年价格计算。(单位：亿元) Data in this table are calculated at current price. (100 million yuan)

| | | 增加值 Value-added | 劳动者报酬 Compen-sation of Employees | 生产税净额 Net Taxes on Production | 固定资产折旧 Deprecia-tion of Fixed Assets | 营业盈余 Operation Surplus |
|---|---|---|---|---|---|---|
| **安徽生产总值** | **Gross Domestic Product** | **12359.33** | **6058.54** | **1779.83** | **1405.25** | **3115.70** |
| 第一产业 | Primary Industry | 1729.02 | 1661.82 | 0.26 | 66.94 | 0.00 |
| 第二产业 | Secondary Industry | 6436.62 | 2379.31 | 1266.49 | 606.98 | 2183.84 |
| 工　业 | Industry | 5407.40 | 1719.57 | 1119.08 | 562.47 | 2006.28 |
| 建筑业 | Construction | 1029.22 | 659.74 | 147.41 | 44.51 | 177.56 |
| 第三产业 | Tertiary Industry | 4193.68 | 2017.40 | 513.08 | 731.33 | 931.86 |
| 交通运输、仓储及邮政业 | Transportation, Storage and Postal Services | 527.02 | 312.95 | 52.12 | 80.19 | 81.76 |
| 信息传输、计算机服务和软件业 | Information Circulation, Computer Service and Software | 180.30 | 48.01 | 9.47 | 53.83 | 68.98 |
| 批发和零售业 | Wholesale & Retail Trade | 887.66 | 383.25 | 243.42 | 38.42 | 222.57 |
| 住宿和餐饮业 | Accommodation and Catering Trade | 193.78 | 86.79 | 24.68 | 28.83 | 53.48 |
| 金融业 | Banking | 396.17 | 122.23 | 51.76 | 20.85 | 201.32 |
| 房地产业 | Real Estate | 532.17 | 32.24 | 93.93 | 315.80 | 90.20 |
| 租赁和商务服务业 | Leasing and Commercial Services | 245.33 | 65.81 | 13.62 | 30.82 | 135.08 |
| 科学研究、技术服务和地质勘查业 | Scientific Research, Technical Services and Geological Prospecting | 94.91 | 48.78 | 6.45 | 7.37 | 32.30 |
| 水利、环境和公共设施管理业 | Water Conservancy, Environmental and Public Facilities Management | 71.49 | 20.00 | 1.85 | 41.06 | 8.58 |
| 居民服务和其他服务业 | Resident Services and Other Services | 109.44 | 86.05 | 3.85 | 2.15 | 17.39 |
| 教　育 | Education | 337.23 | 293.90 | 1.06 | 42.60 | -0.33 |
| 卫生、社会保障和社会福利业 | Health Care, Social Protection and Social Welfare | 154.51 | 138.85 | 1.22 | 18.39 | -3.96 |
| 文化、体育和娱乐业 | Culture, Sports and Entertainment | 64.32 | 31.71 | 8.47 | 7.82 | 16.32 |
| 公共管理和社会组织 | Public Management and Social Organizations | 399.37 | 346.82 | 1.17 | 43.20 | 8.18 |

## 2—8 安徽生产总值收入法构成项目比例（2010年）
Proprotion of Income Method Structure of Anhui Gross Domestic Product (2010)

本表按当年价格计算。(单位：%) Data in this table are calculated at current price. (%)

| | | 增加值 Value-added | 劳动者报酬 Compen-sation of Employees | 生产税净额 Net Taxes on Production | 固定资产折旧 Deprecia-tion of Fixed Assets | 营业盈余 Operation Surplus |
|---|---|---|---|---|---|---|
| **安徽生产总值** | **Gross Domestic Product** | **100.00** | **49.02** | **14.40** | **11.37** | **25.21** |
| 第一产业 | Primary Industry | 100.00 | 96.11 | 0.02 | 3.87 | 0.00 |
| 第二产业 | Secondary Industry | 100.00 | 36.97 | 19.68 | 9.43 | 33.93 |
| 工　业 | Industry | 100.00 | 31.80 | 20.70 | 10.40 | 37.10 |
| 建筑业 | Construction | 100.00 | 64.10 | 14.32 | 4.32 | 17.25 |
| 第三产业 | Tertiary Industry | 100.00 | 48.11 | 12.23 | 17.44 | 22.22 |
| 交通运输、仓储及邮政业 | Transportation, Storage and Postal Services | 100.00 | 59.38 | 9.89 | 15.22 | 15.51 |
| 信息传输、计算机服务和软件业 | Information Circulation, Computer Service and Software | 100.00 | 26.63 | 5.25 | 29.85 | 38.26 |
| 批发和零售业 | Wholesale & Retail Trade | 100.00 | 43.18 | 27.42 | 4.33 | 25.07 |
| 住宿和餐饮业 | Accommodation and Catering Trade | 100.00 | 44.79 | 12.74 | 14.88 | 27.60 |
| 金融业 | Banking | 100.00 | 30.85 | 13.07 | 5.26 | 50.82 |
| 房地产业 | Real Estate | 100.00 | 6.06 | 17.65 | 59.34 | 16.95 |
| 租赁和商务服务业 | Leasing and Commercial Services | 100.00 | 26.82 | 5.55 | 12.56 | 55.06 |
| 科学研究、技术服务和地质勘查业 | Scientific Research, Technical Services and Geological Prospecting | 100.00 | 51.40 | 6.80 | 7.77 | 34.04 |
| 水利、环境和公共设施管理业 | Water Conservancy, Environmental and Public Facilities Management | 100.00 | 27.98 | 2.59 | 57.43 | 12.00 |
| 居民服务和其他服务业 | Resident Services and Other Services | 100.00 | 78.63 | 3.52 | 1.97 | 15.89 |
| 教　育 | Education | 100.00 | 87.15 | 0.31 | 12.63 | -0.10 |
| 卫生、社会保障和社会福利业 | Health Care, Social Protection and Social Welfare | 100.00 | 89.87 | 0.79 | 11.90 | -2.56 |
| 文化、体育和娱乐业 | Culture, Sports and Entertainment | 100.00 | 49.31 | 13.16 | 12.16 | 25.37 |
| 公共管理和社会组织 | Public Management and Social Organizations | 100.00 | 86.84 | 0.29 | 10.82 | 2.05 |

## 2—9 第 三 产 业 增 加 值
Value-added of the Tertiary Industry

本表按当年价格计算。（单位：亿元）　Data in value terms in this table are calculated at current price. （100 million yuan)

| 行　　业 | Sector | 2005 | 2009 | 2010 |
|---|---|---|---|---|
| **总　　计** | **Total** | **2137.77** | **3662.15** | **4193.68** |
| 交通运输、仓储及邮政业 | Transportation, Storage and Postal Services | 336.39 | 467.92 | 527.02 |
| 信息传输、计算机服务和软件业 | Information Circulation, Computer Service and Software | 108.52 | 159.33 | 180.30 |
| 批发和零售业 | Wholesale & Retail Trade | 393.75 | 733.19 | 887.66 |
| 住宿和餐饮业 | Accommodation and Catering Trade | 96.27 | 157.14 | 193.78 |
| 金融业 | Banking | 127.05 | 359.60 | 396.17 |
| 房地产业 | Real Estate | 231.66 | 497.94 | 532.17 |
| 租赁和商务服务业 | Leasing and Commercial Services | 83.22 | 200.29 | 245.33 |
| 科学研究、技术服务和地质勘察业 | Scientific Research, Technical Services and Geological Prospecting | 63.45 | 87.66 | 94.91 |
| 水利、环境和公共设施管理业 | Water Conservancy, Environmental and Public Facilities Management | 29.34 | 58.08 | 71.49 |
| 居民服务和其他服务业 | Resident Services and Other Services | 115.80 | 103.71 | 109.44 |
| 教　育 | Education | 213.50 | 311.14 | 337.23 |
| 卫生、社会保障和社会福利业 | Health Care, Social Protection and Social Welfare | 104.94 | 136.88 | 154.51 |
| 文化、体育和娱乐业 | Culture, Sports and Entertainment | 39.75 | 51.94 | 64.32 |
| 公共管理和社会组织 | Public Management and Social Organizations | 194.13 | 337.33 | 399.37 |

## 2—10 第 三 产 业 增 加 值 构 成
Composition of Value-added of the Tertiary Industry

本表按当年价格计算。（单位：%）　Data in value terms in this table are calculated at current price. （%）

| 行　　业 | Sector | 2005 | 2009 | 2010 |
|---|---|---|---|---|
| **总　　计** | **Total** | **100.0** | **100.0** | **100.0** |
| 交通运输、仓储及邮政业 | Transportation, Storage and Postal Services | 15.7 | 12.8 | 12.6 |
| 信息传输、计算机服务和软件业 | Information Circulation, Computer Service and Software | 5.1 | 4.4 | 4.3 |
| 批发和零售业 | Wholesale & Retail Trade | 18.4 | 20.0 | 21.2 |
| 住宿和餐饮业 | Accommodation and Catering Trade | 4.5 | 4.3 | 4.6 |
| 金融业 | Banking | 5.9 | 9.8 | 9.4 |
| 房地产业 | Real Estate | 10.8 | 13.6 | 12.7 |
| 租赁和商务服务业 | Leasing and Commercial Services | 3.9 | 5.5 | 5.8 |
| 科学研究、技术服务和地质勘察业 | Scientific Research, Technical Services and Geological Prospecting | 3.0 | 2.4 | 2.3 |
| 水利、环境和公共设施管理业 | Water Conservancy, Environmental and Public Facilities Management | 1.4 | 1.6 | 1.7 |
| 居民服务和其他服务业 | Resident Services and Other Services | 5.4 | 2.8 | 2.6 |
| 教　育 | Education | 10.0 | 8.5 | 8.0 |
| 卫生、社会保障和社会福利业 | Health Care, Social Protection and Social Welfare | 4.9 | 3.7 | 3.7 |
| 文化、体育和娱乐业 | Culture, Sports and Entertainment | 1.9 | 1.4 | 1.5 |
| 公共管理和社会组织 | Public Management and Social Organizations | 9.1 | 9.2 | 9.5 |

## 2—11 第三产业增加值指数
Indices of Value-added of the Tertiary Industry

本表按不变价格计算。（上年为100） The indices in this table are calculated at constant price. （preceding year=100)

| 行业 | Sector | 2005 | 2009 | 2010 |
|---|---|---|---|---|
| **总计** | **Total** | **108.24** | **111.04** | **110.05** |
| 交通运输、仓储及邮政业 | Transportation, Storage and Postal Services | 105.21 | 105.44 | 110.96 |
| 信息传输、计算机服务和软件业 | Information Circulation, Computer Service and Software | 116.67 | 98.51 | 111.89 |
| 批发和零售业 | Wholesale & Retail Trade | 112.15 | 118.92 | 113.58 |
| 住宿和餐饮业 | Accommodation and Catering Trade | 99.71 | 106.73 | 116.60 |
| 金融业 | Banking | 132.97 | 113.19 | 108.45 |
| 房地产业 | Real Estate | 120.02 | 111.08 | 101.25 |
| 租赁和商务服务业 | Leasing and Commercial Services | 125.01 | 110.47 | 114.22 |
| 科学研究、技术服务和地质勘察业 | Scientific Research, Technical Services and Geological Prospecting | 77.76 | 95.21 | 101.57 |
| 水利、环境和公共设施管理业 | Water Conservancy, Environmental and Public Facilities Management | 102.19 | 173.25 | 118.82 |
| 居民服务和其他服务业 | Resident Services and Other Services | 87.93 | 120.10 | 110.92 |
| 教育 | Education | 109.17 | 108.35 | 104.87 |
| 卫生、社会保障和社会福利业 | Health Care, Social Protection and Social Welfare | 88.85 | 110.02 | 103.72 |
| 文化、体育和娱乐业 | Culture, Sports and Entertainment | 101.28 | 131.27 | 123.24 |
| 公共管理和社会组织 | Public Management and Social Organizations | 120.56 | 107.30 | 114.45 |

## 2—12 各市生产总值和指数
Gross Domestic Product and Its Indices by Region

本表绝对数按当年价格计算，指数按不变价格计算。
Level data in this table are calculated at current prices while indices at constant prices.

| 地区 | Region | 生产总值（亿元） Gross Domestic Product (100 million yuan) | | | | | 指数（上年=100） Indices (preceding year=100) | | | | |
|---|---|---|---|---|---|---|---|---|---|---|---|
| | | 1995 | 2000 | 2005 | 2009 | 2010 | 1995 | 2000 | 2005 | 2009 | 2010 |
| 合肥市 | Hefei | 167.58 | 324.73 | 925.61 | 2102.13 | 2701.61 | 120.4 | 110.5 | 117.5 | 117.8 | 117.5 |
| 淮北市 | Huaibei | 71.78 | 98.95 | 205.14 | 371.87 | 461.64 | 111.1 | 106.9 | 110.8 | 111.0 | 114.2 |
| 亳州市 | Bozhou | 110.05 | 153.70 | 235.40 | 431.91 | 512.78 | 118.8 | 97.9 | 110.4 | 112.8 | 113.8 |
| 宿州市 | Suzhou | 109.08 | 178.03 | 313.79 | 541.70 | 650.57 | 117.0 | 108.1 | 106.6 | 112.3 | 113.1 |
| 蚌埠市 | Bengbu | 95.20 | 163.66 | 302.45 | 532.09 | 638.05 | 111.4 | 106.3 | 108.2 | 112.2 | 114.5 |
| 阜阳市 | Fuyang | 170.38 | 208.87 | 329.03 | 607.81 | 721.51 | 119.7 | 94.0 | 111.8 | 112.8 | 113.6 |
| 淮南市 | Huainan | 84.40 | 132.80 | 267.15 | 508.77 | 604.18 | 114.5 | 102.3 | 116.4 | 113.7 | 113.0 |
| 滁州市 | Chuzhou | 148.85 | 217.86 | 317.35 | 576.18 | 695.65 | 115.9 | 107.0 | 105.5 | 113.6 | 115.6 |
| 六安市 | Luan | 120.60 | 170.90 | 309.11 | 563.72 | 676.11 | 108.5 | 100.8 | 111.3 | 113.4 | 113.7 |
| 马鞍山市 | Maanshan | 80.29 | 126.17 | 349.54 | 666.49 | 810.72 | 112.3 | 108.0 | 111.9 | 112.1 | 115.0 |
| 巢湖市 | Chaohu | 114.68 | 171.29 | 299.18 | 529.59 | 629.73 | 110.5 | 107.4 | 110.8 | 112.4 | 113.2 |
| 芜湖市 | Wuhu | 101.92 | 206.00 | 401.16 | 888.42 | 1108.63 | 123.9 | 108.8 | 112.6 | 115.9 | 118.2 |
| 宣城市 | Xuancheng | 120.68 | 160.44 | 242.54 | 432.76 | 525.96 | 131.9 | 102.6 | 108.6 | 113.6 | 115.0 |
| 铜陵市 | Tongling | 44.27 | 73.30 | 175.68 | 343.66 | 466.70 | 115.7 | 109.1 | 113.2 | 113.7 | 117.1 |
| 池州市 | Chizhou | 42.99 | 60.05 | 121.00 | 245.59 | 300.84 | 108.7 | 103.9 | 113.3 | 115.1 | 116.1 |
| 安庆市 | Anqing | 169.14 | 252.44 | 421.29 | 796.13 | 989.04 | 113.3 | 107.1 | 109.4 | 112.3 | 113.6 |
| 黄山市 | Huangshan | 46.60 | 81.31 | 158.64 | 266.97 | 309.45 | 116.4 | 108.5 | 111.0 | 111.5 | 113.1 |

## 2—13 各市生产总值（2010年）
Gross Domestic Product by Region (2010)

本表绝对数按当年价格计算，指数按可比价格计算。
Level data in this table are calculated at current prices while indices at constant prices.

（单位：亿元）
(100 million yuan)

| 地区 | Region | 第一产业 Primary Industry | 第二产业 Secondary Industry | 工业 Industry | 建筑业 Construction | 第三产业 Tertiary Industry | #交通运输、仓储和邮政业 Transport, Storage and Postal Services | 批发零售贸易 Wholesale, Retail Trade | 住宿和餐饮业 Accommodation and Catering Trade | 金融业 Banking |
|---|---|---|---|---|---|---|---|---|---|---|
| 合肥市 | Hefei | 132.74 | 1456.64 | 1121.64 | 335.00 | 1112.23 | 122.31 | 202.18 | 36.80 | 151.10 |
| 淮北市 | Huaibei | 40.46 | 298.37 | 273.67 | 24.70 | 122.81 | 21.30 | 26.95 | 8.31 | 11.80 |
| 亳州市 | Bozhou | 137.15 | 191.56 | 155.06 | 36.50 | 184.07 | 29.99 | 47.05 | 10.65 | 7.75 |
| 宿州市 | Suzhou | 181.46 | 246.43 | 214.43 | 32.00 | 222.68 | 37.83 | 52.28 | 9.96 | 6.84 |
| 蚌埠市 | Bengbu | 121.16 | 300.95 | 260.95 | 40.00 | 215.94 | 26.47 | 37.37 | 17.78 | 17.87 |
| 阜阳市 | Fuyang | 197.34 | 282.76 | 242.62 | 40.14 | 241.41 | 34.64 | 59.21 | 13.52 | 19.30 |
| 淮南市 | Huainan | 47.59 | 388.82 | 345.82 | 43.00 | 167.77 | 17.99 | 33.71 | 10.42 | 10.01 |
| 滁州市 | Chuzhou | 148.42 | 342.01 | 298.51 | 43.50 | 205.22 | 30.30 | 36.87 | 12.81 | 16.36 |
| 六安市 | Luan | 159.36 | 285.78 | 233.06 | 52.72 | 230.97 | 32.32 | 37.40 | 15.71 | 14.16 |
| 马鞍山市 | Maanshan | 28.53 | 563.55 | 520.75 | 42.80 | 218.64 | 19.07 | 51.14 | 13.52 | 16.71 |
| 巢湖市 | Chaohu | 117.37 | 311.45 | 262.95 | 48.50 | 200.91 | 24.50 | 39.22 | 13.41 | 12.50 |
| 芜湖市 | Wuhu | 49.04 | 722.79 | 645.29 | 77.50 | 336.80 | 51.93 | 45.36 | 25.52 | 31.00 |
| 宣城市 | Xuancheng | 88.50 | 248.20 | 201.80 | 46.40 | 189.26 | 32.40 | 28.30 | 10.40 | 12.53 |
| 铜陵市 | Tongling | 9.65 | 339.50 | 315.20 | 24.30 | 117.55 | 17.41 | 21.10 | 9.10 | 17.31 |
| 池州市 | Chizhou | 45.70 | 140.23 | 103.33 | 36.90 | 114.91 | 14.30 | 15.65 | 9.36 | 8.68 |
| 安庆市 | Anqing | 156.32 | 518.96 | 450.96 | 68.00 | 313.76 | 28.81 | 61.10 | 26.27 | 21.63 |
| 黄山市 | Huangshan | 39.44 | 135.41 | 100.31 | 35.10 | 134.60 | 17.04 | 18.87 | 10.55 | 8.77 |

| 地区 | Region | 房地产业 Real Estate Trade | 构成(%) Composition 第一产业 Primary Industry | 第二产业 Secondary Industry | 第三产业 Tertiary Industry | 指数 Indices 2009=100 国内生产总值 Gross Domestic Product | 第一产业 Primary Industry | 第二产业 Secondary Industry | 第三产业 Tertiary Industry | 人均生产总值（元/人） Per Capita GDP (yuan/person) |
|---|---|---|---|---|---|---|---|---|---|---|
| 合肥市 | Hefei | 177.56 | 4.9 | 53.9 | 41.2 | 117.5 | 103.5 | 122.2 | 112.7 | 48312 |
| 淮北市 | Huaibei | 10.35 | 8.8 | 64.6 | 26.6 | 114.2 | 104.8 | 118.2 | 109.0 | 22309 |
| 亳州市 | Bozhou | 19.97 | 26.7 | 37.4 | 35.9 | 113.8 | 105.0 | 123.9 | 110.6 | 10615 |
| 宿州市 | Suzhou | 13.22 | 27.9 | 37.9 | 34.2 | 113.1 | 105.3 | 123.2 | 110.5 | 12195 |
| 蚌埠市 | Bengbu | 23.28 | 19.0 | 47.2 | 33.8 | 114.5 | 105.1 | 121.9 | 109.8 | 20223 |
| 阜阳市 | Fuyang | 26.54 | 27.3 | 39.2 | 33.5 | 113.6 | 105.5 | 123.0 | 109.6 | 9528 |
| 淮南市 | Huainan | 14.89 | 7.9 | 64.3 | 27.8 | 113.0 | 104.9 | 114.1 | 112.4 | 26287 |
| 滁州市 | Chuzhou | 31.98 | 21.3 | 49.2 | 29.5 | 115.6 | 104.7 | 124.4 | 110.0 | 17693 |
| 六安市 | Luan | 46.74 | 23.6 | 42.3 | 34.1 | 113.7 | 104.6 | 123.8 | 107.8 | 12074 |
| 马鞍山市 | Maanshan | 22.12 | 3.5 | 69.5 | 27.0 | 115.0 | 103.8 | 116.8 | 111.7 | 60712 |
| 巢湖市 | Chaohu | 23.05 | 18.6 | 49.5 | 31.9 | 113.2 | 104.7 | 119.9 | 108.9 | 16281 |
| 芜湖市 | Wuhu | 32.78 | 4.4 | 65.2 | 30.4 | 118.2 | 103.7 | 122.8 | 112.4 | 49013 |
| 宣城市 | Xuancheng | 20.71 | 16.8 | 47.2 | 36.0 | 115.0 | 104.6 | 123.4 | 110.8 | 20779 |
| 铜陵市 | Tongling | 9.93 | 2.1 | 72.7 | 25.2 | 117.1 | 103.9 | 120.8 | 109.9 | 64496 |
| 池州市 | Chizhou | 17.13 | 15.2 | 46.6 | 38.2 | 116.1 | 104.2 | 124.0 | 112.4 | 21476 |
| 安庆市 | Anqing | 35.06 | 15.8 | 52.5 | 31.7 | 113.6 | 104.5 | 119.3 | 110.5 | 18647 |
| 黄山市 | Huangshan | 14.52 | 12.7 | 43.8 | 43.5 | 113.1 | 104.7 | 119.7 | 109.8 | 22791 |

## 2—14 支出法计算的安徽生产总值
Gross Domestic Product of Anhui by Expenditure Approach

本表按当年价格计算，2005—2008年数据按2008年经济普查结果进行修订。
Data in value terms in this table are calculated at current prices, In 2005-2008, data carries on the revision according to the economical general survey result in 2008.

| 年份 Year | 支出法生产总值（亿元） Gross Domestic Product by Expenditure Approach (100 million yuan) | 最终消费 Final Consumption Expenditure | 资本形成总额 Gross Captital Formation | 货物和服务净出口 Net Export of Goods and Services | 资本形成率（投资率）(%) Capital Formation Rate (%) | 最终消费率（消费率）(%) Final Consumption Rate (%) |
|---|---|---|---|---|---|---|
| 1995 | 2003.58 | 1174.65 | 824.61 | 4.32 | 41.16 | 58.84 |
| 1997 | 2669.68 | 1612.22 | 1064.27 | -6.81 | 39.86 | 60.14 |
| 1998 | 2805.45 | 1690.36 | 1117.86 | -2.77 | 39.75 | 60.25 |
| 1999 | 2908.59 | 1861.17 | 1049.96 | -2.54 | 36.10 | 63.90 |
| 2000 | 3041.24 | 1947.78 | 1094.97 | -1.50 | 36.00 | 64.05 |
| 2001 | 3290.13 | 2108.09 | 1185.50 | -3.46 | 36.03 | 64.07 |
| 2002 | 3553.55 | 2262.95 | 1294.76 | -4.16 | 36.44 | 63.68 |
| 2003 | 3973.02 | 2520.31 | 1455.21 | -2.50 | 36.63 | 63.44 |
| 2004 | 4814.65 | 2835.44 | 1983.21 | -4.00 | 41.19 | 58.89 |
| 2005 | 5350.17 | 3006.70 | 2354.10 | -10.59 | 44.00 | 56.20 |
| 2006 | 6112.50 | 3374.70 | 2760.50 | -22.74 | 45.16 | 55.21 |
| 2007 | 7360.92 | 3979.71 | 3418.20 | -36.99 | 46.44 | 54.07 |
| 2008 | 8851.66 | 4571.97 | 4319.15 | -39.46 | 48.79 | 51.65 |
| 2009 | 10062.82 | 5179.08 | 4914.15 | -30.41 | 48.83 | 51.47 |
| 2010 | 12359.33 | 6213.15 | 6171.54 | -25.36 | 49.93 | 50.27 |

## 2—15 支出法安徽生产总值结构
Structure of Gross Domestic Product Calculated by Expenditure Approach

本表按当年价格计算，2005—2008年数据按2008年经济普查结果进行修订。
Data in value terms in this table are calculated at current prices, In 2005-2008, data carries on the revision according to the economical general survey result in 2008.

| 年份 Year | 最终消费 Final Consumption Expenditure | | | | | | | | 资本形成总额 Gross Capital Formation | | | |
|---|---|---|---|---|---|---|---|---|---|---|---|---|
| | 绝对数（亿元） Absolute Figure (100 million yuan) | | | | 比重 Proportion | | | | 绝对数（亿元） Absolute Figure (100 million yuan) | | 比重（资本形成总额=100） Proportion (Gross Capital Formation=100) | |
| | | | | | 最终消费=100 Final Consumption Expenditure=100 | | 居民消费=100 Household Consumption=100 | | | | | |
| | 居民消费 Household Consumption Expenditure | 农村居民 Rural House | 城镇居民 Urban House | 政府消费 Govermment Consumption Expenditure | 居民消费 House hold Consumption Expenditure | 政府消费 Govermment Consumption Expenditure | 农村居民 Rural Households | 城镇居民 Urban Households | 固定资本形成总额 Gross Fixed Capital Formation | 存货增加 Changes in Inventories | 固定资本形成总额 Gross Fixed Capital Formation | 存货增加 Changes in Inventories |
| 1995 | 996.10 | 642.33 | 353.77 | 178.55 | 84.80 | 15.20 | 64.48 | 35.52 | 619.07 | 205.54 | 75.07 | 24.93 |
| 1997 | 1383.48 | 893.60 | 489.88 | 228.74 | 85.81 | 14.19 | 64.60 | 35.40 | 779.21 | 285.06 | 73.22 | 26.78 |
| 1998 | 1453.35 | 920.87 | 532.48 | 237.01 | 85.98 | 14.02 | 63.36 | 36.64 | 822.73 | 295.13 | 73.60 | 26.40 |
| 1999 | 1559.10 | 968.43 | 590.67 | 302.07 | 83.77 | 16.23 | 62.11 | 37.89 | 839.29 | 210.67 | 79.94 | 20.06 |
| 2000 | 1615.43 | 964.49 | 650.95 | 332.34 | 82.94 | 17.06 | 59.70 | 40.30 | 928.09 | 166.88 | 84.76 | 15.24 |
| 2001 | 1725.82 | 1003.83 | 721.98 | 382.29 | 81.87 | 18.13 | 58.17 | 41.83 | 1012.31 | 173.19 | 85.39 | 14.61 |
| 2002 | 1833.19 | 1010.70 | 822.49 | 429.76 | 81.01 | 18.99 | 55.13 | 44.87 | 1138.20 | 156.56 | 87.91 | 12.09 |
| 2003 | 2038.10 | 1086.61 | 951.50 | 482.21 | 80.87 | 19.13 | 53.31 | 46.69 | 1362.18 | 93.03 | 93.61 | 6.39 |
| 2004 | 2296.38 | 1212.25 | 1084.12 | 539.06 | 80.99 | 19.01 | 52.79 | 47.21 | 1877.75 | 105.46 | 94.68 | 5.32 |
| 2005 | 2399.40 | 880.20 | 1519.20 | 607.30 | 79.80 | 20.20 | 36.68 | 63.32 | 2214.00 | 140.00 | 94.05 | 5.95 |
| 2006 | 2707.20 | 949.30 | 1757.90 | 667.50 | 80.22 | 19.78 | 35.07 | 64.93 | 2656.90 | 103.60 | 96.25 | 3.75 |
| 2007 | 3225.49 | 1092.92 | 2132.57 | 754.22 | 81.05 | 18.95 | 33.88 | 66.12 | 3344.78 | 73.42 | 97.85 | 2.15 |
| 2008 | 3679.34 | 1205.83 | 2473.51 | 892.63 | 80.48 | 19.52 | 32.77 | 67.23 | 4229.64 | 89.51 | 97.93 | 2.07 |
| 2009 | 4188.29 | 1325.73 | 2862.56 | 990.79 | 80.87 | 19.13 | 31.65 | 68.35 | 4820.46 | 93.69 | 98.09 | 1.91 |
| 2010 | 4873.35 | 1499.35 | 3374.00 | 1339.80 | 78.44 | 21.56 | 30.77 | 69.23 | 6061.09 | 110.45 | 98.21 | 1.79 |

## 2—16 居 民 消 费 水 平
Household Consumption

本表绝对数按当年价格计算，指数按可比价格计算，2005—2008年数据按2008年经济普查结果进行修订。
Level data in this table are calculated at current prices while indices at constant prices.
In 2005-2008, data carries on the revision according to the economical general survey result in 2008.

| 年份 Year | 绝对数（元） Value (yuan) | | | 城乡消费水平对比（农民=1） Urban/Rural Consumption Ratio (Agricultural Households=1) | 指数（上年为100） Index (Preceding year=100) | | | 指数（1978年为100） Index (1978=100) | | |
|---|---|---|---|---|---|---|---|---|---|---|
| | 全省居民 All Households | 农村居民 Agricultural Households | 城镇居民 Non-agricultural Households | | 全省居民 All Households | 农村居民 Agricultural Households | 城镇居民 Non-agricultural Households | 全省居民 All Households | 农村居民 Agricultural Households | 城镇居民 Non-agricultural Households |
| 1990 | 670 | 570 | 1236 | 2.17 | 96.68 | 95.48 | 100.16 | 210.03 | 199.30 | 206.34 |
| 1991 | 683 | 559 | 1379 | 2.47 | 117.01 | 103.33 | 124.84 | 245.77 | 205.94 | 257.60 |
| 1992 | 762 | 597 | 1646 | 2.76 | 102.81 | 102.21 | 122.55 | 252.66 | 210.49 | 315.69 |
| 1993 | 973 | 700 | 2389 | 3.41 | 105.96 | 103.65 | 100.74 | 267.71 | 218.18 | 318.03 |
| 1994 | 1251 | 969 | 2671 | 2.76 | 105.74 | 103.69 | 114.23 | 283.07 | 226.22 | 363.27 |
| 1995 | 1669 | 1300 | 3441 | 2.65 | 107.20 | 109.43 | 101.84 | 303.45 | 247.55 | 369.95 |
| 1996 | 1945 | 1488 | 4073 | 2.74 | 113.12 | 112.85 | 111.64 | 343.26 | 279.37 | 413.02 |
| 1997 | 2275 | 1796 | 4429 | 2.47 | 114.34 | 118.52 | 106.02 | 392.48 | 331.12 | 437.90 |
| 1998 | 2370 | 1845 | 4675 | 2.53 | 107.10 | 106.20 | 107.05 | 420.06 | 351.40 | 468.78 |
| 1999 | 2523 | 1939 | 4985 | 2.57 | 106.60 | 104.70 | 107.40 | 447.96 | 367.83 | 503.34 |
| 2000 | 2588 | 1922 | 5323 | 2.77 | 104.30 | 100.70 | 108.00 | 466.94 | 370.43 | 543.36 |
| 2001 | 2739 | 1985 | 5806 | 2.92 | 106.31 | 104.05 | 109.13 | 496.40 | 385.43 | 592.97 |
| 2002 | 2988 | 2353 | 4468 | 1.90 | 105.96 | 101.01 | 111.52 | 525.99 | 389.32 | 661.28 |
| 2003 | 3312 | 2572 | 4933 | 1.92 | 108.04 | 104.65 | 109.83 | 570.17 | 407.42 | 726.28 |
| 2004 | 3707 | 2910 | 5343 | 1.84 | 106.80 | 106.40 | 104.90 | 608.94 | 433.49 | 761.86 |
| 2005 | 3870 | 2167 | 7102 | 3.28 | 110.40 | 110.40 | 106.30 | 672.27 | 478.57 | 809.86 |
| 2006 | 4409 | 2427 | 7886 | 3.25 | 112.10 | 110.50 | 109.20 | 753.61 | 528.82 | 884.37 |
| 2007 | 5276 | 2878 | 9204 | 3.20 | 112.90 | 111.30 | 109.80 | 850.83 | 588.58 | 971.04 |
| 2008 | 6006 | 3259 | 10196 | 3.13 | 110.90 | 109.30 | 108.40 | 943.57 | 643.32 | 1052.61 |
| 2009 | 6829 | 3683 | 11301 | 3.07 | 110.30 | 108.80 | 107.90 | 1040.76 | 699.93 | 1135.77 |
| 2010 | 8237 | 4447 | 13259 | 2.98 | 114.51 | 114.89 | 111.26 | 1191.77 | 804.15 | 1263.66 |

注：根据国家统计局制度规定，从2003年起按常住人口计算，2002年数据作同口径调整。
a) In accordance with the regulation of NBS, the permanent population has been used since the year 2003 and the data of 2002 have been adjusted in the same scope.

## 2—17 各市、县生产总值及指数（2010年）
Gross Domestic Product and Indices by County or City (2010)

| 市、县 County、city | | 生产总值（亿元） Gross Domestic Product (100 million yuan) | 第一产业 Primary Industry | 第二产业 Secondary Industry | 第三产业 Tertiary Industry | 生产总值指数（%） Indices of Gross Domestic Product (2009=100) | 第一产业 Primary Industry | 第二产业 Secondary Industry | 第三产业 Tertiary Industry | 人均生产总值（元/人） Per Capita GDP (yuan/person) |
|---|---|---|---|---|---|---|---|---|---|---|
| **合 肥 市** | **Hefei** | **2701.61** | **132.74** | **1456.64** | **1112.23** | **117.5** | **103.5** | **122.2** | **112.7** | **48312** |
| 长丰县 | Changfeng | 163.79 | 37.13 | 90.02 | 36.64 | 119.7 | 104.2 | 128.5 | 115.6 | 21337 |
| 肥东县 | Feidong | 220.00 | 43.61 | 130.72 | 45.67 | 118.2 | 105.6 | 124.4 | 115.7 | 20135 |
| 肥西县 | Feixi | 274.82 | 39.24 | 173.63 | 61.95 | 122.5 | 104.1 | 131.8 | 114.4 | 30581 |
| **淮 北 市** | **Huaibei** | **461.64** | **40.46** | **298.37** | **122.81** | **114.2** | **104.8** | **118.2** | **109.0** | **22309** |
| 濉溪县 | Suixi | 112.84 | 27.21 | 54.25 | 31.38 | 114.3 | 105.5 | 124.6 | 107.3 | 10329 |
| **亳 州 市** | **Bozhou** | **512.78** | **137.15** | **191.56** | **184.07** | **113.8** | **105.0** | **123.9** | **110.6** | **10615** |
| 涡阳县 | Guoyang | 128.01 | 31.81 | 52.93 | 43.27 | 115.5 | 105.2 | 126.2 | 112.1 | 8575 |
| 蒙城县 | Mengcheng | 114.30 | 33.99 | 42.86 | 37.45 | 113.6 | 105.4 | 126.9 | 110.0 | 8692 |
| 利辛县 | Lixin | 94.89 | 32.26 | 23.65 | 38.98 | 111.8 | 104.7 | 123.2 | 112.0 | 6026 |
| **宿 州 市** | **Suzhou** | **650.57** | **181.46** | **246.43** | **222.68** | **113.1** | **105.3** | **123.2** | **111.0** | **12195** |
| 砀山县 | Dangshan | 78.87 | 26.08 | 32.73 | 20.06 | 113.9 | 105.0 | 125.9 | 109.5 | 8022 |
| 萧　县 | Xiaoxian | 116.47 | 36.19 | 42.75 | 37.53 | 113.2 | 105.5 | 122.0 | 112.0 | 8207 |
| 灵璧县 | Lingbi | 91.72 | 38.61 | 22.80 | 30.31 | 111.6 | 105.0 | 123.3 | 113.3 | 7524 |
| 泗　县 | Sixian | 87.83 | 33.78 | 31.31 | 22.74 | 112.9 | 105.5 | 122.5 | 111.9 | 9585 |
| **蚌 埠 市** | **Bengbu** | **638.05** | **121.16** | **300.95** | **215.94** | **114.5** | **105.1** | **121.9** | **109.8** | **20223** |
| 怀远县 | Huaiyuan | 135.60 | 45.70 | 54.08 | 35.82 | 114.8 | 105.2 | 126.7 | 108.6 | 10124 |
| 五河县 | Wuhe | 89.35 | 35.50 | 28.02 | 25.83 | 114.8 | 105.1 | 130.3 | 110.7 | 12295 |
| 固镇县 | Guzhen | 81.75 | 31.26 | 27.09 | 23.40 | 116.7 | 105.1 | 138.9 | 107.3 | 13124 |
| **阜 阳 市** | **Fuyang** | **721.51** | **197.34** | **282.76** | **241.41** | **113.6** | **105.5** | **123.0** | **109.6** | **9528** |
| 界首市 | Jieshou | 72.57 | 16.74 | 36.66 | 19.17 | 116.5 | 105.4 | 126.1 | 110.5 | 9260 |
| 临泉县 | Linquan | 85.95 | 43.64 | 16.16 | 26.15 | 109.9 | 105.7 | 123.3 | 108.5 | 3928 |
| 太和县 | Taihe | 111.27 | 32.68 | 45.28 | 33.31 | 112.6 | 105.6 | 124.8 | 105.7 | 6534 |
| 阜南县 | Funan | 82.99 | 31.97 | 25.67 | 25.35 | 112.0 | 105.1 | 124.9 | 108.9 | 5031 |
| 颍上县 | Yingshang | 125.63 | 32.21 | 66.33 | 27.09 | 113.4 | 105.5 | 119.3 | 109.3 | 7472 |
| **淮 南 市** | **Huainan** | **604.18** | **47.59** | **388.82** | **167.77** | **113.0** | **104.9** | **114.1** | **112.4** | **26287** |
| 凤台县 | Fengtai | 171.98 | 20.55 | 119.75 | 31.68 | 110.9 | 103.9 | 113.0 | 109.6 | 27693 |
| **滁 州 市** | **Chuzhou** | **695.65** | **148.42** | **342.01** | **205.22** | **115.6** | **104.7** | **124.4** | **110.0** | **17693** |
| 天长市 | Tianchang | 147.01 | 21.97 | 92.38 | 32.66 | 120.1 | 104.2 | 129.6 | 111.4 | 23263 |
| 明光市 | Mingguang | 67.89 | 21.92 | 21.54 | 24.43 | 113.8 | 105.0 | 127.7 | 111.5 | 10395 |
| 来安县 | Laian | 69.94 | 14.60 | 36.01 | 19.33 | 116.7 | 104.7 | 125.5 | 109.5 | 13943 |
| 全椒县 | Quanjiao | 64.98 | 16.59 | 28.48 | 19.91 | 116.0 | 104.8 | 128.2 | 110.2 | 13964 |
| 定远县 | Dingyuan | 86.48 | 35.69 | 24.71 | 26.08 | 112.6 | 105.0 | 126.7 | 110.6 | 8939 |
| 凤阳县 | Fengyang | 85.18 | 23.50 | 35.07 | 26.61 | 112.8 | 105.0 | 119.3 | 110.8 | 11339 |
| **六 安 市** | **Luan** | **676.11** | **159.36** | **285.78** | **230.97** | **113.7** | **104.6** | **123.8** | **107.8** | **12074** |
| 寿　县 | Shouxian | 106.93 | 39.27 | 38.07 | 29.59 | 110.8 | 104.8 | 117.1 | 109.5 | 7820 |

注：本表绝对额按当年价格计算，指数按可比价格计算。

a) Level data in this table are calculated at current prices while indices at constant prices.

**2—17 续表 continued**

| 市、县 County、city | | 生产总值(亿元) Gross Domestic Product (100 million yuan) | 第一产业 Primary Industry | 第二产业 Secondary Industry | 第三产业 Tertiary Industry | 生产总值指数(%) Indices of Gross Domestic Product (2009=100) | 第一产业 Primary Industry | 第二产业 Secondary Industry | 第三产业 Tertiary Industry | 人均生产总值(元/人) Per Capita GDP (yuan/person) |
|---|---|---|---|---|---|---|---|---|---|---|
| 霍邱县 | Huoqiu | 142.92 | 35.87 | 65.34 | 41.71 | 115.0 | 105.7 | 128.3 | 108.5 | 8734 |
| 舒城县 | Shucheng | 94.97 | 21.91 | 40.35 | 32.71 | 113.5 | 105.0 | 124.8 | 105.2 | 9526 |
| 金寨县 | Jinzhai | 60.24 | 13.92 | 24.76 | 21.56 | 114.4 | 104.9 | 126.1 | 107.9 | 9024 |
| 霍山县 | Huoshan | 83.52 | 8.40 | 54.43 | 20.69 | 117.8 | 104.7 | 124.2 | 108.1 | 22718 |
| **马鞍山市** | **Maanshan** | **810.72** | **28.53** | **563.55** | **218.64** | **115.0** | **103.8** | **116.8** | **111.7** | **60712** |
| 当涂县 | Dangtu | 189.41 | 25.15 | 124.97 | 39.29 | 118.4 | 104.1 | 124.5 | 113.7 | 29089 |
| **巢湖市** | **Chaohu** | **629.73** | **117.37** | **311.45** | **200.91** | **113.2** | **104.7** | **119.9** | **108.9** | **16281** |
| 庐江县 | Lujiang | 103.93 | 28.15 | 37.44 | 38.34 | 111.5 | 104.7 | 121.1 | 108.8 | 8834 |
| 无为县 | Wuwei | 219.24 | 38.47 | 121.97 | 58.80 | 114.8 | 104.8 | 121.9 | 110.0 | 15392 |
| 含山县 | Hanshan | 64.42 | 13.80 | 28.99 | 21.63 | 113.4 | 104.7 | 121.0 | 110.3 | 14509 |
| 和　县 | Hexian | 87.24 | 19.27 | 41.40 | 26.57 | 113.0 | 104.6 | 121.4 | 108.5 | 13180 |
| **芜湖市** | **Wuhu** | **1108.63** | **49.04** | **722.79** | **336.80** | **118.2** | **103.7** | **122.8** | **112.4** | **49013** |
| 芜湖县 | Wuhu | 103.00 | 14.58 | 67.03 | 21.39 | 121.0 | 104.6 | 130.1 | 110.0 | 29831 |
| 繁昌县 | Fanchang | 108.32 | 6.19 | 75.25 | 26.88 | 122.5 | 104.5 | 130.6 | 109.8 | 38749 |
| 南陵县 | Nanling | 101.40 | 17.85 | 59.81 | 23.74 | 116.4 | 103.8 | 124.3 | 108.2 | 18308 |
| **宣城市** | **Xuancheng** | **525.96** | **88.50** | **248.20** | **189.26** | **115.0** | **104.6** | **123.4** | **110.8** | **20779** |
| 宁国市 | Ningguo | 130.14 | 14.74 | 79.23 | 36.17 | 115.8 | 104.6 | 123.4 | 106.3 | 33728 |
| 郎溪县 | Langxi | 57.41 | 10.30 | 33.67 | 13.44 | 116.2 | 104.7 | 123.7 | 108.1 | 16904 |
| 广德县 | Guangde | 99.34 | 13.28 | 46.36 | 39.70 | 114.5 | 104.7 | 123.9 | 108.3 | 19386 |
| 泾　县 | Jingxian | 46.80 | 11.53 | 19.01 | 16.26 | 114.2 | 104.6 | 122.6 | 111.4 | 13166 |
| 绩溪县 | Jixi | 33.44 | 7.10 | 16.23 | 10.11 | 114.5 | 104.8 | 122.4 | 109.4 | 18883 |
| 旌德县 | Jingde | 20.35 | 4.69 | 9.22 | 6.44 | 114.8 | 104.5 | 125.2 | 109.4 | 13510 |
| **铜陵市** | **Tongling** | **466.70** | **9.65** | **339.50** | **117.55** | **117.1** | **103.9** | **120.8** | **109.9** | **64496** |
| 铜陵县 | Tongling | 74.61 | 6.89 | 52.01 | 15.71 | 117.4 | 103.3 | 127.5 | 104.9 | 25628 |
| **池州市** | **Chizhou** | **300.84** | **45.70** | **140.23** | **114.91** | **116.1** | **104.2** | **124.0** | **112.4** | **21476** |
| 东至县 | Dongzhi | 70.21 | 17.62 | 29.36 | 23.23 | 115.8 | 104.1 | 130.1 | 109.9 | 12892 |
| 石台县 | Shitai | 12.55 | 2.45 | 5.18 | 4.92 | 114.1 | 104.3 | 121.1 | 111.3 | 11519 |
| 青阳县 | Qingyang | 43.52 | 6.40 | 22.00 | 15.12 | 115.5 | 104.1 | 123.1 | 110.7 | 16053 |
| **安庆市** | **Anqin** | **989.04** | **156.32** | **518.96** | **313.76** | **113.6** | **104.5** | **119.3** | **110.5** | **18647** |
| 桐城市 | Tongcheng | 134.06 | 18.99 | 81.50 | 33.57 | 116.6 | 102.1 | 124.7 | 108.9 | 17815 |
| 怀宁县 | Huaining | 112.38 | 17.32 | 67.32 | 27.74 | 114.8 | 102.9 | 122.7 | 107.4 | 16236 |
| 枞阳县 | Zongyang | 120.50 | 24.21 | 65.84 | 30.45 | 114.5 | 104.5 | 121.9 | 110.2 | 12431 |
| 潜山县 | Qianshan | 77.85 | 14.10 | 42.26 | 21.49 | 114.4 | 105.4 | 121.5 | 110.3 | 13335 |
| 太湖县 | Taihu | 56.24 | 15.43 | 23.88 | 16.93 | 113.5 | 105.0 | 127.6 | 108.0 | 9967 |
| 宿松县 | Susong | 90.80 | 29.21 | 37.01 | 24.58 | 114.5 | 105.7 | 127.5 | 109.4 | 10970 |
| 望江县 | Wangjiang | 57.18 | 16.66 | 24.24 | 16.28 | 113.1 | 104.0 | 124.1 | 109.5 | 9124 |
| 岳西县 | Yuexi | 45.53 | 10.03 | 24.73 | 10.77 | 114.4 | 105.4 | 120.6 | 111.7 | 11299 |
| **黄山市** | **Huangshan** | **309.45** | **39.44** | **135.41** | **134.60** | **113.1** | **104.7** | **119.7** | **109.8** | **22791** |
| 歙　县 | Shexian | 79.19 | 12.23 | 37.57 | 29.39 | 112.7 | 105.8 | 119.3 | 108.5 | 16220 |
| 休宁县 | Xiuning | 41.40 | 9.02 | 16.52 | 15.86 | 113.5 | 104.8 | 121.6 | 110.6 | 15071 |
| 黟　县 | Yixian | 15.84 | 2.86 | 7.22 | 5.76 | 112.6 | 103.8 | 123.0 | 105.4 | 16526 |
| 祁门县 | Qimen | 32.11 | 4.30 | 12.96 | 14.85 | 113.1 | 103.9 | 120.8 | 109.7 | 17116 |

# 2—18 资产负债综合表（2009年末）

| 交易项目 | Transaction | 非金融企业部门 Non-financial Enterprises 使用 Utilization | 非金融企业部门 Non-financial Enterprises 来源 Source | 金融机构部门 Financial Institutions 使用 Utilization | 金融机构部门 Financial Institutions 来源 Source |
|---|---|---|---|---|---|
| **非金融资产** | **Non-financial Assets** | **14029.78** | | **569.67** | |
| 固定资产 | Fixed Assets | 9369.45 | | 152.64 | |
| #在建工程 | Constructing Project | 1082.58 | | 21.20 | |
| 存　　货 | Inventory | 3805.05 | | 3.39 | |
| #产成品和商品库存 | Products and Inventory | 991.24 | | 0.00 | |
| 其他非金融资产 | Other Non-financial Assets | 855.28 | | 413.64 | |
| #无形资产 | Intangible Assets | 577.36 | | 40.38 | |
| **金融资产与负债** | **Financial Assets and Liabilities** | **10819.38** | **13859.99** | **12146.46** | **15286.70** |
| 国内金融资产与负债 | Domestic Financial Assets and Liabilities | 10811.08 | 12960.04 | 12146.46 | 15103.40 |
| 通　　货 | Current in Circulation | 1276.34 | | 243.01 | |
| 存　　款 | Savings Deposits | 5630.64 | | | 13404.40 |
| 贷　　款 | Loans | | 7359.20 | 9438.57 | |
| 股票及其他股权 | Stocks and Other Stock Rights | 1952.64 | 3692.38 | 276.18 | 337.75 |
| 证券（不含股票） | Securities (Not Including Stocks) | 42.70 | 160.00 | 48.00 | |
| 保险准备金 | Insurance Reserve Funds | 108.40 | | | 936.04 |
| 其　　他 | Other | 1800.36 | 1748.46 | 2140.70 | 425.21 |
| 国外金融资产与负债 | Foreign Financial Assets and Liabilities | 8.30 | 899.95 | | 183.30 |
| 直接投资 | Direct Investment | 8.30 | 828.79 | | |
| 证券投资 | Security Investment | | 71.16 | | |
| 其他投资 | Other Investment | | | | 183.30 |
| **资产负债差额** | **Balance Between Assets and Liabilities** | | **10989.18** | | **-2570.57** |
| **资产、负债与差额总计** | **The Sum Total of Assets, Liabilities and Balance** | **24849.17** | **24849.17** | **12716.14** | **12716.14** |

Assets and Liabilities Table (end of 2009)

单位：亿元 (100 million yuan)

| 政府部门 Governments | | 住户部门 Households | | 省内合计 Regional Sum | | 国内省外 Outside Province | | 国外部门 Overseas | | 合计 Total | |
|---|---|---|---|---|---|---|---|---|---|---|---|
| 使用 Utilization | 来源 Source | 使用 Utilization | 来源 Source | 使用 Utilization | 来源 Source | 使用 Utilization | 来源 Source | 使用 Utilization | 来源 Source | 使用 Utilization | 来源 Source |
| **1737.63** | | **6881.68** | | **23218.76** | | | | | | **23218.76** | |
| 1343.40 | | 6086.42 | | 16951.92 | | | | | | 16951.92 | |
| 66.90 | | | | 1170.68 | | | | | | 1170.68 | |
| 5.37 | | 789.17 | | 4602.99 | | | | | | 4602.99 | |
| 5.37 | | 485.64 | | 1482.25 | | | | | | 1482.25 | |
| 388.85 | | 6.09 | | 1663.86 | | | | | | 1663.86 | |
| 12.63 | | | | 630.37 | | | | | | 630.37 | |
| **1350.42** | **487.13** | **8780.15** | **2085.02** | **33096.41** | **31718.85** | **1443.97** | **3896.49** | **1083.25** | **8.30** | **35623.63** | **35623.63** |
| 1350.42 | 487.13 | 8780.15 | 2085.02 | 33088.11 | 30635.60 | 1443.97 | 3896.49 | | | 34532.08 | 34532.08 |
| 3.36 | | 370.38 | | 1893.09 | | | 1893.09 | | | 1893.09 | 1893.09 |
| 1026.65 | | 6619.48 | | 13276.77 | 13404.40 | 127.63 | | | | 13404.40 | 13404.40 |
| | 180.78 | | 2079.37 | 9438.57 | 9619.35 | 180.78 | | | | 9619.35 | 9619.35 |
| | | 1173.89 | | 3402.71 | 4030.13 | 627.42 | | | | 4030.13 | 4030.13 |
| 1.96 | | 177.39 | | 270.05 | 160.00 | | 110.05 | | | 270.05 | 270.05 |
| | | 319.50 | | 427.90 | 936.04 | 508.14 | | | | 936.04 | 936.04 |
| 318.45 | 306.35 | 119.50 | 5.65 | 4379.02 | 2485.68 | | 1893.34 | | | 4379.02 | 4379.02 |
| | | | | 8.30 | 1083.25 | | | 1083.25 | 8.30 | 1091.55 | 1091.55 |
| | | | | 8.30 | 828.79 | | | 828.79 | 8.30 | 837.09 | 837.09 |
| | | | | | 71.16 | | | 71.16 | | 71.16 | 71.16 |
| | | | | | 183.30 | | | 183.30 | | 183.30 | 183.30 |
| | **2600.92** | | **13576.80** | | **24596.33** | | **-2452.52** | | **1074.95** | | **23218.76** |
| **3088.05** | **3088.05** | **15661.83** | **15661.83** | **56315.18** | **56315.18** | **1443.97** | **1443.97** | **1083.25** | **1083.25** | **58842.40** | **58842.40** |

# 主要统计指标解释

### 国内生产总值（GDP）

指按市场价格计算的一个国家（或地区）所有常住单位在一定时期内生产活动的最终成果。国内生产总值有三种表现形态，即价值形态、收入形态和产品形态。从价值形态看，它是所有常住单位在一定时期内生产的全部货物和服务价值超过同期投入的全部非固定资产货物和服务价值的差额，即所有常住单位的增加值之和；从收入形态看，它是所有常住单位在一定时期内创造并分配给常住单位和非常住单位的初次收入之和；从产品形态看，它是所有常住单位在一定时期内最终使用的货物和服务价值减去货物和服务进口价值。在实际核算中，国内生产总值有三种计算方法，即生产法、收入法和支出法。三种方法分别从不同的方面反映国内生产总值及其构成。

### 三次产业

三产业的划分是世界上较为常用的产业结构分类，但各国的划分不尽一致。我国的三次产业划分是：

第一产业是指农业、林业、畜牧业、渔业和农林牧渔服务业。

第二产业是指采矿业，制造业，电力、煤气及水的生产和供应业，建筑业。

第三产业是指除第一、二产业以外的其他行业。

### 劳动者报酬

指劳动者因从事生产活动所获得的全部报酬。包括劳动者获得的各种形式的工资、奖金和津贴，既包括货币形式的，也包括实物形式的，还包括劳动者所享受的公费医疗和医药卫生费、上下班交通补贴、单位支付的社会保险费、住房公积金等。对于个体经济来说，其所有者所获得的劳动报酬和经营利润不易区分，这两部分统一作为劳动者报酬处理。

### 生产税净额

指生产税减生产补贴后的余额。生产税指政府对生产单位从事生产、销售和经营活动以及因从事生产活动使用某些生产要素（如固定资产、土地、劳动力）所征收的各种税、附加费和规费。生产补贴与生产税相反，指政府对生产单位的单方面转移支出，因此视为负生产税，包括政策亏损补贴、价格补贴等。

### 固定资产折旧

指一定时期内为弥补固定资产损耗按照规定的固定资产折旧率提取的固定资产折旧，或按国民经济核算统一规定的折旧率虚拟计算的固定资产折旧。它反映了固定资产在当期生产中的转移价值。各类企业和企业化管理的事业单位的固定资产折旧是指实际计提的折旧费；不计提折旧的政府机关、非企业化管理的事业单位和居民住房的固定资产折旧是按照统一规定的折旧率和固定资产原值计算的虚拟折旧。原则上，固定资产折旧应按固定资产当期的重置价值计算，但是目前我国尚不具备对全社会固定资产进行重估价的基础，所以暂时只能采用上述办法。

### 营业盈余

指常住单位创造的增加值扣除劳动者报酬、生产税净额和固定资产折旧后的余额。它相当于企业的营业利润加上生产补贴，但要扣除从利润中开支的工资和福利等。

### 支出法国内生产总值

是从最终使用的角度反映一个国家（或地区）一定时期内生产活动最终成果的一种方法，包括最终消费支出、资本形成总额及货物和服务净出口三部分。计算公式为：

支出法国内生产总值=最终消费支出+资本形成总额+货物和服务净出口

### 最终消费支出

指常住单位为满足物质、文化和精神生活的需要，从本国经济领土和国外购买的货物和服务的支出。它不包括非常住单位在本国经济领土内的消费支出。最终消费支出分为居民消费支出和政府消费支出。

### 居民消费支出

指常住住户在一定时期内对于货物和服务的全部最终消费支出。居民消费支出除了直接以货币形式购买的货物和服务的消费支出外，还包括以其他方式获得的货物和服务的消费支出，即所谓的虚拟消费支出。居民虚拟消费支出包括如下几种类型：单位以实物报酬及实物转移的形式提供给劳动者的货物和服务；住户生产并由本住户消费了的货物和服务，其中的服务仅指住户的自有住房服务；金融机构提供的金融媒介服务；保险公司提供的保险服务。

**政府消费支出**

指政府部门为全社会提供的公共服务的消费支出和免费或以较低的价格向居民住户提供的货物和服务的净支出，前者等于政府服务的产出价值减去政府单位所获得的经营收入的价值，后者等于政府部门免费或以较低价格向居民住户提供的货物和服务的市场价值减去向住户收取的价值。

**资本形成总额**

指常住单位在一定时期内获得减去处置的固定资产和存货的净额，包括固定资本形成总额和存货增加两部分。

**固定资本形成总额**

指常住单位在一定时期内获得的固定资产减处置的固定资产的价值总额。固定资产是通过生产活动生产出来的，且其使用年限在一年以上、单位价值在规定标准以上的资产，不包括自然资产。可分为有形固定资本形成总额和无形固定资本形成总额。有形固定资本形成总额包括一定时期内完成的建筑工程、安装工程和设备工器具购置（减处置）价值，以及土地改良、新增役、种、奶、毛、娱乐用牲畜和新增经济林木价值。无形固定资本形成总额包括矿藏的勘探、计算机软件等获得减处置。

**存货增加**

指常住单位在一定时期内存货实物量变动的市场价值，即期末价值减期初价值的差额，再扣除当期由于价格变动而产生的持有收益。存货增加可以是正值，也可以是负值，正值表示存货上升，负值表示存货下降。存货包括生产单位购进的原材料、燃料和储备物资等存货，以及生产单位生产的产成品、在制品和半成品等存货。

**货物和服务净出口**

指货物和服务出口减货物和服务进口的差额。出口包括常住单位向非常住单位出售或无偿转让的各种货物和服务的价值；进口包括常住单位从非常住单位购买或无偿得到的各种货物和服务的价值。由于服务活动的提供与使用同时发生，一般把常住单位从非常住单位得到的服务作为进口，非常住单位从常住单位得到的服务作为出口。货物的出口和进口都按离岸价格计算。

**直接消耗系数**

也称为投入系数，记为aij（ij=1,2,…,n）它是指在生产经营过程中第 j 产品（或产业）部门的单位总产出所直接消耗的第 i 产品部门货物或服务的价值量，将各产品（或产业）部门的直接消耗系数用表的形式表现，就是直接消耗系数表或直接消耗系数矩阵，通常用字母 A 表示。

**完全消耗系数**

指第 j 产品部门每提供一个单位最终使用时，对第 i 产品部门货物或服务的直接消耗和间接消耗之和。将各产品部门的完全消耗系数用表的形式表现，就是完全消耗系数表或完全消耗系数矩阵，通常用字母 B 表示。

**机构单位**

指有权拥有资产和承担负债，能够独立地从事经济活动并与其他实体进行交易的经济实体。

**机构部门**

将相同性质的机构单位归并在一起，就形成机构部门。资金流量核算将常住机构单位划分为以下四个机构部门：非金融企业部门、金融机构部门、政府部门、住户部门。与常住单位发生经济往来关系的非常住单位组成国外部门，在资金流量核算中也视同机构部门。

**非金融企业与非金融企业部门**

非金融企业指主要从事市场货物生产和提供非金融市场服务的常住企业，它主要包括从事上述活动的各类法人企业。所有非金融企业归并在一起，就形成非金融企业部门。

**金融机构与金融机构部门**

金融机构指主要从事金融媒介以及与金融媒介密切相关的辅助金融活动的常住单位，它主要包括中央银行、商业银行和政策性银行、非银行信贷机构和保险公司。所有金融机构归并在一起，就形成金融机构部门。

**政府单位与政府部门**

政府单位指在我国境内通过政治程序建立的、在一特定区域内对其他机构单位拥有立法、司法和行政权的法律实体及其附属单位。政府单位的主要职能是利用征税和其他方式获得的资金向社会和公众提供公共服务。通过转移支付，对社会收入和财产进行再分配。它主要包括各种行政单位和非营利性事业单位。所有政府单位归并在一起，就形成政府部门。

**住户与住户部门**

住户指共享同一生活设施、部分或全部收入和财产集中使用、共同消费住房、食品和其他消费品与消费服务的常住个人或个人群体。所有住户归并在一起，就形成住户部门。

**非常住单位与国外部门**

所有不具有常住性的机构单位都是非常住单位。将所有与我国常住单位发生交易的非常住单位归并在一起，就形成国外部门。

**初次分配总收入**

初次分配是生产活动形成的净成果在参与生产活动的生产要素的所有者及政府之间的分配。生产活动的净成果是增加值。生产要素包括劳动力、土地、资本。劳动力所有者因提供劳动而获得劳动报酬；土地所有者因出租土地而获得地租；

资本的所有者因资本的形态不同而获得不同形式的收入：借贷资本所有者获得利息收入；股权所有者获得红利或未分配利润；政府因直接或间接介入生产过程而获得生产税或支付补贴。初次分配的结果形成各个机构部门的初次分配总收入。各部门的初次分配总收入之和就等于国民总收入，亦即国民生产总值。

**经常转移**

转移是一个机构单位向另一个机构单位提供货物、服务或资产，而同时并没有从后一机构单位获得任何货物、服务或资产作为回报的一种交易。经常转移包括扣除资本转移外的所有转移。其形式有收入税、社会保险付款、社会补助和其他经常转移。

**可支配总收入**

在初次分配总收入的基础上，通过经常转移的形式对初次分配总收入进行再次分配。再分配的结果形成各个机构部门的可支配总收入。各部门的可支配总收入之和称为国民可支配总收入。

**总储蓄**

指可支配总收入用于最终消费后的余额。各部门的总储蓄之和称为国民总储蓄。

**资本转移**

指一个部门无偿地向另一个部门支付用于非金融投资的资金，是一种不从对方获取任何对应物作为回报的交易。资本转移具有不同于经常转移的两个特征，一是转移的目的是用于投资，而不是用于消费；二是资本转移其实物形式往往涉及除存货和现金以外资产所有权的转移；其现金形式往往涉及除存货以外的资产的处置。资本转移包括投资性补助和其他资本转移。

**净金融投资**

它反映机构部门或经济总体资金富余或短缺的状况。从实物交易角度看，它是指总储蓄加资本转移收入减资本转移支出减非金融投资后的差额。从金融交易角度看，它是金融资产的增加额减金融负债的增加额之后的差额。

**通货**

指以现金形式存在于市场流通中的货币，包括本币和外币。

**存款**

指金融机构接受客户存入的货币款项，存款人可随时或按约定时间支取款项的信用业务。包括活期存款、定期存款、住户储蓄存款、财政存款、外汇存款和其他存款等。

**贷款**

指金融机构将其所吸收的资金，按一定的利率贷放给客户并约期归还的信用业务。包括短期贷款、中长期贷款、财政贷款、外汇贷款和其他贷款。

**证券（不含股票）**

由债券购买者承购的或因销售产品而拥有的，可在金融市场上交易并代表一定债权的书面证明。包括政府债券、金融债券、企业债券、商业票据、支付固定收入但不提供法人企业残余价值分享权的优先股等。

**股票及其他股权**

指股票购买者及直接投资者对其投资企业净资产所拥有的权益。股票是股份公司签发的证明股东投资并按其所持股份享有权益和承担义务的权益性证券。其他股权是机构单位以直接投资的方式用除股票、债权性证券以外的土地、房屋及建筑物、机器设备、存货、资源资产等实物资产，商标、专利权、土地使用权、特许使用权、商誉等无形资产及货币资金直接向其他单位进行的投资。通常以股权证、出资证明书、参与证或类似的单据为凭证。

**保险准备金**

指对人寿保险准备金和养恤基金的净权益、保险费预付款和未结索赔准备金。

# Explanatory Notes for Major Statistical Indicators

**Gross Domestic Product (GDP)**

refers to the final products at market prices produced by all resident units in a country (or a region) during a certain period of time. Gross domestic product is expressed in three different perspectives, namely value, income, and products respectively. GDP in its value perspective refers to the total value of all goods and services produced by all resident units during a certain period of time, minus the total value of input of goods and services of the nature of non-fixed assets; in other words, it is the sum of the value-added of all resident units. GDP from the perspective of income includes the primary income created by all resident units and distributed to resident and non-resident units. GDP from the perspective of products refers to the value of all goods and services for final consumption by all resident units minus the net exports of goods and services during a given period of time. In the practice of national accounting, gross domestic product is calculated from three approaches, namely production approach, income approach and expenditure approach, which reflect gross domestic product and its composition from different angles.

**Three Strata of Industry**

Classification of economic activities into three strata of industry is a common practice in the world, although the grouping varies to some extent form country to country. In China economic activities are categorized into the following three strata of industry:

Primary industry refers to agriculture, forestry, animal husbandry and fishery and services in support of these industries.

Secondary industry refers to mining and quarrying, manufacturing, production and supply of electricity, water and gas, and construction.

Tertiary industry refers to all other economic activities not included in the primary or secondary industries.

**Labourers Remuneration**

refers to the total payment of various forms to labourers for the productive activities they are engaged in. It includes wages, bonuses and allowances, which the labourers earn in cash and in kind. It also includes the free medical services provided to the labourers and the medicine expenses, transport subsidies and social insurance, and housing fund paid by the employers. As regards the individual economy, since labourers remuneration is not easily distinguishable from the operating profit, both parts are treated as labourer remuneration.

**Net Taxes on Production**

refers to taxes on production less subsidies on production. The taxes on production refers to the various taxes, extra charges and fees levied on the production units on their production, sale and business activities as well as on the use of some factors of production, such as fixed assets, land and labour in the production activities they are engaged in. In contrast to taxes on production, subsidies on production refer to the unilateral government transfer to the production units and are therefore regarded as negative taxes on production. They include subsidies on the loss due to implementation of government policies, price subsidies, etc.

**Depreciation of Fixed Assets**

refers to the depreciation of fixed assets in a given period, drawn in accordance with the stipulated depreciation rate for the purpose of compensating the wear-and-tear loss of the fixed assets or the depreciation of fixed assets imputed in accordance with the stipulated unified depreciation rate in the national economic accounting system. It reflects the value of transfer of the fixed assets in the production of the current period. The depreciation of fixed assets in various enterprises and institutions managed as enterprises refers to the depreciation expenses actually drawn. In government agencies and institutions not managed as enterprises which do not draw the depreciation expenses, as well as for the houses of residents, the depreciation of fixed assets is the imputed depreciation, which is calculated in accordance with the stipulated unified depreciation rate. In principle, the depreciation of fixed assets should be calculated on the basis of the re-purchased value of the fixed assets. However, currently the conditions in China do not facilitate the revaluation of all the fixed assets. Therefore, only the above-mentioned methods can be adopted at present.

**Operating Surplus**

refers to the balance of the value added created by the resident units after deducting the labourers remuneration, net taxes on production and the depreciation of fixed assets. It is equivalent to the business profit of the enterprises plus subsidies to production, but the wages and welfare expenses paid from the profits should be deducted.

**GDP by Expenditure Approach**

refers to the method of measuring the final results of production activities of a country (region) during a given period from the perspective of final uses. It includes final consumption expenditure, gross capital formation and net export of goods and services. The formula for computation is.:

GDP by expenditure approach = final consumption expenditure + gross capital formation + net export of goods and services

**Final Consumption Expenditure**

refers to the total expenditure of resident units for purchases of goods and services from both the domestic economic territory and abroad to meet the needs of material, cultural and spiritual life. It does not include the expenditure of non-resident units on consumption in the economic territory of the country. The final consumption expenditure is broken down into household consumption expenditure and government consumption expenditure.

**Household Consumption Expenditure**

refers to the total expenditure of resident households on the final consumption of goods and services. In addition to the consumption of goods and services bought by the households directly with money, the household consumption expenditure also includes expenditure on goods and services obtained by the households in other ways, i.e. the so-called imputed consumption expenditure, which includes the following: (a) the goods and services provided to households by employers in the form of payment in kind and transfer in kind; (b) goods and services produced and consumed by the households themselves, in which the services refer only to the owner-occupied housing; (c) financial intermediate services provided by financial institutions; (d) insurance services provided by insurance companies.

**Government Consumption Expenditure**

refers to the consumption expenditure spent for the provision of public services provided by the government to the whole country and the net expenditure on the goods and services provided by the government to households free of charge or at reduced prices. The former equals to the output value of the government services minus the value of operating income obtained by the government departments. The latter equals to the market value of the goods and services provided by the government free of charge or at reduced prices to the households minus the value received by the government from the households.

**Gross Capital Formation**

refers to the fixed assets acquired less disposals and the net value of inventory, thus including gross fixed capital formation and changes in inventories.

**Gross Fixed Capital Formation**

refers to the value of acquisitions less those disposals of fixed assets during a given period. Fixed assets are the assets produced through production activities with unit value above a specified amount and which could be used for over one year. Natural assets are not included. Gross fixed capital formation can be categorized into total tangible fixed capital formation and total intangible fixed capital formation. Total tangible fixed capital formation includes the value of the construction projects and installation projects completed and the equipment, apparatus and instruments purchased (less those disposed) as well as the value of land improved, the value of draught animals, breeding stock and animals for milk, for wool and for recreational purposes and the newly increased forest with economic value. Total intangible fixed capital formation includes the prospecting of minerals and the acquisition of computer software minus the disposal of them.

**Changes in Inventories**

refers to the market value of the change in the physical volume of inventory of resident units during a given period, i.e. the difference between the values at the beginning and at the end of the period minus the gains due to the change in prices. The changes in inventories can have a positive or a negative value. A positive value indicates an increase in inventory while a negative value indicates a decrease in inventory. The inventory includes raw materials, fuels and reserve materials purchased by the production units as well as the inventory of finished products, semi-finished products and work-in-progress.

**Net Export of Goods and Services**

refers to the exports of goods and services subtracting the imports of goods and services. Exports include the value of various goods and services sold or gratuitously transferred by resident units to non-resident units. Imports include the value of various goods and services purchased or gratuitously acquired resident units from non-resident units. Because the provision of services and the use of them happen simultaneously, the acquisition of services by resident units from abroad is usually treated as import while the acquisition of services by non-resident units in this country is usually treated as export. The exports and imports of goods are calculated at FOB.

**Direct Input Coefficient**

refers to the volume of products and services of industry i, which is consumed directly by industry j in the course of its production or business, recorded as aij (i,j=1,2, … ,n). The table of direct input coefficients, or the direct input coefficients matrix, usually denoted as A, is a table that presents direct input coefficients of all industries.

**Total Input Coefficient**

refers to the volume of products and services of industry i which is consumed directly and indirectly by industry j in producing each unit of final use. The table of total input coefficients, or total input coefficients matrix, usually denoted as B, is a table that presents total input coefficients of all industries.

**Institutional Units**

refer to economic entities that are in a position to own assets and incur liabilities; to engage independently in economic activities; and to conduct transactions with other entities.

**Institutional Sectors**

refer to groups of institutional units that are homogenous in nature and have been grouped together. The following 4 institutional sectors are identified in the flow of funds accounts: non-financial corporations, financial institutions, general government and households. Also treated as an institutional sector is the rest of the world, which is composed of non-resident units that have economic relations with resident units.

**Non-Financial Corporations and the Sector of Non-Financial Corporations**

Non-financial corporations refer to resident corporations that are engaged in the production of goods and the provision of non financial services in the market, mainly covering corporate enterprises of various types engaged in the above-mentioned activities. All non-financial corporations make up the sector of non-financial corporations.

**Financial Institutions and the Sector of Financial Institutions**

Financial institutions refer to resident institutions that are engaged in the financial intermediary services or auxiliary financial activities that are closely related with financial intermediary services, mainly covering the Central Bank, commercial banks, policy banks, non-banking credit institutions and insurance companies. All financial institutions together make up the sector of financial institutions.

**General Government and the Sector of General Governments General**

government refer to legal entities and their auxiliary units within the territory of China that are established through the political process and are empowered with legislative, administrative or judicial rights over other institutional within specific regions. The main function of general government is to acquire funds through taxation or other means in order to provide public services to society and households, and to conduct redistribution of income and properties of society through transfer payment. General government cover mainly administrative and non-profit institutional units of various types. All general government together makes up the sector of general governments.

**Households and the Sector of Households**

Households refer to resident individuals or groups of resident individuals who share common living facilities, pool together entire or part of their income and properties for their common disposal, and share their housing, food and other consumer goods and services. All households together make up the sector of households.

**Non-resident Units and the Rest of the World**

Non-resident units refer to units that are of a non-resident nature. All non-resident units that have transactions with resident units together make up the rest of the world.

**Total Income from Primary Distribution**

Primary distribution refers to the distribution of net results from production activities among the owners of factors of production and the governments. The net results from production activities are the value-added. Factors of production include labour force, land and capital. Owners of labour force gain remuneration by providing labour. Owners of land receive rents from leasing of land. Owners of capitals get income of various forms depending on the type of capital: owners of loan capital receive income from interests. Share holders receive dividends or non-distributed profits. Government either obtains production tax or pays subsidies in participating directly or indirectly in the production processes. Results of primary distribution generate the total income from primary distribution of each sector, and the sum of the total income of primary distribution of all sectors make up the Gross National Income, or the Gross National Product.

**Current Transfers**

Transfer refers to the transaction in the form of provision of goods, services or assets by an institutional unit to another institutional unit without receiving any goods, services or assets in return from the recipient. Current transfers refer to all kinds of transfers other than capital transfers. They include income tax, payment to social securities, social allowances and other current transfers.

**Total Disposable Income**

Total income from primary distribution is re-distributed through current transfer, resulting in the total disposable income of various institutional sectors. The sum of total disposable income of all institutional sectors makes up the total national disposable income.

**Total Savings**

refer to total disposable income subtracting final consumption. Total savings of all sectors make up the total national savings.

**Capital Transfer**

refers to the free payment from one sector to another sector of non-financial investment capital, and is a transaction that seeks no return from the recipient. Capital transfer differs from current transfer in 2 aspects: 1) The purpose of the capital transfer is investment rather than consumption. 2) Capital transfer features the transfer of the ownership of assets other than inventory and cash, and capital transfer in its monetary form involves the disposal of assets other than inventory. Capital transfer includes investment subsidies and other capital transfers.

**Net Financial Investment**

reflects the surplus or shortage of capitals of institutional sectors or of the economy in general. It refers to total savings plus the income from capital transfer minus payment for capital transfer and the non-financial investment from the point of view of physical transaction. In terms of monetary transaction, it is the difference between the increases in financial assets minus the increases of the financial liabilities.

**Currency**

refers to currency that is in circulation in the market, including local and foreign currencies.

**Deposits**

refer to credit transactions by which financial institutions accept deposits from clients who could withdraw their deposit at any time or by an agreed time frame. They include demand deposit, time deposit, savings deposit, fiscal deposit, foreign exchange deposit and other deposits.

**Loans**

refer to credit transactions by which financial institutions lend their capital to clients at certain level of interest rates, which the latter will repay by an agreed time frame. They include short-term loan, medium- and long-term loan, fiscal loan, foreign exchange loan and other loans.

**Securities (excluding shares)**

refer to written certificates representing creditors' rights as purchased by bond holders or as acquired by selling products, which can be transacted at the financial markets. They include government bonds, financial bonds, corporation bonds, commercial drafts, preferential stocks that provide fixed income without the right to share the residual value of corporations, and so on.

**Shares and Other Holding Rights**

refer to the rights of stockholders and direct investors on the net assets of corporations they have invested in. Shares refer to negotiable securities on creditor's rights, issued by share companies certifying the investment by stockholders and their rights and duties in accordance with the amount of stocks that they hold. Other holding rights refer to the direct investment by institutional units in other units with currency capital or with assets, in forms other than shares and negotiable securities on creditor's rights, including such tangible assets such as land, buildings, machines and equipment, inventory, resources, etc., and such intangible assets as trade marks, patents, monopolies, rights on land use, licenses, commercial reputation, etc.. Documents of proof of holding rights usually include certificates on creditor's right, certificates on investment or on participation, etc.

**Insurance Reserve Funds**

consists of net equity of households in life insurance reserves and in pension funds reserves, prepayments of insurance premiums, and reserves for outstanding claims.

# 第 三 篇

Chapter 3

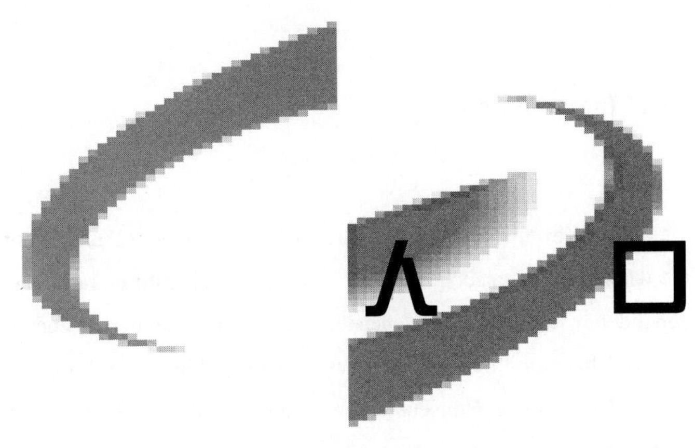

# 人 口

POPULATION

## 简要说明

一、本篇资料反映我省2010年及主要年份人口方面的基本情况，包括全省主要人口统计数据，主要指标有：总户数、总人口、家庭户规模、性别比、少年儿童系数、老年系数、老少比、文化程度状况、少年儿童抚养系数、老年抚养系数、总抚养系数、婚姻构成、就业者身份等。

二、本篇资料来源主要有以下三个方面：

1. 有关家庭户数据、人口性别比、人口受教育程度、抚养系数等资料是根据历年人口抽查调查和人口普查数据整理计算的。

2. 有关历史上六次人口普查资料，是根据历次人口普查资料整理的。

3. 有关户籍人口、非农业人口、农业人口，是根据省公安厅提供的2010年度户籍人口统计年报资料整理的。

三、本篇资料均由省统计局人口和社会科技统计处整理编制。

## Brief Introduction

I. Data in this chapter show the basic conditions of Anhui's population in 2010, including the main data of population statistics of the whole province, such as family size, sex ratio, children ratio, the aged ratio, ratio of the aged to children, educational level, children dependency ratio, the aged dependency ratio, and total dependency ratio.

II. There are three main sources for Data published in this chapter.

1. Materials on Households, sex ratio, educational level and dependency ratio are tabulated according to the data of the population sample survey and census of the past years.

2. The historical data of the four population censuses are prepared in accordance with the previous population censuses.

3. Data of residence, non-agricultural and agricultural population are collected in accordance with the annual statistical report on residence population in 2010 by the Department of Public Security of the province.

III. Data in this chapter are prepared by the Population and Social Science Division, Anhui Statistical Bureau.

## 3—1 主要年份人口指标
Major Population Indicators Over The Years

| 年份 Year | 户籍人口 Residence Populations 总数（万人） Total (10000 persons) | 非农业人口比重（%） Proportion of Non-agricultural Populations (%) | 常住人口 Permanent Populations 总数（万人） Total (10000 persons) | 城镇人口比重（%） Proportion of Urban Populations (%) | 出生率（‰） Birth Rate (‰) | 死亡率（‰） Death Rate (‰) | 自然增长率（‰） Natural Growth Rate (‰) | 流向省外半年以上的人数（万人） Floating Out of This Province for More Than Half a Year (10000 persons) |
|---|---|---|---|---|---|---|---|---|
| 1995 | 6000 | 17.40 | 5923 | 19.09 | 16.07 | 6.41 | 9.66 | 228 |
| 1997 | 6109 | 18.42 | 5992 | 22.02 | 15.80 | 6.50 | 9.30 | 324 |
| 1998 | 6152 | 18.95 | 6016 | 22.33 | 15.74 | 6.54 | 9.20 | 372 |
| 1999 | 6205 | 19.40 | 6051 | 26.00 | 15.10 | 6.50 | 8.60 | 420 |
| 2000 | 6278 | 19.59 | 6093 | 28.00 | 13.40 | 5.76 | 7.64 | 433 |
| 2001 | 6325 | 19.87 | 6128 | 29.30 | 12.46 | 5.85 | 6.61 | 497 |
| 2002 | 6369 | 20.24 | 6144 | 30.70 | 11.20 | 5.17 | 6.03 | 567 |
| 2003 | 6410 | 20.57 | 6163 | 32.00 | 11.15 | 5.20 | 5.95 | 720 |
| 2004 | 6461 | 20.77 | 6228 | 33.50 | 11.62 | 5.50 | 6.12 | 630 |
| 2005 | 6516 | 20.99 | 6120 | 35.50 | 12.43 | 6.23 | 6.20 | 842 |
| 2006 | 6593 | 21.74 | 6110 | 37.10 | 12.60 | 6.30 | 6.30 | 934 |
| 2007 | 6676 | 21.98 | 6118 | 38.70 | 12.75 | 6.40 | 6.35 | 1005 |
| 2008 | 6741 | 22.23 | 6135 | 40.50 | 13.05 | 6.60 | 6.45 | 954 |
| 2009 | 6795 | 22.33 | 6131 | 42.10 | 13.07 | 6.60 | 6.47 | 992 |
| 2010 | 6827 | 22.71 | 5957 | 43.20 | 12.70 | 5.95 | 6.75 | |

注：1．户籍人口为公安户籍统计数，常住人口为人口普查或人口抽样调查推算数；
2．常住人口是指常住本地的人，不包括户籍人口中到省外半年以上的人口，包括外省来我省常住半年以上的人口；
3．以下各表除加以注明的外，均为常住人口数。

a) Residence population is taken from the annual reports of the Department of Public Security and permanent population is calculated from the Sample Survay of Population.
b) Permanent population refers to people inhabit local place, excluding those residence population that going out of this province for more than one year and including the population moving to this province from other province for more than one year.
c) Data in the following tables refer to permanent populations excluding those with notes.

## 3—2 主要年份人口系数
Ratio of Population Over the Years

单位：%

| 年份 Year | 少年儿童系数 Ratio of Children | 老年系数 Retio of the Aged | 老少比 Ratio of the Aged to Children | 少年儿童抚养系数 Chilren Dependency Ratio | 老年抚养系数 The Aged Dependency Ratio | 总抚养系数 Dependency Ratio | 年龄中位数（岁） Median of Age (year) |
|---|---|---|---|---|---|---|---|
| 1995 | 27.33 | 6.73 | 24.61 | 41.45 | 10.20 | 51.65 | 26.38 |
| 1997 | 26.04 | 6.71 | 25.77 | 38.72 | 9.98 | 48.70 | 28.35 |
| 1998 | 24.95 | 7.02 | 28.14 | 36.67 | 10.32 | 46.99 | 29.52 |
| 1999 | 24.60 | 7.38 | 30.00 | 36.17 | 10.85 | 47.03 | 30.63 |
| 2000 | 25.49 | 7.59 | 29.79 | 38.10 | 11.35 | 49.44 | 30.38 |
| 2001 | 24.87 | 8.10 | 32.57 | 37.10 | 12.09 | 49.19 | 31.08 |
| 2002 | 24.36 | 8.50 | 34.89 | 36.28 | 12.65 | 48.93 | 32.22 |
| 2003 | 23.43 | 9.19 | 39.22 | 34.77 | 13.63 | 48.40 | 33.46 |
| 2004 | 22.82 | 9.30 | 40.75 | 33.63 | 13.69 | 47.32 | 34.16 |
| 2005 | 23.07 | 10.08 | 43.69 | 34.51 | 15.08 | 49.59 | 34.32 |
| 2006 | 21.48 | 10.16 | 47.30 | 31.42 | 14.86 | 46.28 | 35.04 |
| 2007 | 20.41 | 10.72 | 52.52 | 29.64 | 15.57 | 45.20 | 35.86 |
| 2008 | 19.81 | 11.15 | 56.28 | 28.70 | 16.15 | 44.85 | 36.25 |
| 2009 | 19.40 | 11.43 | 58.92 | 28.05 | 16.52 | 44.57 | 37.79 |
| 2010 | 17.77 | 10.23 | 57.57 | 24.68 | 14.21 | 38.89 | 36.36 |

注：1990年、2000年、2010年为普查数据，其余年份为人口变动抽样调查数。

a) Data in 1990, 2000 and 2010 are taken from National Population Cansuses and data of other years were taken from the annual National Sample Surveys on Population Changes.

## 3—3 六次全省人口普查基本情况
Basic Statistics on National Population Census in 1953, 1964, 1982, 1990, 2000 and 2010

| 指　标 | Item | 1953 | 1964 | 1982 | 1990 | 2000 | 2010 |
|---|---|---|---|---|---|---|---|
| **总人口　（万人）** | **Total Population (10000 persons)** | **3066.3** | **3124.1** | **4966.6** | **5618.1** | **5900.0** | **5950.0** |
| 男 | Male | 1610.7 | 1618.2 | 2576.4 | 2902.6 | 3043.8 | 3024.6 |
| 女 | Female | 1455.7 | 1506.0 | 2390.2 | 2715.5 | 2856.2 | 2925.5 |
| 育龄妇女（15—49岁） | Women at Childbearing Age (Age 15-49) | 705.4 | 741.2 | 1150.8 | 1498.8 | 1576.9 | 1702.8 |
| **总户数　（万户）** | **Total Number of Households (10000 household)** | **713.2** | **765.2** | **1052.2** | **1337.7** | **1650.5** | |
| 家庭户 | Family Households | | | 1047.1 | 1332.0 | 1631.4 | 1825.7 |
| 集体户 | Non-family Households | | | 5.1 | 5.6 | 19.2 | |
| **家庭户规模　（人/户）** | **Average Family Size (person/household)** | **4.3** | **4.1** | **4.6** | **4.1** | **3.5** | **3.1** |
| **各年龄组人口　（万人）** | **Population by Age (10000 persons)** | | | | | | |
| 0—6岁 | Age 0-6 | 624.7 | 542.7 | 679.9 | 781.5 | 515.4 | 511.7 |
| 7—14岁 | Age 7-14 | 481.0 | 657.6 | 1115.4 | 813.4 | 988.7 | 545.9 |
| 15—64岁 | Age 15-64 | | 1849.6 | 2968.5 | 3719.5 | 3948.0 | 4284.0 |
| 65岁以上 | Age 65 and Over | | 74.2 | 202.8 | 303.7 | 448.0 | 608.5 |
| 劳动年龄人口 | Population Within Working Age | 1649.3 | 1657.6 | 2615.9 | 3336.7 | 3535.1 | 3725.1 |
| 男60岁、女55岁以上人口 | Males Aged 60 and Females Aged 55 and Over | | | 425.7 | 577.1 | 761.6 | 1072.7 |
| **民族人口　（万人）** | **Nationality Population (10000 persons)** | | | | | | |
| 汉　族 | Han Nationality | 3052.7 | 3108.6 | 4940.4 | 5585.7 | 5860.2 | 5910.5 |
| 少数民族 | Minority Nationalities | 13.6 | 15.5 | 26.2 | 32.4 | 39.8 | 39.6 |
| **15岁及以上人口　（万人）** | **Marital Status of Population Aged 15 and Over (10000 persons)** | | | **3171.3** | **4023.2** | **4396.0** | **4892.4** |
| 未　婚 | Unmarried | | | 954.6 | 1112.5 | 964.2 | 951.2 |
| 有配偶 | Married | | | 1959.3 | 2641.9 | 3199.9 | 3582.5 |
| 丧　偶 | Widowed | | | 237.2 | 247.7 | 177.1 | 310.3 |
| 离　婚 | Divorced | | | 20.2 | 21.1 | 54.8 | 48.4 |
| **每十万人拥有受教育程度人口　（人）** | **Population with Education Attainment Per 10000 from Population Censuses (person)** | | | | | | |
| 大专以上 | Colleges and Over | | 258 | 408 | 883 | 2312 | 6733 |
| 高　中 | Senior Secondary School | | 1010 | 3977 | 5037 | 7653 | 10840 |
| 初　中 | Junior Secondary School | | 3861 | 14236 | 19970 | 32826 | 38604 |
| 小　学 | Primary School | | 19307 | 29716 | 34701 | 37362 | 27763 |
| **文盲人口及文盲率** | **Illiterate Population and Illiterate Rate** | | | | | | |
| 文盲人口　（万人） | Illiterate Population (10000 persons) | | | 1900.7 | 1381.8 | 602.2 | 484.4 |
| 文盲率　（%） | Illiterate Rate (%) | | | 31.8 | 24.6 | 10.1 | 8.1 |
| **市镇乡人口　（万人）** | **Population of Cities, Towns and Townships (10000 persons)** | | | | | | |
| 市 | City | 112.5 | 214.7 | 488.5 | 692.1 | 843.5 | 1212.0 |
| 镇 | Town | 153.8 | 146.7 | 219.7 | 310.3 | 733.2 | 1346.0 |
| 乡 | Townships | 2800.1 | 2762.7 | 4258.4 | 4615.7 | 4323.4 | 3392.0 |

## 3—4 各市主要人口指标（2010年）
Main Population Indicators by Region (2010)

| 地　区 | Region | 户籍人口 Residence Populations | | 常住人口 Permanent Populations | |
|---|---|---|---|---|---|
| | | 总数（万人）Total (10000 persons) | 非农业人口比重(%) Proportion of Non-agricultural Populations (%) | 总数（万人）Total (10000 persons) | 城镇人口比重(%) Proportion of Urban Populations (%) |
| **总　　计** | **Total** | **6826.63** | **22.71** | **5957** | **43.2** |
| 合 肥 市 | Hefei | 494.95 | 43.61 | 571 | 68.5 |
| 淮 北 市 | Huaibei | 219.56 | 43.39 | 212 | 54.5 |
| 亳 州 市 | Bozhou | 600.76 | 11.12 | 486 | 29.1 |
| 宿 州 市 | Suzhou | 642.07 | 13.51 | 536 | 31.4 |
| 蚌 埠 市 | Bengbu | 362.23 | 28.25 | 317 | 45.0 |
| 阜 阳 市 | Fuyang | 1011.84 | 12.66 | 761 | 31.9 |
| 淮 南 市 | Huainan | 243.99 | 46.56 | 234 | 62.9 |
| 滁 州 市 | Chuzhou | 450.80 | 22.10 | 394 | 41.6 |
| 六 安 市 | Luan | 704.82 | 14.02 | 562 | 35.9 |
| 马鞍山市 | Maanshan | 129.10 | 50.00 | 137 | 69.1 |
| 巢 湖 市 | Chaohu | 460.51 | 16.41 | 388 | 40.8 |
| 芜 湖 市 | Wuhu | 229.50 | 58.14 | 226 | 65.6 |
| 宣 城 市 | Xuancheng | 278.36 | 18.08 | 253 | 43.3 |
| 铜 陵 市 | Tongling | 74.01 | 58.38 | 72 | 73.5 |
| 池 州 市 | Chizhou | 160.46 | 17.77 | 140 | 44.5 |
| 安 庆 市 | Anqing | 615.62 | 18.06 | 532 | 36.8 |
| 黄 山 市 | Huangshan | 148.05 | 24.58 | 136 | 41.1 |

注：本表常住人口总数及城镇人口比重为2010年底推算数。

a) The permanent populations and proportion of urban populations in this table are taken from the estimated number by the end of 2010.

## 3—5 各市户数、人口数和性别比（2010年）
Number of Households, Population, and Sex Ratio by Region (2010)

| 地　区 | Region | 户数（万户）Number of Households (10000 household) | 人口数（万人）Population (10000 persons) | 男 Male | 性别比（女=100）Sex Ratio (Female=100) |
|---|---|---|---|---|---|
| **总　　计** | **Total** | **2093.43** | **6826.63** | **3543.26** | **107.92** |
| 合 肥 市 | Hefei | 157.06 | 494.95 | 258.00 | 108.88 |
| 淮 北 市 | Huaibei | 66.13 | 219.56 | 112.45 | 104.99 |
| 亳 州 市 | Bozhou | 170.89 | 600.76 | 314.93 | 110.18 |
| 宿 州 市 | Suzhou | 178.79 | 642.07 | 330.06 | 105.78 |
| 蚌 埠 市 | Bengbu | 106.03 | 362.23 | 187.57 | 107.40 |
| 阜 阳 市 | Fuyang | 288.07 | 1011.84 | 525.83 | 108.19 |
| 淮 南 市 | Huainan | 77.46 | 243.99 | 127.12 | 108.77 |
| 滁 州 市 | Chuzhou | 142.13 | 450.80 | 233.12 | 107.10 |
| 六 安 市 | Luan | 231.69 | 704.82 | 371.81 | 111.65 |
| 马鞍山市 | Maanshan | 40.56 | 129.10 | 66.29 | 105.55 |
| 巢 湖 市 | Chaohu | 148.64 | 460.51 | 239.66 | 108.52 |
| 芜 湖 市 | Wuhu | 78.34 | 229.50 | 118.12 | 106.04 |
| 宣 城 市 | Xuancheng | 94.54 | 278.36 | 144.37 | 107.75 |
| 铜 陵 市 | Tongling | 25.25 | 74.01 | 37.82 | 104.48 |
| 池 州 市 | Chizhou | 57.09 | 160.46 | 82.03 | 104.59 |
| 安 庆 市 | Anqing | 180.57 | 615.62 | 318.23 | 107.01 |
| 黄 山 市 | Huangshan | 50.18 | 148.05 | 75.86 | 105.08 |

注：本表为公安户籍年报统计数。

a) Data in this table are taken from the annual reports of Department of Puplis Security.

## 3—6 各市主要年份总人口文盲率
Illiteracy Ratio by Region in the Primary Years

单位：%

| 地 区 | Region | 1990 | 1995 | 2000 | 2005 | 2009 | 2010 |
|---|---|---|---|---|---|---|---|
| **总 计** | **Total** | **24.60** | **14.09** | **10.06** | **11.74** | **9.84** | **8.14** |
| 合肥市 | Hefei | 20.61 | 12.97 | 7.69 | 8.67 | 7.47 | 5.28 |
| 淮北市 | Huaibei | 21.82 | 12.20 | 8.42 | 7.59 | 7.17 | 6.54 |
| 亳州市 | Bozhou | 29.49 | 13.78 | 10.70 | 14.59 | 11.72 | 10.76 |
| 宿州市 | Suzhou | 24.43 | 16.34 | 10.28 | 11.32 | 11.09 | 8.64 |
| 蚌埠市 | Bengbu | 21.76 | 16.11 | 10.60 | 12.17 | 9.96 | 6.90 |
| 阜阳市 | Fuyang | 26.91 | 13.28 | 11.25 | 13.18 | 11.73 | 9.25 |
| 淮南市 | Huainan | 18.16 | 9.31 | 8.32 | 10.47 | 10.52 | 6.67 |
| 滁州市 | Chuzhou | 22.49 | 13.66 | 10.77 | 13.14 | 10.54 | 9.07 |
| 六安市 | Luan | 26.08 | 15.95 | 9.75 | 12.67 | 8.45 | 7.92 |
| 马鞍山市 | Maanshan | 19.99 | 8.76 | 8.87 | 7.94 | 5.63 | 5.24 |
| 巢湖市 | Chaohu | 32.01 | 15.82 | 8.75 | 10.67 | 10.26 | 9.68 |
| 芜湖市 | Wuhu | 24.25 | 12.27 | 10.81 | 10.45 | 8.95 | 5.87 |
| 宣城市 | Xuancheng | 19.74 | 13.29 | 8.88 | 14.47 | 9.74 | 9.46 |
| 铜陵市 | Tongling | 18.16 | 14.74 | 10.76 | 7.20 | 6.34 | 6.88 |
| 池州市 | Chizhou | 25.71 | 14.56 | 11.29 | 11.21 | 14.72 | 8.53 |
| 安庆市 | Anqing | 24.73 | 15.10 | 11.84 | 11.80 | 9.29 | 8.80 |
| 黄山市 | Huangshan | 17.00 | 10.69 | 8.35 | 8.26 | 8.36 | 6.25 |

## 3—7 各市15—49岁妇女活产和存活子女状况（2010年）
Live Births and Surviving Children of Women Aged 15-49 by Region（2010）

单位：人 (person)

| 地 区 | Region | 15—49岁妇女人数 Number of Women Aged 15-49 | 活产子女人数 Number of Live Births | | | 存活子女人数 Number of Surviving Children | | | 妇女平均活产子女数 Average Number of Live Births per Women | 妇女平均存活子女数 Average Number of Surviving Children per Women |
|---|---|---|---|---|---|---|---|---|---|---|
| | | | | 男 Male | 女 Female | | 男 Male | 女 Female | | |
| **总 计** | **Total** | **1472514** | **2823947** | **1520342** | **1303605** | **2787849** | **1498736** | **1289113** | **1.50** | **1.48** |
| 合肥市 | Hefei | 151442 | 216351 | 118352 | 97999 | 214250 | 117037 | 97213 | 1.17 | 1.16 |
| 淮北市 | Huaibei | 56140 | 96243 | 52121 | 44122 | 95533 | 51694 | 43839 | 1.42 | 1.41 |
| 亳州市 | Bozhou | 123684 | 263412 | 144253 | 119159 | 261176 | 142906 | 118270 | 1.71 | 1.70 |
| 宿州市 | Suzhou | 139061 | 285893 | 153253 | 132640 | 283436 | 151756 | 131680 | 1.64 | 1.63 |
| 蚌埠市 | Bengbu | 80418 | 151180 | 81927 | 69253 | 149888 | 81108 | 68780 | 1.49 | 1.48 |
| 阜阳市 | Fuyang | 180757 | 400250 | 215529 | 184721 | 396732 | 213338 | 183394 | 1.73 | 1.71 |
| 淮南市 | Huainan | 59576 | 102470 | 56048 | 46422 | 101618 | 55494 | 46124 | 1.36 | 1.35 |
| 滁州市 | Chuzhou | 97635 | 188023 | 101028 | 86995 | 185481 | 99535 | 85946 | 1.50 | 1.48 |
| 六安市 | Luan | 130376 | 267088 | 146630 | 120458 | 263523 | 144478 | 119045 | 1.55 | 1.53 |
| 马鞍山市 | Maanshan | 34958 | 54876 | 29553 | 25323 | 54203 | 29123 | 25080 | 1.22 | 1.20 |
| 巢湖市 | Chaohu | 87141 | 176373 | 95229 | 81144 | 173576 | 93591 | 79985 | 1.53 | 1.51 |
| 芜湖市 | Wuhu | 58082 | 89969 | 47924 | 42045 | 88610 | 47152 | 41458 | 1.21 | 1.19 |
| 宣城市 | Xuancheng | 62034 | 119160 | 61823 | 57337 | 116575 | 60272 | 56303 | 1.45 | 1.41 |
| 铜陵市 | Tongling | 18806 | 30385 | 15819 | 14566 | 29955 | 15577 | 14378 | 1.25 | 1.23 |
| 池州市 | Chizhou | 35994 | 70315 | 36492 | 33823 | 68497 | 35412 | 33085 | 1.48 | 1.44 |
| 安庆市 | Anqing | 122657 | 247593 | 131171 | 116422 | 241765 | 127867 | 113898 | 1.54 | 1.50 |
| 黄山市 | Huangshan | 33753 | 64366 | 33190 | 31176 | 63031 | 32396 | 30635 | 1.38 | 1.35 |

注：本表为2010年第六次人口普查长表调查数。

a) Data in this table are obtained from the long table investigation of the sixth National Population Census in 2010.

## 3—8 各市人口平均预期寿命
Population Life Expectancy by Region

单位：岁 (age)

| 地　区 | Region | 1990年预期寿命 Life Expectancy in 1990 | 男 Male | 女 Female | 2000年预期寿命 Life Expectancy in 2000 | 男 Male | 女 Female |
|---|---|---|---|---|---|---|---|
| **总　计** | **Total** | **70.22** | **68.33** | **72.14** | **72.62** | **71.04** | **74.27** |
| 合肥市 | Hefei | 71.42 | 69.33 | 73.52 | 75.66 | 74.18 | 77.17 |
| 淮北市 | Huaibei | 74.37 | 71.52 | 76.66 | 75.75 | 74.08 | 77.42 |
| 亳州市 | Bozhou | | | | 72.47 | 70.89 | 73.87 |
| 宿州市 | Suzhou | 74.39 | 72.13 | 76.26 | 74.84 | 72.51 | 77.14 |
| 蚌埠市 | Bengbu | 72.84 | 70.73 | 74.79 | 74.70 | 73.12 | 76.11 |
| 阜阳市 | Fuyang | 71.62 | 69.54 | 73.55 | 72.69 | 70.48 | 75.01 |
| 淮南市 | Huainan | 71.28 | 69.36 | 72.97 | 71.89 | 70.81 | 73.51 |
| 滁州市 | Chuzhou | 72.18 | 69.86 | 74.29 | 74.40 | 72.86 | 75.88 |
| 六安市 | Luan | 68.87 | 67.33 | 70.54 | 71.34 | 69.88 | 73.01 |
| 马鞍山市 | Maanshan | 71.47 | 68.87 | 73.94 | 74.72 | 72.58 | 77.11 |
| 巢湖市 | Chaohu | 67.95 | 65.89 | 70.00 | 71.46 | 69.49 | 73.57 |
| 芜湖市 | Wuhu | 68.85 | 67.00 | 70.65 | 72.69 | 70.37 | 75.34 |
| 宣城市 | Xuancheng | 68.75 | 67.07 | 70.42 | 72.93 | 71.07 | 75.12 |
| 铜陵市 | Tongling | 68.67 | 67.04 | 69.70 | 73.46 | 71.62 | 75.58 |
| 池州市 | Chizhou | 66.03 | 64.51 | 67.40 | 71.00 | 68.91 | 73.31 |
| 安庆市 | Anqing | 65.54 | 64.19 | 66.87 | 69.84 | 68.42 | 71.22 |
| 黄山市 | Huangshan | 69.09 | 66.90 | 71.23 | 72.18 | 69.50 | 75.12 |

注：2000年各市人口平均预期寿命是根据1990年以来人口变动调查公布的死亡率对2000年人口普查死亡数据修正后计算的。

a) Life expectancy in 2000 by region is calculated by the death data of 2000's Population Census, which modified by the mortality rates from the annual national sample surveys on population changes since 1990.

## 3—9 按年龄和性别分人口构成（2010年）
Population by Age and Sex (2010)

| 年　龄 Age | 人口数（人）Population (person) 合计 Total | 男 Male | 女 Female | 占总人口比重（%）Percentage to Total Population (%) 合计 Total | 男 Male | 女 Female | 性别比（女=100）Sex Ratio (female=100) |
|---|---|---|---|---|---|---|---|
| **总　计 Total** | **59500473** | **30245517** | **29254956** | **100.00** | **50.83** | **49.17** | **103.39** |
| 0—4 | 3693333 | 2064669 | 1628664 | 6.21 | 3.47 | 2.74 | 126.77 |
| 5—9 | 3325594 | 1844189 | 1481405 | 5.59 | 3.10 | 2.49 | 124.49 |
| 10—14 | 3557208 | 1943518 | 1613690 | 5.98 | 3.27 | 2.71 | 120.44 |
| 15—19 | 4744236 | 2468853 | 2275383 | 7.97 | 4.15 | 3.82 | 108.50 |
| 20—24 | 4912204 | 2353866 | 2558338 | 8.26 | 3.96 | 4.30 | 92.01 |
| 25—29 | 3620337 | 1738599 | 1881738 | 6.08 | 2.92 | 3.16 | 92.39 |
| 30—34 | 4007745 | 1989930 | 2017815 | 6.74 | 3.34 | 3.39 | 98.62 |
| 35—39 | 5351186 | 2672730 | 2678456 | 8.99 | 4.49 | 4.50 | 99.79 |
| 40—44 | 6229452 | 3078803 | 3150649 | 10.47 | 5.17 | 5.30 | 97.72 |
| 45—49 | 4927826 | 2462329 | 2465497 | 8.28 | 4.14 | 4.14 | 99.87 |
| 50—54 | 2558528 | 1324934 | 1233594 | 4.30 | 2.23 | 2.07 | 107.40 |
| 55—59 | 3641290 | 1846009 | 1795281 | 6.12 | 3.10 | 3.02 | 102.83 |
| 60—64 | 2846986 | 1475884 | 1371102 | 4.78 | 2.48 | 2.30 | 107.64 |
| 65+ | 6084548 | 2981204 | 3103344 | 10.23 | 5.01 | 5.22 | 96.06 |

注：本表为2010年第六次人口普查全部汇总数。

a) Data in this table are the tabulation data of the sixth National Population Census in 2010.

## 3—10 各市常住人口基本情况（2010年）
Basic Conditions of Population by Region (2010)

| 地　区 | Region | 家庭户人口占总人口比重（%）Proportion of Family Members to the Total Population (%) | 人口性别比（女=100）Sex Ratio (female=100) | 外出半年以上人员性别比（女=100）Sex Ratio of Persons Having Gone out for More Than A Half Year (female=100) | 农林牧渔业人口占在业人口比重（%）Proprtion of Farming, Forestry, Husbandary and Fishery People to the Total (%) | 其他行业人口占在业人口比重（%）Proportion of People in Other Sectors to the Total (%) |
|---|---|---|---|---|---|---|
| **总　计** | **Total** | **94.95** | **103.39** | **121.99** | **54.19** | **45.81** |
| 合肥市 | Hefei | 85.77 | 109.65 | 115.51 | 27.97 | 72.03 |
| 淮北市 | Huaibei | 95.04 | 102.57 | 114.90 | 51.10 | 48.90 |
| 亳州市 | Bozhou | 98.80 | 102.83 | 124.34 | 70.27 | 29.73 |
| 宿州市 | Suzhou | 96.20 | 101.69 | 122.71 | 75.93 | 24.07 |
| 蚌埠市 | Bengbu | 96.74 | 103.94 | 115.56 | 62.36 | 37.64 |
| 阜阳市 | Fuyang | 98.66 | 98.04 | 128.00 | 67.67 | 32.33 |
| 淮南市 | Huainan | 95.25 | 108.04 | 110.12 | 42.55 | 57.45 |
| 滁州市 | Chuzhou | 96.08 | 103.16 | 115.70 | 59.58 | 40.42 |
| 六安市 | Luan | 95.60 | 104.02 | 131.08 | 58.38 | 41.62 |
| 马鞍山市 | Maanshan | 94.08 | 106.43 | 106.78 | 24.27 | 75.73 |
| 巢湖市 | Chaohu | 95.34 | 103.21 | 130.61 | 52.39 | 47.61 |
| 芜湖市 | Wuhu | 89.48 | 106.23 | 114.19 | 27.47 | 72.53 |
| 宣城市 | Xuancheng | 93.51 | 105.11 | 113.07 | 42.52 | 57.48 |
| 铜陵市 | Tongling | 94.76 | 104.34 | 111.48 | 22.75 | 77.25 |
| 池州市 | Chizhou | 93.97 | 101.41 | 119.21 | 44.58 | 55.42 |
| 安庆市 | Anqing | 95.20 | 102.26 | 122.84 | 46.06 | 53.94 |
| 黄山市 | Huangshan | 94.80 | 103.17 | 111.44 | 47.01 | 52.99 |

## 3—11 各市按家庭户规模分的户数构成（2010年）
Composition of Households by Size of Household and Region (2010)

单位：%

| 地　区 | Region | 家庭户规模（人/户）Size of Family Household (person/household) | 一人户 One Person | 二人户 Two Persons | 三人户 Three Persons | 四人户 Four Persons | 五人户 Five Persons | 六人及六人以上户 Six Persons and Over |
|---|---|---|---|---|---|---|---|---|
| **总　计** | **Total** | **3.09** | **9.30** | **16.27** | **26.10** | **23.95** | **13.70** | **10.69** |
| 合肥市 | Hefei | 2.83 | 13.56 | 20.70 | 31.63 | 19.02 | 9.21 | 5.89 |
| 淮北市 | Huaibei | 3.28 | 8.10 | 15.47 | 28.16 | 23.29 | 13.60 | 11.37 |
| 亳州市 | Bozhou | 3.27 | 6.34 | 13.05 | 19.49 | 29.77 | 16.28 | 15.07 |
| 宿州市 | Suzhou | 3.22 | 6.72 | 14.11 | 21.35 | 28.17 | 16.32 | 13.32 |
| 蚌埠市 | Bengbu | 3.27 | 9.18 | 15.09 | 24.38 | 23.02 | 14.76 | 13.57 |
| 阜阳市 | Fuyang | 3.07 | 7.59 | 12.99 | 18.74 | 28.41 | 16.20 | 16.07 |
| 淮南市 | Huainan | 3.07 | 9.62 | 17.34 | 30.76 | 21.02 | 11.60 | 9.66 |
| 滁州市 | Chuzhou | 3.14 | 8.78 | 16.14 | 26.17 | 23.52 | 14.33 | 11.05 |
| 六安市 | Luan | 3.08 | 10.20 | 15.69 | 25.42 | 24.44 | 14.15 | 10.10 |
| 马鞍山市 | Maanshan | 3.00 | 11.93 | 20.60 | 33.42 | 17.60 | 10.24 | 6.20 |
| 巢湖市 | Chaohu | 3.19 | 9.03 | 16.87 | 26.27 | 23.41 | 14.13 | 10.29 |
| 芜湖市 | Wuhu | 2.75 | 12.75 | 21.65 | 33.40 | 18.13 | 9.56 | 4.51 |
| 宣城市 | Xuancheng | 2.88 | 10.55 | 19.13 | 32.31 | 20.06 | 11.52 | 6.44 |
| 铜陵市 | Tongling | 2.73 | 11.04 | 21.33 | 37.64 | 17.01 | 8.60 | 4.37 |
| 池州市 | Chizhou | 3.12 | 8.78 | 17.22 | 30.64 | 23.56 | 12.48 | 7.31 |
| 安庆市 | Anqing | 3.27 | 7.79 | 14.52 | 26.73 | 25.00 | 15.35 | 10.61 |
| 黄山市 | Huangshan | 2.91 | 12.24 | 18.94 | 29.31 | 20.71 | 11.38 | 7.43 |

## 3—12 各市人口年龄结构（2010年）
Age Composition of Population by Region (2010)

单位：%

| 地区 | Region | 总人口（万人）Total Population (10000 persons) | 年龄构成 Proportion to Total Populations 0—14岁 Age 0-14 | 15—64岁 Age 15-64 | 15—59岁 Age 15-59 | 60岁及以上 Age 60 and Over | 65岁及以上 Age 65 and Over | 抚养比 Dependency Ratio 总抚养比 Gross Dependency Ratio | 少儿抚养比 Children Dependency Ratio | 老年抚养比 The Aged Dependency Ratio |
|---|---|---|---|---|---|---|---|---|---|---|
| **总计** | **Total** | **5950.05** | **17.77** | **72.00** | **67.21** | **15.01** | **10.23** | **38.89** | **24.68** | **14.21** |
| 合肥市 | Hefei | 570.25 | 14.05 | 77.49 | 73.32 | 12.63 | 8.46 | 29.05 | 18.13 | 10.92 |
| 淮北市 | Huaibei | 211.43 | 16.93 | 73.89 | 69.86 | 13.21 | 9.18 | 35.34 | 22.91 | 12.43 |
| 亳州市 | Bozhou | 485.07 | 23.39 | 67.10 | 62.65 | 13.96 | 9.51 | 49.03 | 34.86 | 14.18 |
| 宿州市 | Suzhou | 535.10 | 19.75 | 69.72 | 65.36 | 14.92 | 10.56 | 43.49 | 28.33 | 15.15 |
| 蚌埠市 | Bengbu | 316.45 | 18.49 | 70.89 | 66.67 | 14.84 | 10.61 | 41.06 | 26.09 | 14.97 |
| 阜阳市 | Fuyang | 759.99 | 23.08 | 66.89 | 62.03 | 14.89 | 10.03 | 49.49 | 34.50 | 14.99 |
| 淮南市 | Huainan | 233.39 | 15.62 | 75.11 | 70.85 | 13.53 | 9.27 | 33.14 | 20.80 | 12.34 |
| 滁州市 | Chuzhou | 393.79 | 17.20 | 72.05 | 67.47 | 15.33 | 10.75 | 38.80 | 23.88 | 14.92 |
| 六安市 | Luan | 561.17 | 17.70 | 71.65 | 66.39 | 15.90 | 10.65 | 39.58 | 24.71 | 14.86 |
| 马鞍山市 | Maanshan | 136.63 | 12.78 | 76.59 | 71.75 | 15.48 | 10.63 | 30.56 | 16.68 | 13.88 |
| 巢湖市 | Chaohu | 387.31 | 16.38 | 71.86 | 66.03 | 17.59 | 11.77 | 39.17 | 22.79 | 16.38 |
| 芜湖市 | Wuhu | 226.31 | 12.57 | 76.67 | 71.60 | 15.83 | 10.76 | 30.44 | 16.40 | 14.04 |
| 宣城市 | Xuancheng | 253.29 | 14.57 | 73.99 | 68.31 | 17.12 | 11.44 | 35.15 | 19.69 | 15.46 |
| 铜陵市 | Tongling | 72.40 | 13.69 | 76.16 | 71.39 | 14.92 | 10.15 | 31.30 | 17.97 | 13.33 |
| 池州市 | Chizhou | 140.25 | 16.32 | 73.65 | 68.63 | 15.04 | 10.03 | 35.78 | 22.16 | 13.61 |
| 安庆市 | Anqing | 531.14 | 16.53 | 73.12 | 68.08 | 15.39 | 10.34 | 36.76 | 22.61 | 14.14 |
| 黄山市 | Huangshan | 135.90 | 13.39 | 75.71 | 70.22 | 16.39 | 10.90 | 32.09 | 17.69 | 14.40 |

## 3—13 各市按性别分的15岁及以上文盲人口（2010年）
Illiterate Population Aged 15 and Over by Sex and Region (2010)

| 地区 | Region | 15岁及以上人口（人）Population Aged 15 and Over (person) | 男 Male | 女 Female | 文盲人口（人）Illiterate Population (person) | 男 Male | 女 Female | 文盲人口占15岁及以上人口的比重 Percentage of Illiterate Population to Total Aged 15 and Over(%) | 男 Male | 女 Female |
|---|---|---|---|---|---|---|---|---|---|---|
| **总计** | **Total** | **48924338** | **24393141** | **24531197** | **4843798** | **1313350** | **3530448** | **9.90** | **5.38** | **14.39** |
| 合肥市 | Hefei | 4901274 | 2537676 | 2363598 | 301199 | 74880 | 226319 | 6.15 | 2.95 | 9.58 |
| 淮北市 | Huaibei | 1756348 | 869703 | 886645 | 138360 | 39138 | 99222 | 7.88 | 4.50 | 11.19 |
| 亳州市 | Bozhou | 3716152 | 1812572 | 1903580 | 521990 | 146481 | 375509 | 14.05 | 8.08 | 19.73 |
| 宿州市 | Suzhou | 4295872 | 2106998 | 2188874 | 462250 | 128003 | 334247 | 10.76 | 6.08 | 15.27 |
| 蚌埠市 | Bengbu | 2579206 | 1289285 | 1289921 | 218497 | 68669 | 149828 | 8.47 | 5.33 | 11.62 |
| 阜阳市 | Fuyang | 5845898 | 2787811 | 3058087 | 702973 | 190718 | 512255 | 12.03 | 6.84 | 16.75 |
| 淮南市 | Huainan | 1969333 | 1008359 | 960974 | 155734 | 51529 | 104205 | 7.91 | 5.11 | 10.84 |
| 滁州市 | Chuzhou | 3260371 | 1626617 | 1633754 | 357183 | 91605 | 265578 | 10.96 | 5.63 | 16.26 |
| 六安市 | Luan | 4618187 | 2299514 | 2318673 | 444714 | 142216 | 302498 | 9.63 | 6.18 | 13.05 |
| 马鞍山市 | Maanshan | 1191727 | 610690 | 581037 | 71530 | 16748 | 54782 | 6.00 | 2.74 | 9.43 |
| 巢湖市 | Chaohu | 3238870 | 1612746 | 1626124 | 374878 | 93548 | 281330 | 11.57 | 5.80 | 17.30 |
| 芜湖市 | Wuhu | 1978655 | 1015275 | 963380 | 132797 | 34795 | 98002 | 6.71 | 3.43 | 10.17 |
| 宣城市 | Xuancheng | 2163890 | 1107524 | 1056366 | 239661 | 71801 | 167860 | 11.08 | 6.48 | 15.89 |
| 铜陵市 | Tongling | 624851 | 317910 | 306941 | 49812 | 12445 | 37367 | 7.97 | 3.91 | 12.17 |
| 池州市 | Chizhou | 1173567 | 587351 | 586216 | 119577 | 29811 | 89766 | 10.19 | 5.08 | 15.31 |
| 安庆市 | Anqing | 4433176 | 2206469 | 2226707 | 467645 | 104635 | 363010 | 10.55 | 4.74 | 16.30 |
| 黄山市 | Huangshan | 1176961 | 596641 | 580320 | 84998 | 16328 | 68670 | 7.22 | 2.74 | 11.83 |

## 3—14 各市每十万人口拥有受教育程度人口（2010年）
Population by Educational Level and Region Per 100 Thousand Persons (2010)

单位：人 (person)

| 地 区 | Region | 大专及以上 College and Higher Level | 高中和中专 Senior Secondary School | 初 中 Junior Secondary School | 小 学 Primary School |
|---|---|---|---|---|---|
| **总 计** | **Total** | **6733** | **10840** | **38604** | **27763** |
| 合 肥 市 | Hefei | 19198 | 16559 | 33755 | 19098 |
| 淮 北 市 | Huaibei | 6790 | 12084 | 46448 | 21098 |
| 亳 州 市 | Bozhou | 2564 | 6358 | 40421 | 28553 |
| 宿 州 市 | Suzhou | 3981 | 10279 | 43968 | 23915 |
| 蚌 埠 市 | Bengbu | 6778 | 11504 | 39550 | 26524 |
| 阜 阳 市 | Fuyang | 2959 | 6941 | 40199 | 30069 |
| 淮 南 市 | Huainan | 8488 | 13847 | 42357 | 21508 |
| 滁 州 市 | Chuzhou | 5045 | 9957 | 38660 | 30268 |
| 六 安 市 | Luan | 4341 | 9600 | 39846 | 30238 |
| 马鞍山市 | Maanshan | 11116 | 14936 | 37631 | 26004 |
| 巢 湖 市 | Chaohu | 4159 | 8967 | 37470 | 32686 |
| 芜 湖 市 | Wuhu | 13279 | 15300 | 33174 | 26849 |
| 宣 城 市 | Xuancheng | 5523 | 10740 | 36561 | 31396 |
| 铜 陵 市 | Tongling | 11278 | 17698 | 34277 | 24385 |
| 池 州 市 | Chizhou | 6662 | 11253 | 33537 | 32980 |
| 安 庆 市 | Anqing | 6113 | 11953 | 34128 | 32359 |
| 黄 山 市 | Huangshan | 7178 | 11437 | 38389 | 31018 |

注：本表根据2010年第六次人口普查数据推算。
a) Data in this table are estimated from the sixth National Population Census in 2010.

## 3—15 各市2009—2010学年小学初中入学率状况
Percentage of Children Enrolled in Primary Schools and Junior Secondary Schools by Region (2009-2010)

单位：%

| 地 区 | Region | 初中净入学率 Net Enrollment Ratio of Junior Secondary Schools: 小 计 Total | #女 Female | 小学净入学率 Net Enrollment Ratio of Primary Schools: 小 计 Total | #女 Female | 初中辍学率 Percent of Junior Middle Schoolchildren Quitting Their Studies | 小学辍学率 Percent of Primary Schoolchildren Quitting Their Studies |
|---|---|---|---|---|---|---|---|
| **总 计** | **Total** | **99.22** | **99.25** | **99.93** | **99.93** | **1.08** | **0.17** |
| 合 肥 市 | Hefei | 99.91 | 99.83 | 100.00 | 99.99 | 0.20 | 0.03 |
| 淮 北 市 | Huaibei | 98.32 | 98.34 | 100.00 | 100.00 | 1.77 | 0.05 |
| 亳 州 市 | Bozhou | 99.36 | 99.32 | 99.75 | 99.75 | 2.28 | 0.42 |
| 宿 州 市 | Suzhou | 99.93 | 99.95 | 99.96 | 99.96 | 1.91 | 0.25 |
| 蚌 埠 市 | Bengbu | 99.76 | 99.77 | 99.91 | 99.92 | 0.77 | 0.07 |
| 阜 阳 市 | Fuyang | 99.25 | 99.26 | 99.91 | 99.91 | 1.69 | 0.35 |
| 淮 南 市 | Huainan | 99.49 | 99.46 | 99.87 | 99.86 | 1.17 | -0.02 |
| 滁 州 市 | Chuzhou | 99.11 | 99.11 | 99.92 | 99.92 | 0.84 | 0.05 |
| 六 安 市 | Luan | 98.06 | 98.03 | 99.93 | 99.91 | 0.68 | 0.08 |
| 马鞍山市 | Maanshan | 99.31 | 99.44 | 99.99 | 100.00 | 0.93 | -0.05 |
| 巢 湖 市 | Chaohu | 98.38 | 98.36 | 99.99 | 99.99 | 0.93 | 0.25 |
| 芜 湖 市 | Wuhu | 100.00 | 100.00 | 100.00 | 100.00 | 0.28 | 0.08 |
| 宣 城 市 | Xuancheng | 99.80 | 99.80 | 100.00 | 100.00 | 0.31 | 0.00 |
| 铜 陵 市 | Tongling | 100.00 | 100.00 | 100.00 | 100.00 | 0.01 | 0.10 |
| 池 州 市 | Chizhou | 99.52 | 99.56 | 100.00 | 100.00 | 0.18 | 0.39 |
| 安 庆 市 | Anqing | 99.07 | 99.52 | 99.98 | 99.99 | 0.52 | -0.08 |
| 黄 山 市 | Huangshan | 99.38 | 99.37 | 99.90 | 99.94 | 0.44 | 0.10 |

## 3—16 各市婚姻人口构成（2010年）
Composition of Marriage Status by Region (2010)

单位：%

| 地　区 | Region | 15岁及15岁以上的人口合计（人） Total Population Aged 15 and Over (person) | 未　婚 Never Married | 有配偶 With Spouses | 离　婚 Divorced | 丧　偶 Widowed |
|---|---|---|---|---|---|---|
| **总　计** | **Total** | **48924332** | **19.44** | **73.23** | **0.99** | **6.34** |
| 合肥市 | Hefei | 4901274 | 26.28 | 68.27 | 1.04 | 4.41 |
| 淮北市 | Huaibei | 1756348 | 20.54 | 73.38 | 1.00 | 5.08 |
| 亳州市 | Bozhou | 3716152 | 19.06 | 73.77 | 0.89 | 6.28 |
| 宿州市 | Suzhou | 4295872 | 20.38 | 72.62 | 0.83 | 6.16 |
| 蚌埠市 | Bengbu | 2579206 | 20.10 | 72.83 | 1.29 | 5.78 |
| 阜阳市 | Fuyang | 5845893 | 19.60 | 73.34 | 0.51 | 6.55 |
| 淮南市 | Huainan | 1969333 | 21.08 | 72.05 | 1.57 | 5.30 |
| 滁州市 | Chuzhou | 3260370 | 16.82 | 75.93 | 0.97 | 6.27 |
| 六安市 | Luan | 4618187 | 17.27 | 74.98 | 0.78 | 6.97 |
| 马鞍山市 | Maanshan | 1191727 | 19.28 | 73.25 | 1.89 | 5.59 |
| 巢湖市 | Chaohu | 3238870 | 16.62 | 74.96 | 0.82 | 7.60 |
| 芜湖市 | Wuhu | 1978655 | 22.07 | 70.40 | 1.55 | 5.98 |
| 宣城市 | Xuancheng | 2163890 | 15.06 | 76.73 | 1.44 | 6.77 |
| 铜陵市 | Tongling | 624851 | 16.67 | 75.99 | 1.80 | 5.54 |
| 池州市 | Chizhou | 1173567 | 17.54 | 74.40 | 0.85 | 7.21 |
| 安庆市 | Anqing | 4433176 | 18.31 | 72.87 | 0.79 | 8.03 |
| 黄山市 | Huangshan | 1176961 | 17.18 | 73.84 | 1.37 | 7.61 |

## 3—17 全省育龄妇女分年龄孩次的生育率（2009年）
Fertility Rate of Women At Childbearing Age by Age and Children's Order (2009)

单位：‰

| 年　龄 Age | 生育率 Fertility-rate | 第一孩生育率 The First Child | 第二孩生育率 The Second Child | 第三孩及以上生育率 The Third Child and Over |
|---|---|---|---|---|
| **总　计 Total** | **31.67** | **21.31** | **9.24** | **1.12** |
| **15-19** | **44.86** | **42.93** | **1.67** | **0.26** |
| **20-24** | **175.11** | **148.35** | **24.20** | **2.56** |
| 20 | 214.64 | 200.56 | 11.96 | 2.11 |
| 21 | 200.15 | 178.49 | 19.42 | 2.24 |
| 22 | 155.25 | 137.63 | 13.56 | 4.07 |
| 23 | 153.97 | 108.86 | 42.77 | 2.33 |
| 24 | 145.76 | 106.01 | 37.99 | 1.77 |
| **25-29** | **116.32** | **55.08** | **55.25** | **5.99** |
| 25 | 170.40 | 113.00 | 53.81 | 3.59 |
| 26 | 121.29 | 59.30 | 53.91 | 8.09 |
| 27 | 125.69 | 45.06 | 74.31 | 6.32 |
| 28 | 93.25 | 36.41 | 47.96 | 8.88 |
| 29 | 74.16 | 26.08 | 44.82 | 3.26 |
| **30-34** | **39.55** | **10.00** | **26.82** | **2.73** |
| 30 | 51.72 | 18.81 | 32.13 | 0.78 |
| 31 | 36.28 | 7.56 | 26.45 | 2.27 |
| 32 | 43.01 | 11.58 | 25.64 | 5.79 |
| 33 | 34.76 | 6.52 | 26.07 | 2.17 |
| 34 | 33.31 | 6.38 | 24.10 | 2.83 |
| **35-39** | **10.62** | **2.03** | **7.05** | **1.54** |
| **40-44** | **0.60** | | **0.34** | **0.26** |
| **45-49** | **0.12** | **0.12** | | |

## 3—18 各市主要年份妇女平均初婚年龄
Women's Average Age At Their First Marriage in Major Years by Region

单位：岁 (age)

| 地　区 Region | 1995 | 2000 | 2005 | 2009 | 2010 |
|---|---|---|---|---|---|
| **总　计 Total** | **22.72** | **22.61** | **23.37** | **23.09** | **21.56** |
| 合肥市 Hefei | 23.06 | 23.10 | 23.98 | 25.68 | 22.36 |
| 淮北市 Huaibei | 22.99 | 22.58 | 23.67 | 22.72 | 21.58 |
| 亳州市 Bozhou | 21.17 | 21.90 | 22.75 | 22.37 | 20.98 |
| 宿州市 Suzhou | 22.55 | 22.32 | 23.34 | 21.71 | 21.35 |
| 蚌埠市 Bengbu | 23.01 | 22.07 | 23.50 | 22.80 | 21.70 |
| 阜阳市 Fuyang | 21.31 | 22.17 | 22.90 | 22.60 | 21.40 |
| 淮南市 Huainan | 23.38 | 22.98 | 23.41 | 22.67 | 21.89 |
| 滁州市 Chuzhou | 23.00 | 22.54 | 23.02 | 21.55 | 21.55 |
| 六安市 Luan | 22.46 | 22.29 | 23.34 | 23.32 | 21.34 |
| 马鞍山市 Maanshan | 22.82 | 23.05 | 23.86 | 23.00 | 22.11 |
| 巢湖市 Chaohu | 23.07 | 22.65 | 23.79 | 25.54 | 21.71 |
| 芜湖市 Wuhu | 22.87 | 23.21 | 23.87 | 24.65 | 21.93 |
| 宣城市 Xuancheng | 22.05 | 22.80 | 23.85 | 22.76 | 21.48 |
| 铜陵市 Tongling | 23.20 | 23.84 | 24.96 | 24.00 | 22.43 |
| 池州市 Chizhou | 22.68 | 22.68 | 23.39 | 22.92 | 21.56 |
| 安庆市 Anqing | 22.02 | 22.24 | 23.32 | 23.69 | 21.22 |
| 黄山市 Huangshan | 22.76 | 23.13 | 23.46 | 24.38 | 21.72 |

## 3—19 各市按职业分的在业人口比例（2010年）
Proportion of Employed Persons by Their Occupation by Region (2010)

单位：%

| 地　区 Region | 合计（人） Total (person) | 国家机关、党群组织、企业、事业单位负责人 Person in Charge of State Organs, Party Organization, Enterprises, and Institutions | 专业技术人员 Professional and Technical Personnel | 办事人员和有关人员 Staff and Associated Personnel | 商业、服务业人员 Commercial and Service Personnel | 农、林、牧、渔、水利业生产人员 Agriculture, Forestry, Animal Husbandry, Fisheries and Water Conservancy Production Personnel | 生产、运输设备操作人员及有关人员 Production And Transport Equipment Operators and Associated Personnel | 不便分类的其他从业人员 Other Employed Persons that are Unconvinient to Be Classified |
|---|---|---|---|---|---|---|---|---|
| **总　计 Total** | **2904495** | **1.81** | **5.67** | **2.94** | **14.32** | **54.05** | **21.12** | **0.09** |
| 合肥市 Hefei | 258876 | 3.74 | 11.73 | 7.34 | 24.17 | 27.86 | 25.04 | 0.12 |
| 淮北市 Huaibei | 90693 | 1.23 | 6.88 | 3.27 | 12.57 | 51.24 | 24.54 | 0.27 |
| 亳州市 Bozhou | 254902 | 0.46 | 3.05 | 1.22 | 11.58 | 70.10 | 13.57 | 0.02 |
| 宿州市 Suzhou | 286477 | 0.86 | 3.42 | 1.31 | 7.04 | 75.84 | 11.51 | 0.03 |
| 蚌埠市 Bengbu | 155102 | 2.14 | 5.08 | 2.53 | 12.40 | 62.37 | 15.42 | 0.06 |
| 阜阳市 Fuyang | 379340 | 0.70 | 3.89 | 1.48 | 11.85 | 67.54 | 14.50 | 0.04 |
| 淮南市 Huainan | 102453 | 1.91 | 7.79 | 3.74 | 16.19 | 42.66 | 27.59 | 0.11 |
| 滁州市 Chuzhou | 201733 | 1.78 | 4.61 | 2.44 | 11.10 | 59.61 | 20.42 | 0.04 |
| 六安市 Luan | 279153 | 1.49 | 4.37 | 1.96 | 11.59 | 58.28 | 22.25 | 0.06 |
| 马鞍山市 Maanshan | 61269 | 3.02 | 9.88 | 5.35 | 20.42 | 23.97 | 37.17 | 0.18 |
| 巢湖市 Chaohu | 182342 | 1.60 | 4.61 | 2.49 | 18.04 | 52.47 | 20.77 | 0.02 |
| 芜湖市 Wuhu | 109352 | 3.33 | 9.36 | 5.03 | 22.34 | 27.25 | 32.57 | 0.11 |
| 宣城市 Xuancheng | 129824 | 2.35 | 5.36 | 3.64 | 16.55 | 42.25 | 29.78 | 0.08 |
| 铜陵市 Tongling | 32290 | 4.08 | 11.32 | 6.22 | 20.82 | 21.87 | 33.73 | 1.95 |
| 池州市 Chizhou | 73637 | 2.91 | 5.95 | 3.06 | 14.49 | 44.43 | 29.12 | 0.05 |
| 安庆市 Anqing | 230969 | 2.42 | 6.22 | 3.10 | 15.48 | 45.65 | 27.03 | 0.10 |
| 黄山市 Huangshan | 76083 | 2.55 | 5.83 | 4.33 | 15.95 | 46.73 | 24.45 | 0.15 |

注：本表为2010年第六次人口普查长表调查数据。

a) Data in this table are obtained from the long table investigation of the sixth National Population Census in 2010.

## 3—20 各市未工作人口按寻找工作方式分的比例（2010年）
Proportion of Unemployed Persons by Their Types of Seeking Job by Region (2010)

单位：%

| 地区 Region | 合计（人）Total (person) | 在职业介绍机构求职 Looking for a Job in Employment Agencies | 委托亲友找工作 Looking for a job Commissioned by Friends and Relatives | 应答或刊登广告 Response or to Advertise | 参加招聘会 Participate in the Recruitment | 为自己经营做准备 To Prepare Business by Themselves | 其他方式 Others | 未找工作 No Looking for a job |
|---|---|---|---|---|---|---|---|---|
| **总　计 Total** | **743251** | **1.33** | **3.49** | **0.09** | **0.72** | **1.43** | **7.11** | **85.84** |
| 合肥市 Hefei | 86444 | 2.04 | 3.60 | 0.20 | 1.49 | 1.36 | 6.76 | 84.56 |
| 淮北市 Huaibei | 37262 | 1.32 | 3.93 | 0.17 | 0.67 | 1.50 | 7.03 | 85.39 |
| 亳州市 Bozhou | 44459 | 0.85 | 4.03 | 0.04 | 0.36 | 2.05 | 8.24 | 84.41 |
| 宿州市 Suzhou | 47344 | 1.33 | 4.17 | 0.05 | 0.35 | 1.62 | 8.01 | 84.48 |
| 蚌埠市 Bengbu | 42626 | 1.12 | 4.35 | 0.08 | 0.81 | 1.27 | 7.60 | 84.76 |
| 阜阳市 Fuyang | 63003 | 1.13 | 4.09 | 0.10 | 0.55 | 2.10 | 9.27 | 82.76 |
| 淮南市 Huainan | 46182 | 1.00 | 4.24 | 0.08 | 0.77 | 1.31 | 5.11 | 87.48 |
| 滁州市 Chuzhou | 42111 | 1.45 | 4.30 | 0.07 | 0.49 | 1.55 | 5.53 | 86.62 |
| 六安市 Luan | 58442 | 0.85 | 2.68 | 0.03 | 0.34 | 1.23 | 5.86 | 89.01 |
| 马鞍山市 Maanshan | 29762 | 1.88 | 2.29 | 0.07 | 1.25 | 0.95 | 8.54 | 85.02 |
| 巢湖市 Chaohu | 46028 | 0.86 | 3.88 | 0.12 | 0.46 | 1.39 | 6.01 | 87.28 |
| 芜湖市 Wuhu | 38984 | 1.94 | 3.47 | 0.07 | 1.59 | 1.40 | 6.36 | 85.17 |
| 宣城市 Xuancheng | 40336 | 0.83 | 2.40 | 0.06 | 0.37 | 1.20 | 6.67 | 88.47 |
| 铜陵市 Tongling | 16574 | 1.42 | 3.11 | 0.06 | 0.75 | 1.36 | 8.80 | 84.51 |
| 池州市 Chizhou | 16780 | 1.18 | 3.69 | 0.04 | 0.48 | 1.43 | 8.08 | 85.11 |
| 安庆市 Anqing | 68052 | 1.62 | 2.00 | 0.07 | 0.49 | 1.07 | 7.10 | 87.64 |
| 黄山市 Huangshan | 18862 | 1.30 | 3.07 | 0.06 | 0.67 | 1.13 | 8.46 | 85.30 |

## 3—21 各市外出半年以上人口比重、性别比及流向（2009年）
Proportion, Sexual Distinction and Floating Direction of Persons Going Out for More Than Half a Year by Region (2009)

单位：%

| 地区 Region | 占总人口比重（%）Percentage to Total Population (%) | 外出人口性别比（女=100）Sexual Distinction of Persons Going Out (Female=100) | 外出流向构成 Composition of Floating Directions | | | |
|---|---|---|---|---|---|---|
| | | | 本县其他乡镇街道 Other Villages, Towns or Neighbourhoods in This County | 本市其他县区 Other Counties or Districts in This City | 本省其他市 Other Cities in This Province | 外省 Other Provinces |
| **总　计 Total** | **22.30** | **132.39** | **9.86** | **4.89** | **7.36** | **77.90** |
| 合肥市 Hefei | 14.59 | 138.51 | 22.86 | 32.80 | 9.15 | 35.19 |
| 淮北市 Huaibei | 7.35 | 159.11 | 11.54 | 7.43 | 9.28 | 71.75 |
| 亳州市 Bozhou | 18.39 | 135.95 | 6.23 | 0.90 | 5.58 | 87.29 |
| 宿州市 Suzhou | 16.82 | 135.79 | 6.00 | 1.23 | 6.89 | 85.88 |
| 蚌埠市 Bengbu | 15.49 | 122.09 | 8.84 | 6.87 | 8.69 | 75.61 |
| 阜阳市 Fuyang | 32.23 | 130.79 | 5.18 | 2.08 | 4.38 | 88.36 |
| 淮南市 Huainan | 17.85 | 113.44 | 15.81 | 14.01 | 12.71 | 57.47 |
| 滁州市 Chuzhou | 19.90 | 127.90 | 13.53 | 5.48 | 7.45 | 73.53 |
| 六安市 Luan | 29.76 | 139.79 | 6.80 | 1.34 | 9.35 | 82.52 |
| 马鞍山市 Maanshan | 12.14 | 132.29 | 20.03 | 18.83 | 6.93 | 54.22 |
| 巢湖市 Chaohu | 31.65 | 137.62 | 7.89 | 1.12 | 8.80 | 82.19 |
| 芜湖市 Wuhu | 18.65 | 132.32 | 14.30 | 9.99 | 9.84 | 65.87 |
| 宣城市 Xuancheng | 17.28 | 128.81 | 22.76 | 3.00 | 7.45 | 66.79 |
| 铜陵市 Tongling | 12.76 | 106.78 | 13.76 | 11.91 | 10.68 | 63.66 |
| 池州市 Chizhou | 26.70 | 129.55 | 13.74 | 1.47 | 9.06 | 75.73 |
| 安庆市 Anqing | 25.74 | 139.50 | 6.76 | 3.27 | 6.53 | 83.44 |
| 黄山市 Huangshan | 25.28 | 118.33 | 17.48 | 7.27 | 7.07 | 68.18 |

## 3—22 各市流向省外半年以上的流动人口构成 （2009年）

Composition of Persons Floating Out of the Province for More Than Half a Year by Region (2009)

单位：%

| 地 区 | Region | 合 计（人）Total (person) | 江 苏 Jiangsu | 浙 江 Zhejiang | 上 海 Shanghai | 广 东 Guangdong | 北 京 Beijing | 福 建 Fujian | 山 东 Shandong |
|---|---|---|---|---|---|---|---|---|---|
| **总 计** | **Total** | **46371** | **27.93** | **27.29** | **20.70** | **6.53** | **3.85** | **2.31** | **1.68** |
| 合肥市 | Hefei | 942 | 38.11 | 16.56 | 18.58 | 7.64 | 6.16 | 1.80 | 2.44 |
| 淮北市 | Huaibei | 541 | 38.26 | 30.87 | 14.23 | 2.22 | 2.96 | 0.37 | 2.22 |
| 亳州市 | Bozhou | 3488 | 25.66 | 32.08 | 13.39 | 12.10 | 2.95 | 1.26 | 1.66 |
| 宿州市 | Suzhou | 2804 | 45.15 | 20.83 | 11.48 | 6.49 | 1.75 | 1.46 | 2.10 |
| 蚌埠市 | Bengbu | 1497 | 17.50 | 47.03 | 20.17 | 6.48 | 1.07 | 2.27 | 0.87 |
| 阜阳市 | Fuyang | 10740 | 15.45 | 32.63 | 15.10 | 10.74 | 4.19 | 3.62 | 2.29 |
| 淮南市 | Huainan | 1058 | 17.67 | 26.56 | 29.87 | 12.38 | 3.12 | 4.44 | 1.23 |
| 滁州市 | Chuzhou | 3890 | 49.07 | 22.19 | 21.18 | 2.01 | 1.05 | 0.95 | 0.44 |
| 六安市 | Luan | 6849 | 38.88 | 16.76 | 38.93 | 1.93 | 1.12 | 0.28 | 0.38 |
| 马鞍山市 | Maanshan | 360 | 43.33 | 16.11 | 16.94 | 6.39 | 7.22 |  | 6.11 |
| 巢湖市 | Chaohu | 3148 | 29.10 | 10.90 | 29.00 | 5.97 | 12.71 | 1.05 | 1.27 |
| 芜湖市 | Wuhu | 857 | 36.64 | 14.47 | 36.64 | 2.57 | 3.97 | 1.05 | 0.70 |
| 宣城市 | Xuancheng | 1112 | 25.90 | 32.64 | 33.18 | 1.35 | 1.98 | 1.26 | 0.45 |
| 铜陵市 | Tongling | 310 | 26.13 | 28.06 | 29.68 | 9.68 | 1.61 | 0.97 | 0.00 |
| 池州市 | Chizhou | 2006 | 22.23 | 33.30 | 13.11 | 4.29 | 5.33 | 2.44 | 4.54 |
| 安庆市 | Anqing | 4667 | 22.35 | 24.00 | 13.22 | 6.30 | 6.77 | 6.58 | 2.96 |
| 黄山市 | Huangshan | 2102 | 14.37 | 65.03 | 9.42 | 4.33 | 1.57 | 1.19 | 0.48 |

| 地 区 | Region | 天 津 Tianjin | 湖 北 Hubei | 河 北 Hebei | 辽 宁 Liaoning | 河 南 Henan | 新 疆 Xinjiang | 陕 西 Shanxi | 流向其他省市 Floating to Other Provinces or Cities |
|---|---|---|---|---|---|---|---|---|---|
| **总 计** | **Total** | **1.24** | **0.97** | **0.95** | **0.92** | **0.76** | **0.66** | **0.56** | **3.64** |
| 合肥市 | Hefei | 0.32 | 0.64 | 0.21 | 0.11 | 0.00 | 0.96 | 0.11 | 6.37 |
| 淮北市 | Huaibei | 1.85 | 0.18 | 0.37 | 0.18 | 0.18 | 0.37 | 0.74 | 4.99 |
| 亳州市 | Bozhou | 1.78 | 0.23 | 1.18 | 1.12 | 0.52 | 1.26 | 0.17 | 4.64 |
| 宿州市 | Suzhou | 0.43 | 0.43 | 0.75 | 0.18 | 1.32 | 1.64 | 2.25 | 3.74 |
| 蚌埠市 | Bengbu |  | 0.20 | 0.53 | 0.07 | 0.67 | 0.40 | 0.53 | 2.20 |
| 阜阳市 | Fuyang | 2.88 | 0.98 | 2.67 | 0.96 | 1.68 | 1.55 | 0.75 | 4.52 |
| 淮南市 | Huainan | 0.57 | 0.38 | 0.57 | 0.47 | 0.57 | 0.09 |  | 2.08 |
| 滁州市 | Chuzhou | 0.21 | 0.39 | 0.08 | 0.59 | 0.44 | 0.23 | 0.08 | 1.11 |
| 六安市 | Luan | 0.09 | 0.35 | 0.10 | 0.06 | 0.13 |  | 0.22 | 0.77 |
| 马鞍山市 | Maanshan | 1.39 | 0.00 | 0.00 | 1.39 |  | 0.28 | 0.00 | 0.83 |
| 巢湖市 | Chaohu | 1.62 | 3.81 | 0.64 | 0.25 | 0.13 | 0.10 | 0.48 | 2.99 |
| 芜湖市 | Wuhu |  | 0.58 |  | 0.12 |  | 0.12 | 0.70 | 2.45 |
| 宣城市 | Xuancheng |  | 0.18 | 0.09 | 0.27 | 0.72 | 0.27 | 0.09 | 1.62 |
| 铜陵市 | Tongling | 0.32 | 0.32 | 0.32 | 0.97 | 0.32 |  |  | 1.61 |
| 池州市 | Chizhou | 0.35 | 0.25 | 0.35 | 5.18 | 1.65 | 0.05 | 0.45 | 6.48 |
| 安庆市 | Anqing | 1.84 | 2.76 | 0.75 | 2.51 | 0.51 | 0.28 | 0.90 | 8.27 |
| 黄山市 | Huangshan | 0.52 | 0.52 | 0.05 | 0.10 | 0.29 |  | 0.19 | 1.95 |

# 3—23 各市省内跨市外出半年以上的流动人口构成（2010年）
## Composition of Floating Population From City to City in the Province by Region (2010)

单位：%

| 地区 | Region | 合计（人）Total (person) | 合肥市 Hefei | 淮北市 Huaibei | 亳州市 Bozhou | 宿州市 Suzhou | 蚌埠市 Bengbu | 阜阳市 Fuyang | 淮南市 Huainan | 滁州市 Chuzhou |
|---|---|---|---|---|---|---|---|---|---|---|
| **总计** | **Total** | **1242887** | **41.24** | **6.20** | **1.57** | **2.64** | **4.09** | **3.10** | **6.75** | **3.87** |
| 合肥市 | Hefei | 76489 | | 4.31 | 1.48 | 2.39 | 4.55 | 2.36 | 14.04 | 12.77 |
| 淮北市 | Huaibei | 31363 | 19.86 | | 6.58 | 45.99 | 4.28 | 4.86 | 6.27 | 1.54 |
| 亳州市 | Bozhou | 105398 | 31.22 | 10.10 | | 2.43 | 7.19 | 14.87 | 9.34 | 2.86 |
| 宿州市 | Suzhou | 107451 | 32.83 | 31.83 | 1.41 | | 7.89 | 2.14 | 4.25 | 4.21 |
| 蚌埠市 | Bengbu | 61392 | 31.52 | 5.47 | 2.21 | 7.04 | | 2.29 | 13.66 | 21.54 |
| 阜阳市 | Fuyang | 133993 | 35.53 | 12.06 | 6.07 | 1.46 | 4.61 | | 12.57 | 2.11 |
| 淮南市 | Huainan | 51205 | 54.15 | 4.22 | 2.90 | 1.54 | 5.52 | 10.16 | | 3.74 |
| 滁州市 | Chuzhou | 87247 | 57.95 | 1.94 | 0.53 | 1.88 | 10.72 | 1.55 | 4.85 | |
| 六安市 | Luan | 183197 | 70.40 | 1.04 | 0.41 | 0.49 | 1.75 | 1.70 | 9.92 | 1.62 |
| 马鞍山市 | Maanshan | 11255 | 24.70 | 0.71 | 0.88 | 1.71 | 2.14 | 1.73 | 1.63 | 3.00 |
| 巢湖市 | Chaohu | 133358 | 44.75 | 0.95 | 0.50 | 1.14 | 2.23 | 1.36 | 1.91 | 2.96 |
| 芜湖市 | Wuhu | 43299 | 23.59 | 1.35 | 1.10 | 1.65 | 2.03 | 2.39 | 2.38 | 2.71 |
| 宣城市 | Xuancheng | 43082 | 33.06 | 0.71 | 0.58 | 0.96 | 2.09 | 1.28 | 2.23 | 2.10 |
| 铜陵市 | Tongling | 18250 | 22.97 | 0.63 | 0.59 | 0.71 | 1.80 | 1.24 | 1.56 | 1.27 |
| 池州市 | Chizhou | 28704 | 32.09 | 0.60 | 0.50 | 0.69 | 1.58 | 1.38 | 2.17 | 1.49 |
| 安庆市 | Anqing | 109808 | 51.62 | 0.89 | 0.67 | 0.94 | 2.07 | 1.55 | 2.84 | 1.84 |
| 黄山市 | Huangshan | 17396 | 40.00 | 0.66 | 0.67 | 1.18 | 2.12 | 1.51 | 2.16 | 1.87 |

| 地区 | Region | 六安市 Luan | 马鞍山市 Maanshan | 巢湖市 Chaohu | 芜湖市 Wuhu | 宣城市 Xuancheng | 铜陵市 Tongling | 池州市 Chizhou | 安庆市 Anqing | 黄山市 Huangshan |
|---|---|---|---|---|---|---|---|---|---|---|
| **总计** | **Total** | **2.73** | **5.28** | **2.74** | **8.53** | **1.74** | **2.77** | **1.67** | **3.39** | **1.68** |
| 合肥市 | Hefei | 14.69 | 4.35 | 8.08 | 14.94 | 2.38 | 2.61 | 1.47 | 6.52 | 3.06 |
| 淮北市 | Huaibei | 1.52 | 0.93 | 1.38 | 3.79 | 0.33 | 0.50 | 0.33 | 1.06 | 0.78 |
| 亳州市 | Bozhou | 1.70 | 8.77 | 0.89 | 5.63 | 1.23 | 0.81 | 0.39 | 1.59 | 0.96 |
| 宿州市 | Suzhou | 1.58 | 2.03 | 1.89 | 5.54 | 0.71 | 0.81 | 0.50 | 1.40 | 0.98 |
| 蚌埠市 | Bengbu | 2.00 | 2.61 | 1.60 | 5.63 | 0.65 | 0.99 | 0.39 | 1.50 | 0.92 |
| 阜阳市 | Fuyang | 3.62 | 5.69 | 2.35 | 7.47 | 1.04 | 1.06 | 0.58 | 2.48 | 1.32 |
| 淮南市 | Huainan | 5.92 | 1.42 | 1.57 | 4.11 | 0.66 | 0.80 | 0.56 | 2.14 | 0.60 |
| 滁州市 | Chuzhou | 1.36 | 4.43 | 3.11 | 6.46 | 0.71 | 1.13 | 0.43 | 2.07 | 0.88 |
| 六安市 | Luan | | 2.07 | 1.56 | 3.51 | 0.76 | 0.98 | 0.48 | 2.59 | 0.73 |
| 马鞍山市 | Maanshan | 2.00 | | 13.86 | 35.17 | 4.18 | 2.45 | 0.92 | 3.44 | 1.47 |
| 巢湖市 | Chaohu | 1.57 | 13.04 | | 14.75 | 1.75 | 7.35 | 1.22 | 3.03 | 1.50 |
| 芜湖市 | Wuhu | 1.84 | 16.32 | 8.73 | | 15.33 | 8.88 | 3.36 | 5.09 | 3.25 |
| 宣城市 | Xuancheng | 2.29 | 6.69 | 3.77 | 27.36 | | 2.65 | 1.98 | 3.73 | 8.53 |
| 铜陵市 | Tongling | 2.10 | 3.05 | 15.97 | 17.35 | 2.06 | | 8.18 | 18.60 | 1.92 |
| 池州市 | Chizhou | 1.79 | 2.47 | 2.67 | 9.94 | 1.59 | 6.86 | | 30.53 | 3.66 |
| 安庆市 | Anqing | 2.74 | 3.35 | 2.52 | 9.38 | 1.28 | 7.08 | 8.61 | | 2.62 |
| 黄山市 | Huangshan | 2.56 | 3.74 | 3.59 | 12.36 | 10.34 | 3.13 | 6.13 | 7.98 | |

## 3—24 全省外出半年以上人口分年龄构成（2010年）

Composition of Population Going out More Than Half a Year in the Whole Province (2010)

单位：%

| 年　龄<br>Age | 合　计<br>Total | 男<br>Male | 女<br>Female | 性别比<br>(女=100)<br>Sex Ratio<br>(Female=100) |
|---|---|---|---|---|
| **总计 Total** | **100.00** | **54.95** | **45.05** | **121.99** |
| **0-4** | **3.87** | **2.22** | **1.65** | **135.13** |
| **5-9** | **4.31** | **2.50** | **1.81** | **138.29** |
| **10-14** | **4.34** | **2.50** | **1.84** | **136.28** |
| **15-19** | **11.29** | **6.16** | **5.14** | **119.83** |
| 15岁 | 1.37 | 0.78 | 0.59 | 130.94 |
| 16岁 | 1.71 | 0.96 | 0.75 | 128.04 |
| 17岁 | 2.26 | 1.24 | 1.02 | 121.85 |
| 18岁 | 2.74 | 1.48 | 1.26 | 116.92 |
| 19岁 | 3.22 | 1.70 | 1.52 | 112.49 |
| **20-24** | **17.45** | **9.02** | **8.43** | **106.98** |
| 20岁 | 4.12 | 2.14 | 1.97 | 108.49 |
| 21岁 | 3.81 | 1.96 | 1.85 | 106.33 |
| 22岁 | 3.42 | 1.76 | 1.66 | 106.17 |
| 23岁 | 3.29 | 1.70 | 1.60 | 106.41 |
| 24岁 | 2.81 | 1.45 | 1.36 | 107.34 |
| **25-29** | **11.72** | **6.29** | **5.44** | **115.62** |
| 25岁 | 2.52 | 1.33 | 1.19 | 111.60 |
| 26岁 | 2.44 | 1.30 | 1.14 | 114.51 |
| 27岁 | 2.28 | 1.23 | 1.05 | 116.57 |
| 28岁 | 2.34 | 1.26 | 1.08 | 117.18 |
| 29岁 | 2.15 | 1.17 | 0.98 | 119.07 |
| **30-34** | **10.55** | **5.83** | **4.72** | **123.64** |
| 30岁 | 2.24 | 1.22 | 1.02 | 120.06 |
| 31岁 | 2.20 | 1.21 | 0.99 | 122.71 |
| 32岁 | 2.17 | 1.19 | 0.97 | 122.58 |
| 33岁 | 1.89 | 1.06 | 0.84 | 125.88 |
| 34岁 | 2.05 | 1.15 | 0.90 | 127.74 |
| **35-39** | **10.97** | **6.15** | **4.82** | **127.75** |
| 35岁 | 1.99 | 1.11 | 0.87 | 127.61 |
| 36岁 | 2.08 | 1.16 | 0.91 | 127.19 |
| 37岁 | 2.19 | 1.23 | 0.96 | 128.30 |
| 38岁 | 2.41 | 1.36 | 1.05 | 129.27 |
| 39岁 | 2.30 | 1.28 | 1.02 | 126.27 |
| **40-44** | **10.42** | **5.73** | **4.69** | **122.24** |
| 40岁 | 2.42 | 1.32 | 1.10 | 120.60 |
| 41岁 | 2.15 | 1.18 | 0.97 | 121.07 |
| 42岁 | 2.25 | 1.24 | 1.01 | 122.08 |
| 43岁 | 1.75 | 0.96 | 0.79 | 121.55 |
| 44岁 | 1.85 | 1.03 | 0.81 | 126.70 |
| **45-49** | **6.42** | **3.65** | **2.77** | **131.79** |
| 45岁 | 1.68 | 0.94 | 0.74 | 126.13 |
| 46岁 | 1.47 | 0.82 | 0.65 | 126.93 |
| 47岁 | 1.55 | 0.89 | 0.66 | 134.33 |
| 48岁 | 1.24 | 0.73 | 0.52 | 140.99 |
| 49岁 | 0.46 | 0.27 | 0.20 | 136.57 |
| **50-54** | **2.16** | **1.30** | **0.86** | **151.60** |
| 50岁 | 0.33 | 0.19 | 0.14 | 139.28 |
| 51岁 | 0.29 | 0.18 | 0.12 | 150.66 |
| 52岁 | 0.46 | 0.28 | 0.17 | 162.58 |
| 53岁 | 0.56 | 0.34 | 0.22 | 156.63 |
| 54岁 | 0.52 | 0.31 | 0.21 | 145.96 |
| **55-59** | **2.31** | **1.35** | **0.96** | **141.08** |
| **60-64** | **1.38** | **0.80** | **0.58** | **138.38** |
| **65+** | **2.80** | **1.44** | **1.36** | **105.66** |

## 3—25 各市按外出时间分的外出人口比例（2010年）

Proportion of Persons Going Out by Time and Region (2010)

单位：%

| 地　区 | Region | 合　计（人）Total (person) | 半年以下 | 半年至一年 6Month —1Year | 一至三年 1—3 Year | 三至五年 3—5 Year | 五年以上 5 Year and Over |
|---|---|---|---|---|---|---|---|
| **总　计** | **Total** | **24127822** | **33.23** | **31.81** | **18.00** | **7.07** | **9.90** |
| 合肥市 | Hefei | 1814551 | 31.00 | 19.87 | 22.50 | 10.92 | 15.72 |
| 淮北市 | Huaibei | 564990 | 47.65 | 21.87 | 14.89 | 5.74 | 9.86 |
| 亳州市 | Bozhou | 1953979 | 24.04 | 44.99 | 20.19 | 4.99 | 5.79 |
| 宿州市 | Suzhou | 1725938 | 23.28 | 39.77 | 23.19 | 6.48 | 7.28 |
| 蚌埠市 | Bengbu | 1088527 | 26.72 | 25.47 | 25.31 | 10.03 | 12.47 |
| 阜阳市 | Fuyang | 3895550 | 22.96 | 45.68 | 19.80 | 5.74 | 5.81 |
| 淮南市 | Huainan | 674514 | 24.53 | 20.72 | 23.99 | 10.69 | 20.07 |
| 滁州市 | Chuzhou | 1464443 | 29.65 | 20.82 | 23.65 | 11.20 | 14.67 |
| 六安市 | Luan | 3006526 | 37.52 | 27.51 | 16.90 | 8.05 | 10.02 |
| 马鞍山市 | Maanshan | 342584 | 40.86 | 17.50 | 17.48 | 8.77 | 15.39 |
| 巢湖市 | Chaohu | 1962916 | 48.30 | 24.48 | 12.19 | 5.62 | 9.40 |
| 芜湖市 | Wuhu | 765853 | 29.23 | 28.21 | 21.57 | 9.02 | 11.97 |
| 宣城市 | Xuancheng | 982445 | 36.42 | 25.01 | 15.30 | 7.93 | 15.35 |
| 铜陵市 | Tongling | 181211 | 28.17 | 21.34 | 22.07 | 10.67 | 17.76 |
| 池州市 | Chizhou | 588213 | 45.39 | 34.41 | 9.29 | 3.86 | 7.05 |
| 安庆市 | Anqing | 2619232 | 46.56 | 35.15 | 8.39 | 3.46 | 6.44 |
| 黄山市 | Huangshan | 496350 | 39.04 | 26.63 | 12.93 | 6.90 | 14.50 |

## 3—26 历年全省总人口、总户数

Total Populations and Households of the Province Over the Years

单位：万户、万人 (10000 households、10000 persons)

| 年　份 Year | 总户数 Total Number of Households | 总人口 Population 合　计 Total | 男 Male | 女 Female | 性别比(女=100) Sex Ratio (Female=100) | 非农业人口 Non-agricultural Population | 农业人口 Agriculturl Population |
|---|---|---|---|---|---|---|---|
| 1978 | 1018 | 4713 | 2439 | 2274 | 107.27 | 504 | 4209 |
| 1980 | 1051 | 4893 | 2530 | 2363 | 107.10 | 556 | 4337 |
| 1985 | 1174 | 5156 | 2683 | 2473 | 108.46 | 724 | 4432 |
| 1990 | 1445 | 5661 | 2934 | 2727 | 107.57 | 843 | 4818 |
| 1992 | 1500 | 5817 | 3015 | 2802 | 107.59 | 940 | 4877 |
| 1993 | 1512 | 5870 | 3044 | 2826 | 107.74 | 964 | 4906 |
| 1994 | 1532 | 5938 | 3081 | 2857 | 107.83 | 1013 | 4925 |
| 1995 | 1551 | 6000 | 3116 | 2884 | 108.08 | 1044 | 4956 |
| 1996 | 1569 | 6054 | 3144 | 2910 | 108.03 | 1086 | 4968 |
| 1997 | 1592 | 6109 | 3171 | 2938 | 107.92 | 1125 | 4984 |
| 1998 | 1608 | 6152 | 3191 | 2961 | 107.74 | 1166 | 4986 |
| 1999 | 1632 | 6205 | 3219 | 2986 | 107.81 | 1204 | 5001 |
| 2000 | 1656 | 6278 | 3258 | 3020 | 107.87 | 1230 | 5048 |
| 2001 | 1684 | 6325 | 3283 | 3042 | 107.91 | 1257 | 5068 |
| 2002 | 1710 | 6369 | 3307 | 3062 | 108.00 | 1289 | 5080 |
| 2003 | 1755 | 6410 | 3333 | 3077 | 108.32 | 1319 | 5091 |
| 2004 | 1795 | 6461 | 3359 | 3102 | 108.28 | 1342 | 5119 |
| 2005 | 1849 | 6516 | 3388 | 3127 | 108.34 | 1368 | 5148 |
| 2006 | 1899 | 6593 | 3429 | 3164 | 108.38 | 1433 | 5160 |
| 2007 | 1949 | 6676 | 3469 | 3206 | 108.20 | 1467 | 5208 |
| 2008 | 2000 | 6741 | 3503 | 3238 | 108.16 | 1498 | 5243 |
| 2009 | 2041 | 6795 | 3528 | 3266 | 108.02 | 1517 | 5277 |
| 2010 | 2093 | 6827 | 3543 | 3283 | 107.92 | 1550 | 5276 |

注：本表为公安户籍年报统计数。

a) Data in this table are taken from the annual reports of the Department of Puplis Security.

# 3—27 各市、县、区户数、人口数（2010年）

Total Number of Households and Population by City, County and Region (2010)

单位：人 (person)

| 地　区 | Region | 总户数（户）Total Number of Households (household) | 总人口数 Population | 男 Male | 女 Female | 性别比（女=100）Sex Ratio (Female=100) | 非农业人口 Non-agricultural Population |
|---|---|---|---|---|---|---|---|
| **总　计** | **Total** | **20934268** | **68266319** | **35432616** | **32833703** | **107.92** | **15503429** |
| **合肥市** | **Hefei** | **1570612** | **4949483** | **2580001** | **2369482** | **108.88** | **2158402** |
| 市辖区 | Reigon of City | 682788 | 2155767 | 1118756 | 1037011 | 107.88 | 1783414 |
| 瑶海区 | Yaohai District | 202472 | 564027 | 288354 | 275673 | 104.60 | 431152 |
| 庐阳区 | Luyang District | 138748 | 465994 | 237690 | 228304 | 104.11 | 430523 |
| 蜀山区 | Shushan District | 183106 | 632965 | 330580 | 302385 | 109.32 | 565744 |
| 包河区 | Baohe District | 158462 | 492781 | 262132 | 230649 | 113.65 | 355995 |
| 长丰县 | Changfeng | 242978 | 768471 | 399846 | 368625 | 108.47 | 101612 |
| 肥东县 | Feidong | 350868 | 1092564 | 574925 | 517639 | 111.07 | 134331 |
| 肥西县 | Feixi | 293978 | 932681 | 486474 | 446207 | 109.02 | 139045 |
| **淮北市** | **Huaibei** | **661337** | **2195575** | **1124523** | **1071052** | **104.99** | **952706** |
| 市辖区 | Reigon of City | 350331 | 1097909 | 562169 | 535740 | 104.93 | 796657 |
| 杜集区 | Duji District | 116727 | 339679 | 173437 | 166242 | 104.33 | 278733 |
| 相山区 | Xiangshan District | 123134 | 405955 | 205565 | 200390 | 102.58 | 332077 |
| 烈山区 | Lieshan District | 110470 | 352275 | 183167 | 169108 | 108.31 | 185847 |
| 濉溪县 | Suixi | 311006 | 1097666 | 562354 | 535312 | 105.05 | 156049 |
| **亳州市** | **Bozhou** | **1708911** | **6007625** | **3149268** | **2858357** | **110.18** | **668283** |
| 谯城区 | Qiaocheng District | 502439 | 1616485 | 840427 | 776058 | 108.29 | 216488 |
| 涡阳县 | Guoyang | 360248 | 1495948 | 780755 | 715193 | 109.17 | 156085 |
| 蒙城县 | Mengcheng | 374261 | 1319244 | 695728 | 623516 | 111.58 | 156991 |
| 利辛县 | Lixin | 471963 | 1575948 | 832358 | 743590 | 111.94 | 138719 |
| **宿州市** | **Suzhou** | **1787943** | **6420728** | **3300557** | **3120171** | **105.78** | **867566** |
| 埇桥区 | Yongqiao District | 558068 | 1858644 | 955982 | 902662 | 105.91 | 418993 |
| 砀山县 | Dangshan | 276406 | 989349 | 507459 | 481890 | 105.31 | 133962 |
| 萧　县 | Xiaoxian | 402885 | 1425061 | 732759 | 692302 | 105.84 | 147631 |
| 灵璧县 | Lingbi | 305286 | 1225863 | 633389 | 592474 | 106.91 | 93103 |
| 泗　县 | Sixian | 245298 | 921811 | 470968 | 450843 | 104.46 | 73877 |
| **蚌埠市** | **Bengbu** | **1060337** | **3622273** | **1875719** | **1746554** | **107.40** | **1023468** |
| 市辖区 | Reigon of City | 305844 | 925520 | 469332 | 456188 | 102.88 | 660156 |
| 龙子湖区 | Longzihu District | 78060 | 229574 | 116454 | 113120 | 102.95 | 173005 |
| 蚌山区 | Bengshang District | 89899 | 280784 | 141147 | 139637 | 101.08 | 256120 |
| 禹会区 | Yuhui District | 82379 | 240471 | 122681 | 117790 | 104.15 | 190728 |
| 淮上区 | Huaishang District | 55506 | 174691 | 89050 | 85641 | 103.98 | 40303 |
| 怀远县 | Huaiyuan | 363573 | 1342565 | 704174 | 638391 | 110.30 | 183041 |
| 五河县 | Wuhe | 210640 | 727850 | 378083 | 349767 | 108.10 | 89382 |
| 固镇县 | Guzhen | 180280 | 626338 | 324130 | 302208 | 107.25 | 90889 |
| **阜阳市** | **Fuyang** | **2880677** | **10118439** | **5258268** | **4860171** | **108.19** | **1280685** |
| 市辖区 | Reigon of City | 578406 | 2069550 | 1068563 | 1000987 | 106.75 | 507748 |
| 颍州区 | Yingzhou District | 216111 | 729088 | 370947 | 358141 | 103.58 | 262125 |
| 颍东区 | Yingdong District | 168310 | 639713 | 334451 | 305262 | 109.56 | 130622 |
| 颍泉区 | Yingquan District | 193985 | 700749 | 363165 | 337584 | 107.58 | 115001 |

注：本表为公安户籍年报统计数。

a) Data in this table are taken from the annual reports of Department of Puplis Security.

3—27 续表1 continued

单位：人 (person)

| 地　区 | Region | 总户数(户) Total Number of Households (household) | 总人口数 Population | 男 Male | 女 Female | 性别比(女=100) Sex Ratio (Female=100) | 非农业人口 Non-agricultural Population |
|---|---|---|---|---|---|---|---|
| 临泉县 | Linquan | 575181 | 2202707 | 1132918 | 1069789 | 105.90 | 148167 |
| 太和县 | Taihe | 545092 | 1712164 | 899123 | 813041 | 110.59 | 154849 |
| 阜南县 | Funan | 451965 | 1656430 | 861014 | 795416 | 108.25 | 130581 |
| 颍上县 | Yingshang | 498453 | 1691048 | 889821 | 801227 | 111.06 | 189608 |
| 界首市 | Jieshou | 231580 | 786540 | 406829 | 379711 | 107.14 | 149732 |
| **淮南市** | **Huainan** | **774638** | **2439856** | **1271187** | **1168669** | **108.77** | **1135896** |
| 市辖区 | Reigon of City | 528273 | 1681997 | 870075 | 811922 | 107.16 | 974026 |
| 大通区 | Datong District | 64881 | 185917 | 94849 | 91068 | 104.15 | 76468 |
| 田家庵区 | Tianjaan District | 166741 | 541895 | 280204 | 261691 | 107.07 | 433260 |
| 谢家集区 | Xiejiaji District | 107275 | 337292 | 172501 | 164791 | 104.68 | 231778 |
| 八公山区 | Bagongshan District | 54959 | 170677 | 87584 | 83093 | 105.40 | 143376 |
| 潘集区 | Panji District | 134417 | 446216 | 234937 | 211279 | 111.20 | 89144 |
| 凤台县 | Fengtai | 246365 | 757859 | 401112 | 356747 | 112.44 | 161870 |
| **滁州市** | **Chuzhou** | **1421268** | **4507980** | **2331235** | **2176745** | **107.10** | **996078** |
| 市辖区 | Reigon of City | 194211 | 536853 | 271942 | 264911 | 102.65 | 258320 |
| 琅琊区 | Langya District | 99171 | 265661 | 133203 | 132458 | 100.56 | 202204 |
| 南谯区 | Nanqiao District | 95040 | 271192 | 138739 | 132453 | 104.75 | 56116 |
| 来安县 | Laian | 161279 | 501674 | 256563 | 245111 | 104.67 | 83725 |
| 全椒县 | Quanjiao | 161930 | 464878 | 240434 | 224444 | 107.12 | 113805 |
| 定远县 | Dingyuan | 280024 | 967803 | 512993 | 454810 | 112.79 | 139364 |
| 凤阳县 | Fengyang | 218504 | 753304 | 394303 | 359001 | 109.83 | 109345 |
| 天长市 | Tianchang | 192340 | 632169 | 320465 | 311704 | 102.81 | 167596 |
| 明光市 | Mingguang | 212980 | 651299 | 334535 | 316764 | 105.61 | 123923 |
| **六安市** | **Luan** | **2316855** | **7048205** | **3718096** | **3330109** | **111.65** | **988138** |
| 市辖区 | Reigon of City | 641039 | 1865174 | 982333 | 882841 | 111.27 | 336081 |
| 金安区 | Jinan District | 306477 | 864418 | 450748 | 413670 | 108.96 | 184045 |
| 裕安区 | Yuan District | 334562 | 1000756 | 531585 | 469171 | 113.30 | 152036 |
| 寿　县 | Shouxian | 436130 | 1370436 | 726717 | 643719 | 112.89 | 168442 |
| 霍邱县 | Huoqiu | 599137 | 1787414 | 945042 | 842372 | 112.19 | 217502 |
| 舒城县 | Shucheng | 315941 | 994940 | 517153 | 477787 | 108.24 | 126824 |
| 金寨县 | Jinzhai | 207189 | 664957 | 357107 | 307850 | 116.00 | 85213 |
| 霍山县 | Huoshan | 117419 | 365284 | 189744 | 175540 | 108.09 | 54076 |
| **马鞍山市** | **Maanshan** | **405562** | **1291027** | **662944** | **628083** | **105.55** | **645511** |
| 市辖区 | Reigon of City | 206867 | 638684 | 325026 | 313658 | 103.62 | 532410 |
| 金家庄区 | Jinjiazhuang District | 35600 | 106430 | 54158 | 52272 | 103.61 | 88329 |
| 花山区 | Huashan District | 85902 | 265665 | 133693 | 131972 | 101.30 | 238688 |
| 雨山区 | Yushan District | 85365 | 266589 | 137175 | 129414 | 106.00 | 205393 |
| 当涂县 | Dangtu | 198695 | 652343 | 337918 | 314425 | 107.47 | 113101 |
| **巢湖市** | **Chaohu** | **1486377** | **4605093** | **2396620** | **2208473** | **108.52** | **755921** |
| 居巢区 | Juchao District | 317635 | 891152 | 459343 | 431809 | 106.38 | 237267 |
| 庐江县 | Lujiang | 365738 | 1179355 | 612646 | 566709 | 108.11 | 160726 |
| 无为县 | Wuwei | 448540 | 1424389 | 743620 | 680769 | 109.23 | 179272 |
| 含山县 | Henshan | 150993 | 444722 | 231956 | 212766 | 109.02 | 83900 |
| 和　县 | Hexian | 203471 | 665475 | 349055 | 316420 | 110.31 | 94756 |
| **芜湖市** | **Wuhu** | **783420** | **2295013** | **1181161** | **1113852** | **106.04** | **1334234** |
| 市辖区 | Reigon of City | 382046 | 1115260 | 571688 | 543572 | 105.17 | 1115260 |
| 镜湖区 | Jinghu District | 166457 | 470087 | 238879 | 231208 | 103.32 | 470087 |

## 3—27 续表2 continued

单位：人 (person)

| 地　区 | Region | 总户数(户) Total Number of Households (household) | 总人口数 Population | 男 Male | 女 Female | 性别比(女=100) Sex Ratio (Female=100) | 非农业人口 Non-agricultural Population |
|---|---|---|---|---|---|---|---|
| 弋江区 | Yijiang District | 76487 | 226330 | 114983 | 111347 | 103.27 | 226330 |
| 鸠江区 | Jiujiang District | 77929 | 234145 | 122070 | 112075 | 108.92 | 234145 |
| 三山区 | Sanshang District | 61173 | 184698 | 95756 | 88942 | 107.66 | 184698 |
| 芜湖县 | Wuhu | 115515 | 345714 | 179643 | 166071 | 108.17 | 63254 |
| 繁昌县 | Fanchang | 99971 | 279595 | 143862 | 135733 | 105.99 | 72432 |
| 南陵县 | Nanling | 185888 | 554444 | 285968 | 268476 | 106.52 | 83288 |
| **宣城市** | **Xuancheng** | **945392** | **2783585** | **1443714** | **1339871** | **107.75** | **503388** |
| 宣州区 | Xuanzhou District | 297029 | 861369 | 444022 | 417347 | 106.39 | 168854 |
| 郎溪县 | Langxi | 107842 | 340237 | 176551 | 163686 | 107.86 | 58674 |
| 广德县 | Guangde | 163844 | 513423 | 268844 | 244579 | 109.92 | 63621 |
| 泾县 | Jingxian | 128293 | 354973 | 185094 | 169879 | 108.96 | 70910 |
| 绩溪县 | Jixi | 68083 | 177209 | 91511 | 85698 | 106.78 | 36993 |
| 旌德县 | Jingde | 46051 | 150595 | 78070 | 72525 | 107.65 | 24677 |
| 宁国市 | Ningguo | 134250 | 385779 | 199622 | 186157 | 107.23 | 79659 |
| **铜陵市** | **Tongling** | **252510** | **740136** | **378170** | **361966** | **104.48** | **432104** |
| 市辖区 | Reigon of City | 147172 | 448284 | 228480 | 219804 | 103.95 | 387918 |
| 铜官山区 | Tongguanshan District | 88439 | 276761 | 141228 | 135533 | 104.20 | 276643 |
| 狮子山区 | Shizishan District | 34074 | 99407 | 51247 | 48160 | 106.41 | 67872 |
| 郊区 | Suburban District | 24659 | 72116 | 36005 | 36111 | 99.71 | 43403 |
| 铜陵县 | Tongling | 105338 | 291852 | 149690 | 142162 | 105.30 | 44186 |
| **池州市** | **Chizhou** | **570917** | **1604610** | **820301** | **784309** | **104.59** | **285200** |
| 贵池区 | Guichi District | 258433 | 661987 | 336840 | 325147 | 103.60 | 142712 |
| 东至县 | Dongzhi | 183314 | 545014 | 278625 | 266389 | 104.59 | 72165 |
| 石台县 | Shitai | 35150 | 108732 | 56273 | 52459 | 107.27 | 21360 |
| 青阳县 | Qingyang | 94020 | 288877 | 148563 | 140314 | 105.88 | 48963 |
| **安庆市** | **Anqing** | **1805716** | **6156175** | **3182258** | **2973917** | **107.01** | **1112005** |
| 市辖区 | Reigon of City | 256503 | 736505 | 369369 | 367136 | 100.61 | 460220 |
| 迎江区 | Yingjiang District | 75165 | 208762 | 104648 | 104114 | 100.51 | 164485 |
| 大观区 | Daguan District | 92574 | 273758 | 137299 | 136459 | 100.62 | 209571 |
| 宜秀区 | Yixiu District | 88764 | 253985 | 127422 | 126563 | 100.68 | 86164 |
| 怀宁县 | Huaining | 197757 | 692088 | 356951 | 335137 | 106.51 | 80883 |
| 枞阳县 | Zongyang | 279562 | 969042 | 501456 | 467586 | 107.24 | 110219 |
| 潜山县 | Qianshan | 162647 | 584087 | 301091 | 282996 | 106.39 | 59151 |
| 太湖县 | Taihu | 167086 | 564518 | 294535 | 269983 | 109.09 | 66204 |
| 宿松县 | Susong | 239821 | 829834 | 442050 | 387784 | 113.99 | 107348 |
| 望江县 | Wangjiang | 174201 | 627888 | 322456 | 305432 | 105.57 | 65536 |
| 岳西县 | Yuexi | 118400 | 401214 | 210898 | 190316 | 110.81 | 45870 |
| 桐城市 | Tongcheng | 209739 | 750999 | 383452 | 367547 | 104.33 | 116574 |
| **黄山市** | **Huangshan** | **501796** | **1480516** | **758594** | **721922** | **105.08** | **363844** |
| 市辖区 | Reigon of City | 147817 | 437258 | 221871 | 215387 | 103.01 | 201540 |
| 屯溪区 | Tunxi District | 56621 | 174273 | 86605 | 87668 | 98.79 | 136273 |
| 黄山区 | Huangshan District | 57065 | 162539 | 83604 | 78935 | 105.91 | 38797 |
| 徽州区 | Huizhou District | 34131 | 100446 | 51662 | 48784 | 105.90 | 26470 |
| 歙县 | Shexian | 171808 | 485798 | 251220 | 234578 | 107.09 | 64467 |
| 休宁县 | Xiuning | 86524 | 274027 | 140189 | 133838 | 104.75 | 37604 |
| 黟县 | Yixian | 35003 | 95742 | 49021 | 46721 | 104.92 | 20201 |
| 祁门县 | Qimen | 60644 | 187691 | 96293 | 91398 | 105.36 | 40032 |

# 主要统计指标解释

## 人口数

指一定时点、一定地区范围内的有生命的个人的总和。

## 常住人口

是指具有中华人民共和国国籍并在中华人民共和国境内常住的人。

（1）居住本乡、镇、街道，户口在本乡、镇、街道的人；

（2）居住本乡、镇、街道半年以上，户口在外乡、镇、街道的人；

（3）在本乡、镇、街道居住不满半年，离开户口登记地半年以上的人；

（4）居住本乡、镇、街道，户口待定的人；

（5）原住本乡、镇、街道，现在国外工作学习，暂无户口的人；

常住户口在本乡、镇、街道，但已离开本乡、镇、街道半年以上的人，在户口所在地只登记人数，不计入户口所在地的常住人口数内。

## 总人口文盲率

15 岁及以上不识字人数与总人口数的比例。

## 出生率（又称粗出生率）

指在一定时期内（通常为一年）平均每千人所出生的人数的比率，一般用千分率表示。计算公式为：

出生率＝年出生人数/年平均人数×1000‰

式中：出生人数指活产婴儿，即胎儿脱离母体时（不含怀孕月数），有过呼吸或其他生命现象。年平均人数指年初、年底人口数的平均数，也可用年中人口数代替。

## 死亡率（又称粗死亡率）

指在一定时期内（通常为一年）一定地区的死亡人数与同期平均人数（或期中人数）之比，一般用千分率表示。计算公式为：

死亡率＝年死亡人数/年平均人数×1000‰

## 人口自然增长率

指在一定时期内（通常为一年）人口自然增加数（出生人数减死亡人数）与该时期内平均人数（或期中人数）之比，一般用千分率表示。计算公式为：

人口自然增长率＝（年出生人数－年死亡人数）/年平均人数×1000‰

＝人口出生率－人口死亡率

## 在业人口（又称就业人口）

指十五周岁及十五周岁以上人口中从事一定的社会劳动并取得劳动报酬或经营收入的人口。

## 未工作人口

指十五周岁及十五周岁以上人口中未从事社会劳动的人口，包括在校学生、料理家务、待升学、失去工作、离退休、退职、丧失劳动能力等非在业人口。

## 抚养系数

指被抚养人口（0-14 岁和 65 岁以上人口）与 15-64 岁人口的比例。计算公式为：

抚养系数＝被抚养人口/15-64 岁人口×100％

## 老年抚养系数

指老年人口（65 岁以上人口）与 15-64 岁人口的比例。计算公式为：

老年抚养系数＝老年人口/15-64 岁人口×100％

## 少年儿童抚养系数

指 0-14 岁少年儿童与 15-64 岁人口的比例。计算公式为：

少年儿童系数抚养＝少年儿童人口/15-64 岁人口×100％

# Explanatory Notes for Major Statistical Indicators

### Total Population

refers to the total number of people alive at a certain point of time within a given area.

**Permanent Population**

refers to the persons who hold the nationality of, and have permanent residing place in the People's Republic of China.

a) Those who reside in the townships, towns and street communities and have their permanent household registration there.

b) Those who have resided in the townships, towns and street communities for more than 6 months but the places of their permanent household registration are elsewhere.

c) Those who have resided in the townships, towns and street communities for less than 6 months but have been away from the place of their permanent household registration for more than 6 months.

d) Those who live in the townships, towns and street communities while the places of their household registration have not yet settled.

e) Those who used to live in the townships, towns and street communities but are working or studying abroad and have no permanent household registration for the time being.

Those who have their permanent household registration in the townships, towns and street communities but have been away from these places for more than 6 months are only registered as total population not counted as permanent population of the places of their household registration.

**Total Population Illiterate Ratio**

refers to the ratio of the number of illiterate people aged 15 and over to total population.

**Birth Rate or (Crude Birth Rate)**

refers to the ratio of the number of births to the average population during a certain period of time (usually a year) which is often expressed in‰. The following formula is used:

Birth Rate=Number of Births/Average Number of Population×1000‰

Number of births refers to live births i.e. the births when babies had showed any vital phenomena regardless of the length of pregnancy.

Annual Average Number of Population is the average of the number of population at the beginning of the year and that at the end of the year. Sometimes it is substituted for with the mid year population.

**Death Rate (or Crude Death Rate)**

refers to the ratio of the number of deaths to the average population (or mid year population) during a certain period of time (usually a year) which is often expressed in‰. The following formula is used:

Death Rate umber of Deaths=Number of Deaths/Annual Average Number of Population×1000‰

**Natural Growth Rate of Population**

refers to the ratio of natural increase in population (number of births minus number of deaths) in a certain period of time (usually a year) to the average population (or mid year population) of the same period which is often expressed in‰. The following formulas are applied:

Natural Growth of Population=(Number of Births-Number of Deaths)/Average Number of Population×1000‰

Natural Growth Rate of Population=Birth Rate-Death Rate

**Employed Population**

refers to population aged 15 or over engaging in social labour which generates income.

**Not Working Population**

refers to population aged 15 or over not engaging in any social labour which generates income, including students enrolled in schools, house wives, students waiting for entering schools with higher level, persons losing their jobs, retirees, job quitters, disabled, etc.

**Total Dependency Ratio**

refers to the ratio of number of dependents to the total population aged 15-64, the number of dependents being population aged 0-14 and population aged 65 and over. The total dependency ratio is calculated as follows:

Total Dependency Ratio=Number of dependents/Population aged 15-64×100%

**The Aged Dependency Ratio**

refers to the ratio of the number of the aged population to the total population aged 15-64, the aged being population aged 65 and over. The aged dependency ratio is calculated as follows:

The Aged Dependency Ratio=Number of the aged population/Population aged 15-64×100%

**The Juvenile and Children Dependency Ratio**

refers to the ratio of the number of the juvenile and children to the total population aged 15-64, the juvenile and children being population aged 0-14. The juvenile and children dependency ratio is calculated as follows:

The Juvenile and Children Dependency Ratio=Number of juvenile and children/Population aged 15-64×100%

# 第四篇

Chapter 4

# 就业人员和职工工资

EMPLOYMENT AND WAGES

## 简要说明

一、本篇资料反映我省 2010 年及主要年份劳动经济方面的基本情况，包括全省和 17 个市的主要劳动统计数据。主要指标有：从业人员、城镇私营和个体从业人员、城镇登记失业人员及失业率、单位从业人员、在岗职工、单位从业人员增减变动情况、职工工资总额和职工平均工资等。

二、本篇资料来源主要有四个方面：

1. 职工人数、工资总额、平均工资及单位从业人员增减变动情况，是根据《2010 年度全省劳动统计年报》汇总整理提供的。

2. 私营企业和个体从业人员，是根据省工商局提供的资料整理的。

3. 城镇登记失业人数、城镇登记失业数、新就业人数、城镇登记失业率、职业介绍机构、职业介绍工作情况和劳动部门社会保障、劳动仲裁情况，是根据省劳动和社会保障厅提供的资料整理的。

4. 就业基本情况是根据全省劳动统计年报、全省 2010 年人口变动抽样调查资料、省统计局农业统计年报、省工商统计年报、省乡镇企业统计年报等综合编制的。

三、1998 年及以后城镇单位就业人员、职工工资、工资总额、平均工资等指标中不再包括离开本单位仍保留劳动关系职工及其生活费。

四、本篇资料均由省统计局人口和社会科技统计处整理编制。

## Brief Introduction

I. Data in this chapter show the basic conditions of Anhui's labor economy in 2010 and the mainly previous years, including the main data of labor statistics of the whole province and 17 prefectures such as number of the employed persons, number of persons employed in the urban private enterprises and self-employment, registered urban unemployed persons and unemployment rate, number of employment in units, number of other employed persons, number of staff and workers, number of on-post staff and workers, increase and decrease in the number of the employed persons, total wages and average wages of the staff and workers.

II. There are four main sources for Data published in this chapter.

1. Data on number of staff and workers, total wages and average wages of the staff and workers and increase and decrease in the number of the employed persons are tabulated and provided in accordance with "the Annual Labor statistical Report of Anhui Province in 2010".

2. Data on the number of person employed in private enterprises and self-employed persons are tabulated in accordance with the data supplied by the Provincial Administration for Industry and Commerce.

3. Data on newly employed registered unemployees in urban area, registered urban unemployed persons and unemployment rate and employment services and situations in employment services of labor departments are tabulated in accordance with data supplied by the Department of Labor and Social Insurance.

4. Data on persons employed are provided in accordance with the Provincial Annual Labour Statistical Report, Sample Survey of population changes in 2010, annual agricultural statistical report of Anhui Statistical Bureau, annual statistical report of industry and commerce and annual statistical report of township and village enterprises.

III. The scope of statistics on employed person in urban areas, total number of staff and workers, total wage bills, average wages do not include the persons who had left their working units and while keeping their labour contract/employment relation unchanged since 1998.

Ⅳ. Data in this chapter are prepared by the Population and Social Science Division, Anhui Statistical Bureau.

# 4—1 就 业 基 本 情 况
Basic Conditions of Employment

单位：万人 （10000 persons)

| 项 目 | Item | 1995 | 2000 | 2005 | 2009 | 2010 |
|---|---|---|---|---|---|---|
| **经济活动人口** | **Economically Active Population** | | **3530.9** | **3712.8** | **4052.2** | **4096.8** |
| **从业人员合计** | **Total Number of Employed Persons** | **3206.9** | **3450.7** | **3669.7** | **3988.0** | **4050.0** |
| 第一产业 | Primary Industry | 1945.3 | 2018.9 | 1783.3 | 1566.1 | 1583.6 |
| 第二产业 | Secondary Industry | 574.6 | 584.8 | 783.9 | 996.0 | 1016.5 |
| 第三产业 | Tertiary Industry | 687.0 | 847.0 | 1102.4 | 1425.9 | 1449.9 |
| **从业人员构成（合计=100）** | **Composition of Employed Persons (total=100)** | | | | | |
| 第一产业 | Primary Industry | 60.7 | 58.5 | 48.6 | 39.3 | 39.1 |
| 第二产业 | Secondary Industry | 17.9 | 16.9 | 21.4 | 25.0 | 25.1 |
| 第三产业 | Tertiary Industry | 21.4 | 24.6 | 30.0 | 35.8 | 35.8 |
| **按城乡分从业人员** | **Number of Employed Persons by Urban and Rural Areas** | | | | | |
| 城镇从业人员 | Urban Employed Persons | 614.7 | 652.9 | 730.5 | 936.2 | 973.5 |
| #国有单位 | State-owned Units | 380.1 | 314.8 | 208.7 | 202.1 | 206.0 |
| 城镇集体单位 | Urban Collective Owned Units | 126.3 | 91.2 | 30.8 | 18.8 | 17.9 |
| 股份合作单位 | Share Holding Units | | 8.4 | 3.9 | 4.5 | 4.7 |
| 联营单位 | Joint Owned Units | 0.7 | 1.2 | 0.8 | 0.8 | 0.8 |
| 有限责任公司 | Limited Liability Corporations | | 38.0 | 52.3 | 75.9 | 80.0 |
| 股份有限公司 | Share-holding Corporations Ltd. | | 20.2 | 24.8 | 35.7 | 37.7 |
| 私营企业 | Private Enterprises | 10.1 | 37.6 | 86.5 | 92.5 | 133.3 |
| 港澳台商投资单位 | Units Funded by Entrepreneurs from Hong Kong, Macao & Taiwan | 2.8 | 2.3 | 3.7 | 5.4 | 7.0 |
| 外商投资单位 | Foreign Funded Units | 3.8 | 3.8 | 6.7 | 12.6 | 14.7 |
| 个 体 | Self-employed Individuals | 81.9 | 134.8 | 123.6 | 184.8 | 264.1 |
| 乡村从业人员 | Rural Employed Persons | 2592.2 | 2797.7 | 2939.0 | 3051.8 | 3076.5 |
| #私营企业 | Private Enterprises | | 27.6 | 79.2 | 104.6 | 105.9 |
| 个 体 | Self-employed Individuals | | 201.6 | 143.3 | 78.5 | 67.5 |
| **全部职工人数** | **Number of Staff and Workers** | **502.8** | **470.0** | **317.4** | **359.9** | **372.9** |
| 国有单位 | State-owned Units | 363.7 | 307.8 | 199.2 | 202.1 | 206.0 |
| 城镇集体单位 | Urban Collective Owned Units | 123.1 | 89.1 | 28.2 | 18.8 | 17.9 |
| 其他单位 | Units of Other Types of Ownership | 16.0 | 73.1 | 90.1 | 139.0 | 149.1 |
| **城镇单位女性从业人员** | **Number of Female Employment in Urban Units** | | **143.0** | **112.4** | **113.6** | **121.3** |
| **城镇登记失业人数** | **Number of Registered Unemployed Persons in Urban Areas** | **29.9** | **31.6** | **27.8** | **30.1** | **28.5** |
| **城镇登记失业率 （%）** | **Registered Unemployment Rate in Urban Areas (%)** | **3.1** | **3.3** | **4.4** | **3.9** | **3.7** |

注：全社会从业人员总计、城镇和乡村从业人员小计资料根据有关部门资料进行了调整，因此分市、分类型、分行业的资料相加不等于总计。（下同）

a) Data on the total employed persons and the sub-total of employed persons in urban and rural areas have been adjusted in accordance with the data of related departments. As a result, the sum of the data by city, by ownership or by sector is not equal to the total. The same as in the following tables.

## 4—2 主要年份分行业从业人员数
Number of Employed Persons by Industry In Main Year

单位：万人 （10000 persons)

| 行　　业 | Sector | 2005 | 2009 | 2010 |
|---|---|---|---|---|
| **总　　计** | **Total** | **3669.7** | **3988.0** | **4050.0** |
| 农、林、牧、渔业 | Farming, Forestry, Animal Husbandry and Fishery | 1783.3 | 1566.1 | 1583.6 |
| 采矿业 | Mining and Quarrying | 59.9 | 70.1 | 71.2 |
| 制造业 | Manufacturing | 393.8 | 514.5 | 527.6 |
| 电力、燃气及水的生产和供应业 | Production and Supply of Electricity Gas and Water | 10.6 | 10.4 | 10.5 |
| 建筑业 | Construction | 319.6 | 401.0 | 407.3 |
| 交通运输、仓储和邮政业 | Transport, Storage and Postal Services | 133.8 | 166.2 | 168.8 |
| 信息传输、计算机服务和软件业 | Information Circulation, Computer Services and Software | 16.0 | 27.4 | 27.8 |
| 批发和零售业 | Wholesale and Retail Trade | 304.1 | 460.1 | 467.2 |
| 住宿和餐饮业 | Accommodation and Catering Trade | 108.9 | 146.3 | 150.5 |
| 金融业 | Banking | 11.9 | 14.8 | 15.1 |
| 房地产业 | Real Estate | 16.7 | 25.4 | 25.8 |
| 租赁和商务服务业 | Leasing and Commercial Services | 16.3 | 24.8 | 25.2 |
| 科学研究、技术服务和地质勘查业 | Scientific Research, Technical Services and Geological Prospecting | 6.4 | 8.2 | 8.3 |
| 水利、环境和公共设施管理业 | Water Conservancy, Environmental and Public Facilities Management | 13.5 | 30.1 | 30.6 |
| 居民服务和其他服务业 | Resident Services and Other Services | 319.6 | 340.2 | 345.4 |
| 教　育 | Education | 63.8 | 66.5 | 67.6 |
| 卫生、社会保障和社会福利业 | Health, Social Securities and Social Welfare | 21.9 | 31.3 | 31.8 |
| 文化、体育和娱乐业 | Culture, Sports and Entertainment | 18.6 | 29.0 | 29.4 |
| 公共管理和社会组织 | Public Management and Social Organizations | 51.0 | 55.5 | 56.4 |

## 4—3 各市按三次产业分的从业人员数（2010年）
Number of Employed Persons by Type of Industry and Region (2010)

| 地　区 | Region | 从业人员（万人） Total (10000 persons) | | | | 构　成（合计=100） Composition in Percentage (total=100) | | |
|---|---|---|---|---|---|---|---|---|
| | | | 第一产业 Primary Industry | 第二产业 Secondary Industry | 第三产业 Tertiary Industry | 第一产业 Primary Industry | 第二产业 Secondary Industry | 第三产业 Tertiary Industry |
| **总　计** | **Total** | **4050.0** | **1583.6** | **1016.5** | **1449.9** | **39.1** | **25.1** | **35.8** |
| 合 肥 市 | Hefei | 344.5 | 81.4 | 115.3 | 147.8 | 23.6 | 33.5 | 42.9 |
| 淮 北 市 | Huaibei | 111.5 | 40.1 | 37.4 | 34.0 | 36.0 | 33.5 | 30.5 |
| 亳 州 市 | Bozhou | 334.2 | 164.1 | 70.0 | 100.1 | 49.1 | 20.9 | 30.0 |
| 宿 州 市 | Suzhou | 355.1 | 172.6 | 85.2 | 97.3 | 48.6 | 24.0 | 27.4 |
| 蚌 埠 市 | Bengbu | 212.5 | 95.2 | 44.1 | 73.2 | 44.8 | 20.8 | 34.4 |
| 阜 阳 市 | Fuyang | 590.1 | 257.9 | 197.2 | 135.0 | 43.7 | 33.4 | 22.9 |
| 淮 南 市 | Huainan | 132.1 | 31.7 | 55.9 | 44.5 | 24.0 | 42.3 | 33.7 |
| 滁 州 市 | Chuzhou | 265.5 | 123.1 | 73.6 | 68.8 | 46.4 | 27.7 | 25.9 |
| 六 安 市 | Luan | 395.0 | 218.0 | 78.0 | 99.0 | 55.2 | 19.7 | 25.1 |
| 马鞍山市 | Maanshan | 66.7 | 15.1 | 25.9 | 25.7 | 22.6 | 38.8 | 38.6 |
| 巢 湖 市 | Chaohu | 291.9 | 128.2 | 89.3 | 74.5 | 43.9 | 30.6 | 25.5 |
| 芜 湖 市 | Wuhu | 135.4 | 28.6 | 46.2 | 60.6 | 21.1 | 34.1 | 44.8 |
| 宣 城 市 | Xuancheng | 193.0 | 82.6 | 53.5 | 56.9 | 42.8 | 27.7 | 29.5 |
| 铜 陵 市 | Tongling | 45.2 | 9.7 | 16.4 | 19.2 | 21.4 | 36.2 | 42.4 |
| 池 州 市 | Chizhou | 109.2 | 44.7 | 26.5 | 38.0 | 40.9 | 24.3 | 34.8 |
| 安 庆 市 | Anqing | 426.7 | 207.9 | 97.6 | 121.2 | 48.7 | 22.9 | 28.4 |
| 黄 山 市 | Huangshan | 93.4 | 40.0 | 23.5 | 29.9 | 42.8 | 25.2 | 32.0 |

# 4—4 主要年份按城乡分的从业人员数

Number of Employed Persons by Residence in Urban and Rural Areas and Region in Main Year

单位：万人 （10000 persons）

| 年 份<br>Year | 合 计<br>Total | 城 镇 Urban Area | | | | | | |
|---|---|---|---|---|---|---|---|---|
| | | 小 计<br>Sub-total | 国有单位<br>State-owned Units | 集体单位<br>Collective-owned Units | 股份合作单位<br>Share Holding Units | 联营单位<br>Joint-owned Units | 有限责任公司<br>Limited Liability Corporations | 股份有限公司<br>Share Holding Corpara-tions Ltd. |
| 2000 | 3450.7 | 652.9 | 314.8 | 91.2 | 8.4 | 1.2 | 38.0 | 20.2 |
| 2005 | 3669.7 | 730.5 | 208.6 | 30.8 | 3.9 | 0.8 | 52.3 | 24.8 |
| 2006 | 3741.0 | 755.9 | 202.9 | 28.3 | 4.3 | 1.1 | 59.7 | 24.9 |
| 2007 | 3818.0 | 818.1 | 202.1 | 25.8 | 5.0 | 1.1 | 63.9 | 24.7 |
| 2008 | 3916.0 | 901.9 | 199.8 | 24.4 | 4.8 | 1.0 | 67.5 | 26.5 |
| 2009 | 3988.0 | 936.2 | 4.6 | 18.8 | 4.5 | 0.8 | 75.9 | 35.7 |
| 2010 | 4050.0 | 973.5 | 206.0 | 17.9 | 4.7 | 0.8 | 80.0 | 37.7 |

| 年 份<br>Year | 城 镇 Urban Area | | | | 乡 村 Rural Area | | | |
|---|---|---|---|---|---|---|---|---|
| | 私营企业<br>Private Enterprises | 港澳台商投资单位<br>Economic Units Funded by Entrepreneurs from Hong Kong, Macao and Taiwan | 外商投资单 位<br>Foreign Funded Economic Units | 个 体<br>Self-employed Individuals | 小 计<br>Sub-total | 乡镇企业<br>Township and Village Enterprises | 私营企业<br>Private Enterprises | 个 体<br>Self-employed Individuals |
| 2000 | 37.6 | 2.3 | 3.8 | 134.8 | 2797.7 | 479.8 | 27.6 | 201.6 |
| 2005 | 86.5 | 3.7 | 6.7 | 123.6 | 2939.2 | 533.2 | 79.2 | 143.2 |
| 2006 | 86.1 | 5.0 | 7.3 | 144.0 | 2985.1 | 546.5 | 119.5 | 162.6 |
| 2007 | 137.3 | 6.4 | 8.2 | 133.8 | 2999.9 | 571.1 | 80.7 | 133.5 |
| 2008 | 92.2 | 6.6 | 8.9 | 144.5 | 3014.1 | 580.6 | 107.5 | 100.1 |
| 2009 | 92.5 | 5.4 | 12.6 | 184.8 | 3051.8 | 668.3 | 104.6 | 78.5 |
| 2010 | 133.3 | 7.0 | 14.7 | 264.1 | 3076.5 | | 105.9 | 67.5 |

# 4—5 各市按城乡分的从业人员数（2010年）

Number of Employed Persons by Residence in Urban and Rural Areas and Region (2010)

单位：人 （person）

| 地 区 | Region | 合 计 Total | 城 镇 Urban Area | | | | | | |
|---|---|---|---|---|---|---|---|---|---|
| | | | 小 计 Sub-total | #国有单位 State-owned Units | #集体单位 Collective-owned Units | #股份合作单位 Share Holding Units | #联营单位 Joint-owned Units | #有限责任公司 Limited Liability Corporations | #股份有限公司 Share Holding Corpara-tions Ltd. |
| **总 计** | **Total** | **40500000** | **9735353** | **2059534** | **178800** | **47311** | **7611** | **800400** | **376667** |
| 合 肥 市 | Hefei | 3445000 | 2378000 | 308229 | 17868 | 6262 | 1228 | 181098 | 96478 |
| 淮 北 市 | Huaibei | 1115000 | 476000 | 157919 | 9041 | 229 | | 29465 | 7493 |
| 亳 州 市 | Bozhou | 3341540 | 550732 | 113072 | 10194 | 2457 | 73 | 27133 | 4718 |
| 宿 州 市 | Suzhou | 3551000 | 514000 | 166515 | 21876 | 1983 | 787 | 18340 | 5170 |
| 蚌 埠 市 | Bengbu | 2125000 | 430000 | 97012 | 8989 | 6952 | | 33096 | 24693 |
| 阜 阳 市 | Fuyang | 5900843 | 828733 | 201518 | 22420 | 3795 | | 54466 | 4152 |
| 淮 南 市 | Huainan | 1321000 | 539000 | 97811 | 12758 | 4755 | 810 | 160196 | 41307 |
| 滁 州 市 | Chuzhou | 2655000 | 557000 | 116838 | 9390 | 663 | | 26242 | 7743 |
| 六 安 市 | Luan | 3950000 | 704837 | 147059 | 17821 | 3449 | 31 | 35181 | 15957 |
| 马鞍山市 | Maanshan | 667401 | 285172 | 45463 | 6353 | | | 34610 | 51811 |
| 巢 湖 市 | Chaohu | 2919330 | 420273 | 104849 | 10381 | 4242 | 583 | 30706 | 12717 |
| 芜 湖 市 | Wuhu | 1353853 | 694166 | 85622 | 2227 | 558 | | 70977 | 47280 |
| 宣 城 市 | Xuancheng | 1930000 | 572300 | 76384 | 5683 | 1382 | | 14850 | 15982 |
| 铜 陵 市 | Tongling | 452200 | 266720 | 59812 | 1731 | 1535 | 1894 | 34839 | 11329 |
| 池 州 市 | Chizhou | 1091982 | 246038 | 47916 | 3358 | 610 | 1316 | 8104 | 7306 |
| 安 庆 市 | Anqing | 4267000 | 873000 | 179821 | 16430 | 6999 | 610 | 19903 | 11605 |
| 黄 山 市 | Huangshan | 933908 | 195212 | 53694 | 2280 | 1440 | 279 | 21194 | 10926 |

| 地 区 | Region | 城 镇 Urban Area | | | | 乡 村 Rural Area | | |
|---|---|---|---|---|---|---|---|---|
| | | #私营企业 Private Enterprises | #港澳台商投资单位 Economic Units Funded by Entrepreneurs from Hong Kong, Macao and Taiwan | #外商投资单位 Foreign Funded Economic Units | #个体 Self-employed Individuals | 小 计 Sub-total | #私营企业 Private Enterprises | #个体 Self-employed Individuals |
| **总 计** | **Total** | **1332913** | **69896** | **146576** | **2640651** | **30764647** | **1059148** | **675169** |
| 合 肥 市 | Hefei | 421381 | 30004 | 52222 | 234001 | 1067000 | 159839 | 9674 |
| 淮 北 市 | Huaibei | 47469 | 1122 | 1584 | 71161 | 639000 | 13199 | 23495 |
| 亳 州 市 | Bozhou | 37712 | | 630 | 306137 | 2790808 | 31249 | 61907 |
| 宿 州 市 | Suzhou | 32406 | 1192 | 2655 | 149101 | 3037000 | 70549 | 69075 |
| 蚌 埠 市 | Bengbu | 65028 | 826 | 257 | 191875 | 1695000 | 26480 | 53356 |
| 阜 阳 市 | Fuyang | 57117 | 1604 | 2862 | 175742 | 5072110 | 100397 | 55065 |
| 淮 南 市 | Huainan | 34641 | 3100 | 3569 | 61166 | 782000 | 24860 | 10097 |
| 滁 州 市 | Chuzhou | 129664 | 1524 | 14334 | 188605 | 2098000 | 56854 | 24935 |
| 六 安 市 | Luan | 76073 | 674 | 1098 | 174079 | 3245163 | 50758 | 118941 |
| 马鞍山市 | Maanshan | 61726 | 5336 | 8594 | 66821 | 382229 | 52629 | 14569 |
| 巢 湖 市 | Chaohu | 36329 | 1155 | 3095 | 125174 | 2499057 | 85349 | 49597 |
| 芜 湖 市 | Wuhu | 84925 | 13282 | 41915 | 119480 | 659687 | 65096 | 11640 |
| 宣 城 市 | Xuancheng | 91270 | 2247 | 7066 | 314880 | 1357700 | 78649 | 31280 |
| 铜 陵 市 | Tongling | 18225 | 2729 | 1923 | 35530 | 185480 | 45234 | 13790 |
| 池 州 市 | Chizhou | 24010 | 792 | 1620 | 64154 | 845944 | 35334 | 47998 |
| 安 庆 市 | Anqing | 78573 | 1862 | 2170 | 302885 | 3394000 | 128109 | 56591 |
| 黄 山 市 | Huangshan | 36364 | 2447 | 982 | 59860 | 738696 | 34563 | 23159 |

# 4—6 各市分行业城镇非私营单位从业人员数（2010年）
Number of Employed Persons by Sector and Region (2010)

单位：万人 （10000 persons)

| 地区 | Region | 合计 Total | 农林牧渔业 Farming, Forestry, Animal Husbandry and Fishery | 采矿业 Mining and Quarrying | 制造业 Manufacturing | 电力、燃气及水的生产和供应业 Production and Supply of Electricity Gas and Water | 建筑业 Construction | 交通运输、仓储和邮政业 Transport, Storage, Post & Telecommunications | 信息传输、计算机服务和软件业 Information, Circulation Computer Services and Software | 批发和零售业 Wholesale and Retail Trade | 住宿和餐饮业 Accommodation and Catering Trade |
|---|---|---|---|---|---|---|---|---|---|---|---|
| **总计** | **Total** | **372.94** | **6.14** | **32.11** | **76.01** | **9.60** | **42.13** | **15.14** | **3.80** | **13.97** | **3.69** |
| 合肥市 | Hefei | 71.09 | 0.10 | | 17.79 | 0.89 | 14.25 | 4.52 | 0.97 | 4.62 | 1.28 |
| 淮北市 | Huaibei | 20.84 | 0.00 | 11.30 | 2.82 | 0.50 | 0.27 | 0.41 | 0.10 | 0.16 | 0.06 |
| 亳州市 | Bozhou | 16.07 | 0.05 | 0.69 | 2.38 | 0.25 | 1.22 | 0.29 | 0.23 | 1.09 | 0.09 |
| 宿州市 | Suzhou | 22.05 | 0.58 | 3.13 | 2.25 | 0.52 | 1.91 | 0.62 | 0.24 | 0.82 | 0.07 |
| 蚌埠市 | Bengbu | 17.25 | 0.21 | | 4.46 | 0.57 | 0.86 | 1.14 | 0.15 | 0.57 | 0.11 |
| 阜阳市 | Fuyang | 29.11 | 0.31 | 1.60 | 3.66 | 0.74 | 3.03 | 1.33 | 0.27 | 1.46 | 0.15 |
| 淮南市 | Huainan | 32.70 | 0.32 | 12.99 | 3.46 | 1.55 | 2.90 | 0.96 | 0.13 | 0.64 | 0.24 |
| 滁州市 | Chuzhou | 17.85 | 0.85 | 0.34 | 3.18 | 0.32 | 1.26 | 0.97 | 0.19 | 0.52 | 0.10 |
| 六安市 | Luan | 22.17 | 0.84 | 0.03 | 2.14 | 0.68 | 4.06 | 0.69 | 0.22 | 0.69 | 0.07 |
| 马鞍山市 | Maanshan | 15.42 | 0.03 | 1.48 | 6.92 | 0.38 | 0.89 | 0.34 | 0.07 | 0.36 | 0.04 |
| 巢湖市 | Chaohu | 16.90 | 0.21 | 0.17 | 2.16 | 0.41 | 2.75 | 0.30 | 0.16 | 0.74 | 0.20 |
| 芜湖市 | Wuhu | 26.71 | 0.04 | 0.05 | 11.34 | 0.49 | 3.69 | 1.77 | 0.19 | 0.56 | 0.30 |
| 宣城市 | Xuancheng | 12.36 | 0.29 | 0.01 | 3.20 | 0.38 | 0.28 | 0.30 | 0.15 | 0.19 | 0.06 |
| 铜陵市 | Tongling | 11.67 | 0.38 | 0.13 | 5.00 | 0.29 | 2.05 | 0.21 | 0.08 | 0.24 | 0.07 |
| 池州市 | Chizhou | 7.11 | 0.13 | 0.11 | 1.05 | 0.18 | 0.40 | 0.10 | 0.08 | 0.18 | 0.13 |
| 安庆市 | Anqing | 24.24 | 1.69 | 0.07 | 3.09 | 1.26 | 1.20 | 0.77 | 0.37 | 0.94 | 0.19 |
| 黄山市 | Huangshan | 9.41 | 0.10 | 0.01 | 1.11 | 0.20 | 1.11 | 0.41 | 0.20 | 0.20 | 0.51 |

| 地区 | Region | 金融业 Banking | 房地产业 Real Estate Trade | 租赁和商务服务业 Leasing and Commercial Services | 科学研究、技术服务和地质勘查业 Scientific Research, Technical Services and Geological Prospecting | 水利、环境和公共设施管理业 Water Conservancy, Environmental and Public Facilities Management | 居民服务和其他服务业 Resident Services and Other Services | 教育 Education | 卫生、社会保障和社会福利业 Health, Social Securities and Social Welfare | 文化、体育和娱乐业 Culture, Sports and Entertainment | 公共管理和社会组织 Public Management and Social Organizations |
|---|---|---|---|---|---|---|---|---|---|---|---|
| **总计** | **Total** | **14.69** | **4.88** | **4.63** | **6.68** | **6.38** | **0.53** | **60.49** | **21.99** | **3.40** | **46.69** |
| 合肥市 | Hefei | 2.40 | 1.59 | 1.03 | 2.60 | 1.05 | 0.18 | 7.66 | 3.25 | 1.04 | 5.88 |
| 淮北市 | Huaibei | 0.36 | 0.03 | 0.07 | 0.11 | 0.12 | 0.02 | 2.02 | 0.81 | 0.06 | 1.60 |
| 亳州市 | Bozhou | 0.94 | 0.17 | 0.06 | 0.11 | 0.26 | 0.03 | 4.47 | 1.16 | 0.16 | 2.41 |
| 宿州市 | Suzhou | 0.94 | 0.17 | 0.07 | 0.33 | 0.34 | 0.04 | 5.35 | 1.43 | 0.17 | 3.07 |
| 蚌埠市 | Bengbu | 0.90 | 0.16 | 0.19 | 0.60 | 0.47 | 0.03 | 3.17 | 1.30 | 0.15 | 2.23 |
| 阜阳市 | Fuyang | 1.61 | 0.27 | 0.26 | 0.18 | 0.48 | 0.02 | 6.83 | 2.11 | 0.17 | 4.63 |
| 淮南市 | Huainan | 0.84 | 0.89 | 1.24 | 0.34 | 0.54 | 0.02 | 2.63 | 1.16 | 0.13 | 1.72 |
| 滁州市 | Chuzhou | 0.76 | 0.09 | 0.09 | 0.19 | 0.46 | 0.02 | 3.86 | 1.34 | 0.09 | 3.22 |
| 六安市 | Luan | 0.75 | 0.17 | 0.07 | 0.21 | 0.66 | 0.04 | 5.28 | 1.66 | 0.21 | 3.70 |
| 马鞍山市 | Maanshan | 0.61 | 0.04 | 0.32 | 0.26 | 0.17 | 0.01 | 1.38 | 0.62 | 0.12 | 1.37 |
| 巢湖市 | Chaohu | 0.56 | 0.27 | 0.34 | 0.15 | 0.30 | 0.02 | 3.82 | 1.28 | 0.10 | 2.96 |
| 芜湖市 | Wuhu | 0.85 | 0.19 | 0.09 | 0.51 | 0.42 | 0.02 | 2.53 | 1.27 | 0.09 | 2.31 |
| 宣城市 | Xuancheng | 0.57 | 0.32 | 0.27 | 0.14 | 0.12 | 0.01 | 2.21 | 1.07 | 0.11 | 2.66 |
| 铜陵市 | Tongling | 0.32 | 0.10 | 0.07 | 0.13 | 0.13 | 0.00 | 0.82 | 0.38 | 0.08 | 1.21 |
| 池州市 | Chizhou | 0.60 | 0.06 | 0.21 | 0.13 | 0.19 | 0.00 | 1.23 | 0.56 | 0.29 | 1.47 |
| 安庆市 | Anqing | 1.05 | 0.24 | 0.18 | 0.52 | 0.38 | 0.04 | 5.82 | 1.86 | 0.33 | 4.22 |
| 黄山市 | Huangshan | 0.64 | 0.12 | 0.08 | 0.16 | 0.25 | 0.02 | 1.43 | 0.72 | 0.10 | 2.04 |

## 4—7 主要年份私营企业年末从业人员数
Number of Employed Persons in Private Enterprises at the Year-end in Main Year

单位：户、人 （household, person)

| 年份 Year | 合计 Total | | | 城镇 Urban Areas | | | 乡村 Rural Areas | | |
|---|---|---|---|---|---|---|---|---|---|
| | 户数 Number of Enterprises | 从业人员 Number of Employed Persons | #投资者 Employers | 户数 Number of Enterprises | 从业人员 Number of Employed Persons | #投资者 Employers | 户数 Number of Enterprises | 从业人员 Number of Employed Persons | #投资者 Employers |
| 1998 | 28697 | 425646 | 70951 | 19252 | 262292 | 48898 | 9445 | 163354 | 22053 |
| 1999 | 37020 | 550694 | 91476 | 23891 | 327911 | 62297 | 13129 | 222783 | 29179 |
| 2000 | 46934 | 651992 | 110350 | 28495 | 375760 | 72252 | 18439 | 276232 | 38098 |
| 2001 | 55690 | 785162 | 134603 | 34653 | 465090 | 88677 | 21037 | 320072 | 45926 |
| 2002 | 60219 | 960698 | 150494 | 39562 | 596611 | 99057 | 22457 | 364087 | 51437 |
| 2003 | 74815 | 1187954 | 188233 | 46705 | 707726 | 118506 | 28110 | 480228 | 69727 |
| 2004 | 89010 | 1413199 | 228734 | 57127 | 824019 | 145300 | 31883 | 589180 | 83434 |
| 2005 | 105998 | 1656948 | 270425 | 63586 | 864874 | 160040 | 42412 | 792074 | 110385 |
| 2006 | 130476 | 2301402 | 314300 | 65551 | 861291 | 160332 | 64925 | 1440111 | 153968 |
| 2007 | 144895 | 2179457 | 363612 | 103584 | 1372856 | 255183 | 41311 | 806601 | 108429 |
| 2008 | 174046 | 1996617 | 376738 | 80506 | 921748 | 169862 | 93540 | 1074869 | 206876 |
| 2009 | 189525 | 1970807 | 395790 | 91342 | 925024 | 181707 | 98183 | 1045783 | 214083 |
| 2010 | 228670 | 2392061 | 490754 | 128891 | 1332913 | 270648 | 99779 | 1059148 | 220106 |

## 4—8 各市私营企业年末从业人员数（2010年）
Number of Employed Persons in Private Enterprises at the Year-end by Region (2010)

单位：户、人 （household, person)

| 地区 | Region | 合计 Total | | | 城镇 Urban Areas | | | 乡村 Rural Areas | | |
|---|---|---|---|---|---|---|---|---|---|---|
| | | 户数 Number of Enterprises | 从业人员 Number of Employed Persons | #投资者 Employers | 户数 Number of Enterprises | 从业人员 Number of Employed Persons | #投资者 Employers | 户数 Number of Enterprises | 从业人员 Number of Employed Persons | #投资者 Employers |
| **总计** | **Total** | **228670** | **2392061** | **490754** | **128891** | **1332913** | **270648** | **99779** | **1059148** | **220106** |
| 合肥市 | Hefei | 62404 | 580931 | 127733 | 42334 | 421188 | 93392 | 20070 | 159743 | 34341 |
| 淮北市 | Huaibei | 5818 | 60668 | 12422 | 5036 | 47469 | 9347 | 782 | 13199 | 3075 |
| 亳州市 | Bozhou | 7351 | 68961 | 14345 | 3735 | 37712 | 6868 | 3616 | 31249 | 7477 |
| 宿州市 | Suzhou | 9771 | 102955 | 19766 | 3290 | 32406 | 6015 | 6481 | 70549 | 13751 |
| 蚌埠市 | Bengbu | 10313 | 91508 | 21783 | 7859 | 65028 | 16658 | 2454 | 26480 | 5125 |
| 阜阳市 | Fuyang | 15276 | 157514 | 30709 | 6285 | 57117 | 11618 | 8991 | 100397 | 19091 |
| 淮南市 | Huainan | 7508 | 59501 | 15041 | 4476 | 34641 | 8930 | 3032 | 24860 | 6111 |
| 滁州市 | Chuzhou | 13289 | 186518 | 28021 | 8648 | 129664 | 17189 | 4641 | 56854 | 10832 |
| 六安市 | Luan | 12193 | 126831 | 27243 | 7443 | 76073 | 16310 | 4750 | 50758 | 10933 |
| 马鞍山市 | Maanshan | 11910 | 114355 | 26733 | 6955 | 61726 | 15605 | 4955 | 52629 | 11128 |
| 巢湖市 | Chaohu | 10104 | 121678 | 25405 | 3437 | 36329 | 7339 | 6667 | 85349 | 18066 |
| 芜湖市 | Wuhu | 15653 | 150021 | 34321 | 8442 | 84925 | 17389 | 7211 | 65096 | 16932 |
| 宣城市 | Xuancheng | 12415 | 169919 | 28966 | 6330 | 91270 | 13104 | 6085 | 78649 | 15862 |
| 铜陵市 | Tongling | 5677 | 63459 | 14375 | 1736 | 18225 | 3966 | 3941 | 45234 | 10409 |
| 池州市 | Chizhou | 6085 | 59344 | 12188 | 2797 | 24010 | 5955 | 3288 | 35334 | 6233 |
| 安庆市 | Anqing | 15950 | 206682 | 36248 | 6641 | 78573 | 13973 | 9309 | 128109 | 22275 |
| 黄山市 | Huangshan | 6884 | 70927 | 15342 | 3391 | 36364 | 6901 | 3493 | 34563 | 8441 |
| 其他 | Others | 69 | 289 | 113 | 56 | 193 | 89 | 13 | 96 | 24 |

## 4—9 主要年份个体年末从业人员数

Number of New Additional Employment and Individual at the End of the Year

单位：户、人 （household, person)

| 年 份 Year | 合 计 Total | | 城 镇 Urban Areas | | 乡 村 Rural Areas | |
|---|---|---|---|---|---|---|
| | 户 数 Number of Enterprises | 从业人员 Number of Employed Persons | 户 数 Number of Enterprises | 从业人员 Number of Employed Persons | 户 数 Number of Enterprises | 从业人员 Number of Employed Persons |
| 1998 | 1335341 | 3044121 | 547761 | 1249659 | 787580 | 1794462 |
| 1999 | 1460932 | 3374010 | 611439 | 1356851 | 849493 | 2017159 |
| 2000 | 1489085 | 3363571 | 627100 | 1347892 | 861985 | 2015679 |
| 2001 | 1492870 | 3396193 | 633513 | 1395799 | 859357 | 2000394 |
| 2002 | 1402168 | 3267252 | 586203 | 1325486 | 815965 | 1941766 |
| 2003 | 1200804 | 2863314 | 559658 | 1288683 | 641146 | 1574631 |
| 2004 | 1067271 | 2562432 | 501511 | 1185509 | 565760 | 1376923 |
| 2005 | 1110417 | 2668794 | 522609 | 1236364 | 587808 | 1432430 |
| 2006 | 1201167 | 2820534 | 530394 | 1194970 | 670773 | 1625564 |
| 2007 | 1125342 | 2673128 | 579524 | 1337874 | 545818 | 1335254 |
| 2008 | 1142457 | 2446113 | 701914 | 1445017 | 440543 | 1001096 |
| 2009 | 1250875 | 2633497 | 868141 | 1848366 | 382734 | 785131 |
| 2010 | 1341472 | 3315820 | 999110 | 2640651 | 342362 | 675169 |

## 4—10 各市新增就业和个体年末从业人员数（2010年）

Number of New Additional Employment and Individual at the End of the Year by Region (2010)

单位：户、人 （household, person)

| 地 区 | Region | 个体合计 Total | | 城 镇 Urban Areas | | 乡 村 Rural Areas | |
|---|---|---|---|---|---|---|---|
| | | 户 数 Number of Enterprises | 从业人员 Number of Employed Persons | 户 数 Number of Enterprises | 从业人员 Number of Employed Persons | 户 数 Number of Enterprises | 从业人员 Number of Employed Persons |
| **总 计** | **Total** | **1341472** | **3315820** | **999110** | **2640651** | **342362** | **675169** |
| 合肥市 | Hefei | 102545 | 243675 | 97473 | 234001 | 5072 | 9674 |
| 淮北市 | Huaibei | 42553 | 94656 | 33632 | 71161 | 8921 | 23495 |
| 亳州市 | Bozhou | 98057 | 368044 | 66277 | 306137 | 31780 | 61907 |
| 宿州市 | Suzhou | 112063 | 218176 | 68181 | 149101 | 43882 | 69075 |
| 蚌埠市 | Bengbu | 77731 | 245231 | 60834 | 191875 | 16897 | 53356 |
| 阜阳市 | Fuyang | 113288 | 230807 | 85523 | 175742 | 27765 | 55065 |
| 淮南市 | Huainan | 42910 | 71263 | 36211 | 61166 | 6699 | 10097 |
| 滁州市 | Chuzhou | 86821 | 213540 | 72797 | 188605 | 14024 | 24935 |
| 六安市 | Luan | 123092 | 293020 | 69238 | 174079 | 53854 | 118941 |
| 马鞍山市 | Maanshan | 44808 | 81390 | 36655 | 66821 | 8153 | 14569 |
| 巢湖市 | Chaohu | 99112 | 174771 | 68922 | 125174 | 30190 | 49597 |
| 芜湖市 | Wuhu | 57006 | 131120 | 51948 | 119480 | 5058 | 11640 |
| 宣城市 | Xuancheng | 76800 | 346160 | 62981 | 314880 | 13819 | 31280 |
| 铜陵市 | Tongling | 23778 | 49320 | 17732 | 35530 | 6046 | 13790 |
| 池州市 | Chizhou | 49019 | 112152 | 24524 | 64154 | 24495 | 47998 |
| 安庆市 | Anqing | 148321 | 359476 | 116449 | 302885 | 31872 | 56591 |
| 黄山市 | Huangshan | 43568 | 83019 | 29733 | 59860 | 13835 | 23159 |

## 4—11 城镇非私营单位在岗职工人数
Number of Staff and Workers of Urban Non-private Owned Units

单位：万人 （10000 persons)

| 行　业 | Sector | 2005 | 2009 | 2010 |
|---|---|---|---|---|
| **总　计** | **Total** | **317.4** | **332.7** | **344.1** |
| 农、林、牧、渔业 | Farming, Forestry, Animal Husbandry and Fishery | 8.9 | 5.4 | 5.2 |
| 采矿业 | Mining and Quarrying | 27.5 | 30.1 | 31.9 |
| 制造业 | Manufacturing | 66.2 | 68.6 | 74.1 |
| 电力、燃气及水的生产和供应业 | Production and Supply of Electricity Gas and Water | 9.1 | 9.3 | 9.5 |
| 建筑业 | Construction | 23.8 | 33.9 | 33.9 |
| 交通运输、仓储和邮政业 | Transport, Storage and Postal Services | 15.3 | 13.4 | 13.9 |
| 信息传输、计算机服务和软件业 | Information Circulation, Computer Service and Software | 2.7 | 3.2 | 3.2 |
| 批发和零售业 | Wholesale and Retail Trade | 16.5 | 12.8 | 13.5 |
| 住宿和餐饮业 | Accommodation and Catering Trade | 2.5 | 3.5 | 3.5 |
| 金融业 | Banking | 8.7 | 10.0 | 10.4 |
| 房地产业 | Real Estate | 2.9 | 3.8 | 4.2 |
| 租赁和商务服务业 | Leasing and Commercial Services | 3.8 | 3.6 | 3.4 |
| 科学研究、技术服务和地质勘查业 | Scientific Research, Technical Services and Geological Prospecting | 5.1 | 5.7 | 6.3 |
| 水利、环境和公共设施管理业 | Water Conservancy, Environmental and Public Facilities Management | 5.3 | 5.5 | 5.5 |
| 居民服务和其他服务业 | Resident Services and Other Services | 0.4 | 0.5 | 0.5 |
| 教　育 | Education | 56.3 | 57.5 | 58.3 |
| 卫生、社会保障和社会福利业 | Health, Social Securities and Social Welfare | 16.9 | 20.0 | 20.7 |
| 文化、体育和娱乐业 | Culture, Sports and Entertainment | 4.0 | 3.1 | 3.2 |
| 公共管理和社会组织 | Public Management and Social Organizations | 41.4 | 42.8 | 43.0 |

## 4—12 各市城镇非私营单位在岗职工人数（2010年）
Number of Staff and Workers of Urban Non-private Owned Units by Region (2010)

单位：万人 （10000 persons)

| 地　区 | Region | 合　计 Total | 国有经济单位 State-owned Units | 城镇集体经济单位 Urban Collective-owned Units | 其他经济单位 Units of Other Types of Ownership | 比重（%） Proportion (%) 国有经济单位 State-owned Units | 城镇集体经济单位 Urban Collective-owned Units | 其他经济单位 Units of Other Types of Ownership |
|---|---|---|---|---|---|---|---|---|
| **总　计** | **Total** | **344.06** | **189.82** | **16.35** | **137.89** | **55.2** | **4.8** | **40.1** |
| 合肥市 | Hefei | 65.30 | 28.56 | 1.55 | 35.18 | 43.7 | 2.4 | 53.9 |
| 淮北市 | Huaibei | 20.63 | 15.62 | 0.89 | 4.12 | 75.7 | 4.3 | 20.0 |
| 亳州市 | Bozhou | 14.95 | 10.41 | 1.01 | 3.53 | 69.7 | 6.7 | 23.6 |
| 宿州市 | Suzhou | 20.36 | 15.58 | 1.89 | 2.89 | 76.5 | 9.3 | 14.2 |
| 蚌埠市 | Bengbu | 16.09 | 9.14 | 0.74 | 6.22 | 56.8 | 4.6 | 38.7 |
| 阜阳市 | Fuyang | 28.00 | 19.14 | 2.23 | 6.63 | 68.4 | 7.9 | 23.7 |
| 淮南市 | Huainan | 28.48 | 7.53 | 1.18 | 19.77 | 26.4 | 4.2 | 69.4 |
| 滁州市 | Chuzhou | 16.74 | 10.96 | 0.91 | 4.86 | 65.5 | 5.5 | 29.0 |
| 六安市 | Luan | 19.86 | 13.58 | 1.40 | 4.88 | 68.4 | 7.0 | 24.6 |
| 马鞍山市 | Maanshan | 14.44 | 4.07 | 0.58 | 9.80 | 28.2 | 4.0 | 67.8 |
| 巢湖市 | Chaohu | 15.84 | 9.92 | 1.02 | 4.90 | 62.6 | 6.4 | 31.0 |
| 芜湖市 | Wuhu | 24.93 | 7.63 | 0.18 | 17.12 | 30.6 | 0.7 | 68.7 |
| 宣城市 | Xuancheng | 11.01 | 7.07 | 0.55 | 3.39 | 64.2 | 5.0 | 30.8 |
| 铜陵市 | Tongling | 10.44 | 5.13 | 0.16 | 5.15 | 49.1 | 1.6 | 49.3 |
| 池州市 | Chizhou | 6.52 | 4.50 | 0.32 | 1.70 | 69.0 | 4.8 | 26.1 |
| 安庆市 | Anqing | 21.77 | 16.02 | 1.52 | 4.23 | 73.6 | 7.0 | 19.4 |
| 黄山市 | Huangshan | 8.70 | 4.97 | 0.22 | 3.51 | 57.1 | 2.5 | 40.4 |

## 4—13 城镇非私营单位在岗专业技术人员数（2010年）
Professional and Technical Personnel of Urban Non-private Owned Units (2010)

单位：万人 （10000 persons）

| 行业 | Sector | 合计 Total | 国有单位 State-owned Units | 城镇集体单位 Urban Collective-owned Units | 其他单位 Units of Other Types of Ownership |
|---|---|---|---|---|---|
| **总计** | **Total** | **115.19** | **85.40** | **5.21** | **24.58** |
| **按执行会计制度类别分组** | **Grouped by Executive Acounting System Type** | | | | |
| 企业 | Enterprises | 35.57 | 10.73 | 1.65 | 23.19 |
| 事业 | Institutions | 75.09 | 70.87 | 3.52 | 0.70 |
| 机关 | Agencies & Organizations | 3.55 | 3.53 | 0.02 | |
| 民间非营利组织 | Non-profit Organizations | 0.54 | | 0.02 | 0.52 |
| 其他 | Others | 0.44 | 0.26 | 0.01 | 0.17 |
| **按国民经济行业分组** | **Grouped by Economic Sector** | | | | |
| 农、林、牧、渔业 | Farming, Forestry, Animal Husbandry and Fishery | 0.85 | 0.84 | 0.01 | |
| 采矿业 | Mining and Quarrying | 2.50 | 0.82 | 0.03 | 1.65 |
| 制造业 | Manufacturing | 11.77 | 1.39 | 0.15 | 10.23 |
| 电力、燃气及水的生产和供应业 | Production and Supply of Electricity Gas and Water | 2.68 | 1.59 | 0.01 | 1.08 |
| 建筑业 | Construction | 6.93 | 1.72 | 0.62 | 4.60 |
| 交通运输、仓储和邮政业 | Transport, Storage and Postal Services | 1.89 | 0.98 | 0.17 | 0.73 |
| 信息传输、计算机服务和软件业 | Information Circulation, Computer Service and Software | 1.09 | 0.53 | 0.01 | 0.55 |
| 批发和零售业 | Wholesale and Retail Trade | 1.23 | 0.41 | 0.08 | 0.73 |
| 住宿和餐饮业 | Accommodation and Catering Trade | 0.38 | 0.11 | 0.01 | 0.27 |
| 金融业 | Banking | 3.86 | 1.76 | 0.39 | 1.71 |
| 房地产业 | Real Estate | 1.05 | 0.28 | 0.02 | 0.75 |
| 租赁和商务服务业 | Leasing and Commercial Services | 0.42 | 0.23 | 0.01 | 0.18 |
| 科学研究、技术服务和地质勘查业 | Scientific Research, Technical Services and Geological Prospecting | 3.75 | 3.39 | 0.03 | 0.33 |
| 水利、环境和公共设施管理业 | Water Conservancy, Environmental and Public Facilities Management | 1.03 | 0.94 | 0.02 | 0.07 |
| 居民服务和其他服务业 | Resident Services and Other Services | 0.07 | 0.04 | 0.00 | 0.03 |
| 教育 | Education | 52.53 | 51.45 | 0.14 | 0.94 |
| 卫生、社会保障和社会福利业 | Health, Social Securities and Social Welfare | 16.06 | 11.95 | 3.44 | 0.67 |
| 文化、体育和娱乐业 | Culture, Sports and Entertainment | 1.74 | 1.62 | 0.05 | 0.07 |
| 公共管理和社会组织 | Public Management and Social Organizations | 5.35 | 5.33 | 0.03 | |

## 4—14 各市城镇非私营单位在岗专业技术人员数（2010年）
Professional and Technical Personnel of Urban Non-private Owned Units by Region (2010)

单位：人 （person）

| 地区 | Region | 合计 Total | 国有经济单位 State-owned Units | 城镇集体经济单位 Urban Collective-owned Units | 其他经济单位 Units of Other Types of Ownership |
|---|---|---|---|---|---|
| **总计** | **Total** | **1151891** | **853970** | **52085** | **245836** |
| 合肥市 | Hefei | 196648 | 121489 | 5204 | 69955 |
| 淮北市 | Huaibei | 36540 | 31533 | 1860 | 3147 |
| 亳州市 | Bozhou | 63879 | 53224 | 2601 | 8054 |
| 宿州市 | Suzhou | 76063 | 65313 | 6383 | 4367 |
| 蚌埠市 | Bengbu | 58305 | 45303 | 2387 | 10615 |
| 阜阳市 | Fuyang | 107557 | 94491 | 5231 | 7835 |
| 淮南市 | Huainan | 69775 | 37130 | 2627 | 30018 |
| 滁州市 | Chuzhou | 64226 | 54591 | 4365 | 5270 |
| 六安市 | Luan | 87229 | 71017 | 6673 | 9539 |
| 马鞍山市 | Maanshan | 37186 | 20661 | 958 | 15567 |
| 巢湖市 | Chaohu | 63236 | 49850 | 3639 | 9747 |
| 芜湖市 | Wuhu | 79986 | 38246 | 927 | 40813 |
| 宣城市 | Xuancheng | 43949 | 34451 | 1752 | 7746 |
| 铜陵市 | Tongling | 26322 | 18009 | 633 | 7680 |
| 池州市 | Chizhou | 27307 | 23750 | 681 | 2876 |
| 安庆市 | Anqing | 82561 | 71847 | 4869 | 5845 |
| 黄山市 | Huangshan | 31122 | 23065 | 1295 | 6762 |

# 4—15 城镇非私营单位分行业在岗职工人数（2010年）

Number of Staff and Workers of Urban Non-private Owned Units by Status (2010)

单位：人 （person）

| 行　　业 | Sector | 合　计 Total | 国有单位 State-owned Units | 城镇集体单位 Urban Collective-owned Units | 其他单位 Units of Other Types of Ownership |
|---|---|---|---|---|---|
| **总　　　计** | **Total** | **3440629** | **1898206** | **163532** | **1378891** |
| **按执行会计制度类别分组** | **Grouped by Executive Acounting System Type** | | | | |
| 企　　业 | Enterprises | 2047170 | 578732 | 112608 | 1355830 |
| 事　　业 | Institutions | 1015162 | 954325 | 49592 | 11245 |
| 机　　关 | Agencies & Organizations | 361528 | 360826 | 702 | |
| 民间非营利组织 | Non-profit Organizations | 8901 | | 372 | 8529 |
| 其　他 | Others | 7868 | 4323 | 258 | 3287 |
| **按国民经济行业分组** | **Grouped by Economic Sector** | | | | |
| **农、林、牧、渔业** | **Farming, Forestry, Animal Husbandry and Fishery** | **51998** | **51543** | **445** | **10** |
| 农　业 | Farming | 28208 | 28135 | 70 | 3 |
| 林　业 | Forestry | 9389 | 9382 | | 7 |
| 牧畜业 | Animal Husbandry | 608 | 608 | | |
| 渔　业 | Fishery | 1005 | 927 | 78 | |
| 农、林、牧、渔服务业 | Agricultural Services | 12788 | 12491 | 297 | |
| **采矿业** | **Mining and Quarrying** | **318983** | **129340** | **3789** | **185854** |
| **制造业** | **Manufacturing** | **741367** | **83305** | **19589** | **638473** |
| #饮料制造业 | Beverage | 35083 | 7441 | 110 | 27532 |
| 烟草制品业 | Tobacco | 7336 | 5954 | 1382 | |
| 石油加工、炼焦及核燃料加工业 | Petroleum Processing, Coking and Nuclear Fuel Processing | 1534 | 12 | | 1522 |
| 化学原料及化学制品制造业 | Raw Chemical Materials and Chemical Products | 52691 | 4361 | 818 | 47512 |
| 橡胶制品业 | Rubber Products | 18274 | 4 | 19 | 18251 |
| 非金属矿物制品业 | Nonmetal Mineral Products | 40510 | 5985 | 2503 | 32022 |
| 黑色金属冶炼及压延加工业 | Smelting and Pressing of Ferrous Metals | 58380 | 179 | | 58201 |
| 有色金属冶炼及压延加工业 | Smelting and Pressing of Nonferrous Metals | 27072 | 20130 | 39 | 6903 |
| 金属制品业 | Metal Products | 22395 | 852 | 844 | 20699 |
| 通用设备制造业 | Equipments in Current Use | 60772 | 19361 | 894 | 40517 |
| 交通运输设备制造业 | Transport Equipment | 94787 | 5535 | 1020 | 88232 |
| 电气机械及器材制造业 | Electric Equipment and Machinery | 67710 | 1439 | 884 | 65387 |
| **电力、燃气及水的生产和供应业** | **Production and Supply of Electricity, Gas and Water** | **94720** | **54744** | **795** | **39181** |
| **建筑业** | **Construction** | **339188** | **67426** | **43456** | **228306** |
| 房屋和土木工程建筑业 | Civil Engineering Construction | 281175 | 65866 | 36203 | 179106 |
| 建筑安装业 | Installation | 41527 | 627 | 6694 | 34206 |
| 建筑装饰业 | Fitting and Decoration | 6157 | 140 | 181 | 5836 |
| 其他建筑业 | Other Construction | 10329 | 793 | 378 | 9158 |
| **交通运输、仓储及邮政业** | **Transport, Storage and Postal Services** | **138598** | **88434** | **7432** | **42732** |
| #铁路运输业 | Railway Transport | 35453 | 34968 | 468 | 17 |
| 道路运输业 | Highway Transport | 48625 | 26689 | 2847 | 19089 |
| 水上运输业 | Water Way Transport | 7648 | 1323 | 2546 | 3779 |
| 航空运输业 | Air Transport | 2599 | 1383 | | 1216 |
| 邮 政 业 | Postal Services | 11178 | 10841 | | 337 |
| **信息传输、计算机服务和软件业** | **Information Circulation, Computer Service and Software** | **31809** | **17082** | **151** | **14576** |
| 电信和其他信息传输服务业 | Telecommunication and Other Information Circulation Services | 28770 | 16906 | 151 | 11713 |
| 软 件 业 | Software | 2509 | 7 | | 2502 |
| **批发和零售业** | **Wholesale and Retail Trade** | **135356** | **50382** | **12971** | **72003** |
| 批 发 业 | Wholesale | 81234 | 41163 | 8719 | 31352 |
| 零 售 业 | Retail Trade | 54122 | 9219 | 4252 | 40651 |
| **住宿和餐饮业** | **Accommodation and Catering Trade** | **34880** | **9590** | **1244** | **24046** |
| 住 宿 业 | Accommodation Trade | 27421 | 7736 | 920 | 18765 |
| 餐 饮 业 | Catering Services | 7459 | 1854 | 324 | 5281 |

**4—15 续表 continued**

单位：人 (person)

| 行业 | Sector | 合计 Total | 国有单位 State-owned Units | 城镇集体单位 Urban Collective-owned Units | 其他单位 Units of Other Types of Ownership |
|---|---|---|---|---|---|
| **金融业** | **Banking and Insurance** | **104005** | **37024** | **16710** | **50271** |
| 银行业 | Bank | 82538 | 30886 | 16501 | 35151 |
| 证券业 | Securities | 2850 | 1366 | | 1484 |
| 保险业 | Insurance | 15821 | 3451 | | 12370 |
| 其他金融活动 | Other Financial Activities | 2796 | 1321 | 209 | 1266 |
| **房地产业** | **Real Estate** | **42364** | **11114** | **932** | **30318** |
| #房地产开发经营 | Real Estate Development and Operation | 23702 | 3844 | 244 | 19614 |
| 物业管理 | Real Estate Management | 12868 | 2827 | 431 | 9610 |
| **租赁和商务服务业** | **Leasing and Commercial Services** | **33665** | **17070** | **4138** | **12457** |
| 租赁业 | Leasing | 740 | 85 | | 655 |
| 商务服务业 | Commercial Services | 32925 | 16985 | 4138 | 11802 |
| **科学研究、技术服务和地质勘查业** | **Scientific Research, Technical Services and Geological Prospecting** | **62600** | **53805** | **1833** | **6962** |
| 研究与试验发展 | Research and Experimental Development | 14510 | 12885 | 12 | 1613 |
| 专业技术服务业 | Professional and Technical Services | 31166 | 24587 | 1493 | 5086 |
| 科技交流和推广服务业 | Exchange and Extending Services of Science and Technology | 7912 | 7413 | 262 | 237 |
| 地质勘查业 | Geological Prospecting | 9012 | 8920 | 66 | 26 |
| **水利、环境和公共设施管理业** | **Water Conservancy, Environmental and Public Facilities Management** | **55373** | **49934** | **929** | **4510** |
| 水利管理业 | Water Conservancy Management | 18873 | 18603 | 138 | 132 |
| 环境管理业 | Environmental Management | 18731 | 17333 | 342 | 1056 |
| 公共设施管理业 | Public Facilities Management | 17769 | 13998 | 449 | 3322 |
| **居民服务和其他服务业** | **Resident Services and Other Services** | **4947** | **2817** | **176** | **1954** |
| 居民服务业 | Resident Services | 3561 | 2201 | 155 | 1205 |
| 其他服务业 | Other Services | 1386 | 616 | 21 | 749 |
| **教育** | **Education** | **582654** | **564635** | **1812** | **16207** |
| #高等教育 | High Education | 55071 | 52279 | | 2792 |
| 中等教育 | Secondary Education | 262575 | 253848 | 945 | 7782 |
| 初等教育 | Primary Education | 247274 | 245081 | 526 | 1667 |
| **卫生、社会保障和社会福利业** | **Health, Social Securities and Social Welfare** | **206607** | **152895** | **44541** | **9171** |
| 卫生 | Health | 201193 | 147625 | 44500 | 9068 |
| 社会保障业 | Social Securities | 2999 | 2934 | 25 | 40 |
| 社会福利业 | Social Welfare | 2415 | 2336 | 16 | 63 |
| **文化、体育和娱乐业** | **Culture, Sports and Entertainment** | **31652** | **28987** | **805** | **1860** |
| 新闻出版业 | Press and Publication | 4939 | 4216 | 26 | 697 |
| 广播、电视、电影和音像业 | Broadcasting, TV, Film, Audio-video and Recorders | 14412 | 14090 | 224 | 98 |
| 文化艺术业 | Culture and Arts | 9731 | 8652 | 555 | 524 |
| 体育 | Sports | 1892 | 1622 | | 270 |
| 娱乐业 | Entertainment | 678 | 407 | | 271 |
| **公共管理和社会组织** | **Public Management and Social Organizations** | **429863** | **428079** | **1784** | |
| 中国共产党机关 | Organs of Chinese Communist Party | 15168 | 15168 | | |
| 国家机构 | State Organs | 405655 | 404625 | 1030 | |
| 人民政协和民主党派 | CPPCC and Democratic Parties | 2592 | 2592 | | |
| 群众团体、社会团体和宗教组织 | Mass Organizations, Social Organizations and Religious Organizations | 5801 | 5598 | 203 | |

## 4—16 城镇非私营单位分行业在岗女性从业人员占全部从业人员比重（2010年）

Proportion of Female Employed to Total of Urban Non-private Owned Units by Status by Sector (2010)

以本类型从业人员为100 (Total number of this item employed=100)　　单位：%

| 行　业 | Sector | 合　计 Total | 国有单位 State-owned Units | 城镇集体单位 Urban Collective-owned Units | 其他单位 Units of Other Types of Ownership |
|---|---|---|---|---|---|
| **总　计** | **Total** | **32.5** | **32.7** | **35.1** | **32.0** |
| **按执行会计制度类别分组** | **Grouped by Executive Acounting System Type** | | | | |
| 企　业 | Enterprises | 30.3 | 27.2 | 30.1 | 31.7 |
| 事　业 | Institutions | 40.1 | 39.6 | 46.9 | 48.5 |
| 机　关 | Agencies & Organizations | 23.8 | 23.8 | 24.3 | |
| 民间非营利组织 | Non-profit Organizations | 62.6 | | 43.5 | 63.7 |
| 其　他 | Others | 49.9 | 48.1 | 33.3 | 53.1 |
| **按国民经济行业分组** | **Grouped by Economic Sector** | | | | |
| **农、林、牧、渔业** | **Farming, Forestry, Animal Husbandry and Fishery** | **35.7** | **35.9** | **24.0** | **20.0** |
| 农　业 | Farming | 38.3 | 38.3 | 43.1 | 33.3 |
| 林　业 | Forestry | 33.5 | 33.5 | | 14.3 |
| 牧畜业 | Animal Husbandry | 38.0 | 38.0 | | |
| 渔　业 | Fishery | 28.6 | 29.4 | 17.9 | |
| 农、林、牧、渔服务业 | Agricultural Services | 32.2 | 32.6 | 22.0 | |
| **采矿业** | **Mining and Quarrying** | **11.9** | **10.2** | **19.6** | **12.9** |
| **制造业** | **Manufacturing** | **37.9** | **33.2** | **50.5** | **38.1** |
| #饮料制造业 | Beverages | 40.0 | 35.3 | 66.7 | 41.1 |
| 烟草制品业 | Tobacco | 30.9 | 28.0 | 43.8 | |
| 石油加工、炼焦及核燃料加工业 | Petroleum Processing, Coking and Nuclear Fuel Processing | 22.8 | 16.7 | | 22.8 |
| 化学原料及化学制品制造业 | Raw Chemical Materials and Chemical Products | 29.6 | 28.2 | 34.1 | 29.6 |
| 橡胶制品业 | Rubber Products | 37.3 | 25.0 | 68.4 | 37.3 |
| 非金属矿物制品业 | Nonmetal Mineral Products | 26.5 | 17.9 | 28.9 | 27.9 |
| 黑色金属冶炼及压延加工业 | Smelting and Pressing of Ferrous Metals | 17.4 | 30.2 | | 17.3 |
| 有色金属冶炼及压延加工业 | Smelting and Pressing of Nonferrous Metals | 21.6 | 22.2 | 17.9 | 20.1 |
| 金属制品业 | Metal Products | 29.1 | 20.5 | 50.1 | 28.5 |
| 通用设备制造业 | Equipments in Current Use | 33.3 | 47.0 | 38.5 | 26.6 |
| 交通运输设备制造业 | Transport Equipment | 25.5 | 25.1 | 43.9 | 25.3 |
| 电气机械及器材制造业 | Electric Equipment and Machinery | 43.2 | 29.8 | 54.4 | 43.4 |
| **电力、燃气及水的生产和供应业** | **Production and Supply of Electricity Gas and Water** | **27.0** | **28.0** | **35.8** | **25.4** |
| **建筑业** | **Construction** | **12.9** | **13.1** | **15.4** | **12.3** |
| 房屋和土木工程建筑业 | Civil Engineering Construction | 12.6 | 13.2 | 13.8 | 12.0 |
| 建筑安装业 | Installation | 15.7 | 11.7 | 23.3 | 14.4 |
| 建筑装饰业 | Fitting and Decoration | 15.5 | 41.1 | 8.4 | 15.4 |
| 其他建筑业 | Other Construction | 11.0 | 7.1 | 64.3 | 9.6 |
| **交通运输、仓储及邮政业** | **Transportation, Storage and Postal Services** | **29.8** | **27.6** | **32.4** | **34.0** |
| #铁路运输业 | Railway Transport | 14.6 | 13.9 | 61.6 | 41.2 |
| 道路运输业 | Highway Transport | 35.6 | 32.8 | 24.9 | 40.7 |
| 水上运输业 | Water Way Transport | 23.4 | 20.6 | 36.0 | 16.8 |
| 航空运输业 | Air Transport | 33.4 | 30.7 | | 36.5 |
| 邮 政 业 | Postal Services | 39.8 | 40.2 | | 16.9 |
| **信息传输、计算机服务和软件业** | **Information Circulation, Computer Service and Software** | **39.9** | **39.2** | **32.1** | **40.8** |
| 电信和其他信息传输服务业 | Telecommunication and Other Information Circulation Services | 41.1 | 39.2 | 32.1 | 44.2 |
| 软 件 业 | Software | 23.4 | 14.3 | | 23.4 |
| **批发和零售业** | **Wholesale and Retail Trade** | **48.2** | **37.9** | **36.2** | **57.7** |
| 批 发 业 | Wholesale | 39.4 | 35.4 | 33.0 | 46.6 |
| 零 售 业 | Retail Trade | 61.4 | 48.8 | 42.8 | 66.3 |
| **住宿和餐饮业** | **Accommodation and Catering Trade** | **59.8** | **59.6** | **60.9** | **59.8** |
| 住 宿 业 | Accommodation Trade | 60.9 | 62.7 | 63.6 | 60.0 |
| 餐 饮 业 | Catering Services | 55.8 | 46.0 | 53.2 | 59.2 |

4—16 续表 continued

单位：%

| 行业 | Sector | 合计 Total | 国有单位 State-owned Units | 城镇集体单位 Urban Collective-owned Units | 其他单位 Units of Other Types of Ownership |
|---|---|---|---|---|---|
| **金融业** | **Banking and Insurance** | **49.6** | **45.2** | **41.8** | **54.5** |
| 银行业 | Bank | 44.0 | 39.5 | 41.9 | 48.8 |
| 证券业 | Securities | 43.6 | 50.1 | | 37.3 |
| 保险业 | Insurance | 59.4 | 54.5 | | 62.1 |
| 其他金融活动 | Other Financial Activities | 42.4 | 45.5 | 39.5 | 39.6 |
| **房地产业** | **Real Estate** | **34.2** | **36.5** | **41.0** | **33.3** |
| #房地产开发经营 | Real Estate Development and Operation | 30.6 | 33.7 | 35.0 | 29.9 |
| 物业管理 | Real Estate Management | 37.7 | 39.5 | 44.5 | 37.0 |
| **租赁和商务服务业** | **Leasing and Commercial Services** | **29.4** | **30.6** | **19.4** | **30.6** |
| 租赁业 | Leasing | 23.4 | 9.9 | | 25.5 |
| 商务服务业 | Commercial Services | 29.5 | 30.7 | 19.4 | 30.8 |
| **科学研究、技术服务和地质勘查业** | **Scientific Research, Technical Services and Geological Prospecting** | **26.0** | **26.3** | **22.9** | **24.2** |
| 研究与试验发展 | Research and Experimental Development | 29.9 | 30.2 | 25.0 | 27.3 |
| 专业技术服务业 | Professional and Technical Services | 25.3 | 25.9 | 21.9 | 22.9 |
| 科技交流和推广服务业 | Exchange and Extending Services of Science and Technology | 27.1 | 26.9 | 24.6 | 35.9 |
| 地质勘查业 | Geological Prospecting | 21.8 | 21.7 | 37.9 | 7.7 |
| **水利、环境和公共设施管理业** | **Water Conservancy, Environmental and Public Facilities Management** | **40.2** | **39.6** | **42.6** | **47.2** |
| 水利管理业 | Water Conservancy Management | 26.9 | 26.9 | 27.0 | 28.8 |
| 环境管理业 | Environmental Management | 51.0 | 50.4 | 43.0 | 69.1 |
| 公共设施管理业 | Public Facilities Management | 38.9 | 38.2 | 46.2 | 41.1 |
| **居民服务和其他服务业** | **Resident Services and Other Services** | **44.2** | **29.3** | **42.3** | **68.0** |
| 居民服务业 | Resident Services | 46.8 | 29.7 | 45.7 | 81.8 |
| 其他服务业 | Other Services | 37.3 | 27.4 | 14.3 | 45.9 |
| **教育** | **Education** | **39.0** | **38.6** | **39.8** | **51.8** |
| #高等教育 | High Education | 41.2 | 40.7 | | 49.9 |
| 中等教育 | Secondary Education | 34.7 | 34.3 | 31.6 | 47.8 |
| 初等教育 | Primary Education | 41.5 | 41.3 | 46.5 | 54.4 |
| **卫生、社会保障和社会福利业** | **Health, Social Securities and Social Welfare** | **56.5** | **58.0** | **49.0** | **67.4** |
| 卫生 | Health | 56.8 | 58.4 | 49.0 | 67.8 |
| 社会保障业 | Social Securities | 42.3 | 42.3 | 36.0 | 42.5 |
| 社会福利业 | Social Welfare | 52.5 | 53.1 | 63.2 | 31.6 |
| **文化、体育和娱乐业** | **Culture, Sports and Entertainment** | **39.1** | **38.6** | **44.2** | **45.9** |
| 新闻出版业 | Press and Publication | 38.5 | 37.3 | 42.3 | 46.2 |
| 广播、电视、电影和音像业 | Broadcasting, TV, Film, Audio-video and Recorders | 35.4 | 35.3 | 37.8 | 44.6 |
| 文化艺术业 | Culture and Arts | 45.7 | 45.3 | 46.7 | 51.0 |
| 体育 | Sports | 32.4 | 32.1 | | 34.0 |
| 娱乐业 | Entertainment | 44.9 | 42.7 | | 48.3 |
| **公共管理和社会组织** | **Public Management and Social Organizations** | **24.3** | **24.2** | **51.7** | |
| 中国共产党机关 | Organs of Chinese Communist Party | 17.7 | 17.7 | | |
| 国家机构 | State Organs | 24.4 | 24.3 | 53.4 | |
| 人民政协和民主党派 | CPPCC and Democratic Parties | 20.7 | 20.7 | | |
| 群众团体、社会团体和宗教组织 | Mass Organizations, Social Organizations and Religious Organizations | 34.4 | 34.7 | 26.6 | |

# 4—17 各市城镇非私营单位分行业在岗职工人数（2010年）

## Number of Staff and Workers of Urban Non-private Owned Units by Sector and Region (2010)

单位：人 (person)

| 地区 | Region | 合计 Total | 农林牧渔业 Farming, Forestry, Animal Husbandry and Fishery | 采矿业 Mining and Quarrying | 制造业 Manufacturing | 电力、燃气及水的生产和供应业 Production and Supply of Electricity Gas and Water | 建筑业 Construction | 交通运输、仓储和邮政业 Transport, Storage and Postal Services | 信息传输、计算机服务和软件业 Information, Circulation Computer Services and Software | 批发和零售业 Wholesale and Retail Trade | 住宿和餐饮业 Accommodation and Catering Trade |
|---|---|---|---|---|---|---|---|---|---|---|---|
| **总计** | **Total** | **3440629** | **51998** | **318983** | **741367** | **94720** | **339188** | **138598** | **31809** | **135356** | **34880** |
| 合肥市 | Hefei | 652954 | 1014 | | 173952 | 8825 | 108926 | 43406 | 8798 | 45498 | 12052 |
| 淮北市 | Huaibei | 206321 | 20 | 113049 | 28187 | 4944 | 2712 | 3809 | 983 | 1534 | 596 |
| 亳州市 | Bozhou | 149477 | 511 | 6831 | 23161 | 2478 | 11680 | 2281 | 1947 | 10787 | 860 |
| 宿州市 | Suzhou | 203586 | 5542 | 31145 | 22113 | 5201 | 13934 | 5501 | 1510 | 7795 | 690 |
| 蚌埠市 | Bengbu | 160944 | 1989 | | 43878 | 5632 | 8091 | 10537 | 935 | 5520 | 1115 |
| 阜阳市 | Fuyang | 279985 | 3071 | 15971 | 36351 | 7426 | 29139 | 13027 | 2640 | 14308 | 1432 |
| 淮南市 | Huainan | 284807 | 3061 | 128576 | 33387 | 15437 | 13388 | 8513 | 859 | 5856 | 2140 |
| 滁州市 | Chuzhou | 167361 | 8141 | 3379 | 31046 | 3157 | 12274 | 7283 | 1765 | 5158 | 909 |
| 六安市 | Luan | 198644 | 6784 | 317 | 20610 | 6500 | 31270 | 5656 | 1280 | 6238 | 658 |
| 马鞍山市 | Maanshan | 144417 | 348 | 14783 | 67767 | 3796 | 7864 | 3080 | 682 | 3512 | 426 |
| 巢湖市 | Chaohu | 158407 | 2002 | 1729 | 20730 | 4021 | 24118 | 2789 | 1303 | 7106 | 1917 |
| 芜湖市 | Wuhu | 249266 | 117 | 230 | 112196 | 4829 | 33055 | 16683 | 1732 | 5285 | 2787 |
| 宣城市 | Xuancheng | 110095 | 2747 | 146 | 28759 | 3395 | 1269 | 2571 | 1497 | 1796 | 629 |
| 铜陵市 | Tongling | 104445 | 2414 | 1009 | 48189 | 2826 | 17524 | 1948 | 527 | 2396 | 729 |
| 池州市 | Chizhou | 65212 | 1160 | 1059 | 9570 | 1796 | 3936 | 909 | 766 | 1723 | 1246 |
| 安庆市 | Anqing | 217690 | 12165 | 697 | 30684 | 12435 | 9138 | 6845 | 2723 | 8938 | 1773 |
| 黄山市 | Huangshan | 87018 | 912 | 62 | 10787 | 2022 | 10870 | 3760 | 1862 | 1906 | 4921 |

| 地区 | Region | 金融业 Banking | 房地产业 Real Estate Trade | 租赁和商务服务业 Leasing and Commercial Services | 科学研究、技术服务和地质勘查业 Scientific Research, Technical Services and Geological Prospecting | 水利、环境和公共设施管理业 Water Conservancy, Environmental and Public Facilities Management | 居民服务和其他服务业 Resident Services and Other Services | 教育 Education | 卫生、社会保障和社会福利业 Health, Social Securities and Social Welfare | 文化、体育和娱乐业 Culture, Sports and Entertainment | 公共管理和社会组织 Public Management and Social Organizations |
|---|---|---|---|---|---|---|---|---|---|---|---|
| **总计** | **Total** | **104005** | **42364** | **33665** | **62600** | **55373** | **4947** | **582654** | **206607** | **31652** | **429863** |
| 合肥市 | Hefei | 20538 | 15305 | 8880 | 24840 | 10013 | 1716 | 72693 | 31403 | 9761 | 55334 |
| 淮北市 | Huaibei | 3327 | 318 | 667 | 1030 | 1233 | 167 | 19846 | 7895 | 573 | 15431 |
| 亳州市 | Bozhou | 5194 | 1694 | 623 | 1061 | 2360 | 332 | 43751 | 9988 | 1607 | 22331 |
| 宿州市 | Suzhou | 6069 | 1555 | 681 | 3259 | 2472 | 353 | 51672 | 13576 | 1578 | 28940 |
| 蚌埠市 | Bengbu | 5889 | 1508 | 942 | 5660 | 3998 | 276 | 31210 | 12696 | 1462 | 19606 |
| 阜阳市 | Fuyang | 8034 | 2621 | 2611 | 1813 | 4792 | 209 | 68082 | 20782 | 1675 | 46001 |
| 淮南市 | Huainan | 4734 | 5720 | 4092 | 2434 | 3492 | 211 | 24820 | 11098 | 1230 | 15759 |
| 滁州市 | Chuzhou | 6119 | 806 | 857 | 1803 | 3825 | 171 | 37650 | 12477 | 836 | 29705 |
| 六安市 | Luan | 5846 | 1599 | 416 | 2078 | 6258 | 394 | 51400 | 15346 | 1956 | 34038 |
| 马鞍山市 | Maanshan | 3650 | 287 | 2393 | 2414 | 1617 | 66 | 12863 | 5736 | 1009 | 12124 |
| 巢湖市 | Chaohu | 4934 | 2646 | 3337 | 1360 | 2610 | 176 | 36919 | 12220 | 951 | 27539 |
| 芜湖市 | Wuhu | 6592 | 1869 | 779 | 4908 | 3683 | 180 | 23455 | 11533 | 770 | 18583 |
| 宣城市 | Xuancheng | 4725 | 1433 | 2596 | 1258 | 1068 | 78 | 21017 | 9671 | 936 | 24504 |
| 铜陵市 | Tongling | 2536 | 1009 | 603 | 1155 | 629 | 35 | 7827 | 3620 | 643 | 8826 |
| 池州市 | Chizhou | 3763 | 542 | 2083 | 1079 | 1856 | 35 | 11618 | 5363 | 2938 | 13770 |
| 安庆市 | Anqing | 7835 | 2291 | 1337 | 5002 | 3201 | 370 | 54036 | 16754 | 2940 | 38526 |
| 黄山市 | Huangshan | 4220 | 1161 | 768 | 1446 | 2266 | 178 | 13795 | 6449 | 787 | 18846 |

## 4—18 主要年份城镇非私营单位在岗从业人员变动情况
Changes of Units Employment of Urban Non-private Owned Units in Major Years

单位：人 (person)

| 项　目 | Item | 2000 | 2005 | 2009 | 2010 |
|---|---|---|---|---|---|
| **本年增加人数合计** | **Total Increase in Employment** | **175703** | **213341** | **284955** | **354238** |
| 从农村招收 | Recruited From Rural Area | 20491 | 48882 | 70225 | 79428 |
| 从城镇招收 | Recruited From Urban Area | 16372 | 44091 | 67264 | 93510 |
| 录用的复员转业军人 | Demobilized Armymen | 10670 | 7728 | 5301 | 5215 |
| 录用的大中专技工毕业 | Graduates from Universities, Secondary Technical School and Worker Training Schools | 51261 | 48553 | 85413 | 103351 |
| 调　入 | Transferred Into | 40174 | 35737 | 24939 | 30176 |
| #由外省区、市 | From Other Provine or City | 433 | 551 | 914 | 1012 |
| 其　他 | Others | 36735 | 28350 | 31813 | 42558 |
| **本年减少人数合计** | **Total Diminish in Employment** | **313818** | **253247** | **245015** | **270205** |
| 离休退休离职 | Retired and Resigned | 58880 | 46883 | 52868 | 55671 |
| 开除除名辞职 | Expelled and Discharged | 16340 | 13482 | 12908 | 14641 |
| 终止合同 | Termination of Contract | 57787 | 90405 | 105977 | 121189 |
| 离开本单位仍保留劳动关系 | Workers Leaving Self Units but Still Keeping Labor Contract | 113127 | 30782 | 13830 | 11213 |
| 死　亡 | Death | | 4129 | 3539 | 3386 |
| 调　出 | Transferred Out | 37594 | 36589 | 24208 | 25106 |
| #调到外省区、市 | To Other Province or City | 1430 | 1043 | 1329 | 1447 |
| 其　他 | Others | 30090 | 30977 | 31685 | 38999 |

## 4—19 城镇非私营单位在岗从业人员变动情况（2010年）
Changes of Units Employment of Urban Non-private Owned Units (2010)

单位：人 (person)

| 项　目 | Item | 合　计 Total | 国有单位 State-owned Units | 城镇集体单　位 Urban Collective-owned Units | 其他单位 Units of Other Types of Ownership |
|---|---|---|---|---|---|
| **本年增加人数合计** | **Total Increase in Employment** | **354238** | **111774** | **17517** | **224947** |
| 从农村招收 | Recruited From Rural Area | 79428 | 8590 | 7629 | 63209 |
| 从城镇招收 | Recruited From Urban Area | 93510 | 13429 | 3822 | 76259 |
| 录用的复员转业军人 | Demobilized Armymen | 5215 | 2430 | 160 | 2625 |
| 录用的大中专技工毕业 | Graduates from Universities, Secondary Technical School and Worker Training Schools | 103351 | 43655 | 1974 | 57722 |
| 调　入 | Transferred Into | 30176 | 22260 | 2038 | 5878 |
| #由外省区、市 | From Other Provine or City | 1012 | 280 | 2 | 730 |
| 其　他 | Others | 42558 | 21410 | 1894 | 19254 |
| **本年减少人数合计** | **Total Diminish in Employment** | **270205** | **95627** | **19391** | **155187** |
| 离休退休离职 | Retired and Resigned | 55671 | 32717 | 3235 | 19719 |
| 开除除名辞职 | Expelled and Discharged | 14641 | 2954 | 1030 | 10657 |
| 终止合同 | Termination of Contract | 121189 | 17827 | 5363 | 97999 |
| 离开本单位仍保留劳动关系 | Workers Leaving Self Units but Still Keeping Labor Contract | 11213 | 8258 | 998 | 1957 |
| 死　亡 | Death | 3386 | 2526 | 107 | 753 |
| 调　出 | Transferred Out | 25106 | 19801 | 954 | 4351 |
| #调到外省区、市 | To Other Province or City | 1447 | 731 | 3 | 713 |
| 其　他 | Others | 38999 | 11544 | 7704 | 19751 |

## 4—20 城镇非私营单位主要年份在岗职工工资总额和指数
Total Wages of Staff & Workers and Related Index of Urban Non-private Owned Units in Major Years

| 年 份 Year | 工 资 总 额 (万元) Total Wages (10000 yuan) | | | | 指 数 (上年=100) Index (Preceding year=100) | | | |
|---|---|---|---|---|---|---|---|---|
| | 合 计 Total | 国有单位 State-owned Units | 城镇集体单位 Urban Collective-owned Units | 其他单位 Units of Other Types of Ownership | 合 计 Total | 国有单位 State-owned Units | 城镇集体单位 Urban Collective-owned Units | 其他单位 Units of Other Types of Ownership |
| 1995 | 2281335 | 1792794 | 374403 | 114138 | 123.7 | 123.0 | 122.3 | 143.3 |
| 1997 | 2737847 | 2121533 | 433653 | 182661 | 106.9 | 104.5 | 105.4 | 153.0 |
| 1998 | 2627674 | 1972353 | 346450 | 308871 | 97.8 | 94.6 | 82.0 | 173.1 |
| 1999 | 2671105 | 1974191 | 320714 | 376201 | 101.7 | 100.1 | 92.6 | 121.8 |
| 2000 | 2755252 | 2015830 | 317435 | 421987 | 103.2 | 102.1 | 99.0 | 112.2 |
| 2001 | 2957016 | 2160271 | 298631 | 498114 | 107.3 | 107.2 | 94.1 | 118.0 |
| 2002 | 3371312 | 2315317 | 285112 | 770882 | 114.0 | 107.2 | 95.5 | 154.8 |
| 2003 | 3610004 | 2410746 | 265168 | 934090 | 107.1 | 104.1 | 93.0 | 121.2 |
| 2004 | 4214523 | 2804400 | 258762 | 1151362 | 116.7 | 116.3 | 97.6 | 123.3 |
| 2005 | 4841315 | 3071572 | 276909 | 1492834 | 114.9 | 109.5 | 107.0 | 129.7 |
| 2006 | 5710401 | 3428392 | 311674 | 1970336 | 118.0 | 111.6 | 112.6 | 132.0 |
| 2007 | 7089072 | 4256242 | 362330 | 2470500 | 124.1 | 124.1 | 116.3 | 125.4 |
| 2008 | 8444708 | 4950723 | 397080 | 3096905 | 119.1 | 116.3 | 109.6 | 125.4 |
| 2009 | 9742920 | 5634976 | 339225 | 3768719 | 115.4 | 113.8 | 85.4 | 121.7 |
| 2010 | 11625275 | 6597182 | 399685 | 4628408 | 119.3 | 117.1 | 117.8 | 122.8 |

注：1998年及以后工资总额和平均工资为城镇非私营单位在岗职工总额和平均工资，1998年及以后指数按可比口径计算（以下各表同）。

a) Data on total wages since 1998 refer to wages of fully employed staff and workers of Urban Non-private Owned Units, and the indices since 1998 was calculated on the basis of comparable coverage (Similarly in the following tables).

## 4—21 城镇非私营单位主要年份在岗职工年平均工资及指数
Average Wage of Staff & Workers and Related Index of Urban Non-private Owned Units in Major Years

| 年 份 Year | 平均货币工资 (元) Average Wage in Monetary Terms (yuan) | | | | 指 数 (上年=100) Index (Preceding year=100) | | | |
|---|---|---|---|---|---|---|---|---|
| | 合 计 Total | 国有单位 State-owned Units | 城镇集体单位 Urban Collective-owned Units | 其他单位 Units of Other Types of Ownership | 合 计 Total | 国有单位 State-owned Units | 城镇集体单位 Urban Collective-owned Units | 其他单位 Units of Other Types of Ownership |
| 1995 | 4609 | 4994 | 3107 | 7361 | 121.5 | 120.1 | 124.9 | 115.0 |
| 1997 | 5492 | 6039 | 3692 | 6139 | 106.1 | 107.8 | 104.8 | 79.9 |
| 1998 | 6117 | 6628 | 4166 | 6323 | 103.0 | 103.6 | 98.7 | 94.2 |
| 1999 | 6516 | 7092 | 4409 | 6396 | 106.5 | 107.0 | 105.8 | 101.2 |
| 2000 | 6989 | 7471 | 4762 | 7310 | 107.3 | 105.3 | 108.0 | 114.3 |
| 2001 | 7908 | 8501 | 5106 | 8125 | 113.1 | 113.8 | 107.2 | 111.1 |
| 2002 | 9296 | 9961 | 5808 | 9501 | 117.6 | 117.2 | 113.7 | 116.9 |
| 2003 | 10581 | 11220 | 6407 | 10999 | 113.8 | 112.6 | 110.3 | 115.8 |
| 2004 | 12928 | 13522 | 7840 | 13453 | 122.2 | 120.5 | 122.4 | 122.3 |
| 2005 | 15334 | 15450 | 9894 | 16788 | 118.6 | 114.3 | 126.2 | 124.8 |
| 2006 | 17949 | 17755 | 11869 | 19946 | 117.1 | 114.9 | 120.0 | 118.8 |
| 2007 | 22180 | 22428 | 15340 | 23257 | 123.6 | 126.3 | 129.2 | 116.6 |
| 2008 | 26363 | 26475 | 18340 | 27731 | 118.9 | 118.0 | 119.6 | 119.2 |
| 2009 | 29658 | 30220 | 20606 | 30011 | 112.5 | 114.1 | 112.4 | 108.2 |
| 2010 | 34341 | 35014 | 24537 | 34587 | 115.8 | 115.9 | 119.1 | 115.2 |

# 4—22 城镇非私营单位分行业在岗职工工资总额（2010年）

Total Wages of Staff and Workers of Urban Non-private Owned Units by Sector (2010)

单位：万元 （10000 yuan)

| 行 业 | Sector | 合 计 Total | 国有单位 State-owned Units | 城镇集体单位 Urban Collective-owned Units | 其他单位 Units of Other Types of Ownership |
|---|---|---|---|---|---|
| **总 计** | **Total** | **11625275** | **6597182** | **399685** | **4628408** |
| **按执行会计制度类别分组** | **Grouped by Executive Acounting System Type** | | | | |
| 企 业 | Enterprises | 7041573 | 2210040 | 271570 | 4559964 |
| 事 业 | Institutions | 3219402 | 3061180 | 124984 | 33237 |
| 机 关 | Agencies & Organizations | 1306398 | 1304674 | 1724 | |
| 民间非营利组织 | Non-profit Organizations | 27023 | | 924 | 26100 |
| 其 他 | Others | 30880 | 21288 | 483 | 9108 |
| **按国民经济行业分组** | **Grouped by Economic Sector** | | | | |
| **农、林、牧、渔业** | **Farming, Forestry, Animal Husbandry and Fishery** | **89223** | **88439** | **761** | **24** |
| 农 业 | Farming | 42939 | 42820 | 117 | 3 |
| 林 业 | Forestry | 17985 | 17964 | | 21 |
| 牧畜业 | Animal Husbandry | 680 | 680 | | |
| 渔 业 | Fishery | 1144 | 1045 | 100 | |
| 农、林、牧、渔服务业 | Agricultural Services | 26476 | 25931 | 544 | |
| **采矿业** | **Mining and Quarrying** | **1822310** | **695715** | **8644** | **1117952** |
| **制造业** | **Manufacturing** | **2126865** | **281203** | **47316** | **1798346** |
| #饮料制造业 | Beverages | 82797 | 13552 | 185 | 69061 |
| 烟草制品业 | Tobacco | 51317 | 44962 | 6356 | |
| 石油加工、炼焦及核燃料加工业 | Petroleum Processing, Coking and Nuclear Fuel Processing | 4236 | 17 | | 4219 |
| 化学原料及化学制品制造业 | Raw Chemical Materials and Chemical Products | 139189 | 7664 | 1646 | 129879 |
| 橡胶制品业 | Rubber Products | 58903 | 4 | 30 | 58870 |
| 非金属矿物制品业 | Nonmetal Mineral Products | 104960 | 17914 | 4575 | 82472 |
| 黑色金属冶炼及压延加工业 | Smelting and Pressing of Ferrous Metals | 276560 | 717 | | 275843 |
| 有色金属冶炼及压延加工业 | Smelting and Pressing of Nonferrous Metals | 99135 | 85814 | 47 | 13273 |
| 金属制品业 | Metal Products | 64891 | 1904 | 3279 | 59709 |
| 通用设备制造业 | Equipments in Current Use | 171646 | 60667 | 2272 | 108708 |
| 交通运输设备制造业 | Transport Equipment | 349594 | 20409 | 2289 | 326896 |
| 电气机械及器材制造业 | Electric Equipment and Machinery | 168776 | 3954 | 1964 | 162858 |
| **电力、燃气及水的生产和供应业** | **Production and Supply of Electricity Gas and Water** | **381905** | **207744** | **1719** | **172443** |
| **建筑业** | **Construction** | **933628** | **257954** | **95727** | **579948** |
| 房屋和土木工程建筑业 | Civil Engineering Construction | 783123 | 253995 | 78195 | 450933 |
| 建筑安装业 | Installation | 114233 | 1513 | 16196 | 96524 |
| 建筑装饰业 | Fitting and Decoration | 13236 | 295 | 486 | 12455 |
| 其他建筑业 | Other Construction | 23036 | 2151 | 850 | 20035 |
| **交通运输、仓储及邮政业** | **Transportation, Storage and Postal Services** | **418541** | **294983** | **10094** | **113464** |
| #铁路运输业 | Railway Transport | 169763 | 169121 | 608 | 34 |
| 道路运输业 | Highway Transport | 103129 | 56062 | 4574 | 42492 |
| 水上运输业 | Water Way Transport | 19088 | 3161 | 2969 | 12958 |
| 航空运输业 | Air Transport | 14471 | 5422 | | 9049 |
| 邮 政 业 | Postal Services | 35684 | 34710 | | 974 |
| **信息传输、计算机服务和软件业** | **Information Circulation, Computer Service and Software** | **122916** | **59304** | **308** | **63304** |
| 电信和其他信息传输服务业 | Telecommunication and Other Information Circulation Services | 106623 | 58832 | 308 | 47483 |
| 软 件 业 | Software | 14939 | 22 | | 14917 |
| **批发和零售业** | **Wholesale and Retail Trade** | **365305** | **146016** | **19344** | **199946** |
| 批 发 业 | Wholesale | 259657 | 130203 | 14042 | 115413 |
| 零 售 业 | Retail Trade | 105648 | 15813 | 5302 | 84533 |
| **住宿和餐饮业** | **Accommodation and Catering Trade** | **63958** | **17898** | **2019** | **44040** |
| 住 宿 业 | Accommodation Trade | 51724 | 14647 | 1470 | 35607 |
| 餐 饮 业 | Catering Services | 12234 | 3251 | 549 | 8433 |

## 4—22 续表 continued

单位：万元 （10000 yuan)

| 行业 | Sector | 合计 Total | 国有单位 State-owned Units | 城镇集体单位 Urban Collective-owned Units | 其他单位 Units of Other Types of Ownership |
|---|---|---|---|---|---|
| **金融业** | **Banking and Insurance** | **564702** | **183740** | **72572** | **308390** |
| 金融业 | Bank | 456585 | 157759 | 71960 | 226866 |
| 证券业 | Securities | 31358 | 10622 | | 20736 |
| 保险业 | Insurance | 62499 | 10368 | | 52131 |
| 其他金融活动 | Other Financial Activities | 14260 | 4991 | 612 | 8657 |
| **房地产业** | **Real Estate** | **115811** | **28862** | **1904** | **85045** |
| #房地产开发经营 | Real Estate Development and Operation | 74391 | 12691 | 631 | 61069 |
| 物业管理 | Real Estate Management | 27747 | 5172 | 633 | 21942 |
| **租赁和商务服务业** | **Leasing and Commercial Services** | **76044** | **39094** | **7682** | **29268** |
| 租赁业 | Leasing | 2428 | 237 | | 2191 |
| 商务服务业 | Commercial Services | 73616 | 38857 | 7682 | 27077 |
| **科学研究、技术服务和地质勘查业** | **Scientific Research, Technical Services and Geological Prospecting** | **224844** | **195116** | **5662** | **24066** |
| 研究与试验发展 | Research and Experimental Development | 56831 | 52155 | 22 | 4654 |
| 专业技术服务业 | Professional and Technical Services | 118499 | 94969 | 4935 | 18595 |
| 科技交流和推广服务业 | Exchange and Extending Services of Science and Technology | 20021 | 18745 | 581 | 695 |
| 地质勘查业 | Geological Prospecting | 29493 | 29247 | 124 | 122 |
| **水利、环境和公共设施管理业** | **Water Conservancy, Environmental and Public Facilities Management** | **124077** | **113040** | **1709** | **9328** |
| 水利管理业 | Water Conservancy Management | 45051 | 44508 | 295 | 249 |
| 环境管理业 | Environmental Management | 33456 | 31064 | 485 | 1908 |
| 公共设施管理业 | Public Facilities Management | 45570 | 37468 | 930 | 7172 |
| **居民服务和其他服务业** | **Resident Services and Other Services** | **11595** | **7766** | **259** | **3571** |
| 居民服务业 | Resident Services | 8511 | 6318 | 224 | 1969 |
| 其他服务业 | Other Services | 3085 | 1448 | 35 | 1602 |
| **教育** | **Education** | **1920040** | **1870675** | **5639** | **43726** |
| #高等教育 | High Education | 212416 | 205503 | | 6913 |
| 中等教育 | Secondary Education | 875900 | 849450 | 2880 | 23570 |
| 初等教育 | Primary Education | 779575 | 772799 | 1958 | 4818 |
| **卫生、社会保障和社会福利业** | **Health, Social Securities and Social Welfare** | **662547** | **520309** | **113536** | **28702** |
| 卫生 | Health | 647804 | 506169 | 113435 | 28200 |
| 社会保障业 | Social Securities | 8203 | 7992 | 71 | 140 |
| 社会福利业 | Social Welfare | 6540 | 6148 | 29 | 363 |
| **文化、体育和娱乐业** | **Culture, Sports and Entertainment** | **92365** | **83913** | **1604** | **6847** |
| 新闻出版业 | Press and Publication | 20718 | 16560 | 56 | 4102 |
| 广播、电视、电影和音像业 | Broadcasting, TV, Film, Audio-video and Recorders | 39602 | 38856 | 522 | 224 |
| 文化艺术业 | Culture and Arts | 24916 | 22624 | 1026 | 1266 |
| 体育 | Sports | 5810 | 5053 | | 757 |
| 娱乐业 | Entertainment | 1318 | 820 | | 499 |
| **公共管理和社会组织** | **Public Management and Social Organizations** | **1508599** | **1505412** | **3187** | |
| 中国共产党机关 | Organs of Chinese Communist Party | 59119 | 59119 | | |
| 国家机构 | State Organs | 1416063 | 1413873 | 2191 | |
| 人民政协和民主党派 | CPPCC and Democratic Parties | 11560 | 11560 | | |
| 群众团体、社会团体和宗教组织 | Mass Organizations, Social Organizations and Religious Organizations | 21098 | 20645 | 453 | |

# 4—23 各市城镇非私营单位分行业在岗职工工资总额（2010年）

Total Wages of Staff and Workers of Urban Non-private Owned Units by Sector and Region (2010)

单位：万元 (10000 yuan)

| 地区 | Region | 合计 Total | 农林牧渔业 Farming, Forestry, Animal Husbandry and Fishery | 采矿业 Mining and Quarrying | 制造业 Manufacturing | 电力、燃气及水的生产和供应业 Production and Supply of Electricity Gas and Water | 建筑业 Construction | 交通运输、仓储和邮政业 Transport, Storage and Postal Services | 信息传输、计算机服务和软件业 Information, Circulation Computer Services and Software | 批发和零售业 Wholesale and Retail Trade | 住宿和餐饮业 Accommodation and Catering Trade |
|---|---|---|---|---|---|---|---|---|---|---|---|
| **总计** | **Total** | **11625275** | **89223** | **1822310** | **2126865** | **381905** | **933628** | **418541** | **122916** | **365305** | **63958** |
| 合肥市 | Hefei | 2482395 | 1967 | | 533777 | 48224 | 398443 | 178927 | 42056 | 159220 | 23081 |
| 淮北市 | Huaibei | 891162 | 44 | 616611 | 72801 | 15549 | 8433 | 12161 | 2719 | 4582 | 1079 |
| 亳州市 | Bozhou | 400353 | 1063 | 41120 | 46755 | 7506 | 24096 | 5222 | 5764 | 21260 | 1473 |
| 宿州市 | Suzhou | 584542 | 6569 | 165436 | 33491 | 22639 | 30157 | 8292 | 5011 | 15378 | 861 |
| 蚌埠市 | Bengbu | 459024 | 3558 | | 93242 | 17935 | 15867 | 35360 | 4611 | 13950 | 1458 |
| 阜阳市 | Fuyang | 728612 | 3813 | 101818 | 66040 | 28153 | 50321 | 23371 | 6111 | 26634 | 2192 |
| 淮南市 | Huainan | 1295176 | 4257 | 801105 | 80162 | 76368 | 33537 | 18643 | 3520 | 16691 | 3603 |
| 滁州市 | Chuzhou | 476513 | 13712 | 11115 | 78201 | 12292 | 31732 | 14006 | 7599 | 11913 | 1559 |
| 六安市 | Luan | 528688 | 11583 | 772 | 48487 | 18744 | 69664 | 12475 | 3225 | 13970 | 1461 |
| 马鞍山市 | Maanshan | 617834 | 680 | 70679 | 293818 | 15379 | 31035 | 10649 | 2613 | 8869 | 792 |
| 巢湖市 | Chaohu | 465143 | 3979 | 5200 | 49842 | 13903 | 64846 | 6320 | 5345 | 16145 | 2594 |
| 芜湖市 | Wuhu | 880444 | 288 | 682 | 373814 | 17756 | 83107 | 57383 | 8476 | 12156 | 5704 |
| 宣城市 | Xuancheng | 362331 | 4531 | 282 | 78283 | 14630 | 2986 | 6260 | 4541 | 8670 | 1170 |
| 铜陵市 | Tongling | 380704 | 4726 | 2609 | 160762 | 11940 | 39776 | 4700 | 2429 | 5402 | 1263 |
| 池州市 | Chizhou | 202782 | 2326 | 2983 | 22120 | 7002 | 8128 | 2696 | 2724 | 5474 | 2590 |
| 安庆市 | Anqing | 605894 | 23995 | 1747 | 70075 | 46962 | 20142 | 11380 | 8834 | 18700 | 3062 |
| 黄山市 | Huangshan | 263678 | 2130 | 153 | 25197 | 6923 | 21358 | 10697 | 7338 | 6291 | 10017 |

| 地区 | Region | 金融业 Banking | 房地产业 Real Estate Trade | 租赁和商务服务业 Leasing and Commercial Services | 科学研究、技术服务和地质勘查业 Scientific Research, Technical Services and Geological Prospecting | 水利、环境和公共设施管理业 Water Conservancy, Environmental and Public Facilities Management | 居民服务和其他服务业 Resident Services and Other Services | 教育 Education | 卫生、社会保障和社会福利业 Health, Social Securities and Social Welfare | 文化、体育和娱乐业 Culture, Sports and Entertainment | 公共管理和社会组织 Public Management and Social Organizations |
|---|---|---|---|---|---|---|---|---|---|---|---|
| **总计** | **Total** | **564702** | **115811** | **76044** | **224844** | **124077** | **11595** | **1920040** | **662547** | **92365** | **1508599** |
| 合肥市 | Hefei | 176663 | 42286 | 24668 | 104874 | 25768 | 3652 | 287680 | 130530 | 33624 | 266955 |
| 淮北市 | Huaibei | 14564 | 651 | 1693 | 2742 | 2975 | 343 | 64410 | 20846 | 1472 | 47489 |
| 亳州市 | Bozhou | 21536 | 3161 | 1099 | 2605 | 4103 | 755 | 121526 | 25659 | 3420 | 62231 |
| 宿州市 | Suzhou | 27658 | 3246 | 991 | 7040 | 3935 | 708 | 141421 | 31499 | 3080 | 77127 |
| 蚌埠市 | Bengbu | 24553 | 3705 | 2397 | 21059 | 11035 | 720 | 102145 | 37059 | 3831 | 66540 |
| 阜阳市 | Fuyang | 34277 | 5176 | 3098 | 4735 | 7337 | 399 | 187365 | 54384 | 4159 | 119230 |
| 淮南市 | Huainan | 23780 | 17463 | 8908 | 8074 | 7212 | 472 | 91213 | 34743 | 3650 | 61776 |
| 滁州市 | Chuzhou | 26661 | 1974 | 1381 | 4420 | 7990 | 467 | 118167 | 33828 | 2272 | 97226 |
| 六安市 | Luan | 24234 | 3795 | 882 | 5416 | 10231 | 750 | 151422 | 44846 | 4638 | 102095 |
| 马鞍山市 | Maanshan | 22023 | 1081 | 5276 | 10048 | 4863 | 240 | 56880 | 21746 | 4444 | 56719 |
| 巢湖市 | Chaohu | 22388 | 7988 | 6159 | 3901 | 6849 | 523 | 121127 | 35439 | 2864 | 89736 |
| 芜湖市 | Wuhu | 39071 | 6829 | 2093 | 18754 | 9366 | 856 | 107431 | 48529 | 3009 | 85139 |
| 宣城市 | Xuancheng | 23332 | 3937 | 5201 | 3669 | 2193 | 286 | 77268 | 31492 | 2929 | 90671 |
| 铜陵市 | Tongling | 18817 | 3053 | 1967 | 4988 | 1923 | 131 | 41073 | 18299 | 2254 | 54590 |
| 池州市 | Chizhou | 16295 | 1881 | 4459 | 3262 | 4169 | 93 | 42206 | 17752 | 7904 | 48716 |
| 安庆市 | Anqing | 31138 | 5907 | 3413 | 14425 | 8173 | 898 | 160712 | 54555 | 6777 | 115000 |
| 黄山市 | Huangshan | 17712 | 3678 | 2362 | 4831 | 5956 | 302 | 47994 | 21341 | 2038 | 67361 |

## 4—24 各市城镇非私营单位在岗职工工资总额（2010年）

Total Wages of Staff and Workers of Urban Non-private Owned Units at Their Posts by Region (2010)

单位：万元 （10000 yuan）

| 地 区 | Region | 合 计 Total | 国有经济单位 State-owned Units | 城镇集体经济单位 Urban Collective-owned Units | 其他经济单位 Units of Other Types of Ownership |
|---|---|---|---|---|---|
| **总 计** | **Total** | **11625275** | **6597182** | **399685** | **4628408** |
| 合 肥 市 | Hefei | 2482395 | 1252541 | 44745 | 1185108 |
| 淮 北 市 | Huaibei | 891162 | 692384 | 18597 | 180181 |
| 亳 州 市 | Bozhou | 400353 | 298357 | 23348 | 78648 |
| 宿 州 市 | Suzhou | 584542 | 490046 | 37700 | 56796 |
| 蚌 埠 市 | Bengbu | 459024 | 308226 | 17423 | 133376 |
| 阜 阳 市 | Fuyang | 728612 | 490227 | 46282 | 192104 |
| 淮 南 市 | Huainan | 1295176 | 248830 | 24542 | 1021804 |
| 滁 州 市 | Chuzhou | 476513 | 327065 | 25711 | 123738 |
| 六 安 市 | Luan | 528688 | 379629 | 34682 | 114378 |
| 马鞍山市 | Maanshan | 617834 | 170704 | 15182 | 431948 |
| 巢 湖 市 | Chaohu | 465143 | 314014 | 31306 | 119824 |
| 芜 湖 市 | Wuhu | 880444 | 343391 | 6059 | 530994 |
| 宣 城 市 | Xuancheng | 362331 | 243074 | 15275 | 103983 |
| 铜 陵 市 | Tongling | 380704 | 236759 | 5346 | 138599 |
| 池 州 市 | Chizhou | 202782 | 152517 | 8807 | 41458 |
| 安 庆 市 | Anqing | 605894 | 476731 | 38993 | 90170 |
| 黄 山 市 | Huangshan | 263678 | 172690 | 5689 | 85299 |

## 4—25 城镇非私营单位分行业在岗职工年平均工资

Average Wage of Staff and Workers of Urban Non-private Owned Units by Sector

单位：元 （yuan）

| 行 业 | Sector | 2005 | 2009 | 2010 |
|---|---|---|---|---|
| **总 计** | **Total** | **15334** | **29658** | **34341** |
| 农、林、牧、渔业 | Farming, Forestry, Animal Husbandry and Fishery | 7827 | 14088 | 17115 |
| 采矿业 | Mining and Quarrying | 24473 | 48651 | 57521 |
| 制造业 | Manufacturing | 13651 | 25178 | 29459 |
| 电力、燃气及水的生产和供应业 | Production and Supply of Electricity Gas and Water | 18269 | 35905 | 40795 |
| 建筑业 | Construction | 11425 | 24473 | 28558 |
| 交通运输、仓储和邮政业 | Transport, Storage and Postal Services | 12999 | 25797 | 30272 |
| 信息传输、计算机服务和软件业 | Information Circulation, Computer Service and Software | 23751 | 33407 | 38885 |
| 批发和零售业 | Wholesale and Retail Trade | 9889 | 23674 | 27265 |
| 住宿和餐饮业 | Accommodation and Catering Trade | 10159 | 17258 | 18507 |
| 金融业 | Banking | 20099 | 45870 | 55579 |
| 房地产业 | Real Estate | 13964 | 23964 | 27896 |
| 租赁和商务服务业 | Leasing and Commercial Services | 14877 | 23056 | 23984 |
| 科学研究、技术服务和地质勘查业 | Scientific Research, Technical Services and Geological Prospecting | 18432 | 32596 | 36781 |
| 水利、环境和公共设施管理业 | Water Conservancy, Environmental and Public Facilities Management | 12310 | 20354 | 22716 |
| 居民服务和其他服务业 | Resident Services and Other Services | 13981 | 19444 | 23621 |
| 教 育 | Education | 15317 | 28828 | 33157 |
| 卫生、社会保障和社会福利业 | Health, Social Securities and Social Welfare | 15608 | 28525 | 32808 |
| 文化、体育和娱乐业 | Culture, Sports and Entertainment | 14978 | 25194 | 29319 |
| 公共管理和社会组织 | Public Management and Social Organizations | 17020 | 31991 | 35302 |

## 4—26 城镇非私营单位在岗职工年平均工资（2010年）

Average Wage of Staff and Workers of Urban Non-private Owned Units at Their Posts (2010)

单位：元 （yuan）

| 行　业 | Sector | 合计 Total | 国有单位 State-owned Units | 城镇集体单位 Urban Collective-owned Units | 其他单位 Units of Other Types of Ownership |
|---|---|---|---|---|---|
| **总　计** | **Total** | **34341** | **35014** | **24537** | **34587** |
| **按执行会计制度类别分组** | **Grouped by Executive Acounting System Type** | | | | |
| 企　业 | Enterprises | 35149 | 38385 | 24264 | 34659 |
| 事　业 | Institutions | 32002 | 32380 | 25179 | 30270 |
| 机　关 | Agencies & Organizations | 36348 | 36371 | 24595 | |
| 民间非营利组织 | Non-profit Organizations | 31143 | | 24898 | 31422 |
| 其　他 | Others | 39614 | 49600 | 18733 | 28067 |
| **按国民经济行业分组** | **Grouped by Economic Sector** | | | | |
| 农、林、牧、渔业 | Farming, Forestry, Animal Husbandry and Fishery | 17115 | 17113 | 17167 | 23500 |
| 采矿业 | Mining and Quarrying | 57521 | 53337 | 22492 | 61248 |
| 制造业 | Manufacturing | 29459 | 33975 | 23941 | 29032 |
| 电力、燃气及水的生产和供应业 | Production and Supply of Electricity Gas and Water | 40795 | 38003 | 23040 | 45137 |
| 建筑业 | Construction | 28558 | 38648 | 22695 | 26602 |
| 交通运输、仓储和邮政业 | Transport, Storage and Postal Services | 30272 | 33609 | 13397 | 26415 |
| 信息传输、计算机服务和软件业 | Information Circulation, Computer Service and Software | 38885 | 35035 | 20364 | 43562 |
| 批发和零售业 | Wholesale and Retail Trade | 27265 | 28987 | 14577 | 28425 |
| 住宿和餐饮业 | Accommodation and Catering Trade | 18507 | 18673 | 16365 | 18551 |
| 金融业 | Banking | 55579 | 50972 | 44066 | 62824 |
| 房地产业 | Real Estate | 27896 | 26279 | 20409 | 28732 |
| 租赁和商务服务业 | Leasing and Commercial Services | 23984 | 23556 | 17685 | 27186 |
| 科学研究、技术服务和地质勘查业 | Scientific Research, Technical Services and Geological Prospecting | 36781 | 37125 | 30856 | 35711 |
| 水利、环境和公共设施管理业 | Water Conservancy, Environmental and Public Facilities Management | 22716 | 22855 | 16884 | 22483 |
| 居民服务和其他服务业 | Resident Services and Other Services | 23621 | 27576 | 14633 | 18637 |
| 教　育 | Education | 33157 | 33297 | 29915 | 28429 |
| 卫生、社会保障和社会福利业 | Health, Social Securities and Social Welfare | 32808 | 35047 | 25502 | 32023 |
| 文化、体育和娱乐业 | Culture, Sports and Entertainment | 29319 | 29058 | 20022 | 37541 |
| 公共管理和社会组织 | Public Management and Social Organizations | 35302 | 35372 | 18244 | |

## 4—27 各市城镇非私营单位在岗职工年平均工资（2010年）

Average Wage of Staff and Workers of Urban Non-private Owned Units at Their Posts by Region (2010)

单位：元 （yuan）

| 地　区 | Region | 合　计 Total | 国有经济单位 State-owned Units | 城镇集体经济单位 Urban Collective-owned Units | 其他经济单位 Units of Other Types of Ownership |
|---|---|---|---|---|---|
| **总　计** | **Total** | **34341** | **35014** | **24537** | **34587** |
| 合肥市 | Hefei | 39292 | 44724 | 29003 | 35240 |
| 淮北市 | Huaibei | 43013 | 44139 | 20529 | 43671 |
| 亳州市 | Bozhou | 27672 | 29259 | 23473 | 24008 |
| 宿州市 | Suzhou | 28688 | 31394 | 20001 | 19709 |
| 蚌埠市 | Bengbu | 28708 | 33918 | 23649 | 21634 |
| 阜阳市 | Fuyang | 26273 | 25846 | 20267 | 29638 |
| 淮南市 | Huainan | 45856 | 32912 | 20616 | 52417 |
| 滁州市 | Chuzhou | 28758 | 29897 | 28241 | 26218 |
| 六安市 | Luan | 27088 | 28098 | 25447 | 24632 |
| 马鞍山市 | Maanshan | 42954 | 42827 | 25952 | 44019 |
| 巢湖市 | Chaohu | 30314 | 32075 | 33090 | 26002 |
| 芜湖市 | Wuhu | 36591 | 45499 | 34601 | 32497 |
| 宣城市 | Xuancheng | 33499 | 34755 | 27227 | 31884 |
| 铜陵市 | Tongling | 36633 | 46218 | 32616 | 27146 |
| 池州市 | Chizhou | 31275 | 34071 | 28345 | 24433 |
| 安庆市 | Anqing | 27986 | 29853 | 25643 | 21676 |
| 黄山市 | Huangshan | 30673 | 34779 | 26546 | 24965 |

# 4—28 城镇私营单位就业人员和工资情况（2010年）

Wages of Employed People in Private Enterprises of Urban Areas (2010)

| 行业 | Sector | 单位就业人员 Unit Employed People 年末人数（人）Number of Persons At the end of Year (person) | 平均人数（人）Average Number of Persons (person) | 工资总额（千元）Total Wage (1000 yuan) | 平均工资（元）Average Wage (yuan) |
|---|---|---|---|---|---|
| **总计** | **Total** | **2052187** | **2019237** | **39566237** | **19595** |
| **按企业、非企业分组** | **Grouped by Enterprises and Non-enterprises** | | | | |
| 企业 | Enterprises | 2039657 | 2007579 | 39341815 | 19597 |
| 非企业 | Non-enterprises | 12530 | 11658 | 224422 | 19250 |
| **按国民经济行业分组** | **Grouped by Economic Sector** | | | | |
| 农、林、牧、渔业 | Farming, Forestry, Animal Husbandry and Fishery | 11821 | 15014 | 201106 | 13395 |
| 采矿业 | Mining and Quarrying | 45588 | 46061 | 992829 | 21555 |
| 制造业 | Manufacturing | 1244341 | 1232136 | 23405537 | 18996 |
| 电力、燃气及水的生产和供应业 | Production and Supply of Electricity Gas and Water | 3620 | 3472 | 62103 | 17887 |
| 建筑业 | Construction | 414892 | 405377 | 8909335 | 21978 |
| 交通运输、仓储和邮政业 | Transport, Storage and Postal Services | 66817 | 65780 | 1499415 | 22794 |
| 信息传输、计算机服务和软件业 | Information Circulation, Computer Service and Software | 4462 | 4379 | 132244 | 30200 |
| 批发和零售业 | Wholesale and Retail Trade | 124353 | 117352 | 1986205 | 16925 |
| 住宿和餐饮业 | Accommodation and Catering Trade | 43657 | 42774 | 707219 | 16534 |
| 房地产业 | Real Estate | 41595 | 37140 | 641822 | 17281 |
| 租赁和商务服务业 | Leasing and Commercial Services | 18135 | 17440 | 336620 | 19302 |
| 科学研究、技术服务和地质勘查业 | Scientific Research, Technical Services and Geological Prospecting | 7136 | 7007 | 222360 | 31734 |
| 水利、环境和公共设施管理业 | Water Conservancy, Environmental and Public Facilities Management | 5396 | 5208 | 87988 | 16895 |
| 居民服务和其他服务业 | Resident Services and Other Services | 4507 | 4293 | 75075 | 17488 |
| 教育 | Education | 1113 | 1010 | 22399 | 22177 |
| 卫生、社会保障和社会福利业 | Health, Social Securities and Social Welfare | 7334 | 7106 | 141312 | 19886 |
| 文化、体育和娱乐业 | Culture, Sports and Entertainment | 7261 | 7529 | 141281 | 18765 |
| 公共管理和社会组织 | Public Management and Social Organizations | 159 | 159 | 1387 | 8723 |

注：本表数据为20人及以上私营单位抽样调查推算数。
a) Data in this table is projected number of 20 people or more Sample Survey of private units.

# 4—29 城镇非私营单位分行业在岗职工年平均工资（2010年）
## Average Wage of Staff and Workers of Urban Non-private Owned Units by Sector (2010)

单位：元 (yuan)

| 行 业 | Sector | 合 计 Total | 国有单位 State-owned Units | 城镇集体单位 Urban Collective-owned Units | 其他单位 Units of Other Types of Ownership |
|---|---|---|---|---|---|
| **总 计** | **Total** | **34341** | **35014** | **24537** | **34587** |
| **按执行会计制度类别分组** | **Grouped by Executive Acounting System Type** | | | | |
| 企 业 | Enterprises | 35149 | 38385 | 24264 | 34659 |
| 事 业 | Institutions | 32002 | 32380 | 25179 | 30270 |
| 机 关 | Agencies & Organizations | 36348 | 36371 | 24595 | |
| 民间非营利组织 | Non-profit Organizations | 31143 | | 24898 | 31422 |
| 其 他 | Others | 39614 | 49600 | 18733 | 28067 |
| **按国民经济行业分组** | **Grouped by Economic Sector** | | | | |
| **农、林、牧、渔业** | **Farming, Forestry, Animal Husbandry and Fishery** | **17115** | **17113** | **17167** | **23500** |
| 农 业 | Farming | 15152 | 15150 | 16408 | 8333 |
| 林 业 | Forestry | 19109 | 19101 | | 30000 |
| 牧畜业 | Animal Husbandry | 11161 | 11161 | | |
| 渔 业 | Fishery | 11686 | 11567 | 13105 | |
| 农、林、牧、渔服务业 | Agricultural Services | 20692 | 20747 | 18392 | |
| **采矿业** | **Mining and Quarrying** | **57521** | **53337** | **22492** | **61248** |
| **制造业** | **Manufacturing** | **29459** | **33975** | **23941** | **29032** |
| #饮料制造业 | Beverages | 24610 | 20320 | 16773 | 25706 |
| 烟草制品业 | Tobacco | 69611 | 74986 | 46189 | |
| 石油加工、炼焦及核燃料加工业 | Petroleum Processing, Coking and Nuclear Fuel Processing | 28316 | 14417 | | 28429 |
| 化学原料及化学制品制造业 | Raw Chemical Materials and Chemical Products | 26579 | 17684 | 20024 | 27510 |
| 橡胶制品业 | Rubber Products | 33903 | 9000 | 15579 | 33929 |
| 非金属矿物制品业 | Nonmetal Mineral Products | 25993 | 31025 | 17927 | 25729 |
| 黑色金属冶炼及压延加工业 | Smelting and Pressing of Ferrous Metals | 47364 | 42182 | | 47379 |
| 有色金属冶炼及压延加工业 | Smelting and Pressing of Nonferrous Metals | 36558 | 42453 | 11561 | 19343 |
| 金属制品业 | Metal Products | 29303 | 22500 | 38989 | 29186 |
| 通用设备制造业 | Equipments in Current Use | 28990 | 31170 | 24859 | 27995 |
| 交通运输设备制造业 | Transport Equipment | 38987 | 36780 | 22556 | 39335 |
| 电气机械及器材制造业 | Electric Equipment and Machinery | 26546 | 27517 | 22734 | 26577 |
| **电力、燃气及水的生产和供应业** | **Production and Supply of Electricity Gas and Water** | **40795** | **38003** | **23040** | **45137** |
| **建筑业** | **Construction** | **28558** | **38648** | **22695** | **26602** |
| 房屋和土木工程建筑业 | Civil Engineering Construction | 28975 | 38974 | 22252 | 26531 |
| 建筑安装业 | Installation | 28104 | 24489 | 25009 | 28768 |
| 建筑装饰业 | Fitting and Decoration | 21652 | 21252 | 26536 | 21508 |
| 其他建筑业 | Other Construction | 23285 | 26354 | 22368 | 23037 |
| **交通运输、仓储及邮政业** | **Transportation, Storage and Postal Services** | **30272** | **33609** | **13397** | **26415** |
| #铁路运输业 | Railway Transport | 48704 | 49219 | 12724 | 19765 |
| 道路运输业 | Highway Transport | 21191 | 20945 | 16214 | 22272 |
| 水上运输业 | Water Way Transport | 24393 | 23553 | 11242 | 33727 |
| 航空运输业 | Air Transport | 55851 | 40375 | | 72506 |
| 邮 政 业 | Postal Services | 32360 | 32464 | | 29060 |
| **信息传输、计算机服务和软件业** | **Information Circulation, Computer Service and Software** | **38885** | **35035** | **20364** | **43562** |
| 电信和其他信息传输服务业 | Telecommunication and Other Information Circulation Services | 37223 | 35109 | 20364 | 40459 |
| 软 件 业 | Software | 61124 | 31143 | | 61210 |
| **批发和零售业** | **Wholesale and Retail Trade** | **27265** | **28987** | **14577** | **28425** |
| 批 发 业 | Wholesale | 31930 | 31542 | 15500 | 37250 |
| 零 售 业 | Retail Trade | 20061 | 17389 | 12591 | 21477 |
| **住宿和餐饮业** | **Accommodation and Catering Trade** | **18507** | **18673** | **16365** | **18551** |
| 住 宿 业 | Accommodation Trade | 18955 | 19094 | 16067 | 19040 |
| 餐 饮 业 | Catering Services | 16823 | 16987 | 17219 | 16736 |

**4—29 续表 continued**

单位：元 （yuan）

| 行业 | Sector | 合计 Total | 国有单位 State-owned Units | 城镇集体单位 Urban Collective-owned Units | 其他单位 Units of Other Types of Ownership |
|---|---|---|---|---|---|
| **金融业** | **Banking and Insurance** | **55579** | **50972** | **44066** | **62824** |
| 金融业 | Bank | 56348 | 51726 | 44248 | 66205 |
| 证券业 | Securities | 110261 | 79567 | | 137415 |
| 保险业 | Insurance | 41635 | 35264 | | 43187 |
| 其他金融活动 | Other Financial Activities | 52426 | 39207 | 29709 | 69757 |
| **房地产业** | **Real Estate** | **27896** | **26279** | **20409** | **28732** |
| #房地产开发经营 | Real Estate Development and Operation | 31787 | 33144 | 25747 | 31594 |
| 物业管理 | Real Estate Management | 22391 | 18835 | 14716 | 23808 |
| **租赁和商务服务业** | **Leasing and Commercial Services** | **23984** | **23556** | **17685** | **27186** |
| 租赁业 | Leasing | 32505 | 27859 | | 33101 |
| 商务服务业 | Commercial Services | 23779 | 23534 | 17685 | 26798 |
| **科学研究、技术服务和地质勘查业** | **Scientific Research, Technical Services and Geological Prospecting** | **36781** | **37125** | **30856** | **35711** |
| 研究与试验发展 | Research and Experimental Development | 42386 | 43802 | 18250 | 31259 |
| 专业技术服务业 | Professional and Technical Services | 38465 | 39047 | 33167 | 37211 |
| 科技交流和推广服务业 | Exchange and Extending Services of Science and Technology | 25433 | 25414 | 21591 | 30617 |
| 地质勘查业 | Geological Prospecting | 32615 | 32675 | 18803 | 46923 |
| **水利、环境和公共设施管理业** | **Water Conservancy, Environmental and Public Facilities Management** | **22716** | **22855** | **16884** | **22483** |
| 水利管理业 | Water Conservancy Management | 23942 | 23978 | 23951 | 18864 |
| 环境管理业 | Environmental Management | 18131 | 18312 | 11164 | 18081 |
| 公共设施管理业 | Public Facilities Management | 26263 | 26890 | 20431 | 24212 |
| **居民服务和其他服务业** | **Resident Services and Other Services** | **23621** | **27576** | **14633** | **18637** |
| 居民服务业 | Resident Services | 24157 | 28653 | 14365 | 16941 |
| 其他服务业 | Other Services | 22257 | 23692 | 16619 | 21251 |
| **教育** | **Education** | **33157** | **33297** | **29915** | **28429** |
| #高等教育 | High Education | 39008 | 39626 | | 26652 |
| 中等教育 | Secondary Education | 33597 | 33681 | 29942 | 31243 |
| 初等教育 | Primary Education | 31608 | 31621 | 33578 | 29058 |
| **卫生、社会保障和社会福利业** | **Health, Social Securities and Social Welfare** | **32808** | **35047** | **25502** | **32023** |
| 卫生 | Health | 32951 | 35333 | 25502 | 31824 |
| 社会保障业 | Social Securities | 27808 | 27703 | 28440 | 35000 |
| 社会福利业 | Social Welfare | 27283 | 26511 | 18313 | 58500 |
| **文化、体育和娱乐业** | **Culture, Sports and Entertainment** | **29319** | **29058** | **20022** | **37541** |
| 新闻出版业 | Press and Publication | 42665 | 39914 | 21385 | 60235 |
| 广播、电视、电影和音像业 | Broadcasting, TV, Film, Audio-video and Recorders | 27586 | 27689 | 23191 | 22847 |
| 文化艺术业 | Culture and Arts | 25618 | 26089 | 18662 | 25115 |
| 体育 | Sports | 30676 | 31114 | | 28044 |
| 娱乐业 | Entertainment | 19647 | 20495 | | 18395 |
| **公共管理和社会组织** | **Public Management and Social Organizations** | **35302** | **35372** | **18244** | |
| 中国共产党机关 | Organs of Chinese Communist Party | 39157 | 39157 | | |
| 国家机构 | State Organs | 35124 | 35156 | 22105 | |
| 人民政协和民主党派 | CPPCC and Democratic Parties | 44614 | 44614 | | |
| 群众团体、社会团体和宗教组织 | Mass Organizations, Social Organizations and Religious Organizations | 36108 | 36618 | 22088 | |

# 4—30 各县（市）城镇非私营单位在岗职工人数和工资（2010年）

Number of Staff and Workers and Their Wages of Urban Non-private Owned Units by County (City) (2010)

| 县（市） County (City) | | 职工人数（人） Number of Staff and Workers (person) | #国有单位 State-owned Units | #城镇集体单位 Urban Collective-owned Units | 工资总额（千元） Total Wages (1000 yuan) | #国有单位 State-owned Units | #城镇集体单位 Urban Collective-owned Units | 平均工资（元） Average Wage (yuan) | #国有单位 State-owned Units | #城镇集体单位 Urban Collective-owned Units |
|---|---|---|---|---|---|---|---|---|---|---|
| 长丰县 | Changfeng | 31283 | 13608 | 1415 | 1003974 | 474438 | 36167 | 32530 | 35424 | 25742 |
| 肥东县 | Feidong | 34928 | 21072 | 2388 | 1176263 | 716965 | 61250 | 33516 | 34013 | 25975 |
| 肥西县 | Feixi | 50926 | 16609 | 3749 | 1658912 | 646355 | 128767 | 33432 | 39455 | 34849 |
| 濉溪县 | Suixi | 26416 | 18762 | 4333 | 779492 | 592151 | 83577 | 29570 | 31561 | 19333 |
| 谯城区 | Qiaocheng District | 25345 | 14435 | 546 | 752962 | 451145 | 12301 | 29564 | 30943 | 22529 |
| 涡阳县 | Guoyang | 34559 | 25559 | 3715 | 968215 | 757690 | 85810 | 28521 | 30304 | 23055 |
| 蒙城县 | Mengcheng | 36931 | 25219 | 1591 | 973726 | 752489 | 46137 | 28212 | 30711 | 30076 |
| 利辛县 | Lixin | 30974 | 18782 | 3671 | 732443 | 474800 | 77566 | 24344 | 25457 | 21654 |
| 埇桥区 | Yongqiao District | 33631 | 24300 | 6825 | 794567 | 606592 | 135305 | 23599 | 24906 | 19883 |
| 砀山县 | Dangshan | 26982 | 17333 | 1654 | 633596 | 434497 | 26260 | 23469 | 25228 | 16101 |
| 萧　县 | Xiaoxian | 31088 | 23045 | 6519 | 766470 | 597495 | 130626 | 24932 | 26088 | 20607 |
| 灵璧县 | Lingbi | 21234 | 17175 | 1443 | 499998 | 405183 | 33012 | 23386 | 23455 | 22565 |
| 泗　县 | Sixian | 22324 | 16216 | 2447 | 455731 | 376319 | 51241 | 19770 | 22308 | 19822 |
| 怀远县 | Huaiyuan | 28981 | 19754 | 1972 | 702883 | 512961 | 53611 | 24546 | 26299 | 26699 |
| 五河县 | Wuhe | 15148 | 11077 | 1253 | 382324 | 310955 | 23745 | 25392 | 28202 | 19289 |
| 固镇县 | Guzhen | 15876 | 10701 | 927 | 387699 | 287928 | 19264 | 24434 | 26859 | 20826 |
| 颍州区 | Yingzhou District | 16059 | 10115 | 1003 | 404394 | 280652 | 26263 | 25697 | 27990 | 25573 |
| 颍东区 | Yingdong District | 13895 | 9584 | 1396 | 449690 | 271559 | 25878 | 32786 | 28273 | 18986 |
| 颍泉区 | Yingquan District | 15198 | 9152 | 4060 | 381293 | 274612 | 75254 | 25130 | 30526 | 17837 |
| 界首市 | Jieshou | 21570 | 17421 | 2630 | 484038 | 408624 | 54953 | 22318 | 23257 | 21185 |
| 临泉县 | Linquan | 30745 | 26653 | 3229 | 716008 | 623165 | 83563 | 23953 | 24103 | 26056 |
| 太和县 | Taihe | 28739 | 22612 | 2681 | 732355 | 611487 | 63904 | 25259 | 26950 | 23028 |
| 阜南县 | Funan | 24254 | 22917 | 852 | 553817 | 522418 | 22282 | 23140 | 23522 | 17998 |
| 颍上县 | Yingshang | 40475 | 22640 | 1863 | 1472251 | 489229 | 40086 | 36760 | 21580 | 21356 |
| 凤台县 | Fengtai | 48863 | 13733 | 3767 | 1851608 | 331018 | 63878 | 46695 | 24064 | 17052 |
| 天长市 | Tianchang | 18416 | 13226 | 1165 | 579122 | 436281 | 44405 | 31601 | 33077 | 38748 |
| 明光市 | Mingguang | 20312 | 15074 | 1301 | 454663 | 327593 | 28887 | 22632 | 21851 | 22621 |
| 来安县 | Laian | 13477 | 9279 | 1549 | 393481 | 278744 | 44855 | 29450 | 30144 | 29089 |
| 全椒县 | Quanjiao | 18319 | 11809 | 1486 | 553849 | 365441 | 34196 | 30642 | 31062 | 22904 |
| 定远县 | Dingyuan | 22751 | 16599 | 1559 | 621587 | 486983 | 37085 | 27402 | 29480 | 23486 |
| 凤阳县 | Fengyang | 18455 | 13306 | 1240 | 497932 | 375200 | 36266 | 27107 | 28336 | 29294 |
| 金安区 | Jinan District | 19653 | 11041 | 2981 | 546580 | 338507 | 72067 | 28004 | 30801 | 24200 |
| 裕安区 | Yuan District | 19785 | 12109 | 1052 | 506929 | 316051 | 13474 | 26513 | 26070 | 12557 |
| 寿　县 | Shouxian | 26616 | 23148 | 710 | 612087 | 530228 | 14090 | 22967 | 22882 | 19515 |
| 霍邱县 | Huoqiu | 27673 | 23198 | 2091 | 752894 | 663806 | 50160 | 27754 | 29020 | 23943 |
| 舒城县 | Shucheng | 20369 | 15299 | 1978 | 588882 | 454692 | 74288 | 28775 | 29602 | 35698 |

**4—30 续表 continued**

| 县（市） County or City | | 职工人数（人） Number of Staff and Workers (person) | #国有单位 State-owned Units | #城镇集体单位 Urban Collective-owned Units | 工资总额（千元） Total Wages (1000 yuan) | #国有单位 State-owned Units | #城镇集体单位 Urban Collective-owned Units | 平均工资（元） Average Wage (yuan) | #国有单位 State-owned Units | #城镇集体单位 Urban Collective-owned Units |
|---|---|---|---|---|---|---|---|---|---|---|
| 金寨县 | Jinzhai | 17736 | 13507 | 3448 | 498297 | 406727 | 78257 | 28800 | 30182 | 26112 |
| 霍山县 | Huoshan | 20832 | 9602 | 863 | 522191 | 256670 | 23759 | 26030 | 26670 | 28352 |
| 当涂县 | Dangtu | 14723 | 10842 | 936 | 568320 | 472826 | 22980 | 38798 | 43756 | 24551 |
| 居巢区 | Juchao District | 17087 | 10077 | 1307 | 479408 | 333618 | 32822 | 28113 | 32986 | 24660 |
| 庐江县 | Lujiang | 40980 | 21590 | 1248 | 1106416 | 698246 | 41280 | 27874 | 32445 | 32998 |
| 无为县 | Wuwei | 34811 | 24142 | 955 | 1156868 | 792893 | 26165 | 33545 | 33288 | 27427 |
| 含山县 | Hanshan | 11037 | 9236 | 366 | 359659 | 312264 | 8327 | 32834 | 34296 | 22751 |
| 和　县 | Hexian | 22822 | 12588 | 6313 | 625011 | 350067 | 204298 | 30484 | 28516 | 36810 |
| 芜湖县 | Wuhu | 8355 | 6109 | 343 | 336484 | 268864 | 10178 | 40389 | 44148 | 29760 |
| 繁昌县 | Fanchang | 15604 | 5691 | 150 | 598613 | 255071 | 4125 | 40006 | 44168 | 33266 |
| 南陵县 | Nanling | 17409 | 7122 | 657 | 603970 | 289169 | 19799 | 35186 | 40907 | 32511 |
| 宣州区 | Xuanzhou District | 15149 | 12395 | 577 | 492552 | 405555 | 15111 | 32447 | 33098 | 26098 |
| 宁国市 | Ningguo | 22863 | 10220 | 339 | 860173 | 406716 | 26987 | 39490 | 40110 | 80558 |
| 郎溪县 | Langxi | 11862 | 7282 | 415 | 337231 | 236878 | 10366 | 28632 | 32795 | 25283 |
| 广德县 | Guangde | 10630 | 9511 | 533 | 384791 | 331151 | 26893 | 36308 | 34818 | 50646 |
| 泾　县 | Jingxian | 12739 | 9455 | 501 | 387633 | 305069 | 9241 | 31641 | 33207 | 20673 |
| 绩溪县 | Jixi | 6531 | 5248 | 234 | 216893 | 186660 | 6979 | 33596 | 35889 | 30881 |
| 旌德县 | Jingde | 8015 | 4573 | 887 | 220676 | 134095 | 20460 | 27713 | 29523 | 23930 |
| 铜陵县 | Tongling | 12812 | 6774 | 525 | 512776 | 322382 | 32194 | 40674 | 47732 | 61912 |
| 贵池区 | Guichi District | 12676 | 9391 | 952 | 385093 | 307053 | 26537 | 30944 | 33368 | 28907 |
| 东至县 | Dongzhi | 15093 | 10979 | 1603 | 469532 | 379386 | 36376 | 30860 | 34421 | 22664 |
| 石台县 | Shitai | 5264 | 4268 | 46 | 138020 | 117478 | 456 | 26325 | 27668 | 9913 |
| 青阳县 | Qingyang | 10745 | 6512 | 435 | 326072 | 223046 | 21817 | 30491 | 34299 | 51094 |
| 桐城市 | Tongcheng | 18568 | 17277 | 1231 | 568221 | 539955 | 25673 | 30735 | 31384 | 20975 |
| 怀宁县 | Huaining | 17092 | 13188 | 1778 | 472457 | 400753 | 25823 | 27808 | 30585 | 14532 |
| 枞阳县 | Zongyang | 19562 | 15677 | 3415 | 566468 | 468151 | 84590 | 29157 | 30081 | 24901 |
| 潜山县 | Qianshan | 13569 | 12291 | 1104 | 393715 | 346527 | 43082 | 29160 | 28323 | 39237 |
| 太湖县 | Taihu | 15465 | 11098 | 977 | 442849 | 322046 | 39891 | 29622 | 29134 | 46656 |
| 宿松县 | Susong | 20327 | 19494 | 675 | 544119 | 526541 | 13950 | 26861 | 27105 | 20728 |
| 望江县 | Wangjiang | 13444 | 11178 | 589 | 309917 | 266876 | 15541 | 22925 | 24093 | 20262 |
| 岳西县 | Yuexi | 11227 | 9788 | 608 | 311617 | 269723 | 18681 | 27918 | 27704 | 30625 |
| 屯溪区 | Tunxi District | 5504 | 2850 | 50 | 172365 | 102165 | 1121 | 31488 | 36242 | 26690 |
| 黄山区 | Huangshan District | 8137 | 6048 | 226 | 266284 | 217063 | 6939 | 32661 | 35725 | 31257 |
| 徽州区 | Huizhou District | 4956 | 2668 | 380 | 155076 | 102483 | 14329 | 32001 | 38790 | 38211 |
| 歙　县 | Shexian | 12375 | 9153 | 402 | 365808 | 294580 | 8815 | 30375 | 32407 | 21873 |
| 休宁县 | Xiuning | 9224 | 5947 | 261 | 283724 | 189861 | 6439 | 30947 | 32017 | 24670 |
| 黟　县 | Yixian | 4202 | 3099 | 223 | 117939 | 90377 | 2741 | 27934 | 29248 | 12516 |
| 祁门县 | Qimen | 7327 | 5744 | 539 | 223409 | 186400 | 14160 | 30525 | 32294 | 26667 |

## 4—31 公共就业人才服务工作情况（2010年）
Public Employment Talented Person Service Situation (2010)

| 项目 | Item | 市及以上 Above City | 区(县) Area County | 街道 Street | 乡镇 Town | 社区 Community | 行政村 Administrative Village |
|---|---|---|---|---|---|---|---|
| 本期办理就业登记人数（人） | Handling Employment Registration Population this Period (person) | 228426 | 440464 | 43744 | 37081 | 24022 | 10552 |
| 本期单位登记招聘人数（人） | Unit Register Employment Recruit Population this Period (person) | 1030982 | 1222561 | 81894 | 70431 | 54470 | 9692 |
| 本期登记招聘人员的单位数（个） | Unit Number of Register Employment Recruit this Period (unit) | 66280 | 38670 | 9803 | 3469 | 5181 | 1730 |
| 本期登记求职人数（人） | Register Job Wanted Population this Period (person) | 586128 | 893262 | 64808 | 64294 | 41844 | 16752 |
| #女性 | Female | 266125 | 392930 | 33091 | 35486 | 23204 | 9922 |
| #城镇登记失业人员 | Unban Register Unemployment Population | 315759 | 185395 | 26617 | 11446 | 22387 | 6103 |
| 应届高校毕业生 | University Graduate this Year | 94492 | 71609 | 4964 | 2305 | 2546 | 3436 |
| 农村劳动者 | Countryside Labor | 114291 | 426671 | 26784 | 50343 | 11792 | 10540 |
| 本期接受职业指导人数（人） | Accepting Vocational Guidance Population this Period (person) | 282691 | 372111 | 44643 | 45267 | 23559 | 10320 |
| #女性 | Female | 124004 | 185634 | 23582 | 23321 | 12807 | 6509 |
| 本期接受创业服务人数（人） | Accepting Undertaking Service Population (person) | 22973 | 51675 | 6826 | 6477 | 5590 | 5869 |
| #女性 | Female | 10348 | 14553 | 4136 | 3829 | 3524 | 4742 |
| 期末代理保管人事档案人数（人） | Number of Proxy Taking Care of Dossier by the end of this Period (person) | 144158 | 299811 | 355 | 543 | 215 | 70 |
| 期末管理流动党员人数（人） | Nember of Management Mobile Party Population by the end of this Period (person) | 3474 | 8472 | 462 | 366 | 469 | 132 |
| 本期介绍成功人数（人） | Introducing Successful Population this Period (person) | 332612 | 394635 | 34484 | 41173 | 24469 | 12215 |
| #女性 | Female | 127921 | 180578 | 20537 | 21154 | 13907 | 7374 |
| #城镇登记失业人员 | Unban Register Unemployment Population | 134951 | 80847 | 15916 | 5708 | 12826 | 2555 |
| 应届高校毕业生 | University Graduate this Year | 48873 | 27721 | 2280 | 1955 | 1551 | 737 |
| 农村劳动者 | Countryside Labor | 97903 | 206299 | 11600 | 30560 | 7262 | 6380 |

## 4—32 人力资源服务机构综合情况（2010年）
Human Resources Service Organization Comprehensive Situation (2010)

| 项目 | Item | 公共就业服务机构 Public Employment Service Organization | 公共人才服务机构 Public Talented Person Service Organization | 国有性质服务企业 State-owned Service Enterprise | 私营性质服务企业 Private Service Enterprise |
|---|---|---|---|---|---|
| 服务机构数（个） | Service Organization (unit) | 9129 | 229 | 22 | 201 |
| 从业人员人数（人） | Population of Jobholder (person) | 13309 | 679 | 131 | 837 |
| #大专及以下 | Junior College and Below | 11104 | 289 | 67 | 642 |
| 本科 | Undergraduate Course | 2055 | 383 | 61 | 169 |
| 硕士及以上 | Master and Above | 17 | 11 | 3 | 20 |
| #取得职业资格人数 | Obtaining Professional Qualification Population | 3564 | 186 | 81 | 386 |
| 设立固定招聘场所（个） | Fixed Employment Advertise Place (unit) | 1431 | 193 | 20 | 163 |
| 总资产（万元） | Total Assets (10000 yuan) | 23306.4 | 7931.8 | 2266.0 | 5337.7 |
| 建立人力资源服务网站（个） | Human Resources Service Network (unit) | 167 | 56 | 5 | 31 |
| 全年营业总收入（万元） | Annual Business Gross Income (10000 yuan) | 1730.8 | 1859.9 | 982.2 | 3801.5 |

# 4—33 人力资源服务业务基本情况（2010年）

## Human Resources Service Basic Situation (2010)

| 项　　目 | Item | 公共就业服务机构 Public Employment Service Organization | 公共人才服务机构 Public Talented Person Service Organization | 国有性质服务企业 State-owned Service Enterprise | 私营性质服务企业 Private Service Enterprise |
|---|---|---|---|---|---|
| 服务人员总数 (人) | Total of Service Personnel Registration (person) | 2744173 | 1394845 | 367730 | 547841 |
| 登记要求流动人员 (人) | Nubmer of Registration Requesting Flowing Personnel (person) | 1404107 | 161714 | 125322 | 1035239 |
| #大专及以下 | Junior College and Below | 1279362 | 110844 | 49922 | 832535 |
| 本　科 | Undergraduate Course | 110030 | 47349 | 60571 | 155008 |
| 硕士及以上 | Master and Above | 503 | 2610 | 15000 | 50351 |
| 实现就业和流动人数 (人) | Realizing Employment and Flowing Population (person) | 1449050 | 200067 | 26487 | 144933 |
| 服务用人单位数 (个) | Number of Service Personnel Units (unit) | 63322 | 71917 | 40130 | 17073 |
| #国有企、事业单位 | State-owned Enterprise and Institution | 3301 | 2897 | 272 | 2420 |
| 私营企业 | Private Enterprise Foreign-funded Enterprise | 51151 | 60391 | 38931 | 13439 |
| 外资企业 | Foreign-funded Enterprise | 9110 | 1437 | 1034 | 897 |
| 建立人力资源数据库 (人次) | Establishment Human Resources Database (person time) | 120830 | 3588 | 17 | 44 |
| 现存数据库求职信息总量 (人次) | Total of Extant Database Seeking Employment Information (person time) | 1157983 | 1392334 | 3037648 | 1642425 |
| #全年入库求职信息 | Whole Year Warehousing Seeking Employment Information | 601785 | 172666 | 263529 | 525537 |
| 现场招聘服务 | Scene Employment Advertise Service | | | | |
| 举办招聘会次数 (次) | Number of Times of Conducting Job Fair (time) | 3161 | 1791 | 349 | 676 |
| #毕业生专场 | Graduate Specially | 338 | 185 | 39 | 149 |
| 农民工专场 | Peasant Laborer Specially | 836 | 304 | 7 | 181 |
| 参会用人单位 (家) | Attending the Meeting Employer (unit) | 74937 | 93585 | 38402 | 24275 |
| 提供招聘岗位 (个) | Providing Employment Post (unit) | 1521320 | 924835 | 392115 | 311453 |
| 参会求职人数 (人) | Attending the Meeting Seeking Employment Population (person) | 1496342 | 1617685 | 583850 | 671059 |
| 网络招聘服务 (条) | Network Employment Advertise Service (unit) | | | | |
| 发布岗位信息 | Issue Post Information | 733212 | 321550 | 84500 | 43727 |
| 发布求职信息 | Issue Seeking Employment Information | 106859 | 215214 | 83520 | 389643 |
| 劳务(人才)派遣服务 | The Service (talented person) to Dispatch to Serve | | | | |
| 派遣单位 (个) | Detached Organization (unit) | 705 | 451 | 412 | 135 |
| 派遣人员总量 (人) | Total of Detached Personnel (person) | 74522 | 15796 | 22006 | 22081 |
| 登记要求派遣人数 (人) | Registration Requesting Detached Population (person) | 62559 | 8591 | 8592 | 16977 |
| 人力资源管理咨询 | Human Resources Management Consulting | | | | |
| 服务用人单位 (个) | Service Employer Unit (unit) | 10749 | 7493 | 200 | 584 |
| 人力资源外包服务 | Human Resources Outsourcing Service | | | | |
| 服务用人单位 (个) | Service Employer Unit (unit) | 513 | 342 | 135 | 358 |
| 流动人员档案管理 | Flowing Personnel Record Management | | | | |
| 现存档案数量 (人) | Number of Extant File (person) | 647388 | 493778 | 268590 | 69886 |
| 依托档案提供服务 (次) | Depending on the File to Provide Service (time) | 445775 | 180473 | 256836 | 50805 |
| 培训服务 | Training Service | | | | |
| 举办培训班 (个) | Conducting Training Class (unit) | 8428 | 1938 | 72 | 196 |
| 参加人数 (人) | Participating Population (person) | 91002 | 15098 | 4578 | 10242 |
| 测评服务 | Evaluation Service | | | | |
| 测评人数 (人) | Evaluation Population (person) | 14868 | 12596 | 18370 | 10988 |
| 猎头服务 | Headhunting Service | | | | |
| 成功推荐人才 (人) | Successful to Recommend Talented Person (person) | 4753 | 3752 | 310 | 15618 |

# 4—34 各市职业技能鉴定综合情况（2010年）

Vocational skill appraisal comprehensive situation by Region (2010)

单位：人 （person）

| 地 区 | Region | 鉴定机构数（个） Number of Appraisal Institution (unit) | | | | 考评人员人数 Number of Evaluation Staff | 鉴定考核人数 Appraisal Number of Assessment | | | |
|---|---|---|---|---|---|---|---|---|---|---|
| | | 小计 Total | #鉴定中心 Appraisal Center | #职业技能鉴定所 Vocational Skill Appraisal Institution | #行业特有工种鉴定站 Industry-specific Types of Appraisal Points | | 小计 Total | 初级 Primary | 中级 Middle-level | 高级 High level |
| **总计** | **Total** | **399** | **37** | **330** | **28** | **7679** | **540051** | **243466** | **221721** | **64912** |
| 合肥市 | Hefei | 41 | 4 | 37 | | 913 | 91896 | 10788 | 64203 | 14315 |
| 淮北市 | Huaibei | 22 | 1 | 17 | 4 | 457 | 18003 | 5879 | 7460 | 4066 |
| 亳州市 | Bozhou | 11 | 1 | 10 | | 197 | 21008 | 15116 | 4822 | 935 |
| 宿州市 | Suzhou | 26 | 6 | 19 | | 489 | 36637 | 16273 | 16464 | 3573 |
| 蚌埠市 | Bengbu | 37 | 4 | 31 | 2 | 185 | 22974 | 3480 | 15380 | 3608 |
| 阜阳市 | Fuyang | 23 | 1 | 22 | | 216 | 31620 | 17702 | 10036 | 3122 |
| 淮南市 | Huainan | 28 | 2 | 26 | | 1090 | 42825 | 27300 | 9721 | 4537 |
| 滁州市 | Chuzhou | 19 | 1 | 15 | | 710 | 38414 | 20628 | 12314 | 4899 |
| 六安市 | Luan | 35 | 9 | 26 | | 255 | 38219 | 23257 | 11967 | 2695 |
| 马鞍山市 | Maanshan | 17 | 1 | 16 | | 664 | 22849 | 9118 | 10656 | 2536 |
| 巢湖市 | Chaohu | 22 | 1 | | 21 | 245 | 31731 | 22234 | 5508 | 3461 |
| 芜湖市 | Wuhu | 27 | 1 | 26 | | 851 | 43813 | 19015 | 19618 | 4688 |
| 宣城市 | Xuancheng | 19 | 1 | 18 | | 505 | 27057 | 17402 | 7082 | 2388 |
| 铜陵市 | Tongling | 18 | 1 | 16 | 1 | 402 | 10071 | 2993 | 4178 | 2450 |
| 池州市 | Chizhou | 11 | 1 | 10 | | 114 | 22140 | 11865 | 6014 | 4087 |
| 安庆市 | Anqing | 27 | 1 | 26 | | 280 | 23010 | 6980 | 13600 | 2050 |
| 黄山市 | Huangshan | 16 | 1 | 15 | | 106 | 17784 | 13436 | 2698 | 1502 |

| 地 区 | Region | | | 获取证书人数 Number of Obtaining a Certificate | | | | | | 通过率(%) Pass Rate (%) |
|---|---|---|---|---|---|---|---|---|---|---|
| | | 技师 Technician | 高级技师 Senior Technician | 小计 Total | 初级 Primary | 中级 Middle-level | 高级 High level | 技师 Technician | 高级技师 Senior Technician | |
| **总计** | **Total** | **9881** | **71** | **446596** | **207620** | **184489** | **49088** | **5361** | **38** | **82.70** |
| 合肥市 | Hefei | 2573 | 17 | 77301 | 9417 | 56730 | 10341 | 801 | 12 | 84.12 |
| 淮北市 | Huaibei | 598 | | 13903 | 4746 | 6108 | 2677 | 372 | | 77.23 |
| 亳州市 | Bozhou | 135 | | 18580 | 13204 | 4427 | 828 | 121 | | 88.44 |
| 宿州市 | Suzhou | 288 | 39 | 29291 | 13379 | 13293 | 2445 | 155 | 19 | 79.95 |
| 蚌埠市 | Bengbu | 506 | | 18379 | 2784 | 12304 | 2886 | 405 | | 80.00 |
| 阜阳市 | Fuyang | 760 | | 21239 | 11766 | 6940 | 2288 | 245 | | 67.17 |
| 淮南市 | Huainan | 1267 | | 35135 | 23268 | 8432 | 3024 | 411 | | 82.04 |
| 滁州市 | Chuzhou | 573 | | 32321 | 17534 | 10467 | 3919 | 401 | | 84.14 |
| 六安市 | Luan | 295 | 5 | 31002 | 20018 | 8982 | 1822 | 177 | 3 | 81.12 |
| 马鞍山市 | Maanshan | 539 | | 16349 | 7636 | 6527 | 1803 | 383 | | 71.55 |
| 巢湖市 | Chaohu | 528 | | 25885 | 18541 | 4352 | 2596 | 396 | | 81.58 |
| 芜湖市 | Wuhu | 492 | | 36511 | 15846 | 16348 | 3907 | 410 | | 83.33 |
| 宣城市 | Xuancheng | 185 | | 22663 | 15227 | 5666 | 1622 | 148 | | 83.76 |
| 铜陵市 | Tongling | 450 | | 8707 | 2843 | 3403 | 2131 | 330 | | 86.46 |
| 池州市 | Chizhou | 174 | | 20833 | 11584 | 5612 | 3515 | 122 | | 94.10 |
| 安庆市 | Anqing | 370 | 10 | 20800 | 6450 | 12200 | 1810 | 336 | 4 | 90.40 |
| 黄山市 | Huangshan | 148 | | 17697 | 13377 | 2698 | 1474 | 148 | | 99.51 |

## 4—35 职业介绍机构基本情况
Basic Conditions of Employment Services

| 年份 Year | 本年末职业介绍机构个数（个）Number of Labour Exchanges (unit) | 劳动保障部门办 Run by Labor Departments | 其他组织办 Run by Other Organs | 公民个人办 Run by Private | 本年末职业介绍机构人数（人）Staff and Workers (person) | 劳动保障部门办 Run by Labor Departments | 其他组织办 Run by Other Organs | 公民个人办 Run by Private |
|---|---|---|---|---|---|---|---|---|
| 2000 | 1885 | 1113 | 544 | 228 | 5039 | 3186 | 1245 | 608 |
| 2002 | 1767 | 1334 | 170 | 263 | 4588 | 3131 | 643 | 814 |
| 2003 | 2022 | 1554 | 106 | 362 | 5274 | 3887 | 371 | 1016 |
| 2004 | 1894 | 1323 | 169 | 402 | 5423 | 3700 | 527 | 1196 |
| 2005 | 1929 | 1355 | 139 | 435 | 5391 | 3649 | 408 | 1334 |
| 2006 | 2030 | 1409 | 127 | 494 | 5645 | 3719 | 288 | 1638 |
| 2007 | 1892 | 1274 | 128 | 490 | 5535 | 3518 | 360 | 1657 |
| 2008 | 2198 | 1537 | 126 | 535 | 5942 | 3923 | 284 | 1735 |
| 2009 | 1923 | 1405 | 125 | 393 | 5610 | 3903 | 398 | 1309 |

## 4—36 劳动部门职业介绍工作情况
Situations in Employment Services of Labor Departments

单位：万人 (10000 persons)

| 年份 Year | 本年登记招聘人数 Total Registered Recruitment | 本年登记求职人次数 Registered Person-times in This Year | #下岗职工 Laid-off Workers | #失业人员 Former Unemployed | #获得职业资格人员 Person with Certificates | 本年介绍成功人次数 Number of Person-times Actually Employed | #下岗职工 Laid-off Workers | #失业人员 Former Unemployed | #获得职业资格人员 Person with Certificates |
|---|---|---|---|---|---|---|---|---|---|
| 2000 | 23.9 | 55.1 | 8.3 | 12.7 | 2.9 | 24.7 | 5.0 | 6.4 | 1.8 |
| 2002 | 49.8 | 58.2 | 10.3 | 18.5 | 5.8 | 33.6 | 6.3 | 11.5 | 4.0 |
| 2003 | 89.9 | 110.4 | 12.7 | 24.8 | 8.6 | 61.5 | 7.5 | 15.7 | 6.2 |
| 2004 | 115.7 | 127.0 | 12.5 | 31.6 | 9.2 | 64.8 | 6.7 | 19.9 | 7.1 |
| 2005 | 117.3 | 132.4 | 10.2 | 48.0 | 18.5 | 72.2 | 7.0 | 24.3 | 7.4 |
| 2006 | 122.1 | 127.5 | 15.8 | 47.1 | 13.7 | 61.1 | 8.0 | 21.8 | 7.4 |
| 2007 | 136.0 | 130.5 | 12.8 | 33.8 | 17.4 | 66.6 | 6.4 | 18.3 | 11.1 |
| 2008 | 156.9 | 137.9 | 8.2 | 30.9 | 21.2 | 73.2 | 4.9 | 16.0 | 14.0 |
| 2009 | 195.9 | 151.9 | 9.2 | 38.7 | 18.6 | 80.7 | 4.2 | 21.7 | 15.0 |
| 2010 | 247.0 | 166.7 | | 56.8 | | 84.0 | | 25.3 | |

# 4—37 各市劳动部门职业介绍工作情况（2010年）
Situations in Employment Services of Labor Departments by Region (2010)

单位：万人 (10000 persons)

| 地区 Region | | 本年登记招聘人数 Total Registered Recruitment | 本年登记求职人次数 Registered Person-times in This Year | #失业人员 Former Unemployed | 本年介绍成功人次数 Number of Person-times Actually Employed | #失业人员 Former Unemployed |
|---|---|---|---|---|---|---|
| 合肥市 | Hefei | 28.46 | 9.78 | 1.93 | 8.12 | 1.72 |
| 淮北市 | Huaibei | 10.74 | 4.17 | 2.03 | 2.90 | 1.04 |
| 亳州市 | Bozhou | 11.95 | 3.30 | 0.32 | 2.55 | 0.37 |
| 宿州市 | Suzhou | 10.69 | 11.06 | 2.67 | 5.08 | 1.16 |
| 蚌埠市 | Bengbu | 12.68 | 13.17 | 4.81 | 4.72 | 1.61 |
| 阜阳市 | Fuyang | 92.61 | 141.38 | 46.38 | 64.62 | 18.30 |
| 淮南市 | Huainan | 10.14 | 5.33 | 3.32 | 3.31 | 1.90 |
| 滁州市 | Chuzhou | 18.67 | 18.59 | 9.85 | 6.64 | 3.10 |
| 六安市 | Luan | 3.61 | 3.81 | 1.34 | 3.21 | 0.56 |
| 马鞍山市 | Maanshan | 5.56 | 4.67 | 2.94 | 3.80 | 1.76 |
| 巢湖市 | Chaohu | 3.92 | 72.47 | 19.65 | 33.21 | 8.56 |
| 芜湖市 | Wuhu | 50.69 | 36.48 | 9.26 | 14.40 | 2.43 |
| 宣城市 | Xuancheng | 14.03 | 11.00 | 1.87 | 7.90 | 1.95 |
| 铜陵市 | Tongling | 5.94 | 2.97 | 1.70 | 1.45 | 1.00 |
| 池州市 | Chizhou | 6.44 | 3.92 | 1.06 | 1.16 | 0.29 |
| 安庆市 | Anqing | 25.07 | 14.48 | 4.42 | 6.29 | 2.38 |
| 黄山市 | Huangshan | 11.24 | 3.61 | 1.32 | 2.02 | 0.48 |

## 4—38 城镇登记失业人数及失业率
Number of Registered Urban Unemployed Persons and Unemployment Rate

单位：万人 (10000 persons)

| 年份 Year | 本年新登记失业人数 Number of New Unemployed Persons in this Year | 登记失业人员中新增就业人数 New Added Employees of the Registered Urban Unemployed Persons | 年末实有登记失业人数 Number of Unemployed Persons (Year-end) | #女性 Female | 城镇登记失业率(%) Urban Unemployed Ratio (%) |
|---|---|---|---|---|---|
| 2000 | 31.59 | 12.26 | 16.52 | 9.12 | 3.30 |
| 2002 | 23.84 | 20.30 | 22.21 | 12.15 | 4.00 |
| 2003 | 33.19 | 29.66 | 25.14 | 13.51 | 4.10 |
| 2004 | 35.59 | 32.65 | 26.08 | 13.29 | 4.20 |
| 2005 | 34.63 | 32.88 | 13.60 | 13.60 | 4.40 |
| 2006 | 32.96 | 31.99 | 28.20 | 13.59 | 4.25 |
| 2007 | 29.78 | 29.71 | 28.02 | 13.70 | 4.06 |
| 2008 | 26.49 | 26.52 | 29.31 | 13.63 | 3.92 |
| 2009 | 25.24 | 26.08 | 30.07 | 13.89 | 3.92 |
| 2010 | 28.48 | 31.69 | 26.86 | 13.01 | 3.66 |

## 4—39 各市城镇登记失业人数及失业率（2010年）
Number of Registered Urban Unemployed Persons and Unemployment Rate by Region (2010)

单位：万人 (10000 persons)

| 地区 Region | | 本年新登记失业人数 Number of New Unemployed Persons in this Year | 登记失业人员中新增就业人数 New Added Employees of the Registered Urban Unemployed Persons | 年末实有登记失业人数 Number of Unemployed Persons (Year-end) | #女性 Female | 城镇登记失业率(%) Urban Unemployed Ratio (%) |
|---|---|---|---|---|---|---|
| **总计** | **Total** | **28.48** | **31.69** | **26.86** | **13.01** | **3.66** |
| 合肥市 | Hefei | 2.48 | 3.40 | 5.09 | 2.76 | 3.43 |
| 淮北市 | Huaibei | 1.64 | 1.13 | 1.78 | 0.90 | 3.95 |
| 亳州市 | Bozhou | 0.89 | 0.94 | 0.65 | 0.29 | 3.20 |
| 宿州市 | Suzhou | 0.87 | 0.91 | 1.31 | 0.72 | 4.11 |
| 蚌埠市 | Bengbu | 2.01 | 2.20 | 2.20 | 1.18 | 4.00 |
| 阜阳市 | Fuyang | 1.72 | 1.81 | 1.11 | 0.61 | 3.39 |
| 淮南市 | Huainan | 1.67 | 1.85 | 2.02 | 0.72 | 4.30 |
| 滁州市 | Chuzhou | 3.10 | 3.36 | 1.32 | 0.65 | 2.92 |
| 六安市 | Luan | 1.49 | 1.81 | 1.54 | 0.68 | 3.85 |
| 马鞍山市 | Maanshan | 1.25 | 1.27 | 0.74 | 0.34 | 3.12 |
| 巢湖市 | Chaohu | 0.56 | 0.96 | 1.25 | 0.84 | 3.47 |
| 芜湖市 | Wuhu | 3.41 | 3.87 | 1.16 | 0.65 | 3.00 |
| 宣城市 | Xuancheng | 2.07 | 2.52 | 0.92 | 0.21 | 3.38 |
| 铜陵市 | Tongling | 1.55 | 1.67 | 0.98 | 0.49 | 3.91 |
| 池州市 | Chizhou | 0.39 | 0.38 | 0.84 | 0.42 | 3.93 |
| 安庆市 | Anqing | 2.70 | 2.93 | 3.33 | 1.28 | 4.19 |
| 黄山市 | Huangshan | 0.68 | 0.68 | 0.62 | 0.27 | 3.90 |

# 主要统计指标解释

**从业人员**

指从事一定社会劳动并取得劳动报酬或经营收入的全部劳动力。包括：1. 全部职工；2. 城镇私营企业从业人员；3. 城镇个体劳动者；4. 农村社会劳动者；5. 其他社会劳动者。这一指标反映了一定时期内全部劳动力资源的实际利用情况，是研究基本国情国力的重要指标。

**单位从业人员**

指在各级国家机关、政党机关、社会团体及企业、事业单位中工作，取得工资或其他形式的劳动报酬的全部人员。包括在岗职工、再就业的离退休人员、民办教师以及在各单位中工作的外方人员和港澳台方人员、兼职人员、借用的外单位人员和第二职业者。不包括离开本单位仍保留劳动关系的职工。各单位的从业人员反映了各单位实际参加生产或工作的全部劳动力。

**城镇私营和个体从业人员**

城镇私营从业人员指在工商管理部门注册登记，其经营地址设在县城关镇（含城关镇）以上的私营企业从业人员；包括私营企业投资者和雇工。城镇个体从业人员指在工商管理部门注册登记，并持有城镇户口或在城镇长期居住，经批准从事个体工商经营的从业人员；包括个体经营者和在个体工商户劳动的家庭帮工和雇工。

**城镇登记失业人员**

指有非农业户口，在一定的劳动年龄内，有劳动能力，无业而要求就业，并在当地就业服务机构进行求职登记的人员。

**城镇登记失业率**

指城镇登记失业人数同城镇从业人数与城镇登记失业人数之和的比。计算公式为：

城镇登记失业率=城镇登记失业人数/（城镇从业人数+城镇登记失业人数）×100%

**职工**

指在国有经济、城镇集体经济、联营经济、股份制经济、外商和港、澳、台投资经济、其他经济单位及其附属机构工作，并由其支付工资的各类人员，不包括返聘的离退休人员、民办教师、在国有经济单位工作的外方人员和港、澳、台人员（1998年以后的数据均为在岗职工数据，其他相关指标如职工工资总额，职工平均工资等指标也从1998年按此口径进行了相应调整）。

**国有单位职工**

指在国有经济单位及其附属机构工作，并由其支付工资的各类人员。

**城镇集体单位职工**

指在城镇集体经济单位及其管理部门工作，并由其支付工资的各类人员。

**其他单位职工**

指在联营经济、股份制经济、外商投资经济、港、澳、台投资经济单位工作，并由其支付工资的各类人员。

**在岗职工**

指在本单位工作并由单位支付工资的人员，以及有工作岗位，但由于学习、病伤产假等原因暂未工作，仍由单位支付工资的人员。

**专业技术人员**

指从事专业技术工作的人员以及从事专业技术管理工作且已在1983年以前评定了专业技术职称或在1984年以后聘任了专业技术职务的人员。

专业技术人员具体指工程技术人员、农业技术人员、科研人员（含自然科学研究、社会科学研究及实验技术人员）、卫生技术人员、教学人员（含高等院校、中等专业学校、技工学校、中学、小学）、民用航空飞行技术人员、船舶技术人员、经济人员、会计人员、统计人员、翻译人员、图书资料、档案、文博人员、新闻、出版人员、律师、公证人员、广播电视播音人员、工艺美术人员、体育人员、艺术人员及政工人员。

专业技术管理人员具体指企业、事业单位的领导；企业、事业单位下设的职能机构、企业的生产车间和辅助车间（或附属辅助生产单位）中从事生产、技术、经济管理和政治工作的人员。

按照公务员管理或参照公务员管理的人员不统计为专业技术人员。

**单位从业人员增加人数**

指在报告期内，本单位招收、录用和调入的全部人员。

**单位从业人员减少人数**

指在报告期内，离开本单位且不再由本单位支付工资的人员。

**职工工资总额**

指各单位在一定时期内直接支付给本单位全部职工的劳动报酬总额。

工资总额的计算应以直接支付给职工的全部劳动报酬为依据。各单位支付给本单位全部职工的劳动报酬，不论是计入成本还是不计入成本，不论是以货币形式支付还是以实物形式支付，不论是单位自筹的资金还是上级（或政府财政部门）下拨的资金，不论是厂级单位筹集的资金还是下属车间（科室）及附属经营单位筹集的资金，均应列入工资总额计算的范围。

工资总额的统计应按国务院 1989 年 9 月 30 日批准、国家统计局 1990 年 1 月 1 日发布的《关于工资总额组成的规定》执行。

**职工平均工资**

指企业、事业、机关单位的职工在一定时期内平均每人所得的货币工资额。它表明一定时期职工工资收入的高低程度，是反映职工工资水平的主要指标。计算公式为：

职工平均工资=报告期实际支付的全部职工工资总额/报告期全部职工平均人数

# Explanatory Notes for Major Statistical Indicators

**Employed Persons**

refers to the persons who are engaged in social labor and receive remuneration payment or earn business income, including: (1)Total staff and workers; (2)Employed persons in private enterprises in urban areas; (3)Self-employed individuals in urban areas; (4)Social laborers in rural areas; (5)Other social laborers. It reflects the utilization of total labor force during a given period of time.

**Persons Employed in Various Units**

refer to all the persons working in government agencies of various levels, political and party organizations, social organizations, enterprises and institutions, and receiving wages or other forms of payment. They include fully-employed staff and workers, re-employed retirees, teachers in schools run by the local people, foreigners and Chinese compatriots from Hong Kong, Macao, and Taiwan working in various units, part-time employees, employees of other units working temporarily at current posts, and employees holding the second job, but exclude staff and workers who have left their working units while keeping their labour contract (employment relation) unchanged. This indicator reflects the total number of laborers actually engaged in production or other operations in various units.

**Persons Employed in Private Enterprises and Self-Employed Individuals in Urban Areas**

Persons employed in private enterprises refer to the persons employed in the private enterprises which have been registered at the departments of industrial and commercial administration and are situated at a county town (i.e. a town where the county government is located) for business operation or at urban areas with the level higher than a county town. The self-employed individuals in urban areas refer to persons who hold the certificates of residence in urban areas or have resided in the urban areas for a long time and have been registered at the departments of industrial and commercial administration and approved to be engaged in individual industrial or commercial business, including self-employed persons as well as helpers and hired labourers who work in the individual households engaged in industrial or commercial business.

**Registered Urban Unemployed Persons**

The registered unemployed persons in urban areas refer to the persons who are registered as permanent residents in the urban areas engaged in non-agricultural activities, aged within the range of working age, capable to labour, unemployed but desirous to be employed and have been registered at the local employment service agencies to apply for a job.

**Registered Urban Unemployment Rate**

Registered unemployment rate in urban areas refers to the ratio of the number of the registered unemployed persons to the sum of the number of employed persons and the registered unemployed persons. The formula is as follows:

Registered urban unemployment rate =number of registered urban unemployed persons/(urban employed person number + registered urban unemployed person number)×100%

**Staff and Workers**

refer to the persons who work in (and receive payment there from) enterprises and institutions of state ownership, collective ownership, joint ownership, share holding, foreign ownership, and ownership by entrepreneurs from Hong Kong, Macao, and Taiwan, and other types of ownership and their affiliated units, excluding the retired persons invited to work in the units again, teachers in the schools run by the local people and foreigners and persons coming from Hong Kong, Macao and Taiwan and working in the state-owned economic units. (The figures since 1998 refer to those of fully employed staff and workers. Other relative figures since 1998, such as total wages of staff and workers, average wage of staff and workers, etc., were adjusted according to the standard).

**Staff and Workers in State-owned Economic Units**

refer to the persons who work in the state-owned economic

units or their attached units and are listed in their payrolls.

**Staff and Workers of Collective Owned Units in Urban Areas**

refer to the persons who work in collective owned units in urban areas and their administration departments and receive payment there from.

**Staff and Workers in Units of Other types of Ownership**

refer to those who work in (and receive payment there from) enterprises and institutions of joint ownership, share holding, foreign ownership, and ownership by entrepreneurs from Hong Kong, Macao, and Taiwan.

**Fully Employed Staff and Workers**

refer to persons who work in, and receive wages from their working units, as well as persons who have their work posts, but are temporarily absent from work for reasons of study or on sick, injury or maternal leave and still receive wages from their working units.

**Professional and Technical Personnel**

refers to professional, technical and managerial staff members in institutions who were rated professional and technical titles before 1983 or appointed professional and technical posts after 1984.

Professional and technical personnel includes the following: Engineering, Agriculture, Scientific Research (including natural science, social science and laboratory technique), Health care, Teaching, civil aviation, shipping, economics, accounting, statistics, translating, archives, publishing, lawyer, broadcasting, craft, physical culture, art and political workers.

Managerial staff refers to the leadership of enterprises and institutions and persons engaged in production, technology, economic management and political work in functioning organizations under enterprises or institutions and workshop of enterprises.

Public servants or the personnel in light of public service are not included.

**Increase of Employment in Various Units**

refers to the persons recruited taken on or transferred in to this unit during the reporting period.

**Decrease of Employment in Various Units**

refers to the persons left this unit and no longer got payment from this unit during the reporting period.

**Total Wages of Staff and Workers**

refer to the total remuneration payment to staff and workers in various units during a certain period of time.

The calculation of total wages is based on the total remuneration payment to the staff and workers. Therefore, all the wages and salaries and other payments to staff and workers are included in the total wages regardless of their sources, category and forms.

Total wages should be counted in accordance with “the Regulation of the constitution of Total Wages” issued by NBS approved by the State Council on September 30, 1989.

Average Wage of Staff and Workers refers to the average wage in money terms per person during a certain period of time for staff and workers in enterprises, institutions, and government agencies, which reflects the general level of wage income during a certain period of time and is calculated as follows:

Average Wage of Staff and Workers = Total Wages of Staff and Workers in Reference Period/Average Number of Staff and Workers in Reference Period

# 第 五 篇

Chapter 5

INVESTMENT IN FIXED ASSETS

## 简要说明

一、按照国家统计局现行统计制度规定，全社会固定资产投资统计的范围包括：⑴城镇投资 50 万元以上项目；⑵房地产开发投资；⑶农村非农户投资；⑷农村农户投资。按登记注册类型分，包括内资、港澳台商及外商投资。

二、固定资产投资统计资料来源为：跨地区项目资料来自省直有关部门；农村个人固定资产投资由国家统计局安徽调查总队根据农村社会经济调查资料整理提供；其他固定资产投资统计资料均由省统计局投资处整理提供。

三、固定资产投资统计的调查方法，除农村个人固定资产投资统计采用抽样调查方法外，其他均为全面统计报表。

## Brief Introduction

I. According to the current statistical system stipulated by State Statistical Bureau, the social fixed assets investment includes: (1)items in town with investment of half million yuan and above; (2) the real estate investment; (3)invested not by farmers in rural districts; (4) invested by farmers in rural districts. By the registration, they include domestic investment, investment from Hong Kong, Macao and Taiwan and investment from foreign countries.

II. Data sources for the statistics of investment in fixed assets are as follows: Data on the trans-regional projects are provided by the various departments under the Provincial Government. Data on the investment in fixed assets by individuals in rural areas are prepared and provided the NBS Survey office in Anhui on the basis of data collected by the survey on the rural social and economic development. The other statistical data on the investment in fixed assets are prepared and provided by the Division of Statistics of Investment in Fixed Assets, Anhui Statistical Bureau.

III. Method of data collection: All Data on the investment in fixed assets are collected by the statistical reporting scheme with the coverage of complete enumeration, with the only exception that data on the investment in fixed assets by individuals in rural areas are collected by sample surveys.

# 5—1 全社会固定资产投资
Total Investment in Fixed Assets

| 指　　标 | Item | 1995 | 2000 | 2005 | 2009 | 2010 |
|---|---|---|---|---|---|---|
| **投资总额　　（万元）** | **Total Investment　　(10000 yuan)** | **5325424** | **8666667** | **25209640** | **92631822** | **118494343** |
| 按注册类型分 | Grouped by Ownership | | | | | |
| 内　资 | Domestic Funded | | | | | |
| 国有经济 | State-holding Units | 2661739 | 4311079 | 8805643 | 25331024 | 30613287 |
| 集体经济 | Collective-owned Units | 964692 | 1246991 | 484491 | 1839340 | 3239390 |
| #农　　村 | Rural | 781392 | 1064861 | 121968 | 482831 | 742472 |
| 私营经济 | Private Units | | | 4054698 | 19959005 | 28710810 |
| #农　　村 | Rural | | | 765026 | 3169037 | 3733574 |
| 联营经济 | Joint-ownership Economic Units | 21780 | 64789 | 54026 | 261064 | 315405 |
| 股份制经济 | Share Holding Economic Units | 178778 | 625138 | 3102845 | 5487583 | 7131811 |
| 其他经济 | Others | 34174 | 255962 | 4806926 | 30846459 | 43080495 |
| 个体经济 | Individuals | 1247623 | 1693002 | 2302287 | 4545695 | 918939 |
| 外商投资经济 | Foreign Funded Economic Units | 1921830 | 353036 | 642187 | 1926398 | 2119765 |
| 港澳台投资经济 | Economic Units Funded by Entrepreneurs from Hong Kong, Macao and Taiwan | 23808 | 116670 | 956537 | 2435254 | 2364441 |
| 按三次产业分 | Grouped by the Three Industries | | | | | |
| 第一产业 | Primary Industry | 18415 | 90636 | 754433 | 2366667 | 2215638 |
| 第二产业 | Secondary Industry | 1883593 | 2328718 | 9951088 | 39998968 | 56173547 |
| #工　　业 | Industry | 1718877 | 2138299 | 9475947 | 37174016 | 52534585 |
| 第三产业 | Tertiary Industry | 3423416 | 6247313 | 14504119 | 50266187 | 60105158 |
| #房地产开发 | Real Estate Development | 361015 | 879261 | 4594413 | 16698263 | 22518045 |
| 按资金来源分 | Grouped by Source of Funds | | | | | |
| 国家预算内资金 | State Budgetary Appropriation | 179033 | 546533 | 1308469 | 5929835 | 9360618 |
| 国内贷款 | Domestic Loans | 1482079 | 1592274 | 4874000 | 10829836 | 12013998 |
| 利用外资 | Foreign Investment | 306259 | 217262 | 499980 | 994813 | 1138872 |
| 自筹资金 | Fundraising | 2738886 | 4647474 | 16227669 | 68836149 | 88102963 |
| 其他资金 | Others | 634816 | 1532662 | 5153255 | 13135930 | 17373040 |
| 按构成分 | Grouped by Use of Funds | | | | | |
| 建筑安装工程 | Construction and Installation | 3388229 | 5620873 | 15426301 | 61353114 | 76209670 |
| 设备工具器具购置 | Purchase of Equipment and Instruments | 1488909 | 2039620 | 5518895 | 18119260 | 24659813 |
| 其他费用 | Others | 448286 | 1006174 | 4264444 | 13159448 | 17624860 |
| **房屋建筑面积　（万平方米）** | **Floor Space of Buildings　　(10000 sq.m)** | | | | | |
| 施工面积 | Floor Space Under Construction | 8002.8 | 10091.4 | 12389.9 | 33738.2 | 52588.2 |
| #住　　宅 | Residential Buildings | | | 8337.6 | 20155.5 | 31545.1 |
| 竣工面积 | Floor Space Completed | 6614.8 | 8397.1 | 6986.2 | 13702.0 | 12876.8 |
| #住　　宅 | Residential Buildings | 4930.4 | 6782.9 | 5109.0 | 8804.8 | 6835.8 |

## 5—2 全社会固定资产投资增长速度
Growth Rate of Total Investment in Fixed Assets by Ownership

| 年份<br>Year | 总计<br>Total | 国有经济<br>State-owned Units | 集体经济<br>Collective-owned Units | 私营经济<br>Private Units | 个体经济<br>Individuals | 其他各种经济<br>Other Types of Ownership |
|---|---|---|---|---|---|---|
| **增长速度（上年=100）**<br>**Growth Rate (previous year=100)** | | | | | | |
| 1995 | 33.29 | 34.15 | 39.99 | | 36.59 | 10.46 |
| 2000 | 11.99 | 22.67 | -3.33 | | 0.91 | 12.63 |
| 2001 | 11.24 | 10.61 | 4.25 | | 16.58 | 12.97 |
| 2002 | 17.55 | 7.68 | 6.35 | | 24.53 | 47.59 |
| 2003 | 30.39 | 9.58 | -5.81 | | 9.30 | 118.80 |
| 2004 | 29.54 | 31.60 | -52.01 | | -24.43 | 75.91 |
| 2005 | 31.70 | 18.92 | -22.47 | | 13.50 | 49.90 |
| 2006 | 40.61 | 19.47 | 12.14 | 63.39 | 9.28 | 92.03 |
| 2007 | 43.70 | 38.63 | 58.80 | 71.88 | 19.73 | 43.50 |
| 2008 | 33.50 | 22.97 | 55.28 | 10.91 | 16.41 | 54.52 |
| 2009 | 36.22 | 41.24 | 37.29 | 58.04 | 29.64 | 31.62 |
| 2010 | 33.55 | 20.79 | 76.15 | 43.85 | 44.00 | 39.80 |

## 5—3 全社会固定资产投资资金来源增长速度及构成
Source of Funds and Growth Rate of All Social Investment in Fixed Assets

| 年份<br>Year | 资金来源<br>Grouped by Source Finance | | | | 按构成分<br>Grouped by Use of Funds | | |
|---|---|---|---|---|---|---|---|
| | 国家预算内资金<br>State Budgetary Appropriation | 国内贷款<br>Domestic Loans | 利用外资<br>Foreign Investment | 自筹和其他资金<br>Fundraising and Others | 建筑安装工程<br>Construction and Installation | 设备工具器具购置<br>Purchase of Equipment and Instruments | 其他费用<br>Others |
| **增长速度（上年=100）**<br>**Growth Rate (previous year=100)** | | | | | | | |
| 1995 | 3.36 | 27.83 | 5.75 | 51.43 | 63.62 | 27.96 | 8.42 |
| 2000 | 6.31 | 18.37 | 2.51 | 53.62 | 64.86 | 23.53 | 11.61 |
| 2001 | 7.89 | 16.09 | 2.76 | 68.38 | 65.45 | 21.99 | 12.57 |
| 2002 | 7.89 | 17.20 | 2.67 | 72.24 | 64.04 | 22.07 | 13.89 |
| 2003 | -16.59 | 50.91 | -4.42 | 38.81 | 25.83 | 33.55 | 46.38 |
| 2004 | 19.01 | 0.62 | -1.73 | 40.34 | 27.73 | 29.89 | 36.23 |
| 2005 | 41.45 | 58.03 | 68.61 | 28.66 | 32.26 | 27.18 | 35.84 |
| 2006 | 47.21 | 26.81 | 17.58 | 42.91 | 46.67 | 33.00 | 28.54 |
| 2007 | 52.76 | 17.18 | 53.19 | 43.11 | 41.21 | 48.84 | 47.08 |
| 2008 | 26.73 | 6.77 | 8.05 | 29.88 | 39.30 | 20.76 | 27.78 |
| 2009 | 29.01 | 40.05 | 2.23 | 44.33 | 37.86 | 37.35 | 27.73 |
| 2010 | 57.86 | 10.93 | 14.48 | 28.67 | 24.21 | 36.10 | 33.93 |

注：2010年不含农户数据，比上年增长速度按同口径计算。

a) Households data is not included in 2010, the growth rate over the previous year is caculated by the same caliber.

## 5—4 按城乡分全社会固定资产投资
Total Investment in Fixed Assets of Rural and Urban Area

单位：万元 (10000 yuan)

| 年 份 Year | 全社会投资 Total Investment | 城 镇 Urban | #房地产开发 Real Estate Development | 农 村 Rural | #非农户 Non-Rural Households |
|---|---|---|---|---|---|
| 2000 | 8666667 | 6395369 | 879261 | 2271298 | 1064861 |
| 2001 | 9641133 | 7278532 | 1109914 | 2362601 | 1087470 |
| 2002 | 11333146 | 8700846 | 1464887 | 2632300 | 1112300 |
| 2003 | 14777162 | 12146765 | 2406505 | 2630397 | 1129546 |
| 2004 | 19142273 | 16120830 | 3502733 | 3021443 | 1121443 |
| 2005 | 25209640 | 21391395 | 4594413 | 3818245 | 1699350 |
| 2006 | 35446671 | 30611574 | 6374464 | 4835097 | 2460086 |
| 2007 | 50936811 | 44507343 | 7756432 | 6429468 | 3679677 |
| 2008 | 67999535 | 60016050 | 13626657 | 7983485 | 3182660 |
| 2009 | 92631822 | 81546076 | 16698263 | 11085746 | 7178208 |
| 2010 | 118494343 | 109284231 | 22518045 | 9210112 | 9210112 |

## 5—5 全社会分行业固定资产投资
Investment in Fixed Assets by Sector In Whole Society

单位：万元 (10000 yuan)

| 行 业 | Sector | 2005 | 2009 | 2010 |
|---|---|---|---|---|
| **总 计** | **Total** | **22991963** | **88724284** | **118494343** |
| 农、林、牧、渔业 | Farming, Forestry, Animal Husbandry and Fishery | 341939 | 1827352 | 2215638 |
| 采掘业 | Mining and Quarrying | 1471068 | 3520044 | 4074986 |
| 制造业 | Manufacturing | 6046773 | 30502346 | 44593803 |
| 电力、燃气及水的生产和供应业 | Production and Supply of Electricity Gas and Water | 1949850 | 3151626 | 3865796 |
| 建筑业 | Construction | 462578 | 2800491 | 3638962 |
| 交通运输、仓储和邮政业 | Transport, Storage and Postal Services | 2297456 | 5029509 | 6682157 |
| 信息传输、计算机服务和软件业 | Information Circulation, Computer Service and Software | 339691 | 953379 | 906311 |
| 批发和零售业 | Wholesale and Retail Trade | 449262 | 2357272 | 2924336 |
| 住宿和餐饮业 | Accommodation and Catering Trade | 265639 | 1363733 | 1901810 |
| 金融业 | Banking | 19322 | 180969 | 276578 |
| 房地产业 | Real Estate | 5053472 | 21506618 | 28565844 |
| 租赁和商务服务业 | Leasing and Commercial Services | 158214 | 556143 | 813224 |
| 科学研究、技术服务和地质勘查业 | Scientific Research, Technical Services and Geological Prospecting | 128055 | 327441 | 730030 |
| 水利、环境和公共设施管理业 | Water Conservancy, Environmental and Public Facilities Management | 2357571 | 8903279 | 9898894 |
| 居民服务和其他服务业 | Resident Services and Other Services | 32640 | 286747 | 372074 |
| 教 育 | Education | 574529 | 1766094 | 2164399 |
| 卫生、社会保障和社会福利业 | Health Care, Social Protection and Social Welfare | 151905 | 1000071 | 1149894 |
| 文化、体育和娱乐业 | Culture, Sports and Entertainment | 210860 | 957903 | 1199795 |
| 公共管理和社会组织 | Public Management and Social Organizations | 681139 | 1733267 | 2519812 |

注：为50万元以上项目统计口径。
a) Items above 500 thousand yuan.

## 5—6 按经济类型分的全社会固定资产投资（2010年）

Total Investment in Fixed Assets by Ownership (2010)

| 指　　标 | Item | 总　计 Total | 国有经济 State-owned Units | 集体经济 Collective-owned Units | 私营经济 Private Units | 个体经济 Individuals |
|---|---|---|---|---|---|---|
| **投资总额　　（万元）** | **Total Investment　　(10000 yuan)** | **118494343** | **30613287** | **3239390** | **28710810** | **918939** |
| **资金来源** | **Grouped by Source of Funds** | | | | | |
| 国家预算内资金 | State Budgetary Appropriation | 9480034 | 8146702 | 633703 | 58935 | 4682 |
| 国内贷款 | Domestic Loans | 15872165 | 5746517 | 68101 | 1356240 | 33562 |
| 利用外资 | Foreign Investment | 1164732 | 97493 | 8698 | 70859 | 300 |
| 自筹资金 | Fundraising | 101433901 | 18622383 | 2341641 | 27425262 | 754563 |
| 其他资金 | Others | 23507158 | 2932924 | 276217 | 701392 | 124298 |
| **按构成分** | **Grouped by Use of Funds** | | | | | |
| 建筑安装工程 | Construction and Installation | 76221254 | 23283325 | 2607262 | 16447465 | 573591 |
| 设备工具器具购置 | Purchase of Equipment and Instruments | 24654803 | 3195234 | 275624 | 9238319 | 264503 |
| 其他费用 | Others | 17615306 | 4131848 | 356504 | 3024926 | 80845 |
| **房屋建筑面积（万平方米）** | **Floor Space of Buildings　(10000 sq.m)** | | | | | |
| 施工面积 | Floor Space Under Construction | 52588.17 | 6612.05 | 848.88 | 9892.49 | 447.99 |
| 竣工面积 | Floor Space Completed | 12876.82 | 1908.02 | 349.47 | 3116.93 | 330.54 |
| #住　　宅 | Residential Buildings | 6835.76 | 954.88 | 205.66 | 890.32 | 253.18 |

| 指　　标 | Item | 联营经济 Joint-owned Units | 股份制经济 Share Holding Corparations Ltd. | 外商投资经　济 Foreign Funded Economic Units | 港澳台商经济 Economic Units Funded by Entrepreneurs from Hong Kong, Macao and Taiwan | 其他经济 Ecomomic Units of Other Types of Ownership |
|---|---|---|---|---|---|---|
| **投资总额　　（万元）** | **Total Investment　　(10000 yuan)** | **315405** | **7131811** | **2119765** | **2364441** | **43080495** |
| **资金来源** | **Grouped by Source of Funds** | | | | | |
| 国家预算内资金 | State Budgetary Appropriation | 10153 | 37125 | 3725 | 953 | 584056 |
| 国内贷款 | Domestic Loans | 50284 | 736057 | 254678 | 246610 | 7380116 |
| 利用外资 | Foreign Investment | 700 | 51652 | 295292 | 487483 | 152255 |
| 自筹资金 | Fundraising | 144921 | 6209532 | 1280308 | 2245415 | 42409876 |
| 其他资金 | Others | 55306 | 1146777 | 680107 | 1481857 | 16108280 |
| **按构成分** | **Grouped by Use of Funds** | | | | | |
| 建筑安装工程 | Construction and Installation | 202690 | 3957199 | 1271491 | 1562443 | 26315788 |
| 设备工具器具购置 | Purchase of Equipment and Instruments | 61727 | 2163931 | 547256 | 535798 | 8372411 |
| 其他费用 | Others | 50988 | 1010681 | 301018 | 266200 | 8392296 |
| **房屋建筑面积（万平方米）** | **Floor Space of Buildings　(10000 sq.m)** | | | | | |
| 施工面积 | Floor Space Under Construction | 75.89 | 2344.71 | 1178.82 | 1820.74 | 29366.61 |
| 竣工面积 | Floor Space Completed | 11.53 | 508.52 | 232.70 | 251.69 | 6167.41 |
| #住　　宅 | Residential Buildings | 5.21 | 292.62 | 174.46 | 109.31 | 3950.13 |

## 5—7 城镇建设项目投资完成情况（2010年）
Investment in Construction Items of Urban Area (2010)

| 行业 | Sector | 合计 Total | 地方项目 Local Projects |
|---|---|---|---|
| **计划投资** （万元） | **Total Planned Investment** (10000 yuan) | | |
| 建设项目计划总投资 | Total Investment of Construction Project Plan | 186834779 | 172904974 |
| 自开始建设累计完成投资 | Total Investment Complished from the Beginning | 180434866 | 174106782 |
| **自年初累计完成投资** （万元） | **Total Investment Completed from the Beginning of the Year** (10000 yuan) | **86766186** | **83346975** |
| #500万元以下项目完成投资 | Accomplished Investment Below 5 million Yuan | 1543007 | 1517953 |
| #国有经济控股 | State-owned and State-controlled | 33223390 | 29896403 |
| #住　宅 | Residential Buildings | 2517231 | 2508885 |
| 按建设性质分 | Grouped By Type of Construction | | |
| #新　建 | New Construction | 51115105 | 48662567 |
| 扩　建 | Expansion | 15870481 | 15556471 |
| 改建和技术改造 | Reconstruction and Technical Reconstruction | 16112406 | 15563197 |
| 按构成分 | Grouped by Composition | | |
| 建筑工程 | Construction | 47970684 | 46069821 |
| 安装工程 | Installation | 6537652 | 6180119 |
| 设备工器具购置 | Purchase of Equipment and Instruments | 22326310 | 21564271 |
| #用于更新的设备 | Used in Equipment Renewing | 2552309 | 2439815 |
| 其他费用 | Others | 9931540 | 9532764 |
| **新增固定资产** （万元） | **Newly Increased Assets** (10000 yuan) | **52348356** | **50707715** |
| **项目个数** （个） | **Number of Projects** (unit) | | |
| 施工项目个数 | Number of Projects Under Construction | 32771 | 32209 |
| #500万元以下项目 | Items under 5 million Yuan | 4868 | 4840 |
| #本年新开工 | Started this Year | 25562 | 25108 |
| 本年投产项目个数 | Number of Projects Put into Use this Year | 22573 | 22230 |
| **房屋建筑面积** （万平方米） | **Floor Space of Buildings** (10000 sq.m) | | |
| 施工面积 | Floor Space Under Construction | 15271.99 | 15099.22 |
| #住　宅 | Residential Buildings | 3088.24 | 3079.97 |
| 竣工面积 | Floor Space Completed | 5622.20 | 5605.61 |
| #住　宅 | Residential Buildings | 1597.97 | 1597.15 |
| **本年资金来源合计** （万元） | **Subtotal of Source of Funds this Year** (10000 yuan) | **92067451** | **88081616** |
| 上年末结余资金 | Surplus Funds at the Year-end | 1891720 | 1858278 |
| 本年资金来源小计 | Subtotal of Source of Funds this Year | 90175731 | 86223338 |
| 国家预算内资金 | State Budgetary Appropriation | 8580634 | 7524324 |
| 国内贷款 | Domestic Loans | 8419612 | 7956982 |
| 债　券 | Bonds | 133966 | 12115 |
| 利用外资 | Foreign Investment | 940609 | 743923 |
| #外商直接投资 | Foreign Direct Investment | 487123 | 297123 |
| 自筹资金 | Self-raising Funds | 68488880 | 66504051 |
| #企、事业单位自有资金 | Enterprise, Institution Innate Fund | 16365521 | 15904753 |
| 其他资金来源 | Others | 3612030 | 3481943 |
| **各项应付款合计** （万元） | **Total of All Payable Account** (10000 yuan) | **5479905** | **4965205** |
| #工程款 | Project Account | 2296711 | 1967057 |
| **征用和购置土地情况** | **Take Over for Use and the Purchase Land Situation** | | |
| 规划用地面积 （万平方米） | Planning Land Area (10000 sq.m) | 95410.47 | 93558.01 |
| 本年实际征用和购置土地面积 （万平方米） | Actual Acquisition and Purchase of Land Area this Year (10000 sq.m) | 20178.92 | 19734.94 |
| 本年实际征用和购置土地成交价款 （万元） | Funds of Actual Acquisition and Purchase of Land this Year (10000 yuan) | 2897109 | 2759208 |
| **保障性住房情况** | **Low-income house** | | |
| 保障性住房本年完成投资 （万元） | Completed Investment in Low-income House This Year (10000 yuan) | 295903 | 295903 |
| #廉租房 | Low-rent House | 54508 | 54508 |
| 保障性住房本年施工面积 （万平方米） | Construction Area in Low-income House This Year (10000 sq.m) | 255.73 | 255.73 |
| #廉租房 | Low-rent House | 56.54 | 56.54 |
| 保障性住房本年竣工面积 （万平方米） | Completed Residential area in Low-income House This Year (10000 sq.m) | 75.17 | 75.17 |
| #廉租房 | Low-rent House | 26.56 | 26.56 |
| 保障性住房本年竣工套数 （套） | Completed Unit Number in Low-income House This Year (set) | 10213 | 10213 |
| #廉租房 | Low-rent House | 4422 | 4422 |

# 5—8 各行业城镇建设项目投资（2010年）

## Investment of Town Construction Projects by Sector (2010)

单位：万元 (10000 yuan)

| 行业 | Sector | 投资额 Investment | #新建 New Construction | 扩建 Expansion | 改建 Reconstruction | 新增固定资产 Newly Increased Fixed Assets |
|---|---|---|---|---|---|---|
| **总计** | **Total** | **86766186** | **51115105** | **15870481** | **16112406** | **52348356** |
| **农、林、牧、渔业** | **Agriculture, Forestry, Animal Husbandry and Fishery** | **1282653** | **854280** | **227215** | **158499** | **994070** |
| 农业 | Farming | 369463 | 263984 | 67841 | 37078 | 269428 |
| 林业 | Forestry | 113175 | 80974 | 21403 | 9008 | 76362 |
| 畜牧业 | Animal Husbandry | 330823 | 252528 | 58218 | 17177 | 251896 |
| 渔业 | Fishery | 76472 | 49005 | 24345 | 3122 | 63645 |
| 农、林、牧、渔服务业 | Services in Support of Agriculture | 392720 | 207789 | 55408 | 92114 | 332739 |
| **采矿业** | **Mining** | **3580217** | **1318881** | **775589** | **1446178** | **2150530** |
| 煤炭开采和洗选业 | Mining and Washing of Coal | 2001671 | 645088 | 327466 | 1024964 | 1110011 |
| 石油和天然气开采业 | Extraction of Petroleum and Natural Gas | 17338 | 6038 | 11300 |  | 18278 |
| 黑色金属矿采选业 | Mining and Processing of Ferrous Metal Ores | 626261 | 264596 | 181173 | 180053 | 257585 |
| 有色金属矿采选业 | Mining and Processing of Non-Ferrous Metal Ores | 300005 | 143523 | 78428 | 74944 | 251504 |
| 非金属矿采选业 | Mining and Processing of Nonmetal Ores | 620542 | 250607 | 175222 | 165237 | 500852 |
| 其他采矿业 | Mining of Other Ores | 14400 | 9029 | 2000 | 980 | 12300 |
| **制造业** | **Manufacturing** | **40814039** | **24307456** | **6834889** | **8127804** | **24990838** |
| 农副食品加工业 | Processing of Food from Agricultural Products | 1817625 | 1005030 | 489835 | 288178 | 1154200 |
| 食品制造业 | Manufacture of Foods | 940056 | 549452 | 177360 | 192075 | 580616 |
| 饮料制造业 | Manufacture of Beverages | 535321 | 290934 | 101168 | 105426 | 331883 |
| 烟草制品业 | Manufacture of Tobacco | 81034 | 36014 | 6418 | 37582 | 37056 |
| 纺织业 | Manufacture of Textile | 1242071 | 672553 | 255174 | 250884 | 894235 |
| 纺织服装、鞋、帽制造业 | Manufacture of Textile Wearing Apparel, Foot ware and Caps | 1681095 | 1093283 | 311209 | 219223 | 1190434 |
| 皮革毛皮羽毛(绒)及其制品业 | Manufacture of Leather, Fur, Feather and Related Products | 334013 | 208451 | 62565 | 54406 | 265358 |
| 木材加工及木竹藤棕草制品业 | Processing of Timber, Manufacture of Wood, Bamboo, Rattan, Palm and Straw Products | 718440 | 412272 | 145781 | 148482 | 611962 |
| 家具制造业 | Manufacture of Furniture | 522208 | 314981 | 113617 | 77629 | 407072 |
| 造纸及纸制品业 | Manufacture of Paper and Paper Products | 601440 | 354901 | 64291 | 168971 | 418516 |
| 印刷业和记录媒介的复制 | Printing, Reproduction of Recording Media | 646732 | 374109 | 113490 | 109994 | 468820 |
| 文教体育用品制造业 | Manufacture of Articles For Culture, Education and Sport Activities | 223651 | 141546 | 50462 | 19458 | 187828 |
| 石油加工、炼焦及核燃料加工业 | Processing of Petroleum, Coking, Processing of Nuclear Fuel | 260745 | 211733 | 16302 | 29310 | 283480 |
| 化学原料及化学制品制造业 | Manufacture of Raw Chemical Materials and Chemical Products | 2499627 | 1253502 | 411673 | 630808 | 1573867 |
| 医药制造业 | Manufacture of Medicines | 861114 | 533360 | 64765 | 224412 | 444572 |
| 化学纤维制造业 | Manufacture of Chemical Fibers | 85804 | 51671 | 11559 | 20574 | 59093 |
| 橡胶制品业 | Manufacture of Rubber | 408449 | 207956 | 55037 | 96431 | 246801 |
| 塑料制品业 | Manufacture of Plastics | 1799740 | 1206194 | 270221 | 242102 | 1120179 |
| 非金属矿物制品业 | Manufacture of Non-metallic Mineral Products | 4515285 | 2930214 | 621460 | 763939 | 2903752 |
| 黑色金属冶炼及压延加工业 | Smelting and Pressing of Ferrous Metals | 1137865 | 320828 | 90581 | 715880 | 599606 |
| 有色金属冶炼及压延加工业 | Smelting and Pressing of Non-ferrous Metals | 684579 | 310732 | 80475 | 268753 | 256874 |
| 金属制品业 | Manufacture of Metal Products | 1982534 | 1164228 | 339516 | 407715 | 1556962 |
| 通用设备制造业 | Manufacture of General Purpose Machinery | 3478121 | 1827726 | 765944 | 775740 | 2188341 |
| 专用设备制造业 | Manufacture of Special Purpose Machinery | 2249305 | 1359258 | 381447 | 379899 | 1446298 |
| 交通运输设备制造业 | Manufacture of Transport Equipment | 3937925 | 2246079 | 830270 | 787315 | 2074240 |
| 电气机械及器材制造业 | Manufacture of Electrical Machinery and Equipment | 3804458 | 2363088 | 643774 | 649742 | 2248324 |
| 通信设备、计算机及其他电子设备制造业 | Manufacture of Communication Equipment, Computers and Other Electronic Equipment | 2852331 | 2332573 | 212183 | 250177 | 817616 |
| 仪器仪表文化办公用机械制造业 | Manufacture of Measuring Instruments and Machinery for Cultural Activity and Office Work | 343463 | 199354 | 49610 | 84649 | 263558 |
| 工艺品及其他制造业 | Manufacture of Artwork and Other Manufacturing | 379860 | 226265 | 79082 | 69301 | 245266 |
| 废弃资源和废旧材料回收加工业 | Recycling and Disposal of Waste | 189148 | 109169 | 19620 | 58749 | 114029 |
| **电力燃气水的生产供应业** | **Production and Supply of Electricity, Gas and Water** | **3486156** | **2004388** | **369474** | **1065998** | **2154382** |
| 电力、热力的生产和供应业 | Production and Supply of Electric Power and Heat Power | 2428693 | 1328293 | 199030 | 878808 | 1336508 |
| 燃气生产和供应业 | Production and Supply of Gas | 331053 | 206840 | 59440 | 49735 | 252907 |
| 水的生产和供应业 | Production and Supply of Water | 726410 | 469255 | 111004 | 137455 | 564967 |
| **建筑业** | **Construction** | **3056448** | **1918878** | **438310** | **508347** | **2302545** |
| 房屋和土木工程建筑业 | Construction of Buildings and Civil Engineering | 2553168 | 1724372 | 317439 | 390651 | 1940995 |
| 建筑安装业 | Building Installation | 75013 | 8277 | 18173 | 23267 | 76218 |
| 建筑装饰业 | Building Decoration | 112750 | 24237 | 22234 | 44498 | 86595 |
| 其他建筑业 | Other Construction | 315517 | 161992 | 80464 | 49931 | 198737 |

## 5—8 续表 continued

单位：万元 (10000 yuan)

| 行业 | Sector | 投资额 Investment | #新建 New Construction | 扩建 Expansion | 改建 Recon-Struction | 新增固定资产 Newly Increased Fixed Assets |
|---|---|---|---|---|---|---|
| **交通运输、仓储和邮政业** | **Transport, Storage and Post** | **6335400** | **4111968** | **988956** | **703239** | **2529863** |
| 铁路运输业 | Railway Transport | 2475682 | 1994680 | 457470 | 269 | 71363 |
| 道路运输业 | Road Transport | 2534927 | 1347252 | 350758 | 641017 | 1586374 |
| 城市公共交通业 | Urban Public Transport | 105466 | 40126 | 2418 | 7380 | 132800 |
| 水上运输业 | Water Transport | 498525 | 169292 | 71927 | 18982 | 333800 |
| 航空运输业 | Air Transport | 146125 | 143195 | 182 | 2748 | 9982 |
| 管道运输业 | Transport Via Pipelines | 4535 | 3605 | | 930 | 2113 |
| 装卸搬运和其他运输服务业 | Loading, Unloading and Other Transport Services | 150663 | 90857 | 30820 | 15431 | 111525 |
| 仓储业 | Storage | 410906 | 318355 | 75381 | 14477 | 275341 |
| 邮政业 | Post | 8571 | 4606 | | 2005 | 6565 |
| **信息传输、计算机服务和软件业** | **Information Transmission, Computer Services and Software** | **887629** | **286717** | **162880** | **412799** | **539596** |
| 电信和其他信息传输服务业 | Telecommunications and Other Information Transmission Services | 736561 | 244995 | 121606 | 347973 | 434402 |
| 计算机服务业 | Computer Services | 119910 | 27783 | 28494 | 61103 | 82171 |
| 软件业 | Software | 31158 | 13939 | 12780 | 3723 | 23023 |
| **批发和零售业** | **Wholesale and Retail Trades** | **2714694** | **1432104** | **606353** | **475487** | **1776424** |
| 批发业 | Wholesale Trade | 1372285 | 653460 | 360037 | 231920 | 905498 |
| 零售业 | Retail Trade | 1342409 | 778644 | 246316 | 243567 | 870926 |
| **住宿和餐饮业** | **Hotels and Catering Services** | **1804724** | **962293** | **395155** | **400938** | **1283560** |
| 住宿业 | Hotels | 1000777 | 664930 | 183108 | 139060 | 641215 |
| 餐饮业 | Catering Services | 803947 | 297363 | 212047 | 261878 | 642345 |
| **金融业** | **Financial Intermediation** | **275820** | **95818** | **23355** | **99598** | **168717** |
| 银行业 | Bank | 214845 | 86124 | 13957 | 61454 | 112376 |
| 证券业 | Security Activities | 14227 | | 5300 | 6805 | 14227 |
| 保险业 | Insurance | 17335 | 2011 | | 15324 | 16680 |
| 其他金融活动 | Other Financial Activities | 29413 | 7683 | 4098 | 16015 | 25434 |
| **房地产业** | **Real Estate** | **5252386** | **3740120** | **912872** | **341208** | **3384683** |
| **租赁和商务服务业** | **Leasing and Business Services** | **738736** | **286612** | **159672** | **196153** | **453361** |
| 租赁业 | Leasing | 52262 | 10878 | 10426 | 8685 | 49472 |
| 商务服务业 | Business Services | 686474 | 275734 | 149246 | 187468 | 403889 |
| **科学研究、技术服务和地质勘查业** | **Scientific Research, Technical Service and Geologic Prospecting** | **707098** | **408993** | **76905** | **167236** | **478290** |
| 研究与试验发展 | Research and Experimental Development | 297911 | 192468 | 60613 | 31155 | 178693 |
| 专业技术服务业 | Professional Technical Services | 239183 | 100960 | 11852 | 97252 | 197326 |
| 科技交流和推广服务业 | Services of Science and Technology Exchanges and Promotion | 148203 | 103945 | 4440 | 32484 | 83092 |
| 地质勘查业 | Geologic Prospecting | 21801 | 11620 | | 6345 | 19179 |
| **水利、环境和公共设施管理业** | **Management of Water Conservancy, Environment and Public Facilities** | **9182383** | **5358317** | **2624205** | **1111399** | **5183817** |
| 水利管理业 | Management of Water Conservancy | 848446 | 395278 | 139732 | 304956 | 666053 |
| 环境管理业 | Environmental Management | 476667 | 308806 | 51033 | 99064 | 264471 |
| 公共设施管理业 | Management of Public Facilities | 7857270 | 4654233 | 2433440 | 707379 | 4253293 |
| **居民服务和其他服务业** | **Services to Households and Other Services** | **341907** | **171386** | **75857** | **78108** | **280113** |
| 居民服务业 | Services to Households | 228107 | 112795 | 48151 | 56385 | 182937 |
| 其他服务业 | Other Services | 113800 | 58591 | 27706 | 21723 | 97176 |
| **教育** | **Education** | **1954527** | **1155924** | **396963** | **285912** | **1052160** |
| **卫生、社会保障和社会福利业** | **Health, Social Security and Social Welfare** | **1076524** | **584409** | **240871** | **129675** | **619893** |
| 卫生 | Health | 944414 | 493141 | 208942 | 121532 | 523224 |
| 社会保障业 | Social Security | 3373 | 3273 | 100 | | 3720 |
| 社会福利业 | Social Welfare | 128737 | 87995 | 31829 | 8143 | 92949 |
| **文化、体育和娱乐业** | **Culture, Sports and Entertainment** | **1133504** | **799741** | **129992** | **142291** | **668480** |
| 新闻出版业 | Journalism and Publishing Activities | 4240 | 2095 | | 1047 | 3880 |
| 广播、电视、电影和音像业 | Broadcasting, Movies, Television and Audiovisual Activities | 196139 | 122877 | 17411 | 35717 | 77948 |
| 文化艺术业 | Cultural and Art Activities | 413515 | 352658 | 21768 | 27443 | 250088 |
| 体育 | Sports Activities | 78221 | 46035 | 9390 | 13281 | 33109 |
| 娱乐业 | Entertainment | 441389 | 276076 | 81423 | 64803 | 303455 |
| **公共管理和社会组织** | **Public Management and Social Organization** | **2141341** | **1316820** | **430968** | **261537** | **1337034** |
| 中国共产党机关 | Organs of Communist Party of China | 53339 | 24206 | 1752 | 27381 | 49786 |
| 国家机构 | Government Agencies | 1746762 | 1074121 | 338910 | 211944 | 1006725 |
| 人民政协和民主党派 | People's Political Consultative Conference and Democratic Parties | 4794 | | | | |
| 群众团体、社会团体和宗教组织 | Non-Governmental Organizations, Social Organizations and Religion Organizations | 44831 | 30978 | 7405 | 4960 | 21161 |
| 基层群众自治组织 | Grass Roots Self-governing Organizations | 291615 | 187515 | 82901 | 17252 | 259362 |

## 5—9 农村非农户固定资产投资完成情况（2010年）
Completion of the Non-farm households Investment in Fixed Asset in Rural Area (2010)

| 指　　标 | | Item | | 合　计<br>Total | 地方项目<br>Local Projects |
|---|---|---|---|---|---|
| 完成投资 | (万元) | Accomplished Investment | (10000yuan) | 9210112 | 9176996 |
| #住　宅 | | Residential Buildings | | 757913 | 757913 |
| 按建设性质分 | | Grouped By Type of Construction | | | |
| #新　建 | | New Construction | | 5655531 | 5640775 |
| 扩　建 | | Expansion | | 1808722 | 1801722 |
| 改建和技术改造 | | Reconstruction and Technical Reconstruction | | 1493903 | 1491047 |
| 按构成分 | | Grouped by Composition | | | |
| 建筑工程 | | Construction | | 5434129 | 5412753 |
| 安装工程 | | Installation | | 646754 | 640393 |
| 设备工器具购置 | | Purchase of Equipment and Instruments | | 2082925 | 2081156 |
| #用于更新的设备 | | Using in Renewing Equipments | | 294273 | 293748 |
| 其他费用 | | Others | | 1046304 | 1042694 |
| 新增固定资产 | (万元) | Newly Increased Assets | (10000yuan) | 7033265 | 6993351 |
| 施工项目个数 | (个) | Number of Projects | (unit) | | |
| 施工项目个数 | | Number of Construction | | 8002 | 7893 |
| #本年新开工 | | Started this Year | | 6595 | 6489 |
| 本年投产项目个数 | | Number of Putting Into Operation of Projects this Year | | 6004 | 5900 |
| 房屋建筑施工面积 | (万平方米) | Floor Space of Buildings Under Construction | (10000 sq.m) | 2232.89 | 2231.76 |
| #住　宅 | | Residential Buildings | | 916.83 | 916.83 |
| 房屋建筑竣工面积 | | Floor Space of Buildings Completed | | 1214.00 | 1213.88 |
| #住　宅 | | Residential Buildings | | 433.36 | 433.36 |
| 征用和购置土地情况 | (万平方米) | Acquisition and Purchase of Land Area | (10000 sq.m) | | |
| 规划用地面积 | | Planning Land Area | | 17523.05 | 1744.56 |
| 实际征用和购置土地面积 | | Actual Acquisition and Purchase of Land Area | | 3825.62 | 3804.26 |
| 实际征用和购置土地成交价款 | (万元) | Funds of Actual Acquisition and Purchase of Land | (10000 yuan) | 471186 | 468302 |

## 5—10 各市农村非农户固定资产投资完成情况（2010年）

Completion of the Non-farm households Investment in Fixed Asset in Rural Area by Region (2010)

| 地区 | Region | 完成投资（万元）Accomplished Investment (10000 yuan) | #住宅 Residential Buildings | 新增固定资产（万元）Newly Increased Assets (10000 yuan) | 房屋建筑施工面积（万平方米）Floor Space of Buildings Under Construction (10000 sq.m) | #住宅 Residential Buildings | 房屋建筑竣工面积（万平方米）Floor Space of Buildings Completed (10000 sq.m) | #住宅 Residential Buildings | 实际征用和购置土地面积（万平方米）Actual Acquisition and Purchase of Land Area (10000 sq.m) | 实际征用和购置土地成交价款（万元）Funds of Actual Acquisition and Purchase of Land (10000 yuan) |
|---|---|---|---|---|---|---|---|---|---|---|
| **总计** | **Total** | **9210112** | **757913** | **7033265** | **2232.89** | **916.83** | **1214.00** | **433.36** | **3825.62** | **471186** |
| 合肥市 | Hefei | 1040932 | 83975 | 644862 | 165.52 | 77.10 | 64.12 | 24.71 | 150.25 | 10281 |
| 淮北市 | Huaibei | 128507 | 29435 | 104259 | 100.40 | 57.66 | 40.33 | 11.90 | 101.83 | 23578 |
| 亳州市 | Bozhou | 158184 | 1959 | 118079 | 55.15 | 5.30 | 23.35 | 3.56 | 65.40 | 4812 |
| 宿州市 | Suzhou | 1174257 | 105006 | 988879 | 236.78 | 97.61 | 159.83 | 74.23 | 748.14 | 53975 |
| 蚌埠市 | Bengbu | 964847 | 73253 | 708564 | 219.25 | 79.57 | 88.34 | 35.55 | 90.51 | 17254 |
| 阜阳市 | Fuyang | 345302 | 119502 | 285513 | 353.40 | 164.66 | 276.07 | 109.25 | 192.41 | 12402 |
| 淮南市 | Huainan | 512353 | 126816 | 368223 | 347.90 | 244.54 | 126.54 | 88.26 | 295.70 | 23259 |
| 滁州市 | Chuzhou | 429423 | 51357 | 284377 | 97.75 | 36.14 | 54.58 | 19.65 | 91.79 | 157982 |
| 六安市 | Luan | 253960 | 26373 | 215696 | 42.74 | 16.53 | 29.49 | 11.62 | 181.68 | 7762 |
| 马鞍山市 | Maanshan | 573932 | 4551 | 386697 | 75.96 | 2.46 | 59.26 | 2.46 | 23.38 | 5512 |
| 巢湖市 | Chaohu | 665174 | 9994 | 606635 | 73.62 | 8.90 | 43.28 | 4.27 | 286.00 | 20390 |
| 芜湖市 | Wuhu | 132952 | 15014 | 114955 | 34.72 | 15.38 | 9.59 | 3.04 | 23.97 | 643 |
| 宣城市 | Xuancheng | 748925 | 16837 | 594347 | 80.77 | 17.61 | 46.94 | 10.26 | 742.79 | 33774 |
| 铜陵市 | Tongling | 88487 | 1076 | 75605 | 11.45 | 1.37 | 7.17 | 0.37 | 44.04 | 4243 |
| 池州市 | Chizhou | 846701 | 30227 | 683159 | 156.19 | 35.76 | 89.01 | 14.85 | 443.32 | 53525 |
| 安庆市 | Anqing | 853287 | 37580 | 626625 | 135.57 | 37.49 | 82.28 | 14.68 | 152.37 | 15062 |
| 黄山市 | Huangshan | 292889 | 24958 | 226790 | 45.70 | 18.75 | 13.82 | 4.68 | 192.04 | 26732 |

## 5—11 主要年份农村农户固定资产投资和建房

Farm households Investment in Fixed Assets and Buildings Construction in Rural Area

| 年份 Year | 投资总额（亿元）Total Investment (100 million yuan) | 竣工房屋投资 Investment in Buildings Completed | #住宅 Residential Buildings | 施工房屋建筑面积（万平方米）Floor Space of Buildings under Construction (10 000 sq.m) | 竣工房屋建筑面积（万平方米）Floor Space of Buildings Completed (10 000 sq.m) | #住宅 Residential Buildings | 竣工房屋造价（元/平方米）Cost of Buildings Completed (yuan/sq.m) | #住宅 Residential Buildings |
|---|---|---|---|---|---|---|---|---|
| 2000 | 120.6 | 83.2 | 82.3 | 4859.0 | 4771.0 | 4712.0 | 174.4 | 174.6 |
| 2005 | 211.9 | 110.2 | 108.9 | 3028.2 | 2925.7 | 2871.0 | 376.8 | 379.2 |
| 2006 | 237.2 | 144.5 | 140.1 | 3661.1 | 3488.4 | 3381.5 | 414.1 | 414.3 |
| 2007 | 275.0 | 169.9 | 162.0 | 4005.2 | 3699.5 | 3507.2 | 459.3 | 461.9 |
| 2008 | 318.3 | 195.5 | 183.9 | 4224.3 | 3925.8 | 3698.5 | 497.9 | 497.1 |
| 2009 | 390.8 | 275.2 | 266.6 | 5365.2 | 5019.8 | 4803.6 | 548.1 | 555.1 |
| 2010 | 439.1 | 281.7 | 274.1 | 4968.0 | 4511.0 | 4344.0 | 624.4 | 631.0 |

## 5—12 主要年份城镇50万元以上施工、投产项目个数

Number of Construction Projects over 500 Thousand Yuan under Construction and Put into Use in Urban Area

| 年份<br>Year | 项目投资<br>(万元)<br>Investment in Projects<br>(10000 yuan) | 施工项目<br>(个)<br>Number of projects Under Construc-tion<br>(unit) | 全部建成投产项目<br>(个)<br>Number of Projects Completed and Put into Use<br>(unit) | 项目建成投产率<br>(%)<br>Ratio of Projects Completed and Put into Use<br>(%) | 新增固定资产<br>(万元)<br>Newly Increased Fixed Assets<br>(10000 yuan) | 固定资产交付使用率<br>(%)<br>Ratio of Fixer Assets Put into Use<br>(%) |
|---|---|---|---|---|---|---|
| 2005 | 16698200 | 10535 | 5050 | 47.94 | 8455176 | 50.64 |
| 2006 | 24237110 | 13293 | 6972 | 52.45 | 12199231 | 50.33 |
| 2007 | 35586665 | 16761 | 8090 | 48.27 | 19586434 | 55.04 |
| 2008 | 46389393 | 19749 | 10097 | 51.13 | 23778646 | 51.26 |
| 2009 | 64847813 | 26877 | 17406 | 64.76 | 40258135 | 62.08 |
| 2010 | 86766186 | 32771 | 22573 | 68.88 | 52348356 | 60.33 |

## 5—13 各市城镇50万元以上施工、投产项目个数（2010年）

Number of Construction Projects over 500 Thousand Yuan under Construction and Put into Usein Urban Area by Region（2010）

| 地区 | Region | 项目投资<br>(万元)<br>Investment in Projects<br>(10000 yuan) | 施工项目<br>(个)<br>Number of projects Under Construc-tion<br>(unit) | 全部建成投产项目<br>(个)<br>Number of Projects Completed and Put into Use<br>(unit) | 项目建成投产率<br>(%)<br>Ratio of Projects Completed and Put into Use<br>(%) | 新增固定资产<br>(万元)<br>Newly Increased Fixed Assets<br>(10000 yuan) | 固定资产交付使用率<br>(%)<br>Ratio of Fixer Assets Put into Use<br>(%) |
|---|---|---|---|---|---|---|---|
| **总计** | **Total** | **86766186** | **32771** | **22573** | **68.88** | **52348356** | **60.33** |
| 合肥市 | Hefei | 21311310 | 3923 | 2914 | 74.28 | 11540436 | 54.15 |
| 淮北市 | Huaibei | 3115483 | 815 | 562 | 68.96 | 2606311 | 83.66 |
| 亳州市 | Bozhou | 2118514 | 1217 | 802 | 65.90 | 992479 | 46.85 |
| 宿州市 | Suzhou | 2417882 | 1251 | 880 | 70.34 | 1472138 | 60.89 |
| 蚌埠市 | Bengbu | 3584087 | 1105 | 583 | 52.76 | 1930580 | 53.87 |
| 阜阳市 | Fuyang | 2644093 | 1101 | 647 | 58.76 | 1793755 | 67.84 |
| 淮南市 | Huainan | 2722626 | 687 | 331 | 48.18 | 556550 | 20.44 |
| 滁州市 | Chuzhou | 5287171 | 3057 | 2254 | 73.73 | 3954801 | 74.80 |
| 六安市 | Luan | 4027457 | 3130 | 2072 | 66.20 | 2581337 | 64.09 |
| 马鞍山市 | Maanshan | 5978997 | 1770 | 1396 | 78.87 | 3457653 | 57.83 |
| 巢湖市 | Chaohu | 4499113 | 2460 | 1910 | 77.64 | 3512325 | 78.07 |
| 芜湖市 | Wuhu | 9156377 | 2561 | 1662 | 64.90 | 5648480 | 61.69 |
| 宣城市 | Xuancheng | 5733596 | 2660 | 1986 | 74.66 | 4531386 | 79.03 |
| 铜陵市 | Tongling | 2801144 | 686 | 334 | 48.69 | 984148 | 35.13 |
| 池州市 | Chizhou | 2057209 | 675 | 401 | 59.41 | 928184 | 45.12 |
| 安庆市 | Anqing | 6318436 | 3400 | 2215 | 65.15 | 4064264 | 64.32 |
| 黄山市 | Huangshan | 2992691 | 2273 | 1624 | 71.45 | 1793529 | 59.93 |

## 5—14 各市按经济类型分城镇建设项目投资（2010年）
Investment of Construction Items by Ownership & by Region (2010)

单位：万元 (10000 yuan)

| 地区 | Region | 总计 Total | 内资 Domestic-funded | #国有及国有经济 State Controlling Share Hold | 港澳台商经济 With Investment Investment from Hong Kong, Macao and Taiwan | 外商投资经济 Foreign Funded | 私营经济 Private Units | 个体经济 Individual Ownership |
|---|---|---|---|---|---|---|---|---|
| **总　计** | **Total** | **86766186** | **83335053** | **27382699** | **1448284** | **1322042** | **24977236** | **660807** |
| 合肥市 | Hefei | 21311310 | 20608647 | 8521131 | 295806 | 368696 | 6042975 | 38161 |
| 淮北市 | Huaibei | 3115483 | 3075078 | 977069 | 24158 | 11237 | 1430325 | 5010 |
| 亳州市 | Bozhou | 2118514 | 2083630 | 979829 | 28967 | 2727 | 190465 | 3190 |
| 宿州市 | Suzhou | 2417882 | 2351080 | 935901 | 24295 | 7927 | 566897 | 34580 |
| 蚌埠市 | Bengbu | 3584087 | 3360466 | 1037485 | 153335 | 55806 | 994582 | 14480 |
| 阜阳市 | Fuyang | 2644093 | 2506333 | 919672 | 9786 | 11626 | 343408 | 116348 |
| 淮南市 | Huainan | 2722626 | 2634117 | 1114384 | 33935 | 38233 | 119803 | 16341 |
| 滁州市 | Chuzhou | 5287171 | 5201372 | 1266124 | 23500 | 39690 | 1792528 | 22609 |
| 六安市 | Luan | 4027457 | 3963359 | 1269005 | 15780 | 31572 | 1326512 | 16746 |
| 马鞍山市 | Maanshan | 5978997 | 5688035 | 1472771 | 110202 | 144590 | 2471877 | 36170 |
| 巢湖市 | Chaohu | 4499113 | 4310654 | 984544 | 29367 | 149167 | 2164767 | 9925 |
| 芜湖市 | Wuhu | 9156377 | 8401985 | 1470991 | 464093 | 188987 | 2799038 | 101312 |
| 宣城市 | Xuancheng | 5733596 | 5654033 | 1919753 | 17681 | 49722 | 1801809 | 12160 |
| 铜陵市 | Tongling | 2801144 | 2723282 | 1119326 | 71227 | 6635 | 254883 | |
| 池州市 | Chizhou | 2057209 | 1964449 | 702756 | 64908 | 20712 | 417435 | 7140 |
| 安庆市 | Anqing | 6318436 | 5894298 | 1513241 | 61629 | 159729 | 1645671 | 202780 |
| 黄山市 | Huangshan | 2992691 | 2914235 | 1178717 | 19615 | 34986 | 614261 | 23855 |

## 5—15 各市城镇固定资产投资按三次产业分（2010年）
Investment in Fixed Assets in Urban Area Grouped By Three Industries by Region (2010)

单位：万元 (10000 yuan)

| 地区 | Region | 总计 Total | 第一产业 Primary Industry | 第二产业 Secondary Industry | #工业 Industry | 第三产业 Tertiary Industry | #房地产 Real Estate Development | #住宅 Residential Buildings |
|---|---|---|---|---|---|---|---|---|
| **总　计** | **Total** | **109284231** | **1282653** | **50936860** | **47880412** | **57064718** | **22518045** | **15952464** |
| 合肥市 | Hefei | 29501630 | 117601 | 9916100 | 9636432 | 19467929 | 8190320 | 5613582 |
| 淮北市 | Huaibei | 3540784 | 28366 | 2401942 | 2372957 | 1110476 | 425301 | 316146 |
| 亳州市 | Bozhou | 2553674 | 12230 | 1063451 | 1037715 | 1477993 | 435160 | 214640 |
| 宿州市 | Suzhou | 2889315 | 37677 | 1331087 | 1080431 | 1520551 | 471433 | 341420 |
| 蚌埠市 | Bengbu | 4322487 | 52555 | 2047604 | 1958039 | 2222328 | 738400 | 542900 |
| 阜阳市 | Fuyang | 3144567 | 46290 | 1722973 | 1286421 | 1375304 | 500474 | 389717 |
| 淮南市 | Huainan | 3506107 | 49101 | 1451600 | 1419961 | 2005406 | 783481 | 645244 |
| 滁州市 | Chuzhou | 6604859 | 84615 | 3858813 | 3606412 | 2661431 | 1317688 | 850824 |
| 六安市 | Luan | 4651538 | 91281 | 2247697 | 2100454 | 2312560 | 624081 | 457806 |
| 马鞍山市 | Maanshan | 6829504 | 88210 | 3300014 | 3244414 | 3441280 | 850507 | 670201 |
| 巢湖市 | Chaohu | 5369115 | 68375 | 2964735 | 2961631 | 2336005 | 870002 | 672560 |
| 芜湖市 | Wuhu | 12068026 | 106845 | 6623904 | 6555934 | 5337277 | 2911649 | 2481637 |
| 宣城市 | Xuancheng | 6555507 | 152149 | 4205295 | 3436490 | 2198063 | 821911 | 588310 |
| 铜陵市 | Tongling | 3534142 | 39210 | 1443670 | 1378857 | 2051262 | 732998 | 437635 |
| 池州市 | Chizhou | 2722086 | 5851 | 1358812 | 1308243 | 1357423 | 664877 | 326680 |
| 安庆市 | Anqing | 7240643 | 204529 | 3649764 | 3606925 | 3386350 | 922207 | 693256 |
| 黄山市 | Huangshan | 4250247 | 97768 | 1349399 | 889096 | 2803080 | 1257556 | 709906 |

# 5—16 各市分行业城镇建设项目投资（2010年）

## Investment of Town Construction Projects by Sector & by Region (2010)

单位：万元 (10000 yuan)

| 地 区 Region | 合 计 Total | 农林牧渔业 Farming, Foresry, Animal Husbandry and Fishery | 采掘业 Mining and Quarrying | 制造业 Manufacturing | 电力、燃气及水的生产和供应业 Production and Supply of Electricity Gas and Water | 建筑业 Construction | 交通运输、仓储和邮政业 Transport, Storage and Postal Services | 信息传输、计算机服务和软件业 Information, Circulation Computer Services and Software | 批发和零售业 Wholesale and Retail Trade | 住宿和餐饮业 Accommodation and Catering Trade |
|---|---|---|---|---|---|---|---|---|---|---|
| **总 计 Total** | **86766186** | **1282653** | **3580217** | **40814039** | **3486156** | **3056448** | **6335400** | **887629** | **2714694** | **1804724** |
| 合肥市 Hefei | 21311310 | 117601 | 80 | 9117028 | 519324 | 279668 | 1400650 | 333502 | 815841 | 584890 |
| 淮北市 Huaibei | 3115483 | 28366 | 665082 | 1631501 | 76374 | 28985 | 198036 | 9110 | 53067 | 15340 |
| 亳州市 Bozhou | 2118514 | 12230 | 154018 | 798848 | 84849 | 25736 | 261229 | 32332 | 96521 | 41526 |
| 宿州市 Suzhou | 2417882 | 37677 | 66611 | 953715 | 60105 | 250656 | 444275 | 11048 | 128104 | 23690 |
| 蚌埠市 Bengbu | 3584087 | 52555 | 12235 | 1776486 | 169318 | 89565 | 218129 | 27364 | 116093 | 59105 |
| 阜阳市 Fuyang | 2644093 | 46290 | 294109 | 847342 | 144970 | 436552 | 231530 | 78801 | 76665 | 12880 |
| 淮南市 Huainan | 2722626 | 49101 | 861225 | 331798 | 226938 | 31639 | 258695 | 31231 | 61190 | 14341 |
| 滁州市 Chuzhou | 5287171 | 84615 | 66940 | 3254846 | 284626 | 252401 | 216236 | 17425 | 101190 | 37349 |
| 六安市 Luan | 4027457 | 91281 | 330851 | 1639686 | 129917 | 147243 | 403229 | 42859 | 54132 | 70034 |
| 马鞍山市 Maanshan | 5978997 | 88210 | 97416 | 2766900 | 380098 | 55600 | 367847 | 80207 | 368987 | 139798 |
| 巢湖市 Chaohu | 4499113 | 68375 | 238033 | 2601333 | 122265 | 3104 | 334638 | 36763 | 75410 | 94185 |
| 芜湖市 Wuhu | 9156377 | 106845 | 224250 | 6119567 | 212117 | 67970 | 602290 | 26342 | 248068 | 247358 |
| 宣城市 Xuancheng | 5733596 | 152149 | 209461 | 2844846 | 382183 | 768805 | 105841 | 52329 | 73754 | 130333 |
| 铜陵市 Tongling | 2801144 | 39210 | 113128 | 1054759 | 210970 | 64813 | 358215 | 10481 | 61883 | 36827 |
| 池州市 Chizhou | 2057209 | 5851 | 45668 | 1052792 | 209783 | 50569 | 270407 | 3094 | 20101 | 29641 |
| 安庆市 Anqing | 6318436 | 204529 | 158497 | 3257354 | 191074 | 42839 | 374737 | 71302 | 281354 | 85463 |
| 黄山市 Huangshan | 2992691 | 97768 | 42613 | 765238 | 81245 | 460303 | 289416 | 23439 | 82334 | 181964 |

| 地 区 Region | 金融业 Banking | 房地产业 Real Estate Trade | 租赁和商务服务业 Leasing and Commercial Services | 科学研究、技术服务和地质勘查业 Scientific Research, Technical Services and Geological Prospecting | 水利、环境和公共设施管理业 Water Conservancy, Environmental and Public Facilities Management | 居民服务和其他服务业 Resident Services and Other Services | 教育 Education | 卫生、社会保障和社会福利业 Health, Social Securities and Social Welfare | 文化、体育和娱乐业 Culture, Sports and Entertainment | 公共管理和社会组织 Public Management and Social Organizations |
|---|---|---|---|---|---|---|---|---|---|---|
| **总 计 Total** | **275820** | **5252386** | **738736** | **707098** | **9182383** | **341907** | **1954527** | **1076524** | **1133504** | **2141341** |
| 合肥市 Hefei | 179392 | 2161253 | 329837 | 362577 | 2919948 | 140121 | 803176 | 419399 | 493507 | 333516 |
| 淮北市 Huaibei | | 221117 | 500 | 4450 | 70224 | 22000 | 54245 | 21655 | 4380 | 11051 |
| 亳州市 Bozhou | 4520 | 168586 | 180 | 7912 | 124252 | 4327 | 94282 | 35461 | 4245 | 167460 |
| 宿州市 Suzhou | 4078 | 147904 | 11550 | 9115 | 64013 | 5400 | 27414 | 33272 | 10250 | 129005 |
| 蚌埠市 Bengbu | 15055 | 83917 | 3828 | 106774 | 470973 | 10573 | 45070 | 46611 | 17897 | 262539 |
| 阜阳市 Fuyang | 1730 | 219777 | 5810 | 385 | 119606 | 50 | 52359 | 26933 | 14218 | 34086 |
| 淮南市 Huainan | 1669 | 160455 | 3006 | 6311 | 522309 | 934 | 64283 | 35477 | 25256 | 36768 |
| 滁州市 Chuzhou | 3261 | 333472 | 23429 | 2990 | 370419 | 2011 | 78595 | 47845 | 21719 | 87802 |
| 六安市 Luan | | 258573 | 17101 | 41526 | 520594 | 25561 | 109890 | 72091 | 14480 | 58409 |
| 马鞍山市 Maanshan | 12400 | 360589 | 110320 | 35612 | 853520 | 13160 | 85859 | 39090 | 82532 | 40852 |
| 巢湖市 Chaohu | 3020 | 201037 | 11712 | 10680 | 391608 | 15246 | 114793 | 42838 | 22936 | 111137 |
| 芜湖市 Wuhu | 23133 | 350490 | 88892 | 14690 | 429197 | 20549 | 74326 | 68221 | 179575 | 52497 |
| 宣城市 Xuancheng | 7338 | 56449 | 12870 | 74400 | 510360 | 25812 | 75954 | 58757 | 62980 | 128975 |
| 铜陵市 Tongling | 9783 | 131365 | 14295 | 15224 | 454155 | 4608 | 52364 | 21836 | 27207 | 120021 |
| 池州市 Chizhou | 4728 | 70315 | 50210 | 165 | 115103 | 4104 | 18731 | 20120 | 20757 | 65070 |
| 安庆市 Anqing | 5418 | 239157 | 21126 | 11555 | 775669 | 24287 | 163129 | 51193 | 61170 | 298583 |
| 黄山市 Huangshan | 295 | 87930 | 34070 | 2732 | 470433 | 23164 | 40057 | 35725 | 70395 | 203570 |

# 5—17 各市分行业城镇建设项目新增固定资产（2010年）

## Newly Increased Fixed Assets of Town Construction Projects by Sector & by Region (2010)

单位：万元 (10000 yuan)

| 地区 Region | 合计 Total | 农林牧渔业 Farming, Foresry, Animal Husbandry and Fishery | 采掘业 Mining and Quarrying | 制造业 Manufacturing | 电力、燃气及水的生产和供应业 Production and Supply of Electricity Gas and Water | 建筑业 Construction | 交通运输、仓储和邮政业 Transport, Storage and Postal Services | 信息传输、计算机服务和软件业 Information, Circulation Computer Services and Software | 批发和零售业 Wholesale and Retail Trade | 住宿和餐饮业 Accommodation and Catering Trade |
|---|---|---|---|---|---|---|---|---|---|---|
| **总计 Total** | **52348356** | **994070** | **2150530** | **24990838** | **2154382** | **2302545** | **2529863** | **539596** | **1776424** | **1283560** |
| 合肥市 Hefei | 11540436 | 84673 | | 4598713 | 354495 | 245070 | 281455 | 199342 | 530592 | 435872 |
| 淮北市 Huaibei | 2606311 | 15400 | 646839 | 1329402 | 54431 | 26425 | 85735 | 14610 | 38775 | 19348 |
| 亳州市 Bozhou | 992479 | 10040 | 16944 | 398757 | 49566 | 6098 | 85091 | 36026 | 36608 | 11846 |
| 宿州市 Suzhou | 1472138 | 31347 | 45356 | 684849 | 39687 | 216964 | 70633 | 4260 | 59736 | 2160 |
| 蚌埠市 Bengbu | 1930580 | 44330 | 6285 | 942525 | 128839 | 79697 | 175715 | 1421 | 88495 | 46446 |
| 阜阳市 Fuyang | 1793755 | 47831 | 404560 | 472004 | 105683 | 215931 | 98597 | 38023 | 35690 | 10430 |
| 淮南市 Huainan | 556550 | 35282 | 17846 | 186219 | 67426 | 5506 | 33037 | 16032 | 29557 | 9054 |
| 滁州市 Chuzhou | 3954801 | 73711 | 93747 | 2365353 | 117874 | 229149 | 174857 | 11329 | 76353 | 33649 |
| 六安市 Luan | 2581337 | 67748 | 74665 | 1348227 | 108788 | 123893 | 166512 | 13440 | 34021 | 60836 |
| 马鞍山市 Maanshan | 3457653 | 81260 | 49200 | 1822742 | 105422 | 42490 | 121032 | 52360 | 277105 | 143565 |
| 巢湖市 Chaohu | 3512325 | 61778 | 193040 | 1968536 | 127717 | 1684 | 255056 | 28307 | 62315 | 69664 |
| 芜湖市 Wuhu | 5648480 | 95261 | 186812 | 3371632 | 100429 | 65392 | 320328 | 20513 | 161744 | 181456 |
| 宣城市 Xuancheng | 4531386 | 119337 | 189397 | 2168911 | 380303 | 636096 | 134181 | 50329 | 47109 | 113173 |
| 铜陵市 Tongling | 984148 | 19959 | 67680 | 279464 | 76847 | 36486 | 119922 | 3470 | 19017 | 28710 |
| 池州市 Chizhou | 928184 | 4911 | 23182 | 500489 | 156902 | 2118 | 20109 | | 14500 | 900 |
| 安庆市 Anqing | 4064264 | 121890 | 105848 | 2120221 | 124852 | 34661 | 247087 | 31567 | 208676 | 45701 |
| 黄山市 Huangshan | 1793529 | 79312 | 29129 | 432794 | 55121 | 334885 | 140516 | 18567 | 56131 | 70750 |

| 地区 Region | 金融业 Banking | 房地产业 Real Estate Trade | 租赁和商务服务业 Leasing and Commercial Services | 科学研究、技术服务和地质勘查业 Scientific Research, Technical Services and Geological Prospecting | 水利、环境和公共设施管理业 Water Conservancy, Environmental and Public Facilities Management | 居民服务和其他服务业 Resident Services and Other Services | 教育 Education | 卫生、社会保障和社会福利业 Health, Social Securities and Social Welfare | 文化、体育和娱乐业 Culture, Sports and Entertainment | 公共管理和社会组织 Public Management and Social Organizations |
|---|---|---|---|---|---|---|---|---|---|---|
| **总计 Total** | **168717** | **3384683** | **453361** | **478290** | **5183817** | **280113** | **1052160** | **619893** | **668480** | **1337034** |
| 合肥市 Hefei | 86275 | 1340374 | 244216 | 250538 | 1871139 | 123657 | 250072 | 173959 | 295940 | 174054 |
| 淮北市 Huaibei | | 167710 | 500 | 4450 | 120221 | 12800 | 38950 | 23119 | 550 | 7046 |
| 亳州市 Bozhou | 4500 | 37985 | 180 | 3690 | 119515 | 3974 | 74189 | 15233 | 1760 | 80477 |
| 宿州市 Suzhou | 4078 | 110057 | 6550 | 9615 | 35746 | 2180 | 28179 | 19909 | 3270 | 97562 |
| 蚌埠市 Bengbu | 13187 | 42771 | 2228 | 57168 | 124942 | 8933 | 37722 | 36074 | 17297 | 76505 |
| 阜阳市 Fuyang | 510 | 156209 | | 385 | 113150 | 200 | 39839 | 23869 | 6568 | 24276 |
| 淮南市 Huainan | 2784 | 28828 | 320 | 4537 | 47976 | 934 | 32299 | 17340 | 7855 | 13718 |
| 滁州市 Chuzhou | 2961 | 309430 | 14230 | 2990 | 277890 | 1221 | 54025 | 24653 | 12640 | 78739 |
| 六安市 Luan | | 111654 | 15101 | 35182 | 225830 | 9861 | 89011 | 37217 | 11498 | 47853 |
| 马鞍山市 Maanshan | 15300 | 248380 | 33766 | 15200 | 308179 | 11330 | 32074 | 33696 | 36570 | 27982 |
| 巢湖市 Chaohu | 3020 | 188893 | 14936 | 9880 | 324970 | 16896 | 95632 | 26289 | 14132 | 49580 |
| 芜湖市 Wuhu | 19863 | 260805 | 59471 | 5445 | 423730 | 20199 | 48098 | 87324 | 121948 | 98030 |
| 宣城市 Xuancheng | 3418 | 34129 | 3370 | 58000 | 284218 | 18768 | 64241 | 40723 | 53310 | 132373 |
| 铜陵市 Tongling | 7108 | 46661 | 4702 | 10251 | 172886 | 4347 | 25457 | 5053 | 5417 | 50711 |
| 池州市 Chizhou | | 82970 | 23250 | 165 | 42724 | 3338 | 4010 | 7089 | 9630 | 31897 |
| 安庆市 Anqing | 5418 | 149622 | 11193 | 8136 | 429093 | 27151 | 116623 | 28980 | 26980 | 220565 |
| 黄山市 Huangshan | 295 | 68205 | 19348 | 2658 | 261608 | 14324 | 21739 | 19366 | 43115 | 125666 |

## 5—18 各市按资金来源和隶属关系分的城镇建设项目投资（2010年）

Investment of Urban Construction Projects by Source of Funds and Administrative Relationship (2010)

单位：万元　(10000 yuan)

| 地区 Region | 按资金来源分 By Source of Funds | | | | | | 按隶属关系分 By Administrative Relationship | |
|---|---|---|---|---|---|---|---|---|
| | 国家预算内资金 State Budgetary Appropriations | 国内贷款 Domestic Loans | 债券 Bonds | 利用外资 Foreign Investment | 自筹资金 Fund-raising | 其他资金 Others | 中央项目 Central Covernment Projects | 地方项目 Local Projects |
| **总计 Total** | **8580634** | **8419612** | **133966** | **940609** | **68488880** | **3612030** | **3419211** | **83346975** |
| 合肥市 Hefei | 2974666 | 1712266 | | 57332 | 15957955 | 541858 | 606521 | 20704789 |
| 淮北市 Huaibei | 74077 | 43036 | | 1600 | 3153392 | 83625 | 20128 | 3095355 |
| 亳州市 Bozhou | 298306 | 282345 | 4331 | 4420 | 1491300 | 188295 | 19003 | 2099511 |
| 宿州市 Suzhou | 263121 | 197956 | | 34156 | 1851794 | 168260 | 244438 | 2173444 |
| 蚌埠市 Bengbu | 456177 | 336336 | | 86153 | 2814878 | 54627 | 129859 | 3454228 |
| 阜阳市 Fuyang | 251800 | 314732 | 1298 | 1480 | 1773999 | 211429 | 361510 | 2282583 |
| 淮南市 Huainan | 192546 | 398049 | | 25130 | 2206589 | 179476 | 133319 | 2589307 |
| 滁州市 Chuzhou | 196874 | 963192 | | 13719 | 4649131 | 378995 | 102460 | 5184711 |
| 六安市 Luan | 1087826 | 228753 | 553 | 45560 | 2872327 | 158304 | 268810 | 3758647 |
| 马鞍山市 Maanshan | 195010 | 968281 | 800 | 27450 | 4819858 | 17962 | 243693 | 5735304 |
| 巢湖市 Chaohu | 409196 | 263925 | | 61995 | 3684706 | 73511 | 91554 | 4407559 |
| 芜湖市 Wuhu | 470139 | 706227 | 125821 | 437279 | 8871751 | 200941 | 467830 | 8688547 |
| 宣城市 Xuancheng | 628937 | 197155 | 793 | 22219 | 4649098 | 223624 | 83883 | 5649713 |
| 铜陵市 Tongling | 288251 | 640064 | | 2334 | 1399981 | 200178 | 275215 | 2525929 |
| 池州市 Chizhou | 292156 | 218889 | | 41135 | 1447433 | 90789 | 310898 | 1746311 |
| 安庆市 Anqing | 222301 | 775722 | | 48265 | 4616534 | 595757 | 35874 | 6282562 |
| 黄山市 Huangshan | 279251 | 172684 | 370 | 30382 | 2228154 | 244399 | 24216 | 2968475 |

## 5—19 各市按构成和建设性质分的城镇建设项目投资（2010年）

Investment of Urban Construction Projects by Use of Funds and Type of Constrnction (2010)

单位：万元　(10000 yuan)

| 地区 Region | 投资额 Investment | 按构成分 By Use of Funds | | | | 按建设性质分 By Type of Construction | | |
|---|---|---|---|---|---|---|---|---|
| | | 建筑工程 Construction | 安装工程 Installation | 设备、工器具购置 Purchase of Equipment and Instruments | 其他费用 Others | 新建 New Construction | 扩建 Expansion | 改建 Recon-struction |
| **总计 Total** | **86766186** | **47970684** | **6537652** | **22326310** | **9931540** | **51115105** | **15870481** | **16112406** |
| 合肥市 Hefei | 21311310 | 12145235 | 2184053 | 4955398 | 2026624 | 11892490 | 4272079 | 3938768 |
| 淮北市 Huaibei | 3115483 | 1570868 | 119967 | 1070357 | 354291 | 1763532 | 391591 | 782148 |
| 亳州市 Bozhou | 2118514 | 1355401 | 93418 | 406083 | 263612 | 1320346 | 392410 | 391055 |
| 宿州市 Suzhou | 2417882 | 1518595 | 141036 | 594254 | 163997 | 1913646 | 221959 | 193983 |
| 蚌埠市 Bengbu | 3584087 | 1833343 | 281499 | 1217776 | 251469 | 1986659 | 782487 | 615799 |
| 阜阳市 Fuyang | 2644093 | 1601950 | 191118 | 548711 | 302314 | 994796 | 875067 | 709077 |
| 淮南市 Huainan | 2722626 | 1442525 | 215976 | 647581 | 416544 | 1167302 | 96675 | 1263415 |
| 滁州市 Chuzhou | 5287171 | 2978588 | 364909 | 1464173 | 479501 | 3496199 | 701302 | 940465 |
| 六安市 Luan | 4027457 | 2567737 | 273981 | 879895 | 305844 | 2868709 | 524055 | 529854 |
| 马鞍山市 Maanshan | 5978997 | 2888640 | 411069 | 1687163 | 992125 | 2139676 | 2010255 | 1695751 |
| 巢湖市 Chaohu | 4499113 | 2374923 | 303856 | 1301981 | 518353 | 2465489 | 1288458 | 661065 |
| 芜湖市 Wuhu | 9156377 | 4422525 | 640268 | 3100509 | 993075 | 6283402 | 1568075 | 922092 |
| 宣城市 Xuancheng | 5733596 | 3008547 | 510933 | 1264224 | 949892 | 3547913 | 532858 | 1476935 |
| 铜陵市 Tongling | 2801144 | 1435649 | 156856 | 613806 | 594833 | 1911340 | 257488 | 410931 |
| 池州市 Chizhou | 2057209 | 1178932 | 98344 | 564357 | 215576 | 1486210 | 195005 | 247616 |
| 安庆市 Anqing | 6318436 | 3692410 | 347600 | 1668226 | 610200 | 3643356 | 1498983 | 908617 |
| 黄山市 Huangshan | 2992691 | 1954816 | 202769 | 341816 | 493290 | 2234040 | 261734 | 424835 |

## 5—20 各市征用、购置土地和保障性住房情况（2010年）
Acquisition and Purchase of Land Area , Low-income House By Cities (2010)

| 地 区 | Region | 征用和购置土地情况 Take over for use and the Purchase Land Situation | | | 保障性住房情况 Low-income House | |
|---|---|---|---|---|---|---|
| | | 规划用地面积（万平方米） Planning Land Area (10000 sq.m) | 实际征用和购置土地面积（万平方米） Actual Acquisition and Purchase of Land Area this Year (10000 sq.m) | 实际征用和购置土地成交价款（万元） Funds of Actual Acquisition and Purchase of Land this Year (10000 yuan) | 保障性住房完成投资（万元） Completed Investment in Low-income House This Year (10000 yuan) | #廉租房 Low-rent House |
| **总　计** | **Total** | **114851.20** | **24072.82** | **3380366** | **304374** | **62109** |
| 合 肥 市 | Hefei | 11498.91 | 1033.28 | 301268 | 8666 | 4246 |
| 淮 北 市 | Huaibei | 3516.47 | 503.73 | 80382 | 1199 | |
| 亳 州 市 | Bozhou | 3888.61 | 546.50 | 55962 | 3790 | 1376 |
| 宿 州 市 | Suzhou | 4407.99 | 1747.03 | 172601 | 597 | 597 |
| 蚌 埠 市 | Bengbu | 2567.90 | 367.52 | 103813 | 8213 | 3110 |
| 阜 阳 市 | Fuyang | 3187.45 | 1313.50 | 144001 | 4427 | 3287 |
| 淮 南 市 | Huainan | 4886.50 | 758.65 | 139339 | 4492 | 4492 |
| 滁 州 市 | Chuzhou | 3704.06 | 1271.93 | 331938 | 1850 | 990 |
| 六 安 市 | Luan | 6209.49 | 1441.34 | 119478 | 4550 | |
| 马鞍山市 | Maanshan | 5173.15 | 1984.12 | 243286 | 82664 | 10576 |
| 巢 湖 市 | Chaohu | 4458.78 | 1625.67 | 335438 | 1410 | |
| 芜 湖 市 | Wuhu | 17145.63 | 3194.68 | 510529 | 85256 | 7089 |
| 宣 城 市 | Xuancheng | 20850.61 | 4493.87 | 315985 | 27400 | 6050 |
| 铜 陵 市 | Tongling | 3154.21 | 669.60 | 161625 | 40304 | 1100 |
| 池 州 市 | Chizhou | 5656.99 | 1366.90 | 130796 | 5620 | 500 |
| 安 庆 市 | Anqing | 1647.31 | 1002.00 | 134468 | 20496 | 17296 |
| 黄 山 市 | Huangshan | 12897.16 | 752.51 | 99457 | 3440 | 1400 |

| 地 区 | Region | 保障性住房情况 Low-income House | | | | | |
|---|---|---|---|---|---|---|---|
| | | 保障性住房施工面积（万平方米） Completed Investment in Low-income House This Year (10000 sq.m) | #廉租房 Low-rent House | 保障性住房竣工面积（万平方米） Completed Residential area in Low-income House This Year (10000 sq.m) | #廉租房 Low-rent House | 保障性住房竣工套数（套） Completed Unit Number in Low-income House This Year (set) | #廉租房 Low-rent House |
| **总　计** | **Total** | **263.56** | **63.35** | **78.37** | **29.02** | **10808** | **4922** |
| 合 肥 市 | Hefei | 6.85 | 5.32 | 2.92 | 2.92 | 335 | 335 |
| 淮 北 市 | Huaibei | 1.08 | | | | | |
| 亳 州 市 | Bozhou | 14.05 | 1.83 | | | | |
| 宿 州 市 | Suzhou | 0.30 | 0.30 | | | | |
| 蚌 埠 市 | Bengbu | 8.76 | 2.64 | | | | |
| 阜 阳 市 | Fuyang | 6.40 | 4.91 | 5.55 | 4.91 | 1133 | 1053 |
| 淮 南 市 | Huainan | 5.29 | 5.29 | | | | |
| 滁 州 市 | Chuzhou | 2.02 | 1.02 | 1.02 | 1.02 | 166 | 166 |
| 六 安 市 | Luan | 2.80 | | | | | |
| 马鞍山市 | Maanshan | 67.13 | 7.92 | 10.25 | 5.75 | 1670 | 1100 |
| 巢 湖 市 | Chaohu | 1.01 | | | | | |
| 芜 湖 市 | Wuhu | 63.78 | 6.44 | 13.23 | 2.00 | 1564 | 300 |
| 宣 城 市 | Xuancheng | 24.26 | 8.56 | 23.66 | 8.56 | 3059 | 1187 |
| 铜 陵 市 | Tongling | 30.12 | 0.30 | 15.80 | | 1860 | |
| 池 州 市 | Chizhou | 6.82 | 0.99 | 0.67 | | 90 | |
| 安 庆 市 | Anqing | 20.16 | 16.76 | 3.89 | 3.79 | 769 | 757 |
| 黄 山 市 | Huangshan | 2.73 | 1.06 | 1.38 | 0.08 | 162 | 24 |

# 5—21 城镇建设项目新增主要产品生产能力
Newly Increased Production Capacity Through Urban Construction Projects

| 名　　称 | | Item | | 2000 | 2005 | 2009 | 2010 |
|---|---|---|---|---|---|---|---|
| 原煤开采 | (万吨/年) | Coal Mining | (10000 tons/year) | 180 | 45 | 585 | 712.2 |
| 焦　炭 | (万吨/年) | Coke | (10000 tons/year) | | 80 | 0.1 | 1.2 |
| 铁矿石原矿开采 | (万吨/年) | Crude Iron Ore Mining | (10000 tons/year) | | 187 | 634.1 | 476.4 |
| 钢　材 | (万吨/年) | Steels | (10000 tons/year) | | 132.5 | 465 | |
| 热轧钢材 | | Hot-rolling Steel | | | 70.5 | 308 | 402 |
| 冷加工钢材 | | Cold Working Steel | | | 52 | 154 | 9.7 |
| 发电机组容量 | (万千瓦) | Capacity of Power Generating Sets | (10000 kw) | 90.0 | 190.8 | 1045.4 | 172.9 |
| 水力发电 | | Hydropower | | | 7.4 | 363.7 | 1.7 |
| 火力发电 | | Thermal Power | | 90.0 | 183.3 | 552.8 | 164.5 |
| 水　泥 | (万吨/年) | Cement | (10000 tons/year) | 30 | 1795.65 | 4130 | 1308.7 |
| 平板玻璃 | (万重量箱/年) | Plate Glass | (10000 weight cases/year) | | 170.5 | 956.5 | 95 |
| 农用氮、磷、钾化学肥料 | (吨/年) | Chemical Fertilizers | (ton/year) | | 168300 | 421420 | 104693 |
| 氮　肥 | | Nitrogen Fertilizers | | | 152300 | 412500 | 53700 |
| 磷　肥 | | Phosphate Fertilizers | | | 16000 | 8800 | 50000 |
| 塑料树脂及共聚物 | (吨/年) | Plastic Resin and Copolymer | (ton/year) | | 9501 | 40701 | 82645 |
| 载货汽车制造 | (辆/年) | Trucks | (unit/year) | | 10000 | 22650 | 70000 |
| 轿车制造 | (辆/年) | Cars | (unit/year) | | 70000 | 17500 | 90000 |
| 客车制造 | (辆/年) | Units | (unit/year) | | 60150 | | 22400 |
| 化学纤维 | (吨/年) | Chemical Fiber | (ton/year) | | 8000 | 7839 | |
| 棉纺锭 | (锭) | Cotton Printing and Dyeing | (unit) | | 126340 | | |
| 家用洗衣机 | (万台/年) | Household Washing Machines | (10000 units/year) | | 140 | | |
| 新建公路 | (公里) | Length of New Highways | (km) | 187 | 1289.23 | 1172.9 | 524.88 |
| #高速公路 | | Expressway | | | 187.2 | | |
| 改建公路 | (公里) | Length of Reconstructed Highways | (km) | 520 | 1671.74 | 2901.82 | 945.82 |
| 城市自来水供水能力 | (万吨/日) | Tap Water Supply Capacity | (10000 tons/day) | 2 | 23.7 | 78.01 | 69 |
| 城市污水处理能力 | (万吨/日) | Urban Waster Water Treatment Capacity | (10000 tons/day) | | 43.6 | 57 | 44.6 |
| 机制纸 | (万吨/年) | Machine-made Paper | (10000 tons/year) | | 46.5 | | |

# 5—22 房地产开发主要指标
Main Indicators of Real Estate Development

| 指　　标 | Item | 2000 | 2005 | 2006 | 2009 | 2010 |
|---|---|---|---|---|---|---|
| **企业个数　　　　（个）** | **Number of Enterprises　　(unit)** | **988** | **1917** | **2194** | **3097** | **3385** |
| 内　资 | Domestic Funded | 901 | 1811 | 2070 | 2966 | 3249 |
| #国　有 | State-owned Enterprises | 298 | 145 | 133 | 125 | 136 |
| 集　体 | Collective Enterprises | 148 | 51 | 44 | 28 | 25 |
| 港、澳、台投资 | Funded by Entrepreneurs from Hong Kong, Macao and Taiwan | 65 | 56 | 66 | 74 | 78 |
| 外商投资 | Foreign Funded | 22 | 50 | 58 | 57 | 58 |
| **平均从业人数　　（人）** | **Average Number of Employed Persons　(person)** | **27839** | **49030** | **58805** | **68443** | **71504** |
| 内　资 | Domestic Funded | 26005 | 46681 | 55816 | 64023 | 67544 |
| #国　有 | State-owned Enterprises | 9378 | 5301 | 4242 | 4631 | 4309 |
| 集　体 | Collective Enterprises | 3848 | 1336 | 1160 | 448 | 414 |
| 港、澳、台投资 | Funded by Entrepreneurs from Hong Kong, Macao and Taiwan | 1386 | 1276 | 1729 | 2537 | 2213 |
| 外商投资 | Foreign Funded | 448 | 1073 | 1260 | 1883 | 1747 |
| **本年完成投资额　（万元）** | **Investment Completed this Year　(10000 yuan)** | **879261** | **4594413** | **6374464** | **16698263** | **22518045** |
| #住　宅 | Residential Buildings | 575174 | 3233619 | 4809034 | 11755778 | 15952464 |
| #经济适用房屋 | Economical Houses | 169288 | 97301 | 143014 | 241184 | 280139 |
| **土地开发及购置　（万平方米）** | **Land Development and Purchase　(10000 sq.m)** | | | | | |
| 本年土地开发面积 | Land Space Developed this Year | 428.01 | 1067.17 | 1020.39 | 856.50 | 813.12 |
| 本年土地购置面积 | Land Space Purchased this Year | 641.30 | 1896.39 | 1693.50 | 1918.59 | 2611.07 |
| **资金来源小计　（万元）** | **Source of Funds　(10000 yuan)** | **977459** | **5430807** | **7266731** | **22616131** | **28636982** |
| 国内贷款 | Domestically Loans | 185685 | 757235 | 969852 | 2968570 | 3237258 |
| 利用外资 | Foreign Investment | 19163 | 67788 | 69761 | 158549 | 61827 |
| 自筹资金 | Fundraising | 325053 | 2288821 | 2905581 | 9301533 | 12110747 |
| 其他资金 | Other | 447558 | 2316963 | 3321537 | 10187479 | 13227150 |
| **房屋建筑面积　（万平方米）** | **Floor Space of Buildings　(10000 sq.m)** | | | | | |
| 施工面积 | Floor Space Under Construction | 1693.36 | 5306.92 | 7062.41 | 14169.62 | 17541.90 |
| 竣工面积 | Floor Space Completed | 759.33 | 1816.86 | 2067.23 | 2861.25 | 3020.57 |
| 本年新开工面积 | Floor Space Started this Year | 900.58 | 2623.41 | 3171.88 | 5319.72 | 7317.60 |
| #住　宅 | Residential Buildings | 713.17 | 2181.61 | 2607.23 | 4218.04 | 5770.46 |
| #经济适用房屋 | Economical Houses | 240.92 | 58.90 | 112.57 | 170.81 | 213.90 |
| **商品房屋销售面积（万平方米）** | **Floor Space of Selling House　(10000 sq.m)** | **536.20** | **1907.21** | **2307.83** | **4030.92** | **4113.88** |
| #住　宅 | Residential Buildings | 462.82 | 1686.03 | 2037.54 | 3646.44 | 3604.87 |
| #经济适用房屋 | Economical Houses | 142.97 | 63.22 | 89.77 | 73.21 | 37.69 |
| **商品房屋销售价格(元/平方米）** | **Selling Price of House　(yuan/sq.m)** | **1193** | **2220** | **2322** | **3420** | **4212** |
| #住　宅 | Residential Buildings | 1040 | 2065 | 2153 | 3235 | 3907 |
| #经济适用房屋 | Economical Houses | 878 | 1059 | 1325 | 1657 | 1781 |
| **实收资金合计　（万元）** | **Total Capital Hold　(10000 yuan)** | **801091** | **2976285** | **4186029** | **6923493** | **8603456** |
| #国家资本金 | State Capital | 28926 | 266769 | 779917 | 512002 | 563563 |
| 资产负债率　(%) | Ratio of Liabilities to Assets　(%) | 68 | 70 | 69 | 75 | 75 |
| **经营总收入　（万元）** | **Total Revenue　(10000 yuan)** | **701896** | **2720528** | **3659888** | **9597305** | **13150647** |
| #土地转让收入 | land Transferred | 12293 | 12785 | 17610 | 137598 | 81646 |

# 5—23 房地产开发企业（单位）财务状况

Enterprise's Financial Situation in Real Estate Development

单位：万元 (10000 yuan)

| 项　目 | Item | 2000 | 2005 | 2009 | 2010 |
|---|---|---|---|---|---|
| **年初存货** | **Opening Stock This Year** | | **3403211** | **14562527** | **19892008** |
| **年末资产负债** | **Assets and Liabilities at the Year-end** | | | | |
| 流动资产合计 | Total of Current Assets | | 10211981 | 35184214 | 46759621 |
| #存　货 | Stock | | 5013742 | 18424589 | 24613144 |
| 固定资产原价 | Prime Cost of Fixed Assets | | 642349 | 1592388 | 1537883 |
| 累计折旧 | Progressive Depreciation | 51914 | 115739 | 619780 | 316551 |
| #本年折旧 | Depreciation This Year | 11650 | 28292 | 119037 | 67026 |
| 资产总计 | Total of Assets | 2471288 | 12152955 | 41275462 | 54332428 |
| 负债合计 | Total of Liabilities | 1685674 | 8530794 | 30755216 | 40828272 |
| 所有者权益合计 | Total of Ownership Interest | 785614 | 3622161 | 10520246 | 13504156 |
| #实收资本 | Pail-up Capital | 801091 | 2976285 | 6923493 | 8603456 |
| 国家资本 | National Capital | 28926 | 266769 | 512002 | 563563 |
| 集体资本 | Collectively Owned Capital | | 64849 | 80879 | 75709 |
| 法人资本 | Capital of Artificial Person | | 1245856 | 3586648 | 4688626 |
| 个人资本 | Individual Capital | | 1191508 | 2264140 | 2798825 |
| 港澳台资本 | Capital of Hong Kong, Macao and Taiwan | | 106341 | 211725 | 290586 |
| 外商资本 | Foreign Capital | | 100962 | 268099 | 186148 |
| **损益及分配** | **Profit and Loss and Distribution** | | | | |
| 主营业务收入 | Main Business Earning | 701896 | 2720528 | 9597305 | 13150647 |
| 土地转让收入 | Earning of Land Transfer | 12293 | 12785 | 137598 | 81646 |
| 商品房屋销售收入 | Sales Revenue of Commercial Houses | 651655 | 2643962 | 9311335 | 12719888 |
| 房屋出租收入 | Rental Income of Buildings | 1781 | 17969 | 20872 | 85698 |
| 其他收入 | Other Income | 36167 | 45812 | 127500 | 263415 |
| 主营业务成本 | Main Business Cost | | 2150369 | 7270881 | 9672150 |
| 主营业务税金及附加 | Main Business Tax and Affixation | 38186 | 165159 | 705100 | 972105 |
| 主营业务利润 | Main Business Profit | | 325943 | 1524926 | 2418152 |
| 其他业务收入 | Other Business Earning | | 15622 | 45516 | 71450 |
| 其他业务利润 | Other Business Profit | | 14302 | 42091 | 36519 |
| 销售费用 | Sales Expense | | 79057 | 239009 | 325905 |
| 管理费用 | Management Expense | | 193611 | 452815 | 539208 |
| 财务费用 | Financial Expense | | 57022 | 159192 | 166459 |
| 营业利润 | Operating Profit | -14439 | 89612 | 812400 | 1547277 |
| 投资收益 | Investment Yield | | 2949 | 11630 | 29217 |
| 利润总额 | Total of Profit | | 91318 | 825833 | 1349105 |
| 应交所得税 | Payable Income Tax | | 45306 | 198797 | 270053 |
| 劳动、失业保险费 | Labor and Unemployment Insurance Expenses | | 4039 | 22869 | 31454 |
| 住房公积金及住房补贴 | Public Accumulation Fund and Subsidy for Housing Construction | | 1564 | 4295 | 21436 |
| **工资、福利费** | **Wages and Welfares** | | | | |
| 本年应付工资总额 | Total Payable Wages This Year | | 71633 | 237809 | 265515 |
| 本年应付福利费总额 | Total Payable Welfares This Year | | 18740 | 20333 | 22334 |
| **全部从业人员年平均人数（人）** | **Average Number of Staff and Workers (person)** | **27839** | **49030** | **68443** | **71504** |

# 5—24 房地产开发企业（单位）投资、资金和土地情况
Investment, Funds and Land Condition of Real Estate Developer

单位：万元 (10000 yuan)

| 指 标 | Item | 2005 | 2009 | 2010 |
|---|---|---|---|---|
| 计划总投资 | Total Planned Investment | 19301096 | 64543242 | 89896777 |
| 自开始建设累计完成投资 | Accumulative Investment Actually Made Since Starting of Construction up to the End | 8452758 | 40400408 | 59445213 |
| 本年完成投资 | Investment Made this Year | 4594413 | 16698263 | 22518045 |
| #配套工程投资 | Auxiliary Project | 92904 | 289791 | 235728 |
| #国有控股 | State-holding Stock | | 2868127 | 3582149 |
| 按构成分：建筑工程 | Grouped by Composition: Construction Project | 2910705 | 11052885 | 14092819 |
| 安装工程 | Installation Project | 192634 | 1197792 | 1524652 |
| 设备工器具购置 | Purchase of Equipment and Instrument | 42448 | 256639 | 250578 |
| 其他费用 | Other Expenses | 1448626 | 4190947 | 6649996 |
| #旧建筑物购置费 | Total Expenses of Purchasing Old Buildings | 35903 | 124290 | 92803 |
| 土地购置费 | Total Value of Land Purchased | 1005275 | 2919765 | 5161690 |
| 按工程用途分： | Grouped by the Use of Project | | | |
| 住 宅 | Residential Buildings | 3233619 | 11755778 | 15952464 |
| #90平方米以下 | Below $90m^2$ | | 3602568 | 4402937 |
| 140平方米以上 | Above of $140m^2$ | | 1066395 | 1213521 |
| #经济适用房 | Economically Affordable Houses | 97301 | 241184 | 280139 |
| 别墅、高档公寓 | Villas and Good Apartments | 61564 | 475665 | 765862 |
| 办公楼 | Office Buildings | 132116 | 721124 | 656341 |
| 商业营业用房 | Houses for Business Use | 648456 | 2362832 | 2924003 |
| 其 他 | Other | 580222 | 1858529 | 2985237 |
| 本年新增固定资产 | Newly Increased Fixed Assets This Year | 2366611 | 6689861 | 8564748 |
| 本年资金来源合计 | Total by Source of Funds This Year | 6388421 | 25161043 | 33029854 |
| 上年末结余资金 | Surplus Funds at the End of Last Year | 957614 | 2544912 | 4392872 |
| 本年资金来源小计 | Total Funds this Year | 5430807 | 22616131 | 28636982 |
| 国内贷款 | Domestic Loans | 757235 | 2968570 | 3237258 |
| 利用外资 | Foreign Investment | 67788 | 158549 | 61827 |
| 自筹资金 | Self-raising Fund | 2288821 | 9301533 | 12110747 |
| 其他资金来源 | Others | 2316963 | 10187479 | 13227150 |
| 本年各项应付款合计 | Total of All Payable Account This Year | 630600 | 2894090 | 3511325 |
| #工程款 | Project Account | 415047 | 1445597 | 1658561 |
| 待开发土地面积 （万平方米） | Land Space Prepared for Development (10000 sq.m) | 1504.06 | 1828.10 | 1709.09 |
| 本年购置土地面积 （万平方米） | Land Space Purchased this Year (10000 sq.m) | 1896.39 | 1918.59 | 2611.07 |
| 本年土地成交价款 | Land Costs This Year | 1195393 | 2356231 | 3599668 |

# 5—25 房地产开发投资（2010年）
Investment in Real Estate Development (2010)

单位：万元 (10000 yuan)

| 指　标 | Item | 总计 Total | 内资 Domestic Funded | 国有 State-owned Enterprises |
|---|---|---|---|---|
| 计划总投资 | Total Planned Investment | 89896777 | 82617088 | 5441012 |
| 自开始建设累计完成投资 | Accumulative Investment Actually Made Since Starting of Construction up to the End | 59445213 | 54276881 | 3139066 |
| 本年完成投资 | Investment Made this Year | 22518045 | 20947693 | 1233512 |
| #配套工程投资 | Auxiliary Project | 235728 | 188243 | 2897 |
| #国有及国有控股 | State Controlling Share Hold Enterprises | 3582149 | 3522574 | 1233512 |
| 按构成分：建筑工程 | Grouped by Composition: Construction Project | 14092819 | 13046786 | 792938 |
| 安装工程 | Installation Project | 1524652 | 1358226 | 96194 |
| 设备工器具购置 | Purchase of Equipment and Instrument | 250578 | 206220 | 17874 |
| 其他费用 | Other Expenses | 6649996 | 6336461 | 326506 |
| #旧建筑物购置费 | Total Expenses of Purchasing Old Buildings | 92803 | 70644 | |
| 土地购置费 | Total Value of Land Purchased | 5161690 | 4944176 | 288939 |
| 按工程用途分： | Grouped by the Use of Project | | | |
| 住　宅 | Residential Buildings | 15952464 | 14768389 | 964391 |
| #90平方米以下 | Below $90m^2$ | 4402937 | 4131216 | 431672 |
| 140平方米以上 | Above of $140m^2$ | 1213521 | 1035175 | 42318 |
| #经济适用房 | Economically Affordable Houses | 280139 | 274539 | 156720 |
| 别墅、高档公寓 | Villas and Good Apartments | 765862 | 639803 | 15280 |
| 办公楼 | Office Buildings | 656341 | 569962 | 5802 |
| 商业营业用房 | Houses for Business Use | 2924003 | 2728075 | 105398 |
| 其　他 | Other | 2985237 | 2881267 | 157921 |
| 本年新增固定资产 | Newly Increased Fixed Assets This Year | 8564748 | 7814310 | 412640 |
| 保障性住房本年完成投资 | Completed Investment in Low-income House This Year | 538761 | 533161 | 195729 |
| #廉租房 | Low-rent House | 43572 | 43572 | 24505 |
| 保障性住房本年施工面积(万平方米) | Construction Area in Low-income House This Year (10000 sq.m) | 647.79 | 645.02 | 308.32 |
| #廉租房 | Low-rent House | 44.46 | 44.46 | 28.17 |
| 保障性住房本年竣工面积(万平方米) | Completed Residential area in Low-income House This Year (10000.sq.m) | 122.64 | 122.64 | 57.37 |
| #廉租房 | | 12.16 | 12.16 | 8.78 |
| 保障性住房本年竣工套数 (套) | Completed Unit Number in Low-income House This Year | 15599 | 15599 | 7438 |
| #廉租房 | Low-rent House | 1905 | 1905 | 1234 |
| 待开发土地面积 (万平方米) | Land Space Prepared for Development (10000 sq.m) | 1709.09 | 1528.05 | 79.48 |
| 本年购置土地面积 (万平方米) | Land Space Purchased this Year (10000 sq.m) | 2611.07 | 2550.33 | 158.41 |
| 本年土地成交价款 | Land Costs This Year | 3599668 | 3523277 | 221490 |

| 集　体<br>Collective Enterprises | 港、澳、台投　资<br>Funded by Entrepreneurs from Hong Kong, Macao and Taiwan | 外商投资<br>Foreign Funded | 中　央<br>Central Government | 省<br>Province | 市<br>City | 县<br>County | 乡镇企业<br>Township and Village Enterprises | 其　他<br>Other |
|---|---|---|---|---|---|---|---|---|
| 56439 | 4056321 | 3223368 | 1454860 | 6007762 | 15827447 | 5423898 | 263741 | 60919069 |
| 54088 | 3079639 | 2088693 | 630698 | 4352728 | 10646040 | 3482010 | 221398 | 40112339 |
| 26152 | 846076 | 724276 | 206885 | 1154807 | 3562036 | 1588684 | 104737 | 15900896 |
| 389 | 23178 | 24307 |  | 10635 | 42764 | 6134 | 587 | 175608 |
|  |  | 59575 | 183495 | 792186 | 1122021 | 739785 | 3400 | 741262 |
| 20933 | 583785 | 462248 | 191633 | 689561 | 2287151 | 1046911 | 83127 | 9794436 |
| 1978 | 116370 | 50056 | 4002 | 128090 | 302379 | 152179 | 7026 | 930976 |
| 1136 | 27760 | 16598 | 850 | 19853 | 56112 | 11301 | 279 | 162183 |
| 2105 | 118161 | 195374 | 10400 | 317303 | 916394 | 378293 | 14305 | 5013301 |
|  | 17159 | 5000 | 50 | 1014 | 13071 | 508 | 1120 | 77040 |
| 44 | 51402 | 166112 | 6950 | 237300 | 710368 | 309503 | 7229 | 3890340 |
| 22398 | 563136 | 620939 | 183548 | 766521 | 2506146 | 1234136 | 72455 | 11189658 |
| 7602 | 137921 | 133800 | 58111 | 158608 | 720877 | 466878 | 20153 | 2978310 |
| 1164 | 56278 | 122068 | 33136 | 48516 | 114919 | 54346 | 10993 | 951611 |
| 734 | 5600 |  | 4726 | 8094 | 181288 | 29834 |  | 56197 |
| 201 | 42080 | 83979 | 21000 | 20051 | 109314 | 8570 | 6161 | 600766 |
|  | 80748 | 5631 | 241 | 58762 | 65091 | 18132 | 1065 | 513050 |
| 1941 | 149439 | 46489 | 5730 | 179331 | 467271 | 105442 | 21363 | 2144866 |
| 1813 | 52753 | 51217 | 17366 | 150193 | 523528 | 230974 | 9854 | 2053322 |
| 9006 | 414066 | 336372 | 131324 | 1145903 | 1367949 | 498191 | 53425 | 5367956 |
| 734 | 5600 |  | 8776 | 22464 | 307242 | 52805 |  | 147474 |
|  |  |  | 8776 |  | 5874 | 17847 |  | 11075 |
| 2.20 | 2.77 |  | 7.30 | 10.11 | 403.99 | 63.45 |  | 162.95 |
|  |  |  | 7.30 |  | 6.39 | 21.12 |  | 9.66 |
|  |  |  | 6.79 |  | 76.49 | 4.95 |  | 34.23 |
|  |  |  | 6.79 |  | 4.65 |  |  | 0.72 |
|  |  |  | 850 | 24 | 9548 | 870 |  | 4307 |
|  |  |  | 850 |  | 917 |  |  | 138 |
|  | 53.40 | 127.64 | 39.85 | 27.63 | 380.27 | 84.82 | 14.90 | 1161.62 |
| 0.11 | 47.62 | 13.12 |  | 36.88 | 411.07 | 220.72 | 7.80 | 1934.60 |
| 38 | 62923 | 13468 |  | 89025 | 606312 | 216276 | 6383 | 2681672 |

## 5—26 房地产开发企业财务状况（2010年）

| 项目 | Item | 流动资产合计 Circulating Funds | #存货 Stock | 固定资产原价 Original Value of Fixed Assets | 累计折旧 Accumulated Depreciation | 资产合计 Total Assets |
|---|---|---|---|---|---|---|
| **总计** | **Total** | **46759621** | **24613144** | **1537883** | **316551** | **54332428** |
| 国有及国有控股企业 | State Controlling Share Hold Enterprises | 9490923 | 4956076 | 236647 | 73415 | 11375115 |
| **按注册类型分** | **Grouped by Status of Registration** | | | | | |
| 内资 | Domestic Funded | 42770479 | 22578582 | 1460277 | 297040 | 49718821 |
| #国有 | State-owned Enterprises | 2083244 | 931569 | 91282 | 14421 | 2808767 |
| 集体 | Collective Enterprises | 53657 | 20308 | 5438 | 1320 | 64772 |
| 港、澳、台投资 | Funded by Entrepreneurs from Hong Kong, Macao and Taiwan | 2206583 | 1162448 | 51964 | 11811 | 2628428 |
| 外商投资 | Foreign Funded | 1782559 | 872114 | 25642 | 7700 | 1985179 |
| **按隶属关系分** | **Grouped by Administrative Relationship** | | | | | |
| 中央 | Central Government | 522319 | 366700 | 3832 | 994 | 535959 |
| 省 | Province | 3237892 | 1751379 | 84393 | 51374 | 3873384 |
| 地区 | Prefecture | 8201396 | 4040514 | 129879 | 34272 | 9668443 |
| 县 | County | 3686694 | 2258320 | 141337 | 20852 | 4499410 |
| 乡镇企业 | Township and Village Enterprises | 107628 | 46547 | 7473 | 1695 | 143203 |
| 其他 | Other | 31003692 | 16149684 | 1170969 | 207363 | 35612030 |
| **按资质等级分** | **Grouped by qualification grade** | | | | | |
| 一级 | First Grade | 1139042 | 379618 | 23816 | 7265 | 1414258 |
| 二级 | Second Grade | 8152495 | 3686733 | 340763 | 76726 | 9808455 |
| 三级 | Third Grade | 11901144 | 6066563 | 384174 | 133847 | 13776847 |
| 四级 | Forth Grade | 1717767 | 937255 | 63142 | 15513 | 1954587 |

## 5—27 各市房地产开发企业财务状况（2010年）

| 地区 | Region | 流动资产合计 Circulating Funds | #存货 Stock | 固定资产原价 Original Value of Fixed Assets | 累计折旧 Accumulated Depreciation | 资产合计 Total Assets |
|---|---|---|---|---|---|---|
| **总计** | **Total** | **46759621** | **24613144** | **1537883** | **316551** | **54332428** |
| 合肥市 | Hefei | 16453134 | 8007492 | 773577 | 108976 | 19892283 |
| 淮北市 | Huaibei | 969842 | 506622 | 18292 | 4339 | 1173369 |
| 亳州市 | Bozhou | 535569 | 287948 | 7162 | 2421 | 602349 |
| 宿州市 | Suzhou | 978563 | 462903 | 18565 | 4662 | 1056978 |
| 蚌埠市 | Bengbu | 2541726 | 1462032 | 76228 | 11719 | 2842249 |
| 阜阳市 | Fuyang | 1362146 | 650193 | 60471 | 13244 | 1519761 |
| 淮南市 | Huainan | 2051608 | 1030501 | 43329 | 11092 | 2278537 |
| 滁州市 | Chuzhou | 2049667 | 1132590 | 46834 | 9903 | 2327048 |
| 六安市 | Luan | 1203831 | 634862 | 67479 | 44457 | 1452205 |
| 马鞍山市 | Maanshan | 1233220 | 744278 | 31762 | 14894 | 1445569 |
| 巢湖市 | Chaohu | 2189682 | 1186029 | 44627 | 11627 | 2445392 |
| 芜湖市 | Wuhu | 7444993 | 4222456 | 128381 | 23446 | 8648418 |
| 宣城市 | Xuancheng | 1697243 | 988852 | 31450 | 9273 | 1876015 |
| 铜陵市 | Tongling | 1313950 | 642692 | 23477 | 7702 | 1454182 |
| 池州市 | Chizhou | 1329609 | 766088 | 22102 | 8932 | 1468195 |
| 安庆市 | Anqing | 1727241 | 982824 | 86262 | 18591 | 1964631 |
| 黄山市 | Huangshan | 1677599 | 904784 | 57885 | 11274 | 1885248 |

## Enterprise's Financial Situation in Real Estate Development (2010)

单位：万元　(10000 yuan)

| 负债合计 Total Liabilities | 资产负债率(%) Ratio of Liabilities to Assets (%) | 所有者权益合计 Owners Equity | 实收资本 Capital Hold | 主营业务收入 Main Business Income | 土地转让收入 Revenue of Land Transfer | 主营业务成本 Main Business Cost | 主营业务税金及附加 Main Business and Extra Charges | 主营业务利润 Main Business Profits | 本年应付工资总额 Wages Payable This Year | 全部从业人员年平均数(人) Annual Average Employed Persons (person) |
|---|---|---|---|---|---|---|---|---|---|---|
| **40828272** | **75.15** | **13504156** | **8603456** | **13150647** | **81646** | **9672150** | **972105** | **2418152** | **265515** | **71504** |
| 8070803 | 70.95 | 3304312 | 1464986 | 1897779 | 52652 | 1364061 | 121483 | 404581 | 35360 | 8678 |
| 37497414 | 75.42 | 12221407 | 7691735 | 12299337 | 69767 | 9056304 | 913093 | 2248852 | 226104 | 67544 |
| 2032960 | 72.38 | 775807 | 439419 | 468640 | 399 | 342961 | 29012 | 95411 | 14855 | 4309 |
| 48391 | 74.71 | 16381 | 11229 | 31099 | | 23719 | 1973 | 5211 | 706 | 414 |
| 1877329 | 71.42 | 751099 | 508806 | 396263 | 11829 | 262097 | 27574 | 104343 | 32263 | 2213 |
| 1453529 | 73.22 | 531651 | 402914 | 455047 | 50 | 353749 | 31438 | 64957 | 7148 | 1747 |
| 473478 | 88.34 | 62481 | 29311 | 122735 | 1872 | 89517 | 10775 | 21961 | 1694 | 290 |
| 3093101 | 79.86 | 780283 | 477508 | 1503926 | | 1069477 | 127849 | 301813 | 13239 | 3167 |
| 6836956 | 70.71 | 2831487 | 1511424 | 1776107 | | 1334296 | 135890 | 294153 | 37886 | 9333 |
| 3244946 | 72.12 | 1254465 | 595289 | 651661 | 56330 | 474307 | 40277 | 132642 | 13703 | 5207 |
| 98662 | 68.90 | 44541 | 34791 | 75123 | | 61060 | 4857 | 8521 | 1639 | 497 |
| 27081130 | 76.04 | 8530900 | 5955134 | 9021095 | 23444 | 6643494 | 652457 | 1659062 | 197354 | 53010 |
| 1044833 | 73.88 | 369426 | 139547 | 527473 | | 356184 | 38451 | 132251 | 6013 | 1819 |
| 7540442 | 76.88 | 2268013 | 1323855 | 3082436 | | 2210298 | 245041 | 620518 | 40299 | 9079 |
| 10488597 | 76.13 | 3288250 | 2077820 | 3243942 | 31929 | 2397922 | 245128 | 575835 | 63046 | 21334 |
| 1453366 | 74.36 | 501221 | 319851 | 684073 | 7032 | 536174 | 42582 | 98189 | 17815 | 6787 |

## Enterprise's Financial Situation in Real Estate Development by Region (2010)

单位：万元　(10000 yuan)

| 负债合计 Total Liabilities | 资产负债率(%) Ratio of Liabilities to Assets (%) | 所有者权益合计 Owners Equity | 实收资本 Capital Hold | 主营业务收入 Main Business Income | 土地转让收入 Revenue of Land Transfer | 主营业务成本 Main Business Cost | 主营业务税金及附加 Main Business and Extra Charges | 主营业务利润 Main Business Profits | 本年应付工资总额 Wages Payable This Year | 全部从业人员年平均数(人) Annual Average Employed Persons (person) |
|---|---|---|---|---|---|---|---|---|---|---|
| **40828272** | **75.15** | **13504156** | **8603456** | **13150647** | **81646** | **9672150** | **972105** | **2418152** | **265515** | **71504** |
| 15148126 | 76.15 | 4744157 | 2992669 | 5507930 | 17021 | 3919809 | 407497 | 1157454 | 79597 | 17969 |
| 911170 | 77.65 | 262200 | 272517 | 224255 | 1984 | 168029 | 18522 | 33942 | 5915 | 2899 |
| 469290 | 77.91 | 133060 | 140648 | 225807 | | 162662 | 18221 | 44209 | 5746 | 1510 |
| 843287 | 79.78 | 213691 | 153654 | 401791 | | 318910 | 29885 | 50389 | 5409 | 1945 |
| 1885617 | 66.34 | 956632 | 298907 | 279451 | 500 | 212113 | 21118 | 45960 | 7039 | 2086 |
| 1181842 | 77.76 | 337919 | 246392 | 416715 | | 331075 | 29526 | 51788 | 6863 | 2926 |
| 1763458 | 77.39 | 515080 | 401903 | 304495 | | 253049 | 37741 | 12757 | 10119 | 2866 |
| 1736157 | 74.61 | 590891 | 397045 | 632099 | | 460922 | 44942 | 120912 | 11913 | 4821 |
| 1058554 | 72.89 | 393651 | 150453 | 538584 | | 384549 | 40434 | 105499 | 11349 | 3052 |
| 1037134 | 71.75 | 408435 | 288216 | 390184 | | 259834 | 26927 | 100966 | 7850 | 1944 |
| 1712836 | 70.04 | 732556 | 436306 | 483296 | | 364645 | 39421 | 70909 | 14791 | 5929 |
| 6754796 | 78.10 | 1893623 | 1086486 | 1026423 | 55830 | 758137 | 67993 | 197318 | 16780 | 5313 |
| 1469156 | 78.31 | 406859 | 368670 | 601087 | 68 | 465776 | 44325 | 84495 | 11885 | 3452 |
| 1065108 | 73.24 | 389074 | 285198 | 284810 | | 212187 | 20417 | 51001 | 6768 | 2077 |
| 1036770 | 70.62 | 431425 | 331409 | 608454 | | 457171 | 39693 | 101570 | 10018 | 2723 |
| 1402707 | 71.40 | 561924 | 361664 | 807410 | 3712 | 626259 | 51666 | 125518 | 14644 | 5750 |
| 1352266 | 71.73 | 532982 | 391320 | 417856 | 2531 | 317022 | 33779 | 63466 | 38832 | 4242 |

## 5—28 房地产开发企业（单位）施工、销售和待售情况（2010年）
Construction, sale and for sale in Real Estate Development Units (2010)

| 指标 | | Item | | 合计 Total |
|---|---|---|---|---|
| 房屋施工面积 | （万平方米） | Floor Space of Buildings Under Construction | (10000 sq.m) | 17541.9 |
| #新开工面积 | | Newly Started | | 7317.6 |
| 房屋竣工面积 | （万平方米） | Floor Space of Buildings Completed | (10000 sq.m) | 3020.6 |
| #不可销售面积 | | Not for Sale | | 187.7 |
| 住宅竣工套数 | （套） | Sets of Commercial Residential Buildings Completed | (set) | |
| 竣工房屋价值 | （万元） | Value of Buildings Completed | (10000 yuan) | 6836078 |
| 批准预售面积 | （万平方米） | Advanced Sale Area by Authorization | (10000 sq.m) | 4745.2 |
| 批准预售住宅套数 | （套） | Advanced Sale Units by Authorization | (set) | |
| 出租房屋面积 | （万平方米） | Floor Space of Buildings for Renting | (10000 sq.m) | 90.4 |
| 商品房销售面积 | （万平方米） | Floor Space of Selling House | (10000 sq.m) | 4113.9 |
| #现房销售面积 | | Floor Space of Accomplished Buildings Sold | | 688.4 |
| 期房销售面积 | | Floor Space of Futures Marketable Housings Sold | | 3425.5 |
| 商品房销售额 | （万元） | Total Sales of Commercial Houses | (10000 yuan) | 17326609 |
| #现房销售额 | | Sales Value of Accomplished Buildings | | 2370019 |
| 期房销售额 | | Sales Value of Futures House | | 14956590 |
| 商品住宅销售套数 | （套） | Sets of Commercial Residential Buildings Sold | (set) | |
| #现房销售套数 | | Sets of Accomplished Buildings Sold | | |
| 期房销售套数 | | Sets of Futures House | | |
| 待售面积 | （万平方米） | Floor Space of Vacant Houses | (10000 sq.m) | 521.3 |
| 待售1−3年 | | Vacant 1-3 Years | | 297.5 |
| 待售3年以上 | | Vacant More than 3 Years | | 14.9 |

| 按用途分 Grouped by the Use of Project | | | | | | |
|---|---|---|---|---|---|---|
| 住　宅 Residential Buildings | #90平米以下 below 90 sq.m | #经济适用房屋 Economical Houses | #别墅、高档公寓 Villas and Good Apartments | 办公楼 Office Buildings | 商业营业用房 Houses for Business Use | 其　他 Others |
| 13770.2 | 3711.4 | 477.5 | 452.7 | 521.9 | 2300.2 | 949.6 |
| 5770.5 | 1288.8 | 213.9 | 92.6 | 163.5 | 958.4 | 425.3 |
| 2402.4 | 552.0 | 99.2 | 85.0 | 49.9 | 430.7 | 137.6 |
| 125.4 | 37.8 | 4.0 | 0.5 | 0.4 | 22.1 | 39.7 |
| 229668 | 75482 | 12198 | 3579 | | | |
| 5203049 | 1180860 | 144917 | 238397 | 131554 | 1181381 | 320094 |
| 4006.8 | 875.1 | 34.2 | 71.4 | 91.7 | 567.1 | 79.6 |
| 380806 | 107588 | 3498 | 3252 | | | |
| 4.5 | 4.3 | | 0.1 | 0.9 | 80.7 | 4.3 |
| 3604.9 | 882.4 | 37.7 | 83.1 | 87.3 | 386.9 | 34.9 |
| 554.3 | 104.9 | 13.0 | 12.2 | 14.6 | 105.2 | 14.3 |
| 3050.6 | 777.5 | 24.7 | 70.9 | 72.7 | 281.7 | 20.5 |
| 14084111 | 3636059 | 67135 | 488407 | 541871 | 2585638 | 114989 |
| 1659830 | 347438 | 18376 | 63520 | 70487 | 584390 | 55312 |
| 12424281 | 3288621 | 48759 | 424887 | 471384 | 2001248 | 59677 |
| 345767 | 111993 | 4164 | 3718 | | | |
| 51131 | 13494 | 1445 | 587 | | | |
| 294636 | 98499 | 2719 | 3131 | | | |
| 296.4 | 46.2 | 12.1 | 26.8 | 18.2 | 160.9 | 45.8 |
| 169.1 | 24.1 | 6.9 | 12.7 | 13.6 | 89.1 | 25.7 |
| 4.4 | 0.2 | | | 0.6 | 9.0 | 1.0 |

## 5—29 各市房地产开发企业（单位）个数（2010年）
Number of Enterprises for Real Estate Development by Region (2010)

单位：个 (unit)

| 地 区 | Region | 企业个数 Number of Enterprises | 内资企业 Domestic Funded Enterprises | #国有 State-owned | #集体 Collective-owned | #私营 Private Units | 港澳台投资企业 Funded by Entrepreneurs from Hong Kong, Macao and Taiwan | 外商投资企业 Foreign Funded Enterprises | 国有及国有控股 State-owned and State Controlling Share Hold Enterprises |
|---|---|---|---|---|---|---|---|---|---|
| **总　计** | **Total** | **3385** | **3249** | **136** | **25** | **1299** | **78** | **58** | **312** |
| 合肥市 | Hefei | 761 | 706 | 46 | 7 | 239 | 31 | 24 | 114 |
| 淮北市 | Huaibei | 138 | 133 | 9 | 1 | 97 | 1 | 4 | 11 |
| 亳州市 | Bozhou | 77 | 75 | 2 | | 25 | 2 | | 4 |
| 宿州市 | Suzhou | 121 | 121 | 5 | 1 | 43 | | | 10 |
| 蚌埠市 | Bengbu | 132 | 126 | 12 | 3 | 45 | 4 | 2 | 25 |
| 阜阳市 | Fuyang | 178 | 173 | 5 | 1 | 46 | 5 | | 9 |
| 淮南市 | Huainan | 85 | 85 | 2 | | 44 | | | 9 |
| 滁州市 | Chuzhou | 218 | 215 | 4 | 1 | 68 | 2 | 1 | 15 |
| 六安市 | Luan | 142 | 142 | 4 | 1 | 78 | | | 10 |
| 马鞍山市 | Maanshan | 125 | 117 | 7 | | 83 | 3 | 5 | 14 |
| 巢湖市 | Chaohu | 195 | 188 | 7 | 2 | 80 | 1 | 6 | 13 |
| 芜湖市 | Wuhu | 231 | 215 | 8 | | 79 | 11 | 5 | 21 |
| 宣城市 | Xuancheng | 211 | 210 | 2 | | 49 | | 1 | 4 |
| 铜陵市 | Tongling | 116 | 112 | 4 | 1 | 41 | 3 | 1 | 16 |
| 池州市 | Chizhou | 160 | 151 | 3 | 3 | 84 | 3 | 6 | 9 |
| 安庆市 | Anqing | 285 | 279 | 9 | 4 | 120 | 4 | 2 | 15 |
| 黄山市 | Huangshan | 210 | 201 | 7 | | 78 | 8 | 1 | 13 |

## 5—30 各市房地产开发企业（单位）从业人数（2010年）
Number of Employed Persons in Enterprises for Real Estate Development by Region (2010)

单位：人 (person)

| 地 区 | Region | 平均从业人数 Average Number of Employed Persons | 内资企业 Domestic Funded Enterprises | #国有 State-owned | #集体 Collective-owned | #私营 Private Units | 港澳台投资企业 Funded by Entrepreneurs from Hong Kong, Macao and Taiwan | 外商投资企业 Foreign Funded Enterprises | 国有及国有控股 State-owned and State Controlling Share Hold Enterprises |
|---|---|---|---|---|---|---|---|---|---|
| **总　计** | **Total** | **71504** | **67544** | **4309** | **414** | **26015** | **2213** | **1747** | **8678** |
| 合肥市 | Hefei | 17969 | 16366 | 2140 | 166 | 4791 | 950 | 653 | 3707 |
| 淮北市 | Huaibei | 2899 | 2778 | 242 | 27 | 1961 | 45 | 76 | 276 |
| 亳州市 | Bozhou | 1510 | 1484 | 187 | | 316 | 26 | | 187 |
| 宿州市 | Suzhou | 1945 | 1945 | 100 | | 547 | | | 348 |
| 蚌埠市 | Bengbu | 2086 | 1943 | 146 | 15 | 626 | 107 | 36 | 423 |
| 阜阳市 | Fuyang | 2926 | 2926 | 157 | 3 | 814 | | | 188 |
| 淮南市 | Huainan | 2866 | 2866 | 45 | | 1342 | | | 338 |
| 滁州市 | Chuzhou | 4821 | 4767 | 74 | 20 | 1664 | 14 | 40 | 142 |
| 六安市 | Luan | 3052 | 3052 | 111 | 39 | 1482 | | | 215 |
| 马鞍山市 | Maanshan | 1944 | 1880 | 299 | | 1055 | | 64 | 462 |
| 巢湖市 | Chaohu | 5929 | 5257 | 144 | 25 | 2999 | 64 | 608 | 269 |
| 芜湖市 | Wuhu | 5313 | 4679 | 219 | | 1225 | 510 | 124 | 1069 |
| 宣城市 | Xuancheng | 3452 | 3452 | 14 | | 1052 | | | 45 |
| 铜陵市 | Tongling | 2077 | 2049 | 63 | 9 | 604 | 28 | | 295 |
| 池州市 | Chizhou | 2723 | 2594 | 28 | 62 | 1422 | 36 | 93 | 111 |
| 安庆市 | Anqing | 5750 | 5659 | 294 | 48 | 2442 | 55 | 36 | 450 |
| 黄山市 | Huangshan | 4242 | 3847 | 46 | | 1673 | 378 | 17 | 153 |

## 5—31 各市房地产开发建设投资总规模及完成投资（2010年）

General Scale of and Actually Completed Investment in Real Estate Development by Region (2010)

单位：万元 (10000 yuan)

| 地 区 | Region | 计划总投资 Total Investment Actually Needed | 自开始建设至本年底累计完成投资 Accumulative Investment Actually Made Since Starting of Construction up to the End of this Year | 本年完成投资 Investment Made this Year | #配套工程投资额 Auxiliary Project | 全部建成尚需投资 Further Investment Required for the Completion of Construction |
|---|---|---|---|---|---|---|
| **总 计** | **Total** | **89896777** | **59445213** | **22518045** | **235728** | **30451564** |
| 合肥市 | Hefei | 32618742 | 24654076 | 8190320 | 37270 | 7964666 |
| 淮北市 | Huaibei | 1837603 | 980220 | 425301 | 787 | 857383 |
| 亳州市 | Bozhou | 1206755 | 704829 | 435160 | 6942 | 501926 |
| 宿州市 | Suzhou | 2062633 | 1299014 | 471433 | 4829 | 763619 |
| 蚌埠市 | Bengbu | 2360882 | 1466911 | 738400 | 19487 | 893971 |
| 阜阳市 | Fuyang | 2067026 | 1467889 | 500474 | 7830 | 599137 |
| 淮南市 | Huainan | 2784636 | 2242830 | 783481 | 12371 | 541806 |
| 滁州市 | Chuzhou | 4394286 | 2449068 | 1317688 | 22875 | 1945218 |
| 六安市 | Luan | 2324019 | 1677973 | 624081 | 9485 | 646046 |
| 马鞍山市 | Maanshan | 3780168 | 1954514 | 850507 | 2701 | 1825654 |
| 巢湖市 | Chaohu | 3648601 | 2319098 | 870002 | 40652 | 1329503 |
| 芜湖市 | Wuhu | 13538985 | 7661798 | 2911649 | 14790 | 5877187 |
| 宣城市 | Xuancheng | 3924081 | 2432501 | 821911 | 10027 | 1491580 |
| 铜陵市 | Tongling | 3231475 | 1546847 | 732998 | 1809 | 1684628 |
| 池州市 | Chizhou | 2802868 | 1571831 | 664877 | 12519 | 1231037 |
| 安庆市 | Anqing | 3112571 | 2036338 | 922207 | 17798 | 1076233 |
| 黄山市 | Huangshan | 4201446 | 2979476 | 1257556 | 13556 | 1221970 |

## 5—32 各市按用途分的房地产开发企业（单位）完成投资额（2010年）

Actually Completed Investment of Enterprises for Real Estate Development by Region and by Use (2010)

单位：万元 (10000 yuan)

| 地 区 | Region | 本年完成投资额 Investment Made this Year | 住宅 Residential Buildings | #90平米以下 Below 90 sq.m | #经济适用房屋 Economical Houses | #别墅、高档公寓 Villas and Good Apartments | 办公楼 Office Buildings | 商业营业用房 Houses for Business Use | 其他 Other |
|---|---|---|---|---|---|---|---|---|---|
| **总 计** | **Total** | **22518045** | **15952464** | **4402937** | **280139** | **765862** | **656341** | **2924003** | **2985237** |
| 合肥市 | Hefei | 8190320 | 5613582 | 1657936 | 20 | 328775 | 491166 | 806731 | 1278841 |
| 淮北市 | Huaibei | 425301 | 316146 | 132360 | 2408 | 183 | 3645 | 72357 | 33153 |
| 亳州市 | Bozhou | 435160 | 214640 | 36994 | 11968 | 210 | 535 | 79954 | 140031 |
| 宿州市 | Suzhou | 471433 | 341420 | 81024 | 10565 | 1104 | 4811 | 88342 | 36860 |
| 蚌埠市 | Bengbu | 738400 | 542900 | 168466 | 24723 | 10434 | 14400 | 112550 | 68550 |
| 阜阳市 | Fuyang | 500474 | 389717 | 136420 | 13378 | 4920 | 3290 | 61123 | 46344 |
| 淮南市 | Huainan | 783481 | 645244 | 178730 | 4968 | 40 | 6445 | 74214 | 57578 |
| 滁州市 | Chuzhou | 1317688 | 850824 | 293900 | 120299 | 13414 | 9828 | 235876 | 221160 |
| 六安市 | Luan | 624081 | 457806 | 47501 | 3100 | 10873 | 2262 | 103703 | 60310 |
| 马鞍山市 | Maanshan | 850507 | 670201 | 164529 | 21142 | 18240 | 8267 | 97798 | 74241 |
| 巢湖市 | Chaohu | 870002 | 672560 | 139881 | 490 | 100985 | 1812 | 122527 | 73103 |
| 芜湖市 | Wuhu | 2911649 | 2481637 | 868610 | | 67059 | 19525 | 252983 | 157504 |
| 宣城市 | Xuancheng | 821911 | 588310 | 113652 | 25610 | 7939 | 3450 | 108239 | 121912 |
| 铜陵市 | Tongling | 732998 | 437635 | 141631 | 27539 | | 13408 | 89894 | 192061 |
| 池州市 | Chizhou | 664877 | 326680 | 43200 | | 11171 | 47849 | 239549 | 50799 |
| 安庆市 | Anqing | 922207 | 693256 | 65327 | 8329 | 3937 | 11554 | 143845 | 73552 |
| 黄山市 | Huangshan | 1257556 | 709906 | 132776 | 5600 | 186578 | 14094 | 234318 | 299238 |

## 5—33 各市房地产开发企业（单位）资金来源（2010年）

Sources of Funds of Enterprises for Real Estate Development by Region (2010)

单位：万元 (10000 yuan)

| 地 区 | Region | 本年资金来源合计 Total Sources of Funds | 上年末结余资金 Funds by the End of Last Year | 本年资金来源小计 Total Funds This Year | 国内贷款 Domestic Loans | #银行贷款 Bank Loan | 利用外资 Foreign Investment | #外商直接投资 Foreign Direct Investment | 自筹资金 Self-raising Funds | 其他资金来源 Others |
|---|---|---|---|---|---|---|---|---|---|---|
| **总 计** | **Total** | **33029854** | **4392872** | **28636982** | **3237258** | **2907135** | **61827** | **55527** | **12110747** | **13227150** |
| 合 肥 市 | Hefei | 12923703 | 2236677 | 10687026 | 1423036 | 1266891 | 30154 | 25054 | 3951653 | 5282183 |
| 淮 北 市 | Huaibei | 583789 | 47292 | 536497 | 11300 | 10600 | | | 357556 | 167641 |
| 亳 州 市 | Bozhou | 522984 | 72628 | 450356 | 14800 | 7902 | | | 269224 | 166332 |
| 宿 州 市 | Suzhou | 651447 | 56515 | 594932 | 53474 | 50974 | | | 231217 | 310241 |
| 蚌 埠 市 | Bengbu | 1235020 | 75417 | 1159603 | 126226 | 125906 | | | 495461 | 537916 |
| 阜 阳 市 | Fuyang | 808603 | 87636 | 720967 | 77514 | 73699 | | | 272031 | 371422 |
| 淮 南 市 | Huainan | 1284464 | 162861 | 1121603 | 144324 | 134360 | | | 396691 | 580588 |
| 滁 州 市 | Chuzhou | 1600077 | 131567 | 1468510 | 194626 | 171645 | | | 593393 | 680491 |
| 六 安 市 | Luan | 1008898 | 102126 | 906772 | 55849 | 52438 | | | 241314 | 609609 |
| 马鞍山市 | Maanshan | 999712 | 105826 | 893886 | 167099 | 162899 | | | 407427 | 319360 |
| 巢 湖 市 | Chaohu | 1268972 | 144397 | 1124575 | 79446 | 69961 | 600 | 600 | 286573 | 757956 |
| 芜 湖 市 | Wuhu | 4241793 | 486294 | 3755499 | 433640 | 409927 | 9858 | 9858 | 2036256 | 1275745 |
| 宣 城 市 | Xuancheng | 1197336 | 141693 | 1055643 | 87656 | 74248 | | | 355524 | 612463 |
| 铜 陵 市 | Tongling | 1014557 | 191573 | 822984 | 139845 | 105310 | 1360 | 1360 | 431811 | 249968 |
| 池 州 市 | Chizhou | 1022586 | 121880 | 900706 | 45723 | 32575 | 10000 | 10000 | 307384 | 537599 |
| 安 庆 市 | Anqing | 1075595 | 107363 | 968232 | 64213 | 50503 | | | 493554 | 410465 |
| 黄 山 市 | Huangshan | 1590318 | 121127 | 1469191 | 118487 | 107297 | 9855 | 8655 | 983678 | 357171 |

## 5—34 各市房地产开发建设房屋建筑面积和造价（2010年）

Floor Space of Buildings and their Cost in Real Estate Development by Region (2010)

| 地　区 | Region | 施工房屋面积（平方米）Floor Space of Buildings Under Construction (sq.m) | 新开工 Newly Started | 竣工房屋面积（平方米）Floor Space of Buildings Completed (sq.m) | 房屋建筑面积竣工率（%）Ratio of Floor Space of Buildings Completed (%) | 竣工房屋价值（万元）Value of Buildings Completed (10000 yuan) | 竣工房屋造价（元/平方米）Cost of Buildings Completed (yuan/sq.m) |
|---|---|---|---|---|---|---|---|
| **总　计** | **Total** | **175419005** | **73175998** | **30205658** | **17.22** | **6836078** | **2263** |
| 合 肥 市 | Hefei | 53386264 | 17507019 | 7946071 | 14.88 | 2450724 | 3084 |
| 淮 北 市 | Huaibei | 6313657 | 1998646 | 552393 | 8.75 | 69236 | 1253 |
| 亳 州 市 | Bozhou | 2774852 | 1438177 | 164257 | 5.92 | 39938 | 2431 |
| 宿 州 市 | Suzhou | 5016514 | 3074813 | 1270709 | 25.33 | 228029 | 1795 |
| 蚌 埠 市 | Bengbu | 6924165 | 3944746 | 2166573 | 31.29 | 266435 | 1230 |
| 阜 阳 市 | Fuyang | 5328165 | 2242940 | 1362257 | 25.57 | 263983 | 1938 |
| 淮 南 市 | Huainan | 10824818 | 6590271 | 1380738 | 12.76 | 262642 | 1902 |
| 滁 州 市 | Chuzhou | 11415153 | 6278477 | 1824388 | 15.98 | 360723 | 1977 |
| 六 安 市 | Luan | 5842184 | 2491150 | 996208 | 17.05 | 262993 | 2640 |
| 马鞍山市 | Maanshan | 6285336 | 3157120 | 1653634 | 26.31 | 302044 | 1827 |
| 巢 湖 市 | Chaohu | 7790556 | 2674423 | 1701381 | 21.84 | 338381 | 1989 |
| 芜 湖 市 | Wuhu | 20320331 | 7225534 | 2937578 | 14.46 | 714929 | 2434 |
| 宣 城 市 | Xuancheng | 7794052 | 3712652 | 947477 | 12.16 | 180057 | 1900 |
| 铜 陵 市 | Tongling | 3597046 | 1379105 | 651888 | 18.12 | 238106 | 3653 |
| 池 州 市 | Chizhou | 5727121 | 2498616 | 1241735 | 21.68 | 184219 | 1484 |
| 安 庆 市 | Anqing | 9626387 | 4559051 | 2330529 | 24.21 | 410367 | 1761 |
| 黄 山 市 | Huangshan | 6452404 | 2403258 | 1077842 | 16.70 | 263272 | 2443 |

## 5—35 各市按用途分的房地产开发企业（单位）新开工房屋面积（2010年）

Floor Space Started in Real Estate Development by Region and by Use (2010)

单位：平方米　(sq.m)

| 地　区 | Region | 本年新开工房屋面积 Floor Space Started This Year | 住宅 Residential Buildings | #90平米以下 Below 90 sq.m | #经济适用房屋 Economical Houses | #别墅、高档公寓 Villas and Good Apartments | 办公楼 Office Buildings | 商业营业用房 Houses for Business Use | 其他 Other |
|---|---|---|---|---|---|---|---|---|---|
| **总　计** | **Total** | **73175998** | **57704637** | **12888447** | **2139046** | **925668** | **1634594** | **9583592** | **4253175** |
| 合 肥 市 | Hefei | 17507019 | 13273448 | 3417320 | 1000 | 199787 | 1020006 | 1769955 | 1443610 |
| 淮 北 市 | Huaibei | 1998646 | 1612976 | 414289 | | | 27581 | 305877 | 52212 |
| 亳 州 市 | Bozhou | 1438177 | 893610 | 178287 | 27000 | | | 515632 | 28935 |
| 宿 州 市 | Suzhou | 3074813 | 2369898 | 584683 | 1800 | 10937 | 10985 | 594491 | 99439 |
| 蚌 埠 市 | Bengbu | 3944746 | 3012805 | 977320 | 170177 | 56021 | 118643 | 510283 | 303015 |
| 阜 阳 市 | Fuyang | 2242940 | 1807314 | 403085 | 95979 | 6679 | 40000 | 364698 | 30928 |
| 淮 南 市 | Huainan | 6590271 | 5629831 | 759907 | 95840 | | 18539 | 370303 | 571598 |
| 滁 州 市 | Chuzhou | 6278477 | 5063095 | 2146744 | 1261839 | 89938 | 30429 | 901035 | 283918 |
| 六 安 市 | Luan | 2491150 | 2082885 | 181008 | 33500 | 55853 | 17412 | 354373 | 36480 |
| 马鞍山市 | Maanshan | 3157120 | 2616920 | 357742 | 88606 | 50110 | 37650 | 330125 | 172425 |
| 巢 湖 市 | Chaohu | 2674423 | 2199311 | 304769 | | 205043 | 1224 | 395523 | 78365 |
| 芜 湖 市 | Wuhu | 7225534 | 6205823 | 1211590 | | 45761 | 80711 | 534038 | 404962 |
| 宣 城 市 | Xuancheng | 3712652 | 2987201 | 588102 | 241627 | 6570 | 33193 | 538360 | 153898 |
| 铜 陵 市 | Tongling | 1379105 | 1160145 | 412441 | 105678 | | 9831 | 134178 | 74951 |
| 池 州 市 | Chizhou | 2498616 | 1408791 | 247739 | | 21361 | 85607 | 841857 | 162361 |
| 安 庆 市 | Anqing | 4559051 | 3612059 | 408304 | | 32447 | 94935 | 697419 | 154638 |
| 黄 山 市 | Huangshan | 2403258 | 1768525 | 295117 | 16000 | 145161 | 7848 | 425445 | 201440 |

## 5—36 各市商品房屋销售情况（2010年）
Selling of Commercial Houses by Region (2010)

| 地区 | Region | 房屋销售面积（平方米）Floor Space of Commercialized Buildings Sold (sq.m) | #住宅 Residential Buildings | 现房 Completed Buildings | 期房 Buildings Completed in Future | 商品房销售额（万元）Total Sales of Commercialized Buildings (10000 yuan) | #住宅 Residential Buildings | 现房 Completed Buildings | 期房 Buildings Completed in Future |
|---|---|---|---|---|---|---|---|---|---|
| **总计** | **Total** | **41138754** | **36048726** | **6883820** | **34254934** | **17326609** | **14084111** | **2370019** | **14956590** |
| 合肥市 | Hefei | 10049124 | 8638554 | 754586 | 9294538 | 5933356 | 4751667 | 417957 | 5515399 |
| 淮北市 | Huaibei | 1073946 | 1024078 | 99049 | 974897 | 311125 | 290018 | 32214 | 278911 |
| 亳州市 | Bozhou | 711468 | 622623 | 56863 | 654605 | 203680 | 163431 | 14147 | 189533 |
| 宿州市 | Suzhou | 1766310 | 1629605 | 704203 | 1062107 | 490973 | 438187 | 182267 | 308706 |
| 蚌埠市 | Bengbu | 1778860 | 1556306 | 142731 | 1636129 | 752022 | 628993 | 54519 | 697503 |
| 阜阳市 | Fuyang | 1940727 | 1761646 | 461392 | 1479335 | 715141 | 564244 | 149507 | 565634 |
| 淮南市 | Huainan | 2138914 | 2019692 | 364117 | 1774797 | 823416 | 734025 | 119101 | 704315 |
| 滁州市 | Chuzhou | 2825899 | 2510698 | 344840 | 2481059 | 974371 | 802688 | 124071 | 850300 |
| 六安市 | Luan | 2174399 | 1889463 | 564512 | 1609887 | 762921 | 608428 | 201334 | 561587 |
| 马鞍山市 | Maanshan | 1280577 | 1185513 | 386425 | 894152 | 561492 | 505079 | 138367 | 423125 |
| 巢湖市 | Chaohu | 2546391 | 2329229 | 366861 | 2179530 | 879227 | 752411 | 95099 | 784128 |
| 芜湖市 | Wuhu | 3202175 | 2851956 | 195632 | 3006543 | 1664039 | 1351541 | 88775 | 1575264 |
| 宣城市 | Xuancheng | 2588132 | 2139708 | 510393 | 2077739 | 837429 | 638844 | 133548 | 703881 |
| 铜陵市 | Tongling | 865539 | 769898 | 334431 | 531108 | 397456 | 323359 | 160338 | 237118 |
| 池州市 | Chizhou | 1811721 | 1290652 | 311681 | 1500040 | 641006 | 400875 | 98225 | 542781 |
| 安庆市 | Anqing | 2849524 | 2494869 | 967760 | 1881764 | 850701 | 703046 | 252373 | 598328 |
| 黄山市 | Huangshan | 1535048 | 1334236 | 318344 | 1216704 | 528254 | 427275 | 108177 | 420077 |

## 5—37 各市按用途分的商品房屋实际销售面积（2010年）
Floor Space of Commercial Houses Actually Sold by Use and by Region (2010)

单位：平方米 (sq.m)

| 地区 | Region | 房屋销售面积 Floor Space of Selling House | 商品住宅 Residential Buildings | #90平米以下 Below 90 sq.m | #经济适用房屋 Economical Houses | #别墅、高档公寓 Villas and Good Apartments | 办公楼 Office Buildings | 商业营业用房 Houses for Business Use | 其他 Other |
|---|---|---|---|---|---|---|---|---|---|
| **总计** | **Total** | **41138754** | **36048726** | **8823865** | **376788** | **830761** | **872828** | **3868639** | **348561** |
| 合肥市 | Hefei | 10049124 | 8638554 | 3063915 | | 160809 | 653026 | 632848 | 124696 |
| 淮北市 | Huaibei | 1073946 | 1024078 | 365460 | | | 1225 | 48490 | 153 |
| 亳州市 | Bozhou | 711468 | 622623 | 74389 | | | | 88845 | |
| 宿州市 | Suzhou | 1766310 | 1629605 | 342218 | 52830 | 3624 | 500 | 117308 | 18897 |
| 蚌埠市 | Bengbu | 1778860 | 1556306 | 428492 | 66140 | 13695 | | 221411 | 1143 |
| 阜阳市 | Fuyang | 1940727 | 1761646 | 454093 | | 17499 | 13826 | 150836 | 14419 |
| 淮南市 | Huainan | 2138914 | 2019692 | 606332 | 56815 | | 5723 | 112495 | 1004 |
| 滁州市 | Chuzhou | 2825899 | 2510698 | 696960 | 548 | 3589 | 2772 | 304202 | 8227 |
| 六安市 | Luan | 2174399 | 1889463 | 190165 | | 5335 | 6696 | 275104 | 3136 |
| 马鞍山市 | Maanshan | 1280577 | 1185513 | 219511 | | 33039 | | 76081 | 18983 |
| 巢湖市 | Chaohu | 2546391 | 2329229 | 327195 | | 267404 | 6107 | 196906 | 14149 |
| 芜湖市 | Wuhu | 3202175 | 2851956 | 753466 | | 126191 | 58393 | 284395 | 7431 |
| 宣城市 | Xuancheng | 2588132 | 2139708 | 376103 | 162786 | 15915 | 3587 | 411553 | 33284 |
| 铜陵市 | Tongling | 865539 | 769898 | 244742 | | | 18432 | 60983 | 16226 |
| 池州市 | Chizhou | 1811721 | 1290652 | 164353 | | 85665 | 75358 | 410917 | 34794 |
| 安庆市 | Anqing | 2849524 | 2494869 | 215583 | | 895 | 25715 | 318183 | 10757 |
| 黄山市 | Huangshan | 1535048 | 1334236 | 300888 | 37669 | 97101 | 1468 | 158082 | 41262 |

## 5—38 各市按用途分的商品房屋平均销售价格（2010年）

Average Selling Price of Commercial Houses by Region and by Use (2010)

单位：元/平方米　(yuan/sq.m)

| 地　区 | Region | 房屋平均销售价格 Average Selling Price of Houses | 商品住宅 Residential Buildings | #90平米以下 Below 90 sq.m | #经济适用房屋 Economical Houses | #别墅、高档公寓 Villas and Good Apartments | 办公楼 Office Buildings | 商业营业用房 Houses for Business Use | 其他 Other |
|---|---|---|---|---|---|---|---|---|---|
| **总　计** | **Total** | **4212** | **3907** | **4121** | **1781** | **5879** | **6208** | **6684** | **3299** |
| 合肥市 | Hefei | 5904 | 5501 | 5422 | | 9463 | 6829 | 10963 | 3364 |
| 淮北市 | Huaibei | 2897 | 2832 | 2701 | | | 5812 | 4199 | 2157 |
| 亳州市 | Bozhou | 2863 | 2625 | 2846 | | | | 4530 | |
| 宿州市 | Suzhou | 2780 | 2689 | 3041 | 1498 | 3684 | 2000 | 4146 | 2144 |
| 蚌埠市 | Bengbu | 4228 | 4042 | 3864 | 2800 | 7571 | | 5552 | |
| 阜阳市 | Fuyang | 3685 | 3203 | 3582 | | 4129 | 4134 | 9185 | 4600 |
| 淮南市 | Huainan | 3850 | 3634 | 3383 | 1629 | | 2901 | 7770 | 3187 |
| 滁州市 | Chuzhou | 3448 | 3197 | 3245 | 1661 | 3656 | 3528 | 5535 | 2821 |
| 六安市 | Luan | 3509 | 3220 | 3595 | | 3601 | 2950 | 5497 | 4082 |
| 马鞍山市 | Maanshan | 4385 | 4260 | 3583 | | 5481 | | 7044 | 1486 |
| 巢湖市 | Chaohu | 3453 | 3230 | 3022 | | 4741 | 4177 | 6047 | 3669 |
| 芜湖市 | Wuhu | 5197 | 4739 | 4580 | | 6317 | 6401 | 9536 | 5291 |
| 宣城市 | Xuancheng | 3236 | 2986 | 2873 | 1555 | 3757 | 4670 | 4662 | 1512 |
| 铜陵市 | Tongling | 4592 | 4200 | 3709 | | | 7200 | 8181 | 6739 |
| 池州市 | Chizhou | 3538 | 3106 | 3052 | | 4392 | 2949 | 5106 | 2325 |
| 安庆市 | Anqing | 2985 | 2818 | 2718 | | 4860 | 2909 | 4260 | 4304 |
| 黄山市 | Huangshan | 3441 | 3202 | 3087 | 1597 | 4679 | | 5257 | 4285 |

## 5—39 各市按用途分的商品房待售情况（2010年）

Commercial House for Sale by Used by Region (2010)

单位：平方米　(sq.m)

| 地　区 | Region | 房屋待售面积 Square House for Sale | 商品住宅 Residential Buildings | #90平米以下 Below 90 sq.m | #经济适用房屋 Economical Houses | #别墅、高档公寓 Villas and Good Apartments | 办公楼 Office Buildings | 商业营业用房 Houses for Business Use | 其他 Other |
|---|---|---|---|---|---|---|---|---|---|
| **总　计** | **Total** | **5213449** | **2964402** | **461668** | **120596** | **268141** | **181807** | **1608992** | **458248** |
| 合肥市 | Hefei | 1280145 | 657164 | 120423 | | 67010 | 89710 | 316776 | 216495 |
| 淮北市 | Huaibei | 112404 | 54692 | 30671 | | | 1590 | 56122 | |
| 亳州市 | Bozhou | 20511 | 20307 | | | 4896 | | 204 | |
| 宿州市 | Suzhou | 212674 | 135373 | 52180 | 4190 | | 695 | 59261 | 17345 |
| 蚌埠市 | Bengbu | 156552 | 59590 | 253 | | 11500 | | 96812 | 150 |
| 阜阳市 | Fuyang | 226381 | 175877 | 41960 | 39322 | 9783 | 35002 | 15307 | 195 |
| 淮南市 | Huainan | 287895 | 152268 | 30103 | 9036 | | 7119 | 112070 | 16438 |
| 滁州市 | Chuzhou | 259999 | 112332 | 14560 | 11462 | 1848 | 3008 | 129409 | 15250 |
| 六安市 | Luan | 216350 | 77813 | 4285 | | | 7275 | 60499 | 70763 |
| 马鞍山市 | Maanshan | 108368 | 45403 | 12362 | 75 | | 5295 | 39262 | 18408 |
| 巢湖市 | Chaohu | 218490 | 155134 | 2269 | | 74964 | 500 | 47298 | 15558 |
| 芜湖市 | Wuhu | 147401 | 128273 | 2003 | | 63314 | 3892 | 14951 | 285 |
| 宣城市 | Xuancheng | 408807 | 245702 | 22587 | 1505 | 13632 | 7309 | 134447 | 21349 |
| 铜陵市 | Tongling | 35069 | 25421 | 3072 | | | | 8713 | 935 |
| 池州市 | Chizhou | 292426 | 103335 | 19987 | | 7846 | 3448 | 164239 | 21404 |
| 安庆市 | Anqing | 921806 | 629153 | 64864 | 45816 | | 14631 | 243467 | 34555 |
| 黄山市 | Huangshan | 308171 | 186565 | 40089 | 9190 | 13348 | 2333 | 110155 | 9118 |

# 5—40 各县（市）城镇建设项目、房地产投资和新增固定资产（2010年）

Urban Construction Projects, Real Estate Investment and Newly Increased Fixed Assets by County (City) (2010)

单位：万元 (10000 yuan)

| 县（市） | County (City) | 城镇建设项目 Urban Construction Projects | 新增固定资产 Newly Increased Fixed Assets | 房地产开发 Investment in Real Estate Development | 新增固定资产 Newly Increased Fixed Assets | 新增固定资产 Newly Increased Fixed Assets |
|---|---|---|---|---|---|---|
| 合肥市辖区 | Hefei Region of City | 16704724 | 9056279 | 7052101 | 2432115 | 9139446 |
| 长丰县 | Changfeng | 1220943 | 1101671 | 234183 | 82763 | 1226940 |
| 肥东县 | Feidong | 1552257 | 515984 | 511961 | 158519 | 597058 |
| 肥西县 | Feixi | 1833386 | 866502 | 392075 | 127648 | 1221854 |
| 淮北市辖区 | Huaibei Region of City | 2324621 | 1769312 | 372739 | 80221 | 1830155 |
| 濉溪县 | Suixi | 790862 | 836999 | 52562 | 8000 | 880415 |
| 亳州市辖区 | Bozhou Region of City | 965412 | 356613 | 91660 | 53663 | 367897 |
| 涡阳县 | Guoyang | 514840 | 208839 | 110104 | 20292 | 245426 |
| 蒙城县 | Mengcheng | 383949 | 283253 | 114671 | 20020 | 331101 |
| 利辛县 | Lixin | 254313 | 143774 | 118725 | 8301 | 172124 |
| 宿州市辖区 | Suzhou Region of City | 1394930 | 696012 | 268890 | 128860 | 948677 |
| 砀山县 | Dangshan | 254147 | 139655 | 50498 | 15535 | 269999 |
| 萧县 | Xiaoxian | 349408 | 286050 | 74765 | 15338 | 608196 |
| 灵璧县 | Lingbi | 134926 | 111785 | 24865 | 54460 | 297528 |
| 泗县 | Sixian | 284471 | 238636 | 52415 | 60283 | 336617 |
| 蚌埠市辖区 | Bengbu Region of City | 2187247 | 953343 | 604114 | 383081 | 1423098 |
| 怀远县 | Huaiyuan | 679976 | 362477 | 48558 | 30778 | 438249 |
| 五河县 | Wuhe | 442081 | 421949 | 72134 | 78160 | 503901 |
| 固镇县 | Guzhen | 274783 | 192811 | 13594 | 51620 | 364263 |
| 阜阳市辖区 | Fuyang Region of City | 1086078 | 1049949 | 315215 | 156141 | 1196094 |
| 界首市 | Jieshou | 204151 | 181954 | 8538 | 3000 | 181954 |
| 临泉县 | Linquan | 244637 | 138156 | 30558 | 2349 | 173962 |
| 太和县 | Taihe | 231750 | 27414 | 64845 | 100541 | 108526 |
| 阜南县 | Funan | 421570 | 395282 | 21146 | 13810 | 434047 |
| 颍上县 | Yingshang | 455907 | 1000 | 60172 | 14080 | 21645 |
| 淮南市辖区 | Huainan Region of City | 2337728 | 516133 | 708522 | 257344 | 751126 |
| 凤台县 | Fengtai | 384898 | 40417 | 74959 | 51174 | 173647 |
| 滁州市辖区 | Chuzhou Region of City | 1051661 | 827504 | 576770 | 165492 | 948050 |
| 天长市 | Tianchang | 1121665 | 1185232 | 133644 | 33659 | 1196942 |
| 明光市 | Mingguang | 282647 | 153597 | 112583 | 31147 | 224875 |
| 来安县 | Laian | 677614 | 233453 | 85718 | 16815 | 334461 |
| 全椒县 | Quanjiao | 738949 | 615549 | 122253 | 22455 | 615549 |
| 定远县 | Dingyuan | 610806 | 160551 | 172574 | 77624 | 196774 |
| 凤阳县 | Fengyang | 803829 | 778915 | 114146 | 69842 | 818611 |
| 六安市辖区 | Luan Region of City | 1432907 | 627977 | 366920 | 172789 | 682734 |
| 寿县 | Shouxian | 409200 | 269830 | 64572 | 11409 | 284981 |
| 霍邱县 | Huoqiu | 701314 | 398058 | 43760 | 32306 | 428481 |
| 舒城县 | Shucheng | 384575 | 341544 | 68081 | 55535 | 348448 |

**5—40 续表 continued**

单位：万元 (10000 yuan)

| 县（市） County (City) | 城镇建设项目 Urban Construction Projects | 新增固定资产 Newly Increased Fixed Assets | 房地产开发 Investment in Real Estate Development | 新增固定资产 Newly Increased Fixed Assets | 新增固定资产 Newly Increased Fixed Assets |
|---|---|---|---|---|---|
| 金寨县 Jinzhai | 486003 | 484333 | 26818 | 18469 | 558004 |
| 霍山县 Huoshan | 613458 | 459595 | 53930 | 5835 | 494385 |
| 马鞍山市辖区 Maanshan Region of City | 3754441 | 1878941 | 624027 | 248592 | 2241244 |
| 当涂县 Dangtu | 2224556 | 1578712 | 226480 | 135157 | 1603106 |
| 巢湖市辖区 Chaohu Region of City | 714144 | 484412 | 375219 | 216990 | 756799 |
| 庐江县 Lujiang | 745760 | 734297 | 112168 | 34211 | 793866 |
| 无为县 Wuwei | 1827480 | 1431862 | 199843 | 66482 | 1538185 |
| 含山县 Hanshan | 494033 | 360582 | 57465 | 31514 | 487041 |
| 和县 Hexian | 717696 | 501172 | 125307 | 69710 | 557662 |
| 芜湖市辖区 Wuhu Region of City | 5070569 | 2589929 | 2618287 | 953576 | 2735993 |
| 芜湖县 Wuhu | 1558312 | 1109831 | 109484 | 2097 | 1130234 |
| 繁昌县 Fanchang | 1347213 | 1010483 | 95652 | 7142 | 1034888 |
| 南陵县 Nanling | 1180283 | 938237 | 88226 | 41081 | 1008037 |
| 宣城市辖区 Xuancheng Region of City | 850893 | 333058 | 329833 | 78021 | 583689 |
| 宁国市 Ningguo | 1356912 | 1117640 | 137336 | 60668 | 1306756 |
| 郎溪县 Langxi | 842053 | 439537 | 68350 | 32914 | 459642 |
| 广德县 Guangde | 1387525 | 1506009 | 136956 | 28779 | 1533510 |
| 泾县 Jingxian | 533720 | 375929 | 37600 | 15407 | 411809 |
| 绩溪县 Jixi | 586804 | 586804 | 84330 | 82330 | 590304 |
| 旌德县 Jingde | 175689 | 172409 | 27506 | 41515 | 247743 |
| 铜陵市辖区 Tongling Region of City | 1646902 | 291642 | 624935 | 204708 | 477922 |
| 铜陵县 Tongling | 1154242 | 692506 | 108063 | 40998 | 733810 |
| 池州市辖区 Chizhou Region of City | 1254970 | 433501 | 529158 | 163537 | 785848 |
| 东至县 Dongzhi | 485631 | 253686 | 50461 | 14398 | 375974 |
| 石台县 Shitai | 63661 | 42187 | 14786 | 2695 | 117221 |
| 青阳县 Qingyang | 252947 | 198810 | 70472 | 27629 | 332450 |
| 安庆市辖区 Anqing Region of City | 1496206 | 1077352 | 393487 | 226984 | 1311934 |
| 桐城市 Tongcheng | 1014700 | 998701 | 72499 | 52400 | 1138482 |
| 怀宁县 Huaining | 653098 | 125692 | 31470 | 29753 | 161592 |
| 枞阳县 Zongyang | 954641 | 641330 | 135984 | 27672 | 685437 |
| 潜山县 Qianshan | 343759 | 169418 | 66606 | 30206 | 238585 |
| 太湖县 Taihu | 419759 | 167381 | 33455 | 20310 | 172101 |
| 宿松县 Susong | 601459 | 408631 | 103823 | 27870 | 415041 |
| 望江县 Wangjiang | 337615 | 99470 | 61060 | 71240 | 175348 |
| 岳西县 Yuexi | 497199 | 376289 | 23823 | 12600 | 392369 |
| 黄山市辖区 Huangshan Region of City | 1392068 | 564223 | 929731 | 271085 | 727816 |
| 歙县 Shexian | 642986 | 486084 | 141085 | 60200 | 519748 |
| 休宁县 Xiuning | 477097 | 417136 | 121707 | | 433853 |
| 黟县 Yixian | 156064 | 74684 | 49293 | 5370 | 83788 |
| 祁门县 Qimen | 324476 | 251402 | 15740 | 6304 | 263394 |

## 5—41 本年新开工大型项目基本情况（2010年）

| 单位名称 | Name of Enterprise |
| --- | --- |
| 安徽华塑股份有限公司 | Anhui Huasu Co.,Ltd |
| 池州市贵池区贵航金属制品有限公司 | Chizhou Guichi Guihong Metal Product Co.,Ltd |
| 合肥中光电科技有限公司 | Hefei Zhongguangdian S&T Co,Ltd |
| 安徽三安光电有限公司 | Anhui Sanan Photoelectric Co.,Ltd |
| 安徽君华科技材料软磁有限责任公司 | Anhui Junhua S&T material Soft Magnetic Co.,Ltd |
| 合肥熔安动力机械有限公司 | Hefei Rongan Power Machinery Co.,Ltd |
| 芜湖德豪润达光电科技有限公司 | Wuhu Dehao Runda Photoelectric S&T Co.,Ltd |
| 芜湖海螺水泥有限公司 | Wuhu Conch Cement Co.,Ltd |
| 淮南山南开发建设有限公司 | Huainan Shannan Development and Construction Co.,Ltd |
| 安徽首矿大昌金属材料有限公司 | Anhui Shoukuang Dachang metal material Co.,Ltd |
| 蚌埠市交通局 | Bengbu Transportation Bureau |
| 合肥昌河汽车有限责任公司 | Hefei Changhe Automobile Co,Ltd |
| 淮南矿业集团电力有限责任公司顾桥电厂建设项目部 | Construction Branch of Guchiao Power Plant of Power Co,Ltd of Huainan Mine Group |
| 安徽天康集团股份有限公司 | Anhui Tiankang Group Co.,Ltd |
| 安徽中烟工业公司 | Anhui Zhongyan Industry Company |
| 赛维LDK太阳能高科技（合肥）有限公司 | Saiwei LDK Solar Energy High-Technology (Hefei) Co.,Ltd |
| 马鞍山南部承接产业转移集中区经济技术发展有限公司 | Economical and Technological Development Co,Ltd of Industry Centralized Area on Southern of Manshan |
| 六安市住房和城乡建设委员会 | House and City and Countryside Construction Committee of Luan City |
| 宣城市建委 | Xuancheng Construction Committee |
| 常青街道淝南社居委 | Feinan Residences Committee of Changqiang Street |
| 安徽龙源风力发电有限公司 | Anhui Longyuan Wind Power Generating Co.,Ltd |
| 合肥彩虹蓝光科技有限公司 | Hefei Caihong Languang S&T Co,Ltd |
| 蚌埠经济开发区城市大建设指挥部 | Bengbu Economic Development Zone City Big Construction Headquarter |
| 马钢股份有限公司 | Magang Co.,Ltd |
| 安徽六国化工股份有限公司 | Anhui Liuguo Chemical Industry Co.,Ltd |
| 郎溪县十字经济开发区管委会 | Langxi Shizi Economic Development Zone Management Committee |
| 恒安（芜湖）纸业有限公司 | Henan(Wuhu) Paper Co.,Ltd |
| 滁州市同创建设投资有限责任公司 | Chuzhou Tongchuang Construction Investment Co.,Ltd |
| 安徽三星化工有限公司 | Anhui Sanxing Chemical Industry Co.,Ltd |
| 马鞍山大桥（和县）建设指挥部 | Maanshang Big Bridge(Hexian) Construction Headquarter |
| 安徽苏皖大市场开发有限公司 | Anhui Suwan Big Market Development Co.,Ltd |
| 芜湖市科聚新材料有限公司 | Wuhu Keju New Material Co.,Ltd |

## Basic Situation of Large Projects under Construction (2010)

单位：万元 (10000 yuan)

| 项目名称 | Name of Project | 开工时间 Starting Time | 计划总投资 Total Planned Investment | 本年完成投资 Accumulated Newly Increased Fixed Assets |
|---|---|---|---|---|
| 年产100万吨pvc建设项目 | Yearly Production I,000,000 Tons PVC Construction Project | 201003 | 1600000 | 271981 |
| 年产200万吨钢压延项目 | Yearly Production 2,000,000 Tons Steel Rolling Project | 201007 | 600000 | 139930 |
| 液晶玻璃基板生产线项目 | Liquid Crystal Glass Substrate Production Line Project | 201010 | 550000 | 3703 |
| 三安光电芜湖光电产业化一期项目 | Sanan Electro-optical Wuhu Electro-optical Industrial Project Phase One | 201003 | 515797 | 301613 |
| 年产20万吨软磁材料生产线 | Yearly Production 200,000 Tons Soft Magnetism Production Line | 201007 | 350000 | 38802 |
| 挖掘机项目 | Excavating Machine Project | 201012 | 340000 | 7100 |
| 芜湖德豪润达LED项目一期 | Wuhu Dehao Runda LED Project Phase One | 201002 | 316377 | 214865 |
| 芜湖海螺三期建设 | Wuhu Conch Phase Three Construction | 201004 | 300000 | 107000 |
| 志高文化产业园 | Zhigao Cultural Industry Park | 201006 | 300000 | 40015 |
| 100万吨球磨铸造 | 1,000,000 Tons Ball-Milling Casting | 201010 | 297757 | 9279 |
| 徐明高速公路 | Xuming Highway | 201004 | 280000 | |
| 15万辆商用车生产线技术改造项目 | 150,000 Commercial Vehicles Production Line Technical Innovation Project | 201011 | 272019 | 14200 |
| 煤矸石综合利用发电 | Coal Gangue Complex Utilization Generate Electricity | 201001 | 270000 | 101147 |
| 年产20亿安时标准纳米锂电池 | Yearly Production 2,000 Million Ampere Hour Standard Nanometer Lithium Battery | 201007 | 260000 | 12000 |
| “黄山”精品卷烟生产线异地改造项目 | "Huangshan" High-quality Cigarette Production Line of Different Region Innovation Project | 201011 | 255637 | 15026 |
| 年产1000兆瓦太阳能电池 | Yearly Production 1,000 Billion Megawatt Solar Cell | 201010 | 249906 | 32873 |
| 南部集中区核心区主次干道建设 | Main and Secondary Road at Centralized and Core Area of Southern Area | 201005 | 243959 | 15000 |
| 市政建设 | City Construction | 201001 | 242118 | 108010 |
| 环城大道一期（3标段、4标段） | Around the City Main Road (3,4 Standard Section) | 201011 | 240000 | |
| 淝南恢复楼（十五里河中段片区拆迁复建点）淝南家园 | Feinan Restoring Buildings (Feinan Homeland ) | 201002 | 240000 | 15350 |
| 马头港风电项目 | Matou Harbor Wind Power Project | 201006 | 220000 | 10000 |
| 合肥彩虹蓝光LED项目(一期) | Hefei Caihong Languang LED Project(Phase One) | 201009 | 218000 | 10098 |
| 滨湖新区 | Binghu New Area | 201003 | 215700 | 54068 |
| 高速车轮用钢（电炉）工程 | Steel for High Speed Wheel (Electric Furnace) Engineering | 201005 | 215400 | 50784 |
| 日产1000吨合成氨、1000吨尿素项目 | Daily Production 1,000 Tons Synthetic Ammonia, 1,000 Tons Urea Project | 201003 | 208781 | 24439 |
| 经都产业园 | Jingdu Industry Park | 201008 | 200000 | 14630 |
| 年产20万吨生活用纸生产线 | Yearly Production 200,000 Tons Paper Using Daily life Production Line | 201010 | 200000 | 17714 |
| 承接产业园基地200万平方米标准厂房 | 2 Million Square Meters Standard Workshop at Industrial Park Base | 201005 | 200000 | 20000 |
| 年产20万吨煤制乙二醇生产线 | Yearly Production 200,000 Tons Glycol Production Line | 201012 | 200000 | 5000 |
| 马鞍山大桥4—6标段 | Maanshan Great Bridge 4-6 Standard Section | 201001 | 200000 | 70039 |
| 苏皖配套大市场建设开发 | Construction and Development of Suwan Big Market | 201011 | 200000 | 1550 |
| 年产35万吨新材料高分子工程塑料项目 | Yearly Production 350,000 Tons New Material High Polymer Engineering Plastic Project | 201012 | 186000 | 10832 |

**5—41 续表1 continued**

| 单位名称 | Name of Enterprise |
| --- | --- |
| 淮北矿业集团 | Huaibei Mine Group |
| 奇瑞汽车股份有限公司 | Qirui Automobile Co,Ltd |
| | |
| 格力电器(合肥)有限公司 | Geli Electrical Equipment (Hefei) Co.,Ltd |
| 曹村镇海螺 | Cao Village Town Conch |
| 安徽正冠建筑陶瓷有限公司 | Anhui Zhenguan Construction Ceramics Co.,Ltd |
| 合肥新站区管委会 | Hefei Xinzhan Zone Management Committee |
| 六安市住房和城乡建设委员会 | House and City and Countryside Construction Committee of Luan City |
| 当涂县交通运输局 | Dangtu transportation Bureau |
| 涡阳县涡北选煤厂 | Guoyang Guobei Coal Plant |
| 亳州市建设投资公司 | Buozhou Construction Investment Co.,Ltd |
| | |
| 安徽富得隆纺织有限公司 | Anhui Fudelong Textile Co.,Ltd |
| 悦康药业安徽生物制药有限公司 | Weikang Medicine Anhui Biological Medicine Manufacture Co.,Ltd |
| 凤阳凤祥钢材物流有限公司 | Fengyang Fengxiang Steels and Logistics Co.,Ltd |
| 合肥凌达压缩机有限公司 | Hefei Lingda Compressor Co.,Ltd |
| | |
| 阜阳城投公司 | Fuyang Chengtou Company |
| 淮北矿业集团 | Huaibei Mine Group |
| 芜湖高新投资有限公司 | Wuhu Gaoxing Investment Co.,Ltd |
| 合肥市重点工程建设管理局滨湖新区分局 | Hefei Important Engineering Construction and Administration Bureau Binhu New Area Branch |
| 蚌埠市住建委 | Bengbu Construction Committee |
| | |
| 马鞍山市建设投资有限公司 | Maanshan Construction Investment Co.,Ltd |
| 慈湖经济开发区投资发展有限公司 | Cihu Economical Development Zone Investment and Development Co.,Ltd |
| 合肥城创建设投资有限公司 | Hefei Chengchuang Construction Investment Co.,Ltd |
| 阳光半岛中期工程 | Sunlight Peninsula Intermediate Stage Project |
| | |
| 淮北矿业集团 | Huaibei Mine Group |
| | |
| 合肥市重点工程建设管理局滨湖新区分局 | Hefei Important Engineering Construction and Administration Bureau Binhu New Area Branch |
| 安徽省巢湖开发投资有限公司 | Anhui Chaohu Development and Investment Co.,Ltd |
| 合肥市重点工程建设管理局滨湖新区分局 | Hefei Important Engineering Construction and Administration Bureau Binhu New Area Branch |
| 芜湖市公路管理局 | Wuhu Road Management Bureau |
| 合肥新站区管委会 | Hefei Xinzhan Zone Management Committee |
| 安徽铜冠有色金属（池州）有限责任公司 | Anhui Tongguan Nonferrous Metal(Chizhou) Co.,Ltd |
| 合肥安得物流有限公司 | Hefei Ande Logistics Co.,Ltd |
| 安徽移动阜阳分公司 | Anhui Mobile Fuyang Branch Company |
| 东至大渡口经济技术开发区 | Dongzhi Dadukou Economical Technology Development Zone |
| 芜湖天航科技（集团）股份有限公司 | Wuhu Tianhang S&T(Group) Co,Ltd |

单位：万元　(10000 yuan)

| 项目 名称 | Name of Project | 开工时间 Starting Time | 计划总投资 Total Planned Investment | 本年完成投资 Accumulated Newly Increased Fixed Assets |
|---|---|---|---|---|
| 维持简单再生产项目 | Maintain Simple Reproduction Project | 201001 | 176032 | 176032 |
| 年产30万台1.5L-1.8L发动机扩产项目 | Yearly Production 300,000 1.5L-1.8L Motor Expanding Project | 201007 | 175457 | 13127 |
| 商用空调项目 | Commercial Air-Conditions Project | 201012 | 168000 | 1600 |
| 海螺水泥项目 | Conch Cement Project | 201003 | 160000 | 28000 |
| 新建 | New Construction | 201003 | 160000 | 24500 |
| 合肥新站市政路网配套项目 | Hefei New Station Municipal Road network Necessary Project | 201001 | 160000 | 144431 |
| 安居工程 | Comfortable Housing Project | 201001 | 156400 | 84465 |
| 314省道升级改造工程 | No.314 Provincial Rank Road Improvement Project | 201011 | 155000 | 31000 |
| 涡北选煤厂 | Guobei Coal Factory | 201011 | 153800 | 3490 |
| 亳州市现代中药产业创业基地项目 | Modern Traditional Chinese Medicine Industry Base Project of Buozhou City | 201006 | 152800 | 3300 |
| 高档坯绸面料生产线项目 | Upscale semi-finished Product Silk Production Line Project | 201011 | 150000 | 2545 |
| 新建 | New Construction | 201005 | 150000 | 14100 |
| 仓储物流 | Warehouse and Logistics | 201010 | 150000 | 3800 |
| 年产600万台压缩机生产基地项目 | Yearly Production 6,000,000 compressors Project | 201001 | 148000 | 68567 |
| 道路桥梁等 | Road and Bridge Etc | 201002 | 142500 | 8158 |
| 袁店二井煤矿项目 | Yuandian Erjin Coal Mine Project | 201008 | 132000 | 113000 |
| 三士创业园二期 | Sanshi Industrial Park Phase Two | 201009 | 130000 | 15400 |
| 滨湖欣园二期 | Binhu Xinyuan (Phase Two) | 201007 | 130000 | 76477 |
| 胜利东路保障性住房项目（基础） | Shenglidong Road Low-income house Projects | 201011 | 130000 | 2065 |
| 市体育中心 | City Sport Center | 201009 | 125000 | 11795 |
| 基础设施建设 | Infrastructural Construction | 201001 | 120620 | 80341 |
| 示范区基础设施 | Representative Area Infrastructural | 201001 | 120000 | 115198 |
| 酒店、商品房及旅游度假区建设等 | Hotel, Commercial Housing and Travelling Resort Area Construction and so on | 201002 | 120000 | 57148 |
| 3*4500/日 新型干法水泥熟料生产线 | 3*4500/day New Dry process Cement Clinker Production Line | 201004 | 120000 | 43620 |
| 滨湖康园二期 | Binhu Kangyuan (Phase Two) | 201004 | 120000 | 77484 |
| 高速云水湾旅游度假区项目 | High Speed Yushuiwan Travelling Resort Area Project | 201001 | 112000 | 3544 |
| 滨湖欣园 | Binhu Xinyuan | 201001 | 110000 | 115205 |
| 长江南路一期新建工程 | Changjiangnan Road Phase one of new Construction | 201010 | 110000 | 54 |
| 合肥新站房建工程 | Hefei New Station Building Construction Project | 201001 | 110000 | 77333 |
| 10万吨锌冶炼 | 100,000 Tons Zinc Smelting | 201001 | 109639 | 61900 |
| 美的仓储物流园 | Meidi Warehouse and Logistics | 201012 | 106000 | 20 |
| 备选站址三.四.五期工程 | Alternative Station Site Projects Phase 3,4,5 of | 201003 | 106000 | 38309 |
| 道路建设 | Road Construction | 201005 | 100000 | 29500 |
| 新建 | New Construction | 201005 | 100000 | 19800 |

**5—41 续表1 continued**

| 单位名称 | Name of Enterprise |
|---|---|
| 东至大渡口华兴金属公司 | Dongzhi Dadukou Huaxing Metal Co,Ltd |
| 滁州市瑶海农机大市场 | Chuzhou Yaohai Agricultural Machinery Big Market |
| 合肥市重点工程管理局 | Hefei Important Engineering Management Bureau |
| 南京云海特种金属股份有限公司 | Nanjin Yunhai Special Type Metal Co,Ltd |
| 安徽阜阳临沂商城投资发展有限公司 | Anhui Fuyang Linyi Shopping City Investment and Development Co,Ltd |
| 安徽金磊矿业有限责任公司 | Anhui Jinlei Mine Co,Ltd |
| 合肥城创建设投资有限公司 | Hefei Chengchuang Construction Investment Co.,Ltd |
| 安徽美芝精密制造有限公司 | Anhui Meizhi Exactitude Manufacture Co,Ltd |
| 合肥市庐阳工业区建设投资有限公司 | Hefei Luyang Industry Area Construction Investment Co,Ltd |
| 马鞍山经济技术开发区经济技术发展总公司 | Maanshan Economical technology Development Zone Economical Technology Development Co,Ltd |
| 安徽桐城中坤旅游度假发展有限公司 | Anhui Tongcheng Zhongkun Tourism and Having Holiday Development Co,Ltd |
| 淮南矿业集团（芜湖）煤炭储配有限责任公司 | Huainan Mine Group (Wuhu) Coal Store Co,Ltd |
| 安徽中烟工业公司芜湖卷烟厂 | Anhui Zhongyan Industry Company Wuhu Cigarette Factory |
| 明光市建设局 | Mingguang Construction Bureau |
| 合肥市重点工程建设管理局滨湖新区分局 | Hefei Important Engineering Construction Control Bureau Binghu New Area Branch |
| 铜陵世联置业投资公司 | Tongling Shilian Real Estate Investment Co,Ltd |
| 森隆机械制造有限公司 | Senlong Machinery Manufacture Co,Ltd |
| 亳州春雨光彩国际汽车城投资有限公司 | Buozhou Chunyu Guangcai International Automobile City Investment Co,Ltd |
| 安徽铜冠铜箔有限公司 | Anhui Tongguan Copper Foil Co,Ltd |
| 天柱山旅游度假区管委会 | Tianzhushan Tourism Holiday Resort Management Committee |
| 宝利嘉（安徽）纺织有限公司 | Baolijia (Anhui) Textile Co,Ltd |
| 宣城市建委 | Xuancheng Construction Committee |
| 安徽广电信息网络股份有限公司 | Anhui Broadcast and TV information Network Co,Ltd |
| 安徽鼎晟置业有限公司 | Anhui Dingsheng Real Estate Co,Ltd |
| 格力电器(合肥)有限公司 | Geli Electrical Equipment (Hefei) Co.,Ltd |
| 铜陵经济技术开发区管委会 | Tongling Economic Development Zone Management Committee |
| 安徽圣湖投资股份有限公司 | Anhui Shenhu Investment Co,Ltd |
| 芜湖美智空调设备有限公司 | Wuhu Meizhi Air-Condition Equipment Co,Ltd |
| 新亚特电缆股份有限公司 | Xingyate Electric Cable Co,Ltd |
| 齐二数控锻压设备有限公司 | Qier Numerical Control Forge and Press Equipment Co,Ltd |
| 宿州国际大酒店有限责任公司 | Suzhou International Hotel Co,Ltd |
| 贵池区承接产业转移示范区池州高新区征迁安置指挥部 | Resettlement Headquarter of Chizhou High and New Zone of Guichi Area Industry Shifting Model District |
| 合肥市重点工程建设管理局滨湖新区分局 | Hefei Important Engineering Construction Control Bureau Binghu New Area Branch |
| 铜陵县城乡建设投资开发有限责任公司 | Tongling County City and Countryside Construction Investment and Development Co,Ltd |

单位：万元 (10000 yuan)

| 项目名称 | Name of Project | 开工时间 Starting Time | 计划总投资 Total Planned Investment | 本年完成投资 Accumulated Newly Increased Fixed Assets |
|---|---|---|---|---|
| 钢构厂房建设 | Steel Structure Factory Building Construction | 201007 | 100000 | 6500 |
| 农机大市场 | Agricultural Machinery Big Market | 201003 | 100000 | 2000 |
| 十五里河综合治理 | 15li River Comprehensive Program Governance | 201004 | 99866 | 19546 |
| 10万吨/年镁合金生产线 | Yearly Production 100,000 Tons Magnesium Alloy Production Lines | 201003 | 96200 | 33300 |
| 阜阳临沂商城 | Fuyang Linyi Shopping City | 201001 | 95000 | 54800 |
| 金磊水泥熟料生产线项目 | Jinlei Conch Chamotte Production Lines | 201003 | 95000 | 15000 |
| 南岗科技园基础设施 | Nangang S&T Park Infrastructural | 201001 | 90750 | 82561 |
| 年产600万台空调压缩机项目 | Yearly Production 6,000,000 Air-Conditions compressor Project | 201011 | 90000 | 19880 |
| 荣城北苑 | Rongcheng Beiyuan | 201010 | 90000 | 14600 |
| 开发区南区路网 | South Development Area Road Network | 201005 | 88083 | 60911 |
| 孔城老街旅游开发项目 | Kongcheng Old Street Tour Development Project | 201001 | 88000 | 8300 |
| 300万吨煤配项目（国家能源基地） | 3,000,000 Tons Coal Distribution Project (National Energy Base) | 201012 | 87350 | 54000 |
| “都宝”卷烟生产线技术改造项目 | "Dubao" Cigarette Production Line Technical Innovation Project | 201001 | 87000 | 12706 |
| 大港风力发电厂 | Dagang Wind Power Generate Electricity Factory | 201011 | 86000 | 4000 |
| 要素大市场 | Factor Big Market | 201008 | 85000 | 45000 |
| 立新棚户区改造项目（幸福家园） | Lixing Shanty Town Transform Project (Xingfu Jiayuan) | 201007 | 82000 | 18110 |
| 四方专用车辆制造 | Sifang Special Use Car Manufacture | 201005 | 82000 | 19129 |
| 春雨光彩汽车城 | Chunyu Guangcai Automobile City | 201008 | 82000 | 4500 |
| 年产10000吨高密度电子铜箔 | Yearly Production 10,000 Tons High Density Electron Copper Foil | 201011 | 81829 | |
| 天柱山温泉养生度假中心 | Tianzhushan Hot Spring Health Making Holiday Center | 201001 | 80000 | 10120 |
| 30万锭纺纱项目 | 300,000 Spindles Spinning Project | 201001 | 80000 | 75000 |
| 宣向路 | Xuanxiang Road | 201010 | 80000 | 15500 |
| 有限电视宽带网络整合项目 | Cable TV Wide Band Network Conformity Project | 201001 | 78479 | 36977 |
| 金色名城 | Golden Famous City | 201008 | 78000 | 11000 |
| 家用空调扩建项目 | Domestic Air-Conditions Expand Project | 201012 | 77000 | 1200 |
| 开发区土地征迁、杆线迁移、供水管网等基础设施 | Development Zone Land Acquisition, Telephone Pole Moving, Water Supply Pipe Network Infrastructure and so on | 201005 | 75000 | 74929 |
| 家俱城项目 | Furniture City Project | 201003 | 72000 | 2100 |
| 年产500万台出口空调项目 | Yearly Production 5,000,000 Export Air-Conditions Project | 201005 | 71000 | 53718 |
| 年产3000km特种电缆 | Yearly Production 3,000km Special Type Cable | 201004 | 70259 | 30000 |
| 重型数控多工位压力机产业化项目一期 | Heavy Numerical Control multi-location Press Machine Industrialization Project | 201007 | 70000 | 1077 |
| 宿州国际大酒店项目 | Suzhou International Hotel Project | 201010 | 70000 | 7000 |
| 东部经济服务区50万平方米安置房建设工程 | Eastern Economical Service Area 500,000 Square Meters Placement Room Construction Project | 201006 | 70000 | 6550 |
| 城市轨道交通一号线（试验段） | No.1 Urban Track Transportation Line (Test Section) | 201001 | 70000 | 65300 |
| 城区基础设施项目 | City Area Infrastructural Project | 201001 | 70000 | 70000 |

# 主要统计指标解释

## 全社会固定资产投资

固定资产投资额是以货币表现的建造和购置固定资产活动的工作量，它是反映固定资产投资规模、速度、比例关系和使用方向的综合性指标。全社会固定资产投资按经济类型可分为国有、集体、个体、联营、股份制、外商、港澳台商、其他等。按照管理渠道，全社会固定资产投资统计的范围包括：⑴城镇50万元以上项目；⑵房地产开发投资；⑶农村非农户投资；⑷农村农户投资。

## 房地产开发投资

指房地产开发公司、商品房建设公司及其他房地产开发法人单位和附属于其他法人单位实际从事房地产开发或经营的活动单位统一开发的包括统代建、拆迁还建的住宅、厂房、仓库、饭店、宾馆、度假村、写字楼、办公楼等房屋建筑物和配套的服务设施，土地开发工程（如道路、给水、排水、供电、供热、通讯、平整场地等基础设施工程）的投资；不包括单纯的土地交易活动。

## 固定资产投资的资金来源

根据固定资产投资的资金来源不同，分为国家预算内资金、国内贷款、利用外资、自筹资金和其他资金来源。

⑴国家预算内资金：指中央财政和地方财政中由国家统筹安排的基本建设拨款和更新改造拨款，以及中央财政安排的专项拨款中用于基本建设的资金和基本建设拨款改贷款的资金等。

⑵国内贷款：指报告期内企、事业单位向银行及非银行金融机构借入的用于固定资产投资的各种国内借款。包括银行利用自有资金及吸收的存款发放的贷款、上级主管部门拨入的国内贷款、国家专项贷款（包括煤代油贷款、劳改煤矿专项贷款等）、地方财政专项资金安排的贷款、国内储备贷款、周转贷款等。

⑶利用外资：指报告期内收到的用于固定资产投资的国外资金，包括统借统还、自借自还的国外贷款，中外合资项目中的外资，以及对外发行债券和股票等。国家统借统还的外资指由我国政府出面同外国政府、团体或金融组织签订贷款协议、并负责偿还本息的国外贷款。

⑷自筹资金：指建设单位报告期内收到的，用于进行固定资产投资的上级主管部门、地方和企、事业单位自筹资金。

⑸其他资金来源：指报告期内收到的除以上各种拨款。

## 固定资产投资按建设性质分

建设项目的性质一般分为新建、扩建、改建、迁建、恢复。基本建设按建设项目划分建设性质，更新改造、国有单位其他固定资产投资及城镇集体投资等按整个企业、事业单位的建设情况确定建设性质，房地产开发单位、农村投资等投资不划分建设性质。

⑴新建：一般是指从无到有、“平地起家”新开始建设的单位。有的单位原有的基础很小，经过建设后其新增加的固定资产价值超过原有固定资产价值（原值）三倍以上的也算新建。

⑵扩建：一般是指为扩大原有产品的生产能力，在厂内或其他地点增建主要生产车间（或主要工程）、独立的生产线或分厂的企业；事业单位和行政单位在原单位增建业务用房（如学校增建教学用房、医院增建门诊部或病床用房、行政机关增建办公楼等）也作为扩建。

⑶改建：一般是指现有企业、事业单位为了技术进步，提高产品质量，增加花色品种，促进产品升级换代，降低消耗和成本，加强资源综合利用和三废治理、劳保安全等，采用新技术、新工艺、新设备、新材料等对现有设施、工艺条件进行技术改造或更新（包括相应配套的辅助性生产、生活福利设施）。有的企业为充分发挥现有生产能力，进行填平补齐而增建不增加本单位主要产品生产能力的车间等，也属于改建。

## 固定资产投资按构成分

固定资产投资活动按其工作内容和实现方式分为建筑安装工程，设备、工具、器具购置，其他费用三个部分。

⑴建筑安装工程（建筑安装工作量）：指各种房屋、建筑物的建造工程和各种设备、装置的安装工程。包括各种房屋建造工程，各种用途设备基础和各种工业窑炉的砌筑工程；为施工而进行的各种准备工作和临时工程以及完工后的清理工作等；铁路、道路的铺设，矿井的开凿及石油管道的架设等；水利工程；防空地下建筑等特殊工程；以及各种机械设备的安装工程；为测定安装工程质量，对设备进行的试运工

作。在安装工程中，不包括被安装设备本身的价值。

⑵设备、工具、器具购置：指购置或自制达到固定资产标准的设备、工具、器具的价值，固定资产的标准按财务部门规定。新建单位、扩建单位的新建车间按照设计和计划要求购置或自制的全部设备、工具、器具，不论是否达到固定资产标准均计入“设备、工具、器具购置”中。

⑶其他费用：指在固定资产建造和购置过程中发生的，除建筑安装工程和设备、工具、器具购置以外的各种应摊入固定资产的费用。

**施工项目**

指报告期内曾进行建筑或安装工程施工活动的建设项目，包括报告期内新开工项目、报告期以前开工跨入报告期继续施工的项目以及报告期施过工并在报告期内全部建成投产或停缓建的项目。

**全部建成投产项目**

工业项目是指设计文件规定形成生产能力的主体工程及其相应配套的辅助设施全部建成，经负荷试运转，证明具备生产设计规定合格产品的条件，并经过验收鉴定合格或达到竣工验收标准，与生产性工程配套的生活福利设施可以满足近期正常生产的需要，正式移交生产的建设项目。非工业项目是指设计文件规定的主体工程和相应的配套工程全部建成，能够发挥设计规定的全部效益，经验收鉴定合格或达到竣工验收标准，正式移交使用的建设项目。

**新增生产能力**

指通过固定资产投资活动而增加的设计能力或工程效益，它是用实物形态表示的固定资产投资的成果。新增生产能力的计算，是以能独立发挥生产能力或工程效益的单项工程（或项目）为对象。当单项工程（或项目）建成，经有关部门鉴定合格，正式移交投入生产，即可计算新增生产能力。

新增生产能力的数量一般按设计能力计算。设计能力是指设计文件中规定的在正常情况下能够达到的生产能力，而不论投产后的实际产量如何。以设备数量、建筑物容积、面积、长度等表示的新增生产能力或工程效益，则按建成的实际数量计算。

**商品住宅**

指房地产开发企业（单位）建设并出售、出租给使用者，仅供居住用的房屋。

**土地开发投资额**

指房地产开发企业完成的前期工程投资，即路通、水通、电通、场地平整等（也称七通一平）所完成的投资。一般指生地开发成熟地的投资。在旧城区（老区拆迁）的开发中，如果有统一的规划，如政府有关部门批准的小区建设的前期工程中，有场地平整，原有建筑物、构筑物拆除，供水供电工程等工作量也可计算。未进行开发工程、只进行单纯的土地交易活动不作为土地开发投资统计。土地开发投资额在房屋用途分组中能分摊的部分就分摊，不能分摊的全部计入其他。

**土地购置费**

指房地产开发企业为取得土地使用权而支付的费用。土地购置费按当期发生数计入投资，如土地购置费为分期付款的，可分期计入投资；不计入新增固定资产。土地购置费支出包括：①通过草拟方式取得的土地使用权所支付的土地补偿费、附着物和青苗补偿费、安置补偿费及土地征收管理费等；②通过出让方式取得土地使用权所支付的出让金。

**投资额按房屋工程用途分组**

指投资额中用于各类房屋建设的投资。

**住宅**

指专供居住的房屋，包括别墅、公寓、职工家属宿舍和集体宿舍（包括职工单身宿舍和学生宿舍）等。但不包括住宅楼中作为人防用、不住人的地下室等。

**别墅、高档公寓**

一般指单位建筑面积造价高于当地同等地段商品住宅平均造价一倍以上的公寓或别墅，或者经有权审批房地产投资计划的审批单位审定为高档公寓、别墅的房地产投资项目。

**经济适用房**

指根据国家经济适用房计划安排建设的住宅。由国家统一下达计划，地方政府统一组织建设；用地一般实行行政划拨的方式，免收土地出让金，对各种经批准的收费实行减半征收；出售价格实行政府指导价，按保本微利的原则确定。

**本年完成开发土地面积**

指报告期内对土地进行开发并已完成七通一平等前期开发工程，具备进行房屋建筑物施工或出让条件的土地面积。

**本年购置土地面积**

指在本年内通过各种方式获得土地使用权的土地面积。

**本年土地成交价款**

指进行土地使用权交易活动的最终金额。在土地一级市场，是指土地最后的划拨款和出让价；在土地二级市场是指土地转让、出租、抵押等最后确定的合同价格。土地成交价款与土地购置面积同口径，目的是正确计算平均土地购置价格。

**房屋施工面积**

指报告期内施工的全部房屋建筑面积。包括本期新开工的面积和上年开工跨入本期继续施工的房屋面积，以及上期已停建在本期恢复施工的房屋面积。本期竣工和本期施工后又停建缓建的房屋面积仍包括在施工面积中，多层建筑应填各层建筑面积之和。

**房屋竣工面积**

指报告期内房屋建筑按照设计要求已全部完工，达到住人和使用条件，经验收鉴定合格或达到竣工验收标准（实行房地产开发小区综合验收的城市，应经小区综合验收合格），可正式移交使用的各栋房屋建筑面积的总和。

**实际销售面积**

指报告期内已竣工的房屋面积中已正式交付给购房者或已签订（正式）销售合同的商品房屋面积。不包括已签订预售合同正在建设的商品房屋面积，但包括报告期或报告期以前签订了预售合同，在报告期又竣工的商品房屋面积。

**在管物业占地面积**

指报告期末物业管理单位正在进行管理的物业所占用的全部土地面积。

**在管房屋建筑面积**

指报告期末物业管理单位正在进行管理的已竣工交付使用的全部房屋建筑面积。

**房屋代理销售成交合同面积**

指经房地产中介服务机构代理，并签订销售合同的商品房及以外的所有房屋的成交面积。

**房屋代理销售成交合同数**

指房地产中介服务机构代理销售商品房及以外的所有房屋并签订销售合同的业务笔数。

**房屋代理销售成交合同金额**

指房地产中介服务机构对商品房及以外的所有房产进行销售，并签订销售合同的商品房成交金额。

**房屋代理出租成交合同面积**

指经房地产中介服务机构代理，并签订租赁合同的商品房及以外的所有出租房屋的总面积。

**房屋代理出租成交合同数**

指房地产中介服务机构代理出租商品房及以外的所有房屋，并签订租赁合同的业务笔数。

**房屋代理出租成交合同金额**

指房地产中介服务机构对商品房及以外的所有房产进行租赁，并签订租赁合同的商品房成交金额。

**直接从建设单位承揽工程完成的产值**

指总承包企业或专业承包企业直接与建设单位（业主）签订的承包合同（包括报告期及以往年度签订的合同，不包括无效合同和中途解除的合同），在报告期内完成的工程总值。包括企业向其他专业承包企业或劳务分包企业分包出去的工程所完成产值，还包括分包企业缴纳的管理费。

# Explanatory Notes for Major Statistical Indicators

**Total Investment in Fixed Assets in the Whole Country**

Amount of investment in fixed assets refers to the volume of activities in construction and purchases of fixed assets in monetary terms. It is a comprehensive indicator which shows the size, pace, proportional relations and use orientation of the investment in fixed assets. Total investment in fixed assets in the whole country includes, by status of economic ownership, the investment by the state-owned units, collective units, individuals, joint ownership units, share-holding units, as well as investment by businessmen from foreign countries and from Hong Kong, Macao and Taiwan, and by other units. According to management channels, the statistical ranges of the investment in fixed assets include: (1) item invested half million Yuan and over in urban; (2) investment of real estates; (3) investment in rural district not by farmer; (4) investment in rural district by farmer.

**Investment in Real Estate Development**

It includes the investment by the real estate development companies, commercial buildings construction companies and other real estate development units of various types of ownership in the construction of house buildings, such as residential buildings, factory buildings, warehouses, hotels, guesthouses, holiday villages, office buildings, and the complementary service facilities and land development projects, such as roads, water supply, water drainage, power supply, heating, telecommunications, land leveling and other projects of infrastructure. It excludes the activities in simple land transactions.

**Sources of Funds for Investment in Fixed Assets**

state budgetary appropriation, domestic loans, foreign investment, self-raised funds, and others.

a) State budgetary appropriation refers to appropriation in the budget of the central and local governments earmarked for capital construction and for innovation projects, and the special appropriation from the budget of the central government for capital construction and for the transfer fund to banks to be issued as loans for capital construction projects.

b) Domestic loans refer to various funds borrowed by enterprises and institutions from banks and non-bank financial institutions during the reference period for the purpose of investment in fixed assets, including loans issued by banks from their self-owned funds and deposit, loans appropriated by higher responsible authorities, special loans by government (including loan for replacing petroleum with coal, special loan for reform-through-labour coal mines), loans arranged by local government from special funds, domestic reserve loan, and working loan, etc.

c) Foreign Investment refers to foreign funds received during the reference period for the purpose of investment in fixed assets, including foreign funds borrowed and managed by the government, by individual units, foreign fund in joint venture program, and issue of bonds and stocks at the international financial markets. The foreign funds borrowed and managed by the government refer to foreign loans borrowed by the government from foreign governments, organizations, or financial institutions under official agreements signed by both parties, under which government is responsible for the repayment of both the principal and interests of the foreign loans.

d) Self-raised funds refer to funds received by construction enterprises from their higher responsible authorities, local governments, or raised by enterprises or institutions themselves for the purpose of investment in fixed assets during the reference period.

f) Others refer to funds received during the reference period which are not included in the above-mentioned sources.

**Investment in Fixed Assets by Type of Construction**

The construction projects in general can be classified by the type of construction into new construction, expansion, reconstruction and moving away. In capital construction, the type of construction is determined by the condition of the project. In investment in innovation, in other investment by state-owned units and investment by collective-owned units, the type of construction is determined by the condition of the whole enterprise or institutions. Investment by type of construction is not applied to investment by real-estate development units, investment in rural areas.

a) New construction in general refers to newly constructed units. In the case in which the value of the original fixed assets is quite small, and the value of newly added fixed assets exceeds the original ones by three times, the expansion construction is considered as new construction.

b) Expansion refers to construction of new major production workshop or independent production line within a factory or in other locations, or construction of a branch factory so as to increase the production capacity of the original products. Newly constructed business houses in institutions and administrative organizations (such as the newly constructed teaching buildings in schools, clinics or bed building in hospitals, and office buildings in administrative agencies, etc.) are also classified as expansion.

c) Reconstruction refers to technical innovation and

transformation of the existing equipment and technical conditions undertaken by enterprises and institutions for the purposes of technological advancement, improvement in product quality, enlarging variety of products, promoting new generation of products, reducing production consumption and cost, promoting comprehensive utilization of resources, strengthening treatment of waste gas, waste water and solid wastes, and safety in production, etc. through application of new technologies and techniques, use of new equipment and new materials (including accessory facilities for production or for living and welfare purposes).Construction of new workshops for improving existing production capacity rather than increasing production capacity is also considered as reconstruction.

**Investment in Fixed Assets by Structure**

refers to the three major parts of investment activities, i.e. construction and installation, purchase of equipment and instrument, and other expenses.

a) Construction and installation (work volume of construction and installation) refers to the construction of various houses and buildings and installation of various kinds of equipment and instruments, including construction of various houses, equipment foundations and industrial kilns and stoves, preparation works for project construction, and clearing up works post project construction, pavement of railways and roads, drilling of mines and putting up of oil pipes, construction of projects of water conservancy, construction of underground air-raid shelters and construction of other special projects, installation of various machinery equipment, testing operation for pre-testing the quality of installation projects. The value of equipment installed is not included in the value of installation projects.

b) Purchase of equipment and instruments refers to the total value of equipment, tools, and vessels purchased or self-produced which come up to standards for fixed assets. Equipment, tools and vessels purchased or self-produced for new workshops by newly established or expanded units are categorized as purchase of equipment and instruments no matter whether they come up to the standards for fixed assets or not.

c) Other expenses refer to expenses occurring during the construction or purchase of fixed assets other than construction, installation or purchase of equipment and instruments.

**Projects Under Construction**

refer to projects having construction and installation activities undertaken in the reference period, including projects started in the reference period, or continued from the previous period, or completed and put into production or suspended in the reference period.

**Projects Completed and Put into Use**

Industrial projects refer to the major projects and accessory facilities completed which result in forming production capacity and have been checked and accepted while the living and welfare facilities have been completed and can ensure normal production and formally put into production. Non-industrial projects refer to the major projects and accessory facilities completed which possess the designed capacity and have been checked, accepted and formally put into production.

**Newly Increased Production Capacity**

refers to the increase of designed capacity and project efficiency through investment in fixed assets, which reflects the accomplishment of investment in fixed assets in kind. The calculation of newly increased production capacity is based on individual project which operates independently and efficiently. When an individual project is completed and checked and accepted and put into production, it is counted as newly increased production capacity.

Newly increased production capacity in terms of quantity is calculated in designed capacity in general, which refers to the production capacity of a project under normal conditions designed in construction documents regardless of the actual output.

**Commercial Housing**

refers to the building just for living sailed and rented to the user by real estate development company.

**Amount of Investment on Land**

refers to the previous construction investment completed by real estate development company, which includes road project completed, water project completed, electricity project completed, site grading and so on (and also called seven completed one grading). This investment is usually called fresh land developed in to mature land. If there lave unified planning in old section of city (the moving of old district) development, for example, in the prior project of housing estate construction authorized by related party of government the amount of work of site grading, demolition of primary buildings water supply project and power supply project can be calculated. The project without development and purely transaction of land can't be the statistics of development and investment in land. The amount of land development and investment must be apportioned if they can be apportioned in the group by the use of building. If the part can't be apportioned, they can be calculated in others wholly.

**The Cost of Buying Land**

refers to the cost paid by the real estate company, which can be used for gaining the usufruct of land. The cost of buying land can be calculated for investment based on the current period amounts. The cost of buying land can be calculated for investment by stages if the cost of buying land is divided payments. The cost of buying land can't be calculated for the new permanent assets. The cost of buying land includes ① compensation cost of land, adhesive material, green croups, allocation and management expenses of land expropriation paid by the land-use right in rough style. ②fees for assignment paid by the land-use right in remised style.

**Amount of Investment Classified by the Use of Building Engineering**

refers to the investment of all types of building construction among of the amount of investment.

**House**

refers to the building for living merely including villa, apartment, dormitory of employee, collective dormitory (including the dormitory for bachelors and students) and so on, excluding the basement of resident buildings for civil air defense and no living.

**Villas, High-grade Apartments**

refer to per construction cost on villas or high-grade apartments are higher by over 100% compared with the average prices of commercial housing at the same place, or projects for the construction of villas or high-grade apartments approved by competent departments in chare of real estate development and investment plans.

**Economical Affordable Housing**

refers to the housing constructed according to the state plan for economically affordable housing. Economical affordable housing project was organized by local government with state investment plan. Use of land was normally adopted by administrative transfer style. Exempted land leasing money. All styles of fees with authorization were hawed collection. The sale price was directed by government with holding cost & meager profit principle.

**Exploitative Land Area Completed This Year**

refers to prior development project of land (seven completed one grading and soon) which was developed and completed at report period. The land area has building operations or remised condition.

**The Land Area Bought This Year**

refers to the area attained land-use right by all kinds of modes this year.

**Bargain Price of Land This Year**

refers to final sum bargained for the land-use right. The price refers to the final transfer and remised price at land primary market; The price refers to the finally affirmed contract price with land remised, rented, mortgage and so on at land secondary market. Bargain price of land have the same caliber with the land buying area, the aim is to calculate the mean land buying price correctly.

**Floor Space Under Construction**

refers to total floor space of all buildings under construction during the reference period, including floor space of newly started buildings during the reference period, floor space of construction extended from the previous period to the current period, floor space of construction suspended during the previous period and resumed in the current period, floor space of construction completed in the current period, and floor space of construction started and then suspended in the current period.

**Floor Space of Buildings Completed**

refers to the floor space of buildings completed in the reference period, which have come up to the designed standards and have been put into use.

**Effective Sale Areas**

refer to commercial building areas which were handed formally to the buyers or signed sale contracts in the completed building areas at the report period. The area include the accomplish commercial building area at the report period which was signed pre contract at the report period or before the report period, excluding the commercial building area which was building now and has been signed pre contract.

**Land Area Occupied by Estate Management**

refers to all of land area occupied by the estate management at the end of report period.

**Building Construction Area Under Management**

refers to all of the building construction area which has been completed to use and was managed by the estate management at the end of report period.

**Contract Area Signed and Vended by the Agent of Building**

refers to the commercial building and other building areas which were substituted and signed sale contract by the estate agency organ.

**Numbers of Contracts Signed and Vended by the Agent of Building**

refer to numbers of business which have signed sale contract including the commercial building and other building vended vicariously by the estate agency organ.

**Contract Sum Signed and Vended by the Estate Agency Organ**

refers to commercial buildings sale sum sailed and signed sale contract by the estate agency organ including commercial building and other buildings.

**Contract Area Rented by Agent of Building**

refers to total area substituted and signed rent contract by the real estate agency including commercial building and other all rentals.

**Numbers of Contracts Signed and Rented by the Agent of Buildings**

refer to numbers of business rented by the estate agency organ including commercial building and other buildings which are signed rent contract.

**Contract Sum Signed and Rented by the Agent of Building**

refers to commercial buildings rent sum rented and sighed rent contract by the estate agency organ including commercial buildings and other all buildings.

**Production Value of Project Completed Directly from Construction Units**

refers to the accomplished project total value at report period according to the contract signed by the general contracting enterprise or special contracting enterprise with construction unit (or construction owner). The contract includes the report period and former contract, excluding invalid contract and contract relieved in midway. The production value includes the accomplished value completed by special contracting enterprise or subcontract enterprise, also included administrative expenses paid by subcontract enterprise.

# 第六篇

Chapter 6

# 能源生产和消费

PRODUCTION AND CONSUMPTION OF ENERGY

## 简要说明

一、本篇包括的主要内容有：能源生产、消费及品种构成，能源生产和消费弹性系数，近年来综合能源平衡表和电力平衡表，分行业分主要能源品种的消费量等。

二、分行业主要能源品种消费量、分行业工业用水量为全部国有及年销售收入 500 万元以上工业企业。

三、本篇资料取自省统计局能源处，是按照国家统计局报表制度逐级汇总整理。

四、关于数据口径与计算的说明

1. 一次能源生产量与工业统计数据一致。

2. 行业分类采用现行统一的国民经济行业分类国家标准。

3. 能源生产与消费弹性系数分别以能源生产、消费增长速度与国内生产总值增长速度相比求得。

## Brief Introduction

I. Data in this chapter cover mainly the energy production, consumption and their composition, the elasticity ratio of energy production and consumption, the overall balance of energy and the balance of electricity, the consumption of energy by sector and by main variety.

II. The consumption of energy by sector and by main variety and industrial water consumption by sector include all state-owned industrial enterprises and the industrial enterprises with yearly sales revenue over five million yuan.

III. Data in this chapter are prepared and provided by the Division of Energy, Anhui Statistical Bureau, in accordance with the national reporting system.

IV. Coverage and calculation of data:

1. Data on the production of primary energy are the same as the concerned data of the industrial statistics.

2. The state classification of national economic sectors is used in the classification of sectors.

3. The elasticity ratio of energy production is calculated as the quotient of the growth rate of energy production divided by the growth rate of GDP; and the elasticity ratio of energy consumption is calculated as the quotient of the growth rate of energy consumption divided by the growth of GDP.

## 6—1 能源生产和消费总量及电力生产和消费量

Total Production and Consumption of Energy and Electricity

| 年　　份 Year | 能源生产总量（万吨标准煤）Total Energy Production（10000 tons of SCE） | 电力生产量（亿千瓦时）Electricity (100 million kwh) | 能源消费总量（万吨标准煤）Total Energy Consumption（10000 tons of SCE） | 电力消费量（亿千瓦时）Electricity (100 million kwh) |
|---|---|---|---|---|
| 1995 | 3218.53 | 309.33 | 4194.06 | 288.97 |
| 2000 | 3436.14 | 364.63 | 4878.82 | 338.92 |
| 2002 | 4478.04 | 465.66 | 5315.97 | 389.94 |
| 2003 | 4844.90 | 557.18 | 5457.09 | 445.44 |
| 2004 | 5845.96 | 611.57 | 6016.89 | 515.94 |
| 2005 | 6215.42 | 648.38 | 6505.98 | 581.65 |
| 2006 | 5993.75 | 734.38 | 7069.39 | 662.40 |
| 2007 | 6742.44 | 868.04 | 7739.33 | 768.70 |
| 2008 | 8413.93 | 1101.94 | 8325.40 | 858.87 |
| 2009 | 9288.36 | 1328.58 | 8895.90 | 952.30 |
| 2010 | 9689.27 | 1463.31 | 9706.60 | 1077.92 |

注：1. 电力生产量为全社会发电量。能源生产和消费量按等价热值计算。2006年后能源生产总量不含跨地区原煤产量。

2. 根据第二次经济普查结果，2005年以后的有关数据有所调整（下同）。

a) Electricity Production is the whole social power rate.Energy Production and Consumption are calculated on the basis of equal caloric value. After 2006, Total Energy Production does not contain the trans-regional raw coal output.

b) According to the second economic census result, after 2005 related data has been adjusted (same as below).

## 6—2 综合能源平衡表

Overall Energy Balance

单位：万吨标准煤　(10000 tons of SCE)

| 指　　标 | Item | 1995 | 2000 | 2005 | 2009 | 2010 |
|---|---|---|---|---|---|---|
| **可供消费的能源总量** | **Total Energy Available for Consumption** | | | | | |
| 一次能源生产量 | Primary Energy Output | 3218.53 | 3436.14 | 6215.42 | 9288.36 | 9689.27 |
| **能源消费总量** | **Total Energy Consumption** | **4194.06** | **4878.82** | **6505.98** | **8895.90** | **9706.60** |
| 在总量中： | Consumption by Sector: | | | | | |
| 农、林、牧、渔、水利业 | Farming, Forestry, Animal Husbandry, Fishery and Water Conservancy | 176.02 | 163.48 | 149.10 | 186.22 | 199.48 |
| 工　业 | Industry | 3249.67 | 3881.06 | 5016.86 | 6905.32 | 7464.63 |
| 建筑业 | Construction | 47.20 | 53.93 | 54.32 | 94.04 | 114.56 |
| 交通运输和邮电通信业 | Transportation, Post and Telecommunications Services | 156.91 | 178.38 | 280.27 | 460.47 | 528.00 |
| 商业、饮食、物资供销和仓储业 | Commerce, Catering Services, Materials Supply, Marketing and Storage | 37.94 | 57.24 | 101.75 | 126.28 | 150.29 |
| 其　他 | Others | 44.19 | 57.65 | 132.90 | 230.74 | 252.02 |
| 生活消费 | Residential Consumption | 386.28 | 487.07 | 770.78 | 888.04 | 997.58 |
| 在总量中： | Consumption by Usage: | | | | | |
| 终端消费 | Final Consumption | 4046.48 | 4689.61 | 6126.54 | 8503.31 | 9259.76 |
| #工　业 | Industry | 3197.99 | 3691.85 | 4637.41 | 6517.52 | 7024.57 |
| 加工转换损失量 | Losses in Processing and Transformation | 51.68 | 189.21 | 379.44 | 387.80 | 440.06 |
| 输配损失量 | Losses in Transportation and Delivery | 95.90 | 73.64 | 155.34 | 206.27 | 237.84 |
| **平衡差额** | **Balance** | **9.47** | **8.38** | **17.54** | **92.09** | **-43.42** |

## 6—3 能源生产弹性系数
Elasticity Ratio of Energy Production

| 年份<br>Year | 能源生产比上年增长（%）<br>Growth Rate of Energy Production over preceding Year<br>(%) | 电力生产比上年增长（%）<br>Growth Rate of Electricity Production over Preceding Year<br>(%) | 安徽生产总值比上年增长（%）<br>Growth Rate of Gross Domestic Product (GDP) over Preceding Year<br>(%) | 能源生产弹性系数<br>Elasticity Ratio of Energy Production | 电力生产弹性系数<br>Elasticity Ratio of Electricity Production |
|---|---|---|---|---|---|
| 1995 | 9.53 | 3.67 | 14.3 | 0.67 | 0.26 |
| 1998 | -6.59 | -5.41 | 8.5 | -0.78 | -0.64 |
| 1999 | 2.33 | 1.56 | 8.1 | 0.29 | 0.19 |
| 2000 | 2.16 | 15.25 | 8.3 | 0.26 | 1.84 |
| 2001 | 11.76 | 13.52 | 8.6 | 1.37 | 1.57 |
| 2002 | 16.61 | 12.50 | 8.9 | 1.87 | 1.40 |
| 2003 | 8.19 | 19.65 | 9.2 | 0.89 | 2.14 |
| 2004 | 20.66 | 9.76 | 12.5 | 1.67 | 0.78 |
| 2005 | 6.32 | 6.02 | 11.8 | 0.54 | 0.51 |
| 2006 | 5.96 | 13.26 | 12.5 | 0.48 | 1.06 |
| 2007 | 12.49 | 18.20 | 14.2 | 0.88 | 1.28 |
| 2008 | 24.79 | 26.95 | 12.7 | 1.95 | 2.12 |
| 2009 | 10.39 | 20.57 | 12.9 | 0.81 | 1.59 |
| 2010 | 4.32 | 10.14 | 14.6 | 0.30 | 0.69 |

注：能源生产增长速度按等价热值计算；电力生产增长速度按实物量计算。
a) The rate of rise of energy production is calculated on the basis of equal caloric value; The rate of rise of electricity production is calculated on the basis of real amount.

## 6—4 能源消费弹性系数
Elasticity Ratio of Energy Consumption

| 年份<br>Year | 能源消费比上年增长（%）<br>Growth Rate of Energy Consumption over Preceding Year<br>(%) | 电力消费比上年增长（%）<br>Growth Rate of Electricity Consumption over Preceding Year<br>(%) | 安徽生产总值比上年增长（%）<br>Growth Rate of Gross Domestic Product (GDP) over Preceding Year<br>(%) | 能源消费弹性系数<br>Elasticity Ratio of Energy Consumption | 电力消费弹性系数<br>Elasticity Ratio of Electricity Consumption |
|---|---|---|---|---|---|
| 1995 | 12.83 | 10.64 | 14.3 | 0.90 | 0.74 |
| 1998 | 3.23 | -2.05 | 8.5 | 0.38 | -0.24 |
| 1999 | 2.37 | 1.22 | 8.1 | 0.29 | 0.15 |
| 2000 | 5.47 | 8.29 | 8.3 | 0.66 | 1.00 |
| 2001 | 4.91 | 6.11 | 8.6 | 0.57 | 0.71 |
| 2002 | 3.86 | 8.43 | 8.9 | 0.43 | 0.95 |
| 2003 | 2.65 | 14.23 | 9.2 | 0.29 | 1.55 |
| 2004 | 10.26 | 15.83 | 12.5 | 0.82 | 1.27 |
| 2005 | 8.33 | 12.74 | 11.8 | 0.71 | 1.08 |
| 2006 | 8.66 | 13.88 | 12.5 | 0.69 | 1.11 |
| 2007 | 9.48 | 16.05 | 14.2 | 0.67 | 1.13 |
| 2008 | 7.57 | 11.73 | 12.7 | 0.60 | 0.92 |
| 2009 | 6.85 | 10.88 | 12.9 | 0.53 | 0.84 |
| 2010 | 9.11 | 13.19 | 14.6 | 0.62 | 0.90 |

注：能源消费增长速度按等价热值计算；电力消费增长速度按实物量计算。
a) The rate of rise of energy consumption is calculated on the basis of equal caloric value; The rate of rise of electricity consumption is calculated on the basis of real amount.

## 6—5 电力平衡表
Electricity Balance Sheet

单位：亿千瓦小时 (100 million kwh)

| 指标 | Item | 1995 | 2000 | 2005 | 2009 | 2010 |
|---|---|---|---|---|---|---|
| **可供量** | **Total Energy Available for Consumption** | | | | | |
| 生产量 | Output | 309.33 | 364.63 | 648.38 | 1328.58 | 1463.31 |
| 水电 | Hydropower | 11.39 | 4.58 | 13.48 | 29.15 | 37.04 |
| 火电 | Thermal Power | 297.94 | 360.05 | 634.90 | 1299.43 | 1419.84 |
| **消费量** | **Total Energy Consumption** | **288.97** | **338.92** | **581.65** | **952.31** | **1077.92** |
| 在消费量中 | Consumption by Sector | | | | | |
| 农、林、牧、渔、水利业 | Agriculture, Forestry, Animal Husbandry, Fishery and Water Conservancy | 23.85 | 21.31 | 11.75 | 11.28 | 11.91 |
| 工业 | Industry | 190.69 | 238.26 | 430.98 | 693.05 | 777.18 |
| #输配电损失量 | Losses in Transmission | 24.73 | 22.81 | 43.81 | 63.71 | 76.81 |
| 建筑业 | Construction | 3.00 | 3.75 | 4.88 | 10.66 | 14.75 |
| 交通运输、仓储和邮政业 | Transport, Storage and Post | 2.96 | 4.22 | 4.98 | 12.16 | 14.58 |
| 批发、零售业和住宿、餐饮业 | Wholesale and Retail Trades, Hotels and Catering Services | 2.87 | 5.74 | 12.57 | 28.42 | 34.97 |
| 其他行业 | Others Sectors | 8.03 | 12.61 | 26.79 | 45.43 | 50.55 |
| 生活消费 | Household Consumption | 32.84 | 53.03 | 89.70 | 151.30 | 173.98 |

## 6—6 平均每天各种能源消费量
Average Daily Energy Consumption by Variety

| 指标 | | Item | | 1995 | 2000 | 2005 | 2009 | 2010 |
|---|---|---|---|---|---|---|---|---|
| **合计** | **(万吨标准煤)** | **Total** | **(10000 tons of SCE)** | **11.49** | **13.36** | **17.82** | **24.37** | **26.59** |
| 原煤 | (万吨) | Coal | (10000 tons) | 13.84 | 15.96 | 23.24 | 35.70 | 37.55 |
| 焦炭 | (万吨) | Coke | (10000 tons) | 1.21 | 1.46 | 1.48 | 2.35 | 2.49 |
| 原油 | (万吨) | Crude Oil | (10000 tons) | 0.76 | 0.94 | 1.14 | 1.24 | 1.31 |
| 燃料油 | (万吨) | Fuel Oil | (10000 tons) | 0.13 | 0.13 | 0.07 | 0.04 | 0.03 |
| 汽油 | (万吨) | Gasoline | (10000 tons) | 0.16 | 0.19 | 0.24 | 0.38 | 0.43 |
| 柴油 | (万吨) | Diesel Oil | (10000 tons) | 0.29 | 0.39 | 0.58 | 0.90 | 1.00 |
| 电力 | (亿千瓦小时) | Electricity | (100 million kwh) | 0.79 | 0.93 | 1.59 | 2.61 | 2.95 |

## 6—7 生 活 能 源 消 费 量
Average Annual Energy Consumption for Households

| 指　　标 | | Item | | 1995 | 2000 | 2005 | 2009 | 2010 |
|---|---|---|---|---|---|---|---|---|
| **合　计** | **（万吨标准煤）** | **Total** | **(10000 tons of SCE)** | **386.28** | **487.07** | **770.78** | **888.04** | **997.55** |
| 煤　炭 | （万吨） | Coal | (10000 tons) | 325.00 | 433.00 | 580.00 | 310.61 | 341.25 |
| 液化石油气 | （万吨） | Liquefied Petroleum Gas | (10000 tons) | 9.04 | 16.30 | 28.11 | 42.81 | 42.13 |
| 天然气 | （亿立方米） | Natural Gas | (100 million cu.m) | | | 0.40 | 2.23 | 2.80 |
| 热　力 | （万百万千焦） | Heat | (10 billion kilo-joule) | 92.06 | | 653.00 | 1309.47 | 661.00 |
| 电　力 | （亿千瓦小时） | Electricity | (100 million kwh) | 32.84 | 53.03 | 89.70 | 151.30 | 173.98 |

## 6—8 人 均 生 活 能 源 消 费 量
Annual per Capita Energy Consumption of Households

| 指　　标 | | Item | | 1995 | 2000 | 2005 | 2009 | 2010 |
|---|---|---|---|---|---|---|---|---|
| **平均每人生活消费能源** | **（千克标准煤）** | **Annual per Capita Consumption for Households** | **(kg of SCE)** | **65.04** | **80.22** | **124.84** | **144.80** | **168.60** |
| 煤　炭 | （千克） | Coal | (kg) | 54.72 | 71.31 | 93.94 | 50.65 | 57.68 |
| 液化石油气 | （千克） | Liquefied Petroleum Gas | (kg) | 1.52 | 2.68 | 4.55 | 6.98 | 7.12 |
| 天然气 | （立方米） | Natural Gas | (cu.m) | | | 0.65 | 3.64 | 4.73 |
| 热　力 | （万千焦） | Heat | (kilo-joule) | 1.55 | | 10.58 | 21.35 | 11.17 |
| 电　力 | （千瓦小时） | Electricity | (kwh) | 55.30 | 87.34 | 145.29 | 246.70 | 294.04 |

注：按年平均人口数计算。
a) Data in the table are calculated with the data on the annual average population.

## 6—9 主要年份能源消耗指标
Energy Consumption Indices Main Year

| 年 份 Year | 单位地区生产总值能耗(等价值) Unit GDP Energy Consumption (Equal Values) | | 单位工业增加值能耗(规模以上，当量值) Unit GDP Energy Consumption (Above Scale, Equivalent Value ) | | 单位地区生产总值电耗 Unit GDP Electricity Consumption | |
|---|---|---|---|---|---|---|
| | 指标值(吨标准煤/万元) Indices (standard coal ton /10000Yuan) | 上升或下降(±%) Up or Down | 指标值(吨标准煤/万元) Indices (standard coal ton /10000Yuan) | 上升或下降(±%) Up or Down | 指标值(千瓦小时/万元) Indices (kilowatt-hour/10000 yuan) | 上升或下降(±%) Up or Down |
| 2005 | 1.22 | | 3.13 | | 1088.11 | |
| 2006 | 1.17 | -3.44 | 2.86 | -6.96 | 1099.86 | 1.08 |
| 2007 | 1.13 | -4.11 | 2.63 | -8.61 | 1118.33 | 1.68 |
| 2008 | 1.08 | -4.52 | 2.34 | -9.92 | 1109.06 | -0.83 |
| 2009 | 1.02 | -5.39 | 2.10 | -11.13 | 1088.76 | -1.83 |
| 2010 | 0.97 | -4.78 | 1.82 | -12.94 | 1075.99 | -1.17 |

注：计算单位地区生产总值能耗降低率时，两年单位地区生产总值能耗保留4位小数。（下同）

a) As caculating the lower rate of unit GDP energy consumption , it's been retained four decimal every two years.

## 6—10 各市能源消耗指标（2009年）
Energy Consumption Indices by Region (2009)

| 地 区 | Region | 单位地区生产总值能耗(等价值) Unit GDP Energy Consumption (Equal Values) | | 单位工业增加值能耗(规模以上，当量值) Unit GDP Energy Consumption (Above Scale, Equivalent Value ) | | 单位地区生产总值电耗 Unit GDP Electricity Consumption | |
|---|---|---|---|---|---|---|---|
| | | 指标值(吨标准煤/万元) Indices (standard coal ton /10000Yuan) | 上升或下降(±%) Up or Down | 指标值(吨标准煤/万元) Indices (standard coal ton /10000Yuan) | 上升或下降(±%) Up or Down | 指标值(千瓦小时/万元) Indices (kilowatt-hour/10000 yuan) | 上升或下降(±%) Up or Down |
| 合 肥 市 | Hefei | 0.81 | -5.93 | 0.64 | -11.76 | 589.14 | -4.68 |
| 淮 北 市 | Huaibei | 1.51 | -4.59 | 2.10 | -16.07 | 1147.47 | 0.63 |
| 亳 州 市 | Bozhou | 0.87 | -4.72 | 1.22 | -19.42 | 637.36 | 1.57 |
| 宿 州 市 | Suzhou | 1.05 | -5.08 | 2.30 | -15.81 | 709.33 | 1.98 |
| 蚌 埠 市 | Bengbu | 0.91 | -5.68 | 2.00 | 33.57 | 780.11 | 0.36 |
| 阜 阳 市 | Fuyang | 1.32 | -5.52 | 2.25 | -17.70 | 997.02 | 8.13 |
| 淮 南 市 | Huainan | 1.29 | -5.02 | 4.67 | -14.94 | 1282.01 | -3.49 |
| 滁 州 市 | Chuzhou | 0.92 | -5.19 | 1.14 | -13.00 | 1061.87 | -7.00 |
| 六 安 市 | Luan | 1.00 | -7.84 | 0.95 | -25.00 | 740.32 | -9.44 |
| 马鞍山市 | Maanshan | 2.18 | -5.81 | 3.15 | -9.75 | 1703.04 | -10.41 |
| 巢 湖 市 | Chaohu | 1.17 | -5.08 | 2.30 | 15.94 | 1027.93 | 3.30 |
| 芜 湖 市 | Wuhu | 1.01 | -5.73 | 1.46 | -9.30 | 959.06 | -4.63 |
| 宣 城 市 | Xuancheng | 1.18 | -5.02 | 1.96 | 4.80 | 1394.29 | -3.25 |
| 铜 陵 市 | Tongling | 1.53 | -4.98 | 2.57 | 1.34 | 1576.05 | -2.12 |
| 池 州 市 | Chizhou | 1.50 | -5.11 | 4.24 | -12.32 | 1030.89 | -4.15 |
| 安 庆 市 | Anqing | 1.14 | -4.52 | 1.77 | -9.20 | 871.05 | -3.57 |
| 黄 山 市 | Huangshan | 0.55 | -4.36 | 0.42 | -10.79 | 568.70 | -0.65 |

## 6—11 全社会用电情况
Electricity Used in Whole Society

单位：亿千瓦时 (100 million kwh)

| 类　别 | Types | 2005 | 2009 | 2010 |
|---|---|---|---|---|
| **全社会用电量总计** | **Total of Electricity Used in Whole Society** | **581.65** | **952.31** | **1077.92** |
| 全行业用电量合计 | Total of Electricity Used in Whole Trade | 491.95 | 801.00 | 903.94 |
| 第一产业 | Primary Industry | 11.75 | 11.28 | 11.91 |
| 第二产业 | Secondary Industry | 435.86 | 703.71 | 791.93 |
| 第三产业 | Tertiary Industry | 44.34 | 86.01 | 100.10 |
| 城乡居民生活用电量合计 | Electricity Used for Life | 89.70 | 151.31 | 173.98 |
| 城镇居民 | Urban | 47.97 | 77.70 | 89.50 |
| 乡村居民 | Rural | 41.73 | 73.61 | 84.48 |
| 分行业用电 | Grouped by Trade | | | |
| 农、林、牧、渔业 | Farming, Forestry,Animal Husbandry and Fishery | 11.75 | 11.25 | 11.91 |
| 工　业 | Industry | 430.98 | 693.05 | 777.18 |
| #轻工业 | Light Industry | 68.65 | 93.70 | 108.54 |
| 重工业 | Heavy Industry | 362.32 | 599.35 | 668.64 |
| #采矿业 | Mining and Quarrying | 45.97 | 74.26 | 79.45 |
| 制造业 | Manufacturing | 290.86 | 450.84 | 509.39 |
| 电力、燃气及水的生产和供应业 | Production and Supply of Electricity Gas and Water | 94.14 | 167.95 | 188.34 |
| 建筑业 | Construction | 4.9 | 10.7 | 14.7 |
| 交通运输、仓储和邮政业 | Transport, Storage and Postal Services | 5.0 | 12.2 | 14.6 |
| 信息传输、计算机服务和软件业 | Information Circulation, Computer Services and Software | 2.6 | 5.3 | 6.4 |
| 商业和住宿、餐饮业 | Commercial、Accommodation and Catering Trade | 12.6 | 28.4 | 35.0 |
| 金融、房地产、商务及居民服务业 | Finance、Real Estate、Business Affair & Resident Service | 8.2 | 13.9 | 14.5 |
| 公共事业及管理组织 | Public Service & Management Organization | 16.0 | 26.2 | 29.7 |

## 6—12 电力建设情况
Electric Power Construction Situation

| 类　别 | | Types | | 2005 | 2009 | 2010 |
|---|---|---|---|---|---|---|
| **发电量** | **（亿千瓦时）** | **Electric Power Generated** | **(100 million kwh)** | **648.38** | **1328.58** | **1463.31** |
| **线损率** | **（%）** | **Electricity Loss Rate on Lines** | **(%)** | **6.09** | **5.99** | **5.85** |
| **年末发电设备容量** | **（万千瓦）** | **Power Generating Equipment Capacity (year-end)** | **(10000 kw)** | **1217.30** | **2841.07** | **2933.00** |
| **架空线长度** | **（公里）** | **Length of Overhead Lines** | **(km)** | **32432.51** | **44663.00** | **49017.00** |
| 500KV | | 500KV | | 1857.92 | 4635.00 | 5115.00 |
| 220KV | | 220KV | | 6212.53 | 9012.00 | 10511.00 |
| 110KV | | 110KV | | 8143.99 | 11623.00 | 12538.00 |
| 35KV | | 35KV | | 16218.07 | 19393.00 | 20467.00 |
| **电缆长度** | **（公里）** | **Length of Cable** | **(km)** | **101.54** | **257.00** | **376.00** |
| 110KV | | 110KV | | 63.41 | 157.00 | 157.00 |
| 35KV | | 35KV | | 38.13 | 100.00 | 124.00 |
| **公用变电容量** | **（万千伏安）** | **Public Transformer Capacity** | **(10000 kva)** | **3948.13** | **7293.96** | **8752.00** |
| 500KV | | 500KV | | 510.30 | 1210.00 | 1760.00 |
| 220KV | | 220KV | | 1452.00 | 2835.00 | 3366.00 |
| 110KV | | 110KV | | 1419.80 | 2424.43 | 2712.00 |
| 35KV | | 35KV | | 566.10 | 824.54 | 914.00 |
| **用电最高负荷** | **（万千瓦）** | **Transport, Storage and Postal Services** | **(10000 kw)** | **1010.00** | **1596.00** | **1871.00** |

## 6—13 主要年份工业企业主要能源品种消费量
Major of Energy Consumption Species of Industrial Enterprises in Main Year

| 指　标 | Item | 2000 | 2005 | 2006 | 2009 | 2010 |
|---|---|---|---|---|---|---|
| 原　煤　（万吨） | Coal　(10000 tons) | 3378.49 | 7121.30 | 7769.88 | 12447.77 | 13521.91 |
| 洗精煤　（万吨） | Washed and Refined Coal　(10000 tons) | 399.60 | 643.14 | 686.52 | 1174.24 | 1257.91 |
| 其他洗煤　（万吨） | Other Washed Coal　(10000 tons) | | 105.49 | 71.31 | 94.99 | 171.72 |
| 焦　炭　（万吨） | Coke　(10000 tons) | 251.52 | 537.63 | 623.68 | 844.96 | 900.88 |
| 原　油　（万吨） | Crude Oil　(10000 tons) | 344.17 | 414.49 | 445.40 | 454.13 | 477.57 |
| 汽　油　（万吨） | Gasoline　(10000 tons) | 4.02 | 4.98 | 7.00 | 6.43 | 7.48 |
| 煤　油　（万吨） | Kerosene　(10000 tons) | | 0.44 | 0.46 | 0.82 | 0.61 |
| 柴　油　（万吨） | Diesel Oil　(10000 tons) | 11.00 | 21.22 | 22.98 | 29.03 | 33.26 |
| 燃料油　（万吨） | Fuel Oil　(10000 tons) | 18.65 | 19.82 | 15.99 | 10.48 | 9.53 |
| 热　力　（万百万千焦） | Heat　(10 billion kilo-joule) | | 5381.30 | 5157.25 | 8786.18 | 5840.68 |

## 6—14 成品油批发和零售企业能源商品购进、销售与库存（2010年）
Energy Products Trade and Inventory of Refined Oil Wholesale and Retail Businesses (2010)

单位：吨　(ton)

| 指　标 | Item | 汽 油 Gasoline | 柴 油 Diesel Oil | 煤 油 Kerosene | 燃料油 Fual Oil | 润滑油 Lubricating oil |
|---|---|---|---|---|---|---|
| **批发企业** | **Wholesale Business** | | | | | |
| 年初库存量 | Inventory At the Beginning of the Year | 40357 | 135733 | 71 | 438 | 3174 |
| 累计购进量 | Total Purchase | 2280925 | 4737240 | 291 | 243230 | 20319 |
| #购自省外 | Purchased from Outside the Province | 579180 | 1801216 | | 209455 | 4693 |
| 累计销售量 | Total Sales | 1919451 | 5257865 | 307 | 243190 | 19697 |
| #销往省外 | Sale to Outside the Province | 9077 | 56753 | | 151334 | 105 |
| 售予省内批发和零售企业 | Sales to Wholesale and Retail Business | 1330049 | 3292769 | 307 | 58578 | 13402 |
| 期末库存量 | Inventories at the end of Period | 48737 | 134049 | 214 | 248 | 2818 |
| **零售企业** | **Retail Business** | | | | | |
| 年初库存量 | Inventory At the Beginning of the Year | 43193 | 60515 | 70 | 178 | 2516 |
| 累计销售量 | Total Sales | 1815995 | 3041558 | 173 | 5676 | 12777 |
| #本季销售量 | Sales During the Period | 455038 | 789109 | 36 | 2002 | 2730 |
| 年末库存量 | Inventories at the end of the Year | 41038 | 62014 | 73 | 169 | 1700 |

# 6—15 分行业全社会工业用电量
Industrial Electricity Consumption by Sector

单位：亿千瓦时 (100 million kwh)

| 行　业 | Sector | 1995 | 2000 | 2005 | 2009 | 2010 |
|---|---|---|---|---|---|---|
| **消费总量** | **Total Consumption** | **190.69** | **238.26** | **430.98** | **693.05** | **777.18** |
| 煤炭开采和洗选业 | Coal Mining and Dressing | 20.20 | 21.14 | 37.09 | 54.50 | 55.81 |
| 黑色金属矿采选业 | Mining and Dressing of Ferrous Metals | 3.03 | 3.69 | 5.74 | 11.60 | 13.63 |
| 有色金属矿采选业 | Mining and Dressing of Nonferrous Metals | 3.81 | 4.52 | 1.09 | 3.64 | 4.23 |
| 非金属矿采选业 | Mining and Dressing of Nonmetal Minerals | 2.51 | 2.45 | 2.05 | 4.51 | 5.78 |
| 其他矿采选业 | Other Minerals Mining and Dressing |  | 0.06 |  |  |  |
| 农副食品加工业 | Agricultural and Non-staple Food Processing Industry | 3.60 | 2.33 | 4.34 | 9.49 | 14.78 |
| 食品制造业 | Food Production | 0.80 | 1.67 | 4.52 | 7.39 | 3.56 |
| 饮料制造业 | Beverage Manufacturing | 2.47 | 1.55 | 2.72 | 2.65 | 3.75 |
| 烟草加工业 | Tobacco Processing | 0.75 | 1.25 | 1.55 | 0.80 | 1.01 |
| 纺织业 | Textiles | 9.96 | 10.90 | 15.28 | 14.81 | 17.07 |
| 纺织服装鞋帽制造业 | Textile Dress, Footwear and Headgear | 0.54 | 0.20 | 1.39 | 2.09 | 2.97 |
| 皮革毛皮羽绒及其制品业 | Leather, Furs, Down and Related Products | 0.20 | 0.16 | 0.49 | 1.00 | 1.15 |
| 木材加工及竹藤棕草制品业 | Timber Processing, Bamboo, Cane, Palm Fiber and Straw Products | 0.53 | 0.55 | 3.90 | 8.31 | 9.61 |
| 家具制造业 | Furniture Manufacturing | 0.14 | 0.02 | 0.11 | 0.47 | 0.67 |
| 造纸及纸制品业 | Papermaking and Paper Products | 4.53 | 3.45 | 0.10 | 7.96 | 9.43 |
| 印刷业、记录媒介的复制 | Printing and Record Medium Reproduction | 0.30 | 1.80 | 1.29 | 2.09 | 2.75 |
| 文教体育用品制造业 | Cultural, Educational and Sports Goods | 0.11 | 0.12 | 0.49 | 1.07 | 1.40 |
| 石油加工、炼焦及核燃料加工业 | Petroleum Processing, Coking and Nuclear Fuel Processing | 2.09 | 2.63 | 2.11 | 2.57 | 3.38 |
| 化学原料及制品制造业 | Raw Chemical Materials and Chemical Products | 35.89 | 43.61 | 65.13 | 76.24 | 77.33 |
| 医药制造业 | Medical and Pharmaceutical Products | 2.33 | 1.35 | 3.96 | 4.84 | 5.33 |
| 化学纤维制造业 | Chemical Fiber | 2.65 | 3.83 | 7.41 | 7.12 | 7.01 |
| 橡胶制品业 | Rubber Products | 0.97 | 0.59 | 2.38 | 3.45 | 4.70 |
| 塑料制品业 | Plastic Products | 1.72 | 1.92 | 5.84 | 9.92 | 10.69 |
| 非金属矿物制品业 | Nonmetal Mineral Products | 16.21 | 19.45 | 59.89 | 106.64 | 114.84 |
| 黑色金属冶炼及压延加工业 | Smelting and Pressing of Ferrous Metals | 25.17 | 26.95 | 66.74 | 112.18 | 126.24 |
| 有色金属冶炼及压延加工业 | Smelting and Pressing of Nonferrous Metals | 5.67 | 7.74 | 9.67 | 14.31 | 16.61 |
| 金属制品业 | Metal Products | 3.45 | 3.12 | 7.37 | 13.99 | 22.05 |
| 普通机械制造业 | Ordinary Machinery | 2.84 | 5.72 | 5.04 | 9.90 | 12.42 |
| 专用设备制造业 | Equipment for Special Purposes | 1.98 | 0.72 | 1.77 | 2.24 | 2.82 |
| 交通运输设备制造业 | Transport Equipment | 2.36 | 1.69 | 6.32 | 9.87 | 12.49 |
| 电气机械及器材制造业 | Electric Equipment and Machinery | 2.48 | 0.90 | 5.65 | 11.48 | 15.35 |
| 通信设备、计算机及其他电子设备制造业 | Telecommunication Equipments, Computer and Related Electronic Equipments | 0.52 | 0.60 | 1.77 | 2.15 | 3.47 |
| 仪器仪表及文化办公用机械制造业 | Instruments, Meters, Cultural and Office Machinery | 0.14 | 0.10 | 0.23 | 0.30 | 0.36 |
| 工艺品及其他制造业 | Handiwork and Other Manufacturing | 5.06 | 5.47 | 2.89 | 4.68 | 5.25 |
| 废弃资源和废旧材料回收加工业 | Recovery and Processing of Discarded Resources and Waste Materials |  |  | 0.51 | 0.80 | 0.90 |
| 电力、热力的生产和供应业 | Production and Supply of Electric Power and Heating Power | 22.18 | 52.10 | 88.61 | 160.41 | 179.61 |
| 煤气的生产和供应业 | Production and Supply of Gas | 0.02 | 0.06 | 0.64 | 1.03 | 1.20 |
| 自来水的生产和供应业 | Production and Supply of Tap Water | 3.39 | 3.66 | 4.90 | 6.51 | 7.53 |

## 6—16 分行业工业用水情况(2010年)
### Industrial Water Situation by Industry (2010)

单位：万立方米 (10000 $M^3$)

| 行业 | Sector | 工业取水总量 Industrial Water Got Total Amount of Industrial Water Got | 地表水 Surface | 地下水 Ground | 自来水 Tap | 其他水 Other | 重复用水数量 Repeat of Water Consumption |
|---|---|---|---|---|---|---|---|
| **消费总量** | **Total Consumption** | **427642.8** | **361064.9** | **28353.0** | **31837.3** | **6387.6** | **796474.8** |
| 煤炭开采和洗选业 | Coal Mining and Dressing | 9414.0 | 1259.5 | 6752.5 | 1323.7 | 78.3 | 9710.8 |
| 黑色金属矿采选业 | Mining and Dressing of Ferrous Metals | 3932.3 | 3442.6 | 250.9 | 221.0 | 17.8 | 28708.2 |
| 有色金属矿采选业 | Mining and Dressing of Nonferrous Metals | 426.3 | 169.6 | 222.4 | 33.3 | 1.0 | 189.7 |
| 非金属矿采选业 | Mining and Dressing of Nonmetal Minerals | 883.6 | 730.1 | 118.2 | 22.9 | 12.4 | 34.4 |
| 农副食品加工业 | Agricultural and Non-staple Food Processing Industry | 1799.7 | 154.2 | 657.7 | 982.9 | 4.9 | 74.1 |
| 食品制造业 | Food Production | 1914.2 | 79.4 | 306.9 | 1329.6 | 198.4 | 9.3 |
| 饮料制造业 | Beverage Manufacturing | 2220.8 | 230.9 | 1029.8 | 959.2 | 0.9 | 261.4 |
| 烟草加工业 | Tobacco Processing | 227.4 | 16.0 | 11.6 | 199.8 | | |
| 纺织业 | Textiles | 2684.1 | 404.8 | 493.6 | 1737.0 | 48.7 | 2473.3 |
| 纺织服装鞋帽制造业 | Textile Dress, Footwear and Headgear | 529.8 | 11.4 | 23.2 | 493.8 | 1.4 | 0.5 |
| 皮革毛皮羽绒及其制品业 | Leather, Furs, Down and Related Products | 1021.4 | 444.7 | 104.1 | 472.6 | 0.0 | 57.4 |
| 木材加工及竹藤棕草制品业 | Timber Processing, Bamboo, Cane, Palm Fiber and Straw Products | 391.5 | 56.3 | 83.1 | 251.9 | 0.1 | 14.4 |
| 家具制造业 | Furniture Manufacturing | 67.8 | 2.5 | 10.7 | 54.4 | 0.2 | 0.4 |
| 造纸及纸制品业 | Papermaking and Paper Products | 3118.9 | 2288.8 | 425.5 | 371.5 | 33.1 | 3101.2 |
| 印刷业、记录媒介的复制 | Printing and Record Medium Reproduction | 180.5 | 1.6 | 7.4 | 171.6 | 0.0 | 104.4 |
| 文教体育用品制造业 | Cultural, Educational and Sports Goods | 98.3 | 5.0 | 14.9 | 78.3 | 0.1 | 0.1 |
| 石油加工、炼焦及核燃料加工业 | Petroleum Processing, Coking and Nuclear Fuel Processing | 1759.4 | 0.1 | 90.0 | 1645.9 | 23.4 | 58479.3 |
| 化学原料及制品制造业 | Raw Chemical Materials and Chemical Products | 12495.9 | 7909.0 | 1568.2 | 2849.4 | 169.3 | 136349.0 |
| 医药制造业 | Medical and Pharmaceutical Products | 2132.6 | 450.4 | 628.7 | 1037.3 | 16.2 | 507.1 |
| 化学纤维制造业 | Chemical Fiber | 1220.7 | 769.7 | 242.3 | 208.7 | | 44139.2 |
| 橡胶制品业 | Rubber Products | 632.0 | 133.9 | 71.6 | 424.6 | 2.0 | 5075.3 |
| 塑料制品业 | Plastic Products | 931.6 | 48.7 | 76.0 | 805.0 | 1.9 | 134.2 |
| 非金属矿物制品业 | Nonmetal Mineral Products | 7011.6 | 4639.1 | 744.0 | 1561.8 | 66.7 | 3869.8 |
| 黑色金属冶炼及压延加工业 | Smelting and Pressing of Ferrous Metals | 17039.7 | 12785.4 | 86.1 | 980.6 | 3187.6 | 275017.8 |
| 有色金属冶炼及压延加工业 | Smelting and Pressing of Nonferrous Metals | 6272.4 | 430.9 | 1761.0 | 4080.3 | 0.2 | 28632.8 |
| 金属制品业 | Metal Products | 658.0 | 9.4 | 53.2 | 593.9 | 1.4 | 12.1 |
| 普通机械制造业 | Ordinary Machinery | 1820.6 | 120.7 | 369.4 | 1319.2 | 11.3 | 472.6 |
| 通用设备制造业 | General Purpose Equipment Manufacturing Industry | 522.1 | 5.8 | 40.3 | 475.7 | 0.4 | 97.7 |
| 交通运输设备制造业 | Transport Equipment | 2307.4 | 111.7 | 47.9 | 2066.2 | 81.6 | 4730.3 |
| 电气机械及器材制造业 | Electric Equipment and Machinery | 1886.6 | 31.2 | 78.0 | 1776.1 | 1.3 | 320.7 |
| 通信设备、计算机及其他电子设备制造业 | Telecommunication Equipments, Computer and Related Electronic Equipments | 610.6 | 1.9 | 22.8 | 585.8 | 0.2 | 171.9 |
| 仪器仪表及文化办公用机械制造业 | Instruments, Meters, Cultural and Office Machinery | 46.6 | 0.1 | 0.3 | 46.2 | 0.0 | 0.2 |
| 工艺品及其他制造业 | Handiwork and Other Manufacturing | 196.3 | 6.1 | 96.4 | 93.4 | 0.4 | 7.4 |
| 废弃资源和废旧材料回收加工业 | Recovery and Processing of Discarded Resources and Waste Materials | 47.7 | 11.2 | 16.3 | 15.5 | 4.8 | 8.0 |
| 电力、热力的生产和供应业 | Production and Supply of Electric Power and Heating Power | 190330.8 | 187293.0 | 2399.2 | 638.6 | 0.1 | 193709.8 |
| 煤气的生产和供应业 | Production and Supply of Gas | 55.0 | | 0.1 | 54.9 | | |
| 自来水的生产和供应业 | Production and Supply of Tap Water | 150754.5 | 137009.3 | 9448.8 | 1874.9 | 2421.5 | |

# 6—17 分行业工业企业主要能源品种消费量（2010年）

| 行　业 | Sector | 原　煤<br>(吨)<br>Raw Coal<br>(ton) |
|---|---|---|
| **消 费 总 量** | **Total Consumption** | **135219052** |
| 煤炭开采和洗选业 | Coal Mining and Dressing | 39862501 |
| 黑色金属矿采选业 | Mining and Dressing of Ferrous Metals | 127728 |
| 有色金属矿采选业 | Mining and Dressing of Nonferrous Metals | 2982 |
| 非金属矿采选业 | Mining and Dressing of Nonmetal Minerals | 435075 |
| 农副食品加工业 | Agricultural and Non-staple Food Processing Industry | 333348 |
| 食品制造业 | Food Production | 187064 |
| 饮料制造业 | Beverage Manufacturing | 305992 |
| 烟草加工业 | Tobacco Processing | 14187 |
| 纺织业 | Textiles | 217347 |
| 纺织服装、鞋、帽制造业 | Textile Dress, Footwear and Headgear | 44620 |
| 皮革、毛皮、羽毛（绒）及其制品业 | Leather, Furs, Down and Related Products | 36056 |
| 木材加工及竹、藤、棕、草制品业 | Timber Processing, Bamboo, Cane, Palm Fiber and Straw Products | 104013 |
| 家具制造业 | Furniture Manufacturing | 73 |
| 造纸及纸制品业 | Papermaking and Paper Products | 1167785 |
| 印刷业、记录媒介的复制 | Printing and Record Medium Reproduction | 26755 |
| 文教体育用品制造业 | Cultural, Educational and Sports Goods | 11728 |
| 石油加工、炼焦及核燃料加工业 | Petroleum Processing, Coking and Nuclear Fuel Processing | 380351 |
| 化学原料及化学制品制造业 | Raw Chemical Materials and Chemical Products | 7513138 |
| 医药制造业 | Medical and Pharmaceutical Products | 240223 |
| 化学纤维制造业 | Chemical Fiber | 754589 |
| 橡胶制品业 | Rubber Products | 162667 |
| 塑料制品业 | Plastic Products | 102983 |
| 非金属矿物制品业 | Nonmetal Mineral Products | 16545665 |
| 黑色金属冶炼及压延加工业 | Smelting and Pressing of Ferrous Metals | 3832146 |
| 有色金属冶炼及压延加工业 | Smelting and Pressing of Nonferrous Metals | 148536 |
| 金属制品业 | Metal Products | 55900 |
| 通用设备制造业 | Equipment in Current Use | 282593 |
| 专用设备制造业 | Equipment in Special Use | 14654 |
| 交通运输设备制造业 | Transport Equipment | 195437 |
| 电气机械及器材制造业 | Electric Equipment and Machinery | 52417 |
| 通讯设备、计算机及其他电子设备制造业 | Telecommunication Equipments, Computer and Related Electronic Equipments | 3772 |
| 仪器仪表及文化、办公用机械制造业 | Instruments, Meters, Cultural and Office Machinery | 109 |
| 工艺品及其他制造业 | Handiwork and Other Manufacturing | 138859 |
| 废弃资源和废旧材料回收加工业 | Recovery and Processing of Discarded Resources and Waste Materials | 112925 |
| 电力、热力的生产和供应业 | Production and Supply of Electric Power and Heating Power | 61802601 |
| 燃气的生产和供应业 | Production and Supply of Gas | 1500 |
| 水的生产和供应业 | Production and Supply of Tap Water | 735 |

Consumption of Main Energy Varieties by Sector (2010)

| 洗精煤<br>(吨)<br>Washed and Refined Coal<br>(ton) | 其他洗煤<br>(吨)<br>Other Washed Coal<br>(ton) | 煤制品<br>(吨)<br>Coal Product<br>(ton) | 焦炭<br>(吨)<br>Coke<br>(ton) | 焦炉煤气<br>(万立方米)<br>Coke Oven Coal Gas<br>(10000 cu.m) | 原油<br>(吨)<br>Crude Oil<br>(ton) |
|---:|---:|---:|---:|---:|---:|
| **12579106** | **1717175** | **93681** | **9008838** | **249845** | **4775725** |
| 2564045 | 1304698 | | | | |
| 100 | | | | | |
| | | | | | |
| | | 46 | | | |
| | 6734 | 1507 | 684 | | 2 |
| 327 | 4769 | 32 | 178 | | |
| | | | 100 | | |
| | | | | | |
| | | | 57 | | |
| | 24 | 574 | | | |
| 743 | | | 120 | | |
| | | 280 | 30 | | |
| | | | 186 | | 21 |
| | | 1759 | | | |
| | | 35 | | | 75 |
| | | | 3401 | | |
| 1250205 | | | | 2720 | 4775282 |
| 473912 | 175139 | 34380 | 29044 | 9 | 236 |
| 674 | | | 1248 | | |
| | | | 695 | | |
| | | | | | |
| | | | 166 | | |
| 2228 | 11141 | 27828 | 9618 | 495 | 32 |
| 8277936 | | 22070 | 8646538 | 242419 | |
| 4029 | | | 45622 | 3910 | |
| 463 | 1103 | 10 | 19110 | | 38 |
| 2225 | | 4466 | 230619 | 8 | 30 |
| 500 | 115 | 43 | 1243 | | 9 |
| 1388 | | 560 | 15735 | | |
| 178 | | 6 | 4148 | | |
| 155 | | 6 | | | |
| | | | 80 | | |
| | | 78 | 1 | | |
| | | | | | |
| | 213453 | | 215 | 51 | |
| | | | | 232 | |

## 6—17 续表 continued

| 行业 | Sector | 汽油（吨）Gasoline (ton) |
|---|---|---|
| **消费总量** | **Total Consumption** | **74816** |
| 煤炭开采和洗选业 | Coal Mining and Dressing | 5042 |
| 黑色金属矿采选业 | Mining and Dressing of Ferrous Metals | 554 |
| 有色金属矿采选业 | Mining and Dressing of Nonferrous Metals | 290 |
| 非金属矿采选业 | Mining and Dressing of Nonmetal Minerals | 301 |
| 农副食品加工业 | Agricultural and Non-staple Food Processing Industry | 4988 |
| 食品制造业 | Food Production | 741 |
| 饮料制造业 | Beverage Manufacturing | 678 |
| 烟草加工业 | Tobacco Processing | 608 |
| 纺织业 | Textiles | 1410 |
| 纺织服装、鞋、帽制造业 | Textile Dress, Footwear and Headgear | 864 |
| 皮革、毛皮、羽毛（绒）及其制品业 | Leather, Furs, Down and Related Products | 893 |
| 木材加工及竹、藤、棕、草制品业 | Timber Processing, Bamboo, Cane, Palm Fiber and Straw Products | 446 |
| 家具制造业 | Furniture Manufacturing | 805 |
| 造纸及纸制品业 | Papermaking and Paper Products | 1164 |
| 印刷业、记录媒介的复制 | Printing and Record Medium Reproduction | 1597 |
| 文教体育用品制造业 | Cultural, Educational and Sports Goods | 727 |
| 石油加工、炼焦及核燃料加工业 | Petroleum Processing, Coking and Nuclear Fuel Processing | 93 |
| 化学原料及化学制品制造业 | Raw Chemical Materials and Chemical Products | 5793 |
| 医药制造业 | Medical and Pharmaceutical Products | 866 |
| 化学纤维制造业 | Chemical Fiber | 29 |
| 橡胶制品业 | Rubber Products | 2847 |
| 塑料制品业 | Plastic Products | 2428 |
| 非金属矿物制品业 | Nonmetal Mineral Products | 4876 |
| 黑色金属冶炼及压延加工业 | Smelting and Pressing of Ferrous Metals | 1129 |
| 有色金属冶炼及压延加工业 | Smelting and Pressing of Nonferrous Metals | 852 |
| 金属制品业 | Metal Products | 3290 |
| 通用设备制造业 | Equipment in Current Use | 7879 |
| 专用设备制造业 | Equipment in Special Use | 3339 |
| 交通运输设备制造业 | Transport Equipment | 7962 |
| 电气机械及器材制造业 | Electric Equipment and Machinery | 5257 |
| 通讯设备、计算机及其他电子设备制造业 | Telecommunication Equipments, Computer and Related Electronic Equipments | 1399 |
| 仪器仪表及文化、办公用机械制造业 | Instruments, Meters, Cultural and Office Machinery | 435 |
| 工艺品及其他制造业 | Handiwork and Other Manufacturing | 262 |
| 废弃资源和废旧材料回收加工业 | Recovery and Processing of Discarded Resources and Waste Materials | 274 |
| 电力、热力的生产和供应业 | Production and Supply of Electric Power and Heating Power | 3949 |
| 燃气的生产和供应业 | Production and Supply of Gas | 254 |
| 水的生产和供应业 | Production and Supply of Tap Water | 496 |

| 煤　油<br>(吨)<br>Kerosene<br>(ton) | 柴　油<br>(吨)<br>Diesel Oil<br>(ton) | 液化石油气<br>(吨)<br>Liquefied Petroleum Gas<br>(ton) | 天然气（气态）<br>(万立方米)<br>Natural Gas (Gaseous)<br>(10000 cu.m) | 热　力<br>(百万千焦)<br>Heat<br>(10 billion kilo-joule) | 电　力<br>(万千瓦时)<br>Electric Power<br>(10000 watt hour) | 其他能源<br>(吨标准煤)<br>Others Energy Source<br>(tons of SCE) |
|---|---|---|---|---|---|---|
| **6150** | **332648** | **26601** | **54899** | **58406828** | **7709812** | **197761** |
| 55 | 25754 | | | | 525750 | |
| | 25104 | | | | 126954 | |
| | 1716 | | 50 | | 40982 | |
| | 22479 | | 1 | 4199039 | 53425 | |
| 96 | 3611 | 47 | 516 | 365224 | 188054 | 23509 |
| 5 | 1546 | 806 | 1776 | 819114 | 49091 | 2281 |
| | 856 | 17 | 505 | 1616981 | 45566 | 1179 |
| | 578 | | 921 | 368779 | 12881 | |
| 33 | 1507 | 1665 | 147 | 1551864 | 216277 | 12969 |
| 6 | 839 | 639 | 157 | 41360 | 35359 | 104 |
| | 140 | 15 | | 7500 | 12599 | 1258 |
| 6 | 2342 | | 20 | | 92848 | 10078 |
| | 448 | 2 | 7 | | 7523 | 57 |
| 51 | 2064 | 193 | 188 | 5695106 | 135943 | 2138 |
| 9 | 652 | | 11 | 36373 | 23669 | 83 |
| 18 | 541 | 1 | 3 | | 6357 | 1 |
| | 1713 | 17 | 3 | 11770559 | 65257 | |
| 2651 | 11269 | 190 | 7815 | 16190703 | 891763 | 6053 |
| 179 | 887 | 17 | 601 | 1011499 | 60279 | |
| | 52 | | | 28007 | 48863 | |
| 107 | 1939 | | 12 | 2296381 | 57417 | |
| 167 | 3254 | 469 | 514 | 272586 | 152027 | 1310 |
| 226 | 121962 | 1924 | 17766 | 25300 | 1075066 | 12994 |
| | 16967 | | 6195 | 8054900 | 1221306 | 4100 |
| 33 | 11414 | 4 | 6702 | 104565 | 275033 | |
| 97 | 8798 | 1075 | 374 | 33681 | 79562 | 180 |
| 810 | 14291 | 744 | 1425 | 14447 | 273432 | 1200 |
| 9 | 6401 | 168 | 679 | 46269 | 59365 | |
| 1510 | 21984 | 321 | 4064 | 1262723 | 176050 | 12 |
| 39 | 8213 | 6123 | 1387 | 1238552 | 215703 | 10066 |
| 12 | 2337 | 12 | 363 | 13418 | 56602 | |
| 20 | 294 | 2 | | | 5927 | |
| 11 | 314 | 56 | | | 10209 | |
| | 947 | | | | 7314 | |
| | 8612 | | 12 | 1341899 | 1347808 | 108189 |
| | 497 | 12094 | 2686 | | 7850 | |
| | 328 | | | | 49699 | |

# 6—18 规模以上工业企业能源购进、消费及库存（2010年）

Buys, Consumes and Stock of the Energy of Above Designated Size Industrial Enterprises (2010)

| 能源名称 | Energy Item | 购进量 Purchasing Amount 实物量 Real Amount | 购进量 金额（万元）Amount (10000 yuan) | 消费量 Consumption Amount 工业生产消费 Consumption of Industrial Production | #用于原材料 Used in the Raw Materials | 非工业生产消费 Used in non-consumption of Industrial Production | 年末库存量 Volume of Stock of the end of the Year |
|---|---|---|---|---|---|---|---|
| 原　煤　（吨） | Raw Coal (ton) | 96673538 | 6057300.2 | 134930370 | 4115031 | 288682 | 2965133 |
| #无烟煤 | Anthracite | 669724 | 77967.3 | 1467564 | 38860 | 11194 | 66948 |
| 炼焦烟煤 | Byerlyte | 112354 | 9539.7 | 1487136 | | 150 | 9826 |
| 一般烟煤 | Generally Bituminous Coal | 92680064 | 5763785.7 | 128856995 | 4076171 | 276047 | 2785050 |
| 褐　煤 | Lignite | 3204631 | 205613.3 | 3118675 | | 1290 | 101311 |
| 洗精煤　（吨） | Washed and Refined Coal (ton) | 10395478 | 1234333.4 | 12573679 | 378151 | 5427 | 320194 |
| 其他洗煤　（吨） | Other Washed Coal (ton) | 422806 | 27207.6 | 1717148 | 3 | 28 | 23555 |
| 煤制品　（吨） | Coal Product (ton) | 91810 | 8878.4 | 92307 | 9156 | 1374 | 7883 |
| 焦　炭　（吨） | Coke (ton) | 4228405 | 658610.8 | 9008644 | 5131 | 194 | 138769 |
| 其他焦化产品　（吨） | Other Coking Products (ton) | 139809 | 42305.3 | 142025 | 137576 | | 10475 |
| 焦炉煤气　（万立方米） | Coke Oven Coal Gas (10000 cu.m) | 4705 | 2840.8 | 227060 | | 22785 | |
| 高炉煤气　（万立方米） | Blast Furnace Gas (10000 cu.m) | 9077 | 853.8 | 2737805 | | 26042 | |
| 转炉煤气　（万立方米） | Converter Coal Gas (10000 cu.m) | 45 | 1.5 | 10902 | | | |
| 发生炉煤气（万立方米） | Producer Gas (10000 cu.m) | | | 112578 | | | |
| 天然气(气态)(万立方米) | Natural Gas(Gaseous) (10000 cu.m) | 80090 | 177103.8 | 52544 | 4073 | 2355 | |
| 液化天然气　（吨） | Liquefied Natural Gas (ton) | 4045 | 2328.6 | 4016 | 2 | 139 | 22 |
| 原　油　（吨） | Crude Oil (ton) | 4781289 | 2043469.2 | 4775714 | 11 | 11 | 79110 |
| 汽　油　（吨） | Gasoline (ton) | 74224 | 50674.1 | 45115 | 3359 | 29700 | 749 |
| 煤　油　（吨） | Kerosene (ton) | 5631 | 3872.4 | 4925 | 522 | 1225 | 457 |
| 柴　油　（吨） | Diesel Oil (ton) | 330780 | 210341.4 | 279769 | 8279 | 52880 | 13359 |
| 燃料油　（吨） | Fuel Oil (ton) | 80674 | 33044.7 | 94657 | 6786 | 692 | 4728 |
| 液化石油气　（吨） | Liquefied Petroleum Gas (ton) | 26436 | 12960.6 | 26273 | 262 | 328 | 69230 |
| 炼厂干气　（吨） | Refinery Gas (ton) | 28372 | 4000.5 | 172249 | | | |
| 润滑油　（吨） | Lubricating Oil (ton) | 218 | 152.2 | 209 | | 10 | 2 |
| 溶剂油　（吨） | Solvent Oil (ton) | 271 | 317.9 | 274 | 59 | | |
| 石油焦　（吨） | Refinery Coke (ton) | 41172 | 8234.4 | 41172 | | | |
| 其他石油制品　（吨） | Other Petroleum Products (ton) | 179790 | 69159.4 | 543319 | 157853 | 3347 | 6820 |
| 热　力　（百万千焦） | Heat (10 billion kilo-joule) | 23592374 | 152295.6 | 57824087 | | 582741 | |
| 余热余压　（百万千焦） | Afterheat Excess Pressure (10 billion kilo-joule) | 768968 | 1291.5 | 23957552 | | 679834 | |

## 6—19 地区能源消费与单位GDP能耗
Energy Consumption and Unit GDP Energy Consumption

单位：万吨标准煤 (10000 tons of SCE)

| 指　　标 | Item | 2010 |
|---|---|---|
| 能源消费总量（等价值） | Unit GDP Energy Consumption (Equal Values) | 9706.60 |
| 第一产业能源消费 | Primary Industry Energy Consumption | 199.01 |
| 第二产业能源消费 | Secondary Industry Energy Consumption | 7580.68 |
| 工业能源消费 | Industry Energy Consumption | 7466.27 |
| 建筑业能源消费 | Construction Industrial Energy Consumption | 114.41 |
| 第三产业能源消费 | Tertiary Industry Energy Consumption | 929.33 |
| #交通运输业能源消费 | Transportation Industry Energy Consumption | 527.70 |
| 居民生活用能 | Residences Life Energy Consumption | 997.58 |
| 城市居民 | Unban | 624.84 |
| 农村居民 | Rural | 372.75 |
| 单位GDP能耗（等价值）（吨标准煤/万元） | Unit GDP Energy Consumption (ton of SCE/10000 yuan) | 0.97 |

## 6—20 各市全社会用电情况（2010年）
Electricity Used in Whole Society by Region (2010)

单位：亿千瓦时 (100 million kwh)

| 地　区 | Region | 全社会用电量总计 Total of Electricity Used in Whole Society | 全行业用电量合计 Total of Electricity Used in Whole Trade | 第一产业 Primary Industry | 第二产业 Secondary Industry | 第三产业 Tertiary Industry | 城乡居民生活用电量合计 Electricity Used for Life | 城镇居民 Urban | 乡村居民 Rural |
|---|---|---|---|---|---|---|---|---|---|
| **总　计** | **Total** | **1077.92** | **903.94** | **11.91** | **791.93** | **100.10** | **173.98** | **89.50** | **84.48** |
| 合肥市 | Hefei | 123.91 | 94.73 | 0.61 | 68.26 | 25.86 | 29.18 | 22.77 | 6.41 |
| 淮北市 | Huaibei | 39.56 | 34.40 | 0.24 | 32.00 | 2.16 | 5.16 | 3.02 | 2.14 |
| 亳州市 | Bozhou | 26.93 | 17.12 | 0.30 | 13.86 | 2.96 | 9.81 | 3.74 | 6.07 |
| 宿州市 | Suzhou | 38.33 | 27.00 | 0.51 | 21.04 | 5.45 | 11.33 | 4.05 | 7.28 |
| 蚌埠市 | Bengbu | 53.84 | 42.65 | 0.73 | 34.86 | 7.06 | 11.20 | 6.05 | 5.15 |
| 阜阳市 | Fuyang | 59.63 | 43.93 | 0.34 | 37.48 | 6.11 | 15.70 | 5.53 | 10.17 |
| 淮南市 | Huainan | 59.79 | 51.22 | 0.63 | 46.84 | 3.75 | 8.57 | 6.10 | 2.47 |
| 滁州市 | Chuzhou | 48.68 | 38.27 | 1.00 | 31.53 | 5.74 | 10.41 | 4.15 | 6.26 |
| 六安市 | Luan | 45.90 | 33.16 | 0.73 | 26.62 | 5.82 | 12.74 | 4.07 | 8.67 |
| 马鞍山市 | Maanshan | 116.11 | 110.41 | 1.02 | 104.97 | 4.42 | 5.70 | 4.21 | 1.49 |
| 巢湖市 | Chaohu | 54.69 | 43.89 | 1.87 | 36.64 | 5.38 | 10.80 | 3.78 | 7.02 |
| 芜湖市 | Wuhu | 82.44 | 72.12 | 0.75 | 63.95 | 7.41 | 10.32 | 6.17 | 4.15 |
| 宣城市 | Xuancheng | 62.17 | 53.54 | 1.16 | 48.82 | 3.56 | 8.63 | 3.77 | 4.85 |
| 铜陵市 | Tongling | 51.65 | 48.41 | 0.14 | 45.58 | 2.69 | 3.24 | 2.33 | 0.91 |
| 池州市 | Chizhou | 26.00 | 21.67 | 0.46 | 19.19 | 2.02 | 4.33 | 2.14 | 2.19 |
| 安庆市 | Anqing | 66.32 | 53.60 | 1.22 | 46.62 | 5.76 | 12.72 | 5.27 | 7.45 |
| 黄山市 | Huangshan | 16.61 | 12.47 | 0.21 | 8.33 | 3.93 | 4.14 | 2.35 | 1.79 |

## 6—21 各市主要年份工业用电量
Industrial Electricity Used in Main Year by Region

单位：亿千瓦时 (100 million kwh)

| 地 区 | Region | 2000 | 2005 | 2009 | 2010 |
|---|---|---|---|---|---|
| **总 计** | **Total** | **238.26** | **430.98** | **693.05** | **777.18** |
| 合 肥 市 | Hefei | 23.33 | 34.07 | 52.41 | 64.10 |
| 淮 北 市 | Huaibei | 15.11 | 20.51 | 29.46 | 31.63 |
| 亳 州 市 | Bozhou | | 9.05 | 12.06 | 13.42 |
| 宿 州 市 | Suzhou | 7.75 | 13.55 | 18.82 | 20.32 |
| 蚌 埠 市 | Bengbu | 10.52 | 23.44 | 30.53 | 34.32 |
| 阜 阳 市 | Fuyang | 15.43 | 18.80 | 33.31 | 36.89 |
| 淮 南 市 | Huainan | 22.54 | 31.61 | 44.54 | 46.31 |
| 滁 州 市 | Chuzhou | 8.76 | 16.36 | 26.33 | 30.39 |
| 六 安 市 | Luan | 8.40 | 14.73 | 20.11 | 25.60 |
| 马鞍山市 | Maanshan | 28.35 | 60.64 | 97.25 | 104.54 |
| 巢 湖 市 | Chaohu | 10.29 | 18.38 | 32.70 | 35.92 |
| 芜 湖 市 | Wuhu | 12.64 | 27.03 | 53.43 | 62.03 |
| 宣 城 市 | Xuancheng | 4.81 | 23.93 | 41.48 | 48.13 |
| 铜 陵 市 | Tongling | 14.35 | 28.37 | 42.16 | 45.47 |
| 池 州 市 | Chizhou | 3.72 | 10.07 | 16.32 | 18.82 |
| 安 庆 市 | Anqing | 14.51 | 27.86 | 39.00 | 46.01 |
| 黄 山 市 | Huangshan | 1.63 | 4.12 | 6.43 | 7.89 |

## 6—22 各市工业用水情况（2010年）
Industrial Water Situation by Region (2010)

单位：万立方米 (10000 $M^3$)

| 地 区 | Region | 工业取水总量 Industrial Water Got Total Amount of Industrial Water Got | #地表水数量 Surface Water | 地下水数量 Ground Water | 自来水数量 Tap Water | 重复用水数量 Repeat of Water Consumption |
|---|---|---|---|---|---|---|
| **总 计** | **Total** | **427642.80** | **361064.85** | **28352.97** | **31837.34** | **796474.82** |
| 合 肥 市 | Hefei | 55900.74 | 49143.38 | 294.31 | 6392.59 | 100834.64 |
| 淮 北 市 | Huaibei | 11341.76 | 98.12 | 7391.30 | 1342.25 | 4264.00 |
| 亳 州 市 | Bozhou | 3297.25 | 12.93 | 3258.46 | 25.47 | 6010.49 |
| 宿 州 市 | Suzhou | 5496.81 | 1694.06 | 3721.26 | 52.18 | 77382.38 |
| 蚌 埠 市 | Bengbu | 11700.10 | 9247.47 | 670.63 | 1764.07 | 9207.68 |
| 阜 阳 市 | Fuyang | 5560.41 | 1675.34 | 3792.92 | 92.16 | 60665.11 |
| 淮 南 市 | Huainan | 26930.20 | 20869.56 | 4720.78 | 1315.87 | 100426.61 |
| 滁 州 市 | Chuzhou | 9474.91 | 7461.15 | 648.20 | 1362.30 | 12465.12 |
| 六 安 市 | Luan | 7631.84 | 5970.39 | 384.76 | 1233.62 | 433.56 |
| 马鞍山市 | Maanshan | 121964.59 | 116226.63 | 19.78 | 2219.13 | 277057.82 |
| 巢 湖 市 | Chaohu | 9183.58 | 7450.61 | 270.83 | 1432.87 | 46248.47 |
| 芜 湖 市 | Wuhu | 88107.27 | 84016.20 | 129.89 | 3925.46 | 7508.89 |
| 宣 城 市 | Xuancheng | 9697.31 | 8290.69 | 352.51 | 1042.30 | 1874.23 |
| 铜 陵 市 | Tongling | 15817.67 | 9595.30 | 1905.36 | 4311.24 | 32694.37 |
| 池 州 市 | Chizhou | 5595.79 | 4558.40 | 25.63 | 1011.53 | 868.02 |
| 安 庆 市 | Anqing | 35861.09 | 31421.55 | 666.12 | 3684.62 | 58050.06 |
| 黄 山 市 | Huangshan | 4081.47 | 3333.08 | 100.25 | 629.69 | 483.39 |

# 主要统计指标解释

**能源生产总量**

指一定时期内全省一次能源生产量的总和，是观察全省能源生产水平、规模、构成和发展速度的总量指标。一次能源生产量包括原煤，原油，天然气，水电、核能及其他动力能（如风能、地热能等）发电量，不包括低热值燃料生产量、生物质能、太阳能等的利用和由一次能源加工转换而成的二次能源产量。

**能源消费总量**

指一定时期内全省物质生产部门、非物质生产部门和生活消费的各种能源的总和，是观察能源消费水平、构成和增长速度的总量指标。能源消费总量包括原煤和原油及其制品、天然气、电力，不包括低热值燃料、生物质能和太阳能等的利用。能源消费总量分为终端能源消费量、能源加工转换损失量和损失量三部分。

⑴终端能源消费量：指一定时期内全省生产和生活消费的各种能源在扣除了用于加工转换二次能源消费量和损失量以后的数量。

⑵能源加工转换损失量：指一定时期内全省投入加工转换的各种能源数量之和与产出各种能源产品之和的差额，是观察能源在加工转换过程中损失量变化的指标。

⑶能源损失量：指一定时期内能源在输送、分配、储存过程中发生的损失和由客观原因造成的各种损失量，不包括各种气体能源放空、放散量。

**能源生产弹性系数**

是研究能源生产增长速度与国民经济增长速度之间关系的指标。计算公式为：

能源生产弹性系数＝能源生产总量年平均增长速度/国民经济年平均增长速度

国民经济年平均增长速度，可根据不同的目的或需要，用国民生产总值、国内生产总值等指标来计算，本年鉴是采用国内生产总值指标计算的。

**电力生产弹性系数**

是研究电力生产增长速度与国民经济增长速度之间关系的指标。一般来说，电力的发展应当快于国民经济的发展，也就是说电力应超前发展。计算公式为：

电力生产弹性系数＝电力生产量年平均增长速度/国民经济年平均增长速度

**能源消费弹性系数**

是反映能源消费增长速度与国民经济增长速度之间比例关系的指标。计算公式为：

能源消费弹性系数＝能源消费量年平均增长速度/国民经济年平均增长速度

**电力消费弹性系数**

反映电力消费增长速度与国民经济增长速度之间比例关系的指标。计算公式为：

电力消费弹性系数＝电力消费量年平均增长速度/国民经济年平均增长速度

**能源加工转换效率**

指一定时期内能源经过加工、转换后，产出的各种能源产品的数量与同期内投入加工转换的各种能源数量的比率。它是观察能源加工转换装置和生产工艺先进与落后、管理水平高低等的重要指标。计算公式为：

能源加工转换效率＝能源加工、转换产出量/能源加工、转换投入量×100

# Explanatory Notes for Major Statistical Indicators

**Total Energy Production**

refers to the total production of primary energy by all energy producing enterprises in the province in a given period of time. It is a comprehensive indicator to show the capacity, scale, composition and development of energy production of the province. The production of primary energy includes that of coal, crude oil, natural gas, hydro-power and electricity generated by nuclear energy and other means such as wind power and geothermal power. However, it excludes the production of fuels of low calorific value, bio-energy, solar energy and the secondary energy converted from the primary energy.

**Total Domestic Energy Consumption**

refers to the total consumption of energy of various kinds by material production sectors, non material production sectors and households in the province in a given period of time. It is a comprehensive indicator to show the scale, composition and development of energy consumption. The total energy consumption includes that of coal, crude oil and their products, natural gas and electricity; However, it excludes the consumption of fuel of low calorific value, bio-energy and solar energy. Total domestic energy consumption can be divided into three parts:

a)Final Energy Consumption: It refers to the total energy consumption by material production sectors, non material production sectors and households in the province in a given period of time, but excludes the consumption in conversion of the primary energy into the secondary energy and the loss in the process of energy conversion.

b) Loss During the Process of Energy Conversion: It refers to the total input of various kinds of energy for conversion, minus the total output of various kinds of energy in the province in a given period of time. It is an indicator to show the loss that occurs during the process of energy conversion.

c) Loss: It refers to the total of the loss of energy during the course of energy transport, distribution and storage and the loss caused by any objective reason in a given period of time. The loss of various kinds of gas due to gas discharges and stocktaking is excluded.

**Elasticity Ratio of Energy Production**

is an indicator to show the relationship between the growth rate of energy production and the growth rate of the national economy? The formula is:

Elasticity Ratio of Energy Production=Average Annual Growth Rate of Energy Production/Average Annual Growth Rate of National Economy

The average annual growth rate of the national economy can be shown by the gross national product, gross domestic product and other indicators, depending upon the purposes or needs. The gross domestic product is used in calculation of the ratio in this chapter.

**Elasticity Ratio of Electricity Production**

is an indicator to show the relationship between the growth rate of electricity production and the growth rate of the national economy. Generally speaking, the growth rate of electricity production should be higher than that of the national economy. Its formula is:

Elasticity Ratio of Electricity Production=Average Annual Growth Rate of Electricity Production/Average Annual Growth Rate of National Economy

**Elasticity Ratio of Energy Consumption**

is an indicator to show the relationship between the growth rate of energy consumption and the growth rate of the national economy. The formula is:

Elasticity Ratio of Energy Consumption=Average Annual Growth Rate of Energy Consumption/Average Annual Growth Rate of National Economy

**Elasticity Ratio of Electricity Consumption**

is an indicator to show the relationship between the growth rate of electricity consumption and the growth rate of the national economy. The formula is:

Elasticity Ratio of Electricity Consumption=Average Annual Growth Rate of Electricity/Average Annual Growth Rate of National Economy

**Efficiency of Energy Processing and Conversion**

refers to the ratio of the total output of energy products of various kinds after processing and conversion and the total input of energy of various kinds for processing and conversion in the same reference period. It is an important indicator to show the current conditions of energy processing and conversion equipment, production technique and management. The formula is:

Efficiency of Energy Processing & Conversion=Output of Energy After Processing & Conversion/Input of Energy for Processing & Conversion×100%

# 第七篇

Chapter 7

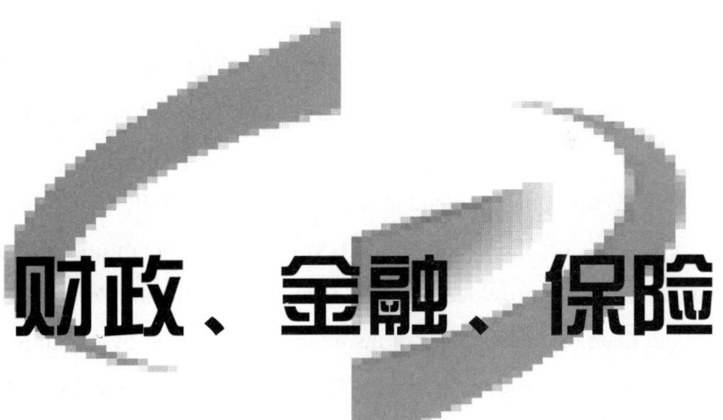

# 财政、金融、保险

FINANCE, BANKING AND INSURANCE

## 简要说明

一、本篇反映全省财政收支、金融保险业发展状况。

二、财政收支资料来源于省财政厅财政决算。

三、金融保险业资料有以下三个部分：一是反映金融机构、国有商业银行、农村信用社等信贷收支情况，资料由中国人民银行合肥中心支行提供；二是反映保险业务情况，资料由中国保险监督管理委员会安徽监管局提供；三是反映股票发行及筹资情况，资料由中国证券监督管理委员会安徽监管局提供。

## Brief Introduction

I. Data in this chapter show the provincial government revenue and expenditure and the development of banking and insurance.

II. Data on the government revenue and expenditure come from the Department of Finance in the province. Data are based on the final financial accounts.

III. Data of banking and insurance include the following three parts:

1. Data on the credit funds revenue and expenditure of banking institutions, state-owned commercial banks and rural credit cooperatives are provided by Hefei Branch Office of the People's Bank of China.

2. Data on the business of insurance are provided by Anhui Regulatory Bureau of the Insurance Regulatory Commission of China.

3. Data on issuing summary for stocks are provided by Anhui Regulatory Bureau of the Securities Regulatory Commission of China.

## 7—1 财政收支总额及增长速度
Total Government Revenue and Expenditures and Their Increase Rate

| 年 份<br>Year | 财政收入<br>(万元)<br>Total Revenue<br>(10000 yuan) | 财政支出<br>(万元)<br>Total Expenditures<br>(10000 yuan) | 增长速度 (%)<br>Increase Rate (%) | |
|---|---|---|---|---|
| | | | 财政收入<br>Total Revenue | 财政支出<br>Total Expenditures |
| 1990 | 528866 | 615702 | 0.9 | 11.4 |
| 1994 | 1087602 | 932746 | 48.6 | 29.5 |
| 1995 | 1469994 | 1358776 | 35.2 | 45.7 |
| 1996 | 1931403 | 1787143 | 31.4 | 31.5 |
| 1997 | 2308100 | 2115260 | 19.5 | 18.4 |
| 1998 | 2620687 | 2420656 | 13.5 | 14.4 |
| 1999 | 2808495 | 2886031 | 7.2 | 19.2 |
| 2000 | 2904229 | 3234728 | 8.0 | 12.1 |
| 2001 | 3095500 | 4037988 | 6.6 | 25.2 |
| 2002 | 3466520 | 4568579 | 12.0 | 13.1 |
| 2003 | 4122917 | 5074398 | 18.9 | 11.1 |
| 2004 | 5207114 | 6015280 | 26.3 | 18.5 |
| 2005 | 6565525 | 7130633 | 26.1 | 18.5 |
| 2006 | 8165120 | 9402329 | 24.4 | 31.9 |
| 2007 | 10347253 | 12438342 | 26.7 | 32.3 |
| 2008 | 13260466 | 16471253 | 28.2 | 32.4 |
| 2009 | 15512563 | 21419217 | 17.0 | 30.0 |
| 2010 | 20638197 | 25876135 | 33.0 | 20.8 |

注：2000年财政收入增长速度按可比口径计算；2000年财政支出根据《安徽60年》做了修正，财政支出增长速度相应做出调整。

a) The increase rate of total revenue in 2000 is calculated according to comparable requirement.

## 7—2 财政收入占安徽生产总值的比重
Government Revenue as Percentage to Gross Product of Anhui

| 年 份<br>Year | 财政收入<br>(万元)<br>Total Revenue<br>(10000 yuan) | 安徽生产总值<br>(万元)<br>Gross Domestic Product<br>(10000 yuan) | 财政收入相当安徽生产总值的百分比 (%)<br>Percentage of Government Revenue to the Gross Product of Anhui (%) |
|---|---|---|---|
| 1990 | 528866 | 6580200 | 8.0 |
| 1994 | 1087602 | 13204300 | 8.2 |
| 1995 | 1469994 | 18106600 | 8.1 |
| 1996 | 1931403 | 20933000 | 9.2 |
| 1997 | 2308100 | 23473200 | 9.8 |
| 1998 | 2620687 | 25429600 | 10.3 |
| 1999 | 2808495 | 27123400 | 10.4 |
| 2000 | 2904229 | 29020900 | 10.0 |
| 2001 | 3095500 | 32467100 | 9.5 |
| 2002 | 3466520 | 35197200 | 9.8 |
| 2003 | 4122917 | 39231100 | 10.5 |
| 2004 | 5207114 | 47593000 | 10.9 |
| 2005 | 6565525 | 53501700 | 12.3 |
| 2006 | 8165120 | 61125000 | 13.4 |
| 2007 | 10347253 | 73609200 | 14.1 |
| 2008 | 13260466 | 88516600 | 15.0 |
| 2009 | 15512563 | 100628200 | 15.4 |
| 2010 | 20638197 | 123593300 | 16.7 |

注：2005—2008年安徽生产总值数据根据2008年经济普查资料进行了修订。

a) In 2005-2008, According to 2008 the economical general survey material, Gross Product of Anhui has the adjustment.

## 7—3 中央和地方财政收入及比重

Total Revenue and Proportion of Central and Local Governments

| 年份 Year | 绝对数（万元） Total Revenue (10000 yuan) | | | 比重（%） Proportion (%) | |
|---|---|---|---|---|---|
| | 全省 Total | 中央 Central Government | 地方 Local Governments | 中央 Central Government | 地方 Local Governments |
| 1995 | 1469994 | 631740 | 838254 | 43.0 | 57.0 |
| 2000 | 2904229 | 1117042 | 1787187 | 38.5 | 61.5 |
| 2005 | 6565525 | 2769790 | 3340170 | 42.2 | 50.9 |
| 2006 | 8165120 | 3298929 | 4280265 | 40.4 | 52.4 |
| 2007 | 10347253 | 4241715 | 5436973 | 41.0 | 52.5 |
| 2008 | 13260466 | 5278878 | 7246197 | 39.8 | 54.6 |
| 2009 | 15512563 | 6181100 | 8639175 | 39.8 | 55.7 |
| 2010 | 20638197 | 8318470 | 11493952 | 40.3 | 55.7 |

注：2005、2006、2007、2008、2009、2010年财政收入包括出口货物退增值税。

a) Financial Revenue of 2005, 2006, 2007, 2008, 2009, 2010 Includes Value-added Taxes Reimbursed from Exports.

## 7—4 税收收入和非税收入及比重

Total Revenue and Proportion of Tax and Non-tax

| 年份 Year | 绝对数（万元） Total Revenue (10000 yuan) | | | 比重（%） Proportion (%) | |
|---|---|---|---|---|---|
| | 全省 Total | 税收收入 Tax Revenue | 非税收入 Non-tax Revenue | 税收收入 Tax Revenue | 非税收入 Non-tax Revenue |
| 1995 | 838254 | 728977 | 109277 | 87.0 | 13.0 |
| 2000 | 1787187 | 1445761 | 341426 | 80.9 | 19.1 |
| 2005 | 3340170 | 2445450 | 894720 | 73.2 | 26.8 |
| 2006 | 4280265 | 3124220 | 1156045 | 73.0 | 27.0 |
| 2007 | 5436973 | 4018799 | 1418174 | 73.9 | 26.1 |
| 2008 | 7246197 | 5279349 | 1966848 | 72.9 | 27.1 |
| 2009 | 8639175 | 6293236 | 2345939 | 72.8 | 27.2 |
| 2010 | 11493952 | 8665517 | 2828435 | 75.4 | 24.6 |

## 7—5 各项税收收入

Government Tax Revenue

单位：万元 (10000 yuan)

| 年份 Year | 税收收入 Tax | #增值税 Value-added Tax | #营业税 Operation Tax | #契税 Contract Tax | #企业所得税 Enterprises' Income Tax | #个人所得税 Individual Income Tax |
|---|---|---|---|---|---|---|
| 1995 | 728977 | 147115 | 161039 | | 112559 | 28802 |
| 2000 | 1445761 | 262559 | 319719 | 23493 | 233524 | 94675 |
| 2005 | 2445450 | 577244 | 781042 | 178145 | 300808 | 124964 |
| 2006 | 3124220 | 691811 | 1025791 | 238502 | 410852 | 139687 |
| 2007 | 4018799 | 823766 | 1366197 | 313501 | 559040 | 182886 |
| 2008 | 5279349 | 967533 | 1777021 | 405443 | 747311 | 214336 |
| 2009 | 6293236 | 1061787 | 2197687 | 479024 | 798857 | 230346 |
| 2010 | 8665517 | 1294839 | 2919300 | 959149 | 1065948 | 319746 |

# 7—6 地方财政收支情况
Revenue and Expenditure of Local Governments

单位：万元 (10000 yuan)

| 指标 | Item | 2008 | 2009 |
|---|---|---|---|
| **收入合计** | **Total Revenue** | **7246197** | **8639175** |
| 增值税 | Value-added Tax | 967533 | 1061787 |
| 营业税 | Operation Tax | 1777021 | 2197687 |
| 企业所得税 | Enterprises' Income Tax | 747311 | 798857 |
| 企业所得税退税 | Return for Enterprises' Income Tax | -2186 | -3259 |
| 个人所得税 | Individual Income Tax | 214336 | 230346 |
| 资源税 | Resources Tax | 98453 | 115561 |
| 城市维护建设税 | Tax on Town maintenance and Construction | 380843 | 415668 |
| 房产税 | Tax on Real Estates | 113747 | 149654 |
| 印花税 | Stamp Tax | 63287 | 83442 |
| 城镇土地使用税 | Tax on the Use of Urban Land | 220315 | 283636 |
| 土地增值税 | Land Value Added Tax | 123115 | 154583 |
| 车船税 | Vehiclesand Ship Tax | 34164 | 48196 |
| 耕地占用税 | Tax on the Occupancy of Cultivated Land | 132130 | 273153 |
| 契　税 | Contract Tax | 405443 | 479024 |
| 烟叶税 | Leaf Tobacco Tax | 3837 | 4901 |
| 专项收入 | Expert Project Income | 476458 | 470450 |
| 行政事业性收费收入 | Income from Adiministrative Departments Fees | 844921 | 854303 |
| 罚没收入 | Penalty and Confiscatory Income | 243117 | 283356 |
| 国有资本经营收入 | Stated-owned Assets Profit | 93387 | 174393 |
| 国有资源（资产）有偿使用收入 | Income from the Paid Use of Stated-owned Resources (Assets) | 255632 | 471585 |
| 其他收入 | Other Income | 53333 | 91852 |
| **支出合计** | **Total Expenditure** | **16471253** | **21419217** |
| 一般公共服务 | General Public Service | 2341531 | 2674982 |
| 国　防 | National Defence | 20027 | 29731 |
| 公共安全 | Public Security | 868949 | 1053219 |
| 教　育 | Education | 2862557 | 3237914 |
| 科学技术 | Science | 237788 | 364693 |
| 文化体育与传媒 | Culture, Sports and Media | 327465 | 421390 |
| 社会保障和就业 | Social Security and Employment | 2282005 | 3039604 |
| 医疗卫生 | Public Health | 1038442 | 1657413 |
| 环境保护 | Environmental Protection | 547367 | 592653 |
| 城乡社区事务 | Expenses in Urban、Rural Areas and Communities | 1478746 | 1658503 |
| 农林水事务 | Expenses of Agriculture、Forest and Irrigation | 1367525 | 2592146 |
| 交通运输 | Transport | 518196 | 1427280 |
| 采掘电力信息等事务 | Excavation Electric Power Information |  | 997093 |
| 粮油物资储备管理等事务 | Grain and Oil Material Reserving and Management |  | 572302 |
| 金融监管支出 | Financial Supervision Expenditure |  | 10350 |
| 工业商业金融等事务 | Expenses of Industrial、Commercial and Financial | 1862857 |  |
| 地震灾后恢复重建支出 | Reconstruction Expenditure After Earthquake | 20381 | 115000 |
| 国债还本付息支出 | National Debt Repay and Interests Expenditure |  | 70735 |
| 其他支出 | Other Expenditure | 697417 | 904209 |

# 7—7 地方财政收支情况（2010年）
## Revenue and Expenditure of Local Governments (2010)

单位：万元 (10000 yuan)

| 指　标 | Item | 数量 Number |
|---|---|---|
| **收入合计** | **Total Revenue** | **11493952** |
| 增值税 | Value-added Tax | 1294839 |
| 营业税 | Operation Tax | 2919300 |
| 企业所得税 | Enterprises' Income Tax | 1065948 |
| 个人所得税 | Individual Income Tax | 319746 |
| 资源税 | Resources Tax | 126488 |
| 城市维护建设税 | Tax on Town maintenance and Construction | 543983 |
| 房产税 | Tax on Real Estates | 176182 |
| 印花税 | Stamp Tax | 111528 |
| 城镇土地使用税 | Tax on the Use of Urban Land | 325215 |
| 土地增值税 | Land Value Added Tax | 302222 |
| 车船税 | Vehiclesand Ship Tax | 59462 |
| 耕地占用税 | Tax on the Occupancy of Cultivated Land | 455748 |
| 契　税 | Contract Tax | 959149 |
| 烟叶税 | Leaf Tobacco Tax | 5707 |
| 专项收入 | Expert Project Income | 737869 |
| 行政事业性收费收入 | Income from Adiministrative Departments Fees | 944613 |
| 罚没收入 | Penalty and Confiscatory Income | 267660 |
| 国有资本经营收入 | Stated-owned Assets Profit | 200537 |
| 国有资源（资产）有偿使用收入 | Income from the Paid Use of Stated-owned Resources (Assets) | 598012 |
| 其他收入 | Other Income | 79744 |
| **支出合计** | **Total Expenditure** | **25876135** |
| 一般公共服务 | General Public Service | 2737167 |
| 国　防 | National Defence | 46340 |
| 公共安全 | Public Security | 1194768 |
| 教　育 | Education | 3863071 |
| 科学技术 | Science | 579817 |
| 文化体育与传媒 | Culture, Sports and Media | 516833 |
| 社会保障和就业 | Social Security and Employment | 3341539 |
| 医疗卫生 | Public Health | 1842232 |
| 环境保护 | Environmental Protection | 647203 |
| 城乡社区事务 | Expenses in Urban、Rural Areas and Communities | 2361782 |
| 农林水事务 | Expenses of Agriculture、Forest and Irrigation | 2925244 |
| 交通运输 | Transport | 1248616 |
| 资源勘探电力信息等事务 | Resource Prospecting and Electric Power Information and so on | 1249406 |
| 商业服务业等事务 | Commercial and Service Industry and so on | 458382 |
| 金融监管等事务支出 | Finance Supervision and so on | 51665 |
| 国土资源气象等事务 | Land Resources and Meteorology and so on | 616884 |
| 住房保障支出 | Housing Safeguard | 933614 |
| 粮油物资储备管理事务 | Grain and Oil Material Reserving and Management | 307059 |
| 国债还本付息支出 | National Debt Repay and Interests Expenditure | 76237 |
| 其他支出 | Other Expenditure | 878276 |

# 7—8 各市地方财政收入（2010年）

Final Statement of Local Government Revenue by Region (2010)

单位：万元 (10000 yuan)

| 地区 | Region | 收入合计 Total Revenue | 增值税 Value-added Tax | 营业税 Operation Tax | 企业所得税 Enterprises' Income Tax |
|---|---|---|---|---|---|
| 合肥市 | Hefei | 2594283 | 255585 | 902953 | 221277 |
| 淮北市 | Huaibei | 295956 | 88724 | 77360 | 29428 |
| 亳州市 | Bozhou | 232980 | 30295 | 71311 | 9254 |
| 宿州市 | Suzhou | 261543 | 34636 | 74171 | 8421 |
| 蚌埠市 | Bengbu | 429009 | 53558 | 115716 | 20766 |
| 阜阳市 | Fuyang | 411810 | 73068 | 120877 | 18679 |
| 淮南市 | Huainan | 518107 | 134894 | 146891 | 21483 |
| 滁州市 | Chuzhou | 505281 | 61631 | 137187 | 25416 |
| 六安市 | Luan | 427011 | 39848 | 130986 | 16742 |
| 马鞍山市 | Maanshan | 698801 | 133456 | 124829 | 34024 |
| 巢湖市 | Chaohu | 392719 | 49295 | 113855 | 16635 |
| 芜湖市 | Wuhu | 948372 | 111165 | 275646 | 79879 |
| 宣城市 | Xuancheng | 498310 | 78672 | 128445 | 20622 |
| 铜陵市 | Tongling | 347336 | 51090 | 81190 | 19170 |
| 池州市 | Chizhou | 312066 | 19063 | 82384 | 10106 |
| 安庆市 | Anqing | 505742 | 59264 | 133351 | 21629 |
| 黄山市 | Huangshan | 307860 | 20595 | 99528 | 13452 |

| 地区 | Region | 个人所得税 Individual Income Tax | 资源税 Resources Tax | 城市维护建设税 Tax on Town Maintenance and Construction | 房产税 Tax on Real Estates | 印花税 Stamp Tax |
|---|---|---|---|---|---|---|
| 合肥市 | Hefei | 55164 | 451 | 124391 | 52394 | 36949 |
| 淮北市 | Huaibei | 5417 | 9369 | 21411 | 5062 | 3697 |
| 亳州市 | Bozhou | 3938 | 1301 | 11584 | 3024 | 1790 |
| 宿州市 | Suzhou | 4487 | 6380 | 12644 | 3302 | 2118 |
| 蚌埠市 | Bengbu | 5814 | 151 | 44970 | 7397 | 3913 |
| 阜阳市 | Fuyang | 6297 | 3321 | 30306 | 5626 | 4148 |
| 淮南市 | Huainan | 18551 | 14050 | 32136 | 12754 | 4935 |
| 滁州市 | Chuzhou | 8354 | 6217 | 26782 | 8360 | 4816 |
| 六安市 | Luan | 7517 | 9194 | 16360 | 5758 | 3257 |
| 马鞍山市 | Maanshan | 12080 | 10666 | 44658 | 16756 | 9551 |
| 巢湖市 | Chaohu | 7750 | 11125 | 16570 | 5177 | 4051 |
| 芜湖市 | Wuhu | 28213 | 13380 | 64029 | 19443 | 12982 |
| 宣城市 | Xuancheng | 9117 | 11829 | 31218 | 6190 | 5191 |
| 铜陵市 | Tongling | 4726 | 12244 | 17105 | 6404 | 4459 |
| 池州市 | Chizhou | 4654 | 7840 | 8104 | 2994 | 2123 |
| 安庆市 | Anqing | 8621 | 7180 | 25645 | 8363 | 4659 |
| 黄山市 | Huangshan | 6425 | 1790 | 9775 | 6810 | 2639 |

## 7—8 续表 continued

单位：万元 (10000 yuan)

| 地　区 | Region | 城镇土地使用税 Tax on the Use of Urban Land | 土地增值税 Land Value Added Tax | 车船税 Tax on Vehicles and Vessels | 耕地占用税 Tax on the Occupancy of Cultivated Land | 契　税 Contract Tax | 烟叶税 Leaf Tobacco Tax |
|---|---|---|---|---|---|---|---|
| 合肥市 | Hefei | 49021 | 105809 | 11422 | 30257 | 368658 | |
| 淮北市 | Huaibei | 20279 | 5932 | 1777 | 3120 | 3210 | |
| 亳州市 | Bozhou | 5974 | 3456 | 4158 | 15944 | 12948 | 1043 |
| 宿州市 | Suzhou | 10690 | 4834 | 2813 | 13609 | 11980 | 53 |
| 蚌埠市 | Bengbu | 11258 | 15912 | 2961 | 10099 | 48333 | |
| 阜阳市 | Fuyang | 7658 | 10738 | 6686 | 8477 | 34155 | 86 |
| 淮南市 | Huainan | 19938 | 7008 | 2160 | 11534 | 32124 | |
| 滁州市 | Chuzhou | 21350 | 18993 | 3395 | 6928 | 64056 | |
| 六安市 | Luan | 10284 | 9708 | 4933 | 14619 | 34940 | 15 |
| 马鞍山市 | Maanshan | 20938 | 17730 | 2448 | 7013 | 36758 | |
| 巢湖市 | Chaohu | 17094 | 11466 | 2332 | 18204 | 34580 | |
| 芜湖市 | Wuhu | 58303 | 31801 | 3903 | 27441 | 102826 | 1191 |
| 宣城市 | Xuancheng | 20208 | 18840 | 2692 | 21685 | 48060 | 2636 |
| 铜陵市 | Tongling | 18623 | 8804 | 1115 | 6377 | 27299 | |
| 池州市 | Chizhou | 12678 | 8963 | 1085 | 8032 | 27553 | 564 |
| 安庆市 | Anqing | 13048 | 10418 | 4001 | 19551 | 36269 | |
| 黄山市 | Huangshan | 7348 | 11810 | 1581 | 9373 | 35400 | 119 |

| 地　区 | Region | 专项收入 Expert Project Income | 行政事业性收费收入 Income from Adiministrative Departments Fees | 罚没收入 Penalty and Confiscatory Income | 国有资本经营收入 State-owned Assets Profit | 国有资源（资产）有偿使用收入 Income from the Paid Use of Stated-owned Resources (Assets) | 其他收入 Other Income |
|---|---|---|---|---|---|---|---|
| 合肥市 | Hefei | 61813 | 140258 | 29499 | 70189 | 59271 | 18922 |
| 淮北市 | Huaibei | 13920 | 8586 | 6490 | -9674 | 1781 | 67 |
| 亳州市 | Bozhou | 8128 | 26740 | 10129 | 2030 | 9839 | 94 |
| 宿州市 | Suzhou | 8372 | 35529 | 23358 | | 3034 | 1112 |
| 蚌埠市 | Bengbu | 21194 | 42062 | 13972 | 1365 | 8110 | 1458 |
| 阜阳市 | Fuyang | 20567 | 42100 | 12952 | 432 | 4678 | 959 |
| 淮南市 | Huainan | 22082 | 25034 | 9502 | -449 | 3470 | 10 |
| 滁州市 | Chuzhou | 18240 | 42707 | 13668 | 4 | 35694 | 1483 |
| 六安市 | Luan | 14561 | 76902 | 19032 | 53 | 10077 | 2225 |
| 马鞍山市 | Maanshan | 25937 | 41570 | 6823 | 46795 | 104769 | 2000 |
| 巢湖市 | Chaohu | 26618 | 29444 | 13340 | 8224 | 4812 | 2147 |
| 芜湖市 | Wuhu | 31631 | 25866 | 18014 | 27316 | 11661 | 3682 |
| 宣城市 | Xuancheng | 20093 | 24729 | 16824 | 13187 | 17269 | 803 |
| 铜陵市 | Tongling | 12728 | 23853 | 3941 | 2950 | 21121 | 24137 |
| 池州市 | Chizhou | 11437 | 67315 | 7566 | 653 | 27607 | 1345 |
| 安庆市 | Anqing | 16487 | 71596 | 19674 | 3324 | 37480 | 5182 |
| 黄山市 | Huangshan | 6318 | 20375 | 8372 | 11058 | 28667 | 6425 |

# 7—9 各市财政支出（2010年）
Final Statement of Government Expenditure by Region (2010)

单位：万元 (10000 yuan)

| 地区 | Region | 支出合计 Total Expenditure | 一般公共服务 General Public Service | 国防 National Defence | 公共安全 Public Security |
|---|---|---|---|---|---|
| 合肥市 | Hefei | 3177157 | 308037 | 4734 | 134514 |
| 淮北市 | Huaibei | 659289 | 69460 | 21 | 35460 |
| 亳州市 | Bozhou | 1033412 | 117142 | 995 | 46574 |
| 宿州市 | Suzhou | 1131874 | 139136 | 375 | 66285 |
| 蚌埠市 | Bengbu | 1069849 | 93867 | 1533 | 61216 |
| 阜阳市 | Fuyang | 1643492 | 160601 | 3296 | 79270 |
| 淮南市 | Huainan | 810173 | 82838 | 6071 | 52603 |
| 滁州市 | Chuzhou | 1281171 | 140689 | 3778 | 76532 |
| 六安市 | Luan | 1539278 | 179189 | 1473 | 73078 |
| 马鞍山市 | Maanshan | 865282 | 95639 | 46 | 39979 |
| 巢湖市 | Chaohu | 1046436 | 124692 | 2175 | 54779 |
| 芜湖市 | Wuhu | 1444290 | 111322 | 1664 | 54757 |
| 宣城市 | Xuancheng | 1042772 | 149932 | 881 | 61958 |
| 铜陵市 | Tongling | 573219 | 61999 | 339 | 33264 |
| 池州市 | Chizhou | 681120 | 137955 | 1356 | 28351 |
| 安庆市 | Anqing | 1618318 | 233535 | 2796 | 82175 |
| 黄山市 | Huangshan | 729805 | 110459 | 2036 | 45655 |

| 地区 | Region | 教育 Education | 科学技术 Science | 文化体育与传媒 Culture, Sports and Media | 社会保障和就业 Social Security and Employment | 医疗卫生 Public Health |
|---|---|---|---|---|---|---|
| 合肥市 | Hefei | 370147 | 179637 | 35431 | 200629 | 135160 |
| 淮北市 | Huaibei | 105974 | 8307 | 5315 | 81896 | 48975 |
| 亳州市 | Bozhou | 208018 | 3553 | 12754 | 138602 | 131701 |
| 宿州市 | Suzhou | 281610 | 6587 | 18529 | 76553 | 143533 |
| 蚌埠市 | Bengbu | 170581 | 34633 | 12182 | 124047 | 90911 |
| 阜阳市 | Fuyang | 308959 | 5863 | 16350 | 256007 | 173069 |
| 淮南市 | Huainan | 127873 | 12680 | 11723 | 105868 | 64769 |
| 滁州市 | Chuzhou | 204033 | 13291 | 13670 | 139348 | 121902 |
| 六安市 | Luan | 313993 | 9332 | 20785 | 148512 | 163584 |
| 马鞍山市 | Maanshan | 120550 | 24460 | 14129 | 67349 | 55839 |
| 巢湖市 | Chaohu | 231403 | 11923 | 10123 | 121136 | 104120 |
| 芜湖市 | Wuhu | 164502 | 100092 | 10781 | 124909 | 100323 |
| 宣城市 | Xuancheng | 151896 | 23084 | 24657 | 93698 | 94047 |
| 铜陵市 | Tongling | 65260 | 12004 | 8301 | 75664 | 36764 |
| 池州市 | Chizhou | 96648 | 10216 | 7557 | 62483 | 50783 |
| 安庆市 | Anqing | 359928 | 24815 | 26641 | 171606 | 171178 |
| 黄山市 | Huangshan | 82230 | 14074 | 21508 | 82583 | 60542 |

## 7—9 续表 continued

单位：万元 (10000 yuan)

| 地区 | Region | 环境保护 Environmental Protection | 城乡社区事务 Expenses in Urban、Rural Areas and Communities | 农林水事务 Expenses of Agriculture、Forest and Irrigation | 交通运输 Transport | 资源勘探电力信息等事务 Resource Prospecting and Electric Power Information and so on | 商业服务业等事务 Commercial and Service Industry and so on |
|---|---|---|---|---|---|---|---|
| 合肥市 | Hefei | 69398 | 1025605 | 149906 | 35845 | 239788 | 49660 |
| 淮北市 | Huaibei | 7711 | 82726 | 54456 | 8618 | 37277 | 11523 |
| 亳州市 | Bozhou | 15633 | 42017 | 128961 | 24800 | 39973 | 40474 |
| 宿州市 | Suzhou | 26495 | 40781 | 149562 | 24013 | 51118 | 29319 |
| 蚌埠市 | Bengbu | 97791 | 101111 | 93501 | 17421 | 61283 | 14611 |
| 阜阳市 | Fuyang | 27977 | 108896 | 202964 | 55549 | 79916 | 49795 |
| 淮南市 | Huainan | 9128 | 111137 | 67909 | 17236 | 42955 | 11958 |
| 滁州市 | Chuzhou | 32511 | 116637 | 200997 | 39568 | 55811 | 21905 |
| 六安市 | Luan | 28059 | 71353 | 249191 | 48297 | 46385 | 40230 |
| 马鞍山市 | Maanshan | 19460 | 110926 | 32919 | 11642 | 62561 | 10675 |
| 巢湖市 | Chaohu | 33922 | 50895 | 144492 | 33886 | 36242 | 24880 |
| 芜湖市 | Wuhu | 44788 | 216810 | 74884 | 29042 | 155054 | 14070 |
| 宣城市 | Xuancheng | 20882 | 73092 | 125181 | 38809 | 77356 | 26919 |
| 铜陵市 | Tongling | 27357 | 62123 | 22016 | 14838 | 59401 | 8477 |
| 池州市 | Chizhou | 14320 | 54261 | 86092 | 28022 | 29426 | 12348 |
| 安庆市 | Anqing | 29902 | 65027 | 215423 | 40968 | 29255 | 38340 |
| 黄山市 | Huangshan | 26998 | 25261 | 86427 | 18774 | 28336 | 15159 |

| 地区 | Region | 金融监管等事务支出 Finance Supervision and so on | 国土资源气象等事务 Land Resources and Meteorology and so on | 住房保障支出 Housing Safeguard | 粮油物资储备管理等事务 Grain and Oil Material Reserving and Management | 国债还本付息 National Debt Repay and Interests Expenditure | 其他支出 Other Expenditure |
|---|---|---|---|---|---|---|---|
| 合肥市 | Hefei | 4811 | 13994 | 69012 | 10722 | | 140127 |
| 淮北市 | Huaibei | 482 | 14181 | 74923 | 2091 | 1786 | 8107 |
| 亳州市 | Bozhou | 6908 | 6933 | 47580 | 7201 | 1098 | 12495 |
| 宿州市 | Suzhou | 4317 | 5046 | 44431 | 9632 | 4142 | 10410 |
| 蚌埠市 | Bengbu | 1218 | 8381 | 63216 | 6611 | 107 | 15628 |
| 阜阳市 | Fuyang | 5614 | 21441 | 45346 | 12583 | 8778 | 21218 |
| 淮南市 | Huainan | 195 | 12631 | 46697 | 2609 | 10534 | 12759 |
| 滁州市 | Chuzhou | 6903 | 18237 | 44134 | 8457 | 2745 | 20023 |
| 六安市 | Luan | 2577 | 17380 | 60273 | 14972 | 23637 | 26978 |
| 马鞍山市 | Maanshan | 2832 | 14905 | 34662 | 2695 | 3492 | 140522 |
| 巢湖市 | Chaohu | 2379 | 20327 | 23837 | 9871 | 1219 | 4135 |
| 芜湖市 | Wuhu | 1528 | 5398 | 101243 | 3513 | 2718 | 126892 |
| 宣城市 | Xuancheng | 2851 | 8011 | 34824 | 6145 | 2815 | 25734 |
| 铜陵市 | Tongling | 810 | 16092 | 40519 | 2155 | 106 | 25730 |
| 池州市 | Chizhou | 538 | 5746 | 27934 | 2201 | 1500 | 23383 |
| 安庆市 | Anqing | 2623 | 16679 | 69203 | 7956 | 1691 | 28577 |
| 黄山市 | Huangshan | 1711 | 6849 | 29295 | 3625 | 2049 | 66234 |

# 7—10 各县（市）地方财政收入（2010年）

Final Statement of Local Government Revenue by County (City) (2010)

单位：万元 (10000 yuan)

| 县（市） County (City) | 收入合计 Total Revenue | 增值税 Value-added Tax | 营业税 Operation Tax | 企业所得税 Enterprises' Income Tax | 个人所得税 Individual Income Tax | 资源税 Resources Tax | 城市维护建设税 Tax on Town Maintenance and Construction | 耕地占用税 Tax on The Occupancy of Cultivated Land | 契税 Contract Tax |
|---|---|---|---|---|---|---|---|---|---|
| 合肥市本级 Hefei City at Its Own Level | 1881281 | 185128 | 641545 | 170320 | 40504 | | 89584 | 19099 | 339274 |
| 长丰县 Changfeng | 81879 | 12429 | 30405 | 5686 | 766 | 43 | 4610 | 4070 | 5891 |
| 肥东县 Feidong | 107614 | 8519 | 40174 | 2311 | 828 | 309 | 3091 | 2188 | 13993 |
| 肥西县 Feixi | 137881 | 21688 | 41986 | 7206 | 1729 | 9 | 8358 | 4900 | 9500 |
| 淮北市本级 Huaibei City at Its Own Level | 179209 | 65829 | 37325 | 22465 | 3723 | 6105 | 16521 | 3000 | 3000 |
| 濉溪县 Suixi | 66545 | 16440 | 18799 | 4041 | 780 | 1199 | 3386 | 120 | 210 |
| 亳州市本级 Bozhou City at Its Own Level | 38419 | 7427 | 11520 | 2784 | 1185 | 3 | 3710 | 400 | 1000 |
| 涡阳县 Guoyang | 56885 | 7518 | 15792 | 2014 | 1029 | 420 | 2457 | 6323 | 4098 |
| 蒙城县 Mengcheng | 53882 | 6190 | 15806 | 1513 | 803 | 699 | 2112 | 4367 | 3218 |
| 利辛县 Lixin | 33574 | 1553 | 11837 | 884 | 363 | 9 | 849 | 3671 | 3268 |
| 宿州市本级 Suzhou City at Its Own Level | 92422 | 10068 | 23482 | 4016 | 973 | 824 | 4904 | 5064 | 2550 |
| 砀山县 Dangshan | 22291 | 2280 | 5805 | 513 | 294 | 51 | 565 | 1994 | 2848 |
| 萧县 Xiaoxian | 29757 | 3342 | 7106 | 1019 | 362 | 807 | 858 | 2384 | 3374 |
| 灵璧县 Lingbi | 21024 | 984 | 8209 | 499 | 330 | 421 | 507 | 627 | 964 |
| 泗县 Sixian | 23589 | 1744 | 6864 | 420 | 256 | 754 | 499 | 228 | 1711 |
| 蚌埠市本级 Bengbu City at Its Own Level | 210778 | 31700 | 42098 | 8880 | 2486 | | 34685 | 1006 | 35798 |
| 怀远县 Huaiyuan | 46191 | 5719 | 14812 | 2044 | 433 | 112 | 1833 | 363 | 3517 |
| 五河县 Wuhe | 36190 | 1390 | 10870 | 602 | 358 | 7 | 795 | 708 | 4887 |
| 固镇县 Guzhen | 29843 | 1119 | 6191 | 396 | 199 | 16 | 488 | 2433 | 4131 |
| 阜阳市本级 Fuyang City at Its Own Level | 131193 | 13321 | 38861 | 2644 | 2331 | | 14725 | 3800 | 16500 |
| 界首市 Jieshou | 35863 | 10027 | 6288 | 740 | 358 | | 2344 | 2138 | 3114 |
| 临泉县 Linquan | 28305 | 2580 | 8238 | 1325 | 686 | 53 | 1136 | 1350 | 1400 |
| 太和县 Taihe | 42910 | 12703 | 10944 | 882 | 583 | 19 | 2853 | 0 | 2300 |
| 阜南县 Funan | 20660 | 1367 | 7551 | 354 | 485 | 27 | 572 | 919 | 2045 |
| 颍上县 Yingshang | 84970 | 24906 | 17927 | 8245 | 1199 | 3198 | 5832 | 0 | 2017 |
| 淮南市本级 Huainan City at Its Own Level | 233989 | 64921 | 46629 | 10137 | 12398 | 9176 | 10913 | 9823 | 22662 |
| 凤台县 Fengtai | 130297 | 46908 | 21620 | 4531 | 3470 | 3747 | 10262 | 1711 | 4462 |
| 滁州市本级 Chuzhou City at Its Own Level | 133192 | 18439 | 28433 | 9726 | 2154 | 189 | 11881 | 3534 | 22080 |
| 天长市 Tianchang | 91764 | 16532 | 20033 | 2663 | 887 | 96 | 4740 | 555 | 10919 |
| 明光市 Mingguang | 35622 | 3058 | 11696 | 1337 | 631 | 796 | 1379 | 591 | 3855 |
| 来安县 Laian | 38784 | 5648 | 10514 | 1808 | 827 | 110 | 1748 | 598 | 4452 |
| 全椒县 Quanjiao | 48751 | 3378 | 13920 | 2146 | 795 | 593 | 1311 | 483 | 5140 |
| 定远县 Dingyuan | 38535 | 2145 | 12732 | 1607 | 883 | 1429 | 996 | 63 | 5334 |
| 凤阳县 Fengyang | 55992 | 5761 | 14803 | 2701 | 952 | 2479 | 1769 | 437 | 5057 |
| 六安市本级 Luan City at Its Own Level | 127909 | 6286 | 47387 | 3475 | 1826 | 26 | 6103 | 2782 | 14463 |
| 寿县 Shouxian | 30704 | 1556 | 9410 | 706 | 678 | 127 | 658 | 2636 | 2386 |
| 霍邱县 Huoqiu | 75369 | 10889 | 17262 | 3517 | 1009 | 7692 | 2064 | 3385 | 3891 |
| 舒城县 Shucheng | 39573 | 2725 | 13318 | 2071 | 772 | 91 | 1032 | 704 | 4318 |

## 7—10 续表1 continued

单位：万元 (10000 yuan)

| 县（市） County (City) | 收入合计 Total Revenue | 增值税 Value-added Tax | 营业税 Operation Tax | 企业所得税 Enterprises' Income Tax | 个人所得税 Individual Income Tax | 资源税 Resources Tax | 城市维护建设税 Tax on Town Maintenance and Construction | 耕地占用税 Tax on The Occupancy of Cultivated Land | 契税 Contract Tax |
|---|---|---|---|---|---|---|---|---|---|
| 金寨县 Jinzhai | 30058 | 2778 | 9140 | 460 | 637 | 115 | 975 | 1413 | 3165 |
| 霍山县 Huoshan | 55048 | 10782 | 10746 | 3788 | 665 | 460 | 3135 | 1472 | 4395 |
| 马鞍山市本级 Maanshan City at Its Own Level | 408193 | 77735 | 40025 | 16522 | 7447 | 6850 | 24405 | 4500 | 27152 |
| 当涂县 Dangtu | 114906 | 27943 | 27582 | 5645 | 1816 | 2697 | 8280 | 2513 | 9606 |
| 巢湖市本级 Chaohu City at Its Own Level | 89537 | 7121 | 27551 | 3207 | 1756 | 1513 | 3990 | 1857 | 11156 |
| 庐江县 Lujiang | 60711 | 7068 | 18517 | 4647 | 1269 | 1921 | 2534 | 3882 | 3923 |
| 无为县 Wuwei | 101290 | 20322 | 20927 | 3046 | 2222 | 379 | 5063 | 6558 | 8681 |
| 含山县 Hanshan | 42334 | 4896 | 11288 | 1056 | 400 | 1637 | 1490 | 1872 | 4338 |
| 和县 Hexian | 49051 | 4697 | 17497 | 2399 | 1062 | 2090 | 1565 | 1977 | 3969 |
| 芜湖市本级 Wuhu City at Its Own Level | 344162 | 56913 | 54432 | 30974 | 15978 | 1 | 40327 | 9597 | 21568 |
| 芜湖县 Wuhu | 89528 | 9485 | 33702 | 5415 | 1336 | 1051 | 4327 | 1095 | 8258 |
| 繁昌县 Fanchang | 100753 | 13498 | 24496 | 9717 | 1176 | 11377 | 3672 | 3614 | 8653 |
| 南陵县 Nanling | 67993 | 5039 | 23314 | 3546 | 1592 | 566 | 1962 | 1485 | 12947 |
| 宣城市本级 Xuancheng City at Its Own Level | 81040 | 9130 | 25975 | 2501 | 1444 | 1997 | 5631 | 829 | 3329 |
| 宁国市 Ningguo | 121504 | 16129 | 28858 | 7878 | 2792 | 2211 | 6238 | 6634 | 11472 |
| 郎溪县 Langxi | 41771 | 10805 | 8119 | 954 | 523 | 1000 | 4371 | 1986 | 2852 |
| 广德县 Guangde | 72721 | 15447 | 19448 | 2830 | 1306 | 4354 | 4955 | 1629 | 5947 |
| 泾县 Jingxian | 35541 | 5473 | 9767 | 1682 | 902 | 870 | 1696 | 559 | 3539 |
| 旌德县 Jingde | 17893 | 3254 | 5079 | 581 | 227 | 149 | 834 | 1077 | 1651 |
| 绩溪县 Jixi | 30055 | 6021 | 7478 | 1236 | 320 | 195 | 1644 | 2141 | 3190 |
| 铜陵市本级 Tongling City at Its Own Level | 218558 | 25369 | 34198 | 10630 | 2938 | 5379 | 13811 | 508 | 16804 |
| 铜陵县 Tongling | 65851 | 13544 | 13532 | 2894 | 542 | 4832 | 3294 | 5869 | 6079 |
| 池州市本级 Chizhou City at Its Own Level | 136376 | 5315 | 32249 | 5840 | 1517 | 3529 | 4172 | 728 | 11655 |
| 东至县 Dongzhi | 46321 | 2953 | 10938 | 1121 | 813 | 1170 | 944 | 2936 | 4716 |
| 石台县 Shitai | 8951 | 670 | 2510 | 249 | 186 | 94 | 203 | 14 | 1372 |
| 青阳县 Qingyang | 47814 | 3902 | 12938 | 1417 | 785 | 1598 | 1145 | 1386 | 4150 |
| 安庆市本级 Anqing City at Its Own Level | 141924 | 28344 | 33259 | 8244 | 2996 | 78 | 14978 | 1552 | 9666 |
| 桐城市 Tongcheng | 74758 | 6770 | 17625 | 3164 | 1192 | 305 | 2543 | 2170 | 7398 |
| 怀宁县 Huaining | 79173 | 6456 | 11119 | 2490 | 909 | 1707 | 1631 | 8488 | 3000 |
| 枞阳县 Zongyang | 50936 | 4691 | 10063 | 2264 | 542 | 4179 | 833 | 940 | 5517 |
| 潜山县 Qianshan | 29138 | 2544 | 9545 | 820 | 291 | 192 | 1000 | 2541 | 2675 |
| 太湖县 Taihu | 17343 | 1172 | 5589 | 428 | 465 | 128 | 542 | 326 | 1279 |
| 宿松县 Susong | 27344 | 1681 | 7954 | 430 | 487 | 189 | 519 | 1070 | 2697 |
| 望江县 Wangjiang | 20017 | 1545 | 7795 | 548 | 345 | 174 | 545 | 500 | 2500 |
| 岳西县 Yuexi | 16886 | 1629 | 4731 | 542 | 293 | 57 | 485 | 1964 | 1537 |
| 黄山市本级 Huangshan City at Its Own Level | 115616 | 3544 | 35417 | 6535 | 2262 |  | 3035 | 500 | 20200 |
| 歙县 Shexian | 37397 | 3968 | 11029 | 1510 | 706 | 498 | 1166 | 1232 | 3258 |
| 休宁县 Xiuning | 27959 | 2410 | 8978 | 1183 | 687 | 370 | 851 | 3433 | 2267 |
| 黟县 Yixian | 13205 | 766 | 3795 | 347 | 203 | 126 | 346 | 894 | 855 |
| 祁门县 Qimen | 22271 | 1359 | 5788 | 388 | 428 | 171 | 506 | 820 | 2250 |

**7—10 续表2 continued**

单位：万元 (10000 yuan)

| 县（市） County (City) | 烟叶税 Leaf Tobacco Tax | 其他各项税收收入 Other Income of Tax | 专项收入 Expert Projcct Income | 行政事业性收费收入 Income from Adiministr-ative Departments Fees | 罚没收入 Penalty and Confisca-tory Income | 国有资本经营收入 Stated-owned Assets Profit | 国有资源（资产）有偿使用收入 Income from the Paid Use of Stated-owned Resources (Assets) | 其他收入 Other Income |
|---|---|---|---|---|---|---|---|---|
| 合肥市本级 Hefei City at Its Own Level | | 98645 | 51149 | 101161 | 16445 | 70189 | 39697 | 18541 |
| 长丰县 Changfeng | | 8202 | 3150 | 3293 | 2733 | | 601 | |
| 肥东县 Feidong | | 8012 | 2467 | 21513 | 3572 | | 637 | |
| 肥西县 Feixi | | 14525 | 5032 | 10571 | 2669 | | 9436 | 272 |
| 淮北市本级 Huaibei City at Its Own Level | | 16810 | 10084 | | 3650 | -9674 | 371 | |
| 濉溪县 Suixi | | 6982 | 2755 | 8085 | 2540 | | 1206 | 2 |
| 亳州市本级 Bozhou City at Its Own Level | | 3733 | 2347 | 1983 | 1817 | | 506 | 4 |
| 涡阳县 Guoyang | | 4018 | 2025 | 5571 | 2870 | 2030 | 680 | 40 |
| 蒙城县 Mengcheng | | 3881 | 1964 | 9929 | 2774 | | 580 | 46 |
| 利辛县 Lixin | | 3635 | 542 | 3950 | 1953 | | 1060 | |
| 宿州市本级 Suzhou City at Its Own Level | | 10439 | 2961 | 14834 | 10239 | | 983 | 1085 |
| 砀山县 Dangshan | | 2383 | 393 | 2966 | 1699 | | 500 | |
| 萧县 Xiaoxian | | 1416 | 1637 | 4578 | 2734 | | 140 | |
| 灵璧县 Lingbi | | 1141 | 591 | 2845 | 3658 | | 248 | |
| 泗县 Sixian | | 1257 | 444 | 6141 | 2205 | | 1066 | |
| 蚌埠市本级 Bengbu City at Its Own Level | | 14426 | 15348 | 13610 | 6652 | 765 | 3324 | |
| 怀远县 Huaiyuan | | 4504 | 1602 | 6894 | 2319 | | 1935 | 104 |
| 五河县 Wuhe | | 2676 | 686 | 9725 | 1433 | | 1600 | 453 |
| 固镇县 Guzhen | | 1740 | 490 | 7858 | 2045 | 600 | 1236 | 901 |
| 阜阳市本级 Fuyang City at Its Own Level | | 13650 | 7426 | 14083 | 3009 | | 671 | 172 |
| 界首市 Jieshou | 4 | 1778 | 1422 | 4536 | 1859 | | 778 | 477 |
| 临泉县 Linquan | | 2722 | 867 | 5338 | 1886 | | 724 | |
| 太和县 Taihe | 49 | 2881 | 1665 | 6561 | 1215 | | 255 | |
| 阜南县 Funan | | 1810 | 396 | 1864 | 1641 | 50 | 1299 | 280 |
| 颍上县 Yingshang | 33 | 4970 | 7520 | 6676 | 2421 | | 26 | |
| 淮南市本级 Huainan City at Its Own Level | | 15534 | 12944 | 13565 | 5109 | -450 | 628 | |
| 凤台县 Fengtai | | 14796 | 8196 | 6200 | 2954 | | 1440 | |
| 滁州市本级 Chuzhou City at Its Own Level | | 13385 | 5848 | 12974 | 3749 | | 606 | 194 |
| 天长市 Tianchang | | 7709 | 2442 | 8244 | 3089 | | 13855 | |
| 明光市 Mingguang | | 6219 | 873 | 3202 | 1426 | 4 | 555 | |
| 来安县 Laian | | 4162 | 1803 | 2466 | 1469 | | 2970 | 209 |
| 全椒县 Quanjiao | | 7628 | 3150 | 3593 | 861 | | 5708 | 45 |
| 定远县 Dingyuan | | 4148 | 968 | 2229 | 727 | | 5274 | 0 |
| 凤阳县 Fengyang | | 7473 | 2067 | 7964 | 1414 | | 2407 | 708 |
| 六安市本级 Luan City at Its Own Level | 15 | 9995 | 2893 | 22865 | 7324 | 35 | 2358 | 76 |
| 寿县 Shouxian | | 2436 | 445 | 5284 | 3693 | 18 | 669 | 2 |
| 霍邱县 Huoqiu | | 3400 | 6396 | 11936 | 1878 | | 2050 | |
| 舒城县 Shucheng | | 4880 | 669 | 5321 | 1416 | | 415 | 1841 |
| 金寨县 Jinzhai | | 1718 | 839 | 6207 | 731 | | 1860 | 20 |

**7—10 续表3 continued**

单位：万元 (10000 yuan)

| 县（市） County (City) | 烟叶税 Leaf Tobacco Tax | 其他各项税收收入 Other Income of Tax | 专项收入 Expert Projcct Income | 行政事业性收费收入 Income from Administr-ative Departments Fees | 罚没收入 Penalty and Confisca-tory Income | 国有资本经营收入 Stated-owned Assets Profit | 国有资源（资产）有偿使用收入 Income from the Paid Use of Stated-owned Resources (Assets) | 其他收入 Other Income |
|---|---|---|---|---|---|---|---|---|
| 霍　山　县 Huoshan | | 4646 | 1934 | 11136 | 1719 | | 161 | 9 |
| 马鞍山市本级 Maanshan City at Its Own Level | | 36984 | 14207 | 25579 | 3733 | 46795 | 74306 | 1953 |
| 当　涂　县 Dangtu | | 10414 | 6616 | 7364 | 2339 | | 2089 | 2 |
| 巢湖市本级 Chaohu City at Its Own Level | | 8379 | 5367 | 9540 | 5983 | | 2114 | 3 |
| 庐　江　县 Lujiang | | 4089 | 6759 | 4272 | 1714 | | 116 | |
| 无　为　县 Wuwei | | 11996 | 3484 | 6821 | 2903 | 5330 | 1558 | 2000 |
| 含　山　县 Hanshan | | 3159 | 4381 | 3707 | 1060 | 2894 | 48 | 108 |
| 和　　县 Hexian | | 6324 | 1784 | 3804 | 1333 | | 518 | 32 |
| 芜湖市本级 Wuhu City at Its Own Level | | 40364 | 19512 | 14036 | 8929 | 26431 | 3587 | 1513 |
| 芜　湖　县 Wuhu | 909 | 13285 | 2327 | 3833 | 4244 | 80 | 181 | |
| 繁　昌　县 Fanchang | | 11669 | 2522 | 1485 | 1703 | | 7171 | |
| 南　陵　县 Nanling | 282 | 5543 | 1372 | 4544 | 2214 | 805 | 613 | 2169 |
| 宣城市本级 Xuancheng City at Its Own Level | | 8616 | 3213 | 10756 | 3347 | 2016 | 2256 | |
| 宁　国　市 Ningguo | | 18625 | 4045 | 4094 | 2556 | 8965 | 1000 | 7 |
| 郎　溪　县 Langxi | 154 | 3265 | 2956 | 1443 | 2812 | | 531 | |
| 广　德　县 Guangde | | 7529 | 3554 | 2000 | 3704 | | 18 | |
| 泾　　县 Jingxian | 28 | 3905 | 1187 | 2607 | 1920 | 650 | 756 | |
| 旌　德　县 Jingde | 54 | 1306 | 694 | 1312 | 556 | 18 | 997 | 104 |
| 绩　溪　县 Jixi | | 2769 | 1082 | 1083 | 1037 | | 1859 | |
| 铜陵市本级 Tongling City at Its Own Level | | 28650 | 9690 | 21840 | 2390 | 1450 | 20964 | 23937 |
| 铜　陵　县 Tongling | | 7667 | 3038 | 1887 | 1061 | 1500 | 112 | |
| 池州市本级 Chizhou City at Its Own Level | | 9957 | 2528 | 53735 | 2362 | 653 | 2136 | |
| 东　至　县 Dongzhi | 427 | 6606 | 795 | 2813 | 1709 | | 8380 | |
| 石　台　县 Shitai | 67 | 637 | 145 | 838 | 547 | | 1419 | |
| 青　阳　县 Qingyang | 68 | 4796 | 6344 | 3562 | 1046 | | 3332 | 1345 |
| 安庆市本级 Anqing City at Its Own Level | | 13432 | 8505 | 13340 | 6671 | -634 | 1486 | 7 |
| 桐　城　市 Tongcheng | | 6718 | 1077 | 12241 | 997 | | 12558 | |
| 怀　宁　县 Huaining | | 4320 | 1972 | 22563 | 1448 | 3490 | 9580 | |
| 枞　阳　县 Zongyang | | 2535 | 1042 | 6431 | 1977 | 42 | 6485 | 3395 |
| 潜　山　县 Qianshan | | 2122 | 688 | 2339 | 1547 | | 2834 | |
| 太　湖　县 Taihu | | 1328 | 778 | 1896 | 2073 | | 1339 | |
| 宿　松　县 Susong | | 1699 | 415 | 5406 | 2339 | | 1085 | 1373 |
| 望　江　县 Wangjiang | | 1695 | 431 | 2048 | 613 | 212 | 1047 | 19 |
| 岳　西　县 Yuexi | | 976 | 465 | 2318 | 1023 | | 478 | 388 |
| 黄山市本级 Huangshan City at Its Own Level | | 11389 | 1511 | 7916 | 3213 | 3508 | 16561 | 25 |
| 歙　　县 Shexian | 82 | 3061 | 993 | 4738 | 1099 | | 4057 | |
| 休　宁　县 Xiuning | 27 | 1863 | 753 | 1205 | 911 | 2244 | 764 | 13 |
| 黟　　县 Yixian | | 1323 | 251 | 1188 | 351 | | 173 | 2587 |
| 祁　门　县 Qimen | | 2106 | 399 | 1553 | 568 | 4733 | 240 | 962 |

# 7—11 各县（市）财政支出（2010年）

Final Statement of Government Expenditure by County (City) (2010)

单位：万元 (10000 yuan)

| 县（市） | County (City) | 支出合计 Total Revenue | 一般公共服务 General Public Service | 国防 National Defence | 公共安全 Public Security | 教育 Education | 科学技术 Science | 文化体育与传媒 Culture, Sports and Media |
|---|---|---|---|---|---|---|---|---|
| 合肥市本级 | Hefei City at Its Own Level | 2000852 | 123528 | 4383 | 86005 | 108663 | 159153 | 24575 |
| 长丰县 | Changfeng | 201932 | 22636 | 192 | 7794 | 49071 | 1614 | 1643 |
| 肥东县 | Feidong | 258515 | 36664 | | 10672 | 62621 | 1465 | 2768 |
| 肥西县 | Feixi | 250863 | 52334 | 159 | 12327 | 53637 | 14435 | 2823 |
| 淮北市本级 | Huaibei City at Its Own Level | 332568 | 21897 | 21 | 23039 | 27731 | 5324 | 3489 |
| 濉溪县 | Suixi | 203145 | 21411 | | 7397 | 42825 | 1422 | 1037 |
| 亳州市本级 | Bozhou City at Its Own Level | 121582 | 14578 | 705 | 15529 | 8460 | 1039 | 1570 |
| 涡阳县 | Guoyang | 243779 | 20359 | 98 | 9157 | 53295 | 346 | 2195 |
| 蒙城县 | Mengcheng | 222030 | 27451 | 18 | 8296 | 49206 | 335 | 4128 |
| 利辛县 | Lixin | 236755 | 26742 | 174 | 11282 | 49998 | 345 | 2502 |
| 宿州市本级 | Suzhou City at Its Own Level | 187198 | 25293 | 239 | 24025 | 10634 | 2650 | 9636 |
| 砀山县 | Dangshan | 153969 | 17622 | 65 | 8667 | 43999 | 532 | 1820 |
| 萧县 | Xiaoxian | 210843 | 22212 | | 10301 | 62217 | 623 | 1893 |
| 灵璧县 | Lingbi | 185221 | 15188 | 5 | 8990 | 50542 | 603 | 2034 |
| 泗县 | Sixian | 146196 | 19810 | 66 | 9051 | 37695 | 297 | 1262 |
| 蚌埠市本级 | Bengbu City at Its Own Level | 475780 | 26984 | 978 | 33762 | 36173 | 25300 | 7219 |
| 怀远县 | Huaiyuan | 208618 | 20430 | 208 | 8626 | 55044 | 7496 | 1431 |
| 五河县 | Wuhe | 147628 | 16795 | 51 | 6907 | 27241 | 1051 | 1570 |
| 固镇县 | Guzhen | 126408 | 14687 | 91 | 6688 | 28268 | 300 | 1104 |
| 阜阳市本级 | Fuyang City at Its Own Level | 271099 | 29176 | 1426 | 28415 | 22685 | 1649 | 5583 |
| 界首市 | Jieshou | 153321 | 13987 | 34 | 7764 | 25078 | 963 | 1284 |
| 临泉县 | Linquan | 239361 | 22649 | 598 | 9889 | 46601 | 827 | 1911 |
| 太和县 | Taihe | 202275 | 19844 | 82 | 9062 | 38835 | 212 | 1492 |
| 阜南县 | Funan | 218425 | 18174 | 126 | 6763 | 43000 | 373 | 1864 |
| 颍上县 | Yingshang | 254456 | 24287 | 724 | 10010 | 53222 | 1192 | 2359 |
| 淮南市本级 | Huainan City at Its Own Level | 363525 | 34463 | 5308 | 37336 | 31310 | 7416 | 7885 |
| 凤台县 | Fengtai | 211272 | 18422 | 172 | 7102 | 29471 | 2650 | 1704 |
| 滁州市本级 | Chuzhou City at Its Own Level | 268612 | 34044 | 1549 | 25958 | 14990 | 4261 | 2975 |
| 天长市 | Tianchang | 181588 | 15473 | 175 | 9769 | 39580 | 1426 | 1905 |
| 明光市 | Mingguang | 126736 | 15270 | 62 | 7556 | 21506 | 437 | 1031 |
| 来安县 | Laian | 117608 | 12742 | 54 | 7633 | 17488 | 1312 | 1882 |
| 全椒县 | Quanjiao | 125724 | 15035 | 309 | 7255 | 17341 | 1685 | 2054 |
| 定远县 | Dingyuan | 172557 | 14880 | 70 | 8178 | 32869 | 1730 | 1278 |
| 凤阳县 | Fengyang | 165753 | 22591 | 1556 | 7236 | 28356 | 896 | 1892 |
| 六安市本级 | Luan City at Its Own Level | 261108 | 26101 | 724 | 26651 | 16492 | 2789 | 4882 |
| 寿县 | Shouxian | 223185 | 21114 | 68 | 8896 | 42651 | 183 | 2240 |
| 霍邱县 | Huoqiu | 272345 | 32586 | 65 | 10695 | 67267 | 1544 | 3359 |
| 舒城县 | Shucheng | 177262 | 20226 | 167 | 7865 | 38110 | 1628 | 1736 |

## 7—11 续表1 continued

单位：万元 (10000 yuan)

| 县（市） | County (City) | 支出合计 Total Revenue | 一般公共服务 General Public Service | 国防 National Defence | 公共安全 Public Security | 教育 Education | 科学技术 Science | 文化体育与传媒 Culture, Sports and Media |
|---|---|---|---|---|---|---|---|---|
| 金寨县 | Jinzhai | 170072 | 23115 | 57 | 6382 | 36050 | 1119 | 2786 |
| 霍山县 | Huoshan | 136352 | 14221 | 82 | 7080 | 32991 | 983 | 2260 |
| 马鞍山市本级 | Maanshan City at Its Own Level | 523029 | 46994 | 46 | 25452 | 32775 | 18346 | 11487 |
| 当涂县 | Dangtu | 206262 | 28220 | | 8951 | 52657 | 2840 | 1756 |
| 巢湖市本级 | Chaohu City at Its Own Level | 183873 | 23793 | 1096 | 20989 | 12571 | 3196 | 2412 |
| 庐江县 | Lujiang | 213366 | 23653 | 205 | 7642 | 41007 | 1763 | 1336 |
| 无为县 | Wuwei | 255818 | 25330 | 200 | 9623 | 84333 | 2699 | 1765 |
| 含山县 | Hanshan | 108860 | 12149 | 191 | 5488 | 30974 | 1724 | 1335 |
| 和县 | Hexian | 135844 | 17400 | 254 | 7581 | 29009 | 1781 | 1795 |
| 芜湖市本级 | Wuhu City at Its Own Level | 660077 | 27426 | 591 | 24928 | 39128 | 91827 | 4489 |
| 芜湖县 | Wuhu | 164280 | 15846 | 167 | 6878 | 25539 | 1469 | 995 |
| 繁昌县 | Fanchang | 173450 | 20672 | 83 | 5793 | 22214 | 1931 | 2737 |
| 南陵县 | Nanling | 170780 | 15849 | 280 | 8178 | 22748 | 1210 | 1308 |
| 宣城市本级 | Xuancheng City at Its Own Level | 153979 | 19066 | 323 | 20255 | 5344 | 2387 | 11014 |
| 宁国市 | Ningguo | 185326 | 21787 | 74 | 8939 | 23733 | 5852 | 2098 |
| 郎溪县 | Langxi | 105469 | 13644 | 5 | 5499 | 27075 | 1581 | 1467 |
| 广德县 | Guangde | 155740 | 32622 | 54 | 9781 | 28554 | 2260 | 2435 |
| 泾县 | Jingxian | 116332 | 17368 | 58 | 6190 | 15711 | 1825 | 2359 |
| 旌德县 | Jingde | 60730 | 7640 | 10 | 3973 | 5952 | 1893 | 1804 |
| 绩溪县 | Jixi | 75448 | 14404 | 10 | 4803 | 12530 | 1729 | 2431 |
| 铜陵市本级 | Tongling City at Its Own Level | 351573 | 31983 | 339 | 20882 | 22107 | 8506 | 6117 |
| 铜陵县 | Tongling | 129121 | 14114 | | 6654 | 28103 | 2158 | 1597 |
| 池州市本级 | Chizhou City at Its Own Level | 233464 | 56694 | 1216 | 12575 | 11190 | 3859 | 2445 |
| 东至县 | Dongzhi | 141418 | 28025 | 5 | 6253 | 29488 | 1750 | 1442 |
| 石台县 | Shitai | 55867 | 7607 | 5 | 2967 | 5972 | 563 | 689 |
| 青阳县 | Qingyang | 96569 | 17084 | 102 | 4007 | 13390 | 1997 | 1756 |
| 安庆市本级 | Anqing City at Its Own Level | 280962 | 27556 | 2252 | 25403 | 30325 | 4383 | 5910 |
| 桐城市 | Tongcheng | 202800 | 29535 | | 7277 | 48997 | 4318 | 4330 |
| 怀宁县 | Huaining | 199990 | 33345 | 340 | 9118 | 51882 | 2781 | 4346 |
| 枞阳县 | Zongyang | 170219 | 25727 | 142 | 3986 | 52606 | 3149 | 2485 |
| 潜山县 | Qianshan | 147448 | 22550 | 42 | 5835 | 25250 | 1603 | 1296 |
| 太湖县 | Taihu | 129345 | 18137 | 10 | 7768 | 25434 | 1406 | 1165 |
| 宿松县 | Susong | 146544 | 23460 | | 7533 | 41533 | 1755 | 1672 |
| 望江县 | Wangjiang | 120760 | 16136 | 5 | 5280 | 27849 | 1601 | 1734 |
| 岳西县 | Yuexi | 129676 | 13858 | 5 | 5095 | 32077 | 2261 | 2612 |
| 黄山市本级 | Huangshan City at Its Own Level | 195514 | 31926 | 1239 | 14923 | 11036 | 3140 | 3436 |
| 歙县 | Shexian | 134169 | 13946 | | 6698 | 24618 | 2391 | 4890 |
| 休宁县 | Xiuning | 91137 | 12379 | | 5459 | 12578 | 1649 | 4315 |
| 黟县 | Yixian | 45673 | 6896 | 119 | 3380 | 5252 | 915 | 2452 |
| 祁门县 | Qimen | 77538 | 10514 | 13 | 4873 | 10378 | 2605 | 2852 |

## 7—11 续表2 continued

单位：万元 (10000 yuan)

| 县（市） County (City) | | 社会保障和就业 Social Security and Employment | 医疗卫生 Public Health | 环境保护 Environmental Protection | 城乡社区事务 Expenses in Urban、Rural Areas and Communities | 农林水事务 Expenses of Agriculture、Forest and Irrigation | 交通运输 Transport | 资源勘探电力信息等事务 Resource Prospecting and Electric Power Information and so on |
|---|---|---|---|---|---|---|---|---|
| 合肥市本级 | Hefei City at Its Own Level | 104864 | 47065 | 43523 | 869920 | 47612 | 21288 | 191003 |
| 长丰县 | Changfeng | 14349 | 18989 | 9935 | 16322 | 20992 | 3289 | 17250 |
| 肥东县 | Feidong | 21672 | 24700 | 6093 | 12846 | 38100 | 3504 | 8896 |
| 肥西县 | Feixi | 14583 | 21147 | 5533 | 11695 | 29898 | 4973 | 2334 |
| 淮北市本级 | Huaibei City at Its Own Level | 34836 | 14600 | 4785 | 50677 | 21489 | 5272 | 30796 |
| 濉溪县 | Suixi | 30319 | 25428 | 1821 | 24809 | 22002 | 3146 | 1286 |
| 亳州市本级 | Bozhou City at Its Own Level | 4570 | 3817 | 4954 | 10780 | 10721 | 3400 | 14186 |
| 涡阳县 | Guoyang | 32654 | 34443 | 2648 | 12803 | 29761 | 6080 | 5027 |
| 蒙城县 | Mengcheng | 37853 | 31079 | 2465 | 5741 | 27485 | 3114 | 8166 |
| 利辛县 | Lixin | 31764 | 30884 | 2983 | 6376 | 33498 | 7408 | 6680 |
| 宿州市本级 | Suzhou City at Its Own Level | 5483 | 6664 | 5906 | 19480 | 21310 | 3974 | 25481 |
| 砀山县 | Dangshan | 11874 | 21158 | 4232 | 2148 | 17947 | 2534 | 3960 |
| 萧县 | Xiaoxian | 15698 | 31202 | 6203 | 2347 | 26757 | 4431 | 6969 |
| 灵璧县 | Lingbi | 12709 | 30653 | 4181 | 6625 | 29812 | 3522 | 3060 |
| 泗县 | Sixian | 9899 | 19235 | 5196 | 2646 | 22014 | 3026 | 5912 |
| 蚌埠市本级 | Bengbu City at Its Own Level | 42357 | 21263 | 92940 | 68959 | 22640 | 6796 | 29234 |
| 怀远县 | Huaiyuan | 23505 | 29696 | 1661 | 4094 | 28029 | 4266 | 3646 |
| 五河县 | Wuhe | 18824 | 17618 | 931 | 2219 | 22242 | 3429 | 17125 |
| 固镇县 | Guzhen | 19647 | 12770 | 1484 | 7339 | 15298 | 2572 | 4596 |
| 阜阳市本级 | Fuyang City at Its Own Level | 33618 | 11946 | 6069 | 42091 | 17252 | 20700 | 19080 |
| 界首市 | Jieshou | 29284 | 12197 | 10198 | 10358 | 15761 | 1957 | 13210 |
| 临泉县 | Linquan | 38481 | 30157 | 2560 | 19460 | 35594 | 5745 | 7682 |
| 太和县 | Taihe | 31507 | 29459 | 2169 | 15181 | 25831 | 5097 | 6552 |
| 阜南县 | Funan | 35007 | 29819 | 2474 | 7091 | 31454 | 9169 | 10858 |
| 颍上县 | Yingshang | 36122 | 22055 | 1859 | 6790 | 42767 | 11128 | 7208 |
| 淮南市本级 | Huainan City at Its Own Level | 44823 | 25819 | 6432 | 36481 | 21740 | 8257 | 19681 |
| 凤台县 | Fengtai | 28076 | 21736 | 2147 | 50381 | 25603 | 8601 | 3661 |
| 滁州市本级 | Chuzhou City at Its Own Level | 16816 | 10468 | 14178 | 32282 | 47324 | 6382 | 19119 |
| 天长市 | Tianchang | 18453 | 21898 | 696 | 11840 | 24878 | 5300 | 17272 |
| 明光市 | Mingguang | 16565 | 15951 | 3633 | 5320 | 23045 | 3028 | 2216 |
| 来安县 | Laian | 13462 | 15277 | 4156 | 14580 | 15761 | 2509 | 2292 |
| 全椒县 | Quanjiao | 15336 | 12945 | 2686 | 6533 | 22829 | 6855 | 1903 |
| 定远县 | Dingyuan | 20531 | 15636 | 2614 | 28157 | 25153 | 5344 | 406 |
| 凤阳县 | Fengyang | 22532 | 19188 | 3682 | 8307 | 25449 | 8806 | 3866 |
| 六安市本级 | Luan City at Its Own Level | 9789 | 13069 | 6969 | 26321 | 32749 | 6830 | 27660 |
| 寿县 | Shouxian | 28231 | 25710 | 4624 | 5806 | 44600 | 7217 | 4625 |
| 霍邱县 | Huoqiu | 19525 | 36267 | 3741 | 7752 | 43182 | 8426 | 8527 |
| 舒城县 | Shucheng | 27920 | 20114 | 1190 | 5728 | 28548 | 4307 | 2105 |
| 金寨县 | Jinzhai | 20383 | 17729 | 5799 | 7971 | 29330 | 5869 | 1099 |

## 7—11 续表3 continued

单位：万元 (10000 yuan)

| 县（市） | County (City) | 社会保障和就业 Social Security and Employment | 医疗卫生 Public Health | 环境保护 Environmental Protection | 城乡社区事务 Expenses in Urban、Rural Areas and Communities | 农林水事务 Expenses of Agriculture、Forest and Irrigation | 交通运输 Transport | 资源勘探电力信息等事务 Resource Prospecting and Electric Power Information and so on |
|---|---|---|---|---|---|---|---|---|
| 霍山县 | Huoshan | 13083 | 13320 | 2156 | 13986 | 20127 | 3114 | 809 |
| 马鞍山市本级 | Maanshan City at Its Own Level | 33471 | 27902 | 17526 | 79620 | 10088 | 7663 | 46545 |
| 当涂县 | Dangtu | 25480 | 21214 | 1471 | 19151 | 18888 | 3979 | 10226 |
| 巢湖市本级 | Chaohu City at Its Own Level | 13084 | 9035 | 7759 | 24230 | 24770 | 8863 | 14886 |
| 庐江县 | Lujiang | 30309 | 25548 | 9694 | 5677 | 33891 | 4118 | 4617 |
| 无为县 | Wuwei | 33183 | 25944 | 5543 | 8733 | 31741 | 8719 | 3131 |
| 含山县 | Hanshan | 6776 | 8507 | 4531 | 5334 | 15323 | 3905 | 5004 |
| 和县 | Hexian | 16464 | 17111 | 2186 | 4974 | 19407 | 5298 | 2387 |
| 芜湖市本级 | Wuhu City at Its Own Level | 43471 | 43533 | 35440 | 109117 | 12510 | 11803 | 73144 |
| 芜湖县 | Wuhu | 16509 | 11828 | 956 | 11667 | 16407 | 2682 | 36890 |
| 繁昌县 | Fanchang | 19923 | 13287 | 3238 | 13931 | 16219 | 2534 | 27307 |
| 南陵县 | Nanling | 19269 | 16092 | 5073 | 20555 | 21606 | 9959 | 5548 |
| 宣城市本级 | Xuancheng City at Its Own Level | 11306 | 7054 | 3707 | 18534 | 12478 | 3753 | 18997 |
| 宁国市 | Ningguo | 13408 | 11728 | 1709 | 21015 | 22221 | 5102 | 23091 |
| 郎溪县 | Langxi | 4796 | 11085 | 1606 | 6476 | 12719 | 5837 | 1648 |
| 广德县 | Guangde | 14105 | 14464 | 3225 | 5988 | 17610 | 4450 | 11524 |
| 泾县 | Jingxian | 13708 | 12003 | 3282 | 1955 | 12931 | 9931 | 4928 |
| 旌德县 | Jingde | 6283 | 7044 | 3148 | 4012 | 11262 | 672 | 2947 |
| 绩溪县 | Jixi | 4323 | 7994 | 1835 | 5895 | 9257 | 1760 | 3604 |
| 铜陵市本级 | Tongling City at Its Own Level | 52892 | 20076 | 22387 | 45309 | 5916 | 12724 | 32721 |
| 铜陵县 | Tongling | 11752 | 12618 | 2141 | 3283 | 13844 | 1716 | 12948 |
| 池州市本级 | Chizhou City at Its Own Level | 11709 | 6285 | 8393 | 38890 | 21204 | 16632 | 24217 |
| 东至县 | Dongzhi | 16148 | 14572 | 2991 | 2153 | 21866 | 3562 | 1459 |
| 石台县 | Shitai | 5617 | 5431 | 1458 | 2629 | 9774 | 1752 | 1256 |
| 青阳县 | Qingyang | 10940 | 8364 | 1303 | 9674 | 16786 | 2746 | 2170 |
| 安庆市本级 | Anqing City at Its Own Level | 39923 | 22967 | 7185 | 23203 | 36345 | 7946 | 14283 |
| 桐城市 | Tongcheng | 10048 | 16817 | 1968 | 14468 | 35310 | 2225 | 4146 |
| 怀宁县 | Huaining | 17876 | 19420 | 4844 | 3013 | 25731 | 3533 | 1121 |
| 枞阳县 | Zongyang | 19365 | 27702 | 2304 | 439 | 15968 | 4606 | 736 |
| 潜山县 | Qianshan | 18365 | 15348 | 2568 | 10223 | 18180 | 3971 | 953 |
| 太湖县 | Taihu | 16496 | 14850 | 3777 | 1225 | 19608 | 7431 | 1697 |
| 宿松县 | Susong | 12897 | 17972 | 1335 | 3678 | 20383 | 2854 | 853 |
| 望江县 | Wangjiang | 14624 | 14009 | 1865 | 3516 | 21739 | 2115 | 1282 |
| 岳西县 | Yuexi | 14737 | 13880 | 2738 | 2506 | 15743 | 5370 | 2299 |
| 黄山市本级 | Huangshan City at Its Own Level | 13714 | 6853 | 16193 | 4051 | 10634 | 2508 | 14967 |
| 歙县 | Shexian | 19040 | 16091 | 1783 | 5140 | 19367 | 4402 | 3691 |
| 休宁县 | Xiuning | 11658 | 9240 | 1598 | 1294 | 15502 | 5258 | 1343 |
| 黟县 | Yixian | 5493 | 2943 | 1767 | 1820 | 6199 | 686 | 1163 |
| 祁门县 | Qimen | 9572 | 10601 | 1139 | 2072 | 10596 | 2666 | 1372 |

## 7—11 续表4 continued

单位：万元 (10000 yuan)

| 县（市） | County (City) | 商业服务业等事务 Resource Prospecting and Electric Power Information and so on | 金融监管等事务支出 Finance Supervision and so on | 国土资源气象等事务 Land Resources and Meteorology and so on | 住房保障支出 Housing Safeguard | 粮油物资储备管理等事务 Grain and Oil Material Reserving and Management | 国债还本付息 National Debt Repay and Interests Expenditure | 其他支出 Other Expenditure |
|---|---|---|---|---|---|---|---|---|
| 合肥市本级 | Hefei City at Its Own Level | 30023 | 2746 | 5688 | 46345 | 4895 | | 79573 |
| 长丰县 | Changfeng | 2792 | 1036 | 1256 | 2041 | 759 | | 9972 |
| 肥东县 | Feidong | 5739 | 914 | 6010 | 4941 | 3117 | | 7793 |
| 肥西县 | Feixi | 4138 | 115 | 1039 | 3712 | 1951 | | 14030 |
| 淮北市本级 | Huaibei City at Its Own Level | 4884 | 447 | 11886 | 65251 | 1650 | 1732 | 2762 |
| 濉溪县 | Suixi | 6534 | 35 | 2295 | 7650 | 441 | 6 | 3281 |
| 亳州市本级 | Bozhou City at Its Own Level | 3637 | 5299 | 2318 | 10000 | 112 | | 5907 |
| 涡阳县 | Guoyang | 12804 | 278 | 1325 | 13815 | 3936 | 32 | 2723 |
| 蒙城县 | Mengcheng | 7098 | 666 | 896 | 6907 | 881 | 100 | 145 |
| 利辛县 | Lixin | 9282 | 665 | 1647 | 8606 | 1591 | 923 | 3405 |
| 宿州市本级 | Suzhou City at Its Own Level | 7684 | 3158 | 634 | 8790 | 1816 | 2000 | 2341 |
| 砀山县 | Dangshan | 3735 | 107 | 839 | 6799 | 657 | | 5274 |
| 萧县 | Xiaoxian | 8421 | 397 | 1198 | 8053 | 1590 | 11 | 320 |
| 灵璧县 | Lingbi | 4030 | 87 | 892 | 9552 | 1602 | 1058 | 76 |
| 泗县 | Sixian | 4013 | 280 | 637 | 3088 | 780 | 1009 | 280 |
| 蚌埠市本级 | Bengbu City at Its Own Level | 5246 | 47 | 3580 | 38575 | 1277 | | 12450 |
| 怀远县 | Huaiyuan | 4310 | 260 | 1564 | 8416 | 3912 | 56 | 1968 |
| 五河县 | Wuhe | 2707 | 628 | 794 | 6692 | 621 | 38 | 145 |
| 固镇县 | Guzhen | 1858 | 246 | 2441 | 6027 | 801 | 13 | 178 |
| 阜阳市本级 | Fuyang City at Its Own Level | 5182 | 4588 | 2301 | 3185 | 1270 | 2840 | 12043 |
| 界首市 | Jieshou | 4065 | 65 | 1846 | 4505 | 405 | 40 | 320 |
| 临泉县 | Linquan | 9434 | 166 | 1068 | 4455 | 1698 | 86 | 300 |
| 太和县 | Taihe | 7249 | 82 | 3073 | 5198 | 714 | 43 | 593 |
| 阜南县 | Funan | 9131 | 195 | 1922 | 8179 | 470 | 1845 | 511 |
| 颍上县 | Yingshang | 6824 | 35 | 9794 | 4817 | 6507 | 3297 | 3459 |
| 淮南市本级 | Huainan City at Its Own Level | 4427 | 47 | 8964 | 41123 | 1878 | 10500 | 9635 |
| 凤台县 | Fengtai | 3564 | 148 | 3504 | 3200 | 731 | 22 | 377 |
| 滁州市本级 | Chuzhou City at Its Own Level | 5753 | 3509 | 4090 | 14918 | 508 | 1276 | 8212 |
| 天长市 | Tianchang | 3442 | 1271 | 1853 | 3640 | 1656 | | 1061 |
| 明光市 | Mingguang | 1917 | 629 | 775 | 2741 | 942 | 14 | 4098 |
| 来安县 | Laian | 2097 | 87 | 1272 | 3782 | 950 | 11 | 261 |
| 全椒县 | Quanjiao | 1700 | 643 | 3667 | 5746 | 924 | 34 | 244 |
| 定远县 | Dingyuan | 2095 | 113 | 3397 | 5972 | 686 | 1391 | 2057 |
| 凤阳县 | Fengyang | 2582 | 366 | 2606 | 4028 | 1596 | 8 | 210 |
| 六安市本级 | Luan City at Its Own Level | 7616 | 93 | 1715 | 11946 | 732 | 20000 | 17980 |
| 寿县 | Shouxian | 5199 | 592 | 3853 | 11427 | 4759 | 1198 | 192 |
| 霍邱县 | Huoqiu | 7998 | 925 | 8058 | 5550 | 4905 | | 1973 |
| 舒城县 | Shucheng | 4034 | 321 | 788 | 9965 | 1201 | 179 | 1130 |
| 金寨县 | Jinzhai | 3867 | 107 | 595 | 4731 | 755 | 2000 | 328 |

## 7—11 续表5 continued

单位：万元 (10000 yuan)

| 县（市） | County (City) | 商业服务业等事务 Resource Prospecting and Electric Power Information and so on | 金融监管等事务支出 Finance Supervision and so on | 国土资源气象等事务 Land Resources and Meteorology and so on | 住房保障支出 Housing Safeguard | 粮油物资储备管理等事务 Grain and Oil Material Reserving and Management | 国债还本付息 National Debt Repay and Interests Expenditure | 其他支出 Other Expenditure |
|---|---|---|---|---|---|---|---|---|
| 霍山县 | Huoshan | 2941 | 539 | 658 | 5648 | 540 | 230 | 1584 |
| 马鞍山市本级 | Maanshan City at Its Own Level | 5211 | 2444 | 7430 | 19728 | 1581 | 787 | 127933 |
| 当涂县 | Dangtu | 3427 | 388 | 1612 | 4884 | 437 | | 681 |
| 巢湖市本级 | Chaohu City at Its Own Level | 7208 | 117 | 1263 | 7003 | 1072 | 61 | 465 |
| 庐江县 | Lujiang | 4475 | 373 | 8268 | 5661 | 4603 | 96 | 430 |
| 无为县 | Wuwei | 5500 | 380 | 784 | 5498 | 1208 | 48 | 1456 |
| 含山县 | Hanshan | 1734 | 889 | 712 | 1342 | 969 | 982 | 991 |
| 和县 | Hexian | 2405 | 600 | 1337 | 3933 | 1145 | 32 | 745 |
| 芜湖市本级 | Wuhu City at Its Own Level | 6714 | 849 | 1178 | 33865 | 1235 | 2700 | 96129 |
| 芜湖县 | Wuhu | 1545 | 255 | 144 | 13692 | 395 | | 416 |
| 繁昌县 | Fanchang | 1176 | 237 | 3496 | 13304 | 816 | 18 | 4534 |
| 南陵县 | Nanling | 2080 | 187 | 535 | 17990 | 1008 | | 1305 |
| 宣城市本级 | Xuancheng City at Its Own Level | 5491 | 25 | 2552 | 5208 | 872 | 1575 | 4038 |
| 宁国市 | Ningguo | 2481 | 1003 | 617 | 4097 | 256 | | 16115 |
| 郎溪县 | Langxi | 4956 | 278 | 754 | 4268 | 852 | | 923 |
| 广德县 | Guangde | 3373 | 677 | 1080 | 741 | 1748 | 99 | 950 |
| 泾县 | Jingxian | 3588 | 111 | 565 | 6393 | 528 | 78 | 2820 |
| 旌德县 | Jingde | 1102 | 1 | 1261 | 1141 | 291 | 33 | 261 |
| 绩溪县 | Jixi | 1503 | 387 | 481 | 1476 | 831 | 30 | 165 |
| 铜陵市本级 | Tongling City at Its Own Level | 6284 | 634 | 13947 | 34007 | 1778 | 80 | 12884 |
| 铜陵县 | Tongling | 1582 | 176 | 1953 | 2868 | 377 | 26 | 11211 |
| 池州市本级 | Chizhou City at Its Own Level | 2299 | 416 | 2530 | 11060 | 209 | 243 | 1398 |
| 东至县 | Dongzhi | 2809 | 79 | 760 | 6023 | 690 | 43 | 1300 |
| 石台县 | Shitai | 3621 | | 504 | 4637 | 165 | 1100 | 120 |
| 青阳县 | Qingyang | 1526 | 43 | 1604 | 2313 | 519 | 50 | 195 |
| 安庆市本级 | Anqing City at Its Own Level | 10013 | 3 | 4533 | 8629 | 1103 | 125 | 8875 |
| 桐城市 | Tongcheng | 4909 | 693 | 2013 | 11220 | 1285 | 46 | 3195 |
| 怀宁县 | Huaining | 2831 | 26 | 2975 | 15159 | 1219 | | 430 |
| 枞阳县 | Zongyang | 3422 | 31 | 646 | 6285 | 415 | | 205 |
| 潜山县 | Qianshan | 3119 | 72 | 1660 | 5985 | 630 | 21 | 9777 |
| 太湖县 | Taihu | 2305 | 1263 | 1644 | 2332 | 1082 | 1462 | 253 |
| 宿松县 | Susong | 2969 | 216 | 1436 | 4676 | 1069 | | 253 |
| 望江县 | Wangjiang | 2491 | 225 | 423 | 4927 | 674 | | 265 |
| 岳西县 | Yuexi | 3931 | 94 | 594 | 9798 | 479 | 37 | 1562 |
| 黄山市本级 | Huangshan City at Its Own Level | 4599 | | 3389 | 6607 | 721 | | 45578 |
| 歙县 | Shexian | 2621 | 749 | 1021 | 4163 | 442 | 88 | 3028 |
| 休宁县 | Xiuning | 2042 | 833 | 1085 | 2211 | 247 | 11 | 2435 |
| 黟县 | Yixian | 1759 | 63 | 328 | 2600 | 737 | | 1101 |
| 祁门县 | Qimen | 1311 | 61 | 144 | 4248 | 365 | 29 | 2127 |

## 7—12 主要年份金融机构人民币各项存款和贷款余额

Total Deposite and Loan (RMB)in Financial organ In Main Years

单位：亿元 (100 million yuan)

| 年 份 Year | 各项存款合计 Total Deposit | #企业存款 Enterprise Deposit | #农村存款 Countryside Deposit | #城乡居民储蓄存款 City and Countryside Resident Savings Deposit | #城镇 Cities | 各项贷款合计 Total Loan | #工业企业 Industrial Enterprise | #商业企业 Commercial Department | #农业贷款 Agriculture Loan |
|---|---|---|---|---|---|---|---|---|---|
| 1990 | 293.44 | 81.00 | 9.14 | 163.05 | 117.53 | 446.03 | 118.38 | 178.16 | 20.56 |
| 1995 | 1111.72 | 308.20 | 28.57 | 683.93 | 512.42 | 1279.25 | 273.27 | 415.96 | 22.93 |
| 2000 | 2485.54 | 761.90 | | 1447.15 | | 2384.95 | 398.58 | 679.76 | 181.12 |
| 2002 | 3449.23 | 978.21 | | 2047.51 | | 2941.59 | 463.28 | 677.74 | 256.79 |
| 2003 | 4190.20 | 1234.15 | | 2475.83 | | 3374.59 | 515.85 | 632.96 | 307.80 |
| 2004 | 5045.34 | 1489.54 | | 2972.37 | | 3900.57 | 543.49 | 646.53 | 370.66 |
| 2005 | 5993.82 | 1661.44 | | 3508.67 | | 4313.55 | 490.97 | 626.47 | 430.60 |
| 2006 | 7100.37 | 2017.32 | | 4077.80 | | 5132.02 | 606.78 | 674.69 | 482.13 |
| 2007 | 8406.57 | 2537.03 | | 4546.49 | | 6042.51 | 714.89 | 734.27 | 564.87 |
| 2008 | 10303.30 | 3019.66 | | 5647.51 | | 6948.70 | 686.84 | 704.62 | 560.36 |
| 2009 | 13306.53 | 4318.24 | | 6619.48 | | 9289.40 | 757.79 | 788.58 | 630.23 |
| 2010 | 16366.10 | 5208.51 | | 7788.48 | | 11452.29 | | | |

注：本表中工业企业、商业企业、农业贷款均属短期贷款，其中1995年为国家银行口径。

a) In this table, industrial enterprises, commercial enterprises, agriculture loans are short-term loans, In1995 for State bank data.

## 7—13 主要年份金融机构现金投放回笼差额

Total Cash Difference Currency Issued and Recalled in Financial organ In Main Years

单位：万元 (10000 yuan)

| 年 份 Year | 现金收入 Cash Income | 现金支出 Cash Expenditures | 投放（+） 回笼（-） Currency Issued (+) Currency Recalled (-) |
|---|---|---|---|
| 1990 | 4450423 | 4695717 | 245294 |
| 1995 | 21571432 | 21411267 | -160165 |
| 2000 | 54124477 | 53544668 | -579809 |
| 2002 | 75830095 | 74354623 | -1475472 |
| 2003 | 97357708 | 95329803 | -2027905 |
| 2004 | 125343547 | 122772480 | -2571067 |
| 2005 | 140581519 | 137695147 | -2886372 |
| 2006 | 163504543 | 160479040 | -3025502 |
| 2007 | 196132412 | 192282475 | -3849937 |
| 2008 | 207759090 | 203377676 | -4381414 |
| 2009 | 234001250 | 229373317 | -4627933 |
| 2010 | 272471281 | 267052888 | -5418393 |

注：1995年数据系“国家银行”口径，包括人民银行、工商银行、农业银行、中国银行、建设银行、交通银行、中信银行、农业发展银行、邮政储汇局。

a) Data from 1995 were about "national banks", including People's Bank, Industrial and Commercial Bank, Agricultural Bank, Bank of China, Construction Bank, Communication Bank, Credit Bank, Agricultural Bank and Savings Deposit Agencies of Post offices.

# 7—14 金融机构人民币信贷资金平衡表（资金来源）
Credit Funds Balance Sheet of Financial Institutions (Sources of Funds)

（年末余额）(year-end) 单位：万元 (10000 yuan)

| 项 目 | Item | 2005 | 2009 | 2010 |
|---|---|---|---|---|
| **资金来源合计** | **All Sources** | **62208918** | **124213865** | **158212499** |
| 各项存款 | Deposits | 59938218 | 133065346 | 163661014 |
| 企业存款 | Deposits of Enterprises | 16614416 | 43182402 | 52085141 |
| 活期存款 | Carrent Deposits | 13061948 | 31674816 | 38971577 |
| 定期存款 | Fixed Deposits | 3552469 | 11507586 | 13113564 |
| 财政存款 | Treasury Deposits | 1386975 | 2994941 | 4428934 |
| 机关团体存款 | Deposits of Government Agencies and Organizations | 2542688 | 7271545 | 13402894 |
| 储蓄存款 | Urban and Rural Savings Deposits | 35086727 | 66194831 | 77884800 |
| 活期储蓄 | Carrent Deposits | 10631280 | 23425302 | 29355524 |
| 定期储蓄 | Fixed Deposits | 24455447 | 42769530 | 48529277 |
| 农业存款 | Agricultural Deposits | 1028014 | 4749910 | 5416625 |
| 委托存款 | Commission Deposits | 368341 | 297641 | 614206 |
| 其他存款 | Other Deposits | 2911056 | 8374076 | 9828414 |
| 金融债券 | Bonds | 50 | 32 | 32 |
| 应付及暂收款 | Account Payable and Temporary Credit | 868630 | 2445290 | 3069099 |
| #应付及预收利息 | Payable and Pre-received Interest | 291029 | 1338506 | 1345492 |
| 同业往来 | Commercial Dealings of the Same Trade | 571807 | 3510249 | 2499329 |
| 各项准备 | Every Capital Reserve | 591755 | 1480410 | 1897923 |
| #贷款损失准备 | Capital Reserves for Loss of Loan | 432165 | 1404648 | 1821231 |
| 所有者权益 | Creditors' Equity | 400413 | 4664219 | 5782529 |
| #实收资本 | Paid-in Capital | 626271 | 1993897 | 2544472 |
| 当年结益 | Carried Interest in the Same Year | 336631 | | |
| 其 他 | Others | -161954 | -20951681 | -18697427 |

注：本表金融机构包括中国人民银行、政策性银行、国有商业银行、股份制商业银行、徽商银行、农村合作银行、农村商业银行、邮储银行、农村信用社、财务公司、信托投资公司等。

a) Financial institutions in this table include Chinese People's Bank, policy banks, state-sole-owned commercial bank, commercial banks of stock-sharing system, urban commercial banks, savings deposit agencies of postal banks, rural credit cooperative, rural credit cooperatives and financial trust investment agencies.

## 7—15 金融机构人民币信贷资金平衡表（资金运用）
Credit Funds Balance Sheet of Financial Institutions (Uses of Funds)

（年末余额）(year-end)　　　　单位：万元 (10000 yuan)

| 项　　目 | Item | 2005 | 2008 | 2009 |
|---|---|---|---|---|
| **资金运用合计** | **All Uses** | **62208918** | **96203308** | **124213865** |
| 各项贷款 | Loans | 43135493 | 69486959 | 92893977 |
| 短期贷款 | Short-term Loans | 22471115 | 29604525 | 35014179 |
| 工业贷款 | Industrial Loans | 4909659 | 6868357 | 7577861 |
| 商业贷款 | Commercial Loans | 6264717 | 7046230 | 7885846 |
| #农副产品贷款 | Farm and Sideline Product Loan | 4414313 | | |
| 建筑业贷款 | Construction Loans | 507832 | 639557 | 659656 |
| 农业贷款 | Agricultural Loans | 4305971 | 5603586 | 6302265 |
| 乡镇企业贷款 | Loans to Township Enterprises | 1602172 | 1810051 | 2336847 |
| 三资企业贷款 | Loans to Sino-foreign Joint Venture and Cooperative Enterprises and Foreign-funded Enterprises | 194702 | 337083 | 211146 |
| 私营企业及个体贷款 | Loans to Private Enterprises and Individuals | 245028 | 569249 | 1259629 |
| 其他短期贷款 | Other Short-term Loans | 4441034 | 6730412 | 8780930 |
| #个人短期消费贷款 | Personal Short-term Consumptive Loans | 141387 | 379635 | 563921 |
| 中长期贷款 | Medium-term & Long-term Loans | 17457388 | 36237222 | 52921619 |
| 基本建设贷款 | Capital Construction Loans | 8835050 | 16287924 | 22107939 |
| 技术改造贷款 | Innovation Loans | 579827 | 428845 | 512063 |
| 其他中长期贷款 | Other Medium-term and Long-term Loans | 8042510 | 19520453 | 30301617 |
| #个人中长期消费贷款 | Personal Medium-term and Long-term Consumptive Loans | 3345334 | 7779788 | 12824464 |
| 信托贷款 | Trust Loans | 70444 | | |
| 融资租赁 | Capital Blending and Leasing | 504 | | |
| 委托贷款 | Commission Loans | 478018 | 3717 | 3714 |
| 票据融资 | Note Financing | 2567963 | 3627620 | 4943329 |
| #贴　现 | Discount | 2567963 | 3627620 | 4943329 |
| 各项垫款 | Advanced Money to be Paid Back Later | 90062 | 13876 | 11136 |
| 有价证券及投资 | Securities & Investment | 1917627 | 4600993 | 5992846 |
| 应收及预付款 | Receivables and prepayments | 410883 | 1409431 | 2479438 |
| #应收利息 | Interest Recievable | 96440 | 261113 | 355226 |
| 同业往来 | Commercial Dealings of the Same Trade | 19412 | 308668 | 262191 |
| 二级准备金 | Sencondary Bank Reserve | 7537497 | | |
| 行内资金往来 | Inter-bank Debts | 7390860 | | 20206145 |
| 系统内资金往来 | Found Intercourse in System | | 18357714 | |
| 委托投资 | Commission Investment | 77060 | | |
| 外汇占款 | Purchase of Foreign Exchanges | 8847 | 5756 | 6394 |
| 固定资产 | Fixed Assets | 1247658 | 1358368 | 1536546 |
| 库存现金 | Cash Stock | 463580 | 675418 | 836328 |

# 7—16 金融机构人民币信贷资金平衡表（资金运用）（2010年）
Credit Funds Balance Sheet of Financial Institutions (Uses of Funds) (2010)

（年末余额）(year-end) 单位：万元 (10000 yuan)

| 项　　目 | Item | 数　量 Number |
|---|---|---|
| **资金运用合计** | **Total of Capital Lutilization** | **158212499** |
| 各项贷款 | Loans | 114522946 |
| 境内贷款 | Within the Boundaries Loan | 114522946 |
| 短期贷款 | Short-term Loan | 40441674 |
| 个人贷款及透支 | Individual Loan and Overdrawing | 9078913 |
| #个人消费贷款 | Individual Consumption Loan | 1036971 |
| 单位贷款及透支 | Unit Loan and Overdrawing | 29846329 |
| #经营贷款 | Management Loan | 29015839 |
| 固定资产贷款 | Fixed Asset Loan | 764732 |
| 普通并购货款 | Ordinary Merger Loan | |
| 银团贷款 | Syndicate Loan | 85935 |
| 贸易融资 | Trade Financing | 1430497 |
| 中长期贷款 | Medium and Long-term Loan | 71004991 |
| 个人贷款 | Individual Loan | 23722000 |
| #个人消费贷款 | Individual Consumption Loan | 19065546 |
| 单位贷款 | Unit Loan | 44323105 |
| #经营贷款 | Management Loan | 9704317 |
| 固定资产贷款 | Fixed Asset Loan | 34513840 |
| 普通并购货款 | Ordinary Merger Loan | |
| 银团贷款 | Syndicate Loan | 2959886 |
| 贸易投资 | Trade Financing | |
| 信托贷款 | Trust Loans | |
| 融资租赁 | Capital Blending and Leasing | |
| 委托贷款 | Commission Loans | 148138 |
| 票据融资 | Note Financing | 2918448 |
| #贴　现 | Discount | 2879063 |
| 各项垫款 | Advanced Money to be Paid Back Later | 9694 |
| 境外贷款 | Beyond Border Loan | |
| 有价证券及投资 | Securities & Investment | 7476663 |
| 应收及预付款 | Receivables and prepayments | 1457693 |
| #应收利息 | Interest Recievable | 242239 |
| 同业往来 | Commercial Dealings of the Same Trade | 117246 |
| 行内资金往来 | Inter-bank Debts | 31955072 |
| 外汇占款 | Purchase of Foreign Exchanges | 13190 |
| 固定资产 | Fixed Assets | 1634775 |
| 库存现金 | Cash Stock | 1033305 |
| 投资性房地产 | Investment of Real Estate | 1609 |

## 7—17 金融机构现金收入
Cash Income of Financial Institutions

单位：万元 (10000 yuan)

| 项　　目 | Item | 2005 | 2009 | 2010 |
|---|---|---|---|---|
| **收入合计** | **Total Income** | **140581519** | **234001250** | **272471281** |
| 商品销售收入 | Income from Commodity Sales | 17660775 | 26030529 | 29539171 |
| 服务业收入 | Income from Service Trade | 8350396 | 10245408 | 10731525 |
| 税款收入 | Income from Taxes | 840783 | | |
| 行政税费收入 | Income from Administrative Tax | | 2115178 | 2376653 |
| 城乡个体经营收入 | Income from Urban and Rural Individual Business | 3518865 | 6026522 | 7764149 |
| 储蓄存款收入 | Income from Savings Deposits | 97321475 | 170483724 | 198894494 |
| 其他金融机构收入 | Income from Other Financial Institutions | 395318 | | |
| 其他金融性公司收入 | Income from Other Financial Companies | | 342659 | 524404 |
| 居民归还贷款收入 | Income from Repayment of Loans by Residents | 4565028 | 6489034 | 7700680 |
| 汇兑收入 | Income from Remittances | 791748 | 1768621 | 2306695 |
| 有价证券收入 | Income from Securities | 242062 | | |
| 有价证券及其他投资性收入 | Income from Securities and Other Investment | | 274607 | 294334 |
| 其他收入 | Other Income | 6895071 | 10224967 | 12339175 |
| #兑换外币收入 | Income from Exchange of Foreign Currencies | 18348 | 111242 | 80149 |

## 7—18 金融机构现金支出
Cash Expenditures of Financial Institutions

单位：万元 (10000 yuan)

| 项　　目 | Item | 2005 | 2009 | 2010 |
|---|---|---|---|---|
| **支出合计** | **Total Expenditure** | **137695147** | **229373317** | **267052888** |
| 工资及对个人其他支出 | Wages and Expenditure to Individual | 9655406 | 11822362 | 13226590 |
| 农副产品采购支出 | Purchases of Agricultural and Sideline Products | 5444406 | 7641906 | 8131997 |
| 工矿及其他产品采购支出 | Expenditure for Purchases of Industrial and Mineral Products | 4374396 | 4383105 | 4923936 |
| 行政企事业管理费支出 | Government and Enterprises Overhead | 6699842 | | |
| 行政企业管理与经营费支出 | Expenditure for Government Administration and Management | | 9225555 | 10037800 |
| 城乡个体经营支出 | Expenditure for Individual Business | 4350722 | 7069623 | 8459011 |
| 储蓄存款支出 | Expenditure for Savings Deposits | 95511839 | 174292184 | 204996879 |
| 其他金融机构支出 | Expenditure for Other Financial Institutions | 606480 | | |
| 其他金融性公司支出 | Expenditure for Other Financial Companies | | 453380 | 440195 |
| 居民提取贷款支出 | Expenditure for Loans by Residents | 4617914 | 4704000 | 5767875 |
| 汇兑支出 | Expenditure for Remittances | 598382 | 806378 | 787328 |
| 有价证券支出 | Expenditure for Securities | 206287 | | |
| 有价证券及其他投资性支出 | Income from Securities and Other Investment | | 237562 | 201324 |
| 其他支出 | Other Expenditure | 5629474 | 8737262 | 10079954 |
| #兑换外币支出 | Expenditure for Exchange of Foreign Currencies | 97065 | 108103 | 98864 |

## 7—19 金融机构本外币合并信贷收支
Source and Uses of Credit Funds of Home and Foreign Currency of Financial Institutions

（年末余额）(year-end) 单位：万元 (10000 yuan)

| 项　　目 | Item | 2005 | 2009 | 2010 |
|---|---|---|---|---|
| **各项存款** | **Deposits** | **60687902** | **134043826** | **164775912** |
| 企事业单位存款 | Deposits of Enterprises and Institutions | 16901815 | 43680860 | 52943142 |
| 活期存款 | Current Deposits | 13304091 | 32129734 | 39625292 |
| 定期存款 | Fixed Deposits | 3597723 | 11551125 | 13317850 |
| 储蓄存款 | Saving Deposits | 35517112 | 66483579 | 78138105 |
| 活期储蓄 | Carrent Deposits | 10688392 | 23496317 | 29424751 |
| 定期储蓄 | Fixed Deposits | 24828720 | 42987262 | 48713354 |
| 委托存款 | Commission Deposits | 372658 | 270898 | 591127 |
| 其他存款 | Other Deposits | 7896317 | 23608488 | 33103538 |
| **各项贷款** | **Loans** | **43992467** | **94385744** | **117365296** |
| 短期贷款 | Short-term Loans | 22788687 | 35629328 | 41420407 |
| 中长期贷款 | Medium-term & Long-term Loans | 17571315 | 53104096 | 71750093 |
| 信托贷款 | Trust Loans | 70444 | | |
| 委托贷款 | Commission Loans | 483022 | 3714 | 148138 |
| 其他贷款 | Other Loans | 413946 | 694055 | 1118515 |
| 票据融资 | Note Financing | 2568907 | 4943415 | 2918448 |
| 各项垫款 | Advanced Money to be Paid Back Later | 96146 | 11136 | 9694 |

## 7—20 各市金融机构本外币信贷收支（2010年）
Credit Income and Expenses of Renminbi and Foreign Currencies of Financial Institutions by Region (2010)

（年末余额）(year-end) 单位：万元 (10000 yuan)

| 地　区 | Region | 各项存款 Deposits | 企事业单位存款 | 定期存款 Fixed Deposits | 储蓄存款 Saving Deposits | 定期储蓄 Fixed Deposits | 所有者权益 Creditors' Equity | 各项贷款 Loans |
|---|---|---|---|---|---|---|---|---|
| **总　计** | **Total** | **163704933** | **52486423** | **13171215** | **77990770** | **48626253** | **4948689** | **115432821** |
| 合肥市 | Hefei | 45918136 | 22221684 | 7193461 | 12418923 | 7026815 | 1869952 | 43537920 |
| 淮北市 | Huaibei | 5685563 | 1831877 | 374309 | 2897194 | 1848195 | 87721 | 3047607 |
| 亳州市 | Bozhou | 5449732 | 818524 | 114436 | 3687280 | 2186550 | 161755 | 2450143 |
| 宿州市 | Suzhou | 7017015 | 1319690 | 147536 | 4665812 | 2590453 | 114239 | 3083340 |
| 蚌埠市 | Bengbu | 7104029 | 2177556 | 402639 | 3881465 | 2286575 | 104374 | 3894691 |
| 阜阳市 | Fuyang | 10433717 | 1551780 | 155390 | 7360908 | 4895393 | 188242 | 4427925 |
| 淮南市 | Huainan | 8645310 | 2951275 | 880015 | 4228607 | 2833757 | 291210 | 6497729 |
| 滁州市 | Chuzhou | 7784570 | 1516017 | 199359 | 4187583 | 2370483 | 196925 | 4824698 |
| 六安市 | Luan | 8434842 | 1927306 | 380264 | 4722947 | 3060168 | 186085 | 4852525 |
| 马鞍山市 | Maanshan | 8081587 | 2410380 | 580880 | 3550021 | 2330247 | 255526 | 5545250 |
| 巢湖市 | Chaohu | 6915528 | 1296849 | 223579 | 4651469 | 3167706 | 160565 | 3657292 |
| 芜湖市 | Wuhu | 12382840 | 5100276 | 1418781 | 4856192 | 2983306 | 446444 | 10512350 |
| 宣城市 | Xuancheng | 5784369 | 1414184 | 143875 | 3196620 | 1772411 | 172756 | 3875549 |
| 铜陵市 | Tongling | 4102746 | 1430848 | 250736 | 1934897 | 1308064 | 186635 | 4370149 |
| 池州市 | Chizhou | 3661645 | 1028669 | 208315 | 2000262 | 1308542 | 140289 | 2480479 |
| 安庆市 | Anqing | 11559970 | 2464626 | 345314 | 7160789 | 4983731 | 265363 | 5559420 |
| 黄山市 | Huangshan | 4743334 | 1024882 | 152326 | 2589801 | 1673857 | 120608 | 2815754 |

# 7—21 人民币信贷收支情况（2010年）
## Credit Receipts and Payments (2010)

（年末余额）(year-end) 单位：万元 (10000 yuan)

| 项 目 | Item | 国有商业银行 State-owned Commercial Bank | 股份制商业银行 Commercial Bank of Stock-sharing System | 政策性银行 Policy Bank | 农村信用社 Rural Credit Cooperatives | 农村商业银行 Rural Commercial Bank | 农村合作银行 Roral Cooperative Bank |
|---|---|---|---|---|---|---|---|
| **各项存款** | **Deposits** | **77279662** | **22345397** | **4164071** | **11205857** | **6217654** | **8392222** |
| 企业存款 | Deposits of Enterprises | 22289813 | 12342265 | 3369197 | 200066 | 1164987 | 416982 |
| 活期存款 | Current Deposits | 17454622 | 8434338 | 3124817 | 5928 | | |
| 定期存款 | Fixed Deposits | 4835191 | 3907927 | 244380 | 194138 | 1164987 | 416982 |
| 机关团体存款 | Deposits of Government Agencies and Organizations | 11054427 | 1493485 | 235137 | | | 35000 |
| 储蓄存款 | Saving Deposits | 40773765 | 4439022 | | 9233152 | 2592052 | 5861929 |
| 活期储蓄 | Current Deposits | 16008898 | 1742668 | | 2573498 | 886048 | 2070975 |
| 定期储蓄 | Fixed Deposits | 24764867 | 2696354 | | 6659654 | 1706004 | 3790954 |
| 农业存款 | Agricultural Deposits | 53599 | 22070 | | 1660068 | 1795252 | 1846712 |
| 其他存款 | Other Deposits | 3108058 | 4048555 | 559737 | 112571 | 665362 | 231599 |
| **各项贷款** | **Loans** | **48796196** | **16609313** | **18367032** | **7749165** | **3892918** | **5701019** |
| 境内贷款 | Within the Boundaries Loan | 48796196 | 16609313 | 18367032 | 7749165 | 3892918 | 5701019 |
| 短期贷款 | Short-term Loan | 10587161 | 6825032 | 5748908 | 5090895 | 1829375 | 4078666 |
| 个人贷款及透支 | Individual Loan and Overdrawing | 961197 | 398738 | | 3707655 | 598761 | 2416524 |
| #个人消费贷款 | Individual Consumption Loan | 361696 | 103326 | | 238158 | 25305 | 173322 |
| 单位贷款及透支 | Unit Loan and Overdrawing | 8341289 | 6268664 | 5748908 | 1344060 | 1229714 | 1629287 |
| #经营贷款 | Management Loan | 8166553 | 6228800 | 5255238 | 1339260 | 1228664 | 1591076 |
| 固定资产贷款 | Fixed Asset Loan | 174655 | 39186 | 493670 | 4800 | 1050 | 38211 |
| 普通并购贷款 | Ordinary Merger Loan | | | | | | |
| 银团贷款 | Syndicate Loan | 8000 | 5000 | | 39180 | 900 | 32855 |
| 贸易融资 | Trade Financing | 1276676 | 152629 | | | | |
| 中长期贷款 | Medium and Long-term Loan | 37382767 | 9543095 | 12608159 | 2254076 | 1468091 | 1537072 |
| 个人贷款 | Individual Loan | 15190546 | 3018380 | 57482 | 1382963 | 777716 | 727467 |
| #个人消费贷款 | Individual Consumption Loan | 13543653 | 2437182 | 57482 | 235313 | 453014 | 84284 |
| 单位贷款 | Unit Loan | 21124458 | 6324139 | 11826879 | 455447 | 590538 | 443156 |
| #经营贷款 | Management Loan | 4765771 | 2265752 | 237300 | 430711 | 436723 | 369214 |
| 固定资产贷款 | Fixed Asset Loan | 16358687 | 4058386 | 11589579 | 24736 | 153815 | 73942 |
| 普通并购贷款 | Ordinary Merger Loan | | | | | | |
| 银团贷款 | Syndicate Loan | 1067763 | 200576 | 723798 | 415666 | 99837 | 366449 |
| 贸易融资 | Trade Financing | | | | | | |
| 信托贷款 | Trust Loans | | | | | | |
| 融资租赁 | Capital Blending and Leasing | | | | | | |
| 委托贷款 | Commission Loans | | | | | | |
| 票据融资 | Note Financing | 821247 | 239874 | 9965 | 404194 | 594546 | 85281 |
| #贴　现 | Discount | 821247 | 239874 | 9965 | 404194 | 555161 | 85281 |
| 各项垫款 | Advanced Money to be Paid Back Later | 5021 | 1312 | | | 906 | |

注：1．本表国有商业银行包括工商银行、农业银行、中国银行、建设银行。
2．本表股份制商业银行包括交通银行、光大银行、中信银行、招商银行、浦东发展银行、兴业银行、民生银行。
3．本表政策性银行包括国家开发银行和农业发展银行。

a) State-sole-owned commercial banks in this table include Industrial and Commercial Bank, Agrricultural Bank, Bank of China and Construction Bank.
b) Commercial banks of stocksharing system in this table include Bank of Communications, Everbright Bank, Citic Industrial Bank, Merchants Bank and Pudong Development bank.
c) The Policy Bank Include National Development Bank and Agricultural Development Bank.

## 7—22 安徽省上市公司数量
Number of Listed Companies of Anhui

单位：家 (unit)

| 年 份<br>Year | 全省合计<br>Provincial Total | 上交所<br>Shanghai Stock Exchange | 深交所<br>Shenzhen Stock Exchange | 仅发A股公司<br>A Share Only | 发A、H股公司<br>A & H Share | 发A、B股公司<br>A & B Share | 仅发H股公司<br>H Share Only |
|---|---|---|---|---|---|---|---|
| 1995 | 3 | 1 | 2 | 2 | 1 | | |
| 1999 | 20 | 6 | 12 | 14 | 1 | 3 | 2 |
| 2000 | 26 | 9 | 15 | 20 | 1 | 3 | 2 |
| 2001 | 29 | 12 | 15 | 23 | 1 | 3 | 2 |
| 2002 | 33 | 18 | 15 | 27 | 3 | 3 | |
| 2003 | 36 | 21 | 15 | 30 | 3 | 3 | |
| 2004 | 44 | 27 | 17 | 38 | 3 | 3 | |
| 2005 | 45 | 27 | 18 | 39 | 3 | 3 | |
| 2006 | 47 | 27 | 19 | 40 | 3 | 3 | 1 |
| 2007 | 53 | 28 | 24 | 46 | 3 | 3 | 1 |
| 2008 | 56 | 28 | 27 | 49 | 3 | 3 | 1 |
| 2009 | 58 | 28 | 29 | 51 | 3 | 3 | 1 |
| 2010 | 65 | 29 | 36 | 59 | 3 | 3 | |

## 7—23 安徽省股票发行及筹资情况
Issuing Summary for Stocks of Anhui

| 年 份<br>Year | 股票发行 (万股)<br>Amount Issued (10000 shares) | | 筹资额合计<br>(万元)<br>Raised Capital<br>(10000 yuan) | | | | | | |
|---|---|---|---|---|---|---|---|---|---|
| | A 股<br>A Shares | H 股<br>H Shares | | A 股<br>A Shares | H 股<br>H Shares | 配股筹资<br>Shares Rights Issued | 可转债筹资<br>Changeable Bonds | 认股权行权<br>Stocks and Rights Issue | 公司债<br>Corporate Bonds |
| 1999 | 6000 | | 64074 | 39000 | | 25074 | | | |
| 2000 | 27300 | | 391741 | 226602 | | 165139 | | | |
| 2001 | 20300 | | 245990 | 186680 | | 59310 | | | |
| 2002 | 60500 | | 288552 | 268140 | | 20412 | | | |
| 2003 | 13300 | 7220 | 308633 | 94504 | 63129 | | 151000 | | |
| 2004 | 47817 | | 339453 | 234020 | | 17433 | 88000 | | |
| 2005 | 4000 | | 15200 | 15200 | | | | | |
| 2006 | 24500 | 16757 | 726267 | 125860 | 50407 | | 550000 | | |
| 2007 | 188184 | | 1451247 | 1364247 | | | 87000 | | |
| 2008 | 119083 | | 1765186 | 1458052 | | | | 307134 | |
| 2009 | 91711 | | 1629589 | 1429589 | | | | | 200000 |
| 2010 | 128849 | | 1713126 | 1513126 | | | 200000 | | |

注：股票发行包括首次发行、增发和认股权行权。

a) Amount issued and raised capital of shares include the-first-time issued and additional issued stocks and rights issues .

## 7—24 各市股票发行情况及筹资情况（截止2010年）
Issuing Summary for Stocks by Region (Up to 2010)

| 地 区 | Region | 上市公司（家）Number of Listed Companies (unit) | 发行股票（只）Number of Listed Shares (unit) | 股份总数（万股）Number of Shares (10000 share) | #无限售股份 Unlimited Shares | 当年募集资金（万元）Raised Capital (10000 yuan) | #发行股票 Amount of Listed Shares |
|---|---|---|---|---|---|---|---|
| **总 计** | **Total** | **65** | **68** | **3870821** | **3347278** | **1713126** | **461692** |
| 合 肥 市 | Hefei | 21 | 22 | 1173020 | 920730 | 393306 | 176792 |
| 淮 北 市 | Huaibei | 3 | 3 | 82414 | 29416 | 258727 | |
| 亳 州 市 | Bozhou | 1 | 2 | 47000 | 47000 | | |
| 宿 州 市 | Suzhou | 1 | 1 | 56227 | 8953 | 191087 | |
| 蚌 埠 市 | Bengbu | 3 | 3 | 130449 | 130449 | | |
| 阜 阳 市 | Fuyang | 1 | 1 | 55578 | 52144 | 55000 | |
| 淮 南 市 | Huainan | 1 | 1 | 185039 | 185039 | | |
| 滁 州 市 | Chuzhou | 1 | 1 | 28340 | 28340 | | |
| 六 安 市 | Luan | 1 | 1 | 38700 | 38700 | | |
| 马鞍山市 | Maanshan | 7 | 7 | 894776 | 867825 | 160900 | 120900 |
| 巢 湖 市 | Chaohu | 4 | 4 | 116395 | 111037 | | |
| 芜 湖 市 | Wuhu | 8 | 8 | 539929 | 498826 | 295806 | 109600 |
| 宣 城 市 | Xuancheng | 2 | 2 | 56551 | 51204 | | |
| 铜 陵 市 | Tongling | 6 | 6 | 250680 | 240387 | 303900 | |
| 池 州 市 | Chizhou | | | | | | |
| 安 庆 市 | Anqing | 2 | 2 | 75675 | 36898 | 54400 | 54400 |
| 黄 山 市 | Huangshan | 3 | 4 | 140048 | 100330 | | |

注：增发股票、认股权行权募集资金包括在发行股票中。

a) The raised capital of additional listed stocks is included in the listed shares.

## 7—25 保险公司业务经济技术指标（2010年）
Main Professional Technical Indicators of Insurance Companies (2010)

单位：万元 (10000 yuan)

| 项 目 | Item | 保费收入 Income From Premium | 赔 付 Claim and Payment |
|---|---|---|---|
| **合 计** | **Total** | **4382487** | **1046271** |
| **按公司类型分：** | **Devided By The Character of Company** | | |
| 财产保险公司 | Property Insurance Companies | 1221445 | 587313 |
| 人身保险公司 | Life Insurance Companies | 3161042 | 458958 |
| **按业务性质分：** | **Devided BY The Nature of The Business** | | |
| **财产保险业务** | **Property Insurance Businesses** | **1196167** | **579107** |
| 企业财产险 | Enterprise Property Insurance | 49541 | 15675 |
| 家庭财产险 | Family Property Insurance | 2734 | 432 |
| 机动车辆险 | Motor Vehicle Insurance | 944214 | 440890 |
| 工程保险 | Engineering Insurance | 8084 | 986 |
| 责任保险 | Liability Insurance | 25693 | 8398 |
| 信用保险 | Credit Insurance | 10870 | 6136 |
| 保证保险 | Guarantee Insurance | 4797 | 922 |
| 船舶保险 | Ship Insurance | 13057 | 3639 |
| 货物运输险 | Freight Transport Insurance | 11192 | 3321 |
| 特殊风险保险 | Peculiar Risk Insurance | 298 | |
| 农业保险 | Agriculture Insurance | 124733 | 98553 |
| 其他保险 | Other Insurance | 954 | 156 |
| **人身保险业务** | **Insurance Service of Life** | **3186319** | **467164** |
| 寿 险 | Life Insurance | 2955144 | 397006 |
| 健康险 | Health Insurance | 173748 | 57692 |
| 意外伤害险 | Personal Accident Insurance | 57427 | 12466 |

# 主要统计指标解释

**财政收入**

指国家财政参与社会产品分配所取得的收入，是实现国家职能的财力保证。财政收入所包括的内容几经变化，目前主要包括：

（1） 税收收入：包括增值税、消费税、营业税、企业所得税、个人所得税、资源税、城市维护建设税、房产税、印花税、城镇土地使用税、土地增值税、车船税、耕地占用税、契税和烟叶税等。

（2） 非税收入：包括专项收入、行政事业性收费收入、罚没收入、国有资本经营收入和国有资源（资产）有偿使用收入等。

**财政支出**

国家财政将筹集起来的资金进行分配使用，以满足社会各项事业发展和经济建设的需要，主要包括：

（1）一般公共服务：反映政府提供一般公共服务的支出。具体包括人大事务、政协事务、政府办公厅（室）及相关机构事务、发展与改革事务、统计信息事务、财政事务、税收事务、审计事务、海关事务、人事事务、纪律监察事务、人口与计划生育事务、商贸事务、知识产权事务、工商行政管理事务、食品和药品监督管理事务、质量技术监督与检验检疫事务、国土资源事务、海洋管理事务、测绘事务、地震事务、气象事务、民族事务、宗教事务、港澳台侨事务、档案事务、共产党事务、民主党派事务、群众团体事务、彩票事务、国债事务、其他一般公共服务支出。

（2）公共安全：反映政府维护社会公共安全方面的支出。具体包括武装警察、公安、国家安全、检察、法院、司法、监狱、劳教、国家保密、其他公共安全支出。

（3）教育：反映政府教育支出情况。具体包括教育管理事务、普通教育、职业教育、成人教育、广播电视教育、留学教育、特殊教育、教师进修及干部继续教育、教育附加及基金支出、其他教育支出。

（4）科学技术：反映国家用于科学技术方面的支出。具体包括科学技术管理事务、基础研究、应用研究、技术研究与开发、科技条件与服务、社会科学、科学技术普及、科技交流与合作、其他科学技术支出。

（5）文化体育与传媒：反映政府在文化、文物、体育、广播影视、新闻出版等方面支出。

（6）社会保障和就业：反映政府在社会保障与就业方面的支出。具体包括社会保障和就业管理事务、民政管理事务、财政对社会保险基金的补助、补充全国社会保障基金、行政事业单位离退休、企业关闭破产补助、就业补助、抚恤、退役安置、社会福利、残疾人事业、城市居民最低生活保障、其他城镇社会救济、农村社会救济、自然灾害生活救助、红十字事业、其他社会保障和就业支出。

（7）医疗卫生：反映政府用于医疗卫生方面的支出。具体包括医疗卫生管理事务、医疗服务、社区卫生服务、医疗保障、疾病预防控制、卫生监督、其他医疗卫生支出。

（8）环境保护：反映政府用于环境保护方面的支出。具体包括环境保护管理事务支出、环境监测与监察支出、污染防治支出、自然生态保护支出、天然林保护支出、退耕还林支出、风沙荒漠治理支出、退牧还草支出、已垦草原退耕还草支出等，

（9）城乡社区事务： 反映政府用于城乡社区事务方面的支出。包括城乡社区管理事务、城乡社区规划与管理、城乡社区公共设施、城乡社区住宅、城乡社区环境卫生、建设市场管理与监督、政府住房基金支出、土地有偿使用支出、城镇公用事业附加支出、其他城乡社区事务支出。

（10）农林水事务：反映政府用于农林水事务方面的支出。具体包括农业支出、林业支出、水利支出、南水北调支出、扶贫支出、农业综合开发支出、其他农林水事务支出。

（11）交通运输：反映政府用于交通运输方面的支出。具体包括公路运输支出、铁路运输支出、民用航空运输支出等。

**信贷资金**

指金融机构以信用方式积聚和分配的货币资金。金融机构信贷资金的来源有各项存款、对国际金融机构负债、流通中货币、银行自有资金及当年结益等；信贷资金的运用有各项贷款、黄金占款、外汇占款、财政借款及在国际金融机构中的资产等。

**存款**

指企业、机关、团体或居民根据资金必须收回的原则，把货币资金存入银行或其他信用机构保管并取得一定利息的一种信用活动形式。根据存款对象的不同可划分为企业存款、财政存款、机关团体存款、基本建设存款、城镇储蓄存款、农村存款等科目。它是银行信贷资金的主要来源。

**贷款**

指银行或其他信用机构根据资金必须归还的原则，按一定利率，为企业、个人等提供资金的一种信用活动形式。我国银行贷款分为流动资金贷款、固定资产贷款、城乡个体工商户贷款以及农业贷款等科目。

**保费**

指投保人为取得保险人在约定范围内所承担赔偿责任而支付给保险人的费用。

**赔款**

指保险人根据保险合同的规定，向被保险人支付的赔偿保险责任损失的金额。

**给付**

包括死伤医疗给付和满期给付。死伤医疗给付是指保险人根据人寿保险及长期健康保险合同的规定，因被保险人在保险期内发生保险责任范围内的保险事故支付给被保险人（或受益人）的金额。满期给付是指被保险人生存期满，保险人按人寿保险合同规定支付给被保险人的满期保险金额。

# Explanatory Notes for Major Statistical Indicators

**Government Revenue**

refers to the revenue of the government finance by means of participating in the distribution of the social products, which is the financial resource for ensuring the government to function. The contents of government revenue have been changed several times. Now it includes the following main items:

1) Various tax revenues, including value added tax, consumption tax, business tax, Enterprise tax, individual income tax, resource tax, city maintenance construction tax, estate tax, stamp tax, town land used tax, land value added tax, vehicle tax and land occupy tax, contract tax and tobacco tax etc.

2) Non tax revenue: Include special revenue and administrative collect fees revenue, punish revenue, state-owned capital operation revenue and state-owned resource (asset) used revenue etc.

**Government Expenditure**

refers to the distribution and use of the funds the government finance has raised, so as to meet the needs of social various causes and economic construction and. It includes the following main items:

(1) general public service: refers to government expenditure for general public service. Include affairs of the National People's Congress, affairs of the Chinese People's Political Consultative Conference , government office and its relation organization , affairs of development and reform , statistical information, financial, tax revenue, audit, customs, personnel and discipline, population and family planning, business trade , intellectual property, industry and commercial management, food and medicine management, quality and technical supervise and inspection and quarantine, territory resource, marine management, survey, Earthquake, meteorological, national, religious, Hong Kong and Macao and Taiwan, files, affairs of the Communist Party, affairs of democratic party, the organization of the masses, affairs of lottery ticket, affairs of national debt, other general public service expenditure.

(2) Public safety: refers to government expenditure for maintenance social public safety. Include armed police, public security, national safety, procurator work, court, administration of justice, prison, labor education, national security and other public safety expenditure.

(3) Education: Refers to government educational expenditure. Include educational management, ordinary education, professional education, adult education and the education of broadcasting television , study abroad education , special education, teacher study and cadre continued education , education additional and fund expenditure and other educational expenditure.

(4) Science and technology: refers to country expenditure for science and technology. Include the management, basic research, application research, technical research and development of science and technology, the condition of science and technology and service, social science, the popularity of science and technology, the exchange of science and technology and cooperative, other science and technology expenditure.

(5) Culture sport and media: refers to government expenditure for cultural, cultural relic, sports, broadcast movie and TV, news publication and other expenditure.

(6) Social security and employment: refers to government expenditure for social security and employment. Include social security and employment management, administration management and finance, the subsidy for social safety fund, the supplementary nation fund of social security and administrative institution of retirement ,and enterprise to close bankruptcy subsidy and employment subsidy, compensated , discharge to settle, social welfare, handicapped person, city resident lowest life guarantee, other town social relief , rural social relief , natural calamity life help, Red Cross , other social security and employment expenditure

(7) Medical and sanitary: refers to government expenditure for medical and sanitary. Include medical and sanitary management, medical service, community sanitary service, medical guarantee, disease prevention and control, sanitary supervise and other medical and sanitary expenditure.

(8) environmental protection: refers to government expenditure for environmental protection. Include the management expenditure for environmental protection, and supervise expenditure, pollution prevention expenditure, and natural ecology protection expenditure ,natural forest protection expenditure, retreating to plough forest expenditure, desert of dust storm administer expenditure , retreat to herd rough expenditure , already retreat to plough still rough expenditure,

(9) Town and rural community: Refers to government expenditure for the community of town and rural. Include the community management of town and rural, the community program and management of town and rural, community public facility of town and rural, the community residence of town and rural, the community sanitary of town and rural, building market and supervise, government housing fund expenditure and land used payment, town public affairs additional expenditure, the other community expenditure of town and rural of.

(10) Agricultural and forest and water: Refers to

government expenditure for agricultural and forest and water. Include agricultural expenditure, forestry expenditure, the expenditure of water conservancy, south water to north, help poor expenditure, agricultural comprehensive development expenditure and other expenditure agricultural and forest and water.

(11) Traffic transportation: refers to government expenditure for traffic transportation. Include highway transportation expenditure, railway transportation expenditure, civil aerial transportation expenditure and so on.

**Credit Funds**

refer to the funds issued as loans by banking institutions. The sources of credit funds of the banking institutions included deposits, liabilities to international financial institutions, currency in circulation, self-owned funds and current retained profits, etc. The credit funds can be used in forms of loans, gold, foreign exchange, government debt and assets in the international financial institutions.

**Deposit**

is a form of credit by which enterprises, institutions, organizations or households can put money into banks and other credit institutions for safekeeping and interest earning under the principle of free withdrawal. According to different depositors, deposits are divided into enterprise deposits, treasury deposits, deposits of government agencies and organizations, capital construction deposits, urban savings deposits, rural deposits and other deposits. Deposits are major sources of the credit funds of banks.

**Loan**

is a form of credit by which banks and other credit institutions provide funds at certain interest rate to enterprises and individuals in the light of the principle of unconditional repayment. Loans from Chinese banks include circulating capital loans, fixed assets loans, loans to urban and rural individuals engaged in industrial and commercial business and agricultural loans.

**Premium**

is the fee paid by the insurant to the insurer to obtain the obligation of compensation from the insurance within the agreed terms.

**Settled Claim**

is the compensation paid by the insurer to the insurant in accordance with the insurance contract.

**Payment**

includes payment for death, injury or medical treatment and mature payment. Payment for death, injury or medical treatment refers to the money paid to the insurant (or the beneficiary) in accordance with the life or health insurance contract when the insurant encounters accidents within the insured period covered in the contract. Mature payment refers to the mature payment to the insurant in accordance with the life insurance contract at the end of the insured period.

# 第八篇

Chapter 8

PRICE INDICES

## 简要说明

一、本篇价格指数资料，反映生产、流通、消费与投资等环节的价格变动趋势和变动幅度。主要包括居民消费价格指数、商品零售价格指数、农业生产资料价格指数、农产品生产价格指数、工业品出厂价格指数、原材料燃料动力购进价格指数、固定资产投资价格指数、房地产价格指数。

二、价格指数统计由国家统计局安徽调查总队组织实施，各市、县调查队依据国家统计局统一制定的价格统计调查制度向基层采集原始数据汇总后上报。

三、消费、零售价格指数都是采用分层抽样调查方法编制的，以样本推断总体，被抽选的调查市县 16 个。

四、农产品生产价格调查采用抽样调查和重点调查相结合的调查方法，调查采用月报和季报相结合的方式，目前我省抽选的调查县为 31 个。

五、工业品出厂价格及原材料、燃料动力价格指数采用重点调查和典型调查相结合的方法，调查实行月报，调查对象包括全省 17 个市的 3000 余家工业企业。

六、固定资产投资价格调查采用重点调查与典型调查相结合的方法，调查实行季报，调查对象为全省重点建筑施工企业和建设单位。

七、房地产价格调查为非全面调查，采用重点调查与典型调查相结合的方法，调查实行月报和季报，目前我省的调查城市为 10 个。

## Brief Introduction

I. Data on the price indices in this chapter show the changing trend and change rates in production, circulation, consumption and investment, etc., including mainly consumer price indices of residents, retail price indices, price indices of agricultural means of production, purchasing price indices of farm products, producers price indices of industrial products, purchasing price indices of raw materials, fuels and power, prices of investment in fixed assets and price index of real estate.

II. The statistics of price indices is organized by the NBS Survey Office in Anhui. The survey offices of the selected cities and counties collect statistical data from the grassroots units in accordance with the scheme of prices survey stipulated by the State Statistical Bureau, tabulate them and report them to higher agencies.

III. Data for calculation of the consumer price indices of residents and the retail price indices are collected with the stratified sampling method. Data on the population are estimated on the basis of the sample. Sixteen cities and counties have been selected for this purpose.

IV. Agricultural product produce price surveys were calculated by sample survey and typical survey. The surveys were performed monthly and quarterly together including 31conties in Anhui province.

V. Data for the calculation of the price indices of industrial products, raw materials, fuels and energy are collected by the key survey and typical survey. The surveys are performed monthly including more than 3000 industrial enterprises in Anhui 17 cities.

VI. Data for the calculation of the price indices of the investment in fixed assets are collected by the key unit survey and typical survey. The surveys are performed quarterly including all important building and construction enterprises and construction units in Anhui province.

VII. The survey of real estate prices used by key unit survey and typical survey methods including ten cities of Anhui province presently is partial survey. The survey was executed by monthly report and quarterly report.

## 8—1 各种价格总指数
Price Indices

上年=100 (preceding year=100)

| 年份 Year | 居民消费价格指数 General Consumer Price Index | 城市居民消费价格指数 Urban Areas | 农村居民消费价格指数 Rural Areas | 商品零售价格指数 General Retail Price Index | 工业品出厂价格指数 Ex-factory Price Indices of Industrial Products | 原材料、燃料、动力购进价格指数 Purchasing Price Indices of Raw Material, Fuel and Power | 农业生产资料价格指数 Price Indices of Agricultural Means of Production | 固定资产投资价格指数 Investment in Fixed Assets Price Index |
|---|---|---|---|---|---|---|---|---|
| 1995 | 114.8 | 115.9 | 113.7 | 112.7 | 117.1 | 117.9 | 128.0 | 106.5 |
| 1998 | 100.0 | 100.3 | 99.9 | 98.1 | 96.4 | 96.0 | 94.8 | 100.0 |
| 1999 | 97.8 | 97.6 | 98.0 | 96.6 | 95.9 | 94.5 | 95.3 | 99.3 |
| 2000 | 100.7 | 100.9 | 100.5 | 98.0 | 98.9 | 102.6 | 98.2 | 101.6 |
| 2001 | 100.5 | 100.0 | 101.3 | 99.6 | 98.6 | 100.2 | 97.9 | 99.5 |
| 2002 | 99.0 | 99.1 | 98.7 | 99.2 | 99.8 | 98.2 | 99.9 | 101.1 |
| 2003 | 101.7 | 101.8 | 101.7 | 101.3 | 103.5 | 106.7 | 100.2 | 103.5 |
| 2004 | 104.5 | 104.3 | 104.8 | 102.7 | 108.2 | 115.0 | 112.0 | 106.1 |
| 2005 | 101.4 | 101.0 | 101.9 | 100.6 | 103.3 | 107.1 | 108.3 | 101.0 |
| 2006 | 101.2 | 101.4 | 100.9 | 100.8 | 103.1 | 103.9 | 100.0 | 101.9 |
| 2007 | 105.3 | 105.3 | 105.2 | 104.5 | 103.6 | 105.1 | 106.8 | 105.4 |
| 2008 | 106.2 | 106.0 | 106.4 | 106.3 | 108.4 | 112.4 | 123.9 | 109.4 |
| 2009 | 99.1 | 98.9 | 99.4 | 99.0 | 92.8 | 95.3 | 95.8 | 96.0 |
| 2010 | 103.1 | 103.0 | 103.4 | 103.2 | 109.0 | 111.8 | 102.0 | 105.4 |

## 8—2 各种价格定基指数
Fixed-base Price Indices

(1990=100)

| 年份 Year | 居民消费价格指数 General Consumer Price Index | 城市居民消费价格指数 Urban Areas | 农村居民消费价格指数 Rural Areas | 商品零售价格指数 General Retail Price Index | 工业品出厂价格指数 Ex-factory Price Indices of Industrial Products | 原材料、燃料、动力购进价格指数 Purchasing Price Indices of Raw Material, Fuel and Power | 农业生产资料价格指数 Price Indices of Agricultural Means of Production | 固定资产投资价格指数 Investment in Fixed Assets Price Index |
|---|---|---|---|---|---|---|---|---|
| 1995 | 191.8 | 197.4 | 186.3 | 176.8 | 193.0 | 211.3 | 186.1 | 216.4 |
| 1998 | 213.6 | 222.1 | 205.6 | 184.7 | 187.5 | 226.8 | 187.0 | 226.8 |
| 1999 | 208.9 | 216.8 | 201.5 | 178.4 | 179.8 | 214.3 | 178.2 | 225.2 |
| 2000 | 210.4 | 218.8 | 202.5 | 174.8 | 177.7 | 219.8 | 175.0 | 228.8 |
| 2001 | 211.5 | 218.8 | 205.1 | 174.1 | 175.3 | 220.2 | 171.4 | 227.6 |
| 2002 | 209.4 | 216.8 | 202.4 | 172.7 | 175.0 | 216.3 | 171.2 | 230.1 |
| 2003 | 213.0 | 220.7 | 205.8 | 175.0 | 181.1 | 230.8 | 171.5 | 238.2 |
| 2004 | 222.6 | 230.2 | 215.7 | 179.7 | 195.9 | 265.4 | 192.1 | 252.6 |
| 2005 | 225.7 | 232.5 | 219.8 | 180.8 | 202.4 | 284.2 | 208.0 | 255.1 |
| 2006 | 228.4 | 235.8 | 221.8 | 182.3 | 208.7 | 295.2 | 208.0 | 259.8 |
| 2007 | 240.5 | 248.3 | 233.3 | 190.5 | 216.2 | 310.3 | 222.1 | 273.8 |
| 2008 | 255.4 | 263.2 | 248.2 | 202.5 | 234.4 | 348.8 | 275.2 | 299.5 |
| 2009 | 253.1 | 260.3 | 246.7 | 200.5 | 217.5 | 332.4 | 263.6 | 287.5 |
| 2010 | 260.9 | 268.1 | 255.1 | 206.9 | 237.1 | 371.6 | 268.9 | 303.0 |

注：工业品出厂价格、原材料燃料动力购进价格、固定资产投资价格指数以1992年为100。

a) The ex-factory price indices of industrial products, purchasing price indices of raw material, fuel and power and investment in fixed assets price index are got by taking the prices in 1992 as 100.

# 8—3 居民消费价格分类指数（2010年）
Consumer Price Indices by Category (2010)

上年=100 (preceding year=100)

| 类别 | Item | 全省 Provincial Indices | 城市 Urban Indices | 农村 Rural Indices |
|---|---|---|---|---|
| **居民消费价格总指数** | **General Consumer Price Index** | **103.1** | **103.0** | **103.4** |
| **食品** | **Food** | **106.6** | **106.5** | **106.7** |
| 粮食 | Grain | 111.1 | 110.8 | 111.5 |
| 淀粉 | Starch | 104.4 | 102.6 | 108.1 |
| 干豆类及豆制品 | Bean and Its Products | 105.7 | 102.9 | 110.1 |
| 油脂 | Oil or Fat | 104.8 | 104.5 | 105.3 |
| 肉禽及其制品 | Meat and Poultry | 102.3 | 101.5 | 103.8 |
| 蛋 | Eggs | 107.9 | 107.9 | 107.8 |
| 水产品 | Aquatic Products | 104.6 | 104.9 | 104.1 |
| 菜 | Vegetables | 119.6 | 120.8 | 116.4 |
| #鲜菜 | Fresh Vegetables | 119.4 | 120.5 | 116.2 |
| 调味品 | Flavoring | 102.1 | 102.4 | 101.7 |
| 糖 | Carbohydrate | 107.7 | 105.6 | 109.9 |
| 茶及饮料 | Tea and Beverages | 102.2 | 101.5 | 103.2 |
| 干鲜瓜果 | Melons and Fruits | 115.2 | 114.7 | 116.2 |
| 糕点饼干面包 | Cake and Bread | 101.5 | 101.1 | 102.4 |
| 液体乳及乳制品 | Liquid Breast and Its Products | 101.3 | 101.2 | 101.7 |
| 在外用膳食品 | Food for External Use | 103.3 | 103.2 | 103.3 |
| 其他食品 | Other Food and Food Processing Services | 101.8 | 101.2 | 102.6 |
| **烟酒及用品** | **Tobacco and Liquor Goods** | **102.0** | **102.3** | **101.4** |
| 烟草 | Tobacco | 100.2 | 100.3 | 99.9 |
| 酒 | Liquor | 104.8 | 105.2 | 104.1 |
| 吸烟、饮酒用品 | Tobacco and Tiquor Goods | 100.2 | 100.0 | 101.5 |
| **衣着** | **Clothing** | **98.1** | **98.3** | **97.7** |
| 服装 | Garments | 98.8 | 99.2 | 97.9 |
| 衣着材料 | Clothing Material | 102.7 | 103.4 | 102.2 |
| 鞋袜帽 | Footwear and Hats | 95.6 | 95.5 | 96.0 |
| 衣着加工服务 | Clothing Processing Services | 102.8 | 102.8 | 103.1 |
| **家庭设备用品及维修服务** | **Household Facilities and Maintenance Service** | **98.9** | **98.1** | **100.5** |
| 耐用消费品 | Durable Consumer Goods | 97.2 | 95.9 | 99.9 |
| 室内装饰品 | Interior Decorations | 100.3 | 100.2 | 100.6 |
| 床上用品 | Bed Articles | 98.1 | 95.8 | 104.3 |
| 家庭日用杂品 | Daily Use Household Articles | 99.7 | 99.3 | 100.5 |
| 家庭服务及加工维修服务 | Household Services and Processing Maintenance Services | 107.1 | 109.7 | 101.2 |
| **医疗保健和个人用品** | **Medicine, Medical Services and Personal Articles** | **103.3** | **102.8** | **104.4** |
| 医疗保健 | Medical Services | 103.7 | 103.0 | 105.1 |
| 个人用品及服务 | Personal Articles and Services | 102.6 | 102.5 | 102.8 |
| **交通和通信** | **Means of Transportation and Communication** | **99.6** | **99.6** | **99.6** |
| 交通 | Transportation | 102.1 | 101.9 | 102.5 |
| 通信 | Communication | 97.3 | 97.5 | 96.8 |
| **娱乐教育文化用品及服务** | **Recreational, Educational and Cultural Articles & Services** | **100.5** | **100.4** | **100.8** |
| 文娱用耐用消费品及服务 | Durable Consumer Goods and Services for Recreational Use | 93.7 | 93.2 | 94.7 |
| 教育 | Education | 101.8 | 101.6 | 102.2 |
| 文化娱乐 | Cultural and Entertainment | 100.8 | 100.9 | 100.7 |
| 旅游 | Traveling | 103.5 | 104.7 | 99.0 |
| **居住** | **Housing** | **105.5** | **105.5** | **105.5** |
| 建房及装修材料 | Building and Decoration Material | 103.0 | 102.5 | 103.4 |
| 租房 | Renting House | 111.3 | 112.0 | 110.1 |
| 自有住房 | One's Own House | 107.6 | 109.7 | 101.6 |
| 水、电、燃料 | Water, Electricity and Fuel | 105.1 | 103.7 | 108.2 |

# 8—4 商品零售价格分类指数（2010年）
Retail Price Indices by Category of Commodities (2010)

上年=100 (preceding year=100)

| 类别 | Item | 全省 Provincial Indices | 城市 Urban Indices | 农村 Rural Indices |
|---|---|---|---|---|
| **商品零售价格总指数** | **General Retail Price Index** | **103.2** | **102.6** | **104.0** |
| **食品** | **Food** | **106.9** | **106.7** | **107.2** |
| 粮食 | Grain | 111.3 | 111.9 | 110.8 |
| 淀粉 | Starches and Tubers | 107.0 | 102.7 | 110.1 |
| 干豆类及豆制品 | Bean and Its Products | 109.4 | 105.2 | 113.0 |
| 油脂 | Oil or Fat | 104.7 | 104.8 | 104.6 |
| 肉禽及其制品 | Meat and Poultry | 103.0 | 101.6 | 104.6 |
| 蛋 | Eggs | 106.7 | 105.9 | 107.7 |
| 水产品 | Aquatic Products | 104.8 | 106.0 | 103.6 |
| 菜 | Vegetables | 117.8 | 119.3 | 115.8 |
| 调味品 | Flavoring | 102.1 | 102.3 | 101.9 |
| 糖 | Carbohydrate | 108.9 | 104.9 | 111.6 |
| 干鲜瓜果 | Melons and Fruits | 114.4 | 113.9 | 115.0 |
| 糕点饼干面包 | Cake and Bread | 101.8 | 101.1 | 102.2 |
| 液体乳及乳制品 | Liquid Breast and Its Products | 100.9 | 100.9 | 100.9 |
| 在外用膳食品 | Food for Exteral Use | 103.3 | 103.0 | 103.7 |
| 其他食品 | Other Food | 101.3 | 101.2 | 101.6 |
| **饮料、烟酒** | **Beverages, Tobacco and Liquor** | **101.9** | **102.0** | **101.9** |
| 茶及饮料 | Tea and Beverages | 102.2 | 101.3 | 103.9 |
| 烟草 | Tobacco | 100.1 | 100.2 | 100.0 |
| 酒 | Liquor | 104.6 | 105.2 | 103.8 |
| **服装、鞋帽** | **Garments, Shoes and Hats** | **97.4** | **97.8** | **96.9** |
| 服装 | Garments | 98.2 | 98.6 | 97.5 |
| 鞋袜帽 | Footwear and Hats | 95.9 | 95.6 | 96.1 |
| 其他 | Other | 94.7 | 97.8 | 93.0 |
| **纺织品** | **Textiles** | **100.5** | **98.2** | **103.1** |
| 衣着材料 | Clothing Material | 102.8 | 103.2 | 102.5 |
| 床上用品 | Bed Articles | 99.0 | 96.0 | 103.7 |
| **家用电器及音像器材** | **Household Electrical Appliance and Audio-video Supplies** | **94.9** | **92.8** | **97.4** |
| 家庭设备 | Household Facilities | 96.7 | 94.3 | 99.7 |
| 文娱用耐用消费品 | Durable Consumer Goods for Recreational Use | 91.7 | 90.1 | 93.7 |
| 音像器材 | Audio-video Supplies | 99.8 | 97.2 | 101.9 |
| **文化办公用品** | **Cultural and Office Articles** | **99.1** | **97.6** | **100.6** |
| **日用品** | **Articles for Daily Use** | **100.4** | **99.7** | **101.3** |
| 日用百货 | Daily Use Sundry Goods | 101.0 | 99.9 | 102.3 |
| 日用杂品 | Daily Use Groceries | 100.7 | 100.1 | 101.7 |
| 洗涤用品 | Washing Articles | 100.1 | 99.2 | 101.3 |
| 其它日用品 | Other Articles for Daily Use | 99.4 | 99.6 | 99.2 |
| **体育娱乐用品** | **Sports and Recreational Articles** | **99.0** | **98.3** | **99.9** |
| 体育用品 | Sports Articles | 99.8 | 99.4 | 100.4 |
| 娱乐用品 | Recreational Articles | 98.3 | 97.6 | 99.5 |
| **交通、通信用品** | **Transportation and Telecommunication Articles** | **96.6** | **96.5** | **96.9** |
| 交通运输机械 | Transportation Mechanism | 99.6 | 99.4 | 100.1 |
| 通信器材 | Telecommunication Facility | 89.5 | 88.4 | 90.8 |
| **家具** | **Furniture** | **100.6** | **100.7** | **100.4** |
| **化妆品** | **Cosmetics** | **101.1** | **100.3** | **102.0** |
| **金银珠宝** | **Jewelry** | **117.4** | **117.8** | **116.8** |
| **中西药品及医疗保健用品** | **Traditional Chinese and Western Medicines and Health Care Articles** | **106.2** | **104.3** | **108.4** |
| 医疗器具及用品 | Medical Appliances and Articles | 100.8 | 103.1 | 98.7 |
| 中药材及中成药 | Traditional Chinese Medicine | 115.3 | 110.5 | 120.9 |
| 西药 | Western Medicine | 101.0 | 100.7 | 101.3 |
| 保健器具及用品 | Health Care Appliances and Articles | 103.2 | 102.0 | 104.8 |
| **书报杂志及电子出版物** | **Newspapers, Magazines and Electronic Publications** | **103.1** | **102.6** | **103.6** |
| 教材及参考书 | Teaching Materials and Reference Books | 107.0 | 105.9 | 108.0 |
| 书报杂志 | Newspapers and Magzines | 100.6 | 100.4 | 100.8 |
| 电子音像制品 | Electronic Audio-video Products | 99.7 | 99.6 | 99.8 |
| **燃料** | **Fuels** | **112.2** | **111.6** | **112.9** |
| 煤炭及制品 | Coal and Related Products | 106.6 | 105.9 | 106.8 |
| 石油及制品 | Petroleum and Related Products | 114.7 | 113.0 | 117.0 |
| **建筑材料及五金电料** | **Building Materials, Hardware and Electrical Materials** | **103.5** | **102.7** | **104.4** |
| 建筑装璜材料 | Building Decoration Materials | 104.6 | 103.7 | 105.5 |
| 五金电料 | Hardware and Electrical Materials | 100.2 | 99.8 | 100.8 |

## 8—5 调查市、县居民消费价格分类指数（2010年）
Consumer Price Indices by Category and by Surveyed City and County (2010)

上年=100 (preceding year=100)

| 市 县 Surveyed City and County | | 总指数 General Index | 食品 Food | #粮食 Grain | 油脂 Oil or Fat | 肉禽及其制品 Meat and Poultry | 蛋 Eggs | 水产品 Aquatic Products | 菜 Vegetables | 鲜菜 Fresh Vegetables |
|---|---|---|---|---|---|---|---|---|---|---|
| 合肥市 | Hefei | 102.7 | 105.5 | 111.3 | 107.4 | 101.9 | 102.7 | 110.6 | 115.7 | 115.7 |
| 淮北市 | Huaibei | 102.9 | 105.9 | 109.9 | 108.0 | 103.3 | 108.9 | 103.2 | 121.9 | 120.6 |
| 亳州市 | Bozhou | 103.0 | 106.2 | 104.7 | 103.1 | 104.6 | 106.7 | 101.6 | 123.3 | 123.7 |
| 宿州市 | Suzhou | 102.8 | 107.1 | 111.1 | 105.1 | 100.1 | 108.2 | 109.9 | 119.8 | 118.3 |
| 蚌埠市 | Bengbu | 103.0 | 106.1 | 111.2 | 102.6 | 100.8 | 103.8 | 102.6 | 118.8 | 117.8 |
| 阜阳市 | Fuyang | 103.3 | 107.7 | 108.6 | 102.5 | 99.9 | 116.0 | 100.2 | 135.0 | 137.2 |
| 淮南市 | Huainan | 102.3 | 105.7 | 109.0 | 107.2 | 101.2 | 107.1 | 107.3 | 117.5 | 115.5 |
| 滁州市 | Chuzhou | 103.3 | 108.2 | 115.2 | 97.4 | 102.7 | 107.0 | 102.8 | 121.8 | 122.9 |
| 马鞍山市 | Maanshan | 103.0 | 105.7 | 109.9 | 104.0 | 101.7 | 105.8 | 101.5 | 118.1 | 116.9 |
| 芜湖市 | Wuhu | 103.8 | 107.9 | 114.1 | 102.5 | 102.9 | 109.8 | 108.6 | 116.7 | 116.2 |
| 宣城市 | Xuancheng | 102.9 | 106.3 | 113.2 | 105.0 | 106.6 | 109.0 | 105.5 | 109.0 | 108.1 |
| 铜陵市 | Tongling | 103.0 | 107.2 | 112.4 | 99.2 | 101.0 | 104.6 | 109.0 | 127.2 | 127.5 |
| 安庆市 | Anqing | 103.6 | 106.9 | 113.1 | 101.8 | 102.0 | 105.6 | 103.6 | 115.9 | 115.9 |
| 黄山市 | Huangshan | 104.0 | 108.0 | 116.9 | 100.7 | 103.8 | 104.5 | 106.8 | 117.5 | 117.2 |
| 桐城市 | Tongcheng | 103.4 | 106.2 | 106.7 | 108.9 | 101.5 | 107.7 | 100.1 | 122.2 | 122.5 |
| 歙县 | Shexian | 104.2 | 108.0 | 113.2 | 99.6 | 101.7 | 106.3 | 107.5 | 122.0 | 122.8 |

| 市 县 Surveyed City and County | | 茶及饮料 Tea and Beverages | 干鲜瓜果 Melons and Fruits | 烟酒及用品 Tobacco and Ligquor Goods | 衣着 Clothing | 家庭设备用品及维修服务 Household Facilities and Maintenance Service | 医疗保健和个人用品 Medicine, Medical Services and Personal Articles | 交通和通信 Means of Transportation & Communication | 娱乐教育文化用品及服务 Recreational, Educational and Cultural Articles and Services | 居住 Housing |
|---|---|---|---|---|---|---|---|---|---|---|
| 合肥市 | Hefei | 101.6 | 113.1 | 102.2 | 97.3 | 98.2 | 102.3 | 99.4 | 101.3 | 106.1 |
| 淮北市 | Huaibei | 101.2 | 108.2 | 103.6 | 97.8 | 97.1 | 105.8 | 98.8 | 99.3 | 106.4 |
| 亳州市 | Bozhou | 100.5 | 111.0 | 100.1 | 98.6 | 97.6 | 103.6 | 100.1 | 100.6 | 104.5 |
| 宿州市 | Suzhou | 102.3 | 109.4 | 103.9 | 100.0 | 95.5 | 101.4 | 98.6 | 99.0 | 103.3 |
| 蚌埠市 | Bengbu | 98.1 | 117.5 | 102.9 | 98.6 | 99.2 | 103.9 | 100.1 | 100.0 | 105.0 |
| 阜阳市 | Fuyang | 98.9 | 120.5 | 100.9 | 96.8 | 101.4 | 102.2 | 99.7 | 101.5 | 104.1 |
| 淮南市 | Huainan | 102.5 | 116.5 | 101.9 | 97.1 | 95.3 | 103.2 | 99.8 | 99.0 | 106.5 |
| 滁州市 | Chuzhou | 100.1 | 117.2 | 102.0 | 100.2 | 97.2 | 101.2 | 99.1 | 101.6 | 101.8 |
| 马鞍山市 | Maanshan | 99.2 | 113.2 | 101.0 | 104.7 | 95.6 | 103.5 | 98.5 | 101.7 | 105.1 |
| 芜湖市 | Wuhu | 106.0 | 116.5 | 102.1 | 95.8 | 98.1 | 104.8 | 100.0 | 99.6 | 107.9 |
| 宣城市 | Xuancheng | 104.9 | 115.1 | 101.8 | 95.0 | 101.3 | 105.0 | 99.6 | 99.8 | 105.4 |
| 铜陵市 | Tongling | 102.6 | 110.7 | 102.9 | 95.5 | 100.0 | 100.8 | 100.9 | 100.2 | 105.3 |
| 安庆市 | Anqing | 102.9 | 116.2 | 103.7 | 100.4 | 100.0 | 101.7 | 100.2 | 99.9 | 106.5 |
| 黄山市 | Huangshan | 100.0 | 109.3 | 101.9 | 100.0 | 99.1 | 103.6 | 99.8 | 100.6 | 106.8 |
| 桐城市 | Tongcheng | 99.3 | 117.6 | 101.0 | 98.1 | 99.1 | 103.5 | 99.3 | 102.4 | 106.6 |
| 歙县 | Shexian | 107.3 | 117.0 | 101.4 | 103.0 | 101.0 | 104.7 | 100.1 | 100.8 | 104.5 |

# 8—6 调查市、县商品零售价格分类指数（2010年）

Retail Price Indices by Category of Commodities and Surveyed City and County (2010)

上年=100 (preceding year=100)

| 市 县 Surveyed City and County | | 总指数 General Index | #食品 Food | 饮料、烟酒 Beverages, Tobacco and Liquor | 服装、鞋帽 Clothing, Shoes and Hats | 纺织品 Textiles | 家用电器及音像器材 Household Electrical Appliance and Audio-video Supplies | 文化办公用品 Cultural and Office Articles | 日用品 Articles for Daily Use |
|---|---|---|---|---|---|---|---|---|---|
| 合肥市 | Hefei | 102.1 | 105.5 | 102.0 | 97.0 | 94.9 | 93.6 | 96.5 | 100.0 |
| 淮北市 | Huaibei | 103.4 | 106.8 | 102.5 | 97.3 | 102.2 | 91.9 | 97.0 | 98.7 |
| 亳州市 | Bozhou | 103.9 | 106.4 | 100.2 | 98.5 | 100.1 | 93.5 | 98.7 | 99.7 |
| 宿州市 | Suzhou | 102.6 | 107.0 | 103.4 | 99.7 | 93.9 | 91.5 | 96.6 | 99.5 |
| 蚌埠市 | Bengbu | 102.7 | 106.5 | 101.7 | 98.0 | 99.0 | 95.7 | 98.5 | 99.3 |
| 阜阳市 | Fuyang | 103.1 | 107.5 | 100.0 | 96.8 | 100.8 | 100.1 | 96.6 | 100.7 |
| 淮南市 | Huainan | 101.8 | 106.0 | 102.2 | 95.1 | 94.4 | 90.8 | 99.8 | 98.2 |
| 滁州市 | Chuzhou | 102.7 | 108.5 | 101.1 | 100.1 | 98.2 | 89.8 | 96.6 | 99.6 |
| 马鞍山市 | Maanshan | 103.1 | 106.5 | 100.8 | 104.2 | 100.8 | 90.1 | 96.4 | 99.0 |
| 芜湖市 | Wuhu | 102.7 | 108.3 | 103.2 | 96.1 | 100.5 | 90.4 | 96.3 | 100.1 |
| 宣城市 | Xuancheng | 103.9 | 106.7 | 102.5 | 94.5 | 103.7 | 97.2 | 100.8 | 103.0 |
| 铜陵市 | Tongling | 102.4 | 107.5 | 102.6 | 95.4 | 100.1 | 96.6 | 99.4 | 101.2 |
| 安庆市 | Anqing | 103.2 | 107.1 | 102.9 | 100.1 | 102.0 | 95.5 | 97.8 | 100.2 |
| 黄山市 | Huangshan | 104.2 | 108.4 | 101.3 | 100.5 | 103.0 | 90.2 | 100.7 | 100.9 |
| 桐城市 | Tongcheng | 103.9 | 106.8 | 100.6 | 97.5 | 103.9 | 96.9 | 100.7 | 99.3 |
| 歙县 | Shexian | 104.5 | 108.6 | 101.8 | 102.1 | 101.2 | 99.1 | 100.2 | 100.6 |

| 市 县 Surveyed City and County | | 体育娱乐用品 Sports and Recreational Articles | 交通、通信用品 Transportation and telecommunication Articles | 家具 Furniture | 化妆品 Cosmetics | 金银珠宝 Jewelry | 中西药品及医疗保健用品 Traditional Chinese and Western Medicines and Health Care Articles | 书报杂志及电子出版物 Newspapers, Magzines and Electronic Publications | 燃料 Fuels | 建筑材料及五金电料 Building Materials, Hardware and Electrical Materials |
|---|---|---|---|---|---|---|---|---|---|---|
| 合肥市 | Hefei | 97.2 | 95.9 | 102.2 | 99.7 | 120.7 | 103.7 | 103.4 | 111.1 | 102.5 |
| 淮北市 | Huaibei | 96.7 | 95.6 | 101.1 | 100.3 | 122.2 | 108.7 | 99.8 | 113.0 | 107.4 |
| 亳州市 | Bozhou | 100.0 | 97.7 | 100.0 | 100.0 | 118.6 | 115.4 | 102.7 | 112.9 | 102.1 |
| 宿州市 | Suzhou | 98.4 | 96.7 | 100.4 | 100.1 | 121.2 | 102.1 | 102.4 | 113.2 | 101.7 |
| 蚌埠市 | Bengbu | 100.5 | 98.2 | 100.7 | 101.1 | 115.1 | 104.7 | 99.6 | 110.7 | 102.2 |
| 阜阳市 | Fuyang | 100.9 | 95.5 | 100.8 | 105.6 | 117.5 | 101.0 | 102.0 | 109.1 | 102.5 |
| 淮南市 | Huainan | 95.1 | 98.6 | 100.0 | 102.4 | 109.6 | 103.3 | 101.3 | 114.1 | 101.6 |
| 滁州市 | Chuzhou | 99.5 | 95.5 | 96.3 | 98.9 | 116.0 | 100.9 | 104.0 | 113.1 | 100.5 |
| 马鞍山市 | Maanshan | 99.5 | 96.7 | 95.3 | 99.1 | 118.5 | 105.7 | 104.0 | 109.9 | 102.9 |
| 芜湖市 | Wuhu | 97.6 | 95.3 | 100.4 | 100.7 | 119.6 | 105.5 | 103.3 | 111.1 | 101.7 |
| 宣城市 | Xuancheng | 100.1 | 98.5 | 99.8 | 102.9 | 114.0 | 110.3 | 104.8 | 111.0 | 103.3 |
| 铜陵市 | Tongling | 102.1 | 95.4 | 101.4 | 99.3 | 113.4 | 100.8 | 99.4 | 107.3 | 103.5 |
| 安庆市 | Anqing | 99.3 | 95.8 | 98.8 | 99.2 | 119.8 | 102.2 | 104.2 | 109.7 | 105.0 |
| 黄山市 | Huangshan | 102.6 | 96.7 | 107.9 | 100.6 | 108.7 | 105.7 | 102.8 | 116.0 | 104.1 |
| 桐城市 | Tongcheng | 99.9 | 93.6 | 99.5 | 102.0 | 121.2 | 104.9 | 101.5 | 118.1 | 104.9 |
| 歙县 | Shexian | 99.6 | 96.9 | 102.2 | 100.2 | 114.6 | 107.7 | 102.6 | 110.7 | 105.5 |

## 8—7 农业生产资料价格分类指数
Price Indices of Agricultural Means of Production by Category

上年=100 (preceding year=100)

| 类　别 | Item | 1995 | 2000 | 2005 | 2007 | 2008 | 2009 | 2010 |
|---|---|---|---|---|---|---|---|---|
| **总　指　数** | **General Index** | **128.0** | **98.2** | **108.3** | **106.8** | **123.9** | **95.8** | **102.0** |
| 农用手工工具 | Hand Tools for Agriculture uses | 122.9 | 100.5 | 111.1 | 107.6 | 120.1 | 102.8 | 99.4 |
| 饲　料 | Forage | 137.0 | 94.0 | 107.6 | 105.4 | 122.8 | 108.3 | 104.5 |
| 产品畜 | Product Animals | 126.5 | 111.8 | 114.7 | 126.5 | 126.5 | 90.8 | 106.1 |
| 半机械化农具 | Semi-mechanized Farm Tools | 110.0 | 97.6 | 105.0 | 107.5 | 126.2 | 100.7 | 99.0 |
| 机械化农具 | Mechanized Farm Machinery | 119.8 | 96.0 | 106.2 | 104.2 | 121.9 | 100.5 | 96.9 |
| 化学肥料 | Chemical Fertilizer | 138.5 | 92.2 | 109.0 | 105.7 | 136.4 | 81.0 | 99.6 |
| 农药及农药械 | Pesticide & Its Appliances | 112.9 | 97.1 | 103.9 | 99.8 | 108.2 | 100.4 | 99.0 |
| 农用机油 | Oil for Farm Machinery | 107.3 | 122.0 | 107.9 | 102.6 | 109.4 | 93.7 | 111.4 |
| 其他农业生产资料 | Other Agricultural Means of Production | | | | 102.5 | 113.0 | 105.8 | 104.4 |
| 农业生产服务 | Agricultural Production Service | | | | 111.2 | 108.3 | 102.0 | 104.0 |

注：农用手工工具2005年以前为小农具。
a) Before 2005 hand tools for agriculture were small farm tools .

## 8—8 调查市、县农业生产资料价格指数（2010年）
Price Indices of Agricultural Means of Production by Category and Surveyed City and County (2010)

上年=100 (preceding year=100)

| 市　县 Surveyed City and County | 总指数 General Index | 农业手工工具 Hand Tools for Agriculture uses | 饲料 Forage | 产品畜 Product Animals | 半机械化农具 Semime-chanized Farm Tools | 机械化农具 Mechanized Farm Machinery | 化学肥料 Chemical Fertilizer | 农药及农药械 Pesticide & Its Appliances | 农用机油 Oil for Farm Machinery | 其他农业生产资料 Other Agricultural Means of Production | 农业生产服务 Agricultural Production Service |
|---|---|---|---|---|---|---|---|---|---|---|---|
| 歙　县 Shexian | 102.2 | 94.2 | 105.1 | 102.1 | 102.3 | 96.3 | 99.1 | 99.6 | 110.5 | 103.2 | 100.2 |
| 桐城市 Tongcheng | 102.4 | 105.8 | 109.0 | 105.3 | 107.3 | 105.8 | 96.8 | 98.1 | 107.0 | 106.7 | 100.9 |
| 宣城市 Xuancheng | 101.8 | 99.3 | 101.9 | 110.1 | 93.6 | 95.1 | 100.1 | 98.8 | 113.8 | 104.2 | 107.1 |

# 8—9 农产品生产价格指数
Production Price Indices of Agricultural Products

上年=100 (preceding year=100)

| 类　　别 | Item | 2005 | 2007 | 2008 | 2009 | 2010 |
|---|---|---|---|---|---|---|
| **总指数** | **General Index** | **98.71** | **114.13** | **114.68** | **99.08** | **110.82** |
| **农业产品** | **Agricultural Products** | **97.30** | **109.88** | **109.63** | **103.14** | **114.77** |
| 谷　物 | Cereal | 95.41 | 107.85 | 107.38 | 107.38 | 109.97 |
| 小　麦 | Wheat | 91.51 | 105.04 | 107.80 | 112.48 | 107.65 |
| 稻　谷 | Rice | 98.98 | 108.62 | 108.04 | 104.96 | 110.43 |
| 玉　米 | Corn | 96.96 | 115.39 | 103.10 | 99.30 | 117.58 |
| 薯　类 | Tubers | 102.95 | 107.00 | 105.80 | 100.67 | 119.94 |
| 豆　类 | Beans | 88.64 | 119.13 | 126.89 | 85.20 | 115.38 |
| 油　料 | Oil-bearing Crops | 89.23 | 127.13 | 127.47 | 78.54 | 116.19 |
| 棉　花 | Cotton | 109.54 | 109.91 | 88.48 | 111.45 | 161.74 |
| 蔬　菜 | Vegetables | 102.89 | 103.89 | 110.05 | 105.93 | 115.16 |
| 花　卉 | Flowers | 100.00 | 100.00 | 100.00 | 100.00 | 100.00 |
| 茶 | Tea | 112.35 | 104.68 | 104.11 | 110.01 | 122.92 |
| **林业产品** | **Forestry Products** | **107.39** | **109.04** | **106.46** | **97.58** | **106.36** |
| 木　材 | Timber | 107.00 | 108.20 | 106.48 | 97.56 | 103.90 |
| 原　木 | Logs | 106.74 | 108.53 | 106.51 | 96.96 | 103.88 |
| 竹　材 | Bamboo Material | 110.39 | 113.73 | 109.32 | 95.41 | 103.07 |
| **牧　业** | **Animal Husbandry** | **99.71** | **123.88** | **125.88** | **90.59** | **104.26** |
| 牲畜的饲养 | Livestock Breeding | 108.01 | 107.85 | 124.46 | 91.22 | 108.25 |
| 牛 | Cattle and Buffaloes | 108.25 | 107.49 | 124.58 | 89.03 | 105.45 |
| 羊 | Sheep and Goats | 112.56 | 110.25 | 124.51 | 99.93 | 111.29 |
| 猪的饲养 | Pig Breeding | 91.37 | 138.37 | 137.14 | 82.56 | 99.31 |
| 家　禽 | Poultry | 106.34 | 114.21 | 109.23 | 102.84 | 106.95 |
| 鸡 | Chicken | 103.76 | 112.02 | 110.34 | 100.98 | 105.93 |
| 鸭 | Duck | 102.41 | 112.32 | 102.85 | 105.99 | 110.51 |
| 禽　蛋 | Poultry Eggs | 110.74 | 117.50 | 110.95 | 103.50 | 106.65 |
| 鸡　蛋 | Chicken Eggs | 110.67 | 117.90 | 111.28 | 104.06 | 106.69 |
| 奶　类 | Dairy Products | 98.86 | 104.05 | 123.54 | 70.12 | 112.62 |
| 毛绒类 | Fur and Fine Down | 100.00 | 100.00 | 100.00 | 100.00 | 100.00 |
| **渔　业** | **Fishery** | **105.56** | **104.46** | **107.29** | **106.02** | **106.89** |
| 内陆水域水产品 | Aquatic products in Inland Water | 105.56 | 104.46 | 107.29 | 106.02 | 106.89 |
| 淡水鱼类 | Freshwater Fishes | 104.93 | 104.14 | 108.28 | 106.49 | 105.57 |
| 淡水虾蟹类 | Freshwater Shrimps and Crabs | 108.08 | 106.08 | 102.43 | 104.07 | 112.41 |
| 其他淡水养殖产品 | Other Freshwater Aquatic Products | 100.00 | 100.67 | 108.59 | 104.49 | 111.10 |

## 8—10 工业品出厂价格分类指数
Ex-factory Price Indices of Industrial Products

上年=100 (preceding year=100)

| 年份 Year | 全部工业品 Total Industry Products | 生产资料 Means of production | 采掘工业 Mining & Quarrying Industry | 原材料工业 Raw Materials Industry | 加工工业 Manufacturing Industry | 生活资料 Consumer Goods | 食品 Food | 衣着 Clothing | 一般日用品 Articles for Daily Use | 耐用消费品 Durable Consumer Goods |
|---|---|---|---|---|---|---|---|---|---|---|
| 1995 | 117.12 | 113.31 | 116.16 | 108.32 | 118.30 | 121.69 | 125.01 | 121.79 | 117.55 | 109.72 |
| 2000 | 98.86 | 102.05 | 100.11 | 106.16 | 98.78 | 93.73 | 91.14 | 98.48 | 96.12 | 98.22 |
| 2005 | 103.25 | 104.91 | 113.04 | 111.06 | 100.47 | 98.93 | 99.60 | 100.32 | 101.84 | 96.67 |
| 2006 | 103.07 | 104.53 | 97.85 | 114.90 | 100.56 | 98.36 | 98.43 | 100.68 | 101.55 | 96.86 |
| 2007 | 103.62 | 103.74 | 104.20 | 102.98 | 104.05 | 103.25 | 105.63 | 100.89 | 101.64 | 100.95 |
| 2008 | 108.41 | 109.27 | 119.54 | 104.54 | 109.92 | 105.42 | 109.70 | 102.03 | 102.24 | 101.25 |
| 2009 | 92.83 | 91.39 | 94.98 | 90.59 | 91.14 | 97.82 | 98.89 | 99.43 | 98.56 | 95.67 |
| 2010 | 108.98 | 110.86 | 111.45 | 116.89 | 108.12 | 103.03 | 104.96 | 101.97 | 102.67 | 100.45 |

## 8—11 分部门工业品出厂价格指数
Ex-factory Price Indices of Industrial Products by Department

上年=100 (preceding year=100)

| 类别 | Item | 1995 | 2000 | 2005 | 2009 | 2010 |
|---|---|---|---|---|---|---|
| **总指数** | **General Index** | **117.12** | **98.86** | **103.25** | **92.83** | **108.98** |
| 冶金工业 | Metallurgical Industry | 94.49 | 103.34 | 106.92 | 81.67 | 120.86 |
| 电力工业 | Power Industry | 110.36 | 99.70 | 104.94 | 101.90 | 101.40 |
| 煤炭工业 | Coal Industry | 111.78 | 95.65 | 112.78 | 98.30 | 109.49 |
| 石油工业 | Petroleum Industry | 99.81 | 130.33 | 121.13 | 83.32 | 119.02 |
| 化学工业 | Chemical Industry | 125.10 | 96.09 | 105.83 | 94.08 | 105.95 |
| 机械工业 | Machine Building Industry | 107.61 | 100.09 | 100.07 | 95.76 | 103.17 |
| 建筑材料工业 | Building Materials Industry | 114.14 | 96.13 | 89.58 | 93.11 | 108.44 |
| 森林工业 | Timber Industry | 105.88 | 98.21 | 99.87 | 99.65 | 101.03 |
| 食品工业 | Food Industry | 125.01 | 91.74 | 99.44 | 98.68 | 104.48 |
| 纺织工业 | Textile Industry | 124.05 | 104.07 | 98.28 | 96.87 | 116.95 |
| 缝纫工业 | Tailoring Industry | 100.59 | 90.77 | 100.75 | 99.02 | 103.14 |
| 皮革工业 | Leather Industry | 93.48 | 99.46 | 101.04 | 99.86 | 98.72 |
| 造纸工业 | Paper Industry | 152.36 | 103.38 | 101.06 | 95.27 | 106.95 |
| 文教艺术用品工业 | Cultural Educational & Handicrafts Articles | 111.66 | 98.55 | 100.56 | 95.62 | 103.56 |

## 8—12 工业品出厂价格轻重工业分类指数
Ex-factory Price Indices of Industrial Products by Light & Heavy Industry

上年=100 (preceding year=100)

| 年　份<br>Year | 轻工业<br>Light Industry | 以农产品为原料<br>Using Farm Products as Raw Materials | 以非农产品为原料<br>Using Non-farm Products Raw Materials | 重工业<br>Heavy Industry | #采掘工业<br>Mining and Quarrying | 原料工业<br>Raw Materials Industry | 加工工业<br>Manufacturing Industry |
|---|---|---|---|---|---|---|---|
| 1995 | 123.88 | 126.37 | 115.54 | 110.13 | 116.16 | 104.44 | 115.02 |
| 2000 | 95.68 | 95.36 | 97.64 | 102.06 | 101.01 | 106.09 | 97.67 |
| 2005 | 99.05 | 99.54 | 98.62 | 106.31 | 112.59 | 111.32 | 101.36 |
| 2008 | 105.35 | 107.08 | 103.80 | 110.12 | 119.02 | 104.93 | 116.66 |
| 2009 | 97.01 | 97.87 | 96.19 | 90.52 | 95.40 | 90.33 | 89.45 |
| 2010 | 104.77 | 106.38 | 103.19 | 111.36 | 110.97 | 116.63 | 108.11 |

## 8—13 原材料、燃料、动力购进价格分类指数
Purchasing Price Indices by Category of Raw Material, Fuel and Power

上年=100 (preceding year=100)

| 年　份<br>Year | 全部原材料<br>Total Raw and Other Materials | #燃料、动力类<br>Fuel and Power | 黑色金属材料<br>Ferrous Metals | 有色金属材料和电线类<br>Nonferrous Metals | 化工原料<br>Industrial Chemicals | 木材及纸浆<br>Timber and Paper Pulp | 建筑材料<br>Building Materials | 其他工业原材料及半成品<br>Other Raw Materials and Semi-finished Products | 农副产品<br>Agricultural and Subsidiary Products | 纺织原料<br>Textile Raw Material |
|---|---|---|---|---|---|---|---|---|---|---|
| 1995 | 117.90 | 107.39 | 94.40 | 129.34 | 127.71 | 121.11 | 115.21 | | 146.01 | 117.46 |
| 2000 | 102.58 | 103.22 | 102.94 | 110.50 | 108.97 | 100.24 | 95.25 | 100.76 | 94.32 | 103.95 |
| 2005 | 107.13 | 114.95 | 108.07 | 116.42 | 106.87 | 103.47 | 106.55 | 104.35 | 98.16 | 95.41 |
| 2008 | 112.39 | 116.69 | 119.38 | 97.53 | 107.75 | 110.48 | 110.26 | 110.72 | 114.92 | 102.23 |
| 2009 | 95.25 | 98.54 | 86.93 | 84.32 | 90.50 | 99.32 | 100.16 | 94.17 | 96.08 | 97.04 |
| 2010 | 111.76 | 110.91 | 113.45 | 124.92 | 111.29 | 103.92 | 106.94 | 105.90 | 110.05 | 108.52 |

注：1997年以后的建筑材料类为建筑材料及非金属矿类。1995—1996年建筑材料及非金属矿类中不包括非金属矿类。1996年以前无“其他工业原材料及半成品”分类。

a) Construction materials include building materials and nonmetal mine since 1997 and nonmetal mine wasn't included from 1995 to 1996. There was no such classification as "Other Raw Materials and Semi finished Products" before 1996.

## 8—14 固定资产投资价格指数
Price Indices of Investment in Fixed Assets

上年=100 (preceding year=100)

| 年　份<br>Year | 固定资产投资<br>Investment in Fixed Assets | 建筑安装工程<br>Construction and Installation | 设备工器具购置<br>Purchase of Equipment, Tools and Instruments | 其他费用<br>Others |
|---|---|---|---|---|
| 1995 | 106.50 | 102.40 | 107.70 | 131.10 |
| 2000 | 101.60 | 102.80 | 100.10 | 98.20 |
| 2005 | 101.04 | 100.98 | 100.33 | 102.26 |
| 2008 | 109.43 | 113.66 | 101.17 | 103.80 |
| 2009 | 95.97 | 94.35 | 97.10 | 101.05 |
| 2010 | 105.35 | 107.51 | 101.23 | 101.54 |

# 8—15 房地产价格指数
Price Indices of Real Estate

上年=100 (preceding year=100)

| 类 别 | Item | 2005 | 2007 | 2008 | 2009 | 2010 |
|---|---|---|---|---|---|---|
| **土地交易价格指数** | **Transactions Price Indices of Land** | **108.1** | **106.8** | **107.3** | **103.9** | **109.5** |
| 居住用地 | Land for Residential Building Use | 107.7 | 105.7 | 106.1 | 104.1 | 112.5 |
| 工业用地 | Land for Industry Use | 100.1 | 114.7 | 104.6 | 103.5 | 103.7 |
| 商业营业用地 | Land for Commerce and Business | 111.4 | 107.1 | 116.7 | 105.5 | 121.2 |
| 其他用地 | Land for Other | 106.5 | 102.5 | 102.3 | 99.5 | 105.3 |
| **房屋销售价格指数** | **Selling Price Indices of Houses** | **107.6** | **105.3** | **108.2** | **100.4** | **110.0** |
| 新建房 | New-built Houses | 108.0 | 105.3 | 108.8 | 101.3 | 109.8 |
| 住 宅 | Residential Buildings | 108.4 | 105.4 | 109.5 | 101.3 | 109.9 |
| 经济适用房 | Economical and Suitable Houses | 108.9 | 100.7 | 103.8 | 101.4 | 100.6 |
| 普通住宅 | General Residential Buildings | 107.9 | 105.6 | 107.7 | 100.6 | 110.8 |
| 高档住宅 | Luxury residential Buildings | 109.4 | 105.0 | 127.3 | 108.8 | 105.9 |
| 非住宅 | Non-residential Buildings | 106.2 | 104.9 | 105.2 | 101.1 | 108.6 |
| 办公楼 | Office Buildings | 104.9 | 102.2 | 104.0 | 100.8 | 105.9 |
| 商业营业用房 | Houses for Commerce and Business | 106.4 | 104.9 | 106.6 | 101.3 | 109.3 |
| 工业仓储用房 | Workshops and Storehouses | 102.0 | 110.7 | | | |
| 其它用房 | Others | 103.7 | 102.5 | | | |
| 二手房 | Second-hand Houses | 105.0 | 105.4 | 106.7 | 97.9 | 110.6 |
| 住 宅 | Residential Buildings | 104.7 | 106.5 | 105.1 | 97.2 | 110.4 |
| 非住宅 | Non-residential Buildings | 106.2 | 103.6 | 112.1 | 100.4 | 112.1 |
| **房屋租赁价格指数** | **Renting Price Indices of Houses** | **101.7** | **102.5** | **103.0** | **101.7** | **104.2** |
| 住 宅 | Residential Buildings | 99.9 | 100.9 | 101.9 | 101.5 | 105.7 |
| 办公楼 | Office Buildings | 103.7 | 100.4 | 98.7 | 102.0 | 101.1 |
| 商业营业用房 | Houses for Commerce and Business | 103.2 | 104.3 | 105.5 | 101.6 | 102.2 |
| 工业仓储用房 | Workshops and Storehouses | 101.4 | 100.5 | | | |
| **物业管理价格指数** | **Price Indices of Estate Management** | **101.2** | **101.9** | **103.0** | **103.6** | **102.2** |
| 住 宅 | Residential Buildings | 101.2 | 101.4 | 103.4 | 105.0 | 102.8 |
| 办公楼 | Office Buildings | 100.1 | 105.4 | 100.0 | 100.0 | 100.7 |
| 商业营业用房 | Houses for Commerce and Business | 102.7 | 100.0 | 103.7 | 100.0 | 100.0 |

# 主要统计指标解释

## 居民消费价格指数

是度量消费商品及服务项目价格水平随着时间而变动的相对数，反映居民家庭购买的消费品及服务价格水平的变动情况。它是宏观经济分析和决策、价格总水平监测和调控以及国民经济经济核算的重要指标。其按年度计算的变动率通常被用来作为反映通货膨胀（或紧缩）程度的指标。

## 商品零售价格指数

商品的零售价格是商品在流通过程中最后一个环节的价格，是工业、商业、餐饮业和其他零售企业向城乡居民、机关团体出售生活消费品和办公用品的价格。商品零售价格指数，反映了市场商品零售价格的变动趋势和变动程度，为国家宏观调控和国民经济核算提供参考依据。同时，还可以在此基础上编制其他派生价格指数。

## 城市居民消费价格指数

是反映城市居民家庭所购买的生活消费品价格和服务项目价格变动趋势和程度的相对数。城市居民消费价格指数可以观察和分析消费品的零售价格和服务项目价格变动对职工货币工资的影响，作为研究职工生活和确定工资政策的依据。

## 农村居民消费价格指数

是反映农村居民家庭所购买的生活消费品价格和服务项目价格变动趋势和程度的相对数。农村居民消费价格指数可以观察农村消费品的零售价格和服务项目价格变动对农村居民生活消费支出的影响，直接反映农民生活水平的实际变化情况，为分析和研究农村居民生活问题提供依据。

## 农产品生产价格指数

是反映一定时期内，农产品生产者出售农产品价格水平变动趋势及幅度的相对数。该指数可以客观反映全省农产品生产价格水平和结构变动情况，满足农业与国民经济核算需要。其中某代表品生产价格指数是通过对全部有出售该产品行为的调查单位的个体指数进行几何平均求得的，类价格指数是通过对其所属的类（或代表品）的价格指数进行加权平均求得的。季度累计价格指数的计算方法与分季指数的计算方法相同。

## 工业品出厂价格指数

是反映各工业行业产品出厂价格总水平的变动趋势和程度的相对数。为国民经济核算、测算工业发展速度、宏观经济分析和调控、理顺价格体系提供依据。

## 原材料、燃料和动力购进价格指数

是反映工业企业作为生产投入，而从物资交易市场和能源、原材料生产企业购买原材料、燃料和动力产品时，所支付的价格水平变动趋势和程度的统计指标，是扣除工业企业物质消耗成本中的价格变动影响的重要依据。

目前，我国编制的原材料、燃料和动力购进价格指数所调查的产品包括燃料动力、黑色金属、有色金属、化工、建材等九大类的900多种产品。

## 固定资产投资价格指数

是反映固定资产投资额价格变动趋势和程度的相对数。固定资产投资额是由建筑安装工程投资完成额、设备、工器具购置投资完成额和其他费用投资完成额三部分组成的。编制固定资产投资价格指数应首先分别编制上述三部分投资的价格指数，然后采用加权算术平均法求出固定资产投资价格总指数。

编制固定资产投资价格指数可以准确地反映固定资产投资中涉及的各类商品和取费项目价格变动趋势和变动幅度，消除按现价计算的固定资产投资指标中的价格变动因素，真实地反映固定资产投资的规模、速度、结构和效益，为国家科学地制定、检查固定资产投资计划并提高宏观调控水平，为完善国民经济核算体系提供科学的、可靠的依据。

## 房地产价格指数

是反映房地产业的价格变化趋势和程度的相对数。房地产，从广义上讲，是房产与地产的总称。因此房地产开发与经营价格调查的内容主要包括（1）房屋销售价格；（2）房屋租赁和物业管理价格；（3）土地交易价格。

房地产作为固定资产投资的重要组成部分，涉及的相关产业多，而且房地产价格的变动与城镇居民和其它经济主体的经济利益密切相关，它是反映国民经济运行情况的晴雨表。

# Explanatory Notes for Major Statistical Indicators

**Resident's Consumer Price Index**

As relative index which measures the change in price level of a group of representative consumer goods and services with the passage of time, reflecting the changes in prices of consumer goods and services purchased by residents. It is an important index of macroscopic economic analysis and decisions, general price level monitoring, adjustment and control, and national business accounting. Its changing rate by the year is usually regarded as reflecting the degree of inflation (or tightens).

**Retail Price Index**

Retail price of goods is the price of the last link in the circulating course. It is the price of consumer goods and official supplies sold to urban and rural residents or organs by industrial, commercial, catering trade and other retail enterprises. Retail price index reflects the trend and degree of changes in retail price of market commodities. It offers the consulting basis of national macroscopic adjustment and control and national business accounting. Besides, other deriving price indices could be worked out basing on it.

**Urban Consumer Price Index**

reflects the trend and degree of changes in prices of consumer goods and services purchased by urban households. It can be used to observe and analyze the impact of price changes in consumer goods and services on money wages of staff and workers, and provide basis for policy making concerning the living cost and wages of staff and workers.

**Rural Consumer Price Index**

reflects the trend and degree of changes in prices of consumer goods and services purchased by rural households. It can be used to observe the impact of change in retail prices of consumer goods and service prices in rural areas on living expenditure of rural households, and to show the changes in the living standard of peasants. It provides basis for analysis and research on condition of life in rural areas.

**Ex-factory Price Indices of Industrial Products**

reflect the trend and degree of changes in general ex-factory prices of all provincial products during a given period, including sales of industrial products by an industrial enterprise to all units outside the enterprise, as well as sales of consumer goods to residents. It can be used to analyze the impact of ex-factory prices on gross output value and value-added of the industrial sector.

**Ex-factory Price Index of Industrial Products**

reflects the trend and degree of changes in general ex-factory prices of all industrial products. It offers basis of national business accounting, calculating industrial development speed, national macroscopic analysis, adjustment and control and rationalizing the price system.

**Indices of Purchasing Prices of Raw Materials, Fuels and Power**

reflect changes in the level and degree of prices paid by industrial enterprises when they purchase production input such as raw materials, fuels and power from the market or from other energy or raw materials producing enterprises. These indices provide important basis for measuring the material consumption of industrial enterprises after removing influence of price changes.

At present, over 900 products in 9 categories, including fuels and power, ferrous metals, non-ferrous metals, chemicals, building materials, are covered in China for the survey to produce indices of purchasing prices of raw materials, fuels and power.

**Price Index of Investment in Fixed Assets**

reflects the trend and degree of changes in prices of investment in fixed assets. The investment in fixed assets consists of three components, namely the investment in construction and installation, the investment in purchases of equipment and instrument, and the investment in other items. Price index of investment in fixed assets is calculated as the weighted arithmetic mean of the price indices of the three components of investment in fixed assets. Removing the factor of price change in the aggregates of investment at current prices, this indicator shows the changes in the prices of commodities and fees involved in the investment of fixed assets, and can be used to observe the actual size, growth, structure, and efficiency of investment in fixed assets and provides reliable and scientific data for government planning, management, decision making, and further improving the current national accounting system.

**The Real Estate Price Index**

reflects the trend and degree of changes in prices of real estate. The real estate, spoken from the broad sense, is the general names of house property and landed property. So the price investigation of real estate development and management covers the following three parts: (A) selling price of the house, (B) leasing price of the house, (C) transaction price of land.

Real estate is an important component part of investment in fixed assets, and it touches many relevant industries. Also, the change of price real estate is closely related with the economic benefits of town dwellers and other economic subjects. It is the barometer that reflects the operation situation of national economy.

# 第九篇

Chapter 9

# 城乡人民生活

LIVELIHOOD OF URBAN AND RURAL PEOPLE

## 简要说明

一、本篇资料反映我省城乡人民生活状况。包括就业、居民收支、消费水平、住房及主要消费品拥有量、文化、教育、卫生、公用设施等。

二、本篇中有关城镇居民生活状况的数据来源于城镇住户调查资料，是对城镇居民家庭抽样调查汇总的结果。主要内容包括家庭人口及其构成、家庭现金收支、主要商品购买数量及支出金额、劳动就业状况、居住状况和耐用消费品的拥有量等。

城镇住户调查是由国家统计局安徽调查总队组织实施，各市、县调查队依据国家统计局统一制定的城镇住户调查方案收集资料逐级汇总上报。

城镇住户调查是采用固定样本户进行连续记帐调查方式，一般连续调查 3 年，每年轮换三分之一。调查户是按“多阶段”、“划类选点”、“等距抽样”随机抽选的。共抽选出调查市县 15 个、调查户 2500 户。

2002 年，国家城调总队对城市住户调查制度进行了较大改革，其中家庭总收入、可支配收入、消费支出等主要指标口径进行了调整，新老指标的数据不可直接使用比较。

三、有关农村居民生活的统计资料主要来源于国家统计局安徽调查总队的农村居民住户调查。主要内容包括农村居民家庭基本情况、人均总收入和纯收入、生活消费支出、主要消费品消费量、耐用消费品拥有量等。

国家统计局安徽调查总队的农村住户调查采取多阶段、随机选点、对称等距的抽样方法。抽样时一般分为省抽县、县抽村、村抽户等几个阶段。共抽中 31 个调查县(市)，调查户 3100 户。

## Brief Introduction

I. Data in this chapter show the condition of urban and rural people's livelihood in Anhui, including employment, income and expenditure of the residents, standard of consumption, housing condition, possession of the consumer goods, culture, education, health care and public facilities.

II. Data on the livelihood of the urban residents in this chapter come from data collected by the sample survey on the urban households. The main content of the survey includes the population in the household and its composition, the cash income and expenditure of the household, the quantity of major commodities purchased and the expenditure for them, the employment of the household members, the housing condition and the ownership of the durable consumer goods.

The survey on the urban household is organized by the NBS Survey office in Anhui. The survey organization of the cities and counties collect Data in accordance with the survey scheme stipulated by the State Statistical Bureau and report them to the higher organization.

The survey on the urban household is conducted in such a way that the selected households by sampling method should keep accounts for successive three years and be interviewed by the enumerators. By a rotation sampling scheme, one third of the old sample households should be replaced by the new sample households every year. The respondent households are selected by the two-stage stratified systematic random sampling scheme. Totally, 15 sample cities (counties) and 2500 households are selected.

In 2002, big reforms were made in urban household survey system by the National Urban Socio-economic Survey Organization. The scope of total income of the household, disposable income and living expenditures have been adjusted, so that the old quota and the new one could not be contrasted directly.

III. Data on the livelihood of the rural residents come mainly from Data collected by the sample survey on the rural households, which is organized by the NBS Survey Office in Anhui. The main content of the survey includes the basic condition of the rural households, the per capita total income and net income, the expenditure for the residential consumption, the consumption of major consumer goods and the quantity of durable consumer goods owned.

The sample survey on the rural households is conducted with a multi-stage balanced systematic sampling scheme with a random chose sample. In the sampling process, the sample counties are selected by the provinces; the sample villages are selected by the sample counties; and the sample households are selected by the sample villages. Totally, 31 sample counties (cities) and 3100 households are selected.

# 9—1 人民物质文化生活情况
People's Material and Cultural Life

| 项目 | Item | 1995 | 2000 | 2005 | 2009 | 2010 |
|---|---|---|---|---|---|---|
| **就业** | **Employment** | | | | | |
| 每一农村劳动力负担人数（人） | Number of Dependents per Rural Laborer (person) | 1.48 | 1.51 | 1.45 | 1.40 | 1.39 |
| 每一城镇就业者负担人数（人） | Number of Dependents per Urban Employee (person) | 1.71 | 1.86 | 1.92 | 1.92 | 1.93 |
| 城镇登记失业率（%） | Urban Unemployment Rate (%) | 3.1 | 3.3 | 4.4 | 3.9 | 3.7 |
| **收入** | **Income of Rural and urban Residents** | | | | | |
| 农村居民家庭人均纯收入（元） | Annual per Capita Net Income of Rural Residents (yuan) | 1302.8 | 1934.6 | 2641.0 | 4504.3 | 5285.2 |
| 农村居民家庭人均纯收入指数（1990=100） | Index of Annual per Capita Net Income of Rural Residents (1990=100) | 241.64 | 358.81 | 489.83 | 835.43 | 980.26 |
| 城镇居民家庭人均可支配收入（元） | Annual per Capita Disposable Income of Urban Residents (yuan) | 3779 | 5294 | 8471 | 14086 | 15788 |
| 城镇居民家庭人均可支配收入指数（1990=100） | Index of Annual per Capita Disposable Income of Urban Residents (1990=100) | 279.0 | 390.8 | 625.3 | 1039.9 | 1165.6 |
| 农村基尼系数 | Gini Coefficient of Countryside | 0.26 | 0.23 | 0.29 | 0.33 | 0.30 |
| 城市基尼系数 | Gini Coefficient of City | 0.19 | 0.29 | 0.29 | | |
| 农村居民家庭恩格尔系数（%） | Engle Coefficient of Rural Households (%) | 58.4 | 52.5 | 45.5 | 40.9 | 40.7 |
| 城镇居民家庭恩格尔系数（%） | Engle Coefficient of Urban Households (%) | 53.7 | 45.7 | 43.7 | 39.6 | 38.0 |
| 职工年平均工资（元） | Annual Average Wages of Staff and Workers (yuan) | 4609 | 6989 | 15334 | 29658 | 34341 |
| **消费水平（元）** | **Annual per Capita Consumption (yuan)** | | | | | |
| 全省居民 | Per Capita Consumption of All Residents | 1669 | 2588 | 3870 | 6829 | 8237 |
| 农村居民 | Rural Residents | 1300 | 1922 | 2167 | 3683 | 4447 |
| 城镇居民 | Urban Residents | 3441 | 5323 | 7102 | 11301 | 13259 |
| **储蓄** | **Savings** | | | | | |
| 城乡居民年底储蓄存款余额（亿元） | Balance of Savings Deposit of Rural and Urban Residents (year-end) (100 million yuan) | 683.9 | 1447.2 | 3508.7 | 6619.5 | 7788.5 |
| 平均每人储蓄存款余额（元） | Per Capita Balance of Saving Deposit (yuan) | 1146 | 2319 | 5408 | 9781 | 11435 |
| **住房面积（平方米）** | **Per Capita Floor Space of Residential Buildings (sq.m)** | | | | | |
| 农村平均每人居住 | Rural Areas (Net) | 17.82 | 22.16 | 27.00 | 31.01 | 32.05 |
| 城市平均每人居住 | Urban Areas (Net) | 11.61 | 14.76 | 19.90 | 30.89 | 31.55 |
| **交通** | **Traffic** | | | | | |
| 城镇每百户拥有摩托车（辆） | Number of Motor Cycles per 100 Households in Urban Areas (unit) | 5.51 | 16.56 | 21.87 | 25.90 | 23.00 |
| 城市每万人拥有公共车辆(标台) | Number of Buses per 10000 Persons in Cities (unit) | 5.0 | 7.6 | 7.3 | 8.0 | 8.2 |
| **城市公用事业** | **Public Utilities in Urban Areas** | | | | | |
| 自来水普及率（%） | Ratio of Access to Tap Water (%) | 93.3 | 95.8 | 90.5 | 95.3 | 96.1 |
| 燃气普及率（%） | Ratio of Access to Tap Water (%) | 55.6 | 77.0 | 72.3 | 88.6 | 90.5 |
| 人均公园绿地（平方米） | Per Capita Park Greenery Area (sq.m) | 6.1 | 7.0 | 7.0 | 10.0 | 11.0 |
| **文化** | **Culture** | | | | | |
| 城镇每百户有彩色电视机（台） | Number of Color TV Sets per 100 Household in Urban Areas (unit) | 79.77 | 111.47 | 132.42 | 140.09 | 141.50 |
| 农村每百户有彩色电视机（台） | Number of Color TV Sets per 100 Household in Rural Areas (unit) | 9.00 | 39.29 | 84.65 | 106.10 | 112.13 |
| 广播人口覆盖率（%） | Broadcast Covering Ratio of Population (%) | 82.5 | 94.8 | 95.6 | 97.0 | 97.3 |
| 电视人口覆盖率（%） | TV Covering Ratio of Population (%) | 79.0 | 93.8 | 95.0 | 97.2 | 97.5 |
| **教育** | **Education** | | | | | |
| 学龄儿童入学率（%） | Enrollment Ratio of School-age Children (%) | 99.7 | 99.7 | 99.5 | 99.9 | 99.9 |
| 每万人口中在校大学生数（人） | Number of University Students per 10000 Persons (person) | 14.7 | 29.1 | 90.4 | 143.1 | 155.5 |
| **卫生** | **Public Health** | | | | | |
| 每万人有医院、卫生院病床数（张） | Number of Hospital Beds per 10000 Persons (unit) | 18.2 | 18.4 | 18.4 | 24.4 | 25.2 |
| 每万人有医生数（人） | Number of Doctors per 10000 Persons (person) | 11.1 | 11.2 | 10.2 | 11.7 | 11.9 |

注：2009年始，城市平均每人居住面积为建筑面积。

a) Since 2009, urban per capita living space is the construction area.

## 9—2 全省城乡储蓄存款年末余额和年增加额
Savings Deposit in Urban and Rural Areas (Year-end)

单位：万元 (10000 yuan)

| 年份 Year | 年末余额 Outstanding Amount | | | | | 年增加额 Increased Amount | | |
|---|---|---|---|---|---|---|---|---|
| | 储蓄存款 Savings Deposit | 城镇 Urban | 农村 Rural | 定期 Fixed Deposits | 活期 Current Deposits | 储蓄存款 Savings Deposit | 城镇 Urban | 农村 Rural |
| 1995 | 6839300 | 5124200 | 1715100 | | | 1965200 | 1525000 | 440200 |
| 1997 | 10365500 | 7888300 | 2477200 | | | 1524800 | 1117200 | 407600 |
| 1998 | 11750779 | 8959612 | 2791167 | 9401107 | 2349672 | 1385279 | 1071312 | 313967 |
| 1999 | 13028756 | 10050649 | 2978107 | 10185760 | 2842996 | 1277977 | 1091037 | 186940 |
| 2000 | 14471539 | 11199341 | 3272198 | 10914299 | 3557240 | 1442783 | 1148692 | 294091 |
| 2001 | 17004661 | 13220052 | 3784609 | 12550595 | 4454066 | 2533122 | 2020711 | 512411 |
| 2002 | 20475117 | 16091364 | 4383753 | 14738457 | 5736660 | 3470456 | 2871312 | 599144 |
| 2003 | 24758257 | 19613835 | 5144422 | 17506286 | 7251971 | 4283140 | 3522471 | 760669 |
| 2004 | 29723666 | 23556586 | 6167080 | 20759945 | 8963721 | 4965409 | 3942751 | 1022658 |
| 2005 | 35086727 | 27863991 | 7222736 | 24455447 | 10631280 | 5363061 | 4307405 | 1055656 |
| 2006 | 40778041 | 32301332 | 8476709 | 27728939 | 13049102 | 5691314 | 4437341 | 1253973 |
| 2007 | 45464944 | | | 30173327 | 15291617 | 4686903 | | |
| 2008 | 56475121 | | | 38436895 | 18038226 | 11010177 | | |
| 2009 | 66194831 | | | 42769530 | 23425302 | 9715535 | | |
| 2010 | 77884800 | | | 48529277 | 29355524 | 11686596 | | |

注：1. 1997年以前数据根据中国人民银行合肥中心支行历史资料进行了调整。
2. 2009年、2010年储蓄存款增加额根据《安徽省金融统计月报》资料填列。

a) The data before the year 1997 were adjusted in accordance with the data of Hefei Branch of the People's Bank of China.
b) According to "Anhui Province Statistics of finances Monthly Report", the annual saving deposit rate increasing volume in 2009，2010 was filled out the forms.

## 9—3 城乡居民人均收入及恩格尔系数
Per Capita Annual Income and Engel's Coefficient of Urban and Rural Households

| 年份 Year | 农村居民家庭人均纯收入 Per Capita Annual Net Income of Rural Households | | 城镇居民家庭人均可支配收入 Per Capita Annual Disposable Income of Urban Households | | 农村居民家庭恩格尔系数(%) Engle Coefficient of Rural Households (%) | 城镇居民家庭恩格尔系数(%) Engle Coefficient of Urban Households (%) |
|---|---|---|---|---|---|---|
| | 绝对数(元) Value (yuan) | 指数(1990年=100) Index (1990=100) | 绝对数(元) Value (yuan) | 指数(1990年=100) Index (1990=100) | | |
| 1995 | 1302.82 | 241.64 | 3778.86 | 279.0 | 58.41 | 53.7 |
| 1997 | 1808.75 | 335.48 | 4599.27 | 339.5 | 56.51 | 52.4 |
| 1998 | 1863.06 | 345.55 | 4770.47 | 352.2 | 54.92 | 49.5 |
| 1999 | 1900.29 | 352.45 | 5064.60 | 373.9 | 54.37 | 47.3 |
| 2000 | 1934.57 | 358.81 | 5293.55 | 390.8 | 52.45 | 45.7 |
| 2001 | 2020.04 | 374.66 | 5668.80 | 418.5 | 49.75 | 44.2 |
| 2002 | 2117.57 | 392.75 | 6032.40 | 445.3 | 47.46 | 43.2 |
| 2003 | 2127.48 | 394.59 | 6778.03 | 500.4 | 46.03 | 44.2 |
| 2004 | 2499.33 | 463.56 | 7511.43 | 554.5 | 47.50 | 43.9 |
| 2005 | 2640.96 | 489.83 | 8470.68 | 625.3 | 45.50 | 43.7 |
| 2006 | 2969.08 | 550.69 | 9771.05 | 721.1 | 43.17 | 42.4 |
| 2007 | 3556.27 | 659.59 | 11473.58 | 847.0 | 43.30 | 39.7 |
| 2008 | 4202.49 | 779.45 | 12990.35 | 959.0 | 44.30 | 41.0 |
| 2009 | 4504.32 | 835.43 | 14085.74 | 1039.9 | 40.90 | 39.6 |
| 2010 | 5285.17 | 980.26 | 15788.17 | 1165.6 | 40.70 | 38.0 |

# 9—4 城镇居民家庭基本情况
Basic Conditions of Urban Households

| 项　　目 | | Item | | 1995 | 2000 | 2005 | 2009 | 2010 |
|---|---|---|---|---|---|---|---|---|
| **调查户数** | **(户)** | **Number of Households Surveyed** | **(household)** | **1270** | **1750** | **2150** | **2350** | **2500** |
| **平均每户家庭人口** | **(人)** | **Average Household Size** | **(person)** | **3.18** | **3.08** | **2.95** | **2.84** | **2.84** |
| **平均每户就业人口** | **(人)** | **Average Number of Employed persons per Household** | **(person)** | **1.86** | **1.66** | **1.54** | **1.48** | **1.47** |
| **平均每户就业面** | **(%)** | **Percentage of Employment per Household** | **(%)** | **58.49** | **53.90** | **52.20** | **52.10** | **51.76** |
| **平均每一就业者负担人数（包括就业者本人）** | **(人)** | **Number of Persons Supported by Each Employee Including the Employee Himself or Herself** | **(persons)** | **1.71** | **1.86** | **1.92** | **1.92** | **1.93** |
| **平均每人全部年收入** | **(元)** | **Per Capita Annual Income** | **(yuan)** | **3796.93** | **5331.58** | **9184.55** | **15691.94** | **17626.71** |
| #可支配收入 | | Disposable Income | | 3778.86 | 5293.55 | 8470.68 | 14085.7 | 15788.2 |
| 工资性收入 | | Wages Income | | 3046.97 | 3648.29 | 6425.54 | 10362.4 | 11442.4 |
| 经营性收入 | | Net Income From Business | | 56.78 | 336.16 | 620.71 | 1023.48 | 1172.36 |
| 财产性收入 | | Property Income | | 52.32 | 73.21 | 124.59 | 272.87 | 427.01 |
| 转移性收入 | | Transfer Income | | 640.86 | 1273.92 | 2013.71 | 4033.2 | 4584.91 |
| **平均每人消费性支出** | **(元)** | **Per Capita Annual Living Expenditures for Consumption** | **(yuan)** | **3161.41** | **4232.98** | **6367.67** | **10233.98** | **11512.55** |
| #食　品 | | Food | | 1697.66 | 1934.83 | 2781.50 | 4051.4 | 4369.63 |
| 衣　着 | | Clothing | | 423.32 | 437.55 | 763.54 | 1080.06 | 1225.56 |
| 居　住 | | Residence | | 212.46 | 370.90 | 590.27 | 1219.83 | 1229.64 |
| 家庭设备用品及服务 | | Household Facilities, Articles and Service | | 237.37 | 301.43 | 290.88 | 589.73 | 678.75 |
| 医疗保健 | | Medicine and Medical Service | | 49.21 | 181.23 | 400.34 | 716.87 | 737.05 |
| 交通和通信 | | Transportation and Communications | | 167.55 | 307.87 | 676.86 | 1013.38 | 1356.57 |
| 教育文化娱乐服务 | | Education, Cultural & Recreation Service | | 263.93 | 508.62 | 666.42 | 1225.36 | 1479.75 |
| 杂项商品与服务 | | Miscellaneous Commodities and Services | | 109.91 | 190.55 | 197.87 | 337.36 | 435.62 |
| **平均每人消费性支出构成（人均消费性支出=100）** | **(%)** | **Composition of per Capita Annual Living Expenditures for Consumption** | **(%)** | **100.00** | **100.00** | **100.00** | **100.00** | **100.00** |
| #食　品 | | Food | | 53.70 | 45.71 | 43.68 | 39.60 | 37.96 |
| 衣　着 | | Clothing | | 13.39 | 10.34 | 11.99 | 10.60 | 10.65 |
| 居　住 | | Residence | | 6.72 | 8.76 | 9.27 | 11.92 | 10.68 |
| 家庭设备用品及服务 | | Household Facilities, Articles and Service | | 7.51 | 7.12 | 4.57 | 5.76 | 5.90 |
| 医疗保健 | | Medicine and Medical Service | | 1.56 | 4.28 | 6.29 | 7.00 | 6.40 |
| 交通和通信 | | Transportation and Communications | | 5.30 | 7.27 | 10.63 | 9.90 | 11.78 |
| 教育文化娱乐服务 | | Education, Cultural & Recreation Service | | 8.35 | 12.02 | 10.47 | 11.97 | 12.85 |
| 杂项商品与服务 | | Miscellaneous Commodities and Services | | 3.48 | 4.50 | 3.11 | 3.30 | 3.78 |

## 9—5 城镇居民家庭平均每人全年购买的主要商品数量
Per Capita Annual Purchases of Major Commodities in Urban Households

单位：千克 (kg)

| 项 目 | Item | 1995 | 2000 | 2005 | 2009 | 2010 |
|---|---|---|---|---|---|---|
| 粮食 | Grain | 110.82 | 93.30 | 85.13 | 57.25 | 83.00 |
| 鲜菜 | Fresh Vegetables | 106.68 | 116.40 | 122.07 | 130.51 | 112.74 |
| 食用植物油 | Edible Vegetable Oil | | 10.20 | 9.90 | 10.07 | 8.33 |
| 猪肉 | Pork | 21.64 | 21.40 | 21.59 | 18.98 | 19.86 |
| 牛羊肉 | Beef and Mutton | 2.02 | 2.90 | 3.63 | 3.76 | 3.32 |
| 家禽 | Poultry | 5.72 | 8.50 | 11.23 | 8.76 | 9.86 |
| 鲜蛋 | Fresh Eggs | 11.70 | 13.60 | 14.71 | 13.92 | 12.97 |
| 水产品 | Aquatic Products | 9.67 | 13.00 | 12.02 | 10.71 | 12.76 |
| 酒类 | Liquor | 9.02 | 13.20 | 13.17 | 11.94 | 10.80 |
| 煤炭 | Coal | 181.27 | 196.90 | 157.09 | 46.34 | 25.64 |

## 9—6 城镇居民家庭平均每百户年末耐用消费品拥有量
Number of Major Durable Consumer Goods Owned Per 100 Urban Households at Year-end

| 项 目 | | Item | | 1995 | 2000 | 2005 | 2009 | 2010 |
|---|---|---|---|---|---|---|---|---|
| 成套家具 | (套) | Unit Furniture | (set) | 25.00 | 49.66 | 66.88 | | |
| 摩托车 | (辆) | Motorcycle | (unit) | 5.51 | 16.56 | 21.87 | 25.90 | 23.00 |
| 自行车 | (辆) | Bicycle | (unit) | 167.55 | 142.61 | 124.91 | | |
| 助力车 | (辆) | Strength-aid Cycle | (unit) | | | 8.42 | 25.59 | 31.84 |
| 家用汽车 | (辆) | Automobile | (unit) | | 0.65 | 0.76 | 2.76 | 4.95 |
| 洗衣机 | (台) | Washing Machine | (unit) | 86.51 | 87.17 | 97.28 | 96.76 | 97.35 |
| 电风扇 | (台) | Electric Fan | (unit) | 245.50 | 244.60 | 241.93 | | |
| 电冰箱 | (台) | Refrigerator | (unit) | 69.83 | 83.50 | 91.75 | 96.69 | 96.61 |
| 冰柜 | (台) | Freezer | (unit) | 2.19 | 5.81 | 4.45 | | |
| 彩电 | (台) | Color TV Set | (unit) | 79.77 | 111.47 | 132.42 | 140.09 | 141.50 |
| 影碟机 | (台) | Video Disc Player | (unit) | | 33.57 | 60.48 | | |
| 录音机 | (台) | Recorder | (unit) | | 26.75 | 39.34 | | |
| 录放像机 | (台) | Video-Recorder | (unit) | 12.02 | 16.96 | 13.74 | | |
| 家用电脑 | (台) | Computer | (unit) | | 6.72 | 25.97 | 56.10 | 63.79 |
| 组合音响 | (套) | Music Center | (set) | 8.10 | 19.04 | 22.00 | 22.11 | 19.22 |
| 摄像机 | (架) | Pickup Camera | (unit) | | 1.12 | 2.39 | 3.45 | 3.77 |
| 照相机 | (架) | Camera | (unit) | 22.54 | 27.82 | 35.84 | 28.03 | 29.71 |
| 钢琴 | (架) | Piano | (unit) | 0.45 | 0.82 | 1.96 | 0.94 | 1.11 |
| 微波炉 | (台) | Microwave Oven | (unit) | | 11.28 | 40.54 | 53.23 | 57.77 |
| 空调器 | (台) | Air Conditioner | (unit) | 9.58 | 30.77 | 81.82 | 110.31 | 120.04 |
| 取暖器 | (台) | Warmer | (unit) | | | 44.83 | | |
| 电炊具 | (台) | Electric Cooking Utensils | (unit) | 60.22 | 88.28 | 97.06 | | |
| 淋浴热水器 | (台) | Shower | (unit) | 23.95 | 44.36 | 64.14 | 85.58 | 86.78 |
| 排油烟机 | (台) | Fume Deflector | (unit) | 27.24 | 46.62 | 54.86 | | |
| 消毒碗柜 | (台) | Sterilizing Cupboard | (unit) | | | 5.76 | 6.01 | 6.59 |
| 洗碗机 | (台) | Dish Washer | (unit) | | | 0.41 | 0.36 | 0.31 |
| 饮水机 | (台) | Drinking Machine | (unit) | | | 29.92 | | |
| 吸尘器 | (台) | Dust Catcher | (unit) | 4.40 | 7.23 | 7.99 | | |
| 健身器材 | (套) | Setting-up Apparatus | (set) | | 2.81 | 3.86 | 1.75 | 2.32 |
| 普通电话 | (部) | Ordinary Telephone | (unit) | | | 95.94 | 87.81 | 85.34 |
| 移动电话 | (部) | Mobile Telephone | (unit) | | | 111.33 | 158.19 | 168.46 |
| 传真机 | (部) | Fax Machine | (unit) | | | 0.24 | | |

# 9—7 按收入等级分的城镇居民家庭基本情况（2010年）
Basic Conditions of Urban Households by Level of Income (2010)

| 项目 | Item | 总平均 Average | 最低收入户 Lowest Income Households | #更低户 Lower Income Households | 低收入户 Low Income Households | 中等偏下户 Lower Middle Income Households |
|---|---|---|---|---|---|---|
| 调查户数（户） | Number of Households Surveyed (household) | 2500 | 252 | 127 | 253 | 501 |
| 比重（%） | Proportion (%) | 100.00 | 10.08 | 5.08 | 10.12 | 20.04 |
| 平均每户家庭人口（人） | Average Household Size (person) | 2.84 | 3.22 | 3.19 | 3.13 | 2.97 |
| 平均每户就业人口（人） | Average Number of Employees per Household (person) | 1.47 | 1.54 | 1.49 | 1.48 | 1.52 |
| 平均每户就业面（%） | Percentage of Employed Persons per Household (%) | 51.76 | 47.83 | 46.71 | 47.28 | 51.18 |
| 平均每一就业者负担人数（包括就业者本人）（人） | Number of Persons Supported by Each Employee (including the employee himself or herself) (person) | 1.93 | 2.13 | 2.14 | 2.11 | 1.95 |
| 平均每人全部年收入（元） | Per Capita Annual Income (yuan) | 17626.71 | 7186.73 | 6393.37 | 10072.79 | 13383.44 |
| 平均每人可支配收入（元） | Per Capita Disposable Income (yuan) | 15788.17 | 6146.51 | 5382.42 | 9156.65 | 11894.66 |
| 平均每人消费性支出（元） | Per Capita Annual Living Expenditure (yuan) | 11512.55 | 5454.65 | 5099.80 | 7160.54 | 9848.03 |

| 项目 | Item | 中等收入户 Middle Income Households | 中等偏上户 Upper Middle Income Households | 高收入户 High Income Households | 最高收入户 Highest Income Households | #更高户 Higher Income Households |
|---|---|---|---|---|---|---|
| 调查户数（户） | Number of Households Surveyed (household) | 500 | 500 | 246 | 248 | 123 |
| 比重（%） | Proportion (%) | 20.00 | 20.00 | 9.84 | 9.92 | 4.92 |
| 平均每户家庭人口（人） | Average Household Size (person) | 2.83 | 2.63 | 2.52 | 2.30 | 2.13 |
| 平均每户就业人口（人） | Average Number of Employees per Household (person) | 1.45 | 1.39 | 1.5 | 1.33 | 1.21 |
| 平均每户就业面（%） | Percentage of Employed Persons per Household (%) | 51.23 | 52.85 | 59.52 | 57.83 | 56.81 |
| 平均每一就业者负担人数（包括就业者本人）（人） | Number of Persons Supported by Each Employee (including the employee himself or herself) (person) | 1.95 | 1.89 | 1.68 | 1.73 | 1.76 |
| 平均每人全部年收入（元） | Per Capita Annual Income (yuan) | 17125.87 | 22251.80 | 30154.87 | 45726.37 | 54728.95 |
| 平均每人可支配收入（元） | Per Capita Disposable Income (yuan) | 15367.31 | 20010.76 | 26952.32 | 41536.54 | 50136.17 |
| 平均每人消费性支出（元） | Per Capita Annual Living Expenditure (yuan) | 11643.21 | 14180.45 | 18055.09 | 24982.75 | 27910.55 |

# 9—8 按收入等级分的城镇居民家庭就业情况（2010年）

Household Size and Employment of Urban Households by Level of Income (2010)

| 项目 | Item | 总平均 Average | 最低收入户 Lowest Income Households | #更低户 Lower Income Households | 低收入户 Low Income Households | 中等偏下户 Lower Middle Income Households |
|---|---|---|---|---|---|---|
| **调查户数（户）** | **Number of Households Surveyed (household)** | **2500** | **252** | **127** | **253** | **501** |
| **家庭人口数（人）** | **Household Size (person)** | **2.84** | **3.22** | **3.19** | **3.13** | **2.97** |
| 有收入者人数 | Persons With Income | 2.04 | 1.80 | 1.69 | 2.04 | 2.11 |
| 就业人口数 | Number of Employed Persons per Household | 1.47 | 1.54 | 1.49 | 1.48 | 1.52 |
| 国有经济单位职工人数 | Working in State-owned Units | 0.69 | 0.40 | 0.41 | 0.44 | 0.67 |
| 城镇集体经济单位职工人数 | Workers and Staff of Urban Collective Economic Units | 0.08 | 0.06 | 0.02 | 0.09 | 0.16 |
| 其他经济单位职工人数 | Working in Other Types of Units | 0.25 | 0.38 | 0.40 | 0.28 | 0.21 |
| 城镇个体经营者人数 | Number of Self-employed Urban Individuals | 0.14 | 0.23 | 0.29 | 0.14 | 0.17 |
| 城镇个体被雇者人数 | Number of Employed Urban Individuals | 0.26 | 0.38 | 0.26 | 0.46 | 0.28 |
| 离退休再就业人数 | Reemployed Retirees | 0.02 | | 0.01 | 0.02 | 0.01 |
| 其他就业者人数 | Other Employed Persons | 0.03 | 0.08 | 0.10 | 0.04 | 0.02 |
| 离退休者人数 | Retired Persons | 0.53 | 0.18 | 0.07 | 0.51 | 0.52 |
| 其他有收入者人数 | Other Persons With Income | 0.04 | 0.09 | 0.12 | 0.05 | 0.06 |
| 无收入者人数 | Persons Without Income | 0.80 | 1.42 | 1.50 | 1.10 | 0.86 |
| **期末家庭人口数（人）** | **Household Size at Year-end (person)** | | | | | |
| 附：非家庭人口在家用餐人次数（人次/户） | Number of Nonfamily Persons Eating at Home (person-time/household) | 6.22 | 2.17 | 1.98 | 2.71 | 7.00 |
| 家庭人口在外用餐人次数（人次/户） | Number of the Persons Eating Outside (person-time/household) | 13.64 | 9.85 | 9.24 | 13.59 | 14.42 |

| 项目 | Item | 中等收入户 Middle Income Households | 中等偏上户 Upper Middle Income Households | 高收入户 High Income Households | 最高收入户 Highest Income Households | #更高户 Higher Income Households |
|---|---|---|---|---|---|---|
| **调查户数（户）** | **Number of Households Surveyed (household)** | **500** | **500** | **246** | **248** | **123** |
| **家庭人口数（人）** | **Household Size (person)** | **2.83** | **2.63** | **2.52** | **2.30** | **2.13** |
| 有收入者人数 | Persons With Income | 2.11 | 2.11 | 2.09 | 1.92 | 1.78 |
| 就业人口数 | Number of Employed Persons per Household | 1.45 | 1.39 | 1.50 | 1.33 | 1.21 |
| 国有经济单位职工人数 | Working in State-owned Units | 0.73 | 0.81 | 1.06 | 0.83 | 0.81 |
| 城镇集体经济单位职工人数 | Workers and Staff of Urban Collective Economic Units | 0.07 | 0.07 | 0.01 | 0.05 | 0.05 |
| 其他经济单位职工人数 | Working in Other Types of Units | 0.25 | 0.20 | 0.20 | 0.19 | 0.15 |
| 城镇个体经营者人数 | Number of Self-employed Urban Individuals | 0.10 | 0.12 | 0.07 | 0.12 | 0.08 |
| 城镇个体被雇者人数 | Number of Employed Urban Individuals | 0.27 | 0.15 | 0.13 | 0.09 | 0.07 |
| 离退休再就业人数 | Reemployed Retirees | 0.02 | 0.03 | 0.03 | 0.04 | 0.04 |
| 其他就业者人数 | Other Employed Persons | 0.01 | 0.01 | 0.01 | 0.01 | 0.01 |
| 离退休者人数 | Retired Persons | 0.62 | 0.71 | 0.57 | 0.58 | 0.54 |
| 其他有收入者人数 | Other Persons With Income | 0.05 | 0.01 | 0.02 | 0.01 | 0.02 |
| 无收入者人数 | Persons Without Income | 0.71 | 0.52 | 0.44 | 0.37 | 0.36 |
| **期末家庭人口数（人）** | **Household Size at Year-end (person)** | | | | | |
| 附：非家庭人口在家用餐人次数（人次/户） | Number of Nonfamily Persons Eating at Home (person-time/household) | 7.11 | 9.44 | 7.56 | 5.59 | 7.09 |
| 家庭人口在外用餐人次数（人次/户） | Number of the Persons Eating Outside (person-time/household) | 14.25 | 15.92 | 13.73 | 11.92 | 11.19 |

## 9—9 按收入等级分的城镇居民家庭年人均现金收入（2010年）
Annual Per Capita Cash Income of Urban Households by Level of Income (2010)

单位：元 (yuan)

| 项　目 | Item | 总平均 Average | 最低收入户 Lowest Income Households | #更低户 Lower Income Households | 低收入户 Low Income Households | 中等偏下户 Lower Middle Income Households |
|---|---|---|---|---|---|---|
| **家庭总收入** | **Total Income** | **17626.71** | **7186.73** | **6393.37** | **10072.79** | **13383.44** |
| #可支配收入 | Disposable Income | 15788.17 | 6146.51 | 5382.42 | 9156.65 | 11894.66 |
| 工资性收入 | Wages Income | 11442.43 | 5199.41 | 4564.25 | 6436.73 | 8823.08 |
| 工资及补贴收入 | Wage and Subsidy Income | 11256.71 | 5038.63 | 4361.97 | 6345.04 | 8691.43 |
| 其他劳动收入 | Other Labor Income | 185.72 | 160.78 | 202.27 | 91.69 | 131.65 |
| 经营性收入 | Net Income From Business | 1172.36 | 719.11 | 860.53 | 729.12 | 1071.34 |
| 财产性收入 | Property Income | 427.01 | 236.51 | 368.70 | 86.99 | 145.89 |
| 利息收入 | Interest | 49.46 | 40.15 | 57.26 | 10.24 | 18.46 |
| 股息与红利收入 | Dividend and Bonus | 84.29 | 20.17 | 28.13 | 7.60 | 17.15 |
| 保险收益 | Insurance Profits | 3.70 | 0.04 |  | 0.29 | 3.53 |
| 其他投资收入 | Other Investment Income | 66.91 | 37.60 | 63.90 | 2.93 | 4.31 |
| 出租房屋收入 | Income From Renting House | 206.93 | 105.71 | 163.62 | 65.21 | 95.57 |
| 知识产权收入 | Income From Intellectual Property Right | 0.06 |  |  |  |  |
| 其他财产收入 | Other Property Income | 15.67 | 32.83 | 55.80 | 0.72 | 6.87 |
| 转移性收入 | Transfer Income | 4584.91 | 1031.71 | 599.90 | 2819.94 | 3343.13 |
| 养老金或离退休金 | Pension for Old-age for Retired Persons | 3465.80 | 687.08 | 246.85 | 2346.30 | 2679.48 |
| 社会救济收入 | Social Relief | 43.83 | 112.36 | 152.95 | 79.33 | 39.30 |
| 辞退金 | Dismissal Income | 34.72 |  |  |  |  |
| 赔偿收入 | Income From Compensation | 19.54 | 2.17 |  |  | 11.21 |
| 保险收入 | Income From Insurance | 13.32 | 9.66 | 5.16 | 21.76 | 17.93 |
| 赡养收入 | Supporting Income | 137.68 | 44.05 | 44.06 | 89.74 | 268.14 |
| 捐赠收入 | Giving Income | 451.22 | 81.38 | 58.93 | 173.55 | 205.76 |
| 亲友搭伙费 | Boarding Expenses From Kith and Kin |  |  |  |  |  |
| 提取住房公积金 | Withdraw Housing Collective Accumulation Fund | 271.75 | 2.12 | 3.60 | 0.96 | 13.65 |
| 记帐补贴 | Account Subsidy | 92.37 | 79.53 | 83.61 | 85.87 | 81.65 |
| 其他转移性收入 | Other Transfer Income | 54.67 | 13.36 | 4.74 | 22.44 | 26.01 |
| **出售财物收入** | **Income From Selling Belongings** | **397.47** | **1.09** | **1.30** | **1.34** | **147.05** |
| 出售住房收入 | Income From Selling House | 393.48 |  |  |  | 145.39 |
| 出售其他物品收入 | Income From Selling Other Goods | 4.00 | 1.09 | 1.30 | 1.34 | 1.65 |
| **借贷收入** | **Loan Income** | **3533.87** | **1217.36** | **1197.04** | **1010.72** | **2548.66** |
| 提取储蓄存款 | Withdraw Saving Deposit | 2802.89 | 905.31 | 1050.74 | 893.95 | 2064.92 |
| 借入款 | Cash Borrowed | 228.44 | 309.35 | 144.01 | 46.31 | 256.37 |
| 收回借出款 | Paid-back Loan | 145.22 | 1.03 | 1.75 | 69.64 | 81.46 |
| 收回储蓄性保险本金 | Withdraw Saving Premium | 6.29 |  |  |  | 0.61 |
| 兑售有价证券 | Securities Cashed and Sold | 31.94 |  |  |  | 2.46 |
| 收回投资本金 | Withdraw Investment Principal | 11.60 | 0.08 |  |  |  |
| 住房贷款 | Housing Loan | 252.37 |  |  |  | 140.60 |
| 汽车贷款 | Personal Auto Loan | 6.65 |  |  |  |  |
| 教育贷款 | Education Loan |  |  |  |  |  |
| 其他贷款 | Other Loans | 8.07 |  |  |  |  |
| 其他借贷收入 | Other Loan Income | 40.41 | 1.59 | 0.54 | 0.83 | 2.24 |

## 9—9 续表 continued

单位：元 (yuan)

| 项　　目 | Item | 中等收入户 Middle Income Households | 中等偏上户 Upper Middle Income Households | 高收入户 High Income Households | 最高收入户 Highest Income Households | #更高户 Higher Income Households |
|---|---|---|---|---|---|---|
| **家庭总收入** | **Total Income** | **17125.87** | **22251.80** | **30154.87** | **45726.37** | **54728.95** |
| #可支配收入 | Disposable Income | 15367.31 | 20010.76 | 26952.32 | 41536.54 | 50136.17 |
| 工资性收入 | Wages Income | 11700.09 | 14118.26 | 20920.27 | 25239.08 | 27709.65 |
| 工资及补贴收入 | Wage and Subsidy Income | 11560.53 | 13949.81 | 20629.70 | 24580.96 | 26730.21 |
| 其他劳动收入 | Other Labor Income | 139.56 | 168.45 | 290.57 | 658.12 | 979.44 |
| 经营性收入 | Net Income From Business | 958.71 | 1432.48 | 1148.09 | 3585.22 | 4381.09 |
| 财产性收入 | Property Income | 128.78 | 503.11 | 1019.34 | 2403.48 | 3819.37 |
| 利息收入 | Interest | 17.90 | 69.05 | 47.23 | 298.62 | 432.37 |
| 股息与红利收入 | Dividend and Bonus | 15.53 | 96.12 | 193.43 | 652.35 | 1067.68 |
| 保险收益 | Insurance Profits | 6.76 | 6.38 | 1.01 | 7.81 | 15.85 |
| 其他投资收入 | Other Investment Income | 4.18 | 19.10 | 124.04 | 719.74 | 1454.81 |
| 出租房屋收入 | Income From Renting House | 82.27 | 280.41 | 652.91 | 679.13 | 755.55 |
| 知识产权收入 | Income From Intellectual Property Right | | | 0.71 | | |
| 其他财产收入 | Other Property Income | 2.13 | 32.06 | | 45.85 | 93.10 |
| 转移性收入 | Transfer Income | 4338.28 | 6197.94 | 7067.18 | 14498.59 | 18818.84 |
| 养老金或离退休金 | Pension for Old-age for Retired Persons | 3578.36 | 4922.09 | 5702.46 | 8211.23 | 9002.10 |
| 社会救济收入 | Social Relief | 28.26 | 6.51 | 8.71 | 2.21 | 1.44 |
| 辞退金 | Dismissal Income | | 37.62 | 13.58 | 437.24 | 642.19 |
| 赔偿收入 | Income From Compensation | 6.33 | 10.05 | 2.95 | 222.41 | 451.62 |
| 保险收入 | Income From Insurance | 9.95 | 8.13 | 2.44 | 31.56 | 53.40 |
| 赡养收入 | Supporting Income | 86.33 | 73.00 | 63.90 | 514.82 | 907.64 |
| 捐赠收入 | Giving Income | 336.91 | 733.04 | 595.56 | 2159.44 | 2892.30 |
| 亲友搭伙费 | Boarding Expenses From Kith and Kin | | | | | |
| 提取住房公积金 | Withdraw Housing Collective Accumulation Fund | 130.32 | 237.02 | 469.66 | 2619.41 | 4395.91 |
| 记帐补贴 | Account Subsidy | 97.02 | 98.37 | 117.85 | 107.54 | 117.79 |
| 其他转移性收入 | Other Transfer Income | 64.80 | 72.09 | 90.06 | 192.72 | 354.46 |
| **出售财物收入** | **Income From Selling Belongings** | **192.53** | **973.48** | **1354.94** | **765.75** | **1535.67** |
| 出售住房收入 | Income From Selling House | 183.13 | 971.30 | 1351.25 | 752.43 | 1527.83 |
| 出售其他物品收入 | Income From Selling Other Goods | 9.41 | 2.17 | 3.69 | 13.31 | 7.85 |
| **借贷收入** | **Loan Income** | **2581.88** | **3400.34** | **8218.12** | **14767.17** | **19035.81** |
| 提取储蓄存款 | Withdraw Saving Deposit | 2411.63 | 3059.55 | 5326.31 | 11084.97 | 13475.40 |
| 借入款 | Cash Borrowed | 76.76 | 84.52 | 508.86 | 765.45 | 1403.58 |
| 收回借出款 | Paid-back Loan | 30.88 | 63.82 | 756.37 | 614.74 | 616.31 |
| 收回储蓄性保险本金 | Withdraw Saving Premium | 0.81 | 13.46 | 40.53 | 3.35 | |
| 兑售有价证券 | Securities Cashed and Sold | 1.14 | 0.33 | 170.23 | 265.52 | 539.14 |
| 收回投资本金 | Withdraw Investment Principal | 2.35 | 9.38 | 3.88 | 148.31 | 152.07 |
| 住房贷款 | Housing Loan | | 120.67 | 1202.37 | 1615.85 | 2684.57 |
| 汽车贷款 | Personal Auto Loan | | | 76.93 | | |
| 教育贷款 | Education Loan | | | | | |
| 其他贷款 | Other Loans | 39.17 | 3.14 | | | |
| 其他借贷收入 | Other Loan Income | 19.13 | 45.47 | 132.63 | 268.99 | 164.73 |

## 9—10 按收入等级分的城镇居民家庭年人均现金支出（2010年）
Annual Per Capita Expenditure of Urban Households by Level of Income (2010)

单位：元　(yuan)

| 项　　目 | Item | 总平均 Average | 最低收入户 Lowest Income Households | #更低户 Lower Income Households | 低收入户 Low Income Households | 中等偏下户 Lower Middle Income Households |
|---|---|---|---|---|---|---|
| **家庭总支出** | **Total Expenditure** | **16144.52** | **7221.58** | **6634.22** | **8847.04** | **13099.94** |
| 消费性支出 | Consumption Expenditure | 11512.55 | 5454.65 | 5099.80 | 7160.54 | 9848.03 |
| #服务性消费支出 | Service Consumption Expenditure | 3047.78 | 1222.81 | 1185.87 | 1679.66 | 2581.62 |
| 购房与建房支出 | Expenditure From Buying and Constructing House | 1082.92 | 207.31 | 10.26 | | 644.62 |
| 购　房 | Buying House | 1068.80 | 201.27 | | | 598.48 |
| 建　房 | Constructing House | 14.12 | 6.04 | 10.26 | | 46.14 |
| 转移性支出 | Transfer Expenditure | 1755.82 | 597.61 | 593.65 | 841.86 | 1181.50 |
| 交纳的税赋 | Paid Taxes | 55.64 | 0.55 | | 3.64 | 9.97 |
| 捐赠支出 | Expenditure Presented | 1081.47 | 315.83 | 252.75 | 467.40 | 783.97 |
| 购买彩票 | Buying Lottery Tickets | 13.71 | 0.46 | 0.41 | 16.51 | 5.12 |
| 赡养支出 | Expenditure of Alimony | 437.84 | 144.79 | 209.96 | 238.32 | 202.43 |
| 各种非储蓄性保险支出 | Non-saving Premium | 95.17 | 93.10 | 114.34 | 42.92 | 54.58 |
| 其他转移性支出 | Other Transfer Expenditure | 71.99 | 42.89 | 16.19 | 73.06 | 125.42 |
| 财产性支出 | Property Expenditure | 102.70 | 1.87 | 3.17 | 18.01 | 28.63 |
| 社会保障支出 | Social Protection Expenditure | 1690.52 | 960.14 | 927.34 | 826.63 | 1397.16 |
| **借贷支出** | **Loan Expenditure** | **4515.29** | **727.08** | **610.82** | **1625.62** | **2228.46** |
| 存入储蓄存款 | Depositing Money | 3873.15 | 671.37 | 550.56 | 1485.66 | 1989.31 |
| 借出款 | Cash Lent | 24.11 | 0.40 | 0.68 | 1.08 | 19.48 |
| 归还借款 | Returning Borrowed Cash | 82.11 | 27.18 | 37.92 | 23.98 | 33.30 |
| 储蓄性保险支出 | Saving Premium Expenditure | 70.98 | 22.46 | 14.20 | 17.19 | 47.04 |
| 购买有价证券 | Buying Securities | 45.08 | | | | |
| 其他投资支出 | Other Investment Expenditure | 10.55 | | | 34.67 | 0.68 |
| 归还住房贷款 | Returning Housing Loan | 338.43 | 4.39 | 7.47 | 59.30 | 125.09 |
| 归还汽车贷款 | Returning Automobile Loan | 0.51 | | | | |
| 归还教育贷款 | Returning Education Loan | 0.38 | | | | |
| 归还其他贷款 | Returning Other Loans | 2.96 | | | 0.54 | |
| 其他贷款支出 | Other Loan Expenditure | 67.03 | 1.28 | | 3.22 | 13.56 |

## 9—10 续表 continued

单位：元 (yuan)

| 项 目 | Item | 中等收入户 Middle Income Households | 中等偏上户 Upper Middle Income Households | 高收入户 High Income Households | 最高收入户 Highest Income Households | #更高户 Higher Income Households |
|---|---|---|---|---|---|---|
| **家庭总支出** | **Total Expenditure** | **15433.94** | **19771.60** | **28087.50** | **40066.94** | **47557.28** |
| 消费性支出 | Consumption Expenditure | 11643.21 | 14180.45 | 18055.09 | 24982.75 | 27910.55 |
| #服务性消费支出 | Service Consumption Expenditure | 2755.11 | 3861.73 | 5635.95 | 7249.34 | 8679.61 |
| 购房与建房支出 | Expenditure From Buying and Constructing House | 498.49 | 1008.31 | 3263.12 | 5989.39 | 8576.58 |
| 购 房 | Buying House | 498.49 | 990.70 | 3263.12 | 5972.50 | 8542.29 |
| 建 房 | Constructing House | | 17.62 | | 16.89 | 34.29 |
| 转移性支出 | Transfer Expenditure | 1581.73 | 2431.70 | 3338.13 | 5003.37 | 6447.75 |
| 交纳的税赋 | Paid Taxes | 41.61 | 63.04 | 152.31 | 341.66 | 408.12 |
| 捐赠支出 | Expenditure Presented | 910.86 | 1603.79 | 1850.41 | 3338.34 | 4233.15 |
| 购买彩票 | Buying Lottery Tickets | 7.76 | 39.09 | 17.43 | 14.09 | 19.20 |
| 赡养支出 | Expenditure of Alimony | 423.70 | 593.86 | 1117.03 | 1040.35 | 1392.55 |
| 各种非储蓄性保险支出 | Non-saving Premium | 138.82 | 79.06 | 143.16 | 176.69 | 293.41 |
| 其他转移性支出 | Other Transfer Expenditure | 58.98 | 52.86 | 57.79 | 92.25 | 101.33 |
| 财产性支出 | Property Expenditure | 90.58 | 71.51 | 498.77 | 350.79 | 555.52 |
| 社会保障支出 | Social Protection Expenditure | 1619.93 | 2079.63 | 2932.39 | 3740.64 | 4066.88 |
| **借贷支出** | **Loan Expenditure** | **3459.87** | **5816.79** | **10586.17** | **18997.08** | **25581.74** |
| 存入储蓄存款 | Depositing Money | 2908.35 | 5157.46 | 8239.17 | 16631.66 | 22616.91 |
| 借出款 | Cash Lent | 5.44 | 47.70 | 96.53 | 40.80 | 59.25 |
| 归还借款 | Returning Borrowed Cash | 49.72 | 24.46 | 143.59 | 675.73 | 1157.44 |
| 储蓄性保险支出 | Saving Premium Expenditure | 63.55 | 102.00 | 88.66 | 298.60 | 425.55 |
| 购买有价证券 | Buying Securities | 52.34 | 5.05 | 395.02 | | |
| 其他投资支出 | Other Investment Expenditure | 0.31 | 27.27 | 9.92 | 8.07 | 5.56 |
| 归还住房贷款 | Returning Housing Loan | 349.94 | 376.07 | 1371.21 | 896.05 | 1158.86 |
| 归还汽车贷款 | Returning Automobile Loan | | | 0.91 | 6.95 | |
| 归还教育贷款 | Returning Education Loan | 0.50 | 1.67 | | | |
| 归还其他贷款 | Returning Other Loans | 0.89 | 4.61 | 10.03 | 17.17 | 34.87 |
| 其他贷款支出 | Other Loan Expenditure | 28.82 | 70.50 | 231.13 | 422.04 | 123.31 |

# 9—11 按收入等级分的城镇居民家庭年人均消费性支出（2010年）

Per Capita Annual Living Expenditure of Urban Households by Income Scale (2010)

单位：元 (yuan)

| 项目 | Item | 总平均 Average | 最低收入户 Lowest Income Households | #更低户 Lower Income Households | 低收入户 Low Income Households | 中等偏下户 Lower Middle Income Households |
|---|---|---|---|---|---|---|
| **消费性支出** | **Total Living Expenditures** | **11512.55** | **5454.65** | **5099.80** | **7160.54** | **9848.03** |
| 食　品 | Food | 4369.63 | 2568.04 | 2339.14 | 3257.87 | 3927.51 |
| 粮油类 | Grain and Edible Oil | 542.67 | 392.98 | 356.50 | 467.01 | 498.25 |
| 肉禽蛋水产品类 | Meat, Poultry, Eggs and Aquatic Products | 1078.82 | 715.62 | 651.38 | 869.63 | 984.75 |
| 蔬菜类 | Vegetables | 472.44 | 339.65 | 309.21 | 398.70 | 421.63 |
| 调味品 | Condiment | 42.23 | 30.30 | 26.88 | 33.76 | 39.22 |
| 糖烟酒饮料类 | Sugar, Tobacco, Liquor and Beverages | 724.51 | 406.82 | 375.24 | 506.60 | 666.57 |
| 干鲜瓜果类 | Dried and Fresh Fruits | 286.14 | 180.85 | 176.54 | 213.76 | 252.82 |
| 糕点、奶及奶制品 | Cakes, Milk and Dairy Products | 333.36 | 204.18 | 189.42 | 247.67 | 295.89 |
| 其他食品 | Other Food | 104.18 | 70.92 | 67.98 | 77.66 | 90.36 |
| 饮食服务 | Catering Services | 785.28 | 226.73 | 185.99 | 443.07 | 678.01 |
| 衣　着 | Clothing | 1225.56 | 505.99 | 449.36 | 812.59 | 1017.23 |
| 服　装 | Garments | 858.36 | 336.67 | 299.30 | 547.69 | 706.85 |
| 衣着材料 | Clothing Material | 10.71 | 7.80 | 9.76 | 12.37 | 6.48 |
| 鞋　类 | Footwear | 303.44 | 135.72 | 119.51 | 219.37 | 269.12 |
| 其他衣着用品 | Other Clothing Articles | 42.39 | 20.25 | 18.36 | 26.11 | 26.98 |
| 衣着加工服务费 | Clothing Processing Fee | 10.65 | 5.55 | 2.43 | 7.05 | 7.80 |
| 居　住 | Residence | 1229.64 | 594.65 | 609.45 | 630.81 | 1332.67 |
| 住　房 | Housing | 472.48 | 90.70 | 127.08 | 72.66 | 646.37 |
| 水电燃料及其他 | Water, Electricity, Fuel and Others | 636.02 | 444.31 | 393.99 | 528.93 | 605.71 |
| 居住服务费 | Living Services Fee | 121.14 | 59.65 | 88.38 | 29.22 | 80.59 |
| 家庭设备用品及服务 | Household Facilities, Articles and Services | 678.75 | 239.28 | 193.27 | 362.33 | 521.44 |
| 耐用消费品 | Durable Consumer Goods | 301.86 | 80.12 | 77.57 | 130.34 | 233.60 |
| 室内装饰品 | Interior Furnishing Articles | 25.55 | 6.54 | 1.09 | 11.11 | 11.38 |
| 床上用品 | Bedding | 73.91 | 17.51 | 17.68 | 35.00 | 67.27 |
| 家庭日用杂品 | Household Articles of Daily Use | 220.35 | 126.00 | 94.03 | 180.46 | 198.14 |
| 家具材料 | Furniture Material | 22.31 | 5.09 | 0.75 | 1.29 | 2.85 |
| 家庭服务 | Household Services | 34.77 | 4.03 | 2.14 | 4.12 | 8.21 |
| 医疗保健 | Medicine and Medical Services | 737.05 | 306.20 | 265.01 | 345.85 | 593.22 |
| 医疗器具 | Medical Appliances | 6.22 | 0.53 | 0.79 | 0.30 | 5.53 |
| 保健器具 | Setting-up Apparatus | 14.98 | 0.86 | 0.99 | 0.83 | 9.24 |
| 药品费 | Drugs Fee | 325.28 | 180.65 | 149.41 | 179.91 | 320.37 |
| 滋补保健品 | Nutritious and Heath Food | 100.05 | 23.80 | 28.31 | 25.92 | 49.24 |
| 医疗费 | Medical Expenses | 274.31 | 99.21 | 84.50 | 129.50 | 207.02 |
| 其　他 | Others | 16.21 | 1.14 | 1.01 | 9.39 | 1.81 |
| 交通和通信 | Transportation and Communications | 1356.57 | 507.23 | 478.12 | 592.13 | 948.09 |
| 交　通 | Transportation | 732.47 | 169.48 | 161.33 | 194.64 | 362.30 |
| 通　信 | Communications | 624.10 | 337.75 | 316.79 | 397.49 | 585.79 |
| 教育文化娱乐服务 | Education, Cultural and Recreation Services | 1479.75 | 592.18 | 639.12 | 904.45 | 1165.33 |
| 文化娱乐用品 | Recreation Articles | 320.77 | 110.83 | 156.53 | 161.16 | 233.36 |
| 文化娱乐服务 | Recreation Services | 462.10 | 76.04 | 63.04 | 192.80 | 328.53 |
| 教　育 | Education | 696.88 | 405.31 | 419.55 | 550.49 | 603.44 |
| 杂项商品和服务 | Miscellaneous Commodities and Services | 435.62 | 141.10 | 126.33 | 254.51 | 342.54 |
| 杂项商品 | Miscellaneous Commodities | 247.23 | 64.14 | 58.25 | 148.20 | 208.02 |
| 服　务 | Services | 188.39 | 76.95 | 68.07 | 106.31 | 134.52 |

## 9—11 续表 continued

单位：元 (yuan)

| 项目 | Item | 中等收入户 Middle Income Households | 中等偏上户 Upper Middle Income Households | 高收入户 High Income Households | 最高收入户 Highest Income Households | #更高户 Higher Income Households |
|---|---|---|---|---|---|---|
| **消费性支出** | **Total Living Expenditures** | **11643.21** | **14180.45** | **18055.09** | **24982.75** | **27910.55** |
| 食　品 | Food | 4611.63 | 5389.89 | 5926.45 | 7126.61 | 7451.81 |
| 粮油类 | Grain and Edible Oil | 598.60 | 642.13 | 605.40 | 703.67 | 746.74 |
| 肉禽蛋水产品类 | Meat, Poultry, Eggs and Aquatic Products | 1160.27 | 1313.71 | 1349.61 | 1498.24 | 1573.24 |
| 蔬菜类 | Vegetables | 513.62 | 553.50 | 583.65 | 633.18 | 654.22 |
| 调味品 | Condiment | 45.14 | 50.82 | 47.12 | 61.48 | 64.95 |
| 糖烟酒饮料类 | Sugar, Tobacco, Liquor and Beverages | 759.25 | 948.58 | 977.66 | 1123.74 | 1181.08 |
| 干鲜瓜果类 | Dried and Fresh Fruits | 299.46 | 352.08 | 389.04 | 454.36 | 474.89 |
| 糕点、奶及奶制品 | Cakes, Milk and Dairy Products | 370.25 | 408.65 | 418.00 | 532.47 | 548.08 |
| 其他食品 | Other Food | 103.99 | 126.91 | 156.41 | 155.94 | 148.02 |
| 饮食服务 | Catering Services | 761.04 | 993.50 | 1399.56 | 1963.52 | 2060.58 |
| 衣　着 | Clothing | 1302.51 | 1486.88 | 1959.23 | 2673.29 | 3007.82 |
| 服　装 | Garments | 919.09 | 1064.05 | 1349.18 | 1929.35 | 2207.70 |
| 衣着材料 | Clothing Material | 11.78 | 16.00 | 8.63 | 13.65 | 17.18 |
| 鞋　类 | Footwear | 322.40 | 362.64 | 445.28 | 613.43 | 628.52 |
| 其他衣着用品 | Other Clothing Articles | 39.85 | 36.22 | 120.02 | 100.30 | 130.08 |
| 衣着加工服务费 | Clothing Processing Fee | 9.39 | 7.96 | 36.12 | 16.57 | 24.34 |
| 居　住 | Residence | 985.35 | 1310.94 | 2221.09 | 2972.24 | 3583.00 |
| 住　房 | Housing | 266.89 | 461.94 | 836.90 | 1915.60 | 2392.52 |
| 水电燃料及其他 | Water, Electricity, Fuel and Others | 658.99 | 756.54 | 783.10 | 855.30 | 925.89 |
| 居住服务费 | Living Services Fee | 59.46 | 92.45 | 601.09 | 201.34 | 264.59 |
| 家庭设备用品及服务 | Household Facilities, Articles and Services | 640.19 | 803.95 | 1256.79 | 1966.54 | 2220.64 |
| 耐用消费品 | Durable Consumer Goods | 241.41 | 383.43 | 535.04 | 1098.23 | 1283.89 |
| 室内装饰品 | Interior Furnishing Articles | 24.20 | 23.03 | 47.89 | 130.83 | 122.00 |
| 床上用品 | Bedding | 67.02 | 104.04 | 136.53 | 176.22 | 174.51 |
| 家庭日用杂品 | Household Articles of Daily Use | 219.81 | 271.17 | 294.58 | 383.14 | 427.05 |
| 家具材料 | Furniture Material | 8.41 | 3.59 | 183.13 | 43.13 | 13.97 |
| 家庭服务 | Household Services | 79.34 | 18.70 | 59.62 | 135.00 | 199.23 |
| 医疗保健 | Medicine and Medical Services | 802.03 | 1176.12 | 1099.07 | 1222.98 | 1289.44 |
| 医疗器具 | Medical Appliances | 7.12 | 8.77 | 9.71 | 20.88 | 38.96 |
| 保健器具 | Setting-up Apparatus | 11.61 | 46.98 | 17.74 | 17.95 | 6.95 |
| 药品费 | Drugs Fee | 402.75 | 427.70 | 360.97 | 450.82 | 449.66 |
| 滋补保健品 | Nutritious and Heath Food | 99.18 | 171.43 | 215.05 | 260.86 | 368.87 |
| 医疗费 | Medical Expenses | 276.68 | 516.38 | 355.14 | 462.48 | 410.68 |
| 其　他 | Others | 4.68 | 4.86 | 140.46 | 9.99 | 14.32 |
| 交通和通信 | Transportation and Communications | 1644.12 | 1669.35 | 1866.54 | 4012.70 | 4082.61 |
| 交　通 | Transportation | 1033.62 | 853.54 | 986.20 | 2883.41 | 2935.73 |
| 通　信 | Communications | 610.51 | 815.80 | 880.34 | 1129.28 | 1146.88 |
| 教育文化娱乐服务 | Recreation, Education and Cultural Services | 1262.30 | 1800.89 | 2972.32 | 3732.11 | 4717.37 |
| 文化娱乐用品 | Recreation Articles | 303.13 | 385.94 | 697.89 | 833.61 | 956.55 |
| 文化娱乐服务 | Recreation Services | 303.97 | 678.68 | 1170.72 | 1371.94 | 1692.73 |
| 教　育 | Education | 655.20 | 736.28 | 1103.71 | 1526.57 | 2068.10 |
| 杂项商品和服务 | Miscellaneous Commodities and Services | 395.08 | 542.45 | 753.59 | 1276.28 | 1557.86 |
| 杂项商品 | Miscellaneous Commodities | 221.11 | 248.30 | 480.04 | 817.78 | 919.84 |
| 服　务 | Services | 173.97 | 294.15 | 273.56 | 458.51 | 638.02 |

## 9—12 按收入等级分的城镇居民家庭年人均消费性支出构成（2010年）

Composition of Per Capita Annual Living Expenditure of Urban Households by Income Scale (2010)

单位：%

| 项目 | Item | 总平均 Average | 最低收入户 Lowest Income Households | #更低户 Lower Income Households | 低收入户 Low Income Households | 中等偏下户 Lower Middle Income Households |
|---|---|---|---|---|---|---|
| **消费性支出** | **Total Living Expenditures** | **11512.55** | **5454.65** | **5099.80** | **7160.54** | **9848.03** |
| 食　品 | Food | 4369.63 | 2568.04 | 2339.14 | 3257.87 | 3927.51 |
| 衣　着 | Clothing | 1225.56 | 505.99 | 449.36 | 812.59 | 1017.23 |
| 居　住 | Residence | 1229.64 | 594.65 | 609.45 | 630.81 | 1332.67 |
| 家庭设备用品及服务 | Household Facilities, Articles and Services | 678.75 | 239.28 | 193.27 | 362.33 | 521.44 |
| 医疗保健 | Medicine and Medical Services | 737.05 | 306.20 | 265.01 | 345.85 | 593.22 |
| 交通和通信 | Transportation and Communications | 1356.57 | 507.23 | 478.12 | 592.13 | 948.09 |
| 教育文化娱乐服务 | Education, Cultural and Recreation Services | 1479.75 | 592.18 | 639.12 | 904.45 | 1165.33 |
| 杂项商品和服务 | Miscellaneous Commodities and Services | 435.62 | 141.10 | 126.33 | 254.51 | 342.54 |

| 项目 | Item | 中等收入户 Middle Income Households | 中等偏上户 Upper Middle Income Households | 高收入户 High Income Households | 最高收入户 Highest Income Households | #更高户 Higher Income Households |
|---|---|---|---|---|---|---|
| **消费性支出** | **Total Living Expenditures** | **11643.21** | **14180.45** | **18055.09** | **24982.75** | **27910.55** |
| 食　品 | Food | 4611.63 | 5389.89 | 5926.45 | 7126.61 | 7451.81 |
| 衣　着 | Clothing | 1302.51 | 1486.88 | 1959.23 | 2673.29 | 3007.82 |
| 居　住 | Residence | 985.35 | 1310.94 | 2221.09 | 2972.24 | 3583.00 |
| 家庭设备用品及服务 | Household Facilities, Articles and Services | 640.19 | 803.95 | 1256.79 | 1966.54 | 2220.64 |
| 医疗保健 | Medicine and Medical Services | 802.03 | 1176.12 | 1099.07 | 1222.98 | 1289.44 |
| 交通和通信 | Transportation and Communications | 1644.12 | 1669.35 | 1866.54 | 4012.70 | 4082.61 |
| 教育文化娱乐服务 | Education, Cultural and Recreation Services | 1262.30 | 1800.89 | 2972.32 | 3732.11 | 4717.37 |
| 杂项商品和服务 | Miscellaneous Commodities and Services | 395.08 | 542.45 | 753.59 | 1276.28 | 1557.86 |

## 9—13 按收入等级分的城镇居民家庭平均每百户年末耐用消费品拥有量（2010年）

Number of Durable Consumer Goods Owned Per 100 Urban Households at Year-end by Level of Income (2010)

| 项目 | | Item | | 总平均 Average | 最低收入户 Lowest Income Households | #更低户 Lower Income Households | 低收入户 Low Income Households | 中等偏下户 Lower Middle Income Households | 中等收入户 Middle Income Households | 中等偏上户 Upper Middle Income Households | 高收入户 High Income Households | 最高收入户 Highest Income Households | #更高户 Higher Income Households |
|---|---|---|---|---|---|---|---|---|---|---|---|---|---|
| 摩托车 | （辆） | Motorcycle | (unit) | 23.00 | 30.44 | 32.79 | 20.87 | 19.31 | 28.43 | 22.08 | 22.39 | 10.28 | 9.12 |
| 助力车 | （辆） | Strength-aid Cycle | (unit) | 31.84 | 25.07 | 25.62 | 32.14 | 35.00 | 34.40 | 34.49 | 31.45 | 24.29 | 18.49 |
| 家用汽车 | （辆） | Automobile | (unit) | 4.95 | 4.02 | 5.61 | | 1.82 | 5.18 | 5.67 | 8.72 | 14.45 | 19.70 |
| 洗衣机 | （台） | Washing Machine | (unit) | 97.35 | 92.77 | 91.00 | 93.85 | 95.67 | 99.68 | 98.48 | 99.81 | 103.50 | 102.92 |
| 电冰箱 | （台） | Refrigerator | (unit) | 96.61 | 86.45 | 86.38 | 91.71 | 96.77 | 96.56 | 99.65 | 107.31 | 101.92 | 102.35 |
| 彩电 | （台） | Color TV Set | (unit) | 141.50 | 119.28 | 118.36 | 133.05 | 135.66 | 138.46 | 144.09 | 180.30 | 162.30 | 168.62 |
| 家用电脑 | （台） | Computer | (unit) | 63.79 | 43.87 | 38.74 | 47.49 | 59.80 | 64.44 | 72.24 | 88.66 | 81.52 | 82.06 |
| 组合音响 | （套） | Combined Acoustics | (set) | 19.22 | 14.87 | 20.05 | 10.08 | 20.20 | 20.28 | 23.90 | 16.64 | 27.83 | 27.19 |
| 摄像机 | （架） | Pickup Camera | (unit) | 3.77 | 1.27 | 0.26 | 1.65 | 2.11 | 3.00 | 4.37 | 5.38 | 14.05 | 13.63 |
| 照相机 | （架） | Camera | (unit) | 29.71 | 11.92 | 6.67 | 15.09 | 20.05 | 26.96 | 34.58 | 62.43 | 61.80 | 63.48 |
| 钢琴 | （架） | Piano | (unit) | 1.11 | | | 0.44 | 1.59 | 0.58 | 0.75 | 2.40 | 3.60 | 4.35 |
| 微波炉 | （台） | Microwave Oven | (unit) | 57.77 | 32.79 | 22.23 | 39.81 | 53.15 | 56.05 | 69.19 | 84.09 | 86.00 | 87.17 |
| 空调器 | （台） | Air Conditioner | (unit) | 120.04 | 59.15 | 40.74 | 87.24 | 105.91 | 113.94 | 144.31 | 181.01 | 197.35 | 216.55 |
| 淋浴热水器 | （台） | Shower | (unit) | 86.78 | 75.68 | 74.25 | 83.40 | 81.32 | 87.78 | 89.52 | 96.46 | 104.63 | 107.01 |
| 消毒碗柜 | （台） | Sterilizing Cupboard | (unit) | 6.59 | 5.25 | 0.89 | 3.46 | 2.74 | 9.37 | 6.41 | 8.89 | 13.57 | 18.39 |
| 洗碗机 | （台） | Dish Washer | (unit) | 0.31 | 0.23 | | 0.55 | 0.47 | | 0.34 | 0.51 | 0.19 | 0.37 |
| 健身器材 | （套） | Setting-up Apparatus | (unit) | 2.32 | | | 0.94 | 0.75 | 1.32 | 2.31 | 8.83 | 6.85 | 9.33 |
| 普通电话 | （部） | Ordinary Telephone | (unit) | 85.34 | 81.51 | 77.16 | 79.25 | 83.81 | 86.19 | 86.00 | 93.57 | 91.06 | 87.08 |
| 移动电话 | （部） | Mobile Telephone | (unit) | 168.46 | 154.18 | 143.95 | 153.23 | 161.47 | 170.64 | 171.30 | 202.70 | 178.90 | 171.14 |

## 9—14 按收入等级分的城镇居民家庭平均每人全年购买商品数量（2010年）

Per Capita Annual Purchases of Major Commodities of Urban Households by Level of Income (2010)

| 项 目 | Item | 总平均 Average | 最低收入户 Lowest Income Households | #更低户 Lower Income Households | 低收入户 Low Income Households | 中等偏下户 Lower Middle Income Households | 中等收入户 Middle Income Households | 中等偏上户 Upper Middle Income Households | 高收入户 High Income Households | 最高收入户 Highest Income Households | #更高户 Higher Income Households |
|---|---|---|---|---|---|---|---|---|---|---|---|
| 粮 食 （千克） | Grain (kg) | 83.00 | 62.73 | 56.84 | 71.68 | 77.45 | 91.90 | 96.65 | 91.73 | 100.48 | 107.63 |
| 淀粉及薯类 （元） | Starches and Tubers (yuan) | 22.52 | 15.83 | 13.18 | 20.12 | 21.84 | 24.19 | 25.64 | 25.02 | 30.29 | 31.69 |
| 干豆类及豆制品 （元） | Dried Beans and Bean Products (yuan) | 68.55 | 53.8 | 52.02 | 60.96 | 58.19 | 76.47 | 80.13 | 78.63 | 85.85 | 92.54 |
| 食用植物油（千克） | Edible Vegetable Oil (kg) | 8.33 | 5.66 | 5.16 | 7.77 | 8.10 | 9.14 | 9.86 | 8.29 | 10.75 | 11.17 |
| 食用动物油 （元） | Edible Animal Oil (yuan) | 5.75 | 6.28 | 4.26 | 5.75 | 4.50 | 5.78 | 6.44 | 6.69 | 4.97 | 4.43 |
| 猪 肉 （千克） | Pork (kg) | 19.86 | 13.91 | 12.86 | 16.55 | 18.30 | 21.93 | 23.86 | 23.34 | 25.14 | 26.23 |
| 牛 肉 （千克） | Beef (kg) | 2.50 | 1.42 | 1.28 | 2.22 | 2.48 | 2.56 | 2.92 | 3.08 | 3.81 | 3.99 |
| 羊 肉 （千克） | Mutton (kg) | 0.82 | 0.46 | 0.40 | 0.72 | 0.76 | 0.87 | 0.97 | 0.99 | 1.29 | 1.48 |
| 禽 类 （千克） | Poultry (kg) | 9.86 | 6.66 | 5.84 | 7.97 | 9.04 | 10.41 | 12.24 | 12.06 | 13.53 | 14.02 |
| 鲜 蛋 （千克） | Fresh Eggs (kg) | 12.97 | 9.17 | 7.43 | 11.12 | 12.62 | 13.88 | 15.16 | 14.19 | 17.42 | 18.16 |
| 鱼 （千克） | Fish (kg) | 9.95 | 6.82 | 6.26 | 8.80 | 9.32 | 10.27 | 11.83 | 12.15 | 13.49 | 14.08 |
| 虾 （千克） | Shrimp (kg) | 1.77 | 1.01 | 0.92 | 1.40 | 1.69 | 1.79 | 2.18 | 2.37 | 2.82 | 3.01 |
| 鲜 菜 （千克） | Fresh Vegetables (kg) | 112.74 | 82.30 | 74.11 | 102.25 | 103.25 | 121.93 | 130.71 | 130.11 | 143.57 | 150.93 |
| 糖 类 （元） | Sugar (yuan) | 19.91 | 17.47 | 17.76 | 15.55 | 16.09 | 22.43 | 20.31 | 28.49 | 26.47 | 24.54 |
| 烟草类 （元） | Tobaccos (yuan) | 345.48 | 184.77 | 170.19 | 228.28 | 318.84 | 359.76 | 472.83 | 476.67 | 520.24 | 574.42 |
| 白 酒 （千克） | Liquor (kg) | 3.88 | 2.92 | 3.09 | 3.44 | 3.35 | 4.88 | 4.42 | 4.05 | 4.17 | 4.32 |
| 啤 酒 （千克） | Beer (kg) | 6.44 | 4.29 | 3.41 | 6.10 | 6.29 | 6.43 | 8.10 | 6.65 | 8.56 | 9.02 |
| 鲜瓜果 （千克） | Fresh Melons & Fruits (kg) | 57.19 | 37.07 | 33.55 | 45.48 | 53.72 | 60.88 | 70.25 | 67.16 | 84.47 | 91.79 |
| 糕 点 （千克） | Cake (kg) | 5.02 | 3.58 | 3.59 | 4.42 | 4.45 | 5.39 | 6.16 | 5.92 | 6.38 | 6.83 |
| 鲜乳品 （千克） | Fresh Dairy Products (kg) | 10.16 | 5.09 | 4.21 | 7.38 | 9.19 | 11.89 | 12.02 | 13.62 | 17.11 | 17.36 |
| 奶 粉 （千克） | Milk Powder (kg) | 1.20 | 0.67 | 0.51 | 0.99 | 1.14 | 1.52 | 1.38 | 1.18 | 1.84 | 2.17 |
| 酸 奶 （千克） | Yogurt (kg) | 9.29 | 5.49 | 4.76 | 7.58 | 9.06 | 9.90 | 11.38 | 10.22 | 14.72 | 14.44 |
| 洗衣机 （台/百户） | Washing Machine (unit/100 household) | 97.35 | 92.77 | 91 | 93.85 | 95.67 | 99.68 | 98.48 | 99.81 | 103.5 | 102.92 |
| 电冰箱 （台/百户） | Refrigerator (unit/100 household) | 96.61 | 86.45 | 86.38 | 91.71 | 96.77 | 96.56 | 99.65 | 107.31 | 101.92 | 102.35 |
| 空调器 （台/百户） | Air Conditioners (unit/100 household) | 120.04 | 59.15 | 40.74 | 87.24 | 105.91 | 113.94 | 144.31 | 181.01 | 197.35 | 216.55 |
| 移动电话 （部/百户） | Mobile Telephone Subscribers (unit/100 household) | 168.46 | 154.18 | 143.95 | 153.23 | 161.47 | 170.64 | 171.3 | 202.7 | 178.9 | 171.14 |
| 彩色电视机 （台/百户） | Color Television Set (unit/100 household) | 141.5 | 119.28 | 118.36 | 133.05 | 135.66 | 138.46 | 144.09 | 180.3 | 162.3 | 168.62 |
| 家用电脑 （台/百户） | Computer (unit/100 household) | 63.79 | 43.87 | 38.74 | 47.49 | 59.8 | 64.44 | 72.24 | 88.66 | 81.52 | 82.06 |

# 9—15 各市城镇居民家庭年人均现金收支（2010年）

| 项目 | Item | 全省<br>Proince Indices | 合肥市<br>Hefei | 淮北市<br>Huaibei | 亳州市<br>Bozhou | 宿州市<br>Suzhou |
|---|---|---|---|---|---|---|
| **家庭总收入** | **Total Income** | **17626.71** | **21125.10** | **16835.99** | **15995.90** | **15713.65** |
| #可支配收入 | Disposable Income | 15788.17 | 19050.50 | 15190.69 | 15537.86 | 14668.87 |
| **工资性收入** | **Wages Income** | **11442.43** | **13852.73** | **10271.47** | **7781.81** | **8538.99** |
| 工资及补贴收入 | Wage and Subsidy Income | 11256.71 | 13680.29 | 9980.84 | 7384.83 | 8451.37 |
| 其他劳动收入 | Other Labor Income | 185.72 | 172.44 | 290.63 | 396.97 | 87.62 |
| **经营性收入** | **Net Income From Business** | **1172.36** | **2108.06** | **349.12** | **5462.48** | **843.25** |
| **财产性收入** | **Property Income** | **427.01** | **389.92** | **270.54** | **443.80** | **220.93** |
| 利息收入 | Interest | 49.46 | 37.62 | 25.76 | 18.93 | 44.53 |
| 股息与红利收入 | Dividend and Bonus | 84.29 | 91.91 | 5.34 | 150.55 | 47.28 |
| 保险收益 | Insurance Profits | 3.70 | 0.35 |  | 0.61 |  |
| 其他投资收入 | Other Investment Income | 66.91 |  |  | 93.93 | 3.70 |
| 出租房屋收入 | Income from Hiring House | 206.93 | 249.02 | 172.22 | 179.78 | 88.48 |
| 知识产权收入 | Income From Intellectual Property Right | 0.06 |  |  |  |  |
| 其他财产收入 | Other Property Income | 15.67 | 11.02 | 67.22 |  | 36.96 |
| **转移性收入** | **Transfer Income** | **4584.91** | **4774.39** | **5944.86** | **2307.81** | **6110.48** |
| 养老金或离退休金 | Pension for Old-age for Retired Persons | 3465.80 | 3642.46 | 4777.70 | 946.51 | 5671.91 |
| 社会救济收入 | Social Relief | 43.83 | 16.79 | 4.27 | 27.81 | 0.59 |
| 辞退金 | Dismissal Income | 34.72 |  | 334.26 | 35.83 |  |
| 赔偿收入 | Income From Compensation | 19.54 | 0.13 |  | 19.10 |  |
| 保险收入 | Income From Insurance | 13.32 | 6.90 | 6.64 | 0.61 |  |
| 赡养收入 | Supporting Income | 137.68 | 60.28 | 314.13 | 244.56 | 139.33 |
| 捐赠收入 | Giving Income | 451.22 | 648.03 | 332.03 | 500.09 | 128.65 |
| 提取住房公积金 | Withdraw Housing Collective Accumulation Fund | 271.75 | 272.50 | 133.70 | 101.38 | 4.25 |
| 记帐补贴 | Account Subsidy | 92.37 | 86.85 | 42.12 | 99.39 | 62.25 |
| 其他转移性收入 | Other Transfer Income | 54.67 | 40.45 |  | 332.52 | 103.50 |
| **出售财物收入** | **Income From Selling Belongings** | **397.47** | **178.37** | **3.50** | **46.16** | **0.81** |
| 出售住房收入 | Income From Selling House | 393.48 | 175.89 |  |  |  |
| 出售其他物品收入 | Income From Selling Other Goods | 4.00 | 2.48 | 3.50 | 46.16 | 0.81 |
| **借贷收入** | **Loan Income** | **3533.87** | **4088.32** | **1195.66** | **1782.21** | **1387.27** |
| 提取储蓄存款 | Withdraw Saving Deposit | 2802.89 | 3085.95 | 1005.35 | 1404.91 | 1191.40 |
| 借入款 | Cash Borrowed | 228.44 | 77.22 | 163.05 | 9.20 | 184.79 |
| 收回借出款 | Paid-back Loan | 145.22 | 99.32 | 26.00 | 368.10 | 11.09 |
| 收回储蓄性保险本金 | Withdraw Saving Premium | 6.29 | 2.29 |  |  |  |
| 兑售有价证券 | Securities Cashed and Sold | 31.94 |  |  |  |  |
| 收回投资本金 | Withdraw Investment Principal | 11.60 |  |  |  |  |

Annual Per Capita Cash Income and Expenditure of Urban Households by Region (2010)

单位：元　(yuan)

| 蚌埠市<br>Bengbu | 阜阳市<br>Fuyang | 淮南市<br>Huainan | 滁州市<br>Chuzhou | 六安市<br>Luan | 马鞍山市<br>Maanshan | 巢湖市<br>Chaohu | 芜湖市<br>Wuhu | 宣城市<br>Xuancheng | 铜陵市<br>Tongling | 池州市<br>Chizhou | 安庆市<br>Anqing | 黄山市<br>Huangshan |
|---|---|---|---|---|---|---|---|---|---|---|---|---|
| **16711.55** | **15894.24** | **17886.97** | **16368.67** | **15886.09** | **26312.58** | **17127.24** | **20478.85** | **16528.42** | **20935.40** | **17101.89** | **16811.49** | **17730.70** |
| 15375.88 | 13981.32 | 15376.87 | 15103.62 | 14508.04 | 23158.71 | 16129.62 | 18726.82 | 15141.36 | 18689.73 | 15996.62 | 15146.70 | 15834.13 |
| **10337.17** | **11654.25** | **12634.87** | **10678.10** | **11178.34** | **16754.84** | **13069.84** | **11317.13** | **9348.69** | **14690.09** | **10889.87** | **9940.05** | **11202.65** |
| 10015.20 | 11360.37 | 12588.79 | 10258.16 | 11055.90 | 16375.56 | 12975.94 | 11212.71 | 9332.23 | 14571.41 | 10741.59 | 9866.87 | 11020.55 |
| 321.97 | 293.88 | 46.07 | 419.94 | 122.44 | 379.29 | 93.90 | 104.42 | 16.46 | 118.68 | 148.27 | 73.18 | 182.10 |
| **1429.63** | **756.18** | **800.72** | **1513.19** | **1397.99** | **858.70** | **2696.60** | **878.27** | **2613.64** | **1054.05** | **1428.39** | **1271.55** | **922.85** |
| **559.17** | **330.31** | **161.10** | **436.74** | **427.10** | **1124.39** | **171.10** | **527.22** | **610.16** | **584.13** | **845.37** | **399.91** | **384.35** |
| 51.67 | 50.33 | 38.95 | 144.18 | 46.98 | 59.28 | 35.50 | 45.60 | 57.37 | 42.48 | 25.63 | 38.85 | 78.68 |
| 282.16 | 77.28 | 51.13 | 229.03 | 94.08 | 152.92 | 85.64 | 148.85 | 170.23 | 53.71 | 296.81 | 33.36 | 126.74 |
| 0.70 | 2.82 | 2.09 | 0.36 | | 58.49 | | 2.50 | | | | | 24.40 |
| 22.30 | 3.52 | | 13.71 | 0.73 | 682.89 | | | 5.67 | 351.03 | 70.27 | 50.33 | |
| 202.33 | 195.95 | 68.92 | 43.97 | 284.21 | 148.24 | 49.63 | 292.65 | 374.19 | 135.18 | 452.66 | 277.36 | 150.87 |
| | | | | | 1.33 | 0.33 | | | | | | |
| | 0.41 | | 5.50 | 1.10 | 21.23 | | 37.61 | 2.69 | 1.73 | | | 3.65 |
| **4385.59** | **3153.50** | **4290.29** | **3740.65** | **2882.65** | **7574.65** | **1189.70** | **7756.23** | **3955.93** | **4607.13** | **3938.25** | **5199.98** | **5220.86** |
| 2738.19 | 2603.09 | 3397.20 | 2620.87 | 2114.72 | 5499.59 | 832.05 | 6312.36 | 3081.78 | 3612.13 | 2531.01 | 4437.29 | 4053.68 |
| 28.06 | 41.01 | 65.61 | 14.91 | 23.80 | 22.87 | | 55.54 | 108.59 | 57.48 | 96.47 | 47.35 | 54.50 |
| 241.70 | | | | | 0.69 | | 0.53 | | | | | |
| | | | 7.81 | | 52.78 | | 103.72 | 39.49 | 0.52 | | | |
| | 2.86 | 81.38 | 63.50 | 5.37 | 3.99 | | 16.17 | 20.46 | 10.02 | | 6.65 | |
| 143.82 | 100.61 | 58.35 | 165.00 | 268.98 | 103.71 | 8.06 | 173.53 | 49.20 | 68.08 | 100.00 | 62.60 | 106.48 |
| 679.71 | 188.76 | 356.02 | 664.81 | 299.69 | 876.67 | 118.19 | 589.36 | 313.37 | 120.03 | 287.96 | 349.93 | 465.09 |
| 519.33 | 118.03 | 139.62 | 170.21 | 65.87 | 877.05 | 166.34 | 285.28 | 226.14 | 699.27 | 534.59 | 148.42 | 353.97 |
| | 78.02 | 123.08 | 29.96 | 74.16 | 88.23 | 65.06 | 121.10 | 98.48 | 31.12 | 54.26 | 131.11 | 65.64 |
| 34.77 | 21.11 | 69.05 | 3.59 | 30.05 | 49.08 | | 98.66 | 18.41 | 8.48 | 333.96 | 16.62 | 121.50 |
| **608.84** | **3.27** | **138.17** | **7.03** | **996.19** | **459.90** | **893.25** | **1786.27** | **1599.88** | **264.64** | **18.67** | **707.41** | **734.23** |
| 607.24 | | 136.78 | | 988.11 | 441.85 | 893.25 | 1784.29 | 1595.89 | 263.86 | 11.82 | 706.59 | 730.59 |
| 1.60 | 3.27 | 1.39 | 7.03 | 8.09 | 18.05 | | 1.98 | 4.00 | 0.79 | 6.85 | 0.82 | 3.64 |
| **5039.94** | **3581.74** | **5118.70** | **3858.26** | **1781.12** | **4085.62** | **1193.64** | **5154.84** | **4285.69** | **5403.41** | **1675.09** | **2792.33** | **4816.51** |
| 3477.73 | 3460.86 | 3906.18 | 2153.33 | 1721.76 | 3682.22 | 1089.71 | 4759.50 | 1705.51 | 3713.33 | 1461.72 | 1832.62 | 3248.66 |
| 240.33 | 41.17 | 592.69 | 1550.87 | | 95.43 | 76.25 | 15.39 | 734.86 | 390.90 | 78.01 | 927.53 | 528.22 |
| 97.86 | 79.71 | 117.94 | 104.76 | 36.60 | 66.79 | 27.67 | 97.50 | 399.09 | 15.68 | 50.25 | 32.18 | 47.85 |
| | | 4.34 | 40.84 | 18.30 | 26.53 | | | | | | | 2.92 |
| 284.90 | | | 2.41 | | 15.09 | | 0.53 | | 0.36 | | | 913.24 |
| 140.71 | | 5.13 | | | 40.17 | | 281.91 | 24.55 | | | | 20.82 |

**9—15 续表 continued**

| 项目 | Item | 全省 Proince Indices | 合肥市 Hefei | 淮北市 Huaibei | 亳州市 Bozhou | 宿州市 Suzhou |
|---|---|---|---|---|---|---|
| 住房贷款 | Housing Loan | 252.37 | 823.55 | | | |
| 教育贷款 | Education Loan | | | | | |
| 其他贷款 | Other Loans | 8.07 | | | | |
| 其他借贷收入 | Other Loan Income | 40.41 | | 1.27 | | |
| **家庭总支出** | **Total Expenditure** | **16144.52** | **19508.37** | **13094.89** | **12935.91** | **12913.19** |
| **消费性支出** | **Consumption Expenditure** | **11512.55** | **14011.79** | **9732.53** | **10273.25** | **9322.15** |
| #服务性消费支出 | Service Consumption Expenditure | 3047.78 | 3970.97 | 2254.62 | 2843.25 | 2284.66 |
| **财产性支出** | **Property Expenditure** | **102.70** | **14.78** | **180.06** | **5.59** | **67.97** |
| **转移性支出** | **Transfer Expenditure** | **1755.82** | **1364.37** | **1536.09** | **1658.97** | **2202.70** |
| 交纳的个人所得税 | Individual Income Tax | 55.64 | 44.36 | 12.97 | 4.72 | 10.69 |
| 捐赠支出 | Expenditure Presented | 1081.47 | 1089.22 | 1032.68 | 1281.10 | 1440.55 |
| 购买彩票 | Buying Lottery Tickets | 13.71 | 13.71 | 17.54 | 13.06 | 15.46 |
| 赡养支出 | Expenditure of Alimony | 437.84 | 156.16 | 375.13 | 46.44 | 651.37 |
| 各种非储蓄性保险支出 | Non-saving Premium | 95.17 | 48.62 | 11.65 | 93.90 | 41.05 |
| 其他转移性支出 | Other Transfer Expenditure | 71.99 | 12.30 | 86.12 | 219.74 | 43.57 |
| **社会保障费支出** | **Social Protection Expenditure** | **1690.52** | **1943.38** | **1590.21** | **353.93** | **971.84** |
| 个人交纳的养老基金 | Old-age Fund Paid | 640.17 | 871.61 | 544.43 | 91.08 | 191.11 |
| 个人交纳的住房公积金 | Housing Collective Accumulation Fund Paid | 809.89 | 653.71 | 839.09 | 129.60 | 641.01 |
| 个人交纳的医疗基金 | Medical Fund Paid | 190.98 | 351.03 | 146.33 | 65.54 | 118.38 |
| 个人交纳的失业基金 | Unemployment Fund Paid | 38.44 | 49.00 | 44.83 | 67.59 | 11.29 |
| 其他社会保障支出 | Other Social Protection Expenditure | 11.04 | 18.03 | 15.53 | 0.12 | 10.06 |
| **购房与建房支出** | **Expenditure From Buying and Constructing House** | **1082.92** | **2174.04** | **56.00** | **644.17** | **348.52** |
| 购房 | Buying House | 1068.80 | 2174.04 | 56.00 | 276.07 | 245.77 |
| 建房 | Constructing House | 14.12 | | | 368.10 | 102.76 |
| **借贷支出** | **Loan Expenditure** | **4515.29** | **3928.27** | **3013.46** | **5328.46** | **3901.92** |
| 存入储蓄存款 | Depositing Money | 3873.15 | 3268.79 | 2479.82 | 5120.86 | 3522.36 |
| 借出款 | Cash Lent | 24.11 | 8.00 | | 107.36 | |
| 归还借款 | Returning Borrowed Cash | 82.11 | 57.16 | 432.68 | | 59.87 |
| 储蓄性保险支出 | Saving Premium Expenditure | 70.98 | 74.48 | 51.33 | 62.51 | 14.76 |
| 购买有价证券 | Buying Securities | 45.08 | 87.94 | 20.06 | | 5.60 |
| 其他投资支出 | Other Investment Expenditure | 10.55 | 0.23 | 0.11 | 0.92 | 0.69 |
| 归还住房贷款 | Returning Housing Loan | 338.43 | 429.46 | 22.03 | 36.81 | 294.54 |
| 归还汽车贷款 | Returning Automobile Loan | 0.51 | | | | |
| 归还教育贷款 | Returning Education Loan | 0.38 | | | | |
| 归还其他贷款 | Returning Other Loans | 2.96 | | | | 4.11 |
| 其他贷款支出 | Other Loan Expenditure | 67.03 | 2.20 | 7.43 | | |

单位：元　(yuan)

| 蚌埠市 Bengbu | 阜阳市 Fuyang | 淮南市 Huainan | 滁州市 Chuzhou | 六安市 Luan | 马鞍山市 Maanshan | 巢湖市 Chaohu | 芜湖市 Wuhu | 宣城市 Xuancheng | 铜陵市 Tongling | 池州市 Chizhou | 安庆市 Anqing | 黄山市 Huangshan |
|---|---|---|---|---|---|---|---|---|---|---|---|---|
| 794.08 | | 406.92 | 4.27 | | | | | 480.00 | 1283.13 | | | |
| | | | | | | | | | | | | |
| | | 85.49 | | | 11.59 | | | | | | | |
| 4.33 | | | 1.78 | 4.46 | 4.34 | | | 941.69 | | 85.11 | | 54.79 |
| **16106.11** | **15234.35** | **17248.70** | **15865.27** | **13860.29** | **19647.81** | **13034.80** | **19373.63** | **16603.03** | **18404.19** | **13202.21** | **16017.74** | **15094.21** |
| **11242.38** | **11178.02** | **10688.08** | **11499.44** | **10711.93** | **14183.62** | **11427.46** | **12980.24** | **11506.62** | **12876.89** | **10777.14** | **11026.00** | **11068.60** |
| 3267.59 | 3013.76 | 2976.22 | 2452.75 | 3032.53 | 3700.01 | 2781.74 | 3527.62 | 3271.45 | 3277.23 | 2826.30 | 3042.91 | 3122.35 |
| **192.20** | **5.02** | **84.80** | **13.10** | **68.31** | **70.66** | **10.68** | **128.63** | **293.74** | **13.36** | **43.42** | **72.22** | **161.16** |
| **1781.61** | **2071.50** | **2069.73** | **1433.80** | **1780.97** | **2215.26** | **519.24** | **1963.63** | **1725.57** | **1109.69** | **1340.79** | **1671.21** | **1626.68** |
| 35.76 | 66.23 | 107.09 | 25.02 | 4.80 | 179.28 | 7.64 | 58.76 | 49.19 | 44.61 | 10.16 | 30.70 | 60.75 |
| 990.19 | 1426.41 | 1429.90 | 1054.44 | 973.81 | 1304.82 | 401.60 | 1217.67 | 1162.58 | 595.94 | 726.38 | 823.13 | 887.95 |
| 11.58 | 53.83 | 7.41 | 9.47 | 0.26 | 29.20 | 5.19 | 6.17 | 1.07 | 0.68 | 3.37 | 5.81 | 10.73 |
| 515.86 | 308.97 | 388.89 | 287.09 | 683.14 | 528.71 | 46.12 | 473.40 | 466.99 | 444.99 | 576.83 | 695.60 | 558.61 |
| 14.14 | 0.42 | 104.12 | 47.23 | 39.30 | 131.39 | 13.14 | 55.55 | 18.03 | 6.84 | 10.04 | 0.87 | 94.61 |
| 214.07 | 215.63 | 32.31 | 10.55 | 79.66 | 41.86 | 45.56 | 152.09 | 27.71 | 16.63 | 14.02 | 115.10 | 14.03 |
| **1299.92** | **1768.67** | **2279.93** | **1210.08** | **1299.09** | **2886.36** | **924.92** | **1572.17** | **1239.38** | **2169.94** | **1040.85** | **1502.98** | **1770.19** |
| 455.14 | 476.44 | 871.28 | 512.48 | 306.48 | 1146.35 | 534.22 | 647.10 | 211.57 | 548.32 | 186.28 | 585.61 | 481.44 |
| 659.90 | 1023.73 | 1091.53 | 364.88 | 807.29 | 1381.32 | 328.16 | 648.08 | 863.79 | 1310.24 | 683.25 | 697.80 | 1077.35 |
| 138.52 | 221.08 | 224.48 | 217.12 | 165.83 | 254.61 | 57.87 | 238.30 | 150.72 | 234.66 | 143.72 | 183.56 | 171.47 |
| 25.08 | 35.78 | 79.02 | 72.07 | 15.42 | 97.32 | 3.81 | 28.30 | 13.12 | 38.51 | 24.05 | 32.54 | 23.86 |
| 21.28 | 11.65 | 13.63 | 43.52 | 4.07 | 6.76 | 0.86 | 10.39 | 0.18 | 38.21 | 3.56 | 3.48 | 16.05 |
| **1590.00** | **211.14** | **2126.16** | **1708.85** | | **291.91** | **152.51** | **2728.95** | **1837.71** | **2234.31** | | **1745.33** | **467.58** |
| 1590.00 | 211.14 | 2114.70 | 1659.13 | | 291.91 | | 2728.95 | 1837.71 | 2234.31 | | 1745.33 | 467.58 |
| | | 11.46 | 49.72 | | | 152.51 | | | | | | |
| **6323.96** | **3485.19** | **5707.55** | **2554.14** | **4004.68** | **9127.54** | **5969.31** | **7130.31** | **4302.82** | **6496.98** | **5367.12** | **3974.77** | **5417.27** |
| 5768.86 | 3380.20 | 4900.31 | 2129.23 | 3451.44 | 8305.63 | 5810.11 | 6055.92 | 1914.24 | 6183.34 | 4644.07 | 3401.29 | 3748.18 |
| 6.77 | 19.35 | 26.61 | 14.21 | 82.34 | 62.55 | | 80.06 | 87.98 | 0.18 | | 3.63 | 2.19 |
| 84.37 | 35.19 | 141.31 | 80.66 | 251.68 | 98.11 | 21.79 | 138.17 | 31.09 | 34.52 | 95.74 | 40.17 | 869.59 |
| 92.67 | 6.74 | 152.58 | 15.60 | 67.96 | 188.36 | 19.04 | 186.20 | 63.14 | 81.00 | 118.55 | 112.96 | 119.61 |
| | | 0.85 | | | 22.95 | | 100.13 | 572.57 | | | | 128.95 |
| 1.25 | | 17.66 | 177.92 | | 5.41 | | 1.62 | 7.95 | 3.25 | 7.09 | | 7.77 |
| 370.03 | 41.04 | 214.02 | 122.67 | 49.64 | 405.19 | 107.77 | 559.07 | 443.73 | 160.71 | 416.17 | 416.72 | 372.58 |
| | | | | | 11.00 | 1.31 | | | | | | |
| | 0.91 | | 3.55 | | | | | | 6.69 | | | |
| | | 8.38 | 10.30 | 3.11 | 25.71 | | 5.26 | | 18.80 | | | |
| | 1.76 | 245.82 | | 98.51 | 2.64 | 9.29 | 3.89 | 1182.12 | 8.49 | 85.50 | | 168.40 |

## 9—16 按收入等级分的城镇居民家庭就业人员年均收入（2010年）
Annual Per Capita Income of Employees of Urban Households by Level of Income (2010)

单位：元 (yuan)

| 项 目 | Item | 工资性收入 Wages Income | #工资及补贴收入 Wage and Subsidy Income | #其他劳动收入 Part-time Income | 经营净收入 Mangement Income |
|---|---|---|---|---|---|
| **总 平 均** | **Average** | **11442.43** | **11256.71** | **185.72** | **1172.36** |
| 最低收入户 | Lowest Income Households | 5199.41 | 5038.63 | 160.78 | 719.11 |
| #更低户 | Lower Income Households | 4564.25 | 4361.97 | 202.27 | 860.53 |
| 低收入户 | Low Income Households | 6436.73 | 6345.04 | 91.69 | 729.12 |
| 中等偏下户 | Lower Middle Income Households | 8823.08 | 8691.43 | 131.65 | 1071.34 |
| 中等收入户 | Middle Income Households | 11700.09 | 11560.53 | 139.56 | 958.71 |
| 中等偏上户 | Upper Middle Income Households | 14118.26 | 13949.81 | 168.45 | 1432.48 |
| 高收入户 | High Income Households | 20920.27 | 20629.70 | 290.57 | 1148.09 |
| 最高收入户 | Highest Income Households | 25239.08 | 24580.96 | 658.12 | 3585.22 |
| #更高户 | Higher Income Households | 27709.65 | 26730.21 | 979.44 | 4381.09 |

## 9—17 各市城镇居民家庭就业人员年均收入情况（2010年）
Annual Per Capita Income of Employees of Urban Households by Level of Income by Region (2010)

单位：元 (yuan)

| 地 区 | Region | 工资性收入 Wages Income | #工资及补贴收入 Wage and Subsidy Income | #其他劳动收入 Part-time Income | 经营净收入 Mangement Income |
|---|---|---|---|---|---|
| **全 省** | **Proince Indices** | **11442.43** | **11256.71** | **185.72** | **1172.36** |
| 合 肥 市 | Hefei | 13852.73 | 13680.29 | 172.44 | 2108.06 |
| 淮 北 市 | Huaibei | 10271.47 | 9980.84 | 290.63 | 349.12 |
| 亳 州 市 | Bozhou | 7781.81 | 7384.83 | 396.97 | 5462.48 |
| 宿 州 市 | Suzhou | 8538.99 | 8451.37 | 87.62 | 843.25 |
| 蚌 埠 市 | Bengbu | 10337.17 | 10015.20 | 321.97 | 1429.63 |
| 阜 阳 市 | Fuyang | 11654.25 | 11360.37 | 293.88 | 756.18 |
| 淮 南 市 | Huainan | 12634.87 | 12588.79 | 46.07 | 800.72 |
| 滁 州 市 | Chuzhou | 10678.10 | 10258.16 | 419.94 | 1513.19 |
| 六 安 市 | Luan | 11178.34 | 11055.90 | 122.44 | 1397.99 |
| 马鞍山市 | Maanshan | 16754.84 | 16375.56 | 379.29 | 858.70 |
| 巢 湖 市 | Chaohu | 13069.84 | 12975.94 | 93.90 | 2696.60 |
| 芜 湖 市 | Wuhu | 11317.13 | 11212.71 | 104.42 | 878.27 |
| 宣 城 市 | Xuancheng | 9348.69 | 9332.23 | 16.46 | 2613.64 |
| 铜 陵 市 | Tongling | 14690.09 | 14571.41 | 118.68 | 1054.05 |
| 池 州 市 | Chizhou | 10889.87 | 10741.59 | 148.27 | 1428.39 |
| 安 庆 市 | Anqing | 9940.05 | 9866.87 | 73.18 | 1271.55 |
| 黄 山 市 | Huangshan | 11202.65 | 11020.55 | 182.10 | 922.85 |

## 9—18 各市城镇居民平均每人全年家庭收入来源（2010年）

Per Capita Annual Income in Urban Residents by Source and by Region (2010)

单位：元 (yuan)

| 地区 | Region | 家庭总收入 Total Income | #可支配收入 Disposable Income | 工资性收入 Wages Income | 经营性收入 Management Income | 财产性收入 Income From Property | 转移性收入 Transfer Income |
|---|---|---|---|---|---|---|---|
| **全 省** | **Proince Indices** | **17626.71** | **15788.2** | **11442.43** | **1172.36** | **427.01** | **4584.91** |
| 合肥市 | Hefei | 21125.10 | 19050.5 | 13852.73 | 2108.06 | 389.92 | 4774.39 |
| 淮北市 | Huaibei | 16835.99 | 15190.7 | 10271.47 | 349.12 | 270.54 | 5944.86 |
| 亳州市 | Bozhou | 15995.90 | 15537.9 | 7781.81 | 5462.48 | 443.80 | 2307.81 |
| 宿州市 | Suzhou | 15713.65 | 14668.9 | 8538.99 | 843.25 | 220.93 | 6110.48 |
| 蚌埠市 | Bengbu | 16711.55 | 15375.9 | 10337.17 | 1429.63 | 559.17 | 4385.59 |
| 阜阳市 | Fuyang | 15894.24 | 13981.3 | 11654.25 | 756.18 | 330.31 | 3153.50 |
| 淮南市 | Huainan | 17886.97 | 15376.9 | 12634.87 | 800.72 | 161.10 | 4290.29 |
| 滁州市 | Chuzhou | 16368.67 | 15103.6 | 10678.10 | 1513.19 | 436.74 | 3740.65 |
| 六安市 | Luan | 15886.09 | 14508.0 | 11178.34 | 1397.99 | 427.10 | 2882.65 |
| 马鞍山市 | Maanshan | 26312.58 | 23158.7 | 16754.84 | 858.70 | 1124.39 | 7574.65 |
| 巢湖市 | Chaohu | 17127.24 | 16129.6 | 13069.84 | 2696.60 | 171.10 | 1189.70 |
| 芜湖市 | Wuhu | 20478.85 | 18726.8 | 11317.13 | 878.27 | 527.22 | 7756.23 |
| 宣城市 | Xuancheng | 16528.42 | 15141.4 | 9348.69 | 2613.64 | 610.16 | 3955.93 |
| 铜陵市 | Tongling | 20935.40 | 18689.7 | 14690.09 | 1054.05 | 584.13 | 4607.13 |
| 池州市 | Chizhou | 17101.89 | 15996.6 | 10889.87 | 1428.39 | 845.37 | 3938.25 |
| 安庆市 | Anqing | 16811.49 | 15146.7 | 9940.05 | 1271.55 | 399.91 | 5199.98 |
| 黄山市 | Huangshan | 17730.70 | 15834.1 | 11202.65 | 922.85 | 384.35 | 5220.86 |

## 9—19 各市城镇居民家庭平均每人全年消费性支出（2010年）

Per Capita Annual Living Expenditure of Urban Residents by Region (2010)

单位：元 (yuan)

| 地区 | Region | 消费性支出 Living Expenditure | #服务性消费支出 Service Consumption Expenditure | 食品 Food | 粮油类 Grain and Oil | 肉禽蛋水产品类 Meat, Poultry and Related Products Eggs Aquatic Products | 蔬菜类 Vegetables | 调味品 Condiment | 糖烟酒饮料类 Sugar, Tobacco, Liquor and Beverages | 干鲜瓜果类 Dried and Fresh Fruits |
|---|---|---|---|---|---|---|---|---|---|---|
| **全 省** | **Proince Indices** | **11512.55** | **3047.78** | **4369.63** | **542.67** | **1078.82** | **472.44** | **42.23** | **724.51** | **286.14** |
| 合肥市 | Hefei | 14011.79 | 3970.97 | 5010.47 | 545.64 | 1148.21 | 446.87 | 43.57 | 998.31 | 278.23 |
| 淮北市 | Huaibei | 9732.53 | 2254.62 | 4055.73 | 545.57 | 1071.22 | 414.01 | 46.18 | 636.26 | 274.73 |
| 亳州市 | Bozhou | 10273.25 | 2843.25 | 3645.85 | 500.82 | 660.36 | 294.63 | 54.53 | 840.50 | 185.75 |
| 宿州市 | Suzhou | 9322.15 | 2284.66 | 3862.06 | 522.79 | 1132.46 | 511.47 | 44.84 | 417.97 | 242.34 |
| 蚌埠市 | Bengbu | 11242.38 | 3267.59 | 4017.63 | 518.19 | 1054.89 | 368.97 | 41.31 | 443.93 | 284.46 |
| 阜阳市 | Fuyang | 11178.02 | 3013.76 | 4390.29 | 530.04 | 920.72 | 378.21 | 49.91 | 638.55 | 270.31 |
| 淮南市 | Huainan | 10688.08 | 2976.22 | 4290.31 | 517.95 | 1033.22 | 374.64 | 32.76 | 726.91 | 274.24 |
| 滁州市 | Chuzhou | 11499.44 | 2452.75 | 4255.59 | 483.69 | 1127.73 | 624.33 | 42.36 | 712.99 | 320.54 |
| 六安市 | Luan | 10711.93 | 3032.53 | 4374.32 | 455.93 | 1027.04 | 389.02 | 31.85 | 864.50 | 246.78 |
| 马鞍山市 | Maanshan | 14183.62 | 3700.01 | 5273.43 | 593.47 | 1308.22 | 617.43 | 46.63 | 955.16 | 371.41 |
| 巢湖市 | Chaohu | 11427.46 | 2781.74 | 4503.71 | 503.14 | 1126.87 | 567.75 | 44.70 | 771.93 | 234.24 |
| 芜湖市 | Wuhu | 12980.24 | 3527.62 | 5012.40 | 568.28 | 1284.54 | 535.27 | 45.79 | 824.08 | 331.71 |
| 宣城市 | Xuancheng | 11506.62 | 3271.45 | 4621.85 | 601.60 | 1074.55 | 538.48 | 47.77 | 771.36 | 298.54 |
| 铜陵市 | Tongling | 12876.89 | 3277.23 | 4541.22 | 511.98 | 1084.36 | 582.18 | 38.70 | 685.07 | 314.34 |
| 池州市 | Chizhou | 10777.14 | 2826.30 | 4330.70 | 504.97 | 967.34 | 531.75 | 45.02 | 916.44 | 229.22 |
| 安庆市 | Anqing | 11026.00 | 3042.91 | 4377.80 | 501.13 | 1079.12 | 625.63 | 41.13 | 703.83 | 236.85 |
| 黄山市 | Huangshan | 11068.60 | 3122.35 | 4231.44 | 536.33 | 1044.69 | 497.69 | 39.10 | 605.59 | 310.77 |

## 9—19 续表1 continued

单位：元 (yuan)

| 地 区 Region | 糕点、奶及奶制品 Cakes, Milk and Dairy Products | 其他食品 Other Food | 饮食服务 Catering Services | 衣 着 Clothing | 服 装 Garments | 衣着材料 Clothing Materials | 鞋 类 Foot ware | 其他衣着用 品 Other Clothing Articles | 衣着加工服务费 Clothing Processing Fee |
|---|---|---|---|---|---|---|---|---|---|
| **全 省 Proince Indices** | **333.36** | **104.18** | **785.28** | **1225.56** | **858.36** | **10.71** | **303.44** | **42.39** | **10.65** |
| 合肥市 Hefei | 430.44 | 94.31 | 1024.90 | 1531.29 | 1063.26 | 7.20 | 400.49 | 49.86 | 10.48 |
| 淮北市 Huaibei | 342.01 | 150.93 | 574.82 | 1034.29 | 717.60 | 13.76 | 269.15 | 25.62 | 8.16 |
| 亳州市 Bozhou | 223.43 | 144.30 | 741.52 | 1374.93 | 905.51 | 4.14 | 381.84 | 75.67 | 7.76 |
| 宿州市 Suzhou | 278.23 | 161.39 | 550.58 | 975.67 | 674.69 | 3.91 | 251.95 | 30.65 | 14.47 |
| 蚌埠市 Bengbu | 275.27 | 87.94 | 942.68 | 1081.53 | 769.60 | 7.90 | 279.43 | 17.04 | 7.56 |
| 阜阳市 Fuyang | 309.19 | 139.99 | 1153.38 | 1312.54 | 899.06 | 8.70 | 346.36 | 48.43 | 9.99 |
| 淮南市 Huainan | 290.07 | 53.51 | 986.99 | 1151.05 | 828.47 | 6.61 | 288.24 | 19.21 | 8.52 |
| 滁州市 Chuzhou | 364.03 | 173.84 | 406.08 | 1269.77 | 890.81 | 14.71 | 283.73 | 66.10 | 14.42 |
| 六安市 Luan | 297.24 | 70.89 | 991.08 | 1180.74 | 834.65 | 3.27 | 309.38 | 23.35 | 10.08 |
| 马鞍山市 Maanshan | 443.16 | 106.23 | 831.71 | 1519.16 | 1075.53 | 10.29 | 378.85 | 42.95 | 11.54 |
| 巢湖市 Chaohu | 319.58 | 227.04 | 708.45 | 1479.12 | 1017.62 | 7.31 | 404.80 | 42.40 | 6.98 |
| 芜湖市 Wuhu | 433.16 | 79.43 | 910.14 | 1206.31 | 854.73 | 6.63 | 291.38 | 33.23 | 20.35 |
| 宣城市 Xuancheng | 311.91 | 66.32 | 911.32 | 1302.13 | 905.97 | 4.68 | 351.28 | 27.14 | 13.07 |
| 铜陵市 Tongling | 375.98 | 134.17 | 814.43 | 1389.97 | 973.30 | 14.81 | 360.40 | 34.56 | 6.90 |
| 池州市 Chizhou | 305.84 | 97.64 | 732.49 | 1273.21 | 903.53 | 7.81 | 301.25 | 40.84 | 19.79 |
| 安庆市 Anqing | 300.42 | 122.20 | 767.49 | 1019.02 | 715.07 | 9.88 | 252.22 | 36.47 | 5.38 |
| 黄山市 Huangshan | 352.90 | 98.45 | 745.92 | 1180.27 | 859.72 | 17.53 | 256.85 | 35.55 | 10.61 |

| 地 区 Region | 家庭设备用品及服务 Houshold Facilities, Articles and Services | 耐用消费品 Durable Consumer Goods | 室内装饰品 Interior Furnishing Articles | 床上用品 Bedding | 家庭日用杂品 Household Articles For Daily Use | 家具材料 Furniture Material | 家庭服务 Household Services | 医疗保健 Medical and Medical Services | 医疗器具 Medical Appliances |
|---|---|---|---|---|---|---|---|---|---|
| **全 省 Proince Indices** | **678.75** | **301.86** | **25.55** | **73.91** | **220.35** | **22.31** | **34.77** | **737.05** | **6.22** |
| 合肥市 Hefei | 817.97 | 412.93 | 38.58 | 98.99 | 229.17 | 5.88 | 32.42 | 750.30 | 5.54 |
| 淮北市 Huaibei | 636.75 | 345.75 | 6.80 | 52.67 | 219.78 | 0.07 | 11.68 | 623.53 | 20.84 |
| 亳州市 Bozhou | 684.80 | 140.62 | 99.97 | 132.09 | 296.02 | 13.50 | 2.60 | 640.21 | 4.11 |
| 宿州市 Suzhou | 611.88 | 324.82 | 24.65 | 80.60 | 159.44 | | 22.36 | 779.66 | 3.04 |
| 蚌埠市 Bengbu | 823.05 | 511.94 | 11.19 | 60.10 | 184.08 | 0.19 | 55.55 | 838.31 | 7.31 |
| 阜阳市 Fuyang | 692.63 | 357.76 | 34.14 | 61.33 | 235.06 | 0.69 | 3.66 | 783.53 | 9.65 |
| 淮南市 Huainan | 577.58 | 291.26 | 11.27 | 63.85 | 191.64 | 0.24 | 19.32 | 585.02 | 2.93 |
| 滁州市 Chuzhou | 994.95 | 184.00 | 207.93 | 124.64 | 330.15 | 139.17 | 9.06 | 681.09 | 0.44 |
| 六安市 Luan | 472.86 | 185.08 | 12.64 | 34.98 | 217.18 | | 22.98 | 477.75 | 7.15 |
| 马鞍山市 Maanshan | 838.24 | 377.92 | 22.96 | 99.25 | 288.65 | 5.08 | 44.39 | 852.08 | 6.74 |
| 巢湖市 Chaohu | 733.60 | 334.68 | 20.43 | 69.06 | 289.41 | 17.84 | 2.18 | 402.77 | 7.61 |
| 芜湖市 Wuhu | 758.45 | 275.22 | 17.58 | 94.83 | 248.47 | 2.70 | 119.66 | 795.88 | 8.68 |
| 宣城市 Xuancheng | 552.55 | 213.14 | 21.41 | 67.53 | 223.86 | | 26.61 | 697.49 | 4.73 |
| 铜陵市 Tongling | 599.57 | 243.27 | 14.52 | 83.85 | 183.09 | 58.26 | 16.57 | 517.49 | 2.25 |
| 池州市 Chizhou | 737.43 | 323.04 | 8.63 | 69.03 | 254.45 | 39.01 | 43.27 | 656.85 | 2.64 |
| 安庆市 Anqing | 492.03 | 174.14 | 21.57 | 56.05 | 216.52 | 7.36 | 16.38 | 510.35 | 11.32 |
| 黄山市 Huangshan | 641.21 | 292.96 | 26.34 | 72.69 | 199.26 | 32.43 | 17.54 | 879.16 | 2.83 |

## 9—19 续表2 continued

单位：元 (yuan)

| 地 区 Region | 保健器具 Setting-up Apparatus | 药品费 Drugs | 滋补保健品 Nutritious and Health Food | 医疗费 Medical Expenses | 交通和通信 Transportation and Communications | 交通 Transportation | 通信 Communications | 教育文化娱乐服务 Recreation Education and Cultural Services | 文化娱乐用品 Recreation Articles |
|---|---|---|---|---|---|---|---|---|---|
| **全 省 Proince Indices** | **14.98** | **325.28** | **100.05** | **274.31** | **1356.57** | **732.47** | **624.10** | **1479.75** | **320.77** |
| 合肥市 Hefei | 11.42 | 328.58 | 77.55 | 316.78 | 1859.22 | 955.07 | 904.15 | 2043.47 | 412.85 |
| 淮北市 Huaibei | 6.42 | 292.09 | 117.04 | 175.56 | 1025.58 | 433.38 | 592.20 | 1236.78 | 292.53 |
| 亳州市 Bozhou | 3.45 | 297.82 | 37.98 | 290.89 | 1310.19 | 592.75 | 717.44 | 1135.90 | 123.74 |
| 宿州市 Suzhou | 9.05 | 321.47 | 136.50 | 305.18 | 692.84 | 247.84 | 444.99 | 1222.00 | 257.73 |
| 蚌埠市 Bengbu | 8.14 | 482.35 | 67.64 | 272.16 | 1006.47 | 456.95 | 549.52 | 1393.55 | 345.77 |
| 阜阳市 Fuyang | 13.36 | 429.70 | 77.38 | 252.39 | 1175.60 | 518.14 | 657.47 | 1212.62 | 211.48 |
| 淮南市 Huainan | 23.51 | 279.35 | 63.07 | 213.35 | 1140.66 | 538.17 | 602.48 | 1455.85 | 357.39 |
| 滁州市 Chuzhou | 12.19 | 257.98 | 134.44 | 250.33 | 1143.84 | 678.44 | 465.40 | 1431.81 | 319.91 |
| 六安市 Luan | 2.68 | 186.36 | 31.77 | 247.53 | 1519.99 | 863.97 | 656.02 | 1208.57 | 165.79 |
| 马鞍山市 Maanshan | 5.17 | 338.57 | 148.72 | 343.34 | 1727.23 | 1108.46 | 618.77 | 2128.43 | 546.23 |
| 巢湖市 Chaohu | 2.63 | 130.15 | 64.36 | 187.70 | 1043.16 | 431.00 | 612.16 | 1130.25 | 172.38 |
| 芜湖市 Wuhu | 13.76 | 320.05 | 112.93 | 337.34 | 1615.94 | 909.37 | 706.57 | 1634.07 | 409.78 |
| 宣城市 Xuancheng | 11.16 | 286.43 | 144.41 | 249.90 | 1373.67 | 680.07 | 693.60 | 1431.24 | 237.90 |
| 铜陵市 Tongling | 4.81 | 200.03 | 115.35 | 193.76 | 2376.10 | 1789.46 | 586.64 | 1621.17 | 241.17 |
| 池州市 Chizhou | 9.57 | 210.46 | 79.10 | 352.06 | 965.96 | 333.45 | 632.52 | 1150.15 | 204.54 |
| 安庆市 Anqing | 3.35 | 216.86 | 72.65 | 204.77 | 1428.40 | 825.72 | 602.67 | 1477.08 | 287.92 |
| 黄山市 Huangshan | 6.11 | 321.16 | 86.90 | 460.18 | 960.66 | 391.50 | 569.16 | 1567.31 | 329.61 |

| 地 区 Region | 文化娱乐服务 Recreation Services | 教育 Education | 居住 Residence | 住房 Housing | 水电燃料及其他 Water, Electricity, Fuels and Others | 居住服务费 Living Service Fee | 杂项商品和服务 Miscellaneous Commodities and Services | 杂项商品 Miscellaneous Commodities | 服务 Services |
|---|---|---|---|---|---|---|---|---|---|
| **全 省 Proince Indices** | **462.10** | **696.88** | **1229.64** | **472.48** | **636.02** | **121.14** | **435.62** | **247.23** | **188.39** |
| 合肥市 Hefei | 598.31 | 1032.30 | 1483.00 | 686.18 | 690.34 | 106.48 | 516.07 | 327.82 | 188.25 |
| 淮北市 Huaibei | 309.20 | 635.05 | 737.32 | 126.97 | 584.35 | 26.00 | 382.55 | 210.99 | 171.56 |
| 亳州市 Bozhou | 457.43 | 554.72 | 965.49 | 193.20 | 713.52 | 58.77 | 515.88 | 235.60 | 280.28 |
| 宿州市 Suzhou | 382.55 | 581.73 | 870.15 | 134.66 | 633.67 | 101.83 | 307.89 | 129.60 | 178.28 |
| 蚌埠市 Bengbu | 350.33 | 697.46 | 1554.22 | 926.74 | 548.17 | 79.31 | 527.62 | 222.06 | 305.56 |
| 阜阳市 Fuyang | 389.81 | 611.34 | 1181.48 | 476.30 | 632.79 | 72.39 | 429.32 | 200.83 | 228.49 |
| 淮南市 Huainan | 405.66 | 692.80 | 1120.81 | 554.53 | 504.45 | 61.82 | 366.82 | 192.56 | 174.26 |
| 滁州市 Chuzhou | 386.60 | 725.30 | 1169.89 | 517.73 | 565.83 | 86.32 | 552.51 | 331.68 | 220.83 |
| 六安市 Luan | 330.84 | 711.94 | 1107.73 | 369.15 | 640.33 | 98.24 | 369.97 | 183.33 | 186.65 |
| 马鞍山市 Maanshan | 523.76 | 1058.45 | 1382.05 | 739.24 | 563.11 | 79.70 | 462.99 | 284.06 | 178.93 |
| 巢湖市 Chaohu | 266.43 | 691.44 | 1789.10 | 1089.00 | 602.75 | 97.35 | 345.76 | 202.57 | 143.20 |
| 芜湖市 Wuhu | 515.18 | 709.12 | 1434.80 | 605.96 | 737.08 | 91.75 | 522.39 | 336.33 | 186.06 |
| 宣城市 Xuancheng | 570.47 | 622.87 | 1094.73 | 396.44 | 628.23 | 70.06 | 432.96 | 239.97 | 192.98 |
| 铜陵市 Tongling | 465.12 | 914.88 | 1425.59 | 706.94 | 643.93 | 74.72 | 405.77 | 220.55 | 185.22 |
| 池州市 Chizhou | 363.17 | 582.43 | 1318.41 | 565.01 | 666.69 | 86.71 | 344.42 | 162.52 | 181.90 |
| 安庆市 Anqing | 448.63 | 740.53 | 1378.04 | 594.57 | 688.74 | 94.73 | 343.30 | 207.25 | 136.05 |
| 黄山市 Huangshan | 407.51 | 830.19 | 1298.05 | 634.28 | 602.45 | 61.32 | 310.50 | 198.45 | 112.05 |

# 9—20 各市城镇居民家庭平均每百户年末耐用消费品拥有量（2010年）

Number of Major Durable Consumer Goods Owned Per 100 Urban Households at the Year-end by Region (2010)

| 地 区 | Region | 摩托车（辆）Motorcycle (unit) | 助力车（辆）Strength-aid Cycle (unit) | 家用汽车（辆）Automobile (unit) | 洗衣机（台）Washing Machine (unit) | 电冰箱（台）Refrigerator (unit) | 彩色电视机（台）Color TV Set (unit) | 家用电脑（台）Computer (unit) | 组合音响（套）Combined Acoustics (set) | 摄像机（架）Pickup Camera (unit) |
|---|---|---|---|---|---|---|---|---|---|---|
| **全 省** | **Proince Indices** | **23.00** | **31.84** | **4.95** | **97.35** | **96.61** | **141.50** | **63.79** | **19.22** | **3.77** |
| 合肥市 | Hefei | 9.63 | 28.89 | 7.41 | 95.80 | 100.00 | 137.53 | 65.93 | 14.57 | 7.41 |
| 淮北市 | Huaibei | 5.94 | 5.94 | 1.98 | 99.01 | 94.06 | 119.80 | 59.41 | 17.82 | 1.98 |
| 亳州市 | Bozhou | 36.00 | 82.00 | 10.00 | 100.00 | 86.00 | 133.00 | 46.00 | 20.00 | 6.00 |
| 宿州市 | Suzhou | 21.00 | 38.00 | 2.00 | 96.00 | 88.00 | 125.00 | 39.00 | 17.00 | 4.00 |
| 蚌埠市 | Bengbu | 10.53 | 13.16 | 2.63 | 95.39 | 92.11 | 137.50 | 46.05 | 17.76 | 6.58 |
| 阜阳市 | Fuyang | 8.00 | 55.00 | 3.00 | 99.00 | 91.00 | 138.00 | 66.00 | 23.00 | 4.00 |
| 淮南市 | Huainan | 9.23 | 18.45 | 2.00 | 98.00 | 99.50 | 139.90 | 64.59 | 19.95 | 3.24 |
| 滁州市 | Chuzhou | 30.00 | 32.00 | 2.00 | 100.00 | 94.00 | 131.00 | 44.00 | 25.00 | 7.00 |
| 六安市 | Luan | 43.00 | 30.00 | 5.00 | 92.00 | 97.00 | 140.00 | 44.00 | 20.00 | 2.00 |
| 马鞍山市 | Maanshan | 22.33 | 61.81 | 8.09 | 100.32 | 101.29 | 152.43 | 72.17 | 24.92 | 9.39 |
| 巢湖市 | Chaohu | 18.00 | 58.67 |  | 98.67 | 102.67 | 123.33 | 38.67 | 9.33 | 2.00 |
| 芜湖市 | Wuhu | 9.30 | 34.88 | 5.98 | 96.01 | 99.67 | 156.48 | 72.09 | 25.91 | 5.32 |
| 宣城市 | Xuancheng | 23.13 | 13.75 | 5.63 | 95.63 | 96.88 | 150.00 | 65.00 | 16.88 | 6.88 |
| 铜陵市 | Tongling | 11.00 | 16.00 | 5.50 | 92.50 | 98.00 | 133.00 | 59.50 | 17.50 | 5.50 |
| 池州市 | Chizhou | 27.00 | 61.00 | 2.00 | 92.00 | 110.00 | 129.00 | 68.00 | 18.00 | 2.00 |
| 安庆市 | Anqing | 28.10 | 54.90 | 3.92 | 94.77 | 97.39 | 126.14 | 64.71 | 13.73 | 3.27 |
| 黄山市 | Huangshan | 21.36 | 57.28 | 4.85 | 95.15 | 94.17 | 161.17 | 85.44 | 19.42 | 6.80 |

| 地 区 | Region | 照相机（架）Camera (unit) | 钢琴（架）Piano (unit) | 微波炉（台）Microwave Oven (unit) | 空调器（台）Air Conditioner (unit) | 淋浴热水器（个）Shower (unit) | 消毒碗柜（台）Sterilizing Cupboard (unit) | 洗碗机（台）Dish Washer (unit) | 健身器材（套）Setting-up Apparatus (set) | 普通电话（部）Ordinary Telephone (unit) | 移动电话（部）Mobile Telephone (unit) |
|---|---|---|---|---|---|---|---|---|---|---|---|
| **全 省** | **Proince Indices** | **29.71** | **1.11** | **57.77** | **120.04** | **86.78** | **6.59** | **0.31** | **2.32** | **85.34** | **168.46** |
| 合肥市 | Hefei | 37.28 | 1.48 | 76.30 | 140.99 | 95.80 | 9.14 | 0.74 | 0.25 | 78.02 | 184.69 |
| 淮北市 | Huaibei | 26.73 | 0.99 | 44.55 | 116.83 | 91.09 | 7.92 | 0.99 | 3.96 | 86.14 | 133.66 |
| 亳州市 | Bozhou | 13.00 | 1.00 | 13.00 | 94.00 | 31.00 | 6.00 | 1.00 | 4.00 | 91.00 | 175.00 |
| 宿州市 | Suzhou | 14.00 |  | 43.00 | 98.00 | 67.00 | 4.00 |  | 1.00 | 94.00 | 135.00 |
| 蚌埠市 | Bengbu | 22.37 | 1.97 | 60.53 | 100.66 | 84.21 | 3.29 |  | 3.95 | 80.26 | 154.61 |
| 阜阳市 | Fuyang | 32.00 | 2.00 | 52.00 | 114.00 | 68.00 | 5.00 |  | 4.00 | 72.00 | 180.00 |
| 淮南市 | Huainan | 22.69 | 1.25 | 66.83 | 122.44 | 87.03 | 1.00 |  | 1.75 | 74.56 | 187.53 |
| 滁州市 | Chuzhou | 22.00 | 1.00 | 65.00 | 99.00 | 81.00 | 2.00 |  | 4.00 | 86.00 | 152.00 |
| 六安市 | Luan | 28.00 | 2.00 | 53.00 | 114.00 | 103.00 | 6.00 |  | 5.00 | 75.00 | 176.00 |
| 马鞍山市 | Maanshan | 50.49 | 0.97 | 84.79 | 167.64 | 100.65 | 10.03 | 0.32 | 3.88 | 91.59 | 178.64 |
| 巢湖市 | Chaohu | 30.00 |  | 57.33 | 112.67 | 97.33 | 2.00 |  | 0.67 | 119.33 | 188.00 |
| 芜湖市 | Wuhu | 38.54 | 2.99 | 68.77 | 144.52 | 93.02 | 11.63 | 1.33 | 0.66 | 94.35 | 153.82 |
| 宣城市 | Xuancheng | 40.63 |  | 53.75 | 140.63 | 80.63 | 9.38 |  | 1.25 | 87.50 | 165.63 |
| 铜陵市 | Tongling | 29.50 | 2.50 | 56.50 | 128.00 | 98.00 | 3.50 | 0.50 | 1.50 | 88.00 | 160.00 |
| 池州市 | Chizhou | 31.00 | 1.00 | 39.00 | 126.00 | 98.00 | 5.00 |  | 3.00 | 95.00 | 206.00 |
| 安庆市 | Anqing | 26.80 | 1.31 | 67.32 | 126.14 | 88.89 | 9.15 |  | 3.27 | 91.50 | 147.71 |
| 黄山市 | Huangshan | 38.83 | 0.97 | 52.43 | 112.62 | 93.20 | 6.80 |  | 1.94 | 82.52 | 199.03 |

# 9—21 城镇居民家庭居住情况
Living Condition of Urban Households

单位：%

| 项　目 | Item | 2000 | 2005 | 2008 | 2009 | 2010 |
|---|---|---|---|---|---|---|
| **按房屋产权分** | **Grouped by Property of Dwelling** | **100.00** | **100.00** | **100.00** | **100.00** | **100.00** |
| 租赁公房 | Rented Public House | 16.06 | 5.44 | 3.84 | 2.63 | 2.04 |
| 租赁私房 | Rented Private House | 2.40 | 2.34 | 2.85 | 3.13 | 2.70 |
| 原有私房 | Original Private House | | 17.67 | 15.41 | 14.42 | 15.16 |
| 房改私房 | Private House of Housing Reform | 72.23 | 49.72 | 42.09 | 41.69 | 40.69 |
| 商品房 | Commercial House | | 22.78 | 33.38 | 34.66 | 36.20 |
| 其　他 | Others | 9.31 | 2.05 | 2.43 | 3.47 | 3.21 |
| **按住宅建筑式样分** | **Grouped by the Type of Residential Building** | **100.00** | **100.00** | **100.00** | **100.00** | **100.00** |
| 单栋住宅 | Independent House | 1.89 | 3.21 | 8.33 | 6.57 | 8.76 |
| 四居室 | Four Rooms | 1.37 | 1.45 | 2.34 | 2.23 | 1.85 |
| 三居室 | Three Rooms | 22.29 | 25.99 | 25.04 | 26.79 | 29.14 |
| 二居室 | Two Rooms | 34.86 | 42.09 | 48.85 | 48.82 | 46.24 |
| 一居室 | Single Room | 5.71 | 4.28 | 3.95 | 3.91 | 3.30 |
| 普通楼房 | Ordinary Stored Building | 11.54 | 8.96 | 6.48 | 7.03 | 6.39 |
| 平房及其他 | Single-store House and Others | 22.34 | 14.01 | 5.00 | 4.65 | 4.33 |
| **按饮水情况分** | **Grouped by Water Drinking** | | **100.00** | **100.00** | **100.00** | **100.00** |
| 自来水 | Tap Water | | 87.73 | 96.40 | 96.33 | 97.21 |
| 矿泉水 | Mineral Water | | 0.24 | 0.19 | 0.15 | 0.11 |
| 纯净水 | Pure Water | | 8.30 | 2.03 | 2.11 | 2.09 |
| 井、河水 | Well Water or River Water | | 3.73 | 1.06 | 1.08 | 0.57 |
| 其　他 | Others | | | 0.33 | 0.33 | 0.03 |
| **按用水情况分** | **Grouped by Water Usage** | | **100.00** | **100.00** | **100.00** | **100.00** |
| 独用自来水 | Tap Water for Sole Use | 91.60 | 91.15 | 98.34 | 98.39 | 99.29 |
| 公用自来水 | Public Tap Water | 5.10 | 1.14 | 0.23 | 0.20 | 0.11 |
| 井、河水 | Well Water or River Water | | 7.55 | 1.27 | 1.29 | 0.38 |
| 其　他 | Others | | 0.16 | 0.16 | 0.12 | 0.23 |
| **按卫生设备分** | **Grouped by Sanitary Equipment** | **100.00** | **100.00** | **100.00** | **100.00** | **100.00** |
| 无卫生设施 | Without Sanitary Equipment | 25.54 | 12.40 | 4.75 | 4.00 | 2.78 |
| 有浴室厕所 | With Bathroom and Toilet | 52.63 | 72.46 | 84.31 | 86.57 | 88.37 |
| 有厕所无浴室 | With Toilet But No Bathroom | 19.03 | 13.78 | 9.46 | 7.97 | 7.39 |
| 公　用 | Public Sanitary Equipment | 2.80 | 1.36 | 1.48 | 1.46 | 1.46 |
| **按取暖设备分** | **Grouped by Heater** | **100.00** | **100.00** | **100.00** | **100.00** | **100.00** |
| 无取暖设备 | Without Heater | 81.38 | 40.27 | 27.36 | 27.53 | 23.86 |
| 空调设备 | Air Conditioner | 16.03 | 51.46 | 68.59 | 68.59 | 72.06 |
| 暖　气 | Heating Installation | 1.73 | 2.25 | 2.58 | 2.53 | 2.49 |
| 其　他 | Others | 0.86 | 6.02 | 1.47 | 1.35 | 1.59 |
| **按炊用燃料使用情况分** | **Grouped by Cooking Usage** | **100.00** | **100.00** | **100.00** | **100.00** | **100.00** |
| 管道煤气、天然气 | Pipeline petroleum Gas | 22.91 | 22.69 | 32.40 | 34.16 | 42.56 |
| 液化石油气 | Liquefied Petroleum | 48.06 | 49.95 | 46.64 | 46.16 | 46.37 |
| 煤 | Coal | 28.51 | 26.83 | 17.79 | 16.95 | 9.62 |
| 其　他 | Others | 0.51 | 0.53 | 3.18 | 2.73 | 1.44 |
| **按电话拥有情况分** | **Grouped by telephone Usage** | | | | | |
| 有电话 | With Telephone | 80.82 | 98.16 | | | |
| 固定电话　（部/百户） | Fixed Telephone　(subscrbe/100 households) | 75.00 | 95.94 | | | |
| 移动电话　（部/百户） | Mobile Telephone　(subscrbe/100 households) | | 111.33 | | | |

# 9—22 农村居民家庭基本情况
Basic Conditions of Rural Households

| 项　　目 | Item | 1995 | 2000 | 2005 | 2009 | 2010 |
|---|---|---|---|---|---|---|
| **调查户数　（户）** | **Number of Households Surveyed (household)** | **3100** | **3100** | **3100** | **3100** | **3100** |
| 常住人口　（人） | Number of Permanent Residents in the Households Surveyed (person) | 13777 | 12950 | 12637 | 12549 | 12491 |
| 平均每户常住人口　（人） | Average Number of Permanent Residents per Household (person) | 4.44 | 4.18 | 4.08 | 4.05 | 4.03 |
| 平均每户整半劳力　（人） | Average Number of Able-bodied and Semi-able-bodied Laborers per Household (person) | 3.00 | 2.76 | 2.83 | 2.89 | 2.89 |
| 平均每个劳动力负担人口（含本人）　（人） | Average Number of Persons Supported by a Laborer (including the laborer himself of herself) (person) | 1.48 | 1.51 | 1.45 | 1.40 | 1.39 |
| **平均每人年收入　（元）** | **Per Capita Annual Income (yuan)** | | | | | |
| 总收入 | Total Revenue | 2016.35 | 2585.56 | 3669.00 | 6000.58 | 6895.62 |
| 工资性收入 | Wages Income | 234.21 | 547.83 | 1010.05 | 1882.42 | 2203.94 |
| 家庭经营收入 | Household Business Income | 1688.53 | 1910.31 | 2471.25 | 3640.70 | 4145.98 |
| 财产性收入 | Property Income | 35.39 | 24.70 | 44.91 | 117.00 | 141.95 |
| 转移性收入 | Transfer Income | 58.22 | 102.71 | 142.80 | 360.45 | 403.76 |
| 现金收入 | Cash Income | 1367.72 | 1901.60 | 3043.19 | 5224.72 | 5959.79 |
| 工资性收入 | Wages Income | 233.87 | 547.20 | 1009.70 | 1881.71 | 2201.62 |
| 家庭经营收入 | Household Business Income | 1041.42 | 1230.52 | 1872.49 | 2882.03 | 3259.33 |
| 财产性收入 | Property Income | 20.94 | 23.15 | 25.88 | 106.26 | 103.16 |
| 转移性收入 | Transfer Income | 71.48 | 100.74 | 135.12 | 354.71 | 395.69 |
| **平均每人年支出　（元）** | **Per Capita Annual Expenditures (yuan)** | | | | | |
| 总支出 | Total Expenditure | 1855.83 | 2045.56 | 3360.35 | 5378.03 | 5909.58 |
| 家庭经营费用支出 | Expendititure for Household Business | 568.97 | 452.22 | 861.60 | 1240.47 | 1357.76 |
| 购置生产性固定资产 | Purchasing Productive Fixed Assets | 66.06 | 53.66 | 108.86 | 150.72 | 150.57 |
| 税费支出 | Expendititure for Tax and Fee | 97.10 | 93.28 | 14.61 | 17.36 | 7.98 |
| 生活消费支出 | Expendititure for Consumption | 1070.64 | 1321.50 | 2196.23 | 3655.02 | 4013.31 |
| 转移性支出 | Expendititure for Transfer | | 112.63 | 176.46 | 304.37 | 355.43 |
| 财产性支出 | Expendititure for Property | | 12.26 | 2.59 | 10.08 | 24.53 |
| 现金支出 | Cash Expenditure | 1321.74 | 1614.69 | 2887.90 | 4899.22 | 5377.42 |
| 家庭经营费用支出 | Expendititure for Household Business | 399.34 | 395.44 | 788.56 | 1183.53 | 1297.79 |
| 购置生产性固定资产 | Purchasing Productive Fixed Assets | 66.06 | 53.66 | 108.86 | 150.72 | 150.57 |
| 税费支出 | Expendititure for Tax and Fee | 94.05 | 91.65 | 14.52 | 17.36 | 7.98 |
| 生活消费支出 | Expendititure for Consumption | 682.54 | 954.93 | 1797.66 | 3233.63 | 3541.90 |
| 转移性支出 | Expendititure for Transfer | | 112.30 | 175.72 | 303.89 | 354.65 |
| 财产性支出 | Expendititure for Property | | 6.69 | 2.59 | 10.08 | 24.53 |
| **平均每人年纯收入　（元）** | **Per Capita Annual Net Income (yuan)** | **1302.82** | **1934.57** | **2640.96** | **4504.32** | **5285.17** |
| 工资性收入 | Wages Income | 234.24 | 547.83 | 1010.05 | 1882.42 | 2203.94 |
| 家庭经营纯收入 | Household Business Income | 980.70 | 1298.40 | 1499.25 | 2238.62 | 2626.42 |
| 转移性纯收入 | Transfer Income | 52.50 | 63.64 | 86.75 | 266.27 | 312.86 |
| 财产性纯收入 | Property Income | 35.40 | 24.70 | 44.91 | 117.00 | 141.95 |

## 9—23 农村居民按纯收入分组的户数占调查户比重

Percentage of Rural Households Grouped by per Capita Annual Net Income

| 项　目 | Item | 1995 | 2000 | 2005 | 2009 | 2010 |
|---|---|---|---|---|---|---|
| **按纯收入分组户数占调查户比重　（%）** | **Percentage of Households Grouped by per Capita Annual Net Income　(%)** | | | | | |
| 100元以下 | Under 100 Yuan | | | 0.32 | 0.58 | 0.10 |
| 100—200元 | 100—200 Yuan | | | 0.16 | 0.03 | |
| 200—300元 | 200—300 Yuan | 0.45 | 0.06 | 0.10 | 0.13 | |
| 300—400元 | 300—400 Yuan | 0.42 | 0.03 | 0.35 | 0.10 | 0.06 |
| 400—500元 | 400—500 Yuan | 1.42 | 0.23 | 0.45 | 0.16 | 0.10 |
| 500—600元 | 500—600 Yuan | 2.13 | 0.48 | 0.35 | 0.19 | 0.03 |
| 600—800元 | 600—800 Yuan | 9.65 | 2.39 | 1.74 | 0.77 | 0.26 |
| 800—1000元 | 800—1000 Yuan | 14.90 | 4.48 | 2.68 | 0.77 | 0.42 |
| 1000—1200元 | 1000—1200 Yuan | 18.42 | 8.16 | 4.55 | 0.84 | 0.48 |
| 1200—1300元 | 1200—1300 Yuan | 7.58 | 4.87 | 2.77 | 0.94 | 0.65 |
| 1300—1500元 | 1300—1500 Yuan | 14.42 | 10.42 | 5.68 | 2.26 | 1.19 |
| 1500—1700元 | 1500—1700 Yuan | 8.68 | 10.48 | 6.32 | 2.26 | 1.16 |
| 1700—2000元 | 1700—2000 Yuan | 10.13 | 16.42 | 10.39 | 3.77 | 2.32 |
| 2000—2500元 | 2000—2500 Yuan | 7.06 | 19.29 | 16.23 | 7.32 | 5.97 |
| 2500—3000元 | 2500—3000 Yuan | 3.06 | 10.23 | 13.29 | 8.74 | 6.35 |
| 3000—3500元 | 3000—3500 Yuan | 0.97 | 5.74 | 10.42 | 9.35 | 7.65 |
| 3500—4000元 | 3500—4000 Yuan | 0.42 | 2.87 | 7.03 | 8.74 | 8.74 |
| 4000—4500元 | 4000—4500 Yuan | 0.19 | 1.71 | 4.84 | 8.16 | 7.48 |
| 4500—5000元 | 4500—5000 Yuan | 0.03 | 0.74 | 3.65 | 6.97 | 7.23 |
| 5000元以上 | 5000 Yuan and Over | 0.06 | 1.39 | 8.68 | 37.90 | 49.81 |

## 9—24 农村居民家庭按人均纯收入分组（2010年）

Rural Households Grouped by per Capita Annual Net Income (2010)

| 项　目 | Item | 调查户数（户）Number of Households Surveyed (household) | 比　重（%）Percentage (%) | 常住人口（人）Number of Permanent Residents in the Households Surveyed (person) | 纯收入总额（元）Total Net Income (yuan) | 比　重（%）Percentage (%) |
|---|---|---|---|---|---|---|
| **合　计** | **Total** | **3100** | **100.00** | **12491** | **66017031.32** | **100.00** |
| 400元以下 | Under 400 Yuan | 5 | 0.16 | 21 | -30121.78 | -0.05 |
| 400—500元 | 400—500 Yuan | 3 | 0.10 | 12 | 5032.73 | 0.01 |
| 500—600元 | 500—600 Yuan | 1 | 0.03 | 4 | 2270.88 | 0.01 |
| 600—800元 | 600—800 Yuan | 8 | 0.26 | 40 | 28692.96 | 0.04 |
| 800—1000元 | 800—1000 Yuan | 13 | 0.42 | 63 | 56884.68 | 0.09 |
| 1000—1500元 | 1000—1500 Yuan | 72 | 2.32 | 343 | 445922.76 | 0.68 |
| 1500—2000元 | 1500—2000 Yuan | 108 | 3.48 | 500 | 892212.92 | 1.35 |
| 2000—2500元 | 2000—2500 Yuan | 185 | 5.97 | 848 | 1928651.17 | 2.92 |
| 2500—3000元 | 2500—3000 Yuan | 197 | 6.36 | 935 | 2583161.37 | 3.91 |
| 3000元以上的户 | 3000 Yuan and Over | 2508 | 80.90 | 9725 | 60104323.63 | 91.04 |

## 9—25 主要年份按来源分农村居民家庭人均纯收入
Per Capita Net Income of Rural Households Grouped by Source in Major Years

单位：元 (yuan)

| 年份 Year | 纯收入 Net Income | 工资性收入 Income from Wages and Salaries | 家庭经营纯收入 Income from Household Operations | 财产性收入 Income from Properties | 转移性收入 Income from Transfers |
|---|---|---|---|---|---|
| 1995 | 1302.8 | 234.2 | 980.7 | 35.4 | 52.5 |
| 2000 | 1934.6 | 547.8 | 1298.4 | 24.7 | 63.6 |
| 2005 | 2641.0 | 1010.1 | 1499.3 | 44.9 | 86.8 |
| 2006 | 2969.1 | 1184.1 | 1617.8 | 52.8 | 114.4 |
| 2007 | 3556.3 | 1470.1 | 1820.9 | 102.0 | 163.4 |
| 2008 | 4202.5 | 1737.8 | 2114.2 | 119.0 | 231.4 |
| 2009 | 4504.3 | 1882.4 | 2238.6 | 117.0 | 266.3 |
| 2010 | 5285.2 | 2203.9 | 2626.4 | 142.0 | 312.9 |

## 9—26 各市按来源分农村居民家庭人均纯收入（2010年）
Per Capita Net Income of Rural Households Grouped by Source by Region (2010)

单位：元 (yuan)

| 地区 | Region | 纯收入 Net Income | 工资性收入 Income from Wages and Salaries | 家庭经营纯收入 Income from Household Operations | 财产性收入 Income from Properties | 转移性收入 Income from Transfers |
|---|---|---|---|---|---|---|
| **全省** | **Proince Indices** | **5285.17** | **2203.94** | **2626.42** | **141.95** | **312.86** |
| 合肥市 | Hefei | 7117.47 | 3776.53 | 2831.12 | 213.69 | 296.13 |
| 淮北市 | Huaibei | 5336.95 | 2906.21 | 2103.55 | 131.33 | 195.87 |
| 亳州市 | Bozhou | 4688.50 | 2001.43 | 2353.89 | 140.56 | 190.94 |
| 宿州市 | Suzhou | 4765.70 | 2300.95 | 1766.26 | 315.23 | 383.27 |
| 蚌埠市 | Bengbu | 5564.85 | 1873.75 | 3338.32 | 72.72 | 280.06 |
| 阜阳市 | Fuyang | 4186.96 | 1974.35 | 1783.50 | 132.57 | 296.65 |
| 淮南市 | Huainan | 5746.36 | 2780.70 | 2448.94 | 167.70 | 349.94 |
| 滁州市 | Chuzhou | 5915.44 | 2450.88 | 2820.52 | 264.22 | 379.82 |
| 六安市 | Luan | 4713.63 | 2128.44 | 2110.02 | 114.84 | 360.68 |
| 马鞍山市 | Maanshan | 9331.45 | 5515.43 | 3093.90 | 301.84 | 420.22 |
| 巢湖市 | Chaohu | 6197.67 | 2708.90 | 2965.21 | 178.85 | 344.71 |
| 芜湖市 | Wuhu | 7834.15 | 4694.90 | 2517.34 | 294.36 | 327.54 |
| 宣城市 | Xuancheng | 6650.95 | 3290.35 | 2960.79 | 90.11 | 309.70 |
| 铜陵市 | Tongling | 7266.10 | 4468.94 | 2240.49 | 231.62 | 325.04 |
| 池州市 | Chizhou | 5827.49 | 3132.41 | 2319.72 | 102.83 | 272.51 |
| 安庆市 | Anqing | 4985.26 | 2834.45 | 1665.77 | 146.92 | 338.48 |
| 黄山市 | Huangshan | 6715.67 | 3198.00 | 3036.56 | 145.21 | 336.23 |

## 9—27 农村居民人均收支情况
Per Capita Cash Income and Expenditure of Rural Residents

单位：元 (yuan)

| 项目 | Item | 2000 | 2005 | 2009 | 2010 |
|---|---|---|---|---|---|
| **总收入** | **Total Income** | **2585.56** | **3669.00** | **6000.58** | **6895.62** |
| 工资性收入 | Wage Income | 547.83 | 1010.05 | 1882.42 | 2203.94 |
| 在非企业组织中得到收入 | From Organizations Except Enterprises | 76.27 | 114.51 | 196.41 | 227.91 |
| 在本地企业中得到收入 | From Local Enterprises | 94.29 | 135.99 | 267.58 | 324.61 |
| #在本地乡企得到收入 | From Local Township Enterprises | 69.67 | 47.70 | | |
| 常住人口外出从业得到收入 | From Insiders Working Outside | 312.64 | 635.44 | 1143.72 | 1310.16 |
| 其他 | Others | 64.64 | | | |
| 家庭经营收入 | Income From Household Business | 1910.31 | 2471.25 | 3640.70 | 4145.98 |
| 财产性收入 | Property Income | 24.70 | 44.91 | 117.00 | 141.95 |
| 转移性收入 | Transfer Income | 102.71 | 142.80 | 360.45 | 403.76 |
| **纯收入** | **Net Income** | **1934.57** | **2640.96** | **4504.32** | **5285.17** |
| **按纯收入来源分** | **By Source of Income** | | | | |
| 工资性收入 | Wage Income | 547.83 | 1010.05 | 1882.42 | 2203.94 |
| 家庭经营收入 | Income From Household Business | 1298.40 | 1499.25 | 2238.62 | 2626.42 |
| 农业收入 | Farming | 802.76 | 1031.24 | 1603.84 | 1878.10 |
| 林业收入 | Forest | 17.38 | 29.17 | 49.57 | 65.75 |
| 牧业收入 | Husbandry | 228.52 | 184.31 | 155.72 | 158.13 |
| 渔业收入 | Fishery | 14.34 | 33.47 | 47.04 | 51.63 |
| 工业收入 | Industry | 31.81 | 20.14 | 24.02 | 30.21 |
| 建筑业收入 | Construction | 42.30 | 33.45 | 94.51 | 123.36 |
| 交通、运输和邮电业收入 | Transportation, Postal and Telecommunication | 35.78 | 32.59 | 67.00 | 90.54 |
| 批发零售贸易、餐饮业收入 | Wholesale, Retail Sale and Catering Trade | 45.03 | 74.07 | 125.22 | 141.66 |
| 社会服务业收入 | Service Trade | 26.70 | 24.49 | 38.07 | 43.05 |
| 文教卫生业收入 | Culture, Education and Public Health | 4.98 | 8.89 | 14.14 | 17.28 |
| 其他家庭经营收入 | From Other Household Business | 48.79 | 27.43 | 19.51 | 26.72 |
| 财产性收入 | Property Income | 24.70 | 44.91 | 117.00 | 141.95 |
| 转移性收入 | Transfer Income | 63.64 | 86.75 | 266.27 | 312.86 |
| **按收入性质分** | **By Type of Income** | | | | |
| 生产性纯收入 | Productive Income | 1819.54 | 2484.81 | 4082.97 | 4787.31 |
| 非生产性纯收入 | Non-productive Income | 115.03 | 156.15 | 421.35 | 497.86 |
| **期内现金收入合计** | **Total Income During the Period** | **1901.60** | **3043.19** | **5224.72** | **5959.79** |
| 工资性收入 | Wage Income | 547.20 | 1009.70 | 1881.71 | 2201.62 |
| 在非企业组织中得到收入 | From Organizations Except Enterprises | 76.20 | 114.51 | 196.08 | 226.92 |
| 在本乡地域内劳动得到收入 | Working Inside the Town | | 260.00 | 542.23 | 665.26 |
| 在企业中劳动得到收入 | Working in the Enterprises | | 135.99 | 267.55 | 324.50 |
| 在国家投资基建项目得到收入 | Working in the National Funded Capital Construction Projects | | 7.26 | 20.17 | 16.00 |
| 提供其他劳务收入 | Providing Other Labour Services | | 116.75 | 254.51 | 324.76 |
| 外出从业得到收入 | Working Outside | | 635.19 | 1143.40 | 1309.44 |
| 在乡外县内从业得到收入 | Outside the Township and Inside the County | | 56.98 | 105.94 | 136.00 |
| 在县外省内从业得到收入 | Outside the County and Inside the Province | | 53.88 | 109.86 | 142.54 |
| 在省外国内从业得到收入 | Outside the Province and Inside the Country | | 524.33 | 922.34 | 1029.15 |
| 家庭经营收入 | Income From Household Business | 1230.52 | 1872.49 | 2882.03 | 3259.33 |
| #出售产品的收入 | Selling Products | 931.47 | 1519.07 | 2296.83 | 2541.56 |
| 出售农业产品收入 | Selling Farming Products | 568.32 | 1051.85 | 1724.88 | 1955.88 |
| 出售林业产品收入 | Selling Forest Products | 20.06 | 34.59 | 51.61 | 67.96 |

**9—27 续表 continued**

单位：元 (yuan)

| 项目 | Item | 2000 | 2005 | 2009 | 2010 |
|---|---|---|---|---|---|
| 出售牧业产品收入 | Selling Husbandry Products | 308.13 | 370.76 | 428.60 | 419.36 |
| 出售渔业产品收入 | Selling Fishery Products | 19.56 | 61.87 | 64.70 | 79.63 |
| 出售工业产品的收入 | Selling Industrial Products | 7.06 | 15.86 | 25.31 | 16.98 |
| 出售其他产品的收入 | Selling Other Products | 8.34 | 1.87 | 1.73 | 1.75 |
| 工业加工费 | Industrial Processing | 35.59 | 22.71 | 21.46 | 23.26 |
| 建筑业 | Construction | 50.83 | 35.50 | 104.12 | 137.47 |
| 交通运输 | Transportation | 52.80 | 61.10 | 113.10 | 154.59 |
| 批发和零售贸易、餐饮业 | Wholesale, Retail Sale and Catering Trade | 56.32 | 115.93 | 182.01 | 208.01 |
| 社会服务业 | Service Trade | 32.27 | 27.05 | 44.51 | 55.26 |
| 文教卫生业 | Culture, Education and Public health | 6.00 | 10.81 | 23.04 | 22.07 |
| 其他家庭经营收入 | From Other Household Business | 50.96 | 27.91 | 21.07 | 32.87 |
| 财产性收入 | Property Income | 23.15 | 25.88 | 106.26 | 103.16 |
| 转移性收入 | Transfer Income | 100.74 | 135.12 | 354.71 | 395.69 |
| #家庭非常住人口寄回或带回 | Cash Sent Back by Outsiders | 42.52 | 15.35 | 14.79 | 18.86 |
| 亲友赠送 | Cash Presented by Kith and Kin | 40.84 | 53.15 | 95.86 | 93.45 |
| 农村外部亲友赠送 | From Kith and Kin Out of the Rural Area | 5.23 | 3.03 | 6.16 | 7.47 |
| **非收入所得** | **Got Except Income** | **259.57** | **402.05** | **725.33** | **781.43** |
| **期内现金支出合计** | **Total Cash Expenditure in the Period** | **1614.69** | **2887.90** | **4899.22** | **5377.42** |
| 生产费用支出 | Productive Expenditures | 449.11 | 897.41 | 1334.26 | 1448.36 |
| 家庭经营费用支出 | Expenditures for Household Business | 395.44 | 788.56 | 1183.53 | 1297.79 |
| 农业生产支出 | Farming | 245.84 | 499.90 | 748.27 | 837.45 |
| 林业生产支出 | Forest | 2.94 | 6.08 | 4.50 | 4.95 |
| 牧业生产支出 | Husbandry | 94.89 | 174.91 | 269.51 | 265.06 |
| 渔业生产支出 | Fishery | 7.12 | 29.46 | 39.46 | 49.58 |
| 工业生产支出 | Industry | 8.02 | 16.19 | 19.70 | 7.08 |
| 建筑业生产支出 | Construction | 5.17 | 1.67 | 8.37 | 11.82 |
| 交通运输支出 | Transportation | 13.50 | 20.52 | 32.21 | 44.92 |
| 批发和零售贸易、餐饮业 | Wholesale, Retail Sale and Catering Trade | 7.54 | 35.75 | 46.62 | 56.71 |
| 社会服务业支出 | Service Trade | 3.42 | 1.71 | 5.37 | 10.34 |
| 文教卫生业 | Culture, Education and Public Health | 0.62 | 1.04 | 7.83 | 3.59 |
| 其他经营支出 | Others | 6.39 | 1.32 | 1.70 | 6.28 |
| 购置生产性固定资产支出 | Purchasing Productive Fixed Assets | 53.66 | 108.21 | 150.72 | 150.57 |
| 税费支出 | Tax Paid | 91.65 | 14.52 | 17.36 | 7.98 |
| 第一产业 | Primary Industry | | | | |
| 第二产业 | Secondary Industry | | | | 0.03 |
| 第三产业 | Tertiary Industry | | 0.77 | 0.16 | 0.74 |
| 其他各项收费 | Other Expenditure | | 13.75 | 17.20 | 7.21 |
| 生活消费支出 | Consumption Expenditure | 954.93 | 1797.66 | 3233.63 | 3541.90 |
| 财产性支出 | Property Expenditure | 6.69 | 2.59 | 10.08 | 24.53 |
| 转移性支出 | Transfer Expenditure | 112.30 | 175.72 | 303.89 | 354.65 |
| #寄给或带给家庭非常住人口 | Cash Sent to Outsiders | 2.79 | 31.36 | 26.05 | 21.02 |
| 赠送亲友支出 | Cash Presented to Kith and Kin | 100.08 | 125.72 | 227.77 | 269.08 |
| 赠送农村外部亲友 | To Kith and Kin Out of the Rural Area | 1.40 | 3.96 | 4.99 | 6.55 |
| **非消费性现金支出** | **Non-consumption Expenditure** | **196.45** | **440.99** | **646.20** | **800.54** |

## 9—28 农村居民家庭平均每人生活消费支出
Per Capita Living Expenditure of Rural Households

单位：元 (yuan)

| 项 目 | Item | 1995 | 2000 | 2005 | 2009 | 2010 |
|---|---|---|---|---|---|---|
| **生活消费支出** | **Living Expenditure** | **1070.64** | **1321.50** | **2196.23** | **3655.02** | **4013.31** |
| **按消费类别分** | **By Category of Consumption** | | | | | |
| 食 品 | Food | 625.42 | 693.15 | 999.79 | 1494.19 | 1632.96 |
| 衣 着 | Clothing | 70.56 | 71.16 | 117.41 | 203.37 | 232.20 |
| 居 住 | Residence | 165.63 | 196.85 | 344.86 | 813.12 | 867.51 |
| 家庭设备用品及服务 | Household Facilities, Articles and Services | 57.23 | 57.58 | 106.36 | 229.66 | 231.23 |
| 医疗保健 | Medicines and Medical Services | 34.07 | 58.05 | 133.68 | 227.10 | 264.39 |
| 交通通讯 | Transportation and Communications | 21.29 | 58.44 | 196.72 | 302.23 | 338.99 |
| 文教娱乐用品及服务 | Cultural, Educational and Recreational Articles and Services | 79.45 | 145.46 | 256.80 | 312.05 | 363.92 |
| 其他商品及服务 | Other Commodities and Services | 17.00 | 40.81 | 40.61 | 73.30 | 82.11 |
| **按消费性质分** | **By Source of Consumption** | | | | | |
| **货币性消费** | **Consumption Paid in Money** | **682.54** | **954.93** | **1797.66** | **3233.63** | **3541.90** |
| 食 品 | Food | 285.09 | 362.25 | 638.93 | 1093.93 | 1215.05 |
| 衣 着 | Clothing | 69.87 | 70.76 | 117.21 | 202.72 | 232.13 |
| 居 住 | Residence | 118.54 | 161.58 | 310.20 | 792.69 | 814.16 |
| 家庭设备用品及服务 | Household Facilities, Articles and Services | 57.23 | 57.58 | 103.63 | 229.61 | 231.15 |
| 医疗保健 | Medicines and Medical Services | 34.07 | 58.05 | 133.68 | 227.10 | 264.39 |
| 交通通讯 | Transportation and Communications | 21.29 | 58.44 | 196.72 | 302.23 | 338.99 |
| 文教娱乐用品及服务 | Cultural, Educational and Recreational Articles and Services | 79.45 | 145.46 | 256.80 | 312.05 | 363.92 |
| 其他商品及服务 | Other Commodities and Services | 17.00 | 40.81 | 40.49 | 73.30 | 82.11 |
| **实物性消费** | **Consumption in Kind** | **388.11** | **366.57** | **398.57** | **421.39** | **471.41** |
| 食 品 | Food | 340.33 | 330.90 | 360.86 | 400.26 | 417.91 |
| 衣 着 | Clothing | 0.69 | 0.40 | 0.20 | 0.65 | 0.07 |
| 居 住 | Residence | 47.09 | 35.27 | 34.66 | 20.43 | 53.35 |

## 9—29 农村居民家庭平均每人生活消费支出构成
Composition of per Capita Living Expenditure of Rural Households

单位：%

| 项 目 | Item | 1995 | 2000 | 2005 | 2009 | 2010 |
|---|---|---|---|---|---|---|
| **生活消费支出** | **Living Expenditure** | **100.00** | **100.00** | **100.00** | **100.00** | **100.00** |
| **按消费类别分** | **By Category of Consumption** | | | | | |
| 食 品 | Food | 58.42 | 52.45 | 45.52 | 40.88 | 40.70 |
| 衣 着 | Clothing | 6.59 | 5.38 | 5.35 | 5.56 | 5.78 |
| 居 住 | Residence | 15.47 | 14.90 | 15.70 | 22.25 | 21.62 |
| 家庭设备用品及服务 | Household Facilities, Articles and Services | 5.35 | 4.36 | 4.84 | 6.28 | 5.76 |
| 医疗保健 | Medicines and Medical Services | 3.18 | 4.39 | 6.09 | 6.21 | 6.58 |
| 交通通讯 | Transportation and Communications | 1.99 | 4.42 | 8.96 | 8.27 | 8.45 |
| 文教娱乐用品及服务 | Cultural, Educational and Recreational Articles and Services | 7.42 | 11.01 | 11.69 | 8.54 | 9.07 |
| 其他商品及服务 | Other Commodities and Services | 1.59 | 3.09 | 1.85 | 2.01 | 2.04 |
| **按消费性质分** | **By Source of Consumption** | | | | | |
| **货币性消费** | **Consumption Paid in Money** | **100.00** | **100.00** | **100.00** | **100.00** | **100.00** |
| 食 品 | Food | 41.77 | 37.93 | 35.54 | 33.83 | 34.31 |
| 衣 着 | Clothing | 10.24 | 7.41 | 6.52 | 6.27 | 6.55 |
| 居 住 | Residence | 17.37 | 16.92 | 17.26 | 24.51 | 22.99 |
| 家庭设备用品及服务 | Household Facilities, Articles and Services | 8.38 | 6.03 | 5.76 | 7.10 | 6.53 |
| 医疗保健 | Medicines and Medical Services | 4.99 | 6.08 | 7.44 | 7.02 | 7.46 |
| 交通通讯 | Transportation and Communications | 3.12 | 6.12 | 10.94 | 9.35 | 9.57 |
| 文教娱乐用品及服务 | Cultural, Educational and Recreational Articles and Services | 11.64 | 15.23 | 14.29 | 9.65 | 10.27 |
| 其他商品及服务 | Other Commodities and Services | 2.49 | 4.27 | 2.25 | 2.27 | 2.32 |
| **实物性消费** | **Consumption in Kind** | **100.00** | **100.00** | **100.00** | **100.00** | **100.00** |
| 食 品 | Food | 87.69 | 90.27 | 90.54 | 94.99 | 88.65 |
| 衣 着 | Clothing | 0.18 | 0.11 | 0.05 | 0.15 | 0.01 |
| 居 住 | Residence | 12.13 | 9.62 | 8.70 | 4.85 | 11.32 |

## 9—30 农村居民家庭平均每人主要消费品消费量
Per Capita Consumption of Major Consumer Goods in Rural Households

| 品名 | | Item | | 1995 | 2000 | 2005 | 2009 | 2010 |
|---|---|---|---|---|---|---|---|---|
| 粮食（原粮） | （公斤） | Grain (Unprocessed) | (kg) | 256.50 | 270.24 | 214.68 | 181.59 | 174.75 |
| #细　粮 | | Wheat and Rice | | 246.64 | 255.78 | 203.18 | 172.18 | 165.18 |
| 蔬　菜 | （公斤） | Fresh Vegetables | (kg) | 79.41 | 80.28 | 78.70 | 76.94 | 77.27 |
| 食　油 | （公斤） | Edible Oil | (kg) | 5.76 | 7.66 | 6.31 | 6.29 | 6.46 |
| 猪牛羊肉 | （公斤） | Pork, Beef and Mutton | (kg) | 8.05 | 9.51 | 10.70 | 9.55 | 10.15 |
| 家　禽 | （公斤） | Poultry | (kg) | 2.42 | 3.57 | 4.64 | 4.74 | 4.76 |
| 蛋及制品 | （公斤） | Eggs and Related Products | (kg) | 3.51 | 5.56 | 4.69 | 5.84 | 5.85 |
| 鱼　虾 | （公斤） | Fish and Shrimp | (kg) | 2.81 | 3.50 | 5.00 | 5.18 | 5.33 |
| 食　糖 | （公斤） | Sugar | (kg) | 1.53 | 1.59 | 1.16 | 0.98 | 0.89 |
| 酒 | （公斤） | Liquor | (kg) | 6.12 | 9.99 | 12.72 | 12.92 | 12.02 |

## 9—31 农村居民家庭平均每百户年底耐用消费品拥有量
Number of Durable Consumer Goods Owned per 100 Rural Households at the Year-end

| 品名 | | Item | | 1995 | 2000 | 2005 | 2009 | 2010 |
|---|---|---|---|---|---|---|---|---|
| 洗衣机 | (台) | Washing Machine | (set) | 2.29 | 14.74 | 32.71 | 51.77 | 56.52 |
| 电冰箱 | (台) | Refrigerator | (set) | 1.90 | 8.16 | 21.71 | 51.42 | 63.26 |
| 空调机 | (台) | Air Conditioner | (set) | | | | 19.26 | 26.16 |
| 抽油烟机 | (台) | Exhaust Fan | (set) | | | | 5.84 | 7.19 |
| 自行车 | (辆) | Bicycle | (unit) | 124.35 | 127.42 | 114.32 | 104.06 | 101.35 |
| 摩托车 | (辆) | Motorcycle | (unit) | 1.19 | 8.65 | 34.65 | 53.35 | 55.61 |
| 生活用汽车 | (辆) | Automobile | (unit) | | | | | 0.58 |
| 电话机 | (部) | Telephone | (set) | | | 72.84 | 69.90 | 68.10 |
| 移动电话 | (部) | Mobile Telephone | (set) | | | 50.23 | 110.58 | 136.90 |
| 黑白电视机 | (台) | Black and White TV Set | (set) | 78.45 | 68.65 | 32.23 | 7.84 | 6.68 |
| 彩色电视机 | (台) | Color TV Set | (set) | 9.00 | 39.29 | 84.65 | 106.10 | 112.13 |
| 照相机 | (台) | Camera | (set) | 0.94 | 2.03 | 3.06 | 3.48 | 3.71 |
| 家用计算机 | (台) | Computer | (set) | | | | 4.32 | 7.94 |
| 热水器 | (台) | Shower | (unit) | | 0.94 | 8.26 | 35.84 | 43.87 |

# 9—32 各市农村居民家庭平均每百户年底耐用消费品拥有量（2010年）

Number of Durable Consumer Goods Owned per 100 Rural Households at the Year-end by Region (2010)

| 地 区 | Region | 洗衣机（台）Washing Machine (set) | 电冰箱（台）Refrigerator (set) | 空调机（台）Air Conditioner (set) | 抽油烟机（台）Exhaust Fan (set) | 自行车（辆）Bicycle (unit) | 摩托车（辆）Motorcycle (unit) | 生活用汽车（辆）Automobile (unit) |
|---|---|---|---|---|---|---|---|---|
| **全 省** | **Proince Indices** | **56.52** | **63.26** | **26.16** | **7.19** | **101.35** | **55.61** | **0.58** |
| 合肥市 | Hefei | 52.00 | 82.24 | 30.43 | 10.41 | 95.93 | 32.91 | 3.96 |
| 淮北市 | Huaibei | 95.26 | 73.62 | 19.64 | 2.97 | 147.29 | 68.75 | 2.52 |
| 亳州市 | Bozhou | 88.54 | 37.17 | 7.82 | 0.79 | 127.88 | 60.94 | 2.13 |
| 宿州市 | Suzhou | 82.69 | 47.22 | 10.33 | 1.34 | 132.71 | 62.59 | 3.39 |
| 蚌埠市 | Bengbu | 89.62 | 70.30 | 29.28 | 5.49 | 108.69 | 65.09 | 0.70 |
| 阜阳市 | Fuyang | 73.47 | 34.72 | 8.16 | 0.23 | 127.57 | 45.54 | 0.95 |
| 淮南市 | Huainan | 91.40 | 82.24 | 48.45 | 13.54 | 112.80 | 62.53 | 3.55 |
| 滁州市 | Chuzhou | 82.27 | 85.86 | 29.61 | 7.67 | 78.52 | 70.42 | 1.78 |
| 六安市 | Luan | 34.56 | 68.14 | 19.97 | 6.39 | 77.39 | 59.89 | 3.12 |
| 马鞍山市 | Maanshan | 73.36 | 89.30 | 90.60 | 37.16 | 127.89 | 60.21 | 1.45 |
| 巢湖市 | Chaohu | 39.93 | 78.80 | 37.28 | 8.16 | 95.46 | 34.94 | 1.76 |
| 芜湖市 | Wuhu | 47.32 | 91.65 | 75.30 | 36.59 | 115.03 | 41.04 | 5.47 |
| 宣城市 | Xuancheng | 41.60 | 85.12 | 44.72 | 24.13 | 73.00 | 65.38 | 3.99 |
| 铜陵市 | Tongling | 37.14 | 88.57 | 53.86 | 12.73 | 71.86 | 36.95 |  |
| 池州市 | Chizhou | 16.52 | 82.07 | 37.90 | 12.19 | 77.01 | 71.76 | 0.25 |
| 安庆市 | Anqing | 23.45 | 64.43 | 38.25 | 12.35 | 68.27 | 72.50 | 3.94 |
| 黄山市 | Huangshan | 33.04 | 78.77 | 19.65 | 13.48 | 124.12 | 74.97 | 3.21 |

| 地 区 | Region | 电话机（部）Telephone (set) | 移动电话（部）Mobile Telephone (set) | 黑白电视机（台）Black and White TV Set (set) | 彩色电视机（台）Color TV Set (set) | 照相机（台）Camera (set) | 家用计算机（台）Computer (set) |
|---|---|---|---|---|---|---|---|
| **全 省** | **Proince Indices** | **68.10** | **136.90** | **6.68** | **112.13** | **3.71** | **7.94** |
| 合肥市 | Hefei | 79.91 | 152.10 | 13.45 | 116.43 | 4.90 | 10.53 |
| 淮北市 | Huaibei | 59.67 | 172.73 | 3.28 | 116.06 | 5.86 | 11.28 |
| 亳州市 | Bozhou | 64.37 | 119.96 | 6.09 | 104.06 | 1.96 | 3.90 |
| 宿州市 | Suzhou | 63.64 | 134.55 | 8.69 | 103.75 | 2.31 | 4.25 |
| 蚌埠市 | Bengbu | 67.28 | 148.39 | 3.33 | 116.03 | 1.64 | 7.30 |
| 阜阳市 | Fuyang | 59.14 | 101.58 | 5.69 | 101.24 | 1.33 | 3.47 |
| 淮南市 | Huainan | 67.13 | 171.42 | 5.89 | 125.70 | 3.94 | 9.72 |
| 滁州市 | Chuzhou | 70.70 | 158.48 | 6.98 | 115.01 | 2.70 | 6.74 |
| 六安市 | Luan | 72.13 | 129.72 | 14.15 | 104.77 | 2.57 | 5.13 |
| 马鞍山市 | Maanshan | 92.22 | 192.33 | 5.53 | 136.94 | 8.52 | 27.42 |
| 巢湖市 | Chaohu | 84.22 | 132.44 | 8.57 | 115.19 | 2.26 | 5.45 |
| 芜湖市 | Wuhu | 68.25 | 206.17 | 9.61 | 127.48 | 7.95 | 19.87 |
| 宣城市 | Xuancheng | 78.99 | 190.57 | 7.59 | 127.40 | 4.64 | 12.99 |
| 铜陵市 | Tongling | 69.96 | 166.05 | 8.04 | 109.60 | 4.64 | 15.72 |
| 池州市 | Chizhou | 84.51 | 171.27 | 6.74 | 114.29 | 2.87 | 9.01 |
| 安庆市 | Anqing | 90.76 | 145.22 | 16.89 | 107.04 | 5.11 | 10.00 |
| 黄山市 | Huangshan | 105.88 | 180.72 | 13.52 | 153.17 | 5.63 | 15.02 |

## 9—33 农村居民人均粮食收支情况
Per Capita Grain Received and Expenditure of Rural Residents

单位：公斤　(kg)

| 项　目 | Item | 1995 | 2000 | 2005 | 2009 | 2010 |
|---|---|---|---|---|---|---|
| **年内粮食收入合计** | **Total Grain Received in the Year** | **662.78** | **808.17** | **831.05** | **1084.82** | **1127.41** |
| 家庭经营生产的 | Produced From Household Operation | 636.64 | 737.33 | 779.92 | 994.19 | 1035.35 |
| 购　入 | Purchased | 23.72 | 69.71 | 50.78 | 80.16 | 86.33 |
| #从集市上购入 | From Country Fair | 9.57 | | | | |
| 借　入 | Borrowed | 1.33 | 0.31 | 0.06 | 5.28 | 2.08 |
| 收回借出粮 | Recall of Loaned Grain | 0.83 | 0.36 | 0.02 | 4.77 | 2.96 |
| 其他粮食收入 | Other Grain Income | 0.21 | 0.45 | 0.27 | 0.42 | 0.69 |
| **年内粮食支出合计** | **Total Expenditure** | **563.02** | **712.37** | **729.93** | **870.44** | **923.67** |
| 主食用粮 | Staple Food | 256.50 | 270.24 | 214.68 | 181.59 | 174.75 |
| #稻　谷 | Rice | 160.34 | 171.81 | | | |
| 小　麦 | Wheat | 86.30 | 83.97 | | | |
| 其他生活用粮 | Other Living Expense of Grain | 0.53 | 0.94 | 0.58 | 0.48 | 0.57 |
| 出　售 | Sold | 217.62 | 319.00 | 445.13 | 621.47 | 679.78 |
| 种　籽 | Seeds | 13.88 | 12.96 | 15.72 | 22.28 | 24.27 |
| 饲　料 | Forage | 72.15 | 103.11 | 53.34 | 44.48 | 44.21 |
| 借　出 | Loaned Grain | 0.06 | 1.64 | 0.11 | 0.01 | |
| 归还借粮 | Returning Borrowed Grain | 0.10 | 0.72 | 0.09 | 0.01 | |
| 其他粮食支出 | Other Expenditure From Grain | 0.97 | 1.59 | 0.27 | 0.13 | 0.08 |
| 补充资料：生产加工用粮 | Grain for Processing | | 1.19 | | | |
| #食品加工用粮 | For Food | | 0.44 | | | |
| 饲料加工用粮 | For Feed | | 0.67 | | | |

## 9—34 农村家庭房屋使用情况
Housing Conditions of Rural Households

| 项 目 | Item | 1995 | 2000 | 2005 | 2009 | 2010 |
|---|---|---|---|---|---|---|
| **本年新建房屋** | **Rooms Newly Built Within the Year** | | | | | |
| 面 积 （平方米/人） | Per Capita Floor Space of Houses (sq.m/person) | 0.79 | 0.91 | 1.03 | 1.57 | 1.12 |
| #砖木结构 | Brick and Wood Structure | 0.37 | 0.26 | 0.19 | 0.22 | 0.09 |
| 钢筋混凝土结构 | Reinforced Concrete Structure | 0.38 | 0.60 | 0.84 | 1.35 | 1.02 |
| 每平方米价值 （元） | Value per Square Meter (yuan) | 192.21 | 227.86 | 373.88 | 603.60 | 681.37 |
| 楼房面积 （平方米/人） | Per Capita Floor Space of Multi-floor Buildings (sq.m/person) | 0.06 | 0.60 | 0.87 | 1.41 | 1.03 |
| **年末使用房屋** | **Rooms Used at the Year-end** | | | | | |
| 居住面积 （平方米/人） | Per Capita Floor Space (sq.m/person) | 17.82 | 22.16 | 27.02 | 31.01 | 32.05 |
| #砖木结构 | Brick and Wood Structure | 11.97 | 12.80 | 14.04 | 12.37 | 12.83 |
| 钢筋混凝土结构 | Reinforced Concrete Structure | 2.62 | 7.72 | 12.37 | 17.98 | 18.77 |

## 9—35 农村居民人均居住情况
Living Condition of Rural Residents

单位：平方米 (sq.m)

| 项 目 | Item | 2007 | 2008 | 2009 | 2010 |
|---|---|---|---|---|---|
| **期末住房情况** | **Housing Conditions End of this Term** | | | | |
| 住房面积 | Living Area | 28.89 | 29.88 | 31.01 | 32.05 |
| 住房价值 （元） | Housing Value (yuan/sq.m) | 8263.46 | 9326.52 | 10545.53 | 12365.59 |
| 住房类型 | Housing Type | | | | |
| 楼房面积 | Building of Two or More Storey Area | 14.55 | 16.43 | 17.73 | 18.94 |
| 砖瓦平房面积 | Bricks and Tiles Collage Area | 13.80 | 12.99 | 12.61 | 12.51 |
| 其 他 | Other | 0.54 | 0.45 | 0.68 | 0.60 |
| 住房结构 | Housing Structure | | | | |
| 钢筋混凝土结构面积 | Reinforced Concrete Structure Housing Area | 14.27 | 15.51 | 17.98 | 18.77 |
| 砖木结构面积 | Bricks and Woods Structure Housing Area | 14.18 | 13.91 | 12.37 | 12.83 |
| 其 他 | Other | 0.44 | 0.47 | 0.66 | 0.44 |
| **期内新建（购）住房情况** | **Newly Built (Bought) Housing Situation This Term** | | | | |
| 新建（购）住房面积 | Housing Area | 0.99 | 1.57 | 1.57 | 1.12 |
| 新建（购）住房价值 （元） | Housing Value (yuan) | 539.40 | 797.94 | 949.25 | 762.97 |
| 新建（购）住房类型 | Housing Style | | | | |
| 楼房面积 | Building of Two or More Storey Area | 0.80 | 1.40 | 1.41 | 1.03 |
| 砖瓦平房面积 | Bricks and Tiles Collage Area | 0.18 | 0.17 | 0.16 | 0.09 |
| 其 他 | Other | 0.01 | 0.01 | | |
| 新建（购）住房结构 | Newly built (Bought) Housing Structure | | | | |
| 钢筋混凝土结构面积 | Reinforced Concrete Structure Housing Area | 0.87 | 1.37 | 1.35 | 1.02 |
| 砖木结构面积 | Bricks and Woods Structure Housing Area | 0.11 | 0.20 | 0.22 | 0.09 |
| 其 他 | Other | 0.01 | 0.01 | | |
| 期内新建（购）房屋资金来源 | Fund Source of Newly Built Bought) Housing This Term | | | | |
| 自 筹 （元） | Self-financing (yuan) | 434.85 | 634.11 | 784.85 | 572.37 |
| 银行、信用社贷款 （元） | Loan from Bank and Credit Cooperative (yuan) | 17.94 | 18.57 | 20.40 | 48.92 |
| 其 他 （元） | Other (yuan) | 86.62 | 145.26 | 144.00 | 114.72 |

## 9—36 各市农村居民人均现金收入情况
Per Capita Income in Cash of Rural Households by Region

单位：元 (yuan)

| 地 区 | Region | 2000 | 2005 | 2009 | 2010 |
|---|---|---|---|---|---|
| **全 省** | **Proince Indices** | **1901.60** | **3043.19** | **5224.72** | **5959.79** |
| 合 肥 市 | Hefei | 1981.94 | 3322.71 | 6417.30 | 7063.07 |
| 淮 北 市 | Huaibei | 2331.63 | 3274.88 | 5464.64 | 6108.99 |
| 亳 州 市 | Bozhou | 2289.60 | 3118.08 | 4921.86 | 5413.95 |
| 宿 州 市 | Suzhou | 1987.23 | 2506.18 | 5193.81 | 6037.39 |
| 蚌 埠 市 | Bengbu | 2329.05 | 3102.48 | 5395.58 | 6226.47 |
| 阜 阳 市 | Fuyang | 2080.14 | 2611.10 | 4462.45 | 4791.96 |
| 淮 南 市 | Huainan | 3186.96 | 3578.14 | 5950.52 | 6439.77 |
| 滁 州 市 | Chuzhou | 2131.99 | 3047.04 | 5889.04 | 6811.03 |
| 六 安 市 | Luan | 1716.47 | 2217.58 | 4182.29 | 4823.54 |
| 马鞍山市 | Maanshan | 3098.44 | 5017.12 | 9261.85 | 10473.38 |
| 巢 湖 市 | Chaohu | 2431.64 | 3150.93 | 5667.73 | 6338.28 |
| 芜 湖 市 | Wuhu | 2846.81 | 4235.57 | 7635.63 | 8261.67 |
| 宣 城 市 | Xuancheng | 2086.29 | 3130.56 | 6422.55 | 7230.20 |
| 铜 陵 市 | Tongling | 2802.74 | 3445.25 | 6540.23 | 7786.18 |
| 池 州 市 | Chizhou | 2147.17 | 2994.06 | 5404.41 | 6067.54 |
| 安 庆 市 | Anqing | 1816.93 | 2685.82 | 4135.43 | 5276.46 |
| 黄 山 市 | Huangshan | 2117.47 | 2868.42 | 5859.27 | 6896.13 |

## 9—37 各市农村居民人均现金支出情况
Per Capita Expenditure in Cash of Rural Households by Region

单位：元 (yuan)

| 地 区 | Region | 2000 | 2005 | 2009 | 2010 |
|---|---|---|---|---|---|
| **全 省** | **Proince Indices** | **1614.69** | **2887.90** | **4899.22** | **5377.42** |
| 合 肥 市 | Hefei | 1442.25 | 2912.22 | 4708.38 | 5134.15 |
| 淮 北 市 | Huaibei | 1644.72 | 2412.62 | 5183.76 | 5564.33 |
| 亳 州 市 | Bozhou | 1605.84 | 2391.38 | 4138.94 | 4478.39 |
| 宿 州 市 | Suzhou | 1459.43 | 2006.64 | 4074.04 | 4739.26 |
| 蚌 埠 市 | Bengbu | 1698.30 | 2655.90 | 4535.85 | 5139.39 |
| 阜 阳 市 | Fuyang | 1378.59 | 2121.57 | 3937.21 | 3996.69 |
| 淮 南 市 | Huainan | 2052.62 | 2770.82 | 4470.86 | 4898.68 |
| 滁 州 市 | Chuzhou | 1515.29 | 2365.21 | 4846.41 | 5843.40 |
| 六 安 市 | Luan | 1247.34 | 1965.96 | 3603.94 | 4467.93 |
| 马鞍山市 | Maanshan | 2034.54 | 4254.36 | 7855.84 | 8164.55 |
| 巢 湖 市 | Chaohu | 1802.38 | 2510.47 | 4202.29 | 4455.94 |
| 芜 湖 市 | Wuhu | 1949.46 | 3131.96 | 5949.94 | 6503.96 |
| 宣 城 市 | Xuancheng | 1673.42 | 2872.09 | 5691.22 | 5877.99 |
| 铜 陵 市 | Tongling | 2063.78 | 2820.57 | 5999.10 | 6653.73 |
| 池 州 市 | Chizhou | 1609.52 | 2682.19 | 4778.14 | 4917.35 |
| 安 庆 市 | Anqing | 1271.68 | 2433.17 | 3270.60 | 3765.59 |
| 黄 山 市 | Huangshan | 1541.60 | 2450.08 | 4821.75 | 5014.58 |

## 9—38 各市、县农村居民人均现金收支情况（2010年）

Per Capita Income and Expenditure in Cash of Rural Households by County or City (2010)

单位：元 (yuan)

| 市、县 | County、city | 期内现金收入合计 Total Cash Income in the Period | 工资性收入 Wage Income | 家庭经营现金收入 Cash Income From Household Business | #出售产品的现金 From Selling Products | 批发零售贸易、住宿和餐饮业现金收入 Wholesale Retail Sales Trade, Lodging and Catering Cash Income | 财产性收入 Property Income | 转移性收入 Transfer Income |
|---|---|---|---|---|---|---|---|---|
| **合肥市** | **Hefei** | **7063.07** | **3761.41** | **2832.58** | **2502.62** | **41.03** | **127.21** | **341.87** |
| 瑶海区 | Yaohai District | 8034.78 | 6843.72 | 412.52 | 197.36 | 48.36 | 233.71 | 544.83 |
| 庐阳区 | Luyang District | 9975.15 | 7587.64 | 1438.14 | 450.07 | 248.85 | 533.45 | 415.92 |
| 蜀山区 | Shushan District | 9610.72 | 6991.84 | 1089.88 | 794.65 | | 1174.46 | 354.54 |
| 包河区 | Baohe District | 8856.33 | 5751.89 | 2445.56 | 1678.66 | | 528.80 | 130.08 |
| 长丰县 | Changfeng | 6098.82 | 2262.52 | 3531.41 | 3413.94 | 56.39 | 27.95 | 276.93 |
| 肥东县 | Feidong | 7227.43 | 4242.39 | 2534.08 | 2167.32 | 35.93 | 89.09 | 361.88 |
| 肥西县 | Feixi | 7139.03 | 3683.95 | 2930.14 | 2545.24 | 31.15 | 130.04 | 394.90 |
| **淮北市** | **Huaibei** | **6108.99** | **2900.38** | **2931.48** | **2534.34** | **139.06** | **57.29** | **219.84** |
| 杜集区 | Duji District | 6178.22 | 4181.31 | 1580.22 | 980.98 | 86.85 | 157.26 | 259.42 |
| 相山区 | Xiangshan District | 7603.55 | 3392.96 | 4068.62 | 2687.92 | 1318.25 | 63.59 | 78.38 |
| 烈山区 | Lieshan District | 6309.73 | 3079.95 | 2875.56 | 2660.83 | 25.94 | 155.36 | 198.85 |
| 濉溪县 | Suixi | 5929.59 | 2651.30 | 3025.95 | 2694.49 | 74.21 | 21.07 | 231.27 |
| **亳州市** | **Bozhou** | **5413.95** | **2016.18** | **3096.89** | **2586.39** | **102.80** | **45.53** | **255.35** |
| 谯城区 | Qiaocheng District | 6400.37 | 2263.26 | 3749.30 | 2965.83 | 208.60 | 26.92 | 360.90 |
| 涡阳县 | Guoyang | 5719.30 | 2325.25 | 3040.15 | 2470.76 | 96.68 | 134.34 | 219.56 |
| 蒙城县 | Mengcheng | 5348.09 | 1915.99 | 3165.67 | 2713.28 | 98.50 | 5.57 | 260.86 |
| 利辛县 | Lixin | 4296.79 | 1584.05 | 2512.14 | 2255.04 | 17.34 | 10.38 | 190.22 |
| **宿州市** | **Suzhou** | **6037.39** | **2278.99** | **3211.84** | **2734.30** | **113.60** | **146.47** | **400.10** |
| 埇桥区 | Yongqiao District | 5588.81 | 1989.03 | 2775.82 | 2465.40 | 27.37 | 175.19 | 648.77 |
| 砀山县 | Dangshan | 5900.47 | 2320.98 | 3376.77 | 3135.50 | 133.00 | | 202.72 |
| 萧县 | Xiaoxian | 5769.53 | 2538.72 | 2722.03 | 2266.22 | 76.97 | 207.22 | 301.55 |
| 灵璧县 | Lingbi | 6345.60 | 2201.78 | 3603.61 | 2967.29 | 171.51 | 210.04 | 330.17 |
| 泗县 | Sixian | 6925.71 | 2389.03 | 4016.86 | 3197.91 | 216.34 | 74.25 | 445.58 |
| **蚌埠市** | **Bengbu** | **6226.47** | **1870.12** | **3958.80** | **3194.49** | **229.90** | **37.83** | **359.72** |
| 龙子湖区 | Longzihu District | 6052.70 | 1969.47 | 3818.32 | 1353.83 | 783.65 | 37.85 | 227.07 |
| 蚌山区 | Bangshan District | 4958.59 | 2866.99 | 1813.51 | 1640.27 | | | 278.09 |
| 禹会区 | Yuhui District | 6943.65 | 3729.99 | 2926.33 | 2185.44 | 243.88 | 98.65 | 188.69 |
| 淮上区 | Huaishang District | 6020.41 | 2968.39 | 2814.37 | 2154.87 | 224.39 | 37.13 | 200.52 |
| 怀远县 | Huaiyuan | 6308.92 | 1989.61 | 3932.13 | 2983.80 | 393.40 | 59.06 | 328.13 |
| 五河县 | Wuhe | 5645.88 | 1731.32 | 3620.71 | 2799.37 | 66.12 | 8.63 | 285.23 |
| 固镇县 | Guzhen | 6804.64 | 1160.63 | 5018.28 | 4842.92 | 26.59 | 22.25 | 603.48 |
| **阜阳市** | **Fuyang** | **4791.96** | **2047.35** | **2366.39** | **1905.51** | **112.05** | **41.31** | **336.91** |
| 颍州区 | Yingzhou District | 6599.03 | 2574.52 | 3526.06 | 2421.48 | 174.70 | 90.39 | 408.07 |
| 颍东区 | Yingdong District | 4470.37 | 1902.63 | 2373.49 | 2010.68 | 126.11 | 62.37 | 131.87 |
| 颍泉区 | Yingquan District | 5531.76 | 2788.58 | 2482.76 | 2080.19 | 151.50 | 36.28 | 224.14 |
| 临泉县 | Linquan | 3109.09 | 1264.99 | 1460.86 | 1274.96 | 26.62 | 23.24 | 360.00 |
| 太和县 | Taihe | 5384.34 | 2568.96 | 2477.77 | 1908.84 | 265.99 | 66.10 | 271.51 |
| 阜南县 | Funan | 4326.47 | 1714.48 | 2348.39 | 2037.04 | 20.80 | 18.62 | 244.98 |
| 颍上县 | Yingshang | 5592.56 | 2211.12 | 2728.11 | 2010.84 | 52.85 | 55.04 | 598.29 |
| 界首市 | Jieshou | 6349.80 | 2798.07 | 3245.34 | 2690.86 | 275.94 | 16.23 | 290.17 |
| **淮南市** | **Huainan** | **6439.77** | **2911.05** | **2977.34** | **1695.10** | **286.41** | **87.44** | **385.95** |
| 大通区 | Datong District | 7707.61 | 1909.55 | 5339.99 | 1650.27 | 430.38 | 21.60 | 436.47 |
| 田家庵区 | Tianjaan District | 7951.57 | 3770.00 | 3516.87 | 1644.28 | 832.32 | 19.94 | 280.02 |
| 谢家集区 | Xiejiaji District | 6931.19 | 4190.49 | 2406.00 | 1677.24 | 191.23 | 61.80 | 272.90 |
| 八公山区 | Bagongshan District | 7378.00 | 5509.00 | 1344.00 | 304.28 | 58.22 | 130.00 | 395.00 |
| 潘集区 | Panji District | 5971.70 | 2603.28 | 2624.29 | 2097.66 | 270.71 | 139.40 | 430.43 |
| 凤台县 | Fengtai | 6138.66 | 2771.56 | 2847.61 | 1496.25 | 224.76 | 104.11 | 415.38 |
| 毛集区 | Maoji Distrct | 5599.68 | 2573.35 | 2737.81 | 1870.66 | 28.43 | 1.76 | 286.77 |
| **滁州市** | **Chuzhou** | **6811.03** | **2434.15** | **3815.21** | **3289.01** | **100.14** | **109.05** | **452.61** |
| 琅琊区 | Langya District | 8069.59 | 4631.37 | 1862.88 | 1607.88 | 105.17 | 758.90 | 816.45 |
| 南谯区 | Nanqiao District | 5609.05 | 1898.70 | 3174.91 | 2898.75 | 37.20 | 311.68 | 223.76 |
| 来安县 | Laian | 7966.30 | 2914.10 | 4465.86 | 4051.74 | 118.16 | 21.77 | 564.57 |
| 全椒县 | Quanjiao | 6986.61 | 2067.90 | 4232.13 | 3893.63 | 30.35 | 132.26 | 554.32 |
| 定远县 | Dingyuan | 6126.79 | 1171.27 | 4517.29 | 4090.44 | 74.25 | 41.23 | 397.01 |
| 凤阳县 | Fengyang | 6505.26 | 1931.24 | 4008.78 | 2917.62 | 219.98 | 38.57 | 526.68 |
| 天长市 | Tianchang | 8967.29 | 5051.73 | 3154.08 | 3009.42 | 9.80 | 288.15 | 473.33 |
| 明光市 | Mingguang | 5735.46 | 2527.39 | 2803.20 | 2112.12 | 141.00 | 40.23 | 364.64 |

**9—38 续表1 continued**

单位：元 (yuan)

| 市、县 | County、city | 期内现金收入合计 Total Cash Income in the Period | 工资性收入 Wage Income | 家庭经营现金收入 Cash Income From Household Business | #出售产品的现金 From Selling Products | 批发零售贸易、住宿和餐饮业现金收入 Wholesale Retail Sales Trade, Lodging and Catering Cash Income | 财产性收入 Property Income | 转移性收入 Transfer Income |
|---|---|---|---|---|---|---|---|---|
| **六安市** | **Luan** | **4823.54** | **2194.95** | **2202.88** | **1774.09** | **72.72** | **37.69** | **388.02** |
| 金安区 | Jinan District | 4347.65 | 2011.43 | 1859.63 | 1611.72 | 33.86 | 15.08 | 461.52 |
| 裕安区 | Yuan District | 4037.62 | 2066.25 | 1511.91 | 881.04 | 165.37 | 50.38 | 409.07 |
| 寿县 | Shouxian | 5388.43 | 2153.56 | 3023.37 | 2843.95 | 5.49 | 5.46 | 206.03 |
| 霍邱县 | Huoqiu | 5193.65 | 2528.53 | 2192.88 | 2152.59 | 9.40 | 5.51 | 466.73 |
| 舒城县 | Shucheng | 4025.71 | 1524.59 | 1928.66 | 1088.32 | 108.83 | 119.48 | 452.97 |
| 金寨县 | Jinzhai | 5265.44 | 2573.92 | 2294.87 | 1291.80 | 133.75 | 14.55 | 382.10 |
| 霍山县 | Huoshan | 4731.92 | 2133.13 | 2034.79 | 1248.26 | 282.25 | 143.91 | 420.09 |
| 叶集区 | Yeji District | 6361.44 | 3354.32 | 2726.71 | 1780.17 | 32.84 | 67.58 | 212.83 |
| **马鞍山市** | **Maanshan** | **10473.38** | **5615.58** | **4162.77** | **3297.20** | **204.29** | **64.27** | **630.59** |
| 金家庄区 | JInjiazhan District | 11023.78 | 6091.84 | 4753.45 | 3460.05 | 269.81 | 53.77 | 124.72 |
| 花山区 | Huashan District | 9455.67 | 7940.20 | 1086.21 | 506.82 |  | 98.45 | 330.81 |
| 雨山区 | Yushan District | 10010.09 | 7622.99 | 1671.95 | 1365.30 | 6.53 | 211.66 | 503.49 |
| 当涂县 | Dangtu | 10558.01 | 5254.26 | 4579.93 | 3651.11 | 234.77 | 46.12 | 677.49 |
| **巢湖市** | **Chaohu** | **6338.28** | **2716.30** | **3136.28** | **2257.86** | **245.77** | **73.71** | **411.99** |
| 居巢区 | Juchao District | 5735.96 | 2314.03 | 2993.18 | 1958.71 | 32.30 | 127.19 | 301.56 |
| 庐江县 | Lujiang | 5645.89 | 2651.90 | 2456.12 | 1744.75 | 122.02 | 33.89 | 503.99 |
| 无为县 | Wuwei | 6542.83 | 2508.05 | 3681.14 | 2256.36 | 612.34 | 36.56 | 317.09 |
| 含山县 | Hanshan | 7031.35 | 3771.90 | 2775.39 | 2148.70 | 337.43 | 35.99 | 448.07 |
| 和县 | Hexian | 7646.51 | 3009.70 | 3937.48 | 3760.73 | 21.07 | 182.42 | 516.91 |
| **芜湖市** | **Wuhu** | **8261.67** | **4657.31** | **2979.84** | **1793.83** | **270.07** | **199.94** | **424.58** |
| 弋江区 | Yijiang District | 8224.60 | 5194.03 | 2432.18 | 554.01 | 695.42 | 341.50 | 256.88 |
| 鸠江区 | Jiujiang District | 7817.77 | 5801.93 | 1864.89 | 1864.89 |  |  | 150.95 |
| 三山区 | Sanshang District | 7906.83 | 3911.76 | 3066.37 | 1484.06 | 426.46 | 353.06 | 575.64 |
| 芜湖县 | Wuhu | 8763.55 | 4415.10 | 3790.87 | 2743.42 | 245.27 | 177.48 | 380.10 |
| 繁昌县 | Fanchang | 7487.83 | 5072.31 | 1975.46 | 931.27 | 322.39 | 74.37 | 365.70 |
| 南陵县 | Nanling | 8463.74 | 4507.76 | 3189.55 | 1853.54 | 186.23 | 236.35 | 530.08 |
| **宣城市** | **Xuancheng** | **7230.20** | **3267.35** | **3486.07** | **2443.65** | **179.79** | **90.11** | **386.67** |
| 宣州区 | Xuanzhou District | 7680.73 | 2838.57 | 4414.93 | 3715.67 | 170.52 | 29.05 | 398.18 |
| 郎溪县 | Langxi | 5658.53 | 3402.54 | 2105.08 | 1771.69 | 53.19 | 19.62 | 131.28 |
| 广德县 | Guangde | 9203.58 | 3835.28 | 4465.26 | 2056.62 | 220.25 | 498.46 | 404.58 |
| 泾县 | Jingxian | 5650.87 | 2726.12 | 2559.86 | 1722.48 | 164.84 | 36.44 | 328.46 |
| 绩溪县 | Jixi | 6202.87 | 2556.70 | 3099.27 | 2406.73 | 38.63 | 111.07 | 435.84 |
| 旌德县 | Jingde | 5414.29 | 2704.42 | 1858.39 | 618.10 | 147.74 | 108.11 | 743.37 |
| 宁国市 | Ningguo | 8821.09 | 5384.88 | 2738.38 | 2016.04 | 287.93 | 246.35 | 451.48 |
| **铜陵市** | **Tongling** | **7786.18** | **4465.28** | **2587.86** | **1534.93** | **135.17** | **217.19** | **515.86** |
| 狮子山区 | Shuzushan District | 8620.76 | 5527.52 | 2133.62 | 1550.58 | 184.45 | 242.94 | 716.68 |
| 郊区 | Reigon of City | 8235.13 | 5122.20 | 2565.35 | 1826.66 | 439.50 | 210.01 | 337.58 |
| 铜陵县 | Tongling | 7630.39 | 4253.54 | 2637.75 | 1487.44 | 82.27 | 215.69 | 523.41 |
| **池州市** | **Chizhou** | **6067.54** | **3127.52** | **2525.73** | **1595.68** | **123.02** | **79.12** | **335.17** |
| 市辖区 | Reigon of City | 7652.05 | 4711.92 | 2731.87 | 223.20 | 322.76 | 24.15 | 184.11 |
| 贵池区 | Guichi District | 5730.13 | 3514.17 | 1912.19 | 1211.49 | 134.84 | 56.01 | 247.76 |
| 东至县 | Dongzhi | 6589.51 | 2950.81 | 3172.45 | 2342.90 | 85.30 | 29.71 | 436.54 |
| 石台县 | Shitai | 3996.04 | 1804.03 | 1919.36 | 1208.89 | 134.27 | 76.07 | 196.58 |
| 青阳县 | Qingyang | 6434.77 | 3070.24 | 2745.44 | 1126.92 | 157.29 | 238.15 | 380.93 |
| **安庆市** | **Anqing** | **5276.46** | **2807.47** | **1942.41** | **1183.58** | **156.84** | **92.07** | **420.91** |
| 迎江区 | yingjiang District | 7275.46 | 3924.61 | 2697.97 | 376.81 | 782.09 |  | 652.87 |
| 大观区 | daguan District | 6569.42 | 3372.00 | 2519.14 | 1468.29 | 293.16 | 185.83 | 151.34 |
| 宜秀区 | yixu District | 7450.54 | 4372.96 | 2130.82 | 377.48 | 59.30 | 376.23 | 337.11 |
| 怀宁县 | Huaining | 6494.77 | 5078.64 | 963.25 | 577.61 | 183.23 | 226.42 | 226.46 |
| 枞阳县 | Zongyang | 5124.58 | 2082.25 | 2183.21 | 1005.26 | 108.96 | 101.16 | 757.95 |
| 潜山县 | Qianshan | 4277.24 | 2722.19 | 1410.36 | 557.10 | 113.79 | 10.06 | 134.63 |
| 太湖县 | Taihu | 3742.60 | 2210.56 | 1276.46 | 795.30 | 92.24 | 15.40 | 240.19 |
| 宿松县 | Susong | 5407.61 | 1916.51 | 2855.69 | 2562.85 | 35.20 | 54.47 | 580.94 |
| 望江县 | Wangjiang | 4256.07 | 1812.78 | 2015.72 | 1815.61 | 14.30 | 17.45 | 410.12 |
| 岳西县 | Yuexi | 3813.00 | 1880.49 | 1589.26 | 819.09 | 92.95 | 153.25 | 189.87 |
| 桐城市 | Tongcheng | 7108.58 | 4003.26 | 2464.79 | 1148.61 | 535.04 | 75.47 | 565.07 |
| **黄山市** | **Huangshan** | **6896.13** | **3198.00** | **3140.49** | **2422.64** | **106.32** | **139.01** | **418.62** |
| 屯溪区 | Tunxi District | 9975.00 | 5180.86 | 3904.94 | 1350.68 | 299.74 | 428.97 | 460.23 |
| 黄山区 | Huangshan District | 7209.16 | 3012.50 | 3556.29 | 2520.21 | 242.39 | 287.25 | 353.12 |
| 徽州区 | Huizhou District | 7028.39 | 3058.67 | 3415.81 | 2972.35 | 31.64 | 89.34 | 464.58 |
| 歙县 | Shexian | 6823.03 | 3370.82 | 2884.46 | 2425.02 | 72.18 | 96.87 | 470.88 |
| 休宁县 | Xiuning | 6341.06 | 3104.90 | 2890.28 | 2131.66 | 62.49 | 64.50 | 281.37 |
| 黟县 | Yixian | 7383.76 | 2750.56 | 3922.11 | 2956.78 | 202.38 | 113.94 | 597.15 |
| 祁门县 | Qimen | 6055.64 | 2387.97 | 3069.93 | 2655.69 | 73.79 | 181.43 | 416.31 |

## 9—38 续表2 continued

单位：元 (yuan)

| 市、县 | County、city | 期内现金支出合计 Total Cash Expenditure in the Period | 生产费用支出 Productive Expenditure | 缴纳生产税 Productive Tax | 生活消费支出 Expenses on Household Consumption | 财产性支出 Expenses on Properties | 转移性支出 Expenses on Transfers |
|---|---|---|---|---|---|---|---|
| **合肥市** | **Hefei** | **5134.15** | **1233.60** | | **3462.09** | **3.52** | **271.94** |
| 瑶海区 | Yaohai District | 5783.29 | 183.36 | | 5122.10 | 1.94 | 460.52 |
| 庐阳区 | Luyang District | 7033.80 | 691.70 | | 5758.94 | | 579.11 |
| 蜀山区 | Shushan District | 6407.02 | 938.28 | | 4859.54 | 1.21 | 606.69 |
| 包河区 | Baohe District | 7580.56 | 942.58 | | 6097.17 | | 540.62 |
| 长丰县 | Changfeng | 4839.55 | 1683.14 | | 2980.47 | 1.43 | 165.73 |
| 肥东县 | Feidong | 4438.27 | 884.88 | | 3309.43 | 2.22 | 194.52 |
| 肥西县 | Feixi | 5645.48 | 1408.92 | | 3351.75 | 6.91 | 376.92 |
| **淮北市** | **Huaibei** | **5564.33** | **1256.53** | **0.03** | **3833.58** | **8.59** | **464.06** |
| 杜集区 | Duji District | 4602.43 | 608.24 | 0.24 | 3581.92 | | 412.00 |
| 相山区 | Xiangshan District | 7240.97 | 2553.20 | | 4182.79 | 8.28 | 474.73 |
| 烈山区 | Lieshan District | 6230.15 | 1309.32 | 0.04 | 4001.12 | 35.50 | 883.21 |
| 濉溪县 | Suixi | 5396.43 | 1221.13 | | 3798.61 | 3.51 | 373.00 |
| **亳州市** | **Bozhou** | **4478.39** | **1331.09** | **1.69** | **2727.72** | **6.84** | **336.13** |
| 谯城区 | Qiaocheng District | 5061.97 | 1950.30 | 0.37 | 2785.55 | 10.27 | 287.40 |
| 涡阳县 | Guoyang | 4979.15 | 1092.38 | | 3394.73 | 4.29 | 482.67 |
| 蒙城县 | Mengcheng | 4172.96 | 1384.96 | 7.31 | 2412.58 | 7.77 | 347.83 |
| 利辛县 | Lixin | 3727.90 | 959.04 | | 2298.81 | 5.44 | 232.59 |
| **宿州市** | **Suzhou** | **4739.26** | **1560.96** | **7.85** | **2855.76** | **7.14** | **292.88** |
| 埇桥区 | Yongqiao District | 3550.55 | 968.63 | | 2204.40 | 1.05 | 371.66 |
| 砀山县 | Dangshan | 5372.59 | 1632.90 | | 3401.02 | 7.58 | 301.13 |
| 萧县 | Xiaoxian | 4594.41 | 1089.42 | 0.86 | 3377.31 | 3.66 | 112.73 |
| 灵璧县 | Lingbi | 5510.65 | 2295.69 | 39.17 | 2715.22 | 24.58 | 411.40 |
| 泗县 | Sixian | 5253.72 | 2251.00 | | 2701.23 | 0.03 | 292.41 |
| **蚌埠市** | **Bengbu** | **5139.39** | **1814.09** | **1.66** | **2992.54** | **3.35** | **317.81** |
| 龙子湖区 | Longzihu District | 4011.53 | 1033.78 | 6.44 | 2892.43 | | 70.79 |
| 蚌山区 | Bangshan District | 3908.00 | 837.21 | | 2961.27 | | 109.51 |
| 禹会区 | Yuhui District | 6032.47 | 1764.12 | 6.51 | 4115.30 | | 139.85 |
| 淮上区 | Huaishang District | 4718.61 | 1096.46 | 10.44 | 3418.74 | 9.62 | 166.09 |
| 怀远县 | Huaiyuan | 5184.14 | 1654.26 | | 3079.23 | 3.54 | 435.73 |
| 五河县 | Wuhe | 4350.24 | 1869.81 | | 2342.06 | 0.37 | 128.94 |
| 固镇县 | Guzhen | 6195.27 | 2447.67 | 3.53 | 3332.00 | 5.66 | 399.40 |
| **阜阳市** | **Fuyang** | **3996.69** | **1258.10** | **0.23** | **2313.65** | **1.95** | **377.71** |
| 颍州区 | Yingzhou District | 6175.18 | 1483.58 | 1.48 | 3682.16 | 11.42 | 567.72 |
| 颍东区 | Yingdong District | 3322.33 | 1058.22 | | 1977.60 | 0.62 | 241.83 |
| 颍泉区 | Yingquan District | 5065.84 | 1080.09 | 0.96 | 3309.21 | 3.01 | 595.37 |
| 临泉县 | Linquan | 3095.18 | 783.23 | | 1859.69 | 1.04 | 447.10 |
| 太和县 | Taihe | 4302.56 | 1465.44 | 0.53 | 2530.65 | 0.03 | 267.47 |
| 阜南县 | Funan | 3287.77 | 1069.50 | | 1952.25 | 0.72 | 247.57 |
| 颍上县 | Yingshang | 3952.49 | 1518.61 | | 1954.11 | 4.43 | 452.04 |
| 界首市 | Jieshou | 6075.83 | 2273.86 | | 3401.92 | 0.66 | 376.45 |
| **淮南市** | **Huainan** | **4898.68** | **1409.66** | **6.83** | **3224.07** | **6.36** | **243.56** |
| 大通区 | Datong District | 6065.89 | 2047.88 | 2.52 | 3834.03 | 0.59 | 145.56 |
| 田家庵区 | Tianjaan District | 4341.91 | 1175.99 | 9.71 | 2900.07 | 34.66 | 197.36 |
| 谢家集区 | Xiejiaji District | 5456.84 | 1342.44 | 12.76 | 3801.59 | 1.59 | 280.24 |
| 八公山区 | Bagongshan District | 4363.38 | 189.25 | | 3787.28 | 1.51 | 384.20 |
| 潘集区 | Panji District | 5277.47 | 1715.88 | 10.96 | 3329.08 | 7.71 | 211.68 |
| 凤台县 | Fengtai | 4643.34 | 1307.96 | 4.85 | 3037.15 | 2.63 | 288.72 |
| 毛集区 | Maoji Distrct | 3939.41 | 948.59 | 0.19 | 2781.77 | | 205.99 |
| **滁州市** | **Chuzhou** | **5843.40** | **1929.03** | **0.11** | **3485.04** | **28.37** | **393.84** |
| 琅琊区 | Langya District | 6409.54 | 1218.74 | | 4824.82 | 10.34 | 345.07 |
| 南谯区 | Nanqiao District | 5541.77 | 1607.78 | | 3473.26 | 10.96 | 448.13 |
| 来安县 | Laian | 6833.82 | 2185.13 | | 3935.65 | 1.56 | 707.86 |
| 全椒县 | Quanjiao | 5144.84 | 1875.99 | | 2941.63 | 0.64 | 295.49 |
| 定远县 | Dingyuan | 6552.54 | 2353.21 | 0.22 | 3743.13 | 49.11 | 403.23 |
| 凤阳县 | Fengyang | 4114.15 | 1291.88 | 0.29 | 2667.36 | 0.16 | 148.46 |
| 天长市 | Tianchang | 6871.34 | 1989.77 | | 4216.55 | 2.19 | 658.61 |
| 明光市 | Mingguang | 5671.62 | 2035.73 | | 3298.52 | 104.02 | 227.20 |

## 9—38 续表3 continued

单位：元 (yuan)

| 市、县 | County、city | 期内现金支出合计 Total Cash Expenditure in the Period | 生产费用支出 Productive Expenditure | 缴纳生产税 Productive Tax | 生活消费支出 Expenses on Household Consumption | 财产性支出 Expenses on Properties | 转移性支出 Expenses on Transfers |
|---|---|---|---|---|---|---|---|
| **六安市** | **Luan** | **4467.93** | **1173.27** | **1.94** | **2963.57** | **2.65** | **300.34** |
| 金安区 | Jinan District | 3865.18 | 719.49 | | 2777.95 | 0.20 | 340.19 |
| 裕安区 | Yuan District | 3329.74 | 696.90 | | 2478.38 | | 151.30 |
| 寿县 | Shouxian | 3370.15 | 1265.84 | | 1728.80 | 5.68 | 325.26 |
| 霍邱县 | Huoqiu | 6437.35 | 1876.29 | 6.13 | 4222.80 | 0.21 | 297.77 |
| 舒城县 | Shucheng | 3934.65 | 649.81 | 0.36 | 3056.63 | 8.57 | 201.43 |
| 金寨县 | Jinzhai | 4697.29 | 1330.23 | 2.26 | 2937.09 | 1.95 | 399.56 |
| 霍山县 | Huoshan | 5281.01 | 1142.40 | | 3490.98 | 0.01 | 641.57 |
| 叶集区 | Yeji District | 3459.27 | 555.48 | 8.42 | 2624.12 | 4.25 | 258.19 |
| **马鞍山市** | **Maanshan** | **8164.55** | **1570.37** | | **5655.78** | **143.10** | **783.55** |
| 金家庄区 | JInjiazhan District | 7195.19 | 513.53 | | 5859.72 | | 821.93 |
| 花山区 | Huashan District | 7806.98 | 188.94 | | 6756.58 | | 861.46 |
| 雨山区 | Yushan District | 6383.21 | 697.99 | | 5108.47 | | 574.38 |
| 当涂县 | Dangtu | 8418.94 | 1775.23 | | 5656.21 | 171.50 | 802.19 |
| **巢湖市** | **Chaohu** | **4455.94** | **950.06** | **1.04** | **3188.83** | **5.39** | **299.91** |
| 居巢区 | Juchao District | 3810.76 | 685.31 | | 2805.39 | 0.80 | 318.17 |
| 庐江县 | Lujiang | 4004.25 | 818.51 | | 2806.76 | 4.61 | 353.28 |
| 无为县 | Wuwei | 4699.31 | 848.80 | 0.31 | 3687.30 | 1.00 | 153.48 |
| 含山县 | Hanshan | 4794.16 | 796.31 | 9.41 | 3456.48 | 1.62 | 522.26 |
| 和县 | Hexian | 5504.38 | 1850.21 | | 3336.70 | 23.61 | 285.96 |
| **芜湖市** | **Wuhu** | **6503.96** | **1139.68** | **0.82** | **4832.08** | **40.49** | **466.80** |
| 弋江区 | Yijiang District | 6214.87 | 881.97 | 8.17 | 4838.90 | | 485.83 |
| 鸠江区 | Jiujiang District | 3880.67 | 288.91 | | 3551.87 | | 39.89 |
| 三山区 | Sanshang District | 5281.93 | 789.44 | | 4190.92 | | 282.55 |
| 芜湖县 | Wuhu | 8350.90 | 1416.22 | 0.87 | 6245.91 | 12.49 | 613.65 |
| 繁昌县 | Fanchang | 5885.00 | 880.67 | | 4678.80 | 3.79 | 298.43 |
| 南陵县 | Nanling | 6518.72 | 1411.46 | | 4406.02 | 105.43 | 585.23 |
| **宣城市** | **Xuancheng** | **5877.99** | **1302.85** | **1.69** | **3995.06** | **29.40** | **533.79** |
| 宣州区 | Xuanzhou District | 5871.28 | 1641.93 | | 3764.33 | 23.72 | 437.47 |
| 郎溪县 | Langxi | 4384.24 | 854.80 | | 3214.88 | 7.38 | 298.86 |
| 广德县 | Guangde | 6457.89 | 1370.74 | 3.18 | 4292.49 | 51.77 | 698.30 |
| 泾县 | Jingxian | 5371.73 | 1246.08 | | 3472.39 | 10.22 | 628.82 |
| 绩溪县 | Jixi | 4667.48 | 1109.99 | 8.76 | 3172.04 | 2.80 | 367.33 |
| 旌德县 | Jingde | 4820.19 | 821.47 | | 3557.30 | 13.22 | 425.47 |
| 宁国市 | Ningguo | 7865.10 | 1131.66 | 4.09 | 5878.14 | 67.52 | 763.37 |
| **铜陵市** | **Tongling** | **6653.73** | **980.16** | **17.31** | **4992.58** | **4.01** | **581.40** |
| 狮子山区 | Shuzushan District | 7192.26 | 802.84 | | 5976.01 | 25.21 | 386.10 |
| 郊区 | Reigon of City | 5805.05 | 1143.68 | | 4036.41 | 14.33 | 600.52 |
| 铜陵县 | Tongling | 6732.28 | 972.52 | 21.80 | 5042.64 | 0.22 | 598.32 |
| **池州市** | **Chizhou** | **4917.35** | **1368.25** | **0.58** | **3200.15** | **8.00** | **339.17** |
| 市辖区 | Reigon of City | 7294.79 | 2071.72 | | 4554.87 | 247.71 | 420.50 |
| 贵池区 | Guichi District | 4669.82 | 1443.39 | 0.95 | 2971.32 | 3.42 | 249.71 |
| 东至县 | Dongzhi | 4867.08 | 1365.41 | | 3063.96 | 8.35 | 427.87 |
| 石台县 | Shitai | 4881.25 | 1607.25 | 2.96 | 2944.84 | 0.84 | 322.55 |
| 青阳县 | Qingyang | 5410.16 | 1063.76 | 0.08 | 3992.31 | 3.17 | 350.40 |
| **安庆市** | **Anqing** | **3765.59** | **888.73** | | **2630.07** | **3.56** | **224.75** |
| 迎江区 | yingjiang District | 4718.83 | 360.96 | | 3785.36 | | 572.52 |
| 大观区 | daguan District | 3992.67 | 626.24 | | 3070.66 | | 291.97 |
| 宜秀区 | yixu District | 4111.16 | 237.93 | | 3403.68 | 16.38 | 452.92 |
| 怀宁县 | Huaining | 3287.97 | 550.75 | | 2569.27 | 1.36 | 163.99 |
| 枞阳县 | Zongyang | 2843.49 | 550.81 | | 2179.21 | | 78.49 |
| 潜山县 | Qianshan | 3873.56 | 981.07 | | 2730.01 | | 130.78 |
| 太湖县 | Taihu | 2927.62 | 608.93 | | 2107.73 | 0.48 | 194.21 |
| 宿松县 | Susong | 4382.57 | 1328.57 | | 2748.73 | 9.97 | 280.44 |
| 望江县 | Wangjiang | 5057.79 | 2018.18 | | 2692.28 | 6.69 | 307.02 |
| 岳西县 | Yuexi | 2400.32 | 408.92 | | 1762.77 | | 213.28 |
| 桐城市 | Tongcheng | 4765.54 | 820.34 | | 3585.58 | 5.46 | 350.46 |
| **黄山市** | **Huangshan** | **5014.58** | **1160.27** | **0.24** | **3491.63** | **4.91** | **315.41** |
| 屯溪区 | Tunxi District | 10454.39 | 2191.24 | 0.94 | 7119.20 | 7.97 | 1024.61 |
| 黄山区 | Huangshan District | 5791.84 | 1286.24 | 1.49 | 4026.28 | 10.12 | 455.51 |
| 徽州区 | Huizhou District | 5378.00 | 1222.18 | 0.01 | 3853.07 | 0.47 | 295.82 |
| 歙县 | Shexian | 4385.70 | 962.68 | | 3189.45 | 4.90 | 213.63 |
| 休宁县 | Xiuning | 4446.18 | 1206.26 | 0.12 | 2967.09 | 6.47 | 156.98 |
| 黟县 | Yixian | 5785.75 | 1882.70 | | 3455.94 | 0.61 | 432.25 |
| 祁门县 | Qimen | 4322.59 | 721.82 | | 3134.34 | 1.27 | 421.67 |

# 9—39 各市、县农村居民家庭平均每人生活消费现金支出（2010年）
Per Capita Living Expenditure in Cash of Rural Households by County or City (2010)

单位：元 (yuan)

| 市、县 | County、city | 生活消费支出合计 Living Expenditure | 食品 Food | 衣着 Clothing | 居住 Residence | 医疗保健 Medicines and Medical Services | 交通和通讯 Transport, and Communication Services | 文教、娱乐用品及服务 Cultural, Educational and Recreational Articles and Services | 其他商品及服务 Other Commodities and Services |
|---|---|---|---|---|---|---|---|---|---|
| **合 肥 市** | **Hefei** | **3462.09** | **1346.14** | **282.42** | **428.32** | **234.55** | **346.52** | **388.28** | **435.87** |
| 瑶 海 区 | Yaohai District | 5122.10 | 2307.03 | 515.09 | 547.11 | 107.13 | 436.46 | 614.22 | 595.06 |
| 庐 阳 区 | Luyang District | 5758.94 | 2489.74 | 675.18 | 582.34 | 258.38 | 640.26 | 649.81 | 463.22 |
| 蜀 山 区 | Shushan District | 4859.54 | 2089.52 | 543.96 | 296.57 | 393.80 | 419.36 | 449.04 | 667.29 |
| 包 河 区 | Baohe District | 6097.17 | 2931.46 | 799.45 | 453.05 | 136.94 | 525.60 | 768.05 | 482.62 |
| 长 丰 县 | Changfeng | 2980.47 | 1082.07 | 226.09 | 516.51 | 206.03 | 323.10 | 280.65 | 346.03 |
| 肥 东 县 | Feidong | 3309.43 | 1230.50 | 222.21 | 357.43 | 234.89 | 316.81 | 407.45 | 540.15 |
| 肥 西 县 | Feixi | 3351.75 | 1302.82 | 272.58 | 417.29 | 280.05 | 349.93 | 367.10 | 361.97 |
| **淮 北 市** | **Huaibei** | **3833.58** | **1383.45** | **279.66** | **809.07** | **227.43** | **412.37** | **325.55** | **396.04** |
| 杜 集 区 | Duji District | 3581.92 | 1239.97 | 296.90 | 649.68 | 451.85 | 427.67 | 195.57 | 320.28 |
| 相 山 区 | Xiangshan District | 4182.79 | 1487.12 | 366.87 | 842.82 | 270.08 | 427.37 | 350.74 | 437.79 |
| 烈 山 区 | Lieshan District | 4001.12 | 1402.48 | 271.61 | 695.15 | 192.41 | 471.55 | 430.93 | 536.99 |
| 濉 溪 县 | Suixi | 3798.61 | 1389.12 | 272.05 | 853.37 | 202.78 | 395.44 | 316.01 | 369.84 |
| **亳 州 市** | **Bozhou** | **2727.72** | **1028.72** | **202.19** | **519.61** | **203.74** | **280.24** | **165.47** | **327.75** |
| 谯 城 区 | Qiaocheng District | 2785.55 | 1073.23 | 194.29 | 469.85 | 192.74 | 265.16 | 159.75 | 430.52 |
| 涡 阳 县 | Guoyang | 3394.73 | 1228.33 | 260.69 | 925.93 | 195.59 | 310.35 | 180.28 | 293.56 |
| 蒙 城 县 | Mengcheng | 2412.58 | 936.85 | 202.42 | 300.52 | 199.38 | 327.64 | 162.81 | 282.97 |
| 利 辛 县 | Lixin | 2298.81 | 874.08 | 154.07 | 355.86 | 224.69 | 227.81 | 158.77 | 303.53 |
| **宿 州 市** | **Suzhou** | **2855.76** | **1244.78** | **175.59** | **450.67** | **182.30** | **284.80** | **258.62** | **259.00** |
| 埇 桥 区 | Yongqiao District | 2204.40 | 864.62 | 165.75 | 282.28 | 173.66 | 254.15 | 160.38 | 303.56 |
| 砀 山 县 | Dangshan | 3401.02 | 1294.42 | 207.36 | 808.29 | 200.55 | 368.20 | 293.77 | 228.43 |
| 萧 县 | Xiaoxian | 3377.31 | 1737.50 | 186.87 | 352.47 | 218.54 | 271.12 | 317.34 | 293.47 |
| 灵 璧 县 | Lingbi | 2715.22 | 957.19 | 192.70 | 688.96 | 144.67 | 263.79 | 263.85 | 204.05 |
| 泗 县 | Sixian | 2701.23 | 1389.79 | 119.94 | 211.60 | 168.00 | 296.91 | 281.20 | 233.79 |
| **蚌 埠 市** | **Bengbu** | **2992.54** | **1234.36** | **218.66** | **483.06** | **276.71** | **248.52** | **246.03** | **285.19** |
| 龙子湖区 | Longzihu District | 2892.43 | 1179.17 | 311.43 | 737.71 | 79.84 | 222.77 | 56.98 | 304.53 |
| 蚌 山 区 | Bangshan District | 2961.27 | 1196.17 | 142.50 | 1069.15 | 99.01 | 238.41 | 69.25 | 146.79 |
| 禹 会 区 | Yuhui District | 4115.30 | 1626.46 | 438.17 | 665.01 | 195.68 | 481.65 | 264.77 | 443.56 |
| 淮 上 区 | Huaishang District | 3418.74 | 1615.01 | 299.50 | 496.65 | 134.70 | 289.75 | 273.32 | 309.81 |
| 怀 远 县 | Huaiyuan | 3079.23 | 1240.13 | 186.08 | 450.59 | 380.64 | 230.81 | 255.24 | 335.74 |
| 五 河 县 | Wuhe | 2342.06 | 1038.83 | 140.73 | 450.91 | 162.71 | 217.51 | 164.08 | 167.29 |
| 固 镇 县 | Guzhen | 3332.00 | 1303.38 | 323.13 | 501.43 | 276.23 | 285.36 | 345.62 | 296.84 |
| **阜 阳 市** | **Fuyang** | **2313.65** | **865.19** | **158.65** | **412.02** | **194.53** | **240.30** | **207.11** | **235.85** |
| 颍 州 区 | Yingzhou District | 3682.16 | 1311.75 | 320.50 | 668.20 | 286.01 | 362.49 | 325.92 | 407.30 |
| 颍 东 区 | Yingdong District | 1977.60 | 723.56 | 145.87 | 261.71 | 192.55 | 226.15 | 151.90 | 275.85 |
| 颍 泉 区 | Yingquan District | 3309.21 | 1016.62 | 203.04 | 981.09 | 275.78 | 315.32 | 266.27 | 251.08 |
| 临 泉 县 | Linquan | 1859.69 | 726.02 | 120.45 | 343.76 | 117.01 | 186.92 | 162.07 | 203.46 |
| 太 和 县 | Taihe | 2530.65 | 888.09 | 197.47 | 425.15 | 178.60 | 271.20 | 303.51 | 266.63 |
| 阜 南 县 | Funan | 1952.25 | 758.04 | 134.24 | 228.48 | 184.08 | 213.93 | 215.53 | 217.96 |
| 颍 上 县 | Yingshang | 1954.11 | 819.97 | 101.25 | 368.70 | 214.39 | 192.41 | 101.44 | 155.94 |
| 界 首 市 | Jieshou | 3401.92 | 1295.20 | 238.37 | 599.91 | 320.33 | 368.56 | 257.01 | 322.55 |
| **淮 南 市** | **Huainan** | **3224.07** | **1343.67** | **331.32** | **425.39** | **144.40** | **292.50** | **242.89** | **443.89** |
| 大 通 区 | Datong District | 3834.03 | 1417.51 | 333.68 | 874.65 | 224.29 | 320.55 | 288.33 | 375.02 |
| 田家庵区 | Tianjaan District | 2900.07 | 1282.15 | 299.02 | 414.38 | 104.73 | 306.46 | 182.65 | 310.67 |
| 谢家集区 | Xiejiaji District | 3801.59 | 1954.59 | 226.13 | 689.45 | 183.64 | 237.79 | 204.70 | 305.30 |
| 八公山区 | Bagongshan District | 3787.28 | 1625.63 | 345.43 | 367.97 | 129.89 | 277.25 | 236.39 | 804.71 |
| 潘 集 区 | Panji District | 3329.08 | 1236.78 | 509.98 | 335.56 | 156.97 | 249.90 | 252.43 | 587.46 |
| 凤 台 县 | Fengtai | 3037.15 | 1287.85 | 265.98 | 359.07 | 134.25 | 299.54 | 251.64 | 438.82 |
| 毛 集 区 | Maoji Distrct | 2781.77 | 1242.21 | 213.07 | 328.27 | 80.86 | 408.85 | 233.71 | 274.81 |
| **滁 州 市** | **Chuzhou** | **3485.04** | **1282.77** | **245.62** | **696.73** | **219.06** | **341.32** | **333.72** | **365.83** |
| 琅 琊 区 | Langya District | 4824.82 | 1589.55 | 259.42 | 961.53 | 431.62 | 667.17 | 276.69 | 638.84 |
| 南 谯 区 | Nanqiao District | 3473.26 | 1095.26 | 201.96 | 1296.53 | 109.33 | 261.94 | 265.47 | 242.76 |
| 来 安 县 | Laian | 3935.65 | 1447.68 | 254.48 | 761.07 | 290.18 | 409.25 | 402.01 | 370.97 |
| 全 椒 县 | Quanjiao | 2941.63 | 1055.91 | 160.98 | 475.04 | 126.10 | 390.31 | 378.06 | 355.23 |
| 定 远 县 | Dingyuan | 3743.13 | 1445.63 | 262.73 | 739.75 | 239.87 | 289.75 | 404.13 | 361.28 |
| 凤 阳 县 | Fengyang | 2667.36 | 1111.73 | 212.61 | 364.90 | 145.87 | 255.44 | 194.90 | 381.91 |
| 天 长 市 | Tianchang | 4216.55 | 1253.20 | 356.25 | 978.30 | 310.18 | 489.21 | 411.74 | 417.66 |
| 明 光 市 | Mingguang | 3298.52 | 1359.63 | 214.16 | 557.33 | 230.15 | 317.93 | 275.26 | 344.07 |

## 9—39 续表 continued

单位：元 (yuan)

| 市、县 | County、city | 生活消费支出合计 Living Expenditure | 食品 Food | 衣着 Clothing | 居住 Residence | 医疗保健 Medicines and Medical Services | 交通和通讯 Transport, and Communi-cation Services | 文教、娱乐用品及服务 Cultural, Educational and Recreational Articles and Services | 其他商品及服务 Other Commodi-ties and Services |
|---|---|---|---|---|---|---|---|---|---|
| **六安市** | **Luan** | **2963.57** | **1020.42** | **181.91** | **550.28** | **142.10** | **388.11** | **222.42** | **458.34** |
| 金安区 | Jinan District | 2777.95 | 673.42 | 170.59 | 529.52 | 169.22 | 564.45 | 409.88 | 260.87 |
| 裕安区 | Yuan District | 2478.38 | 963.04 | 170.29 | 245.45 | 111.73 | 421.13 | 184.17 | 382.57 |
| 寿县 | Shouxian | 1728.80 | 662.87 | 121.71 | 209.57 | 113.08 | 198.77 | 117.85 | 304.95 |
| 霍邱县 | Huoqiu | 4222.80 | 1433.83 | 183.97 | 1083.07 | 139.13 | 481.70 | 185.86 | 715.25 |
| 舒城县 | Shucheng | 3056.63 | 1046.39 | 224.70 | 665.45 | 135.29 | 415.39 | 279.50 | 289.91 |
| 金寨县 | Jinzhai | 2937.09 | 1033.96 | 185.55 | 318.52 | 152.08 | 260.18 | 190.93 | 795.86 |
| 霍山县 | Huoshan | 3490.98 | 1209.43 | 322.92 | 409.06 | 299.07 | 404.25 | 429.72 | 416.52 |
| 叶集区 | Yeji District | 2624.12 | 1186.55 | 233.81 | 376.83 | 129.73 | 276.27 | 159.03 | 261.91 |
| **马鞍山市** | **Maanshan** | **5655.78** | **1849.49** | **445.02** | **1002.24** | **431.15** | **633.76** | **775.81** | **518.30** |
| 金家庄区 | JInjiazhan District | 5859.72 | 2551.12 | 953.93 | 216.89 | 156.09 | 702.80 | 501.80 | 777.09 |
| 花山区 | Huashan District | 6756.58 | 2535.94 | 730.73 | 756.70 | 357.32 | 966.24 | 841.50 | 568.14 |
| 雨山区 | Yushan District | 5108.47 | 2117.84 | 580.27 | 453.63 | 265.70 | 475.26 | 588.20 | 627.59 |
| 当涂县 | Dangtu | 5656.21 | 1760.44 | 397.79 | 1104.14 | 463.18 | 632.86 | 803.38 | 494.43 |
| **巢湖市** | **Chaohu** | **3188.83** | **1295.09** | **210.57** | **513.34** | **181.57** | **295.37** | **338.59** | **354.31** |
| 居巢区 | Juchao District | 2805.39 | 1038.28 | 184.88 | 396.05 | 182.32 | 266.77 | 293.34 | 443.75 |
| 庐江县 | Lujiang | 2806.76 | 970.98 | 188.60 | 482.43 | 169.68 | 291.71 | 418.53 | 284.82 |
| 无为县 | Wuwei | 3687.30 | 1939.44 | 219.49 | 420.52 | 105.77 | 275.52 | 328.64 | 397.91 |
| 含山县 | Hanshan | 3456.48 | 1300.50 | 311.50 | 698.99 | 180.75 | 357.01 | 308.06 | 299.66 |
| 和县 | Hexian | 3336.70 | 1075.15 | 200.76 | 768.72 | 346.74 | 333.10 | 273.32 | 338.91 |
| **芜湖市** | **Wuhu** | **4832.08** | **1779.80** | **363.88** | **776.22** | **335.15** | **500.25** | **551.17** | **525.61** |
| 弋江区 | Yijiang District | 4838.90 | 1697.07 | 425.82 | 596.48 | 114.91 | 645.72 | 869.22 | 489.68 |
| 鸠江区 | Jiujiang District | 3551.87 | 1715.10 | 90.34 | 271.24 | 14.97 | 243.41 | 429.18 | 787.64 |
| 三山区 | Sanshang District | 4190.92 | 1721.82 | 400.18 | 475.82 | 219.03 | 557.83 | 466.67 | 349.58 |
| 芜湖县 | Wuhu | 6245.91 | 2337.91 | 437.95 | 1360.33 | 445.54 | 591.89 | 495.81 | 576.48 |
| 繁昌县 | Fanchang | 4678.80 | 1613.41 | 510.02 | 654.45 | 244.77 | 580.61 | 712.28 | 363.26 |
| 南陵县 | Nanling | 4406.02 | 1517.50 | 286.70 | 669.55 | 451.38 | 411.23 | 505.73 | 563.93 |
| **宣城市** | **Xuancheng** | **3995.06** | **1321.20** | **320.32** | **739.37** | **278.06** | **482.94** | **421.19** | **431.97** |
| 宣州区 | Xuanzhou District | 3764.33 | 1299.83 | 283.31 | 761.44 | 244.87 | 465.91 | 374.89 | 334.08 |
| 郎溪县 | Langxi | 3214.88 | 1074.36 | 355.00 | 595.96 | 120.77 | 358.61 | 362.36 | 347.83 |
| 广德县 | Guangde | 4292.49 | 1372.57 | 403.48 | 585.94 | 286.00 | 552.02 | 606.76 | 485.71 |
| 泾县 | Jingxian | 3472.39 | 1186.17 | 292.99 | 507.89 | 386.35 | 414.06 | 283.52 | 401.41 |
| 绩溪县 | Jixi | 3172.04 | 867.37 | 159.75 | 847.86 | 253.06 | 362.66 | 226.88 | 454.46 |
| 旌德县 | Jingde | 3557.30 | 1468.21 | 271.99 | 620.30 | 300.30 | 260.64 | 198.95 | 436.92 |
| 宁国市 | Ningguo | 5878.14 | 1802.32 | 377.44 | 1260.51 | 384.35 | 746.31 | 627.12 | 680.08 |
| **铜陵市** | **Tongling** | **4992.58** | **1768.91** | **382.33** | **1048.52** | **231.91** | **423.64** | **560.93** | **576.34** |
| 狮子山区 | Shuzushan District | 5976.01 | 2236.96 | 601.85 | 569.85 | 758.13 | 519.73 | 765.84 | 523.65 |
| 郊区 | Reigon of City | 4036.41 | 1494.19 | 428.15 | 474.71 | 123.17 | 401.35 | 461.23 | 653.61 |
| 铜陵县 | Tongling | 5042.64 | 1764.37 | 352.72 | 1187.63 | 195.32 | 417.34 | 555.70 | 569.56 |
| **池州市** | **Chizhou** | **3200.15** | **1132.53** | **205.72** | **448.08** | **225.45** | **368.43** | **441.20** | **378.73** |
| 市辖区 | Reigon of City | 4554.87 | 1646.57 | 466.70 | 560.26 | 186.09 | 488.67 | 549.94 | 656.65 |
| 贵池区 | Guichi District | 2971.32 | 1104.99 | 179.50 | 342.31 | 194.42 | 331.53 | 448.49 | 370.08 |
| 东至县 | Dongzhi | 3063.96 | 1094.67 | 191.38 | 412.57 | 233.05 | 354.97 | 444.78 | 332.54 |
| 石台县 | Shitai | 2944.84 | 1093.72 | 198.33 | 352.01 | 230.21 | 376.46 | 404.82 | 289.30 |
| 青阳县 | Qingyang | 3992.31 | 1251.10 | 277.58 | 784.51 | 278.37 | 465.61 | 424.67 | 510.48 |
| **安庆市** | **Anqing** | **2630.07** | **1009.61** | **182.75** | **276.64** | **144.24** | **290.43** | **292.74** | **433.67** |
| 迎江区 | yingjiang District | 3785.36 | 1832.79 | 433.66 | 12.54 | 50.36 | | 191.74 | 1264.27 |
| 大观区 | daguan District | 3070.66 | 1558.45 | 172.28 | 310.40 | 167.24 | 266.41 | 245.97 | 349.92 |
| 宜秀区 | yixu District | 3403.68 | 1136.45 | 311.95 | 580.76 | 76.40 | 434.03 | 238.77 | 625.33 |
| 怀宁县 | Huaining | 2569.27 | 1252.81 | 160.93 | 163.73 | 186.67 | 316.90 | 178.11 | 310.13 |
| 枞阳县 | Zongyang | 2179.21 | 802.22 | 286.05 | 261.45 | 34.42 | 146.64 | 208.65 | 439.77 |
| 潜山县 | Qianshan | 2730.01 | 1376.83 | 179.35 | 334.26 | 67.46 | 327.56 | 178.53 | 266.03 |
| 太湖县 | Taihu | 2107.73 | 758.22 | 128.18 | 181.52 | 117.33 | 217.91 | 382.94 | 321.63 |
| 宿松县 | Susong | 2748.73 | 826.61 | 128.42 | 261.25 | 280.32 | 382.81 | 382.28 | 487.04 |
| 望江县 | Wangjiang | 2692.28 | 1015.13 | 143.74 | 317.79 | 211.18 | 268.33 | 436.19 | 299.91 |
| 岳西县 | Yuexi | 1762.77 | 613.54 | 119.00 | 240.96 | 124.38 | 210.57 | 159.57 | 294.75 |
| 桐城市 | Tongcheng | 3585.58 | 1200.22 | 200.86 | 373.42 | 150.58 | 431.88 | 414.63 | 813.99 |
| **黄山市** | **Huangshan** | **3491.63** | **1228.59** | **222.18** | **538.63** | **312.14** | **352.24** | **374.31** | **463.54** |
| 屯溪区 | Tunxi District | 7119.20 | 2573.63 | 687.95 | 1323.51 | 435.64 | 677.86 | 669.55 | 751.07 |
| 黄山区 | Huangshan District | 4026.28 | 1275.45 | 328.14 | 596.37 | 398.90 | 508.41 | 492.51 | 426.50 |
| 徽州区 | Huizhou District | 3853.07 | 1483.18 | 226.35 | 369.11 | 251.32 | 557.58 | 469.43 | 496.11 |
| 歙县 | Shexian | 3189.45 | 1242.83 | 133.60 | 567.90 | 299.72 | 262.90 | 314.01 | 368.48 |
| 休宁县 | Xiuning | 2967.09 | 1028.59 | 183.07 | 362.46 | 215.31 | 276.46 | 318.61 | 582.60 |
| 黟县 | Yixian | 3455.94 | 1100.55 | 254.63 | 462.88 | 293.22 | 422.50 | 435.64 | 486.52 |
| 祁门县 | Qimen | 3134.34 | 856.91 | 247.88 | 516.67 | 429.71 | 318.09 | 334.59 | 430.48 |

# 主要统计指标解释

**城镇家庭总收入**

指调查户中生活在一起的所有家庭成员在调查期得到的工薪收入、经营净收入、财产性收入、转移性收入的总和，不包括出售财物和借贷收入。

**城镇家庭可支配收入**

指调查户可用于最终消费支出和其它非义务性支出以及储蓄的总和，即居民家庭可以用来自由支配的收入。它是家庭总收入扣除交纳的所得税、个人交纳的社会保障费以及调查户的记账补贴后的收入。计算公式为：

可支配收入=家庭总收入—交纳所得税—个人交纳的社会保障费—记账补贴

**城镇家庭总支出**

指家庭除借贷支出以外的全部实际支出。包括消费性支出、购房建房支出、转移性支出、财产性支出、社会保障支出。

**城镇家庭消费性支出**

指调查户用于本家庭日常生活的全部支出，包括食品、衣着、家庭设备用品及服务、医疗保健、交通和通信、教育文化娱乐服务、居住、杂项商品和服务八大类等。

**农村居民家庭总收入**

指调查期内农村住户和住户成员从各种来源渠道得到的收入总和。按收入的性质划分为工资性收入、家庭经营收入、财产性收入和转移性收入。

**农村居民家庭纯收入**

指农村住户当年从各个来源得到的总收入相应地扣除所发生的费用后的收入总和。计算方法：

纯收入=总收入—税费支出—家庭经营费用支出—生产性固定资产折旧—农村内部亲友赠送

纯收入主要用于再生产投入和当年生活消费支出，也可用于储蓄和各种非义务性支出。“农民人均纯收入”按人口平均的纯收入水平，反映的是一个地区或一个农户农村居民的平均收入水平。

**农村居民家庭生活消费支出**

指农村住户用于物质生活和精神生活方面的支出。生活消费支出包括食品、衣着、居住、家庭设备用品及服务、医疗保健、交通和通讯、文化教育娱乐用品及服务、其他商品和服务等消费支出。

**全省城乡居民储蓄存款余额**

指某一时点城乡居民存入银行及农村信用社的储蓄金额，包括城镇居民储蓄存款和农民个人储蓄存款，不包括居民的手存现金和工矿企业、部队、机关、团体等单位存款。

# Explanatory Notes for Major Statistical Indicators

**Total Income of Urban Households**

refers to the total income of all the family members living together in the sample households, including wage income, net income of business, property income and transfer income. The income from selling belongings and loan income are excluded.

**Disposable Income of Urban Households**

refers to the total amount of the sample households, including that could be used as ultimate expenditure for consumption and other non-obligation expenditure and savings deposit that is the income that the household could freely budget. It is the balance that total income of household minus income tax, social protection fee and account subsidy of sample household. The formula is as follows:

Disposable income=total income of household – income tax – social protection fee paid by individual – account subsidy

**Total Expenditure of Urban Households**

refers to the total actual expenditure of the household except loan expenditure. It includes expenditure for consumption, expenditure from buying and constructing house, property expenditure and expenditure for social protection.

**Expenditure for Consumption of Urban Households**

refers to total expenditure of the sample households for consumption in daily life, including eight categories as follows: food, clothing, household appliances and services, health care and medical services, transport and communications, recreation, education and cultural services, housing, miscellaneous goods and services.

**Total Income of Rural Households**

refers to the sum of income earned from various sources by the rural households and their members during the reference period, and is classified as income from wages and salaries, income from household operations, income from properties and income from transfers.

**Net Income of Rural Households**

refers to the total income of rural households from all sources minus all corresponding expenses. The formula for calculation is as follows:

Net income = total income – household operation expenses – taxes and fees – depreciation of fixed assets for production – subsidy for participating in household survey – gifts to non-rural relatives

Net income is mainly used as input for reproduction and as consumption expenditure of the year, and also used for savings and non-compulsory expenses of various forms. “Per capita net income of farmers” is the level of net income averaged by population which reflects the average income level of rural households in a given area.

**Expenditure on Consumption of Rural Households**

refers to expenditure by rural households on their material and cultural life, including expenditure on food; clothing; housing; household appliances, articles and services; health and medical service; transportation and communications; articles and services on culture, education and recreation; and other goods and services.

**The Savings Deposits of Urban and Rural Residents**

refers to the total value of savings deposits of urban and rural households in banks and rural credit cooperatives at a given point of time, including the savings deposit of urban residents and the savings deposit of rural residents. The cash in hand by residents and the deposits of organizations such as enterprises, military units, government agencies, institutions, etc. are not included.

# 第十篇

Chapter 10

GENERAL SURVEY OF CITIES

## 简要说明

一、本篇资料反映全省及17个地级城市市辖区社会、经济发展和城市建设的规模、效益及综合水平等基本情况，主要内容：

1. 人口、劳动力及土地面积；

2. 综合经济指标；

3. 固定资产投资；

4. 教育、科技、文化、卫生情况；

5. 财政、金融情况；

6. 人民生活情况；

7. 社会福利、劳动保险；

8. 市政公用事业情况；

二、全省城市社会经济资料由安徽省统计局综合处根据国家统计局《城市社会经济基本情况统计报表制度》搜集、汇总整理提供。

## Brief Introduction

I. Data in this chapter show the social and economic development as well as the scale, economic efficiency, overall level and other basic conditions of 17 cities at the prefecture and county level in Anhui Province. The main content is composed of the following parts.

1. Population, labor force and area of land.

2. Comprehensive economic indicators.

3. Investment in fixed assets.

4. The conditions of education, science and technology, culture and health care.

5. The conditions of finance and banking.

6. People's livelihood.

7. Social welfare and labor insurance.

8. The conditions of municipal public utilities.

II. Data on the social and economic conditions of the cities in the province are prepared and provided by the Division of Integrated Statistics of Anhui Statistical Bureau in accordance with the statistical reporting scheme on the basic social and economical situations of the cities, which is stipulated by the State Statistical Bureau.

# 10—1 地级城市基本情况（2010年）
## Basic Statement of Cities at Prefectural Level (2010)

| 指标 | | Item | | 全省 Province | #市区合计 City |
|---|---|---|---|---|---|
| **人口、劳动力及土地面积** | | **Population, Labor Force and Land Area** | | | |
| 年末总人口 | （万人） | Population (year-end) | (10000 persons) | 6827.00 | 1973.18 |
| #非农业人口 | | Non-agricultural Population | | 1550.41 | |
| 年平均人口 | （万人） | Annual Average Population | (10000 persons) | 6810.76 | 1962.55 |
| 年末单位从业人员数 | （万人） | Employed Persons in Various Units (year-end) | (10000 persons) | 372.94 | 232.43 |
| 城镇私营和个体从业人员 | （人） | Self-employed Individuals in Urban Areas | (persons) | 3973564 | 2095310 |
| 行政区域土地面积 | （平方公里） | Land Area | (sq.m) | 139427 | 27581 |
| #建成区面积 | | Developed Area | | | 1397.0 |
| **综合经济** | | **General Economy** | | | |
| 地区生产总值（当年价格） | （万元） | Gross Regional Product (at current price) | (10000 yuan) | 123593264 | 67144844 |
| 第一产业增加值 | | Primary Industry | | 17290240 | 3325212 |
| 第二产业增加值 | | Secondary Industry | | 64366200 | 37848094 |
| 第三产业增加值 | | Tertiary Industry | | 41936824 | 25971538 |
| **财政、金融** | | **Government Finance and Banking** | | | |
| 地方财政一般预算内收入 | （万元） | Local Budgetary Financial Revenue | (10000 yuan) | 11493952 | 6226804 |
| 地方财政一般预算内支出 | （万元） | Local Budgetary Financial Expenditure | (10000 yuan) | 25876135 | 9534450 |
| 一般性公共服务支出 | | General Public Service | | 2737167 | 989466 |
| 科学技术支出 | | Expenses for Science | | 579817 | 373478 |
| 教育支出 | | Expenses for Education | | 3863071 | 1128800 |
| 文化体育与传媒支出 | | Culture, Sports and Media | | 516833 | 207830 |
| 社会保障和就业支出 | | Social Security and Employment | | 3341539 | 872593 |
| 社会保险基金支出 | | Social Security Subsidiary Expenses | | | 2065229 |
| 医疗卫生支出 | | Expenses for Public Health | | 1842232 | 585922 |
| 环境保护支出 | | Environmental Protection | | 647203 | 321995 |
| 城乡社区事务支出 | | Expenses in Urban、Rural Areas and Communities | | 2361782 | 1751126 |
| 交通运输支出 | | Transport | | 1248616 | 183184 |
| 城乡居民储蓄年末余额 | （万元） | Balance of Savings Deposit of Rural and Urban Residents (year-end) | (10000 yuan) | 77884800 | 40827568 |
| **农业** | | **Agriculture** | | | |
| 蔬菜产量 | （吨） | Output of Vegetables | (ton) | 21373614 | |
| 水果产量 | （吨） | Output of Fruits | (ton) | 8053041 | |
| 肉类总产量 | （吨） | Output of Meat | (ton) | 3769400 | |
| 奶类产量 | （吨） | Output of Milk | (ton) | 205000 | |
| 水产品产量 | （吨） | Output of Aquatic Products | (ton) | 1933100 | |
| **工业** | | **Industry** | | | |
| 规模以上工业法人企业 | | Industrial Corporate Enterprises above Designated Size | | | |
| 工业企业数 | （个） | Number of Enterprises | (unit) | 16277 | 6294 |
| 内资企业 | | Domestic Funded Enterprises | | 15363 | 5720 |
| 港澳台商投资企业 | | Funded by Entrepreneurs from Hong Kong, Macao and Taiwan | | 375 | 227 |
| 外商投资企业 | | Foreign Funded Enterprises | | 539 | 347 |
| 工业总产值（当年价格） | （万元） | Gross Output Value (at current price) | (10000 yuan) | 187320000 | 109782663 |
| 内资企业 | | Domestic Funded Enterprises | | 161634400 | 88799801 |
| 港澳台商投资企业 | | Funded by Entrepreneurs from Hong Kong, Macao and Taiwan | | 8049400 | 5845715 |
| 外商投资企业 | | Foreign Funded Enterprises | | 17636300 | 15137147 |
| 从业人员年平均人数 | （万人） | Annual Average Number of Employed Persons | (10000 persons) | 264.87 | 148.07 |
| 流动资产合计 | （万元） | Total Circulating Funds | (10000 yuan) | 68991000 | 46892658 |
| 固定资产合计 | （万元） | Total Fixed Assets | (10000 yuan) | 70723800 | 46948409 |
| 主营业务收入 | （万元） | Main Business Revenue | (10000 yuan) | 181646000 | 107384626 |
| 主营业务税金及附加 | （万元） | Main Business Taxes and Extra-charges | (10000 yuan) | 2832100 | 2254513 |
| 本年应交增值税 | （万元） | Value Added Tax Payable | (10000 yuan) | 6725700 | 4516598 |
| 利润总额 | （万元） | Total Profits | (10000 yuan) | 14455700 | 8201366 |

**10—1 续表1 continued**

| 指　　标 | | Item | | 全　省 Province | #市区合计 City |
|---|---|---|---|---|---|
| **交通运输、邮电通信、能源电力** | | **Transportation, Post & Telecommunication and Electric Power** | | | |
| 铁路旅客运量 | （万人） | Passenger Traffic of Railways | (10000 persons) | 5552 | |
| 铁路货物运量 | （万吨） | Freight Traffic of Railways | (10000 tons) | 12091 | |
| 境内铁路营业里程 | （公里） | Length of Railways Within the Boundary | (km) | 2850 | |
| 民用汽车拥有量 | （辆） | Number of Civil Vehicles Owned | (unit) | 2432339 | |
| #私人汽车拥有量 | | Number of Motor Vehicls owned by Individuals | | 1661937 | |
| 公路客运量 | （万人） | Passenger Traffic of Highways | (10000 persons) | 153697 | |
| 公路货运量 | （万吨） | Freight Traffic of Highways | (10000 tons) | 183658 | |
| 境内等级公路里程 | （公里） | Length of Classfied Highways Within the Boundary | (km) | 142340 | |
| 境内高速公路里程 | （公里） | Express Highways | (km) | 2929 | |
| 内河港口货物吞吐量 | （万吨） | Cargo Handled in Ports of Inland Rivers | (10000 tons) | 32502 | |
| 水运客运量 | （万人） | Passenger Traffic of Waterways | (10000 persons) | 139 | |
| 水运货运量 | （万吨） | Freight Traffic of Waterways | (10000 tons) | 32355 | |
| 民用航空货邮运量 | （万吨） | Freight Traffic of Civil Aviation | (10000 tons) | 2 | |
| 民用航空客运量 | （人） | Passenger Traffic of Civil Aviation | (persons) | 2080000 | |
| 年末邮政局（所）数 | （处） | Number of Post Offices (year-end) | (unit) | 5496 | |
| 邮政业务总量 | （万元） | Business Revenue of of Postal Services | (10000 yuan) | 291087 | |
| 电信业务总量 | （万元） | Business Revenue of of Telecommunication Services | (10000 yuan) | 2712156 | |
| 年末固定电话用户数 | （万户） | Local Telephone Subscribers at Year-end | (10000 subscribers) | 1230.97 | 528.43 |
| 年末移动电话用户数 | （万户） | Number of Mobile Telephone Subscribers at Year-end | (10000 subscriber) | 2798.70 | 1380.15 |
| 国际互联网用户数 | （万户） | Number of Subscribers of Internet Service | (10000 subscriber) | 342.02 | 198.05 |
| 全社会用电量 | （万千瓦时） | Total Electricity Consumption | (10000 kwh) | 10779200 | 5641784 |
| #工业用电 | | Industrial Electricity Consumption | | 7771800 | 3990657 |
| 居民生活用电 | | Residential Power Consumption | | 1739800 | 831259 |
| **内外贸易、外经、旅游** | | **Trade Foreign Trade and Tourism** | | | |
| 限额以上批发和零售业商品销售总额 | （万元） | Total Sale of Enterprises Above Designed Size in Wholesale and Retail Trade | (10000 yuan) | 51441485 | 45169825 |
| 社会消费品零售总额 | （万元） | Retailsale of Consumer Goods | (10000 yuan) | 41515000 | 23106199 |
| 货物进口额（海关数） | （万美元） | Total Imports (customs statistics) | (USD 10000) | 1186388 | |
| 货物出口额（海关数） | （万美元） | Total Exports (customs statistics) | (USD 10000) | 1241288 | |
| 外商直接投资 | | Forign Drirect Investment | | | |
| 当年新签项目（合同）个数 | （个） | Number of Contracts Newly Signed | (unit) | 281 | 187 |
| 当年实际使用外资金额 | （万美元） | Amount of Foreign Capital Actually Used | (USD 10000) | 501446 | 386307 |
| 海外游客人数（含一日游游客） | （人） | Number of International Tourists (including one-day tour) | (person) | 1984174 | |
| #外国人 | | Foreigners | | 1173988 | |
| 港、澳、台同胞 | | Compatriots from Hong Kong, Macao and Taiwan | | 810186 | |
| 旅游（外汇）收入 | （万美元） | Foreign Exchange Earnings from International Tourism | (10000 USD) | 82025 | |
| 星级饭店数 | （个） | Number of Tourist Hotel of Star Class | (unit) | 453 | |
| **固定资产投资** | | **Investment in Fixed Assets** | | | |
| 全社会固定资产投资总额 | （万元） | Total Actually Completed Investment in Fixed Assets | (10000 yuan) | 118494343 | 64735823 |
| #城镇固定资产投资额 | | Amount of Investment in Fixed Assets of Urban Area | | 109284231 | 58673321 |
| #房地产开发投资额 | | Total Investment in Real Estate Devlopment | | 22518045 | 16777054 |
| #住　宅 | | Residential Buildings | | 15952464 | 11946951 |
| 全年新增固定资产 | （万元） | Newly Increased Fixed Assets | (10000 yuan) | 52348356 | 30808611 |

**10—1 续表2 continued**

| 指标 | | Item | | 全省 Province | #市区合计 City |
|---|---|---|---|---|---|
| 商品房屋销售面积 | （万平方米） | Floor Space of Selling House | (10000 sq.m) | 4113.88 | 2453.05 |
| #住宅 | | Residential Buildings | | 3604.87 | 2127.96 |
| 商品房屋销售额 | （万元） | Total Sales of Commercial House | (10000 yuan) | 17326609 | 12265536 |
| #住宅 | | Residential Buildings | | 14084111 | 9865455 |
| 商品房屋待售面积 | （万平方米） | Square Commercial House for Sal | (10000 sq.m) | 521.34 | 278.37 |
| **教育、科技、文化、卫生** | | **Education, S&T, Culture and Public Health** | | | |
| 学校数 | （所） | Number of Schools | (unit) | | |
| 普通高等学校 | | Institutions of Higher Education | | 100 | 97 |
| 中等职业教育学校 | | Secondary Vocational Technical School | | 453 | 299 |
| 普通中学 | | Regular Secondary Schools | | 3788 | 1067 |
| 小学 | | Primary Schools | | 13997 | 3257 |
| 专任教师数 | （人） | Number of Full-time Teachers | (person) | | |
| 普通高等学校 | | Institutions of Higher Education | | 49300 | 45975 |
| 中等职业教育学校 | | Secondary Vocational Technical School | | 21700 | 14355 |
| 普通中学 | | Regular Secondary Schools | | 230100 | 73184 |
| 小学 | | Primary Schools | | 245700 | 72503 |
| 在校学生数 | | Number of Student Enrollment | | | |
| 普通高等学校 | （人） | Institutions of Higher Education | (person) | 939000 | 922631 |
| 高中阶段在校学生 | （人） | Senior Secondary | | 1276000 | 646097 |
| 中等职业教育学校 | （人） | Secondary Vocational Technical School | (person) | 776132 | 417344 |
| 普通中学 | （万人） | Regular Secondary Schools | (10000 persons) | 406.58 | 119.86 |
| 小学 | （万人） | Primary Schools | (10000 persons) | 460.44 | 129.42 |
| 成人高等学校在校学生数 | （人） | Student Enrollment in Institutions of Higher Education for Adults | (person) | 199231 | 185385 |
| 体育场馆数 | （个） | Number of Stadiuns and Gymnasiums | (unit) | 134 | 104 |
| 剧场、影剧院数 | （个） | Number of Theaters and Music Halls | (unit) | 102 | 47 |
| 公共图书馆图书总藏量 | （千册、件） | Total Collecters of Public Libraries | (1000 unit) | 12358 | 6030 |
| 医院、卫生院数 | （个） | Number of Hospitals | (unit) | 2175 | 865 |
| 医院、卫生院床位数 | （张） | Number of Hospital Beds | (unit) | 171389 | 88681 |
| 医生数（执业医师+执业助理医师） | （人） | Number of Doctors (Practicing Doctors + Practicing Mediatinuses) | (person) | 81097 | 46089 |
| 注册护士 | （人） | Registered Nurses | (person) | 76550 | 47098 |
| **人民生活、社会保障** | | **Living Standards, Social Security** | | | |
| 在岗职工平均人数 | （万人） | Average Number of Staff and Workers at Their Posts | (10000 persons) | 344.06 | 205.04 |
| 在岗职工工资总额 | （万元） | Total Wages of Staff and Workers at Their Posts | (10000 yuan) | 11625275 | 7409408 |
| 城镇基本养老保险参保人数 | （人） | Number of Staff and Workers Participated in Endowment Insurance | (person) | 6695378 | 3150807 |
| 城镇基本医疗保险参保人数 | （人） | Number of People Participated in Medical Insurance | (person) | 9308874 | 3886244 |
| 失业保险参保人数 | （人） | Number of People Participated in Unemployed Insurance | (person) | 3807100 | 2401722 |
| 社区服务设施数 | （个） | Number of Service Facilities of Community | (unit) | 3623 | 3623 |
| 城镇居民最低生活保障人数 | （人） | Number of Urban Residents Living on the Minimum Standard of Living | (person) | 883944 | 448988 |
| **社会治安** | | **Public Security** | | | |
| 交通事故死亡人数 | （人） | Number of Deaths on Traffic Accidents | (person) | 2808 | 1011 |
| 交通事故损失额 | （万元） | Amount of Loss on Traffic Accidents | (10000 yuan) | 2349.60 | 684.00 |
| 火灾事故死亡人数 | （人） | Number of Deaths on Fire Accidents | (person) | 35 | 19 |
| 火灾事故损失额 | （万元） | Amount of Loss on Fire Accidents | (10000 yuan) | 8474.30 | 3810.00 |

## 10—2 地级城市市区基本情况(2010年)

| 指标 | Item | 合肥市 Hefei | 淮北市 Huaibei | 亳州市 Bozhou | 宿州市 Suzhou |
|---|---|---|---|---|---|
| **人口、劳动力及土地面积** | **Population, Labor Force and Land Area** | | | | |
| 年末总人口 (万人) | Population (year-end) (10000 persons) | 215.58 | 109.79 | 161.65 | 185.86 |
| #非农业人口 | Non-agricultural Population | | | | |
| 年平均人口 (万人) | Annual Average Population (10000 persons) | 214.65 | 109.41 | 160.58 | 184.90 |
| 年末单位从业人员数 (万人) | Employed Persons in Various Units (year-end) (10000 persons) | 58.10 | 18.19 | 5.19 | 11.05 |
| 城镇私营和个体从业人员 (人) | Self-employed Individuals in Urban Areas (10000 persons) | 561797 | 156198 | 46994 | 73498 |
| 行政区域土地面积 (平方公里) | Land Area (sq.m) | 839 | 760 | 2226 | 2868 |
| #建成区面积 | Developed Area | 326 | 63 | 57 | 53 |
| **综合经济** | **General Economy** | | | | |
| 地区生产总值(当年价格) (万元) | Gross Regional Product (at current price) (10000 yuan) | 19204471 | 3487685 | 1755704 | 2464960 |
| 第一产业 | Primary Industry | 97541 | 132067 | 390894 | 465913 |
| 第二产业 | Secondary Industry | 9987182 | 2441242 | 721150 | 999613 |
| 第三产业 | Tertiary Industry | 9119748 | 914376 | 643660 | 999434 |
| **财政、金融** | **Government Finance, Banking and Insurance** | | | | |
| 地方财政一般预算内收入 (万元) | Local Budgetary Financial Revenue (10000 yuan) | 2266909 | 229411 | 88639 | 72460 |
| 地方财政一般预算内支出 (万元) | Local Budgetary Financial Expenditure (10000 yuan) | 2465847 | 456144 | 330848 | 248447 |
| 一般性公共服务支出 | General Public Service | 196403 | 48049 | 42590 | 39011 |
| 科学技术支出 | Expenses for Science | 162123 | 6885 | 2527 | 1882 |
| 教育支出 | Expenses for Education | 204818 | 63149 | 55519 | 76523 |
| 文化体育与传媒支出 | Culture, Sports and Media | 28197 | 4278 | 3929 | 1884 |
| 社会保障和就业支出 | Social Security and Employment | 150025 | 51577 | 36331 | 20890 |
| 社会保险基金支出 | Social Security Subsidiary Expenses | 414617 | 95832 | 26730 | 46479 |
| 医疗卫生支出 | Expenses for Public Health | 70324 | 23547 | 35295 | 34621 |
| 环境保护支出 | Environmental Protection | 47837 | 5890 | 7537 | 777 |
| 城乡社区事务支出 | Expenses in Urban、Rural Areas and Communities | 984742 | 57917 | 17097 | 7535 |
| 交通运输支出 | Transport | 24079 | 5472 | 8198 | 6526 |
| 年末金融机构存款余额 (万元) | Balance of Deposits of Financial Institutions (10000 yuan) | 41657071 | 4444395 | 2218598 | 3451423 |
| **工业** | **Industry** | | | | |
| 规模以上工业法人企业 | Industrial Corporate Enterprises above Designated Size | | | | |
| 工业企业数 (个) | Number of Enterprises (unit) | 1160 | 477 | 132 | 309 |
| 内资企业 | Domestic Funded Enterprises | 1014 | 454 | 131 | 304 |
| 港澳台商投资企业 | Funded by Entrepreneurs from Hong Kong, Macao and Taiwan | 54 | 12 | | 3 |
| 外商投资企业 | Foreign Funded Enterprises | 92 | 11 | 1 | 2 |
| 工业总产值(当年价格) (万元) | Gross Output Value (at current price) (10000 yuan) | 28127015 | 6986952 | 1364634 | 3107182 |
| 内资企业 | Domestic Funded Enterprises | 19231374 | 6712406 | 1346438 | 2923427 |
| 港澳台商投资企业 | Funded by Entrepreneurs from Hong Kong, Macao and Taiwan | 1400044 | 120416 | | 175311 |
| 外商投资企业 | Foreign Funded Enterprises | 7495597 | 154130 | 18196 | 8444 |
| 从业人员年平均人数 (万人) | Annual Average Number of Employed Persons (10000 persons) | 27.37 | 21.53 | 2.94 | 6.72 |
| 流动资产合计 (万元) | Total Circulating Funds (10000 yuan) | 11992611 | 3950313 | 516178 | 602249 |
| 固定资产合计 (万元) | Main Business Revenue (10000 yuan) | 7981066 | 5435816 | 413934 | 1339726 |
| 主营业务收入 (万元) | Main Business Revenue (10000 yuan) | 24552573 | 7550364 | 1330431 | 3076791 |
| 主营业务税金及附加 (万元) | Main Business Taxes and Extra-charges (10000 yuan) | 508919 | 84294 | 31494 | 24710 |
| 本年应交增值税 (万元) | Value Added Tax Payable (10000 yuan) | 1120854 | 386324 | 55604 | 84605 |
| 利润总额 (万元) | Total Profits (10000 yuan) | 2887386 | 493751 | 213708 | 272156 |

Basic Statement of Cities at Prefectural Level by Region (2010)

| 蚌埠市 Bengbu | 阜阳市 Fuyang | 淮南市 Huainan | 滁州市 Chuzhou | 六安市 Luan | 马鞍山市 Maanshan | 巢湖市 Chaohu | 芜湖市 Wuhu | 宣城市 Xuancheng | 铜陵市 Tongling | 池州市 Chizhou | 安庆市 Anqing | 黄山市 Huangshan |
|---|---|---|---|---|---|---|---|---|---|---|---|---|
| 92.55 | 206.96 | 181.51 | 53.69 | 186.52 | 63.87 | 89.12 | 111.53 | 86.14 | 44.83 | 66.20 | 73.65 | 43.73 |
| 92.52 | 205.60 | 181.14 | 53.47 | 185.84 | 63.20 | 88.66 | 108.23 | 85.95 | 44.89 | 66.01 | 73.81 | 43.69 |
| 11.04 | 13.93 | 27.82 | 5.92 | 9.36 | 13.85 | 5.16 | 22.14 | 1.57 | 10.10 | 3.57 | 9.64 | 5.80 |
| 154425 | 86289 | 104588 | 87000 | 85000 | 108073 | 50000 | 224384 | 103995 | 71929 | 95795 | 34198 | 51147 |
| 602 | 1844 | 1691 | 1404 | 3583 | 340 | 2031 | 827 | 2621 | 350 | 2432 | 821 | 2342 |
| 105 | 76 | 97 | 60 | 61 | 78 | 39 | 135 | 43 | 48 | 35 | 77 | 44 |
| 3152167 | 2428777 | 4315738 | 1741663 | 1649854 | 6216009 | 1549059 | 7947387 | 1475254 | 3920857 | 1592756 | 2834624 | 1407879 |
| 75328 | 400901 | 264142 | 141584 | 352011 | 33122 | 176885 | 99532 | 268637 | 27591 | 190147 | 99594 | 109323 |
| 1768262 | 917994 | 2690704 | 1038106 | 522643 | 4385762 | 816473 | 5215491 | 564871 | 2874843 | 772929 | 1509867 | 620962 |
| 1308577 | 1109882 | 1360892 | 561973 | 775200 | 1797125 | 555701 | 2632364 | 641746 | 1018423 | 629680 | 1225163 | 677594 |
| 316785 | 199102 | 395159 | 195833 | 96894 | 583895 | 139333 | 690098 | 97785 | 281485 | 175842 | 190146 | 207028 |
| 587151 | 575654 | 616082 | 391205 | 198033 | 659020 | 331233 | 935780 | 189748 | 444098 | 352336 | 371536 | 381288 |
| 41336 | 61660 | 66695 | 44698 | 19844 | 67419 | 46050 | 58955 | 23401 | 47885 | 67959 | 50787 | 66724 |
| 25786 | 2296 | 10331 | 5805 | 2679 | 21620 | 3956 | 95482 | 5557 | 9846 | 5806 | 4383 | 6514 |
| 60028 | 102223 | 103236 | 46893 | 8282 | 67893 | 45489 | 94001 | 32997 | 37157 | 46888 | 54300 | 29404 |
| 8078 | 7440 | 10135 | 3628 | 4656 | 12373 | 3887 | 95482 | 1049 | 6704 | 3201 | 5910 | 6999 |
| 62071 | 85606 | 79490 | 32469 | 5844 | 41869 | 34997 | 69208 | 25769 | 63912 | 28517 | 47198 | 36820 |
| 140012 | 113378 | 179361 | 60634 | 114205 | 260148 | 51050 | 253805 | 15180 | 115777 | 1787 | 132437 | 43797 |
| 30797 | 49382 | 44492 | 21007 | 9863 | 34625 | 25694 | 94001 | 22675 | 24146 | 20819 | 22967 | 21667 |
| 93835 | 8717 | 7073 | 15044 | 4966 | 17989 | 12001 | 35521 | 2370 | 25216 | 8008 | 8503 | 20711 |
| 88109 | 50016 | 62197 | 41900 | 16419 | 91775 | 26165 | 170657 | 9217 | 58840 | 30402 | 23203 | 14935 |
| 7153 | 22453 | 8744 | 7726 | 5576 | 7663 | 11846 | 13867 | 7304 | 13122 | 19747 | 7946 | 5762 |
| 4845625 | 4174727 | 7673650 | 2808396 | 3582282 | 6611922 | 2178077 | 9391338 | 2170869 | 3329111 | 2185432 | 4236790 | 2742472 |
| 382 | 206 | 417 | 306 | 328 | 383 | 181 | 847 | 278 | 173 | 259 | 218 | 238 |
| 353 | 195 | 401 | 269 | 316 | 335 | 155 | 715 | 262 | 156 | 246 | 190 | 224 |
| 12 | 3 | 8 | 11 | 7 | 15 | 9 | 60 | 4 | 8 | 7 | 8 | 6 |
| 17 | 8 | 8 | 26 | 5 | 33 | 17 | 72 | 12 | 9 | 6 | 20 | 8 |
| 4933706 | 2538531 | 7466681 | 3437000 | 2419500 | 10689491 | 2151731 | 17034374 | 1852204 | 9649151 | 1579619 | 4747175 | 1697717 |
| 3948794 | 2238581 | 6927892 | 2088700 | 2318300 | 9044696 | 1878845 | 12104662 | 1716404 | 8626171 | 1515303 | 4541671 | 1636137 |
| 624335 | 16175 | 510239 | 311300 | 64100 | 186933 | 110027 | 1419258 | 12958 | 776514 | 26129 | 63503 | 28473 |
| 360577 | 283775 | 28550 | 1037000 | 37100 | 1457862 | 162859 | 3510454 | 122842 | 246466 | 38187 | 142001 | 33107 |
| 7.81 | 4.01 | 16.97 | 5.30 | 5.40 | 11.05 | 2.96 | 17.00 | 2.80 | 6.74 | 2.14 | 5.18 | 2.15 |
| 1953764 | 1007255 | 3749749 | 1134200 | 691200 | 4882920 | 772876 | 8280834 | 640323 | 4458840 | 689056 | 1049863 | 520427 |
| 1590371 | 891479 | 11279062 | 1029500 | 744200 | 5135249 | 1210472 | 3838369 | 758942 | 2892182 | 799067 | 1360331 | 248643 |
| 4817787 | 2446438 | 7502297 | 3016500 | 2281200 | 11988466 | 1941223 | 15874723 | 1790020 | 11154760 | 1520407 | 4935945 | 1604701 |
| 304777 | 135869 | 86834 | 136300 | 15600 | 81577 | 5311 | 395751 | 9327 | 25424 | 10590 | 392496 | 5240 |
| 194405 | 76616 | 572210 | 114300 | 33600 | 621118 | 43864 | 704382 | 87408 | 144672 | 52723 | 171536 | 52377 |
| 375138 | 203788 | 425969 | 275600 | 284000 | 971230 | 99349 | 820666 | 157389 | 271479 | 106925 | 203609 | 139223 |

## 10—2 续表1 continued

| 指　标 | | Item | | 合肥市 Hefei | 淮北市 Huaibei | 亳州市 Bozhou | 宿州市 Suzhou |
|---|---|---|---|---|---|---|---|
| **邮电通信、电力** | | **Post & Telecommunication and Electric Power** | | | | | |
| 年末邮政局（所）数 | （处） | Number of Post Offices (year-end) | (unit) | 66 | 30 | 32 | 43 |
| 年末固定电话用户数 | （万户） | Installed Telephones at Year-end | (10000 subscribers) | 111.41 | 24.51 | 21.33 | 32.82 |
| 年末移动电话用户数 | （万户） | Number of Mobile Telephone Subscribers at Year-end | (10000 subscriber) | 295.43 | 73.71 | 59.28 | 86.63 |
| 国际互联网用户数 | （户） | Number of Subscribers of Internet Service | (subscriber) | 413564 | 91302 | 44518 | 75094 |
| 全社会用电量 | （万千瓦时） | Total Electricity Consumption | (10000 kwh) | 856458 | 308658 | 81634 | 206120 |
| #工业用电 | | Industrial Electricity Consumption | | 369124 | 259018 | 26748 | 127959 |
| 居民生活用电 | | Residential Power Consumption | | 217548 | 27914 | 35170 | 42888 |
| **内外贸易、外经** | | **Trade Foreign Trade and Tourism** | | | | | |
| 限额以上批发零售贸易业商品销售总额 | （万元） | Total Sale of Enterprises Above Designed Size in Wholesale and Retail Trade | (10000 yuan) | 25456369 | 1986039 | 517529 | 150665 |
| 社会消费品零售总额 | （万元） | Retailsale of Consumer Goods | (10000 yuan) | 7447001 | 911104 | 703562 | 545262 |
| 外商直接投资 | | Forign Drirect Investment | | | | | |
| 当年新签项目（合同）个数 | （个） | Number of Contracts Newly Signed | (unit) | 60 | 7 | 1 | |
| 当年实际使用外资金额 | （万美元） | Amount of Foreign Capital Actually Used | (USD 10000) | 131434 | 11172 | 3934 | 805 |
| **固定资产投资** | | **Investment in Fixed Assets** | | | | | |
| 全社会固定资产投资额 | （万元） | Actually Completed Investment in Fixed Assets | (10000 yuan) | 24103957 | 2767371 | 1271156 | 1062098 |
| #城镇固定资产投资额 | | Amount of Investment in Fixed Assets of Urban Area | | 23890742 | 2697360 | 1057072 | 619914 |
| #房地产开发投资完成额 | | Actually Completed Investment in Real Estate Devlopment | | 7285015 | 372739 | 91700 | 107760 |
| #住　宅 | | Residential Buildings | | 5030925 | 280464 | 64004 | 71221 |
| 全年新增固定资产 | （万元） | Newly Increased Fixed Assets | (10000 yuan) | 11850562 | 1883051 | 421560 | 821676 |
| 商品房屋销售面积 | （万平方米） | Floor Space of Selling House | (10000 sq.m) | 803.51 | 81.07 | 38.35 | 22.20 |
| #住　宅 | | Residential Buildings | | 680.16 | 77.47 | 30.38 | 21.50 |
| 商品房屋销售额 | （万元） | Total Sales of Commercial House | (10000 yuan) | 5167713 | 262938 | 116507 | 74573 |
| #住　宅 | | Residential Buildings | | 4072450 | 247314 | 85668 | 71221 |
| 商品房屋待售面积 | （万平方米） | Square Commercial House for Sal | (10000 sq.m) | 115.25 | 4.08 | 1.38 | 1.60 |
| **教育、科技、文化、卫生** | | **Education, S&T, Culture and Public Health** | | | | | |
| 学校数 | （所） | Number of Schools | (unit) | | | | |
| 普通高等学校 | | Institutions of Higher Education | | 44 | 3 | 2 | |
| 中等职业教育学校 | | Secondary Vocational Technical School | | 91 | 23 | 11 | 3 |
| 普通中学 | | Regular Secondary Schools | | 101 | 81 | 66 | 89 |
| 小　学 | | Primary Schools | | 145 | 157 | 375 | 339 |
| 专任教师数 | （人） | Number of Full-time Teachers | (person) | | | | |
| 普通高等学校 | | Institutions of Higher Education | | 20294 | 1662 | 593 | |
| 中等职业教育学校 | | Secondary Vocational Technical School | | 3905 | 789 | 424 | 157 |
| 普通中学 | | Regular Secondary Schools | | 8732 | 4755 | 4585 | 5639 |
| 小　学 | | Primary Schools | | 6846 | 5160 | 6323 | 6552 |

| 蚌埠市 Bengbu | 阜阳市 Fuyang | 淮南市 Huainan | 滁州市 Chuzhou | 六安市 Luan | 马鞍山市 Maanshan | 巢湖市 Chaohu | 芜湖市 Wuhu | 宣城市 Xuancheng | 铜陵市 Tongling | 池州市 Chizhou | 安庆市 Anqing | 黄山市 Huangshan |
|---|---|---|---|---|---|---|---|---|---|---|---|---|
| 28 | 43 | 67 | 30 | 40 | 33 | 31 | 53 | 26 | 17 | 29 | 32 | 37 |
| 32.48 | 33.34 | 38.80 | 18.57 | 26.23 | 24.59 | 24.94 | 44.49 | 21.76 | 15.73 | 14.57 | 23.40 | 19.46 |
| 89.25 | 104.22 | 90.30 | 39.72 | 92.34 | 66.90 | 46.43 | 106.17 | 58.51 | 34.49 | 33.30 | 61.38 | 42.09 |
| 137345 | 83128 | 141672 | 65831 | 58250 | 152187 | 112039 | 188329 | 69000 | 80844 | 53271 | 130958 | 83137 |
| 285422 | 248624 | 477568 | 162978 | 178203 | 972025 | 183330 | 527315 | 110715 | 459581 | 164993 | 324125 | 94035 |
| 182646 | 165371 | 371191 | 109518 | 66602 | 893765 | 133706 | 388879 | 57343 | 413556 | 126560 | 257552 | 41119 |
| 48319 | 48076 | 65349 | 21848 | 56625 | 36349 | 28632 | 63711 | 23221 | 22066 | 21751 | 52671 | 19121 |
| 1254485 | 2538096 | 920994 | 1003737 | 1163324 | 2835013 | 790706 | 3173354 | 255489 | 978514 | 492214 | 1086968 | 566329 |
| 1707571 | 1231218 | 1566382 | 511350 | 760901 | 1131547 | 529767 | 2051478 | 762344 | 840651 | 468232 | 1286835 | 650994 |
| 5 | 4 | 4 | 10 | 8 | 16 | 7 | 34 | 2 | 18 | 3 | 2 | 6 |
| 22062 | 6561 | 9896 | 5216 | 2433 | 63478 | 7599 | 58201 | 1194 | 25620 | 10284 | 14765 | 11653 |
| 3201373 | 1514074 | 3384544 | 1667718 | 1082440 | 5085113 | 1385435 | 7695768 | 1400601 | 2302371 | 2091374 | 2199630 | 2520800 |
| 2153504 | 1401293 | 2676022 | 1667718 | 1056537 | 4532568 | 1093163 | 7688856 | 1071143 | 1646902 | 1603322 | 1496206 | 2320999 |
| 613416 | 315215 | 708522 | 576770 | 298140 | 624027 | 379019 | 2618287 | 329833 | 606435 | 527758 | 393487 | 928931 |
| 441506 | 257641 | 582008 | 378175 | 116052 | 484107 | 265860 | 2241594 | 281967 | 363899 | 245008 | 290435 | 552085 |
| 1756012 | 1595858 | 1008470 | 1113542 | 369194 | 2489836 | 1010816 | 2735993 | 649817 | 682630 | 876215 | 552758 | 990621 |
| 132.00 | 108.15 | 187.05 | 102.37 | 59.60 | 69.49 | 97.88 | 247.81 | 116.22 | 80.21 | 142.34 | 74.43 | 90.37 |
| 116.61 | 96.62 | 176.48 | 93.26 | 42.20 | 66.84 | 85.86 | 219.75 | 99.02 | 71.18 | 103.18 | 69.33 | 78.12 |
| 611156 | 473328 | 725480 | 414801 | 235683 | 359618 | 403381 | 1419081 | 419273 | 371335 | 525332 | 340192 | 345145 |
| 511524 | 359643 | 657179 | 367804 | 136198 | 331670 | 317582 | 1145603 | 335417 | 301096 | 326941 | 315146 | 282999 |
| 12.01 | 14.55 | 25.20 | 7.32 |  | 9.61 | 7.00 | 9.79 | 2.97 | 2.29 | 18.36 | 35.09 | 11.87 |
| 5 | 3 | 5 | 3 | 3 | 6 | 2 | 10 | 1 | 3 | 3 | 3 | 1 |
| 15 | 31 | 17 | 5 | 19 | 11 | 8 | 9 | 11 | 4 | 5 | 24 | 12 |
| 47 | 108 | 101 | 28 | 120 | 25 | 50 | 55 | 52 | 29 | 40 | 41 | 34 |
| 121 | 447 | 273 | 61 | 450 | 41 | 179 | 84 | 103 | 52 | 172 | 127 | 131 |
| 2795 | 1165 | 3226 | 1049 | 1200 | 2408 | 924 | 6003 | 298 | 1252 | 1015 | 1471 | 620 |
| 793 | 1592 | 1098 | 456 | 854 | 747 | 415 | 664 | 450 | 140 | 310 | 1180 | 381 |
| 3139 | 6821 | 6688 | 2286 | 7985 | 2540 | 3598 | 3346 | 3472 | 2027 | 2544 | 3347 | 1680 |
| 3178 | 8794 | 7058 | 2148 | 6306 | 2475 | 2921 | 3270 | 2984 | 1679 | 2393 | 2734 | 1682 |

## 10—2 续表2 continued

| 指 标 | Item | 合肥市 Hefei | 淮北市 Huaibei | 亳州市 Bozhou | 宿州市 Suzhou |
|---|---|---|---|---|---|
| 在校学生数 | Number of Student Enrollment | | | | |
| 普通高等学校 (人) | Institutions of Higher Education (person) | 372576 | 30192 | 9722 | |
| 高中阶段在校学生 (人) | Senior Secondary (person) | 185001 | 29353 | 41564 | 16212 |
| 中等职业教育学校 (人) | Secondary Vocational Technical School (person) | 104868 | 27813 | 16610 | 2960 |
| 普通中学 (万人) | Regular Secondary Schools (10000 persons) | 13.92 | 7.30 | 9.18 | 8.95 |
| 小 学 (万人) | Primary Schools (10000 persons) | 15.87 | 7.80 | 13.97 | 11.00 |
| 初中毕业生升学率 (%) | Proportion of Junior Secondary Graduates Entering into Senior Secondary Schools (%) | 185.00 | 65.00 | 77.00 | 67.00 |
| 成人高等学校在校学生数 (人) | Student Enrollment in Institutions of Higher Education for Adults (person) | 72560 | 1320 | 9533 | |
| 体育场馆数 (个) | Number of Stadiuns and Gymnasiums (unit) | 35 | 6 | 7 | 7 |
| 剧场、影剧院数 (个) | Number of Theaters and Music Halls (unit) | 7 | 2 | 1 | 2 |
| 公共图书馆图书藏量(千册、件) | Total Collecters of Public Libraries (1000 units) | 2827 | 211 | 120 | 41 |
| 医院、卫生院数 (个) | Number of Hospitals (unit) | 231 | 67 | 33 | 37 |
| 医院、卫生院床位数 (张) | Number of Hospital Beds (unit) | 19650 | 6558 | 2997 | 3465 |
| 医生数（执业医师+执业助理医师） (人) | Number of Doctors (Practicing Doctors + Practicing Mediatinuses) (person) | 8769 | 3064 | 1112 | 2064 |
| 注册护士 (人) | Registered Nurses (person) | 10917 | 3650 | 1143 | 1753 |
| **人民生活** | **People's Livelihood** | | | | |
| 在岗职工平均人数 (万人) | Average Number of Staff and Workers at Their Posts (10000 persons) | 51.62 | 18.08 | 2.53 | 10.16 |
| 在岗职工工资总额 (万元) | Total Wages of Staff and Workers at Their Posts (10000 yuan) | 2098480 | 813213 | 75296 | 79457 |
| 城镇居民人均可支配收入 (元) | Annual Per Capita Disposable Income of Urban Households (yuan) | 19051 | 15191 | 15538 | 14669 |
| 城镇居民人均消费支出 (元) | Annual Per Capita Consumption Expenditure of Urban (yuan) | 14012 | 9200 | 10273 | 9322 |
| 食 品 | Food | 5010 | 3833 | 3646 | 3862 |
| 衣 着 | Clothing | 1531 | 962 | 1375 | 976 |
| 居 住 | Residence | 1483 | 701 | 965 | 870 |
| 家庭设备用品及服务 | Household Facilities, Articles and Service | 818 | 608 | 685 | 612 |
| 医疗保健 | Medicine and Medical Service | 750 | 581 | 640 | 780 |
| 交通和通信 | Transportation and Communications | 1859 | 977 | 1310 | 693 |
| 教育文化娱乐服务 | Education, Cultural & Recreation Service | 2043 | 1187 | 1136 | 1222 |
| 每百户居民家庭拥有： | Per 100 Households Possessing | | | | |
| 家用汽车 (辆) | Automobile (unit) | 7 | 2 | 10 | 2 |
| 家用电脑 (台) | Computer (unit) | 66 | 59 | 46 | 39 |
| 人均住房建筑面积 (平方米) | Per-capita Area of Housing (sq.m) | 26.30 | 26.22 | 39.51 | 32.00 |
| 居民消费价格指数(上年为100) (%) | Conumer Price Indices of Residents (preceding year=100) (%) | 102.69 | 102.90 | 103.00 | 102.80 |
| **社会福利、劳动保险** | **Social Welfare, Labor and Insurance** | | | | |
| 城镇基本养老保险参保人数 (人) | Number of Staff and Workers Participated in Fundmental Pension Insurance (person) | 804382 | 291666 | 47974 | 64873 |
| 城镇基本医疗保险参保人数 (人) | Number of People Participated in Medical Insurance (person) | 867395 | 380374 | 67580 | 60931 |
| 失业保险参保人数 (人) | Number of People Participated in Unemployed Insurance (person) | 608536 | 223685 | 42300 | 62000 |
| 社区服务设施数 (个) | Number of Service Facilities of Community (unit) | 627 | 160 | | 205 |
| 城镇居民最低生活保障人数 (人) | Number of People Enjoyed the Lowest Residential Living Protection Line (person) | 26738 | 52831 | 9553 | 16971 |

| | 蚌埠市 Bengbu | 阜阳市 Fuyang | 淮南市 Huainan | 滁州市 Chuzhou | 六安市 Luan | 马鞍山市 Maanshan | 巢湖市 Chaohu | 芜湖市 Wuhu | 宣城市 Xuancheng | 铜陵市 Tongling | 池州市 Chizhou | 安庆市 Anqing | 黄山市 Huangshan |
|---|---|---|---|---|---|---|---|---|---|---|---|---|---|
| | 53896 | 25348 | 62852 | 31329 | 34264 | 42404 | 19270 | 134439 | 4994 | 25929 | 24645 | 35669 | 15102 |
| | 17067 | 41238 | 69033 | 26698 | 52024 | 33307 | 17014 | 19343 | 17438 | 19049 | 13777 | 25126 | 22853 |
| | 22516 | 46947 | 34430 | 14957 | 18145 | 16903 | 11320 | 19232 | 13410 | 8981 | 13777 | 32305 | 12170 |
| | 4.66 | 14.02 | 10.06 | 3.47 | 13.58 | 4.03 | 5.29 | 5.23 | 4.99 | 2.74 | 4.40 | 5.63 | 2.41 |
| | 5.42 | 17.26 | 10.40 | 3.22 | 12.18 | 3.74 | 5.25 | 5.17 | 4.55 | 2.66 | 4.28 | 4.42 | 2.23 |
| | 114.00 | 91.00 | 122.50 | 201.00 | 75.00 | 142.00 | 99.86 | 147.00 | 98.00 | 116.00 | 105.00 | 147.00 | 100.00 |
| | 22402 | 6348 | 13921 | 6058 | 4655 | 5968 | 835 | 12770 | 1180 | 6526 | 2426 | 11989 | 6894 |
| | 6 | 2 | 5 | 2 | 2 | 10 | 1 | 10 | 4 | 4 | | 1 | 2 |
| | 8 | 1 | | 1 | 2 | 5 | 1 | 1 | 2 | 2 | 4 | 6 | 2 |
| | 61 | 120 | 301 | 96 | 55 | 420 | 316 | 406 | 76 | 415 | 88 | 305 | 172 |
| | 60 | 44 | 73 | 15 | 47 | 24 | 28 | 48 | 29 | 18 | 33 | 34 | 44 |
| | 7017 | 5385 | 8003 | 2432 | 5157 | 2884 | 3108 | 7835 | 2660 | 2940 | 1756 | 4489 | 2345 |
| | 3100 | 2821 | 3697 | 1324 | 6170 | 2063 | 1655 | 3891 | 1119 | 1523 | 873 | 1677 | 1167 |
| | 3524 | 2569 | 4195 | 1443 | 2237 | 2397 | 1584 | 4376 | 1095 | 1712 | 985 | 2189 | 1329 |
| | 10.03 | 13.28 | 23.38 | 5.40 | 3.49 | 12.92 | 4.78 | 21.43 | 1.52 | 9.13 | 3.15 | 8.82 | 5.32 |
| | 311734 | 332765 | 1110015 | 166450 | 103444 | 561002 | 140348 | 726537 | 49255 | 329426 | 102438 | 244958 | 164590 |
| | 15376 | 13981 | 15377 | 15104 | 14508 | 23159 | 16167 | 18727 | 15141 | 18690 | 15997 | 15147 | 15834 |
| | 11242 | 11178 | 10688 | 11499 | 10712 | 14184 | 11427 | 12980 | 11507 | 12877 | 10777 | 11026 | 11069 |
| | 4018 | 4390 | 4290 | 4256 | 4374 | 5273 | 4504 | 5012 | 4622 | 4541 | 4331 | 4378 | 4231 |
| | 1082 | 1313 | 1151 | 1270 | 1181 | 1519 | 1179 | 1206 | 1302 | 1390 | 1273 | 1019 | 1180 |
| | 1554 | 1182 | 1121 | 1170 | 1108 | 1382 | 1789 | 1435 | 1095 | 1426 | 1318 | 1378 | 1298 |
| | 823 | 693 | 578 | 995 | 473 | 838 | 734 | 758 | 553 | 600 | 737 | 492 | 641 |
| | 838 | 784 | 585 | 681 | 478 | 852 | 403 | 796 | 697 | 517 | 657 | 510 | 879 |
| | 1006 | 1176 | 1141 | 1144 | 1520 | 1727 | 1043 | 1616 | 1374 | 2376 | 966 | 1428 | 961 |
| | 1394 | 1213 | 1456 | 1432 | 1209 | 2128 | 1130 | 1634 | 1431 | 1621 | 1150 | 1477 | 1567 |
| | 3 | 3 | 2 | 2 | 5 | 8 | | 6 | 6 | 6 | 2 | 4 | 5 |
| | 46 | 66 | 65 | 44 | 44 | 72 | 39 | 72 | 65 | 60 | 68 | 65 | 85 |
| | 24.13 | 33.80 | 24.50 | 29.61 | 36.92 | 27.42 | 35.61 | 28.06 | 29.49 | 26.70 | 36.61 | 28.81 | 35.80 |
| | 103.00 | 103.28 | 102.30 | 103.30 | 103.20 | 103.00 | 103.10 | 103.77 | 102.90 | 102.95 | 103.00 | 103.60 | 104.00 |
| | 237408 | 108346 | 315470 | 80443 | 8100 | 288250 | 46667 | 299568 | 49460 | 137733 | 46477 | 248688 | 75302 |
| | 286912 | 164288 | 444758 | 127503 | 55686 | 321239 | 103854 | 374953 | 49370 | 231767 | 64790 | 200071 | 84773 |
| | 154266 | 130472 | 266826 | 63010 | 48500 | 174041 | 52540 | 216569 | 26510 | 127842 | 36727 | 111811 | 56087 |
| | 449 | 206 | 222 | 849 | 24 | 213 | 134 | 97 | 5 | 128 | | 207 | 97 |
| | 31348 | 50877 | 55219 | 14688 | 23730 | 26080 | 11439 | 35231 | 17610 | 20969 | 11769 | 31014 | 12921 |

# 10—3 城市市政公用基础设施基本情况
Basic Statistics on Urban Public Utilities

| 指　　标 | | Item | | 2000 | 2005 | 2009 | 2010 |
|---|---|---|---|---|---|---|---|
| **城市面积** | | **Cities Areas** | | | | | |
| 建成区面积 | （平方公里） | Developed Areas | (sq.km) | 886.00 | 1260.35 | 1377.67 | 1491.32 |
| 城市人口密度 | （人/平方公里） | Population Density of Urban Districts | (persons/sq.km) | 1542 | 1449 | 2114 | 2469 |
| **供水、供气及供热** | | **Water Supply, Gas Supply and Heating** | | | | | |
| 供水管道长度 | （公里） | Length of the Pipeline for Supplying Water | (km) | 6236 | 8745 | 13314 | 14730 |
| 供水总量 | （万立方米） | Annual Supply of Tap Water | (10000 cu.m) | 200918 | 206386 | 162243 | 160816 |
| #居民家庭用水量 | | Water Consumption for Residential Use | | 61398 | 49728 | 49072 | 50889 |
| 人均日生活用水 | （升） | Per Capita Water Consumption for Residential Use | (liter) | 211.84 | 195.69 | 160.96 | 160.83 |
| 用水普及率 | （%） | Percentage of Population With Access to Tap Water | (%) | 95.78 | 90.52 | 95.25 | 96.06 |
| 天然气供气量 | （万立方米） | Supply of Natural Gas | (10000 cu.m) | 600 | 11564 | 89259 | 112190 |
| #家庭用量 | | Consumption of Coal Gas for Residential Use | | 560 | 5123 | 20812 | 25154 |
| 液化石油气供气量 | （吨） | Liquefied Petroleum Gas | (ton) | 458621 | 613614 | 594994 | 615770 |
| #家庭用量 | | Consumption of Liquefied Gas for Residential Use | | 167146 | 195508 | 164939 | 166335 |
| 供气管道长度 | （公里） | Length of Gas Pipelines | (km) | 2007.00 | 4068.30 | 8764.06 | 10125.80 |
| 燃气普及率 | （%） | Percentage of Population With Access to Gas | (%) | 76.95 | 72.29 | 88.62 | 90.52 |
| 集中供热面积 | （万平方米） | Heated Area | (10000 sq.m) | 208.29 | 313.36 | 2061.20 | 2463.70 |
| **公共交通** | | **Public Traffic** | | | | | |
| 公共汽（电）车总数 | （辆） | Number of Public Transportation Vehicles (buses and trolley buses etc.) | (unit) | 6359 | 8450 | 11687 | 11875 |
| 每万人拥有 | （标台） | Number of Public Transportation Vehicles per 10000 Population | (unit) | 7.60 | 7.29 | 7.95 | 8.23 |
| 出租汽车 | （辆） | Taxi | (unit) | 31998 | 34287 | 50483 | 50068 |
| **市政工程** | | **Municipal Engineering** | | | | | |
| 道路长度 | （公里） | Length of Paved Roads | (km) | 5954.00 | 7985.47 | 9718.20 | 10157.30 |
| 道路面积 | （万平方米） | Area of Paved Roads | (10000 sq.m) | 6865 | 13454 | 17974 | 19927 |
| 每人拥有 | （平方米） | Area of Paved Roads per Population | (sq.m) | 9.62 | 11.92 | 14.91 | 16.01 |
| 排水管道长度 | （公里） | Length of Sewer Pipelines | (km) | 4120 | 7606 | 11333 | 13136 |
| 建成区排水管道密度 | （公里/平方公里） | Density of Sewer Pipelines | (km/sq.km) | 4.74 | 6.03 | 8.23 | 8.81 |
| 防洪堤长度 | （公里） | Length of Flood-preventing Dyke | (km) | 1333.40 | 1479.40 | 1127.00 | 1193.00 |
| 污水排放量 | （万立方米） | Volume of Waste Water Discharged | (10000 cu.m) | 104871 | 126761 | 117004 | 124449 |
| 污水处理厂处理量 | （万立方米） | Volume of Waste Water Treated | (10000 cu.m) | 40660 | 66347 | 73006 | 89086 |
| **城市绿化** | | **Forestation in Cities** | | | | | |
| 绿化覆盖面积 | （公顷） | Afforested Area | (hectare) | 37865 | 47946 | 80251 | 85281 |
| #建成区 | | Developed District | | 23978 | 34680 | 51192 | 55927 |
| 园林绿地面积 | （公顷） | Greenery Area of Gardens | (hectare) | 32852 | 41896 | 67269 | 71463 |
| #建成区 | | Developed District | | 19325 | 28864 | 46332 | 50214 |
| 公园绿地面积 | （公顷） | Park Greenery Area | (hectare) | | | 12338 | 13630 |
| 人均公园绿地面积 | （平方米） | Per Capita Park Greenery Area | (sq.m) | | | 10 | 11 |
| 公园个数 | （个） | Number of Parks | (unit) | 105 | 140 | 219 | 247 |
| 公园面积 | （公顷） | Area of Parks | (hectare) | 3472 | 3970 | 7664 | 8685 |
| **市容环境卫生** | | **Environmental Sanitation** | | | | | |
| 生活垃圾清运量 | （万吨） | Volume of Disposal of Excrement | (10000 tons) | 327.00 | 477.00 | 432.78 | 435.25 |
| 生活垃圾无害化处理量 | （万吨） | Environment-friendly Handling Capacity of the Domestic Rubbish | (10000 tons) | | 83.87 | 263.62 | 281.00 |
| 生活垃圾无害化处理率 | （%） | Living Refuse Treatment Rate | (%) | | | 60.91 | 64.56 |
| 公共厕所 | （座） | Public Lavatory | (unit) | 4755 | 3600 | 2918 | 3168 |
| #三类以上 | | Above Three Kinds | | | | 2392 | 2469 |

注：2009年，建成区排水管道密度、污水处理厂处理量、万人拥有公共汽车标台等指标口径变动，与往年不可比。

a) In 2009, the indicators requirements of the built-up district discharge pipe track density, the Sewage treatment plant process load, ten thousand people have bus platform and so on have changed and could not compare with the old times.

## 10—4 各市城市建设情况(2010年)
Statistics on City Construction by Region (2010)

单位：平方公里 (sq.km)

| 地 区 | Region | 城市建设用地面积 Land Area for City Construction | 居住用地 For Residence | 公共设施用地 For Public Facilities | 道路广场用地 For Roads & Squares | 绿地 For Green Areas | 征用土地面积 Land Put in Requisition for State Construction Projects | 城市人口密度(人／平方公里) Population Density of Urban Area (persons/sq.km) |
|---|---|---|---|---|---|---|---|---|
| **总计** | **Total** | **1539.96** | **488.33** | **196.13** | **192.74** | **179.74** | **109.30** | **2469** |
| 合肥市 | Hefei | 325.91 | 103.38 | 53.32 | 38.91 | 48.28 | 17.96 | 4377 |
| 淮北市 | Huaibei | 77.12 | 21.00 | 13.39 | 11.08 | 8.59 | 4.52 | 4025 |
| 亳州市 | Bozhou | 40.48 | 15.45 | 5.98 | 3.20 | 1.19 | 8.18 | 3836 |
| 宿州市 | Suzhou | 63.58 | 19.41 | 8.91 | 7.91 | 5.92 | 3.08 | 2827 |
| 蚌埠市 | Bengbu | 104.50 | 35.26 | 12.87 | 12.60 | 7.96 | 5.00 | 3054 |
| 阜阳市 | Fuyang | 75.76 | 38.47 | 7.73 | 11.49 | 4.59 | 3.96 | 2221 |
| 淮南市 | Huainan | 96.72 | 36.70 | 10.02 | 12.30 | 9.00 | 12.05 | 2536 |
| 滁州市 | Chuzhou | 68.00 | 18.99 | 6.75 | 9.72 | 5.54 | 16.01 | 1153 |
| 六安市 | Luan | 60.80 | 20.57 | 7.60 | 8.01 | 9.75 | 3.66 | 4356 |
| 马鞍山市 | Maanshan | 92.07 | 21.67 | 9.73 | 10.00 | 5.09 | 5.53 | 5359 |
| 巢湖市 | Chaohu | 39.78 | 12.80 | 6.80 | 3.90 | 4.60 | 1.60 | 2646 |
| 芜湖市 | Wuhu | 135.00 | 32.20 | 8.12 | 17.21 | 37.61 | 11.02 | 5152 |
| 宣城市 | Xuancheng | 42.40 | 12.10 | 6.50 | 4.30 | 4.40 | 2.50 | 2088 |
| 铜陵市 | Tongling | 47.85 | 13.00 | 8.10 | 4.10 | 3.70 | 3.40 | 2299 |
| 池州市 | Chizhou | 36.79 | 13.32 | 4.56 | 8.40 | 1.92 | | 1089 |
| 安庆市 | Anqing | 77.32 | 27.43 | 6.09 | 5.41 | 6.15 | 5.20 | 1913 |
| 黄山市 | Huangshan | 41.81 | 12.20 | 8.20 | 6.35 | 5.17 | 1.27 | 672 |
| 桐城市 | Tongcheng | 26.47 | 5.42 | 2.77 | 5.30 | 2.55 | 2.01 | 1732 |
| 天长市 | Tianchang | 28.30 | 8.50 | 1.75 | 3.95 | 3.37 | | 5311 |
| 明光市 | Mingguang | 22.40 | 9.02 | 2.35 | 3.18 | 1.26 | 0.80 | 546 |
| 界首市 | Jieshou | 17.26 | 7.56 | 2.61 | 2.37 | 0.88 | 0.21 | 2360 |
| 宁国市 | Ningguo | 19.64 | 3.88 | 1.98 | 3.05 | 2.22 | 1.34 | 578 |

## 10—5 各市城市市政设施情况（2010年）
Basic Statistics on Municipal Infrastructure in Cities by Region (2010)

| 地 区 | Region | 年末实有道路长度(公里) Length of Paved Roads (year-end) (km) | 年末实有道路面积(万平方米) Area of Paved Roads (year-end) (10000 sq.m) | 人均城市道路面积(平方米) Urban Road Area Per Capital (sq.m) | 城市桥梁数(座) Number of City Bridges (unit) | 城市道路照明灯(盏) Number of Street Lights (unit) | 城市排水管道(公里) Length of City Sewage Pipes (km) | 污水管道 Sewage Pipeline | 防洪堤长度(公里) Length of Flood Control Dam (km) |
|---|---|---|---|---|---|---|---|---|---|
| **总计** | **Total** | **10157.3** | **19926.7** | **16.01** | **1104** | **548635** | **13136** | **4658** | **1193** |
| 合肥市 | Hefei | 2012.7 | 4323.3 | 17.47 | 181 | 93691 | 3611 | 1577 | 59 |
| 淮北市 | Huaibei | 574.0 | 867.0 | 10.26 | 30 | 19189 | 125 | 125 | |
| 亳州市 | Bozhou | 677.0 | 957.8 | 37.37 | 106 | 16732 | 547 | 147 | 11 |
| 宿州市 | Suzhou | 458.8 | 839.8 | 18.06 | 44 | 31878 | 605 | 104 | |
| 蚌埠市 | Bengbu | 662.8 | 1186.0 | 13.65 | 71 | 39061 | 763 | 202 | 37 |
| 阜阳市 | Fuyang | 520.1 | 1147.4 | 15.53 | 103 | 21047 | 458 | 109 | 77 |
| 淮南市 | Huainan | 682.9 | 1059.4 | 10.06 | 48 | 22402 | 646 | 131 | 195 |
| 滁州市 | Chuzhou | 299.9 | 792.2 | 24.31 | 46 | 25478 | 589 | 146 | 50 |
| 六安市 | Luan | 267.6 | 447.1 | 7.54 | 22 | 16822 | 324 | 131 | 19 |
| 马鞍山市 | Maanshan | 385.6 | 968.1 | 17.07 | 39 | 22314 | 595 | 324 | 95 |
| 巢湖市 | Chaohu | 149.0 | 287.3 | 7.49 | 22 | 13452 | 309 | 100 | 55 |
| 芜湖市 | Wuhu | 1146.6 | 2583.0 | 21.80 | 79 | 65953 | 1311 | 477 | 242 |
| 宣城市 | Xuancheng | 243.0 | 540.0 | 19.72 | 56 | 9703 | 524 | 168 | 20 |
| 铜陵市 | Tongling | 286.0 | 476.0 | 11.46 | 29 | 12427 | 256 | 43 | 165 |
| 池州市 | Chizhou | 363.6 | 654.0 | 23.74 | 22 | 47830 | 414 | 142 | 27 |
| 安庆市 | Anqing | 469.6 | 937.1 | 15.73 | 75 | 32037 | 624 | 226 | 55 |
| 黄山市 | Huangshan | 306.3 | 546.1 | 18.23 | 31 | 30013 | 566 | 264 | 35 |
| 桐城市 | Tongcheng | 107.5 | 289.7 | 18.27 | 7 | 5028 | 170 | 31 | 13 |
| 天长市 | Tianchang | 224.3 | 325.5 | 20.47 | 30 | 7026 | 153 | 31 | 5 |
| 明光市 | Mingguang | 87.6 | 202.0 | 14.23 | 6 | 552 | 227 | 92 | 13 |
| 界首市 | Jieshou | 99.7 | 216.2 | 11.75 | 18 | 7250 | 141 | 32 | 8 |
| 宁国市 | Ningguo | 132.7 | 281.7 | 15.20 | 39 | 8750 | 178 | 56 | 12 |

## 10—6 各市城市设施水平（2010年）

Level of Public Facilities in Cities by Region (2010)

| 地 区 | Region | 城市用水普及率(%) Coverage Rate of Urban Population with Access to Tap Warer (%) | 城市燃气普及率(%) Coverage Rate of Urban Population with Access to Gas (%) | 每万人拥有公共交通车辆(标台) Number of Public Transportation Vehicles Per 10000 Population (unit) | 人均城市道路面积(平方米) Per Capita Area of Paved Roads (sq.m) | 人均公园绿地面积(平方米) Per Capita Area of Parks and Green Land (sq.m) |
|---|---|---|---|---|---|---|
| **总 计** | **Total** | **96.06** | **90.52** | **8.23** | **16.01** | **10.95** |
| 合肥市 | Hefei | 97.22 | 97.77 | 12.85 | 17.47 | 13.21 |
| 淮北市 | Huaibei | 97.01 | 92.07 | 8.77 | 10.26 | 13.26 |
| 亳州市 | Bozhou | 97.46 | 87.01 | 2.73 | 37.37 | 10.92 |
| 宿州市 | Suzhou | 98.92 | 89.25 | 5.31 | 18.06 | 10.52 |
| 蚌埠市 | Bengbu | 99.67 | 89.94 | 9.76 | 13.65 | 7.03 |
| 阜阳市 | Fuyang | 92.01 | 67.24 | 8.99 | 15.53 | 7.51 |
| 淮南市 | Huainan | 97.28 | 90.18 | 7.94 | 10.06 | 11.46 |
| 滁州市 | Chuzhou | 99.79 | 99.60 | 8.62 | 24.31 | 12.67 |
| 六安市 | Luan | 99.16 | 79.85 | 5.67 | 7.54 | 12.02 |
| 马鞍山市 | Maanshan | 100.00 | 100.00 | 10.67 | 17.07 | 13.96 |
| 巢湖市 | Chaohu | 91.35 | 92.81 | 6.07 | 7.49 | 7.74 |
| 芜湖市 | Wuhu | 100.00 | 100.00 | 9.45 | 21.80 | 9.45 |
| 宣城市 | Xuancheng | 98.58 | 83.61 | 6.39 | 19.72 | 14.13 |
| 铜陵市 | Tongling | 96.63 | 98.99 | 8.26 | 11.46 | 10.93 |
| 池州市 | Chizhou | 93.83 | 89.66 | 5.84 | 23.74 | 18.08 |
| 安庆市 | Anqing | 91.86 | 91.19 | 5.66 | 15.73 | 9.70 |
| 黄山市 | Huangshan | 99.33 | 98.90 | 7.74 | 18.23 | 14.52 |
| 桐城市 | Tongcheng | 78.81 | 61.79 | | 18.27 | 7.31 |
| 天长市 | Tianchang | 90.50 | 100.00 | | 20.47 | 1.51 |
| 明光市 | Mingguang | 91.83 | 73.24 | | 14.23 | 3.80 |
| 界首市 | Jieshou | 72.50 | 46.36 | | 11.75 | 2.83 |
| 宁国市 | Ningguo | 68.16 | 66.65 | | 15.20 | 8.90 |

## 10—7 各市城市公共交通情况(2010年)

Basic Statistics on Public Transportation in Cities by Region (2010)

| 地 区 | Region | 年末公共交通运营数(辆) Number of Public Vehicles under Operation at Year-end (unit) | 公共汽、电车 Bus and Trolley Bus | 运营线路总长度(公里) Length of Operation Line (km) | 公共汽、电车 Bus and Trolley Bus | 公共交通客运总量(万人次) Passengers Transported by Public Vehicles (10000 person-times) | 公共汽、电车 Bus and Trolley Bus | 出租汽车(辆) Number of Taxi (unit) |
|---|---|---|---|---|---|---|---|---|
| **总 计** | **Total** | **11875** | **11875** | **12242** | **12242** | **201904.5** | **201904.5** | **50068** |
| 合肥市 | Hefei | 2836 | 2836 | 2020 | 2020 | 62312.1 | 62312.1 | 8395 |
| 淮北市 | Huaibei | 692 | 497 | 411 | 411 | 8385.0 | 8385.0 | 1625 |
| 亳州市 | Bozhou | 224 | 224 | 254 | 254 | 1692.0 | 1692.0 | 2431 |
| 宿州市 | Suzhou | 472 | 472 | 669 | 669 | 6300.0 | 6300.0 | 2271 |
| 蚌埠市 | Bengbu | 898 | 898 | 841 | 841 | 20483.0 | 20483.0 | 2704 |
| 阜阳市 | Fuyang | 769 | 769 | 659 | 659 | 13185.0 | 13185.0 | 3513 |
| 淮南市 | Huainan | 892 | 892 | 852 | 852 | 12141.0 | 12141.0 | 3294 |
| 滁州市 | Chuzhou | 590 | 590 | 472 | 472 | 8736.0 | 8736.0 | 2628 |
| 六安市 | Luan | 562 | 562 | 493 | 493 | 8438.3 | 8438.3 | 3884 |
| 马鞍山市 | Maanshan | 503 | 503 | 512 | 512 | 9345.2 | 9345.2 | 2298 |
| 巢湖市 | Chaohu | 406 | 406 | 554 | 554 | 6402.7 | 6402.7 | 3646 |
| 芜湖市 | Wuhu | 1426 | 1426 | 1490 | 1490 | 19505.0 | 19505.0 | 4041 |
| 宣城市 | Xuancheng | 423 | 423 | 564 | 564 | 6035.4 | 6035.4 | 1652 |
| 铜陵市 | Tongling | 301 | 301 | 265 | 265 | 5960.0 | 5960.0 | 1698 |
| 池州市 | Chizhou | 185 | 185 | 526 | 526 | 3044.5 | 3044.5 | 1104 |
| 安庆市 | Anqing | 590 | 590 | 910 | 910 | 7832.4 | 7832.4 | 4160 |
| 黄山市 | Huangshan | 301 | 301 | 750 | 750 | 2106.6 | 2106.6 | 724 |

## 10—8 各市城市绿地和园林（2010年）
Basic Statistics on Parks and Green Areas in Cities by Region (2010)

| 地 区 | Region | 绿化覆盖面积（公顷）Green Areas (hectare) | 建成区 Completed Area | 园林绿地面积（公顷）Area of Urban Green Areas (hectare) | 公园绿地面积（公顷）Park Green Areas (hectare) | 人均公园绿地面积（平方米）Park Green Areas (sq.m) | 公园（个）Number of Parks (unit) | 建成区绿地率（%）Per Capita ParkGreen Areas (%) | 建成区绿化覆盖率（%）Green Covered Area as % of Completed Area (%) |
|---|---|---|---|---|---|---|---|---|---|
| **总 计** | **Total** | **85281** | **55927** | **71463** | **13630** | **10.95** | **247** | **33.67** | 37.50 |
| 合肥市 | Hefei | 12737 | 12653 | 11582 | 3269 | 13.21 | 43 | 34.60 | 38.82 |
| 淮北市 | Huaibei | 3801 | 2718 | 3807 | 1121 | 13.26 | 7 | 41.62 | 43.16 |
| 亳州市 | Bozhou | 1520 | 1423 | 1022 | 280 | 10.92 | 13 | 28.08 | 39.53 |
| 宿州市 | Suzhou | 2062 | 2024 | 1528 | 489 | 10.52 | 20 | 25.64 | 38.02 |
| 蚌埠市 | Bengbu | 4600 | 3878 | 3371 | 611 | 7.03 | 11 | 32.17 | 37.00 |
| 阜阳市 | Fuyang | 3332 | 2524 | 3155 | 555 | 7.51 | 5 | 28.84 | 33.02 |
| 淮南市 | Huainan | 4380 | 3881 | 3841 | 1207 | 11.46 | 9 | 34.89 | 39.83 |
| 滁州市 | Chuzhou | 3457 | 2178 | 2949 | 413 | 12.67 | 14 | 32.41 | 36.24 |
| 六安市 | Luan | 2720 | 2480 | 2597 | 713 | 12.02 | 16 | 37.78 | 40.79 |
| 马鞍山市 | Maanshan | 5241 | 3354 | 4999 | 792 | 13.96 | 11 | 40.23 | 42.73 |
| 巢湖市 | Chaohu | 1560 | 1460 | 1558 | 297 | 7.74 | 10 | 32.77 | 37.44 |
| 芜湖市 | Wuhu | 5165 | 5157 | 5144 | 1120 | 9.45 | 14 | 36.39 | 38.20 |
| 宣城市 | Xuancheng | 3518 | 1510 | 2920 | 387 | 14.13 | 8 | 30.33 | 35.12 |
| 铜陵市 | Tongling | 2492 | 1922 | 4652 | 454 | 10.93 | 7 | 54.80 | 40.17 |
| 池州市 | Chizhou | 1554 | 1370 | 1317 | 498 | 18.08 | 8 | 31.86 | 39.14 |
| 安庆市 | Anqing | 10783 | 2975 | 2743 | 578 | 9.70 | 9 | 35.37 | 38.48 |
| 黄山市 | Huangshan | 13190 | 2144 | 12429 | 435 | 14.52 | 20 | 43.37 | 48.82 |
| 桐城市 | Tongcheng | 600 | 580 | 457 | 116 | 7.31 | 6 | 16.94 | 22.03 |
| 天长市 | Tianchang | 405 | 395 | 323 | 24 | 1.51 | 5 | 11.54 | 14.11 |
| 明光市 | Mingguang | 76 | 71 | 82 | 54 | 3.80 | 2 | 3.48 | 3.17 |
| 界首市 | Jieshou | 1058 | 425 | 186 | 52 | 2.83 | 1 | 10.70 | 24.58 |
| 宁国市 | Ningguo | 1030 | 805 | 801 | 165 | 8.90 | 8 | 32.97 | 40.21 |

## 10—9 各市城市燃气情况（2010年）
Basic Statistics on Supply of Gas in Cities by Region (2010)

| 地 区 | Region | 管道长度(公里) Length of Gas Pipelines (km) | | 全年供气总量 Volume of Gas Supply | | 用气人口(万人) Population with Access to Gas (10000 persons) | |
|---|---|---|---|---|---|---|---|
| | | 液化石油气 Liquefied Petroleum Gas | 天然气 Natural Gas | 液化石油气(吨) Liquefied Petroleum Gas (ton) | 天然气(万立方米) Natural Gas (10000 cu.m) | 液化石油气 Liquefied Petroleum Gas | 天然气 Natural Gas |
| **总 计** | **Total** | **322.55** | **9803.25** | **615770.12** | **112189.75** | **491.08** | **635.63** |
| 合肥市 | Hefei | 68.07 | 2259.27 | 65284.00 | 22410.80 | 74.78 | 167.20 |
| 淮北市 | Huaibei | | 545.70 | 21550.00 | 2398.00 | 38.21 | 39.61 |
| 亳州市 | Bozhou | | 291.00 | 14100.00 | 1287.00 | 17.00 | 5.30 |
| 宿州市 | Suzhou | | 424.91 | 7500.00 | 1709.00 | 24.50 | 17.00 |
| 蚌埠市 | Bengbu | 13.00 | 830.00 | 14009.50 | 11178.00 | 40.00 | 38.17 |
| 阜阳市 | Fuyang | | 425.00 | 3940.00 | 6400.00 | 12.42 | 37.26 |
| 淮南市 | Huainan | | 896.50 | 25500.00 | 7800.71 | 34.70 | 60.30 |
| 滁州市 | Chuzhou | | 577.46 | 5875.00 | 9628.00 | 5.86 | 26.60 |
| 六安市 | Luan | | 242.02 | 7760.00 | 2328.48 | 34.50 | 12.85 |
| 马鞍山市 | Maanshan | | 775.81 | | 13135.70 | | 56.72 |
| 巢湖市 | Chaohu | | 350.48 | 6357.55 | 2163.72 | 21.80 | 13.80 |
| 芜湖市 | Wuhu | | 791.02 | 29520.00 | 18677.00 | 38.98 | 79.51 |
| 宣城市 | Xuancheng | 3.00 | 103.00 | 3100.00 | 1187.55 | 20.50 | 2.40 |
| 铜陵市 | Tongling | | 531.00 | 17945.00 | 9596.00 | 2.10 | 39.00 |
| 池州市 | Chizhou | 32.58 | 270.00 | 2783.12 | 934.00 | 16.20 | 8.50 |
| 安庆市 | Anqing | 95.40 | 338.00 | 361593.95 | 917.96 | 35.81 | 18.52 |
| 黄山市 | Huangshan | 34.50 | | 10817.00 | | 29.63 | |
| 桐城市 | Tongcheng | 40.00 | 40.00 | 4200.00 | 15.93 | 3.00 | 6.80 |
| 天长市 | Tianchang | | 40.88 | 5400.00 | 58.40 | 13.10 | 2.80 |
| 明光市 | Mingguang | 6.00 | 28.50 | 1700.00 | 100.50 | 9.20 | 1.20 |
| 界首市 | Jieshou | | 36.50 | 2735.00 | 219.00 | 7.14 | 1.39 |
| 宁国市 | Ningguo | 30.00 | 6.20 | 4100.00 | 44.00 | 11.65 | 0.70 |

## 10—10 城市供水用水情况
Water Supply and Water Use of Cities

| 年份 Year | 综合生产能力(万立方米/日) Integrated Production Capacity (10000 cu.m/ day) | 地下水 Ground Water | 供水总量(万立方米) Water Supply (10000 cu.m) | #生产运营用水 Water Used for Business | 公共服务用水 Water Used for Public Services | 居民家庭用水 Water Used for Residents | 消防及其他用水 Water Used for Fire Fighting and Others | 人均日生活用水量(升) Per Capita Water Use (liter) |
|---|---|---|---|---|---|---|---|---|
| 1995 | 901.1 | 150.2 | 192887 | 134953 | | 46788 | | 194.30 |
| 2000 | 961.8 | 159.6 | 200918 | 123629 | | 61398 | | 211.84 |
| 2004 | 1018.9 | 152.4 | 201047 | 117776 | 22169 | 51391 | 9711 | 206.12 |
| 2005 | 1032.7 | 156.5 | 206386 | 123285 | 23231 | 49728 | 10142 | 195.69 |
| 2006 | 1026.0 | 145.7 | 220174 | 102877 | 28373 | 57515 | 6778 | 237.84 |
| 2007 | 999.2 | 109.3 | 207574 | 116823 | 20918 | 48145 | 3780 | 180.40 |
| 2008 | 1728.7 | 109.4 | 195543 | 101119 | 19353 | 50323 | 3596 | 174.71 |
| 2009 | 2080.6 | 92.9 | 162243 | 67362 | 18656 | 49072 | 4248 | 160.96 |
| 2010 | 1992.8 | 99.2 | 160816 | 62871 | 19191 | 50889 | 5155 | 160.83 |

## 10—11 各市城市供水用水情况（2010年）
Water Supply and Water Use of Cities by Region (2010)

| 地区 | Region | 综合生产能力(万立方米/日) Integrated Production Capacity (10000 cu.m/ day) | 地下水 Ground Water | 供水总量(万立方米) Water Supply (10000 cu.m) | #生产运营用水 Water Used for Business | 公共服务用水 Water Used for Public Services | 居民家庭用水 Water Used for Residents | 消防及其他用水 Water Used for Fire Fighting and Others | 人均日生活用水量(升) Per Capita Water Use (liter) |
|---|---|---|---|---|---|---|---|---|---|
| **总计** | **Total** | **1992.8** | **99.2** | **160815.7** | **62870.5** | **19191.4** | **50888.8** | **5154.8** | **160.83** |
| 合肥市 | Hefei | 112.0 | | 29452.9 | 4228.6 | 6651.4 | 14282.2 | | 238.35 |
| 淮北市 | Huaibei | 41.5 | 23.0 | 5518.0 | 1711.2 | 186.8 | 2994.8 | 185.3 | 106.31 |
| 亳州市 | Bozhou | 9.0 | 9.0 | 2426.0 | 886.0 | 280.0 | 1110.0 | | 152.45 |
| 宿州市 | Suzhou | 26.5 | 26.5 | 6390.0 | 2979.0 | 1166.0 | 1910.0 | 335.0 | 183.20 |
| 蚌埠市 | Bengbu | 77.2 | 2.1 | 14918.3 | 7857.2 | 2945.7 | 3193.9 | 171.6 | 194.19 |
| 阜阳市 | Fuyang | 35.5 | 25.5 | 6007.0 | 2244.0 | 484.0 | 2611.0 | | 124.82 |
| 淮南市 | Huainan | 59.0 | | 10879.3 | 2473.9 | 826.1 | 3719.2 | 980.1 | 121.77 |
| 滁州市 | Chuzhou | 18.0 | | 3073.5 | 733.1 | 363.8 | 1141.8 | 149.9 | 126.84 |
| 六安市 | Luan | 25.0 | | 4624.5 | 1344.2 | 323.7 | 1353.4 | 367.6 | 78.14 |
| 马鞍山市 | Maanshan | 930.8 | | 22144.7 | 14915.7 | 875.5 | 3677.5 | 12.9 | 219.92 |
| 巢湖市 | Chaohu | 20.2 | 0.2 | 4775.6 | 1915.7 | 1004.6 | 972.3 | 200.0 | 154.57 |
| 芜湖市 | Wuhu | 92.0 | | 15457.4 | 4700.5 | 1788.8 | 4824.2 | 1098.9 | 152.91 |
| 宣城市 | Xuancheng | 19.7 | 0.2 | 2336.5 | 700.4 | 402.6 | 927.5 | 26.4 | 134.97 |
| 铜陵市 | Tongling | 403.0 | | 13309.0 | 10920.0 | 744.0 | 1139.0 | 51.0 | 128.59 |
| 池州市 | Chizhou | 9.5 | | 2461.6 | 404.5 | 155.8 | 1037.8 | 24.5 | 126.50 |
| 安庆市 | Anqing | 56.6 | | 8721.0 | 2726.1 | 448.3 | 2422.7 | 808.4 | 143.72 |
| 黄山市 | Huangshan | 21.4 | 0.1 | 2968.2 | 532.9 | 278.2 | 1147.7 | 471.1 | 139.75 |
| 桐城市 | Tongcheng | 3.2 | | 847.0 | 108.0 | 38.0 | 431.6 | 139.4 | 102.93 |
| 天长市 | Tianchang | 12.9 | 6.9 | 889.9 | 49.7 | 65.1 | 286.2 | 105.4 | 66.89 |
| 明光市 | Mingguang | 6.5 | 0.3 | 626.4 | 80.0 | 26.1 | 466.0 | 14.3 | 103.39 |
| 界首市 | Jieshou | 5.4 | 5.4 | 1675.2 | 780.0 | 82.0 | 720.0 | 4.2 | 164.71 |
| 宁国市 | Ningguo | 8.0 | | 1313.9 | 580.0 | 55.0 | 520.0 | 8.9 | 124.73 |

## 10—12 各市城市污水排放和处理情况（2010年）

City Sewage Emission and Processing by Region (2010)

单位：万立方米 （10000 $M^3$）

| 地区 | Region | 城市污水排放量 City Sewage discharge | 城市污水处理总量 Total of Sewage Processing | 污水处理厂处理量 Processing Amount of Sewage Processing Plant | 其他污水处理量 Processing Amount of Others | 城市污水处理率(%) Rate of City Sewage Treatment (%) | 城市污水处理厂集中处理率(%) Central Processing Rate of Sewage Treatment Plant (%) |
|---|---|---|---|---|---|---|---|
| 总计 | Total | 124449 | 110082 | 89086 | 20996 | 88.46 | 71.58 |
| 合肥市 | Hefei | 30856 | 30798 | 26260 | 4538 | 99.81 | 85.11 |
| 淮北市 | Huaibei | 4348 | 4044 | 3696 | 348 | 93.01 | 85.00 |
| 亳州市 | Bozhou | 2358 | 2271 | 2071 | 200 | 96.31 | 87.83 |
| 宿州市 | Suzhou | 5210 | 3246 | 2696 | 550 | 62.30 | 51.75 |
| 蚌埠市 | Bengbu | 13100 | 11438 | 9856 | 1582 | 87.31 | 75.24 |
| 阜阳市 | Fuyang | 4500 | 3915 | 3589 | 326 | 87.00 | 79.76 |
| 淮南市 | Huainan | 10400 | 9027 | 4170 | 4857 | 86.80 | 40.10 |
| 滁州市 | Chuzhou | 2766 | 2505 | 2187 | 318 | 90.56 | 79.07 |
| 六安市 | Luan | 3600 | 2910 | 2478 | 432 | 80.83 | 68.83 |
| 马鞍山市 | Maanshan | 15665 | 13787 | 8881 | 4906 | 88.01 | 56.69 |
| 巢湖市 | Chaohu | 3200 | 2688 | 2568 | 120 | 84.00 | 80.25 |
| 芜湖市 | Wuhu | 9789 | 7342 | 5838 | 1504 | 75.00 | 59.64 |
| 宣城市 | Xuancheng | 1750 | 1588 | 992 | 596 | 90.74 | 56.69 |
| 铜陵市 | Tongling | 3143 | 2169 | 2169 | | 69.01 | 69.01 |
| 池州市 | Chizhou | 1620 | 1458 | 1458 | | 90.00 | 90.00 |
| 安庆市 | Anqing | 5596 | 5003 | 5003 | | 89.40 | 89.40 |
| 黄山市 | Huangshan | 2008 | 1936 | 1531 | 405 | 96.41 | 76.25 |
| 桐城市 | Tongcheng | 678 | 502 | 474 | 28 | 74.04 | 69.91 |
| 天长市 | Tianchang | 1100 | 882 | 882 | | 80.18 | 80.18 |
| 明光市 | Mingguang | 510 | 493 | 430 | 63 | 96.67 | 84.31 |
| 界首市 | Jieshou | 1212 | 1119 | 896 | 223 | 92.33 | 73.93 |
| 宁国市 | Ningguo | 1040 | 961 | 961 | | 92.40 | 92.40 |

## 10—13 各市城市市容环境卫生情况（2010年）

Basic Statistics on Urban Sanitation in Cities by Region (2010)

| 地区 | Region | 清扫保洁面积(万平方米) Area under Cleaning Program (10000 sq.m) | 生活垃圾清运量(万吨) Volume of Garbage Disposal (10000 tons) | 生活垃圾无害化处理量(万吨) Volume of Garbage hazard-free Disposal (10000 tons) | 生活垃圾无害化处理率(%) Living Refuse Treatment Rate (%) | 粪便清运量(万吨) Volume of Excrement and Urine Disposal (10000 tons) | 市容环卫专用车辆设备总数(台) Number of Special Vehicles for Environmental Sanitation (unit) | 公共厕所(座) Number of Public Lavatories (unit) |
|---|---|---|---|---|---|---|---|---|
| **总计** | **Total** | **17339** | **435.25** | **281.00** | **64.56** | **57.38** | **1508** | **3168** |
| 合肥市 | Hefei | 3409 | 66.42 | 66.40 | 99.97 | 1.80 | 331 | 219 |
| 淮北市 | Huaibei | 715 | 11.05 | 9.80 | 88.69 | 0.20 | 41 | 36 |
| 亳州市 | Bozhou | 518 | 10.50 | 10.50 | 100.00 | 4.55 | 42 | 255 |
| 宿州市 | Suzhou | 725 | 18.04 | 18.00 | 99.78 | 2.60 | 119 | 132 |
| 蚌埠市 | Bengbu | 930 | 33.00 | 33.00 | 100.00 | 3.20 | 72 | 307 |
| 阜阳市 | Fuyang | 558 | 26.97 | | | 0.80 | 91 | 180 |
| 淮南市 | Huainan | 1004 | 41.30 | 16.00 | 38.74 | 0.82 | 131 | 332 |
| 滁州市 | Chuzhou | 704 | 16.40 | 16.40 | 100.00 | 2.20 | 25 | 169 |
| 六安市 | Luan | 680 | 18.11 | 17.10 | 94.42 | 0.60 | 30 | 241 |
| 马鞍山市 | Maanshan | 900 | 17.90 | 17.90 | 100.00 | 0.52 | 64 | 122 |
| 巢湖市 | Chaohu | 536 | 9.59 | 9.49 | 98.96 | 1.00 | 27 | 83 |
| 芜湖市 | Wuhu | 2583 | 36.00 | 36.00 | 100.00 | 28.50 | 104 | 302 |
| 宣城市 | Xuancheng | 360 | 15.20 | | | | 33 | 25 |
| 铜陵市 | Tongling | 736 | 10.71 | 10.10 | 94.30 | 0.11 | 109 | 100 |
| 池州市 | Chizhou | 722 | 10.31 | 9.08 | 88.07 | 0.85 | 52 | 130 |
| 安庆市 | Anqing | 890 | 30.53 | | | 3.30 | 55 | 179 |
| 黄山市 | Huangshan | 375 | 15.38 | 11.23 | 73.02 | | 41 | 40 |
| 桐城市 | Tongcheng | 210 | 7.85 | | | | 29 | 6 |
| 天长市 | Tianchang | 360 | 10.89 | | | 5.00 | 37 | 164 |
| 明光市 | Mingguang | 170 | 9.50 | | | 0.80 | 13 | 15 |
| 界首市 | Jieshou | 128 | 8.93 | | | 0.53 | 45 | 96 |
| 宁国市 | Ningguo | 126 | 10.67 | | | | 17 | 35 |

# 主要统计指标解释

**供水管道长度**

指从送水泵至用户水表之间所有管道的长度。不包括新安装尚未使用、水厂内以及用户建筑物内的管道。

**供水总量**

指报告期供水企业（单位）供出的全部水量。包括有效供水量和漏损水量。

**公共服务用水**

指为城市社会公共生活服务的用水。包括行政事业单位、部队营区和公共设施服务、社会服务业、批发零售贸易业、旅馆饮食业以及社会服务业等单位的用水。

**居民家庭用水**

居民家庭用水指城市范围内所有居民家庭的日常生活用水。包括城市居民、农民家庭、公共供水站用水。

**用水普及率**

指报告期末城区内用水人口与总人口的比率。计算公式：

用水普及率=城区用水人口 /（城区人口+城区暂住人口）×100%

**供气总量**

指报告期燃气企业（单位）向用户供应的燃气数量。包括销售量和损失量。

**燃气普及率**

指报告期末使用燃气的人口与总人口的比率。计算公式：

燃气普及率=城区用气人口 /（城区人口+城区暂住人口）×100%

**排水管道长度**

指所有排水总管、干管、支管、检查井及连接井进出口等长度之和。

**公园绿地**

城市中向公众开放的、以游憩为主要功能，有一定的游憩设施和服务设施，同时兼有健全生态、美化景观、防灾减灾等综合作用的绿化用地。

**公园面积**

指报告期末综合公园、专类公园和带状公园的全部占地总面积。

# Explanatory Notes for Major Statistical Indicators

**Length of Water Supply Pipelines**

refers to the total length of all the pipelines between the water pumps and the user water meters, excluding pipelines newly installed but not used yet, and in water plant, user building's pipeline as well as.

**Volume of Water Supply**

refers to the total volume of water supplied by water-works (units) during the reference period, including both the effective water supply and loss during the water supply.

**Consumption of Water for Public Service**

refers to the water consumption of urban society public service, including the consumption of government agencies and public institutions, military barracks, public facilities, wholesale and retail outlets, restaurants, hotels, and other units providing public services.

**Consumption of Water for Residential Use**

refers to the consumption of water for daily life of all households in the boundary of cities, including households of urban residents and farmers, and public water supply stations.

**Percentage of Urban Population with Access to Tap Water**

refers to the ratio of the urban population with access to tap water to the total urban population. The formula is:

Percentage of population with access to tap water=(Urban population with access to tap water) / (Urban population)×100%

**Volume of Gas Supply**

refers to the total volume of gas provided to users by gas-producing enterprises (units) in a year, including the volume sold and the volume lost.

**Percentage of Urban Population with Access to Gas**

refers to the ratio of the urban population with access to gas to the total urban population at the end of the reference period. The formula is:

Percentage of population with access to gas = (Urban population with access to gas / Urban population) x 100%

**Length of Urban Sewage Pipes**

refers to the total length of general drainage, trunks. branch and inspection wells, connection wells, inlets and outlets, etc.

**Park Green Area**

refers to green areas open to the public for amusement and rest with the facilities of amusement, rest and services. Its function includes perfecting ecology, beautifying landscape, and preventing and reducing disaster.

**Park Area**

Total areas of including comprehensive park, community park, topic park, belt-shaped park.

# 第十一篇

Chapter 11

# 自然资源和环境保护

NATURAL RESOURCES AND ENVIRONMENT PROTECTION

## 简要说明

一、自然状况包括地域、气象状况。自然资源包括土地、气候、林木、水资源。

1. 林木资料来自省林业厅；

2. 水资源资料由省水利厅和省水产局提供；

3. 气象资料由省气象中心整理提供。

二、环境保护统计资料由省环保厅提供。统计资料是依据国家环保总局制定的环境统计报表制度，由各地、市的环境统计年报汇总整理而成。主要包括“三废”排放与处理，反映各工业行业有关“三废”排放与处理的情况。

## Brief Introduction

I. Natural conditions cover region and meteorological conditions. Natural resources cover land, climate, forest and water resources.

1. Data on forest are provided by the Department of Forestry of Anhui Province.

2. Data on water conservancy are provided by the Water Conservancy Department and the Marine Products Bureau of Anhui Province.

3. The meteorological data are provided by the Provincial Meteorological Center.

II. Data on environmental protection are provided by the Provincial Environment Protection Department. Data are collected and tabulated by the prefectures and cities in accordance with the annual environmental protection reporting scheme stipulated by the State Environment Protection General Bureau. Data include mainly the discharge and treatment of waste water, waste gas and solid wastes, which show various indicators about the discharge and treatment of waste water, waste gas and solid wastes in various regions and various industrial sectors.

# 11—1 自　然　状　况
Natural Conditions

| 项　目 | | Item | | 2010 |
|---|---|---|---|---|
| **区　域** | | **Climate** | | |
| 土地总面积 | (平方公里) | Total Land Area | (sq.km) | 139427 |
| 山　区 | | Mountain | | 41162 |
| 平　原 | | Plain | | 34608 |
| 丘　陵 | | Hills | | 40448 |
| 圩　区 | | Low-lying Paddy Fields | | 12097 |
| 湖泊洼地 | | Lakes and Low-lying Lands | | 11122 |
| **山峰高程** | **(米)** | **Height of Mountain Peak** | **(m)** | |
| 大别山 | | Da Bie Shan | | 1729.0 |
| 黄　山 | | Huang Shan | | 1864.8 |
| 九华山 | | Jiu Hua Shan | | 1344.4 |
| 天柱山 | | Tian Zhu Shan | | 1489.8 |
| **河流长度** | **(公里)** | **Length** | **(km)** | |
| 淮　河 | | Huaihe River | | 430 |
| 长　江 | | Changjiang River | | 416 |
| 新安江 | | Xin An Ijng River | | 240 |
| **湖泊面积** | | **Area of Lakes** | | |
| 巢　湖 | (平方公里) | Chao Hu Lake | (sq.km) | 800 |
| **气　候** | | **Climate** | | |
| 年平均气温 | (摄氏度) | Annual Average Temperature | (℃) | |
| 淮北地区 | | Huai Bei Area | | 15.7 |
| 江淮地区 | | Jiang Huai Area | | 16.2 |
| 沿江地区 | | Along Chang Jiang River | | 17.0 |
| 江南地区 | | Lying South of Chang Jiang | | 16.0 |
| 降水量 | (毫米) | Precipitation | (mm) | 1308.9 |
| 淮河流域 | | Huaihe River Basin | | 948.0 |
| 淮河上游区 | | The Upper Reaches of Huaihe River | | 862.2 |
| 淮河中游区 | | The Middle Reaches of Huaihe River | | 946.3 |
| 淮河下游区 | | The Lower Reaches of Huaihe River | | 1055.7 |
| 沂沭泗河 | | Yishusi River | | 730.0 |
| 长江流域 | | Changjiang River Basin | | 1596.2 |
| 湖口以下干流 | | Main Rivers Below Hukou | | 1567.3 |
| 鄱阳湖水系 | | River System of Poyang Lake | | 2261.2 |
| 太湖水系 | | River System of Taihu Lake | | 1346.7 |
| 东南诸河 | | South-eastern Rivers | | 2081.1 |
| 钱塘江 | | Qiantang River | | 2081.1 |

# 11—2 自　然　资　源
Natural Resources

| 项　目 | | Item | | 2010 |
|---|---|---|---|---|
| **土地资源** | | **Land Resources** | | |
| 耕地面积 | （千公顷） | Area of Cultivated Land | (1000 hectares) | 4181.29 |
| 水　田 | | Paddy Fields | | 1891.77 |
| 旱　田 | | Dry Fields | | 2289.52 |
| 林业用地面积 | （千公顷） | Area of Afforestated Land | (1000 hectares) | 4431.80 |
| 造林面积 | | Area of Afforesded Hilly Area | | 65.61 |
| 果园面积 | | Area of Orchard | | 107.13 |
| 茶园面积 | | Area of Tea Plantations | | 133.53 |
| **林木资源** | | **Forest Resources** | | |
| 活立木总蓄积量 | （万立方米） | Total Standing Stock Volume | (10000 cu.m) | 21710.12 |
| 森林面积 | （千公顷） | Forest Area | (1000 hectares) | 3804.20 |
| 森林覆盖率 | （%） | Forest-cover Rate | (%) | 27.53 |
| **水资源** | | **Water Resources** | | |
| 水资源总量 | （亿立方米） | Total Resources | (100 million cu.m) | 922.82 |
| 淮河流域 | | Huaihe River Basin | | 246.88 |
| 淮河上游区 | | The Upper Reaches of Huaihe River | | 1.19 |
| 淮河中游区 | | The Middle Reaches of Huaihe River | | 238.83 |
| 淮河下游区 | | The Lower Reaches of Huaihe River | | 6.30 |
| 沂沭泗河 | | Yishusi River | | 0.56 |
| 长江流域 | | Changjiang River Basin | | 586.54 |
| 湖口以下干流 | | Main Rivers Below Hukou | | 542.77 |
| 鄱阳湖水系 | | River System of Poyang Lake | | 42.34 |
| 太湖水系 | | River System of Taihu Lake | | 1.43 |
| 东南诸河 | | South-eastern Rivers | | 89.40 |
| 钱塘江 | | Qiantang River | | 89.40 |
| 天然年径流量 | （亿立方米） | Natural Annual Flow | (100 million cu.m) | 876.27 |
| 淮河流域 | | Huaihe River Basin | | 201.92 |
| 淮河上游区 | | The Upper Reaches of Huaihe River | | 0.72 |
| 淮河中游区 | | The Middle Reaches of Huaihe River | | 194.92 |
| 淮河下游区 | | The Lower Reaches of Huaihe River | | 6.07 |
| 沂沭泗河 | | Yishusi River | | 0.21 |
| 长江流域 | | Changjiang River Basin | | 584.95 |
| 湖口以下干流 | | Main Rivers Below Hukou | | 541.18 |
| 鄱阳湖水系 | | River System of Poyang Lake | | 42.34 |
| 太湖水系 | | River System of Taihu Lake | | 1.43 |
| 东南诸河 | | South-eastern Rivers | | 89.40 |
| 钱塘江 | | Qiantang River | | 89.40 |
| 地下水天然补给资源量 | （亿立方米） | Natural Supply of Ground Water | (100 million cu.m) | 214.34 |
| 淮河流域 | | Huaihe River Basin | | 109.63 |
| 长江流域 | | Changjiang River Basin | | 99.70 |
| 新安江流域 | | Xinanjiang River Basin | | 5.01 |
| 淡水面积 | （千公顷） | Freshwater Area | (1000 hectares) | |
| #养殖面积 | | Cultivated Area | | 528.69 |
| **主要矿产基础储量** | | **Major Mineral Basic Reserves** | | |
| 煤　炭 | （亿吨） | Coal | (100 million tons) | 82.00 |
| 铁　矿 | （矿石，亿吨） | Iron | (Ore, 100 million tons) | 7.30 |
| 钒　矿 | （$V_2O_5$，万吨） | Vanadium | ($V_2O_5$, 10000 tons) | 8.30 |
| 铜　矿 | （铜，万吨） | Copper | (Metal, 10000 tons) | 192.00 |
| 铅　矿 | （铅，万吨） | Lead | (Metal, 10000 tons) | 5.10 |
| 硫铁矿 | （矿石，万吨） | Pyrite Ore | (Ore, 10000 tons) | 15095.00 |
| 磷　矿 | （矿石，万吨） | Phosphorus Ore | (Ore, 10000 tons) | 3898.00 |
| 高岭土 | （矿石，万吨） | Kaolin Ore | (Ore, 10000 tons) | 157.00 |

## 11—3 主要城市平均气温（2010年）

Monthly Average Temperature in Major Cities (2010)

单位：摄氏度（℃）

| 城　市 | City | 1月 Jan. | 2月 Feb. | 3月 Mar. | 4月 Apr. | 5月 May. | 6月 June | 7月 July | 8月 Aug. | 9月 Sept. | 10月 Oct. | 11月 Nov. | 12月 Dec. | 年平均 Annual Average |
|---|---|---|---|---|---|---|---|---|---|---|---|---|---|---|
| 合肥市 | Hefei | 3.7 | 6.3 | 9.1 | 13.8 | 21.6 | 25.6 | 28.0 | 29.2 | 23.9 | 17.1 | 12.2 | 6.7 | 16.4 |
| 淮北市 | Huaibei | 1.9 | 5.3 | 7.9 | 13.2 | 21.5 | 26.1 | 28.6 | 28.1 | 23.3 | 17.1 | 11.5 | 5.2 | 15.8 |
| 亳州市 | Bozhou | 1.7 | 4.8 | 7.8 | 13.2 | 21.1 | 26.0 | 28.2 | 27.3 | 22.5 | 16.7 | 11.6 | 5.0 | 15.5 |
| 宿州市 | Suzhou | 2.2 | 5.1 | 7.8 | 12.9 | 21.2 | 25.9 | 28.8 | 28.6 | 23.4 | 17.0 | 11.2 | 5.1 | 15.8 |
| 蚌埠市 | Bengbu | 2.6 | 4.8 | 7.8 | 12.6 | 20.8 | 25.0 | 28.0 | 28.5 | 22.9 | 16.5 | 11.5 | 5.7 | 15.6 |
| 阜阳市 | Fuyang | 2.6 | 5.0 | 8.2 | 13.1 | 20.7 | 25.5 | 27.8 | 27.5 | 22.6 | 16.1 | 11.0 | 5.5 | 15.5 |
| 淮南市 | Huainan | 4.1 | 6.1 | 8.8 | 13.7 | 22.3 | 26.4 | 28.7 | 29.3 | 23.7 | 18.0 | 13.3 | 7.1 | 16.8 |
| 滁州市 | Chuzhou | 3.3 | 5.5 | 8.4 | 12.9 | 21.3 | 25.0 | 28.0 | 29.1 | 23.7 | 17.0 | 12.0 | 6.6 | 16.1 |
| 六安市 | Luan | 3.5 | 6.1 | 8.7 | 13.4 | 21.2 | 25.0 | 27.3 | 28.1 | 22.8 | 16.5 | 12.5 | 6.9 | 16.0 |
| 马鞍山市 | Maanshan | 4.2 | 6.5 | 9.1 | 13.4 | 21.6 | 25.4 | 28.4 | 29.8 | 24.4 | 17.5 | 12.6 | 7.1 | 16.7 |
| 巢湖市 | Chaohu | 3.5 | 5.9 | 8.9 | 12.9 | 20.9 | 24.6 | 27.6 | 28.6 | 23.4 | 16.4 | 11.8 | 6.8 | 15.9 |
| 芜湖市 | Wuhu | 4.4 | 6.7 | 9.5 | 13.6 | 21.7 | 25.5 | 28.7 | 30.2 | 24.8 | 17.4 | 12.2 | 7.1 | 16.8 |
| 宣城市 | Xuancheng | 4.2 | 6.5 | 9.2 | 13.2 | 21.1 | 24.4 | 27.9 | 29.3 | 24.6 | 16.6 | 11.5 | 6.0 | 16.2 |
| 铜陵市 | Tongling | 4.5 | 7.1 | 9.8 | 14.2 | 21.8 | 25.3 | 28.5 | 29.8 | 24.3 | 17.6 | 13.4 | 7.8 | 17.0 |
| 池州市 | Chizhou | 4.6 | 7.1 | 10.2 | 14.2 | 21.9 | 25.1 | 28.4 | 29.8 | 24.5 | 17.5 | 13.1 | 7.5 | 17.0 |
| 安庆市 | Anqing | 4.6 | 7.0 | 10.2 | 14.3 | 21.9 | 25.0 | 28.4 | 29.8 | 24.6 | 17.7 | 13.4 | 7.5 | 17.0 |
| 黄山市 | Huangshan | 5.8 | 8.2 | 10.9 | 14.3 | 21.8 | 24.3 | 27.6 | 29.1 | 25.7 | 17.4 | 12.3 | 6.2 | 17.0 |

## 11—4 主要城市降水量（2010年）

Monthly Precipitation in Major Cities (2010)

单位：毫米（millimeters）

| 城　市 | City | 1月 Jan. | 2月 Feb. | 3月 Mar. | 4月 Apr. | 5月 May. | 6月 June | 7月 July | 8月 Aug. | 9月 Sept. | 10月 Oct. | 11月 Nov. | 12月 Dec. | 全年 Annual Total |
|---|---|---|---|---|---|---|---|---|---|---|---|---|---|---|
| 合肥市 | Hefei | 19.7 | 84.2 | 120.7 | 160.7 | 91.7 | 106.5 | 340.5 | 150.5 | 185.7 | 27.7 | 8.0 | 20.9 | 1316.8 |
| 淮北市 | Huaibei | 0.8 | 29.0 | 22.1 | 69.2 | 31.0 | 53.7 | 157.8 | 144.7 | 124.3 | 7.1 | 0.0 | 2.8 | 642.5 |
| 亳州市 | Bozhou | 0.0 | 33.6 | 28.7 | 75.9 | 59.2 | 39.4 | 123.0 | 167.6 | 164.1 | 1.2 | 0.5 | 1.9 | 695.1 |
| 宿州市 | Suzhou | 0.8 | 68.4 | 30.6 | 76.2 | 43.1 | 66.6 | 131.2 | 95.3 | 105.8 | 6.6 | 1.3 | 4.4 | 630.3 |
| 蚌埠市 | Bengbu | 1.0 | 84.1 | 52.5 | 100.9 | 32.1 | 84.1 | 96.7 | 139.3 | 186.1 | 11.9 | 4.4 | 8.2 | 801.3 |
| 阜阳市 | Fuyang | 1.4 | 64.3 | 43.5 | 81.0 | 62.5 | 62.1 | 175.2 | 98.0 | 51.1 | 7.0 | 7.4 | 1.8 | 655.3 |
| 淮南市 | Huainan | 4.7 | 75.2 | 62.7 | 147.7 | 48.9 | 72.1 | 147.8 | 129.1 | 288.5 | 12.3 | 3.7 | 8.1 | 1000.8 |
| 滁州市 | Chuzhou | 9.3 | 86.4 | 85.5 | 192.5 | 76.5 | 95.4 | 293.3 | 140.5 | 171.3 | 27.7 | 4.0 | 22.9 | 1205.3 |
| 六安市 | Luan | 24.9 | 68.4 | 126.0 | 173.6 | 76.9 | 62.4 | 518.1 | 89.0 | 295.7 | 45.6 | 9.8 | 16.9 | 1507.3 |
| 马鞍山市 | Maanshan | 32.2 | 107.6 | 142.4 | 205.8 | 83.2 | 52.6 | 289.4 | 141.6 | 103.9 | 36.9 | 10.5 | 26.3 | 1232.4 |
| 巢湖市 | Chaohu | 34.2 | 98.7 | 141.2 | 198.3 | 73.3 | 83.1 | 206.7 | 128.3 | 178.6 | 43.6 | 8.3 | 18.1 | 1212.4 |
| 芜湖市 | Wuhu | 45.6 | 120.4 | 171.9 | 163.0 | 82.4 | 61.4 | 330.2 | 148.5 | 131.0 | 49.6 | 8.4 | 31.4 | 1343.8 |
| 宣城市 | Xuancheng | 53.6 | 98.7 | 200.5 | 167.1 | 65.6 | 66.3 | 442.9 | 176.0 | 119.9 | 62.7 | 9.7 | 56.1 | 1519.1 |
| 铜陵市 | Tongling | 41.7 | 142.8 | 225.4 | 187.3 | 131.0 | 69.7 | 364.1 | 110.3 | 148.0 | 67.0 | 7.2 | 38.2 | 1532.7 |
| 池州市 | Chizhou | 36.3 | 145.0 | 217.4 | 234.7 | 107.4 | 129.9 | 467.9 | 128.0 | 253.2 | 81.4 | 6.7 | 42.5 | 1850.4 |
| 安庆市 | Anqing | 24.2 | 137.3 | 200.4 | 215.5 | 105.6 | 170.2 | 727.9 | 208.3 | 137.6 | 75.7 | 7.5 | 33.9 | 2044.1 |
| 黄山市 | Huangshan | 76.4 | 233.8 | 451.8 | 241.7 | 220.2 | 75.6 | 380.3 | 192.1 | 62.8 | 154.4 | 17.1 | 81.0 | 2187.2 |

## 11—5 各市全年降水量(2010年)
Total Precipitation by Region (2010)

| 地区 | Region | 年降水量 Precipitation 毫米 0.001(m) | 亿立方米 (100 million cu.m) | 多年平均降水量(亿立方米) Average Precipitation in Many Years (100 million cu.m) | 与上年比较 Compared With Last Year (±%) | 与多年平均比较 Compared With The Average Precipitation of Many Years (±%) |
|---|---|---|---|---|---|---|
| **总计** | **Total** | **1308.90** | **1825.67** | **1636.34** | **9.60** | **11.60** |
| 合肥市 | Hefei | 1190.20 | 80.91 | 64.72 | 28.40 | 25.00 |
| 淮北市 | Huaibei | 710.50 | 19.36 | 23.00 | -11.40 | -15.80 |
| 亳州市 | Bozhou | 787.90 | 65.98 | 69.12 | -0.60 | -4.50 |
| 宿州市 | Suzhou | 767.50 | 75.62 | 82.61 | 6.00 | -8.50 |
| 蚌埠市 | Bengbu | 799.70 | 48.08 | 52.69 | -7.40 | -8.70 |
| 阜阳市 | Fuyang | 803.70 | 79.18 | 87.12 | -12.00 | -9.10 |
| 淮南市 | Huainan | 836.30 | 21.82 | 23.13 | -11.30 | -5.70 |
| 滁州市 | Chuzhou | 1021.20 | 136.10 | 127.35 | 3.70 | 6.90 |
| 六安市 | Luan | 1373.70 | 253.37 | 218.00 | 13.20 | 16.20 |
| 马鞍山市 | Maanshan | 1252.40 | 21.09 | 17.91 | -2.00 | 17.80 |
| 巢湖市 | Chaohu | 1333.70 | 124.09 | 104.23 | 6.70 | 19.10 |
| 芜湖市 | Wuhu | 1511.00 | 50.12 | 42.41 | -1.40 | 18.20 |
| 宣城市 | Xuancheng | 1557.60 | 192.21 | 178.58 | -0.30 | 7.60 |
| 铜陵市 | Tongling | 1575.00 | 17.53 | 15.48 | -2.70 | 13.20 |
| 池州市 | Chizhou | 2006.60 | 169.12 | 135.56 | 29.70 | 24.80 |
| 安庆市 | Anqing | 1686.90 | 260.89 | 215.68 | 16.40 | 21.00 |
| 黄山市 | Huangshan | 2138.60 | 210.20 | 178.75 | 25.70 | 17.60 |

## 11—6 流域分区全年降水量(2010年)
Total Precipitation by Area of Rivers (2010)

| 流域分区 River Area | 年降水量 Precipitation 毫米 0.001(m) | 亿立方米 (100 million cu.m) | 多年平均降水量(亿立方米) Average Precipitation in Many Years (100 million cu.m) | 与上年比较 Compared With Last Year (±%) | 与多年平均比较 Compared With The Average Precipitation of Many Years (±%) |
|---|---|---|---|---|---|
| **总计 Total** | **1308.90** | **1825.67** | **1636.34** | **9.60** | **11.60** |
| 淮河流域 Huaihe River Basin | 948.00 | 631.62 | 628.42 | 1.10 | 0.50 |
| 淮河上游区 The Upper Reaches of Huaihe River | 862.20 | 3.19 | 3.52 | -17.60 | -9.40 |
| 淮河中游区 The Middle Reaches of Huaihe River | 946.30 | 605.76 | 602.67 | 1.10 | 0.50 |
| 淮河下游区 The Lower Reaches of Huaihe River | 1055.70 | 20.48 | 20.00 | 2.90 | 2.40 |
| 沂沭泗河 Yishusi River | 730.00 | 2.19 | 2.23 | 4.80 | -1.80 |
| 长江流域 Changjiang River Basin | 1596.20 | 1060.03 | 892.75 | 14.00 | 18.70 |
| 湖口以下干流 Main Rivers Below Hukou | 1567.30 | 992.94 | 840.75 | 12.90 | 18.10 |
| 鄱阳湖水系 River System of Poyang Lake | 2261.20 | 64.06 | 48.89 | 36.50 | 31.00 |
| 太湖水系 River System of Taihu Lake | 1346.70 | 3.03 | 3.11 | -2.60 | -2.60 |
| 东南诸河 South-eastern Rivers | 2081.10 | 134.02 | 115.17 | 20.90 | 16.40 |
| 钱塘江 Qiantang River | 2081.10 | 134.02 | 115.17 | 20.90 | 16.40 |

## 11—7 各市水资源总量（2010年）
Water Resources by Region (2010)

单位：亿立方米（100 million cu.m)

| 地区 | Region | 天然年径流量<br>Natural Annual Flow by Region | 山丘区地下水资源量<br>Ground Water Volume of Mountain and Hill Areas | 山丘区河川基流量<br>River Flow of Mountain and Hill Areas | 平原区降水入渗补给量<br>Permeated Precipitation Supply of Plain Areas | 平原区降水入渗补给形成的河道排泄量<br>River Way Drainage Volume Caused by Permeated Precipitation Supply of Plain Areas | 地下水资源与地表水资源不重复量<br>Amount of Non-repeat-calculated Water Between Ground Water and Surface Water | 水资源总量<br>Total Amount of Water Resources by Region |
|---|---|---|---|---|---|---|---|---|
| **总计** | **Total** | **876.27** | **103.30** | **103.11** | **87.76** | **9.93** | **46.55** | **922.82** |
| 合肥市 | Hefei | 30.20 | 4.22 | 4.22 | 0.81 | | 0.06 | 30.26 |
| 淮北市 | Huaibei | 3.01 | 0.07 | 0.02 | 3.46 | 0.55 | 2.96 | 5.97 |
| 亳州市 | Bozhou | 12.79 | | | 12.62 | 2.61 | 10.01 | 22.80 |
| 宿州市 | Suzhou | 13.65 | 0.31 | 0.17 | 13.59 | 2.08 | 11.65 | 25.30 |
| 蚌埠市 | Bengbu | 11.03 | 0.29 | 0.29 | 7.44 | 1.47 | 5.97 | 17.00 |
| 阜阳市 | Fuyang | 17.16 | | | 14.89 | 2.79 | 12.10 | 29.26 |
| 淮南市 | Huainan | 5.19 | 0.04 | 0.04 | 2.26 | 0.43 | 1.74 | 6.93 |
| 滁州市 | Chuzhou | 45.37 | 6.10 | 6.10 | 3.56 | | 0.36 | 45.73 |
| 六安市 | Luan | 129.83 | 19.72 | 19.72 | 5.82 | | 0.29 | 130.12 |
| 马鞍山市 | Maanshan | 9.72 | 0.41 | 0.41 | 1.68 | | 0.11 | 9.83 |
| 巢湖市 | Chaohu | 57.94 | 4.97 | 4.97 | 5.36 | | 0.38 | 58.32 |
| 芜湖市 | Wuhu | 29.29 | 2.22 | 2.22 | 2.97 | | 0.15 | 29.44 |
| 宣城市 | Xuancheng | 112.87 | 15.73 | 15.73 | 1.38 | | 0.09 | 112.96 |
| 铜陵市 | Tongling | 8.68 | 0.79 | 0.79 | 0.81 | | 0.05 | 8.73 |
| 池州市 | Chizhou | 102.91 | 12.96 | 12.96 | 2.74 | | 0.14 | 103.05 |
| 安庆市 | Anqing | 146.70 | 14.48 | 14.48 | 8.37 | | 0.49 | 147.19 |
| 黄山市 | Huangshan | 139.93 | 20.99 | 20.99 | | | | 139.93 |

## 11—8 流域分区水资源总量（2010年）
Water Resources by Area of Rivers (2010)

单位：亿立方米（100 million cu.m)

| 流域分区<br>River Area | 天然年径流量<br>Natural Annual Flow by Region | 山丘区地下水资源量<br>Ground Water Volume of Mountain and Hill Areas | 山丘区河川基流量<br>River Flow of Mountain and Hill Areas | 平原区降水入渗补给量<br>Permeated Precipitation Supply of Plain Areas | 平原区降水入渗补给形成的河道排泄量<br>River Way Drainage Volume Caused by Permeated Precipitation Supply of Plain Areas | 地下水资源与地表水资源不重复量<br>Amount of Non-repeat-calculated Water Between Ground Water and Surface Water | 水资源总量<br>Total Amount of Water Resources by Region |
|---|---|---|---|---|---|---|---|
| **总计<br>Total** | **876.27** | **103.30** | **103.11** | **87.76** | **9.93** | **46.55** | **922.82** |
| 淮河流域<br>Huaihe River Basin | 201.92 | 22.45 | 22.26 | 61.94 | 9.93 | 44.96 | 246.88 |
| 淮河上游区<br>The Upper Reaches of Huaihe River | 0.72 | | | 0.59 | 0.12 | 0.47 | 1.19 |
| 淮河中游区<br>The Middle Reaches of Huaihe River | 194.92 | 22.29 | 22.10 | 58.83 | 9.77 | 43.91 | 238.83 |
| 淮河下游区<br>The Lower Reaches of Huaihe River | 6.07 | 0.16 | 0.16 | 2.13 | | 0.23 | 6.30 |
| 沂沭泗河<br>Yishusi River | 0.21 | | | 0.39 | 0.04 | 0.35 | 0.56 |
| 长江流域<br>Changjiang River Basin | 584.95 | 67.44 | 67.44 | 25.82 | | 1.59 | 586.54 |
| 湖口以下干流<br>Main Rivers Below Hukou | 541.18 | 60.88 | 60.88 | 25.82 | | 1.59 | 542.77 |
| 鄱阳湖水系<br>River System of Poyang Lake | 42.34 | 6.35 | 6.35 | | | | 42.34 |
| 太湖水系<br>River System of Taihu Lake | 1.43 | 0.21 | 0.21 | | | | 1.43 |
| 东南诸河<br>South-eastern Rivers | 89.40 | 13.41 | 13.41 | | | | 89.40 |
| 钱塘江<br>Qiantang River | 89.40 | 13.41 | 13.41 | | | | 89.40 |

## 11—9 主要年份供水和用水情况

Water Supply and Water Use in Rural Area

| 年份 Year | 供水总量 (亿立方米) Water Supply (100 million cu.m) | 地表水 Surface Water | 地下水 Ground-water | 其他 Others | 用水总量 (亿立方米) Water Use (100 million cu.m) | 农业 Agricul-ture | 工业 Industry | 城镇公共 Urban Public | 生活 Consump-tion | 生态 Ecological Protection | 人均用水量 (立方米/人) Per Capita Water Use (cu.m/person) |
|---|---|---|---|---|---|---|---|---|---|---|---|
| 2005 | 208.03 | 189.60 | 17.85 | 0.58 | 208.03 | 116.21 | 67.72 | 2.84 | 19.89 | 1.37 | 328.50 |
| 2006 | 245.17 | 226.82 | 17.87 | 0.48 | 245.17 | 138.27 | 82.69 | 3.13 | 19.64 | 1.44 | 401.30 |
| 2007 | 232.05 | 211.65 | 19.92 | 0.48 | 232.05 | 122.84 | 83.81 | 3.45 | 20.35 | 1.60 | 379.30 |
| 2008 | 266.36 | 242.38 | 23.50 | 0.48 | 266.36 | 154.15 | 85.40 | 3.66 | 21.52 | 1.63 | 434.20 |
| 2009 | 292.40 | 265.78 | 26.13 | 0.49 | 292.40 | 170.43 | 93.28 | 4.09 | 22.65 | 1.94 | 476.90 |
| 2010 | 293.72 | 266.23 | 26.61 | 0.89 | 293.72 | 168.92 | 95.00 | 4.92 | 22.66 | 2.22 | 493.60 |

## 11—10 各市供水和用水情况（2010年）

Water Supply and Water Use by Region (2010)

| 地区 Region | 供水总量 (亿立方米) Water Supply (100 million cu.m) | 地表水 Surface Water | 地下水 Ground-water | 其他 Others | 用水总量 (亿立方米) Water Use (100 million cu.m) | 农业 Agricul-ture | 工业 Industry | 城镇公共 Urban Public | 生活 Consump-tion | 生态 Ecological Protection | 人均用水量 (立方米/人) Per Capita Water Use (cu.m/person) |
|---|---|---|---|---|---|---|---|---|---|---|---|
| **总计 Total** | **293.72** | **266.23** | **26.61** | **0.89** | **293.72** | **168.92** | **95.00** | **4.92** | **22.66** | **2.22** | **493.60** |
| 合肥市 Hefei | 21.87 | 21.09 | 0.21 | 0.57 | 21.87 | 9.69 | 7.84 | 0.95 | 2.64 | 0.76 | 383.60 |
| 淮北市 Huaibei | 4.73 | 1.49 | 3.23 | 0.01 | 4.73 | 2.39 | 1.29 | 0.18 | 0.78 | 0.09 | 240.80 |
| 亳州市 Bozhou | 11.07 | 5.22 | 5.85 | | 11.07 | 7.06 | 2.32 | 0.18 | 1.47 | 0.04 | 231.10 |
| 宿州市 Suzhou | 9.93 | 4.38 | 5.55 | | 9.93 | 5.30 | 2.56 | 0.28 | 1.77 | 0.02 | 185.50 |
| 蚌埠市 Bengbu | 16.17 | 13.61 | 2.44 | 0.12 | 16.17 | 11.02 | 3.38 | 0.33 | 1.21 | 0.24 | 502.80 |
| 阜阳市 Fuyang | 19.75 | 14.67 | 5.08 | | 19.75 | 14.09 | 3.04 | 0.24 | 2.29 | 0.10 | 259.90 |
| 淮南市 Huainan | 21.63 | 20.16 | 1.40 | 0.07 | 21.63 | 6.89 | 13.18 | 0.37 | 1.03 | 0.16 | 938.30 |
| 滁州市 Chuzhou | 20.94 | 20.02 | 0.92 | | 20.94 | 16.09 | 2.80 | 0.30 | 1.66 | 0.09 | 521.10 |
| 六安市 Luan | 29.47 | 29.03 | 0.44 | | 29.47 | 23.96 | 3.16 | 0.40 | 1.93 | 0.02 | 525.10 |
| 马鞍山市 Maanshan | 25.20 | 25.14 | 0.06 | | 25.20 | 4.88 | 19.02 | 0.34 | 0.78 | 0.18 | 1809.40 |
| 巢湖市 Chaohu | 25.79 | 25.41 | 0.28 | 0.10 | 25.79 | 21.66 | 2.38 | 0.21 | 1.51 | 0.03 | 659.90 |
| 芜湖市 Wuhu | 16.98 | 16.88 | 0.10 | | 16.98 | 6.35 | 9.11 | 0.28 | 1.11 | 0.13 | 721.00 |
| 宣城市 Xuancheng | 14.20 | 13.90 | 0.30 | | 14.20 | 9.75 | 3.36 | 0.12 | 0.97 | 0.01 | 571.60 |
| 铜陵市 Tongling | 9.93 | 9.89 | 0.04 | | 9.93 | 1.37 | 7.95 | 0.14 | 0.38 | 0.09 | 1303.30 |
| 池州市 Chizhou | 10.80 | 10.68 | 0.12 | | 10.80 | 6.00 | 4.19 | 0.06 | 0.54 | 0.01 | 786.50 |
| 安庆市 Anqing | 29.96 | 29.53 | 0.41 | 0.02 | 29.96 | 19.06 | 8.40 | 0.27 | 2.01 | 0.21 | 564.00 |
| 黄山市 Huangshan | 5.30 | 5.12 | 0.18 | | 5.30 | 3.36 | 1.03 | 0.27 | 0.60 | 0.04 | 391.60 |

# 11—11 环 境 综 合 整 治
Environmental Improvement

| 指　　标 | Item | 2000 | 2005 | 2009 | 2010 |
|---|---|---|---|---|---|
| **环境质量** | **Environment Quality** | | | | |
| 大气总悬浮微粒日平均值可吸入颗粒物（毫克/立方米） | The Average Daily Indicators of Respirable Suspended Particulate Matter in Atmosphere (mg/cu.m) | 0.215 | 0.084 | 0.077 | 0.081 |
| 二氧化硫日平均值（毫克/立方米） | The Average Daily Indicators of Sulfur Dioxide (mg/cu.m) | 0.023 | 0.030 | 0.028 | 0.027 |
| 二氧化氮日平均值（毫克/立方米） | The Average Daily Indicators of Nitrogen Dioxide (mg/cu.m) | 0.036 | 0.031 | 0.025 | 0.026 |
| 饮用水源水质达标率（%） | Up-to-standard Rate of Drinking Water Quality (%) | 99.6 | 98.2 | 93.1 | 93.4 |
| 城市地面水质达标率（%） | Up-to-standard Rate of Urban Surface Water Quality (%) | 84.4 | 82.4 | 90.7 | |
| 区域环境噪声平均值(分贝(A)) | The Average Indicator of Urban Noise (decibel) | 55.6 | 54.8 | 54.7 | 54.1 |
| 交通干线噪声平均值(分贝(A)) | The Average Indicator of Traffic Main Line Noise (decibel) | 68.6 | 68.6 | 68.9 | 68.3 |
| 省辖城市区域环境达标数（个） | Developed Districts of Environmental Noise Meeting National Standard (unit) | | 9 | 9 | 12 |
| 省辖城市道路交通环境噪声达标（个） | Area of Urban Environmental Noise Meeting National Standard (unit) | | 12 | 14 | 15 |
| **生态环境** | **Eco-environment Protection** | | | | |
| 森林面积（万公顷） | Area of Forest (10000 hectares) | 331.9 | 360.1 | 360.1 | 380.4 |
| 森林覆盖率（%） | Forest Coverage (%) | 24.02 | 26.06 | 26.06 | 27.53 |
| 当年造林面积（万公顷） | Area of Reforestation of the Year (10000 hectares) | 6.9 | 5.7 | 8.4 | 6.6 |
| 自然保护区数（个） | Number of Nature Reserves (unit) | 31 | 31 | 38 | 38 |
| #国家级 | National Level | 6 | 6 | 6 | 6 |
| 自然保护区面积（万公顷） | Area of Nature Reserves (10000 hectares) | 34.7 | 34.7 | 43.8 | 43.6 |
| 自然保护区面积占辖区面积比重（%） | Area of Nature Reserves in Regions (%) | 2.5 | 2.5 | 3.0 | 3.1 |
| 生态示范区数（个） | Number of Demonstration Zones of Ecology (unit) | 34 | 34 | 34 | 34 |
| #国家级 | National Level | 30 | 30 | 30 | 30 |
| **污染控制** | **Pollution Control** | | | | |
| 工业废水排放达标率（%） | Up-to-satndard Rate of Industrial Waste Water Discharge (%) | 84.6 | 97.4 | 96.2 | 98.0 |
| 工业固体废物综合利用率（%） | Rate of Comprehensive Utilization of Solid Industrial Waste (%) | 71.6 | 79.3 | 83.1 | 84.6 |
| 危险废物处置率（%） | Rate of Treatment of Hazardous Waste (%) | 2.2 | 49.9 | 59.9 | 59.4 |
| **环境建设** | **Environment Improvement** | | | | |
| 城市污水处理厂集中处理率（%） | Rate of Concentrating Treatment of Sewage in the City (%) | 38.80 | 26.31 | 62.40 | 71.58 |
| 城市燃气普及率（%） | Rate of Gas Utilization in the City (%) | 77.5 | 72.3 | 88.6 | 90.5 |
| 建成区绿化覆盖率（%） | Green Coverage Rate in Constructed Areas (%) | 27.1 | 27.5 | 37.2 | 37.5 |
| **自然灾害** | **Natural Disaster** | | | | |
| 发生地质灾害起数（次） | Geological Disaster (unit) | 3779 | 8548 | 349 | 338 |
| #滑　坡 | Landslide | 1964 | 3397 | 116 | 143 |
| 崩　塌 | Collapse | 1236 | 4907 | 216 | 164 |
| 泥石流 | Mudflow | 300 | 228 | 4 | |
| 地面塌陷 | Land Subsidence | | | 13 | |
| 人员伤亡（人） | Casualties (person) | 21 | | 8 | 12 |
| #死亡人数 | Deaths | 9 | | 2 | 6 |
| 森林病虫害防治面积（万公顷） | Forest Area Affected and Cured from Diseasease and Pests (10000 hectares) | 27.4 | 21.0 | 26.0 | 30.1 |

注：“三同时”是指防治污染设施必须与主体工程同时设计、同时施工、同时投产。饮用水源水质达标率自2008年起改变计算方法，与历史年份数据不可比。

a) The "Three-simultaneous" means that pollution prevention measures shall be adopted simultaneously with construction, production and designing.

**11—11 续表 continued**

| 指标 | Item | 2000 | 2005 | 2009 | 2010 |
|---|---|---|---|---|---|
| **环境污染** | **Pollution** | | | | |
| 突发环境事件次数 (次) | Suddenly Environment Event Number (time) | 66 | 28 | 22 | 30 |
| #水污染 | Water Pollution | 43 | 16 | 12 | 10 |
| 大气污染 | Air Pollution | 23 | 10 | 3 | 8 |
| 固体废物污染 | Solid Waste Pollution | | | | 5 |
| 噪声与震动危害 | Noise and Vibration Pollution | | 2 | | |
| 人员伤亡 (人) | Personnel Casualty (person) | | | | |
| 污染直接经济损失 (万元) | Direct Economic Loss Due to Pollution (10000 yuan) | 802.0 | 275.4 | 625.4 | 231.6 |
| 突发环境事件赔款总额 (万元) | Compensation Total Amount of Suddenly Environment Event (10000 yuan) | | 144.1 | | 133.0 |
| 污染损害罚款总额 (万元) | Fine Total Amount of Pollution Harm (10000 yuan) | 62.0 | 55.2 | 17.0 | 23.0 |
| 二氧化硫排放量 (万吨) | Sulphur Dioxide Discharge (10000 tons) | 57.1 | 67.2 | 53.8 | 53.26 |
| #生　活 | Life | | | | 4.82 |
| COD排放量 (万吨) | COD Discharge (10000 tons) | 44.40 | 44.38 | 42.41 | 41.11 |
| 氨氮排放总量 (万吨) | Ammonia Nitrogen Discharge (10000tons) | | | 4.68 | 4.43 |
| 城镇生活污水排放量 (亿吨) | Urban Comsumption Waste Water Discharge (100 million tons) | | 9.31 | 10.62 | 11.37 |
| #生活污水中化学需氧量排放量 (万吨) | COD Discharge from Urban Consumption Waste Water (10000 tons) | | | 29.53 | 29.63 |
| #生活污水中氨氮排放量 (万吨) | Ammonia Nitrogen Discharge from Urban Consumption Waste Water (10000 ton) | | | 3.24 | 3.22 |
| **环境污染治理** | **Investment in the Treatment of Environmental Pollution** | | | | |
| 省辖市空气质量达二级标准 (个) | Cities Directly under the Provincial Government Where the Air Quality Attains the Second Grade National Standards (unit) | | 14 | 15 | 16 |
| 绿色标志产品 (个) | Green-Labeled Products (unit) | | 363 | 310 | 408 |
| 无公害农产品 (个) | Pollution-Free Agriculture Products (unit) | | 109 | 212 | 316 |
| 建设项目环评执行率 (%) | Construct Projects Assessment against the Environment | | 97 | 100 | 98 |
| 应执行"三同时"项目数 (个) | 3-Simultaneous Policy for Construction Projects Should Carry Out (unit) | | 679 | 2011 | 2429 |
| 实际执行"三同时"项目数 (个) | 3-Simultaneous Policy for Construction Projects Carried out (unit) | | 649 | 1997 | 2381 |
| "三同时"合格率 (%) | 3-Simultaneous Policy up to Standard (%) | | 92.2 | 99.3 | 99.0 |
| 环境污染治理投资总额 (万元) | Total Investment in Environmental Pollution Treatment (10000 yuan) | | | 1668733 | |
| #城市环境基础设施投资 | Urban Environment Infrastructural Investment | | | 1209497 | |
| 工业污染治理投资 | Total Investment in Industrial Pollution Treatment | | | 108282 | |
| 环境污染治理投资占GDP比重 (%) | GDP Proportion of Investment in Environmental Pollution Treatment (%) | | | 1.6 | |

## 11—12 环保系统机构、人员数
Environmental Protection Agencies and Persons Engaged

| 年份 Year | 机构总数（个）Number of Agencies (unit) | 人员总数（人）Total Number of Staff & Workers (person) | #科技人员 Scientific and Technical Personnel | #监测人员 Monitoring Personnel | #监理人员 Supervising and Administrative Personnel |
|---|---|---|---|---|---|
| 1995 | 240 | 2376 | 1687 | 1220 | 179 |
| 2000 | 361 | 4104 | 1934 | 1442 | 957 |
| 2001 | 387 | 4371 | | 1517 | 1122 |
| 2002 | 388 | 4388 | 1971 | 1517 | 1122 |
| 2003 | 379 | 4769 | 2027 | 1544 | 1435 |
| 2004 | 384 | 4896 | 2109 | 1551 | 1536 |
| 2005 | 388 | 5128 | 2195 | 1593 | 1626 |
| 2006 | 391 | 5281 | | | |
| 2007 | 402 | 5547 | | | |
| 2008 | 386 | 5532 | 2503 | 1675 | 2107 |
| 2009 | 405 | 5527 | 2513 | 1659 | 2109 |
| 2010 | 390 | 5722 | 2648 | 1767 | 2145 |

## 11—13 生活污染物排放
Discharge of Pollutants from Daily Life

| 年份 Year | 城镇生活污水排放量（万吨）Volume of Urban Waste Water Discharged From Daily Life (10000 tons) | 生活污水中化学需氧量排放量（吨）Absorption of Oxygen by Waste Water From Daily Life (ton) | 生活及其他二氧化硫排放量（吨）Emission of Sulfur Dioxide From Daily Life and Others (ton) | 生活及其他烟尘排放量（吨）Emission of Dust From Daily Life and Others (ton) |
|---|---|---|---|---|
| 1998 | 71688 | 283923 | 44474 | 32516 |
| 1999 | 71389 | 277300 | 45545 | 34860 |
| 2000 | 80189 | 275104 | 44639 | 37166 |
| 2001 | 72564 | 284273 | 47588 | 37982 |
| 2002 | 78171 | 285012 | 47487 | 36105 |
| 2003 | 77735 | 289184 | 49500 | 35075 |
| 2004 | 84262 | 300908 | 50529 | 35439 |
| 2005 | 93104 | 307257 | 56495 | 45116 |
| 2006 | 96351 | 310100 | 65300 | 56535 |
| 2007 | 101771 | 311046 | 54969 | 51569 |
| 2008 | 101662 | 305954 | 53061 | 49435 |
| 2009 | 106259 | 295299 | 51560 | 50396 |
| 2010 | 113729 | 296274 | 48164 | 47958 |

# 11—14 工业企业“三废”排放及治理
## Discharge and Treatment of Waste Water, Waste Gas and Solid Wastes by Industry Enterprises

| 指　　标 | Item | 1995 | 2000 | 2005 | 2009 | 2010 |
|---|---|---|---|---|---|---|
| **废　　水** | **Waste Water** | | | | | |
| 工业废水排放总量（万吨） | Total Volume of Waste Water Discharged (10000 tons) | 87006 | 63106 | 63487 | 73441 | 70971 |
| #工业废水COD排放量 | COD Discharge from Industrial Waste | | | | 12.88 | 11.48 |
| 工业废水排放达标量（万吨） | Industrial Waste Water Meeting Discharge Standards (10000 tons) | 40745 | 53355 | 61816 | 70657 | 69518 |
| 工业废水排放达标率（%） | Percentage of Industrial Waste Water up to the Standards for Discharge (%) | 46.80 | 84.60 | 97.37 | 96.21 | 97.95 |
| **废　　气** | **Waste Gas** | | | | | |
| 工业废气排放总量（亿标立方米） | Total Volume of Industrial Waste Gas Emission (100 million cu.m) | 3559 | 3945 | 6960 | 15273 | 17849 |
| 工业二氧化硫排放量（万吨） | Volume of Sulphur Dioxide Emission (10000 tons) | 35.0 | 35.0 | 51.47 | 48.68 | 48.44 |
| 烟尘排放量（万吨） | Volume of Soot Emission (10000 tons) | 26.0 | 24.0 | 25.27 | 22.96 | 20.74 |
| 工业粉尘排放量（万吨） | Volume of Industrial Dust Emission (10000 tons) | 22.0 | 29.0 | 46.23 | 28.47 | 26.37 |
| **固体废物** | **Solid Wastes** | | | | | |
| 工业固体废物产生量（万吨） | Volume of Industrial Solid Wastes Produced (10000 tons) | 2749 | 2815 | 4196 | 8471 | 9158 |
| 工业固体废物综合利用量（万吨） | Volume of Industrial Solid Wastes Utilized (10000 tons) | 1522 | 2014 | 3357 | 7227 | 7849 |
| 工业固体废物综合利用率（%） | Percentage of Industrial Solid Wastes Utilized (%) | 55.4 | 71.6 | 79.32 | 83.13 | 84.55 |
| 工业固体废物贮存量（万吨） | Volume of Industrial Solid Wastes Accumulated (10000 tons) | 600 | 489 | 360 | 544 | 518 |
| 工业固体废物处置量（万吨） | Volume of Industrial Solid Wastes Treated (10000 tons) | 829 | 949 | 519 | 923 | 916 |
| “三废”综合利用产品产值（万元） | Output Value of Products Made from Waste Gas, Waste Water and Solid Wastes (10000 yuan) | 51373 | 74921 | 187616 | 509654 | 566922 |
| **污染治理** | **Pollution Treatment** | | | | | |
| 本年施工项目总数（个） | Total of Construction Items (unit) | 722 | 861 | 265 | 229 | 69 |
| 污染治理项目本年完成投资额（万元） | Actual Investment in Implentation of the Project for Pollution Treatment in the Year (10000 yuan) | 44948 | 56470 | 45443 | 108282 | 58895 |
| #治理废水 | Treatment of Waste Water | 25724 | 26389 | 24122 | 19570 | 14250 |
| 治理废气 | Treatment of Waste Gas | 11599 | 25621 | 16768 | 65880 | 30932 |
| 治理固体废物 | Treatment of Solid Wastes | 3535 | 2165 | 2902 | 80 | |
| 治理噪声 | Noise Abatement | 698 | 375 | 249 | 471 | 108 |
| 治理其他 | Others | 3391 | 1920 | 1402 | 22282 | 13588 |
| **排污收费及使用** | **Fee for Discharging Waste and Fines for Pollution** | | | | | |
| 排污费交纳单位（个） | Number of Units Charged (unit) | 3932 | | 22617 | 17490 | 15031 |
| 排污费征收额（万元） | Amount of Pollution Charges (10000 yuan) | 10752 | 13215 | 28112 | 45002 | 55838 |
| 排污费支出额（万元） | Outlays of Pollution Levy Charges (10000 yuan) | 8377 | 14159 | 13886 | | 37838 |

# 11—15 各市工业废水排放及处理（2010年）

## Discharge and Treatment of Industrial Waste Water by Region (2010)

| 地区 | Region | 汇总工业企业个数（个） Number of Industrial Enterprises (unit) | 工业废水排放总量（万吨） Total Volume of Waste Water Discharge (10000 tons) | #排入污水处理厂 Disperses into the Sewage Treatment Plants | 工业废水中污染物排放量（吨） Total Volume Pollutant of Waste Water Discharge (ton) #化学需氧量 COD | #石油类 Petroleum |
|---|---|---|---|---|---|---|
| **总计** | **Total** | **4162** | **70971.27** | **10066.54** | **114826.99** | **188.24** |
| 合肥市 | Hefei | 355 | 3289.79 | 1141.71 | 4008.66 | 12.20 |
| 淮北市 | Huaibei | 112 | 1813.13 | | 3533.47 | 8.51 |
| 亳州市 | Bozhou | 606 | 1527.16 | 899.00 | 2229.48 | 2.05 |
| 宿州市 | Suzhou | 118 | 3687.72 | | 2768.18 | 0.37 |
| 蚌埠市 | Bengbu | 74 | 5741.81 | 3328.15 | 9366.83 | 0.42 |
| 阜阳市 | Fuyang | 94 | 2575.44 | 246.57 | 2975.14 | 6.44 |
| 淮南市 | Huainan | 93 | 5607.41 | | 5758.25 | 61.41 |
| 滁州市 | Chuzhou | 410 | 7642.56 | 234.95 | 13955.69 | 1.60 |
| 六安市 | Luan | 477 | 3435.86 | | 6450.75 | 2.97 |
| 马鞍山市 | Maanshan | 84 | 5562.81 | 3087.40 | 5590.60 | 63.07 |
| 巢湖市 | Chaohu | 430 | 5156.03 | | 6170.76 | 0.02 |
| 芜湖市 | Wuhu | 321 | 4305.53 | 192.93 | 13694.16 | 2.34 |
| 宣城市 | Xuancheng | 313 | 6883.08 | | 8929.92 | 9.65 |
| 铜陵市 | Tongling | 155 | 4511.77 | | 3653.95 | 0.40 |
| 池州市 | Chizhou | 150 | 1485.51 | | 5329.50 | 0.57 |
| 安庆市 | Anqing | 325 | 5643.55 | 935.83 | 16984.01 | 16.23 |
| 黄山市 | Huangshan | 45 | 2102.11 | | 3427.63 | |

| 地区 | Region | #氨氮 Ammonia & Nitrogen | 工业废水排放达标量（万吨） Industrial Waste Water Meeting Discharge Standards (10000ton) | 废水治理设施数（套） Number of Facilities for Treatment of Waste Water (set) | 废水治理设施处理能力（万吨／日） Handling Ability of Facilities for Treatmnent of Waste Water (10000cu.m/h) | 废水治理设施运行费用（万元） Opearating Cost of Facilities of Waste Water (10000Yuan) |
|---|---|---|---|---|---|---|
| **总计** | **Total** | **12062.63** | **69518.37** | **2084** | **1064.33** | **184234.5** |
| 合肥市 | Hefei | 251.29 | 3166.80 | 196 | 47.15 | 9428.6 |
| 淮北市 | Huaibei | 207.84 | 1782.83 | 73 | 27.13 | 9179.8 |
| 亳州市 | Bozhou | 555.30 | 1523.36 | 60 | 57.62 | 2728.9 |
| 宿州市 | Suzhou | 576.70 | 3640.37 | 92 | 26.54 | 7612.6 |
| 蚌埠市 | Bengbu | 704.47 | 5726.91 | 78 | 16.91 | 15083.8 |
| 阜阳市 | Fuyang | 2063.42 | 2551.02 | 67 | 136.34 | 14915.8 |
| 淮南市 | Huainan | 2082.40 | 5506.85 | 125 | 66.83 | 11507.3 |
| 滁州市 | Chuzhou | 1074.22 | 7600.46 | 209 | 81.02 | 5822.3 |
| 六安市 | Luan | 905.24 | 3118.20 | 127 | 28.50 | 3406.2 |
| 马鞍山市 | Maanshan | 319.88 | 5470.01 | 124 | 362.57 | 56108.7 |
| 巢湖市 | Chaohu | 553.85 | 4912.55 | 88 | 11.66 | 5010.5 |
| 芜湖市 | Wuhu | 119.71 | 4276.30 | 145 | 26.16 | 8074.5 |
| 宣城市 | Xuancheng | 1092.27 | 6702.02 | 247 | 29.09 | 3194.9 |
| 铜陵市 | Tongling | 312.30 | 4491.88 | 167 | 110.17 | 12821.6 |
| 池州市 | Chizhou | 169.32 | 1414.54 | 77 | 3.55 | 6574.5 |
| 安庆市 | Anqing | 615.38 | 5532.15 | 165 | 27.12 | 12129.7 |
| 黄山市 | Huangshan | 459.03 | 2102.11 | 44 | 5.97 | 634.8 |

# 11—16 各市工业废气排放及处理（2010年）

Emission and Treatment of Industrial Waste Gas by Region (2010)

| 地区 | Region | 汇总工业企业个数（个）Number of Industrial Enterprises (unit) | 工业废气治理设施数（套）Number of Facilities for treat-ment of Waste Gas (set) | 工业废气排放总量（万标立方米）Total Volume of Industrial Waste Gas Emission (10000 cu.m) | 燃料燃烧过程中废气排放量 Volume of Waste Gas in the Process of Fuel Burning | 生产工艺过程中废气排放量 Volume of Waste Gas from the Process of Production | 工业二氧化硫排放量（吨）Volume of Sulphur Dioxide Emission by Industry (ton) |
|---|---|---|---|---|---|---|---|
| **总计** | **Total** | **4162** | **4933** | **178489353** | **88598173** | **89891180** | **484412** |
| 合肥市 | Hefei | 355 | 404 | 7015060 | 4738915 | 2276145 | 31988 |
| 淮北市 | Huaibei | 112 | 320 | 6699397 | 5643777 | 1055620 | 51200 |
| 亳州市 | Bozhou | 606 | 79 | 3646702 | 3420150 | 226552 | 14579 |
| 宿州市 | Suzhou | 118 | 153 | 5352492 | 5208630 | 143862 | 14847 |
| 蚌埠市 | Bengbu | 74 | 94 | 4319512 | 4139118 | 180394 | 17735 |
| 阜阳市 | Fuyang | 94 | 161 | 4270642 | 3140721 | 1129921 | 10405 |
| 淮南市 | Huainan | 93 | 218 | 23596978 | 22781449 | 815529 | 99180 |
| 滁州市 | Chuzhou | 410 | 67 | 3087671 | 1169018 | 1918653 | 13451 |
| 六安市 | Luan | 477 | 308 | 1823416 | 1063806 | 759610 | 15809 |
| 马鞍山市 | Maanshan | 84 | 275 | 43929117 | 8786137 | 35142980 | 60543 |
| 巢湖市 | Chaohu | 430 | 519 | 15545798 | 6338768 | 9207030 | 22042 |
| 芜湖市 | Wuhu | 321 | 341 | 16364700 | 5924301 | 10440399 | 40765 |
| 宣城市 | Xuancheng | 313 | 557 | 8012444 | 3362371 | 4650073 | 10045 |
| 铜陵市 | Tongling | 155 | 318 | 12580995 | 6352304 | 6228691 | 40126 |
| 池州市 | Chizhou | 150 | 413 | 8524243 | 2635435 | 5888808 | 21847 |
| 安庆市 | Anqing | 325 | 643 | 13557187 | 3737274 | 9819913 | 17409 |
| 黄山市 | Huangshan | 45 | 63 | 162999 | 155999 | 7000 | 2440 |

| 地区 | Region | 工业二氧化硫去除量（吨）Volume of Industry Sulphur Dioxide Removed (ton) | 工业烟尘排放量（吨）Volume of Industrial Soot Emission (ton) | 工业烟尘去除量（吨）Volume of Industrial Soot Removed (ton) | 工业粉尘排放量（吨）Volume of Industrial Dust Emission (ton) | 工业粉尘去除量（吨）Volume of Industrial Dust Romoved (ton) | 废气治理设备运用运行费用（万元）Annual Expenditure for Operation (10000 yuan) |
|---|---|---|---|---|---|---|---|
| **总计** | **Total** | **1613141** | **207446** | **17165114** | **263705** | **3567587** | **230684** |
| 合肥市 | Hefei | 22370 | 10604 | 1435799 | 5186 | 128718 | 13806 |
| 淮北市 | Huaibei | 28466 | 16949 | 1545903 | 17789 | 75047 | 11598 |
| 亳州市 | Bozhou | 1875 | 4964 | 11428 | 270 | 9710 | 1196 |
| 宿州市 | Suzhou | 23400 | 9230 | 793299 | 427 | 26852 | 10647 |
| 蚌埠市 | Bengbu | 25130 | 9960 | 550887 | 2188 | 2058 | 9655 |
| 阜阳市 | Fuyang | 29408 | 3891 | 1186166 | 155 | 25388 | 15437 |
| 淮南市 | Huainan | 130218 | 38388 | 5840534 | 5525 | 38499 | 34932 |
| 滁州市 | Chuzhou | 4510 | 17927 | 29396 | 46244 | 6930 | 1769 |
| 六安市 | Luan | 449 | 4790 | 98168 | 4892 | 102539 | 3032 |
| 马鞍山市 | Maanshan | 57924 | 8814 | 1703589 | 15073 | 1612587 | 22333 |
| 巢湖市 | Chaohu | 40281 | 27166 | 1049209 | 66864 | 422175 | 13956 |
| 芜湖市 | Wuhu | 37409 | 12958 | 254236 | 27948 | 271942 | 18422 |
| 宣城市 | Xuancheng | 15459 | 5969 | 389483 | 46420 | 64305 | 2385 |
| 铜陵市 | Tongling | 1098770 | 8530 | 1097855 | 7827 | 345579 | 49967 |
| 池州市 | Chizhou | 9163 | 16106 | 439507 | 8820 | 20776 | 5120 |
| 安庆市 | Anqing | 88109 | 8582 | 734522 | 4561 | 414369 | 16246 |
| 黄山市 | Huangshan | 200 | 2619 | 5135 | 3515 | 114 | 186 |

# 11—17 各市工业固体废物产生及处理利用（2010年）

## Discharge, Treatment and Utilization of Industrial Solid Wastes by Region (2010)

| 地　区 | Region | 汇总工业企业个数（个）Number of Industrial Enterprises (unit) | 工业固体废物产生量（万吨）Volume of Industrial Solid Wastes Produced (10000 tons) | #危险废物（吨）Hazardous Wastes (ton) | 工业固体废物排放量（万吨）Volume of Industrial Solid Wastes Discharged (ton) | 工业固体废物综合利用量（万吨）Volume of Industrial Solid Wastes Utilized (10000 ton) | #危险废物（吨）Hazardous Wastes (ton) |
|---|---|---|---|---|---|---|---|
| **总　　计** | **Total** | **4162** | **9158.18** | **117614.79** | **0.002** | **7849.10** | **75753.17** |
| 合肥市 | Hefei | 355 | 339.46 | 3887.71 | | 335.26 | 1660.19 |
| 淮北市 | Huaibei | 112 | 859.56 | 389.66 | | 829.07 | 389.66 |
| 亳州市 | Bozhou | 606 | 219.69 | 1.80 | | 219.43 | |
| 宿州市 | Suzhou | 118 | 356.75 | | | 324.30 | |
| 蚌埠市 | Bengbu | 74 | 177.65 | 8069.67 | | 177.55 | 7179.70 |
| 阜阳市 | Fuyang | 94 | 310.42 | 28673.35 | | 288.25 | |
| 淮南市 | Huainan | 93 | 2393.20 | 262.81 | | 2185.95 | 21.81 |
| 滁州市 | Chuzhou | 410 | 161.11 | 994.93 | | 157.11 | 117.70 |
| 六安市 | Luan | 477 | 397.69 | 62.20 | | 286.21 | |
| 马鞍山市 | Maanshan | 84 | 1991.08 | 9611.51 | | 1297.56 | 8342.70 |
| 巢湖市 | Chaohu | 430 | 201.09 | 370.30 | | 181.97 | |
| 芜湖市 | Wuhu | 321 | 251.48 | 5012.02 | 0.002 | 242.95 | 827.38 |
| 宣城市 | Xuancheng | 313 | 92.45 | 8.00 | | 92.45 | 8.00 |
| 铜陵市 | Tongling | 155 | 1137.01 | 8428.60 | | 891.47 | 6867.00 |
| 池州市 | Chizhou | 150 | 117.15 | 16072.13 | | 101.04 | 15753.70 |
| 安庆市 | Anqing | 325 | 147.10 | 35770.10 | | 233.91 | 34585.33 |
| 黄山市 | Huangshan | 45 | 5.29 | | | 4.63 | |

| 地　区 | Region | 工业固体废物综合利用率（%）Ratio of Industrial Solid Wastes Utilized (%) | 工业固体废物贮存量（万吨）Volume of Industrial Solid Wastes in Stocks (10000 tons) | 工业固体废物处置量（万吨）Volume of Industrial Solid Wastes Treated (10000 tons) | 工业固体废物处置率（%）Handling Rate of Industrial Solid Wastes (%) | "三废"综合利用产品产值（万元）Output Value of Products Made from Utilization of Waste Cas,Waste & Solid Wastes (10000 yuan) |
|---|---|---|---|---|---|---|
| **总　　计** | **Total** | **84.55** | **517.99** | **916.39** | **10.01** | **566921.6** |
| 合肥市 | Hefei | 98.76 | 3.65 | 0.55 | 0.16 | 37332.1 |
| 淮北市 | Huaibei | 96.45 | 30.46 | | | 13374.1 |
| 亳州市 | Bozhou | 99.88 | | 0.26 | 0.12 | 9128.7 |
| 宿州市 | Suzhou | 90.90 | 21.24 | 11.22 | 3.14 | 4862.5 |
| 蚌埠市 | Bengbu | 99.94 | 0.01 | 0.09 | 0.05 | 34905.2 |
| 阜阳市 | Fuyang | 92.86 | 19.25 | 2.92 | 0.94 | 47895.7 |
| 淮南市 | Huainan | 91.34 | 207.23 | | | 43786.4 |
| 滁州市 | Chuzhou | 97.52 | 3.91 | 0.09 | 0.06 | 31172.1 |
| 六安市 | Luan | 71.97 | 111.44 | | 0.01 | 16496.5 |
| 马鞍山市 | Maanshan | 65.17 | 46.49 | 647.03 | 32.50 | 48277.0 |
| 巢湖市 | Chaohu | 90.13 | 19.83 | 0.10 | 0.05 | 49877.4 |
| 芜湖市 | Wuhu | 96.61 | | 8.53 | 3.39 | 78618.7 |
| 宣城市 | Xuancheng | 100.00 | | | | 13923.9 |
| 铜陵市 | Tongling | 76.01 | 37.98 | 243.40 | 21.41 | 81799.3 |
| 池州市 | Chizhou | 86.22 | 15.93 | 0.23 | 0.20 | 9073.5 |
| 安庆市 | Anqing | 99.24 | 0.58 | 1.21 | 0.82 | 46014.1 |
| 黄山市 | Huangshan | 87.61 | 0.00 | 0.66 | 12.39 | 384.4 |

## 11—18 各市城市空气质量指标（2010年）

Ambient Air Quality in Main Cities by Region (2010)

单位：毫克／立方米 (milligram/cu.m)

| 地 区 | Region | 可吸入颗粒物 ($PM_{10}$) Clean Area | 二氧化硫 ($SO_2$) Lightly Polluted Area | 二氧化氮 ($NO_2$) Moderately Polluted Area | 空气质量达到及好于二级的天数（天） Days of Air Quality Equal to or Above Grade Ⅱ (days) |
|---|---|---|---|---|---|
| **全省平均** | **Average** | **0.081** | **0.027** | **0.026** | **351** |
| 合肥市 | Hefei | 0.115 | 0.020 | 0.031 | 310 |
| 淮北市 | Huaibei | 0.089 | 0.023 | 0.021 | 352 |
| 亳州市 | Bozhou | 0.087 | 0.034 | 0.026 | 356 |
| 宿州市 | Suzhou | 0.081 | 0.017 | 0.029 | 354 |
| 蚌埠市 | Bengbu | 0.081 | 0.027 | 0.030 | 360 |
| 阜阳市 | Fuyang | 0.083 | 0.013 | 0.013 | 347 |
| 淮南市 | Huainan | 0.088 | 0.025 | 0.034 | 345 |
| 滁州市 | Chuzhou | 0.091 | 0.029 | 0.024 | 350 |
| 六安市 | Luan | 0.072 | 0.023 | 0.029 | 362 |
| 马鞍山市 | Maanshan | 0.097 | 0.026 | 0.029 | 339 |
| 巢湖市 | Chaohu | 0.077 | 0.032 | 0.038 | 353 |
| 芜湖市 | Wuhu | 0.075 | 0.029 | 0.030 | 358 |
| 宣城市 | Xuancheng | 0.071 | 0.014 | 0.019 | 357 |
| 铜陵市 | Tongling | 0.095 | 0.058 | 0.022 | 353 |
| 池州市 | Chizhou | 0.047 | 0.023 | 0.024 | 365 |
| 安庆市 | Anqing | 0.085 | 0.050 | 0.035 | 342 |
| 黄山市 | Huangshan | 0.046 | 0.019 | 0.017 | 365 |

## 11—19 各市城市道路交通噪声监测情况（2010年）

Monitoring of Urban Road Traffic Noise in Key Cities by Region (2010)

| 地 区 | Region | 监测总长度（公里） Total Length of Roads (km) | 路段平均宽度（米） Average Width of Roads (m) | 平均车流量（辆/小时） Average Traffic Volume (car/hour) | 噪声均值（分贝） Average Noise Value (LeqdBA) |
|---|---|---|---|---|---|
| **总计** | **Total** | **806.13** | **34.7** | **1592** | **68.3** |
| 合肥市 | Hefei | 78.78 | 39.7 | 2610 | 69.3 |
| 淮北市 | Huaibei | 61.51 | 40.8 | 1394 | 67.5 |
| 亳州市 | Bozhou | 42.10 | 43.7 | 1056 | 69.0 |
| 宿州市 | Suzhou | 52.63 | 24.2 | 919 | 67.0 |
| 蚌埠市 | Bengbu | 116.08 | 38.3 | 1275 | 66.8 |
| 阜阳市 | Fuyang | 16.50 | 34.0 | 2634 | 72.8 |
| 淮南市 | Huainan | 48.40 | 37.0 | 1275 | 67.5 |
| 滁州市 | Chuzhou | 23.14 | 26.2 | 1031 | 67.5 |
| 六安市 | Luan | 67.80 | 32.6 | 1310 | 68.4 |
| 马鞍山市 | Maanshan | 56.30 | 31.0 | 1025 | 68.0 |
| 巢湖市 | Chaohu | 40.05 | 41.2 | 929 | 67.4 |
| 芜湖市 | Wuhu | 35.68 | 36.4 | 2455 | 67.9 |
| 宣城市 | Xuancheng | 37.45 | 45.6 | 1638 | 69.5 |
| 铜陵市 | Tongling | 29.23 | 31.1 | 1718 | 69.4 |
| 池州市 | Chizhou | 14.60 | 22.2 | 3253 | 65.5 |
| 安庆市 | Anqing | 47.51 | 37.7 | 1709 | 70.6 |
| 黄山市 | Huangshan | 38.38 | 28.6 | 827 | 68.1 |

## 11—20 水 资 源 情 况
Water Resources

| 年 份<br>Year | 水资源总量（亿立方米）<br>Total Water Resources<br>(100 million cu.m) | 地表水资源量<br>Surface Water | 地下水资源量<br>Ground Water | 地表水与地下水资源重复量<br>Duplicated Measurement Between Surface Water and Groundwater | 人均水资源量（立方米／人）<br>Per Capita Water Resources<br>(cu.m/person) |
|---|---|---|---|---|---|
| 1995 | 558.82 | 502.91 | 140.40 | 84.49 | 931.40 |
| 2000 | 644.21 | 554.62 | 188.74 | 99.15 | 1026.10 |
| 2005 | 719.25 | 672.20 | 195.41 | 148.36 | 1135.70 |
| 2006 | 580.50 | 532.77 | 159.12 | 111.39 | 950.10 |
| 2007 | 712.46 | 666.10 | 181.84 | 135.48 | 1164.50 |
| 2008 | 699.24 | 651.88 | 178.09 | 130.73 | 1139.80 |
| 2009 | 733.10 | 685.92 | 185.43 | 138.25 | 1195.70 |
| 2010 | 922.82 | 876.27 | 197.81 | 151.26 | 1550.90 |

注：水资源总量=地表水资源量＋地下水资源量－地表水与地下水资源重复量。

a) Total Water Resources=Surface Water+Ground Water-Duplicated Measurement Between Surface Water and Groundwater.

## 11—21 各市水资源情况（2010年）
Water Resources by Region (2010)

| 地 区 | Region | 水资源总量（亿立方米）<br>Total Water Resources<br>(100 million cu.m) | 地表水资源量<br>Surface Water | 地下水资源量<br>Ground Water | 地表水与地下水资源重复量<br>Duplicated Measurement Between Surface Water and Groundwater | 人均水资源量（立方米／人）<br>Per Capita Water Resources<br>(cu.m/person) |
|---|---|---|---|---|---|---|
| **总 计** | **Total** | **922.82** | **876.27** | **197.81** | **151.26** | **1550.90** |
| 合肥市 | Hefei | 30.26 | 30.20 | 5.09 | 5.03 | 530.70 |
| 淮北市 | Huaibei | 5.97 | 3.01 | 3.86 | 0.90 | 303.90 |
| 亳州市 | Bozhou | 22.80 | 12.79 | 13.80 | 3.79 | 476.00 |
| 宿州市 | Suzhou | 25.30 | 13.65 | 15.08 | 3.43 | 472.60 |
| 蚌埠市 | Bengbu | 17.00 | 11.03 | 8.51 | 2.54 | 528.50 |
| 阜阳市 | Fuyang | 29.26 | 17.16 | 16.28 | 4.18 | 385.00 |
| 淮南市 | Huainan | 6.93 | 5.19 | 2.51 | 0.77 | 300.70 |
| 滁州市 | Chuzhou | 45.73 | 45.37 | 9.86 | 9.50 | 1138.10 |
| 六安市 | Luan | 130.12 | 129.83 | 25.93 | 25.64 | 2318.60 |
| 马鞍山市 | Maanshan | 9.83 | 9.72 | 2.19 | 2.08 | 705.80 |
| 巢湖市 | Chaohu | 58.32 | 57.94 | 10.65 | 10.27 | 1492.30 |
| 芜湖市 | Wuhu | 29.44 | 29.29 | 5.35 | 5.20 | 1250.10 |
| 宣城市 | Xuancheng | 112.96 | 112.87 | 17.17 | 17.08 | 4546.00 |
| 铜陵市 | Tongling | 8.73 | 8.68 | 1.62 | 1.57 | 1145.80 |
| 池州市 | Chizhou | 103.05 | 102.91 | 15.77 | 15.63 | 7506.60 |
| 安庆市 | Anqing | 147.19 | 146.70 | 23.15 | 22.66 | 2771.20 |
| 黄山市 | Huangshan | 139.93 | 139.93 | 20.99 | 20.99 | 10334.60 |

## 11—22 农村环境状况
The Environment of Rural Areas

| 年份<br>Year | 农村改水受益率(%)<br>Benefical Rate of the Water Renovation in Rural Areas (%) | 农村自来水普及率(%)<br>Popularity Rate of Tape Water in Rural Areas (%) | 农村卫生厕所普及率(%)<br>Popularity Rate of Sanitation Toilet in Rural Areass (%) | 农村户用沼气 Marsh Gas in Rural House | | 太阳能热水器 Solar Water Heater |
|---|---|---|---|---|---|---|
| | | | | 用户数(万户)<br>(10000 Housrholds) | 总产气量(万立方米)<br>Total Volum Gas Production (10000 cu.m) | 面积(万平方米)<br>Area (10000 sq.m) |
| 1995 | 85.0 | | 10.8 | | | |
| 2000 | 98.5 | 36.8 | 40.1 | 11.44 | 2862 | 50.37 |
| 2005 | 99.0 | 37.6 | 54.2 | 31.94 | 9076 | 172.88 |
| 2006 | 98.2 | 39.5 | 55.6 | 37.64 | 10809 | 224.50 |
| 2007 | 96.2 | 35.2 | 51.9 | 49.21 | 14763 | 262.14 |
| 2008 | 97.7 | 39.1 | 53.3 | 56.43 | 17959 | 307.53 |
| 2009 | 98.4 | 43.7 | 54.1 | 67.06 | 20654 | 373.16 |
| 2010 | 99.6 | 47.8 | 57.5 | 75.26 | 22334 | 422.12 |

## 11—23 各市农村环境状况（2010年）
The Environment of Rural Areas by Region (2010)

| 地区 | Region | 农村改水受益率(%)<br>Benefical Rate of the Water Renovation in Rural Areas (%) | 农村自来水普及率(%)<br>Popularity Rate of Tape Water in Rural Areas (%) | 农村卫生厕所普及率(%)<br>Popularity Rate of Sanitation Toilet in Rural Areass (%) | 农村户用沼气 Marsh Gas in Rural House | | 太阳能热水器 Solar Water Heater |
|---|---|---|---|---|---|---|---|
| | | | | | 用户数(万户)<br>(10000 Housrholds) | 总产气量(万立方米)<br>Total Volum Gas Production (10000 cu.m) | 面积(万平方米)<br>Area (10000 sq.m) |
| **总计** | **Total** | **99.56** | **47.83** | **57.55** | **75.26** | **22333.50** | **422.12** |
| 合肥市 | Hefei | 100.00 | 51.84 | 94.09 | 4.42 | 1246.00 | 67.48 |
| 淮北市 | Huaibei | 99.73 | 66.91 | 68.20 | 1.99 | 606.55 | 18.43 |
| 亳州市 | Bozhou | 106.27 | 25.91 | 42.32 | 2.90 | 749.00 | 18.19 |
| 宿州市 | Suzhou | 100.00 | 42.84 | 38.79 | 4.32 | 1494.50 | 20.17 |
| 蚌埠市 | Bengbu | 103.76 | 18.56 | 28.45 | 1.88 | 565.88 | 34.29 |
| 阜阳市 | Fuyang | 100.00 | 25.84 | 30.56 | 6.38 | 1876.46 | 20.49 |
| 淮南市 | Huainan | 98.96 | 48.57 | 78.53 | 1.63 | 338.45 | 7.04 |
| 滁州市 | Chuzhou | 101.97 | 57.68 | 51.90 | 4.49 | 1332.14 | 33.01 |
| 六安市 | Luan | 94.48 | 45.50 | 87.10 | 7.97 | 2308.95 | 31.29 |
| 马鞍山市 | Maanshan | 100.00 | 100.00 | 63.36 | 0.37 | 105.00 | 7.20 |
| 巢湖市 | Chaohu | 99.46 | 60.40 | 71.52 | 5.46 | 1743.00 | 51.58 |
| 芜湖市 | Wuhu | 98.60 | 87.55 | 76.87 | 1.18 | 300.65 | 12.25 |
| 宣城市 | Xuancheng | 96.51 | 65.76 | 72.54 | 6.38 | 1820.63 | 35.84 |
| 铜陵市 | Tongling | 106.07 | 93.13 | 76.61 | 0.73 | 213.50 | 7.32 |
| 池州市 | Chizhou | 94.43 | 55.28 | 41.97 | 7.54 | 2237.20 | 13.73 |
| 安庆市 | Anqing | 96.96 | 64.69 | 63.60 | 14.05 | 4230.10 | 27.78 |
| 黄山市 | Huangshan | 98.12 | 91.85 | 56.48 | 3.57 | 1165.50 | 16.05 |

## 11—24 农村改水、改厕情况
The Water and Toilets Renovation in Rural Area

| 指 标 | | Item | | 2005 | 2009 | 2010 |
|---|---|---|---|---|---|---|
| **农村改水** | | **Water Renovation** | | | | |
| 农村总人口 | (万人) | Total Rural Population | (10000 persons) | 4490.8 | 5250.9 | 5250.8 |
| 累计已改水受益人口 | (万人) | Accumulative Population to benefit from water renovation | (10000 persons) | 4419.4 | 5165.4 | 5227.5 |
| 自来水 | | Tap Water | | | | |
| 厂、站 | (个) | Factory, Sation | (unit) | 14162 | 14928 | 14501 |
| 累计受益 | (万人) | Accumulative Benefit Population | (10000 persons) | 1690.6 | 2292.8 | 2511.4 |
| 占农村总人口 | (%) | Proportion of the Total Rural Population | (%) | 37.7 | 43.7 | 47.8 |
| 手压机井 | | Manual Pumped Wells | | | | |
| 数 量 | (万台) | Number | (10000 unat) | 640.0 | 616.3 | 543.1 |
| 累计受益 | (万人) | Accumulative Benefit Population | (10000 persons) | 2241.3 | 2582.0 | 2438.3 |
| 占农村总人口 | (%) | Proportion of the Total Rural Population | (%) | 49.9 | 49.2 | 46.4 |
| 雨水收集 | | Rainwater Collection | | | | |
| 水 窖 | (个) | Water Cellars | (unit) | 4019 | 1521 | 466 |
| 累计受益 | (万人) | Accumulative Benefit Population | (10000 persons) | 31.7 | 16.5 | 16.4 |
| 占农村总人口 | (%) | Proportion of the Total Rural Population | (%) | 0.7 | 0.3 | 0.3 |
| 其 他 | | Other | | | | |
| 累计受益 | (万人) | Accumulative Benefit Population | (10000 persons) | 455.8 | 274.1 | 261.4 |
| 占农村总人口 | (%) | Proportion of the Total Rural Population | (%) | 10.2 | 5.2 | 5.0 |
| **农村改厕** | | **Toilets Renovation in Rural Area** | | | | |
| 农村总户数 | (万户) | Total Rural Households | (10000 subscribers) | 1213.7 | 1346.6 | 1346.5 |
| 累计使用卫生厕所户数 | (万户) | Households Used Toilets | (10000 subscribers) | 657.4 | 729.1 | 774.9 |
| 卫生厕所普及率 | (%) | Rate of the Sanitation Toilets | (%) | 54.2 | 54.1 | 57.5 |
| 累计使用卫生公厕户数 | (万户) | Household Used Public Sanitation Toilets | (10000 subscribers) | 82.3 | 129.4 | 125.9 |

## 11—25 农村改水、改厕投资情况
Investment of Water and Toilets Renovation in Rural Area

| 指 标 | | Item | | 2005 | 2009 | 2010 |
|---|---|---|---|---|---|---|
| **农村改水** | | **Water Renovation in Rural Area** | | | | |
| 农村改水投入 | (万元) | Investment | (10000 yuan) | 21669 | 110095 | 132386 |
| 国家投入 | | State Investment | | 10011 | 93354 | 114919 |
| 国家投入占总投入比重 | (%) | The Proportion of State Investment | (%) | 46.20 | 84.79 | 86.81 |
| **农村改厕** | | **Toilets Renovation in Rural Area** | | | | |
| 农村改厕投入 | (万元) | Investment | (10000 yuan) | 11413 | 18458 | 33327 |
| 国家投入 | | State Investment | | 3577 | 9113 | 21952 |
| 国家投入占总投入比重 | (%) | The Proportion of State Investment | (%) | 31.34 | 49.37 | 65.87 |

## 11—26 突发环境事件情况
Environmental Accidents

| 年 份 Year | 突发环境事件次数（次） Number of Environmental Accidents (time) | 水污染 Water Pollution | 大气污染 Air Pollution | 固体废物污染 Solid Wastes Pollution | 噪声与振动危害 Noise and Vibration Pollution | 直接经济损失（万元） Direct Economic Losses (10000 yuan) | 突发环境事件罚款总额（万元） Reparations and Fines on Environmental Accidents (10000 yuan) | 污染损害赔款总额（万元） Total Compensation Amount Damage of Pollution (10000 yuan) |
|---|---|---|---|---|---|---|---|---|
| 2000 | 66 | 43 | 23 | | | 802.20 | 62.46 | 802.20 |
| 2005 | 28 | 16 | 10 | | 2 | 275.40 | 55.20 | 275.40 |
| 2006 | 21 | 15 | 4 | | 2 | 354.80 | 58.70 | 452.90 |
| 2007 | 22 | 13 | 9 | | | 450.00 | | |
| 2008 | 16 | 9 | 6 | 1 | | 1440.70 | | 30.00 |
| 2009 | 22 | 12 | 3 | 7 | | 625.36 | 17.00 | |
| 2010 | 30 | 10 | 8 | 5 | | 231.60 | 23.00 | 133.00 |

## 11—27 各市突发环境事件情况（2010年）
Environmental Accidents by Region (2010)

| 地 区 | Region | 突发环境事件次数（次） Number of Environmental Accidents (time) | 水污染 Water Pollution | 大气污染 Air Pollution | 噪声与振动危害 Noise and Vibration Pollution | 直接经济损失（万元） Direct Economic Losses (10000 yuan) | 突发环境事件罚款总额（万元） Reparations and Fines on Environmental Accidents (10000 yuan) | 污染损害赔款总额（万元） Total Compensation Amount Damage of Pollution (10000 yuan) |
|---|---|---|---|---|---|---|---|---|
| **总 计** | **Total** | **30** | **10** | **8** | | **231.60** | **23.00** | **133.00** |
| 合肥市 | Hefei | 1 | 1 | | | | | |
| 淮北市 | Huaibei | 2 | | 1 | | | | |
| 亳州市 | Bozhou | | | | | | | |
| 宿州市 | Suzhou | 2 | | | | | | |
| 蚌埠市 | Bengbu | 3 | 1 | 2 | | | | |
| 阜阳市 | Fuyang | 1 | | | | 100.00 | | 100.00 |
| 淮南市 | Huainan | | | | | | | |
| 滁州市 | Chuzhou | | | | | | | |
| 六安市 | Luan | 2 | | 1 | | | | |
| 马鞍山市 | Maanshan | | | | | | | |
| 巢湖市 | Chaohu | 4 | 1 | | | 0.80 | | |
| 芜湖市 | Wuhu | | | | | | | |
| 宣城市 | Xuancheng | 3 | | 1 | | 34.60 | 3.00 | |
| 铜陵市 | Tongling | 2 | 2 | | | 63.00 | | 33.00 |
| 池州市 | Chizhou | 2 | | 1 | | 30.00 | | |
| 安庆市 | Anqing | 7 | 5 | 1 | | 3.20 | 20.00 | |
| 黄山市 | Huangshan | 1 | | 1 | | | | |

## 11—28 土地利用情况
Land Use

单位：公顷 (hectares)

| 年份 Year | 土地调查面积 Area Under Land Survey | 农用地 Land for Agriculture Use | #园地 Garden Land | 建设用地 Land for Construction | 居民点及工矿用地 Land for Living Quarters, Mining and Manufacturing Sites | 交通用地 Land for Transport Pacilities | 水利设施用地 Land for Water Conservancy Facilities |
|---|---|---|---|---|---|---|---|
| 1995 | 14012579 | 9754831 | 341365 | 1733484 | 1255073 | 255656 | 222755 |
| 2000 | 14012579 | 9720009 | 342242 | 1771264 | 1272671 | 273137 | 225456 |
| 2005 | 14012579 | 11212107 | 342070 | 1621772 | 1302399 | 91982 | 227391 |
| 2006 | 14012579 | 11200504 | 341812 | 1639505 | 1315212 | 97377 | 226915 |
| 2007 | 14012579 | 11193252 | 340533 | 1652351 | 1325947 | 99102 | 227302 |
| 2008 | 14012579 | 11190204 | 339428 | 1661804 | 1334111 | 100744 | 226949 |

## 11—29 各市土地利用情况（2008年）
Land Use by Region (2008)

单位：公顷 (hectares)

| 地区 | Region | 土地调查面积 Area Under Land Survey | 农用地 Land for Agriculture Use | #园地 Garden Land | 建设用地 Land for Construction | 居民点及工矿用地 Land for Living Quarters, Mining and Manufacturing Sites | 交通用地 Land for Transport Pacilities | 水利设施用地 Land for Water Conservancy Facilities |
|---|---|---|---|---|---|---|---|---|
| **总计** | **Total** | **14012579** | **11190204** | **339428** | **1661804** | **1334111** | **100744** | **226949** |
| 合肥市 | Hefei | 702948 | 543315 | 2171 | 120332 | 94267 | 7350 | 18715 |
| 淮北市 | Huaibei | 274091 | 218555 | 5156 | 47013 | 41891 | 2812 | 2310 |
| 亳州市 | Bozhou | 852258 | 708677 | 6312 | 124517 | 106192 | 9092 | 9233 |
| 宿州市 | Suzhou | 993980 | 791159 | 53940 | 149115 | 124463 | 8580 | 16073 |
| 蚌埠市 | Bengbu | 595213 | 454447 | 2742 | 82371 | 68367 | 4602 | 9403 |
| 阜阳市 | Fuyang | 1012277 | 775668 | 3174 | 185968 | 159974 | 10556 | 15437 |
| 淮南市 | Huainan | 258513 | 187260 | 3209 | 46228 | 37810 | 3193 | 5226 |
| 滁州市 | Chuzhou | 1352322 | 1078431 | 8585 | 186329 | 135122 | 6473 | 44734 |
| 六安市 | Luan | 1841094 | 1513659 | 55860 | 186974 | 142630 | 8133 | 36212 |
| 马鞍山市 | Maanshan | 168574 | 122367 | 720 | 25786 | 22062 | 1180 | 2544 |
| 巢湖市 | Chaohu | 939367 | 686715 | 8703 | 110850 | 90833 | 5419 | 14599 |
| 芜湖市 | Wuhu | 336255 | 266262 | 3743 | 48559 | 41978 | 3715 | 2866 |
| 宣城市 | Xuancheng | 1232343 | 1054613 | 47693 | 73170 | 55848 | 6985 | 10337 |
| 铜陵市 | Tongling | 106447 | 67619 | 1996 | 18221 | 15058 | 1349 | 1814 |
| 池州市 | Chizhou | 839173 | 675535 | 31247 | 45855 | 35175 | 3828 | 6852 |
| 安庆市 | Anqing | 1539839 | 1153305 | 25393 | 161470 | 127262 | 12422 | 21786 |
| 黄山市 | Huangshan | 967884 | 892617 | 78783 | 49044 | 35179 | 5054 | 8811 |

## 11—30 主要年份地质灾害及防治情况
Geological Disasters and Prevention and Cure

| 年份 Year | 发生地质灾害起数(次) Geological Disasters (time) | #滑坡 Land-slide | #崩塌 Collapse | 人员伤亡(人) Casualties (person) | #死亡人数 Deaths | 直接经济损失(万元) Direct Economic Losses (10000 yuan) | 地质灾害防治项目(个) Number of Projects of Prevention of Geological Disasters (unit) | 地质灾害防治投资(万元) Investment of Projects of Prevention of Geological Disasters (10000 yuan) |
|---|---|---|---|---|---|---|---|---|
| 2005 | 8320 | 1528 | 6445 | 44 | 40 | 96800.0 | 46 | 3614 |
| 2006 | 360 | 72 | 260 | 6 | 3 | 3714.0 | 73 | 9921 |
| 2007 | 314 | 123 | 161 | 5 | 3 | 7486.6 | 123 | 9361 |
| 2008 | 556 | 247 | 285 | 3 | 2 | 8753.2 | 164 | 14814 |
| 2009 | 349 | 116 | 216 | 8 | 2 | 2179.3 | 156 | 12253 |
| 2010 | 338 | 143 | 164 | 12 | 6 | 2536.3 | 189 | 11352 |

## 11—31 各市地质灾害及防治情况（2010年）
Geological Disasters and Prevention and Cure by Region (2010)

| 地区 Region | 发生地质灾害起数(次) Geological Disasters (time) | #滑坡 Land-slide | #崩塌 Collapse | 人员伤亡(人) Casualties (person) | #死亡人数 Deaths | 直接经济损失(万元) Direct Economic Losses (10000 yuan) | 地质灾害防治项目(个) Number of Projects of Prevention of Geological Disasters (unit) | 地质灾害防治投资(万元) Investment of Projects of Prevention of Geological Disasters (10000 yuan) |
|---|---|---|---|---|---|---|---|---|
| **总计 Total** | **338** | **143** | **164** | **12** | **6** | **2536.3** | **189** | **11352** |
| 合肥市 Hefei | 3 | 1 | 2 | | | | | 91 |
| 淮北市 Huaibei | | | | | | | 2 | 190 |
| 亳州市 Bozhou | | | | | | | | 2 |
| 宿州市 Suzhou | | | | | | | | 10 |
| 蚌埠市 Bengbu | | | | | | | | 300 |
| 阜阳市 Fuyang | | | | | | | 1 | |
| 淮南市 Huainan | 1 | | 1 | | | 70.0 | 1 | 50 |
| 滁州市 Chuzhou | 2 | | | | | 1.0 | 2 | 471 |
| 六安市 Luan | 20 | 10 | 10 | 1 | 1 | 165.5 | 33 | 270 |
| 马鞍山市 Maanshan | 1 | | 1 | | | 5.0 | 8 | 251 |
| 巢湖市 Chaohu | 2 | 2 | | | | 4.0 | 9 | 221 |
| 芜湖市 Wuhu | 6 | 1 | 3 | | | 33.5 | 3 | 194 |
| 宣城市 Xuancheng | 19 | 18 | 1 | | | 36.6 | 71 | 2001 |
| 铜陵市 Tongling | 10 | 1 | | 3 | 1 | 7.0 | 2 | 353 |
| 池州市 Chizhou | 60 | 50 | 3 | | | 194.5 | 4 | 895 |
| 安庆市 Anqing | 69 | 19 | 44 | 6 | 3 | 636.1 | 1 | 588 |
| 黄山市 Huangshan | 145 | 41 | 99 | 2 | 1 | 1383.1 | 52 | 4065 |

## 11—32 自然保护基本情况
Basic Situation of Natural Protection

| 年份 Year | 自然保护区(市级以上) Nature Reserves | | | | 珍稀濒危动物繁殖场(个) Number of Farms to Breed Rare or Endangered Animals (unit) | 珍稀植物引种栽培场(个) Cultivating Farms of Rare Plants (unit) | 生态示范区建设试点地区和单位(个) Number of Experimental Units and Region of Ecological Demonstration Zones (unit) | 已批准国家级生态示范区(个) Number of Approved the National-level Ecological Demonstration Zones (unit) |
|---|---|---|---|---|---|---|---|---|
| | 个数(个) Number of Nature Reserves (unit) | #国家级 Nation Level | 面积(万公顷) Area of Nature Reserves (10000 hectares) | #国家级 Nation Level | | | | |
| 2005 | 31 | | 34.68 | | 5 | 1 | 34 | 9 |
| 2006 | 35 | | 44.81 | | 3 | | 34 | 9 |
| 2007 | 37 | | 44.00 | | | | 34 | 11 |
| 2008 | 37 | | 46.13 | | | | 34 | 13 |
| 2009 | 38 | | 43.84 | | | | 34 | 13 |
| 2010 | 38 | 6 | 43.61 | 13.14 | | | 34 | 13 |

## 11—33 各市自然保护基本情况(2010年)
Basic Situation of Natural Protection by Region (2010)

| 地区 Region | 自然保护区(市级以上) Nature Reserves | | | | 珍稀濒危动物繁殖场(个) Number of Farms to Breed Rare or Endangered Animals (unit) | 珍稀植物引种栽培场(个) Cultivating Farms of Rare Plants (unit) | 生态示范区建设试点地区和单位(个) Number of Experimental Units and Region of Ecological Demonstration Zones (unit) | 已批准国家级生态示范区(个) Number of Approved the National-level Ecological Demonstration Zones (unit) |
|---|---|---|---|---|---|---|---|---|
| | 个数(个) Number of Nature Reserves (unit) | #国家级 Nation Level | 面积(万公顷) Area of Nature Reserves (10000 hectares) | #国家级 Nation Level | | | | |
| **总计 Total** | **38** | **6** | **43.61** | **13.14** | | | **34** | **13** |
| 合肥市 Hefei | | | | | | | | |
| 淮北市 Huaibei | | | | | | | 1 | |
| 亳州市 Bozhou | | | | | | | 1 | 1 |
| 宿州市 Suzhou | 5 | | 2.18 | | | | 2 | 1 |
| 蚌埠市 Bengbu | 3 | | 1.94 | | | | 2 | |
| 阜阳市 Fuyang | 2 | | 2.56 | | | | 3 | 1 |
| 淮南市 Huainan | | | | | | | | |
| 滁州市 Chuzhou | 2 | | 2.46 | | | | 1 | |
| 六安市 Luan | 4 | 1 | 5.18 | 2.89 | | | 3 | 3 |
| 马鞍山市 Maanshan | 1 | | 1.07 | | | | 1 | 1 |
| 巢湖市 Chaohu | | | | | | | 2 | |
| 芜湖市 Wuhu | | | | | | | 3 | |
| 宣城市 Xuancheng | 3 | 1 | 2.86 | 1.86 | | | 5 | 1 |
| 铜陵市 Tongling | 1 | 1 | 3.15 | 3.15 | | | | |
| 池州市 Chizhou | 4 | 1 | 5.45 | 3.34 | | | 1 | 1 |
| 安庆市 Anqing | 4 | 1 | 13.78 | 1.23 | | | 5 | 1 |
| 黄山市 Huangshan | 9 | 1 | 2.98 | 0.67 | | | 4 | 3 |

## 11—34 主要年份湿地面积
Area of Wetlands

| 年份 Year | 湿地面积(千公顷) Area of Wetlands (1000 hectares) | 天然湿地 Natural Wetlands | 河流 Rivers | 湖泊 Lakes | 人工湿地 Man-made Wetlands | 湿地面积占国土面积比重(%) Proportion of Wetlands in Total Area of Territory (%) |
|---|---|---|---|---|---|---|
| 2005 | 653.9 | 590.0 | 239.5 | 350.5 | 63.9 | 4.73 |
| 2006 | 653.9 | 590.0 | 239.5 | 350.5 | 63.9 | 4.73 |
| 2007 | 653.9 | 590.0 | 239.5 | 350.5 | 63.9 | 4.73 |
| 2008 | 653.9 | 590.0 | 239.5 | 350.5 | 63.9 | 4.73 |
| 2009 | 653.9 | 590.0 | 239.5 | 350.5 | 63.9 | 4.73 |
| 2010 | 653.9 | 590.0 | 239.5 | 350.5 | 63.9 | 4.73 |

## 11—35 森林资源情况
Forest Resources

| 年份 Year | 林业用地面积(千公顷) Area of Afforested Land (1000 hectares) | 森林面积(千公顷) Forest Area (1000 hectares) | #人工林 Man-made Forest | 森林覆盖率(%) Forest Coverage Rate (%) | 活立木总蓄积量(万立方米) Total Standing Forest Stock (10000 cu.m) | 森林蓄积量(万立方米) Stock Volume of Forest (10000 cu.m) |
|---|---|---|---|---|---|---|
| 1995 | 4186.50 | 3170.50 | 1075.90 | 22.95 | 10441.14 | 82957.70 |
| 2000 | 4123.20 | 3318.70 | 1174.80 | 24.02 | 12667.41 | 10371.90 |
| 2005 | 4403.50 | 3600.70 | 2098.70 | 26.06 | 16258.35 | 13755.41 |
| 2007 | 4404.00 | 3601.00 | 2099.00 | 26.06 | 16258.35 | 13755.41 |
| 2008 | 4404.00 | 3601.00 | 2099.00 | 26.06 | 16258.35 | 13755.41 |
| 2009 | 4404.00 | 3601.00 | 2099.00 | 26.06 | 16258.35 | 13755.41 |
| 2010 | 4431.80 | 3804.20 | 2250.70 | 27.53 | 21710.12 | 18074.85 |

注：2005年及以后为一类资源清查数。

a) The figures after 2005 of the national first class forest resources by Surveyed.

# 11—36 各市森林资源情况（2010年）

Forest Resources by Region (2010)

| 地 区 | Region | 林业用地面积（千公顷）Area of Afforested Land (1000 hectares) | 森林面积（千公顷）Forest Area (1000 hectares) | 森林覆盖率(%) Forest Coverage Rate (%) | 活立木总蓄积量（万立方米）Total Standing Forest Stock (10000 cu.m) | 森林蓄积量（万立方米）Stock Volume of Forest (10000 cu.m) |
|---|---|---|---|---|---|---|
| 合肥市 | Hefei | 45.44 | 44.09 | 6.28 | 536.42 | 266.84 |
| 淮北市 | Huaibei | 40.28 | 36.79 | 13.70 | 254.90 | 185.00 |
| 亳州市 | Bozhou | 128.91 | 132.72 | 15.81 | 1060.54 | 772.94 |
| 宿州市 | Suzhou | 249.01 | 246.19 | 25.14 | 1414.39 | 1141.95 |
| 蚌埠市 | Bengbu | 66.30 | 62.78 | 10.66 | 517.24 | 345.96 |
| 阜阳市 | Fuyang | 148.54 | 147.16 | 15.11 | 952.54 | 826.37 |
| 淮南市 | Huainan | 42.93 | 42.65 | 16.50 | 282.47 | 229.54 |
| 滁州市 | Chuzhou | 165.67 | 114.55 | 8.65 | 1414.08 | 807.30 |
| 六安市 | Luan | 625.86 | 569.78 | 31.83 | 2570.03 | 2122.26 |
| 马鞍山市 | Maanshan | 16.53 | 12.15 | 7.24 | 91.21 | 41.19 |
| 巢湖市 | Chaohu | 128.19 | 88.15 | 9.48 | 583.22 | 376.95 |
| 芜湖市 | Wuhu | 77.34 | 60.61 | 18.35 | 315.04 | 205.98 |
| 宣城市 | Xuancheng | 720.98 | 606.74 | 49.32 | 2703.22 | 2482.85 |
| 铜陵市 | Tongling | 36.57 | 29.58 | 29.54 | 146.17 | 117.61 |
| 池州市 | Chizhou | 553.24 | 433.30 | 51.89 | 2583.26 | 2408.36 |
| 安庆市 | Anqing | 566.47 | 488.45 | 31.86 | 2496.56 | 2193.22 |
| 黄山市 | Huangshan | 819.53 | 688.53 | 71.38 | 3788.85 | 3550.54 |

## 11—37 造 林 面 积
Area of Afforestation

单位：公顷 (hectares)

| 年 份 Year | 造林总面积 Total Area of Afforestation | #人工造林 Manual Planting | 按林种用途分 by Function of Forest 用材林 Timber Forests | 经济林 By-product Forests | 防护林 Protection Forests | 薪炭林 Fuel Forests | 特种用途林 Forests for Special Purpose |
|---|---|---|---|---|---|---|---|
| 1995 | 72506 | 72506 | 21170 | 42302 | 1679 | 35 | 1320 |
| 2000 | 69214 | 69214 | 29068 | 33592 | 4730 | | 1824 |
| 2005 | 57457 | 57457 | 26388 | 4489 | 25727 | 739 | 114 |
| 2006 | 45888 | 45888 | 19517 | 6655 | 19704 | | 12 |
| 2007 | 58910 | 52240 | 21083 | 6947 | 29048 | 179 | 1653 |
| 2008 | 53322 | 48366 | 17037 | 8444 | 26440 | 1033 | 368 |
| 2009 | 83606 | 70229 | 25314 | 8858 | 48171 | | 1263 |
| 2010 | 65612 | 57012 | 17724 | 12380 | 33804 | 849 | 855 |

## 11—38 各 市 造 林 面 积（2010年）
Area of Afforestation by Region (2010)

单位：公顷 (hectares)

| 地 区 | Region | 造林总面积 Total Area of Afforestation | #人工造林 Manual Planting | 按林种用途分 by Function of Forest 用材林 Timber Forests | 经济林 By-product Forests | 防护林 Protection Forests | 特种用途林 Forests for Special Purpose |
|---|---|---|---|---|---|---|---|
| **总 计** | **Total** | **65612** | **57012** | **17724** | **12380** | **33804** | **855** |
| 合肥市 | Hefei | 3276 | 3276 | 356 | 239 | 2670 | 11 |
| 淮北市 | Huaibei | 565 | 565 | | 242 | 323 | |
| 亳州市 | Bozhou | 2954 | 2954 | 203 | | 2751 | |
| 宿州市 | Suzhou | 6511 | 5044 | 1544 | 1348 | 3570 | 49 |
| 蚌埠市 | Bengbu | 1085 | 1085 | 81 | 84 | 907 | 13 |
| 阜阳市 | Fuyang | 3799 | 3799 | 2601 | 107 | 1075 | 16 |
| 淮南市 | Huainan | 1144 | 811 | | 29 | 1115 | |
| 滁州市 | Chuzhou | 4487 | 4154 | 1608 | 149 | 2680 | 50 |
| 六安市 | Luan | 6924 | 6124 | 2062 | 2191 | 2299 | 372 |
| 马鞍山市 | Maanshan | 614 | 614 | 233 | 2 | 379 | |
| 巢湖市 | Chaohu | 3538 | 3271 | 595 | 429 | 1993 | 72 |
| 芜湖市 | Wuhu | 1595 | 1462 | 724 | 157 | 690 | 24 |
| 宣城市 | Xuancheng | 8262 | 6862 | 2927 | 2246 | 2557 | 132 |
| 铜陵市 | Tongling | 922 | 922 | 97 | 45 | 773 | 7 |
| 池州市 | Chizhou | 3261 | 2594 | 1470 | 395 | 1396 | |
| 安庆市 | Anqing | 13031 | 9831 | 2272 | 2642 | 8013 | 104 |
| 黄山市 | Huangshan | 3644 | 3644 | 951 | 2075 | 613 | 5 |

## 11—39 退耕还林工程建设情况
Situation of Projects for Reforesting Formerly Cultivated Land

单位：公顷 (hectares)

| 年份 Year | 造林总面积 Total Area of Afforestation | 退耕地造林面积 Reforesting Formerly Cultivated Land Area | 荒山荒地造林面积 Afforested Area of Waste Mountains & Land | 按林种用途分 by Function of Forest 用材林 Timber Forests | 经济林 By-product Forests | 防护林 Protection Forests | 薪炭林 Fuel Forests | 特种用途林 Forests for Special Purpose | 林业投资完成额（万元） Completed Investment in Forestry (10000 yuan) |
|---|---|---|---|---|---|---|---|---|---|
| 2004 | 29462 | 6701 | 22761 | 3654 | 1467 | 23588 | 753 | | |
| 2005 | 17026 | 13333 | 3693 | 1054 | 725 | 15082 | 133 | 32 | |
| 2006 | | | | | | | | | |
| 2007 | 16557 | | 16557 | 258 | 1635 | 14353 | | 311 | |
| 2008 | 19567 | | 19134 | 3556 | 3303 | 12705 | 3 | | |
| 2009 | 32540 | | 19211 | 1802 | 386 | 30144 | | 208 | |
| 2010 | 17820 | | 17820 | 4179 | 4441 | 8205 | 400 | 595 | 59665 |

## 11—40 各市退耕还林工程建设情况（2010年）
Situation of Projects for Reforesting Formerly Cultivated Land by Region (2010)

单位：公顷 (hectares)

| 地区 Region | 造林总面积 Total Area of Afforestation | 退耕地造林面积 Reforesting Formerly Cultivated Land Area | 荒山荒地造林面积 Afforested Area of Waste Mountains & Land | 按林种用途分 by Function of Forest 用材林 Timber Forests | 经济林 By-product Forests | 防护林 Protection Forests | 薪炭林 Fuel Forests | 特种用途林 Forests for Special Purpose | 林业投资完成额（万元） Completed Investment in Forestry (10000 yuan) |
|---|---|---|---|---|---|---|---|---|---|
| **总计 Total** | **17820** | | **17820** | **4179** | **4441** | **8205** | **400** | **595** | **59665** |
| 合肥市 Hefei | 363 | | 363 | | | 363 | | | 4687 |
| 淮北市 Huaibei | | | | | | | | | 271 |
| 亳州市 Bozhou | | | | | | | | | 196 |
| 宿州市 Suzhou | 240 | | 240 | 30 | 85 | 94 | | 31 | 2304 |
| 蚌埠市 Bengbu | | | | | | | | | 1014 |
| 阜阳市 Fuyang | 608 | | 608 | 551 | | 57 | | | 1639 |
| 淮南市 Huainan | 7 | | 7 | | 7 | | | | 1680 |
| 滁州市 Chuzhou | 961 | | 961 | | 15 | 946 | | | 6735 |
| 六安市 Luan | 2752 | | 2752 | 678 | 729 | 1045 | | 300 | 5837 |
| 马鞍山市 Maanshan | | | | | | | | | 341 |
| 巢湖市 Chaohu | 1066 | | 1066 | 151 | 145 | 698 | | 72 | 5751 |
| 芜湖市 Wuhu | 341 | | 341 | 161 | 40 | 133 | | 7 | 2202 |
| 宣城市 Xuancheng | 4361 | | 4361 | 969 | 1172 | 1690 | 400 | 130 | 2425 |
| 铜陵市 Tongling | 65 | | 65 | | 45 | 20 | | | 456 |
| 池州市 Chizhou | 1432 | | 1432 | 367 | 233 | 832 | | | 3123 |
| 安庆市 Anqing | 4043 | | 4043 | 735 | 1337 | 1921 | | 50 | 10763 |
| 黄山市 Huangshan | 1581 | | 1581 | 537 | 633 | 406 | | 5 | 10241 |

## 11—41 森林病虫害防治情况
Prevention of Forest Diseases and Pests

| 年份 Year | 合计 Total | | | 森林病害 Forest Diseases | | | 森林虫害 Forest Plague | | |
|---|---|---|---|---|---|---|---|---|---|
| | 发生面积(公顷) Area of Occurrence (hectare) | 防治面积(公顷) Area of Prevention (hectare) | 防治率(%) Prevention Rate (%) | 发生面积(公顷) Area of Occurrence (hectare) | 防治面积(公顷) Area of Prevention (hectare) | 防治率(%) Prevention Rate (%) | 发生面积(公顷) Area of Occurrence (hectare) | 防治面积(公顷) Area of Prevention (hectare) | 防治率(%) Prevention Rate (%) |
| 1995 | 287180 | 186693 | 65.01 | 55047 | 30200 | 54.86 | 232133 | 152627 | 65.75 |
| 2000 | 370273 | 274367 | 74.10 | 55187 | 24580 | 44.54 | 315087 | 249787 | 79.28 |
| 2005 | 261516 | 210369 | 80.44 | 22508 | 20527 | 91.20 | 239008 | 189842 | 79.43 |
| 2006 | 324916 | 279230 | 90.27 | 41014 | 38758 | 100.00 | 283882 | 240452.3 | 84.70 |
| 2007 | 348314 | 271562 | 77.96 | 49604 | 44547 | 89.81 | 298640 | 227017 | 76.02 |
| 2008 | 351110 | 288916 | 82.29 | 48225 | 39811 | 82.55 | 302865 | 244150 | 80.61 |
| 2009 | 336606 | 260229 | 77.31 | 59401 | 49480 | 83.30 | 277139 | 210682 | 76.02 |
| 2010 | 355750 | 300543 | 84.48 | 55385 | 42130 | 76.07 | 300365 | 258413 | 86.03 |

## 11—42 各市森林病虫害防治情况（2010年）
Prevention of Forest Diseases and Pests by Region (2010)

| 地区 Region | 合计 Total | | | 森林病害 Forest Diseases | | | 森林虫害 Forest Plague | | |
|---|---|---|---|---|---|---|---|---|---|
| | 发生面积(公顷) Area of Occurrence (hectare) | 防治面积(公顷) Area of Prevention (hectare) | 防治率(%) Prevention Rate (%) | 发生面积(公顷) Area of Occurrence (hectare) | 防治面积(公顷) Area of Prevention (hectare) | 防治率(%) Prevention Rate (%) | 发生面积(公顷) Area of Occurrence (hectare) | 防治面积(公顷) Area of Prevention (hectare) | 防治率(%) Prevention Rate (%) |
| **总计 Total** | **355750** | **300543** | **84.48** | **55385** | **42130** | **76.07** | **300365** | **258413** | **86.03** |
| 合肥市 Hefei | 8002 | 5764 | 72.03 | 1595 | 913 | 57.27 | 6407 | 4851 | 75.70 |
| 淮北市 Huaibei | 9960 | 9064 | 91.01 | 7420 | 6793 | 91.55 | 2540 | 2271 | 89.41 |
| 亳州市 Bozhou | 34033 | 26547 | 78.00 | 15560 | 9893 | 63.58 | 18473 | 16654 | 90.15 |
| 宿州市 Suzhou | 54807 | 47643 | 86.93 | 5467 | 5333 | 97.55 | 49340 | 42310 | 85.75 |
| 蚌埠市 Bengbu | 18297 | 16949 | 92.63 | 694 | 633 | 91.21 | 17603 | 16316 | 92.69 |
| 阜阳市 Fuyang | 41833 | 30383 | 72.63 | 8117 | 3615 | 44.53 | 33716 | 26768 | 79.39 |
| 淮南市 Huainan | 945 | 918 | 97.11 | 36 | 34 | 94.04 | 909 | 884 | 97.24 |
| 滁州市 Chuzhou | 21823 | 18257 | 83.66 | 3340 | 2936 | 87.89 | 18483 | 15321 | 82.90 |
| 六安市 Luan | 60417 | 59000 | 97.65 | 7670 | 7000 | 91.26 | 52747 | 52000 | 98.58 |
| 马鞍山市 Maanshan | 911 | 89 | 9.78 | 453 | 89 | 19.36 | 458 | | |
| 巢湖市 Chaohu | 19342 | 16645 | 86.06 | 1832 | 1749 | 95.45 | 17510 | 14896 | 85.08 |
| 芜湖市 Wuhu | 2354 | 2334 | 99.15 | 20 | 20 | 100.00 | 2334 | 2314 | 99.14 |
| 宣城市 Xuancheng | 18487 | 16191 | 87.58 | 1759 | 1739 | 98.86 | 16728 | 14452 | 86.39 |
| 铜陵市 Tongling | | | | | | | | | |
| 池州市 Chizhou | 18126 | 12503 | 68.98 | 167 | 133 | 80.00 | 17959 | 12370 | 68.69 |
| 安庆市 Anqing | 34097 | 31290 | 91.77 | 1255 | 1250 | 99.60 | 32842 | 30040 | 91.47 |
| 黄山市 Huangshan | 12316 | 6966 | 56.56 | | | | 12316 | 6966 | 56.56 |

# 主要统计指标解释

**森林面积**

指生长着乔木和竹林，郁闭度在0.3以上（不包括0.3）的林地面积，即有林地面积。它是反映森林资源总面积的重要指标。森林面积包括天然林面积和人工林面积。但不包括灌木林地和疏林地面积。

**森林覆盖率**

通常是指森林面积以及四旁树木的覆盖面积与土地总面积之比。森林覆盖率，是反映一个国家或地区森林资源和绿化水平的重要指标。计算公式：

森林覆盖率（%）＝森林面积/土地总面积×100%

**活立林总蓄积量**

指全部土地上树木蓄积的总量。包括森林蓄积、疏林蓄积、散生木蓄积和四旁树蓄积。

**森林蓄积量**

指一定森林面积上生长着林木树干材积总量。它是反映一个国家或地区森林资源总规模和水平的重要指标。

**降水量**

指降水深度，即降水平辅在地域面积上的深度。

**降水总量**

即降水深度（mm）×地域面积

**水资源蕴藏量**

指水资源总量中可以开采的水量。

**水资源总量**

一定区域内的水资源总量指当地降水形成的地表和地下产水量，即地表径流量与降水入渗补给量之和，不包括过境水量。

**地表水资源量**

指河流、湖泊、冰川等地表水体中由当地降水形成的、可以逐年更新的动态水量，即天然河川径流量。

**地下水资源量**

指当地降水和地表水对饱水岩土层的补给量。

**地表水与地下水资源重复量**

指地表水和地下水相互转化的部分，即在河川径流量中包括一部分地下水排泄量，地下水补给量中包括一部分来源于地表水的入渗量。

**供水总量**

指各种水源工程为用户提供的包括输水损失在内的毛供水量。

**地表水源水供水量**

指地表水体工程的取水量，按蓄、引、提、调四种形式统计。从水库、塘坝中引水或提水，均属蓄水工程供水量；从河道或湖泊中自流引水的，无论有闸或无闸，均属引水工程供水量；利用扬水站从河道或湖泊中直接取水的，属提水工程供水量；跨流域调配指水资源一级区或独立流域之间的跨流域调配水量，不包括在蓄、引、提水量中。

**地下水源供水量**

指水井工程的开采量，按浅层谈水、深层承压水和微咸水分别统计。城市地下水源供水量包括自来水厂的开采量和工矿企业自备井的开采量。

**其他水源供水量**

包括污水处理再利用、集雨工程、海水淡化等水源工程的供水量。

**用水总量**

指分配给用户的包括输水损失在内的毛用水量。按用户特性分为农业、工业、生活和生态用水四大类。

**农业用水**

包括农田灌溉和林牧渔业用水。林牧渔业用水指林果地灌溉、草地灌溉和鱼塘补水。

**工业用水**

按新水取用量计，不包括企业内部的重复利用水量。

**生活用水**

包括城镇生活用水和农村生活用水。城镇生活用水由居民用水和公共用水（含服务业、商饮业、货运邮电业及建筑业等用水）组成；农村生活用水除居民生活用水外，还包括畜用水在内。

**生态用水**

仅包括河湖人工补水和城市环境用水。

**工业废水排放量**

指经过企业厂区所有排放口排到企业外部的工业废水量。包括生产废水、外排的直接冷却水、超标排放的矿井地下水和与工业废水混排的厂区生活污水，不包括外排的间接冷却水（清污不分流的间接冷却水应计算在内）。

**工业废水排放达标量**

指报告期内废水中各项污染物指标都达到国家或地方排放标准的外排工业废水量，包括未经处理外排达标的，经废水处理设施处理后达标排放的，以及经污水处理厂处理后达标排放的。

**工业废水排放达标率**

指工业废水排放达标量占工业废水排放量的百分率，计算公式为：

工业废水排放达标率=工业废水排放达标量/工业废水排放量×100%

**城镇生活污水排放量**

指城镇居民每年排放的生活污水。用人均系数法测算。测算公式为：

城镇生活污水排放量=城镇生活污水排放系数×市镇非农业人口×365

**城镇生活污水中化学需氧量（COD）产生量**

指城镇居民每年排放的生活污水中的COD的产生量。用人均系数法测算。测算公式为：

城镇生活污水中COD 产生量=城镇生活污水中COD 产生系数×市镇非农业人口×365

**化学需氧量（COD）**

测量有机和无机物质化学所消耗氧的质量浓度的水污染指数。

**工业废气排放量**

指报告期内企业厂区内燃料燃烧和生产工艺过程中产生的各种排入大气的含有污染物的气体的总量，以标准状态（273K，101325Pa）计算。测算公式为：

工业废气排放量=燃料燃烧过程中废气排放量+生产工艺过程中废气排放量

**生活及其他$SO_2$排放量**

以生活及其他煤炭消费量和其含硫量为基础，根据以下公式计算：

生活及其他$SO_2$排放量=生活及其他煤炭消费量×含硫量×0.8×2

**工业$SO_2$排放量**

指报告期内企业在燃料燃烧和生产工艺过程中排入大气的$SO_2$总量，计算公式为：

工业$SO_2$排放量=燃料燃烧过程中$SO_2$排放量+生产工艺过程中$SO_2$排放量

**工业烟尘排放量**

指企业厂区内燃料燃烧过程中产生的烟气中夹带的颗粒物排放量。

**生活及其他烟尘排放量**

指除工业生产活动以外的所有社会、经济活动及公共设施的经营活动中燃烧所排放的烟尘纯重量。以生活及其他煤炭消费量为基础进行测算。

**工业粉尘排放量**

指企业在生产工艺过程中排放的能在空气中悬浮一定时间的固体颗粒物排放量。如钢铁企业的耐火材料粉尘、焦化企业的筛焦系统粉尘、烧结机的粉尘、石灰窑的粉尘、建材企业的水泥粉尘等。不包括电厂排入大气的烟尘。

**工业固体废物产生量**

指报告期内企业在生产过程中产生的固体状、半固体状和高浓度液体状废弃物的总量，包括危险废物、冶炼废渣、粉煤灰、炉渣、煤矸石、尾矿、放射性废物和其他废物等；不包括矿山开采的剥离废石和掘进废石（煤矸石和呈酸性或碱性的废石除外）。酸性或碱性废石指采掘的废石其流经水、雨淋水的pH值小于4或pH值大于10.5者。

**危险废物**

指列入国家危险废物名录或根据国家规定的危险废物鉴别标准和鉴别方法认定的，具有爆炸性、易燃性、易氧化性、毒性、腐蚀性、易传染疾病等危险特性之一的废物。

**工业固体废物综合利用量**

指报告期内企业通过回收、加工、循环、交换等方式，从固体废物中提取或者使其转化为可以利用的资源、能源和其他原材料的固体废物量（包括当年利用往年的工业固体废物贮存量），如用作农业肥料、生产建筑材料、筑路等。综合利用量由原产生固体废物的单位统计。

**工业固体废物综合利用率**

指工业固体废物综合利用量占工业固体废物产生量（包括综合利用往年贮存量）的百分率。计算公式为：

工业固体废物综合利用率=工业固体废物综合利用量/（工业固体废物产生量+综合利用往年贮存量）×100%

**工业固体废物贮存量**

指报告期内企业以综合利用或处置为目的，将固体废物暂时贮存或堆存在专设的贮存设施或专设的集中堆存场所内的数量。专设的固体废物贮存场所或贮存设施必须有防扩散、防流失、防渗漏、防止污染大气、水体的措施。

**工业固体废物处置量**

指报告期内企业将固体废物焚烧或者最终置于符合环境保护规定要求的场所，并不再回取的工业固体废物量（包括当年处置往年的工业固体废物贮存量）。处置方式有填埋（其中危险废物应安全填埋）、焚烧、专业贮存场（库）封场处理、深层灌注、回填矿井及海洋处置（经海洋管理部门同意投海处置）等。

**工业固体废物排放量**

指报告期内企业将所产生的固体废物排到固体废物污染防治设施、场所以外的数量，不包括矿山开采的剥离废石和掘进废石（煤矸石和呈酸性或碱性的废石除外）。

**“三废”综合利用产品产值**

指报告期内利用“三废”作为主要原料生产的产品价值（现行价）；已经销售或准备销售的应计算产品价值，留作生产自用的不应计算产品价值。

**生活垃圾清运量**

指报告期内收集和运送到垃圾处理厂（场）的生活垃圾数量。生活垃圾指城市日常生活或为城市日常生活提供服务的活动中产生的固体废物以及法律行政规定的视为城市生活垃圾的固体废物。包括：居民生活垃圾、商业垃圾、集市贸易市场垃圾、街道清扫垃圾、公共场所垃圾和机关、学校、厂矿等单位的生活垃圾。

**生活垃圾无害化处理率**

指报告期生活垃圾无害化处理量与生活垃圾产生量比率。在统计上，由于生活垃圾产生量不易取得，可用清运量代替。计算公式为：

生活垃圾无害化处理率=生活垃圾无害化处理量/生活垃圾产生量×100%

**土地调查面积**

指行政区域内的土地调查总面积，包括农用地、建设用地和未利用地。

**农用地**

指直接用于农业生产的土地，包括耕地、园地、林地、牧草地及其他农用地。

**人工林面积**

指由人工播种、植苗或扦插造林形成的生长稳定，（一般造林3-5年后或飞机播种5-7年后）每公顷保存株数大于或等于造林设计植树株数80%或郁闭度0.20以上（含0.20）的林分面积。

**造林总面积**

指报告期内在荒山、荒地、沙丘、退耕地等一切可以造林的土地上，采用人工播种、飞机播种、植苗造林、分植造林等方法新植成片乔木林和灌木林，经过检查验收符合《造林技术规程》要求的单位面积株数，并按《中华人民共和国森林法实施条例》规定，成活率达85%以上（含85%，年降雨量在400毫米以下且无浇灌条件的地区造林成活率达70%以上）的总面积。四旁植树如一侧在四行以上，连片面积0.066公顷（一亩）以上，应统计在造林面积内。造林面积，通常按所有制（国有、国有集体合作、集体和个人）、造林方式（人工、飞机播种）、主要林种用途（用材林、经济林、防护林、薪炭林、特种用途林）分组进行统计。

**用材林**

指以生产木材为主要目的的森林和林木，包括以生产竹材为主要目的的竹林。

**经济林**

指以生产果品，食用油料、饮料、调料，工业原料和药材为主要目的的林木。经济林是人们为了取得林木的果实、叶片、皮层、胶液等产品作为工业原料或者供食用所营造的林木，如油茶、油桐、核桃、樟树、花椒、茶、桑、果等。

**防护林**

指以防护为主要目的的森林、林木和灌木丛。包括水源涵养林，水土保持林，防风固沙林，农田、牧场防护林，护岸林，护路林等。

**薪炭林**

指以生产燃料为主要目的的林木。

**特种用途林**

指以国防、环境保护、科学实验等为主要目的的森林和林木。包括国防林、实验林、母树林、环境保护林、风景林，名胜古迹和革命纪念地的林木，自然保护区的森林。

**退耕还林还草工程**

是我国林业建设上涉及面最广、政策性最强、工序最复杂、群众参与度最高的生态建设工程。主要解决重点地区的水土流失问题。

**野生动植物保护及自然保护区建设工程**

野生动植物保护及自然保护区建设工程，是一个面向未来，着眼长远，具有多项战略意义的生态保护工程，也是呼应国际大气候、树立中国良好国际形象的“外交工程”。主要解决基因保存、生物多样性保护、自然保护、湿地保护等问题。

**湿地**

指天然或人工、长久或暂时性的沼泽地、泥炭地或水域地带，包括静止或流动、淡水、半咸水、咸水体，低潮时水深不超过6米的水域以及海岸地带地区的珊瑚滩和海草床、滩涂、红树林、河口、河流、淡水沼泽、沼泽森林、湖泊、盐沼及盐湖。

**自然保护区**

指对有代表性的自然生态系统、珍稀濒危野生动植物物种的天然分布区、水源涵养区、有特殊意义的自然历史遗迹等保护对象所在的陆地、陆地水体或海域，依法划出一定面积进行特殊保护和管理的区域。以县及县以上各级人民政府正式批准建立的自然保护区为准（包括“六五”以前由部门或“革委会”批准且现仍存在的自然保护区）。风景名胜区、文物保护区不计在内。

**生态示范区**

指省级以上环境保护行政主管部门批准，以省、地、县政府为主按批准的生态示范区建设规划实施的行政区域。包括已经过国家或省级环境保护行政主管部门验收的和正在开展试点工作的。

**滑坡**

指斜坡上不稳定的岩土体在重力作用下沿一定软面（或滑动带）整体向下滑动的物理地质现象。地表水和地下水的作用以及人为的不合理工程活动对斜坡岩、土体稳定性的破坏，经常是促使滑坡发生的主要因素。在露天采矿、水利、铁路、公路等工程中，滑坡往往造成严重危害。

**崩塌**

指陡坡上大块的岩土体在重力作用下突然脱离母体崩落的物理地质现象。它可因多裂隙的岩体经强烈的物理风化、雨水渗入或地震而造成，往往毁坏建筑物，堵塞河道或交通路线。

**泥石流**

指山地突然爆发的包含大量泥沙、石块的特殊洪流，多见于半干旱山地高原地区。其形成条件是地形陡峻，松散堆积物丰富，有特大暴雨或大量冰融水的流出。

**地面塌陷**

指地表岩、土体在自然或人为因素作用下向下陷落，并在地面形成塌陷坑（洞）的一种动力地质现象。由于其发育的地质条件和作用因素的不同，地面塌陷可分为：岩溶塌陷、非岩溶塌陷。

**突发环境事件**

指由于违反环境保护法规的经济、社会活动与行为，以及意外因素的影响或不可抗拒的自然灾害等原因，致使环境受到污染，国家重点保护的野生动植物、自然保护区受到破坏，人体健康受到危害，社会经济和人民财产受到损失，造成不良社会影响的突发性事件。

**环境污染治理投资**

指在工业污染源治理和城市环境基础设施建设的资金投入中，用于形成固定资产的资金。包括工业新老污染源治理工程投资、建设项目“三同时”环保投资，以及城市环境基础设施建设所投入的资金。

**营林固定资产投资**

指在报告期内进行的营林基本建设和营林更新改造活动投资。

**上年末结余资金**

指在上年资金来源中没有形成固定资产投资额而结余的资金。包括尚未用到工程上去的材料价值、未开始安装的需要安装设备价值及结存的现金和银行存款等。

**本年完成投资**

指从本年1月1日起至本年最后一天止完成的全部投资额。本年完成投资是反映本年的实际投资规模，计算有关投资效果，进行年度国民经济平衡分析的重要指标。

# Explanatory Notes for Major Statistical Indicators

**Forest Area**

refers to the area of forest land where trees, and bamboo grow with canopy density above 0.3, including land of natural woods and planted woods but excluding bush land and thin forest land, which reflects the total areas.

**Forestry Coverage-rate**

refers to the ratio of area of afforested land to total area of land(measured in recent). According to regulations of the country, when calculating Forestry Cover-rate, in addition to afforested land, bush land, forestry land inside farmland and along sides should be taken into account. This indicator reflects forestry resources and afforestation progress of a country or region. The statistics of Forestry Cover-rate in this statistical year book is calculated as follows:

Forestry Cover-rate(%)＝Area of Forestry Land/Area of Total Land×100%

**Total Water Resources**

refers to total volume of water resources measured as run-off for surface water from rainfall and recharge for groundwater in a given area, excluding transit water.

**Surface Water Resources**

refers to total renewable resources which exist in rivers, lakes, glaciers and other collectors from rainfall and are measured as run-off of rivers.

**Groundwater Resources**

refers to replenishment of aquifers with rainfall and surface water.

**Duplicated Measurement Between Surface Water and Groundwater**

refers to mutual exchange between surface water and groundwater, i.e. run-off of rivers includes some depletion with groundwater while groundwater includes some replenishment with surface water.

**Water Supply**

refers to gross water supply by supply systems from sources to consumers, including losses during distribution.

**Surface Water Supply**

refers to withdrawals by surface water supply system, broken down with storage, flow, pumping and transfer. Supply from storage projects includes withdrawals from reservoirs; supply from flow includes withdrawals from rivers and lakes with natural flows no matter if there are locks or not; supply from pumping projects includes withdrawals from rivers or lakes with pumping stations; and supply from transfer refers to water supplies transferred from first-level regions of water resources or independent river drainage areas to others, and should not be covered under supplies of storage, flow and pumping.

**Groundwater Supply**

**Total Standing Stock Volume**

refers to the total stock volume of trees growing in land, including trees in forest, tress in sparse forest, scattered trees and trees planted by the side of farm houses and along the roads, rivers and fields.

**Stock Volume of Forest**

refers to total stock volume of wood growing in forest area, which shows the total size and level of forest resources of a country or a region.

**Precipitation**

refers to deep of precipitation, the deep of the area by precipitation.

**Total Precipitation**

refers to deep×area.

**Total Water Resources Stock Volume**

refers to the water volume that can be developed.

refers to withdrawals from supplying wells, broken down with shallow layer freshwater, deep layer freshwater and slightly brackish water. Groundwater supply for urban areas includes water mining by both waterworks and own wells of enterprises.

**Other Water Supply Sources**

include supplies by waste-water treatment, rain collection, seawater desalinization and other water projects.

**Water Use**

refers to gross water use distributed to users, including loss during transportation, broken down with use by agriculture, industry, living consumption and biological protection.

**Water Use by Agriculture**

includes uses of water by irrigation of farming fields and by forestry, animal husbandry and fishing. Water use by forestry, animal husbandry and fishing includes irrigation of forestry and orchards, irrigation of grassland and replenishment of fishing pools.

**Water Use by Industry**

refers to new withdrawals of water, excluding reuse of water within enterprises.

**Water Use by Living Consumption**

includes use of water for living consumption in both urban and rural areas. Urban water use by living consumption is composed of household use and public use (including services, commerce, restaurants, cargo transportation, posts, telecommunication and construction). Rural water use by living consumption includes both households and animals.

**Water Use by Biological Protection**

includes replenishment of rivers and lakes and use for urban environment.

**Waste Water Discharged by Industry**

refers to the volume of waste water discharged by industrial enterprises through all their outlets, including waste water from production process, directly cooled water, groundwater from mining wells which does not meet discharge standards and sewage from households mixed with waste water produced by industrial activities, but excluding indirectly cooled water discharged (It should be included if the discharge is not separated with waste water).

**Industrial Waste Water Meeting Discharge Standards**

refers to volume of industrial waste water discharge which, with or without treatment, reaches national or local standards with regard to all pollutants.

**Ratio of Industrial Waste Water Meeting Discharge Standards**

refers to percentage of industrial waste water meeting discharge standards over total industrial waste water discharge. It is calculated as:

Ratio of industrial waste water meeting discharge standards = industrial waste water meeting discharge standards / total industrial waste water discharge

**Urban Non-industrial Waste Water Discharge**

refers to annual discharge of non-industrial waste water by urban households. It is estimated by per capita coefficient using the formula:

Urban non-industrial waste water discharge = urban non-industrial waste water discharge coefficient urban non-agricultural population 365

**Volume of Chemical Oxygen Demand (COD) Generated by Urban Non-industrial Waster Water**

refers to chemical oxygen demand generated through the annual discharge of non-industrial waste water by urban households. It is estimated as:

Volume of chemical oxygen demand (cod) generated by urban non-industrial waster water = Coefficient of COD generated through urban non-industrial waste water urban non-agricultural population 365

**Chemical Oxygen Demand (COD)**

refers to index of water pollution measuring the mass concentration of oxygen consumed by the chemical breakdown of organic and inorganic matter.

**Industrial Waste Air Emission**

refers to discharge into atmosphere of waste air containing pollutants generated from fuel burning and production process in enterprises within a given period of time. It is calculated at standard status (273K, 101325Pa) as:

Industrial waste air emission = emission through fuel burning + emission through production process

**$SO_2$ Emission through Non-industrial and Other Activities**

is calculated on the basis of consumption of coal by households and other activities and the sculpture content of coal with the following formula:

$SO_2$ emission through non-industrial and other activities = consumption of coal by households and other activities sculpture content 0.8 2

**$SO_2$ Emission through Industrial Activities**

refers to volume of sculpture dioxide emission from fuel burning and production process by enterprises during a given period of time. It is calculated as:

$SO_2$ emission through industrial activities = $SO_2$ emission from fuel burning + $SO_2$ emission from production process

**Industrial Soot Emission**

refers to volume of soot in smoke emitted in process of fuel burning in premises of enterprises.

**Soot Emission by Consumption and Others**

refers to net volume of soot emitted by fuel burning from all social and economic activities and operation of public facilities other than industrial activities. It is calculated on the basis of coal consumption by households and others.

**Industrial Dust Emission**

refers to volume of dust emitted by production process of enterprises and suspended in the air for a given period of time, including dust from refractory material of iron and steel works, dust from coke-screening systems and sintering machines of coke plants, dust from lime kilns and dust from cement production in building material enterprises, but excluding soot and dust emitted from power plants.

**Industrial Solid Wastes Produced**

refers to total volume of solid, semi-solid and high concentration liquid residues produced by industrial enterprises from production process in a given period of time, including hazardous wastes, slag, coal ash, gangue, tailings, radioactive residues and other wastes, but excluding stones stripped or dug out in mining (gangue and acid or alkaline stones not included). A stone is acid or alkaline depending on the pH value of the water below 4 or above 10.5 when the stone is in, or soaked by, the water.

**Hazardous Wastes**

refers to those included in the national hazardous wastes catalogue or specified as any one of the following properties in the national hazardous wastes identification standards: explosive, ignitable, oxidizable, toxic, corrosive or liable to cause infectious diseases or lead to other dangers.

**Industrial Solid Wastes Utilized**

refers to volume of solid wastes from which useful materials can be extracted or which can be converted into usable resources, energy or other materials by means of reclamation, processing, recycling and exchange (including utilizing in the year the stocks of industrial solid wastes of the previous year). Examples of such utilizations include fertilizers, building materials and road materials. The information shall be collected by the producing units of the wastes.

**Ratio of Industrial Solid Wastes Utilized**

refers to the percentage of industrial solid wastes utilized over industrial solid wastes produced (including stocks of the previous years). It is calculated as:

Ratio of industrial solid wastes utilized = volume of industrial solid wastes utilized / (industrial solid wastes produced + stock of previous years) 100%

**Stocks of Industrial Solid Wastes**

refers to volume of solid wastes placed in special facilities or special sites for purposes of utilization or disposal. The sites or facilities should take measures against dispersion, loss, seepage, and air and water contamination.

**Industrial Solid Wastes Disposed**

refers to quantity of industrial solid wastes which are burnt or placed ultimately in the sites meeting the requirements for environmental protection and not salvaged or recycled (including disposition in the year of those wastes of previous years). The disposition includes landfill (Safe landfills should be conducted for hazardous wastes), incineration, containment spaces, deep underground disposal, backfill in mining pits and disposal at sea.

**Industrial Solid Wastes Discharged**

refers to volume of industrial solid wastes discharged by producing enterprises to disposal facilities or to other sites. The wastes exclude stones stripped or dug from mining (gangue and acid or alkaline waste stones not included).

**Output Value of Products Made from Waste Gas, Waste Water and Solid Wastes**

refers current value of products with waste gas, waste water and solid wastes as main materials of production. Products sold and ready to sell shall be included while those produced for own use shall not be included.

**Consumption Wastes Transported**

refers to volume of consumption wastes collected and transported to disposal factories or sites. Consumption wastes are solid wastes produced from urban households or from service activities for urban households, and solid wastes regarded by laws and regulations as urban consumption wastes, including those from households, commercial activities, markets, cleaning of streets, public sites, offices, schools, factories, mining units and other sources.

**Ratio of Consumption Wastes Treated**

refers to consumption wastes treated over that produced. In practical statistics, as it is difficult to estimate, the volume of consumption wastes produced is replaced with that transported. It is calculated as:

Ratio of consumption wastes treated = consumption wastes treated / consumption wastes produced ×100%

**Area under Land Survey**

refers to the total area of land, under the land survey, within the jurisdiction of the administrative region, including land for agriculture use, land for construction and unused land.

**Land for Agriculture Use**

refers to land directly used for agriculture production, including land for cultivation, gardening, forests, herbage and other agriculture activities.

**Total Area of Afforestation**

refers to the total area of land suitable for afforestation, including barren hills, idle land, sand dunes, rain for green land, on which acres of arbores or bushes are planted through manual planting, airplane planting, plant seedlings, etc. in accordance with the required density standards of the Technical Procedures of Afforestation, and with a survival rate of over 85% in line with the Implementing Rules of the Forest Law of the People Republic of China (or a survival rate of 75% in areas with less that 400 mm of annual rainfall and without irrigation facilities). Included in the this category are trees planted alone the roadsides, riversides, or next to houses that occupy an area over 0.066 hectares, or where more than 4 lines of trees are planted. Total area of afforestation is further classified by ownership (state-owned, state-collective, collective or private), by approach of planting (manual, airplane), and by type of forests (timber, by-products, protection, fuel, special use, etc.).

**Timber Forests**

refer to forests which are mainly for the production of timber, including bamboo groves planted to harvest bamboos.

**By-product Forests**

refer to forests that mainly produce fruits, nuts, edible oil, beverages, indigents, raw materials and medicine materials. By-product forests are planted to harvest the fruits, leaves, bark or liquid of trees, and consume them as food or raw materials for the manufacturing industry, such as tea-oil trees, tong oil trees, walnut trees, camphor trees, tea bushes, mulberry trees, fruit trees, etc.

**Protection Forests**

refer to forests, trees and bushes planted mainly for protection or preservation purpose, including water resource conservation forests, water and soil conservation forests, windbreak and dune-fixing forests, farmland and pasture protection forests, riverside protection forests, roadside protection forests, etc.

**Fuel Forests**

refer to forests planted mainly for fuels.

**Forests for Special Purpose**

refer to forests planted mainly for national defense, environment protection or scientific experiments, including national defense forests, experimental forests, mother-tree forests, environment protection forests, scenery forests, and trees in historical or scenic spots, forests in natural reserves.

**Project on Preservation of Natural Forests**

is the Number One ecological project in China抯 forest industry that involves the largest investment. It consists of 3 components: 1) Complete halt of all cutting and logging activities in the natural forests at the upper stream of Yangtze River and the upper and middle streams of the Yellow River. 2) Significant reduction of timber production of key state forest zones in northeast provinces and in Inner Mongolia. 3) Better protection of natural forests in other regions through rehabilitation programmers.

**Projects on Converting Cultivated Land to Forests and Grassland (Grain for Green Projects)**

aiming at preventing soil erosion in key regions, these projects are ecological construction projects in the development of forest industry that have the widest coverage and most sophisticated procedures, with strong policy implications and most active participation of the people.

**Projects on Protection Forests in North China and Yangtze River Basin**

covering the widest areas in China with a rich variety of contents, these projects aim at solving the problem of sand and dust in northeastern China, northern China and northwestern China and the ecological issues in other areas. More specifically, they include phase IV of project on North China protection forests, phase II of project on protection forests at the middle and lower streams of Yangtze River and at the Huihe River and Taihu Lake valley, phase II of project on coastal protection forests, phase II of project on Pearl River protection forests, phase II project on greenery of Taihang Mountain and phase II projects on greenery of plains.

**Projects on Harnessing Source of Sand and Dust in Beijing and Tianjin**

these Beijing-ring projects aim at harnessing the sand and dust weather around Beijing and its vicinities. As the key to the development of Beijing-Tianjin ecological zone, these projects are of particular importance as it concerns the image of China capital city and the whole country.

**Wetlands**

refer to marshland and peat bog, whether natural or man-made, permanent or temporary; water covered areas, whether stagnant or flowing, with fresh or semi-fresh or salty water that is less than 6 meters deep at low tide; as well as coral beach, weed beach, mud beach, mangrove, river outlet, rivers, fresh-water marshland, marshland forests, lakes, salty bog and salt lakes along the coastal areas.

**Nature Reserves**

refer to certain areas of land, waters or sea that are representative in natural ecological systems, or are natural habitats for rare or endangered wild animals or plants, or water conservation zones, or the location of important natural or historic relics, which are demarked by law and put under special protection and management. Nature reserves are designated by the formal approval of governments at and above county level (including those approved by relevant departments or "revolutionary committees" before 1980). Scenic spots and cultural preservation zones are not included.

**Ecological Demonstration Zones**

refer to administrative areas approved by the environment protection agencies of central and provincial governments and established by provincial, prefecture or county governments in line with the approved programmed for ecological demonstration zones. They include those evaluated and accepted by the environment protection agencies of central and provincial governments and those under pilot development stage.

**Landslides**

refer to the geological phenomenon of unstable rocks and earth on slopes sliding down along certain soft surface as a result of gravitational force. Role of surface water and underground water, and destruction of the stability of slopes by irrational construction work are usually main factors triggering the landslides. Several damages are often caused by landslides in open mining, in water conservancy projects, and in the construction of railways and highways.

**Collapse**

refers to the geological phenomenon of large mass of rocks or earth suddenly collapsing from the mountain or cliff as a result of gravitational force. Usually caused by weathering of rocks, permanent of rain or earthquakes, collapse often destructs buildings and blocks river course or transport routes.

**Mud-rock Flow**

refers to the sudden rush of flood torrents containing large amount of mud and rocks in mountainous areas. It is found mostly in semi-arid hills or plateaus. High and precipitous topographic features, loose soil mass, heavy rains or melting water contribute to the mud-rock flow.

**Land Subside**

refers to the geological phenomenon of surface rocks or earth subsiding into holes or pits as a result of natural or human factors. Land subside can be classified as karst subside and non-karst subside.

**Environment Pollution and Destruction Accidents**

refer to sudden accidents, due to economic or social activities that are in contrast to environment protection laws or due to unforeseen factors or natural disasters, that lead to the environment pollution, the destruction of protected wild animals, plants or nature reserves, the damage to human health, the economic and property losses, and the negative impact on the society.

**Investment in Environment Pollution Harnessing Projects**

refers to the proportion of investment in fixed assets in the total investment in harnessing industrial pollution and in the construction of urban environment infrastructure facilities. It includes investment in harnessing sources of industrial pollution, investment in environment protection facilities designed concurrently with construction projects, and investment in urban environment infrastructure facilities.

**Investment in Fixed Assets for Afforestation**

refers to the investment in capital construction and updating projects in afforestation during the reference period.

**Unspent Capitals from Last Year**

refer to capitals from the last year that have not been invested in the fixed assets, including value of materials that have not been used yet, the value of equipment yet to be installed, as well as cash in hand and bank deposits.

**Completed Investment during the Year**

reflecting the actual size of investment completed during January 1 and December 31 of the reference year, this indicator is important in estimating investment efficiency and in making annual analysis of the performance of the national economy.

# 第十二篇

Chapter 12

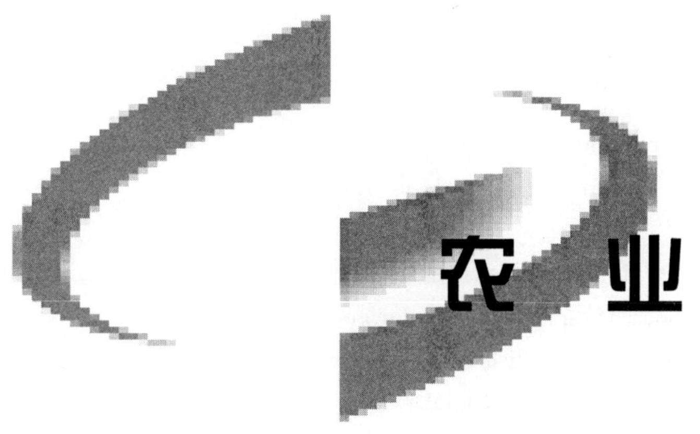

# 农业

AGRICULTURE

## 简要说明

一、本篇资料反映我省农业生产和农村经济的基本情况，内容主要包括乡村户数、人口与从业人员、耕地、农业机械拥有量、农林牧渔业产值、主要产品产量、水利设施与灌溉防涝、农村居民家庭拥有生产性固定资产等。

二、本篇资料来源：除农村居民家庭拥有生产性固定资产由国家统计局安徽调查总队提供外，其余资料均来源于省统计局农村处的农村统计调查报表制度。

农村统计调查报表制度的统计范围包括各市、县（区）辖区的各种经济类型的全部农林牧渔业以及各非农行业附属的农林牧渔业生产单位。但不包括农业科学试验机构进行的农业生产。

农村统计调查报表制度是按照国家统计局统一要求，由各市、县（区）统计局收集、汇总报送，采取抽样调查、典型调查、重点调查和其他调查所取得的。部分指标及林业生产情况、渔业生产情况等指标均取自同级业务部门的统计资料。

农田水利建设和灌溉防涝情况、农作物受灾情况、农业机械和农产品加工机械拥有量、国营农场基本情况等资料由省水利厅、省民政厅、省农机局、省农垦总公司提供。

## Brief Introduction

I. Data in this chapter show the basic conditions of agricultural production and rural economy, including mainly number of rural households, population and number of laborers, cultivated land, quantity of agricultural machinery, output of farming, forestry, animal husbandry and fishery, output of major products, facilities of water conservancy and irrigation and flood prevention, productive fixed assets owned by the rural households.

II. Source of data: Data come from the Agricultural Statistical Reporting System stipulated by the Agricultural Office of Anhui Statistical Bureau, except Data on productive fixed assets owned by the Enterprise Survey Organization of Anhui, which is supplied by the Rural Socio-economic Survey Organization of Anhui.

Statistics on agriculture cover all agricultural production activities except activities undertaken by agriculture research institutions.

Data on agriculture are collected, tabulated and processed by the statistical bureau in cities and counties, with sample survey, survey on key units and typical units and other surveys. Data on forestry production, state farm are taken from the professional departments at the same level.

Data on facilities of water conservancy and irrigation and flood prevention, crops disaster, agricultural machinery and processing machinery of agricultural products and state farm are provided by the Water Conservancy Department, the Department of Civil Affairs, Bureau of Agricultural Machinery and General Company of Agricultural Reclamation.

# 12—1 农村基层组织和农业基本情况
Basic Conditions of Rural Grassroots Units and Agriculture

| 指　　标 | | Item | | 1995 | 2000 | 2005 | 2009 | 2010 |
|---|---|---|---|---|---|---|---|---|
| 乡镇数 | (个) | Number of Township and Town Governments | (unit) | 1854 | 1841 | 1466 | 1237 | 1232 |
| #镇个数 | | Number of Town Governments | | 847 | 941 | 915 | 871 | 869 |
| 村民委员会 | (个) | Number of Villagers' Committees | (unit) | 30523 | 30658 | 24076 | 15858 | 15744 |
| 乡村户数 | (万户) | Number of Rural Households | (10000 household) | 1244.30 | 1294.62 | 1346.13 | 1392.59 | 1424.31 |
| 乡村从业人员数 | (万人) | Number of Rural Laborers | (10000 persons) | 2592.24 | 2797.76 | 2939.21 | 3052.55 | 3075.86 |
| #男 | | Male | | 1381.65 | 1487.89 | 1574.17 | 1643.34 | 1658.61 |
| **按国民经济行业分** | | **Grouped by Sector** | | | | | | |
| 农林牧渔业 | | Farming, Forestry, Animal Husbandry & Fishery | | 1930.26 | 2001.82 | 1766.94 | 1566.05 | 1521.85 |
| 工　业 | | Industry | | 173.34 | 161.52 | 299.34 | 465.72 | 505.67 |
| 建筑业 | | Construction | | 121.46 | 172.17 | 281.64 | 373.71 | 394.58 |
| 交通运输、仓储及邮政业 | | Transport, Storage and Postal Services | | 48.78 | 61.27 | 83.69 | 108.90 | 111.30 |
| 信息传输、计算机服务和软件业 | | Information Circulation, Computer Service and Software | | | | 9.11 | 18.13 | 21.89 |
| 批发和零售业 | | Wholesale and Retail Trade | | 61.77 | 103.87 | 137.52 | 183.39 | 188.25 |
| 住宿和餐饮业 | | Accommodation and Catering Trade | | | | 64.55 | 97.53 | 102.71 |
| 其他行业 | | Other Trades | | 256.63 | 297.11 | 296.42 | 239.12 | 229.62 |
| 自来水受益村数 | (个) | Villages with Access to Tap Water | (unit) | 4254 | 5490 | 6181 | 7336 | 7866 |
| 通汽车村数 | (个) | Villages with Motor Vehicle Communication | (unit) | 24790 | 29146 | 23317 | 15797 | 15690 |
| 通电话村数 | (个) | Villages with Telephone Communication | (unit) | 10608 | 50186 | 24034 | 15850 | 15736 |
| 年末实有耕地面积 | (千公顷) | Cultivated Areas (year-end) | (1000 hectares) | 4291.12 | 4229.55 | 4092.45 | 4171.22 | 4181.29 |
| 农业机械总动力 | (万千瓦) | Total Agricultural Machinery Power | (10000 kw) | 1836.00 | 2975.87 | 3983.83 | 5108.85 | 5409.78 |
| 农用排灌机械总动力 | (万千瓦) | Irrigation and Drainage Machinery for Agricultural Use | (10000 kw) | 394.72 | 522.98 | 581.82 | 644.95 | 654.11 |
| 农用大中型拖拉机 | (台) | Number of Large and Medium Agricultural Tractors | (unit) | 9622 | 29612 | 104798 | 104998 | 124660 |
| 农用大中型拖拉机动力 | (万千瓦) | Power of Large and Medium Agricultural Tractors | (10000 kw) | 36.31 | 73.58 | 237.69 | 383.79 | 472.87 |
| 小型拖拉机 | (万台) | Number of Mini-tractors | (10000 units) | 88.12 | 165.78 | 207.98 | 233.24 | 236.12 |
| 小型拖拉机动力 | (万千瓦) | Capacity of Mini-tractors | (10000 kw) | 703.85 | 1297.74 | 1669.06 | 1861.59 | 1885.83 |
| 大中型拖拉机配套农具 | (万部) | Number of Related Farm Implements of Large and Medium Tractor | (10000 units) | 1.24 | 2.80 | 7.97 | 19.46 | 23.31 |
| 小型拖拉机配套农具 | (万部) | Related Farm Implements of Mini-tractor | (10000 units) | 131.92 | 351.92 | 489.71 | 528.27 | 534.21 |
| 农用排灌柴油机 | (万台) | Number of Diesel Engines | (10000 units) | 67.98 | 31.41 | 33.70 | 38.21 | 38.65 |
| 农用排灌柴油机动力 | (万千瓦) | Power of Diesel Engines | (10000 kw) | 394.72 | 227.42 | 239.04 | 277.49 | 282.36 |
| 联合收获机 | (台) | Combine Harvester | (unit) | 978 | 9499 | 48739 | 91276 | 102167 |
| 农用运输车 | (辆) | Number of Transport Vehicles for Agricultural Use | (unit) | 20458 | 406806 | 607355 | 670805 | 663799 |
| 农用运输车动力 | (万千瓦) | Power of Transport Vehicles for Agricultural Use | (10000 kw) | | 401.44 | 662.99 | 797.15 | 808.56 |
| 农作物总播种面积 | (千公顷) | Total Sown Area | (1000 hectares) | 8354.23 | 8418.01 | 8755.19 | 9012.12 | 9054.87 |
| 粮　食 | | Grain Crops | | 5852.48 | 5565.58 | 5988.10 | 6605.57 | 6616.42 |
| 谷　物 | | Cereal | | 4806.36 | 4506.56 | 4968.79 | 5386.17 | 5424.45 |
| #稻　谷 | | Rice | | 2156.10 | 2005.49 | 2288.61 | 2246.85 | 2245.37 |
| 小　麦 | | Wheat | | 1992.66 | 1931.17 | 1989.53 | 2355.27 | 2365.67 |
| 玉　米 | | Corn | | 552.37 | 486.61 | 595.08 | 730.75 | 761.11 |
| 豆　类 | | Beans | | 517.70 | 601.81 | 794.91 | 1050.34 | 1021.23 |
| 薯　类 | | Tubers | | 528.42 | 457.21 | 224.40 | 169.05 | 170.74 |
| 油　料 | | Oil-bearing Crops | | 1263.47 | 1457.36 | 1303.05 | 968.82 | 944.25 |
| 棉　花 | | Cotton | | 482.72 | 328.84 | 381.27 | 327.67 | 344.40 |
| 麻　类 | | Fiber Crops | | 38.61 | 15.02 | 12.84 | 9.54 | 9.44 |
| 糖　料 | | Sugar Crops | | 4.77 | 8.40 | 5.73 | 5.77 | 5.73 |
| 烟　叶 | | Tobacco | | 20.08 | 19.67 | 10.83 | 10.40 | 10.92 |
| 蔬　菜 | | Vegetables | | 361.93 | 539.68 | 664.87 | 745.32 | 775.61 |

注：1. 2002年以前交通运输、仓储及邮政业为交通运输仓储及邮电通信业；批发和零售业为批发零售贸易餐饮业。
　　2. 2004年从业人员增加信息传输、计算机服务和软件业及住宿和餐饮业。

a) Before 2002, the sector of "transport, storage and postal services" was "transport, storage, postal and telecommunication" and the sector of "wholesale and retail trade" was "wholesale, retail trade and catering".
b) The range of employees added the sector of "information transmission, service of the computer and software industry and accommodation and catering trade" in 2004.

# 12—2 主要农林牧渔业生产情况
Output of Farming, Forestry, Animal Husbandry and Fishery

| 指　标 | Item | 1995 | 2000 | 2005 | 2009 | 2010 |
|---|---|---|---|---|---|---|
| 农产品产量（万吨） | Yield of Farm Crops (10000 tons) | | | | | |
| 粮　食 | Grain | 2652.74 | 2472.01 | 2605.31 | 3069.87 | 3080.50 |
| 谷　物 | Cereal | 2358.97 | 2202.23 | 2399.66 | 2895.93 | 2911.17 |
| #稻　谷 | Rice | 1296.13 | 1195.14 | 1317.25 | 1405.61 | 1383.43 |
| 小　麦 | Wheat | 757.52 | 730.33 | 808.11 | 1177.16 | 1206.67 |
| 玉　米 | Corn | 265.53 | 247.28 | 234.97 | 304.70 | 312.75 |
| 豆　类 | Beans | 74.14 | 114.60 | 101.98 | 127.24 | 121.91 |
| 薯　类 | Tubers | 219.63 | 233.18 | 103.67 | 46.70 | 47.42 |
| 油　料 | Oil-bearing Crops | 191.76 | 285.06 | 270.67 | 240.35 | 227.60 |
| #花　生 | Peanuts | 42.76 | 111.15 | 79.29 | 75.09 | 86.40 |
| 油菜籽 | Rapeseeds | 141.60 | 156.77 | 182.33 | 157.77 | 133.73 |
| 芝　麻 | Sesame | 7.39 | 16.62 | 89.57 | 6.62 | 6.61 |
| 棉　花 | Cotton | 30.12 | 28.50 | 31.10 | 34.56 | 31.60 |
| 黄红麻 | Jute and Ambary Hemp | 8.14 | 2.22 | 1.94 | 1.18 | 1.24 |
| 烟　叶 | Tobacco | 4.40 | 3.21 | 2.60 | 2.94 | 2.98 |
| #烤　烟 | Flue-cured Tobacco | 4.26 | 3.09 | 2.47 | 2.89 | 2.91 |
| 蚕　茧 | Silkworm Cocoons | 4.04 | 2.46 | 3.13 | 2.88 | 3.32 |
| 茶　叶 | Tea | 4.59 | 4.54 | 5.96 | 8.20 | 8.33 |
| #绿　茶 | Green Tea | | | | | 7.70 |
| 园林水果 | Garden Fruits | 52.66 | 110.61 | 151.72 | 215.72 | 235.67 |
| 农产品单位面积产量（公斤/公顷） | Yield of Farm Crops per Hectare (kg/hectare) | | | | | |
| 谷　物 | Cereal | 4908 | 4887 | 4829 | 5377 | 5367 |
| 棉　花 | Cotton | 680 | 867 | 816 | 1055 | 918 |
| 花　生 | Peanuts | 2356 | 3328 | 3324 | 4152 | 4440 |
| 油菜籽 | Rapeseeds | 1429 | 1625 | 1912 | 2186 | 1935 |
| 芝　麻 | Sesames | 831 | 1049 | 822 | 1115 | 1263 |
| 黄红麻 | Jute and Ambary Hemp | 2556 | 2623 | 2981 | 2849 | 2903 |
| 烤　烟 | Flue-cured Tobacco | 2207 | 1638 | 2407 | 2825 | 2735 |
| 造林面积（千公顷） | Afforested Area (1000 hectares) | 72.50 | 69.21 | 57.46 | 83.61 | 65.61 |
| 茶园面积（千公顷） | Area of Tea Plantations at Year-end (1000 hectares) | 121.92 | 108.37 | 117.61 | 128.83 | 133.53 |
| 果园面积（千公顷） | Area of Orchards at Year-end (1000 hectares) | 97.64 | 84.78 | 104.18 | 104.50 | 107.13 |
| 大牲畜年末头数（万头） | Number of Large Animals (year-end) (10000 heads) | 723.70 | 559.35 | 366.16 | 149.47 | 151.53 |
| #牛 | Cattle and Buffaloes | 701.34 | 552.95 | 364.35 | 148.81 | 150.90 |
| 马 | Horses | 5.35 | 1.58 | 0.35 | 0.20 | 0.17 |
| 驴 | Donkeys | 13.97 | 3.73 | 1.12 | 0.36 | 0.37 |
| 骡 | Mules | 3.04 | 1.09 | 0.34 | 0.10 | 0.09 |
| 肉猪出栏头数（万头） | Number of Slaughtered Fattened Hogs (10000 heads) | 1674.58 | 2393.18 | 2812.08 | 2680.21 | 2782.10 |
| 猪年末头数（万头） | Number of Hogs (year-end) (10000 heads) | 1565.56 | 1871.01 | 1737.41 | 1482.56 | 1442.50 |
| 羊年末头数（万只） | Number of Sheep and Goats (year-end) (10000 heads) | 621.11 | 794.94 | 953.03 | 584.20 | 590.50 |
| 山　羊 | Goats | 613.22 | 792.52 | 950.18 | 580.98 | 589.60 |
| 绵　羊 | Sheep | 7.90 | 2.42 | 2.85 | 3.22 | 0.90 |
| 肉类产量（万吨） | Output of Meat (10000 tons) | 197.75 | 311.52 | 382.88 | 362.59 | 376.94 |
| #猪牛羊肉 | Pork, Beef and Mutton | 165.78 | 241.59 | 280.79 | 261.21 | 271.30 |
| 猪　肉 | Pork | 136.71 | 198.50 | 231.74 | 229.85 | 238.80 |
| 牛　肉 | Beef | 23.81 | 31.88 | 31.46 | 17.54 | 18.30 |
| 羊　肉 | Mutton | 5.26 | 11.21 | 17.59 | 13.82 | 14.20 |
| 奶　类（吨） | Milk (ton) | 24904 | 41204 | 110491 | 201000 | 205000 |
| #牛　奶 | Cow Milk | 24891 | 41194 | 110186 | 201000 | 205000 |
| 绵羊毛（吨） | Sheep Wool (ton) | 313 | 174 | 129 | 153 | 164 |
| 禽　蛋（万吨） | Poultry Eggs (10000 tons) | 51.24 | 107.40 | 122.06 | 118.19 | 119.00 |
| 淡水产品产量（万吨） | Total Output of Freshwater Aquatic Products (10000 tons) | 75.20 | 159.80 | 177.57 | 183.15 | 193.31 |

## 12—3 农业现代化情况 Statistics on Agricultural Modernization

| 指　标 | Sector | 1995 | 2000 | 2005 | 2009 | 2010 |
|---|---|---|---|---|---|---|
| **农业机械化情况　（千公顷）** | **Statistics on Agricultural Machinery　(1000 hectares)** | | | | | |
| 机耕面积 | Area Ploughed by Tractors | 2770 | 3601 | 3775 | 3983 | 4056 |
| 机播面积 | Seeded Area by Tractors | 1463 | 1996 | 2329 | 3305 | 3607 |
| #机播小麦面积 | Wheat's Area by Tractors | 1302 | 1447 | 1621 | 1966 | 2081 |
| 机械植保作业面积 | Plant Protection Area by Tractors | 1440 | 2865 | 2801 | 3474 | 3548 |
| 机械收获面积 | Harvest Area by Tractors | 1299 | 2425 | 3326 | 4811 | 5264 |
| **农村电气化情况** | **Electrification of Rural** | | | | | |
| 农村用电量　（亿千瓦时） | Electricity Consumed in Rural Area　(100 million kwh) | 37.39 | 45.81 | 64.22 | 98.01 | 107.41 |
| 农用化肥施用量　（万吨） | Used Chemical Fertilizers　(10000 tons) | 203.28 | 253.15 | 285.67 | 312.79 | 319.77 |
| 农用塑料薄膜使用量　（万吨） | Used Plastic Film　(10000 tons) | 4.07 | 5.81 | 7.83 | 7.67 | 8.07 |
| #地膜使用量 | Plastic Used | | 3.11 | 3.38 | 3.66 | 3.73 |
| 地膜覆盖面积　（千公顷） | Plastic Used Area　(1000 hectares) | | 697.76 | 477.76 | 436.94 | 425.57 |
| 农用柴油使用量　（万吨） | Diesel Oil Use for Agriculture　(10000 tons) | 32.90 | 41.62 | 55.58 | 65.78 | 68.13 |
| 农药使用量　（万吨） | Used Agricultural Chemical Insecticides　(10000 tons) | 6.33 | 7.56 | 9.48 | 11.04 | 11.66 |
| **农田水利情况** | **Irrigation and Water Conservancy** | | | | | |
| 旱涝保收面积　（千公顷） | Area With Stable Yields Despite Drought or Water logging　(1000 hectares) | 2091 | 2391 | 2533 | 2597 | 2623 |
| 除涝面积　（千公顷） | Flooded or Waterlogged Area Under Control　(1000 hectares) | 2048 | 2148 | 2210 | 2251 | 2269 |
| 堤防保护耕地面积　（千公顷） | Protection Cultivated Land Areas of Embankment (1000 hectares) | 2295 | 2294 | 2351 | 2382 | 2341 |
| 有效灌溉面积　（千公顷） | Irrigated Area　(1000 hectares) | 2934 | 3197 | 3331 | 3484 | 3520 |
| #机电排灌面积 | Electrical Irrigation and Drainage Area | 2471 | 2736 | 2875 | 2991 | 3001 |
| 机电井数　（万眼） | Electrical Well　(10000 units) | 12.65 | 16.31 | 19.54 | 19.21 | 19.74 |
| #已配套 | Form a Complete Set | 6.22 | 9.32 | 11.07 | 12.92 | 13.33 |

## 12—4 农田水利建设 Water Conservancy Construction

| 年份 Year | 水电站装机容量（千瓦） Capacity of Rural Hydropower Station an Year-end (kw) | 已建成水库（座） Number of Reservoirs (unit) | 水库库容量（亿立方米） Capacity of Reservoirs (100 million cu.m) | 节水灌溉面积（千公顷） Irrigated Area With Saved Water (1000 hectares) | 治理水土流失面积（千公顷） Area of Soil Erosion Under Control (1000 hectares) | 堤防长度（公里） Total Length of Dikes (km) | 堤防保护耕地面积（千公顷） Area of Land Protected by Dikes (1000 hectares) |
|---|---|---|---|---|---|---|---|
| 1985 | 54532 | 4340 | 175.58 | | 1271.95 | 17554 | 2223.48 |
| 1990 | 66184 | 4533 | 182.25 | | 1428.00 | 19222 | 2144.00 |
| 1995 | 96892 | 4787 | 184.39 | | 1575.33 | 19524 | 2190.24 |
| 2000 | 98102 | 4815 | 185.10 | 534.86 | 1765.30 | 19902 | 2184.20 |
| 2004 | 591058 | 4868 | 195.58 | 675.56 | 1916.00 | 20030 | 2189.37 |
| 2005 | 632092 | 4872 | 195.50 | 705.48 | 1955.90 | 20074 | 2226.94 |
| 2006 | 893122 | 4816 | 196.11 | 725.09 | 1983.64 | 20206 | 2319.11 |
| 2007 | 912200 | 4797 | 195.64 | 743.73 | 2017.53 | 20212 | 2319.86 |
| 2008 | 976400 | 4796 | 195.39 | 764.58 | 2059.19 | 20255 | 2357.22 |
| 2009 | 1068404 | 4808 | 194.99 | 788.63 | 2102.32 | 20377 | 2381.60 |
| 2010 | 1074105 | 4818 | 240.91 | 815.77 | 2136.08 | 20456 | 2341.48 |

## 12—5 农村居民家庭平均每户生产性固定资产原值
Original Value of Productive Fixed Assets of per Rural Household

单位：元 (yuan)

| 指　　标 | Item | 1995 | 2000 | 2005 | 2009 | 2010 |
|---|---|---|---|---|---|---|
| **合　计** | **Total** | **2780.24** | **4160.98** | **5857.13** | **8759.08** | **9296.89** |
| 役畜和产品畜 | Draught and Commodity Animals | 670.43 | 377.83 | 453.07 | 419.49 | 424.63 |
| 大中型铁木农具 | Large and Medium Wood and Iron Farm Tools | 212.61 | 312.26 | 416.33 | 656.28 | 626.06 |
| 农林牧渔业机械 | Machinery of Farming, Forestry, Animal Husbandry and Fishery | 812.95 | 1734.23 | 2719.81 | 3514.80 | 3517.43 |
| 工业机械 | Industrial Machinery | 31.32 | 113.76 | 74.81 | 136.38 | 124.82 |
| 运输机械 | Transport Machinery | 206.45 | 292.19 | 453.19 | 842.87 | 1151.15 |
| 生产用房 | Buildings for Productive Purpose | 695.00 | 994.81 | 1140.46 | 2061.49 | 2243.74 |
| 其　他 | Others | 151.48 | 335.90 | 599.46 | 1127.77 | 1209.06 |

注：本表为农村住户抽样调查资料。
a) Data in this table are obtained from the sample surveys on rural households.

## 12—6 农村居民家庭每百户拥有生产性固定资产数量
Number of Productive Fixed Assets of per 100 Rural Household

| 指　　标 | | Item | | 1995 | 2000 | 2005 | 2009 | 2010 |
|---|---|---|---|---|---|---|---|---|
| 汽　车 | （辆） | Motor Vehicles | (unit) | 0.34 | 0.47 | 1.00 | 1.33 | 1.72 |
| 大中型拖拉机 | （台） | Large and Medium Tractors | (unit) | 1.01 | 1.40 | 2.15 | 4.85 | 3.66 |
| 小型及手扶拖拉机 | （台） | Mini and Walking Tractors | (unit) | 19.99 | 29.02 | 40.16 | 39.73 | 39.82 |
| 机动脱粒机 | （台） | Motorized Threshing Machines | (unit) | 20.73 | 19.18 | 14.27 | 15.52 | 16.14 |
| 胶轮大车 | （辆） | Carts With Rubber Tires | (unit) | 0.98 | 12.19 | 5.74 | 5.19 | 4.29 |
| 收割机 | （台） | Harvesters | (unit) | | 6.11 | 3.69 | 3.61 | 2.20 |
| 役　畜 | （头） | Draught Animals | (head) | 38.95 | 23.22 | 9.24 | 5.61 | 5.57 |
| 产品畜 | （头） | Commodity Animals | (head) | 24.52 | 28.06 | 27.90 | 19.61 | 14.35 |

注：本表为农村住户抽样调查资料。
a) Data in this table are obtained from the sample surveys on rural households.

## 12—7 农林牧渔业总产值及指数

Gross Output Value of Farming, Forestry, Animal Husbandry and Fishery and Related Indices

本表按当年价格计算。 (Data in value terms in this table are calculated at current prices.)

| 年份 Year | 绝对数（万元） Gross Output Value (10000 yuan) | | | | | | 指数（%） Related Indices (%) | | | | | |
|---|---|---|---|---|---|---|---|---|---|---|---|---|
| | 农林牧渔业总产值 Total of Farming, Forestry, Animal Husbandry and Fishery | 农业 Farming | 林业 Forestry | 牧业 Animal Husbandry | 渔业 Fishery | 农林牧渔服务业 Agricultural Services | 农林牧渔业总产值 Total of Farming, Forestry, Animal Husbandry and Fishery | 农业 Farming | 林业 Forestry | 牧业 Animal Husbandry | 渔业 Fishery | 农林牧渔服务业 Agricultural Services |
| 1990 | 3709359 | 2608524 | 169704 | 819844 | 111287 | | 104.11 | 104.45 | 100.46 | 104.34 | 100.58 | |
| 1995 | 9802574 | 6379076 | 395940 | 2461908 | 565650 | | 114.24 | 111.54 | 106.73 | 113.25 | 164.68 | |
| 2000 | 12199576 | 6752705 | 640199 | 3493827 | 1312845 | | 101.66 | 98.60 | 107.58 | 105.50 | 105.02 | |
| 2004 | 16444246 | 8420205 | 719266 | 5407823 | 1469033 | 427919 | 108.92 | 118.10 | 95.72 | 100.52 | 104.22 | 100.02 |
| 2005 | 16661915 | 8184809 | 784147 | 5535614 | 1656235 | 501110 | 101.41 | 97.85 | 105.18 | 103.91 | 106.68 | 115.49 |
| 2006 | 17427221 | 9075313 | 883803 | 4911580 | 1745031 | 811494 | 106.48 | 108.65 | 107.29 | 103.01 | 106.72 | 107.37 |
| 2007 | 20700913 | 10540065 | 1005045 | 6373559 | 1950244 | 832000 | 103.79 | 103.68 | 106.76 | 101.99 | 105.05 | 109.95 |
| 2008 | 24465113 | 11978860 | 1144563 | 8068922 | 2323265 | 949503 | 106.30 | 105.47 | 107.15 | 107.15 | 106.32 | 109.21 |
| 2009 | 25694570 | 13036410 | 1112508 | 7958223 | 2575913 | 1011516 | 105.54 | 103.99 | 111.33 | 106.41 | 107.50 | 106.93 |
| 2010 | 29554490 | 15444267 | 1352804 | 8649764 | 2948154 | 1159501 | 104.46 | 103.24 | 107.64 | 104.93 | 105.47 | 110.54 |

注：1）从2003年年报起，农林牧渔业总产值增加农林牧渔服务业，原农业产值中的家庭兼营商品性工业取消。

2）2004年以后农林牧渔业总产值指数按农产品生产者价格指数缩减计算。

3）从2010年年报起，农林牧渔业总产值使用《统计用产品分类目录》计算，2009年数据作了相应调整。

a) From the year 2003 yearport, "agriculture, forestry, animal husbandry and fishing services" was added in the total output value, merchantability industry undertaken by rural households on the side" was cancelled.

b) After 2004, GDP index is calculated by producer price index of agricultural products reducing.

c) From 2010 annual report, the agriculture, forestry animal husbandry and fishery total output value use "Statistics with Product Classified catalog" calculating, in 2009 the data has adjusted correspondingly.

## 12—8 农林牧渔业增加值及构成

Value-added of Farming, Forestry, Animal Husbandry and Fishery and its Composition

本表按当年价格计算。 (Data in value terms in this table are calculated at current prices.)

| 年份 Year | 绝对数（万元） Gross Output Value (10000 yuan) | | | | | | 构成（%） Composition (%) | | | | | |
|---|---|---|---|---|---|---|---|---|---|---|---|---|
| | 农林牧渔业增加值 Value added of Farming, Forestry, Animal Husbandry and Fishery | 农业 Farming | 林业 Forestry | 牧业 Animal Husbandry | 渔业 Fishery | 农林牧渔服务业 Agricultural Services | 农林牧渔业增加值 Value added of Farming, Forestry, Animal Husbandry and Fishery | 农业 Farming | 林业 Forestry | 牧业 Animal Husbandry | 渔业 Fishery | 农林牧渔服务业 Agricultural Services |
| 1990 | 2461001 | 1730576 | 112714 | 543881 | 73830 | | 100.00 | 70.32 | 4.58 | 22.10 | 3.00 | |
| 1995 | 5812410 | 4013771 | 305216 | 1097630 | 395793 | | 100.00 | 69.06 | 5.25 | 18.88 | 6.81 | |
| 2000 | 7320079 | 4296385 | 491481 | 1623483 | 908730 | | 100.00 | 58.69 | 6.72 | 22.18 | 12.41 | |
| 2004 | 9500717 | 5220527 | 521468 | 2601163 | 984252 | 173307 | 100.00 | 54.95 | 5.49 | 27.38 | 10.36 | 1.82 |
| 2005 | 9664935 | 5033658 | 559526 | 2743105 | 1089396 | 239250 | 100.00 | 52.08 | 5.79 | 28.38 | 11.27 | 2.48 |
| 2006 | 10110276 | 5606000 | 631724 | 2355624 | 1151814 | 365114 | 100.00 | 55.45 | 6.25 | 23.30 | 11.39 | 3.61 |
| 2007 | 12001765 | 6468000 | 710665 | 3124000 | 1275000 | 424100 | 100.00 | 53.89 | 5.92 | 26.03 | 10.62 | 3.54 |
| 2008 | 14180737 | 7362249 | 803322 | 4023720 | 1519623 | 471823 | 100.00 | 51.92 | 5.66 | 28.37 | 10.72 | 3.33 |
| 2009 | 14954495 | 8036573 | 778866 | 3965014 | 1670359 | 503683 | 100.00 | 53.74 | 5.21 | 26.51 | 11.17 | 3.37 |
| 2010 | 17290240 | 9524691 | 942064 | 4302684 | 1943482 | 577319 | 100.00 | 55.09 | 5.45 | 24.88 | 11.24 | 3.34 |

## 12—9 主要年份耕地面积
Cultivated Area in Major Years

单位：公顷 (hectare)

| 指 标 | Item | 1995 | 2000 | 2005 | 2009 | 2010 |
|---|---|---|---|---|---|---|
| 年初实有耕地面积 | Cultivated Area at the Beginning of the Year | 4302821 | 4240001 | 4108856 | 4144981 | 4171222 |
| 年内新增耕地面积 | Newly-increased Cultivated Area Within the Year | 1782 | 4215 | 16913 | 33204 | 31151 |
| 年内减少耕地面积 | Reduced Cultivated Area Within the Year | 13485 | 14665 | 28370 | 15084 | 20644 |
| #国家基建占地 | Taken Up by National Capital Construction | 5559 | 7720 | 7027 | 7554 | 9423 |
| 其他基建占地 | Taken up by Others | | | 3968 | 4472 | 8338 |
| 退耕还林还草占地 | Returning Land for Farming to Forestry and Grass Plot | | | 3136 | 1272 | 761 |
| 耕地改园地 | Returning Land for Farming to Garden Plot | | | 1431 | 355 | 185 |
| 年末实有耕地面积 | Cultivated Area at the End of the Year | 4291118 | 4229551 | 4092451 | 4171222 | 4181295 |
| 水 田 | Paddy Field | 1857616 | 1834333 | 1821499 | 1904695 | 1891774 |
| 旱 地 | Dry Field | 2433502 | 2395218 | 2270952 | 2266527 | 2289521 |

注：年内新增、减少面积为耕地总资源数。
a) The newly-increased and reduced cultivated area refer to the total area of cultivated land.

## 12—10 主要年份林业生产情况
Conditions of Forest Production in Major Years

| 指 标 | Item | 1995 | 2000 | 2005 | 2009 | 2010 |
|---|---|---|---|---|---|---|
| 营林情况 (公顷) | Management of Forest (hectares) | | | | | |
| 人工造林面积 | Afforested Area | 72502 | 75703 | 57457 | 70229 | 57012 |
| 迹地更新面积 | Refreshed Area | | 6560 | 3967 | 763 | 1007 |
| 新封山育林面积 | Area of Setting Apart Mountains for Forestation | | 45860 | 50964 | 19566 | 20943 |
| 新增育苗面积 | Area of Growing Seedlings | | 5933 | 7812 | 7025 | 6709 |
| 幼林抚育面积 | Area of Tending Young Forest | | 379356 | | 421324 | 307795 |
| 成林抚育面积 | Area of Tending Adult Forest | | 431746 | 448187 | 654852 | 629653 |
| 油桐籽 (吨) | Tung-oil Seeds (ton) | | 3109 | 3208 | 2656 | 3054 |
| 油茶籽 (吨) | Tea-oil Seeds (ton) | | 10419 | 9743 | 29973 | 25864 |
| 板 栗 (吨) | Chestnuts (ton) | | 45710 | 68786 | 108715 | 137239 |
| 竹材采伐量 (万根) | Determination of Bamboo Cut (10000 units) | | 4000 | 6315 | 8364 | 9784 |
| 木材采伐量 (万立方米) | Determination of Timber Cut (10000 cu.m) | | 263 | 328 | 374 | 458 |

## 12—11　农林牧渔业总产值（2010年）

Gross Output Value of Farming, Forestry, Animal Husbandry and Fishery (2010)

单位：万元　(10000 yuan)

| 指　　标 | Item | 按可比价格计算 Caculated According to Constant Price | 按当年价格计算 At Current Prices |
|---|---|---|---|
| **农林牧渔业总产值** | **Total Gross Output Value** | **26841676** | **29554490** |
| **农业产值** | **Gross Output Value of Farming** | **13458427** | **15444267** |
| 谷物及其他作物 | Cereal and Other Crops | 8342213 | 9631085 |
| 谷　物 | Cereal | | 6606375 |
| #小　麦 | Wheat | | 2628911 |
| 稻　谷 | Rive | | 3181869 |
| 玉　米 | Corn | | 724428 |
| 薯　类 | Tubers | | 176518 |
| 油　料 | Oil-bearing Crops | | 1110381 |
| #花　生 | Peanuts | | 447433 |
| 油菜籽 | Rapeseeds | | 539013 |
| 豆　类 | Beans | | 580107 |
| 棉　花 | Cotton | | 809216 |
| 生　麻 | Raw Hemp | | 8794 |
| 糖　类 | Sugar Crops | | 39225 |
| 烟　叶 | Tobacco | | 36704 |
| 其他农作物 | Other Crops | | 263765 |
| #饲料作物 | Feed Crops | | 20660 |
| 蔬菜、食用菌及花卉盆景园艺产品 | Vegetables, Edible Fungus and Flowers and Plants Bonsai Horticultural Goods | 3135224 | 3658493 |
| #蔬菜（含菜用瓜） | Vegetables (Including Gourd) | | 3424944 |
| 水果、坚果、茶、饮料和香料 | Fruits, Nut, Tea, Beverage and Spice | 1749253 | 1877648 |
| 水果（含果用瓜） | Fruits (including fruited melon ) | | 1425909 |
| #苹　果 | Apples | | 69129 |
| 坚　果 | Nut | | 182782 |
| 茶及饮料原料 | Tea and Beverage Raw Material | | 268724 |
| #茶 | Tea | | 267100 |
| 香料作物 | Spice Crops | | 233 |
| 中草药材 | Chinese Medicinal Herbs | 231737 | 277041 |
| **林业产值** | **Gross Output Value of Forestry** | **1197553** | **1352804** |
| 林木的培育和种植 | Cultivation and Planting of Woods | 435941 | 479535 |
| #造　林 | Forestation | | 72931 |
| 竹木采运 | Lumbering and Transport of Bamboo and Timber | 475364 | 496137 |
| #村及村以下 | At Village Level and Below | | 287027 |
| 林产品 | Forest Products | 286248 | 377132 |
| **牧业产值** | **Gross Output Value of Animal Husbandry** | **8350624** | **8649764** |
| 牲畜饲养 | Animals Breeding | 1114315 | 1198892 |
| #牛的饲养 | Cattle and Buffaloes Breeding | | 591545 |
| 羊的饲养 | Sheep and Goats Breeding | | 522891 |
| 其他牲畜饲养 | Other Animals Breeding | | 11153 |
| 奶产品 | Dairy Products | | 60104 |
| #牛　奶 | Milk | | 60104 |
| 毛绒产品 | Down Products | | 2011 |
| 猪的饲养 | Hogs Breeding | 4339556 | 4324802 |
| 家禽的饲养 | Poultry Breeding | 2496033 | 2665514 |
| 狩猎和捕捉动物 | Animals Hunting and Catching | 32688 | 35663 |
| 其他畜牧业 | Other Animal Husbandry | 368032 | 424893 |
| #蚕　茧 | Silkworm Cocoon | | 91531 |
| **渔业产值** | **Gross Output Value of Fishery** | **2716942** | **2948154** |
| 淡水产品 | Freshwater Aquatic Products | 2716942 | 2948154 |
| #养　殖 | Cultured | | 2154631 |
| #鱼　类 | Fishes | | 1656485 |
| 虾蟹类 | Shrimps and Crabs | | 977843 |
| **农林牧渔服务业** | **Agricultural Services** | **1118130** | **1159501** |

注：从2010年年报起，农林牧渔业总产值使用《统计用产品分类目录》计算。

a) From 2010 Annual Report onwards,the output of agriculture, forestry, animal husbandry and fishery is caculated by <Statistics Using Categories of Products>.

# 12—12 农作物主要产品生产和结构情况（2010年）
Production of Major Farm Products (2010)

| 指　　标 | Item | 播种面积（千公顷）Sown Area (1000 hectares) | 结　构 Composi-tion | 产　量（万吨）Yield (10000 tons) |
|---|---|---|---|---|
| **农作物总播种面积** | **Total** | **9054.87** | **100.00** | |
| 粮食作物合计 | Grain Crops | 6616.42 | 73.07 | 3080.50 |
| #夏收粮食 | Summer-Harvest Crops | 2408.35 | 26.60 | 1211.67 |
| 谷　物 | Cereal | 5424.45 | 59.91 | 2911.17 |
| 稻　谷 | Rive | 2245.37 | 24.80 | 1383.43 |
| #籼　稻 | Long-shaped Rice | 1656.28 | 18.29 | 1021.16 |
| 粳　稻 | Round-shaped Rice | 400.36 | 4.42 | 242.82 |
| 早　稻 | Early Rice | 263.41 | 2.91 | 140.35 |
| 中稻和一季晚稻 | Middle-season Rice and Single-crop Late Rice | 1701.98 | 18.80 | 1105.17 |
| 双季晚稻 | Late Rice | 279.98 | 3.09 | 137.91 |
| 小　麦 | Wheat | 2365.67 | 26.13 | 1206.67 |
| #硬粒小麦 | Hard-grained Wheat | 1373.44 | 15.17 | 693.62 |
| 软粒小麦 | Soft-grained Wheat | 986.40 | 10.89 | 508.93 |
| 冬小麦 | Wintry Wheat | 2365.67 | 26.13 | 1206.67 |
| 玉　米 | Corn | 761.11 | 8.41 | 312.75 |
| 谷　子 | Millet | 0.10 | | |
| 高　粱 | Sorghum | 1.00 | 0.01 | 0.20 |
| 其他谷物 | Other Cereal | 51.20 | 0.57 | 8.12 |
| #大　麦 | Barley | 48.16 | 0.53 | 7.91 |
| 豆类合计 | Beans | 1021.23 | 11.28 | 121.91 |
| #大　豆 | Soybean | 938.94 | 10.37 | 119.43 |
| 绿　豆 | Mung Bean | 66.20 | 0.73 | 2.32 |
| 红小豆 | Small Red Bean | 5.20 | 0.06 | 0.17 |
| 薯　类 | Tubers | 170.74 | 1.89 | 47.42 |
| #马铃薯 | Potato | 8.81 | 0.10 | 5.65 |
| 油料合计 | Oil-bearing Crops | 944.25 | 10.43 | 227.60 |
| #花　生 | Peanuts | 194.61 | 2.15 | 86.40 |
| 油菜籽 | Rapeseeds | 691.00 | 7.63 | 133.73 |
| 芝　麻 | Sesame | 52.30 | 0.58 | 6.61 |
| 向日葵籽 | Sunflower Seeds | 0.01 | | |
| 棉　花 | Cotton | 344.40 | 3.80 | 31.60 |
| 麻类合计 | Fiber Crops | 9.44 | 0.10 | 2.37 |
| #黄红麻 | Jute and Ambary Hemp | 4.28 | 0.05 | 1.24 |
| 苎　麻 | Ramie | 2.78 | 0.03 | 0.43 |
| 大　麻 | Hemp | 2.18 | 0.02 | 0.66 |
| 糖料合计 | Sugar Crops | 5.73 | 0.06 | 22.37 |
| #甘　蔗 | Sugarcane | 5.73 | 0.06 | 22.37 |
| 烟叶合计 | Tobacco | 10.92 | 0.12 | 2.98 |
| #烤　烟 | Flue-cured Tobacco | 10.66 | 0.12 | 2.91 |
| 药材类合计 | Crude Drugs | 64.03 | 0.71 | 35.63 |
| 蔬菜（含菜用瓜） | Vegetables (including gourd) | 775.61 | 8.57 | 2137.36 |
| 瓜果类（果用瓜） | Melon and Fruit (Fruited Melon ) | 165.70 | 1.83 | 569.64 |
| #西　瓜 | Watermelon | 131.94 | 1.46 | 479.18 |
| 甜　瓜 | Muskmelon | 14.17 | 0.16 | 43.59 |
| 草　莓 | Strawberry | 10.86 | 0.12 | 24.38 |
| 其他作物 | Other Crops | 118.38 | 1.31 | |
| #青饲料 | Green Feed | 31.19 | 0.34 | |

## 12—13　各市农村基层组织情况（2010年）
Basic Conditions of Rural Grassroots Units by Region (2010)

| 地　区 | Region | 乡镇数（个）Number of Township and Town Governments | #镇数 Town Governments | 村民委员会（个）Number of Villagers' Committees | 乡村户数（户）Number of Households (household) | 乡村人口数（人）Rural Population (person) | 乡村从业人员数（人）Number of Rural Laborers (person) | #男 Male | 自来水受益村（个）Villages with Access to Tap Water (unit) | 通汽车村（个）Villages with Highway Communication (unit) | 通电话村（个）Villages with Telephone Communication (unit) |
|---|---|---|---|---|---|---|---|---|---|---|---|
| **总　计** | **Total** | **1232** | **869** | **15744** | **14243123** | **53639523** | **30758647** | **16586070** | **7866** | **15690** | **15736** |
| 合 肥 市 | Hefei | 52 | 33 | 866 | 717566 | 2737550 | 1675155 | 906128 | 368 | 866 | 866 |
| 淮 北 市 | Huaibei | 17 | 16 | 306 | 354158 | 1352665 | 720741 | 383322 | 97 | 306 | 306 |
| 亳 州 市 | Bozhou | 81 | 73 | 1255 | 1280491 | 5019238 | 2845762 | 1521454 | 262 | 1255 | 1255 |
| 宿 州 市 | Suzhou | 90 | 67 | 1220 | 1372446 | 5390201 | 3037035 | 1622855 | 394 | 1216 | 1220 |
| 蚌 埠 市 | Bengbu | 52 | 33 | 923 | 678485 | 2742469 | 1614793 | 867793 | 193 | 923 | 923 |
| 阜 阳 市 | Fuyang | 165 | 117 | 1759 | 2184781 | 8777064 | 4916648 | 2611323 | 378 | 1759 | 1759 |
| 淮 南 市 | Huainan | 45 | 26 | 571 | 356570 | 1336439 | 835336 | 455864 | 138 | 571 | 571 |
| 滁 州 市 | Chuzhou | 90 | 78 | 1048 | 931886 | 3666360 | 2098040 | 1155571 | 484 | 1037 | 1048 |
| 六 安 市 | Luan | 155 | 99 | 2369 | 1734502 | 6395811 | 3562892 | 1954145 | 790 | 2362 | 2361 |
| 马鞍山市 | Maanshan | 18 | 12 | 220 | 190051 | 647652 | 377390 | 203038 | 220 | 220 | 220 |
| 巢 湖 市 | Chaohu | 70 | 65 | 794 | 1026965 | 3610155 | 2133759 | 1162332 | 733 | 794 | 794 |
| 芜 湖 市 | Wuhu | 22 | 22 | 445 | 453716 | 1501857 | 858358 | 456857 | 401 | 445 | 445 |
| 宣 城 市 | Xuancheng | 79 | 53 | 762 | 712139 | 2374505 | 1444013 | 799846 | 637 | 762 | 762 |
| 铜 陵 市 | Tongling | 12 | 7 | 146 | 97911 | 310584 | 199659 | 105864 | 139 | 146 | 146 |
| 池 州 市 | Chizhou | 42 | 33 | 588 | 387688 | 1366755 | 784082 | 417629 | 457 | 588 | 588 |
| 安 庆 市 | Anqing | 147 | 89 | 1606 | 1397867 | 5219491 | 2906288 | 1567197 | 1346 | 1604 | 1606 |
| 黄 山 市 | Huangshan | 95 | 46 | 866 | 365901 | 1190727 | 748696 | 394852 | 829 | 836 | 866 |

## 12—14　各市乡村从业人员（2010年）
Rural Labor Force by Sector and Region (2010)

单位：人　(person)

| 地　区 | Region | 乡村从业人员数 Number of Rural Laborers | 农林牧渔业 Farming, Forestry, Animal Husbandry and Fishery | 工　业 Industry | 建筑业 Construction | 交通运输、仓储及邮政业 Transportation Storage and Postal Services | 信息传输、计算机服务和软件业 Information Circulation, Computer Service and Software | 批发和零售业 Wholesale and Retail Trade | 住宿和餐饮业 Accommodation and Catering Trade | 其他行业 Other Trades |
|---|---|---|---|---|---|---|---|---|---|---|
| **总　计** | **Total** | **30758647** | **15218512** | **5056674** | **3945790** | **1113044** | **218877** | **1882471** | **1027089** | **2296190** |
| 合 肥 市 | Hefei | 1675155 | 672384 | 287952 | 376318 | 77726 | 19983 | 99086 | 62312 | 79394 |
| 淮 北 市 | Huaibei | 720741 | 386706 | 142230 | 89878 | 17754 | 4447 | 29545 | 17597 | 32584 |
| 亳 州 市 | Bozhou | 2845762 | 1498275 | 471348 | 275338 | 118400 | 16541 | 309765 | 98800 | 57295 |
| 宿 州 市 | Suzhou | 3037035 | 1716731 | 459934 | 280582 | 77651 | 18693 | 133927 | 40500 | 309017 |
| 蚌 埠 市 | Bengbu | 1614793 | 946031 | 189750 | 137848 | 38002 | 7455 | 85495 | 38036 | 172176 |
| 阜 阳 市 | Fuyang | 4916648 | 2262252 | 932357 | 645657 | 205826 | 32491 | 375206 | 167111 | 295748 |
| 淮 南 市 | Huainan | 835336 | 282288 | 176495 | 160085 | 51188 | 5616 | 61248 | 42355 | 56061 |
| 滁 州 市 | Chuzhou | 2098040 | 1212346 | 362109 | 203932 | 76079 | 12536 | 90125 | 63842 | 77071 |
| 六 安 市 | Luan | 3562892 | 1785915 | 445917 | 504194 | 126117 | 26524 | 159271 | 92386 | 422568 |
| 马鞍山市 | Maanshan | 377390 | 144255 | 89497 | 74743 | 14104 | 2011 | 23175 | 10436 | 19169 |
| 巢 湖 市 | Chaohu | 2133759 | 982136 | 335883 | 325135 | 69563 | 15311 | 130942 | 118428 | 156361 |
| 芜 湖 市 | Wuhu | 858358 | 362106 | 157636 | 80950 | 39289 | 8241 | 85396 | 28588 | 96152 |
| 宣 城 市 | Xuancheng | 1444013 | 741298 | 277034 | 160917 | 58130 | 7327 | 69821 | 50985 | 78501 |
| 铜 陵 市 | Tongling | 199659 | 70828 | 40420 | 27694 | 8671 | 1336 | 10362 | 5824 | 34524 |
| 池 州 市 | Chizhou | 784082 | 397275 | 112822 | 104486 | 23449 | 6282 | 29971 | 23577 | 86220 |
| 安 庆 市 | Anqing | 2906288 | 1379875 | 492442 | 405368 | 84889 | 30426 | 154101 | 135088 | 224099 |
| 黄 山 市 | Huangshan | 748696 | 377811 | 82848 | 92665 | 26206 | 3657 | 35035 | 31224 | 99250 |

## 12—15 各市农、林、牧、渔业总产值及指数（2010年）

Gross Output Value of Farming, Forestry, Animal Husbandry and Fishery and Related Indices by Region (2010)

本表绝对数按当年价格计算，指数按可比价格计算。
Absolute figures in this table are calculated at current prices while indices are calculated at comparable prices.

| 地区 | Region | 绝对数（万元） Gross Output Value of Farming, Forestry, Animal Husbandry and Fishery (10000 yuan) | | | | | |
|---|---|---|---|---|---|---|---|
| | | 农林牧渔业总产值 Total | 农业 Farming | 林业 Forestry | 牧业 Animal Husbandry | 渔业 Fishery | 农林牧渔服务业 Agricultural Services |
| **总计** | **Total** | **29554490** | **15444267** | **1352804** | **8649764** | **2948154** | **1159501** |
| 合肥市 | Hefei | 2276350 | 1067382 | 52118 | 870525 | 245672 | 40653 |
| 淮北市 | Huaibei | 682080 | 412796 | 11042 | 216600 | 29799 | 11843 |
| 亳州市 | Bozhou | 2414062 | 1609445 | 64357 | 572771 | 60286 | 107203 |
| 宿州市 | Suzhou | 3219691 | 1733503 | 124579 | 1195172 | 70096 | 96341 |
| 蚌埠市 | Bengbu | 1979370 | 1171084 | 42141 | 534481 | 196471 | 35193 |
| 阜阳市 | Fuyang | 3697884 | 2085954 | 137902 | 1243164 | 122343 | 108521 |
| 淮南市 | Huainan | 718143 | 402911 | 8791 | 202443 | 86285 | 17713 |
| 滁州市 | Chuzhou | 2521549 | 1244703 | 47430 | 836504 | 348310 | 44602 |
| 六安市 | Luan | 2803973 | 1248763 | 225703 | 953225 | 318365 | 57917 |
| 马鞍山市 | Maanshan | 432854 | 167764 | 5082 | 67444 | 180804 | 11760 |
| 巢湖市 | Chaohu | 2232171 | 1194086 | 57317 | 370498 | 357005 | 253265 |
| 芜湖市 | Wuhu | 867594 | 432005 | 56905 | 175800 | 159269 | 43615 |
| 宣城市 | Xuancheng | 1484220 | 707694 | 153143 | 365913 | 159648 | 97822 |
| 铜陵市 | Tongling | 161026 | 86223 | 13116 | 26852 | 24850 | 9985 |
| 池州市 | Chizhou | 766474 | 363580 | 69077 | 164384 | 114951 | 54482 |
| 安庆市 | Anqing | 2709162 | 1169050 | 160854 | 743672 | 454023 | 181563 |
| 黄山市 | Huangshan | 666155 | 334378 | 87181 | 208887 | 19977 | 15732 |

| 地区 | Region | 指数（上年=100） Gross Output Value of Farming, Forestry, Animal Husbandry and Fishery (preceding year=100) | | | | | |
|---|---|---|---|---|---|---|---|
| | | 农林牧渔业总产值 Total | 农业 Farming | 林业 Forestry | 牧业 Animal Husbandry | 渔业 Fishery | 农林牧渔服务业 Agricultural Services |
| **总计** | **Total** | **104.46** | **103.24** | **107.64** | **104.93** | **105.47** | **110.54** |
| 合肥市 | Hefei | 104.00 | 102.51 | 106.05 | 104.81 | 108.15 | 102.87 |
| 淮北市 | Huaibei | 104.55 | 105.99 | 100.63 | 102.86 | 101.12 | 100.28 |
| 亳州市 | Bozhou | 104.70 | 102.92 | 152.50 | 105.00 | 103.80 | 117.56 |
| 宿州市 | Suzhou | 105.00 | 105.65 | 119.82 | 104.54 | 98.02 | 146.16 |
| 蚌埠市 | Bengbu | 105.00 | 104.68 | 111.36 | 104.13 | 106.40 | 115.08 |
| 阜阳市 | Fuyang | 105.30 | 105.11 | 108.37 | 103.75 | 113.38 | 110.69 |
| 淮南市 | Huainan | 104.70 | 103.68 | 110.98 | 103.44 | 106.98 | 115.53 |
| 滁州市 | Chuzhou | 104.78 | 102.19 | 125.74 | 107.77 | 103.52 | 114.32 |
| 六安市 | Luan | 104.70 | 103.17 | 112.75 | 104.82 | 108.49 | 95.14 |
| 马鞍山市 | Maanshan | 104.00 | 100.29 | 104.49 | 102.55 | 104.95 | 132.70 |
| 巢湖市 | Chaohu | 104.63 | 102.35 | 105.28 | 103.22 | 108.09 | 113.08 |
| 芜湖市 | Wuhu | 104.01 | 104.93 | 99.56 | 101.25 | 106.32 | 105.23 |
| 宣城市 | Xuancheng | 104.60 | 104.75 | 103.33 | 104.68 | 101.55 | 110.20 |
| 铜陵市 | Tongling | 104.00 | 103.33 | 109.86 | 102.30 | 103.37 | 108.55 |
| 池州市 | Chizhou | 104.28 | 100.17 | 113.74 | 103.29 | 108.58 | 112.54 |
| 安庆市 | Anqing | 104.32 | 100.91 | 116.64 | 105.32 | 102.76 | 118.70 |
| 黄山市 | Huangshan | 104.50 | 104.16 | 103.12 | 105.24 | 104.50 | 109.41 |

注：全省农林牧渔业总产值指数按农产品生产者价格指数缩减计算。

a) The index of gross output value of agriculture, forestry, animal husbandry and fishery of the whole province reduces calculating according to producer's price index of agricultural products.

## 12—16 各市农、林、牧、渔业增加值及构成（2010年）
Value-added of Farming, Forestry, Animal Husbandry and Fishery and its Composition by Region (2010)

本表按当年价格计算。 (Data in value terms in this table are calculated at current prices.)

| 地　区 | Region | 绝对数（万元） Gross Output Value (10000 yuan) | | | | | |
|---|---|---|---|---|---|---|---|
| | | 农林牧渔业增加值 Value-added of Farming, Forestry, Animal Husbandry and Fishery | 农　业 Farming | 林　业 Forestry | 牧　业 Animal Husbandry | 渔　业 Fishery | 农林牧渔服务业 Agricultural Services |
| **总　计** | **Total** | **17290240** | **9524691** | **942064** | **4302684** | **1943482** | **577319** |
| 合肥市 | Hefei | 1327374 | 615879 | 37998 | 476283 | 170601 | 26613 |
| 淮北市 | Huaibei | 404572 | 251326 | 6574 | 120391 | 19079 | 7202 |
| 亳州市 | Bozhou | 1371500 | 977924 | 43803 | 268907 | 39415 | 41451 |
| 宿州市 | Suzhou | 1814571 | 1075576 | 85917 | 567447 | 51573 | 34058 |
| 蚌埠市 | Bengbu | 1211621 | 699080 | 27836 | 308785 | 156996 | 18924 |
| 阜阳市 | Fuyang | 1973379 | 1156808 | 96336 | 578078 | 83095 | 59062 |
| 淮南市 | Huainan | 475933 | 256542 | 6155 | 139871 | 60316 | 13049 |
| 滁州市 | Chuzhou | 1484213 | 741600 | 30564 | 439833 | 243837 | 28379 |
| 六安市 | Luan | 1593622 | 768358 | 151587 | 442629 | 194055 | 36993 |
| 马鞍山市 | Maanshan | 285324 | 111239 | 3311 | 42210 | 119784 | 8780 |
| 巢湖市 | Chaohu | 1173723 | 642162 | 34817 | 167012 | 203890 | 125842 |
| 芜湖市 | Wuhu | 490360 | 257732 | 34116 | 68547 | 113276 | 16689 |
| 宣城市 | Xuancheng | 884995 | 433984 | 111653 | 179612 | 104589 | 55157 |
| 铜陵市 | Tongling | 96452 | 53889 | 9078 | 12975 | 15707 | 4803 |
| 池州市 | Chizhou | 456989 | 230334 | 52609 | 81119 | 72483 | 20444 |
| 安庆市 | Anqing | 1563170 | 662909 | 112980 | 426342 | 282122 | 78817 |
| 黄山市 | Huangshan | 394414 | 208551 | 60380 | 104577 | 12664 | 8242 |

| 地　区 | Region | 构成（%） Composition (%) | | | | | |
|---|---|---|---|---|---|---|---|
| | | 农林牧渔业增加值 Value-added of Farming, Forestry, Animal Husbandry and Fishery | 农　业 Farming | 林　业 Forestry | 牧　业 Animal Husbandry | 渔　业 Fishery | 农林牧渔服务业 Agricultural Services |
| **总　计** | **Total** | **100.00** | **55.09** | **5.45** | **24.88** | **11.24** | **3.34** |
| 合肥市 | Hefei | 100.00 | 46.40 | 2.86 | 35.88 | 12.85 | 2.00 |
| 淮北市 | Huaibei | 100.00 | 62.12 | 1.62 | 29.76 | 4.72 | 1.78 |
| 亳州市 | Bozhou | 100.00 | 71.30 | 3.19 | 19.61 | 2.87 | 3.02 |
| 宿州市 | Suzhou | 100.00 | 59.27 | 4.73 | 31.27 | 2.84 | 1.88 |
| 蚌埠市 | Bengbu | 100.00 | 57.70 | 2.30 | 25.49 | 12.96 | 1.56 |
| 阜阳市 | Fuyang | 100.00 | 58.62 | 4.88 | 29.29 | 4.21 | 2.99 |
| 淮南市 | Huainan | 100.00 | 53.90 | 1.29 | 29.39 | 12.67 | 2.74 |
| 滁州市 | Chuzhou | 100.00 | 49.97 | 2.06 | 29.63 | 16.43 | 1.91 |
| 六安市 | Luan | 100.00 | 48.21 | 9.51 | 27.78 | 12.18 | 2.32 |
| 马鞍山市 | Maanshan | 100.00 | 38.99 | 1.16 | 14.79 | 41.98 | 3.08 |
| 巢湖市 | Chaohu | 100.00 | 54.71 | 2.97 | 14.23 | 17.37 | 10.72 |
| 芜湖市 | Wuhu | 100.00 | 52.56 | 6.96 | 13.98 | 23.10 | 3.40 |
| 宣城市 | Xuancheng | 100.00 | 49.04 | 12.62 | 20.30 | 11.82 | 6.23 |
| 铜陵市 | Tongling | 100.00 | 55.87 | 9.41 | 13.45 | 16.28 | 4.98 |
| 池州市 | Chizhou | 100.00 | 50.40 | 11.51 | 17.75 | 15.86 | 4.47 |
| 安庆市 | Anqing | 100.00 | 42.41 | 7.23 | 27.27 | 18.05 | 5.04 |
| 黄山市 | Huangshan | 100.00 | 52.88 | 15.31 | 26.51 | 3.21 | 2.09 |

## 12—17 各市耕地面积（2010年）
Area of Cultivated Land by Region (2010)

单位：公顷 (hectare)

| 地区 | Region | 年初实有耕地面积 Cultivated Area at the Beginning of the Year | 年内新增耕地面积 Newly-Increased Cultivated Area Within the Year | 年内减少耕地面积 Reduced Cultivated Area Within the Year | #国家基建占地 Taken Up by National Capital Construction | 年末实有耕地面积 Cultivated Area at the End of the Year | 水田 Paddy Field | 水浇地 Irrigated Land |
|---|---|---|---|---|---|---|---|---|
| **总计** | **Total** | **4171222** | **31151** | **20644** | **9423** | **4181295** | **1891774** | **1943484** |
| 合肥市 | Hefei | 219463 | 1705 | 2564 | 688 | 218841 | 168601 | 43614 |
| 淮北市 | Huaibei | 135949 | 180 | 313 | 61 | 135939 | 502 | 135436 |
| 亳州市 | Bozhou | 497255 | 3051 | 1063 | 335 | 499367 | 6663 | 492704 |
| 宿州市 | Suzhou | 479521 | 5609 | 1411 | 1125 | 481131 | 7271 | 387020 |
| 蚌埠市 | Bengbu | 290760 | 872 | 391 | 324 | 293298 | 105130 | 178683 |
| 阜阳市 | Fuyang | 574489 | 1938 | 1701 | 770 | 574473 | 55657 | 425401 |
| 淮南市 | Huainan | 114272 | 652 | 553 | 420 | 114413 | 79812 | 29048 |
| 滁州市 | Chuzhou | 398142 | 9686 | 2584 | 1508 | 404184 | 289046 | 77583 |
| 六安市 | Luan | 432317 | 2468 | 956 | 321 | 432985 | 361807 | 45478 |
| 马鞍山市 | Maanshan | 49157 | 187 | 875 | 296 | 48428 | 43722 | 4592 |
| 巢湖市 | Chaohu | 290547 | 621 | 734 | 190 | 290490 | 233041 | 51111 |
| 芜湖市 | Wuhu | 83348 | 445 | 2103 | 1147 | 82796 | 59386 | 5154 |
| 宣城市 | Xuancheng | 152961 | 156 | 1593 | 583 | 153323 | 139561 | 1022 |
| 铜陵市 | Tongling | 23638 | | 355 | 81 | 23574 | 18187 | 5387 |
| 池州市 | Chizhou | 84480 | 1024 | 1347 | 619 | 82189 | 61538 | 39 |
| 安庆市 | Anqing | 296955 | 2115 | 1525 | 628 | 298293 | 222068 | 57554 |
| 黄山市 | Huangshan | 47968 | 442 | 576 | 327 | 47571 | 39782 | 3658 |

注：年内新增、年内减少耕地面积为耕地总资源数。
a) Newly-increased and reduced cultivated land within the year refer to the total area of cultivated land.

## 12—18 各市主要农业机械年末拥有量（2010年）
Agricultural Machinery at the Year-end by Region (2010)

| 地区 | Region | 农业机械总动力（万千瓦） Total Power of Agricultural Machinery (10000 kw) | 大中型拖拉机 Large and Medium Agricultural Tractors | | 小型拖拉机 Mini-tractors | | 大中型拖拉机配套农具（部） Number of Large and Medium Tractor Towing Farm Machinery (unit) | 小型拖拉机配套农具（部） Number of Mini-tractor Towing Farm Machinery (unit) | 农用运输车（辆） Capacity of Transport Vehicles for Agricultural Use (unit) | 节水灌溉面积（千公顷） Irrigated Area With Saved Water (1000 hectares) |
|---|---|---|---|---|---|---|---|---|---|---|
| | | | 数量（台） Number (unit) | 动力（万千瓦） Capacity (10000 kw) | 数量（台） Number (unit) | 动力（万千瓦） Capacity (10000 kw) | | | | |
| **总计** | **Total** | **5409.78** | **124660** | **472.87** | **2361161** | **1885.83** | **233057** | **5342124** | **663799** | **836.78** |
| 合肥市 | Hefei | 188.38 | 3033 | 13.57 | 138038 | 72.08 | 3549 | 290583 | 10957 | 2.41 |
| 淮北市 | Huaibei | 240.35 | 11238 | 33.88 | 108079 | 116.47 | 22100 | 333906 | 16225 | 117.44 |
| 亳州市 | Bozhou | 683.56 | 13474 | 61.73 | 182751 | 207.84 | 18425 | 416990 | 233041 | 220.00 |
| 宿州市 | Suzhou | 732.68 | 30137 | 93.31 | 217309 | 216.17 | 54949 | 518683 | 188534 | 177.34 |
| 蚌埠市 | Bengbu | 482.27 | 9028 | 38.07 | 330349 | 301.89 | 18310 | 748404 | 7489 | 5.78 |
| 阜阳市 | Fuyang | 598.22 | 19888 | 80.22 | 129457 | 141.02 | 44662 | 329919 | 105276 | 238.98 |
| 淮南市 | Huainan | 169.63 | 3164 | 13.73 | 115446 | 93.89 | 6017 | 263561 | 7987 | 4.40 |
| 滁州市 | Chuzhou | 576.12 | 17597 | 66.46 | 466086 | 276.95 | 29329 | 1048914 | 13886 | 2.41 |
| 六安市 | Luan | 604.40 | 9473 | 38.09 | 272056 | 194.79 | 23298 | 700081 | 27004 | 47.40 |
| 马鞍山市 | Maanshan | 49.09 | 897 | 4.20 | 8890 | 7.63 | 1002 | 11479 | 975 | |
| 巢湖市 | Chaohu | 298.07 | 3029 | 14.42 | 128636 | 72.22 | 6127 | 259494 | 13759 | 0.90 |
| 芜湖市 | Wuhu | 106.33 | 485 | 2.02 | 30904 | 27.73 | 835 | 51331 | 2374 | 0.08 |
| 宣城市 | Xuancheng | 207.43 | 778 | 3.33 | 52731 | 44.75 | 888 | 73991 | 13264 | 2.79 |
| 铜陵市 | Tongling | 37.26 | 294 | 1.33 | 4935 | 3.30 | 591 | 7184 | 1517 | 0.50 |
| 池州市 | Chizhou | 103.95 | 283 | 1.29 | 69063 | 40.22 | 381 | 99276 | 5266 | 7.40 |
| 安庆市 | Anqing | 265.08 | 1556 | 6.74 | 90870 | 57.88 | 2542 | 158763 | 12130 | 8.03 |
| 黄山市 | Huangshan | 66.97 | 306 | 0.48 | 15561 | 11.00 | 52 | 29565 | 4115 | 0.92 |

注：节水灌溉面积为农委部门统计数。
a) The areas of water saving irrigation were statisticed by the committee on agriculture.

## 12—19 各市有效灌溉面积、农用化肥施用、用电情况（2010年）
Irrigated Area and Consumption of Chemical Fertilizer and Electricity in Rural Area by Region (2010)

| 地区 | Region | 有效灌溉面积（千公顷）Irrigated Area (1000 hectares) | 旱涝保收面积（千公顷）Area With Stable Yields Despite Drought or Waterlogging (1000 hectares) | 机电排灌面积（千公顷）Electrical Irrigation and Drainage Area (1000 hectares) | 化肥施用量（吨）Consumption of Chemical Fertilizer (ton) | #氮肥 Nitrogenous Fertilizer | 磷肥 Phosphate Fertilizer | 钾肥 Potash Fertilizer |
|---|---|---|---|---|---|---|---|---|
| **总计** | **Total** | **3519.78** | **2623.27** | **3000.69** | **3197727** | **1121418** | **359378** | **318306** |
| 合肥市 | Hefei | 244.95 | 170.04 | 172.74 | 196981 | 84174 | 32754 | 11830 |
| 淮北市 | Huaibei | 140.73 | 67.30 | 107.82 | 85520 | 16286 | 5707 | 9566 |
| 亳州市 | Bozhou | 310.05 | 204.78 | 330.38 | 299720 | 62466 | 32663 | 29784 |
| 宿州市 | Suzhou | 369.16 | 223.28 | 385.97 | 330158 | 113006 | 32559 | 40989 |
| 蚌埠市 | Bengbu | 204.76 | 174.80 | 255.83 | 284314 | 110382 | 38429 | 28983 |
| 阜阳市 | Fuyang | 370.18 | 230.89 | 450.24 | 372903 | 89637 | 27298 | 29937 |
| 淮南市 | Huainan | 103.73 | 86.20 | 116.10 | 132655 | 52330 | 23596 | 12351 |
| 滁州市 | Chuzhou | 355.54 | 277.62 | 210.28 | 321420 | 102325 | 42904 | 23140 |
| 六安市 | Luan | 382.39 | 319.12 | 166.05 | 365637 | 175765 | 35514 | 34563 |
| 马鞍山市 | Maanshan | 52.23 | 48.97 | 48.87 | 28330 | 13262 | 3980 | 1766 |
| 巢湖市 | Chaohu | 308.61 | 254.98 | 335.21 | 236018 | 94929 | 26343 | 29209 |
| 芜湖市 | Wuhu | 87.62 | 79.68 | 84.70 | 67613 | 26564 | 6502 | 6741 |
| 宣城市 | Xuancheng | 148.09 | 124.10 | 63.45 | 138312 | 49501 | 13392 | 10856 |
| 铜陵市 | Tongling | 25.96 | 19.61 | 18.25 | 21692 | 7791 | 5399 | 3514 |
| 池州市 | Chizhou | 83.47 | 76.35 | 58.93 | 58440 | 25344 | 2194 | 8119 |
| 安庆市 | Anqing | 257.09 | 216.05 | 144.60 | 218826 | 78113 | 28922 | 34657 |
| 黄山市 | Huangshan | 43.33 | 29.48 | 9.95 | 39188 | 19543 | 1222 | 2301 |

| 地区 | Region | 农用排灌机械（台）Number of Diesel Engines (unit) | 农村用电量（万千瓦时）Electricity Consumed in Rural Area (10000 kwh) | 农用塑料薄膜使用量（吨）Used Plastic Film (ton) | #地膜使用量（吨）Used of Plastic Film (ton) | 地膜覆盖面积（公顷）The Area of Plastic Film Covered (hectares) | 农用柴油使用量（吨）Consumption of Diesel Oil for Farm Use (ton) | 农药使用量（吨）Consumption of Agricultural Pesticide (ton) |
|---|---|---|---|---|---|---|---|---|
| **总计** | **Total** | **1504681** | **1074117** | **80721** | **37349** | **425567** | **681343** | **116645** |
| 合肥市 | Hefei | 26877 | 54539 | 8471 | 2682 | 28753 | 41667 | 4577 |
| 淮北市 | Huaibei | 12895 | 15827 | 1406 | 411 | 2985 | 26509 | 1940 |
| 亳州市 | Bozhou | 69440 | 65570 | 5120 | 2472 | 24206 | 68762 | 7364 |
| 宿州市 | Suzhou | 39783 | 61985 | 14757 | 7982 | 70977 | 117003 | 22276 |
| 蚌埠市 | Bengbu | 11238 | 51267 | 9181 | 5727 | 81294 | 55917 | 5508 |
| 阜阳市 | Fuyang | 199778 | 95434 | 15334 | 3121 | 35690 | 39894 | 7610 |
| 淮南市 | Huainan | 13783 | 68833 | 973 | 499 | 6681 | 34818 | 5837 |
| 滁州市 | Chuzhou | 83137 | 76789 | 2730 | 1675 | 36392 | 36500 | 5995 |
| 六安市 | Luan | 177709 | 96831 | 5904 | 3339 | 33179 | 96398 | 11342 |
| 马鞍山市 | Maanshan | 74482 | 17125 | 751 | 338 | 2134 | 4838 | 2413 |
| 巢湖市 | Chaohu | 296678 | 132063 | 4408 | 2320 | 40999 | 57330 | 5775 |
| 芜湖市 | Wuhu | 157123 | 57954 | 1548 | 776 | 9791 | 14169 | 7278 |
| 宣城市 | Xuancheng | 129241 | 88411 | 2326 | 1273 | 14364 | 13366 | 4521 |
| 铜陵市 | Tongling | 31277 | 15851 | 252 | 147 | 2307 | 4593 | 764 |
| 池州市 | Chizhou | 63807 | 29349 | 520 | 298 | 5365 | 17645 | 6178 |
| 安庆市 | Anqing | 89013 | 128702 | 5104 | 3062 | 23972 | 44843 | 14358 |
| 黄山市 | Huangshan | 28420 | 17588 | 1936 | 1227 | 6478 | 7091 | 2909 |

# 12—20 各市农作物总播种面积（2010年）
## Total Sown Areas of Farm Crops by Region (2010)

单位：公顷 (hectare)

| 地 区 Region | 农作物总播种面积 Total Sown Area | 粮食作物播种面积 Sown Area of Grain Crops | 谷 物 Cereal | 稻 谷 Rice | 小 麦 Wheat | 玉 米 Corn | 豆 类 Soybeans | 薯 类 Tubers | 油 料 Oil-bearing Crops | #花 生 Peanuts | 油菜籽 Rapeseeds |
|---|---|---|---|---|---|---|---|---|---|---|---|
| **总 计 Total** | **9054865** | **6616418** | **5424445** | **2245370** | **2365666** | **761109** | **1021228** | **170745** | **944254** | **194608** | **691001** |
| 合 肥 市 Hefei | 497007 | 282626 | 270726 | 196670 | 60353 | 11825 | 7987 | 3913 | 124575 | 14239 | 109062 |
| 淮 北 市 Huaibei | 287845 | 264200 | 174537 | 109 | 127085 | 45606 | 88622 | 1041 | 4074 | 2500 | 834 |
| 亳 州 市 Bozhou | 1035199 | 854060 | 616198 | 4397 | 418356 | 182196 | 212151 | 25711 | 14291 | 6550 | 4304 |
| 宿 州 市 Suzhou | 986613 | 787113 | 607698 | 8282 | 381839 | 214105 | 152256 | 27159 | 62921 | 48382 | 10668 |
| 蚌 埠 市 Bengbu | 645880 | 473914 | 415885 | 107520 | 244216 | 63035 | 51966 | 6063 | 66753 | 60133 | 4922 |
| 阜 阳 市 Fuyang | 1221946 | 1002234 | 789619 | 67856 | 502970 | 217452 | 184835 | 27780 | 48602 | 9068 | 18757 |
| 淮 南 市 Huainan | 248374 | 212174 | 199238 | 93287 | 103102 | 2550 | 10744 | 2192 | 5338 | 1970 | 2731 |
| 滁 州 市 Chuzhou | 860720 | 689493 | 648257 | 344179 | 271022 | 31662 | 30667 | 10569 | 90874 | 25636 | 59454 |
| 六 安 市 Luan | 894280 | 688976 | 663805 | 414854 | 224544 | 23424 | 17124 | 8047 | 103726 | 8596 | 92685 |
| 马鞍山市 Maanshan | 96712 | 66676 | 65508 | 43318 | 21466 | 724 | 756 | 412 | 18513 | 15 | 18367 |
| 巢 湖 市 Chaohu | 591458 | 349399 | 330387 | 260955 | 63492 | 5606 | 10407 | 8605 | 104299 | 6400 | 94889 |
| 芜 湖 市 Wuhu | 206026 | 122112 | 116013 | 102125 | 12267 | 1351 | 4212 | 1887 | 31257 | 1327 | 29471 |
| 宣 城 市 Xuancheng | 354361 | 226755 | 208554 | 156842 | 47608 | 4055 | 10038 | 8163 | 54654 | 4196 | 48232 |
| 铜 陵 市 Tongling | 47262 | 26525 | 25089 | 16996 | 6131 | 1884 | 1108 | 328 | 9898 | 351 | 9402 |
| 池 州 市 Chizhou | 198363 | 116594 | 111459 | 100990 | 5758 | 4700 | 3636 | 1499 | 37098 | 965 | 34345 |
| 安 庆 市 Anqing | 783255 | 454156 | 429114 | 385267 | 36292 | 7116 | 12391 | 12651 | 137483 | 3794 | 124851 |
| 黄 山 市 Huangshan | 131290 | 65447 | 49471 | 39861 | 297 | 9289 | 7324 | 8652 | 29898 | 486 | 28027 |

| 地 区 Region | 芝 麻 Sesame | 棉 花 Cotton | 麻 类 Fiber Crops | #黄红麻 Jute and Ambary Hemp | 糖 料 Sugar Crops | 烟 叶 Tobacco | #烤 烟 Fluecured Tobacco | 药 材 Medicinal Materials | 蔬 菜 Vegeta-bles | 瓜果类 Melon | 茶园面积 Area of Tea Plantations at Year-end | 果园面积 Area of Orchards at Year-end |
|---|---|---|---|---|---|---|---|---|---|---|---|---|
| **总 计 Total** | **52295** | **344400** | **9443** | **4281** | **5726** | **10916** | **10658** | **64028** | **775610** | **165695** | **133529** | **107127** |
| 合 肥 市 Hefei | 1274 | 18692 | | | 441 | | | | 50596 | 18693 | 106 | 2368 |
| 淮 北 市 Huaibei | 731 | 2109 | | | 4 | 4 | | 279 | 14687 | 2406 | | 5433 |
| 亳 州 市 Bozhou | 3437 | 18560 | 20 | 20 | 87 | 2609 | 2609 | 36648 | 86768 | 22114 | | 1502 |
| 宿 州 市 Suzhou | 3171 | 26371 | 13 | 13 | 32 | 334 | 334 | 897 | 64813 | 33410 | | 59419 |
| 蚌 埠 市 Bengbu | 1697 | 22412 | 15 | 15 | 21 | 17 | 17 | | 63411 | 18680 | | 3328 |
| 阜 阳 市 Fuyang | 20777 | 16568 | 619 | 619 | 700 | 365 | 137 | 7485 | 127083 | 15961 | | 2874 |
| 淮 南 市 Huainan | 591 | 940 | | | 28 | | | | 24339 | 5141 | | 1442 |
| 滁 州 市 Chuzhou | 5784 | 9692 | | | 171 | | | 55 | 43939 | 14024 | 1356 | 4141 |
| 六 安 市 Luan | 2444 | 11194 | 5984 | 3489 | 655 | 32 | 32 | 4212 | 65557 | 7104 | 23221 | 2110 |
| 马鞍山市 Maanshan | 131 | 3900 | 91 | | 29 | | | | 6626 | 828 | 179 | 874 |
| 巢 湖 市 Chaohu | 3000 | 57779 | 348 | | 956 | | | | 60796 | 10356 | 3070 | 3832 |
| 芜 湖 市 Wuhu | 448 | 7323 | 48 | 48 | 580 | 1740 | 1740 | 1733 | 23687 | 2803 | 1337 | 1427 |
| 宣 城 市 Xuancheng | 2206 | 12137 | 1414 | 17 | 906 | 4552 | 4532 | 3419 | 34773 | 6059 | 20648 | 6202 |
| 铜 陵 市 Tongling | 145 | 4663 | 53 | | 33 | | | 225 | 4351 | 1161 | 241 | 365 |
| 池 州 市 Chizhou | 1788 | 24667 | 685 | | 46 | 1032 | 1032 | 1431 | 14074 | 1690 | 11517 | 895 |
| 安 庆 市 Anqing | 3286 | 72649 | 138 | 60 | 332 | 42 | 36 | 2278 | 68533 | 3184 | 23449 | 5479 |
| 黄 山 市 Huangshan | 1385 | 434 | 15 | | 705 | 189 | 189 | 5366 | 21577 | 2081 | 48405 | 5436 |

注：全省粮食及棉花播种面积来源于国家统计局安徽调查总队抽样调查数。

a) The sown area of grain is from Anhui Province survey organization of National bureau of Statistics sample survey.

## 12—21　各市主要农产品单位面积产量（2010年）
Yield of Major Farm Crops per Hectare by Region (2010)

单位：公斤/公顷　(kg/hectare)

| 地　区 | Region | 谷　物 Cereals | 棉　花 Cotton | 花　生 Peanuts | 油菜籽 Rapeseeds | 芝　麻 Sesame | 黄红麻 Jute and Ambary Hemp | 烤　烟 Fluecured Tobacco | 药　材 Medicinal Materials | 蔬　菜 Vegetables | 瓜果类 Melon |
|---|---|---|---|---|---|---|---|---|---|---|---|
| **总　计** | **Total** | **5367** | **918** | **4440** | **1935** | **1263** | **2903** | **2735** | **5565** | **27557** | **34379** |
| 合肥市 | Hefei | 6995 | 988 | 4054 | 1821 | 1616 | | | | 21592 | 22541 |
| 淮北市 | Huaibei | 6189 | 1149 | 3060 | 1847 | 1096 | | | 7283 | 28820 | 33660 |
| 亳州市 | Bozhou | 6676 | 1121 | 4847 | 2145 | 1280 | 3950 | 3659 | 4334 | 27267 | 35584 |
| 宿州市 | Suzhou | 5729 | 1262 | 4782 | 1787 | 1336 | 769 | 2578 | 5317 | 37071 | 40746 |
| 蚌埠市 | Bengbu | 6243 | 1293 | 5479 | 1364 | 1107 | 3133 | 2059 | | 35196 | 44324 |
| 阜阳市 | Fuyang | 6061 | 1063 | 2688 | 2088 | 1090 | 3174 | 1869 | 14927 | 35075 | 35201 |
| 淮南市 | Huainan | 6806 | 1616 | 4231 | 2072 | 1641 | | | | 28523 | 32093 |
| 滁州市 | Chuzhou | 6409 | 1025 | 3527 | 2218 | 1156 | | | 1964 | 29894 | 34222 |
| 六安市 | Luan | 6762 | 1394 | 3978 | 1788 | 1209 | 2826 | 2281 | 9647 | 19363 | 28335 |
| 马鞍山市 | Maanshan | 7080 | 1194 | 1800 | 2272 | 1626 | | | | 23489 | 27152 |
| 巢湖市 | Chaohu | 6866 | 1149 | 3031 | 2229 | 1428 | | | | 24658 | 27649 |
| 芜湖市 | Wuhu | 6981 | 1111 | 2433 | 2277 | 1674 | 5792 | 2665 | 3258 | 23760 | 41470 |
| 宣城市 | Xuancheng | 6117 | 1174 | 2718 | 1975 | 1883 | 3941 | 2375 | 3708 | 19894 | 29608 |
| 铜陵市 | Tongling | 6048 | 1133 | 3026 | 1901 | 1966 | | | 4578 | 23419 | 29057 |
| 池州市 | Chizhou | 5968 | 1159 | 2456 | 1927 | 1555 | | 2330 | 642 | 22778 | 27335 |
| 安庆市 | Anqing | 5899 | 1268 | 2678 | 1840 | 1625 | 2017 | 2972 | 3917 | 20556 | 26636 |
| 黄山市 | Huangshan | 6217 | 1200 | 2191 | 1082 | 1175 | | 2434 | 1675 | 17717 | 19484 |

## 12—22　各市主要农产品产量（2010年）
Yield of Major Farm Crops by Region (2010)

单位：吨　(ton)

| 地　区 | Region | 粮　食 Grain | 谷　物 Cereal | #稻谷 Rice | 小　麦 Wheat | 玉　米 Corn | 豆　类 Beans | 薯　类 Tubers | 油　料 Oil-bearing Crops | #花　生 Peanuts |
|---|---|---|---|---|---|---|---|---|---|---|
| **总　计** | **Total** | **30805000** | **29111697** | **13834275** | **12066695** | **3127470** | **1219148** | **474155** | **2276036** | **864012** |
| 合肥市 | Hefei | 1935224 | 1893736 | 1498078 | 309127 | 78334 | 21167 | 20321 | 258499 | 57727 |
| 淮北市 | Huaibei | 1245621 | 1080268 | 996 | 831246 | 237141 | 160183 | 5170 | 10029 | 7650 |
| 亳州市 | Bozhou | 4619926 | 4113856 | 29190 | 2940365 | 1108186 | 374702 | 131368 | 45380 | 31750 |
| 宿州市 | Suzhou | 3890820 | 3481556 | 63717 | 2295520 | 1104806 | 272029 | 137235 | 254674 | 231373 |
| 蚌埠市 | Bengbu | 2710183 | 2596357 | 806368 | 1459660 | 324526 | 83756 | 30070 | 338070 | 329474 |
| 阜阳市 | Fuyang | 5300528 | 4785831 | 454115 | 3160281 | 1167176 | 367698 | 146999 | 86190 | 24376 |
| 淮南市 | Huainan | 1391267 | 1356052 | 732333 | 617020 | 5081 | 22015 | 13200 | 15120 | 8336 |
| 滁州市 | Chuzhou | 4307758 | 4154858 | 2489121 | 1488045 | 170054 | 59599 | 93301 | 228978 | 90414 |
| 六安市 | Luan | 4590956 | 4488808 | 3191275 | 1197387 | 96119 | 49269 | 52879 | 203850 | 34196 |
| 马鞍山市 | Maanshan | 468416 | 463785 | 351451 | 109797 | 2537 | 2003 | 2628 | 41964 | 27 |
| 巢湖市 | Chaohu | 2365069 | 2268563 | 1934054 | 307212 | 26349 | 27846 | 68660 | 235146 | 19396 |
| 芜湖市 | Wuhu | 835401 | 809943 | 741501 | 58585 | 8974 | 8973 | 16485 | 71121 | 3229 |
| 宣城市 | Xuancheng | 1344871 | 1275760 | 1038915 | 212840 | 23893 | 20161 | 48950 | 110837 | 11405 |
| 铜陵市 | Tongling | 156883 | 151734 | 121749 | 20339 | 9420 | 2996 | 2153 | 19224 | 1062 |
| 池州市 | Chizhou | 680514 | 665193 | 628731 | 18094 | 18341 | 7790 | 7531 | 71349 | 2370 |
| 安庆市 | Anqing | 2619602 | 2531285 | 2388642 | 108761 | 32250 | 31950 | 56367 | 252598 | 10162 |
| 黄山市 | Huangshan | 353219 | 307538 | 281302 | 480 | 25693 | 14910 | 30771 | 33007 | 1065 |

注：全省粮食及棉花产量来源于国家统计局安徽调查总队抽样调查数。
a) The sown area of grain is from Anhui Province survey organization of National bureau of Statistics sample survey.

## 12—22 续表 continued

单位：吨 (ton)

| 地 区 | Region | 油菜籽 Rapeseeds | 芝 麻 Sesame | 棉 花 Cotton | 麻 类 Fiber Crops | 黄红麻 Jute and Ambary Hemp | 烟 叶 Tobacco | 烤 烟 Flucured Tobacco | 蚕 茧 Silkworm Cocoons |
|---|---|---|---|---|---|---|---|---|---|
| **总 计** | **Total** | **1337270** | **66071** | **316000** | **23694** | **12428** | **29816** | **29145** | **33177** |
| 合肥市 | Hefei | 198651 | 2059 | 18471 | | | | | 2868 |
| 淮北市 | Huaibei | 1540 | 801 | 2424 | | | 8 | | |
| 亳州市 | Bozhou | 9230 | 4400 | 20815 | 79 | 79 | 9547 | 9547 | |
| 宿州市 | Suzhou | 19064 | 4237 | 33270 | 10 | 10 | 861 | 861 | 1290 |
| 蚌埠市 | Bengbu | 6713 | 1879 | 28970 | 47 | 47 | 35 | 35 | |
| 阜阳市 | Fuyang | 39164 | 22650 | 17612 | 1965 | 1965 | 839 | 256 | 251 |
| 淮南市 | Huainan | 5659 | 970 | 1519 | | | | | |
| 滁州市 | Chuzhou | 131879 | 6685 | 9930 | | | | | |
| 六安市 | Luan | 165700 | 2954 | 15607 | 17205 | 9861 | 73 | 73 | 5930 |
| 马鞍山市 | Maanshan | 41724 | 213 | 4656 | 111 | | | | |
| 巢湖市 | Chaohu | 211467 | 4283 | 66407 | 712 | | | | |
| 芜湖市 | Wuhu | 67102 | 750 | 8139 | 278 | 278 | 4637 | 4637 | 822 |
| 宣城市 | Xuancheng | 95277 | 4155 | 14250 | 1878 | 67 | 10830 | 10764 | 6822 |
| 铜陵市 | Tongling | 17877 | 285 | 5282 | 92 | | | | 81 |
| 池州市 | Chizhou | 66198 | 2781 | 28580 | 1101 | | 2405 | 2405 | 1868 |
| 安庆市 | Anqing | 229711 | 5341 | 92131 | 199 | 121 | 121 | 107 | 7384 |
| 黄山市 | Huangshan | 30314 | 1628 | 521 | 17 | | 460 | 460 | 5861 |

| 地 区 | Region | 茶 叶 Tea | 园林水果 Garden Fruits | #苹 果 Apples | 梨 Pears | 葡 萄 Grapes | 药 材 Medicinal Materials | 蔬 菜 Vegetables | 瓜果类 Melon and Fruit (Fruited Melon) |
|---|---|---|---|---|---|---|---|---|---|
| **总 计** | **Total** | **83276** | **2356680** | **406858** | **966259** | **261114** | **356292** | **21373614** | **5696361** |
| 合肥市 | Hefei | 41 | 86246 | | 7001 | 20432 | | 1092470 | 421352 |
| 淮北市 | Huaibei | | 99360 | 24676 | 13375 | 16463 | 2032 | 423284 | 80985 |
| 亳州市 | Bozhou | | 43946 | 7833 | 5340 | 3032 | 158824 | 2365940 | 786908 |
| 宿州市 | Suzhou | | 1624308 | 364759 | 838336 | 122738 | 4769 | 2402677 | 1361337 |
| 蚌埠市 | Bengbu | | 64679 | 561 | 33151 | 3301 | | 2231820 | 827975 |
| 阜阳市 | Fuyang | | 65465 | 7440 | 16296 | 6456 | 111726 | 4457487 | 561846 |
| 淮南市 | Huainan | | 29675 | 401 | 6667 | 4251 | | 694222 | 164991 |
| 滁州市 | Chuzhou | 636 | 66102 | 627 | 6768 | 18216 | 108 | 1313513 | 479934 |
| 六安市 | Luan | 16847 | 38391 | 93 | 8312 | 3691 | 40633 | 1269386 | 201295 |
| 马鞍山市 | Maanshan | 108 | 11276 | 96 | 994 | 2264 | | 155637 | 22482 |
| 巢湖市 | Chaohu | 1527 | 82233 | 45 | 6105 | 42901 | 19 | 1499099 | 286336 |
| 芜湖市 | Wuhu | 2290 | 14484 | 126 | 1149 | 3157 | 5646 | 562811 | 116241 |
| 宣城市 | Xuancheng | 24751 | 31385 | 10 | 7312 | 2134 | 12677 | 691785 | 179394 |
| 铜陵市 | Tongling | 105 | 4182 | | 139 | 1835 | 1030 | 101896 | 33735 |
| 池州市 | Chizhou | 5634 | 5939 | 9 | 751 | 249 | 918 | 320576 | 46196 |
| 安庆市 | Anqing | 7374 | 32772 | 182 | 6087 | 419 | 8923 | 1408739 | 84808 |
| 黄山市 | Huangshan | 23963 | 56237 | | 8476 | 9575 | 8987 | 382272 | 40546 |

## 12—23 各市主要林业生产情况（2010年）
Conditions of Forest Production by Region (2010)

| 地 区 | Region | 营林情况（公顷） Management of Forest (hectares) 人工造林面积 Man-made Afforested Area | 迹地更新面积 Reforestated Area | 新封山育林面积 Area of Setting Apart Mountains for Afforestation | 新增育苗面积 Area of Growing Seedlings | 幼林抚育面积 Area of Tending Young Forest | 成林抚育面积 Area of Tending Adult Forest | 油桐籽（吨） Tung-oil Seeds (ton) | 油茶籽（吨） Tea-oil Seeds (ton) | 竹材采伐量（万根） Determination of Bamboo Cut (10000 units) | 木材采伐量（万立方米） Determination of Timber Cut (10000 cu.m) |
|---|---|---|---|---|---|---|---|---|---|---|---|
| **总　计** | **Total** | **57012** | **1007** | **20943** | **6709** | **307795** | **629653** | **3054** | **25864** | **9783** | **458** |
| 合 肥 市 | Hefei | 3276 | | 267 | 1301 | 5990 | 29727 | | | | 4 |
| 淮 北 市 | Huaibei | 565 | | | 23 | 7052 | 6749 | | | | 4 |
| 亳 州 市 | Bozhou | 2954 | | | 696 | 8910 | 15197 | | | | 59 |
| 宿 州 市 | Suzhou | 5044 | | 1467 | 666 | 78477 | 134170 | 15 | | | 45 |
| 蚌 埠 市 | Bengbu | 1085 | 84 | | 181 | 17508 | 26509 | | | 2 | 23 |
| 阜 阳 市 | Fuyang | 3799 | 45 | | 1136 | 12149 | 73923 | | | | 23 |
| 淮 南 市 | Huainan | 811 | | 333 | 141 | 280 | 23666 | | | | 1 |
| 滁 州 市 | Chuzhou | 4154 | | 2000 | 882 | 23064 | 17099 | 2 | 3 | 18 | 31 |
| 六 安 市 | Luan | 6124 | | 2114 | 512 | 25908 | 24149 | 1076 | 7754 | 2341 | 32 |
| 马鞍山市 | Maanshan | 614 | | | 43 | 806 | 1194 | | | 2 | 3 |
| 巢 湖 市 | Chaohu | 3271 | 138 | 1121 | 274 | 17640 | 40670 | 2 | 159 | 48 | 17 |
| 芜 湖 市 | Wuhu | 1462 | 35 | 600 | 127 | 14485 | 8234 | 51 | 12 | 967 | 5 |
| 宣 城 市 | Xuancheng | 6862 | | 1887 | 87 | 21149 | 105677 | 95 | 491 | 4413 | 48 |
| 铜 陵 市 | Tongling | 922 | | | 26 | 7643 | 3446 | 385 | 2 | 54 | 2 |
| 池 州 市 | Chizhou | 2594 | 531 | 7088 | 106 | 14194 | 18406 | 171 | 414 | 814 | 72 |
| 安 庆 市 | Anqing | 9831 | 170 | 4066 | 164 | 34089 | 46486 | 1252 | 12519 | 470 | 44 |
| 黄 山 市 | Huangshan | 3644 | 4 | | 344 | 18451 | 54351 | 5 | 4510 | 655 | 45 |

## 12—24 各市牲畜饲养情况（2010年）
Number of Livestock by Region (2010)

单位：头（只）　(heads)

| 地 区 | Region | 大牲畜年末头数 Large Animals (year-end) | 牛 Cattle and Buffaloes | 马 Horses | 驴 Donkeys | 骡 Mules | 肉猪出栏头数 Slaughtered Fattened Hogs | 猪年末头数 Hogs (year-end) | 羊年末只数 Sheep and Goats (year-end) | 山羊 Goats | 家禽（万只） Poultry (10000 heads) |
|---|---|---|---|---|---|---|---|---|---|---|---|
| **总　计** | **Total** | **1515326** | **1509000** | **1746** | **3671** | **898** | **27821000** | **14425000** | **5905000** | **5896000** | **23329.77** |
| 合 肥 市 | Hefei | 94923 | 94897 | | 26 | | 2299738 | 1139645 | 55723 | 55723 | 4839.00 |
| 淮 北 市 | Huaibei | 14731 | 14509 | 11 | 202 | 9 | 602943 | 361535 | 294504 | 285428 | 855.00 |
| 亳 州 市 | Bozhou | 131851 | 130821 | 522 | 173 | 335 | 2673211 | 1367270 | 1055502 | 1055502 | 1033.46 |
| 宿 州 市 | Suzhou | 163539 | 161005 | 374 | 1901 | 259 | 4321178 | 2709839 | 2127883 | 2100157 | 3145.00 |
| 蚌 埠 市 | Bengbu | 202004 | 201877 | 1 | 119 | 7 | 1805541 | 881860 | 630943 | 630943 | 1806.20 |
| 阜 阳 市 | Fuyang | 308436 | 306581 | 403 | 1210 | 242 | 4984460 | 2570864 | 1141687 | 1141687 | 2144.69 |
| 淮 南 市 | Huainan | 55691 | 55691 | | | | 448533 | 249614 | 118360 | 118360 | 694.60 |
| 滁 州 市 | Chuzhou | 171252 | 171252 | | | | 3009015 | 1579965 | 310462 | 307462 | 2215.00 |
| 六 安 市 | Luan | 184076 | 184076 | | | | 3790609 | 1982093 | 407412 | 407412 | 3198.00 |
| 马鞍山市 | Maanshan | 9822 | 9822 | | | | 249024 | 101210 | 39114 | 39114 | 258.90 |
| 巢 湖 市 | Chaohu | 70491 | 70491 | | | | 795897 | 438768 | 46425 | 46173 | 1843.00 |
| 芜 湖 市 | Wuhu | 9657 | 9657 | | | | 472177 | 232393 | 20911 | 20813 | 904.00 |
| 宣 城 市 | Xuancheng | 55833 | 55833 | | | | 989533 | 535200 | 36428 | 36428 | 2347.00 |
| 铜 陵 市 | Tongling | 3831 | 3831 | | | | 99099 | 74725 | 4605 | 4605 | 363.79 |
| 池 州 市 | Chizhou | 17463 | 17463 | | | | 662964 | 393539 | 12022 | 12022 | 606.00 |
| 安 庆 市 | Anqing | 123908 | 123908 | | | | 2550133 | 1607790 | 41708 | 41537 | 2604.40 |
| 黄 山 市 | Huangshan | 31634 | 31113 | 435 | 40 | 46 | 917355 | 665035 | 5109 | 5109 | 292.61 |

注：全省猪、牛、羊、禽数据来源于国家统计局安徽调查总队畜禽监测数。

a) The pigs, sheep, poultry data is from Anhui Province survey organization of National bureau of statistics monitoring survey.

## 12—25 各市畜产品产量（2010年）
Output of Livestock Products by Region (2010)

单位：吨 (ton)

| 地区 | Region | 肉类 总产量 Output of Meat | 猪牛羊肉 Output of Pork,Beef and Mutton | 猪肉 Pork | 牛肉 Beef | 羊肉 Mutton | 奶类 Milk | 牛奶 Cow Milk | 禽蛋 Poultry Eggs | 蜂蜜 Honey |
|---|---|---|---|---|---|---|---|---|---|---|
| **总计** | **Total** | **3769426** | **2713000** | **2388000** | **183000** | **142000** | **205000** | **205000** | **1190000** | **16447** |
| 合肥市 | Hefei | 380219 | 196228 | 189676 | 5228 | 1324 | 92008 | 92008 | 136141 | 685 |
| 淮北市 | Huaibei | 81556 | 59631 | 52265 | 1014 | 6352 | 10478 | 10478 | 45320 | |
| 亳州市 | Bozhou | 281227 | 248416 | 207928 | 17996 | 22492 | 12629 | 12629 | 58269 | 20 |
| 宿州市 | Suzhou | 453961 | 389824 | 325175 | 17800 | 46849 | 12360 | 12360 | 218632 | 102 |
| 蚌埠市 | Bengbu | 281864 | 200136 | 151547 | 32473 | 16116 | 18196 | 18196 | 57903 | |
| 阜阳市 | Fuyang | 561256 | 489612 | 418552 | 43071 | 27989 | 3121 | 3121 | 124775 | 1832 |
| 淮南市 | Huainan | 81171 | 50444 | 41859 | 5654 | 2931 | 43947 | 43947 | 56701 | 12 |
| 滁州市 | Chuzhou | 347550 | 269007 | 245364 | 16366 | 7277 | 9404 | 9404 | 100785 | 132 |
| 六安市 | Luan | 488049 | 338474 | 309812 | 15993 | 12669 | 18591 | 18591 | 128430 | 130 |
| 马鞍山市 | Maanshan | 31428 | 21000 | 19768 | 157 | 1075 | 39587 | 39587 | 6007 | 291 |
| 巢湖市 | Chaohu | 165908 | 70696 | 65024 | 4904 | 768 | 3387 | 3387 | 77753 | 244 |
| 芜湖市 | Wuhu | 88484 | 42406 | 40786 | 1199 | 421 | 2885 | 2885 | 38463 | 111 |
| 宣城市 | Xuancheng | 198434 | 83054 | 79380 | 2908 | 766 | 1000 | 1000 | 47454 | 1626 |
| 铜陵市 | Tongling | 15940 | 8179 | 7984 | 116 | 79 | | | 5759 | 21 |
| 池州市 | Chizhou | 78887 | 55854 | 54240 | 1396 | 218 | | | 30361 | 817 |
| 安庆市 | Anqing | 296123 | 213246 | 202627 | 9680 | 939 | | | 158895 | 2110 |
| 黄山市 | Huangshan | 86351 | 79934 | 78770 | 1103 | 61 | 2950 | 2950 | 17752 | 8314 |

注：全省猪、牛、羊、禽、奶数据来源于国家统计局安徽调查总队畜禽监测数。

a) The pigs, sheep, poultry, milk data is from Anhui Province survey organization of National bureau of statistics monitoring survey.

## 12—26 各市农村居民家庭平均每户动物产品的出售量（2010年）
Sales of Livestock, Poultry, Small Animals and Fishery Per Rural Household by Region (2010)

| 地区 | Region | 肉猪（头） Fattened Hogs (head) | 菜羊（只） Mutton Sheep and Goat (head) | 牛（头/百户） Cattle (head/100 households) | 家禽（只） Poultry (head) | 蛋类（公斤） Poultry Cocoons (kg) | 蚕茧（公斤） Silkworm Cocoons (kg) | 水产品（公斤） Aquatic Products (kg) |
|---|---|---|---|---|---|---|---|---|
| 合肥市 | Hefei | 0.63 | 0.01 | 0.83 | 4.34 | 5.09 | 3.83 | 20.09 |
| 淮北市 | Huaibei | 1.14 | 0.71 | 1.10 | 2.26 | 0.50 | | |
| 亳州市 | Bozhou | 2.32 | 0.52 | 5.96 | 4.96 | 0.26 | | 0.43 |
| 宿州市 | Suzhou | 2.07 | 1.27 | 0.62 | 3.07 | 52.05 | 2.85 | 1.23 |
| 蚌埠市 | Bengbu | 1.53 | 0.35 | 2.58 | 11.62 | 12.37 | | 12.50 |
| 阜阳市 | Fuyang | 2.02 | 1.44 | 9.64 | 2.37 | 3.52 | 0.04 | 0.52 |
| 淮南市 | Huainan | 0.25 | 0.08 | 2.56 | 0.79 | 14.42 | | 13.64 |
| 滁州市 | Chuzhou | 0.84 | 0.04 | 1.09 | 2.77 | 5.96 | | 18.57 |
| 六安市 | Luan | 0.82 | 0.09 | 0.98 | 3.10 | 2.74 | 3.64 | 18.02 |
| 马鞍山市 | Maanshan | 2.89 | 0.03 | | 0.22 | 1.85 | | 185.40 |
| 巢湖市 | Chaohu | 0.10 | 0.10 | 0.40 | 7.24 | 1.98 | | 32.11 |
| 芜湖市 | Wuhu | 0.35 | | | 2.10 | 2.61 | 0.17 | 32.24 |
| 宣城市 | Xuancheng | 0.39 | 0.01 | 0.72 | 32.67 | 1.06 | 7.22 | 33.38 |
| 铜陵市 | Tongling | 0.03 | | 0.67 | 9.14 | 1.85 | | 21.82 |
| 池州市 | Chizhou | 0.33 | 0.01 | 0.07 | 0.43 | 1.04 | 8.52 | 4.05 |
| 安庆市 | Anqing | 0.54 | 0.01 | 0.65 | 0.88 | 1.92 | 6.45 | 30.83 |
| 黄山市 | Huangshan | 2.30 | | 1.36 | 2.38 | 21.28 | 25.69 | 6.37 |

## 12—27 各市水产品产量（2010年）
Output of Aquatic Products by Region (2010)

单位：吨　(ton)

| 地　区 | Region | 水产品总产量 Total Aquatic Products | 养殖产量 Cultured Products | 捕捞产量 Fishing Products | 鱼　类 Fish | 甲壳类 Crustacean | 贝　类 Shell-fish | 其它类 Others |
|---|---|---|---|---|---|---|---|---|
| 总　计 | Total | **1933118** | **1617241** | **315877** | **1529311** | **287587** | **79541** | **36679** |
| 合肥市 | Hefei | 122860 | 86029 | 36831 | 81309 | 33693 | 4979 | 2879 |
| 淮北市 | Huaibei | 25000 | 23943 | 1057 | 24650 | 259 | 64 | 27 |
| 亳州市 | Bozhou | 44022 | 36400 | 7622 | 41817 | 1607 | 469 | 129 |
| 宿州市 | Suzhou | 36586 | 33101 | 3485 | 32100 | 3762 | 227 | 497 |
| 蚌埠市 | Bengbu | 100053 | 72610 | 27443 | 81040 | 13300 | 3024 | 2689 |
| 阜阳市 | Fuyang | 86656 | 72693 | 13963 | 72965 | 10456 | 2229 | 1006 |
| 淮南市 | Huainan | 64798 | 47432 | 17366 | 52397 | 6477 | 5286 | 638 |
| 滁州市 | Chuzhou | 278234 | 251389 | 26845 | 198402 | 67107 | 10039 | 2686 |
| 六安市 | Luan | 262400 | 196244 | 66156 | 223167 | 30288 | 6181 | 2764 |
| 马鞍山市 | Maanshan | 69031 | 61527 | 7504 | 43929 | 18678 | 4485 | 1939 |
| 巢湖市 | Chaohu | 169892 | 142653 | 27239 | 125204 | 31088 | 3977 | 9623 |
| 芜湖市 | Wuhu | 91616 | 80921 | 10695 | 72990 | 10277 | 4643 | 3706 |
| 宣城市 | Xuancheng | 98000 | 81452 | 16548 | 71975 | 15100 | 7500 | 3425 |
| 铜陵市 | Tongling | 21075 | 18672 | 2403 | 18204 | 1730 | 906 | 235 |
| 池州市 | Chizhou | 110849 | 98950 | 11899 | 91589 | 10845 | 7680 | 735 |
| 安庆市 | Anqing | 334146 | 297174 | 36972 | 280800 | 32576 | 17350 | 3420 |
| 黄山市 | Huangshan | 17900 | 16051 | 1849 | 16773 | 344 | 502 | 281 |

## 12—28 各市受灾面积（2010年）
Areas Covered by Natural Disaster by Region (2010)

单位：千公顷　(1000 hectares)

| 地　区 | Region | 农作物受灾情况合计 Total Situation of Crops Affected by Disaster | | 旱灾 Drought | | 洪涝灾 Flood | |
|---|---|---|---|---|---|---|---|
| | | 受灾面积 Areas Covered | 绝收 Total Crops Failure | 受灾面积 Areas Covered | 绝收 Total Crops Failure | 受灾面积 Areas Covered | 绝收 Total Crops Failure |
| 总　计 | Total | **2070.95** | **146.04** | **825.34** | **0.65** | **1084.08** | **133.53** |
| 合肥市 | Hefei | 15.43 | 2.18 | | | 14.15 | 2.18 |
| 淮北市 | Huaibei | 55.17 | 3.67 | | | 53.70 | 3.67 |
| 亳州市 | Bozhou | 540.32 | 1.15 | 357.85 | | 232.25 | 2.15 |
| 宿州市 | Suzhou | 351.84 | | 308.67 | | 41.85 | |
| 蚌埠市 | Bengbu | 76.79 | 6.02 | 8.04 | | 28.55 | 5.72 |
| 阜阳市 | Fuyang | 174.45 | 16.08 | 50.71 | | 110.05 | 10.93 |
| 淮南市 | Huainan | 70.58 | 0.83 | 65.58 | | 4.40 | 0.83 |
| 滁州市 | Chuzhou | 95.63 | 9.60 | 28.45 | | 42.03 | 5.08 |
| 六安市 | Luan | 104.51 | 14.26 | 6.04 | 0.65 | 89.69 | 13.42 |
| 马鞍山市 | Maanshan | 4.70 | 0.26 | | | 4.70 | 0.26 |
| 巢湖市 | Chaohu | 39.84 | 5.45 | | | 39.84 | 5.45 |
| 芜湖市 | Wuhu | 66.16 | 0.84 | | | 41.64 | 0.84 |
| 宣城市 | Xuancheng | 83.40 | 12.40 | | | 45.01 | 12.30 |
| 铜陵市 | Tongling | 7.13 | 0.97 | | | 7.13 | 0.97 |
| 池州市 | Chizhou | 108.38 | 18.38 | | | 108.24 | 17.57 |
| 安庆市 | Anqing | 220.44 | 52.35 | | | 189.67 | 50.62 |
| 黄山市 | Huangshan | 56.17 | 1.60 | | | 31.16 | 1.55 |

# 12—29 国营农场基本情况
## Basic Statistics on State Farms

| 指标 | | Item | | 1995 | 2000 | 2005 | 2009 | 2010 |
|---|---|---|---|---|---|---|---|---|
| 农场数 | （个） | Number of Farms | (unit) | 26 | 25 | 25 | 21 | 21 |
| 职工人数 | （人） | Number of Staff and Workers | (person) | 65699 | 57773 | 44849 | 44549 | 44759 |
| 耕地面积 | （千公顷） | Cultivated Area | (1000 hectares) | 34.51 | 34.36 | 32.98 | 34.53 | 34.75 |
| 农业机械总动力 | （千瓦） | Total Power of Agricultural Machinery | (1000 watts) | 200084 | 241215 | 316001 | 435068 | 454679 |
| 农业机械拥有量 | （台、辆） | Ownership of Agricultural Machinery | (unit) | | | | | |
| 大中型农用拖拉机 | | Large and Medium Agricultural Tractors | | 1159 | 1349 | 1765 | 2439 | 2568 |
| 小型及手扶拖拉机 | | Mini and Walking Agricultural Tractors | | 2041 | 3567 | 5569 | 5838 | 6111 |
| 农用排灌动力机械 | | Machinery for Agricultural Drainage and Irrigation | | 2138 | 3360 | 3802 | 5297 | 5115 |
| 联合收获机 | | Combine Harvesters | | 373 | 626 | 730 | 991 | 1078 |
| 农用载重汽车 | | Trucks for Agricultural Use | | 232 | 186 | 71 | 181 | 181 |
| 农用化肥施用量 | （吨） | Consumption of Chemical Fertilizers | (ton) | 39986 | 38355 | 47187 | 60546 | 66814 |
| 农业总产值 | （万元） | Gross Agricultural Output Value | (10000 yuan) | 73529 | 59620 | 102784 | 158485 | 176197 |
| 农作物总播种面积 | （千公顷） | Sown Area of Farm Crops | (1000 hectares) | 59.83 | 58.40 | 55.57 | 67.16 | 68.53 |
| 粮食作物 | | Grain | | 44.78 | 47.54 | 44.24 | 58.31 | 61.04 |
| 棉　花 | | Cotton | | 7.67 | 3.31 | 6.20 | 3.94 | 3.77 |
| 油　料 | | Oil-bearing Crops | | 4.44 | 5.54 | 3.98 | 3.04 | 1.58 |
| 年末实有茶园面积 | | Area of Tea Plantations (year-end) | | 3.47 | 3.40 | 3.38 | 3.17 | 3.15 |
| 年末实有果园面积 | | Area of Orchards (year-end) | | 1.18 | 1.19 | 1.14 | 1.07 | 1.09 |
| 主要农产品产量 | | Yield of Major Farm Crops | | | | | | |
| 粮食作物 | （吨） | Grain | (ton) | 200836 | 222809 | 233538 | 340652 | 340720 |
| 棉　花 | （吨） | Cotton | (ton) | 8206 | 3389 | 8730 | 6593 | 5431 |
| 油　料 | （吨） | Oil-bearing Crops | (ton) | 5475 | 7253 | 7258 | 5902 | 3283 |
| 茶　叶 | （吨） | Tea | (ton) | 3818 | 7793 | 10460 | 11656 | 10894 |
| 水　果 | （吨） | Fruits | (ton) | 16695 | 15937 | 16776 | 24751 | 26589 |
| 畜牧业、渔业生产 | | Production of Animal Husbandry and Fishery | | | | | | |
| 大牲畜年末头数 | （头） | Number of Large Animals (year-end) | (head) | 6365 | 6022 | 9581 | 7463 | 7799 |
| 猪年末头数 | （头） | Number of Hogs | (head) | 22025 | 17532 | 19660 | 26974 | 38821 |
| 羊年末只数 | （只） | Number of Sheep and Goats | (head) | 3924 | 6911 | 6319 | 5751 | 5561 |
| 畜产品产量 | （吨） | Output of Livestock Products | (ton) | | | | | |
| 肉类总产量 | | Pork, Beef and Mutton | | 5148 | 8204 | 5556 | 9448 | 11037 |
| #猪　肉 | | Pork | | 2067 | 2432 | 2778 | 3679 | 4553 |
| 牛　奶 | | Milk | | 10361 | 11845 | 18982 | 20407 | 19018 |
| 禽　蛋 | | Poultry Eggs | | 2027 | 3220 | 2605 | 3440 | 3346 |
| 水产品总产量 | （吨） | Total Output of Aquatic Products | (ton) | 1317 | 2786 | 3431 | 4635 | 4777 |

注：本表为农垦系统数据。

a) Data in this table cover those of the land reclamation department.

## 12—30　各县（市）农村基本情况（2010年）
Basic Statement of Rural Area by County or City (2010)

| 县（市） | County (City) | 乡镇数（个）Number of Township and Town Governments | #镇数 Town Governments | 村民委员会（个）Number of Villagers' Committees (unit) | 乡村户数（户）Number of Households (household) | 乡村人口数（人）Rural Population (person) | 乡村从业人员数（人）Number of Rural Laborers (person) | #男 Male | 自来水受益村（个）Villages with Access to Tap Water (unit) | 通汽车村（个）Villages with Highway Communication (unit) |
|---|---|---|---|---|---|---|---|---|---|---|
| 合肥市辖区 | Hefei Reigon of City | 8 | 6 | 77 | 89670 | 296564 | 170058 | 95808 | 57 | 77 |
| 长丰县 | Changfeng | 14 | 8 | 255 | 189900 | 718769 | 418557 | 228421 | 107 | 255 |
| 肥东县 | Feidong | 17 | 10 | 276 | 252969 | 946104 | 607513 | 321721 | 105 | 276 |
| 肥西县 | Feixi | 13 | 9 | 258 | 185027 | 776113 | 479027 | 260178 | 99 | 258 |
| 淮北市辖区 | Huaibei Reigon of City | 7 | 7 | 94 | 110178 | 416165 | 230040 | 123863 | 64 | 94 |
| 濉溪县 | Suixi | 10 | 9 | 212 | 243980 | 936500 | 490701 | 259459 | 33 | 212 |
| 亳州市辖区 | Bozhou Reigon of City | 22 | 20 | 272 | 337058 | 1240518 | 689791 | 371034 | 23 | 272 |
| 涡阳县 | Guoyang | 23 | 23 | 378 | 332428 | 1280506 | 704846 | 366726 | 96 | 378 |
| 蒙城县 | Mengcheng | 14 | 12 | 255 | 266974 | 1098963 | 646024 | 354223 | 60 | 255 |
| 利辛县 | Lixin | 22 | 18 | 347 | 340937 | 1387777 | 800138 | 426289 | 83 | 347 |
| 宿州市辖区 | Suzhou Reigon of City | 24 | 15 | 322 | 354716 | 1337678 | 760250 | 395593 | 51 | 320 |
| 砀山县 | Dangshan | 12 | 12 | 155 | 220140 | 850195 | 520019 | 268135 | 146 | 155 |
| 萧县 | Xiaoxian | 22 | 17 | 279 | 343678 | 1313325 | 653449 | 371382 | 87 | 279 |
| 灵璧县 | Lingbi | 18 | 12 | 290 | 250240 | 1051128 | 598061 | 317631 | 58 | 290 |
| 泗县 | Sixian | 14 | 11 | 174 | 203672 | 837875 | 505256 | 270114 | 52 | 172 |
| 蚌埠市辖区 | Bengbu Reigon of City | 10 | 5 | 144 | 103733 | 349193 | 208717 | 115449 | 49 | 144 |
| 怀远县 | Huaiyuan | 18 | 9 | 364 | 275890 | 1177611 | 685662 | 362162 | 58 | 364 |
| 五河县 | Wuhe | 14 | 12 | 223 | 165728 | 661169 | 395887 | 214089 | 36 | 223 |
| 固镇县 | Guzhen | 10 | 7 | 192 | 133134 | 554496 | 324527 | 176093 | 50 | 192 |
| 阜阳市辖区 | Fuyang Reigon of City | 29 | 20 | 319 | 424214 | 1609508 | 919949 | 475978 | 108 | 319 |
| 界首市 | Jieshou | 18 | 12 | 151 | 178768 | 658253 | 383006 | 202725 | 57 | 151 |
| 临泉县 | Linquan | 31 | 21 | 382 | 469828 | 1993782 | 1076827 | 565461 | 80 | 382 |
| 太和县 | Taihe | 30 | 25 | 305 | 402189 | 1513405 | 887633 | 474224 | 50 | 305 |
| 阜南县 | Funan | 28 | 19 | 324 | 346697 | 1551000 | 849914 | 453831 | 71 | 324 |
| 颍上县 | Yingshang | 29 | 20 | 278 | 363085 | 1451116 | 799319 | 439104 | 12 | 278 |
| 淮南市辖区 | Huainan Reigon of City | 27 | 18 | 320 | 192208 | 730593 | 460706 | 252698 | 104 | 320 |
| 凤台县 | Fengtai | 15 | 5 | 213 | 137308 | 499698 | 307510 | 166311 | 29 | 213 |
| 毛集区 | Maoji District | 3 | 3 | 38 | 27054 | 106148 | 67120 | 36855 | 5 | 38 |
| 滁州市辖区 | Chuzhou Reigon of City | 8 | 8 | 88 | 85627 | 286180 | 156508 | 86004 | 52 | 88 |
| 天长市 | Tianchang | 14 | 14 | 119 | 152622 | 550056 | 325683 | 173863 | 113 | 119 |
| 明光市 | Mingguang | 13 | 12 | 139 | 140076 | 543253 | 306412 | 167294 | 71 | 139 |
| 来安县 | Laian | 11 | 7 | 130 | 103130 | 401723 | 247850 | 137759 | 19 | 130 |
| 全椒县 | Quanjiao | 9 | 9 | 94 | 84960 | 340317 | 188786 | 101303 | 67 | 94 |
| 定远县 | Dingyuan | 21 | 15 | 249 | 194121 | 860021 | 490758 | 274319 | 124 | 239 |
| 凤阳县 | Fengyang | 14 | 13 | 229 | 171350 | 684810 | 382043 | 215029 | 38 | 228 |
| 六安市辖区 | Luan Reigon of City | 36 | 23 | 579 | 434858 | 1616192 | 952688 | 519140 | 146 | 579 |
| 寿县 | Shouxian | 25 | 20 | 237 | 352425 | 1331420 | 731319 | 399508 | 82 | 235 |
| 霍邱县 | Huoqiu | 32 | 20 | 680 | 438834 | 1552951 | 824544 | 457817 | 108 | 680 |
| 舒城县 | Shucheng | 20 | 14 | 393 | 224300 | 858385 | 504489 | 279815 | 186 | 393 |

## 12—30 续表 continued

| 县（市） | County (City) | 乡镇数（个）Number of Township and Town Governments | #镇数 Town Governm-ents | 村民委员会（个）Number of Villagers' Commit-tees (unit) | 乡村户数（户）Number of Househ-olds (household) | 乡村人口数（人）Rural Popula-tion (person) | 乡村从业人员数（人）Number of Rural Laborers (person) | #男 Male | 自来水受益村（个）Villages with Access to Tap Water (unit) | 通汽车村（个）Villages with Highway Communi-cation (unit) |
|---|---|---|---|---|---|---|---|---|---|---|
| 金寨县 | Jinzhai | 22 | 10 | 274 | 155710 | 569905 | 302585 | 164133 | 146 | 269 |
| 霍山县 | Huoshan | 16 | 11 | 135 | 90495 | 327363 | 171933 | 93296 | 113 | 135 |
| 叶集区 | Yeji District | 4 | 1 | 71 | 37880 | 139595 | 75334 | 40436 | 9 | 71 |
| 马鞍山市辖区 | Maanshan Reigon of Cit | 5 | 2 | 53 | 38342 | 107229 | 62317 | 31770 | 53 | 53 |
| 当涂县 | Dangtu | 13 | 10 | 167 | 151709 | 540423 | 315073 | 171268 | 167 | 167 |
| 巢湖市辖区 | Chaohu Reigon of City | 12 | 11 | 139 | 185945 | 667799 | 385564 | 218336 | 129 | 139 |
| 庐江县 | Lujiang | 17 | 17 | 194 | 290467 | 1069319 | 540671 | 290052 | 158 | 194 |
| 无为县 | Wuwei | 23 | 19 | 262 | 306547 | 980346 | 672489 | 363127 | 262 | 262 |
| 含山县 | Hanshan | 8 | 8 | 96 | 96135 | 367029 | 220773 | 120829 | 89 | 96 |
| 和县 | Hexian | 10 | 10 | 103 | 147871 | 525662 | 314262 | 169988 | 95 | 103 |
| 芜湖市辖区 | Wuhu Reigon of City | 3 | 3 | 92 | 144695 | 458572 | 234829 | 129358 | 90 | 92 |
| 芜湖县 | Wuhu | 6 | 6 | 124 | 96819 | 338743 | 189629 | 100183 | 124 | 124 |
| 繁昌县 | Fanchang | 5 | 5 | 72 | 66012 | 211287 | 124450 | 67127 | 72 | 72 |
| 南陵县 | Nanling | 8 | 8 | 157 | 146190 | 493255 | 309450 | 160189 | 115 | 157 |
| 宣城市辖区 | Xuancheng Reigon of C | 18 | 14 | 174 | 222153 | 748855 | 450474 | 248134 | 160 | 174 |
| 宁国市 | Ningguo | 13 | 8 | 103 | 94239 | 312909 | 194922 | 108129 | 103 | 103 |
| 郎溪县 | Langxi | 11 | 7 | 96 | 82098 | 279911 | 170368 | 95084 | 91 | 96 |
| 广德县 | Guangde | 8 | 4 | 118 | 136185 | 457352 | 280752 | 158636 | 87 | 118 |
| 泾县 | Jingxian | 10 | 8 | 132 | 96883 | 303267 | 188150 | 103164 | 70 | 132 |
| 绩溪县 | Jixi | 10 | 7 | 76 | 44471 | 146474 | 85925 | 45833 | 76 | 76 |
| 旌德县 | Jingde | 9 | 5 | 63 | 36110 | 125737 | 73422 | 40866 | 50 | 63 |
| 铜陵市辖区 | Tongling Reigon of City | 4 | 3 | 39 | 22540 | 70489 | 41203 | 21424 | 38 | 39 |
| 铜陵县 | Tongling | 8 | 4 | 107 | 75371 | 240095 | 158456 | 84440 | 101 | 107 |
| 池州市辖区 | Chizhou Reigon of City | 11 | 10 | 165 | 149618 | 536768 | 300551 | 159807 | 132 | 165 |
| 东至县 | Dongzhi | 14 | 11 | 234 | 140234 | 496990 | 291015 | 153791 | 171 | 234 |
| 石台县 | Shitai | 7 | 5 | 79 | 27413 | 95465 | 55788 | 30307 | 77 | 79 |
| 青阳县 | Qingyang | 10 | 7 | 110 | 70423 | 237532 | 136728 | 73724 | 77 | 110 |
| 安庆市辖区 | Anqing Reigon of City | 13 | 5 | 121 | 98741 | 332642 | 195432 | 101341 | 111 | 120 |
| 桐城市 | Tongcheng | 12 | 12 | 198 | 175929 | 656342 | 370993 | 191814 | 157 | 198 |
| 怀宁县 | Huaining | 19 | 14 | 204 | 163166 | 623022 | 345809 | 186303 | 167 | 204 |
| 枞阳县 | Zongyang | 21 | 12 | 227 | 235491 | 841091 | 519520 | 292386 | 210 | 227 |
| 潜山县 | Qianshan | 15 | 10 | 175 | 142665 | 541745 | 279789 | 154792 | 155 | 174 |
| 太湖县 | Taihu | 14 | 9 | 174 | 137313 | 512439 | 285690 | 154967 | 87 | 174 |
| 宿松县 | Susong | 21 | 8 | 205 | 189027 | 730316 | 377245 | 202941 | 177 | 205 |
| 望江县 | Wangjiang | 9 | 7 | 120 | 147599 | 583876 | 330524 | 173149 | 112 | 120 |
| 岳西县 | Yuexi | 23 | 12 | 182 | 107936 | 398018 | 201286 | 109504 | 170 | 182 |
| 黄山市辖区 | Huangshan Reigon of C | 24 | 15 | 161 | 86851 | 277351 | 167270 | 87178 | 141 | 160 |
| 歙县 | Shexian | 27 | 12 | 297 | 138928 | 438578 | 276530 | 145358 | 291 | 269 |
| 休宁县 | Xiuning | 20 | 9 | 190 | 72343 | 249292 | 156995 | 86681 | 179 | 189 |
| 黟县 | Yixian | 7 | 3 | 66 | 25320 | 77839 | 51999 | 26455 | 66 | 66 |
| 祁门县 | Qimen | 17 | 7 | 152 | 42459 | 147667 | 95902 | 49180 | 152 | 152 |

## 12—31 各市、县农民人均纯收入
Per Capita Net Income of Peasants by City and County

单位：元 (yuan)

| 地 区 | Region | 1995 | 2000 | 2005 | 2009 | 2010 |
|---|---|---|---|---|---|---|
| **全 省** | **Province Indices** | **1302.80** | **1934.60** | **2641.00** | **4504.30** | **5285.20** |
| **合肥市** | **Hefei** | **1300.00** | **1975.24** | **3207.26** | **6065.00** | **7117.47** |
| 瑶海区 | Yaohai District | | | 5145.25 | 7397.25 | 8148.08 |
| 庐阳区 | Luyang District | | | 5164.05 | 8606.01 | 9758.25 |
| 蜀山区 | Shushan District | | | 5210.10 | 8792.68 | 9844.40 |
| 包河区 | Baohe District | | | 5203.20 | 7304.82 | 8377.22 |
| 长丰县 | Changfeng | 984.95 | 1460.93 | 2565.12 | 5185.11 | 6120.07 |
| 肥东县 | Feidong | 1210.83 | 1953.59 | 3134.44 | 5962.21 | 7026.67 |
| 肥西县 | Feixi | 1325.59 | 1950.29 | 3172.84 | 6046.89 | 7096.82 |
| **淮北市** | **Huaibei** | **1381.74** | **2084.73** | **2665.08** | **4546.97** | **5336.95** |
| 杜集区 | Duji District | | 2357.44 | 3149.50 | 5454.53 | 6351.60 |
| 相山区 | Xiangshan District | | 2781.60 | 3750.30 | 4933.01 | 5745.87 |
| 烈山区 | Lieshan District | | 3004.99 | 2921.50 | 4555.80 | 5305.60 |
| 濉溪县 | Suixi | 1324.72 | 1977.20 | 2509.50 | 4392.61 | 5178.24 |
| **亳州市** | **Bozhou** | | **1922.26** | **2353.06** | **3976.97** | **4688.50** |
| 谯城区 | Qiaocheng District | 1353.00 | 2160.00 | 2630.20 | 4338.00 | 5122.56 |
| 涡阳县 | Guoyang | 1253.00 | 2157.00 | 2607.01 | 4349.62 | 5105.66 |
| 蒙城县 | Mengcheng | 1336.00 | 2120.00 | 2637.58 | 4434.45 | 5211.51 |
| 利辛县 | Lixin | 996.00 | 1318.00 | 1601.75 | 2940.49 | 3486.86 |
| **宿州市** | **Suzhou** | **1326.94** | **1800.56** | **2155.97** | **4076.34** | **4765.70** |
| 埇桥区 | Yongqiao District | 1383.16 | 1866.79 | 2288.94 | 4193.38 | 4851.71 |
| 砀山县 | Dangshan | 1354.40 | 1798.57 | 2172.05 | 3760.96 | 4520.08 |
| 萧　县 | Xiaoxian | 1293.97 | 1969.08 | 2260.73 | 4283.28 | 5020.37 |
| 灵璧县 | Lingbi | 1206.45 | 1779.07 | 1963.44 | 4000.76 | 4576.99 |
| 泗　县 | Sixian | 1408.85 | 1685.05 | 2170.26 | 4144.74 | 4715.19 |
| **蚌埠市** | **Bengbu** | **1460.13** | **2078.00** | **2780.20** | **4726.80** | **5564.85** |
| 龙子湖区 | Longzihu District | | | 2932.73 | 4675.24 | 5509.70 |
| 蚌山区 | Bangshan District | | | 2681.27 | 4303.12 | 5169.36 |
| 禹会区 | Yuhui District | | | 2962.66 | 4427.25 | 5260.30 |
| 淮上区 | Huaishang District | | | 2843.13 | 4716.45 | 5547.98 |
| 怀远县 | Huaiyuan | 1497.91 | 2052.00 | 2757.17 | 4765.85 | 5609.44 |
| 五河县 | Wuhe | 1446.97 | 2152.00 | 2831.28 | 4705.38 | 5547.75 |
| 固镇县 | Guzhen | 1394.22 | 2087.22 | 2811.42 | 4737.66 | 5562.14 |
| **阜阳市** | **Fuyang** | **1168.00** | **1834.00** | **2085.16** | **3520.04** | **4186.96** |
| 颍州区 | Yingzhou District | | 2201.00 | 2606.22 | 4406.87 | 5228.00 |
| 颍东区 | Yingdong District | | 1901.00 | 1903.95 | 3165.84 | 3840.49 |
| 颍泉区 | Yingquan District | | 1909.00 | 2415.02 | 4269.64 | 5048.14 |
| 临泉县 | Linquan | 1020.00 | 1498.00 | 1753.01 | 2885.30 | 3476.38 |
| 太和县 | Taihe | 1298.00 | 2124.00 | 2557.16 | 4369.83 | 5057.50 |
| 阜南县 | Funan | 996.00 | 1398.00 | 1662.17 | 2803.26 | 3401.48 |
| 颍上县 | Yingshang | 968.00 | 1835.00 | 1957.88 | 3528.23 | 4107.59 |
| 界首市 | Jieshou | 1257.00 | 2250.00 | 2608.16 | 4334.73 | 5266.42 |
| **淮南市** | **Huainan** | **1472.37** | **2186.00** | **2786.16** | **4892.85** | **5746.36** |
| 大通区 | Datong District | | 2597.22 | 2745.28 | 4893.25 | 5586.14 |
| 田家庵区 | Tianjaan District | | 3421.00 | 3196.21 | 5667.80 | 6736.06 |
| 谢家集区 | Xiejiaji District | | 3230.07 | 3127.03 | 5293.77 | 6265.67 |
| 八公山区 | Bagongshan District | | 3302.00 | 4268.23 | 6297.90 | 7379.23 |
| 潘集区 | Panji District | | 2028.00 | 2361.70 | 4465.44 | 5285.26 |
| 凤台县 | Fengtai | 1433.11 | 1980.00 | 2817.92 | 5102.97 | 5955.10 |
| 毛集区 | Maoji Distrct | | | 3142.30 | 5374.60 | 6112.64 |
| **滁州市** | **Chuzhou** | **1345.00** | **2239.78** | **2801.11** | **5030.15** | **5915.44** |
| 琅琊区 | Langya District | 1966.00 | 2543.39 | 3938.32 | 6430.67 | 7467.98 |
| 南谯区 | Nanqiao District | 1301.00 | 2203.43 | 2887.67 | 4812.68 | 5696.99 |
| 来安县 | Laian | 1249.00 | 2260.00 | 3065.11 | 5885.49 | 6924.94 |
| 全椒县 | Quanjiao | 1500.00 | 2241.00 | 2852.00 | 5332.72 | 6273.88 |
| 定远县 | Dingyuan | 1320.00 | 2117.00 | 2335.78 | 4553.05 | 5345.44 |
| 凤阳县 | Fengyang | 1112.00 | 2158.27 | 2658.00 | 4901.80 | 5759.57 |
| 天长市 | Tianchang | 1659.00 | 2494.00 | 3803.46 | 6427.53 | 7558.02 |
| 明光市 | Mingguang | 1351.00 | 2102.23 | 2673.36 | 4611.50 | 5425.48 |

**12—31 续表 continued**

单位：元 (yuan)

| 地区 | Region | 1995 | 2000 | 2005 | 2009 | 2010 |
|---|---|---|---|---|---|---|
| **六安市** | **Luan** | **1209.80** | **1571.27** | **2254.71** | **4010.30** | **4713.63** |
| 金安区 | Jinan District | | 1578.25 | 2218.40 | 3960.90 | 4714.43 |
| 裕安区 | Yuan District | | 1426.18 | 2120.40 | 3950.99 | 4681.02 |
| 寿县 | Shouxian | 1257.63 | 1492.00 | 2316.65 | 3924.19 | 4597.58 |
| 霍邱县 | Huoqiu | 1300.00 | 1556.00 | 2298.01 | 4060.52 | 4773.00 |
| 舒城县 | Shucheng | 1109.80 | 1598.30 | 2304.40 | 4117.10 | 4818.52 |
| 金寨县 | Jinzhai | 1013.97 | 1542.00 | 2045.27 | 3782.61 | 4428.25 |
| 霍山县 | Huoshan | 1175.69 | 1575.12 | 2344.10 | 4312.17 | 5047.24 |
| 叶集区 | Yeji District | | | 2604.03 | 4412.34 | 5058.00 |
| **马鞍山市** | **Maanshan** | **1507.70** | **2682.59** | **4511.19** | **7946.65** | **9331.45** |
| 金家庄区 | JInjiazhan District | | | | 9274.73 | 10500.43 |
| 花山区 | Huashan District | | | | 8837.56 | 10034.44 |
| 雨山区 | Yushan District | | | | 8330.32 | 9705.32 |
| 当涂县 | Dangtu | 1410.70 | 2552.00 | 4397.61 | 7808.19 | 9213.42 |
| **巢湖市** | **Chaohu** | **1250.00** | **2116.59** | **2919.44** | **5271.21** | **6197.67** |
| 居巢区 | Juchao District | 1315.75 | 2270.65 | 3003.01 | 4933.21 | 5838.45 |
| 庐江县 | Lujiang | 1241.09 | 1984.09 | 2724.37 | 4924.65 | 5837.31 |
| 无为县 | Wuwei | 1195.92 | 1960.37 | 2814.54 | 5280.25 | 6193.12 |
| 含山县 | Henshan | 1278.86 | 2175.64 | 3134.50 | 5953.20 | 6986.57 |
| 和县 | Hexian | 1298.36 | 2177.13 | 3252.91 | 5905.02 | 6933.23 |
| **芜湖市** | **Wuhu** | **1560.35** | **2658.00** | **3993.40** | **6737.66** | **7834.15** |
| 弋江区 | Yijiang District | | 3318.00 | 4370.00 | 6293.25 | 7278.71 |
| 鸠江区 | Jiujiang District | | 3586.00 | 4607.09 | 6472.23 | 7553.67 |
| 三山区 | Sanshang District | | | | 6059.59 | 7202.39 |
| 芜湖县 | Wuhu | 1529.82 | 2625.00 | 3998.45 | 7064.97 | 8238.62 |
| 繁昌县 | Fanchang | 1608.10 | 2564.36 | 3894.70 | 6863.72 | 7996.35 |
| 南陵县 | Nanling | 1517.87 | 2574.00 | 3941.46 | 6812.88 | 7861.09 |
| **宣城市** | **Xuancheng** | **1588.00** | **2288.42** | **3157.21** | **5631.62** | **6650.95** |
| 宣州区 | Xuanzhou District | 1668.00 | 2429.62 | 3438.32 | 6432.98 | 7581.27 |
| 郎溪县 | Langxi | 1580.00 | 1393.04 | 2225.90 | 4492.66 | 5304.26 |
| 广德县 | Guangde | 1601.00 | 2408.88 | 3753.00 | 6646.76 | 7813.87 |
| 泾县 | Jingxian | 1391.00 | 2360.63 | 2656.62 | 4521.36 | 5313.27 |
| 绩溪县 | Jixi | 1504.00 | 2364.50 | 3101.88 | 5022.56 | 5941.06 |
| 旌德县 | Jingde | 1590.00 | 2114.39 | 3053.40 | 4638.20 | 5451.87 |
| 宁国市 | Ningguo | 1644.00 | 2408.35 | 3953.99 | 7292.48 | 8474.85 |
| **铜陵市** | **Tongling** | **1423.00** | **2436.00** | **3353.58** | **6194.41** | **7266.10** |
| 狮子山区 | Shuzushan District | | | 3629.91 | 7013.82 | 8146.50 |
| 郊区 | Region of City | 1796.00 | 3082.00 | 3760.80 | 6638.24 | 7664.81 |
| 铜陵县 | Tongling | 1381.00 | 2356.00 | 3251.25 | 6047.51 | 7113.54 |
| **池州市** | **Chizhou** | **1469.90** | **2071.85** | **2939.50** | **4955.36** | **5827.49** |
| 市辖区 | Reigon of City | | | 4562.92 | 5445.10 | 6294.52 |
| 贵池区 | Guichi District | 1535.10 | 2267.97 | 3089.00 | 5320.72 | 6214.22 |
| 东至县 | Dongzhi | 1387.20 | 2053.87 | 2711.36 | 4928.60 | 5837.78 |
| 石台县 | Shitai | 1474.50 | 1144.77 | 1492.93 | 2821.90 | 3280.64 |
| 青阳县 | Qingyang | 1488.80 | 2145.86 | 2858.09 | 5062.03 | 5949.93 |
| **安庆市** | **Anqing** | **1205.87** | **1804.07** | **2610.99** | **4245.64** | **4985.26** |
| 迎江区 | yingjiang District | | | 3231.36 | 5763.23 | 7086.06 |
| 大观区 | daguan District | | | 3182.31 | 5670.38 | 6979.69 |
| 宜秀区 | yixu District | 1670.00 | 2513.48 | 3752.75 | 5752.80 | 7042.59 |
| 怀宁县 | Huaining | 1626.56 | 2386.00 | 3566.08 | 5666.14 | 6345.92 |
| 枞阳县 | Zongyang | 908.42 | 1589.34 | 1796.00 | 3670.26 | 4398.62 |
| 潜山县 | Qianshan | 1196.00 | 1390.00 | 1810.28 | 3370.92 | 3989.14 |
| 太湖县 | Taihu | 1058.15 | 1456.49 | 1748.15 | 3252.03 | 3853.57 |
| 宿松县 | Susong | 995.25 | 1391.48 | 1796.72 | 3770.47 | 4489.24 |
| 望江县 | Wangjiang | 1206.46 | 1706.39 | 1998.00 | 3656.42 | 4347.47 |
| 岳西县 | Yuexi | 790.35 | 1387.02 | 1838.57 | 2973.32 | 3600.00 |
| 桐城市 | Tongcheng | 1562.83 | 2472.02 | 3728.08 | 6287.50 | 7149.31 |
| **黄山市** | **Huangshan** | **1075.00** | **2241.00** | **3157.82** | **5703.64** | **6715.67** |
| 屯溪区 | Tunxi District | 1343.00 | 3073.00 | 4268.40 | 6993.32 | 7755.91 |
| 黄山区 | Huangshan District | 1188.00 | 2416.00 | 3398.08 | 5948.33 | 6928.61 |
| 徽州区 | Huizhou District | 1127.00 | 2455.35 | 3393.45 | 5824.58 | 6832.42 |
| 歙县 | Shexian | 918.00 | 2190.00 | 2988.26 | 5513.44 | 6524.07 |
| 休宁县 | Xiuning | 1145.00 | 2191.00 | 3170.19 | 5707.74 | 6756.05 |
| 黟县 | Yixian | 1119.00 | 2126.32 | 2995.53 | 5562.06 | 6497.97 |
| 祁门县 | Qimen | 1177.00 | 1944.13 | 2942.74 | 5529.29 | 6536.83 |

# 12—32 各县（市）农林牧渔业总产值（2010年）

Gross Putput Value of Farming, Forestry, Animal Husbandry and Fishery by County or City (2010)

本表按当年价格计算　(At current price)　　单位：万元　(10000 yuan)

| 县（市） | County (City) | 农林牧渔业 Farming, Forestry, Animal Husban and Fishery | 农　业 Farming | 林　业 Forestry | 牧　业 Animal Husban | 渔　业 Fishery | 农林牧渔服务业 Agricultural Services |
|---|---|---|---|---|---|---|---|
| 合肥市辖区 | Hefei Region of City | 203193 | 116132 | 8710 | 44657 | 19993 | 13701 |
| 长丰县 | Changfeng | 624352 | 296203 | 13267 | 259405 | 48452 | 7025 |
| 肥东县 | Feidong | 785920 | 360396 | 21032 | 288919 | 103702 | 11871 |
| 肥西县 | Feixi | 662885 | 294651 | 9109 | 277544 | 73525 | 8056 |
| 淮北市辖区 | Huaibei Region of City | 226349 | 117183 | 4467 | 85011 | 16385 | 3303 |
| 濉溪县 | Suixi | 455731 | 295613 | 6575 | 131589 | 13414 | 8540 |
| 亳州市辖区 | Bozhou Region of City | 692451 | 517070 | 10459 | 123215 | 13840 | 27867 |
| 涡阳县 | Guoyang | 567160 | 395727 | 15700 | 123200 | 14280 | 18253 |
| 蒙城县 | Mengcheng | 585848 | 361901 | 30326 | 136434 | 16105 | 41082 |
| 利辛县 | Lixin | 568603 | 334747 | 7872 | 189922 | 16061 | 20001 |
| 宿州市辖区 | Suzhou Region of City | 803168 | 436420 | 35050 | 267651 | 20487 | 43560 |
| 砀山县 | Dangshan | 469879 | 292712 | 18178 | 137108 | 3962 | 17919 |
| 萧县 | Xiaoxian | 667205 | 353819 | 33929 | 262781 | 10642 | 6034 |
| 灵璧县 | Lingbi | 681462 | 338716 | 19670 | 289486 | 12503 | 21087 |
| 泗县 | Sixian | 597978 | 311837 | 17752 | 238146 | 22502 | 7741 |
| 蚌埠市辖区 | Bengbu Region of City | 143773 | 112010 | 5975 | 6249 | 16447 | 3092 |
| 怀远县 | Huaiyuan | 740060 | 454571 | 13545 | 186297 | 73092 | 12555 |
| 五河县 | Wuhe | 571449 | 293089 | 11191 | 166377 | 93226 | 7566 |
| 固镇县 | Guzhen | 524088 | 311414 | 11430 | 175558 | 13706 | 11980 |
| 阜阳市辖区 | Fuyang Region of City | 478644 | 255222 | 14984 | 178745 | 12646 | 17047 |
| 界首市 | Jieshou | 309895 | 174549 | 18398 | 101243 | 5698 | 10007 |
| 临泉县 | Linquan | 823312 | 497466 | 13937 | 272523 | 14039 | 25347 |
| 太和县 | Taihe | 618642 | 376786 | 20188 | 198703 | 10815 | 12150 |
| 阜南县 | Funan | 613210 | 347746 | 31986 | 188789 | 27712 | 16977 |
| 颍上县 | Yingshang | 598143 | 295856 | 30016 | 211608 | 43577 | 17086 |
| 淮南市辖区 | Huainan Region of City | 358758 | 216543 | 2933 | 84340 | 47055 | 7887 |
| 凤台县 | Fengtai | 296628 | 152946 | 4492 | 100909 | 29450 | 8831 |
| 毛集区 | Maoji District | 62757 | 33422 | 1366 | 17194 | 9780 | 995 |
| 滁州市辖区 | Chuzhou Region of City | 207989 | 111461 | 7716 | 59609 | 24155 | 5048 |
| 天长市 | Tianchang | 364063 | 165491 | 3711 | 89637 | 98126 | 7098 |
| 明光市 | Mingguang | 375989 | 162175 | 6611 | 105150 | 93113 | 8940 |
| 来安县 | Laian | 242426 | 148825 | 5001 | 65492 | 17697 | 5411 |
| 全椒县 | Quanjiao | 285250 | 153319 | 10978 | 76484 | 36069 | 8400 |
| 定远县 | Dingyuan | 644847 | 283338 | 9224 | 307711 | 40274 | 4300 |
| 凤阳县 | Fengyang | 400985 | 220094 | 4189 | 132421 | 38876 | 5405 |
| 六安市辖区 | Luan Region of City | 607029 | 298632 | 73211 | 160405 | 64453 | 10328 |
| 寿县 | Shouxian | 674180 | 258690 | 28297 | 266344 | 111729 | 9120 |
| 霍邱县 | Huoqiu | 683030 | 258454 | 38025 | 303041 | 75010 | 8500 |
| 舒城县 | Shucheng | 377713 | 183409 | 25822 | 109286 | 42672 | 16524 |

## 12—32 续表 continued

单位：万元 (10000 yuan)

| 县（市） | County (City) | 农林牧渔业 Farming, Forestry, Animal Husban and Fishery | 农业 Farming | 林业 Forestry | 牧业 Animal Husban | 渔业 Fishery | 农林牧渔服务业 Agricultural Services |
|---|---|---|---|---|---|---|---|
| 金寨县 | Jinzhai | 249771 | 140337 | 27121 | 59649 | 12064 | 10600 |
| 霍山县 | Huoshan | 142189 | 77953 | 19848 | 31618 | 10270 | 2500 |
| 叶集区 | Yeji District | 70061 | 31288 | 13379 | 22882 | 2167 | 345 |
| 马鞍山市辖区 | Maanshan Region of City | 50616 | 25684 | 2032 | 19397 | 2703 | 800 |
| 当涂县 | Dangtu | 382238 | 142080 | 3050 | 48047 | 178101 | 10960 |
| 巢湖市辖区 | Chaohu Region of City | 323350 | 145693 | 7549 | 82795 | 69663 | 17650 |
| 庐江县 | Lujiang | 535853 | 341981 | 17508 | 84902 | 82207 | 9255 |
| 无为县 | Wuwei | 754297 | 324071 | 21590 | 110906 | 125232 | 172498 |
| 含山县 | Hanshan | 248050 | 125491 | 7888 | 37468 | 43024 | 34179 |
| 和县 | Hexian | 370621 | 256850 | 2782 | 54427 | 36879 | 19683 |
| 芜湖市辖区 | Wuhu Region of City | 175953 | 94588 | 8336 | 36908 | 29956 | 6165 |
| 芜湖县 | Wuhu | 243196 | 147193 | 5360 | 35008 | 43618 | 12017 |
| 繁昌县 | Fanchang | 119805 | 41009 | 22560 | 30970 | 16990 | 8276 |
| 南陵县 | Nanling | 328640 | 149215 | 20649 | 72914 | 68705 | 17157 |
| 宣城市辖区 | Xuancheng Region of City | 458948 | 255961 | 14381 | 68680 | 91261 | 28665 |
| 宁国市 | Ningguo | 239517 | 111291 | 24302 | 82710 | 9013 | 12201 |
| 郎溪县 | Langxi | 172237 | 93199 | 9800 | 25844 | 35889 | 7505 |
| 广德县 | Guangde | 226535 | 80260 | 40988 | 80892 | 14091 | 10304 |
| 泾县 | Jingxian | 187883 | 75106 | 37152 | 61307 | 3820 | 10498 |
| 绩溪县 | Jixi | 120193 | 63668 | 6377 | 27688 | 2398 | 20062 |
| 旌德县 | Jingde | 78907 | 28209 | 20143 | 18792 | 3176 | 8587 |
| 铜陵市辖区 | Tongling Region of City | 52962 | 29987 | 2112 | 8813 | 9810 | 2240 |
| 铜陵县 | Tongling | 108064 | 56236 | 11004 | 18039 | 15040 | 7745 |
| 池州市辖区 | Chizhou Region of City | 314930 | 145436 | 22596 | 78543 | 53732 | 14623 |
| 东至县 | Dongzhi | 312717 | 158556 | 20525 | 52412 | 47504 | 33720 |
| 石台县 | Shitai | 37989 | 20561 | 10123 | 6344 | 181 | 780 |
| 青阳县 | Qingyang | 100838 | 39027 | 15833 | 27085 | 13534 | 5359 |
| 安庆市辖区 | Anqing Region of City | 188794 | 75328 | 6347 | 37045 | 53750 | 16324 |
| 桐城市 | Tongcheng | 324647 | 134073 | 16194 | 121791 | 46407 | 6182 |
| 怀宁县 | Huaining | 298852 | 122670 | 13202 | 115895 | 37227 | 9858 |
| 枞阳县 | Zongyang | 396928 | 164944 | 20161 | 91664 | 107023 | 13136 |
| 潜山县 | Qianshan | 215300 | 104133 | 34703 | 64774 | 4644 | 7046 |
| 太湖县 | Taihu | 273717 | 75998 | 31953 | 126744 | 34002 | 5020 |
| 宿松县 | Susong | 512212 | 229980 | 11520 | 72268 | 102548 | 95896 |
| 望江县 | Wangjiang | 331132 | 168949 | 6568 | 65320 | 65503 | 24792 |
| 岳西县 | Yuexi | 167580 | 92975 | 20206 | 48171 | 2919 | 3309 |
| 黄山市辖区 | Huangshan Region of City | 189765 | 85516 | 31137 | 55355 | 14247 | 3510 |
| 歙县 | Shexian | 197686 | 113038 | 7818 | 71937 | 1943 | 2950 |
| 休宁县 | Xiuning | 159735 | 75625 | 22058 | 54450 | 2678 | 4924 |
| 黟县 | Yixian | 49720 | 18656 | 11930 | 16475 | 211 | 2448 |
| 祁门县 | Qimen | 69249 | 41543 | 14238 | 10670 | 898 | 1900 |

## 12—33 各县（市）农作物产量和耕地面积（2010年）
Yield of Farm Crops and Area of Cultivated Land by County or City (2010)

| 县（市） | County (City) | 粮食（吨）Grain (ton) | 棉花（吨）Cotton (ton) | 油料（吨）Oil-bearing Crops (ton) | 耕地面积（公顷）Cultivated Area (hectare) | #水田 Paddy Field | 播种面积（公顷）Total Sown Area (hectare) |
|---|---|---|---|---|---|---|---|
| 合肥市辖区 | Hefei Region of City | 69016 | 797 | 8005 | 10000 | 6577 | 25501 |
| 长丰县 | Changfeng | 610356 | 5945 | 53009 | 67898 | 51313 | 147293 |
| 肥东县 | Feidong | 695258 | 4894 | 117270 | 80266 | 61750 | 182847 |
| 肥西县 | Feixi | 560594 | 6835 | 80215 | 60677 | 48961 | 141366 |
| 淮北市辖区 | Huaibei Region of City | 222110 | 855 | 2199 | 24725 | 502 | 61370 |
| 濉溪县 | Suixi | 1023511 | 1569 | 7830 | 111214 | | 226475 |
| 亳州市辖区 | Bozhou Region of City | 872243 | 13305 | 8649 | 127097 | | 273508 |
| 涡阳县 | Guoyang | 1329399 | 1868 | 4398 | 130948 | | 268265 |
| 蒙城县 | Mengcheng | 1285605 | 4494 | 27045 | 122430 | 2067 | 252196 |
| 利辛县 | Lixin | 1132679 | 1148 | 5288 | 118892 | 4596 | 241230 |
| 宿州市辖区 | Suzhou Region of City | 1114420 | 8052 | 45592 | 143722 | 548 | 277778 |
| 砀山县 | Dangshan | 268014 | 4785 | 44189 | 37536 | | 101467 |
| 萧县 | Xiaoxian | 722506 | 11625 | 27276 | 90321 | 65 | 185581 |
| 灵璧县 | Lingbi | 962686 | 3576 | 64988 | 120834 | 2017 | 230160 |
| 泗县 | Sixian | 823194 | 5232 | 72629 | 88718 | 4641 | 191627 |
| 蚌埠市辖区 | Bengbu Region of City | 184980 | 205 | 2388 | 21734 | 12805 | 47781 |
| 怀远县 | Huaiyuan | 1240746 | 6701 | 86871 | 127083 | 52402 | 261463 |
| 五河县 | Wuhe | 792014 | 3200 | 68358 | 73217 | 38200 | 179938 |
| 固镇县 | Guzhen | 492443 | 18864 | 180453 | 71264 | 1723 | 156698 |
| 阜阳市辖区 | Fuyang Region of City | 903916 | 2391 | 17228 | 105521 | 40 | 223246 |
| 界首市 | Jieshou | 390842 | 2745 | 6750 | 38947 | | 84893 |
| 临泉县 | Linquan | 1079208 | 4874 | 23154 | 113436 | 1316 | 257478 |
| 太和县 | Taihe | 1005248 | 2913 | 8790 | 115580 | | 232682 |
| 阜南县 | Funan | 865334 | 1516 | 20473 | 97716 | 17252 | 206800 |
| 颍上县 | Yingshang | 1055980 | 3173 | 9795 | 103273 | 37049 | 216847 |
| 淮南市辖区 | Huainan Region of City | 680529 | 1091 | 10248 | 58434 | 40709 | 130651 |
| 凤台县 | Fengtai | 590795 | 428 | 4037 | 45981 | 32487 | 97241 |
| 毛集区 | Maoji District | 119943 | | 835 | 9998 | 6616 | 20482 |
| 滁州市辖区 | Chuzhou Region of City | 304908 | 2512 | 23569 | 28287 | 23007 | 73372 |
| 天长市 | Tianchang | 700080 | | 21882 | 59241 | 58116 | 118898 |
| 明光市 | Mingguang | 546420 | 469 | 36963 | 56141 | 27109 | 126078 |
| 来安县 | Laian | 450900 | 279 | 34152 | 47641 | 36185 | 94902 |
| 全椒县 | Quanjiao | 440100 | 4728 | 55758 | 41017 | 29534 | 87683 |
| 定远县 | Dingyuan | 1136320 | 1283 | 36631 | 104087 | 76119 | 213936 |
| 凤阳县 | Fengyang | 729030 | 659 | 20023 | 67770 | 38976 | 145851 |
| 六安市辖区 | Luan Region of City | 855171 | 6111 | 75099 | 94288 | 80114 | 209782 |
| 寿县 | Shouxian | 1437728 | 4098 | 34095 | 122342 | 105167 | 245903 |
| 霍邱县 | Huoqiu | 1517675 | 2291 | 33687 | 124237 | 107626 | 241711 |
| 舒城县 | Shucheng | 409935 | 2920 | 35092 | 41642 | 26874 | 99718 |

## 12—33 续表 continued

| 县（市） | County (City) | 粮食（吨）Grain (ton) | 棉花（吨）Cotton (ton) | 油料（吨）Oil-bearing Crops (ton) | 耕地面积（公顷）Cultivated Area (hectare) | #水田 Paddy Field | 播种面积（公顷）Total Sown Area (hectare) |
|---|---|---|---|---|---|---|---|
| 金寨县 | Jinzhai | 153417 | 20 | 9806 | 23078 | 20412 | 46559 |
| 霍山县 | Huoshan | 108544 | 125 | 4883 | 16907 | 14323 | 29924 |
| 叶集区 | Yeji District | 108486 | 42 | 11188 | 10491 | 7291 | 20683 |
| 马鞍山市辖区 | Maanshan Region of City | 34849 | 72 | 6613 | 4640 | 4146 | 10359 |
| 当涂县 | Dangtu | 433567 | 4584 | 35351 | 43788 | 39576 | 86353 |
| 巢湖市辖区 | Chaohu Region of City | 348230 | 7744 | 58712 | 47741 | 34126 | 90510 |
| 庐江县 | Lujiang | 860087 | 4698 | 31957 | 72807 | 66469 | 176918 |
| 无为县 | Wuwei | 518513 | 41056 | 74153 | 85930 | 56480 | 171492 |
| 含山县 | Hanshan | 254038 | 10135 | 40475 | 34751 | 31534 | 52941 |
| 和县 | Hexian | 384201 | 2774 | 29849 | 49261 | 44432 | 99597 |
| 芜湖市辖区 | Wuhu Region of City | 95766 | 872 | 26590 | 13684 | 11504 | 31826 |
| 芜湖县 | Wuhu | 247876 | 4126 | 21264 | 21702 | 19127 | 61198 |
| 繁昌县 | Fanchang | 83511 | 1016 | 8186 | 14493 | 8591 | 20643 |
| 南陵县 | Nanling | 408248 | 2125 | 15081 | 32917 | 20164 | 92359 |
| 宣城市辖区 | Xuancheng Region of City | 504540 | 11745 | 40068 | 55419 | 49738 | 133324 |
| 宁国市 | Ningguo | 82770 | 186 | 12537 | 14103 | 11227 | 27879 |
| 郎溪县 | Langxi | 287620 | 995 | 17092 | 24367 | 21612 | 63531 |
| 广德县 | Guangde | 195280 | 280 | 15084 | 24448 | 24448 | 50821 |
| 泾县 | Jingxian | 151023 | 897 | 10196 | 18938 | 18445 | 40587 |
| 绩溪县 | Jixi | 61055 | 29 | 8796 | 6735 | 5890 | 16645 |
| 旌德县 | Jingde | 62583 | 118 | 7064 | 9313 | 8201 | 21574 |
| 铜陵市辖区 | Tongling Region of City | 72116 | 527 | 2627 | 5997 | 5601 | 15960 |
| 铜陵县 | Tongling | 84767 | 4755 | 16597 | 17577 | 12586 | 31302 |
| 池州市辖区 | Chizhou Region of City | 308628 | 8179 | 28187 | 32707 | 25653 | 77336 |
| 东至县 | Dongzhi | 222418 | 19690 | 33371 | 31458 | 19938 | 82848 |
| 石台县 | Shitai | 19551 | 483 | 3539 | 3141 | 2708 | 8592 |
| 青阳县 | Qingyang | 129917 | 228 | 6252 | 14883 | 13239 | 29587 |
| 安庆市辖区 | Anqing Region of City | 107443 | 8265 | 14949 | 17313 | 10229 | 38356 |
| 桐城市 | Tongcheng | 341456 | 5348 | 26660 | 37930 | 33604 | 101966 |
| 怀宁县 | Huaining | 359541 | 5650 | 24826 | 37996 | 32863 | 105291 |
| 枞阳县 | Zongyang | 509598 | 9883 | 44512 | 38959 | 32500 | 133536 |
| 潜山县 | Qianshan | 241515 | 3145 | 12994 | 22925 | 21235 | 61589 |
| 太湖县 | Taihu | 202406 | 6730 | 17721 | 25602 | 20794 | 61274 |
| 宿松县 | Susong | 374358 | 28802 | 55366 | 48095 | 32240 | 134204 |
| 望江县 | Wangjiang | 389056 | 24046 | 52065 | 53727 | 25592 | 111989 |
| 岳西县 | Yuexi | 94229 | 262 | 3505 | 15746 | 13011 | 35050 |
| 黄山市辖区 | Huangshan Region of City | 94207 | 100 | 6712 | 13557 | 10938 | 31440 |
| 歙县 | Shexian | 82723 | 69 | 11265 | 10133 | 7910 | 39760 |
| 休宁县 | Xiuning | 100580 | 97 | 6939 | 12019 | 11085 | 33081 |
| 黟县 | Yixian | 27893 | 40 | 3535 | 5009 | 3970 | 9892 |
| 祁门县 | Qimen | 47816 | 215 | 4556 | 6853 | 5879 | 17117 |

# 12—34 各县（市）主要林业生产情况（2010年）
Production of Major Forestry Products by County or City (2010)

| 县（市） | County (City) | 人工造林面积（公顷）Afforested Hilly Area (hectare) | 木材采伐量（立方米）Amount of Tinber Lumbered (cu.m) | 茶园面积（公顷）Area of Tea Plantations (hectare) | 茶叶产量（吨）Output of Tea (ton) | 果园面积（公顷）Area of Orchards (hectare) | 园林水果产量（吨）Output of Garden Fruits (ton) |
|---|---|---|---|---|---|---|---|
| 合肥市辖区 | Hefei Region of City | 594 | 600 | | | 586 | 12096 |
| 长丰县 | Changfeng | 943 | 15400 | | | 381 | 14120 |
| 肥东县 | Feidong | 782 | 20800 | 29 | 4 | 516 | 18372 |
| 肥西县 | Feixi | 957 | 3900 | 77 | 37 | 885 | 41658 |
| 淮北市辖区 | Huaibei Region of City | 431 | 9600 | | | 5340 | 97895 |
| 濉溪县 | Suixi | 134 | 28500 | | | 93 | 1465 |
| 亳州市辖区 | Bozhou Region of City | 988 | 95200 | | | 806 | 20972 |
| 涡阳县 | Guoyang | 537 | 110000 | | | 188 | 8121 |
| 蒙城县 | Mengcheng | 625 | 250000 | | | 386 | 8528 |
| 利辛县 | Lixin | 804 | 136300 | | | 122 | 6325 |
| 宿州市辖区 | Suzhou Region of City | 1030 | 127800 | | | 3320 | 47930 |
| 砀山县 | Dangshan | 1220 | 36400 | | | 47588 | 1256400 |
| 萧县 | Xiaoxian | 914 | 95000 | | | 6539 | 282020 |
| 灵璧县 | Lingbi | 947 | 106900 | | | 1932 | 36898 |
| 泗县 | Sixian | 933 | 81600 | | | 40 | 1060 |
| 蚌埠市辖区 | Bengbu Region of City | 211 | 8300 | | | 448 | 5751 |
| 怀远县 | Huaiyuan | 267 | 79000 | | | 1568 | 22199 |
| 五河县 | Wuhe | 222 | 66000 | | | 822 | 22818 |
| 固镇县 | Guzhen | 385 | 79000 | | | 490 | 13911 |
| 阜阳市辖区 | Fuyang Region of City | 363 | 42400 | | | 947 | 12377 |
| 界首市 | Jieshou | 302 | 26200 | | | 516 | 9230 |
| 临泉县 | Linquan | 667 | 39500 | | | 770 | 23610 |
| 太和县 | Taihe | 666 | 38300 | | | 205 | 4500 |
| 阜南县 | Funan | 1002 | 32000 | | | 139 | 10928 |
| 颍上县 | Yingshang | 799 | 51000 | | | 297 | 4820 |
| 淮南市辖区 | Huainan Region of City | 552 | 9400 | | | 840 | 20324 |
| 凤台县 | Fengtai | 133 | 3300 | | | 583 | 8979 |
| 毛集区 | Maoji District | 126 | 1900 | | | 19 | 372 |
| 滁州市辖区 | Chuzhou Region of City | 1383 | 124400 | 893 | 535 | 744 | 4885 |
| 天长市 | Tianchang | 180 | 63000 | 50 | 2 | 2 | 25 |
| 明光市 | Mingguang | 493 | 24300 | 130 | 27 | 742 | 6183 |
| 来安县 | Laian | 349 | 13600 | 74 | 14 | 650 | 5939 |
| 全椒县 | Quanjiao | 782 | 51500 | 205 | 54 | 225 | 6056 |
| 定远县 | Dingyuan | 300 | 19900 | 4 | 4 | 658 | 12852 |
| 凤阳县 | Fengyang | 667 | 15100 | | | 1120 | 30162 |
| 六安市辖区 | Luan Region of City | 1320 | 99000 | 6321 | 3341 | 916 | 11894 |
| 寿县 | Shouxian | 653 | | | | 329 | 12098 |
| 霍邱县 | Huoqiu | 446 | 36900 | | | 209 | 6576 |
| 舒城县 | Shucheng | 1220 | 51800 | 4383 | 2159 | 552 | 6542 |

## 12—34 续表 continued

| 县（市） | County (City) | 人工造林面积（公顷）Afforested Hilly Area (hectare) | 木材采伐量（立方米）Amount of Timber Lumbered (cu.m) | 茶园面积（公顷）Area of Tea Plantations (hectare) | 茶叶产量（吨）Output of Tea (ton) | 果园面积（公顷）Area of Orchards (hectare) | 园林水果产量（吨）Output of Garden Fruits (ton) |
|---|---|---|---|---|---|---|---|
| 金寨县 | Jinzhai | 955 | 81000 | 6604 | 6420 | 26 | 592 |
| 霍山县 | Huoshan | 1258 | 49500 | 5913 | 4927 | 47 | 175 |
| 叶集区 | Yeji District | 272 | 1200 | | | 31 | 514 |
| 马鞍山市辖区 | Maanshan Region of City | 51 | 4200 | 125 | 43 | 146 | 2240 |
| 当涂县 | Dangtu | 563 | 24000 | 54 | 65 | 728 | 9036 |
| 巢湖市辖区 | Chaohu Region of City | 516 | 59300 | 1099 | 386 | 657 | 12404 |
| 庐江县 | Lujiang | 643 | 14800 | 1092 | 711 | 1923 | 38410 |
| 无为县 | Wuwei | 1206 | 34000 | 512 | 203 | 694 | 22594 |
| 含山县 | Hanshan | 427 | 37600 | 316 | 209 | 418 | 7485 |
| 和县 | Hexian | 479 | 24500 | 51 | 18 | 140 | 1340 |
| 芜湖市辖区 | Wuhu Region of City | 165 | 1800 | 72 | 23 | 90 | 1780 |
| 芜湖县 | Wuhu | 170 | 900 | 382 | 1668 | 949 | 6350 |
| 繁昌县 | Fanchang | 487 | 19000 | 172 | 85 | 248 | 4104 |
| 南陵县 | Nanling | 640 | 27400 | 711 | 514 | 140 | 2250 |
| 宣城市辖区 | Xuancheng Region of City | 1244 | 110300 | 5457 | 13820 | 1619 | 16322 |
| 宁国市 | Ningguo | 1197 | 59100 | 2984 | 1980 | 564 | 3894 |
| 郎溪县 | Langxi | 661 | 15600 | 3274 | 5870 | 96 | 3014 |
| 广德县 | Guangde | 1467 | 78300 | 3339 | 972 | 1780 | 3424 |
| 泾县 | Jingxian | 1050 | 120100 | 2860 | 966 | 220 | 2368 |
| 绩溪县 | Jixi | 710 | 37200 | 1806 | 811 | 1605 | 1260 |
| 旌德县 | Jingde | 533 | 60000 | 928 | 332 | 318 | 1103 |
| 铜陵市辖区 | Tongling Region of City | 270 | 7500 | 46 | 9 | 156 | 2914 |
| 铜陵县 | Tongling | 652 | 14000 | 195 | 96 | 209 | 1268 |
| 池州市辖区 | Chizhou Region of City | 480 | 141800 | 2095 | 870 | 304 | 2195 |
| 东至县 | Dongzhi | 1281 | 257500 | 4812 | 2030 | 195 | 1847 |
| 石台县 | Shitai | 366 | 109700 | 3770 | 2494 | 220 | 776 |
| 青阳县 | Qingyang | 467 | 210900 | 840 | 240 | 176 | 1121 |
| 安庆市辖区 | Anqing Region of City | 874 | 15600 | 1 | 41 | 495 | 14897 |
| 桐城市 | Tongcheng | 857 | 69400 | 2349 | 381 | 260 | 1894 |
| 怀宁县 | Huaining | 1348 | 23000 | 484 | 183 | 1668 | 2655 |
| 枞阳县 | Zongyang | 391 | 54000 | 307 | 187 | 370 | 356 |
| 潜山县 | Qianshan | 779 | 125000 | 6057 | 1614 | 464 | 1507 |
| 太湖县 | Taihu | 1345 | 65400 | 4358 | 1604 | 855 | 3367 |
| 宿松县 | Susong | 2101 | 28000 | 1020 | 335 | 880 | 7550 |
| 望江县 | Wangjiang | 1461 | 25200 | 140 | 29 | 273 | 190 |
| 岳西县 | Yuexi | 675 | 36500 | 8733 | 3000 | 214 | 356 |
| 黄山市辖区 | Huangshan Region of City | 737 | 91000 | 8195 | 3037 | 1160 | 8614 |
| 歙县 | Shexian | 1289 | 43900 | 16552 | 7750 | 3279 | 42044 |
| 休宁县 | Xiuning | 669 | 99500 | 11030 | 6688 | 270 | 1756 |
| 黟县 | Yixian | 142 | 34400 | 2243 | 1359 | 272 | 1890 |
| 祁门县 | Qimen | 807 | 176100 | 10385 | 5129 | 455 | 1933 |

# 12—35　各县（市）畜牧业、渔业生产情况（2010年）

Production of Animal Husbandry, Fishery by County or City (2010)

| 县（市） | County (City) | 出栏猪（头）Sjaughtered Fattened Hogs (heads) | 出栏牛（头）Sjaughtered Cattle and Buffaloes (heads) | 出栏羊（只）Sjaughtered Sheep and Goats (heads) | 出栏家禽（万只）Sjaughtered Poultry (10000 heads) | 禽蛋产量（吨）Output of Poultry Eggs (ton) | 水产品产量（吨）Output of Aquatic Products (ton) |
|---|---|---|---|---|---|---|---|
| 合肥市辖区 | Hefei Region of City | 88450 | 240 | 1949 | 523.59 | 922 | 10252 |
| 长丰县 | Changfeng | 914100 | 12846 | 43803 | 2884.52 | 24134 | 30946 |
| 肥东县 | Feidong | 903664 | 14076 | 25551 | 2391.00 | 45195 | 43509 |
| 肥西县 | Feixi | 393524 | 10251 | 23987 | 6460.89 | 65890 | 37530 |
| 淮北市辖区 | Huaibei Region of City | 260354 | 2681 | 129101 | 533.00 | 16420 | 15789 |
| 濉溪县 | Suixi | 342589 | 6276 | 348743 | 838.00 | 28900 | 9211 |
| 亳州市辖区 | Bozhou Region of City | 544428 | 22963 | 308283 | 697.00 | 14588 | 9896 |
| 涡阳县 | Guoyang | 533344 | 23518 | 512891 | 417.00 | 15286 | 11889 |
| 蒙城县 | Mengcheng | 719939 | 31195 | 295764 | 356.00 | 11330 | 10850 |
| 利辛县 | Lixin | 875500 | 53440 | 577578 | 608.00 | 17065 | 11387 |
| 宿州市辖区 | Suzhou Region of City | 1128058 | 11338 | 600656 | 917.00 | 40720 | 13820 |
| 砀山县 | Dangshan | 421510 | 11859 | 816011 | 225.80 | 22783 | 3000 |
| 萧县 | Xiaoxian | 888173 | 19006 | 810067 | 531.00 | 53544 | 5550 |
| 灵璧县 | Lingbi | 1057392 | 45682 | 420661 | 923.00 | 73213 | 5501 |
| 泗县 | Sixian | 826045 | 50511 | 578050 | 1267.00 | 28372 | 8715 |
| 蚌埠市辖区 | Bengbu Region of City | 88004 | 5962 | 23053 | 522.56 | 4294 | 9336 |
| 怀远县 | Huaiyuan | 604811 | 98687 | 445496 | 1358.83 | 11258 | 37421 |
| 五河县 | Wuhe | 429458 | 65194 | 255792 | 1216.00 | 16437 | 45002 |
| 固镇县 | Guzhen | 683268 | 55324 | 397265 | 1946.00 | 25914 | 8917 |
| 阜阳市辖区 | Fuyang Region of City | 1050061 | 37132 | 587649 | 1033.10 | 22625 | 15984 |
| 界首市 | Jieshou | 275443 | 13861 | 142455 | 353.87 | 9647 | 4270 |
| 临泉县 | Linquan | 1098401 | 88520 | 431130 | 1092.52 | 26567 | 7670 |
| 太和县 | Taihe | 917414 | 33513 | 282227 | 644.86 | 13868 | 8945 |
| 阜南县 | Funan | 800097 | 45200 | 284294 | 710.96 | 25570 | 11737 |
| 颍上县 | Yingshang | 843044 | 66178 | 285338 | 512.06 | 26498 | 38050 |
| 淮南市辖区 | Huainan Region of City | 163149 | 16984 | 77999 | 1003.95 | 31876 | 32398 |
| 凤台县 | Fengtai | 240000 | 22660 | 147445 | 831.00 | 19765 | 23997 |
| 毛集区 | Maoji District | 45384 | 2204 | 17890 | 158.00 | 5060 | 8403 |
| 滁州市辖区 | Chuzhou Region of City | 148102 | 5305 | 82641 | 456.00 | 3599 | 24335 |
| 天长市 | Tianchang | 280586 | 853 | 2948 | 431.00 | 20529 | 59500 |
| 明光市 | Mingguang | 375607 | 40919 | 62410 | 562.00 | 18516 | 69047 |
| 来安县 | Laian | 240184 | 7446 | 58400 | 743.00 | 6752 | 20950 |
| 全椒县 | Quanjiao | 243950 | 5155 | 71652 | 1590.00 | 8182 | 38000 |
| 定远县 | Dingyuan | 1355089 | 24876 | 80132 | 892.00 | 20791 | 28463 |
| 凤阳县 | Fengyang | 365497 | 32245 | 154847 | 761.00 | 22416 | 37939 |
| 六安市辖区 | Luan Region of City | 691100 | 5509 | 67726 | 2253.00 | 9756 | 43000 |
| 寿县 | Shouxian | 1040965 | 41650 | 385300 | 2301.00 | 39242 | 89500 |
| 霍邱县 | Huoqiu | 1361000 | 36314 | 267972 | 1935.00 | 53000 | 79200 |
| 舒城县 | Shucheng | 209093 | 3615 | 4985 | 1796.00 | 21162 | 34000 |

## 12—35 续表 continued

| 县（市） | County (City) | 出栏猪（头）Sjaughtered Fattened Hogs (heads) | 出栏牛（头）Sjaughtered Cattle and Buffaloes (heads) | 出栏羊（只）Sjaughtered Sheep and Goats (heads) | 出栏家禽（万只）Sjaughtered Poultry (10000 heads) | 禽蛋产量（吨）Output of Poultry Eggs (ton) | 水产品产量（吨）Output of Aquatic Products (ton) |
|---|---|---|---|---|---|---|---|
| 金寨县 | Jinzhai | 249700 | 17300 | 49865 | 305.00 | 4490 | 10400 |
| 霍山县 | Huoshan | 136750 | 4200 | 16200 | 286.00 | 780 | 5000 |
| 叶集区 | Yeji District | 102001 | 126 | 55512 | 202.00 | | 1300 |
| 马鞍山市辖区 | Maanshan Region of City | 86024 | 427 | 24687 | 111.72 | 1453 | 2489 |
| 当涂县 | Dangtu | 163000 | 695 | 52100 | 717.00 | 4554 | 66542 |
| 巢湖市辖区 | Chaohu Region of City | 178140 | 6236 | 15227 | 1101.00 | 17998 | 31406 |
| 庐江县 | Lujiang | 198892 | 6844 | 3156 | 990.00 | 18604 | 41490 |
| 无为县 | Wuwei | 257235 | 20626 | 9154 | 1556.00 | 31151 | 57908 |
| 含山县 | Hanshan | 72315 | 970 | 18283 | 485.00 | 5198 | 18140 |
| 和县 | Hexian | 89315 | 904 | 9465 | 1610.00 | 4802 | 20948 |
| 芜湖市辖区 | Wuhu Region of City | 67472 | 512 | 3142 | 728.00 | 4589 | 18387 |
| 芜湖县 | Wuhu | 105800 | 625 | 10300 | 390.00 | 7415 | 30065 |
| 繁昌县 | Fanchang | 54181 | 372 | 1526 | 465.00 | 9871 | 13107 |
| 南陵县 | Nanling | 244724 | 6477 | 9544 | 1070.00 | 16588 | 30057 |
| 宣城市辖区 | Xuancheng Region of City | 185643 | 1488 | 18100 | 1656.00 | 10469 | 53892 |
| 宁国市 | Ningguo | 212000 | 2100 | 8100 | 2205.00 | 11500 | 6183 |
| 郎溪县 | Langxi | 65004 | 611 | 12851 | 410.00 | 7700 | 21990 |
| 广德县 | Guangde | 203100 | 363 | 18658 | 2300.00 | 10860 | 9400 |
| 泾县 | Jingxian | 111838 | 4856 | 3217 | 1000.00 | 4053 | 2899 |
| 绩溪县 | Jixi | 141055 | 6166 | 900 | 39.00 | 1362 | 1991 |
| 旌德县 | Jingde | 70893 | 7695 | 1500 | 133.00 | 1510 | 1645 |
| 铜陵市辖区 | Tongling Region of City | 34601 | 244 | 747 | 128.36 | 1441 | 6771 |
| 铜陵县 | Tongling | 64498 | 481 | 2618 | 425.00 | 4318 | 14304 |
| 池州市辖区 | Chizhou Region of City | 263712 | 2735 | 7101 | 729.00 | 15344 | 50501 |
| 东至县 | Dongzhi | 278352 | 6132 | 7219 | 420.00 | 8495 | 45068 |
| 石台县 | Shitai | 36500 | 152 | 450 | 30.00 | 719 | 185 |
| 青阳县 | Qingyang | 84400 | 610 | 302 | 267.00 | 5803 | 15095 |
| 安庆市辖区 | Anqing Region of City | 102447 | 2528 | 3590 | 262.00 | 10415 | 37705 |
| 桐城市 | Tongcheng | 348245 | 2900 | 3431 | 596.00 | 54984 | 28646 |
| 怀宁县 | Huaining | 263032 | 5058 | 1540 | 533.10 | 12799 | 23825 |
| 枞阳县 | Zongyang | 193953 | 2701 | 2460 | 876.00 | 27680 | 78000 |
| 潜山县 | Qianshan | 225194 | 4419 | 3459 | 352.00 | 7196 | 4400 |
| 太湖县 | Taihu | 608399 | 22976 | 5224 | 2123.00 | 8020 | 28300 |
| 宿松县 | Susong | 329010 | 18000 | 8433 | 321.00 | 10500 | 73820 |
| 望江县 | Wangjiang | 317381 | 8870 | 8780 | 888.00 | 25021 | 58400 |
| 岳西县 | Yuexi | 162472 | 4445 | 14158 | 116.00 | 2280 | 1050 |
| 黄山市辖区 | Huangshan Region of City | 218003 | 4685 | 762 | 190.00 | 4870 | 11692 |
| 歙县 | Shexian | 308376 | 1243 | 1550 | 105.00 | 7501 | 1850 |
| 休宁县 | Xiuning | 268546 | 1424 | 299 | 94.10 | 3478 | 3274 |
| 黟县 | Yixian | 53653 | 622 | 596 | 24.20 | 644 | 246 |
| 祁门县 | Qimen | 68777 | 109 | 512 | 20.00 | 1259 | 838 |

## 12—36 各县（市）农业机械化及主要能源、物资消耗情况（2010年）
Mechanization of Agriculture and Consumption of Main Energy and Material by County or City (2010)

| 县（市） | County (City) | 农业机械总动力（千瓦） Total Power of Agricultural Machinery (kw) | 农用排灌机械（台） Number of Diesel Engines (unit) | 农村用电量（万千瓦时） Electricity Consumed in Rural Areas (10000 kwh) | 农用化肥施用量（吨） Consumption of Chemical Fertilizers (ton) | 农用塑料薄膜使用量（吨） Consumption of Plastic Film for Farm Use (ton) | 农药使用量（吨） Consumption of Agricultural Pesticide (ton) |
|---|---|---|---|---|---|---|---|
| 合肥市辖区 | Hefei Region of City | 121628 | 2828 | 4876.35 | 18229 | 403 | 329 |
| 长丰县 | Changfeng | 632714 | 3555 | 13061.00 | 67063 | 5623 | 875 |
| 肥东县 | Feidong | 564289 | 10008 | 20391.00 | 56517 | 999 | 531 |
| 肥西县 | Feixi | 565200 | 10486 | 16211.00 | 55172 | 1446 | 2842 |
| 淮北市辖区 | Huaibei Region of City | 546067 | 3639 | 9571.00 | 15133 | 931 | 696 |
| 濉溪县 | Suixi | 1857413 | 9256 | 6256.19 | 70387 | 475 | 1244 |
| 亳州市辖区 | Bozhou Region of City | 1594323 | 28143 | 20569.00 | 78345 | 1642 | 1781 |
| 涡阳县 | Guoyang | 1701513 | 5086 | 13256.00 | 76294 | 845 | 2018 |
| 蒙城县 | Mengcheng | 2059476 | 10741 | 16230.00 | 82096 | 1862 | 1636 |
| 利辛县 | Lixin | 1480260 | 25470 | 15515.00 | 62985 | 771 | 1929 |
| 宿州市辖区 | Suzhou Region of City | 1952184 | 6164 | 12766.00 | 105657 | 3228 | 1860 |
| 砀山县 | Dangshan | 1004251 | 8733 | 7910.00 | 39735 | 3810 | 13514 |
| 萧县 | Xiaoxian | 1428220 | 11532 | 13251.00 | 51878 | 5319 | 4014 |
| 灵璧县 | Lingbi | 1462458 | 3530 | 15726.13 | 72927 | 856 | 1675 |
| 泗县 | Sixian | 1479665 | 9824 | 12332.00 | 59961 | 1544 | 1213 |
| 蚌埠市辖区 | Bengbu Region of City | 370361 | 1355 | 6309.50 | 18083 | 1098 | 602 |
| 怀远县 | Huaiyuan | 2490631 | 5752 | 22503.00 | 119566 | 2251 | 1876 |
| 五河县 | Wuhe | 1003548 | 2217 | 12800.00 | 82835 | 3350 | 1612 |
| 固镇县 | Guzhen | 958160 | 1914 | 9654.00 | 63830 | 2482 | 1418 |
| 阜阳市辖区 | Fuyang Region of City | 926534 | 15869 | 17682.00 | 93393 | 2771 | 858 |
| 界首市 | Jieshou | 372198 | 7961 | 13229.00 | 34175 | 818 | 738 |
| 临泉县 | Linquan | 1376000 | 130895 | 17198.00 | 80790 | 4015 | 1421 |
| 太和县 | Taihe | 1336423 | 17595 | 13325.00 | 69314 | 625 | 1220 |
| 阜南县 | Funan | 1059740 | 13548 | 19633.00 | 42333 | 4353 | 970 |
| 颍上县 | Yingshang | 911310 | 13910 | 14367.00 | 52898 | 2752 | 2403 |
| 淮南市辖区 | Huainan Region of City | 923843 | 9933 | 43893.00 | 72198 | 706 | 2597 |
| 凤台县 | Fengtai | 772475 | 3850 | 21044.00 | 49558 | 229 | 2838 |
| 毛集区 | Maoji District | | | 3896.00 | 10899 | 38 | 402 |
| 滁州市辖区 | Chuzhou Region of City | 401589 | 3782 | 3434.00 | 25413 | 286 | 504 |
| 天长市 | Tianchang | 1036447 | 7370 | 27615.00 | 47880 | 330 | 742 |
| 明光市 | Mingguang | 733765 | 2653 | 10727.00 | 42103 | 531 | 785 |
| 来安县 | Laian | 740214 | 27472 | 7345.00 | 37487 | 540 | 458 |
| 全椒县 | Quanjiao | 568555 | 10923 | 6014.00 | 32766 | 445 | 736 |
| 定远县 | Dingyuan | 1307892 | 11097 | 12005.00 | 80694 | 598 | 1360 |
| 凤阳县 | Fengyang | 972699 | 19840 | 9649.00 | 55077 | | 1410 |
| 六安市辖区 | Luan Region of City | 1484116 | 35726 | 26093.00 | 73450 | 689 | 1381 |
| 寿县 | Shouxian | 1830911 | 70197 | 20315.00 | 148413 | 632 | 4217 |
| 霍邱县 | Huoqiu | 1396001 | 7403 | 23766.00 | 73302 | 2201 | 3068 |
| 舒城县 | Shucheng | 698770 | 40960 | 12647.00 | 23014 | 1081 | 2349 |

## 12—36 续表 continued

| 县（市） | County (City) | 农业机械总动力（千瓦）Total Power of Agricultural Machinery (kw) | 农用排灌机械（台）Number of Diesel Engines (unit) | 农村用电量（万千瓦时）Electricity Consumed in Rural Areas (10000 kwh) | 农用化肥施用量（吨）Consumption of Chemical Fertilizers (ton) | 农用塑料薄膜使用量（吨）Consumption of Plastic Film for Farm Use (ton) | 农药使用量（吨）Consumption of Agricultural Pesticide (ton) |
|---|---|---|---|---|---|---|---|
| 金 寨 县 | Jinzhai | 355178 | 14210 | 8197.00 | 27372 | 796 | 104 |
| 霍 山 县 | Huoshan | 279005 | 9213 | 3961.59 | 4930 | 360 | 115 |
| 叶 集 区 | Yeji District | | | 1851.00 | 15156 | 145 | 108 |
| 马鞍山市辖区 | Maanshan Region of City | 63824 | 8029 | 6454.00 | 3558 | 176 | 138 |
| 当 涂 县 | Dangtu | 427027 | 66453 | 10671.00 | 24772 | 575 | 2275 |
| 巢湖市辖区 | Chaohu Region of City | 441549 | 22539 | 46749.00 | 36816 | 281 | 859 |
| 庐 江 县 | Lujiang | 1078392 | 84617 | 23044.00 | 67247 | 389 | 1538 |
| 无 为 县 | Wuwei | 650335 | 87612 | 43793.00 | 57808 | 1498 | 1574 |
| 含 山 县 | Hanshan | 309139 | 42381 | 5219.00 | 29776 | 175 | 377 |
| 和 县 | Hexian | 501263 | 59529 | 13258.00 | 44371 | 2065 | 1427 |
| 芜湖市辖区 | Wuhu Region of City | 203645 | 36172 | 14789.00 | 16037 | 1032 | 5232 |
| 芜 湖 县 | Wuhu | 322028 | 40530 | 6347.00 | 23011 | 128 | 632 |
| 繁 昌 县 | Fanchang | 206832 | 34007 | 5922.00 | 5628 | 17 | 129 |
| 南 陵 县 | Nanling | 330749 | 46414 | 30896.00 | 22937 | 371 | 1285 |
| 宣城市辖区 | Xuancheng Region of City | 784903 | 50488 | 21760.00 | 41356 | 1067 | 2086 |
| 宁 国 市 | Ningguo | 216730 | 11948 | 17699.56 | 11072 | 216 | 363 |
| 郎 溪 县 | Langxi | 255882 | 14990 | 3964.00 | 25513 | 72 | 878 |
| 广 德 县 | Guangde | 519390 | 26627 | 30296.00 | 29064 | 361 | 373 |
| 泾 县 | Jingxian | 146658 | 10129 | 9283.00 | 13947 | 257 | 442 |
| 绩 溪 县 | Jixi | 79085 | 10755 | 2817.00 | 10269 | 265 | 285 |
| 旌 德 县 | Jingde | 71688 | 4304 | 2591.00 | 7091 | 88 | 94 |
| 铜陵市辖区 | Tongling Region of City | 92593 | 3012 | 4384.50 | 6374 | 84 | 347 |
| 铜 陵 县 | Tongling | 280010 | 28265 | 11466.00 | 15318 | 168 | 417 |
| 池州市辖区 | Chizhou Region of City | 354341 | 22526 | 14689.90 | 19538 | 152 | 2214 |
| 东 至 县 | Dongzhi | 356100 | 24625 | 7952.30 | 28700 | 255 | 3269 |
| 石 台 县 | Shitai | 105514 | 1745 | 993.77 | 2644 | 47 | 155 |
| 青 阳 县 | Qingyang | 223579 | 14911 | 5713.00 | 7558 | 66 | 540 |
| 安庆市辖区 | Anqing Region of City | 314127 | 7548 | 13924.00 | 16781 | 245 | 862 |
| 桐 城 市 | Tongcheng | 430833 | 24832 | 32007.00 | 17743 | 935 | 1226 |
| 怀 宁 县 | Huaining | 361569 | 14015 | 8677.00 | 14425 | 1047 | 2438 |
| 枞 阳 县 | Zongyang | 414153 | 14469 | 18619.00 | 29447 | 481 | 2371 |
| 潜 山 县 | Qianshan | 293266 | 6447 | 12081.00 | 26171 | 246 | 669 |
| 太 湖 县 | Taihu | 184028 | 8986 | 6627.00 | 26603 | 349 | 1000 |
| 宿 松 县 | Susong | 313457 | 5454 | 19726.00 | 46891 | 1104 | 3285 |
| 望 江 县 | Wangjiang | 239114 | 5517 | 10273.00 | 30451 | 550 | 2301 |
| 岳 西 县 | Yuexi | 100234 | 1745 | 6768.40 | 10314 | 147 | 206 |
| 黄山市辖区 | Huangshan Region of City | 188803 | 10724 | 4844.70 | 8698 | 547 | 575 |
| 歙 县 | Shexian | 186871 | 6543 | 6590.00 | 15010 | 653 | 1278 |
| 休 宁 县 | Xiuning | 134974 | 6161 | 3352.00 | 10453 | 415 | 653 |
| 黟 县 | Yixian | 62078 | 2192 | 1173.00 | 2993 | 66 | 198 |
| 祁 门 县 | Qimen | 96991 | 2800 | 1628.00 | 2034 | 255 | 205 |

# 12—37　各县（市）农田水利情况（2010年）
Statement of Water Conservancy by County or City (2010)

单位：千公顷　(1000 hectares)

| 县（市） | County (City) | 有效灌溉面积 Irrigated Areas | 节水灌溉面积 Irrigated Area With Saved Water | 旱涝保收面积 Area With Stable Yields Despite Drought or Waterlogging | 机电排灌面积 Electrical Irrigation and Drainage Area | 除涝面积 Flooded or Waterlogged Area Under Control | 防洪耕地面积 Cultivated Area With Flood Prevention Measures |
|---|---|---|---|---|---|---|---|
| 合肥市辖区 | Hefei Region of City | 10.44 | 5.70 | 7.33 | 7.42 | 4.07 | 4.10 |
| 长丰县 | Changfeng | 72.49 | 4.63 | 41.65 | 63.52 | 4.01 | 6.40 |
| 肥东县 | Feidong | 98.30 | 7.80 | 78.46 | 73.54 | 4.56 | 4.56 |
| 肥西县 | Feixi | 63.72 | 30.70 | 42.60 | 28.26 | 7.95 | 8.85 |
| 淮北市辖区 | Huaibei Region of City | 24.35 | 6.96 | 20.80 | 14.82 | 16.88 | 24.40 |
| 濉溪县 | Suixi | 116.38 | 38.50 | 46.50 | 93.00 | 115.00 | 71.00 |
| 亳州市辖区 | Bozhou Region of City | 77.87 | 19.37 | 43.90 | 77.87 | 115.00 | 38.00 |
| 涡阳县 | Guoyang | 74.46 | 6.22 | 42.88 | 74.46 | 113.33 | 87.40 |
| 蒙城县 | Mengcheng | 90.53 | 6.52 | 60.40 | 102.48 | 102.65 | 92.13 |
| 利辛县 | Lixin | 67.19 | 8.21 | 57.60 | 75.57 | 89.90 | 115.00 |
| 宿州市辖区 | Suzhou Region of City | 101.09 | 17.95 | 59.20 | 104.71 | 86.04 | 79.80 |
| 砀山县 | Dangshan | 51.55 | 25.70 | 37.83 | 51.55 | 38.18 | 30.00 |
| 萧县 | Xiaoxian | 73.29 | 38.82 | 43.82 | 71.85 | 64.83 | 59.28 |
| 灵璧县 | Lingbi | 73.75 | 16.00 | 41.73 | 79.96 | 101.41 | 107.11 |
| 泗县 | Sixian | 69.48 | 15.63 | 40.70 | 77.90 | 68.87 | 86.67 |
| 蚌埠市辖区 | Bengbu Region of City | 19.87 | 4.82 | 15.03 | 19.69 | 11.02 | 11.06 |
| 怀远县 | Huaiyuan | 89.81 | 12.70 | 79.45 | 97.58 | 91.85 | 125.70 |
| 五河县 | Wuhe | 53.67 | 12.97 | 47.52 | 96.93 | 59.41 | 61.78 |
| 固镇县 | Guzhen | 41.41 | 9.32 | 32.80 | 41.63 | 61.85 | 70.20 |
| 阜阳市辖区 | Fuyang Region of City | 74.63 | 6.38 | 49.41 | 90.15 | 87.72 | 102.48 |
| 界首市 | Jieshou | 26.86 | 2.86 | 16.14 | 27.04 | 30.32 | 20.45 |
| 临泉县 | Linquan | 63.53 | 11.38 | 31.43 | 66.51 | 71.95 | 15.79 |
| 太和县 | Taihe | 57.41 | 15.04 | 44.69 | 57.41 | 102.23 | 100.29 |
| 阜南县 | Funan | 61.22 | 4.16 | 31.21 | 88.69 | 60.94 | 26.60 |
| 颍上县 | Yingshang | 86.53 | 40.20 | 58.01 | 120.44 | 77.20 | 83.15 |
| 淮南市辖区 | Huainan Region of City | 60.03 | 24.71 | 47.40 | 64.04 | 23.05 | 47.91 |
| 凤台县 | Fengtai | 43.70 | 24.35 | 38.80 | 52.06 | 18.94 | 55.31 |
| 毛集区 | Maoji District | | | | | | |
| 滁州市辖区 | Chuzhou Region of City | 27.06 | 3.90 | 24.31 | 13.47 | 3.15 | 4.51 |
| 天长市 | Tianchang | 58.33 | 4.34 | 46.78 | 40.82 | 11.80 | 15.67 |
| 明光市 | Mingguang | 47.89 | 5.68 | 40.70 | 30.18 | 14.93 | 14.97 |
| 来安县 | Laian | 43.78 | 2.36 | 37.71 | 21.98 | 12.60 | 14.00 |
| 全椒县 | Quanjiao | 39.98 | 3.13 | 34.65 | 19.20 | 6.29 | 5.93 |
| 定远县 | Dingyuan | 80.55 | 3.16 | 50.31 | 38.53 | 1.08 | 1.08 |
| 凤阳县 | Fengyang | 57.95 | 2.01 | 43.16 | 46.10 | 9.81 | 14.30 |
| 六安市辖区 | Luan Region of City | 93.29 | 69.75 | 59.22 | 33.36 | 8.16 | 8.02 |
| 寿县 | Shouxian | 98.88 | 81.72 | 86.58 | 55.27 | 23.38 | 89.15 |
| 霍邱县 | Huoqiu | 115.71 | 81.35 | 109.50 | 60.98 | 32.59 | 74.95 |
| 舒城县 | Shucheng | 42.02 | 17.76 | 38.74 | 10.31 | 10.09 | 30.00 |

## 12—37 续表1 continued

单位：千公顷 (1000 hectares)

| 县（市） | County (City) | 有效灌溉面积 Irrigated Areas | 节水灌溉面积 Irrigatcd Area With Saved Water | 旱涝保收面积 Area With Stable Yields Despite Drought or Waterlogging | 机电排灌面积 Electrical Irrigation and Drainage Area | 除涝面积 Flooded or Waterlogged Area Under Control | 防洪耕地面积 Cultivated Area With Flood Prevention Measures |
|---|---|---|---|---|---|---|---|
| 金寨县 | Jinzhai | 17.97 | 10.41 | 14.99 | 3.00 | 0.21 | 1.67 |
| 霍山县 | Huoshan | 14.52 | 6.67 | 10.09 | 3.13 | 0.81 | 1.82 |
| 叶集区 | Yeji District | | | | | | |
| 马鞍山市辖区 | Maanshan Region of City | 6.40 | 1.62 | 6.31 | 6.53 | 3.51 | 4.07 |
| 当涂县 | Dangtu | 45.83 | 4.35 | 42.66 | 42.34 | 43.69 | 45.77 |
| 巢湖市辖区 | Chaohu Region of City | 48.50 | 2.91 | 42.79 | 46.21 | 11.16 | 17.90 |
| 庐江县 | Lujiang | 73.45 | 21.41 | 64.71 | 91.85 | 35.12 | 34.55 |
| 无为县 | Wuwei | 103.41 | 2.53 | 79.09 | 110.56 | 67.20 | |
| 含山县 | Hanshan | 34.11 | 2.09 | 20.52 | 28.97 | 8.58 | 13.12 |
| 和县 | Hexian | 49.14 | 2.48 | 47.87 | 57.62 | 37.86 | 37.34 |
| 芜湖市辖区 | Wuhu Region of City | 19.38 | 0.00 | 16.44 | 21.88 | 19.81 | 16.04 |
| 芜湖县 | Wuhu | 20.60 | 0.35 | 18.44 | 20.46 | 16.78 | 16.40 |
| 繁昌县 | Fanchang | 14.80 | 1.00 | 14.80 | 15.40 | 9.43 | 9.50 |
| 南陵县 | Nanling | 32.84 | 7.36 | 30.00 | 26.96 | 15.12 | 18.20 |
| 宣城市辖区 | Xuancheng Region of City | 53.83 | 2.53 | 41.89 | 34.31 | 26.18 | 26.16 |
| 宁国市 | Ningguo | 13.17 | 0.83 | 10.65 | 3.87 | | 5.90 |
| 郎溪县 | Langxi | 22.67 | 1.80 | 21.45 | 15.02 | 8.61 | 11.01 |
| 广德县 | Guangde | 27.39 | 2.22 | 25.75 | 5.17 | 0.68 | 5.68 |
| 泾县 | Jingxian | 16.23 | 1.71 | 13.95 | 3.05 | 0.26 | 2.00 |
| 绩溪县 | Jixi | 6.20 | 0.44 | 5.03 | 1.30 | | 2.82 |
| 旌德县 | Jingde | 8.60 | 0.73 | 5.38 | 0.73 | | |
| 铜陵市辖区 | Tongling Region of City | 7.86 | 0.51 | 3.11 | 6.08 | 1.41 | 2.86 |
| 铜陵县 | Tongling | 18.10 | 4.66 | 16.50 | 12.17 | 11.75 | 15.85 |
| 池州市辖区 | Chizhou Region of City | 30.77 | 0.20 | 30.77 | 29.91 | 24.28 | 24.05 |
| 东至县 | Dongzhi | 33.26 | 1.89 | 29.10 | 24.86 | 19.49 | 21.57 |
| 石台县 | Shitai | 3.73 | 0.75 | 3.45 | 0.43 | | 0.80 |
| 青阳县 | Qingyang | 15.71 | 1.06 | 13.03 | 3.73 | 3.38 | 2.31 |
| 安庆市辖区 | Anqing Region of City | 13.70 | 1.19 | 9.08 | 15.88 | 8.87 | 3.47 |
| 桐城市 | Tongcheng | 39.69 | 2.23 | 29.75 | 15.52 | 11.54 | 7.80 |
| 怀宁县 | Huaining | 30.35 | 3.69 | 26.10 | 16.86 | 11.80 | 10.61 |
| 枞阳县 | Zongyang | 39.34 | 1.06 | 36.81 | 40.21 | 27.12 | 38.80 |
| 潜山县 | Qianshan | 24.02 | 2.00 | 21.67 | 10.15 | 6.03 | 14.17 |
| 太湖县 | Taihu | 20.68 | 2.96 | 16.78 | 4.49 | 2.35 | 2.40 |
| 宿松县 | Susong | 44.37 | 1.30 | 34.22 | 21.40 | 13.69 | 40.86 |
| 望江县 | Wangjiang | 32.63 | 1.31 | 30.30 | 20.04 | 27.71 | 36.73 |
| 岳西县 | Yuexi | 12.31 | 1.07 | 11.34 | 0.05 | 0.03 | |
| 黄山市辖区 | Huangshan Region of City | 11.60 | 3.17 | 9.60 | 4.09 | 0.64 | 6.22 |
| 歙县 | Shexian | 8.98 | 1.60 | 2.87 | 2.18 | | 1.70 |
| 休宁县 | Xiuning | 11.02 | 1.27 | 9.15 | 2.20 | 0.75 | 2.40 |
| 黟县 | Yixian | 4.92 | 0.32 | 4.00 | 0.40 | | 0.80 |
| 祁门县 | Qimen | 6.81 | 1.64 | 3.86 | 1.08 | | 0.80 |

12—37 续表2 continued

| 县（市） | County (City) | 已建成水库总库容（万立方米）Total of Established Reservoir Storage Capacity ($10000\ m^3$) | 全部堤防保护人口（万人）Protection Population of Compelete Embankment (10000 persons) | 水土流失治理面积（千公顷）Area of Soil Erosion Under Control (1000 hectares) | 农作物受灾面积（千公顷）Area of Farm Crops by Natural Disaster (1000 hectares) | 旱灾（千公顷）Area Affected by Drought (1000 hectares) | 洪涝灾（千公顷）Area Affected by Flood (1000 hectares) |
|---|---|---|---|---|---|---|---|
| 合肥市辖区 | Hefei Region of City | 45041.60 | 23.92 | 0.43 | 15.43 | | 14.15 |
| 长丰县 | Changfeng | 30172.72 | 4.06 | 1.51 | 3.65 | | 2.37 |
| 肥东县 | Feidong | 37435.25 | 25.45 | 17.66 | 2.04 | | 2.04 |
| 肥西县 | Feixi | 11701.00 | 18.50 | | 8.45 | | 8.45 |
| 淮北市辖区 | Huaibei Region of City | 1340.60 | 76.99 | 10.05 | | | |
| 濉溪县 | Suixi | | 76.50 | 5.40 | 55.17 | | 53.70 |
| 亳州市辖区 | Bozhou Region of City | | 40.00 | | 89.19 | 75.90 | 8.37 |
| 涡阳县 | Guoyang | | 98.75 | | 116.65 | 116.65 | 55.56 |
| 蒙城县 | Mengcheng | | 86.00 | | 153.20 | 53.30 | 99.90 |
| 利辛县 | Lixin | | 70.15 | | 181.28 | 112.00 | 68.42 |
| 宿州市辖区 | Suzhou Region of City | 1777.00 | 95.10 | 10.71 | | 100.00 | |
| 砀山县 | Dangshan | 2959.00 | 52.17 | 1.89 | 41.13 | 8.00 | 10.74 |
| 萧县 | Xiaoxian | 1206.00 | 68.00 | 20.79 | 57.78 | 26.67 | 31.11 |
| 灵璧县 | Lingbi | 684.00 | 98.10 | 4.50 | 124.53 | 86.00 | |
| 泗县 | Sixian | 245.89 | 73.63 | 7.00 | 128.39 | 88.00 | |
| 蚌埠市辖区 | Bengbu Region of City | 165.30 | 75.51 | | 0.90 | 0.90 | |
| 怀远县 | Huaiyuan | 115.00 | 131.97 | 1.00 | 14.12 | 3.40 | 10.72 |
| 五河县 | Wuhe | 3604.50 | 62.01 | 6.50 | 54.13 | 3.50 | 14.50 |
| 固镇县 | Guzhen | | 61.90 | | 7.64 | 0.24 | 3.33 |
| 阜阳市辖区 | Fuyang Region of City | | 174.56 | | 30.96 | 15.38 | 14.94 |
| 界首市 | Jieshou | | 38.20 | | 10.49 | | 10.49 |
| 临泉县 | Linquan | | 23.20 | | 0.73 | | 0.35 |
| 太和县 | Taihe | | 129.61 | | 84.27 | | 84.27 |
| 阜南县 | Funan | | 32.28 | | 46.33 | 35.33 | |
| 颍上县 | Yingshang | | 91.82 | | 1.66 | | |
| 淮南市辖区 | Huainan Region of City | 2655.10 | 149.26 | 3.67 | 22.32 | 20.18 | 1.54 |
| 凤台县 | Fengtai | | 59.30 | 10.17 | 39.45 | 36.67 | 2.78 |
| 毛集区 | Maoji District | | | | 8.82 | 8.73 | 0.08 |
| 滁州市辖区 | Chuzhou Region of City | 40664.00 | 3.61 | 19.48 | 0.62 | | 0.62 |
| 天长市 | Tianchang | 51037.00 | 25.00 | 6.65 | 38.33 | 16.00 | 22.33 |
| 明光市 | Mingguang | 24150.00 | 11.95 | 52.02 | 4.62 | | |
| 来安县 | Laian | 26729.00 | 14.49 | 33.00 | 3.22 | 2.70 | 0.30 |
| 全椒县 | Quanjiao | 50021.00 | 9.54 | 28.79 | 14.63 | | 14.63 |
| 定远县 | Dingyuan | 68776.00 | 2.09 | 33.49 | 3.62 | 3.10 | 0.00 |
| 凤阳县 | Fengyang | 30479.00 | 10.00 | 27.90 | 30.60 | 6.65 | 4.15 |
| 六安市辖区 | Luan Region of City | 11417.90 | 17.50 | 26.03 | 46.37 | 1.94 | 36.88 |
| 寿县 | Shouxian | 19983.00 | 74.04 | | 4.84 | | 4.74 |
| 霍邱县 | Huoqiu | 21936.00 | 38.18 | | 15.11 | | 13.80 |
| 舒城县 | Shucheng | 91845.00 | 50.80 | 78.35 | 12.54 | | 12.54 |

## 12—37 续表3 continued

| 县（市） | County (City) | 已建成水库总库容（万立方米）Total of Established Reservoir Storage Capacity ($10000\ m^3$) | 全部堤防保护人口（万人）Protection Population of Compelete Embankment (10000 persons) | 水土流失治理面积（千公顷）Area of Soil Erosion Under Control (1000 hectares) | 农作物受灾面积（千公顷）Area of Farm Crops by Natural Disaster (1000 hectares) | 旱灾（千公顷）Area Affected by Drought (1000 hectares) | 洪涝灾（千公顷）Area Affected by Flood (1000 hectares) |
|---|---|---|---|---|---|---|---|
| 金寨县 | Jinzhai | 493430.00 | 14.75 | 140.19 | 20.98 | 4.10 | 17.31 |
| 霍山县 | Huoshan | 546080.00 | 5.71 | 84.98 | 2.92 | | 2.92 |
| 叶集区 | Yeji District | | | | 1.74 | | 1.50 |
| 马鞍山市辖区 | Maanshan Region of City | 499.83 | 37.92 | 0.35 | 0.31 | | 0.31 |
| 当涂县 | Dangtu | 585.50 | 59.52 | 9.56 | 4.39 | | 4.39 |
| 巢湖市辖区 | Chaohu Region of City | 6346.00 | 38.41 | 53.71 | 3.97 | | 3.97 |
| 庐江县 | Lujiang | 10111.00 | 30.80 | 52.95 | 8.12 | | 8.12 |
| 无为县 | Wuwei | 2829.00 | 142.40 | 15.24 | 18.60 | | 18.60 |
| 含山县 | Hanshan | 9232.40 | 9.64 | 32.90 | 3.66 | | 3.66 |
| 和县 | Hexian | 6944.00 | 63.80 | 29.13 | 5.49 | | 5.49 |
| 芜湖市辖区 | Wuhu Region of City | | 100.43 | 2.20 | 5.65 | | 5.65 |
| 芜湖县 | Wuhu | | 29.14 | 3.26 | 41.93 | | 25.93 |
| 繁昌县 | Fanchang | 1427.36 | 16.00 | 14.00 | 5.39 | | 3.78 |
| 南陵县 | Nanling | 2402.00 | 32.10 | 27.87 | 13.19 | | 6.28 |
| 宣城市辖区 | Xuancheng Region of City | 368046.00 | 46.16 | 28.26 | 44.10 | | 23.10 |
| 宁国市 | Ningguo | 2665.59 | 3.78 | 32.02 | 8.31 | | 1.51 |
| 郎溪县 | Langxi | 8603.18 | 12.60 | 17.00 | 9.58 | | 8.15 |
| 广德县 | Guangde | 13354.50 | 1.02 | 25.69 | 6.20 | | 3.40 |
| 泾县 | Jingxian | 2386.00 | 8.80 | 50.65 | 6.51 | | 6.51 |
| 绩溪县 | Jixi | 1722.40 | 6.94 | 36.06 | 3.50 | | 0.92 |
| 旌德县 | Jingde | 1595.00 | | 26.11 | 5.20 | | 1.41 |
| 铜陵市辖区 | Tongling Region of City | 124.52 | 20.27 | 1.30 | 1.52 | | 1.52 |
| 铜陵县 | Tongling | 1544.68 | 19.50 | 4.23 | 5.61 | | 5.61 |
| 池州市辖区 | Chizhou Region of City | 3637.50 | 40.23 | 33.44 | 43.27 | | 39.07 |
| 东至县 | Dongzhi | 11586.00 | 26.83 | 178.98 | 46.79 | | 46.79 |
| 石台县 | Shitai | 2955.23 | 3.84 | 37.24 | 3.82 | | 4.38 |
| 青阳县 | Qingyang | 6600.60 | 4.97 | 25.99 | 14.50 | | 18.00 |
| 安庆市辖区 | Anqing Region of City | 717.00 | 7.82 | 5.52 | 15.99 | | 15.86 |
| 桐城市 | Tongcheng | 14170.00 | 25.00 | 31.50 | 30.47 | | 21.36 |
| 怀宁县 | Huaining | 9510.00 | 18.15 | 18.27 | 23.31 | | 22.79 |
| 枞阳县 | Zongyang | 3769.00 | 96.00 | 31.75 | 25.68 | | 22.27 |
| 潜山县 | Qianshan | 7491.00 | 20.00 | 78.99 | 30.09 | | 20.81 |
| 太湖县 | Taihu | 245386.00 | 2.31 | 86.90 | 6.94 | | 6.94 |
| 宿松县 | Susong | 12377.00 | 72.52 | 19.60 | 26.70 | | 26.70 |
| 望江县 | Wangjiang | 1583.00 | 46.00 | 10.75 | 49.04 | | 49.04 |
| 岳西县 | Yuexi | 8690.73 | | 180.74 | 12.22 | | 3.92 |
| 黄山市辖区 | Huangshan Region of City | 14776.64 | 14.36 | 76.14 | 9.78 | | 8.03 |
| 歙县 | Shexian | 784.88 | 5.00 | 90.02 | 24.30 | | 8.43 |
| 休宁县 | Xiuning | 2331.90 | 4.26 | 63.35 | 12.73 | | 6.00 |
| 黟县 | Yixian | 3076.54 | 3.80 | 38.76 | 2.10 | | 1.80 |
| 祁门县 | Qimen | 3447.72 | 4.10 | 33.49 | 7.27 | | 6.90 |

# 主要统计指标解释

### 农林牧渔业总产值

农林牧渔业总产值是以货币表现的农林牧渔业的全部产品总量和对农林牧渔业生产活动进行的各种支持性服务活动的价值。它反映一定时期内农林牧渔业生产总规模和总成果，是观察农林牧渔业生产水平和发展速度，研究农林牧渔业内部比例关系、农林牧渔业与工业、农林牧渔业与国家建设、人民生活比例关系的重要指标，同时也是计算农林牧渔业劳动生产率和农林牧渔业增加值的基础资料。1957 年以前的农业总产值中包括了厩肥和农民自给性手工业（如农民自制衣服、鞋、袜，自己从事粮食初步加工等）。1958 年及以后的农业总产值，林业中增加了村及村以下竹木采伐产值；牧业中取消了厩肥产值；副业中取消了农民自给性手工业产值，增加了村及村以下办的工业产值；渔业中增加了海洋捕捞水产品产值。1980 年及以后的农业总产值，在副业中增加了农民家庭兼营工业商品部分的产值。从 1984 年起村及村以下工业产值划归工业。从 1993 年起取消副业，将野生动物的捕猎划入牧业，野生植物采集和农民家庭兼营商品性工业划归农业。2003 年起，取消农业中的农民家庭兼营商品性工业，增加了农林牧渔服务业。

### 粮食产量

指全社会的产量。包括国有经济经营的、集体统一经营的和农民家庭经营的粮食产量，还包括工矿企业办的农场和其他生产单位的产量。粮食除包括稻谷、小麦、玉米、高粱、谷子及其他杂粮外，还包括薯类和豆类。其产量计算方法，豆类按去豆荚后的干豆计算；薯类（包括甘薯和马铃薯，不包括芋头和木薯）1963 年以前按每 4 公斤鲜薯折 1 公斤粮食计算，从 1964 年开始改为按 5 公斤鲜薯折 1 公斤粮食计算。城市郊区作为蔬菜的薯类（如马铃薯等）按鲜品计算，并且不作粮食统计。其他粮食一律按脱粒后的原粮计算。

### 油料产量

指全部油料作物的生产量。包括花生、油菜籽、芝麻、向日葵籽、胡麻籽（亚麻籽）和其他油料。不包括大豆、木本油料和野生油料。花生以带壳干花生计算。

### 水产品产量

指人工养殖的水产品和天然生长的水产品的捕捞量。包括海水的鱼类、虾蟹类、贝类和藻类以及内陆水域的鱼类、虾蟹类和贝类，不包括淡水生植物。

### 猪、牛、羊肉产量

指当年出栏并已屠宰、除去头蹄下水后带骨肉（即胴体重）的重量。

### 期初（末）畜禽存栏头（只）数

指报告期初（末）农村各种合作经济组织和国营农场、农民个人、机关、团体、学校、工矿企业、部队等单位以及城镇居民饲养的大牲畜、猪、羊、家禽等畜禽的存栏数。

### 耕地面积

指可以用来种植农作物、经常进行耕锄的田地，包括熟地、当年新开荒地、连续撂荒未满三年的耕地和当年的休闲地（轮歇地），还包括以种植农作物为主并附带种植桑树、茶树、果树和其他林木的土地，以及沿海、沿湖地区已围垦利用的“海涂”、“湖田”等面积。不包括属于专业性的桑园、茶园、果园、果木苗圃、林地、芦苇地、天然或人工草地面积。

### 农作物播种面积

指实际播种或移植有农作物的面积。凡是实际种植有农作物的面积，不论种植在耕地上还是种植在非耕地上，均包括在农作物播种面积中。在播种季节基本结束后，因遭灾而重新改种和补种的农作物面积，也包括在内。

### 有效灌溉面积

指具有一定的水源，地块比较平整，灌溉工程或设备已经配套，在一般年景下当年能够进行正常灌溉的耕地面积。

### 农用化肥施用量

指本年内实际用于农业生产的化肥数量，包括氮肥、磷肥、钾肥和复合肥。化肥施用量要求按折纯量计算数量。折纯量是指把氮肥、磷肥、钾肥分别按含氮、含五氧化二磷、含氧化钾的百分之一百成份进行折算后的数量。复合肥按其所含主要成分折算。

**农业机械总动力**

指主要用于农、林、牧、渔业的各种动力机械的动力总和。包括耕作机械、排灌机械、收获机械、农用运输机械、植物保护机械、牧业机械、林业机械、渔业机械和其他农业机械（内燃机按引擎马力折成瓦（特）计算、电动机按功率折成瓦（特）计算）。不包括专门用于乡、镇、村、组办工业、基本建设、非农业运输、科学试验和教学等非农业生产方面用的动力机械与作业机械。

**农林牧渔业劳动力**

指全社会直接参加农林牧渔业生产活动的劳动力。

# Explanatory Notes for Major Statistical Indicators

**Gross Output Value of Farming, Forestry, Animal Husbandry and Fishery**

refers to the total value of products and all kinds of supporting services of farming, forestry, animal husbandry and fishery, which reflects the total scale and result of agricultural production during a given period. It is an important indicator to observe the production level and the development speed of farming, forestry, animal husbandry and fishery and to research into the interior proportion relations of farming, forestry, animal husbandry and fishery, the proportion relations of farming, forestry, animal husbandry and fishery to industry, national construction and the lives of the people. It is also the basic data to calculate the labor productivity and value-added of farming, forestry, animal husbandry and fishery. Prior to 1957, Chinas gross agricultural output value included barnyard manure and handicraft products for self-consumption (clothes, shoes, stockings, and initial grain processing undertaken by peasant s). Since 1958, cutting and felling of bamboo and trees by villages and other cooperative organizations under villages have been included in forestry; value of barnyard manure has been excluded from animal husbandry; self consumed handicraft s has been excluded from sideline occupations, while the output value of industries run by villages and cooperative organizations under village had been included in sideline occupations and the out put value of fish catches by mot or fishing boats has been added to fishery. Since 1980, the value of handicraft products made for sale by individuals in households had been added to sideline occupations. Since 1984, industries run by villages and under villages have been included in the sector of industry. Since 1993, the subdivision of sideline occupations has been canceled, and the hunting of wild animals has been classified into animal husbandry, and the gathering of wild plants and commodity industry run by rural household have been included in farming. Since 2003, the commercial industrial activities undertaken by rural households as sideline production have been cancelled and the farming, forestry, animal husbandry and fishery services have been included in farming.

**Grain Yield**

refers to the yield in the whole country including grains produced by state farms, collective units, industrial enterprises and mines. Grain includes rice, wheat, corn, sorghum, millet and other miscellaneous grains as well as tubers and beans. Output of beans refers to dry beans without pods. The output of tubers (sweet potatoes and potatoes, not including taros and cassava) was converted into that of grain at the ratio 4:1, i.e. 4 kilograms of fresh tubers was equivalent to 1 kilogram of grain up to 1963.Since 1964 the ratio for conversion has been 5:1. Tubers supplied as vegetables (such as potatoes) in cities and suburbs are calculated as fresh vegetables and their output is not included in the output of grain. Output of all other grains refers to husked grain.

**Yield of Oil-bearing Crops**

refers to the total yield of oil bearing crops of various kinds, including peanuts, (dry, in shell) rapeseeds, sesame, sunflower seeds, flax seeds, and other oil bearing crops. Soybeans, oil-bearing woody plants, and wild oil-bearing crops are not included.

**Output of Aquatic Products**

refers to catches of both artificially cultured and naturally grown aquatic products, including fish, shrimps, crabs and shellfish in sea and inland water as well as seaweed. Freshwater plants are not included.

**Output of Pork, Beef, and Mutton**

refers to the meat of slaughtered hogs, cattle, sheep and goats with head, feet, and offal taken away.

**Number of Livestock or Poultry in Stock at Beginning (or End)**

refers to the total number of large animals, pigs, sheep, fowls, etc. raised by rural cooperative organizations, state farms, rural individuals, government agencies, schools, industrial and mining enterprises, army, and urban residents at the beginning (or end) of the reference period.

**Cultivated Area (Area under cultivation)**

refers to farmland which is plowed constantly for growing crops, including cultivated land, newly cultivated land in the current year, farmland left without cultivation for less than three years and fallow land in the current year, rotation land, rotation land of grass and crops, farmland with some fruit trees, mulberry trees and other trees and cultivated seashore land, lake land, and etc. The land of mulberry fields, tea plantations, orchards, nurseries of young plants, forest land, reed land, natural and man-made grassland and other land are not included in cultivated land.

**Sown Area of Crops**

refers to area of land sown or transplanted with crops regardless of being in cultivated area or non cultivated area. Area of land re-sown due to natural disasters is also included.

**Irrigated Area**

refers to areas that are effectively irrigated, i.e. level land which has water source and complete sets of irrigation facilities to lift and move adequate water for irrigation purpose under normal conditions.

**Consumption of Chemical Fertilizers in Agriculture**

refers to the quantity of chemical fertilizers applied in agriculture in the year, including nitrogenous fertilizer, phosphate fertilizer, potash fertilizer, and compound fertilizer. The consumption of chemical fertilizers is required in calculation to convert the gross weight into weight containing 100% effective component (e.g. 100% nitrogen content in nitrogenous fertilizer, 100% phosphorous pent oxide contents in phosphate fertilizer, 100% potassium oxide contents in potash fertilizer). Compound fertilizer is converted with its major component.

**Total Power of Farm Machinery**

refers to total mechanical power of machinery used in farming, forestry, animal husbandry, and fishery, including plough , irrigation and drainage, harvesting, transport, plant protection, stock breeding, forestry and fishery. The power of internal combustion engines is required to convert horsepower into watts and the power of electric motors is required to be converted into watts. Machinery employed for non agricultural purposes, such as the machines used in township run and village-run industry, construction, non agricultural transport, scientific experiments and teaching, is excluded.

**Labour Force Engaged in Farming, Forestry, Animal Husbandry and Fishery**

refers to the total laborers who are directly engaged in production of farming, forestry, animal husbandry and fishery.

# 第十三篇

Chapter 13

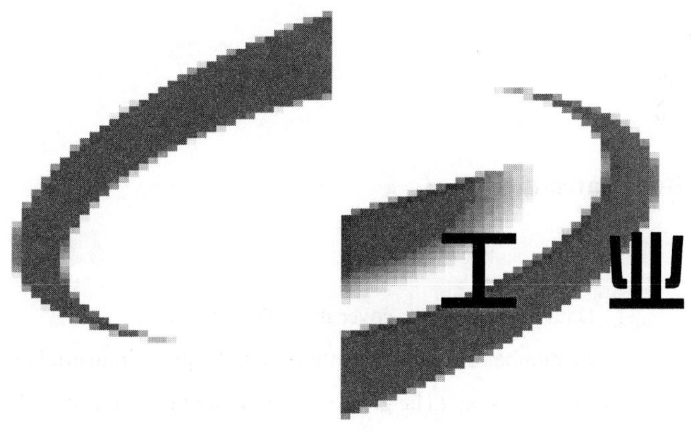


INDUSTRY

## 简要说明

一、本篇主要包括以下几部分汇总资料：

1. 全部工业企业按登记注册类型、行业分组的企业单位数和工业总产值(其中 1995 年后工业总产值均按新规定计算)。

2. 全部年主营业务收入在 500 万元及以上的工业企业按地区和行业分组的主要经济指标和经济效益指标，主要包括工业总产值、工业增加值、资本金、流动资产、固定资产、流动负债、所有者权益、主营业务收入、主营业务税金及附加、利润总额、利税总额、工业增加值率、资金利税率、产值利税率、流动资产周转次数、全员劳动生产率等指标。

3. 大中型工业企业的主要经济指标。

4. 主要工业产品产量。

二、工业增加值均按生产法计算。

三、1998 年开始工业统计范围为全部国有企业及年主营业务收入在 500 万元及以上非国有工业企业。

四、1995 年及以后年份工业总产值为调整数。

五、资料来源：由省统计局工业处根据国家统计局工业统计报表制度收集、汇总、整理提供。

## Brief Introduction

Ⅰ. Data in this chapter cover the following parts:

1. The number of industrial enterprises, the gross industrial output value of all industrial enterprises classified by registration status and industrial division. (The gross industrial output value is calculated according to the new stipulation after 1995.)

2. Main economic indicators and efficiency indicators of all state-owned industrial enterprises, and of non-state enterprises each with an main business revenue of over five million yuan, classified by region and by industrial division, including gross industrial output value, industrial value-added, capital, circulating assets, fixed assets, liquid liabilities, creditors's equity, main business revenue, main business tax and extra-charges, sales profit, total profits, ratio of value-added to gross industrial output value, ratio of profits and taxes to funds and output value, turnover of working capital and overall labor productivity.

3. Main economic indicators of large and medium size industrial enterprises.

4. Output of key industrial products.

Ⅱ. Value-added of industry are calculated by production approach.

Ⅲ. Since 1998, the coverage of industrial statistics is all state-owned industrial enterprises and non-state enterprises each with main business revenue over five million yuan.

Ⅳ. Data on gross industrial output value have been adjusted since 1995.

Ⅴ. Source of data: All data are prepared and provided by the Division of Industrial Statistics, Anhui Statistical Bureau, in accordance with the industrial statistical reporting system of SSB. Data are collected, tabulated and processed by the statistical bureau in the prefectures and cities.

## 13—1 工业企业单位数和总产值
Number of Industrial Enterprises and Gross Industrial Output Value

| 分　类 | Sector | 2000 | 2005 | 2009 | 2010 |
|---|---|---|---|---|---|
| **企业单位数　（个）** | **Number of Industrial Enterprises (unit)** | **3680** | **5277** | **14122** | **16277** |
| 在总计中： | Of the Total: | | | | |
| 国有及国有控股企业 | State Controlling Share Hold Enterprises | 1128 | 619 | 729 | 737 |
| 在总计中： | Of the Total: | | | | |
| 集体企业 | Collective-owned Enterprises | 979 | 261 | 211 | 194 |
| 私营企业 | Private Enterprises | 533 | 2725 | 9526 | 11269 |
| 港澳台商投资企业 | Enterprises Funded by Entrepreneurs from Hong Kong, Macao and Taiwan | 118 | 200 | 365 | 375 |
| 外商投资企业 | Foreign Funded Enterprises | 133 | 296 | 518 | 539 |
| **工业总产值　（亿元）** | **Gross Industrial Output Value (100 million yuan)** | **1661.44** | **4567.23** | **13312.60** | **18732.00** |
| 在总计中： | Of the Total: | | | | |
| 国有及国有控股企业 | State Controlling Share Hold Enterprises | 1044.54 | 2418.44 | 538.50 | 6902.07 |
| 在总计中： | Of the Total: | | | | |
| 集体企业 | Collective-owned Enterprises | 177.65 | 89.44 | 111.71 | 149.73 |
| 私营企业 | Private Enterprises | 77.16 | 714.73 | 3989.53 | 6068.83 |
| 港澳台商投资企业 | Enterprises Funded by Entrepreneurs from Hong Kong, Macao and Taiwan | 60.84 | 226.49 | 534.35 | 804.94 |
| 外商投资企业 | Foreign Funded Enterprises | 152.40 | 517.32 | 1263.78 | 1763.63 |

注：工业总产值按当年价格计算。
a) Gross industrial output value is calculated at current prices.

## 13—2 工业增加值
Value-added of Industry

本表按当年价格计算　(Data in this table are calculated at current prices)　　单位：亿元　(100 million yuan)

| 年份 Year | 工业增加值 Value-added of Industry | 内资企业 Domestic Funded Enterprise | #国有及国有控股企业 State-owned or Controlling Share Hold Industry | #集体企业 Collective-owned Industry | #私营企业 Private Enterprises | 港澳台商投资企业 Enterprises Funded by Entrepreneurs from Hong Kong, Macao and Taiwan | 外商投资企业 Foreign Funded Enterprises |
|---|---|---|---|---|---|---|---|
| 2000 | 507.38 | 451.57 | 340.42 | 49.60 | 22.24 | 17.56 | 38.18 |
| 2002 | 690.64 | 583.67 | 429.51 | 37.08 | 55.89 | 37.93 | 69.04 |
| 2003 | 881.52 | 740.34 | 532.98 | 30.11 | 98.85 | 54.93 | 86.25 |
| 2004 | 1190.47 | 1005.10 | 666.21 | 31.15 | 151.09 | 71.45 | 113.92 |
| 2005 | 1483.76 | 1250.18 | 835.34 | 22.17 | 215.10 | 78.46 | 155.16 |
| 2006 | 1885.64 | 1584.14 | 973.45 | 38.48 | 333.64 | 94.68 | 206.82 |
| 2007 | 2562.70 | 2185.24 | 1211.17 | 45.21 | 537.00 | 91.35 | 286.11 |
| 2008 | 3259.71 | 2783.05 | 1471.12 | 46.27 | 822.74 | 154.94 | 321.72 |
| 2009 | 3980.55 | 3474.52 | 1778.23 | 30.33 | 1095.93 | 151.98 | 354.05 |
| 2010 | 5290.62 | 4618.07 | 2222.19 | 38.85 | 1577.45 | 209.35 | 463.20 |

注：口径为规模以上工业企业（下同）。2008年为工业快报口径。
a) They referred to industrial enterprises above designated size. The same as following tables. in 2008, It is for express industrial-caliber.

## 13—3 规模以上工业企业工业增加值

Value-added of Industry of All State-owned and Non-state-owned Industrial Enterprises Above Designated Size

单位：亿元 (100 million yuan)

| 行 业 | Sector | 2000 | 2005 | 2008 | 2009 | 2010 |
|---|---|---|---|---|---|---|
| **总 计** | **Total** | **507.38** | **1483.75** | **3259.71** | **3980.55** | **5290.62** |
| **总计中：** | **Of the Total:** | | | | | |
| 内资企业 | Domestic Funded Enterprise | 451.57 | 1250.13 | 2783.05 | 3474.52 | 4618.07 |
| 国有企业 | State-owned Enterprise | 171.00 | 247.63 | 355.44 | 399.62 | 319.25 |
| 集体企业 | Collective-owned Enterprise | 49.60 | 22.17 | 46.27 | 30.33 | 38.85 |
| 股份合作企业 | Share Holding Cooperative Enterprises | 16.45 | 9.81 | 19.60 | 25.33 | 16.69 |
| 联营企业 | Joint Owned Enterprises | 2.53 | 2.65 | 4.00 | 3.34 | 3.84 |
| 有限责任公司 | Limited Liability Corporations | 101.74 | 475.95 | 1060.09 | 1314.48 | 1924.16 |
| 股份有限公司 | Share-holding Corporations Ltd. | 85.05 | 272.50 | 467.91 | 599.40 | 716.51 |
| 私营企业 | Private Enterprises | 22.24 | 215.10 | 822.74 | 1095.93 | 1577.55 |
| 其他企业 | Other Enterprises | 2.96 | 4.32 | 7.00 | 6.09 | 21.32 |
| 港澳台商投资企业 | Enterprises Funded by Entrepreneurs from Hong Kong, Macao and Taiwan | 17.62 | 78.46 | 154.94 | 151.98 | 209.35 |
| 外商投资企业 | Foreign Funded Enterprises | 38.19 | 155.16 | 321.72 | 354.05 | 463.20 |
| **总计中：** | **Of the Total:** | | | | | |
| 独资企业 | Enterprise Owned by a Sole Investor | 240.87 | | | 716.51 | 755.37 |
| 合作合伙企业 | Cooperative Enterprises | 24.93 | | | 56.86 | 67.02 |
| 股份有限公司 | Share-holding Corporations Ltd. | 92.56 | | | 714.28 | 873.02 |
| 有限责任公司 | Limited Liability Corporations | 149.03 | | | 2492.90 | 3595.21 |
| **总计中：** | **Of the Total:** | | | | | |
| 国有及国有控股企业 | State Controlling Share Hold Enterprises | 340.42 | 835.34 | 1471.12 | 1778.23 | 2222.19 |
| **总计中：** | **Of the Total:** | | | | | |
| 轻工业 | Light Industry | 206.02 | 452.18 | 911.06 | 1140.83 | 1498.68 |
| 重工业 | Heavy Industry | 301.36 | 1031.57 | 2348.65 | 2839.72 | 3791.94 |
| **总计中：** | **Of the Total:** | | | | | |
| 大型企业 | Large-sized Enterprises | 270.74 | 658.94 | 1245.31 | 1568.59 | 2102.42 |
| 中型企业 | Medium-sized Enterprises | 77.68 | 470.09 | 781.75 | 993.49 | 1277.42 |
| 小型企业 | Small Enterprises | 158.96 | 354.73 | 1232.65 | 1418.47 | 1910.78 |

## 13—4 各市规模以上工业企业工业增加值

Value-added of Industry of All State-owned and Non-state-owned Industrial Enterprises Above Designated Size by Region

单位：亿元 (100 million yuan)

| 地 区 | Region | 2000 | 2005 | 2007 | 2008 | 2009 | 2010 |
|---|---|---|---|---|---|---|---|
| **总 计** | **Total** | **507.38** | **1483.8** | **2562.7** | **3259.71** | **3980.55** | **5290.62** |
| 合 肥 市 | Hefei | 81.29 | 263.74 | 466.21 | 606.29 | 767.51 | 1092.71 |
| 淮 北 市 | Huaibei | 29.8 | 99.65 | 118.22 | 184.33 | 265.51 | 375.51 |
| 亳 州 市 | Bozhou | | 25.74 | 46.11 | 66.73 | 85.39 | 94.89 |
| 宿 州 市 | Suzhou | 11.81 | 38.01 | 78.77 | 116.01 | 158.19 | 184.80 |
| 蚌 埠 市 | Bengbu | 32.58 | 74.6 | 103.46 | 138.44 | 189.81 | 234.93 |
| 阜 阳 市 | Fuyang | 22.63 | 49.18 | 95.04 | 126.31 | 155.14 | 216.98 |
| 淮 南 市 | Huainan | 30.71 | 116.06 | 163.22 | 241.67 | 280.15 | 341.98 |
| 滁 州 市 | Chuzhou | 32.07 | 74.37 | 120.72 | 166.18 | 193.87 | 282.29 |
| 六 安 市 | Luan | 18.78 | 46.79 | 95.16 | 143.5 | 187.12 | 228.71 |
| 马鞍山市 | Maanshan | 49.7 | 197.52 | 291.11 | 374.07 | 357.56 | 358.32 |
| 巢 湖 市 | Chaohu | 19.81 | 56.33 | 103.4 | 141.09 | 168.64 | 212.25 |
| 芜 湖 市 | Wuhu | 48.79 | 167.05 | 262.47 | 371.33 | 464.6 | 609.74 |
| 宣 城 市 | Xuancheng | 20.09 | 49.54 | 86.21 | 123.53 | 189.72 | 262.21 |
| 铜 陵 市 | Tongling | 23.5 | 92.39 | 168.01 | 187.09 | 172.97 | 290.07 |
| 池 州 市 | Chizhou | 4.02 | 18.96 | 31.05 | 46.63 | 60.98 | 80.14 |
| 安 庆 市 | Anqing | 50.24 | 105.54 | 154.34 | 194.21 | 262.06 | 339.87 |
| 黄 山 市 | Huangshan | 8.09 | 21.87 | 43.43 | 60.15 | 63.9 | 85.23 |

## 13—5　分行业规模以上工业企业工业增加值

Value-added of Industry of All Industrial Enterprises Above Designated Size by Industry

单位：万元　(10000 yuan)

| 行　业 | Sector | 2005 | 2009 | 2010 |
|---|---|---|---|---|
| **总　计** | **Total** | **14837484** | **39805514** | **52906185** |
| 煤炭开采和洗选业 | Coal Mining and Dressing | 1633817 | 4947792 | 6147768 |
| 黑色金属矿采选业 | Ferrous Metals Mining and Dressing | 182394 | 378175 | 925759 |
| 有色金属矿采选业 | Nonferrous Metals Mining and Dressing | 44536 | 164002 | 248160 |
| 非金属矿采选业 | Nonmetal Minerals Mining and Dressing | 50709 | 184026 | 262560 |
| 农副食品加工业 | Agricultural and Non-staple Food Processing Industry | 591405 | 1890361 | 2377262 |
| 食品制造业 | Food Manufacturing | 257707 | 422953 | 582472 |
| 饮料制造业 | Beverage Manufacturing | 358211 | 870193 | 1093519 |
| 烟草制品业 | Tobacco Manufacturing | 826086 | 1473301 | 1771356 |
| 纺织业 | Textile Industry | 457682 | 966708 | 1236524 |
| 纺织服装、鞋、帽制造业 | Textile Dress, Footwear and Headgear Manufacturing | 100452 | 490991 | 765413 |
| 皮革毛皮羽毛（绒）及其制品业 | Leather, Furs, Down and Related Products | 110752 | 271102 | 397612 |
| 木材加工及木竹藤棕草制品业 | Timber Processing, Bamboo, Cane, Palm Fiber and Straw Products | 146036 | 448915 | 612087 |
| 家具制造业 | Furniture Manufacturing | 12488 | 112504 | 197061 |
| 造纸及纸制品业 | Papermaking and Paper Products | 139473 | 401502 | 448208 |
| 印刷业和记录媒介的复制 | Printing and Record Medium Reproduction | 84667 | 279674 | 323590 |
| 文教体育用品制造业 | Cultural, Educational and Sports Goods Manufacturing | 43483 | 104895 | 145638 |
| 石油加工、炼焦及核燃料加工业 | Petroleum Processing, Coking and Nuclear Fuel Processing | 91315 | 553502 | 690137 |
| 化学原料及制品制造业 | Raw Chemical Materials and Chemical Products Manufacturing | 859906 | 2243274 | 2994169 |
| 医药制造业 | Medical and Pharmaceutical Products | 171630 | 550331 | 659928 |
| 化学纤维制造业 | Chemical Fiber Manufacturing | 47925 | 69514 | 126495 |
| 橡胶制品业 | Rubber Products | 247263 | 474266 | 608497 |
| 塑料制品业 | Plastic Products | 357819 | 862420 | 1190956 |
| 非金属矿物制品业 | Nonmetal Mineral Products | 667028 | 1926335 | 2809340 |
| 黑色金属冶炼及压延加工业 | Smelting and Pressing of Ferrous Metals | 1658322 | 3046523 | 3729104 |
| 有色金属冶炼及压延加工业 | Smelting and Pressing of Nonferrous Metals | 608836 | 1734038 | 2698709 |
| 金属制品业 | Metal Products | 297738 | 1043575 | 1259495 |
| 通用设备制造业 | Equipments in Current Use | 501564 | 1727364 | 2613863 |
| 专用设备制造业 | Equipments in Special Use | 265661 | 1077540 | 1517280 |
| 交通运输设备制造业 | Transport Equipment Manufacturing | 919855 | 2972449 | 3986081 |
| 电气机械及器材制造业 | Electric Equipment and Machinery Manufacturing | 1301400 | 3783637 | 4941349 |
| 通信设备、计算机及其他电子设备制造业 | Telecommunication Equipment, Computer and Other Electronic Equipment Manufacturing | 232679 | 591439 | 901734 |
| 仪器仪表及文化办公用机械制造 | Instruments, Meters, Cultural and Office | 99487 | 241023 | 343711 |
| 工艺品及其他制造业 | Handiwork and Other Manufacturing | 70598 | 202588 | 288648 |
| 废弃资源和废旧材料回收工业 | Recovery and Processing of Discarded Resources and Waste Materials | 8236 | 120292 | 453896 |
| 电力、热力的生产和供应业 | Production and Supply of Electric Power and Heating Power | 1316260 | 2976075 | 3329358 |
| 燃气生产和供应业 | Production and Supply of Gas | 13065 | 98771 | 89147 |
| 水的生产和供应业 | Production and Supply of Tap Water | 61001 | 103464 | 139299 |

# 13—6 规模以上工业企业主要经济指标（2010年）

| 行　业 | Sector | 企业单位数（个）Number of Enterprises (unit) | 工业总产值（现价）Gross Industrial Output Value |
|---|---|---|---|
| **总　计** | **Total** | **16277** | **18732.00** |
| **总计中：** | **Of the Total:** | | |
| 内资企业 | Domestic Funded Enterprise | 15363 | 16163.44 |
| 国有企业 | State-owned Enterprise | 256 | 1167.20 |
| 集体企业 | Collective-owned Enterprise | 194 | 149.73 |
| 股份合作企业 | Share Holding Cooperative Enterprises | 123 | 61.36 |
| 联营企业 | Joint Owned Enterprises | 21 | 15.53 |
| 有限责任公司 | Limited Liability Corporations | 3093 | 5921.21 |
| 股份有限公司 | Share-holding Corporations Ltd. | 293 | 2697.99 |
| 私营企业 | Private Enterprises | 11269 | 6068.83 |
| 其他企业 | Other Enterprises | 114 | 81.58 |
| 港澳台商投资企业 | Enterprises Funded by Entrepreneurs from Hong Kong, Macao and Taiwan | 375 | 804.94 |
| 外商投资企业 | Foreign Funded Enterprises | 539 | 1763.63 |
| **总计中：** | **Of the Total:** | | |
| 国有及国有控股企业 | State Controlling Share Hold Enterprises | 737 | 6902.07 |
| **总计中：** | **Of the Total:** | | |
| 轻工业 | Light Industry | 6544 | 5566.43 |
| 重工业 | Heavy Industry | 9733 | 13165.57 |
| **总计中：** | **Of the Total:** | | |
| 大型企业 | Large-sized Enterprises | 100 | 6417.81 |
| 中型企业 | Medium-sized Enterprises | 1020 | 4847.73 |
| 小型企业 | Small Enterprises | 15157 | 7466.46 |
| **按行业分** | **Grouped by Sector** | | |
| 煤炭开采和洗选业 | Coal Mining and Dressing | 130 | 935.49 |
| 黑色金属矿采选业 | Ferrous Metals Mining and Dressing | 135 | 187.93 |
| 有色金属矿采选业 | Nonferrous Metals Mining and Dressing | 91 | 59.22 |
| 非金属矿采选业 | Nonmetal Minerals Mining and Dressing | 338 | 104.88 |
| 农副食品加工业 | Agricultural and Non-staple Food Processing Industry | 1542 | 1305.48 |
| 食品制造业 | Food Manufacturing | 334 | 236.35 |
| 饮料制造业 | Beverage Manufacturing | 351 | 302.33 |
| 烟草制品业 | Tobacco Manufacturing | 8 | 226.27 |
| 纺织业 | Textile Industry | 767 | 492.26 |
| 纺织服装、鞋、帽制造业 | Textile Dress, Footwear and Headgear Manufacturing | 737 | 267.45 |
| 皮革毛皮羽毛（绒）及其制品业 | Leather, Furs, Down and Related Products | 227 | 148.97 |
| 木材加工及木竹藤棕草制品业 | Timber Processing, Bamboo, Cane, Palm Fiber and Straw Products | 621 | 283.69 |
| 家具制造业 | Furniture Manufacturing | 193 | 72.43 |
| 造纸及纸制品业 | Papermaking and Paper Products | 267 | 185.42 |
| 印刷业和记录媒介的复制 | Printing and Record Medium Reproduction | 219 | 109.33 |
| 文教体育用品制造业 | Cultural, Educational and Sports Goods | 183 | 58.22 |
| 石油加工、炼焦及核燃料加工业 | Petroleum Processing, Coking and Nuclear Fuel Processing | 29 | 330.45 |
| 化学原料及制品制造业 | Raw Chemical Materials and Chemical Products | 1022 | 1143.91 |
| 医药制造业 | Medical and Pharmaceutical Products | 273 | 246.71 |
| 化学纤维制造业 | Chemical Fiber | 35 | 55.98 |
| 橡胶制品业 | Rubber Products | 177 | 174.79 |
| 塑料制品业 | Plastic Products | 809 | 437.65 |
| 非金属矿物制品业 | Nonmetal Mineral Products | 1668 | 936.73 |
| 黑色金属冶炼及压延加工业 | Smelting and Pressing of Ferrous Metals | 178 | 1362.64 |
| 有色金属冶炼及压延加工业 | Smelting and Pressing of Nonferrous Metals | 186 | 1170.25 |
| 金属制品业 | Metal Products | 791 | 499.58 |
| 通用设备制造业 | Equipments in Current Use | 1350 | 896.88 |
| 专用设备制造业 | Equipments in Special Use | 707 | 525.07 |
| 交通运输设备制造业 | Transport Equipment | 896 | 1765.13 |
| 电气机械及器材制造业 | Electric Equipment and Machinery | 1031 | 1992.91 |
| 通信设备、计算机及其他电子设备制造业 | Telecommunication Equipment, Computer and Other Electronic Equipment Manufacturing | 323 | 297.33 |
| 仪器仪表及文化办公用机械 | Instruments, Meters, Cultural and Office | 118 | 92.14 |
| 工艺品及其他制造业 | Handiwork and Other Manufacturing | 197 | 95.47 |
| 废弃资源和废旧材料回收工业 | Recovery and Processing of Discarded Resources and Waste Materials | 76 | 216.62 |
| 电力、热力的生产和供应业 | Production and Supply of Electric Power and Heating Power | 152 | 1449.54 |
| 燃气生产和供应业 | Production and Supply of Gas | 39 | 43.68 |
| 水的生产和供应业 | Production and Supply of Tap Water | 77 | 22.82 |

Main Indicators Above Designated Size Industrial Enterprises (2010)

单位：亿元　(100 million yuan)

| 工业销售产值（现价） Value of Industrial Products Sales (At current prices) | #出口交货值 Delivery Value for Export | 资产合计 Total Assets | 流动资产合计 Circulating Funds | #存货 Stock | #产成品 Finished Product | 固定资产合计 Total of Fixed Assets | 固定资产原价 Original Value of Fixed Assets | 固定资产累计折旧 Accumulated Depreciation of Fixed Assets | 固定资产净值年平均余额 Annual Average Balance of Net Value of Fixed Assets |
|---|---|---|---|---|---|---|---|---|---|
| **18277.48** | **818.50** | **15930.28** | **6899.10** | **1866.43** | **629.31** | **7072.38** | **8552.64** | **2716.61** | **5814.35** |
| 15767.70 | 553.14 | 14111.59 | 5919.01 | 1611.71 | 527.45 | 6385.44 | 7631.90 | 2409.77 | 5200.45 |
| 1161.66 | 26.62 | 1145.00 | 344.29 | 68.82 | 14.02 | 680.69 | 1025.68 | 401.93 | 602.72 |
| 147.50 | 2.78 | 76.52 | 40.01 | 5.93 | 2.06 | 22.57 | 31.42 | 10.21 | 21.22 |
| 59.87 | 0.67 | 48.19 | 27.18 | 7.16 | 3.22 | 15.60 | 19.62 | 5.65 | 13.97 |
| 15.56 | 0.19 | 10.05 | 5.02 | 1.15 | 0.47 | 4.42 | 5.43 | 1.16 | 4.27 |
| 5793.93 | 95.89 | 6518.27 | 2485.36 | 692.60 | 184.28 | 3196.88 | 3463.66 | 1053.37 | 2410.20 |
| 2638.70 | 200.18 | 2879.05 | 1212.28 | 349.53 | 105.79 | 1224.21 | 1669.62 | 647.01 | 1022.04 |
| 5869.61 | 226.33 | 3384.86 | 1781.14 | 477.13 | 215.27 | 1222.09 | 1394.93 | 284.41 | 1110.55 |
| 80.87 | 0.48 | 49.65 | 23.74 | 9.39 | 2.35 | 18.97 | 21.54 | 6.05 | 15.49 |
| 788.73 | 66.50 | 653.53 | 304.80 | 66.92 | 23.44 | 276.80 | 342.90 | 100.33 | 242.57 |
| 1721.04 | 198.85 | 1165.16 | 675.29 | 187.81 | 78.43 | 410.14 | 577.84 | 206.51 | 371.33 |
| 6822.52 | 202.23 | 8532.68 | 2969.38 | 825.26 | 176.80 | 4478.65 | 5422.43 | 1895.94 | 3504.79 |
| 5397.38 | 412.66 | 3288.82 | 1747.56 | 590.15 | 226.27 | 1128.29 | 1435.02 | 414.45 | 1020.59 |
| 12880.11 | 405.84 | 12641.46 | 5151.55 | 1276.28 | 403.04 | 5944.09 | 7117.62 | 2302.16 | 4793.76 |
| 6348.04 | 300.01 | 6832.07 | 2696.34 | 802.49 | 183.74 | 3253.63 | 3830.23 | 1464.03 | 2343.59 |
| 4679.31 | 305.81 | 4520.48 | 1919.86 | 462.91 | 173.48 | 2037.48 | 2628.64 | 799.55 | 1829.99 |
| 7250.13 | 212.68 | 4577.74 | 2282.90 | 601.03 | 272.09 | 1781.27 | 2093.76 | 453.03 | 1640.76 |
| 918.93 | 0.14 | 2258.80 | 598.35 | 112.34 | 35.57 | 1424.80 | 1180.62 | 403.90 | 776.72 |
| 181.28 |  | 301.48 | 81.15 | 11.32 | 5.95 | 98.58 | 94.08 | 27.81 | 66.27 |
| 57.43 |  | 49.20 | 20.16 | 3.36 | 1.43 | 23.27 | 28.90 | 6.91 | 21.99 |
| 101.11 | 0.63 | 60.44 | 24.76 | 4.93 | 2.83 | 28.08 | 35.72 | 9.29 | 26.43 |
| 1276.12 | 16.92 | 565.87 | 289.29 | 110.38 | 42.00 | 203.17 | 231.54 | 45.15 | 186.38 |
| 214.58 | 12.45 | 129.00 | 60.44 | 21.24 | 8.88 | 57.32 | 72.96 | 20.18 | 52.78 |
| 284.52 | 3.32 | 222.29 | 115.61 | 52.33 | 19.96 | 79.20 | 99.41 | 26.52 | 72.90 |
| 225.41 | 0.19 | 166.86 | 122.43 | 86.62 | 3.91 | 35.27 | 72.15 | 38.15 | 33.99 |
| 474.20 | 80.31 | 367.79 | 153.37 | 58.32 | 22.42 | 125.42 | 167.95 | 55.11 | 112.84 |
| 259.97 | 50.04 | 137.10 | 65.21 | 16.12 | 7.09 | 55.29 | 62.25 | 11.65 | 50.60 |
| 143.98 | 38.14 | 79.70 | 48.67 | 17.62 | 8.50 | 23.34 | 25.27 | 6.28 | 19.00 |
| 274.61 | 20.54 | 123.59 | 61.25 | 22.51 | 10.64 | 52.91 | 62.77 | 15.40 | 47.37 |
| 71.15 | 1.84 | 38.14 | 19.93 | 6.06 | 2.56 | 13.07 | 14.96 | 3.18 | 11.78 |
| 184.77 | 5.54 | 154.17 | 65.80 | 17.73 | 8.40 | 74.94 | 94.94 | 23.34 | 71.60 |
| 105.01 | 1.12 | 87.37 | 47.50 | 12.36 | 6.10 | 33.60 | 44.73 | 14.70 | 30.03 |
| 56.10 | 14.25 | 31.47 | 17.33 | 5.03 | 2.40 | 12.04 | 14.01 | 2.94 | 11.07 |
| 330.78 | 0.00 | 117.92 | 33.45 | 14.87 | 3.78 | 72.81 | 138.39 | 58.34 | 59.27 |
| 1115.32 | 55.67 | 814.70 | 396.91 | 98.13 | 44.02 | 331.80 | 426.76 | 132.80 | 293.96 |
| 235.06 | 12.49 | 221.03 | 108.42 | 28.51 | 13.69 | 80.68 | 103.54 | 31.64 | 71.90 |
| 52.99 | 5.56 | 76.05 | 25.68 | 9.18 | 3.73 | 27.39 | 40.21 | 13.93 | 26.28 |
| 169.71 | 44.14 | 148.93 | 79.87 | 22.07 | 7.88 | 49.77 | 75.63 | 30.52 | 45.11 |
| 420.14 | 13.50 | 310.10 | 160.14 | 39.61 | 16.26 | 107.80 | 139.53 | 39.90 | 99.65 |
| 906.73 | 21.58 | 978.53 | 381.11 | 72.23 | 28.45 | 491.76 | 580.10 | 147.91 | 432.20 |
| 1349.12 | 35.00 | 1052.29 | 498.44 | 171.57 | 29.39 | 489.36 | 820.37 | 350.50 | 469.87 |
| 1164.09 | 8.03 | 706.57 | 402.29 | 188.48 | 19.77 | 192.77 | 218.81 | 52.54 | 166.27 |
| 477.44 | 7.38 | 325.13 | 191.65 | 51.28 | 18.60 | 102.57 | 123.25 | 30.33 | 92.92 |
| 856.77 | 41.34 | 738.66 | 430.72 | 110.49 | 47.89 | 219.64 | 264.65 | 73.72 | 190.93 |
| 517.39 | 13.02 | 386.48 | 249.34 | 65.56 | 19.39 | 105.87 | 126.53 | 34.13 | 92.41 |
| 1720.18 | 146.62 | 1348.35 | 721.83 | 177.71 | 73.30 | 420.34 | 499.19 | 155.89 | 342.63 |
| 1936.58 | 104.20 | 1180.24 | 792.65 | 173.88 | 88.44 | 285.39 | 330.75 | 102.28 | 228.47 |
| 283.66 | 21.19 | 518.29 | 235.56 | 36.71 | 10.92 | 165.22 | 174.46 | 33.03 | 141.44 |
| 90.53 | 5.24 | 87.72 | 61.81 | 9.49 | 4.10 | 19.18 | 23.97 | 8.75 | 15.22 |
| 91.50 | 37.74 | 64.07 | 34.83 | 9.54 | 5.35 | 20.20 | 23.79 | 4.70 | 19.10 |
| 219.79 |  | 73.24 | 41.80 | 8.93 | 3.78 | 28.02 | 48.02 | 21.63 | 26.39 |
| 1445.52 | 0.35 | 1832.29 | 207.05 | 17.10 | 1.52 | 1424.97 | 1962.45 | 642.11 | 1320.09 |
| 43.17 |  | 77.98 | 29.78 | 1.06 | 0.31 | 37.13 | 44.10 | 10.65 | 33.45 |
| 21.88 |  | 98.45 | 24.55 | 1.76 | 0.11 | 59.43 | 85.86 | 30.81 | 55.06 |

**13—6 续表 continued**

| 行　业 | Sector | 负债合计 Total Liabilities | 流动负债 Liquid Liabilities |
|---|---|---|---|
| **总　计** | **Total** | **9565.86** | **6996.40** |
| **总计中：** | **Of the Total:** | | |
| 内资企业 | Domestic Funded Enterprise | 8510.58 | 6092.06 |
| 国有企业 | State-owned Enterprise | 851.74 | 555.27 |
| 集体企业 | Collective-owned Enterprise | 34.25 | 32.36 |
| 股份合作企业 | Share Holding Cooperative Enterprises | 27.41 | 22.96 |
| 联营企业 | Joint Owned Enterprises | 4.90 | 4.82 |
| 有限责任公司 | Limited Liability Corporations | 4174.07 | 2819.27 |
| 股份有限公司 | Share-holding Corporations Ltd. | 1677.13 | 1163.34 |
| 私营企业 | Private Enterprises | 1709.80 | 1474.13 |
| 其他企业 | Other Enterprises | 31.29 | 19.90 |
| 港澳台商投资企业 | Enterprises Funded by Entrepreneurs from Hong Kong, Macao and Taiwan | 376.68 | 306.49 |
| 外商投资企业 | Foreign Funded Enterprises | 678.60 | 597.85 |
| **总计中：** | **Of the Total:** | | |
| 国有及国有控股企业 | State Controlling Share Hold Enterprises | 5629.37 | 3652.55 |
| **总计中：** | **Of the Total:** | | |
| 轻工业 | Light Industry | 1681.44 | 1466.71 |
| 重工业 | Heavy Industry | 7884.42 | 5529.69 |
| **总计中：** | **Of the Total:** | | |
| 大型企业 | Large-sized Enterprises | 4380.28 | 3022.89 |
| 中型企业 | Medium-sized Enterprises | 2755.84 | 1995.53 |
| 小型企业 | Small Enterprises | 2429.74 | 1977.98 |
| **按行业分** | **Grouped by Sector** | | |
| 煤炭开采和洗选业 | Coal Mining and Dressing | 1548.29 | 868.75 |
| 黑色金属矿采选业 | Ferrous Metals Mining and Dressing | 124.15 | 98.70 |
| 有色金属矿采选业 | Nonferrous Metals Mining and Dressing | 19.30 | 14.46 |
| 非金属矿采选业 | Nonmetal Minerals Mining and Dressing | 27.90 | 23.52 |
| 农副食品加工业 | Agricultural and Non-staple Food Processing Industry | 275.73 | 231.11 |
| 食品制造业 | Food Manufacturing | 60.72 | 52.02 |
| 饮料制造业 | Beverage Manufacturing | 119.23 | 108.40 |
| 烟草制品业 | Tobacco Manufacturing | 35.42 | 35.42 |
| 纺织业 | Textile Industry | 185.50 | 148.50 |
| 纺织服装、鞋、帽制造业 | Textile Dress, Footwear and Headgear Manufacturing | 73.31 | 64.32 |
| 皮革毛皮羽毛（绒）及其制品业 | Leather, Furs, Down and Related Products | 42.36 | 37.51 |
| 木材加工及木竹藤棕草制品业 | Timber Processing, Bamboo, Cane, Palm Fiber and Straw Products | 58.76 | 49.13 |
| 家具制造业 | Furniture Manufacturing | 17.78 | 14.11 |
| 造纸及纸制品业 | Papermaking and Paper Products | 83.30 | 66.55 |
| 印刷业和记录媒介的复制 | Printing and Record Medium Reproduction | 43.42 | 37.77 |
| 文教体育用品制造业 | Cultural, Educational and Sports Goods | 16.33 | 15.55 |
| 石油加工、炼焦及核燃料加工业 | Petroleum Processing, Coking and Nuclear Fuel Processing | 88.37 | 70.85 |
| 化学原料及制品制造业 | Raw Chemical Materials and Chemical Products | 462.98 | 395.11 |
| 医药制造业 | Medical and Pharmaceutical Products | 106.73 | 93.79 |
| 化学纤维制造业 | Chemical Fiber | 49.42 | 28.82 |
| 橡胶制品业 | Rubber Products | 61.73 | 56.21 |
| 塑料制品业 | Plastic Products | 157.96 | 143.53 |
| 非金属矿物制品业 | Nonmetal Mineral Products | 507.16 | 354.22 |
| 黑色金属冶炼及压延加工业 | Smelting and Pressing of Ferrous Metals | 615.72 | 399.56 |
| 有色金属冶炼及压延加工业 | Smelting and Pressing of Nonferrous Metals | 522.29 | 405.08 |
| 金属制品业 | Metal Products | 174.09 | 153.16 |
| 通用设备制造业 | Equipments in Current Use | 399.35 | 344.47 |
| 专用设备制造业 | Equipments in Special Use | 210.00 | 191.26 |
| 交通运输设备制造业 | Transport Equipment | 921.12 | 800.27 |
| 电气机械及器材制造业 | Electric Equipment and Machinery | 677.27 | 628.95 |
| 通信设备、计算机及其他电子设备制造业 | Telecommunication Equipment, Computer and Other Electronic Equipment Manufacturing | 240.79 | 180.86 |
| 仪器仪表及文化办公用机械 | Instruments, Meters, Cultural and Office | 38.45 | 31.31 |
| 工艺品及其他制造业 | Handiwork and Other Manufacturing | 25.91 | 24.21 |
| 废弃资源和废旧材料回收工业 | Recovery and Processing of Discarded Resources and Waste Materials | 44.70 | 43.97 |
| 电力、热力的生产和供应业 | Production and Supply of Electric Power and Heating Power | 1436.34 | 725.51 |
| 燃气生产和供应业 | Production and Supply of Gas | 53.35 | 35.92 |
| 水的生产和供应业 | Production and Supply of Tap Water | 40.60 | 23.54 |

单位：亿元　(100 million yuan)

| 长期负债 Long-term Liabilities | 所有者权益 Creditors' Equity | #实收资本 Capital Hold | 主营业务收入 Revenue from principal Business | 主营业务成本 Cost of Principal Business | 主营业务税金及附加 Business and Extra Charges | 利润总额 Total Profits | 本年应付工资 Wages Payable in This Year | 本年应交增值税 Value Added Tax Payable | 全部从业人员年平均人数(万人) Annual Average employed Persons (10000 persons) |
|---|---|---|---|---|---|---|---|---|---|
| **2288.57** | **6308.09** | **3120.11** | **18164.60** | **15208.67** | **283.21** | **1445.57** | **1026.77** | **672.57** | **264.87** |
| 2149.33 | 5556.13 | 2627.81 | 15842.74 | 13270.80 | 268.77 | 1177.79 | 901.07 | 574.53 | 235.75 |
| 194.67 | 291.92 | 185.32 | 1206.35 | 917.56 | 44.78 | 112.43 | 56.16 | 45.43 | 13.09 |
| 1.00 | 41.66 | 6.81 | 132.97 | 111.82 | 0.90 | 18.27 | 7.56 | 4.55 | 2.56 |
| 1.94 | 20.67 | 11.90 | 60.41 | 51.08 | 0.42 | 4.48 | 3.84 | 1.37 | 1.45 |
| 0.07 | 5.15 | 4.99 | 15.08 | 12.47 | 0.13 | 2.09 | 0.80 | 0.43 | 0.31 |
| 1288.71 | 2331.58 | 1175.43 | 5922.56 | 4866.58 | 147.33 | 415.28 | 408.72 | 264.58 | 88.37 |
| 481.50 | 1200.44 | 393.97 | 2661.49 | 2295.01 | 34.86 | 202.42 | 148.14 | 118.21 | 28.97 |
| 170.78 | 1646.37 | 839.59 | 5755.37 | 4935.18 | 39.89 | 414.73 | 272.15 | 138.33 | 99.43 |
| 10.66 | 18.34 | 9.80 | 88.53 | 81.10 | 0.48 | 8.09 | 3.70 | 1.64 | 1.57 |
| 63.57 | 270.97 | 170.42 | 769.94 | 648.53 | 2.31 | 71.95 | 46.23 | 25.29 | 11.81 |
| 75.67 | 481.00 | 321.88 | 1551.92 | 1289.34 | 12.13 | 195.83 | 79.47 | 72.76 | 17.31 |
| 1825.03 | 2898.10 | 1339.05 | 7024.70 | 5777.14 | 206.60 | 457.40 | 462.91 | 353.79 | 80.68 |
| 170.63 | 1592.34 | 697.05 | 5160.20 | 4243.86 | 154.82 | 487.93 | 297.97 | 162.00 | 97.81 |
| 2117.93 | 4715.75 | 2423.05 | 13004.40 | 10964.82 | 128.39 | 957.64 | 728.80 | 510.57 | 167.06 |
| 1286.02 | 2451.77 | 901.60 | 6417.61 | 5301.60 | 207.60 | 442.79 | 440.08 | 338.52 | 74.87 |
| 636.87 | 1746.27 | 966.79 | 4615.46 | 3739.01 | 31.42 | 522.39 | 281.72 | 162.75 | 70.28 |
| 365.68 | 2110.05 | 1251.71 | 7131.53 | 6168.06 | 44.19 | 480.39 | 304.97 | 171.31 | 119.72 |
| 607.27 | 710.23 | 310.32 | 984.99 | 698.91 | 14.23 | 91.91 | 196.93 | 88.06 | 30.99 |
| 23.30 | 172.62 | 96.68 | 178.74 | 136.38 | 2.44 | 22.84 | 12.09 | 9.18 | 3.25 |
| 2.55 | 28.90 | 10.07 | 57.70 | 43.75 | 0.90 | 7.11 | 4.37 | 2.29 | 1.20 |
| 3.60 | 32.43 | 19.37 | 100.26 | 78.01 | 1.82 | 5.83 | 5.73 | 3.20 | 2.13 |
| 30.11 | 287.38 | 112.84 | 1270.53 | 1132.86 | 5.57 | 93.21 | 39.16 | 15.62 | 13.09 |
| 6.55 | 67.77 | 36.28 | 230.24 | 189.81 | 1.01 | 18.08 | 13.03 | 6.14 | 4.62 |
| 8.95 | 100.80 | 56.69 | 280.18 | 192.04 | 19.98 | 35.00 | 17.94 | 13.48 | 6.02 |
| 0.01 | 131.44 | 32.88 | 225.04 | 72.69 | 106.39 | 25.53 | 10.05 | 25.87 | 1.02 |
| 33.59 | 181.88 | 66.58 | 477.05 | 420.73 | 2.66 | 35.25 | 37.09 | 10.46 | 14.68 |
| 6.01 | 62.75 | 32.79 | 247.15 | 213.36 | 2.04 | 15.19 | 35.68 | 5.32 | 14.06 |
| 3.93 | 36.51 | 18.39 | 143.48 | 118.85 | 0.51 | 15.49 | 8.45 | 3.33 | 3.90 |
| 7.57 | 63.61 | 30.55 | 275.45 | 244.55 | 1.74 | 18.38 | 14.10 | 5.88 | 5.54 |
| 2.07 | 20.08 | 11.08 | 68.52 | 56.37 | 0.40 | 7.19 | 4.57 | 1.53 | 1.53 |
| 14.85 | 70.59 | 30.26 | 183.80 | 156.99 | 0.74 | 14.45 | 9.26 | 4.88 | 3.14 |
| 4.64 | 43.84 | 20.69 | 99.70 | 79.81 | 0.43 | 10.95 | 8.39 | 2.80 | 2.47 |
| 0.50 | 14.83 | 6.38 | 54.33 | 46.41 | 0.21 | 3.84 | 6.24 | 1.33 | 2.96 |
| 16.56 | 29.52 | 27.34 | 338.59 | 278.52 | 38.38 | 1.45 | 4.04 | 12.22 | 1.03 |
| 60.98 | 349.17 | 183.45 | 1030.77 | 864.41 | 3.83 | 104.36 | 51.09 | 24.29 | 13.30 |
| 9.40 | 112.76 | 58.30 | 259.92 | 212.93 | 1.02 | 20.86 | 16.77 | 7.75 | 5.31 |
| 20.13 | 26.62 | 8.98 | 53.95 | 46.06 | 0.12 | 3.68 | 3.41 | 1.56 | 0.82 |
| 4.81 | 86.22 | 32.39 | 170.26 | 137.86 | 0.92 | 27.19 | 15.48 | 4.85 | 3.93 |
| 10.11 | 150.32 | 62.89 | 408.16 | 348.53 | 1.99 | 39.61 | 21.35 | 9.61 | 7.00 |
| 138.10 | 465.51 | 260.45 | 890.25 | 718.79 | 6.49 | 101.31 | 44.17 | 31.38 | 16.44 |
| 215.74 | 433.92 | 144.62 | 1462.44 | 1367.93 | 11.12 | 71.60 | 49.96 | 68.09 | 8.40 |
| 113.29 | 184.00 | 90.17 | 1291.20 | 1107.63 | 2.52 | 39.84 | 22.44 | 24.34 | 4.92 |
| 12.83 | 148.74 | 73.89 | 470.82 | 401.83 | 3.44 | 40.97 | 30.49 | 14.67 | 9.19 |
| 45.80 | 335.05 | 147.31 | 861.73 | 713.73 | 4.01 | 88.61 | 57.23 | 31.90 | 16.69 |
| 15.38 | 174.12 | 77.13 | 478.03 | 401.54 | 3.85 | 56.71 | 27.78 | 18.02 | 8.06 |
| 106.73 | 425.62 | 198.98 | 1623.30 | 1412.05 | 20.23 | 93.75 | 83.84 | 58.93 | 19.20 |
| 21.03 | 499.10 | 283.48 | 1757.56 | 1457.92 | 13.15 | 172.00 | 77.17 | 67.50 | 18.51 |
| 56.46 | 270.03 | 191.94 | 263.68 | 217.51 | 1.65 | 28.08 | 24.43 | 10.16 | 7.01 |
| 5.90 | 49.04 | 16.78 | 91.18 | 64.22 | 0.32 | 17.22 | 5.54 | 3.22 | 1.29 |
| 1.16 | 37.59 | 10.49 | 91.47 | 73.01 | 1.12 | 10.01 | 8.55 | 2.77 | 2.81 |
| 0.48 | 28.52 | 10.01 | 224.83 | 202.08 | 3.10 | 14.58 | 4.35 | 15.10 | 1.16 |
| 647.62 | 394.66 | 304.32 | 1454.10 | 1248.77 | 4.34 | 88.20 | 50.04 | 64.79 | 7.26 |
| 17.25 | 24.14 | 15.41 | 43.11 | 35.63 | 0.29 | 3.45 | 1.80 | 1.09 | 0.56 |
| 13.31 | 57.81 | 29.93 | 22.09 | 16.18 | 0.24 | 1.85 | 3.79 | 0.97 | 1.36 |

## 13—7 规模以上工业企业主要经济效益指标（2010年）

| 行 业 | Sector |
|---|---|
| **总 计** | **Total** |
| **总计中：** | **Of the Total:** |
| 内资企业 | Domestic Funded Enterprise |
| 国有企业 | State-owned Enterprise |
| 集体企业 | Collective-owned Enterprise |
| 股份合作企业 | Share Holding Cooperative Enterprises |
| 联营企业 | Joint Owned Enterprises |
| 有限责任公司 | Limited Liability Corporations |
| 股份有限公司 | Share-holding Corporations Ltd. |
| 私营企业 | Private Enterprises |
| 其他企业 | Other Enterprises |
| 港澳台商投资企业 | Enterprises Funded by Entrepreneurs from Hong Kong, Macao and Taiwan |
| 外商投资企业 | Foreign Funded Enterprises |
| **总计中：** | **Of the Total:** |
| 国有及国有控股企业 | State Controlling Share Hold Enterprises |
| **总计中：** | **Of the Total:** |
| 轻工业 | Light Industry |
| 重工业 | Heavy Industry |
| **总计中：** | **Of the Total:** |
| 大型企业 | Large-sized Enterprises |
| 中型企业 | Medium-sized Enterprises |
| 小型企业 | Small Enterprises |
| **按行业分** | **Grouped by Sector** |
| 煤炭开采和洗选业 | Coal Mining and Dressing |
| 黑色金属矿采选业 | Ferrous Metals Mining and Dressing |
| 有色金属矿采选业 | Nonferrous Metals Mining and Dressing |
| 非金属矿采选业 | Nonmetal Minerals Mining and Dressing |
| 农副食品加工业 | Agricultural and Non-staple Food Processing Industry |
| 食品制造业 | Food Manufacturing |
| 饮料制造业 | Beverage Manufacturing |
| 烟草制品业 | Tobacco Manufacturing |
| 纺织业 | Textile Industry |
| 纺织服装、鞋、帽制造业 | Textile Dress, Footwear and Headgear Manufacturing |
| 皮革毛皮羽毛（绒）及其制品业 | Leather, Furs, Down and Related Products |
| 木材加工及木竹藤棕草制品业 | Timber Processing, Bamboo, Cane, Palm Fiber and Straw Products |
| 家具制造业 | Furniture Manufacturing |
| 造纸及纸制品业 | Papermaking and Paper Products |
| 印刷业和记录媒介的复制 | Printing and Record Medium Reproduction |
| 文教体育用品制造业 | Cultural, Educational and Sports Goods |
| 石油加工、炼焦及核燃料加工业 | Petroleum Processing, Coking and Nuclear Fuel Processing |
| 化学原料及制品制造业 | Raw Chemical Materials and Chemical Products |
| 医药制造业 | Medical and Pharmaceutical Products |
| 化学纤维制造业 | Chemical Fiber |
| 橡胶制品业 | Rubber Products |
| 塑料制品业 | Plastic Products |
| 非金属矿物制品业 | Nonmetal Mineral Products |
| 黑色金属冶炼及压延加工业 | Smelting and Pressing of Ferrous Metals |
| 有色金属冶炼及压延加工业 | Smelting and Pressing of Nonferrous Metals |
| 金属制品业 | Metal Products |
| 通用设备制造业 | Equipments in Current Use |
| 专用设备制造业 | Equipments in Special Use |
| 交通运输设备制造业 | Transport Equipment |
| 电气机械及器材制造业 | Electric Equipment and Machinery |
| 通信设备、计算机及其他电子设备制造业 | Telecommunication Equipment, Computer and Other Electronic Equipment Manufacturing |
| 仪器仪表及文化办公用机械 | Instruments, Meters, Cultural and Office |
| 工艺品及其他制造业 | Handiwork and Other Manufacturing |
| 废弃资源和废旧材料回收工业 | Recovery and Processing of Discarded Resources and Waste Materials |
| 电力、热力的生产和供应业 | Production and Supply of Electric Power and Heating Power |
| 燃气生产和供应业 | Production and Supply of Gas |
| 水的生产和供应业 | Production and Supply of Tap Water |

## Main Indicators on Economic Benefit Above Designated Size Industrial Enterprises by Industrial Branch (2010)

| 总资产贡献率 (%) Ratio of Total Assets to Industrial Output Value (%) | 资产负债率 (%) Assets-liability Ratio (%) | 流动资产周转次数 (次/年) Number of Times of Annual of Turnover Circulating Funds (times/year) | 工业成本费用利润率 (%) Ratio of Profits to Industrial Cost (%) | 产品销售率 (%) Proportion of Products Sold (%) |
|---|---|---|---|---|
| **16.22** | **60.05** | **2.63** | **8.63** | **97.57** |
| 15.47 | 60.31 | 2.68 | 8.07 | 97.55 |
| 18.78 | 74.39 | 3.50 | 11.26 | 99.53 |
| 31.48 | 44.75 | 3.32 | 15.39 | 98.51 |
| 13.83 | 56.87 | 2.22 | 8.11 | 97.57 |
| 26.81 | 48.79 | 3.00 | 15.64 | 100.19 |
| 13.91 | 64.04 | 2.38 | 7.59 | 97.85 |
| 13.31 | 58.25 | 2.20 | 8.02 | 97.80 |
| 18.72 | 50.51 | 3.23 | 7.79 | 96.72 |
| 22.19 | 63.02 | 3.73 | 9.54 | 99.13 |
| 16.56 | 57.64 | 2.53 | 10.27 | 97.99 |
| 25.12 | 58.24 | 2.30 | 13.47 | 97.59 |
| 13.07 | 65.97 | 2.37 | 7.07 | 98.85 |
| 25.52 | 51.13 | 2.95 | 10.43 | 96.96 |
| 13.80 | 62.37 | 2.52 | 7.94 | 97.83 |
| 15.53 | 64.11 | 2.38 | 7.41 | 98.91 |
| 17.12 | 60.96 | 2.40 | 12.65 | 96.53 |
| 16.37 | 53.08 | 3.12 | 7.23 | 97.10 |
| 9.93 | 68.54 | 1.65 | 9.42 | 98.23 |
| 11.59 | 41.18 | 2.20 | 14.62 | 96.46 |
| 21.45 | 39.23 | 2.86 | 14.65 | 96.97 |
| 19.04 | 46.16 | 4.05 | 6.46 | 96.40 |
| 21.62 | 48.73 | 4.39 | 7.77 | 97.75 |
| 20.59 | 47.07 | 3.81 | 8.49 | 90.79 |
| 31.39 | 53.64 | 2.42 | 15.15 | 94.11 |
| 94.37 | 21.23 | 1.84 | 27.28 | 99.62 |
| 14.54 | 50.44 | 3.11 | 7.85 | 96.33 |
| 17.61 | 53.47 | 3.79 | 6.54 | 97.20 |
| 25.62 | 53.15 | 2.95 | 12.19 | 96.65 |
| 22.63 | 47.55 | 4.50 | 7.08 | 96.80 |
| 25.23 | 46.62 | 3.44 | 11.57 | 98.24 |
| 14.65 | 54.03 | 2.79 | 8.51 | 99.65 |
| 17.16 | 49.69 | 2.10 | 12.31 | 96.05 |
| 18.52 | 51.89 | 3.14 | 7.46 | 96.35 |
| 45.83 | 74.95 | 10.12 | 0.50 | 100.10 |
| 17.59 | 56.83 | 2.60 | 10.76 | 97.50 |
| 14.36 | 48.29 | 2.40 | 8.61 | 95.28 |
| 8.92 | 64.99 | 2.10 | 7.19 | 94.66 |
| 23.53 | 41.45 | 2.13 | 16.74 | 97.09 |
| 17.53 | 50.94 | 2.55 | 10.56 | 96.00 |
| 15.36 | 51.83 | 2.34 | 12.76 | 96.80 |
| 15.42 | 58.51 | 2.93 | 5.08 | 99.01 |
| 11.04 | 73.92 | 3.21 | 3.49 | 99.47 |
| 19.41 | 53.55 | 2.46 | 9.43 | 95.57 |
| 17.64 | 54.06 | 2.00 | 11.26 | 95.53 |
| 21.00 | 54.34 | 1.92 | 12.81 | 98.54 |
| 13.35 | 68.31 | 2.25 | 6.05 | 97.45 |
| 22.33 | 57.38 | 2.22 | 10.53 | 97.17 |
| 8.03 | 46.46 | 1.12 | 11.34 | 95.40 |
| 24.03 | 43.84 | 1.48 | 22.93 | 98.24 |
| 23.89 | 40.44 | 2.63 | 12.13 | 95.83 |
| 45.61 | 61.03 | 5.38 | 6.99 | 101.46 |
| 10.54 | 78.39 | 7.02 | 6.60 | 99.72 |
| 6.85 | 68.42 | 1.45 | 8.49 | 98.83 |
| 3.58 | 41.24 | 0.90 | 8.24 | 95.89 |

# 13—8 国有控股工业企业主要经济指标（2010年）

| 行　业 | Sector | 企业单位数（个） Number of Enterprises (unit) | 工业总产值（现价） Gross Industrial Output Value |
|---|---|---|---|
| **总　计** | **Total** | **737** | **6902.07** |
| **总计中：** | **Of the Total:** | | |
| 内资企业 | Domestic Funded Enterprise | 696 | 6601.74 |
| 国有企业 | State-owned Enterprise | 256 | 1167.20 |
| 集体企业 | Collective-owned Enterprise | 3 | 0.41 |
| 股份合作企业 | Share Holding Cooperative Enterprises | 6 | 10.12 |
| 联营企业 | Joint Owned Enterprises | 9 | 9.71 |
| 有限责任公司 | Limited Liability Corporations | 325 | 3358.03 |
| 股份有限公司 | Share-holding Corporations Ltd. | 60 | 2041.34 |
| 私营企业 | Private Enterprises | 34 | 14.60 |
| 其他企业 | Other Enterprises | 3 | 0.35 |
| 港澳台商投资企业 | Enterprises Funded by Entrepreneurs from Hong Kong, Macao and Taiwan | 14 | 85.30 |
| 外商投资企业 | Foreign Funded Enterprises | 27 | 215.03 |
| **总计中：** | **Of the Total:** | | |
| 轻工业 | Light Industry | 230 | 926.66 |
| 重工业 | Heavy Industry | 507 | 5975.42 |
| **总计中：** | **Of the Total:** | | |
| 大型企业 | Large-sized Enterprises | 57 | 4937.95 |
| 中型企业 | Medium-sized Enterprises | 209 | 1393.91 |
| 小型企业 | Small Enterprises | 471 | 570.21 |
| **按行业分** | **Grouped by Sector** | | |
| 煤炭开采和洗选业 | Coal Mining and Dressing | 23 | 884.39 |
| 黑色金属矿采选业 | Ferrous Metals Mining and Dressing | 3 | 22.15 |
| 有色金属矿采选业 | Nonferrous Metals Mining and Dressing | 5 | 6.74 |
| 非金属矿采选业 | Nonmetal Minerals Mining and Dressing | 10 | 9.85 |
| 农副食品加工业 | Agricultural and Non-staple Food Processing Industry | 61 | 56.47 |
| 食品制造业 | Food Manufacturing | 8 | 5.61 |
| 饮料制造业 | Beverage Manufacturing | 19 | 64.13 |
| 烟草制品业 | Tobacco Manufacturing | 4 | 221.53 |
| 纺织业 | Textile Industry | 16 | 37.76 |
| 纺织服装、鞋、帽制造业 | Textile Dress, Footwear and Headgear Manufacturing | 8 | 2.59 |
| 皮革毛皮羽毛（绒）及其制品业 | Leather, Furs, Down and Related Products | 2 | 0.33 |
| 木材加工及木竹藤棕草制品业 | Timber Processing, Bamboo, Cane, Palm Fiber and Straw Products | 8 | 8.00 |
| 家具制造业 | Furniture Manufacturing | 1 | 1.63 |
| 造纸及纸制品业 | Papermaking and Paper Products | 7 | 36.93 |
| 印刷业和记录媒介的复制 | Printing and Record Medium Reproduction | 16 | 15.42 |
| 石油加工、炼焦及核燃料加工业 | Petroleum Processing, Coking and Nuclear Fuel Processing | 2 | 254.57 |
| 化学原料及制品制造业 | Raw Chemical Materials and Chemical Products | 40 | 298.55 |
| 医药制造业 | Medical and Pharmaceutical Products | 18 | 54.38 |
| 化学纤维制造业 | Chemical Fiber | 1 | 23.13 |
| 橡胶制品业 | Rubber Products | 3 | 2.01 |
| 塑料制品业 | Plastic Products | 12 | 69.64 |
| 非金属矿物制品业 | Nonmetal Mineral Products | 53 | 205.44 |
| 黑色金属冶炼及压延加工业 | Smelting and Pressing of Ferrous Metals | 11 | 852.12 |
| 有色金属冶炼及压延加工业 | Smelting and Pressing of Nonferrous Metals | 7 | 597.63 |
| 金属制品业 | Metal Products | 21 | 28.28 |
| 通用设备制造业 | Equipments in Current Use | 39 | 130.16 |
| 专用设备制造业 | Equipments in Special Use | 37 | 67.48 |
| 交通运输设备制造业 | Transport Equipment | 52 | 1078.70 |
| 电气机械及器材制造业 | Electric Equipment and Machinery | 31 | 387.97 |
| 通信设备、计算机及其他电子设备制造业 | Telecommunication Equipment, Computer and Other Electronic Equipment Manufacturing | 27 | 73.21 |
| 仪器仪表及文化办公用机械 | Instruments, Meters, Cultural and Office | 5 | 9.11 |
| 工艺品及其他制造业 | Handiwork and Other Manufacturing | 3 | 1.53 |
| 电力、热力的生产和供应业 | Production and Supply of Electric Power and Heating Power | 127 | 1366.13 |
| 燃气生产和供应业 | Production and Supply of Gas | 7 | 12.08 |
| 水的生产和供应业 | Production and Supply of Tap Water | 50 | 16.42 |

# Main Indicators of State-owned and State-holding Industrial Enterprises (2010)

单位：亿元 (100 million yuan)

| 工业销售产值（现价）Value of Industrial Products Sales (At current prices) | #出口交货值 Delivery Value for Export | 资产合计 Total Assets | 流动资产合计 Circulating Funds | #存货 Stock | #产成品 Finished Product | 固定资产合计 Total of Fixed Assets | 固定资产原价 Original Value of Fixed Assets | 固定资产累计折旧 Accumulated Depreciation of Fixed Assets | 固定资产净值年平均余额 Annual Average Balance of Net Value of Fixed Assets |
|---|---|---|---|---|---|---|---|---|---|
| **6822.52** | **202.23** | **8532.68** | **2969.38** | **825.26** | **176.80** | **4478.65** | **5422.43** | **1895.94** | **3504.79** |
| 6530.82 | 193.81 | 8319.27 | 2860.46 | 787.09 | 164.18 | 4384.91 | 5282.78 | 1845.11 | 3415.96 |
| 1161.66 | 26.62 | 1145.00 | 344.29 | 68.82 | 14.02 | 680.69 | 1025.68 | 401.93 | 602.72 |
| 0.39 | | 0.23 | 0.12 | 0.01 | | 0.08 | 0.10 | 0.03 | 0.07 |
| 8.35 | | 9.11 | 2.91 | 0.73 | 0.21 | 5.79 | 8.42 | 2.63 | 5.79 |
| 9.78 | | 7.64 | 3.75 | 0.80 | 0.28 | 3.59 | 4.33 | 0.74 | 3.59 |
| 3328.78 | 31.16 | 4880.20 | 1603.60 | 445.79 | 78.61 | 2650.15 | 2805.86 | 862.74 | 1943.02 |
| 2007.66 | 134.62 | 2268.67 | 901.58 | 269.35 | 70.46 | 1041.32 | 1433.83 | 575.42 | 857.84 |
| 13.86 | 1.42 | 8.36 | 4.17 | 1.58 | 0.58 | 3.25 | 4.51 | 1.61 | 2.90 |
| 0.34 | | 0.07 | 0.03 | 0.02 | 0.02 | 0.04 | 0.05 | 0.01 | 0.04 |
| 85.98 | 1.44 | 36.35 | 14.55 | 3.97 | 1.49 | 21.11 | 26.22 | 5.26 | 20.97 |
| 205.73 | 6.99 | 177.05 | 94.37 | 34.20 | 11.13 | 72.64 | 113.43 | 45.57 | 67.86 |
| 899.69 | 25.03 | 852.78 | 473.19 | 174.55 | 34.29 | 257.45 | 381.38 | 144.71 | 236.67 |
| 5922.84 | 177.21 | 7679.90 | 2496.19 | 650.71 | 142.51 | 4221.20 | 5041.05 | 1751.23 | 3268.11 |
| 4890.76 | 169.39 | 5959.86 | 2148.58 | 653.25 | 120.35 | 3023.07 | 3500.46 | 1341.34 | 2136.52 |
| 1365.41 | 28.99 | 1927.30 | 619.59 | 129.74 | 39.88 | 1055.95 | 1418.44 | 430.20 | 989.13 |
| 566.35 | 3.85 | 645.52 | 201.21 | 42.27 | 16.57 | 399.63 | 503.53 | 124.39 | 379.13 |
| 868.38 | | 2211.18 | 578.94 | 108.91 | 33.56 | 1405.05 | 1157.42 | 399.46 | 757.95 |
| 22.32 | | 148.20 | 24.09 | 2.15 | 0.36 | 42.47 | 41.46 | 17.87 | 23.60 |
| 6.83 | | 10.91 | 6.14 | 0.51 | 0.35 | 4.39 | 5.84 | 1.91 | 3.93 |
| 9.89 | 0.10 | 14.66 | 3.66 | 0.68 | 0.29 | 9.64 | 13.64 | 4.84 | 8.80 |
| 55.36 | 0.42 | 32.61 | 18.02 | 9.26 | 3.15 | 9.69 | 12.60 | 3.26 | 9.34 |
| 5.59 | 2.98 | 4.23 | 1.85 | 1.05 | 0.37 | 2.05 | 3.36 | 1.36 | 2.00 |
| 53.49 | 0.28 | 57.47 | 36.60 | 13.81 | 2.97 | 13.31 | 21.09 | 8.03 | 13.06 |
| 221.22 | 0.16 | 161.24 | 118.98 | 85.83 | 3.58 | 34.15 | 69.61 | 36.71 | 32.89 |
| 37.39 | 5.41 | 91.00 | 25.52 | 9.15 | 2.02 | 27.64 | 42.61 | 16.50 | 26.11 |
| 2.62 | | 2.13 | 1.59 | 0.25 | 0.08 | 0.46 | 0.67 | 0.21 | 0.45 |
| 0.32 | | 0.09 | 0.08 | 0.03 | 0.01 | 0.02 | 0.02 | | 0.02 |
| 7.64 | | 7.55 | 2.92 | 1.30 | 0.44 | 4.53 | 5.58 | 1.63 | 3.95 |
| 1.54 | 0.46 | 0.93 | 0.45 | 0.16 | 0.04 | 0.48 | 1.09 | 0.61 | 0.48 |
| 38.25 | 0.32 | 58.07 | 21.77 | 5.63 | 2.12 | 31.05 | 41.08 | 10.29 | 30.79 |
| 13.75 | | 13.10 | 7.42 | 1.72 | 1.00 | 4.78 | 5.48 | 1.92 | 3.56 |
| 256.97 | | 51.56 | 12.44 | 7.96 | 1.27 | 38.96 | 97.65 | 50.93 | 25.94 |
| 288.14 | 21.38 | 316.43 | 131.93 | 37.82 | 15.83 | 156.65 | 209.53 | 73.67 | 135.85 |
| 52.19 | 3.68 | 73.75 | 29.80 | 7.74 | 3.50 | 31.91 | 44.61 | 13.35 | 31.26 |
| 21.51 | 4.38 | 50.39 | 13.84 | 4.12 | 1.62 | 16.48 | 28.22 | 11.74 | 16.48 |
| 2.00 | | 1.23 | 0.88 | 0.36 | 0.12 | 0.34 | 0.42 | 0.17 | 0.25 |
| 70.03 | 2.72 | 101.16 | 49.59 | 9.90 | 2.91 | 30.65 | 45.76 | 16.55 | 29.20 |
| 199.73 | 5.76 | 323.74 | 111.82 | 11.18 | 4.35 | 171.44 | 216.08 | 69.69 | 146.39 |
| 846.73 | 15.41 | 785.39 | 333.88 | 125.57 | 6.97 | 403.36 | 712.46 | 324.35 | 388.11 |
| 599.61 | 4.61 | 545.65 | 287.69 | 155.48 | 9.98 | 166.16 | 186.74 | 44.48 | 142.25 |
| 28.98 | 0.15 | 28.53 | 19.77 | 3.57 | 1.03 | 5.46 | 7.69 | 2.61 | 5.09 |
| 129.42 | 7.70 | 140.92 | 86.32 | 24.78 | 9.95 | 40.00 | 56.44 | 19.92 | 36.52 |
| 65.11 | 2.29 | 58.79 | 38.61 | 10.71 | 2.16 | 16.82 | 16.42 | 6.03 | 10.39 |
| 1065.38 | 115.96 | 896.91 | 475.08 | 117.59 | 47.09 | 275.02 | 322.47 | 112.65 | 209.14 |
| 378.50 | 6.81 | 255.28 | 198.59 | 38.47 | 16.23 | 45.32 | 45.18 | 14.89 | 30.29 |
| 71.62 | 0.95 | 265.05 | 105.28 | 12.12 | 1.70 | 105.70 | 105.19 | 11.63 | 93.57 |
| 9.13 | 0.30 | 15.96 | 10.65 | 0.63 | 0.14 | 3.58 | 5.52 | 2.56 | 2.95 |
| 1.54 | | 2.93 | 1.69 | 0.52 | 0.07 | 1.25 | 1.49 | 0.26 | 1.23 |
| 1363.68 | | 1699.02 | 178.45 | 14.53 | 1.41 | 1324.29 | 1816.17 | 586.87 | 1229.05 |
| 11.92 | | 32.03 | 14.25 | 0.32 | 0.09 | 12.05 | 16.58 | 4.53 | 12.05 |
| 15.71 | | 74.59 | 20.78 | 1.42 | 0.03 | 43.51 | 66.27 | 24.43 | 41.84 |

**13—8 续表 continued**

| 行业 | Sector | 负债合计 Total Liabilities | 流动负债 Liquid Liabilities |
|---|---|---|---|
| **总计** | **Total** | **5629.37** | **3652.55** |
| **总计中：** | **Of the Total:** | | |
| 内资企业 | Domestic Funded Enterprise | 5495.44 | 3532.05 |
| 国有企业 | State-owned Enterprise | 851.74 | 555.27 |
| 集体企业 | Collective-owned Enterprise | 0.06 | 0.06 |
| 股份合作企业 | Share Holding Cooperative Enterprises | 5.05 | 3.97 |
| 联营企业 | Joint Owned Enterprises | 3.87 | 3.85 |
| 有限责任公司 | Limited Liability Corporations | 3233.54 | 2021.24 |
| 股份有限公司 | Share-holding Corporations Ltd. | 1398.54 | 945.35 |
| 私营企业 | Private Enterprises | 2.63 | 2.30 |
| 其他企业 | Other Enterprises | 0.02 | 0.01 |
| 港澳台商投资企业 | Enterprises Funded by Entrepreneurs from Hong Kong, Macao and Taiwan | 22.21 | 22.21 |
| 外商投资企业 | Foreign Funded Enterprises | 111.72 | 98.29 |
| **总计中：** | **Of the Total:** | | |
| 轻工业 | Light Industry | 426.55 | 366.74 |
| 重工业 | Heavy Industry | 5202.83 | 3285.81 |
| **总计中：** | **Of the Total:** | | |
| 大型企业 | Large-sized Enterprises | 3886.01 | 2572.50 |
| 中型企业 | Medium-sized Enterprises | 1292.76 | 817.31 |
| 小型企业 | Small Enterprises | 450.60 | 262.74 |
| **按行业分** | **Grouped by Sector** | | |
| 煤炭开采和洗选业 | Coal Mining and Dressing | 1522.37 | 847.07 |
| 黑色金属矿采选业 | Ferrous Metals Mining and Dressing | 38.77 | 36.62 |
| 有色金属矿采选业 | Nonferrous Metals Mining and Dressing | 2.79 | 2.45 |
| 非金属矿采选业 | Nonmetal Minerals Mining and Dressing | 6.42 | 5.75 |
| 农副食品加工业 | Agricultural and Non-staple Food Processing Industry | 18.29 | 16.51 |
| 食品制造业 | Food Manufacturing | 2.03 | 2.02 |
| 饮料制造业 | Beverage Manufacturing | 28.44 | 27.78 |
| 烟草制品业 | Tobacco Manufacturing | 33.47 | 33.47 |
| 纺织业 | Textile Industry | 43.52 | 29.74 |
| 纺织服装、鞋、帽制造业 | Textile Dress, Footwear and Headgear Manufacturing | 1.06 | 1.00 |
| 皮革毛皮羽毛（绒）及其制品业 | Leather, Furs, Down and Related Products | 0.07 | 0.07 |
| 木材加工及木竹藤棕草制品业 | Timber Processing, Bamboo, Cane, Palm Fiber and Straw Products | 5.28 | 4.85 |
| 家具制造业 | Furniture Manufacturing | 0.28 | 0.28 |
| 造纸及纸制品业 | Papermaking and Paper Products | 36.65 | 27.40 |
| 印刷业和记录媒介的复制 | Printing and Record Medium Reproduction | 6.66 | 4.04 |
| 石油加工、炼焦及核燃料加工业 | Petroleum Processing, Coking and Nuclear Fuel Processing | 40.93 | 40.58 |
| 化学原料及制品制造业 | Raw Chemical Materials and Chemical Products | 193.42 | 157.48 |
| 医药制造业 | Medical and Pharmaceutical Products | 38.58 | 36.55 |
| 化学纤维制造业 | Chemical Fiber | 32.14 | 16.37 |
| 橡胶制品业 | Rubber Products | 0.75 | 0.75 |
| 塑料制品业 | Plastic Products | 52.95 | 50.98 |
| 非金属矿物制品业 | Nonmetal Mineral Products | 172.03 | 90.21 |
| 黑色金属冶炼及压延加工业 | Smelting and Pressing of Ferrous Metals | 451.18 | 256.41 |
| 有色金属冶炼及压延加工业 | Smelting and Pressing of Nonferrous Metals | 418.88 | 311.53 |
| 金属制品业 | Metal Products | 15.49 | 13.69 |
| 通用设备制造业 | Equipments in Current Use | 74.82 | 68.80 |
| 专用设备制造业 | Equipments in Special Use | 38.35 | 33.78 |
| 交通运输设备制造业 | Transport Equipment | 638.04 | 550.35 |
| 电气机械及器材制造业 | Electric Equipment and Machinery | 181.06 | 175.75 |
| 通信设备、计算机及其他电子设备制造业 | Telecommunication Equipment, Computer and Other Electronic Equipment Manufacturing | 134.21 | 87.98 |
| 仪器仪表及文化办公用机械 | Instruments, Meters, Cultural and Office | 6.65 | 6.04 |
| 工艺品及其他制造业 | Handiwork and Other Manufacturing | 1.69 | 1.45 |
| 电力、热力的生产和供应业 | Production and Supply of Electric Power and Heating Power | 1336.86 | 680.77 |
| 燃气生产和供应业 | Production and Supply of Gas | 26.50 | 18.06 |
| 水的生产和供应业 | Production and Supply of Tap Water | 28.77 | 15.94 |

单位：亿元　(100 million yuan)

| 长期负债 Long-term Liabilities | 所有者权益 Creditors' Equity | #实收资本 Capital Hold | 主营业务收入 Revenue from principal Business | 主营业务成本 Cost of Principal Business | 主营业务税金及附加 Business and Extra Charges | 利润总额 Total Profits | 本年应付工资 Wages Payable in This Year | 本年应交增值税 Value Added Tax Payable | 全部从业人员年平均人数(万人) Annual Average employed Persons (10000 persons) |
|---|---|---|---|---|---|---|---|---|---|
| **1825.03** | **2898.10** | **1339.05** | **7024.70** | **5777.14** | **206.60** | **457.40** | **462.91** | **353.79** | **80.68** |
| 1811.60 | 2819.91 | 1289.13 | 6756.88 | 5540.99 | 204.47 | 435.47 | 451.76 | 337.42 | 78.71 |
| 194.67 | 291.92 | 185.32 | 1206.35 | 917.56 | 44.78 | 112.43 | 56.16 | 45.43 | 13.09 |
|  | 0.17 | 0.10 | 0.38 | 0.31 | 0.01 | 0.03 | 0.02 | 0.01 | 0.01 |
| 0.68 | 4.06 | 2.74 | 8.49 | 7.41 | 0.06 | 0.50 | 0.83 | 0.20 | 0.20 |
| 0.01 | 3.77 | 4.52 | 9.49 | 8.24 | 0.07 | 1.32 | 0.61 | 0.32 | 0.23 |
| 1185.50 | 1644.27 | 817.37 | 3479.69 | 2796.42 | 129.80 | 201.73 | 280.96 | 191.56 | 46.00 |
| 430.42 | 869.94 | 275.88 | 2038.58 | 1799.32 | 29.64 | 118.60 | 111.91 | 99.49 | 18.82 |
| 0.32 | 5.73 | 3.15 | 13.54 | 11.48 | 0.11 | 0.83 | 1.27 | 0.41 | 0.35 |
|  | 0.05 | 0.04 | 0.34 | 0.26 |  | 0.03 | 0.01 |  | 0.01 |
|  | 13.07 | 4.11 | 73.60 | 69.72 | 0.03 | 2.84 | 2.65 | 5.65 | 0.61 |
| 13.43 | 65.13 | 45.81 | 194.22 | 166.43 | 2.10 | 19.08 | 8.50 | 10.72 | 1.36 |
| 55.96 | 425.69 | 136.96 | 876.79 | 609.78 | 119.22 | 86.68 | 51.88 | 51.51 | 12.40 |
| 1769.07 | 2472.41 | 1202.09 | 6147.91 | 5167.36 | 87.38 | 370.72 | 411.03 | 302.28 | 68.28 |
| 1244.16 | 2073.83 | 761.28 | 5081.84 | 4214.61 | 194.51 | 257.45 | 367.42 | 277.37 | 58.32 |
| 400.13 | 631.84 | 430.18 | 1392.94 | 1079.89 | 9.48 | 165.03 | 73.77 | 58.40 | 16.17 |
| 180.74 | 192.44 | 147.59 | 549.93 | 482.64 | 2.61 | 34.92 | 21.72 | 18.02 | 6.19 |
| 603.56 | 688.80 | 300.22 | 934.46 | 657.09 | 13.63 | 86.78 | 190.79 | 85.95 | 28.68 |
| 2.15 | 109.41 | 73.80 | 39.70 | 29.24 | 0.50 | 2.66 | 6.76 | 2.82 | 1.51 |
| 0.32 | 8.12 | 1.28 | 6.75 | 2.67 | 0.10 | 2.41 | 1.19 | 0.66 | 0.24 |
| 0.66 | 8.24 | 6.02 | 9.40 | 6.20 | 0.33 | 0.34 | 1.09 | 0.59 | 0.33 |
| 1.47 | 14.18 | 9.80 | 54.16 | 48.54 | 0.54 | 4.26 | 2.28 | 0.84 | 0.74 |
| 0.01 | 2.18 | 0.66 | 5.67 | 5.06 | 0.02 | 0.22 | 0.54 | 0.17 | 0.14 |
| 0.55 | 29.03 | 12.83 | 56.19 | 29.94 | 7.09 | 7.47 | 6.26 | 3.65 | 1.33 |
|  | 127.77 | 32.06 | 220.61 | 69.20 | 106.37 | 25.19 | 9.32 | 25.64 | 0.90 |
| 13.75 | 47.48 | 5.98 | 48.59 | 43.66 | 0.20 | 5.24 | 3.17 | 1.53 | 1.63 |
| 0.05 | 1.07 | 0.47 | 2.58 | 1.87 | 0.02 | 0.30 | 0.36 | 0.08 | 0.19 |
|  | 0.02 | 0.02 | 0.32 | 0.31 |  | 0.01 | 0.04 | 0.01 | 0.01 |
| 0.43 | 2.27 | 3.17 | 6.98 | 6.55 | 0.04 | 0.67 | 0.43 | 0.23 | 0.14 |
|  | 0.65 | 0.30 | 1.54 | 1.23 |  | 0.15 | 0.26 | 0.08 | 0.05 |
| 8.99 | 21.30 | 6.49 | 41.94 | 32.69 | 0.28 | 4.43 | 0.98 | 1.99 | 0.41 |
| 2.62 | 6.43 | 2.83 | 11.46 | 9.20 | 0.06 | 1.20 | 2.64 | 0.35 | 0.57 |
| 0.35 | 10.63 | 10.69 | 265.60 | 214.46 | 38.24 | 0.51 | 2.44 | 10.89 | 0.57 |
| 33.21 | 123.01 | 56.46 | 279.81 | 248.63 | 0.97 | 12.66 | 23.13 | 4.83 | 4.29 |
| 1.96 | 35.17 | 14.51 | 84.39 | 70.53 | 0.27 | 3.69 | 6.57 | 2.31 | 2.05 |
| 15.76 | 18.25 | 3.68 | 23.60 | 20.14 | 0.05 | 1.00 | 1.15 | 0.35 | 0.28 |
|  | 0.48 | 0.39 | 1.96 | 1.46 | 0.01 | 0.19 | 0.16 | 0.07 | 0.04 |
| 1.97 | 47.93 | 11.78 | 65.78 | 58.36 | 0.25 | 4.07 | 2.92 | 1.63 | 0.72 |
| 78.41 | 150.36 | 78.38 | 202.50 | 149.21 | 1.04 | 40.12 | 6.99 | 11.15 | 1.92 |
| 194.77 | 333.20 | 91.90 | 943.12 | 908.17 | 5.87 | 40.09 | 39.26 | 55.25 | 5.53 |
| 107.36 | 126.76 | 58.93 | 709.72 | 575.93 | 1.78 | 17.13 | 17.08 | 9.19 | 3.09 |
| 1.79 | 13.04 | 6.34 | 31.40 | 25.24 | 0.56 | 2.47 | 2.08 | 1.15 | 0.40 |
| 5.12 | 66.06 | 24.60 | 145.70 | 125.79 | 0.73 | 11.46 | 12.89 | 7.18 | 3.20 |
| 4.44 | 20.24 | 9.61 | 49.03 | 38.72 | 0.40 | 6.95 | 4.93 | 3.10 | 1.43 |
| 84.59 | 258.78 | 89.54 | 984.06 | 859.23 | 18.09 | 54.65 | 43.24 | 41.84 | 7.68 |
| 5.30 | 73.68 | 28.21 | 323.37 | 275.12 | 4.22 | 30.67 | 15.04 | 14.55 | 2.99 |
| 44.00 | 130.84 | 101.28 | 61.96 | 55.62 | 0.38 | 5.58 | 5.85 | 2.50 | 1.33 |
| 0.60 | 9.31 | 1.82 | 10.10 | 7.53 | 0.05 | 1.41 | 1.52 | 0.30 | 0.12 |
| 0.24 | 1.25 | 0.81 | 1.51 | 1.12 | 0.00 | 0.09 | 0.45 | 0.01 | 0.12 |
| 592.90 | 360.86 | 268.40 | 1373.12 | 1176.15 | 4.20 | 82.17 | 47.51 | 61.79 | 6.84 |
| 8.31 | 5.52 | 5.21 | 11.77 | 10.05 | 0.14 | 0.15 | 0.62 | 0.37 | 0.16 |
| 9.39 | 45.77 | 20.61 | 15.84 | 12.21 | 0.17 | 0.98 | 2.98 | 0.76 | 1.04 |

## 13—9 国有控股工业企业主要经济效益指标（2010年）

| 行　业 | Sector |
|---|---|
| **总　　计** | **Total** |
| **总计中：** | **Of the Total:** |
| 内资企业 | Domestic Funded Enterprise |
| 国有企业 | State-owned Enterprise |
| 集体企业 | Collective-owned Enterprise |
| 股份合作企业 | Share Holding Cooperative Enterprises |
| 联营企业 | Joint Owned Enterprises |
| 有限责任公司 | Limited Liability Corporations |
| 股份有限公司 | Share-holding Corporations Ltd. |
| 私营企业 | Private Enterprises |
| 其他企业 | Other Enterprises |
| 港澳台商投资企业 | Enterprises Funded by Entrepreneurs from Hong Kong, Macao and Taiwan |
| 外商投资企业 | Foreign Funded Enterprises |
| **总计中：** | **Of the Total:** |
| 轻工业 | Light Industry |
| 重工业 | Heavy Industry |
| **总计中：** | **Of the Total:** |
| 大型企业 | Large-sized Enterprises |
| 中型企业 | Medium-sized Enterprises |
| 小型企业 | Small Enterprises |
| **按行业分** | **Grouped by Sector** |
| 煤炭开采和洗选业 | Coal Mining and Dressing |
| 黑色金属矿采选业 | Ferrous Metals Mining and Dressing |
| 有色金属矿采选业 | Nonferrous Metals Mining and Dressing |
| 非金属矿采选业 | Nonmetal Minerals Mining and Dressing |
| 农副食品加工业 | Agricultural and Non-staple Food Processing Industry |
| 食品制造业 | Food Manufacturing |
| 饮料制造业 | Beverage Manufacturing |
| 烟草制品业 | Tobacco Manufacturing |
| 纺织业 | Textile Industry |
| 纺织服装、鞋、帽制造业 | Textile Dress, Footwear and Headgear Manufacturing |
| 皮革毛皮羽毛（绒）及其制品业 | Leather, Furs, Down and Related Products |
| 木材加工及木竹藤棕草制品业 | Timber Processing, Bamboo, Cane, Palm Fiber and Straw Products |
| 家具制造业 | Furniture Manufacturing |
| 造纸及纸制品业 | Papermaking and Paper Products |
| 印刷业和记录媒介的复制 | Printing and Record Medium Reproduction |
| 石油加工、炼焦及核燃料加工业 | Petroleum Processing, Coking and Nuclear Fuel Processing |
| 化学原料及制品制造业 | Raw Chemical Materials and Chemical Products |
| 医药制造业 | Medical and Pharmaceutical Products |
| 化学纤维制造业 | Chemical Fiber |
| 橡胶制品业 | Rubber Products |
| 塑料制品业 | Plastic Products |
| 非金属矿物制品业 | Nonmetal Mineral Products |
| 黑色金属冶炼及压延加工业 | Smelting and Pressing of Ferrous Metals |
| 有色金属冶炼及压延加工业 | Smelting and Pressing of Nonferrous Metals |
| 金属制品业 | Metal Products |
| 通用设备制造业 | Equipments in Current Use |
| 专用设备制造业 | Equipments in Special Use |
| 交通运输设备制造业 | Transport Equipment |
| 电气机械及器材制造业 | Electric Equipment and Machinery |
| 通信设备、计算机及其他电子设备制造业 | Telecommunication Equipment, Computer and Other Electronic Equipment Manufacturing |
| 仪器仪表及文化办公用机械 | Instruments, Meters, Cultural and Office |
| 工艺品及其他制造业 | Handiwork and Other Manufacturing |
| 电力、热力的生产和供应业 | Production and Supply of Electric Power and Heating Power |
| 燃气生产和供应业 | Production and Supply of Gas |
| 水的生产和供应业 | Production and Supply of Tap Water |

Main Indicators on Economic Benefit of State-owned and State-holding Industrial Enterprises (2010)

| 总资产贡献率 (%) Ratio of Total Assets to Industrial Output Value (%) | 资产负债率 (%) Assets-liability Ratio (%) | 流动资产周转次数 (次/年) Number of Times of Annual of Turnover Circulating Funds (times/year) | 工业成本费用利润率 (%) Ratio of Profits to Industrial Cost (%) | 产品销售率 (%) Proportion of Products Sold (%) |
|---|---|---|---|---|
| **13.07** | **65.97** | **2.37** | **7.07** | **98.85** |
| 12.90 | 66.06 | 2.36 | 7.01 | 98.93 |
| 18.78 | 74.39 | 3.50 | 11.26 | 99.53 |
| 21.61 | 26.72 | 3.16 | 7.76 | 95.36 |
| 10.23 | 55.45 | 2.92 | 6.24 | 82.51 |
| 22.58 | 50.63 | 2.53 | 15.14 | 100.78 |
| 11.99 | 66.26 | 2.17 | 6.26 | 99.13 |
| 11.84 | 61.65 | 2.26 | 6.04 | 98.35 |
| 17.25 | 31.43 | 3.24 | 6.61 | 94.93 |
| 50.93 | 24.19 | 10.23 | 10.65 | 99.06 |
| 23.71 | 61.08 | 5.06 | 3.96 | 100.80 |
| 19.08 | 63.10 | 2.06 | 10.34 | 95.67 |
| 30.78 | 50.02 | 1.85 | 12.27 | 97.09 |
| 11.11 | 67.75 | 2.46 | 6.43 | 99.12 |
| 13.30 | 65.20 | 2.37 | 5.42 | 99.04 |
| 13.32 | 67.08 | 2.25 | 13.82 | 97.96 |
| 10.25 | 69.80 | 2.73 | 6.66 | 99.32 |
| 9.79 | 68.85 | 1.61 | 9.34 | 98.19 |
| 4.02 | 26.16 | 1.65 | 6.86 | 100.80 |
| 29.26 | 25.55 | 1.10 | 55.99 | 101.40 |
| 9.99 | 43.77 | 2.57 | 3.80 | 100.47 |
| 18.83 | 56.09 | 3.00 | 8.32 | 98.05 |
| 9.86 | 48.01 | 3.06 | 4.03 | 99.72 |
| 31.73 | 49.49 | 1.54 | 16.79 | 83.41 |
| 97.31 | 20.76 | 1.85 | 28.19 | 99.86 |
| 9.17 | 47.82 | 1.90 | 11.00 | 99.00 |
| 18.60 | 49.60 | 1.62 | 13.04 | 101.41 |
| 17.41 | 77.95 | 4.28 | 1.92 | 99.00 |
| 15.00 | 69.89 | 2.39 | 9.16 | 95.49 |
| 30.85 | 30.16 | 3.44 | 10.92 | 94.58 |
| 13.59 | 63.11 | 1.93 | 11.87 | 103.58 |
| 13.14 | 50.85 | 1.54 | 11.59 | 89.15 |
| 98.53 | 79.38 | 21.35 | 0.23 | 100.94 |
| 7.38 | 61.12 | 2.12 | 4.62 | 96.51 |
| 9.32 | 52.31 | 2.83 | 4.58 | 95.97 |
| 4.65 | 63.78 | 1.70 | 4.34 | 93.01 |
| 22.23 | 60.70 | 2.23 | 11.24 | 99.50 |
| 6.46 | 52.35 | 1.33 | 6.46 | 100.56 |
| 17.26 | 53.14 | 1.81 | 24.14 | 97.22 |
| 13.91 | 57.45 | 2.82 | 4.30 | 99.37 |
| 6.81 | 76.77 | 2.47 | 2.86 | 100.33 |
| 15.06 | 54.27 | 1.59 | 8.45 | 102.46 |
| 13.94 | 53.09 | 1.69 | 8.20 | 99.44 |
| 18.03 | 65.23 | 1.27 | 15.38 | 96.49 |
| 13.10 | 71.14 | 2.07 | 5.76 | 98.77 |
| 19.76 | 70.92 | 1.63 | 9.92 | 97.56 |
| 3.18 | 50.64 | 0.59 | 8.97 | 97.83 |
| 10.56 | 41.65 | 0.95 | 16.13 | 100.22 |
| 4.24 | 57.56 | 0.89 | 6.30 | 100.92 |
| 10.53 | 78.68 | 7.69 | 6.53 | 99.82 |
| 2.41 | 82.75 | 0.83 | 1.30 | 98.70 |
| 2.73 | 38.57 | 0.76 | 5.94 | 95.65 |

## 13—10 外商投资和港澳台投资工业企业主要经济指标（2010年）

| 行　业 | Sector | 企业单位数（个）Number of Enterprises (unit) | 工业总产值（现价）Gross Industrial Output Value |
|---|---|---|---|
| **总　　计** | **Total** | **914** | **2568.56** |
| **总计中：** | **Of the Total:** | | |
| 港澳台商投资企业 | Enterprises Funded by Entrepreneurs from Hong Kong, Macao and Taiwan | 375 | 804.94 |
| 外商投资企业 | Foreign Funded Enterprises | 539 | 1763.63 |
| **总计中：** | **Of the Total:** | | |
| 轻工业 | Light Industry | 423 | 1173.76 |
| 重工业 | Heavy Industry | 491 | 1394.80 |
| **总计中：** | **Of the Total:** | | |
| 大型企业 | Large-sized Enterprises | 14 | 881.55 |
| 中型企业 | Medium-sized Enterprises | 201 | 1089.47 |
| 小型企业 | Small Enterprises | 699 | 597.54 |
| **按行业分** | **Grouped by Sector** | | |
| 黑色金属矿采选业 | Ferrous Metals Mining and Dressing | 2 | 11.81 |
| 有色金属矿采选业 | Nonferrous Metals Mining and Dressing | 2 | 0.72 |
| 非金属矿采选业 | Nonmetal Minerals Mining and Dressing | 7 | 2.20 |
| 农副食品加工业 | Agricultural and Non-staple Food Processing Industry | 27 | 65.24 |
| 食品制造业 | Food Manufacturing | 25 | 59.86 |
| 饮料制造业 | Beverage Manufacturing | 21 | 45.16 |
| 纺织业 | Textile Industry | 64 | 56.51 |
| 纺织服装、鞋、帽制造业 | Textile Dress, Footwear and Headgear Manufacturing | 78 | 61.02 |
| 皮革毛皮羽毛（绒）及其制品业 | Leather, Furs, Down and Related Products | 19 | 28.05 |
| 木材加工及木竹藤棕草制品业 | Timber Processing, Bamboo, Cane, Palm Fiber and Straw Products | 22 | 18.02 |
| 家具制造业 | Furniture Manufacturing | 8 | 11.62 |
| 造纸及纸制品业 | Papermaking and Paper Products | 19 | 23.32 |
| 印刷业和记录媒介的复制 | Printing and Record Medium Reproduction | 9 | 8.63 |
| 文教体育用品制造业 | Cultural, Educational and Sports Goods | 23 | 11.12 |
| 石油加工、炼焦及核燃料加工业 | Petroleum Processing, Coking and Nuclear Fuel Processing | 5 | 23.25 |
| 化学原料及制品制造业 | Raw Chemical Materials and Chemical Products | 53 | 210.43 |
| 医药制造业 | Medical and Pharmaceutical Products | 27 | 20.36 |
| 化学纤维制造业 | Chemical Fiber | 2 | 12.02 |
| 橡胶制品业 | Rubber Products | 14 | 74.19 |
| 塑料制品业 | Plastic Products | 45 | 50.15 |
| 非金属矿物制品业 | Nonmetal Mineral Products | 52 | 71.73 |
| 黑色金属冶炼及压延加工业 | Smelting and Pressing of Ferrous Metals | 10 | 112.97 |
| 有色金属冶炼及压延加工业 | Smelting and Pressing of Nonferrous Metals | 6 | 83.75 |
| 金属制品业 | Metal Products | 34 | 58.12 |
| 通用设备制造业 | Equipments in Current Use | 49 | 140.71 |
| 专用设备制造业 | Equipments in Special Use | 43 | 171.51 |
| 交通运输设备制造业 | Transport Equipment | 81 | 254.82 |
| 电气机械及器材制造业 | Electric Equipment and Machinery | 60 | 605.62 |
| 通信设备、计算机及其他电子设备制造业 | Telecommunication Equipment, Computer and Other Electronic Equipment Manufacturing | 50 | 72.93 |
| 仪器仪表及文化办公用机械 | Instruments, Meters, Cultural and Office | 4 | 32.04 |
| 工艺品及其他制造业 | Handiwork and Other Manufacturing | 15 | 24.77 |
| 废弃资源和废旧材料回收工业 | Recovery and Processing of Discarded Resources and Waste Materials | 3 | 17.10 |
| 电力、热力的生产和供应业 | Production and Supply of Electric Power and Heating Power | 8 | 99.27 |
| 燃气生产和供应业 | Production and Supply of Gas | 23 | 25.84 |
| 水的生产和供应业 | Production and Supply of Tap Water | 4 | 3.73 |

## Main Indicators of Industrial Enterprises with Hong Kong, Macao, Taiwan and Foreign Funds (2010)

单位：亿元 (100 million yuan)

| 工业销售产值（现价）Value of Industrial Products Sales (At current prices) | #出口交货值 Delivery Value for Export | 资产合计 Total Assets | 流动资产合计 Circulating Funds | #存货 Stock | #产成品 Finished Product | 固定资产合计 Total of Fixed Assets | 固定资产原价 Original Value of Fixed Assets | 固定资产累计折旧 Accumulated Depreciation of Fixed Assets | 固定资产净值年平均余额 Annual Average Balance of Net Value of Fixed Assets |
|---|---|---|---|---|---|---|---|---|---|
| **2509.78** | **265.36** | **1818.69** | **980.09** | **254.72** | **101.87** | **686.94** | **920.74** | **306.84** | **613.90** |
| 788.73 | 66.50 | 653.53 | 304.80 | 66.92 | 23.44 | 276.80 | 342.90 | 100.33 | 242.57 |
| 1721.04 | 198.85 | 1165.16 | 675.29 | 187.81 | 78.43 | 410.14 | 577.84 | 206.51 | 371.33 |
| 1138.77 | 164.66 | 611.08 | 359.10 | 100.67 | 49.34 | 202.27 | 270.31 | 88.80 | 181.51 |
| 1371.01 | 100.70 | 1207.61 | 621.00 | 154.05 | 52.53 | 484.68 | 650.43 | 218.04 | 432.39 |
| 865.11 | 88.49 | 431.87 | 318.81 | 79.20 | 36.21 | 95.04 | 147.05 | 62.21 | 84.84 |
| 1060.66 | 125.17 | 918.13 | 403.63 | 114.07 | 41.15 | 430.91 | 572.83 | 192.48 | 380.35 |
| 584.00 | 51.69 | 468.69 | 257.65 | 61.46 | 24.50 | 160.99 | 200.86 | 52.15 | 148.71 |
| 11.47 | | 22.57 | 7.77 | 0.80 | 0.25 | 9.32 | 10.33 | 2.66 | 7.67 |
| 0.73 | | 2.81 | 1.92 | 0.06 | 0.01 | 0.36 | 0.64 | 0.28 | 0.36 |
| 2.25 | 0.13 | 3.33 | 1.24 | 0.17 | 0.05 | 0.91 | 1.34 | 0.43 | 0.91 |
| 64.75 | 1.59 | 54.87 | 26.23 | 6.70 | 2.72 | 17.75 | 21.08 | 3.92 | 17.16 |
| 42.91 | 2.03 | 35.15 | 15.22 | 4.79 | 1.21 | 17.92 | 24.31 | 8.22 | 16.09 |
| 43.82 | | 44.56 | 19.91 | 11.58 | 2.50 | 20.68 | 27.93 | 8.23 | 19.70 |
| 54.67 | 15.20 | 42.13 | 17.53 | 5.43 | 1.92 | 18.19 | 25.78 | 10.83 | 14.96 |
| 59.92 | 25.29 | 34.80 | 15.21 | 3.28 | 1.03 | 13.37 | 15.75 | 3.46 | 12.29 |
| 26.81 | 13.91 | 16.57 | 9.74 | 2.68 | 0.58 | 5.81 | 5.32 | 1.46 | 3.86 |
| 17.29 | 5.27 | 15.12 | 8.42 | 2.97 | 1.56 | 5.65 | 8.34 | 3.42 | 4.92 |
| 12.80 | | 6.12 | 3.80 | 0.58 | 0.17 | 1.58 | 1.68 | 0.48 | 1.21 |
| 22.78 | 2.07 | 21.34 | 10.89 | 3.83 | 2.39 | 9.25 | 11.84 | 2.87 | 8.97 |
| 8.32 | | 9.85 | 5.15 | 1.78 | 0.98 | 4.26 | 6.22 | 2.18 | 4.04 |
| 11.01 | 4.61 | 5.29 | 3.76 | 1.02 | 0.43 | 1.18 | 1.45 | 0.36 | 1.10 |
| 21.93 | | 26.75 | 9.61 | 4.04 | 1.18 | 14.27 | 16.71 | 2.45 | 14.25 |
| 215.78 | 8.30 | 131.79 | 78.71 | 10.80 | 3.55 | 43.76 | 52.36 | 13.19 | 39.17 |
| 19.36 | 1.89 | 16.74 | 8.40 | 2.69 | 0.96 | 5.56 | 7.43 | 2.62 | 4.82 |
| 11.35 | | 7.45 | 2.94 | 2.73 | 1.31 | 3.08 | 2.97 | 0.61 | 2.36 |
| 74.03 | 26.03 | 68.13 | 35.83 | 8.33 | 4.09 | 29.23 | 52.78 | 25.04 | 27.74 |
| 49.81 | 8.30 | 36.50 | 20.77 | 5.40 | 1.44 | 13.02 | 20.73 | 8.06 | 12.67 |
| 69.27 | 2.15 | 115.07 | 41.17 | 8.20 | 3.24 | 65.75 | 65.80 | 14.42 | 51.38 |
| 107.97 | 3.61 | 57.41 | 27.14 | 11.55 | 5.87 | 29.38 | 36.86 | 8.55 | 28.31 |
| 82.55 | 2.84 | 40.53 | 22.40 | 6.93 | 0.99 | 16.33 | 18.48 | 2.49 | 16.00 |
| 55.37 | 2.57 | 45.81 | 32.08 | 8.03 | 2.10 | 11.89 | 14.18 | 5.02 | 9.17 |
| 140.32 | 15.99 | 121.21 | 74.03 | 14.24 | 4.47 | 26.75 | 28.91 | 6.94 | 21.98 |
| 179.23 | 1.43 | 118.53 | 86.18 | 26.94 | 4.43 | 22.97 | 28.97 | 10.00 | 18.97 |
| 248.15 | 20.02 | 170.28 | 100.80 | 27.96 | 15.01 | 50.28 | 65.23 | 18.38 | 46.85 |
| 582.33 | 68.97 | 247.86 | 186.91 | 54.76 | 32.20 | 51.93 | 79.60 | 33.51 | 46.09 |
| 72.31 | 8.13 | 58.07 | 29.90 | 6.77 | 2.72 | 23.28 | 26.35 | 7.50 | 18.85 |
| 31.98 | 4.43 | 23.76 | 20.66 | 3.22 | 1.08 | 3.02 | 5.30 | 2.77 | 2.54 |
| 23.97 | 20.60 | 12.54 | 5.76 | 1.41 | 0.85 | 4.50 | 5.13 | 0.98 | 4.15 |
| 17.70 | | 3.50 | 3.23 | 0.55 | 0.31 | 0.19 | 0.21 | 0.04 | 0.17 |
| 97.90 | | 145.17 | 31.08 | 3.62 | | 110.70 | 189.55 | 84.14 | 105.41 |
| 25.39 | | 41.17 | 13.39 | 0.69 | 0.19 | 23.24 | 25.97 | 5.82 | 20.15 |
| 3.52 | | 15.90 | 2.30 | 0.18 | 0.06 | 11.59 | 15.20 | 5.53 | 9.67 |

**13—10 续表 continued**

| 行　业 | Sector | 负债合计 Total Liabilities | 流动负债 Liquid Liabilities |
|---|---|---|---|
| **总　　计** | **Total** | **1055.28** | **904.34** |
| **总计中：** | **Of the Total:** | | |
| 港澳台商投资企业 | Enterprises Funded by Entrepreneurs from Hong Kong, Macao and Taiwan | 376.68 | 306.49 |
| 外商投资企业 | Foreign Funded Enterprises | 678.60 | 597.85 |
| **总计中：** | **Of the Total:** | | |
| 轻工业 | Light Industry | 349.97 | 328.63 |
| 重工业 | Heavy Industry | 705.31 | 575.71 |
| **总计中：** | **Of the Total:** | | |
| 大型企业 | Large-sized Enterprises | 281.19 | 268.59 |
| 中型企业 | Medium-sized Enterprises | 532.36 | 425.58 |
| 小型企业 | Small Enterprises | 241.72 | 210.17 |
| **按行业分** | **Grouped by Sector** | | |
| 黑色金属矿采选业 | Ferrous Metals Mining and Dressing | 5.18 | 3.59 |
| 有色金属矿采选业 | Nonferrous Metals Mining and Dressing | 0.43 | 0.43 |
| 非金属矿采选业 | Nonmetal Minerals Mining and Dressing | 0.82 | 0.72 |
| 农副食品加工业 | Agricultural and Non-staple Food Processing Industry | 28.47 | 26.32 |
| 食品制造业 | Food Manufacturing | 17.14 | 15.01 |
| 饮料制造业 | Beverage Manufacturing | 29.89 | 28.84 |
| 纺织业 | Textile Industry | 21.55 | 19.25 |
| 纺织服装、鞋、帽制造业 | Textile Dress, Footwear and Headgear Manufacturing | 20.07 | 17.26 |
| 皮革毛皮羽毛（绒）及其制品业 | Leather, Furs, Down and Related Products | 10.03 | 9.89 |
| 木材加工及木竹藤棕草制品业 | Timber Processing, Bamboo, Cane, Palm Fiber and Straw Products | 9.44 | 7.52 |
| 家具制造业 | Furniture Manufacturing | 3.72 | 3.72 |
| 造纸及纸制品业 | Papermaking and Paper Products | 10.90 | 9.31 |
| 印刷业和记录媒介的复制 | Printing and Record Medium Reproduction | 5.54 | 4.33 |
| 文教体育用品制造业 | Cultural, Educational and Sports Goods | 3.15 | 3.11 |
| 石油加工、炼焦及核燃料加工业 | Petroleum Processing, Coking and Nuclear Fuel Processing | 15.15 | 10.82 |
| 化学原料及制品制造业 | Raw Chemical Materials and Chemical Products | 80.83 | 74.38 |
| 医药制造业 | Medical and Pharmaceutical Products | 7.80 | 6.58 |
| 化学纤维制造业 | Chemical Fiber | 5.82 | 3.95 |
| 橡胶制品业 | Rubber Products | 34.76 | 30.94 |
| 塑料制品业 | Plastic Products | 17.42 | 15.67 |
| 非金属矿物制品业 | Nonmetal Mineral Products | 53.93 | 36.88 |
| 黑色金属冶炼及压延加工业 | Smelting and Pressing of Ferrous Metals | 37.24 | 35.50 |
| 有色金属冶炼及压延加工业 | Smelting and Pressing of Nonferrous Metals | 35.18 | 32.12 |
| 金属制品业 | Metal Products | 22.33 | 21.37 |
| 通用设备制造业 | Equipments in Current Use | 76.56 | 67.12 |
| 专用设备制造业 | Equipments in Special Use | 67.89 | 64.59 |
| 交通运输设备制造业 | Transport Equipment | 105.42 | 91.22 |
| 电气机械及器材制造业 | Electric Equipment and Machinery | 151.04 | 148.00 |
| 通信设备、计算机及其他电子设备制造业 | Telecommunication Equipment, Computer and Other Electronic Equipment Manufacturing | 30.89 | 26.92 |
| 仪器仪表及文化办公用机械 | Instruments, Meters, Cultural and Office | 12.24 | 12.18 |
| 工艺品及其他制造业 | Handiwork and Other Manufacturing | 5.85 | 5.48 |
| 废弃资源和废旧材料回收工业 | Recovery and Processing of Discarded Resources and Waste Materials | 2.20 | 2.20 |
| 电力、热力的生产和供应业 | Production and Supply of Electric Power and Heating Power | 94.84 | 49.00 |
| 燃气生产和供应业 | Production and Supply of Gas | 24.32 | 15.19 |
| 水的生产和供应业 | Production and Supply of Tap Water | 7.19 | 4.92 |

单位：亿元　(100 million yuan)

| 长期负债 Long-term Liabilities | 所有者权益 Creditors' Equity | #实收资本 Capital Hold | 主营业务收入 Revenue from principal Business | 主营业务成本 Cost of Principal Business | 主营业务税金及附加 Business and Extra Charges | 利润总额 Total Profits | 本年应付工资 Wages Payable in This Year | 本年应交增值税 Value Added Tax Payable | 全部从业人员年平均人数(万人) Annual Average employed Persons (10000 persons) |
|---|---|---|---|---|---|---|---|---|---|
| **139.24** | **751.97** | **492.29** | **2321.86** | **1937.88** | **14.43** | **267.78** | **125.70** | **98.04** | **29.12** |
| 63.57 | 270.97 | 170.42 | 769.94 | 648.53 | 2.31 | 71.95 | 46.23 | 25.29 | 11.81 |
| 75.67 | 481.00 | 321.88 | 1551.92 | 1289.34 | 12.13 | 195.83 | 79.47 | 72.76 | 17.31 |
| 18.15 | 260.69 | 181.38 | 976.53 | 797.16 | 10.06 | 118.71 | 60.79 | 42.51 | 15.17 |
| 121.09 | 491.27 | 310.91 | 1345.33 | 1140.72 | 4.37 | 149.07 | 64.91 | 55.53 | 13.95 |
| 10.96 | 150.68 | 93.60 | 739.05 | 604.63 | 6.61 | 106.24 | 34.12 | 38.02 | 5.31 |
| 100.29 | 378.49 | 233.30 | 1002.98 | 842.84 | 5.39 | 118.99 | 64.90 | 42.60 | 14.81 |
| 27.99 | 222.80 | 165.39 | 579.83 | 490.41 | 2.43 | 42.55 | 26.69 | 17.42 | 9.00 |
| 1.59 | 13.51 | 1.16 | 10.49 | 4.47 | 0.25 | 5.12 | 0.23 | 1.25 | 0.08 |
|  | 2.37 | 0.13 | 0.72 | 0.58 |  | 0.21 | 0.08 | 0.04 | 0.05 |
| 0.10 | 2.51 | 1.51 | 2.06 | 1.45 | 0.02 | 0.15 | 0.13 | 0.12 | 0.04 |
| 2.15 | 26.40 | 14.02 | 68.26 | 60.84 | 0.10 | 4.53 | 2.03 | 1.04 | 0.68 |
| 1.67 | 17.95 | 13.66 | 59.94 | 46.32 | 0.19 | 5.97 | 3.41 | 2.61 | 0.86 |
| 1.02 | 14.67 | 15.20 | 41.84 | 28.98 | 2.44 | 5.42 | 2.91 | 2.12 | 0.73 |
| 1.88 | 20.51 | 16.00 | 51.12 | 44.76 | 0.19 | 3.71 | 4.73 | 1.22 | 1.41 |
| 2.51 | 14.59 | 7.92 | 53.14 | 46.47 | 0.15 | 4.07 | 10.03 | 1.03 | 3.14 |
| 0.08 | 6.53 | 6.29 | 25.67 | 20.18 | 0.01 | 4.13 | 2.43 | 1.09 | 1.18 |
| 1.61 | 5.18 | 4.16 | 18.09 | 16.18 | 0.03 | 1.04 | 1.38 | 0.58 | 0.37 |
|  | 2.39 | 1.46 | 10.31 | 9.03 | 0.01 | 1.90 | 0.86 | 0.41 | 0.25 |
| 1.59 | 10.42 | 6.61 | 22.39 | 18.84 |  | 2.95 | 1.54 | 0.58 | 0.37 |
| 0.44 | 4.30 | 3.14 | 7.44 | 5.67 | 0.01 | 1.31 | 0.53 | 0.38 | 0.14 |
| 0.03 | 2.08 | 1.26 | 10.06 | 8.69 |  | 0.94 | 1.36 | 0.17 | 0.71 |
| 4.33 | 11.61 | 8.29 | 19.73 | 16.15 | 0.03 | 0.48 | 0.51 | 0.26 | 0.16 |
| 6.42 | 49.92 | 49.09 | 166.68 | 121.35 | 0.40 | 32.34 | 6.20 | 7.28 | 1.19 |
| 1.22 | 8.91 | 7.19 | 16.00 | 10.51 | 0.03 | 2.02 | 0.95 | 1.00 | 0.30 |
| 1.71 | 1.63 | 1.23 | 10.81 | 10.35 |  | 1.03 | 0.96 | 0.53 | 0.17 |
| 3.82 | 33.33 | 17.96 | 69.42 | 61.01 | 0.25 | 8.65 | 6.98 | 2.11 | 1.38 |
| 1.76 | 18.62 | 8.86 | 51.21 | 41.62 | 0.04 | 7.09 | 3.34 | 1.57 | 0.83 |
| 16.48 | 61.13 | 37.55 | 66.54 | 49.80 | 0.53 | 11.11 | 3.91 | 2.05 | 1.24 |
| 1.73 | 19.18 | 13.51 | 114.08 | 106.62 | 0.21 | 11.07 | 1.52 | 6.44 | 0.33 |
| 3.06 | 5.35 | 9.46 | 102.40 | 88.92 |  | -0.93 | 0.41 | 0.03 | 0.11 |
| 0.35 | 23.30 | 10.22 | 54.01 | 44.36 | 0.19 | 7.70 | 2.27 | 2.16 | 0.60 |
| 7.93 | 42.37 | 20.96 | 125.44 | 101.50 | 0.07 | 19.52 | 6.63 | 7.18 | 1.35 |
| 3.09 | 49.44 | 22.52 | 161.77 | 141.91 | 1.35 | 26.33 | 6.09 | 9.46 | 1.05 |
| 9.04 | 64.61 | 47.13 | 247.83 | 211.36 | 0.35 | 19.58 | 11.34 | 10.97 | 2.36 |
| 2.54 | 96.82 | 51.37 | 483.58 | 411.19 | 6.16 | 51.64 | 26.12 | 25.16 | 4.34 |
| 3.46 | 26.97 | 25.79 | 51.39 | 44.70 | 0.21 | 3.31 | 7.53 | 1.40 | 2.11 |
| 0.01 | 11.52 | 2.04 | 31.87 | 19.62 | 0.02 | 8.52 | 1.02 | 1.43 | 0.22 |
| 0.37 | 6.67 | 1.54 | 24.02 | 19.22 | 0.52 | 2.92 | 2.96 | 0.84 | 0.51 |
|  | 1.30 | 1.28 | 17.70 | 15.45 | 0.09 | 1.91 | 0.10 | 0.71 | 0.04 |
| 45.84 | 50.33 | 47.95 | 96.32 | 86.97 | 0.38 | 8.32 | 3.57 | 3.95 | 0.29 |
| 9.14 | 16.85 | 9.14 | 26.01 | 20.94 | 0.13 | 3.00 | 1.09 | 0.70 | 0.34 |
| 2.28 | 8.70 | 6.71 | 3.53 | 1.88 | 0.04 | 0.74 | 0.56 | 0.16 | 0.18 |

## 13—11 外商投资和港澳台工业企业主要经济效益指标（2010年）

| 行　业 | Sector |
|---|---|
| **总　　计** | **Total** |
| **总计中：** | **Of the Total:** |
| 港澳台商投资企业 | Enterprises Funded by Entrepreneurs from Hong Kong, Macao and Taiwan |
| 外商投资企业 | Foreign Funded Enterprises |
| **总计中：** | **Of the Total:** |
| 轻工业 | Light Industry |
| 重工业 | Heavy Industry |
| **总计中：** | **Of the Total:** |
| 大型企业 | Large-sized Enterprises |
| 中型企业 | Medium-sized Enterprises |
| 小型企业 | Small Enterprises |
| **按行业分** | **Grouped by Sector** |
| 黑色金属矿采选业 | Ferrous Metals Mining and Dressing |
| 有色金属矿采选业 | Nonferrous Metals Mining and Dressing |
| 非金属矿采选业 | Nonmetal Minerals Mining and Dressing |
| 农副食品加工业 | Agricultural and Non-staple Food Processing Industry |
| 食品制造业 | Food Manufacturing |
| 饮料制造业 | Beverage Manufacturing |
| 纺织业 | Textile Industry |
| 纺织服装、鞋、帽制造业 | Textile Dress, Footwear and Headgear Manufacturing |
| 皮革毛皮羽毛（绒）及其制品业 | Leather, Furs, Down and Related Products |
| 木材加工及木竹藤棕草制品业 | Timber Processing, Bamboo, Cane, Palm Fiber and Straw Products |
| 家具制造业 | Furniture Manufacturing |
| 造纸及纸制品业 | Papermaking and Paper Products |
| 印刷业和记录媒介的复制 | Printing and Record Medium Reproduction |
| 文教体育用品制造业 | Cultural, Educational and Sports Goods |
| 石油加工、炼焦及核燃料加工业 | Petroleum Processing, Coking and Nuclear Fuel Processing |
| 化学原料及制品制造业 | Raw Chemical Materials and Chemical Products |
| 医药制造业 | Medical and Pharmaceutical Products |
| 化学纤维制造业 | Chemical Fiber |
| 橡胶制品业 | Rubber Products |
| 塑料制品业 | Plastic Products |
| 非金属矿物制品业 | Nonmetal Mineral Products |
| 黑色金属冶炼及压延加工业 | Smelting and Pressing of Ferrous Metals |
| 有色金属冶炼及压延加工业 | Smelting and Pressing of Nonferrous Metals |
| 金属制品业 | Metal Products |
| 通用设备制造业 | Equipments in Current Use |
| 专用设备制造业 | Equipments in Special Use |
| 交通运输设备制造业 | Transport Equipment |
| 电气机械及器材制造业 | Electric Equipment and Machinery |
| 通信设备、计算机及其他电子设备制造业 | Telecommunication Equipment, Computer and Other Electronic Equipment Manufacturing |
| 仪器仪表及文化办公用机械 | Instruments, Meters, Cultural and Office |
| 工艺品及其他制造业 | Handiwork and Other Manufacturing |
| 废弃资源和废旧材料回收工业 | Recovery and Processing of Discarded Resources and Waste Materials |
| 电力、热力的生产和供应业 | Production and Supply of Electric Power and Heating Power |
| 燃气生产和供应业 | Production and Supply of Gas |
| 水的生产和供应业 | Production and Supply of Tap Water |

Main Indicators on Economic Benefit of Industrial Enterprises with Hong Kong, Macao, Taiwan and Foreign Funds (2010)

| 总资产贡献率 (%) Ratio of Total Assets to Industrial Output Value (%) | 资产负债率 (%) Assets-liability Ratio (%) | 流动资产周转次数 (次/年) Number of Times of Annual of Turnover Circulating Funds (times/year) | 工业成本费用利润率 (%) Ratio of Profits to Industrial Cost (%) | 产品销售率 (%) Proportion of Products Sold (%) |
|---|---|---|---|---|
| **22.05** | **58.02** | **2.37** | **12.43** | **97.71** |
| 16.56 | 57.64 | 2.53 | 10.27 | 97.99 |
| 25.12 | 58.24 | 2.30 | 13.47 | 97.59 |
| 28.93 | 57.27 | 2.72 | 12.96 | 97.02 |
| 18.56 | 58.41 | 2.17 | 12.04 | 98.29 |
| 35.74 | 65.11 | 2.32 | 15.24 | 98.14 |
| 19.62 | 57.98 | 2.48 | 12.90 | 97.36 |
| 14.18 | 51.57 | 2.25 | 7.96 | 97.73 |
| 28.67 | 22.95 | 1.35 | 77.53 | 97.15 |
| 8.92 | 15.42 | 0.37 | 31.36 | 101.56 |
| 8.76 | 24.61 | 1.66 | 7.45 | 102.10 |
| 11.65 | 51.88 | 2.60 | 7.01 | 99.24 |
| 25.27 | 48.75 | 3.94 | 11.10 | 71.69 |
| 22.74 | 67.08 | 2.10 | 15.15 | 97.05 |
| 13.26 | 51.15 | 2.92 | 7.69 | 96.75 |
| 15.93 | 57.69 | 3.49 | 7.97 | 98.19 |
| 32.28 | 60.52 | 2.64 | 18.70 | 95.58 |
| 13.47 | 62.44 | 2.15 | 5.89 | 95.92 |
| 39.12 | 60.86 | 2.71 | 19.30 | 110.20 |
| 17.43 | 51.09 | 2.06 | 14.47 | 97.67 |
| 18.45 | 56.27 | 1.44 | 21.35 | 96.45 |
| 21.39 | 59.66 | 2.68 | 10.05 | 99.01 |
| 3.08 | 56.61 | 2.05 | 2.82 | 94.36 |
| 31.40 | 61.33 | 2.12 | 20.10 | 102.55 |
| 19.40 | 46.59 | 1.90 | 14.28 | 95.12 |
| 22.01 | 78.16 | 3.67 | 9.57 | 94.45 |
| 17.65 | 51.02 | 1.94 | 12.61 | 99.79 |
| 24.78 | 47.74 | 2.46 | 15.75 | 99.32 |
| 12.92 | 46.87 | 1.62 | 19.65 | 96.56 |
| 31.59 | 64.86 | 4.20 | 10.00 | 95.58 |
| 0.46 | 86.81 | 4.57 | -1.03 | 98.57 |
| 23.79 | 48.75 | 1.68 | 15.75 | 95.27 |
| 23.05 | 63.16 | 1.69 | 17.73 | 99.73 |
| 31.93 | 57.28 | 1.88 | 17.18 | 104.50 |
| 18.85 | 61.91 | 2.46 | 8.48 | 97.38 |
| 34.16 | 60.94 | 2.59 | 11.30 | 96.15 |
| 9.12 | 53.20 | 1.72 | 6.73 | 99.14 |
| 42.03 | 51.53 | 1.54 | 36.22 | 99.82 |
| 41.14 | 46.68 | 4.17 | 12.52 | 96.77 |
| 78.74 | 62.90 | 5.49 | 12.14 | 103.53 |
| 12.12 | 65.33 | 3.10 | 9.00 | 98.62 |
| 10.15 | 59.08 | 1.94 | 12.58 | 98.26 |
| 7.47 | 45.26 | 1.53 | 21.97 | 94.40 |

## 13—12 私营工业企业主要经济指标（2010年）

| 行　业 | Sector | 企业单位数（个）Number of Enterprises (unit) | 工业总产值（现价）Gross Industrial Output Value |
|---|---|---|---|
| **总　计** | **Total** | **11269** | **6068.83** |
| **总计中：** | **Of the Total:** | | |
| 私营独资 | Private Sole-source Investment Enterprise | 1382 | 492.62 |
| 私营合伙 | Private Partnership Enterprise | 245 | 72.72 |
| 私营有限责任公司 | Private Companies with Limited Liabilities | 9165 | 5038.72 |
| 私营股份有限公司 | Private Share-holding Companies with Limited Liabilities | 477 | 464.76 |
| **总计中：** | **Of the Total:** | | |
| 轻工业 | Light Industry | 4560 | 2310.83 |
| 重工业 | Heavy Industry | 6709 | 3758.00 |
| **总计中：** | **Of the Total:** | | |
| 大型企业 | Large-sized Enterprises | 8 | 208.82 |
| 中型企业 | Medium-sized Enterprises | 312 | 1158.62 |
| 小型企业 | Small Enterprises | 10949 | 4701.39 |
| **按行业分** | **Grouped by Sector** | | |
| 煤炭开采和洗选业 | Coal Mining and Dressing | 59 | 34.98 |
| 黑色金属矿采选业 | Ferrous Metals Mining and Dressing | 109 | 134.19 |
| 有色金属矿采选业 | Nonferrous Metals Mining and Dressing | 70 | 44.75 |
| 非金属矿采选业 | Nonmetal Minerals Mining and Dressing | 250 | 74.50 |
| 农副食品加工业 | Agricultural and Non-staple Food Processing Industry | 1156 | 846.77 |
| 食品制造业 | Food Manufacturing | 214 | 111.57 |
| 饮料制造业 | Beverage Manufacturing | 225 | 88.78 |
| 烟草制品业 | Tobacco Manufacturing | 1 | 0.20 |
| 纺织业 | Textile Industry | 520 | 280.73 |
| 纺织服装、鞋、帽制造业 | Textile Dress, Footwear and Headgear Manufacturing | 518 | 155.56 |
| 皮革毛皮羽毛（绒）及其制品业 | Leather, Furs, Down and Related Products | 179 | 82.75 |
| 木材加工及木竹藤棕草制品业 | Timber Processing, Bamboo, Cane, Palm Fiber and Straw Products | 470 | 185.25 |
| 家具制造业 | Furniture Manufacturing | 148 | 48.99 |
| 造纸及纸制品业 | Papermaking and Paper Products | 184 | 100.95 |
| 印刷业和记录媒介的复制 | Printing and Record Medium Reproduction | 139 | 44.20 |
| 文教体育用品制造业 | Cultural, Educational and Sports Goods | 138 | 41.37 |
| 石油加工、炼焦及核燃料加工业 | Petroleum Processing, Coking and Nuclear Fuel Processing | 16 | 9.32 |
| 化学原料及制品制造业 | Raw Chemical Materials and Chemical Products | 674 | 337.03 |
| 医药制造业 | Medical and Pharmaceutical Products | 128 | 83.68 |
| 化学纤维制造业 | Chemical Fiber | 24 | 8.88 |
| 橡胶制品业 | Rubber Products | 113 | 36.90 |
| 塑料制品业 | Plastic Products | 611 | 253.09 |
| 非金属矿物制品业 | Nonmetal Mineral Products | 1216 | 458.00 |
| 黑色金属冶炼及压延加工业 | Smelting and Pressing of Ferrous Metals | 133 | 394.51 |
| 有色金属冶炼及压延加工业 | Smelting and Pressing of Nonferrous Metals | 132 | 231.48 |
| 金属制品业 | Metal Products | 586 | 269.67 |
| 通用设备制造业 | Equipments in Current Use | 1000 | 419.13 |
| 专用设备制造业 | Equipments in Special Use | 482 | 184.67 |
| 交通运输设备制造业 | Transport Equipment | 576 | 325.02 |
| 电气机械及器材制造业 | Electric Equipment and Machinery | 711 | 543.20 |
| 通信设备、计算机及其他电子设备制造业 | Telecommunication Equipment, Computer and Other Electronic Equipment Manufacturing | 194 | 87.89 |
| 仪器仪表及文化办公用机械 | Instruments, Meters, Cultural and Office | 81 | 31.54 |
| 工艺品及其他制造业 | Handiwork and Other Manufacturing | 149 | 53.21 |
| 废弃资源和废旧材料回收工业 | Recovery and Processing of Discarded Resources and Waste Materials | 39 | 62.78 |
| 电力、热力的生产和供应业 | Production and Supply of Electric Power and Heating Power | 6 | 1.14 |
| 燃气生产和供应业 | Production and Supply of Gas | 5 | 0.83 |
| 水的生产和供应业 | Production and Supply of Tap Water | 13 | 1.32 |

Main Indicators of Private Enterprises (2010)

单位：亿元 (100 million yuan)

| 工业销售产值（现价） Value of Industrial Products Sales (At current prices) | #出口交货值 Delivery Value for Export | 资产合计 Total Assets | 流动资产合计 Circulating Funds | #存货 Stock | #产成品 Finished Product | 固定资产合计 Total of Fixed Assets | 固定资产原价 Original Value of Fixed Assets | 固定资产累计折旧 Accumulated Depreciation of Fixed Assets | 固定资产净值年平均余额 Annual Average Balance of Net Value of Fixed Assets |
|---|---|---|---|---|---|---|---|---|---|
| **5869.61** | **226.33** | **3384.86** | **1781.14** | **477.13** | **215.27** | **1222.09** | **1394.93** | **284.41** | **1110.55** |
| 477.85 | 13.16 | 208.97 | 97.65 | 27.30 | 12.99 | 93.22 | 109.09 | 20.62 | 88.50 |
| 70.68 | 1.21 | 44.09 | 24.88 | 5.85 | 2.67 | 16.21 | 18.15 | 3.16 | 14.99 |
| 4877.11 | 196.18 | 2830.01 | 1493.21 | 398.07 | 177.75 | 1012.12 | 1148.83 | 229.81 | 919.02 |
| 443.96 | 15.77 | 301.79 | 165.39 | 45.91 | 21.87 | 100.53 | 118.86 | 30.82 | 88.04 |
| 2239.13 | 157.47 | 1101.75 | 554.60 | 196.44 | 88.00 | 435.17 | 499.52 | 101.55 | 397.99 |
| 3630.47 | 68.85 | 2283.11 | 1226.54 | 280.69 | 127.27 | 786.92 | 895.42 | 182.85 | 712.56 |
| 205.71 | 13.48 | 148.80 | 85.93 | 24.04 | 8.17 | 51.15 | 66.34 | 16.64 | 49.71 |
| 1108.69 | 88.28 | 752.27 | 398.48 | 100.46 | 43.28 | 264.65 | 300.47 | 73.43 | 227.04 |
| 4555.20 | 124.57 | 2483.80 | 1296.72 | 352.63 | 163.82 | 906.29 | 1028.12 | 194.34 | 833.81 |
| 34.56 | | 29.74 | 10.12 | 1.86 | 1.27 | 13.90 | 15.48 | 2.15 | 13.34 |
| 128.43 | | 109.11 | 40.93 | 7.07 | 4.62 | 41.26 | 36.02 | 5.33 | 30.69 |
| 43.50 | | 30.90 | 9.94 | 2.00 | 0.76 | 17.17 | 20.23 | 3.79 | 16.45 |
| 71.32 | 0.41 | 33.03 | 15.43 | 3.04 | 1.66 | 13.94 | 16.34 | 3.24 | 13.10 |
| 830.71 | 13.01 | 311.65 | 152.97 | 64.31 | 25.21 | 127.43 | 143.81 | 26.91 | 116.90 |
| 108.39 | 3.76 | 55.25 | 25.38 | 9.93 | 4.43 | 24.14 | 28.13 | 5.43 | 22.71 |
| 86.39 | 2.17 | 54.27 | 27.47 | 12.63 | 6.18 | 20.80 | 22.64 | 3.59 | 19.05 |
| 0.20 | | 0.09 | 0.04 | 0.01 | 0.01 | 0.05 | 0.04 | 0.01 | 0.03 |
| 268.38 | 49.15 | 140.00 | 70.82 | 27.01 | 11.26 | 52.56 | 64.53 | 14.95 | 49.58 |
| 151.51 | 19.40 | 71.17 | 33.37 | 9.01 | 4.28 | 30.75 | 34.24 | 5.27 | 28.96 |
| 79.65 | 9.98 | 40.15 | 26.35 | 10.89 | 6.01 | 10.39 | 13.47 | 3.94 | 9.53 |
| 179.68 | 14.74 | 72.43 | 34.87 | 12.07 | 6.51 | 30.56 | 34.40 | 6.27 | 28.13 |
| 46.94 | 1.70 | 25.78 | 13.04 | 4.64 | 2.07 | 8.94 | 10.08 | 1.96 | 8.12 |
| 100.33 | 1.15 | 57.53 | 25.04 | 6.12 | 3.23 | 27.61 | 32.69 | 6.66 | 26.03 |
| 43.05 | 0.26 | 30.86 | 14.65 | 3.95 | 1.96 | 13.44 | 16.21 | 4.12 | 12.09 |
| 39.57 | 8.73 | 20.98 | 11.16 | 3.39 | 1.64 | 8.36 | 9.58 | 2.09 | 7.49 |
| 9.10 | | 7.95 | 5.03 | 0.54 | 0.15 | 1.67 | 1.72 | 0.52 | 1.19 |
| 324.82 | 11.41 | 173.83 | 95.26 | 24.85 | 11.78 | 59.99 | 68.06 | 13.77 | 54.29 |
| 78.42 | 4.32 | 59.03 | 31.17 | 8.17 | 4.20 | 20.88 | 24.80 | 6.59 | 18.21 |
| 8.73 | | 4.44 | 2.18 | 0.29 | 0.06 | 2.20 | 2.54 | 0.60 | 1.94 |
| 35.86 | 0.85 | 27.48 | 13.67 | 3.37 | 1.62 | 11.86 | 13.25 | 2.33 | 10.91 |
| 239.58 | 1.16 | 124.75 | 63.88 | 16.86 | 8.07 | 46.70 | 51.82 | 9.32 | 42.53 |
| 442.56 | 8.98 | 332.67 | 150.74 | 34.43 | 14.49 | 154.86 | 181.50 | 36.95 | 144.55 |
| 389.32 | 15.98 | 215.46 | 132.50 | 31.87 | 14.75 | 72.08 | 88.50 | 19.47 | 69.03 |
| 228.21 | 0.86 | 60.04 | 38.37 | 12.65 | 5.25 | 11.23 | 11.50 | 1.88 | 9.63 |
| 253.97 | 3.05 | 152.61 | 83.03 | 23.81 | 8.03 | 54.39 | 62.26 | 12.30 | 49.96 |
| 397.62 | 10.68 | 266.36 | 145.89 | 40.28 | 19.12 | 95.45 | 107.79 | 24.70 | 83.08 |
| 177.39 | 8.68 | 117.77 | 66.98 | 15.25 | 6.24 | 42.34 | 47.85 | 8.93 | 38.92 |
| 309.20 | 5.17 | 178.60 | 101.56 | 24.71 | 12.43 | 60.00 | 70.54 | 15.54 | 55.00 |
| 525.00 | 8.50 | 383.82 | 239.40 | 41.66 | 19.56 | 103.92 | 113.64 | 23.54 | 90.09 |
| 83.56 | 9.98 | 122.43 | 59.07 | 8.38 | 3.08 | 16.85 | 19.46 | 5.27 | 14.19 |
| 30.41 | 0.29 | 20.15 | 12.79 | 2.78 | 0.92 | 4.89 | 5.81 | 1.36 | 4.46 |
| 50.91 | 11.96 | 26.65 | 14.15 | 5.14 | 2.95 | 10.09 | 12.50 | 2.85 | 9.65 |
| 69.07 | | 21.73 | 12.60 | 4.05 | 1.42 | 7.40 | 9.02 | 2.00 | 7.03 |
| 1.14 | | 2.13 | 0.42 | 0.03 | | 1.65 | 2.04 | 0.39 | 1.65 |
| 0.82 | | 0.34 | 0.16 | 0.04 | 0.03 | 0.16 | 0.18 | 0.02 | 0.16 |
| 1.29 | | 3.69 | 0.72 | 0.06 | 0.02 | 2.15 | 2.26 | 0.39 | 1.87 |

## 13—12 续表 continued

| 行 业 | Sector | 负债合计 Total Liabilities | 流动负债 Liquid Liabilities |
|---|---|---|---|
| **总 计** | **Total** | **1709.80** | **1474.13** |
| **总计中：** | **Of the Total:** | | |
| 私营独资 | Private Sole-source Investment Enterprise | 91.42 | 79.37 |
| 私营合伙 | Private Partnership Enterprise | 21.09 | 19.05 |
| 私营有限责任公司 | Private Companies with Limited Liabilities | 1438.94 | 1240.92 |
| 私营股份有限公司 | Private Share-holding Companies with Limited Liabilities | 158.34 | 134.79 |
| **总计中：** | **Of the Total:** | | |
| 轻工业 | Light Industry | 528.48 | 459.05 |
| 重工业 | Heavy Industry | 1181.31 | 1015.08 |
| **总计中：** | **Of the Total:** | | |
| 大型企业 | Large-sized Enterprises | 89.78 | 70.43 |
| 中型企业 | Medium-sized Enterprises | 406.62 | 338.04 |
| 小型企业 | Small Enterprises | 1213.39 | 1065.66 |
| **按行业分** | **Grouped by Sector** | | |
| 煤炭开采和洗选业 | Coal Mining and Dressing | 14.05 | 11.09 |
| 黑色金属矿采选业 | Ferrous Metals Mining and Dressing | 69.79 | 48.92 |
| 有色金属矿采选业 | Nonferrous Metals Mining and Dressing | 13.06 | 9.20 |
| 非金属矿采选业 | Nonmetal Minerals Mining and Dressing | 16.59 | 13.38 |
| 农副食品加工业 | Agricultural and Non-staple Food Processing Industry | 134.38 | 113.10 |
| 食品制造业 | Food Manufacturing | 24.89 | 21.34 |
| 饮料制造业 | Beverage Manufacturing | 26.97 | 23.60 |
| 烟草制品业 | Tobacco Manufacturing | 0.04 | 0.03 |
| 纺织业 | Textile Industry | 74.73 | 63.96 |
| 纺织服装、鞋、帽制造业 | Textile Dress, Footwear and Headgear Manufacturing | 34.67 | 30.49 |
| 皮革毛皮羽毛（绒）及其制品业 | Leather, Furs, Down and Related Products | 20.26 | 18.04 |
| 木材加工及木竹藤棕草制品业 | Timber Processing, Bamboo, Cane, Palm Fiber and Straw Products | 33.12 | 27.70 |
| 家具制造业 | Furniture Manufacturing | 11.51 | 8.44 |
| 造纸及纸制品业 | Papermaking and Paper Products | 26.48 | 22.68 |
| 印刷业和记录媒介的复制 | Printing and Record Medium Reproduction | 16.29 | 14.96 |
| 文教体育用品制造业 | Cultural, Educational and Sports Goods | 10.92 | 10.37 |
| 石油加工、炼焦及核燃料加工业 | Petroleum Processing, Coking and Nuclear Fuel Processing | 5.55 | 4.58 |
| 化学原料及制品制造业 | Raw Chemical Materials and Chemical Products | 91.46 | 80.69 |
| 医药制造业 | Medical and Pharmaceutical Products | 25.88 | 22.55 |
| 化学纤维制造业 | Chemical Fiber | 2.29 | 1.39 |
| 橡胶制品业 | Rubber Products | 10.83 | 9.71 |
| 塑料制品业 | Plastic Products | 61.89 | 52.82 |
| 非金属矿物制品业 | Nonmetal Mineral Products | 181.84 | 152.84 |
| 黑色金属冶炼及压延加工业 | Smelting and Pressing of Ferrous Metals | 130.16 | 111.43 |
| 有色金属冶炼及压延加工业 | Smelting and Pressing of Nonferrous Metals | 39.11 | 34.42 |
| 金属制品业 | Metal Products | 79.09 | 70.40 |
| 通用设备制造业 | Equipments in Current Use | 138.12 | 120.05 |
| 专用设备制造业 | Equipments in Special Use | 56.96 | 52.69 |
| 交通运输设备制造业 | Transport Equipment | 109.09 | 96.42 |
| 电气机械及器材制造业 | Electric Equipment and Machinery | 180.84 | 166.87 |
| 通信设备、计算机及其他电子设备制造业 | Telecommunication Equipment, Computer and Other Electronic Equipment Manufacturing | 35.44 | 29.18 |
| 仪器仪表及文化办公用机械 | Instruments, Meters, Cultural and Office | 8.08 | 7.52 |
| 工艺品及其他制造业 | Handiwork and Other Manufacturing | 11.52 | 10.62 |
| 废弃资源和废旧材料回收工业 | Recovery and Processing of Discarded Resources and Waste Materials | 10.29 | 9.80 |
| 电力、热力的生产和供应业 | Production and Supply of Electric Power and Heating Power | 1.54 | 1.29 |
| 燃气生产和供应业 | Production and Supply of Gas | 0.08 | 0.06 |
| 水的生产和供应业 | Production and Supply of Tap Water | 2.02 | 1.51 |

单位：亿元 (100 million yuan)

| 长期负债 Long-term Liabilities | 所有者权益 Creditors' Equity | #实收资本 Capital Hold | 主营业务收入 Revenue from Principal Business | 主营业务成本 Cost of Principal Business | 主营业务税金及附加 Business and Extra Charges | 利润总额 Total Profits | 本年应付工资 Wages Payable in This Year | 本年应交增值税 Value Added Tax Payable | 全部从业人员年平均人数(万人) Annual Average employed Persons (10000 persons) |
|---|---|---|---|---|---|---|---|---|---|
| **170.78** | **1646.37** | **839.59** | **5755.37** | **4935.18** | **39.89** | **414.73** | **272.15** | **138.33** | **99.43** |
| 7.62 | 116.62 | 56.00 | 474.38 | 413.07 | 3.74 | 28.44 | 23.54 | 9.20 | 9.33 |
| 1.12 | 21.91 | 13.87 | 74.65 | 64.47 | 0.86 | 4.39 | 3.36 | 1.20 | 1.63 |
| 142.08 | 1366.29 | 701.79 | 4760.37 | 4081.09 | 29.15 | 344.06 | 221.28 | 114.16 | 81.39 |
| 19.95 | 141.56 | 67.93 | 445.97 | 376.55 | 6.14 | 37.85 | 23.97 | 13.78 | 7.09 |
| 48.95 | 564.18 | 243.33 | 2214.07 | 1919.36 | 14.34 | 156.68 | 120.33 | 40.77 | 45.97 |
| 121.83 | 1082.19 | 596.26 | 3541.29 | 3015.82 | 25.55 | 258.06 | 151.82 | 97.56 | 53.46 |
| 19.36 | 59.01 | 16.62 | 204.76 | 169.18 | 0.58 | 16.19 | 11.12 | 7.63 | 2.55 |
| 54.96 | 342.27 | 138.44 | 1066.19 | 881.29 | 9.23 | 107.72 | 70.94 | 31.06 | 19.44 |
| 96.47 | 1245.09 | 684.54 | 4484.41 | 3884.70 | 30.08 | 290.83 | 190.09 | 99.63 | 77.44 |
| 2.81 | 15.52 | 7.31 | 35.03 | 29.21 | 0.42 | 3.44 | 3.37 | 1.35 | 1.01 |
| 18.84 | 38.51 | 18.69 | 108.59 | 89.89 | 1.25 | 10.81 | 4.03 | 3.24 | 1.34 |
| 1.57 | 16.87 | 7.34 | 43.85 | 35.27 | 0.75 | 4.08 | 2.85 | 1.31 | 0.82 |
| 2.64 | 16.37 | 10.28 | 71.34 | 56.44 | 1.21 | 4.02 | 3.35 | 2.13 | 1.29 |
| 15.04 | 175.48 | 63.05 | 830.28 | 744.41 | 3.91 | 51.04 | 23.32 | 9.93 | 8.09 |
| 2.86 | 30.16 | 11.99 | 108.43 | 93.76 | 0.59 | 6.79 | 5.54 | 1.92 | 2.18 |
| 2.24 | 25.16 | 11.94 | 85.44 | 67.93 | 3.01 | 8.52 | 3.85 | 2.50 | 1.46 |
| 0.01 | 0.06 | 0.01 | 0.20 | 0.14 |  | 0.05 | 0.01 |  |  |
| 8.28 | 65.04 | 27.83 | 262.46 | 228.89 | 1.57 | 19.03 | 20.09 | 5.10 | 7.94 |
| 2.09 | 35.84 | 17.74 | 146.69 | 126.69 | 1.47 | 8.36 | 18.49 | 3.20 | 7.89 |
| 1.44 | 19.29 | 9.37 | 80.30 | 69.72 | 0.31 | 5.34 | 3.93 | 1.51 | 1.95 |
| 3.75 | 38.68 | 17.33 | 178.98 | 158.29 | 1.26 | 12.66 | 8.44 | 3.80 | 3.21 |
| 1.86 | 14.08 | 7.23 | 46.61 | 37.82 | 0.31 | 4.25 | 2.92 | 0.90 | 0.98 |
| 2.84 | 30.98 | 14.07 | 96.64 | 85.45 | 0.38 | 5.63 | 5.61 | 1.89 | 1.79 |
| 1.14 | 14.48 | 7.60 | 41.59 | 32.89 | 0.28 | 4.95 | 2.28 | 0.83 | 0.93 |
| 0.32 | 9.85 | 4.25 | 38.80 | 33.26 | 0.17 | 2.46 | 4.11 | 1.00 | 1.79 |
|  | 2.38 | 2.15 | 10.37 | 9.38 | 0.02 | 0.05 | 0.16 | 0.14 | 0.08 |
| 8.17 | 81.24 | 40.82 | 310.49 | 263.64 | 1.54 | 26.94 | 10.40 | 5.35 | 4.10 |
| 2.70 | 32.49 | 16.86 | 76.22 | 61.54 | 0.37 | 6.91 | 4.19 | 2.11 | 1.35 |
| 0.61 | 2.14 | 1.02 | 8.79 | 7.54 | 0.02 | 0.57 | 0.55 | 0.20 | 0.19 |
| 0.56 | 15.98 | 7.69 | 36.18 | 28.81 | 0.23 | 3.80 | 2.33 | 0.82 | 0.88 |
| 5.37 | 62.34 | 31.43 | 231.68 | 198.06 | 1.28 | 23.12 | 10.90 | 4.93 | 3.96 |
| 21.35 | 148.55 | 89.65 | 427.48 | 362.30 | 3.51 | 27.72 | 24.28 | 12.09 | 9.65 |
| 18.55 | 84.42 | 34.85 | 393.10 | 343.35 | 4.70 | 19.14 | 8.26 | 9.67 | 2.26 |
| 1.01 | 20.65 | 10.35 | 224.06 | 208.06 | 0.34 | 10.81 | 1.86 | 8.18 | 0.83 |
| 5.24 | 72.47 | 35.88 | 251.80 | 218.94 | 1.54 | 18.49 | 13.03 | 7.46 | 4.30 |
| 12.93 | 127.23 | 57.47 | 383.95 | 319.66 | 2.01 | 33.29 | 22.86 | 11.46 | 7.93 |
| 2.73 | 59.84 | 26.63 | 173.60 | 146.08 | 1.43 | 13.66 | 9.91 | 4.29 | 3.67 |
| 8.17 | 68.72 | 31.18 | 295.71 | 257.09 | 1.25 | 16.78 | 17.05 | 6.42 | 6.04 |
| 8.11 | 201.14 | 141.37 | 519.64 | 423.46 | 2.18 | 40.11 | 20.27 | 15.38 | 6.64 |
| 5.74 | 79.93 | 56.83 | 83.03 | 67.16 | 0.45 | 8.59 | 7.08 | 3.29 | 2.25 |
| 0.26 | 11.96 | 7.06 | 30.37 | 24.44 | 0.16 | 2.73 | 1.78 | 1.06 | 0.59 |
| 0.42 | 14.65 | 5.91 | 50.08 | 40.96 | 0.40 | 5.22 | 3.57 | 1.51 | 1.57 |
| 0.37 | 11.41 | 4.53 | 70.49 | 62.10 | 1.54 | 5.27 | 1.32 | 3.29 | 0.37 |
| 0.25 | 0.59 | 0.35 | 1.06 | 0.86 | 0.01 | 0.04 | 0.05 | 0.05 | 0.03 |
| 0.01 | 0.24 | 0.23 | 0.84 | 0.77 | 0.00 | 0.02 | 0.03 | 0.01 | 0.01 |
| 0.51 | 1.66 | 1.32 | 1.23 | 0.91 | 0.02 | 0.06 | 0.09 | 0.03 | 0.06 |

## 13—13 私营工业企业主要经济效益指标（2010年）

| 行　业 | Sector |
|---|---|
| **总　　计** | **Total** |
| **总计中：** | **Of the Total:** |
| 私营独资 | Private Sole-source Investment Enterprise |
| 私营合伙 | Private Partnership Enterprise |
| 私营有限责任公司 | Private Companies with Limited Liabilities |
| 私营股份有限公司 | Private Share-holding Companies with Limited Liabilities |
| **总计中：** | **Of the Total:** |
| 轻工业 | Light Industry |
| 重工业 | Heavy Industry |
| **总计中：** | **Of the Total:** |
| 大型企业 | Large-sized Enterprises |
| 中型企业 | Medium-sized Enterprises |
| 小型企业 | Small Enterprises |
| **按行业分** | **Grouped by Sector** |
| 煤炭开采和洗选业 | Coal Mining and Dressing |
| 黑色金属矿采选业 | Ferrous Metals Mining and Dressing |
| 有色金属矿采选业 | Nonferrous Metals Mining and Dressing |
| 非金属矿采选业 | Nonmetal Minerals Mining and Dressing |
| 农副食品加工业 | Agricultural and Non-staple Food Processing Industry |
| 食品制造业 | Food Manufacturing |
| 饮料制造业 | Beverage Manufacturing |
| 烟草制品业 | Tobacco Manufacturing |
| 纺织业 | Textile Industry |
| 纺织服装、鞋、帽制造业 | Textile Dress, Footwear and Headgear Manufacturing |
| 皮革毛皮羽毛（绒）及其制品业 | Leather, Furs, Down and Related Products |
| 木材加工及木竹藤棕草制品业 | Timber Processing, Bamboo, Cane, Palm Fiber and Straw Products |
| 家具制造业 | Furniture Manufacturing |
| 造纸及纸制品业 | Papermaking and Paper Products |
| 印刷业和记录媒介的复制 | Printing and Record Medium Reproduction |
| 文教体育用品制造业 | Cultural, Educational and Sports Goods |
| 石油加工、炼焦及核燃料加工业 | Petroleum Processing, Coking and Nuclear Fuel Processing |
| 化学原料及制品制造业 | Raw Chemical Materials and Chemical Products |
| 医药制造业 | Medical and Pharmaceutical Products |
| 化学纤维制造业 | Chemical Fiber |
| 橡胶制品业 | Rubber Products |
| 塑料制品业 | Plastic Products |
| 非金属矿物制品业 | Nonmetal Mineral Products |
| 黑色金属冶炼及压延加工业 | Smelting and Pressing of Ferrous Metals |
| 有色金属冶炼及压延加工业 | Smelting and Pressing of Nonferrous Metals |
| 金属制品业 | Metal Products |
| 通用设备制造业 | Equipments in Current Use |
| 专用设备制造业 | Equipments in Special Use |
| 交通运输设备制造业 | Transport Equipment |
| 电气机械及器材制造业 | Electric Equipment and Machinery |
| 通信设备、计算机及其他电子设备制造业 | Telecommunication Equipment, Computer and Other Electronic Equipment Manufacturing |
| 仪器仪表及文化办公用机械 | Instruments, Meters, Cultural and Office |
| 工艺品及其他制造业 | Handiwork and Other Manufacturing |
| 废弃资源和废旧材料回收工业 | Recovery and Processing of Discarded Resources and Waste Materials |
| 电力、热力的生产和供应业 | Production and Supply of Electric Power and Heating Power |
| 燃气生产和供应业 | Production and Supply of Gas |
| 水的生产和供应业 | Production and Supply of Tap Water |

Main Indicators on Economic Benefit of Private Industrial Enterprises (2010)

| 总资产贡献率 (%) Ratio of Total Assets to Industrial Output Value (%) | 资产负债率 (%) Assets-liability Ratio (%) | 流动资产周转次数 (次/年) Number of Times of Annual of Turnover Circulating Funds (times/year) | 工业成本费用利润率 (%) Ratio of Profits to Industrial Cost (%) | 产品销售率 (%) Proportion of Products Sold (%) |
|---|---|---|---|---|
| **18.72** | **50.51** | **3.23** | **7.79** | **96.72** |
| 20.81 | 43.75 | 4.86 | 6.50 | 97.00 |
| 15.49 | 47.83 | 3.00 | 6.31 | 97.20 |
| 18.45 | 50.85 | 3.19 | 7.80 | 96.79 |
| 20.28 | 52.47 | 2.70 | 9.26 | 95.52 |
| 20.67 | 47.97 | 3.99 | 7.61 | 96.90 |
| 17.78 | 51.74 | 2.89 | 7.90 | 96.61 |
| 17.77 | 60.34 | 2.38 | 8.89 | 98.51 |
| 21.03 | 54.05 | 2.68 | 11.02 | 95.69 |
| 18.08 | 48.85 | 3.46 | 6.98 | 96.89 |
| 17.53 | 47.26 | 3.46 | 10.72 | 98.80 |
| 14.50 | 63.96 | 2.65 | 11.24 | 95.71 |
| 20.61 | 42.25 | 4.41 | 10.85 | 97.19 |
| 23.33 | 50.21 | 4.62 | 6.33 | 95.73 |
| 22.34 | 43.12 | 5.43 | 6.48 | 98.10 |
| 18.37 | 45.04 | 4.27 | 6.66 | 97.15 |
| 27.26 | 49.69 | 3.11 | 11.35 | 97.30 |
| 61.75 | 37.80 | 4.62 | 33.97 | 100.28 |
| 19.89 | 53.38 | 3.71 | 7.81 | 95.60 |
| 19.74 | 48.71 | 4.40 | 6.07 | 97.39 |
| 19.15 | 50.44 | 3.05 | 7.30 | 96.26 |
| 25.88 | 45.74 | 5.13 | 7.58 | 96.99 |
| 22.67 | 44.63 | 3.57 | 10.17 | 95.82 |
| 15.30 | 46.02 | 3.86 | 6.24 | 99.39 |
| 20.90 | 52.77 | 2.84 | 13.65 | 97.41 |
| 19.19 | 52.05 | 3.48 | 6.64 | 95.65 |
| 3.17 | 69.80 | 2.06 | 0.47 | 97.69 |
| 20.56 | 52.61 | 3.26 | 9.48 | 96.38 |
| 17.03 | 43.84 | 2.45 | 9.92 | 93.71 |
| 19.07 | 51.64 | 4.04 | 6.98 | 98.40 |
| 18.89 | 39.41 | 2.65 | 10.03 | 97.20 |
| 24.88 | 49.61 | 3.63 | 10.92 | 94.66 |
| 14.19 | 54.66 | 2.84 | 6.99 | 96.63 |
| 16.82 | 60.41 | 2.97 | 5.36 | 98.69 |
| 33.35 | 65.14 | 5.84 | 5.10 | 98.59 |
| 19.29 | 51.82 | 3.03 | 7.94 | 94.18 |
| 18.56 | 51.86 | 2.63 | 9.49 | 94.87 |
| 17.27 | 48.37 | 2.59 | 8.51 | 96.06 |
| 14.85 | 61.08 | 2.91 | 6.08 | 95.13 |
| 16.31 | 47.12 | 2.17 | 8.29 | 96.65 |
| 10.63 | 28.95 | 1.41 | 11.41 | 95.08 |
| 20.37 | 40.09 | 2.38 | 9.80 | 96.43 |
| 28.23 | 43.23 | 3.54 | 11.77 | 95.68 |
| 48.12 | 47.37 | 5.60 | 8.20 | 110.01 |
| 9.01 | 72.47 | 2.53 | 3.73 | 100.00 |
| 8.69 | 23.02 | 5.41 | 2.08 | 99.08 |
| 4.09 | 54.82 | 1.70 | 5.06 | 98.07 |

# 13—14 大中型工业企业主要经济指标（2010年）

| 行　业 | Sector | 企业单位数（个）Number of Enterprises (unit) | 工业总产值（现价）Gross Industrial Output Value |
|---|---|---|---|
| **总　计** | **Total** | **1120** | **11265.54** |
| **总计中：** | **Of the Total:** | | |
| 内资企业 | Domestic Funded Enterprise | 905 | 9294.52 |
| 国有企业 | State-owned Enterprise | 90 | 963.49 |
| 集体企业 | Collective-owned Enterprise | 12 | 73.72 |
| 股份合作企业 | Share Holding Cooperative Enterprises | 9 | 22.78 |
| 联营企业 | Joint Owned Enterprises | 3 | 5.42 |
| 有限责任公司 | Limited Liability Corporations | 348 | 4248.91 |
| 股份有限公司 | Share-holding Corporations Ltd. | 118 | 2580.16 |
| 私营企业 | Private Enterprises | 320 | 1367.44 |
| 其他企业 | Other Enterprises | 5 | 32.61 |
| 港澳台商投资企业 | Enterprises Funded by Entrepreneurs from Hong Kong, Macao and Taiwan | 86 | 557.26 |
| 外商投资企业 | Foreign Funded Enterprises | 129 | 1413.76 |
| **总计中：** | **Of the Total:** | | |
| 轻工业 | Light Industry | 452 | 2921.82 |
| 重工业 | Heavy Industry | 668 | 8343.72 |
| **总计中：** | **Of the Total:** | | |
| 大型企业 | Large-sized Enterprises | 100 | 6417.81 |
| 中型企业 | Medium-sized Enterprises | 1020 | 4847.73 |
| **按行业分** | **Grouped by Sector** | | |
| 煤炭开采和洗选业 | Coal Mining and Dressing | 25 | 886.99 |
| 黑色金属矿采选业 | Ferrous Metals Mining and Dressing | 14 | 99.91 |
| 有色金属矿采选业 | Nonferrous Metals Mining and Dressing | 5 | 8.62 |
| 非金属矿采选业 | Nonmetal Minerals Mining and Dressing | 3 | 6.52 |
| 农副食品加工业 | Agricultural and Non-staple Food Processing Industry | 51 | 351.32 |
| 食品制造业 | Food Manufacturing | 28 | 118.24 |
| 饮料制造业 | Beverage Manufacturing | 37 | 172.31 |
| 烟草制品业 | Tobacco Manufacturing | 6 | 225.67 |
| 纺织业 | Textile Industry | 78 | 207.82 |
| 纺织服装、鞋、帽制造业 | Textile Dress, Footwear and Headgear Manufacturing | 38 | 72.78 |
| 皮革毛皮羽毛（绒）及其制品业 | Leather, Furs, Down and Related Products | 19 | 66.34 |
| 木材加工及木竹藤棕草制品业 | Timber Processing, Bamboo, Cane, Palm Fiber and Straw Products | 15 | 44.52 |
| 家具制造业 | Furniture Manufacturing | 5 | 17.63 |
| 造纸及纸制品业 | Papermaking and Paper Products | 18 | 81.26 |
| 印刷业和记录媒介的复制 | Printing and Record Medium Reproduction | 9 | 43.22 |
| 文教体育用品制造业 | Cultural, Educational and Sports Goods | 10 | 17.65 |
| 石油加工、炼焦及核燃料加工业 | Petroleum Processing, Coking and Nuclear Fuel Processing | 4 | 307.84 |
| 化学原料及制品制造业 | Raw Chemical Materials and Chemical Products | 50 | 614.30 |
| 医药制造业 | Medical and Pharmaceutical Products | 30 | 95.61 |
| 化学纤维制造业 | Chemical Fiber | 4 | 45.41 |
| 橡胶制品业 | Rubber Products | 15 | 125.38 |
| 塑料制品业 | Plastic Products | 32 | 150.53 |
| 非金属矿物制品业 | Nonmetal Mineral Products | 69 | 345.62 |
| 黑色金属冶炼及压延加工业 | Smelting and Pressing of Ferrous Metals | 24 | 1105.05 |
| 有色金属冶炼及压延加工业 | Smelting and Pressing of Nonferrous Metals | 14 | 707.66 |
| 金属制品业 | Metal Products | 31 | 196.58 |
| 通用设备制造业 | Equipments in Current Use | 90 | 424.30 |
| 专用设备制造业 | Equipments in Special Use | 43 | 226.72 |
| 交通运输设备制造业 | Transport Equipment | 96 | 1330.68 |
| 电气机械及器材制造业 | Electric Equipment and Machinery | 105 | 1492.89 |
| 通信设备、计算机及其他电子设备制造业 | Telecommunication Equipment, Computer and Other Electronic Equipment Manufacturing | 43 | 207.36 |
| 仪器仪表及文化办公用机械 | Instruments, Meters, Cultural and Office | 5 | 52.40 |
| 工艺品及其他制造业 | Handiwork and Other Manufacturing | 15 | 36.69 |
| 废弃资源和废旧材料回收工业 | Recovery and Processing of Discarded Resources and Waste Materials | 10 | 129.83 |
| 电力、热力的生产和供应业 | Production and Supply of Electric Power and Heating Power | 61 | 1213.58 |
| 燃气生产和供应业 | Production and Supply of Gas | 7 | 25.12 |
| 水的生产和供应业 | Production and Supply of Tap Water | 11 | 11.21 |

Main Indicators of Large and Medium-sized Industrial Enterprises (2010)

单位：亿元 (100 million yuan)

| 工业销售产值（现价） Value of Industrial Products Sales (At current prices) | #出口交货值 Delivery Value for Export | 资产合计 Total Assets | 流动资产合计 Circulating Funds | #存货 Stock | #产成品 Finished Product | 固定资产合计 Total of Fixed Assets | 固定资产原价 Original Value of Fixed Assets | 固定资产累计折旧 Accumulated Depreciation of Fixed Assets | 固定资产净值年平均余额 Annual Average Balance of Net Value of Fixed Assets |
|---|---|---|---|---|---|---|---|---|---|
| **11027.35** | **605.82** | **11352.54** | **4616.20** | **1265.40** | **357.22** | **5291.11** | **6458.87** | **2263.58** | **4173.59** |
| 9101.57 | 392.16 | 10002.54 | 3893.76 | 1072.13 | 279.86 | 4765.16 | 5739.00 | 2008.89 | 3708.40 |
| 958.49 | 26.36 | 891.23 | 275.17 | 54.93 | 9.64 | 518.86 | 814.81 | 346.97 | 446.81 |
| 73.17 | 1.48 | 42.65 | 17.55 | 2.05 | 0.50 | 13.91 | 20.10 | 6.42 | 13.68 |
| 21.46 | | 19.62 | 13.25 | 4.47 | 2.02 | 5.47 | 7.25 | 1.92 | 5.33 |
| 5.47 | | 5.33 | 2.11 | 0.49 | 0.11 | 2.98 | 3.35 | 0.37 | 2.98 |
| 4171.63 | 66.32 | 5369.19 | 1946.82 | 548.15 | 118.32 | 2711.35 | 2890.20 | 924.28 | 1965.82 |
| 2524.35 | 196.25 | 2762.47 | 1147.14 | 333.74 | 97.65 | 1193.64 | 1630.78 | 636.16 | 994.05 |
| 1314.40 | 101.76 | 901.07 | 484.42 | 124.50 | 51.45 | 315.80 | 366.81 | 90.07 | 276.74 |
| 32.60 | 0.00 | 10.98 | 7.32 | 3.81 | 0.17 | 3.15 | 5.70 | 2.71 | 2.99 |
| 546.17 | 45.82 | 483.71 | 203.12 | 44.85 | 13.74 | 225.89 | 279.75 | 83.85 | 195.90 |
| 1379.61 | 167.84 | 866.29 | 519.32 | 148.41 | 63.62 | 300.07 | 440.13 | 170.84 | 269.28 |
| 2830.53 | 257.44 | 1909.70 | 1056.93 | 350.56 | 114.97 | 600.67 | 812.62 | 279.41 | 533.22 |
| 8196.82 | 348.39 | 9442.85 | 3559.27 | 914.84 | 242.25 | 4690.43 | 5646.25 | 1984.18 | 3640.37 |
| 6348.04 | 300.01 | 6832.07 | 2696.34 | 802.49 | 183.74 | 3253.63 | 3830.23 | 1464.03 | 2343.59 |
| 4679.31 | 305.81 | 4520.48 | 1919.86 | 462.91 | 173.48 | 2037.48 | 2628.64 | 799.55 | 1829.99 |
| 870.49 | | 2227.51 | 580.12 | 110.24 | 34.43 | 1412.86 | 1166.81 | 400.78 | 766.03 |
| 95.91 | | 245.71 | 59.10 | 5.44 | 2.50 | 75.27 | 74.97 | 24.61 | 50.36 |
| 8.53 | | 9.85 | 5.10 | 0.36 | 0.20 | 3.75 | 5.02 | 1.87 | 3.15 |
| 6.51 | 0.10 | 8.77 | 2.11 | 0.42 | 0.24 | 4.89 | 8.21 | 3.35 | 4.86 |
| 339.41 | 4.35 | 196.64 | 99.69 | 29.60 | 8.01 | 59.22 | 65.05 | 11.65 | 53.40 |
| 100.04 | 8.60 | 62.07 | 25.79 | 9.32 | 3.53 | 31.52 | 42.73 | 13.73 | 29.00 |
| 157.36 | 0.73 | 132.65 | 72.92 | 32.70 | 9.71 | 41.27 | 56.58 | 19.47 | 37.11 |
| 224.76 | 0.19 | 166.54 | 122.26 | 86.55 | 3.85 | 35.12 | 71.92 | 38.06 | 33.86 |
| 200.56 | 40.76 | 232.73 | 88.08 | 32.92 | 10.47 | 73.05 | 102.68 | 39.63 | 63.05 |
| 70.96 | 20.55 | 46.90 | 21.24 | 4.81 | 1.93 | 18.44 | 20.12 | 4.32 | 15.80 |
| 64.24 | 29.67 | 42.29 | 24.60 | 8.33 | 3.30 | 13.62 | 14.29 | 4.20 | 10.08 |
| 43.85 | 12.41 | 28.17 | 13.06 | 4.67 | 1.84 | 13.58 | 17.14 | 5.22 | 11.92 |
| 18.25 | 0.46 | 8.39 | 5.06 | 0.83 | 0.16 | 2.45 | 3.25 | 1.27 | 1.98 |
| 81.97 | 2.32 | 89.47 | 38.36 | 10.17 | 4.98 | 45.59 | 59.68 | 15.33 | 44.35 |
| 40.84 | 0.79 | 34.42 | 21.71 | 5.56 | 2.60 | 11.01 | 16.07 | 6.72 | 9.36 |
| 17.21 | 7.16 | 10.47 | 6.68 | 1.59 | 0.78 | 3.46 | 4.36 | 1.17 | 3.20 |
| 308.41 | | 102.84 | 25.52 | 13.77 | 3.51 | 68.51 | 133.03 | 56.78 | 55.47 |
| 604.43 | 43.14 | 517.27 | 237.25 | 54.52 | 23.00 | 226.53 | 301.94 | 104.74 | 197.21 |
| 92.27 | 3.78 | 109.67 | 50.37 | 13.01 | 6.36 | 44.15 | 58.05 | 18.74 | 39.31 |
| 42.80 | 5.56 | 70.05 | 22.64 | 8.61 | 3.50 | 24.55 | 36.75 | 13.04 | 23.71 |
| 121.51 | 42.46 | 113.04 | 61.17 | 17.57 | 5.59 | 36.00 | 59.93 | 27.26 | 32.67 |
| 144.33 | 10.14 | 138.94 | 70.86 | 16.57 | 5.28 | 47.95 | 68.14 | 23.70 | 44.44 |
| 330.06 | 12.48 | 515.01 | 169.67 | 26.46 | 8.74 | 283.91 | 335.68 | 96.37 | 239.31 |
| 1096.21 | 32.01 | 942.40 | 431.90 | 155.96 | 20.74 | 451.72 | 776.77 | 342.42 | 434.35 |
| 708.02 | 7.27 | 592.67 | 322.16 | 167.93 | 11.91 | 173.56 | 197.78 | 49.17 | 148.61 |
| 186.23 | 4.55 | 129.41 | 79.24 | 22.72 | 7.01 | 38.09 | 50.77 | 16.31 | 34.45 |
| 405.91 | 31.79 | 430.08 | 253.51 | 63.97 | 26.90 | 118.96 | 151.12 | 50.61 | 100.52 |
| 231.64 | 9.42 | 193.25 | 134.51 | 38.81 | 7.88 | 46.96 | 58.81 | 19.62 | 39.20 |
| 1302.68 | 136.07 | 1089.66 | 575.99 | 143.32 | 58.58 | 341.20 | 406.17 | 136.40 | 269.10 |
| 1456.18 | 94.86 | 809.13 | 566.42 | 126.61 | 66.29 | 187.07 | 223.11 | 79.97 | 143.14 |
| 196.76 | 15.66 | 373.99 | 162.62 | 24.71 | 5.71 | 143.84 | 150.63 | 27.28 | 123.35 |
| 52.11 | 4.13 | 55.19 | 41.45 | 5.53 | 2.53 | 12.06 | 15.81 | 6.81 | 9.01 |
| 35.37 | 24.41 | 28.03 | 15.57 | 3.35 | 1.24 | 6.85 | 7.51 | 1.02 | 6.48 |
| 126.13 | | 41.98 | 19.11 | 5.43 | 2.45 | 22.05 | 41.04 | 20.27 | 20.77 |
| 1209.70 | | 1447.30 | 154.70 | 11.92 | 1.37 | 1110.56 | 1571.94 | 552.85 | 1018.84 |
| 25.12 | | 54.18 | 21.85 | 0.42 | 0.06 | 24.91 | 29.36 | 7.48 | 21.87 |
| 10.60 | | 55.88 | 13.80 | 0.68 | 0.06 | 36.61 | 55.64 | 21.37 | 34.27 |

**13—14 续表1 continued**

| 行业 | Sector | 负债合计 Total Liabilities | 流动负债 Liquid Liabilities |
|---|---|---|---|
| **总计** | **Total** | **7136.12** | **5018.42** |
| **总计中：** | **Of the Total:** | | |
| 内资企业 | Domestic Funded Enterprise | 6322.56 | 4324.25 |
| 国有企业 | State-owned Enterprise | 682.01 | 454.61 |
| 集体企业 | Collective-owned Enterprise | 14.37 | 14.30 |
| 股份合作企业 | Share Holding Cooperative Enterprises | 13.29 | 11.61 |
| 联营企业 | Joint Owned Enterprises | 3.02 | 3.01 |
| 有限责任公司 | Limited Liability Corporations | 3478.52 | 2304.06 |
| 股份有限公司 | Share-holding Corporations Ltd. | 1628.46 | 1122.01 |
| 私营企业 | Private Enterprises | 496.40 | 408.47 |
| 其他企业 | Other Enterprises | 6.49 | 6.18 |
| 港澳台商投资企业 | Enterprises Funded by Entrepreneurs from Hong Kong, Macao and Taiwan | 284.97 | 228.73 |
| 外商投资企业 | Foreign Funded Enterprises | 528.59 | 465.44 |
| **总计中：** | **Of the Total:** | | |
| 轻工业 | Light Industry | 1011.14 | 889.10 |
| 重工业 | Heavy Industry | 6124.98 | 4129.31 |
| **总计中：** | **Of the Total:** | | |
| 大型企业 | Large-sized Enterprises | 4380.28 | 3022.89 |
| 中型企业 | Medium-sized Enterprises | 2755.84 | 1995.53 |
| **按行业分** | **Grouped by Sector** | | |
| 煤炭开采和洗选业 | Coal Mining and Dressing | 1535.35 | 857.86 |
| 黑色金属矿采选业 | Ferrous Metals Mining and Dressing | 94.58 | 75.33 |
| 有色金属矿采选业 | Nonferrous Metals Mining and Dressing | 2.08 | 1.83 |
| 非金属矿采选业 | Nonmetal Minerals Mining and Dressing | 4.88 | 4.41 |
| 农副食品加工业 | Agricultural and Non-staple Food Processing Industry | 110.70 | 88.86 |
| 食品制造业 | Food Manufacturing | 29.32 | 24.76 |
| 饮料制造业 | Beverage Manufacturing | 74.33 | 68.74 |
| 烟草制品业 | Tobacco Manufacturing | 35.26 | 35.25 |
| 纺织业 | Textile Industry | 116.80 | 87.05 |
| 纺织服装、鞋、帽制造业 | Textile Dress, Footwear and Headgear Manufacturing | 28.02 | 24.14 |
| 皮革毛皮羽毛（绒）及其制品业 | Leather, Furs, Down and Related Products | 22.93 | 20.36 |
| 木材加工及木竹藤棕草制品业 | Timber Processing, Bamboo, Cane, Palm Fiber and Straw Products | 15.59 | 12.97 |
| 家具制造业 | Furniture Manufacturing | 4.65 | 4.47 |
| 造纸及纸制品业 | Papermaking and Paper Products | 49.74 | 38.86 |
| 印刷业和记录媒介的复制 | Printing and Record Medium Reproduction | 15.10 | 12.39 |
| 文教体育用品制造业 | Cultural, Educational and Sports Goods | 5.83 | 5.79 |
| 石油加工、炼焦及核燃料加工业 | Petroleum Processing, Coking and Nuclear Fuel Processing | 81.02 | 64.55 |
| 化学原料及制品制造业 | Raw Chemical Materials and Chemical Products | 313.37 | 262.05 |
| 医药制造业 | Medical and Pharmaceutical Products | 52.23 | 48.37 |
| 化学纤维制造业 | Chemical Fiber | 46.46 | 26.80 |
| 橡胶制品业 | Rubber Products | 45.57 | 41.35 |
| 塑料制品业 | Plastic Products | 76.52 | 71.02 |
| 非金属矿物制品业 | Nonmetal Mineral Products | 258.10 | 147.19 |
| 黑色金属冶炼及压延加工业 | Smelting and Pressing of Ferrous Metals | 553.15 | 340.43 |
| 有色金属冶炼及压延加工业 | Smelting and Pressing of Nonferrous Metals | 441.68 | 333.37 |
| 金属制品业 | Metal Products | 73.12 | 65.50 |
| 通用设备制造业 | Equipments in Current Use | 237.18 | 200.21 |
| 专用设备制造业 | Equipments in Special Use | 117.07 | 105.53 |
| 交通运输设备制造业 | Transport Equipment | 761.12 | 656.00 |
| 电气机械及器材制造业 | Electric Equipment and Machinery | 496.31 | 461.49 |
| 通信设备、计算机及其他电子设备制造业 | Telecommunication Equipment, Computer and Other Electronic Equipment Manufacturing | 192.46 | 140.32 |
| 仪器仪表及文化办公用机械 | Instruments, Meters, Cultural and Office | 24.22 | 18.78 |
| 工艺品及其他制造业 | Handiwork and Other Manufacturing | 13.22 | 12.68 |
| 废弃资源和废旧材料回收工业 | Recovery and Processing of Discarded Resources and Waste Materials | 24.69 | 24.64 |
| 电力、热力的生产和供应业 | Production and Supply of Electric Power and Heating Power | 1124.68 | 596.78 |
| 燃气生产和供应业 | Production and Supply of Gas | 42.87 | 27.03 |
| 水的生产和供应业 | Production and Supply of Tap Water | 15.92 | 11.25 |

单位：亿元 (100 million yuan)

| 长期负债 Long-term Liabilities | 所有者权益 Creditors' Equity | #实收资本 Capital Hold | 主营业务收入 Revenue from principal Business | 主营业务成本 Cost of Principal Business | 主营业务税金及附加 Business and Extra Charges | 利润总额 Total Profits | 本年应付工资 Wages Payable in This Year | 本年应交增值税 Value Added Tax Payable | 全部从业人员年平均人数(万人) Annual Average employed Persons (10000 persons) |
|---|---|---|---|---|---|---|---|---|---|
| **1922.89** | **4198.05** | **1868.39** | **11033.07** | **9040.61** | **239.02** | **965.18** | **721.80** | **501.26** | **145.15** |
| | | | | | | | | | |
| 1811.64 | 3668.88 | 1541.49 | 9291.04 | 7593.15 | 227.01 | 739.95 | 622.79 | 420.64 | 125.03 |
| 130.47 | 209.19 | 124.57 | 1004.40 | 737.22 | 43.62 | 101.77 | 47.30 | 39.01 | 10.65 |
| 0.02 | 27.85 | 2.08 | 58.76 | 47.51 | 0.51 | 14.28 | 3.78 | 2.73 | 0.84 |
| 1.12 | 6.34 | 3.69 | 21.42 | 17.62 | 0.09 | 1.90 | 2.00 | 0.70 | 0.60 |
| 0.01 | 2.31 | 3.35 | 5.61 | 4.43 | 0.01 | 0.88 | 0.36 | 0.14 | 0.15 |
| 1128.57 | 1884.43 | 893.92 | 4336.00 | 3491.73 | 138.58 | 299.41 | 343.38 | 222.79 | 62.99 |
| 476.85 | 1132.98 | 357.78 | 2551.37 | 2203.88 | 34.26 | 193.26 | 142.00 | 115.54 | 26.99 |
| 74.32 | 401.29 | 155.05 | 1270.95 | 1050.47 | 9.81 | 123.90 | 82.06 | 38.69 | 21.99 |
| 0.28 | 4.50 | 1.05 | 42.54 | 40.29 | 0.12 | 4.54 | 1.91 | 1.03 | 0.82 |
| 51.86 | 193.70 | 111.29 | 513.89 | 426.61 | 1.91 | 62.04 | 35.96 | 20.66 | 7.90 |
| 59.38 | 335.46 | 215.61 | 1228.14 | 1020.86 | 10.09 | 163.19 | 63.05 | 59.96 | 12.21 |
| | | | | | | | | | |
| 109.34 | 894.64 | 348.15 | 2629.56 | 2058.56 | 137.83 | 310.27 | 171.30 | 115.10 | 44.31 |
| 1813.55 | 3303.41 | 1520.24 | 8403.51 | 6982.05 | 101.19 | 654.91 | 550.50 | 386.16 | 100.84 |
| | | | | | | | | | |
| 1286.02 | 2451.77 | 901.60 | 6417.61 | 5301.60 | 207.60 | 442.79 | 440.08 | 338.52 | 74.87 |
| 636.87 | 1746.27 | 966.79 | 4615.46 | 3739.01 | 31.42 | 522.39 | 281.72 | 162.75 | 70.28 |
| | | | | | | | | | |
| 605.71 | 692.16 | 301.51 | 936.05 | 658.99 | 13.73 | 85.67 | 193.06 | 86.30 | 29.50 |
| 18.82 | 146.89 | 79.84 | 94.91 | 67.29 | 1.77 | 18.71 | 9.75 | 6.85 | 2.37 |
| 0.25 | 7.76 | 1.76 | 8.41 | 5.06 | 0.20 | 1.66 | 1.89 | 0.41 | 0.48 |
| 0.47 | 3.89 | 1.34 | 6.24 | 4.01 | 0.21 | 0.13 | 0.89 | 0.38 | 0.26 |
| 14.90 | 85.56 | 29.60 | 335.64 | 298.32 | 0.60 | 34.29 | 14.87 | 4.98 | 4.01 |
| 3.13 | 32.71 | 18.27 | 116.32 | 92.58 | 0.40 | 9.66 | 7.83 | 3.91 | 2.09 |
| 5.40 | 58.32 | 29.79 | 155.50 | 92.22 | 16.80 | 23.24 | 12.58 | 9.64 | 3.93 |
| 0.00 | 131.28 | 32.78 | 224.40 | 72.23 | 106.39 | 25.40 | 10.01 | 25.81 | 0.99 |
| 28.34 | 115.92 | 33.76 | 212.38 | 186.76 | 0.77 | 18.58 | 21.06 | 5.91 | 7.60 |
| 3.86 | 18.72 | 10.30 | 63.73 | 55.23 | 0.30 | 4.86 | 12.06 | 1.28 | 3.29 |
| 2.33 | 19.17 | 9.07 | 63.27 | 48.09 | 0.11 | 10.90 | 4.32 | 1.81 | 1.78 |
| 2.59 | 12.09 | 5.96 | 43.78 | 39.31 | 0.20 | 3.43 | 3.34 | 1.04 | 1.25 |
| 0.18 | 3.71 | 2.34 | 15.31 | 12.38 | 0.10 | 2.75 | 1.71 | 0.59 | 0.38 |
| 10.66 | 39.73 | 12.98 | 85.06 | 70.02 | 0.31 | 9.95 | 3.91 | 3.03 | 1.19 |
| 2.70 | 19.32 | 6.69 | 37.78 | 30.19 | 0.07 | 4.29 | 4.73 | 1.43 | 0.97 |
| 0.00 | 4.47 | 1.69 | 15.86 | 13.31 | 0.04 | 1.44 | 1.93 | 0.45 | 0.69 |
| 16.46 | 21.82 | 24.22 | 315.81 | 258.79 | 38.26 | -0.24 | 3.73 | 11.68 | 0.91 |
| 48.57 | 203.90 | 104.86 | 537.26 | 446.86 | 1.43 | 62.58 | 34.91 | 14.54 | 7.12 |
| 3.77 | 56.67 | 22.34 | 122.45 | 99.23 | 0.40 | 8.43 | 10.54 | 3.51 | 3.03 |
| 19.49 | 23.59 | 7.50 | 43.74 | 37.50 | 0.09 | 2.82 | 2.80 | 1.31 | 0.60 |
| 4.15 | 66.59 | 22.76 | 123.12 | 99.79 | 0.65 | 22.73 | 12.05 | 3.70 | 2.61 |
| 3.50 | 62.16 | 17.23 | 138.89 | 120.51 | 0.44 | 14.74 | 8.88 | 3.56 | 2.03 |
| 105.97 | 254.44 | 123.63 | 332.88 | 245.64 | 1.85 | 64.23 | 16.30 | 14.66 | 4.96 |
| 212.71 | 387.30 | 117.27 | 1203.23 | 1128.72 | 10.01 | 57.21 | 47.23 | 64.14 | 7.35 |
| 108.31 | 150.99 | 68.75 | 815.99 | 672.01 | 2.03 | 19.44 | 19.87 | 12.32 | 3.79 |
| 7.18 | 55.68 | 16.06 | 184.88 | 154.05 | 1.71 | 21.58 | 17.01 | 6.86 | 4.33 |
| 32.67 | 191.65 | 70.21 | 428.63 | 346.84 | 1.74 | 55.40 | 33.75 | 19.52 | 7.88 |
| 10.68 | 74.58 | 28.39 | 214.72 | 182.27 | 0.68 | 32.51 | 14.32 | 9.76 | 3.25 |
| 95.70 | 328.13 | 133.23 | 1212.11 | 1051.64 | 18.74 | 72.70 | 63.98 | 49.52 | 11.84 |
| 12.07 | 311.25 | 142.88 | 1285.59 | 1063.27 | 11.02 | 136.88 | 58.35 | 55.33 | 11.66 |
| 49.98 | 181.15 | 121.84 | 177.75 | 147.08 | 1.23 | 21.13 | 16.85 | 7.36 | 4.05 |
| 5.45 | 30.96 | 6.71 | 52.91 | 34.38 | 0.13 | 13.18 | 3.25 | 1.90 | 0.54 |
| 0.54 | 14.79 | 3.11 | 36.73 | 29.45 | 0.75 | 4.15 | 4.59 | 1.14 | 0.94 |
| 0.05 | 17.28 | 3.68 | 129.69 | 114.70 | 1.74 | 9.55 | 2.90 | 6.96 | 0.66 |
| 466.88 | 322.60 | 230.80 | 1226.27 | 1032.94 | 3.85 | 89.38 | 43.26 | 58.60 | 5.82 |
| 15.84 | 10.83 | 6.42 | 25.08 | 20.84 | 0.14 | 1.50 | 1.12 | 0.44 | 0.32 |
| 3.57 | 39.96 | 18.85 | 10.74 | 8.13 | 0.12 | 0.35 | 2.18 | 0.64 | 0.69 |

# 13—15 大中型工业企业主要经济效益指标（2010年）

| 行　业 | Sector |
|---|---|
| 总　　计 | **Total** |
| **总计中：** | **Of the Total:** |
| 内资企业 | Domestic Funded Enterprise |
| 国有企业 | State-owned Enterprise |
| 集体企业 | Collective-owned Enterprise |
| 股份合作企业 | Share Holding Cooperative Enterprises |
| 联营企业 | Joint Owned Enterprises |
| 有限责任公司 | Limited Liability Corporations |
| 股份有限公司 | Share-holding Corporations Ltd. |
| 私营企业 | Private Enterprises |
| 其他企业 | Other Enterprises |
| 港澳台商投资企业 | Enterprises Funded by Entrepreneurs from Hong Kong, Macao and Taiwan |
| 外商投资企业 | Foreign Funded Enterprises |
| **总计中：** | **Of the Total:** |
| 轻工业 | Light Industry |
| 重工业 | Heavy Industry |
| **总计中：** | **Of the Total:** |
| 大型企业 | Large-sized Enterprises |
| 中型企业 | Medium-sized Enterprises |
| **按行业分** | **Grouped by Sector** |
| 煤炭开采和洗选业 | Coal Mining and Dressing |
| 黑色金属矿采选业 | Ferrous Metals Mining and Dressing |
| 有色金属矿采选业 | Nonferrous Metals Mining and Dressing |
| 非金属矿采选业 | Nonmetal Minerals Mining and Dressing |
| 农副食品加工业 | Agricultural and Non-staple Food Processing Industry |
| 食品制造业 | Food Manufacturing |
| 饮料制造业 | Beverage Manufacturing |
| 烟草制品业 | Tobacco Manufacturing |
| 纺织业 | Textile Industry |
| 纺织服装、鞋、帽制造业 | Textile Dress, Footwear and Headgear Manufacturing |
| 皮革毛皮羽毛（绒）及其制品业 | Leather, Furs, Down and Related Products |
| 木材加工及木竹藤棕草制品业 | Timber Processing, Bamboo, Cane, Palm Fiber and Straw Products |
| 家具制造业 | Furniture Manufacturing |
| 造纸及纸制品业 | Papermaking and Paper Products |
| 印刷业和记录媒介的复制 | Printing and Record Medium Reproduction |
| 文教体育用品制造业 | Cultural, Educational and Sports Goods |
| 石油加工、炼焦及核燃料加工业 | Petroleum Processing, Coking and Nuclear Fuel Processing |
| 化学原料及制品制造业 | Raw Chemical Materials and Chemical Products |
| 医药制造业 | Medical and Pharmaceutical Products |
| 化学纤维制造业 | Chemical Fiber |
| 橡胶制品业 | Rubber Products |
| 塑料制品业 | Plastic Products |
| 非金属矿物制品业 | Nonmetal Mineral Products |
| 黑色金属冶炼及压延加工业 | Smelting and Pressing of Ferrous Metals |
| 有色金属冶炼及压延加工业 | Smelting and Pressing of Nonferrous Metals |
| 金属制品业 | Metal Products |
| 通用设备制造业 | Equipments in Current Use |
| 专用设备制造业 | Equipments in Special Use |
| 交通运输设备制造业 | Transport Equipment |
| 电气机械及器材制造业 | Electric Equipment and Machinery |
| 通信设备、计算机及其他电子设备制造业 | Telecommunication Equipment, Computer and Other Electronic Equipment Manufacturing |
| 仪器仪表及文化办公用机械 | Instruments, Meters, Cultural and Office |
| 工艺品及其他制造业 | Handiwork and Other Manufacturing |
| 废弃资源和废旧材料回收工业 | Recovery and Processing of Discarded Resources and Waste Materials |
| 电力、热力的生产和供应业 | Production and Supply of Electric Power and Heating Power |
| 燃气生产和供应业 | Production and Supply of Gas |
| 水的生产和供应业 | Production and Supply of Tap Water |

Main Indicators on Economic Benefit of Large and Medium-sized Industrial Enterprises (2010)

| 总资产贡献率 (%) Ratio of Total Assets to Industrial Output Value (%) | 资产负债率 (%) Assets-liability Ratio (%) | 流动资产周转次数 (次/年) Number of Times of Annual of Turnover Circulating Funds (times/year) | 工业成本费用利润率 (%) Ratio of Profits to Industrial Cost (%) | 产品销售率 (%) Proportion of Products Sold (%) |
|---|---|---|---|---|
| **16.16** | **62.86** | **2.39** | **9.55** | **97.89** |
| 15.00 | 63.21 | 2.39 | 8.72 | 97.92 |
| 21.62 | 76.52 | 3.65 | 12.68 | 99.48 |
| 41.53 | 33.70 | 3.35 | 28.40 | 99.26 |
| 14.76 | 67.71 | 1.62 | 9.61 | 94.18 |
| 19.64 | 56.66 | 2.66 | 18.56 | 100.89 |
| 13.51 | 64.79 | 2.23 | 7.51 | 98.18 |
| 13.40 | 58.95 | 2.22 | 7.98 | 97.84 |
| 20.49 | 55.09 | 2.62 | 10.68 | 96.12 |
| 53.00 | 59.05 | 5.81 | 10.95 | 99.97 |
| 18.86 | 58.91 | 2.53 | 13.39 | 98.01 |
| 28.08 | 61.02 | 2.36 | 14.11 | 97.58 |
| 30.40 | 52.95 | 2.49 | 13.29 | 96.88 |
| 13.28 | 64.86 | 2.36 | 8.43 | 98.24 |
| 15.53 | 64.11 | 2.38 | 7.41 | 98.91 |
| 17.12 | 60.96 | 2.40 | 12.65 | 96.53 |
| 9.69 | 68.93 | 1.61 | 9.19 | 98.14 |
| 11.16 | 38.49 | 1.61 | 22.91 | 96.00 |
| 23.13 | 21.14 | 1.65 | 24.84 | 98.91 |
| 10.57 | 55.63 | 2.96 | 2.14 | 99.96 |
| 21.50 | 56.30 | 3.37 | 10.65 | 96.61 |
| 23.44 | 47.23 | 4.51 | 8.99 | 84.60 |
| 37.73 | 56.03 | 2.13 | 19.32 | 91.33 |
| 94.44 | 21.17 | 1.84 | 27.29 | 99.60 |
| 12.34 | 50.19 | 2.41 | 9.22 | 96.51 |
| 14.98 | 59.73 | 3.00 | 7.87 | 97.49 |
| 31.69 | 54.21 | 2.57 | 20.59 | 96.84 |
| 17.99 | 55.32 | 3.35 | 8.24 | 98.51 |
| 42.47 | 55.41 | 3.03 | 19.44 | 103.49 |
| 16.65 | 55.59 | 2.22 | 12.98 | 100.88 |
| 17.36 | 43.86 | 1.74 | 12.65 | 94.47 |
| 20.20 | 55.74 | 2.37 | 9.23 | 97.47 |
| 50.16 | 78.78 | 12.38 | -0.09 | 100.19 |
| 16.62 | 60.58 | 2.26 | 12.08 | 98.39 |
| 12.22 | 47.63 | 2.43 | 7.32 | 96.50 |
| 7.97 | 66.32 | 1.93 | 6.72 | 94.25 |
| 25.45 | 40.32 | 2.01 | 19.87 | 96.92 |
| 14.34 | 55.08 | 1.96 | 11.38 | 95.88 |
| 16.98 | 50.12 | 1.96 | 23.36 | 95.50 |
| 15.04 | 58.70 | 2.79 | 4.91 | 99.20 |
| 7.29 | 74.52 | 2.53 | 2.79 | 100.05 |
| 24.58 | 56.50 | 2.33 | 12.89 | 94.73 |
| 18.54 | 55.15 | 1.69 | 14.29 | 95.67 |
| 22.98 | 60.58 | 1.60 | 16.07 | 102.17 |
| 13.36 | 69.85 | 2.10 | 6.27 | 97.90 |
| 26.02 | 61.34 | 2.27 | 11.48 | 97.54 |
| 8.22 | 51.46 | 1.09 | 12.66 | 94.89 |
| 27.84 | 43.89 | 1.28 | 32.37 | 99.43 |
| 25.16 | 47.17 | 2.36 | 12.00 | 96.41 |
| 44.28 | 58.83 | 6.79 | 8.03 | 97.14 |
| 12.30 | 77.71 | 7.93 | 8.09 | 99.68 |
| 4.72 | 79.13 | 1.15 | 6.21 | 100.00 |
| 2.21 | 28.49 | 0.78 | 2.99 | 94.59 |

# 13—16 工业分行业职工人数

Number of Staff and Workers in Industry by Industrial Branch

单位：人 (person)

| 项　　目 | Item | 1995 | 2000 | 2005 | 2009 | 2010 |
|---|---|---|---|---|---|---|
| **总　计** | **Total** | **3113653** | **1626088** | **1552051** | **2320587** | **2648674** |
| **按登记注册类型分** | **Grouped Type of Registration** | | | | | |
| 国　有 | State-owned | 1526763 | 800067 | 146883 | 125431 | 130869 |
| 集　体 | Collective-owned | 1401396 | 497414 | 43694 | 29610 | 25570 |
| 其　他 | Other Ownership | 185494 | 328607 | 1361474 | 2165546 | 2492235 |
| **按行业分** | **Grouped by Sector** | | | | | |
| **采掘业** | **Mining and Quarrying** | | | | | |
| 煤炭开采和洗选业 | Coal Mining and Dressing | 302167 | 255624 | 276451 | 319025 | 309904 |
| 黑色金属矿采选业 | Ferrous Metals Mining and Dressing | 40864 | 28444 | 30385 | 28617 | 32454 |
| 有色金属矿采选业 | Nonferrous Metals Mining and Dressing | 18832 | 9299 | 8004 | 11714 | 12026 |
| 非金属矿采选业 | Nonmetal Minerals Mining and Dressing | 74495 | 17013 | 14135 | 17893 | 21292 |
| **制造业** | **Manufacturing** | | | | | |
| 农副食品加工业 | Agricultural and Non-staple Food Processing Industry | 135990 | 59313 | 55730 | 113064 | 130893 |
| 食品制造业 | Food Manufacturing | 52584 | 20240 | 36699 | 40008 | 46181 |
| 饮料制造业 | Beverage Manufacturing | 87180 | 61831 | 47488 | 51737 | 60172 |
| 烟草制品业 | Tobacco Manufacturing | 16046 | 14905 | 9494 | 9599 | 10238 |
| 纺织业 | Textile Industry | 384329 | 186103 | 130701 | 148936 | 146783 |
| 纺织服装、鞋、帽制造业 | Textile Dress, Footwear and Headgear Manufacturing | 67831 | 22808 | 39937 | 106622 | 140606 |
| 皮革毛皮羽毛（绒）及其制品业 | Leather, Furs, Down and Related Products | 36360 | 16890 | 22948 | 32480 | 38965 |
| 木材加工及木竹藤棕草制品业 | Timber Processing, Bamboo, Cane, Palm Fiber and Straw Products | 39734 | 23803 | 27310 | 49714 | 55413 |
| 家具制造业 | Furniture Manufacturing | 19547 | 4008 | 2889 | 10829 | 15273 |
| 造纸及纸制品业 | Papermaking and Paper Products | 77756 | 30019 | 20514 | 29035 | 31415 |
| 印刷业和记录媒介的复制 | Printing and Record Medium Reproduction | 33039 | 12431 | 12200 | 22602 | 24739 |
| 文教体育用品制造业 | Cultural, Educational and Sports Goods | 23987 | 15687 | 17306 | 27088 | 29622 |
| 石油加工、炼焦及核燃料加工业 | Petroleum Processing, Coking and Nuclear Fuel Processing | 18264 | 8879 | 6579 | 7114 | 10319 |
| 化学原料及制品制造业 | Raw Chemical Materials and Chemical Products | 185646 | 112540 | 80801 | 118185 | 132995 |
| 医药制造业 | Medical and Pharmaceutical Products | 39499 | 26303 | 29246 | 48504 | 53092 |
| 化学纤维制造业 | Chemical Fiber | 12426 | 15177 | 5108 | 6110 | 8213 |
| 橡胶制品业 | Rubber Products | 37057 | 21850 | 23124 | 35136 | 39322 |
| 塑料制品业 | Plastic Products | 64292 | 28407 | 31679 | 59987 | 70042 |
| 非金属矿物制品业 | Nonmetal Mineral Products | 455413 | 121522 | 88375 | 140881 | 164406 |
| 黑色金属冶炼及压延加工业 | Smelting and Pressing of Ferrous Metals | 113064 | 75381 | 73458 | 85330 | 84021 |
| 有色金属冶炼及压延加工业 | Smelting and Pressing of Nonferrous Metals | 40659 | 36459 | 32289 | 48233 | 49177 |
| 金属制品业 | Metal Products | 75232 | 21200 | 29203 | 71303 | 91921 |
| 通用设备制造业 | Equipments in Current Use | 162994 | 76310 | 73557 | 124154 | 166869 |
| 专用设备制造业 | Equipments in Special Use | 96313 | 42924 | 36628 | 64339 | 80551 |
| 交通运输设备制造业 | Transport Equipment | 102966 | 64632 | 80207 | 160394 | 191975 |
| 电气机械及器材制造业 | Electric Equipment and Machinery | 94613 | 47752 | 70564 | 154910 | 185145 |
| 通信设备、计算机及其他电子设备制造业 | Telecommunication Equipment, Computer and Other Electronic Equipment Manufacturing | 31797 | 16334 | 22556 | 47680 | 70139 |
| 仪器仪表及文化办公用机械 | Instruments, Meters, Cultural and Office | 20939 | 5810 | 6195 | 10334 | 12894 |
| 工艺品及其他制造业 | Handiwork and Other Manufacturing | 67725 | 19200 | 30284 | 24380 | 28131 |
| 废弃资源和废旧材料回收工业 | Recovery and Processing of Discarded Resources and Waste Materials | | | 3054 | 5105 | 11630 |
| **电力燃气及水生产和供应业** | **Production & Supply of Electric Power, Gas and Water** | | | | | |
| 电力、热力的生产和供应业 | Production and Supply of Electric Power and Heating Power | 56949 | 83422 | 61342 | 71169 | 72617 |
| 燃气生产和供应业 | Production and Supply of Gas | 5634 | 5270 | 4034 | 4987 | 5597 |
| 水的生产和供应业 | Production and Supply of Tap Water | 12653 | 12893 | 11577 | 13389 | 13642 |

## 13—17　各市全部规模以上工业企业单位数和总产值（2010年）

Number Above Designated Size Industrial Enterprises and Gross Industrial Output Value by Region (2010)

单位：亿元　(100 million yuan)

| 地　区 | Region | 企业单位数（个）Number of Enterprises (unit) | #国有及国有控股企业 State-owned or Controlling Share Hold Industry | 工业总产值（现价）Gross Industrial Output Value | #国有及国有控股企业 State-owned or Controlling Share Hold Industry | 工业增加值（现价）Value-added of Industry | #国有及国有控股企业 State-owned or Controlling Share Hold Industry | 工业销售产值（当年价）Value of Industrial Products Sales | #国有及国有控股企业 State-owned or Controlling Share Hold Industry |
|---|---|---|---|---|---|---|---|---|---|
| **总　计** | **Total** | **16277** | **737** | **18732.00** | **6902.07** | **5290.62** | **2222.19** | **18277.48** | **6822.52** |
| 合肥市 | Hefei | 2229 | 167 | 4197.72 | 1834.44 | 1092.71 | 461.07 | 4089.92 | 1808.43 |
| 淮北市 | Huaibei | 673 | 30 | 881.41 | 435.34 | 375.51 | 255.88 | 864.84 | 426.37 |
| 亳州市 | Bozhou | 423 | 26 | 324.33 | 100.11 | 94.89 | 43.47 | 308.70 | 89.32 |
| 宿州市 | Suzhou | 856 | 32 | 676.92 | 114.08 | 184.80 | 51.82 | 664.36 | 108.46 |
| 蚌埠市 | Bengbu | 863 | 42 | 772.68 | 258.14 | 234.93 | 101.77 | 750.34 | 253.52 |
| 阜阳市 | Fuyang | 685 | 64 | 703.70 | 261.95 | 216.98 | 113.37 | 693.64 | 256.55 |
| 淮南市 | Huainan | 589 | 33 | 788.93 | 565.18 | 341.98 | 287.95 | 783.45 | 562.54 |
| 滁州市 | Chuzhou | 1237 | 40 | 1052.97 | 175.95 | 282.29 | 56.58 | 1005.71 | 172.72 |
| 六安市 | Luan | 1028 | 35 | 832.71 | 60.07 | 228.71 | 15.02 | 820.42 | 60.10 |
| 马鞍山市 | Maanshan | 791 | 35 | 1318.30 | 827.94 | 358.32 | 225.36 | 1290.83 | 829.17 |
| 巢湖市 | Chaohu | 798 | 34 | 815.38 | 113.59 | 212.25 | 29.69 | 784.32 | 110.65 |
| 芜湖市 | Wuhu | 1785 | 52 | 2251.01 | 877.85 | 609.74 | 249.38 | 2196.36 | 866.89 |
| 宣城市 | Xuancheng | 1381 | 29 | 1067.76 | 98.27 | 262.21 | 25.27 | 1017.81 | 97.00 |
| 铜陵市 | Tongling | 281 | 32 | 1104.23 | 730.56 | 290.07 | 197.29 | 1100.60 | 730.77 |
| 池州市 | Chizhou | 614 | 20 | 297.30 | 69.73 | 80.14 | 19.26 | 287.57 | 70.04 |
| 安庆市 | Anqing | 1527 | 54 | 1315.94 | 371.31 | 339.87 | 86.22 | 1295.51 | 372.34 |
| 黄山市 | Huangshan | 517 | 12 | 330.69 | 7.57 | 85.23 | 1.92 | 323.11 | 7.65 |

## 13—18　各市全部规模以上工业总产值（2010年）

Gross Industrial Output Value Industrial Enterprises Above Designated Size by Region (2010)

本表按当年价格计算　(Data in value terms in this table are calculated at current prices)　　单位：亿元　(100 million yuan)

| 地　区 | Region | 工业总产值 合计（当年价）Gross Industrial Outpnt Value | 国有及国有控股企业 State-owned or Controlling Share Hold Industry | 集体企业 Collective-owned Enterprises | 股份有限公司 Share Holding Enterprises | 港澳台商投资企业 Enterprises Funded by Enterpreneurs form Hong Kong, Macao and Taiwan | 外商投资企业 Foreign Funded Enterprises | 轻工业 Light Industry | 重工业 Heavy Industry |
|---|---|---|---|---|---|---|---|---|---|
| **总　计** | **Total** | **18732.00** | **6902.07** | **149.73** | **2697.99** | **804.94** | **1763.63** | **5566.43** | **13165.57** |
| 合肥市 | Hefei | 4197.72 | 1834.44 | 78.27 | 668.90 | 162.06 | 784.89 | 1499.82 | 2697.91 |
| 淮北市 | Huaibei | 881.41 | 435.34 | 2.72 | 67.04 | 20.59 | 20.06 | 189.48 | 691.93 |
| 亳州市 | Bozhou | 324.33 | 100.11 | 5.06 | 43.76 | 0.23 | 2.48 | 202.95 | 121.38 |
| 宿州市 | Suzhou | 676.92 | 114.08 | 5.81 | 21.34 | 20.92 | 12.98 | 352.33 | 324.58 |
| 蚌埠市 | Bengbu | 772.68 | 258.14 | 4.11 | 122.24 | 74.55 | 49.66 | 279.83 | 492.86 |
| 阜阳市 | Fuyang | 703.70 | 261.95 | 2.49 | 35.63 | 4.70 | 32.61 | 250.48 | 453.22 |
| 淮南市 | Huainan | 788.93 | 565.18 | 4.88 | 91.11 | 51.11 | 2.90 | 70.36 | 718.57 |
| 滁州市 | Chuzhou | 1052.97 | 175.95 | 5.06 | 41.47 | 35.62 | 117.50 | 438.13 | 614.84 |
| 六安市 | Luan | 832.71 | 60.07 | 0.47 | 24.96 | 77.66 | 24.50 | 431.75 | 400.96 |
| 马鞍山市 | Maanshan | 1318.30 | 827.94 | 4.74 | 644.70 | 25.21 | 170.24 | 123.11 | 1195.19 |
| 巢湖市 | Chaohu | 815.38 | 113.59 | 0.00 | 57.54 | 10.55 | 40.90 | 223.63 | 591.76 |
| 芜湖市 | Wuhu | 2251.01 | 877.85 | 3.64 | 520.44 | 158.34 | 370.14 | 480.49 | 1770.53 |
| 宣城市 | Xuancheng | 1067.76 | 98.27 | 20.08 | 137.86 | 26.36 | 68.12 | 266.68 | 801.08 |
| 铜陵市 | Tongling | 1104.23 | 730.56 | 0.14 | 55.37 | 92.25 | 26.93 | 37.83 | 1066.40 |
| 池州市 | Chizhou | 297.30 | 69.73 | 1.00 | 27.00 | 4.62 | 10.31 | 67.11 | 230.19 |
| 安庆市 | Anqing | 1315.94 | 371.31 | 8.88 | 128.78 | 34.49 | 24.88 | 509.38 | 806.56 |
| 黄山市 | Huangshan | 330.69 | 7.57 | 2.38 | 9.85 | 5.68 | 4.53 | 143.07 | 187.62 |

# 13—19 各市全部规模以上工业企业主要经济指标（2010年）

Main Indicators Above Designated Size Industrial Enterprises by Region (2010)

单位：亿元 (100 million yuan)

| 地 区 | Region | 企业单位数（个） Number of Enterprises (unit) | 工业总产值（现价） Gross Industrial Output Value | 工业销售产值（当年价） Value of Industrial Products Sales | 资产合计 Total Assets | 流动资产合计 Circulating Funds | 固定资产原价 Original Value of Fixed Assets | 固定资产净值年平均余额 Annual Average Balance of Net Value of Fixed Assets | 负债合计 Total Liabilities |
|---|---|---|---|---|---|---|---|---|---|
| **总 计** | **Total** | **16277** | **18732.00** | **18277.48** | **15930.28** | **6899.10** | **8552.64** | **5814.35** | **9565.86** |
| 合肥市 | Hefei | 2229 | 4197.73 | 4089.92 | 3272.22 | 1577.03 | 1730.36 | 1165.90 | 1993.17 |
| 淮北市 | Huaibei | 673 | 881.41 | 864.84 | 1296.62 | 439.45 | 615.95 | 413.55 | 806.07 |
| 亳州市 | Bozhou | 423 | 324.33 | 308.70 | 242.16 | 97.02 | 159.96 | 118.63 | 142.20 |
| 宿州市 | Suzhou | 856 | 676.92 | 664.36 | 382.86 | 126.23 | 279.22 | 197.13 | 233.18 |
| 蚌埠市 | Bengbu | 863 | 772.68 | 750.34 | 589.48 | 259.75 | 378.49 | 273.71 | 309.69 |
| 阜阳市 | Fuyang | 685 | 703.70 | 693.64 | 502.28 | 200.97 | 351.06 | 231.07 | 306.40 |
| 淮南市 | Huainan | 589 | 788.93 | 783.45 | 1589.26 | 385.29 | 1008.27 | 666.52 | 1091.81 |
| 滁州市 | Chuzhou | 1237 | 1052.97 | 1005.71 | 687.95 | 344.97 | 348.37 | 242.17 | 366.96 |
| 六安市 | Luan | 1028 | 832.71 | 820.42 | 550.70 | 227.28 | 263.45 | 199.87 | 310.00 |
| 马鞍山市 | Maanshan | 791 | 1318.30 | 1290.83 | 1390.72 | 591.67 | 922.98 | 551.45 | 781.23 |
| 巢湖市 | Chaohu | 798 | 815.38 | 784.32 | 709.70 | 333.27 | 325.49 | 246.55 | 366.61 |
| 芜湖市 | Wuhu | 1785 | 2251.01 | 2196.36 | 1887.49 | 1000.95 | 729.30 | 515.45 | 1165.07 |
| 宣城市 | Xuancheng | 1381 | 1067.76 | 1017.81 | 606.56 | 293.24 | 265.74 | 189.26 | 354.56 |
| 铜陵市 | Tongling | 281 | 1104.23 | 1100.60 | 1038.74 | 501.77 | 456.12 | 334.58 | 733.62 |
| 池州市 | Chizhou | 614 | 297.30 | 287.57 | 242.48 | 102.34 | 145.03 | 103.14 | 147.21 |
| 安庆市 | Anqing | 1527 | 1315.94 | 1295.51 | 761.33 | 310.07 | 503.66 | 318.14 | 358.98 |
| 黄山市 | Huangshan | 517 | 330.69 | 323.11 | 179.74 | 107.80 | 69.19 | 47.22 | 99.10 |

| 地 区 | Region | #流动负债 Liquid Liabilities | 所有者权益 Creditors Equity | 实收资本 Total Capital Hold | 主营业务收入 Revenue from principal Business | 主营业务成本 Cost of Principal Business | 主营业务税金及附加 Business and Extra Charges | 利润总额 Total Profits | 本年应交增值税 Value Added Tax Payable |
|---|---|---|---|---|---|---|---|---|---|
| **总 计** | **Total** | **6996.40** | **6308.09** | **3120.11** | **18164.60** | **15208.67** | **283.21** | **1445.57** | **672.57** |
| 合肥市 | Hefei | 1592.90 | 1267.12 | 625.24 | 3733.01 | 3167.97 | 58.82 | 385.77 | 160.23 |
| 淮北市 | Huaibei | 535.97 | 489.26 | 154.67 | 934.72 | 754.90 | 11.55 | 62.12 | 43.07 |
| 亳州市 | Bozhou | 91.32 | 98.45 | 50.64 | 316.85 | 255.45 | 5.86 | 38.15 | 10.95 |
| 宿州市 | Suzhou | 108.49 | 148.45 | 76.37 | 670.10 | 585.76 | 4.07 | 41.05 | 12.61 |
| 蚌埠市 | Bengbu | 268.02 | 278.34 | 128.66 | 752.59 | 617.91 | 32.04 | 45.58 | 22.70 |
| 阜阳市 | Fuyang | 261.40 | 194.92 | 77.83 | 694.47 | 557.96 | 19.08 | 75.21 | 27.80 |
| 淮南市 | Huainan | 563.97 | 497.23 | 342.68 | 792.68 | 622.36 | 8.86 | 44.82 | 57.63 |
| 滁州市 | Chuzhou | 285.35 | 315.72 | 165.12 | 965.83 | 815.77 | 17.32 | 80.92 | 29.84 |
| 六安市 | Luan | 227.09 | 233.49 | 108.58 | 786.61 | 662.44 | 11.93 | 79.28 | 20.11 |
| 马鞍山市 | Maanshan | 482.12 | 606.94 | 275.84 | 1477.99 | 1306.21 | 9.11 | 117.54 | 71.10 |
| 巢湖市 | Chaohu | 295.52 | 341.77 | 204.51 | 791.66 | 651.75 | 3.98 | 58.31 | 24.25 |
| 芜湖市 | Wuhu | 981.80 | 709.90 | 367.29 | 2111.56 | 1793.36 | 42.19 | 117.98 | 83.51 |
| 宣城市 | Xuancheng | 278.42 | 250.21 | 107.01 | 992.99 | 852.33 | 3.36 | 109.73 | 32.22 |
| 铜陵市 | Tongling | 567.73 | 304.06 | 160.31 | 1249.17 | 994.88 | 3.44 | 32.93 | 21.85 |
| 池州市 | Chizhou | 102.00 | 94.64 | 58.23 | 276.26 | 230.49 | 1.80 | 19.21 | 8.67 |
| 安庆市 | Anqing | 271.67 | 396.99 | 180.26 | 1314.55 | 1080.02 | 48.80 | 111.65 | 37.50 |
| 黄山市 | Huangshan | 82.63 | 80.62 | 36.86 | 303.56 | 259.13 | 0.98 | 25.33 | 8.53 |

## 13—20　各市国有控股工业企业主要经济指标（2010年）
Main Indicators of State-owned and State Holding Majority Shares Industrial Enterprises by Region (2010)

单位：亿元　(100 million yuan)

| 地　区 | Region | 企业单位数（个） Number of Enterprises (unit) | 工业总产值（现价） Gross Industrial Output Value | 工业销售产值（当年价） Value of Industrial Products Sales | 资产合计 Total Assets | 流动资产合计 Circulating Funds | 固定资产原价 Original Value of Fixed Assets | 固定资产净值年平均余额 Annual Average Balance of Net Value of Fixed Assets | 负债合计 Total Liabilities |
|---|---|---|---|---|---|---|---|---|---|
| **总　计** | **Total** | **737** | **6902.07** | **6822.52** | **8532.68** | **2969.38** | **5422.43** | **3504.79** | **5629.37** |
| 合肥市 | Hefei | 167 | 1834.44 | 1808.43 | 1752.63 | 709.49 | 1112.32 | 737.88 | 1138.26 |
| 淮北市 | Huaibei | 30 | 435.34 | 426.37 | 1010.53 | 328.87 | 479.37 | 302.51 | 668.68 |
| 亳州市 | Bozhou | 26 | 100.11 | 89.32 | 120.90 | 36.63 | 102.44 | 73.61 | 84.13 |
| 宿州市 | Suzhou | 32 | 114.08 | 108.46 | 149.50 | 18.61 | 165.11 | 102.99 | 131.36 |
| 蚌埠市 | Bengbu | 42 | 258.14 | 253.51 | 276.05 | 120.17 | 187.25 | 132.14 | 154.95 |
| 阜阳市 | Fuyang | 64 | 261.95 | 256.56 | 248.16 | 80.68 | 197.04 | 123.84 | 166.15 |
| 淮南市 | Huainan | 33 | 565.18 | 562.54 | 1392.66 | 301.26 | 860.41 | 575.99 | 969.27 |
| 滁州市 | Chuzhou | 40 | 175.95 | 172.72 | 156.45 | 53.60 | 117.47 | 80.41 | 89.34 |
| 六安市 | Luan | 35 | 60.07 | 60.10 | 79.87 | 12.71 | 79.60 | 52.55 | 64.32 |
| 马鞍山市 | Maanshan | 35 | 827.94 | 829.17 | 995.08 | 361.56 | 788.76 | 452.17 | 564.61 |
| 巢湖市 | Chaohu | 34 | 113.59 | 110.65 | 189.98 | 45.50 | 125.87 | 90.30 | 114.28 |
| 芜湖市 | Wuhu | 52 | 877.85 | 866.89 | 911.38 | 423.82 | 420.01 | 282.58 | 603.49 |
| 宣城市 | Xuancheng | 29 | 98.27 | 97.00 | 131.81 | 31.45 | 109.87 | 70.55 | 106.45 |
| 铜陵市 | Tongling | 32 | 730.56 | 730.77 | 770.05 | 345.14 | 348.58 | 254.32 | 565.65 |
| 池州市 | Chizhou | 20 | 69.73 | 70.04 | 107.10 | 38.80 | 81.96 | 55.44 | 69.96 |
| 安庆市 | Anqing | 54 | 371.31 | 372.34 | 229.19 | 58.39 | 233.07 | 109.55 | 131.35 |
| 黄山市 | Huangshan | 12 | 7.57 | 7.65 | 11.35 | 2.71 | 13.30 | 7.94 | 7.14 |

| 地　区 | Region | #流动负债 Liquid Liabilities | 所有者权益 Creditors Equity | 实收资本 Total Capital Hold | 主营业务收入 Revenue from principal Business | 主营业务成本 Cost of Principal Business | 主营业务税金及附加 Business and Extra Charges | 利润总额 Total Profits | 本年应交增值税 Value Added Tax Payable |
|---|---|---|---|---|---|---|---|---|---|
| **总　计** | **Total** | **3652.55** | **2898.10** | **1339.05** | **7024.70** | **5777.14** | **206.60** | **457.40** | **353.79** |
| 合肥市 | Hefei | 854.52 | 613.85 | 291.40 | 1655.81 | 1453.15 | 43.39 | 99.06 | 83.36 |
| 淮北市 | Huaibei | 427.28 | 341.84 | 91.74 | 494.98 | 368.94 | 5.66 | 36.84 | 33.58 |
| 亳州市 | Bozhou | 42.21 | 36.77 | 16.68 | 96.99 | 60.48 | 4.67 | 20.36 | 6.62 |
| 宿州市 | Suzhou | 27.96 | 18.12 | 15.31 | 107.70 | 88.96 | 0.93 | 8.31 | 6.15 |
| 蚌埠市 | Bengbu | 134.55 | 121.00 | 49.02 | 260.53 | 183.74 | 29.21 | 22.00 | 14.84 |
| 阜阳市 | Fuyang | 141.71 | 81.85 | 25.66 | 250.44 | 168.08 | 14.20 | 41.28 | 13.90 |
| 淮南市 | Huainan | 477.90 | 423.39 | 288.02 | 571.39 | 434.33 | 7.71 | 30.24 | 51.05 |
| 滁州市 | Chuzhou | 44.79 | 66.21 | 29.76 | 149.88 | 112.51 | 13.06 | 13.78 | 6.49 |
| 六安市 | Luan | 40.29 | 15.52 | 11.14 | 59.62 | 45.34 | 0.26 | 13.38 | 1.58 |
| 马鞍山市 | Maanshan | 290.35 | 429.82 | 175.54 | 984.45 | 887.05 | 6.80 | 77.84 | 52.68 |
| 巢湖市 | Chaohu | 76.34 | 75.68 | 44.44 | 128.93 | 114.76 | 0.60 | 4.20 | 3.71 |
| 芜湖市 | Wuhu | 473.14 | 306.33 | 115.11 | 851.74 | 729.09 | 38.00 | 42.45 | 46.10 |
| 宣城市 | Xuancheng | 63.25 | 24.25 | 14.55 | 95.92 | 77.91 | 0.53 | 8.98 | 3.79 |
| 铜陵市 | Tongling | 423.46 | 204.39 | 101.15 | 850.97 | 672.35 | 2.34 | 20.05 | 13.29 |
| 池州市 | Chizhou | 39.12 | 37.15 | 23.34 | 68.95 | 52.78 | 0.33 | 5.98 | 2.49 |
| 安庆市 | Anqing | 92.88 | 97.71 | 45.31 | 388.88 | 320.82 | 38.88 | 12.35 | 14.05 |
| 黄山市 | Huangshan | 2.78 | 4.21 | 0.90 | 7.51 | 6.87 | 0.03 | 0.30 | 0.10 |

# 13—21 各市外商投资和港澳台工业企业主要经济指标（2010年）

Main Indicators on Economic Benefit of Industrial Enterprises with Hong Kong, Macao, Taiwan and Foreign Funds by Region (2010)

单位：亿元 (100 million yuan)

| 地区 | Region | 企业单位数（个）Number of Enterprises (unit) | 工业总产值（现价）Gross Industrial Output Value | 工业销售产值（当年价）Value of Industrial Products Sales | 资产合计 Total Assets | 流动资产合计 Circulating Funds | 固定资产原价 Original Value of Fixed Assets | 固定资产净值年平均余额 Annual Average Balance of Net Value of Fixed Assets | 负债合计 Total Liabilities |
|---|---|---|---|---|---|---|---|---|---|
| **总计** | **Total** | **914** | **2568.56** | **2509.78** | **1818.69** | **980.09** | **920.74** | **613.90** | **1055.28** |
| 合肥市 | Hefei | 182 | 946.95 | 939.03 | 578.50 | 373.26 | 256.28 | 150.41 | 341.87 |
| 淮北市 | Huaibei | 32 | 40.65 | 39.46 | 49.81 | 15.57 | 40.32 | 22.57 | 26.22 |
| 亳州市 | Bozhou | 4 | 2.71 | 2.54 | 1.41 | 0.96 | 0.60 | 0.41 | 0.67 |
| 宿州市 | Suzhou | 21 | 33.91 | 34.98 | 23.02 | 13.37 | 8.90 | 7.42 | 12.29 |
| 蚌埠市 | Bengbu | 44 | 124.21 | 120.83 | 90.98 | 34.79 | 61.84 | 45.41 | 46.80 |
| 阜阳市 | Fuyang | 25 | 37.30 | 35.59 | 46.10 | 13.69 | 41.48 | 30.52 | 27.62 |
| 淮南市 | Huainan | 18 | 54.01 | 53.74 | 86.43 | 23.08 | 97.90 | 55.13 | 62.34 |
| 滁州市 | Chuzhou | 83 | 153.12 | 145.27 | 98.66 | 47.45 | 59.92 | 38.22 | 49.66 |
| 六安市 | Luan | 32 | 102.17 | 102.38 | 79.05 | 38.23 | 30.61 | 23.22 | 42.44 |
| 马鞍山市 | Maanshan | 57 | 195.46 | 176.15 | 140.88 | 73.63 | 55.44 | 39.74 | 80.10 |
| 巢湖市 | Chaohu | 48 | 51.45 | 50.68 | 52.88 | 23.72 | 29.97 | 22.17 | 35.48 |
| 芜湖市 | Wuhu | 166 | 528.47 | 520.04 | 352.93 | 217.05 | 134.83 | 98.92 | 206.10 |
| 宣城市 | Xuancheng | 68 | 94.47 | 90.53 | 54.65 | 28.99 | 22.32 | 15.90 | 25.63 |
| 铜陵市 | Tongling | 23 | 119.18 | 116.73 | 81.85 | 41.15 | 39.20 | 33.54 | 58.88 |
| 池州市 | Chizhou | 22 | 14.93 | 14.51 | 19.93 | 5.90 | 8.88 | 6.85 | 10.93 |
| 安庆市 | Anqing | 66 | 59.37 | 57.45 | 55.80 | 26.14 | 29.85 | 21.59 | 25.05 |
| 黄山市 | Huangshan | 23 | 10.21 | 9.86 | 5.82 | 3.12 | 2.41 | 1.88 | 3.22 |

| 地区 | Region | #流动负债 Liquid Liabilities | 所有者权益 Creditors Equity | 实收资本 Total Capital Hold | 主营业务收入 Revenue from principal Business | 主营业务成本 Cost of Principal Business | 主营业务税金及附加 Business and Extra Charges | 利润总额 Total Profits | 本年应交增值税 Value Added Tax Payable |
|---|---|---|---|---|---|---|---|---|---|
| **总计** | **Total** | **904.34** | **751.97** | **492.29** | **2321.86** | **1937.88** | **14.43** | **267.78** | **98.04** |
| 合肥市 | Hefei | 313.26 | 234.33 | 156.85 | 781.10 | 646.00 | 9.04 | 132.40 | 39.29 |
| 淮北市 | Huaibei | 22.14 | 23.60 | 15.32 | 38.71 | 34.52 | 0.39 | 2.03 | 0.80 |
| 亳州市 | Bozhou | 0.66 | 0.74 | 0.58 | 2.98 | 2.48 | 0.01 | 0.24 | 0.06 |
| 宿州市 | Suzhou | 11.37 | 10.66 | 6.48 | 34.34 | 30.51 | 0.08 | 2.76 | 0.46 |
| 蚌埠市 | Bengbu | 36.41 | 44.00 | 32.32 | 123.17 | 105.02 | 0.83 | 8.72 | 2.85 |
| 阜阳市 | Fuyang | 15.16 | 18.47 | 14.64 | 36.27 | 30.78 | 0.49 | 3.06 | 1.75 |
| 淮南市 | Huainan | 33.64 | 24.09 | 23.41 | 53.76 | 46.83 | 0.06 | 3.88 | 2.18 |
| 滁州市 | Chuzhou | 44.74 | 48.89 | 34.50 | 127.52 | 109.07 | 0.27 | 11.44 | 3.93 |
| 六安市 | Luan | 35.09 | 32.62 | 12.30 | 100.48 | 77.97 | 1.52 | 14.70 | 5.06 |
| 马鞍山市 | Maanshan | 67.53 | 59.67 | 41.43 | 194.29 | 159.07 | 0.73 | 23.03 | 9.14 |
| 巢湖市 | Chaohu | 26.53 | 17.38 | 9.48 | 55.15 | 47.35 | 0.07 | 3.67 | 1.41 |
| 芜湖市 | Wuhu | 197.49 | 144.10 | 75.62 | 477.65 | 401.44 | 0.68 | 41.10 | 25.79 |
| 宣城市 | Xuancheng | 23.72 | 28.91 | 15.76 | 85.45 | 68.54 | 0.06 | 14.40 | 3.12 |
| 铜陵市 | Tongling | 49.85 | 22.97 | 23.62 | 135.18 | 114.12 | 0.01 | 0.36 | 0.43 |
| 池州市 | Chizhou | 5.99 | 8.81 | 7.31 | 12.72 | 10.16 | 0.03 | 1.36 | 0.49 |
| 安庆市 | Anqing | 18.15 | 30.14 | 20.80 | 54.84 | 47.03 | 0.15 | 3.75 | 1.04 |
| 黄山市 | Huangshan | 2.62 | 2.60 | 1.86 | 8.26 | 6.98 | 0.02 | 0.88 | 0.25 |

# 13—22　各市私营工业企业主要经济指标（2010年）
Main Indicators of Private Enterprises by Region (2010)

单位：亿元　(100 million yuan)

| 地　区 | Region | 企业单位数(个) Number of Enterprises (unit) | 工业总产值(现价) Gross Industrial Output Value | 工业销售产值(当年价) Value of Industrial Products Sales | 资产合计 Total Assets | 流动资产合计 Circulating Funds | 固定资产原价 Original Value of Fixed Assets | 固定资产净值年平均余额 Annual Average Balance of Net Value of Fixed Assets | 负债合计 Total Liabilities |
|---|---|---|---|---|---|---|---|---|---|
| **总　计** | **Total** | **11269** | **6068.83** | **5869.61** | **3384.86** | **1781.14** | **1394.93** | **1110.55** | **1709.80** |
| 合肥市 | Hefei | 1576 | 973.46 | 915.82 | 609.81 | 316.87 | 271.41 | 207.66 | 324.49 |
| 淮北市 | Huaibei | 523 | 303.05 | 297.20 | 142.19 | 57.22 | 76.78 | 66.15 | 58.89 |
| 亳州市 | Bozhou | 162 | 69.32 | 66.96 | 38.28 | 20.25 | 17.15 | 13.19 | 17.56 |
| 宿州市 | Suzhou | 520 | 343.06 | 337.61 | 120.09 | 52.70 | 64.05 | 54.87 | 49.80 |
| 蚌埠市 | Bengbu | 546 | 229.66 | 224.88 | 111.96 | 51.05 | 68.57 | 54.56 | 47.31 |
| 阜阳市 | Fuyang | 292 | 159.02 | 162.40 | 67.39 | 35.73 | 34.20 | 27.08 | 30.16 |
| 淮南市 | Huainan | 394 | 96.67 | 95.59 | 60.53 | 33.62 | 25.83 | 20.31 | 27.57 |
| 滁州市 | Chuzhou | 753 | 471.06 | 451.76 | 274.05 | 161.56 | 104.70 | 77.55 | 139.53 |
| 六安市 | Luan | 749 | 470.10 | 459.39 | 271.33 | 118.21 | 110.24 | 91.92 | 138.35 |
| 马鞍山市 | Maanshan | 602 | 305.10 | 297.52 | 216.49 | 143.66 | 64.29 | 48.93 | 121.63 |
| 巢湖市 | Chaohu | 634 | 479.03 | 461.33 | 321.42 | 178.32 | 125.50 | 99.68 | 148.67 |
| 芜湖市 | Wuhu | 1392 | 624.54 | 602.91 | 403.54 | 219.96 | 128.90 | 105.22 | 223.72 |
| 宣城市 | Xuancheng | 1024 | 504.75 | 480.78 | 222.09 | 119.13 | 69.44 | 57.04 | 119.88 |
| 铜陵市 | Tongling | 150 | 102.98 | 101.65 | 78.66 | 45.04 | 31.35 | 25.05 | 49.38 |
| 池州市 | Chizhou | 452 | 155.20 | 147.79 | 88.32 | 43.64 | 42.22 | 31.62 | 49.58 |
| 安庆市 | Anqing | 1067 | 568.54 | 558.46 | 255.60 | 120.53 | 127.86 | 105.53 | 102.98 |
| 黄山市 | Huangshan | 433 | 213.28 | 207.56 | 103.12 | 63.63 | 32.43 | 24.19 | 60.30 |

| 地　区 | Region | #流动负债 Liquid Liabilities | 所有者权益 Creditors Equity | 实收资本 Total Capital Hold | 主营业务收入 Revenue from principal Business | 主营业务成本 Cost of Principal Business | 主营业务税金及附加 Business and Extra Charges | 利润总额 Total Profits | 本年应交增值税 Value Added Tax Payable |
|---|---|---|---|---|---|---|---|---|---|
| **总　计** | **Total** | **1474.13** | **1646.37** | **839.59** | **5755.37** | **4935.18** | **39.89** | **414.73** | **138.33** |
| 合肥市 | Hefei | 284.28 | 278.77 | 126.06 | 882.96 | 732.25 | 5.24 | 92.18 | 23.28 |
| 淮北市 | Huaibei | 48.72 | 82.82 | 37.03 | 300.60 | 271.67 | 2.39 | 15.09 | 5.32 |
| 亳州市 | Bozhou | 14.82 | 20.31 | 9.42 | 66.34 | 57.32 | 0.43 | 5.45 | 1.35 |
| 宿州市 | Suzhou | 37.26 | 69.42 | 32.48 | 344.40 | 307.32 | 1.76 | 14.97 | 3.25 |
| 蚌埠市 | Bengbu | 43.81 | 64.06 | 21.59 | 221.90 | 202.67 | 0.81 | 4.65 | 2.10 |
| 阜阳市 | Fuyang | 27.79 | 37.08 | 14.04 | 165.22 | 142.87 | 2.66 | 13.57 | 4.20 |
| 淮南市 | Huainan | 24.77 | 32.77 | 19.47 | 96.10 | 81.37 | 0.39 | 5.14 | 1.41 |
| 滁州市 | Chuzhou | 120.15 | 132.78 | 67.34 | 445.24 | 386.16 | 2.42 | 28.37 | 14.19 |
| 六安市 | Luan | 104.02 | 130.78 | 55.91 | 438.03 | 381.24 | 5.98 | 34.55 | 9.20 |
| 马鞍山市 | Maanshan | 112.63 | 94.41 | 46.76 | 307.54 | 268.17 | 1.54 | 18.08 | 10.76 |
| 巢湖市 | Chaohu | 133.64 | 171.73 | 110.72 | 450.83 | 368.33 | 2.24 | 34.86 | 12.91 |
| 芜湖市 | Wuhu | 194.69 | 170.75 | 123.69 | 585.40 | 496.86 | 2.98 | 26.30 | 12.01 |
| 宣城市 | Xuancheng | 103.98 | 101.94 | 47.40 | 462.30 | 407.69 | 1.66 | 41.68 | 15.04 |
| 铜陵市 | Tongling | 41.39 | 28.25 | 18.17 | 101.14 | 83.18 | 0.28 | 3.26 | 0.93 |
| 池州市 | Chizhou | 42.73 | 38.31 | 21.02 | 141.12 | 119.85 | 1.13 | 8.06 | 4.36 |
| 安庆市 | Anqing | 84.70 | 149.40 | 65.26 | 554.23 | 461.85 | 7.39 | 54.54 | 13.70 |
| 黄山市 | Huangshan | 54.74 | 42.79 | 23.23 | 192.02 | 166.37 | 0.59 | 14.00 | 4.31 |

# 13—23 各市大中型工业企业主要经济指标（2010年）

Main Indicators of Large-scale and Medium-scale Industrial Enterprises by Region (2010)

单位：亿元 (100 million yuan)

| 地区 | Region | 企业单位数(个) Number of Enterprises (unit) | 工业总产值(现价) Gross Industrial Output Value | 工业销售产值(当年价) Value of Industrial Products Sales | 资产合计 Total Assets | 流动资产合计 Circulating Funds | 固定资产原价 Original Value of Fixed Assets | 固定资产净值年平均余额 Annual Average Balance of Net Value of Fixed Assets | 负债合计 Total Liabilities |
|---|---|---|---|---|---|---|---|---|---|
| **总计** | **Total** | **1120** | **11265.54** | **11027.35** | **11352.54** | **4616.20** | **6458.87** | **4173.59** | **7136.12** |
| 合肥市 | Hefei | 222 | 3078.86 | 3025.01 | 2497.28 | 1162.41 | 1411.07 | 920.08 | 1582.90 |
| 淮北市 | Huaibei | 41 | 585.14 | 573.39 | 1148.45 | 378.12 | 533.67 | 345.52 | 743.04 |
| 亳州市 | Bozhou | 38 | 147.78 | 135.26 | 146.16 | 45.39 | 116.54 | 83.88 | 99.25 |
| 宿州市 | Suzhou | 55 | 236.35 | 228.97 | 210.21 | 55.02 | 186.18 | 118.05 | 161.17 |
| 蚌埠市 | Bengbu | 56 | 390.15 | 375.69 | 364.34 | 160.98 | 237.24 | 160.25 | 187.71 |
| 阜阳市 | Fuyang | 54 | 454.42 | 442.29 | 362.64 | 125.24 | 288.83 | 182.47 | 239.25 |
| 淮南市 | Huainan | 33 | 662.18 | 658.58 | 1485.88 | 332.66 | 961.59 | 630.25 | 1035.27 |
| 滁州市 | Chuzhou | 95 | 531.69 | 512.92 | 378.55 | 190.71 | 195.14 | 129.47 | 199.14 |
| 六安市 | Luan | 78 | 390.80 | 385.75 | 283.83 | 110.54 | 127.39 | 93.93 | 174.15 |
| 马鞍山市 | Maanshan | 48 | 930.90 | 911.55 | 1105.45 | 439.64 | 796.20 | 449.53 | 612.33 |
| 巢湖市 | Chaohu | 55 | 337.22 | 323.26 | 364.73 | 171.88 | 171.77 | 121.72 | 198.76 |
| 芜湖市 | Wuhu | 124 | 1496.89 | 1465.25 | 1324.41 | 680.51 | 559.01 | 385.65 | 858.12 |
| 宣城市 | Xuancheng | 71 | 359.93 | 333.29 | 256.54 | 120.58 | 113.11 | 70.27 | 147.18 |
| 铜陵市 | Tongling | 30 | 867.14 | 866.63 | 852.09 | 408.81 | 362.61 | 258.03 | 605.30 |
| 池州市 | Chizhou | 16 | 87.30 | 87.07 | 106.62 | 45.37 | 60.48 | 41.50 | 61.33 |
| 安庆市 | Anqing | 89 | 627.74 | 623.21 | 407.79 | 150.84 | 317.59 | 170.35 | 204.79 |
| 黄山市 | Huangshan | 15 | 81.04 | 79.20 | 57.57 | 37.52 | 20.45 | 12.63 | 26.42 |

| 地区 | Region | #流动负债 Liquid Liabilities | 所有者权益 Creditors Equity | 实收资本 Total Capital Hold | 主营业务收入 Revenue from principal Business | 主营业务成本 Cost of Principal Business | 主营业务税金及附加 Business and Extra Charges | 利润总额 Total Profits | 本年应交增值税 Value Added Tax Payable |
|---|---|---|---|---|---|---|---|---|---|
| **总计** | **Total** | **5018.42** | **4198.05** | **1868.39** | **11033.07** | **9040.61** | **239.02** | **965.18** | **501.26** |
| 合肥市 | Hefei | 1239.84 | 910.20 | 430.23 | 2726.21 | 2327.93 | 51.98 | 290.94 | 131.98 |
| 淮北市 | Huaibei | 486.23 | 405.41 | 113.86 | 643.56 | 493.38 | 8.99 | 46.93 | 37.52 |
| 亳州市 | Bozhou | 53.21 | 46.56 | 22.35 | 141.64 | 101.14 | 4.84 | 22.50 | 7.31 |
| 宿州市 | Suzhou | 55.64 | 48.79 | 24.80 | 230.89 | 198.58 | 1.25 | 14.89 | 7.81 |
| 蚌埠市 | Bengbu | 165.56 | 176.53 | 72.42 | 380.04 | 280.80 | 30.74 | 34.65 | 17.50 |
| 阜阳市 | Fuyang | 202.28 | 122.88 | 42.86 | 439.39 | 333.82 | 16.51 | 58.13 | 22.65 |
| 淮南市 | Huainan | 517.23 | 450.61 | 312.17 | 665.84 | 515.11 | 8.23 | 38.50 | 55.18 |
| 滁州市 | Chuzhou | 152.20 | 176.31 | 73.02 | 483.62 | 394.70 | 14.67 | 47.66 | 18.75 |
| 六安市 | Luan | 134.44 | 104.38 | 42.54 | 357.17 | 291.48 | 9.01 | 49.20 | 12.47 |
| 马鞍山市 | Maanshan | 360.91 | 492.79 | 206.98 | 1091.94 | 966.10 | 7.45 | 94.76 | 57.42 |
| 巢湖市 | Chaohu | 155.26 | 165.94 | 80.94 | 335.45 | 260.29 | 1.70 | 27.92 | 12.57 |
| 芜湖市 | Wuhu | 706.29 | 464.11 | 187.18 | 1403.23 | 1181.31 | 39.06 | 85.30 | 65.67 |
| 宣城市 | Xuancheng | 107.67 | 108.98 | 31.90 | 324.55 | 260.23 | 1.03 | 55.47 | 11.08 |
| 铜陵市 | Tongling | 464.77 | 246.78 | 115.78 | 993.66 | 776.62 | 2.72 | 27.44 | 14.10 |
| 池州市 | Chizhou | 43.14 | 45.29 | 21.28 | 85.91 | 65.59 | 0.41 | 10.64 | 3.67 |
| 安庆市 | Anqing | 152.50 | 201.34 | 80.14 | 653.99 | 531.12 | 40.14 | 52.12 | 21.89 |
| 黄山市 | Huangshan | 21.25 | 31.15 | 9.94 | 75.99 | 62.42 | 0.31 | 8.12 | 3.68 |

## 13—24 主要工业产品产量
Output of Major Industrial Products

| 项　目 | | Item | | 1995 | 2000 | 2005 | 2009 | 2010 |
|---|---|---|---|---|---|---|---|---|
| 原　煤 | （万吨） | Raw Coal | (10000 tons) | 4444 | 4790 | 8434 | 12849 | 13030 |
| 洗　煤 | （万吨） | Coal Washing | (10000 tons) | 497 | 464 | 823 | 1493 | 1603 |
| 铁矿石原矿量 | （万吨） | Iron Ore Products | (10000 tons) | 1008 | 836 | 1100 | 2595 | 3237 |
| 铜金属含量 | （吨） | Amount Contained of Copper | (ton) | 43442 | 45564 | 66466 | 117052 | 129145 |
| 混合饲料 | （万吨） | Blending Feed | (10000 tons) | 125.0 | 102.9 | 161.0 | 81.7 | 121.9 |
| 原　盐 | （吨） | Raw Salt | (ton) | | 328413 | 567340 | 1435489 | 1461487 |
| 大　米 | （吨） | Rice | (ton) | | 951857 | 1567509 | 8134224 | 10421141 |
| 食用植物油 | （万吨） | Edible Vegetable Oil | (10000 tons) | 95.27 | 39.72 | 49.99 | 65.05 | 66.23 |
| 乳制品 | （吨） | Dairy Products | (ton) | 4575 | 14970 | 54343 | 445164 | 664812 |
| 罐　头 | （吨） | Can (tin) | (ton) | 126847 | 24897 | 61143 | 258566 | 308924 |
| 鲜、冻畜肉 | （万吨） | Fresh and Frozen Meat | (10000 tons) | | 10.2 | 14.8 | 33.1 | 59.0 |
| 糖　果 | （吨） | Candy | (ton) | | 6740 | 4289 | 12640 | 27682 |
| 酱　油 | （吨） | Soy Sauce | (ton) | | 22367 | 7021 | 25890 | 41281 |
| 发酵酒精 | （万千升） | Fermented Alcohol | (10000 kl) | 14.0 | 9.5 | 25.5 | 60.0 | 68.0 |
| 白　酒 | （万千升） | Liquor | (10000 kl) | 46.1 | 46.7 | 22.4 | 29.7 | 48.0 |
| 啤　酒 | （万千升） | Beer | (10000 kl) | 56.7 | 119.3 | 115.5 | 156.5 | 154.1 |
| 精制茶 | （吨） | Refined Tea | (ton) | 25296 | 9951 | 57042 | 119668 | 178927 |
| 卷　烟 | （亿支） | Cigarettes | (100 million pieces) | 970.0 | 788.5 | 1030.6 | 1190.0 | 1225.9 |
| 纱 | （吨） | Yarn | (ton) | 223024 | 275052 | 383057 | 482653 | 565419 |
| 布 | （万米） | Cloth | (10000 m) | 87501 | 74047 | 56293 | 56251 | 108663 |
| 棉　布 | （万米） | Cotton Cloth | (10000 m) | 50040 | 35778 | 37373 | 44481 | 82439 |
| 印染布 | （万米） | Printing and Dyeing Cloth | (10000 m) | 26163 | 14377 | 18332 | 16848 | 18392 |
| 绒线（毛线） | （吨） | Knitting Wool | (ton) | 4496 | 31 | 1996 | 392 | 528 |
| 麻袋（混合数） | （万条） | Gunny Sack | (10000 pieces) | 7653 | 1238 | 413 | | 194 |
| 丝 | （吨） | Silk | (ton) | 5520 | 2118 | 3807 | 7371 | 6438 |
| 丝织品 | （万米） | Silk Fabrics | (10000 m) | 8928 | 3446 | 2867 | 3875 | 4005 |
| 服　装 | （万件） | Clothing | (10000 units) | 24225 | 6283 | 11288 | 38427 | 53505 |
| 　梭织服装 | | Shuttled Clothing | | | 3799 | 5079 | 16409 | 30888 |
| 　针织服装 | | Knit Clothing | | | 2433 | 3625 | 22017 | 22617 |
| 人造板 | （万立方米） | Man-made Board | (10000 cu.m) | 81.2 | 65.4 | 200.2 | 417.1 | 573.0 |
| 机制纸及纸板 | （万吨） | Machine-made Paper and Paperboard | (10000 tons) | 108.2 | 55.0 | 111.1 | 224.2 | 221.1 |

**13—24 续表1 continued**

| 项目 | | Item | | 1995 | 2000 | 2005 | 2009 | 2010 |
|---|---|---|---|---|---|---|---|---|
| 纸制品 | (吨) | Paper Products | (ton) | | 53876 | 228047 | 339180 | 690161 |
| 原油加工量 | (万吨) | Volume of Processed Crude Oil | (10000 tons) | | 344.8 | 416.0 | 452.6 | 476.6 |
| 汽油 | (万吨) | Gasoline | (10000 tons) | 74.1 | 79.4 | 86.0 | 97.5 | 97.0 |
| 柴油 | (万吨) | Diesel Oil | (10000 tons) | 98.9 | 151.9 | 177.4 | 184.9 | 196.0 |
| 燃料油 | (万吨) | Fuel Oil | (10000 tons) | 48.5 | 10.7 | 8.3 | 16.6 | 12.4 |
| 液化石油气 | (万吨) | Liquefied Petroleum | (10000 tons) | | 20.4 | 30.5 | 33.3 | 34.1 |
| 焦炭 | (万吨) | Coke | (10000 tons) | 293.5 | 330.2 | 487.9 | 772.9 | 839.6 |
| 硫酸(折100%) | (万吨) | Sulfuric Acid (100%) | (10000 tons) | 135.3 | 143.1 | 202.5 | 352.5 | 439.7 |
| 浓硝酸(折100%) | (万吨) | Enriched Nitric Acid (100%) | (10000 tons) | 8.3 | 13.6 | 32.5 | 59.2 | 54.5 |
| 氢氧化钠(烧碱)(折100%) | (万吨) | Caustic Soda (100%) | (10000 tons) | 11.4 | 10.8 | 18.8 | 26.6 | 29.0 |
| 碳酸钠(纯碱) | (万吨) | Soda Ash | (10000 tons) | 9.8 | 8.1 | 24.1 | 35.6 | 35.4 |
| 合成氨 | (万吨) | Synthetic Ammonia | (10000 tons) | 164.2 | 179.4 | 231.4 | 249.1 | 266.4 |
| 农用氮肥磷钾化学肥料总计 | (万吨) | Chemical Fertilizers | (10000 tons) | 165.7 | 157.6 | 204.1 | 290.1 | 255.4 |
| 氮肥(折含N100%) | (万吨) | Nitrogen Fertilizers | (10000 tons) | 110.9 | 120.9 | 148.2 | 228.8 | 201.5 |
| 磷肥 | (万吨) | Phosphate Fertilizers | (10000 tons) | 54.7 | 36.5 | 55.9 | 60.8 | 54.0 |
| 化学农药 | (万吨) | Chemical Pesticide | (10000 tons) | 0.8 | 1.8 | 3.7 | 17.0 | 15.1 |
| 塑料树脂及共聚物 | (吨) | Plastics | (ton) | 51434 | 71687 | 268920 | 488391 | 568858 |
| 肥皂 | (吨) | Soap | (ton) | 38473 | 20326 | 22803 | 33206 | 20704 |
| 合成洗涤剂 | (万吨) | Synthetic Detergents | (10000 tons) | 26.4 | 39.8 | 41.3 | 63.7 | 74.6 |
| 牙膏(自然支) | (万支) | Toothpaste | (10000 units) | 14351 | 6941 | 65764 | 67741 | 77835 |
| 化学原料药 | (吨) | Chemical Medicine | (ton) | 6914 | 4807 | 18960 | 8865 | 9208 |
| 中成药 | (吨) | Traditional Chinese Medicine | (ton) | 38923 | 9371 | 9672 | 13515 | 26190 |
| 化学纤维 | (万吨) | Chemical Fiber | (10000 tons) | 2.0 | 12.4 | 11.4 | 18.8 | 22.0 |
| 轮胎外胎 | (万条) | Tires | (10000 units) | 145.0 | 574.0 | 1073.6 | 1466.1 | 3744.3 |
| 塑料制品 | (吨) | Plastic Products | (ton) | 690481 | 321435 | 735029 | 1463678 | 1867544 |
| 塑料薄膜 | (吨) | Plastic Film | (ton) | 100923 | 28057 | 173228 | 178816 | 166674 |
| 水泥 | (万吨) | Cement | (10000 tons) | 1983 | 2136 | 3218 | 7056 | 7874 |
| 大理石板材 | (万平方米) | Marble Plate | (10000 sq.m) | 159.53 | 2.01 | 3.30 | 44.12 | 13.90 |
| 花岗石板材 | (万平方米) | Granite Plate | (10000 sq.m) | 115.77 | 4.07 | 11.60 | 19.30 | 109.82 |
| 平板玻璃 | (万重量箱) | Plate Glass | (10000 weight cases) | 242.5 | 151.5 | 507.7 | 1035.8 | 1044.3 |
| 生铁 | (万吨) | Pig Iron | (10000 tons) | 428.0 | 524.3 | 1105.7 | 1661.6 | 1844.9 |
| 钢 | (万吨) | Steel | (10000 tons) | 325.5 | 460.6 | 1105.6 | 1759.7 | 1853.8 |

13—24 续表2 continued

| 项　目 | | Item | | 1995 | 2000 | 2005 | 2009 | 2010 |
|---|---|---|---|---|---|---|---|---|
| 钢　材 | （万吨） | Rolled Steel | (10000 tons) | 267.6 | 431.7 | 1141.6 | 2112.0 | 2446.4 |
| 铁道用钢材 | | Steel Use for Railway | | 15.1 | 9.0 | 14.8 | 12.8 | 11.9 |
| 中小型钢材 | | Rolled-steel, Medium and Small | | 88.8 | 185.3 | 124.7 | 117.3 | 158.5 |
| 无缝钢管 | | Seamless Steel Pipe | | | 3.0 | 25.4 | 50.1 | 20.0 |
| 线　材 | | Wire Rod | | 98.2 | 105.8 | 171.9 | 278.3 | 301.1 |
| 铜 | （万吨） | Copper | (10000 tons) | 8.2 | 22.8 | 35.9 | 59.1 | 83.1 |
| 工业锅炉 | （蒸吨） | Industrial Boilers | (ton) | 2318 | 779 | 2478 | 2636 | 5196 |
| 内燃机 | （万千瓦） | Internal Combustion Engines | (10000 kw) | 442.0 | 265.7 | 713.1 | | |
| 金属切削机床 | （台） | Metal-cutting Machine Tools | (unit) | 4003 | 4743 | 11769 | 10219 | 26283 |
| 起重设备 | （吨） | Derrick Equipment | (ton) | 14291 | 2761 | 54935 | 163400 | 334543 |
| 叉　车 | （台） | Forklift | (unit) | 4273 | 10017 | 20303 | 42504 | 40613 |
| 泵 | （台） | Pump | (unit) | 467846 | 97578 | 82312 | 257159 | 409494 |
| 轴　承 | （万套） | Bearing | (10000 sets) | 2795 | 3212 | 8055 | 15636 | 23665 |
| 矿山设备 | （吨） | Mining Equipment | (ton) | 14245 | 39769 | 112593 | 51956 | 74055 |
| 小型拖拉机 | （台） | Mini-tractors | (unit) | 220967 | 168271 | 119899 | 30603 | 17833 |
| 农业运输机械 | （辆） | Machinery for Agricultural Transportation | (unit) | | 250987 | 32287 | | |
| 汽　车 | （辆） | Motor Vehicles | (unit) | 30250 | 107187 | 401087 | 915954 | 1244735 |
| 载货汽车 | | Trucks | | | 37441 | 116639 | 208442 | 273645 |
| 公路汽车 | | Coach | | | 69452 | 84980 | 71611 | 78426 |
| 交流电动机 | （万千瓦） | Alternating Current Motor | (10000 kw) | 208.9 | 164.4 | 515.8 | 1251.0 | 1599.5 |
| 变压器 | （万千伏安） | Transformer | (10000 KVA) | 487.0 | 520.3 | 1758.6 | 4019.2 | 4136.9 |
| 蓄电池 | （千伏安时） | Storage Battery | (KVA.h) | 487745 | 143046 | 806458 | 3525312 | 6610665 |
| 家用洗衣机 | （万台） | Household Washing Machines | (10000 units) | 127.7 | 131.7 | 441.8 | 1002.3 | 1267.0 |
| 家用电冰箱 | （万台） | Household Refrigerators | (10000 units) | 150.4 | 169.9 | 530.4 | 1565.8 | 2078.9 |
| 电风扇 | （万台） | Electric Fans | (10000 units) | 134.70 | 11.00 | 2.93 | | |
| 房间空气调节器 | （万台） | Air Conditioners | (10000 units) | 12.20 | 115.80 | 515.00 | 1022.79 | 1666.08 |
| 电视机 | （万部） | TV Sets | (10000 units) | 79.0 | 159.7 | 374.4 | 389.9 | 395.3 |
| #彩色电视机 | | Color TV | | 20.3 | 156.1 | 374.4 | 389.9 | 395.3 |
| 微型电子计算机 | （部） | Micro-computers | (unit) | | 141777 | 42737 | 326 | 18118 |
| 发电量 | （亿千瓦时） | Electricity | (100 million kwh) | 310.3 | 368.1 | 645.7 | 1320.2 | 1443.9 |
| 火　电 | | Thermal Power | | 297.9 | 363.5 | 634.9 | 1300.2 | 1420.2 |
| 水　电 | | Hydropower | | 12.4 | 4.58 | 10.87 | 16.39 | 18.85 |
| 煤　气 | （亿立方米） | Gas | (100 million cu.m) | 83.5 | 90.9 | 147.6 | 240.7 | 286.6 |

# 13—25 各市主要工业产品产量（2010年）
## Output of Major Industrial Products by Region (2010)

| 项目 | | Item | | 合肥市 Hefei | 淮北市 Huaibei | 亳州市 Bozhou | 宿州市 Suzhou | 蚌埠市 Bengbu |
|---|---|---|---|---|---|---|---|---|
| 原煤 | （万吨） | Raw Coal | (10000 tons) | | 4734.9 | 554.8 | 1431.1 | |
| 洗煤 | （万吨） | Coal Washing | (10000 tons) | | 1013.3 | 78.9 | 99.7 | |
| 铁矿石原矿量 | （万吨） | Iron Ore Products | (10000 tons) | | 68.3 | | | |
| 原盐 | （万吨） | Raw Salt | (10000 tons) | | | | | |
| 大米 | （万吨） | Rice | (10000 tons) | 74.2 | | | 2.0 | 37.7 |
| 混合饲料 | （万吨） | Blending Feed | (10000 tons) | 0.2 | 14.4 | | | 62.2 |
| 食用植物油 | （万吨） | Edible Vegetable Oil | (10000 tons) | 9.1 | 2.6 | | 0.2 | 3.1 |
| 白酒 | （千升） | Liquor | (kl) | 1083.0 | 39977.9 | 99604.0 | 8951.0 | 122852.0 |
| 精制茶 | （吨） | Refined Tea | (ton) | 2538.7 | | | | |
| 纱 | （吨） | Yarn | (ton) | 17266.3 | 39789.4 | 15566.3 | 51114.0 | 17757.6 |
| 布 | （万米） | Cloth | (10000 m) | 12925.4 | 15344.5 | | 4734.7 | 10700.5 |
| 机制纸及纸板 | （万吨） | Machine-made Paper and Paperboard | (10000 tons) | 31.3 | | 1.0 | 36.8 | 3.3 |
| 原油加工量 | （万吨） | Volume of Processed Crude Oil | (10000 tons) | | | | | |
| 农用氮肥磷钾化学肥料总计 | （万吨） | Chemical Fertilizers | (10000 tons) | 20.7 | | 13.0 | 38.8 | |
| 中成药 | （吨） | Traditional Chinese Medicine | (ton) | 1484.6 | 43.7 | | 10053.8 | 1012.0 |
| 化学纤维 | （万吨） | Chemical Fiber | (10000 tons) | | | | | 0.4 |
| 轮胎外胎 | （万条） | Tires | (10000 units) | 1631.1 | | | | 2105.7 |
| 水泥 | （万吨） | Cement | (10000 tons) | 400.8 | 308.1 | 107.0 | 326.1 | 320.5 |
| 平板玻璃 | （万重量箱） | Plate Glass | (10000 weight cases) | | | | | 435.2 |
| 生铁 | （万吨） | Pig Iron | (10000 tons) | 130.2 | | | | |
| 钢 | （万吨） | Steel | (10000 tons) | 140.0 | | | | |
| 成品钢材 | （万吨） | Steel Products | (10000 tons) | 254.2 | | | 4.2 | 10.8 |
| 铜 | （万吨） | Copper | (10000 tons) | | | | | |
| 叉车 | （台） | Forklift | (unit) | 38662.0 | | | | |
| 汽车 | （辆） | Motor Vehicles | (unit) | 523496.0 | | | | |
| 载货汽车 | | Trucks | | 244330.0 | | | | |
| 家用洗衣机 | （万台） | Household Washing Machines | (10000 units) | 1700.5 | | | | |
| 家用电冰箱 | （万台） | Household Refrigerators | (10000 units) | 861.4 | | | | |
| 房间空气调节器 | （万台） | Air Conditioners | (10000 units) | 1252.0 | | | | |
| 彩色电视机 | （万部） | Color TV | (10000 units) | 305.2 | | | | |
| 发电量 | （亿千瓦时） | Electricity | (100 million kwh) | 81.9 | 84.3 | 1.0 | 87.4 | 79.2 |

注：宿州、亳州等市原煤、洗煤产量包含淮北、淮南企业下属位于该市境内矿的产量。

a) Output of altogether coal and washed coal of Suzhou city including the output in Suzhou city belonged to Huaibei and Wanbei Mining Bureau.

| 阜阳市 Fuyang | 淮南市 Huainan | 滁州市 Chuzhou | 六安市 Luan | 马鞍山市 Maanshan | 巢湖市 Chaohu | 芜湖市 Wuhu | 宣城市 Xuancheng | 铜陵市 Tonglin | 池州市 Chizhou | 安庆市 Anqin | 黄山市 Huangshan |
|---|---|---|---|---|---|---|---|---|---|---|---|
| 1677.9 | 8110.4 | | | | 43.1 | | 28.1 | 15.6 | 6.3 | 11.4 | |
| | 508.6 | | | | | | | | | | |
| | | | 1684.0 | 1162.6 | 227.4 | 24.4 | | 29.0 | 36.8 | 4.3 | |
| | | 146.2 | | | | | | | | | |
| 45.5 | 51.8 | 181.1 | 195.0 | 9.0 | 95.7 | 66.9 | 92.7 | 0.7 | 13.3 | 168.0 | 8.6 |
| | | 33.9 | 1.0 | | | 0.9 | 8.6 | | 0.6 | | |
| 0.6 | 2.4 | 0.7 | 15.2 | 0.1 | 18.6 | 1.7 | 4.9 | 0.6 | 2.5 | 3.8 | 0.4 |
| 112036.3 | 219.8 | 13260.4 | 56998.4 | 264.0 | 3448.0 | | 7878.0 | 171.0 | 5281.2 | 6664.0 | 1192.4 |
| | | | 8634.0 | | | 1700.2 | 46467.0 | | 14646.7 | 336.2 | 104604.4 |
| 59510.8 | 9429.0 | 20868.0 | 32460.6 | 6486.0 | 36772.0 | 38785.0 | 12520.0 | 4819.6 | 13023.3 | 194488.9 | 9025.0 |
| 4791.2 | 3137.0 | 688.0 | | 1238.8 | 630.0 | 1368.3 | 3904.6 | 1323.9 | 1622.2 | 45071.0 | 3172.0 |
| 2.0 | 0.4 | 6.0 | 15.2 | 93.2 | 2.8 | 0.8 | 16.8 | | | 9.0 | 2.6 |
| | | | | | | | | | | 476.6 | |
| 73.7 | 23.2 | 7.9 | 0.7 | | 0.4 | | | 59.7 | 2.5 | 16.3 | 1.9 |
| 1604.7 | 484.1 | 989.0 | 582.2 | | 2279.3 | 2443.2 | 543.6 | | | 3414.6 | 1254.8 |
| | | 6.0 | | | 4.8 | | 0.1 | | | 11.2 | |
| | | | | | | | 5.2 | | | | 2.3 |
| 207.0 | 306.4 | 539.8 | 356.8 | 358.2 | 1602.7 | 1227.9 | 542.6 | 670.7 | 71.8 | 450.2 | 77.1 |
| | | 609.1 | | | | | | | | | |
| 3.4 | | | | 1469.7 | | 143.4 | 3.3 | 94.9 | | | |
| | | | | 1545.1 | | 113.9 | 54.6 | 0.1 | | | |
| | 36.3 | 78.4 | 63.4 | 1567.2 | 10.9 | 203.1 | 83.8 | 102.8 | 30.2 | 0.5 | 0.7 |
| 0.1 | | | | | | 2.3 | | 81.3 | | | |
| 928.0 | | | | | 1023.0 | | | | | | |
| | | | | 29315.0 | | 691924.0 | | | | | |
| | | | | 29315.0 | | | | | | | |
| | | 317.7 | 60.7 | | | | | | | | |
| | | 93.0 | | | | 711.8 | | | | | |
| | | 15.0 | | | | | | | | | |
| | | 73.3 | | | | 16.8 | | | | | |
| 73.3 | 473.8 | 8.2 | 16.4 | 174.7 | 68.6 | 81.0 | 44.4 | 94.6 | 30.5 | 44.7 | 0.2 |

# 13—26 工业主要产品生产能力
Main Prodnct Productivity of Industrial Enterprises

| 项　　目 | | Item | | 2009 | 2010 |
|---|---|---|---|---|---|
| 化学纤维 | (吨) | Chemical Fiber | (ton) | 253928 | 446804 |
| 棉纺绽（环锭纺） | (锭) | Cotton Printing and Dyeing | (unit) | 2799096 | 3334137 |
| 气流纺绽（转杯纺） | (头) | Gas Spins and Splits | (unit) | 166639 | 159082 |
| 棉布织机 | (台) | Cotton Fabric Loom | (unit) | 22018 | 33314 |
| 家用电冰箱 | (台) | Household Refrigerators | (unit) | 19606854 | 27610000 |
| 房间空气调节器 | (台) | Air Conditioners | (unit) | 16100000 | 19700000 |
| 卷　烟 | (万支) | Cigarettes | (10000 pieces) | 14350500 | 15106500 |
| 彩色电视机 | (台) | Color TV | (unit) | 6030888 | 6850400 |
| 农用氮磷钾化学肥料总计 | (吨) | Chemical Fertilizers | (ton) | 3805511 | 3385983 |
| 发电设备容量总计 | (万千瓦) | Total of Generating Set Capacity | (10000 kw) | 2802 | 2867 |
| #火　电 | | Thermal Power | | 2627 | 2735 |
| 水　电 | | Hydropower | | 89 | 123 |
| 金属切削机床 | (台) | Metal-cutting Machine Tools | (unit) | 20057 | 46373 |
| 汽　车 | (辆) | Motor Vehicles | (unit) | 1204900 | 1501000 |
| 轿　车 | (辆) | Cars | (unit) | 823000 | 992000 |
| 电子计算机 | (台) | Computer | (unit) | 1000 | 101000 |
| 微型电子计算机 | (台) | Micro-computers | (unit) | 1000 | 101000 |
| 原　煤 | (吨) | Raw Coal | (ton) | 138188676 | 137410052 |
| 生　铁 | (吨) | Pig Iron | (ton) | 18897000 | 22126700 |
| 粗　钢 | (吨) | Thick Steel | (ton) | 22066003 | 24674168 |
| 钢　材 | (吨) | Rolled Steel | (ton) | 26433926 | 32493772 |
| 铁合金 | (吨) | Ferroalloy | (ton) | 1500 | 941 |
| 焦　炭 | (吨) | Cofe | (ton) | 9045000 | 9910000 |
| 水泥熟料 | (吨) | Cement Clinker | (ton) | 104771059 | 110035705 |
| 水　泥 | (吨) | Cement | (ton) | 104953764 | 116298921 |
| 平板玻璃 | (重量箱) | Plate Glass | (weight cases) | 9880000 | 11690000 |
| 浮法玻璃 | | Float Glass | | 9880000 | 9490000 |

# 13—27　各县（市）工业企业单位数和总产值（2010年）
Number and Output Value of Industrial Enterprises by County or City (2010)

单位：亿元　(100 million yuan)

| 县（市） | County (City) | 企业单位数（个）Number of Enterprises (unit) | 工业总产值（当年价）Gross Industrial Output Value (at current prices) | 工业销售产值（当年价）Sales Value of Industry (at current prices) | 工业增加值（当年价）Value Added of Industry (at current prices) |
|---|---|---|---|---|---|
| 瑶海区 | Yaohai District | 252 | 283.96 | 270.61 | 77.29 |
| 庐阳区 | Luyang District | 161 | 175.30 | 165.99 | 47.50 |
| 蜀山区 | Shushan District | 513 | 1656.70 | 1629.73 | 474.30 |
| 包河区 | Baohe District | 234 | 1095.44 | 1079.90 | 241.85 |
| 长丰县 | Changfeng | 323 | 240.77 | 225.98 | 62.48 |
| 肥东县 | Feidong | 351 | 320.37 | 302.00 | 82.18 |
| 肥西县 | Feixi | 395 | 425.17 | 415.72 | 107.13 |
| 杜集区 | Duji District | 225 | 109.23 | 108.22 | 31.20 |
| 相山区 | Xiangshan District | 110 | 485.81 | 475.27 | 267.55 |
| 烈山区 | Lieshan District | 142 | 103.66 | 102.67 | 27.39 |
| 濉溪县 | Suixi | 196 | 182.72 | 178.68 | 49.36 |
| 亳州市辖区 | District of Bozhou City | 11 | 40.36 | 36.96 | 12.70 |
| 谯城区 | Qiaocheng District | 122 | 96.10 | 93.69 | 21.99 |
| 涡阳县 | Guoyang | 143 | 110.58 | 101.22 | 36.24 |
| 蒙城县 | Mengcheng | 94 | 56.30 | 56.47 | 19.02 |
| 利辛县 | Lixin | 53 | 20.99 | 20.35 | 4.94 |
| 埇桥区 | Yongqiao District | 309 | 310.72 | 303.03 | 100.72 |
| 砀山县 | Dangshan | 161 | 95.36 | 95.47 | 22.31 |
| 萧县 | Xiaoxian | 134 | 136.52 | 134.10 | 32.20 |
| 灵璧县 | Lingbi | 112 | 71.36 | 69.93 | 14.75 |
| 泗县 | Sixian | 140 | 62.97 | 61.84 | 14.83 |
| 龙子湖区 | Longzihu District | 79 | 67.62 | 63.45 | 18.36 |
| 蚌山区 | Bengshan District | 41 | 41.13 | 40.50 | 9.95 |
| 禹会区 | Yuhui District | 155 | 333.41 | 323.52 | 120.79 |
| 淮上区 | Huaishang District | 106 | 51.22 | 51.19 | 13.67 |
| 怀远县 | Huaiyuan | 177 | 139.62 | 135.84 | 36.35 |
| 五河县 | Wuhe | 133 | 64.86 | 62.75 | 16.33 |
| 固镇县 | Guzhen | 172 | 74.83 | 73.10 | 19.48 |
| 阜阳市辖区 | District of Fuyang City | 61 | 186.91 | 185.28 | 59.75 |
| 颍州区 | Yingzhou District | 40 | 21.81 | 21.22 | 5.21 |
| 颍东区 | Yingdong District | 51 | 31.85 | 31.26 | 8.22 |
| 颍泉区 | Yingquan District | 53 | 13.27 | 12.95 | 3.56 |
| 界首市 | Jieshou | 73 | 115.60 | 111.23 | 25.44 |
| 临泉县 | Linquan | 67 | 43.42 | 42.67 | 10.45 |
| 太和县 | Taihe | 119 | 120.26 | 124.28 | 27.85 |
| 阜南县 | Funan | 127 | 47.23 | 46.26 | 12.25 |
| 颍上县 | Yingshang | 94 | 123.34 | 118.49 | 64.26 |
| 大通区 | Datong District | 131 | 73.60 | 73.11 | 20.09 |
| 田家庵区 | Tianjaan District | 81 | 487.08 | 483.66 | 237.12 |
| 谢家集区 | Xiejiaji District | 61 | 35.03 | 34.67 | 9.63 |
| 八公山区 | Bagongshan District | 43 | 13.26 | 13.23 | 4.29 |
| 潘集区 | Panji District | 66 | 63.04 | 62.89 | 16.16 |
| 凤台县 | Fengtai | 207 | 116.92 | 115.89 | 54.69 |
| 滁州市辖区 | District of Chuzhou City | 139 | 229.55 | 223.52 | 69.09 |
| 琅琊区 | Langya District | 53 | 46.53 | 39.59 | 12.76 |
| 南谯区 | Nanqiao District | 113 | 67.64 | 61.26 | 17.38 |
| 天长市 | Tianchang | 348 | 322.07 | 316.20 | 87.26 |
| 明光市 | Mingguang | 103 | 44.58 | 42.51 | 10.63 |
| 来安县 | Laian | 147 | 108.65 | 96.65 | 28.19 |
| 全椒县 | Quanjiao | 129 | 84.28 | 80.69 | 19.84 |
| 定远县 | Dingyuan | 119 | 59.96 | 58.39 | 12.59 |
| 凤阳县 | Fengyang | 86 | 89.72 | 86.89 | 23.52 |
| 金安区 | Jinan District | 190 | 170.97 | 168.84 | 41.96 |
| 裕安区 | Yuan District | 138 | 70.98 | 69.43 | 19.23 |

## 13—27 续表 continued

单位：亿元 (100 million yuan)

| 县（市） | County (City) | 企业单位数（个） Number of Enterprises (unit) | 工业总产值（当年价） Gross Industrial Output Value (at current prices) | 工业销售产值（当年价） Sales Value of Industry (at current prices) | 工业增加值（当年价） Value Added of Industry (at current prices) |
|---|---|---|---|---|---|
| 寿　县 | Shouxian | 109 | 95.08 | 94.85 | 22.13 |
| 霍邱县 | Huoqiu | 210 | 191.23 | 185.30 | 61.55 |
| 舒城县 | Shucheng | 127 | 87.40 | 85.08 | 21.32 |
| 金寨县 | Jinzhai | 84 | 67.49 | 66.18 | 18.37 |
| 霍山县 | Huoshan | 170 | 149.56 | 150.73 | 44.14 |
| 金家庄区 | Jinjiazhuang District | 112 | 203.15 | 200.81 | 51.28 |
| 花山区 | Huashan District | 70 | 15.90 | 15.69 | 4.26 |
| 雨山区 | Yushan District | 201 | 810.62 | 790.70 | 223.14 |
| 当涂县 | Dangtu | 408 | 288.63 | 283.62 | 79.64 |
| 巢湖市直 | Chaohu directly under | 52 | 98.75 | 97.37 | 24.78 |
| 居巢区 | Juchao District | 126 | 109.94 | 106.49 | 27.85 |
| 庐江县 | Lujiang | 152 | 69.00 | 66.93 | 20.22 |
| 无为县 | Wuwei | 225 | 384.82 | 372.83 | 98.74 |
| 含山县 | Hanshan | 118 | 59.31 | 56.70 | 15.98 |
| 和　县 | Hexian | 125 | 93.57 | 84.00 | 24.68 |
| 镜湖区 | Jinghu District | 60 | 106.26 | 104.67 | 24.51 |
| 弋江区 | Yijiang District | 175 | 318.36 | 307.21 | 115.72 |
| 鸠江区 | Jiujiang District | 272 | 201.66 | 192.48 | 53.81 |
| 三山区 | Sanshang District | 83 | 51.75 | 50.33 | 13.25 |
| 大桥开发区 | Daqiao development area | 10 | 2.01 | 1.97 | 0.64 |
| 芜湖经开区 | Wuhu economic development area | 246 | 1023.41 | 1008.35 | 244.86 |
| 芜湖县 | Wuhu | 374 | 169.86 | 160.73 | 44.22 |
| 繁昌县 | Fanchang | 299 | 240.88 | 235.68 | 76.08 |
| 南陵县 | Nanling | 266 | 136.84 | 134.95 | 36.65 |
| 宣城市直 | Xuancheng directly under | 42 | 88.92 | 85.53 | 20.84 |
| 宣州区 | Xuanzhou District | 236 | 96.30 | 95.50 | 22.84 |
| 宁国市 | Ningguo | 313 | 235.28 | 222.75 | 65.91 |
| 郎溪县 | Langxi | 157 | 194.65 | 191.35 | 43.54 |
| 广德县 | Guangde | 261 | 273.54 | 247.28 | 63.33 |
| 泾　县 | Jingxian | 161 | 74.65 | 73.72 | 18.46 |
| 绩溪县 | Jixi | 111 | 71.97 | 70.13 | 18.49 |
| 旌德县 | Jingde | 100 | 32.45 | 31.54 | 8.80 |
| 铜官山区 | Tongguanshan District | 32 | 598.65 | 598.77 | 164.68 |
| 狮子山区 | Shizishan District | 107 | 311.14 | 309.28 | 72.60 |
| 郊　区 | Suburb District | 36 | 77.13 | 76.99 | 22.33 |
| 铜陵县 | Tongling | 106 | 117.32 | 115.55 | 30.46 |
| 贵池区 | Guichi District | 259 | 157.96 | 154.27 | 43.79 |
| 东至县 | Dongzhi | 156 | 62.55 | 60.17 | 16.34 |
| 石台县 | Shitai | 48 | 12.93 | 12.07 | 3.89 |
| 青阳县 | Qingyang | 151 | 63.86 | 61.06 | 16.11 |
| 安庆开发区 | Anqin development area | 79 | 92.80 | 89.70 | 26.72 |
| 迎江区 | Yingjiang District | 35 | 31.63 | 30.28 | 9.08 |
| 大观区 | Daguan District | 38 | 319.05 | 319.58 | 73.95 |
| 郊　区 | Suburb District | 66 | 31.25 | 28.97 | 8.85 |
| 桐城市 | Tongcheng | 310 | 208.16 | 204.24 | 55.78 |
| 怀宁县 | Huaining | 236 | 138.55 | 137.63 | 34.51 |
| 枞阳县 | Zongyang | 220 | 142.36 | 138.34 | 38.45 |
| 潜山县 | Qianshan | 144 | 85.00 | 82.96 | 23.66 |
| 太湖县 | Taihu | 96 | 62.71 | 61.04 | 15.77 |
| 宿松县 | Susong | 110 | 69.35 | 69.38 | 17.74 |
| 望江县 | Wangjiang | 98 | 70.72 | 69.55 | 18.19 |
| 岳西县 | Yuexi | 95 | 64.39 | 63.84 | 17.17 |
| 黄山市辖区 | District of Huangshan City | 21 | 34.64 | 34.05 | 9.88 |
| 屯溪区 | Tunxi District | 53 | 20.10 | 19.29 | 5.41 |
| 黄山区 | Huangshan District | 64 | 58.00 | 56.56 | 14.76 |
| 徽州区 | Huizhou District | 100 | 57.03 | 56.01 | 14.01 |
| 歙　县 | Shexian | 135 | 89.16 | 86.49 | 23.11 |
| 休宁县 | Xiuning | 46 | 33.64 | 33.20 | 8.27 |
| 黟　县 | Yixian | 37 | 14.75 | 14.51 | 3.63 |
| 祁门县 | Qimen | 61 | 23.36 | 23.00 | 6.16 |

# 主要统计指标解释

### 工业

指从事自然资源的开采，对采掘品和农产品进行加工和再加工的物质生产部门。具体包括：⑴对自然资源的开采，如采矿、晒盐等；⑵对农副产品的加工、再加工，如粮油加工、食品加工、轧花、缫丝、纺织、制革等；⑶对采掘品的加工、再加工，如炼铁、炼钢、化工生产、石油加工、机器制造、木材加工等，以及电力、自来水、煤气的生产和供应等；⑷对工业品的修理、翻新，如机器设备的修理、交通运输工具（包括小卧车）的修理等。

1984 年以前农村的村及村以下办工业归属农业，1984 年以后划归工业。

### 工业统计调查单位

工业统计调查单位分为两类：独立核算法人工业企业和工业活动单位。

（1）独立核算法人工业企业　是指从事工业生产经营活动的单位。独立核算法人工业企业应同时具备以下条件：①依法成立，有自己的名称、组织机构和场所，能够承担民事责任；②独立拥有和使用资产，承担负债，有权与其他单位签订合同；③独立核算盈亏，并能够编制资产负债表。

（2）工业活动单位　是指在一个场所从事一种或主要从事一种工业生产活动的经济单位。它包括独立核算工业企业按主营业务活动（即工业生产活动）划分的主营业务活动单位和非工业企业所属的工业生产活动单位（即原非独立核算工业生产单位）。工业活动单位，一般应同时具备以下三个条件：①具有一个场所，从事一种或主要从事一种工业活动；②单独组织工业生产、经营或业务活动；③单独核算收入和支出。

本年鉴中涉及的企业登记注册类型：

#### ⑴ 国有及国有控股企业

指国有企业加上国有控股企业。国有企业（即过去的全民所有制工业或国营工业）是指企业全部资产归国家所有，并按《中华人民共和国企业法人登记管理条例》规定登记注册的非公司制的经济组织。包括国有企业、国有独资公司和国有联营企业。1957 年以前的公私合营和私营工业，后均改造为国营工业，1992 年改为国有工业，这部分工业的资料不单独分列时，均包括在国有企业内。国有控股企业是对混合所有制经济的企业进行的“国有控股”分类。它是指这些企业的全部资产中国有资产（股份）相对其他所有者中的任何一个所有者占资（股）最多的企业。该分组反映了国有经济控股情况。

#### ⑵ 集体企业

指企业资产归集体所有，并按《中华人民共和国企业法人登记管理条例》规定登记注册的经济组织。是社会主义公有制经济的组成部分。包括城乡所有使用集体投资举办的企业，以及部分个人通过集资自愿放弃所有权并依法经工商行政管理机关认定为集体所有制的企业。

#### ⑶ 股份有限公司

指根据《中华人民共和国企业法人登记管理条例》规定登记注册，其全部注册资本由等额股份构成并通过发行股票筹集资本，股东以其认购的股份对公司承担有限责任，公司以其全部资产对其债务承担责任的经济组织。

#### ⑷ 港、澳、台商投资企业

指企业注册登记类型中的港、澳、台资合资、合作、独资经营企业和股份有限公司之和。

#### ⑸ 外商投资企业

指企业注册登记类型中的中外合资、合作经营企业、外资企业和外商投资股份有限公司之和。

#### ⑹ 本年鉴中涉及的名为“其他”的企业

均指除国有企业、集体企业、个体经营以外的其他类型工业企业（单位）。包括联营企业、私营企业、股份有限公司，有限责任公司；外商投资企业（中外合资经营、中外合作经营、外资企业）；港、澳、台投资企业（与大陆合资经营、与大陆合作经营、港、澳、台独资企业）及其他企业。

### 轻工业

指主要提供生活消费品和制作手工工具的工业。按其所使用的原料不同，可分为两大类：（1）以农产品为原料的轻工业，是指直接或间接以农产品为基本原料的轻工业。主要包括食品制造、饮料制造、烟草加工、纺织、缝纫、皮革和毛皮制作、造纸以及印刷等工业；（2）以非农产品为原料的轻工业，是指以工业品为原料的轻工业。主要包括文教体育用品、化学药品制造、合成纤维制造、日用化学制品、日用玻璃制品、日用金属制品、手工工具制造、医疗器械制造、文化和办公用机械制造等工业。

**重工业**

是指为国民经济各部门提供物质技术基础的主要生产资料的工业。按其生产性质和产品用途，可以分为下列三类：（1）采掘（伐）工业，是指对自然资源的开采，包括石油开采、煤炭开采、金属矿开采、非金属矿开采和木材采伐等工业；（2）原材料工业，指向国民经济各部门提供基本材料、动力和燃料的工业。包括金属冶炼及加工、炼焦及焦炭、化学、化工原料、水泥、人造板以及电力、石油和煤炭加工等工业；（3）加工工业，是指对工业原材料进行再加工制造的工业。包括装备国民经济各部门的机械设备制造工业、金属结构、水泥制品等工业，以及为农业提供的生产资料如化肥、农药等工业。

根据上述划分原则，修理业中以重工业产品为修理作业对象的划为重工业，反之划为轻工业。

**工业总产值**

是以货币表现的工业企业在一定时期内生产的已出售或可供出售工业产品总量，它反映一定时间内工业生产的总规模和总水平。它包括：在本企业内不再进行加工，经检验、包装入库（规定不需包装的产品除外）的成品价值，对外加工费收入，自制半成品、在产品期末初差额价值。工业总产值采用“工厂法”计算，即以工业企业作为一个整体，按企业工业生产活动的最终成果来计算，企业内部不允许重复计算，不能把企业内部各个车间（分厂）生产的成果相加。但在企业之间、行业之间、地区之间存在着重复计算。

**工业增加值**

是指工业企业在报告期内以货币表现的工业生产活动的最终成果。

**实收资本**

指企业实际收到的投资人投入的资本。按投资主体可分为国家资本、集体资本、法人资本、个人资本、港澳台资本和外商资本等。

**资产合计**

指企业拥有或控制的能以货币计量的经济资源。包括各种财产、债权和其他权利。资产按其流动性划分为流动资产、长期投资、固定资产、无形及递延资产和其他资产。

（1)流动资产　指企业可以在一年内或者超过一年的一个生产周期内变现或耗用的资产合计。包括现金及各种存款、短期投资、应收及预付款项、存货等。

（2）固定资产　指企业固定资产净值、固定资产清理、在建工程、待处理固定资产损失所占用的资金合计。

（3）无形资产　指企业长期使用而没有实物形态的资产。包括专利权、非专利技术、商标权、著作权、土地使用权、商誉等。

**负债合计**

指企业承担的能以货币计量，将以资产或劳务偿付的债务。负债一般按偿还期长短分为流动负债和长期负债、递延税项等。

（1)流动负债　指企业在一年内或者超过一年的一个营业周期内需要偿还的债务合计，其中包括短期借款、应付及预收款项、应付工资、应交税金和应交利润等。

（2)长期负债　指企业在一年以上或者超过一年的一个营业周期以上需要偿还的债务合计，其中包括长期借款、应付债务、长期应付款项等。

**所有者权益**

指企业投资人对企业净资产的所有权。企业净资产等于企业全部资产减去全部负债后的余额，其中包括投资者对企业的最初投入，以及资本公积金、盈余公积金和未分配利润，对股份制企业即为股东权益。

**固定资产原价**

指企业在建造、购置、安装、改建、扩建、技术改造某项固定资产时所支出的全部货币总额。它一般包括买价、包装费、运杂费和安装费等。

**固定资产净值**

是指固定资产原价减去历年已提折旧额后的净额。

**流动资产**

是指可以在一年或者超过一年的一个营业周期内变现或者耗用的资产，包括现金及各种存款、短期投资、应收及预付货款、存货等。

**业务收入**

指企业销售产品和提供劳务等主要经营业务取得的业务总额。

**业务成本**

指企业销售产品和提供劳务等主要经营业务的实际成本。

**业务税金及附加**

指企业销售产品和提供工业性劳务等主要经营业务应负

担的城市维护建设税、消费税、资源税和教育费附加。

**产品销售利润**

指企业销售产品和提供工业性劳务等主要经营业务收入扣除其成本、费用、税金后的利润。

**利润总额**

指企业实现的利润。

**应交增值税**

指企业在报告期内应交纳的增值税额。

**总资产贡献率**

反映企业全部资产的获利能力，是企业经营业绩和管理水平的集中体现，是评价和考核企业盈利能力的核心指标。计算公式为：

总资产贡献率（%）＝（利润总额＋税金总额＋利息支出）/ 平均资产总额×100%

**资产负债率**

该指标既反映企业经营风险的大小，也反映企业利用债权人提供的资金从事经营活动的能力。计算公式为：

资产负债率（%）＝负债总额 / 资产总额×100%

**工业成本费用利润率**

指在一定时期内实现的利润与成本费用之比，是反映工业生产成本及费用投入的经济效益指标，同时也是反映降低成本的经济效益的指标。计算公式为：

工业成本费用利润率（%）＝利润总额 / 成本费用总额×100%

**工业增加值率**

指在一定时期内工业增加值占同期工业总产值的比重，反映降低中间消耗的经济效益。计算公式为：

工业增加值率（%）＝工业增加值（现价）/ 工业总产值（现价）×100%

**流动资产周转次数**

指在一定时期内流动资产完成的周转次数，反映流动资产的周转速度。计算公式为：

流动资金周转次数＝产品销售收入 / 全部流动资产平均余额

**产品销售率**

指报告期工业销售产值与同期全部工业总产值之比，是反映工业产品已实现销售的程度，分析工业产销衔接情况，研究工业产品满足社会需求程度的指标。计算公式为：

产品销售率（%）=工业销售产值 / 工业总产值（现价）×100%

**全员劳动生产率**

指根据产品的价值量指标计算的平均每一个从业人员在单位时间内的产品生产量。是考核企业经济活动的重要指标，是企业生产技术水平、经营管理水平、职工技术熟练程度和劳动积极性的综合表现。目前我国的全员劳动生产率是将工业企业的工业增加值除以同一时期全部从业人员的平均人数来计算的。计算公式为：

全员劳动生产率＝工业增加值 / 全部从业人员平均人数

为了使各年度的全员劳动生产率数字可以比较，1990 年以前各年的全员劳动生产率均按指数换算成 1990 年不变价。

# Explanatory Notes for Major Statistical Indicators

**Industry**

refers to the material production sector which is engaged in extraction of natural resources and processing and reprocessing of minerals and agricultural products, including (1) extraction of natural resources, such as mining, salt production; (2) processing and reprocessing of farm and sideline produces, such as rice husking, flour milling, wine making, oil pressing, cotton ginning, silk reeling, spinning and weaving, and leather making; (3) manufacture of industrial products, such as steel making, iron smelting, chemicals manufacturing, petroleum processing, machine building, timber processing; water and gas production and electricity generation and supply; (4)repairing of industrial products such as the repairing of machinery and means of transport (including cars).

Prior to 1984, the rural industry run by villages and cooperative organizations under village was classified into agriculture. Since 1984, it has been grouped into industry.

**Units of Industrial Statistics and Inquiry**

They are classified into two categories (1) corporate industrial enterprises with independent accounting system (2) industrial establishments.

a) Corporate industrial enterprises with independent accounting system refer to enterprises engaging in industrial production activities, which meet the following requirements: ① They are established legally, having their own names, organizations, location, able to take civil liability; ② They possess and use their assets independently, assume liabilities, and are entitled to sign contracts with other units; ③They are financially independent and compile their own balance sheets.

b)Industrial establishments refer to economic units which located in one single place and engaged entirely or primarily in one kind of industrial activity, including financially independent industrial enterprises and units engaged in industrial activities under the non industrial enterprises (or financially dependent). Industrial establishments generally meet the following requirements: ①They have each one location and are engaged in one kind of industrial activity each; ②They operate and manage their industrial production activities separately; ③They have accounts of income and expenditures separately.

**(1)State-owned and state holding majority shares enterprises**

refer to state-owned enterprises and the enterprises which state holds majority shares. State-owned enterprises (industry ownership by the whole people or state-run industry) refers to non-corporation economic units, where the entire assets are owned by the state and which have registered in accordance with the Regulation of the People's Republic of China on the Management of Registration of Corporate Enterprises, including the state-owned enterprise, sole state-funded corporation and state-owned joint ownership enterprise. Joint state-private industries and private industries, which existed before 1957, have been transformed into state-run industries. Since 1992, those were named state-owned industries. Statistics on these enterprises has been included in the state-industries since 1957 when separation of data was no longer necessary.

**(2)Collective-owned Enterprises**

refers to industrial enterprises where the means of production are owned collectively, including urban and rural enterprises invested by collectives and some enterprises which were formerly owned privately but have been registered in industrial and commercial administration agency as collective units through raising fund from the public.

**(3)Share-holding Corporations Ltd.**

Refer to economic units registered in accordance with the Regulation of the People's Republic of China on the Management of Registration of Corporate Enterprises, with total registered capitals divided into equal shares and raised through issuing stocks. Each investor hears limited liability to the corporation depending on the holding of shares, and the corporation bears liability to its debt to the maximum of its total assets.

**(4)Enterprises with Funds form Hong Kong, Macao and Taiwan**

refers to all industrial enterprises registered as the joint-venture, cooperative, sole (exclusive) investment industrial enterprises and limited liability corporations with funds from Hong Kong, Macao and Taiwan.

**(5)Foreign Funded Enterprises**

refers to all industrial enterprises registered as the joint-venture, cooperative, sole (exclusive) investment industrial enterprises and limited liability corporations with foreign funds.

**Light Industry**

refers to the industry that produces consumer goods and hand tools. It consists of two categories, depending on the materials used:

a) Industries using farm products as raw materials. These are branches of light industry which directly or indirectly use farm products as basic raw materials, including the manufacture of food and beverages, tobacco processing, textile, clothing, fur and leather manufacturing, paper making, printing, etc.

b) Industries using non farm products as raw materials. These are branches of light industry which use manufactured goods as raw materials, including the manufacture of cultural, educational articles and sports goods, chemicals, synthetic fiber, chemical products for daily use, glass products for daily use, metal products for daily use, hand tools, medical apparatus and instruments, and the manufacture of cultural and clerical machinery.

**Heavy Industry**

refers to the industry which produces capital goods, and provides various sectors of the national economy with necessary material and technical basis. It consists of the following three branches according to the purpose of production or the use of products:

a) Mining, quarrying and logging industry refers to the industry that extracts natural resources, including extraction of petroleum, coal, metal and non-metal ores and logging.

b) Raw materials industry refers to the industry that provides various sectors of the national economy with raw materials, fuels and power. It includes smelting and processing of metals, coking and coke chemistry, chemical materials and building materials such as cement, plywood, and power, petroleum refining and coal dressing.

c)Manufacturing industry refers to the industry that processes raw materials. It includes machine building industry which equips sectors of the national economy, industries of metal structure and cement products, industries producing means of agricultural production, such as chemical fertilizers and pesticides. According to the above principle of classification, the repairing trades which are engaged primarily in repairing products of heavy industry are classified into heavy industry while these engaged in repairing products of light industry are classified into light industry.

**Gross Industrial Output Value**

is the total volume of industrial products sold or available for sale in value terms which reflects the total achievements and overall scale of industrial production during a given period. It includes the value of the finished products, which are not to be further processed in the enterprises and have been inspected, packed and put in storage, the value of industrial services rendered to other units, and the changes in the value of the semi-finished products and products in process between the beginning and closing of the period. The gross industrial output value is calculated with factory method. No double calculations are to be made within the same enterprise. However, double counting does occur among different enterprises.

**Value-added of Industry**

refers to the final results of industrial production of the industrial enterprises in money terms during the reference period.

**Capital Obtained**

refers to capital actually received by the enterprise from investors. It can be further classified by investors as state capital, collective capital, corporate capital, individual capital, capital from Hong Kong, Macao and Taiwan and foreign capital.

**Total Assets**

refer to all economic resources, owned or controlled by enterprises that could be measured in monetary terms, including properties, creditors equity and other economic rights of all forms. Classified by the degree of equitability, total assets include circulating assets, long term investment, fixed assets, intangible assets and deferred assets, and other assets.

**a)Circulating assets (working capital)**

refer to assets which can be cashed in or spent or consumed in an operating cycle of one year or over one year, including cash, all kinds of deposits, short term investment, receivables, advance payment, stock, etc.

**b)Fixed assets**

refer to the net value of fixed assets, clearance of fixed assets, project under construction, fixed assets losses in suspense. These are corporations fund holdings.

**c)Intangible assets**

refer to the assets without material form used by enterprises over a long time, such as patents, non-patent technologies, trade marks, copyright, land use right, business reputation, etc.

**Total Liabilities**

refer to the debts, measured in monetary terms that enterprises are responsible for repayment in the form of cash, assets or labour. Classified by terms of repayment, liabilities include liquid liabilities and long-term liabilities.

**a)Liquid liabilities (also called quick liabilities or immediate liabilities)**

refer to enterprises total debt payable within an operating cycle of one year or over one year, including short term loans, payables and advance payments, wages payable, taxes payable and profit payable, etc.

**b)Long term liabilities**

refers to total debt payable within an operating cycle of one year or over one year, including long-term loans, payable liabilities, long-term payables, etc.

**Creditors Equity**

refers to investors ownership of net assets of the enterprise. It is equal to the total assets of the enterprise minus its total liabilities, including the primary input from investors, capital accumulation fund, surplus accumulation fund and undistributed profit. It is the shareholders equity in share-holding companies.

**Original Value of Fixed Assets**

refers to the original value of all fixed assets owned by industrial enterprises, calculated at the cost paid at the time of purchase, installation, reconstruction, expansion, and technical innovation and transformation of the said assets, which includes expenses on purchase, package, transportation, and installation, etc.

**Net Value of Fixed Assets**

is obtained by deducting depreciation over years from the

original value of fixed assets.

**Working Capital (Circulating Assets)**

refers to assets which can be cashed in or spent or consumed in an operating cycle of one year or over one year, which includes cash, various deposits, short term investment, and receivable payments, and advance payments, stock, etc.

**Business Revenue of Industrial Products**

refers to the revenue from the sales of products by industrial enterprises and the revenue from services provided and etc.

**Business Cost of Industrial Products**

refers to the actual cost of products of industrial enterprises and industrial services provided, etc.

**Tax and Extra Charges of Business**

refer to the tax on city maintenance and construction, consumption tax, resources tax and extra charges for education, which should be borne by the enterprises in selling products and providing industrial services.

**Sales Profit of Products**

refers to the profit gained by the enterprises by deducting cost, charges and taxes from the business income of the enterprises obtained in selling products and providing industrial services.

**Total Profits**

refer to the profits gained by the enterprises.

**Value-added Tax Payable**

refers to the amount of the value added tax which should be paid by the enterprises in the reporting period.

**Ratio of Profits, Taxes and Interests to Average Assets**

reflects the profit-making capability of all assets of the enterprise and is a key indicator manifesting the performance and management and evaluating the profit-making potential of the enterprise. It is calculated as follows:

Ratio of profits, taxes and interests to average assets (%) = [(Total profits+total Taxes+interest payment) / average assets] ×100%

**Ratio of Debts to Assets**

reflect both the operation risk and the capability of the enterprise in making use of the capital from the creditors. It is calculated as follows:

Ratio of debts to assets (%) = (Total debts/total assets)× 100%

**Ratio of Profits to Total Industrial Costs**

refers to the ratio of profits realized in a given period to the total costs in the same period, which reflects the economic efficiency of input cost and is calculated as follows:

Ratio of Profits to Total Industrial Cost(%)=(Total Profits/Total Costs)×100%

**Value-added Rate of Industry**

refers to the ratio of value added of industry in a given period to the gross output value in the same period, which reflects the economic efficiency of cutting down the intermediate input and is calculated as follows:

Value-added Rate of Industry(%)=[Value-added of Industry (at current prices) ] / [Gross Output Value (at Current Prices)] ×100%

**Turnover of Working Capital**

refers to the number of times of turnover of working capital in a given period of time, which reflects the speed of the turnover of working capital and is calculated as follows:

Turnover of Working Capital(%)=(Sales Revenue of Products) / (Average Balance of Total Working Capital)×100%

**Ratio of Sales to Gross Output Value**

refers to the sales of industrial products to the gross industrial output value during the reference period, and is important in reflecting the linkage between production and sales and the extent of the needs of the society that has been met by the supply of industrial products. It is calculated as follows:

Ratio of Sales to Gross Output Value=Industrial sales/Gross industrial output value (at current prices) ×100%

**Overall Labour Productivity of Industrial Enterprises**

refers to the average output per employed person in industrial enterprises in value terms. At present, the value added and the average number of staff and workers of an industrial enterprise in a given period are used to calculate the overall labour productivity. The formula used is:

Overall Labour Productivity=(Value Added of Industry) / (Average Number of Staff and Workers)

For the purpose of comparison of the overall labour productivity among different years, the data on the overall labour productivity of the years prior to 1990 have been adjusted on the basis of 1990 constant prices.

# 第十四篇

Chapter 14

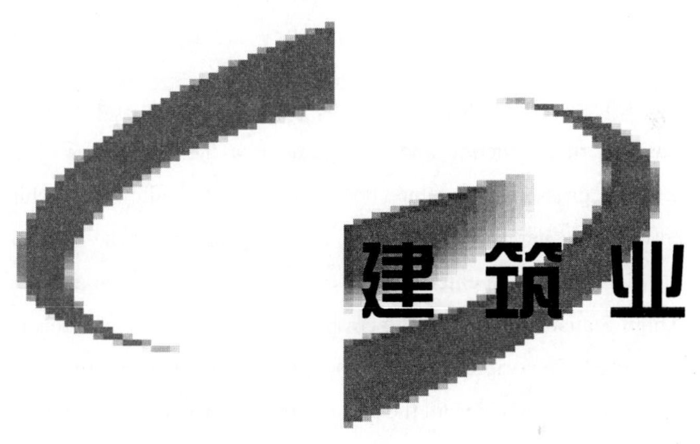

# 建筑业

CONSTRUCTION

## 简要说明

一、本篇资料反映我省建筑业概况和发展情况。主要包括建筑业企业生产经营情况，指标有企业个数、从业人员数、建筑业总产值、房屋建筑面积、机械设备、资产负债、利润税金、劳动生产率、技术装备率等。此外，2003 年及以前还包括农村建筑队主要指标。

二、建筑业企业资料由省统计局固定资产投资处提供。建筑业统计范围从 1996 年年报起由原城镇及城镇以上各种经济类型的建筑业企业扩大到具有建筑业资质等级四级及四级以上的各种经济类型的建筑业企业，资料来源依据国家统计局制定的“建筑业统计报表制度”收集的有关年报资料。

## Brief Introduction

I. Data in this chapter show the general situation and the development of the construction in the province. They cover mainly the situation of production and management of the enterprises of construction, including number of enterprises number of employed persons, gross output value, floor space of the building, machinery and equipment, assets and liabilities, profits and taxes, labor productivity, per capita machinery, etc. They also cover the main indicators of the rural construction teams at 2003 and before.

II. Data on the enterprises of construction in this chapter are provided by the Division of Statistics in Investment in Fixed Assets, Anhui Statistical Bureau. The coverage of construction statistics has been enlarged since 1996 when the annual statistical reports were submitted. The original coverage includes all the construction enterprises of various types of ownership at and above town level. The new coverage includes all the construction enterprises of various types of ownership with qualification criteria at or above Class 4. Data are collected in accordance with the “reporting scheme of construction statistics” stipulated by the National Bureau of Statistics.

# 14—1 建 筑 业 企 业 概 况
Main Indicators on Construction Enterprises

| 年 份 Year | 总 计 Total | 内 资 Domestic Funded | #国有经济 State-owned | #集体经济 Collective-owned | 港澳台商投资企业 Funded from Hong Kong, Macao and Taiwan | 外 商 投资企业 Foreign Funded | 国有及国有控股企业 State Controlling Funded Hold Enterprises |
|---|---|---|---|---|---|---|---|
| **企业单位数（个） Number of Enterprises (unit)** | | | | | | | |
| 1995 | 75321 | | 146 | 317 | 4 | 1 | |
| 2000 | 40785 | | 258 | | | | |
| 2002 | 38335 | 1678 | 245 | 545 | 12 | 6 | |
| 2003 | 37843 | 1697 | 226 | 448 | 10 | 6 | 325 |
| 2004 | 1926 | 1912 | 212 | 313 | 6 | 9 | 348 |
| 2005 | 1946 | 1934 | 193 | 278 | 8 | 4 | 321 |
| 2006 | 1996 | 1980 | 185 | 212 | 12 | 4 | 305 |
| 2007 | 2153 | 2137 | 183 | 176 | 12 | 4 | 303 |
| 2008 | 2357 | 2344 | 184 | 163 | 7 | 6 | 292 |
| 2009 | 2408 | 2394 | 172 | 151 | 7 | 7 | 259 |
| 2010 | 2469 | 2457 | 168 | 139 | 6 | 6 | 249 |
| **从业人员（万人） Number of Persons Engaged (10000 persons)** | | | | | | | |
| 1995 | 177.31 | | 24.23 | 14.17 | 0.02 | 0.03 | |
| 2000 | 125.62 | | 21.66 | | | | |
| 2002 | 153.73 | 89.19 | 20.69 | 31.87 | 0.14 | 0.20 | 28.53 |
| 2003 | 155.77 | 90.80 | 20.09 | 28.04 | 0.17 | 0.18 | 27.24 |
| 2004 | 91.83 | 91.43 | 16.79 | 16.71 | 0.13 | 0.29 | 28.00 |
| 2005 | 98.57 | 98.13 | 16.67 | 13.45 | 0.32 | 0.11 | 24.35 |
| 2006 | 112.26 | 111.63 | 21.47 | 9.83 | 0.44 | 0.19 | 32.99 |
| 2007 | 123.25 | 122.52 | 22.09 | 8.75 | 0.50 | 0.23 | 34.10 |
| 2008 | 138.07 | 137.67 | 30.56 | 8.77 | 0.18 | 0.22 | 40.67 |
| 2009 | 143.53 | 143.14 | 27.00 | 7.67 | 0.14 | 0.26 | 37.65 |
| 2010 | 157.97 | 157.62 | 31.79 | 6.68 | 0.16 | 0.19 | 42.66 |
| **总 产 值（万元） Gross Output Value (10000 yuan)** | | | | | | | |
| 1995 | 5821071 | | 1078593 | 309454 | 1602 | 1231 | |
| 2000 | 5320294 | | 1349050 | | | | |
| 2002 | 7070835 | 5259807 | 1627324 | 1378030 | 13098 | 9278 | 2403850 |
| 2003 | 9108572 | 6207110 | 1851883 | 1248254 | 14496 | 8841 | 2928452 |
| 2004 | 7887558 | 7857732 | 2137019 | 937303 | 13296 | 16530 | 3806414 |
| 2005 | 9230814 | 9194875 | 2678924 | 815820 | 25256 | 10683 | 3674953 |
| 2006 | 11682365 | 11623868 | 3494138 | 623919 | 40253 | 18244 | 5651081 |
| 2007 | 15169772 | 15079204 | 4376254 | 582524 | 62313 | 28256 | 7081557 |
| 2008 | 18578870 | 18527361 | 5772807 | 767214 | 22006 | 29503 | 8085556 |
| 2009 | 22399290 | 22338010 | 6799816 | 777343 | 26469 | 34812 | 9256453 |
| 2010 | 28649619 | 28583665 | 8940053 | 743385 | 32530 | 33424 | 12034370 |

注：1. 附营施工单位的生产活动在整个建筑生产活动中所占份额极小，加之资料不全，因而在总计中已略去。
2. 2004年及以后年份为总承包和专业承包建筑业企业，城镇集体和农村建筑队不作统计。

a) The production activity of subsidiary construction units is omitted in the total because the portion is very small and the data are incomplete.
b) After 2004, Data are general contracting and professional contract of construction enterprises, Cities collective and construction crew of countryside doesn't count.

## 14—2 主要年份建筑业企业主要经济指标
Main Economic Indicators on Construction Enterprises

| 指标 | | Item | | 1995 | 2000 | 2005 | 2009 | 2010 |
|---|---|---|---|---|---|---|---|---|
| 企业单位数 | (个) | Number of Construction Enterprises | (unit) | 478 | 1571 | 1946 | 2408 | 2469 |
| 从业人数 | (万人) | Staff and Workers (annual average) | (10000 persons) | 38.83 | 71.41 | 98.57 | 143.53 | 157.97 |
| 自有固定资产原价 | (万元) | Fixed Assets Owned (original value) | (10000 yuan) | 507546 | 1135784 | 2403291 | 3429821 | 4034386 |
| 自有固定资产净值 | (万元) | Fixed Assets Owned (net value) | (10000 yuan) | 361527 | 783712 | 1666488 | 2339897 | 2744333 |
| 自有机械设备净值 | (万元) | Net Value of Machinery and Equipment Owned | (10000 yuan) | 165092 | 326347 | 889068 | 1166826 | 1466999 |
| 自有机械设备总台数 | (台) | Number of Machinery and Equipment Owned | (unit) | 91742 | 237822 | 383944 | 383615 | 415557 |
| 自有机械设备总功率 | (万千瓦) | Total Power of Machinery and Equipment Owned | (10000 kw) | 169.97 | 250.57 | 464.92 | 591.68 | 663.58 |
| 建筑业总产值 | (万元) | Gross Output Value of Construction | (10000 yuan) | 1400973 | 3028240 | 9230814 | 22399290 | 28649619 |
| 建筑工程 | | Construction Projects | | 1193521 | 2621894 | 7859068 | 19511466 | 25058430 |
| 安装工程 | | Installation Projects | | 186860 | 331987 | 993979 | 2039479 | 2468351 |
| 其他 | | Others | | 20592 | 74359 | 377768 | 848346 | 1122838 |
| 固定资产本年折旧 | (万元) | Depreciation of Fixed Assets | (10000 yuan) | 24803 | 55430 | 139061 | 202884 | 260805 |
| 应付工资 | (万元) | Wages Payable | (10000 yuan) | 173855 | 409707 | 1144538 | 3059262 | 3934198 |
| 应付福利费 | (万元) | Welfare Expenses Payable | (10000 yuan) | 17285 | 45175 | 146320 | 265599 | 391721 |
| 工程结算税金及附加 | (万元) | Taxes and Extra Charges on Project Settle Accounts | (10000 yuan) | 38038 | 89526 | 300229 | 829941 | 1043879 |
| 管理费用中的税金 | (万元) | Taxes in Management Expenses | (10000 yuan) | 2666 | 8423 | 20141 | 58056 | 73676 |
| 工程结算利润 | (万元) | Profits of Project Settle Accounts | (10000 yuan) | 134355 | 231345 | 607979 | 1557435 | 2035722 |
| 利润总额 | (万元) | Total Profits | (10000 yuan) | 943 | 28123 | 178167 | 743796 | 983596 |
| 利税总额 | (万元) | Total Taxes | (10000 yuan) | 61646 | 126073 | 498536 | 1631793 | 2101151 |
| 劳动生产率 | (元/人) | Overall Labor Productivity | (yuan/person) | | | | | |
| 按总产值计算 | | In Terms of Gross Output Value | | 36080 | 42406 | 95803 | 156258 | 177486 |
| 房屋建筑施工面积 | (万平方米) | Floor Space of Buildings Under Construction | (10000 sq.m) | 1985.43 | 4631.27 | 9869.50 | 18693.89 | 23295.69 |
| 房屋建筑竣工面积 | (万平方米) | Floor Space of Buildings Completed | (10000 sq.m) | 853.33 | 2595.33 | 5081.27 | 8815.42 | 10512.36 |
| 技术装备率 | (元/人) | Value of Machines per Laborer | (yuan/person) | 4252 | 4570 | 9020 | 8129 | 9287 |
| 动力装备率 | (千瓦/人) | Power of Machines per Laborer | (kw/person) | 4.38 | 3.51 | 4.72 | 4.12 | 4.20 |
| 房屋建筑面积竣工率 | (%) | Ratio of Floor Space of Buildings Completed | (%) | 42.98 | 56.04 | 51.48 | 47.16 | 45.13 |
| 产值利润率 | (%) | Ratio of Profit to Gross Output Value | (%) | 0.06 | 0.93 | 1.93 | 3.32 | 3.43 |
| 产值利税率 | (%) | Ratio of Per-tax Profit to Gross Output Value | (%) | 2.97 | 4.16 | 5.40 | 7.29 | 7.33 |

# 14—3 国有经济建筑业企业主要经济指标
Main Economic Indicators on State-owned Construction Enterprises

| 指 标 | | Item | | 1995 | 2000 | 2005 | 2009 | 2010 |
|---|---|---|---|---|---|---|---|---|
| 企业单位数 | (个) | Number of Construction Enterprises | (unit) | 146 | 258 | 193 | 172 | 168 |
| 从业人数 | (万人) | Staff and Workers (annual average) | (10000 persons) | 24.23 | 21.66 | 16.67 | 27.00 | 31.79 |
| 自有固定资产原价 | (万元) | Fixed Assets Owned (original value) | (10000 yuan) | 416972 | 636476 | 918516 | 1021525 | 1127747 |
| 自有固定资产净值 | (万元) | Fixed Assets Owned (net value) | (10000 yuan) | 291809 | 403625 | 602836 | 642178 | 713964 |
| 自有机械设备净值 | (万元) | Net Value of Machinery and Equipment Owned | (10000 yuan) | 129661 | 160000 | 347370 | 355830 | 336767 |
| 自有机械设备总台数 | (台) | Number of Machinery and Equipment Owned | (unit) | 47796 | 63023 | 52287 | 44235 | 57483 |
| 自有机械设备总功率 | (万千瓦) | Total Power of Machinery and Equipment Owned | (10000 kw) | 137.59 | 127.93 | 134.58 | 155.42 | 166.01 |
| 建筑业总产值 | (万元) | Gross Output Value of Construction | (10000 yuan) | 1078593 | 1349050 | 2678924 | 6799816 | 8940053 |
| 建筑工程 | | Construction Projects | | 910192 | 1199993 | 2228410 | 6317011 | 8187459 |
| 安装工程 | | Installation Projects | | 155217 | 128402 | 365681 | 350356 | 545846 |
| 其 他 | | Others | | 13184 | 20655 | 84834 | 132449 | 206749 |
| 固定资产本年折旧 | (万元) | Depreciation of Fixed Assets | (10000 yuan) | 20951 | 34460 | 63261 | 77987 | 98762 |
| 应付工资 | (万元) | Wages Payable | (10000 yuan) | 157735 | 155296 | 264523 | 742523 | 1008563 |
| 应付福利费 | (万元) | Welfare Expenses Payable | (10000 yuan) | 15773 | 20689 | 38889 | 65091 | 101247 |
| 工程结算税金及附加 | (万元) | Taxes and Extra Charges on Project Settle Accounts | (10000 yuan) | 29677 | 39416 | 87807 | 315748 | 346359 |
| 管理费用中的税金 | (万元) | Taxes in Management Expenses | (10000 yuan) | 1682 | 3070 | 3375 | 22952 | 17833 |
| 工程结算利润 | (万元) | Profits of Project Settle Accounts | (10000 yuan) | 116337 | 117387 | 170674 | 435376 | 506911 |
| 利润总额 | (万元) | Total Profits | (10000 yuan) | 630 | -5159 | 34788 | 192305 | 246938 |
| 利税总额 | (万元) | Total Taxes | (10000 yuan) | 31989 | 37327 | 91182 | 531005 | 611130 |
| 劳动生产率 | (元/人) | Overall Labor Productivity | (yuan/person) | | | | | |
| 按总产值计算 | | In Terms of Gross Output Value | | 44515 | 62283 | 154711 | 229175 | 242736 |
| 房屋建筑施工面积 | (万平方米) | Floor Space of Buildings Under Construction | (10000 sq.m) | 1053.50 | 1166.52 | 1994.78 | 3599.19 | 4552.33 |
| 房屋建筑竣工面积 | (万平方米) | Floor Space of Buildings Completed | (10000 sq.m) | 409.30 | 566.55 | 747.17 | 1051.93 | 1040.81 |
| 技术装备率 | (元/人) | Value of Machines per Laborer | (yuan/person) | 5351 | 7387 | 20836 | 13181 | 10594 |
| 动力装备率 | (千瓦/人) | Power of Machines per Laborer | (kw/person) | 5.38 | 5.91 | 8.07 | 5.76 | 5.22 |
| 房屋建筑面积竣工率 | (%) | Ratio of Floor Space of Buildings Completed | (%) | 38.90 | 48.57 | 37.46 | 29.23 | 22.86 |
| 产值利润率 | (%) | Ratio of Profit to Gross Output Value | (%) | 0.10 | -0.38 | 1.30 | 2.83 | 2.76 |
| 产值利税率 | (%) | Ratio of Per-tax Profit to Gross Output Value | (%) | 3.00 | 2.77 | 3.40 | 7.81 | 6.80 |

# 14—4 集体经济建筑业企业主要经济指标
Main Economic Indicators on Collective Construction Enterprises

| 指标 | | Item | | 1995 | 2000 | 2005 | 2009 | 2010 |
|---|---|---|---|---|---|---|---|---|
| 企业单位数 | (个) | Number of Construction Enterprises | (unit) | 317 | 983 | 278 | 151 | 139 |
| 从业人数 | (万人) | Staff and Workers (annual average) | (10000 persons) | 14.17 | 37.20 | 13.45 | 7.67 | 6.68 |
| 自有固定资产原价 | (万元) | Fixed Assets Owned (original value) | (10000 yuan) | 85112 | 340764 | 222841 | 179644 | 154132 |
| 自有固定资产净值 | (万元) | Fixed Assets Owned (net value) | (10000 yuan) | 65977 | 256869 | 151513 | 109538 | 91261 |
| 自有机械设备净值 | (万元) | Net Value of Machinery and Equipment Owned | (10000 yuan) | 33944 | 119608 | 74952 | 44464 | 42288 |
| 自有机械设备总台数 | (台) | Number of Machinery and Equipment Owned | (unit) | 42308 | 134122 | 49967 | 26252 | 20526 |
| 自有机械设备总功率 | (万千瓦) | Total Power of Machinery and Equipment Owned | (10000 kw) | 31.10 | 91.52 | 51.46 | 28.67 | 29.48 |
| 建筑业总产值 | (万元) | Gross Output Value of Construction | (10000 yuan) | 309454 | 1222373 | 815820 | 777343 | 743385 |
| 建筑工程 | | Construction Projects | | 273710 | 1029445 | 598784 | 528330 | 455317 |
| 安装工程 | | Installation Projects | | 30815 | 154211 | 173967 | 209067 | 245882 |
| 其　他 | | Others | | 4929 | 38717 | 43069 | 39946 | 42186 |
| 固定资产本年折旧 | (万元) | Depreciation of Fixed Assets | (10000 yuan) | 3569 | 14553 | 10190 | 7746 | 8020 |
| 应付工资 | (万元) | Wages Payable | (10000 yuan) | 15120 | 184525 | 122867 | 135863 | 132771 |
| 应付福利费 | (万元) | Welfare Expenses Payable | (10000 yuan) | 1372 | 17445 | 14570 | 10887 | 8493 |
| 工程结算税金及附加 | (万元) | Taxes and Extra Charges on Project Settle Accounts | (10000 yuan) | 8035 | 36180 | 26367 | 25238 | 25581 |
| 管理费用中的税金 | (万元) | Taxes in Management Expenses | (10000 yuan) | 947 | 4458 | 3079 | 4367 | 3239 |
| 工程结算利润 | (万元) | Profits of Project Settle Accounts | (10000 yuan) | 17542 | 84433 | 57298 | 74960 | 78524 |
| 利润总额 | (万元) | Total Profits | (10000 yuan) | 1301 | 26275 | 16798 | 31814 | 26468 |
| 利税总额 | (万元) | Total Taxes | (10000 yuan) | 10283 | 66913 | 46244 | 61419 | 55288 |
| 劳动生产率 | (元/人) | Overall Labor Productivity | (yuan/person) | | | | | |
| 按总产值计算 | | In Terms of Gross Output Value | | 21839 | 32859 | 62914 | 107414 | 117883 |
| 房屋建筑施工面积 | (万平方米) | Floor Space of Buildings Under Construction | (10000 sq.m) | 905.20 | 2556.99 | 933.33 | 790.05 | 691.71 |
| 房屋建筑竣工面积 | (万平方米) | Floor Space of Buildings Completed | (10000 sq.m) | 430.60 | 1539.42 | 553.89 | 442.66 | 347.45 |
| 技术装备率 | (元/人) | Value of Machines per Laborer | (yuan/person) | 2395 | 3215 | 5573 | 5799 | 6331 |
| 动力装备率 | (千瓦/人) | Power of Machines per Laborer | (kw/person) | 2.19 | 2.46 | 3.83 | 3.74 | 4.41 |
| 房屋建筑面积竣工率 | (%) | Ratio of Floor Space of Buildings Completed | (%) | 47.60 | 60.20 | 59.35 | 56.03 | 50.23 |
| 产值利润率 | (%) | Ratio of Profit to Gross Output Value | (%) | 0.40 | 2.15 | 2.06 | 4.09 | 3.56 |
| 产值利税率 | (%) | Ratio of Per-tax Profit to Gross Output Value | (%) | 3.30 | 5.47 | 5.67 | 7.90 | 7.44 |

## 14—5 建筑业企业技术装备情况
Number and Power of Machinery and Equipment Owned by Construction Enterprises

| 年 份<br>Year | 自有机械设备净值（万元）<br>Net Value of Machinery and Equipment Owned (10000 yuan) | 自有机械设备总台数（台）<br>Number of Machinery and Equipment Owned (unit) | 自有机械设备总功率（万千瓦）<br>Total Power of Machinery and Equipment Owned (10000 kw) | #施工机械功率<br>Power of Construction Machines | 技术装备率（元/人）<br>Value of Machines per Laborer (yuan/person) | 动力装备率（千瓦/人）<br>Power of Machines per Laborer (kw/person) |
|---|---|---|---|---|---|---|
| 1995 | 165092 | 91742 | 169.97 | 139.66 | 4252 | 4.38 |
| 1999 | 287433 | 220975 | 255.35 | 200.25 | 4106 | 3.65 |
| 2000 | 326347 | 237822 | 250.57 | 197.56 | 4570 | 3.51 |
| 2001 | 428163 | 319755 | 316.30 | 272.26 | 4750 | 3.51 |
| 2002 | 735011 | 351576 | 370.81 | 312.15 | 8287 | 4.18 |
| 2003 | 723018 | 352540 | 310.48 | 310.48 | 7700 | 4.07 |
| 2004 | 690428 | 349167 | 450.59 | | 7554 | 4.93 |
| 2005 | 889068 | 383944 | 464.92 | | 9020 | 4.72 |
| 2006 | 781405 | 402482 | 515.72 | | 6961 | 4.59 |
| 2007 | 951296 | 433405 | 532.35 | | 7718 | 4.32 |
| 2008 | 1111351 | 395274 | 580.00 | | 7875 | 4.11 |
| 2009 | 1166826 | 383615 | 591.68 | | 8129 | 4.12 |
| 2010 | 1466999 | 415557 | 663.58 | | 9287 | 4.20 |

## 14—6 国有经济建筑业企业技术装备情况
Number and Power of Machinery and Equipment of State-owned Construction Enterprises

| 年 份<br>Year | 自有机械设备净值（万元）<br>Net Value of Machinery and Equipment Owned (10000 yuan) | 自有机械设备总台数（台）<br>Number of Machinery and Equipment Owned (unit) | 自有机械设备总功率（万千瓦）<br>Total Power of Machinery and Equipment Owned (10000 kw) | #施工机械功率<br>Power of Construction Machines | 技术装备率（元/人）<br>Value of Machines per Laborer (yuan/person) | 动力装备率（千瓦/人）<br>Power of Machines per Laborer (kw/person) |
|---|---|---|---|---|---|---|
| 1995 | 129661 | 47796 | 137.59 | 113.70 | 5351 | 5.38 |
| 1999 | 144873 | 60984 | 132.26 | 102.55 | 6162 | 5.63 |
| 2000 | 160000 | 63023 | 127.93 | 94.08 | 7387 | 5.91 |
| 2001 | 164475 | 72763 | 138.34 | 108.92 | 6415 | 5.40 |
| 2002 | 327766 | 86991 | 168.11 | 100.91 | 11341 | 5.95 |
| 2003 | 202299 | 60514 | 114.67 | 89.49 | 9427 | 5.34 |
| 2004 | 197022 | 52973 | 129.16 | | 10586 | 6.94 |
| 2005 | 347370 | 52287 | 134.58 | | 20836 | 8.07 |
| 2006 | 167597 | 60046 | 163.36 | | 7805 | 7.61 |
| 2007 | 286147 | 60430 | 168.34 | | 12954 | 7.62 |
| 2008 | 378195 | 55035 | 144.10 | | 12035 | 4.59 |
| 2009 | 355830 | 44235 | 155.42 | | 13181 | 5.76 |
| 2010 | 336767 | 57483 | 166.01 | | 10594 | 5.22 |

# 14—7 建筑业企业主要生产指标（2010年）

| 指　　标 | Item | 合　　计 Total Enterprises | 总承包 General Contractor | 专业承包 Professional Contractor |
|---|---|---|---|---|
| 企业单位个数 （个） | Number of Enterprises in Charge of Construction (unit) | 2469 | 1388 | 1081 |
| 签订的合同额 （万元） | Volume of Signed Contracts (10000 yuan) | 49857679 | 45664591 | 4193088 |
| 直接从建设单位承揽工程完成的产值 （万元） | Accomplished Output Value of the Project Taken Directly from Construction Units (10000 yuan) | 28401015 | 25130964 | 3270052 |
| 自行完成施工产值 | Output Value Completed by Self | 28141356 | 24942262 | 3199094 |
| 分包出去工程产值 | Engineering Subcontract Value | 259660 | 188702 | 70957 |
| 从建设单位以外承揽工程完成的产值 （万元） | Accomplished Output Value of the Project Not Taken from Construction Units (10000 yuan) | 508263 | 415869 | 92394 |
| 建筑业总产值 （万元） | Gross Output Value of Construction (10000 yuan) | 28649619 | 25358131 | 3291488 |
| #装饰装修产值 | Decoration and Fixing UP | 1202879 | 619733 | 583146 |
| 在外省完成产值 | In Other Provinces | 6844121 | 6253035 | 591087 |
| #建筑工程 | Construction Projects | 25058430 | 23133722 | 1924707 |
| 安装工程 | Installation Projects | 2468351 | 1474500 | 993852 |
| 其　　他 | Others | 1122838 | 749909 | 372929 |
| 竣工产值 （万元） | Output Value of Buildings Completed (10000 yuan) | 17383009 | 14695329 | 2687680 |
| 房屋建筑施工面积 （万平方米） | Floor Space of Buildings Under Construction (10000 sq.m) | 23295.69 | 22570.16 | 725.54 |
| #本年新开工 | Newly Started Projects in this Year | 13898.57 | 13425.62 | 472.94 |
| #投标承包的面积 | Floor Space Through Tender for the Construction | 18974.04 | 18565.90 | 408.14 |
| #本年新开工 | Newly Started Projects in this Year | 11779.43 | 11458.41 | 321.01 |
| 房屋建筑竣工面积 （万平方米） | Floor Space of Buildings Completed (10000 sq.m) | 10512.36 | 10106.01 | 406.34 |
| 自有机械设备净值 （万元） | Net Value of Machinery owned (10000 yuan) | 1466999 | 1303560 | 163439 |
| 自有机械设备总台数 （台） | Number of Machinery Owned (set) | 415557 | 356152 | 59405 |
| 自有机械设备总功率 （万千瓦） | Capacity of Machinery Owned (10000 kw) | 663.58 | 569.85 | 93.73 |
| 计算劳动生产率的平均人数(万人) | Labor Capacity Calculated by Average Person (10000 person) | 161.42 | 142.72 | 18.70 |
| 从业人员 （万人） | Employed Persons at the Year-End (10000 person) | 157.97 | 139.86 | 18.11 |
| #工程技术人员 | Engineering Technical Personnel | 20.17 | 17.25 | 2.92 |
| #一级建造师 | First Grade Architect | 1.04 | 0.83 | 0.21 |
| 全员劳动生产率 （元/人） | Overall Labor Productivity (yuan/person) | 177486 | 177682 | 175991 |
| 技术装备率 （元/人） | Per Capita Machinery Value (yuan/person) | 9287 | 9320 | 9025 |
| 动力装备率 （千瓦/人） | Per Capita Machines Power (kw/person) | 4.20 | 4.07 | 5.18 |
| 房屋建筑面积竣工率 （%） | Rate of Floor Space of Buildings Completed (%) | 45.13 | 44.78 | 56.01 |

Main Indicators on Construction Enterprises (2010)

| 内资企业 Domestic Funded | #集体 Collective-owned | #私营 Private | 港澳台商投资企业 Funded Enterprises from Hong, Kong, Macao and Taiwan | 外商投资企业 Foreign Funded | 国有及国有控股企业 State Controlling Funded Hold Enterprises | 房屋工程建筑业 Building | 土木工程建筑业 Civil Engineering | 建筑安装业 Construction Installation Industry | 建筑装饰业 Construction Decoration Industry | 其他建筑业 Other |
|---|---|---|---|---|---|---|---|---|---|---|
| 2457 | 114 | 1168 | 6 | 6 | 249 | 996 | 418 | 414 | 537 | 104 |
| 49784266 | 672498 | 11047544 | 35572 | 37841 | 26505384 | 25896613 | 18602042 | 4231098 | 725994 | 401933 |
| 28336132 | 460071 | 7883967 | 32530 | 32353 | 11943354 | 15344095 | 9171946 | 2900985 | 669248 | 314741 |
| 28076472 | 460071 | 7838579 | 32530 | 32353 | 11794620 | 15268516 | 9086442 | 2805358 | 666604 | 314437 |
| 259660 | | 45388 | | | 148734 | 75580 | 85505 | 95627 | 2644 | 304 |
| 507193 | 25980 | 87012 | | 1071 | 239750 | 215918 | 93744 | 177145 | 8573 | 12883 |
| 28583665 | 486051 | 7925591 | 32530 | 33424 | 12034370 | 15484433 | 9180185 | 2982503 | 675178 | 327320 |
| 1201718 | 27019 | 557942 | 934 | 228 | 265651 | 539329 | 38944 | 82867 | 539667 | 2072 |
| 6827071 | 117630 | 708500 | 7042 | 10009 | 5232254 | 2679555 | 3193879 | 868034 | 40252 | 62402 |
| 25014246 | 395896 | 6962821 | 22167 | 22017 | 10823735 | 14315442 | 8244471 | 1810501 | 429419 | 258597 |
| 2455453 | 67883 | 578902 | 4451 | 8447 | 906588 | 733868 | 717085 | 901651 | 83259 | 32488 |
| 1113965 | 22272 | 383868 | 5912 | 2961 | 304047 | 435123 | 218629 | 270351 | 162500 | 36235 |
| 17342537 | 395789 | 5651997 | 11980 | 28492 | 5643773 | 10171224 | 4502469 | 1963730 | 493365 | 252222 |
| 23270.11 | 596.91 | 8416.20 | 8.60 | 16.99 | 5901.43 | 21093.86 | 873.09 | 1179.65 | 62.14 | 86.95 |
| 13879.75 | 415.82 | 5315.60 | 5.10 | 13.72 | 2921.41 | 12631.42 | 510.62 | 649.88 | 55.97 | 50.68 |
| 18955.73 | 477.21 | 6026.23 | 4.60 | 13.72 | 5647.64 | 17353.80 | 739.23 | 813.48 | 1.66 | 65.88 |
| 11761.11 | 364.36 | 4050.37 | 4.60 | 13.72 | 2857.96 | 10770.88 | 451.32 | 522.93 | 1.60 | 32.71 |
| 10501.14 | 330.69 | 4296.16 | 2.27 | 8.94 | 1435.25 | 9426.12 | 447.10 | 586.46 | 7.50 | 45.18 |
| 1463760 | 36139 | 391931 | 1927 | 1312 | 633820 | 576904 | 735109 | 100093 | 26414 | 28480 |
| 414516 | 18135 | 141832 | 508 | 533 | 76822 | 270301 | 90761 | 29726 | 18698 | 6071 |
| 662.03 | 22.27 | 204.38 | 1.18 | 0.37 | 212.05 | 306.14 | 292.31 | 44.32 | 11.40 | 9.41 |
| 161.10 | 5.21 | 51.39 | 0.15 | 0.18 | 48.40 | 100.26 | 39.10 | 15.02 | 5.19 | 1.85 |
| 157.62 | 5.71 | 51.63 | 0.16 | 0.19 | 42.66 | 102.91 | 34.07 | 14.04 | 5.09 | 1.86 |
| 20.11 | 0.70 | 7.23 | 0.03 | 0.03 | 4.43 | 12.32 | 4.54 | 2.21 | 0.72 | 0.38 |
| 1.03 | 0.01 | 0.27 | 0.00 | 0.00 | 0.35 | 0.54 | 0.27 | 0.12 | 0.05 | 0.06 |
| 177432 | 93335 | 154210 | 220990 | 190233 | 248668 | 154444 | 234793 | 198533 | 130112 | 177016 |
| 9286 | 6334 | 7592 | 12358 | 6881 | 14858 | 5606 | 21576 | 7129 | 5188 | 15286 |
| 4.20 | 3.90 | 3.96 | 7.54 | 1.96 | 4.97 | 2.97 | 8.58 | 3.16 | 2.24 | 5.05 |
| 45.13 | 55.40 | 51.05 | 26.44 | 52.62 | 24.32 | 44.69 | 51.21 | 49.72 | 12.07 | 51.96 |

# 14—8 建筑业企业主要财务指标（2010年）

| 指 标 | Item | 流动资产合 计 Circulating Funds | #存 货 Stock | 固定资产合 计 Total Fixed Assets |
|---|---|---|---|---|
| **总 计** | **Total** | **16448517** | **4076767** | **3238593** |
| #国有及国有控股企业 | State Controlling Share Hold Enterprises | 8273727 | 2230103 | 1120347 |
| **按登记注册类型分** | **Grouped by registration Type** | | | |
| 内资企业 | Domestic Funded Enterprise | 16397914 | 4071673 | 3216330 |
| 国有企业 | State-owned Enterprise | 5114217 | 1116582 | 660515 |
| 集体企业 | Collective-owned Enterprise | 239966 | 88907 | 82814 |
| 股份合作企业 | Share Holding Cooperative Enterprises | 230579 | 39227 | 40183 |
| 联营企业 | Joint Owned Enterprises | 28717 | 10447 | 12998 |
| 有限责任公司 | Limited Liability Corporations | 6358701 | 1786722 | 1230908 |
| 股份有限公司 | Share-holding Corporations Ltd. | 988961 | 341723 | 299537 |
| 私营企业 | Private Enterprises | 3407674 | 674048 | 881918 |
| 其他企业 | Other Enterprises | 29099 | 14018 | 7457 |
| 港澳台商投资企业 | Enterprises Funded by Entrepreneurs from Hong Kong, Macao and Taiwan | 20300 | 1968 | 13683 |
| 外商投资企业 | Foreign Funded Enterprises | 30303 | 3125 | 8580 |
| **按国民经济行业分** | **Grouped by Sector** | | | |
| 房屋和土木工程建筑业 | Building & Civil Engineering | 13875782 | 3542737 | 2694325 |
| 房屋工程建筑业 | Building | 6724972 | 1854170 | 1471178 |
| 土木工程建筑业 | Civil Engineering | 7150810 | 1688567 | 1223147 |
| #铁路道路隧道和桥梁工程建筑业 | Railroad Road Tunnel &Bridge Engineering Enterprises | 4464626 | 1074499 | 582967 |
| 建筑安装业 | Construction Installation Industry | 1798076 | 368253 | 371166 |
| 建筑装饰业 | Construction Decoration Industry | 542574 | 129722 | 123259 |
| 其他建筑业 | Other Construction Industry | 232085 | 36054 | 49844 |
| 工程准备 | Project Preparation | 107040 | 8437 | 19998 |
| **按资质等级分** | **By Qualification Standard** | | | |
| 施工总承包 | Chief Construction Contract | 14074760 | 3577266 | 2687752 |
| 特 级 | Top Grade | 3162237 | 810844 | 291428 |
| 一 级 | First Grade | 5517298 | 1467195 | 865124 |
| 二 级 | Second Grade | 3645783 | 870289 | 889577 |
| 三级及以下 | Third Grade and Below | 1749442 | 428938 | 641623 |
| 专业承包 | Professional Contract | 2373757 | 499501 | 550840 |
| 一 级 | First Grade | 729947 | 152699 | 126655 |
| 二 级 | Second Grade | 758923 | 159450 | 195827 |
| 三级及以下 | Third Grade and Below | 884888 | 187351 | 228359 |

## Main Financial Indicators on Construction Enterprises (2010)

单位：万元 (10000 yuan)

| 固定资产原价 Original Value of Fixed Assets | 累计折旧 Progessive Depreciation | #本年折旧 Depreciation this Year | 资产总计 Total of Assets | 负债合计 Total of Liabilities | 所有者权益 Creditors' Equity | #实收资本 Capital Hold | #国家资本 National Copital | 工程结算收入 Project Settlement Income | 工程结算成本 Project Settlement Cost | 工程结算税金及附加 Project Settlement Tax and Extra Charges | 工程结算利润 Main Business Profit |
|---|---|---|---|---|---|---|---|---|---|---|---|
| **4034386** | **1290053** | **260805** | **21172062** | **13784773** | **7385736** | **4617604** | **1163595** | **27171466** | **23939818** | **1043879** | **2035722** |
| 1549331 | 564222 | 136092 | 10005053 | 7847122 | 2157931 | 1411987 | 1158590 | 11813041 | 10539774 | 475862 | 771668 |
| | | | | | | | | | | | |
| 4010574 | 1285372 | 259613 | 21092370 | 13743378 | 7347439 | 4592945 | 1162913 | 27108210 | 23889426 | 1041894 | 2026817 |
| 970707 | 359644 | 79226 | 6230498 | 4838621 | 1391877 | 896299 | 859022 | 6734240 | 6049444 | 271149 | 401003 |
| 105730 | 39360 | 4401 | 339350 | 193054 | 146296 | 99931 | | 506904 | 431878 | 17372 | 53061 |
| 35485 | 13215 | 2850 | 310613 | 225347 | 85266 | 37027 | | 254053 | 221466 | 7801 | 23968 |
| 23079 | 15601 | 1171 | 41875 | 20018 | 21857 | 9801 | 2458 | 35518 | 29694 | 1202 | 3909 |
| 1523267 | 515788 | 99494 | 8247798 | 5214460 | 3031785 | 1827562 | 266271 | 10883277 | 9541307 | 418021 | 873064 |
| 348107 | 77393 | 14732 | 1372938 | 918511 | 454427 | 277060 | 35162 | 1566343 | 1359311 | 67669 | 122949 |
| 994558 | 262157 | 57073 | 4510244 | 2310805 | 2199439 | 1430385 | | 7085091 | 6218292 | 257598 | 545650 |
| 9641 | 2214 | 667 | 39055 | 22562 | 16493 | 14881 | | 42784 | 38033 | 1082 | 3214 |
| 13392 | 2003 | 811 | 38983 | 16248 | 22735 | 13749 | 683 | 29682 | 22065 | 979 | 5443 |
| 10419 | 2678 | 382 | 40709 | 25147 | 15562 | 10909 | | 33574 | 28327 | 1006 | 3462 |
| | | | | | | | | | | | |
| 3368701 | 1085146 | 216059 | 17827850 | 11944300 | 5881997 | 3709632 | 991625 | 23355188 | 20776275 | 852968 | 1610088 |
| 1743600 | 514246 | 87177 | 8869105 | 5237658 | 3629895 | 2263747 | 205765 | 14027961 | 12544679 | 521858 | 886475 |
| 1625101 | 570900 | 128882 | 8958744 | 6706643 | 2252102 | 1445885 | 785860 | 9327226 | 8231596 | 331110 | 723613 |
| 802762 | 292378 | 60323 | 5319153 | 4272009 | 1047144 | 689350 | 350941 | 5399371 | 4857508 | 203851 | 321827 |
| 439710 | 131559 | 31271 | 2349619 | 1334062 | 1015557 | 575730 | 144738 | 2830018 | 2341237 | 156305 | 306519 |
| 152158 | 44327 | 9005 | 690341 | 352392 | 337949 | 221057 | 6422 | 675314 | 559568 | 23607 | 84466 |
| 73817 | 29021 | 4471 | 304253 | 154020 | 150233 | 111185 | 20811 | 310947 | 262739 | 10999 | 34649 |
| 31284 | 13678 | 2224 | 138331 | 80753 | 57579 | 43527 | 4626 | 128895 | 113249 | 4763 | 9952 |
| | | | | | | | | | | | |
| 3364147 | 1082314 | 219525 | 18016014 | 11955870 | 6058591 | 3770224 | 1028099 | 23902109 | 21251058 | 932827 | 1609192 |
| 441014 | 160927 | 53341 | 3772645 | 3141305 | 631339 | 324812 | 324812 | 2599348 | 2281247 | 85768 | 225935 |
| 1140182 | 399703 | 80691 | 6977574 | 4980445 | 1997129 | 1085371 | 464662 | 11706097 | 10531409 | 483148 | 669501 |
| 1049322 | 334486 | 50243 | 4769169 | 2657328 | 2110288 | 1417976 | 168383 | 6151733 | 5446391 | 231863 | 424922 |
| 733630 | 187197 | 35249 | 2496626 | 1176792 | 1319835 | 942066 | 70243 | 3444932 | 2992012 | 132048 | 288834 |
| 670239 | 207739 | 41280 | 3156049 | 1828903 | 1327146 | 847379 | 135496 | 3269357 | 2688760 | 111053 | 426530 |
| 155850 | 45679 | 8939 | 907332 | 592599 | 314732 | 173847 | 62949 | 1132850 | 960632 | 43742 | 119639 |
| 250669 | 93871 | 17923 | 1053568 | 617312 | 436256 | 308125 | 48107 | 1118745 | 917762 | 35315 | 152555 |
| 263721 | 68190 | 14419 | 1195149 | 618992 | 576158 | 365407 | 24441 | 1017762 | 810366 | 31996 | 154335 |

## 14—8 续表 continued

| 指　标 | Item | 其他业务利润 Other Business Profit | 经营费用 Operating Expense | 管理费用 Management Expense |
|---|---|---|---|---|
| **总　计** | **Total** | **79845** | **174126** | **919821** |
| #国有及国有控股企业 | State Controlling Share Hold Enterprises | 38189 | 27602 | 419777 |
| **按登记注册类型分** | **Grouped by registration Type** | | | |
| 内资企业 | Domestic Funded Enterprise | 80683 | 172591 | 916652 |
| 国有企业 | State-owned Enterprise | 17738 | 14510 | 235649 |
| 集体企业 | Collective-owned Enterprise | 106 | 5823 | 25295 |
| 股份合作企业 | Share Holding Cooperative Enterprises | 2281 | 856 | 17559 |
| 联营企业 | Joint Owned Enterprises | 14 | 714 | 1773 |
| 有限责任公司 | Limited Liability Corporations | 45896 | 62279 | 368068 |
| 股份有限公司 | Share-holding Corporations Ltd. | 4560 | 16772 | 50668 |
| 私营企业 | Private Enterprises | 10071 | 71182 | 216143 |
| 其他企业 | Other Enterprises | 17 | 455 | 1499 |
| 港澳台商投资企业 | Enterprises Funded by Entrepreneurs from Hong Kong, Macao and Taiwan | -910 | 1204 | 1741 |
| 外商投资企业 | Foreign Funded Enterprises | 73 | 332 | 1428 |
| **按国民经济行业分** | **Grouped by Sector** | | | |
| 房屋和土木工程建筑业 | Building & Civil Engineering | 30835 | 133811 | 727061 |
| 房屋工程建筑业 | Building | 9806 | 88028 | 354023 |
| 土木工程建筑业 | Civil Engineering | 21029 | 45783 | 373037 |
| #铁路道路隧道和桥梁工程建筑业 | Railroad Road Tunnel &Bridge Engineering Enterprises | 9750 | 18770 | 176403 |
| 建筑安装业 | Construction Installation Industry | 43829 | 27204 | 136560 |
| 建筑装饰业 | Construction Decoration Industry | 1535 | 8021 | 39546 |
| 其他建筑业 | Other Construction Industry | 3646 | 5091 | 16655 |
| 工程准备 | Project Preparation | 3078 | 2801 | 6546 |
| **按资质等级分** | **By Qualification Standard** | | | |
| 施工总承包 | Chief Construction Contract | 34209 | 128846 | 728565 |
| 特　级 | Top Grade | 8304 | 6399 | 132349 |
| 一　级 | First Grade | 14295 | 23000 | 282375 |
| 二　级 | Second Grade | 8693 | 57230 | 181525 |
| 三级及以下 | Third Grade and Below | 2917 | 42217 | 132317 |
| 专业承包 | Professional Contract | 45636 | 45280 | 191255 |
| 一　级 | First Grade | 7816 | 8832 | 57940 |
| 二　级 | Second Grade | 2372 | 15421 | 62914 |
| 三级及以下 | Third Grade and Below | 35448 | 21027 | 70402 |

单位：万元 (10000 yuan)

| #税 金 Tax | 财务费用 Financial Expenses | 营业利润 Operating Profit | 利润总额 Total Profit | 应交所得税 Payable Income Tax | 劳动、失业保险费 Labor and Unemployment Insuarance Expenses | 养老和医疗保险费 Retirement and Medical Insurance Premium | 住房公积金和住房补贴 Public Accumulation Fund and Subsidy for Housing Construction | 本年应付工资总额 Total Payable Wages this Year | 本年应付福利费总额 Total Payable Welfarism this Year | 全部从业人员平均人数（万人） Average Number of Staff and Workers (10000 person) |
|---|---|---|---|---|---|---|---|---|---|---|
| **73676** | **102405** | **1076196** | **983596** | **148941** | **91592** | **109025** | **73705** | **3934198** | **391721** | **168.27** |
| 36349 | 23354 | 393248 | 378561 | 44075 | 65242 | 68655 | 57151 | 1379051 | 119069 | 51.12 |
| 73589 | 102328 | 1071373 | 978456 | 148387 | 91487 | 108760 | 73639 | 3924691 | 391358 | 167.93 |
| 8719 | 1683 | 203994 | 192888 | 19269 | 23521 | 27217 | 24290 | 760964 | 79086 | 31.01 |
| 2631 | 2766 | 25105 | 15357 | 2643 | 936 | 1198 | 570 | 102033 | 6789 | 5.24 |
| 567 | 1898 | 10269 | 10660 | 1908 | 272 | 1345 | 928 | 29581 | 1471 | 1.12 |
| 48 | 45 | 2105 | 2111 | 585 | 18 | 236 | 29 | 4137 | 513 | 0.45 |
| 41844 | 41847 | 477561 | 406430 | 57253 | 46439 | 56077 | 41824 | 1620720 | 132621 | 66.98 |
| 3585 | 17852 | 59390 | 62604 | 17369 | 5247 | 5103 | 2049 | 195429 | 41307 | 9.72 |
| 15997 | 35900 | 292232 | 287660 | 49150 | 15019 | 17317 | 3886 | 1203634 | 128356 | 52.94 |
| 198 | 338 | 719 | 746 | 210 | 35 | 268 | 63 | 8193 | 1215 | 0.46 |
| 57 | -13 | 2805 | 2767 | 34 | 6 | 168 | 44 | 5061 | 225 | 0.15 |
| 30 | 90 | 2017 | 2373 | 520 | 100 | 97 | 23 | 4446 | 138 | 0.19 |
| 59482 | 78607 | 834646 | 760745 | 116312 | 78698 | 91350 | 57755 | 3378162 | 336957 | 145.28 |
| 31329 | 56639 | 464895 | 398985 | 70224 | 25581 | 32395 | 19408 | 2382189 | 252512 | 103.48 |
| 28153 | 21968 | 369751 | 361760 | 46088 | 53117 | 58955 | 38347 | 995973 | 84445 | 41.80 |
| 18165 | -4244 | 186217 | 177043 | 21850 | 7402 | 18728 | 8612 | 503779 | 40712 | 24.00 |
| 9686 | 18266 | 177759 | 166308 | 21855 | 9592 | 12171 | 12654 | 397926 | 35910 | 15.72 |
| 2693 | 4202 | 40166 | 39811 | 7822 | 2584 | 3461 | 1527 | 115870 | 10250 | 5.35 |
| 1816 | 1330 | 23626 | 16732 | 2953 | 718 | 2044 | 1769 | 42240 | 8604 | 1.92 |
| 850 | 516 | 3592 | 4173 | 1843 | 249 | 614 | 243 | 16363 | 6124 | 0.77 |
| 60954 | 78518 | 853847 | 772504 | 115525 | 81267 | 92174 | 64314 | 3510126 | 350409 | 149.09 |
| 8580 | -9069 | 140981 | 133764 | 9792 | 40285 | 19942 | 28356 | 321878 | 30996 | 10.88 |
| 26959 | 42455 | 358385 | 295358 | 37163 | 23356 | 50689 | 28501 | 1587569 | 180563 | 54.71 |
| 14684 | 26651 | 220297 | 219675 | 41546 | 10276 | 12392 | 4919 | 1043714 | 91231 | 49.45 |
| 10731 | 18481 | 134184 | 123707 | 27024 | 7350 | 9151 | 2538 | 556965 | 47619 | 34.05 |
| 12723 | 23887 | 222349 | 211092 | 33417 | 10325 | 16851 | 9391 | 424072 | 41312 | 19.18 |
| 2663 | 10599 | 64467 | 66408 | 9134 | 5360 | 5550 | 2461 | 146595 | 14595 | 5.60 |
| 5309 | 7453 | 67741 | 54611 | 10067 | 2825 | 7205 | 4046 | 151979 | 16954 | 7.44 |
| 4750 | 5836 | 90141 | 90073 | 14216 | 2141 | 4097 | 2884 | 125498 | 9763 | 6.15 |

# 14—9 劳务分包建筑业企业生产经营情况（2010年）
Productions and Business Indicators of Subcontract Construction Enterprises (2010)

| 指标 | | Item | | 合计 Total | 国有及国有控股企业 State-owned and State-controlled Enterprises |
|---|---|---|---|---|---|
| **生产情况** | | **Producing Indicators** | | | |
| **企业单位数** | （个） | Number of Enterprises | (unit) | 363 | 7 |
| 建筑业总产值 | （万元） | Gross Output Value of Costruction | (10000 yuan) | 541571 | 12151 |
| #装饰装修产值 | | Outpnt Value of Construction Pecoration | | 61928 | |
| 从业人员情况 | | Conditions of Employed Persons | | | |
| 计算建筑业劳动生产率的平均人数 | （人） | Average Number of Persons Calculated by Construction Labor Productivity | (person) | 125611 | 4096 |
| 年末从业人数 | （人） | Number of Employed Persons at the Year-end | (person) | 129815 | 4580 |
| #管理人员 | | Managerical Personnel | | 7743 | 54 |
| #工程技术人员 | | Engineering Technical Persons | | 9016 | 31 |
| #现场施工工人 | | Persons On-site Construction | | 108017 | 3883 |
| **财务状况** | | **Financial Indicators** | | | |
| 资产负债 | | Assets and Liabilities | | | |
| 固定资产原价 | （万元） | Prime Cost of Fixed Assets | (10000 yuan) | 3727 | 12 |
| 本年折旧 | （万元） | Depreciation This Year | (10000 yuan) | 3727 | 12 |
| 资产总计 | （万元） | Total of Assets | (10000 yuan) | 207482 | 3749 |
| 负债合计 | （万元） | Total of Liabilities | (10000 yuan) | 82720 | 2986 |
| 实收资本 | （万元） | Paicl-up Capital | (10000 yuan) | 54477 | 634 |
| #国家资本 | | National Capital | | 642 | 634 |
| 集体资本 | | Collectively Owned Capital | | 2273 | |
| 法人资本 | | Capital of Artifical Person | | 16265 | |
| 个人资本 | | Individual Capital | | 35297 | |
| 损益及分配 | | Profit and Loss and Distribution | | | |
| 营业收入合计 | （万元） | Total Business Earning | (10000 yuan) | 451182 | 7603 |
| #主营业务收入 | | Main Business Earning | | 449488 | 7603 |
| 主营业务成本 | （万元） | Main Business Cost | (10000 yuan) | 394641 | 5924 |
| 主营业务税金及附加 | （万元） | Main Business Tax and Affixation | (10000 yuan) | 14803 | 237 |
| 费用合计 | （万元） | Total Expense | (10000 yuan) | 25676 | 1665 |
| 营业利润 | （万元） | Operating Profit | (10000 yuan) | 17376 | 9 |
| 利润总额 | （万元） | Total of Profit | (10000 yuan) | 15044 | 9 |
| 从业人员劳动报酬 | （万元） | Labour Reward of Staff and Workers | (10000 yuan) | 283629 | 10587 |
| 劳动、失业保险费 | （万元） | Labor and Unemployment Insurance Expenses | (10000 yuan) | 2657 | 155 |
| 住房公积金及住房补贴 | （万元） | Public Accumulation Fund and Subsidy for Housing Construction | (10000 yuan) | 544 | 45 |
| 全部从业人员年平均人数 | （人） | Average Number of Staff and Workers | (person) | 125492 | 4218 |

## 14—10 建筑业企业房屋建筑完成情况（2010年）
Floor Space of Buildings Completed by Construction Enterprises (2010)

| 指　标 | Item | 房屋建筑竣工面积（万平方米）Completed Area of Building Construction (10000 sq.m) | 国有及国有控股企业 State Controlling Funded Hold Enterprises | 竣工房屋价值（万元）Value of the Completed House (10000 yuan) | 国有及国有控股企业 State Controlling Funded Hold Enterprises |
|---|---|---|---|---|---|
| **总　计** | **Total** | **10512.36** | **1435.25** | **9775667** | **1753164** |
| 厂房、仓库 | Workshops and Storehouses | 1713.69 | 204.40 | 1419671 | 263327 |
| 住　宅 | Residential Buildings | 6461.46 | 925.80 | 5850887 | 951363 |
| 办公用房 | Office Buildings | 888.70 | 124.91 | 899269 | 133354 |
| 批发和零售用房 | Buildings Used for Wholesale and Retail | 138.49 | 31.20 | 107988 | 13823 |
| 住宿和餐饮用房 | Buildings Used for Accommodation and Catering Services | 84.52 | 7.53 | 96411 | 8214 |
| 居民服务业用房 | Buildings Used for Resident Services | 112.83 | 13.98 | 90001 | 15268 |
| 教育用房 | Buildings Used for Education | 612.53 | 60.40 | 551141 | 59681 |
| 文化、体育和娱乐用房 | Buildings Used for Culture, Physical Training and Entertainment | 93.72 | 36.95 | 316553 | 249556 |
| 卫生医疗用房 | Buildings Used for Sanitation and Medical Services | 111.80 | 11.80 | 100557 | 15642 |
| 科研用房 | Buildings Used for Scientific Research | 9.38 | 2.75 | 9105 | 3569 |
| 其他用房 | Others | 285.25 | 15.54 | 334084 | 39369 |

## 14—11 各市建筑业企业房屋建筑完成情况（2010年）
Floor Space of Buildings Completed by Construction Enterprises by Region (2010)

| 地　区 | Region | 房屋建筑竣工面积（万平方米）Completed Area of Building Construction (10000 sq.m) | 住　宅 Residential Buildings | 竣工房屋价值（万元）Value of the Completed House (10000 yuan) | 住　宅 Residential Buildings |
|---|---|---|---|---|---|
| **总　计** | **Total** | **10512.36** | **6461.46** | **9775667** | **5850887** |
| 合 肥 市 | Hefei | 3290.23 | 2140.14 | 3489675 | 2022824 |
| 淮 北 市 | Huaibei | 145.21 | 90.38 | 115989 | 73196 |
| 亳 州 市 | Bozhou | 142.14 | 84.67 | 114546 | 68934 |
| 宿 州 市 | Suzhou | 336.56 | 178.27 | 296932 | 156697 |
| 蚌 埠 市 | Bengbu | 432.79 | 338.42 | 448053 | 347537 |
| 阜 阳 市 | Fuyang | 368.68 | 213.84 | 301094 | 187766 |
| 淮 南 市 | Huainan | 328.54 | 243.96 | 445524 | 314652 |
| 滁 州 市 | Chuzhou | 640.06 | 403.01 | 504263 | 332259 |
| 六 安 市 | Luan | 842.74 | 455.07 | 705392 | 377584 |
| 马鞍山市 | Maanshan | 559.60 | 282.06 | 496591 | 219924 |
| 巢 湖 市 | Chaohu | 426.43 | 289.93 | 407101 | 289321 |
| 芜 湖 市 | Wuhu | 858.18 | 555.14 | 803388 | 518567 |
| 宣 城 市 | Xuancheng | 367.85 | 196.19 | 301758 | 171954 |
| 铜 陵 市 | Tongling | 244.59 | 168.93 | 232946 | 163516 |
| 池 州 市 | Chizhou | 273.02 | 157.83 | 227720 | 129630 |
| 安 庆 市 | Anqing | 960.93 | 495.04 | 647449 | 337788 |
| 黄 山 市 | Huangshan | 294.82 | 168.58 | 237248 | 138740 |

## 14—12 各市按登记注册类型和行业分的建筑业企业单位数（2010年）

Number of Construction Enterprises by Registration Status, Section and Region (2010)

单位：个 (unit)

| 地区 | Region | 合计 Total Enterprises | 内资企业 Domestic Funded | 港澳台商投资企业 Funded by Entrepreneurs from Hong Kong, Macao and Taiwan | 外商投资企业 Foreign Funded | 国有及国有控股企业 State-owned and State-controlled Enterprises | 房屋工程建筑业 Building | 土木工程建筑业 Civil Engineering | 建筑安装业 Construction Installation Industry | 建筑装饰业 Construction Decoration Industry | 其他建筑业 Other |
|---|---|---|---|---|---|---|---|---|---|---|---|
| **总计** | **Total** | **2469** | **2457** | **6** | **6** | **249** | **996** | **418** | **414** | **537** | **104** |
| 合肥市 | Hefei | 703 | 698 | 3 | 2 | 75 | 173 | 99 | 200 | 209 | 22 |
| 淮北市 | Huaibei | 57 | 55 | 2 | | 9 | 21 | 11 | 10 | 6 | 9 |
| 亳州市 | Bozhou | 34 | 34 | | | 8 | 21 | 8 | 2 | 3 | |
| 宿州市 | Suzhou | 100 | 100 | | | 10 | 48 | 15 | 29 | 7 | 1 |
| 蚌埠市 | Bengbu | 128 | 127 | | 1 | 14 | 38 | 24 | 21 | 42 | 3 |
| 阜阳市 | Fuyang | 108 | 108 | | | 17 | 54 | 32 | 5 | 10 | 7 |
| 淮南市 | Huainan | 67 | 67 | | | 14 | 31 | 12 | 14 | 6 | 4 |
| 滁州市 | Chuzhou | 124 | 122 | | 2 | 15 | 54 | 26 | 19 | 19 | 6 |
| 六安市 | Luan | 130 | 130 | | | 10 | 88 | 30 | 3 | 7 | 2 |
| 马鞍山市 | Maanshan | 137 | 136 | 1 | | 15 | 42 | 24 | 26 | 37 | 8 |
| 巢湖市 | Chaohu | 119 | 119 | | | 10 | 66 | 33 | 7 | 13 | |
| 芜湖市 | Wuhu | 164 | 164 | | | 15 | 62 | 20 | 27 | 47 | 8 |
| 宣城市 | Xuancheng | 117 | 116 | | 1 | 2 | 45 | 17 | 12 | 36 | 7 |
| 铜陵市 | Tongling | 84 | 84 | | | 8 | 30 | 7 | 11 | 22 | 14 |
| 池州市 | Chizhou | 84 | 84 | | | 5 | 40 | 11 | 11 | 18 | 4 |
| 安庆市 | Anqing | 237 | 237 | | | 16 | 143 | 41 | 12 | 34 | 7 |
| 黄山市 | Huangshan | 76 | 76 | | | 6 | 40 | 8 | 5 | 21 | 2 |

## 14—13 各市按经济类型和行业分的建筑业总产值（2010年）

Overall Output Value of Enterprises in Charge of Construction by Ownership and Region (2010)

单位：万元 (10000 yuan)

| 地区 | Region | 合计 Total Enterprises | 内资企业 Domestic Funded | 港澳台商投资企业 Funded by Entrepreneurs from Hong Kong, Macao and Taiwan | 外商投资企业 Foreign Funded | 国有及国有控股企业 State-owned and State-controlled Enterprises | 房屋工程建筑业 Building | 土木工程建筑业 Civil Engineering | 建筑安装业 Construction Installation Industry | 建筑装饰业 Construction Decoration Industry | 其他建筑业 Other |
|---|---|---|---|---|---|---|---|---|---|---|---|
| **总计** | **Total** | **28649619** | **28583665** | **32530** | **33424** | **12034370** | **15484433** | **9180185** | **2982503** | **675178** | **327320** |
| 合肥市 | Hefei | 13595613 | 13580496 | 8770 | 6347 | 7393799 | 6044880 | 5160211 | 1850582 | 461846 | 78093 |
| 淮北市 | Huaibei | 476700 | 454941 | 21759 | | 283395 | 112176 | 321719 | 14880 | 3103 | 24822 |
| 亳州市 | Bozhou | 184481 | 184481 | | | 27841 | 127974 | 35196 | 18300 | 3011 | |
| 宿州市 | Suzhou | 850310 | 850310 | | | 227415 | 387366 | 81096 | 370245 | 2884 | 8719 |
| 蚌埠市 | Bengbu | 1181225 | 1177272 | | 3953 | 450965 | 558115 | 561331 | 35489 | 14246 | 12045 |
| 阜阳市 | Fuyang | 747365 | 747365 | | | 126601 | 502641 | 212878 | 6114 | 14449 | 11284 |
| 淮南市 | Huainan | 1428551 | 1428551 | | | 1200431 | 874263 | 515833 | 28110 | 2770 | 7575 |
| 滁州市 | Chuzhou | 948447 | 941196 | | 7252 | 178271 | 550574 | 151491 | 215407 | 18907 | 12068 |
| 六安市 | Luan | 1141137 | 1141137 | | | 59078 | 959244 | 162359 | 6044 | 6716 | 6775 |
| 马鞍山市 | Maanshan | 1605957 | 1603956 | 2001 | | 718138 | 1222724 | 298538 | 43709 | 18372 | 22614 |
| 巢湖市 | Chaohu | 767791 | 767791 | | | 71415 | 565266 | 172306 | 25826 | 4393 | |
| 芜湖市 | Wuhu | 2508604 | 2508604 | | | 973382 | 1226573 | 1029124 | 189249 | 49118 | 14540 |
| 宣城市 | Xuancheng | 619287 | 603414 | | 15873 | 5149 | 445229 | 93612 | 32880 | 13338 | 34228 |
| 铜陵市 | Tongling | 603519 | 603519 | | | 93060 | 363994 | 83035 | 58577 | 18567 | 79346 |
| 池州市 | Chizhou | 465263 | 465263 | | | 43410 | 339388 | 69450 | 39813 | 9063 | 7549 |
| 安庆市 | Anqing | 1112787 | 1112787 | | | 157274 | 856507 | 180454 | 45055 | 23313 | 7458 |
| 黄山市 | Huangshan | 412583 | 412583 | | | 24746 | 347520 | 51553 | 2224 | 11082 | 205 |

## 14—14 各市建筑业企业生产情况（2010年）

Production Indicators on Construction Enterprises by Region (2010)

| 地 区 | Region | 企业单位个数（个）Number of Enterprises (unit) | 总产值（万元）Total Output Value (10000 yuan) | 建筑工程 Construction | 安装工程 Installation | 其它产值 Other Output Value | 竣工产值（万元）Outpu Value of Buildings Completed (10000 yuan) |
|---|---|---|---|---|---|---|---|
| **总 计** | **Total** | **2469** | **28649619** | **25058430** | **2468351** | **1122838** | **17383009** |
| 合肥市 | Hefei | 703 | 13595613 | 11916633 | 1121493 | 557487 | 6896358 |
| 淮北市 | Huaibei | 57 | 476700 | 427314 | 14815 | 34572 | 357028 |
| 亳州市 | Bozhou | 34 | 184481 | 165769 | 15340 | 3372 | 143722 |
| 宿州市 | Suzhou | 100 | 850310 | 606832 | 143749 | 99729 | 691192 |
| 蚌埠市 | Bengbu | 128 | 1181225 | 1120099 | 52852 | 8275 | 895868 |
| 阜阳市 | Fuyang | 108 | 747365 | 704410 | 21214 | 21742 | 510061 |
| 淮南市 | Huainan | 67 | 1428551 | 1123611 | 297933 | 7007 | 941891 |
| 滁州市 | Chuzhou | 124 | 948447 | 808104 | 61106 | 79237 | 701777 |
| 六安市 | Luan | 130 | 1141137 | 1031007 | 56920 | 53210 | 936261 |
| 马鞍山市 | Maanshan | 137 | 1605957 | 1377655 | 198163 | 30139 | 1168908 |
| 巢湖市 | Chaohu | 119 | 767791 | 647204 | 98478 | 22109 | 582069 |
| 芜湖市 | Wuhu | 164 | 2508604 | 2272977 | 171803 | 63824 | 1207198 |
| 宣城市 | Xuancheng | 117 | 619287 | 547247 | 45520 | 26519 | 471223 |
| 铜陵市 | Tongling | 84 | 603519 | 516699 | 54281 | 32539 | 448644 |
| 池州市 | Chizhou | 84 | 465263 | 415466 | 41661 | 8136 | 324776 |
| 安庆市 | Anqing | 237 | 1112787 | 1030405 | 43532 | 38850 | 839902 |
| 黄山市 | Huangshan | 76 | 412583 | 346999 | 29492 | 36092 | 266133 |

| 地 区 | Region | 房屋建筑施工面积（万平方米）Floor Space of Building Under Construction (10000 sq.m) | 房屋建筑竣工面积（万平方米）Floor Space of Building Completed (10000 sq.m) | 自有施工机械设备 Machinery and Equipment Owned 净值（万元）Net Value (10000 yuan) | 总台数（台）Number (unit) | 总功率（万千瓦）Total Power (10000 kw) | 期末从业人数（万人）Staff and Workers (annual average) (10000 persons) |
|---|---|---|---|---|---|---|---|
| **总 计** | **Total** | **23295.69** | **10512.36** | **1466999** | **415557** | **663.58** | **157.97** |
| 合肥市 | Hefei | 9008.11 | 3290.23 | 659840 | 120052 | 228.53 | 58.90 |
| 淮北市 | Huaibei | 234.09 | 145.21 | 30208 | 10474 | 18.02 | 3.52 |
| 亳州市 | Bozhou | 185.43 | 142.14 | 9937 | 18065 | 9.57 | 1.50 |
| 宿州市 | Suzhou | 536.95 | 336.56 | 52530 | 15476 | 28.93 | 7.39 |
| 蚌埠市 | Bengbu | 852.67 | 432.79 | 32019 | 7423 | 16.56 | 6.54 |
| 阜阳市 | Fuyang | 848.41 | 368.68 | 49617 | 22448 | 48.75 | 5.07 |
| 淮南市 | Huainan | 1751.96 | 328.54 | 56506 | 14561 | 22.46 | 5.84 |
| 滁州市 | Chuzhou | 902.51 | 640.06 | 32702 | 10513 | 32.45 | 6.43 |
| 六安市 | Luan | 1329.43 | 842.74 | 75745 | 29152 | 51.29 | 10.17 |
| 马鞍山市 | Maanshan | 1024.57 | 559.60 | 73511 | 21283 | 40.89 | 7.85 |
| 巢湖市 | Chaohu | 783.87 | 426.43 | 72258 | 20574 | 26.02 | 7.04 |
| 芜湖市 | Wuhu | 1829.46 | 858.18 | 93551 | 29291 | 28.62 | 10.23 |
| 宣城市 | Xuancheng | 752.98 | 367.85 | 49600 | 24253 | 18.70 | 4.19 |
| 铜陵市 | Tongling | 579.74 | 244.59 | 23355 | 9708 | 23.09 | 4.30 |
| 池州市 | Chizhou | 422.69 | 273.02 | 19212 | 6035 | 8.54 | 3.18 |
| 安庆市 | Anqing | 1630.45 | 960.93 | 113242 | 46957 | 51.13 | 11.75 |
| 黄山市 | Huangshan | 622.39 | 294.82 | 23167 | 9292 | 10.03 | 4.06 |

## 14—15 各市国有经济建筑业企业生产情况（2010年）
Production of State-owned Construction Enterprises by Region (2010)

| 地 区 | Region | 企业单位个数（个）Number of Enterprises (unit) | 总产值（万元）Total Output Value (10000 yuan) | 建筑工程 Construction | 安装工程 Installation | 其它产值 Other Output Value | 竣工产值（万元）Outpu Value of Buildings Completed (10000 yuan) |
|---|---|---|---|---|---|---|---|
| **总 计** | **Total** | **168** | **8940053** | **8187459** | **545846** | **206749** | **3916076** |
| 合肥市 | Hefei | 46 | 6032193 | 5500066 | 364443 | 167684 | 2358334 |
| 淮北市 | Huaibei | 6 | 36515 | 35549 | 926 | 40 | 26212 |
| 亳州市 | Bozhou | 6 | 18138 | 17506 | 267 | 365 | 17426 |
| 宿州市 | Suzhou | 9 | 223715 | 155032 | 57882 | 10802 | 148511 |
| 蚌埠市 | Bengbu | 11 | 36125 | 35456 | | 669 | 27770 |
| 阜阳市 | Fuyang | 11 | 113979 | 110160 | 3799 | 20 | 84140 |
| 淮南市 | Huainan | 9 | 926708 | 845388 | 81321 | | 493737 |
| 滁州市 | Chuzhou | 12 | 157872 | 140419 | 2136 | 15317 | 104920 |
| 六安市 | Luan | 7 | 40865 | 36216 | 3422 | 1227 | 36333 |
| 马鞍山市 | Maanshan | 9 | 155904 | 151515 | 2695 | 1694 | 222555 |
| 巢湖市 | Chaohu | 8 | 68320 | 65227 | 3026 | 67 | 60493 |
| 芜湖市 | Wuhu | 10 | 943228 | 917039 | 25883 | 306 | 201903 |
| 宣城市 | Xuancheng | 1 | | | | | |
| 铜陵市 | Tongling | 2 | 3276 | 3237 | | 39 | 2843 |
| 池州市 | Chizhou | 3 | 19161 | 19161 | | | 9525 |
| 安庆市 | Anqing | 13 | 145028 | 144943 | 47 | 38 | 113357 |
| 黄山市 | Huangshan | 5 | 19028 | 10547 | | 8481 | 8019 |

| 地 区 | Region | 房屋建筑施工面积（万平方米）Floor Space of Building Under Construction (10000 sq.m) | 本年新开工面积 Newly Started Projects in this Year | 自有施工机械设备 Machinery and Equipment Owned: 净值（万元）Net Value (10000 yuan) | 总台数（台）Number (unit) | 总功率（万千瓦）Total Power (10000 kw) | 期末从业人数（万人）Staff and Workers (annual average) (10000 persons) |
|---|---|---|---|---|---|---|---|
| **总 计** | **Total** | **4552.33** | **2234.70** | **336767** | **57483** | **166.01** | **31.79** |
| 合肥市 | Hefei | 2503.52 | 1276.35 | 206104 | 57484 | 103.49 | 19.57 |
| 淮北市 | Huaibei | 22.15 | 15.84 | 3453 | 57485 | 4.22 | 0.39 |
| 亳州市 | Bozhou | 1.09 | 0.86 | 1077 | 57486 | 1.66 | 0.11 |
| 宿州市 | Suzhou | 136.83 | 109.08 | 10410 | 57487 | 6.45 | 1.79 |
| 蚌埠市 | Bengbu | 3.14 | 3.14 | 1684 | 57488 | 1.10 | 0.35 |
| 阜阳市 | Fuyang | 13.14 | 0.99 | 14106 | 57489 | 13.80 | 0.49 |
| 淮南市 | Huainan | 1511.35 | 677.82 | 14700 | 57490 | 4.90 | 3.24 |
| 滁州市 | Chuzhou | 51.27 | 27.70 | 4259 | 57491 | 1.42 | 0.88 |
| 六安市 | Luan | 5.82 | 4.39 | 9015 | 57492 | 6.91 | 0.39 |
| 马鞍山市 | Maanshan | 66.83 | 8.81 | 6073 | 57493 | 4.76 | 0.54 |
| 巢湖市 | Chaohu | 0.11 | 0.11 | 8143 | 57494 | 4.97 | 0.28 |
| 芜湖市 | Wuhu | 1.56 | | 39863 | 57495 | 6.02 | 1.88 |
| 宣城市 | Xuancheng | | | 30 | 57496 | 0.01 | |
| 铜陵市 | Tongling | 5.68 | 2.47 | 60 | 57497 | 0.08 | 0.06 |
| 池州市 | Chizhou | | | 165 | 57498 | 0.37 | 0.06 |
| 安庆市 | Anqing | 229.85 | 107.13 | 14184 | 57499 | 3.64 | 1.56 |
| 黄山市 | Huangshan | | | 3440 | 57500 | 2.20 | 0.21 |

# 14—16 各市建筑业企业主要财务指标（2010年）
## Main Financial Indicators on Construction Enterprises by Region (2010)

单位：万元 (10000 yuan)

| 地 区 | Region | 流动资产合计 Circulating Funds | 固定资产合计 Total Fixed Assets | 固定资产原价 Original Value of Fixed Asseds | 累计折旧 Depreciation Drawn Accumulated | #本年 This Year | 资产合计 Total Assets | 负债合计 Total Liabilities | 所有者权益 Creditors' Equity | #实收资本 Capital Hold | 工程结算收入 Main Business Income |
|---|---|---|---|---|---|---|---|---|---|---|---|
| **总 计** | **Total** | **16448517** | **3238593** | **4034386** | **1290053** | **260805** | **21172062** | **13784773** | **7385736** | **4617604** | **27171466** |
| 合肥市 | Hefei | 8407281 | 1289236 | 1636977 | 566658 | 147127 | 10582510 | 7486547 | 3095963 | 1653894 | 12798112 |
| 淮北市 | Huaibei | 198564 | 65662 | 83225 | 30258 | 4767 | 288832 | 151090 | 137742 | 81525 | 471049 |
| 亳州市 | Bozhou | 70617 | 29789 | 36461 | 7376 | 1201 | 109146 | 62017 | 47129 | 44687 | 163801 |
| 宿州市 | Suzhou | 261786 | 166605 | 185575 | 44044 | 6219 | 444982 | 178332 | 266649 | 180250 | 945860 |
| 蚌埠市 | Bengbu | 702284 | 158150 | 194788 | 55166 | 10427 | 935151 | 634946 | 300205 | 210867 | 1116829 |
| 阜阳市 | Fuyang | 482009 | 133748 | 123204 | 34125 | 5440 | 641224 | 413754 | 227470 | 174859 | 690550 |
| 淮南市 | Huainan | 931083 | 113393 | 156822 | 52357 | 11001 | 1079780 | 931017 | 148763 | 111934 | 1489367 |
| 滁州市 | Chuzhou | 392456 | 142058 | 155568 | 29986 | 4062 | 555899 | 239595 | 316304 | 260996 | 769714 |
| 六安市 | Luan | 420483 | 181244 | 219073 | 77311 | 9645 | 646564 | 282669 | 363895 | 214135 | 1069540 |
| 马鞍山市 | Maanshan | 1014947 | 130973 | 169287 | 63207 | 5720 | 1223294 | 847011 | 376284 | 228362 | 1618664 |
| 巢湖市 | Chaohu | 518920 | 130615 | 172934 | 53986 | 8932 | 680405 | 408581 | 271824 | 161214 | 730286 |
| 芜湖市 | Wuhu | 1272637 | 204406 | 259050 | 76730 | 16046 | 1555362 | 860209 | 693600 | 528550 | 2269091 |
| 宣城市 | Xuancheng | 394014 | 91323 | 113339 | 27856 | 5632 | 511908 | 292708 | 219199 | 165453 | 621336 |
| 铜陵市 | Tongling | 398973 | 62418 | 87144 | 30310 | 4540 | 497141 | 294310 | 202831 | 143294 | 587866 |
| 池州市 | Chizhou | 280552 | 44581 | 51365 | 15191 | 2506 | 343562 | 216607 | 126955 | 88042 | 399700 |
| 安庆市 | Anqing | 536000 | 228410 | 297967 | 93013 | 12659 | 814498 | 369172 | 445327 | 282605 | 1035240 |
| 黄山市 | Huangshan | 165911 | 65980 | 91606 | 32479 | 4881 | 261806 | 116210 | 145597 | 86937 | 394462 |

| 地 区 | Region | 工程结算成本 Main Business Cost | 工程结算税金及附加 Main Business and Extra Charges | 工程结算利润 Main Business Profit | 经营费用 Operating Expense | 管理费用 Management Expense | #税金 Tax | 财务费用 Financial Expenses | 营业利润 Operating Profit | 利润总额 Total Profit | 本年应付工资总额 Total Payable Wages this Year |
|---|---|---|---|---|---|---|---|---|---|---|---|
| **总 计** | **Total** | **23939818** | **1043879** | **2035722** | **174126** | **919821** | **73676** | **102405** | **1076196** | **983596** | **3934198** |
| 合肥市 | Hefei | 11259055 | 540660 | 935204 | 72783 | 429734 | 44348 | 31459 | 561174 | 498995 | 1995528 |
| 淮北市 | Huaibei | 404516 | 13547 | 48454 | 4932 | 30323 | 912 | 213 | 18008 | 17034 | 115474 |
| 亳州市 | Bozhou | 141381 | 6700 | 12057 | 3613 | 7129 | 462 | 744 | 4849 | 4362 | 24236 |
| 宿州市 | Suzhou | 786519 | 30299 | 123065 | 8608 | 45504 | 4764 | 8381 | 66382 | 38207 | 121814 |
| 蚌埠市 | Bengbu | 988920 | 48120 | 72935 | 6506 | 43897 | 1631 | 12271 | 17754 | 17923 | 90566 |
| 阜阳市 | Fuyang | 624085 | 24528 | 39394 | 3250 | 23719 | 1538 | 2721 | 13783 | 14122 | 82944 |
| 淮南市 | Huainan | 1354786 | 45140 | 87422 | 2018 | 42421 | 1156 | 2446 | 40958 | 40785 | 175568 |
| 滁州市 | Chuzhou | 656227 | 27211 | 84749 | 5705 | 28414 | 892 | 3374 | 54575 | 49051 | 109134 |
| 六安市 | Luan | 925999 | 38123 | 95323 | 11956 | 30645 | 1356 | 7529 | 56592 | 55338 | 214097 |
| 马鞍山市 | Maanshan | 1445678 | 51777 | 115510 | 4991 | 53514 | 5049 | 4517 | 49488 | 51081 | 175422 |
| 巢湖市 | Chaohu | 637309 | 25484 | 59892 | 7663 | 21943 | 1036 | 5491 | 32796 | 34010 | 139505 |
| 芜湖市 | Wuhu | 2044955 | 79362 | 139395 | 6690 | 55663 | 2632 | 7140 | 61035 | 61435 | 190219 |
| 宣城市 | Xuancheng | 555519 | 21361 | 38412 | 6831 | 20715 | 1019 | 2296 | 14512 | 16339 | 92023 |
| 铜陵市 | Tongling | 521701 | 19357 | 46076 | 1115 | 21410 | 1144 | 3131 | 19598 | 21307 | 97806 |
| 池州市 | Chizhou | 345289 | 16240 | 31154 | 7030 | 12305 | 669 | 1585 | 17654 | 17735 | 70419 |
| 安庆市 | Anqing | 895912 | 40801 | 83456 | 16191 | 38946 | 4541 | 7572 | 38235 | 37124 | 169121 |
| 黄山市 | Huangshan | 351969 | 15170 | 23225 | 4244 | 13538 | 528 | 1535 | 8803 | 8747 | 70323 |

## 14—17 各市国有经济建筑业企业主要财务指标（2010年）
Main Financial Indicators of State-owned Construction Enterprises by Region (2010)

单位：万元 (10000 yuan)

| 地 区 | Region | 流动资产合计 Circulating Funds | 固定资产合计 Total Fixed Assets | 固定资产原价 Original Value of Fixed Asseds | 累计折旧 Depreciation Drawn Accumulated | #本年 This Year | 资产合计 Total Assets | 负债合计 Total Liabilities | 所有者权益 Creditors' Equity | #实收资本 Capital Hold | 工程结算收入 Main Business Income |
|---|---|---|---|---|---|---|---|---|---|---|---|
| **总 计** | **Total** | **6144042** | **776720** | **1127747** | **413783** | **98762** | **7401818** | **5834245** | **1567574** | **1022922** | **8685708** |
| 合肥市 | Hefei | 4532437 | 478621 | 726433 | 269321 | 74944 | 5432243 | 4486134 | 946109 | 532157 | 5831858 |
| 淮北市 | Huaibei | 14690 | 9245 | 13428 | 4659 | 998 | 25142 | 11677 | 13465 | 9143 | 36397 |
| 亳州市 | Bozhou | 7345 | 3639 | 5381 | 2029 | 253 | 14026 | 7425 | 6600 | 5008 | 19325 |
| 宿州市 | Suzhou | 71362 | 23122 | 26322 | 9221 | 1542 | 97672 | 61707 | 35964 | 25439 | 273608 |
| 蚌埠市 | Bengbu | 22186 | 7487 | 11703 | 5972 | 581 | 31458 | 16108 | 15350 | 12287 | 29849 |
| 阜阳市 | Fuyang | 118987 | 20940 | 31370 | 12073 | 817 | 142623 | 108479 | 34144 | 21014 | 117893 |
| 淮南市 | Huainan | 496991 | 41131 | 62407 | 22444 | 7398 | 547153 | 502156 | 44996 | 22162 | 899436 |
| 滁州市 | Chuzhou | 79896 | 32983 | 37414 | 4963 | 101 | 114004 | 48005 | 65999 | 62507 | 141657 |
| 六安市 | Luan | 20072 | 11825 | 17167 | 6172 | 267 | 35200 | 13865 | 21335 | 14731 | 37464 |
| 马鞍山市 | Maanshan | 90498 | 18981 | 21441 | 11139 | 590 | 114951 | 87170 | 27781 | 24585 | 148853 |
| 巢湖市 | Chaohu | 60553 | 10188 | 18774 | 9304 | 1019 | 71326 | 50765 | 20561 | 6569 | 58130 |
| 芜湖市 | Wuhu | 512421 | 64815 | 86229 | 33319 | 7695 | 598296 | 339825 | 258472 | 244517 | 923996 |
| 宣城市 | Xuancheng | 22 | 32 | 80 | 48 | 1 | 54 | 8 | 46 | 40 | 5 |
| 铜陵市 | Tongling | 2587 | 120 | 238 | 118 | 12 | 2707 | 1705 | 1002 | 1002 | 3276 |
| 池州市 | Chizhou | 34585 | 3195 | 5144 | 1948 | 169 | 37799 | 30558 | 7241 | 6556 | 17946 |
| 安庆市 | Anqing | 58853 | 26359 | 30882 | 8489 | 1009 | 92352 | 54257 | 38095 | 28229 | 131811 |
| 黄山市 | Huangshan | 20559 | 24039 | 33335 | 12566 | 1365 | 44815 | 14402 | 30413 | 6975 | 14207 |

| 地 区 | Region | 工程结算成本 Main Business Cost | 工程结算税金及附加 Main Business and Extra Charges | 工程结算利润 Main Business Profit | 经营费用 Operating Expense | 管理费用 Management Expense | #税金 Tax | 财务费用 Financial Expenses | 营业利润 Operating Profit | 利润总额 Total Profit | 本年应付工资总额 Total Payable Wages this Year |
|---|---|---|---|---|---|---|---|---|---|---|---|
| **总 计** | **Total** | **7818682** | **346359** | **506911** | **15621** | **286418** | **17833** | **4963** | **265298** | **246938** | **1008563** |
| 合肥市 | Hefei | 5229650 | 254079 | 338390 | 9764 | 208893 | 14421 | -3520 | 184844 | 173816 | 761858 |
| 淮北市 | Huaibei | 31428 | 1909 | 2971 | 89 | 1741 | 58 | 18 | 1215 | 1220 | 4902 |
| 亳州市 | Bozhou | 16510 | 1099 | 1233 | 123 | 673 | 10 | 186 | 393 | 372 | 2558 |
| 宿州市 | Suzhou | 238568 | 8786 | 25536 | 2238 | 7905 | 1195 | 4550 | 13188 | 7306 | 20386 |
| 蚌埠市 | Bengbu | 26269 | 1890 | 1542 | 147 | 1293 | 47 | 29 | 221 | 221 | 2453 |
| 阜阳市 | Fuyang | 106524 | 4877 | 6577 | 567 | 3714 | 174 | 437 | 2452 | 2434 | 16318 |
| 淮南市 | Huainan | 813844 | 27327 | 58263 | 1 | 26797 | 540 | 1099 | 28186 | 27645 | 113773 |
| 滁州市 | Chuzhou | 110637 | 3417 | 26952 | 606 | 5921 | 55 | 179 | 21998 | 21315 | 7426 |
| 六安市 | Luan | 32325 | 1191 | 3182 | 796 | 2032 | 75 | 86 | 859 | 815 | 7617 |
| 马鞍山市 | Maanshan | 140464 | 2693 | 5629 | 66 | 4145 | 385 | 70 | -410 | -171 | 11269 |
| 巢湖市 | Chaohu | 52211 | 2046 | 3767 | 156 | 1430 | 74 | 135 | 2818 | 2518 | 6214 |
| 芜湖市 | Wuhu | 869417 | 30318 | 24044 | 211 | 15452 | 414 | 920 | 7018 | 7175 | 26687 |
| 宣城市 | Xuancheng | 2 | 1 | 1 |  | 4 |  |  | -3 | -3 |  |
| 铜陵市 | Tongling | 2877 | 109 | 34 | 256 | 63 |  | 11 | -7 | -7 | 118 |
| 池州市 | Chizhou | 16226 | 599 | 902 | 219 | 367 | 33 | 41 | 551 | 551 | 2741 |
| 安庆市 | Anqing | 119502 | 5280 | 6901 | 129 | 4718 | 283 | 591 | 1965 | 1687 | 21591 |
| 黄山市 | Huangshan | 12228 | 739 | 986 | 253 | 1272 | 69 | 132 | 11 | 43 | 2653 |

# 主要统计指标解释

### 建筑业统计单位

指从事房屋、构筑物建造和设备安装活动的法人企业。建筑业法人企业应同时具备的条件是：①依法成立，有自己的名称、组织机构和场所，能够承担民事责任；②独立拥有和使用资产，承担负债，有权与其他单位签订合同；③独立核算盈亏，能够编制资产负债表。

### 建筑业总产值

是以货币表现的建筑业企业在一定时期内生产的建筑业产品和服务的总和。建筑业总产值包括：

⑴建筑工程产值：指列入建筑工程预算内的各种工程价值。

⑵设备安装工程产值：指设备安装工程价值，不包括被安装设备本身价值。

⑶房屋、构筑物修理产值：指房屋、构筑物修理所完成的价值，但不包括被修理房屋、构筑物本身的价值和生产设备的修理价值。

⑷非标准设备制造产值：指加工制造没有定型的、非标准的生产设备的加工费和原材料价值，以及附属加工厂为本企业承建工程制作的非标准设备的价值。

### 自有机械设备年末总台数

指归本企业所有，属于本企业固定资产的生产性机械设备年末总台数。包括施工机械、生产设备、运输设备以及其他设备。

### 自有机械设备年末总功率

指本企业自有施工机械、生产设备、运输设备以及其他设备等列为在册固定资产的生产性机械设备年末总功率，按设定能力或查定能力计算。包括机械本身的动力和为该机械服务的单独动力设备，如电动机等。计算单位用千瓦，动力换算可按 1 马力＝0.735 千瓦折合成千瓦数。电焊机、变压器、锅炉不计算动力。

### 工程结算收入

指企业承包工程实现的工程价款结算收入，以及向发包单位收取的除工程价款以外的按规定列作营业收入的各种款项，如临时设施费、劳动保险费、施工机械调迁费等以及向发包单位收取的各种索赔款。

### 工程结算利润

指已结算工程实现的利润，如亏损以“－”号表示。计算公式为：

工程结算利润＝工程结算收入－工程结算成本－工程结算税金及附加

# Explanatory Notes for Major Statistical Indicators

**Statistical Unit in Construction**

refers to corporate enterprise engaged in the construction of buildings and structures and in the installation of equipment. A corporate construction enterprise should meet the following 3 requirements: ① being set up in line with relevant legal basis, having its full name, organization and location, and capable of taking civil liabilities; ② independently possessing and using its assets and assuming its liabilities, and entitled to sign contracts with other institutions; and ③ making independent accounts of its profits and losses, and capable of compiling its own balance sheet.

**Gross Output Value of Construction**

refers to total of construction products and services, expressed in money terms, completed by construction enterprises during a given period of time. It includes:

a) Output value of construction projects, that is the value of projects covered by the project budgets;

b) Output value of installation projects, that is the value of the installation of equipment, (excluding the value of the equipment to be installed);

c) Output value of repair of buildings and structures, that is the value created through the repairs of buildings or structures, but does not include the value of buildings or structures being repaired and the value of the repair of production equipment;

d) Output value of manufactured non-standard equipment that is the value of non-standard production equipment (including raw materials and manufacturing cost) made for the construction project, and the equipment manufactured by subsidiary workshops.

**Total Number of Machinery and Equipment Owned by the End of Year**

refers to the number of machines and equipment owned by the enterprises, and listed as the fixed assets of the enterprises by the end of the year, including machinery and equipment for construction, production and transportation.

**Total Power of Machinery and Equipment Owned by the End of Year**

refers to the total power of machinery and equipment owned by the enterprises, and listed as the fixed assets of the enterprises by the end of the year, including machinery and equipment for construction, production and transportation. The power of the machinery is calculated on basis of the designed or verified capacity, covering the power of the machinery/equipment and the separate power equipment serving the machinery/equipment (such as electric motors), but excluding welders, transformers and boilers. The unit used for the calculation of power is kilowatt, with horsepower converted to kilowatt by 1 horsepower=0.735 kilowatt.

**Income from Settlement of Projects**

refers to the income received by the construction enterprise from the contracted project through settlement procedures, and other charges to the contracture as operational costs in addition to the value of the project, such as temporary facility fee, labour insurance premium, moving cost of construction equipment, as well as various types of claims to the contracture.

**Profit from Settlement of Projects**

refers to profit realized through settled projects. It is calculated with the following formula:

Profit from Settlement of Projects=Income from Settlement of Projects-Settled Cost-Settled Taxes and Other Cost

# 第 十五 篇

## Chapter 15

TRANSPORT, POST AND
TELECOMMUNICATION SERVICES

## 简要说明

一、交通运输业资料主要包括：铁路、公路、水路、民航四种运输方式的线路里程、运输设备拥有量，各种运输方式完成的货物运输量等。

邮电通信业资料主要包括：全省邮电局(所)及邮路情况，邮电通信主要电路及设备拥有量，主要邮电业务完成情况，邮电通信发展水平等资料。

二、有关交通运输资料分别来源于上海铁路局，省交通运输厅，民航安徽监管办，东航安徽分公司，省公安厅及本局有关年报资料。邮电通信业资料来源于省邮政公司、通信管理局。

三、各部门资料调查范围及统计单位。

1. 铁路资料：包括国家以及国有控股合资铁路运营情况，资料来源于国家铁道部反馈数据。

2. 公路、水运、港口资料：公路和水运线路里程为年末通车和通航里程数(不含在建和未正式投入使用的公路和航道)由省交通运输厅提供。民用和公路营运车辆拥有量分别由省公安厅、省交通运输厅和农机局提供。

3. 民航运输资料：民航运输统计对象为我省境内从事民用航空运输飞行和通用飞行的东方航空公司安徽分公司。

4. 邮电通信资料：邮电通信包括邮政和电信业务。邮电业务量按业务范围分为国内业务量和国际及港澳业务量(对台业务量统计在港澳中)。

## Brief Introduction

I. Data of transport cover mainly the length of the routes of railways, highways, waterways and civil aviation transport, the ownership of the transport equipment, the freight traffic and passenger traffic accomplished by various means of transportation.

Data of post and telecommunications cover mainly the situation of post and telecommunications offices and postal routes, the telephone lines, telegraph lines and the ownership of the telecommunication facilities, the principal postal and telecommunications services rendered, and the level of the development of the postal and telecommunications services, etc.

II. Data on transport come from Shanghai Railway Bureau, the Department of Transportation, Civil Aviation Administration of Anhui Province, China Eastern Anhui Branch, the Department of Public Security and related annual report of Anhui Statistical Bureau. Data on post and telecommunications come from the provincial administrative bureau of post and telecommunications.

III. The statistical coverage and statistical units of the various data:

1. Data on railways Include State-owned holding joint capital railway operation situation Data come from National Railway Department .

2. Data on highways, waterways and ports: The length of highways and waterways refer to the length open to traffic or navigation at the end of the year (not including the mileage of highways and waterways under construction but not officially put into use.) and Data are provided by the Department of Communication. Data on the stock of the highway civilian and transport business vehicles are provide by the Department of Public Security and Department of transportation and Agricultural Machinery Bureau .

3. Data on the civil aviation transport: The statistical units of the civil aviation transport include the enterprises registered in Anhui and engaged in the civil aviation transport flights and flights for general purpose, including the enterprises directly under the Civil Aviation Administration of Anhui Province or not under it.

4. Data on post and telecommunications: The post and telecommunications statistics cover postal and telecommunication services. The business volume of post and telecommunications is classified by business area into the domestic volume, the volume between China mainland and Hong Kong and Macao (including Taiwan) and the international volume.

# 15—1 交通运输业基本情况
Basic Conditions of Transportation

| 指　　标 | Item | 1995 | 2000 | 2005 | 2009 | 2010 |
|---|---|---|---|---|---|---|
| 运输线路长度　(公里) | Length of Transportation Routes (km) | | | | | |
| 铁路营业里程 | Railways in Operation | 1756 | 2164 | 2353 | 2850 | 2850 |
| 公　路 | Highways | 35178 | 44493 | 72807 | 149184 | 149382 |
| 内　河 | Navigable Inland Waterways | 5612 | 5611 | 5587 | 5282 | 5587 |
| 民　航 | Total Civil Aviation Routes | 34590 | 60553 | 72263 | 83942 | 76303 |
| #国际航线 | International Routes | | 6536 | 11616 | 6286 | 6575 |
| 客运量总计　(万人) | Total Passenger Traffic (10000 persons) | 57881 | 62033 | 72871 | 141494 | 159597 |
| 铁　路 | Railways | 2537 | 2994 | 3486 | 5131 | 5552 |
| 国　家 | National | 2537 | 2808 | 3307 | 5131 | 5552 |
| 地　方 | Local and Joint Venture Railways | | 186 | 179 | | |
| 公　路 | Highways | 54153 | 58026 | 68927 | 135984 | 153697 |
| 水　运 | Waterways | 1098 | 860 | 244 | 114 | 139 |
| 民　航 | Total Civil Aviation Routes | 93 | 153 | 214 | 265 | 208 |
| 旅客周转量总计（万人公里） | Total Passenger-kilometers (10000 passenger-km) | 3827628 | 5368953 | 8062657 | 13321648 | 15027550 |
| 铁　路 | Railways | 1498866 | 2040820 | 3008651 | 4112300 | 4680584 |
| 国　家 | National | 1498866 | 1945470 | 2908851 | 4112300 | 4680584 |
| 地　方 | Local and Joint Venture Railways | | 95350 | 99800 | | |
| 公　路 | Highways | 2205313 | 3141134 | 4812462 | 8911759 | 10101874 |
| 水　运 | Waterways | 49231 | 36408 | 3093 | 2204 | 2684 |
| 民　航 | Total Civil Aviation Routes | 74218 | 150591 | 238451 | 295385 | 242408 |
| 货运量总计　(万吨) | Total Freight Traffic (10000 tons) | 40462.0 | 44535.5 | 67128.0 | 196676.2 | 228106.1 |
| 铁　路 | Railways | 5103 | 6473 | 10386 | 11328 | 12091 |
| 国　家 | National | 5103 | 6026 | 8638 | 11328 | 12091 |
| 地　方 | Local and Joint Venture Railways | | 447 | 1748 | | |
| 公　路 | Highways | 30236 | 32740 | 49614 | 157991 | 183658 |
| 水　运 | Waterways | 5122 | 5320 | 7125 | 27355 | 32355 |
| 民　航 | Total Civil Aviation Routes | 1.0 | 1.5 | 3.0 | 2.6 | 2.2 |
| 货物周转量总计（万吨公里） | Total Freight Ton-kilometers (10000 tons-km) | 9067545 | 10777360 | 15664802 | 63220048 | 71536800 |
| 铁　路 | Railways | 5605254 | 6201382 | 8837574 | 9897574 | 10165481 |
| 国　家 | National | 5605254 | 6106612 | 8577452 | 9897574 | 10165481 |
| 地　方 | Local and Joint Venture Railways | | 94770 | 260122 | | |
| 公　路 | Highways | 1909684 | 2747117 | 4226699 | 42371867 | 50049069 |
| 水　运 | Waterways | 1551569 | 1826251 | 2596868 | 10947612 | 11319581 |
| 民　航 | Total Civil Aviation Routes | 1038 | 2610 | 3661 | 2995 | 2669 |
| 民用汽车拥有量　(辆) | Number of Civil Vehicles Owned (unit) | 244639 | 386706 | 804952 | 2023124 | 2432339 |
| 载客汽车辆数 | Number of Buses and Cars | 93088 | 187940 | 436372 | 1083802 | 1409937 |
| 载货汽车辆数 | Number of Trucks | 135548 | 192348 | 332139 | 566023 | 663361 |
| 私人汽车拥有量 | Number of Motor Vehicles Owned by Individuals | 57202 | 156577 | 354139 | 1315150 | 1661937 |
| 民用运输船舶拥有量　(艘) | Number of Civil Transport Vessels (unit) | | | 33372 | 27620 | 29186 |
| #机动船 | Motor Vessels | 30700 | 21692 | 30439 | 25446 | 27041 |
| 驳　船 | Barges | 4474 | 3946 | 2933 | 2174 | 2145 |
| 私人运输船舶拥有量（艘） | Number of Private-owned Transport Vessels (unit) | | | 10010 | 4552 | 4278 |
| 机动船 | Motor Vessels | 21410 | 12350 | 9989 | 4535 | 4262 |
| 驳　船 | Barges | 53 | 445 | 21 | 17 | 16 |

注：1．2009年铁路数据包含国家铁路及国有控股合资铁路，不含地方铁路。
a) In 2009, the railroad data contains the national railroad and the state-owned holding joint capital railroad, does not contain the local railway.

# 15—2 运输路线长度
## Length of Transportation Routes

单位：公里 (km)

| 指标 | Item | 1995 | 2000 | 2005 | 2009 | 2010 |
|---|---|---|---|---|---|---|
| **铁路** | **Railways** | | | | | |
| 营业里程（省境内） | Length of Railways in Operation (within the boundaries of the province) | 1756 | 2164 | 2353 | 2850 | 2850 |
| **公路** | **Highways** | | | | | |
| 公路里程 | Total Length of Highways | 35178 | 44493 | 72807 | 149184 | 149382 |
| 国道、省道 | National and Provincial Routes | 9897 | 10497 | 10997 | 12322 | 12412 |
| 县道 | County Routes | 12847 | 17494 | 24200 | 23960 | 23970 |
| 乡道 | Village and town Routes | 12176 | 16226 | 36606 | 36230 | 36226 |
| 专用公路 | Special Highways | 258 | 276 | 1004 | 1004 | 1004 |
| 高速公路 | Express-way | 123 | 470 | 1501 | 2810 | 2929 |
| 一级公路 | First Class | 197 | 264 | 338 | 475 | 499 |
| 二级公路 | Second Class | 4160 | 6347 | 9633 | 10312 | 10504 |
| 三级公路 | Third Class | 5277 | 9050 | 12537 | 15198 | 15306 |
| 四级公路 | Forth Class | 22345 | 26448 | 43074 | 110629 | 113106 |
| 等外公路 | Highway Below Class IV | 3076 | 1914 | 5724 | 9759 | 7042 |
| 在公路里程中： | Of the Total Length of Highways: | | | | | |
| 晴雨通车里程 | Length of Highways Opened to Traffic Despite Rain or Shine | 33403 | 43252 | 69975 | 145258 | 145514 |
| 绿化里程 | Length of Forestation Highways | 21924 | 29512 | 49843 | 59727 | 60448 |
| **水运** | **Waterways** | | | | | |
| 内河航道通航里程 | Length of Navigable Inland Waterways | 5612 | 5611 | 5587 | 5282 | 5587 |
| **民航** | **Total Civil Aviation Routes** | | | | | |
| 国际航线 | International Routes | | 6536 | 11616 | 6286 | 6575 |
| 国内航线 | Domestic Routes | 34590 | 54017 | 60647 | 77656 | 69728 |

## 15—3 运输线路质量
Quality of Transportation Routes

| 指标 | | Item | | 1995 | 2000 | 2005 | 2009 | 2010 |
|---|---|---|---|---|---|---|---|---|
| **铁路营业里程** | **（公里）** | **Length of Railways in Operation** | **(km)** | **1756** | **2164** | **2353** | **2850** | **2850** |
| #复线里程 | （公里） | Double-Tracking Length | (km) | 823 | 947 | 1080 | 1523 | 1523 |
| 复线里程比重 | （%） | Proportion | (%) | 46.9 | 43.8 | 45.9 | 53.4 | 53.4 |
| **公路线路里程** | **（公里）** | **Length of Highways** | **(km)** | **35178** | **44493** | **72807** | **149184** | **149382** |
| #等级公路里程 | （公里） | Expressway and Class I to IV Highways | (km) | 32102 | 42579 | 67083 | 139424 | 142340 |
| 等级公路里程比重 | （%） | Proportion | (%) | 91.3 | 95.7 | 92.1 | 93.5 | 95.3 |
| **内河航道里程** | **（公里）** | **length of Navigable Inland Waterways** | **(km)** | | | | **6507** | **6507** |
| #等级航道里程 | （公里） | Standard Waterways | (km) | | | | 5226 | 5226 |
| 等级航道里程比重 | （%） | Proportion | (%) | | | | 80.3 | 80.3 |

## 15—4 内河港口码头吞吐量
Volume of Passenger and Freight Handled in Ports of Inland Rivers

| 年份<br>Year | 旅客吞吐量<br>（万人）<br>Passenger Handled<br>(10000 persons) | #旅客离港量<br>Out-port | 货物吞吐量<br>（万吨）<br>Cargo Handled<br>(10000 tons) | #集装箱（万标准箱）<br>Container<br>(10000 standard cases) |
|---|---|---|---|---|
| 1995 | 559.90 | 284.10 | 4764.90 | |
| 2000 | 164.00 | 77.00 | 7114.00 | 2.40 |
| 2002 | 173.66 | 100.81 | 8611.71 | 5.53 |
| 2003 | 207.60 | 138.22 | 11284.49 | 7.47 |
| 2004 | 223.97 | 148.08 | 16380.65 | 9.14 |
| 2005 | 182.49 | 137.49 | 17156.70 | 11.26 |
| 2006 | 166.20 | 116.20 | 19995.80 | 16.17 |
| 2007 | 191.35 | 161.35 | 24700.60 | 21.79 |
| 2008 | 203.00 | 118.28 | 27267.01 | 23.91 |
| 2009 | 96.11 | 54.61 | 26449.00 | 19.91 |
| 2010 | 69.18 | 57.00 | 32502.00 | 22.20 |

## 15—5 主要港口分货类吞吐量
Volume of Throughput in Major Ports by Type of Freight

单位：万吨 (10000 tons)

| 货类 | Type of Goods | 2005 | 2009 | 2010 |
|---|---|---|---|---|
| **吞吐量合计** | **Total Throughput** | **1850.47** | **1139.03** | **1049.70** |
| 煤炭及制品 | Coal and Products | 962.91 | 635.38 | 571.73 |
| 金属矿石 | Metal Ores | 282.10 | 202.85 | 185.02 |
| 钢　铁 | Steel and Iron | 35.41 | 67.94 | 99.79 |
| 矿建材料 | Mineral Building | 243.00 | 24.63 | 24.97 |
| 水　泥 | Cement | 154.41 | 32.87 | 8.70 |
| 木　材 | Timber | 21.33 | | |
| 非金属矿石 | Nonmetal Ores | 63.21 | 20.99 | 5.14 |
| 化肥及农药 | Chemical Fertilizers and Pesticides | 4.60 | 0.17 | |
| 盐 | Salt | 2.35 | 0.20 | |
| 粮　食 | Grain | 1.13 | | |
| 机械、设备、电器 | Machinery , Equipment, Electric Apparatus | 3.23 | 0.19 | 0.13 |
| 化工原料及制品 | Industrial Chemicals and Products | 3.40 | 10.02 | 10.33 |
| 有色金属 | Nonferrous Metals | | | |
| 轻工、医药产品 | Light industry, Medical Products | 0.83 | 0.14 | |
| 农林牧渔业产品 | Agriculture, Forestry, Animal Husbandry and Fishery Products | 1.95 | 0.65 | 0.08 |
| 其　他 | Other | 70.61 | 143.00 | 143.81 |

注：资料来源芜湖港口有限责任公司。
a) Data from Wuhu port Co.,Ltd.

## 15—6 全社会水路分货类运输量
Freight Traffic of Waterway

| 货类 | Type of Goods | 货运量（万吨） Freight Traffic (10000 tons) | | 货物周转量（万吨公里） Frright Ton-kilometers (10000 tons-km) | |
|---|---|---|---|---|---|
| | | 2009 | 2010 | 2009 | 2010 |
| **合　计** | **Total** | **27355** | **32355** | **10947612** | **11319581** |
| 煤炭及制品 | Coal and Products | 2643 | 3274 | 938958 | 1327774 |
| 石油天然气及制品 | Petroleum Gas and Products | 306 | 600 | 171268 | 299241 |
| 金属矿石 | Metal Ores | 1133 | 2086 | 533438 | 451184 |
| 钢　铁 | Steel and Iron | 926 | 910 | 382224 | 442203 |
| 矿建材料 | Mineral Building | 15132 | 16553 | 5790810 | 5169892 |
| 水　泥 | Cement | 3775 | 3692 | 1704265 | 1775684 |
| 木　材 | Timber | 53 | 37 | 37080 | 11413 |
| 非金属矿石 | Nonmetal Ores | 876 | 1983 | 454243 | 797780 |
| #磷　矿 | Phosphorus Ores | | | | |
| 化肥及农药 | Chemical Fertilizers and Pesticides | 152 | 128 | 47119 | 36891 |
| 盐 | Salt | 9 | 12 | 5684 | 5315 |
| 粮　食 | Grain | 594 | 590 | 203566 | 233290 |
| 机械、设备、电器 | Machinery, Equipment, Electric Apparatus | | 199 | | 77056 |
| 化工原料及制品 | Industrial Chemicals and Products | 643 | 642 | 249247 | 174356 |
| 有色金属 | Nonferrous Metals | 17 | 17 | 5123 | 5500 |
| 轻工、医药产品 | Light Industry, Medical Products | 33 | 11 | 10174 | 1503 |
| 农林牧渔业产品 | Agriculture, Forestry, Animal Husbandry and Fishery Products | 9 | 77 | 2802 | 14682 |
| 其　他 | Other | 1054 | 1544 | 411611 | 495817 |

## 15—7 全社会公路分货类运输量
Freight Traffic of Highway

| 货 类 | Type of Goods | 货运量（万吨）Freight Traffic (10000 tons) | | 货物周转量（万吨公里）Frright Ton-kilometers (10000 tons-km) | |
|---|---|---|---|---|---|
| | | 2009 | 2010 | 2009 | 2010 |
| **合 计** | **Total** | **157991** | **183658** | **42371867** | **50049069** |
| 煤炭及制品 | Coal and Products | 19476 | 23927 | 6260141 | 6969190 |
| 石油天然气及制品 | Petroleum Gas and Products | 4379 | 5937 | 1165276 | 1716138 |
| #原 油 | Crude Oil | 135 | 141 | 59535 | 45261 |
| 金属矿石 | Metal Ores | 6985 | 8898 | 1305689 | 1786791 |
| 钢 铁 | Steel and Iron | 15826 | 11990 | 5882156 | 3541392 |
| 矿建材料 | Mineral Building | 21590 | 27221 | 3983915 | 5987860 |
| 水 泥 | Cement | 12112 | 14794 | 2767880 | 3752303 |
| 木 材 | Timber | 3915 | 4101 | 1182777 | 1270703 |
| 非金属矿石 | Nonmetal Ores | 5935 | 6250 | 1223932 | 1229445 |
| #磷 矿 | Phosphorus Ores | 644 | 421 | 116302 | 79742 |
| 化肥及农药 | Chemical Fertilizers and Pesticides | 5283 | 6700 | 1396732 | 1903829 |
| 盐 | Salt | 1485 | 2391 | 509814 | 401187 |
| 粮 食 | Grain | 12361 | 13519 | 3212744 | 3901984 |
| 机械、设备、电器 | Machinery, Equipment, Electric Apparatus | 8905 | 9759 | 2271930 | 2788854 |
| 化工原料及制品 | Industrial Chemicals and Products | 7321 | 8065 | 2077991 | 2231910 |
| 有色金属 | Nonferrous Metals | 1433 | 1185 | 348150 | 256728 |
| 轻工、医药产品 | Light Industry, Medical Products | 6475 | 7374 | 2158074 | 2462263 |
| #日用工业品 | Industrial Commodity | 1742 | 1753 | 789617 | 536280 |
| 农林牧渔业产品 | Agriculture, Forestry, Animal Husbandry and Fishery Products | 5695 | 6440 | 1540664 | 1797887 |
| #棉 花 | Cotton | 601 | 518 | 293339 | 206912 |
| 其 他 | Other | 18815 | 25107 | 5084002 | 8050605 |

## 15—8 各市公路客货运输量（2010年）
Volum of Highway Transportation By Region (2010)

| 地 区 | Region | 客运量（万人）Passenger Traffic (10000 persons) | 旅客周转量（万人公里）Passenger-kilometers (10000 passenger-km) | 货运量（万吨）Freight Traffic (10000 tons) | 货物周转量（万吨公里）Freight Ton-kilometers (10000 tons-km) |
|---|---|---|---|---|---|
| **总 计** | **Total** | **153697** | **10101874** | **183658** | **50049069** |
| 合肥市 | Hefei | 18006 | 1212562 | 17401 | 4710815 |
| 淮北市 | Huaibei | 5935 | 193958 | 4700 | 829053 |
| 亳州市 | Bozhou | 5448 | 418454 | 10448 | 4865655 |
| 宿州市 | Suzhou | 5990 | 339704 | 15411 | 4251661 |
| 蚌埠市 | Bengbu | 11781 | 471079 | 11058 | 3551482 |
| 阜阳市 | Fuyang | 19289 | 1444743 | 21130 | 8116106 |
| 淮南市 | Huainan | 5192 | 464136 | 4891 | 1128100 |
| 滁州市 | Chuzhou | 7872 | 538917 | 9255 | 2567505 |
| 六安市 | Luan | 21344 | 1222526 | 20444 | 8077838 |
| 马鞍山市 | Maanshan | 2120 | 151163 | 9458 | 1411706 |
| 巢湖市 | Chaohu | 10778 | 1685641 | 6244 | 762559 |
| 芜湖市 | Wuhu | 9322 | 429617 | 9035 | 1595852 |
| 宣城市 | Xuancheng | 9509 | 345994 | 7985 | 1277256 |
| 铜陵市 | Tongling | 7862 | 194589 | 7332 | 471483 |
| 池州市 | Chizhou | 4782 | 270650 | 5394 | 744180 |
| 安庆市 | Anqing | 6411 | 498117 | 18259 | 3760401 |
| 黄山市 | Huangshan | 2056 | 220024 | 5213 | 1927417 |

## 15—9 主要年份公路线路年底到达数（按技术等级分）
Length of Highway Routes at the Year-end (classified by technical level)

| 年 份<br>Year | 公路里程总计<br>Total Length of Highways | 等级路<br>Express-way and Class I to IV Hughway | 高 速<br>Express-way | 一 级<br>First Class | 二 级<br>Second Class | 三、四级公路<br>Third and Forth Class | 等外公路<br>Highway Below Class IV |
|---|---|---|---|---|---|---|---|
| 1990 | 30126 | 25872 | | 28 | 2167 | 23677 | 4254 |
| 1995 | 35178 | 32102 | 123 | 197 | 4160 | 27622 | 3076 |
| 2000 | 44493 | 42579 | 470 | 264 | 6347 | 35498 | 1914 |
| 2004 | 71783 | 65800 | 1294 | 319 | 9143 | 55044 | 5983 |
| 2005 | 72807 | 67083 | 1501 | 338 | 9633 | 55611 | 5724 |
| 2006 | 147611 | 122584 | 1747 | 347 | 9162 | 111328 | 25027 |
| 2007 | 148372 | 128241 | 2206 | 362 | 9824 | 115849 | 20130 |
| 2008 | 148827 | 134669 | 2506 | 385 | 10077 | 121700 | 14158 |
| 2009 | 149184 | 139424 | 2810 | 475 | 10312 | 125827 | 9759 |
| 2010 | 149382 | 142340 | 2929 | 499 | 10504 | 128412 | 7042 |

## 15—10 公路线路年底到达数（按技术等级分）（2010年）
Length of Highway Routes at the Year-end (classified by technical level) (2010)

单位：公里 (km)

| 项 目 | Item | 公路里程总计<br>Total Length of Highways | 等级公路 Expressway and Class I to IV Highway<br>合 计<br>Total | 高 速<br>Express-way | 一 级<br>First Class | 二 级<br>Second Class | 三 级<br>Third Class | 四 级<br>Forth Class | 等外公路<br>Highway Below Class IV |
|---|---|---|---|---|---|---|---|---|---|
| 上年年底到达数 | End of Last Year | 149184 | 139424 | 2810 | 475 | 10312 | 15198 | 110629 | 9759 |
| 国 道 | National Routes | 5009 | 5009 | 2576 | 273 | 1880 | 143 | 137 | |
| 省 道 | Provincial Routes | 7313 | 7306 | 234 | 183 | 6044 | 551 | 295 | 7 |
| 县 道 | County Routes | 23960 | 23955 | | 19 | 2243 | 13250 | 8443 | 5 |
| 乡 道 | Village and town Routes | 36230 | 34264 | | | 95 | 739 | 33430 | 1966 |
| 专用公路 | Highways for Special Use | 1004 | 992 | | | 24 | 83 | 885 | 12 |
| 村 道 | Village Routes | 75667 | 67898 | | | 26 | 432 | 67440 | 7769 |
| 本年新建数 | Newly Built in This Year | 174 | 174 | 119 | | | 5 | 50 | |
| 国 道 | National Routes | 21 | 21 | 21 | | | | | |
| 省 道 | Provincial Routes | 98 | 98 | 98 | | | | | |
| 县 道 | County Routes | 5 | 5 | | | | 5 | | |
| 乡 道 | Village and town Routes | | | | | | | | |
| 专用公路 | Highways for Special Use | | | | | | | | |
| 村 道 | Village Routes | 50 | 50 | | | | | 50 | |
| 本年改建变更数 | Changed in This Year | 25 | 2742 | | 24 | 192 | 102 | 2427 | -2718 |
| 国 道 | National Routes | 6 | 6 | | 6 | 26 | -8 | -15 | |
| 省 道 | Provincial Routes | -36 | -29 | | 8 | -3 | -34 | 1 | -7 |
| 县 道 | County Routes | 6 | 6 | | 10 | 153 | 135 | -292 | |
| 乡 道 | Village and town Routes | -5 | 530 | | | 10 | 9 | 511 | -535 |
| 专用公路 | Highways for Special Use | | 2 | | | | | 2 | -2 |
| 村 道 | Village Routes | 53 | 2227 | | | 6 | | 2221 | -2174 |
| 本年年底到达数 | End of This Year | 149832 | 142340 | 2929 | 499 | 10504 | 15306 | 113106 | 7042 |
| 国 道 | National Routes | 5037 | 5037 | 2594 | 279 | 1906 | 136 | 122 | |
| 省 道 | Provincial Routes | 7375 | 7375 | 332 | 191 | 6040 | 516 | 296 | |
| 县 道 | County Routes | 23970 | 23966 | | 28 | 2396 | 13390 | 8151 | 5 |
| 乡 道 | Village and town Routes | 36226 | 34795 | | | 105 | 749 | 33940 | 1431 |
| 专用公路 | Highways for Special Use | 1004 | 993 | | | 24 | 83 | 887 | 11 |
| 村 道 | Village Routes | 75771 | 70175 | | | 33 | 432 | 69711 | 5595 |

## 15—11 各市公路线路年底到达数（按技术等级分）（2010年）
Length of Highway Routes at the Year-end by Region (classified by technical level) (2010)

单位：公里 (km)

| 地区 | Region | 公路里程 总计 Total Length of Highways | 等级公路 Expressway and Class I to IV Highway 合计 Total | 高速 Express-way | 一级 First Class | 二级 Second Class | 三级 Third Class | 四级 Forth Class | 等外公路 Highway Below Class IV |
|---|---|---|---|---|---|---|---|---|---|
| **总计** | **Total** | **149382** | **142340** | **2929** | **499** | **10504** | **15306** | **113106** | **7042** |
| 合肥市 | Hefei | 8512 | 8498 | 305 | 101 | 533 | 1093 | 6465 | 14 |
| 淮北市 | Huaibei | 3560 | 3560 | 37 | 36 | 212 | 486 | 2789 | |
| 亳州市 | Bozhou | 10803 | 10125 | 176 | 10 | 613 | 1478 | 7848 | 678 |
| 宿州市 | Suzhou | 12612 | 11916 | 213 | | 1021 | 1250 | 9432 | 696 |
| 蚌埠市 | Bengbu | 6493 | 5942 | 152 | 10 | 504 | 592 | 4684 | 552 |
| 阜阳市 | Fuyang | 11382 | 10938 | 188 | 31 | 815 | 1078 | 8826 | 444 |
| 淮南市 | Huainan | 4180 | 4016 | 46 | 15 | 279 | 467 | 3208 | 164 |
| 滁州市 | Chuzhou | 14538 | 14538 | 269 | 91 | 859 | 1444 | 11875 | |
| 六安市 | Luan | 16200 | 15279 | 278 | 70 | 1123 | 1968 | 11841 | 921 |
| 马鞍山市 | Maanshan | 2223 | 2181 | 41 | | 173 | 153 | 1812 | 43 |
| 巢湖市 | Chaohu | 13266 | 11360 | 168 | 1 | 801 | 1491 | 8899 | 1906 |
| 芜湖市 | Wuhu | 4809 | 4400 | 113 | 69 | 413 | 729 | 3076 | 409 |
| 宣城市 | Xuancheng | 11956 | 11766 | 102 | 21 | 887 | 930 | 9826 | 190 |
| 铜陵市 | Tongling | 1555 | 1529 | 65 | | 239 | 112 | 1113 | 26 |
| 池州市 | Chizhou | 6828 | 6087 | 215 | 44 | 669 | 274 | 4885 | 741 |
| 安庆市 | Anqing | 14956 | 14729 | 319 | | 943 | 962 | 12505 | 227 |
| 黄山市 | Huangshan | 5509 | 5480 | 239 | | 421 | 798 | 4022 | 29 |

## 15—12 公路密度及通达情况
Density and Reaching Status of Highways

| 指标 | Item | 1995 | 2000 | 2005 | 2009 | 2010 |
|---|---|---|---|---|---|---|
| **公路密度** | **Density of Highway** | | | | | |
| 以国土面积计算（公里/百平方公里） | By Area of Territory (km/100 sq.m) | 25.24 | 31.87 | 52.23 | 107.02 | 107.16 |
| 以人口数量计算（公里/万人） | By Population (km/10000 persons) | 5.86 | 7.17 | 11.27 | 22.13 | 21.98 |
| **公路通达** | **Reaching Status of Highways** | | | | | |
| 乡镇数量（个） | Number of Townships (unit) | 1854 | 1923 | 1547 | 1380 | 1382 |
| #不通公路 | Without Highway Communication | 8 | 3 | 1 | | |
| 不通公路乡镇所占比重（%） | Proportion of Townships Without Highway Communication (%) | 0.43 | 0.20 | 0.06 | | |
| 行政村数量（个） | Number of Villages (unit) | 30523 | 29820 | 25553 | 17271 | 17274 |
| #不通公路 | Without Highway Communication | 5000 | 4303 | 187 | 15 | 5 |
| 不通公路行政村所占比重（%） | Proportion of Villages Without Highway Communication (%) | 16.38 | 14.40 | 0.73 | 0.09 | 0.03 |

## 15—13 主要年份民用车辆拥有量
Possession of Civil Vehicles

单位：万辆 (10000 units)

| 指 标 | Item | 1995 | 2000 | 2005 | 2009 | 2010 |
|---|---|---|---|---|---|---|
| **总 计** | **Total** | | | **575.48** | **818.00** | **909.66** |
| 载客汽车 | Passenger Vehicles | 9.31 | 18.79 | 43.64 | 108.38 | 140.99 |
| 大 型 | Large | | | 2.87 | 3.63 | 3.82 |
| 中 型 | Medium | | | 4.10 | 4.98 | 4.94 |
| 小 型 | Small | | | 29.62 | 92.61 | 124.91 |
| 微 型 | Minicar | | | 7.05 | 92.61 | 7.31 |
| 载货汽车 | Trucks | 13.55 | 19.23 | 33.21 | 56.60 | 66.34 |
| 重 型 | Heavy | | | 5.09 | 15.92 | 20.24 |
| 中 型 | Medium | | | 12.86 | 13.15 | 12.41 |
| 轻 型 | Light | | | 13.74 | 26.78 | 33.12 |
| 微 型 | Mini | | | 1.52 | 0.76 | 0.56 |
| 其他汽车 | Others | | | 29.00 | 37.33 | 35.90 |
| 摩托车 | Motorcycles | 16.53 | 86.81 | 246.50 | 364.30 | 409.38 |
| 拖拉机 | Tractors | 89.08 | 168.74 | 218.46 | 243.74 | 248.58 |
| #大中型 | Large and Medium Size | 0.96 | 2.96 | 10.48 | 10.50 | 12.47 |
| 挂 车 | Trailers | 1.41 | 2.08 | 4.65 | 7.62 | 8.45 |
| 其他类型车 | Other Types of Vehicle | 0.77 | 1.64 | 0.02 | 0.02 | 0.02 |
| 机动车驾驶员 (万人) | Number of Motor Drivers (10000 persons) | | 147.69 | 439.73 | 610.40 | 692.42 |
| #汽车驾驶 | Automobile Drivers | | 94.14 | 258.40 | 411.17 | 475.65 |

## 15—14 主要年份私人车辆拥有量
Possession of Private Vehicles

单位：辆 (unit)

| 指 标 | Item | 2000 | 2005 | 2009 | 2010 |
|---|---|---|---|---|---|
| **总 计** | **Total** | **156577** | **583762** | **1315150** | **5726403** |
| 载客汽车 | Passenger Vehicles | 79225 | 229835 | 782945 | 1078206 |
| 大 型 | Large | | 4396 | 4478 | 4293 |
| 中 型 | Medium | | 18314 | 23076 | 22519 |
| 小 型 | Small | | 154414 | 695109 | 988464 |
| 微 型 | Minicar | | | | 62930 |
| 载货汽车 | Trucks | 76691 | 121068 | 220407 | 285022 |
| 重 型 | Heavy | | | | 28064 |
| 中 型 | Medium | | 41398 | 43460 | 42674 |
| 轻 型 | Light | | 60221 | 149386 | 209976 |
| 微 型 | Mini | | | | 4308 |
| 其他汽车 | Others | | 232859 | 311798 | 298709 |
| 摩托车 | Motorcycles | 681185 | | | 4058172 |
| 拖拉机 | Tractors | | | | |
| #大中型 | Large and Medium Size | | | | |
| 挂 车 | Trailers | | | | 6249 |
| 其他类型车 | Other Types of Vehicle | | | | 45 |

注：2005、2009年其他汽车含摩托车、拖拉机、其他类型车。

a) In 2005 and 2009 other motor vehicles including motorcycles, tractors and other type of vehicles.

# 15—15 民用车辆拥有量营运情况（2010年）
## Civilian Vehicles Capacity of Transportion Situation (2010)

单位：万辆 (10000 units)

| 指标 | Item | 总计 Total | 营运 For Business | 非营运 Not for Business | 总计中 In the Total 进口 Import | 个人 Individual | 新注册 Registered Newly | 报废 Write-off |
|---|---|---|---|---|---|---|---|---|
| **总计** | **Total** | **909.66** | **117.74** | **543.34** | **3.44** | **572.64** | **108.48** | **6.17** |
| 汽车 | Number | 243.23 | 91.81 | 151.42 | 3.38 | 166.19 | 49.64 | 4.01 |
| 载客汽车 | Passenger Vehicles | 140.99 | 11.36 | 129.63 | 3.27 | 107.82 | 35.46 | 2.82 |
| #大型 | Large | 3.82 | 2.88 | 0.95 | 0.02 | 0.43 | 0.47 | 0.18 |
| 中型 | Medium | 4.94 | 2.09 | 2.85 | 0.10 | 2.25 | 0.29 | 0.28 |
| 小型 | Small | 124.91 | 5.87 | 119.05 | 3.15 | 98.85 | 34.17 | 2.19 |
| 微型 | Minicar | 7.31 | 0.53 | 6.79 | 0.01 | 6.29 | 0.53 | 0.16 |
| #轿车 | Cars | 87.60 | 5.32 | 82.28 | 1.62 | 69.68 | 23.71 | 2.00 |
| 载货汽车 | Trucks | 66.34 | 54.58 | 11.75 | 0.08 | 28.50 | 12.42 | 0.84 |
| #重型 | Heavy | 20.24 | 19.76 | 0.48 | 0.02 | 2.81 | 4.59 | 0.07 |
| 中型 | Medium | 12.41 | 11.69 | 0.72 | | 4.27 | 0.55 | 0.20 |
| 轻型 | Light | 33.12 | 22.86 | 10.25 | 0.06 | 21.00 | 7.28 | 0.53 |
| 微型 | Mini | 0.56 | 0.27 | 0.30 | | 0.43 | 0.01 | 0.04 |
| #普通载货 | General Trucks | 54.74 | 43.45 | 11.29 | 0.07 | 27.16 | 9.35 | 0.52 |
| 其他汽车 | Others | 35.90 | 25.87 | 10.04 | 0.02 | 29.87 | 1.76 | 0.36 |
| #三轮汽车 | Tricar | 22.13 | 15.19 | 6.93 | | 21.99 | 1.21 | 0.17 |
| 低速货车 | Low-Speed Truck | 11.29 | 10.13 | 1.16 | | 7.36 | 0.23 | 0.10 |
| 摩托车 | Motorcycles | 409.38 | 17.62 | 391.76 | 0.06 | 405.82 | 57.79 | 2.13 |
| 普通 | General | 399.24 | 17.60 | 381.64 | 0.05 | 395.89 | 57.32 | 2.03 |
| 轻便 | Portable | 10.14 | 0.02 | 10.12 | 0.01 | 9.92 | 0.47 | 0.10 |
| 拖拉机 | Tractors | 248.58 | | | | | | |
| 大中型 | Large and Medium Size | 12.47 | | | | | | |
| 小型方向盘式 | Small Direction Disc Type | 69.51 | | | | | | |
| 挂车 | Trailers | 8.45 | 8.31 | 0.13 | 0.00 | 0.62 | 1.05 | 0.02 |
| 其他类型车 | Other Types of Vehicle | 0.02 | | 0.02 | | | | |
| 机动车驾驶员（人） | Number of Motor Drivers (10000 persons) | 692.42 | | | | | | |
| #汽车驾驶员 | Automobile Drivers | 475.65 | | | | | | |

## 15—16 各市民用车辆拥有量（2010年）
Possession of Civil Vehicles by Region (2010)

单位：辆 (unit)

| 地区 | Region | 汽车 Number | 载客汽车 Buses and Cars | 载货汽车 Ordinary trucks | 其他汽车 Other Motor Vehicles | 摩托车 Motorcycle | 拖拉机 Tractors | 挂车 Trailers | 其他类型车 Other Types of Vehicle | 机动车驾驶员（人） Number of Motor Drivers (person) |
|---|---|---|---|---|---|---|---|---|---|---|
| **总计** | **Total** | **2432339** | **1409937** | **663361** | **359041** | **4093800** | **2485821** | **84463** | **224** | **6924152** |
| 合肥市 | Hefei | 386060 | 302467 | 74262 | 9331 | 162114 | 141071 | 7161 | 28 | 694506 |
| 淮北市 | Huaibei | 80759 | 45278 | 15958 | 19523 | 95028 | 119317 | 3089 | | 205500 |
| 亳州市 | Bozhou | 199383 | 75595 | 60566 | 63222 | 256587 | 196225 | 8922 | | 497148 |
| 宿州市 | Suzhou | 176286 | 73628 | 41055 | 61603 | 310131 | 247446 | 6538 | | 538563 |
| 蚌埠市 | Bengbu | 98706 | 61026 | 35034 | 2646 | 172828 | 339377 | 6275 | 10 | 361198 |
| 阜阳市 | Fuyang | 282858 | 110558 | 105983 | 66317 | 387324 | 149345 | 23146 | | 600732 |
| 淮南市 | Huainan | 89780 | 57088 | 29994 | 2698 | 69463 | 118610 | 4138 | | 194581 |
| 滁州市 | Chuzhou | 134594 | 76402 | 46257 | 11935 | 227272 | 483683 | 7795 | | 372279 |
| 六安市 | Luan | 211088 | 115323 | 83542 | 12223 | 413520 | 281529 | 8397 | | 665300 |
| 马鞍山市 | Maanshan | 68423 | 52430 | 13949 | 2044 | 123245 | 9787 | 1599 | 177 | 196798 |
| 巢湖市 | Chaohu | 98780 | 62582 | 22004 | 14194 | 209935 | 131665 | 456 | | 371466 |
| 芜湖市 | Wuhu | 132091 | 103992 | 23412 | 4687 | 112370 | 31389 | 1097 | | 323301 |
| 宣城市 | Xuancheng | 122874 | 65259 | 33062 | 24553 | 304723 | 53509 | 2385 | 2 | 527550 |
| 铜陵市 | Tongling | 39877 | 28030 | 9091 | 2756 | 47805 | 5229 | 238 | 7 | 131381 |
| 池州市 | Chizhou | 42915 | 26817 | 12631 | 3467 | 162461 | 69346 | 498 | | 207060 |
| 安庆市 | Anqing | 146788 | 95790 | 36511 | 14487 | 783092 | 92426 | 739 | | 751092 |
| 黄山市 | Huangshan | 95638 | 35561 | 19553 | 40524 | 255121 | 15867 | 1990 | | 285697 |
| 其他 | Other | 25439 | 22111 | 497 | 2831 | 781 | | | | |

## 15—17 各市私人车辆拥有量（2010年）
Possession of Private Vehicles by Region (2010)

单位：辆 (unit)

| 地区 | Region | 汽车总计 Total | 载客汽车 Passenger Vehicles | 大型 Large | 中型 Medium | 小型 Small | 载货汽车 Trucks | 中型 Light-heavy | 轻型 Light | 其他汽车 Others |
|---|---|---|---|---|---|---|---|---|---|---|
| **总计** | **Total** | **1661937** | **1078206** | **4293** | **22519** | **988464** | **285022** | **42674** | **209976** | **298709** |
| 合肥市 | Hefei | 250403 | 231729 | 384 | 3085 | 218659 | 13287 | 827 | 11872 | 5387 |
| 淮北市 | Huaibei | 65058 | 36357 | 114 | 521 | 33761 | 9864 | 1289 | 5606 | 18837 |
| 亳州市 | Bozhou | 157249 | 65646 | 241 | 1182 | 58392 | 31862 | 3124 | 26228 | 59741 |
| 宿州市 | Suzhou | 138078 | 57300 | 287 | 1060 | 50203 | 20777 | 2717 | 13785 | 60001 |
| 蚌埠市 | Bengbu | 55918 | 46012 | 168 | 1404 | 41541 | 8322 | 1149 | 6672 | 1584 |
| 阜阳市 | Fuyang | 189074 | 87842 | 554 | 2243 | 77613 | 37015 | 2733 | 31498 | 64217 |
| 淮南市 | Huainan | 45751 | 37866 | 22 | 386 | 35991 | 6640 | 525 | 5613 | 1245 |
| 滁州市 | Chuzhou | 91396 | 56938 | 387 | 2186 | 49085 | 23490 | 5444 | 14054 | 10968 |
| 六安市 | Luan | 153224 | 96102 | 1186 | 3300 | 83229 | 46018 | 7374 | 31452 | 11104 |
| 马鞍山市 | Maanshan | 41994 | 38520 | 33 | 275 | 37227 | 2442 | 309 | 1968 | 1032 |
| 巢湖市 | Chaohu | 75390 | 49012 | 138 | 1805 | 45113 | 13321 | 2437 | 10163 | 13057 |
| 芜湖市 | Wuhu | 90999 | 80849 | 122 | 616 | 78016 | 6933 | 1181 | 4997 | 3217 |
| 宣城市 | Xuancheng | 86395 | 49832 | 183 | 1697 | 45102 | 19665 | 5508 | 11997 | 16898 |
| 铜陵市 | Tongling | 24689 | 19721 | 29 | 215 | 19100 | 2861 | 326 | 2393 | 2107 |
| 池州市 | Chizhou | 32284 | 20403 | 79 | 578 | 18935 | 8885 | 2035 | 6069 | 2996 |
| 安庆市 | Anqing | 120980 | 78966 | 357 | 1638 | 73224 | 28428 | 5069 | 21391 | 13586 |
| 黄山市 | Huangshan | 42833 | 24889 | 9 | 326 | 23053 | 5212 | 627 | 4218 | 12732 |
| 其他 | Other | 222 | 222 | | 2 | 220 | | | | |

## 15—18 公路营运汽车拥有量
Possession of Vehicles for Highway Business Transportation

| 年份 Year | 汽车总计 (辆) Total Number (unit) | 载客汽车 Passenger Vehicles 辆数 (辆) Number (unit) | 客位 (客位) Number of Seats (seat) | 载货汽车 Trucks 辆数 (辆) Number (unit) | #普通载货汽车 Ordinary Trucks | 吨位 (吨) Capacity (ton) | #普通载货汽车 Ordinary Trucks |
|---|---|---|---|---|---|---|---|
| 1995 | 125127 | 24417 | 468558 | 100710 | 99257 | 455623 | 58488 |
| 2000 | 195800 | 41083 | 634782 | 154717 | 152711 | 574050 | 560603 |
| 2004 | 243000 | 43072 | 697463 | 199928 | 195489 | 810672 | 782289 |
| 2005 | 265746 | 43515 | 691381 | 222231 | 215938 | 917083 | 861406 |
| 2006 | 317385 | 76114 | 872788 | 241271 | 229341 | 1007575 | 917584 |
| 2007 | 347440 | 78737 | 914353 | 268703 | 258529 | 1138171 | 1044463 |
| 2008 | 396461 | 81956 | 985120 | 314505 | 301548 | 1662018 | 1515155 |
| 2009 | 454224 | 86344 | 1054876 | 367880 | 349971 | 2089256 | 1892368 |
| 2010 | 472861 | 36815 | 868682 | 436046 | 417858 | 2723868 | 2504762 |

注：不包含出租车、公交车（下表同）。

a) Not including taxi, bus (the same the following table)。

## 15—19 各市公路营运汽车拥有量（2010年）
Possession of Vehicles for Highway Business Transportation by Region (2010)

| 地区 | Region | 汽车总计 (辆) Total Number (unit) | 载客汽车 Passenger Vehicles 辆数 (辆) Number (unit) | 客位 (客位) Number of Seats (seat) | 载货汽车 Trucks 辆数 (辆) Number (unit) | #普通载货汽车 Ordinary Trucks | 吨位 (吨) Capacity (ton) | #普通载货汽车 Ordinary Trucks |
|---|---|---|---|---|---|---|---|---|
| **总计** | **Total** | **472861** | **36815** | **868682** | **436046** | **417858** | **2723868** | **2504762** |
| 合肥市 | Hefei | 65313 | 3196 | 82547 | 62117 | 60187 | 267582 | 245693 |
| 淮北市 | Huaibei | 12994 | 852 | 22625 | 12142 | 11739 | 67001 | 63840 |
| 亳州市 | Bozhou | 51301 | 2570 | 51760 | 48731 | 48617 | 258922 | 258055 |
| 宿州市 | Suzhou | 28370 | 1875 | 49466 | 26495 | 24797 | 285733 | 254563 |
| 蚌埠市 | Bengbu | 30892 | 1820 | 43642 | 29072 | 28117 | 302123 | 283034 |
| 阜阳市 | Fuyang | 63887 | 4341 | 109256 | 59046 | 57408 | 438760 | 418655 |
| 淮南市 | Huainan | 19916 | 996 | 26944 | 18920 | 17266 | 122978 | 94321 |
| 滁州市 | Chuzhou | 32162 | 2694 | 62762 | 29468 | 28613 | 293790 | 276900 |
| 六安市 | Luan | 41883 | 4533 | 106086 | 37350 | 36452 | 172982 | 164007 |
| 马鞍山市 | Maanshan | 9250 | 575 | 15097 | 8675 | 7821 | 63217 | 53054 |
| 巢湖市 | Chaohu | 15819 | 2106 | 38373 | 13713 | 12149 | 43193 | 31554 |
| 芜湖市 | Wuhu | 19311 | 1415 | 36375 | 17896 | 16969 | 102592 | 93118 |
| 宣城市 | Xuancheng | 24152 | 1996 | 42720 | 22156 | 21349 | 127274 | 119511 |
| 铜陵市 | Tongling | 8381 | 599 | 15623 | 7782 | 7472 | 30320 | 28501 |
| 池州市 | Chizhou | 8686 | 1465 | 28742 | 7221 | 7018 | 23165 | 22162 |
| 安庆市 | Anqing | 26032 | 4439 | 102158 | 21593 | 18631 | 59626 | 38625 |
| 黄山市 | Huangshan | 15012 | 1343 | 34506 | 13669 | 13253 | 64610 | 59169 |

## 15—20 国、省道公路交通量（2010年）
Highway Traffic Quantity of National and Provincial Rortes (2010)

| 指标 | Item | 国道 National Routes | 省道 Provincial Routes |
|---|---|---|---|
| 观测里程 （公里） | Length of Observation (km) | 2842.3 | 5792.4 |
| 年平均日交通混合当量合计 | Year Average Diurnal Transportation Mix | 12220.0 | 8092.0 |
| （辆/日） | Equivalent Total (unit/day) | | |
| 机动车（当量数） | Vehicle (Equivalent Number) | 12152.0 | 7911.0 |
| 汽车（当量数） | Automobile (equivalent number) | 10698.0 | 5565.0 |
| 小型货车（自然数） | Jubilee wagon (natural number) | 790.0 | 623.0 |
| 中型货车（自然数） | Medium freight vehicle (natural number) | 956.0 | 464.0 |
| 大型货车（自然数） | Large Freight Vehicle (Natural Number) | 659.0 | 363.0 |
| 小型客车（自然数） | Small Passenger Auto (natural number) | 3398.0 | 2082.0 |
| 大型客车（自然数） | Large Passenger Auto (Natural Number) | 537.0 | 317.0 |
| 拖拉机（当量数） | Tractors(Equivalent Number) | 504.0 | 933.0 |
| 非机动车（当量数） | Converted Number of Non-motor Vehicles | 68.0 | 181.0 |
| 行驶量 （万车公里/日） | Driving Quantity (10000 vehicle-km/day) | 10822.0 | 13106.0 |
| 适应交通量 （辆/日） | Suitable Traffic Quantity (unit/day) | 26286.0 | 13833.0 |
| 交通拥挤度 | Crowded Degree of Traffic | 0.46 | 0.58 |

## 15—21 各市民用运输船舶拥有量（2010年）
Number of Civil Transport Vessels Owned by Region (2010)

| 地区 | Region | 总艘数（艘） Total Number (unit) | 机动船 Motor Vessels 艘数（艘） Number (unit) | 净载重量（吨） Dead Weight Tonnage (ton) | 载客量（客位） Passenger Capacity (seat) | 功率（千瓦） Drawing Power (km) | 驳船 Barges 艘数（艘） Number (unit) | 净载重量（吨） Dead Weight Tonnage (ton) |
|---|---|---|---|---|---|---|---|---|
| **总计** | **Total** | **29186** | **27041** | **19960494** | **15666** | **6921099** | **2145** | **795388** |
| 合肥市 | Hefei | 1160 | 1149 | 872083 | 407 | 263081 | 11 | 5830 |
| 淮北市 | Huaibei | 318 | 316 | 120978 | | 51438 | 2 | 770 |
| 亳州市 | Bozhou | 1272 | 1173 | 634590 | | 235272 | 99 | 43160 |
| 宿州市 | Suzhou | 805 | 717 | 295317 | | 131505 | 88 | 15921 |
| 蚌埠市 | Bengbu | 3857 | 3538 | 2778124 | | 866813 | 319 | 123373 |
| 阜阳市 | Fuyang | 2715 | 1920 | 1647698 | | 491175 | 795 | 326703 |
| 淮南市 | Huainan | 1570 | 872 | 686076 | | 236206 | 698 | 231558 |
| 滁州市 | Chuzhou | 1464 | 1450 | 630073 | | 232615 | 14 | 8840 |
| 六安市 | Luan | 2691 | 2691 | 1701649 | 1703 | 656818 | | |
| 马鞍山市 | Maanshan | 1379 | 1368 | 920963 | 1398 | 324837 | 11 | 1397 |
| 巢湖市 | Chaohu | 2724 | 2705 | 2373325 | 2652 | 694091 | 19 | 5996 |
| 芜湖市 | Wuhu | 3642 | 3612 | 3727497 | | 1360625 | 30 | 6930 |
| 宣城市 | Xuancheng | 2083 | 2083 | 942759 | 488 | 583179 | | |
| 铜陵市 | Tongling | 662 | 644 | 491475 | | 156685 | 18 | 3300 |
| 池州市 | Chizhou | 1129 | 1124 | 810975 | | 241520 | 5 | 1410 |
| 安庆市 | Anqing | 1528 | 1492 | 1299248 | 3891 | 378488 | 36 | 20200 |
| 黄山市 | Huangshan | 187 | 187 | 27664 | 5127 | 16751 | | |

## 15—22 各市私人运输船舶拥有量（2010年）
Number of Private-owned Transport Vessels Owned by Region (2010)

| 地　区 | Region | 总艘数（艘）Total Number (unit) | 机动船 Motor Vessels 艘数（艘）Number (unit) | 净载重量（吨）Dead Weight Tonnage (ton) | 载客量（客位）Passenger Capacity (seat) | 功率（千瓦）Drawing Power (km) | 驳船 Barges 艘数（艘）Number (unit) | 净载重量（吨）Dead Weight Tonnage (ton) |
|---|---|---|---|---|---|---|---|---|
| **总　计** | **Total** | **4278** | **4262** | **1915926** | **5230** | **973868** | **16** | **2807** |
| 合肥市 | Hefei | 379 | 379 | 133936 | | 47920 | | |
| 淮北市 | Huaibei | 64 | 64 | 23190 | | 9417 | | |
| 亳州市 | Bozhou | | | | | | | |
| 宿州市 | Suzhou | | | | | | | |
| 蚌埠市 | Bengbu | | | | | | | |
| 阜阳市 | Fuyang | | | | | | | |
| 淮南市 | Huainan | | | | | | | |
| 滁州市 | Chuzhou | 92 | 92 | 38098 | | 15138 | | |
| 六安市 | Luan | 49 | 49 | 13239 | | 6605 | | |
| 马鞍山市 | Maanshan | 767 | 756 | 485535 | 1398 | 174072 | 11 | 1397 |
| 巢湖市 | Chaohu | 1175 | 1175 | 466052 | 1581 | 174572 | | |
| 芜湖市 | Wuhu | | | | | | | |
| 宣城市 | Xuancheng | 837 | 837 | 313282 | 488 | 202393 | | |
| 铜陵市 | Tongling | 121 | 121 | 69327 | | 24566 | | |
| 池州市 | Chizhou | 238 | 233 | 115544 | | 36328 | 5 | 1410 |
| 安庆市 | Anqing | 556 | 556 | 257723 | 1763 | 282857 | | |
| 黄山市 | Huangshan | | | | | | | |

## 15—23 全省机场运输业务量（2010年）
Traffic Capacity of Airports (2010)

| 指　标 | Item | 运输起降架次（次）Number of Sorties of Taking-off and Landing | 旅客（人）Number of Passengers (person) | 过站旅客 Transit Passengers | 货邮合计（吨）Goods and Postal Parcels (ton) | #货物 Goods |
|---|---|---|---|---|---|---|
| **总　计** | **Total** | **45741** | **4345044** | **420884** | **33414.1** | **31249.8** |
| 国内航线 | Domestic Routes | 44631 | 4284816 | 410108 | 33385.2 | 31331.1 |
| 港澳台航线 | Hong Kong, Macao and Taiwan Routes | 378 | 42165 | | 89.0 | 88.8 |
| 国际航线 | International Routes | 1110 | 60228 | 10776 | 28.9 | 28.9 |
| 进　港 | Arrival | 22878 | 1961215 | | 18038.6 | 16766.3 |
| 国内航线 | Domestic Routes | 22322 | 1936044 | | 18015.7 | 16743.4 |
| 港澳台航线 | Hong Kong, Macao and Taiwan Routes | 189 | 20223 | | 58.6 | 58.4 |
| 国际航线 | International Routes | 556 | 25170 | | 22.9 | 22.9 |
| 出　港 | Departure | 22863 | 2383829 | 420884 | 15375.5 | 14483.5 |
| 国内航线 | Domestic Routes | 22309 | 2348772 | 410108 | 15369.5 | 14477.5 |
| 港澳台航线 | Hong Kong, Macao and Taiwan Routes | 189 | 21942 | | 30.4 | 30.4 |
| 国际航线 | International Routes | 554 | 35058 | 10776 | 6.0 | 6.0 |

注：货邮吞吐量不包括行李，2007以前年度包含行李。过站旅客包含在出港部分，是旅客的其中项。

a) The cargo throughput does not include baggage, Befoer 2007 it included baggage. Transit Passengers have been included in export visitors, It is a part of the passengers.

## 15—24 民航机场吞吐量（2010年）
Volume of Passenger and Freight Handled in Civil Airports (2010)

| 项　目 | Item | 旅客吞吐量（人）Passenger Handled (person) | #发运量 Delivered | 货物吞吐量（吨）Cargo Handled (ton) | #发运量 Delivered |
|---|---|---|---|---|---|
| **合　计** | **Total** | **4345044** | **2383829** | **33414.1** | **15375.5** |
| 合肥机场 | Hefei Airport | 3817051 | 2085411 | 31883.1 | 14058.3 |
| 黄山机场 | Huangshan Airport | 343033 | 175968 | 1499.9 | 1305.3 |
| 安庆机场 | Anqing Airport | 76330 | 39443 | 25.8 | 11.9 |
| 阜阳机场 | Fuyang Airport | 108630 | 83007 | 5.3 | 0.0 |

## 15—25 东航（安徽公司）基本情况
Basic Statistics on Anhui Branch of the Eastern Air Lines, Inc.

| 指　标 | Item | 1995 | 2000 | 2005 | 2009 | 2010 |
|---|---|---|---|---|---|---|
| 民用航空航线条数（条） | Number of Civil Aviation Routes (unit) | 39 | 64 | 63 | 67 | 57 |
| #国内航线 | Domestic Routes | 39 | 59 | 57 | 63 | 53 |
| 民用航空线里程（公里） | Length of Civil Aviation Routes (km) | 34590 | 60553 | 72263 | 83942 | 76303 |
| #国内航线 | Domestic Routes | 34590 | 54017 | 60647 | 77656 | 69728 |
| 民用航班飞行机场（个） | Number of Civil Airports (unit) | 3 | 34 | 45 | 50 | 50 |
| 民用飞机架数（架） | Number of Civil Aircraft (unit) | 18 | 13 | 11 | 16 | 7 |
| 客运量（万人） | Passenger Traffic (10000 person) | 93.00 | 153.45 | 214.05 | 264.97 | 208.17 |
| 旅客周转量（万人公里） | Passenger-kilometers (10000 passenger-km) | 74218.0 | 150447.8 | 238451.4 | 295385.1 | 242408.1 |
| 货（邮）运量（吨） | Freight Traffic (ton) | 10000.0 | 15653.9 | 29753.4 | 25646.9 | 21814.2 |
| 货（邮）周转量（万吨公里） | Freight Ton-kilometers (10000 ton-km) | 1038.00 | 1628.29 | 3661.38 | 2995.11 | 2668.88 |
| 总周转量（万吨公里） | Total Air Traffic Ton-kilometers (10000 ton-km) | 6364.00 | 15071.24 | 24977.00 | 29375.34 | 24248.62 |
| #国际航线 | International Routes | 16.00 | 866.63 | 1584.94 | 324.93 | 145.12 |
| 国内航线 | Domestic Routes | 6348.00 | 14204.61 | 23392.06 | 29050.41 | 24103.50 |

# 15—26 邮电业务基本情况
Basic Statistics of Postal and Telecommunications Services

| 指标 | Item | 1995 | 2000 | 2005 | 2009 | 2010 |
|---|---|---|---|---|---|---|
| **邮电业务总量 （万元）** | **Business Volume of Postal and Telecommunications Services (10000 yuan)** | **226453** | **1201398** | **2840149** | **6624847** | **3003244** |
| 函　件 （万件） | Number of Letters (10000 pcs) | 24345.5 | 19270.1 | 21141.0 | 24395.6 | 21121.5 |
| 包　件 （万件） | Number of Parcels (10000 pcs) | 563.20 | 355.54 | 253.00 | 164.04 | 150.94 |
| 快　递 （万件） | Pieces of Express Mail Services (10000 pcs) | 130.80 | 309.64 | 506.00 | 1006.6 | 1302.53 |
| 报刊期发数 （万份） | Issue of Newspapers and Magazines (10000 copies) | | 929.81 | 738.00 | 518.20 | 602.24 |
| 纪特邮票 （万枚） | Commemorative and special stamps | 11896.6 | 27645.0 | 4010.0 | 971.7 | 604.77 |
| 固定长途电话通话时长 （亿分钟） | Length of Long-distance Calls of Fixed Telephone (100 million minutes) | | | | 29.53 | 24.8 |
| 移动短信业务量 （万条） | Mobile Short Note Business Volume (10000 unit) | | | 860595 | 2799388 | 3150048 |
| 互联网宽带接入用户（万户） | Number of Internet Broadband Access User (10000 households) | | | | | 342.02 |
| 互联网上网人数 （万人） | Number of Internet Users (10000 persons) | | | | | |
| 移动电话年末用户 （万户） | Number of Mobile Telephone Subsecribers at Year-end (10000 subscribers) | | | | | 2798.70 |
| #3G移动电话用户 | 3G Mobile Phone Subscribers | | | | | 119.14 |
| 固定电话年末用户 （万户） | Number of Fixed Telephone Subsecribers at Year-end (10000 subscribers) | 124.05 | 483.82 | 1349.52 | 1267.25 | 1230.97 |
| 城　市 | Urban | 102.96 | 272.99 | 680.02 | 625.78 | 612.89 |
| 住　宅 | Household | | | 501.76 | 349.91 | 388.29 |
| 农　村 | Rural | 21.08 | 210.83 | 669.50 | 641.47 | 618.08 |
| 住　宅 | Household | | | 642.14 | 596.00 | 561.73 |
| 营业网点 （处） | Number of Postal Offices (unit) | 2717 | 3562 | 3488 | 5867 | 5496 |
| 邮路及农村投递路线总长度 （公里） | Length of Postal Routes and Rural Delivery Routes (km) | 189502 | 205887 | 206287 | 237033 | 196442 |
| #汽车邮路 | Highway Routes | 23123 | 30061 | 51111 | 50607 | 41321 |
| 铁路邮路 | Railway Routes | 2974 | 2320 | 1725 | 2485 | 2434 |
| 长途光缆纤芯长度（芯公里） | Length of Long-distance Optical Cable Core(core kilometer) | | | | | 713011 |
| 长途电话交换机容量（路端） | Capacity of Long-distance Telephone Exchanges (circuit) | | 185549 | 350538 | 581909 | 716701 |
| 本地固定电话局用交换机容量 （万门） | Capacity of Local Telephone C.O. Switches Capacity (10000 lines) | | 717.05 | 1611.67 | 1279.09 | 1214.90 |

注：2010年电信业务总量是按照2010年不变价格计算（下同）。

a) The business volume of telecommunication services in 2010 is calculated at 2010 constant prices (same as below).

# 15—27 各市邮电业务量（2010年）

Post and Telecommunication Services by Region (2010)

| 地 区 | Region | 邮电业务总量（万元）Business Volume of Post and Telecommunications (10000 yuan) | 邮政业务总量 Business Volume of Post | 电信业务总量 Business Volume of Telecommunications | 函件（万件）Number of Letters (10000 pcs) | 快递（万件）Pieces of Express Mail Services (10000 pcs) | 报刊期发数（万份）Newspapers and Magazines Circulation (10000 copies) | 纪特邮票（万枚）Memorial and Special Postage Stamp (10000 pcs) | 包裹（万件）Number of Parcels (10000 pcs) |
|---|---|---|---|---|---|---|---|---|---|
| **总 计** | **Total** | **3003243.54** | **291087.20** | **2712156.34** | **21121.49** | **1302.53** | **602.24** | **604.77** | **150.94** |
| 合肥市 | Hefei | 521481.93 | 24878.90 | 496603.03 | 5219.06 | 380.08 | 53.86 | 130.05 | 37.36 |
| 淮北市 | Huaibei | 108538.40 | 8578.68 | 99959.72 | 898.39 | 24.77 | 8.50 | 6.96 | 3.60 |
| 亳州市 | Bozhou | 171488.68 | 20292.97 | 151195.72 | 472.32 | 53.35 | 19.62 | 8.69 | 4.56 |
| 宿州市 | Suzhou | 201357.31 | 23654.05 | 177703.26 | 950.14 | 46.86 | 83.14 | 8.70 | 6.37 |
| 蚌埠市 | Bengbu | 163422.57 | 12862.51 | 150560.06 | 1371.41 | 81.61 | 28.30 | 20.33 | 9.18 |
| 阜阳市 | Fuyang | 297828.78 | 36018.40 | 261810.39 | 1613.07 | 115.81 | 40.73 | 20.17 | 9.64 |
| 淮南市 | Huainan | 136808.38 | 13030.32 | 123778.06 | 965.81 | 34.69 | 37.31 | 30.60 | 4.82 |
| 滁州市 | Chuzhou | 187306.06 | 11246.45 | 176059.61 | 660.79 | 62.45 | 25.61 | 21.54 | 6.84 |
| 六安市 | Luan | 194106.86 | 20069.90 | 174036.96 | 1160.69 | 56.77 | 37.28 | 29.31 | 9.40 |
| 马鞍山市 | Maanshan | 105822.36 | 7995.53 | 97826.83 | 1592.60 | 40.44 | 25.13 | 17.45 | 4.19 |
| 巢湖市 | Chaohu | 154097.34 | 22413.58 | 131683.76 | 1363.64 | 68.59 | 35.92 | 184.99 | 10.13 |
| 芜湖市 | Wuhu | 185784.45 | 14204.31 | 171580.14 | 1914.46 | 80.27 | 39.67 | 20.85 | 11.06 |
| 宣城市 | Xuancheng | 128528.93 | 11389.64 | 117139.29 | 760.49 | 57.92 | 41.34 | 15.27 | 6.82 |
| 铜陵市 | Tongling | 58818.14 | 7135.42 | 51682.72 | 148.34 | 25.89 | 13.93 | 21.87 | 2.46 |
| 池州市 | Chizhou | 79287.54 | 9402.74 | 69884.80 | 378.32 | 37.08 | 26.49 | 16.91 | 3.98 |
| 安庆市 | Anqing | 225907.69 | 39421.33 | 186486.36 | 1111.52 | 102.33 | 61.35 | 38.27 | 12.71 |
| 黄山市 | Huangshan | 78715.12 | 8492.48 | 70222.63 | 540.44 | 33.61 | 24.04 | 12.82 | 7.83 |
| 其 他 | Others | 3943.00 | | 3943.00 | | | | | |

| 地 区 | Region | 互联网宽带接入用户（万户）Internet Wide Band Turning on Users (10000 subscriber) | 移动电话年末用户（万户）Number of Mobile Telephone Subscribers (10000 subscriber) | 固定电话年末用户（万户）Year-end Installed Telephones (10000 subscriber) | 城市 Urban | #住宅 Residential Buildings | 农村 Rural | #住宅 Residential Buildings | 公用电话（万部）Public Telephone (10000 unit) |
|---|---|---|---|---|---|---|---|---|---|
| **总 计** | **Total** | **342.02** | **2798.70** | **1230.97** | **612.89** | **388.29** | **618.08** | **561.73** | **87.89** |
| 合肥市 | Hefei | 53.76 | 404.94 | 160.75 | 120.16 | 58.24 | 40.59 | 32.48 | 21.76 |
| 淮北市 | Huaibei | 14.33 | 101.24 | 38.96 | 25.46 | 17.74 | 13.50 | 12.25 | 2.96 |
| 亳州市 | Bozhou | 14.92 | 173.55 | 72.79 | 23.72 | 16.44 | 49.06 | 45.66 | 4.13 |
| 宿州市 | Suzhou | 18.42 | 199.65 | 87.37 | 33.16 | 21.18 | 54.22 | 49.39 | 5.27 |
| 蚌埠市 | Bengbu | 20.22 | 155.55 | 66.36 | 39.11 | 25.35 | 27.24 | 23.77 | 8.26 |
| 阜阳市 | Fuyang | 23.81 | 290.41 | 106.07 | 42.99 | 29.68 | 63.09 | 60.28 | 4.37 |
| 淮南市 | Huainan | 17.94 | 120.75 | 47.30 | 33.84 | 23.96 | 13.46 | 11.11 | 4.25 |
| 滁州市 | Chuzhou | 21.22 | 189.22 | 75.75 | 32.75 | 21.49 | 43.00 | 38.19 | 8.42 |
| 六安市 | Luan | 18.20 | 203.93 | 97.89 | 29.10 | 21.08 | 68.79 | 63.65 | 3.60 |
| 马鞍山市 | Maanshan | 17.65 | 104.50 | 49.46 | 35.18 | 24.38 | 14.28 | 12.11 | 3.35 |
| 巢湖市 | Chaohu | 19.24 | 139.09 | 79.36 | 25.71 | 18.11 | 53.65 | 50.26 | 3.72 |
| 芜湖市 | Wuhu | 25.46 | 161.97 | 65.16 | 44.50 | 27.39 | 20.66 | 17.26 | 5.86 |
| 宣城市 | Xuancheng | 18.12 | 129.30 | 60.86 | 24.60 | 16.35 | 36.27 | 33.48 | 1.97 |
| 铜陵市 | Tongling | 9.62 | 52.27 | 23.56 | 18.65 | 10.97 | 4.90 | 4.05 | 1.70 |
| 池州市 | Chizhou | 9.70 | 78.46 | 34.90 | 14.02 | 9.29 | 20.87 | 19.35 | 1.45 |
| 安庆市 | Anqing | 27.38 | 217.53 | 120.56 | 46.15 | 33.42 | 74.41 | 70.25 | 4.50 |
| 黄山市 | Huangshan | 12.01 | 76.34 | 43.89 | 23.80 | 13.23 | 20.10 | 18.17 | 2.32 |
| 其 他 | Others | | | | | | | | |

## 15—28 邮电局所数及邮递线路（年底数）
Postal and Telecommunication Services Facilities (year-end)

单位：处 (unit)

| 年份 Year | 邮电局所 Number of Post and Telecommunications Offices | 邮政信筒信箱 Postal Mailbox | 邮路总长度（公里） Length of Postal Routes (km) | 汽车邮路 Highway Routes | 铁路邮路 Railway Routes | 农村投递线路（公里） Rural Delivery Routes (km) |
|---|---|---|---|---|---|---|
| 1995 | 2717 | 6646 | 53088 | 23123 | 2974 | 136414 |
| 2000 | 3562 | 6333 | 63445 | 30061 | 2320 | 142442 |
| 2002 | 3834 | 7689 | 72502 | 39853 | 2087 | 137147 |
| 2003 | 3400 | 8465 | 70671 | 38871 | 2087 | 137047 |
| 2004 | 3561 | 9063 | 70751 | 41061 | 2097 | 129916 |
| 2005 | 3488 | 6378 | 70599 | 51111 | 1725 | 135688 |
| 2006 | 3836 | 6471 | 64927 | 42634 | 2097 | 139571 |
| 2007 | 3894 | 6334 | 68800 | 44614 | 2097 | 141777 |
| 2008 | 6387 | 6112 | 88337 | 47466 | 1929 | 141632 |
| 2009 | 5867 | 6736 | 86463 | 50607 | 2485 | 150570 |
| 2010 | 5496 | 6693 | 45541 | 41321 | 2434 | 150902 |

注：由于邮政系统调整，2010年的邮路总长度与往年口径不同，不具可比性。
a) As the postal system adjustment, the caliber of Length of postal routes in 2010 and previous years were different, did not have the commeasurability.

## 15—29 各市邮电局所数及邮递线路（2010年）
Postal and Telecommunication Services Facilities by Region (2010)

单位：处 (unit)

| 地区 | Region | 邮政局所 Number of Post and Telecommunications Offices | 电信局所 Number of Post and Telecommunications Offices | 邮政信筒信箱 Postal Mailbox | 邮路总长度（公里） Length of Postal Routes (km) | 汽车邮路 Highway Routes | 铁路邮路 Railway Routes | 农村投递线路（公里） Rural Delivery Routes (km) |
|---|---|---|---|---|---|---|---|---|
| **总计** | **Total** | **2566** | **2930** | **6693** | **45541** | **41321** | **2434** | **150902** |
| 合肥市 | Hefei | 135 | 211 | 295 | 1301 | 1215 | | 11054 |
| 淮北市 | Huaibei | 55 | 82 | 49 | 783 | 783 | | 5330 |
| 亳州市 | Bozhou | 143 | 205 | 96 | 2095 | 2095 | | 13854 |
| 宿州市 | Suzhou | 151 | 213 | 291 | 1611 | 1611 | | 14867 |
| 蚌埠市 | Bengbu | 96 | 139 | 145 | 3194 | 2279 | | 7433 |
| 阜阳市 | Fuyang | 196 | 362 | 115 | 2788 | 2788 | | 18155 |
| 淮南市 | Huainan | 134 | 99 | 131 | 626 | 626 | | 4732 |
| 滁州市 | Chuzhou | 196 | 287 | 258 | 1713 | 1282 | | 13151 |
| 六安市 | Luan | 206 | 253 | 606 | 2531 | 2531 | | 12086 |
| 马鞍山市 | Maanshan | 46 | 75 | 187 | 490 | 490 | | 803 |
| 巢湖市 | Chaohu | 137 | 158 | 266 | 1955 | 1955 | | 8211 |
| 芜湖市 | Wuhu | 100 | 75 | 228 | 2416 | 2416 | | 3404 |
| 宣城市 | Xuancheng | 122 | 218 | 3061 | 2010 | 1955 | | 7947 |
| 铜陵市 | Tongling | 76 | 41 | 71 | 464 | 376 | | 818 |
| 池州市 | Chizhou | 79 | 90 | 97 | 1491 | 1491 | | 6020 |
| 安庆市 | Anqing | 411 | 309 | 394 | 3484 | 3397 | | 15953 |
| 黄山市 | Huangshan | 283 | 113 | 403 | 2075 | 1951 | | 7084 |
| 其他 | Others | | | | 14514 | 12080 | 2434 | |

## 15—30 各市邮电通信线路（2010年）

Telecommunication Facilities by Region (2010)

| 地区 | Region | 长途光缆纤芯长度 (芯公里) Length of Long-distance Optical Cable Core | 本地用中继光缆纤芯长度 (芯公里) Length of Local relaying Optical Cable Core |
|---|---|---|---|
| **总计** | **Total** | **713011** | **2490657** |
| 合肥市 | Hefei | 108690 | 413337 |
| 淮北市 | Huaibei | 11148 | 70681 |
| 亳州市 | Bozhou | 18659 | 119656 |
| 宿州市 | Suzhou | 23028 | 172806 |
| 蚌埠市 | Bengbu | 55575 | 108884 |
| 阜阳市 | Fuyang | 22907 | 141121 |
| 淮南市 | Huainan | 14966 | 84629 |
| 滁州市 | Chuzhou | 46443 | 248128 |
| 六安市 | Luan | 22209 | 207150 |
| 马鞍山市 | Maanshan | 9715 | 69093 |
| 巢湖市 | Chaohu | 11486 | 95771 |
| 芜湖市 | Wuhu | 18236 | 118970 |
| 宣城市 | Xuancheng | 29789 | 172883 |
| 铜陵市 | Tongling | 14753 | 37941 |
| 池州市 | Chizhou | 18657 | 105950 |
| 安庆市 | Anqing | 45128 | 217782 |
| 黄山市 | Huangshan | 15661 | 105877 |
| 其他 | Others | 225961 | |

## 15—31 各市邮电通信设备年末拥有量（2010年）

Telecommunication Facilities at Year-end by Region (2010)

| 地区 | Region | 接入网光缆线纤芯长度 (芯公里) Length of Access Network Optical Cable Core | 长途电话交换机容量 (路端) Capactity of Long-distance Telephone Exchanges (circuit) | 本地固定电话局用交换机容量 (门) Capacity of Local Telephone C.O. Switches (line) | #接入设备网容量 Capacity of Connected Equipment Net | 用户交换机容量 (门) Capacity of Exchanges Owned by Users (line) |
|---|---|---|---|---|---|---|
| **总计** | **Total** | **3662490** | **716701** | **12148968** | **3139250** | **86428** |
| 合肥市 | Hefei | 506191 | 206153 | 1412197 | 490332 | 16608 |
| 淮北市 | Huaibei | 113237 | 9424 | 381946 | 116606 | 3584 |
| 亳州市 | Bozhou | 164308 | 17825 | 784324 | 120772 | |
| 宿州市 | Suzhou | 243603 | 27120 | 1043742 | 128310 | 14398 |
| 蚌埠市 | Bengbu | 147368 | 29364 | 734384 | 245567 | 6756 |
| 阜阳市 | Fuyang | 211181 | 54606 | 1182906 | 288566 | 9058 |
| 淮南市 | Huainan | 145667 | 17639 | 515601 | 137360 | 1640 |
| 滁州市 | Chuzhou | 253096 | 17887 | 770884 | 128687 | 5390 |
| 六安市 | Luan | 273939 | 29853 | 885088 | 177270 | 3470 |
| 马鞍山市 | Maanshan | 130093 | 14610 | 372949 | 122848 | 2966 |
| 巢湖市 | Chaohu | 212536 | 24060 | 785524 | 129444 | 1404 |
| 芜湖市 | Wuhu | 243390 | 31263 | 702604 | 196620 | 3956 |
| 宣城市 | Xuancheng | 190271 | 18941 | 683637 | 87377 | 2320 |
| 铜陵市 | Tongling | 79981 | 10075 | 209649 | 52305 | 457 |
| 池州市 | Chizhou | 142890 | 11098 | 315675 | 92999 | 2400 |
| 安庆市 | Anqing | 438402 | 41695 | 996523 | 483446 | 1621 |
| 黄山市 | Huangshan | 166335 | 15648 | 371335 | 140740 | 10400 |
| 其他 | Others | | 139440 | | | |

注：用户交换机容量指标包括电信、铁通公司提供的数据。

a) The Indicators of Exchange Capacity include the data which telecommunications and tietong company provided.

## 15—32 邮电通信水平
Level of Postal and Telecommunication Services

| 指标 | Item | 1995 | 2000 | 2005 | 2009 | 2010 |
|---|---|---|---|---|---|---|
| **全省邮电通信水平** | **National Level** | | | | | |
| 平均每一邮政局所服务面积（平方公里） | Average Area Served by Every Post Office (sq.km) | | 63.70 | 68.84 | 48.50 | 54.32 |
| 平均每一邮政局所服务人员（万人） | Average People Served by Every Post Office (10000 person) | | 2.78 | 3.21 | 2.13 | 2.66 |
| 平均每人每年发函件数（件） | Annual Average Number of Letters Mailed per Capita (piece) | 4.00 | 3.07 | 3.24 | 3.98 | 3.09 |
| 平均每百人每年订报刊数（份） | Annual Average Number of Newspaper and Magazine Subscribed per 100 Persons (piece) | 15.47 | 14.81 | 11.33 | 8.45 | 8.82 |
| 平均每百人拥有电话机部数（含移动）（部） | Number of Telephone Sets Owned per 100 Persons (unit) | 1.73 | 11.38 | 36.78 | 55.80 | 59.03 |
| 平均每百人拥有移动电话（部） | Number of Mobile Telephones Owned per 100 Persons (unit) | | 3.43 | 16.07 | 35.14 | 40.10 |
| 平均每千人拥有公用电话数（部） | Number of Public Telephones owned per 1000 Persons (unit) | | | 10.70 | 15.20 | 12.89 |
| **农村邮电通信水平** | **Rural Level** | | | | | |
| 开通互联网业务的乡（镇）比重（%） | Percentage of Connecting Internet Service Township (%) | | | | 100.00 | 100.00 |
| 开通互联网业务的行政村比重（%） | Percentage of Connecting Internet Service Administrative Village (%) | | | | 100.00 | 100.00 |
| 通邮的乡（镇）比重（%） | Percentage of Townships with Postal Routes Communication (%) | 100.00 | 100.00 | 100.00 | 100.00 | 100.00 |
| 通邮的行政村比重（%） | Percentage of Villages with Postal Routes Communication (%) | 99.80 | 100.00 | 100.00 | 100.00 | 100.00 |
| 已通固定电话的行政村比重（%） | Percentage of Administrative Village with Telephone (%) | 42.27 | 100.00 | 100.00 | 100.00 | 100.00 |

# 主要统计指标解释

**铁路营业里程**

又称营业长度（包括正式营业和临时营业里程），指办理客货运输业务的铁路正线总长度。凡是全线或部分建成双线及以上的线路，以第一线的实际长度计算；复线、站线、段管线、岔线和特殊用途线以及不计算运费的联络线都不计算营业里程。铁路营业里程是反映铁路运输业基础设施发展水平的重要指标，也是计算客货周转量、运输密度和机车车辆运用效率等指标的基础资料。

**公路里程**

是指凡达到交通部《公路工程技术标准》规定的技术等级公路，并经公路主管部门正式验收交付使用的里程。包括大中城市的郊区公路以及通过城镇街道的里程和桥梁、隧道、渡口的长度，不包括大中城市的街道、厂矿、林区生产用道和农业生产用道的里程。两条或多条公路共同经由同一路段，只计算一次，不得重复计算里程长度。按公路技术等级分：等级公路里程和等外公路里程，等级公路里程可分为高速公路、一级公路、二级公路、三级公路、四级公路里程。

**内河航道里程**

是指凡能通航机动船、木帆船以及运输排筏（指利用排筏经营运输），其枯水期水深在 0.3 米及以上的天然河流、人工河渠、湖泊、水库航道里程。不包括仅供放流木材的河道。湖泊、水库航道里程（库区航道）按固定航线计算。两省以河为界的航道里程，双方均按一半计算，以免重复。

**民用航空航线里程**

指民用运输班机飞行的航线长度。航线长度指机场之间的距离。航空航线里程以年末到达数为准，因气候关系不能全年通航的航线，按年末情况统计，如果年末能继续通航则计入总长度，否则应扣除不计。计算航线里程可按重复和不重复两种方法，前者是指各航线相加的总和，后者则要扣除各航线之间的重复区段计算。

**货（客）运量**

指在一定时期内，各种运输工具实际运送的货物（旅客）数量。它是反映运输业为国民经济和人民生活服务的数量指标，也是制定和检查运输生产计划、研究运输发展规模和速度的重要指标。货运按吨计算，客运按人计算。货物不论运输距离长短、货物类别，均按实际重量统计。旅客不论行程远近或票价多少，均按一人一次客运量统计；半价票、小孩票也按一人统计。

**货物（旅客）周转量**

指在一定时期内，由各种运输工具运送的货物（旅客）数量与其相应运输距离的乘积之总和。它是反映运输业生产总成果的重要指标，也是编制和检查运输生产计划，计算运输效率、劳动生产率以及核算运输单位成本的主要基础资料。计算货物周转量通常按发出站与到达站之间的最短距离，也就是计费距离计算。计算公式为：

货物（旅客）周转量＝Σ货物（旅客）运输量×运输距离。

**民用汽车拥有量**

指报告期末，在公安交通管理部门按照《机动车注册登记工作规范》，已注册登记领有民用车辆牌照的全部汽车数量。汽车拥有量统计的主要分类：根据汽车结构分为载客汽车、载货汽车及其他汽车；根据汽车所有者不同分为个人（私人）汽车、单位汽车；根据汽车的使用性质分为营运汽车、非营运汽车；根据汽车大小规格不同载客汽车分为大型、中型、小型和微型，载货汽车分为重型、中型、轻型和微型。

**邮电业务总量（又称通信业务总量）**

是以货币形式表现的通信企业为社会提供各类通信服务的总和。是用于观察通信业务发展变化总趋势的综合性总量指标。根据专业性质分为邮政业务总量和电信业务总量。电信业务总量又可细分为本地网通信业务总量、长途通信业务总量、移动通信业务总量、数据通信业务总量、电报业务总量等。按通信范围可分为：国内通信业务总量、国际及港澳台通信业务总量。计算公式为：

邮电业务总量＝Σ（各类通信业务量×不变单价）+出租代维及其他业务收入

＝邮政业务总量+电信业务总量

邮政业务总量＝Σ（各类邮政业务量×不变单价）+邮政出租代维及其他业务收入

电信业务总量＝Σ（各类电信业务量×不变单价）+电信出租代维及其他业务收入

**移动电话用户**

指通过移动电话交换机进入移动电话网、占用移动电话号码的电话用户。用户数量以报告期末在移动电话营业部门实际办理登记手续进入移动电话网的户数进行计算，一部移动电话统计为一户。计量单位：户。

**电话用户**

指接入国家公众固定电话网，并按固定电话业务进行经营管理的电话用户。1997 年以前，电话用户分为市内电话用户和农村电话用户。“市内电话用户”是指接入县城及县以上城市的电话网上的电话用户；“农村电话用户”是指接入县邮电局农话台及县以下农村电话交换点，以县城为中心（除市话用户外）联通县、乡（镇）、行政村、村民小组的用户。从 1997 年起，电话用户数分组调整为以用户所在区域划分为“城市电话用户”和“乡村电话用户”，与过去的按市内电话和农村电话划分方法不同。而电话用户总数、电话机总部数统计范围不变。

**住宅电话用户**

指安装在居民住宅或农民家里并按照住宅电话用户登记注册和收费的电话用户。包括私人付费、单位付费和按规定免费安装的住宅电话用户。

# Explanatory Notes for Major Statistical Indicators

**Length of Railways in Operation**

refers to the total length of the trunk line under passenger and freight transportation (including both full operation and temporary operation). The calculation is based on the actual length of the first line even if this line has a full or partial double track or more tracks, excluding double tracks, station sidings, tracks under the charge of stations, branch lines, special-purpose lines and the non-payable connecting lines. The length of railways in operation is an important indicator to show the development of the infrastructure for the railway transport, and also the essential data to calculate volume of passenger freight transport, traffic density and utilization efficiency of the locomotives and carriages.

**Length of Highways**

refers to the length of highways which are built in conformity with the grades specified by the <Highway Engineering Standard> formulated by the Ministry of Communications, and have been formally checked and accepted by the departments of highways and put into use. The length of highways includes that of the suburb highways at large and medium-sized cities, highways passing through streets at small cities and towns, and also the length of bridges and ferries. It does not include the length of streets in big and medium-sized cities and highways built for the production purpose at factories, mines, forest areas and agricultural areas. If two or more highways go the same section of the way, the length of the section is only calculated for once and no duplication is allowed. They could be classified by technical level into class highway and substandard highways. Class highway includes express-way and first class, second class, third class and forth class highway.

**Length of Navigable Inland Waterways**

refers to the length of the natural rivers, artificial rivers and canals, lakes, and reservoirs open to navigation that deep in 0.3 meters and above in dry season, which enables the transport by motor vessel, wooden sailing boats and rafts (using rafts to transport), excluding river courses which are only used to float odd logs. If two provinces take river as circle, the length of section is only calculated half to both sides, so as not to repeat.

**Length of Civil Aviation Routes**

refers to the length of all routes for regular civil aviation flights and it is usually the distance between airports. The length is calculated at the end of the year as the standard. The lines that can't open all through the year because of the weather are calculated at the end of the year. If it could continue and open at the end of the year, it should be calculated, otherwise it should be deducted and disregarded. There are usually two ways to calculate the length: duplicated calculation and unduplicated calculation. The former is to put the length of all air routes together, and the later is not to allow the duplication in calculation.

**Freight (Passenger) Traffic**

refers to the volume of freight (passenger) transported with various means. Freight transport is calculated in tons and passenger traffic is calculated in the number of persons. Despite the type of freight and traveling distance, the freight transport is calculated in the actual weight of the goods: and despite the traveling distance and ticket price, the passenger traffic is calculated by the principle that one person can be counted only once in one travel. The passenger who travels with a half price ticket or a child ticket is also calculated as one person. The freight (passenger) traffic provides a quantitative measure to show how the transport industry serves the national economy and people, and is also an important indicator for planning the transport industry and for studying the development scale and speed of the transport industry.

**Freight Ton-kilometers (Passenger-kilometers)**

refer to the sum of the products of the volume of transported cargo (passengers) multiplying by the transport distance, usually using ton-kilometer and passenger-kilometer as units for measurement. Normally, the shortest distance between the departure station and the destination station (i.e., the payable distance) is the basis to calculate the freight ton-kilometers. This is an important indicator to show the total results of the transport industry, to prepare and examine the transport plan and to measure the efficiency, the labour productivity and the unit cost of transport. The formula is as follows:

Freight Ton-kilometers (Passenger-kilometers) =∑ {Freight (Passenger) Traffic × Distance of Transportation}

Measuring unit: ton-kilometer (person-kilometer)

**Possession of Civil Motor Vehicles**

refer to the total numbers of vehicles that are registered and received vehicles license tags according to the Work Standard for Motor Vehicles Registration formulated by the Transport Management Office under the department of public security at the end of the reference period. They are divided into categories. According to the structure of motor vehicles, they are divided into passenger vehicles, trucks and others; according to ownership into private vehicles and vehicles for the unit's use; according to kind of usage into working vehicles and non-working vehicles; and according to size of vehicles into large passenger vehicles, medium-sized passenger vehicles, small passenger vehicles and mini passenger vehicles, heavy trucks, light-heavy trucks, light trucks and mini-trucks.

**Business Volume of Post and Telecommunications (Also called Business Volume of Communications)**

refers to the total amount of communications services, expressed in currency terms, provided by communications enterprises for the society. It is a comprehensive indicator reflects the total trend of communication service. It could be divided into business volume of post and telecommunication by type and business volume of telecommunication includes business volume of local network, long-distance, mobile communication, digital communication and telegram. It could be divided into domestic, international and business volume of Hong Kong, Macao and Taiwan by the coverage. The formula is as follows:

Business Volume of Post and Telecommunications = Σ (Transaction of Communication Service × Constant Price) + Income from Leasing Maintenance and other Services

= Business Volume of Postal Services + Business Volume of Telecommunication Services

Business Volume of Postal Services =Σ (Transaction of Postal Service × Constant Price) + Income from Leasing, Maintenance and other Services

Business Volume of Telecommunication Services = Σ (Transaction of Telecommunication Service × Constant Price) + Income from Leasing, Maintenance and other Services

**Mobile Telephone Subscribers**

refer to the persons who own mobile telephone number connected with the mobile telephone communication network and have registered in mobile communication enterprises. The number of subscribers is calculated only when the subscribers who have gone through all the register formalities and entered into the mobile telephone network at the end of the report. One mobile telephone is treated as a subscriber.

**Telephone Subscribers**

refer to subscribers that are connected to the public line telephone network provided with telephone services. Before 1997, telephone subscribers were classified as city subscribers and village subscribers. City subscribers referred to those connected to city telephone networks in county towns and cities, while village subscribers referred to those connected to village telephone stations at and below counties. Since 1997, the classification of telephone subscribers was modified on the basis of physical location of the subscribers as "urban telephone subscribers" and "rural telephone subscribers", which is different from the previous classification of categorizing "local telephones" and "rural telephones", while the definition of total subscribers and total number of telephones remain unchanged.

**Household Telephone Subscribers**

refer to telephone sets installed in the dwelling units of residents or peasant families and registered and charged according to house telephone subscribers. They included three types of payment for the service: private payment, unit payment and free installing service.

# 第十六篇

Chapter 16

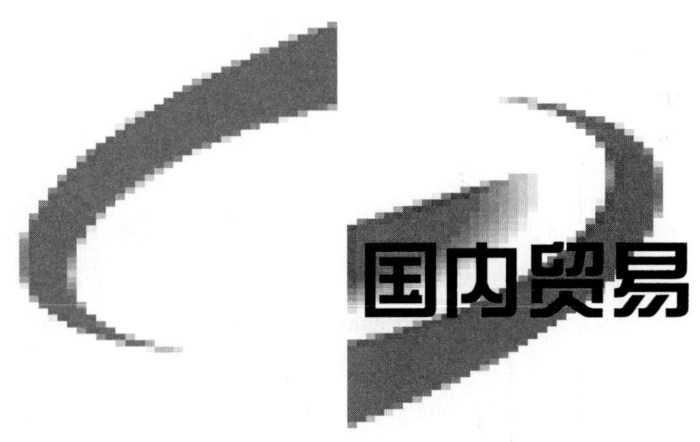


DOMESTIC TRADE

## 简要说明

一、本篇资料反映我省国内市场发展情况和批发零售业、餐饮业和住宿业商品经营情况。主要内容有批发零售业商品流通，限额以上批发零售企业、住宿餐饮企业财务状况，社会消费品零售总额、国内集市贸易等。

二、本篇资料是根据国家统计局的批发零售、住宿餐饮业统计报表制度进行搜集和加工整理。

本资料的调查范围：财务状况报表为各种经济类型的限额以上批发和零售业法人企业、住宿和餐饮业法人企业。社会消费品零售总额报表为有零售业务的各种经济类型的企业、行政事业单位。以上统计报表从基层起报，自下而上逐级综合上报，主要采取全面调查方法，局部资料有的以抽样调查推断，有的利用工商、税务等部门的有关资料推算。

三、限额以上批发和零售业、住宿和餐饮业统计限额标准：批发业：年主营业务收入在 2000 万元及以上；零售业：年主营业务收入在 500 万元以及上；住宿业：年主营业务收入在 200 万元及以上；餐饮业：年主营业务收入在 200 万元及以上。

## Brief Introduction

I. Data in this chapter show the development of Anhui’s domestic market and the sales of the commodities in wholesale and retail sale trade as well as catering trade accommodation industry, including mainly the circulation of commodities in the wholesale and retail sale trades, the financial condition of the wholesale, retail, accommodation and catering trade enterprises, the total sales of the consumer goods in the whole country and the domestic fair trade, etc.

II. Data in this chapter are collected and processed in accordance with the statistical reporting scheme on wholesale and retail sale trades as well as accommodation industry, catering trade, stipulated by the National Bureau of Statistics.

Statistical coverage: Statistics on financial conditions include all corporate enterprises of wholesale, retail, catering trade above the designated size and star size accommodation. Statistics on retail sales of consumer goods include all enterprises, institutional units and peasants engaged in retail sale business. The method used in data collection is a complete enumeration, under which all units are covered in the survey and data are reported from lower to higher level statistical offices. For local data, sample surveys are used, and in some cases, administrative registers from industrial and commercial administration and taxation administration are used in the estimation.

III. Criteria for wholesale and retail sale trades, hotels and catering services above designated size are as follows: wholesale trade, having 20 or more employees at year-end with annual sales over 20 million yuan; retail trade, having 60 or more employees at year-end with annual sales over 5 million yuan; hotels, certified hotels with star-ranking; catering services, having 40 or more employees with annual income over 2 million yuan.

## 16—1 国内贸易基本情况
Basic Conditions of Domestic Trade

| 指 标 | Item | 1995 | 2000 | 2005 | 2009 | 2010 |
|---|---|---|---|---|---|---|
| **法人机构 （个）** | **Number of Corporation Unit (unit)** | | | | | |
| 批发零售业 | Engaged in Wholesale and Retail Trades | 21644 | 651 | 815 | 1859 | 2449 |
| 住宿餐饮业 | Accommodation and Catering Trade | 2670 | 15 | 460 | 872 | 1021 |
| **从业人员 （万人）** | **Persons Engaged (10000 persons)** | | | | | |
| 批发零售业 | Engaged in Wholesale and Retail Trades | 189.1 | 13.2 | 12.8 | 21.7 | 26.2 |
| 住宿餐饮业 | Accommodation and Catering Trade | 33.8 | 0.6 | 5.3 | 8.9 | 10.2 |
| **批发零售贸易业 （亿元）** | **Wholesale and Retail Trade (100 million yuan)** | | | | | |
| 商品购进总额 | Total Purchases | 1026.3 | 1901.1 | 1513.1 | 3516.4 | 4653.0 |
| 商品销售总额 | Total Sale | 1078.4 | 1764.0 | 3835.3 | 7758.3 | 10044.5 |
| 商品库存总额 | Total Inventory | 226.6 | 393.8 | 116.2 | 270.3 | 397.5 |
| **社会消费品零售总额（亿元）** | **Total Retail Sales of Consumer Goods (100 million yuan)** | **599.6** | **1077.8** | **1776.7** | **3481.6** | **4151.5** |
| 按销售单位所在地分 | By Location of Establishments | | | | | |
| 市 | City | 290.1 | 510.1 | 946.4 | 2918.5 | 3481.0 |
| 县 | County | 134.1 | 239.8 | 359.8 | 1950.6 | 2352.2 |
| 县以下 | Under County Level | 175.5 | 327.9 | 470.5 | 563.1 | 670.5 |
| 按行业分 | By Sector | | | | | |
| 批发和零售业 | Wholesale and Retail Trade | 395.2 | 681.1 | 1509.6 | 3055.1 | 3635.6 |
| 住宿和餐饮业 | Accommodation and Catering Trade | 37.3 | 119.6 | 242.3 | 426.5 | 515.9 |
| 其 他 | Others | 106.1 | 22.4 | 24.8 | | |

注：1．2000年及以后法人机构和从业人员为限额以上企业。
2．1995年批发零售业口径为不含个体数据，2000年及以后为包含个体的数据。
3．2005年及以后的商品购进总额、库存总额为限额以上口径，住宿业从2005年纳入统计范围。
4．1995—2004年、2005—2008年社会消费品零售总额分别是根据第一次和第二次经济普查结果重新调整后的数据。
5．2009年和2010年社会消费品零售总额为扣除其他的新口径数据；行业分组中取消"其他"。
6．2009年和2010年中按销售单位所在地分组调整为"1.城镇，其中：城区；2.乡村"（城镇+乡村=社会消费品零售额总额）。取消"市、县、县以下"分组。

a) Corporation unit and persons engaged refer to statistics for enterises above designated size after 2000.
b) Total purchases, sale and inventory of wholesale and retail trade referred to statistics for state cooperative trade in 1995 and wholesale and ratail trade (excluding individual) in 1995, after 2000 those include individual trade.
c) After 2005, Total purchases and inveutory of commodities are above limited. Accommodation and Catering Trade are in statistcs from 2005
d) Total Retail Sales of Consumer Goods is readjustment data after first and the second economical general survey result In1995-2004,2005--2008.
e) The total retail sales of consumer goods sine 2009 to 2010 are adjusted newly according to the results newly.
f) In 2009 and 2010 ,according to the Marketing unit locus grouping adjustment is "1. City; 2. village" (city + village = Total Retail Sales of Consumer Goods). Canceling "below the city, the county, the county"

## 16—2 消费品市场交易情况
Trade of Consumable Markets in Urban and Rural Areas

| 指 标 | Item | 2005 | 2007 | 2008 | 2009 | 2010 |
|---|---|---|---|---|---|---|
| **消费品市场数 （个）** | **Number of Consumable Markets (unit)** | **2877** | **1880** | **1845** | **1698** | **1289** |
| 城市市场 | Urban Area | 890 | 530 | 703 | 665 | 556 |
| 农村市场 | Rural Area | 1987 | 1350 | 1142 | 1033 | 733 |
| **消费品市场构成 （%）** | **Composition of Consumable Markets (%)** | | | | | |
| 城市市场 | Urban Area | 30.9 | 29.2 | 38.1 | 39.2 | 43.1 |
| 农村市场 | Rural Area | 69.1 | 71.8 | 61.9 | 60.8 | 56.9 |

## 16—3 限额以上批发零售、餐饮业基本情况（2010年，按登记注册类型分）

Basic Conditions of Enterprises Above Designated Size in Wholesale and Retail Sale and Catering Trade by Registration (2010)

| 指　标 | Item | 法人企业（个）Number of Corporation Enterprises (unit) | 从业人数（人）Engaged Persons (person) |
|---|---|---|---|
| **总　计** | **Total** | **3042** | **313070** |
| **批发业合计** | **Wholesale Trade** | **867** | **102984** |
| 国有控股 | State-holding Enterprises | 193 | 50821 |
| **内资企业** | **Domestic-funded Enterprises** | **851** | **90897** |
| 国有企业 | State-owned Enterprises | 111 | 33550 |
| 集体企业 | Collective-owned Enterprises | 13 | 1162 |
| 股份合作企业 | Cooperative Enterprises | 8 | 307 |
| 有限责任公司 | Limited Liability Corporations | 273 | 18138 |
| 股份有限公司 | Share-holding Corporations Ltd. | 54 | 15744 |
| 私营企业 | Private Enterprises | 385 | 20985 |
| 其　他 | Other | 7 | 1011 |
| **港澳台商投资企业** | **Enterprises with Investment from Hong Kong, Macao and Taiwan** | **9** | **8463** |
| 合资经营企业 | Joint-venture Enterprises | 4 | 1116 |
| 独资经营企业 | Enterprises with Sole Fund | 4 | 917 |
| **外商投资企业** | **Enterprises with Foreign Investment** | **7** | **3624** |
| 中外合资经营企业 | Joint-venture Enterprises | 2 | 145 |
| 外资企业 | Solely Foreign Funded Enterprises | 5 | 3479 |
| **零售业合计** | **Retail Trade** | **1582** | **158767** |
| 国有控股 | State-holding Enterprises | 160 | 25989 |
| **内资企业** | **Domestic-funded Enterprises** | **1541** | **148132** |
| 国有企业 | State-owned Enterprises | 76 | 10311 |
| 集体企业 | Collective-owned Enterprises | 19 | 1940 |
| 股份合作企业 | Cooperative Enterprises | 20 | 4567 |
| 联营企业 | Joint Ownership Enterprises | 3 | 57 |
| 有限责任公司 | Limited Liability Corporations | 496 | 55622 |
| 股份有限公司 | Share-holding Corporations Ltd. | 66 | 15720 |
| 私营企业 | Private Enterprises | 827 | 54716 |
| 其　他 | Other | 34 | 5703 |
| **港澳台商投资企业** | **Enterprises with Investment from Hong Kong, Macao and Taiwan** | **16** | **4336** |
| 独资经营企业 | Enterprises with Sole Fund | 12 | 3106 |
| **外商投资企业** | **Enterprises with Foreign Investment** | **25** | **6299** |
| 中外合资经营企业 | Joint-venture Enterprises | 7 | 2984 |
| 外资企业 | Solely Foreign Funded Enterprises | 18 | 3315 |
| **餐饮业合计** | **Catering Trade** | **593** | **51319** |
| 国有控股 | State-holding Enterprises | 25 | 2456 |
| **内资企业** | **Domestic-funded Enterprises** | **586** | **49251** |
| 国有企业 | State-owned Enterprises | 20 | 1928 |
| 集体企业 | Collective-owned Enterprises | 7 | 383 |
| 股份合作企业 | Cooperative Enterprises | 3 | 253 |
| 有限责任公司 | Limited Liability Corporations | 107 | 9503 |
| 股份有限公司 | Share-holding Corporations Ltd. | 16 | 1690 |
| 私营企业 | Private Enterprises | 415 | 34272 |
| 其　他 | Other | 17 | 1155 |
| **港澳台商投资企业** | **Enterprises with Investment from Hong Kong, Macao and Taiwan** | **4** | **1708** |
| 合作经营企业 | Co-cperation Enterprises | 1 | 1414 |
| 独资经营企业 | Enterprises with Sole Fund | 3 | 294 |
| **外商投资企业** | **Enterprises with Foreign Investment** | **3** | **360** |
| 中外合资经营企业 | Joint-venture Enterprises | 1 | 89 |
| 中外合作经营企业 | Cooperation Enterprises | 1 | 55 |
| 外资企业 | Solely Foreign Funded Enterprises | 1 | 216 |

# 16—4 限额以上批发零售业商品购进、销售和库存情况（2010年，按注册类型分）

Total Purchases, Sales and Inventory of Enterprises Above Designated Size in Wholesale and Retail Trade by Registration (2010)

单位：万元 (10000 yuan)

| 指标 | Item | 购进总额 Total Purchases Value | #进口 Imports | 销售总额 Total Sales Value | 批发 Wholesale Value | 零售 Retail Value | 年末库存总额 Stock (year-end) |
|---|---|---|---|---|---|---|---|
| **总计** | **Total** | **46530367** | **2114249** | **51441485** | **35987903** | **15453583** | **3975473** |
| **批发业合计** | **Wholesale Trade** | **34071663** | **2026526** | **37734308** | **34367175** | **3367134** | **2364087** |
| 国有控股 | State-holding Enterprises | 20440491 | 1686794 | 22619949 | 19722251 | 2897698 | 1294326 |
| **内资企业** | **Domestic-funded Enterprises** | **32715672** | **2020848** | **35947739** | **32593509** | **3354230** | **2238377** |
| 国有企业 | State-owned Enterprises | 8118568 | | 9691000 | 7784205 | 1906795 | 755690 |
| 集体企业 | Collective-owned Enterprises | 115991 | | 132628 | 125796 | 6832 | 4314 |
| 股份合作企业 | Cooperative Enterprises | 169597 | | 168888 | 166692 | 2195 | 16922 |
| 有限责任公司 | Limited Liability Corporations | 8390880 | 308225 | 8860668 | 8451631 | 409037 | 620904 |
| 股份有限公司 | Share-holding Corporations Ltd. | 9798013 | 1619614 | 10364183 | 9557656 | 806527 | 291864 |
| 私营企业 | Private Enterprises | 6067884 | 93009 | 6667047 | 6446261 | 220786 | 547661 |
| 其他 | Other | 54739 | | 63326 | 61268 | 2058 | 1023 |
| **港澳台商投资企业** | **Enterprises with Investment from Hong Kong, Macao and Taiwan** | **422956** | | **454479** | **452910** | **1569** | **22858** |
| 合资经营企业 | Joint-venture Enterprises | 82949 | | 112655 | 112655 | | 8843 |
| 独资经营企业 | Enterprises with Sole Fund | 90707 | | 94861 | 93292 | 1569 | 9640 |
| **外商投资企业** | **Enterprises with Foreign Investment** | **935958** | **5678** | **1334822** | **1323488** | **11335** | **103204** |
| 中外合资经营企业 | Joint-venture Enterprises | 8789 | | 11046 | 10274 | 772 | 467 |
| 外资企业 | Solely Foreign Funded Enterprises | 927168 | 5678 | 1323777 | 1313214 | 10563 | 102737 |
| **零售业合计** | **Retail Trade** | **12458704** | **87723** | **13707177** | **1620728** | **12086449** | **1611386** |
| 国有控股 | State-holding Enterprises | 3501072 | 22 | 4139159 | 1059280 | 3079880 | 479390 |
| **内资企业** | **Domestic-funded Enterprises** | **11639972** | **87562** | **12850496** | **1620458** | **11230038** | **1518307** |
| 国有企业 | State-owned Enterprises | 1263641 | | 1400882 | 419741 | 981140 | 70127 |
| 集体企业 | Collective-owned Enterprises | 87595 | | 101807 | 4940 | 96866 | 5287 |
| 股份合作企业 | Cooperative Enterprises | 135503 | 23 | 171093 | 1783 | 169310 | 10411 |
| 联营企业 | Joint Ownership Enterprises | 5507 | | 5670 | | 5670 | 482 |
| 有限责任公司 | Limited Liability Corporations | 4551948 | 62835 | 4992812 | 493494 | 4499319 | 514742 |
| 股份有限公司 | Share-holding Corporations Ltd. | 2115172 | | 2482497 | 502610 | 1979887 | 437235 |
| 私营企业 | Private Enterprises | 3202768 | 24695 | 3425008 | 197890 | 3227118 | 438896 |
| 其他 | Other | 273315 | 9 | 265952 | | 265952 | 40810 |
| **港澳台商投资企业** | **Enterprises with Investment from Hong Kong, Macao and Taiwan** | **295560** | | **311755** | **270** | **311485** | **30272** |
| 独资经营企业 | Enterprises with Sole Fund | 204873 | | 224300 | | 224300 | 24995 |
| **外商投资企业** | **Enterprises with Foreign Investment** | **540721** | **161** | **562816** | | **562816** | **65303** |
| 中外合资经营企业 | Joint-venture Enterprises | 267647 | | 274376 | | 274376 | 31768 |
| 外资企业 | Solely Foreign Funded Enterprises | 273074 | 161 | 288440 | | 288440 | 33535 |

# 16—5 限额以上批发零售业商品购进销售情况（2010年，按行业分）

Total Purchases, Sales and Inventory of Enterprises Above Designated Size in Wholesale and Retail Trade by Sector (2010)

单位：万元 (10000 yuan)

| 指 标 | Item | 购进总额 Total Purchases Value | 销售总额 Total Sales Value | 批 发 Wholesale Value | 零 售 Retail Value | 年末库存总 额 Stock (year-end) |
|---|---|---|---|---|---|---|
| **总 计** | **Total** | **46530367** | **51441485** | **35987903** | **15453583** | **3975473** |
| **批发业合计** | **Wholesale Trade** | **34071663** | **37734308** | **34367175** | **3367134** | **2364087** |
| 农畜产品批发 | Wholesale of Farm Produce and Livestock Products | 648665 | 633165 | 596813 | 36352 | 212110 |
| 食品、饮料及烟草制品批发 | Wholesale of Food, Beverages and Tobaccos | 4583121 | 5670101 | 5485886 | 184215 | 434551 |
| #米、面制品及食用油批发 | Wholesale of Rice, Flour and Edible Oil | 1252675 | 1181219 | 1031745 | 149474 | 247317 |
| 烟草制品批发 | Wholesale of Tobaccos | 2317917 | 3334924 | 3332361 | 2562 | 132221 |
| 纺织、服装及日用品批发 | Wholesale of Textiles, Garments and Daily Consumer Articles | 1829963 | 2415513 | 2409118 | 6394 | 160148 |
| #服装批发 | Wholesale of Garments | 326275 | 480154 | 475424 | 4731 | 23981 |
| 文化、体育用品及器材批发 | Wholesale of Culture, Sports Appliances and Equipments | 320082 | 332045 | 319144 | 12901 | 26385 |
| 医药及医疗器材批发 | Wholesale of Medicines and Medical Appliances | 4056835 | 4180835 | 3647307 | 533527 | 344508 |
| 矿产品、建材及化工产品批发 | Wholesale of Mineral Products, Building Materials and Chemical Products | 16279292 | 17894608 | 15410504 | 2484105 | 534845 |
| #煤炭及制品批发 | Wholesale of Coal and Related Products | 938434 | 1028290 | 1026738 | 1552 | 31791 |
| 石油及制品批发 | Wholesale of Petroleum and Related Products | 7190105 | 8303312 | 5855306 | 2448006 | 205403 |
| 金属及金属矿批发 | Wholesale of Metal Materials | 6247374 | 6569909 | 6567789 | 2120 | 153186 |
| 建材批发 | Wholesale of Building Materials | 480112 | 510236 | 482307 | 27929 | 26816 |
| 化肥批发 | Wholesale of Chemical Fertilizer | 975044 | 1011155 | 1008853 | 2302 | 91006 |
| 机械设备、五金交电及电子产品批发 | Wholesale of Machinery, Hardware and Electronic Equipment | 4564470 | 4628063 | 4531365 | 96699 | 316244 |
| #汽车、摩托车及零配件批发 | Wholesale of Motor Vehicles, Motorcycles and Parts | 1642481 | 1663565 | 1637469 | 26096 | 110868 |
| 家用电器批发 | Wholesale of Household Electrical Appliances | 1081543 | 1092588 | 1067219 | 25369 | 90525 |
| 计算机、软件及辅助设备批发 | Wholesale of Computer, Software and Assistant Appliances | 201148 | 199903 | 161148 | 38755 | 6101 |
| 贸易经纪与代理 | Trade Broker and Agency | 6920 | 11485 | 11485 | | 533 |
| 其他批发 | Other Wholesale not Classified Elsewhere | 1782317 | 1968494 | 1955553 | 12941 | 334763 |
| **零售业合计** | **Retail Trade** | **12458704** | **13707177** | **1620728** | **12086449** | **1611386** |
| 综合零售 | Integrated Retail | 4235566 | 4609245 | 333679 | 4275566 | 751580 |
| #百货零售 | Retail of General Merchandise | 2165954 | 2495888 | 306671 | 2189218 | 246102 |
| 超级市场零售 | Retail of Supermarkets | 2024516 | 2056429 | 23062 | 2033366 | 501527 |
| 食品、饮料及烟草制品专门零售 | Retail of Food, Beverages and Tobaccos | 197932 | 221289 | 6425 | 214864 | 23892 |
| 纺织、服装及日用品专门零售 | Special Retail of Textiles, Garments and Daily Consumer Articles | 178018 | 196832 | 16146 | 180686 | 48916 |
| #服装零售 | Retail of Garments | 109891 | 117098 | 6939 | 110159 | 33840 |
| 文化、体育用品及器材专门零售 | Retail of Culture, Sports Appliances and Equipments | 302299 | 294581 | 19529 | 275053 | 43672 |
| #体育用品零售 | Retail of Sports Goods | 5066 | 3771 | 2965 | 806 | 1997 |
| 图书零售 | Retail of Books | 281162 | 272272 | 11809 | 260463 | 30786 |
| 医药及医疗器材专门零售 | Retail of Medicines and Medical Appliances | 867060 | 912642 | 262254 | 650388 | 191856 |
| #药品零售 | Retail of Medicines | 856817 | 899744 | 260953 | 638790 | 190348 |
| 汽车、摩托车、燃料及零配件专门零售 | Retail of Motor Vehicles, Motorcycles, Fuel and Parts | 5105168 | 5705199 | 609488 | 5095711 | 310574 |
| #汽车零售 | Retail of Motor Vehicles | 3656620 | 3918150 | 157939 | 3760211 | 276052 |
| 机动车燃料零售 | Retail of Fuel of Motor Vehicles | 1371153 | 1695145 | 448513 | 1246632 | 21681 |
| 家用电器及电子产品专门零售 | Special Retail of Household Electric Appliances and Electronic Products | 1295566 | 1471655 | 350019 | 1121636 | 195878 |
| #家用电器零售 | Retail of Household Electric Appliances | 1016093 | 1168742 | 285548 | 883194 | 171604 |
| 计算机、软件及辅助设备零售 | Retail of Computer, Software and Assistant Appliances | 182478 | 195552 | 59614 | 135938 | 15894 |
| 通讯设备零售 | Retail of Communication Equipments | 87465 | 96002 | 2397 | 93605 | 7821 |
| 五金、家具及室内装修材料专门零售 | Special Retail of Hardware, Furniture and Decoration Materials | 179556 | 167705 | 2097 | 165608 | 37221 |
| 无店铺及其他零售 | Non-shop and Other Retails | 97539 | 128029 | 21091 | 106938 | 7798 |

## 16—6 限额以上批发零售业主要商品分类销售额（2010年）

Total Sales of Enterprises Above Designated Size in Wholesale and Retail Sale by Category of Main Commodities (2010)

单位：万元 (10000 yuan)

| 指 标 | Item | 合 计 Total | 批 发 Wholesale | 零 售 Retail Sale |
|---|---|---|---|---|
| **总 计** | **Total** | **43983432** | **31127069** | **12856363** |
| 粮油、食品、饮料、烟酒类 | Grain and Edible Vegetable Oil, Food, Beverages, Tobacco and Liquor | 7764921 | 5837823 | 1927099 |
| 粮油、食品类 | Grain and Edible Vegetable Oil, Food | 3123460 | 1795667 | 1327793 |
| #粮油类 | Grain and Edible Vegetable Oil | 1084268 | 738628 | 345640 |
| 肉禽蛋类 | Meat, Poultry and Eggs | 278994 | 59419 | 219575 |
| 水产品类 | Aquatic Products | 37180 | 5015 | 32165 |
| 蔬菜类 | Vegetables | 79957 | 29282 | 50675 |
| 干鲜果品类 | melons and Fruits | 110997 | 24277 | 86720 |
| 饮料类 | Beverages | 478437 | 292162 | 186275 |
| 烟酒类 | Tobacco and Liquor | 4163024 | 3749993 | 413031 |
| 服装鞋帽、针、纺织品类 | Garments, Footwear, Hats, Knitwear and Textiles | 2222989 | 988547 | 1234442 |
| 服装类 | Garments | 1263558 | 465242 | 798316 |
| 鞋帽类 | Footwear and Hats | 419418 | 160378 | 259040 |
| 针、纺织品类 | Knitwear and Textiles | 540013 | 362928 | 177085 |
| 化妆品类 | Cosmetics | 469299 | 274834 | 194465 |
| 金银珠宝类 | Gold, Silver and Jewelry | 339436 | 80330 | 259107 |
| 日用品类 | Articles for Daily Use | 1555763 | 1142612 | 413152 |
| 洗涤用品类 | Washing Articles | 513044 | 400044 | 113000 |
| 儿童玩具类 | Toys | 32045 | 7921 | 24124 |
| 五金、电料类 | Hardware and Electrical Materials | 62773 | 32959 | 29814 |
| 体育、娱乐用品类 | Sports and Recreation Articles | 84539 | 35179 | 49361 |
| 书报杂志类 | Newspapers and Magazines | 521123 | 267368 | 253755 |
| 电子出版物及音像制品类 | E-journal and Video Products | 30838 | 17558 | 13279 |
| 家用电器和音像器材类 | Household Appliances and Video Appliances | 2751692 | 1573425 | 1178268 |
| 中西药品类 | Traditional Chinese and Western Medicines | 4641140 | 3376755 | 1264385 |
| 西 药 | Western Medicines | 3402301 | 2519066 | 883235 |
| 中草药及中成药 | Chinese Herbal Medicine and Proprietary Chinese Medicine | 703302 | 527798 | 175504 |
| 文化、办公用品类 | Cultural and Official Goods | 545986 | 335211 | 210775 |
| 家具类 | Furniture | 90039 | 17573 | 72466 |
| 通讯器材类 | Communication Appliances | 312913 | 165855 | 147058 |
| 煤炭及制品类 | Coal and Related Product | 989100 | 955252 | 33848 |
| 木材及制品类 | Wood and Wooden Product | 13608 | 13608 | |
| 石油及制品类 | Petroleum and Related Product | 6632174 | 4459555 | 2172620 |
| 化工材料类 | Raw Chemical Materials | 1470438 | 1470438 | |
| 化肥类 | Chemical Fertilizer | 737587 | 737587 | |
| 金属材料类 | Metal Materials | 4920060 | 4920060 | |
| 建筑及装潢材料类 | Building and Decoration Materials | 361945 | 179064 | 182881 |
| 机电产品及设备类 | Mechanical and Electrical Products | 1511969 | 1467536 | 44433 |
| 农机类 | Agricultural Machinery | 31307 | 31307 | |
| 汽车类 | Automobile | 4483298 | 1465452 | 3017846 |
| 种子饲料类 | Seed and Feedstuff | 148685 | 148685 | |
| 棉麻类 | Cotton, Hemp | 84877 | 69628 | 15249 |
| 其他类 | Other | 1973826 | 1831764 | 142062 |

# 16—7 限额以上批发零售企业主要财务指标情况（2010年，按登记注册类型分）

| 指标 | Item | 流动资产合计 Circulating Funds | #存货 Stock | 流动资金平均余额 Annual Average Balance of Circulating Funds | 固定资产原价 Original Value of Fixed Assets |
|---|---|---|---|---|---|
| **批发零售企业总计** | **Total** | **16154872** | **3462671** | **11295540** | **3199662** |
| **批发企业合计** | **Wholesale Trade** | **11586624** | **2355507** | **8440157** | **1771619** |
| 国有控股 | State-holding Enterprises | 6404626 | 1369014 | 5116099 | 1286115 |
| **内资企业** | **Domestic-funded Enterprises** | **11090602** | **2190730** | **8051778** | **1710911** |
| 国有企业 | State-owned Enterprises | 2619575 | 791270 | 2239590 | 792238 |
| 集体企业 | Collective-owned Enterprises | 34522 | 3941 | 17819 | 5937 |
| 股份合作企业 | Cooperative Enterprises | 33115 | 8413 | 18404 | 5928 |
| 联营企业 | Joint Ownership Enterprises | | | | |
| 其他联营企业 | Other Joint Ownership Enterprises | | | | |
| 有限责任公司 | Limited Liability Company | 2947580 | 572601 | 1886377 | 206634 |
| 国有独资公司 | State-funded Corporations | 194615 | 48215 | 180243 | 60407 |
| 其他有限责任公司 | Other Limited Liability Corporations | 2752966 | 524386 | 1706134 | 146227 |
| 股份有限公司 | Share-holding Corporations Ltd. | 2960046 | 383854 | 2232932 | 442601 |
| 私营企业 | Private Enterprises | 2483007 | 429157 | 1646369 | 255870 |
| 私营独资企业 | Private-funded Enterprises | 18490 | 4167 | 13294 | 2939 |
| 私营合伙企业 | Private Partnership Enterprises | 978 | 23 | | 1650 |
| 私营有限责任公司 | Private Limited Liability Corporations | 2342786 | 404559 | 1569531 | 224757 |
| 私营股份有限公司 | Private Share-holding Corporations Ltd. | 120753 | 20409 | 63544 | 26524 |
| 其　他 | Other | 12757 | 1494 | 10288 | 1704 |
| **港澳台商投资企业** | **Enterprises with Investment from Hong Kong, Macao and Taiwan** | **167740** | **61220** | **129106** | **51375** |
| 合资经营企业 | Joint-venture Enterprises | 27410 | 11943 | 850 | 28740 |
| 独资经营企业 | Enterprises with Sole Fund | 63162 | 8059 | 61960 | 1238 |
| **外商投资企业** | **Enterprises with Foreign Investment** | **328283** | **103556** | **259272** | **9333** |
| 中外合资经营企业 | Joint-venture Enterprises | 855 | 514 | 175 | 72 |
| 外资企业 | Solely Foreign Funded Enterprises | 327428 | 103042 | 259097 | 9261 |
| **零售企业合计** | **Retail Trade** | **4568248** | **1107165** | **2855384** | **1428043** |
| 国有及国有控股 | State Controlling Share Hold Enterprises | 1280534 | 186319 | 706294 | 416100 |
| **内资企业** | **Domestic-funded Enterprises** | **4248227** | **1011613** | **2688371** | **1228521** |
| 国有企业 | State-owned Enterprises | 518498 | 68073 | 220563 | 177339 |
| 集体企业 | Collective-owned Enterprises | 19441 | 7667 | 14883 | 16235 |
| 股份合作企业 | Cooperative Enterprises | 51899 | 10168 | 37907 | 9534 |
| 联营企业 | Joint Ownership Enterprises | 1508 | 481 | 113 | 287 |
| 集体联营企业 | Collective Joint Ownership Enterprises | 113 | 65 | 113 | 102 |
| 其他联营企业 | Other Joint Ownership Enterprises | | | | |
| 有限责任公司 | Limited Liability Corporations | 1661700 | 394644 | 990965 | 487415 |
| 国有独资公司 | State-funded Corporations | 24839 | 2593 | 21588 | 20272 |
| 其他有限责任公司 | Other Limited Liability Corporations | 1636861 | 392052 | 969378 | 467143 |
| 股份有限公司 | Share-holding Corporations Ltd. | 715837 | 148574 | 532980 | 215955 |
| 私营企业 | Private Enterprises | 1231227 | 356954 | 860919 | 299115 |
| 私营独资企业 | Private-funded Enterprises | 63589 | 32424 | 32145 | 23542 |
| 私营合伙企业 | Private Partnership Enterprises | 17339 | 6051 | 12306 | 3957 |
| 私营有限责任公司 | Private Limited Liability Corporations | 1039204 | 298480 | 744683 | 248909 |
| 私营股份有限公司 | Private Share-holding Corporations Ltd. | 111095 | 19998 | 71786 | 22707 |
| 其　他 | Other | 48118 | 25053 | 30040 | 22641 |
| **港澳台商投资企业** | **Enterprises with Investment from Hong Kong, Macao and Taiwan** | **142725** | **24838** | **78847** | **72917** |
| 独资经营企业 | Enterprises with Sole Fund | 94060 | 19560 | 63909 | 47327 |
| **外商投资企业** | **Enterprises with Foreign Investment** | **177296** | **70714** | **88167** | **126605** |
| 中外合资经营企业 | Joint-venture Enterprises | 89098 | 32686 | 11719 | 58908 |
| 外资企业 | Solely Foreign Funded Enterprises | 88197 | 38028 | 76448 | 67697 |
| 投资股份有限公司 | Share-holding Corporation Ltd. | | | | |

## Main Financial Indicators of Enterprises Above Designated Size in Wholesale and Retail Sale by Registration (2010)

单位：万元　(10000 yuan)

| 累计折旧 Progressive Depreciation | #本年折旧 Depreciation this Year | 资产总计 Total of Assets | 负债合计 Total of Liabilities | #流动负债 Liquid Liabilities | 所有者权益 Creditors' Equity | #实收资本 Capital Hold | #国家资本 National Capital | 主营业务收入 Main Business Income | 主营业务成本 Main Business Cost | 主营业务税金及附加 Main Business and Extra Charges |
|---|---|---|---|---|---|---|---|---|---|---|
| **975771** | **203710** | **20984587** | **15149328** | **14500037** | **5835259** | **3011768** | **1417435** | **44387446** | **40509471** | **317798** |
| **548013** | **103850** | **14587881** | **10442111** | **10139733** | **4145771** | **1978761** | **1174257** | **32220891** | **29542290** | **259328** |
| 395912 | 67061 | 8501494 | 5335045 | 5186544 | 3166449 | 1181908 | 1159897 | 18028261 | 16452542 | 223654 |
| **522103** | **99089** | **14017667** | **9896343** | **9602919** | **4121324** | **1890956** | **1174257** | **30488619** | **28363849** | **258400** |
| 257704 | 43473 | 3769887 | 1778524 | 1729559 | 1991364 | 624997 | 616755 | 9046198 | 7947777 | 183553 |
| 2765 | 371 | 40208 | 32444 | 31042 | 7764 | 7000 | 1580 | 132957 | 119262 | 231 |
| 1262 | 135 | 44126 | 36924 | 35778 | 7203 | 7135 | 231 | 150922 | 150880 | 35 |
| 58964 | 12433 | 3348614 | 2714975 | 2611354 | 633639 | 320303 | 120517 | 8008741 | 7618727 | 41266 |
| 18628 | 4208 | 274984 | 88396 | 72882 | 186587 | 25889 | 24071 | 455036 | 361730 | 18698 |
| 40337 | 8226 | 3073631 | 2626579 | 2538472 | 447052 | 294414 | 96446 | 7553705 | 7256997 | 22568 |
| 121558 | 21138 | 3841709 | 2922054 | 2825011 | 919655 | 494202 | 435175 | 6872638 | 6529071 | 9197 |
| 79450 | 21414 | 2958248 | 2403034 | 2361787 | 555214 | 432563 | | 6214434 | 5939138 | 24009 |
| 805 | 167 | 22290 | 14916 | 14493 | 7373 | 6277 | | 64572 | 61070 | 227 |
| 517 | 48 | 2642 | 461 | 451 | 2182 | 165 | | 22139 | 20321 | 124 |
| 63650 | 13902 | 2780107 | 2268316 | 2227773 | 511791 | 399144 | | 5905783 | 5648148 | 23488 |
| 14479 | 7296 | 153209 | 119340 | 119070 | 33868 | 26977 | | 221940 | 209599 | 171 |
| 400 | 124 | 14875 | 8389 | 8389 | 6486 | 4756 | | 62728 | 58993 | 110 |
| **22746** | **4478** | **219195** | **100105** | **100105** | **119090** | **84121** | | **416418** | **339094** | **512** |
| 15378 | 1987 | 42883 | 26007 | 26007 | 16876 | 11041 | | 112578 | 85565 | 24 |
| 303 | 86 | 64295 | 4528 | 4528 | 59767 | 58080 | | 92761 | 88267 | 478 |
| **3164** | **283** | **351019** | **445663** | **436709** | **-94644** | **3684** | | **1315855** | **839348** | **416** |
| 53 | 8 | 874 | 669 | 669 | 205 | 245 | | 10480 | 8999 | 122 |
| 3112 | 275 | 350145 | 444994 | 436040 | -94849 | 3439 | | 1305374 | 830349 | 294 |
| **427758** | **99860** | **6396706** | **4707217** | **4360304** | **1689489** | **1033007** | **243178** | **12166555** | **10967180** | **58471** |
| 151117 | 28866 | 1843426 | 1206868 | 1102818 | 636558 | 269232 | 230571 | 3529861 | 3180640 | 23392 |
| **361792** | **82124** | **5912467** | **4292766** | **3989636** | **1619701** | **976913** | **238278** | **11424337** | **10329034** | **57307** |
| 63139 | 11243 | 751543 | 528449 | 459835 | 223094 | 95073 | 94121 | 1219183 | 1077171 | 13585 |
| 3180 | 202 | 37349 | 23495 | 18888 | 13854 | 9700 | | 101565 | 93785 | 553 |
| 3402 | 606 | 64305 | 55423 | 39139 | 8882 | 6166 | | 170213 | 163345 | 402 |
| 143 | 13 | 2062 | 1574 | 1235 | 487 | 668 | | 5190 | 4584 | 26 |
| 19 | 12 | 218 | 22 | 1 | 196 | 6 | | 571 | 453 | 18 |
| 135912 | 29222 | 2265866 | 1709959 | 1620216 | 555907 | 351512 | 72644 | 4408986 | 3980052 | 17783 |
| 4596 | 531 | 50658 | 17583 | 9996 | 33075 | 11090 | 11090 | 35250 | 24604 | 121 |
| 131316 | 28691 | 2215209 | 1692376 | 1610220 | 522833 | 340422 | 61554 | 4373736 | 3955448 | 17662 |
| 77853 | 17927 | 1056844 | 689980 | 637418 | 366865 | 151160 | 69482 | 2148026 | 1966586 | 9769 |
| 71604 | 21393 | 1659124 | 1228812 | 1168751 | 430312 | 347657 | 2031 | 3124221 | 2829522 | 11230 |
| 4562 | 1197 | 93060 | 54292 | 48795 | 38768 | 23377 | 26 | 210432 | 184841 | 1010 |
| 1214 | 255 | 21014 | 12952 | 12750 | 8062 | 4510 | | 53783 | 49363 | 267 |
| 59947 | 18473 | 1401641 | 1048080 | 999460 | 353561 | 290380 | 2000 | 2593034 | 2345516 | 9510 |
| 5880 | 1468 | 143410 | 113489 | 107746 | 29921 | 29390 | 5 | 266972 | 249802 | 443 |
| 6559 | 1518 | 75374 | 55074 | 44156 | 20300 | 14977 | | 246952 | 213990 | 3959 |
| **17007** | **4039** | **211055** | **173741** | **156734** | **37315** | **28458** | **4500** | **278183** | **243490** | **805** |
| 10836 | 3422 | 140019 | 111874 | 104967 | 28144 | 20928 | | 202249 | 177413 | 408 |
| **48959** | **13697** | **273183** | **240711** | **213934** | **32473** | **27636** | **400** | **464035** | **394656** | **359** |
| 28086 | 7236 | 128230 | 105901 | 105899 | 22329 | 14243 | 400 | 217574 | 183240 | 23 |
| 20873 | 6461 | 144953 | 134810 | 108034 | 10144 | 13393 | | 246461 | 211416 | 336 |

**16—7 续表 continued**

| 指标 | Item | 主营业务利润 Main Business Profit | 其他业务利润 Other Business Profit | 营业费用 Operating Expense | 管理费用 Management Expense |
|---|---|---|---|---|---|
| **批发零售企业总计** | **Total** | **3437982** | **153833** | **1806210** | **881362** |
| **批发企业合计** | **Wholesale Trade** | **2373773** | **55257** | **1240881** | **544836** |
| 国有控股 | State-holding Enterprises | 1331734 | 12615 | 429080 | 305466 |
| **内资企业** | **Domestic-funded Enterprises** | **1827814** | **38357** | **731727** | **471476** |
| 国有企业 | State-owned Enterprises | 914214 | 4690 | 234617 | 211271 |
| 集体企业 | Collective-owned Enterprises | 14147 | 48 | 1801 | 1072 |
| 股份合作企业 | Cooperative Enterprises | 2007 | | 1037 | 955 |
| 联营企业 | Joint Ownership Enterprises | | | | |
| 其他联营企业 | Other Joint Ownership Enterprises | | | | |
| 有限责任公司 | Limited Liability Company | 324207 | 13854 | 155935 | 106107 |
| 国有独资公司 | State-funded Corporations | 73333 | 788 | 11045 | 31443 |
| 其他有限责任公司 | Other Limited Liability Corporations | 250874 | 13066 | 144890 | 74664 |
| 股份有限公司 | Share-holding Corporations Ltd. | 320583 | 10923 | 180755 | 64732 |
| 私营企业 | Private Enterprises | 249812 | 8842 | 156462 | 86399 |
| 私营独资企业 | Private-funded Enterprises | 3706 | 193 | 1730 | 1266 |
| 私营合伙企业 | Private Partnership Enterprises | 1695 | | 29 | 95 |
| 私营有限责任公司 | Private Limited Liability Corporations | 233218 | 7968 | 148277 | 81784 |
| 私营股份有限公司 | Private Share-holding Corporations Ltd. | 11193 | 680 | 6426 | 3254 |
| 其　他 | Other | 2844 | | 1120 | 939 |
| **港澳台商投资企业** | **Enterprises with Investment from Hong Kong, Macao and Taiwan** | **76813** | **2641** | **54969** | **15450** |
| 合资经营企业 | Joint-venture Enterprises | 26990 | 662 | 16986 | 6621 |
| 独资经营企业 | Enterprises with Sole Fund | 4015 | 67 | 9837 | 1184 |
| **外商投资企业** | **Enterprises with Foreign Investment** | **469146** | **14260** | **454185** | **57910** |
| 中外合资经营企业 | Joint-venture Enterprises | 1359 | | 612 | **555** |
| 外资企业 | Solely Foreign Funded Enterprises | 467787 | 14260 | 453573 | 57354 |
| **零售企业合计** | **Retail Trade** | **1064209** | **98576** | **565330** | **336526** |
| 国有控股 | State-holding Enterprises | 316981 | 25973 | 131747 | 102517 |
| **内资企业** | **Domestic-funded Enterprises** | **973046** | **72537** | **478444** | **304509** |
| 国有企业 | State-owned Enterprises | 120419 | 4574 | 53114 | 37943 |
| 集体企业 | Collective-owned Enterprises | 7133 | 911 | 3472 | 2299 |
| 股份合作企业 | Cooperative Enterprises | 6016 | 99 | 3543 | 2760 |
| 联营企业 | Joint Ownership Enterprises | 489 | | 245 | 339 |
| 集体联营企业 | Collective Joint Ownership Enterprises | 100 | | 76 | 17 |
| 其他联营企业 | Other Joint Ownership Enterprises | | | | |
| 有限责任公司 | Limited Liability Corporations | 368487 | 30174 | 196404 | 119309 |
| 国有独资公司 | State-funded Corporations | 10525 | 348 | 4586 | 2756 |
| 其他有限责任公司 | Other Limited Liability Corporations | 357962 | 29826 | 191819 | 116553 |
| 股份有限公司 | Share-holding Corporations Ltd. | 170551 | 15998 | 65236 | 44289 |
| 私营企业 | Private Enterprises | 272192 | 17284 | 139275 | 93160 |
| 私营独资企业 | Private-funded Enterprises | 23711 | 442 | 6749 | 7294 |
| 私营合伙企业 | Private Partnership Enterprises | 4105 | 15 | 1682 | 1096 |
| 私营有限责任公司 | Private Limited Liability Corporations | 228516 | 16155 | 122611 | 79466 |
| 私营股份有限公司 | Private Share-holding Corporations Ltd. | 15860 | 672 | 8233 | 5304 |
| 其　他 | Other | 27760 | 3498 | 17156 | 4410 |
| **港澳台商投资企业** | **Enterprises with Investment from Hong Kong, Macao and Taiwan** | **33888** | **9495** | **28658** | **15192** |
| 独资经营企业 | Enterprises with Sole Fund | 24428 | 8069 | 24822 | 10230 |
| **外商投资企业** | **Enterprises with Foreign Investment** | **57275** | **16544** | **58227** | **16826** |
| 中外合资经营企业 | Joint-venture Enterprises | 25099 | 12526 | 28646 | 9805 |
| 外资企业 | Solely Foreign Funded Enterprises | 32176 | 4018 | 29582 | 7021 |
| 投资股份有限公司 | Share-holding Corporation Ltd. | | | | |

单位：万元　(10000 yuan)

| 财务费用 Financial Expenses | #利息支出 Interest Exchange | 营业利润 Operating Profit | 利润总额 Total Profit | 应交所得税 Payable Income Tax | 劳动、失业保险费 Labor and Unemployment Insurance Expenses | 住房公积金和住房补贴 Public Accumulation Fund and Subsidy for Housing Construction | 本年应付工资总额 Total Payable Wages this Year | 本年应付福利费总额 Total Payable Welfares this Year | 本年应交增值税 Payable Value-added Tax this Year | 全部从业人员年平均人数（人） Average Number of Staff and Workers (person) |
|---|---|---|---|---|---|---|---|---|---|---|
| **159331** | **84563** | **890398** | **1032664** | **226837** | **17548** | **29046** | **606182** | **52343** | **939330** | **259715** |
| **98031** | **51590** | **623563** | **747368** | **175001** | **10955** | **20002** | **324131** | **33282** | **674770** | **101474** |
| 42760 | 18535 | 606284 | 683783 | 145723 | 8473 | 15139 | 160560 | 18184 | 352659 | 49371 |
| **95307** | **51240** | **630647** | **760086** | **169684** | **10503** | **17506** | **252876** | **23533** | **588850** | **89224** |
| -4601 | -9067 | 483898 | 545221 | 124737 | 6375 | 11116 | 110098 | 12877 | 287984 | 32346 |
| 246 | 237 | 11910 | 2413 | 23 | 14 | 17 | 1711 | 51 | 6405 | 1154 |
| 444 | -251 | -298 | 251 | 72 | 6 | 2 | 509 | 39 | 335 | 305 |
| | | | | | | | | | | |
| 40084 | 27516 | 40571 | 100131 | 25404 | 628 | 3174 | 45998 | 3758 | 127071 | 18286 |
| 1516 | -26 | 32338 | 44770 | 10808 | 151 | 1570 | 6059 | 455 | 18572 | 2504 |
| 38568 | 27542 | 8233 | 55361 | 14596 | 478 | 1604 | 39939 | 3302 | 108500 | 15782 |
| 33070 | 16367 | 78145 | 77324 | 9535 | 2146 | 2745 | 47510 | 4170 | 33338 | 15312 |
| 25962 | 16338 | 15717 | 34026 | 9839 | 1329 | 450 | 46179 | 2610 | 132702 | 20812 |
| 332 | 236 | 985 | 1078 | 194 | 54 | 2 | 1161 | 49 | 612 | 656 |
| 43 | 42 | 1528 | 1528 | 505 | | | 64 | | 747 | 38 |
| 23621 | 14834 | 12113 | 30094 | 8857 | 1236 | 419 | 43653 | 2508 | 122838 | 19468 |
| 1966 | 1227 | 1091 | 1327 | 283 | 39 | 28 | 1302 | 53 | 8505 | 650 |
| 102 | 99 | 705 | 721 | 74 | 5 | 2 | 872 | 30 | 1015 | 1009 |
| | | | | | | | | | | |
| **397** | **257** | **16736** | **10952** | **3372** | **241** | **562** | **16681** | **1001** | **24819** | **8627** |
| | | | | | | | | | | |
| 70 | 56 | 4678 | 5308 | 137 | 32 | 224 | 3503 | 431 | 4621 | 1330 |
| 16 | 13 | 320 | -6398 | 95 | 16 | 115 | 2784 | 237 | 10156 | 887 |
| **2327** | **94** | **-23819** | **-23671** | **1946** | **211** | **1935** | **54574** | **8748** | **61101** | **3623** |
| 2 | | 191 | 188 | 117 | 8 | 13 | 401 | 6 | 200 | 152 |
| 2326 | 94 | -24010 | -23858 | 1828 | 203 | 1922 | 54174 | 8742 | 60902 | 3471 |
| **61300** | **32974** | **266834** | **285296** | **51835** | **6593** | **9044** | **282051** | **19061** | **264560** | **158241** |
| 6515 | 2866 | 121093 | 125487 | 14797 | 1711 | 6087 | 67513 | 5025 | 87669 | 25933 |
| **59535** | **33066** | **257124** | **268363** | **45930** | **6103** | **8016** | **260638** | **15531** | **246211** | **147762** |
| 1888 | 745 | 38011 | 40358 | 5714 | 598 | 3149 | 30512 | 2513 | 16791 | 10547 |
| 513 | 387 | 1853 | 1795 | 60 | 24 | 8 | 2190 | 132 | 386 | 1893 |
| 783 | 137 | -542 | 63 | 187 | 92 | 32 | 3020 | 61 | 2533 | 4545 |
| 8 | | 39 | 67 | 13 | 1 | 3 | 97 | 8 | 97 | 56 |
| | | 7 | 7 | 1 | | | 28 | | 18 | 16 |
| | | | | | | | | | | |
| 21096 | 10534 | 76628 | 80848 | 18261 | 2716 | 2375 | 104470 | 5021 | 121995 | 55213 |
| -104 | -109 | 3760 | 3720 | 5 | 14 | 243 | 2416 | 214 | 523 | 583 |
| 21200 | 10643 | 72868 | 77128 | 18256 | 2702 | 2132 | 102055 | 4806 | 121472 | 54630 |
| 10485 | 6047 | 78557 | 84050 | 11296 | 749 | 1801 | 31930 | 3464 | 57911 | 15545 |
| 23820 | 14432 | 52610 | 52096 | 8918 | 1842 | 582 | 78918 | 4138 | 44379 | 54190 |
| 1143 | 630 | 9508 | 7885 | 730 | 18 | 5 | 7307 | 534 | 2505 | 6032 |
| 170 | 109 | 1221 | 1193 | 168 | 5 | | 1397 | 77 | 611 | 889 |
| 21180 | 12730 | 39236 | 41440 | 7654 | 1726 | 540 | 64940 | 3222 | 32796 | 43611 |
| 1327 | 964 | 2646 | 1577 | 366 | 94 | 38 | 5274 | 305 | 8466 | 3658 |
| 943 | 783 | 9968 | 9088 | 1481 | 82 | 66 | 9502 | 195 | 2119 | 5773 |
| | | | | | | | | | | |
| **1631** | **359** | **-2441** | **2252** | **1530** | **125** | **354** | **8313** | **1187** | **6099** | **4103** |
| | | | | | | | | | | |
| 101 | -236 | -3000 | 1739 | 1414 | 103 | 263 | 5868 | 844 | 4215 | 2978 |
| **134** | **-451** | **12151** | **14680** | **4375** | **366** | **674** | **13100** | **2344** | **12251** | **6376** |
| -191 | -304 | 10041 | 12412 | 2212 | 52 | 189 | 5952 | 826 | 5798 | 2962 |
| 324 | -147 | 2110 | 2269 | 2163 | 314 | 485 | 7148 | 1518 | 6453 | 3414 |

## 16—8 限额以上批发零售企业主要财务指标情况（2010年，按行业分）

| 指标 | Item | 流动资产合计 Circulating Funds | #存货 Stock | 流动资金平均余额 Annual Average Balance of Circulating Funds | 固定资产原价 Original Value of Fixed Assets |
|---|---|---|---|---|---|
| **总计** | **Total** | **16154872** | **3462671** | **11295540** | **3199662** |
| **批发业合计** | **Wholesale Trade** | **11586624** | **2355507** | **8440157** | **1771619** |
| 农畜产品批发 | Wholesale of Farm Produce and Livestock Products | 369467 | 209722 | 208894 | 103117 |
| 食品、饮料及烟草制品批发 | Wholesale of Food, Beverages and Tobaccos | 2059829 | 453523 | 1820800 | 316229 |
| #米、面制品及食用油批发 | Wholesale of Rice, Flour and Edible Oil | 626499 | 235629 | 475611 | 27914 |
| 烟草制品批发 | Wholesale of Tobaccos | 1089399 | 129613 | 1109303 | 194720 |
| 纺织、服装及日用品批发 | Wholesale of Textiles, Garments and Daily Consumer Articles | 805249 | 166637 | 675717 | 99421 |
| #服装批发 | Wholesale of Garments | 298892 | 27549 | 257893 | 72900 |
| 文化、体育用品及器材批发 | Wholesale of Culture, Sports Appliances and Equipments | 457264 | 23683 | 292461 | 25378 |
| 医药及医疗器材批发 | Wholesale of Medicines and Medical Appliances | 1184695 | 253365 | 559923 | 118581 |
| 矿产品、建材及化工产品批发 | Wholesale of Mineral Products, Building Materials and Chemical Products | 4747138 | 899547 | 3662911 | 986188 |
| #煤炭及制品批发 | Wholesale of Coal and Related Products | 310942 | 30147 | 239918 | 32961 |
| 石油及制品批发 | Wholesale of Petroleum and Related Products | 1884052 | 559489 | 1429520 | 849592 |
| 金属及金属矿批发 | Wholesale of Metal Materials | 1889262 | 172096 | 1552325 | 46774 |
| 建材批发 | Wholesale of Building Materials | 138208 | 23201 | 104240 | 11799 |
| 化肥批发 | Wholesale of Chemical Fertilizer | 386698 | 91536 | 219029 | 34080 |
| 机械设备、五金交电及电子产品批发 | Wholesale of Machinery, Hardware and Electronic Equipment | 1565753 | 309291 | 927113 | 104103 |
| #汽车、摩托车及零配件批发 | Wholesale of Motor Vehicles, Motorcycles and Parts | 463870 | 99892 | 235996 | 26891 |
| 家用电器批发 | Wholesale of Household Electrical Appliances | 461651 | 80442 | 303384 | 9469 |
| 计算机、软件及辅助设备批发 | Wholesale of Computer, Software and Assistant Appliances | 87183 | 6610 | 34917 | 1500 |
| 贸易经纪与代理 | Trade Broker and Agency | 2274 | 533 | 2175 | 538 |
| 其他批发 | Other Wholesale not Classified Elsewhere | 394956 | 39205 | 290163 | 18064 |
| **零售业合计** | **Retail Trade** | **4568248** | **1107165** | **2855384** | **1428043** |
| 综合零售 | Integrated Retail | 1499612 | 489551 | 999645 | 759616 |
| #百货零售 | Retail of General Merchandise | 840007 | 216119 | 591099 | 413390 |
| 超级市场零售 | Retail of Supermarkets | 638660 | 267142 | 394737 | 329249 |
| 食品、饮料及烟草制品专门零售 | Retail of Food, Beverages and Tobaccos | 65164 | 26365 | 50089 | 41004 |
| 纺织、服装及日用品专门零售 | Special Retail of Textiles, Garments and Daily Consumer Articles | 89909 | 36145 | 42867 | 15069 |
| #服装零售 | Retail of Garments | 58160 | 22556 | 25116 | 9644 |
| 文化、体育用品及器材专门零售 | Retail of Culture, Sports Appliances and Equipments | 151436 | 29720 | 112860 | 60972 |
| #体育用品零售 | Retail of Sports Goods | 5319 | 1650 | 2204 | 100 |
| 图书零售 | Retail of Books | 133049 | 17822 | 105893 | 59281 |
| 医药及医疗器材专门零售 | Retail of Medicines and Medical Appliances | 353540 | 64196 | 185657 | 42914 |
| #药品零售 | Retail of Medicines | 344014 | 63256 | 176755 | 42114 |
| 汽车、摩托车、燃料及零配件专门零售 | Retail of Motor Vehicles, Motorcycles, Fuel and Parts | 1844106 | 294203 | 1088274 | 429521 |
| #汽车零售 | Retail of Motor Vehicles | 1247176 | 261955 | 811699 | 238950 |
| 机动车燃料零售 | Retail of Fuel of Motor Vehicles | 559991 | 20598 | 254653 | 185576 |
| 家用电器及电子产品专门零售 | Special Retail of Household Electric Appliances and Electronic Products | 436855 | 123581 | 295809 | 49884 |
| #家用电器零售 | Retail of Household Electric Appliances | 340425 | 104968 | 251140 | 43210 |
| 计算机、软件及辅助设备零售 | Retail of Computer, Software and Assistant Appliances | 61664 | 11510 | 14158 | 2333 |
| 通讯设备零售 | Retail of Communication Equipments | 31189 | 6615 | 28893 | 4191 |
| 五金、家具及室内装修材料专门零售 | Special Retail of Hardware, Furniture and Decoration Materials | 102127 | 36930 | 62850 | 23175 |
| 无店铺及其他零售 | Non-shop and Other Retails | 25501 | 6474 | 17333 | 5890 |

## Main Financial Inventory of Enterprises Above Designated Size in Wholesale and Retail by Sector (2010)

单位：万元 (10000 yuan)

| 累计折旧 Progressive Depreciation | #本年折旧 Depreciation this Year | 资产总计 Total of Assets | 负债合计 Total of Liabilities | #流动负债 Liquid Liabilities | 所有者权益 Creditors' Equity | #实收资本 Capital Hold | #国家资本 National Capital | 主营业务收入 Main Business Income | 主营业务成本 Main Business Cost | 主营业务税金及附加 Main Business and Extra Charges |
|---|---|---|---|---|---|---|---|---|---|---|
| **975771** | **203710** | **20984587** | **15149328** | **14500037** | **5835259** | **3011768** | **1417435** | **44387446** | **40509471** | **317798** |
| **548013** | **103850** | **14587881** | **10442111** | **10139733** | **4145771** | **1978761** | **1174257** | **32220891** | **29542290** | **259328** |
| 26537 | 5100 | 574643 | 363691 | 335871 | 210952 | 92551 | 67531 | 602527 | 542842 | 494 |
| 126837 | 20972 | 2539656 | 1067815 | 1034353 | 1471841 | 163271 | 94675 | 5109171 | 4103900 | 196104 |
| 8115 | 1018 | 673710 | 616069 | 602164 | 57642 | 40735 | 28754 | 1073421 | 1033153 | 640 |
| 85566 | 13006 | 1352523 | 139413 | 123787 | 1213110 | 16947 | 16712 | 2966983 | 2186426 | 193202 |
| 22995 | 4169 | 971667 | 881150 | 852479 | 90517 | 139057 | 15956 | 2340145 | 1786033 | 1342 |
| 13760 | 3051 | 420931 | 258940 | 240430 | 161991 | 122173 | 13056 | 455879 | 415121 | 755 |
| 9134 | 1927 | 577772 | 306779 | 305650 | 270994 | 103832 | 97973 | 247950 | 247470 | 512 |
| 29224 | 5370 | 1333612 | 1138192 | 1100516 | 195420 | 148912 | 9420 | 3842414 | 3713862 | 3807 |
| 295401 | 52481 | 6406284 | 4766533 | 4617276 | 1639751 | 1150278 | 862497 | 13952611 | 13249556 | 20763 |
| 13137 | 2181 | 459853 | 351836 | 310846 | 108017 | 91612 | 9057 | 913784 | 865315 | 999 |
| 253724 | 43417 | 3109801 | 1875563 | 1817904 | 1234239 | 846202 | 811671 | 7825673 | 7318309 | 10768 |
| 13907 | 4086 | 2045855 | 1907776 | 1873230 | 138079 | 113314 | 25110 | 3458047 | 3404234 | 5444 |
| 3513 | 388 | 165222 | 128625 | 124260 | 36597 | 31965 | 4768 | 485905 | 465258 | 3129 |
| 6938 | 1600 | 466877 | 385159 | 378013 | 81718 | 38407 | 7350 | 827052 | 783640 | 126 |
| 33934 | 12817 | 1762132 | 1546245 | 1529590 | 215887 | 142174 | 23073 | 4381229 | 4159406 | 5243 |
| 6296 | 1342 | 516450 | 449962 | 445808 | 66487 | 52835 | 3756 | 1569606 | 1491261 | 2136 |
| 2650 | 766 | 473355 | 462355 | 462133 | 11000 | 18708 | 11600 | 962399 | 909380 | 951 |
| 295 | 96 | 94773 | 80080 | 79950 | 14693 | 14829 | | 176779 | 172137 | 125 |
| 199 | 119 | 2721 | 1782 | 1782 | 940 | 460 | | 11563 | 10668 | |
| 3751 | 895 | 419395 | 369925 | 362216 | 49470 | 38227 | 3133 | 1733281 | 1728553 | 31063 |
| **427758** | **99860** | **6396706** | **4707217** | **4360304** | **1689489** | **1033007** | **243178** | **12166555** | **10967180** | **58471** |
| 233769 | 49959 | 2375785 | 1808099 | 1623292 | 567685 | 373545 | 71673 | 4070586 | 3593540 | 20086 |
| 126198 | 21194 | 1342895 | 1026824 | 919710 | 316071 | 190559 | 50668 | 2172066 | 1949478 | 11694 |
| 105562 | 27696 | 992724 | 760033 | 682340 | 232691 | 171094 | 15320 | 1845777 | 1600940 | 7978 |
| 8763 | 2994 | 107891 | 72841 | 61617 | 35050 | 23028 | 8394 | 205020 | 170482 | 1920 |
| 4107 | 723 | 114298 | 91046 | 82964 | 23252 | 19260 | 125 | 180711 | 145880 | 1050 |
| 2364 | 455 | 77927 | 67668 | 60264 | 10260 | 14154 | 125 | 103088 | 84237 | 712 |
| 23256 | 3057 | 221373 | 71815 | 71228 | 149558 | 58584 | 51866 | 262195 | 197954 | 1163 |
| 23 | 12 | 5396 | 4441 | 4441 | 954 | 1050 | | 3654 | 3340 | 4 |
| 22781 | 2912 | 201259 | 54966 | 54379 | 146293 | 55023 | 51866 | 242481 | 181154 | 840 |
| 11988 | 2511 | 404066 | 335816 | 328848 | 68251 | 64385 | 17301 | 792088 | 737388 | 1265 |
| 11651 | 2443 | 393912 | 329516 | 322552 | 64396 | 60885 | 17301 | 779671 | 727739 | 1211 |
| 123598 | 31695 | 2480230 | 1824908 | 1700849 | 655323 | 374643 | 81202 | 5144294 | 4784149 | 12160 |
| 55228 | 18499 | 1650158 | 1261320 | 1214925 | 388838 | 264142 | 2190 | 3580633 | 3331512 | 6950 |
| 67045 | 12830 | 782553 | 530435 | 454100 | 252117 | 97997 | 78986 | 1480040 | 1375497 | 5117 |
| 16437 | 7599 | 522810 | 384748 | 378082 | 138062 | 79208 | 9816 | 1233621 | 1102398 | 11778 |
| 14217 | 6991 | 417136 | 311439 | 305190 | 105697 | 59615 | 7869 | 978846 | 869794 | 10760 |
| 1193 | 276 | 63913 | 47872 | 47840 | 16041 | 13354 | | 160630 | 151553 | 320 |
| 945 | 311 | 38117 | 23210 | 23210 | 14906 | 4900 | 1948 | 84051 | 71603 | 683 |
| 3851 | 980 | 129056 | 97636 | 95366 | 31420 | 22797 | 1000 | 159107 | 127478 | 8154 |
| 1990 | 340 | 41196 | 20308 | 18057 | 20888 | 17558 | 1800 | 118933 | 107912 | 895 |

**16—8 续表 continued**

| 指 标 | Item | 主营业务利润 Main Business Profit | 其他业务利润 Other Business Profit | 营业费用 Operating Expense | 管理费用 Management Expense |
|---|---|---|---|---|---|
| **总 计** | **Total** | **3437982** | **153833** | **1806210** | **881362** |
| **批发业合计** | **Wholesale Trade** | **2373773** | **55257** | **1240881** | **544836** |
| 农畜产品批发 | Wholesale of Farm Produce and Livestock Products | 51747 | 1449 | 28897 | 20530 |
| 食品、饮料及烟草制品批发 | Wholesale of Food, Beverages and Tobaccos | 799668 | 5733 | 172065 | 200521 |
| #米、面制品及食用油批发 | Wholesale of Rice, Flour and Edible Oil | 39454 | 1161 | 20159 | 7745 |
| 烟草制品批发 | Wholesale of Tobaccos | 587356 | 1025 | 47048 | 155430 |
| 纺织、服装及日用品批发 | Wholesale of Textiles, Garments and Daily Consumer Articles | 540918 | 19202 | 486567 | 81100 |
| #服装批发 | Wholesale of Garments | 39950 | 1754 | 16493 | 12251 |
| 文化、体育用品及器材批发 | Wholesale of Culture, Sports Appliances and Equipments | 25061 | 2283 | 12593 | 6269 |
| 医药及医疗器材批发 | Wholesale of Medicines and Medical Appliances | 112892 | 4922 | 59275 | 38388 |
| 矿产品、建材及化工产品批发 | Wholesale of Mineral Products, Building Materials and Chemical Products | 665126 | 9731 | 338643 | 125607 |
| #煤炭及制品批发 | Wholesale of Coal and Related Products | 46883 | 2528 | 31518 | 8479 |
| 石油及制品批发 | Wholesale of Petroleum and Related Products | 499436 | 4079 | 247626 | 75801 |
| 金属及金属矿批发 | Wholesale of Metal Materials | 32014 | 2695 | 20251 | 20870 |
| 建材批发 | Wholesale of Building Materials | 17381 | 219 | 4160 | 4314 |
| 化肥批发 | Wholesale of Chemical Fertilizer | 43286 | 74 | 16412 | 9989 |
| 机械设备、五金交电及电子产品批发 | Wholesale of Machinery, Hardware and Electronic Equipment | 203084 | 11364 | 133553 | 63313 |
| #汽车、摩托车及零配件批发 | Wholesale of Motor Vehicles, Motorcycles and Parts | 74604 | 1193 | 43131 | 12409 |
| 家用电器批发 | Wholesale of Household Electrical Appliances | 47763 | 888 | 39839 | 18869 |
| 计算机、软件及辅助设备批发 | Wholesale of Computer, Software and Assistant Appliances | 4516 | 189 | 3066 | 1209 |
| 贸易经纪与代理 | Trade Broker and Agency | 573 | | 496 | 307 |
| 其他批发 | Other Wholesale not Classified Elsewhere | -25296 | 573 | 8792 | 8802 |
| **零售业合计** | **Retail Trade** | **1064209** | **98576** | **565330** | **336526** |
| 综合零售 | Integrated Retail | 435714 | 75952 | 272027 | 171062 |
| #百货零售 | Retail of General Merchandise | 204313 | 25727 | 85597 | 92595 |
| 超级市场零售 | Retail of Supermarkets | 222193 | 49611 | 180025 | 75280 |
| 食品、饮料及烟草制品专门零售 | Retail of Food, Beverages and Tobaccos | 32348 | 802 | 18417 | 9231 |
| 纺织、服装及日用品专门零售 | Special Retail of Textiles, Garments and Daily Consumer Articles | 28789 | 511 | 19214 | 7781 |
| #服装零售 | Retail of Garments | 17503 | 266 | 10250 | 5683 |
| 文化、体育用品及器材专门零售 | Retail of Culture, Sports Appliances and Equipments | 60860 | 2356 | 27198 | 18032 |
| #体育用品零售 | Retail of Sports Goods | 310 | | 281 | 57 |
| 图书零售 | Retail of Books | 58402 | 2356 | 25589 | 17232 |
| 医药及医疗器材专门零售 | Retail of Medicines and Medical Appliances | 52515 | 1130 | 25310 | 17553 |
| #药品零售 | Retail of Medicines | 49801 | 1131 | 24276 | 16771 |
| 汽车、摩托车、燃料及零配件专门零售 | Retail of Motor Vehicles, Motorcycles, Fuel and Parts | 303916 | 6913 | 129079 | 67694 |
| #汽车零售 | Retail of Motor Vehicles | 202970 | 5863 | 75748 | 52972 |
| 机动车燃料零售 | Retail of Fuel of Motor Vehicles | 94808 | 925 | 50394 | 12897 |
| 家用电器及电子产品专门零售 | Special Retail of Household Electric Appliances and Electronic Products | 117075 | 9601 | 62244 | 35499 |
| #家用电器零售 | Retail of Household Electric Appliances | 96228 | 8028 | 51642 | 30546 |
| 计算机、软件及辅助设备零售 | Retail of Computer, Software and Assistant Appliances | 8516 | 678 | 5431 | 2621 |
| 通讯设备零售 | Retail of Communication Equipments | 11701 | 825 | 5053 | 1845 |
| 五金、家具及室内装修材料专门零售 | Special Retail of Hardware, Furniture and Decoration Materials | 23350 | 1158 | 8036 | 6604 |
| 无店铺及其他零售 | Non-shop and Other Retails | 9642 | 154 | 3805 | 3072 |

单位：万元　(10000 yuan)

| 财务费用<br>Financial Expenses | #利息支出<br>Interest Exchange | 营业利润<br>Operating Profit | 利润总额<br>Total Profit | 应交所得税<br>Payable Income Tax | 劳动、失业保险费<br>Labor and Unemploy-ment Insurance Expenses | 住房公积金和住房补贴<br>Public Accumulation Fund and Subsidy for Housing Construction | 本年应付工资总额<br>Total Payable Wages this Year | 本年应付福利费总额<br>Total Payable Welfares this Year | 本年应交增值税<br>Payable Value-added Tax this Year | 全部从业人员年平均人数(人)<br>Average Number of Staff and Workers (person) |
|---|---|---|---|---|---|---|---|---|---|---|
| **159331** | **84563** | **890398** | **1032664** | **226837** | **17548** | **29046** | **606182** | **52343** | **939330** | **259715** |
| **98031** | **51590** | **623563** | **747368** | **175001** | **10955** | **20002** | **324131** | **33282** | **674770** | **101474** |
| 5295 | 4544 | 6893 | 19101 | 1536 | 181 | 557 | 10371 | 493 | 7781 | 5517 |
| 531 | -2812 | 458791 | 498267 | 114251 | 5955 | 11542 | 107190 | 10701 | 170020 | 29932 |
| 8887 | 8810 | 4070 | 12686 | 2353 | 60 | 348 | 4753 | 508 | 1915 | 2213 |
| -13268 | -15981 | 403177 | 438190 | 102533 | 5323 | 9538 | 64445 | 6716 | 133472 | 10816 |
| 6073 | 2806 | -10844 | -10608 | 2612 | 394 | 2494 | 66676 | 8989 | 76626 | 7828 |
| 1567 | 737 | 12815 | 13985 | 928 | 118 | 256 | 7922 | 301 | 13923 | 2941 |
| -1365 | -1463 | 12585 | 12487 | 149 | 111 | 261 | 4457 | 391 | 4267 | 1351 |
| 5551 | 4074 | 12805 | 14470 | 3927 | 581 | 308 | 22657 | 1656 | 30362 | 12099 |
| 63493 | 34273 | 176923 | 183372 | 44410 | 2833 | 3545 | 71121 | 8801 | 249047 | 30487 |
| 7945 | 4000 | 1889 | 3657 | 1014 | 70 | 126 | 2351 | 79 | 12929 | 957 |
| 10224 | 3420 | 163471 | 150802 | 33879 | 2407 | 2321 | 50037 | 7130 | 168364 | 23362 |
| 35303 | 19302 | -13273 | -4695 | 3118 | 210 | 398 | 6458 | 751 | 55468 | 2072 |
| 1831 | 877 | 7540 | 8221 | 1288 | 53 | 348 | 5251 | 219 | 4866 | 1291 |
| 5546 | 4839 | 15209 | 21481 | 4113 | 59 | 215 | 4158 | 452 | 2386 | 1848 |
| 11050 | 3556 | 17311 | 22936 | 6530 | 828 | 1200 | 36022 | 1954 | 34983 | 11713 |
| 3036 | 761 | 1756 | 2185 | 1170 | 78 | 366 | 9945 | 590 | 9068 | 4379 |
| 1313 | -741 | 1241 | 1508 | 898 | 57 | 170 | 9684 | 485 | 11158 | 2726 |
| 326 | 254 | 115 | 153 | 79 | 7 | 44 | 1444 | 84 | 542 | 465 |
| 26 | 1 | 141 | 99 | 27 |  | 8 | 143 |  | 970 | 72 |
| 7377 | 6613 | -51041 | 7243 | 1559 | 72 | 88 | 5494 | 297 | 100714 | 2475 |
| **61300** | **32974** | **266834** | **285296** | **51835** | **6593** | **9044** | **282051** | **19061** | **264560** | **158241** |
| 23447 | 11069 | 77679 | 95919 | 19520 | 3092 | 3051 | 130990 | 8252 | 124236 | 92679 |
| 17098 | 8457 | 57420 | 66317 | 10640 | 942 | 1517 | 53055 | 4462 | 43899 | 40214 |
| 6048 | 2400 | 19960 | 29029 | 8538 | 2114 | 1414 | 76327 | 3631 | 79697 | 51365 |
| 1944 | 1564 | 3333 | 3815 | 955 | 193 | 167 | 11580 | 250 | 4899 | 7085 |
| 686 | 237 | 6644 | 5187 | 924 | 196 | 92 | 8125 | 441 | 5253 | 4726 |
| 504 | 220 | 1928 | -403 | 197 | 178 | 22 | 5615 | 328 | 2991 | 3639 |
| -365 | -553 | 20589 | 18974 | 407 | 418 | 1415 | 15275 | 1091 | 4164 | 4360 |
| -3 | -3 | -26 | -26 | 2 |  |  | 101 | 3 | 40 | 65 |
| -496 | -589 | 20537 | 18923 | 359 | 407 | 1406 | 14502 | 1031 | 3827 | 3776 |
| 2560 | 1520 | 9972 | 10095 | 1922 | 474 | 486 | 15744 | 884 | 6609 | 8855 |
| 2356 | 1339 | 9278 | 9421 | 1727 | 471 | 477 | 15308 | 831 | 5878 | 8729 |
| 27185 | 16706 | 106195 | 107625 | 18005 | 1638 | 1024 | 59168 | 5743 | 83691 | 24566 |
| 25159 | 15894 | 65763 | 69194 | 15605 | 1162 | 537 | 45257 | 4438 | 38315 | 18104 |
| 1468 | 557 | 39076 | 37273 | 2175 | 463 | 484 | 11712 | 1201 | 44508 | 5308 |
| 4068 | 1351 | 28331 | 29419 | 8009 | 369 | 2628 | 35303 | 2134 | 30458 | 12655 |
| 3143 | 895 | 21086 | 21841 | 6049 | 305 | 2518 | 28289 | 1766 | 17760 | 9812 |
| 416 | 243 | 1939 | 1879 | 301 | 46 | 57 | 3181 | 98 | 11442 | 1573 |
| 453 | 159 | 5267 | 5657 | 1650 | 13 | 40 | 3583 | 256 | 1145 | 1178 |
| 1469 | 861 | 11064 | 10719 | 1276 | 174 | 67 | 4029 | 182 | 3427 | 2653 |
| 307 | 219 | 3027 | 3543 | 817 | 40 | 115 | 1838 | 84 | 1824 | 662 |

## 16—9 限额以上住宿业和餐饮企业主要财务指标情况（2010年）

| 指　标 | Item | 流动资产合计 Circulating Funds | #存货 Stock | 流动资金平均余额 Annual Average Balance of Circulating Funds | 固定资产原价 Original Value of Fixed Assets |
|---|---|---|---|---|---|
| **总　计** | **Total** | **878333** | **92906** | **515257** | **1418610** |
| **住宿业合计** | **Total of Accommodation Enterprises** | **579712** | **62394** | **319209** | **1085688** |
| 国有控股 | State-holding Enterprises | 111446 | 12213 | 78471 | 407960 |
| **内资企业** | **Domestic-funded Enterprises** | **532499** | **60560** | **279198** | **963975** |
| 国有企业 | State-owned Enterprises | 49391 | 8299 | 34949 | 220940 |
| 集体企业 | Collective-owned Enterprises | 2457 | 447 | 1578 | 14768 |
| 股份合作企业 | Cooperative Enterprises | 2643 | 224 | 1045 | 4616 |
| 有限责任公司 | Limited Liability Company | 253320 | 32291 | 108426 | 339227 |
| 国有独资公司 | State-funded Corporations | 13474 | 981 | 11611 | 17270 |
| 其他有限责任公司 | Other Limited Liability Corporations | 239846 | 31310 | 96815 | 321957 |
| 股份有限公司 | Share-holding Corporations Ltd. | 18157 | 1314 | 10961 | 75938 |
| 私营企业 | Private Enterprises | 169081 | 15022 | 116159 | 292151 |
| 私营独资企业 | Private-funded Enterprises | 11927 | 1449 | 6662 | 29881 |
| 私营有限责任公司 | Private Limited Liability Corporations | 142744 | 12503 | 102256 | 208157 |
| 私营股份有限公司 | Private Share-holding Corporations Ltd. | 13684 | 906 | 6231 | 39655 |
| 其　他 | Other | 37421 | 2954 | 6051 | 13238 |
| **港澳台商投资企业** | **Enterprises with Investment from Hong Kong, Macao and Taiwan** | **37989** | **706** | **33253** | **71244** |
| **外商投资企业** | **Enterprises with Foreign Investment** | **9224** | **1128** | **6758** | **50469** |
| **按国民经济行业分** | **By Sector** | | | | |
| 旅游饭店 | Tourist Hotel | 490099 | 56474 | 283557 | 948270 |
| 一般旅馆 | Common Hotel | 53892 | 3387 | 32967 | 118795 |
| 其他住宿服务 | Other Accommodation Service | 35721 | 2533 | 2685 | 18623 |
| **餐饮业合计** | **Catering Trade** | **298621** | **30512** | **196048** | **332923** |
| 国有控股 | State-holding Enterprises | 6897 | 850 | 5336 | 38031 |
| **内资企业** | **Domestic-funded Enterprises** | **295728** | **30098** | **194191** | **324279** |
| 国有企业 | State-owned Enterprises | 6334 | 680 | 3129 | 39808 |
| 集体企业 | Collective-owned Enterprises | 671 | 147 | 337 | 815 |
| 股份合作企业 | Cooperative Enterprises | 2096 | 296 | 2087 | 1390 |
| 有限责任公司 | Limited Liability Company | 56579 | 6946 | 38972 | 90301 |
| 国有独资公司 | State-funded Corporations | 118 | 94 | 483 | 495 |
| 其他有限责任公司 | Other Limited Liability Corporations | 56461 | 6852 | 38489 | 89806 |
| 股份有限公司 | Share-holding Corporations Ltd. | 10106 | 542 | 3310 | 11726 |
| 私营企业 | Private Enterprises | 213862 | 21194 | 141216 | 172085 |
| 私营独资企业 | Private-funded Enterprises | 32418 | 3381 | 19485 | 46741 |
| 私营有限责任公司 | Private Limited Liability Corporations | 160489 | 15689 | 111528 | 104374 |
| 私营股份有限公司 | Private Share-holding Corporations Ltd. | 18096 | 1457 | 9435 | 14638 |
| 其　他 | Other | 6034 | 274 | 5139 | 8153 |
| **港澳台商投资企业** | **Enterprises with Investment from Hong Kong, Macao and Taiwan** | **2566** | **316** | **1812** | **8153** |
| **外商投资企业** | **Enterprises with Foreign Investment** | **328** | **98** | **45** | **490** |
| **按国民经济行业分** | **By Sector** | | | | |
| 正餐服务 | Dinner | 279664 | 29622 | 185150 | 320588 |
| 快餐服务 | Fast Food | 11914 | 474 | 10534 | 9996 |
| 饮料及冷饮服务 | Drink and Cold Drink Service | 799 | 296 | 227 | 593 |
| 其他餐饮服务 | Other Catering Service | 6245 | 120 | 137 | 1745 |

## Main Financial Indicators of Enterprises Above Designated Size in Catering Trades by Status of Registration and by Sector (2010)

单位：万元　(10000 yuan)

| 累计折旧 Progressive Depreciation | #本年折旧 Depreciation this Year | 资产总计 Total of Assets | 负债合计 Total of Liabilities | #流动负债 Liquid Liabilities | 所有者权益 Creditors' Equity | #实收资本 Capital Hold | #国家资本 National Capital | 主营业务收入 Main Business Income | 主营业务成本 Main Business Cost | 主营业务税金及附加 Main Business and Extra Charges |
|---|---|---|---|---|---|---|---|---|---|---|
| **406142** | **73846** | **2431787** | **1640031** | **1244593** | **791755** | **735785** | **173639** | **1054463** | **498490** | **57625** |
| **319147** | **54589** | **1723744** | **1162662** | **844127** | **561081** | **519030** | **160762** | **540714** | **225227** | **29657** |
| 160951 | 16090 | 424864 | 260618 | 213566 | 164247 | 153041 | 145366 | 180511 | 80059 | 9803 |
| **289936** | **48218** | **1512994** | **997148** | **759612** | **515846** | **452167** | **149916** | **483505** | **212524** | **26687** |
| 85984 | 7099 | 218047 | 143109 | 110615 | 74938 | 74531 | 74399 | 79792 | 35664 | 4295 |
| 3186 | 633 | 17346 | 16463 | 4378 | 883 | 2042 | 128 | 5588 | 1910 | 294 |
| 1457 | 363 | 9957 | 7537 | 6647 | 2420 | 2551 | 50 | 4737 | 2086 | 256 |
| 104208 | 16668 | 651169 | 430751 | 325310 | 220418 | 205054 | 64564 | 178625 | 72816 | 10612 |
| 7578 | 856 | 27677 | 13707 | 8448 | 13970 | 4500 | 4500 | 15264 | 6466 | 933 |
| 96630 | 15812 | 623492 | 417044 | 316862 | 206448 | 200554 | 60064 | 163361 | 66349 | 9679 |
| 26637 | 3287 | 77074 | 46454 | 42458 | 30620 | 10824 | 9193 | 37197 | 18461 | 1980 |
| 62374 | 18776 | 486243 | 307676 | 225318 | 178567 | 145274 | 31 | 165060 | 73834 | 8675 |
| 5575 | 857 | 40637 | 24538 | 19142 | 16099 | 13684 |  | 17695 | 10252 | 922 |
| 49002 | 16481 | 376545 | 243246 | 174832 | 133300 | 111547 | 31 | 126873 | 51784 | 6832 |
| 5526 | 873 | 54300 | 35463 | 30883 | 18837 | 12073 |  | 13999 | 6899 | 728 |
| 3616 | 1219 | 52508 | 43813 | 43539 | 8695 | 10491 | 150 | 12374 | 7700 | 569 |
| **19632** | **4152** | **153413** | **115402** | **54232** | **38011** | **53063** | **9847** | **28406** | **5009** | **1479** |
| **9579** | **2219** | **57337** | **50113** | **30284** | **7224** | **13799** | **1000** | **28804** | **7695** | **1491** |
| 291895 | 48348 | 1483284 | 1004225 | 707515 | 479059 | 447804 | 145548 | 464741 | 189090 | 25722 |
| 23351 | 5380 | 184269 | 121014 | 102751 | 63254 | 55834 | 9714 | 67311 | 31097 | 3454 |
| 3901 | 861 | 56191 | 37423 | 33861 | 18768 | 15392 | 5500 | 8662 | 5040 | 482 |
| **86995** | **19257** | **708043** | **477369** | **400466** | **230674** | **216755** | **12877** | **513749** | **273263** | **27968** |
| 13899 | 1395 | 36389 | 28246 | 17321 | 8144 | 13202 | 12509 | 20768 | 10248 | 1028 |
| **82761** | **18918** | **694042** | **467652** | **391638** | **226391** | **213095** | **12877** | **486164** | **263175** | **26571** |
| 13664 | 935 | 40127 | 32267 | 21193 | 7861 | 11719 | 10818 | 16058 | 7584 | 745 |
| 286 | 62 | 1449 | 1984 | 1944 | -536 | 661 |  | 4449 | 2435 | 345 |
| 345 | 70 | 4179 | 3495 | 3495 | 685 | 1430 |  | 1883 | 900 | 103 |
| 17769 | 5136 | 170044 | 115487 | 92025 | 54557 | 55530 | 1739 | 91931 | 47286 | 4721 |
| 183 | 182 | 1631 | 1134 | 1134 | 498 | 1010 | 1007 | 1696 | 609 | 96 |
| 17585 | 4953 | 168413 | 114353 | 90891 | 54059 | 54520 | 732 | 90235 | 46677 | 4625 |
| 2889 | 532 | 21383 | 14772 | 12058 | 6611 | 5946 | 321 | 12958 | 7349 | 774 |
| 46312 | 11799 | 439750 | 291749 | 253356 | 148001 | 129610 |  | 350075 | 193015 | 19385 |
| 9420 | 2267 | 76182 | 32884 | 25950 | 43298 | 33327 |  | 65683 | 38561 | 3933 |
| 31472 | 7886 | 320652 | 227018 | 200846 | 93634 | 84041 |  | 243518 | 133500 | 13181 |
| 2820 | 790 | 35213 | 26815 | 22394 | 8398 | 8666 |  | 32384 | 15758 | 1802 |
| 1497 | 385 | 17061 | 7898 | 7568 | 9163 | 8199 |  | 8332 | 4211 | 487 |
| **4089** | **330** | **12461** | **8907** | **8017** | **3554** | **2762** |  | **23719** | **8974** | **1191** |
| **145** | **9** | **1540** | **811** | **811** | **729** | **898** |  | **3865** | **1114** | **206** |
| 81600 | 18207 | 673480 | 450736 | 375312 | 222743 | 207228 | 12119 | 467839 | 253048 | 25505 |
| 4759 | 559 | 25324 | 19557 | 18279 | 5767 | 5819 | 758 | 43603 | 18831 | 2321 |
| 464 | 412 | 971 | 680 | 480 | 291 | 700 |  | 926 | 488 | 58 |
| 172 | 80 | 8268 | 6395 | 6395 | 1872 | 3009 |  | 1381 | 896 | 84 |

## 16—9 续表 continued

| 指　标 | Item | 主营业务利润 Main Business Profit | 其他业务利润 Other Business Profit | 营业费用 Operating Expense | 管理费用 Management Expense |
|---|---|---|---|---|---|
| **总　计** | **Total** | **483248** | **5718** | **285191** | **180044** |
| **住宿业合计** | **Total of Accommodation Enterprises** | **280065** | **3891** | **147161** | **124496** |
| 国有控股 | State-holding Enterprises | 90643 | 894 | 43331 | 43561 |
| **内资企业** | **Domestic-funded Enterprises** | **239187** | **3623** | **127285** | **111057** |
| 国有企业 | State-owned Enterprises | 40954 | 519 | 22268 | 23092 |
| 集体企业 | Collective-owned Enterprises | 3385 | 15 | 1535 | 1610 |
| 股份合作企业 | Cooperative Enterprises | 2395 | | 1695 | 695 |
| 有限责任公司 | Limited Liability Company | 91108 | 1273 | 53590 | 42417 |
| 国有独资公司 | State-funded Corporations | 7865 | 38 | 2890 | 3514 |
| 其他有限责任公司 | Other Limited Liability Corporations | 83243 | 1235 | 50700 | 38903 |
| 股份有限公司 | Share-holding Corporations Ltd. | 15976 | 131 | 4068 | 5143 |
| 私营企业 | Private Enterprises | 81212 | 1685 | 41679 | 36080 |
| 私营独资企业 | Private-funded Enterprises | 6428 | 11 | 3744 | 2444 |
| 私营有限责任公司 | Private Limited Liability Corporations | 67013 | 1501 | 34756 | 30079 |
| 私营股份有限公司 | Private Share-holding Corporations Ltd. | 6372 | 165 | 2371 | 3201 |
| 其　他 | Other | 4085 | | 2185 | 1982 |
| **港澳台商投资企业** | **Enterprises with Investment from Hong Kong, Macao and Taiwan** | **21261** | | **8273** | **5694** |
| **外商投资企业** | **Enterprises with Foreign Investment** | **19618** | **268** | **11602** | **7744** |
| **按国民经济行业分** | **By Sector** | | | | |
| 旅游饭店 | Tourist Hotel | 245352 | 3426 | 129863 | 110951 |
| 一般旅馆 | Common Hotel | 31493 | 324 | 15938 | 12026 |
| 其他住宿服务 | Other Accommodation Service | 3220 | 140 | 1360 | 1519 |
| **餐饮业合计** | **Catering Trade** | **203183** | **1827** | **138031** | **55549** |
| 国有控股 | State-holding Enterprises | 8222 | 29 | 6636 | 4699 |
| **内资企业** | **Domestic-funded Enterprises** | **187681** | **1644** | **125768** | **54667** |
| 国有企业 | State-owned Enterprises | 6764 | 29 | 5292 | 4032 |
| 集体企业 | Collective-owned Enterprises | 1669 | 4 | 689 | 559 |
| 股份合作企业 | Cooperative Enterprises | 880 | | 795 | 136 |
| 有限责任公司 | Limited Liability Company | 38336 | 644 | 26060 | 14654 |
| 国有独资公司 | State-funded Corporations | 991 | | 881 | 128 |
| 其他有限责任公司 | Other Limited Liability Corporations | 37345 | 644 | 25178 | 14526 |
| 股份有限公司 | Share-holding Corporations Ltd. | 4225 | 21 | 3207 | 2109 |
| 私营企业 | Private Enterprises | 132102 | 945 | 87245 | 32403 |
| 私营独资企业 | Private-funded Enterprises | 22907 | 146 | 12287 | 5489 |
| 私营有限责任公司 | Private Limited Liability Corporations | 92406 | 770 | 62144 | 23755 |
| 私营股份有限公司 | Private Share-holding Corporations Ltd. | 14030 | 29 | 11208 | 2623 |
| 其　他 | Other | 3634 | | 2432 | 763 |
| **港澳台商投资企业** | **Enterprises with Investment from Hong Kong, Macao and Taiwan** | **13554** | **183** | **10439** | **855** |
| **外商投资企业** | **Enterprises with Foreign Investment** | **1948** | | **1823** | **27** |
| **按国民经济行业分** | **By Sector** | | | | |
| 正餐服务 | Dinner | 180108 | 1643 | 120109 | 53094 |
| 快餐服务 | Fast Food | 22109 | 184 | 17145 | 2168 |
| 饮料及冷饮服务 | Drink and Cold Drink Service | 416 | | 275 | 124 |
| 其他餐饮服务 | Other Catering Service | 549 | | 502 | 163 |

单位：万元　(10000 yuan)

| 财务费用 Financial Expenses | #利息支出 Interest Exchange | 营业利润 Operating Profit | 利润总额 Total Profit | 应交所得税 Payable Income Tax | 劳动、失业保险费 Labor and Unemploy-ment Insurance Expenses | 住房公积金和住房补贴 Public Accumulation Fund and Subsidy for Housing Construction | 本年应付工资总额 Total Payable Wages this Year | 本年应付福利费总额 Total Payable Welfares this Year | 全部从业人员年平均人数（人） Average Number of Staff and Workers (person) |
|---|---|---|---|---|---|---|---|---|---|
| **34905** | **25924** | **956** | **12841** | **11366** | **2362** | **2113** | **171868** | **12334** | **100740** |
| **23867** | **19094** | **-10785** | **-2837** | **4659** | **1630** | **1794** | **92185** | **8770** | **50388** |
| 3543 | 2146 | 116 | 5047 | 1086 | 480 | 1130 | 32168 | 4493 | 15069 |
| **19044** | **14641** | **-10909** | **-3446** | **4041** | **1151** | **1598** | **83232** | **7269** | **45995** |
| 2950 | 2187 | -6911 | -2218 | 589 | 170 | 468 | 15630 | 1108 | 7725 |
| 532 | 516 | -278 | -190 | 9 | 2 | 14 | 1046 | 88 | 626 |
| 214 | 65 | -210 | -411 | | 41 | 14 | 822 | 12 | 644 |
| 7217 | 5891 | -10732 | -8798 | 1638 | 544 | 535 | 30710 | 3101 | 15516 |
| 296 | 51 | 1203 | 1085 | 28 | 49 | 102 | 3188 | 1400 | 1039 |
| 6921 | 5840 | -11934 | -9883 | 1609 | 495 | 433 | 27522 | 1701 | 14477 |
| 521 | 321 | 6943 | 6804 | 13 | 45 | 350 | 4598 | 941 | 2550 |
| 7481 | 5578 | 695 | 1748 | 1720 | 344 | 215 | 28326 | 1937 | 17758 |
| 363 | 272 | 168 | 460 | 90 | 6 | 18 | 3292 | 152 | 2302 |
| 6426 | 4756 | -35 | 929 | 1504 | 329 | 197 | 22403 | 1627 | 13745 |
| 625 | 486 | 339 | 147 | 94 | 7 | | 2179 | 150 | 1295 |
| 129 | 83 | -187 | -151 | 72 | 6 | 2 | 2047 | 81 | 1153 |
| **4135** | **3969** | **51** | **528** | **555** | **331** | **156** | **4698** | **1263** | **1990** |
| **688** | **484** | **73** | **81** | **64** | **148** | **40** | **4255** | **238** | **2403** |
| 21412 | 17296 | -13128 | -7253 | 3961 | 1526 | 1680 | 80454 | 7963 | 43211 |
| 2346 | 1738 | 2632 | 3318 | 668 | 103 | 109 | 9945 | 633 | 6231 |
| 109 | 60 | -288 | 1098 | 31 | 1 | 6 | 1786 | 174 | 946 |
| **11038** | **6830** | **11740** | **15678** | **6707** | **732** | **319** | **79683** | **3564** | **50352** |
| 280 | 207 | -1918 | -964 | 158 | 48 | 95 | 4142 | 265 | 2448 |
| **10752** | **6748** | **8883** | **13294** | **6300** | **696** | **184** | **76923** | **3453** | **48294** |
| 205 | 145 | -1594 | -701 | 69 | 44 | 69 | 2995 | 169 | 1912 |
| 22 | 3 | 446 | 397 | 75 | 8 | 22 | 599 | 54 | 380 |
| 102 | 97 | -154 | -122 | | | | 324 | | 250 |
| 2837 | 1897 | -2292 | -1861 | 1018 | 70 | 17 | 15398 | 571 | 9290 |
| 58 | 58 | -77 | -42 | 40 | 2 | | 362 | 20 | 172 |
| 2779 | 1839 | -2215 | -1819 | 978 | 68 | 17 | 15035 | 551 | 9118 |
| 324 | 124 | -784 | -247 | 48 | 12 | 30 | 2593 | 200 | 1655 |
| 7047 | 4313 | 13153 | 15734 | 5040 | 551 | 47 | 53363 | 2417 | 33613 |
| 921 | 488 | 4635 | 4571 | 484 | 58 | 8 | 9911 | 557 | 6904 |
| 5139 | 3368 | 7544 | 9372 | 4081 | 445 | 38 | 35826 | 1744 | 22637 |
| 873 | 372 | 258 | 960 | 412 | 28 | | 5870 | 67 | 2993 |
| 214 | 170 | 95 | 81 | 47 | 11 | | 1521 | 14 | 1127 |
| **267** | **70** | **2176** | **1741** | **397** | **27** | **90** | **2257** | **57** | **1698** |
| **20** | **12** | **681** | **644** | **10** | **9** | **44** | **503** | **54** | **360** |
| 10270 | 6411 | 9188 | 13163 | 6075 | 629 | 180 | 74568 | 3336 | 46285 |
| 573 | 355 | 2749 | 2369 | 595 | 84 | 138 | 4576 | 220 | 3714 |
| 7 | | 71 | 71 | 27 | 17 | | 230 | 5 | 107 |
| 188 | 64 | -268 | 75 | 9 | 2 | 1 | 309 | 3 | 246 |

## 16—10 限额以上批发和零售业连锁经营情况（2010年）
Basic Conditions of Chain-Enterprise Above Quota Wholesale and Retail (2010)

| 指　　标 | | Item | | 合　计 Total | 直销店 Directly-run Shops | 加盟店 Alliance Shops |
|---|---|---|---|---|---|---|
| 门店总数 | （个） | Gross Number of Shops | (unit) | 8120 | 3269 | 4851 |
| 从业人数 | （人） | Number of People Engaged | (person) | 82123 | 63861 | 18262 |
| 营业面积 | （平方米） | Area of Business | (sq.m) | 3828601 | 3497644 | 330957 |
| 连锁门店商品购进额 | （万元） | Total Purchases | (10000 yuan) | 10201103 | 9196055 | 1005048 |
| #统一配送商品购进额 | | Centralized Purchase and Delivery | | 4779279 | 4024344 | 754935 |
| #自有配送中心配送商品购进额 | | Total Revenue of Purchasing by Self Purchase and Delivery | | 3293710 | 2857665 | 436045 |
| 非自有配送中心配送商品购进额 | | Total Revenue of Purchasing by Non-self Purchase and Delivery | | 335738 | 92891 | 242847 |
| 连锁门店商品销售额 | （万元） | Sales Value of Commodities | (10000 yuan) | 10385593 | 9396253 | 989340 |
| #零售额 | | Revenue of Retail Sales | | 7154004 | 6583682 | 570322 |

## 16—11 限额以上住宿和餐饮业连锁经营情况（2010年）
Basic Conditions of Chain-Enterprise Above Quota Lodging and food and Beverage Industry (2010)

| 指　　标 | | Item | | 合　计 Total | 直销店 Directly-run Shops | 加盟店 Alliance Shops |
|---|---|---|---|---|---|---|
| 门店总数 | （个） | Gross Number of Shops | (unit) | 186 | 165 | 21 |
| 从业人数 | （人） | Number of People Engaged | (person) | 8323 | 6519 | 1804 |
| 营业面积 | （平方米） | Area of Business | (sq.m) | 261366 | 187635 | 73731 |
| 客房数 | （间） | Guestroom Number | | 448 | 67 | 381 |
| 床位数 | （个） | Bed Capacity | | 763 | 121 | 642 |
| 餐位数 | （位） | Number of Seating Arrangement | | 50645 | 44815 | 5830 |
| 连锁门店商品购进(采购)额 | （万元） | Chain shops Commodity Purchasing Volume | (10000 yuan) | 35830 | 27183 | 8647 |
| #统一配送商品购进额 | | Centralized Purchase and Delivery | | 33156 | 24509 | 8647 |
| #自有配送中心配送商品购进(采购)额 | | Total Revenue of Purchasing by Self Purchase and Delivery | | 10905 | 10905 | |
| 非自有配送中心配送商品购进(采购)额 | | Total Revenue of Purchasing by Non-self Purchase and Delivery | | 12529 | 5663 | 6866 |
| 连锁门店营业额 | （万元） | Chain shops Turnover | (10000 yuan) | 77717 | 60887 | 16830 |
| #餐费收入 | | Catering Income | | 70046 | 56099 | 13947 |
| 商品销售额 | | Total Sales of Goods | | | | |

## 16—12 各市限额以上批发和零售业连锁经营情况（2010年）

Basic Conditions of Chain-Enterprise Above Quota Wholesale and Retail by Region (2010)

| 地 区 Region | 门店总数 (个) Gross Number of Shops (unit) | 从业人员 (人) Number of People Engaged (person) | 营业面积 (平方米) Area of Business (sp.m) | 商品购进总额 (万元) Total Purchases (10000 yuan) | #统一配送商品购进额 Centralized Purchase and Delivery | #自有配送中心配送 Total Revenue of Purchasing by Self | 商品销售额 (万元) Sales Value of Commodities (10000 yuan) | 零售额 Retail |
|---|---|---|---|---|---|---|---|---|
| **总 计 Total** | **8120** | **82123** | **3828601** | **10201103** | **4779279** | **3293710** | **10385593** | **7154004** |
| 合 肥 市 Hefei | 6940 | 60830 | 3039783 | 8975022 | 4186418 | 2957761 | 9094150 | 6009578 |
| 淮 北 市 Huaibei | | | | | | | | |
| 亳 州 市 Bozhou | 65 | 1014 | 14460 | 12298 | 915 | | 11165 | 11165 |
| 宿 州 市 Suzhou | | | | | | | | |
| 蚌 埠 市 Bengbu | 85 | 1250 | 34857 | 44751 | 44751 | | 49790 | 49790 |
| 阜 阳 市 Fuyang | 534 | 6117 | 187660 | 521438 | 262841 | 173978 | 499616 | 497344 |
| 淮 南 市 Huainan | 46 | 2189 | 120321 | 102007 | 53397 | | 102718 | 102718 |
| 滁 州 市 Chuzhou | 31 | 456 | 7929 | 8778 | 8778 | 4618 | 10801 | 10801 |
| 六 安 市 Luan | | | | | | | | |
| 马鞍山市 Maanshan | 131 | 1637 | 106074 | 160582 | 153756 | 153756 | 172127 | 75249 |
| 巢 湖 市 Chaohu | 14 | 178 | 8300 | 4530 | | | 4668 | 4668 |
| 芜 湖 市 Wuhu | 5 | 88 | 2000 | 2952 | 2952 | 2952 | 3379 | 2547 |
| 宣 城 市 Xuancheng | 19 | 1453 | 40000 | 43888 | 43888 | | 37171 | 37171 |
| 铜 陵 市 Tongling | 15 | 106 | 3544 | 5303 | 2360 | | 4202 | 3790 |
| 池 州 市 Chizhou | | | | | | | | |
| 安 庆 市 Anqing | 228 | 6764 | 262973 | 318908 | 18578 | | 395035 | 348412 |
| 黄 山 市 Huangshan | 7 | 41 | 700 | 646 | 645 | 645 | 771 | 771 |

## 16—13 各市限额以上住宿和餐饮业连锁经营情况（2010年）

Basic Conditions of Chain-Enterprise Above Quota Lodging and Food and Beverage Industry by Region (2010)

| 地 区 Region | 门店总数 (个) Gross Number of Shops (unit) | 从业人员 (人) Number of People Engaged (person) | 营业面积 (平方米) Area of Business (sp.m) | 客房数 (间) Guestroom Number (unit) | 床位数 (个) Bed Capacity (unit) | 餐位数 (位) Number of eating Arrangement (unit) | 商品购进总额 (万元) Total Purchases (10000 yuan) | 营业额 (万元) Turnover (10000 yuan) |
|---|---|---|---|---|---|---|---|---|
| **总 计 Total** | **186** | **8323** | **261366** | **448** | **763** | **50645** | **35830** | **77717** |
| 合 肥 市 Hefei | 174 | 7000 | 235866 | 448 | 763 | 42245 | 30065 | 67190 |
| 淮 北 市 Huaibei | | | | | | | | |
| 亳 州 市 Bozhou | | | | | | | | |
| 宿 州 市 Suzhou | | | | | | | | |
| 蚌 埠 市 Bengbu | | | | | | | | |
| 阜 阳 市 Fuyang | | | | | | | | |
| 淮 南 市 Huainan | | | | | | | | |
| 滁 州 市 Chuzhou | | | | | | | | |
| 六 安 市 Luan | | | | | | | | |
| 马鞍山市 Maanshan | 12 | 1323 | 25500 | | | 8400 | 5765 | 10527 |
| 巢 湖 市 Chaohu | | | | | | | | |
| 芜 湖 市 Wuhu | | | | | | | | |
| 宣 城 市 Xuancheng | | | | | | | | |
| 铜 陵 市 Tongling | | | | | | | | |
| 池 州 市 Chizhou | | | | | | | | |
| 安 庆 市 Anqing | | | | | | | | |
| 黄 山 市 Huangshan | | | | | | | | |

## 16—14 各市限额以上批发零售企业主要财务指标情况（2010年）

| 地区 | Region | 流动资产合计 Circulating Funds | #存货 Stock | 流动资金平均余额 Annual Average Balance of Circulating Funds | 固定资产原价 Original Value of Fixed Assets | 累计折旧 Progressive Deprecia-tion | #本年折旧 Deprecia-tion this Year |
|---|---|---|---|---|---|---|---|
| **总计** | **Total** | **16154872** | **3462671** | **11295540** | **3199662** | **975771** | **203710** |
| 合肥市 | Hefei | 7785115 | 1871724 | 5450427 | 1278837 | 405379 | 93111 |
| 淮北市 | Huaibei | 296238 | 41376 | 268905 | 51402 | 15271 | 3641 |
| 亳州市 | Bozhou | 200105 | 56018 | 123656 | 64439 | 19044 | 7487 |
| 宿州市 | Suzhou | 286917 | 41097 | 144422 | 115651 | 33678 | 10568 |
| 蚌埠市 | Bengbu | 652685 | 90156 | 453533 | 144537 | 47645 | 9680 |
| 阜阳市 | Fuyang | 974602 | 212986 | 556032 | 200005 | 63910 | 10811 |
| 淮南市 | Huainan | 297433 | 98469 | 273772 | 115062 | 42876 | 7838 |
| 滁州市 | Chuzhou | 403415 | 175380 | 197087 | 148644 | 39647 | 5868 |
| 六安市 | Luan | 470222 | 84544 | 285137 | 154261 | 42250 | 7260 |
| 马鞍山市 | Maanshan | 1137324 | 120524 | 1095313 | 115946 | 34199 | 7082 |
| 巢湖市 | Chaohu | 462274 | 77677 | 391468 | 111313 | 33190 | 5134 |
| 芜湖市 | Wuhu | 1339211 | 186855 | 739506 | 232291 | 57666 | 12658 |
| 宣城市 | Xuancheng | 470305 | 122797 | 349932 | 108470 | 32440 | 5662 |
| 铜陵市 | Tongling | 388855 | 89789 | 302247 | 69107 | 18709 | 5154 |
| 池州市 | Chizhou | 294611 | 74000 | 215633 | 73824 | 16886 | 4142 |
| 安庆市 | Anqing | 463754 | 83247 | 268278 | 152963 | 40906 | 4793 |
| 黄山市 | Huangshan | 231807 | 36033 | 180194 | 62913 | 32075 | 2821 |

## 16—15 各市限额以上住宿和餐饮企业主要财务指标情况（2010年）

| 地区 | Region | 流动资产合计 Circulating Funds | #存货 Stock | 流动资金平均余额 Annual Average Balance of Circulating Funds | 固定资产原价 Original Value of Fixed Assets | 累计折旧 Progressive Deprecia-tion | #本年折旧 Deprecia-tion this Year |
|---|---|---|---|---|---|---|---|
| **总计** | **Total** | **878333** | **92906** | **515257** | **1418610** | **406142** | **73846** |
| 合肥市 | Hefei | 299734 | 45696 | 208746 | 388926 | 131092 | 22976 |
| 淮北市 | Huaibei | 4371 | 2036 | 1399 | 18191 | 6654 | 1310 |
| 亳州市 | Bozhou | 12368 | 596 | 2530 | 12590 | 3474 | 512 |
| 宿州市 | Suzhou | 10088 | 701 | 3699 | 35356 | 12214 | 1475 |
| 蚌埠市 | Bengbu | 15733 | 1738 | 12395 | 51788 | 16760 | 2773 |
| 阜阳市 | Fuyang | 27692 | 2552 | 13518 | 40897 | 16771 | 4113 |
| 淮南市 | Huainan | 26541 | 5315 | 22958 | 44263 | 9000 | 1670 |
| 滁州市 | Chuzhou | 22328 | 1707 | 16947 | 70546 | 9355 | 2259 |
| 六安市 | Luan | 30509 | 2702 | 19253 | 83579 | 11939 | 4137 |
| 马鞍山市 | Maanshan | 37335 | 2670 | 35597 | 32164 | 12451 | 1480 |
| 巢湖市 | Chaohu | 28581 | 2994 | 18229 | 64494 | 11841 | 2604 |
| 芜湖市 | Wuhu | 123865 | 6023 | 55104 | 119922 | 34152 | 11478 |
| 宣城市 | Xuancheng | 27421 | 5286 | 15233 | 55989 | 14327 | 1517 |
| 铜陵市 | Tongling | 37530 | 2221 | 17028 | 16044 | 5521 | 1171 |
| 池州市 | Chizhou | 29747 | 2029 | 23246 | 58006 | 13563 | 2638 |
| 安庆市 | Anqing | 35155 | 5029 | 26908 | 93469 | 19860 | 2538 |
| 黄山市 | Huangshan | 109337 | 3613 | 22469 | 232387 | 77171 | 9197 |

## Main Financial Indicators of Enterprises Above Designated Size in Wholesale and Retail by Region (2010)

单位：万元　(10000 yuan)

| 资产总计 Total of Assets | 负债合计 Total of Liabilities | #流动负债 Liquid Liabilities | 所有者权益 Creditors' Equity | #实收资本 Capital Hold | #国家资本 National Capital | 主营业务收入 Main Business Income | 主营业务成本 Main Business Cost | 主营业务税金及附加 Main Business and Extra Charges |
|---|---|---|---|---|---|---|---|---|
| **20984587** | **15149328** | **14500037** | **5835259** | **3011768** | **1417435** | **44387446** | **40509471** | **317798** |
| 10034085 | 7584384 | 7423823 | 2449701 | 1485816 | 920135 | 22885620 | 20999810 | 63928 |
| 420139 | 269611 | 263636 | 150528 | 86960 | 14919 | 620611 | 549149 | 6015 |
| 288128 | 169467 | 162175 | 118661 | 68419 | 26599 | 874032 | 783166 | 13403 |
| 484976 | 257620 | 191833 | 227356 | 73723 | 11263 | 1139911 | 1034374 | 12168 |
| 824088 | 606908 | 584087 | 217180 | 103411 | 38162 | 1213553 | 1094666 | 10979 |
| 1200236 | 891654 | 843865 | 308582 | 160341 | 39874 | 3582363 | 3382095 | 20737 |
| 415687 | 246269 | 234731 | 169418 | 66414 | 22040 | 852632 | 749503 | 10248 |
| 608868 | 344340 | 326786 | 264528 | 127367 | 58415 | 1338243 | 1187952 | 19672 |
| 637648 | 339745 | 301711 | 297904 | 117175 | 31902 | 1428206 | 1234992 | 21501 |
| 1282374 | 1118941 | 1110138 | 163433 | 94243 | 25259 | 1527299 | 1421398 | 9850 |
| 597899 | 388856 | 352111 | 209043 | 70403 | 27402 | 1062589 | 934482 | 15585 |
| 1629344 | 1254912 | 1137464 | 374431 | 244106 | 87731 | 2932805 | 2702694 | 26993 |
| 640473 | 384975 | 357399 | 255498 | 64520 | 22094 | 1531760 | 1426344 | 18422 |
| 481376 | 384382 | 371561 | 96994 | 46641 | 22900 | 871504 | 825786 | 5987 |
| 378403 | 262057 | 252153 | 116345 | 41844 | 15529 | 492440 | 427173 | 9728 |
| 765611 | 460788 | 407261 | 304823 | 119424 | 41641 | 1432004 | 1207718 | 44562 |
| 295255 | 184420 | 179302 | 110834 | 40961 | 11569 | 601874 | 548169 | 8022 |

## Main Financial Indicators of Enterprises Above Designated Size in Catering Trades by Status of Registration and by Sector by Region (2010)

单位：万元　(10000 yuan)

| 资产总计 Total of Assets | 负债合计 Total of Liabilities | #流动负债 Liquid Liabilities | 所有者权益 Creditors' Equity | #实收资本 Capital Hold | #国家资本 National Capital | 主营业务收入 Main Business Income | 主营业务成本 Main Business Cost | 主营业务税金及附加 Main Business and Extra Charges |
|---|---|---|---|---|---|---|---|---|
| **2431787** | **1640031** | **1244593** | **791755** | **735785** | **173639** | **1054463** | **498490** | **57625** |
| 754041 | 524436 | 406708 | 229605 | 212538 | 61943 | 397535 | 173116 | 22167 |
| 18369 | 7571 | 3347 | 10797 | 8212 | 3807 | 13664 | 8486 | 828 |
| 30302 | 18079 | 17836 | 12223 | 8904 | 1501 | 14730 | 7317 | 874 |
| 36933 | 23544 | 11302 | 13389 | 13811 | 5806 | 17452 | 8658 | 927 |
| 63739 | 50198 | 49642 | 13541 | 21833 | 9510 | 33500 | 15025 | 1833 |
| 57397 | 33789 | 29699 | 23608 | 20134 | 1812 | 31028 | 15629 | 1713 |
| 73682 | 53604 | 44073 | 20079 | 25856 | 3333 | 33289 | 16934 | 1814 |
| 93958 | 63485 | 57895 | 30474 | 31195 | 3768 | 37782 | 21781 | 1893 |
| 121881 | 83376 | 75400 | 38505 | 29114 | 1060 | 42406 | 22881 | 2054 |
| 87745 | 62157 | 57884 | 25588 | 18663 | 1192 | 41210 | 18606 | 2283 |
| 100569 | 68753 | 42809 | 31816 | 33203 | 6060 | 32406 | 16191 | 1717 |
| 239051 | 182449 | 131518 | 56603 | 57745 | 4279 | 89724 | 40105 | 4836 |
| 90959 | 57831 | 48177 | 33128 | 30722 | 4949 | 50397 | 24829 | 2630 |
| 76213 | 52335 | 44295 | 23878 | 22064 | 1882 | 28921 | 14320 | 1613 |
| 98084 | 56904 | 42795 | 41180 | 32869 | 9670 | 34316 | 15337 | 1720 |
| 159981 | 91805 | 55753 | 68177 | 38679 | 4256 | 71823 | 37238 | 3894 |
| 328883 | 209716 | 125461 | 119167 | 130243 | 48811 | 84278 | 42036 | 4829 |

## 16—14 续表 continued

| 地 区 | Region | 主营业务利润 Main Business Profit | 其他业务利润 Other Business Profit | 营业费用 Operating Expense | 管理费用 Management Expense | 财务费用 Financial Expenses | #利息支出 Interest Exchange |
|---|---|---|---|---|---|---|---|
| **总 计** | **Total** | **3437982** | **153833** | **1806210** | **881362** | **159331** | **84563** |
| 合 肥 市 | Hefei | 1805516 | 93313 | 1128305 | 386914 | 75463 | 49835 |
| 淮 北 市 | Huaibei | 65447 | 2352 | 28600 | 19005 | 3135 | 2850 |
| 亳 州 市 | Bozhou | 73337 | 1179 | 33052 | 28934 | 1034 | 70 |
| 宿 州 市 | Suzhou | 92560 | 2141 | 34654 | 24978 | 3196 | -617 |
| 蚌 埠 市 | Bengbu | 107907 | 1976 | 47783 | 41043 | 5389 | 1282 |
| 阜 阳 市 | Fuyang | 178860 | 6663 | 78406 | 51253 | 2173 | 1112 |
| 淮 南 市 | Huainan | 92881 | 5476 | 45121 | 24365 | 2073 | 1384 |
| 滁 州 市 | Chuzhou | 121201 | 6042 | 51668 | 36137 | 4361 | 3159 |
| 六 安 市 | Luan | 167966 | 3976 | 42443 | 33163 | 6836 | 3236 |
| 马鞍山市 | Maanshan | 72754 | 7403 | 43444 | 29354 | 15479 | 3574 |
| 巢 湖 市 | Chaohu | 109963 | 3452 | 37900 | 26344 | 3553 | 1444 |
| 芜 湖 市 | Wuhu | 197776 | 10263 | 89439 | 62865 | 16217 | 4531 |
| 宣 城 市 | Xuancheng | 84468 | 1675 | 39181 | 31527 | 6844 | 4285 |
| 铜 陵 市 | Tongling | 39731 | 4294 | 22694 | 13014 | 4539 | 3986 |
| 池 州 市 | Chizhou | 55539 | 1392 | 19779 | 18029 | 2566 | 2016 |
| 安 庆 市 | Anqing | 127689 | 1284 | 44048 | 37774 | 5484 | 2037 |
| 黄 山 市 | Huangshan | 44389 | 953 | 19694 | 16664 | 990 | 378 |

## 16—15 续表 continued

| 地 区 | Region | 主营业务利润 Main Business Profit | 其他业务利润 Other Business Profit | 营业费用 Operating Expense | 管理费用 Management Expense | 财务费用 Financial Expenses | #利息支出 Interest Exchange |
|---|---|---|---|---|---|---|---|
| **总 计** | **Total** | **483248** | **5718** | **285191** | **180044** | **34905** | **25924** |
| 合 肥 市 | Hefei | 200801 | 2057 | 109040 | 62467 | 11569 | 8441 |
| 淮 北 市 | Huaibei | 4350 | 8 | 1308 | 3264 | 188 | 69 |
| 亳 州 市 | Bozhou | 5928 | 575 | 4057 | 1967 | 283 | 95 |
| 宿 州 市 | Suzhou | 7000 | 126 | 6034 | 2808 | 688 | 413 |
| 蚌 埠 市 | Bengbu | 16643 | -79 | 10528 | 7617 | 2736 | 2296 |
| 阜 阳 市 | Fuyang | 13686 | 414 | 9436 | 3759 | 552 | 246 |
| 淮 南 市 | Huainan | 14541 | 173 | 10858 | 4891 | 940 | 817 |
| 滁 州 市 | Chuzhou | 14073 | 35 | 7932 | 5924 | 648 | 509 |
| 六 安 市 | Luan | 17318 | 169 | 8304 | 7904 | 1528 | 1159 |
| 马鞍山市 | Maanshan | 14604 | 418 | 13079 | 8007 | 1331 | 1188 |
| 巢 湖 市 | Chaohu | 14453 | 530 | 12382 | 5928 | 1505 | 964 |
| 芜 湖 市 | Wuhu | 43920 | 146 | 27856 | 16970 | 4580 | 3653 |
| 宣 城 市 | Xuancheng | 22677 | 327 | 11198 | 8831 | 1657 | 932 |
| 铜 陵 市 | Tongling | 12988 | 227 | 8555 | 4527 | 1425 | 923 |
| 池 州 市 | Chizhou | 17259 | 285 | 8902 | 4993 | 416 | 306 |
| 安 庆 市 | Anqing | 26146 | 106 | 16581 | 8632 | 1763 | 1464 |
| 黄 山 市 | Huangshan | 36861 | 202 | 19143 | 21553 | 3097 | 2451 |

单位：万元 (10000 yuan)

| 营业利润 Operating Profit | 利润总额 Total Profit | 应交所得税 Payable Income Tax | 劳动、失业保险费 Labor and Unemploy-ment Insurance Expenses | 住房公积金和住房补贴 Public Accumulation Fund and Subsidy for Housing Construction | 本年应付工资总额 Total Payable Wages this Year | 本年应付福利费总额 Total Payable Welfares this Year | 本年应交增值税 Payable Value-added Tax this Year | 全部从业人员年平均人数（人） Average Number of Staff and Workers (person) |
|---|---|---|---|---|---|---|---|---|
| **890398** | **1032664** | **226837** | **17548** | **29046** | **606182** | **52343** | **939330** | **259715** |
| 406843 | 428686 | 96875 | 7626 | 11984 | 271814 | 29182 | 410788 | 85589 |
| 16838 | 17611 | 4441 | 553 | 674 | 10904 | 807 | 9736 | 7096 |
| 15386 | 18486 | 3195 | 202 | 2309 | 22634 | 1303 | 14804 | 9971 |
| 31986 | 32034 | 6173 | 705 | 1017 | 15226 | 1328 | 49909 | 8607 |
| 15669 | 30451 | 7654 | 424 | 1322 | 19430 | 1140 | 37378 | 9668 |
| 54363 | 54652 | 13984 | 847 | 1485 | 33006 | 2966 | 37323 | 19312 |
| 26798 | 29393 | 6712 | 491 | 664 | 17044 | 1620 | 17503 | 8901 |
| 37631 | 44125 | 9028 | 1386 | 1518 | 28939 | 1405 | 53763 | 13434 |
| 101293 | 89645 | 13319 | 627 | 1010 | 28680 | 1124 | 25888 | 16819 |
| 15409 | 22778 | 6823 | 843 | 806 | 19129 | 1208 | 30562 | 9194 |
| 48467 | 49866 | 10909 | 462 | 1165 | 24103 | 949 | 30518 | 12489 |
| 34690 | 51010 | 8470 | 1766 | 1124 | 43994 | 3715 | 57438 | 16927 |
| 10973 | 37571 | 13678 | 281 | 1251 | 20263 | 1964 | 68332 | 11192 |
| 3778 | 23801 | 5134 | 287 | 444 | 8614 | 427 | 28055 | 4073 |
| 16174 | 20557 | 4779 | 383 | 514 | 9445 | 914 | 16787 | 4405 |
| 46112 | 62844 | 11664 | 544 | 1156 | 23052 | 1172 | 23961 | 18072 |
| 7992 | 19153 | 4001 | 122 | 603 | 9903 | 1121 | 26586 | 3966 |

单位：万元 (10000 yuan)

| 营业利润 Operating Profit | 利润总额 Total Profit | 应交所得税 Payable Income Tax | 劳动、失业保险费 Labor and Unemployment Insurance Expenses | 住房公积金和住房补贴 Public Accumulation Fund and Subsidy for Housing Construction | 本年应付工资总额 Total Payable Wages this Year | 本年应付福利费总额 Total Payable Welfares this Year | 全部从业人员年平均人数（人） Average Number of Staff and Workers (person) |
|---|---|---|---|---|---|---|---|
| **956** | **12841** | **11366** | **2362** | **2113** | **171868** | **12334** | **100740** |
| 21672 | 23841 | 6162 | 1145 | 922 | 58670 | 6068 | 30950 |
| -402 | -148 | 32 | 28 | 88 | 3702 | 68 | 1746 |
| 407 | 477 | 93 | 3 | 19 | 2720 | 158 | 2213 |
| -1648 | -805 | 141 | 6 | 3 | 3246 | 29 | 2376 |
| -4317 | -390 | 798 | 50 | 18 | 5602 | 253 | 3833 |
| 353 | 781 | 137 | 16 | 32 | 5435 | 158 | 3806 |
| -1976 | -1646 | 7 | 30 | 55 | 5318 | 378 | 3289 |
| -172 | -296 | 263 | 126 | 7 | 6397 | 310 | 4350 |
| -226 | -245 | 356 | 32 | 4 | 6768 | 300 | 4831 |
| -1704 | -1305 | 425 | 144 | 43 | 7550 | 395 | 4288 |
| -4718 | -4494 | 143 | 98 | 15 | 6631 | 279 | 4643 |
| -3198 | -2919 | 968 | 206 | 245 | 14353 | 786 | 7761 |
| 1461 | 3321 | 914 | 67 | 74 | 8327 | 338 | 4822 |
| -1291 | -480 | 188 | 37 | 12 | 4262 | 178 | 2707 |
| 3233 | 3388 | 248 | 46 | 96 | 5549 | 710 | 3181 |
| 888 | 1186 | 253 | 45 | 34 | 10429 | 350 | 7025 |
| -7408 | -7427 | 240 | 283 | 447 | 16908 | 1579 | 8919 |

## 16—16 各市限额以上批发零售、餐饮企业从业人数（2010年）

Number of Persons Engaged in Enterprises Above Designated Size in Wholesale and Retail Sale, and Inventory Catering Trade by Region (2010)

单位：人 (person)

| 地 区 | Region | 合 计 Total | 批发和零售业 Wholesale Trade and Retail Value | 零 售 业 Retail Value | 餐 饮 业 Catering Value |
|---|---|---|---|---|---|
| **总 计** | **Total** | **313070** | **261751** | **158767** | **51319** |
| 合肥市 | Hefei | 108228 | 87587 | 35471 | 20641 |
| 淮北市 | Huaibei | 7939 | 7282 | 5469 | 657 |
| 亳州市 | Bozhou | 11422 | 10036 | 7030 | 1386 |
| 宿州市 | Suzhou | 10445 | 8640 | 6460 | 1805 |
| 蚌埠市 | Bengbu | 11432 | 9647 | 6897 | 1785 |
| 阜阳市 | Fuyang | 21575 | 19531 | 12030 | 2044 |
| 淮南市 | Huainan | 10175 | 8997 | 6177 | 1178 |
| 滁州市 | Chuzhou | 15340 | 13805 | 8117 | 1535 |
| 六安市 | Luan | 19820 | 16905 | 11783 | 2915 |
| 马鞍山市 | Maanshan | 11593 | 9344 | 7303 | 2249 |
| 巢湖市 | Chaohu | 13944 | 11827 | 8859 | 2117 |
| 芜湖市 | Wuhu | 19329 | 16815 | 12596 | 2514 |
| 宣城市 | Xuancheng | 13882 | 11088 | 8480 | 2794 |
| 铜陵市 | Tongling | 5541 | 4110 | 3246 | 1431 |
| 池州市 | Chizhou | 5632 | 4458 | 2424 | 1174 |
| 安庆市 | Anqing | 21148 | 17701 | 13616 | 3447 |
| 黄山市 | Huangshan | 5625 | 3978 | 2809 | 1647 |

## 16—17 各市限额以上批发零售业商品购进、销售和库存情况（2010年）

Total Purchases, Sales and Inventory of Enterprises Above Designated Size in Wholesale and Retail and Inventory by Region (2010)

单位：万元 (10000 yuan)

| 地 区 | Region | 购进总额 Total Purchases Value | #进 口 Imports | 销售总额 Total Sales Value | 批 发 Wholesale Value | 零 售 Retail Value | 年末库存总额 Stock (year-end) |
|---|---|---|---|---|---|---|---|
| **总 计** | **Total** | **46530367** | **2114249** | **51441485** | **35987903** | **15453583** | **3975473** |
| 合肥市 | Hefei | 24355778 | 660481 | 26257480 | 19855630 | 6401851 | 1895928 |
| 淮北市 | Huaibei | 652050 | 22 | 716284 | 403529 | 312755 | 44585 |
| 亳州市 | Bozhou | 853435 | | 985485 | 629681 | 355804 | 55077 |
| 宿州市 | Suzhou | 891514 | | 1245852 | 769865 | 475987 | 43158 |
| 蚌埠市 | Bengbu | 1239273 | | 1374488 | 821863 | 552626 | 93030 |
| 阜阳市 | Fuyang | 3556186 | 5263 | 4010630 | 2983339 | 1027291 | 194176 |
| 淮南市 | Huainan | 875196 | 23 | 970756 | 512465 | 458292 | 163522 |
| 滁州市 | Chuzhou | 1355768 | | 1452630 | 1005443 | 447187 | 199913 |
| 六安市 | Luan | 1361043 | 2150 | 1539006 | 714476 | 824531 | 106897 |
| 马鞍山市 | Maanshan | 2862383 | 1355768 | 3073597 | 2615408 | 458190 | 123090 |
| 巢湖市 | Chaohu | 860283 | 9 | 1115918 | 687393 | 428524 | 96743 |
| 芜湖市 | Wuhu | 3051988 | 45229 | 3376091 | 2100111 | 1275980 | 259082 |
| 宣城市 | Xuancheng | 1413869 | 3659 | 1691491 | 836581 | 854911 | 141437 |
| 铜陵市 | Tongling | 980042 | 22 | 982897 | 677540 | 305357 | 379508 |
| 池州市 | Chizhou | 480053 | | 553785 | 361510 | 192275 | 45143 |
| 安庆市 | Anqing | 1226800 | 7569 | 1428752 | 629792 | 798960 | 97255 |
| 黄山市 | Huangshan | 514705 | 4864 | 666342 | 383277 | 283065 | 36930 |

## 16—18 亿元商品交易市场情况（2010年）
Market Above 100 million Yuan (2010)

| 指　　标 | Item | 市场个数（个）Number of Markets (unit) | 年末摊位数（个）Number of Booths (unit) | 总成交额（万元）Transaction Value (10000 yuan) |
|---|---|---|---|---|
| **全　　省** | **Total** | **137** | **85862** | **17376992** |
| **综合市场** | **Comprehensive Markets** | **42** | **40860** | **6451415** |
| #工业品综合市场 | Markets for Manufactured Goods | 6 | 9292 | 813905 |
| 农业品综合市场 | Markets for Agricultural Goods | 24 | 15877 | 2332891 |
| **专业市场** | **Specialized markets** | **95** | **45002** | **10925577** |
| #纺织品服装鞋帽市场 | Textile, Clothing, Shoes and Hats | 8 | 6049 | 417092 |
| 食品饮料烟酒市场 | Food, Drink, Tobacco and Liquor | 2 | 710 | 170532 |
| 药材药品及医疗器材市场 | Raw Material for Medicine, Drugs and Medical Supplies | 2 | 5452 | 835928 |
| 家具市场 | Furniture | 6 | 755 | 115120 |
| 小商品市场 | Small Commodity | 1 | 1696 | 26751 |
| 文化音像书报杂志市场 | Culture, Audio Video, Books, Newspapers, Magazines | | | |
| 机动车市场 | Vehicle | 8 | 2268 | 1080986 |
| 金属材料市场 | Metal Material | 6 | 1529 | 4746904 |
| 木材市场 | Lumber | 1 | 160 | 12000 |
| 建材装饰材料市场 | Construction Decoration Material | 5 | 3693 | 184760 |
| 粮油市场 | Cooking Oil | 4 | 1686 | 308405 |
| 干鲜果品市场 | Dry and Fresh Fruits | 3 | 267 | 74032 |
| 蔬菜市场 | Vegetables | 9 | 4039 | 362424 |
| 肉食禽蛋市场 | Meats and Eggs | 9 | 2157 | 435184 |
| 土畜产品市场 | Native Products and Animal Products | 1 | 315 | 39618 |
| 农业生产资料市场 | Agricultural means of Production | 2 | 172 | 20000 |
| 通讯器材市场 | Communications Equipment | | | |
| 花卉市场 | Flower | 2 | 1074 | 19840 |
| 五金电料市场 | Hardware and Electrical Materials Market | 2 | 443 | 128258 |

## 16—19 各市亿元商品交易市场情况（2010年）
Market Above 100 million Yuan by Region (2010)

| 地　区 | Region | 市场个数（个）Number of Markets (unit) | 年末摊位数（个）Number of Booths (unit) | 营业面积（平方米）Business Area (sq.m) | 总成交额（万元）Transaction Value (10000 yuan) |
|---|---|---|---|---|---|
| **总　　计** | **Total** | **137** | **85862** | **7800045** | **17376992** |
| 合 肥 市 | Hefei | 38 | 23164 | 2258146 | 8906260 |
| 淮 北 市 | Huaibei | 7 | 5975 | 359390 | 386095 |
| 亳 州 市 | Bozhou | 2 | 4700 | 42000 | 952106 |
| 宿 州 市 | Suzhou | | | | |
| 蚌 埠 市 | Bengbu | 7 | 3726 | 502228 | 194110 |
| 阜 阳 市 | Fuyang | 21 | 11032 | 920062 | 1078243 |
| 淮 南 市 | Huainan | 7 | 3610 | 505884 | 530448 |
| 滁 州 市 | Chuzhou | 8 | 5633 | 703173 | 374251 |
| 六 安 市 | Luan | 3 | 3093 | 22860 | 64974 |
| 马鞍山市 | Maanshan | 6 | 1616 | 69600 | 408101 |
| 巢 湖 市 | Chaohu | 14 | 4907 | 284390 | 426981 |
| 芜 湖 市 | Wuhu | 6 | 5538 | 171785 | 252403 |
| 宣 城 市 | Xuancheng | 6 | 3101 | 57806 | 874266 |
| 铜 陵 市 | Tongling | 7 | 1129 | 259100 | 458936 |
| 池 州 市 | Chizhou | 1 | 316 | 4921 | 17304 |
| 安 庆 市 | Anqing | 4 | 8322 | 1638700 | 2452514 |
| 黄 山 市 | Huangshan | | | | |

## 16—20 亿元以上商品交易市场摊位分类情况（2010年）

Classification of Commodity Exchange Markets of Transaction Value over 100 Million Yuan (2010)

| 指　标 | Item | 年末摊位数（个）Number of Booths (unit) | 总成交额（万元）Transaction Value (10000 yuan) |
|---|---|---|---|
| **合　计** | **Total** | **85862** | **17376992** |
| 食品、饮料、烟酒类 | Food, Beverages, Tobacco and Liquor | 32162 | 4783610 |
| 服装鞋帽、针、纺织品类 | Clothing, Shoes, Hats and Textiles | 17280 | 1280457 |
| 化妆品类 | Cosmetics | 882 | 77622 |
| 金银珠宝类 | Gold, Silver and Jeweler | 145 | 20326 |
| 日用品类 | Articles for Daily Use | 2609 | 204247 |
| 五金、电料类 | Hardware & Electrical Materials | 2027 | 297804 |
| 体育、娱乐用品类 | Sports & Recreational Articles | 364 | 21639 |
| 书报杂志类 | Newspapers and Magazines | 334 | 100887 |
| 电子出版物及音像制品类 | E-journal and Video Products | 135 | 5962 |
| 家用电器和音像器材类 | Household Appliances and Video Equipments | 2443 | 785979 |
| 中西药品类 | Traditional Chinese and Western Medicine | 4656 | 844229 |
| 文化办公用品类 | Cultural and official Goods | 719 | 55495 |
| 家具类 | Furniture | 2390 | 539071 |
| 通讯器材类 | Communication Appliances | 61 | 5474 |
| 煤炭及制品类 | Coal and Related Products | 8 | 300 |
| 木材及制品类 | Wood and Wooden Products | 884 | 432141 |
| 石油及制品类 | Petroleum and Related Products | 10 | 492 |
| 化工材料及制品类 | Raw Chemical Materials and Related Products | 773 | 199489 |
| 金属材料类 | Metal Materials | 2673 | 5544930 |
| 建筑及装潢材料类 | Building and Decoration Materials | 7217 | 714715 |
| 机电产品及设备类 | Mechanical & Electrical Products | 1930 | 233852 |
| 汽车类 | Automobile | 601 | 926681 |
| 种子饲料类 | Seed and Feedstuff | 323 | 20787 |
| 棉麻类 | Cotton and Hemp | 45 | 3054 |
| 其他类 | Others | 5191 | 277749 |

## 16—21 各市社会消费品零售总额（2010年）

Total Retailsale of Consumer Goods in Major Years by Region (2010)

| 地　区 | Region | 社会消费品零售总额 Total Retail Sales of Consumer Goods | 城　镇 Urban | 乡　村 Rural | 批发和零售业 Wholesale and Retail Sale Trade | 住宿和餐饮业 Accomoda-tion and Catering Trade |
|---|---|---|---|---|---|---|
| **总　计** | **Total** | **41515172** | **34810155** | **6705017** | **36356163** | **5159009** |
| 合 肥 市 | Hefei | 8390236 | 8220982 | 169254 | 7682145 | 708091 |
| 淮 北 市 | Huaibei | 1255247 | 1005269 | 249978 | 1090258 | 164989 |
| 亳 州 市 | Bozhou | 2227566 | 1651112 | 576454 | 1999518 | 228048 |
| 宿 州 市 | Suzhou | 1939934 | 1553747 | 386187 | 1721540 | 218394 |
| 蚌 埠 市 | Bengbu | 2698664 | 2411853 | 286811 | 2368975 | 329689 |
| 阜 阳 市 | Fuyang | 3266958 | 2549528 | 717431 | 2815970 | 450988 |
| 淮 南 市 | Huainan | 1872078 | 1721640 | 150438 | 1599579 | 272499 |
| 滁 州 市 | Chuzhou | 2147958 | 1762939 | 385018 | 1846254 | 301704 |
| 六 安 市 | Luan | 2799437 | 1984196 | 815242 | 2499245 | 300192 |
| 马鞍山市 | Maanshan | 1478007 | 1394979 | 83028 | 1290950 | 187057 |
| 巢 湖 市 | Chaohu | 2067867 | 1798139 | 269729 | 1750297 | 317570 |
| 芜 湖 市 | Wuhu | 2874466 | 2615125 | 259341 | 2527800 | 346666 |
| 宣 城 市 | Xuancheng | 1946972 | 1233301 | 713670 | 1657961 | 289011 |
| 铜 陵 市 | Tongling | 991536 | 891165 | 100371 | 807213 | 184323 |
| 池 州 市 | Chizhou | 911792 | 704515 | 207277 | 787875 | 123917 |
| 安 庆 市 | Anqing | 3386822 | 2300570 | 1086253 | 2904645 | 482177 |
| 黄 山 市 | Huangshan | 1259633 | 1011097 | 248536 | 1005938 | 253695 |

# 16—22 各县（市）社会消费品零售总额（2010年）

Total Retailsale of Consumer Goods in Major Years by County or City (2010)

单位：万元 (10000 yuan)

| 县（市） | County or City | 社会消费品零售总额 Total Retail Sales of Consumer Goods | 城镇 Urban | 乡村 Rural | 批发和零售业 Wholesale and Retail Sale Trade | 住宿和餐饮业 Accomoda-tion and Catering Trade |
|---|---|---|---|---|---|---|
| 合肥市辖区 | Hefei Region of City | 7387391 | 7387391 | | 6751720 | 635671 |
| 长丰县 | Changfeng | 224961 | 187014 | 37947 | 199168 | 25793 |
| 肥东县 | Feidong | 409981 | 340829 | 69152 | 406814 | 3167 |
| 肥西县 | Feixi | 367903 | 305748 | 62155 | 324443 | 43460 |
| 淮北市辖区 | Huaibei Region of City | 911104 | 826200 | 84904 | 784854 | 126250 |
| 濉溪县 | Suixi | 344143 | 179069 | 165074 | 302575 | 41568 |
| 亳州市辖区 | Bozhou Region of City | 740246 | 624390 | 115856 | 659313 | 80933 |
| 涡阳县 | Guoyang | 545240 | 381050 | 164190 | 490908 | 54332 |
| 蒙城县 | Mengcheng | 509814 | 371290 | 138524 | 462159 | 47655 |
| 利辛县 | Lixin | 432265 | 274382 | 157883 | 387139 | 45126 |
| 宿州市辖区 | Suzhou Region of City | 912677 | 786208 | 126469 | 861131 | 51547 |
| 砀山县 | Dangshan | 249087 | 187106 | 61981 | 177373 | 71714 |
| 萧县 | Xiaoxian | 364232 | 297321 | 66911 | 320036 | 44196 |
| 灵璧县 | Lingbi | 220993 | 154609 | 66384 | 195546 | 25447 |
| 泗县 | Sixian | 192945 | 128503 | 64442 | 167454 | 25491 |
| 蚌埠市辖区 | Bengbu Region of City | 1707571 | 1707571 | | 1451321 | 256250 |
| 怀远县 | Huaiyuan | 477656 | 330985 | 146671 | 451421 | 26234 |
| 五河县 | Wuhe | 283312 | 203094 | 80218 | 262663 | 20649 |
| 固镇县 | Guzhen | 230126 | 170205 | 59921 | 203569 | 26557 |
| 阜阳市辖区 | Fuyang Region of City | 1231218 | 1091140 | 140078 | 1099219 | 132000 |
| 界首市 | Jieshou | 238870 | 155265 | 83605 | 193865 | 45005 |
| 临泉县 | Linquan | 399668 | 273999 | 125669 | 327841 | 71827 |
| 太和县 | Taihe | 699943 | 540929 | 159014 | 623734 | 76209 |
| 阜南县 | Funan | 336095 | 230360 | 105735 | 280706 | 55388 |
| 颍上县 | Yingshang | 361165 | 230925 | 130240 | 290605 | 70559 |
| 淮南市辖区 | Huainan Region of City | 1566382 | 1461041 | 105341 | 1356400 | 209982 |
| 凤台县 | Fengtai | 305696 | 260599 | 45097 | 243179 | 62517 |
| 滁州市辖区 | Chuzhou Region of City | 511350 | 485784 | 25566 | 457968 | 53382 |
| 天长市 | Tianchang | 341954 | 277340 | 64615 | 292532 | 49422 |
| 明光市 | Mingguang | 283990 | 222840 | 61150 | 234539 | 49451 |
| 来安县 | Laian | 249700 | 193968 | 55733 | 213673 | 36028 |
| 全椒县 | Quanjiao | 247309 | 197873 | 49436 | 211811 | 35499 |
| 定远县 | Dingyuan | 252492 | 199960 | 52533 | 212402 | 40091 |
| 凤阳县 | Fengyang | 261162 | 185175 | 75987 | 223330 | 37832 |
| 六安市辖区 | Luan Region of City | 905169 | 755923 | 149247 | 804412 | 100758 |
| 寿县 | Shouxian | 442460 | 308482 | 133978 | 395849 | 46611 |
| 霍邱县 | Huoqiu | 524188 | 396454 | 127734 | 468503 | 55685 |
| 舒城县 | Shucheng | 366760 | 175717 | 191043 | 328599 | 38161 |

**16—22 续表 continued**

单位：万元 (10000 yuan)

| 县（市） | County or City | 社会消费品零售总额 Total Retail Sales of Consumer Goods | 城镇 Urban | 乡村 Rural | 批发和零售业 Wholesale and Retail Sale Trade | 住宿和餐饮业 Accomoda-tion and Catering Trade |
|---|---|---|---|---|---|---|
| 金寨县 | Jinzhai | 300875 | 184260 | 116615 | 269964 | 30911 |
| 霍山县 | Huoshan | 180369 | 105335 | 75033 | 162404 | 17964 |
| 叶集区 | Yeji District | 79617 | 58025 | 21592 | 69515 | 10102 |
| 马鞍山市辖区 | Maanshan Region of City | 1131547 | 1118698 | 12849 | 984018 | 147529 |
| 当涂县 | Dangtu | 346460 | 276281 | 70179 | 306932 | 39528 |
| 巢湖市辖区 | Chaohu Region of City | 529767 | 481076 | 48691 | 452051 | 77716 |
| 庐江县 | Lujiang | 420799 | 354187 | 66612 | 356703 | 64096 |
| 无为县 | Wuwei | 636929 | 559510 | 77419 | 534007 | 102922 |
| 含山县 | Hanshan | 178323 | 145896 | 32427 | 151623 | 26700 |
| 和县 | Hexian | 302049 | 257470 | 44580 | 255913 | 46136 |
| 芜湖市辖区 | Wuhu Region of City | 2051478 | 2051478 | | 1821981 | 229497 |
| 芜湖县 | Wuhu | 268653 | 186801 | 81852 | 226284 | 42369 |
| 繁昌县 | Fanchang | 211112 | 146992 | 64120 | 181230 | 29882 |
| 南陵县 | Nanling | 343223 | 229853 | 113370 | 298306 | 44918 |
| 宣城市辖区 | Xuancheng Region of City | 762604 | 473108 | 289495 | 661172 | 101431 |
| 宁国市 | Ningguo | 358202 | 227447 | 130755 | 308169 | 50033 |
| 郎溪县 | Langxi | 147073 | 87612 | 59461 | 116055 | 31018 |
| 广德县 | Guangde | 287130 | 189876 | 97254 | 252819 | 34311 |
| 泾县 | Jingxian | 172143 | 103657 | 68486 | 136843 | 35300 |
| 绩溪县 | Jixi | 127268 | 79266 | 48002 | 99224 | 28044 |
| 旌德县 | Jingde | 92552 | 72335 | 20217 | 83680 | 8872 |
| 铜陵市辖区 | Tongling Region of City | 840651 | 797616 | 43035 | 682607 | 158045 |
| 铜陵县 | Tongling | 150885 | 93549 | 57336 | 124606 | 26279 |
| 池州市辖区 | Chizhou Region of City | 495902 | 449202 | 46701 | 421831 | 74072 |
| 东至县 | Dongzhi | 193923 | 110998 | 82925 | 174364 | 19559 |
| 石台县 | Shitai | 58966 | 34487 | 24479 | 50355 | 8611 |
| 青阳县 | Qingyang | 163001 | 109828 | 53173 | 141326 | 21675 |
| 安庆市辖区 | Anqing Region of City | 1286836 | 1286836 | | 1044402 | 242433 |
| 桐城市 | Tongcheng | 386093 | 194712 | 191381 | 332307 | 53786 |
| 怀宁县 | Huaining | 334207 | 115839 | 218368 | 292835 | 41371 |
| 枞阳县 | Zongyang | 319842 | 144398 | 175444 | 281707 | 38136 |
| 潜山县 | Qianshan | 272642 | 132541 | 140101 | 229352 | 43290 |
| 太湖县 | Taihu | 189106 | 75056 | 114050 | 174696 | 14410 |
| 宿松县 | Susong | 273828 | 205193 | 68635 | 250554 | 23274 |
| 望江县 | Wangjiang | 201766 | 85213 | 116553 | 185088 | 16678 |
| 岳西县 | Yuexi | 122503 | 60782 | 61720 | 113704 | 8799 |
| 黄山市辖区 | Huangshan Region of City | 650994 | 613234 | 37760 | 503736 | 147258 |
| 歙县 | Shexian | 314344 | 219591 | 94753 | 264651 | 49693 |
| 休宁县 | Xiuning | 147900 | 86280 | 61620 | 129461 | 18439 |
| 黟县 | Yixian | 45591 | 26829 | 18762 | 33604 | 11987 |
| 祁门县 | Qimen | 100804 | 65164 | 35640 | 74836 | 25968 |

# 主要统计指标解释

### 社会消费品零售总额

指国民经济各行业直接售给城乡居民和社会集团的消费品总额。它是反映各行业通过多种商品流通渠道向居民和社会集团供应的生活消费品总量，是研究国内零售市场变动情况、反映经济景气程度的重要指标。

社会消费品零售总额包括：⑴售给城乡居民作为生活用的商品和修建房屋用的建筑材料；⑵售给社会集团的各种办公用品和公用消费品；⑶售给机关、团体、学校、部队、企业、事业单位的职工食堂和旅店（招待所）附设专门供本店旅客食用，不对外营业的食堂的各种食品、燃料；企业、单位和国营农场直接售给本单位职工和职工食堂的自己生产的产品；⑷售给部队干部、战士生活用的粮食、副食品、衣着品、日用品、燃料；⑸售给来华的外国人、华侨、港澳台同胞的消费品；⑹居民自费购买的中、西药品、中药材及医疗用品；⑺报社、出版社直接售给居民和社会集团的报纸、图书、杂志，集邮公司出售的新、旧纪念邮票、特种邮票、首日封、集邮册、集邮工具等；⑻旧货寄售商店自购、自销部分的商品；⑼煤气公司、液化石油气站售给居民和社会集团的煤气灶具和罐装液化石油气；⑽农民售给非农业居民和社会集团的商品。不包括售给国民经济各部门企业、事业单位（包括国有经济的农场）生产经营用的各种原材料、燃料、设备、工具等和售给批发零售贸易业、餐饮业作为转卖用的商品，旧货寄售商店受托寄售卖出的商品，服务业的营业收入，邮局出售邮票的收入，自来水、电力、煤气生产（供应）单位的产品供应收入，也不包括农民之间的商品销售。

### 批发零售业商品购、销、存总额

指各种登记注册类型的批发、零售业（不包括个体）企业（单位）以本企业（单位）为总体的商品购进、销售、库存总额。

### 商品购进总额

指从本企业（单位）以外的单位和个人购进（包括从境外直接进口）作为转卖或加工后转卖的商品总额。它反映批发零售业从国内、国外市场上购进商品的总量。商品购进总额包括：⑴从工农业生产者购进的商品；⑵从出版社、报社的出版发行部门购进的图书、杂志和报纸；⑶从各种登记注册类型的批发零售贸易企业（单位）购进的商品；⑷从其他单位购进的商品，如从机关、团体、企业等单位购进的剩余物资，从餐饮业、服务业购进的商品，从海关、市场管理部门购进的缉私和没收的商品，从居民手中收购的废旧商品等；⑸从国（境）外直接进口的商品。不包括企业（单位）为自身经营用和未通过买卖行为而收入的商品以及销售退回、商品升溢等。

### 商品销售总额

指对本企业（单位）以外的单位和个人出售（包括对境外直接出口）的商品总额。它反映批发零售业在国内市场上销售商品以及出口商品的总量。商品销售总额包括：⑴售给城乡居民和社会集团消费用的商品；⑵售给工业、农业、建筑业、运输邮电业、批发零售业、餐饮业、服务业等作为生产、经营使用的商品；⑶售给批发零售业作为转卖或加工后转卖的商品；⑷对国（境）外直接出口的商品。不包括出售本企业（单位）自用的废旧包装用品；未通过买卖行为付出的商品；经本单位介绍，由买卖双方直接结算，本单位只收取手续费的业务；购货退出的商品以及商品损耗和损失等。

### 批发零售业库存

指报告期末各种登记注册类型的批发零售企业（单位）已取得所有权的商品。它反映批发零售企业（单位）的商品库存情况和对市场商品供应的保证程度。期末库存包括：⑴存放在批发零售贸易业经营单位（如门市部、批发站、经营处）仓库、货场、货柜和货架中的商品；⑵挑选、整理、包装中的商品；⑶已记入购进而尚未运到本单位的商品，即发货单或银行承兑凭证已到而货未到的部分；⑷寄放他处的商品，如因购货方拒绝承付而暂时存放在购货方的商品和已办完加工成品收回手续而未提回的商品；⑸委托其他单位代销（未作销售或调出）尚未售出的商品；⑹代其他单位购进尚未交付的商品。不包括所有权不属于本单位的商品、拨付除批发零售贸易业以外的其他行业所属独立核算加工厂等加工生产尚未收回成品的商品、代国家物资储备部门保管的商品等。

库存总额采用的计算价格是：农副产品采购单位按购进价计算；批发单位按进货价计算；零售单位按核算价格计算，即按什么价格核算就按什么价格计算。

**批发和零售业、住宿和餐饮业重点企业限额标准**

批发业：年销售额在80000万元及以上；零售业：年销售额在20000万元以及上；住宿业：年营业收入在2000万元及以上；餐饮业：年营业收入在3000万元及以上。

# Explanatory Notes for Major Statistical Indicators

**Total Retail Sales of Consumer Goods**

refer to the sum of retail sales of consumer goods sold by all sectors of the national economy to urban and rural residents and social groups. This indicator is used to show the supply of consumers goods through various channels to households and institutions, and is very important for the study on changes at the domestic retail market, and on economic cycles.

The retail sales of consumer goods include: (1) commodities sold to urban and rural residents for their daily use and building materials sold to them for the construction or repair of houses; (2) office appliances and supplies sold to institutions; (3) food and fuels sold to canteens of institutions, enterprises, schools, military units and to canteens of hotels and hostels that only serve their guests, and commodities produced by enterprises, institutions or state farms and sold directly to their employees or their canteens; (4) grain and non-staple food, clothing, daily articles and fuels sold to military personnel; (5)consumer goods sold to foreigners, overseas Chinese, and Chinese compatriots from Taiwan, Hong Kong and Macao during their stay in the mainland of China; (6) Chinese and western medicines, herbs and medical facilities purchased by residents; (7) newspapers, books and magazines directly sold to residents and social groups by publishers, new and old commemorative stamps, special stamps, first-day covers, stamp albums and other stamp-collection articles sold by stamp companies; (8) consumer goods purchased and then sold by second-hand shops; (9) stoves and other heating facilities and liquefied gas sold by gas companies to households and institutions; and (10) commodities sold by farmers to non-agricultural residents and social groups. Excluded under this heading are: raw materials, fuels, equipment, tools sold to enterprises, institutions and state farms for production purpose; commodities sold to trade establishments for re-selling; commissioned sales at second-hand shops; operational income of urban public utilities; stamps sold at post offices; income of water, power, gas production and supply establishments from the supply of their products; and sales of commodities among farmers.

**Purchase, Sales and Stock of Commodities by Wholesale and Retail Trade**

refer to the purchase, sales and stock of commodities by wholesale and retail establishments of different status of registration (excluding individual sellers).

**Total Purchases of Commodities**

refer to the total value of purchases of commodities by the establishments from other establishments or individuals (including direct import from abroad) for the purpose of re-selling, either with or without further processing of the commodities purchased. This indicator is used to show the total value of purchases of commodities by wholesale and retail establishments from domestic and overseas markets. The total purchases include: (1) agricultural and industrial products purchased from producers; (2) books, magazines and newspapers purchased from distribution departments of the publishers; (3) commodities purchased from wholesale and retail establishments of different status of registration; (4) commodities purchased from other units, such as surplus materials purchased from government agencies, enterprises or institutions, commodities purchased from catering and service establishments, confiscated goods purchased from customs authorities or market management agencies, second-hand goods and wastes purchased from residents; and (5) commodities directly imported from abroad. Excluded are commodities purchased by establishments (units) for use in their own business operation, commodities obtained without buying or selling procedures, rejected commodities, etc.

**Total Sales of Commodities**

refer to value of commodities sold by the establishments to other establishments and individuals (including direct export). This indicator is used to show the total value of sales of commodities at domestic markets and export. The total sales include: (1) commodities sold to urban and rural residents and social groups for their consumption; (2) commodities sold to establishments in industry, agriculture, construction, transportation, post and telecommunications, wholesale and retail trades, catering trade and public utility for their production and operation; (3) commodities sold to wholesale and retail establishments for re selling, with or without further processing; and; (4)commodities for direct export to other countries. Excluded are selling of waste packaging materials used by the establishments (units) themselves, commodities transferred without buying or selling procedures, commission income from brokerage in transactions whose settlement is directly handled by buyers and sellers, rejected commodities in the purchase, loss in commodities, etc.

**Commodity Stock of Wholesale and Retail Enterprises**

refers to total commodities possessed by wholesale and retail enterprises (units) of various types of registration status at the end of the reference period, which reflects the commodity stock level of various wholesale and retail enterprises and the potential for market supply. It includes: (1) commodities located in storage, garages, counters, and shelves of operating units (such as sale stores, wholesale centers, and operating offices) of wholesale and retail enterprises; (2) commodities in the process of selecting, sorting, and packing; (3)commodities not arrived but recorded as purchase in the account, i.e. commodities not arrived but payment receipts for the commodities from the sellers or the banks arrived; (4) commodities deposited in other places rather than places mentioned above, for instance: commodities in the hold of purchasers temporarily due to the refusal of payment and commodities not taken back after going through the formalities; (5) commodities entrusted to other units to sell but not sold yet; (6) commodities purchased for other units but not delivered yet. Commodities not included as stock are those not owned by the enterprises (units), those allocated to financially independent factories rather than wholesale and retail enterprises for processing but not taken back yet, and finally those put in stock by wholesale and retail enterprises on behalf of the state material reserves units.

For the calculation of the value of commodities stock, the value is calculated at purchasing prices in agricultural goods purchasing units and wholesale units, and at the accounting prices in retail units.

# 第 十七 篇

Chapter 17

# 对外经济贸易

FOREIGN TRADE AND ECONOMIC COOPERATION

## 简要说明

一、我省进出口贸易的规模、进出口商品结构、贸易伙伴国的进出口总额以及三资企业的进出口变化情况，根据合肥海关资料加工整理。

二、利用外资资料来源于省商务厅，是根据国家商务部和国家统计局共同制订的《利用外资统计制度》加工、整理而成。

三、外商投资企业注册登记情况。资料来源于省工商行政管理局，是根据国家工商行政管理局制订的《工商行政管理系统统计报表制度》进行统计、加工、整理而得。凡以工商行政管理机关核准注册，在我省的中外合资经营企业、中外合作经营企业、外商独资企业、中外股份公司、在华从事经营活动的外国及港澳台地区企业及外国公司在我省境内设立的分支机构均列入统计范围。

四、对外承包工程和劳务合作的发展状况。资料来源于省商务厅，是根据国家商务部与国家统计局共同制订的《对外承包工程和劳务合作统计制度》通过全面调查方法进行加工、整理而得。

## Brief Introduction

I. Data on scale of import and export, commodity structure, total volume of import and export to trade partner and change in import and export of joint, cooperative or exclusively foreign-funded ventures are collected in accordance with the data provided by the Hefei Customs.

II. Data on overall situation of the utilization of foreign capital in Anhui come from the Provincial Department of Commerce and are tabulated in accordance with the "Statistical Scheme on the Utilization of Foreign Capital" designed by the Ministry of Commerce and Economic Cooperation and the National Bureau of Statistics.

III. Data on the registration of the foreign-funded enterprises in various regions come from the Provincial Administration for Industry and Commerce and are tabulated in accordance with the "Statistical Reporting Scheme in the Administrative System of Administration for Industry and Commerce" stipulated by the State Administration for Industry and Commerce. The statistical coverage includes all the Sino-foreign joint ventures, Sino-foreign cooperative enterprises, ventures exclusively with foreign investment, Sino-foreign shareholding companies, foreign enterprises and enterprises of Hong Kong, Macao and Taiwan engaged in commercial activities and the branch offices of the foreign companies, which have been approved by and registered at the Administration for Industry and Commerce to set up in boundary of Anhui Province.

IV. Data on development of the contracted projects, labor services cooperation and design and consultation service with foreign countries come from the Provincial Department of Commerce and are collected with the method of complete enumeration and are tabulated in accordance with the "Statistical Reporting Scheme on the Contracted Projects and Labor Services Cooperation with Foreign Countries" jointly stipulated by the Ministry of Commerce and Economic Cooperation and the National Bureau of Statistics.

# 17—1 对外经济贸易基本情况
Foreign Trade and Economic Cooperation

| 指标 | | Item | | 1995 | 2000 | 2005 | 2009 | 2010 |
|---|---|---|---|---|---|---|---|---|
| **进出口总额** | **（万美元）** | **Total Imports and Exports** | **(USD 10000)** | **200739** | **334689** | **911971** | **1563520** | **2427677** |
| 出口总额 | | Total Exports | | 139358 | 217206 | 519038 | 888729 | 1241288 |
| 进口总额 | | Total Imports | | 61381 | 117483 | 392933 | 674791 | 1186388 |
| 进出口差额 | | Balance | | +77977 | +99723 | +126105 | +213938 | +54900 |
| **对外签订利用外资（合同）项目** | **（个）** | **Number of Projects for Utilization of Foreign Capital in the Signed Agreements & Contracts** | **(unit)** | **757** | **250** | **421** | **303** | **281** |
| #对外借款 | | Foreign Loans | | 4 | 3 | | | |
| 外商直接投资 | | Foreign Direct Investments | | 753 | 247 | 421 | 303 | 281 |
| **对外签订利用外资（合同）金额** | **（万美元）** | **Total Amount of Foreign Capital to Be Utilized in the Signed Agreements & Contracts** | **(USD 10000)** | **133856** | **75154** | **155358** | **208883** | **216462** |
| 对外借款 | | Forign Loans | | 13216 | 8800 | | | |
| 外商直接投资 | | Foreign Direct Investments | | 120640 | 63602 | 155358 | 208883 | 216462 |
| 外商其他投资 | | Other Foreign Investments | | | 2752 | | | |
| **实际利用外资金额** | **（万美元）** | **Total Amount of Foreign Capital Actually Used** | **(USD 10000)** | **76749** | **41521** | **68845** | **388416** | **501446** |
| 对外借款 | | Forign Loans | | 28493 | 6922 | | | |
| 外商直接投资 | | Foreign Direct Investments | | 48256 | 31847 | 68845 | 388416 | 501446 |
| 外商其他投资 | | Other Foreign Investments | | | 2752 | | | |
| **外商投资企业基本情况** | | **Registered Foreign-funded Enterprises** | | | | | | |
| 年底登记户数 | （户） | Number of Registered Enterprises | (unit) | 2949 | 2216 | 2165 | 2522 | 2546 |
| 投资总额 | （万美元） | Total Investment | (USD 10000) | 610297 | 914400 | 1548601 | 2790596 | 3032426 |
| 注册资本 | （万美元） | Registered Capital | (USD 10000) | 422852 | 586788 | 890476 | 1598971 | 1734905 |
| #外　方 | | Capital from Foreign Partners | | 232027 | 341328 | 593280 | 1160774 | 1293032 |
| **对外承包工程和劳务合作合同金额** | **（万美元）** | **Contracted Value of Contracted Projects and Lobor Cooperation** | **(USD 10000)** | **1689** | **17609** | **50398** | **103014** | **157772** |
| #对外承包工程 | | Contracted Projects | | 866 | 11768 | 36396 | 98077 | 151147 |
| 对外劳务合作 | | Labor Cooperation | | 745 | 5350 | 4731 | 4937 | 6625 |

## 17—2 海关出口商品分类金额
Value of Exports by Category of Commodities (Customs Statistics)

单位：万美元 (USD 10000)

| 指标 | Item | 2000 | 2005 | 2009 | 2010 |
|---|---|---|---|---|---|
| **总额** | **Total** | **217206** | **519038** | **888729** | **1241288** |
| 初级产品 | Primary Goods | 28988 | 37045 | 84468 | 78229 |
| 食品及主要供食用的活动物 | Food and Live Animals Used Chiefly for Food | 18098 | 22603 | 38360 | 47659 |
| 饮料及烟类 | Beverages and Tobacco | 29 | 17 | 92 | 129 |
| 非食品原料 | Non-edible Raw Materials | 10246 | 14288 | 17162 | 29947 |
| 矿物燃料、润滑油及有关原料 | Mineral Fuels, Lubricants and Related Materials | 596 | 16 | 47 | 65 |
| 动、植物油脂及腊 | Animal and Vegetable Oils, Fats and Wax | 19 | 121 | 28807 | 428 |
| 工业制成品 | Manufactured Goods | 188218 | 481993 | 804262 | 1163059 |
| 化学品及有关产品 | Chemicals and Related Products | 22855 | 60227 | 96766 | 148644 |
| 轻纺产品、橡胶制品、矿冶产品及其制品 | Light and Textile Industrial Products, Rubber Products, Minerals Metallurgical Products | 72552 | 205767 | 287919 | 281446 |
| 机械及运输设备 | Machinery and Transport Equipment | 25386 | 142220 | 264346 | 421797 |
| 杂项制品 | Miscellaneous Products | 67425 | 72718 | 114773 | 310905 |
| 未分类的商品 | Goods not Classified | | 1061 | 40458 | 267 |

## 17—3 海关进口商品分类金额
Value of Imports by Category of Commodities (Customs Statistics)

单位：万美元 (USD 10000)

| 指标 | Item | 2000 | 2005 | 2009 | 2010 |
|---|---|---|---|---|---|
| **总额** | **Total** | **117483** | **392933** | **674791** | **1186388** |
| 初级产品 | Primary Goods | 45718 | 208280 | 380781 | 629398 |
| 食品及主要供食用的活动物 | Food and Live Animals Used Chiefiy for Food | 941 | 8113 | 19047 | 27272 |
| 饮料及烟类 | Beverages and Tobacco | | 4 | 63 | 110 |
| 非食品原料 | Non-edibla Raw Materials | 43747 | 189954 | 337873 | 568818 |
| 矿物燃料、润滑油及有关原料 | Mineral Fuels, Lubricants and Related Materials | 577 | 8101 | 14086 | 26226 |
| 动、植物油脂及腊 | Animal and Vegetable Oils, Fats and Wax | 453 | 2108 | 9712 | 6971 |
| 工业制成品 | Manufactured Goods | 71765 | 184653 | 294010 | 556991 |
| 化学品及有关产品 | Chemicals and Related Products | 12448 | 30386 | 47804 | 60091 |
| 轻纺产品、橡胶制品、矿冶产品及其制品 | Light and Textile Industrial Products, Rubber Products, Minerals Metallurgical Products | 14791 | 42157 | 80173 | 85325 |
| 机械及运输设备 | Machinery and Transport Equipment | 41439 | 102515 | 127100 | 367495 |
| 杂项制品 | Miscellaneous Products | 3087 | 9595 | 28849 | 43856 |
| 未分类的商品 | Goods not Classified | | | 10084 | 224 |

## 17—4 海关进出口商品分类金额
Value of Imports and Exports by Category of Commodities (Customs Statistics)

单位：万美元 (USD 10000)

| 品名 | Item | 2009 出口 Exports | 2009 进口 Imports | 2010 出口 Exports | 2010 进口 Imports |
|---|---|---|---|---|---|
| **总值** | **Total** | **888729** | **674791** | **1241288** | **1186388** |
| **初级产品** | **Primary Goods** | **84468** | **380781** | **78229** | **629398** |
| 食品及活动物 | Food and Live Animals | 38360 | 19047 | 47659 | 27272 |
| 活动物 | Live Animals | 77 | 3192 | 76 | 4203 |
| 肉及肉制品 | Meat and Related Products | 599 | 2823 | 917 | 2162 |
| 乳品及蛋品 | Dairy Products and Eggs | 5 | 605 | 15 | 1394 |
| 鱼、甲壳及软体类动物及其制品 | Fish, Shellfish and Mollusks and Related Products | 1171 | 70 | 2311 | 228 |
| 谷物及其制品 | Cereals and Related Products | 2647 | 8 | 1417 | 3 |
| 蔬菜及水果 | Vegetables and Fruits | 13475 | 2258 | 23120 | 3906 |
| 糖、糖制品及蜂蜜 | Sugar, Sugar Products and Honey | 5150 | 224 | 5788 | 266 |
| 咖啡、茶、可可、调味料及其制品 | Coffee, Tea, Coco, Spices and Related Products | 5502 | 660 | 6401 | 438 |
| 饲料（不包括未碾磨谷物） | Feed (excluding unbranded cereal) | 750 | 8705 | 1231 | 14055 |
| 杂项食品 | Miscellaneous Food | 8984 | 501 | 6385 | 616 |
| 饮料及烟类 | Beverages and Tobacco | 92 | 63 | 129 | 110 |
| 饮　料 | Beverages | 43 | 63 | 80 | 110 |
| 烟草及其制品 | Tobacco and Its Products | 49 | | 49 | |
| 非食用原料（燃料除外） | Inedible Material (excluding fuel) | 17162 | 337873 | 29947 | 568818 |
| 生皮及生毛皮 | Raw Hides and Raw Furs | 14 | 392 | | 101 |
| 油籽及含油果实 | Oil Seeds and Fruits Containing Oil | 3547 | 11912 | 4113 | 9899 |
| 生橡胶（包括合成橡胶及再生橡胶） | Raw Rubber (including synthetic rubber and reclaimed rubber) | 105 | 11069 | 175 | 22944 |
| 软木及木材 | Cork and Timber | 1946 | 756 | 4268 | 2315 |
| 纸浆及废纸 | Paper Pulp and Waste Paper | 1314 | 31083 | 1626 | 31825 |
| 纺织纤维（羊毛条除外）及其原料 | Textile Fibers (excluding wool taps) and Related Waste Material | 3980 | 4304 | 4540 | 10798 |
| 天然肥料及矿物（煤、石油及宝石除外） | Natural Fertilizer and Mineral (excluding coal, petroleum and precious stone) | 692 | 809 | 1951 | 1731 |
| 金属矿砂及金属废料 | Metal Ore and Metal Waste Material | | 277133 | 3 | 488551 |
| 其他动、植物原料 | Other Animal and Plant Material | 5564 | 414 | 13270 | 653 |
| 矿物燃料、润滑油及有关原料 | Mineral Fuel, Lubrication Oil and Related Raw Material | 47 | 14086 | 65 | 26226 |
| 煤、焦炭及煤砖 | Coal, Coke and Briquette | 1 | 11444 | 36 | 20164 |
| 石油、石油产品及有关原料 | Petroleum, Petroleum Products and Related Material | 47 | 2642 | 29 | 6061 |
| 天然气及人造气 | Natural Gas and Person Gas-producing | | | | 1 |
| 动植物油、脂及蜡 | Animal Fat, Vegetable Oil and Wax | 28807 | 9712 | 428 | 6971 |
| 动物油、脂 | Animal Fat | 278 | 2883 | 245 | 1810 |
| 植物油、脂 | Vegetable Oil | 142 | 2851 | 169 | 5105 |
| 已加工的动植物油、脂及动植物蜡 | Processed Animal Fat, Vegetable Oil and Wax | 9 | 61 | 14 | 56 |
| 其他动植物油、脂及蜡 | Other Animal Fat,Vegetable Oil and Wax | 28379 | 3917 | | |
| **工业制品** | **Industrial Products** | **804262** | **294010** | **1163059** | **556991** |
| 化学成品及有关产品 | Chemical Products and Related Products | 96766 | 47804 | 148644 | 60091 |
| 有机化学品 | Organic Chemical Products | 54764 | 13852 | 74093 | 19443 |
| 无机化学品 | Inorganic Chemical Products | 6394 | 828 | 8631 | 954 |

**17—4 续表 continued**

单位：万美元 (USD 10000)

| 品 名 | Item | 2009 出口 Exports | 2009 进口 Imports | 2010 出口 Exports | 2010 进口 Imports |
|---|---|---|---|---|---|
| 染料、鞣料及着色料 | Dyestuff, Tanning Material and Coloring Material | 2381 | 798 | 4264 | 1014 |
| 医药品 | Medical and Pharmaceutical Products | 9760 | 41 | 8686 | 7 |
| 精油、香料及盥洗、光洁制品 | Essential Oil, Perfume, Sanitary and Surface Finishing Articles | 7084 | 2064 | 9384 | 1775 |
| 制成废料 | Produced Wasted Articles | 4874 | | 19226 | |
| 初级形状的塑料 | Primary Shaped Plastics | 3586 | 23243 | 8002 | 28604 |
| 非初级形状的塑料 | Non-primary Shaped Plastics | 5219 | 2338 | 8058 | 2447 |
| 其他化学原料及产品 | Other Chemical Material and Products | 2705 | 4638 | 8298 | 5788 |
| 按原料分类的制成品 | Products by Raw Material | 287919 | 80173 | 281446 | 85325 |
| 皮革、皮革制品及已鞣毛皮 | Leather and Its Products and Tan Hide | 12136 | 5 | 271 | 217 |
| 橡胶制品 | Rubber Products | 29643 | 9277 | 41473 | 8565 |
| 软木及木制品（家具除外） | Cork and Wooden Products (excluding furniture) | 2546 | 165 | 9583 | 299 |
| 纸及纸板、纸浆、纸及纸板制品 | Paper, Paperboard, Paper Pulp and Paper Products | 5024 | 1011 | 10510 | 1077 |
| 纺纱、织物、制成品及有关产品 | Spinning, Fabric and Related Products | 155251 | 10168 | 92856 | 11578 |
| 非金属矿物制品 | Nonmetal Mineral Products | 13401 | 1805 | 25560 | 5908 |
| 钢 铁 | Iron and Steel | 33282 | 19144 | 57539 | 17106 |
| 有色金属 | Nonferrous Metal | 10914 | 32492 | 13640 | 36544 |
| 金属制品 | Metal Products | 25723 | 6105 | 30014 | 4030 |
| 机械及运输设备 | Machinery and Transportation Equipment | 264346 | 127100 | 421797 | 367495 |
| 动力机械及设备 | Dynamic Machinery and Equipment | 15941 | 21129 | 20446 | 42548 |
| 特种工业专用机械 | Special Industrial Machinery | 21804 | 35908 | 22145 | 78149 |
| 金工机械 | Metalworking | 4264 | 16737 | 5297 | 25737 |
| 通用工业机械设备及零件 | General Industrial Machinery Equipment and Accessories | 48635 | 30610 | 69373 | 59614 |
| 办公用机械及自动数据处理设备 | Office Machinery and Automatic Data Processing Equipment | 5849 | 3395 | 6294 | 1644 |
| 电信和声音的录制及重放装置设备 | Telecommunication, Sound Recording and Playing Equipment | 18748 | 2414 | 20977 | 2515 |
| 电力机械、器具及其电气零件 | Electric Machinery, Implements and Spare Parts | 68515 | 13407 | 137882 | 37667 |
| 陆路车辆（包括气垫式） | Land Route Vehicles (including hover-motor) | 64346 | 3221 | 108994 | 7769 |
| 其他运输设备 | Other Transportation Equipment | 16243 | 279 | 30370 | 9 |
| 杂项制品 | Miscellaneous Manufactured Articles | 114773 | 28849 | 310905 | 43856 |
| 活动房屋、卫生水道、供热及照明装置 | Prefabricated House, Sanitation, Water Pipe, Heating and Lighting Installation | 5305 | 50 | 4949 | 84 |
| 家具及其零件、褥垫及类似填充制品 | Furniture and Accessories, Mattress, Bedding Articles | 32356 | 116 | 41236 | 430 |
| 旅行用品、手提包及类似品 | Box and Bag, Travel Goods | 5498 | | 26282 | 1 |
| 服装及衣着附件 | Garments, Clothing Accessories | 4820 | 13 | 118857 | 160 |
| 鞋 靴 | Footwear | 26016 | 6 | 29320 | 5 |
| 专业、科学及控制用仪器装置 | Professional, Scientific and Dominating Instrument | 9099 | 18403 | 12577 | 38222 |
| 摄影器材、光学物品及钟表 | Photographic Equipment, Optical Goods, Clocks and Watches | 2309 | 5083 | 1079 | 1219 |
| 杂项制品 | Miscellaneous Manufactured Articles | 29289 | 5178 | 76605 | 3734 |
| 未分类的商品 | Goods Not Classified | 40458 | 10084 | 267 | 224 |

# 17—5 安徽省同各国（地区）进出口总额
Anhui's Foreign Trade With Related Countries and Territories

单位：万美元 (USD 10000)

| 国 别（地区） | Country (territory) | 2009 进出口总额 Total | 2009 出口总额 Exports | 2009 进口总额 Imports | 2010 进出口总额 Total | 2010 出口总额 Exports | 2010 进口总额 Imports |
|---|---|---|---|---|---|---|---|
| **合 计** | **Total** | **1563520** | **888729** | **674791** | **2427677** | **1241288** | **1186388** |
| **亚 洲** | **Asia** | **554488** | **351781** | **202703** | **922210** | **457252** | **464958** |
| 阿富汗 | Afghanistan | 395 | 395 | | 396 | 396 | |
| 巴 林 | Bahrain | 1219 | 1219 | | 1347 | 1347 | |
| 孟加拉国 | Bangladesh | 9050 | 8993 | 56 | 11907 | 11709 | 198 |
| 不 丹 | The Kingdom of Bhutan | | | | 2 | 2 | |
| 文 莱 | Brunei | 267 | 267 | | 657 | 657 | |
| 缅 甸 | Myanmar | 2811 | 2763 | 49 | 2913 | 2880 | 33 |
| 柬埔寨 | Cambodia | 352 | 352 | | 482 | 478 | 4 |
| 塞浦路斯 | Cyprus | 479 | 479 | | 607 | 607 | |
| 朝 鲜 | Democratic People's Republic of Korea | 128 | 128 | | 561 | 253 | 308 |
| 香 港 | Hong Kong | 36577 | 29875 | 6702 | 35917 | 31015 | 4902 |
| 印 度 | India | 35428 | 24434 | 10994 | 55264 | 40814 | 14450 |
| 印度尼西亚 | Indonesia | 18575 | 11722 | 6852 | 34035 | 16335 | 17699 |
| 伊 朗 | Iran | 13135 | 12126 | 1009 | 24693 | 22429 | 2264 |
| 伊拉克 | Iraq | 6328 | 6327 | | 9718 | 9712 | 6 |
| 以色列 | Israel | 4326 | 4088 | 238 | 6387 | 5716 | 671 |
| 日 本 | Japan | 142398 | 56305 | 86093 | 315491 | 76064 | 239427 |
| 约 旦 | Jordan | 2992 | 2992 | | 2262 | 2262 | 0 |
| 科威特 | Kuwait | 1084 | 1084 | | 1912 | 1530 | 382 |
| 老 挝 | Laos | 1470 | 363 | 1107 | 2870 | 318 | 2552 |
| 黎巴嫩 | Lebanon | 1686 | 1686 | | 1817 | 1817 | |
| 澳 门 | Macao | 202 | 202 | | 520 | 519 | 2 |
| 马来西亚 | Malaysia | 32325 | 18218 | 14107 | 35860 | 24847 | 11012 |
| 马尔代夫 | Maldives | 50 | 50 | | 32 | 32 | |
| 蒙 古 | Mongolia | 576 | 576 | | 2076 | 2076 | |
| 尼泊尔 | Nepal | 162 | 162 | | 334 | 334 | |
| 阿 曼 | Oman | 1748 | 589 | 1158 | 2636 | 2301 | 335 |
| 巴基斯坦 | Pakistan | 9767 | 9095 | 672 | 12346 | 11231 | 1115 |
| 巴勒斯坦 | Palestine | 22 | 22 | | 28 | 28 | |
| 菲律宾 | The Philippines | 9559 | 7628 | 1931 | 13564 | 9267 | 4297 |
| 卡塔尔 | Qatar | 1053 | 1040 | 13 | 1716 | 1697 | 19 |
| 沙特阿拉伯 | Saudi Arabia | 10455 | 8904 | 1551 | 14417 | 11784 | 2633 |
| 新加坡 | Singapore | 26572 | 22165 | 4407 | 22079 | 14510 | 7568 |
| 韩 国 | Republic of Korea | 64976 | 26451 | 38525 | 121495 | 37554 | 83942 |
| 斯里兰卡 | Sri Lanka | 1068 | 1022 | 46 | 1786 | 1667 | 119 |
| 叙利亚 | Syria | 4059 | 4059 | | 4790 | 4790 | 0 |
| 泰 国 | Thailand | 24271 | 20214 | 4057 | 32227 | 23650 | 8577 |
| 土耳其 | Turkey | 11082 | 8302 | 2779 | 28293 | 16260 | 12033 |
| 阿联酋 | United Arab Emirates | 20428 | 20311 | 117 | 23415 | 23162 | 253 |
| 也门共和国 | Arab Republic of Yemen | 2124 | 2124 | | 2327 | 2323 | 4 |
| 越 南 | Viet Nam | 19675 | 18504 | 1171 | 18140 | 17224 | 915 |
| 台 湾 | Taiwan | 26083 | 12887 | 13196 | 59624 | 19321 | 40303 |
| 东帝汶 | East Timor | 41 | 41 | | 94 | 94 | |
| 哈萨克斯坦 | Kazakhstan | 1325 | 894 | 431 | 2824 | 2821 | 3 |
| 吉尔吉斯坦 | Kirghiz Tanzania | 922 | 917 | 5 | 1548 | 1548 | |
| 塔吉克斯坦 | Tajikistan | 227 | 227 | | 274 | 274 | |
| 土库曼斯坦 | Turkmenistan | 305 | 281 | 24 | 617 | 610 | 8 |
| 乌兹别克斯坦 | Uzbekistan | 1333 | 1298 | 35 | 1059 | 986 | 73 |
| 亚洲其他 | Other of Asia | 5378 | | 5378 | 8851 | . | 8851 |
| **非 洲** | **Africa** | **134402** | **107999** | **26404** | **169392** | **125582** | **43810** |
| 阿尔及利亚 | Algeria | 10610 | 10581 | 29 | 10170 | 10128 | 42 |
| 安哥拉 | Angola | 7918 | 7918 | | 7589 | 7589 | |
| 贝 宁 | Benin | 2210 | 2210 | | 3311 | 3311 | |
| 博茨瓦那 | Botswana | 675 | 675 | | 450 | 450 | |
| 布隆迪 | Burundi | 6 | 6 | | 35 | 35 | |

**17—5 续表1 continued**

单位：万美元 (USD 10000)

| 国　别（地区） | Country (territory) | 2009 进出口总额 Total | 2009 出口总额 Exports | 2009 进口总额 Imports | 2010 进出口总额 Total | 2010 出口总额 Exports | 2010 进口总额 Imports |
|---|---|---|---|---|---|---|---|
| 喀麦隆 | Cameroon | 656 | 656 |  | 934 | 909 | 25 |
| 加那利群岛 | Canary Islands | 17 | 17 |  | 16 | 16 |  |
| 佛得角 | Cape Verde | 44 | 44 |  | 36 | 36 |  |
| 中　非 | Central Africa | 4 | 4 |  |  |  |  |
| 乍　得 | Chad | 1 | 1 |  | 33 | 33 |  |
| 科摩罗 | Comoros | 5 | 5 |  | 4 | 4 |  |
| 刚　果 | The Congo | 564 | 555 | 9 | 6130 | 1344 | 4786 |
| 吉布提 | Djibouti | 561 | 561 |  | 678 | 678 |  |
| 埃　及 | Egypt | 17096 | 16958 | 138 | 18627 | 18480 | 146 |
| 赤道几内亚 | Equatorial Guinea | 76 | 76 |  | 83 | 83 |  |
| 埃塞俄比亚 | Ethiopia | 5784 | 3688 | 2097 | 8384 | 6094 | 2289 |
| 加　蓬 | Gabon | 51 | 51 |  | 738 | 738 |  |
| 冈比亚 | Gambia | 147 | 147 |  | 298 | 298 |  |
| 加　纳 | Ghana | 5374 | 5374 |  | 6044 | 6044 |  |
| 几内亚 | Guinea | 707 | 707 |  | 1400 | 1400 |  |
| 几内亚比绍 | Guineabissau | 9 | 9 |  |  |  |  |
| 科科迪瓦 | Cote D'ivoire | 1491 | 1488 | 3 | 1219 | 1178 | 41 |
| 肯尼亚 | Kenya | 2348 | 2236 | 113 | 3660 | 3482 | 177 |
| 利比里亚 | Liberia | 290 | 290 |  | 11989 | 11989 |  |
| 利比亚 | Libya | 6905 | 6905 |  | 3132 | 3132 |  |
| 马达加斯加 | Madagascar | 1204 | 1204 |  | 632 | 595 | 37 |
| 马拉维 | Malawi | 660 | 660 |  | 125 | 125 | 1 |
| 马　里 | Mali | 114 | 114 |  | 489 | 236 | 252 |
| 毛里塔尼亚 | Mauritania | 1228 | 485 | 743 | 1230 | 325 | 904 |
| 毛里求斯 | Mauritius | 286 | 286 |  | 651 | 651 |  |
| 摩洛哥 | Morocco | 4136 | 4104 | 31 | 7551 | 4862 | 2689 |
| 莫桑比克 | Mozambique | 4093 | 3664 | 430 | 3559 | 2990 | 569 |
| 纳米比亚 | Namibia | 198 | 198 |  | 943 | 219 | 725 |
| 尼日尔 | Niger | 60 | 60 |  | 41 | 41 |  |
| 尼日利亚 | Nigeria | 9579 | 9434 | 145 | 10884 | 10777 | 107 |
| 留尼汪 | Reunion | 126 | 126 |  | 134 | 125 | 8 |
| 卢旺达 | Rwanda | 42 | 42 |  | 25 | 25 |  |
| 圣多美普林西比 | Sao Tome Principe | 15 | 15 |  | 2 | 2 |  |
| 塞内加尔 | Senegal | 598 | 598 |  | 1059 | 1059 |  |
| 塞舌尔 | Seychelles | 17 | 17 |  | 8 | 8 |  |
| 塞拉利昂 | Sierra Leone | 178 | 178 |  | 351 | 351 |  |
| 索马里 | Somali | 87 | 87 |  | 104 | 104 |  |
| 南　非 | South Africa | 19630 | 9198 | 10432 | 38005 | 14710 | 23296 |
| 苏　丹 | Sudan | 10959 | 10370 | 589 | 3380 | 1591 | 1789 |
| 坦桑尼亚 | Tanzania | 1383 | 1023 | 360 | 2762 | 1753 | 1008 |
| 多　哥 | Togo | 1376 | 1362 | 14 | 2230 | 2230 |  |
| 突尼斯 | Tunisia | 1550 | 1546 | 3 | 1896 | 1880 | 16 |
| 乌干达 | Uganda | 335 | 334 | 1 | 374 | 337 | 38 |
| 布基纳法索 | Burkina Faso | 96 | 96 |  | 103 | 103 |  |
| 扎伊尔 | Zaire | 7388 | 438 | 6950 |  |  |  |
| 赞比亚 | Zambia | 5414 | 1097 | 4317 | 6046 | 1223 | 4823 |
| 津巴布韦 | Zimbabwe | 79 | 79 |  | 1762 | 1723 | 40 |
| 莱索托 | Lesotho |  |  |  |  |  |  |
| 斯威士兰 | Swaziland | 1 | 1 |  | 3 | 3 |  |
| 厄立特里亚 | Eritrea | 4 | 4 |  | 66 | 66 |  |
| 马约特岛 | Mayuete Island | 17 | 17 |  | 17 | 17 |  |
| 非洲其他 | Other of Africa |  |  |  |  |  |  |
| **欧　洲** | **Europe** | **284162** | **183412** | **100749** | **412713** | **285118** | **127595** |
| 比利时 | Belgium | 13600 | 11133 | 2468 | 18658 | 16160 | 2498 |
| 丹　麦 | Denmark | 4630 | 3523 | 1107 | 5156 | 4081 | 1076 |

## 17—5 续表2 continued

单位：万美元 (USD 10000)

| 国 别（地区） | Country (territory) | 2009 | | | 2010 | | |
|---|---|---|---|---|---|---|---|
| | | 进出口总额 Total | 出口总额 Exports | 进口总额 Imports | 进出口总额 Total | 出口总额 Exports | 进口总额 Imports |
| 英 国 | United Kingdom | 30500 | 27404 | 3096 | 39227 | 35981 | 3245 |
| 德 国 | Germany | 74480 | 28817 | 45663 | 113617 | 46925 | 66692 |
| 法 国 | France | 19479 | 15869 | 3611 | 30623 | 23017 | 7606 |
| 爱尔兰 | Ireland | 2415 | 2332 | 82 | 2954 | 2462 | 492 |
| 意大利 | Italy | 24875 | 18951 | 5924 | 44674 | 35919 | 8755 |
| 卢森堡 | Luxembourg | 156 | 111 | 45 | 349 | 344 | 5 |
| 荷 兰 | Netherlands | 16774 | 14977 | 1798 | 26564 | 23268 | 3296 |
| 希 腊 | Greece | 3663 | 2871 | 791 | 3659 | 3455 | 204 |
| 葡萄牙 | Portugal | 2250 | 2126 | 123 | 2494 | 2280 | 214 |
| 西班牙 | Spain | 15348 | 12541 | 2807 | 21854 | 18332 | 3522 |
| 阿尔巴尼亚 | Albania | 296 | 296 | | 268 | 268 | |
| 安道尔 | Andorra | 2 | 2 | | | | |
| 奥地利 | Austria | 7018 | 1563 | 5455 | 5436 | 1980 | 3456 |
| 保加利亚 | Bulgariy | 910 | 877 | 34 | 1365 | 1208 | 157 |
| 芬 兰 | Finland | 4147 | 2530 | 1617 | 4731 | 3976 | 755 |
| 直布罗陀 | Gibraltar | | | | | | |
| 匈牙利 | Hungary | 891 | 815 | 75 | 1301 | 1060 | 241 |
| 冰 岛 | Iceland | 23 | 23 | | 35 | 35 | |
| 列支敦士登 | The Principality of Liechtenstein | 1 | | 1 | | | |
| 马耳他 | Malta | 342 | 336 | 7 | 785 | 710 | 75 |
| 摩纳哥 | Monaco | 105 | 77 | 29 | 96 | 85 | 11 |
| 挪 威 | Norway | 3144 | 1560 | 1583 | 2393 | 1934 | 459 |
| 波 兰 | Poland | 5416 | 4891 | 525 | 9124 | 8676 | 448 |
| 罗马尼亚 | Romania | 1838 | 1596 | 241 | 2183 | 1898 | 286 |
| 圣马力诺 | Sanmarino | 2 | 1 | 1 | | | |
| 瑞 典 | Sweden | 8678 | 3270 | 5407 | 8532 | 4046 | 4486 |
| 瑞 士 | Switzerland | 4865 | 809 | 4056 | 5112 | 1340 | 3772 |
| 爱沙尼亚 | Estonia | 557 | 550 | 7 | 1256 | 1248 | 8 |
| 拉脱维亚 | Latvia | 564 | 550 | 14 | 1030 | 1007 | 23 |
| 立陶宛 | Lithuania | 2075 | 2070 | 5 | 2226 | 2172 | 54 |
| 格鲁吉亚 | Georgia | 210 | 210 | | 284 | 284 | |
| 亚美尼亚 | Armenia | 18 | 18 | | 35 | 35 | |
| 阿塞拜疆 | Azerbaijan | 254 | 254 | | 197 | 197 | |
| 白俄罗斯 | Byelorussia | 88 | 88 | | 309 | 303 | 6 |
| 摩尔多瓦 | Moldora | 25 | 25 | | 51 | 51 | |
| 俄罗斯 | Russia | 22173 | 10912 | 11260 | 38248 | 26618 | 11631 |
| 乌克兰 | Ukraine | 4651 | 3793 | 858 | 6172 | 5891 | 282 |
| 南斯拉夫 | Yugoslavia | | | | | | |
| 斯洛文尼亚 | Slovenia | 1651 | 910 | 741 | 2690 | 1546 | 1144 |
| 克罗地亚 | Croatia | 1248 | 1247 | 1 | 1729 | 1253 | 476 |
| 捷克共和国 | Czech | 2440 | 1634 | 806 | 4074 | 2488 | 1586 |
| 斯洛伐克 | Slovak | 1614 | 1505 | 109 | 2685 | 2465 | 220 |
| 前南马其顿 | Macedonia | 61 | 61 | | 101 | 101 | |
| 波 黑 | Bosnia | 357 | 14 | 343 | 436 | 22 | 414 |
| 塞尔维亚 | Serbra | 250 | 192 | 59 | 412 | 412 | |
| 黑山 | Montenegro | 78 | 78 | | 116 | 116 | |
| **拉丁美洲** | **Latin America** | **254457** | **79633** | **174827** | **412404** | **146020** | **266385** |
| 安提瓜 | Antigua | 14 | 14 | | 6008 | 6008 | |
| 阿根廷 | Argentina | 10115 | 8239 | 1876 | 12974 | 11652 | 1322 |
| 阿鲁巴岛 | Aruba Island | 34 | 34 | | 11 | 11 | |
| 巴哈马 | The Bahamas | 31 | 31 | | 15 | 15 | |
| 巴巴多斯 | Barbados | 41 | 41 | | 28 | 28 | |
| 伯利兹 | Belize | 59 | 59 | | 24 | 24 | |
| 玻利维亚 | Bolivia | 222 | 184 | 38 | 488 | 468 | 20 |
| 巴 西 | Brazil | 47899 | 14932 | 32968 | 86646 | 31028 | 55618 |
| 开曼群岛 | Cayman Islands | | | | 34 | 3 | 32 |
| 智 利 | Chile | 105100 | 12348 | 92752 | 170256 | 21095 | 149161 |

**17—5 续表3 continued**

单位：万美元 (USD 10000)

| 国 别（地区） | Country (territory) | 2009 进出口总额 Total | 2009 出口总额 Exports | 2009 进口总额 Imports | 2010 进出口总额 Total | 2010 出口总额 Exports | 2010 进口总额 Imports |
|---|---|---|---|---|---|---|---|
| 哥伦比亚 | Colombia | 4792 | 4790 | 2 | 9742 | 9737 | 5 |
| 多米尼克 | Commonwealth of Dominica | 10 | 10 | | 5 | 5 | |
| 哥斯达黎加 | Costa Rica | 2548 | 2526 | 22 | 1974 | 1969 | 5 |
| 古 巴 | Cuba | 122 | 122 | | 302 | 302 | |
| 库腊索岛 | Curacao | 12 | 12 | | 1 | 1 | |
| 多米尼加 | Dominican | 3328 | 695 | 2633 | 4917 | 1235 | 3683 |
| 厄瓜多尔 | Ecuador | 2845 | 2563 | 282 | 4563 | 4430 | 132 |
| 法属圭亚那 | French Guiana | 6 | 6 | | 3 | 3 | |
| 格林纳达 | Grenada | 117 | 117 | | 44 | 44 | |
| 瓜德罗普 | Guaderopu | 37 | 37 | | 31 | 31 | |
| 危地马拉 | Guatemala | 1050 | 1034 | 17 | 947 | 944 | 3 |
| 圭亚那 | Guyana | 114 | 114 | | 167 | 167 | |
| 海 地 | Haiti | 431 | 431 | | 901 | 901 | |
| 洪都拉斯 | Honduras | 287 | 283 | 5 | 513 | 511 | 1 |
| 牙买加 | Jamaica | 306 | 306 | | 295 | 295 | |
| 马提尼克 | Matinik | 34 | 34 | | 43 | 43 | |
| 墨西哥 | Mexico | 13167 | 7917 | 5250 | 14973 | 14611 | 362 |
| 尼加拉瓜 | Nicaragua | 277 | 277 | | 531 | 531 | |
| 巴拿马 | Panama | 4325 | 3923 | 402 | 6578 | 6435 | 143 |
| 巴拉圭 | Paraguay | 1982 | 1957 | 25 | 4830 | 4544 | 287 |
| 秘 鲁 | Peru | 44171 | 5712 | 38459 | 65680 | 10490 | 55190 |
| 波多黎各 | Puerto Rico | 386 | 386 | | 1400 | 1400 | |
| 圣卢西亚 | Saint Lucia | 50 | 50 | | 29 | 29 | |
| 圣马丁岛 | Saint Martin Island | 11 | 11 | | 3 | 3 | |
| 圣文格林纳 | Saint Article Greener | 6 | 6 | | 44 | 44 | |
| 萨尔瓦多 | El Salvador | 245 | 245 | | 712 | 711 | 1 |
| 苏里南 | Surinam | 177 | 177 | | 166 | 164 | 2 |
| 特立—巴哥 | Trinidad and Tobago | 451 | 451 | | 503 | 503 | |
| 乌拉圭 | Uruguay | 4305 | 4209 | 96 | 8045 | 7626 | 419 |
| 委内瑞拉 | Venezuela | 5175 | 5175 | | 7871 | 7871 | |
| 英属维尔京群岛 | Virgin | 2 | 2 | | 6 | 6 | |
| 圣其茨和尼维斯 | The Federation of Saint Kitts and Nevis | | | | 5 | 5 | |
| 荷属安第列斯群岛 | Antilles Guilder Ang | 173 | 173 | | 94 | 94 | |
| 拉丁美洲其他 | Other of Latin America | | | | | | |
| **北美州** | **North America** | **226922** | **146873** | **80050** | **308197** | **204493** | **103704** |
| 加拿大 | Canada | 39175 | 15882 | 23293 | 42850 | 20908 | 21942 |
| 美 国 | United States | 187694 | 130973 | 56722 | 265341 | 183583 | 81757 |
| 格陵兰 | Greenland | 35 | | 35 | 5 | | 5 |
| 百慕大 | Bermuda Is. | 18 | 18 | | 1 | 1 | |
| **大洋洲** | **Oceanic** | **109074** | **19033** | **90040** | **202206** | **22296** | **179911** |
| 澳大利亚 | Australia | 99707 | 13511 | 86196 | 196245 | 18789 | 177457 |
| 斐 济 | Fiji | 222 | 222 | | 203 | 203 | |
| 新喀里多尼 | New Karidoni | 22 | 22 | | 55 | 55 | |
| 瓦努阿图 | Vanuatu | 6 | 6 | | 17 | 17 | |
| 新西兰 | New Zealand | 5834 | 1992 | 3842 | 4884 | 2430 | 2454 |
| 诺福克岛 | Norfolk Island | | | | | | |
| 巴布亚新几 | Papua New Guinea | 367 | 367 | | 331 | 331 | |
| 所罗门群岛 | Solomon Is. | 18 | 15 | 2 | 93 | 93 | |
| 汤 加 | Tonga | 3 | 3 | | | | |
| 萨摩亚 | Samoa | 13 | 13 | | 6 | 6 | |
| 基里巴斯 | Kiribati | | | | 4 | 4 | |
| 图瓦卢 | Tuvalu | | | | 289 | 289 | |
| 密克罗尼西 | Micronesia | 5 | 5 | | | | |
| 马绍尔群岛 | Marshall Island | 2840 | 2840 | | 8 | 8 | |
| 贝劳共和国 | Palau | | | | | | |
| 法属波利尼西亚 | French Polynesia | 35 | 35 | | 70 | 70 | |
| 瓦利斯和浮图纳 | Wallis and The Buddha Accepts | 1 | 1 | | | | |
| 大洋洲其他 | Other of Oceania | 1 | 1 | | 1 | 1 | |
| **国别(地区)不详** | **Nationality (Area) Unclear** | **18** | | **18** | **26** | | **26** |

# 17—6 安徽省主要商品出口数量和金额
Volume and Value of Main Export Commodifies of Anhui Province

单位：万美元 (USD 10000)

| 品名 | | Item | | 2009 数量 Volume | 2009 金额 Value | 2010 金额 Value |
|---|---|---|---|---|---|---|
| **总值** | | **Total** | | | **888729** | **1241288** |
| 活猪(种猪除外) | (头) | Live Hogs | (head) | 112250 | 28 | 6 |
| 肉及杂碎 | (吨) | Meat and meat offal | (ton) | 2786 | 756 | 959 |
| 冻鸡 | (吨) | Frozen Chicken | (ton) | 2004 | 371 | 369 |
| 水海产品 | (吨) | Aquatic Products | (ton) | 775 | 365 | 719 |
| 粮食 | (吨) | Grain food | (ton) | 11256 | 1582 | 2128 |
| 蔬菜 | (吨) | Vegetable | (ton) | 45945 | 5734 | 8433 |
| 鲜、干水果及坚果 | (吨) | Dried、Fresh Fruits and Nuts | (ton) | 3417 | 496 | 505 |
| 乳品 | | Diary products | | | | 11 |
| 果蔬汁 | (吨) | Fruit and vegetable juices | (ton) | 506 | 32 | 358 |
| 食用油籽 | (吨) | Edible Oil Seed | (ton) | 22854 | 3553 | 4010 |
| 食用植物油(包括棕榈油) | (吨) | Edible Vegetable Oil | (ton) | 6358 | 112 | 106 |
| 烘焙花生 | (吨) | Dries Cultivated Peanuts | (ton) | 2894 | 312 | 610 |
| 天然蜂蜜 | (吨) | Natural Honey | (ton) | 11131 | 1843 | 2559 |
| 茶叶 | (吨) | Tea | (ton) | 25586 | 4957 | 5727 |
| 辣椒干 | (吨) | Dried Chilies | (ton) | 196 | 40 | 89 |
| 猪肉罐头 | (吨) | Canned Pork | (ton) | 16 | 4 | 264 |
| 番茄酱 | (吨) | Tomato paste in cans and tomato ketchup | (ton) | 2262 | 232 | 187 |
| 蘑菇罐头 | (吨) | Canned Mushroom | (ton) | 1920 | 176 | 372 |
| 肠衣 | (吨) | Casing | (ton) | 151 | 172 | 315 |
| 填实用羽毛、羽绒 | (吨) | Feathers and Dawn for Stuffing | (ton) | 4129 | 3133 | 3975 |
| 药材 | (吨) | Medical Materials | (ton) | 20787 | 4939 | 7445 |
| 纸烟 | (条) | Cigarette | (unit) | 14900 | 49 | 49 |
| 肥料 | (吨) | Fertilizer | (ton) | 200373 | 4874 | 19247 |
| 锯材 | (立方米) | Wood sawn lengthwise | (cu.m) | 17124 | 1330 | 1641 |
| 胶合板及类似多层板 | (立方米) | Plywood, veneered panels and similar laminated wood | (cu.m) | 77926 | 3068 | 4934 |
| 印刷品 | (吨) | Printed articles | (ton) | 1766 | 734 | 1362 |
| 生丝 | (吨) | Raw Silk | (ton) | 84 | 201 | 95 |
| 山羊绒 | (吨) | Fine hair of goats | (ton) | 2 | 17 | |
| 黏土及其他耐火矿物 | (吨) | Clay and Other Fireproof Mineral | (ton) | 507152 | 591 | 939 |
| 天然硫酸钡(重晶石) | (吨) | Natural barium sulphate | (ton) | 516 | 13 | 11 |
| 钨品 | (千克) | Tungsten ores and articles | (kg) | 465 | 4 | 16 |
| 氧化锌及过氧化锌 | (吨) | Zinc Oxide and Zinc Peroxide | (ton) | 21 | 4 | 10 |
| 碳酸钠(纯碱) | (吨) | Disodium carbonate | (ton) | 22442 | 374 | 42 |
| 柠檬酸 | (吨) | Citric acid | (ton) | 150548 | 12394 | 13031 |
| 合成有机染料 | (吨) | Synthetic Organic Dyestuffs | (ton) | 64 | 42 | 80 |
| 锌钡白(立德粉) | (吨) | Lithopone | (ton) | 44 | 3 | 2 |
| 医药品 | | Medical and Pharmaceutical Products | | | 7027 | 8687 |
| 美容化妆品及护肤品 | (吨) | Cosmetics and Skin Moisturizer | (ton) | 879 | 322 | 275 |
| 口腔及牙齿清洁剂 | (吨) | Oral Cavity and Tooth Cleanser | (ton) | 94 | 13 | 257 |
| 洗衣粉 | (吨) | Detergent | (ton) | 34296 | 1712 | 1841 |
| 农药 | (吨) | Insecticides, herbicides and the like products | (ton) | 10895 | 2796 | 3615 |
| 初级形状的聚氯乙烯 | (吨) | Elementary Shape Polyving Chloride | (ton) | 189 | 25 | 38 |
| 新的充气橡胶轮胎 | (万条) | New pneumatic rubber tyres | (10000 units) | 9643 | 26012 | 34283 |
| 家用或装饰用木制品 | (吨) | Woodwork used for Household & Decoration | (ton) | 3085 | 811 | 896 |
| 纸及纸板(未切成形的) | (吨) | Paper and Paperboard in Rolls | (ton) | 5101 | 1109 | 1332 |

## 17—6 续表1 continued

单位：万美元 (USD 10000)

| 品 名 | | Item | | 2009 数 量 Volume | 2009 金 额 Value | 2010 金 额 Value |
|---|---|---|---|---|---|---|
| 纺织纱线、织物及制品 | | Spinning, Fabric and Related Products | | | 69112 | 92956 |
| 塑料编织袋(周转袋除外) | (万条) | Bags and sacks of PP or PE strip(not incl.for intermediate use) | | 6103 | 1232 | 1243 |
| 水泥及水泥熟料 | (吨) | Cement and cement clinkers | (ton) | 100578 | 547 | 1211 |
| 花岗岩石材及制品 | (吨) | Granite and Related Products | (ton) | 12329 | 437 | 605 |
| 平板玻璃 | (平方米) | Plate Glass | (sq.m) | 5453813 | 210 | 508 |
| 玻璃制品 | | Glass Products | | | 6712 | 9490 |
| 家用陶瓷制品 | (吨) | Porcelain and Pottery Ware for Household Use | (ton) | 9103 | 704 | 637 |
| 珍珠、钻石、宝石及半宝石 | | Pearls, precious and semi-precious stones | | | 11 | 21 |
| 生铁及镜铁 | (吨) | Pig iron and spiegeleisen | (ton) | 15718 | 594 | 848 |
| 铁合金 | (吨) | Ferro-alloys | (ton) | 24 | 4 | . |
| 钢 材 | (吨) | Rolled Steel | (ton) | 420286 | 32575 | 56680 |
| 未锻造的铜及铜材 | (吨) | Unwrought Copper and Rolled Copper | (ton) | 6609 | 3084 | 6937 |
| 未锻造的铝及铝材 | (吨) | Aluminum and Aluminum Alloys | (ton) | 5161 | 1458 | 2209 |
| 镁及其制品(包括废碎料) | | Magnesium and Product (Including waste fragments) | | 6 | 2 | 2 |
| 钢铁或铜制标准紧固件 | (吨) | Iron or Copper Nails,Bolts,etc. | (ton) | 3626 | 518 | 806 |
| 不锈钢厨具、餐具等家用器具 | (吨) | Stainless Steel Kitchen Utensils、Dinner Service | (ton) | 97 | 55 | 103 |
| 餐桌、厨房及其他家用搪瓷器 | (吨) | Porcelain Used for Dining Table、Kitchen and Oth | (ton) | 7680 | 1602 | 1695 |
| 手用或机用工具 | (吨) | Hand Tools and Tools for Machines | (ton) | 5354 | 1185 | 1548 |
| 电 扇 | (台) | Fans | (unit) | 957238 | 1240 | 1158 |
| 空气调节器 | (台) | Air Conditioner | (unit) | 715353 | 9515 | 11703 |
| 冰 箱 | (台) | Refrigerators | (unit) | 2361987 | 29019 | 40929 |
| 洗衣机 | (台) | Washing machines, household or laundry-type | (unit) | 859120 | 8656 | 15709 |
| 微波炉 | (台) | Microwave ovens | (unit) | 2204 | 23 | 40 |
| 纺织机械及零件 | | Textile Machinery | | | 583 | 929 |
| 家用缝纫机 | (台) | Household sewing machine | (unit) | 4633 | 4 | 3 |
| 工业用缝纫机 | (台) | Industrial Sewing Machine | (unit) | 623 | 18 | 35 |
| 金属加工机床 | (台) | Machine Tools | (unit) | 17013 | 2506 | 3176 |
| 电子计算器(包括具有计算功能的袖珍数据记) | (台) | Electronic Calculator (including mini calculator with the function of calculation) | (unit) | 1340837 | 76 | 177 |
| 自动数据处理设备及其部件 | (台) | Automatic Date Processing Equipments and Parts | (unit) | 4452236 | 1644 | 1648 |
| 自动数据处理设备的零件 | (个) | Automatic Date Processing Equipment's Componen | (unit) | 10508 | 2744 | 3441 |
| 打印机(包括多功能一体机) | (台) | Printers(incl. multi-functional peripherals) | (unit) | 359 | 11 | 21 |
| 液晶显示板 | (个) | Liquid crystal display panel | (unit) | 136473 | 580 | 1369 |
| 轴 承 | (万套) | Bearings | (10000 units) | 672 | 333 | 751 |
| 电动机及发电机 | (台) | Electric Motors and Generators | (unit) | 959135 | 1244 | 1184 |
| 变压器 | (个) | Transformers | (unit) | 1232824 | 1501 | 1498 |
| 静止式变流器 | (个) | Static Converters | (unit) | 2544861 | 2247 | 9175 |
| 原电池 | (万个) | Primary Cells and Batteries | (10000 units) | 1953 | 203 | 211 |
| 蓄电池 | (个) | Electric Accumulators | (unit) | 80625 | 185 | 659 |
| 电话机 | (台) | Telephone sets | (unit) | 21879 | 149 | 127 |
| 扬声器 | (个) | Loudspeakers | (unit) | 5131851 | 356 | 391 |
| 激光唱机 | (台) | Compact disc players | (unit) | 7803 | 55 | 71 |
| 录、放像机 | (台) | Record,Videoplayer | (unit) | 436575 | 866 | 1471 |
| 声音录制或重放设备 | (台) | Sound Record or Replayer Equipments | (unit) | 11253 | 57 | 73 |
| 收音机 | (台) | Radio | (unit) | 272434 | 16 | 51 |

**17—6 续表2 continued**

单位：万美元 (USD 10000)

| 品名 | | Item | | 2009 数量 Volume | 2009 金额 Value | 2010 金额 Value |
|---|---|---|---|---|---|---|
| 电视机 | (台) | TV Sets | (unit) | 922209 | 9474 | 8793 |
| 录放音、像机及唱机的零附件 | | Records Playback,Camera and Record Player's Appendix | | | 329 | 241 |
| 电视、收音机及无线电讯设备的零附件 | (吨) | TV、Radio and Wireless Telecommunication Equipment's Appendix | (ton) | 8017 | 7267 | 8015 |
| 电容器 | (吨) | Capacitor | (ton) | 1700 | 1321 | 1890 |
| 印刷电路 | (万块) | Printed Circuit | | 1091 | 45 | 117 |
| 通断保护电路装置及零件 | | Make and Break Protection Circuit Installment and Components | | | 4150 | 5218 |
| 节能灯 | (万只) | Saving Energy Lamp | (10 thousand unit) | 2027 | 1181 | 1973 |
| 二极管及类似半导体器件 | (万个) | Diode and Semi Conducts | (10000 units) | 49884 | 3586 | 8169 |
| 集成电路 | (万个) | Electronic integrated circuits | (10000 units) | 3607 | 2462 | 142 |
| 电线和电缆 | (吨) | Electric Wire, Cable | (ton) | 15822 | 7908 | 10938 |
| 集装箱 | | Containers | | | | 15 |
| 汽 车 | (辆) | Motor Vehicles | (unit) | 61421 | 43633 | 76910 |
| 装有引擎的汽车底盘 | (台) | Chassis of Motor Car loaded with Engine | (unit) | 2792 | 1559 | 2128 |
| 汽车零件 | | Parts of Motor Vehicles | | | 12498 | 20917 |
| 摩托车 | (辆) | Motorcycles | (unti) | 43574 | 1485 | 2673 |
| 自行车 | (辆) | Bicycles | (unit) | 612830 | 1232 | 1300 |
| 摩托车及自行车的零件 | | Parts of Motocycles and Bicycles | | | 3012 | 2943 |
| 船 舶 | (艘) | Vessels | (unit) | 1237 | 12194 | 27411 |
| 照相机 | | Camera | | | | 4 |
| 医疗仪器及器械 | | Medical Instruments and Appliances | | | 4563 | 5227 |
| 手 表 | (万只) | Wrist Watches | (10 thousand unit) | 105 | 80 | 115 |
| 日用钟 | (万只) | Clocks | (10 thousand unit) | 184 | 186 | 402 |
| 家具及其零件 | | Furniture | | | 19415 | 22189 |
| 床垫、寝具及类似品 | | Mattress,Bedding and Similar | | | 14444 | 19047 |
| 灯具、照明装置及类似品 | | Lamps and Lanlerns,LLLumination Devices and simelar | | | 3421 | 4375 |
| 箱包及类似容器 | | suit-case, hand bags and similar containers | | | 17313 | 26090 |
| 体育用具及设备 | | Sports Apparatus and Equipments | | | 4790 | 6771 |
| 服装及衣着附件 | | Garments, Clothing Accessories | | | 97236 | 118853 |
| 鞋 类 | | Footwear | | | 26016 | 29320 |
| 塑料制品 | (吨) | Plastic Articles | (ton) | 36555 | 8186 | 14564 |
| 玩 具 | | Toys | | | 8419 | 11315 |
| 游戏机 | (台) | Game-machine | (unit) | 82922 | 21 | 184 |
| 圣诞用品 | (吨) | Christmas Things | | 1811 | 986 | 4522 |
| 足球、篮球、排球 | (万个) | Football, Basketballs and Volleyballs | (10000 units) | 936 | 762 | 886 |
| 打火机 | | Porket lighters, gas-filled | | | | 19 |
| 艺术珍藏品及古董 | | Artistic Treasured Possession and Antique | | | 19 | 93 |
| 伞 | (万把) | Umbrellas | (10000 units) | 162 | 472 | 600 |
| 竹编结品 | (吨) | Bamboo Products | (ton) | 2374 | 533 | 1964 |
| 藤编结品 | (吨) | Rattan Products | (ton) | 24944 | 1168 | 1304 |
| 草编结品 | (吨) | Straw Mats and Straw Products | (ton) | 347 | 204 | 2862 |
| 柳编结品 | (吨) | Wickerwork | (ton) | 2061 | 1269 | 8017 |
| 机电产品 | | Mechanical and Electrical Products | | | 338363 | 484231 |
| 高新技术产品 | | New High Technical Products | | | 150068 | 201412 |
| 农产品 | | Agriculture products | | | 50769 | 68281 |

# 17—7 进出口商品贸易方式总值（2010年）
Total Value of Import and Export Trade Way (2010)

单位：万美元 (USD 10000)

| 指标 | Item | 进出口 Imports & Exports 金额 Value | 进出口 Imports & Exports 比重(%) Portion (%) | 出口 Exports 金额 Value | 出口 Exports 比重(%) Portion (%) | 进口 Imports 金额 Value | 进口 Imports 比重(%) Portion (%) |
|---|---|---|---|---|---|---|---|
| **总计** | **Total** | **2427677** | | **1241288** | | **1186388** | |
| 一般贸易 | General Trade | 1951022 | 80.37 | 930014 | 74.92 | 1021008 | 86.06 |
| 国家间、国际组织无偿援助和赠送的物资 | Between Countries, International Organizations Aid and Donated Materials | 1230 | 0.05 | 1230 | 0.10 | | |
| 其他境外捐赠物资 | Other Donations of Goods Outside | 1 | | 1 | | | |
| 补偿贸易 | Compensation | | | | | | |
| 来料加工装配贸易 | Assembly Processing Trade | 16580 | 0.68 | 10440 | 0.84 | 6140 | 0.52 |
| 进料加工贸易 | Processing With Imported Trade | 395216 | 16.28 | 264254 | 21.29 | 130962 | 11.04 |
| 加工贸易进口设备 | Processing Trade Imported Equipment | 817 | 0.03 | | | 817 | 0.07 |
| 寄售代销贸易 | Consignment Selling Trade | | | | | | |
| 边境小额贸易 | Small Amount Border Trade | | | | | | |
| 对外承包工程出口货物 | Exports Contracted Projects | 19546 | 0.81 | 19546 | 1.57 | | |
| 租赁贸易 | Lease Trade | 36 | | | | 36 | |
| 外商投资企业作为投资进口的设备、物品 | Foreign-invested Enterprises as the Import Investment of Equipment, Goods | 17498 | 0.72 | | | 17498 | 1.47 |
| 出料加工 | Material Processing | | | | | | |
| 易货贸易 | Barter | | | | | | |
| 免税外汇商品 | Duty-free Foreign Exchange Goods | | | | | | |
| 保税仓库进出境货物 | Inward and Outward Goods of Free Trade Storeh | 5729 | 0.24 | 1429 | 0.12 | 4300 | 0.36 |
| 保税区仓储转口货物 | Re-export Goods of Free Trade Zone | 3858 | 0.16 | 26 | 0.00 | 3832 | 0.32 |
| 出口加工区进口设备 | Export Processing Zones Imported Equipment | 850 | 0.04 | | | 850 | 0.07 |
| 其他 | Other | 15293 | 0.63 | 14347 | 1.16 | 945 | 0.08 |

# 17—8 主要年份对外承包工程和劳务合作

Contracted Projects and Labor Services Cooperation With Foreign Countries in Major Years

| 年　份<br>Year | 签订合同的国家（地区）数（个）<br>Number of Countries or Territories With Contracts Signed | 合　同　数（份）<br>Number of Contracts | 合同金额（万美元）<br>Contracted Value (USD 10000) | 完成营业额（万美元）<br>Value of Business Fulfilled (USD 10000) |
|---|---|---|---|---|
| **总　计 Total** | | | | |
| 1995 | 38 | 93 | 1689 | 3621 |
| 2000 | | 126 | 17609 | 10344 |
| 2004 | | 125 | 23558 | 21264 |
| 2005 | | 92 | 50398 | 28250 |
| 2006 | | 207 | 65796 | 42373 |
| 2007 | | 202 | 120004 | 71851 |
| 2008 | | 172 | 151528 | 121157 |
| 2009 | | 173 | 103014 | 161606 |
| 2010 | | 257 | 157772 | 204835 |
| **#对外承包工程 Contracted Projects** | | | | |
| 1995 | 6 | 9 | 866 | 3180 |
| 2000 | | 44 | 11768 | 7308 |
| 2004 | | 51 | 19300 | 15300 |
| 2005 | | 19 | 36396 | 12585 |
| 2006 | | 127 | 54218 | 30626 |
| 2007 | | 35 | 113163 | 59298 |
| 2008 | | 40 | 144575 | 107879 |
| 2009 | | 55 | 98077 | 149363 |
| 2010 | | 42 | 151147 | 192716 |
| **对外劳务合作 Labour Cooperation** | | | | |
| 1995 | 14 | 78 | 745 | 299 |
| 2000 | | 69 | 5350 | 2922 |
| 2004 | | 74 | 4258 | 5964 |
| 2005 | | 66 | 4731 | 6968 |
| 2006 | | 75 | 9308 | 8865 |
| 2007 | | 166 | 6810 | 12163 |
| 2008 | | 124 | 6436 | 13001 |
| 2009 | | 118 | 4937 | 12243 |
| 2010 | | 215 | 6625 | 12119 |
| **实际咨询 Design Consultation** | | | | |
| 1995 | 5 | 6 | 78 | 142 |
| 2000 | | 13 | 491 | 114 |
| 2004 | | | | |
| 2005 | | 7 | 9271 | 8697 |
| 2006 | | 5 | 2270 | 2882 |
| 2007 | | 1 | 31 | 390 |
| 2008 | | 8 | 517 | 277 |
| 2009 | | | | |
| 2010 | | | | |

注：签订合同的国家（地区）是指表中所列年份同我省签订有承包工程和劳务合作的国家、地区数。

a) Countries or territories with contracts signed refers to the countries or territories having contracted projects and labor cooperation with Anhui province.

## 17—9 对外签订利用外资协议（合同）额
Utilization of Foreign Capital Through Signed Contracts (Agreements)

单位：万美元 (USD 10000)

| 指　　标 | Item | 1995 | 2000 | 2005 | 2009 | 2010 |
|---|---|---|---|---|---|---|
| **总　　额** | **Total** | **133856** | **75154** | **155358** | **208883** | **216462** |
| **对外借款** | **Foreign Loans** | **13216** | **8800** | | | |
| #外国政府贷款 | Government Loans | 600 | 5000 | | | |
| 国际金融组织贷款 | Loans from International Financial organizations | 5076 | 3800 | | | |
| 出口信贷 | Export Credit | 7540 | | | | |
| **外商直接投资** | **Foreign Direct Investments** | **120640** | **63602** | **155358** | **208883** | **216462** |
| #合资经营 | Joint Ventures Enterprises | 77780 | 5974 | 41919 | 36456 | 47726 |
| 合作经营 | Cooperative Operation Enterprises | 4047 | 20784 | 9563 | 9550 | 9115 |
| 独资经营 | Foreign Own Investment Enterprises | 38813 | 36844 | 102721 | 162402 | 156738 |
| 外商投资股份制 | Foreign Invested Shareholding Enterprises | | | 1155 | 475 | 2883 |
| **外商其他投资** | **Other Foreign Investment** | | **2752** | | | |
| #补偿贸易 | Compensation Trade | | | | | |
| 加工装配 | Processing Assembly | | 2752 | | | |

## 17—10 实 际 利 用 外 资 额
Foreign Capital Actually Used

单位：万美元 (USD 10000)

| 指　　标 | Item | 1995 | 2000 | 2005 | 2009 | 2010 |
|---|---|---|---|---|---|---|
| **总　　额** | **Total** | **76749** | **41521** | **68845** | **388416** | **501446** |
| **对外借款** | **Foreign Loans** | **28493** | **6922** | | | |
| #外国政府贷款 | Government Loans | 10647 | | | | |
| 国际金融组织贷款 | Loans from International Financial organizations | 11073 | | | | |
| 外国银行商业贷款 | Commercial Loans of Foreign Banks | 6773 | | | | |
| **外商直接投资** | **Foreign Direct Investments** | **48256** | **31847** | **68845** | **388416** | **501446** |
| #合资经营 | Joint Ventures Enterprises | 31112 | 11921 | 24801 | 159714 | 173910 |
| 合作经营 | Cooperative Operation Enterprises | 1619 | 6965 | 2316 | 1555 | 3922 |
| 独资经营 | Foreign Own Investment Enterprises | 15525 | 12961 | 41728 | 210767 | 307925 |
| 外商投资股份制 | Foreign Invested Shareholding Enterprises | | | | 16380 | 15689 |
| **外商其他投资** | **Other Foreign Investment** | | **2752** | | | |
| #补偿贸易 | Compensation Trade | | | | | |
| 加工装配 | Processing Assembly | | 2752 | | | |

## 17—11 外商投资企业年末企业数、投资总额及注册资本（2010年）

Number, Investment and Registered Capital of Foreign-funded Enterprises (2010)

| 项　　目 | Item | 企业数（个）Number of Registered Enterprises (unit) | 投资总额（万美元）Total Investment (USD 10000) | 注册资本（万美元）Registered Capital (USD 10000) | #外方 Capital Invested by Foreign Partner |
|---|---|---|---|---|---|
| **总　　计** | **Total** | **2546** | **3032426** | **1734905** | **1293032** |
| **按投资方式分** | **Grouped by Type of Investment** | | | | |
| #中外合资 | Joint Ventures Enterprises | 600 | 663379 | 348417 | 164310 |
| 中外合作 | Cooperative Operation Enterprises | 35 | 56042 | 27999 | 18806 |
| 外资企业 | Foreign Investment Share Enterprises | 1893 | 2171180 | 1216664 | 1073691 |
| 外商投资股份制 | Foreign Invested Shareholding Enterprises | 18 | 141825 | 141825 | 36224 |
| **按国民经济行业分** | **Grouped by Sector** | | | | |
| 农林牧渔业 | Farming, Forestry, Animal Husbandry and Fishery | 68 | 73704 | 35702 | 29887 |
| 采矿业 | Mining and Quarrying | 28 | 24226 | 13409 | 11515 |
| 制造业 | Manufacturing | 1694 | 1741202 | 1023549 | 711451 |
| 电力、煤气及水的生产和供应业 | Production and Supply of Electric Power, Gas and Water | 88 | 400040 | 131388 | 91323 |
| 建筑业 | Construction | 40 | 55455 | 35067 | 29259 |
| 交通运输、仓储及邮政业 | Transportation, Storage and Postal Services | 24 | 63351 | 46461 | 23822 |
| 信息传输、计算机服务和软件业 | Information Circulation, Computer Service and Software | 35 | 90716 | 56619 | 56192 |
| 批发和零售业 | Wholesale and Retail Trade | 94 | 56459 | 32783 | 30960 |
| 住宿和餐饮业 | Accommodation and Catering Trade | 67 | 63515 | 37187 | 33079 |
| 金融业 | Banking | 3 | 3570 | 3540 | 1515 |
| 房地产业 | Real Estate Trade | 224 | 306079 | 220912 | 188943 |
| 租赁和商务服务业 | Leasing and Commercial Services | 56 | 33740 | 30441 | 28341 |
| 科学研究、技术服务和地质勘查业 | Scientific Research, Technical Services and Geological Prospecting | 51 | 52932 | 27987 | 25543 |
| 水利、环境和公共设施管理业 | Water Conservancy, Environmental and Public Facilities Management | 34 | 41897 | 23568 | 18664 |
| 居民服务和其他服务业 | Resident Services and Other Services | 21 | 8354 | 7165 | 6903 |
| 教　育 | Education | 2 | 17 | 17 | 17 |
| 卫生、社会保障和社会福利业 | Health Care, Social Protection and Social Welfare | 2 | 2387 | 1764 | 951 |
| 文化、体育和娱乐业 | Culture, Sports and Entertainment | 11 | 9071 | 4530 | 3045 |
| 其他行业 | Others | 4 | 5711 | 2816 | 1621 |

## 17—12 各市外商投资企业年末企业数、投资总额及注册资本（2010年）

Number, Investment and Registered Capital of Foreign-funded Enterprises by Region (2010)

| 地　区 | Region | 企业数（个）Number of Registered Enterprises (unit) | 投资总额（万美元）Total Investment (USD 10000) | 注册资本（万美元）Registered Capital (USD 10000) | #外方 Capital Invested by Foreign Partner |
|---|---|---|---|---|---|
| **总　　计** | **Total** | **2546** | **3032426** | **1734905** | **1293032** |
| 合肥市 | Hefei | 751 | 1425364 | 873155 | 631727 |
| 淮北市 | Huaibei | 52 | 77416 | 36833 | 19692 |
| 亳州市 | Bozhou | 46 | 16299 | 12212 | 9543 |
| 宿州市 | Suzhou | 57 | 36664 | 17619 | 14919 |
| 蚌埠市 | Bengbu | 107 | 89465 | 52203 | 40298 |
| 阜阳市 | Fuyang | 57 | 72223 | 31141 | 24402 |
| 淮南市 | Huainan | 43 | 127969 | 41280 | 36336 |
| 滁州市 | Chuzhou | 172 | 96195 | 55542 | 46679 |
| 六安市 | Luan | 84 | 47011 | 30943 | 26467 |
| 马鞍山市 | Maanshan | 135 | 130899 | 77275 | 65467 |
| 巢湖市 | Chaohu | 113 | 147775 | 61113 | 43453 |
| 芜湖市 | Wuhu | 315 | 332310 | 195021 | 144703 |
| 宣城市 | Xuancheng | 177 | 95885 | 55832 | 41828 |
| 铜陵市 | Tongling | 70 | 102360 | 53666 | 31890 |
| 池州市 | Chizhou | 82 | 46791 | 31672 | 27366 |
| 安庆市 | Anqing | 151 | 106337 | 61675 | 48468 |
| 黄山市 | Huangshan | 134 | 81463 | 47724 | 39796 |

# 17—13 外国和港澳台地区直接投资（按行业）（2010年）

## Direct Investment of Foreign Countries, Hong Kong, Macao and Taiwen by Sector (2010)

| 指　　标 | Item | 新签协议 Newly Signed Agreement | | 实际投资合计（万美元） Total Actual Investment (USD 10000) | #现　金 Cash | 期末实有企业数（个） Number of Enterprises at the End of the Period (unit) | #本　期新增企业 Newly Increased In this Period |
|---|---|---|---|---|---|---|---|
| | | 合同数（个） Number of Contracts (unit) | 投资额（万美元） Investment (USD 10000) | | | | |
| **总　　计** | **Total** | **281** | **216462** | **501446** | **501446** | **2546** | **270** |
| **按投资方式分** | **Grouped by Type of Investment** | | | | | | |
| #合资企业 | Joint Ventures Enterprises | 100 | 47726 | 173910 | 173910 | 600 | 54 |
| 合作企业 | Cooperative Operation Enterprises | 8 | 9115 | 3922 | 3922 | 35 | 2 |
| 外资企业 | Foreign Investment Enterprises | 172 | 156738 | 307925 | 307925 | 1893 | 214 |
| 外商投资股份制 | Foreign Invested Shareholding Enterprises | 1 | 2883 | 15689 | 15689 | 18 | |
| **按国民经济行业分** | **Grouped by Sector** | | | | | | |
| 农林牧渔业 | Farming, Forestry, Animal Husbandry and Fishery | 11 | 7536 | 4035 | 4035 | 68 | 11 |
| 采矿业 | Mining and Quarrying | 3 | 3995 | 7485 | 7485 | 28 | 1 |
| 制造业 | Manufacturing | 172 | 131561 | 312653 | 312653 | 1694 | 146 |
| 电力、煤气及水的生产和供应业 | Production and Supply of Electric Power, Gas and Water | 5 | -866 | 49795 | 49795 | 88 | 8 |
| 建筑业 | Construction | 1 | 97 | 529 | 529 | 40 | 3 |
| 交通运输、仓储及邮政业 | Transportation, Storage and Postal Services | 5 | 9362 | 4896 | 4896 | 24 | 4 |
| 信息传输、计算机服务和软件业 | Information Circulation, Computer Service and Software | 8 | 1138 | 1277 | 1277 | 35 | 5 |
| 批发和零售业 | Wholesale and Retail Trade | 25 | 4564 | 12844 | 12844 | 94 | 31 |
| 住宿和餐饮业 | Accommodation and Catering Trade | 7 | 6020 | 11820 | 11820 | 67 | 7 |
| 金融业 | Banking | 1 | 946 | 3191 | 3191 | 3 | 1 |
| 房地产业 | Real Estate Trade | 10 | 17380 | 68561 | 68561 | 224 | 13 |
| 租赁和商务服务业 | Leasing and Commercial Services | 17 | 6781 | 7808 | 7808 | 56 | 15 |
| 科学研究、技术服务和地质勘查业 | Scientific Research, Technical Services and Geological Prospecting | 9 | 25850 | 7831 | 7831 | 51 | 18 |
| 水利、环境和公共设施管理业 | Water Conservancy, Environmental and Public Facilities Management | 4 | 2394 | 4961 | 4961 | 34 | 3 |
| 居民服务和其他服务业 | Resident Services and Other Services | 2 | -1402 | 3560 | 3560 | 21 | 1 |
| 教　育 | Education | | | | | 2 | |
| 卫生、社会保障和社会福利业 | Health Care, Social Protection and Social Welfare | | | 200 | 200 | 2 | 1 |
| 文化、体育和娱乐业 | Culture, Sports and Entertainment | 1 | 1106 | | | 11 | 2 |
| 其他行业 | Others | | | | | 4 | |

## 17—14 各市外国和港澳台地区直接投资（2010年）

Direct Investment of Foreign Countries, Hong Kong, Macao and Taiwen by Sector by Region (2010)

| 地 区 | Region | 新签协议 Newly Signed Agreement | | 实际投资合计（万美元）Total Actual Investment (USD 10000) | | 期末实有企业数（个）Number of Enterprises at the End of the Period (unit) | |
|---|---|---|---|---|---|---|---|
| | | 合同数（个）Number of Contracts (unit) | 投资额（万美元）Investment (USD 10000) | | #现金 Cash | | #本期新增企业 Newly Increased In this Period |
| **总 计** | **Total** | **281** | **216462** | **501446** | **388416** | **2546** | **270** |
| 合肥市 | Hefei | 72 | 74304 | 109584 | 85746 | 751 | 86 |
| 淮北市 | Huaibei | 7 | 5318 | 19151 | 13412 | 52 | 7 |
| 亳州市 | Bozhou | 5 | 1180 | 15881 | 11026 | 46 | 4 |
| 宿州市 | Suzhou | 8 | 3733 | 13429 | 9632 | 57 | 9 |
| 蚌埠市 | Bengbu | 17 | 10966 | 27262 | 24069 | 107 | 16 |
| 阜阳市 | Fuyang | 7 | 4723 | 8882 | 4842 | 57 | 5 |
| 淮南市 | Huainan | 5 | -1687 | 9913 | 7343 | 43 | 6 |
| 滁州市 | Chuzhou | 21 | 18151 | 11745 | 9331 | 172 | 19 |
| 六安 | Luan | 14 | 8679 | 13704 | 11442 | 84 | 14 |
| 马鞍山市 | Maanshan | 21 | 15366 | 70490 | 57238 | 135 | 19 |
| 巢湖市 | Chaohu | 13 | 16233 | 32576 | 24983 | 113 | 11 |
| 芜湖市 | Wuhu | 43 | 33386 | 71974 | 59214 | 315 | 34 |
| 宣城市 | Xuancheng | 13 | 4371 | 19654 | 14709 | 177 | 13 |
| 铜陵市 | Tongling | 5 | 2619 | 25531 | 15644 | 70 | 5 |
| 池州市 | Chizhou | 7 | 5311 | 15152 | 11932 | 82 | 4 |
| 安庆市 | Anqing | 13 | 5936 | 22255 | 16518 | 151 | 11 |
| 黄山市 | Huangshan | 10 | 7873 | 14263 | 11335 | 134 | 7 |

# 17—15 外国和港澳台地区直接投资（按国别和地区）（2010年）

Direct Investment of Foreign Countries and Hong Kong, Macao and Taiwen by Countries and Regions (2010)

| 指　　标 | Item | 新签协议 Newly Signed Agreement | | 实际投资合计（万美元） Total Actual Investment (USD 10000) | #现金 Cash | 期末实有企业数（个） Number of Enterprises at the End of the Period (unit) | #本期新增企业 Newly Increased In this Period |
|---|---|---|---|---|---|---|---|
| | | 合同数（个） Number of Contracts (unit) | 投资额（万美元） Investment (USD 10000) | | | | |
| **合　计** | **Total** | **281** | **216462** | **501446** | **501446** | **2546** | **270** |
| 亚　洲 | Asia | 203 | 187270 | 314147 | 314147 | 1606 | 171 |
| #不　丹 | Bhutan | | | | | 3 | |
| 文　莱 | Brunei | | 195 | 32 | 32 | 7 | |
| 香　港 | Hong Kong | 119 | 118393 | 233902 | 233902 | 948 | 103 |
| 印　度 | India | | | 45 | 45 | 3 | |
| 印度尼西亚 | Indonesia | | | 101 | 101 | 7 | |
| 伊　朗 | Iran | | | 321 | 321 | 3 | |
| 日　本 | Japan | 13 | 30791 | 30606 | 30606 | 148 | 9 |
| 澳　门 | Macao | 2 | 515 | 7685 | 7685 | 14 | 2 |
| 马来西亚 | Malaysia | 4 | 3034 | 2843 | 2843 | 16 | 3 |
| 菲律宾 | Philippines | 1 | 230 | 299 | 299 | 6 | 1 |
| 新加坡 | Singapore | 8 | 16550 | 20861 | 20861 | 84 | 7 |
| 韩　国 | Republic of Korea | 13 | -20 | 3743 | 3743 | 64 | 9 |
| 泰　国 | Thailand | 1 | 8591 | 35 | 35 | 10 | 1 |
| 土耳其 | Turkey | | | | | 2 | |
| 阿拉伯联合酋长国 | United Arab Emirates | | | 857 | 857 | 7 | |
| 台　湾 | Taiwan | 39 | 8609 | 11613 | 11613 | 279 | 34 |
| 非　洲 | Africa | 2 | 3230 | 2351 | 2351 | 17 | 2 |
| #肯尼亚 | Kenya | | | 70 | 70 | 1 | |
| 利比里亚 | Liberia | | | | | 1 | |
| 毛里求斯 | Mauritius | 1 | 2980 | 1857 | 1857 | 9 | |
| 欧　洲 | Europe | 24 | 2209 | 57801 | 57801 | 264 | 23 |
| #比利时 | Belgium | 1 | 102 | 122 | 122 | 3 | 1 |
| 丹　麦 | Denmark | | 45 | 3944 | 3944 | 5 | |
| 英　国 | United Kingdom | 6 | 803 | 5500 | 5500 | 38 | 6 |
| 德　国 | Federal Republic of Germany | 6 | -5633 | 10530 | 10530 | 63 | 6 |
| 法　国 | France | 1 | 623 | 10838 | 10838 | 25 | 1 |
| 意大利 | Italy | 1 | -435 | 3595 | 3595 | 31 | 2 |
| 荷　兰 | Netherlands | | | 2017 | 2017 | 14 | |
| 西班牙 | Spain | 2 | 1080 | 3633 | 3633 | 23 | 3 |
| 奥地利 | Austria | 1 | 243 | 523 | 523 | 5 | 1 |
| 瑞　典 | Sweden | 1 | 38 | 245 | 245 | 4 | |
| 瑞　士 | Switzerland | 1 | 1410 | 819 | 819 | 7 | 1 |
| 俄罗斯 | Russia | | | 740 | 740 | 16 | |
| 捷克共和国 | Czech | | | | | 1 | |
| 拉丁美洲 | Latin America | 14 | -2659 | 68811 | 68811 | 217 | 15 |
| #阿根廷 | Argentina | | | 888 | 888 | 3 | |
| 巴巴多斯 | Barbados | | | 2381 | 2381 | 5 | |
| 巴　西 | Brazil | | | 3 | 3 | 6 | |
| 开曼群岛 | Cayman Islands | 2 | 440 | 18245 | 18245 | 14 | 2 |
| 英属维尔京群岛 | Virgin | 9 | -3292 | 46101 | 46101 | 174 | 10 |
| 北美洲 | North America | 24 | 15062 | 32592 | 32592 | 318 | 24 |
| #加拿大 | Canada | 3 | 755 | 3017 | 3017 | 46 | 1 |
| 美　国 | United States | 20 | 10807 | 27728 | 27728 | 265 | 22 |
| 大洋洲 | Oceanic | 15 | 4387 | 4823 | 4823 | 86 | 11 |
| #澳大利亚 | Australia | 7 | 916 | 2917 | 2917 | 47 | 6 |
| 新西兰 | New Zealand | 2 | 601 | 150 | 150 | 8 | 1 |
| 萨摩亚 | Samoa | 4 | 870 | 1739 | 1739 | 29 | 2 |
| 其　他 | Other | 6 | 6963 | 20921 | 20921 | 38 | 24 |

## 17—16 各市商品进出口总额
Import and Export Commodities by Region

单位：万美元 (USD 10000)

| 地区 | Region | 2009 进出口总额 Total | 2009 出口总额 Exports | 2009 进口总额 Imports | 2010 进出口总额 Total | 2010 出口总额 Exports | 2010 进口总额 Imports | 同比增长% Increased by % |
|---|---|---|---|---|---|---|---|---|
| **总计** | **Total** | **1567770** | **888646** | **679125** | **2427677** | **1241288** | **1186388** | **54.8** |
| 合肥市 | Hefei | 642710 | 444792 | 197918 | 995880 | 562259 | 433621 | 54.9 |
| 淮北市 | Huaibei | 11083 | 9580 | 1503 | 20006 | 14024 | 5982 | 80.5 |
| 亳州市 | Bozhou | 16254 | 14398 | 1856 | 23943 | 22256 | 1688 | 47.3 |
| 宿州市 | Suzhou | 8399 | 6589 | 1810 | 15444 | 12091 | 3353 | 83.9 |
| 蚌埠市 | Bengbu | 38416 | 33331 | 5084 | 54350 | 46737 | 7614 | 41.5 |
| 阜阳市 | Fuyang | 20828 | 14119 | 6710 | 35575 | 28265 | 7310 | 70.8 |
| 淮南市 | Huainan | 12126 | 2952 | 9174 | 12163 | 7162 | 5001 | 0.3 |
| 滁州市 | Chuzhou | 68806 | 53624 | 15182 | 91286 | 70765 | 20520 | 32.7 |
| 六安市 | Luan | 33034 | 32083 | 951 | 45364 | 43509 | 1855 | 37.3 |
| 马鞍山市 | Maanshan | 165465 | 35770 | 129695 | 287768 | 50723 | 237044 | 73.9 |
| 巢湖市 | Chaohu | 44184 | 33148 | 11037 | 52695 | 43033 | 9662 | 19.3 |
| 芜湖市 | Wuhu | 142810 | 89478 | 53332 | 260977 | 166897 | 94080 | 82.7 |
| 宣城市 | Xuancheng | 46589 | 39879 | 6709 | 69182 | 58640 | 10542 | 48.5 |
| 铜陵市 | Tongling | 223448 | 17717 | 205730 | 341074 | 29704 | 311370 | 52.6 |
| 池州市 | Chizhou | 20470 | 7045 | 13425 | 21112 | 9734 | 11379 | 3.1 |
| 安庆市 | Anqing | 49840 | 38776 | 11064 | 68093 | 50565 | 17528 | 36.6 |
| 黄山市 | Huangshan | 23308 | 15363 | 7945 | 32766 | 24925 | 7840 | 40.6 |

## 17—17 各市外商直接投资
Foreign Direct Investment by Region

| 地区 | Region | 项目（个）Number of Projects (unit) 2009 | 2010 | 同比增长% Increased by | 合同外资额（万美元）Contract Value (USD 10000) 2009 | 2010 | 实际利用外资额（万美元）Used Value (USD 10000) 2009 | 2010 | 同比增长% Increased by |
|---|---|---|---|---|---|---|---|---|---|
| **总计** | **Total** | **294** | **281** | **-4.4** | **144210** | **216462** | **388416** | **501446** | **29.1** |
| 合肥市 | Hefei | 59 | 72 | 22.0 | 36665 | 74304 | 85746 | 109584 | 27.8 |
| 淮北市 | Huaibei | 3 | 7 | 133.3 | 2031 | 5318 | 13412 | 19151 | 42.8 |
| 亳州市 | Bozhou | 12 | 5 | -58.3 | 3832 | 1180 | 11026 | 15881 | 44.0 |
| 宿州市 | Suzhou | 3 | 8 | 166.7 | 4124 | 3733 | 9632 | 13429 | 39.4 |
| 蚌埠市 | Bengbu | 15 | 17 | 13.3 | 10630 | 10966 | 24069 | 27262 | 13.3 |
| 阜阳市 | Fuyang | 7 | 7 | 0.0 | 4717 | 4723 | 4842 | 8882 | 83.4 |
| 淮南市 | Huainan | 3 | 5 | 66.7 | 2541 | -1687 | 7343 | 9913 | 35.0 |
| 滁州市 | Chuzhou | 15 | 21 | 40.0 | 8092 | 18151 | 9331 | 11745 | 25.9 |
| 六安市 | Luan | 10 | 14 | 40.0 | 7350 | 8679 | 11442 | 13704 | 19.8 |
| 马鞍山市 | Maanshan | 15 | 21 | 40.0 | 8234 | 15366 | 57238 | 70490 | 23.2 |
| 巢湖市 | Chaohu | 12 | 13 | 8.3 | 889 | 16233 | 24983 | 32576 | 30.4 |
| 芜湖市 | Wuhu | 26 | 43 | 65.4 | 22449 | 33386 | 59214 | 71974 | 21.5 |
| 宣城市 | Xuancheng | 27 | 13 | -51.9 | 10843 | 4371 | 14709 | 19654 | 33.6 |
| 铜陵市 | Tongling | 10 | 5 | -50.0 | 10336 | 2619 | 15644 | 25531 | 63.2 |
| 池州市 | Chizhou | 24 | 7 | -70.8 | 4005 | 5311 | 11932 | 15152 | 27.0 |
| 安庆市 | Anqing | 25 | 13 | -48.0 | 6267 | 5936 | 16518 | 22255 | 34.7 |
| 黄山市 | Huangshan | 28 | 10 | -64.3 | 1205 | 7873 | 11335 | 14263 | 25.8 |

# 主要统计指标解释

**进出口总额**

指实际进出我国国境的货物总金额。包括对外贸易实际进出口货物，来料加工装配进出口货物，国家间、联合国及国际组织无偿援助物资和赠送品，华侨、港澳台同胞和外籍华人捐赠品，租赁期满归承租人所有的租赁货物，进料加工进出口货物，边境地方贸易及边境地区小额贸易进出口货物（边民互市贸易除外），中外合资企业、中外合作经营企业、外商独资经营企业进出口货物和公用物品，到、离岸价格在规定限额以上的进出口货样和广告品（无商业价值、无使用价值和免费提供出口的除外），从保税仓库提取在中国境内销售的进口货物，以及其他进出口货物。进出口总额用以观察一个国家在对外贸易方面的总规模。我国规定出口货物按离岸价格统计，进口货物按到岸价格统计。

**商品经营单位所在地进、出口额**

指所在地海关注册登记的有进出口经营权的企业实际进、出口额。

**商品目的地进口额和商品货源地出口额**

目的地进口额是指进口货物的消费、使用或最终抵运地的实际进口额；货源地出口额是指出口货物的产地或原始发货地的实际出口额。

**利用外资**

指我国各级政府、部门、企业和其他经济组织通过对外借款、吸收外商直接投资以及用其他方式筹措的境外现汇、设备、技术等。

**对外借款**

是我国利用外资的重要部分。指通过对外正式签订借款协议，从境外筹措的资金，包括外国政府贷款、国际金融组织贷款、外国银行商业贷款、出口信贷以及对外发行债券等。1996 年及以前还包括对外发行股票。

**外商直接投资**

指外国企业和经济组织或个人（包括华侨、港澳台胞以及我国在境外注册的企业）按我国有关政策、法规，用现汇、实物、技术等在我国境内开办外商独资企业、与我国境内的企业或经济组织共同举办中外合资经营企业、合作经营企业或合作开发资源的投资（包括外商投资收益的再投资），以及经政府有关部门批准的项目投资总额内企业从境外借入的资金。

**外商其他投资**

指除对外借款和外商直接投资以外的各种利用外资的形式。包括企业在境内外股票市场公开发行的以外币计价的股票（目前主要是在香港证券市场发行的 H 股和在境内证券市场发行的 B 股）发行价总额，国际租赁进口设备的应付款，补偿贸易中外商提供的进口设备、技术、物料的价款，加工装配贸易中外商提供的进口设备、物料的价款。

**对外承包工程**

指各对外承包公司以招标议标承包方式承揽的下列业务：⑴承包国外工程建设项目，⑵承包我国对外经援项目，⑶承包我国驻外机构的工程建设项目，⑷承包我国境内利用外资进行建设的工程项目，⑸与外国承包公司合营或联合承包工程项目时我国公司分包部分，⑹对外承包兼营的房屋开发业务。对外承包工程的营业额是以货币表现的本期内完成的对外承包工程的工作量，包括以前年度签订的合同和本年度新签订的合同在报告期内完成的工作量。

**对外劳务合作**

指以收取工资的形式向业主或承包商提供技术和劳动服务的活动。我国对外承包公司在境外开办的合营企业，中国公司同时又提供劳务的，其劳务部分也纳入劳务合作统计。劳务合作营业额按报告期内向雇主提交的结算数(包括工资、加班费和奖金等）统计。

**对外设计咨询**

指以服务成果向业主收费的技术服务项目。包括承担地形地貌测绘，地质资源勘探与普查，建设区域规划，提供设计文件、图纸、生产工艺技术资料和工程技术经济咨询，工程项目的可行性考察、研究和评估，进行技术指导和培训人员等；也包括承担国（境）内利用外资进行建设的工程项目的上述规定的设计咨询项目的收取外币部分。

# Explanatory Notes for Major Statistical Indicators

**Total Imports and Exports at Customs**

refer to the value of commodities imported into and exported from the boundary of China. They include the actual imports and exports through foreign trade, imported and exported goods under the processing and assembling trades and materials, supplies and gifts as aid given gratis between governments and by the United Nations and other international organizations, and contributions donated by overseas Chinese, compatriots in Hong Kong and Macao and Chinese with foreign citizenship, leasing commodities owned by tenant at the expiration of leasing period, the imported and exported commodities processed with imported materials, commodities trading in border areas (excluding mutual exchange goods), the imported and exported commodities and articles for public use of the Sino-foreign joint ventures, cooperative enterprises and ventures exclusively with foreign own investment. Also included are import or export of samples and advertising goods for whose CIF or FOB value are beyond the permitted ceiling (excluding goods of no trading or use value and free commodities for export), imported goods sold in China from bonded warehouses and other imported or exported goods. The indicator of the total imports and exports at customs can be used to observe the total size of external trade in a country. In accordance with the stipulation of the Chinese government, imports are calculated at CIF, while exports are calculated at FOB.

**Import Export Value by Location of China's Foreign Trade Managing Units**

refers to actual value of imports and exports carried out by corporations which have been registered by the local customhouse and are vested with right to run import export business.

**Import Value of Commodities by the Places of their Destination and Export Value of Commodities by the Places of their Origin in China**

The former indicator refers to the value of import commodities of the places of their consumption, utilization or the places of their final destination. The latter indicator refers to the value of export commodities of the places of their origin or the places of the commodities dispatched.

**Utilization of Foreign Capital**

refers to remittance, equipment and technology financed from abroad, by loans, foreign direct investment and other forms undertaken by the Chinese governments at all levels, by various departments, enterprises and other economic units.

**Foreign Borrowings**

an important part of China's utilization of foreign capital, it refer to funds borrowed from abroad through formal signing of borrowing agreements with foreign institutions, including loans of foreign governments, loans of international financial institutions, commercial loans of foreign banks, export credit, and funds raised by Chinese bonds (and shares before 1996) issued abroad.

**Direct Investment by Foreign Entrepreneurs**

refers to the investments inside China by foreign enterprises and economic organizations or individuals (including overseas Chinese, compatriots from Hong Kong and Macao, and Chinese enterprises registered abroad), following the relevant policies and laws of China, for the establishment of ventures exclusively with foreign own investment, Sino-foreign joint ventures and cooperative enterprises or for co-operative exploration of resources with enterprises or economic organizations in China. It includes the re investment of the foreign entrepreneurs with the profits gained from the investment and the funds that enterprises borrow from abroad in the total investment of projects which are approved by the relevant department of the government.

**Other Investment by Foreign Entrepreneurs**

refers to all forms of utilization of foreign capitals other than foreign borrowings and foreign direct investment. It includes the total value of stock shares in foreign currencies issued by enterprises at domestic or foreign stock exchanges (now mainly consisting of H shares issued at Hong Kong Security Market and B shares issued at domestic security markets), rent payable for the imported equipment through international leasing arrangement, cost of imported equipment, technology and materials provided by foreign counterparts in compensation trade and processing and assembly trade.

**Contracted Projects with Foreign Countries**

refer to projects undertaken by Chinese contractors (project contracting companies) through bidding process. They include: (1)overseas civil engineering construction projects financed by foreign investors; (2)overseas projects financed by the Chinese government through its foreign aid programs; (3)construction projects of Chinese diplomatic missions, trade offices and other institutions stationed abroad; (4)construction projects in China financed by foreign investment; (5)sub-contracted projects to be taken by Chinese contractors through a joint umbrella project with foreign contractor(s); (6)housing development projects. The business income from international contracted projects is the work volume of contracted projects completed during the reference period, expressed in monetary terms, including completed work on projects signed in previous years.

**Service Cooperation with Foreign Countries**

refers to the activities of providing technology and labour services to employers or contractors in the forms of receiving salaries and wages. Labour services providing by contractual joint ventures of Chine statistics of service co operation with foreign countries. The business income of labour service co operation is the income in the form of wages and salaries, overtime pay, bonuses and other remuneration received from the employers during the reference period.

**Overseas Design and Consultation Service**

refers to projects with charges for technical services from overseas operators. It includes geographic and topographic mapping, geological resource prospecting and survey, planning of construction areas, provision of design documents, blueprints, materials on production process and techniques, as well as engineering, technical and economic consultation, and feasibility study, research and evaluation of projects. Also included under this category are the above-mentioned services of foreign-financed projects in China that are paid in foreign currencies.

# 第十八篇

Chapter 18

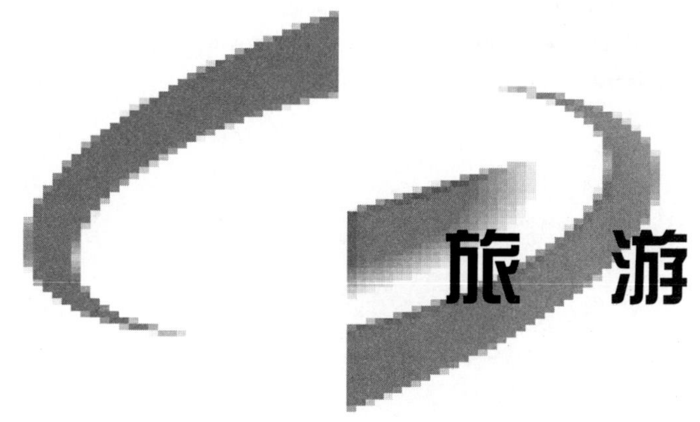

# 旅游

TOURISM

## 简要说明

一、旅游业发展情况。入境国际旅游(外国人、华侨、港澳同胞和台湾同胞)人数、不同经济类型的涉外饭店数量及规模情况的资料来源于省旅游局。

二、全省及各市国内旅游资料，是安徽省统计局、安徽省旅游局根据国家旅游局的抽样调查方案和工作要求，组织调查取得。

## Brief Introduction

I. Development of tourism: Data on total number of international tourists received (foreigners, overseas Chinese, Chinese compatriots from Hong Kong, Macao and Taiwan), number of tourist hotel in various types and their scale come from the Provincial Tourism Administration.

II. Data on domestic tourism in the province and all cities are collected by the Provincial Statistical Bureau and the Provincial Tourism Administration in accordance with the sample survey scheme stipulated by the State Tourism Administration.

## 18—1 旅游事业发展
Development of Tourism

| 指标 | | Item | | 1995 | 2000 | 2005 | 2009 | 2010 |
|---|---|---|---|---|---|---|---|---|
| 旅行社总数 | （个） | Total Number of Travel Agencies | (unit) | 142 | 332 | 599 | 890 | 947 |
| 组团社 | | Number of Groups | | 29 | 35 | 37 | 20 | 20 |
| 国内旅行社 | | Domestic Travel Agencies | | 113 | 297 | 562 | 870 | 927 |
| 旅行社职工人数 | （人） | Number of Staff and Workers of Travel Agencies | (person) | 2389 | 3848 | 6900 | 9000 | 9593 |
| 国际旅行社 | | International Travel Agencies | | 677 | 873 | 1392 | | |
| 国内旅行社 | | Domestic Travel Agencies | | 1712 | 2975 | 5508 | | |
| 入境旅游人数 | （人） | Total Number of International Tourists Inbound | (person) | 142855 | 318430 | 632895 | 1561600 | 1984174 |
| 外国人 | | Foreigners | | 74626 | 167850 | 410580 | 977457 | 1173988 |
| 港澳和台湾同胞 | | Compatriots from Hong Kong, Macao and Taiwan | | 68229 | 150580 | 222315 | 584143 | 810186 |
| 国内居民出境总人数 | (人) | Total Number of Domestic Resident Outbound | (person) | | 5140 | 64806 | 93523 | 127800 |
| 国内旅游人数 | （万人次） | Total Number of Domestic Tourists | (10000 persons) | 1782 | 2974 | 4684 | 12268 | 15349 |
| 旅游收入 | | Income of Tourism | | | | | | |
| 国际旅游外汇收入 | (万美元) | Foreign Exchange Earnings | (USD 10000) | 4435.90 | 8621.45 | 18558.90 | 56583.90 | 82025.22 |
| 国内旅游收入 | （亿元） | Earnings from Domestic Tourism | (100 million yuan) | 8.38 | 150.48 | 288.96 | 863.78 | 1094.81 |
| **旅游部门基本情况** | | **Basic Statement of Tourism Departments** | | | | | | |
| 旅游管理机构 | （个） | Number of Tourism Administrative Setups | (unit) | 42 | 91 | 100 | | |
| 职工人数 | （人） | Number of Staff and Workers | (person) | 28547 | 50881 | 58000 | | |
| 旅游星级宾馆 | （个） | Tourist Hotels With Star Class | (unit) | 60 | 163 | 373 | 456 | 453 |
| #五星级 | | Five Star Class | | | | 5 | 10 | 14 |
| 四星级 | | Four Star Class | | | 6 | 38 | 82 | 88 |
| 三星级 | | Three Star Class | | 10 | 52 | 111 | 170 | 182 |
| 二星级 | | Two Star Class | | 42 | 90 | 202 | 186 | 166 |
| 一星级 | | One Star Class | | 8 | 15 | 17 | 8 | 3 |
| 旅游涉外或星级宾馆 | | Tourist Hotels Concerning Foreign Affairs or With Star Class | | | | | | |
| 客房 | （间） | Number of Rooms | (unit) | 11818 | 22824 | 34759 | 44749 | 44982 |
| 床位 | （张） | Number of Beds | (unit) | 27415 | 48318 | 67782 | 81594 | 81867 |
| 客房出租率 | （%） | Room Occupancy | (%) | 52.27 | 50.98 | 63.19 | 61.36 | 59.27 |
| 经营情况 | | Business Status | | | | | | |
| 营业收入 | （亿元） | Business Income | (100 million yuan) | 11.39 | 38.83 | 51.75 | 45.69 | 50.38 |
| 利润总额 | （万元） | Total Profits | (10000 yuan) | 6281.60 | -2125.56 | 16960.99 | 28875.00 | 21964.00 |

注：2000年前的客房、床位、客房出租率为涉外饭店情况，2001年以后为星级宾馆情况。

a) Number of rooms, beds and room occupancy refered to hotels concerning foreign affairs before 2000 and they refered to hotels with star class after 2001.

## 18—2 各市旅游星级饭店（宾馆）住宿设施情况（2010年）

Accommodation Facilities of Hotels Concerning Foreign Affairs by Region (2010)

| 地 区 | Region | 饭 店（宾馆）（个）Number of Hotels (unit) | 五星级 Five Star Class | 四星级 Four Star Class | 三星级 Three Star Class | 二星级 Two Star Class | 一星级 One Star Class | 客 房（间）Number of Rooms (unit) | 床 位（张）Number of Beds (unit) | 客房出租率（%）Room Occupancy (%) |
|---|---|---|---|---|---|---|---|---|---|---|
| **总 计** | **Total** | **453** | **14** | **88** | **182** | **166** | **3** | **44982** | **81867** | **59.27** |
| 合肥市 | Hefei | 49 | 5 | 13 | 20 | 11 | | 7856 | 13340 | 57.18 |
| 淮北市 | Huaibei | 5 | 1 | | 1 | 3 | | 478 | 947 | 51.11 |
| 亳州市 | Bozhou | 12 | | 1 | 5 | 6 | | 979 | 1816 | 52.36 |
| 宿州市 | Suzhou | 6 | | 1 | 4 | 1 | | 549 | 1027 | 49.98 |
| 蚌埠市 | Bengbu | 19 | 1 | 2 | 10 | 6 | | 2060 | 3517 | 56.45 |
| 阜阳市 | Fuyang | 10 | | 2 | 4 | 4 | | 921 | 1575 | 53.21 |
| 淮南市 | Huainan | 20 | | 4 | 8 | 8 | | 1554 | 2959 | 61.25 |
| 滁州市 | Chuzhou | 20 | 1 | 3 | 5 | 11 | | 1734 | 3093 | 50.19 |
| 六安市 | Luan | 32 | 1 | 6 | 15 | 10 | | 3354 | 6305 | 61.04 |
| 马鞍山市 | Maanshan | 20 | | 5 | 9 | 6 | | 1661 | 2917 | 70.58 |
| 巢湖市 | Chaohu | 27 | | 4 | 11 | 12 | | 1828 | 3440 | 72.64 |
| 芜湖市 | Wuhu | 28 | 1 | 5 | 8 | 14 | | 2950 | 4915 | 74.13 |
| 宣城市 | Xuancheng | 37 | | 4 | 16 | 15 | 2 | 2671 | 5018 | 51.04 |
| 铜陵市 | Tongling | 17 | | 3 | 3 | 10 | 1 | 1199 | 2026 | 49.18 |
| 池州市 | Chizhou | 30 | | 6 | 15 | 9 | | 2307 | 4457 | 68.19 |
| 安庆市 | Anqing | 44 | | 7 | 14 | 23 | | 3765 | 6843 | 75.14 |
| 黄山市 | Huangshan | 77 | 4 | 22 | 34 | 17 | | 9116 | 17672 | 79.15 |

注：本表星级宾馆（酒店）指2010年底止已得到国家旅游局或省旅游局批准的，不包括已报未批部分。

a) The star class of hotel in this table refer to be approved by the National Tourism Administration or Anhui Tourism Administration up to the Year-end of 2010 excluding those hed been reported but unapproved.

## 18—3 国际旅游外汇收入及构成

Foreign Exchange Earnings and It's Composition

| 指 标 | Iten | 2005 | | 2008 | | 2009 | | 2010 | |
|---|---|---|---|---|---|---|---|---|---|
| | | 数额（万美元）Value (10000 USD) | 比重（%）Percentage (%) | 数额（万美元）Value (10000 USD) | 比重（%）Percentage (%) | 数额（万美元）Value (10000 USD) | 比重（%）Percentage (%) | 数额（万美元）Value (10000 USD) | 比重（%）Percentage (%) |
| **总 计** | **Total** | **18558.09** | **100.00** | **45445.40** | **100.00** | **56583.90** | **100.00** | **82025.22** | **100.00** |
| 长途交通 | Long Distance Transportation | 4676.64 | 25.20 | 18087.20 | 39.80 | 17031.80 | 30.10 | 26986.30 | 32.90 |
| #民 航 | Air | 3544.60 | 19.10 | 15360.50 | 33.80 | 10298.30 | 18.20 | 12385.81 | 15.10 |
| 铁 路 | Railway | 575.30 | 3.10 | 727.10 | 1.60 | 1923.90 | 3.40 | 8202.52 | 10.00 |
| 汽 车 | Highway | 278.37 | 1.50 | 1045.20 | 2.30 | 2546.30 | 4.50 | 6397.97 | 7.80 |
| 游 览 | Visiting | 686.65 | 3.70 | 1181.60 | 2.60 | 2433.10 | 4.30 | 3691.13 | 4.50 |
| 住 宿 | Accommodation | 2208.41 | 11.90 | 3862.90 | 8.50 | 6903.20 | 12.20 | 8776.69 | 10.70 |
| 餐 饮 | Cater | 1818.69 | 9.80 | 3363.00 | 7.40 | 5036.00 | 8.90 | 7874.42 | 9.60 |
| 商品销售 | Commodity Sale | 5957.15 | 32.10 | 10952.30 | 24.10 | 14089.40 | 24.90 | 19111.88 | 23.30 |
| 娱 乐 | Entertainment | 1132.04 | 6.10 | 1227.00 | 2.70 | 2716.00 | 4.80 | 4839.49 | 5.90 |
| 邮电通讯 | Postal and Communication | 630.98 | 3.40 | 2272.30 | 5.00 | 2602.90 | 4.60 | 1886.58 | 2.30 |
| 市内交通 | Local Transportation | 185.58 | 1.00 | 727.10 | 1.60 | 1075.10 | 1.90 | 1558.49 | 1.90 |
| 其他服务 | Other Service | 1261.95 | 6.80 | 3772.00 | 8.30 | 4696.50 | 8.30 | 7300.24 | 8.90 |

## 18—4　接待外国人旅游人数（按国别分）
Number of Foreign Tourists by Country

单位：人　(person)

| 指　标 | Item | 1995 | 2000 | 2005 | 2009 | 2010 |
|---|---|---|---|---|---|---|
| **总　计** | **Total** | **74626** | **167850** | **410580** | **977457** | **1173988** |
| #日　本 | Japan | 18725 | 47272 | 47040 | 112856 | 135277 |
| 韩　国 | Republic of Korea | 5578 | 21659 | 188096 | 359631 | 405538 |
| 新加坡 | Singapore | 12589 | 16568 | 13392 | 40336 | 43507 |
| 美　国 | United States | 7060 | 18456 | 37124 | 84334 | 101700 |
| 英　国 | United Kingdom | 964 | 3111 | 7639 | 36908 | 49069 |
| 法　国 | France | 1692 | 5836 | 13839 | 44256 | 63837 |
| 德　国 | Federal Republic Of Germany | 2115 | 4699 | 16012 | 41073 | 52934 |
| 俄罗斯 | Russia | 195 | 832 | 1636 | 16912 | 23990 |

## 18—5　国内旅游情况人数结构（按年龄、身份和职业分）（2010年）
Number of Domestic Tourists by Age, Identity and Occupation (2010)

单位：%

| 指　标 | Item | 按身份分组 By Identity | | | 按职业分组 By Occupation | | | | | | | | | |
|---|---|---|---|---|---|---|---|---|---|---|---|---|---|---|
| | | 人数合计（人）Total (person) | 城镇居民 Urban Residents | 非城镇居民 Unurban Residents | 公务员 Public Servicers | 企管人员 Business Managerial Staff | 军人 Soliders | 工人 Workers | 服务销售人员 Sale-Ssmen | 农民 Peasants | 专业人员 Professional Staff | 离退休人员 Retirees | 学生 Students | 其他 Otherents |
| **合　计** | **Total** | **100** | **90.9** | **9.1** | **14.2** | **20.7** | **1.5** | **9.3** | **15.8** | **2.8** | **5.6** | **3.7** | **15.9** | **10.5** |
| 65岁以上 | 65 and Over | 100 | 91.8 | 8.2 | 8.8 | 14.3 | 0.7 | 4.1 | 4.8 | 6.8 | 4.8 | 41.5 | 0.7 | 13.5 |
| 45—64岁 | 45—64 | 100 | 91.5 | 8.5 | 11.3 | 22.4 | 1.3 | 14.4 | 15.3 | 4.8 | 5.7 | 8.9 | 1.0 | 14.9 |
| 25—44岁 | 25—44 | 100 | 90.9 | 9.1 | 16.9 | 23.7 | 1.4 | 9.0 | 18.3 | 2.3 | 5.5 | 0.6 | 11.8 | 10.5 |
| 15—24岁 | 15—24 | 100 | 90.7 | 9.3 | 10.2 | 11.6 | 1.9 | 5.8 | 11.3 | 1.4 | 5.8 | 0.8 | 44.4 | 6.8 |
| 14岁以下 | 14 and Under | 100 | 71.4 | 28.6 | | | | | | | | | 95.2 | 4.8 |

## 18—6 国内旅游主要经济指标
Main Economic Indicators of Domestic Tourism

| 年份 Year | 人数（万人次）Total Number (10000 person-times) | 总收入（万元）Total Income (10000 yuan) | 一日游 One-day Tour | | 过夜旅游 Overnight Tour | |
|---|---|---|---|---|---|---|
| | | | 人数（万人次）Total Number (10000 person-times) | 收入（万元）Income (10000 yuan) | 人数（万人次）Total Number (10000 person-times) | 收入（万元）Income (10000 yuan) |
| 2000 | 2974 | 1504750 | 630 | 50361 | 2344 | 1454389 |
| 2002 | 3884 | 2029176 | 764 | 122387 | 3120 | 1906789 |
| 2003 | 3338 | 1871134 | 319 | 136631 | 3019 | 1734503 |
| 2004 | 4329 | 2499461 | 702 | 128597 | 3627 | 2370864 |
| 2005 | 4684 | 2889576 | 917 | 203580 | 3767 | 2685996 |
| 2006 | 6159 | 3876315 | 1161 | 282663 | 4998 | 3593652 |
| 2007 | 7849 | 5436824 | 1601 | 540079 | 6248 | 4896745 |
| 2008 | 9938 | 7002353 | 2566 | 979407 | 7372 | 6022946 |
| 2009 | 12268 | 8637842 | 3901 | 1654709 | 8367 | 6983133 |
| 2010 | 15349 | 10948058 | 5332 | 2127490 | 10017 | 8820568 |

## 18—7 各市国内旅游主要经济指标（2010年）
Main Economic Indicators of Domestic Tourism by Region (2010)

| 地区 | Region | 总收入（万元）Total Income (10000 yuan) | 一日游 One-day Tour | | 过夜旅游 Overnight Tour | |
|---|---|---|---|---|---|---|
| | | | 人数（人次）Total Number (person-times) | 收入（万元）Income (10000 yuan) | 人数（人次）Total Number (person-times) | 收入（万元）Income (10000 yuan) |
| **总计** | **Total** | **10948058** | **53322841** | **2127490** | **100167159** | **8820568** |
| 合肥市 | Hefei | 2252600 | 7356090 | 405468 | 13661310 | 1847132 |
| 淮北市 | Huaibei | 167800 | 1308294 | 31882 | 2046306 | 135918 |
| 亳州市 | Bozhou | 273358 | 2528789 | 57405 | 2242511 | 215953 |
| 宿州市 | Suzhou | 247100 | 2867883 | 101311 | 2543217 | 145789 |
| 蚌埠市 | Bengbu | 362200 | 3982924 | 112282 | 5069176 | 249918 |
| 阜阳市 | Fuyang | 282500 | 1817046 | 59325 | 3689154 | 223175 |
| 淮南市 | Huainan | 254300 | 2401640 | 50860 | 3602460 | 203440 |
| 滁州市 | Chuzhou | 385300 | 1353968 | 42383 | 4800432 | 342917 |
| 六安市 | Luan | 371900 | 942750 | 26033 | 5558950 | 345867 |
| 马鞍山市 | Maanshan | 371100 | 3829539 | 103908 | 3679361 | 267192 |
| 巢湖市 | Chaohu | 383100 | 940192 | 30648 | 4936008 | 352452 |
| 芜湖市 | Wuhu | 741000 | 2845224 | 125970 | 5058176 | 615030 |
| 宣城市 | Xuancheng | 425600 | 2513862 | 59584 | 3931938 | 366016 |
| 铜陵市 | Tongling | 224400 | 1723134 | 65076 | 2379566 | 159324 |
| 池州市 | Chizhou | 1192100 | 9221270 | 572208 | 4613630 | 619892 |
| 安庆市 | Anqing | 1191400 | 3056838 | 119140 | 14924562 | 1072260 |
| 黄山市 | Huangshan | 1822300 | 4633398 | 164007 | 17430402 | 1658293 |

## 18—8 国内旅游人均花费（2010年）
Per Capita Costs of Domestic Tourism (2010)

单位：元 (yuan)

| 指　标 | Item | 平均每人花费 Per Capita Expenditure | 交通费 Local Transportation | 住宿费 Accommod-ation | 餐饮费 Cater | 购物费 Commodity Sale | 平均逗留天数（天） Average Number of Days (day) |
|---|---|---|---|---|---|---|---|
| 总花费 | Total Expenditure | 837.94 | 70.94 | 140.46 | 156.32 | 185.99 | 1.78 |
| 一日游 | One-day Tour | 430.54 | 48.33 | 2.07 | 92.50 | 110.73 | 1.00 |
| 过夜花费 | Overnight Tour | 971.32 | 87.20 | 197.08 | 165.50 | 207.51 | 2.16 |
| #宾馆饭店 | Living in Hotel | 1003.20 | 88.91 | 200.04 | 169.38 | 214.77 | 2.11 |
| #住亲友家 | Living in Relative's or Friend's Home | 544.72 | 64.73 | 6.84 | 100.53 | 157.38 | 2.69 |

## 18—9 各市国内旅游人均花费（2010年）
Per Capita Costs of Domestic Tourism by Region (2010)

单位：元 (yuan)

| 地　区 | Region | 平均每人花费 Per Capita Expenditure | 交通费 Local Transportation | 住宿费 Accommod-ation | 餐饮费 Cater | 购物费 Commodity Sale | 平均逗留天数（天） Average Number of Days (day) |
|---|---|---|---|---|---|---|---|
| **总　计** | **Total** | **837.94** | **70.94** | **140.46** | **156.32** | **185.99** | **1.78** |
| 合肥市 | Hefei | 1232.06 | 171.40 | 260.45 | 189.45 | 222.24 | 2.14 |
| 淮北市 | Huaibei | 481.95 | 41.16 | 73.05 | 78.83 | 132.43 | 1.87 |
| 亳州市 | Bozhou | 863.24 | 76.34 | 224.44 | 170.37 | 168.74 | 1.96 |
| 宿州市 | Suzhou | 537.10 | 75.44 | 110.44 | 103.82 | 91.86 | 1.95 |
| 蚌埠市 | Bengbu | 502.98 | 67.84 | 139.46 | 92.18 | 59.87 | 1.97 |
| 阜阳市 | Fuyang | 525.15 | 106.58 | 50.33 | 57.09 | 136.19 | 2.03 |
| 淮南市 | Huainan | 497.69 | 38.00 | 69.87 | 87.44 | 98.10 | 1.68 |
| 滁州市 | Chuzhou | 734.93 | 74.95 | 209.75 | 123.18 | 163.34 | 1.65 |
| 六安市 | Luan | 593.58 | 70.50 | 111.08 | 96.32 | 154.66 | 1.72 |
| 马鞍山市 | Maanshan | 490.17 | 81.91 | 106.65 | 57.04 | 140.07 | 1.70 |
| 巢湖市 | Chaohu | 594.02 | 70.23 | 179.82 | 127.68 | 78.03 | 1.70 |
| 芜湖市 | Wuhu | 1172.74 | 131.09 | 254.13 | 174.51 | 233.17 | 1.79 |
| 宣城市 | Xuancheng | 916.15 | 101.30 | 120.05 | 184.05 | 170.39 | 1.74 |
| 铜陵市 | Tongling | 776.99 | 115.79 | 112.91 | 131.56 | 114.30 | 1.82 |
| 安庆市 | Anqing | 1144.37 | 108.52 | 197.94 | 180.24 | 220.86 | 1.64 |
| 池州市 | Chizhou | 793.69 | 123.76 | 180.70 | 113.77 | 173.50 | 1.67 |
| 黄山市 | Huangshan | 840.39 | 108.49 | 121.68 | 107.02 | 199.23 | 1.57 |

# 18—10 国家级黄山风景区旅游事业发展情况
Development of Tourism of Huang Shan Scenic at National Level

| 指　　标 | | Item | | 1995 | 2000 | 2005 | 2009 | 2010 |
|---|---|---|---|---|---|---|---|---|
| 接待人数 | （人次） | Tourists Received | (person-time) | 831058 | 1172871 | 1709658 | 2356221 | 2518346 |
| 接待海外游客 | | Overseas Tourists | | 41562 | 73485 | 159980 | 244796 | 256753 |
| 国内游客 | | Domestic Tourists | | 789496 | 1099386 | 1549678 | 2111425 | 2261593 |
| 营业收入 | （万元） | Business Income | (10000 yuan) | 18382 | 47881 | 75017 | 144024 | 168945 |
| #游览设施 | | Touring Facilities | | 10140 | 18040 | 41505 | 66899 | 78812 |
| 住宿设施 | | Lodging Facilities | | 5248 | 9655 | 14517 | 16909 | 19832 |
| 娱乐设施 | | Entertainment Facilities | | 93 | | 334 | 609 | 524 |
| 餐饮设施 | | Catering Facilities | | 2524 | 4004 | 7427 | 10468 | 14580 |
| 商业设施 | | Commercial Facilities | | 377 | 182 | 500 | 914 | 785 |
| 外汇收入 | （万美元） | Foreign Exchange Earnings | (USD 10000) | 291 | 588 | 2080 | 5129 | 5398 |
| 涉外宾馆（酒店）住宿设施 | | Lodging Facilities of Tourist Hotels | | | | | | |
| 宾馆（酒店） | （个） | Number of Hotels | (unit) | 11 | 15 | 14 | 14 | 14 |
| #五星级 | | Five Star Class | | | | | | 2 |
| 四星级 | | Four Star Class | | | | 6 | 8 | 8 |
| 三星级 | | Three Star Class | | 4 | 5 | 4 | 1 | 1 |
| 二星级 | | Two Star Class | | 2 | 1 | 2 | | |
| 客　房 | （间） | Number of Rooms | (unit) | 1420 | 1781 | 1496 | 2056 | 2728 |
| 床　位 | （张） | Number of Beds | (unit) | 4050 | 5775 | 4562 | 4440 | 5690 |
| 客房出租率 | (%) | Room Occupancy | (%) | 49 | 42 | 62 | 52 | 51 |
| 旅游车辆 | （辆） | Number of Touring Vehicles | (unit) | 64 | 191 | 95 | 129 | 131 |
| #大型车辆 | | Large-sized Vehicles | | 19 | 25 | 65 | 94 | 96 |
| 中型车辆 | | Middle-sized Vehicles | | 30 | 50 | 5 | 6 | 6 |
| 小型车辆 | | Small-sized Vehicles | | 15 | 62 | 25 | 29 | 29 |

## 18—11 国家级九华山风景区旅游事业发展情况
Development of Tourism of Jiu Hua Shan Scenic at National Level

| 指　　标 | Item | 1995 | 2000 | 2005 | 2009 | 2010 |
|---|---|---|---|---|---|---|
| 接待人数（人次） | Tourists Received (person-time) | 438000 | 443900 | 648308 | 3100000 | 4001139 |
| 接待海外游客 | Overseas Tourists | 10019 | 13569 | 24695 | 120000 | 150009 |
| 国内游客 | Domestic Tourists | 427981 | 430331 | 623613 | 2980000 | 3851130 |
| 营业收入（万元） | Business Income (10000 yuan) | 10940 | 12000 | 28962 | 310000 | 390008 |
| #游览设施 | Touring Facilities | 1130 | 3579 | 11006 | 124000 | 156003 |
| 住宿设施 | Lodging Facilities | 2990 | 2493 | 7240 | 77500 | 97502 |
| 娱乐设施 | Entertainment Facilities | 350 | 293 | 579 | 6200 | 7800 |
| 餐饮设施 | Catering Facilities | 4010 | 2860 | 4345 | 46500 | 58501 |
| 商业设施 | Commercial Facilities | 2460 | 2775 | 5792 | 55800 | 70201 |
| 外汇收入（万美元） | Foreign Exchange Earnings (USD 10000) | 1047 | 334 | 307 | | |
| 涉外宾馆（酒店）住宿设施 | Lodging Facilities of Tourist Hotels | | | | | |
| 宾馆（酒店）（个） | Number of Hotels (unit) | 3 | 3 | 8 | 9 | 9 |
| #五星级 | Five Star Class | | | | | |
| 四星级 | Four Star Class | | | 1 | 1 | 2 |
| 三星级 | Three Star Class | | 1 | 4 | 6 | 7 |
| 二星级 | Two Star Class | 2 | 2 | 3 | 2 | |
| 客　房（间） | Number of Rooms (unit) | 216 | 299 | 646 | 711 | 831 |
| 床　位（张） | Number of Beds (unit) | 545 | 625 | 1266 | 1388 | 1551 |
| 客房出租率（%） | Room Occupancy (%) | 59 | 45 | 58 | | |
| 旅游车辆（辆） | Number of Touring Vehicles (unit) | 78 | 59 | 64 | 106 | 112 |
| #大型车辆 | Large-sized Vehicles | 19 | 19 | 32 | 37 | 61 |
| 中型车辆 | Middle-sized Vehicles | 37 | 30 | 22 | 38 | 17 |
| 小型车辆 | Small-sized Vehicles | 22 | 10 | 10 | 31 | 34 |

# 18—12 风 景 名 胜 区（2010年）
Scenic Spots (2010)

| 名　称 Name | 级 别 Grade | 主要特点 Main Characteristics | 类 别 Kinds | 面　积（平方公里） Area(sq.km) | 地　址 Address |
|---|---|---|---|---|---|
| 黄　山 | 国家级 | 世界自然和文化遗产，中国十大风景名胜。以“奇松、怪石、云海、温泉”四绝而闻名 | 山岳型 | 154 | 黄山市 |
| 九华山 | 国家级 | 中国四大佛教名山之一，是佛教地藏菩萨道场。始于唐开元年间，现存古寺庙94座，佛像1万余尊、文物五千余件 | 山岳型 | 120 | 池州市 |
| 天柱山 | 国家级 | “擎天一柱”海拔1450米，道、佛教同存，汉武帝封“南岳”。佛教二、三祖修行地。李白、白居易、苏轼等400余摩崖碑刻 | 山岳型 | 82.46 | 潜山县 |
| 琅琊山 | 国家级 | 宋代大文学家欧阳修《醉翁亭》而闻名，有著名醉翁亭、醒图、琅琊寺等 | 山岳型 | 78.2 | 滁州市 |
| 齐云山 | 国家级 | 中国四大道教名山之一，始于唐，盛于明，兴于清，有道教墓葬22外和大量摩崖石碑刻，属丹霞地貌 | 山岳型 | 110.4 | 休宁县 |
| 采石矶 | 国家级 | 长江三大名矶之首，有“采石山水甲江南”之誉。唐代大诗人李白留下许多不朽诗篇，并在附近香山归宿 | | 48 | 马鞍山市 |
| 巢　湖 | 国家级 | 中国五大淡水湖之一，著名姥山、褒禅山、中庙、范增墓等景点 | 湖泊型 | 1000 | 巢湖市 |
| 花山谜窟 | 国家级 | 人工石窟群，口小内大，有36处，最高30米。所建年代？为何建？何年成？为“千古之谜” | | 80.6 | 黄山市 |
| 太极洞 | 国家级 | 洞龄2.5亿年，长5400多米，分干、水洞而得名。宋代范仲淹等留下不少碑文石刻，《中国石林》称为“桂林山水，广德石洞” | 溶洞型 | 20 | 广德县 |
| 花亭湖 | 国家级 | 著名人口湖，有龙山、西风湖、佛图寺、海会寺等六大景区和温泉，沿湖生长方形法华竹而绝名 | 湖泊型 | 250 | 太湖县 |
| 浮　山 | 省　级 | 古火山之一，佛教禅宗鼻祖慧可大师道场，中国禅宗发祥地。有36岩、72洞、26怪石、34奇峰。南宋以来480多摩崖石刻 | 山岳型 | 45 | 枞阳县 |
| 天堂寨 | 省　级 | 主峰天堂顶海拔129米，有天塘“瑶池”。大小瀑布100余条而闻名，大别山山脉第二高峰 | 山岳型 | 37.2 | 金寨县 |
| 太平湖 | 省　级 | 安徽最大人工湖，有“西山观鱼，三峡水趣，桂林景色，龙门”等五大景区。堪与太湖媲美，漓江竟秀 | 湖泊型 | 260 | 黄山区 |
| 敬亭山 | 省　级 | 原名昭亭山，晋文帝时改为敬亭山，南齐谢眺以来李白等文人留下诗文800余篇，为中国著名“江南诗山” | 山岳型 | 15.3 | 宣城市 |
| 白崖寨 | 省　级 | 建寨700余年，寨十华里，宽1米，高2.8—5米，大块岩石砌成。有炮台、点将台等，誉称“南国小长城” | 山岳型 | 57 | 宿松县 |
| 西　山 | 省　级 | 溶洞、石、峰、泉、花、树、禽为一体，有古乌霞寺，著名“牡丹之乡”。唐代诗人李白等留下脍炙人口的诗文 | 山岳型 | 22.6 | 南陵县 |
| 齐山——秋浦仙境 | 省　级 | 全长180公里，是著名“诗河”。李白、杜牧、苏轼等留下40余首诗篇，有古石城遗址，昭明钓台、仰天堂古迹名胜 | 山岳型 | 25.78 | 池州市 |
| 石台溶洞群 | 省　级 | 石台称为“溶洞之县”，有蓬莱、鱼龙、慈云等100余处溶洞。著名“蓬莱仙洞”长3000余米，钟乳奇秀，玲珑剔透 | 溶洞型 | 29.3 | 池州市 |
| 小孤山 | 省　级 | 孤峰如柱，兀立长江，称“长江绝岛”，有古炮台、烽火石等古战场遗迹，古刹启秀寺是长江中唯一“妈祖古庙” | | 8.5 | 宿松县 |

18—12　续表　continued

| 名　称 Name | 级 别 Grade | 主要特点 Main Characteristics | 类　别 Kinds | 面　积（平方公里）Area(sq.km) | 地　址 Address |
|---|---|---|---|---|---|
| 凤阳山 | 省　级 | 有明中都皇故城、明皇陵石刻、鼓楼台、龙兴寺、古钟、离城、佛教古寺、卧牛湖、奇洞等 | 山岳型 | 45 | 凤阳县 |
| 涂山——白乳泉 | 省　级 | 大禹娶涂山氏为妻，著名“启母石”——涂山氏化身。唐贞元年白乳泉得名，誉为“天下第七泉” | 山岳型 | 66.35 | 怀远县 |
| 南岳山—佛子岭水库 | 省　级 | 古岳庙留汉武帝封石刻门楣，有书法家于佑仁题“小南岳”等文人石刻，为“远东第一坝” | 山岳、湖泊型 | 175 | 霍山县 |
| 万佛山—龙河口水库 | 省　级 | “世界第一人工土石大坝”，有周瑜祖坟、祖慈钓鱼台、五老观太极等景观，国家级保护动植物50余种 | 山岳、湖泊型 | 207 | 舒城县 |
| 皇藏峪 | 省　级 | 汉高祖称帝前因避秦兵而藏身此地，封为“皇藏峪”。有天然洞穴、井泉、峰峦叠翠、涧水淙淙 | 山岳型 | 22.76 | 萧　县 |
| 八公山 | 省　级 | 西汉淮南王刘安等八公在此炼丹并食之成仙得名，有珍珠、玛瑙等24泉、淮南王、碧霞元君庙等 | 山岳型 | 90 | 淮南市 |
| 大龙山 | 省　级 | 山势雄伟、蜿蜒似龙，有92峰、82岩、72岭、82洞、32壑、108奇石和乌、白、黄、赤四大名溪和6大瀑布等 | 山岳型 | 120 | 安庆市 |
| 颍州西湖 | 省　级 | 北宋宰相晏殊、文学家欧阳修、苏轼等留下113首诗篇。原碑林长廓、八卦阵、八仙石雕和“会老堂”等 | | 24.32 | 阜阳市 |
| 龙须湖 | 省　级 | 湖水容量3252万立方米，植被丰富，珍禽野兽较多，湖光山色、风光秀美 | 湖泊型 | 110 | 郎溪县 |
| 铜锣寨 | 省　级 | 碧峰伟崖，陡不可攀，海拔1096米，有奇松、怪石、云海、温泉“四绝”，素称“江北小黄山” | 山岳、古关寨 | 47 | 霍山县 |
| 大华山 | 省　级 | 云峰寺始唐朝，地藏王在此结庵1300余年。太平军的“羊破寨”、庆云寺等，东石笋高38米，为“中华第一石笋” | 山岳型 | 56 | 六安市 |
| 合肥环城公园—西郊 | 省　级 | 西郊有蜀山风景、董铺和大房郢水库、森林公园、科学岛等，著名北宋“包拯”——包公祠座落环城公园 | 城市近郊公园 | 32 | 合肥市 |
| 紫蓬山 | 省　级 | 三国名刹——西庐寺，魏将李典，宋名将葛升墓，淮军名将刘铭传故居。有21米高的如来大佛，五百罗汉、文昌阁等 | 山岳型 | 48 | 肥西县 |
| 五柳 | 省　级 | 著名“呵泉、龙泉、珍珠泉”等，大方寺、闵祠等殷商文化遗址和众多汉墓 | | 26 | 宿州市 |
| 凤凰山 | 省　级 | 宋代古民居，荆公书堂，大明寺，莲花寺和大雄宝殿等自然和人文景观20余处 | 山岳型 | 28.4 | 铜陵市 |
| 司空山 | 省　级 | 中华佛教禅宗发源地，有“祖禅刹、三祖洞、乌牛古石、南崖瀑布”等，赵朴初题为“禅宗第一山” | 山岳型 | 46.8 | 岳西县 |
| 大历山 | 省　级 | 唐玄宗二年始建“翠观庵”，明建“尧舜寺”，有法藏寺、尧池、舜井、伏虎洞、白龙洞等，钟乳奇异，山色峻美 | 山岳型 | 26 | 东至县 |
| 卜　塘 | 省　级 | 山峦叠峰、沟壑纵横、林木绢绣、飞泉叮咚，竹海、古树、清泉、钟鼓并称“四绝” | 山岳型 | 45 | 马鞍山市 |
| 龙子湖 | 省　级 | 禹王庙、汤和墓、东明皇陵、中都城、龙兴寺、栖岩寺和淮河风情园等 | 湖泊型 | 36.2 | 蚌埠市 |
| 汤池 | 省　级 | 汉文帝建庐江国时称“坑泉”，水温63℃，为“华东第一温泉”，有三国周郎和小乔沐浴池、古寺、十三庵等 | 温泉 | 22.5 | 庐江县 |

## 18—13 国家级重点文物保护单位
National Grade Main Cultural Relics

| 名　称<br>Name | 时　代<br>Era | 地　址<br>Address | 批　次<br>Batch | 公布时间<br>Announcement Time |
|---|---|---|---|---|
| 新四军军部旧址 | 1938-1941 | 泾县云岭乡 | 第一批 | 1961.3 |
| 明中都皇故城及皇陵石刻 | 明 | 凤阳县 | 第二批 | 1982.2 |
| 安丰塘（芍陂） | 春秋-清 | 寿县 | 第三批 | 1988.1 |
| 龙川胡氏宗祠 | 明-清 | 绩溪县瀛洲乡 | 第三批 | 1988.1 |
| 潜口民宅 | 明-清 | 黄山市徽州区尘潜口村 | 第三批 | 1988.1 |
| 许国石坊 | 明 | 歙县 | 第三批 | 1988.1 |
| 花戏楼 | 清 | 亳州市谯城区 | 第三批 | 1988.1 |
| 广教寺双塔 | 宋 | 宣州市宣州区敬亭山 | 第三批 | 1988.1 |
| 和县猿人遗址 | 旧石器时代 | 和县陶店乡 | 第三批 | 1988.1 |
| 薛家岗遗址 | 新石器时代 | 潜山县 | 第四批 | 1996.11 |
| 大工山-凤凰山铜矿遗址 | 西周至宋 | 南陵县、铜陵市 | 第四批 | 1996.11 |
| 棠樾石牌坊群 | 明、清 | 歙县郑村乡 | 第四批 | 1996.11 |
| 老屋阁及绿绕亭 | 明 | 黄山市徽州区西溪南村 | 第四批 | 1996.11 |
| 罗东舒祠（宝伦阁） | 明 | 黄山市徽州区呈坎村 | 第四批 | 1996.11 |
| 渡江战役总前委旧址 | 1949年3月-4月 | 肥东县撮镇瑶岗村 | 第四批 | 1996.11 |
| 陈山遗址 | 旧石器时代 | 宣州市宣州区 | 第五批 | 2001.6 |
| 凌家滩遗址 | 新石器时代 | 含山县 | 第五批 | 2001.6 |
| 尉迟寺遗址 | 新石器时代 | 蒙城县 | 第五批 | 2001.6 |
| 寿春城遗址 | 战国 | 寿县 | 第五批 | 2001.6 |
| 寿州窑遗址 | 南朝至塘 | 淮南市 | 第五批 | 2001.6 |
| 柳孜运河码头遗址 | 唐至宋 | 濉溪县 | 第五批 | 2001.6 |
| 繁昌窑遗址 | 宋 | 繁昌县 | 第五批 | 2001.6 |
| 皖南土墩墓群 | 西周至春秋 | 南陵县、繁昌县 | 第五批 | 2001.6 |
| 曹氏家族墓群 | 东汉、三国 | 亳州市谯城区 | 第五批 | 2001.6 |
| 朱然家族墓地 | 三国 | 马鞍山市 | 第五批 | 2001.6 |
| 水西双塔 | 宋 | 泾县 | 第五批 | 2001.6 |
| 亳州古地道 | 宋、元 | 亳州市谯城区 | 第五批 | 2001.6 |
| 白崖寨 | 元至清 | 宿松县 | 第五批 | 2001.6 |
| 程氏三宅 | 明 | 黄山市屯溪区 | 第五批 | 2001.6 |
| 呈坎村古建筑群 | 明、清 | 黄山市徽州区 | 第五批 | 2001.6 |
| 渔梁坝 | 唐至清 | 歙县 | 第五批 | 2001.6 |
| 宏村古建筑群 | 明、清 | 黟县 | 第五批 | 2001.6 |
| 西递村古建筑群 | 明、清 | 黟县 | 第五批 | 2001.6 |
| 寿县古城墙 | 宋至清 | 寿县 | 第五批 | 2001.6 |
| 查济古建筑群 | 宋至清 | 泾县 | 第五批 | 2001.6 |
| 天柱山山谷流泉摩崖石刻 | 宋至清 | 潜山县 | 第五批 | 2001.6 |
| 人字洞遗址 | 旧石器时代 | 繁昌县 | 第六批 | 2006.5 |
| 临涣城址 | 战国 | 濉溪县 | 第六批 | 2006.5 |
| 李白墓 | 唐 | 当涂县 | 第六批 | 2006.5 |
| 蒙城万佛塔 | 宋 | 蒙城县 | 第六批 | 2006.5 |
| 溪头三槐堂 | 明 | 休宁县 | 第六批 | 2006.5 |
| 振风塔 | 明 | 安庆市迎江区 | 第六批 | 2006.5 |
| 郑氏宗祠 | 明 | 歙县 | 第六批 | 2006.5 |
| 江村古建筑群 | 明至清 | 旌德县 | 第六批 | 2006.5 |
| 南屏村古建筑群 | 明至清 | 黟县 | 第六批 | 2006.5 |
| 祁门古戏台 | 明至清 | 祁门县 | 第六批 | 2006.5 |
| 许村古建筑群 | 明至民国 | 歙县 | 第六批 | 2006.5 |
| 黄田村古建筑群 | 清 | 泾县 | 第六批 | 2006.5 |
| 世太史第 | 清 | 安庆市迎江区 | 第六批 | 2006.5 |
| 竹山书院 | 清 | 歙县 | 第六批 | 2006.5 |
| 齐云山石刻 | 宋至清 | 休宁县 | 第六批 | 2006.5 |
| 李氏庄园 | 清 | 霍邱县 | 第六批 | 2006.5 |
| 刘铭传旧居 | 清 | 肥西县 | 第六批 | 2006.5 |
| 冯玉祥旧居 | 1936－1937年 | 巢湖市居巢区 | 第六批 | 2006.5 |
| 半塔保卫战旧址 | 1941年 | 来安县 | 第六批 | 2006.5 |
| 淮海战役总前委和华东野战军指挥部旧址 | 1948年 | 濉溪县、萧县 | 第六批 | 2006.5 |

## 18—14　省级文物保护单位
Provincial Cultural Relic Preservation Institutions

| 名　称<br>Name | 时　代<br>Era | 地　址<br>Address | 批　次<br>Batch | 公布时间<br>Announcement Time |
|---|---|---|---|---|
| **古遗址（77处）** | | | | |
| 龙潭洞遗址 | 旧石器时代 | 和县 | 第一批 | 1981年9月8日 |
| 银山遗址 | 旧石器时代 | 巢湖市 | 第二批 | 1986年7月3日 |
| 陈山旧石器出土地点 | 旧石器时代 | 宣城市宣州区 | 第三批 | 1989年5月27日 |
| 官山、毛竹山遗址 | 旧石器时代 | 宁国市 | 第四批 | 1998年5月4日 |
| 人字洞遗址 | 旧石器时代 | 繁昌县 | 第五批 | 2004年10月28日 |
| 薛家岗遗址 | 新石器时代 | 潜山县 | 第一批 | 1981年9月8日 |
| 张四墩遗址 | 新石器时代 | 安庆市 | 第一批 | 1981年9月8日 |
| 大城头遗址 | 新石器时代 | 肥东县 | 第一批 | 1981年9月8日 |
| 大陈墩遗址 | 新石器时代 | 肥东县 | 第一批 | 1981年9月8日 |
| 青凤岭遗址 | 新石器时代 | 亳州市 | 第一批 | 1981年9月8日 |
| 钓鱼台遗址 | 新石器时代 | 亳州市 | 第一批 | 1981年9月8日 |
| 胡家村遗址 | 新石器时代 | 绩溪县 | 第一批 | 1981年9月8日 |
| 花家寺遗址 | 新石器时代 | 萧县 | 第一批 | 1981年9月8日 |
| 傅庄遗址 | 新石器时代 | 亳州市 | 第三批 | 1989年5月27日 |
| 石山孜遗址 | 新石器时代 | 濉溪县 | 第三批 | 1989年5月27日 |
| 侯家寨遗址 | 新石器时代 | 定远县 | 第四批 | 1998年5月4日 |
| 尉迟寺遗址 | 新石器时代 | 蒙城县 | 第四批 | 1998年5月4日 |
| 古埂遗址 | 新石器时代 | 肥西县 | 第四批 | 1998年5月4日 |
| 玉石山遗址 | 新石器时代 | 灵璧县 | 第四批 | 1998年5月4日 |
| 凌家滩遗址 | 新石器时代 | 含山县 | 第四批 | 1998年5月4日 |
| 灰角寺遗址 | 新石器时代 | 太和县 | 第四批 | 1998年5月4日 |
| 黄家堰遗址 | 新石器时代 | 望江县 | 第四批 | 1998年5月4日 |
| 下阳遗址 | 新石器时代 | 广德县 | 第四批 | 1998年5月4日 |
| 双墩遗址 | 新石器时代 | 蚌埠市 | 第五批 | 2004年10月28日 |
| 中土坑遗址 | 新石器时代 | 祁门县 | 第五批 | 2004年10月28日 |
| 夫子城遗址 | 新石器时代 | 安庆市 | 第五批 | 2004年10月28日 |
| 小山口遗址 | 新石器时代 | 宿州市 | 第五批 | 2004年10月28日 |
| 古台寺遗址 | 新石器时代 | 宿州市 | 第五批 | 2004年10月28日 |
| 红墩寺遗址 | 新石器——商周 | 霍邱县 | 第三批 | 1989年5月27日 |
| 濮家墩遗址 | 新石器——商周 | 滁州市 | 第二批 | 1986年7月3日 |
| 阮墩遗址 | 新石器——商周 | 繁昌县 | 第五批 | 2004年10月28日 |
| 孙家城土城遗址 | 新石器——商周 | 怀宁市 | 第五批 | 2004年10月28日 |
| 东城都遗址 | 新石器——西周 | 六安市 | 第四批 | 1998年5月4日 |
| 化家湖遗址 | 新石器——汉 | 濉溪县 | 第五批 | 2004年10月28日 |
| “伍奢冢”遗址 | 新石器——汉 | 利辛县 | 第五批 | 2004年10月28日 |
| 大城墩遗址 | 新石器——隋唐 | 含山县 | 第二批 | 1986年7月3日 |
| 斗鸡台遗址 | 夏、商 | 寿县 | 第四批 | 1998年5月4日 |
| 老邱堆遗址 | 殷 | 临泉县 | 第一批 | 1981年9月8日 |
| 倪邱集遗址 | 殷 | 太和县 | 第一批 | 1981年9月8日 |
| 青莲寺遗址 | 商周 | 寿县 | 第四批 | 1998年5月4日 |
| 贺胜台遗址 | 商周 | 阜南县 | 第四批 | 1998年5月4日 |
| 欧墩遗址 | 商周 | 郎溪县 | 第四批 | 1998年5月4日 |
| 烟墩山遗址 | 商周 | 马鞍山市 | 第五批 | 2004年10月28日 |
| 花城遗址 | 周 | 舒城县 | 第四批 | 1998年5月4日 |
| 牯牛山遗址 | 周 | 南陵县 | 第四批 | 1998年5月4日 |
| 石梁土城遗址 | 商周、唐宋 | 天长市 | 第三批 | 1989年5月27日 |
| 大工山古矿冶遗址 | 西周——宋 | 南陵县 | 第三批 | 1989年5月27日 |
| 凤凰山铜矿遗址（木鱼山、金牛洞、铜井山遗址、罗家村大炼渣） | 西周——宋 | 铜陵市 | 第四批 | 1998年5月4日 |
| 古昭关遗址 | 春秋 | 含山县 | 第三批 | 1989年5月27日 |
| 钟离城遗址 | 春秋 | 凤阳县 | 第一批 | 1981年9月8日 |
| 寿春城遗址（含西南小城） | 战国 | 寿县 | 第四批 | 1998年5月4日 |
| 陈胜、吴广起义遗址 | 秦 | 宿州市 | 第一批 | 1981年9月8日 |
| 蕲县古城遗址 | 秦 | 宿州市 | 第二批 | 1986年7月3日 |

**18—14 续表1 continued**

| 名 称<br>Name | 时 代<br>Era | 地 址<br>Address | 批 次<br>Batch | 公布时间<br>Announcement Time |
|---|---|---|---|---|
| 垓下遗址 | 秦 | 固镇县 | 第二批 | 1986年7月3日 |
| 新阳城遗址 | 秦汉 | 界首市 | 第四批 | 1998年5月4日 |
| 东城遗址 | 秦——唐 | 定远县 | 第四批 | 1998年5月4日 |
| 龙城遗址 | 汉 | 肥东县 | 第一批 | 1981年9月8日 |
| 六安西古城遗址 | 汉 | 六安市 | 第一批 | 1981年9月8日 |
| 谷阳城遗址 | 汉 | 固镇县 | 第五批 | 2004年10月28日 |
| 北平城遗址 | 汉 | 涡阳县 | 第五批 | 2004年10月28日 |
| 临涣古城遗址 | 汉一元 | 濉溪县 | 第二批 | 1986年7月3日 |
| 三国新城遗址 | 三国 | 合肥市 | 第四批 | 1998年5月4日 |
| 寿州窑址 | 六朝——唐 | 淮南市 | 第一批 | 1981年9月8日 |
| 白土寨窑址 | 唐——宋 | 萧县 | 第一批 | 1981年9月8日 |
| 琴溪窑址 | 唐——宋 | 泾县 | 第二批 | 1986年7月3日 |
| 霞间窑址 | 五代——北宋 | 绩溪县 | 第三批 | 1989年5月27日 |
| 东门渡窑址 | 五代——北宋 | 芜湖县 | 第四批 | 1998年5月4日 |
| 清流关 | 南唐——宋 | 滁州市 | 第三批 | 1989年5月27日 |
| 柯家村遗址 | 宋 | 繁昌县 | 第一批 | 1981年9月8日 |
| 下符桥窑址 | 宋 | 霍山县 | 第二批 | 1986年7月3日 |
| 天静宫遗址 | 宋 | 涡阳县 | 第四批 | 1998年5月4日 |
| 汤池果树窑址 | 宋 | 庐江县 | 第五批 | 2004年10月28日 |
| “古井贡酒”古井及窖池 | 宋——明 | 亳州市 | 第四批 | 1998年5月4日 |
| 明王台遗址 | 元 | 亳州市 | 第一批 | 1981年9月8日 |
| 明中都城城址 | 明 | 凤阳县 | 第一批 | 1981年9月8日 |
| 琉璃瓦窑址 | 明 | 当涂县 | 第一批 | 1981年9月8日 |
| 谢朓楼遗址 | 清 | 宣城市宣州区 | 第四批 | 1998年5月4日 |
| **古墓葬（45处）** | | | | |
| 汤王墓 | 商 | 亳州市 | 第一批 | 1981年9月8日 |
| 武王墩 | 周 | 长丰县 | 第一批 | 1981年9月8日 |
| 万牛墩土墩墓群 | 周 | 繁昌县 | 第三批 | 1989年5月27日 |
| 千峰山土墩墓群 | 西周——春秋 | 南陵县 | 第二批 | 1986年7月3日 |
| 共姬墓 | 春秋 | 淮北市 | 第五批 | 2004年10月28日 |
| 黄泥孤堆（黄歇墓） | 战国 | 淮南市 | 第五批 | 2004年10月28日 |
| 廉颇墓 | 战国 | 寿县 | 第五批 | 2004年10月28日 |
| 严氏孤堆 | 战国——汉 | 长丰县 | 第一批 | 1981年9月8日 |
| 薛家孤堆 | 汉 | 亳州市 | 第一批 | 1981年9月8日 |
| 虞姬墓 | 汉 | 灵璧县 | 第二批 | 1986年7月3日 |
| 刘安墓 | 汉 | 寿县 | 第二批 | 1986年7月3日 |
| 放王岗古墓群 | 汉 | 巢湖市 | 第四批 | 1998年5月4日 |
| 董园2号石墓 | 东汉 | 亳州市 | 第一批 | 1981年9月8日 |
| 曹四孤堆 | 东汉 | 亳州市 | 第一批 | 1981年9月8日 |
| 张园汉蓦 | 东汉 | 亳州市 | 第四批 | 1998年5月4日 |
| 古城画像石墓 | 东汉 | 濉溪县 | 第四批 | 1998年5月4日 |
| 周瑜墓 | 三国 | 庐江县 | 第三批 | 1989年5月27日 |
| 朱然墓 | 三国·吴 | 马鞍山市 | 第二批 | 1986年7月3日 |
| 宋山古墓 | 三国·吴 | 马鞍山市 | 第四批 | 1998年5月4日 |
| 李白墓 | 唐 | 当涂县 | 第一批 | 1981年9月8日 |
| 何城墓 | 唐 | 庐江县 | 第五批 | 2004年10月28日 |
| 陈翥墓 | 北宋 | 铜陵县 | 第四批 | 1998年5月4日 |
| 明皇陵 | 明 | 凤阳县 | 第一批 | 1981年9月8日 |
| 汤和墓 | 明 | 蚌埠市 | 第二批 | 1986年7月3日 |
| 郑之珍墓 | 明 | 祁门县 | 第三批 | 1989年5月27日 |
| 万孺人墓 | 明 | 广德县 | 第五批 | 2004年10月28日 |
| 常氏三王墓 | 明 | 怀远县 | 第五批 | 2004年10月28日 |
| 化明塘严氏墓 | 明 | 五河县 | 第五批 | 2004年10月28日 |
| 余珊墓 | 明 | 桐城市 | 第五批 | 2004年10月28日 |
| 方以智墓 | 清 | 枞阳县 | 第一批 | 1981年9月8日 |
| 戴东原墓 | 清 | 休宁县 | 第一批 | 1981年9月8日 |
| 渐江墓 | 清 | 歙县 | 第二批 | 1986年7月3日 |
| 邓石如墓 | 清 | 怀宁县 | 第二批 | 1986年7月3日 |

18—14 续表2 continued

| 名　称<br>Name | 时　代<br>Era | 地　址<br>Address | 批　次<br>Batch | 公布时间<br>Announcement Time |
|---|---|---|---|---|
| 姚鼐墓 | 清 | 枞阳县 | 第二批 | 1986年7月3日 |
| 戴名世墓 | 清 | 桐城市 | 第二批 | 1986年7月3日 |
| 刘大木魁墓 | 清 | 枞阳县 | 第三批 | 1989年5月27日 |
| 梅文鼎墓 | 清 | 宣城市宣州区 | 第三批 | 1989年5月27日 |
| 姚莹墓 | 清 | 桐城市 | 第三批 | 1989年5月27日 |
| 梅清墓 | 清 | 宣城市宣州区 | 第四批 | 1998年5月4日 |
| 赵文楷墓 | 清 | 太湖县 | 第四批 | 1998年5月4日 |
| 吴汝纶墓 | 清 | 枞阳县 | 第四批 | 1998年5月4日 |
| 孝子墩古墓 | 清 | 长丰县 | 第五批 | 2004年10月28日 |
| 施闰章墓 | 清 | 宣城市宣州区 | 第五批 | 2004年10月28日 |
| 皋陶墓 | | 六安市 | 第三批 | 1989年5月27日 |
| 六安汉代王陵墓地 | 西汉 | 六安市金安区 | | 2007年8月9日 |
| **古建筑（234处）** | | | | |
| 芍陂遗址 | 春秋——清 | 寿县 | 第二批 | 1986年7月3日 |
| 汉阙遗址及水牛墓 | 汉 | 淮北市 | 第五批 | 2004年10月28日 |
| 七门堰 | 汉——清 | 舒城县 | 第四批 | 1998年5月4日 |
| 杏花村古井 | 唐 | 池州市贵池区 | 第三批 | 1989年5月27日 |
| 禹王宫 | 唐——清 | 怀远县 | 第三批 | 1989年5月27日 |
| 渔梁坝 | 唐——清 | 歙县 | 第三批 | 1989年5月27日 |
| 西风禅寺及摩崖石刻 | 唐——近代 | 太湖县 | 第五批 | 2004年10月28日 |
| 广教寺双塔 | 宋 | 宣城市宣州区 | 第一批 | 1981年9月8日 |
| 景德寺塔 | 北宋 | 宣城市宣州区 | 第四批 | 1998年5月4日 |
| 多宝庵塔 | 北宋 | 六安市 | 第四批 | 1998年5月4日 |
| 天寿寺塔 | 宋 | 广德县 | 第一批 | 1981年9月8日 |
| 万佛塔 | 宋 | 蒙城县 | 第一批 | 1981年9月8日 |
| 太平塔 | 宋 | 潜山县 | 第一批 | 1981年9月8日 |
| 广济寺塔 | 宋 | 芜湖市 | 第一批 | 1981年9月8日 |
| 黄金塔 | 宋 | 无为县 | 第一批 | 1981年9月8日 |
| 长庆寺塔 | 宋 | 歙县 | 第一批 | 1981年9月8日 |
| 水西大观塔及小方塔 | 宋 | 泾县 | 第一批 | 1981年9月8日 |
| 米公祠 | 宋 | 无为县 | 第一批 | 1981年9月8日 |
| 黄山塔 | 宋 | 当涂县 | 第二批 | 1986年7月3日 |
| 净居寺塔 | 宋 | 青阳县 | 第五批 | 2004年10月28日 |
| 东谯楼 | 宋 | 歙县 | 第五批 | 2004年10月28日 |
| 新州石塔 | 南宋 | 歙县 | 第一批 | 1981年9月8日 |
| 伟溪塔 | 南宋 | 祁门县 | 第三批 | 1989年5月27日 |
| 万寿塔 | 南宋 | 和县 | 第四批 | 1998年5月4日 |
| 仙人塔 | 南宋 | 宁国市 | 第四批 | 1998年5月4日 |
| 望江寺塔 | 南宋 | 六安市 | 第四批 | 1998年5月4日 |
| 上水关、下水关、广惠桥 | 宋、明、唐 | 滁州市 | 第五批 | 2004年10月28日 |
| 亳州古地下道 | 宋——元 | 亳州市 | 第二批 | 1986年7月3日 |
| 寿县古城墙 | 宋——清 | 寿县 | 第二批 | 1986年7月3日 |
| 丰乐亭 | 宋——清 | 滁州市 | 第二批 | 1986年7月3日 |
| 衙署前门 | 宋——清 | 芜湖市 | 第五批 | 2004年10月28日 |
| 硖山口《慰农亭》及摩崖石刻 | 宋——清 | 凤台县 | 第五批 | 2004年10月28日 |
| 法华禅庵塔 | 元 | 嘉山县 | 第二批 | 1986年7月3日 |
| 寿县孔庙 | 元——清 | 寿县 | 第五批 | 2004年10月28日 |
| 白崖寨 | 元——清 | 宿松县 | 第二批 | 1986年7月3日 |
| 曹门厅 | 明 | 歙县 | 第一批 | 1981年9月8日 |
| 方文泰宅 | 明 | 歙县 | 第一批 | 1981年9月8日 |
| 老屋阁及绿绕亭 | 明 | 歙县 | 第一批 | 1981年9月8日 |
| 苏雪痕宅 | 明 | 歙县 | 第一批 | 1981年9月8日 |
| 罗润坤、罗来龙宅 | 明 | 歙县 | 第一批 | 1981年9月8日 |
| 张林福宅 | 明 | 歙县 | 第一批 | 1981年9月8日 |
| 方春福宅 | 明 | 歙县 | 第一批 | 1981年9月8日 |
| 三槐堂 | 明 | 休宁县 | 第一批 | 1981年9月8日 |
| 方士载宅 | 明 | 歙县 | 第一批 | 1981年9月8日 |
| 贞白门 | 明 | 歙县 | 第一批 | 1981年9月8日 |

**18—14 续表3 continued**

| 名 称<br>Name | 时 代<br>Era | 地 址<br>Address | 批 次<br>Batch | 公布时间<br>Announcement Time |
|---|---|---|---|---|
| 觉寂塔 | 明 | 潜山县 | 第一批 | 1981年9月8日 |
| 迎江寺及振风塔 | 明 | 安庆市 | 第一批 | 1981年9月8日 |
| 龙兴寺 | 明 | 凤阳县 | 第一批 | 1981年9月9日 |
| 圣僧庵壁画 | 明 | 歙县 | 第一批 | 1981年9月8日 |
| 潜口明代民居建筑群 | 明 | 歙县 | 第二批 | 1986年7月3日 |
| 程氏宅 | 明 | 黟县 | 第二批 | 1986年7月3日 |
| 胡文光刺史坊 | 明 | 黟县 | 第二批 | 1986年7月3日 |
| 奕世尚书坊 | 明 | 绩溪县 | 第二批 | 1986年7月3日 |
| 郑村忠烈坊 | 明 | 歙县 | 第二批 | 1986年7月3日 |
| 黄村进士第 | 明 | 休宁县 | 第二批 | 1986年7月3日 |
| 太和县文庙大成殿 | 明 | 太和县 | 第二批 | 1986年7月3日 |
| 寿县清真寺 | 明 | 寿县 | 第二批 | 1986年7月3日 |
| 六角楼 | 明 | 黄山市 | 第三批 | 1989年5月27日 |
| 冯村进士坊 | 明 | 绩溪县 | 第三批 | 1989年5月27日 |
| 鼓楼基座 | 明 | 凤阳县 | 第三批 | 1989年5月27日 |
| 程大位故居 | 明 | 黄山市屯溪区 | 第三批 | 1989年5月27日 |
| 大观亭 | 明 | 歙县 | 第四批 | 1998年5月4日 |
| 郑氏宗祠 | 明 | 歙县 | 第四批 | 1998年5月4日 |
| 丰口四面坊 | 明 | 歙县 | 第四批 | 1998年5月4日 |
| 殷尚书坊及大司徒坊 | 明 | 歙县 | 第四批 | 1998年5月4日 |
| 韩氏宗祠 | 明 | 黟县 | 第四批 | 1998年5月4日 |
| 梓坞祠堂 | 明 | 休宁县 | 第四批 | 1998年5月4日 |
| 程氏宗祠 | 明 | 黄山市屯溪区 | 第四批 | 1998年5月4日 |
| 岩寺文峰塔 | 明 | 黄山市徽州区 | 第四批 | 1998年5月4日 |
| 长春社 | 明 | 黄山市徽州区 | 第四批 | 1998年5月4日 |
| 五教堂 | 明 | 绩溪县 | 第三批 | 1989年5月27日 |
| 敦履堂 | 明 | 绩溪县 | 第四批 | 1998年5月4日 |
| 父子进士坊 | 明 | 旌德县 | 第四批 | 1998年5月4日 |
| 叶家桥 | 明 | 当涂县 | 第四批 | 1998年5月4日 |
| 清溪塔 | 明 | 池州市贵池区 | 第四批 | 1998年5月4日 |
| 兴济桥 | 明 | 池州市贵池区 | 第四批 | 1998年5月4日 |
| 汪氏宗祠 | 明 | 石台县 | 第四批 | 1998年5月4日 |
| 净信寺 | 明 | 青阳县 | 第四批 | 1998年5月4日 |
| 法云寺塔 | 明 | 岳西县 | 第四批 | 1998年5月4日 |
| 观音寺塔 | 明 | 六安市 | 第四批 | 1998年5月4日 |
| 江淮桥 | 明 | 含山县 | 第四批 | 1998年5月4日 |
| 运河桥 | 明 | 阜南县 | 第四批 | 1998年5月4日 |
| 薛阁塔 | 明 | 亳州市 | 第四批 | 1998年5月4日 |
| 玉虚宫牌坊 | 明 | 休宁县 | 第四批 | 1998年5月4日 |
| 柯乔门坊 | 明 | 青阳县 | 第四批 | 1998年5月4日 |
| 中江塔 | 明 | 芜湖市 | 第五批 | 2004年10月28日 |
| 水东花戏楼 | 明 | 宣城市宣州区 | 第五批 | 2004年10月28日 |
| 明代城墙 | 明 | 郎溪县 | 第五批 | 2004年10月28日 |
| 耿村明代耿姓民宅 | 明 | 广德县 | 第五批 | 2004年10月28日 |
| 叶集江西会馆 | 明 | 六安市 | 第五批 | 2004年10月28日 |
| 天心堂 | 明 | 歙县 | 第五批 | 2004年10月28日 |
| 金紫祠 | 明 | 黄山市徽州区 | 第五批 | 2004年10月28日 |
| 敬本堂 | 明 | 歙县 | 第五批 | 2004年10月28日 |
| 大邦伯祠 | 明 | 歙县 | 第五批 | 2004年10月28日 |
| 金柱塔 | 明 | 当涂县 | 第五批 | 2004年10月28日 |
| 司谏第 | 明（弘治） | 歙县 | 第一批 | 1981年9月8日 |
| 许国石坊 | 明（1583年） | 歙县 | 第一批 | 1981年9月8日 |
| 程氏三宅 | 明末 | 屯溪 | 第一批 | 1981年9月8日 |
| 宝伦阁 | 明末清初 | 歙县 | 第一批 | 1981年9月8日 |
| 石牌坊群 | 明——清 | 歙县 | 第一批 | 1981年9月8日 |
| 太平桥 | 明——清 | 歙县 | 第一批 | 1981年9月8日 |
| 化城寺 | 明——清 | 九华山风景区 | 第一批 | 1981年9月8日 |
| 龙川胡氏宗祠 | 明——清 | 绩溪县 | 第二批 | 1986年7月3日 |

18—14　续表4　continued

| 名　称<br>Name | 时　代<br>Era | 地　址<br>Address | 批　次<br>Batch | 公布时间<br>Announcement Time |
|---|---|---|---|---|
| 太平山房 | 明——清 | 青阳县 | 第二批 | 1986年7月3日 |
| 安城堡 | 明——清 | 太湖县 | 第二批 | 1986年7月3日 |
| 桐城县文庙 | 明——清 | 桐城市 | 第二批 | 1986年7月3日 |
| 江宁会馆 | 明——清 | 亳州市 | 第三批 | 1989年5月27日 |
| 霍山文庙 | 明——清 | 霍山县 | 第三批 | 1989年5月27日 |
| 镇淮楼 | 明——清 | 和县 | 第三批 | 1989年5月27日 |
| 南谯楼 | 明——清 | 歙县 | 第三批 | 1989年5月27日 |
| 舒余庆堂 | 明——清 | 黟县 | 第三批 | 1989年5月27日 |
| 道德中宫 | 明——清 | 亳州市 | 第三批 | 1989年5月27日 |
| 安庆谯楼 | 明——清 | 安庆市 | 第四批 | 1998年5月4日 |
| 查济民居（含宝公祠、德厅屋、进士门、二甲祠、洪公祠、怀素堂） | 明——清 | 泾县 | 第四批 | 1998年5月4日 |
| 许氏宗祠及听泉楼 | 明——清 | 绩溪县 | 第三批 | 1989年5月27日 |
| 慈光阁 | 明——清 | 黄山风景区 | 第四批 | 1998年5月4日 |
| 姥山塔 | 明——清 | 巢湖市 | 第四批 | 1998年5月4日 |
| 吴氏大宗祠 | 明——清 | 泾县 | 第五批 | 2004年10月28日 |
| 三溪乐成桥 | 明——清 | 旌德县 | 第五批 | 2004年10月28日 |
| 毛坦厂老街重点古建筑 | 明——清 | 六安市 | 第五批 | 2004年10月28日 |
| 杜氏宗祠 | 明——清 | 池州市贵池区 | 第五批 | 2004年10月28日 |
| 榉根关古徽道 | 明——清 | 石台县 | 第五批 | 2004年10月28日 |
| 金氏宗祠 | 明——清 | 东至县 | 第五批 | 2004年10月28日 |
| 屏山村古建筑群 | 明——清 | 黟县 | 第五批 | 2004年10月28日 |
| 南屏村古建筑群 | 明——清 | 黟县 | 第五批 | 2004年10月28日 |
| 洪坑牌坊群及洪氏家庙 | 明——清 | 徽州区 | 第五批 | 2004年10月28日 |
| 合一堂 | 明——清 | 祁门县 | 第五批 | 2004年10月28日 |
| 古城岩明清建筑群 | 明——清 | 休宁县 | 第五批 | 2004年10月28日 |
| 稠墅牌坊群 | 明——清 | 歙县 | 第五批 | 2004年10月28日 |
| 棠樾古民居 | 明——清 | 歙县 | 第五批 | 2004年10月28日 |
| 池河太平桥 | 明——清 | 定远县 | 第五批 | 2004年10月28日 |
| 左忠毅公祠 | 明——清 | 桐城市 | 第五批 | 2004年10月28日 |
| 章氏宗祠 | 明——清 | 池州市贵池区 | 第五批 | 2004年10月28日 |
| 太和城关清真寺 | 明——清 | 太和县 | 第四批 | 1998年5月4日 |
| 祁门古戏台群 | 明——清 | 祁门县 | 第三批 | 1989年5月27日 |
| 教弩台旧址 | 清 | 合肥市 | 第一批 | 1981年9月8日 |
| 陶公祠 | 清 | 东至县 | 第一批 | 1981年9月8日 |
| 华祖庵 | 清 | 亳州市 | 第一批 | 1981年9月8日 |
| 包公祠 | 清 | 合肥市 | 第一批 | 1981年9月8日 |
| 琅琊寺 | 清 | 滁州市 | 第一批 | 1981年9月8日 |
| 太白楼 | 清 | 马鞍山市 | 第一批 | 1981年9月8日 |
| 醉翁亭 | 清 | 滁州市 | 第一批 | 1981年9月8日 |
| 花戏楼 | 清 | 亳州市 | 第一批 | 1981年9月8日 |
| 西递清代民居建筑群 | 清 | 黟县 | 第二批 | 1986年7月3日 |
| 泗县文庙大成殿 | 清 | 泗县 | 第二批 | 1986年7月3日 |
| 踏歌岸阁 | 清 | 泾县 | 第二批 | 1986年7月3日 |
| 铁砚山房 | 清 | 怀宁 | 第二批 | 1986年7月3日 |
| 旌德文庙 | 清 | 旌德县 | 第三批 | 1989年5月27日 |
| 文昌阁 | 清 | 泾县 | 第三批 | 1989年5月27日 |
| 资福寺 | 清 | 阜阳市 | 第三批 | 1989年5月27日 |
| 沫河口关卡 | 清 | 五河县 | 第三批 | 1989年5月27日 |
| 显通寺 | 清 | 淮北市 | 第三批 | 1989年5月27日 |
| 半山阁 | 清 | 桐城市 | 第三批 | 1989年5月27日 |
| 蒙城文庙 | 清 | 蒙城县 | 第四批 | 1998年5月4日 |
| 阜阳文峰塔 | 清 | 阜阳市 | 第四批 | 1998年5月4日 |
| 南京巷钱庄 | 清 | 亳州市 | 第四批 | 1998年5月4日 |
| 闵子骞祠及墓 | 清 | 宿州市 | 第四批 | 1998年5月4日 |
| 林探花府 | 清 | 宿州市 | 第四批 | 1998年5月4日 |
| 国光楼 | 清 | 全椒县 | 第四批 | 1998年5月4日 |
| 中庙 | 清 | 巢湖市 | 第四批 | 1998年5月4日 |
| 武壮公祠 | 清 | 庐江县 | 第四批 | 1998年5月4日 |

**18—14 续表5 continued**

| 名 称<br>Name | 时 代<br>Era | 地 址<br>Address | 批 次<br>Batch | 公布时间<br>Announcement Time |
|---|---|---|---|---|
| 振湖塔 | 清 | 肥东县 | 第四批 | 1998年5月4日 |
| 包氏宗祠 | 清 | 肥东县 | 第四批 | 1998年5月4日 |
| 四望堡寨址 | 清 | 霍山县 | 第四批 | 1998年5月4日 |
| 世太史第 | 清 | 安庆市 | 第四批 | 1998年5月4日 |
| 安庆关南清真寺 | 清 | 安庆市 | 第四批 | 1998年5月4日 |
| 廖河戏台 | 清 | 宿松县 | 第四批 | 1998年5月4日 |
| 雷阳书院 | 清 | 望江县 | 第四批 | 1998年5月4日 |
| 杨家祠堂 | 清 | 潜山县 | 第四批 | 1998年5月4日 |
| 东流双塔 | 清 | 东至县 | 第四批 | 1998年5月4日 |
| 崇德堂戏台 | 清 | 石台县 | 第四批 | 1998年5月4日 |
| 李氏宗祠 | 清 | 青阳县 | 第四批 | 1998年5月4日 |
| 曹氏宗祠 | 清 | 青阳县 | 第四批 | 1998年5月4日 |
| 侯家祠堂 | 清 | 朗溪县 | 第四批 | 1998年5月4日 |
| 溥公祠 | 清 | 旌德县 | 第四批 | 1998年5月4日 |
| 黄田村古民居群 | 清 | 泾县 | 第四批 | 1998年5月4日 |
| 翟氏宗祠 | 清 | 泾县 | 第四批 | 1998年5月4日 |
| 金溪花戏楼 | 清 | 泾县 | 第四批 | 1998年5月4日 |
| 汪氏住宅 | 清 | 绩溪县 | 第四批 | 1998年5月4日 |
| 湖村民居（余社旺宅、章祖望宅、章祖强宅、章秀珍宅） | 清 | 绩溪县 | 第四批 | 1998年5月4日 |
| 绩溪文庙 | 清 | 绩溪县 | 第四批 | 1998年5月4日 |
| 周氏宗祠 | 清 | 绩溪县 | 第四批 | 1998年5月4日 |
| 檀干园 | 清 | 黄山市徽州区 | 第四批 | 1998年5月4日 |
| 宏村民居（承志堂、三立堂、南湖书院） | 清 | 黟县 | 第四批 | 1998年5月4日 |
| 竹山书院 | 清 | 歙县 | 第四批 | 1998年5月4日 |
| 吴氏宗祠 | 清 | 歙县 | 第四批 | 1998年5月4日 |
| 潘氏宗祠 | 清 | 歙县 | 第四批 | 1998年5月4日 |
| 风雨廊桥 | 清 | 歙县 | 第四批 | 1998年5月4日 |
| 庐州府城隍庙戏楼 | 清 | 合肥市 | 第五批 | 2004年10月28日 |
| 大孔祠堂 | 清 | 合肥市 | 第五批 | 2004年10月28日 |
| 唐五房圩转心楼 | 清 | 肥西县 | 第五批 | 2004年10月28日 |
| 父子进士祠堂 | 清 | 肥东县 | 第五批 | 2004年10月28日 |
| 尹氏宗祠 | 清 | 长丰县 | 第五批 | 2004年10月28日 |
| 云氏宗祠及《长生殿》戏文砖雕贞节坊 | 清 | 广德县 | 第五批 | 2004年10月28日 |
| 江村古民居群 | 清 | 旌德县 | 第五批 | 2004年10月28日 |
| 胡炳衡宅 | 清 | 绩溪县 | 第五批 | 2004年10月28日 |
| 石家村古建筑群 | 清 | 绩溪县 | 第五批 | 2004年10月28日 |
| 周氏祠堂 | 清 | 宁国市 | 第五批 | 2004年10月28日 |
| 六安古城墙 | 清 | 六安市 | 第五批 | 2004年10月28日 |
| 褚氏祠堂 | 清 | 舒城县 | 第五批 | 2004年10月28日 |
| 狮山中学玉玺楼 | 清 | 霍山县 | 第五批 | 2004年10月28日 |
| 霍邱文庙 | 清 | 霍邱县 | 第五批 | 2004年10月28日 |
| 祇园寺 | 清 | 九华山风景区 | 第五批 | 2004年10月28日 |
| 百岁宫 | 清 | 九华山风景区 | 第五批 | 2004年10月28日 |
| 甘露寺 | 清 | 九华山风景区 | 第五批 | 2004年10月28日 |
| 严氏宗祠 | 清 | 石台县 | 第五批 | 2004年10月28日 |
| 宁氏宗祠 | 清 | 青阳县 | 第五批 | 2004年10月28日 |
| 赛金花故居 | 清 | 黟县 | 第五批 | 2004年10月28日 |
| 倪望重宅（“一府六县”） | 清 | 祁门县 | 第五批 | 2004年10月28日 |
| 苏氏宗祠与海宁学舍 | 清 | 黄山市黄山区 | 第五批 | 2004年10月28日 |
| 希范堂 | 清 | 黄山市黄山区 | 第五批 | 2004年10月28日 |
| 程氏宗祠 | 清 | 黄山市黄山区 | 第五批 | 2004年10月28日 |
| 钟鼓楼 | 清 | 休宁县 | 第五批 | 2004年10月28日 |
| 曹氏二宅 | 清 | 歙县 | 第五批 | 2004年10月28日 |
| 员公支祠 | 清 | 歙县 | 第五批 | 2004年10月28日 |
| 周氏宗祠 | 清 | 歙县 | 第五批 | 2004年10月28日 |
| 古戏台、火神庙、嘉祐院古建筑群 | 清 | 明光市 | 第五批 | 2004年10月28日 |
| 尊胜禅院旧址 | 清 | 来安县 | 第五批 | 2004年10月28日 |
| 程文炳宅 | 清 | 阜阳市颍东区 | 第五批 | 2004年10月28日 |

## 18—14　续表6　continued

| 名　称<br>Name | 时　代<br>Era | 地　址<br>Address | 批　次<br>Batch | 公布时间<br>Announcement Time |
|---|---|---|---|---|
| 臧家公馆 | 清 | 界首市 | 第五批 | 2004年10月28日 |
| 徐氏宗祠暨杨虎城在太和旧居 | 清 | 太和县 | 第五批 | 2004年10月28日 |
| 孙氏宗祠 | 清 | 岳西县 | 第五批 | 2004年10月28日 |
| 占庄老屋 | 清 | 潜山县 | 第五批 | 2004年10月28日 |
| 萧县文庙 | 清 | 萧县 | 第五批 | 2004年10月28日 |
| 建德文庙大成殿 | 清——民国 | 东至县 | 第三批 | 1989年5月27日 |
| 黄宾虹故居 | 清——民国 | 歙县 | 第三批 | 1989年5月27日 |
| 尤家花园及故居 | 清——民国 | 颍上县 | 第五批 | 2004年10月28日 |
| 肉身殿 | 民国 | 九华山风景区 | 第一批 | 1981年9月8日 |
| 李家圩地主庄园 | 民国 | 霍邱县 | 第一批 | 1981年9月8日 |
| 贞一堂 | 民国 | 祁门县 | 第四批 | 1998年5月4日 |
| 淮南市日 寇侵华罪行遗址 | 1939—1945年 | 淮南市（含：万人坑、碉堡7 | 第二批 | 1986年7月3日 |
| 管鲍祠 | | 颍上县 | 第二批 | 1986年7月3日 |
| 陋室 | | 和县 | 第二批 | 1986年7月3日 |
| 霸王祠 | | 和县 | 第二批 | 1986年7月3日 |
| **石窟寺及石刻（30处）** | | | | |
| 九女坟画像石刻 | 汉 | 宿州市 | 第二批 | 1986年7月3日 |
| 小孤山石刻 | 南北朝——清 | 宿松县 | 第三批 | 1989年5月27日 |
| 花山石窟群 | 唐——清 | 黄山市屯溪区 | 第五批 | 2004年10月28日 |
| 玉蟹泉摩崖石刻 | 唐——宋——清 | 凤阳县 | 第四批 | 1998年5月4日 |
| 琴高山摩崖石刻 | 唐——清 | 泾县 | 第五批 | 2004年10月28日 |
| 刘冲崖刻 | 唐——清 | 九华山风景区 | 第五批 | 2004年10月28日 |
| 琅琊山摩岩崖石刻及碑刻 | 唐——民国 | 滁州市 | 第四批 | 1998年5月4日 |
| 黄山摩崖石刻 | 唐—近代 | 黄山风景区 | 第五批 | 2004年10月28日 |
| 程九万墓石刻 | 宋 | 青阳县 | 第四批 | 1998年5月4日 |
| 磬石山摩崖造像 | 宋 | 灵璧县 | 第四批 | 1998年5月4日 |
| 华阳洞石刻 | 宋 | 含山县 | 第五批 | 2004年10月28日 |
| 刘源题字石刻 | 宋末元初 | 潜山县 | 第一批 | 1981年9月8日 |
| 米芾芜湖县学记碑和明刻李阳冰歉卦碑 | 宋、明 | 芜湖市 | 第一批 | 1981年9月8日 |
| 王乔洞石窟造像 | 宋——明 | 巢湖市 | 第一批 | 1981年9月8日 |
| 浮山摩崖石刻 | 宋——清 | 枞阳县 | 第一批 | 1981年9月8日 |
| 山谷流泉摩岩石刻 | 宋——清 | 潜山县 | 第一批 | 1981年9月8日 |
| 齐云山碑刻及摩岩石刻 | 宋——清 | 休宁县 | 第一批 | 1981年9月9日 |
| 新安碑园石刻 | 宋——清 | 歙县 | 第二批 | 1986年7月3日 |
| 齐山摩崖石刻 | 宋——清 | 池州市 | 第三批 | 1989年5月27日 |
| 贵池区万罗山摩崖石刻 | 宋——民国 | 池州市贵池区 | 第四批 | 1998年5月4日 |
| 吴复墓石刻 | 明 | 肥东县 | 第三批 | 1989年5月27日 |
| 阮峰墓石刻 | 明 | 枞阳县 | 第四批 | 1998年5月4日 |
| 汪珊墓石刻 | 明 | 青阳县 | 第四批 | 1998年5月4日 |
| 陈德墓石刻 | 明 | 凤阳县 | 第五批 | 2004年10月28日 |
| 报恩寺罗汉 | 明末清初 | 寿县 | 第一批 | 1981年9月8日 |
| 金鸡碑及五猖神庙碑 | 清 | 怀宁县 | 第二批 | 1986年7月3日 |
| 汪由敦墓石刻 | 清 | 休宁县 | 第三批 | 1989年5月27日 |
| 杨捷墓石刻 | 清 | 天长市 | 第四批 | 1998年5月4日 |
| 张廷玉墓石刻 | 清 | 桐城市 | 第四批 | 1998年5月4日 |
| 慧居寺菩萨、罗汉塑像 | 清——民国 | 九华山风景区 | 第一批 | 1981年9月8日 |
| **近现代重要史迹及代表性建筑（69处）** | | | | |
| 王步文故居 | 清 | 岳西县温泉镇 | 第四批 | 1998年5月4日 |
| 刘铭传故居 | 清 | 肥西县南分路乡 | 第四批 | 1998年5月4日 |
| 胡适故居 | 清 | 绩溪县 | 第四批 | 1998年5月4日 |
| 李鸿章故居及享堂 | 清 | 合肥市 | 第四批 | 1998年5月4日 |
| 安庆天主堂 | 清 | 安庆市 | 第五批 | 2004年10月28日 |
| 英驻芜领事署 | 清 | 芜湖市 | 第五批 | 2004年10月28日 |
| 天主堂 | 清 | 芜湖市 | 第五批 | 2004年10月28日 |
| 圣雅各中学旧址 | 清 | 芜湖市 | 第五批 | 2004年10月28日 |
| 怀远教会建筑旧址 | 清 | 怀远县 | 第五批 | 2004年10月28日 |
| 许世英故居 | 清 | 东至县 | 第五批 | 2004年10月28日 |
| 李克农故居 | 清 | 巢湖市居巢区 | 第五批 | 2004年10月28日 |

**18—14 续表7 continued**

| 名　称<br>Name | 时　代<br>Era | 地　址<br>Address | 批　次<br>Batch | 公布时间<br>Announcement Time |
|---|---|---|---|---|
| 汪晓娣等宅（孙起孟旧居） | 清 | 休宁县 | 第五批 | 2004年10月28日 |
| 太平天国英王府及太平天国英王府壁画 | 清 | 安庆市 | 第五批 | 2004年10月28日 |
| 三河大捷遗迹及古民居 | 清、近代 | 肥西县 | 第五批 | 2004年10月28日 |
| 安徽大学红楼及敬敷书院旧址 | 清、近代 | 安庆市 | 第五批 | 2004年10月28日 |
| 王稼祥故居 | 近代 | 泾县 | 第二批 | 1986年7月3日 |
| 吴樾故居 | 近代 | 桐城市 | 第二批 | 1986年7月3日 |
| 施从云墓 | 近代 | 桐城市 | 第二批 | 1986年7月3日 |
| 冯玉祥故居 | 近代 | 巢湖市 | 第三批 | 1989年5月27日 |
| 张治中故居 | 近代 | 巢湖市 | 第三批 | 1989年5月27日 |
| 老芜湖海关 | 近代 | 芜湖市 | 第五批 | 2004年10月28日 |
| 观瀑楼及听涛居 | 近代 | 黄山风景区 | 第五批 | 2004年10月28日 |
| 黄山古观景亭 | 近代 | 黄山风景区 | 第五批 | 2004年10月28日 |
| 张乐行故居 | 1810年——? | 涡阳县 | 第一批 | 1981年9月8日 |
| 捻军会盟旧址 | 1855年 | 涡阳县 | 第一批 | 1981年9月8日 |
| 太平军枞阳会议旧址 | 1858年 | 枞阳县 | 第一批 | 1981年9月8日 |
| 太平军攻城图壁画 | 太平天国 | 绩溪县 | 第一批 | 1981年9月8日 |
| 同仁医院旧址 | 1906年 | 安庆市 | 第四批 | 1998年5月4日 |
| 熊成基安庆起义会议旧址 | 1908年 | 安庆市 | 第一批 | 1981年9月8日 |
| 熊、范二烈士专祠 | 1912年 | 安庆市 | 第四批 | 1998年5月4日 |
| 砀山天主教堂 | 1917年 | 砀山县 | 第四批 | 1998年5月4日 |
| 安徽邮务管理局旧址 | 1926年 | 安庆市 | 第四批 | 1998年5月4日 |
| 中共安徽地委旧址 | 1926-1927年 | 安庆市 | 第四批 | 1998年5月4日 |
| 中国国民党安徽省党部旧址 | 1926年-1927年 | 安庆市 | 第四批 | 1998年5月4日 |
| “四 ·九”暴动旧址 | 1928年 | 阜阳县 | 第一批 | 1981年9月8日 |
| 立夏节起义旧址 | 1929年 | 金寨县 | 第一批 | 1981年9月8日 |
| 红军第11军32师成立旧址 | 1929年 | 金寨县 | 第一批 | 1981年9月8日 |
| 列宁小学旧址 | 1929—1931年 | 金寨县 | 第一批 | 1981年9月8日 |
| 独山革命旧址群 | 1929—1932年 | 六安市 | 第一批 | 1981年9月8日 |
| 赤城县赤色邮政局旧址 | 1930年 | 金寨县 | 第四批 | 1998年5月4日 |
| 六安中心县委、六英霍暴动总指挥部旧址 | 1930年 | 金寨县 | 第五批 | 2004年10月28日 |
| 苏家埠战斗旧址 | 1932年 | 六安市 | 第一批 | 1981年9月8日 |
| 红军中央独立第2师司令部旧址 | 1934年 | 岳西县 | 第一批 | 1981年9月8日 |
| 中共鄂豫皖省委会议旧址 | 1934年 | 金寨县 | 第一批 | 1981年9月8日 |
| 皖南苏区江边特区革命委员会旧址 | 1934年 | 黟县 | 第一批 | 1981年9月8日 |
| 中国工农红军第二十八军重建会议旧址 | 1935年 | 岳西县 | 第一批 | 1981年7月3日 |
| 中共皖浙赣省委驻地旧址 | 1936—1937年 | 休宁县 | 第四批 | 1998年5月4日 |
| 南方八省红军游击队集中地旧址 | 1938年 | 歙县 | 第一批 | 1981年9月8日 |
| 安徽省民众总动员委员会旧址 | 1938年 | 六安市 | 第四批 | 1998年5月4日 |
| 中共鄂豫皖区委员会旧址 | 1938—1939年 | 金寨县 | 第一批 | 1981年9月8日 |
| 新四军四支队驻舒旧址 | 1938.2 —1939.6 | 舒城县 | 第五批 | 2004年10月28日 |
| 新四军军部旧址 | 1938—1941年 | 泾县 | 第一批 | 1981年7月3日 |
| 新四军四师司令部旧址 | 1938—1941年 | 涡阳县 | 第一批 | 1981年7月3日 |
| 半塔保卫战旧址 | 1940年 | 来安县 | 第一批 | 1981年9月8日 |
| 新四军七师司令部旧址 | 1941—1945年 | 无为县 | 第三批 | 1989年5月27日 |
| 抗大八分校旧址 | 1942—1945年 | 天长市 | 第四批 | 1998年5月4日 |
| 野人寨抗日阵亡将士墓 | 1943年 | 潜山县 | 第四批 | 1998年5月4日 |
| 陈独秀墓 | 1947年 | 安庆市 | 第四批 | 1998年5月4日 |
| 淮海战役双堆集战场旧址 | 1948年11月 | 濉溪县 | 第一批 | 1981年9月8日 |
| 渡江战役期间总前委旧址 | 1949年3—4月 | 肥东县 | 第二批 | 1986年7月3日 |
| 渡江战役中线指挥部旧址 | 1949年 | 枞阳县 | 第一批 | 1981年9月8日 |
| 新四军抗日殉国烈士墓 | 1949年 | 泾县 | 第一批 | 1981年9月8日 |
| 渡江战役总前委孙家圩子旧址 | 1949年 | 蚌埠市 | 第五批 | 2004年10月28日 |
| 中共淮海战役总前委旧址 | 近现代 | 濉溪县、萧县 | 第一批 | 1981年9月8日 |
| 洪家大屋 | 近现代 | 祁门县 | 第一批 | 1981年9月8日 |
| 林散之墓 | 1991年 | 马鞍山市采石风景区 | 第五批 | 2004年10月28日 |
| 安徽省博物馆陈列展览大楼 | 1956年 | 合肥市庐阳区 |  | 2007年8月9日 |
| 江淮大戏院主体建筑 | 1956年 | 合肥市庐阳区 |  | 2007年8月9日 |
| 金寨革命烈士陵园 | 建国后 | 金寨县 |  | 2009年2月25日 |

## 18—15 自然保护区
Nature Protection Areas

| 名　称<br>Name | 级 别<br>Grade | 保护对象<br>Protection Objects | 类　型<br>Kinds | 面　积<br>(公顷)<br>Area(hectares) | 地　址<br>Address |
|---|---|---|---|---|---|
| 牯牛降自然保护区 | 国家级 | 中亚热带常绿阔叶林，珍稀动植物 | 森林生态 | 6713 | 祁门县，石台县 |
| 鹞落坪自然保护区 | 国家级 | 北亚热带常绿阔叶林，珍稀动植物 | 森林生态 | 12300 | 岳西县 |
| 天马自然保护区 | 国家级 | 北亚热带常绿落叶阔叶林，珍稀动植物 | 森林生态 | 28914 | 金寨县 |
| 杨子鳄自然保护区 | 国家级 | 野生杨子鳄 | 野生动物 | 18565 | 宣州市 |
| 升金湖自然保护区 | 国家级 | 白头鹞等珍稀水禽，湿地生态 | 湿地生态 | 33400 | 东至县 |
| 淡水豚自然保护区 | 国家级 | 珍稀水生生物 | 野生动物 | 31518 | 铜陵县 |
| 皇甫山自然保护区 | 省　级 | 森林生态，鸟类 | 森林生态 | 3600 | 滁州市 |
| 清凉峰自然保护区 | 省　级 | 中亚热带常绿阔叶林，珍稀动植物 | 森林生态 | 2761 | 歙　县 |
| 皇藏峪自然保护区 | 省　级 | 暖温带落叶阔叶林 | 森林生态 | 2067 | 萧　县 |
| 清凉峰自然保护区 | 省　级 | 中亚热带常绿阔叶林，珍稀动植物 | 森林生态 | 5050 | 绩溪县 |
| 岭南自然保护区 | 省　级 | 中亚热带常绿阔叶林，珍稀动植物 | 森林生态 | 2771 | 休宁县 |
| 十里山自然保护区 | 省　级 | 中亚热带常绿阔叶林，珍稀动植物 | 森林生态 | 1936 | 黄山区 |
| 板桥自然保护区 | 省　级 | 中亚热带常绿阔叶林，珍稀动植物 | 森林生态 | 5000 | 宁国市 |
| 板仓自然保护区 | 省　级 | 北中亚热带常绿落叶阔叶林，珍稀动植物 | 森林生态 | 1523 | 潜山县 |
| 万佛山自然保护区 | 省　级 | 北亚热带常绿落叶阔叶林，珍稀动植物 | 森林生态 | 2000 | 舒城县 |
| 枯井园自然保护区 | 省　级 | 北中亚热带常绿落叶林，珍稀动植物 | 森林生态 | 4000 | 岳西县 |
| 五溪山自然保护区 | 省　级 | 中亚热带常绿阔叶林，珍稀动植物 | 森林生态 | 4050 | 黟　县 |
| 天湖自然保护区 | 省　级 | 中亚热带常绿阔叶林，珍稀动植物 | 森林生态 | 4500 | 徽州区 |
| 佛子岭自然保护区 | 省　级 | 森林生态 | 森林生态 | 6667 | 霍山县 |
| 老山自然保护区 | 省　级 | 中亚热带常绿阔叶林，珍稀动植物 | 森林生态 | 16909 | 贵池区 |
| 九龙峰自然保护区 | 省　级 | 中亚热带常绿阔叶林，珍稀动植物 | 森林生态 | 2720 | 黄山区 |
| 查湾自然保护区 | 省　级 | 中亚热带常绿阔叶林，珍稀动植物 | 森林生态 | 1600 | 祁门县 |
| 紫石塔自然保护区 | 省　级 | 中亚热带常绿阔叶林，珍稀动植物 | 森林生态 | 6670 | 东至县 |
| 沿江自然保护区 | 省　级 | 珍稀水禽及其生境 | 湿地生态 | 120000 | 安庆市 |
| 沱湖自然保护区 | 省　级 | 珍稀水禽及其生境 | 湿地生态 | 4200 | 五河县 |
| 十八索自然保护区 | 省　级 | 珍稀水禽及其生境 | 湿地生态 | 7500 | 贵池区 |
| 八里河自然保护区 | 省　级 | 珍稀水禽及其生境 | 湿地生态 | 14600 | 颍山县 |
| 东西湖自然保护区 | 省　级 | 珍稀水禽及其生境 | 湿地生态 | 14200 | 霍邱县 |
| 石白湖自然保护区 | 省　级 | 珍稀水禽及其生境 | 湿地生态 | 10666 | 当涂县 |
| 酥梨种质资源保护区 | 省　级 | 种质资源 | 植　物 | 13980 | 砀山县 |
| 颍州西湖自然保护区 | 省　级 | 湿地及水禽 | 湿地生态 | 11000 | 颍州区 |
| 六股尖自然保护区 | 省　级 | 华东黄杉等珍稀植物 | 森林生态 | 2747 | 休宁县 |
| 盘台自然保护区 | 省　级 | 南方红豆杉等 | 森林生态 | 668 | 青阳县 |
| 大方寺自然保护区 | 省　级 | 暖温带落叶阔叶林 | 森林生态 | 2080 | 埇桥区 |
| 女山湖自然保护区 | 省　级 | 珍稀水禽 | 湿地生态 | 21000 | 明光市 |

# 主要统计指标解释

**旅游人数**

包括入境国际旅游人数、出境居民人数和国内旅游人数。

⑴入境国际旅游人数：指来中国参观、访问、旅行、探亲、访友、休养、考察、参加会议和从事经济、科技、文化、教育、宗教等活动的外国人、华侨、港澳同胞和台湾同胞的人数。不包括外国在我国的常驻机构，如使领馆、通讯社、企业办事处的工作人员；来我国常住的外国专家、留学生以及在岸逗留不过夜人员。

⑵出境居民人数：指大陆居民因公务活动或私人事务短期出境的人数。公务活动出境居民人数包括在国际交通工具上的中国服务员工，因私出境居民人数不包括在国际交通工具上的中国服务员工。

⑶国内旅游人数：指我国大陆居民和在我国常住1年以上的外国人、华侨、港澳台同胞离开常住地在境内其他地方的旅游设施内至少停留一夜，最长不超过6个月的人数。

**国际旅游（外汇）收入**

指入境旅游的外国人、华侨、港澳同胞和台湾同胞在中国大陆旅游过程中发生的一切旅游支出，对于国家来说就是国际旅游（外汇）收入。

**国际旅行社**

指经营对外招徕并接待外国人、华侨、港澳同胞和台湾同胞来中国、归国或回内地旅游业务的旅行社。

**国内旅行社**

指负责经营招徕、组团、接待国内旅客的旅游业务，以及不对外招徕，负责经营接待国际旅行社或其它涉外部门组织的外国人、华侨、港澳同胞和台湾同胞来中国、归国或回内地的旅游业务的旅行社。

**涉外饭店**

指经有关部门批准，允许接待外国人、华侨、港澳同胞和台湾同胞的饭店。

# Explanatory Notes for Major Statistical Indicators

**Number of Tourists**

include international tourists entering into China, Chinese residents going abroad and domestic tourists.

a ) International tourists refer to foreigners, overseas Chinese, Chinese compatriots from Hong Kong, Macao and Taiwan coming to China for sightseeing, visits, tours, family reunions, vacations, study tours, conferences and other activities of a business, scientific and technological, cultural, educational and religious nature. It does not include representatives and employees of resident institutions of foreign countries in China such as embassies, consulates, news agencies and offices of foreign companies and organizations, nor does it include long-term foreign experts or students residing in China, or persons in transition without spending a night in China.

b ) Chinese residents going abroad refer to Chinese residents going abroad for short terms for either public business or private purposes. Chinese employees working on international transport carriers are included in those going abroad for public business purpose, not in those for private purpose.

c ) Domestic tourists refer to residents of the mainland of China who stay for one night at least but no more than 6 months at tourist facilities in other places than their permanent residence within the territory of the mainland China, including foreigners, overseas Chinese and Chinese compatriots from Hong Kong, Macao and Taiwan who have resided in China for over one year.

**Foreign Exchange Earnings from International Tourism**

refer to the total expenditures of foreigners, overseas Chinese, Chinese compatriots from Hong Kong, Macao and Taiwan during their stay in the mainland of China, which are earnings of foreign exchange from international tourism from the point of view from China.

**International Travel Agencies**

refer to travel agencies engaged in the promotion, solicitation, organization and reception of tours to the mainland of China by foreigners, overseas Chinese, Chinese compatriots from Hong Kong, Macao and Taiwan.

**Domestic Travel Agencies**

refer to travel agencies engaged in the promotion, solicitation, organization and reception of domestic tourists, and in the reception of foreigners, overseas Chinese, Chinese compatriots from Hong Kong, Macao and Taiwan organized by international travel agencies or other departments concerned, without their own promotion and solicitation program.

**Tourist Hotels**

refer to hotels that are able, with the approval of departments concerned, to accommodate foreigners, overseas Chinese, Chinese compatriots from Hong Kong, Macao and Taiwan.

# 第十九篇

Chapter 19

# 教育、科技

EDUCATION, SCIENCE

## 简要说明

一、本篇反映我省的教育事业的发展情况和科学技术活动基本情况。

二、教育部分包括高等教育、中等教育、初等教育、幼儿教育、特殊教育和各种类型的各级成人教育等，主要指标有各级各类学校的校数、在校学生数、招生数、毕业生数、教职工数、教师数等。

教育统计资料主要由省教育厅提供，技工学校的资料来源于省人力资源和社会保障厅。

三、科学技术部分主要包括了我省科技活动的规模、构成、布局和发展状况的资料，收录了全省有关部门年度的科技统计数据。

反映科技机构、大中型工业企业和高等学校三大科技活动主体单位的机构数、人员数和经费收支等情况，根据省科技厅、省教育厅、省国防工办、省统计局科技统计综合年报汇总。

专利申请受理量和批准量由省专利局提供。

## Brief Introduction

I. Data in this chapter show the development of Anhui's education as well as the basic conditions of the activities of science and technology.

II. Data on education cover the situations on higher education, secondary education, primary education, kindergartens and special education and all kinds of adult education etc. The main indicators cover the number of schools of various levels and categories, students enrolled, new students enrolled, graduates, staff and workers and number of teachers etc.

The statistical data on education are mainly provided by the Provincial Commission of Education. In addition, data on the technical training schools are provided by the Department of Labor and Social Security.

III. Data on science and technology cover mainly the scale, composition, distribution and development of the scientific and technological activities, including the statistical data of the departments concerned under the provincial government on science and technology in.

The table on the basic conditions of the scientific and technological activities show in a summary way the number of institutions and personnel in scientific and technological institutions, large and medium-sized industrial enterprises and universities and colleges, the three main bodies engaged in the scientific and technological activities as well as their income and expenditure. Data are collected and tabulated in accordance with the annual reporting scheme on science and technology statistics of the Provincial Commission of Science, Provincial Commission of Education, Provincial Office of Science, Technology and Industry for National Defence and the provincial Statistical Bureau.

Data on the number of patent applications examined and certified are provided by Anhui Patent Office.

# 19—1 教育事业基本情况
Basic Statistics on Education

| 指　　标 | Item | 1995 | 2000 | 2005 | 2009 | 2010 |
|---|---|---|---|---|---|---|
| **学校数　（所）** | **Number of Schools (unit)** | | | | | |
| 普通高等学校 | Regular Institutions of Higher Education | 35 | 42 | 81 | 95 | 100 |
| 中等学校 | Secondary Schools | 5059 | 4621 | 4533 | 4320 | 4241 |
| #普通中等专业学校 | Regular Specialized Secondary Schools | 152 | 138 | 98 | 105 | 108 |
| 中等技术学校 | Technical Secondary Schools | 111 | 104 | 79 | 90 | 95 |
| 中等师范学校 | Teacher Secondary Schools | 41 | 34 | 19 | 15 | 13 |
| 普通中学 | Regular Secondary Schools | 4170 | 3767 | 3948 | 3856 | 3788 |
| 高　中 | Senior Secondary Schools | 617 | 674 | 760 | 769 | 743 |
| 初　中 | Junior Secondary Schools | 3553 | 3093 | 3188 | 3087 | 2995 |
| 职业中学 | Vocational Secondary Schools | 737 | 716 | 487 | 359 | 345 |
| 小　学 | Primary Schools | 29343 | 24281 | 20142 | 14974 | 13997 |
| 幼儿园 | Kindergartens | 2243 | 3932 | 2715 | 3611 | 4018 |
| 特殊教育 | Special Schools | 44 | 70 | 67 | 61 | 62 |
| **专任教师　（万人）** | **Number of Full-time Teachers (10000 persons)** | | | | | |
| 普通高等学校 | Regular Institutions of Higher Education | 1.16 | 1.51 | 3.24 | 4.64 | 4.93 |
| 中等学校 | Secondary Schools | 16.53 | 18.63 | 22.04 | 24.64 | 25.18 |
| #普通中等专业学校 | Regular Specialized Secondary Schools | 0.85 | 0.88 | 0.61 | 0.78 | 0.77 |
| 中等技术学校 | Technical Secondary Schools | 0.63 | 0.68 | 0.48 | 0.66 | 0.67 |
| 中等师范学校 | Teacher Secondary Schools | 0.22 | 0.21 | 0.14 | 0.13 | 0.10 |
| 普通中学 | Regular Secondary Schools | 14.03 | 15.81 | 19.70 | 22.46 | 23.01 |
| 高　中 | Senior Secondary Schools | 2.04 | 2.92 | 5.11 | 6.39 | 6.69 |
| 初　中 | Junior Secondary Schools | 11.98 | 12.90 | 14.59 | 16.07 | 16.32 |
| 职业中学 | Vocational Secondary Schools | 1.65 | 1.94 | 1.73 | 1.39 | 1.40 |
| 小　学 | Primary Schools | 26.73 | 27.37 | 25.95 | 24.86 | 24.57 |
| 幼儿园 | Kindergartens | 2.21 | 2.65 | 1.65 | 2.50 | 2.96 |
| 特殊教育 | Special Schools | 0.06 | 0.09 | 0.10 | 0.11 | 0.12 |
| **招生数　（万人）** | **New Student Enrollment (10000 persons)** | | | | | |
| 普通高等学校 | Regular Institutions of Higher Education | 2.94 | 7.62 | 19.87 | 27.94 | 29.69 |
| 中等学校 | Secondary Schools | 124.11 | 150.27 | 185.31 | 171.49 | 158.37 |
| #普通中等专业学校 | Regular Specialized Secondary Schools | 4.41 | 4.92 | 7.85 | 9.74 | 10.44 |
| 中等技术学校 | Technical Secondary Schools | 3.52 | 4.41 | 7.24 | 8.96 | 9.52 |
| 中等师范学校 | Teacher Secondary Schools | 0.90 | 0.51 | 0.61 | 0.79 | 0.92 |
| 普通中学 | Regular Secondary Schools | 105.23 | 129.75 | 155.43 | 141.52 | 129.74 |
| 高　中 | Senior Secondary Schools | 11.44 | 21.96 | 43.46 | 42.47 | 42.41 |
| 初　中 | Junior Secondary Schools | 93.78 | 107.78 | 111.97 | 99.05 | 87.33 |
| 职业中学 | Vocational Secondary Schools | 14.47 | 15.59 | 22.03 | 20.22 | 18.19 |
| 小　学 | Primary Schools | 119.94 | 116.60 | 81.52 | 83.86 | 81.90 |
| 幼儿园 | Kindergartens | | 84.29 | 50.02 | 58.56 | 66.60 |
| 特殊教育 | Special Schools | 0.40 | 0.22 | 0.24 | 0.24 | 0.22 |
| **在校学生　（万人）** | **Student Enrollment (10000 persons)** | | | | | |
| 普通高等学校 | Regular Institutions of Higher Education | 8.80 | 18.24 | 58.91 | 87.78 | 93.90 |
| 中等学校 | Secondary Schools | 328.76 | 422.79 | 534.19 | 509.49 | 484.20 |
| #普通中等专业学校 | Regular Specialized Secondary Schools | 12.08 | 19.19 | 18.55 | 27.99 | 28.93 |
| 中等技术学校 | Technical Secondary Schools | 9.50 | 16.60 | 16.63 | 25.85 | 26.51 |
| 中等师范学校 | Teacher Secondary Schools | 2.59 | 2.59 | 1.92 | 2.15 | 2.42 |
| 普通中学 | Regular Secondary Schools | 281.53 | 358.32 | 460.86 | 428.00 | 406.58 |
| 高　中 | Senior Secondary Schools | 28.94 | 54.14 | 116.90 | 130.57 | 127.60 |
| 初　中 | Junior Secondary Schools | 252.58 | 304.18 | 343.96 | 297.42 | 278.99 |
| 职业中学 | Vocational Secondary Schools | 35.14 | 45.28 | 54.78 | 53.49 | 48.68 |
| 小　学 | Primary Schools | 606.88 | 644.24 | 584.11 | 486.88 | 460.44 |
| 幼儿园 | Kindergartens | 103.48 | 116.19 | 72.38 | 93.82 | 100.82 |
| 特殊教育 | Special Schools | 1.54 | 1.83 | 1.80 | 1.51 | 1.40 |
| **毕业生数　（万人）** | **Graduates (10000 persons)** | | | | | |
| 普通高等学校 | Regular Institutions of Higher Education | 2.90 | 2.59 | 11.70 | 20.57 | 23.22 |
| 中等学校 | Secondary Schools | 81.48 | 123.18 | 160.90 | 172.81 | 163.94 |
| #普通中等专业学校 | Regular Specialized Secondary Schools | 3.20 | 6.04 | 3.78 | 8.48 | 9.61 |
| 中等技术学校 | Technical Secondary Schools | 2.39 | 4.37 | 3.20 | 7.96 | 8.98 |
| 中等师范学校 | Teacher Secondary Schools | 0.81 | 1.68 | 0.58 | 0.52 | 0.63 |
| 普通中学 | Regular Secondary Schools | 71.26 | 102.31 | 142.61 | 146.50 | 136.57 |
| 高　中 | Senior Secondary Schools | 7.37 | 13.15 | 30.10 | 44.92 | 44.38 |
| 初　中 | Junior Secondary Schools | 63.89 | 89.16 | 112.52 | 101.58 | 92.19 |
| 职业中学 | Vocational Secondary Schools | 7.02 | 14.83 | 14.51 | 17.83 | 17.76 |
| 小　学 | Primary Schools | 103.24 | 121.20 | 116.25 | 98.37 | 87.41 |
| 幼儿园 | Kindergartens | | | 40.24 | 41.74 | 38.89 |
| 特殊教育 | Special Schools | 0.07 | 0.20 | 0.20 | 0.16 | 0.16 |

## 19—2 研 究 生 数
Number of Postgraduates

单位：人 (person)

| 年 份 Year | 研究生数 Number of Postgraduates | | | | | |
|---|---|---|---|---|---|---|
| | 在学人数 Student Enrollment | #硕士 Master | 招生数 New Student Enrollment | #硕士 Master | 毕业生数 Graduates | #硕士 Master |
| 1995 | 2828 | 2389 | 1051 | 845 | 588 | 516 |
| 2000 | 5820 | 4689 | 2522 | 2060 | 1135 | 890 |
| 2005 | 21505 | 17865 | 8198 | 7000 | 4148 | 3300 |
| 2009 | 34603 | 30503 | 13067 | 11784 | 9244 | 8206 |
| 2010 | 38991 | 34669 | 14047 | 12728 | 9302 | 8224 |

## 19—3 普通高等学校分科在校学生数
Student Enrollment in Regular Institutions of Regular Institutions of Higher Education

单位：人 (person)

| 项 目 | Item | 2009 | | | 2010 | | |
|---|---|---|---|---|---|---|---|
| | | 合计 Total | 本科 Regular College Course | 专科 Specialized Subject (Three Years) | 合计 Total | 本科 Regular College Course | 专科 Specialized Subject (Three Years) |
| **合 计** | **Total** | **877782** | **439285** | **438497** | **938954** | **482387** | **456567** |
| 哲 学 | Philosophy | 221 | 221 | | 224 | 224 | |
| 经济学 | Economics | 43487 | 25430 | 18057 | 45366 | 26825 | 18541 |
| 法 学 | Law | 20408 | 12735 | 7673 | 20923 | 13197 | 7726 |
| 教育学 | Education | 38412 | 15988 | 22424 | 36767 | 16323 | 20444 |
| 文 学 | Literature | 117429 | 70516 | 46913 | 123806 | 75977 | 47829 |
| 历史学 | History | 2357 | 2357 | | 2291 | 2291 | |
| 理 学 | Science | 66860 | 66814 | 46 | 72793 | 72698 | 95 |
| 工 学 | Engineering | 317363 | 133604 | 183759 | 339672 | 151162 | 188510 |
| 农 学 | Agriculture | 14294 | 9210 | 5084 | 15247 | 9720 | 5527 |
| 医 学 | Medicine | 83943 | 39002 | 44941 | 88760 | 42042 | 46718 |
| 管理学 | Management | 173008 | 63408 | 109600 | 193105 | 71928 | 121177 |

## 19—4 普通高等学校分科招生数
New Student Enrollment in Regular Institutions of Regular Institutions of Higher Education

单位：人 (person)

| 项 目 | Item | 2009 | | | 2010 | | |
|---|---|---|---|---|---|---|---|
| | | 合计 Total | 本科 Regular College Course | 专科 Specialized Subject (Three Years) | 合计 Total | 本科 Regular College Course | 专科 Specialized Subject (Three Years) |
| **合 计** | **Total** | **279440** | **124153** | **155287** | **296860** | **135461** | **161399** |
| 哲 学 | Philosophy | 54 | 54 | | 55 | 55 | |
| 经济学 | Economics | 13247 | 7459 | 5788 | 13700 | 7474 | 6226 |
| 法 学 | Law | 5628 | 3222 | 2406 | 5666 | 3650 | 2016 |
| 教育学 | Education | 12346 | 4276 | 8070 | 12174 | 4242 | 7932 |
| 文 学 | Literature | 37246 | 20699 | 16547 | 36408 | 20754 | 15654 |
| 历史学 | History | 518 | 518 | | 515 | 515 | |
| 理 学 | Science | 19053 | 19007 | 46 | 20269 | 20220 | 49 |
| 工 学 | Engineering | 100154 | 38382 | 61772 | 109354 | 44128 | 65226 |
| 农 学 | Agriculture | 4425 | 2655 | 1770 | 4931 | 2765 | 2166 |
| 医 学 | Medicine | 26688 | 9459 | 17229 | 28110 | 10049 | 18061 |
| 管理学 | Management | 60081 | 18422 | 41659 | 65678 | 21609 | 44069 |

## 19—5 普通高等学校分科毕业生数
Graduates of Regular Institutions of Regular Institutions of Higher Education

单位：人 (person)

| 项 目 | Item | 2009 合计 Total | 2009 本科 Regular College Course | 2009 专科 Specialized Subject (Three Years) | 2010 合计 Total | 2010 本科 Regular College Course | 2010 专科 Specialized Subject (Three Years) |
|---|---|---|---|---|---|---|---|
| **合 计** | **Total** | **205749** | **82717** | **123032** | **232225** | **90398** | **141827** |
| 哲 学 | Philosophy | 56 | 56 | | 50 | 50 | |
| 经济学 | Economics | 10716 | 5327 | 5389 | 11068 | 5514 | 5554 |
| 法 学 | Law | 6063 | 3147 | 2916 | 5579 | 3087 | 2492 |
| 教育学 | Education | 14619 | 3423 | 11196 | 13624 | 3916 | 9708 |
| 文 学 | Literature | 26803 | 13209 | 13594 | 29346 | 14889 | 14457 |
| 历史学 | History | 502 | 502 | | 557 | 557 | |
| 理 学 | Science | 13139 | 13139 | | 13807 | 13807 | |
| 工 学 | Engineering | 69465 | 23424 | 46041 | 84360 | 25601 | 58759 |
| 农 学 | Agriculture | 3274 | 1612 | 1662 | 3616 | 1970 | 1646 |
| 医 学 | Medicine | 19497 | 6761 | 12736 | 23308 | 6960 | 16348 |
| 管理学 | Management | 41615 | 12117 | 29498 | 46910 | 14047 | 32863 |

## 19—6 普通高等学校分科专任教师数（2010年）
Number of Full-time Teachers by Field of Study in Regular Higher Educational Institutions (2010)

单位：人 (person)

| 项 目 | Item | 合计 Total | 正高级 With Chief Senior Title | 副高级 With Deputy Senior Title | 中级 With Middle-rank Title | 初级 With Junior Title | 无职称 Without Title |
|---|---|---|---|---|---|---|---|
| **合 计** | **Total** | **49298** | **3562** | **12708** | **18912** | **11142** | **2974** |
| 哲 学 | Philosophy | 1670 | 117 | 431 | 723 | 302 | 97 |
| 经济学 | Economics | 3518 | 200 | 866 | 1475 | 732 | 245 |
| 法 学 | Law | 2163 | 120 | 553 | 950 | 435 | 105 |
| 教育学 | Education | 3739 | 141 | 908 | 1497 | 933 | 260 |
| 文 学 | Literature | 9670 | 390 | 2067 | 3851 | 2735 | 627 |
| 历史学 | History | 636 | 74 | 194 | 237 | 109 | 22 |
| 理 学 | Science | 7076 | 817 | 2049 | 2620 | 1295 | 295 |
| 工 学 | Engineering | 12093 | 944 | 3293 | 4484 | 2656 | 716 |
| 农 学 | Agriculture | 907 | 125 | 285 | 342 | 137 | 18 |
| 医 学 | Medicine | 3885 | 449 | 1191 | 1313 | 758 | 174 |
| 管理学 | Management | 3941 | 185 | 871 | 1420 | 1050 | 415 |

## 19—7 普通中等专业学校分科学生数（2010年）
Number of Students by Field of Study in Regular Specialized Secondary Schools (2010)

单位：人 (person)

| 项 目 | Item | 毕业生数 Graduates | 招生数 New Student Enrollment | 在校学生数 Student Enrollment |
|---|---|---|---|---|
| **合 计** | **Total** | **292473** | **349069** | **872733** |
| 农林牧渔类 | Farm, Forestry, Herd Fish Class | 13320 | 34836 | 60501 |
| 资源环境类 | Resources Environment Class | 5333 | 4603 | 10475 |
| 能源与新能源类 | Energy and New Energy Class | 1218 | 969 | 3120 |
| 土木水利类 | Construction Water Conservation Class | 5281 | 10187 | 22514 |
| 加工制造类 | Processing Manufacture Class | 80024 | 74703 | 211949 |
| 石油化工类 | Petroleum Chemical Industry Class | 2372 | 2918 | 6419 |
| 轻纺食品类 | Light Industry and Food Class | 5431 | 5090 | 12116 |
| 交通运输类 | Transportation Class | 5291 | 8809 | 22702 |
| 信息技术类 | Information Technology Class | 81543 | 83434 | 217530 |
| 医药卫生类 | Medicine Health Class | 21744 | 24678 | 69030 |
| 休闲保健类 | Leisure Health Care Class | 398 | 661 | 1452 |
| 财经商贸类 | Finance and Economics Business Class | 16633 | 21483 | 59205 |
| 旅游服务类 | Tourist Service Class | 8111 | 10389 | 25905 |
| 文化艺术类 | Cultural and art Class | 13443 | 25714 | 54778 |
| 体育与健身 | Sportsand Fitness Class | 2909 | 3354 | 8203 |
| 教育类 | Education Class | 11977 | 16076 | 37822 |
| 司法服务类 | Judicial Service Class | 445 | 355 | 915 |
| 公共管理与服务类 | Public Administration and Service Class | 3917 | 3499 | 9529 |
| 其 他 | Other | 13083 | 17311 | 38568 |

## 19—8 普通中等专业学校分科专任教师数（2010年）
Full-time Teachers in Regular Specialized Secondary Schools by Field of Study (2010)

单位：人 (person)

| 项 目 | Item | 合计 Total | 正高级 With Chief Senior Title | 副高级 With Deputy Senior Title | 中级 With Middle-rank Title | 初级 With Junior Title | 无职称 Without Title |
|---|---|---|---|---|---|---|---|
| **总 计** | **Total** | **24384** | **159** | **5732** | **8887** | **6942** | **2664** |
| 文化基础课 | Cultural Base | 11939 | 49 | 2971 | 4461 | 3349 | 1109 |
| 专业课:小 计 | Professional Course: Total | 11521 | 108 | 2634 | 4073 | 3296 | 1410 |
| 农林牧渔类 | Farm, Forestry, Herd Fish Class | 749 | 3 | 207 | 331 | 186 | 22 |
| 资源环境类 | Resources Environment Class | 125 | | 26 | 48 | 25 | 26 |
| 能源与新能源类 | Energy and New Energy Class | 114 | 2 | 37 | 41 | 32 | 2 |
| 土木水利类 | Construction Water Conservation Class | 210 | 1 | 58 | 78 | 56 | 17 |
| 加工制造类 | Processing Manufacture Class | 2388 | 15 | 632 | 799 | 649 | 293 |
| 石油化工类 | Petroleum Chemical Industry Class | 27 | | 8 | 11 | 6 | 2 |
| 轻纺食品类 | Light Industry and Food Class | 195 | 10 | 43 | 78 | 29 | 35 |
| 交通运输类 | Transportation Class | 255 | 7 | 52 | 92 | 72 | 32 |
| 信息技术类 | Information Technology Class | 2497 | 30 | 443 | 857 | 820 | 347 |
| 医药卫生类 | Medicine Health Class | 684 | 5 | 182 | 216 | 202 | 79 |
| 休闲保健类 | Leisure Health Care Class | 55 | 3 | 7 | 24 | 16 | 5 |
| 财经商贸类 | Finance and Economics Business Class | 829 | 7 | 209 | 331 | 219 | 63 |
| 旅游服务类 | Tourist Service Class | 456 | 13 | 103 | 155 | 99 | 86 |
| 文化艺术类 | Cultural and art Class | 769 | 3 | 104 | 291 | 249 | 122 |
| 体育与健身 | Sportsand Fitness Class | 428 | | 72 | 139 | 143 | 74 |
| 教育类 | Education Class | 883 | 2 | 234 | 309 | 260 | 78 |
| 司法服务类 | Judicial Service Class | 25 | | 5 | 4 | 11 | 5 |
| 公共管理与服务类 | Public Administration and Service Class | 178 | 2 | 49 | 62 | 51 | 14 |
| 其 他 | Other | 654 | 5 | 163 | 207 | 171 | 108 |
| 实习指导课 | Practice and Instruction | 924 | 2 | 127 | 353 | 297 | 145 |

## 19—9 技工学校数和学生数
Number of Technical Schools, Students, Staff and Teachers

| 年 份<br>Year | 学校数（所）<br>Schools<br>(unit) | 在校学生数（人）<br>Student Enrollment<br>(person) | 毕业生数（人）<br>Graduates<br>(person) | 招生数（人）<br>New Student Enrollment<br>(person) | 教职工数（人）<br>Staff and Teachers<br>(person) |
|---|---|---|---|---|---|
| 1995 | 130 | 91661 | 28998 | 33435 | 8687 |
| 2000 | 114 | 42628 | 24532 | 13583 | 6359 |
| 2004 | 99 | 64616 | 18193 | 34879 | 5021 |
| 2005 | 109 | 86431 | 27287 | 34393 | 6031 |
| 2006 | 95 | 87463 | 28792 | 39482 | 5319 |
| 2007 | 93 | 87041 | 29515 | 38355 | 5601 |
| 2008 | 96 | 101131 | 37599 | 50210 | 5735 |
| 2009 | 93 | 93647 | 31393 | 31836 | 6716 |
| 2010 | 91 | 83154 | 34982 | 29441 | 6295 |

## 19—10 初中毕业生和小学毕业生升学率及小学学龄儿童入学率
Percentage of Graduates of Junior Secondary Schools and Primary Schools Entering Higher Level Schools, Percentage of School-Age Children Enrolled

| 年 份<br>Year | 初中毕业生升学率<br>Percentage of Graduates of Junior Secondary Schools Entering Senior Secondary Schools Entering Senior | | | 小学毕业生升学率<br>Percentage of Graduates of Primary Schools Entering Junior Secondary Schools | | | 小学学龄儿童入学率<br>Percentage of School-age Children Enrolled | | |
|---|---|---|---|---|---|---|---|---|---|
| | 初中毕业生数（万人）<br>Graduates of Junior Secondary Schools<br>(10000 persons) | 高级中等学校招生数（万人）<br>Students Entering Senior Secondary Schools<br>(10000 persons) | 升学率（%）<br>Percentage of Graduates of Junior Secondary Schools Entering Senior Secondary Schools | 小学毕业生数（万人）<br>Graduates of Primary Schools<br>(10000 persons) | 初级中等学校招生数（万人）<br>Students Entering Junior Secondary Schools<br>(10000 persons) | 升学率（%）<br>Percentage of Graduates of Junior Schools Entering Junior Secondary Schools | 学龄儿童数（万人）<br>School-age Children<br>(10000 person) | 已入学学龄儿童数（万人）<br>School-age Children Enrolled in Schools<br>(10000 persons) | 入学率（%）<br>Enrollment Ratio |
| 1995 | 67.36 | 21.26 | 31.56 | 103.24 | 101.95 | 98.76 | 554.98 | 553.28 | 99.70 |
| 2000 | 97.60 | 32.66 | 33.46 | 121.20 | 118.22 | 97.55 | 620.02 | 617.94 | 99.67 |
| 2004 | 113.15 | 62.96 | 55.64 | 124.32 | 124.32 | 100.00 | 584.34 | 581.65 | 99.54 |
| 2005 | 117.50 | 71.10 | 60.51 | 116.25 | 115.73 | 99.56 | 549.35 | 546.83 | 99.54 |
| 2006 | 118.17 | 77.60 | 65.66 | 110.40 | 110.37 | 99.97 | 523.41 | 521.96 | 99.72 |
| 2007 | 114.66 | 79.13 | 69.02 | 96.02 | 99.49 | 103.62 | 513.99 | 512.98 | 99.81 |
| 2008 | 108.59 | 76.94 | 70.86 | 103.93 | 105.17 | 101.18 | 493.73 | 492.92 | 99.84 |
| 2009 | 101.67 | 74.70 | 73.47 | 98.37 | 99.17 | 100.81 | 466.60 | 466.03 | 99.88 |
| 2010 | 92.20 | 77.32 | 83.86 | 87.41 | 87.34 | 99.92 | 446.82 | 446.50 | 99.93 |

## 19—11 平均每万人口在校学生数和大中小学学生构成
Student Enrollment per 100 Population and Composition of Students Enrolled

| 年份 Year | 各级学校在校学生数占全省人口(%) Students as Percentage of Total Population | 平均每万人口中（人） Number of Students per 10000 Population (person) | | | 大中小学学生占学生总数（%） Students of Different Level as Percentage of Total Students (%) | | |
|---|---|---|---|---|---|---|---|
| | | 大学生 University and College Students | 中学生 Secondary School Students | 小学生 Primary School Students | 大学生 University and College Students | 中学生 Secondary School Students | 小学生 Primary School Students |
| 1995 | 15.93 | 14.67 | 469.22 | 1011.47 | 0.92 | 29.46 | 63.51 |
| 2000 | 17.38 | 29.05 | 574.05 | 1032.11 | 1.67 | 32.83 | 59.03 |
| 2001 | 18.16 | 42.14 | 622.54 | 1155.78 | 2.42 | 37.59 | 60.20 |
| 2002 | 17.72 | 52.17 | 633.81 | 1086.41 | 2.94 | 35.76 | 61.30 |
| 2003 | 17.75 | 64.39 | 672.49 | 1038.18 | 3.63 | 37.89 | 58.49 |
| 2004 | 19.72 | 77.72 | 788.67 | 967.00 | 3.94 | 40.00 | 49.04 |
| 2005 | 19.21 | 90.42 | 791.40 | 896.49 | 4.71 | 41.21 | 46.68 |
| 2006 | 20.36 | 108.63 | 853.27 | 913.73 | 5.34 | 41.91 | 44.88 |
| 2007 | 20.28 | 119.41 | 835.75 | 898.17 | 5.89 | 41.21 | 44.29 |
| 2008 | 19.87 | 131.93 | 815.38 | 849.35 | 6.64 | 41.03 | 42.74 |
| 2009 | 19.23 | 143.12 | 785.08 | 793.87 | 7.44 | 40.82 | 41.28 |
| 2010 | 18.95 | 155.45 | 753.69 | 762.25 | 8.20 | 39.77 | 40.23 |

注：中学生数中不包括中等专业学校在校学生数。

a) The number of secondary school students excludes the students of specialized secondary schools.

## 19—12 各级学校教师负担学生数
Student-teacher Ratio by Level of School

单位：人 (person)

| 年份 Year | 普通高等学校 Regular Institutions of Higher Education | | 中等学校 Secondary Schools | | 小学 Primary Schools | | 幼儿园 Kindergartens | |
|---|---|---|---|---|---|---|---|---|
| | 专任教师数 Full-time Teachers | 平均每个教师负担学生数 Student-teacher Ratio | 专任教师数 Full-time Teachers | 平均每个教师负担学生数 Student-teacher Ratio | 专任教师数 Full-time Teachers | 平均每个教师负担学生数 Student-teacher Ratio | 专任教师数 Full-time Teachers | 平均每个教师负担学生数 Student-teacher Ratio |
| 1995 | 11566 | 7.61 | 165255 | 19.89 | 267271 | 22.71 | 22148 | 46.72 |
| 2000 | 15065 | 12.11 | 186323 | 22.69 | 273745 | 23.53 | 26470 | 43.90 |
| 2001 | 17914 | 14.08 | 193963 | 22.27 | 276103 | 25.06 | 14033 | 65.25 |
| 2002 | 21131 | 15.62 | 199966 | 23.22 | 272010 | 25.27 | 14088 | 58.09 |
| 2003 | 24744 | 16.57 | 205907 | 24.14 | 266458 | 24.82 | 14162 | 50.49 |
| 2004 | 29538 | 16.97 | 212495 | 24.64 | 262528 | 23.76 | 15005 | 48.26 |
| 2005 | 32438 | 18.16 | 220408 | 24.24 | 259493 | 22.51 | 16516 | 43.83 |
| 2006 | 36797 | 18.04 | 227771 | 23.90 | 256368 | 21.78 | 18122 | 40.45 |
| 2007 | 40743 | 17.93 | 235381 | 22.85 | 254777 | 21.57 | 19220 | 40.69 |
| 2008 | 43624 | 18.53 | 241885 | 21.80 | 251020 | 20.73 | 20738 | 42.21 |
| 2009 | 46374 | 18.93 | 246388 | 20.68 | 248595 | 19.59 | 25004 | 37.52 |
| 2010 | 49298 | 19.05 | 251776 | 19.23 | 245726 | 18.74 | 29591 | 34.07 |

# 19—13 各级学校女学生和女教师数
Number of Female Students and Teachers by Level of School

| 指　　标 | Item | 1995 | 2000 | 2005 | 2009 | 2010 |
|---|---|---|---|---|---|---|
| **女学生数　（万人）** | **Number of Female Students (10000 persons)** | **423.59** | **504.95** | **546.15** | **500.29** | **479.02** |
| 普通高等学校 | Regular Institutions of Higher Education | 2.17 | 5.96 | 25.50 | 41.48 | 44.81 |
| 普通中等专业学校 | Regular Specialized Secondary Schools | 5.05 | 10.94 | 10.52 | 15.77 | 16.33 |
| 普通中学 | Regular Secondary Schools | 116.23 | 161.20 | 211.58 | 196.41 | 186.49 |
| 职业中学 | Vocational Secondary Schools | 15.20 | 20.37 | 25.14 | 24.26 | 21.86 |
| 小　学 | Primary Schools | 284.94 | 306.48 | 273.41 | 222.38 | 209.53 |
| **女学生占学生总数的百分比(%)** | **Percentage of Female Students to Total Students (%)** | **44.85** | **46.45** | **46.39** | **46.15** | **45.97** |
| 普通高等学校 | Regular Institutions of Higher Education | 24.63 | 32.67 | 43.29 | 47.25 | 47.72 |
| 普通中等专业学校 | Regular Specialized Secondary Schools | 41.80 | 56.99 | 56.71 | 56.33 | 56.44 |
| 普通中学 | Regular Secondary Schools | 41.28 | 44.99 | 45.91 | 45.89 | 45.87 |
| 职业中学 | Vocational Secondary Schools | 43.26 | 44.98 | 45.89 | 45.35 | 44.91 |
| 小　学 | Primary Schools | 46.05 | 47.57 | 46.81 | 45.67 | 45.51 |
| **女教师数　（万人）** | **Number of Female Teachers (10000 persons)** | **13.16** | **15.36** | **18.19** | **20.75** | **21.44** |
| 普通高等学校 | Regular Institutions of Higher Education | 0.30 | 0.48 | 1.19 | 1.86 | 2.00 |
| 普通中等专业学校 | Regular Specialized Secondary Schools | 0.29 | 0.31 | 0.23 | 0.34 | 0.33 |
| 普通中学 | Regular Secondary Schools | 3.14 | 4.05 | 5.78 | 7.49 | 7.91 |
| 职业中学 | Vocational Secondary Schools | 0.32 | 0.45 | 0.50 | 0.46 | 0.48 |
| 小　学 | Primary Schools | 9.10 | 10.06 | 10.48 | 10.60 | 10.71 |
| **女教师占教师总数的百分比(%)** | **Percentage of Female Teachers to Total Teachers(%)** | **29.63** | **32.33** | **35.51** | **38.34** | **39.07** |
| 普通高等学校 | Regular Institutions of Higher Education | 26.00 | 32.05 | 36.82 | 40.07 | 40.56 |
| 普通中等专业学校 | Regular Specialized Secondary Schools | 34.65 | 32.05 | 38.25 | 43.00 | 43.14 |
| 普通中学 | Regular Secondary Schools | 22.38 | 35.17 | 29.36 | 33.36 | 34.39 |
| 职业中学 | Vocational Secondary Schools | 19.61 | 23.29 | 28.79 | 33.38 | 34.43 |
| 小　学 | Primary Schools | 34.06 | 36.76 | 40.40 | 42.63 | 43.58 |

# 19—14 各级各类成人学校基本情况（2010年）

Student Enrollment in Adult Schools by Level and Type (2010)

单位：人 (person)

| 指标 | Item | 学校数(所) Schools (unit) | 毕业生数 Graduates | 招生数 New Student Enrollment | 在校学生数 Student Enrollment | 教职工人数 Teachers and Staff | #专任教师 Full-time Teachers |
|---|---|---|---|---|---|---|---|
| **总计** | **Total** | **502** | **467821** | **168275** | **665590** | **5544** | **3342** |
| **成人高等教育** | **Adult's Higher Education** | **6** | **73855** | **73107** | **150937** | **1355** | **743** |
| **成人高等学校** | **Adult Education Schools** | **6** | **3002** | **2023** | **4654** | **1355** | **743** |
| 广播电视大学 | Radio and TV Universities | 1 | 630 | 911 | 2577 | 279 | 130 |
| 职工、农民高等学院 | Schools of Higher Education for Staff, Workers and Peasants | 3 | 2134 | 856 | 1187 | 366 | 290 |
| 管理干部学院 | Colleges for Management Cadres | 1 | 238 | 256 | 890 | 710 | 323 |
| 教育学院 | Institute of Education | 1 | | | | | |
| **普通高等学校办函授部或夜大学、成人脱产班** | **Correspondence Department, Evening University or Classes for Adults Who Temporarily Released from Their Work** | | **70853** | **71084** | **146283** | | |
| **成人中等专业学校** | **Specialized Secondary Schools for Adults** | **71** | **17724** | **24084** | **58303** | **2537** | **1515** |
| **成人中小学校** | **Secondary and Primary Schools for Adults** | **108** | **18666** | | **45135** | **26** | **19** |
| 成人中学 | Secondary Schools for Adults | 39 | 2584 | | 11817 | 12 | 7 |
| 农民中学 | Secondary Schools for Peasants | 39 | 2584 | | 11817 | 12 | 7 |
| 成人小学 | Primary Schools for Adults | 69 | 16082 | | 33318 | 14 | 12 |
| 民办小学 | Primary Schools for peasants | 69 | 16082 | | 33318 | 14 | 12 |
| #扫盲班 | Literacy Courses | 30 | 3589 | | 33233 | 6 | 6 |
| **成人技术培训学校** | **Technical Training Schools for Adults** | **317** | **286723** | | **264932** | **1626** | **1065** |
| 职工技术培训学校 | Technical Training Schools for Staff and Workers | | | | | | |
| 农民技术培训学校 | Technical Training Schools for Peasants | 245 | 258688 | | 239499 | 563 | 366 |
| 其他培训机构（含社会培训机构） | Other Training Organs (Including Social Training Organs) | 72 | 28035 | | 25433 | 1063 | 699 |

## 19—15 各市普通高等学校和中等专业学校情况（2010年）
Number of Specialized Secondary Schools by Region and Type (2010)

单位：人 (person)

| 地区 | Region | 学校数(所) Number of Schools (unit) | | 毕业生数 Number of Graduates | | 招生数 New Student Enrollment | | 在校学生数 Student Enrollment | |
|---|---|---|---|---|---|---|---|---|---|
| | | 高等 Advanced | 中等 Middle | 高等 Advanced | 中等 Middle | 高等 Advanced | 中等 Middle | 高等 Advanced | 中等 Middle |
| **总计** | **Total** | **100** | **108** | **232225** | **96135** | **296860** | **104401** | **938954** | **289306** |
| 合肥市 | Hefei | 44 | 33 | 96853 | 28041 | 118572 | 26581 | 372576 | 86054 |
| 淮北市 | Huaibei | 3 | 5 | 7822 | 3237 | 10007 | 5193 | 31818 | 14431 |
| 亳州市 | Bozhou | 2 | 4 | 2525 | 6070 | 3681 | 10466 | 9683 | 23682 |
| 宿州市 | Suzhou | 2 | 6 | 5346 | 6026 | 7458 | 6175 | 21932 | 20077 |
| 蚌埠市 | Bengbu | 5 | 11 | 13661 | 7832 | 17590 | 6427 | 55930 | 18718 |
| 阜阳市 | Fuyang | 4 | 9 | 6615 | 7144 | 10506 | 8829 | 33389 | 21756 |
| 淮南市 | Huainan | 5 | 5 | 14752 | 6180 | 18102 | 6429 | 61361 | 18081 |
| 滁州市 | Chuzhou | 4 | 3 | 10094 | 3775 | 12444 | 2842 | 39640 | 9567 |
| 六安市 | Luan | 5 | 3 | 7858 | 4464 | 11552 | 5286 | 34264 | 10378 |
| 马鞍山市 | Maanshan | 4 | 5 | 9299 | 3263 | 13016 | 2633 | 42404 | 8282 |
| 巢湖市 | Chaohu | 2 | 2 | 5803 | 845 | 6250 | 1423 | 18782 | 3474 |
| 芜湖市 | Wuhu | 8 | 7 | 28298 | 4615 | 34537 | 4288 | 116660 | 12848 |
| 宣城市 | Xuancheng | 1 | 1 | 1098 | 1873 | 2041 | 862 | 4994 | 3116 |
| 铜陵市 | Tongling | 3 | 2 | 7287 | 1515 | 8754 | 796 | 25929 | 2920 |
| 池州市 | Chizhou | 2 | 2 | 3650 | 2395 | 6536 | 2507 | 18202 | 5277 |
| 安庆市 | Anqing | 4 | 4 | 7872 | 7425 | 11360 | 10671 | 36288 | 23715 |
| 黄山市 | Huangshan | 2 | 6 | 3392 | 1435 | 4454 | 2993 | 15102 | 6930 |

## 19—16 各市特殊教育情况（2010年）
Basic Statistics on Special Education by Region (2010)

单位：人 (person)

| 地区 | Region | 学校数(所) Number of Schools (unit) | 毕业生数 Number of Graduates | 招生数 New Student Enrollment | 在校学生数 Student Enrollment | 教职工数 Number of Staff and Teachers | #专任教师 Full-time Teachers |
|---|---|---|---|---|---|---|---|
| **总计** | **Total** | **62** | **1558** | **2203** | **13985** | **1393** | **1174** |
| 合肥市 | Hefei | 4 | 116 | 202 | 1076 | 148 | 142 |
| 淮北市 | Huaibei | 1 | 52 | 46 | 348 | 49 | 44 |
| 亳州市 | Bozhou | 3 | 78 | 127 | 927 | 95 | 80 |
| 宿州市 | Suzhou | 5 | 120 | 216 | 1380 | 188 | 140 |
| 蚌埠市 | Bengbu | 5 | 71 | 62 | 491 | 97 | 88 |
| 阜阳市 | Fuyang | 6 | 156 | 396 | 1872 | 147 | 120 |
| 淮南市 | Huainan | 1 | 42 | 38 | 366 | 37 | 28 |
| 滁州市 | Chuzhou | 3 | 153 | 141 | 1130 | 49 | 44 |
| 六安市 | Luan | 7 | 135 | 151 | 1002 | 119 | 95 |
| 马鞍山市 | Maanshan | 2 | 16 | 38 | 386 | 64 | 57 |
| 巢湖市 | Chaohu | 3 | 101 | 116 | 715 | 36 | 36 |
| 芜湖市 | Wuhu | 4 | 60 | 68 | 478 | 106 | 85 |
| 宣城市 | Xuancheng | 4 | 157 | 180 | 1006 | 44 | 36 |
| 铜陵市 | Tongling | 1 | 32 | 23 | 251 | 31 | 29 |
| 池州市 | Chizhou | 3 | 82 | 108 | 756 | 45 | 34 |
| 安庆市 | Anqing | 8 | 144 | 238 | 1363 | 115 | 94 |
| 黄山市 | Huangshan | 2 | 43 | 53 | 438 | 23 | 22 |

# 19—17 各市普通中学分城乡学校数和在校学生数（2010年）

Number of Regular Secondary Schools and Student Enrollment by Urban and Rural Areas and by Region (2010)

| 地区 | Region | 学校数（所） Number of Regular Secondary Schools (unit) | | | | | | | |
|---|---|---|---|---|---|---|---|---|---|
| | | 合计 Total | #高中 Senior Secondary Schools | 城市 Urban Areas | #高中 Senior Secondary Schools | 县镇 Counties and Towns | #高中 Senior Secondary Schools | 农村 Rural Areas | #高中 Senior Secondary Schools |
| **总计** | **Total** | **3738** | **743** | **535** | **242** | **1164** | **383** | **2039** | **118** |
| 合肥市 | Hefei | 246 | 77 | 101 | 40 | 56 | 29 | 89 | 8 |
| 淮北市 | Huaibei | 141 | 28 | 73 | 21 | 14 | 3 | 54 | 4 |
| 亳州市 | Bozhou | 302 | 38 | 15 | 4 | 132 | 31 | 155 | 3 |
| 宿州市 | Suzhou | 287 | 50 | 14 | 8 | 104 | 39 | 169 | 3 |
| 蚌埠市 | Bengbu | 179 | 37 | 37 | 11 | 42 | 18 | 100 | 8 |
| 阜阳市 | Fuyang | 482 | 55 | 47 | 19 | 131 | 23 | 304 | 13 |
| 淮南市 | Huainan | 136 | 38 | 55 | 25 | 11 | 5 | 70 | 8 |
| 滁州市 | Chuzhou | 285 | 61 | 23 | 15 | 87 | 37 | 175 | 9 |
| 六安市 | Luan | 420 | 62 | 18 | 6 | 149 | 46 | 253 | 10 |
| 马鞍山市 | Maanshan | 57 | 19 | 21 | 11 | 18 | 7 | 18 | 1 |
| 巢湖市 | Chaohu | 256 | 66 | 20 | 14 | 94 | 48 | 142 | 4 |
| 芜湖市 | Wuhu | 123 | 28 | 25 | 12 | 47 | 14 | 51 | 2 |
| 宣城市 | Xuancheng | 163 | 26 | 10 | 6 | 80 | 15 | 73 | 5 |
| 铜陵市 | Tongling | 48 | 18 | 27 | 14 | 9 | 2 | 12 | 2 |
| 池州市 | Chizhou | 108 | 22 | 7 | 6 | 33 | 11 | 68 | 5 |
| 安庆市 | Anqing | 388 | 97 | 29 | 22 | 110 | 44 | 249 | 31 |
| 黄山市 | Huangshan | 117 | 21 | 13 | 8 | 47 | 11 | 57 | 2 |

| 地区 | Region | 在校学生数（人） Student Enrollment (person) | | | | | | | |
|---|---|---|---|---|---|---|---|---|---|
| | | 合计 Total | #高中 Senior Secondary Schools | 城市 Urban Areas | #高中 Senior Secondary Schools | 县镇 Counties and Towns | #高中 Senior Secondary Schools | 农村 Rural Areas | #高中 Senior Secondary Schools |
| **总计** | **Total** | **4065834** | **1275968** | **843676** | **388988** | **1901305** | **757257** | **1320853** | **129723** |
| 合肥市 | Hefei | 330244 | 109487 | 139207 | 51552 | 123766 | 50490 | 67271 | 7445 |
| 淮北市 | Huaibei | 154786 | 49534 | 67272 | 27537 | 31161 | 11518 | 56353 | 10479 |
| 亳州市 | Bozhou | 310755 | 84559 | 46892 | 23364 | 200393 | 58477 | 63470 | 2718 |
| 宿州市 | Suzhou | 389013 | 111418 | 46045 | 22998 | 241807 | 84065 | 101161 | 4355 |
| 蚌埠市 | Bengbu | 201540 | 67266 | 40774 | 16524 | 95428 | 43825 | 65338 | 6917 |
| 阜阳市 | Fuyang | 550861 | 139462 | 95498 | 49090 | 254464 | 84570 | 200899 | 5802 |
| 淮南市 | Huainan | 142068 | 44863 | 72549 | 33264 | 17444 | 8405 | 52075 | 3194 |
| 滁州市 | Chuzhou | 268319 | 83897 | 53635 | 27719 | 120843 | 50122 | 93841 | 6056 |
| 六安市 | Luan | 420636 | 131672 | 44405 | 21331 | 219780 | 98317 | 156451 | 12024 |
| 马鞍山市 | Maanshan | 78671 | 29751 | 38562 | 16404 | 28535 | 13183 | 11574 | 164 |
| 巢湖市 | Chaohu | 276016 | 79961 | 27403 | 11726 | 151835 | 64555 | 96778 | 3680 |
| 芜湖市 | Wuhu | 123943 | 46490 | 30231 | 14208 | 63794 | 30723 | 29918 | 1559 |
| 宣城市 | Xuancheng | 137118 | 44091 | 24226 | 12862 | 78748 | 27857 | 34144 | 3372 |
| 铜陵市 | Tongling | 41916 | 14691 | 26789 | 9895 | 9668 | 4254 | 5459 | 542 |
| 池州市 | Chizhou | 106141 | 37282 | 19694 | 12300 | 45066 | 20223 | 41381 | 4759 |
| 安庆市 | Anqing | 462974 | 174561 | 54242 | 30923 | 179146 | 88939 | 229586 | 54699 |
| 黄山市 | Huangshan | 70833 | 26983 | 16252 | 7291 | 39427 | 17734 | 15154 | 1958 |

## 19—18 各市普通中学分城乡招生数和毕业生数（2010年）

Number of New Student Enrollment and Graduates of Regular Secondary Schools by Urban and Rural Areas and by Region (2010)

单位：人 (person)

| 地区 | Region | 招生数 New Student Enrollment | | | | | | | |
|---|---|---|---|---|---|---|---|---|---|
| | | 合计 | | 城市 | | 县镇 | | 农村 | |
| | | Total | #高中 Senior Secondary Schools | Urban Areas | #高中 Senior Secondary Schools | Counties and Towns | #高中 Senior Secondary Schools | Rural Areas | #高中 Senior Secondary Schools |
| **总计** | **Total** | **1297388** | **424086** | **281083** | **134304** | **617058** | **247268** | **399247** | **42514** |
| 合肥市 | Hefei | 107389 | 37579 | 46282 | 17592 | 41309 | 17385 | 19798 | 2602 |
| 淮北市 | Huaibei | 53941 | 16652 | 23561 | 9818 | 11981 | 3561 | 18399 | 3273 |
| 亳州市 | Bozhou | 105614 | 25494 | 15795 | 7959 | 67039 | 16121 | 22780 | 1414 |
| 宿州市 | Suzhou | 126227 | 34148 | 14680 | 7501 | 81125 | 25537 | 30422 | 1110 |
| 蚌埠市 | Bengbu | 66141 | 20911 | 13373 | 5583 | 31295 | 13166 | 21473 | 2162 |
| 阜阳市 | Fuyang | 182307 | 47238 | 31691 | 17355 | 82195 | 27994 | 68421 | 1889 |
| 淮南市 | Huainan | 45483 | 15407 | 24187 | 11573 | 6302 | 3120 | 14994 | 714 |
| 滁州市 | Chuzhou | 87048 | 26031 | 17912 | 9200 | 39631 | 15231 | 29505 | 1600 |
| 六安市 | Luan | 133938 | 49647 | 16758 | 9231 | 70803 | 35423 | 46377 | 4993 |
| 马鞍山市 | Maanshan | 23246 | 9351 | 12335 | 5387 | 7810 | 3853 | 3101 | 111 |
| 巢湖市 | Chaohu | 82865 | 26038 | 9129 | 3892 | 47139 | 21078 | 26597 | 1068 |
| 芜湖市 | Wuhu | 37917 | 16275 | 9729 | 4882 | 20108 | 11052 | 8080 | 341 |
| 宣城市 | Xuancheng | 43037 | 15302 | 8136 | 4336 | 24926 | 9761 | 9975 | 1205 |
| 铜陵市 | Tongling | 13290 | 5014 | 8609 | 3355 | 2963 | 1353 | 1718 | 306 |
| 池州市 | Chizhou | 33507 | 13085 | 6680 | 4235 | 14548 | 7153 | 12279 | 1697 |
| 安庆市 | Anqing | 133784 | 56482 | 16959 | 9870 | 55612 | 29540 | 61213 | 17072 |
| 黄山市 | Huangshan | 21654 | 9432 | 5267 | 2535 | 12272 | 5940 | 4115 | 957 |

| 地区 | Region | 毕业生数 Number of Graduates | | | | | | | |
|---|---|---|---|---|---|---|---|---|---|
| | | 合计 | | 城市 | | 县镇 | | 农村 | |
| | | Total | #高中 Senior Secondary Schools | Urban Areas | #高中 Senior Secondary Schools | Counties and Towns | #高中 Senior Secondary Schools | Rural Areas | #高中 Senior Secondary Schools |
| **总计** | **Total** | **1365689** | **443812** | **278488** | **129675** | **627889** | **262754** | **459312** | **51383** |
| 合肥市 | Hefei | 98523 | 36661 | 43759 | 16653 | 33936 | 16363 | 20828 | 3645 |
| 淮北市 | Huaibei | 48669 | 16395 | 21356 | 8991 | 9728 | 3858 | 17585 | 3546 |
| 亳州市 | Bozhou | 100843 | 32218 | 15152 | 8021 | 65076 | 22697 | 20615 | 1500 |
| 宿州市 | Suzhou | 127418 | 41395 | 14050 | 8005 | 78491 | 31127 | 34877 | 2263 |
| 蚌埠市 | Bengbu | 70560 | 23832 | 14612 | 5444 | 31568 | 15820 | 24380 | 2568 |
| 阜阳市 | Fuyang | 182870 | 47576 | 33551 | 16424 | 85936 | 29229 | 63383 | 1923 |
| 淮南市 | Huainan | 46905 | 14951 | 25554 | 11106 | 5739 | 2700 | 15612 | 1145 |
| 滁州市 | Chuzhou | 86017 | 30258 | 17680 | 9497 | 39178 | 18231 | 29159 | 2530 |
| 六安市 | Luan | 147359 | 46942 | 13226 | 6235 | 76613 | 35543 | 57520 | 5164 |
| 马鞍山市 | Maanshan | 24905 | 9320 | 12759 | 5278 | 8012 | 4042 | 4134 | |
| 巢湖市 | Chaohu | 82747 | 27684 | 8893 | 4191 | 47066 | 22266 | 26788 | 1227 |
| 芜湖市 | Wuhu | 47535 | 16016 | 10912 | 5071 | 23925 | 10083 | 12698 | 862 |
| 宣城市 | Xuancheng | 47083 | 15466 | 7403 | 4385 | 27678 | 9976 | 12002 | 1105 |
| 铜陵市 | Tongling | 14716 | 4842 | 9101 | 3154 | 3586 | 1657 | 2029 | 31 |
| 池州市 | Chizhou | 38309 | 12293 | 6979 | 4430 | 15542 | 6258 | 15788 | 1605 |
| 安庆市 | Anqing | 173474 | 59755 | 17961 | 10593 | 61408 | 27454 | 94105 | 21708 |
| 黄山市 | Huangshan | 27756 | 8208 | 5540 | 2197 | 14407 | 5450 | 7809 | 561 |

# 19—19 各市小学分城乡学校数和在校学生数（2010年）
Basic Statistics on Primary Schools by Urban and Rural Areas and by Region (2010)

| 地 区 | Region | 学校数 (所) Number of Primary Schools (unit) | 城市 Urban Areas | 县镇 Counties and Towns | 农村 Rural Areas | 在校学生数 (人) Student Enrollment (person) | 城市 Urban Areas | 县镇 Counties and Towns | 农村 Rural Areas |
|---|---|---|---|---|---|---|---|---|---|
| **总 计** | **Total** | **13997** | **772** | **1275** | **11950** | **4604351** | **694608** | **1074982** | **2834761** |
| 合肥市 | Hefei | 663 | 141 | 72 | 450 | 327880 | 158044 | 54939 | 114897 |
| 淮北市 | Huaibei | 373 | 124 | 12 | 237 | 166693 | 67798 | 14661 | 84234 |
| 亳州市 | Bozhou | 1407 | 50 | 132 | 1225 | 489838 | 41285 | 133269 | 315284 |
| 宿州市 | Suzhou | 1134 | 20 | 102 | 1012 | 430598 | 28913 | 104139 | 297546 |
| 蚌埠市 | Bengbu | 857 | 89 | 53 | 715 | 255925 | 45022 | 43930 | 166973 |
| 阜阳市 | Fuyang | 2331 | 48 | 168 | 2115 | 852094 | 62375 | 166841 | 622878 |
| 淮南市 | Huainan | 454 | 51 | 13 | 390 | 152389 | 55364 | 10559 | 86466 |
| 滁州市 | Chuzhou | 613 | 38 | 98 | 477 | 293232 | 39279 | 89514 | 164439 |
| 六安市 | Luan | 1827 | 26 | 177 | 1624 | 433541 | 27720 | 117690 | 288131 |
| 马鞍山市 | Maanshan | 142 | 32 | 19 | 91 | 71028 | 31645 | 14131 | 25252 |
| 巢湖市 | Chaohu | 998 | 32 | 82 | 884 | 280430 | 19564 | 77948 | 182918 |
| 芜湖市 | Wuhu | 205 | 29 | 42 | 134 | 118422 | 25544 | 43734 | 49144 |
| 宣城市 | Xuancheng | 290 | 9 | 68 | 213 | 136143 | 11973 | 65096 | 59074 |
| 铜陵市 | Tongling | 99 | 36 | 28 | 35 | 41231 | 23521 | 8134 | 9576 |
| 池州市 | Chizhou | 403 | 8 | 40 | 355 | 101824 | 12338 | 24843 | 64643 |
| 安庆市 | Anqing | 1687 | 29 | 114 | 1544 | 386697 | 32689 | 77139 | 276869 |
| 黄山市 | Huangshan | 514 | 10 | 55 | 449 | 66386 | 11534 | 28415 | 26437 |

| 地 区 | Region | 毕业生数 (人) Number of Graduates (person) | 城市 Urban Areas | 县镇 Counties and Towns | 农村 Rural Areas | 招生数 (人) New Student Enrollment (person) | 城市 Urban Areas | 县镇 Counties and Towns | 农村 Rural Areas |
|---|---|---|---|---|---|---|---|---|---|
| **总 计** | **Total** | **874103** | **122781** | **207639** | **543683** | **819015** | **118155** | **176087** | **524773** |
| 合肥市 | Hefei | 65271 | 26583 | 10821 | 27867 | 57888 | 28385 | 9819 | 19684 |
| 淮北市 | Huaibei | 37560 | 13462 | 2983 | 21115 | 25142 | 11366 | 2048 | 11728 |
| 亳州市 | Bozhou | 84119 | 7223 | 25088 | 51808 | 85312 | 6935 | 19422 | 58955 |
| 宿州市 | Suzhou | 92430 | 5101 | 23309 | 64020 | 80325 | 4940 | 17050 | 58335 |
| 蚌埠市 | Bengbu | 49869 | 7643 | 8518 | 33708 | 38064 | 7539 | 6757 | 23768 |
| 阜阳市 | Fuyang | 146250 | 10042 | 29917 | 106291 | 177522 | 11397 | 27127 | 138998 |
| 淮南市 | Huainan | 29921 | 10440 | 1967 | 17514 | 24095 | 8910 | 1677 | 13508 |
| 滁州市 | Chuzhou | 59928 | 6580 | 18971 | 34377 | 48931 | 6387 | 14197 | 28347 |
| 六安市 | Luan | 76221 | 4926 | 20423 | 50872 | 78750 | 4849 | 21546 | 52355 |
| 马鞍山市 | Maanshan | 13523 | 5864 | 2604 | 5055 | 12101 | 5404 | 2493 | 4204 |
| 巢湖市 | Chaohu | 57720 | 3615 | 16366 | 37739 | 43402 | 3143 | 12299 | 27960 |
| 芜湖市 | Wuhu | 21188 | 4766 | 7246 | 9176 | 22417 | 4389 | 8235 | 9793 |
| 宣城市 | Xuancheng | 27173 | 2282 | 12080 | 12811 | 22991 | 1975 | 10902 | 10114 |
| 铜陵市 | Tongling | 7995 | 4419 | 1596 | 1980 | 6890 | 3710 | 1429 | 1751 |
| 池州市 | Chizhou | 18464 | 2085 | 4512 | 11867 | 18718 | 1626 | 4341 | 12751 |
| 安庆市 | Anqing | 74554 | 5927 | 15916 | 52711 | 65033 | 5223 | 12308 | 47502 |
| 黄山市 | Huangshan | 11917 | 1823 | 5322 | 4772 | 11434 | 1977 | 4437 | 5020 |

## 19—20 各市职业中学基本情况（2010年）
Basic Statistics on Vocational Secondary Schools by Region (2010)

单位：人 (person)

| 地区 | Region | 学校数（所）Number of Schools (unit) | 毕业生数 Number of Graduates | 招生数 New Student Enrollment | 在校学生数 Student Enrollment | 教职工数 Number of Staff and Teachers | #专任教师 Full-time Teachers |
|---|---|---|---|---|---|---|---|
| **总计** | **Total** | **345** | **177609** | **181876** | **486826** | **17986** | **13978** |
| 合肥市 | Hefei | 44 | 22350 | 10053 | 42919 | 2008 | 1236 |
| 淮北市 | Huaibei | 25 | 8283 | 5982 | 17602 | 827 | 535 |
| 亳州市 | Bozhou | 15 | 8905 | 11012 | 26807 | 744 | 615 |
| 宿州市 | Suzhou | 16 | 10569 | 6574 | 26303 | 1305 | 1143 |
| 蚌埠市 | Bengbu | 13 | 6152 | 3229 | 12496 | 671 | 604 |
| 阜阳市 | Fuyang | 48 | 19486 | 22248 | 51504 | 2363 | 1988 |
| 淮南市 | Huainan | 11 | 6664 | 7566 | 18051 | 421 | 303 |
| 滁州市 | Chuzhou | 20 | 12699 | 17232 | 43744 | 1218 | 1101 |
| 六安市 | Luan | 34 | 16397 | 14720 | 47287 | 1848 | 1390 |
| 马鞍山市 | Maanshan | 3 | 4264 | 2274 | 10090 | 118 | 93 |
| 巢湖市 | Chaohu | 26 | 14833 | 17997 | 47234 | 924 | 786 |
| 芜湖市 | Wuhu | 11 | 4963 | 4761 | 13368 | 469 | 321 |
| 宣城市 | Xuancheng | 18 | 9852 | 9558 | 25957 | 1430 | 1146 |
| 铜陵市 | Tongling | 5 | 2266 | 3700 | 10278 | 243 | 158 |
| 池州市 | Chizhou | 7 | 7287 | 9084 | 18520 | 515 | 453 |
| 安庆市 | Anqing | 33 | 16103 | 30380 | 58356 | 2371 | 1755 |
| 黄山市 | Huangshan | 16 | 6536 | 5506 | 16310 | 511 | 351 |

## 19—21 各市幼儿园基本情况（2010年）
Basic Statistics on Kindergartens by Region (2010)

单位：人 (person)

| 地区 | Region | 园数（所）Number of Schools (unit) | 毕业生数 Number of Graduates | 招生数 New Student Enrollment | 幼儿数（人）Student Enrollment | 教职工数 Number of Staff and Teachers | #教师 Teachers |
|---|---|---|---|---|---|---|---|
| **总计** | **Total** | **4018** | **388910** | **665969** | **1008170** | **45571** | **29591** |
| 合肥市 | Hefei | 460 | 32340 | 45729 | 95103 | 7994 | 4699 |
| 淮北市 | Huaibei | 112 | 16501 | 24861 | 34647 | 1466 | 1118 |
| 亳州市 | Bozhou | 193 | 32942 | 58108 | 73862 | 2329 | 1813 |
| 宿州市 | Suzhou | 213 | 29818 | 57835 | 71680 | 2122 | 1568 |
| 蚌埠市 | Bengbu | 133 | 18344 | 35148 | 46545 | 1844 | 1211 |
| 阜阳市 | Fuyang | 398 | 41116 | 91165 | 144846 | 4549 | 3433 |
| 淮南市 | Huainan | 97 | 9513 | 19917 | 26271 | 1738 | 1149 |
| 滁州市 | Chuzhou | 314 | 32052 | 44191 | 76379 | 2085 | 1545 |
| 六安市 | Luan | 567 | 53451 | 76328 | 106520 | 4494 | 2869 |
| 马鞍山市 | Maanshan | 166 | 9671 | 14776 | 27277 | 2500 | 1340 |
| 巢湖市 | Chaohu | 172 | 28660 | 55087 | 66924 | 1720 | 1139 |
| 芜湖市 | Wuhu | 354 | 14450 | 21200 | 44775 | 4063 | 2334 |
| 宣城市 | Xuancheng | 443 | 20167 | 30420 | 62513 | 4071 | 2494 |
| 铜陵市 | Tongling | 49 | 4291 | 4940 | 10009 | 853 | 515 |
| 池州市 | Chizhou | 113 | 10455 | 17326 | 29298 | 1091 | 689 |
| 安庆市 | Anqing | 140 | 25605 | 47160 | 59053 | 1627 | 980 |
| 黄山市 | Huangshan | 94 | 9534 | 21778 | 32468 | 1025 | 695 |

# 19—22 各级各类学校教育经费收入情况表（2010年）

Basic Statistics on Educational Funds in Various Schools (2010)

单位：千元 (1000 yuan)

| 指标 | Item | 合计 Total | 国家财政性教育经费 Government Appropriation for Education | #预算内教育经费 Budgetary | 民办学校中举办者投入 Conducting Investment of Voluntary School | 社会捐赠经费 Donations for Education | 事业收入 Undertaking Revenue | 其他收入 Other Income |
|---|---|---|---|---|---|---|---|---|
| **总　计** | **Total** | **62746920** | **46972123** | **43605549** | **630614** | **230346** | **13571859** | **1341978** |
| 高等学校 | Institutions of Higher Education | 14240750 | 6726553 | 6019468 | 156041 | 27578 | 6464496 | 866082 |
| 普通高等学校 | Regular Institutions of Higher Education | 13821994 | 6531270 | 5826752 | 156041 | 27578 | 6262109 | 844996 |
| 本科学校 | Undergraduate Courses Schools | 10487544 | 5536663 | 4881941 | 16250 | 25954 | 4270878 | 637799 |
| 专科学校 | Specialized Courses Schools | 430010 | 161792 | 160747 | | | 261352 | 6866 |
| 职业学校 | Vocational Schools | 2904440 | 832815 | 160747 | 139791 | 1624 | 1729879 | 200331 |
| 成人高等学校 | Institutions of Higher Education for Adults | 418756 | 195283 | 192716 | | | 202387 | 21086 |
| 中等职业学校 | Vocational Secondary Schools | 4639586 | 3077901 | 2207476 | 108834 | 2479 | 1358531 | 91841 |
| 中等专业学校 | Specialized Secondary Schools | 1854338 | 1095876 | 762957 | 9335 | 81 | 714873 | 34173 |
| 职业高中 | Vocational Schools | 2332396 | 1780253 | 1281382 | 48680 | 1918 | 469995 | 31550 |
| #农　村 | Rural Areas | 618018 | 509375 | 399779 | 7165 | 456 | 92771 | 8251 |
| 技工学校 | Technical Schools | 198263 | 84583 | 65376 | | | 92818 | 20862 |
| 成人中等专业学校 | Specialized Secondary Schools for Adults | 254589 | 117189 | 97761 | 50819 | 480 | 80845 | 5256 |
| 中　学 | Secondary Schools | 21643286 | 16716405 | 15740478 | 220210 | 117496 | 4387055 | 202120 |
| 普通中学 | Regular Secondary Schools | 21643286 | 16716405 | 15740478 | 220210 | 117496 | 4387055 | 202120 |
| 普通高中 | Senior Secondary Schools | 7979132 | 4356105 | 3953036 | 80038 | 54749 | 3370317 | 117923 |
| #农　村 | Rural Areas | 1617172 | 900948 | 876120 | 46877 | 13805 | 638193 | 17349 |
| 普通初中 | Regular Junior Secondary Schools | 13664154 | 12360300 | 11787442 | 140172 | 62747 | 1016738 | 84197 |
| #农　村 | Rural Areas | 9227738 | 8987557 | 8720986 | 39208 | 9061 | 155748 | 36164 |
| 成人中学 | Secondary Schools for Adults | | | | | | | |
| 小　学 | Primary Schools | 19054646 | 18539006 | 17932749 | 62046 | 58959 | 301661 | 92974 |
| 普通小学 | Regular Primary Schools | 19054646 | 18539006 | 17932749 | 62046 | 58959 | 301661 | 92974 |
| #农　村 | Rural Areas | 13907195 | 13711803 | 13445296 | 28915 | 20679 | 98694 | 47104 |
| 成人小学 | Primary Schools for Adults | | | | | | | |
| 特殊教育 | Special Education | 179801 | 172934 | 156354 | | 813 | 3115 | 2939 |
| 特殊教育学校 | Schools for Special Education | 177964 | 171097 | 154680 | | 813 | 3115 | 2939 |
| 工读学校 | Schools of Working and Studying in Part-time | 1837 | 1837 | 1674 | | | | |
| 幼儿园 | Kindergartens | 1264971 | 362399 | 343944 | 83483 | 3455 | 785935 | 29699 |
| 教育行政单位 | Educational Administration unit | 712494 | 565824 | 472741 | | 17132 | 102713 | 26825 |
| 教育事业单位 | Education Unit | 520850 | 400454 | 324412 | | 1624 | 95144 | 23628 |
| 其　他 | Others | 490536 | 410647 | 407927 | | 810 | 73209 | 5870 |

注：捐赠收入中港、澳、台及海外捐赠15634千元。

a) The donation of income of Hong Kong, Macao and Taiwan and overseas is 15,634 thousand Yuan.

## 19—23 全省科技活动基本情况
Basic Statistics on Scientific and Technological Activities

| 指　　标 | Item | 1995 | 2000 | 2005 | 2009 | 2010 |
|---|---|---|---|---|---|---|
| **科技活动** | **Scientific and Technological Activities** | | | | | |
| 科技机构数　（个） | Number of Scientific Technological Research Institutions (unit) | 882 | 984 | 917 | 2078 | 2221 |
| 科技活动人员　（万人） | Personnel Engaged in S&T Activities (10000 persons) | 6.77 | 9.72 | 8.94 | 23.40 | 23.65 |
| #高中级技术职称 | Intermediate and Senior Title | | | | | |
| #大学本科及以上学历 | Bachelor's degree or above | | | | | 9.66 |
| 科技经费筹集额　（亿元） | Funding for S&T Activities (100 million yuan) | 15.34 | 49.01 | 133.18 | | |
| #政府资金 | Government Fund | 2.95 | 13.88 | 31.39 | | |
| 企业资金 | Self-raised Funds by Enterprise | 8.13 | 25.44 | 76.70 | | |
| 科技经费内部支出　（亿元） | Internal Expenditures on S&T Activities (100 million yuan) | 13.36 | 42.69 | 127.63 | | |
| #劳务费 | Service Fees | | | 19.25 | | |
| 固定资产购建费 | Purchases or Construction of Fixed Assets | | | 57.43 | | |
| 研究与试验发展经费支出 | Expenditure on R&D (100 million yuan) | 2.74 | 20.02 | 45.61 | 135.95 | 163.72 |
| #基础研究 | Basic Research | | | 4.12 | 10.04 | 12.23 |
| 应用研究 | Applied Research | | | 9.15 | 15.59 | 15.66 |
| 试验发展 | Experimental Development | | | 27.99 | 110.32 | 135.83 |
| #政府资金 | Government Fund | | | 14.48 | 31.24 | 36.07 |
| 企业资金 | Self-raised Funds by Enterprise | | | 27.40 | 94.25 | 118.86 |
| #相当于GDP比例　（%） | Proportion of Expenditure on R&D to GDP (%) | | | 0.85 | 1.35 | 1.32 |
| **科技成果及获奖数　（项）** | **Achievements in S&T and National Prizes Won (item)** | | | | | |
| 重大科学技术成果 | Number of Major Achievements in Science and Technology | 556 | 511 | 546 | 760 | 780 |
| 国家发明奖 | Number of National Invention Prizes Awarded | | | | | |
| 国家科学技术进步奖 | Number of National Scientific and Technological Progress Prizes Awarded | 1 | 1 | 4 | 11 | 7 |
| 获国家自然科学奖 | Number of National Natural Sciences Prize Awarded | | | 1 | 1 | 2 |
| **技术市场成交额　（万元）** | **Transaction Value in Technical Market (10000 yuan)** | | **61011** | **142553** | **356174** | **461470** |
| **专　　利** | **Patent** | | | | | |
| 专利申请受理量　（件） | Total Patent Applications Examined (unit) | 1026 | 1877 | 3516 | 16386 | 37780 |
| 发　　明 | Creation and Inventions | 152 | 301 | 903 | 4465 | 6396 |
| 实用新型 | Utility Models | 734 | 1080 | 1715 | 7065 | 14417 |
| 外观设计 | Designs | 140 | 496 | 898 | 4856 | 16967 |
| 专利申请授权量　（件） | Total Patent Applications Authorized (unit) | 574 | 1482 | 1939 | 8594 | 16012 |
| 发　　明 | Creation and Inventions | 18 | 104 | 238 | 795 | 1111 |
| 实用新型 | Utility Models | 469 | 894 | 1072 | 4226 | 8839 |
| 外观设计 | Designs | 87 | 484 | 629 | 3573 | 6062 |

注：2009年数据依据R&D资源清查最终结果进行了调整。
a) Data of 2009 are adjusted according to the final results of R&D resources inventory.

## 19—24 县以上政府部门属研究与开发机构及科技信息与文献机构数、人员数

State-owned Research and Development Institutions and Information and Literature Institutions at and Above County Level and Persons Engaged

| 年份 Year | 合计 Total | | 自然科学技术领域 Field of Natural Sciences and Humanities | | | 社会、人文科学技术领域 Field of Social Sciences and Humanities | | | 科技信息和文献机构 Scientific-technical Information and Literature Institutions | | |
|---|---|---|---|---|---|---|---|---|---|---|---|
| | 机构(个) Institutions (unit) | 从业人员(人) Employees (person) | 机构(个) Institutions (unit) | 从业人员(人) Employees (person) | 科技活动人员 S&T Personnel | 机构(个) Institutions (unit) | 从业人员(人) Employees (person) | 科技活动人员 S&T Personnel | 机构(个) Institutions (unit) | 从业人员(人) Employees (person) | 科技活动人员 S&T Personnel |
| 1995 | 196 | 12881 | 167 | 12127 | 5874 | 10 | 383 | 290 | 19 | 371 | 251 |
| 2000 | 167 | 7373 | 139 | 6690 | 4523 | 10 | 369 | 289 | 18 | 314 | 229 |
| 2004 | 130 | 6583 | 105 | 5916 | 4310 | 8 | 332 | 288 | 17 | 335 | 294 |
| 2005 | 125 | 6425 | 100 | 5764 | 4155 | 8 | 327 | 292 | 17 | 334 | 307 |
| 2006 | 122 | 6412 | 97 | 5748 | 4183 | 8 | 327 | 301 | 17 | 337 | 312 |
| 2007 | 116 | 6027 | 91 | 5364 | 4140 | 8 | 331 | 299 | 17 | 332 | 310 |
| 2008 | 108 | 6292 | 85 | 5431 | 4153 | 8 | 389 | 336 | 15 | 472 | 415 |
| 2009 | 104 | 6224 | 81 | 5397 | 4278 | 7 | 343 | 310 | 16 | 484 | 454 |
| 2010 | 104 | 6227 | 83 | 5405 | 4402 | 7 | 335 | 313 | 14 | 487 | 455 |

## 19—25 县级以上政府部门属研究与开发机构及科技信息与文献机构科技经费筹集和支出总额

Total Funds and Total Expenditures of State-owned Research and Development Institutions and Information and Literature Institutions at and Above County Level

单位：万元 (10000 yuan)

| 年份 Year | 合计 Total | | 自然科学技术领域 Field of Natural Sciences and Humanities | | | 社会、人文科学技术领域 Field of Social Sciences and Humanities | | | 科技信息和文献机构 Scientific-technical Information and Literature Institutions | | |
|---|---|---|---|---|---|---|---|---|---|---|---|
| | 科技活动收入 S&T Income | 科技经费内部支出 Intramural Expenditure on S&T | 科技活动收入 S&T Income | 政府资金 Government Funds | 科技经费内部支出 Intramural Expenditure on S&T | 科技活动收入 S&T Income | 政府资金 Government Funds | 科技经费内部支出 Intramural Expenditure on S&T | 科技活动收入 S&T Income | 政府资金 Government Funds | 科技经费内部支出 Intramural Expenditure on S&T |
| 1995 | 49598 | 47068 | 48239 | 12430 | 45784 | 776 | 566 | 727 | 583 | 424 | 557 |
| 2000 | 101388 | 51908 | 98004 | 26988 | 48804 | 1871 | 1231 | 1741 | 1513 | 955 | 1363 |
| 2004 | 66572 | 65419 | 60801 | 48477 | 60211 | 3652 | 2042 | 3041 | 2119 | 1928 | 2167 |
| 2005 | 69881 | 66852 | 63694 | 51429 | 61396 | 3991 | 2268 | 3026 | 2196 | 1774 | 2430 |
| 2006 | 76227 | 67613 | 69374 | 52703 | 61476 | 3937 | 2482 | 3656 | 2916 | 2485 | 2481 |
| 2007 | 90051 | 83437 | 81096 | 62910 | 76123 | 4910 | 3123 | 4457 | 4045 | 3008 | 2857 |
| 2008 | 100551 | 90811 | 85274 | 71395 | 77284 | 5405 | 3970 | 5361 | 9872 | 6965 | 8166 |
| 2009 | 156716 | 103130 | 142846 | 107400 | 91744 | 6543 | 4455 | 5364 | 7327 | 5182 | 6022 |
| 2010 | 191056 | 134839 | 172837 | 149390 | 118150 | 8210 | 5816 | 6851 | 10009 | 8608 | 9837 |

## 19—26 自然科学和技术领域经费收入（2010年）
Receipts in the Field of Natural Science and Technology (2010)

单位：千元 (1000 yuan)

| 指标 | Item | 科技活动收入 S&T Income | #政府资金 Government Funds | #非政府资金 Non-Government Funds | 生产经营活动收入 Production Activities Income | 其他收入 Others |
|---|---|---|---|---|---|---|
| **总计** | **Total** | **1728368** | **1493903** | **234465** | **97717** | **100706** |
| **按隶属关系分** | **Group by Administrative Relationship** | | | | | |
| 省级部门属 | Under the Provincial Departments | 571259 | 425057 | 146202 | 51025 | 41547 |
| 地市级部门属 | Under the Prefectural Departments | 84063 | 77717 | 6346 | 13090 | 21794 |
| 中央部门属 | Under the Departments of the State Council | 1073046 | 991129 | 81917 | 33602 | 37365 |
| 中国科学院 | Under the Chinese Academy of Science | 1073046 | 991129 | 81917 | 33602 | 37365 |
| **按学科领域分** | **Group by Branch of Science** | | | | | |
| 自然科学 | Natural Science | 1155509 | 1023205 | 132304 | 51321 | 50481 |
| 农业科学 | Agriculture | 228837 | 199496 | 29341 | 2406 | 26138 |
| 医学科学 | Medicine | 17912 | 13524 | 4388 | 27698 | 2152 |
| 工程科学与技术 | Engineering and Technology | 321981 | 253629 | 68352 | 16292 | 21308 |
| 社会、人文科学 | Social Sciences and Humanities | 4129 | 4049 | 80 | | 627 |

## 19—27 自然科学和技术领域经费支出（2010年）
Expenditures in the Field of Natural Science and Technology (2010)

单位：千元 (1000 yuan)

| 指标 | Item | 科技经费内部支出 Intramural Expenditure on S&T | 人员劳务费 Personnel Expenditure | 其他日常支出 Other Routine Expenditure | 设备购置费 Expenditure for Equipment | 生产经营支出 Expenditure of Production | 其他支出 Others |
|---|---|---|---|---|---|---|---|
| **总计** | **Total** | **1181503** | **342803** | **530161** | **175914** | **57872** | **131896** |
| **按隶属关系分** | **Group by Administrative Relationship** | | | | | | |
| 省级部门属 | Under the Provincial Departments | 517571 | 167179 | 240860 | 67174 | 15964 | 37403 |
| 地市级部门属 | Under the Prefectural Departments | 70518 | 43198 | 20015 | 5412 | 8270 | 19925 |
| 中央部门属 | Under the Departments of the State Council | 593414 | 132426 | 269286 | 103328 | 33638 | 74568 |
| 中国科学院 | Under the Chinese Academy of Science | 593414 | 132426 | 269286 | 103328 | 33638 | 74568 |
| **按学科领域分** | **Group by Branch of Science** | | | | | | |
| 自然科学 | Natural Science | 675919 | 147410 | 303784 | 127946 | 47392 | 78235 |
| 农业科学 | Agriculture | 216854 | 91278 | 106729 | 14884 | 5062 | 13700 |
| 医学科学 | Medicine | 14095 | 6449 | 4060 | 3586 | 402 | 22618 |
| 工程科学与技术 | Engineering and Technology | 269885 | 95701 | 113127 | 29248 | 5016 | 17343 |
| 社会、人文科学 | Social Sciences and Humanities | 4750 | 1965 | 2461 | 250 | | |

## 19—28 科协系统科技活动情况（2010年）

Basic Statistics on Scientific and Technological Activities of Associations for Science and Technology (2010)

| 项　　目 | | Item | | 科协合计 Total Number of Associations for Science & Technology | 省科协 provincial Associations | 省级学会 Provincial-level Learned Societies |
|---|---|---|---|---|---|---|
| **机构数** | **（个）** | **Number of Associations or Learned Societies** | **(unit)** | **38** | **8** | **153** |
| 直属单位 | | Enterprises and Non-profit Organizations Attached to Associations or Learned Societies | | | | |
| **人员数** | **（人）** | **Personnel** | **(person)** | | | |
| 机　关 | | Associations | | 796 | 36 | 1849 |
| 直属单位 | | Enterprises and Non-profit Organizations Attached to Associations or Learned Societies | | 402 | 140 | |
| 学会理事 | | Members of Councils | | | | |
| **学术活动** | | **Academic Activities** | | | | |
| 国内学术会议 | | Domestic Academic Meetings | | | | |
| 次　数 | （次） | Number | (times) | 669 | 120 | 386 |
| 参加人数 | （人次） | Number of Participants | (person-time) | 90246 | 12000 | 40955 |
| 交流论文数 | （篇） | Number of Papers Presented | (unit) | | 4629 | 10126 |
| 国际学术会议 | | International Meetings Held in China | | | | |
| 次　数 | （次） | Number | (times) | | | 2 |
| 参加人数 | （人次） | Number of Participants | (person-time) | | | 280 |
| 交流论文数 | （篇） | Number of Papers Presented | (unit) | | | 47 |
| 国际民间科技交流 | | International Folk Exchange of S&T | | | | |
| 接待来访科技团组 | （个） | International Group on S&T Received Home | (unit) | 20 | 2 | 45 |
| 接待总人数 | （人次） | Person Received | (person-time) | 150 | 10 | 168 |
| 外派科技团组 | （个） | Number of Study Tours Sent Aboard | (unit) | 5 | 4 | 29 |
| 外派总人数 | （人次） | Total People Sent Aboard | (person-time) | 61 | 43 | 209 |
| **科技培训** | | **Training Program** | | | | |
| 院校培训人数 | （人次） | Number of Persons Trained in Universities and Colleges | (person-time) | 7229 | | |
| **科普活动** | | **Activities for Popular Science** | | | | |
| 讲座次数 | （次） | Number of Lectures | (times) | 3927 | 34 | 691 |
| 听讲座人数 | （人次） | Number of Participants | (person-time) | 1802658 | 35000 | 168666 |
| 展览次数 | （次） | Number of Exhibitions | (times) | 2506 | 50 | 258 |
| 参观展览人数 | （人次） | Number of Participants | (person-time) | 4317895 | 30000 | 212261 |
| 青少年科技竞赛次数 | （次） | Number of Teenagers Participating in Science and Technology Competitions | (time) | 294 | 9 | 27 |
| **咨询活动** | | **Consultative Activities** | | | | |
| 完成合同 | （项） | Number of Consultative Contracts Completed | (item) | 2565 | 1459 | 80 |
| 合同实现金额 | （万元） | Revenue from Fulfillment of Consultative Contracts | (10000 yuan) | 24000 | 10000 | 265 |
| **出　版** | | **Publications** | | | | |
| 科技期刊种数 | （种） | Number of Academic Journals | (kind) | 1 | 1 | 43 |
| 论文集种数 | （种） | Number of Collections of Articles | (kind) | 32 | 32 | 43 |
| 论文集发行量 | （册） | Number of Copies Distributed | (copies) | 3000 | 3000 | 13873 |
| 科技报纸种数 | （种） | Number of Scientific & Technological Newspapers | (kind) | 1 | 1 | 1 |

## 19—29 研究与试验发展（R&D）研究机构情况（2010年）

Research Institution of （R&D）(2010)

| 指　标 | Item | 机构数 (个) Number of Institutions (unit) | R&D人员 (人) R&D Personnel (person) | #博　士 Dr. | R&D经费支　出 (万元) R&D Funds Disburse (10000 yuan) | 科研用仪器设备原价 (万元) Initial cost Used Scientific Research Equipment (10000 yuan) | 进　口 Import |
|---|---|---|---|---|---|---|---|
| **总　　计** | **Total** | **2221** | **37439** | **2313** | **730156** | **1145405** | **248757** |
| **按学科分** | **Group by Branch of Science** | | | | | | |
| 自然科学 | Natural Science | 50 | 5900 | 1002 | 208565 | 179096 | 82767 |
| 农业科学 | Agriculture | 96 | 765 | 63 | 8963 | 12983 | 3242 |
| 医学科学 | Medicine | 83 | 780 | 164 | 3358 | 58048 | 24369 |
| 工程科学与技术 | Engineering and Technology | 1921 | 29294 | 901 | 507180 | 893689 | 138108 |
| 社会、人文科学 | Social Sciences and Humanities | 71 | 700 | 183 | 2091 | 1587 | 272 |
| **按国民经济行业分** | **Grouped by Sector** | | | | | | |
| 农、林、牧、渔业 | Farming, Forestry, Animal Husbandry and Fishery | 105 | 854 | 78 | 9309 | 15620 | 3763 |
| 采矿业 | Mining and Quarrying | 42 | 948 | 38 | 8686 | 132768 | 253 |
| 制造业 | Manufacturing | 1706 | 25624 | 577 | 469536 | 670065 | 124186 |
| 电力、燃气及水的生产和供应业 | Production and Supply of Electricity Gas and Water | 7 | 60 | 4 | 766 | 6362 | 551 |
| 建筑业 | Construction | 81 | 1787 | 39 | 14933 | 45508 | 1941 |
| 交通运输、仓储和邮政业 | Transport, Storage and Postal Services | 5 | 55 | 1 | 6082 | 2504 | |
| 信息传输、计算机服务和软件业 | Information Circulation, Computer Services and Software | 29 | 63 | 11 | 391 | 972 | 73 |
| 批发和零售业 | Wholesale and Retail Trade | 1 | | | | | |
| 住宿和餐饮业 | Accommodation and Catering Trade | | | | | | |
| 金融业 | Banking | | | | | | |
| 房地产业 | Real Estate | | | | | | |
| 租赁和商务服务业 | Leasing and Commercial Services | 7 | 52 | 1 | 332 | 156 | |
| 科学研究、技术服务和地质勘查业 | Scientific Research, Technical Services and Geological Prospecting | 116 | 6916 | 1332 | 216343 | 216568 | 99739 |
| 水利、环境和公共设施管理业 | Water Conservancy, Environmental and Public Facilities Management | 13 | 83 | 8 | 981 | 5023 | 1193 |
| 居民服务和其他服务业 | Resident Services and Other Services | 3 | 16 | 5 | 55 | 42 | |
| 教　育 | Education | 27 | 274 | 72 | 268 | 1492 | |
| 卫生、社会保障和社会福利业 | Health, Social Securities and Social Welfare | 68 | 628 | 125 | 2422 | 47586 | 16816 |
| 文化、体育和娱乐业 | Culture, Sports and Entertainment | 8 | 56 | 9 | 27 | 730 | 245 |
| 公共管理和社会组织 | Public Management and Social Organizations | 3 | 24 | 13 | 30 | 12 | |
| **按机构类型分** | **Grouped by Organization Type** | | | | | | |
| 政府部门办 | Government Department | 134 | 6576 | 741 | 214466 | 142146 | 49735 |
| 与国内高校合办 | Collaborate with Domestic University | 12 | 81 | 26 | 443 | 6069 | 3253 |
| 与国内独立机构合办 | Collaborate with Domestic Independent Institution | 1 | 25 | 3 | 9 | 2 | 1 |
| 与境外机构合办 | Collaborate with Foreign Institution | 1 | 20 | 8 | 18 | 180 | 120 |
| 与境外注册外商独资企业合办 | Collaborate with Foreign Sole Ownership Enterprise Registed in Foreign | | | | | | |
| 与境内注册其他企业合办 | Collaborate with Domestic Other Enterprise | 32 | 221 | 63 | 1553 | 8622 | 3305 |
| 单位自办 | Unit Oneself | 2041 | 30516 | 1472 | 513667 | 988385 | 192344 |
| 其　他 | Other | | | | | | |
| **按隶属关系分** | **Grouped by Subordination Relations** | | | | | | |
| 中　央 | Central | 174 | 9560 | 1083 | 252719 | 290042 | 95386 |
| 地　方 | Local | 2047 | 27879 | 1230 | 477436 | 855361 | 153371 |

# 19—30 科技活动、研究与试验发展（R&D）人员（2010年）
People in S&T Activity, R&D (2010)

| 指 标 | Item | 科技活动人 员（万人）Personnel Engaged in S&T Activities (10000 person) | #大学本科及以上 University Degree and Above |
|---|---|---|---|
| **总 计** | **Total** | **236524** | **96630** |
| **按隶属关系分** | **Grouped by Subordination Relations** | | |
| 中 央 | Central | 27487 | 12771 |
| 地 方 | Local | 209037 | 83859 |
| **按国民经济行业分** | **Grouped by Sector** | | |
| 农、林、牧、渔业 | Farming, Forestry, Animal Husbandry and Fishery | 1255 | 238 |
| 采矿业 | Mining and Quarrying | 16203 | 1147 |
| 制造业 | Manufacturing | 134239 | 38281 |
| 电力、燃气及水的生产和供应业 | Production and Supply of Electricity Gas and Water | 1600 | 187 |
| 建筑业 | Construction | 11815 | 1454 |
| 交通运输、仓储和邮政业 | Transport, Storage and Postal Services | 730 | 460 |
| 信息传输、计算机服务和软件业 | Information Circulation, Computer Services and Software | 2304 | 375 |
| 批发和零售业 | Wholesale and Retail Trade | | |
| 住宿和餐饮业 | Accommodation and Catering Trade | | |
| 金融业 | Banking | 86 | |
| 房地产业 | Real Estate | | |
| 租赁和商务服务业 | Leasing and Commercial Services | 101 | 12 |
| 科学研究、技术服务和地质勘查业 | Scientific Research, Technical Services and Geological Prospecting | 14062 | 9296 |
| 水利、环境和公共设施管理业 | Water Conservancy, Environmental and Public Facilities Management | 91 | 34 |
| 居民服务和其他服务业 | Resident Services and Other Services | | |
| 教 育 | Education | 51385 | 44876 |
| 卫生、社会保障和社会福利业 | Health, Social Securities and Social Welfare | 2653 | 270 |
| 文化、体育和娱乐业 | Culture, Sports and Entertainment | | |
| 公共管理和社会组织 | Public Management and Social Organizations | | |

| R&D单位数（个）R&D Institutions (unit) | 有R&D活动单位 Activity for R&D | R&D人员（万人）Staff of R&D (10000 person) | #研究人员 Staff of Researcher | #全时人员 Staff of Full Time | #博士 Dr. | R&D人员折合全时当量（人年）Full-time Equivalent of R&D Personnel (man-years) | #研究人员 Staff of Researcher | 基础研究 Basic Research | 应用研究 Apply Researcher | 试验发展 Experimental and Development Researcher |
|---|---|---|---|---|---|---|---|---|---|---|
| **14534** | **1484** | **9.46** | **4.73** | **5.95** | **0.42** | **64169** | **30998** | **5829** | **8353** | **49987** |
| 165 | 65 | 1.67 | 1.15 | 1.32 | 0.15 | 13418 | 9365 | 2249 | 2766 | 8403 |
| 14369 | 1419 | 7.79 | 3.57 | 4.63 | 0.27 | 50751 | 21633 | 3580 | 5587 | 41583 |
| 147 | 25 | 0.04 | 0.01 | 0.02 | | 294 | 104 | | 10 | 284 |
| 586 | 23 | 0.46 | 0.28 | 0.15 | | 2587 | 1583 | | 409 | 2178 |
| 12787 | 1118 | 5.48 | 2.03 | 3.86 | 0.10 | 39027 | 14803 | 4 | 363 | 38660 |
| 253 | 13 | 0.04 | 0.01 | 0.01 | | 311 | 80 | | | 311 |
| 137 | 22 | 0.53 | 0.31 | 0.37 | | 4266 | 2300 | 13 | 248 | 4005 |
| 31 | 4 | 0.02 | 0.01 | 0.01 | | 210 | 106 | | 103 | 107 |
| 73 | 6 | 0.01 | 0.01 | 0.01 | | 126 | 58 | | | 126 |
| 12 | | | | | | | | | | |
| 14 | 1 | | | | | 1 | 1 | | | 1 |
| 171 | 55 | 0.72 | 0.40 | 0.59 | 0.07 | 6567 | 3740 | 1382 | 2512 | 2673 |
| 22 | 3 | | | | | 8 | 5 | | | 8 |
| 198 | 169 | 1.96 | 1.57 | 0.90 | 0.28 | 9643 | 7761 | 4429 | 4611 | 603 |
| 93 | 42 | 0.21 | 0.13 | 0.03 | | 1095 | 664 | | 97 | 998 |
| 11 | | | | | | | | | | |

## 19—31 研究与试验发展（R&D）产出情况（2010年）
Output of R&D (2010)

| 指 标 | Item | 专 利 申请数 (件) Patent Applica- tions (piece) | 发明专利 Inventions |
|---|---|---|---|
| **总 计** | **Total** | **13553** | **4014** |
| **按隶属关系分** | **Grouped by Subordination Relations** | | |
| 中 央 | Central | 1296 | 737 |
| 地 方 | Local | 12257 | 3277 |
| **按国民经济行业分** | **Grouped by Sector** | | |
| 农、林、牧、渔业 | Farming, Forestry, Animal Husbandry and Fishery | 29 | 28 |
| 采矿业 | Mining and Quarrying | 168 | 59 |
| 制造业 | Manufacturing | 11393 | 2909 |
| 电力、燃气及水的生产和供应业 | Production and Supply of Electricity Gas and Water | 84 | 15 |
| 建筑业 | Construction | 183 | 54 |
| 交通运输、仓储和邮政业 | Transport, Storage and Postal Services | 8 | 2 |
| 信息传输、计算机服务和软件业 | Information Circulation, Computer Services and Software | 32 | 21 |
| 批发和零售业 | Wholesale and Retail Trade | | |
| 住宿和餐饮业 | Accommodation and Catering Trade | | |
| 金融业 | Banking | | |
| 房地产业 | Real Estate | | |
| 租赁和商务服务业 | Leasing and Commercial Services | | |
| 科学研究、技术服务和地质勘查业 | Scientific Research, Technical Services and Geological Prospecting | 522 | 265 |
| 水利、环境和公共设施管理业 | Water Conservancy, Environmental and Public Facilities Management | 1 | 1 |
| 居民服务和其他服务业 | Resident Services and Other Services | | |
| 教 育 | Education | 1127 | 658 |
| 卫生、社会保障和社会福利业 | Health, Social Securities and Social Welfare | 6 | 2 |
| 文化、体育和娱乐业 | Culture, Sports and Entertainment | | |
| 公共管理和社会组织 | Public Management and Social Organizations | | |

| 专利授权数（件）Patents Granted (piece) | 发明专利 Inventions | 有效发明专利数（件）Number of patents In Force (piece) | 专利所有权转让及许可数（件）Patent all Power Transfer and Clearance Number (piece) | 专利所有权转让及许可收入（万元）Patent all Power Transfer and Clearance Income (10000 yuan) | 集成电路布图设计登记数（件）Registration Number of Integrated Circuit Layout (unit) | 植物新品种权授予数（项）Granted Number of Plant Variety Right (unit) | 形成国家或行业标准数（项）Standard Number of Formed Nation and Industry (unit) | 发表科技论文（篇）Scientific Papers Issued (piece) | 出版科技著作（种）Publication on Science and Technology (kind) |
|---|---|---|---|---|---|---|---|---|---|
| **739** | **375** | **6210** | **578** | **8301** | **9** | **53** | **920** | **39668** | **1515** |
| 381 | 229 | 1064 | 16 | 13 | 3 | | 155 | 7938 | 52 |
| 358 | 146 | 5146 | 562 | 8288 | 6 | 53 | 765 | 31730 | 1463 |
| | | 3 | | | | 1 | 1 | 61 | 1 |
| | | 75 | | | | | 13 | 467 | |
| | | 4427 | 478 | 7973 | | | 727 | 2281 | |
| | | 44 | 2 | | | | | 251 | |
| | | 87 | | | | | 37 | 355 | |
| 1 | 1 | 1 | | | | | 2 | 127 | |
| | | 11 | 9 | 13 | | | 11 | 9 | |
| 327 | 129 | 318 | 11 | 103 | 3 | 46 | 104 | 3168 | 51 |
| | | | | | | | | 6 | |
| 411 | 245 | 1244 | 78 | 212 | 6 | 6 | 25 | 31760 | 1457 |
| | | | | | | | | 1183 | 6 |

## 19—32 研究与试验发展（R&D）经费支出情况（2010年）

Research and Development (R&D) Funds and Internal Expenditure (2010)

单位：万元 (10000 yuan)

| 项 目 | Item | R&D经费支出 Expenditure for R&D | 经常性支出按活动类型分 By Activities: 基础研究 Fundamental Research | 应用研究 Applied Rescarch | 试验发展 Experimental | #人员劳务费 Labor Expenses |
|---|---|---|---|---|---|---|
| **总 计** | **Total** | **1637219** | **122379** | **156585** | **1358255** | **332036** |
| **按执行部门分组** | **Grouped by Execution Department** | | | | | |
| 科研机构 | Scientific Research Institution | 209793 | 54983 | 59458 | 95352 | 37099 |
| 高等学校 | College | 156806 | 66634 | 62340 | 27831 | 26589 |
| 工业企业 | Industrial Enterprise | 1165899 | 130 | 28459 | 1137310 | 241804 |
| 非工业企业 | Non-Industrial Enterprise | 96357 | 603 | 5121 | 90632 | 21921 |
| 事业单位 | Institution | 8364 | 28 | 1207 | 7130 | 4623 |
| **按隶属关系分组** | **Grouped by Subordination Relations** | | | | | |
| 中 央 | Central | 433035 | 81458 | 85504 | 266073 | 79712 |
| 地 方 | Local | 1204183 | 40919 | 71080 | 1092182 | 252324 |

## 19—33 各市研究与试验发展（R&D）研究机构情况（2010年）

Research Institution of（R&D）by Region (2010)

| 地 区 | Region | 机构数（个）Number of Institutions (unit) | R&D人员（人）R&D Personnel (person) | #博 士 Dr. | R&D经费支出（万元）R&D Funds Disburse (10000 yuan) | 科研用仪器设备原价（万元）Initial cost Used Scientific Research Equipment (10000 yuan) | 进 口 Import |
|---|---|---|---|---|---|---|---|
| **总 计** | **Total** | **2221** | **37439** | **2313** | **730156** | **1145405** | **248757** |
| 合 肥 市 | Hefei | 693 | 15842 | 1561 | 264561 | 479222 | 131705 |
| 淮 北 市 | Huaibei | 93 | 1103 | 67 | 11010 | 142523 | 3029 |
| 亳 州 市 | Bozhou | 37 | 309 | 11 | 4623 | 11348 | 1020 |
| 宿 州 市 | Suzhou | 60 | 311 | 8 | 3434 | 12143 | 1802 |
| 蚌 埠 市 | Bengbu | 100 | 1698 | 36 | 23175 | 54036 | 10106 |
| 阜 阳 市 | Fuyang | 43 | 579 | 21 | 9497 | 7214 | 257 |
| 淮 南 市 | Huainan | 56 | 603 | 8 | 7521 | 6170 | 212 |
| 滁 州 市 | Chuzhou | 133 | 932 | 31 | 15517 | 48680 | 1291 |
| 六 安 市 | Luan | 84 | 492 | 10 | 7258 | 10646 | 595 |
| 马鞍山市 | Maanshan | 86 | 1236 | 78 | 46087 | 56108 | 21541 |
| 巢 湖 市 | Chaohu | 71 | 677 | 12 | 11108 | 29430 | 5404 |
| 芜 湖 市 | Wuhu | 275 | 6172 | 291 | 121636 | 121246 | 26083 |
| 宣 城 市 | Xuancheng | 106 | 1392 | 9 | 11803 | 15391 | 1385 |
| 铜 陵 市 | Tongling | 73 | 856 | 11 | 26257 | 54065 | 18644 |
| 池 州 市 | Chizhou | 59 | 164 | 12 | 2148 | 6287 | 506 |
| 安 庆 市 | Anqing | 162 | 1226 | 21 | 15788 | 38377 | 3633 |
| 黄 山 市 | Huangshan | 83 | 775 | 21 | 7323 | 17744 | 2279 |

# 19—34 各市科技活动、研究与试验发展（R&D）人员（2010年）

People in S&T Activity, R&D by Region (2010)

| 地区 | Region | 科技活动人员（万人）Personnel Engaged in S&T Activities (10000 person) | #大学本科及以上 University Degree and Above | R&D单位数（个）R&D Institutions (unit) | 有R&D活动单位 Activity for R&D | R&D人员（人）Staff of R&D (person) | #女性 Female | #研究人员 Staff of Researcher | 全时人员 Staff of Full Time | 非全时人员 Staff of Non-Full Time |
|---|---|---|---|---|---|---|---|---|---|---|
| **总计** | **Total** | **236524** | **96630** | **14534** | **1484** | **94610** | **18286** | **47271** | **59491** | **35119** |
| 合肥市 | Hefei | 78553 | 40187 | 2140 | 359 | 35551 | 7572 | 18797 | 25660 | 9891 |
| 淮北市 | Huaibei | 11721 | 3108 | 613 | 42 | 3443 | 530 | 2494 | 1969 | 1474 |
| 亳州市 | Bozhou | 2540 | 873 | 448 | 41 | 1111 | 320 | 464 | 718 | 393 |
| 宿州市 | Suzhou | 3481 | 1348 | 747 | 42 | 1053 | 293 | 510 | 582 | 471 |
| 蚌埠市 | Bengbu | 14006 | 7113 | 656 | 83 | 6755 | 1471 | 4009 | 3575 | 3180 |
| 阜阳市 | Fuyang | 5012 | 1316 | 653 | 51 | 2614 | 636 | 1111 | 1444 | 1170 |
| 淮南市 | Huainan | 14161 | 2483 | 404 | 50 | 4396 | 545 | 2366 | 1096 | 3300 |
| 滁州市 | Chuzhou | 10357 | 3216 | 1165 | 72 | 4166 | 771 | 1638 | 2657 | 1509 |
| 六安市 | Luan | 5982 | 2499 | 948 | 37 | 1837 | 325 | 878 | 828 | 1009 |
| 马鞍山市 | Maanshan | 12582 | 4811 | 708 | 97 | 4432 | 712 | 2852 | 2707 | 1725 |
| 巢湖市 | Chaohu | 6919 | 2060 | 702 | 50 | 1869 | 420 | 849 | 1137 | 732 |
| 芜湖市 | Wuhu | 30722 | 14312 | 1555 | 199 | 12152 | 1764 | 3967 | 7579 | 4573 |
| 宣城市 | Xuancheng | 7102 | 1296 | 1117 | 79 | 2936 | 441 | 864 | 1783 | 1153 |
| 铜陵市 | Tongling | 11793 | 2880 | 304 | 44 | 4190 | 669 | 2234 | 2057 | 2133 |
| 池州市 | Chizhou | 3069 | 1057 | 453 | 49 | 773 | 154 | 355 | 287 | 486 |
| 安庆市 | Anqing | 9760 | 3419 | 1428 | 127 | 2562 | 602 | 1317 | 1565 | 997 |
| 黄山市 | Huangshan | 4190 | 1727 | 486 | 52 | 1697 | 345 | 717 | 996 | 701 |

| 地区 | Region | 博士毕业 Doctor | 硕士毕业 Master | 本科毕业 University Degree | 其他学历 Other | R&D人员折合全时当量（人年）Full-time Equivalent of R&D Personnel (man-years) | #研究人员 Staff of Researcher | 基础研究 Basic Research | 应用研究 Apply Researcher | 试验发展 Experimental and Development Researcher |
|---|---|---|---|---|---|---|---|---|---|---|
| **总计** | **Total** | **4128** | **13458** | **30515** | **46509** | **64169** | **30998** | **5829** | **8353** | **49987** |
| 合肥市 | Hefei | 2622 | 7178 | 15177 | 10574 | 24750 | 13047 | 3359 | 4256 | 17135 |
| 淮北市 | Huaibei | 176 | 548 | 1500 | 1219 | 2109 | 1394 | 212 | 184 | 1714 |
| 亳州市 | Bozhou | 20 | 124 | 417 | 550 | 620 | 256 | 38 | 15 | 568 |
| 宿州市 | Suzhou | 28 | 213 | 455 | 357 | 562 | 251 | 38 | 77 | 446 |
| 蚌埠市 | Bengbu | 404 | 1328 | 2595 | 2428 | 4537 | 2529 | 578 | 583 | 3376 |
| 阜阳市 | Fuyang | 88 | 217 | 601 | 1708 | 1905 | 779 | 69 | 110 | 1726 |
| 淮南市 | Huainan | 54 | 325 | 924 | 3093 | 2295 | 1273 | 100 | 494 | 1700 |
| 滁州市 | Chuzhou | 88 | 537 | 1385 | 2156 | 2242 | 953 | 140 | 208 | 1894 |
| 六安市 | Luan | 82 | 299 | 1378 | 78 | 1308 | 561 | 68 | 153 | 1087 |
| 马鞍山市 | Maanshan | 177 | 597 | 2013 | 1645 | 2767 | 1706 | 92 | 251 | 2424 |
| 巢湖市 | Chaohu | 53 | 240 | 1159 | 417 | 1376 | 565 | 44 | 35 | 1296 |
| 芜湖市 | Wuhu | 486 | 1857 | 7847 | 1962 | 8465 | 2099 | 512 | 537 | 7416 |
| 宣城市 | Xuancheng | 44 | 112 | 1009 | 1771 | 1816 | 539 |  | 124 | 1692 |
| 铜陵市 | Tongling | 47 | 531 | 1810 | 1802 | 3027 | 1556 | 41 | 95 | 2891 |
| 池州市 | Chizhou | 50 | 158 | 432 | 133 | 409 | 182 | 62 | 18 | 329 |
| 安庆市 | Anqing | 68 | 308 | 1685 | 501 | 1781 | 914 | 173 | 59 | 1549 |
| 黄山市 | Huangshan | 65 | 249 | 1157 | 226 | 1316 | 472 | 30 | 27 | 1259 |

# 19—35 各市研究与试验发展（R&D）产出情况（2010年）

Output of R&D by Region (2010)

| 地　区 | Region | 专　利申请数（件）Patent Applications (piece) | 发明专利 Inventions | 专　利授权数（件）Patents Granted (piece) | 发明专利 Inventions | 有效发明专利数（件）Number of patents In Force (piece) | 专利所有权转让及许可数（件）Patent all Power Transfer and Clearance Number (piece) |
|---|---|---|---|---|---|---|---|
| **总　计** | **Total** | **13553** | **4014** | **739** | **375** | **6210** | **578** |
| 合肥市 | Hefei | 4196 | 1391 | 413 | 280 | 2746 | 177 |
| 淮北市 | Huaibei | 179 | 72 | 1 | 1 | 85 | 23 |
| 亳州市 | Bozhou | 366 | 66 | 1 | 1 | 62 | 6 |
| 宿州市 | Suzhou | 84 | 28 | 1 | 1 | 26 | 15 |
| 蚌埠市 | Bengbu | 707 | 315 | 7 | | 176 | 27 |
| 阜阳市 | Fuyang | 165 | 26 | 2 | 1 | 81 | |
| 淮南市 | Huainan | 315 | 96 | 6 | | 91 | 18 |
| 滁州市 | Chuzhou | 614 | 151 | 7 | 3 | 298 | 3 |
| 六安市 | Luan | 338 | 73 | 13 | 4 | 113 | 5 |
| 马鞍山市 | Maanshan | 668 | 217 | 79 | 30 | 542 | 59 |
| 巢湖市 | Chaohu | 262 | 40 | 2 | 1 | 110 | 43 |
| 芜湖市 | Wuhu | 4069 | 1090 | 150 | 42 | 1142 | 166 |
| 宣城市 | Xuancheng | 510 | 121 | | | 219 | 19 |
| 铜陵市 | Tongling | 348 | 118 | | | 163 | 10 |
| 池州市 | Chizhou | 109 | 32 | | | 64 | |
| 安庆市 | Anqing | 352 | 76 | 1 | | 166 | 6 |
| 黄山市 | Huangshan | 164 | 39 | 1 | | 91 | 1 |

| 地　区 | Region | 专利所有权转让及许可收入（万元）Patent all Power Transfer and Clearance Income (10000 yuan) | 集成电路布图设计登记数（件）Registration Number of Integrated Circuit Layout (unit) | 植物新品种权授予数（项）Granted Number of Plant Variety Right (unit) | 形成国家或行业标准数（项）Standard Number of Formed Nation and Industry (unit) | 发　表科技论文（篇）Scientific Papers Issued (piece) | 出　版科技著作（种）Publication on Science and Technology (kind) |
|---|---|---|---|---|---|---|---|
| **总　计** | **Total** | **8301** | **9** | **53** | **920** | **39668** | **1515** |
| 合肥市 | Hefei | 3966 | | 49 | 344 | 20819 | 764 |
| 淮北市 | Huaibei | 30 | | | 60 | 1318 | 24 |
| 亳州市 | Bozhou | 1032 | | 1 | 28 | 288 | 27 |
| 宿州市 | Suzhou | 2 | | | 10 | 543 | 14 |
| 蚌埠市 | Bengbu | 30 | | | 31 | 3933 | 122 |
| 阜阳市 | Fuyang | | | | 9 | 817 | 43 |
| 淮南市 | Huainan | | | | 13 | 1160 | 45 |
| 滁州市 | Chuzhou | 248 | | 1 | 10 | 1221 | 97 |
| 六安市 | Luan | | | | 28 | 1236 | 34 |
| 马鞍山市 | Maanshan | 187 | | | 66 | 1765 | 13 |
| 巢湖市 | Chaohu | 850 | | | 11 | 386 | 17 |
| 芜湖市 | Wuhu | 2005 | 6 | | 63 | 3420 | 234 |
| 宣城市 | Xuancheng | 340 | | | 65 | 148 | 2 |
| 铜陵市 | Tongling | | | | 34 | 400 | 11 |
| 池州市 | Chizhou | | | | 5 | 311 | 3 |
| 安庆市 | Anqing | 37 | | | 71 | 1092 | 59 |
| 黄山市 | Huangshan | | | 2 | 44 | 313 | 6 |

## 19—36 各市研究与试验发展（R&D）经费支出情况（2010年）

Research and Development (R&D) Funds and Internal Expenditure by Region (2010)

单位：万元 (10000 yuan)

| 地 区 | Region | R&D经费 Expenditure for R&D | 经常性支出按活动类型分 By Activities 基础研究 Fundamental Research | 应用研究 Applied Rescarch | 试验发展 Experimental | 按支出用途分 By Expenditure #人员劳务费 Labor Expenses | #设备购置费 Expenditure for Equipment |
|---|---|---|---|---|---|---|---|
| **总 计** | **Total** | **1637219** | **122379** | **156585** | **1358255** | **332036** | **233047** |
| 合 肥 市 | Hefei | 576263 | 81863 | 86142 | 408258 | 124475 | 72818 |
| 淮 北 市 | Huaibei | 55943 | 3461 | 3693 | 48789 | 13291 | 4728 |
| 亳 州 市 | Bozhou | 12594 | 62 | 890 | 11642 | 4409 | 1364 |
| 宿 州 市 | Suzhou | 11603 | 207 | 913 | 10483 | 2558 | 1613 |
| 蚌 埠 市 | Bengbu | 71981 | 4647 | 4042 | 63292 | 10845 | 10807 |
| 阜 阳 市 | Fuyang | 22404 | 549 | 866 | 20989 | 5905 | 3223 |
| 淮 南 市 | Huainan | 60786 | 723 | 14101 | 45963 | 19626 | 7069 |
| 滁 州 市 | Chuzhou | 43126 | 841 | 1349 | 40936 | 7159 | 5324 |
| 六 安 市 | Luan | 22909 | 372 | 472 | 22065 | 4024 | 3648 |
| 马鞍山市 | Maanshan | 144051 | 945 | 2771 | 140335 | 19875 | 19848 |
| 巢 湖 市 | Chaohu | 27508 | 144 | 59 | 27304 | 6480 | 7802 |
| 芜 湖 市 | Wuhu | 221724 | 5962 | 4457 | 211305 | 48478 | 34040 |
| 宣 城 市 | Xuancheng | 39811 | 10 | 590 | 39211 | 6606 | 5329 |
| 铜 陵 市 | Tongling | 124846 | 244 | 806 | 123796 | 24639 | 14796 |
| 池 州 市 | Chizhou | 8109 | 1286 | 146 | 6676 | 1816 | 1182 |
| 安 庆 市 | Anqing | 35891 | 2461 | 1474 | 31957 | 7875 | 7092 |
| 黄 山 市 | Huangshan | 16260 | 139 | 173 | 15947 | 4426 | 2095 |

## 19—37 高等学校科技活动情况

Basic Statistics on Higher Education for Scientific and Technological Activities

| 指 标 | Item | 1995 | 2000 | 2005 | 2009 | 2010 |
|---|---|---|---|---|---|---|
| 科技活动人员 （人） | S&T Personnel (person) | 19457 | 23242 | 24530 | 30032 | 31082 |
| #科学家和工程师 | Scientists and Engineers | 18619 | 22366 | 23608 | 28913 | |
| 研究与发展人员全时当量（人年） | Full-time Equivalent of R&D Personnel (man.year) | 4000 | 7100 | 5022 | 6882 | 7337 |
| #科学家和工程师 | Scientists and Engineers | 3900 | 6800 | 4395 | 6705 | |
| #基础研究 | Fundamental Research | 1000 | 1300 | 1500 | 2784 | 3273 |
| 应用研究 | Applied Research | 1000 | 1500 | 2501 | 3089 | 3471 |
| 实验发展 | Experimental Development | 2900 | 4000 | 397 | 636 | 595 |
| 科技经费筹集额 （万元） | Sources of Funds for S&T (10000 yuan) | 12087 | 40266 | 121861 | 204173 | |
| #政府资金 | Government Funds | 3019 | 29000 | 69818 | 137006 | |
| 银行贷款 | Bank Loans | 36 | 1300 | 103 | 246 | |
| 科技经费内部支出额 （万元） | Intramural Expenditure for S&T (10000 yuan) | 12235 | 26816 | 109522 | 184438 | |
| #劳务费 | Labor Expenses | 2824 | 3309 | 16454 | 39783 | |
| 固定资产购置费 | Expenses on Fixed Assets | 2627 | 7401 | 22857 | 47293 | |
| #研究与发展经费支出 | R&D Expenditure | 6246 | 17259 | 66574 | 108936 | 141849 |

## 19—38 各市科协系统科技活动情况（2010年）

Basic Statistics on Scientific and Technological Activities of Associations for Science and Technology by Region (2010)

| 地 区 | Region | 国内学术会议 Domestic Academic Meetings | | 科普活动 Activities for Popular Science | | | |
|---|---|---|---|---|---|---|---|
| | | 次数（次）Number (times) | 人数（人）Number of Participants (person-time) | 讲座（次）Number of Lectures (times) | 人数（人次）Number of Participants (person-time) | 展览（次数）Number of Exhibitions (times) | 参观展览（人次）Number of Participants (person-time) |
| **总 计** | **Total** | **549** | **78246** | **3893** | **1767658** | **2456** | **4287895** |
| 合肥市 | Hefei | 203 | 30060 | 471 | 99510 | 187 | 1841002 |
| 淮北市 | Huaibei | 32 | 4000 | 155 | 81010 | 130 | 125400 |
| 亳州市 | Bozhou | 12 | 1076 | 296 | 223760 | 183 | 202500 |
| 宿州市 | Suzhou | 59 | 4531 | 289 | 117877 | 201 | 164318 |
| 蚌埠市 | Bengbu | 14 | 8150 | 251 | 63120 | 187 | 128700 |
| 阜阳市 | Fuyang | 48 | 3520 | 223 | 145166 | 158 | 325222 |
| 淮南市 | Huainan | 5 | 2070 | 82 | 67693 | 46 | 172200 |
| 滁州市 | Chuzhou | 22 | 1662 | 156 | 68390 | 105 | 98734 |
| 六安市 | Luan | 21 | 2770 | 305 | 332812 | 152 | 273228 |
| 马鞍山市 | Maanshan | 2 | 254 | 367 | 46230 | 215 | 37270 |
| 巢湖市 | Chaohu | 30 | 1150 | 187 | 100978 | 122 | 136107 |
| 芜湖市 | Wuhu | 26 | 3070 | 306 | 174200 | 203 | 215350 |
| 宣城市 | Xuancheng | 8 | 1315 | 160 | 37320 | 99 | 80167 |
| 铜陵市 | Tongling | 9 | 2450 | 99 | 33300 | 97 | 123610 |
| 池州市 | Chizhou | 2 | 800 | 50 | 13060 | 31 | 38620 |
| 安庆市 | Anqing | 31 | 6822 | 240 | 68070 | 129 | 169000 |
| 黄山市 | Huangshan | 25 | 4546 | 256 | 95162 | 211 | 156467 |

| 地 区 | Region | 咨询活动 Consultative Activities | | 国际民间科技交流 International Folk Exchange of S&T | | | |
|---|---|---|---|---|---|---|---|
| | | 合同（项）Number of Consultative Contracts Completed (item) | 实现金额（万元）Revenue from Fulfillment of Consultative Contracts (10000 yuan) | 来访团组（个）International Group on S&T Received Home (unit) | 接待人数（人次）Person Received (person-time) | 外派团组（个）Number of Study Tours Sent Aboard (unit) | 外派人数（人次）Total People Sent Aboard (person-time) |
| **总 计** | **Total** | **1106** | **14224** | **18** | **140** | **1** | **16** |
| 合肥市 | Hefei | 650 | 5110 | 15 | 120 | | |
| 淮北市 | Huaibei | 1 | 24 | | | | |
| 亳州市 | Bozhou | 2 | 40 | | | | |
| 宿州市 | Suzhou | 28 | 6360 | | | | |
| 蚌埠市 | Bengbu | 2 | 22 | | | | |
| 阜阳市 | Fuyang | 8 | 26 | | | | |
| 淮南市 | Huainan | 3 | 30 | | | 1 | 16 |
| 滁州市 | Chuzhou | | | | | | |
| 六安市 | Luan | 1 | 2 | | | | |
| 马鞍山市 | Maanshan | 6 | 48 | | | | |
| 巢湖市 | Chaohu | 15 | 161 | | | | |
| 芜湖市 | Wuhu | 365 | 1116 | 3 | 20 | | |
| 宣城市 | Xuancheng | 2 | 5 | | | | |
| 铜陵市 | Tongling | 10 | 100 | | | | |
| 池州市 | Chizhou | | | | | | |
| 安庆市 | Anqing | | | | | | |
| 黄山市 | Huangshan | 13 | 1180 | | | | |

# 19—39 大中型工业企业科技活动基本情况

Basic Statistics on Science and Technology Activities of Large and Medium-sized Industrial Enterprises

| 指　　标 | Item | 1995 | 2000 | 2005 | 2009 | 2010 |
|---|---|---|---|---|---|---|
| 有研究与试验发展活动的企业（个） | Number of Enterprises Having R&D Activities (unit) | | | | 304 | 374 |
| 有研究与试验发展活动的企业占全部企业的比重 (%) | Percentage of Enterprises Having R&D Activities to Total Number of Enterprises (%) | | | | 31.87 | 33.39 |
| 科技机构数 （个） | Number of Scientific and Technological Institutions(unit) | 483 | 261 | 321 | 607 | 692 |
| 科技活动人员 （万人） | Personnel Engaged in S&T Activities (10000 persons) | 3.02 | 5.43 | 4.41 | 9.80 | 11.20 |
| #高中级技术职称 | High and Middle Technical Title | | | | | |
| 研究与试验发展折合全时人员 （万人年） | Full-time Equivalent of R&D Personnel (10000 man-year) | | | | 3.34 | 3.42 |
| #高中级技术职称 | High and Middle Technical Title | | | | | |
| 科技机构科技活动人员数 （万人） | Personnel Engaged in S&T Activities in S&T Institutions (10000 persons) | | | | 4.00 | 4.68 |
| #高中级技术职称 | High and Middle Technical Title | | | | | |
| 科技经费筹集额 （亿元） | Funding for S&T Activities (100 million yuan) | 7.60 | 22.06 | 83.66 | | |
| #政府资金 | Government Funds | | | | | |
| 企业资金 | Self-raised Funds by Enterprises | 4.95 | 17.22 | 62.76 | | |
| 金融机构贷款 | Loans from Finance Institutions | | | | | |
| 科技经费内部支出 （亿元） | Intramural Expenditures on S&T Activities (100 million yuan) | | | | | |
| #开发新产品经费支出 | Expenditure on New Product Development | | | | 112.50 | 166.77 |
| 研究与试验发展经费支出 （亿元） | Expenditure on R&D (100 million yuan) | | | | 78.20 | 104.02 |
| #政府资金 | Government Funds | | | | 7.00 | 9.16 |
| 企业资金 | Self-raised Funds by Enterprises | | | | 65.30 | 94.24 |
| 研究与试验发展经费支出占主营业务收入的比重 (%) | Percentage of Expenditure on R&D To Sales Revenue (%) | | | | 0.99 | 0.93 |
| 技术引进经费支出 （亿元） | Expenditure for Acquisition of Foreign Technology (100 million yuan) | | | | 6.50 | 4.47 |
| 消化吸收经费支出 （亿元） | Expenditure for Assimilation of Technology (100 million yuan) | | | | 8.96 | 3.34 |
| 购买国内技术支出 （亿元） | Expenditure for Purchase of Domestic Technology (100 million yuan) | | | | 6.50 | 3.87 |
| 专利申请数 （件） | Patent Applications (piece) | | | | 4535 | 7676 |
| #发明专利数 | Invention Patents | | | | 1391 | 1967 |
| 拥有发明专利数 （件） | Invention Patents Owned (piece) | | | | 1486 | 2536 |

# 19—40 各市大中型工业企业R&D基本情况（2010年）

R&D Basic Situation of Large and Middle scale Industrial Enterprise by Region (2010)

| 地 区 | Region | 企业单位数（个）Number of Enterprises (unit) | #有R&D活动 Activity for R&D | #有科技机构 Unit Of S&T | 新产品销售收入（万元）Revenue of New Pproduct Sales (10000 yuan) | R&D人员合计（人）Staff Of R&D (person) | #参加项目人员 Staff of Participating in Project | #女性 Female |
|---|---|---|---|---|---|---|---|---|
| **总 计** | **Total** | **1120** | **374** | **428** | **19971178** | **48050** | **42393** | **7676** |
| 合 肥 市 | Hefei | 222 | 83 | 91 | 7055094 | 15173 | 13153 | 3126 |
| 淮 北 市 | Huaibei | 41 | 13 | 14 | 108695 | 2143 | 1965 | 293 |
| 亳 州 市 | Bozhou | 38 | 8 | 7 | 134655 | 661 | 569 | 168 |
| 宿 州 市 | Suzhou | 55 | 17 | 17 | 106168 | 588 | 514 | 164 |
| 蚌 埠 市 | Bengbu | 56 | 27 | 27 | 1020776 | 3079 | 2900 | 442 |
| 阜 阳 市 | Fuyang | 54 | 15 | 11 | 314717 | 1474 | 1271 | 279 |
| 淮 南 市 | Huainan | 33 | 14 | 10 | 92688 | 3351 | 3018 | 244 |
| 滁 州 市 | Chuzhou | 95 | 27 | 35 | 871651 | 2947 | 2555 | 515 |
| 六 安 市 | Luan | 78 | 18 | 21 | 430040 | 1073 | 927 | 154 |
| 马鞍山市 | Maanshan | 48 | 18 | 17 | 2217332 | 2009 | 1798 | 299 |
| 巢 湖 市 | Chaohu | 55 | 17 | 29 | 519538 | 1221 | 1108 | 252 |
| 芜 湖 市 | Wuhu | 124 | 52 | 66 | 3816181 | 7537 | 6867 | 720 |
| 宣 城 市 | Xuancheng | 71 | 21 | 24 | 652473 | 1987 | 1755 | 273 |
| 铜 陵 市 | Tongling | 30 | 11 | 14 | 1733871 | 2794 | 2234 | 335 |
| 池 州 市 | Chizhou | 16 | 4 | 7 | 88781 | 142 | 125 | 33 |
| 安 庆 市 | Anqing | 89 | 24 | 31 | 658773 | 1119 | 942 | 269 |
| 黄 山 市 | Huangshan | 15 | 5 | 7 | 149747 | 752 | 692 | 110 |

| 地 区 | Region | #研究人员 Staff of Researcher | #全时人员 Staff of Full Time | R&D人员折合全时当量合计（人年）Total Work Volume of Conversion Staff of Full Time (person year) | #研究人员 Staff of Researcher | 应用研究人员 Staff of Apply Researcher | 试验发展人员 Staff of Experimental and Development Researcher |
|---|---|---|---|---|---|---|---|
| **总 计** | **Total** | **18377** | **32670** | **34168** | **13168** | **756** | **33409** |
| 合 肥 市 | Hefei | 6166 | 12317 | 10494 | 4566 | 203 | 10291 |
| 淮 北 市 | Huaibei | 1552 | 1392 | 1299 | 821 | | 1296 |
| 亳 州 市 | Bozhou | 220 | 527 | 355 | 123 | 9 | 346 |
| 宿 州 市 | Suzhou | 207 | 408 | 299 | 81 | 4 | 295 |
| 蚌 埠 市 | Bengbu | 1359 | 2198 | 2504 | 1194 | | 2504 |
| 阜 阳 市 | Fuyang | 490 | 841 | 1136 | 393 | | 1136 |
| 淮 南 市 | Huainan | 1572 | 770 | 1931 | 1000 | 399 | 1532 |
| 滁 州 市 | Chuzhou | 850 | 2047 | 1524 | 528 | | 1524 |
| 六 安 市 | Luan | 405 | 401 | 834 | 304 | | 834 |
| 马鞍山市 | Maanshan | 1077 | 1180 | 1363 | 738 | 43 | 1320 |
| 巢 湖 市 | Chaohu | 496 | 937 | 1026 | 430 | | 1026 |
| 芜 湖 市 | Wuhu | 1186 | 5750 | 6222 | 811 | | 6222 |
| 宣 城 市 | Xuancheng | 372 | 1190 | 1250 | 208 | 93 | 1157 |
| 铜 陵 市 | Tongling | 1560 | 1431 | 2268 | 1305 | 6 | 2262 |
| 池 州 市 | Chizhou | 31 | 78 | 126 | 28 | | 126 |
| 安 庆 市 | Anqing | 603 | 682 | 795 | 413 | | 795 |
| 黄 山 市 | Huangshan | 231 | 521 | 744 | 227 | | 744 |

# 19—41 各市大中型工业企业R&D经费情况（2010年）
## R&D Funds Basic Situation of Large and Middle Scale Industrial Enterprise by Region (2010)

单位：万元 (10000 yuan)

| 地区 | Region | R&D经费内部支出合计 Expenditure for R&D | 按活动类型分组 Grouped by Active Type: 应用研究支出 Applied Research Expenditure | 试验发展支出 Experiment Development Expanditure | 按支出用途分组 Grouped by Using of Funds: 经常费支出 Normal Funds Expenditure | #人员劳务费 Salary | 资产性支出 Capital Expenditure | #土建工程 Construction Project |
|---|---|---|---|---|---|---|---|---|
| **总计** | **Total** | **1040238** | **28102** | **1012006** | **897007** | **212292** | **143231** | **11720** |
| 合肥市 | Hefei | 314479 | 12039 | 302439 | 278336 | 65807 | 36142 | 2168 |
| 淮北市 | Huaibei | 46163 | | 46033 | 38844 | 11484 | 7319 | 5941 |
| 亳州市 | Bozhou | 9859 | 828 | 9031 | 8740 | 3676 | 1119 | 62 |
| 宿州市 | Suzhou | 7313 | 297 | 7015 | 6127 | 1450 | 1186 | 12 |
| 蚌埠市 | Bengbu | 56169 | | 56169 | 48028 | 7585 | 8140 | 252 |
| 阜阳市 | Fuyang | 17266 | | 17266 | 15031 | 4248 | 2235 | 114 |
| 淮南市 | Huainan | 57540 | 13925 | 43614 | 50571 | 18670 | 6968 | 301 |
| 滁州市 | Chuzhou | 37712 | | 37712 | 33237 | 5519 | 4475 | 191 |
| 六安市 | Luan | 20170 | | 20170 | 16782 | 3324 | 3388 | 86 |
| 马鞍山市 | Maanshan | 107206 | 496 | 106710 | 95002 | 12433 | 12204 | 414 |
| 巢湖市 | Chaohu | 23543 | | 23543 | 15965 | 5223 | 7578 | 247 |
| 芜湖市 | Wuhu | 193385 | | 193385 | 162517 | 39907 | 30868 | 817 |
| 宣城市 | Xuancheng | 32833 | 433 | 32400 | 28514 | 4956 | 4319 | 27 |
| 铜陵市 | Tongling | 81375 | 83 | 81292 | 69529 | 19987 | 11847 | 914 |
| 池州市 | Chizhou | 2610 | | 2610 | 2389 | 465 | 221 | 6 |
| 安庆市 | Anqing | 22123 | | 22123 | 18102 | 4947 | 4021 | 79 |
| 黄山市 | Huangshan | 10495 | | 10495 | 9293 | 2613 | 1201 | 90 |

| 地区 | Region | 按资金来源分组 Grouped by Source of Funds: 政府资金 Govern-ment | 企业资金 Enterprise | 境外资金 Alien | R&D经费外部支出 Outside Expenditure | 对境内研究机构支出 Foreign Research Instition | 对境内高等学校支出 Demestic University |
|---|---|---|---|---|---|---|---|
| **总计** | **Total** | **91601** | **942393** | **699** | **93174** | **25233** | **21582** |
| 合肥市 | Hefei | 36105 | 274415 | 141 | 38156 | 5652 | 3977 |
| 淮北市 | Huaibei | 1460 | 43843 | | 7154 | 1835 | 2313 |
| 亳州市 | Bozhou | 256 | 9603 | | 539 | 188 | 351 |
| 宿州市 | Suzhou | 339 | 6932 | | 488 | 95 | 393 |
| 蚌埠市 | Bengbu | 14333 | 41487 | | 1584 | 931 | 653 |
| 阜阳市 | Fuyang | 555 | 16711 | | 833 | 339 | 486 |
| 淮南市 | Huainan | 2514 | 55026 | | 3691 | 1159 | 2188 |
| 滁州市 | Chuzhou | 750 | 36471 | 361 | 1587 | 817 | 605 |
| 六安市 | Luan | 510 | 19660 | | 1094 | 1027 | 51 |
| 马鞍山市 | Maanshan | 653 | 106553 | | 2067 | 527 | 1352 |
| 巢湖市 | Chaohu | 642 | 22901 | | 5973 | 3345 | 2376 |
| 芜湖市 | Wuhu | 29576 | 163435 | 29 | 24411 | 7563 | 3770 |
| 宣城市 | Xuancheng | 622 | 32043 | 169 | 655 | 391 | 197 |
| 铜陵市 | Tongling | 942 | 80433 | | 2839 | 817 | 2018 |
| 池州市 | Chizhou | 15 | 2595 | | 62 | 50 | |
| 安庆市 | Anqing | 791 | 21332 | | 1098 | 333 | 339 |
| 黄山市 | Huangshan | 1540 | 8955 | | 943 | 167 | 514 |

## 19—42 各市大中型工业企业全部R&D项目和政策情况（2010年）

All R&D Items and Policies Situation of Large and Middle Scale Industrial Enterprise by Region (2010)

| 地 区 | Region | 项目数 (项) Number of Items (unit) | 参加项目人员 (人) Staff Taken Part in Items (person) | 项目人员折合全时当量 (人年) ZFull-time Equivalent of Staff Taken Part in Items (person/year) | 全部项目经费内部支出 (万元) All Project Interior Expense (10000 yuan) | 使用来自政府部门的科技活动资金 (万元) Using from Government Department's Technique Cctivity Fund (10000 yuan) | 研究开发费用加计扣除减免税 (万元) Total Research and Development Expense Counting Tax Reliefs (10000 yuan) | 高新技术企业减免税 (万元) Tax Reliefs of High and New Technology Enterprises (10000 yuan) |
|---|---|---|---|---|---|---|---|---|
| **总 计** | **Total** | **4446** | **42393** | **30012** | **824656** | **139383** | **95884** | **301725** |
| 合肥市 | Hefei | 2256 | 13153 | 9021 | 247485 | 44451 | 58474 | 161626 |
| 淮北市 | Huaibei | 111 | 1965 | 1198 | 32241 | 4268 | 1878 | 10 |
| 亳州市 | Bozhou | 68 | 569 | 303 | 6363 | 259 | 150 | 300 |
| 宿州市 | Suzhou | 64 | 514 | 259 | 5792 | 427 | 94 | 327 |
| 蚌埠市 | Bengbu | 537 | 2900 | 2356 | 37851 | 15497 | 1331 | 3711 |
| 阜阳市 | Fuyang | 66 | 1271 | 966 | 15693 | 708 | 1516 | 2139 |
| 淮南市 | Huainan | 161 | 3018 | 1680 | 47194 | 4085 | 8459 | 1010 |
| 滁州市 | Chuzhou | 97 | 2555 | 1303 | 33735 | 1135 | 499 | 24726 |
| 六安市 | Luan | 81 | 927 | 716 | 13334 | 924 | 340 | 1262 |
| 马鞍山市 | Maanshan | 169 | 1798 | 1218 | 101654 | 11470 | 4467 | 9393 |
| 巢湖市 | Chaohu | 139 | 1108 | 930 | 17450 | 847 | 845 | 4944 |
| 芜湖市 | Wuhu | 341 | 6867 | 5677 | 138636 | 48003 | 13614 | 71135 |
| 宣城市 | Xuancheng | 105 | 1755 | 1121 | 27633 | 798 | 1467 | 7762 |
| 铜陵市 | Tongling | 127 | 2234 | 1798 | 67225 | 1430 | 560 | 8451 |
| 池州市 | Chizhou | 10 | 125 | 111 | 2448 | 105 | | 349 |
| 安庆市 | Anqing | 95 | 942 | 672 | 21389 | 1777 | 1169 | 3796 |
| 黄山市 | Huangshan | 19 | 692 | 685 | 8534 | 3197 | 1023 | 786 |

## 19—43 各市大中型工业企业自主知识产权和技术情况（2010年）

Self-owned Intellectual Property Rights and Technology Situation of Large and Middle Scale Industrial Enterprise by Region (2010)

| 地区 | Region | 专利申请数（件）Number of Patent Application (unit) | 发明专利 Patent of Invention | 有效发明专利数（件）Invention Number of Patents Effectively (unit) | 境外授权 Overseas Authorization | 专利所有权转让及许可数（项）Patent all Power Transfer and Clearanc eNumber (item) | 专利所有权转让及许可收入（万元）Patent all Power Transfer and Clearance Income (10000 yuan) | 发表科技论文（篇）Publish Technical Papers (unit) |
|---|---|---|---|---|---|---|---|---|
| **总　计** | **Total** | **7676** | **1967** | **2536** | **15** | **275** | **2482** | **2433** |
| 合肥市 | Hefei | 2262 | 411 | 677 | 1 | 90 | 1 | 863 |
| 淮北市 | Huaibei | 50 | 18 | 26 |  | 6 |  | 402 |
| 亳州市 | Bozhou | 277 | 40 | 37 |  | 1 | 500 | 44 |
| 宿州市 | Suzhou | 49 | 9 | 10 |  |  |  | 31 |
| 蚌埠市 | Bengbu | 471 | 242 | 113 |  | 7 | 30 | 104 |
| 阜阳市 | Fuyang | 92 | 12 | 55 |  |  |  | 44 |
| 淮南市 | Huainan | 197 | 73 | 31 |  | 2 |  | 233 |
| 滁州市 | Chuzhou | 422 | 102 | 228 | 1 |  | 238 | 22 |
| 六安市 | Luan | 170 | 27 | 41 | 1 | 3 |  | 39 |
| 马鞍山市 | Maanshan | 334 | 94 | 241 | 5 | 37 | 10 | 437 |
| 巢湖市 | Chaohu | 166 | 28 | 68 |  | 28 | 850 | 33 |
| 芜湖市 | Wuhu | 2555 | 749 | 705 | 7 | 93 | 853 | 30 |
| 宣城市 | Xuancheng | 261 | 49 | 101 |  | 8 |  | 39 |
| 铜陵市 | Tongling | 176 | 77 | 75 |  |  |  | 80 |
| 池州市 | Chizhou | 27 | 6 | 4 |  |  |  |  |
| 安庆市 | Anqing | 127 | 23 | 81 |  |  |  | 11 |
| 黄山市 | Huangshan | 40 | 7 | 43 |  |  |  | 21 |

| 地区 | Region | 拥有注册商标数（件）Registered Trademark Nubmer (unit) | 境外注册 Overseas Registered | 形成国家行业标准数（项）National and Industry Standard Number (item) | 引进技术经费支出（万元）Introduction Technology funds Experditure (10000 yuan) | 消化吸收经费支出（万元）Digestion Absorption Funds Experditure (10000 yuan) | 购买国内技术经费支出（万元）Purchasing Domestic Technology Funds Experditure (10000 yuan) | 技术改造经费支出（万元）Technological Transforma-tion Funds Experditure (10000 yuan) |
|---|---|---|---|---|---|---|---|---|
| **总　计** | **Total** | **2837** | **572** | **386** | **44742** | **33363** | **38699** | **832279** |
| 合肥市 | Hefei | 793 | 276 | 161 | 10998 | 11735 | 5967 | 105920 |
| 淮北市 | Huaibei | 31 | 1 | 14 | 1673 | 20 | 170 | 28958 |
| 亳州市 | Bozhou | 472 | 31 | 16 | 130 | 669 | 70 | 8950 |
| 宿州市 | Suzhou | 64 | 1 | 10 | 228 | 126 | 702 | 32347 |
| 蚌埠市 | Bengbu | 395 | 61 | 12 | 85 | 1686 |  | 81322 |
| 阜阳市 | Fuyang | 24 |  | 2 |  | 2186 | 1648 | 37602 |
| 淮南市 | Huainan | 44 |  | 10 |  | 24 | 44 | 74171 |
| 滁州市 | Chuzhou | 32 | 3 | 4 | 196 | 927 | 1101 | 22011 |
| 六安市 | Luan | 35 | 3 | 16 | 225 | 547 | 7 | 4811 |
| 马鞍山市 | Maanshan | 107 | 9 | 7 | 2683 | 983 | 1399 | 144909 |
| 巢湖市 | Chaohu | 77 |  | 11 | 4542 | 506 | 1598 | 23863 |
| 芜湖市 | Wuhu | 579 | 167 | 30 | 6671 | 3352 | 20446 | 138843 |
| 宣城市 | Xuancheng | 55 | 1 | 8 |  | 451 | 1029 | 19270 |
| 铜陵市 | Tongling | 24 | 8 | 21 | 12900 | 981 | 381 | 35391 |
| 池州市 | Chizhou | 4 |  |  |  |  |  | 2850 |
| 安庆市 | Anqing | 72 | 10 | 38 | 4110 | 7762 | 3422 | 60839 |
| 黄山市 | Huangshan | 29 | 1 | 26 | 300 | 1407 | 716 | 10222 |

# 19—44 省级以上开发区主要经济指标

Main Economic Indicators of Development Areas above the Provincial Level

| 项　　目 | Item | 2005 | 2009 | 2010 |
|---|---|---|---|---|
| 全区经营（销售）收入　（万元） | Business (Sales) Income　(10000 yuan) | 28434212 | 74338148 | 106648759 |
| #区内工业销售收入 | Industrial Sales Value | 17810979 | 55202709 | 76160676 |
| #区内主导产业销售收入 | Sales Vale of Leading Industry | 13051703 | 49972030 | 75154403 |
| 工业总产值（当年价格）（万元） | Gross Industrial Output Value　(10000 yuan) | 19656636 | 58943045 | 86688472 |
| #外资企业 | Solely Foreign-funded Enterprises | 6856607 | 14931763 | 22723482 |
| #规模以上工业企业 | Industrial Enterprises Above Definited Size | 17651523 | 55507180 | 80245963 |
| 第二产业增加值　（万元） | The Value-added of the Secondary Industry (10000 yuan) | | | 24996921 |
| #工业增加值 | Industrial Added Value | | | 23036230 |
| 出口总额　（万美元） | Total Export　(USD 10000) | 180147 | 471451 | 627112 |
| #外资企业 | Solely Foreign-funded Enterprises | 98162 | 200151 | 259144 |
| 进口总额　（万美元） | Total Import　(USD 10000) | 83341 | 224055 | 491467 |
| #外资企业 | Solely Foreign-funded Enterprises | 59992 | 153712 | 370153 |
| 税收总额　（万元） | Total Tax　(10000 yuan) | 859850 | 2846548 | 3699792 |
| #外资企业 | Solely Foreign-funded Enterprises | 247420 | 634547 | 915632 |
| #内资企业 | Domestic Funded Enterprises | 587301 | 1976258 | 2425233 |
| 财政收入　（万元） | Financial Revenue　(10000 yuan) | 1238406 | 3742334 | 5164713 |
| #土地收入 | Revenue From Land | 347797 | 833521 | 1577733 |
| 固定资产投资总额　（万元） | Investment in Fixed Assets　(10000 yuan) | 5865200 | 25538388 | 36269297 |
| #基础设施投资 | In Infrastructure Projects | 1379397 | 3912585 | 5452776 |
| 利用外商直接投资情况 | Foreign Direct Investments | | | |
| 当年新批进区外商投资企业　（个） | Foreign Investment Enterprises Entered this Year(unit) | 243 | 137 | 191 |
| 当年建成投产企业　（个） | Built Up and Produced this Year　(unit) | 107 | 80 | 69 |
| 新批外商投资项目投资总额　（万美元） | Total Amount of Foreign Investment Items Approved Newly　(USD 10000) | 282748 | 282598 | 367650 |
| #合同外资金额 | Foreign Investment Amount by Contract | 181471 | 213949 | 287950 |
| 当年实际利用外商直接投资额　（万美元） | Foreign Direct Investment Amount Actually Used this Year　(USD 10000) | 63873 | 251644 | 341308 |
| 利用内资情况 | Domestic Investment | | | |
| 当年新批进区省外境内企业　（个） | Number of Domestic Funded Enterprises Approved into Development Areas　(unit) | 1159 | 1869 | 2923 |
| 当年建成投产企业　（个） | Built Up and Produced this Year　(unit) | 420 | 1499 | 1663 |
| 合同引进省外境内资金　（万元） | Amount of Domestic Funds Out of Anhui Province Indroduced by Contracts　(10000 yuan) | 5518988 | 20441461 | 41815886 |
| 当年实际利用省外境内资金　（万元） | Ammount of Domestic Funds Out of Anhui Province Accually Used this Year　(10000 yuan) | 2531565 | 13634110 | 21137637 |
| 当年实际利用省内资金　（万元） | Ammount of Funds of Anhui Province Accually Used this Year　(10000 yuan) | 1313202 | 5409642 | 7321334 |

# 19—45 各市省级以上开发区主要经济指标（2010年）

Main Economic Indicators of Development Areas above the Provincial Level by Region (2010)

| 地区 | Region | 全区经营(销售)收入(万元) Business (Sales) Income (10000 yuan) | #区内工业销售收入 Industrial Sales Value | #区内主导产业销售收入 Sales Vale of Leading Industry | 工业总产值(当年价格)(万元) Gross Industrial Output Value (10000 yuan) | #规模以上工业企业 Industrial Enterprises Above Definited Size | 第二产业增加值(万元) The Value-added of the Secondary Industry (10000 yuan) | #工业增加值 Industrial Added Value | 出口总额(万美元) Total Export (USD 10000) | 进口总额(万美元) Total Import (USD 10000) | 税收总额(万元) Total Tax (10000 yuan) |
|---|---|---|---|---|---|---|---|---|---|---|---|
| **总计** | **Total** | 106648759 | 76160676 | 75154403 | 86688472 | 80245963 | 24996921 | 23036230 | 627112 | 491467 | 3699792 |
| 合肥市 | Hefei | 35242418 | 19150794 | 24648016 | 27182310 | 26408927 | 8298001 | 7296265 | 207532 | 308493 | 1404272 |
| 淮北市 | Huaibei | 1845673 | 1700546 | 1149386 | 1623628 | 1460535 | 493940 | 484438 | 3292 | 313 | 124496 |
| 亳州市 | Bozhou | 1118266 | 648726 | 697098 | 902941 | 605460 | 251501 | 248406 | 6807 | 258 | 25828 |
| 宿州市 | Suzhou | 1409799 | 894256 | 787247 | 913163 | 655917 | 278800 | 267350 | 5806 | 2275 | 34506 |
| 蚌埠市 | Bengbu | 6212323 | 5187374 | 4850571 | 5277992 | 5178750 | 1742686 | 1503757 | 37603 | 3997 | 143316 |
| 阜阳市 | Fuyang | 3011464 | 1801092 | 2109704 | 1804525 | 1601200 | 538843 | 498994 | 15425 | 4491 | 58800 |
| 淮南市 | Huainan | 762784 | 534192 | 497082 | 544297 | 454138 | 150693 | 150693 | 7532 | 5001 | 30845 |
| 滁州市 | Chuzhou | 5252084 | 4616216 | 3976430 | 4798505 | 4286116 | 1146726 | 1103390 | 21569 | 9772 | 125979 |
| 六安市 | Luan | 3523836 | 2951168 | 2909742 | 3473233 | 3325652 | 1150829 | 1085005 | 28704 | 1138 | 171710 |
| 马鞍山市 | Maanshan | 6265606 | 4736811 | 3948034 | 4824174 | 4508331 | 1197319 | 1188722 | 22652 | 13873 | 217363 |
| 巢湖市 | Chaohu | 1253402 | 1074322 | 838147 | 1148483 | 1001243 | 371250 | 301694 | 10903 | 4527 | 53919 |
| 芜湖市 | Wuhu | 19832292 | 17915346 | 15699370 | 18527587 | 18193961 | 4817290 | 4756384 | 158873 | 82843 | 805343 |
| 宣城市 | Xuancheng | 3917018 | 3409305 | 3079494 | 4132436 | 3594931 | 1032694 | 959529 | 37071 | 6818 | 147719 |
| 铜陵市 | Tongling | 3890427 | 3611821 | 3383570 | 3358978 | 3318135 | 844279 | 819630 | 15713 | 22613 | 73575 |
| 池州市 | Chizhou | 1040078 | 891391 | 568503 | 1008643 | 963740 | 317126 | 172388 | 6216 | 10527 | 38213 |
| 安庆市 | Anqing | 11606769 | 6635796 | 5710869 | 6747467 | 4278205 | 2229644 | 2078583 | 39622 | 14370 | 229903 |
| 黄山市 | Huangshan | 464520 | 401520 | 301140 | 420110 | 410722 | 135300 | 121002 | 1792 | 158 | 14005 |

| 地区 | Region | 财政收入(万元) Financial Revenue (10000 yuan) | 固定资产投资总额(万元) Investment in Fixed Assets (10000 yuan) | #基础设施投资 In Infrastructure Projects | 当年新批进区外商投资企业(个) Foreign Investment Enterprises Entered this Year (unit) | 新批外商投资项目投资总额(万美元) Total Amount of Foreign Investment Items Approved Newly (USD 10000) | 当年实际利用外商直接投资(万美元) Foreign Direct Investment Amount Actually Used this Year (USD 10000) | 当年新批进区省外境内企业(个) Number of Domestic Funded Enterprises Approved into Development Areas (unit) | 合同引进省外境内资金(万元) Amount of Domestic Funds Out of Anhui Province Indroduced by Contracts (10000 yuan) | 当年实际利用省外境内资金(万元) Ammount of Domestic Funds Out of Anhui Province Accually Used this Year (10000 yuan) | 当年实际利用省内资金(万元) Ammount of Funds of Anhui Province Accually Used (10000 yuan) |
|---|---|---|---|---|---|---|---|---|---|---|---|
| **总计** | **Total** | 5164713 | 36269297 | 5452776 | 191 | 367650 | 341308 | 2923 | 41815886 | 21137637 | 7321334 |
| 合肥市 | Hefei | 1733425 | 12509967 | 2156398 | 43 | 99306 | 84505 | 387 | 9345761 | 5504836 | 1859457 |
| 淮北市 | Huaibei | 487652 | 1209900 | 87613 | 2 | 10000 | 8697 | 95 | 1399000 | 488200 | 208000 |
| 亳州市 | Bozhou | 29741 | 653193 | 139153 | | | 4402 | 102 | 776481 | 409216 | 185895 |
| 宿州市 | Suzhou | 33882 | 685450 | 119654 | 3 | 4500 | 8671 | 77 | 1088131 | 485800 | 220200 |
| 蚌埠市 | Bengbu | 229834 | 2712318 | 344683 | 12 | 12300 | 22912 | 148 | 2010574 | 1520690 | 452675 |
| 阜阳市 | Fuyang | 163136 | 573032 | 77285 | 9 | 6392 | 8998 | 170 | 1844632 | 379649 | 58020 |
| 淮南市 | Huainan | 29603 | 299139 | 68305 | 3 | 3496 | 2333 | 28 | 2030 | 130970 | 126230 |
| 滁州市 | Chuzhou | 232076 | 1589534 | 204412 | 13 | 29661 | 4089 | 258 | 2257855 | 1467459 | 448685 |
| 六安市 | Luan | 205542 | 1382553 | 243135 | 12 | 18153 | 12586 | 200 | 1744230 | 890479 | 491718 |
| 马鞍山市 | Maanshan | 264023 | 2558728 | 283611 | 12 | 18811 | 51705 | 170 | 884181 | 1251885 | 392440 |
| 巢湖市 | Chaohu | 72944 | 806943 | 136151 | 7 | 15645 | 10500 | 101 | 2497650 | 557783 | 317447 |
| 芜湖市 | Wuhu | 934148 | 4632120 | 315654 | 42 | 67288 | 57091 | 401 | 5965643 | 3997292 | 1125697 |
| 宣城市 | Xuancheng | 245256 | 1843235 | 408730 | 11 | 42364 | 16955 | 310 | 3651917 | 826001 | 120481 |
| 铜陵市 | Tongling | 105314 | 1267218 | 312924 | 5 | 21714 | 25432 | 139 | 2027791 | 654490 | 614983 |
| 池州市 | Chizhou | 86159 | 783466 | 102200 | 3 | 896 | 3294 | 87 | 3391770 | 692550 | 126478 |
| 安庆市 | Anqing | 295621 | 2637277 | 442343 | 12 | 13460 | 18312 | 216 | 2717500 | 1769400 | 553883 |
| 黄山市 | Huangshan | 16357 | 125224 | 10525 | 2 | 3664 | 826 | 34 | 210740 | 110937 | 19045 |

# 19—46 各省级开发区主要经济指标（2010年）

Main Economic Indicators of Enterprises in Development Areas (2010)

| 指标 | Item | 合肥高新技术产业开发区 Hefei New High Technology Industry Devlopment District | 合肥经济技术开发区 Hefei Economy and Technology Development District | 合肥瑶海经济开发试验区 Hefei Yaohai Economy Development District | 芜湖经济技术开发区 Wuhu Economy and Technology Development District |
|---|---|---|---|---|---|
| 全区企业经营收入（万元） | Business Income (10000 yuan) | 6830000 | 12217079 | 3928217 | 13571111 |
| 工业总产值（万元） | Gross Industrial Output Value (10000 yuan) | 5460000 | 10805533 | 1957912 | 12470055 |
| 出口总额（万美元） | Total Export (USD 10000) | 45317 | 95513 | 10710 | 105778 |
| 进口总额（万美元） | Total Import (USD 10000) | 28659 | 142248 | 130968 | 75590 |
| 税收总额（万元） | Total Tax (10000 yuan) | 286775 | 605351 | 164502 | 546466 |
| 财政收入（万元） | Financial Revenue (10000 yuan) | 296638 | 725167 | 224279 | 640128 |
| 固定资产投资总额（万元） | Investment in Fixed Assets (10000 yuan) | 1903629 | 3002282 | 3785700 | 1729500 |
| #基础设施投资额 | In Infrastructure Projets | 761451 | 317716 | 663854 | 197921 |
| **利用外商直接投资情况** | **Foreign Direct Investment** | | | | |
| 当年新批进区外商投资企业（个） | Number of Foreign Funded Enterprises Approved into Development Areas (unit) | 10 | 18 | 4 | 20 |
| 新批外部投资项目投资总额（万美元） | Foreign Investment Actually Used (USD 10000) | 7731 | 78395 | 3145 | 44102 |
| #合同外资金额 | Foreign Capital Through Contracts | 4780 | 43562 | 3145 | 21617 |
| 当年实际利用外商直接投资额（万美元） | Ammount of Accually Foreign Direet Investment at this Year (USD 10000) | 35099 | 35615 | 3432 | 37194 |
| **利用内资情况** | **Domestic Investment** | | | | |
| 当年新批进区省外境内企业（个） | Number of Domestic Funded Enterprises Approved into Development Areas (unit) | | 83 | 83 | 106 |
| 当年建成投产企业 | Built Up and Produced this Year | | 72 | | 216 |
| 合同引进省外境内资金金额（万元） | Ammount of Domestic Funds Out of Anhui Province Indroduced by Contracts (10000 yuan) | 877895 | 920337 | 5491900 | 308526 |
| 当年实际利用省外境内资金金额（万元） | Ammount of Domestic Funds Out of Anhui Province Accually Used this Year (10000 yuan) | 877895 | 675476 | 1910213 | 1035670 |

| 指标 | Item | 蚌埠高新技术产业开发区 Bengbu New High Technology Industry Devlopment District | 铜陵经济技术开发区 Tongling Economy and Technology Development District | 安庆经济技术开发区 Anqing Economy and Technology Development District | 滁州经济技术开发区 Chuzhou Economy and Technology Development District |
|---|---|---|---|---|---|
| 全区企业经营收入（万元） | Business Income (10000 yuan) | 3638500 | 3160000 | 7245400 | 2660000 |
| 工业总产值（万元） | Gross Industrial Output Value (10000 yuan) | 3079600 | 2750000 | 3090455 | 2100000 |
| 出口总额（万美元） | Total Export (USD 10000) | 34122 | 12411 | 14567 | 8770 |
| 进口总额（万美元） | Total Import (USD 10000) | 3003 | 21388 | 11441 | 6905 |
| 税收总额（万元） | Total Tax (10000 yuan) | 40037 | 48122 | 96385 | 53543 |
| 财政收入（万元） | Financial Revenue (10000 yuan) | 78567 | 67022 | 98338 | 104200 |
| 固定资产投资总额（万元） | Investment in Fixed Assets (10000 yuan) | 752500 | 859462 | 973003 | 560000 |
| #基础设施投资额 | In Infrastructure Projets | 65000 | 222478 | 153580 | 110000 |
| **利用外商直接投资情况** | **Foreign Direct Investment** | | | | |
| 当年新批进区外商投资企业（个） | Number of Foreign Funded Enterprises Approved into Development Areas (unit) | | | 5 | 10 |
| 新批外部投资项目投资总额（万美元） | Foreign Investment Actually Used (USD 10000) | | | 2079 | 22161 |
| #合同外资金额 | Foreign Capital Through Contracts | | | 9500 | 15476 |
| 当年实际利用外商直接投资额（万美元） | Ammount of Accually Foreign Direet Investment at this Year (USD 10000) | 10299 | 16014 | 7042 | 1795 |
| **利用内资情况** | **Domestic Investment** | | | | |
| 当年新批进区省外境内企业（个） | Number of Domestic Funded Enterprises Approved into Development Areas (unit) | 10 | 20 | 33 | 97 |
| 当年建成投产企业 | Built Up and Produced this Year | 5 | 5 | 19 | 67 |
| 合同引进省外境内资金金额（万元） | Ammount of Domestic Funds Out of Anhui Province Indroduced by Contracts (10000 yuan) | 456300 | 798120 | 467744 | 108800 |
| 当年实际利用省外境内资金金额（万元） | Ammount of Domestic Funds Out of Anhui Province Accually Used this Year (10000 yuan) | 432000 | 502660 | 666444 | 774517 |

## 19—47 合肥国家高新技术产业开发区企业经营状况（2010年）

Enterprises Business of Hefei National Development Zone for New and High-level Technology Industries (2010)

| 经济类型 Ownership | 企业数（家）Enterprises (unit) | 总产值（万元）Gross Output Vaue (10000 yuan) | 总收入（万元）Total Revenue (10000 yuan) | #技术性收入 Technical Revenue | 利税总额（万元）Total Pre-tax Profit (10000 yuan) | #利润 Profit | 出口创汇（万美元）Foreign Exchange Earned Through Export (USD 10000) | 年末职工人数（人）Number of Staff and Norkers at Year-end (person) | 全员劳动生产率（万元/人）Overall Labor Productivity (10000 yuan /person) |
|---|---|---|---|---|---|---|---|---|---|
| **总计 Total** | **406** | **15027822** | **14541626** | **267275** | **2877846** | **927667** | **112632** | **133387** | **37.5** |
| #三资企业 Joint, Cooperative or Exclusively Foreign-funded Ventures | 44 | 2426054 | 1993935 | 16128 | 212494 | 132251 | 34958 | 18345 | 36.9 |
| 国有经济 State-owned | 25 | 3313385 | 3688472 | 153206 | 1699697 | 234352 | 35890 | 25975 | 48.3 |
| 集体经济 Collective-owned | | | | | | | | | |
| 私营企业 Private | 159 | 540990 | 535436 | 7039 | 95088 | 59330 | 3662 | 14370 | 12.7 |
| 联营经济 Jointly-operated | | | | | | | | | |
| 股份制经济 Share Holding | 192 | 8747393 | 8323783 | 90902 | 870568 | 501735 | 38123 | 74697 | 39.8 |
| 中外合资 Sino-foreign Joint Venture | 11 | 2178703 | 1808499 | 8332 | 162817 | 100136 | 25959 | 14907 | 49.7 |
| 港澳台侨与大陆合资 China-Hong Kong/macao/ Taiwan Joint Venture | 8 | 144030 | 120679 | | 26622 | 22115 | 8480 | 1816 | 22.6 |
| 港澳台侨独资企业 H.K/Macao/Taiwan Funded | 3 | 76831 | 37664 | | 19236 | 7582 | | 746 | 35.0 |
| 其他经济 Others | 8 | 26490 | 27093 | 7796 | 3818 | 2417 | 518 | 876 | 10.5 |

## 19—48 合肥国家高新技术产业开发区产品概况（2010年）

Products of Hefei National Development Zone for New and High-level Technology Industries (2010)

单位：万元 (10000 yuan)

| 技术领域 | Field of Technology | 产品数（种）Quantity of Products (kind) | 产值 Output Value | 年销售收入 Annual Sales Revenue | 出口额 Volume of Export |
|---|---|---|---|---|---|
| **总计** | **Total** | **739** | **12305378** | **11154147** | **67835** |
| 电子与信息 | Electronics and Information Industry | 240 | 417043 | 401286 | 5475 |
| 生物医药技术 | Biology and Medicine | 90 | 406202 | 329293 | 4040 |
| 新材料 | New Materials | 44 | 296073 | 287791 | 7023 |
| 光机电一体化 | Photoelectric, Mechanical and Electrical products | 205 | 7523836 | 6462828 | 37921 |
| 新能源高效节能 | New Energy Sources and Energy Saving Devices | 39 | 891568 | 806151 | 12276 |
| 环境保护 | Environmental Protection | 16 | 44344 | 43495 | |
| 航空航天技术 | Aviation Technology | 6 | 3217 | 2797 | |
| 核应用技术 | Nuclear Application Technology | 10 | 2079 | 1926 | |
| 其他高技术 | Other High-level Technology | 66 | 434940 | 541083 | 873 |
| 非高技术 | Unhigh-level Technology | 23 | 2286076 | 2277497 | 227 |

## 19—49 全省监督抽查产品质量情况
Results of Sampling Check on Product Quality Under Provincial Supervision

| 年 份 Year | 抽查企业（个）Number of Enterprises Selected (unit) | 无不合格品企业数（个）Number of Enterprises Without Products Unqualified | 抽查产品 Products Selected in Sampling（类）Number of Types | （种）Number of Kinds | 合格产品（批次）Number of Products Qualified (kind) | 样品合格率（%）Rate of Sample Products Qualified (%) |
|---|---|---|---|---|---|---|
| 1995 | 714 | 427 | 47 | 1083 | 716 | 66.10 |
| 2000 | 34063 | 94204 | 12 | 102 | | |
| 2005 | 16282 | 12966 | 12 | 99 | 14656 | 80.59 |
| 2006 | 16701 | 13666 | 12 | 99 | 15495 | 83.03 |
| 2007 | 15964 | 2539 | 12 | 102 | 15558 | 85.59 |
| 2008 | 17021 | 15001 | 12 | 114 | 16665 | 88.14 |
| 2009 | 19424 | 17100 | 12 | 103 | 21981 | 89.34 |
| 2010 | 11459 | 10154 | 12 | 110 | 12954 | 90.77 |

注：2000年的34063、94204均为产品品种数。
a) Data "34062、94204" of 2000 are number of Kinds of Products.

## 19—50 技术市场成交情况
Business of Technological Markets

| 项 目 | Item | 成交项目（项）Transaction Projects (item) 2009 | 2010 | 成交金额（万元）Transaction Value (10000 yuan) 2009 | 2010 |
|---|---|---|---|---|---|
| **总 计** | **Total** | **5888** | **4831** | **356174** | **461470** |
| **按卖方分** | **By Selling Party** | | | | |
| 企业法人 | Enterprise Artificial Person | 2498 | 2121 | 295849 | 396645 |
| 事业法人 | Institution Artificial Person | 3386 | 2702 | 59929 | 63568 |
| 社团法人 | Social Organization Artificial Person | 2 | 8 | 315 | 1257 |
| 自然人 | Natural Person | 2 | | 80 | |
| 机关法人 | Agencies & Organization Artificial Person | | | | |
| 其 他 | Others | | | | |
| **按买方分** | **By Buying Party** | | | | |
| 企业法人 | Enterprise Artificial Person | 4556 | 3644 | 314477 | 419802 |
| 事业法人 | Institution Artificial Person | 861 | 796 | 24387 | 25111 |
| 社团法人 | Social Organization Artificial Person | 15 | 9 | 386 | 55 |
| 自然人 | Natural Person | 6 | 10 | 214 | 439 |
| 机关法人 | Agencies & Organization Artificial Person | 429 | 352 | 15920 | 15166 |
| 其 他 | Others | 21 | 20 | 790 | 896 |

## 19—51 产品质量监督检查情况（2010年）
Results of The Quality of Products and Commodities Under State Supervision (2010)

| 项 目 | Item | 产品质量 Product Quality 监督检验企业数（个）Number of Enterprises Supervised & Checked (unit) | 有不合格产品企业所占比例（%）Proportion of Enterprises With Products Unqualified (%) | 批次合格率（%）Rate of Batch-time Qualified (%) |
|---|---|---|---|---|
| **总 计** | **Total** | **11459** | **11.39** | **90.77** |
| **农用产品** | **Agricultural Products** | **576** | **11.98** | **89.70** |
| 拖拉机 | Tractor | 9 | | 100.00 |
| 农业用运输车 | Transport Vehicle Used in Agricultural | 9 | 22.22 | 77.78 |
| 农用配件 | Fitting Used in Agricultural | 10 | | 100.00 |
| 农用化肥 | Chemical Fertilizers | 374 | 13.64 | 88.24 |
| 化学农药 | Chemical Pesticides | 66 | 4.55 | 96.70 |
| 饲 料 | Forages | 72 | 11.11 | 90.48 |
| 农用薄膜 | Agricultural Films | 2 | | 100.00 |
| 种 子 | Seeds | 34 | 14.71 | 83.33 |
| **加工食品和饮料** | **Food and Beverage** | **7** | **14.29** | **90.91** |
| 食用盐 | Table Salt | 1 | | 100.00 |
| 白酒 | White Spirit | 5 | 20.00 | 88.89 |
| 其他食品 | Other | 1 | | 100.00 |
| **家用电器** | **Household Electric Appliances** | **108** | **6.48** | **95.08** |
| 洗衣机 | Washer | 9 | 11.11 | 96.88 |
| 吸油烟机 | Range hood | 2 | | 100.00 |
| 冰箱、冷藏冷冻箱 | Refrigerator, Household Freezer | 27 | 11.11 | 92.38 |
| 空调器 | Air-conditioner | 6 | 0.00 | 100.00 |
| 电热器具 | Electric Heating Appliances | 17 | 17.65 | 82.35 |
| 其他家用电器 | Other | 47 | | 100.00 |
| **轻工产品** | **Light Industrial Products** | **2489** | **7.96** | **93.71** |
| 纸 | Paper | 56 | 8.93 | 89.66 |
| 纸制品 | Paper Products | 113 | 11.50 | 90.27 |
| 玩 具 | Toy | 24 | 4.17 | 95.83 |
| 家 具 | Furniture | 188 | 12.23 | 88.67 |
| 眼镜（架、片） | Spectacles (glass & frame) | 1287 | 4.20 | 96.22 |
| 灯泡灯管 | Electric Bulbs & Fluorescence Tubes | 17 | | 100.00 |
| 镇流器 | Ballast | 5 | | 100.00 |
| 电热燃气淋浴器 | Electric Heating Fuel Gas Shower | 3 | | 100.00 |
| 铝制品，压力锅 | Aluminum Product, Pressure Cooker | 4 | | 100.00 |
| 玻璃制品 | Glass Product | 59 | 10.17 | 92.86 |
| 日用五金 | Daily Hardware | 42 | 4.76 | 96.30 |
| 燃气灶具 | Cooking Utensils of Gas | 13 | | 100.00 |
| 金银首饰 | Jewelry of Gold and Silver | 2 | | 100.00 |
| 合成洗涤剂 | Synthetic Detergent | 18 | | 100.00 |
| 化妆品 | Cosmetics | 7 | | 100.00 |
| 橡胶，塑料制品 | Rubber, Plastic Product | 175 | 15.43 | 85.49 |
| 其他轻工产品 | Other | 476 | 14.08 | 91.85 |
| **纺织、鞋类产品** | **Textile and Shoes** | **225** | **15.11** | **87.46** |
| 布（印染、色织、坯布） | Cloth | 42 | 33.33 | 66.67 |
| 服装 | Clothing | 96 | 13.54 | 92.67 |
| 棉纺织 | Cotton Product | 8 | | 100.00 |
| 毛织品 | Woolen Product | 1 | | 100.00 |
| 皮革及制品 | Leather and Product | 3 | | 100.00 |

**19—51 续表 continued**

| 项　　目 | Item | 产品质量 Product Quality 监督检验企业数(个) Number of Enterprises Supervised & Checked (unit) | 有不合格产品企业所占比例(%) Proportion of Enterprises With Products Unqualified (%) | 批次合格率(%) Rate of Batch-time Qualified (%) |
|---|---|---|---|---|
| 丝麻织品 | Silk & Fabrics | 17 | | 100.00 |
| 其他轻纺产品 | Other Textile Product | 58 | 12.07 | 80.56 |
| **化工产品** | **Chemical Products** | **480** | **8.75** | **92.03** |
| 涂料，油漆 | Paint | 191 | 9.95 | 91.76 |
| 染　料 | Dye | 14 | 7.14 | 95.45 |
| 化学试剂 | Chemical Reagent | 24 | 16.67 | 86.67 |
| 其他化工产品 | Other Chemical Industry Product | 251 | 7.17 | 92.58 |
| **建材产品** | **Building Raw Materials** | **5439** | **14.38** | **87.91** |
| 水　泥 | Cement | 483 | 2.28 | 98.65 |
| 水泥预制构件 | Cement Prefabricated Components | 945 | 6.77 | 93.47 |
| 砖　瓦 | Bricks & Tiles | 3060 | 17.84 | 84.48 |
| 平板玻璃 | Plate Glass | 18 | | 100.00 |
| 水暖管件 | Waterpipe | 88 | 6.82 | 92.31 |
| 卫生建筑陶瓷 | Health Structural Ceramics | 23 | 13.04 | 86.96 |
| 装饰材料 | Decorating Materials | 17 | 11.76 | 95.45 |
| 石棉制品 | Asbestos Products | 1 | | 100.00 |
| 人造板 | Building Board | 287 | 13.94 | 85.28 |
| 其他建材产品 | Other Building Product | 517 | 21.28 | 82.01 |
| **机械、电器产品** | **Mechanical and Electrical Products** | **1238** | **3.63** | **96.96** |
| 轴　承 | Bearings | 30 | 3.33 | 97.50 |
| 阀门、泵 | Valves | 69 | | 100.00 |
| 电线、电缆 | Electric Wire | 367 | 2.45 | 98.16 |
| 通用设备 | General Equipment | 22 | | 100.00 |
| 电动工具 | Power Tool | 4 | | 100.00 |
| 工业专用设备 | Industry Special Purpose Equipment | 26 | | 100.00 |
| 电工仪器仪表 | Electrician Instruments and Meters | 152 | 3.95 | 96.72 |
| 低压电器元件 | Low-voltage Electric Elements | 164 | 7.32 | 93.58 |
| 消防器材 | Fire Equipment | 3 | 33.33 | 66.67 |
| 安全防范设备 | Safe Guard Equipment | 18 | 5.56 | 94.74 |
| 电动机，柴油机 | Electric Motor, Diesel Engine | 16 | | 100.00 |
| 汽车，摩托车 | Automobile, Motorcycle | 73 | | 100.00 |
| 自行车 | Bicycle | 86 | 9.30 | 92.86 |
| 其他机电产品 | Other Mechanical and Electrical Product | 208 | 3.37 | 96.05 |
| **冶金产品及金属制品** | **Metallurgical and Metal Products** | **431** | **18.79** | **85.91** |
| 线　材 | Wire Rod | 90 | 15.56 | 88.43 |
| 型　材 | Section Steel | 37 | 2.70 | 98.11 |
| 其他冶金产品 | Other Metallurgical Product | 304 | 21.71 | 83.65 |
| **能源产品** | **Energy product** | **258** | **8.91** | **92.36** |
| 原　煤 | Raw Coal | 138 | 7.97 | 92.72 |
| 焦　炭 | Coke | 9 | | 100.00 |
| 汽油，柴油 | Gasoline, Diesel | 40 | 10.00 | 93.33 |
| 其他能源产品 | Other Energy Product | 71 | 11.27 | 89.87 |
| **医疗器械** | **Medical instrument** | **18** | | **100.00** |
| 普通医疗器械 | Ordinary Medical Instrument | 4 | | 100.00 |
| 其他医疗器械产品 | Other Medical Instrument Product | 14 | | 100.00 |
| **其他产品** | **Others** | **190** | **12.11** | **95.26** |

## 19—52 三种专利申请受理、授权量
Three Types of Patent Applications Examined and Authorized

单位：项 (item)

| 指　标 | Item | 2000 | 2005 | 2009 | 2010 |
|---|---|---|---|---|---|
| **申请受理量合计** | **Total Applications Examined** | **1877** | **3516** | **16386** | **37780** |
| 发　明 | Creations and Inventions | 301 | 903 | 4465 | 6396 |
| 实用新型 | Utility Models | 1080 | 1715 | 7065 | 14417 |
| 外观设计 | Designs | 496 | 898 | 4856 | 16967 |
| **在三种专利申请中** | **Of the Three Tyree Types of Patent Application** | | | | |
| 个　人 | Individual | 1423 | 2282 | 6306 | 15316 |
| 大专院校 | Universities and Colleges | 72 | 209 | 682 | 981 |
| 科研单位 | Research Institutions | 75 | 167 | 499 | 719 |
| 工矿企业 | Industrial and Mineral Enterprises | 300 | 839 | 8830 | 20600 |
| 机关团体 | Government Agencies and Organizations | 7 | 19 | 69 | 164 |
| **申请授权量合计** | **Total Applications Authorized** | **1482** | **1939** | **8594** | **16012** |
| 发　明 | Creations and Inventions | 104 | 238 | 795 | 1111 |
| 实用新型 | Utility Models | 894 | 1072 | 4226 | 8839 |
| 外观设计 | Designs | 484 | 629 | 3573 | 6062 |
| **在三种专利申请中** | **Of the Three Tyree Types of Patent Application** | | | | |
| 个　人 | Individual | 1085 | 1234 | 3487 | 4852 |
| 大专院校 | Universities and Colleges | 30 | 85 | 312 | 503 |
| 科研单位 | Research Institutions | 58 | 70 | 203 | 364 |
| 工矿企业 | Industrial and Mineral Enterprises | 302 | 537 | 4576 | 10254 |
| 机关团体 | Government Agencies and Organizations | 7 | 13 | 16 | 39 |

## 19—53 各市三种专利申请受理、授权量（2010年）

Three Types of Patent Applications Examined and Authorized by Region (2010)

单位：项 (item)

| 地 区 | Region | 申请受理量合计 Total Applications Examined | 发明 Creations and Inventions | 实用新型 Utility Models | 外观设计 Designs | 在三种专利申请中 Of the Three Tyree Types of Patent Application: 个人 Individual | 大专院校 Universities and Colleges | 科研单位 Research Institutions | 工矿企业 Industrial and Mineral Enterprises | 机关团体 Government Agencies and Organizations |
|---|---|---|---|---|---|---|---|---|---|---|
| **总 计** | **Total** | 37780 | 6396 | 14417 | 16967 | 15316 | 981 | 719 | 18753 | 164 |
| 合肥市 | Hefei | 14459 | 2098 | 4260 | 8101 | 6616 | 631 | 481 | 6601 | 130 |
| 淮北市 | Huaibei | 372 | 92 | 244 | 36 | 216 | 3 | 7 | 146 | |
| 亳州市 | Bozhou | 599 | 159 | 210 | 230 | 329 | | | 270 | |
| 宿州市 | Suzhou | 467 | 137 | 264 | 66 | 283 | | | 161 | 23 |
| 蚌埠市 | Bengbu | 2291 | 497 | 795 | 999 | 1296 | 9 | 55 | 930 | 1 |
| 阜阳市 | Fuyang | 1404 | 259 | 589 | 556 | 945 | 1 | 2 | 456 | |
| 淮南市 | Huainan | 1359 | 241 | 482 | 636 | 693 | 61 | 12 | 593 | |
| 滁州市 | Chuzhou | 1641 | 191 | 802 | 648 | 343 | 1 | | 1295 | 2 |
| 六安市 | Luan | 826 | 144 | 463 | 219 | 268 | | | 558 | |
| 马鞍山市 | Maanshan | 1222 | 325 | 651 | 246 | 397 | 51 | | 774 | |
| 巢湖市 | Chaohu | 679 | 67 | 422 | 190 | 161 | | | 518 | |
| 芜湖市 | Wuhu | 7720 | 1391 | 2929 | 3400 | 2133 | 204 | 160 | 3372 | 4 |
| 宣城市 | Xuancheng | 1756 | 183 | 561 | 1012 | 996 | | | 760 | |
| 铜陵市 | Tongling | 1148 | 286 | 700 | 162 | 131 | 4 | | 1013 | |
| 池州市 | Chizhou | 782 | 75 | 444 | 263 | 205 | 3 | 1 | 572 | 1 |
| 安庆市 | Anqing | 636 | 148 | 348 | 140 | 249 | 2 | | 384 | 1 |
| 黄山市 | Huangshan | 419 | 103 | 253 | 63 | 55 | 11 | 1 | 350 | 2 |

| 地 区 | Region | 申请授权量合计 Total Applications Authorized | 发明 Creations and Inventions | 实用新型 Utility Models | 外观设计 Designs | 在三种专利申请中 Of the Three Tyree Types of Patent Application: 个人 Individual | 大专院校 Universities and Colleges | 科研单位 Research Institutions | 工矿企业 Industrial and Mineral Enterprises | 机关团体 Government Agencies and Organizations |
|---|---|---|---|---|---|---|---|---|---|---|
| **总 计** | **Total** | 16012 | 1111 | 8839 | 6062 | 4852 | 503 | 364 | 10254 | 39 |
| 合肥市 | Hefei | 4007 | 485 | 2091 | 1431 | 836 | 265 | 237 | 2656 | 13 |
| 淮北市 | Huaibei | 251 | 22 | 196 | 33 | 140 | 1 | 2 | 101 | 7 |
| 亳州市 | Bozhou | 319 | 8 | 111 | 200 | 175 | | | 144 | |
| 宿州市 | Suzhou | 216 | 17 | 154 | 45 | 148 | | 1 | 59 | 8 |
| 蚌埠市 | Bengbu | 929 | 64 | 490 | 375 | 567 | | 33 | 329 | |
| 阜阳市 | Fuyang | 469 | 17 | 283 | 169 | 319 | | 1 | 149 | |
| 淮南市 | Huainan | 690 | 13 | 375 | 302 | 349 | 33 | 6 | 302 | |
| 滁州市 | Chuzhou | 1037 | 25 | 485 | 527 | 253 | | | 784 | |
| 六安市 | Luan | 436 | 6 | 238 | 192 | 171 | | | 265 | |
| 马鞍山市 | Maanshan | 836 | 92 | 536 | 208 | 308 | 32 | 1 | 495 | |
| 巢湖市 | Chaohu | 382 | 11 | 310 | 61 | 106 | | | 273 | 3 |
| 芜湖市 | Wuhu | 3884 | 265 | 1983 | 1636 | 720 | 167 | 82 | 2913 | 2 |
| 宣城市 | Xuancheng | 881 | 32 | 381 | 468 | 325 | | 1 | 551 | 4 |
| 铜陵市 | Tongling | 749 | 12 | 588 | 149 | 119 | 1 | | 629 | |
| 池州市 | Chizhou | 248 | 2 | 172 | 74 | 56 | | | 192 | |
| 安庆市 | Anqing | 366 | 17 | 230 | 119 | 222 | 1 | | 143 | |
| 黄山市 | Huangshan | 312 | 23 | 216 | 73 | 38 | 3 | | 269 | 2 |

# 主要统计指标解释

**普通高等学校**

指按照国家规定的设置标准和审批程序批准举办，通过国家统一招生考试，招收高中毕业生为主要培养对象，实施高等教育的全日制大学、独立设置的学院和高等专科学校、短期职业大学。

**成人高等学校**

指按照国家有关规定审批，招收通过全国成人高教统一招生考试的具有高中毕业或同等学历的在职从业人员，利用脱产、半脱产、业余或函授等多种形式对其实施高等学历教育，培养高等教育专科或本科毕业水平的专门人才，修业年限、课程设置和总学时数均按高等学历教育要求付诸实施的学校。包括广播电视大学、职工高等学校、农民高等学校、管理干部学院、教育学院、独立设置的函授学院等。

**小学学龄儿童入学率**

指调查范围内已入小学学习的学龄儿童占校内外学龄儿童总数（包括弱智儿童，不包括盲聋哑儿童）的比重。计算公式为：

小学学龄儿童入学率＝已入学的小学学龄儿童数/校内外小学学龄儿童总数×100%

**独立研究与开发机构**

指有明确的任务和研究方向，有一定学术水平的业务骨干和一定数量的研究人员，具有研究、开发、开展学术工作的基本条件，主要进行科学研究与技术开发活动，并且在行政上有独立的组织形式，财务上独立核算盈亏，有权与其他单位签订合同，在银行有单独户头的单位。包括国务院各部门、中国科学院、中国社会科学院和各省、自治区、直辖市以及地（市）以上〔含地（市）〕各部门所属的国有科学研究与技术开发机构。

**独立研究与开发机构职工**

指在独立研究与开发机构工作，并由其支付工资的人员。包括长期职工、临时职工和招聘人员，不包括编制以外的离休、退休人员和停薪留职人员。

**研究与发展经费支出**

指用于研究与发展课题活动（基础研究、应用研究、实验发展）的全部实际支出，包括用于研究与发展课题活动的直接支出和间接用于研究与发展活动的支出（如研究院、所管理费，维持研究院、所正常运转的必需费用和与研究发展有关的基本建设支出）。

**科学家和工程师**

指具有大学本科及以上学历和不具备上述学历但有高、中级职称的人员。

**其他科技人员**

指大专、中专毕业和具有初级职称的从事科技活动人员。

**专业技术人员**

指已取得科学技术职称，或大学、中专的理、工、农、医科系毕业，以及国民经济各部门从工作实践中提拔，从事理、工、农、医等自然科学技术的研究、教学、生产的专业人员和在机关、企业、事业中从事科学技术业务管理工作的专业人员。

**工程技术人员**

指在国民经济各行业中从事工程技术工作的自然科学技术专业人员，包括高级工程师、工程师、助理工程师、技术员和未评定职称的技术人员。

**农业技术人员**

指在国民经济各行业中从事农业技术工作的自然科学技术专业人员，包括高级农艺师、农艺师、助理农艺师、技术员和未评定职称的技术人员。

**卫生技术人员**

指在国民经济各行业中从事卫生医务工作的自然科学技术专业人员，包括正副主任医师、主治医师、医师、医（护）士和未评定职称的技术人员。

**科学研究人员**

指在国民经济各行业中从事科学技术活动的自然科学技术专业人员，包括正副研究员、助理研究员、研究实习员、技术员和未评定职称的技术人员。

**自然科学教学人员**

指在国民经济各行业中从事自然科学技术教学活动的专业人员，包括正副教授、讲师、助教、教师和在中学从事自然科学技术教学活动的人员。

**发明**

是专利法及其实施细则所称的发明，指对有关产品、方法或其改进所提出的新的技术方案。

**实用新型**

是专利法及其实施细则所称的实用新型，指对产品的形状、构造或者其结合所提出的适于实用的新的技术方案。

**外观设计**

是专利法及其实施细则所称的外观设计，指对产品的形状、图案、色彩或者其结合所作出的富有美感并适于工业上应用的新设计。

# Explanatory Notes for Major Statistical Indicators

**Regular Institutions of Higher Learning**

refer to educational establishments set up according to the government evaluation and approval procedures, enrolling graduates from senior secondary schools and providing higher education courses and training for senior professionals. They include full-time universities, colleges, high professional schools and short-term professional universities.

**Institutions of Higher Learning for Adults**

refer to educational establishments, set up in line with relevant rules approved by the government, enrolling staff and workers with senior secondary school or equivalent education, and providing higher education courses in many forms of full time, part time, spare time, or correspondence for adults. Professionals thus trained receive a qualification equivalent to graduates studying regular courses at regular universities, colleges and professional colleges. Institutions of higher learning for adults include Radio and TV universities, schools of high education for staff and workers and peasants, colleges for management cadres, pedagogical colleges, independent correspondence colleges.

**Enrollment Rate of Primary School age Children**

refers to the proportion of school age children enrolled at schools to the total number of school age children both in and outside schools (including retarded children, but excluding blind, deaf and mute children). The formula is:

Enrollment Rate of Primary School age Children=(Total Primary School age Children at Schools)/(Total Primary School age Children Both at and Outside Schools)×100%

**Independent Research and Development Institutions**

refer to the state owned institutions which have direct mission and research purpose, a certain number of core member with higher research level and a certain number of research personnel, necessary conditions for R & D activities and engaging in scientific research and technological development. The institutions also have their own independent organization and finance, authority to sign contracts with other units, with their own accounts in banks. Independent research and development institutions include the institutions attached to central government agencies, Chinese Academy of Sciences. Chinese Academy of Social Sciences and the institutions attached to local governments.

**Personnel of Independent Research and Development Institutions**

refers to the persons working in and receiving payment from research and development institutions. It includes regular full-time and temporary staff and workers and employees working on contracts, but excludes retirees and persons leaving their work without payment but still retaining their posts, who are not on the employee list.

**Total Expenditure on Research and Development**

refers to all actual expenditure made for R&D (basic research, applied research and experimental development) in reference period. It includes direct expenditure on R&D and indirect expenditure on R&D (including management and necessary administrative expenses of research institutes, investment in capital construction relating to R & D).

**Scientists and Engineers**

refer to persons who have completed university or higher education or obtained titles of senior and middle level professional positions.

**Other Technical Personnel**

refers to persons involved in science and technology with secondary specialized education or three-year college education and persons with junior professional titles.

**Natural Scientific and Technical Personnel**

refers to those professionals holding scientific and technical titles or taking such positions, or being graduated from departments of science, engineering, agriculture and medicine, and/or having been promoted in practice in different sectors of the national economy and working on research, teaching and production technique in the scientific and technological fields such as science, engineering, agriculture and medicine, etc. and the professionals doing administrative work related to science and technology in government agencies, enterprises and institutions.

**Engineering Professionals**

refer to the persons who are engaged in engineering science and technology in different sectors of the national economy, including senior engineers, engineers, assistant engineers, technicians and technical personnel without professional titles.

**Agricultural Professionals**

refer to the persons who are working on the science of agriculture in different sectors of the national economy, including senior agronomists, agronomists, assistant agronomists, technicians and technical personnel without professional titles.

**Public Health Professionals**

refer to the persons who are engaged in medical and health work in different sectors of the national economy, including director doctors and their deputies, doctors in charge, doctors, paramedics, nurses and technical personnel without professional titles.

**Scientific Research Personnel**

refers to those personnel engaged in scientific and technical activities in different sectors of the national economy, including research fellows and their deputies, assistant research fellows, research trainees, technicians and technical personnel without professional titles.

**Teaching Personnel of Natural Sciences**

refers to those professionals engaged in the teaching of natural science and technology in different sectors of the national economy, including professors, associate professors, lecturers, teaching assistants, teachers and teaching personnel in science and technology in middle schools.

**Inventions**

refer to the inventions as specified by the patent law and its detailed rules and regulations for implementation. They refer to the new technical proposals to the products or methods or their modifications.

**Utility Models**

refer to the utility models as specified by the patent law and its detailed rules and regulations for implementation. They refer to the practical and new technical proposals on the shape and structure of the product or the combination of both.

**Designs**

refer to the designs as specified by the patent law and its detailed rules and regulation for implementation. They refer to the aesthetics and industry applicable new designs for the shape, pattern and color of the product, or their combinations.

# 第 二十 篇

Chapter 20

# 文化、体育、卫生、社会福利和其他

CULTURE, SPORTS, PUBLIC HEALTH, SOCIAL WELFARE AND OTHERS

## 简要说明

一、本篇主要反映我省文化、体育、卫生、社会福利及其他事业发展情况。

文化：主要包括艺术、图书馆、群众文化、文物、广播、电视、新闻出版等文化事业的机构、人员及业务活动情况。资料主要来自省文化厅、省广播电影电视局、省新闻出版局。

体育：包括群众体育和竞技体育，主要内容有体育系统职工、运动员、教练员和裁判员等人数，体育场地数等。

卫生：主要内容为卫生机构、人员、床位数，医院诊疗人次及入院人数。

社会福利：主要包括社会福利事业的机构人员、社会福利救济、婚姻状况等情况。

其他：主要包括历届省人大、政协基本情况、司法情况、交通事故、火灾事故情况等。

二、上述资料分别由省体育局、卫生厅、民政厅、公安厅等部门提供，是根据有关部门制定的统计报表制度进行统计、汇总整理而成的。这些统计报表制度包括体育事业统计报表制度，卫生事业统计报表制度，民政事业统计报表制度，公安统计报表制度等，一般都是逐级汇总上报。

## Brief Introduction

I. Data in this chapter show the development of culture, sports, public health, social welfare and other undertakings.

Culture: Data on culture cover mainly the situations on institutions, personnel and business activities of arts, libraries, mass culture, cultural relics, broadcasting, films, televisions, news and publication etc. By the Provincial Department of Culture. By the Provincial Administration of Broadcasting, film and Television. By the Provincial Press and Publication House.

Sports: Data cover mass sports (sports for all) and athletics sports, including mainly the number of staff and workers in sports departments, number of athletes, coaches and referees, number of stadiums and gymnasiums etc.

Public health: Data include mainly the number of institutions, personnel, hospital beds, number of patients treated and in[a2]patients.

Social welfare: Data include mainly the number of institutions and personnel, social welfare relief, and marital status etc.

Others: Data cover mainly the number of deputies of the Provincial People's Political Consultative Conferences over the sessions, the judicial conditions, basic statistics on traffic accidents and fires.

II. The above[a2]mentioned data are provide by the Provincial Commission of Sports, Department of Public Health, Department of Civil Affairs and the Department of Public Security, etc. Data are collected and tabulated in accordance with the statistical reporting schemes stipulated by the departments concerned, including the statistical reporting schemes on sports, public health, civil administration, organization of trade unions and public security. Data are generally reported to the higher authorities level by level.

## 20—1　文化艺术和文物事业机构、人员情况（2010年）
Number of Institutions and Personnel in Culture, Art and Cultural Relies (2010)

| 机构类别 | Category of Institution | 机构数（个）Number of Institutions (unit) | 从业人员（人）Number of Persons Engaged (person) |
|---|---|---|---|
| **文化及相关产业** | **Culture and Relative Industry** | **13395** | **84127** |
| 艺术事业 | Art Institutions | 160 | 3890 |
| 艺术表演团体 | Art Performance Troupes | 55 | 2483 |
| 话剧、儿童剧、滑稽剧团 | Drama, Children, Plays and Comedy Troupes | 1 | 32 |
| 歌剧、舞剧、歌舞剧团 | Opera, Ballet and Dance Troupes | 3 | 137 |
| 歌舞团、轻音乐团 | Song and Dance Troupe, Light Muscic Troupe | 6 | 449 |
| 文工团、文宣队、乌兰牧骑 | Cultural and Performance Troupes and Ulanmuchi (equestrain art troupes) | 2 | 61 |
| 戏曲剧团 | Local Opera Troupes | 33 | 1345 |
| #京　剧 | Beiking Opera Troupes | 2 | 171 |
| 曲艺、杂技、木偶、皮影团 | Recitation and Ballad Troupes, Acrobatics and Circus Troupes, Puppet Show Troupes and Shadow Play Troupes | 4 | 148 |
| 艺术表演场所 | Art Centers | 39 | 742 |
| 剧场、影剧院 | Theaters and Music Halls | 35 | 593 |
| 图书馆事业 | Libraries | 88 | 1239 |
| 群众文化事业 | Mass Culture | 1509 | 5295 |
| 省级文化馆、群众艺术馆 | Provincial Cultural Building & People's Art Center | 1 | 37 |
| 地市级文化馆、群众文化馆 | Prefeture-level City  Cultural Building & People's Art Center | 14 | 252 |
| 县、市文化馆 | County & City Cultural Building | 105 | 1207 |
| 文化站 | Cultural Stations | 1389 | 3799 |
| 乡镇文化站 | Township Cultural Stations | 1264 | 3493 |
| 艺术教育事业 | Culture and Education | 6 | 528 |
| 文化市场经营单位 | Cultural Market Management Unit | 9979 | 51244 |
| 文艺科研 | Literary and Scientific Research | 11 | 97 |
| 文化科技研究 | Cultural Science and  Technology Research | 4 | 51 |
| 综合性艺术研究 | Comprehensive Artistic Research | 3 | 16 |
| 地方戏艺术研究 | Local Opera art Research | 3 | 23 |
| 其他科研机构 | Other Scientific Research Institution | 1 | 7 |
| **文物业** | **Cultural Relics** | **212** | **2434** |
| 文物机构合计 | Total of Cultural Relic Organization | 90 | 818 |
| 文物保护管理机构 | Cultural Relic Protection Management Organization | 84 | 535 |
| 文物科研机构 | Scientific and Research Historical Relics Agency | 1 | 46 |
| 其他文物机构 | Other Historical Relics Agency | 5 | 237 |
| 博物馆合计 | Museums | 120 | 1548 |
| 艺术类博物馆 | Comprehensive Museum | 4 | 36 |
| 综合性博物馆 | Historical Museum | 63 | 983 |
| 历史类博物馆 | Other Museum | 36 | 358 |
| 文物商店 | Cultural Relics Agencies | 2 | 68 |

## 20—2 艺术表演团体演出情况（2010年）

Basic Statistics on Performance of Art Troupes (2010)

| 种 类 | Item | 演出场数（场）Number of Performances (shows) | #到农村演出 Shows in Rural Areas | 国内演出观众人数（千人次）Number of Audience While Perfoming at Home (1000 person-times) |
|---|---|---|---|---|
| **总 计** | **Total** | **11247** | **3719** | **9341** |
| 国有剧团 | Troupes Sponsored by State-owned Units | 11090 | 3588 | 9054 |
| 集体经营剧团 | Troupes Sponsored by Collective Units | 157 | 131 | 202 |
| **按剧种分** | **Art Troupes** | | | |
| 话剧、儿童剧、滑稽剧团 | Drama, Children, Plays and Comedy Troupes | 145 | 30 | 140 |
| 歌剧、舞剧、歌舞剧团 | Opera, Ballet and Dance Troupes | 153 | 47 | 262 |
| 歌舞团、轻音乐团 | Song and Dance Troupe, Light Music Troupe | 738 | 246 | 623 |
| 文工团、文宣队、乌兰牧骑 | Cultural and Performance Troupes and Ulanmuchi (equestrian art troupes) | 164 | 125 | 630 |
| 戏曲剧团 | Local Opera Troupes | 4593 | 2688 | 5038 |
| 曲艺、杂技、木偶、皮影团 | Recitation and Ballad Troupes, Acrobatics and Circus Troupes, Puppet Show Troupes and Shadow Play Troupes | 4515 | 2140 | 1109 |

## 20—3 群众艺术馆、文化馆站业务活动及经费情况（2010年）

Basic Statistics on Activities and Expenditures of Mass Art Centers and Cultural Centers (2010)

| 项 目 | | Item | | 总 计 Total | 群众艺术馆、文化馆 Mass Art Centers Cultural Centers | 文化站 Cultural Stations |
|---|---|---|---|---|---|---|
| 单位数 | （个） | Number of Units | (unit) | 1509 | 120 | 1389 |
| 举办展览 | （个） | Exhibition | (unit) | 3738 | 615 | 3123 |
| 组织文艺活动 | （次） | Art Performances and Story-telling Sessions | (times) | 11937 | 3516 | 8421 |
| 举办训练班 | | Training Coirses | | | | |
| 班 次 | （次） | Number of Classes | (times) | 9481 | 2234 | 7247 |
| 结业人次 | （人次） | Number of Persons Completing Courses | (person-times) | 498750 | 134740 | 364010 |
| 群众艺术馆、文化馆负责指导单位 | | Units Responsible for Guiding Mass Art Centers and Cultural Centers | | | | |
| 馆办文艺团体 | （个） | Literature Groups Hold by Art and Cultural Buildings | | 188 | 188 | |
| 群众业余演出团、队 | （个） | Part-time Art Groups | (unit) | 5720 | 2722 | 2998 |
| 总支出 | （万元） | Total Expenditures | (10000 yuan) | 24326 | 9866 | 14460 |

## 20—4 公共图书馆业务活动及经费情况（2010年）
Facilities, Services and Expenditures of Public Libraries (2010)

| 项目 | Item | 总计 Total | 省级公共图书馆 Public Libraries at Provincial Level | 地市级公共图书馆 Public Libraries at Prefectural Level | 县级公共图书馆 Public Libraries at County Level |
|---|---|---|---|---|---|
| 公共图书馆 （个） | Number of Public Libraries (unit) | 88 | 1 | 15 | 72 |
| 总藏量 （千册） | Total Collections (1000 volumes) | 12358 | 3156 | 4057 | 5144 |
| 图　书 | Books | 9463 | 2190 | 2987 | 4286 |
| #古　籍 | Ancient Works | 637 | 353 | 163 | 121 |
| 报　刊 | Newspapers and Periodicals | 1550 | 281 | 652 | 618 |
| 开架书刊 （千册） | Open Books and Periodicals (1000 volumes) | 3575 | 500 | 1277 | 1798 |
| 发放借书证数 （千个） | Number of Library Cards Distributed (1000 units) | 288 | 78 | 87 | 123 |
| 图书流通情况 | Circulation of Books | | | | |
| 总流通人次 （千人次） | Total Number of Circulation (1000 person-times) | 7599 | 1360 | 2755 | 3484 |
| 书刊外借册次 （千册次） | Number of Books Borrowed by the Readers (1000 volume-times) | 6832 | 1180 | 2523 | 3130 |
| 为读者服务举办各种活动 | Service Activities Provided for Readers | | | | |
| 次　数 （次） | Number of Activities (times) | 1353 | 98 | 347 | 908 |
| 参加人数 （千人次） | Number of Readers Involved (1000 person-times) | 752 | 66 | 380 | 307 |
| 总支出 （万元） | Total Expenditures (10000 yuan) | 11788 | 2398 | 3788 | 5602 |
| #基本支出 | Basic Expenditures | 7793 | 1510 | 2547 | 3736 |
| #藏量购置费 | Purchase Expenses | 1454 | 500 | 605 | 350 |
| 本年新购藏量 （千册） | Number of Books Purchased During the Year (1000 volumes) | 612 | 183 | 192 | 237 |
| 公用房屋建筑面积 （千平方米） | Floor Space of Public Buildings (1000 sq.m) | 220 | 37 | 86 | 97 |
| #书　库 | Stack Rooms | 46 | 8 | 20 | 18 |
| 阅览室 | Reading Rooms | 58 | 9 | 24 | 25 |
| 阅览室坐席数 （千个） | Seating Capacity of Reading Rooms (1000 seats) | 16 | 2 | 6 | 8 |

## 20—5 博物馆、文物机构业务活动及经费情况（2010年）
Facilities, Services and Expenditures of Museums and Cultural Relic Agencies (2010)

| 项目 | Item | 文物保护管理机构 protection and Management Agencies | 文物科研机构 Scientific and Research Historical Relics Preservation | 其他文物机构 Other Agencies | 博物馆 Museums |
|---|---|---|---|---|---|
| 藏　品 （件） | Number of Units (unit) | 76488 | 202 | 12666 | 503247 |
| #一级品 | Number of Exhibitions (unit) | 470 | 27 | 117 | 1746 |
| 业务活动 | Art Performances and Story-telling Sessions | | | | |
| 陈列展览 （个） | Training Courses (unit) | 154 | | | 426 |
| 参观人次 （千人次） | Number of Classes (1000 person-times) | 1458 | | | 12054 |
| 总支出 （万元） | Total Expenditures (10000 yuan) | 5128 | 241 | 10146 | 21297 |
| #基本支出 | Basic Expenditures | 3430 | 51 | 2635 | 10093 |
| 修缮费 | Cultural Centers in County Towns | 1448 | 191 | 6747 | 8844 |
| 增加值 （万元） | Cultural Clubs (10000 yuan) | 602 | 154 | 161 | 7649 |

## 20—6 广播、电视事业发展情况
Basic Statistics on Broadcasting and Television Stations

| 指　　标 | | Item | | 2000 | 2005 | 2009 | 2010 |
|---|---|---|---|---|---|---|---|
| 职工人数 | （人） | Number of Staff and Workers | (person) | 15655 | 16026 | 19475 | 20041 |
| 广播电台 | （座） | Number of Broadcasting Stations | (set) | 15 | 17 | 17 | 15 |
| 中波发射台及转播台 | （座） | Number of Broadcast Transmission Stations and Relaying Stations | (set) | 23 | 22 | 23 | 23 |
| 中波发射机功率 | （千瓦） | Broadcast Power of Transmitters | (kw) | 472 | 633 | 894 | 903 |
| 县广播电视台 | （座） | Number of Wire Broadcast Stations in Counties and Cities | (set) | 50 | 62 | 62 | 62 |
| 广播人口覆盖率 | （%） | Listener Rating | (%) | 94.80 | 95.58 | 97.01 | 97.31 |
| 电视台 | （座） | Number of Television Stations | (set) | 17 | 17 | 17 | 15 |
| 电视发射台及转播台 | （座） | Television Transmission Stations and Relaying Stations | (set) | 350 | 218 | 161 | 163 |
| 电视发射机功率 | （千瓦） | Power of Trandmitters | (kw) | 320.14 | 429.30 | 772.45 | 849.91 |
| 电视人口覆盖率 | （%） | Viewer Rating | (%) | 93.82 | 95.00 | 97.20 | 97.50 |

## 20—7 广播、电视覆盖率
Listeners and Viewers Rate

| 指　　标 | Item | 覆盖人口（万人） Covered Population (10000 persons) | | 覆盖率（%） Covering Ratio (%) | |
|---|---|---|---|---|---|
| | | 2009 | 2010 | 2009 | 2010 |
| **广　　播** | **Broadcasting** | **6539.63** | **6611.51** | **97.01** | **97.31** |
| 中央台第一套节目 | Program I of China National Broadcasting | 6397.23 | 6482.18 | 94.90 | 95.41 |
| 省台第一套节目 | Program I of Provincial Broadcasting | 6357.45 | 6438.26 | 94.31 | 94.76 |
| 地市台第一套节目 | Program I of Prefectural (city) Broadcasting | 5672.70 | 5751.80 | 84.15 | 84.66 |
| 县级台节目 | Programs of County Broadcasting | 4323.20 | 4357.99 | 64.13 | 64.14 |
| **电　　视** | **Television** | **6552.04** | **6624.66** | **97.20** | **97.50** |
| 中央电视台第一套节目 | Relaying Program I of CCTV | 6443.25 | 6538.22 | 95.58 | 96.23 |
| 省电视台第一套节目 | Program I of Provincial Television | 6387.50 | 6497.60 | 94.75 | 95.63 |
| 地市级电视台节目 | Programs of Prefectural (city) Television | 5491.35 | 5759.09 | 81.46 | 84.76 |
| 县级电视台节目 | Programs of County Television | 4514.94 | 4565.88 | 66.98 | 67.20 |

## 20—8 广播、电视节目制作时间
Basic Statistics on Broadcasting and Television

单位：小时　(hour)

| 指　　标 | Item | 2009 | 2010 |
|---|---|---|---|
| **广播节目制作** | **Production of Broadcasting** | **228870** | **228141** |
| #新　闻 | News Programs | 36894 | 41969 |
| 专　题 | Special Subject Programs | 84939 | 80961 |
| 综　艺 | Variety Entertainment | 67157 | 59507 |
| 广播剧 | Broadcasting Play | 527 | 965 |
| 广　告 | Advertisement | 21449 | 19744 |
| 其　他 | Others | 17904 | 24995 |
| **电视节目制作** | **Production of TV Programs** | **75181** | **82427** |
| #新　闻 | News Programs | 22627 | 24727 |
| 专　题 | Special Subject Programs | 17983 | 18378 |
| 综　艺 | Variety Entertainment | 7417 | 8181 |
| 影视剧 | TV Play | 3041 | 949 |
| 广　告 | Advertisement | 15406 | 19564 |
| 其　他 | Others | 8707 | 10628 |

## 20—9 广播、电视宣传基本情况（2010年）
Basic Statistics on Broadcasting and Television (2010)

| 项目 | Item | 节目套数（套）Number of Programs (set) | 全年公共节目播出时间（小时）Time of Program Transmission All the Year (hour) | 制作节目时间（小时）Time of Making Program (hour) | 新闻节目 News Programs | 专题节目 Special Subject Programs | 综艺节目 Variety Emtertainment |
|---|---|---|---|---|---|---|---|
| **无线广播合计** | **All Radio Broadcasting Stations** | **106** | **503775** | **228141** | **41969** | **80961** | **59507** |
| 安徽台 | Anhui Broadcasting Station | 9 | 65378 | 37455 | 6671 | 12561 | 4579 |
| 地方台 | Local Station | 97 | 438397 | 190686 | 35298 | 68400 | 54928 |
| **电视播映合计** | **All Television Stations** | **118** | **641055** | **82427** | **24727** | **18378** | **8181** |
| 安徽电视台 | Anhui Television Station | 6 | 43015 | 17363 | 2942 | 2993 | 2545 |
| 地方台 | Local Television Station | 112 | 598040 | 65064 | 21785 | 15385 | 5636 |

## 20—10 图书、杂志和报纸出版数量
Number of Books, Magazines and Newspaper Published

| 年份 Year | 图书 Books Published | | | | 杂志 Magazines Published | | | | 报纸 Newspapers Publised | | | |
|---|---|---|---|---|---|---|---|---|---|---|---|---|
| | 种类（种）Number of Publications (kind) | #新出版 New Publications | 总印数（万册）Printed Copies (10000 copies) | 总印张数（万印张）Printed Sheets (10000 sheets) | 种类（种）Number of Publications (kind) | 每期平均印数（万册）Average Printed Copies Per Issue (10000 copies) | 总印数（万册）Printed Copies (10000 copies) | 总印张数（万印张）Printed Sheets (10000 sheets) | 种类（种）Number of Publications (kind) | 每期平均印数（万册）Average Printed Copies Per Issue (10000 copies) | 总印数（万份）Printed Copies (10000 copies) | 总印张数（万印张）Printed Sheets (10000 sheets) |
| 1985 | 788 | 702 | 20708 | 67570 | 88 | 284 | 2375 | 9342 | 52 | 422 | 43826 | 31309 |
| 1990 | 1514 | 1107 | 22117 | 75645 | 79 | 215 | 1825 | 4735 | 38 | 239 | 32258 | 22527 |
| 1995 | 1926 | 1069 | 27555 | 109340 | 123 | 347 | 3197 | 8076 | 52 | 361 | 47569 | 49024 |
| 1999 | 2321 | 1121 | 34952 | 141926 | 147 | 421 | 4685 | 13075 | 62 | 406 | 62682 | 90871 |
| 2000 | 2125 | 1002 | 30992 | 156767 | 150 | 621 | 7736 | 19538 | 84 | 416 | 76083 | 114736 |
| 2001 | 2984 | 1029 | 28540 | 125807 | 160 | 596 | 7276 | 18042 | 90 | 404 | 74768 | 123464 |
| 2002 | 2976 | 1396 | 27822 | 140010 | 183 | 500 | 6161 | 16696 | 101 | 389 | 70819 | 144237 |
| 2003 | 3489 | 1698 | 27423 | 153904 | 186 | 478 | 6013 | 16953 | 101 | 400 | 80566 | 221686 |
| 2004 | 4389 | 2344 | 28461 | 204565 | 171 | 388 | 5000 | 14057 | 95 | 427 | 87206 | 237351 |
| 2005 | 3970 | 1847 | 25220 | 118056 | 177 | 433 | 5804 | 17418 | 97 | 393 | 98134 | 302498 |
| 2006 | 3751 | 1689 | 21528 | 121327 | 174 | 451 | 5634 | 17020 | 97 | 401 | 99753 | 295248 |
| 2007 | 3378 | 1492 | 23800 | 133893 | 176 | 457 | 6342 | 24403 | 99 | 495 | 106760 | 327679 |
| 2008 | 5139 | 1964 | 27900 | 194730 | 176 | 444 | 5908 | 19513 | 98 | 465 | 101600 | 383952 |
| 2009 | 5560 | 1331 | 27204 | 172802 | 176 | 432 | 5977 | 23776 | 97 | 472 | 105905 | 357801 |
| 2010 | 5646 | 2669 | 23891 | 163954 | 178 | 404 | 5842 | 23115 | 98 | 519 | 116988 | 470953 |

## 20—11 体育活动基本情况
Basic Statement of Sports

| 指　标 | Item | 1995 | 2000 | 2005 | 2009 | 2010 |
|---|---|---|---|---|---|---|
| 举办全民健身活动次数（次） | Times of Activities That the Whole Nation in Health Conducted (times) | | | 1354 | 3774 | 2920 |
| 现代体育项目活动 | Modern Sports Activities | | | | 1582 | 1382 |
| 民间传统体育活动 | Traditional Sports | | | | 2192 | 1538 |
| 参加全民健身活动人数（人） | People Participating the Activities That the Whole Nation in Health (person) | | | 1492763 | 2598576 | 3247599 |
| 现代体育项目活动 | Modern Sports Activities | | | | 1299758 | 2030546 |
| 民间传统体育活动 | Traditional Sports | | | | 1298818 | 1217053 |
| 优秀运动员（人） | Number of Athletes in Grades (person) | 436 | 1345 | 1408 | 623 | 852 |
| 运动健将 | International Master of Sports | | | 35 | 152 | 159 |
| 一级运动员 | First Grade Sportsman | 39 | 139 | 86 | 265 | 280 |
| 二级运动员 | Second Grade Sportsman | 96 | 428 | 1287 | 108 | 160 |
| 等级教练员人数（人） | Number of Coaches in Grades (person) | | | | 687 | 652 |
| 等级裁判员发展人数（人） | Number of Referees in Grades (person) | | | | 936 | 864 |
| 在国内外比赛中获奖牌数（枚） | Number of Medals Won in the Matches Both Inside and Outside the Country (unit) | 74 | 92 | 78.5 | 109.0 | 160.0 |
| 金　牌 | Gold Medals | 28 | 25 | 22.5 | 40.0 | 57.0 |
| 银　牌 | Silver Medals | 21 | 31 | 27 | 30.0 | 42.0 |
| 铜　牌 | Bronze Medals | 25 | 36 | 29 | 39 | 61 |
| 体育俱乐部（个） | Sports Club (unit) | | | | 236 | 445 |
| 青少年体育俱乐部 | Youth Sports Club | | | | 76 | 172 |
| 社区体育健身俱乐部 | Community Sports Fitness Club | | | | 114 | 177 |
| 其它体育俱乐部 | Other Sports Club | | | | 46 | 96 |

注：优秀运动员2008年以前为等级运动员。

a) Before 2008, Top athletes were athlete in Grades .

## 20—12 全省体育场地数
Number of Stadiums and Gymnasiums

单位：个 (unit)

| 指　标 | Item | 2008 | | 2009 | | 2010 | |
|---|---|---|---|---|---|---|---|
| | | 总计 Total | 体育系统 Sports System | 总计 Total | 体育系统 Sports System | 总计 Total | 体育系统 Sports System |
| **总　计** | **Total** | **12972** | **244** | **12974** | **246** | **18556** | **4535** |
| #体育场 | Stadiums | 82 | 24 | 84 | 26 | 84 | 27 |
| 体育馆 | Gymnasiums | 50 | 33 | 50 | 33 | 50 | 34 |
| 游泳跳水馆 | Swimming and Diving Centers | 7 | 5 | 7 | 5 | 7 | 6 |
| 室内外游泳池 | Indoor and Outdoor Swimming Pools | 29 | 12 | 29 | 12 | 140 | 41 |
| 有固定看台的灯光球场 | Illuminated Fields With Fixed Seating | 76 | 26 | 76 | 26 | 76 | 26 |
| 运动场 | Playground | 304 | 33 | 304 | 33 | 301 | 34 |
| 小运动场 | Small Playground | 2562 | 10 | 2562 | 10 | 2561 | 10 |
| 篮、排球场 | Basketball and Volleyball ground | 9862 | 101 | 9862 | 101 | 13838 | 4077 |

## 20—13 体育系统职工人数（2010年）
Number of Staff and Workers in Sports System (2010)

单位：人 (person)

| 人员分类 | Category of Personnel | 合计 Total | #优秀运动队 Excellent Sports Teams | 体育运动学校 Physical Education and Sports Schools | 业余学校 Sparetime Sports Schools | 公共体育场馆 Public Stadiums and Cymnasiums | 机关人员 Officers |
|---|---|---|---|---|---|---|---|
| **总　计** | **Total** | **4406** | **1397** | **113** | **573** | **185** | **1202** |
| 公务员 | Public Servants | 715 | | | | | 715 |
| 运动员 | Athletes | 852 | 847 | | | | |
| 专职教练员 | Full-time Coaches | 652 | 182 | 24 | 311 | | 89 |
| 专职文化教师 | Full-time Teachers | 314 | | 45 | 64 | | 6 |
| 科技人员 | Scientific and Technical Personnel | 49 | 6 | | 17 | | 2 |
| 医务人员 | Medical Personnel | 34 | 6 | 2 | 3 | | |
| 管理人员 | Administrative Personnel | 810 | 188 | 14 | 102 | 110 | 207 |
| 其　他 | Others | 980 | 168 | 28 | 76 | 75 | 183 |

## 20—14 等级运动员、等级裁判员发展人数（2010年）
Number of Athletes and Referees in Grades by Type of Sports (2010)

单位：人 (person)

| 运动项目 | Item | 等级运动员 Number of Athletes in Grades | 运动健将 International Master of Sports | 一级 First Grade Sportsman | 二级 Second Grade Sportsman | 等级裁判员 Number of Referees in Grades | 国际、国家级 International National Referees | 一级 First Grade Referees | 二级 Second Grade Referees |
|---|---|---|---|---|---|---|---|---|---|
| **总　计** | **Total** | **1256** | **35** | **211** | **1010** | **883** | **19** | **162** | **702** |
| #田　径 | Track and Field | 145 | | 10 | 135 | 227 | | | 227 |
| 游　泳 | Swimming | 116 | 1 | 7 | 108 | 56 | | 8 | 48 |
| 体　操 | Gymnastics | 3 | 2 | 1 | | 2 | | 2 | |
| 蹦　床 | Spring Bed | 5 | | | 5 | | | | |
| 举　重 | Weightlifting | 10 | 1 | | 9 | 5 | 2 | 2 | 1 |
| 拳　击 | Boxing | 15 | | 8 | 7 | | | | |
| 国际式摔跤 | Wrestling | 30 | 10 | 1 | 19 | | | | |
| 柔　道 | Judo | 18 | 3 | 5 | 10 | 3 | 1 | 2 | |
| 跆拳道 | Kickboxing | 65 | 1 | 18 | 46 | | | | |
| 击　剑 | Fencing | 75 | 1 | 20 | 54 | 4 | 1 | 3 | |
| 赛　艇 | Racing Shell | 20 | 3 | 10 | 7 | | | | |
| 皮划艇 | Canoeing | 23 | | 12 | 11 | | | | |
| 射　击 | Shooting | 29 | | 21 | 8 | | | | |
| 足　球 | Football | 86 | | 26 | 60 | 24 | | 4 | 20 |
| 篮　球 | Basketball | 111 | | 11 | 100 | 223 | | 15 | 208 |
| 排　球 | Volleyball | 59 | | 8 | 51 | 24 | | 13 | 11 |
| 乒乓球 | Table Tennis | 44 | | | 44 | 60 | | 19 | 41 |
| 羽毛球 | Badminton | 7 | | | 7 | 41 | | | 41 |
| 网　球 | Tennis | 41 | | 3 | 38 | 4 | | | 4 |
| 手　球 | Handball | 163 | | 16 | 147 | 3 | 3 | | |
| 武　术 | Wu Shu | 132 | 10 | 17 | 105 | 18 | | 3 | 15 |
| 国际象棋 | International Chess | | | | | 27 | 8 | 10 | 9 |
| 中国象棋 | Chinese Chess | | | | | 48 | | 21 | 27 |
| 围　棋 | Weiqi | 6 | | 2 | 4 | 46 | 2 | 26 | 18 |
| 其　他 | Others | 53 | 3 | 15 | 35 | 68 | 2 | 34 | 32 |

## 20—15 卫 生 机 构 数
Number of Health Institutions

单位：个 (unit)

| 年份 Year | 总计 Total | 医院卫生院 Hospitals | #县及县以上医院 At and Above County Level | 疗养院、所 Sanatoriums | 门诊部、所 Clinics | 专科防治所、站 Specialized Prevention & Treatment Centers or Stations | 疾病预防控制中心(防疫站) Disease Prevention and Controlling Center (Anti-epidemic Clinics) | 妇幼保健院(所、站) Maternity and Child Care Centers | 医学科学研究机构 Research Institutes of Medical Science | 其他卫生机构 Other Institutions |
|---|---|---|---|---|---|---|---|---|---|---|
| 1995 | 6593 | 3243 | 466 | 10 | 2772 | 68 | 132 | 109 | 15 | 177 |
| 2000 | 6705 | 2953 | 482 | 11 | 3156 | 63 | 166 | 110 | 15 | 164 |
| 2003 | 9201 | 2765 | 292 | 9 | 5776 | 64 | 133 | 117 | 13 | 324 |
| 2004 | 8973 | 2709 | 314 | 9 | 5809 | 61 | 132 | 116 | 14 | 123 |
| 2005 | 9197 | 2684 | 317 | 9 | 6039 | 54 | 132 | 117 | 14 | 148 |
| 2006 | 9288 | 2585 | 313 | 9 | 6182 | 50 | 130 | 116 | 14 | 202 |
| 2007 | 8502 | 2552 | 309 | 9 | 4649 | 48 | 129 | 118 | 14 | 983 |
| 2008 | 7854 | 2564 | 312 | 8 | 3871 | 44 | 127 | 119 | 13 | 1108 |
| 2009 | 7010 | 2426 | 321 | 8 | 3095 | 47 | 124 | 118 | 13 | 1179 |
| 2010 | 7383 | 2175 | 297 | 8 | 2960 | 50 | 124 | 119 | 13 | 1934 |

注：2007年后门诊部、所项不包括社区卫生服务站。

a) Clinics in 2007 Doesn't Include Health Service Station for Community.

## 20—16 卫 生 机 构 人 员 数
Number of Engaged Persons in Health Institutions

单位：人 (person)

| 年份 Year | 人员合计 Total | #卫生技术人员 Medical Technical Personnel | #执业(助理)医师 Licensed (Assistant) Doctors | #注册护士 Registered Nurse | 每万人口专业卫生技术人员数 Number of Medical Technical Personnel per 10000 Population |
|---|---|---|---|---|---|
| 1995 | 184884 | 150619 | 66714 | 36308 | 25.05 |
| 2000 | 188278 | 153808 | 69943 | 41226 | 24.64 |
| 2003 | 185916 | 153802 | 62112 | 42306 | 23.99 |
| 2004 | 190763 | 157993 | 64483 | 45048 | 24.49 |
| 2005 | 193973 | 159788 | 66102 | 47329 | 26.00 |
| 2006 | 204498 | 169181 | 69421 | 50392 | 27.69 |
| 2007 | 214121 | 174724 | 69132 | 55081 | 28.58 |
| 2008 | 227470 | 187785 | 73845 | 60860 | 30.65 |
| 2009 | 244477 | 202382 | 79230 | 69291 | 33.00 |
| 2010 | 247493 | 205403 | 81097 | 76550 | 34.00 |

## 20—17 卫生机构、床位、人员数（2010年）
Number of Health Units, Beds and Staff (2010)

| 指标 | Item | 机构数（个）Health Institutions (unit) | 床位数（张）Beds (unit) | 人员数（人）Persons Engaged (person) | #卫生技术人员 Medical technical Personnel |
|---|---|---|---|---|---|
| **总计** | **Total** | **7383** | **186116** | **247493** | **205403** |
| 医院 | Hospitals | 730 | 122171 | 150526 | 124082 |
| 综合医院 | Comprehensive Hospitals | 503 | 93415 | 116758 | 96457 |
| 中医医院 | Hospitals of Traditional Chinese Medicine | 85 | 14488 | 19315 | 16464 |
| 中西医结合医院 | Hospitals Combined by Medium Doctors | 7 | 982 | 1006 | 848 |
| 专科医院 | Specialized Hospitals | 132 | 13118 | 13383 | 10269 |
| 口腔医院 | Stomatological Hospitals | 7 | 82 | 489 | 405 |
| 眼科医院 | Ophthalmology Hospitals | 17 | 557 | 661 | 430 |
| 耳鼻喉科医院 | Ear, Nose and Throat Hospitals | 1 | 35 | 45 | 29 |
| 肿瘤医院 | Malignant Tumour Hospitals | 8 | 1520 | 1281 | 1011 |
| 心血管病医院 | Cardiovascular Disease Hospitals | 1 | 175 | 178 | 150 |
| 妇产(科)医院 | Gynecology Hospitals | 9 | 571 | 592 | 431 |
| 儿童医院 | Children's Hospitals | 2 | 459 | 892 | 754 |
| 精神病医院 | Mental Hospitals | 16 | 4630 | 3483 | 2588 |
| 传染病医院 | Infection Hospitals | 8 | 1671 | 1960 | 1511 |
| 皮肤病医院 | Dermatological Hospitals | 2 | 20 | 50 | 45 |
| 结核病医院 | Tubercle Hospitals | 2 | 508 | 510 | 417 |
| 麻风病医院 | Leprosy Hospitals | 2 | 17 | 9 | 4 |
| 骨科医院 | Orthopedic Hospitals | 14 | 690 | 792 | 618 |
| 康复医院 | Rehabilitation Hospitals | 9 | 844 | 845 | 656 |
| 整形外科医院 | Plastic Surgery Hospital | 1 | 20 | 50 | 47 |
| 其他专科医院 | Other Specialized Hospitals | 33 | 1319 | 1546 | 1173 |
| 护理院 | Nursing Hospitals | 3 | 168 | 64 | 44 |
| 疗养院 | Sanatoriums | 8 | 1584 | 563 | 359 |
| 社区卫生服务中心(站) | Community Health Service Center (station) | 1730 | 7436 | 16213 | 14098 |
| 社区卫生服务中心 | Community Health Center | 373 | 6338 | 8985 | 7703 |
| 社区卫生服务站 | Community Health Service Station | 1357 | 1098 | 7228 | 6395 |
| 卫生院 | Commune Hospitals | 1445 | 49218 | 50203 | 42756 |
| 街道卫生院 | Hospitals in the Streets | 8 | 274 | 189 | 168 |
| 乡镇卫生院 | Township Hospitals | 1437 | 48944 | 50014 | 42588 |
| 中心卫生院 | Center Hospital | 453 | 22566 | 24252 | 20998 |
| 乡卫生院 | Rural Hospitals | 984 | 26378 | 25762 | 21590 |
| 门诊部 | Outpatient Departments | 134 | 373 | 1843 | 1523 |
| 诊所、卫生所、医务室 | Clinics、Health Institute、Medical Office | 2826 | | 7391 | 7042 |
| 急救中心（站） | First-aid Center (station) | 11 | 3 | 394 | 191 |
| 采供血机构 | Blood Collecting and Supply Organizations | 23 | | 1040 | 751 |
| 妇幼保健院（所、站） | Maternity and Child Care Centers (stations) | 119 | 3265 | 6533 | 5387 |
| 专科疾病防治院（所、站） | Specialized Disease Prevention and Treatment Canters (stations) | 50 | 2066 | 2643 | 1934 |
| 疾病预防控制中心 | Disease Prevention and Controlling Center | 124 | | 5506 | 4211 |
| 卫生监督所(中心) | Health Supervision Centers | 110 | | 2548 | 2050 |
| 医学科学研究机构 | Research Institutes of Medical Science | 13 | | 527 | 369 |
| 医学在职培训机构 | Medical On-the-job Training Organizations | 28 | | 729 | 219 |
| 健康教育所（站、中心） | Health Education Offices (stations or centers) | 2 | | 20 | 8 |
| 其他卫生机构 | Other Health Institutions | 30 | | 814 | 423 |

## 20—18 卫生机构各类人员数（2010年）
Persons Engaged in Health Care Institutions by Type of Occupation (2010)

单位：人 (person)

| 指　标 | Item | 合　计 Total | 按设置主办单位分 Grouped by Managing Organization | | |
|---|---|---|---|---|---|
| | | | 政府办 Set Up by Government | 社会办 Set Up by Society | 个人办 Set Up by Individual |
| **总　计** | **Total** | **247493** | **191034** | **35403** | **21056** |
| 卫生技术人员 | Medical Technical Personnel | 205403 | 158429 | 29229 | 17745 |
| 其他技术人员 | Other Technical Personnel | 11584 | 9519 | 1256 | 809 |
| 管理人员 | Managerial Personnel | 11555 | 8248 | 2134 | 1173 |
| 工勤技能人员 | Logistics Workers | 18951 | 14838 | 2784 | 1329 |
| **卫生技术人员** | **Medical Technical Personnel** | | | | |
| 执业（助理）医师 | Licensed (Assistant) Doctors | 81097 | 61907 | 11194 | 7996 |
| #执业医师 | Licensed Doctors | 64227 | 48782 | 9508 | 5937 |
| 注册护士 | Registered Nurses | 76550 | 57555 | 12495 | 6500 |
| 药师（士） | Pharmaceutics Personnel | 10932 | 8569 | 1655 | 708 |
| 技师（士） | Laboratory Personnel | 13430 | 10859 | 1725 | 846 |
| #检验师 | Teacher of Examine | 8967 | 7296 | 1177 | 494 |
| 其　他 | Others | 23394 | 19539 | 2160 | 1695 |

## 20—19 各市卫生机构人员数（2010年）
Number of Persons Engaged in Health Institutions by Region (2010)

单位：人 (person)

| 地　区 | Region | 合　计 Total | #卫生技术人员 Medical Technical Personnel | #执业（助理）医师 Licensed (Assistant) Doctors | #执业医师 Licensed Doctors | #注册护士 Senior and Junior Nurses |
|---|---|---|---|---|---|---|
| **总　计** | **Total** | **247493** | **205403** | **81097** | **64227** | **76550** |
| 合肥市 | Hefei | 35826 | 29242 | 10815 | 9490 | 12367 |
| 淮北市 | Huaibei | 13345 | 10872 | 4217 | 3449 | 4686 |
| 亳州市 | Bozhou | 11709 | 9316 | 3503 | 2315 | 3004 |
| 宿州市 | Suzhou | 14941 | 12605 | 5221 | 3187 | 4097 |
| 蚌埠市 | Bengbu | 16184 | 13049 | 5017 | 4009 | 5267 |
| 阜阳市 | Fuyang | 22096 | 18035 | 7141 | 5237 | 5681 |
| 淮南市 | Huainan | 13170 | 10860 | 4304 | 3640 | 4554 |
| 滁州市 | Chuzhou | 14085 | 11806 | 4824 | 3806 | 4206 |
| 六安市 | Luan | 17436 | 14925 | 6364 | 4705 | 4623 |
| 马鞍山市 | Maanshan | 8304 | 6917 | 2670 | 2339 | 2959 |
| 巢湖市 | Chaohu | 15089 | 12775 | 5134 | 3542 | 4114 |
| 芜湖市 | Wuhu | 14993 | 12490 | 5034 | 4451 | 5149 |
| 宣城市 | Xuancheng | 10694 | 9049 | 3780 | 3018 | 3306 |
| 铜陵市 | Tongling | 5674 | 4669 | 1834 | 1703 | 1959 |
| 池州市 | Chizhou | 6121 | 5278 | 2077 | 1714 | 2067 |
| 安庆市 | Anqing | 20476 | 17342 | 6736 | 5626 | 6080 |
| 黄山市 | Huangshan | 7350 | 6173 | 2426 | 1996 | 2431 |

## 20—20 各市卫生机构、床位数（2010年）

Number of Health Institutions, Beds and Persons Engaged by Region (2010)

| 地 区 | Region | 机构合计（个） Health Institutions (unit) | 医院、卫生院 Hospital | 疾病预防控制中心 Disease Prevention and Controlling Center | 妇幼保健所、站 Maternity and Child Care Centers | 门诊部 Outpatient Departments | 床位合计（张） Beds Total (unit) | #医院、卫生院 Hospital |
|---|---|---|---|---|---|---|---|---|
| **总 计** | **Total** | **7383** | **2175** | **124** | **119** | **134** | **186116** | **171389** |
| 合肥市 | Hefei | 779 | 215 | 10 | 10 | 60 | 25386 | 24098 |
| 淮北市 | Huaibei | 353 | 100 | 4 | 6 | 1 | 10264 | 9110 |
| 亳州市 | Bozhou | 230 | 119 | 5 | 4 | | 9549 | 9032 |
| 宿州市 | Suzhou | 396 | 133 | 6 | 6 | | 10448 | 9846 |
| 蚌埠市 | Bengbu | 422 | 130 | 9 | 9 | 10 | 13178 | 12218 |
| 阜阳市 | Fuyang | 495 | 203 | 9 | 10 | | 18308 | 16744 |
| 淮南市 | Huainan | 570 | 98 | 8 | 9 | 5 | 10464 | 9156 |
| 滁州市 | Chuzhou | 359 | 127 | 8 | 8 | 3 | 10603 | 9724 |
| 六安市 | Luan | 497 | 194 | 9 | 9 | 3 | 14266 | 13402 |
| 马鞍山市 | Maanshan | 301 | 55 | 5 | 5 | 7 | 4310 | 3950 |
| 巢湖市 | Chaohu | 431 | 139 | 6 | 6 | 3 | 12371 | 10685 |
| 芜湖市 | Wuhu | 462 | 94 | 8 | 7 | 14 | 10753 | 9994 |
| 宣城市 | Xuancheng | 379 | 118 | 8 | 8 | 7 | 7954 | 7422 |
| 铜陵市 | Tongling | 157 | 31 | 5 | 2 | 1 | 3919 | 3412 |
| 池州市 | Chizhou | 237 | 84 | 6 | 3 | 3 | 4199 | 4008 |
| 安庆市 | Anqing | 779 | 205 | 10 | 10 | 1 | 14971 | 13731 |
| 黄山市 | Huangshan | 536 | 130 | 8 | 7 | 16 | 5173 | 4857 |

## 20—21 医疗机构门诊、住院服务情况（2010年）

Outpatient Service of Medical Institution、the Situation of Hospital Service (2010)

| 医院类别 | Type of Hospital | 总诊疗人次数（人次） Total Number of Patients Treated (person-times) | #门、急诊 Out-patients and Emergency Patients | 入院人数（人） Hospital Admissions (person) | 出院人数（人） Being Out of Hospital (person) | 每百门、急诊入院人数（人） Hospital Admissions per 100 Out-patient Times and Emergency Patient-times (person) |
|---|---|---|---|---|---|---|
| **总 计** | **Total** | **127034961** | **122470940** | **5510363** | **5478640** | **4.89** |
| 医 院 | Hospitals | 56157197 | 54638591 | 3727513 | 3718022 | 6.82 |
| 疗养院 | Sanatoriums | 48779 | 42555 | 10105 | 10047 | 23.75 |
| 社区卫生服务中心(站) | Community Health Service Centers | 14448803 | 13376821 | 105393 | 105843 | 0.79 |
| 卫生院 | Commune Hospitals | 40373091 | 39262645 | 1525463 | 1502813 | 3.89 |
| 门诊部 | Clinics | 1132752 | 1107461 | 7135 | 7542 | 0.64 |
| 诊所、卫生所、医务室 | Clinics、Health Institute、Medical Office | 9985338 | 9616315 | | | |
| 妇幼保健院（所、站） | Maternity and Child Care Centers (stations) | 3645081 | 3223712 | 123367 | 123047 | 3.83 |
| 专科疾病防治院（所、站） | Speclalized Disease Prevention and Treatment Centers (stations) | 268420 | 227340 | 11387 | 11326 | 5.01 |

## 20—22 重大传染病救治及救助情况
Significant Infectious Diseases Treatment and Rescue Situation

| | | 2009 | 2010 |
|---|---|---|---|
| 重大传染病救治财政投入（万元） | Significant Financial Investment for Treatment of Infectious Diseases (10000 yuan) | | |
| 艾滋病 | AIDS | 1660.00 | 1837.00 |
| 结核病 | Tuberculosis | 1240.20 | 1545.00 |
| 晚期血吸虫病 | Blood-sucking Advanced Disease | 3010.00 | 3010.00 |
| 其　他 | Other | | |
| 重大传染病免费救治（人） | Free Treatment of Major Infectious Diseases (person) | | |
| 艾滋病 | AIDS | 2464 | 2702 |
| 结核病 | Tuberculosis | 7487 | 9547 |
| 晚期血吸虫病 | Blood-sucking Advanced Disease | 6130 | 6106 |
| 其　他 | Other | | |

## 20—23 医疗机构病床使用情况（2010年）
Utilization of Hospital Beds at and Above County Level (2010)

| 医院类别 | Type of Hospital | 病床周转次数（次）Turnover of Beds (times) | 病床工作日（日）Number of Days per Bed in Use in a Year (days) | 病床使用率（%）Utilization Rate of Beds (%) | 出院者平均住院日（日）Average Hospitalization Period (days) |
|---|---|---|---|---|---|
| **总　计** | **Total** | **30.49** | **272.29** | **74.60** | **8.47** |
| 医　院 | Hospitals | 31.12 | 313.48 | 85.88 | 9.72 |
| 疗养院 | Sanatoriums | 9.14 | 117.51 | 32.20 | 9.85 |
| 社区卫生服务中心（站） | Community Health Service Centers | 16.73 | 142.85 | 39.14 | 6.77 |
| 卫生院 | Commune Hospitals | 31.68 | 193.79 | 53.09 | 5.49 |
| 门诊部 | Clinics | 20.98 | 142.78 | 39.12 | 6.69 |
| 妇幼保健院（所、站） | Maternity and Child Care Centers (stations) | 39.12 | 250.94 | 68.75 | 6.28 |
| 专科疾病防治院（所、站） | Speclalized Disease Prevention and Treatment Centers (stations) | 6.26 | 220.23 | 60.34 | 33.87 |

## 20—24 主要年份医院病床使用情况
Hospital Beds Usage

| 年份<br>Year | 实有床位(张)<br>Hospital Beds (number) | 出院人数(人)<br>Patients Discharged from Hosptials (person) | 病床周转次数(次)<br>Turnover of Beds (time) | 病床工作日(日)<br>Number of Days per Bed in Use in a Year (days) | 病床使用率(%)<br>Utilization Ratc (%) | 出院者平均住院日(日)<br>Average Stay Days in Hospital (day) |
|---|---|---|---|---|---|---|
| 2005 | 82224 | 1866751 | 24.18 | 250.52 | 68.64 | 9.60 |
| 2006 | 133956 | 2071908 | 27.62 | 225.94 | 61.90 | 7.51 |
| 2007 | 147848 | 4045739 | 29.66 | 252.44 | 69.16 | 7.98 |
| 2008 | 159802 | 4991581 | 33.09 | 269.46 | 73.82 | 8.39 |
| 2009 | 113785 | 3318862 | 30.40 | 311.20 | 85.26 | 9.80 |
| 2010 | 122171 | 3718022 | 31.12 | 313.48 | 85.88 | 9.72 |

## 20—25 各市医院病床使用情况（2010年）
Hospital Beds Usage by Region (2010)

| 地区 | Region | 实有床位(张)<br>Hospital Beds (number) | 出院人数(人)<br>Patients Discharged from Hosptials (person) | 病床周转次数(次)<br>Turnover of Beds (time) | 病床工作日(日)<br>Number of Days per Bed in Use in a Year (days) | 病床使用率(%)<br>Utilization Ratc (%) | 出院者平均住院日(日)<br>Average Stay Days in Hospital (day) |
|---|---|---|---|---|---|---|---|
| **总计** | **Total** | **122171** | **3718022** | **31.1** | **313.5** | **85.88** | **9.7** |
| 合肥市 | Hefei | 20496 | 546468 | 27.1 | 305.5 | 83.69 | 10.9 |
| 淮北市 | Huaibei | 7882 | 199087 | 26.5 | 301.2 | 82.52 | 10.6 |
| 亳州市 | Bozhou | 4904 | 209832 | 43.9 | 317.2 | 86.91 | 7.2 |
| 宿州市 | Suzhou | 4443 | 173407 | 40.2 | 355.2 | 97.31 | 8.4 |
| 蚌埠市 | Bengbu | 10079 | 284233 | 29.1 | 310.7 | 85.12 | 10.4 |
| 阜阳市 | Fuyang | 9882 | 375084 | 37.4 | 350.9 | 96.14 | 9.2 |
| 淮南市 | Huainan | 8005 | 171811 | 22.3 | 297.8 | 81.59 | 13.4 |
| 滁州市 | Chuzhou | 6166 | 210621 | 34.8 | 316.2 | 86.63 | 8.6 |
| 六安市 | Luan | 6702 | 241104 | 37.1 | 303.7 | 83.21 | 8.1 |
| 马鞍山市 | Maanshan | 3443 | 97922 | 28.7 | 311.3 | 85.28 | 10.4 |
| 巢湖市 | Chaohu | 6356 | 198554 | 35.2 | 321.4 | 88.07 | 8.9 |
| 芜湖市 | Wuhu | 9140 | 225201 | 28.2 | 310.8 | 85.15 | 10.6 |
| 宣城市 | Xuancheng | 5182 | 187764 | 37.3 | 348.7 | 95.54 | 8.6 |
| 铜陵市 | Tongling | 3164 | 70809 | 15.8 | 245.3 | 67.19 | 14.5 |
| 池州市 | Chizhou | 2939 | 100730 | 35.0 | 306.0 | 83.84 | 8.6 |
| 安庆市 | Anqing | 9735 | 311391 | 33.2 | 320.9 | 87.93 | 9.4 |
| 黄山市 | Huangshan | 3653 | 114004 | 29.7 | 297.5 | 81.51 | 9.5 |

## 20—26 主要年份乡镇卫生院病床使用情况

Hospital Beds Usage of Beds of Township Hospitals

| 年 份<br>Year | 实有床位(张)<br>Hospital Beds (number) | 出院人数(人)<br>Patients Discharged from Hosptials (person) | 病床周转次数(次)<br>Turnover of Beds (time) | 病床工作日(日)<br>Number of Days per Bed in Use in a Year (days) | 病床使用率(%)<br>Utilization Ratc (%) | 出院者平均住院日(日)<br>Average Stay Days in Hospital (day) |
|---|---|---|---|---|---|---|
| 2005 | 36873 | 1177482 | 36.08 | 141.97 | 38.90 | 3.61 |
| 2006 | 38390 | 1162179 | 33.22 | 144.52 | 39.60 | 3.99 |
| 2007 | 40837 | 1473432 | 38.24 | 167.75 | 45.96 | 3.96 |
| 2008 | 47251 | 1943976 | 44.10 | 205.00 | 56.13 | 4.20 |
| 2009 | 51302 | 2054152 | 42.50 | 220.60 | 60.44 | 4.80 |
| 2010 | 48944 | 1495925 | 31.71 | 193.91 | 53.13 | 5.49 |

## 20—27 各市乡镇卫生院病床使用情况（2010年）

Hospital Beds Usage of Beds of Township Hospitals by Region (2010)

| 地 区 | Region | 实有床位(张)<br>Hospital Beds (number) | 出院人数(人)<br>Patients Discharged from Hosptials (person) | 病床周转次数(次)<br>Turnover of Beds (time) | 病床工作日(日)<br>Number of Days per Bed in Use in a Year (days) | 病床使用率(%)<br>Utilization Ratc (%) | 出院者平均住院日(日)<br>Average Stay Days in Hospital (day) |
|---|---|---|---|---|---|---|---|
| **总 计** | **Total** | **48944** | **1495925** | **31.7** | **193.9** | **53.13** | **5.5** |
| 合肥市 | Hefei | 3602 | 89620 | 24.4 | 152.6 | 41.80 | 5.5 |
| 淮北市 | Huaibei | 1208 | 30506 | 25.8 | 186.4 | 51.07 | 6.0 |
| 亳州市 | Bozhou | 4128 | 197094 | 48.8 | 263.3 | 72.13 | 5.1 |
| 宿州市 | Suzhou | 5235 | 191670 | 34.5 | 235.1 | 64.42 | 6.4 |
| 蚌埠市 | Bengbu | 2139 | 55200 | 26.7 | 198.6 | 54.42 | 6.2 |
| 阜阳市 | Fuyang | 6776 | 311367 | 47.3 | 256.3 | 70.22 | 4.9 |
| 淮南市 | Huainan | 1151 | 66026 | 59.2 | 236.6 | 64.83 | 3.4 |
| 滁州市 | Chuzhou | 3558 | 76718 | 22.6 | 148.7 | 40.75 | 6.1 |
| 六安市 | Luan | 6700 | 216650 | 33.4 | 194.1 | 53.19 | 5.5 |
| 马鞍山市 | Maanshan | 507 | 6170 | 13.1 | 95.1 | 26.06 | 6.3 |
| 巢湖市 | Chaohu | 4329 | 46231 | 14.2 | 117.9 | 32.31 | 5.8 |
| 芜湖市 | Wuhu | 854 | 8524 | 10.1 | 100.5 | 27.53 | 6.4 |
| 宣城市 | Xuancheng | 2240 | 48469 | 22.0 | 163.8 | 44.89 | 6.4 |
| 铜陵市 | Tongling | 248 | 4019 | 17.0 | 198.8 | 54.46 | 8.6 |
| 池州市 | Chizhou | 1069 | 34796 | 33.9 | 217.0 | 59.45 | 6.2 |
| 安庆市 | Anqing | 3996 | 97702 | 25.0 | 154.3 | 42.27 | 5.3 |
| 黄山市 | Huangshan | 1204 | 15163 | 13.5 | 109.5 | 30.00 | 6.0 |

## 20—28 主要年份村卫生室基本情况
The Basic Situation of Health Room

| 年份 Year | 机构数（个）Health Institutions (unit) | 按设置、主办单位分 Grouped by Managing Organization | | | | | 人员数（人）Persons Engaged (person) | | |
|---|---|---|---|---|---|---|---|---|---|
| | | 村办 Set Up by Village | 乡卫生院设点 Spot of Township Commune Hospital | 联合办 Joint Set Up | 私人办 Private Set Up | 其他 Others | | 乡村医生 Rural Doctors | 卫生员 Health Workers |
| 2005 | 22847 | 11339 | 580 | 2393 | 7466 | 1069 | 46523 | 43416 | 3107 |
| 2006 | 22372 | 11743 | 1250 | 2037 | 6615 | 727 | 46271 | 44433 | 1838 |
| 2007 | 20612 | 10053 | 1433 | 1623 | 6477 | 1026 | 44463 | 43062 | 1401 |
| 2008 | 19276 | 9014 | 2217 | 1714 | 5059 | 1272 | 49516 | 47505 | 2011 |
| 2009 | 17788 | 8236 | 3202 | 1258 | 3730 | 1362 | 54844 | 52607 | 2237 |
| 2010 | 15636 | 7912 | 3501 | 1020 | 1748 | 1455 | 55784 | 53638 | 2146 |

## 20—29 各市村卫生室基本情况（2010年）
The Basic Situation of Health Room by Region (2010)

| 地区 | Region | 机构数（个）Health Institutions (unit) | 按设置、主办单位分 Grouped by Setting Up and Managing Organizations | | | | | 人员数（人）Persons Engaged (person) | | |
|---|---|---|---|---|---|---|---|---|---|---|
| | | | 村办 Set Up by Village | 乡卫生院设点 Spot of Township Commune Hospital | 联合办 Joint Set Up | 私人办 Private Set Up | 其他 Others | | 乡村医生 Rural Doctors | 卫生员 Health Workers |
| **总计** | **Total** | **15636** | **7912** | **3501** | **1020** | **1748** | **1455** | **55784** | **53638** | **2146** |
| 合肥市 | Hefei | 743 | 49 | 475 | 29 | 153 | 37 | 1912 | 1825 | 87 |
| 淮北市 | Huaibei | 307 | 193 | 52 | 17 | 34 | 11 | 1323 | 1312 | 11 |
| 亳州市 | Bozhou | 1261 | 863 | 284 | 103 | | 11 | 6776 | 6467 | 309 |
| 宿州市 | Suzhou | 1267 | 787 | 180 | 186 | 94 | 20 | 6457 | 6138 | 319 |
| 蚌埠市 | Bengbu | 923 | 689 | 111 | 28 | 82 | 13 | 2999 | 2858 | 141 |
| 阜阳市 | Fuyang | 1795 | 1198 | 161 | 101 | 11 | 324 | 9664 | 9238 | 426 |
| 淮南市 | Huainan | 573 | 27 | 189 | | 56 | 301 | 1662 | 1535 | 127 |
| 滁州市 | Chuzhou | 1006 | 583 | 187 | 133 | 39 | 64 | 3903 | 3696 | 207 |
| 六安市 | Luan | 2104 | 843 | 1152 | 45 | 18 | 46 | 6607 | 6427 | 180 |
| 马鞍山市 | Maanshan | 208 | 104 | 38 | 7 | 59 | | 539 | 519 | 20 |
| 巢湖市 | Chaohu | 897 | 153 | 417 | 59 | 79 | 189 | 2855 | 2790 | 65 |
| 芜湖市 | Wuhu | 457 | 288 | 55 | 13 | 83 | 18 | 1163 | 1152 | 11 |
| 宣城市 | Xuancheng | 1078 | 462 | 63 | 16 | 509 | 28 | 1526 | 1480 | 46 |
| 铜陵市 | Tongling | 135 | 89 | 36 | | | 10 | 227 | 224 | 3 |
| 池州市 | Chizhou | 621 | 345 | 24 | 14 | 166 | 72 | 1538 | 1526 | 12 |
| 安庆市 | Anqing | 1592 | 1031 | 42 | 130 | 90 | 299 | 5895 | 5722 | 173 |
| 黄山市 | Huangshan | 669 | 208 | 35 | 139 | 275 | 12 | 738 | 729 | 9 |

## 20—30 历届安徽省人民代表大会代表人数

Number of Anhui Province the National People's Congress Represents

单位：人 (person)

| | | | 代表总数 Total Number of Deputies | #女代表 Female Deputies | 占代表总数 (%) As Percentage to Total | 少数民族代表 Ethnic Minority Deputies | 占代表总数 (%) As Percentage to Total |
|---|---|---|---|---|---|---|---|
| 一 届 | First Congress | (1954) | 448 | 69 | 15.40 | 8 | 1.79 |
| 二 届 | Second Congress | (1958) | 496 | 68 | 13.71 | 9 | 1.81 |
| 三 届 | Third Congress | (1964) | 497 | 96 | 19.32 | 9 | 1.81 |
| 五 届 | Fifth Congress | (1978) | 998 | 196 | 19.64 | 28 | 2.81 |
| 六 届 | Sixth Congress | (1983) | 813 | 167 | 20.54 | 34 | 4.18 |
| 七 届 | Seventh Congress | (1988) | 729 | 157 | 21.54 | 28 | 3.84 |
| 八 届 | Eighth Congress | (1993) | 729 | 164 | 22.50 | 27 | 3.70 |
| 九 届 | Ninth Congress | (1998) | 728 | 195 | 26.79 | 35 | 4.81 |
| 十 届 | Tenth Congress | (2003) | 732 | 204 | 27.87 | 33 | 4.64 |
| 十一届 | Eleventh Congress | (2008) | 730 | 212 | 29.04 | 34 | 4.66 |

## 20—31 历届政协安徽省委员会委员人数

Number of Anhui Province Political Consultative Conference Committee Member

单位：人 (person)

| | | | 委员总数 Total Number of Deputies | #中国共产党委员 Deputies from the Communist Party of China | 占委员总数 (%) As Percentage to Total | 少数民族委员 Ethnic Minority Deputies | 占委员总数 (%) As Percentage to Total |
|---|---|---|---|---|---|---|---|
| 一 届 | First Congress | (1954) | 171 | 53 | 30.99 | 6 | 3.51 |
| 二 届 | Second Congress | (1958) | 308 | 88 | 28.57 | 8 | 2.60 |
| 三 届 | Third Congress | (1964) | 372 | 108 | 29.03 | 18 | 4.84 |
| 四 届 | Fourth Congress | (1978) | 506 | 297 | 58.70 | 21 | 4.15 |
| 五 届 | Fifth Congress | (1983) | 724 | 231 | 31.91 | 30 | 4.14 |
| 六 届 | Sixth Congress | (1988) | 694 | 234 | 33.72 | 40 | 5.76 |
| 七 届 | Seventh Congress | (1993) | 705 | 245 | 34.75 | 40 | 5.67 |
| 八 届 | Eighth Congress | (1998) | 730 | 273 | 37.40 | 37 | 5.07 |
| 九 届 | Ninth Congress | (2003) | 740 | 278 | 37.57 | 37 | 5.00 |
| 十 届 | Tenth Congress | (2008) | 745 | 286 | 38.39 | 38 | 5.10 |

## 20—32 工 会 组 织 情 况
Basic Statistics on Trade Unions

| 年 份<br>Year | 工会基层组织数(个)<br>Number of Grassroots Unions (unit) | 全省已建工会组织的基层单位职工与会员人数（人）<br>Membership and Number of Staff and Workers in Grassroots Unions (person)<br>职工人数<br>Number of Staff and Workers | #女职工<br>Female | #农民工<br>Rural Workers | 会员人数<br>Membership | #女会员<br>Female | #农民工<br>Rural Workers | 工会专职工作人员人数（人）<br>Number of Full-time Personnel of Unions (person) |
|---|---|---|---|---|---|---|---|---|
| 2000 | 31912 | 3536165 | 1334967 | | 3192764 | 1194474 | | |
| 2005 | 35828 | 4599881 | 1614030 | | 4384087 | 1502544 | | 13684 |
| 2009 | 57519 | 6843598 | 2325186 | 2117190 | 6330614 | 2205830 | 1922219 | 18356 |
| 2010 | 61256 | 7102254 | 2437677 | 2282833 | 6663678 | 2317129 | 2082135 | 29837 |

## 20—33 妇 女 参 政 议 政 状 况
Basic Conditions on Women's Participating in the Administration and Discussion of State Affairs

单位：人 (person)

| 项 目 | Item | 2000 | 2005 | 2009 | 2010 |
|---|---|---|---|---|---|
| 省人大代表数 | Number of Deputies to the Provincial People's Congress | 745 | 732 | 739 | 739 |
| #女 性 | Female | 194 | 204 | 212 | 212 |
| 省政协委员数 | Number of Deputies to the Provincial People's Political Consultative Conferences | 738 | 750 | 743 | 743 |
| #女 性 | Female | 142 | 151 | 165 | 165 |
| 省级国家机关各部门负责人数 | Number of Leading Cadres in All Departments of the Provincial Government Organs | 361 | | 449 | 395 |
| #女 性 | Female | 40 | | 60 | 43 |
| 省级党政班子负责人数 | Number of Leading Cadres in the Provincial Party and Government Offices | 16 | 18 | 18 | 18 |
| #女 性 | Female | 1 | 2 | 2 | 2 |
| 地级党政班子负责人数 | Number of Leading Cadres in the Prefecture Party and Government Offices | 286 | 285 | 247 | 251 |
| #女 性 | Female | 25 | 23 | 28 | 28 |
| 县级党政班子负责人数 | Number of Leading Cadres in the County Party and Government Offices | 1762 | 1717 | 1494 | 1505 |
| #女 性 | Female | 172 | 224 | 198 | 198 |
| 中共党员人数（万人） | Number of the Chinese Communist Party Members (10000 persons) | 259.4 | 285.0 | 307.1 | 315.9 |
| #女 性 | Female | 37.4 | 44.8 | 55.5 | 59.2 |
| 干部人数 （万人） | Number of Cadres (10000 persons) | 122.1 | 113.8 | | |
| #女 性 | Female | 35.5 | 36.1 | | |
| 企业职工代表大会代表人数 （万人） | Number of Deputies to the Congress of Staff and Workers in Enterprises (10000 person) | 40.3 | 22.5 | 26.1 | 30.8 |
| #女 性 | Female | 12.9 | 6.4 | 7.4 | 8.6 |

## 20—34 妇 女 儿 童 教 育 培 训 情 况
Basic Conditions on Women and Children's Education and Training

| 项 目 | Item | 2000 | 2005 | 2009 | 2010 |
|---|---|---|---|---|---|
| 国有企事业单位各类专业技术人员数 （万人） | Number of Professional and Technical Personnel in State-owned Enterprises and Institutions (10000 persons) | 85.5 | 81.4 | 83.7 | |
| #女 性 | Female | 27.4 | 29.0 | | |
| 脱盲人口数 （万人） | Number of People Casting Off Illiteracy (10000 persons) | 20.4 | 8.6 | 2.1 | 0.4 |
| #女 性 | Female | 14.0 | 2.8 | 1.1 | 0.2 |
| 小学学龄儿童入学率 (%) | Percentage of School-age Children Enrolled (%) | 99.7 | 99.5 | 99.9 | 99.9 |
| 女 性 | Female | 99.7 | 99.5 | 99.9 | 99.9 |
| 男 性 | Male | 99.7 | 99.5 | 99.9 | 99.9 |
| 小学辍学率 (%) | Percentage of Primary School Students Quitting Their Studies (%) | 0.40 | 0.70 | 0.20 | 0.17 |
| 女 性 | Female | 0.40 | 0.60 | 0.20 | 0.15 |
| 男 性 | Male | 0.40 | 0.80 | 0.20 | 0.19 |
| 普通初中辍学率 (%) | Percentage of Junior Secondary School Students Quitting Their Studies(%) | 2.00 | 2.40 | 0.92 | 1.08 |
| 女 性 | Female | 1.80 | 2.50 | 0.88 | 1.11 |
| 男 性 | Male | 2.20 | 2.30 | 0.95 | 1.05 |

# 20—35 妇联组织及工作情况
Basic Statistics of Women's Associations

| 项　　目 | Item | 2005 | 2009 | 2010 |
|---|---|---|---|---|
| 妇联组织数　(个、所) | Number of Women's Associations (unit) | 33121 | 32132 | 30830 |
| 妇女儿童活动中心　(个) | Number of Activity Centers for Women and Children (unit) | 53 | 63 | 62 |
| 妇联兴办各类家长学校　(个) | Number of Householders' Schools Set Up by Women's Associations (unit) | 16981 | 16374 | 15406 |
| 家长人数　(万人) | Number of Householders (10000 persons) | 332.58 | 79.00 | |
| 妇联自办托幼园所　(所) | Number of Nurseries and Kindergartens Set Up by Women's Associations (unit) | 64 | 85 | 44 |
| 入托儿童数　(人) | Number of Children Enrolled (person) | 12052 | 33730 | 12741 |
| 资助女童入学或返校数　(人) | Number of Sponsored Female Children Beginning or Returning to School (person) | 18533 | 10509 | 90709 |
| 社会捐助总额　(万元) | Total Social Donation (10000 yuan) | 1062.0 | 555.0 | 4454.0 |
| 妇联陪审员人数　(人) | Number of Juniors in Women's Associations (person) | 258 | 172 | 397 |
| 妇联维权干部中取得律师资格证书的人数　(人) | Number of Upholding Right Cadres in Women's Associations Got Lawyer Credentials (person) | 13 | 140 | 309 |
| 来信件数　(件) | Number of Incoming Letters (unit) | 497 | | |
| 来访人数　(人) | Number of Coming Visitors (person) | 11745 | | |
| 双学双比活动 | Status of "Double-study and Double-emulation" | | | |
| 接受技术培训人数　(万人) | Number of Technique Trainees (10000 persons) | 66.00 | 107.09 | 99.96 |
| 获绿色证书人数　(人) | Number of Persons got Green Certificates (person) | 13436 | 6288 | 12376 |
| 女农民技术员人数　(人) | Number of Female Peasant Technicians (person) | 15041 | | |
| 妇代会主任是农民技术员数　(人) | Number of Female Peasant Technicians on Women's Conference (person) | 7555 | 1672 | 515 |
| 建立各类农业科技指导合作性组织 | All Kinds of Agricultural S&T Guidance and Cooperative Association | | 1928 | 1598 |
| 农村妇女科技指导中心　(个、所) | Number of Rural Women's S&T Guidance Centres (unit) | 206 | | |
| 农村妇女专业技术协会　(个、所) | Number of Rural Women's Associations of Professional Technique (unit) | 2877 | | |
| 妇联自（联）办农业基地　(亩) | Agricultural Base (jointly) Organized by the Women's Federation (mu) | 1108.5 | 3250.0 | 2896.0 |
| 三八绿色工程 | March Eighth Green Project | | | |
| 基地个数　(个) | Number of Bases (unit) | 651 | 754 | 733 |
| 基地亩数　(亩) | Area of Bases (mu) | 81129.8 | 205781.0 | 242658.0 |
| 巾帼扶贫 | Woman's Anti-poverty | | | |
| 脱贫户数　(户) | Number of Households Shaking Off Poverty (household) | 30902 | 5021 | 8135 |
| 扶贫项目数　(个) | Number of Anti-poverty Projects (unit) | 422 | 54 | 41 |
| 农村妇女学校数　(所) | Number of Rural Woman Schools (unit) | 996 | 1654 | 1924 |
| 失业妇女再就业 | Unemployed Female Reemployed | | | |
| 妇联培训失业妇女人数　(人) | Unemployed Women Trained by the Women's Federation (person) | 70994 | 156165 | 115028 |
| 建立培训基地或学校数　(个、所) | Number of Training Bases or Schools (unit) | 216 | | |
| 帮助失业妇女就业人数　(人) | Number of Unemployed Female Reemployed (person) | 63641 | 117811 | 71715 |
| 巾帼创业带头人数　(人) | Number of Undertaking Pace-setters of Woman (person) | 1351 | | |
| 获职业资格证书人数　(人) | Number of People Obtained details of the Job (person) | 11213 | | |
| 社区妇女工作 | Women's Work of Community | | | |
| 妇联建立及管理的巾帼社区服务实体数　(个、所) | Number of Serving Entities of Community Set Up and Organized by the Women's Federation (unit) | 691 | | |
| 中华巾帼志愿者数　(人) | Number of Chinese Woman Volunteers (person) | 24002 | | |
| 受表彰情况 | Basic Statistics on Commendation | | | |
| "双学双比"女能手数　(人) | Female Deft Hands of "Double-study and Double-emulation" (person) | 10618 | 9085 | |
| 评选巾帼建功标兵数　(人) | Women Pacesetters in Performing Meritorious Services (person) | 1450 | 1284 | 1948 |
| 巾帼文明示范岗数　(个、所) | Number of Woman's Civilization Demonstration Posts (unit) | 1139 | 1925 | 2000 |
| 三八红旗手　(人) | March 8th Red Banner Winners (person) | 3474 | 2691 | 3655 |
| 三八红旗集体　(个) | March 8th Red Banner Groups (unit) | 442 | 841 | 1049 |
| 五好文明家庭　(户) | "Five Good" Civilized Families (household) | 62863 | 303820 | 426502 |
| 十星级家庭　(户) | Ten Star Class Families (household) | 49545 | | |

## 20—36 妇女卫生保健状况
Basic Conditions on Women Hygiene

| 项目 | Item | 2000 | 2005 | 2009 | 2010 |
|---|---|---|---|---|---|
| 居民户合格碘盐食用率 (%) | Household Consumption of Iodized Salt Qualified Rate (%) | 98.4 | 90.0 | 99.17 | 98.53 |
| 农村改水受益人口普及率 (%) | Percentage of People Benefited from Remade Water in Rural Area (%) | 98.5 | 99.0 | 98.40 | 99.56 |
| 农村享有卫生厕所的人口覆盖率 (%) | Coverage Rate of people Who Enjoy Sanitary Toilet (%) | 40.1 | 54.2 | 54.10 | 57.55 |
| 妇幼保健机构病床数 (张) | Number of Sickbeds in Maternity and Child Care Organs (unit) | 2121 | 2322 | 2968 | 3265 |
| 妇幼保健机构医生数 (人) | Number of Doctors in Maternity and Child Care Organs (person) | 1933 | 2010 | 2212 | 2248 |
| 孕产妇系统管理率 (%) | Percentage of Pregnant and Lying-in Women Under System Management (%) | 74.8 | 59.4 | 40.29 | 39.04 |
| 住院分娩率 (%) | Percentage of Childbirths in Hospital (%) | 73.9 | 86.1 | 97.75 | 98.69 |
| 孕产妇死亡率 (1/10万) | Death Rate of Pregnant and Lying-in Women (1/100 thousand) | 48.4 | 41.2 | 23.62 | 25.46 |
| 非住院分娩消毒接生率 (%) | Percentage of Practicing Midwifery With New Methods Out of Hospital (%) | 96.1 | 96.1 | 90.20 | 99.31 |
| 已婚育龄妇女避孕率 (%) | Contraception Rate of Married Women in Their Childbearing Age (%) | 91.9 | 91.4 | 95.00 | 89.71 |
| 婚前医学检查率 (%) | Percentage of Medical Examinations Before Marriage (%) | 21.3 | 4.5 | 29.47 | 68.92 |

## 20—37 儿童卫生保健状况
Basic Conditions on Children Hygiene

| 项目 | Item | 2000 | 2005 | 2009 | 2010 |
|---|---|---|---|---|---|
| 婴儿死亡率 (‰) | Death Rate of Infants (‰) | 29.00 | 21.77 | 10.71 | 10.70 |
| 5岁以下儿童死亡率 (‰) | Death Rate of Children Below Five (‰) | 34.70 | 24.23 | 13.57 | 13.32 |
| 住院分娩出生缺陷发生率 (‰) | Percentge of Childbirth Defects in Hospital (‰) | 10.20 | 8.83 | 10.52 | 12.11 |
| 四苗全程免疫接种率 (%) | Rate of Inoculating With the "Four Vaccines" in the Whole Course (%) | 97.90 | 94.13 | 95.91 | 99.61 |
| #卡介苗接种率 | Rate of Inoculating With BCG Vaccine | 99.70 | 99.62 | 99.17 | 99.68 |
| 脊髓灰质炎疫苗接种率 | Rate of Inoculating With Polio Vaccine | 98.90 | 97.76 | 99.77 | 99.66 |
| 百白破疫苗接种率 | Rate of Inoculating With Joint Vaccine of Pertussis, Diphtheria and Tetanus | 98.30 | 97.60 | 99.01 | 99.64 |
| 麻疹疫苗接种率 | Rate of Inoculating With Measles Vaccine | 98.60 | 97.13 | 98.19 | 99.61 |
| 乙肝疫苗接种率 (%) | Rate of Inoculating With Hepatitis B Vaccine (%) | 86.30 | 96.95 | 98.73 | 99.68 |
| 7岁以下儿童保健管理率 (%) | Percentage of Children Below Seven Under Health Management (%) | 71.80 | 65.98 | 56.65 | 61.43 |
| 新生儿访视率 (%) | Investigation Rate to Newborn (%) | 81.40 | 68.88 | 60.92 | 59.83 |
| 新生儿破伤风发病率 (1/万) | Morbidity of Tetanus of Newbon (1/10000) | 0.20 | 0.03 | 0.03 | 0.03 |

# 20—38 残疾人事业基本情况
Basic Information of People With Disabilities

| 指　标 | | Item | | 2005 | 2009 | 2010 |
|---|---|---|---|---|---|---|
| **康　复** | | **Rehabilitation** | | | | |
| 白内障复明手术 | | Sight-restoring Cataract Surgery | | | | |
| 白内障复明手术 | (万例) | Sight-restoring Cataract Surgeries | (10000 cases) | 2.5 | 3.4 | 2.9 |
| 人工晶体植入率 | (%) | Artificial Intra-ocular Lens Implantation Rate | (%) | 84 | 95 | 96 |
| 低视力配用助视器 | (人) | Vision-aids Provided for Individuals With Low-vision | (person) | 3646 | 1411 | 1058 |
| 聋儿康复 | | Rehabilitation of Children With Hearing Disability | | | | |
| 年收训聋儿 | (人) | Hearing and Speech Training | (person) | 1126 | 860 | 769 |
| 聋儿入普幼普小率 | (%) | Enrollment Rate of Trained Children to Ordinary Kindergartens and Primary Schools | (%) | 14.6 | 30.0 | 37.0 |
| 培训家长 | (人) | Parents Trained | (person) | 1141 | 1253 | 1102 |
| 精神病防治康复 | | Prevention and Treatment of Psychiatric Diseases | | | | |
| 开展精神病防治康复工作市县数 | (个) | Counties Carried on the Works of Prevention and Treatment of Psychiatric Diseases | (unit) | 10 | 44 | 44 |
| 综合防治康复精神病人数 | (万人) | Prevention and Treatment Provided for Patients With Severe Psychiatric Diseases | (10000 persons) | 5.4 | 12.3 | 13.2 |
| 监护率 | (%) | Guardianship Rate | (%) | 95.5 | 92.0 | 91.2 |
| 显好率 | (%) | Significant Improvement Rate | (%) | 70.6 | 62.3 | 56.7 |
| 社会参与率 | (%) | Social Involvement Rate | (%) | 63.9 | 52.0 | 44.8 |
| 肇事率 | (%) | Violent Events Rate | (%) | 0.050 | 0.060 | 0.060 |
| 康复训练与服务 | (人) | Rehabilitation Training and Service | (person) | | | |
| 肢体残疾康复训练数 | | Function Training Provided to Persons With Physical Disability | | 3490 | 5377 | 3782 |
| 智残儿童康复训练数 | | Rehabilitation Training Provided to Children With Intellectual Disability | | 1640 | 1021 | 1031 |
| 脑瘫儿童康复训练数 | | Rehabilitation Training Provided to Children With Cerebral Palsy | | 652 | 992 | 303 |
| 麻风畸残康复 | | Rehabilitation of People With Leprosy | | | | |
| 矫治手术 | (例) | Orthopedic Surgeries | (case) | 85 | 110 | |
| 发放辅助用具 | (件) | Assistant Devices Provided | (unit) | 4530 | 60 | |
| 康复训练 | (人) | Rehabilitation Training | (person) | 56 | 110 | |
| **教　育** | | **Education** | | | | |
| 未入学适龄残疾儿童少年 | (万人) | School-age Disabled Children Without Schooling | (10000 persons) | 1.39 | 0.76 | 0.99 |
| 职业教育与培训 | | Vocational Education and Training | | | | |
| 机构数 | (个) | Facilities | (unit) | 65 | 94 | 413 |
| 教育与培训人数 | (人) | Number of Educated and Trained | (person) | 16972 | 21375 | 26513 |
| **就　业** | | **Employment** | | | | |
| 城镇残疾人就业状况 | | Employment of Urban Handicapped | | | | |
| 当年安排就业人员 | (人) | Persons Employed in the Year | (person) | 19484 | 13416 | 12782 |
| #按比例就业 | | Employed by Quota Scheme | | 5151 | 2782 | 3295 |
| 集中就业 | | Employed at Welfare Enterprises | | 7942 | 3460 | 3323 |
| 个体就业 | | Self-employed | | 6391 | 7174 | 6164 |
| 未安排就业 | (人) | Unemployed | (person) | 64015 | 66837 | 78344 |
| 农村残疾人就业状况 | | Employment of Rural Handicapped | | | | |
| 就　业 | (万人) | Employed | (10000 persons) | 95.6 | 103.8 | 107.7 |
| 未就业 | (万人) | Unemployed | (10000 persons) | 16.4 | 22.0 | 24.0 |
| 残疾人就业服务机构 | (个) | Employment Placement Service Facilities for Disabled Jobseekers | (unit) | 107 | 117 | 115 |
| 省 | | Provinces | | 1 | 1 | 1 |
| 市 | | Cities (inc. cities at county level) | | 17 | 17 | 17 |
| 县（含县级市） | | County | | 53 | 58 | 58 |
| 市辖区 | | Districts Under the Jurisdiction of Cities | | 36 | 41 | 41 |
| **盲人按摩** | | **Massage by Persons With Visual Disability** | | | | |
| 保健按摩员培训 | (人) | Massage Therapists Training | (person) | | 640 | 2000 |
| 医疗按摩员培训 | (人) | Keep-fit Massager Training | (person) | 513 | 372 | 327 |
| **扶　贫** | | **Poverty Alleviation** | | | | |
| 扶贫开发解决温饱 | (万人) | Rural Handicapped Overcome Poverty by Government's Poverty Reduction Program | (10000 persons) | 8.5 | 6.0 | 2.4 |
| 尚未解决温饱贫困残疾人 | (万人) | Rural Handicapped Remained in Poverty | (10000 persons) | 59.5 | 28.4 | 38.0 |
| #可扶持贫困残疾人 | | Rural Handicapped Remained in Poverty Can Be Supported | | 39.3 | 20.0 | 8.0 |
| **残联组织建设** | | **Organization Building of Disabled Persons' Federation** | | | | |
| 残疾人工作者数 | (人) | Workers for Handicapped | (person) | 2800 | 2747 | 3061 |

## 20—39 婚姻登记和离婚情况
Number of Marriage and Divorces

| 指标 | | Item | | 1995 | 2000 | 2005 | 2009 | 2010 |
|---|---|---|---|---|---|---|---|---|
| 内地居民登记结婚 | (对) | Registered Marriages | (couple) | 609626 | 491959 | 439401 | 609248 | 650861 |
| 初婚 | (人) | First Marriages | (person) | 1202392 | 956554 | 832838 | 1117275 | 1038265 |
| 再婚 | (人) | Remarriages | (person) | 16860 | 27358 | 45964 | 101221 | 263457 |
| 离婚 | (对) | Divorces | (couple) | 29877 | 42723 | 57476 | 116810 | 132374 |
| 离婚率 | (‰) | Divorce Rate | (‰) | 1.00 | 1.37 | 1.76 | 3.45 | 3.89 |

## 20—40 各市婚姻登记和离婚情况（2010年）
Number of Marriage and Divorces by Region (2010)

| 地区 | Region | 内地居民登记结婚 (对) Registered Marriages (couple) | 初婚 (人) First Marriages (person) | 再婚 (人) Remarriages (person) | 登记离婚数 (对) Quantity of Registered Divorcing (couple | 离婚率 (‰) Divorce Rate (‰) |
|---|---|---|---|---|---|---|
| **总计** | **Total** | **650861** | **1038265** | **263457** | **80214** | **2.36** |
| 合肥市 | Hefei | 66437 | 78345 | 54529 | 9580 | 3.88 |
| 淮北市 | Huaibei | 15866 | 25412 | 6320 | 2829 | 2.59 |
| 亳州市 | Bozhou | 61210 | 106387 | 16033 | 3722 | 1.24 |
| 宿州市 | Suzhou | 61675 | 104648 | 18702 | 5193 | 1.63 |
| 蚌埠市 | Bengbu | 38886 | 71710 | 6062 | 5555 | 3.07 |
| 阜阳市 | Fuyang | 100006 | 187408 | 12604 | 4701 | 0.93 |
| 淮南市 | Huainan | 24245 | 28320 | 20170 | 2314 | 1.90 |
| 滁州市 | Chuzhou | 43953 | 73635 | 14271 | 5560 | 2.47 |
| 六安市 | Luan | 57360 | 79388 | 35332 | 10480 | 2.97 |
| 马鞍山市 | Maanshan | 13468 | 17536 | 9400 | 4843 | 7.52 |
| 巢湖市 | Chaohu | 42026 | 69539 | 14513 | 4891 | 2.13 |
| 芜湖市 | Wuhu | 20503 | 27576 | 13430 | 4744 | 4.13 |
| 宣城市 | Xuancheng | 25972 | 38249 | 13695 | 5331 | 3.83 |
| 铜陵市 | Tongling | 6328 | 9389 | 3267 | 1813 | 4.90 |
| 池州市 | Chizhou | 13140 | 19824 | 6456 | 1837 | 2.29 |
| 安庆市 | Anqing | 47973 | 83832 | 12114 | 4784 | 1.55 |
| 黄山市 | Huangshan | 11813 | 17067 | 6559 | 2037 | 2.75 |

注：本表数据由民政厅提供，离婚人数不包括法院的调解和判决离婚数。

a) Data in this table are provided by provincial department of civil affairs. The number of divorces excludes those mediated and iudged by courts.

## 20—41 律师、公证、调解工作基本情况
Basic Statistics on Lawyers, Notarization and Mediation

| 指标 | | Item | | 1995 | 2000 | 2005 | 2009 | 2010 |
|---|---|---|---|---|---|---|---|---|
| **律师工作** | | **Lawyers** | | | | | | |
| 律师事务所 | (个) | Number of Law Offices | (unit) | 265 | 326 | 407 | 466 | 500 |
| 律　师 | (人) | Lawyers | (person) | 3284 | 3073 | 3820 | 4518 | 5019 |
| #专职律师 | | Full-time Lawyers | | 2012 | 1972 | 3424 | 3985 | 4411 |
| 兼职律师 | | Part-time Lawyers | | 1272 | 1101 | 347 | 252 | 281 |
| 公职律师 | | Government Lawyers | | | | 49 | 53 | 97 |
| 公司律师 | | Corporation Counsel | | | | | 11 | 11 |
| 法援律师 | | Legal Aid Lawyers | | | | | 217 | 219 |
| 聘请担任常年法律顾问的单位 | (处) | Number of Units With Permanent Legal Advisors | (unit) | 12390 | 8713 | 10322 | 11162 | 1027 |
| 民事、经济诉讼代理 | (件) | Civil, Economic Litigation Agents | (case) | 14301 | 42404 | 89734 | 77145 | 69615 |
| 刑事诉讼辩护及代理 | (件) | Defense and Agent of Criminal Cases | (case) | 10420 | 16549 | 18217 | 15859 | 15164 |
| 行政诉讼代理 | (件) | Agent of Administrative Action | (case) | | 1957 | 3089 | 2188 | 1428 |
| 非诉讼法律事务 | (件) | Number of Non-litigious legal Affairs | (case) | 18850 | 12477 | 23253 | 16797 | 5188 |
| 解答法律询问 | (件) | Number of Legal Advisory Services | (case) | 120808 | 32165 | 186503 | 242315 | 237728 |
| 代写法律事务文书 | (件) | Number of Legal Documents Written on Behalf of Clients | (case) | 44111 | 40189 | 16580 | 30943 | 20596 |
| **公证工作** | | **Notarization** | | | | | | |
| 公证处 | (个) | Number of Notary Offices | (unit) | 104 | 113 | 108 | 84 | 84 |
| 公证人员 | (人) | Notaries personnel | (person) | 533 | 590 | 666 | 724 | 769 |
| #公证员 | | Notaries | | | 396 | 399 | 349 | 350 |
| 公证员助理 | | Assistant Notaries | | | | 100 | 167 | 201 |
| 办理公证文书 | (件) | Number of Notarized Documents | (unit) | 560614 | 336817 | 250658 | 383739 | 375828 |
| 涉外及港澳台公证文书 | (件) | Number of Foreign-related, Hong Kong, Macao and Taiwan Notarized Documents | (case) | | | 29105 | 47584 | 53614 |
| **人民调解工作** | | **Number of People's Mediation** | | | | | | |
| 司法助理员 | (人) | Number of Judicial Assistants | (person) | 2311 | 2564 | 4148 | 4305 | 4307 |
| 人民调解委员会 | (个) | Number of people's Mediation Committees | (unit) | 36988 | 38180 | 31180 | 22863 | 23094 |
| 调解人员 | (人) | Number of Mediators | (person) | 337279 | 282420 | 205785 | 135987 | 139366 |
| 调解民间纠纷 | (件) | Number of Civil Disputes Mediated | (case) | 350946 | 288952 | 198869 | 139246 | 329660 |

# 20—42 劳动争议仲裁委员会受理及处理案件情况（2010年）

## Labour Disputes Accepted and Handled by Labour Dispute Arbitration Committees (2010)

单位：件 (case)

| 案件类别 | Category of Cases | 合计<br>Total | 国有企业<br>State-owned Enterprises | 城镇集体企业<br>Urban Collective-owned Enterprises |
|---|---|---|---|---|
| **上期未结案件数** | **Number of Cases Left Over from Last Period** | **324** | **45** | **18** |
| **案件受理情况** | **Cases Accepted** | | | |
| 案件数 | Number of Cases | 7303 | 1023 | 376 |
| #集体争议案件数 | Number of Collective Disputes | 115 | 33 | 3 |
| 劳动者当事人数 （人） | Number of Persons Involves (person) | 10879 | 2044 | 438 |
| #集体争议劳动者当事人数 | Number of Persons Involved in Collective Disputes | 2816 | 829 | 42 |
| **案件处理情况** | **Case Settled** | | | |
| 结案件数 | Number of Cases Settled | 7238 | 1038 | 375 |
| **处理方式** | **Manners of Settlement** | | | |
| 仲裁调解 | By Mediation | 2943 | 386 | 160 |
| 仲裁裁决 | By Arbitration Lawsuit | 3505 | 478 | 171 |
| 其他方式 | Others | 312 | 65 | 11 |
| **处理结果** | **Result of Settlement** | | | |
| 用人单位胜诉 | Won by Units | 731 | 185 | 62 |
| 劳动者胜诉 | Lawsuit Won by Laborers | 3550 | 375 | 147 |
| 双方部分胜诉 | Lawsuit Partly Won by Both Parties | 2957 | 478 | 166 |
| **本期未结案数** | **Number of Cases Dissettled** | **389** | **30** | **19** |
| **案外调解争议数** | **Number of Cases Settled by Other Forms** | | | |

| 案件类别 | Category of Cases | 外商投资及港澳台投资企业<br>Foreign Funded and Hong Kong, Macao & Taiwan Chinese Funded Enterprises | 私营企业<br>Private Enterprises | 其他<br>Others |
|---|---|---|---|---|
| **上期未结案件数** | **Number of Cases Left Over from Last Period** | **18** | **189** | **54** |
| **案件受理情况** | **Cases Accepted** | | | |
| 案件数 | Number of Cases | 206 | 4766 | 932 |
| #集体争议案件数 | Number of Collective Disputes | 2 | 66 | 11 |
| 劳动者当事人数 （人） | Number of Persons Involves (person) | 235 | 7001 | 1161 |
| #集体争议劳动者当事人数 | Number of Persons Involved in Collective Disputes | 57 | 1695 | 193 |
| **案件处理情况** | **Case Settled** | | | |
| 结案件数 | Number of Cases Settled | 211 | 4723 | 891 |
| **处理方式** | **Manners of Settlement** | | | |
| 仲裁调解 | By Mediation | 83 | 1930 | 384 |
| 仲裁裁决 | By Arbitration Lawsuit | 108 | 2328 | 420 |
| 其他方式 | Others | 9 | 207 | 20 |
| **处理结果** | **Result of Settlement** | | | |
| 用人单位胜诉 | Won by Units | 25 | 374 | 85 |
| 劳动者胜诉 | Lawsuit Won by Laborers | 106 | 2532 | 390 |
| 双方部分胜诉 | Lawsuit Partly Won by Both Parties | 80 | 1817 | 416 |
| **本期未结案数** | **Number of Cases Dissettled** | **13** | **232** | **95** |
| **案外调解争议数** | **Number of Cases Settled by Other Forms** | | | |

## 20—43 公安机关立案的刑事案件情况
Criminal Cases Registered in Public Security Organs

| 案件类别 | Category of Cases | 立案（起） Number of cases Registered (case) | | 构成（%） Vomposition (%) | |
|---|---|---|---|---|---|
| | | 2009 | 2010 | 2009 | 2010 |
| **总　计** | **Total** | **209520** | **225582** | **100.00** | **100.00** |
| 杀　人 | Homicide | 419 | 362 | 0.20 | 0.16 |
| 伤　害 | Injury | 6218 | 5837 | 2.97 | 2.59 |
| 抢　劫 | Robbery | 6340 | 5059 | 3.03 | 2.24 |
| 强　奸 | Rape | 1406 | 1340 | 0.67 | 0.59 |
| 拐卖人口 | Kidnapping and Selling People | 376 | 709 | 0.18 | 0.31 |
| 盗　窃 | Larceny | 158903 | 173520 | 75.84 | 76.92 |
| 诈　骗 | Fraud | 11045 | 12297 | 5.27 | 5.45 |
| 伪造、变造货币，持有使用伪造货币 | Forging and Fabricating Bills or Using Forged Bills | 275 | 24 | 0.13 | 0.01 |
| 其　他 | Others | 24538 | 26434 | 11.71 | 11.72 |
| 总计中：青少年刑事案件作案成员占全部作案比重 | In Total: Proportion of Young People In Criminal Cases | 16127 | 15047 | 33.88 | 33.42 |

## 20—44 公安机关受理、查处治安案件情况
Offense Caese Against Public order Handled by Public Security Organs

单位：起　(case)

| 案件类别 | Category of Cases | 2009 | | 2010 | |
|---|---|---|---|---|---|
| | | 受理 Number of Cases Accepted to be Treated | 查处 Number of Cases Investigated and Treated | 受理 Number of Cases Accepted to be Treated | 查处 Number of Cases Investigated and Treated |
| **总　计** | **Total** | **565163** | **544568** | **623134** | **608454** |
| 扰乱单位、公共场所秩序 | Disturbing Unit & Public Order | 4404 | 4349 | 5804 | 5710 |
| 寻衅滋事 | Making Trouble | 3117 | 2808 | 3505 | 3292 |
| 阻碍执行职务 | Handling Public Affairs | 1224 | 1200 | 1275 | 1245 |
| 非法携带枪支、弹药、管制刀具 | Illegal Holding of Gun、Ammo & Tube Cutting Tool | 801 | 783 | 1073 | 1058 |
| 违反危险物质管理规定 | Violation of Management Rule of Dangerous Material | 753 | 715 | 821 | 808 |
| 殴打他人 | Hitting other People | 274744 | 267475 | 308320 | 304831 |
| 盗　窃 | Stealing | 45410 | 38520 | 49249 | 41553 |
| 诈骗、抢夺、敲诈勒索财物 | Swindle Snatch & Blackmail Blackmailing Money & Goods | 3798 | 3040 | 4143 | 3504 |
| 哄　抢 | Making Scramble | 99 | 89 | 54 | 50 |
| 卖淫、嫖娼 | Prostitution & Go Whoring | 1446 | 1415 | 1163 | 1165 |
| 赌　博 | Gambling | 6953 | 6818 | 8220 | 8007 |
| 其　他 | Other | 222414 | 217356 | 239507 | 237231 |

## 20—45 检察机关直接立案侦查案件情况（2010年）
Cases Under Direct Investigation by Procurator's Offices (2010)

| 案件类别 | Category of Cases | 受案（起）Cases Accepted | 立案合计 Total Number of Cases Registered | | 大案（件）Large Cases | 要案（人）Key Cases | 结案合计 Total Number of Cases Setted | |
|---|---|---|---|---|---|---|---|---|
| | | (case) | 件 (case) | 人 (person) | (case) | (person) | 件 (case) | 人 (person) |
| **总　计** | **Total** | **1470** | **1277** | **1781** | **69** | **96** | **1431** | **1961** |
| **贪污贿赂案件小计** | **Sub-total of Cases on Corruption and Bribery** | **1165** | **1058** | **1459** | | **82** | **1172** | **1595** |
| 贪　污 | Corruption | 394 | 325 | 627 | | 5 | 358 | 671 |
| 贿　赂 | Bribery | 642 | 608 | 661 | | 68 | 661 | 723 |
| 挪用公款 | Misappropriation of Public Funds | 122 | 118 | 154 | | 9 | 146 | 184 |
| 集体私分 | Collectve Illegal Possession of Public Funds | 7 | 7 | 14 | | | 7 | 14 |
| 巨额财产来源不明 | Unstated Source of Large Properties | | | 3 | | | | 3 |
| **渎职案件小计** | **Sub-total of Cases on Abuse and Dereliction of Duty** | **305** | **219** | **322** | **69** | **14** | **259** | **366** |
| 滥用职权 | Abuse of Power | 133 | 99 | 132 | 38 | 6 | 111 | 145 |
| 玩忽职守 | Dereliction of Duty | 102 | 79 | 101 | 29 | 3 | 100 | 125 |
| 徇私舞弊 | Fraudulent Practice | 59 | 33 | 52 | 2 | 3 | 39 | 59 |
| 其　他 | Others | 11 | 8 | 37 | | 2 | 9 | 37 |

## 20—46 检察机关处理申诉案件情况（2010年）
Appeals Handled by Procurator's Offices (2010)

单位：件　(case)

| 案件类别 | Category of Cases | 受理 Cases Accepted | 立案复查 Cases Registered of Reinvestigation | 结案 Cases Settled | 改变原决定 Original Decision Changed |
|---|---|---|---|---|---|
| **总　计** | **Total** | **4994** | **1175** | **1258** | **216** |
| 不服刑事拘留 | Appeals Against Criminal Detention | 58 | | | |
| 不服不立案 | Appeals Against Rejection of The Case | 263 | | | |
| 不服逮捕 | Appeals Against Arrest | 72 | | | |
| 不服不批准 | Appeals Against Rejection of Arrest | 231 | 166 | 166 | 52 |
| 不服不起诉 | Appeals Against Rejection of Prosecute | 297 | 260 | 295 | 56 |
| 不服撤案 | Appeals Against Withdrawal of the Case | 8 | 2 | 5 | 1 |
| 不服原免于起诉 | Appeals Against Original Exemption of Lawsuit | 6 | 4 | 5 | 3 |
| 不服刑事判决 | Appeals Against Judgment of Criminal Case | 1220 | 584 | 617 | 1 |
| 不服劳教 | Appeals Against Judgment of Reeducation Through Labor | 2 | | | |
| 其　他 | Others | 2837 | 159 | 170 | 103 |

## 20—47 人民法院行政一审案件收结案情况（2010年）

First Trial Administrative Cases Accepted and Settled by Courts (2010)

单位：件 (case)

| 项 目 Item | 收 案 Cases Accepted | 结 案 Cases Settled | 维 持 Affirmation of Original Judgement | 撤 销 Cancellation | 驳回起诉 Reject | 撤 诉 Withdrwal | 其 他 Other | 结案中单独提起行政赔偿 Of the Cases Settled: Set Administrative Compensation Alome |
|---|---|---|---|---|---|---|---|---|
| **总 计 Total** | **3453** | **3524** | **499** | **250** | **240** | **990** | **1545** | **121** |
| 公 安 Public Security | 534 | 533 | 197 | 45 | 15 | 206 | 70 | 29 |
| 资 源 Resources | 709 | 724 | 84 | 77 | 84 | 230 | 249 | 39 |
| 城 建 City Construction | 730 | 774 | 83 | 79 | 85 | 235 | 292 | 21 |
| 工 商 Industry and Commerce | 88 | 92 | 6 | 4 | 5 | 20 | 57 | 1 |
| 卫 生 Health | 65 | 65 | 2 | 2 | 1 | 8 | 52 | 3 |
| 环 保 Environmental Protection | 21 | 21 | 4 | | | 3 | 14 | 2 |
| 交 通 Traffic | 84 | 82 | | 2 | 3 | 29 | 48 | 1 |
| 税 务 Tax | 5 | 5 | | 2 | | 3 | | |
| 其 他 Others | 1217 | 1228 | 123 | 39 | 47 | 256 | 763 | 25 |

## 20—48 人民法院刑事一审案件收结案情况（2010年）

First Trial Criminal Cases Accepted and Settled by Courts (2010)

单位：件 (case)

| 案件类别 | Category of Cases | 收 案 Cases Accepted | 结 案 Cases Settled |
|---|---|---|---|
| **总 计** | **Total** | **22906** | **23016** |
| 危害公共安全罪 | Offences Against Public Security | 3917 | 3944 |
| 破坏社会主义市场经济秩序罪 | Offences Against Socialist Economic Order | 890 | 895 |
| 侵犯公民人身权利、民主权利罪 | Offences Against Citizens' Personal and Democratic Rights | 5877 | 5905 |
| 侵犯财产罪 | Offences Against Properties | 7110 | 7163 |
| 妨碍社会管理秩序罪 | Offences Against Social Management of order | 3912 | 3950 |
| 危害国防利益罪 | Offences Against National Defense | 6 | 5 |
| 贪污贿赂罪 | Offences on Corruption and Bribery | 1058 | 1019 |
| 渎 职 罪 | Offences on Dereliction of Duty | 130 | 131 |
| 其 他 | Others | 6 | 4 |

## 20—49 人民法院合同纠纷一审案件收结案情况（2010年）
First Trial Cases of Contract Disputes Accepted and Settled by Courts (2010)

单位：件 (case)

| 项目 | Item | 收案 Cases Accepted | 结案 Cases Settled | 判决 Hudgement | 驳回起诉 Reject | 撤诉 Withdrwal | 调解 Mediation | 其他 Other |
|---|---|---|---|---|---|---|---|---|
| **总计** | **Total** | **89585** | **90378** | **36450** | **1690** | **24081** | **26247** | **1910** |
| 买卖合同 | Buying and Selling Contracts | 18777 | 19000 | 7283 | 232 | 5415 | 5771 | 299 |
| 房地产开发经营合同 | Real Estate Developing and Managing Contracts | 2907 | 3106 | 1180 | 162 | 833 | 885 | 46 |
| 供用电、水、气、热力合同 | Electricity, Water and Gas and Using Contracts | 88 | 121 | 24 | 4 | 35 | 57 | 1 |
| 借款合同 | Loan Contracts | 33256 | 32996 | 14239 | 378 | 7655 | 9752 | 972 |
| 租赁合同 | Leasing Contracts | 3857 | 3912 | 1692 | 62 | 1161 | 954 | 43 |
| 建设工程合同 | Construction Project Contracts | 3131 | 3094 | 1441 | 77 | 727 | 770 | 79 |
| 承揽合同 | Contractor | 2683 | 2725 | 652 | 27 | 529 | 1472 | 45 |
| 运输合同 | Transportation Contracts | 850 | 848 | 410 | 5 | 183 | 239 | 11 |
| 知识产权合同 | Intellectual property Right | 41 | 42 | 9 | | 14 | 19 | |
| 经营合同 | Operating Contracts | 1657 | 1710 | 670 | 19 | 506 | 466 | 49 |
| 农村承包合同 | Rural Contracts | 1161 | 1227 | 292 | 21 | 676 | 226 | 12 |
| 电信合同 | Telecommunication Contracts | 187 | 198 | 14 | | 167 | 17 | |
| 服务合同 | Service Contracts | 3909 | 3978 | 861 | 107 | 2215 | 754 | 41 |
| 劳动争议 | Labour Contention | 5846 | 6037 | 2439 | 361 | 1466 | 1675 | 96 |
| 劳务合同 | Labour Contracts | 1714 | 1699 | 706 | 37 | 374 | 566 | 16 |
| 其他 | Others | 9521 | 9685 | 4538 | 198 | 2125 | 2624 | 200 |

## 20—50 人民法院婚姻家庭、继承、权属、侵权纠纷及其他民事一审案件收结案情况（2010年）
First Trial Civil Cases of Marriage and Family, Inheritance, Right and Infringement Disputes and Other Civil Cases Accepted and Settled by Courts (2010)

单位：件 (case)

| 项目 | Item | 收案 Cases Accepted | 结案 Cases Settled | 判决 Hudgement | 驳回起诉 Reject | 撤诉 Withdrwal | 调解 Mediation | 其他 Other |
|---|---|---|---|---|---|---|---|---|
| **总计** | **Total** | **118850** | **119414** | **47654** | **873** | **23759** | **43076** | **4052** |
| 婚姻家庭 | Marriage and Family | 62801 | 63350 | 21086 | 292 | 14854 | 26456 | 662 |
| 继承 | Inheritance | 782 | 804 | 318 | 11 | 150 | 317 | 8 |
| 所有权及与所有权相关权利纠纷 | Ownership and Related Right Disputes | 9608 | 9680 | 3846 | 271 | 2980 | 2428 | 155 |
| 票据、证券权益纠纷 | Rights and Interests Disputes of Bills and Securities | 7 | 9 | 5 | | 2 | | 2 |
| 股东权纠纷 | Shareholder Right Disputes | 364 | 370 | 152 | 13 | 104 | 63 | 38 |
| 知识产权 | Intellectual Property Right | 909 | 906 | 302 | 9 | 447 | 138 | 10 |
| 不正当竞争纠纷 | Illegitimate Competition Disputes | 35 | 31 | 14 | 1 | 8 | 5 | 3 |
| 人身权纠纷 | Personal Right Disputes | 37425 | 37220 | 19980 | 140 | 4201 | 12601 | 298 |
| 特殊侵权纠纷 | Special Infringement Disputes | 2106 | 2077 | 881 | 30 | 445 | 695 | 26 |
| 不当得利 | irrational Interests | 1204 | 1178 | 298 | 20 | 201 | 176 | 483 |
| 无因管理 | No Cause management | 14 | 15 | 7 | | 1 | 6 | 1 |
| 适用特别程序案件 | Cases Suitable for Special Procedure | 3080 | 3179 | 490 | 75 | 239 | 38 | 2337 |
| 其他 | Others | 515 | 595 | 275 | 11 | 127 | 153 | 29 |

# 20—51 全省统计执法检查情况（2010年）
Statistical Law Enforcement Inspection Situation (2010)

| 地区 Region | 检查单位（个） Inspection Unit (unit) | 统计违法行为（件） Statistical Illegal Activity (case) | 立案案件（件） Put on Record Case (case) | 结案案件（件） Settled Lawsuit Case (case) | | | | |
|---|---|---|---|---|---|---|---|---|
| | | | | 合计 Total | 按违法性质分 Grouped by Illegal Character | | | |
| | | | | | 虚报瞒报统计资料 Making False Reports & Hiding the Truth in Reports | 伪造篡改统计资料 Forge & Distort Statistical Data | 拒报屡次迟报统计资料 Refuse to Submit Statistical Reports & Report Belatedly Seveal Times | 阻挠妨碍统计执法检查 Thwart and Hinder Statistical Law Enforcement |
| **总计 Total** | **8528** | **1285** | **892** | **848** | **147** | **11** | **146** | **1** |
| 合肥市 Hefei | 366 | 43 | 43 | 43 | 22 | | 21 | |
| 淮北市 Huaibei | 167 | 27 | 27 | 27 | | | | |
| 亳州市 Bozhou | 503 | 94 | 61 | 55 | 4 | | 44 | |
| 宿州市 Suzhou | 1353 | 299 | 74 | 55 | 3 | 1 | | |
| 蚌埠市 Bengbu | 325 | 61 | 41 | 39 | | | | |
| 阜阳市 Fuyang | 462 | 87 | 82 | 78 | 21 | | 25 | |
| 淮南市 Huainan | 342 | 69 | 69 | 70 | 15 | | 20 | 1 |
| 滁州市 Chuzhou | 458 | 98 | 74 | 74 | 6 | | | |
| 六安市 Luan | 423 | 46 | 42 | 42 | 12 | | 6 | |
| 马鞍山市 Maanshan | 238 | 62 | 62 | 62 | 2 | | 2 | |
| 巢湖市 Chaohu | 296 | 30 | 30 | 30 | 3 | | | |
| 芜湖市 Wuhu | 577 | 57 | 48 | 41 | 14 | 10 | 5 | |
| 宣城市 Xuancheng | 368 | 67 | 67 | 64 | 12 | | 12 | |
| 铜陵市 Tongling | 237 | 21 | 21 | 17 | | | 1 | |
| 池州市 Chizhou | 984 | 35 | 33 | 33 | 6 | | 7 | |
| 安庆市 Anqing | 920 | 86 | 69 | 69 | 8 | | 1 | |
| 黄山市 Huangshan | 509 | 103 | 49 | 49 | 19 | | 2 | |

| 地区 Region | 结案案件（件） Settled Lawsuit Case (case) | | | | | | | 未结案案件（件） Settling Lawsuit Cases (case) |
|---|---|---|---|---|---|---|---|---|
| | | | 按处理情况分 Grouped by Handling Situation | | | | | |
| | 未按规定设置原始记录和统计台帐 Installing Original Records & Statistical Table Account Without the Regulation | 其他 Other | 通报批评 Circulation Criticism | 警告 Admoni-tion | 罚款 Fines | | 其他 Other | |
| | | | | | 件数 Cases | 金额（万元） Sum of Money (10000 yuan) | | |
| **总计 Total** | **143** | **400** | **442** | **157** | **68** | **16.09** | **247** | **44** |
| 合肥市 Hefei | | | 40 | 43 | 3 | 0.40 | | |
| 淮北市 Huaibei | 1 | 26 | 14 | | | | 13 | |
| 亳州市 Bozhou | 3 | 4 | 29 | 17 | | | 20 | 6 |
| 宿州市 Suzhou | 13 | 38 | 44 | 9 | 2 | 0.50 | | 19 |
| 蚌埠市 Bengbu | | 39 | 18 | 21 | | | | 2 |
| 阜阳市 Fuyang | | 32 | 51 | 1 | 21 | 2.59 | 6 | 3 |
| 淮南市 Huainan | 24 | 10 | 29 | 2 | 1 | 1.00 | 38 | |
| 滁州市 Chuzhou | 6 | 62 | 11 | 1 | | | 62 | |
| 六安市 Luan | 17 | 7 | 37 | | 4 | 1.60 | 1 | |
| 马鞍山市 Maanshan | 8 | 50 | 26 | | | | 36 | |
| 巢湖市 Chaohu | 3 | 24 | 29 | | 1 | 1.00 | | |
| 芜湖市 Wuhu | | 12 | | 32 | 9 | 1.90 | | 7 |
| 宣城市 Xuancheng | 22 | 18 | 21 | 6 | 14 | 4.30 | 23 | 3 |
| 铜陵市 Tongling | 4 | 12 | 15 | 2 | | | | 4 |
| 池州市 Chizhou | 17 | 3 | 13 | 11 | 2 | 0.20 | 18 | |
| 安庆市 Anqing | 4 | 56 | 43 | 5 | 11 | 2.60 | 10 | |
| 黄山市 Huangshan | 21 | 7 | 22 | 7 | | | 20 | |

## 20—52 交通和火灾事故发生情况
Basic Statistics on Traffic Accidents and Fires

| 指标 | Item | 1995 | 2000 | 2005 | 2009 | 2010 |
|---|---|---|---|---|---|---|
| 交通事故发生数 (起) | Number of Traffic Accidents (unit) | 4137 | 25809 | 17474 | 8191 | 7714 |
| 一次性死亡三人以上事故 | Accidents With More Than Three Deaths One Time | 51 | 57 | 85 | 59 | 54 |
| 重大 | Serious | 2097 | 3669 | 4021 | 2516 | 2424 |
| 一般 | Ordinary | 1989 | 22083 | 13368 | 5616 | 5236 |
| 交通事故损失 (万元) | Losses of Traffic Accidents (10000 yuan) | 1698.0 | 7970.0 | 6118.0 | 2427.8 | 2349.6 |
| 一次性死亡三人以上事故 | Accidents With More Than Three Deaths One Time | 197.0 | 304.0 | 306.0 | 266.5 | 116.6 |
| 重大 | Serious | 683.0 | 1589.0 | 1933.0 | 1057.0 | 1143.2 |
| 一般 | Ordinary | 818.0 | 6077.0 | 3879.0 | 1104.3 | 1089.8 |
| 火灾事故发生数 (起) | Number of Fires (unit) | 2012 | 6099 | 9182 | 5479 | 5174 |
| 特大 | Extraordinarily Serious | 5 | 2 | 1 | | 13 |
| 重大 | Serious | 72 | 8 | 6 | | 47 |
| 一般 | Ordinary | 1935 | 6089 | 9175 | 5479 | 5114 |
| 火灾事故损失 (万元) | Losses of Fires (10000 yuan) | 2946.0 | 5704.0 | 3393.4 | 8280.2 | 8474.3 |
| 特大 | Extraordinarily Serious | 312.0 | 2373.0 | 361.5 | | 2495.1 |
| 重大 | Serious | 1167.0 | 358.0 | 370.9 | | 2500.7 |
| 一般 | Ordinary | 1467.0 | 2973.0 | 2661.0 | 8280.2 | 3478.5 |

## 20—53 交通事故情况（2010年）
Basic Statistics on Traffic Accidents (2010)

| 指标 | Region | 发生数 (起) Number of Araffic Accidents (case) | 死亡人数 (人) Number of Deaths (person) | 受伤人数 (人) Number of Injuries (person) | 损失折款 (万元) Losses Coverted Into Cash (10000 yuan) |
|---|---|---|---|---|---|
| **总计** | **Total** | **7714** | **2808** | **9364** | **2349.6** |
| #一次性死亡三人以上事故 | Accidents With More Than Three Deaths One Time | 54 | 196 | 153 | 116.6 |
| 重大事故 | Serious | 2424 | 2612 | 1423 | 1143.2 |
| 机动车 | Motor-driven Vehicles | **7312** | **2724** | **8891** | **2311.4** |
| #汽车 | Automobiles | 4858 | 1989 | 5747 | 2074.1 |
| 摩托车 | Motorcycles | 1858 | 452 | 2592 | 136.3 |
| 拖拉机 | Tractors | 457 | 214 | 438 | 57.1 |
| 农业运输车 | Transport Vehicles for Agricultural Use | 139 | 69 | 114 | 43.9 |
| 非机动车 | Non-motor-driven Vehicles | **354** | **52** | **456** | **17.0** |
| #自行车 | Bicycles | 293 | 35 | 385 | 13.8 |
| #其它非机动车 | Other Non-motor-driven Vehicles | 61 | 17 | 71 | 3.2 |
| 行人、乘车人 | Pedestrians | 44 | 32 | 13 | 20.9 |

注：机动车其中数的受伤人数及损失折款有重复计算。

a) Theirs is repeated calculation in the number of injured persons and losses converted into cash of motor-driven vehicles.

## 20—54 主要年份火灾事故情况
Basic Statistics on Fires

| 年 份<br>Year | 发生数<br>(起)<br>Number of Traffic Accidents<br>(case) | 死亡人数<br>(人)<br>Number of Deaths<br>(person) | 受伤人数<br>(人)<br>Number of Injuries<br>(person) | 直接经济损失<br>(万元)<br>Losses Converted into Cash<br>(10 000 yuan) | 人口火灾发生率<br>(1/10万人)<br>Average Number of Fires Per 100 Thousand Persons |
|---|---|---|---|---|---|
| 2000 | 6099 | 79 | 148 | 6819.4 | 9.8 |
| 2005 | 7621 | 93 | 98 | 4956.1 | 11.8 |
| 2006 | 9141 | 38 | 45 | 5638.9 | 14.0 |
| 2007 | 6755 | 60 | 36 | 5623.8 | 10.2 |
| 2008 | 5882 | 72 | 29 | 8618.6 | 8.7 |
| 2009 | 5475 | 45 | 24 | 8400.4 | 8.1 |
| 2010 | 5174 | 35 | 21 | 8474.3 | 8.0 |

## 20—55 火灾事故发生情况（2010年）
Basic Statistics on Fires (2010)

| 项 目 Item | 合 计<br>Total | 按事故发生程度分 By Serious Degree of Fires | | |
|---|---|---|---|---|
| | | 特 大<br>Extraordinarily Serious | 重 大<br>Serious | 一 般<br>Ordinary |
| 发 生 (起) Fires (case) | 5174 | 13 | 47 | 5114 |
| 死 亡 (人) Deaths (person) | 35 | | 6 | 29 |
| 受 伤 (人) Injuries (person) | 21 | | 3 | 18 |
| 损失折款 (万元) Losses Converted Into Cash (10000 yuan) | 8474.3 | 2495.1 | 2500.7 | 3478.5 |
| 平均每起事故损失（元）Average Loss Per Fire (yuan) | 16378.6 | 1891615.4 | 532063.8 | 6801.9 |

## 20—56 各市交通事故情况（2010年）
Basic Statistics on Traffic Accidents by Region (2010)

| 地区 | Region | 合计 Total | | | | #城区 Urban Areas | | |
|---|---|---|---|---|---|---|---|---|
| | | 发生数（起）Number of Traffic Accidents (case) | 死亡人数（人）Number of Deaths (person) | 受伤人数（人）Number of Injuries (person) | 损失折款（万元）Losses Coverted Into Cash (10000 yuan) | 发生数（起）Number of Traffic Accidents (case) | 死亡人数（人）Number of Deaths (person) | 受伤人数（人）Number of Injuries (person) |
| **总计** | **Total** | **7714** | **2808** | **9364** | **2350** | **2235** | **499** | **2560** |
| 合肥市 | Hefei | 660 | 289 | 667 | 261 | 358 | 96 | 380 |
| 淮北市 | Huaibei | 337 | 72 | 441 | 74 | 209 | 24 | 277 |
| 亳州市 | Bozhou | 396 | 191 | 419 | 108 | 65 | 21 | 70 |
| 宿州市 | Suzhou | 397 | 228 | 404 | 105 | 59 | 29 | 63 |
| 蚌埠市 | Bengbu | 367 | 127 | 479 | 148 | 78 | 23 | 87 |
| 阜阳市 | Fuyang | 367 | 150 | 433 | 97 | 48 | 16 | 50 |
| 淮南市 | Huainan | 234 | 89 | 230 | 121 | 67 | 19 | 62 |
| 滁州市 | Chuzhou | 235 | 222 | 206 | 212 | 29 | 25 | 21 |
| 六安市 | Luan | 690 | 266 | 900 | 231 | 111 | 26 | 124 |
| 马鞍山市 | Maanshan | 280 | 83 | 301 | 52 | 139 | 34 | 131 |
| 巢湖市 | Chaohu | 519 | 205 | 564 | 154 | 94 | 25 | 78 |
| 芜湖市 | Wuhu | 218 | 194 | 152 | 69 | 94 | 72 | 72 |
| 宣城市 | Xuancheng | 611 | 165 | 876 | 235 | 107 | 23 | 133 |
| 铜陵市 | Tongling | 86 | 30 | 90 | 39 | 53 | 7 | 68 |
| 池州市 | Chizhou | 262 | 109 | 379 | 73 | 34 | 12 | 44 |
| 安庆市 | Anqing | 1339 | 293 | 1853 | 249 | 306 | 27 | 402 |
| 黄山市 | Huangshan | 716 | 95 | 970 | 122 | 384 | 20 | 498 |

## 20—57 各市火灾事故情况（2010年）
Basic Statistics on Fires by Region (2010)

| 地区 | Region | 发生数（起）Number of Fires (case) | 死亡人数（人）Number of Deaths (person) | 受伤人数（人）Number of Injuries (person) | 直接经济损失（万元）Direct Losses (10000 yuan) | 人口火灾发生率（1/10万人）Average Number of Fires Per 100 Thousand People |
|---|---|---|---|---|---|---|
| **总计** | **Total** | **5174** | **35** | **21** | **8474.3** | **8.0** |
| 合肥市 | Hefei | 1251 | 4 | | 553.0 | 2.8 |
| 淮北市 | Huaibei | 295 | 1 | | 295.1 | 13.4 |
| 亳州市 | Bozhou | 81 | 4 | 2 | 736.6 | 1.5 |
| 宿州市 | Suzhou | 262 | 2 | 1 | 503.7 | 4.4 |
| 蚌埠市 | Bengbu | 412 | 7 | 3 | 306.1 | 12.1 |
| 阜阳市 | Fuyang | 256 | 2 | 1 | 777.5 | 2.9 |
| 淮南市 | Huainan | 332 | 4 | | 34.7 | 15.9 |
| 滁州市 | Chuzhou | 316 | 2 | | 835.1 | 7.3 |
| 六安市 | Luan | 489 | | | 319.7 | 7.4 |
| 马鞍山市 | Maanshan | 348 | | | 159.4 | 26.8 |
| 巢湖市 | Chaohu | 84 | 1 | 2 | 664.5 | 1.9 |
| 芜湖市 | Wuhu | 259 | 6 | 1 | 1016.0 | 11.2 |
| 宣城市 | Xuancheng | 120 | 1 | | 314.3 | 4.3 |
| 铜陵市 | Tongling | 44 | | 1 | 129.8 | 6.3 |
| 池州市 | Chizhou | 93 | | | 277.2 | 5.8 |
| 安庆市 | Anqing | 472 | 1 | 6 | 1160.8 | 7.9 |
| 黄山市 | Huangshan | 60 | | 4 | 391.0 | 4.3 |

## 20—58 灾 害 情 况（2010年）
Statistics on Disasters (2010)

| 项 目 | Item | 自然灾害直接经济损失（亿元）Direct Losses of Natural Disasters (100 million yuan) | 农业经济损失 Agricultural Losses | 农作物灾害（万公顷）Area of Crop Disaster (10000 hectare) 受灾面积 Areas Covered | 绝收面积 Areas of Total Crop Failure | 受灾人口（万人）Population Covered (10000 persons) |
|---|---|---|---|---|---|---|
| **总 计** | **Total** | **113.90** | **73.60** | **207.10** | **14.60** | **2335.90** |
| 旱 灾 | Drought | 5.97 | 5.97 | 82.50 | 0.07 | 833.00 |
| 洪涝灾 | Floods | 85.20 | 48.60 | 108.40 | 13.40 | 1288.70 |

## 20—59 救 灾 情 况
Statistics on Disaster Relief

单位：万元 (10000 yuan)

| 项 目 | Item | 财政资金投入 Investment of Financial Fund | | 救灾物资投入（折款）Investment of Relief to Disaster Areas | | 接受捐赠下拨 Appropriation to Lower Levels From Donation | |
|---|---|---|---|---|---|---|---|
| | | 2009 | 2010 | 2009 | 2010 | 2009 | 2010 |
| **总 计** | **Total** | **29502** | **30355** | | | **897** | **1331** |
| 中 央 | Central Government | 23600 | 20000 | | | | |
| 省 级 | Provincial-level | 4005 | 8406 | | | | |
| 地 市 | Prefecture-level | 376 | 269 | | | 266 | 574 |
| 县 级 | County-level | 1522 | 1681 | | | 631 | 757 |

## 20—60 全省33项民生工程完成情况（2010年）
Completion status of 33 Livelihood Projects in Entire Province （2010）

| 项 目 | | Item | | 数 量 Number |
|---|---|---|---|---|
| 农村居民最低生活保障 | (万人) | Rural Resident Lowest Livelihood Security | (10000 persons) | 214.6 |
| 农村“五保户”供养 | (万人) | The Rural Household of the Five Guarantees | (10000 persons) | 45.8 |
| 城镇未参保集体企业退休人员基本生活费保障 | (万人) | Urban Collective Enterprise Retirees Basic Livelihood Expenses Security | (10000 persons) | 2 |
| 新型农村合作医疗 | (万人) | New-type Rural Cooperatives Medical Service | (10000 persons) | 4750 |
| 城镇居民基本医疗保险 | (万人) | Urban Resident Basic Medical Insurance | (10000 persons) | 913.5 |
| 城乡医疗救助 | (个) | Urban and Rural Medical Service Rescue | (unit) | 269.7 |
| 重大传染病病人医疗救治和生活救助 | (万人次) | The Significant Infectious Disease Patient Medical Service and Livelihood Rescue | (10000 persons/times) | 5.5 |
| 城乡卫生服务体系建设 | (个) | Urban and Rural Health Services System Construction | (unit) | 8898 |
| 城乡义务教育经费保障 | (万人) | Urban and Rural Compulsory Education Funds Security | (10000 persons) | 800 |
| 农村饮水安全工程 | (万人) | Rural Potable Water Safety Engineering | (10000 persons) | 296.7 |
| 计划生育家庭奖励扶助 | (万人) | The Birth Control Family Reward Help | (10000 persons) | 11.6 |
| 广播电视“村村通”工程（盲村建设） | (个) | The Broadcast and Television of "the Village Connection Project" | (unit) | 5628 |
| 高校和中职学校家庭困难学生资助 | | The University and Middle Prefessional School Family Difficult Student Subsidizing | | |
| 发放学生各类奖助学金 | (万人) | To Provide Student With All Kind of Prize | (10000 persons) | 99.95 |
| 免除中职困难家庭学生学费 | (万人) | To Exempt Tuition Fee of Difficult Family Student | (10000 persons) | 15.85 |
| 大中型水库移民后期扶持 | (亿元) | Later Period Supports of the Large and Middle Scale Reservoirs Migrants | (100 million yuan) | 2.8 |
| 农村公路“村村通”工程 | (公里) | The Rural Road "Village Connection" Project | (kilometer) | 6178 |
| 城市低收入家庭住房困难保障 | (万户) | The Urban Low Income Family House Safeguard | (10000 households) | 20.9 |
| 贫困白内障患者复明 | (万人) | The Impoverished Cataract Patient Eyesight Recovery | (10000 persons) | 1.4 |
| 农村五保供养服务机构建设 | (个) | The Service Organization Construction of the Rural Household of the Five Guarantees | (unit) | 496 |
| 重度残疾人生活救助 | (万人) | The Heavy Disabled Person Livelihood Rescue | (10000 persons) | 39.6 |
| 新型农民培训工程 | (万人) | The New Peasant Training Project | (10000 persons) | 55.9 |
| 农民工技能培训工程 | (万人) | Peasant Laborer Skill Training Project | (10000 persons) | 33.8 |
| 提高妇女儿童健康水平 | | Enhancing Women and Children Health Standard | | |
| 免费婚检 | (万人) | Free Pre-marital Medical Check-up | (10000 persons) | 83.19 |
| 补助农村住院分娩孕产妇 | (万人) | Subsidize Countryside in Hospital Childbirth Pregnant Woman | (10000 persons) | 52.01 |
| 儿童免疫规划接种 | (万人次) | Childhood Immunizations Plan Vaccinate | (10000 persons/times) | 1558.5 |
| 农家书屋工程 | (个) | Peasant Family Reading-room Project | (unit) | 3000 |
| 乡镇综合文化站建设 | (个) | Town Synthesizing Cultural Station Construction | (unit) | 325 |
| 农民体育健身工程 | (个) | Farmer Sports Fitness Project | (unit) | 1488 |
| 政策性农业保险制度 | | Policy-type Agricultural Insurance System | | |
| 承保农作物 | (万亩) | Crops Insure | (1000 Mu) | 9631.1 |
| 承保牲畜 | (万头) | Domestic Animal Insure | (10000 uint) | 125 |
| 农村沼气建设工程 | (万户) | Rural Methane Construction Project | (10000 households) | 11.7 |
| 病险水库除险加固工程 | (座) | Eliminateing Danger and Strengthening Project of Sickness and Danger Reservoir | (unit) | 295 |
| 社会（儿童）福利中心建设 | (个) | Society (Child) Welfare Center Construction | (unit) | 21 |
| 农村留守儿童之家建设 | (万个) | Family of Rural Childhood Staying Countryside Construction | (10000 uint) | 1.37 |
| 光荣院建设 | (个) | Honorable Courtyard Construction | (unit) | 11 |
| 农村清洁工程 | (个) | Rural Clean Project | (unit) | 241 |
| 校舍安全工程 | (万平方米) | School Building Safety Project | (10000 m²) | 1485 |

注：此表由省民生办提供。

a) This Table Provided by the Office of province livelihood of the people.

## 20—61 民生工程卫生服务体系基本情况
The Basic Information of Livelihood Projects of Health Service System

| | | | | 2009 | 2010 |
|---|---|---|---|---|---|
| 农村卫生达标 | (个数) | Rural Health Standards | (unit) | | |
| 乡镇卫生院 | | Township Hospitals | | 168 | 77 |
| 中心院 | | Center Court | | | |
| 一般院 | | General Hospital | | | |
| 村卫生室 | | Village Health Office | | 2461 | 8400 |
| 城市社区规范化建设 | (个数) | Standardization of Construction in Urban Communities | (unit) | | |
| 社区卫生服务中心 | | Community Health Center | | 81 | 76 |
| 社区卫生服务站 | | Community Health Service Station | | 300 | 345 |
| 社区卫生服务机构总数 | (个数) | The Total of Community Health Service | (unit) | 984 | 1730 |
| 社区卫生服务中心 | | Community Health Center | | 196 | 373 |
| 社区卫生服务站 | | Community Health Service Station | | 788 | 1357 |
| 社区培训 | (人) | Community Training | (person) | | |
| 全科医师 | | General Doctor | | 1858 | 1975 |
| 社区护士 | | Community Nurse | | 2022 | 1576 |
| 规范化建设资金财政投入 | (万元) | Standardization of Construction Funds for Financial Investment | (10000 yuan) | | |
| 农村卫生体系建设 | | Rural health System Construction | | 24868.4 | 52702.6 |
| 社区卫生体系建设 | | Community Health System Construction | | 16729.0 | 7150.0 |

## 20—62 农村社会养老保险情况
Situation of Rural Old-age Insurance

单位：万人、万元 (10000 persons, 10000 yuan)

| 项　目 | Item | 2005 | 2009 | 2010 |
|---|---|---|---|---|
| 参保人数 | People Participated in | 147 | 160 | 572 |
| 本年领取养老金人数 | People Receiving Old-age Pension This Year | 2 | 9 | 155 |
| 本年保险资金收入 | Insurance Fund Revenue This Year | 3272 | 23061 | 190449 |
| 本年保费收入 | Insurance Premium This Year | 1608 | 20705 | 188068 |
| 个人缴费 | Individual Paying | 1111 | 13359 | 85199 |
| 集体补助 | Collective Subsidy | 497 | 1352 | 1422 |
| 政府补贴 | Government Subsidy | | 5993 | 101447 |
| 本年基金运营收益 | Fund Operating Earning | 1559 | 2211 | 2122 |
| 其他收入 | Other Earning | 106 | 144 | 258 |
| 本年保险金支出 | Insurance Expenditure This Year | 1143 | 6531 | 91880 |
| 养老金支出 | Old-age Pension Expenditure | 807 | 5266 | 89497 |
| 本年提取管理费 | Management Fee Drawed This Year | 43 | 119 | |
| 年末基金滚存结余 | Fund Blance Year-end | 61321 | 100644 | 243158 |

## 20—63 民政行业单位基本情况
Basic Conditions of Civil Affairs Agencies

| 项 目 | Item | 单位数 （个） Number of Enterprises (unit) | | 职工人数 （人） Number of Staff and Workers (person) | |
|---|---|---|---|---|---|
| | | 2009 | 2010 | 2009 | 2010 |
| **民政行业单位** | **Civil Affairs Agencies** | | | | |
| 民政行政机关 | Civil Affairs Administrative Departments | 123 | 123 | 2755 | 2702 |
| 民政事业单位 | Civil Affairs Institutions | | | | |
| 优抚安置单位 | Agencies for Serviceman | 143 | 141 | 1575 | 1539 |
| 救灾储备单位 | Salvation and Institutions | 6 | 10 | 20 | 25 |
| 社区服务中心 | Community Service Centers | 454 | 573 | 3049 | 3955 |
| 婚姻登记服务类单位 | Marriage Registration Institutions | 59 | 72 | 343 | 372 |
| 收养类单位 | Residential Institutions | 2296 | 2368 | 12487 | 14662 |
| 救助类单位 | Salvation Institutions | 40 | 36 | 368 | 343 |
| 殡仪类单位 | Funeral and Interment Institutions | 176 | 185 | 2927 | 3098 |
| 福利彩票发行单位 | Welfare Lottery Issuing Institutions | 41 | 42 | 295 | 353 |
| 慈善团体 | Charity Institutions | | | | |
| 老龄行政机构 | Aging Population Institutions | 91 | 98 | 208 | 222 |
| 其他事业单位 | Other Institutions | 77 | 41 | 318 | 200 |
| 民间组织 | Non-governmental Organizations | | | | |
| 社会团体 | Social Organization | 9086 | 9260 | | |
| 基金会 | Fund Organization | 30 | 36 | | |
| 民办非企业单位 | Non-enterprise Units Run by NGO | 4844 | 5560 | | |
| 基层群众自治组织 | Grass Roots Autonomy Organizations | | | | |
| 社区居委会 | Neighborhood Committee | 3199 | 3354 | | |
| 村委会 | Village Committee | 15732 | 15546 | | |
| 福利企业 | Social Welfare Enterprises | 411 | 385 | 19566 | 19141 |

## 20—64 社会福利救济主要费用情况
Basic Statistics on Social Welfare Relief Funds

单位：万元 (10000 yuan)

| 指 标 | Item | 1995 | 2000 | 2005 | 2009 | 2010 |
|---|---|---|---|---|---|---|
| **总 计** | **Total** | **41792.4** | **81751.9** | **230317.2** | **575828.5** | **662248.6** |
| 国家支出 | Government Funds | 13482.9 | 34226.4 | 210274.1 | 575828.5 | 662248.6 |
| 优抚对象补助金额 | Funds for Family Members of Martyrs and Disabled Veterans | 19759.0 | 39372.4 | 88134.3 | 125629.2 | 156802.1 |
| 国家支出 | Government Funds | 9915.0 | 21314.6 | 71018.2 | 125629.2 | 156802.1 |
| 困难户得救济金额 | Funds for Poor Households | 1386.4 | 9539.6 | 110022.3 | 347884.0 | 392297.4 |
| 国家支出 | Government Funds | 370.7 | 8404.2 | 110022.3 | 347884.0 | 392297.4 |
| 社会散居孤老残幼供养金额 | Funds for Orphans, Disabled, Elderly and Young Persons in Society | 15028.5 | 25044.1 | 22867.4 | 60178.4 | 58797.5 |
| 国家支出 | Government Funds | 1553.1 | 1385.3 | 22867.4 | 60178.4 | 58797.5 |
| 城乡各种福利院支出 | Funds for Urban and Rural Welfare Homes of All Types | 5618.5 | 7795.8 | 9293.2 | | |
| 光荣院 | Homes for the Disabled Veterans | 357.3 | 659.1 | 951.3 | 7415.6 | 9848.6 |
| 国家支出 | Government Funds | 347.0 | 659.1 | 934.5 | 7415.6 | 9848.6 |
| 城乡社会福利院 | Social Welfare Homes | 5261.2 | 7136.7 | 8341.9 | 34721.3 | 44503.0 |
| 国家支出 | Government Funds | 1297.1 | 2463.2 | 5431.7 | 34721.3 | 44503.0 |

## 20—65 社会福利事业单位基本情况（2010年）
Basic Statistics on Social Welfare Institutions (2010)

| 项　目 | Item | 单位数（个）Number of Homes (unit) | 工作人员（人）Number of Staff and Workers (person) | 床位（张）Number of Beds (unit) | 年末收养人数（人）Number of Persons Housed (person) |
|---|---|---|---|---|---|
| **总　计** | **Total** | | | | |
| 收养性福利事业单位 | Adopting Social Welfare Institutions | 2368 | 14662 | 216344 | 171242 |
| 国家办 | Run by Governments | 158 | 2826 | 15766 | 11732 |
| 集体和民办 | Run by Collective Units and Privates | | | | |
| #光荣院 | Homes for Disabled Veterans | 47 | 368 | 2231 | 1528 |
| 社会福利院 | Social Welfare Homes | 57 | 1013 | 6289 | 4384 |
| 儿童福利院 | Baby Welfare Homes | 20 | 567 | 3190 | 2491 |
| 城镇老年性福利机构 | Urban Elderly Welfare Units | 143 | 1600 | 15283 | 8396 |
| 农村老年性福利机构 | Rural Elderly Welfare Units | 2086 | 10442 | 187241 | 153398 |
| 优抚安置单位 | Units for Arranging the Family Members of Martyrs and Disabled Veterans | 141 | 1539 | | |
| 救助类单位 | Rescue Agencies | 36 | 343 | 1272 | 105 |

## 20—66 享受补助、救济人员情况
Persons Receiving Subsidies or Relief Funds

单位：人、户　(person、household)

| 指　标 | Item | 2000 | 2005 | 2009 | 2010 |
|---|---|---|---|---|---|
| **城乡居民最低生活保障人数** | **Number of Persons Receiving Lowest Cost-of-living in urban Area and Rural Area** | **229433** | **1228365** | **3079122** | **3030182** |
| 城镇居民最低生活保障人数 | Number of Persons Receiving Lowest Cost-of-living in Urban Area | 126460 | 977182 | 949802 | 883944 |
| 农村居民最低生活保障人数 | Number of Persons Receiving Lowest Cost-of-living in Rural Area | 102973 | 251183 | 2129320 | 2146238 |
| **传统救济情况** | **Traditional Relief** | | | | |
| 农村定期救济户数 | Number of Households Receiving Periodic Relief in Rural Areas | | 617775 | 517232 | 519831 |
| #困难户 | Households in Urgent Need | | 174210 | 50991 | 52199 |
| #五保户 | Households Enjoying the Five Guarantees | | 375129 | 466241 | 467632 |

## 20—67 城乡居民最低生活和社会保障网络基本情况

Basic Statistics on People Receiving Lowest Cost-of-living and Social Security Network in Urban and Rural Area

| 年份 Year | 城镇社区服务设施数（个） Number of Urban Welfare Facilities (unit) | #社区服务单位个数 Number of Community Service | 城镇便民、利民服务网点（个） Number of Urban Service Points for Civilian (unit) | 城乡居民最低生活保障 People Receiving Lowest Cost-of-living in Urban and Rural Area | | | |
|---|---|---|---|---|---|---|---|
| | | | | 城镇低保人数（万人） Number of Persons Receiving Lowest Cost-of-living in Urban Area (10000 person) | 保障金额（万元） Amount of Money (10000 yuan) | 农村低保人数（万人） Number of Persons Receiving Lowest Cost-of-living in Rural Area (10000 person) | 保障金额（万元） Amount of Money (10000 yuan) |
| 1995 | 7661 | | 13094 | | | | |
| 2000 | 7868 | 1728 | 17334 | 12.64 | 12054.2 | 10.30 | 1802.4 |
| 2005 | 6815 | 327 | 18327 | 97.72 | 76012.5 | 25.12 | 3594.9 |
| 2006 | 5419 | | 12323 | 100.92 | 89285.5 | 27.10 | 5763.2 |
| 2007 | 3649 | | 17452 | 100.40 | 119365.7 | 142.00 | 53082.4 |
| 2008 | 3675 | | 16727 | 99.35 | 160436.7 | 186.27 | 102582.1 |
| 2009 | 4982 | | 14306 | 94.98 | 185934.6 | 212.93 | 160335.4 |
| 2010 | 3623 | | 13105 | 88.40 | 197149.3 | 214.62 | 195417.7 |

## 20—68 各市城乡居民最低生活保障和社会保障网络基本情况（2010年）

Basic Statistics on People Receiving Lowest Cost-of-living and Social Security Network in Urban and Rural Area by Region (2010)

| 地区 | Region | 城镇社区服务设施数（个） Number of Urban Welfare Facilities (unit) | 城镇便民、利民服务网点（个） Number of Urban Service Points for Civilian (unit) | 城乡居民最低生活保障 People Receiving Lowest Cost-of-living in Urban and Rural Area | | | |
|---|---|---|---|---|---|---|---|
| | | | | 城镇低保人数（人） Number of Persons Receiving Lowest Cost-of-living in Urban Area (person) | 保障金额（万元） Amount of Money (10000 yuan) | 农村低保人数（人） Number of Persons Receiving Lowest Cost-of-living in Rural Area (person) | 保障金额（万元） Amount of Money (10000 yuan) |
| **总计** | **Total** | **3623** | **13105** | **883944** | **197149.3** | **2146238** | **195417.7** |
| 合肥市 | Hefei | 627 | 1111 | 46031 | 12191.6 | 109521 | 11102.8 |
| 淮北市 | Huaibei | 160 | 34 | 64787 | 13889.5 | 42984 | 4343.8 |
| 亳州市 | Bozhou | | | 33009 | 7767.7 | 214555 | 19435.8 |
| 宿州市 | Suzhou | 205 | 204 | 45805 | 8128.9 | 221713 | 20254.2 |
| 蚌埠市 | Bengbu | 449 | 3479 | 52594 | 10677.1 | 95307 | 9296.3 |
| 阜阳市 | Fuyang | 206 | 113 | 115929 | 20719.6 | 355440 | 31024.4 |
| 淮南市 | Huainan | 222 | 109 | 65963 | 11768.5 | 52029 | 4868.5 |
| 滁州市 | Chuzhou | 849 | 1420 | 69787 | 16479.2 | 149847 | 13615.3 |
| 六安市 | Luan | 24 | | 75876 | 17337.5 | 261081 | 22750.2 |
| 马鞍山市 | Maanshan | 213 | 249 | 33728 | 7984.8 | 17919 | 2645.6 |
| 巢湖市 | Chaohu | 134 | 276 | 43057 | 11159.7 | 153517 | 13794.8 |
| 芜湖市 | Wuhu | 97 | 1521 | 56205 | 13129.9 | 44904 | 4534.6 |
| 宣城市 | Xuancheng | 5 | 22 | 37780 | 9347.2 | 88659 | 8564.1 |
| 铜陵市 | Tongling | 128 | 49 | 24034 | 6378.0 | 10445 | 1122.7 |
| 池州市 | Chizhou | | | 22107 | 5064.0 | 54561 | 4982.5 |
| 安庆市 | Anqing | 207 | 4271 | 73007 | 18304.0 | 221603 | 18313.8 |
| 黄山市 | Huangshan | 97 | 247 | 24245 | 6822.1 | 52153 | 4768.3 |

# 20—69 就业训练中心综合情况
## Comprehensive Insitution of Occupation Training Center

| 项　目 | | Item | | 2005 | 2009 | 2010 |
|---|---|---|---|---|---|---|
| 就业训练中心个数 | (个) | Numbers of Occupation Training Center | (unit) | 82 | 99 | 117 |
| 拥有实习场地 | | Possessing of Practice Place | | 68 | | |
| 劳动预备制度定点培训机构数 | | Numbers of Fixed-point Training Institution for Labor Reserve System | | 29 | 49 | |
| 在职教职工总人数 | (人) | Total Numbers of Teaching and Administra1tive Staffs on the Job | (person) | 553 | 1392 | 1519 |
| 教　师 | | Teachers | | 344 | 918 | 1019 |
| 兼职教师人数 | (人) | Part-time Teachers | (person) | 378 | 794 | 790 |
| 经费来源总计 | (万元) | Total of Source of Fund | (10000 yuan) | 5425 | 55233 | 68404 |
| 财政补助费 | | Fiscal Subsidies | | 800 | 10901 | 12991 |
| 职业培训补贴 | | Subsidies for Vocational Training | | 4046 | 35833 | 45595 |
| 有偿培训补贴 | | Subsidies for Compensated Training | | 1181 | 7585 | |
| 其他收入 | | Other Revenue | | 118 | 904 | |
| 经费支出总计 | (万元) | Total of Expenditure of Fund | (10000 yuan) | 5517 | | |
| 教学经费 | | Education Fund | | 4680 | | |
| 人员经费 | | Personal Fund | | 803 | | |
| 就业训练人数 | (人) | Numbers of Occupation Training Persons | (person) | 133638 | 219666 | 249678 |
| 女　性 | | Female | | 70251 | 102992 | 117532 |
| 上年末结转 | | Carried Forward from the Previous Year | | 2315 | | |
| 结业人数 | (人) | Graduation Population | (person) | 133159 | 197593 | 245696 |
| 按训练对象分组 | | Grouped by Training Object | | | | |
| 劳动预备制学员 | | Labor Preparation System Student | | 6403 | 12677 | 18678 |
| 下岗失业人员 | | Laid-off Workers | | 78717 | 76495 | 75320 |
| 农村劳动者 | | Employment of Rural Labor | | 25686 | 99470 | 122584 |
| 其他人员 | | Other Person | | 22353 | 8097 | 33096 |
| 按训练期限分组 | | Grouped by Training Allowed Time | | | | |
| 六个月以下 | | 6 Month & Below | | 127263 | 196866 | 236125 |
| 六个月至一年 | | 6 Month－1 Year | | 5230 | 6330 | 10380 |
| 一年以上 | | 1 Year & up | | 666 | 1045 | 3173 |
| 按获取证书分组 | | Grouped by Obtained Certificate | | | | |
| 初级职业资格 | | Elementary Professional Qualification | | 52379 | 95481 | 158562 |
| 中级职业资格 | | Intermediate Professional Qualification | | 7362 | 11922 | 35261 |
| 高级职业资格 | | Senior Professional Qualification | | 877 | 2267 | 4589 |
| 技师资格 | | Technician Qualification | | 290 | 262 | 3216 |
| 就业人数 | (人) | Employment Figures (person) | (person) | 90253 | 159829 | 194623 |
| 农村劳动者 | | Employment of Rural Labor | | 17700 | 88669 | 115328 |

## 20—70 工 伤 保 险 情 况
Sitution of Industrial Injury Insurance

单位：人、万元 (person, 10000 yuan)

| 项 目 | Item | 2005 | 2009 | 2010 |
|---|---|---|---|---|
| 参保人数 | Insurance Population | 1481894 | 3204073 | 3594632 |
| 农民工人数 | Number of Rural Workers | | 976793 | 1239885 |
| 享受伤残待遇人数 | Number of Enjoy Wounded and Disabled Treatment Population | 8356 | 34003 | 39101 |
| 享受工伤保险待遇的职业病人数 | Number of Enjoy Industrial Injury Insurance Treatment Population | 2806 | 5799 | 5407 |
| 因工死亡人数 | Number of On-duty Deaths | 95 | 628 | 575 |
| 供养亲属人数 | Number of Support Relatives | 4717 | 4132 | 4348 |
| 基金收入 | Fund Revenue | 14709 | 47492 | 65403 |
| 基金支出 | Fund Expense | 7176 | 29497 | 42040 |
| 累计结余 | Accumulative Surplus | 17243 | 84066 | 107429 |
| 储备金 | Reserve Fund | 357 | 7486 | 9785 |

## 20—71 各市基本医疗保险情况（2010年）
Medical Insurance Situation by Region (2010)

| 地 区 | Region | 参 保 人 数（人） Numbers of Population Participated in Medical Insurance (person) | | | 资 金（万元） Fund (10000 yuan) | | | |
|---|---|---|---|---|---|---|---|---|
| | | 合 计 Total | 职工小计 Total of Staffs & Workers | 退休人员小 计 Total of Retirees | 收 入 Income | 支 出 Expenditure | 累计结余 Accumulative Surplus | 个人帐户 Personal Account |
| **总 计** | **Total** | **6128500** | **4406861** | **1721639** | **804305** | **686634** | **1058981** | **370188** |
| 合 肥 市 | Hefei | 1181499 | 896452 | 285047 | 231576 | 162955 | 294758 | 87486 |
| 淮 北 市 | Huaibei | 410042 | 291247 | 118795 | 32955 | 23845 | 50804 | 14818 |
| 亳 州 市 | Bozhou | 185709 | 135536 | 50173 | 27440 | 20206 | 36745 | 14415 |
| 宿 州 市 | Suzhou | 262426 | 203649 | 58777 | 27276 | 21136 | 55066 | 16436 |
| 蚌 埠 市 | Bengbu | 400141 | 265128 | 135013 | 45293 | 47347 | 50397 | 23995 |
| 阜 阳 市 | Fuyang | 334133 | 253722 | 80411 | 39525 | 36126 | 46677 | 25346 |
| 淮 南 市 | Huainan | 474756 | 304718 | 170038 | 36326 | 32709 | 59898 | 17749 |
| 滁 州 市 | Chuzhou | 339712 | 261956 | 77756 | 50394 | 42473 | 70491 | 25832 |
| 六 安 市 | Luan | 303175 | 222708 | 80467 | 38439 | 32735 | 78900 | 23663 |
| 马鞍山市 | Maanshan | 360341 | 248002 | 112339 | 39797 | 39584 | 41367 | 23246 |
| 巢 湖 市 | Chaohu | 257030 | 181679 | 75351 | 27086 | 30960 | 35808 | 17740 |
| 芜 湖 市 | Wuhu | 435321 | 286528 | 148793 | 66968 | 64038 | 54221 | 27931 |
| 宣 城 市 | Xuancheng | 256815 | 184112 | 72703 | 28927 | 26483 | 37186 | 13405 |
| 铜 陵 市 | Tongling | 254778 | 178042 | 76736 | 26999 | 21195 | 34446 | 17650 |
| 池 州 市 | Chizhou | 126432 | 96917 | 29515 | 16005 | 14003 | 21611 | 9868 |
| 安 庆 市 | Anqing | 390952 | 283056 | 107896 | 47757 | 51243 | 65417 | 5108 |
| 黄 山 市 | Huangshan | 155238 | 113409 | 41829 | 21543 | 19597 | 25190 | 5500 |

注：合肥市医疗保险基金收入、支出、累计结余项目中包含省本级相应项目基金

a) The medcial insurance fund income,expenditure and accumulative suplus of Hefei city including provincial corresponding item fund.

## 20—72 基本养老保险情况
Conditions of Basic Endowment Insurance

| 年 份 Year | 参保职工（人）Active Contributors (person) 年末数 Number at the year-end | #企业 Enterprises | 离休、退休退职人员年末人数（人）Retirees at the Year-end (person) | 基金收支情况（万元）Revenue and Expenses (10000 yuan) 基金收入 Revenue | 基金支出 Expenses | 累计可用结余基金 Total Usable Balance |
|---|---|---|---|---|---|---|
| 1995 | 2099011 | 2099011 | 442875 | 131000 | 99000 | 105938 |
| 2000 | 3119157 | 3091751 | 903164 | 431000 | 526700 | 148000 |
| 2004 | 3450517 | 3285630 | 1188445 | 1026149 | 917557 | 330110 |
| 2005 | 3469852 | 3383325 | 1247613 | 1210063 | 1011918 | 585680 |
| 2006 | 3614088 | 3532764 | 1338138 | 1639319 | 1304720 | 925172 |
| 2007 | 3855442 | 3767541 | 1447758 | 2076644 | 1540523 | 1461173 |
| 2008 | 4202763 | 4107353 | 1581377 | 2648464 | 1975524 | 2134114 |
| 2009 | 4586947 | 4492001 | 1694577 | 3006151 | 2334678 | 2805587 |
| 2010 | 4920498 | 4824616 | 1774880 | 3432478 | 2708340 | 3529725 |

## 20—73 各市基本养老保险情况（2010年）
Conditions of Basic Endowment Insurance by Region (2010)

| 地 区 | Region | 参保职工（人）Active Contributors (person) 年末数 Number at the year-end | #企业 Enterprises | 离休、退休退职人员年末人数（人）Retirees at the Year-end (person) | 基金收支情况（万元）Revenue and Expenses (10000 yuan) 基金收入 Revenue | 基金支出 Expenses | 累计可用结余基金 Total Usable Balance |
|---|---|---|---|---|---|---|---|
| **总 计** | **Total** | **4920498** | **4824616** | **1774880** | **3432478** | **2708340** | **3529725** |
| 合肥市 | Hefei | 932086 | 896772 | 204993 | 515382 | 379928 | 555667 |
| 淮北市 | Huaibei | 248761 | 248761 | 56486 | 148851 | 77959 | 286198 |
| 亳州市 | Bozhou | 91149 | 91149 | 34290 | 61689 | 48432 | 96669 |
| 宿州市 | Suzhou | 153280 | 153280 | 52894 | 83954 | 76532 | 100128 |
| 蚌埠市 | Bengbu | 303225 | 303225 | 121541 | 175297 | 172229 | 39259 |
| 阜阳市 | Fuyang | 217437 | 190537 | 78580 | 117870 | 108132 | 126287 |
| 淮南市 | Huainan | 265286 | 265286 | 100374 | 144638 | 136150 | 39514 |
| 滁州市 | Chuzhou | 249980 | 248213 | 89822 | 142552 | 115141 | 288144 |
| 六安市 | Luan | 202513 | 202513 | 84096 | 122370 | 106010 | 179906 |
| 马鞍山市 | Maanshan | 320537 | 320537 | 131544 | 239135 | 212486 | 202594 |
| 巢湖市 | Chaohu | 183568 | 183568 | 75563 | 106960 | 99245 | 101835 |
| 芜湖市 | Wuhu | 371544 | 371544 | 154805 | 267231 | 239315 | 82093 |
| 宣城市 | Xuancheng | 197451 | 197451 | 57341 | 88586 | 78837 | 172801 |
| 铜陵市 | Tongling | 156098 | 156098 | 49667 | 76960 | 65688 | 100928 |
| 池州市 | Chizhou | 84371 | 84371 | 19955 | 35764 | 29859 | 64759 |
| 安庆市 | Anqing | 363841 | 331940 | 127759 | 198191 | 197730 | 160959 |
| 黄山市 | Huangshan | 127630 | 127630 | 42047 | 57424 | 53729 | 60871 |

注：总计数中含省直数据。

a) Provincial data is contained in the total number.

## 20—74 主要年份城镇居民参加医疗保险情况
Medical Insurance for Urban Residents

| 年 份 Year | 参保人数（人） People Participated in Medical Insurance (person) | 基金收支情况（万元） Revenue and Expenses (10000 yuan) | | |
|---|---|---|---|---|
| | | 基金收入 Revenue | 基金支出 Expenses | 累计结余 Balance at Year-end |
| 2007 | 4670801 | 54104 | 4588 | 49516 |
| 2008 | 7950481 | 96295 | 42962 | 104297 |
| 2009 | 8655631 | 147704 | 97360 | 155885 |
| 2010 | 9308874 | 184683 | 133787 | 206781 |

## 20—75 各市城镇居民参加医疗保险情况（2010年）
Medical Insurance for Urban Residents by Region (2010)

| 地 区 | Region | 参保人数（人） People Participated in Medical Insurance (person) | 基金收支情况（万元） Revenue and Expenses (10000 yuan) | | |
|---|---|---|---|---|---|
| | | | 基金收入 Revenue | 基金支出 Expenses | 累计节余 Accumulative Surplus |
| **总 计** | **Total** | **9308874** | **184683** | **133787** | **206781** |
| 合肥市 | Hefei | 1218822 | 26652 | 13923 | 41217 |
| 淮北市 | Huaibei | 520247 | 8900 | 4500 | 12578 |
| 亳州市 | Bozhou | 441491 | 6925 | 5388 | 6120 |
| 宿州市 | Suzhou | 451604 | 8124 | 4241 | 11265 |
| 蚌埠市 | Bengbu | 510002 | 8328 | 4872 | 14307 |
| 阜阳市 | Fuyang | 747832 | 12860 | 8295 | 17423 |
| 淮南市 | Huainan | 519623 | 11168 | 8830 | 16292 |
| 滁州市 | Chuzhou | 646779 | 12777 | 8449 | 15650 |
| 六安市 | Luan | 643770 | 13819 | 10751 | 13377 |
| 马鞍山市 | Maanshan | 385518 | 5942 | 9520 | 5111 |
| 巢湖市 | Chaohu | 624403 | 13860 | 11309 | 12857 |
| 芜湖市 | Wuhu | 813250 | 17400 | 12514 | 13464 |
| 宣城市 | Xuancheng | 392393 | 6692 | 6064 | 3944 |
| 铜陵市 | Tongling | 190564 | 4510 | 3110 | 2928 |
| 池州市 | Chizhou | 162884 | 3303 | 2360 | 2868 |
| 安庆市 | Anqing | 831829 | 18751 | 16260 | 13573 |
| 黄山市 | Huangshan | 207863 | 4672 | 3402 | 3807 |

## 20—76 新型农村合作医疗基本情况
Basic Information of New Type Rural Cooperative Medical

| 年 份 Year | 参合人口 (万人) Participation Population (10000 persons) | 参合率 (%) Participation Rate | 补偿受益 (万人次) Compensation Benefit (10000 persons times) | 住院率 (%) Hospitalization Rate (%) | 住院实际补偿比 (%) Hospitalization Compensation Rate (%) | 基金总额 (万元) The Total Volume of Funds (10000 yuan) | 当年筹资 (万元) Yearly Raised Fund (10000 yuan) | 农民缴纳 Fund from Farmers | 基金支出 (万元) Fund Expenditure (10000 yuan) | #住 院 Hospitalization |
|---|---|---|---|---|---|---|---|---|---|---|
| 2003-2004 | 336.6 | 75.5 | 186.4 | 3.1 | 23.0 | 13327.3 | 13327.3 | 4003.9 | 8930.6 | 7586.1 |
| 2005 | 614.0 | 81.2 | 181.7 | 3.1 | 23.2 | 20506.0 | 17376.6 | 6271.5 | 14804.6 | 12553.6 |
| 2008 | 4523.9 | 90.2 | 1798.3 | 5.5 | 46.1 | 494812.5 | 430155.8 | 72296.2 | 380801.8 | 346963.6 |
| 2009 | 4651.7 | 93.6 | 2477.7 | 6.6 | 46.9 | 590908.0 | 471793.3 | 92409.4 | 506910.8 | 452125.8 |
| 2010 | 4750.2 | 96.0 | 4260.2 | 6.3 | 46.3 | 806507.7 | 721087.9 | 142981.6 | 632122.3 | 528924.6 |

## 20—77 各市新型农村合作医疗基本情况（2010年）
Basic Information of New Type Rural Cooperative Medical by Region (2010)

| 地 区 | Region | 参合人口 (万人) Participation Population (10000 persons) | 参合率 (%) Participation Rate | 补偿受益 (万人次) Compensation Benefit (10000 persons times) | 住院率 (%) Hospitalization Rate (%) | 住院实际补偿比 (%) Hospitalization Compensation Rate (%) | 基金总额 (万元) The Total Volume of Funds (10000 yuan) | 当年筹资 (万元) Yearly Raised Fund (10000 yuan) | 农民缴纳 Fund from Farmers | 基金支出 (万元) Fund Expenditure (10000 yuan) | #住 院 Hospitalization |
|---|---|---|---|---|---|---|---|---|---|---|---|
| **总 计** | **Total** | **4750.2** | **96.0** | **4260.2** | **6.3** | **46.3** | **806507.7** | **721087.9** | **142981.6** | **632122.3** | **528924.6** |
| 合肥市 | Hefei | 226.8 | 100.0 | 222.6 | 5.8 | 43.7 | 39816.2 | 34339.8 | 6861.5 | 31395.1 | 27453.4 |
| 淮北市 | Huaibei | 118.0 | 96.3 | 204.7 | 5.3 | 51.9 | 19747.9 | 18064.4 | 3539.7 | 15852.1 | 12108.5 |
| 亳州市 | Bozhou | 462.1 | 91.4 | 478.4 | 7.1 | 46.9 | 76888.8 | 69371.4 | 13863.2 | 62839.3 | 49958.9 |
| 宿州市 | Suzhou | 472.7 | 94.8 | 578.2 | 6.7 | 47.5 | 77610.6 | 71316.1 | 14183.5 | 61049.9 | 49953.1 |
| 蚌埠市 | Bengbu | 248.0 | 95.7 | 246.3 | 6.7 | 50.3 | 44012.1 | 37973.9 | 7438.6 | 32541.3 | 28049.8 |
| 阜阳市 | Fuyang | 750.0 | 95.8 | 647.7 | 6.0 | 49.0 | 135230.4 | 112568.3 | 22479.9 | 91576.7 | 76755.3 |
| 淮南市 | Huainan | 118.6 | 98.4 | 45.1 | 6.1 | 55.9 | 19804.3 | 17943.6 | 3566.9 | 16223.5 | 14969.0 |
| 滁州市 | Chuzhou | 334.7 | 95.8 | 313.4 | 5.9 | 44.8 | 56816.0 | 50980.2 | 10044.5 | 41716.2 | 34708.8 |
| 六安市 | Luan | 545.0 | 96.3 | 345.0 | 6.2 | 46.6 | 88271.1 | 82533.7 | 16350.6 | 73790.3 | 65247.9 |
| 马鞍山市 | Maanshan | 54.4 | 100.0 | 95.0 | 6.1 | 46.7 | 8782.0 | 8252.2 | 1637.3 | 8555.3 | 7043.5 |
| 巢湖市 | Chaohu | 354.7 | 95.6 | 145.1 | 5.7 | 42.2 | 56735.4 | 54084.0 | 10641.4 | 48064.6 | 42491.0 |
| 芜湖市 | Wuhu | 101.9 | 98.9 | 115.6 | 5.5 | 43.4 | 16417.0 | 15448.1 | 3058.4 | 14334.0 | 11873.3 |
| 宣城市 | Xuancheng | 220.0 | 97.0 | 278.8 | 7.3 | 46.1 | 38254.9 | 33908.2 | 6948.8 | 31789.1 | 24423.4 |
| 铜陵市 | Tongling | 30.5 | 100.0 | 9.9 | 6.1 | 45.4 | 6015.3 | 5543.6 | 915.2 | 5034.2 | 3782.9 |
| 池州市 | Chizhou | 127.8 | 99.7 | 68.7 | 7.3 | 42.7 | 21213.8 | 19616.3 | 3834.3 | 18121.3 | 15595.5 |
| 安庆市 | Anqing | 477.6 | 97.5 | 368.3 | 5.9 | 43.1 | 83175.2 | 72668.1 | 14328.7 | 64074.3 | 52909.4 |
| 黄山市 | Huangshan | 107.3 | 95.3 | 97.6 | 6.5 | 46.1 | 17716.9 | 16476.2 | 3289.1 | 15165.2 | 11601.1 |

## 20—78 各市失业保险基本情况（2010年）
Basic Conditions of Unemloyment Insurance by Region (2010)

单位：万人 (10000 persons)

| 地区 | Region | 本年参保人数 Contributors This Year | | | | |
|---|---|---|---|---|---|---|
| | | 合计 Total | 企业 Enterprises | 国有企业 State-owned Enterprises | 集体企业 Collected-owned Enterprises | 事业单位 Institutions |
| **总计** | **Total** | **380.71** | **270.74** | **146.23** | **36.33** | **95.25** |
| 合肥市 | Hefei | 65.32 | 49.61 | 29.27 | 1.74 | 8.59 |
| 淮北市 | Huaibei | 24.07 | 20.87 | 15.55 | 3.74 | 3.20 |
| 亳州市 | Bozhou | 15.00 | 8.41 | 3.91 | 1.34 | 6.59 |
| 宿州市 | Suzhou | 22.06 | 13.96 | 6.69 | 2.05 | 8.10 |
| 蚌埠市 | Bengbu | 20.31 | 14.52 | 6.33 | 0.88 | 5.79 |
| 阜阳市 | Fuyang | 27.10 | 15.87 | 13.21 | 2.45 | 11.23 |
| 淮南市 | Huainan | 30.02 | 27.36 | 22.23 | 4.81 | 2.66 |
| 滁州市 | Chuzhou | 21.09 | 14.71 | 4.86 | 2.94 | 6.38 |
| 六安市 | Luan | 22.90 | 12.91 | 7.13 | 3.52 | 9.99 |
| 马鞍山市 | Maanshan | 19.06 | 17.18 | 2.70 | 1.37 | 1.70 |
| 巢湖市 | Chaohu | 16.26 | 10.94 | 4.65 | 1.71 | 5.32 |
| 芜湖市 | Wuhu | 25.52 | 21.44 | 9.10 | 3.36 | 4.08 |
| 宣城市 | Xuancheng | 15.05 | 10.61 | 3.47 | 1.61 | 4.28 |
| 铜陵市 | Tongling | 14.14 | 12.42 | 8.34 | 1.02 | 1.72 |
| 池州市 | Chizhou | 7.21 | 4.57 | 2.02 | 0.58 | 2.58 |
| 安庆市 | Anqing | 25.79 | 9.56 | 4.25 | 2.54 | 9.61 |
| 黄山市 | Huangshan | 9.81 | 5.80 | 2.52 | 0.67 | 3.43 |

| 地区 | Region | 领取失业保险金人数 Beneficiaries of Unemployment Insurance this year | 资金（万元） Fund (10000 yuan) | | |
|---|---|---|---|---|---|
| | | | 收入 Income | 支出 Expenditure | 累计结余 Accumulative Surplus |
| **总计** | **Total** | **16.71** | **164238.16** | **95715.28** | **272263.52** |
| 合肥市 | Hefei | 3.07 | 36256.36 | 15359.16 | 72407.60 |
| 淮北市 | Huaibei | 0.94 | 10355.55 | 3694.75 | 29822.99 |
| 亳州市 | Bozhou | 0.48 | 3466.03 | 2812.23 | 8080.08 |
| 宿州市 | Suzhou | 0.63 | 3320.07 | 2817.88 | 10216.71 |
| 蚌埠市 | Bengbu | 0.92 | 9700.54 | 8514.21 | 12573.92 |
| 阜阳市 | Fuyang | 0.98 | 6924.50 | 5236.03 | 18018.87 |
| 淮南市 | Huainan | 0.30 | 17729.64 | 11780.46 | 22606.31 |
| 滁州市 | Chuzhou | 1.07 | 7027.59 | 3428.75 | 12365.06 |
| 六安市 | Luan | 1.33 | 6577.99 | 3645.87 | 12053.09 |
| 马鞍山市 | Maanshan | 0.70 | 15145.40 | 13640.28 | 14322.08 |
| 巢湖市 | Chaohu | 0.74 | 5435.57 | 1683.52 | 5624.01 |
| 芜湖市 | Wuhu | 1.27 | 16828.51 | 5096.66 | 17546.91 |
| 宣城市 | Xuancheng | 0.30 | 3616.52 | 1008.61 | 6293.17 |
| 铜陵市 | Tongling | 0.66 | 7078.21 | 5774.93 | 9331.10 |
| 池州市 | Chizhou | 0.30 | 2836.99 | 1597.70 | 4511.49 |
| 安庆市 | Anqing | 2.84 | 9300.14 | 8537.92 | 7978.36 |
| 黄山市 | Huangshan | 0.17 | 2638.55 | 1086.32 | 8511.77 |

# 主要统计指标解释

**文化事业机构**

指从事专业文化工作和为专业文化工作服务的独立建制的单位。不包括这些单位另外举办独立核算的其他机构和各部门的业余文化组织。

**艺术表演团体**

指从事戏曲、音乐、舞蹈、杂技等专业艺术表演，有独立帐户的单位，不包括半工半艺、半农半艺和民间职业剧团。

**电影放映单位**

指具有放映机器设备、固定或不固定的放映场所与专职或兼职的放映技术人员，经有关部门登记批准，经常为一定的观众对象放映电影的机构。包括经批准对外开放进行营业，并与电影发行放映管理机构分帐的专用放映单位和军委系统租片单位。

**等级运动员人数**

指经考核正式批准授予等级运动员称号的人数。运动员等级分为国际级运动健将、运动健将、一级运动员、二级运动员、三级运动员、少年级运动员。

**等级裁判员人数**

指经考核正式批准授予等级裁判员称号的人数。裁判员等级分为国际裁判、国家级裁判、一级裁判、二级裁判、三级裁判。

**体育场**

指有400米跑道（中心含足球场），有固定道牙，跑道6条以上，并有固定看台的室外田径场地。体育场按看台容纳观众人数分为：甲级25000人以上，乙级15000-25000人，丙级5000-15000人，丁级5000人以下。

**体育馆**

指有固定看台，可供篮球、排球、羽毛球、乒乓球、体操等项目训练比赛活动用的室内运动场地。体育馆按看台容纳观众人数分为：甲级6000人以上，乙级4000-6000人，丙级2000-4000人，丁级2000人以下。

**医院**

指设有固定床位，能收容病人住院并能为病人提供医疗、护理服务的医疗机构，包括县及县以上医院、农村乡卫生院和其他医院三部分。医院按所属性质不同分为卫生部门、工业及其他部门和集体经济单位三类。县及县以上医院按业务性质不同分为综合医院和专科医院。

**卫生技术人员**

指卫生事业机构支付工资的全部职工中现任职务为卫生技术工作的专业人员，包括中医师、西医师、中西医结合高级医师、护师、中药师、西药师、检验师、其他技师、中医士、西医士、护士、助产士、中药剂士、西药剂士、检验士、

**艺术表演观众人数（人次）**

指售票、包场演出或民族地区免费演出的艺术表演观众人次数，不包括彩排审查和内部观摩演出的观看人次数。

**图书纯销售**

指向读者直接销售的图书以及直接向国外出口的图书。

**书刊排字**

指用手工排字和激光排版生产的、可供印刷的排字产量。

**书刊印刷**

指铅印和胶印印书。

**胶印印刷**

指用胶印机完成的单色或多色印刷产品。

**零件印刷**

指单张小件印品。

其他技士、其他中医、护理员、中药剂员、西药剂员、检验员和其他初级卫生技术人员。

**医生**

指经卫生部门审查合格，从事医疗工作的专业人员。分为中医医生和西医医生。包括卫生技术人员中的中医师、西医师、中西医结合高级医师、中医士、西医士和其他中医。

**社会福利事业单位**

指集中收养社会孤老、残、幼的机构，包括由民政部门管理的社会福利院、儿童福利院、精神病人福利院和城镇集体举办的福利院及农村集体举办的敬老院。

**社会福利事业单位收养人数**

包括民政部门管理和城镇、农村集体举办的社会福利事业单位中收养的老人、少年儿童、缺乏生活自理能力的残疾人员和精神病人。

**社会福利企业单位**

指以安置城镇有一定劳动能力的盲、聋、哑和肢体残疾人员就业为目的，享受国家减免税待遇的国有或集体企业。包括福利工厂、福利商业和服务业、假肢厂和安置农场等单位。

**农村五保户**

指农村中既无劳动能力，又无经济来源的老、弱、孤、残的农民，其生活由集体供养，实行保吃、保穿、保住、保医、保葬（孤儿保教），简称“五保”。享受五保待遇的家庭叫五保户。

**双扶户**

包括被扶持的优抚户和贫困户。主要是对具有一定劳动能力且生活困难的两户给予一定的救济金以扶持其通过生产自救达到脱贫的目的。

**律师**

指受聘参加法律顾问处工作，担任法律顾问、刑（民）事代理人、刑事辩护人，办理非诉讼事件、解答法律询问，代写法律事务文书等主要从事律师业务的专职法律工作者和兼职律师。

**公证人员**

指在国家公证机关依法办理公证事务的司法人员，包括公证员、助理公证员和在公证处工作的其他人员。

**办理公证文书**

指公证处在一定时期内办结的公证文书件数。公证文书按司法部规定或批准的格式制作，包括国内公证和涉外公证两部分。国内公证分为经济合同公证和民事法律关系公证两大类。

**调解人员**

指在人民调解委员会担负调解民间一般民事纠纷和轻微违法行为引起纠纷的工作人员，包括调解委员会的委员和调解小组的调解员。

**调解民间纠纷**

指调解委员会依照法律规定，根据自愿原则，用说服教育的方法调解民间发生的有关民事权利和义务的争执，促成当事双方达到协议和谅解，解决纠纷。包括婚姻家庭纠纷，财产权益纠纷等，不包括法院受理调解的民事案件数。

**受理劳动争议案件数**

指劳动争议仲裁委员会根据国家有关规定，对劳动争议当事人的申请予以审查，符合受理条件而正式立案、准备处理的劳动争议案件数。

**立案**

指检察机关对犯罪线索进行初步调查后，认为存在职务犯罪事实并需要追究刑事责任时，依法决定作为刑事案件进行侦查的诉讼活动，是追究犯罪的开始。

**大案**

贪污贿赂犯罪案件指贪污、贿赂数额在5万元以上，挪用公款案在10万元以上，其他案件在50万元以上。渎职犯罪大案一般为直接经济损失5万元以上，死亡1人以上或者重伤3人以上的案件；或虽然没有造成经济损失和伤亡，但犯罪情节恶劣或造成严重后果的案件。

**要案**

指县、处级以上干部的犯罪案件。

**决定逮捕**

指检察机关对直接受理、自行侦查的案件，认为需要逮捕犯罪嫌疑人时，依据法律作出的逮捕决定。

**批准逮捕**

指检察机关对公安机关、国家安全机关、监狱管理机关提出逮捕的犯罪嫌疑人进行审查，根据事实，依法作出逮捕决定。

**决定起诉**

指检察机关对公安机关、国家安全机关、监狱管理机关和检察机关内设机构反贪污贿赂部门移送起诉的刑事犯罪嫌疑人进行审查，根据事实，依法向人民法院提起公诉。

**离休、退休、退职人员**

指正式办理了离休、退休、退职手续，并享受相应的离休、退休、退职待遇的人员。

**保险福利费用**

指企业、事业、机关单位在工资以外实际支付给职工和离休、退休、退职人员个人以及用于集体的劳动保险和福利费用。

**（1）职工保险福利费用包括：**

①医疗卫生费：指实行公费医疗企业的职工及其供养的直系亲属的医疗费、医务经费、职工因工负伤就医路费以及住院伙食补助费等；卫生部门开支的事业及机关单位职工的公费医疗经费；未参加公费医疗的企业、事业和机关单位职工的医药费。

②文体宣传费：指企业、事业和机关单位实际支付的文体宣传费，不包括学习费。

③集体福利事业补贴费：指对职工浴室、理发室、洗衣房、哺乳室、托儿所等集体福利设施各项支出与收入相抵后的差额补助费。

④集体福利设施费：指按照国家规定开支的集体福利设施费用，如职工食堂炊事用具的购置费、修理费、职工宿舍的修缮费用。不包括由企业、事业、机关单位自筹经费开支的职工福利设施的基本建设费用。

⑤其他：指上述费用以外，单位支付给职工的保险福利费。

**（2）离休、退休、退职人员保险福利费用包括：**

①离休金：指发给离休人员的工资和按1982年国务院发布的"关于老干部离职休养制度的几项规定"，发给符合规定的离休干部相当于1-2个月标准工资的生活补贴及1988年增发的生活补贴费。

②退休金：指按照国家有关规定发给退休人员的退休费及1988年增发的生活补贴费。

③退职生活费：指按照1978年国务院《关于工人退休、退职的暂行办法》规定，定期发给退职人员的生活费及1988年增发的生活补贴费。

④其他：指上述费用以外，单位支付给离休、退休、退职人员的保险福利费。

# Explanatory Notes for Major Statistical Indicators

**Cultural Institutions**

refer to units which have their own organizational system and independent accounting system and specialize in or serve cultural development. They exclude other establishments run by these cultural institutions and amateur cultural groups established by various departments.

**Art Troupe**

refers to the troupe which is engaged in drama, opera, music, dance, acrobatics or other art performance, opens independent accounts with banks and has self-supporting accounting system; excluding the troupes which are engaged partly in industrial or agricultural activities, partly in art performance and the professional troupes organized by the people.

**Film Projection Units**

refer to units with film projection equipment, full or part time projectionists, permanent or non permanent places, approved by related administrative departments to show films regularly for certain groups of audience, including those film projection units which have been approved to give commercial shows and run business with independent accounting system as well as those film renting units of the military system.

**Number of Spectators at Art Performance**

refers to the number of attendants at commercial shows, completely booked shows or free shows given in minority national areas, and does not include the number of spectators at rehearsals for examination and internal shows for study.

**Net Sales of Books**

refers to books sold directly to readers and directly exported.

**Typesetting of Books**

refers to the volume of work (characters) of manual or laser typesetting ready for printing.

**Printing of Books**

refers to printing of books by stereotype or offset printing method.

**Offset Printing**

refers to mono or multi color materials printed by offset press.

**Small Piece Printing**

refers to printing of single-sheet products in small quantity.

**Number of Athletes in Grades**

refers to the number of athletes who have been given titles through examination. The titles of athletes include international masters of sports, masters of sports, first-grade, second-grade and third-grade sportsmen and young athletes.

**Number of Referees in Grades**

refers to the number of referees who have been given titles after examination. They are classified as international referees, national referees and referees of the first, second and third grades.

**Stadiums**

refer to stadiums for track and field events with six lane 400-meter tracks around soccer fields, permanent track marks and permanent bleachers. Stadiums are classified according to seating capacity. They include: Class A stadiums seating 25000 people each. Class B stadiums seating 15000 to 25000 people each. Class C stadiums seating 5000 to 15000 people each, and Class D stadiums seating fewer than 5000 people.

**Gymnasiums**

refer to indoor sports grounds with permanent seats in which basketball, volleyball. badminton, table tennis and gymnastics competitions can be held. Gymnasiums are classified according to seating capacity. They include Class A gymnasiums seating over 6000 people. Class B gymnasiums seating 4000 to 6000 people. Class C gymnasiums seating 2000 to 4000 people, and Class D gymnasiums seating fewer than 2000 people.

**Hospitals**

refer to medical institutions with permanent hospital beds, which are able to take in patients and provide them with medical and nursing services. Hospitals are classified into three categories: hospitals at or above the county level, hospitals of rural townships, and other hospitals. According to their ownership, hospitals can be classified into three categories: hospitals under the public health departments, hospitals under industrial and other departments and collective-owned hospitals. Hospitals at or above county level are divided into comprehensive and specialized hospitals.

**Medical Technical Personnel**

refers to all medical staff and workers employed by medical institutions, including doctors of Chinese and Western medicine, senior doctors who integrate traditional Chinese therapeutics with Western therapeutics in practice, senior nurses, pharmacists of Chinese and Western medicine, laboratory specialists, other specialists, paramedics of Chinese and Western medicine, nurses, midwives, druggists in Chinese and Western medicine, laboratory technicians, other technicians, other practitioners of Chinese medicine, nursing attendants, pharmacological workers of Chinese and Western medicine, laboratory workers, and other primary medical personnel.

**Doctors**

refer to qualified professional medical workers approved to practice by public health departments. They are classified into doctors of Chinese medicine, doctors of Western medicine, senior doctors who integrate traditional Chinese therapeutics with Western therapeutics in practice, paramedics of Chinese medicine and Western medicine, and other specialists of Chinese medicine.

**Social Welfare Institutions**

refer to institutions taking care of old people without children, handicapped people and orphans. They include social welfare institutions run by civil affairs departments, children welfare institutions, social welfare institutions for mental patients, and collective-owned old people's homes in rural areas.

**Number of People Taken in by Social Welfare Institutions**

refers to the number of old people, children, totally dependent handicapped people and mental patients taken in by social welfare institutions run by civil affairs departments and those run by collective units in urban and rural areas.

**Social Welfare Enterprises**

are collective owned enterprises which employ the blind, deaf-mute, and other handicapped people who are able to work in cities and towns and enjoy exemption from state taxes, including welfare plants, welfare commercial services, artificial limb plants and farms, etc.

**Rural Households with Livelihood Guaranteed in Five Aspects**

refer to the households in which there are old people without child, orphans and handicapped people who are unable to work and without financial resources in rural areas. They are taken care of by the collective units and their food, clothing, housing, medical care, funeral expenses (or schooling for orphans) are guaranteed to be provided for.

**Households in the Poor Household Support Program**

refer to the households of martyrs and disabled servicemen, and poor households, who are able to work but in poor conditions, receiving government or collective relief funds. In this way, the households can get to work and make themselves break away from poverty.

**Lawyers**

are legal workers who are employed full time by legal counseling firms to act as legal advisers, agents in criminal or civil lawsuits, or defenders in criminal lawsuits, or to handle non-litigious legal affairs, to advise on matters of law or to write legal papers for others. Both full-time and part time lawyers are included.

**Notary Personnel**

refers to judicial workers of the state notary offices handling notarization work according to law. They include notaries, assistant notaries, and other people working for notary offices.

**Notarized Documents**

refer to the documents settled by notary offices in a year. The notary documents are drawn up in accordance with the regulations of the Ministry of Justice, including domestic documents and foreign-related documents. Domestic documents are divided into two major categories, documents on economic contracts and documents on civil legal relations.

**Mediators**

refer to workers on people's mediation committees responsible for mediating in civil disputes and cases of slight infraction of the law. They include members of the mediation committees and mediators of mediation groups.

**Mediation of Civil Disputes**

refers to mediation committees' work in mediating in civil disputes concerning civil rights and duties through persuasion and education in accordance with the provisions of law on a voluntary basis, so as to solve disputes by helping the parties involved come to an agreement and understanding. These disputes include divorce cases and disputes over property ownership, but exclude the civil cases to be handled by the court.

**Number of Labour Dispute Cases Accepted**

refers to the number of cases of labour dispute submitted that, after being reviewed by the labour dispute arbitration committees in line with the relevant state regulations, are accepted and registered for treatment.

**Acceptance of Case**

refers to the decision made by the procurators office to confirm the act of crime after initial investigation and to start legal proceedings of the case as criminal case.

**Large Case**

In case of corruption and bribery, it refers to the case involves a bribery of over 50000 yuan, or a misappropriation of over 100000, or other cases involving 500000 yuan. In case of offence on dereliction of duty, it refers to the case that causes an economic loss of over 50000, loss of one life, or severe injury of 3 persons; or a case that displays extremely disgusting behavior of the offender or results in grave aftermath.

**Key Case**

refers to a case committed by government officials with a ranking of division director or county administrator.

**Decision on Arrest**

refers to decision made by procurators office, in accordance with laws, to arrest the suspect(s) in the cases that are accepted and to be investigated by procurators office.

**Approval for Arrest**

refers to the decision made by procurators office, in accordance with laws and relevant facts, to approve the arrest of the suspect(s) that is proposed by the public security departments, state security departments or authority of prisons.

**Decision on Prosecution**

refers to the decision made by procurators office, in accordance with laws and relevant facts, to institute proceedings to the people court against the suspect(s) of criminal cases handed over by the public security departments, state security departments or authority of prisons, or by the anti-corruption departments within the procurators office.

**Retired or Resigned Personnel**

refers to the persons who have formally gone through the formalities for their retirement or quitting work and enjoy the corresponding treatments.

**Insurance and Welfare Funds**

refers to labour insurance and welfare fund paid by enterprises, organizations and institutions to their staff and workers as well as retired and resigned persons in addition to their wages and salaries.

**(1) Insurance and Welfare Funds for Staff and Workers include:**

a)Medical Care Allowance: It refers to the cost of medical care of staff and workers and their dependent family members who are covered by the medicare system of enterprises, traveling expenses of injured employees to hospital and their per diem subsidies during hospitalization, cost of medical care of employees who are covered by the medicare system of institutions and organizations, as well as cost of medicine of employees of enterprises and institutions who are not covered by the medicare system.

b)Expenses for Recreational, Sports and Publicity Activities: They refer to actual payment made by enterprises and institutions in recreational, sports and publicity activities, excluding training cost.

c)Subsidies to Collective Welfare Undertakings: They refer to subsidies to the operation of welfare undertakings that can not fully cover their cost, such as public bath rooms, barbershops, laundries, nurseries and kindergartens.

d)Expenses for Collective Welfare Facilities: They refer to expenses for collective welfare facilities that are spent in line with state regulations, such as the purchase and repair of cooking utensils for canteens, and repair of living quarters of staff and workers, but excluding the expenses for welfare projects that are constructed with self-raised funds.

e)Others: They refer to their insurance and welfare funds paid to staff and workers.

**(2)Insurance and Welfare Funds for Retired and Resigned Staff and Workers:**

a)Pensions for retired veteran cadres: They refer to pensions, other subsidies, and additional allowances paid to retired in line with relevant government documents.

b)Pensions for Retirement: They refer to living allowance, other subsidies and additional allowances paid to retired staff and workers in line with the relevant government documents.

c)Resignation Allowances for Living Expenses: They refer to living allowance, and additional allowances subsidies paid to resigned staff and workers in line with relevant government instructions.

d)Others: They refer to other expenses, including moving and settlement allowance, allowance for difficult families, book and newspaper allowance, subsidy for non staple foods, housing subsidy, water and electricity subsidy, special allowance for staff and workers of national minorities, traveling cost for senior retired staff, etc.

# 第二十一篇

Chapter 21

BUSINESS SURVEY OF ENTERPRISES

## 简要说明

一、根据国家统计局《关于印发〈企业景气调查制度〉的通知》(国统字[1997]381 号)文件精神，国家统计局安徽调查总队决定对 1124 户重点景气调查企业进行定期统计调查。

二、本资料由国家统计局安徽调查总队提供。

## Brief Introduction

I. The "Notice of the System of Enterprise Business Survey" (NBS [1997] No.381) stipulated by NBS,, The NBS Survey Office in Anhui decided to 1124 key enterprises received business survey.

II. The data are provided by The NBS Survey Office in Anhui.

# 21—1 全省企业景气指数（2010年）
Business Indices of Enterprises in Anhui Province (2010)

| 指　标 | Item | 一季度 The First Quarter | 二季度 The Second Quarter | 三季度 The Third Quarter | 四季度 The Fourth Quarter |
|---|---|---|---|---|---|
| **总体状况** | **Total** | **144.3** | **145.4** | **146.9** | **147.3** |
| **按行业门类分** | **By Sector** | | | | |
| 工　业 | Industry | 140.1 | 148.7 | 146.9 | 146.6 |
| 建筑业 | Construction | 135.7 | 139.0 | 144.4 | 147.6 |
| 交通运输、仓储和邮政业 | Transportation, Storage, Postal & Telecommunication | 130.4 | 117.3 | 121.5 | 120.2 |
| 批发和零售业 | Wholesale & Retail Trade | 161.4 | 155.4 | 159.1 | 159.7 |
| 房地产业 | Real Estate Trade | 149.9 | 130.6 | 144.0 | 141.8 |
| 社会服务业 | Social Service | 153.6 | 156.2 | 157.2 | 160.8 |
| 信息传输、计算机服务和软件业 | Information Transmission, Computer Services and Software | 168.7 | 165.4 | 170.9 | 167.6 |
| 住宿和餐饮业 | Lodging and Catering | 134.7 | 129.5 | 131.2 | 140.9 |
| **按企业注册类型分** | **By Type of Registration** | | | | |
| 国有企业 | State-owned Enterprises | 146.5 | 146.5 | 141.9 | 151.2 |
| 集体企业 | Collective-owned Enterprises | 109.7 | 106.5 | 116.1 | 119.4 |
| 股份合作企业 | Share Holding Cooperative Enterprises | 120.0 | 150.0 | 140.0 | 170.0 |
| 有限责任公司 | Limited Liability Companies | 141.5 | 143.0 | 142.1 | 142.8 |
| 股份有限公司 | Company Limited With Share Holding | 145.1 | 159.1 | 164.5 | 165.8 |
| 私营企业 | Private Owned Enterprises | 156.5 | 137.7 | 148.2 | 150.0 |
| 港、澳、台投资企业 | Hong Kong, Macao and Taiwan Investing Enterprise | 155.6 | 144.4 | 166.7 | 166.7 |
| 外商投资企业 | Foreign Investing Enterprise | 157.6 | 155.5 | 155.7 | 139.6 |
| **按企业规模分** | **By Scale of Enterprises** | | | | |
| 大　型 | Large-sized | 159.8 | 164.1 | 167.2 | 160.3 |
| 中　型 | Middle-sized | 148.3 | 150.1 | 150.3 | 150.4 |
| 小　型 | Small-sized | 130.6 | 130.9 | 132.5 | 135.5 |
| **特殊分类** | **Specially Classified** | | | | |
| 国家重点企业 | Key Enterprises | 155.0 | 158.8 | 137.5 | 153.3 |
| 国家试点企业集团成员 | National Experiment Site Enterprise Group Members | 133.3 | 200.0 | 200.0 | 190.6 |
| 出口企业 | Export Enterprise | 146.3 | 155.4 | 153.5 | 148.9 |
| 上市公司 | Listed Companies | 152.4 | 161.7 | 169.3 | 168.4 |
| 国有控股企业 | State Controlling Share Hold Enterprises | 141.8 | 147.4 | 148.9 | 148.0 |

# 21—2 全省企业家信心指数（2010年）
## Faith Indices of Enterprises in Anhui Province (2010)

| 指　　标 | Item | 一季度 The First Quarter | 二季度 The Second Quarter | 三季度 The Third Quarter | 四季度 The Fourth Quarter |
|---|---|---|---|---|---|
| **总体状况** | **Total** | **144.0** | **143.6** | **146.0** | **148.1** |
| **按行业门类分** | **By Sector** | | | | |
| 工　　业 | Industry | 144.7 | 147.4 | 146.0 | 148.7 |
| 建筑业 | Construction | 143.0 | 143.7 | 145.6 | 150.6 |
| 交通运输、仓储和邮政业 | Transportation, Storage, Postal & Telecommunication | 141.4 | 137.6 | 139.2 | 127.5 |
| 批发和零售业 | Wholesale & Retail Trade | 152.8 | 142.4 | 153.9 | 160.4 |
| 房地产业 | Real Estate Trade | 144.8 | 118.2 | 136.1 | 135.5 |
| 社会服务业 | Social Service | 136.5 | 139.1 | 147.6 | 148.1 |
| 信息传输、计算机服务和软件业 | Information Transmission, Computer Services and Software | 173.0 | 176.3 | 173.3 | 166.0 |
| 住宿和餐饮业 | Lodging and Catering | 139.0 | 136.8 | 135.5 | 153.8 |
| **按企业注册类型分** | **By Type of Registration** | | | | |
| 国有企业 | State-owned Enterprises | 159.4 | 154.7 | 158.5 | 153.5 |
| 集体企业 | Collective-owned Enterprises | 122.6 | 116.1 | 119.4 | 125.8 |
| 股份合作企业 | Share Holding Cooperative Enterprises | 120.0 | 120.0 | 130.0 | 160.0 |
| 有限责任公司 | Limited Liability Companies | 142.8 | 141.3 | 144.4 | 145.4 |
| 股份有限公司 | Company Limited With Share Holding | 146.8 | 154.4 | 150.7 | 159.6 |
| 私营企业 | Private Owned Enterprises | 160.0 | 143.5 | 154.2 | 158.7 |
| 港、澳、台投资企业 | Hong Kong, Macao and Taiwan Investing Enterprise | 166.7 | 166.7 | 177.8 | 166.7 |
| 外商投资企业 | Foreign Investing Enterprise | 158.6 | 151.8 | 152.4 | 149.6 |
| **按企业规模分** | **By Scale of Enterprises** | | | | |
| 大　　型 | Large-sized | 149.5 | 154.1 | 155.7 | 161.0 |
| 中　　型 | Middle-sized | 149.3 | 148.3 | 150.1 | 150.8 |
| 小　　型 | Small-sized | 138.4 | 133.2 | 136.5 | 139.8 |
| **特殊分类** | **Specially Classified** | | | | |
| 国家重点企业 | Key Enterprises | 153.8 | 155.9 | 155.9 | 157.1 |
| 国家试点企业集团成员 | National Experiment Site Enterprise Group Members | 100.0 | 190.6 | 133.3 | 157.3 |
| 出口企业 | Export Enterprise | 150.6 | 151.5 | 145.3 | 151.4 |
| 上市公司 | Listed Companies | 142.2 | 153.9 | 138.7 | 151.9 |
| 国有控股企业 | State Controlling Share Hold Enterprises | 144.6 | 147.0 | 146.3 | 148.9 |

## 21—3 全省分行业企业景气指数（2010年）
Business Indices of Enterprises in Anhui Province by Sector (2010)

| 指　　标 | Item | 一季度 The First Quarter | 二季度 The Second Quarter | 三季度 The Third Quarter | 四季度 The Fourth Quarter |
|---|---|---|---|---|---|
| **工　业** | **Industry** | | | | |
| 企业家信心指数 | Faith Indices of Enterprises | 144.7 | 147.4 | 146.0 | 148.7 |
| 企业景气指数 | Business Indices of Enterprises | 140.1 | 148.7 | 146.9 | 146.6 |
| 生产成本 | Production Cost | 63.6 | 68.4 | 71.2 | 48.0 |
| 生产总量 | Production Total Quantity | 113.9 | 144.3 | 134.6 | 128.1 |
| 产品订货 | Product Ordering | 128.8 | 138.4 | 135.0 | 134.7 |
| #国外订货 | From Overseas | 103.9 | 108.3 | 105.0 | 102.9 |
| 产品销售 | Product Sale | 114.9 | 142.8 | 135.1 | 132.3 |
| 产品销售价格 | Product Selling Price | 116.4 | 115.6 | 112.5 | 132.4 |
| 产成品库存 | Finished Product Stock | 131.7 | 131.6 | 139.3 | 141.3 |
| 盈利(亏损)变化 | Profit (Loss) Change | 121.9 | 134.8 | 129.4 | 139.8 |
| 流动资金 | Floating Capital | 107.1 | 103.1 | 108.3 | 108.9 |
| 企业融资 | Enterprise Financing | 94.3 | 95.2 | 100.1 | 97.5 |
| 货款拖欠 | Loan Delinquency | 106.1 | 105.4 | 105.9 | 109.2 |
| 设备能力利用 | Capacity using of Equipment | 82.7 | 83.6 | 83.2 | 82.9 |
| 劳动力需求 | Labor Force Demand | 128.2 | 127.1 | 127.8 | 123.6 |
| 固定资产投资 | Fixed Asset Investment | 113.5 | 132.4 | 130.3 | 135.6 |
| 科技创新 | Technological Innovation | 123.3 | 129.2 | 127.3 | 130.2 |
| 主要原材料及能源购进价格 | Purchase Price of Major Raw Materials and Energy | 50.6 | 59.0 | 57.0 | 36.3 |
| 主要原材料及能源供应 | Supply of Major Raw Materials and Energy | 139.4 | 139.1 | 133.0 | 128.4 |
| **建筑业** | **Construction** | | | | |
| 企业家信心指数 | Faith Indices of Enterprises | 143.0 | 143.7 | 145.6 | 150.6 |
| 企业景气指数 | Business Indices of Enterprises | 135.7 | 139.0 | 144.4 | 147.6 |
| 工程合同 | Project Contract | 104.7 | 133.1 | 132.6 | 121.6 |
| #国(境)外工程合同 | From Overseas | 89.9 | 90.6 | 80.4 | 110.5 |
| 建筑工程量 | Construction Resilience | 92.9 | 152.6 | 143.2 | 136.3 |
| 新开工工程量 | Newly started Construction Resilience | 96.8 | 150.5 | 129.0 | 125.5 |
| 技术设备能力 | Technical Equipment Ability | 157.9 | 143.3 | 144.8 | 150.0 |
| 工程进度 | Project Progress | 112.6 | 146.5 | 161.0 | 158.8 |
| 工程结算收入 | Revenue of Project Settlement Accounts | 104.0 | 134.5 | 138.5 | 143.9 |
| 建筑材料购进价格 | Purchase Price of Building Material | 70.1 | 81.1 | 54.7 | 29.5 |
| 工程结算成本 | Costs of Project Settlement Accounts | 90.9 | 76.9 | 57.0 | 46.3 |
| 盈利(亏损)变化 | Profit (Loss) Change | 127.3 | 143.8 | 129.2 | 117.3 |
| 流动资金 | Floating Capital | 94.6 | 80.5 | 86.8 | 74.1 |
| 企业融资 | Enterprise Financing | 80.6 | 75.4 | 80.8 | 75.9 |
| 工程款拖欠 | Project Funds Delinquency | 106.5 | 80.4 | 82.6 | 89.6 |
| 劳动力需求 | Labor Force Demand | 109.1 | 144.3 | 141.9 | 138.1 |
| 固定资产投资 | Fixed Asset Investment | 99.7 | 109.7 | 112.7 | 106.3 |

## 21—3 续表1 continued

| 指 标 | Item | 一季度 The First Quarter | 二季度 The Second Quarter | 三季度 The Third Quarter | 四季度 The Fourth Quarter |
|---|---|---|---|---|---|
| **交通运输、仓储和邮政业** | **Transport、Post、Telecommunication Services** | | | | |
| 企业家信心指数 | Faith Indices of Enterprises | 141.4 | 137.6 | 139.2 | 127.5 |
| 企业景气指数 | Business Indices of Enterprises | 130.4 | 117.3 | 121.5 | 120.2 |
| 业务预订 | Business Orders | 113.3 | 101.1 | 112.5 | 113.8 |
| 业务量 | Business Volume | 116.9 | 92.3 | 110.0 | 111.3 |
| 业务收费价格 | Business Charge Price | 117.1 | 101.7 | 101.6 | 103.8 |
| 业务成本 | Business Cost | 57.4 | 70.8 | 54.6 | 49.3 |
| 盈利(亏损)变化 | Profit (Loss) Change | 115.6 | 94.2 | 102.7 | 89.5 |
| 流动资金 | Floating Capital | 79.0 | 77.5 | 77.5 | 82.6 |
| 企业融资 | Enterprise Financing | 82.5 | 76.9 | 73.7 | 72.1 |
| 货款拖欠 | Loan Delinquency | 108.5 | 111.8 | 106.3 | 110.1 |
| 劳动力需求 | Labor Force Demand | 115.9 | 95.8 | 100.0 | 114.8 |
| 固定资产投资 | Fixed Asset Investment | 121.2 | 119.3 | 123.6 | 134.5 |
| **批发和零售业** | **Wholesale & Retail Sale Trade** | | | | |
| 企业家信心指数 | Faith Indices of Enterprises | 152.8 | 142.4 | 153.9 | 160.4 |
| 企业景气指数 | Business Indices of Enterprises | 161.4 | 155.4 | 159.1 | 159.7 |
| 购货合同 | Purchasing Contract | 135.5 | 131.8 | 131.0 | 135.1 |
| 商品购进价格 | Purchasing Price of Commodities | 71.0 | 83.3 | 62.5 | 49.3 |
| 商品销售 | Commodity Marketing | 131.2 | 125.6 | 137.8 | 140.0 |
| #出　口 | Export | 98.4 | 113.3 | 108.1 | 109.4 |
| 商品销售价格 | Selling Price of Commodities | 134.1 | 108.0 | 128.3 | 139.9 |
| 商品库存 | Commodity Stock | 144.7 | 133.5 | 132.0 | 141.4 |
| 经营费用 | Management Cost | 81.5 | 84.7 | 72.1 | 72.5 |
| 竞争能力 | Competitive Ability | 156.4 | 153.4 | 153.3 | 157.9 |
| 盈利(亏损)变化 | Profit (Loss) Change | 134.5 | 120.2 | 139.1 | 141.0 |
| 流动资金 | Floating Capital | 129.1 | 128.7 | 134.6 | 127.9 |
| 企业融资 | Enterprise Financing | 116.7 | 108.1 | 111.8 | 113.5 |
| 货款拖欠 | Loan Delinquency | 114.9 | 114.0 | 109.9 | 116.2 |
| 劳动力需求 | Labor Force Demand | 120.8 | 109.7 | 112.2 | 119.2 |
| 固定资产投资 | Fixed Asset Investment | 111.6 | 101.5 | 121.0 | 120.5 |

**21—3 续表2 continued**

| 指　标 | Item | 一季度 The First Quarter | 二季度 The Second Quarter | 三季度 The Third Quarter | 四季度 The Fourth Quarter |
|---|---|---|---|---|---|
| **房地产业** | **Real Estate Industry** | | | | |
| 企业家信心指数 | Faith Indices of Enterprises | 144.8 | 118.2 | 136.1 | 135.5 |
| 企业景气指数 | Business Indices of Enterprises | 149.9 | 130.6 | 144.0 | 141.8 |
| 土地开发 | Land Space Developed | 93.4 | 104.9 | 110.3 | 107.7 |
| 完成投资 | Finished Investment | 103.1 | 116.5 | 123.8 | 115.8 |
| 新开工情况 | Newly Started | 103.2 | 96.1 | 110.2 | 95.1 |
| 房屋竣工 | Buildings Completed | 98.7 | 104.1 | 109.3 | 104.0 |
| 商品房预售 | Commercial Houses Sold in Advince | 107.6 | 85.2 | 108.9 | 105.8 |
| 商品房销售 | Commercial Houses Sold | 96.9 | 81.0 | 108.4 | 103.3 |
| 商品房销售价格 | Commercial Houses Selling Price | 142.0 | 118.8 | 133.4 | 147.1 |
| 待售商品房 | Vacant Commercial Houses | 164.5 | 133.4 | 147.2 | 158.4 |
| 盈利(亏损)变化 | Profit(Loss) Change | 129.5 | 97.0 | 110.2 | 124.6 |
| 流动资金 | Floating Capital | 117.2 | 99.6 | 108.3 | 102.1 |
| 企业融资 | Enterprise Financing | 83.7 | 76.2 | 75.2 | 76.0 |
| 货款拖欠 | Loan Delinquency | 125.8 | 127.8 | 131.4 | 120.2 |
| 劳动力需求 | Labor Force Demand | 104.9 | 101.1 | 104.6 | 103.0 |
| 固定资产投资 | Fixed Asset Investment | 116.4 | 103.2 | 110.3 | 111.3 |
| **社会服务业** | **Social Service Industry** | | | | |
| 企业家信心指数 | Faith Indices of Enterprises | 136.5 | 139.1 | 147.6 | 148.1 |
| 企业景气指数 | Business Indices of Enterprises | 153.6 | 156.2 | 157.2 | 160.8 |
| 服务预订 | Service Orders | 125.8 | 139.6 | 147.6 | 124.8 |
| 竞争能力 | Competitive Ability | 157.1 | 150.0 | 161.8 | 158.2 |
| 旅游客源 | Traveling Source of Tourists | 129.2 | 168.0 | 169.6 | 129.2 |
| 收费(服务)价格 | Charge(service) Price | 108.9 | 113.9 | 108.6 | 107.0 |
| 业务量 | Business Volume | 126.0 | 141.9 | 150.8 | 130.2 |
| 营业成本 | Business Cost | 60.4 | 55.4 | 67.4 | 56.8 |
| 盈利(亏损)变化 | Profit (Loss) Change | 124.3 | 133.8 | 133.2 | 122.0 |
| 流动资金 | Floating Capital | 119.3 | 116.2 | 123.3 | 126.9 |
| 企业融资 | Enterprise Financing | 106.3 | 95.4 | 95.4 | 111.5 |
| 货款拖欠 | Loan Delinquency | 107.0 | 100.2 | 100.2 | 123.0 |
| 劳动力需求 | Labor Force Demand | 140.3 | 130.7 | 141.0 | 115.7 |
| 固定资产投资 | Fixed Asset Investment | 140.6 | 139.7 | 128.6 | 135.6 |

## 21—3 续表3 continued

| 指 标 | Item | 一季度 The First Quarter | 二季度 The Second Quarter | 三季度 The Third Quarter | 四季度 The Fourth Quarter |
|---|---|---|---|---|---|
| **信息传输、计算机服务** | **Information Transmission、Computer Service** | | | | |
| **和软件业** | **& Software Industry** | | | | |
| 企业家信心指数 | Faith Indices of Enterprises | 173.0 | 176.3 | 173.3 | 166.0 |
| 企业景气指数 | Business Indices of Enterprises | 168.7 | 165.4 | 170.9 | 167.6 |
| 产品销售（提供服务） | Product Sale (Service Provide) | 143.5 | 155.8 | 167.5 | 172.7 |
| 产品订货 | Product Ordering | 129.6 | 141.3 | 141.3 | 136.2 |
| 竞争能力 | Competitive Ability | 155.8 | 147.3 | 155.1 | 149.9 |
| 销售（收费）价格 | Selling(charge) Price | 78.8 | 96.7 | 84.6 | 95.1 |
| 营业收入 | Business Income | 145.9 | 155.8 | 162.4 | 162.4 |
| 营业成本 | Business Cost | 75.8 | 60.3 | 63.5 | 61.8 |
| 盈利(亏损)变化 | Profit(Loss) Change | 117.6 | 140.5 | 155.3 | 144.6 |
| 流动资金 | Floating Capital | 146.0 | 146.0 | 133.9 | 139.0 |
| 企业融资 | Enterprise Financing | 136.6 | 126.6 | 131.1 | 130.6 |
| 货款拖欠 | Loan Delinquency | 96.4 | 109.7 | 84.4 | 90.0 |
| 劳动力需求 | Labor Force Demand | 129.3 | 131.5 | 145.8 | 140.3 |
| 固定资产投资 | Fixed Asset Investment | 120.0 | 128.8 | 134.9 | 140.6 |
| **住宿和餐饮业** | **Lodging and Catering** | | | | |
| 企业家信心指数 | Faith Indices of Enterprises | 139.0 | 136.8 | 135.5 | 153.8 |
| 企业景气指数 | Business Indices of Enterprises | 134.7 | 129.5 | 131.2 | 140.9 |
| 业务预订 | Service Ordering | 111.6 | 99.0 | 118.3 | 125.8 |
| 业务量 | Business Volume | 108.4 | 100.0 | 122.8 | 132.3 |
| 竞争能力 | Competitive Ability | 132.6 | 124.2 | 132.6 | 140.9 |
| 客房出租 | Guest Room Hiring | 81.1 | 76.4 | 86.2 | 92.7 |
| 收费(服务)价格 | Charge (service) Price | 98.9 | 101.1 | 100.0 | 110.8 |
| 营业收入 | Business Income | 103.2 | 96.8 | 120.4 | 125.8 |
| 营业成本 | Business Cost | 82.1 | 76.8 | 60.2 | 44.1 |
| 盈利(亏损)变化 | Profit (Loss) Change | 100.0 | 102.1 | 112.9 | 120.4 |
| 流动资金 | Floating Capital | 108.4 | 102.1 | 100.0 | 109.7 |
| 企业融资 | Enterprise Financing | 88.2 | 84.0 | 89.1 | 89.0 |
| 货款拖欠 | Loan Delinquency | 105.4 | 81.7 | 91.2 | 105.4 |
| 劳动力需求 | Labor Force Demand | 130.5 | 107.4 | 119.4 | 139.8 |
| 固定资产投资 | Fixed Asset Investment | 103.2 | 99.0 | 112.1 | 112.9 |

# 主要统计指标解释

**企业家信心指数**

也称为宏观经济景气指数，它是根据企业家对当前本企业所在国民经济行业当前经济运行态势所做出的定性判断和对未来发展变化所做出的定性预期（通常是指对“乐观”“不变”“不乐观”的选择）而编制的景气指数，用以综合反映当前宏观经济状况和企业家对宏观经济的看法与信心、综合反映未来宏观经济运行景气状况的发展变化趋势和企业家对宏观经济的看法与信心。

**企业景气指数**

也称企业生产经营综合景气指数，它是根据企业家对当前企业生产经营状况所做出的综合定性判断和对未来发展变化所做出的综合定性预期（通常是指对“上升”“不变”“下降”的选择）而编制的景气指数，用以综合反映当前企业生产经营综合景气状况和未来发展变化的趋势。

**企业景气调查**

也称为经济周期调查或短期经济观测调查，它是以企业家或负责人为调查对象，采用问卷调查方式，定期收集企业家对宏观经济运行和企业经营景气现状的定性判断、对未来经济景气状况变动预期的一种统计调查。

# Explanatory Notes for Major Statistical Indicators

**Faith Index of Entrepreneur**

also called “macro business index”. It is usually drawn up according to the entrepreneurs' judgment and anticipation to the external market economic environment and macro policy (including “optimistic”, “ordinary”, “not optimistic”), so as to reflect the entrepreneurs' feeling and faith about macro economy., and reflect the entrepreneurs' feeling and faith about future macro economy business and development changing Tendency

**Business Index of Enterprise**

also called “comprehensive production and management index of enterprise”. It is usually drawn up according to the entrepreneurs' judgment and development changing tendency to the operation status of enterprise, so as to reflect the status of production and operation of enterprises. business and development changing Tendency .

**Business Survey of Enterprise**

Business Survey of Enterprise is a survey system set up adapted to the new situation of socialist market economy and drawing on the experience of the countries with market economy. The business indices of enterprise are drawn up through giving out regular questionnaire to some entrepreneurs and collecting their judgment and anticipation to the operation status of enterprise and macro economical situation.

# 第 二十二 篇

Chapter 22

# 省级和县级主要经济指标及位次

MAIN ECONOMIC INDICATORS AND THEIR ORDERS OF PRECEDENCE OF PROVINCE AND COUNTY

## 简要说明

一、本篇包括全国分省(市)主要年份经济指标及位次和本省县级主要经济指标及位次。

二、各县资料均来自本年鉴各篇。

三、人均指标依据年平均人数计算。

## Brief Introduction

I. This chapter includes main economic indicators and their orders of precedence of provinces and counties of Anhui in major years.

II. Data of counties are extracted from the concerned data in other chapters in this yearbook.

III. Per capita indicators are calculated in accordance with annual average population.

## 22—1 全国分省（市）主要年份生产总值及位次
Gross Domestic Product and Their Orders of Precedence in Major Years by Province or City

本表按当年价格计算 (Data in value terms in this table are calculated at current prices.) 单位：亿元 (100 million yuan)

| 省（市） | Province or City | 1995 | 位次 Order of Prece-dence | 2000 | 位次 Order of Prece-dence | 2005 | 位次 Order of Prece-dence | 2009 | 位次 Order of Prece-dence | 2010 | 位次 Order of Prece-dence |
|---|---|---|---|---|---|---|---|---|---|---|---|
| **全国** | **National Total** | **60794** | | **99215** | | **184937** | | **340903** | | **397983** | |
| 北京 | Beijing | 1507.69 | 15 | 3161.00 | 13 | 6886.31 | 10 | 12153.03 | 13 | 13777.94 | 13 |
| 天津 | Tianjin | 931.97 | 23 | 1701.88 | 22 | 3697.62 | 20 | 7521.85 | 20 | 9108.83 | 20 |
| 河北 | Hebei | 2849.52 | 6 | 5043.96 | 6 | 10096.11 | 6 | 17235.48 | 6 | 20197.09 | 6 |
| 山西 | Shanxi | 1076.03 | 20 | 1845.72 | 20 | 4179.52 | 16 | 7358.31 | 21 | 9088.06 | 21 |
| 内蒙古 | Inner Mongolia | 857.06 | 24 | 1539.12 | 24 | 3895.55 | 19 | 9740.25 | 15 | 11655.00 | 15 |
| 辽宁 | Liaoning | 2793.40 | 7 | 4669.10 | 8 | 8009.01 | 8 | 15212.49 | 7 | 18278.29 | 7 |
| 吉林 | Jilin | 1137.23 | 19 | 1951.51 | 19 | 3620.27 | 22 | 7278.75 | 22 | 8577.06 | 22 |
| 黑龙江 | Heilongjiang | 1991.40 | 13 | 3151.40 | 14 | 5511.50 | 14 | 8587.00 | 16 | 10235.00 | 16 |
| 上海 | Shanghai | 2499.43 | 8 | 4771.17 | 7 | 9154.18 | 7 | 15046.45 | 8 | 16872.42 | 9 |
| 江苏 | Jiangsu | 5155.25 | 2 | 8553.69 | 2 | 18305.66 | 3 | 34457.30 | 2 | 40903.34 | 2 |
| 浙江 | Zhejiang | 3557.55 | 4 | 6141.03 | 4 | 13437.85 | 4 | 22990.35 | 4 | 27226.75 | 4 |
| **安徽** | **Anhui** | **1810.66** | **14** | **2902.09** | **15** | **5350.17** | **15** | **10062.82** | **14** | **12359.33** | **14** |
| 福建 | Fujian | 2094.90 | 12 | 3764.54 | 10 | 6568.93 | 11 | 12236.53 | 12 | 14357.12 | 12 |
| 江西 | Jiangxi | 1169.73 | 18 | 2003.07 | 18 | 4056.76 | 18 | 7655.18 | 19 | 9435.01 | 19 |
| 山东 | Shandong | 4953.35 | 3 | 8337.47 | 3 | 18516.87 | 2 | 33896.65 | 3 | 39416.20 | 3 |
| 河南 | Henan | 2988.37 | 5 | 5052.99 | 5 | 10587.42 | 5 | 19480.46 | 5 | 22942.68 | 5 |
| 湖北 | Hubei | 2109.38 | 11 | 3545.39 | 12 | 6520.14 | 12 | 12961.10 | 11 | 15806.09 | 11 |
| 湖南 | Hunan | 2132.13 | 10 | 3551.49 | 11 | 6511.34 | 13 | 13059.69 | 10 | 15902.12 | 10 |
| 广东 | Guangdong | 5933.05 | 1 | 10741.25 | 1 | 22366.54 | 1 | 39482.56 | 1 | 45472.83 | 1 |
| 广西 | Guangxi | 1497.56 | 16 | 2080.04 | 16 | 4075.75 | 17 | 7759.16 | 18 | 9502.39 | 18 |
| 海南 | Hainan | 363.25 | 28 | 526.82 | 28 | 894.57 | 28 | 1654.21 | 28 | 2052.12 | 28 |
| 重庆 | Chongqing | 1016.25 | 22 | 1603.16 | 23 | 3070.49 | 24 | 6530.01 | 23 | 7894.24 | 23 |
| 四川 | Sichuan | 2443.21 | 9 | 3928.20 | 9 | 7385.11 | 9 | 14151.28 | 9 | 16898.59 | 8 |
| 贵州 | Guizhou | 636.21 | 26 | 1029.92 | 27 | 1979.06 | 26 | 3912.68 | 26 | 4593.97 | 26 |
| 云南 | Yunnan | 1222.15 | 17 | 2011.19 | 17 | 3472.89 | 23 | 6169.75 | 24 | 7220.14 | 24 |
| 西藏 | Tibet | 56.11 | 31 | 117.80 | 31 | 251.21 | 31 | 441.36 | 31 | 507.46 | 31 |
| 陕西 | Shaanxi | 1036.85 | 21 | 1804.00 | 21 | 3675.66 | 21 | 8169.80 | 17 | 10021.53 | 17 |
| 甘肃 | Gansu | 557.76 | 27 | 1052.88 | 26 | 1933.98 | 27 | 3387.56 | 27 | 4119.46 | 27 |
| 青海 | Qinghai | 167.80 | 30 | 263.68 | 30 | 543.32 | 30 | 1081.27 | 30 | 1350.43 | 30 |
| 宁夏 | Ningxia | 175.19 | 29 | 295.02 | 29 | 606.10 | 29 | 1353.31 | 29 | 1643.41 | 29 |
| 新疆 | Xinjiang | 814.85 | 25 | 1363.56 | 25 | 2604.19 | 25 | 4277.05 | 25 | 5418.81 | 25 |

注：1）因分级核算，各省、市、自治区汇总数不等于全国数据（后同）。
2）2010年各省（市）数据为初步核算数（后同）。

a) Because of Caculating in different levels, the sum total data of every province、municipalities directly under the central government autonomous region were not equal to the whole country data.
b) The data of the national total and in all provinces in 2010 are all preliminary.

# 22—2 全国分省（市）主要年份生产总值第一产业及位次

Gross Domestic Product of Precedence and Their Orders of Precedence by Province or City

本表按当年价格计算 (Data in value terms in this table are calculated at current prices.)　　单位：亿元 (100 million yuan)

| 省（市） Province or City | 1995 | 位次 Order of Precedence | 2000 | 位次 Order of Precedence | 2005 | 位次 Order of Precedence | 2009 | 位次 Order of Precedence | 2010 | 位次 Order of Precedence |
|---|---|---|---|---|---|---|---|---|---|---|
| **全　国 National Total** | **12136** | | **14945** | | **22420** | | **35226** | | **40497** | |
| 北　京 Beijing | 72.16 | 26 | 76.58 | 27 | 97.99 | 27 | 118.29 | 28 | 124.36 | 29 |
| 天　津 Tianjin | 60.80 | 27 | 73.69 | 28 | 112.38 | 26 | 128.85 | 26 | 149.48 | 27 |
| 河　北 Hebei | 631.34 | 7 | 824.55 | 6 | 1503.07 | 3 | 2207.34 | 5 | 2562.81 | 3 |
| 山　西 Shanxi | 168.69 | 23 | 179.86 | 25 | 262.42 | 25 | 477.59 | 24 | 563.50 | 24 |
| 内蒙古 Inner Mongolia | 260.18 | 19 | 350.80 | 18 | 589.56 | 18 | 929.60 | 18 | 1101.38 | 17 |
| 辽　宁 Liaoning | 392.20 | 13 | 503.40 | 13 | 882.41 | 12 | 1414.90 | 11 | 1631.09 | 11 |
| 吉　林 Jilin | 303.99 | 16 | 398.73 | 16 | 625.61 | 17 | 980.57 | 17 | 1050.15 | 19 |
| 黑龙江 Heilongjiang | 371.20 | 15 | 383.15 | 17 | 684.60 | 15 | 1154.33 | 14 | 1302.31 | 14 |
| 上　海 Shanghai | 59.82 | 28 | 76.68 | 26 | 80.34 | 28 | 113.82 | 29 | 114.15 | 30 |
| 江　苏 Jiangsu | 866.24 | 2 | 1048.34 | 3 | 1461.49 | 5 | 2261.86 | 3 | 2539.59 | 4 |
| 浙　江 Zhejiang | 549.96 | 10 | 630.98 | 11 | 892.83 | 11 | 1163.08 | 13 | 1360.71 | 13 |
| **安　徽 Anhui** | **584.12** | **9** | **741.77** | **8** | **966.50** | **9** | **1495.45** | **9** | **1729.02** | **9** |
| 福　建 Fujian | 464.82 | 11 | 640.57 | 10 | 841.20 | 13 | 1182.74 | 12 | 1363.67 | 12 |
| 江　西 Jiangxi | 374.64 | 14 | 485.14 | 14 | 727.37 | 14 | 1098.66 | 15 | 1205.89 | 15 |
| 山　东 Shandong | 1010.13 | 1 | 1268.57 | 1 | 1963.51 | 1 | 3226.64 | 1 | 3588.28 | 1 |
| 河　南 Henan | 762.99 | 4 | 1161.58 | 2 | 1892.01 | 2 | 2769.05 | 2 | 3263.20 | 2 |
| 湖　北 Hubei | 619.77 | 8 | 662.30 | 9 | 1082.13 | 8 | 1795.90 | 8 | 2147.00 | 8 |
| 湖　南 Hunan | 685.30 | 5 | 784.92 | 7 | 1274.15 | 7 | 1969.69 | 7 | 2339.44 | 6 |
| 广　东 Guangdong | 864.49 | 3 | 986.32 | 4 | 1428.27 | 6 | 2010.27 | 6 | 2286.86 | 7 |
| 广　西 Guangxi | 449.64 | 12 | 538.70 | 12 | 912.50 | 10 | 1458.49 | 10 | 1670.37 | 10 |
| 海　南 Hainan | 128.90 | 24 | 192.00 | 24 | 300.75 | 24 | 462.19 | 25 | 539.32 | 25 |
| 重　庆 Chongqing | 264.19 | 18 | 284.87 | 20 | 463.40 | 20 | 606.80 | 21 | 685.39 | 21 |
| 四　川 Sichuan | 662.46 | 6 | 945.58 | 5 | 1481.14 | 4 | 2240.61 | 4 | 2483.00 | 5 |
| 贵　州 Guizhou | 227.13 | 21 | 271.20 | 21 | 368.94 | 22 | 550.27 | 22 | 630.33 | 22 |
| 云　南 Yunnan | 302.69 | 17 | 431.80 | 15 | 669.81 | 16 | 1067.60 | 16 | 1105.81 | 16 |
| 西　藏 Tibet | 23.48 | 31 | 36.39 | 31 | 48.04 | 31 | 63.88 | 31 | 68.13 | 31 |
| 陕　西 Shaanxi | 217.27 | 22 | 258.22 | 22 | 435.77 | 21 | 789.64 | 19 | 988.45 | 20 |
| 甘　肃 Gansu | 110.65 | 25 | 194.10 | 23 | 308.06 | 23 | 497.05 | 23 | 599.00 | 23 |
| 青　海 Qinghai | 39.62 | 29 | 40.12 | 30 | 65.34 | 30 | 107.40 | 30 | 134.92 | 28 |
| 宁　夏 Ningxia | 35.41 | 30 | 46.03 | 29 | 72.08 | 29 | 127.25 | 27 | 160.28 | 26 |
| 新　疆 Xinjiang | 240.71 | 20 | 288.18 | 19 | 509.99 | 19 | 759.74 | 20 | 1078.61 | 18 |

## 22—3 全国分省（市）主要年份生产总值第二产业及位次

Gross Domestic Product of Secondary Industry and Their Orders of Precedence in Major Years by Province or City

本表按当年价格计算 (Data in value terms in this table are calculated at current prices.) 单位：亿元 (100 million yuan)

| 省（市） | Province or City | 1995 | 位次 Order of Prece-dence | 2000 | 位次 Order of Prece-dence | 2005 | 位次 Order of Prece-dence | 2009 | 位次 Order of Prece-dence | 2010 | 位次 Order of Prece-dence |
|---|---|---|---|---|---|---|---|---|---|---|---|
| **全　国** | **National Total** | **28679** | | **45556** | | **87598** | | **157639** | | **186481** | |
| 北　京 | Beijing | 645.81 | 15 | 1033.29 | 15 | 2026.51 | 17 | 2855.55 | 23 | 3323.05 | 23 |
| 天　津 | Tianjin | 518.55 | 18 | 863.83 | 16 | 2051.17 | 16 | 3987.84 | 18 | 4837.57 | 19 |
| 河　北 | Hebei | 1322.77 | 8 | 2514.96 | 5 | 5232.50 | 6 | 8959.83 | 6 | 10705.73 | 6 |
| 山　西 | Shanxi | 494.45 | 19 | 858.37 | 17 | 2353.16 | 14 | 3993.80 | 17 | 5161.19 | 17 |
| 内蒙古 | Inner Mongolia | 308.78 | 24 | 582.57 | 24 | 1773.21 | 20 | 5114.00 | 13 | 6365.79 | 14 |
| 辽　宁 | Liaoning | 1390.00 | 7 | 2344.40 | 6 | 3953.28 | 8 | 7906.34 | 7 | 9872.29 | 7 |
| 吉　林 | Jilin | 475.22 | 20 | 768.89 | 20 | 1580.83 | 21 | 3541.92 | 20 | 4417.39 | 21 |
| 黑龙江 | Heilongjiang | 1048.60 | 9 | 1731.70 | 9 | 2971.68 | 11 | 4060.72 | 16 | 5100.10 | 18 |
| 上　海 | Shanghai | 1419.41 | 5 | 2207.63 | 8 | 4452.92 | 7 | 6001.78 | 11 | 7139.96 | 12 |
| 江　苏 | Jiangsu | 2715.26 | 2 | 4435.89 | 2 | 10355.04 | 3 | 18566.37 | 3 | 21753.93 | 2 |
| 浙　江 | Zhejiang | 1854.52 | 4 | 3273.93 | 4 | 7166.15 | 4 | 11908.49 | 4 | 14121.27 | 4 |
| **安　徽** | **Anhui** | **660.09** | **14** | **1056.78** | **14** | **2245.90** | **15** | **4905.22** | **14** | **6436.62** | **13** |
| 福　建 | Fujian | 882.34 | 11 | 1628.45 | 10 | 3200.26 | 9 | 6005.30 | 10 | 7365.46 | 10 |
| 江　西 | Jiangxi | 403.74 | 23 | 700.76 | 22 | 1917.47 | 18 | 3919.45 | 19 | 5194.70 | 16 |
| 山　东 | Shandong | 2355.78 | 3 | 4164.45 | 3 | 10628.62 | 2 | 18901.83 | 2 | 21398.89 | 3 |
| 河　南 | Henan | 1394.98 | 6 | 2294.15 | 7 | 5514.14 | 5 | 11010.50 | 5 | 13226.84 | 5 |
| 湖　北 | Hubei | 780.18 | 12 | 1437.38 | 11 | 2810.01 | 12 | 6038.08 | 9 | 7764.65 | 9 |
| 湖　南 | Hunan | 770.67 | 13 | 1293.18 | 13 | 2596.71 | 13 | 5687.19 | 12 | 7313.56 | 11 |
| 广　东 | Guangdong | 2900.22 | 1 | 4999.51 | 1 | 11339.93 | 1 | 19419.70 | 1 | 22918.07 | 1 |
| 广　西 | Guangxi | 535.86 | 16 | 732.76 | 21 | 1510.68 | 22 | 3381.54 | 22 | 4510.83 | 20 |
| 海　南 | Hainan | 78.48 | 28 | 103.97 | 30 | 220.07 | 30 | 443.43 | 30 | 566.55 | 30 |
| 重　庆 | Chongqing | 412.28 | 22 | 623.83 | 23 | 1259.12 | 24 | 3448.77 | 21 | 4356.41 | 22 |
| 四　川 | Sichuan | 980.91 | 10 | 1433.11 | 12 | 3067.23 | 10 | 6711.87 | 8 | 8565.18 | 8 |
| 贵　州 | Guizhou | 232.52 | 27 | 391.20 | 27 | 826.63 | 27 | 1476.62 | 27 | 1800.06 | 27 |
| 云　南 | Yunnan | 534.78 | 17 | 833.25 | 18 | 1432.76 | 23 | 2582.53 | 24 | 3223.93 | 24 |
| 西　藏 | Tibet | 13.24 | 31 | 27.05 | 31 | 63.52 | 31 | 136.63 | 31 | 163.92 | 31 |
| 陕　西 | Shaanxi | 441.67 | 21 | 782.58 | 19 | 1849.28 | 19 | 4236.42 | 15 | 5403.53 | 15 |
| 甘　肃 | Gansu | 256.83 | 26 | 421.65 | 26 | 838.56 | 26 | 1527.24 | 26 | 1984.97 | 26 |
| 青　海 | Qinghai | 64.58 | 30 | 108.83 | 29 | 264.61 | 29 | 575.33 | 29 | 744.63 | 29 |
| 宁　夏 | Ningxia | 74.67 | 29 | 121.43 | 28 | 281.23 | 28 | 662.32 | 28 | 833.16 | 28 |
| 新　疆 | Xinjiang | 283.97 | 25 | 537.58 | 25 | 1164.79 | 25 | 1929.59 | 25 | 2533.69 | 25 |

# 22—4 全国分省（市）主要年份生产总值第三产业及位次

Gross Domestic Product of Precedence Industry and Their Orders of Precedence in Main Years by Province or City

本表按当年价格计算 (Data in value terms in this table are calculated at current prices.) 单位：亿元 (100 million yuan)

| 省（市） | Province or City | 1995 | 位次 Order of Precedence | 2000 | 位次 Order of Precedence | 2005 | 位次 Order of Precedence | 2009 | 位次 Order of Precedence | 2010 | 位次 Order of Precedence |
|---|---|---|---|---|---|---|---|---|---|---|---|
| **全国** | **National Total** | **19978** | | **38714** | | **74919** | | **148038** | | **171005** | |
| 北京 | Beijing | 789.72 | 10 | 2051.13 | 6 | 4761.81 | 5 | 9179.19 | 5 | 10330.53 | 5 |
| 天津 | Tianjin | 352.62 | 22 | 764.36 | 20 | 1534.07 | 18 | 3405.16 | 16 | 4121.78 | 16 |
| 河北 | Hebei | 895.41 | 7 | 1704.45 | 8 | 3360.54 | 7 | 6068.31 | 7 | 6928.55 | 7 |
| 山西 | Shanxi | 412.89 | 17 | 807.49 | 18 | 1563.94 | 17 | 2886.92 | 20 | 3363.37 | 19 |
| 内蒙古 | Inner Mongolia | 288.10 | 25 | 605.74 | 24 | 1532.78 | 19 | 3696.65 | 14 | 4187.83 | 15 |
| 辽宁 | Liaoning | 1011.20 | 6 | 1821.20 | 7 | 3173.32 | 9 | 5891.25 | 8 | 6774.91 | 8 |
| 吉林 | Jilin | 358.02 | 21 | 783.89 | 19 | 1413.83 | 20 | 2756.26 | 21 | 3109.52 | 21 |
| 黑龙江 | Heilongjiang | 571.60 | 14 | 1036.55 | 15 | 1855.22 | 15 | 3371.95 | 17 | 3832.59 | 17 |
| 上海 | Shanghai | 1020.20 | 5 | 2486.86 | 4 | 4620.92 | 6 | 8930.85 | 6 | 9618.31 | 6 |
| 江苏 | Jiangsu | 1573.75 | 3 | 3069.46 | 2 | 6489.14 | 2 | 13629.07 | 2 | 16609.82 | 2 |
| 浙江 | Zhejiang | 1153.07 | 4 | 2236.12 | 5 | 5378.86 | 4 | 9918.78 | 4 | 11744.77 | 4 |
| **安徽** | **Anhui** | **566.45** | **15** | **1103.54** | **14** | **2137.77** | **14** | **3662.15** | **15** | **4193.68** | **14** |
| 福建 | Fujian | 747.74 | 11 | 1495.52 | 11 | 2527.47 | 13 | 5048.49 | 13 | 5627.99 | 13 |
| 江西 | Jiangxi | 391.35 | 18 | 817.17 | 16 | 1411.92 | 21 | 2637.07 | 22 | 3034.42 | 22 |
| 山东 | Shandong | 1587.44 | 2 | 2904.45 | 3 | 5924.74 | 3 | 11768.18 | 3 | 14429.03 | 3 |
| 河南 | Henan | 830.40 | 8 | 1597.26 | 9 | 3181.27 | 8 | 5700.91 | 9 | 6452.64 | 9 |
| 湖北 | Hubei | 709.43 | 12 | 1445.71 | 13 | 2628.00 | 12 | 5127.12 | 12 | 5894.44 | 11 |
| 湖南 | Hunan | 676.16 | 13 | 1473.39 | 12 | 2640.48 | 11 | 5402.81 | 10 | 6249.12 | 10 |
| 广东 | Guangdong | 2168.34 | 1 | 4755.42 | 1 | 9598.34 | 1 | 18052.59 | 1 | 20267.90 | 1 |
| 广西 | Guangxi | 512.06 | 16 | 808.58 | 17 | 1652.57 | 16 | 2919.13 | 19 | 3321.19 | 20 |
| 海南 | Hainan | 155.87 | 28 | 230.85 | 28 | 373.75 | 28 | 748.59 | 28 | 946.25 | 28 |
| 重庆 | Chongqing | 339.78 | 23 | 694.46 | 23 | 1347.97 | 24 | 2474.44 | 24 | 2852.44 | 24 |
| 四川 | Sichuan | 799.84 | 9 | 1549.51 | 10 | 2836.74 | 10 | 5198.80 | 11 | 5850.41 | 12 |
| 贵州 | Guizhou | 176.56 | 27 | 367.52 | 27 | 783.49 | 27 | 1885.79 | 25 | 2163.58 | 25 |
| 云南 | Yunnan | 384.68 | 19 | 746.14 | 22 | 1370.32 | 23 | 2519.62 | 23 | 2890.40 | 23 |
| 西藏 | Tibet | 19.39 | 31 | 54.37 | 31 | 139.65 | 31 | 240.85 | 31 | 275.41 | 31 |
| 陕西 | Shaanxi | 377.91 | 20 | 763.20 | 21 | 1390.61 | 22 | 3143.74 | 18 | 3629.55 | 18 |
| 甘肃 | Gansu | 190.28 | 26 | 437.13 | 26 | 787.36 | 26 | 1363.27 | 27 | 1535.49 | 27 |
| 青海 | Qinghai | 63.60 | 30 | 114.73 | 30 | 213.37 | 30 | 398.54 | 30 | 470.88 | 30 |
| 宁夏 | Ningxia | 65.10 | 29 | 127.56 | 29 | 252.79 | 29 | 563.74 | 29 | 649.97 | 29 |
| 新疆 | Xinjiang | 290.17 | 24 | 537.80 | 25 | 929.41 | 25 | 1587.72 | 26 | 1806.51 | 26 |

## 22—5 全国分省（市）主要年份城镇固定资产投资及位次
Urban Investment in Fixed Assets and Their Orders of Precedence in Main Years by Province or City

单位：亿元 (100 million yuan)

| 省（市） | Province or City | 1995 | 位次 Order of Precedence | 2000 | 位次 Order of Precedence | 2005 | 位次 Order of Precedence | 2009 | 位次 Order of Precedence | 2010 | 位次 Order of Precedence |
|---|---|---|---|---|---|---|---|---|---|---|---|
| **全国** | **National Total** | **20019.26** | | **24243** | | **75096.48** | | **194138.62** | | **270251.99** | |
| 北京 | Beijing | 864.85 | 9 | 1186 | 6 | 2595.41 | 10 | 4149.63 | 23 | 5350.84 | 22 |
| 天津 | Tianjin | 396.55 | 17 | 526 | 17 | 1367.48 | 24 | 4446.83 | 22 | 6252.22 | 20 |
| 河北 | Hebei | 907.75 | 6 | 1048 | 7 | 3361.65 | 7 | 10472.25 | 5 | 14621.72 | 6 |
| 山西 | Shanxi | 270.64 | 23 | 457 | 22 | 1671.91 | 19 | 4509.56 | 21 | 5845.23 | 21 |
| 内蒙古 | Inner Mongolia | 251.32 | 24 | 347 | 24 | 2563.54 | 11 | 7144.35 | 11 | 8838.67 | 12 |
| 辽宁 | Liaoning | 865.49 | 8 | 1028 | 8 | 3669.71 | 5 | 11605.17 | 3 | 15793.64 | 4 |
| 吉林 | Jilin | 320.29 | 20 | 485 | 20 | 1595.92 | 21 | 5958.62 | 14 | 7695.62 | 16 |
| 黑龙江 | Heilongjiang | 517.62 | 14 | 741 | 13 | 1638.17 | 20 | 4696.08 | 19 | 6495.85 | 19 |
| 上海 | Shanghai | 1597.89 | 3 | 1679 | 2 | 3198.57 | 8 | 4718.76 | 18 | 5106.86 | 24 |
| 江苏 | Jiangsu | 1764.76 | 2 | 1645 | 3 | 6211.87 | 2 | 14266.88 | 2 | 22809.04 | 1 |
| 浙江 | Zhejiang | 1482.62 | 4 | 1445 | 5 | 4756.95 | 4 | 7453.64 | 9 | 11980.32 | 8 |
| **安徽** | **Anhui** | **476.10** | **15** | **576** | **15** | **2140.03** | **14** | **7940.55** | **8** | **11104.35** | **9** |
| 福建 | Fujian | 683.02 | 12 | 810 | 12 | 1970.12 | 15 | 5548.61 | 16 | 7992.46 | 14 |
| 江西 | Jiangxi | 282.54 | 22 | 322 | 25 | 1933.93 | 16 | 6006.69 | 13 | 8470.19 | 13 |
| 山东 | Shandong | 1308.62 | 5 | 1564 | 4 | 7274.83 | 1 | 15439.10 | 1 | 22585.11 | 2 |
| 河南 | Henan | 783.14 | 11 | 885 | 11 | 3528.29 | 6 | 11455.01 | 4 | 15799.22 | 3 |
| 湖北 | Hubei | 785.09 | 10 | 988 | 10 | 2433.23 | 12 | 7183.68 | 10 | 9959.91 | 10 |
| 湖南 | Hunan | 523.00 | 13 | 634 | 14 | 2174.91 | 13 | 6880.09 | 12 | 9301.29 | 11 |
| 广东 | Guangdong | 2315.83 | 1 | 2536 | 1 | 5760.73 | 3 | 10238.46 | 6 | 15270.71 | 5 |
| 广西 | Guangxi | 403.15 | 16 | 398 | 23 | 1554.25 | 22 | 4689.88 | 20 | 6719.29 | 17 |
| 海南 | Hainan | 182.08 | 25 | 150 | 28 | 351.51 | 29 | 942.57 | 29 | 1278.62 | 29 |
| 重庆 | Chongqing | | | 459 | 21 | 1786.43 | 17 | 4855.11 | 17 | 6597.78 | 18 |
| 四川 | Sichuan | 901.42 | 7 | 1016 | 9 | 2989.60 | 9 | 9061.43 | 7 | 12552.58 | 7 |
| 贵州 | Guizhou | 161.79 | 26 | 288 | 27 | 916.09 | 26 | 2040.02 | 27 | 2945.78 | 27 |
| 云南 | Yunnan | 390.45 | 18 | 504 | 19 | 1550.18 | 23 | 4117.53 | 24 | 5308.93 | 23 |
| 西藏 | Tibet | 35.13 | 30 | 49 | 31 | 187.22 | 31 | 328.66 | 31 | 463.26 | 31 |
| 陕西 | Shaanxi | 310.18 | 21 | 529 | 16 | 1761.18 | 18 | 5890.47 | 15 | 7744.17 | 15 |
| 甘肃 | Gansu | 145.76 | 27 | 322 | 26 | 790.22 | 27 | 2076.38 | 26 | 3054.73 | 26 |
| 青海 | Qinghai | 53.11 | 29 | 132 | 29 | 312.56 | 30 | 689.12 | 30 | 967.44 | 30 |
| 宁夏 | Ningxia | 62.17 | 28 | 124 | 30 | 382.71 | 28 | 964.16 | 28 | 1397.52 | 28 |
| 新疆 | Xinjiang | 331.97 | 19 | 520 | 18 | 1210.09 | 25 | 2418.51 | 25 | 3274.20 | 25 |

# 22—6 全国分省（市）主要年份农林牧渔业总产值及位次

Gross Output Value of Farming, Forestry, Animal Husbandry, and Fishery and Their Orders of Precedence in Main Years by Province or City

本表按当年价格计算 (Data in value terms in this table are calculated at current prices.) 单位：亿元 (100 million yuan)

| 省（市） | Province or City | 1995 | 位次 Order of Precedence | 2000 | 位次 Order of Precedence | 2005 | 位次 Order of Precedence | 2009 | 位次 Order of Precedence | 2010 | 位次 Order of Precedence |
|---|---|---|---|---|---|---|---|---|---|---|---|
| **全 国** | **National Total** | **20340.90** | | **24777** | | **39450.89** | | **60361.01** | | **69319.76** | |
| 北 京 | Beijing | 164.47 | 26 | 195 | 27 | 268.85 | 26 | 314.95 | 26 | 328.02 | 26 |
| 天 津 | Tianjin | 133.25 | 27 | 156 | 28 | 258.41 | 27 | 281.65 | 28 | 317.33 | 27 |
| 河 北 | Hebei | 1147.83 | 6 | 1549 | 5 | 2600.83 | 3 | 3640.93 | 5 | 4309.42 | 3 |
| 山 西 | Shanxi | 299.68 | 22 | 302 | 25 | 483.80 | 24 | 908.74 | 22 | 1047.85 | 22 |
| 内蒙古 | Inner Mongolia | 373.59 | 20 | 518 | 18 | 980.21 | 18 | 1570.58 | 18 | 1843.57 | 18 |
| 辽 宁 | Liaoning | 761.80 | 12 | 967 | 12 | 1671.57 | 9 | 2704.58 | 9 | 3106.53 | 9 |
| 吉 林 | Jilin | 490.28 | 16 | 598 | 17 | 1050.49 | 17 | 1734.26 | 15 | 1850.28 | 16 |
| 黑龙江 | Heilongjiang | 670.03 | 14 | 625 | 16 | 1294.41 | 14 | 2251.10 | 12 | 2536.30 | 12 |
| 上 海 | Shanghai | 182.47 | 25 | 216 | 26 | 233.39 | 28 | 283.15 | 27 | 287.03 | 29 |
| 江 苏 | Jiangsu | 1686.78 | 2 | 1874 | 3 | 2576.98 | 4 | 3816.02 | 3 | 4297.14 | 4 |
| 浙 江 | Zhejiang | 891.71 | 10 | 1040 | 10 | 1428.28 | 12 | 1873.40 | 14 | 2172.86 | 14 |
| **安 徽** | **Anhui** | **980.26** | **9** | **1220** | **7** | **1666.19** | **10** | **2569.46** | **10** | **2955.45** | **10** |
| 福 建 | Fujian | 765.38 | 11 | 1029 | 11 | 1396.15 | 13 | 2001.24 | 13 | 2307.06 | 13 |
| 江 西 | Jiangxi | 631.71 | 15 | 760 | 14 | 1142.99 | 15 | 1733.82 | 16 | 1900.58 | 15 |
| 山 东 | Shandong | 1857.48 | 1 | 2294 | 1 | 3741.81 | 1 | 6003.09 | 1 | 6650.94 | 1 |
| 河 南 | Henan | 1304.25 | 5 | 1981 | 2 | 3309.70 | 2 | 4871.51 | 2 | 5734.20 | 2 |
| 湖 北 | Hubei | 988.53 | 8 | 1126 | 9 | 1775.58 | 8 | 2985.19 | 8 | 3501.99 | 8 |
| 湖 南 | Hunan | 1046.97 | 7 | 1219 | 8 | 2056.24 | 7 | 3207.88 | 7 | 3787.47 | 6 |
| 广 东 | Guangdong | 1445.48 | 4 | 1632 | 4 | 2447.57 | 6 | 3337.59 | 6 | 3754.86 | 7 |
| 广 西 | Guangxi | 743.50 | 13 | 827 | 13 | 1448.37 | 11 | 2377.20 | 11 | 2720.99 | 11 |
| 海 南 | Hainan | 202.10 | 24 | 309 | 24 | 475.88 | 25 | 705.04 | 25 | 821.31 | 25 |
| 重 庆 | Chongqing | | | 413 | 21 | 662.19 | 21 | 913.11 | 21 | 1021.13 | 23 |
| 四 川 | Sichuan | 1520.26 | 3 | 1370 | 6 | 2457.46 | 5 | 3689.81 | 4 | 4081.81 | 5 |
| 贵 州 | Guizhou | 344.85 | 21 | 412 | 22 | 571.84 | 22 | 875.20 | 24 | 997.82 | 24 |
| 云 南 | Yunnan | 474.46 | 17 | 680 | 15 | 1068.58 | 16 | 1706.19 | 17 | 1810.53 | 19 |
| 西 藏 | Tibet | 35.90 | 30 | | | 67.74 | 31 | 93.38 | 31 | 100.77 | 31 |
| 陕 西 | Shaanxi | 381.65 | 19 | 472 | 20 | 730.72 | 20 | 1337.22 | 19 | 1666.06 | 20 |
| 甘 肃 | Gansu | 289.37 | 23 | 323 | 23 | 521.53 | 23 | 876.28 | 23 | 1057.02 | 21 |
| 青 海 | Qinghai | 55.10 | 29 | 58 | 30 | 94.04 | 30 | 157.30 | 30 | 201.32 | 30 |
| 宁 夏 | Ningxia | 56.55 | 28 | 78 | 29 | 138.00 | 29 | 243.50 | 29 | 305.94 | 28 |
| 新 疆 | Xinjiang | 415.19 | 18 | 487 | 19 | 831.06 | 19 | 1297.61 | 20 | 1846.18 | 17 |

# 22—7 全国分省（市）主要年份工业增加值及位次

Value-added of Industry and Their Orders of Precedence in Main Years by Province or City

本表按当年价格计算 (Data in value terms in this table are calculated at current prices.) 单位：亿元 (100 million yuan)

| 省（市） | Province or City | 1999 | 位次 Order of Precedence | 2000 | 位次 Order of Precedence | 2005 | 位次 Order of Precedence | 2009年比上年增长位次 Compared to Last Year | 2010年比上年增长位次 Compared to Last Year |
|---|---|---|---|---|---|---|---|---|---|
| **全国** | **National Total** | **21564.74** | | **25394.80** | | **66425.20** | | | |
| 北京 | Beijing | 584.48 | 13 | 722.65 | 12 | 1705.40 | 15 | 25 | 27 |
| 天津 | Tianjin | 490.09 | 16 | 630.09 | 14 | 1783.00 | 13 | 2 | 1 |
| 河北 | Hebei | 946.62 | 7 | 1132.66 | 8 | 3219.00 | 7 | 17 | 22 |
| 山西 | Shanxi | 400.65 | 19 | 428.71 | 19 | 1712.00 | 14 | 31 | 8 |
| 内蒙古 | Inner Mongolia | 235.73 | 25 | 279.54 | 24 | 1135.50 | 20 | 1 | 14 |
| 辽宁 | Liaoning | 935.84 | 8 | 1194.03 | 7 | 3007.40 | 8 | 10 | 18 |
| 吉林 | Jilin | 412.22 | 18 | 496.19 | 18 | 1200.80 | 19 | 10 | 12 |
| 黑龙江 | Heilongjiang | 933.80 | 9 | 1213.05 | 6 | 2166.30 | 10 | 19 | 26 |
| 上海 | Shanghai | 1541.71 | 4 | 1687.18 | 4 | 3994.70 | 5 | 30 | 17 |
| 江苏 | Jiangsu | 2234.58 | 2 | 2604.37 | 2 | 8054.00 | 3 | 14 | 24 |
| 浙江 | Zhejiang | 1267.75 | 5 | 1560.11 | 5 | 4904.70 | 4 | 29 | 23 |
| **安徽** | **Anhui** | **494.51** | **14** | **507.38** | **17** | **1373.90** | **17** | **3** | **4** |
| 福建 | Fujian | 665.02 | 10 | 797.12 | 11 | 2235.20 | 9 | 18 | 11 |
| 江西 | Jiangxi | 248.97 | 23 | 269.73 | 25 | 828.50 | 24 | 6 | 9 |
| 山东 | Shandong | 2098.80 | 3 | 2549.35 | 3 | 8411.90 | 1 | 12 | 27 |
| 河南 | Henan | 993.62 | 6 | 1116.39 | 9 | 3228.00 | 6 | 14 | 14 |
| 湖北 | Hubei | 646.42 | 11 | 1011.77 | 10 | 1847.90 | 12 | 6 | 4 |
| 湖南 | Hunan | 461.82 | 17 | 528.06 | 16 | 1535.90 | 16 | 5 | 7 |
| 广东 | Guangdong | 2788.16 | 1 | 3423.86 | 1 | 8290.00 | 2 | 26 | 19 |
| 广西 | Guangxi | 281.80 | 21 | 323.88 | 22 | 833.10 | 23 | 9 | 1 |
| 海南 | Hainan | 54.63 | 30 | 63.25 | 30 | 138.00 | 30 | 27 | 16 |
| 重庆 | Chongqing | 239.47 | 24 | 283.73 | 23 | 716.40 | 25 | 8 | 1 |
| 四川 | Sichuan | 634.31 | 12 | 662.44 | 13 | 2034.40 | 11 | 4 | 6 |
| 贵州 | Guizhou | 196.04 | 27 | 216.99 | 27 | 561.60 | 27 | 23 | 25 |
| 云南 | Yunnan | 491.12 | 15 | 531.47 | 15 | 1018.10 | 21 | 20 | 27 |
| 西藏 | Tibet | 8.42 | 31 | 9.25 | 31 | 17.40 | 31 | 22 | 30 |
| 陕西 | Shaanxi | 345.95 | 20 | 411.17 | 20 | 1267.20 | 18 | 13 | 13 |
| 甘肃 | Gansu | 225.57 | 26 | 244.73 | 26 | 601.80 | 26 | 23 | 21 |
| 青海 | Qinghai | 58.32 | 29 | 63.34 | 29 | 179.50 | 29 | 21 | 10 |
| 宁夏 | Ningxia | 61.60 | 28 | 73.68 | 28 | 202.30 | 28 | 16 | 19 |
| 新疆 | Xinjiang | 256.72 | 22 | 356.62 | 21 | 933.30 | 22 | 28 | 31 |

注：工业为月度快报口径。

a) Data in the table are preliminary statistics.

# 22—8 全国分省（市）主要年份社会消费品零售总额及位次

Total Retail Sales of Consumer Goods and Their Orders of Precedence in Main Years by Province or City

本表按当年价格计算 (Data in value terms in this table are calculated at current prices.) 单位：亿元 (100 million yuan)

| 省（市） | Province or City | 1995 | 位次 Order of Prece-dence | 2000 | 位次 Order of Prece-dence | 2005 | 位次 Order of Prece-dence | 2009 | 位次 Order of Prece-dence | 2010 | 位次 Order of Prece-dence |
|---|---|---|---|---|---|---|---|---|---|---|---|
| **全　国** | **National Total** | **20620.0** | | **34152.6** | | **67958.7** | | **125342.7** | | **154554.0** | |
| 北　京 | Beijing | 827.0 | 12 | 1443.3 | 11 | 2902.8 | 11 | 5309.9 | 10 | 6229.3 | 10 |
| 天　津 | Tianjin | 375.6 | 20 | 736.6 | 18 | 1190.1 | 23 | 2430.8 | 23 | 2902.6 | 22 |
| 河　北 | Hebei | 852.1 | 10 | 1613.9 | 9 | 2952.9 | 10 | 5764.9 | 8 | 6821.8 | 6 |
| 山　西 | Shanxi | 376.0 | 19 | 629.1 | 21 | 1401.2 | 17 | 2809.0 | 18 | 3207.9 | 19 |
| 内蒙古 | Inner Mongolia | 295.0 | 23 | 484.0 | 24 | 1344.1 | 19 | 2855.3 | 17 | 3337.3 | 17 |
| 辽　宁 | Liaoning | 1122.0 | 6 | 1847.6 | 5 | 2999.0 | 6 | 5812.6 | 7 | 6809.6 | 7 |
| 吉　林 | Jilin | 481.5 | 17 | 810.9 | 17 | 1460.8 | 16 | 2957.3 | 16 | 3501.8 | 16 |
| 黑龙江 | Heilongjiang | 682.7 | 13 | 1094.0 | 14 | 1760.1 | 15 | 3401.8 | 15 | 4001.0 | 15 |
| 上　海 | Shanghai | 970.0 | 7 | 1722.3 | 8 | 2973.0 | 8 | 5173.2 | 11 | 6036.9 | 11 |
| 江　苏 | Jiangsu | 1650.0 | 2 | 2604.1 | 2 | 5699.9 | 3 | 11484.1 | 3 | 13482.3 | 3 |
| 浙　江 | Zhejiang | 1395.7 | 4 | 2298.8 | 4 | 4631.7 | 4 | 8622.3 | 4 | 10163.2 | 4 |
| **安　徽** | **Anhui** | **599.6** | **15** | **1077.8** | **15** | **1765.0** | **14** | **3527.8** | **14** | **4151.5** | **14** |
| 福　建 | Fujian | 670.4 | 14 | 1372.8 | 12 | 2345.8 | 13 | 4481.0 | 13 | 5310.0 | 13 |
| 江　西 | Jiangxi | 410.9 | 18 | 704.9 | 19 | 1236.2 | 21 | 2484.4 | 21 | 2932.9 | 21 |
| 山　东 | Shandong | 1442.7 | 3 | 2545.9 | 3 | 6126.4 | 2 | 12363.0 | 2 | 14211.6 | 2 |
| 河　南 | Henan | 906.7 | 9 | 1786.7 | 7 | 3358.4 | 5 | 6746.4 | 5 | 7893.5 | 5 |
| 湖　北 | Hubei | 931.8 | 8 | 1789.4 | 6 | 2964.6 | 9 | 5928.4 | 6 | 6719.4 | 8 |
| 湖　南 | Hunan | 837.4 | 11 | 1364.7 | 13 | 2459.1 | 12 | 4913.7 | 12 | 5775.3 | 12 |
| 广　东 | Guangdong | 2304.1 | 1 | 4071.9 | 1 | 7882.6 | 1 | 14891.8 | 1 | 17414.7 | 1 |
| 广　西 | Guangxi | 535.5 | 16 | 859.2 | 16 | 1397.0 | 18 | 2790.7 | 19 | 3271.8 | 18 |
| 海　南 | Hainan | 109.2 | 27 | 172.5 | 28 | 268.6 | 28 | 537.5 | 28 | 623.8 | 28 |
| 重　庆 | Chongqing | | | 643.4 | 20 | 1215.8 | 22 | 2479.0 | 22 | 2878.0 | 23 |
| 四　川 | Sichuan | 1300.5 | 5 | 1523.7 | 10 | 2981.4 | 7 | 5758.7 | 9 | 6634.7 | 9 |
| 贵　州 | Guizhou | 197.6 | 26 | 343.7 | 27 | 606.9 | 27 | 1247.3 | 25 | 1482.7 | 25 |
| 云　南 | Yunnan | 369.6 | 21 | 583.2 | 23 | 1034.4 | 24 | 2051.1 | 24 | 2500.3 | 24 |
| 西　藏 | Tibet | | | 42.9 | 31 | 73.1 | 31 | 156.6 | 31 | 180.8 | 31 |
| 陕　西 | Shaanxi | 369.5 | 22 | 607.6 | 22 | 1322.4 | 20 | 2699.7 | 20 | 3147.7 | 20 |
| 甘　肃 | Gansu | 229.9 | 25 | 362.7 | 26 | 632.8 | 26 | 1183.0 | 26 | 1369.4 | 26 |
| 青　海 | Qinghai | 57.8 | 28 | 82.1 | 30 | 160.5 | 30 | 300.5 | 30 | 346.0 | 30 |
| 宁　夏 | Ningxia | 57.2 | 29 | 90.2 | 29 | 174.3 | 29 | 339.3 | 29 | 403.6 | 29 |
| 新　疆 | Xinjiang | 253.7 | 24 | 374.5 | 25 | 637.8 | 25 | 1177.5 | 27 | 1324.5 | 27 |

注：我省1995年至2004年的数据是根据2004年经济普查结果进行了调整。

a) The data of Anhui Province since 1995 to 2004 were adjusted according to the result of 2004 economic census.

# 22—9 全省分县（市）主要经济指标及位次（2010年）

Main Economic Indicators and Their Orders of Precedence of All Counties (2010)

| 县（市） | County (City) | 生产总值（亿元）Gross Demestic Product (100 million yuan) | | 人均生产总值（元）Per Capita Gross Demestic Product (yuan) | | 财政收入（万元）Government Revenue (10000 yuan) | | 人均财政收入（元）Per Capita Government Revenue (yuan) | | 财政支出（万元）Government Expenditure (10000 yuan) | |
|---|---|---|---|---|---|---|---|---|---|---|---|
| | | 指标 Amount | 位次 Order of Prece-dence | 指标 Amount | 位次 Order of Prece-dence | 指标 Amount | 位次 Order of Prece-dence | 指标 Amount | 位次 Order of Prece-dence | 指标 Amount | 位次 Order of Prece-dence |
| 长丰县 | Changfeng | 163.79 | 6 | 21337 | 10 | 81879 | 11 | 1039.91 | 20 | 201932 | 20 |
| 肥东县 | Feidong | 220.00 | 2 | 20135 | 11 | 107614 | 5 | 984.92 | 24 | 258515 | 2 |
| 肥西县 | Feixi | 274.82 | 1 | 30581 | 3 | 137881 | 1 | 1480.79 | 10 | 250863 | 5 |
| 濉溪县 | Suixi | 112.84 | 17 | 10329 | 40 | 66545 | 17 | 609.14 | 33 | 203145 | 17 |
| 涡阳县 | Guoyang | 128.01 | 12 | 8575 | 52 | 56885 | 20 | 381.03 | 48 | 243779 | 6 |
| 蒙城县 | Mengcheng | 114.30 | 16 | 8692 | 51 | 53882 | 23 | 409.74 | 45 | 222030 | 10 |
| 利辛县 | Lixin | 94.89 | 27 | 6026 | 59 | 33574 | 41 | 213.22 | 57 | 236755 | 8 |
| 砀山县 | Dangshan | 78.87 | 40 | 8022 | 54 | 22291 | 52 | 226.72 | 55 | 153969 | 34 |
| 萧县 | Xiaoxian | 116.47 | 15 | 8207 | 53 | 29757 | 46 | 209.69 | 58 | 210843 | 14 |
| 灵璧县 | Lingbi | 91.72 | 28 | 7524 | 56 | 21024 | 54 | 172.47 | 59 | 185221 | 23 |
| 泗县 | Sixian | 87.83 | 31 | 9585 | 43 | 23589 | 51 | 257.42 | 53 | 146196 | 39 |
| 怀远县 | Huaiyuan | 135.60 | 9 | 10124 | 41 | 46191 | 29 | 344.85 | 49 | 208618 | 15 |
| 五河县 | Wuhe | 89.35 | 30 | 12295 | 34 | 36190 | 37 | 498.04 | 39 | 147628 | 36 |
| 固镇县 | Guzhen | 81.75 | 38 | 13124 | 31 | 29843 | 45 | 479.09 | 40 | 126408 | 48 |
| 界首市 | Jieshou | 72.57 | 43 | 9260 | 45 | 35863 | 38 | 457.59 | 41 | 153321 | 35 |
| 临泉县 | Linquan | 85.95 | 34 | 3928 | 61 | 28305 | 48 | 129.36 | 60 | 239361 | 7 |
| 太和县 | Taihe | 111.27 | 19 | 6534 | 58 | 42910 | 30 | 251.98 | 54 | 202275 | 19 |
| 阜南县 | Funan | 82.99 | 37 | 5031 | 60 | 20660 | 55 | 125.24 | 61 | 218425 | 11 |
| 颍上县 | Yingshang | 125.63 | 13 | 7472 | 57 | 84970 | 10 | 505.36 | 37 | 254456 | 4 |
| 凤台县 | Fengtai | 171.98 | 5 | 27693 | 6 | 130297 | 2 | 1729.00 | 6 | 211272 | 13 |
| 天长市 | Tianchang | 147.01 | 7 | 23263 | 8 | 91764 | 8 | 1452.07 | 11 | 181588 | 24 |
| 明光市 | Mingguang | 67.89 | 46 | 10395 | 39 | 35622 | 39 | 545.44 | 34 | 126736 | 47 |
| 来安县 | Laian | 69.94 | 45 | 13943 | 26 | 38784 | 34 | 773.20 | 28 | 117608 | 51 |
| 全椒县 | Quanjiao | 64.98 | 47 | 13964 | 25 | 48751 | 26 | 1047.59 | 19 | 125724 | 49 |
| 定远县 | Dingyuan | 86.48 | 33 | 8939 | 48 | 38535 | 35 | 398.34 | 46 | 172557 | 27 |
| 凤阳县 | Fengyang | 85.18 | 35 | 11339 | 36 | 55992 | 21 | 745.35 | 30 | 165753 | 31 |
| 寿县 | Shouxian | 106.93 | 21 | 7820 | 55 | 30704 | 42 | 224.53 | 56 | 223185 | 9 |
| 霍邱县 | Huoqiu | 142.92 | 8 | 8734 | 50 | 75369 | 13 | 419.75 | 43 | 272345 | 1 |
| 舒城县 | Shucheng | 94.97 | 26 | 9526 | 44 | 39573 | 33 | 396.93 | 47 | 177262 | 25 |
| 金寨县 | Jinzhai | 60.24 | 49 | 9024 | 47 | 30058 | 43 | 450.24 | 42 | 170072 | 30 |

## 22—9 续表1 continued

| 县（市） | County (City) | 生产总值（亿元）Gross Demestic Product (100 million yuan) | | 人均生产总值（元）Per Capita Gross Demestic Product (yuan) | | 财政收入（万元）Government Revenue (10000 yuan) | | 人均财政收入（元）Per Capita Government Revenue (yuan) | | 财政支出（万元）Government Expenditure (10000 yuan) | |
|---|---|---|---|---|---|---|---|---|---|---|---|
| | | 指标 Amount | 位次 Order of Prece-dence | 指标 Amount | 位次 Order of Prece-dence | 指标 Amount | 位次 Order of Prece-dence | 指标 Amount | 位次 Order of Prece-dence | 指标 Amount | 位次 Order of Prece-dence |
| 霍山县 | Huoshan | 83.52 | 36 | 22718 | 9 | 55048 | 22 | 1497.36 | 9 | 136352 | 41 |
| 当涂县 | Dangtu | 189.41 | 4 | 29089 | 5 | 114906 | 4 | 1764.65 | 5 | 206262 | 16 |
| 庐江县 | Lujiang | 103.93 | 22 | 8834 | 49 | 60711 | 19 | 516.02 | 36 | 213366 | 12 |
| 无为县 | Wuwei | 219.24 | 3 | 15392 | 22 | 101290 | 6 | 711.14 | 32 | 255818 | 3 |
| 含山县 | Hanshan | 64.42 | 48 | 14509 | 24 | 42334 | 31 | 953.50 | 25 | 108860 | 53 |
| 和县 | Hexian | 87.24 | 32 | 13180 | 29 | 49051 | 25 | 741.04 | 31 | 135844 | 42 |
| 芜湖县 | Wuhu | 103.00 | 23 | 29831 | 4 | 89528 | 9 | 2454.87 | 3 | 164280 | 32 |
| 繁昌县 | Fanchang | 108.32 | 20 | 38749 | 1 | 100753 | 7 | 3390.13 | 1 | 173450 | 26 |
| 南陵县 | Nanling | 101.40 | 24 | 18308 | 14 | 67993 | 16 | 1227.58 | 15 | 170780 | 28 |
| 宁国市 | Ningguo | 130.14 | 11 | 33728 | 2 | 121504 | 3 | 3149.04 | 2 | 185326 | 22 |
| 郎溪县 | Langxi | 57.41 | 50 | 16904 | 17 | 41771 | 32 | 1229.95 | 14 | 105469 | 54 |
| 广德县 | Guangde | 99.34 | 25 | 19386 | 12 | 72721 | 15 | 1419.17 | 12 | 155740 | 33 |
| 泾县 | Jingxian | 46.80 | 53 | 13166 | 30 | 35541 | 40 | 999.74 | 22 | 116332 | 52 |
| 绩溪县 | Jixi | 33.44 | 57 | 18883 | 13 | 30055 | 44 | 1696.88 | 7 | 75448 | 58 |
| 旌德县 | Jingde | 20.35 | 59 | 13510 | 27 | 17893 | 57 | 1187.61 | 16 | 60730 | 59 |
| 铜陵县 | Tongling | 74.61 | 42 | 25628 | 7 | 65851 | 18 | 2261.77 | 4 | 129121 | 46 |
| 东至县 | Dongzhi | 70.21 | 44 | 12892 | 32 | 46321 | 28 | 850.60 | 26 | 141418 | 40 |
| 石台县 | Shitai | 12.55 | 61 | 11519 | 35 | 8951 | 61 | 821.31 | 27 | 55867 | 60 |
| 青阳县 | Qingyang | 43.52 | 55 | 16053 | 21 | 47814 | 27 | 1659.70 | 8 | 96569 | 55 |
| 桐城市 | Tongcheng | 134.06 | 10 | 17815 | 15 | 74758 | 14 | 993.45 | 23 | 202800 | 18 |
| 怀宁县 | Huaining | 112.38 | 18 | 16236 | 19 | 79173 | 12 | 1143.82 | 18 | 199990 | 21 |
| 枞阳县 | Zongyang | 120.50 | 14 | 12431 | 33 | 50936 | 24 | 525.45 | 35 | 170219 | 29 |
| 潜山县 | Qianshan | 77.85 | 41 | 13335 | 28 | 29138 | 47 | 499.08 | 38 | 147448 | 37 |
| 太湖县 | Taihu | 56.24 | 52 | 9967 | 42 | 17343 | 58 | 307.35 | 52 | 129345 | 45 |
| 宿松县 | Susong | 90.80 | 29 | 10970 | 38 | 27344 | 50 | 330.37 | 50 | 146544 | 38 |
| 望江县 | Wangjiang | 57.18 | 51 | 9124 | 46 | 20017 | 56 | 319.41 | 51 | 120760 | 50 |
| 岳西县 | Yuexi | 45.53 | 54 | 11299 | 37 | 16886 | 59 | 419.11 | 44 | 129676 | 44 |
| 歙县 | Shexian | 79.19 | 39 | 16220 | 20 | 37397 | 36 | 766.00 | 29 | 134169 | 43 |
| 休宁县 | Xiuning | 41.40 | 56 | 15071 | 23 | 27959 | 49 | 1017.87 | 21 | 91137 | 56 |
| 黟县 | Yixian | 15.84 | 60 | 16526 | 18 | 13205 | 60 | 1377.59 | 13 | 45673 | 61 |
| 祁门县 | Qimen | 32.11 | 58 | 17116 | 16 | 22271 | 53 | 1187.29 | 17 | 77538 | 57 |

**22—9 续表2 continued**

| 县（市） | County (City) | 职工平均工资（元）Average Wage of Staff and Workers (yuan) | | 规模以上工业增加值（亿元）Gross Industrial Output Value at and Above Township Level (100 million yuan) | | 人均工业增加值（元）Per Capita Gross Industrial Output Value (yuan) | | 农林牧渔业总产值（万元）Gross Output Value of Farming, Forestry, Animal Husbandry and Fishery (10000 yuan) | |
|---|---|---|---|---|---|---|---|---|---|
| | | 指标 Amount | 位次 Order of Precedence | 指标 Amount | 位次 Order of Precedence | 指标 Amount | 位次 Order of Precedence | 指标 Amount | 位次 Order of Precedence |
| 长丰县 | Changfeng | 32530 | 15 | 62.48 | 10 | 7934.82 | 12 | 624352 | 11 |
| 肥东县 | Feidong | 33516 | 12 | 82.18 | 4 | 7521.03 | 13 | 785920 | 2 |
| 肥西县 | Feixi | 33432 | 13 | 107.13 | 1 | 11504.80 | 9 | 662885 | 9 |
| 濉溪县 | Suixi | 29570 | 27 | 49.36 | 14 | 4518.75 | 24 | 455731 | 24 |
| 涡阳县 | Guoyang | 28521 | 34 | 36.24 | 21 | 2427.25 | 45 | 567160 | 19 |
| 蒙城县 | Mengcheng | 28212 | 35 | 19.02 | 38 | 1446.61 | 56 | 585848 | 16 |
| 利辛县 | Lixin | 24344 | 52 | 4.94 | 59 | 313.49 | 61 | 568603 | 18 |
| 砀山县 | Dangshan | 23469 | 54 | 22.31 | 32 | 2269.22 | 46 | 469879 | 23 |
| 萧县 | Xiaoxian | 24932 | 49 | 32.20 | 23 | 2268.96 | 47 | 667205 | 8 |
| 灵璧县 | Lingbi | 23386 | 55 | 14.75 | 51 | 1210.11 | 58 | 681462 | 6 |
| 泗县 | Sixian | 19770 | 61 | 14.83 | 50 | 1617.94 | 55 | 597978 | 15 |
| 怀远县 | Huaiyuan | 24546 | 50 | 36.35 | 20 | 2714.03 | 44 | 740060 | 4 |
| 五河县 | Wuhe | 25392 | 47 | 16.33 | 46 | 2246.72 | 48 | 571449 | 17 |
| 固镇县 | Guzhen | 24434 | 51 | 19.48 | 37 | 3127.63 | 38 | 524088 | 21 |
| 界首市 | Jieshou | 22318 | 60 | 25.44 | 27 | 3246.28 | 36 | 309895 | 36 |
| 临泉县 | Linquan | 23953 | 53 | 10.45 | 55 | 477.53 | 60 | 823312 | 1 |
| 太和县 | Taihe | 25259 | 48 | 27.85 | 26 | 1635.34 | 52 | 618642 | 12 |
| 阜南县 | Funan | 23140 | 56 | 12.25 | 53 | 742.48 | 59 | 613210 | 13 |
| 颍上县 | Yingshang | 36760 | 7 | 64.26 | 8 | 3821.83 | 29 | 598143 | 14 |
| 凤台县 | Fengtai | 46695 | 1 | 54.69 | 13 | 7257.60 | 15 | 296628 | 38 |
| 天长市 | Tianchang | 31601 | 17 | 87.26 | 3 | 13808.46 | 3 | 364063 | 31 |
| 明光市 | Mingguang | 22632 | 59 | 10.63 | 54 | 1627.66 | 53 | 375989 | 29 |
| 来安县 | Laian | 29450 | 28 | 28.19 | 25 | 5620.67 | 19 | 242426 | 44 |
| 全椒县 | Quanjiao | 30642 | 21 | 19.84 | 36 | 4263.43 | 25 | 285250 | 39 |
| 定远县 | Dingyuan | 27402 | 42 | 12.59 | 52 | 1300.94 | 57 | 644847 | 10 |
| 凤阳县 | Fengyang | 27107 | 43 | 23.52 | 30 | 3131.42 | 37 | 400985 | 25 |
| 寿县 | Shouxian | 22967 | 57 | 22.13 | 33 | 1618.56 | 54 | 674180 | 7 |
| 霍邱县 | Huoqiu | 27754 | 40 | 61.55 | 11 | 3428.08 | 34 | 683030 | 5 |
| 舒城县 | Shucheng | 28775 | 32 | 21.32 | 34 | 2138.38 | 50 | 377713 | 28 |
| 金寨县 | Jinzhai | 28800 | 31 | 18.37 | 41 | 2752.36 | 43 | 249771 | 41 |

## 22—9 续表3 continued

| 县（市） | County (City) | 职工平均工资（元）Average Wage of Staff and Workers (yuan) | | 规模以上工业增加值（亿元）Gross Industrial Output Value at and Above Township Level (100 million yuan) | | 人均工业增加值（元）Per Capita Gross Industrial Output Value (yuan) | | 农林牧渔业总产值（万元）Gross Output Value of Farming, Forestry, Animal Husbandry and Fishery (10000 yuan) | |
|---|---|---|---|---|---|---|---|---|---|
| | | 指标 Amount | 位次 Order of Precedence | 指标 Amount | 位次 Order of Precedence | 指标 Amount | 位次 Order of Precedence | 指标 Amount | 位次 Order of Precedence |
| 霍山县 | Huoshan | 26030 | 46 | 44.14 | 16 | 12007.31 | 8 | 142189 | 53 |
| 当涂县 | Dangtu | 38798 | 6 | 79.64 | 5 | 12230.76 | 6 | 382238 | 27 |
| 庐江县 | Lujiang | 27874 | 38 | 20.22 | 35 | 1718.30 | 51 | 535853 | 20 |
| 无为县 | Wuwei | 33545 | 11 | 98.74 | 2 | 6932.72 | 16 | 754297 | 3 |
| 含山县 | Hanshan | 32834 | 14 | 15.98 | 48 | 3598.62 | 32 | 248050 | 42 |
| 和县 | Hexian | 30484 | 24 | 24.68 | 28 | 3728.07 | 31 | 370621 | 30 |
| 芜湖县 | Wuhu | 40389 | 3 | 44.22 | 15 | 12124.25 | 7 | 243196 | 43 |
| 繁昌县 | Fanchang | 40006 | 4 | 76.08 | 6 | 25600.00 | 1 | 119805 | 55 |
| 南陵县 | Nanling | 35186 | 9 | 36.65 | 19 | 6617.20 | 17 | 328640 | 33 |
| 宁国市 | Ningguo | 39490 | 5 | 65.91 | 7 | 17082.33 | 2 | 239517 | 45 |
| 郎溪县 | Langxi | 28632 | 33 | 43.54 | 17 | 12821.54 | 4 | 172237 | 50 |
| 广德县 | Guangde | 36308 | 8 | 63.33 | 9 | 12359.11 | 5 | 226535 | 46 |
| 泾县 | Jingxian | 31641 | 16 | 18.46 | 40 | 5191.46 | 21 | 187883 | 49 |
| 绩溪县 | Jixi | 33596 | 10 | 18.49 | 39 | 10440.27 | 11 | 120193 | 54 |
| 旌德县 | Jingde | 27713 | 41 | 8.80 | 56 | 5842.86 | 18 | 78907 | 58 |
| 铜陵县 | Tongling | 40674 | 2 | 30.46 | 24 | 10460.75 | 10 | 108064 | 56 |
| 东至县 | Dongzhi | 30860 | 19 | 16.34 | 45 | 3000.93 | 40 | 312717 | 35 |
| 石台县 | Shitai | 26325 | 45 | 3.89 | 60 | 3572.59 | 33 | 37989 | 61 |
| 青阳县 | Qingyang | 30491 | 23 | 16.11 | 47 | 5591.51 | 20 | 100838 | 57 |
| 桐城市 | Tongcheng | 30735 | 20 | 55.78 | 12 | 7412.67 | 14 | 324647 | 34 |
| 怀宁县 | Huaining | 27808 | 39 | 34.51 | 22 | 4985.13 | 22 | 298852 | 37 |
| 枞阳县 | Zongyang | 29157 | 30 | 38.45 | 18 | 3966.76 | 28 | 396928 | 26 |
| 潜山县 | Qianshan | 29160 | 29 | 23.66 | 29 | 4052.73 | 27 | 215300 | 47 |
| 太湖县 | Taihu | 29622 | 26 | 15.77 | 49 | 2794.09 | 42 | 273717 | 40 |
| 宿松县 | Susong | 26861 | 44 | 17.74 | 43 | 2142.92 | 49 | 512212 | 22 |
| 望江县 | Wangjiang | 22925 | 58 | 18.19 | 42 | 2902.28 | 41 | 331132 | 32 |
| 岳西县 | Yuexi | 27918 | 37 | 17.17 | 44 | 4262.22 | 26 | 167580 | 51 |
| 歙县 | Shexian | 30375 | 25 | 23.11 | 31 | 4733.10 | 23 | 197686 | 48 |
| 休宁县 | Xiuning | 30947 | 18 | 8.27 | 57 | 3009.99 | 39 | 159735 | 52 |
| 黟县 | Yixian | 27934 | 36 | 3.63 | 61 | 3791.99 | 30 | 49720 | 60 |
| 祁门县 | Qimen | 30525 | 22 | 6.16 | 58 | 3282.12 | 35 | 69249 | 59 |

## 22—9 续表4 continued

| 县（市） | County (City) | 人均农林牧渔业总产值（元）Per Capita Gross Outpnt Value of Farming, Forestry, Animal Husbandry and Fishery (yuan) | | 农民人均纯收入（元）Annual per Capita Net Income of Rural Residents (yuan) | | 社会消费品零售总额（万元）Total Retail Sale of Consumer Goods (10000 yuan) | | 人均社会消费品零售总额（元）Per Capita Total Retail Sale of Consumer Goods (yuan) | |
|---|---|---|---|---|---|---|---|---|---|
| | | 指标 Amount | 位次 Order of Prece-dence | 指标 Amount | 位次 Order of Prece-dence | 指标 Amount | 位次 Order of Prece-dence | 指标 Amount | 位次 Order of Prece-dence |
| 长丰县 | Changfeng | 7929.64 | 2 | 6120.07 | 22 | 224961 | 42 | 2857.14 | 52 |
| 肥东县 | Feidong | 7192.99 | 4 | 7026.67 | 11 | 409981 | 10 | 3752.27 | 35 |
| 肥西县 | Feixi | 7119.12 | 5 | 7096.82 | 10 | 367903 | 13 | 3951.13 | 32 |
| 濉溪县 | Suixi | 4171.69 | 40 | 5178.24 | 39 | 344143 | 19 | 3150.22 | 48 |
| 涡阳县 | Guoyang | 3798.98 | 49 | 5105.66 | 40 | 545240 | 3 | 3652.15 | 38 |
| 蒙城县 | Mengcheng | 4455.00 | 36 | 5211.51 | 38 | 509814 | 5 | 3876.81 | 34 |
| 利辛县 | Lixin | 3611.01 | 58 | 3486.86 | 58 | 432265 | 8 | 2745.17 | 53 |
| 砀山县 | Dangshan | 4779.18 | 33 | 4520.08 | 49 | 249087 | 38 | 2533.48 | 56 |
| 萧县 | Xiaoxian | 4701.67 | 34 | 5020.37 | 43 | 364232 | 15 | 2566.67 | 55 |
| 灵璧县 | Lingbi | 5590.22 | 20 | 4576.99 | 48 | 220993 | 43 | 1812.87 | 61 |
| 泗县 | Sixian | 6525.45 | 9 | 4715.19 | 46 | 192945 | 47 | 2105.51 | 58 |
| 怀远县 | Huaiyuan | 5525.13 | 22 | 5609.44 | 29 | 477656 | 6 | 3566.08 | 40 |
| 五河县 | Wuhe | 7864.10 | 3 | 5547.75 | 31 | 283312 | 31 | 3898.85 | 33 |
| 固镇县 | Guzhen | 8413.46 | 1 | 5562.14 | 30 | 230126 | 41 | 3694.33 | 36 |
| 界首市 | Jieshou | 3954.08 | 45 | 5266.42 | 37 | 238870 | 40 | 3047.84 | 49 |
| 临泉县 | Linquan | 3762.71 | 51 | 3476.38 | 59 | 399668 | 11 | 1826.57 | 60 |
| 太和县 | Taihe | 3632.80 | 57 | 5057.50 | 41 | 699943 | 1 | 4110.22 | 29 |
| 阜南县 | Funan | 3717.26 | 53 | 3401.48 | 60 | 336095 | 22 | 2037.40 | 59 |
| 颍上县 | Yingshang | 3557.44 | 59 | 4107.59 | 54 | 361165 | 16 | 2148.02 | 57 |
| 凤台县 | Fengtai | 3936.15 | 46 | 5955.10 | 23 | 305696 | 26 | 4056.48 | 30 |
| 天长市 | Tianchang | 5760.93 | 16 | 7558.02 | 7 | 341954 | 21 | 5411.08 | 10 |
| 明光市 | Mingguang | 5757.14 | 17 | 5425.48 | 33 | 283990 | 30 | 4348.45 | 27 |
| 来安县 | Laian | 4833.00 | 32 | 6924.94 | 14 | 249700 | 37 | 4978.01 | 18 |
| 全椒县 | Quanjiao | 6129.64 | 12 | 6273.88 | 20 | 247309 | 39 | 5314.35 | 15 |
| 定远县 | Dingyuan | 6665.81 | 8 | 5345.44 | 34 | 252492 | 36 | 2610.03 | 54 |
| 凤阳县 | Fengyang | 5337.77 | 23 | 5759.57 | 28 | 261162 | 35 | 3476.49 | 42 |
| 寿县 | Shouxian | 4930.14 | 30 | 4597.58 | 47 | 442460 | 7 | 3235.61 | 46 |
| 霍邱县 | Huoqiu | 3803.97 | 48 | 4773.00 | 45 | 524188 | 4 | 2919.33 | 51 |
| 舒城县 | Shucheng | 3788.61 | 50 | 4818.52 | 44 | 366760 | 14 | 3678.75 | 37 |
| 金寨县 | Jinzhai | 3741.32 | 52 | 4428.25 | 51 | 300875 | 28 | 4506.80 | 25 |

## 22—9 续表5 continued

| 县（市） | County (City) | 人均农林牧渔业总产值（元）Per Capita Gross Outpnt Value of Farming, Forestry, Animal Husbandry and Fishery (yuan) | | 农民人均纯收入（元）Annual per Capita Net Income of Rural Residents (yuan) | | 社会消费品零售总额（万元）Total Retail Sale of Consumer Goods (10000 yuan) | | 人均社会消费品零售总额（元）Per Capita Total Retail Sale of Consumer Goods (yuan) | |
|---|---|---|---|---|---|---|---|---|---|
| | | 指标 Amount | 位次 Order of Prece-dence | 指标 Amount | 位次 Order of Prece-dence | 指标 Amount | 位次 Order of Prece-dence | 指标 Amount | 位次 Order of Prece-dence |
| 霍山县 | Huoshan | 3867.69 | 47 | 5047.24 | 42 | 180369 | 49 | 4906.21 | 19 |
| 当涂县 | Dangtu | 5870.16 | 14 | 9213.42 | 1 | 346460 | 18 | 5320.70 | 14 |
| 庐江县 | Lujiang | 4554.55 | 35 | 5837.31 | 27 | 420799 | 9 | 3576.63 | 39 |
| 无为县 | Wuwei | 5295.82 | 24 | 6193.12 | 21 | 636929 | 2 | 4471.79 | 26 |
| 含山县 | Hanshan | 5586.93 | 21 | 6986.57 | 12 | 178323 | 50 | 4016.44 | 31 |
| 和县 | Hexian | 5599.14 | 19 | 6933.23 | 13 | 302049 | 27 | 4563.20 | 24 |
| 芜湖县 | Wuhu | 6668.47 | 7 | 8238.62 | 3 | 268653 | 34 | 7366.50 | 2 |
| 繁昌县 | Fanchang | 4031.19 | 44 | 7996.35 | 4 | 211112 | 44 | 7103.48 | 4 |
| 南陵县 | Nanling | 5933.44 | 13 | 7861.09 | 5 | 343223 | 20 | 6196.73 | 6 |
| 宁国市 | Ningguo | 6207.61 | 10 | 8474.85 | 2 | 358202 | 17 | 9283.60 | 1 |
| 郎溪县 | Langxi | 5071.52 | 29 | 5304.26 | 36 | 147073 | 55 | 4330.57 | 28 |
| 广德县 | Guangde | 4420.89 | 37 | 7813.87 | 6 | 287130 | 29 | 5603.42 | 9 |
| 泾县 | Jingxian | 5285.01 | 25 | 5313.27 | 35 | 172143 | 51 | 4842.25 | 20 |
| 绩溪县 | Jixi | 6786.00 | 6 | 5941.06 | 25 | 127268 | 56 | 7185.44 | 3 |
| 旌德县 | Jingde | 5237.30 | 27 | 5451.87 | 32 | 92552 | 59 | 6142.96 | 7 |
| 铜陵县 | Tongling | 3711.66 | 54 | 7113.54 | 9 | 150885 | 53 | 5182.42 | 16 |
| 东至县 | Dongzhi | 5742.49 | 18 | 5837.78 | 26 | 193923 | 46 | 3561.05 | 41 |
| 石台县 | Shitai | 3485.73 | 61 | 3280.64 | 61 | 58966 | 60 | 5410.47 | 11 |
| 青阳县 | Qingyang | 3500.26 | 60 | 5949.93 | 24 | 163001 | 52 | 5658.04 | 8 |
| 桐城市 | Tongcheng | 4314.21 | 39 | 7149.31 | 8 | 386093 | 12 | 5130.76 | 17 |
| 怀宁县 | Huaining | 4317.53 | 38 | 6345.92 | 19 | 334207 | 23 | 4828.30 | 21 |
| 枞阳县 | Zongyang | 4094.70 | 42 | 4398.62 | 52 | 319842 | 24 | 3299.49 | 45 |
| 潜山县 | Qianshan | 3687.68 | 56 | 3989.14 | 55 | 272642 | 33 | 4669.84 | 23 |
| 太湖县 | Taihu | 4850.73 | 31 | 3853.57 | 56 | 189106 | 48 | 3351.28 | 43 |
| 宿松县 | Susong | 6188.54 | 11 | 4489.24 | 50 | 273828 | 32 | 3308.38 | 44 |
| 望江县 | Wangjiang | 5283.80 | 26 | 4347.47 | 53 | 201766 | 45 | 3219.53 | 47 |
| 岳西县 | Yuexi | 4159.32 | 41 | 3600.00 | 57 | 122503 | 57 | 3040.50 | 50 |
| 歙县 | Shexian | 4049.20 | 43 | 6524.07 | 17 | 314344 | 25 | 6438.70 | 5 |
| 休宁县 | Xiuning | 5815.30 | 15 | 6756.05 | 15 | 147900 | 54 | 5384.43 | 12 |
| 黟县 | Yixian | 5186.95 | 28 | 6497.97 | 18 | 45591 | 61 | 4756.20 | 22 |
| 祁门县 | Qimen | 3691.73 | 55 | 6536.83 | 16 | 100804 | 58 | 5373.96 | 13 |

# 附　录

APPENDIX

## 简要说明

一、附表 1：贫困县监测情况由省农村贫困监测办公室提供。贫困概念指在一定的社会方式和生活方式下，个人家庭所得难以维持基本生存要求状况。

二、附表 2：全部林业部门产业总产值由省林业厅提供。

三、附表 3：全省建制镇基本情况由省局农业处提供。

## Brief Introduction

Ⅰ. The attached schedule 1: Data on observation and survey of counties are provided by the Rural Poverty Observation and Survey Office of Anhui Province. Poverty means that the income of the persons in the family can't meet the basic living demand in certain social and living style.

Ⅱ. The attached schedule 2 : Gross Output Value of All Industries in Forestry System was provided by Department of Forestry of Anhui Province.

Ⅲ. The attached schedule 3 : Basic situation of entire province organic town was provided by Department of agriculture of Anhui Province.

## 附录1—1 全省农村贫困监测调查情况（2010年）
Observation and Survey of Poverty in Rural Areas (2010)

| | | 贫困人口（万人）Poor Population (10000 persons) | 贫困发生率（%）Proportion of Poor Population to the Total (%) |
|---|---|---|---|
| **总　计** | **Total** | **209.33** | **3.97** |
| 扶贫开发重点县 | Key Counties of Poverty-relief and Development | 133.30 | 5.69 |
| 国家扶贫开发重点县 | National Key Counties of Poverty-relief and Development | 113.00 | 6.34 |
| 省扶贫开发重点县 | Prvincial Key Counties of Poverty-relief and Development | 20.30 | 3.62 |
| 非扶贫开发重点县 | Non-key-counties of Poverty-relief and Development | 76.03 | 2.59 |

## 附录1—2 各市农村贫困监测调查情况（2010年）
Observation and Survey of Poverty in Rural Areas by Region (2010)

| 地　区 | Region | 贫困人口（万人）Poor Population (10000 persons) | 贫困发生率（%）Proportion of Poor Population to the Total (%) |
|---|---|---|---|
| **总　计** | **Total** | **209.33** | **3.97** |
| 合肥市 | Hefei | 6.96 | 2.49 |
| 淮北市 | Huaibei | 2.90 | 2.33 |
| 亳州市 | Bozhou | 10.90 | 2.04 |
| 宿州市 | Suzhou | 18.75 | 3.38 |
| 蚌埠市 | Bengbu | 3.07 | 1.18 |
| 阜阳市 | Fuyang | 39.49 | 4.47 |
| 淮南市 | Huainan | 2.47 | 1.90 |
| 滁州市 | Chuzhou | 11.75 | 3.35 |
| 六安市 | Luan | 33.80 | 5.58 |
| 马鞍山市 | Maanshan | 0.33 | 0.52 |
| 巢湖市 | Chaohu | 16.47 | 4.28 |
| 芜湖市 | Wuhu | 0.99 | 1.03 |
| 宣城市 | Xuancheng | 5.64 | 2.48 |
| 铜陵市 | Tongling | 0.34 | 1.10 |
| 池州市 | Chizhou | 4.18 | 3.17 |
| 安庆市 | Anqing | 45.87 | 9.09 |
| 黄山市 | Huangshan | 5.41 | 4.84 |

# 附录1—3 农村扶贫开发重点县监测调查情况（2010年）
Observation and Survey of Poor County (2010)

| 地　　区 | Region | 贫困人口（万人） Poor Population (10000 persons) | 贫困发生率（%） Proportion of Poor Population to the Total (%) |
|---|---|---|---|
| **总　　计** | **Total** | **133.30** | **5.69** |
| **国家扶贫开发重点县** | **At National Level** | **113.00** | **6.34** |
| 长丰县 | Changfeng | 3.98 | 5.96 |
| 枞阳县 | Zongyang | 8.40 | 9.78 |
| 潜山县 | Qianshan | 5.23 | 9.94 |
| 太湖县 | Taihu | 7.41 | 14.81 |
| 宿松县 | Susong | 5.06 | 7.01 |
| 岳西县 | Yuexi | 5.98 | 16.82 |
| 临泉县 | Linquan | 8.53 | 4.15 |
| 阜南县 | Funan | 8.49 | 5.56 |
| 颍上县 | Yingshang | 6.35 | 4.23 |
| 无为县 | Wuwei | 8.60 | 6.91 |
| 金安区 | Jinan District | 4.57 | 6.72 |
| 裕安区 | Yuan District | 5.23 | 6.16 |
| 寿　县 | Shouxian | 4.58 | 3.81 |
| 霍邱县 | Huoqiu | 5.12 | 3.26 |
| 舒城县 | Shucheng | 5.33 | 6.14 |
| 金寨县 | Jinzhai | 5.80 | 10.01 |
| 霍山县 | Huoshan | 2.77 | 8.91 |
| 利辛县 | Lixin | 6.95 | 4.83 |
| 石台县 | Shitai | 2.23 | 25.55 |
| 泾　县 | Jingxian | 2.39 | 8.40 |
| **省扶贫开发重点县** | **At Provincial Level** | **20.30** | **3.62** |
| 潘集区 | Panji District | 0.93 | 2.59 |
| 凤台县 | Fengtai | 1.09 | 1.83 |
| 歙　县 | Shexian | 1.88 | 4.45 |
| 休宁县 | Xiuning | 1.11 | 4.71 |
| 祁门县 | Qimen | 1.20 | 8.13 |
| 埇桥区 | Yongqiao District | 4.32 | 3.00 |
| 灵璧县 | Lingbi | 4.98 | 4.39 |
| 泗　县 | Sixian | 3.49 | 4.12 |
| 郎溪县 | Langxi | 0.85 | 3.01 |
| 绩溪县 | Jixi | 0.45 | 3.20 |

# 附录1—4　山区、库区县农村贫困监测调查情况（2010年）

Observation and Survey of Counties in Mountain Area and Reservoir Area (2010)

| 地　　区 | Region | 贫困人口（万人）Poor Population (10000 persons) | 贫困发生率（%）Proportion of Poor Population to the Total (%) |
|---|---|---|---|
| **总　　计** | **Total** | **66.18** | **6.33** |
| **库区县合计** | **Total of Counties in Reservior Area** | **25.88** | **8.95** |
| **六 安 市** | **Luan** | **23.70** | **7.21** |
| 金 安 区 | Jinan District | 4.57 | 6.72 |
| 裕 安 区 | Yuan District | 5.23 | 6.16 |
| 舒 城 县 | Shucheng * | 5.33 | 6.14 |
| 金 寨 县 | Jinzhai * | 5.80 | 10.01 |
| 霍 山 县 | Huoshan * | 2.77 | 8.91 |
| **宣 城 市** | **Xuancheng** | **4.80** | **2.40** |
| 宣 州 区 | Xuanzhou District | 1.06 | 1.53 |
| 广 德 县 | Guangde | 0.32 | 0.71 |
| 泾　　县 | Jingxian | 2.39 | 8.40 |
| 绩 溪 县 | Jixi | 0.45 | 3.20 |
| 旌 德 县 | Jingde | 0.52 | 4.10 |
| 宁 国 市 | Ningguo | 0.07 | 0.23 |
| **池 州 市** | **Chizhou** | **4.18** | **3.17** |
| 贵 池 区 | Reigon Guichi | 1.10 | 2.13 |
| 东 至 县 | Dongzhi | 0.48 | 1.01 |
| 石 台 县 | Shitai * | 2.23 | 25.55 |
| 青 阳 县 | Qingyang | 0.36 | 1.51 |
| **安 庆 市** | **Anqing** | **28.08** | **10.26** |
| 桐 城 市 | Tongcheng | 4.40 | 6.82 |
| 潜 山 县 | Qianshan | 5.23 | 9.94 |
| 太 湖 县 | Taihu * | 7.41 | 14.81 |
| 宿 松 县 | Susong | 5.06 | 7.01 |
| 岳 西 县 | Yuexi | 5.98 | 16.82 |
| **黄 山 市** | **Huangshan** | **5.41** | **4.84** |
| 屯 溪 区 | Tunxi District | 0.08 | 2.02 |
| 黄 山 区 | Huangshan District * | 0.47 | 3.81 |
| 徽 州 区 | Huizhou Distric | 0.32 | 4.26 |
| 歙　　县 | Shexian * | 1.88 | 4.45 |
| 休 宁 县 | Xiunin | 1.11 | 4.71 |
| 黟　　县 | Yixian | 0.36 | 4.70 |
| 祁 门 县 | Qimen | 1.20 | 8.13 |

注：“*”号为库区县。

a) "*" Means the county (district) in reservoir area.

# 附录2　全部林业部门产业总产值
Gross Output Value of All Industries in Forestry System, Anhui Province

单位：万元　(10000 yuan)

| 指　　标 | Item | 2010 |
|---|---|---|
| **总　　计** | **Total** | **7154214** |
| **第一产业** | **The First Industry** | **1352804** |
| 林木的培育和种植 | Silviculture | 479535 |
| 育种和育苗 | Seeds and seedlings | 164478 |
| 造　林 | Afforestation | 72931 |
| 林木的抚育和管理 | Forest tending and management | 255390 |
| 木材和竹材的采运 | Timber and Bamboo Logging and Transportation | 496137 |
| 木材采运 | Timber logging and transportation | 430526 |
| 竹材采运 | Bamboo logging and transportation | 139278 |
| 经济林产品的种植与采集 | Economic Forest Planting and Products Collecting | 1271204 |
| 花卉的种植 | Flowers Industry | 209152 |
| 陆生野生动物繁育与利用 | Land Wild Animals Raising and Utilization | 51705 |
| 林业服务业 | Forestry Service Industry | 11109 |
| **第二产业** | **The Second Industry** | **3840572** |
| 木材加工及木、竹、藤、棕、苇制品制造 | Timber processing and wood, bamboo, vine, palm, and reeds products | 2860514 |
| 木、竹、藤家具制造 | Wooden, Bamboo and Vine Furniture | 284031 |
| 木、竹、苇浆造纸 | Wood, Bamboo and Reeds Pulp/Paper | 44277 |
| 林产化学产品制造 | Forestry Chemical Products | 24564 |
| 木质工艺品和木质文教体育用品制造 | Wooden Craftwork and Education/Sports Tools | 102371 |
| 非木质林产品加工制造业 | Non-wood Forestry Products | 366498 |
| 其　他 | Others | 114125 |
| **第三产业** | **The Third Industry** | **661331** |
| 林业旅游与休闲服务 | Forestry Tourism and Relaxation Service | 445753 |
| 林业生态服务 | Forestry Zoology Service | 122865 |
| 林业专业技术服务 | Forestry Technical Service | 18112 |
| 林业公共管理服务 | Forestry Public Adminstration and Service | 53033 |

注：该表由省林业厅提供，统计核算执行国家林业局部门统计制度，并由国家统计局备案。

a) The table is provided by Forestry Department of Anhui Province, the statistics is in accordance with the regulation made by China State Forestry Administration, which is put on records in China State Statistic Bureau.

## 附录3　全省建制镇基本情况（2010年）
Basic Conditions on Organic Town of the Province (2010)

| 镇　　Town | 总人口（人）Population (person) | 从业人员数（人）Number of Employed Persons (person) | 粮食总产量（吨）Grain (ton) | 肉类总产量（吨）Output of Meat (ton) | 企业个数（个）Number of Enterprises (unit) | 工业企业 Industry and Enterprise | 财政总收入（万元）Total Revenue (10000 yuan) | 农民人均纯收入（元）Per Net Income of Farmer (yuan) |
|---|---|---|---|---|---|---|---|---|
| 合肥市瑶海区 | | | | | | | | |
| 大兴镇 | 18496 | 7889 | 2597 | 200 | 219 | 103 | 1632 | 9473 |
| 合肥市庐阳区 | | | | | | | | |
| 大杨镇 | 33051 | 26152 | 2432 | 2123 | 117 | 95 | 23882 | 10571 |
| 合肥市蜀山区 | | | | | | | | |
| 井岗镇 | 75000 | 24700 | | | 583 | 82 | 18000 | 10060 |
| 南岗镇 | 15800 | 8932 | 4590 | 1550 | 127 | 34 | 1900 | 9400 |
| 合肥市包河区 | | | | | | | | |
| 大圩镇 | 21572 | 13527 | 6997 | 1617 | 33 | 18 | 1798 | 7988 |
| 淝河镇 | 84875 | 43568 | 1350 | 1188 | 228 | 159 | 3880 | 8601 |
| 合肥市长丰县 | | | | | | | | |
| 水湖镇 | 118658 | 79412 | 43481 | 19564 | 315 | 79 | 6418 | 5824 |
| 庄墓镇 | 30593 | 14564 | 17404 | 4274 | 26 | 24 | 550 | 5102 |
| 杨庙镇 | 39800 | 23636 | 40079 | 3656 | 52 | 42 | 1303 | 5900 |
| 吴山镇 | 46356 | 29672 | 40657 | 15006 | 65 | 47 | 3600 | 6355 |
| 岗集镇 | 62985 | 32875 | 27745 | 6365 | 256 | 185 | 17183 | 7492 |
| 双墩镇 | 97157 | 55246 | 51096 | 36157 | 234 | 167 | 22169 | 7084 |
| 下塘镇 | 94200 | 58940 | 66177 | 15790 | 119 | 49 | 3100 | 6200 |
| 朱巷镇 | 42799 | 15232 | 35074 | 10677 | 35 | 30 | 1522 | 5696 |
| 三十头镇 | 56365 | 32692 | 19592 | 6834 | 395 | 210 | 16000 | 7362 |
| 合肥市肥东县 | | | | | | | | |
| 店埠镇 | 183612 | 140930 | 53861 | 7182 | 633 | 202 | 29860 | 8238 |
| 撮镇镇 | 93951 | 57634 | 29949 | 3467 | 575 | 312 | 33780 | 7987 |
| 梁园镇 | 85112 | 49800 | 53936 | 10735 | 69 | 39 | 1800 | 7075 |
| 桥头集镇 | 56431 | 32945 | 21566 | 3060 | 121 | 121 | 4600 | 7602 |
| 长临河镇 | 50637 | 37919 | 30332 | 8635 | 31 | 13 | 2843 | 7183 |
| 石塘镇 | 70503 | 41000 | 45512 | 5573 | 150 | 42 | 1600 | 7705 |
| 古城镇 | 74551 | 51702 | 62960 | 11014 | 13 | 8 | 1902 | 6288 |
| 八斗镇 | 78943 | 44365 | 60192 | 11150 | 22 | 9 | 1137 | 6456 |
| 元疃镇 | 29123 | 20318 | 30481 | 6207 | 39 | 31 | 1600 | 7030 |
| 白龙镇 | 74815 | 52095 | 58137 | 10161 | 35 | 30 | 2705 | 6652 |
| 包公镇 | 61439 | 40072 | 35999 | 4638 | 24 | 16 | 600 | 6691 |
| 合肥市肥西县 | | | | | | | | |
| 上派镇 | 143925 | 99110 | 18137 | 10229 | 518 | 170 | 34350 | 7870 |
| 三河镇 | 63305 | 40856 | 38082 | 2789 | 168 | 72 | 8169 | 7579 |
| 高刘镇 | 68028 | 47922 | 58805 | 3910 | 121 | 60 | 3064 | 6836 |
| 官亭镇 | 87812 | 58500 | 60566 | 21817 | 98 | 59 | 2794 | 7028 |
| 小庙镇 | 70307 | 45780 | 51030 | 20663 | 212 | 97 | 4500 | 7683 |
| 山南镇 | 73797 | 67648 | 57159 | 8264 | 265 | 192 | 5136 | 7054 |
| 花岗镇 | 106554 | 68920 | 78390 | 22279 | 91 | 30 | 4680 | 7155 |
| 紫蓬镇 | 45489 | 25282 | 19199 | 2653 | 129 | 41 | 2448 | 7191 |
| 桃花镇 | 31238 | 20120 | | | 280 | 120 | 37000 | 8797 |
| 丰乐镇 | 57603 | 33965 | 45809 | 2077 | 42 | 37 | 2438 | 6849 |
| 淮北市杜集区 | | | | | | | | |
| 朔里镇 | 30256 | 15080 | 11693 | 1468 | 262 | 128 | 6838 | 6306 |
| 石台镇 | 28606 | 14210 | 11545 | 1945 | 278 | 87 | 3818 | 6186 |
| 段园镇 | 28287 | 18933 | 11447 | 1395 | 153 | 110 | 7565 | 6285 |
| 淮北市相山区 | | | | | | | | |
| 渠沟镇 | 70835 | 36725 | 34825 | 3980 | 86 | 82 | 3551 | 5094 |
| 淮北市烈山区 | | | | | | | | |
| 烈山镇 | 68098 | 36872 | 15650 | 6021 | 187 | 125 | 5014 | 5643 |
| 宋疃镇 | 52187 | 30701 | 29243 | 7693 | 75 | 72 | 2361 | 5316 |
| 古饶镇 | 87856 | 53941 | 78386 | 4875 | 820 | 30 | 950 | 4650 |
| 淮北市濉溪县 | | | | | | | | |
| 濉溪镇 | 114116 | 48765 | 12811 | 1814 | 328 | 101 | 11064 | 5212 |

**附录3　续表1　continued**

| 镇　　Town | 总人口（人） Population (person) | 从业人员数（人） Number of Employed Persons (person) | 粮食总产量（吨） Grain (ton) | 肉类总产量（吨） Output of Meat (ton) | 企业个数（个） Number of Enterprises (unit) | 工业企业 Industry and Enterprise | 财政总收入（万元） Total Revenue (10000 yuan) | 农民人均纯收入（元） Per Net Income of Farmer (yuan) |
|---|---|---|---|---|---|---|---|---|
| 韩村镇 | 69487 | 34506 | 59010 | 2446 | 292 | 185 | 15142 | 5180 |
| 刘桥镇 | 59006 | 28408 | 35552 | 4771 | 160 | 126 | 3644 | 5195 |
| 五沟镇 | 105773 | 54949 | 119047 | 5275 | 162 | 46 | 14567 | 5171 |
| 临涣镇 | 94634 | 50681 | 81048 | 3577 | 97 | 54 | 2449 | 5182 |
| 百善镇 | 125198 | 61999 | 118902 | 5645 | 431 | 77 | 4263 | 5204 |
| 铁佛镇 | 126415 | 51892 | 124696 | 5262 | 353 | 96 | 3512 | 5151 |
| 南坪镇 | 92706 | 63750 | 152467 | 5618 | 281 | 33 | 1854 | 5202 |
| 双堆集镇 | 104586 | 48411 | 214470 | 5222 | 43 | 27 | 450 | 5161 |
| 孙町镇 | 92732 | 51779 | 136776 | 5143 | 92 | 32 | 5589 | 5150 |
| 亳州市谯城区 | | | | | | | | |
| 古井镇 | 69732 | 41185 | 53401 | 1098 | 156 | 130 | 2750 | 4975 |
| 卢庙镇 | 39665 | 20754 | 13862 | 3032 | 108 | 15 | 582 | 4864 |
| 华佗镇 | 43892 | 24640 | 28012 | 3912 | 80 | 37 | 378 | 4737 |
| 魏岗镇 | 55601 | 24780 | 34601 | 7725 | 91 | 77 | 570 | 5577 |
| 牛集镇 | 68012 | 34712 | 41239 | 6249 | 71 | 32 | 659 | 5095 |
| 颜集镇 | 51482 | 34188 | 24652 | 485 | 11 | 4 | 496 | 4953 |
| 五马镇 | 40102 | 24618 | 18419 | 1543 | 31 | 19 | 601 | 5140 |
| 十八里镇 | 66102 | 44675 | 27212 | 3892 | 262 | 151 | 4658 | 5634 |
| 谯东镇 | 54796 | 42281 | 28934 | 3200 | 88 | 35 | 281 | 4887 |
| 十九里镇 | 56112 | 31594 | 28863 | 1315 | 74 | 58 | 501 | 5036 |
| 沙土镇 | 61251 | 33854 | 41153 | 1258 | 30 | 23 | 239 | 4860 |
| 观唐镇 | 61012 | 27798 | 25194 | 496 | 49 | 36 | 451 | 5215 |
| 大杨镇 | 61814 | 36038 | 61956 | 4129 | 42 | 26 | 570 | 4735 |
| 城父镇 | 61058 | 24145 | 31642 | 1541 | 40 | 38 | 360 | 4526 |
| 十河镇 | 65987 | 35201 | 56796 | 2722 | 52 | 46 | 605 | 5103 |
| 双沟镇 | 79852 | 41232 | 68220 | 4875 | 395 | 35 | 712 | 4945 |
| 淝河镇 | 45463 | 26298 | 44467 | 1194 | 12 | 3 | 485 | 5385 |
| 古城镇 | 52312 | 30626 | 47398 | 2505 | 37 | 2 | 545 | 5022 |
| 龙扬镇 | 56012 | 31435 | 56632 | 1963 | 22 | 17 | 149 | 4712 |
| 立德镇 | 46201 | 29401 | 42051 | 1185 | 26 | 14 | 220 | 4432 |
| 亳州市涡阳县 | | | | | | | | |
| 城关镇 | 113681 | 62980 | | 26 | 720 | 430 | 6283 | 6114 |
| 城西镇 | 46155 | 24462 | 35819 | 2816 | 306 | 132 | 478 | 4764 |
| 城东镇 | 35386 | 17076 | 27361 | 1792 | 388 | 116 | 410 | 5312 |
| 西阳镇 | 42815 | 25149 | 39912 | 2473 | 669 | 24 | 292 | 5449 |
| 双庙镇 | 58464 | 30336 | 63434 | 3056 | 576 | 162 | 158 | 4803 |
| 楚店镇 | 56000 | 33058 | 52693 | 1733 | 518 | 52 | 117 | 4790 |
| 高公镇 | 47583 | 27916 | 36913 | 2357 | 47 | 25 | 191 | 4981 |
| 闸北镇 | 82760 | 42520 | 59656 | 1904 | 860 | 180 | 786 | 5080 |
| 高炉镇 | 52470 | 29878 | 56264 | 1278 | 1472 | 337 | 615 | 5606 |
| 曹市镇 | 71162 | 3261 | 93982 | 2668 | 164 | 38 | 150 | 5070 |
| 青町镇 | 76135 | 38756 | 79216 | 3470 | 584 | 67 | 182 | 5013 |
| 石弓镇 | 58466 | 34156 | 46866 | 2165 | 55 | 26 | 157 | 5210 |
| 龙山镇 | 73650 | 35270 | 62914 | 3163 | 122 | 81 | 169 | 5396 |
| 义门镇 | 83162 | 49947 | 43964 | 1396 | 710 | 88 | 284 | 5083 |
| 新兴镇 | 76516 | 35981 | 76376 | 2019 | 141 | 58 | 238 | 5268 |
| 临湖镇 | 67117 | 35027 | 64627 | 2886 | 19 | 13 | 285 | 5107 |
| 丹城镇 | 63151 | 32401 | 69848 | 2196 | 878 | 247 | 138 | 5110 |
| 马店集镇 | 50408 | 35915 | 53900 | 2457 | 72 | 72 | 266 | 5102 |
| 花沟镇 | 60627 | 34188 | 51022 | 2471 | 1280 | 185 | 170 | 4538 |
| 店集镇 | 37415 | 20466 | 36004 | 2170 | 786 | 71 | 176 | 4896 |
| 陈大镇 | 55090 | 33116 | 39421 | 2017 | 790 | 262 | 147 | 5001 |
| 牌坊镇 | 82109 | 38448 | 97541 | 3320 | 335 | 61 | 261 | 5147 |
| 公吉寺镇 | 51900 | 27165 | 47886 | 2199 | 747 | 209 | 210 | 5007 |
| 标里镇 | 58466 | 34156 | 63364 | 2381 | 55 | 26 | 157 | 5210 |
| 亳州市蒙城县 | | | | | | | | |
| 城关镇 | 108400 | 56385 | 1701 | 118 | 471 | 136 | 5001 | 5876 |

**附录3　续表2**　continued

| 镇　　Town | 总人口（人）Population (person) | 从业人员数（人）Number of Employed Persons (person) | 粮食总产量（吨）Grain (ton) | 肉类总产量（吨）Output of Meat (ton) | 企业个数（个）Number of Enterprises (unit) | 工业企业 Industry and Enterprise | 财政总收入（万元）Total Revenue (10000 yuan) | 农民人均纯收入（元）Per Net Income of Farmer ( yuan) |
|---|---|---|---|---|---|---|---|---|
| 双涧镇 | 64745 | 38276 | 54558 | 3828 | 258 | 194 | 259 | 5321 |
| 小涧镇 | 65984 | 41100 | 68441 | 3791 | 352 | 187 | 830 | 5234 |
| 坛城镇 | 56144 | 30904 | 67089 | 4724 | 380 | 141 | 490 | 5287 |
| 许疃镇 | 67604 | 39005 | 86432 | 4094 | 190 | 76 | 560 | 5107 |
| 板桥镇 | 78643 | 39986 | 84919 | 4138 | 196 | 98 | 664 | 5227 |
| 马集镇 | 66933 | 38471 | 71962 | 3898 | 136 | 120 | 465 | 5068 |
| 岳坊镇 | 60598 | 29500 | 67243 | 4011 | 372 | 292 | 780 | 5292 |
| 立仓镇 | 105747 | 57872 | 119747 | 5164 | 390 | 126 | 932 | 5178 |
| 楚村镇 | 97155 | 45884 | 91446 | 5526 | 126 | 119 | 640 | 5168 |
| 乐土镇 | 96935 | 43415 | 114833 | 5026 | 315 | 128 | 412 | 5226 |
| 三义镇 | 78321 | 50918 | 72562 | 3830 | 32 | 25 | 600 | 5127 |
| 篱笆镇 | 65026 | 32905 | 59995 | 4068 | 42 | 12 | 950 | 5201 |
| 亳州市利辛县 | | | | | | | | |
| 城关镇 | 191156 | 122339 | 63545 | 7491 | 741 | 153 | 36074 | 4061 |
| 阚疃镇 | 98155 | 49312 | 62738 | 5777 | 91 | 32 | 1059 | 3892 |
| 张村镇 | 84275 | 48400 | 51736 | 6838 | 56 | 16 | 1198 | 3626 |
| 江集镇 | 65900 | 38000 | 54047 | 4185 | 249 | 103 | 1168 | 3666 |
| 旧城镇 | 59173 | 30945 | 45297 | 3459 | 582 | 126 | 712 | 3320 |
| 西潘楼镇 | 69798 | 34690 | 36515 | 1676 | 119 | 67 | 3571 | 3019 |
| 孙集镇 | 44136 | 17512 | 37433 | 1887 | 208 | 107 | 549 | 3399 |
| 汝集镇 | 69180 | 46870 | 53263 | 5120 | 419 | 184 | 620 | 3650 |
| 巩店镇 | 76630 | 46682 | 62935 | 4014 | 664 | 312 | 604 | 3609 |
| 王人镇 | 62827 | 39469 | 48138 | 4294 | 61 | 29 | 874 | 3673 |
| 王市镇 | 57489 | 28129 | 33557 | 2623 | 331 | 57 | 554 | 3637 |
| 永兴镇 | 53089 | 28437 | 39630 | 7279 | 52 | 11 | 731 | 3446 |
| 马店镇 | 74835 | 41275 | 46744 | 2895 | 536 | 213 | 1062 | 3482 |
| 大李集镇 | 57198 | 27291 | 44340 | 2611 | 253 | 114 | 566 | 3172 |
| 胡集镇 | 90436 | 46838 | 63098 | 5042 | 76 | 19 | 1671 | 3473 |
| 展沟镇 | 42640 | 20199 | 35544 | 1659 | 560 | 173 | 458 | 2992 |
| 程家集镇 | 58740 | 31732 | 51851 | 3746 | 246 | 68 | 744 | 3530 |
| 中疃镇 | 65823 | 40000 | 58364 | 3006 | 805 | 305 | 716 | 3305 |
| 望疃镇 | 100776 | 59484 | 88695 | 6605 | 80 | 33 | 942 | 3374 |
| 宿州市埇桥区 | | | | | | | | |
| 符离镇 | 110350 | 78268 | 46490 | 10257 | 285 | 198 | 2904 | 4922 |
| 芦岭镇 | 85379 | 51566 | 65278 | 4614 | 157 | 83 | 1335 | 4977 |
| 朱仙庄镇 | 82970 | 36160 | 56506 | 8061 | 198 | 189 | 1135 | 5007 |
| 褚兰镇 | 48296 | 28329 | 38151 | 8460 | 27 | 19 | 494 | 4574 |
| 曹村镇 | 64390 | 35825 | 64383 | 5995 | 51 | 46 | 643 | 4974 |
| 夹沟镇 | 70324 | 36874 | 64613 | 3782 | 31 | 23 | 607 | 4994 |
| 栏杆镇 | 75865 | 41305 | 49847 | 5920 | 32 | 27 | 429 | 4921 |
| 时村镇 | 84514 | 39213 | 43494 | 3276 | 48 | 31 | 376 | 4985 |
| 永安镇 | 63640 | 39728 | 47203 | 4291 | 19 | 18 | 988 | 4907 |
| 灰古镇 | 35501 | 20721 | 20739 | 4294 | 32 | 21 | 237 | 4769 |
| 大店镇 | 76642 | 41311 | 84136 | 7446 | 30 | 23 | 418 | 4840 |
| 西寺坡镇 | 64020 | 34905 | 66733 | 3747 | 53 | 23 | 557 | 4985 |
| 桃园镇 | 96452 | 48159 | 87467 | 5688 | 214 | 90 | 1267 | 4710 |
| 祁县镇 | 82752 | 33586 | 52433 | 5264 | 334 | 156 | 1360 | 4971 |
| 大营镇 | 38950 | 19632 | 55826 | 6509 | 23 | 17 | 252 | 4546 |
| 宿州市砀山县 | | | | | | | | |
| 砀城镇 | 163210 | 60202 | 13526 | 4358 | 341 | 178 | 2183 | 4967 |
| 赵屯镇 | 67182 | 44356 | 27515 | 2912 | 189 | 105 | 140 | 4870 |
| 李庄镇 | 56139 | 33536 | 9941 | 3154 | 67 | 54 | 427 | 4986 |
| 唐寨镇 | 78794 | 45500 | 9825 | 2652 | 55 | 45 | 299 | 4973 |
| 葛集镇 | 63260 | 30490 | 9595 | 1926 | 63 | 26 | 545 | 4974 |
| 周寨镇 | 81054 | 52514 | 25789 | 6339 | 127 | 122 | 414 | 4970 |
| 玄庙镇 | 97181 | 46536 | 25646 | 6931 | 95 | 81 | 286 | 4974 |

**附录3　续表3**　continued

| 镇　　Town | 总人口（人） Population (person) | 从业人员数（人） Number of Employed Persons (person) | 粮食总产量（吨） Grain (ton) | 肉类总产量（吨） Output of Meat (ton) | 企业个数（个） Number of Enterprises (unit) | 工业企业 Industry and Enterprise | 财政总收入（万元） Total Revenue (10000 yuan) | 农民人均纯收入（元） Per Net Income of Farmer ( yuan) |
|---|---|---|---|---|---|---|---|---|
| 官庄镇 | 53646 | 26357 | 21743 | 2987 | 65 | 45 | 417 | 4961 |
| 曹庄镇 | 42658 | 24367 | 24912 | 2214 | 41 | 28 | 401 | 4944 |
| 关帝庙 | 102881 | 48278 | 42905 | 5417 | 83 | 38 | 477 | 4915 |
| 朱楼镇 | 43128 | 23641 | 21488 | 3105 | 69 | 48 | 378 | 4952 |
| 良梨镇 | 61880 | 33811 | 3526 | 2810 | 58 | 23 | 481 | 4966 |
| 程庄镇 | 61342 | 30765 | 23916 | 2259 | 47 | 26 | 127 | 5006 |
| 宿州市萧县 | | | | | | | | |
| 龙城镇 | 112829 | 62638 | 26570 | 3860 | 219 | 193 | 6764 | 5586 |
| 黄口镇 | 102400 | 52310 | 50344 | 15339 | 30 | 17 | 918 | 5008 |
| 杨楼镇 | 80992 | 36782 | 59611 | 4782 | 36 | 28 | 843 | 5174 |
| 闫集镇 | 53340 | 25637 | 40034 | 3080 | 469 | 212 | 81 | 5097 |
| 新庄镇 | 79483 | 37294 | 62412 | 8003 | 2 | 2 | 361 | 5254 |
| 刘套镇 | 46629 | 22736 | 27380 | 3729 | 220 | 80 | 403 | 4551 |
| 马井镇 | 74991 | 35420 | 52252 | 5740 | 278 | 94 | 185 | 4782 |
| 大屯镇 | 68290 | 35317 | 47368 | 5823 | 26 | 25 | 200 | 4851 |
| 赵庄镇 | 72486 | 38972 | 60574 | 4955 | 510 | 225 | 304 | 4881 |
| 杜楼镇 | 73000 | 34887 | 59393 | 7296 | 58 | 47 | 2451 | 5573 |
| 丁里镇 | 40768 | 20625 | 26717 | 3738 | 52 | 36 | 344 | 4599 |
| 王寨镇 | 80553 | 39680 | 35575 | 5426 | 21 | 17 | 1702 | 5064 |
| 祖楼镇 | 49723 | 28600 | 34336 | 4695 | 30 | 28 | 181 | 5026 |
| 青龙镇 | 28763 | 12796 | 19314 | 2916 | 66 | 31 | 223 | 4939 |
| 张庄寨 | 79118 | 37420 | 66914 | 9216 | 38 | 31 | 444 | 5257 |
| 永固镇 | 30397 | 15210 | 22547 | 2801 | 386 | 117 | 2904 | 5549 |
| 白土镇 | 30271 | 16645 | 26155 | 2610 | 22 | 22 | 500 | 5139 |
| 官桥镇 | 21421 | 13429 | 17664 | 4102 | 266 | 27 | 375 | 4574 |
| 宿州市灵璧县 | | | | | | | | |
| 灵城镇 | 153098 | 91850 | 45923 | 4455 | 380 | 135 | 2163 | 5000 |
| 韦集镇 | 52640 | 35011 | 59626 | 7957 | 36 | 30 | 905 | 4500 |
| 黄湾镇 | 50298 | 27829 | 48851 | 3243 | 26 | 14 | 826 | 4680 |
| 娄庄镇 | 83230 | 44460 | 109633 | 15082 | 48 | 32 | 1394 | 4600 |
| 杨疃镇 | 74712 | 37819 | 77547 | 11392 | 21 | 16 | 1066 | 4800 |
| 尹集镇 | 79112 | 42392 | 46579 | 3012 | 46 | 26 | 1176 | 4818 |
| 浍沟镇 | 54540 | 27198 | 35778 | 2851 | 30 | 25 | 832 | 4812 |
| 尤集镇 | 56099 | 29328 | 40023 | 3448 | 111 | 58 | 897 | 4800 |
| 下楼镇 | 69895 | 33708 | 62225 | 5013 | 37 | 32 | 1265 | 4800 |
| 朝阳镇 | 76100 | 42530 | 57134 | 8875 | 39 | 32 | 1211 | 4922 |
| 渔沟镇 | 67115 | 35757 | 43601 | 5412 | 71 | 62 | 1280 | 4928 |
| 高楼镇 | 74844 | 43752 | 52712 | 7824 | 52 | 31 | 1091 | 4500 |
| 冯庙镇 | 79630 | 46910 | 62157 | 7550 | 28 | 28 | 1235 | 4880 |
| 宿州市泗县 | | | | | | | | |
| 泗城镇 | 91559 | 57680 | 29578 | 7201 | 215 | 46 | 2108 | 4790 |
| 墩集镇 | 35320 | 21644 | 32680 | 6927 | 14 | 10 | 167 | 4600 |
| 丁湖镇 | 58291 | 33610 | 85861 | 8524 | 6 | 6 | 68 | 4733 |
| 草沟镇 | 85136 | 51517 | 72640 | 12965 | 14 | 14 | 343 | 4816 |
| 长沟镇 | 49439 | 28292 | 71000 | 4000 | 28 | 26 | 269 | 4756 |
| 黄圩镇 | 66815 | 40510 | 48555 | 10502 | 983 | 348 | 1643 | 4686 |
| 大庄镇 | 66861 | 38617 | 58100 | 6557 | 39 | 39 | 719 | 4684 |
| 山头镇 | 73717 | 33860 | 84260 | 5081 | 25 | 6 | 199 | 4510 |
| 刘圩镇 | 47037 | 32102 | 34125 | 8191 | 15 | 14 | 270 | 4662 |
| 黑塔镇 | 83340 | 48324 | 107395 | 6618 | 2823 | 1720 | 178 | 4744 |
| 草庙镇 | 26427 | 15912 | 31922 | 4979 | 19 | 6 | 157 | 4830 |
| 屏山镇 | 64059 | 35389 | 92906 | 9137 | 50 | 20 | 199 | 4750 |
| 蚌埠市龙子湖区 | | | | | | | | |
| 长淮卫镇 | 45516 | 30312 | 16928 | 1430 | 158 | 51 | 982 | 5703 |
| 蚌埠市禹会区 | | | | | | | | |
| 秦集镇 | 45776 | 29803 | 30771 | 1004 | 165 | 158 | 2700 | 5139 |

**附录3　续表4**　continued

| 镇　　Town | 总人口（人）Population (person) | 从业人员数（人）Number of Employed Persons (person) | 粮食总产量（吨）Grain (ton) | 肉类总产量（吨）Output of Meat (ton) | 企业个数（个）Number of Enterprises (unit) | 工业企业 Industry and Enterprise | 财政总收入（万元）Total Revenue (10000 yuan) | 农民人均纯收入（元）Per Net Income of Farmer (yuan) |
|---|---|---|---|---|---|---|---|---|
| 蚌埠市淮上区 | | | | | | | | |
| 小蚌埠镇 | 48824 | 25852 | 8729 | 2316 | 131 | 91 | 2800 | 6136 |
| 吴小街镇 | 27145 | 12187 | 11748 | 3669 | 116 | 88 | 2800 | 5425 |
| 曹老集镇 | 47429 | 28849 | 43732 | 1833 | 28 | 11 | 828 | 5246 |
| 蚌埠市怀远县 | | | | | | | | |
| 城关镇 | 170764 | 93146 | 26670 | 3383 | 486 | 165 | 14649 | 6138 |
| 包集镇 | 78277 | 41435 | 66847 | 5908 | 40 | 20 | 2930 | 5955 |
| 龙亢镇 | 64728 | 33142 | 57265 | 4471 | 24 | 10 | 3146 | 5783 |
| 河溜镇 | 64657 | 39611 | 74159 | 4182 | 16 | 3 | 1929 | 5365 |
| 常坟镇 | 96270 | 65000 | 82533 | 9135 | 58 | 37 | 3921 | 5765 |
| 马城镇 | 85871 | 41500 | 59267 | 8424 | 162 | 73 | 4216 | 5992 |
| 双桥镇 | 54130 | 28009 | 57482 | 7768 | 44 | 14 | 2028 | 5227 |
| 魏庄镇 | 45133 | 30076 | 48878 | 4005 | 20 | 5 | 1448 | 5661 |
| 万福镇 | 55918 | 37250 | 71069 | 3966 | 20 | 12 | 1607 | 5755 |
| 唐集镇 | 66668 | 42010 | 101099 | 6814 | 96 | 58 | 2907 | 5778 |
| 蚌埠市五河县 | | | | | | | | |
| 城关镇 | 105338 | 68480 | 21713 | 3161 | 486 | 112 | 1878 | 5675 |
| 新集镇 | 51691 | 31449 | 50954 | 5499 | 35 | 30 | 420 | 5595 |
| 沫河口镇 | 69800 | 36642 | 112172 | 3698 | 54 | 26 | 1337 | 5556 |
| 小溪镇 | 29900 | 21634 | 34218 | 6704 | 18 | 14 | 351 | 5409 |
| 双忠庙镇 | 55870 | 35400 | 59855 | 5009 | 48 | 33 | 638 | 5550 |
| 小圩镇 | 43814 | 30715 | 49310 | 3881 | 39 | 14 | 438 | 5523 |
| 东刘集镇 | 65013 | 37651 | 97085 | 9261 | 26 | 18 | 554 | 5733 |
| 头铺镇 | 53352 | 27500 | 36049 | 4337 | 20 | 12 | 775 | 5430 |
| 大新镇 | 28215 | 16900 | 28812 | 1326 | 8 | 5 | 355 | 5597 |
| 武桥镇 | 28968 | 16152 | 32659 | 4344 | 16 | 7 | 308 | 5446 |
| 朱顶镇 | 48405 | 32456 | 37138 | 7125 | 23 | 19 | 747 | 5471 |
| 浍南镇 | 56165 | 33588 | 110908 | 5086 | 46 | 19 | 837 | 5564 |
| 申集镇 | 50904 | 31025 | 70869 | 5107 | 31 | 12 | 523 | 5400 |
| 蚌埠市固镇县 | | | | | | | | |
| 城关镇 | 120068 | 27503 | 36362 | 10245 | 230 | 120 | 7488 | 5773 |
| 王庄镇 | 38292 | 21950 | 33051 | 7868 | 13 | 13 | 335 | 5681 |
| 新马桥镇 | 56389 | 34011 | 42013 | 8325 | 89 | 66 | 798 | 5408 |
| 连城镇 | 46839 | 26771 | 30139 | 7905 | 48 | 29 | 1035 | 5512 |
| 刘集镇 | 56723 | 35200 | 47358 | 11030 | 38 | 38 | 1222 | 5785 |
| 任桥镇 | 56471 | 32635 | 54570 | 11244 | 32 | 14 | 627 | 5636 |
| 湖沟镇 | 62637 | 36950 | 27394 | 8851 | 22 | 20 | 1264 | 5444 |
| 濠城镇 | 30897 | 19000 | 50581 | 8341 | 15 | 10 | 306 | 5424 |
| 阜阳市颍州区 | | | | | | | | |
| 王店镇 | 65053 | 32592 | 39577 | 3770 | 8 | 7 | 581 | 5154 |
| 程集镇 | 44988 | 23329 | 28556 | 3847 | 20 | 18 | 1011 | 5291 |
| 三合镇 | 38430 | 23425 | 27948 | 3442 | 10 | 5 | 422 | 5211 |
| 西湖镇 | 33370 | 20113 | 20655 | 3249 | 5 | 5 | 519 | 5233 |
| 九龙镇 | 41612 | 28143 | 28226 | 3776 | 8 | 2 | 349 | 5187 |
| 三十里铺镇 | 41254 | 24752 | 22547 | 3146 | 5 | 4 | 851 | 5167 |
| 袁集镇 | 47925 | 23791 | 28762 | 3352 | 21 | 18 | 378 | 4903 |
| 阜阳市颍东区 | | | | | | | | |
| 口孜镇 | 80813 | 53226 | 41353 | 3675 | 65 | 14 | 877 | 3271 |
| 插花镇 | 85236 | 48000 | 53960 | 4900 | 71 | 15 | 2213 | 3991 |
| 袁寨镇 | 67081 | 39274 | 21815 | 2160 | 30 | 14 | 1187 | 4086 |
| 枣庄镇 | 43153 | 21228 | 45519 | 4162 | 18 | 8 | 1049 | 3200 |
| 老庙镇 | 45487 | 23144 | 36630 | 3510 | 17 | 8 | 650 | 3365 |
| 正午镇 | 47240 | 23632 | 31891 | 9360 | 22 | 11 | 503 | 4070 |
| 杨楼孜镇 | 40053 | 25865 | 18658 | 2280 | 23 | 8 | 679 | 3290 |
| 新乌江镇 | 48417 | 27600 | 34259 | 2800 | 25 | 11 | 438 | 3366 |
| 阜阳市颍泉区 | | | | | | | | |

**附录3　续表5　continued**

| 镇　　Town | 总人口（人）Population (person) | 从业人员数（人）Number of Employed Persons (person) | 粮食总产量（吨）Grain (ton) | 肉类总产量（吨）Output of Meat (ton) | 企业个数（个）Number of Enterprises (unit) | 工业企业 Industry and Enterprise | 财政总收入（万元）Total Revenue (10000 yuan) | 农民人均纯收入（元）Per Net Income of Farmer (yuan) |
|---|---|---|---|---|---|---|---|---|
| 伍明镇 | 119982 | 66988 | 71221 | 9046 | 18 | 16 | 867 | 5082 |
| 宁老庄镇 | 107509 | 62193 | 66653 | 7960 | 53 | 47 | 1238 | 5074 |
| 闻集镇 | 127139 | 98304 | 76188 | 6372 | 51 | 35 | 569 | 4944 |
| 行流镇 | 100800 | 60086 | 54963 | 10670 | 54 | 38 | 650 | 5027 |
| 阜阳市界首市 | | | | | | | | |
| 光武镇 | 61532 | 36296 | 28991 | 1073 | 114 | 104 | 9250 | 5316 |
| 泉阳镇 | 43474 | 28250 | 36151 | 1954 | 24 | 6 | 310 | 5301 |
| 芦村镇 | 30286 | 16929 | 21424 | 1014 | 19 | 5 | 54 | 5227 |
| 新马集 | 46105 | 27009 | 27795 | 1368 | 22 | 14 | 280 | 5272 |
| 大黄镇 | 37111 | 19077 | 24712 | 696 | 30 | 29 | 324 | 5271 |
| 田营镇 | 31563 | 17015 | 15428 | 746 | 40 | 38 | 30290 | 5312 |
| 陶庙镇 | 56606 | 31332 | 36599 | 1355 | 35 | 28 | 510 | 5256 |
| 王集镇 | 50513 | 30046 | 34307 | 1615 | 22 | 7 | 270 | 5180 |
| 砖集镇 | 48822 | 25520 | 31920 | 2210 | 22 | 16 | 315 | 5270 |
| 顾集镇 | 38890 | 20805 | 33816 | 2496 | 16 | 14 | 465 | 5268 |
| 代桥镇 | 30917 | 18351 | 24990 | 888 | 6 | 6 | 260 | 5239 |
| 舒庄镇 | 32089 | 17111 | 23419 | 2132 | 6 | 2 | 352 | 5186 |
| 阜阳市临泉县 | | | | | | | | |
| 城关镇 | 183493 | 92746 | 22025 | 3009 | 500 | 180 | 3877 | 3257 |
| 杨桥镇 | 66011 | 38926 | 30975 | 3546 | 55 | 31 | 985 | 3180 |
| 同城镇 | 59874 | 34275 | 27217 | 7800 | 39 | 21 | 761 | 3678 |
| 谭棚镇 | 64271 | 36788 | 40024 | 7848 | 36 | 30 | 596 | 3268 |
| 老集镇 | 68259 | 26147 | 35014 | 4616 | 92 | 53 | 462 | 3320 |
| 滑集镇 | 75558 | 45601 | 37605 | 2130 | 15 | 10 | 595 | 3192 |
| 吕寨镇 | 58899 | 34632 | 30211 | 3685 | 37 | 17 | 410 | 3132 |
| 单桥镇 | 60449 | 36894 | 33507 | 3011 | 10 | 8 | 355 | 3360 |
| 长官镇 | 81114 | 39492 | 50902 | 7867 | 12 | 12 | 704 | 3296 |
| 宋集镇 | 89215 | 50731 | 51770 | 5494 | 57 | 34 | 455 | 2650 |
| 张新镇 | 56938 | 30093 | 31918 | 2300 | 16 | 4 | 387 | 2850 |
| 艾亭镇 | 73787 | 37219 | 40630 | 3197 | 81 | 46 | 487 | 3013 |
| 陈集镇 | 66582 | 32986 | 44419 | 3784 | 24 | 10 | 333 | 3217 |
| 韦寨镇 | 84960 | 51870 | 46758 | 5105 | 164 | 56 | 585 | 3136 |
| 迎仙镇 | 73630 | 42350 | 46248 | 2767 | 12 | 11 | 384 | 3065 |
| 瓦店镇 | 68908 | 36445 | 36636 | 5890 | 20 | 10 | 657 | 3176 |
| 姜寨镇 | 69964 | 37262 | 30994 | 3460 | 22 | 18 | 536 | 3210 |
| 庙岔镇 | 72435 | 39839 | 35081 | 4275 | 16 | 6 | 481 | 3120 |
| 黄岭镇 | 73577 | 38941 | 37213 | 6935 | 21 | 15 | 422 | 3313 |
| 白庙镇 | 56024 | 27606 | 26983 | 2368 | 32 | 14 | 477 | 3128 |
| 关庙镇 | 66600 | 29460 | 38863 | 5398 | 12 | 9 | 531 | 3163 |
| 阜阳市太和县 | | | | | | | | |
| 城关镇 | 156320 | 96918 | 14466 | 3755 | 1305 | 264 | 8154 | 5302 |
| 旧县镇 | 55205 | 28982 | 46411 | 3410 | 31 | 10 | 624 | 5078 |
| 税镇镇 | 44230 | 18225 | 23550 | 2804 | 181 | 35 | 693 | 4896 |
| 皮条孙镇 | 21720 | 17201 | 14282 | 982 | 81 | 81 | 25 | 5176 |
| 原墙镇 | 56359 | 32684 | 35115 | 2675 | 42 | 36 | 80 | 5080 |
| 倪邱镇 | 55591 | 33000 | 35665 | 2120 | 110 | 80 | 223 | 4923 |
| 李兴镇 | 69625 | 37955 | 31480 | 1806 | 35 | 24 | 610 | 4913 |
| 大新镇 | 56637 | 29823 | 35786 | 2915 | 314 | 159 | 386 | 5116 |
| 肖口镇 | 56462 | 34973 | 32430 | 3624 | 114 | 54 | 33763 | 5280 |
| 关集镇 | 49997 | 33528 | 32400 | 2425 | 27 | 22 | 92 | 4936 |
| 三塔镇 | 66876 | 40125 | 51530 | 6680 | 45 | 40 | 19 | 5023 |
| 双浮镇 | 46594 | 25104 | 27625 | 2450 | 21 | 14 | 118 | 4855 |
| 蔡庙镇 | 33200 | 18930 | 23310 | 2323 | 35 | 35 | 87 | 4963 |
| 三堂镇 | 48277 | 31907 | 40880 | 7265 | 66 | 45 | 155 | 5061 |
| 苗集镇 | 47421 | 27874 | 41823 | 5125 | 89 | 26 | 165 | 5073 |
| 赵庙镇 | 61795 | 36035 | 34060 | 2150 | 53 | 16 | 183 | 4463 |

**附录3　续表6**　continued

| 镇　　Town | 总人口（人）Population (person) | 从业人员数（人）Number of Employed Persons (person) | 粮食总产量（吨）Grain (ton) | 肉类总产量（吨）Output of Meat (ton) | 企业个数（个）Number of Enterprises (unit) | 工业企业 Industry and Enterprise | 财政总收入（万元）Total Revenue (10000 yuan) | 农民人均纯收入（元）Per Net Income of Farmer (yuan) |
|---|---|---|---|---|---|---|---|---|
| 宫集镇 | 43994 | 28056 | 34216 | 2326 | 18 | 8 | 80 | 4623 |
| 坟台镇 | 82693 | 44295 | 60050 | 3946 | 42 | 8 | 139 | 5002 |
| 洪山镇 | 64987 | 47925 | 48120 | 4348 | 35 | 20 | 70 | 4898 |
| 清浅镇 | 40476 | 12101 | 24660 | 1768 | 13 | 12 | 50 | 4818 |
| 五星镇 | 44951 | 29019 | 24960 | 2964 | 32 | 28 | 305 | 5079 |
| 高庙镇 | 23603 | 14290 | 16398 | 1738 | 19 | 16 | 70 | 5045 |
| 桑营镇 | 41783 | 20730 | 29626 | 1765 | 29 | 9 | 201 | 5187 |
| 大庙镇 | 51708 | 31130 | 29140 | 2186 | 28 | 28 | 20 | 4852 |
| 阮桥镇 | 46791 | 30072 | 37190 | 3146 | 26 | 24 | 66 | 4798 |
| 双庙镇 | 48768 | 28118 | 21335 | 2224 | 36 | 23 | 111 | 5042 |
| 阜阳市阜南县 | | | | | | | | |
| 鹿城镇 | 179036 | 54310 | 43403 | 1555 | 610 | 126 | 4187 | 3088 |
| 方集镇 | 42281 | 22160 | 17700 | 4255 | 264 | 90 | 118 | 2764 |
| 中岗镇 | 42232 | 18705 | 21648 | 3514 | 50 | 15 | 189 | 3099 |
| 柴集镇 | 68736 | 43638 | 43328 | 3608 | 318 | 51 | 172 | 3520 |
| 新村镇 | 56306 | 34112 | 34262 | 2369 | 242 | 69 | 149 | 3458 |
| 三塔镇 | 74832 | 35403 | 42398 | 4267 | 17 | 4 | 288 | 3397 |
| 朱寨镇 | 75183 | 42093 | 41316 | 4906 | 9 | 4 | 171 | 3089 |
| 柳沟镇 | 45234 | 25328 | 25776 | 2897 | 23 | 11 | 101 | 3366 |
| 赵集镇 | 50249 | 29812 | 22648 | 2560 | 290 | 95 | 237 | 3640 |
| 田集镇 | 59304 | 33860 | 33311 | 3913 | 373 | 43 | 169 | 3379 |
| 苗集镇 | 60200 | 27954 | 41454 | 3995 | 12 | 12 | 155 | 3049 |
| 黄岗镇 | 55771 | 34558 | 33401 | 1174 | 39 | 39 | 1249 | 3642 |
| 焦陂镇 | 66910 | 41547 | 37984 | 3114 | 44 | 32 | 86 | 3413 |
| 张寨镇 | 59120 | 31565 | 39584 | 2786 | 31 | 6 | 143 | 3405 |
| 王堰镇 | 57933 | 27701 | 31573 | 2614 | 36 | 24 | 127 | 2655 |
| 地城镇 | 40014 | 19766 | 25213 | 3274 | 20 | 13 | 128 | 3030 |
| 洪河桥镇 | 67344 | 41293 | 22058 | 3047 | 229 | 74 | 332 | 2971 |
| 王家坝镇 | 30906 | 15962 | 5646 | 1280 | 4 | 3 | 80 | 3258 |
| 王化镇 | 38057 | 19835 | 25039 | 1882 | 12 | 7 | 75 | 3088 |
| 曹集镇 | 46190 | 22390 | 23258 | 2008 | 156 | 52 | 451 | 3161 |
| 阜阳市颍上县 | | | | | | | | |
| 慎城镇 | 164836 | 89869 | 35075 | 2793 | 76 | 60 | 5012 | 4200 |
| 谢桥镇 | 112297 | 64698 | 54861 | 2976 | 105 | 70 | 2631 | 4544 |
| 南照镇 | 51579 | 39856 | 31280 | 1230 | 52 | 20 | 536 | 4465 |
| 杨湖镇 | 53558 | 28823 | 21572 | 498 | 24 | 1 | 259 | 4327 |
| 江口镇 | 73376 | 37284 | 32235 | 1325 | 27 | 13 | 403 | 3806 |
| 润河镇 | 70851 | 36321 | 46482 | 1236 | 40 | 19 | 200 | 4155 |
| 新集镇 | 48019 | 21535 | 38247 | 1061 | 11 | 4 | 147 | 3760 |
| 六十铺镇 | 68473 | 21232 | 52456 | 1537 | 14 | 11 | 369 | 4221 |
| 耿棚镇 | 81756 | 49054 | 37308 | 3532 | 68 | 52 | 225 | 4200 |
| 半岗镇 | 57910 | 29658 | 48465 | 1296 | 24 | 19 | 235 | 3855 |
| 王岗镇 | 39472 | 20830 | 30642 | 678 | 18 | 10 | 193 | 3972 |
| 夏桥镇 | 55033 | 27223 | 46152 | 1767 | 40 | 30 | 663 | 4298 |
| 江店孜镇 | 54366 | 31026 | 57651 | 890 | 9 | 4 | 159 | 4121 |
| 陈桥镇 | 47395 | 24955 | 45642 | 1621 | 23 | 18 | 197 | 4200 |
| 黄桥镇 | 66456 | 34426 | 31304 | 4605 | 32 | 28 | 262 | 4236 |
| 八里河镇 | 54212 | 24194 | 42863 | 970 | 15 | 7 | 462 | 4420 |
| 迪沟镇 | 44022 | 22018 | 27210 | 799 | 20 | 9 | 510 | 4141 |
| 西三十铺镇 | 46080 | 22575 | 21800 | 680 | 340 | 162 | 131 | 4132 |
| 红星镇 | 35879 | 15711 | 34180 | 886 | 15 | 9 | 185 | 3931 |
| 十八里铺镇 | 59314 | 28855 | 31608 | 7463 | 46 | 4 | 205 | 3868 |
| 鲁口镇 | 38200 | 20020 | 21465 | 216 | 6 | 2 | 719 | 3823 |
| 淮南市大通区 | | | | | | | | |
| 上窑镇 | 30391 | 16500 | 20662 | 990 | 157 | 135 | 4276 | 8221 |
| 洛河镇 | 16475 | 9633 | 7807 | 699 | 1995 | 628 | 1071 | 7764 |

**附录3 续表7** continued

| 镇 Town | 总人口（人）Population (person) | 从业人员数（人）Number of Employed Persons (person) | 粮食总产量（吨）Grain (ton) | 肉类总产量（吨）Output of Meat (ton) | 企业个数（个）Number of Enterprises (unit) | 工业企业 Industry and Enterprise | 财政总收入（万元）Total Revenue (10000 yuan) | 农民人均纯收入（元）Per Net Income of Farmer (yuan) |
|---|---|---|---|---|---|---|---|---|
| 九龙岗镇 | 30630 | 19827 | 11530 | 447 | 68 | 47 | 3380 | 7030 |
| 淮南市田家庵区 | | | | | | | | |
| 舜耕镇 | 29604 | 4592 | 2405 | 900 | 1950 | 197 | 48961 | 8371 |
| 安成镇 | 26221 | 18712 | 12397 | 1118 | 1132 | 335 | 32594 | 8001 |
| 曹庵镇 | 38470 | 20701 | 24505 | 2371 | 14 | 14 | 890 | 6460 |
| 淮南市谢家集区 | | | | | | | | |
| 望峰岗镇 | 48462 | 21927 | 1260 | 200 | 780 | 48 | 6061 | 8630 |
| 李郢孜镇 | 44388 | 27082 | 4308 | 604 | 737 | 109 | 4229 | 8851 |
| 唐山镇 | 21474 | 11204 | 9163 | 677 | 624 | 29 | 6063 | 8870 |
| 杨公镇 | 35728 | 20615 | 40367 | 937 | 274 | 73 | 480 | 5288 |
| 淮南市八公山区 | | | | | | | | |
| 八公山镇 | 19130 | 5760 | 746 | 283 | 598 | 152 | 15630 | 7967 |
| 山王镇 | 52310 | 16489 | 6644 | 808 | 63 | 51 | 4980 | 7643 |
| 淮南市潘集区 | | | | | | | | |
| 高皇镇 | 53002 | 28314 | 25137 | 2612 | 36 | 26 | 458 | 5430 |
| 平圩镇 | 41074 | 21700 | 22496 | 2608 | 29 | 20 | 5640 | 5460 |
| 泥河镇 | 38384 | 20388 | 36207 | 1752 | 28 | 9 | 785 | 5121 |
| 潘集镇 | 37671 | 24860 | 51915 | 1387 | 16 | 10 | 3500 | 5440 |
| 芦集镇 | 60844 | 27636 | 54015 | 1848 | 24 | 16 | 1450 | 5425 |
| 淮南市凤台县 | | | | | | | | |
| 城关镇 | 58320 | 8906 | | | 2970 | 94 | 7200 | |
| 新集镇 | 51045 | 32911 | 49000 | 2537 | 1083 | 161 | 8670 | 6520 |
| 朱马店镇 | 42519 | 22129 | 45587 | 2537 | 365 | 85 | 225 | 5804 |
| 岳张集镇 | 48225 | 39375 | 44297 | 2489 | 321 | 163 | 27174 | 6311 |
| 顾桥镇 | 29775 | 17662 | 26456 | 1823 | 348 | 249 | 8350 | 6027 |
| 毛集镇 | 54361 | 34210 | 39998 | 2450 | 107 | 19 | 9667 | 7137 |
| 夏集镇 | 31480 | 19412 | 34924 | 1940 | 42 | 27 | 1372 | 5802 |
| 桂集镇 | 43461 | 26979 | 43790 | 4450 | 428 | 68 | 8465 | 6570 |
| 滁州市南谯区 | | | | | | | | |
| 乌衣镇 | 36276 | 32030 | 55396 | 4141 | 58 | 54 | 5759 | 5819 |
| 沙河镇 | 36212 | 18643 | 43312 | 2519 | 76 | 57 | 3055 | 5759 |
| 章广镇 | 30832 | 15134 | 32072 | 1434 | 7 | 7 | 1030 | 5335 |
| 黄泥岗镇 | 21178 | 13766 | 28851 | 620 | 31 | 21 | 1090 | 5604 |
| 珠龙镇 | 18143 | 9144 | 20770 | 1000 | 21 | 7 | 1330 | 5688 |
| 大柳镇 | 13308 | 5316 | 16443 | 641 | 24 | 24 | 1118 | 5734 |
| 腰铺镇 | 28024 | 14139 | 28612 | 4103 | 155 | 138 | 10030 | 5770 |
| 施集镇 | 32568 | 16806 | 27146 | 1027 | 20 | 16 | 1060 | 5740 |
| 滁州市天长市 | | | | | | | | |
| 铜城镇 | 72484 | 45564 | 110513 | 3283 | 394 | 296 | 31000 | 7608 |
| 汊涧镇 | 60374 | 32789 | 56071 | 3582 | 115 | 99 | 4361 | 7561 |
| 秦栏镇 | 63859 | 48162 | 49194 | 2349 | 398 | 359 | 10384 | 8350 |
| 大通镇 | 40383 | 22280 | 73321 | 2970 | 73 | 72 | 837 | 7015 |
| 杨村镇 | 42062 | 23295 | 49445 | 1775 | 98 | 95 | 4006 | 7565 |
| 石梁镇 | 31594 | 21099 | 37326 | 1579 | 66 | 64 | 2245 | 7540 |
| 金集镇 | 38259 | 22538 | 39459 | 1855 | 119 | 100 | 1992 | 7430 |
| 永丰镇 | 24478 | 13874 | 40189 | 1710 | 47 | 45 | 1339 | 7553 |
| 仁和集镇 | 40974 | 26184 | 48622 | 1155 | 136 | 114 | 2243 | 7847 |
| 冶山镇 | 32739 | 20235 | 32197 | 1567 | 87 | 85 | 3036 | 7432 |
| 郑集镇 | 22526 | 10941 | 20529 | 1819 | 49 | 46 | 878 | 7215 |
| 张铺镇 | 32510 | 18693 | 54808 | 1686 | 43 | 33 | 658 | 7023 |
| 新街镇 | 25866 | 13784 | 29436 | 1549 | 53 | 52 | 819 | 7172 |
| 万寿镇 | 14987 | 8945 | 16224 | 1340 | 37 | 22 | 1608 | 7580 |
| 滁州市明光市 | | | | | | | | |
| 张八岭镇 | 35227 | 17856 | 28750 | 1453 | 75 | 30 | 429 | 5543 |
| 三界镇 | 22123 | 11838 | 16841 | 1949 | 16 | 11 | 373 | 5843 |
| 管店镇 | 20673 | 8638 | 10671 | 2496 | 80 | 41 | 415 | 5856 |
| 自来桥镇 | 30627 | 14590 | 26303 | 5501 | 19 | 9 | 274 | 5166 |

**附录3　续表8**　continued

| 镇　　Town | 总人口（人）Population (person) | 从业人员数（人）Number of Employed Persons (person) | 粮食总产量（吨）Grain (ton) | 肉类总产量（吨）Output of Meat (ton) | 企业个数（个）Number of Enterprises (unit) | 工业企业 Industry and Enterprise | 财政总收入（万元）Total Revenue (10000 yuan) | 农民人均纯收入（元）Per Net Income of Farmer (yuan) |
|---|---|---|---|---|---|---|---|---|
| 涧溪镇 | 51155 | 29982 | 49491 | 5544 | 56 | 42 | 867 | 5869 |
| 石坝镇 | 50939 | 31570 | 57394 | 6578 | 49 | 42 | 665 | 5496 |
| 苏巷镇 | 23985 | 10165 | 40897 | 3208 | 16 | 12 | 326 | 5660 |
| 桥头镇 | 32174 | 17880 | 45984 | 2450 | 27 | 18 | 663 | 5196 |
| 女山湖镇 | 41754 | 25860 | 35963 | 2681 | 22 | 19 | 2053 | 5262 |
| 古沛镇 | 31077 | 19330 | 35142 | 2144 | 33 | 18 | 708 | 5530 |
| 潘村镇 | 70645 | 34221 | 38281 | 3962 | 35 | 20 | 669 | 5605 |
| 柳巷镇 | 32023 | 15501 | 20207 | 526 | 13 | 4 | 201 | 4137 |
| 滁州市来安县 | | | | | | | | |
| 新安镇 | 106651 | 70154 | 49300 | 2519 | 465 | 218 | 6706 | 6979 |
| 半塔镇 | 79917 | 49890 | 66895 | 4857 | 167 | 96 | 1566 | 6888 |
| 水口镇 | 60310 | 36246 | 63028 | 4971 | 58 | 43 | 9370 | 6961 |
| 汊河镇 | 40263 | 24012 | 40255 | 2794 | 94 | 80 | 3244 | 6983 |
| 大英镇 | 15758 | 9885 | 16963 | 947 | 8 | 8 | 648 | 6979 |
| 雷官镇 | 28451 | 18200 | 28213 | 1817 | 13 | 12 | 573 | 6833 |
| 施官镇 | 43486 | 31878 | 50199 | 2786 | 52 | 39 | 984 | 6815 |
| 舜山镇 | 36468 | 19760 | 37209 | 2178 | 14 | 12 | 1547 | 6809 |
| 滁州市全椒县 | | | | | | | | |
| 襄河镇 | 126231 | 55380 | 46108 | 3586 | 601 | 289 | 26132 | 6542 |
| 古河镇 | 40832 | 20026 | 38926 | 4988 | 98 | 89 | 1284 | 5905 |
| 大墅镇 | 48321 | 23230 | 56530 | 3819 | 56 | 24 | 917 | 6452 |
| 二郎口镇 | 55962 | 26101 | 65750 | 8407 | 79 | 63 | 1250 | 6196 |
| 武岗镇 | 23124 | 9132 | 27057 | 2510 | 59 | 35 | 710 | 5760 |
| 马厂镇 | 39425 | 22429 | 34708 | 6165 | 36 | 20 | 459 | 6034 |
| 石沛镇 | 28144 | 13859 | 26350 | 4710 | 48 | 25 | 562 | 5906 |
| 十字镇 | 38496 | 17068 | 49344 | 3876 | 215 | 102 | 3449 | 6482 |
| 西王镇 | 26780 | 13000 | 29170 | 889 | 38 | 20 | 191 | 5812 |
| 六镇镇 | 44245 | 23335 | 66157 | 5651 | 73 | 40 | 746 | 6449 |
| 滁州市定远县 | | | | | | | | |
| 定城镇 | 161718 | 87600 | 99623 | 12017 | 1720 | 463 | 5060 | 5472 |
| 炉桥镇 | 102105 | 58277 | 85785 | 8976 | 2233 | 1377 | 5200 | 4700 |
| 永康镇 | 64463 | 29389 | 71366 | 6154 | 68 | 39 | 685 | 4920 |
| 吴圩镇 | 64586 | 38430 | 84804 | 13690 | 142 | 22 | 622 | 5102 |
| 朱湾镇 | 22849 | 11200 | 32658 | 1410 | 10 | 10 | 128 | 4266 |
| 张桥镇 | 57000 | 31891 | 85348 | 10250 | 623 | 75 | 2278 | 5086 |
| 藕塘镇 | 52057 | 23580 | 82442 | 8060 | 267 | 204 | 580 | 5085 |
| 池河镇 | 53033 | 36100 | 83136 | 7410 | 21 | 17 | 446 | 5500 |
| 连江镇 | 41880 | 25000 | 46900 | 4800 | 12 | 9 | 198 | 5200 |
| 界牌集镇 | 28317 | 14271 | 45683 | 4478 | 6 | 3 | 600 | 4800 |
| 仓　镇 | 34048 | 19050 | 57666 | 5333 | 8 | 7 | 400 | 5566 |
| 三和集镇 | 34096 | 21600 | 42917 | 4531 | 8 | 7 | 560 | 4950 |
| 西卅店镇 | 38280 | 31390 | 52299 | 5389 | 18 | 12 | 580 | 5160 |
| 桑涧镇 | 38700 | 18900 | 57600 | 8910 | 46 | 22 | 328 | 4550 |
| 蒋集镇 | 30712 | 17750 | 37450 | 4353 | 11 | 3 | 370 | 5350 |
| 大桥镇 | 26504 | 17740 | 33900 | 5180 | 6 | 5 | 141 | 5136 |
| 滁州市凤阳县 | | | | | | | | |
| 府城镇 | 135200 | 68550 | 68764 | 5228 | 228 | 81 | 10846 | 5791 |
| 临淮镇 | 36345 | 28065 | 12000 | 2892 | 306 | 60 | 3168 | 5786 |
| 武店镇 | 58109 | 35324 | 27791 | 5080 | 501 | 401 | 2314 | 5858 |
| 西泉镇 | 39748 | 20695 | 29164 | 3200 | 460 | 290 | 540 | 5823 |
| 官塘镇 | 34712 | 20730 | 33911 | 2701 | 28 | 25 | 480 | 5720 |
| 刘府镇 | 67736 | 37838 | 70229 | 3880 | 159 | 140 | 7259 | 5805 |
| 大庙镇 | 46394 | 25192 | 68306 | 4004 | 142 | 139 | 12765 | 5860 |
| 殷涧镇 | 27605 | 13890 | 50992 | 3128 | 54 | 25 | 540 | 5708 |
| 总铺镇 | 49320 | 27630 | 70120 | 3230 | 152 | 144 | 956 | 5783 |
| 红心镇 | 32880 | 21358 | 51787 | 3254 | 17 | 8 | 652 | 5684 |

**附录3　续表9**　continued

| 镇　　Town | 总人口（人） Population (person) | 从业人员数（人） Number of Employed Persons (person) | 粮食总产量（吨） Grain (ton) | 肉类总产量（吨） Output of Meat (ton) | 企业个数（个） Number of Enterprises (unit) | 工业企业 Industry and Enterprise | 财政总收入（万元） Total Revenue (10000 yuan) | 农民人均纯收入（元） Per Net Income of Farmer ( yuan) |
|---|---|---|---|---|---|---|---|---|
| 板桥镇 | 61767 | 38916 | 74841 | 3000 | 150 | 96 | 1870 | 5695 |
| 枣巷镇 | 31000 | 18030 | 44196 | 1400 | 22 | 6 | 520 | 5776 |
| 大溪河镇 | 53577 | 28600 | 63000 | 2053 | 452 | 274 | 3240 | 5687 |
| 小溪河镇 | 28343 | 25109 | 29496 | 560 | 6 | 2 | 475 | 5766 |
| 六安市金安区 | | | | | | | | |
| 木厂镇 | 42305 | 24973 | 25062 | 1720 | 20 | 15 | 800 | 4858 |
| 马头镇 | 35517 | 23966 | 19669 | 1655 | 8 | 6 | 195 | 4099 |
| 东桥镇 | 36959 | 22872 | 38320 | 8278 | 16 | 6 | 420 | 4656 |
| 张店镇 | 51693 | 27762 | 31206 | 2362 | 115 | 9 | 725 | 4874 |
| 毛坦厂镇 | 22288 | 7783 | 6277 | 727 | 22 | 12 | 1028 | 5211 |
| 东河口镇 | 52300 | 26910 | 28478 | 1676 | 13 | 8 | 533 | 4398 |
| 双河镇 | 45509 | 27057 | 26255 | 1158 | 20 | 15 | 344 | 4420 |
| 施桥镇 | 57944 | 30838 | 34981 | 1132 | 556 | 242 | 460 | 4873 |
| 孙岗镇 | 56269 | 38893 | 38542 | 1935 | 48 | 36 | 865 | 4803 |
| 三十铺镇 | 69254 | 35005 | 54511 | 2328 | 89 | 39 | 3853 | 4828 |
| 椿树镇 | 36508 | 21310 | 26931 | 1200 | 23 | 23 | 581 | 4468 |
| 六安市裕安区 | | | | | | | | |
| 苏埠镇 | 80729 | 56452 | 20302 | 8016 | 513 | 116 | 3950 | 5429 |
| 韩摆渡镇 | 50901 | 27083 | 12498 | 2177 | 28 | 16 | 723 | 4307 |
| 新安镇 | 69464 | 43689 | 16335 | 4006 | 45 | 32 | 2232 | 4366 |
| 顺河镇 | 47125 | 27975 | 35314 | 1807 | 15 | 14 | 437 | 4431 |
| 独山镇 | 75084 | 47321 | 25582 | 2375 | 65 | 8 | 2401 | 5539 |
| 石婆店镇 | 44392 | 26689 | 14360 | 1026 | 11 | 11 | 170 | 4029 |
| 城南镇 | 59446 | 31850 | 18761 | 3574 | 84 | 14 | 4125 | 5474 |
| 丁集镇 | 52322 | 29124 | 28270 | 1026 | 16 | 14 | 960 | 4960 |
| 固镇镇 | 42778 | 28283 | 33775 | 3128 | 53 | 53 | 500 | 5266 |
| 徐集镇 | 41026 | 25643 | 28655 | 4076 | 19 | 15 | 1130 | 4610 |
| 分路口镇 | 50750 | 27975 | 26322 | 1325 | 45 | 25 | 1426 | 5365 |
| 江家店镇 | 42879 | 26094 | 28039 | 5551 | 12 | 8 | 838 | 4350 |
| 六安市寿县 | | | | | | | | |
| 寿春镇 | 126811 | 37264 | 37936 | 8740 | 1030 | 323 | 4336 | 5595 |
| 双桥镇 | 57752 | 31616 | 80107 | 11114 | 736 | 45 | 989 | 5008 |
| 涧沟镇 | 50296 | 24978 | 48861 | 5348 | 16 | 9 | 573 | 4810 |
| 丰庄镇 | 42459 | 23394 | 48934 | 3769 | 43 | 14 | 553 | 4668 |
| 正阳关镇 | 63297 | 39171 | 69102 | 997 | 21 | 12 | 1220 | 5412 |
| 迎河镇 | 76914 | 35504 | 73862 | 20474 | 19 | 13 | 1570 | 4483 |
| 板桥镇 | 66271 | 35480 | 76108 | 6068 | 8 | 6 | 1172 | 4588 |
| 安丰塘镇 | 49365 | 25853 | 74010 | 1343 | 15 | 11 | 848 | 4787 |
| 堰口镇 | 60425 | 35274 | 78042 | 9003 | 42 | 33 | 1378 | 4788 |
| 保义镇 | 58415 | 32488 | 75800 | 4629 | 29 | 6 | 990 | 4489 |
| 隐贤镇 | 52167 | 29013 | 47545 | 1460 | 192 | 67 | 812 | 4652 |
| 安丰镇 | 81820 | 48000 | 104710 | 5861 | 73 | 39 | 1924 | 5142 |
| 众兴镇 | 53410 | 33135 | 52197 | 2133 | 18 | 18 | 680 | 4618 |
| 茶庵镇 | 32592 | 18014 | 36121 | 2534 | 26 | 19 | 469 | 4511 |
| 三觉镇 | 60843 | 38739 | 85292 | 7600 | 82 | 29 | 706 | 4760 |
| 炎刘镇 | 70923 | 45757 | 95557 | 13499 | 11 | 5 | 1033 | 4486 |
| 刘岗镇 | 40444 | 22761 | 86394 | 5146 | 48 | 10 | 552 | 4600 |
| 双庙集镇 | 31540 | 18063 | 65332 | 2946 | 9 | 6 | 371 | 4108 |
| 小甸镇 | 70256 | 41548 | 95941 | 5902 | 106 | 47 | 1100 | 4585 |
| 瓦埠镇 | 24601 | 14414 | 25445 | 4775 | 33 | 28 | 483 | 4202 |
| 大顺镇 | 39425 | 26086 | 59536 | 5941 | 36 | 22 | 414 | 4464 |
| 六安市霍邱县 | | | | | | | | |
| 城关镇 | 152425 | 91455 | 33431 | 1173 | 736 | 115 | 3802 | 5427 |
| 河口镇 | 27118 | 12087 | 20713 | 681 | 257 | 18 | 405 | 4860 |
| 周集镇 | 85896 | 38035 | 79244 | 3762 | 1217 | 169 | 665 | 5015 |
| 临水镇 | 62709 | 42107 | 59559 | 4320 | 239 | 65 | 1882 | 5056 |
| 新店镇 | 74012 | 37718 | 95152 | 10372 | 43 | 21 | 1538 | 5450 |

**附录3　续表10**　continued

| 镇　　Town | 总人口（人）Population (person) | 从业人员数（人）Number of Employed Persons (person) | 粮食总产量（吨）Grain (ton) | 肉类总产量（吨）Output of Meat (ton) | 企业个数（个）Number of Enterprises (unit) | 工业企业 Industry and Enterprise | 财政总收入（万元）Total Revenue (10000 yuan) | 农民人均纯收入（元）Per Net Income of Farmer (yuan) |
|---|---|---|---|---|---|---|---|---|
| 石店镇 | 53117 | 29623 | 78224 | 18423 | 281 | 93 | 955 | 5198 |
| 马店镇 | 42560 | 21282 | 31800 | 8921 | 85 | 72 | 893 | 4980 |
| 孟集镇 | 55425 | 21645 | 91937 | 9923 | 489 | 107 | 479 | 7680 |
| 花园镇 | 41313 | 22374 | 45653 | 3560 | 376 | 88 | 707 | 4349 |
| 户胡镇 | 60504 | 22552 | 64286 | 12083 | 206 | 98 | 482 | 5300 |
| 长集镇 | 38826 | 19230 | 28915 | 5374 | 13 | 8 | 1054 | 5968 |
| 洪集镇 | 42911 | 24300 | 42553 | 4878 | 949 |  | 400 | 5167 |
| 姚李镇 | 57262 | 31598 | 35286 | 8180 | 76 | 66 | 1552 | 5680 |
| 乌龙镇 | 40818 | 25304 | 48386 | 16563 | 1031 | 7 | 802 | 5760 |
| 高塘镇 | 51106 | 25106 | 74903 | 13151 | 812 | 382 | 765 | 5700 |
| 龙潭镇 | 42628 | 23159 | 45279 | 15464 | 769 | 392 | 395 | 5052 |
| 岔路镇 | 34906 | 20620 | 53615 | 9164 | 18 | 9 | 722 | 5470 |
| 冯井镇 | 70690 | 33945 | 72739 | 6637 | 5 | 4 | 785 | 5460 |
| 众兴集镇 | 38249 | 19077 | 31077 | 1513 | 8 | 3 | 580 | 4300 |
| 夏店镇 | 38093 | 20642 | 36643 | 4572 | 406 | 157 | 657 | 4848 |
| 曹庙镇 | 37096 | 21330 | 31565 | 14779 | 322 | 49 | 390 | 4560 |
| 六安市舒城县 |  |  |  |  |  |  |  |  |
| 城关镇 | 190795 | 109276 | 32693 | 7668 | 992 | 658 | 6089 | 6463 |
| 晓天镇 | 38074 | 19452 | 8793 | 945 | 49 | 30 | 256 | 3890 |
| 桃溪镇 | 34830 | 16595 | 32229 | 2215 | 62 | 45 | 2741 | 6109 |
| 万佛湖镇 | 39846 | 19664 | 11323 | 1578 | 698 | 211 | 686 | 5498 |
| 千人桥镇 | 57506 | 34067 | 37933 | 2435 | 45 | 40 | 671 | 6272 |
| 百神庙镇 | 45485 | 30525 | 31629 | 2125 | 48 | 32 | 341 | 5302 |
| 杭埠镇 | 55497 | 31624 | 39426 | 2415 | 67 | 62 | 1881 | 6458 |
| 舒茶镇 | 33215 | 19693 | 15315 | 3456 | 38 | 31 | 251 | 4941 |
| 南港镇 | 53217 | 32932 | 19141 | 2695 | 124 | 82 | 390 | 5050 |
| 干汊河镇 | 57909 | 34612 | 21607 | 3436 | 82 | 74 | 545 | 5317 |
| 张母桥镇 | 35201 | 20129 | 12820 | 1120 | 25 | 19 | 186 | 5014 |
| 五显镇 | 37587 | 20682 | 7141 | 2655 | 58 | 48 | 172 | 5011 |
| 山七镇 | 34721 | 18167 | 7946 | 835 | 14 | 12 | 124 | 4014 |
| 河棚镇 | 21298 | 13194 | 4436 | 445 | 19 | 12 | 203 | 3924 |
| 汤池镇 | 52979 | 26598 | 21694 | 1681 | 15 | 6 | 184 | 4274 |
| 六安市金寨县 |  |  |  |  |  |  |  |  |
| 梅山镇 | 114303 | 40220 | 12313 | 5940 | 6879 | 2581 | 3685 | 4797 |
| 麻埠镇 | 15412 | 8995 | 272 | 201 | 45 | 13 | 482 | 4753 |
| 青山镇 | 23625 | 9602 | 4136 | 410 | 790 | 460 | 424 | 4557 |
| 燕子河镇 | 30060 | 13300 | 11222 | 1436 | 910 | 88 | 733 | 5051 |
| 天堂寨镇 | 17441 | 9598 | 6538 | 426 | 546 | 18 | 1487 | 4867 |
| 古碑镇 | 44534 | 20325 | 11382 | 2305 | 1088 | 412 | 914 | 4904 |
| 吴家店镇 | 28716 | 8826 | 9609 | 2602 | 406 | 41 | 255 | 4404 |
| 斑竹园镇 | 21811 | 13357 | 6808 | 1406 | 39 | 12 | 437 | 5080 |
| 汤家汇镇 | 49186 | 23212 | 12496 | 3664 | 417 | 21 | 2987 | 4726 |
| 南溪镇 | 52861 | 25268 | 12451 | 2433 | 940 | 28 | 486 | 4384 |
| 双河镇 | 22684 | 11623 | 5062 | 733 | 21 | 18 | 180 | 4657 |
| 六安市霍山县 |  |  |  |  |  |  |  |  |
| 衡山镇 | 68384 | 41158 | 8042 | 3732 | 676 | 270 | 14831 | 6328 |
| 佛子岭镇 | 18064 | 10337 | 2461 | 580 | 23 | 10 | 600 | 5176 |
| 下符桥镇 | 20045 | 10298 | 12533 | 578 | 44 | 39 | 364 | 5303 |
| 但家庙镇 | 15752 | 9045 | 10260 | 1116 | 44 | 31 | 380 | 5466 |
| 与儿街镇 | 36251 | 18543 | 19115 | 755 | 81 | 38 | 818 | 5745 |
| 黑石渡镇 | 26009 | 14514 | 6805 | 448 | 48 | 32 | 281 | 5423 |
| 诸佛庵镇 | 34632 | 16893 | 7382 | 722 | 16 | 16 | 760 | 5962 |
| 落儿岭镇 | 10050 | 4790 | 1371 | 198 | 56 | 56 | 1245 | 6325 |
| 磨子潭镇 | 15072 | 7835 | 4407 | 504 | 45 | 33 | 659 | 5083 |
| 大化坪镇 | 25323 | 12460 | 7706 | 639 | 239 | 50 | 500 | 5312 |
| 漫水河镇 | 20821 | 15454 | 4579 | 550 | 13 | 5 | 546 | 5161 |

**附录3 续表11** continued

| 镇 Town | 总人口（人） Population (person) | 从业人员数（人） Number of Employed Persons (person) | 粮食总产量（吨） Grain (ton) | 肉类总产量（吨） Output of Meat (ton) | 企业个数（个） Number of Enterprises (unit) | 工业企业 Industry and Enterprise | 财政总收入（万元） Total Revenue (10000 yuan) | 农民人均纯收入（元） Per Net Income of Farmer (yuan) |
|---|---|---|---|---|---|---|---|---|
| 上土市镇 | 18326 | 10795 | 6703 | 779 | 24 | 5 | 482 | 4566 |
| 六安市叶集试验区 | | | | | | | | |
| 叶集镇 | 85503 | 43605 | 28299 | 5605 | 789 | 496 | 763 | 7980 |
| 马鞍山市雨山区 | | | | | | | | |
| 向山镇 | 51094 | 9513 | 5055 | 2436 | 262 | 201 | 10512 | 9811 |
| 银塘镇 | 24422 | 11365 | 16454 | 794 | 121 | 84 | 5084 | 9516 |
| 马鞍山市花山区 | | | | | | | | |
| 霍里街道 | 40541 | 18074 | 9442 | 1149 | 205 | 156 | 15000 | 10034 |
| 马鞍山市当涂县 | | | | | | | | |
| 姑孰镇 | 139867 | 114687 | 31991 | 381 | 4550 | 2490 | 77456 | 9282 |
| 黄池镇 | 48327 | 30001 | 39027 | 1800 | 870 | 175 | 4710 | 8866 |
| 乌溪镇 | 24366 | 11580 | 13725 | 702 | 120 | 61 | 4000 | 9000 |
| 石桥镇 | 55346 | 27461 | 53136 | 678 | 1896 | 388 | 6162 | 9213 |
| 塘南镇 | 32776 | 18919 | 27014 | 1705 | 47 | 38 | 1404 | 9267 |
| 护河镇 | 31995 | 17180 | 36106 | 460 | 66 | 45 | 3572 | 7772 |
| 太白镇 | 43354 | 28002 | 27119 | 1024 | 329 | 238 | 37600 | 9368 |
| 丹阳镇 | 55635 | 26542 | 41302 | 1065 | 292 | 176 | 10900 | 8500 |
| 博望镇 | 91046 | 37670 | 40896 | 295 | 680 | 480 | 22678 | 9012 |
| 新市镇 | 40609 | 23427 | 23811 | 1241 | 126 | 86 | 11000 | 9251 |
| 巢湖市居巢区 | | | | | | | | |
| 栏杆集镇 | 49153 | 27151 | 32025 | 6200 | 18 | 16 | 1562 | 5603 |
| 苏湾镇 | 59448 | 35700 | 46000 | 20800 | 117 | 40 | 960 | 5701 |
| 柘皋镇 | 78498 | 49880 | 43169 | 10720 | 54 | 51 | 2300 | 6039 |
| 银屏镇 | 36735 | 18538 | 13148 | 1165 | 46 | 38 | 3700 | 5746 |
| 夏阁镇 | 66110 | 37610 | 36467 | 2624 | 145 | 48 | 4013 | 5715 |
| 中垾镇 | 33418 | 20382 | 27807 | 3650 | 89 | 81 | 2985 | 5946 |
| 散兵镇 | 39337 | 22151 | 10085 | 612 | 121 | 118 | 7966 | 5994 |
| 烔炀镇 | 63331 | 38184 | 24103 | 2557 | 66 | 61 | 2996 | 5854 |
| 黄麓镇 | 41780 | 22212 | 13410 | 2736 | 60 | 58 | 13439 | 5950 |
| 槐林镇 | 69544 | 38526 | 47201 | 2756 | 681 | 598 | 3500 | 6019 |
| 坝镇镇 | 34702 | 18538 | 23125 | 6200 | 62 | 55 | 955 | 5793 |
| 巢湖市庐江县 | | | | | | | | |
| 庐城镇 | 143305 | 72935 | 73920 | 2264 | 3842 | 485 | 31361 | 6604 |
| 冶父山镇 | 55983 | 30582 | 45710 | 4010 | 129 | 101 | 4524 | 6372 |
| 万山镇 | 45724 | 20165 | 39316 | 1903 | 87 | 56 | 2194 | 5930 |
| 汤池镇 | 47765 | 21830 | 25058 | 1682 | 369 | 86 | 1624 | 5562 |
| 郭河镇 | 62946 | 36528 | 55001 | 4540 | 105 | 35 | 1747 | 6304 |
| 金牛镇 | 36297 | 20848 | 34394 | 2638 | 92 | 33 | 845 | 5466 |
| 石头镇 | 37472 | 18523 | 57122 | 675 | 94 | 19 | 805 | 6107 |
| 同大镇 | 87715 | 41963 | 64863 | 1370 | 97 | 75 | 2142 | 6235 |
| 白山镇 | 62395 | 26870 | 37425 | 3305 | 69 | 53 | 1033 | 5766 |
| 盛桥镇 | 71975 | 35295 | 45416 | 4100 | 328 | 107 | 1042 | 6037 |
| 白湖镇 | 85407 | 44265 | 64036 | 2200 | 110 | 75 | 2495 | 5606 |
| 龙桥镇 | 57968 | 35616 | 39885 | 1919 | 74 | 37 | 20911 | 5385 |
| 矾山镇 | 66768 | 32579 | 21246 | 1675 | 830 | 178 | 5542 | 5743 |
| 罗河镇 | 69841 | 30023 | 35676 | 2310 | 41 | 27 | 1898 | 6195 |
| 泥河镇 | 94018 | 49544 | 82358 | 4610 | 419 | 175 | 2747 | 6036 |
| 乐桥镇 | 59906 | 30553 | 50207 | 1529 | 78 | 58 | 317 | 4851 |
| 柯坦镇 | 61913 | 27717 | 42638 | 3024 | 668 | 168 | 581 | 4353 |
| 巢湖市无为县 | | | | | | | | |
| 无城镇 | 198700 | 123500 | 25283 | 2270 | 318 | 173 | 24090 | 8561 |
| 襄安镇 | 60647 | 30889 | 25964 | 1049 | 75 | 52 | 1638 | 5618 |
| 二坝镇 | 54986 | 36948 | 8495 | 1716 | 77 | 49 | 2288 | 6915 |
| 汤沟镇 | 62711 | 37205 | 3821 | 3010 | 116 | 65 | 1003 | 5791 |
| 陡沟镇 | 73832 | 40783 | 8930 | 213 | 108 | 30 | 1307 | 5961 |
| 石涧镇 | 78504 | 45827 | 44645 | 4542 | 79 | 54 | 2049 | 5118 |

附录3　续表12　continued

| 镇　　Town | 总人口（人）Population (person) | 从业人员数（人）Number of Employed Persons (person) | 粮食总产量（吨）Grain (ton) | 肉类总产量（吨）Output of Meat (ton) | 企业个数（个）Number of Enterprises (unit) | 工业企业 Industry and Enterprise | 财政总收入（万元）Total Revenue (10000 yuan) | 农民人均纯收入（元）Per Net Income of Farmer (yuan) |
|---|---|---|---|---|---|---|---|---|
| 严桥镇 | 72160 | 38144 | 40944 | 2278 | 89 | 70 | 1165 | 5030 |
| 开城镇 | 66309 | 29180 | 48500 | 1780 | 84 | 69 | 1302 | 5078 |
| 蜀山镇 | 80367 | 35296 | 51597 | 1275 | 116 | 58 | 1410 | 5963 |
| 牛埠镇 | 68578 | 41953 | 37241 | 1232 | 70 | 41 | 1127 | 5084 |
| 刘渡镇 | 42934 | 22061 | 18899 | 1359 | 56 | 48 | 986 | 5700 |
| 姚沟镇 | 38742 | 24117 | 5298 | 305 | 52 | 39 | 9210 | 8228 |
| 泥汊镇 | 70847 | 43666 | 11185 | 1430 | 115 | 70 | 18100 | 6405 |
| 白茆镇 | 87747 | 50948 | 15184 | 488 | 123 | 57 | 3109 | 7168 |
| 福渡镇 | 42340 | 23122 | 3856 | 1228 | 129 | 57 | 1987 | 6477 |
| 泉塘镇 | 61397 | 31762 | 37791 | 9368 | 72 | 48 | 1385 | 6224 |
| 赫店镇 | 42609 | 22051 | 23346 | 2007 | 26 | 22 | 1400 | 7077 |
| 红庙镇 | 44259 | 20175 | 21992 | 603 | 29 | 23 | 986 | 5077 |
| 高沟镇 | 48174 | 34726 | 5844 | 2348 | 823 | 421 | 73800 | 9340 |
| 巢湖市含山县 | | | | | | | | |
| 环峰镇 | 142750 | 89560 | 47052 | 4102 | 243 | 131 | 30650 | 7704 |
| 运漕镇 | 40271 | 23123 | 33441 | 1290 | 57 | 11 | 4360 | 7441 |
| 铜闸镇 | 32747 | 24590 | 15309 | 326 | 87 | 78 | 2910 | 6006 |
| 陶厂镇 | 41297 | 21549 | 21214 | 1296 | 88 | 42 | 4100 | 7133 |
| 林头镇 | 76949 | 46159 | 29380 | 4622 | 426 | 367 | 33600 | 8246 |
| 清溪镇 | 47873 | 26036 | 30349 | 2153 | 128 | 116 | 6120 | 6496 |
| 仙踪镇 | 66459 | 47461 | 54497 | 558 | 51 | 36 | 10670 | 6088 |
| 昭关镇 | 25680 | 14500 | 2265 | 1212 | 24 | 22 | 986 | 5986 |
| 巢湖市和县 | | | | | | | | |
| 历阳镇 | 138591 | 77900 | 39732 | 2613 | 3012 | 205 | 26624 | 7563 |
| 沈巷镇 | 122729 | 85203 | 57116 | 2172 | 304 | 251 | 14279 | 7002 |
| 白桥镇 | 52985 | 32692 | 34646 | 407 | 61 | 39 | 4389 | 6902 |
| 姥桥镇 | 63034 | 34300 | 33697 | 1086 | 95 | 35 | 2011 | 6806 |
| 功桥镇 | 50313 | 36450 | 31355 | 944 | 373 | 54 | 1030 | 6616 |
| 西埠镇 | 56390 | 36557 | 49754 | 3876 | 184 | 142 | 2465 | 6902 |
| 香泉镇 | 42320 | 27531 | 35233 | 23649 | 53 | 48 | 5827 | 6865 |
| 乌江镇 | 64615 | 40210 | 42293 | 3290 | 310 | 219 | 19903 | 7198 |
| 善厚镇 | 34195 | 21748 | 31237 | 742 | 40 | 33 | 824 | 6367 |
| 石杨镇 | 40303 | 25738 | 26525 | 1747 | 77 | 63 | 12744 | 6309 |
| 芜湖市弋江区 | | | | | | | | |
| 火龙岗镇 | 77015 | 49382 | 24544 | 262 | 328 | 206 | 7300 | 7279 |
| 芜湖市三山区 | | | | | | | | |
| 峨桥镇 | 59614 | 38398 | 17607 | 1260 | 138 | 70 | 2291 | 7168 |
| 芜湖市芜湖县 | | | | | | | | |
| 湾沚镇 | 114634 | 82635 | 43635 | 6585 | 752 | 245 | 17087 | 8470 |
| 六郎镇 | 83136 | 44947 | 57228 | 3338 | 357 | 187 | 13936 | 8435 |
| 陶辛镇 | 54139 | 28861 | 42732 | 1881 | 121 | 72 | 7427 | 8025 |
| 方村镇 | 39359 | 18073 | 32530 | 1115 | 275 | 216 | 8017 | 8134 |
| 红杨镇 | 55478 | 31966 | 44434 | 1900 | 152 | 31 | 4828 | 7991 |
| 花桥镇 | 38196 | 22917 | 27317 | 1210 | 94 | 63 | 11994 | 8167 |
| 芜湖市繁昌县 | | | | | | | | |
| 繁阳镇 | 105425 | 58911 | 15605 | 2212 | 487 | 132 | 21037 | 8121 |
| 荻港镇 | 40815 | 28505 | 8409 | 1558 | 97 | 54 | 18998 | 8295 |
| 孙村镇 | 72350 | 42762 | 18151 | 1890 | 512 | 512 | 22071 | 8255 |
| 平铺镇 | 31258 | 19219 | 26452 | 1185 | 42 | 12 | 1328 | 7161 |
| 新港镇 | 19920 | 11631 | 3151 | 4040 | 79 | 34 | 9414 | 7887 |
| 峨山镇 | 25003 | 12854 | 9311 | 1669 | 80 | 70 | 3743 | 7933 |
| 芜湖市南陵县 | | | | | | | | |
| 籍山镇 | 138246 | 53309 | 66934 | 11519 | 580 | 250 | 9079 | 7869 |
| 许镇镇 | 110850 | 70185 | 90901 | 9858 | 158 | 146 | 12919 | 7870 |
| 弋江镇 | 105960 | 72450 | 80122 | 9988 | 263 | 132 | 6384 | 7860 |
| 三里镇 | 46953 | 28584 | 39054 | 5732 | 156 | 101 | 3933 | 7862 |
| 何湾镇 | 45208 | 32189 | 30775 | 4110 | 65 | 41 | 3668 | 7846 |

**附录3　续表13**　continued

| 镇　　Town | 总人口（人）Population (person) | 从业人员数（人）Number of Employed Persons (person) | 粮食总产量（吨）Grain (ton) | 肉类总产量（吨）Output of Meat (ton) | 企业个数（个）Number of Enterprises (unit) | 工业企业 Industry and Enterprise | 财政总收入（万元）Total Revenue (10000 yuan) | 农民人均纯收入（元）Per Net Income of Farmer (yuan) |
|---|---|---|---|---|---|---|---|---|
| 工山镇 | 56981 | 35495 | 42607 | 4714 | 69 | 57 | 2442 | 7850 |
| 烟墩镇 | 20674 | 13481 | 13562 | 4653 | 25 | 20 | 2466 | 7850 |
| 家发镇 | 30281 | 17315 | 28171 | 2596 | 82 | 69 | 3049 | 7857 |
| 宣城市宣州区 | | | | | | | | |
| 水阳镇 | 90301 | 55003 | 16325 | 1034 | 1269 | 335 | 6095 | 8318 |
| 狸桥镇 | 65710 | 40000 | 26412 | 2925 | 358 | 346 | 8244 | 8413 |
| 沈村镇 | 40908 | 26623 | 39728 | 4176 | 342 | 274 | 1077 | 7385 |
| 古泉镇 | 26518 | 20118 | 28601 | 3013 | 112 | 79 | 1927 | 7748 |
| 洪林镇 | 43002 | 27981 | 35929 | 1471 | 681 | 173 | 2415 | 7056 |
| 寒亭镇 | 20097 | 11760 | 28967 | 1917 | 450 | 90 | 1795 | 7640 |
| 文昌镇 | 20264 | 4560 | 9658 | 374 | 600 | 174 | 1560 | 7605 |
| 孙埠镇 | 53648 | 30707 | 32807 | 3232 | 2199 | 648 | 20200 | 8133 |
| 向阳镇 | 45018 | 26574 | 26910 | 3023 | 151 | 81 | 2586 | 7787 |
| 杨柳镇 | 36792 | 23855 | 31019 | 2415 | 895 | 130 | 877 | 7604 |
| 水东镇 | 31303 | 18600 | 9449 | 3215 | 1114 | 176 | 7721 | 8346 |
| 新田镇 | 20214 | 11601 | 10616 | 1287 | 234 | 101 | 1430 | 7716 |
| 周王镇 | 19928 | 10760 | 11024 | 1213 | 680 | 52 | 2362 | 7362 |
| 溪口镇 | 25119 | 16418 | 2849 | 600 | 634 | 84 | 270 | 6310 |
| 宣城市宁国市 | | | | | | | | |
| 港口镇 | 38043 | 24227 | 9987 | 5107 | 103 | 54 | 22463 | 8822 |
| 梅林镇 | 21029 | 14448 | 6064 | 4616 | 76 | 70 | 1856 | 8486 |
| 中溪镇 | 29019 | 18860 | 6510 | 3028 | 140 | 111 | 5316 | 8718 |
| 宁墩镇 | 15405 | 9600 | 4664 | 1695 | 56 | 43 | 1090 | 8112 |
| 仙霞镇 | 21672 | 12740 | 6140 | 2252 | 20 | 20 | 300 | 8679 |
| 甲路镇 | 14589 | 8819 | 2033 | 5072 | 107 | 41 | 535 | 8351 |
| 胡乐镇 | 14371 | 5720 | 2834 | 3055 | 37 | 33 | 239 | 8457 |
| 霞西镇 | 23167 | 14890 | 7537 | 10138 | 32 | 21 | 415 | 8046 |
| 宣城市郎溪县 | | | | | | | | |
| 建平镇 | 64534 | 12000 | 22250 | 3661 | 180 | 77 | 3558 | 5803 |
| 十字镇 | 30442 | 18724 | 33864 | 1000 | 400 | 150 | 3863 | 5507 |
| 新发镇 | 15494 | 9908 | 19551 | 440 | 80 | 63 | 938 | 5572 |
| 涛城镇 | 26987 | 16374 | 36133 | 795 | 56 | 48 | 3000 | 5336 |
| 南丰镇 | 33391 | 21581 | 31054 | 597 | 45 | 27 | 2142 | 5295 |
| 梅渚镇 | 28259 | 16255 | 35416 | 849 | 150 | 120 | 11040 | 5877 |
| 毕桥镇 | 19478 | 9435 | 14070 | 1028 | 91 | 59 | 384 | 5299 |
| 东夏镇 | 17266 | 10546 | 19059 | 149 | 10 | 10 | 6980 | 4968 |
| 宣城市广德县 | | | | | | | | |
| 桃州镇 | 120175 | 85897 | 38107 | 20571 | 1088 | 175 | 12195 | 7800 |
| 柏垫镇 | 45557 | 29732 | 6918 | 2453 | 116 | 89 | 1000 | 7348 |
| 誓节镇 | 75268 | 48741 | 39377 | 8171 | 61 | 37 | 3232 | 7550 |
| 邱村镇 | 70127 | 48030 | 44731 | 8441 | 1967 | 410 | 5051 | 7898 |
| 新杭镇 | 71704 | 44910 | 31616 | 4284 | 2539 | 547 | 45000 | 8325 |
| 宣城市泾县 | | | | | | | | |
| 泾川镇 | 94157 | 48032 | 11779 | 2445 | 361 | 176 | 8662 | 6020 |
| 茂林镇 | 23367 | 8125 | 13605 | 945 | 18 | 13 | 1681 | 4961 |
| 榔桥镇 | 34770 | 22602 | 39829 | 2076 | 780 | 353 | 3089 | 5941 |
| 桃花潭镇 | 31796 | 14224 | 15427 | 1108 | 201 | 113 | 644 | 4957 |
| 琴溪镇 | 19359 | 14473 | 9651 | 1490 | 73 | 60 | 1013 | 5792 |
| 蔡村镇 | 21473 | 12100 | 11891 | 882 | 35 | 17 | 352 | 5291 |
| 云岭镇 | 42866 | 25511 | 25890 | 1317 | 124 | 100 | 4325 | 4382 |
| 黄村镇 | 23754 | 17337 | 14557 | 1148 | 71 | 16 | 258 | 4693 |
| 丁家桥镇 | 16307 | 11602 | 10326 | 1098 | 438 | 359 | 1400 | 5252 |
| 宣城市绩溪县 | | | | | | | | |
| 华阳镇 | 51147 | 7213 | 4148 | 870 | 150 | 15 | 1169 | 6240 |
| 临溪镇 | 10754 | 6834 | 5627 | 4151 | 68 | 49 | 1050 | 6204 |
| 长安镇 | 24220 | 14630 | 8934 | 1930 | 48 | 37 | 231 | 6080 |

附录3 续表14 continued

| 镇 Town | 总人口（人）Population (person) | 从业人员数（人）Number of Employed Persons (person) | 粮食总产量（吨）Grain (ton) | 肉类总产量（吨）Output of Meat (ton) | 企业个数（个）Number of Enterprises (unit) | 工业企业 Industry and Enterprise | 财政总收入（万元）Total Revenue (10000 yuan) | 农民人均纯收入（元）Per Net Income of Farmer (yuan) |
|---|---|---|---|---|---|---|---|---|
| 上庄镇 | 14620 | 8740 | 5137 | 1165 | 30 | 29 | 575 | 5990 |
| 扬溪镇 | 12627 | 7876 | 5434 | 1034 | 19 | 17 | 160 | 6060 |
| 伏岭镇 | 20640 | 14582 | 9005 | 1640 | 83 | 43 | 34 | 5544 |
| 金沙镇 | 8083 | 4210 | 2557 | 67 | 13 | 12 | 152 | 5908 |
| 宣城市旌德县 | | | | | | | | |
| 旌阳镇 | 23908 | 14344 | 8895 | 1445 | 246 | 154 | 1849 | 5650 |
| 蔡家桥镇 | 15289 | 9195 | 8041 | 756 | 42 | 34 | 220 | 5500 |
| 三溪镇 | 11967 | 8053 | 7364 | 1004 | 46 | 39 | 779 | 5430 |
| 庙首镇 | 11187 | 8813 | 4546 | 924 | 31 | 6 | 733 | 5364 |
| 白地镇 | 13453 | 8421 | 7076 | 1147 | 20 | 18 | 270 | 5412 |
| 俞村镇 | 13121 | 8514 | 5963 | 917 | 19 | 15 | 389 | 5369 |
| 铜陵市狮子山区 | | | | | | | | |
| 西湖镇 | 24501 | 14151 | 5309 | 448 | 821 | 78 | 3603 | 8147 |
| 铜陵市郊区 | | | | | | | | |
| 大通镇 | 15183 | 8436 | 3620 | 826 | 20 | 18 | 4613 | 8270 |
| 铜山镇 | 22853 | 14135 | 3155 | 412 | 120 | 87 | 3417 | 7201 |
| 铜陵市铜陵县 | | | | | | | | |
| 五松镇 | 36661 | 27438 | 499 | 2711 | 1019 | 165 | 961 | 7143 |
| 顺安镇 | 50245 | 24238 | 12730 | 1433 | 327 | 119 | 2010 | 7236 |
| 钟鸣镇 | 46640 | 26321 | 17427 | 1039 | 115 | 78 | 905 | 7187 |
| 天门镇 | 44686 | 25748 | 17550 | 2878 | 2438 | 261 | 500 | 7262 |
| 池州市市辖区 | | | | | | | | |
| 九华镇 | 5103 | 2400 | | | 61 | 2 | 582 | |
| 池州市贵池区 | | | | | | | | |
| 殷汇镇 | 48462 | 27100 | 15029 | 2163 | 86 | 31 | 1054 | 6418 |
| 牛头山镇 | 41010 | 23227 | 19281 | 1924 | 98 | 32 | 8879 | 6706 |
| 涓桥镇 | 32226 | 18890 | 19060 | 1990 | 80 | 50 | 720 | 6546 |
| 梅街镇 | 22324 | 13070 | 7035 | 1038 | 85 | 80 | 2806 | 5882 |
| 梅村镇 | 27022 | 14367 | 6871 | 737 | 37 | 37 | 470 | 5807 |
| 唐田镇 | 24897 | 13783 | 7921 | 1140 | 56 | 18 | 421 | 5814 |
| 牌楼镇 | 22517 | 12514 | 8966 | 572 | 33 | 27 | 230 | 5443 |
| 乌沙镇 | 46265 | 26349 | 20840 | 1242 | 158 | 120 | 1025 | 6056 |
| 棠溪镇 | 11101 | 6206 | 4990 | 551 | 39 | 37 | 1485 | 6046 |
| 池州市东至县 | | | | | | | | |
| 尧渡镇 | 104628 | 51000 | 22416 | 2217 | 290 | 215 | 8600 | 6572 |
| 东流镇 | 33287 | 23262 | 35164 | 4382 | 121 | 59 | 3113 | 6017 |
| 大渡口镇 | 70374 | 43742 | 20073 | 4069 | 1070 | 130 | 3665 | 6447 |
| 胜利镇 | 58928 | 33384 | 34551 | 1716 | 89 | 78 | 1093 | 6075 |
| 张溪镇 | 58626 | 29724 | 19379 | 2728 | 62 | 37 | 740 | 5600 |
| 洋湖镇 | 30997 | 17196 | 5143 | 1527 | 1384 | 269 | 260 | 5493 |
| 葛公镇 | 25608 | 15537 | 4155 | 1404 | 32 | 27 | 325 | 5424 |
| 香隅镇 | 35011 | 21257 | 27846 | 1785 | 1239 | 64 | 1645 | 5956 |
| 官港镇 | 28792 | 17034 | 5052 | 1987 | 40 | 40 | 430 | 5606 |
| 昭潭镇 | 20375 | 11282 | 6011 | 1935 | 47 | 41 | 342 | 5946 |
| 龙泉镇 | 25893 | 16366 | 21701 | 1583 | 92 | 49 | 520 | 5808 |
| 泥溪镇 | 24063 | 13151 | 5138 | 1688 | 90 | 21 | 270 | 5593 |
| 池州市石台县 | | | | | | | | |
| 仁里镇 | 29128 | 17312 | 1635 | 521 | 263 | 174 | 2233 | 3418 |
| 七都镇 | 17434 | 10602 | 5522 | 652 | 26 | 19 | 1010 | 3142 |
| 仙寓镇 | 14879 | 8421 | 2097 | 364 | 10 | 6 | 585 | 3565 |
| 丁香镇 | 9980 | 5689 | 2178 | 302 | 26 | 17 | 692 | 3251 |
| 小河镇 | 20140 | 11916 | 4542 | 468 | 42 | 25 | 317 | 3362 |
| 横渡镇 | 9298 | 5210 | 1624 | 455 | 24 | 16 | 512 | 2987 |
| 池州市青阳县 | | | | | | | | |
| 蓉城镇 | 76795 | 25499 | 20950 | 2790 | 410 | 65 | 10009 | 6423 |
| 木镇镇 | 27500 | 14843 | 18830 | 1990 | 100 | 85 | 3400 | 5981 |
| 庙前镇 | 28058 | 12645 | 10050 | 2510 | 76 | 40 | 1035 | 5928 |
| 陵阳镇 | 25956 | 14151 | 17765 | 878 | 122 | 52 | 5282 | 5962 |

**附录3　续表15　continued**

| 镇　Town | 总人口（人）Population (person) | 从业人员数（人）Number of Employed Persons (person) | 粮食总产量（吨）Grain (ton) | 肉类总产量（吨）Output of Meat (ton) | 企业个数（个）Number of Enterprises (unit) | 工业企业 Industry and Enterprise | 财政总收入（万元）Total Revenue (10000 yuan) | 农民人均纯收入（元）Per Net Income of Farmer (yuan) |
|---|---|---|---|---|---|---|---|---|
| 新河镇 | 17943 | 11582 | 15780 | 1007 | 68 | 61 | 3251 | 6382 |
| 丁桥镇 | 21038 | 12427 | 12365 | 513 | 55 | 49 | 4362 | 6272 |
| 朱备镇 | 9657 | 5767 | 4758 | 20 | 14 | 7 | 227 | 6056 |
| 杨田镇 | 21478 | 11904 | 13665 | 153 | 51 | 41 | 1257 | 5900 |
| 安庆市迎江区 | | | | | | | | |
| 老峰镇 | 32888 | 16730 | 3872 | 1068 | 49 | 38 | 1600 | 6100 |
| 安庆市大观区 | | | | | | | | |
| 海口镇 | 33626 | 22000 | 30000 | 1300 | 150 | 51 | 1400 | 6800 |
| 安庆市宜秀区 | | | | | | | | |
| 大龙山镇 | 26492 | 14570 | 3879 | 479 | 67 | 37 | 3680 | 7255 |
| 杨桥镇 | 25898 | 14532 | 8322 | 497 | 86 | 62 | 1275 | 6610 |
| 罗岭镇 | 27900 | 20830 | 20457 | 374 | 47 | 27 | 769 | 7245 |
| 安庆市桐城市 | | | | | | | | |
| 孔城镇 | 81798 | 41126 | 49817 | 3040 | 128 | 114 | 7226 | 7972 |
| 吕亭镇 | 61049 | 37816 | 36421 | 2988 | 1355 | 121 | 4850 | 5784 |
| 范岗镇 | 67020 | 38998 | 38095 | 4898 | 1600 | 1120 | 3344 | 7200 |
| 新渡镇 | 66650 | 43158 | 44614 | 2218 | 1675 | 1450 | 4571 | 6106 |
| 双港镇 | 60309 | 35960 | 28000 | 1650 | 2411 | 392 | 2880 | 7000 |
| 大关镇 | 73629 | 44118 | 40180 | 3400 | 920 | 89 | 2100 | 7296 |
| 青草镇 | 70187 | 34079 | 29226 | 6393 | 143 | 130 | 2079 | 7246 |
| 金神镇 | 61972 | 33216 | 72321 | 2424 | 1058 | 467 | 8578 | 6905 |
| 嬉子湖镇 | 24783 | 13276 | 8250 | 830 | 73 | 27 | 254 | 4135 |
| 唐湾镇 | 13156 | 7775 | 2559 | 350 | 38 | 21 | 1165 | 4057 |
| 黄甲镇 | 14291 | 8120 | 1402 | 264 | 15 | 14 | 657 | 4100 |
| 鲟鱼镇 | 1022 | 602 | | | 29 | 8 | 1703 | 6202 |
| 安庆市怀宁县 | | | | | | | | |
| 高河镇 | 98650 | 46764 | 32441 | 2144 | 78 | 58 | 6850 | 7436 |
| 石牌镇 | 96510 | 57712 | 32900 | 4563 | 123 | 61 | 2773 | 7402 |
| 月山镇 | 37906 | 14230 | 9461 | 1050 | 202 | 168 | 12200 | 7382 |
| 马庙镇 | 56784 | 39562 | 35672 | 30193 | 268 | 256 | 8618 | 7423 |
| 金拱镇 | 32674 | 19106 | 19541 | 1693 | 108 | 88 | 2368 | 7100 |
| 茶岭镇 | 32107 | 18192 | 13404 | 1701 | 423 | 201 | 3168 | 7250 |
| 公岭镇 | 27229 | 13761 | 17517 | 819 | 29 | 16 | 619 | 5628 |
| 黄墩镇 | 42338 | 27510 | 17470 | 615 | 78 | 28 | 1250 | 6480 |
| 三桥镇 | 28225 | 16426 | 22540 | 1880 | 22 | 21 | 640 | 6347 |
| 小市镇 | 23917 | 16818 | 25000 | 355 | 58 | 44 | 456 | 5326 |
| 黄龙镇 | 19824 | 16193 | 10122 | 884 | 16 | 11 | 406 | 4977 |
| 平山镇 | 38568 | 17136 | 13525 | 2501 | 42 | 42 | 860 | 6348 |
| 腊树镇 | 34867 | 20267 | 24892 | 1135 | 22 | 20 | 450 | 5035 |
| 洪铺镇 | 39553 | 19840 | 25777 | 1870 | 30 | 25 | 480 | 5272 |
| 江镇镇 | 35759 | 21009 | 14157 | 1360 | 49 | 23 | 367 | 5600 |
| 安庆市枞阳县 | | | | | | | | |
| 枞阳镇 | 95447 | 57682 | 25158 | 1711 | 118 | 29 | 4560 | 3964 |
| 欧山镇 | 50696 | 28214 | 20640 | 710 | 769 | 214 | 1860 | 3739 |
| 汤沟镇 | 92280 | 55360 | 35060 | 980 | 271 | 75 | 3787 | 4231 |
| 老洲镇 | 74616 | 51450 | 28660 | 4816 | 88 | 57 | 2630 | 3550 |
| 陈瑶湖镇 | 50672 | 28062 | 47090 | 167 | 108 | 101 | 1886 | 5050 |
| 周潭镇 | 46100 | 37650 | 34100 | 1320 | 19 | 8 | 1350 | 3800 |
| 横埠镇 | 77043 | 43800 | 54645 | 1367 | 92 | 25 | 1103 | 3678 |
| 项铺镇 | 28648 | 16316 | 15799 | | 79 | 48 | 479 | 3120 |
| 钱桥镇 | 51107 | 33005 | 49282 | 1039 | 50 | 26 | 1261 | 3800 |
| 其林镇 | 43927 | 24350 | 43915 | 1629 | 133 | 30 | 1260 | 4122 |
| 义津镇 | 54073 | 29876 | 54320 | 2576 | 815 | 96 | 1635 | 4350 |
| 浮山镇 | 21353 | 4856 | 13136 | | 5 | 3 | 279 | 3391 |
| 会宫镇 | 46290 | 23760 | 28100 | | 32 | 11 | 1250 | 3820 |
| 官埠桥镇 | 41351 | 21314 | 25836 | 2630 | 39 | 37 | 1761 | 4508 |
| 安庆市潜山县 | | | | | | | | |

**附录3 续表16** continued

| 镇 Town | 总人口（人）Population (person) | 从业人员数（人）Number of Employed Persons (person) | 粮食总产量（吨）Grain (ton) | 肉类总产量（吨）Output of Meat (ton) | 企业个数（个）Number of Enterprises (unit) | 工业企业 Industry and Enterprise | 财政总收入（万元）Total Revenue (10000 yuan) | 农民人均纯收入（元）Per Net Income of Farmer (yuan) |
|---|---|---|---|---|---|---|---|---|
| 梅城镇 | 105859 | 29834 | 34678 | 4559 | 147 | 47 | 3954 | 4518 |
| 源潭镇 | 66458 | 33512 | 39726 | 2995 | 115 | 93 | 2578 | 4504 |
| 余井镇 | 59801 | 39450 | 38676 | 2010 | 65 | 50 | 569 | 4075 |
| 王河镇 | 53235 | 24404 | 19233 | 1613 | 16 | 6 | 1510 | 4277 |
| 黄铺镇 | 48477 | 28860 | 26791 | 3266 | 508 | 110 | 550 | 4315 |
| 槎水镇 | 36086 | 18279 | 9641 | 1066 | 146 | 134 | 1250 | 3474 |
| 水吼镇 | 34448 | 18980 | 8547 | 1353 | 29 | 23 | 215 | 3386 |
| 官庄镇 | 31000 | 21056 | 16647 | 955 | 103 | 32 | 1030 | 3432 |
| 黄泥镇 | 21777 | 12125 | 8714 | 2209 | 79 | 28 | 260 | 4267 |
| 黄柏镇 | 15534 | 9135 | 3743 | 618 | 75 | 62 | 125 | 3290 |
| 天柱山镇 | 13417 | 7183 | 1918 | 259 | 33 | 9 | 1305 | 3573 |
| 安庆市太湖县 | | | | | | | | |
| 晋熙镇 | 80050 | 53811 | 13512 | 11856 | 1832 | 230 | 8206 | 5409 |
| 徐桥镇 | 48947 | 24345 | 26339 | 6334 | 78 | 64 | 1600 | 4919 |
| 新仓镇 | 74390 | 39280 | 27142 | 15108 | 175 | 45 | 2900 | 4482 |
| 小池镇 | 41799 | 22906 | 25517 | 4756 | 322 | 247 | 2631 | 3936 |
| 寺前镇 | 29576 | 16483 | 4666 | 2040 | 52 | 25 | 921 | 3400 |
| 天华镇 | 31660 | 16150 | 5089 | 2693 | 66 | 24 | 830 | 3378 |
| 牛镇镇 | 24491 | 12255 | 6529 | 1201 | 5 | 5 | 1061 | 3427 |
| 弥陀镇 | 38067 | 19412 | 9021 | 1193 | 295 | 138 | 1150 | 3895 |
| 北中镇 | 37535 | 20600 | 16419 | 2867 | 49 | 9 | 594 | 3475 |
| 百里镇 | 24162 | 11790 | 9067 | 1595 | 46 | 20 | 960 | 3322 |
| 安庆市宿松县 | | | | | | | | |
| 孚玉镇 | 82469 | 49510 | 7987 | 523 | 470 | 190 | 4014 | 4822 |
| 复兴镇 | 56088 | 26877 | 7257 | 157 | 48 | 25 | 2182 | 4890 |
| 汇口镇 | 46758 | 27751 | 8913 | 136 | 33 | 25 | 1062 | 5000 |
| 许岭镇 | 54011 | 32400 | 25503 | 2010 | 32 | 7 | 377 | 4608 |
| 下仓镇 | 39880 | 20606 | 31006 | 951 | 6 | 2 | 704 | 3847 |
| 二郎镇 | 35099 | 16563 | 12628 | 700 | 20 | 18 | 989 | 4028 |
| 破凉镇 | 48569 | 25335 | 20975 | 660 | 36 | 25 | 838 | 3915 |
| 凉亭镇 | 41346 | 25342 | 17908 | 685 | 38 | 31 | 572 | 4162 |
| 长铺镇 | 33600 | 19259 | 15845 | 790 | 37 | 34 | 555 | 4000 |
| 安庆市望江县 | | | | | | | | |
| 华阳镇 | 157730 | 64700 | 26335 | 2589 | 323 | 159 | 660 | 4520 |
| 杨湾镇 | 32963 | 19630 | 13363 | 2240 | 95 | 8 | 180 | 4335 |
| 漳湖镇 | 27811 | 15636 | 30932 | 6952 | 16 | 5 | 610 | 4328 |
| 赛口镇 | 40013 | 23452 | 39827 | 3440 | 32 | 18 | 315 | 4363 |
| 高士镇 | 80705 | 44668 | 59112 | 4231 | 85 | 65 | 1150 | 4382 |
| 鸦滩镇 | 78981 | 44427 | 57641 | 4242 | 154 | 126 | 750 | 4291 |
| 长岭镇 | 72326 | 41922 | 46315 | 4013 | 146 | 123 | 1890 | 4386 |
| 太慈镇 | 75863 | 41282 | 49555 | 4015 | 37 | 32 | 450 | 4289 |
| 安庆市岳西县 | | | | | | | | |
| 天堂镇 | 52022 | 13460 | 2836 | 470 | 2610 | 282 | 3750 | 4180 |
| 店前镇 | 24779 | 14800 | 5286 | 744 | 61 | 47 | 320 | 3680 |
| 来榜镇 | 23575 | 12062 | 3263 | 448 | 170 | 47 | 650 | 2890 |
| 菖蒲镇 | 23258 | 11000 | 4694 | 261 | 140 | 40 | 600 | 2800 |
| 头陀镇 | 10689 | 3563 | 1500 | 450 | 52 | 52 | 246 | 2680 |
| 白帽镇 | 20961 | 12471 | 2500 | 794 | 17 | 12 | 223 | 3752 |
| 温泉镇 | 33045 | 17772 | 7274 | 577 | 63 | 48 | 984 | 3688 |
| 响肠镇 | 19308 | 9965 | 4297 | 333 | 56 | 36 | 143 | 2585 |
| 河图镇 | 11477 | 5037 | 5660 | 362 | 42 | 41 | 445 | 3650 |
| 五河镇 | 19888 | 12035 | 6223 | 367 | 40 | 39 | 230 | 2450 |
| 主簿镇 | 8038 | 4865 | 3420 | 125 | 45 | 38 | 400 | 5275 |
| 冶溪镇 | 24986 | 13545 | 7073 | 1180 | 17 | 13 | 759 | 3500 |
| 黄尾镇 | 7046 | 3090 | 2648 | 229 | 14 | 13 | 246 | 2905 |
| 黄山市屯溪区 | | | | | | | | |

**附录3　续表17**　continued

| 镇　　Town | 总人口（人） Population (person) | 从业人员数（人） Number of Employed Persons (person) | 粮食总产量（吨） Grain (ton) | 肉类总产量（吨） Output of Meat (ton) | 企业个数（个） Number of Enterprises (unit) | 工业企业 Industry and Enterprise | 财政总收入（万元） Total Revenue (10000 yuan) | 农民人均纯收入（元） Per Net Income of Farmer ( yuan) |
|---|---|---|---|---|---|---|---|---|
| 屯光镇 | 19165 | 12304 | 3561 | 1795 | 1312 | 232 | 5888 | 8726 |
| 阳湖镇 | 30969 | 18581 | 994 | 1398 | 161 | 60 | 8154 | 8025 |
| 黎阳镇 | 13068 | 8446 | 1472 | 1413 | 204 | 46 | 7503 | 8050 |
| 新潭镇 | 9305 | 6186 | 2840 | 1592 | 125 | 48 | 3741 | 7140 |
| 奕棋镇 | 11136 | 6943 | 3167 | 1495 | 74 | 36 | 3771 | 7156 |
| 黄山市黄山区 | | | | | | | | |
| 甘棠镇 | 17511 | 9673 | 6043 | 888 | 56 | 35 | 10128 | 8248 |
| 仙源镇 | 10880 | 6254 | 5514 | 647 | 34 | 24 | 1040 | 6511 |
| 汤口镇 | 16408 | 6444 | 877 | 467 | 52 | 13 | 5906 | 8600 |
| 谭家桥镇 | 7533 | 4919 | 4461 | 691 | 41 | 16 | 2360 | 6694 |
| 太平湖镇 | 11070 | 5805 | 3070 | 244 | 43 | 11 | 3613 | 7013 |
| 焦村镇 | 14811 | 6935 | 9040 | 552 | 28 | 23 | 1092 | 6647 |
| 耿城镇 | 10190 | 5529 | 4867 | 407 | 23 | 13 | 11718 | 8019 |
| 三口镇 | 10039 | 5709 | 5681 | 846 | 17 | 15 | 1208 | 6613 |
| 黄山市徽州区 | | | | | | | | |
| 岩寺镇 | 26878 | 18537 | 9439 | 2239 | 123 | 96 | 11008 | 7506 |
| 西溪南镇 | 16340 | 9038 | 8007 | 1128 | 68 | 57 | 3601 | 7107 |
| 潜口镇 | 12842 | 9996 | 4589 | 1208 | 23 | 11 | 2016 | 6801 |
| 呈坎镇 | 13139 | 9151 | 3816 | 732 | 51 | 39 | 2340 | 6540 |
| 黄山市歙县 | | | | | | | | |
| 徽城镇 | 61771 | 38298 | 3655 | 2400 | 578 | 324 | 20007 | 9144 |
| 深渡镇 | 26914 | 17870 | 1733 | 455 | 46 | 19 | 1201 | 7478 |
| 北岸镇 | 26465 | 17127 | 5365 | 2080 | 64 | 41 | 2469 | 6380 |
| 富堨镇 | 16699 | 11131 | 10502 | 1937 | 32 | | 2182 | 7488 |
| 郑村镇 | 16300 | 11161 | 8208 | 3543 | 15 | 13 | 2225 | 7893 |
| 桂林镇 | 28100 | 18571 | 10527 | 2882 | 65 | 29 | 5379 | 7827 |
| 许村镇 | 9641 | 5611 | 4926 | 84 | 3 | 2 | 477 | 6147 |
| 溪头镇 | 17196 | 1567 | 7827 | 5472 | 6 | 3 | 350 | 5375 |
| 杞梓里镇 | 30856 | 19978 | 2198 | 1292 | 14 | 13 | 1210 | 6369 |
| 霞坑镇 | 20087 | 11474 | 2981 | 483 | | | 572 | 6928 |
| 岔口镇 | 17807 | 9899 | 660 | 311 | 12 | 11 | 632 | 5147 |
| 街口镇 | 14140 | 7800 | 40 | 40 | 9 | 3 | 221 | 5228 |
| 王村镇 | 23422 | 17090 | 7864 | 1524 | 45 | 16 | 1084 | 6578 |
| 黄山市休宁县 | | | | | | | | |
| 海阳镇 | 50197 | 15734 | 11675 | 3332 | 1540 | 105 | 13698 | 8443 |
| 齐云山镇 | 13110 | 7414 | 7433 | 1722 | 3 | 3 | 634 | 6841 |
| 万安镇 | 22755 | 13450 | 13478 | 4342 | 1180 | 310 | 1817 | 6926 |
| 五城镇 | 22827 | 16085 | 9673 | 1790 | 16 | 16 | 1656 | 7161 |
| 东临溪镇 | 19910 | 12957 | 5575 | 1170 | 38 | 28 | 1922 | 7250 |
| 兰田镇 | 12886 | 8385 | 4687 | 1437 | 16 | 14 | 438 | 6989 |
| 溪口镇 | 22793 | 11260 | 10372 | 1356 | 35 | 30 | 2945 | 6991 |
| 流口镇 | 5513 | 3633 | 121 | 125 | 3 | 3 | 287 | 5360 |
| 汪村镇 | 10679 | 6701 | 1162 | 396 | 6 | 6 | 197 | 5448 |
| 商山镇 | 21606 | 16437 | 13192 | 5712 | 42 | 29 | 1503 | 7225 |
| 黄山市黟县 | | | | | | | | |
| 碧阳镇 | 42463 | 31033 | 10527 | 1640 | 182 | 157 | 3506 | 6875 |
| 宏村镇 | 18853 | 12636 | 7412 | 1217 | 47 | 19 | 2801 | 6558 |
| 渔亭镇 | 9600 | 5600 | 2749 | 468 | 48 | 26 | 1616 | 7001 |
| 西递镇 | 6286 | 4590 | 1337 | 347 | 25 | | 1262 | 7078 |
| 黄山市祁门县 | | | | | | | | |
| 祁山镇 | 50117 | 26611 | 6252 | 1109 | 2654 | 862 | 10568 | 7775 |
| 小路口镇 | 6812 | 4766 | 2405 | 207 | 210 | 16 | 136 | 6837 |
| 金字牌镇 | 11716 | 7430 | 3736 | 557 | 117 | 35 | 2089 | 7322 |
| 平里镇 | 7384 | 4783 | 2210 | 253 | 30 | 10 | 668 | 7259 |
| 历口镇 | 15260 | 8337 | 4109 | 407 | 11 | 11 | 378 | 6250 |
| 闪里镇 | 9098 | 8113 | 3135 | 333 | 12 | 12 | 303 | 6375 |
| 安凌镇 | 13846 | 7780 | 7508 | 970 | 18 | 10 | 124 | 5757 |
| 凫峰镇 | 10555 | 6790 | 3529 | 448 | 158 | 58 | 87 | 6721 |

# 安徽统计资料发行最新书目
（仅供参考，以最后出书为准）

# 中国统计出版社最新图书简目

(仅供参考，以最后出书为准)

## 统计资料

中国统计年鉴-2011
中国统计摘要-2011
国际统计年鉴-2011
2011中国发展报告
中国第三产业统计年鉴-2011
中国区域经济统计年鉴-2011
中国劳动统计年鉴-2011
中国社会统计年鉴-2011
中国城市统计年鉴-2009
中国建筑业统计年鉴-2011
中国人口和就业统计年鉴-2011
中国工业经济统计年鉴-2011
中国商品交易市场统计年鉴-2011
中国房地产统计年鉴-2011
中国能源统计年鉴-2011
中国民政统计年鉴-2011
中国贸易外经统计年鉴-2011
2011中国地区经济监测报告
中国科技统计年鉴-2011
中国农村统计年鉴-2011
中国农产品价格调查年鉴-2011
中国高技术产业统计年鉴-2011
中国教育经费统计年鉴-2010
中国农村贫困监测报告-2011
全国农产品成本收益资料汇编-2011
中国科学技术协会统计年鉴-2011
工业企业科技活动资料-2011
大中型批发零售和住宿餐饮企业统计年鉴-2011
中国城市(镇)生活与价格年鉴-2011
中国县（市）社会经济统计年鉴-2011
中国农村住户调查年鉴-2011（中、英文）
中国农村全面建设小康监测报告-2011
第二次全国R&D资源清查资料汇编—综合卷
第二次全国R&D资源清查资料汇编—工业企业卷
中国零售和餐饮连锁企业统计年鉴-2011
2010年中国第六次人口普查公报

### 2011年省级综合统计年鉴系列

北京 天津 河北 山西 内蒙古
辽宁 吉林 黑龙江 上海 江苏
浙江 安徽 福建 江西 山东
河南 湖北 湖南 广东 广西
海南 重庆 四川 贵州 云南
西藏 陕西 甘肃 青海 宁夏
新疆 新疆生产建设兵团

### 2011年市(县)级综合统计年鉴系列

天津滨海新区
石家庄 唐山 邯郸 太原 大同
长治 阳泉 晋城 朔州 晋中
运城 忻州 临汾 呼和浩特
包头 沈阳 大连 长春 吉林市
四平 哈尔滨 黑龙江垦区
上海浦东新区
苏州 无锡 常州 徐州 南通
盐城 镇江 江阴 丹阳
杭州 宁波 绍兴 台州 温州
金华 嘉兴 衢州
福州 福州经济技术开发区
厦门经济特区 南昌 上饶
济南 青岛 潍坊 郑州
洛阳 三门峡 南阳 武汉 宜昌
十堰 荆州 咸宁 长沙 广州
东莞 惠州 深圳 桂林 南宁
柳州 来宾 河池 海口 成都 绵阳
贵阳 昆明 庆阳 西安
兰州 银川 乌鲁木齐

## “十一五”规划教材

非参数统计 医学统计学
概率论与数理统计 统计学
现代金融投资统计分析
多元统计分析 经济计量学教程
应用时间序列分析
统计指数理论及应用
统计数据处理概论
质量管理统计方法 社会统计学
多元统计分析实验
企业经营管理统计
市场调查与预测
统计学原理（非统计专业使用）
统计学:从数据到结论
国民经济核算教程(国民经济统计学)
概率论与数理统计(经济、管理类专业使用)

## 重点图书

挑大学选专业2011—高考志愿填报指南
挑大学选专业2011—考研择校指南